曲阜市志

（1991—2013）

曲阜市地方史志编纂委员会　编

方志出版社
Publishing House of Local Records

图书在版编目（CIP）数据

曲阜市志：1991—2013 / 曲阜市地方史志编纂委员会编. -- 北京 ：方志出版社，2018.11
ISBN 978-7-5144-3414-9

Ⅰ. ①曲… Ⅱ. ①曲… Ⅲ. ①曲阜—地方志—1991-2013 Ⅳ. ①K295.24

中国版本图书馆CIP数据核字(2018)第261237号

曲阜市志（1991—2013）

编　　者：曲阜市地方史志编纂委员会
责任编辑：刘　珊
出 版 人：冀祥德
出 版 者：方志出版社
地址　北京市朝阳区潘家园东里9号（国家方志馆4层）
邮编　100021
网址　http://www.fzph.org
发　　行：方志出版社图书经销中心
电话（010）67110500
经　　销：各地新华书店
印　　刷：山东雅正印刷有限公司
开　　本：889×1194　　1/16
印　　张：73.5
字　　数：2257千字
版　　次：2018年11月第1版　　2018年11月第1次印刷
印　　数：0001～5000册
ISBN 978-7-5144-3414-9　　定价：680.00元

中共曲阜市委书记 刘东波

序

《曲阜市志（1991—2013）》付梓刊印了，这是东方圣城曲阜的一件盛事！

曲阜是神农故都、黄帝生地、周汉鲁都、孔子故里，素有东方圣城之美誉。曲阜文化源远流长，从始祖文化到夏商文化，从鲁国文化到儒家文化，文脉相传，生生不息。文脉相传离不开文字相叙。曲阜的仁人志士以发扬道统、延续文脉为己任，保持着编史修志的优良传统。从明代至民国时期，先后修编《曲阜县志》7部，另有《阙里志》《陋巷志》《东野志》等专志10余部，为我们留下大批珍贵文化遗产。

新编《曲阜市志》，内容丰富、结构严谨、脉络清楚。特点如下：一是时间跨度，1991—2013年，正是改革开放走向全面深化的关键时期。23年间，社会发展日新月异，人民生活蒸蒸日上，仅需客观记录，已足以华章流彩，睹字馨香。二是时代变革，23年间，儒家文化的时代价值日益彰显。2013年11月26日，习近平总书记视察曲阜，就弘扬中华优秀传统文化发表重要讲话，并提出“使孔子故里成为首善之区”的殷切希望。曲阜在弘扬优秀传统文化、传续中华民族精神命脉的地位更加凸显。因此，本志不仅是记录曲阜发展变迁的详实史料，还是一部折射传统文化创新发展的时代映像。修志工程宏

中共曲阜市委副书记、市长 彭照辉

大，任务艰巨，编纂人员励志砥节、栉风沐雨、孜孜矻矻、秉笔直书，以高度的历史责任感和使命感出色完成任务，为记录曲阜历史做出了重要贡献。

史书如镜，鉴往知来。如今作为全国首批历史文化名城的曲阜现已发展成为文旅繁荣、产业坚实、生态宜居、民生安康的现代化城市，正大踏步走在全面贯彻落实习近平新时代中国特色社会主义思想，决胜全面建成小康社会，加快建设“东方圣城·首善之区”的高质量发展道路上。曲阜发展前景无限美好，让我们发挥好方志的“资治、存史、教化”作用，在深刻认识过去的基础上，继往开来，共创曲阜辉煌的未来！

是为序。

中共曲阜市委书记　刘东波
中共曲阜市委副书记
曲阜市人民政府市长　彭照辉

2018年11月18日

《曲阜市志（1991—2013）》编纂委员会名单

名誉主任　刘东波

主　　任　彭照辉

副 主 任　刘晓林　周菊兰　李广俊

委　　员　杨朝明　马东骅　魏　民　毛景水　肖胜军

王国栋　刘汝方　岳耀方　张立忠　孔德平

吕成见　陈凡林　韦良杰　孔祥池　孔卫东

李建伟　邱　臣　柴林兵　陈志伟　孔祥震

《曲阜市志（1991—2013）》编纂人员名单

主　　审　周菊兰

主　　编　李广俊

执行主编　孔祥震

副 主 编　米玉红　韦　群　孟继新　陈德祥

编　　辑　翟盛军　郗腾来　王晓倩　薛利民　陈凡明

邓志红　刘　涛

摄　　影　孔红晏　孔　颖　周德仲　刘　屹

凡　例

一、《曲阜市志（1991—2013）》是全面系统地记述曲阜市自然、政治、经济、文化和社会历史与现状的资料性文献。由概述、大事记、专业各编和人物、附录组成，共设34编、247章、992节。

二、本志以马克思列宁主义、毛泽东思想、邓小平理论、“三个代表”重要思想、科学发展观、习近平新时代中国特色社会主义思想为指导，以国家现行法律、法规为依据，以改革开放和经济发展历程为主线，坚持辩证唯物主义和历史唯物主义的观点，遵循存真求实的原则，全面客观地记述自1991年以来曲阜市各行业、各领域的发展与变化，揭示时代特征，突出地方特色，力求思想性、科学性、资料性相统一。

三、记事地域，原则以2013年全市行政区域为范围。个别内容为反映历史原貌，按当时的行政区域记述。

四、记事时间，上限自1991年，下限讫2013年，个别内容根据需要上溯或下延。大事记记事时间截至2017年末，前彩图片摄制截至2018年9月。纪年一般用公元，清及清以前使用历史纪年，括注公元。

五、全志坚持事以类从，以类系事，适当考虑社会分工。各专志按事物性质分编、章、节，不受现行行政管理体制的限制，相同事物不论隶属何部门，均纳入同一编、章、节内；有的节下设目、子目。记述独立事物的编下、组合编的章下或部分记述独立事物的节下设无题概述。图、表、照片穿插于相关的文字之间或附近，图、表按编统一编号。

六、入志资料主要来自年鉴、报刊、档案等文献资料，由承撰单位或编辑负责征集、考证、核实，一般不注明出处。统计数据以政府统计部门资料为准；非统计部门管理的数据，使用各主管部门认可并提供的数据。统计数据一律使用阿拉伯数字。计量单位按《中华人民共和国计量单位名称与符号方案》及国家其他有关规定执行。

七、机构或某些工作和活动的称谓，各编第一次出现时一般用全称并括注简称，重复出现时用简称。地名均采用政府审定的标准地名。曲阜市一般简称市，和济宁市等上级部门及其他县市区同时出现用全称。

八、志书采用语体文、记述体，执行中国地方志指导小组《地方志书质量规定》。文风力求严谨、朴实，语言力求简洁、流畅。

九、人物部分设人物传、人物传略、人物简介，遵循“生不立传”原则，排列以卒年为序。

曲阜市国家级荣誉

首批国家历史文化名城
国家卫生城市
首批中国优秀旅游城市
国家生态市
全国文化先进市
优秀传统文化传承发展示范区
全国文明城市提名城市
中国首家文化国际慢城
全国双拥模范市
全国教育『两基』达标市
全国科技进步先进市
全国粮食生产先进县
全国体育先进县
全国质量兴市先进市

曲阜明故城万仞宫墙（2010年摄）

萬仞宮牆
曲阜

孔庙大成殿（2015年摄）

孔庙十三碑亭雪景（2015年摄）

阙里古街（2017年摄）

孔府大门（2017年摄）

孔林甬道（2017年摄）

尼山孔庙（2017年摄）

周公庙外景（2016年摄）

九龙山墓群（2014年摄）

曲阜九仙山孔子石（2018年摄）

曲阜九仙山老子石（2018年摄）

寿丘万人愁碑（1999年摄）

少昊陵（2018年摄）

尼山圣境（2018年摄）

石门山景区（2017年摄）

九仙山芦斗寺（2015年摄）

曲阜汽车站（2009年摄）

高铁曲阜东站近景（2015年摄）

古城夜色（2018年摄）

曲阜游客中心（2012年摄）

孔子文化会展中心（2011年摄）

大成桥（2017年摄）

儒源桥（2018年摄）

蓼河一景（2015年摄）

孔子文化园（2012年摄）

鲁班故里园（2018年摄）

2011年5月6日，圣阳股份在深圳中小板上市

2017年11月6日，东宏公司敲响（A股）上市锣

沂河新景（2012年摄）

香格里拉酒店（2017年摄）

孔子商贸城（2010年摄）

2011年9月27日，中国曲阜国际孔子文化节开幕式大型歌舞《大哉孔子》演出现场

2014年11月26日，圣贤之光《论语》咏诵会暨首届百姓儒学节总结会在市体育馆举行

文化大集（2017年摄）

奥兴
AOXING

2015年3月，曲阜市被全国爱卫会正式命名为“国家卫生城市”

新建的市人民医院（2018年摄）

孝养城（2018年摄）

孔子博物馆（2018年摄）

2007年7月22日，奥运圣火曲阜传递现场

曲阜市体育馆（2015年摄）

孔子研究院（2002年摄）

政德教育基地（2018年摄）

善行义举榜（2016年摄）

曲阜市四德园（2016年摄）

曲阜师范大学（2005年摄 肖振摄）

曲阜市明德学校（2018年摄）

《曲阜市志(1991—2013)》省级评审会合影

第一排左起：王培礼　张树礼　王　芬　徐　锋　刘爱军　彭照辉　李　刚　李天程　周菊兰
第二排：翟盛军　张立忠　段祥泰　郭能勇　王笃银　李德辉　王光辉　邵鸿志
第三排：韦　群　孔建平　孔祥震　姜君杰　孟继新　王　鹏　米王红　邓志红

《曲阜市志（1991—2015）》济宁市级评审会合影

第一排左起：袁绍信　姜君杰　王培礼　张作宜　张树礼　孟凡泰　邵鸿志　张立忠
第二排：邓志红　杨陈丽　黄　静　周广志　陈　勇　刘宝超　王建意　侯广征　李传坤
第三排：米玉红　孔祥震　王申建　杨北城　孟继新　刘　强　翟盛军　韦　群

《曲阜市志（1991—2013）》编纂人员在编校现场。

右起：孔红晏、孔祥震、李广俊、米玉红、孟继新、翟盛军、陈德祥、韦群

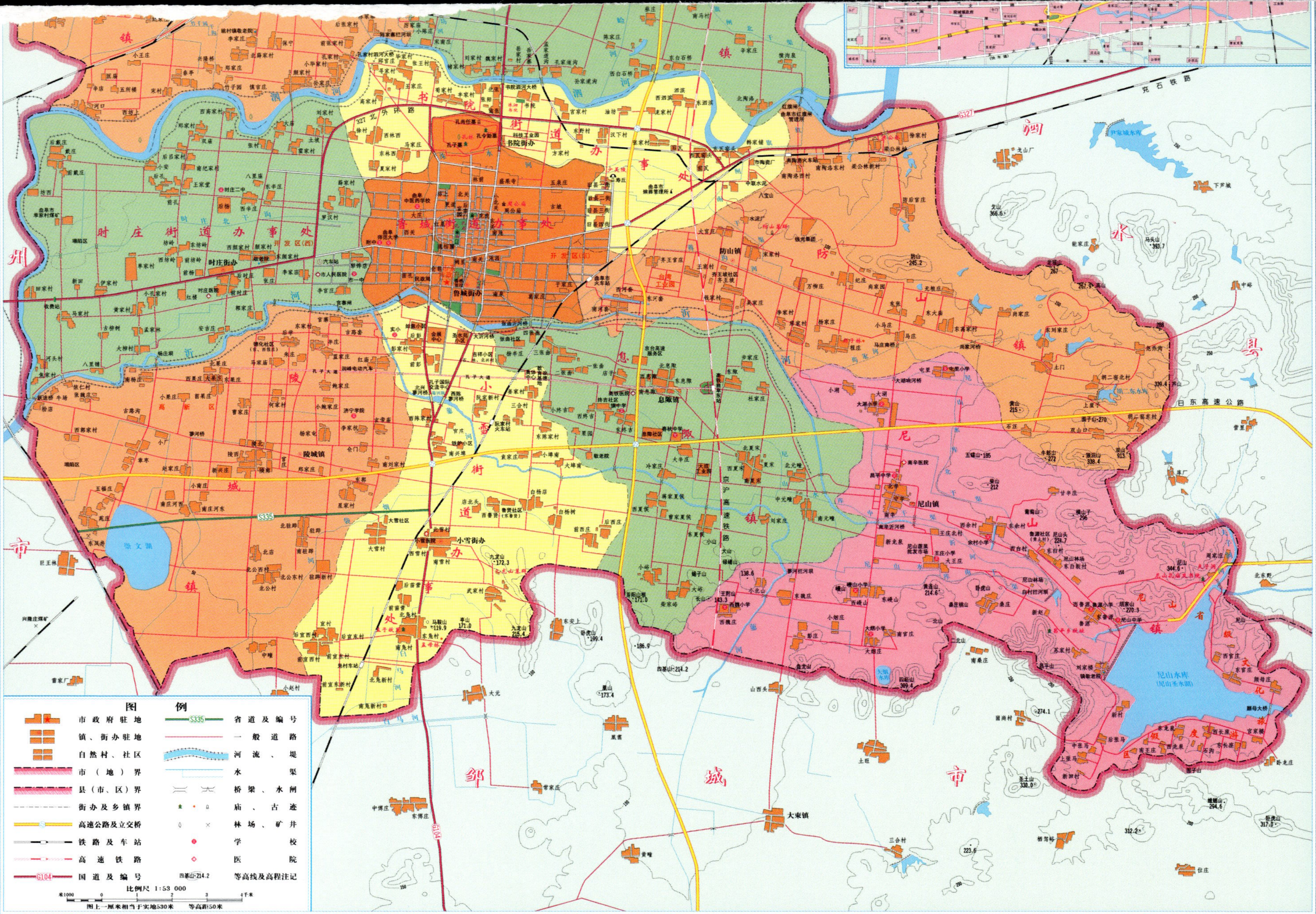

鲁SN(2002)054号

曲阜市地名委员会办公室编制

曲阜市地图

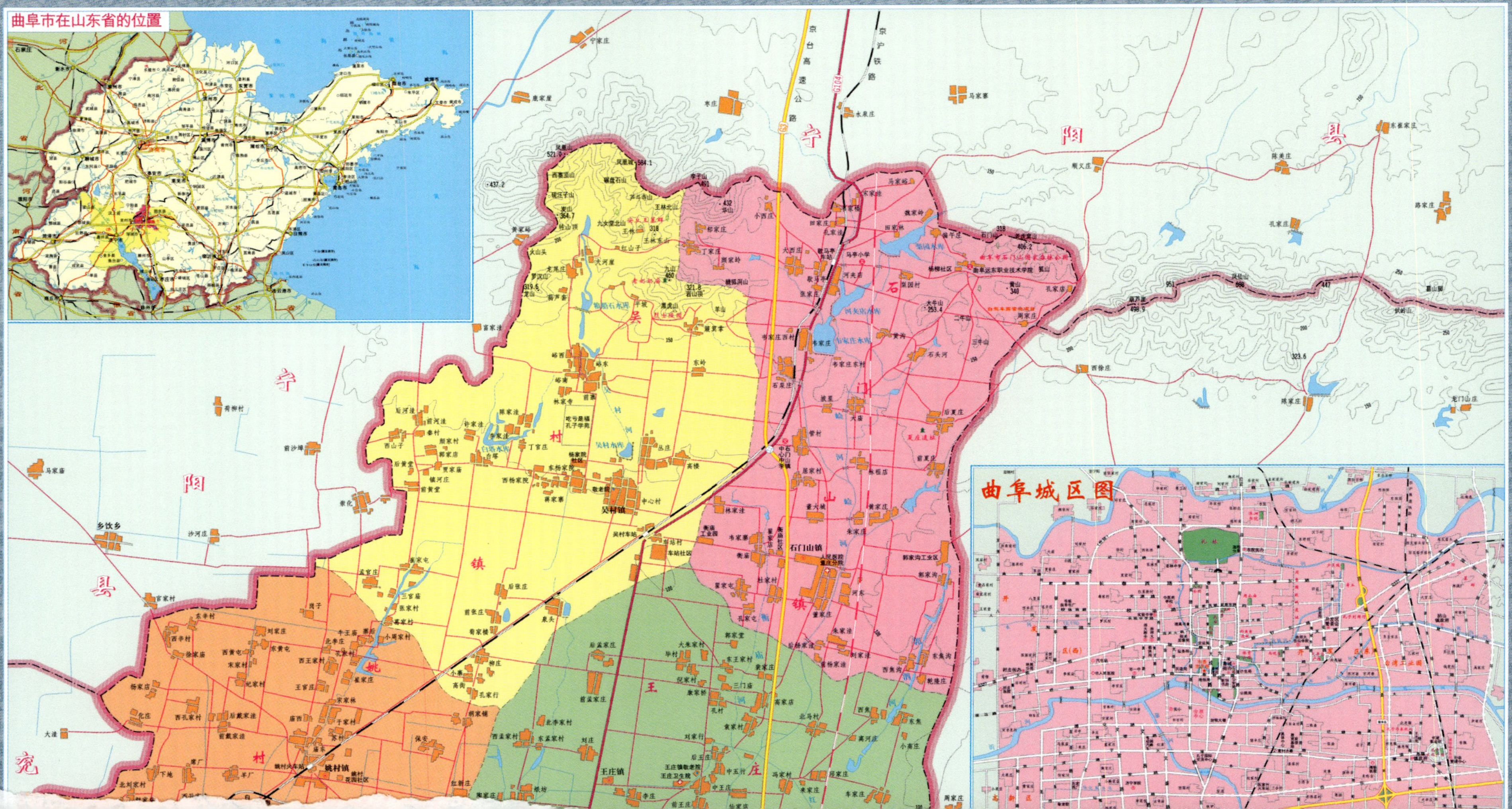
曲阜市在山东省的位置
曲阜城区图
宁
阳
县
吴
村
镇
石
门
山
镇
王
庄
姚
村
石门山镇
吴村镇
王庄镇
姚村镇
京台高速公路
京沪铁路
乡饮乡

…规划

用地规划总图
(2003-2020)

山东省城乡规划设计研究院
济宁市规划设计研究院
2004.11

孔子故里·东方圣城·鲁南中心·生态城市

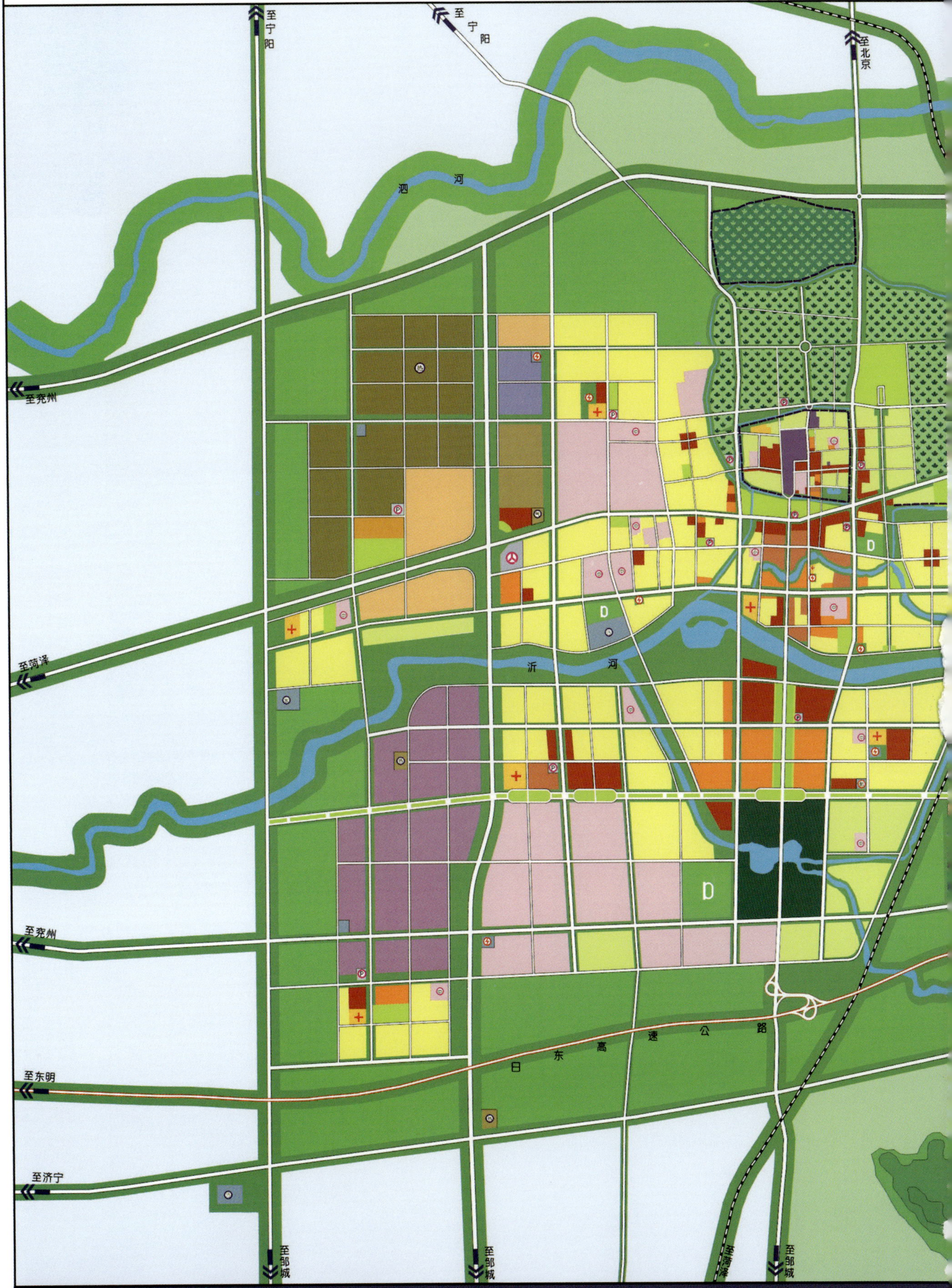

曲阜市城市总体

目 录

第四编 城乡建设与环保

第五编 交通 邮电

第六编　农　业

第七编 水 利

第八编 工 业

第九编　园区经济　招商引资

第十编　商　贸

第十一编 旅 游

第十二编 文化产业

第十三编 财政 税务

第十四编 金 融

第十五编 经济管理

第十六编 中共曲阜市委员会

第十七编 曲阜市人民代表大会

第十八编 曲阜市人民政府

第十九编 政协曲阜市委员会

第二十编 民主党派和人民团体

第二十一编　政　法

第二十二编 军 事

第二十三编 民 政

第二十四编 人力资源和社会保障

第二十五编 科学技术

第二十六编 教 育

第二十七编 卫 生

第二十八编 体 育

第二十九编 文 化

第三十编 文化遗产

第三十一编　儒学研究

第三十二编 孔子文化节

第三十三编 社会生活

第三十四编　镇(街道)概况

人　物

附　录

概　述

蓼河一景

概 述

一

曲阜位于山东省西南部，北距省会济南135千米，西南距济宁45千米。北依泰山，南瞻邹城，东连泗水，西抵兖州。地理坐标为北纬35° 29′ ~35° 49′，东经116° 51′ ~117° 13′。南北最大纵距35.5千米，东西最大横距25千米，总面积815平方千米。山东省省辖县(市)之一，行政区划属济宁。2013年，总人口63.95万人，辖8个镇、4个街道、408个行政村(社区)、494个自然村。

曲阜市地处鲁中低山丘陵与鲁西平原的交接地带，属泰沂山前冲积扇中上部，北、东、南三面环山，中西部是泗河、沂河冲积平原，地形为北高南低、东高西低。境内山脉属泰沂山脉，共有大小山头82座，境内土壤分褐土、潮土、石质土、粗骨土、砂姜黑土、水稻土6个土类。境内主要河流有17条，泗河、沂河两大水系自东向西贯穿全境，年均可利用水资源总量为2.12亿立方米，有水库塘坝270座。曲阜属暖温带季风大陆性气候，具有四季分明、光照充足、春秋季多旱、夏季多雨(间有伏旱)、冬季干冷少雪的气候特点。年平均日照时数2341.3小时，平均气温14.3℃，年均降雨量701毫米，年均无霜期220天，年平均风速1.9米/秒。境内矿产30种，探明煤炭储量约为10亿吨，石灰岩储量16.6亿吨。曲阜市生物资源繁多，粮食作物15种115个品种，经济作物主要有棉花、花生、大豆、芝麻等；常种蔬菜、瓜果类作物有40余种；各类花卉135种，其中，兰花为“市花”；药材120余种；林木有乔、灌、花木140种及变种，其中，桧柏为“市树”；水生植物26种；各种鸟类29种，其中，鹭鸶为“市鸟”。有野生兽类10余种，昆虫类30余种。水生动物主要有鱼类、虾类、贝类等。

二

曲阜是中华始祖黄帝诞生地，伟大的思想家、教育家、政治家、儒家学派创始人孔子的故乡，是国务院首批公布的24个国家历史文化名城之一。

“曲阜”之名最早见于《礼记·明堂位》：“成王以周公为有勋劳于天下，是以封周公于曲阜。”东汉应劭解释为：“鲁城中有阜，委曲长七、八里，故名曲阜。”早在五六千年前，华夏、东夷两族的祖先就在这里繁衍生息。炎帝、黄帝、颛顼、少昊皆都于此。商为奄国都，周为鲁国都，秦孝文王元年(公元前250年)，楚灭鲁始设鲁县。秦王政二十四年(公元前223年，楚王负刍五年)，秦灭楚，县入秦，为秦之鲁县。秦实行郡县制，鲁县属薛郡，薛郡治设在曲阜。汉时薛郡改鲁郡，鲁县属鲁郡治；汉魏晋时或设鲁国，为鲁国治。魏晋时名鲁城。隋开皇四年(584年)，定县名为汶阳。隋开皇十六年(596年)初定县名为曲阜。唐贞观元年(627年)，并入泗水。贞观八年(634年)，恢复曲阜建制。宋大中祥符五年(1012年)，更名为仙源。金天会七年(1129年)，恢复曲阜县名。1945年底，曲阜与泗水并称曲泗县。1946年春，曲、泗分治。1958年，将滋阳(兖州)并入曲阜。1962年初，曲、滋分治，恢复原行政区域建制。1967年属济宁地区。1983年属济宁市。1986年6月，经国务院批准，撤销曲阜县，设立曲阜市，属济宁市代管。

西周初年，周公旦受封于鲁，其长子伯禽代为就国，建都于“少昊之墟”曲阜。因周公业绩卓著，成王赐予鲁国大批典章文物。周公死，准许鲁国建立太庙，郊祭使用天子礼乐。鲁国重视保存古代文化。春秋末期，古代礼乐在鲁国还完整地保存着，故有“礼仪之邦”美称。春秋末期，孔子聚徒讲学，传授“六艺”，一生“弟子三千，贤者七十有二”。晚年，删《诗》

《书》,订《礼》《乐》,赞《周易》,修《春秋》,“祖述尧舜,宪章文武”,集中国古代文化之大成。他创立儒家学说,开启中华文化道统长河,是中国优秀传统文化的核心。孔子去世后,儒家思想被历代学者薪火相传,贯穿古今,影响中外,奠定东方世界文明,为人类社会文化进步做出重大贡献。孔子被尊为“至圣”,自古而今,前往朝圣拜谒的帝王大臣、文化名人、莘莘学子历代不绝。汉高祖刘邦以太牢亲祀孔子,汉明帝刘庄、唐高宗李治、唐玄宗李隆基、宋真宗赵恒、清圣祖玄烨、清高宗弘历等10余位皇帝曾到曲阜祭孔。文化名人则如荀子、孟子、司马迁、曹植、郦道元、李白、杜甫、高适、张九龄、吕蒙正、苏轼、司马光、党怀英、元好问、李东阳、王阳明、王夫之、顾炎武、纪昀、龚自珍、康有为等,留下大量诗文。

在儒家思想浸熏下,曲阜学子迭兴,名人辈出,如颜回、孔伋、孔安国、孔广森、孔融、孔尚任、桂馥、孔继涵、孔继涑等,都是历代有影响的人物。

近现代,随着中国共产党领导的革命浪潮和民族解放运动风起云涌,涌现出一大批革命者,为党和国家抛头颅洒热血,无私奉献;在中国改革开放,由计划经济向市场经济转型的历史进程中,一大批善于经营的企业家,在曲阜经济发展中做出重要贡献;中华民族伟大复兴波澜壮阔的社会实践,让一大批文化人迸发出创作激情与灵感。

革命领导干部有孔庆德、蒋仰乔、蒋连萼、马玉光、蒋德功、朱旭等;文化名人有书画家孔端甫、包备五,山水诗人孔孚,教育家陶愚川等;企业家有曾奇栋、李嗣强等。

主要名胜古迹和旅游景点有孔庙、孔府、孔林、鲁国故城、颜庙、周公庙、少昊陵、梁公林、孟母林及孟子故里、尼山风景区、九龙山汉墓群、洙泗书院、石门山风景区、九仙山风景区、六艺城、论语碑苑等。孔庙与北京故宫、河北承德避暑山庄合称“中国三大古建筑群”。孔庙大成殿与北京故宫太和殿、泰安岱庙天贶殿并称“中国三大殿”。孔府有“天下第一家”之称。孔林是世界上延续时间最长的家族墓地。曲阜还坐落着世界儒学研究与交流中心孔子研究院。1982年,曲阜被列为首批国家历史文化名城。1991年,被国家旅游局评为中国旅游胜地40佳。1994年,孔庙、孔府、孔林被列入联合国教科文组织《世界遗产名录》。2007年,孔庙、孔府、孔林被评为国家AAAAA级旅游景区。2013年,曲阜市有古迹遗址820处,各级文物保护单位209处,其中全国重点文物保护单位11处、山东省文物保护单位48处、济宁市文物保护单位9处、曲阜市文物保护单位141处,存世古建筑1300余间、古墓葬10万余座、古树名木2万株、古代碑刻1万余块,馆藏文物10余万件。

三

1991—2013年,曲阜经历5个“五年计划”,国民经济保持快速发展。

城市实力不断增强。1991—2013年,地区生产总值由8.3亿元增加到331.66亿元,年均增长18%;人均生产总值51416元,是1991年1393元的36.91倍,年均增长17.82%。其中,2003年突破百亿元大关,为100.09亿元,2004年为110.01亿元,经济综合实力跨入全省30强;地方财政收入由5417.5万元增加到2013年20.11亿元,年均增长17.85%。1991年,固定资产投资1.27亿元,2013年增加到174.56亿元,年均递增25.08%。社会消费品零售总额由4.14亿元增加到139.11亿元,比1991年增长33.6倍,年均增长17.32%。2012—2013年,曲阜市连续两年获得济宁市科学发展综合考核第一名。2013年,获得济宁市群众满意度调查第一名。

经济结构不断优化。1991年起,曲阜在稳定农业基础的同时,发展二、三产业,将现代产业优势与传统经济优势相结合,逐步形成较为科学合理的区域经济体系。自2011年起,坚持“全党抓经济、重点抓工业、突出抓招商”工作思路,实施“工业兴市、项目立市”战略,提升传统产业,壮大优势产业,培植新兴产业,着力发展旅游经济、园区经济和外向型经济,经济结构质量进一步提升。1991—2013年,曲阜市第一产业所占比例由1991年41.9%下降至2013年3.4%;第二产业由1991年35.8%上升到1995年56.3%,后缓降至2013年48.9%;第三产业呈现逐步提升趋势,1991年占比22.3%,1997年30.8%,2001年41.1%,2008年所占比例超过第二产业,2011年占比突破50.1%,占据半壁江山位置,2013年为47.7%。2013年,三次产业比重为3.4∶48.9∶47.7,曲阜市产业结

构由“一二三”变为“三二一”格局。

现代农业扎实推进。全市农村经济经历从家庭联产承包责任制到放手发展多种经营，从计划经济、商品经济再到市场经济的转变，由于中央的各项农村政策从根本上调动农民生产积极性，农业生产保持稳步增长势头。中共十四大后，按照市场经济的要求，加大对农村投入，加快内部结构调整步伐，发展高产优质高效农业，引导特色农业，改变以种植业为主的传统模式，林、牧、渔业全面发展。

1991年，曲阜市第一产业总产值6.11亿元，种植业占比61.7%，林、牧、渔业分别占比2.5%、35.5%、0.2%。2013年，全市第一产业增加值为31.57亿元，比1991年增长10.6倍，其中种植业21.42亿元、林业0.81亿元、牧业8.26亿元、渔业0.29亿元。牧业占比2005年达到峰值57.5%，2013年降至26.16%；渔业占比1996年一度达1.6%，2013年占比为0.9%。

1997年，曲阜市被授予全省农业综合开发先进单位称号。2009年，获全国、全省粮食生产先进县称号。2011年，获全省粮食生产先进县称号，并被农业部列入全国粮食高产创建示范县。到2013年年底，全市有规模以上农业龙头企业96家、“一村一品”示范村78个、农业专业合作社454家、家庭农场153家、“三品一标”农产品125个，涌现出尼山万亩有机蔬菜基地、防山镇席家村有机蔬菜、防山镇无公害牛蒡、书院街道万亩大蒜、时庄街道生姜等十大特色有机农产品、出口农产品基地，形成石门山草莓、樱花、银杏，小雪九龙山樱花源，吴村九仙山葡萄、万亩枣园等10余个高档设施农业基地，打造出“九仙山葡萄”“石门山草莓”等多个知名生态农产品品牌，“北山大枣”“九仙山葡萄”通过农产品地理标志认定。

工业企业转型迅速。进入20世纪90年代，曲阜工业企业经历“经营承包责任制”第一轮改革和“转换企业经营机制，政企分开，所有权和经营权分离”改革之后，1993年，实施“建立现代企业制度”改革，全市工业企业由此摆脱计划经济时代影子，走向现代企业建设之路，由小变大，由弱变强。全市工业总产值由1991年11.14亿元增加到2013年206.25亿元，增长18.51倍，年均增长14.19%。

1991年，有工业企业3024家，其中国有企业42家、集体企业137家、农村村办企业755家，工业总产值11.14亿元。在“强农重工、活商兴旅、城乡一体、全面发展”城市发展战略指导下，按照“大的规模上水平，中的扩大增规模，小的放开求发展”思路，坚持以大带小，以强带弱，整体推进，孔府家（集团）总公司、裕隆总公司、三孔啤酒（集团）有限公司、科利水泥有限公司、曲阜电缆（集团）有限公司、圣光纺织（集团）公司、圣阳电源有限公司等骨干企业快速崛起。1992年，曲阜酒厂晋升为国家大型企业，1995年实现利税3.6亿元，市场占有率名列全国白酒类第一位，挤入中国白酒行业第三名，跨入中国500家经济效益最佳企业行列，孔府家酒享誉全国。至1998年，“十厂一矿”工业格局基本形成，形成机械、化工、建材、食品、丝织五大支柱产业，拥有酿造、煤炭、机械、纺织、电子、建材、食品、皮革、家具、造纸等20多个行业。21世纪的第一个十年，曲阜市以建立现代企业制度为目标，以产权制度改革为突破口，以优化资产配置为重点，国有和集体企业改革、改制不断加快，扩大开放、利用外资速度明显加快，企业兼并重组和扩张力度不断加大，合资企业、股份制企业不断出现，促进一批骨干企业扩张和发展，以市场为导向、以资本为纽带而进行的企业分化组合成为经济活动常态。2010年，全市主营业务收入500万元以上工业企业314家，业务总收入247亿元；规模以下企业5909家，工业总产值62.82亿元；形成以天博汽配、金皇活塞为龙头的机电汽配业，以裕隆集团、天安矿业、圣城热电为龙头的煤炭电力业，以曲阜中联水泥、东宏实业为龙头的建筑建材业，以孔府家酒、三孔啤酒等为龙头的食品加工业，以孔府药厂、圣旺药业等为代表的生物制药业，以鲁能泰山曲阜电缆、圣阳电源为龙头的电子信息业六大产业集群；轻工业产值82.20亿元，重工业产值158.27亿元，轻重工业产值比例为34:66；高新技术企业76家，实现产值65.89亿元，占规模以上工业总产值比重29.4%；利税过千万元企业16家，利税超亿元企业3家。裕隆集团、中联水泥、天安矿业、圣阳电源、金皇活塞、天博汽配、孔府家酒、燕京三孔啤酒、东宏管业、圣旺药业等重点骨干企业成为全市工业经济支柱。进入“十二五”，基于曲阜正处在转型发展、跨越崛起关键时期，面对经济下行压力逐渐增大，区域发展竞争日趋激烈等新情况，为保持工业经济快速增长态势，从2012年起，曲阜市实施工业立市战略，通过项目建设、招商引资、对外合资合作等方式，不断加大新兴产业培育力度，推动工业经济转型升级，扶持信息产业、汽车及零部件、生物医药三大主导产业，提出重点培育扶持十大骨干企业、10家新兴企业和2家煤矿企业，打造经济新常态下的“十厂二矿”，通过骨干企业支撑、新兴企业引领来带动全市工业经济转型升级发展。2013年，曲阜市有规模以上工业企业160家，实现主营业务收入247.39亿元、利税38.03亿元。全市形成以裕隆医药工业园、圣旺药业为代表的生物医药企业，以金皇活塞、天博汽配为龙头的汽车及零部件产业，以圣阳电源、润峰集团为代表的新能源产业，以东宏集团、鲁强电缆为代表的物联网产业。四大产业实现销售收入195.57亿元、利税34.25亿元、利润21.28亿元，分别占全市工业经济销售收入、利税、利润总量的68%、75%、70%。有国家级高新技术企业11家，院士工作站2家，高新技术产业产值占工业总产值的比重为59%。全市有省市级“一企一技术”研发中心和创新企业8家，拥有有效专利100余项。培植机械制造、信息化、生物医药、食品加工、建筑建材、旅游六大特色明显、结构优化、体系完整和市场竞争力强的产业集群。其中，机械制造产业集群和信息化产业集群被认定为济宁市第一批市级中小企业产业集群。2013年年底，六大产业集群企业2900余家，从业人员14万余人，实现营业收入430多亿元、利税50亿元，成为全市中小企业民营经济发展的强劲引擎。

第三产业快速壮大。1991—2013年，曲阜市立足国家历史文化名城和中国优秀旅游城市，围绕现代服务业发展主题，制定一系列政策措施，引进高端品牌，打造现代服务业精品，初步形成行业较为齐全、功能较为完善的服务业体系。2013年，曲阜市规模以上服务业企业176家，第三产业增加值达到173.17亿元，占地区生产总值47.7%。1991—2013年第三产业年均增长速度22.03%。

在城区大同路—鼓楼街—北关街中轴线上，聚集着五星级香格里拉酒店、四星级酒店阙里宾舍、三星级酒店杏坛宾馆、孔府北苑。借助京福、日东高速和104国道、327国道贯穿城区交通优势，打造形成鲁城汽车商贸物流基地儒易汽车城，北京现代4S店、雪铁龙4S店和别克4S店入驻运营。以明故城为中心，形成鼓楼街、五马祠街中心商业区，游客服务中心服务商业区和华联商厦、国贸大厦品牌购物区的城区“三级商贸圈”，建成以圣府商城、百意购物为龙头的东104国道大型商场一条街，以香格里拉酒店、阙里宾舍、君廷大酒店为龙头的北关街、鼓楼街、大同路住宿餐饮一条街，以三星国贸、双龙购物为龙头的西104国道商品集散一条街的三纵街区，以7天连锁、柠檬假日为代表的静轩路商务酒店一条街，以老厨子御景园、江南茶城为代表的逵泉路便民服务一条街，以丽景花园、锦华苑为代表的春秋路生态宜居一条街的三横街区，“三纵三横”网格化商贸旅游街区初步形成。

曲阜市交通运输邮电事业发展步入快车道，2013年，曲阜市境内公路通车里程1433.55千米，比1991年208.4千米增长6.9倍；全市固定电话用户发展到7.8万户，比1991年增长14.2倍，移动电话用户由1996年1398户发展到49.77万户；互联网用户6.51万户；全市邮电业务总量3.13亿元，比1991年增长74.35倍。

金融保险业发展较快。2013年，全市金融机构人民币存款余额214.13亿元，比1991年5.88亿元增长36.45倍；金融机构人民币贷款余额106.13亿元，比1991年4.75亿元增长22.34倍。保险业从小到大，服务领域不断扩大，2013年各类保费收入5.22亿元，全年累计支付赔款和给付保险金1.92亿元，其中财产险赔付金额0.66亿元。

特色产业集聚发展。2011年，曲阜市提出镇街主体功能区建设，遵循“宜农则农、宜工则工、宜商则商、宜游则游”原则，将全市12个镇街划分为8个工业主导型、3个旅游观光主导型和1个服务业引领型主体功能区，发展特色镇街、特色园区、特色产业。至2013年年底，培育出1个省级特色产业镇（鲁城街道旅游产业）、4个市级特色产业镇（时庄街道矿山机械制造产业、小雪街道管材产业、陵城镇医药产业和石门山镇旅游产业），各镇街主体功能区实现“三通一平”，在建主导产业项目167个，其中过亿元83个；息陬电动车、小雪管业、石门山草莓等特色产业园区初具规模。

招商引资崭新格局。1991—2013年，曲阜市发挥名城优势，实施外向型带动战略，初步形成全方位、

多层次、宽领域对外开放格局。2003年4月6日，济宁海关曲阜办事处和监管场站投入运营。按照“拓展两翼、整体推进”发展思路，规划启动曲阜工业园，加快建设经济开发区，拉开曲阜工业化、城市化发展新框架。2011年起，坚持“农业招商重标准、工业招商上规模、文化招商重品牌、城建招商上档次”总要求，围绕文化旅游、信息产业、汽车及零部件、生物医药、高铁新城、休闲农业六大重点领域，建立完善驻点招商和专业招商制度，实行市级领导带头招商、驻点招商局第一局长、招商项目分类观摩等制度，全市64个部门和12个镇街300余名机关事业单位干部，奔赴全国100多个大中城市，驻点招商，脱产招商。举办高铁新区暨城建、生物医药产业、汽车零部件、现代农业等招商大会，分别在北京、上海、天津、广州、宁波、杭州、南京、无锡、苏州、江阴、镇江、张家港、温州、台州、瑞安、玉环、厦门、常州、珠海、东莞、绍兴、深圳、扬州、武汉、昆山、潍坊、烟台、青岛、威海等驻点招商城市举办专题招商推介活动；紧盯世界500强企业、行业龙头企业，全力实现招商引资新突破。2011—2013年，签约项目247个，实际到位资金331亿元；引进美国ITW、德国大陆、联想控股等世界500强企业5家，香格里拉、绿城集团、灵山集团等一批知名企业成功落地；5年累计80个项目纳入济宁“大项目突破年”集中调度，57个项目列入济宁“千百亿”企业重点调度，完成投资380亿元。

四

1991—2013年，曲阜市依托丰富的文化资源和厚重的孔子文化底蕴，将文化资源优势、品牌价值优势转化为文化旅游产业发展优势。20世纪90年代初，确立“强农重工，活商兴旅”经济发展战略。1998年，提出“旅游兴市”发展思路。2011年起，实施“工业立市、文化强市、商旅活市”三大发展战略，旅游产业体系日趋完善，曲阜旅游经济快速发展。

旅游产业发展壮大。1991年，曲阜旅游总人数为135.58万人次，当年，曲阜三孔景区被评为全国旅游景点四十佳之一。20世纪90年代，国内旅游大发展，入境游进入高峰期。全市各景区接待游客，1995年为169万人，2000年为301万人次。京沪高铁开通后，曲阜游客市场呈现井喷式增长，其中三孔景区接待游客2011年为426万人次、2012—2013年为782.5万人次。

旅游开发成效显著。2005年，国家旅游局启动A级旅游景区评定工作，曲阜市迅速启动A级旅游景区申报工作。2007年，三孔景区成为国家首批AAAAA级旅游景区。2013年，曲阜共有A级旅游景区8处，其中AAAAA级旅游景区1处，AAAA级旅游景区2处，AAA级旅游景区7处，形成以三孔景区为龙头的A级旅游景区群。

旅游接待水平不断提高。1991年，曲阜有阙里宾舍1家涉外旅游饭店，旅游接待能力有限。经过23年发展，到2013年，曲阜有星级酒店11家，客房数为1500余间。以阙里宾舍、杏坛宾馆、旅游宾馆、曲阜大酒店、东方儒家花园酒店、锦江之星、汉庭连锁、如家快捷和全球五星级连锁酒店香格里拉大酒店为主，吴村镇、石门山镇、尼山镇等一大批农家乐为辅，形成包括国际高品质酒店、儒家文化主题酒店、经济连锁酒店和社会宾馆在内的旅游住宿接待体系。

从业队伍不断壮大。1991年，曲阜有包括3家旅行社在内7家旅游接待服务单位，配备导游71人。23年中，曲阜旅行社一直保持快速发展态势。2010年，整合全市旅行社，成立曲阜导游服务公司，将全市旅行社和导游服务纳入统一管理。到2013年，全市有旅行社38家，在职从业导游400余人。

旅游交通不断改善。曲阜市逐渐形成四通八达的交通网络，104国道、京福高速公路、327国道、日兰高速在境内纵横交叉。京沪铁路、兖石铁路穿境而过。京沪高铁曲阜东站和济宁曲阜机场相继建设。同时，公共交通“村村通”、城区旅游电瓶车专线和孔林电瓶车环线先后开通，使曲阜全域旅游成为现实。

旅游产品琳琅满目。20世纪90年代，三孔景区以静态观光游为主，2000年以后静态加文化演艺。2006年，曲阜举办首届孔子修学旅游节，孔子研学游迅速兴起，曲阜旅游参与性越来越强，文化体验项目越来越丰富。中国曲阜国际孔子文化节、曲阜孔子研学旅游节、尼山春季祭孔大典等旅游节事影响力越来越大。2013年5月1日，曲阜市策划推出“背《论语》免费游三孔”活动，在海内外引起强烈反响，先后获2013年山东省旅游产业创新奖特别奖、中国旅游风云榜

"2013中国旅游营销创新TOP10"。曲阜乡村旅游发展迅速,赏花踏青游、精品采摘游、体育休闲游、民俗体验游、亲子游等乡村旅游线路受到游客青睐,九仙山庙会、风筝踏青节、大樱桃采摘节等特色节庆活动成为曲阜文化旅游新亮点。在空间布局上,形成以"朝圣—拜孔—做儒客"为主线,南有孔子诞生地尼山、中有明故城、北有乡村旅游的"三点一线"地理空间结构,串起曲阜研学游资源、产品与服务三大板块,实现曲阜全域研学之旅。

23年中,曲阜市先后获得中国旅游胜地40佳称号,孔庙、孔府、孔林列入联合国教科文组织《世界遗产名录》,被列入中国35个王牌旅游城市之一、第一批中国优秀旅游城市,孔庙、孔府、孔林被评为国家AAAAA级旅游景区。

文化产业重点突破。伴随着全球中国文化热和儒家文化热的不断升温,文化产业成为曲阜经济发展的重要亮点,曲阜市文化产业总体布局,重点突破,一大批反映儒家文化特色的文化品牌和文化业态蓬勃兴起,文化产业产值在全市国民经济中的占比不断增加,文化会展、古书籍印刷、文化演艺、非遗项目整理开发、3D打印、动漫创作等新的文化业态不断创新。2008年5月,曲阜市被确定为国家级文化产业示范园区,园区带动产业升级。

做大孔子文化品牌。通过大项目带动,推进文化与旅游、教育、科技等产业跨界融合,做大孔子文化品牌,文化产业实力不断壮大。1996年9月,国务院批准在曲阜设立孔子研究院。2005年9月,联合国教科文组织设立国际"孔子教育奖"后,"全球联合祭孔"、"同根一脉,两岸祭孔"、春季尼山祭孔大典、中国修学旅游节、中国鲁班文化节、联合国教科文组织孔子文化奖、孔子旅游奖、孔子友谊奖、首届世界儒学大会、首届尼山世界文明论坛等大型文化活动相继在曲阜举行。2012年,实施文化建设"突破曲阜"战略,曲阜文化发展被纳入山东省乃至国家发展战略层面。2013年11月26日,中共中央总书记、国家主席、中央军委主席习近平视察曲阜,提出将孔子故里建成"首善之区"的殷切期望,使曲阜的城市文化张力和知名度越来越大。

文化产业集群发展。2008年7月,曲阜国家级文化产业示范园区挂牌成立,掀开曲阜文化产业转型升级序幕。曲阜文化产业逐步确立"一线七片六大基地九大产业业态"发展总体规划布局,明晰"一轴、一线、双城、四山"文化产业空间战略布局,即以孔孟大中轴线为"一轴",形成新兴文化产业集聚带;以孔子大道为"一线",形成都市休闲产业带;以明故城、曲阜新城为"双城",把明故城建成儒家思想体验休闲区,把国家级文化产业示范园核心区建成曲阜文化城市综合体;以尼山、石门山、九仙山、九龙山为"四山",发展度假休闲、农业观光、教育培训等。坚持"大项目立园、大企业立园、大工程立园"发展思路,全力推进重点项目建设,培育壮大骨干文化企业。尼山圣境、孔子博物馆、明故城古泮池、蓼河二十里儒家文化旅游观光带、鲁国故城考古遗址公园、孔子学院总部体验基地、鲁班文化产业园、曲阜文化国际慢城等文化产业大项目相继启动并快速推进,文化产业发展活力不断增强。

五

1991—2013年,曲阜综合实力显著增强,产业规模不断扩张,政风行风持续改进,城乡面貌日新月异,人民生活明显改善。

地方新政不断推出。2011年起,曲阜以深化改革为动力,以创新地方新政为突破口,加强党的建设,创新社会治理模式,践行"百姓至上"理念,相继实施第一书记、第一局长、"马上就办"工作机制、"四零"工程、村干部直选、权力清单、全民免费健康查体、困难家庭大病全报销、建立群众监督批评党委政府工作机制等50项新举措。其中,2011年2月,曲阜创新实践第一书记"1+1"制度,以联系群众新模式入选"全国基层党建创新最佳案例";2月,实施"马上就办"工作机制,打造"无缝行政"模式,被评为"2011年全国优秀地方新政",成为全国第一家通过ISO 9001国际质量管理体系认证的民生服务类工作体系。信访局第一局长"1+2"工作制度,作为推动社会长治久安、密切党群干群关系的"民心工程",被评为2012年"全国优秀地方新政"第一名。全市405个村居和相关行业组建"第一书记工作室",全覆盖建立"和为贵"调解室,推行"民情夜会"制度,推行"阳光信访"模式。中共中央政治局委员、中央政法委书记孟建柱对曲

阜市“和为贵”调解室建设给予高度评价。在“实干兴市”中创造出的“五种精神”，即“创卫精神”“高铁精神”“村村到精神”“古泮池精神”“蓼河精神”，成为曲阜人创造的新的精神财富。

城乡建设日新月异。1993年，曲阜实施新一轮总体规划编制，确立建设国际性历史文化名城、世界孔子研究中心、花园式生态城市的目标。2001年11月，复修明故城墙。2004年9月竣工，将孔庙、孔府、颜庙和历史街区连成一体，一个完整的明故城展现在世人面前。2004年5月，曲阜市确定2003—2020年城市总体规划，定位为世界著名历史文化名城，呈现“南展、北控、东进、西扩”总体布局。2013年，“一路两河”“一轴三区”城市发展布局全面拉开，建成区面积27平方千米，曲阜市城镇化率为57%。

2002年起，为解决群众出行难题，实施公共交通建设。先后修建大成路、舞雩坛路、孔孟新道、孔子大道、滨河大道、颜子大道等城市主干道，加快实施路网、管网等工程建设。2008年，提出“完善城乡公交运营机制，实现城乡公交一体化”目标。2009年9月，曲阜汽车新站竣工投入使用。2011年6月30日，京沪高铁曲阜东站开通运营，使曲阜成为鲁西南重要的交通枢纽城市。建设升级污水处理设施，建成日处理300吨垃圾中转站，全市10个镇街驻地安装地埋式生活污水处理器，新增“一池三改”3000户，新建1200余个固定垃圾池、垃圾站点等基础设施，城乡实现环卫一体化标准。引泗河水入城，泗河、大沂河、小沂河、蓼河、护城河、洙水河“六河贯通”，曲阜倍增灵秀之气。推进美丽乡村建设，实施镇街“六大突破”战略、小城镇“五个一”建设和农村“十个全覆盖”工程，全市4477条农村公路、村内街巷，覆盖全部405个村居，“村村通”“村内通”“户户通”。曲阜市获中国城市建设与管理典范城市、省村级公路网化示范县、省生态文明乡村建设工作先进市等称号和省人居环境范例奖。

群众文化蔚为大观。“十二五”期间，曲阜市规划建设文化馆、图书馆、尼山圣境、孔子博物馆、鲁国故城考古遗址公园、孔子文化园、论语碑苑、孔子文化会展中心、体育公园、游客集散中心、蓼河“四德”文化公园、沂河文化公园、百年巨匠园、政德教育基地等公共文化服务设施。推进“彬彬有礼道德城市”建设，实施“勤善公和”四大工程，举办“百姓儒学节”活动，启动“全民修身”和“全民守法”教育实践活动，试点“乐和家园”实践活动，打造“百姓儒学+乡村游”模式，实施“511”文化惠民工程，构建15分钟公共文化服务圈，《祭孔大典》《曲阜楷木雕刻》《鲁班传说》《孔府菜烹饪技艺》《琉璃烧制技艺》5项目被列入国家级非物质文化遗产名录。曲阜市先后获全国休闲农业与乡村旅游示范市、全国社会文化先进市称号。

科技创新突飞猛进。23年中，曲阜市高度重视科技创新工作，把科学技术工作放在第一位，加大科研力量，加大资金投入，科技创新能力显著提升。1994—1995年，全市乡镇企业新上技改投入8.3亿元，完成科技开发46项，其中21项填补省以上空白。1996—1998年，全市乡镇企业共实施新上技改项目368项。“十二五”后，曲阜市围绕建设“现代科技新城”总体目标，实施创新驱动发展战略，引进、培育、发展战略性新兴产业和创新型企业，打造新兴产业集聚、高端人才密集、科研成果丰硕的创新发展试验区。2013年，全市拥有各类科研开发机构53家，建成国家级企业技术中心1家、省级6家，国家工程实验室1家、省级1家，省级工程技术研究中心8家，省级示范工程技术研究中心2家，省级院士工作站3家，省级“一企一技术”研发中心1家、创新企业7家，省级“专精特新”中小企业7家、技术创新战略联盟5家，国家级高新技术企业11家，中国专利山东明星企业11家，全市高新技术产业产值52.12亿元，占规模以上工业产值比重26.58%。1996—2013年，曲阜市连年保持“全国科技进步先进市”称号。

生态文明谱写新篇。1991年起，曲阜把生态文明的元素融入经济社会发展各个方面，走生态化城市发展道路。

打造“生态宜居水城”。编制城市水系规划，加快构建“水畅、河清、岸绿、景美”的水系景观，相继实施河道综合治理、泗河引水入城、人工湿地水质净化及生态修复建设、小流域治理等重点工程，对城区、主要交通干线和河流两侧环境面貌进行综合治理，建设大沂河、小沂河、护城河、小林河四大生态绿化风景带，实施明故城二、三级水系建设工程，建立泗河—护城河—古泮池—沂河的三级水系，形成“水连城、水绕城、水融城”生态宜居水城亮丽景观。

打造生态园林城市。实施城市林荫路系统建设、林荫公园建设、林荫庭院小区建设、林荫停车场建设、立体绿化建设等绿荫行动“五大工程”，按照“一街一景”“一路一品”原则，在全市开展“城乡大绿化”工程，建设形成春秋路、大成路、护城河沿岸和大沂河河堤等绿道。1991—2013年，累计建设孔子广场、民族公园、体育公园、大沂河公园、蓼河公园等21处广场、公园、游园绿地。城区居民300米能见绿、500米能见园，建成区绿化覆盖面积10.5平方千米，绿化覆盖率38.9%。

八城同创美好家园。“十二五”期间，曲阜市创新启动“八城同创”工作。2013年，推进创建国家卫生城活动；获批成为国家第二批智慧城市试点市，国家森林城市、国家环保模范城、国家园林城市创建取得阶段性成果。万元地区生产总值能耗年均降低3.75%以上，烟尘控制区覆盖面积14平方千米，环境噪声达标面积12平方千米，工业废水排放达标率100%，工业固体废物综合利用率100%，城市饮用水达标率100%，森林覆盖率34.5%。

社会民生全面进步。2013年，城镇居民人均可支配收入20365元，比1991年1438元增长18927元；农民人均纯收入11268元，比1991年741元增长10527元。私人轿车、互联网用户分别为4.62万辆和5.16万户。

教育投入不断增加。通过实施“科教兴曲”战略，科技、教育成为推动曲阜经济和社会发展的强大动力。1995年，曲阜市在全省率先实现“两基”目标，被评为省级“两基”先进县市，小学、初中适龄儿童入学率100%，巩固率分别为100%、98%，高中阶段教育普及率90%以上。2011年，提前完成农村义务教育“普九”债务化解工作。2012年，落实义务教育“两免一补”和教育基础设施建设。2013年，全市有各级各类学校250所，专任教师9164人，在校生15.17万人。其中，普通高中2所，在校生9108人；初级中学23所，在校生19446人；小学74所，在校生35587人；幼儿园142所，在园幼儿18488人，儿童入园率95%，适龄儿童入学率100%。

社会保障水平不断提升。1997年，曲阜市建立城市居民、农村居民最低生活保障制度。2007—2013年，先后7次提高保障标准。2003年起，启动新型农村合作医疗试点。2004年，曲阜市建立城乡医疗救助制度。2008年7月起，启动城镇居民医疗保险制度试点。2010年，建立低保标准自然增长机制。2011年7月起，启动新型农村社会养老保险制度、城镇居民社会养老保险制度国际级试点。2013年，实施城乡困难群众大病全报销制度。到年底，全市保障城市低保对象1094户、2931人，农村低保对象8315户、16170人。

“十二五”期间，曲阜市坚持“民生优先”财政投向，每年征集交办“群众最不满意十件事”；实施教育名市、健康名市建设等系列民生工程，在全省率先实现全民免费健康查体和农村教师上下班免费乘车；镇街卫生院和村级卫生所实现基本药物制度全覆盖；实现“村村通公交车”目标；体育基础设施不断完善，到2013年，有国家级群众体育场地1处、省级全民健身活动中心1处（孔子国际会展中心）、全民健身公园1处（沂河公园）。曲阜市先后获全国卫生城市、全省农村卫生先进县（市）、全国文化先进县（市）、全国体育先进县（市）等称号。

“周虽旧邦，其命维新”。曲阜，从历史走向未来，从延续民族文化血脉中开拓前进。演绎着金声玉振的和谐旋律，追寻着建设“东方圣城·首善之区”的宏伟目标，激励着64万曲阜人民在复兴之路、追梦之旅的征程上，走向更加辉煌的明天。

大事记

曲阜孔庙金声玉振坊（2013 年摄）

大 事 记

1991年

1月9日 中共中央政治局常委、中央纪律检查委员会书记乔石在省委书记姜春云陪同下到曲阜市视察。

2月1—2日 市委八届三次全委(扩大)会议召开,讨论并原则通过《曲阜市国民经济和社会发展十年规划及第八个五年计划(草案)》。

2月7日 国家教委副主任何东昌在副省长宋法棠等陪同下到曲阜师范大学(简称曲师大)考察。

2月28日 国务委员兼国家科委主任宋健到曲阜市考察。

3月21—25日 市政协八届二次会议召开,增选孔庆玺为市政协副主席。

3月27—30日 市人大十二届二次全体会议召开,听取审查市政府、市人大常委会、市法院、市检察院工作报告和市国民经济计划、市财政预决算,审查批准曲阜市国民经济、社会发展十年规划和第八个五年计划。

1991年6月18日,联合国教科文总干事费德里科·马约尔到曲阜市访问

3月30日 在全省职工教育工作会议上，曲阜市被省政府授予职工教育先进集体称号。

4月2日 陈波烈士塑像揭幕仪式在曲阜市烈士陵园举行。

4月23—27日 由中国鲁迅研究学会发起主办的全国“鲁迅与孔子”学术研讨会在曲师大召开。

5月11日 中国人民志愿军侦察英雄杨育才应邀到曲阜市作革命传统教育报告。

5月11日至12日 全国政协副主席王恩茂一行，在山东省政协副主席金保珍陪同下到曲阜市视察。

6月2日 巴布亚新几内亚总督塞雷·艾里,到曲阜市参观访问。

6月18日 联合国教科文组织总干事费德里科·马约尔博士一行4人,在副省长宋法棠等陪同下,到曲阜市参观访问，同意以联合国教科文组织名义举办国际孔子文化节，并同意将曲阜三孔尽快列入人类历史文化遗产项目进行保护。

6月26日 中央顾问委员会常委王鹤寿到曲阜市考察。

7月8日 全市3.22万公顷小麦大丰收。平均单产337千克,比上年增加71千克,增长26.7%;总产16.31万吨,比上年增加3.92万吨,增长31.6%。单产总产双创历史最高水平。

8月14日 经国家旅游局批准，阙里宾舍为三星级饭店。

9月16日 缅甸中央红十字会访华团到曲阜市参观访问。

9月25日 第30届世界优质产品质量评比授奖仪式在西班牙巴塞罗那举行。曲阜市酒厂的“孔府家酒”获国际金奖。

9月26日 1991年中国(曲阜)国际孔子文化节开幕。

9月28日 纪念孔子诞辰暨世界旅游日活动在孔庙大成殿前举行。

9月29日 《中国共产党曲阜市历史大事记》举行首发式。

10月8日 朝鲜劳动党中央委员会总书记、朝鲜民主主义人民共和国主席金日成，副主席李钟玉，劳动党中央书记韩成龙一行到曲阜市访问。

10月10日 海峡两岸首次儒学学术讨论会在曲阜市召开。

10月25日 全国爱卫会副主任刘习良等到曲阜市检查指导农村卫生改水工作。

10月25日 曲师大偏光技术实验室被批准为全国高校实验室系统先进集体。

1991年10月8—9日，朝鲜劳动党中央委员会总书记、朝鲜民主主义人民共和国主席金日成（前右二）到曲阜市参观访问

10月29日 应日本佐贺县多久市市长百崎素弘邀请，市委副书记、市长房立泉率领市政府代表团到日本多久市进行考察访问，并参加多久市圣庙修复落成典礼。

10月31日 中共中央政治局常委、国务院总理李鹏在国务委员陈俊生等陪同下，到曲阜市视察沂河改造工程和三孔等，题词"汲取孔子思想精华，弘扬民族优秀文化"。

11月18日 原航空航天工业部副部长马真率领国务院税收、财务、物价大检查工作组人员到曲阜市考察督导。

12月4日 曲阜市获全国农村自来水建设普及市称号。

12月10日 山东省委、省政府、省军区命名曲阜市为双拥先进市。

12月21日 国家爱国卫生运动委员会公布曲阜市为全国卫生城市。

12月25日 上海电影制片厂摄制组到曲阜市拍摄旨在反映现代曲阜人家生活的故事片《阙里人家》，影片导演吴贻弓。

12月28日 曲阜三孔获"中国旅游胜地四十佳"称号。

12月28—29日 曲阜市委召开八届五次全委（扩大）会议，原则通过《中共曲阜市关于贯彻党的十三届八中全会精神，实现农村奔小康目标的意见》和《中共曲阜市委1992年工作要点》。

1991年6月2日，巴布亚新几内亚总督塞雷·艾里到曲阜市参观访问

1992年

2月14—16日 山东省第七届"至圣杯"竞走比赛在曲阜市体育场进行。

3月 全市开展以经济建设为中心的大讨论。

3月17—21日 市政协八届三次会议召开，补选张继鹏为市政协秘书长。

3月27日 寿丘文物旅游区破土动工。

4月10日 中央军委副主席刘华清到曲阜市视察。

4月11日 全国政协副主席洪学智一行，在省委副书记高昌礼和省政协副主席周振兴陪同下，到曲阜市视察。

4月16日 中国孔子基金会会长（扩大）会议在阙里宾舍举行。全国政协副主席、中国孔子基金会名誉会长谷牧出席会议并讲话，山东省委书记姜春云到会讲话，济宁市委副书记、市长王修智，曲阜市委书记崔波到会致辞。增补曲师大校长徐宝庆为副会长。

5月8日 市体育中心破土动工。

5月18日 曲阜市“八五”期间重点商贸工程——商业大厦奠基。

5月18日 全国政协副主席、中国孔子基金会名誉会长谷牧视察曲阜市商业大厦筹建工作。

5月27日 以最高人民会议委员长杨亨燮为团长的朝鲜民主主义人民共和国最高人民会议代表团一行10人，在全国人大常委会副委员长彭冲陪同下，到曲阜市参观访问。

5月28日 全国人大常委会副委员长费孝通一行，在省人大常委会副主任徐建春陪同下到曲阜市视察。

6月 中共中央政治局委员、四川省委书记杨汝岱到曲阜市考察。

1992年5月27日，朝鲜最高人民会议委员长杨亨燮（左一）访问曲阜

7月26日 中共中央政治局委员、国务院副总理邹家华到曲阜市视察。

7月29日 中共中央总书记、国家主席江泽民到曲阜市视察，题词“建设文化名城，繁荣曲阜经济”。

8月8日 曲阜经济技术开发区举行奠基仪式。

9月17日 曲阜市酒厂晋升为国家大型一类企业，并被列入“1992年中国500家最大工业企业”。

9月26日 中国（曲阜）国际孔子文化节暨1992中国友好观光年“寻根朝觐之旅”首游式开幕。中共中央政治局常委、全国政协主席李瑞环发来贺信：“我们应当通过卓有成效的工作，进一步保护和继承孔子文化遗产，吸取孔子思想精华，把民族优秀文化传统和改革开放事业很好地结合起来，为实现中华民族的伟大复兴做出贡献。”

9月27日 中国曲阜六艺城奠基。

10月10日 全国中小学整体改革第五届研讨会暨讲习会在曲阜市召开，曲阜市实验小学“和乐教育”改革得到专家认可，儿童教育家韩作黎作报告。

10月16日 曲师大教授李国华研制的“新型（系列）双反射偏光分束棱镜”在北京国际发明展览会上获银牌。

11月8日 曲阜第一家台商独资企业金府宾馆举行奠基仪式。

11月12日 石门山林场被林业部批准为国家森林公园。

12月11日 曲阜市获山东省“双拥模范市”称号。

1992年，曲阜市被民政部评为“农村社会养老保险先进市”。

1993年

1月14—17日 市委八届六次全委（扩大）会议召开，讨论审议并原则通过《中共曲阜市委关于解放思想、真抓实干、奋战三年，提前翻番的决议》。

1月16日 卫生部公布曲阜市为全国初级卫生保健达标市。

2月2—5日 市政协九届一次会议召开。会议选举李克胜为政协主席，李秀文、傅鸿泉、孔庆玺、徐寿嶂、邵西林、徐惠林为副主席，张继鹏为秘书长。

2月8—13日 市人大十三届一次会议召开。会议选举尹效英为人大常委会主任，徐庆刚、付洪云、郭宗英、刘祥德、曾奇栋、孙宪琚为副主任；选举出市人大常委会委员12人；选举许传俊为市政府市长，卢兆河、赵元山、孟庆安、韦良华、刘金山为副市长；选举姜秉举为市人民法院院长，孔祥河为市人民检察院检察长。

2月26日 山东省委副书记马仲才到曲阜市考察指导工作。

1993年4月23日，新加坡政府总理吴作栋（前左三）在曲阜

3月15日 小林河治理工程开工，工程投入资金206万元，投工45000个，完成土方45340立方米，石砌护岸7000平方米。4月22日竣工。

3月26日 曲阜市十三届人大常委会举行第一次会议，同意曲阜市与日本佐贺县多久市缔结为友好城市。

4月22日 书院乡旧县二街邮电所开业，这是曲阜市第一个村级邮电所。

4月23日 新加坡共和国政府总理吴作栋到曲阜市参观访问。

5月4日 中共中央政治局委员、中央纪律检查委员会书记尉健行到曲阜市视察。

5月13—14日 省教委主任吕可英等到曲师大检查指导工作。

6月5日 曲师大王长钰、章志敏、马克杰撰写的《坚持“教学、科研、生产三结合”，出人才、出效益、出成果》，获1993年国家普通高等学校优秀教学成果二等奖。

6月28日 曲阜镇西关街团支部获全国各族青年团结进步先进集体称号，团支部书记孔德香出席在北京人民大会堂举行的表彰大会。

8月1日 第十届全国高校手球联赛在曲师大举行。

8月2日 全国人大常委会副委员长雷洁琼到曲阜市视察。

9月22—23日 市委八届七次全委（扩大）会议召开，研究部署曲阜市开展反腐败斗争，大力推进党风廉政建设和经济工作。

9月26日 1993年中国（曲阜）国际孔子文化节开幕式于孔庙大成殿前举行。原中顾委常委段君毅出席开幕式。

9月26日 曲阜六艺城竣工剪彩开业。

9月27日 印度国大党主席索尼亚·甘地到曲阜市参观访问。

9月29日 《曲阜市志》首发式暨总结表彰大会在市机关招待所举行。

11月6日 曲阜市与美国加利福尼亚州戴维斯市缔结友好城市签字仪式在戴市举行。

11月23日 曲阜市与日本佐贺县多久市缔结友好城市签字仪式在曲阜市举行。

1994年

1月5日 曲阜市三孔啤酒有限公司与德国DAB酿造顾问有限公司举行技术合作合同签订仪式。

1月13日 市政府召开十三届三次全体（扩大）会议。

1月13日 曲阜市财政收入首次突破亿元大关，为14076万元，跃居济宁市第二位。

1月17日 江西省委副书记卢秀珍一行到曲阜市考察。

1月24—27日 市人大十三届二次全体会议在

市机关招待所举行，补选秦裕彦为市人大常委会副主任。

2月17—18日 市委八届八次全委（扩大）会议召开。会议提出1994年乃至今后一个时期工作的指导思想、任务目标和工作措施，力争奋战两年，到“八五”末，全市工农业总产值一百亿元，跨入全省强县（市）行列。

2月19日 省委副书记韩喜凯到曲阜市考察。

2月28日 1994中国文物古迹游孔子周游列国首游式在曲阜孔府举行。

3月2日 济南军区司令员张太恒到曲阜市考察。

3月3日 孔孟新道（曲阜至邹城）动工修建。

3月13日 中共中央政治局委员、上海市委书记吴邦国，上海市委副书记、市长黄菊到曲阜市考察。

3月22日 凌晨1时40分，单家村煤矿-290米深处，在掘进中突然发生底板冒水，涌水量每小时2100立方米。以矿长秦裕彦为首的全矿干部职工全力投入抢险，经过8昼夜拼搏，取得堵水成功，挽回直接与间接经济损失4500万元。

4月4日 世界银行中蒙局局长尼古拉斯·霍普、世行驻中国代表处首席代表彼德·鲍泰利、世行中蒙局项目顾问木村洋等世行官员，考察南辛镇大湖万亩井灌示范区建设。

4月4日 全国双拥办副主任周士禹率检查团到曲阜市检查工作。

1994年2月28日，中国文物古迹游孔子周游列国首游式现场
侯新建/摄

4月9日 市住房改革调度会议召开，主要任务目标是：7月1日完成全市公房出售的20%，力争完成50%；全面推行住房公积金制度。

4月22日 全国人大常委会副委员长陈慕华到曲阜市视察。

4月27日 中顾委原常委、国防大学政委李德生到曲阜市考察。

4月27日 著名词作家乔羽到曲阜市采风。

4月28日 毛泽东主席亲属张文秋、邵华、毛新宇到曲阜市参观。

5月2日 省委副书记、省长赵志浩到曲阜市单家村煤矿考察调研，听取该矿战胜奥灰突水的汇报，题词“艰苦创业，英雄群体”。

5月4日 司法部副部长肖建章到曲阜市考察。

5月5日 中共中央政治局委员、山东省委书记姜春云到曲阜市考察指导工作。

5月10日 曲师大教授相隆本作为《汉语大词典》编委和分卷副主编在北京出席庆典庆功会，受到江泽民、李鹏等党和国家领导人接见。

5月11日 省委副书记、副省长李春亭到曲师大考察。

5月12日 全国政协原副主席谷牧由省政协副主席田健陪同，到曲阜市视察城市建设和文物保护工作。

5月17日 中共中央组织部部长吕枫到曲阜市考察。

5月29日 联合国教科文组织遗产专家考察团一行5人到曲阜市考察三孔。

6月22日 黑龙江省政协主席周文华率全国政协委员视察团一行32人，由山东省政协副主席翟永渟陪同，到曲阜市考察，听取曲阜市负责人汇报，并将关于在曲阜市设立孔子研究院问题向全国政协提出建议。

7月14日 市政府召开十三届四次全体（扩大）会议。

7月21日 全国政协副主席万国权、中央统战部副部长刘延东到曲阜市视察。

8月8日 副省长王玉玺调研曲阜市田径场馆建设工程。

8月20—24日 儒学与文学国际学术

研讨会在曲师大召开。

8月24日 人民日报社社长邵华泽到曲阜市考察。

8月25日 上海市政协主席陈铁迪由省政协副主席翟永涥陪同到曲阜市考察。

8月28日 副省长张瑞凤调研曲阜市田径场建设工程。

8月28日 马来西亚副总理安瓦尔·易卜拉欣率政府代表团到曲阜市参观访问。

9月 曲师大附中被国家体委、国家教委授予1993年度“全国先进体育传统项目学校”称号。

1994年10月9日，格鲁吉亚议长瓦赫坦·戈古阿泽(前左)访问曲阜

9月6日 中国科协常务副主席、党组书记高潮到曲阜市考察。

9月7日 全国政协副主席阿沛·阿旺晋美到曲阜市视察。

9月8—17日 曲师大激光研究所发明的“线性相位延迟补偿器”，激光所与中科院物理所合作发明的“光通信红外线隔离器”在第八届全国发明展览会上分获银奖和金奖，均获省第三届发明展评会特等奖。

9月14日 中国残联理事长邓朴方到曲阜市考察。

9月16日 孔子博物院收到台湾佛陀教育基金会捐赠的彩色图绘《孔子圣迹图》1000册。

9月23日 全国政协原副主席马文瑞到曲阜市视察。

9月24日 鲁国盛世华夏文化城竣工开业。

9月24日 全国人大常委会副委员长李锡铭到曲阜市视察。

9月25日 论语碑苑一期工程竣工。

9月26日 1994中国(曲阜)国际孔子文化节暨经贸洽谈会在市体育中心田径场开幕。全国人大常委会副委员长李锡铭、全国政协原副主席马文瑞出席开幕式。

9月26日 《孔子文化大典》首发式在阙里宾舍举行。《山东省志·孔子故里志》首发式在杏坛宾馆举行。

9月28日 孔子2545年诞辰纪念活动在孔庙大成殿前举行。

10月2日 原国家主席杨尚昆在山东省委副书记韩喜凯陪同下到曲阜市视察。

10月6日 全国地方志年鉴与经济发展研讨会在曲阜旅游宾馆召开，包括台湾学者在内的全国11个省市的史志工作专家、学者代表参加会议。

10月9日 格鲁吉亚议会议长瓦赫坦·戈古阿泽率格鲁吉亚议会代表团到曲阜市进行友好访问。

10月10日 中国轻工企业文化专业委员会在曲阜市成立。

10月19日 文化部副部长徐文伯到曲阜市调研。

11月9日 机械电子工业部部长、党组书记何光远到曲阜市调研。

11月12日 财政部部长、党组书记兼国家税务总局局长刘仲藜到曲阜市考察。

11月17日 以山东省政协主席陆懋曾为团长的驻鲁全国政协委员视察团一行11人，到曲阜市考察城市建设及个体私营经济发展情况。

11月18日 济宁市委书记王修智、市政协主席翟学恕、副市长谢计达调研吴村镇九仙山旅游开发区工作。

12月15日 在泰国曼谷召开的有100多个国家和地区参加的联合国世界遗产会议上，曲阜三孔被列入《世界遗产名录》，并向全世界发表公报。

12月27日 曲阜水泥厂晋升为国家大型二类级企业。

12月31日 孔府家酒1994年利税突破2亿元，成为山东省白酒行业第一利税大户，跻身全国白酒前八强企业。

1995年

1月8日 市政府召开十三届五次全体（扩大）会议。

1月29日 市中医院被国家中医药管理局命名为“二级甲等中医院”。

2月10—11日 市委八届十次全委(扩大)会议召开。会议讨论通过市委《关于贯彻落实党的十四届四中全会决定进一步加强党的建设的意见》和《中共曲阜市八届十次全委(扩大)会议关于加快建设经济强市的决议》。

2月22日 孔子博物院收到台湾佛陀教育基金会捐赠的彩色图绘《论语画解》5000册。

2月28日 曲阜市第一所希望小学尼山乡夫子洞裕隆希望小学建成使用。

3月 曲阜市被电力工业部授予“全国农村电气化县”称号。

3月9日 市人民医院晋升为国家二级甲等医院，举行挂牌仪式。

3月27日 冶金工业部部长、党组书记刘淇到曲阜市考察。

4月11日 曲阜市被省政府确定为1995—1999年省级生态农业试点市。

4月12日 省政协副主席、高校工委书记、教委主任崔惟琳到曲师大看望特困学生。

4月14日 省委书记赵志浩在济宁市委书记王修智、市长王仁元陪同下，到曲阜市调研城市建设工作。

4月25日 “孔子故乡四千年文物大展”在台北市开幕。

5月6日 小沂河、小林河防汛治理工程竣工。

5月15—17日 中国孔子基金会第三届理事会在曲阜市召开。中央书记处原书记、国务院原副总理、全国政协原副主席谷牧出席会议并作重要讲话。

5月20日 中国国际奥委会副主任何振梁到曲阜市检查指导创建全国体育先进县工作。

5月23日 最高人民检察院检察长张思卿到市检察院调研。

5月25—27日 中国共产党曲阜市第九次代表大会在市机关招待所召开，大会出席代表310人。大会选举出由11名常委组成的市委常务委员会，王润廷当选为市委书记，许传俊、李克胜、李进普、谷传祥当选为市委副书记，王润廷、许传俊、李克胜、李进普、谷传祥、王德金、高洪彦、刘芝峰等9人为常委。在市纪委第一次全委会上，选举出纪委常务委员会，王德金当选为市纪委书记。

5月30日 市十三届人大常委会举行十五次会议，批准曲阜市与江苏省江阴市、张家港市缔结友好城市。

5月31 孔府药厂抗癌新药——康逆灵获“第一届中国国际医药保健科技精品博览会”金奖。

6月17日 全市居民储蓄突破10亿元大关。

6月18日 广播电影电视部部长、党组书记孙家正到曲阜市考察。

7月1日 9时58分开始，遭受雷雨、大风、冰雹袭击，瞬时风速24~26米/秒，冰雹直径10毫米左右，降雹时间持续3~5分钟，造成全市7人死亡，百余人重伤，3万只家畜、家禽被砸死，农作物受灾面积4.14万公顷，倒塌房屋2500余间，24万棵树木被刮断刮倒，其中孔府、孔庙等名胜建筑院内53棵古树被刮倒，有5棵古树被拦腰折断。全市停电4小时。经济损失2.3亿元以上。

7月5日 邹城市、嘉祥县两县市捐款5万元、玉米种5000千克，支援曲阜市受灾群众。

7月30日 济宁市委书记王修智调研尼山水库防汛和开发建设工作。

7月31日 广东省委原书记任仲夷在山东省委副书记李文全陪同下，到曲阜市考察。

8月1日 市政府召开十三届六次全体（扩大）会议。

8月7日 省委常委、组织部部长王克玉到曲阜市调研。

8月9日 中国科协党组书记高振宁到曲阜市考察。

8月18日 曲阜镇与香港利晶投资有限公司合资开办的曲阜大酒店试营业。

9月4日 曲阜镇被省政府命名为“齐鲁乡镇之星”。

9月13日 四川省委副书记秦玉琴到曲阜市考察。

9月25日 马来西亚妇女代表团一行12人到曲阜市参加孔子文化节活动。

9月26日 1995中国(曲阜)国际孔子文化节开幕。

9月27日 省人大常委会副主任苗枫林一行到市供电局考察。

9月27日 省委副书记、副省长宋法棠到曲师大参加建校40周年活动。

10月6日 曲阜批发商城开业暨首届曲阜全国秋季商品交易会开幕。

10月7日 市政协九届四次全体会议召开,选举李秀文为市政协主席,增选陈学英为副主席。

10月10日 曲阜市机关办公大楼奠基。

10月14日 瑞典外交大臣莱娜·叶尔姆·瓦伦女士到曲阜市参观访问。

10月14日 省委书记赵志浩到曲阜市考察调研。

10月16—22日 曲师大激光研究所发明的“对称分束角偏光分束镜”在第九届全国发明展览会上获金牌奖。

10月22日 法国爱尔伯·肯恩博物馆将一批珍贵的曲阜历史照片赠送给市文管会。

10月25日 市委书记王润廷率领商务谈判代表团到德国DAB酿造顾问有限公司进行商务谈判和考察。

10月26日 全国人大常委会原副委员长廖汉生到曲阜市视察。

11月6日 曲阜市被省委、省政府、省军区授予“全省双拥模范市”称号,曲阜镇同时被授予“拥军优属模范单位”。

12月14日 市委九届二次全委(扩大)会议召开,原则通过《曲阜市国民经济和社会发展第九个五年计划及2010年远景目标纲要(草案)》。

12月27日 曲阜市被国家旅游局定为首批创建中国优秀旅游城市之一,标志着曲阜进入国家重点旅游城市行列。

12月27日 曲阜市三孔啤酒有限公司晋升为国家大型一类企业。

1996年

1月19日 市孔府家集团总裁杨淑君将市委、市政府奖励给本人的50万元及孔府家集团捐赠的50万元全部捐献给市教育事业。

1月22—25日 市政协九届五次全体会议召开。会议通过孔庆玺辞去市政协九届委员会副主席职务的请求。

2月 曲阜市“两基”(基本普及九年义务教育、基本扫除青壮年文盲)工作通过国家验收。

3月1日 全市农村工作会议召开。邀请临沂市罗庄镇党委副书记、沈泉庄党支部书记王廷江作报告。

3月11日 市政府第十三届八次全体(扩大)会议召开。

4月22日 省委常委、政法委书记张惠来到书院乡调研综合治理工作。

5月16日 曲阜市第一个乡镇检察室——曲阜镇检察室挂牌。

5月21日 市职业中专经国家教委复评, 被认定为“省级重点职业中专”并举行挂牌仪式。

6月5日 省文化厅在曲阜市召开全国文化先进县(市)命名大会,并代文化部授予曲阜市“全国文化先进县(市)”称号,市图书馆“全国文明图书馆”“国家二级图书馆”称号。

6月6—7日 省人大常委会副主任苗枫林等考察调研曲阜市贯彻实施药品管理法情况。

6月12日 曲师大举行净空法师捐赠《四库全书荟要》、颁发“华藏奖学金”仪式。

6月30日 曲阜市举行首批国家公务员和机关工作者过渡考试,市直党政群机关47个单位759名工作人员参加。

7月6—7日 中共中央政治局委员、国务委员兼国家经济体制改革委员会主任李铁映到曲阜市考察调研文物保护工作。

7月10—12日 由中国社会科学院主办、台湾中流文教基金会协办的“海峡两岸弘扬中华传统文

1996年10月14日，新加坡副总理李显龙（前右一）到曲阜市参观访问

化学术研讨会”在曲阜召开。

7月16—17日 省委副书记、副省长宋法棠，副省长韩寓群等省领导及参加全省县域企业改革会议人员，到曲阜市考察调研。

7月19日 省委副书记、省长李春亭，济宁市委书记王修智，市委副书记、市长王仁元等到曲阜市检查指导工作。

7月22日 市政府第十三届九次全体（扩大）会议召开。

7月27日 中央党校原副校长苏星到曲阜市调研工业企业改革工作。

8月15日 全国政协副主席钱正英到曲阜市视察。

8月28日 曲师大获“全国高等学校贯彻《学校体育工作条例》优秀学校”称号。

9月19日 “孔府家酒杯”全国竞走冠军赛在曲阜体育场举行，北京、上海、黑龙江等23家体协150余名运动员参加比赛。

9月19日 市人大常委会决定授予新华社香港分社地区事务顾问、香港利昌宝石公司总裁柯利德和夫人柯陈圆圆“曲阜市荣誉市民”称号。

9月20日 大型电视系列专题片《孔子与中国》在曲阜市开机。

9月25日 山东省第十八届运动会“三孔啤酒杯”足球赛在市体育中心举行。

9月26日 1996中国（曲阜）国际孔子文化节开幕。

9月26日 山东省（曲阜）第六届兰花暨颂兰书画展、“富士杯”曲阜国际孔子文化节摄影艺术大奖赛在曲阜举行。

9月27日 全国妇联副主席、山东省政协副主席孔令仁代表马来西亚亲属，捐献4万元资金修建尼山乡中心校。

9月28日 纪念孔子2547周年诞辰大会在孔庙大成殿前举行。

9月28日 曲阜孔子研究院奠基。

9月28日 市文物管理委员会在曲阜鲁国故城遗址保护区北关居委西部地块发掘5座春秋古墓。

9月28日 曲阜市科利水泥有限公司被评为AAA级信誉企业。

10月6日 全国政协副主席胡绳到曲阜市视察。

10月14日 新加坡副总理李显龙率领政府及经贸代表团一行56人到曲阜市参观访问。

10月17日 大韩民国新政治国民会议总裁、亚太和平财团理事长金大中一行36人到曲阜市参观访问。

10月21日 曲阜市被国家体委命名为全国体育工作先进市。

10月28日 美国农业部国家农业统计署行政长官董·贝依一行6人到曲阜市考察农业统计、农业普查和农村抽样调查工作。

10月30日 曲阜汽车城奠基。

11月9—10日 国家环保局科技标准司司长尹改一行5人到曲阜市调研环保工作。

11月15日 市委召开九届三次全委（扩大）会议。会议通过《曲阜市“九五”期间社会主义精神文明建设规划纲要》和《中共曲阜市委关于学习贯彻〈中共中央关于加强社会主义精神文明建设若干重要问题的决议〉的实施意见》。

11月17—19日 省人大常委会副主任郭松年率省消防工作检查团，到曲阜市检查贯彻执行《山东省消防管理办法》工作情况。

1996年10月17日，韩国新政治国民会议总裁金大中(左二)到曲阜市参观访问

11月28日 中国农业发展银行曲阜市支行挂牌成立。

12月6日 省政府在曲阜市召开南四湖东平湖流域水污染限期治理现场会议。

12月19日 市人民法院城区中心法庭成立并举行挂牌仪式。

12月30日 中国旅游年山东曲阜首游式在曲阜孔庙正南门举行。

1997年

1月10日 市政府召开十三届十次全体(扩大)会议。

1月12日 国家税务局副局长杨崇春到曲阜市调研税收工作。

1月16日 市推行住房公积金动员大会召开。曲阜市从1月起实行住房公积金制度。

1月18日 省委常委、组织部部长王克玉到曲阜市检查指导工作。

1月23日 省委副书记韩喜凯到曲阜市调研工作。

1月25日 曲阜市开通“110”报警服务台。

1月30日 轻骑集团曲阜活塞厂举行挂牌仪式。

1月31日 中国人寿保险公司曲阜营业部挂牌营业。

2月6日 孔府家集团总裁杨淑君当选第七届山东省“十大杰出青年”。

2月21日 市委九届五十三次常委会议召开。与会人员向邓小平遗像三鞠躬、默哀三分钟，并学习《告全党全军全国各族人民书》。同时，市委发出通知，就全市悼念活动期间需要注意的问题提出若干具体要求。

3月4日 市政府十三届十一次全体(扩大)会议召开。

3月13日 副省长张瑞凤到曲师大考察调研，并接见曲阜市委、市政府负责人。

3月25日 省委副书记李文全到曲阜市检察院、公安局考察调研。

3月26日 104国道曲阜北段改建工程开工。

4月16日 市委书记王润廷到美国考察。

4月20日 中央军委委员、解放军总后勤部部长王克到曲阜市考察。

4月26日 湖北省党政代表团由省委书记贾志杰、省长蒋祝平率领，到曲阜市考察，山东省副省长邵桂芳陪同。次日，副省长邵桂芳调研尼山水库工作。

5月1日 副省长张瑞凤率淮河流域水污染防治执法检查团对曲阜水污染防治工作进行检查。

5月6日 山东省委书记吴官正到曲阜市考察。

5月10日 副省长韩寓群到曲阜市调研邮电工作。

5月11日 国家计生委副主任张维庆、杨魁孚、张玉芹率全国计生宣传教育工作会议与会人员到曲阜市考察。

5月12日 山西省委副书记郑社奎率赴鲁考察团到曲阜市考察。

5月16日 甘肃省委副书记杨振杰带队到曲阜市考察。

5月19日 曲阜市首次公开招录公务员考试工作开始。

5月22日 曲阜市第一税务师事务所挂牌

开业。

5月25日 省公安厅厅长高新亭到曲阜市调研市公安局指挥中心和“110”建设情况。

5月25日 开国上将、华侨大学名誉校长叶飞到曲阜市考察。

5月30日 副省长王玉玺到曲阜市考察。

6月11—13日 省委在济南召开全省党员代表会议。会上，秦裕彦当选为中共十五大代表。

6月14日 曲阜孔子故居被评为全国爱国主义教育基地。

6月26日 市“120”急救中心开始运行。

6月28日 省卫生厅厅长张青林一行5人到曲阜市检查贯彻落实全国、全省卫生工作会议精神及社区卫生服务工作情况。

7月4日 香港益光有限公司董事长孔德墉向市外事侨务办公室捐款20万元。

7月7日 经组织批准，中央对外联络部亚洲一局副局长牛强任济宁市委（挂职）副书记，牛强到曲阜市办公。

7月11日 经省政府批准，书院乡、时庄乡撤乡建镇。

7月16日 市委九届七十一次常委会召开。会议传达济宁市委书记办公会议确定事项。经省委批准，王润廷任济宁市委副书记，曲阜市委日常工作由许传俊主持。

7月18日 市政府十三届十二次全体（扩大）会议召开。

7月19日 国务委员兼国家科委主任宋健到曲阜市考察三孔啤酒有限公司环保工作。

7月26日 4名男性中学生在市南新区华灯街西侧沂河中段乘游船翻船落水，溺水死亡。

7月27日 国防大学战略教研室刘鸿基教授应邀到曲阜市举办《我国安全形势和新时期国防建设》报告会。

7月28日 全国政协副主席、中央统战部部长王兆国到曲阜市视察。

7月29日 中国核工业总公司总经理、党组书记蒋心雄一行到曲阜市考察。

8月4日 省委副书记、省长李春亭带领省政府有关部门负责人到曲阜市陵城镇考察。

8月26日 原武汉军区副司令员孔庆德到家乡曲阜市考察。

8月28—30日 省体委、教委举办的“鲁国盛世杯”山东省百县田径运动会在曲阜市举行。

9月23日 中共十五大代表秦裕彦为市级领导及全市党员领导干部作中共十五大精神报告。

9月26日 1997中国（曲阜）国际孔子文化节在孔庙大成殿开幕。

9月28日 由青岛添真文化艺术有限公司、中国亚洲电视艺术中心、曲阜市人民政府联合拍摄的十四集电视连续剧《天下第一家》在曲阜开机。

9月28日 济宁市委书记王修智到曲阜市球霸球业公司和海恩公司调研。

9月28日 纪念孔子2548周年诞辰活动在孔庙举行。

10月7日 北京大学终身教授季羡林到曲阜市作学术报告。

10月19日 外交部部长助理吉佩定及外交部有关人员陪同西亚、北非地区驻华使节团到曲阜市参观考察并探讨合作事宜。

10月26日 省环保局局长李文然到曲阜市造纸厂检查调度污水治理工程进展情况。

11月17—20日 山东省年鉴“裕隆杯”评奖活

1997年9月，在中国共产党第十五次全国代表大会上，秦裕彦（左一）代表参加投票

动在曲阜市举行。

11月20日 美国总统科技顾问白宫科技政策办公室主任约翰·吉本斯博士率美国政府科技代表团到曲阜市访问，国务委员宋健、副省长张瑞凤等陪同。

11月21日 市水泥厂签约兼并铁道部第11工程局鲁中水泥厂，同时成立山东金塔王集团有限公司。

12月16日 青岛沙子口海军基地举行“曲阜艇”命名授旗仪式。

12月17日 济宁市人大常委会代理主任于文义到曲阜市看望济宁市人大代表。

12月18日 市委领导班子部分调整。王润廷不再担任曲阜市委书记职务，许传俊任市委书记，李进普不再担任市委副书记职务，谷传祥任市委副书记、市政府代市长。

1998年

1月6日 市政协第十届一次会议召开，会议选举王德金为市政协主席，邵西林、陈学英、徐寿嶂、张继鹏、张连坡、宋思伟、孔德班为副主席，张连坡为秘书长(兼)。

1月12—18日 市人大十四届一次会议召开。会议选举尹效英为市人大常委会主任，高洪彦、付洪云、刘祥德、刘金山、姜秉举、秦裕彦、陈庆英为副主任，选举出市人大常委会委员9人；选举谷传祥为市政府市长，王克孝、孟庆安、韦良华、刘灿镇、颜世全为副市长；选举王永明为市人民法院院长，孔祥河为市人民检察院检察长。

1月20日 曲阜市获“全省农业综合开发先进单位”称号。

1月22日 曲阜市获“全省广播电视工作先进市”称号。

2月12日 副省长张瑞凤到曲师大考察调研。

2月17日 市人大十四届常委会第一次会议召开，任命吴霁雯为市政府(挂职)副市长。

2月18日 中共中央政治局委员、国务院副总理姜春云到曲阜市视察春季农业生产工作。

3月13日 市“维护军人军属合法权益巡回法庭”成立。

3月22日 全国双拥调研检查团到曲阜市检查调研双拥工作。

4月10日 市委、市政府印发《关于加快发展个体私营经济的试行意见》，鼓励支持各类人才从事个体私营经济。

4月25日 市委政法委组织110余名公、检、法、司、安、民6个政法机关负责人及庭科队室负责人，在鼓楼广场开展首次“政法机关领导干部联合接访”活动。

4月30日至5月6日 1998山东省“希望杯”足球赛在曲阜市举行。

5月8—11日 曲师大体育系武术教师王俊法作为中国武术代表团团员，参加在意大利举行的第七届国际武术比赛，夺得拳术、器械两项金奖。

5月17日 全国玉米专家、山东农业大学教授、博士生导师、省玉米良种产业化首席专家胡昌镐，在曲阜“三〇”工程玉米高产示范培训班上作玉米生产技术报告。

5月25日 市文物管理委员会获“中国世界文化遗产保护管理先进单位”称号。

6月10日 中国国民党前副主席林洋港一行30人到曲阜市参观访问，并在大成殿前祭祀孔子。

6月18日 山东电缆电器股份有限公司和曲阜电缆(集团)股份有限公司合资组建的山东泰山国际集团曲阜电缆有限公司举行成立庆典仪式。

7月3日 求是杂志社在北京主持召开电视专题艺术片《话说曲阜》研讨会。

7月24日 省教委以鲁教台字〔1998〕15号文件批准创办曲阜远东工商外语大学，由台湾教育家、企业家王乃昌等台湾学界、商界人士投资，与曲阜市政府联合投资兴办。1998年夏季开始招生。

7月31日 副省长陈延明到曲阜市考察农业水利基本建设工作。

8月10日 全国牙病防治工作会议在曲阜市召开。曲阜市被命名为全国牙病防治先进县(市)。

8月26—27日 副省长黄可华到曲阜市考察。

9月4—7日 由国家体育总局田径运动管理中心、山东省体委主办的1998“圣旺杯”全国竞走冠军赛暨山东省第十九届运动会竞走决赛在曲阜举行。

9月6日　《曲阜地名志》出版发行。

9月11日　省人大常委会主任赵志浩到曲阜市考察。

9月14日　济宁市政协主席韩笔祥到曲阜市考察调研个体私营经济工作。

9月16日　曲阜孔子博物院汉魏碑刻陈列馆对外开放。

9月23日　省人大常委会主任赵志浩到曲师大看望师生。

9月26日　1998中国(曲阜)国际孔子文化节在孔庙大成殿前开幕。

9月28日　纪念孔子2549周年诞辰活动在孔庙大成殿前举行。

9月28日　国际儒学联合会、山东省华夏文化促进会、曲阜市人民政府联合举办的“孔子、仁爱、廿一世纪”文化之旅环球考察人员在曲阜启程。历时一年,于1999年9月28日回到曲阜市。

10月2日　台湾同胞国庆访问团一行91人在省政协副主席、省委统战部部长王久祜陪同下,到曲阜市参观。

10月2日　国家中医药管理局副局长李振吉一行4人到曲阜市考察市中医药学校办学情况。

10月7—11日　1998中国广播电视学会播音学研究委员会学术年会、“孔府家杯”第十届全国播音与主持优秀作品奖、“三孔啤酒杯”第九届全国播音与主持优秀论文奖颁奖会在曲阜市举行。

10月7日　市政协和孔子故里书画院共同承办的“王学仲、张永敬、陈玉圃等画展”开展。

10月9日　市世行二期项目启动工作会议召开，曲阜市最大农业投资项目——世行二期项目立项，该项目涉及陵城、小雪、息陬3个乡镇、95个行政村,项目区内总人口10.91万人,开发面积1万公顷,计划总投资4282.8万元。

10月10日　第五届世界颜氏宗亲联谊会代表200余人首次到曲阜市寻根祭祖。

10月29日　京福高速公路济宁段在曲阜开工建设。纵越曲阜市的京福高速公路曲阜—界河段全长59千米，设计行车时速120千米,路基宽28米,双向四车道。

10月30日　国家新闻出版署副署长、全国扫黄办副主任桂晓风到曲阜市检查指导“扫黄打非”工作。

11月3日　孔子文化学院科研成果、大型中国儒学通史七卷本《中国儒学史》首发式和出版座谈会在曲师大举行。

11月4日　省政协副主席王裕晏到曲阜市考察调研论语碑苑和孔子研究院建设工作。

11月11日　全国人大、中国红十字总会、省人大、省红十字会调研组到曲阜市考察调研《中华人民共和国红十字会法》贯彻实施情况。

11月23—24日　省委副书记、省长李春亭到曲阜市调查研究尼山水库保安全工作、文物保护和旅游综合开发工作。

11月24—28日　第八届省政协第一期委员培训班在曲阜市南郊宾馆举行，省政协主席韩喜凯出席结业典礼。

11月29日　乔羽、闫肃、王立平、张丕基等音乐家、艺术家到曲阜市参观三孔。

12月15日　市委九届五次全委会议在市机关招待所召开，讨论通过九届市委向市第十次党代会报告,审议通过市第十次党代表大会有关事宜。

1998年11月29日,乔羽(前右三)、闫肃(后右三)、王立平(前右一)、张丕基(前左一)、陈晓光(前左二)、生茂(前左三)等音乐家、艺术家到曲阜市采风

12月21—23日 中国共产党曲阜市第十次代表大会召开，大会出席代表314人。大会选举出由12名常委组成的市委常务委员会，许传俊当选为市委书记，谷传祥、柳亚峰、王克孝、赵元山等5人当选为市委副书记，许传俊、谷传祥、柳亚峰、王克孝、赵元山、马书轩、刘芝峰、郭庆海、曹方俊、陈方、张建国等12人为常委；选举出纪委常务委员会，马书轩当选为市纪委书记。

12月30日 1999中国山东孔子旅游年首游式在鼓楼广场举行。

1999年

1月1日 市长谷传祥与日本多久市市长横尾俊彦相互致《新年致辞》。

1月1日 《曲阜师大报》启用全国统一刊号CN37—0837(G)。

1月8日 中国人民解放军海军北海舰队两栖分队外出训练抵达曲阜市。

1月10日 在全国旅游工作会议暨创建中国优秀旅游城市工作会议上，市委副书记、市长谷传祥领回了由国务院副总理钱其琛颁发的第一批“中国优秀旅游城市”奖杯和证书。曲阜是全省唯一获得该项荣誉的县级市。

1月12日 域名为www.qfinfo.net的曲阜信息港网站开通，标志着互联网开始进入曲阜市。

1月15日 国家经贸委投资与规划司司长甘智和一行5人，对曲阜市国家重点技改项目进行考察。

1月18—22日 市政协十届二次会议召开，审议通过《关于接受宋思伟同志辞去副主席、张连坡副主席不再兼任秘书长请求的决定》，选举张文治为市政协秘书长。

1月24日 7时46分，一列北上的108次特快客运列车在京沪铁路姚村镇苏村道口与苏村一拖拉机相撞，3人当场死亡，2人受重伤。

1月25—27日 市人大十四届二次会议召开，选举陈福泉为市人民法院院长，史存华为市人民检察院检察长。

2月21日 市委、市政府在市委常委会议室召开会议部署沂河治理工作。治理范围西起小沂河入口，东到104国道上游300米处，全长2400米；治理内容包括开挖河槽、修筑大堤、护砌岸坡。

2月27日 省人大常委会副主任王渭田等到曲阜市座谈《山东省建设工程勘察设计管理条例（草案）》修改建议情况，调研曲阜城市建设情况。

3月6日 省委副书记、副省长宋法棠到曲阜市调研。

3月24日 省人大常委会副主任董凤基一行7人对曲阜市贯彻实施《中华人民共和国文物保护法》《山东省文物保护管理条例》情况进行检查。

4月6日 省人大常委会副主任王玉玺到曲阜市检查创建“中国楹联第一城”工作。

4月6日 副省长邵桂芳到曲阜市考察。

4月9日 山东省农机集团总公司、山东省农机工业协会联合主办的1999春季全省农机产品订货会在市体育中心举行。

4月9日 曲阜市与德国普拉克公司在北京钓鱼台国宾馆举行利用德国政府赠、贷款、设备供货和技术服务合同签字仪式，引进德国污水处理技术和设备，建设曲阜市污水处理厂。

4月14日 荷兰王国女王贝娅特丽克丝和克劳斯亲王及荷兰政府代表团一行25人，到曲阜市进行友好访问。

1999年4月14日，荷兰女王贝娅特丽克丝（前右二）到曲阜市参观访问

4月20日 美国未来趋势国际集团总裁华赞到曲阜市，就城市基础设施、文物旅游、农产品加工、医药轻工业等与曲阜市有关企事业单位进行洽谈合资合作。

4月27日 中央军委委员、解放军总政治部副主任王瑞林在济南军区司令员钱国梁等陪同下，到曲阜市调研。

4月30日 曲阜市被国家质量技术监督局列为1999年度消灭无标准生产全国试点市。

5月1日 三孔啤酒集团新增30万吨一期工程竣工投产。

5月3日 山东裕隆矿业集团有限公司成立并举行挂牌仪式。

5月1日—7日 “五一”黄金周期间，曲阜三孔景区接待国内外游客24万人次。

5月7日 市机关办公大楼启用，市委机关由鼓楼街南首老市委院迁入，市政府机关由市机关招待所迁入。

5月9日 市委在贵宾楼召开座谈会，强烈谴责以美国为首的北约轰炸中国驻南斯拉夫联盟大使馆，造成中方人员伤亡和馆舍严重毁坏的罪恶行径。

5月9日 曲师大近万名师生举行声势浩大的游行示威，抗议北约暴行和对中国主权的侵犯。曲阜市城乡干部群众、大中小学学生等以各种形式强烈谴责北约暴行。

5月16日 曲阜市人民政府网站开通。

5月21日 香港实业家、慈善家田家炳到曲阜市，就捐助曲阜市教育事业问题，对曲阜一中、杏坛中学等进行考察，并初步达成捐助意向。

5月24日 越南共产党中央委员会政治局委员、政府常务副总理阮晋勇一行16人到曲阜市进行友好访问。

6月1日 市地税局原12个基层地税所合并为书院、王庄、时庄、小雪、南辛5个农村征收分局。

6月11日 经省政府以鲁政字〔1999〕142号文件批准，曲阜远东工商外语大学与山东农业大学合作创办的山东农业大学远东工商外语学院，纳入国家计划内招收普通高职专科生。

6月16日 国家新闻出版署报刊司司长刘波一行，到曲阜日报社调研工作。

7月12日 全市领导骨干会议暨市政府十四届三次全体(扩大)会议在曲阜大酒店召开。

7月13日 曲阜市骨干企业孔府家集团改制，成立孔府家酒股份有限公司。

7月15日 由山东孔府药厂研制开发的新药“消淋败毒散”新闻介绍会在人民大会堂贵州厅召开。中共中央原副主席李德生，中顾委原常委、北京市委原第一书记段君毅出席会议。

7月22日 省人大常委会主任赵志浩一行到曲阜市调研文化旅游建设工作。

7月31日 山东省与新疆维吾尔自治区开展对口协作支援。省政府安排曲阜市与新疆喀什地区岳普湖县结为“对子”，对口帮扶。

8月4日 新疆维吾尔自治区政府副主席熊辉银一行到曲阜市考察。

8月6日 省计生委主任班开庆带领计划生育优质服务试点县检查团到曲阜市检查指导工作。

8月10日 “8·5”防山汉墓群2号墓被盗案侦破，盗墓犯罪团伙成员全部被市公安局抓获归案。

8月13日 国家建筑材料工业局副局长雷前治一行8人到曲阜市调查研究。

8月18日 为纪念孔子2550年诞辰，孔子博物馆与市邮票公司联合制作发行《纪念孔子诞辰二五五零年》特制邮资明信片一套。

8月18日 曲阜市被省政府确定为全省对台工作重点市。

8月27日 市人大常委会第十四次会议召开，根据市长谷传祥提请，决定任命王唯周为市政府(挂职)副市长。

9月2日 副省长韩寓群到曲阜市金塔王集团考察。

9月2日 国家旅游局副局长张希钦到曲阜市调研旅游工作。

9月7日 曲阜市被省科委列为技术市场工作示范市。

9月9日 最高人民法院副院长刘家琛在省高级人民法院院长尹忠显陪同下，到曲阜市调研法院工作。

9月10日 曲阜市纪念孔子2550年诞辰大会在市剧院举行。

9月14日 省财政厅厅长张兆立到曲阜市检查指导工作。

9月15日 省军区装备部部长张全宝到曲阜市检查指导工作。

9月16日 中央文明委授予曲阜镇“全国文明镇”称号。

9月17日 市统计局编纂的《历史的飞跃——曲阜五十年的辉煌成就》出版发行。

9月18日 画家聂耕画作“三孔百米长卷”在曲阜市展出。

9月19日 河南省浚县端木子贡79代后裔端木宪堂等寻根祭师团一行9人，到曲阜市祭祀先祖端木子贡，并向曲阜市文管会赠送楠木雕刻匾牌“圣德道冠”。

9月20日 市委十届二次全委会议召开，审议通过出席济宁市第九次党代会代表候选人预备人选和《关于召开中国共产党曲阜市代表会议的决议》。

9月23日 中国共产党曲阜市代表会议召开。会议选举产生30名代表出席济宁市第九次党代会。

9月23日 颜子后裔书画艺术展开展。华国锋、程思远、王光英等致贺电、贺信。展览汇集国内外颜子后裔书画作品150余幅。

9月25日 由济宁电信局、曲阜市人民政府共同制作的“中国孔子”网站（http://www.chinakongzi.net http//www.chinakongzi.com）开通。全国政协委员、孔子77代嫡孙女孔德懋第一个上网祭拜孔子。

9月25日 曲阜一中和田家炳小学（原古泮池小学）举行田家炳助学捐赠仪式。香港实业家、慈善家田家炳为曲阜一中和田家炳小学分别捐资300万元和100万元，用于兴建教学大楼。

9月26日 1999中国（曲阜）国际孔子文化节在孔庙大成殿开幕。中共中央政治局委员、山东省委书记吴官正出席开幕式，省委副书记、省长李春亭致开幕词，济宁市委副书记、市长周齐主持开幕式。

9月26日 孔子研究院一期工程落成暨大哉孔子展览、孔府文物精品展开馆仪式举行。

9月26日 曲阜孔子旅游（集团）有限公司成立。

9月27日 加拿大多伦多市爱国华侨捐赠的孔子铜像在六艺城内落成。

9月27日 “中国楹联第一城——曲阜”命名仪式在邮政宾馆举行。

9月28日 中国孔子基金会、国际儒学联合会、新华出版社和新华社山东分社联合举行赠书仪式，向新落成孔子研究院赠送编号为“前551”、总序号为“0001”的中国首部纯金古籍珍藏版《论语》。

9月28日 国家邮政局、中国集邮总公司孔子2550年诞辰纪念邮资封和纪念封首发式在孔庙大成殿举行。

10月4日 由中国文化管理学会和曲阜市共同主办的“全国地方文化局局长文化产业发展论坛”在曲阜市南郊宾馆举行。

10月5日 日本足利市市长早川一夫、议长岛田政芳率团到曲阜市参观访问。

10月7—12日 以“儒学与21世纪人类和平发展”为主题的纪念孔子2550年诞辰大会在北京和曲阜两地召开。11日，与会170多位中外专家学者到曲阜市参观访问。12日，纪念孔子2550年诞辰大会在曲阜闭幕。

10月10日 曲阜市出资40万元捐助新疆岳普湖县建设希望小学。

10月12日 曲阜市被山东省委、省政府和省军区命名为全省“双拥模范市”。

10月12日 首届“至圣先师杯”全国老年人地掷球邀请赛在曲阜市体育中心举行。

10月16日 韩国驻华大使权丙铉一行16人到曲阜市访问。

10月16日 秘鲁驻华大使卢斯米拉·萨纳里亚·石川女士一行4人到曲阜市参观访问。

10月18日 曲阜远东工商外语大学、山东农业大学远东工商外语学院新生开学典礼暨山东农业大学远东工商外语学院揭牌仪式举行。

10月26日 山东移动通信公司曲阜分公司挂牌成立。

11月10日 国防部征兵检查工作领导小组组长张子成等一行10人，在省军区副司令员秦江昌陪同下到曲阜市检查征兵工作。

11月17日 全国政协副主席陈锦华一行7人，在省政协副主席刘洪仁等陪同下，到曲阜市考察调研文物管理及保护工作。

11月19日 山东陆军预备役炮兵师某团预备役军官授衔仪式在市机关招待所举行。

12月3日 中纪委驻国家体育总局纪检组长王宝良一行5人到曲阜市检查"收支两条线"落实情况。

12月11日 董庄乡一个体鞭炮厂发生火灾,引起鞭炮爆炸,当场致数人死亡,12人受伤,部分厂房被夷为平地。济宁、曲阜市负责人于当日到现场就调查事故原因和事故处理作出安排。

12月17日 "孔子故里喜迎澳门回归、迎接新世纪"盛大庆典活动在鼓楼广场举行。

12月24日 省人大常委会副主任王渭田到曲阜市考察调研工农业生产情况。

2000年

1月17—21日 市人大十四届三次会议在机关招待所召开,补选陈兰金为市人大常委会副主任。

2月8日 内蒙古自治区党委常委、自治区政府副主席周德海到曲阜市考察。

3月4日 济宁市委副书记、市长周齐到曲阜市检查指导"三讲"教育工作。

3月5日 由中国长城影视制作中心和曲阜市人民政府联合拍摄的三十集大型文献专题片《圣人孔子——从曲阜走向世界》历时三年拍摄完成。

3月8日 济宁市委副书记、市长周齐在市委会议室作"三讲"教育报告。

3月11日 泰王国公主玛哈·扎克里·诗琳通一行到曲阜市参观访问。

3月27日 以地委书记姚永锋为团长的新疆喀什地区党政代表团一行到曲阜市考察。

3月30日 市十四届人大常委会举行第十八次会议。根据市长谷传祥提议,决定任命吴霁雯为市政府副市长。

4月9日 欧盟十四国驻华使节一行24人到曲阜市参观访问。

4月15日 外交部组织中国驻津巴布韦、冰岛、白俄罗斯、刚果(布)、几内亚等13个国家大使、参赞、总领事共23人到曲阜市参观考察。

4月19日 德国巴伐利亚州议长约翰·波姆一行到曲阜市参观访问。

4月23日 奥地利联邦议会议长安娜·伊丽莎白·哈塞尔巴赫女士率代表团一行24人到曲阜市参观访问。

4月24日 省军区副政委车传保到曲阜市察看预备役某团"带建"工作。

4月27日 省人大常委会人事代表工作室主任殷鲁谦等到曲阜市对人事代表工作情况进行调研。

5月1—7日 三孔累计接待国内外游客37万余人次,门票收入900余万元。

5月15日 中国孔子基金会与曲师大联合创建的中外合作孔子文化大学成立,山东省儒学研究基地建立并挂靠曲师大。

5月18日 国家经贸委项目督察办公室主任朱仁学到曲阜市考察。

5月20日 全国足球乙级队联赛(中西区、曲阜主场)在市体育中心开赛。

5月26日 第十四届市人大常委会第十九次会议决定,授予日本果树栽培技术专家熊谷俊一荣誉市民称号。

5月29日 国家烟草专卖局副局长郁培源到曲阜市考察。

6月1日 曲阜旱情严重,尼山水库已降至死水位以下。自来水供水告急,严重影响城区供水。这次

2000年3月11日,泰王国公主诗琳通(前左二)到曲阜市参观访问

灾情导致全市1.67万公顷土地严重受旱，6667公顷农田干枯，30余个村庄吃水困难。

6月12日 省经贸委主任王仁元到孔府家集团调研工作。

6月17日 济宁市委书记贾万志在曲阜体育中心看望济宁九巨龙足球队及俱乐部工作人员。

6月17日 韩国前总统卢泰愚到曲阜市参观访问。

6月19日 应省政府邀请，拉美地区11个国家驻华大使及夫人一行17人到曲阜市参观访问。

6月21日 全市普降暴雨，总降水量76毫米，曲阜旱情缓解。

2000年4月23日，奥地利联邦议会议长哈塞尔巴赫（中）到曲阜市参观访问

6月23日 市政府决定，10处历史建筑被特别保护，分别是：孔庙及孔府，朱总司令召开军事会议会址，颜庙，周公庙，尼山建筑群，洙泗书院，考棚：仪门、大堂、二堂，曲师校：礼堂、教学楼，文昌祠：大门、正堂，西五府：前过厅、大厅、东配房、西配房。

7月22日 教育部部长陈至立到曲阜市调研工作。

7月27日 应省政府邀请，世界旅游组织历史文化、土地利用、市场方面3名外国专家及省内多名专家到曲阜市考察。

7月31日 全市领导干部会议召开，传达省委、济宁市委关于曲阜市委主要负责人调整的决定：张术平任济宁市委委员、常委，曲阜市委委员、常委、书记；许传俊任孔子研究院党委书记，不再担任曲阜市委书记、常委、市委党校校长职务。

8月1日 中国联通公司董事长兼总裁杨贤足到联通曲阜营业厅检查指导工作。

8月7日 在孔庙杏坛前，北京大学教授汤一介就面对全球经济一体化的21世纪，学者们对人类生存状态的深层思考作了题目为“寻求全球伦理”的演讲。

8月8日 上海建平中学集团总校长冯恩洪报告会在市机关会议中心举行。

2000年6月17日，韩国前总统卢泰愚（左一）到曲阜市参观访问

8月15日 海峡两岸红十字青少年夏令营到曲阜市参观。由王清峰率领的台湾红十字会代表团在中国红十字总会、山东省红十字会负责人陪同下参观曲阜红十字会医院。

8月21日 由曲阜市出资40万元援建的新疆岳普湖县两所希望小学落成，正在新疆考察访问的济宁市委书记贾万志出席仪式并为希望小学揭牌。

8月24日 市委宣传部、市委政法委、团市委、市教委联合向全市发出向王志强学习的决定。书院镇王家庄年仅19岁的青年王志强于1998年8月15

日在泗河因抢救1名落水少年英勇献身。

8月29日　中国贸易促进会会长、党组书记俞晓松到曲阜市调研工作。

9月2日　中外青年保护母亲河绿色行动营（亚欧青年营）50名青年到曲阜市开展环境保护、文化研讨等活动，并在孔林栽下70棵象征团结友谊的柏树。

9月2日　德国巴伐利亚州电视台到曲阜市拍摄文化专题片《孔子》。

9月11日　中华炎黄圣火火炬传递活动到达曲阜，接力仪式在市政府门前举行。

9月16日　2000年全国竞走冠军赛在曲阜举行。

9月18日　国家粮食局副局长郄建伟到曲阜市考察。

9月21日　中国专利高新技术产品博览会在新建成的曲阜科技城开幕，6000余项最新科技成果亮相曲阜。

9月25日　深圳华侨城控股股份有限公司与曲阜孔子旅游（集团）有限公司等6家企业在阙里宾舍签订合同，成立曲阜孔子国际旅游股份有限公司。

9月25日　国家重点工程日菏高速公路施工取土点小雪镇九龙山东北取土点汉墓群抢救性发掘启动。

9月26日　2000中国（曲阜）国际孔子文化节开幕式在曲阜孔庙大成殿前举行。

9月26日　《孔子与世界——孔子学术会堂讲学录》首发式在孔子学术会堂举行。

9月28日　孔子2551年诞辰纪念典礼在孔庙大成殿前举行。

9月28日　由山东省邮政局发行的《孔子六艺图》和《孔子周游列国》邮资明信片及济宁市邮政局、济宁市旅游局发行的《孔孟之乡——中国济宁》邮册首发式在孔庙大成殿前举行。

9月30日　省委常委、副省长韩寓群到远东工商外语大学、远东铝业公司调研。

10月12日　省高级人民法院院长尹忠显到市人民法院检查指导工作。

10月13—20日　应日本多久市市长横尾俊彦邀请，曲阜市友好访问团到日本多久市访问。

10月17日　经省政府批准（鲁政字〔2000〕289号文件）曲阜远东职业技术学院成立，同时撤销曲阜远东工商外语大学，成为一所独立实施高等学历教育资格的普通高等学校。

10月18日　省政协副主席李殿魁、省政协副秘书长兼研究室主任王文波，在曲阜市政协主席会议室召开孔子文化研究开发利用座谈会。

10月24日　中国工程院院士、山东工程学院院长姚福生教授到曲师大作《未来世界新兴技术》专题报告。

10月31日　斯洛伐克玛利娜·恰尔诺古尔斯教授向孔子博物院赠送由她翻译的斯洛伐克文版《论语》。

11月7日　乌拉圭东岸共和国副总统兼国会主席路易斯·耶罗到曲阜市参观访问，外交部有关人员和副省长黄可华陪同。

11月8日　济宁市政协主席韩笔祥等带领有关部门负责人，检查指导曲阜市引进国外智力工作。

11月11日　教育部副部长王湛到曲阜市考察。

11月14—15日　中共中央政治局常委、国务院总理朱镕基和夫人劳安一行在中央政治局委员、山东省委书记吴官正，省委副书记、省长李春亭等陪同下，到曲阜市视察。

2000年11月7日，乌拉圭副总统兼国会主席路易斯·耶罗（中）到曲阜市参观访问

11月17日 省人大常委会副主任王渭田到曲阜市就《山东省实施〈中华人民共和国村民委员会组织法〉办法(草案)》内容召开征求意见座谈会。

12月1日 省人大常委会主任赵志浩到曲阜市考察。

12月13日 中国孔子基金会名誉会长谷牧到曲阜市考察调研,并题词:“继承儒家优良传统,振兴东方文化圣城”。

12月13日 省政协原副主席丁方明到曲师大考察。

12月22日 市委十届三次全委会在市机关会议中心举行。会议审议并原则通过《曲阜市国民经济和社会发展第十个五年计划纲要(草案)》。

12月23日 中央财经领导小组办公室农村组副局长、巡视员王石奇一行到曲阜市南辛镇,座谈乡镇撤并工作情况。

12月26日 市法院获全国“人民满意的好法院”称号。

2001年

1月1日 鲁城街道办事处和书院街道办事处成立并举行揭牌仪式。

1月5—9日 市政协十届四次全体会议在机关招待所召开,通过王德金辞去市政协主席职务请求,补选柳亚峰为市政协主席。

1月16日 曲阜市与清华科技园发展中心在北京清华科技园签署合作协议,在曲阜科技城共同创办清华科技园曲阜技术创新中心。

1月22日 市十四届人大常委会举行第二十六次会议,决定:接受谷传祥辞去市长职务请求,任命王庆成为代市长。

2月8日 济宁市委副书记、市长周齐参加时庄镇“三个代表”重要思想学习教育活动动员会。

2月20日 中宣部以德治国调研小组在组长、武警总部原副政委蒋金锵带领下到曲阜市调研。

3月1日 日菏高速公路曲阜东段建设动员会召开。日菏高速公路曲阜东段共经息陬、南辛、防山3个乡镇,全长13.8千米。

3月3日 省政协副主席李殿魁在曲阜市主持召开做好传统美德教育座谈会,建议省委在曲阜市设立儒学精华教育实验区。

3月8日 省军区副司令员李养珍到曲阜市检查武器装备管理情况。

3月9日 清华大学副校长孙继铭到曲阜市考察曲阜科技园建设情况。

3月14日 最高人民法院咨询委员会委员张焕文、杨庆祥,省高级法院副院长孟昭科到曲阜市人民法院开展基层建设调研活动。

3月14日 经市人大常委会批准,日本友好人士熊谷俊一成为曲阜市荣誉市民。

3月16日 哈萨克斯坦国家军队艺术团到曲阜市举行盛大演出。

3月16日 由日本足利市互乐会会长小笠原康夫个人捐资25万元人民币兴建的曲阜尼山足利希望小学在南辛镇鲁源村举行奠基仪式。

3月20日 燕京啤酒(曲阜三孔)有限责任公司成立。

3月26日 省人大常委会副主任何宗贵到曲阜经济开发区和科技城进行调研。

3月26日 曲阜市“重点地区农作物秸秆机械化还田示范工程”项目经山东省农机专家鉴定,结果为全省第一名,并被农业部评为全国先进典型。

4月3日 327国道东段拓宽改建工程开始。工程总投资2700万元,规划设计从大豁(327国道与鲁国故城东城墙交汇处)至曲师大,建成双向6车道,两侧人行道宽4米,安装两排高标准路灯,各种线路全部移至地下。大豁至京福高速曲阜立交桥,规划设计8车道,宽60米,规划控制80米,整个设计标准高于大成路。

4月4日 在中国酿酒工业协会主办的国家级评酒活动中,孔府家集团水晶孔府家酒以92.373分列参评浓香型国优白酒第一名。

4月7日 全市农网改造历时3年完成。改造110千伏变电站1座;新建35千伏供电站3座,35千伏线路4条,长32.7千米;新建和改造10千伏配电线路26条,长165.2千米;改造用电村495个。总投资8034.8万元。

4月10日 由香港真维斯集团捐资50万元兴建的曲阜市真维斯希望小学在南辛镇东官村奠基。

4月12日 副省长陈延明、省林业局局长孙庆

传到曲阜市调研林业生产情况。

4月14日 济宁市委副书记、市长周齐到时庄镇调研农村税费改革进展情况。

4月16日 中共中央政治局委员、山东省委书记吴官正,带领省直有关部门和地方主要负责人到曲师大考察。

4月18日 曲阜科技园区开发有限公司成立、清华科技园曲阜技术创新中心揭牌暨曲阜科技城二期工程开工仪式在阙里宾舍举行。

4月23日 济宁市电子工业公司作出《中共济宁电子工业公司委员会关于开展向李嗣强同志学习活动的决定》。曲阜市委、市政府作出决定:在全市开展向李嗣强学习的活动。李嗣强于1978年任濒临破产企业市无线电厂厂长,当年产值突破百万元,后开发的"孔府圣烛"畅销国内市场并出口10余个国家和地区;1985年,该厂获省生产电线电缆技改立项,生产电缆;1995年,该厂电力电缆产品有四大类40余个品种;他先后被评为济宁市"八五"功勋企业家,被推举为省八次党代会代表。

4月24日 市政府第十四届四次全体(扩大)会议在市机关会议中心召开。

4月27日 中国红十字总会常务副会长王立忠到曲阜市红十字医院指导工作。

4月27日 济宁市委副书记、市长周齐先后到市一中、田家炳小学进行考察调研。

4月29日 市慈善协会成立大会在市机关会议中心召开。

4月29日 《中共曲阜市组织史资料》出版发行。

5月7日 "五一"假日旅游黄金周结束,曲阜市共接待游客40万人次,其中三孔32.79万人次,其他景点3.81万人次,外宾3000人次。社会旅游总收入8000万元,其中门票收入1010万元。

5月8日 以韩国安东市市长郑东镐为团长、议长金根焕为副团长的安东市友好考察访问团到曲阜市进行友好访问。9日,曲阜市与韩国安东市建立友好合作关系意向书在市机关会议室举行签字仪式。

5月12—13日 省人大常委会副主任莫振奎带领执法检查组到曲阜市检查《中华人民共和国产品质量法》贯彻执行及开展打假工作情况。

5月16日 最高人民法院副院长李国光一行到曲阜市调研指导经济审判工作。

5月21日 第21届世界大学生运动会圣火传到曲阜市,曲阜市在市政府门前举行火炬传递交接仪式。

5月21日 济宁口岸(曲阜)海关监管场站奠基仪式在曲阜经济开发区举行。

5月21日 省人大常委会副主任张瑞凤出席曲师大科技实验大楼、综合教学楼落成典礼。

5月22—23日 全国人大常委会委员、教科文卫委员会副主任委员范敬宜,全国人大常委会委员、教科文卫委员会委员、中国天主教爱国会主席傅铁山等到曲阜市进行文物立法调研。

5月26—28日 曲阜市红十字会医院院长姜健在北京召开的21世纪国际自然医学大会上获"世界名医奖""世界和平文化奖"。

5月27日 以韩国新千年民主党代表最高委员金重权为团长的代表团一行25人及记者33人到曲阜市参观访问。

5月30日 中共中央政治局委员、书记处书记、中宣部部长丁关根到曲阜市调查指导工作。

5月30日 曲阜市与加拿大高贵林市友好合作签字仪式在孔府西苑举行。

6月14日 济宁市委书记贾万志到曲阜市察看旱情并主持召开曲阜市抗旱工作汇报会。

6月16日 全国政协委员、经济学家艾丰教授到曲阜市作专题报告。

6月17日 省委副书记王修智到曲阜市调研指导工作。

6月25日 颜庙、九龙山汉墓被列为全国重点文物保护单位。

7月5日 济宁市政协主席韩笔祥到曲阜市就旅游资源产业开发进行调研。

7月7日 全国人大常委会副委员长周光召到曲阜市视察。

7月7日 毛泽东主席女儿李敏及其亲属到曲阜市参观"三孔"。

7月9日 曲阜纸业有限公司与加拿大查韦实业有限公司资产转让签字仪式举行。

7月18日 词作家乔羽到曲阜市孔府家集团采风,创作厂歌。

7月27日 非洲11国政府官员代表团到曲阜市参观考察。

8月9日 市人大十四届五次会议召开。大会补选王庆成为市政府市长。

8月9日 市政协十届五次会议在市机关招待所举行，审议通过接受张文治辞去市政协秘书长职务的请求，补选刘振林为市政协秘书长。

8月11日 省建设厅厅长王军民到曲阜市检查污水处理项目进展情况。

8月11日 市委十届四次全委会召开，审议通过《中共曲阜市委关于加强农村基层组织建设的意见》。

8月16日 国家税务总局纪检组组长宋兰、省国税局局长戴子钧一行到曲阜市考察。

8月16日 济宁市委副书记、市长周齐考察杏坛剧场、孔子研究院和科技城项目建设情况。

8月21日 共青团山东省委书记刘慧晏到曲阜市调研。

8月25日 山东大学校长展涛到孔府家集团考察。

9月5日 省委常委、宣传部部长陈光林到曲阜市调研杏坛剧场建设情况。

9月5日 台湾企业家经贸考察团到曲阜市考察。

9月9日 省人大常委会副主任何宗贵到曲阜市检查环保工作。

9月9日 省科技厅厅长董昭和到曲阜市检查指导科技工作和科技城建设进展情况。

9月20日 全国人大常委会副委员长何鲁丽到孔子研究院调研考察。

9月21日 2001年中国专利高新技术产品博览会在曲阜科技城开幕。

9月26日 2001年中国(曲阜)国际孔子文化节在新落成的杏坛剧场开幕。全国人大常委会副委员长王光英宣布孔子文化节开幕，中共中央政治局委员、中国社会科学院院长李铁映，全国人大常委会副委员长何鲁丽出席开幕式。

9月26日 孔子中英文学校一期工程落成暨二期工程奠基仪式举行。

9月27日 中共中央总书记、国家主席、中央军委主席江泽民题名“孔子研究院”揭牌仪式举行。中共中央政治局委员、中国社会科学院院长李铁映，全国人大常委会副委员长王光英为题名揭牌。

9月27日 《文化巨人孔子》专题片首映式在阙里宾舍举行。

9月27日 由曲阜市政府和兖矿集团有限公司合作进行的地热资源开发项目签字仪式暨地热井开钻仪式举行。

9月28日 孔子2552年诞辰纪念典礼在孔庙大成殿举行。

9月28日 省委副书记王修智，省委常委、宣传部部长陈光林到曲阜市考察华夏文化标志城选址。

10月1日 济宁市委副书记、市长周齐等到曲阜市检查旅游黄金周安全工作。

10月3日 财政部副部长金立群、国家税务总局副局长崔俊慧到曲阜市考察。

10月11日 全国政协副主席周铁农在省政协副主席周鸿兴陪同下到曲阜市视察。

10月13—14日 财政部部长项怀诚到曲阜市考察。

10月24日 曲阜市获“全国质量兴市活动先进市县”称号。

10月26日 市委十届五次全委会议在市机关会议中心第四会议室召开。

10月28日 京福高速公路曲阜服务区交付使用。

11月3日 吉林省委副书记、省长洪虎到曲阜市考察。

11月17日 济宁市委副书记、市长周齐到曲阜市调研大沂河防汛治理工程进展情况。

11月24日 曲阜明故城墙恢复建设开工典礼暨“修我名城，爱我故乡”启动仪式在明故城万仞宫墙前举行。

11月27日 周齐到联系点时庄镇刘家村，调研村级“三个代表”学教活动。

12月8日 根据省和济宁市政府安排，确定曲阜市接收安置重庆市开县赵家镇233名三峡库区移民，初步确定书院、时庄、陵城、小雪、息陬5个乡镇18个村街为接收移民安置点。

12月11—12日 国家旅游局副局长顾朝曦到曲阜市考察。

12月12日 省委宣传部副部长、文明办主任李凤梧到曲阜市检查指导精神文明建设工作。

12月14日　济宁市政协主席韩笔祥一行到曲阜市检查文明街建设情况。

12月19日　中科院院士匡廷云受聘曲师大兼职教授并到曲师大作专题报告。

2002年

1月4日　圣阳电源实业有限公司董事长、总经理宋斌被评为2001年度山东省十佳民营科技企业家。

1月13日　曲阜市被授予省生态农业建设先进市称号。

1月16日　曲阜市被评为全省农村中医工作先进县(市)。

2月10日　曲阜市迎春暨晨钟暮鼓启动仪式在鼓楼广场举行。自此,晨钟暮鼓仪式作为一项特色旅游项目长期固定下来,由身着仿古服装人员于每天清晨在钟楼和孔子研究院撞钟13下,傍晚在鼓楼击鼓23下。

2月13日　曲阜市获第五届山东省精神文明建设先进市称号。

2月14—16日　省委副书记、代省长张高丽到曲阜市调查研究。

2月12—18日　春节旅游黄金周期间, 曲阜市共接待中外游客6.2万人次, 实现社会旅游收入880万元。

2月21日　山东省经贸委主任王仁元率省督查组到曲阜市调研工业企业改革与发展情况。

2月22日　山东裕隆矿业集团有限公司由国家中型一类企业晋升为大型一类企业。

3月11日　由省科协组织的科普大篷车到小雪镇送科技下乡。

3月11日　济南铁路局开始对曲阜市境内兖石铁路平交道口实施“平改立”工程。

3月20日　交通部副部长翁孟勇到曲阜市调研日菏高速公路曲阜段建设情况。

3月26—28日　全市劳动法、工会法培训班开班,全国总工会法律部部长刘继臣授课。

4月1日　市药品监督管理局成立,为济宁市第一家县市级药品监督管理局。

4月6日　省水利厅厅长宋继峰到曲阜市调研尼山水库建设工程情况。

4月12日　中国农业发展银行总行党委副书记、副行长孟献斌到曲阜市检查党的基层组织规范化建设活动情况。

4月14日　省委党校市厅级领导干部进修班学员一行60余人到曲阜市考察。

4月15—16日　副省长邵桂芳到曲师大考察。

4月15日　市行政审批中心试运行。市计委、公安局等21个单位入驻中心办公。

4月15日　省军区副政委黄辉道到曲阜市检查指导工作。

4月20—21日　李学勤、丁冠之、晁福林等到曲师大就该校省级重点学科专门史(思想史)学科“十五”建设规划展开论证。李学勤受聘为孔子文化学院名誉院长。

4月26日　国家气象局局长秦大河到曲阜市调研气象工作。

4月28日　山东水利职业学院(原省水利学校)举行成立暨揭牌仪式。

4月29日　全市党政机关机构改革动员大会召开。这次改革市委机关行政编制总量精简12%,市政府机关行政编制总量精简25%,市人大、政协机关编制精简12%,群众团体机关编制精简15%,政法机关专项编制精简10%,乡镇、街道党政机关人员编制总量精简20%。

5月1—3日　国家文物局副局长郑欣淼到曲阜市考察。

5月1—7日　“五一”旅游黄金周期间,曲阜市共接待中外游客38.2万人次,门票收入1101万元,旅游社会收入7367万元。

5月15—16日　国家林业局局长周生贤到曲阜市调研指导林业生产和建设工作。

5月25日　以省文联主席、省政协学宣委副主任于占德为组长的检查组对曲阜市贯彻落实《公民道德建设实施纲要》情况进行检查。

5月27日　省军区司令员张齐红带领全省县(市、区)武装部部长到曲阜市检查民兵基层建设工作。

5月31日至6月1日 省人大常委、教科文卫委员会副主任委员朱广新一行8人到曲阜市检查食品卫生法贯彻实施情况。

6月9日 济宁市委副书记、市长周齐到曲阜市检查指导"三夏"农业生产。

6月13日 全国政协副主席任建新到曲阜市视察。

6月15—16日 "华夏文化工程"规划设计考察团到曲阜市考察。

6月18日 解放军总参谋部动员部预备役局局长韦来岗到曲阜市，检查预备役部队正规化建设工作情况。

6月22日 "慈善之光"大型公益文艺晚会在杏坛剧场举行，共募集捐款180万元。中华慈善总会副会长张汉兴向曲阜市颁发集体会员证书。

7月10日 孔子六艺城艺术团被国家旅游局、共青团中央命名为"全国青年文明号"揭牌仪式在孔子六艺城举行。

7月12日 农发行总行副行长尉士武到农发行曲阜支行调研。

8月1日 市职业中专被教育部表彰为"全国职业教育先进单位"。

8月4日 香港中华历史文化教育交流团到曲阜市观光交流，并在孔子研究院举行中华历史文化教育学习基地揭牌活动。

8月7日 曲阜通信分公司通信大厦启用暨春秋路营业厅开业典礼举行。

8月9日 《曲阜明故城恢复建设项目方案》论证会在市级机关会议中心举行。主要恢复建设项目有7项：明故城墙恢复建设、古泮池恢复建设、历史街区和古民居恢复建设、十二府故宅和其他孔宅府第恢复、颜府恢复建设、石板路改造、游客中心建设。

8月17日 曲阜市接收安置重庆开县57户233名三峡库区移民，按预定方案入住新居。

8月22日 省电力集团董事长兼党委书记朱长富个人捐资8万元，为尼山库区周庄村兴建村民吃水工程。

9月4日 曲师大信息技术与传播学院、运筹与管理学院、美术学院、乔羽音乐学院、印刷工程系由曲阜本部搬迁至新建曲师大日照市分部。

9月11日 全市机关干部思想作风整顿总结暨"千人联千户"活动动员会议在市委第一会议室召开。"千人联千户"活动指利用两年时间，组织全市机关事业单位1000名科局级干部对全市1000户农户实施重点帮扶，带动农村整体富裕。

9月11日 曲阜市在农村税费改革中，全面落实70岁以上老人免征新增农业税及附加这一政策。全市70岁以上老年人免征新增农业税及附加共计28048人，返还金额181.3万元，人均返款64.64元。

9月14—16日 2002年全国竞走冠军赛在曲阜市举行。

9月18日 首届华人中华文化经典诵读友谊赛在孔子研究院举行。次日，友谊赛500余名华人青少年代表，到中华人文始祖黄帝诞生地寿丘与少昊长眠之地少昊陵祭祖。

9月18日 省委副书记王修智到曲阜市调研。

9月23日 第三届中国专利高新技术产品博览会在曲阜科技城开幕，全国126所高校及142家科研机构和高新技术企业参会，展示专利高新技术成果7000余项。

9月23日 曲阜孔子六艺城入选"齐鲁文化新十景"。

9月26日 2002中国(曲阜)国际孔子文化节在

2002年9月26日，日本前首相村山富市(右)出席孔子文化节相关活动

杏坛剧场开幕。全国人大常委会副委员长曹志，全国政协副主席、中国致公党中央委员会主席罗豪才出席开幕式。

9月26日 韩国儒教学术院向孔子研究院捐赠书籍协议签字仪式举行。

9月26日 2002东亚文化论坛在曲阜市阙里宾舍开幕，日本前首相村山富市参加活动。

9月28日 孔子2553年诞辰纪念活动在孔庙大成殿举行。

9月29日 曲阜环城路西段竣工通车仪式举行。该工程东起曲城北郊“迎宾曲”雕塑，西至时庄镇东颜村，过327国道向南与春秋路相连，全长11.2千米，总投资5160万元，全线按双向6车道一级公路标准设计施工。

10月1日 济宁市委副书记、市长周齐检查指导曲阜市“十一”黄金周旅游工作。

10月1—7日 曲阜市各主要景点接待游客30.1万人次，门票收入849万元，社会旅游总收入6400万元。

10月6日 国务院研究室主任魏礼群一行5人到曲阜市调研旅游和文物保护工作。

10月6—10日 第七届世界颜氏宗亲联谊大会在曲阜市举办，马来西亚、新加坡、印度尼西亚、英国、美国、澳大利亚、毛里求斯和中国内地及台湾、香港、澳门等10多个国家和地区1000多名颜氏后裔参加会议。

10月7日 济宁市委副书记、市长周齐在曲阜会见第七届颜氏宗亲联谊会部分海内外会员。

10月8日 颜林修复工程竣工剪彩仪式举行。

10月8日 颜府一期复原工程举行竣工庆典仪式。

10月8日 新编暨古本《陋巷志》发行仪式在机关招待所举行。

10月16日 曲阜市实施加拿大政府国际发展部——世界卫生组织（CIDA-WHO）结核病控制项目并举行启动仪式举行。

10月20日 东欧、中亚地区22个国家驻华大使及夫人到曲阜市进行参观访问。

10月23日 寿丘、少昊陵景区规划汇报会召开。加拿大规划专家浩·卡尔曼博士进行关于寿丘少昊陵景区概念性规划汇报。

11月1日 市政府召开第十四届五次全体（扩大）会议。

11月1日 国家文物局世界遗产监测专家组到曲阜市，监测世界文化遗产三孔保护和管理工作。

11月3日 济宁市委书记、市人大常委会主任贾万志到曲师大作国内外形势报告。

11月8日 教育部副部长张保庆在副省长邵桂芳等陪同下到曲师大考察。

11月11—12日 国土资源部开发司司长曾绍金等一行6人到曲阜市考察国土资源管理工作。

11月25日 济宁市委副书记、市长周齐等到曲师大走访座谈。

11月28日 山东星火科技服务基地授牌仪式暨专家讲座在曲阜市举行，全市50个村列为首批试点村。

11月28日 参加2002中国（上海）国际旅游交易会的10余个海外买家团近300人专程转道到曲阜市，进行实地旅游考察，并与曲阜国旅签订50多份合作协议。

12月2日 内蒙古自治区党委副书记陈光林及通辽市党政考察团一行，到曲阜市考察。

12月9日 四川省副省长王恒丰到曲阜市考察。

12月16日 历时11年、总投资13774万元的尼山水库保安全工程通过省验收委员会验收，并被评定为优良等级。

12月22日 曲阜市与济南三箭置业集团合作的“曲阜明故城恢复建设项目”签字仪式在市机关会议中心第四会议室举行。项目总投资额8亿元，省委、省政府将其确定为全省旅游7大优先发展示范项目，列入《山东省旅游发展总体规划》。

12月30日 曲阜孔子商品交易城举行开工奠基仪式。

2003年

1月2日 市十四届人大常委会第四十四次会议在市人大常委会四楼会议室举行。会议决定，接受刘祥德辞去市人大常委会副主任职务请求；接受王庆成辞去市长职务请求,接受王克孝、孟庆安、颜世全辞去副市长职务请求;任命江成为副市长、代理市长,赵永和为副市长。

1月6日 市农机安全监理站被农业部授予2002年度“全国文明监理、优质服务示范窗口”称号,举行揭牌仪式。同时,新农机监理服务中心大厅启用。

1月10—14日 市政协十一届一次会议在市机关招待所举行,选举产生新一届政协委员会领导成员,柳亚峰当选市政协主席,赵元山、陈学英、邵西林、张继鹏、张连坡、孔德班、刘海涛为副主席,彭书臣为秘书长。

1月18—24日 市人大十五届一次会议在市机关招待所举行。会议选举卢兆河为市人大常委会主任,高洪彦、付洪云、刘金山、张建国、陈庆英、陈兰金、李一中为副主任;江成为市政府市长,刘灿镇、吴霁雯、张公迁、赵永和等6人为副市长;陈福泉为市人民法院院长;史存华为市人民检察院检察长。

1月30日 孔府家集团有限公司与深圳万基集团有限公司合作签约仪式在市机关会议中心举行。

2月4日 中宣部副部长兼国家广电总局局长徐光春到曲阜市考察。

2月9日 副省长赵克志一行到曲阜市调研京福、日东高速公路绿色通道建设和京福高速公路出入口规划建设情况。

2月17日 由日本足利市互乐会会长小笠原康夫出资20万元扩建的防山乡梁公林希望小学破土动工。

2月26日 春秋西路二期工程开工，该工程全长3.2千米,东起天华路,西接西外环路,控制红线60米,绿线120~140米。

3月3日 明故城墙恢复建设二期工程举行开工仪式。

3月3—5日 中国共产党曲阜市第十一次代表大会在市机关招待所二楼会议室召开,大会出席代表311人。张术平当选为市委书记,江成、马书轩、郭庆海、曹方俊等5人当选为市委副书记,张术平、江成、马书轩、郭庆海、曹方俊、韦良华、许可、李玲、李维生、孙建国、孔令玉等12人为常委,郭庆海当选为市纪委书记。

3月10日 青海省人大常委会副主任宋彭生一行8人，云南省人大常委会法制委主任张金康一行5人到曲阜市考察。

3月13日 浙江省人大常委会副主任卢文舸一行6人到曲阜市考察。

3月21日 新加坡颜氏公会向曲阜市颜子研究会订购1000册《新编陋巷志》及200册再版古本《陋巷志》。

3月21日 甘肃省人大常委会原主任卢克俭一行4人到曲阜市考察。

3月29日 中组部副部长李景田一行7人到曲阜市考察调研。

3月31日 中央政法委秘书长王胜俊一行到曲阜市调研指导。

4月2日 国家文物局局长单霁翔一行3人先后前往九龙山汉墓群、孔庙、孔府、孔林、周公庙和颜庙等检查文物保护工作。

4月6日 济宁海关驻曲阜办事处开关,对外办理通关业务。

4月17日 市长办公会议专题研究“非典”防治工作。传达中央、省、济宁市防治“非典”有关会议精神,并对曲阜市“非典”防治工作进行研究部署。

4月17日 济宁市、曲阜市红十字会发出倡议,号召社会各界,为防治“非典”工作献出一份责任心、献出一份爱心,为白衣天使、为“非典”患者、为全社会的防治工作提供尽可能的援助。

4月17日 全国政协副主席张思卿到曲阜市考察。

4月28日 曲阜市部分不明真相的群众开始抢购食盐,并迅速蔓延,一些不法商贩趁机将食盐价格涨到每袋2元、3元或5元，许多商店食盐很快被抢购一空。至5月1日,抢购风基本平息。板蓝根冲剂、洗洁净、消毒液等市价飙升,家用喷雾器也一时难买,“非典”造成的影响致使部分市民心理恐慌,盲目抢购。

4月30日 济南军区第91医院院长梁雨合、政委郭鹏到市公安局看望慰问抗击“非典”医生家属、市公安局民警宋思兰。宋思兰丈夫杨令果系第91医院传染科主任,报名支援北京市防治“非典”工作,加入全军第一批抗击“非典”队伍。

5月1日 北京连五洲集团、石门山管委会合作

建设石门山风景区一期工程竣工。

5月9日 济宁市曲阜新区揭牌仪式在市南郊宾馆举行。按照规划，曲阜新区北起大沂河北堤以北200米，南至邹城市白马河，东起京沪高速铁路规划线，西至陵城镇曹家庄，总面积173平方千米。

5月10日 济宁学院开工建设仪式在曲阜新区举行。

5月20日 全市上下开展防治“非典”捐款活动，当日共捐款41.57万元。

5月27日 济宁市政协主席王润廷等到曲阜市调研林业生产情况。

5月29日 济宁市曲阜新区第一个重大合作项目——济宁市曲阜新区筹建委员会与青岛联顺经贸有限公司道路设施项目举行签约仪式。该协议主要涉及新区起步区道路设施、宾馆、超市、产业项目等，总投资额6.5亿元。

6月17日 陵城、小雪、息陬三乡镇武装部划归曲阜新区管理。

6月24日 曲阜市被山东省委、省政府确定为全省7个建立新型农村合作医疗制度试点县市之一。

6月24日 省政协副主席、文史委主任朱铭率团到曲阜市调研“爱国主义教育基地”情况，考察石门山国家森林公园等景点。

6月25日 山东电力集团捐赠希望工程暨“鲁能曲阜希望小学”奠基仪式在防山乡万柳庄举行。

6月30日 济宁市委书记、市人大常委会主任贾万志调研曲阜市重点项目建设情况。

7月10日 济宁市委书记、市人大常委会主任贾万志到曲阜经济开发区调查研究。

7月13日 全国政协副主席马万祺到曲阜市视察。

7月19日 全国政协委员、恒基中国集团有限公司董事长李家杰率香港、澳门经济代表团一行14人到曲阜市考察访问。

7月29日 山东陆军预备役炮兵师某团预备役军官授衔仪式举行。

8月3日 越南国会副主席张光得一行13人到曲阜市访问。

8月11日 济南军区副政委尹凤岐到曲阜市考察。

8月15日 副省长王军民到曲阜市考察了解中国专利暨高新技术博览会筹备情况。

8月30—31日 济南军区司令员陈炳德一行到曲阜市考察。

8月31日 省环保局在曲阜市召开《曲阜市生态示范区建设规划》专家论证会。

9月3日 在曲阜孔庙杏坛前，山东卫视《经济半月谈》特别节目《杏坛开讲》开始首期录制。首位走进《杏坛开讲》的是国内著名经济学家、北京大学中国经济研究中心教授林毅夫。

9月16日 省人大常委会副主任时立军到曲阜市检查工作。

9月21日 中国侨联爱国主义教育基地——孔子故居举行揭牌仪式。

9月22日 副省长王军民到曲阜市及曲阜新区考察。

9月22日 马来西亚林源德、郭隆生被曲阜市聘为政府顾问。林源德系马来西亚中华工商联合会名誉会长，郭隆生为马来西亚儒商联谊会会长，均为马来西亚知名实业家。

9月23日 海峡两岸文化交流书画展开幕。展览荟萃海峡两岸众多书画名家作品300余幅。

9月26日 2003中国（曲阜）国际孔子文化节开幕式在杏坛剧场举行。全国人大常委会副委员长傅铁山出席开幕式。

9月27日 孔子诞辰2554年纪念活动之尼山祭山大典仪式在尼山脚下举行。

9月27日 2003文化产业发展论坛在曲阜市举行。

9月27日 孔子及儒家思想学术报告会举行。吉林大学教授吕绍纲作题为《中和与道统》的学术报告，北京大学教授王守常作题为《古之兵柄，本出儒术》的学术报告。

9月28日 孔子2554年诞辰纪念活动在孔庙大成殿前举行。祭孔大典由孔庙开庙仪式、祭孔大巡游、祭孔仪式三组系列活动组成。

9月28日 黄帝城建设暨燃气工程合作项目签字仪式举行。

9月28日 《二十世纪儒学研究大系》首发式举行。该书是一部大型、相对成套、按专题成卷的儒学研究丛书，由国内24名著名专家学者历经3年编纂而成。

10月1日 由日本足利市互乐会捐资20万元援建的曲阜市梁公林足利希望小学落成典礼在防山乡举行。

10月1—7日 曲阜市共接待中外游客32.4万人次，实现旅游门票收入953万元。其中，孔庙接待中外游客12.2万人次。

10月8日 曲阜新区管委会举行济宁技术学院暨新区产业园首批进园项目开工奠基仪式。首批入园8个项目，总投资14.27亿元。

10月16日 乌克兰副总理兼乌中政府间经贸合作委员会乌方主席德米特里·塔巴奇尼克一行10人到曲阜市参观访问。

10月24日 中国科学院院士、中国科技大学化学与材料学院院长钱逸泰到曲师大访问并作学术报告。

10月30日 市委十一届二次全体(扩大)会议召开。

11月6日 省委组织部常务副部长刘玉功一行3人到曲阜市调研基层组织建设工作。

12月1日 济宁市委书记、市人大常委会主任贾万志到曲阜市南辛镇主持召开四基山开发现场会，对尼山旅游区建设工作提出要求。

12月8日 省人民防空重点城市命名暨启动仪式在市机关会议中心举行。曲阜市被命名为省人民防空重点城市。

12月10日 全国政协原副主席、九三学社中央原副主席王文元到曲阜参观视察。

12月11日 省公安厅、建设厅城市“畅通工程”专家验收组对曲阜市2003年实施城市“畅通工程”活动明察暗访，初步评定达到公安部、建设部C类城市三等管理水平。

12月17日 书院街小学获“2003年中华古诗文经典诵读工程全国优秀学校”称号。

12月20日 北京理工大学2003MBA年会暨儒家文化与现代企业管理论坛在曲阜市召开，并在开发区举行北京理工大学MBA(曲阜)创业园启动奠基仪式。

12月24日 王庄乡被评为“全国亿万农民健身活动先进乡镇”。

2004年

1月4—7日 市十五届人大二次会议在市机关招待所举行，补选王鸣放为市人大常委会副主任。

1月29日 内蒙古自治区党委副书记陈光林一行对曲阜市文物保护及旅游开发工作进行考察。

2月28日 深圳华侨城集团退出曲阜旅游经营。

3月1日 全国人大常委会原委员长万里委派其长子、国家体育总局人力资源开发中心主任万伯翱、五子万晓武等向母校曲阜师范学校赠送《万里文选》《万里在安徽》《四十年春秋》等图书。

3月3日 市十五届人大常委会举行第七次会议。会议决定任命许冰波、孙百迎为市政府副市长(挂职)。

3月12日 团中央书记处书记张晓兰到曲阜市调研。

3月13日 中央党史研究室一行5人到曲阜市调研全国县市区党史工作。

3月25日 武警曲阜中队获全国“基层建设标兵中队”称号表彰大会在市机关会议中心第一会议室召开。

4月7日 武警总部政治部副主任祖书勤到曲阜市调研，听取武警曲阜中队建设情况汇报。

4月10日 曲阜市选聘18名乡镇长助理，协助抓好招商引资工作。

4月17日 法国前总统吉斯卡尔·德斯坦、法国驻华大使蓝峰等访问曲阜，并拜谒孔子墓。

4月19日 曲阜市创建“全国科普示范市”工作通过检查验收。

5月1—7日 曲阜市共接待中外游客52.9万人次，实现门票收入1486万元，同比增长23%；旅游社会收入1.2亿元，同比增长24%。

5月2日 中共中央政治局常委李长春到曲阜市视察，省委书记、省人大常委会主任张高丽，省委副书记王修智，省委常委、秘书长杨传升等陪同。

5月12日 曲阜圣旺药业股份有限公司与中智投行(上海)企业咨询有限公司合作，通过反向收购“壳公司”运作方式，实现圣旺药业控股子公司——

2004年4月17日，法国前总统吉斯卡尔·德斯坦（前右二）访问曲阜，并拜谒孔子墓

曲阜天然绿色工程有限公司在美国OTCBB证券交易市场上市。OTCBB，即美国证券场外交易市场的缩写。

5月14日 省人大农业和农村工作委员会副主任委员乔秀仑一行到曲阜市进行立法调研。

5月18日 济宁市委书记、市人大常委会主任贾万志检查曲阜市城市环境综合整治工作。

5月20日 济宁市委书记、市人大常委会主任贾万志等带领济宁市政府办公室、建委、规划、交通等部门负责人到曲阜市调研城建工作。

5月20日 省工商局党组书记、局长李华理调研曲阜工商局基层工商所建设情况。

5月20—28日 济宁市委常委、曲阜市委书记张术平率曲阜市党政代表团到深圳、衢州、杭州、扬州考察。

5月27—28日 市十五届人大常委会举行第九次会议，任命何文玲为曲阜市人民政府（挂职）副市长。

5月30日 济宁市委常委、曲阜市委书记张术平会见世界著名企业联盟主席周莊钐钧一行。

5月30日 曲阜阙里宾舍入选“中华百年建筑经典”。

5月30日 省政府批准曲阜市（2003—2020年）城市总体规划。曲阜市城市性质定位于世界著名的历史文化名城。城市规模为近期到2010年，城市人口30万人，用地35平方千米；远期到2020年，城市人口50万人左右，用地控制在58平方千米以内。曲阜市城市规划布局以向南发展为主，呈“南展、北控、东进、西扩”态势。城市总体布局为“一城（曲阜城）、两区（北城区、南城区）、四组团（东北组团、高铁组团、时庄组团和陵城组团）”。

6月4日 四川省副省长杨志文一行9人到曲阜市考察。

6月17日 省人大常委会检查组到曲阜市调研文物保护法和文物保护条例贯彻落实情况。

6月20日至7月2日 市委副书记、市长江成率团到韩国、日本访问并开展经贸洽谈活动。

7月1日 曲阜市实现“110”“120”“119”三台合一。

7月4日 中国侨联主席、党组书记林兆枢，中国侨联副主席、省侨联主席林淑娘到曲阜市考察。

7月11日 越南最高人民检察院一行10人到曲阜市人民检察院访问交流。

7月22日 全国人大常委会副委员长、中科院院长路甬祥到曲阜市视察。

7月23—24日 国务院南水北调办公室党组副书记、副主任孟学农到曲阜市考察。

7月26—27日 济宁市委常委、曲阜市委书记张术平，曲阜市委副书记、市长江成会见韩国莱因堡多媒体集团李济灿会长一行。

7月30日 副省长孙守璞到曲阜市调研城市建设、旅游市场秩序工作。

7月31日 山东省水利职业学院主体搬迁日照市。

8月2日 山东金鲁城集团被国家工商行政管理总局授予“全国守合同重信用”企业称号。

8月5日 全国侨联主席林兆枢一行到曲阜市考察。

8月7日 团中央书记处书记尔肯江·吐拉洪到曲阜市调研。

8月13日 省政府秘书长刘宗元到曲阜市检查工作。

8月19日 全国人大办公厅新闻局局长郭瑞率参加全国人大第十四届宣传人大制度好新闻评选活动的全国各大新闻媒体负责人、专家到曲阜市考察。

8月20—21日 日本众议院议员、自民党观光委员会委员长、日本全国旅行业协会会长二阶俊博率领日本山东旅游促进访问团一行21人到曲阜市参观考察。

8月22日 副省长张昭福到曲阜市考察。

8月27日 全省玉米收获、秸秆还田暨保护性耕作机械化现场会议在曲阜召开。

8月29日 全国玉米科技提升行动会议与会人员检查曲阜现场。

8月30日 宁夏回族自治区区委常委、政法委书记、公安厅厅长李顺桃一行6人到曲阜市考察。

8月31日 空军副司令员汪超群，济南军区副司令员、济南军区空军司令员刘忠兴一行15人到曲阜市考察。

9月1日 中国国民党副主席、台湾两岸市场基金会董事长萧万长一行到曲阜市参观考察。

9月2日 2004中国(济宁)京杭大运河文化艺术节开幕式在杏坛剧场举行。

9月6日 市委副书记、市长江成会见华人世界企业促进会考察团。

9月6日 国家文物局检查团到曲阜市检查文化遗产保护工作。

9月11日 孔子家乡修学旅游——全国百强旅行社合作推广发布会在杏坛宾馆举行。

9月13日 国务院稽查特派员、中国国情调研中心主任刘吉一行到曲阜市锦嘉纺织公司调研。

9月18日 市委副书记、市长江成会见美国宇航局原局长丹尼尔·高丁一行。

9月20日 市十五届人大常委会举行第十一次会议。会议决定免去孙友勋科技副市长职务，任命孙友勋为副市长、韩冬为市政府(挂职)副市长。

9月26日 2004中国(曲阜)国际孔子文化节开幕式暨世界旅游日中国主会场庆祝活动拉开帷幕。全国人大常委会原副委员长王汉斌出席开幕式并宣布2004年中国曲阜国际孔子文化节暨世界旅游日中国主会场庆祝活动开幕。

9月26日 “新论语、新价值、新主张——世界思想家巅峰论坛”在曲师大举行。

9月26日 曲阜明故城墙恢复建设工程竣工，5300米城墙全面贯通。

9月27日 明故城开城仪式在正南门举行。

9月28日 孔子2555周年诞辰祭祀大典在孔庙举行，祭孔大典首次由原来民间祭孔活动转变为官方主导的大型公祭活动。

9月28日 马来西亚中华工商联合会和儒商联谊会代表团座谈会召开。

9月29日 曲阜一中新校落成。新校位于曲阜市春秋路，占地29.67公顷，总建筑面积11.3万平方米。

10月4日 广西壮族自治区区委副书记刘奇葆到曲阜市考察。

10月5日 中共中央政治局原常委、全国政协原主席李瑞环到曲阜市视察。

10月1—7日 曲阜市接待中外游客61万人次，实现门票收入1150万元，旅游社会收入1亿元。

10月9—11日 苏鲁豫皖接壤地区政协工作联系会第十八次会议在曲阜市阙里宾舍举行。

10月10日 全国人大常委会委员、农业与农村工作委员会副主任委员李春亭到曲阜市视察。

10月10日 曲阜市被中国科协命名为全国科普示范县(市)。

10月11—12日 全国政协原副主席叶选平到曲阜市考察。

10月12日 济宁市委书记、市人大常委会主任贾万志听取曲阜市城市规划建设工作汇报。

10月14日 市委十一届三次全委会议在市机关会议中心第一会议室召开。

10月25—26日 韩国博约会560名会员抵达曲阜祭祀先师孔子。

10月31日 安徽省委书记、省人大常委会主任王太华，省委副书记、省长王金山率领安徽省党政考察团到曲阜市考察。

11月1日 山东省委常委、省军区政委张秉德，省军区副司令员赵立德，济宁军分区司令员谢宝忠检查曲阜市冬季征兵工作。

11月1日 曲阜市对76名民间艺人、能工巧匠评定专业职称，其中中级职称15人，助级职称28人，员级职称33人。

11月18日 全国政协委员、香港南益集团总经理林树哲，全国政协委员、香港信义集团董事局主席李贤义率领香港闽籍工商界经贸考察团到曲阜市考察。

11月20日 国家海关总署副署长刘文杰到曲阜海关考察。

11月27日 省委常委、烟台市委书记焉荣竹率领烟台党政考察团到曲阜市考察。

12月9—11日 曲阜市党政考察团到诸城、寿光、邹平、章丘四县(市)学习考察。

12月13—15日 国家文物局副局长童明康调研曲阜文物工作。

12月15日 省军区司令员谈文虎调研曲阜预备役工作。

12月15日 “中国红十字会曲阜医院”举行揭牌仪式，院名由全国人大常委会原副委员长、中国红十字会会长彭珮云题写。

12月18日 省委督查室主任张文杰带领省信访工作检查组到曲阜市检查工作。

12月19日 副省长王军民到曲阜市调研计划生育工作。

12月21日 曲阜市被文化部、国家文物局授予“全国文物工作先进市”称号。

12月22日 曲阜市举行“全国文物工作先进市”命名表彰庆祝仪式。

12月31日 世行三期曲阜项目通过省级评估论证。该项目开发面积5670公顷，项目区涉及吴村、姚村、董庄3个乡镇的45个行政村，总投资3825万元。

2005年

1月11—14日 市人大十五届三次会议召开，补选王克孝为市人大常委会副主任。

1月15日 西气东输冀宁联络线曲阜段工程开工仪式在南辛镇举行。

1月18日 济宁医学院曲阜医院挂牌仪式举行。

1月19日 曲阜市以姚村镇为试点，合并减少行政村，扩大行政村规模，同时对村干部进行精兵简政。有6个乡镇实施村庄合并，减少行政村100个，减少村干部576名，减少村干部补贴开支103万元，节约办公经费等80多万元。

1月23日 中国区域经济论坛暨商贸流通业对曲阜及鲁西南经济发展影响战略研讨会在北京人民大会堂召开，市委副书记、市长江成作主题演讲。

2月2日 中央党的先进性教育活动驻山东省督导组组长杨新农一行到曲阜市检查工作。

2月23日 广西壮族自治区党委副书记、南宁市委书记、市人大常委会主任李纪恒率南宁市党政考察团到曲阜市考察。

3月1日 鲁城街道办事处人民调解委员会被司法部授予“模范人民调解委员会”称号。

3月2日 济宁市科技创新服务中心在曲阜成立。

3月2—3日 副省长赵克志到曲阜市调研孔子研究院和明故城建设。

3月7日 省环保局局长张凯带队检查曲阜污水处理厂、圣城热电厂环保工作。

3月16日 省林业局局长孙庆传到曲阜市检查春季林业生产工作。

3月17日 海外中国文物回归博物馆与美国亚洲艺术公司合作签字仪式在曲阜市举行。“海外中国文物回归博物馆”项目建设在孔子故里曲阜启动。

4月6日 冰岛卫生和社会保障部部长约恩·克里斯蒂杨松到曲阜市访问。

4月8日 经青岛海关批复同意，曲阜华能陆港物流有限公司公用型保税仓库投入运营。

4月12日 全国人大常委会原副委员长、中国红十字会会长彭珮云和中国红十字会党组书记、常务副会长江亦曼一行，在副省长王军民陪同下，到曲阜市调研红十字会工作。

4月13日 污水处理厂中水回用项目韩国政府贷款评估备忘录签字仪式举行。

4月16日 国家海关总署副署长龚正一行到曲阜市考察。

4月29日 西气东输济宁支线工程开工仪式举行。

5月1—7日 全市共接待中外游客51.2万人次，其中三孔景区接待中外游客33.6万人次，门票收入

755.3万元，实现旅游社会收入1.1亿元。

5月11日 省委常委、省总工会主席阎启俊到曲阜市调研。

5月12日 全国人大教科文卫委员会副主任委员吴基传、蒋祝平一行10人对曲阜市文物保护及文化产业发展情况进行立法调研。

5月12日 河北省委副书记、省长季允石率河北省党政考察团在山东省副省长赵克志陪同下到曲阜市考察。

5月12日 省委常委、副省长林廷生率省直有关部门负责人到曲阜市检查中华文化标志城规划建设筹备情况。

5月14日 市委副书记、市长江成会见法国布列塔尼大区勒德里昂主席率领的政府暨文化体育代表团。

5月17日 “2005山东十大最美的地方”评选揭晓，曲阜市三孔景区以第3名入选。

5月18日 省科协党组书记、副主席陆巽生率省科协“科普村村通”工作检查督导组到曲阜市检查督导工作。

5月18日 30集大型文献专题片《文化巨人——孔子》首映式在山东电视大厦举行。

5月20日 湖南团省委书记吴奇修一行4人到曲阜市考察。

5月24日 山东陆军预备役炮兵师某团快速动员演练转服现役誓师大会在市体育场召开。

5月26日 省粮食直补工作检查组到曲阜市检查。曲阜市种粮农民直接补贴工作4月10日结束，共兑付补贴资金554万元。

5月27日 广东省委副书记蔡东士到曲阜市考察。

5月27日 鲁城街道西关民族居委会获全国“民族团结进步先进集体”称号。

5月28日 国家粮食局局长聂振邦带领粮食检查组到曲阜市调研粮食储备和粮食改革情况。

5月31日 市委副书记、市长江成会见韩国安东市议会经贸考察团。

6月2日 省食品药品监督管理局局长李民一行到曲阜市调研食品药品监管工作。

6月3日 全国人大常委会副委员长司马义·艾买提到曲阜市调研文物安全工作。

6月7日 全省人口和计划生育对外宣传窗口县项目现场研讨会在曲阜市阙里宾舍召开。

6月15—16日 市委副书记、市长江成接待挪威爱肯公司亚洲总裁一行。

6月17日 欧盟亚洲城乡合作计划曲阜工作室揭牌仪式举行。根据项目计划，欧盟拨款75万欧元，由法国雷恩市主导、西班牙圣地亚哥市配合，具体帮助曲阜就历史文化遗产保护、旅游经济振兴等方面进行为期3年的合作。

6月18日 曲师大聘任物理学家、诺贝尔奖获得者丁肇中为名誉校长。

6月21日 国家质量监督检验检疫总局监督管理司司长纪正昆到曲阜市调研食品粮食生产加工企业区域监管工作。

6月26日 孔子77代嫡孙孔德成受聘为曲阜师范学校“名誉校长”。

6月30日 吴泰集团董事长吴敏一行到曲阜市考察吴泰(曲阜)产业港项目进展情况。

7月 济宁学院数学、历史等5个系搬迁至曲阜新校。

7月5日 济宁市委、市政府加快曲阜市和曲阜新区发展现场办公会议在曲阜市召开。

7月21日 山西省科协党组书记、副主席韩裕峰率领山西省各地市科协主席一行20余人到曲阜市考察“科普村村通”工作。

7月26日 两岸三地15所学校师生100多人组成“2005年齐鲁文化国学夏令营”，由钱穆夫人钱胡美琦带队，到孔子故里曲阜市寻根探源。

7月27—28日 商务部副部长张志刚到曲阜市调研商贸流通工作。

7月28日 市委副书记、市长江成带领有关部门负责人到泰安市、新泰市、临沂市和日照市考察城市建设。

7月31日 曲师大获2001—2004年度全国学校及周边治安综合治理工作先进单位。

8月2日 信息产业部部长王旭东一行在副省长王仁元等陪同下到曲阜市考察。

8月6日 全国人大常委会副委员长许嘉璐到曲阜市调研中华文化标志城筹建工作。

8月18日 省委、省政府对18个市(区、县)授予“省级文明城市(区、县)”称号,曲阜市榜上有名。

8月26—27日 财政部部长金人庆、办公厅主任张通、国防司司长翟钢到曲阜市调研。

8月28日 市委副书记、市长江成会见圣卢西亚外交、国际贸易和民航部长彼得勒斯·康普顿一行。

8月28日 中共中央政治局原常委、国务院原副总理李岚清到曲阜市视察。

9月12日 全国政协副主席张思卿带领全国政协“南水北调工程文物保护”专题联合调查组到曲阜市调研。

9月14日 曲师大杏坛学院举行揭牌仪式暨2005级新生开学典礼。

9月14日 省质量技术监督局党组书记、局长丛大鸣到曲阜市调研工作。

9月15日 全国政协原副主席万国权到曲阜市视察文物保护工作。

9月15日 全国人大常委会办公厅代表联络局局长李维国等到曲阜市走访全国人大代表姜健。

9月16日 曲阜师范学校举行建校100周年庆典,全国政协原副主席万国权,全国政协原常委楚庄,全国政协常委、全国政协教科文卫体委员会副主任张发强,全国人大常委会原委员长万里长子、国家体育总局人才交流中心主任万伯翱,次子万仲翔,五子万晓武出席庆典仪式。同日上午11时,“万里题辞碑暨万里图书馆”剪彩仪式在曲师校题词碑广场举行。

9月21日 第六届中国专利高新技术产品博览会开幕式举行。

9月23日 第六届中国专利高新技术产品博览会成交技术项目签字仪式在国铁大酒店举行。

9月24日 济宁市委常委、曲阜市委书记张术平,市委副书记、市长江成会见香港霍英东集团公司副总裁、启能投资有限公司董事霍启刚一行,就文化、教育、经贸等方面合作进行探讨。

9月25日 省人民检察院副检察长李少华、马明生,党组成员、反贪局局长周辉等到曲阜市人民检察院检查指导规范执法行为、加强基层院建设工作。

9月26日 2005中国(曲阜)国际孔子文化节开幕式在杏坛剧场举行。全国人大常委会原副委员长王光英宣布开幕。

9月26日 世界孔子后裔联谊总会成立暨第一次代表大会在曲阜市召开。

9月28日 孔子2556年诞辰祭祀大典在孔庙举行。大典分开城、开庙、公祭、家祭四个部分。全国政协原副主席、国际儒学联合会会长叶选平,全国人大常委会原副委员长王光英敬献花篮。“2005全球联合祭孔”活动同时举行,中央电视台以曲阜孔庙祭孔为直播现场,国内外十几个城市为直播或连线报道点进行现场直播。

9月28日 欧亚城乡合作计划2005—2006年度曲阜项目签字仪式举行。

9月29日 鞍山玉源矿业有限公司总经理李志向曲阜捐献巨型七彩玉石。这块玉石重达100多吨,是世界第二大玉石。

9月29日 联合国教科文组织在法国巴黎作出决定,批准设立国际“孔子教育奖”,奖励在教育和文化等方面做出突出贡献的国家政要和专家。这是第一次以中国人名字在联合国设立奖项。

10月1—7日 全市累计接待中外游客31万人次,其中三孔景区接待中外游客25万人次,实现门票收入910万元,旅游社会收入8500万元。

10月2日 全国人大常委会副委员长、全国妇联主席顾秀莲在省委副书记、省长韩寓群,省人大常委会副主任墨文川陪同下到曲阜市调研。

10月9日 副省长陈延明到曲阜市调研防汛抗灾及秋种工作。

10月15日 曲师大召开建校50周年庆祝大会。同日,教育部师范教育司司长管培俊、基础教育司司长姜沛民到曲阜师范学校调研。

10月17日 2005年度中国特色魅力城市200强推选结果公布,内地及香港、澳门、台湾200个城市上榜,曲阜居山东榜排名第二位。

10月20日 英国吉尼斯世界纪录有限公司在法兰克福宣布,孔子家谱被认定为世界上最长的家谱。吉尼斯世界纪录有限公司总裁阿里斯泰尔·理查兹向曲阜市文物管理委员会代表颁发孔子家谱吉尼斯世界纪录证书。

10月22日 世界旅游组织特使、技术出版部主任泰迪基尼和欧洲旅游委员会原主席、瑞士国家旅游局原局长洛伊到曲阜市访问。

10月23日 由省旅游局和《大众日报》联合发布的2005年“十一”黄金周旅游分类排行榜揭晓，曲阜市三孔景区获得双“十佳”称号。

10月28日 省委常委、副省长林廷生到曲阜市尼山景区调研文物保护工作。

10月28日至11月4日 应韩国友好城市和团体邀请，济宁市委常委、曲阜市委书记张术平率团到韩国访问。

10月31日 金皇活塞有限公司、锦绣纺织有限公司、鲁汉木业有限公司、鲁能泰山曲阜电缆有限公司、天博汽车零部件制造有限公司、恒达食品有限公司、圣旺集团总公司、远大工程有限公司、海涛国际贸易有限公司9家企业被列入全省促进中小企业成长计划名单。

11月1日 中共中央政治局委员、国务院副总理曾培炎到曲阜市调研文物保护和旅游资源开发工作。

11月6日 全国人大常委会副委员长许嘉璐到曲阜市调研中华文化标志城建设及文物旅游工作。

11月7日 九仙山国家级农业旅游示范点通过国家旅游局验收。

11月8—9日 省人大常委、教科文卫委员会副主任委员王懿诚一行到曲阜市检查《山东省农村初级卫生保健条例》贯彻实施情况。

11月11日 经省科技厅组织专家评议，曲阜市金皇活塞有限公司、山东金鲁城有限公司被认定为省制造业信息化示范企业。

11月13日 中国共产党曲阜市第十一届委员会第四次全体会议召开。会议研究审议曲阜市“十一五”规划纲要(草案)。

11月14日 济宁市委常委、曲阜市委书记张术平会见韩国株式会社YISCO商社会长李起仲一行。

11月15日 省林业局局长孙庆传到曲阜市检查林业生产工作。

11月18—19日 省人大常委会委员、教科文卫委员会副主任委员王懿诚，省人大常委会委员曾昭明到曲阜市调研农村合作医疗工作实施情况。

11月20日 重庆市委副书记、市长王鸿举率重庆市党政代表团到曲阜市考察。

11月21日 副省长陈延明在曲阜主持召开济宁、枣庄、临沂、日照、菏泽五市防控高致病性禽流感工作座谈会。

11月21日 山东省名牌战略推进委员会公布2005年山东名牌产品名单，曲阜市3家企业4种产品榜上有名，分别是：鲁能泰山曲阜电缆有限公司鼓楼牌电缆，曲阜圣阳电源实业有限公司圣阳牌阀控式密封铅酸蓄电池和山东金鲁城有限公司鲁城、华冠牌P.O42.5R、P.O32.5R普通硅酸盐水泥。

11月29日 国际节庆活动权威机构首次对中国节庆评选活动揭晓。中国(曲阜)国际孔子文化节获“IFEA中国最具国际影响力十大节庆活动”奖。

12月2—4日 中央电视台《走近科学》栏目摄制组在曲阜拍摄《孔林“流泪碑”的秘密》专题节目，5日、6日分别在中央电视台一套、七套、九套、十套频道播出。

12月16日 “第二届中国中小城市可持续发展高峰论坛”2005全国最具投资潜力中小城市50强评选揭晓，曲阜市位居第4位。

12月23日 山东省鲁南地质工程有限公司地质勘探设备生产项目落户曲阜。

12月28日 曲阜被授予“全国婚育新风进万家先进市”称号。

12月29日 山东省煤矿安全监察局局长公茂泉到裕隆集团唐阳煤矿，检查指导全国煤矿安全生产电视电话会议精神贯彻情况和元旦、春节期间安全情况。

12月30日 市审计局被授予“全国审计机关先进集体”称号。

12月30日 曲阜市被列为全省森林资源动态检测体系建设试点单位，在全省率先启动森林资源及生态工艺林动态检测体系建设工作。

2006年

1月9—12日 市政协十一届四次会议召开，通过柳亚峰辞去市政协主席职务的请求，选举赵元山为市政协主席。

1月10—13日 市人大十五届四次会议召开，

选举张欣为市人民法院院长。

2月13日 曲阜市获“山东省实施名牌战略质量兴市工作先进单位”称号。

2月14日 春节旅游黄金周期间，全市共接待中外游客16万人次，其中海外游客7700人次；实现旅游门票收入275万元、旅游社会收入2056万元。

2月24日 市政府全体（扩大）会议在市机关会议中心召开。

3月1日 曲师大被国家体育总局确定为体育社会科学重点研究基地。

3月3日 国家文物局公布国家“十一五”文物保护入库项目，曲阜市6个文保单位入选。其中，曲阜鲁国故城列入国家文物局“十一五”规划重大重点遗址保护项目。

3月9日 济宁市委书记、市人大常委会主任孙守刚到曲阜市调研工作，实地查看城市建设和部分企业、学校、村街情况。

3月13日 济宁学院举行曲阜新校区启用仪式。

3月14日 省人大常委会副主任陈延明到曲阜市调研文物保护工作。

3月17日 济南军区副司令员叶爱群一行到曲阜市考察。

4月1日 市委副书记、市长江成会见美旗控股集团总裁谢秉臻、意大利意中双向经济贸易工业投资文化交流促进会常务副主席周跃一行。

4月5日 中央纪委驻教育部纪检组组长、教育部党组成员田淑兰到曲阜市检查工作。

4月7日 国家人口计生委副主任赵白鸽一行到曲阜市调研人口和计划生育工作。

4月8日 曲阜孔子后裔联谊会成立大会在市机关会议中心召开。

4月14日 省人大常委、农业与农村委员会副主任马洪顺一行到曲阜市检查《中华人民共和国动物防疫法》和《山东省动物防疫条例》“一法一条例”贯彻执行情况。

4月15日 曲阜九仙山农业观光示范园被授予“全国农业旅游示范点”“山东省农业旅游示范点”称号，孔府家集团被授予“山东省工业旅游示范点”称号。

4月15日 福建省政协副主席黄瑞霖一行到曲阜市考察。

4月19日 山东省纪念建党85周年理论研讨会在曲阜召开。

4月21日 《曲阜市生态市建设规划》专家评审工作会议召开。

4月21日 全国政协常委、副秘书长、台盟中央副主席李敏宽一行3人到曲阜市调研世界文化遗产曲阜三孔。

4月22日 国家发改委黄淮海平原占用耕地调研组到曲阜市检查工作。

4月29日 中央巡视组到曲阜市检查指导工作。

5月1—7日 全市累计接待游客63万人次，实现门票收入1210万元，旅游社会总收入1.36亿元。

5月13日 省人大常委、教科文卫委员会副主任王懿诚一行到曲阜市检查《山东省全民体育健身条例》贯彻执行情况。

5月15日 文化部副部长周和平一行在省、济宁市领导陪同下到曲阜市调研工作。

5月15日 市职业中专获“中华职业教育名校”称号。

5月19日 全国政协副主席董建华一行5人，到曲阜市调研三孔文物保护工作。

5月23日 中央社会治安综合治理委员会副主任兼办公室主任陈冀平率“全国创建平安边界”现场会议与会人员到曲阜市调研。

5月24日 四川省雅安市政府“蒙顶皇茶万里祭孔团”一行80余人到曲阜市孔庙大成殿前举行仪式，祭拜孔子。

5月27日 以中央人民政府驻香港特别行政区联络办主任高祀仁、副主任黎桂康为特别顾问的香港知名人士山东访问团一行58人到曲阜市参观考察。

5月31日 鲁城街道南池居委被农业部命名为“全国村级财务管理规范化单位”，挂牌仪式在南池居委举行。

6月1日 浙江省副省长茅临生率浙江省农业考察团到曲阜市考察。

6月2日 以内蒙古自治区党委副书记杨利民

为团长的内蒙古自治区考察团一行36人，到曲阜市考察。

6月8日 尼山孔庙和尼山书院被确定为第六批全国重点文物保护单位。

6月8日 由曲阜市捐赠的孔子石雕像落户山东大学威海分校，市委副书记、市长江成出席孔子像揭幕仪式。

6月11日 曲阜市“祭孔大典”被列入第一批国家级非物质文化遗产名录（民俗类）。

6月11日 全国人大常委会原副委员长铁木尔·达瓦买提到曲阜市视察。

6月15日 武警山东总队总队长戴肃军到曲阜市武警中队调研。

6月16日 济宁市政协主席王润廷到曲阜市调研重点工业项目建设情况。

6月16日 山东里能集团和肥城矿业集团合作并购圣城热电有限公司项目签字仪式举行。

6月16日 曲阜市“中华文化五千年主题公园暨曲阜黄帝城保护开发项目”被列为省重点文化产业投资项目之一。

6月17日 市委副书记、市长江成参加省文博会重点项目签约仪式，并与台湾富昌建设股份有限公司签订曲阜黄帝城开发建设项目合同。

6月25日 全市公开选拔副科级领导干部笔试在市机关会议中心举行。

6月30日 庆祝中国共产党成立85周年暨撤县设市20周年大型文艺晚会在杏坛剧场举办。

7月1日 全市第一个社区党委——南池党委成立。

7月1日 即日起，曲阜市对三峡移民和水库移民每人每年补贴600元，持续20年。

7月1日 中央党史研究室原主任孙英到曲阜市调研，省委党史研究室主任姚学政、济宁市委副书记赵树国等陪同活动。

7月8日 孔子世家谱续修工作协会开始实施《孔子世家谱》历史上第5次大修订。

7月8日 山东省安监局、省汽车行业协会在创建国家二级安全质量标准化企业复评发布会上宣布，曲阜天博汽车零部件制造有限公司为山东省第5家国家二级安全质量标准化企业。

7月8日 国家汉办全球孔子学院院长“孔子故里行”活动代表团一行120余人到曲阜市考察。

7月11日 首届曲阜孔子修学旅游节开幕式举行。

7月23日 曲阜、济南、青岛、淄博、泰安5市旅游局在泰安举行“泰山有约——山水圣人·齐鲁文化旅游线节庆会展”合作联席会。

7月27日 2006海峡两岸高中生辩论赛在曲阜市举行。

7月29日 副省长王仁元到曲阜市调研。

7月30日 在2006中国特色魅力城市200强战略合作大会暨全球华人推动民族品牌走向世界第23次大会上，曲阜市被授予“2006年度中国特色魅力城市”称号。

8月6日 由中央党校副校长李君如率领的中央马克思主义理论研究与建设工程专家考察团一行到曲阜市考察。

8月10—11日 省计生委主任班开庆一行到曲阜市调研。

8月11日 全国政协科教文卫体委员会副主任袁伟民到曲阜市考察。

8月24日 驻鲁部分全国人大代表调研组到曲阜市调研社区卫生服务工作。

8月29日 台湾中国国民党中央委员会副主席江丙坤率台湾工商界经贸考察团到曲阜市参观访问。

8月29日 世界银行林业可持续发展项目检查组到曲阜市检查。

9月1日 济宁市委书记、市人大常委会主任孙守刚到曲师大调研。

9月4日 全国政协副主席张克辉一行及台湾工商界人士110余人到曲阜市调研。

9月6日 由曲阜市出资100万元的“曲阜孔子奖学金”在平邑县设立，并颁发首批奖学金。

9月11日 2006中国曲阜文化旅游商品博览会暨“孔子商贸城杯”旅游商品创新设计大赛和2006中国曲阜现代物流发展高峰论坛筹备工作会议在孔子国际商贸城召开。

9月14—16日 省人大常委会副主任曹学成率省人大执法检查组到曲阜市考察《山东省旅游条例》

贯彻落实情况。

9月15日 万里网球场落成典礼在曲阜师范学校举行，万里长子万伯翱、省人大常委会副主任曹学成、万里次子万仲翔出席落成仪式。

9月19日 全国文化信息资源共享工程试点会议与会文化部社文司负责人、各省文化厅分管厅长、社文处长和省级图书馆馆长130余人，到曲阜市南池社区考察文化信息资源共享工程建设工作情况。

9月21日 在省政协副主席齐乃贵陪同下，中华海外联谊会港澳海外知名人士“寻根之旅”到山东访问团一行92人到曲阜市参观考察。

9月22日 9时30分，2006中国（曲阜）国际孔子文化节祭孔大典取圣土圣水仪式在尼山夫子洞前举行。

9月23日 首届联合国教科文组织孔子教育奖颁奖盛典在曲阜市举行。全国政协副主席王忠禹向获奖代表颁奖。同日，首届联合国教科文组织孔子教育奖颁奖盛典新闻发布会暨纪念邮资封首发式在曲阜市举行。

9月23日 曲阜市、雷恩市、圣地亚哥市合作协商会议暨文昌祠修复工程启动仪式举行。同日，曲阜市与圣地亚哥·德孔波斯特拉市建立友好合作城市签字仪式举行。

9月24日 市委副书记、市长江成会见孔子友谊奖获奖专家埃克博士。

9月24日 曲阜经济开发区出口加工园启动。

9月24日 裕隆集团在裕隆广场举行裕隆大厦竣工剪彩仪式。

9月26日 晚8时，2006中国（曲阜）国际孔子文化节暨“两岸孔子文化交流周”大型活动开幕式在杏坛剧场举行。全国政协副主席周铁农宣布2006中国曲阜国际孔子文化节暨“两岸孔子文化交流周”大型活动开幕。

9月27日 鲁班文化展在曲阜科技城举行，全国政协副主席周铁农、省政协副主席周鸿兴、省人大常委会原副主任何宗贵、济宁市政协主席王润廷等出席并剪彩。

9月28日 孔子2557年诞辰祭孔大典在孔子故里曲阜和台湾台北、台南等地同时举办。曲阜祭孔大典从上午9时开始，将孔子出生地尼山之土、中华文化标志城所在地九龙山之土和台湾原住民祭孔代表团从阿里山日月潭所取之土融为一体，中国国民党中央评议委员会议主席团主席、原国民党副主席林澄枝向曲阜市孔庙赠送台北孔庙珍藏祭器复制件。与此同时，台北孔庙举行祭孔大典，台湾地区领导人马英九代表台北孔庙接受曲阜市赠送的曲阜孔庙商周祭器复制件。中华语文教育促进协会在台北举行《什么是我们心中的道德——回首孔孟思想》纪念活动。

10月4日 国家发改委农经司司长高俊才一行检查曲阜大沂河防汛工程治理项目。

10月1—7日 “十一”黄金周期间，曲阜市接待游客37万人次，实现门票收入1056万元、旅游社会总收入1.03亿元。

10月9日 颜母大桥竣工通车。大桥总长700米，桥面设计高程125.45米，桥面宽7.4米，工程总投资580万元。

10月10日 王学仲艺术作品捐赠暨王学仲画馆开展仪式在曲阜市举行。

10月10日 曲阜市人民医院利用荷兰政府贷款引进医疗设备中荷洽谈会在杏坛宾馆召开，荷兰SIMED公司Dorien博士一行3人对医院现状及医疗设备进行实地考察。

10月11日 省农业厅厅长战树毅到曲阜市检查指导农业和农村工作。

10月14日 黑龙江省中植企业集团董事长解植锟向曲阜市捐款10万元，用于全市文物保护和文化发展事业。

10月14—15日 台湾中国科技大学阎亚宁一行到曲阜市考察古建筑保护工作，并举办古建筑木结构保护技术讲座。

10月15日 天博工业园开工奠基仪式举行。

10月16日 济宁市商业银行曲阜支行开业。

10月17日 于志学艺术作品捐赠暨于志学艺术陈列馆开馆仪式举行。

10月26日 由孔子研究院、曲阜市人民政府和山东出版集团主办的《大哉孔子》图片展暨祭孔活动，应邀在台湾台南市文庙举行。

10月28日 《曲阜市明故城控制性详细规划》论证会议召开。由清华大学教授、中国科学院院士、

2006年11月1日，柬埔寨首相洪森（左四）到曲阜市参观考察

中国工程院院士吴良镛为名誉主任的评委会，对规划进行详细论证并提出意见和建议。

10月28—29日 文化部副部长、故宫博物院院长郑欣淼到曲阜市考察。

10月31日 武警总部后勤部副部长周锁海在武警山东总队总队长戴肃军陪同下，到武警济宁支队曲阜中队调研基层武警部队建设情况。

11月1日 柬埔寨首相洪森携夫人、副首相贺南洪携夫人等一行39人到曲阜市参观访问。

11月3日 农业部副部长牛盾、省农业厅厅长战树毅一行到曲阜市调研农业和农村经济情况。

11月5日 国务院南水北调办公室主任张基尧在副省长贾万志、省水利厅厅长宋继峰陪同下，到曲阜市考察。同日，贾万志、宋继峰调研曲阜市社会主义新农村建设工作。

11月10日 中国共产党曲阜市第十一届委员会第五次全体会议举行。会议确定中国共产党曲阜市第十二次代表大会于2007年2月底前召开。

11月15日 人事部副部长尹蔚民，山东省委组织部副部长、省人事厅厅长焦连合到曲阜市调研。

11月20日 省委副书记、省长韩寓群到曲阜市检查抗旱和麦田管理工作。

11月20日 青岛市委副书记、市长夏耕率团到曲阜市考察。

11月21日 副省长王军民到曲阜市调研教育工作。

11月22日 由教育部主办的“中德教育合作战略对话”在曲阜市阙里宾舍开幕。同日，出席“中德教育合作战略对话”的德国联邦教研部国务秘书迈尔·克拉默一行参观三孔景区。

11月22日 省委常委、副省长林廷生到曲阜市调研，听取曲阜市文化工作汇报，实地察看曲阜展览馆、状元文化博物馆。

11月24日 曲阜市获“全国民政工作先进市”称号。

11月26日 由曲阜市人民政府主办，曲阜市孔子中国城承办，中央国家机关工委、文化部、中国民间艺术家协会、国家旅游协会、济宁市旅游局联合协办的2006中国曲阜文化产业发展战略高峰论坛召开。

11月29日 在第二届中国产业年会上，中国（曲阜）国际孔子文化节成功入选“2006年度中国十大节庆”和“2006年度中国十大人物类节庆”。

12月6日 中国共产党曲阜市第十一届委员会第六次全体会议举行。会议通过《关于召开市第十二次党代表大会的决议》。

12月19日 市第二人民医院全省首批医疗救助定点医院揭牌仪式举行。

12月29日 法国巴黎索而邦大学柯迺柏现代艺术展开展。

12月31日 中共中央政治局原委员、国务院原副总理钱其琛到曲阜市视察。

2007年

1月5日 市十五届人大常委会举行第三十次会议，决定接受江成辞去市政府市长职务、孙友勋辞去副市长职务请求，任命刘森为副市长、代市长，李维生为副市长。

1月5日 副省长才利民到曲阜市就淮河流域水污染防治和中华文化标志城建设工作进行调研。

1月6日 最高人民法院院长肖扬到曲阜市视察。

1月12日 曲阜市被省委、省政府授予“2006年平安山东建设模范市”称号。

1月12日 “两岸首次携手联合祭孔、共同弘扬中华儒学文化”入选2006年两岸关系十大新闻。

1月14日 解放军总政治部副主任孙忠同到曲阜市考察。

1月18日 中国地方志指导小组秘书长兼办公室主任田嘉、山东省地方史志办公室主任刘秋增到曲阜市考察。

1月20日 省旅游局党组书记、副局长于冲到曲阜市调研旅游工作。

1月24日 中国共产党曲阜市第十一届委员会第七次全体会议举行。全委会听取和讨论市十二次党代会工作报告(讨论稿)、纪律检查委员会工作报告(讨论稿),十二届市委委员、候补委员和市纪委委员预备人选建议名单,出席中共十七大代表候选人初步人选建议名单和出席济宁市第十一次党代会代表候选人预备人选建议名单。

1月26—29日 市政协十一届五次会议召开。审议通过市政协常委会关于接受赵元山辞去市政协主席,陈学英、邵西林、张继鹏、张连坡、孔德班辞去市政协副主席职务辞呈的决定;补选马书轩为市政协十一届委员会主席,颜世全、刘汉武、韦挺为市政协十一届委员会副主席。

1月27—30日 市人大十五届五次会议召开。会议通过关于接受卢兆河辞去市人大常委会主任,王克孝、高洪彦、付洪云、刘金山、张建国、陈庆英、陈兰金、李一中辞去市人大常委会副主任职务请求的决定;选举朱庆安为市人大常委会主任,韦良华、史存华、李明等4人为市人大常委会副主任,刘森为市政府市长,谷峪为市人民检察院检察长。

1月31日 济宁市政协主席王润廷到曲阜市走访慰问敬老院和困难群众。

2月3—5日 中共曲阜市第十二次代表大会召开,大会出席代表327人。大会听取朱庆安代表十一届市委作的《谋求新发展、实现新跨越,为全面建设富裕文明和谐新曲阜而努力奋斗》工作报告,确定全市今后五年发展的指导思想和奋斗目标;选举产生中共曲阜市第十二届委员会委员、市委候补委员、市纪律检查委员会委员、出席济宁市第十一次党代会代表;通过《中国共产党曲阜市第十二次代表大会关于十一届市委工作报告的决议》和《中国共产党曲阜市第十二次代表大会关于市纪律检查委员会工作报告的决议》。在中国共产党曲阜市第十二届委员会第一次全体会议上,选举朱庆安为市委书记,选举刘森、郭庆海为市委副书记,朱庆安、刘森、郭庆海、李玲、杨凤东、李维生、甄海江、孔令玉、王骁、王志泉等11人为市委常委,杨凤东为市纪委书记。

2月3日 国家发改委投资项目评审中心专家评审曲阜市造纸厂污水深度处理项目。

2月4日 济宁市委副书记、代市长张振川走访慰问曲师大师生。

2月18—24日 春节旅游黄金周期间,曲阜市共接待中外游客26万人次,其中海外游客1.22万人次,实现旅游门票收入360万元、社会旅游收入2960万元;全市星级饭店入住率86%以上。

3月6日 孔子研究院收到孔德成信函,孔德成表示接受邀请,担任孔子研究院永久荣誉院长。

3月8日 省军区参谋长金培昌到曲阜市人武部考察。

3月16日 教育部下发《关于同意济宁师范专科学校升格为济宁学院的通知》,批准升格为济宁学院。

3月22日 全国劳模、“感动中国十大人物”王顺友到曲阜市考察指导。

3月26日 解放军总政治部干部部副部长林祥海到曲阜市人武部指导工作。

4月3日 由国家发改委、建设部、文化部、国家文物局组成的中华文化标志城联合调研组到曲阜市调研中华文化标志城建设工作。

4月10日 省环保局党组书记、局长刘富春检查曲阜市环境保护工作。

4月11日 市委副书记、市长刘森在阙里宾舍会见瑞典于默奥市市长玛丽·路易斯·朗玛克女士。

4月13日 中组部干部教育局巡视员、副局长曹毅一行到曲阜市调研指导。

4月17日 由中央办公厅、国务院办公厅组成的国家环境保护督查组一行到曲阜市就环境保护工作进行督促检查。

4月18日 济宁市委副书记、市长张振川调研曲阜市日东高速公路尼山连接线工程建设情况。

4月20日 2007曲阜春季旅游推介会举行。北京师范大学教授于丹被聘为"曲阜孔子修学旅游节形象大使"。同日，于丹教授孔子故里再谈《论语》心得暨《杏坛圣梦》2007首演式举行。于丹被授予"曲阜荣誉市民"称号。

4月20日 《曲阜市政协志》首发仪式举行，省政协副主席朱铭出席并题词祝贺。

4月21日 中国科学院院士郝柏林、李家明、葛墨林到曲师大讲学。

4月23日 影片《功夫之王》、好莱坞动画片《狮子王》导演罗伯特·明可夫(Robert Minkoff)偕夫人孔令华及美籍华裔歌手孔令奇做客曲阜远东职业技术学院。

4月26日 全国政协常委、中国佛教协会副会长、西藏自治区政协副主席、西藏自治区佛教协会会长康珠·土登克珠活佛一行6人到曲阜市考察。

4月29日 市委书记、市人大常委会主任朱庆安会见韩国京畿道涟川郡守金圭培一行。

4月30日 曲阜市举行庆祝"五一"国际劳动节仪式，同时举行《时代楷模——曲阜劳模名录》首发式。

4月30日 济宁市委副书记、市长张振川等检查曲阜市"五一"黄金周旅游工作筹备情况。

5月1—7日 全市累计接待中外游客71万人次，其中三孔景区接待中外游客43.7万人次，实现门票收入1820万元、旅游社会总收入1.9亿元。

5月2日 国家环保总局副局长潘岳到曲阜市考察。

5月14日 省委书记、省人大常委会主任李建国到曲阜市调研。

5月17日 中共中央政治局原委员、全国政协原副主席杨汝岱到曲阜市视察。

5月19 美国佛罗里达州博因顿市友好城市委员会向曲阜市残疾人捐赠轮椅仪式举行。

5月22日 国家旅游局批准曲阜明故城(三孔)景区为全国首批AAAAA级旅游景区。

5月27日 中共中央政治局原常委、中纪委原书记尉健行到曲阜市视察。

5月28日 中国工程院院士、东北大学自动化研究中心主任柴天佑到曲师大讲学。

6月9日 市委副书记、市长刘森会见前法国驻华大使、曲阜国际友谊协会会长孟毅一行。

6月15日 省人民防空办公室主任张兆启到曲阜市调研指导人民防空工作。

6月18日 全国政协常委、致公党中央副主席、全国侨联副主席、上海市政协副主席俞云波一行4人到曲阜市考察。

6月20—21日 "中俄友谊之旅·中国行"大型记者团一行60余人抵达曲阜，对曲阜人文历史和风土人情进行采访报道。

7月11日 曲阜市遭受强暴风雨袭击，瞬间最大风力9级。全市受灾人口5300人，农作物受灾面积3450公顷，损坏房屋215间。这次灾情造成农田绝收面积1350公顷，直接经济损失3037.5万元。

7月16日 市委副书记、市长刘森会见以韩国文体部前长官李敏燮为团长的经济贸易考察团一行。

8月8日 曲阜市在市级机关会议中心举办儒家文化讲座，中国台湾大学教授傅佩荣就孔子文化和儒家思想作演讲。

8月15—16日 曲阜市在广东省惠州市、东莞市举行孔子故里——曲阜市惠州经贸旅游合作推介会。

8月20日 "金秋献爱心·助圆大学梦"活动捐助晚会在杏坛剧场举行，募集社会各界资金共计24.18万元，救助贫困大学新生75名。

8月22日 副省长贾万志调研指导曲阜市防汛工作。

8月23日 由山东省人民政府驻沪办事处主任、上海山东商会会长张守富带领的上海市经贸考察团一行到曲阜市考察，洽谈投资合作意向。

8月31日 中国奥委会副主席李志坚到曲阜市调研体育公园建设情况。

8月31日 按照市委、市政府工作部署，开发区、工业园实现园区整合。

9月3日 省军区政委张秉德到曲阜市人武部调研。

9月11日 中国城市论坛2007年北京峰会首次揭晓国内29个"感动世界的中国品牌城市"名单，曲阜市榜上有名。

9月11日 济宁市委副书记、市长张振川到曲阜市检查指导日东高速曲尼连接线工程建设情况。

9月11日 国家汉语国际推广领导小组副组长、中国孔子学院总部理事会副主席、国务院原副秘书长陈进玉一行到曲阜市调研。

9月16日 曲阜阙里宾舍“四星级旅游饭店”揭牌庆典仪式举行。

9月19日 “孔子与世界——艺术中国”书画慈善大展举行。

9月20日 中国曲阜文化商品进出口基地启动暨济南开运玉石文化港开业仪式在曲阜市举行。

9月21日 两岸孔子文化交流周暨台商孔子故里行活动举办，国民党副主席林丰正、台湾商业总会理事长张平沼一行参观孔庙、孔府、孔林。

9月23日 曲阜市举行“全民健身迎奥运、共建和谐新曲阜”活动启动暨体育公园竣工典礼仪式。

9月23日 由文化部中外文化交流中心、济宁市文化局、曲阜市人民政府联合举办的“海峡两岸书画名家祭孔交流展”在曲阜市开幕。

9月25日 应哈尔滨文庙（黑龙江省民族博物馆）请求，曲阜市在孔子出生地尼山夫子洞前采集“圣土”“圣水”，并由专人乘机护送至哈尔滨。哈尔滨文庙在太平国际机场举行“喜迎孔子故乡圣土圣水”仪式。

9月26日 2007孔子及儒家思想学术报告会在孔子学术会堂举行，特邀美籍华人学者、夏威夷大学哲学系教授成中英，山东大学教授、博士生导师、中国周易学会会长刘大钧作学术报告。

9月26日 俄罗斯联邦会议议长米罗诺夫一行参观孔庙、孔府、孔林，全国人大常委会副委员长盛华仁，山东省委副书记、代省长姜大明陪同。

9月27日 20时，2007中国（曲阜）国际孔子文化节开幕式及大型文艺晚会在市体育公园举行，全国政协副主席罗豪才宣布2007中国（曲阜）国际孔子文化节开幕。同日，世界儒学大会发起国际会议在孔子研究院召开。

9月28日 2007曲阜孔庙祭孔大典举行。

9月28日 首届孔子尼山教育基金颁发仪式在孔庙大成殿举行。

9月28日 2007中国（曲阜）国际孔子文化节曲阜国际儒商联合会筹备会议暨诚信兴商与儒家思想学术研讨会召开。

10月1—7日 “十一”黄金周期间，全市接待中外游客40.73万人次，门票收入1514万元，实现旅游社会总收入1.31亿元。

10月3—10日 曲阜孔子文化艺术团一行240人应香港“孔子2558年诞辰系列文化活动组委会”邀请，到香港参加“香港回归祖国十周年暨孔圣诞环球祭孔大典”活动，并在香港大球场举行祭孔大典。

10月14日 2007中国（曲阜）国际孔子文化节——孔子棋艺文化周联谊赛开幕。

10月15—18日 中国孔庙保护协会第十一届年会在曲阜市举行。

10月20—21日 山东省森林公园管理办公室在曲阜市举行专家评审会。《山东省尼山国家森林公园总体规划》通过专家评审。

10月31日 银座商城曲阜店开业。

11月8日 国家档案局副局长李和平带领全国档案事业发展综合评估小组到曲阜市调研档案事业发展综合工作情况。

2007年9月26日，俄罗斯联邦会议议长米罗诺夫（右一）到曲阜市参观访问

2007年12月31日，日本首相福田康夫（右七）到曲阜市参观访问

11月12日 《东方文明与乡村建设》学术报告会召开，韩国前总理、韩国新村运动中央会会长李寿成在曲阜孔庙杏坛前作专题报告。曲阜师范学校聘请李寿成为学校名誉教授。

11月16日 国家统计局曲阜调查队成立大会暨揭牌仪式在市级机关会议中心举行。

11月16日 曲阜市地震观测台运行，观测台位于董庄乡梨园村西南处，海拔116.6米。

11月16日 欧亚城乡合作计划国际委员会会议在曲阜市召开。同日，欧亚城乡合作计划曲阜文昌祠试点项目竣工典礼暨遗产学校揭牌仪式举行。

11月24—25日 文化部文化产业司司长王永章带领规划编制小组到曲阜市，就曲阜市创建国家级文化产业示范园区规划编制工作进行考察指导。

11月28日 为曲阜市市、乡（镇）人大代表选举日。全市具有选举权的选民分别在各自选区参加投票，选举产生新一届市、乡（镇）两级人大代表。全市共划分市人大代表选区131个，乡镇人大代表选区403个。全市具有选举权的选民共有556860人，其中有535142名选民参加投票选举，参选率为96.1%。

11月28日 “走近孔子，传承文明”服务品牌入选2007年山东省服务名牌名单。

11月29日 中国共产党曲阜市第十二届委员会第二次全体会议在市级机关会议中心举行，学习贯彻中共十七大、省委九届二次全会和济宁市委十一届二次全会精神，听取和讨论市委常委会工作报告，审议通过《中共曲阜市委关于深入学习贯彻党的十七大精神的决议》。

11月29日 省政协常委、科教文卫体委员会副主任任宝祥带领省政协视察组，到曲阜市调研农村科普工作情况。

12月1日 乒乓中国“山东圣旺杯”乒乓球邀请赛在曲阜市举行。

12月6日 “山东省党员干部现代远程教育规范化站点”授牌仪式在鲁城街道南池社区举行。

12月7日 中国（曲阜）国际孔子文化节被第三届中国节庆产业年会评为“2007年中国节庆产业十大影响力节庆”和“2007年中国节庆产业十大人物类节庆”。

12月7日 泰国清迈华人村华文教师联谊会到曲阜市访问，并出席实验小学华文教育基地授牌仪式。

12月10—14日 市政协十二届一次会议召开，会议选举马书轩为市政协主席，颜世全、刘海涛、刘汉武、韦挺、杨朝明、李刚为副主席，刘斌为秘书长。

12月11—15日 市人大十六届一次会议召开。选举朱庆安为市人大常委会主任，刘灿镇、吴霁雯、王鸣放、李明等5人为副主任；选举刘森为市政府市长，杨凤东、张公迁、赵永和、刘秀广、褚福梅等6人为副市长；选举张欣为市人民法院院长，谷峪为市人民检察院检察长。

12月19日 中国银监会党委副书记、副主席蒋定之到曲阜市考察。

12月28日 山东圣阳电源股份有限公司揭牌仪式举行。

12月30日 日本首相福田康夫到曲阜市访问，参观孔庙，并祭拜孔子，题词“温故创新”。

12月31日 “2007中国曲阜国际孔子文化节”成功入选2007年“山东省十大新闻”。

2008年

1月9日 市委群众工作部揭牌暨群众服务大厅启用仪式举行。

1月11日 济宁市委十一届三次全体会议与会人员到曲阜市实地观摩体育公园、天博工业园、金鲁城余热发电项目运营情况。

1月16日 山东樱花集团捐资10万元修建的南辛镇西官庄村道路举行竣工仪式。

1月17日 铁道部原副部长、京沪高速铁路筹备组组长蔡庆华,国家京沪高速铁路建设领导小组办公室协调组组长王东明到曲阜市调研指导京沪高速铁路建设工作。

1月28日 中粮地产(集团)股份有限公司纪委书记、工业地产事业部总经理于涛一行到曲阜市考察。

1月30日 日本足利市议会议长西田智男一行到曲阜市参观访问。

2月6—12日 春节黄金周期间,全市共接待中外游客29.3万人次,实现旅游社会收入3590万元。

2月26日 济宁市中华文化标志城规划区域环境综合整治工作现场会议在曲阜市召开。

2月27日 省委常委、副省长王仁元到曲阜市大成桥、孔子文化会展中心和中华文化标志城等地调研服务业基础设施项目建设情况。

2月28日 曲阜国家级文化产业示范园区建设与发展规划通过专家评审。文化部文化产业司司长王永章主持论证会。同日,王永章到三孔景点、状元文化博物馆、孔子研究院、杏坛剧场、孔子商贸城等处考察曲阜文化产业发展情况。

3月1日 文化部文化产业司司长王永章在曲阜市委理论学习中心组集体学习暨文化产业发展专题报告会上,王永章作题为《全面贯彻党的十七大精神、促进我国文化产业快速发展》报告。

3月3日 市政府第十六届第四次市政府常务会召开。研究2008年城市建设计划、2008年度全市招商引资考核实施细则、奥运火炬接力筹备、孔子文化旅游大型推广活动筹备等工作。

3月12日 济宁市"情系文化标志城、绿化美化九龙山"活动启动仪式在曲阜九龙山举行。

3月17日 全国人大代表姜健到北京参加十一届全国人大二次会议。

3月13—19日 市委书记、市人大常委会主任朱庆安带领市经济开发区、市招商局等部门人员到广东深圳、东莞和湖北武汉等地招商。

3月19—20日 云南省丽江市委副书记、市长王君正一行到曲阜市考察。

3月26日 国家大型优质小麦生产基地建设项目开工仪式在王庄乡举行。

3月31日 越共中央委员、永福省委书记郑庭勇一行到曲阜市访问。

4月5日 "我的《论语》心得"征文颁奖典礼暨孔子学堂启动仪式在杏坛剧场举行。

4月6日 首次春季祭孔大典在孔庙举行。

4月19日 山东省旅游局与中国康辉旅行社集团联合举办的"2008中国康辉——齐鲁文化旅游年"活动启动仪式在曲阜明故城正南门举行。

4月21—24日 市委副书记、市长刘森带领曲阜市党政考察团,到江苏省邳州市、宿迁市、盐城市、连云港市学习考察。

4月25—26日 省政协原副主席崔惟琳调研中华文化标志城选址情况。

4月29日 全市庆祝"五一"国际劳动节会议召开,市委书记、市人大常委会主任朱庆安为获全国"工人先锋号"的山东裕隆矿业集团唐阳煤矿机修厂回收班授旗并颁奖。

2008年3月,姜健(右一)代表在十一届全国人大二次会议上

5月1日 曲阜游客服务集散中心主体工程奠基暨游客服务中心启动仪式举行。

5月1—3日 “五一”小黄金周，全市累计接待中外游客35.8万人次，旅游社会总收入1.05亿元。

5月5—7日 中科院院士、天体物理学家、南京大学博士生导师孙义燧到曲师大做报告。

5月7日 全国妇联副主席莫文秀到曲阜市调研指导巾帼文明岗创建工作。

5月8日 济宁市委副书记、市长张振川到曲阜市调研孔子文化会展中心建设情况。

2008年6月25日，罗马尼亚参议院议长尼古拉·沃克罗尤（前右四）到曲阜市参观访问

5月10日 最高人民法院院长肖扬到曲阜市视察。

5月13—15日 超导电子学家、中科院院士、南京大学教授吴培亨到曲师大讲学。

5月14日 市委、市人大、市政府、市政协、市纪委机关全体人员集中开展支援四川地震灾区救灾捐赠活动。当天，全市共收到社会各界捐款126.5万元。24日，市级领导又以每人1000元“特殊党费”形式捐款，向四川地震灾区人民群众献上一份爱心。

5月29日 中国邮政储蓄银行山东省曲阜市支行成立暨揭牌仪式举行。

5月30日 曲阜城市中轴线规划及博物馆设计论证会举行，两院院士、清华大学建筑学院教授吴良镛及清华有关专家工作团队到会介绍情况。

6月1—6日 市委副书记、市长刘森率领曲阜招商团到香港开展经济文化协作交流活动。

6月2日 中科院院士冯纯伯教授到曲师大讲学。

6月5日 曲阜市国际人才希望小学奠基仪式在吴村镇举行，中国国际人才开发中心向吴村镇现场捐赠25万元希望小学建设资金。

6月7—9日 端午节假日期间，三孔景区共接待中外游客4.1万人次，门票收入179.85万元。

6月13日 中国工程院院士、国务院学位委员会学科评议组成员、四川大学教授高洁到曲师大讲学。

6月14日 文化遗产日纪念暨第三次全国文物普查启动仪式在万仞宫墙前举行。

6月16—21日 副省长才利民率领山东省人民政府代表团访问日本并向早稻田大学赠送孔子像，曲阜市委书记、市人大常委会主任朱庆安出席赠送仪式。

6月23日 “孔子文化节杯”中韩围棋泰斗对抗赛在曲阜市举行，对阵选手有聂卫平、徐奉洙等。

6月25日 由罗马尼亚参议院议长尼古拉·沃克罗尤率领的罗马尼亚参议院代表团一行19人到曲阜市参观访问。

6月28日 曲阜市在董庄乡举行纪念碑落成仪式，纪念第一个农村党支部董家庄党支部诞生70周年。

6月30日 曲阜新区文化产业园被命名为国家级文化产业示范园区。

7月2日 曲阜国家级文化产业示范园区揭牌仪式在孔子研究院举行，文化部副部长孟晓驷，文化产业司司长王永章，副司长李小磊，山东省文化厅厅长杜昌文，副厅长李国琳，辽宁省文化厅厅长郭兴文及济宁、曲阜市负责人出席。

7月6日 济宁市委书记、市人大常委会主任孙守刚到曲阜市检查奥运火炬传递筹备工作。

7月8日 济宁市党政负责人孙守刚、张振川、赵树国等带领济宁市科学发展现场观摩会议与会人

员到曲阜市观摩点评。

7月16日 省委副书记刘伟到曲阜市调研奥运火炬传递筹备工作。

7月22日 北京2008奥运火炬在曲阜传递。传递起点为孔庙大成殿,终点是孔子列国行雕塑广场,全程5.86千米,传递活动约1小时40分钟,火炬手100人,其中曲阜市火炬手是机关干部代表朱庆安,孔子后裔代表孔鹏,企事业单位代表孙建成,北京奥组委官员、圣火使者郭敏。

7月25日 全国政协副主席王志珍、省政协原副主席王久祜到曲阜市考察。

7月25日 中科院院士、生物化学与分子生物学家王恩多教授到曲师大讲学。

7月28日 曲阜市到四川地震灾区援建队伍胜利归来欢迎仪式举行。曲阜到四川地震灾区援建突击队负责援建盐亭县两河镇小学、卫生院、巨龙镇中学、两岔河小学3个乡镇71套板房。工程完工后,经省、济宁市验收,曲阜建设任务全部达到工程标准。

8月4日 全国老龄办副主任吴玉韶到曲阜市检查指导工作。

8月5日 外交部资深外交官、国际礼仪专家鲁培新到曲阜市作国际礼仪专题报告。

8月6日 联合国教科文组织总干事松浦晃一郎一行到曲阜市参观访问。

8月9日 “孔子学堂”第二讲在孔子研究院国际学术报告厅举行。复旦大学图书馆馆长、百家讲坛主讲人葛剑雄教授作题为《儒家思想与中国疆域的形成》演讲。

8月10日 济宁市委书记、市人大常委会主任孙守刚到曲阜市调研指导孔子文化节筹备工作。

8月11日 联合国世界旅游组织秘书长弗朗西斯科·弗朗加利到曲阜市参观访问。

8月20日 省委常委、宣传部部长李群到曲阜市调研指导孔子文化节筹备工作。

8月31日 曲阜孔子文化会展中心竣工典礼举行。

9月1日 省政协副主席赵玉兰一行到曲阜市考察。

9月1日至10月15日 曲阜选派6人组成援川医疗卫生队前往汶川地震灾区北川县马槽乡开展对口支援工作。

9月3日 省政协副主席、党组副书记乔延春一行到曲阜市调研中华文化标志城生态环境保护和规划情况。

9月7日 “孔子学堂”第三讲在杏坛剧场开课,台湾大学教授、国学专家傅佩荣作《儒家文化为什么重要》演讲。

9月9日 市政府与大连星海会展集团有限公司孔子文化会展中心合作签约仪式举行。

9月9—10日 全国重点流域水污染防治工作会议在曲阜市召开,环境保护部部长周生贤,省委副书记、省长姜大明,副省长李兆前出席会议。

9月10日 省委副书记、省长姜大明到曲阜市调研孔子文化节筹备工作。

9月19日 由市总工会、市妇联联合创建的曲阜市女职工学校启动仪式举行。

9月21日 纪念孔子2559年诞辰吴泽浩画展暨《吴泽浩从艺50周年回顾文集》首发式在孔府举行。

9月22日 第九届中国专利高新技术产品博览会暨2008山东文博会济宁会场在孔子文化会展中心开展。

9月24日 省政府特邀咨询林廷生到孔子文化会展中心、大成桥、游客服务集散中心项目现场考察。

9月24日 越南共产党前总书记黎可漂到曲阜市参观访问。

9月25日 副省长郭兆信、国务院京沪高铁领导小组办公室协调组组长王东明一行到曲阜市调研京沪高铁曲阜段建设情况。

9月25日 由上海开天集团投资建设的曲阜开天国际大酒店开工奠基仪式举行。

9月25日 2008国际孔子文化节招商引资项目集中签约仪式举行。曲阜银座物流、城市生活垃圾发电、锂动力电池生产等5个项目集中签约。

9月26日 省委常委、宣传部部长李群到孔子文化会展中心调研2008山东文博会济宁会场开展情况。

9月27日 2008中国(曲阜)国际孔子文化节开幕式暨第三届“孔子教育奖”颁奖典礼在孔子文化会展中心举行。全国人大常委会副委员长蒋树声出席

2008年9月24日，越南共产党前总书记黎可漂（左三）到曲阜市参观访问

开幕式并宣布2008中国（曲阜）国际孔子文化节开幕，全国人大常委会原副委员长许嘉璐等向获奖者颁发证书。

9月27—29日　第一届世界儒学大会在孔子研究院举行。

9月27—30日　市委书记、市人大常委会主任朱庆安，市委副书记、市长刘森会见瑞典于默奥市民主社会党市委书记玛丽·路易斯、市长简一行，曲阜市与于默奥市缔结为“经济文化协作关系城市”。

9月28日　2008祭孔大典在孔庙举行，全国人大常委会原副委员长许嘉璐为祭孔大典主题揭幕，省委副书记、省长姜大明恭读祭文。

9月29日至10月5日　“十一”黄金周期间，曲阜市共接待中外游客52.16万人次，实现旅游社会总收入1.4亿元。

10月1日　市委书记、市人大常委会主任朱庆安，市委副书记、市长刘森带领市级领导班子全体成员到烈士陵园向人民英雄、革命烈士敬献花篮。

10月9日　山东省农村留守流动儿童“快乐成长活动站”揭牌仪式在书院街道中心小学举行。

10月15日　以香港招商局集团有限公司董事兼招商局工业集团董事长袁武为团长的香港特别行政区十一届全国人大代表视察团到曲阜市考察调研。

10月16日　济宁学院举行揭牌庆典暨本科教学迎评启动仪式。

10月17日　省劳动和社会保障厅厅长董国勋到曲阜市调研劳动和社会保障工作。

10月20日　曲阜香格里拉大酒店奠基仪式举行。曲阜香格里拉大酒店为五星级酒店，由香港嘉里集团独资建设经营。

10月21日　卫生部副部长尹力到曲阜市调研新型农村合作医疗工作。

10月23日　省人民防空办公室主任张兆启到曲阜市调研人民防空工作。

10月24日　曲阜中医药学校建校二十年暨山东中医药大学继续教育学院曲阜分院成立大会召开。

10月24日　中科院院士陈翰馥教授到曲师大访问。

10月30日　曲师大儒学研究中心成立。

10月31日　国务委员、中央政法委副书记、公安部部长孟建柱到曲阜市视察。

11月1日　共青团中央书记处第一书记陆昊在团省委书记王磊陪同下，到曲阜市就基层共青团工作及传统文化普及工作进行调研。

11月2日　在中国文化生态旅游高峰论坛上，孔庙、孔府、孔林景区获得“中国十大文化生态旅游目的地”称号。

11月7日　市委书记、市人大常委会主任朱庆安会见大连星海会展集团有限公司董事长王川志一行。

11月13日　省委宣传部副部长、省中华文化标志城规划建设办公室主任徐向红到曲阜市调研中华文化标志城规划区历史文化遗产保护工作。

11月18日　市委理论学习中心组专题报告会举行，省委讲师团副团长何克亮就中共十七届三中全会精神作专题辅导报告。

11月19日　由曲师大教授、民建曲阜总支部副主委桑哲捐资11万元创建的“民建图书室”在防山中学落成。

11月27日　中国（曲阜）国际孔子文化节获

“2008中国十大国际性节庆暨改革开放30年·中国节庆杰出典范奖”和“2008中国十大最具魅力节庆奖”。

12月3日 尼泊尔世界文化遗产保护考察团到曲阜市参观访问。

12月10日 曲阜市被授予“全省产品质量和食品安全专项整治示范县（市、区）”称号。

12月12日 济宁市集中开工项目曲阜会场仪式举行。富邦商务地产、孔村泗河大桥暨道路建设等4个项目开工。

12月24日 孔府旅游景区孔府组国家级“巾帼文明岗”揭牌仪式举行。

12月26日 曲阜文化旅游发展投资有限公司成立暨《孔圣·九章》首演式在曲阜孔子文化会展中心举行。

12月26日 山东曲阜文化发展战略研讨专家咨询座谈会议召开，山东省委原副书记王修智、文化部部长助理丁伟、文化产业司司长王永章、省委宣传部副部长徐向红、文化厅厅长杜昌文等出席会议。

12月29日 市政府第十六届第八次常务会议召开。会议研究讨论政府工作报告和2009年为民办好的十件实事，研究银政企合作支持中小企业发展工作，研究迎接国家扩大内需新增1000亿元投资项目检查等工作。

12月31日 中国共产党曲阜市第十二届委员会第四次全体会议举行。会议审议通过《中共曲阜市委关于加快推进全市农村改革发展的实施意见》。

2009年

1月1日 济宁市“谁不说俺家乡好·山东人游山东”活动启动仪式在曲阜举行。

1月6日 济宁市政协主席赵树国到济宁学院走访慰问市政协委员。

1月6—9日 市政协十二届二次会议在市机关招待所举行。会议同意刘海涛辞去市政协副主席职务，补选马磊为市政协副主席。

1月8—11日 市人大十六届二次会议在市机关招待所召开，补选孟庆安为市人大常委会副主任。

2月5日 省农村住房建设与危房改造工作座谈会在曲阜市召开。副省长郭兆信出席会议。

2月11日 全市奖惩兑现暨转变作风奋战2009跨越发展动员会议召开。

2月18日 国家质检总局副局长蒲长城到曲阜市调研食品安全监管工作。

2月19日 中新（中国·新加坡）曲阜文化生态城论证会议召开。

2月26日 曲阜市政协、美中经贸投资总商会、世界著名品牌大会联合在孔子研究院举办魅力曲阜中外名家书画展。

3月5日 中科院院士、中国科学技术大学教授郭光灿到曲师大讲学。

3月7日 济宁学院党委书记王应进在北京大学与北大历史系主任、历史文化资源研究所所长牛大勇签署合作协议，共同发起成立“曲阜儒学院”。

3月11日 省关工委主任王克玉一行到曲阜市调研中华诗文诵读工作。

3月15日 中国书法家协会副主席吴善璋一行到曲阜市考察“中国书法之乡”创建工作。

3月18日 朝鲜内阁总理金英日在中国驻朝鲜大使刘晓明、山东省副省长才利民陪同下到曲阜市参观访问。

3月21日 中央党校地厅级干部进修班社会稳定研究专题考察组到曲阜市考察政法综治平安建设工作。

3月23日 中共中央政治局委员、书记处书记、中宣部部长刘云山在省委常委、宣传部部长李群陪同下，到曲阜市调研曲阜片区大遗址保护工作。

3月25日 济宁市委书记、市人大常委会主任孙守刚到曲阜市南辛镇和息陬乡调研指导尼山景区开发和京沪高铁曲阜站片区开发工作。

3月30日 国务委员兼国防部部长、国家国防动员委员会副主任梁光烈到曲阜检查调研国防动员工作。

4月2日 海尔集团向曲阜市海尔希望小学捐赠电脑仪式举行。

4月4日 首次尼山孔庙春季祭孔仪式举行。同日，北京大学文化遗产教学实习基地揭牌仪式在曲阜市尼山书院举行。

4月8日 国家文物局局长单霁翔到曲阜市调研文物保护工作。

2009年3月18日，朝鲜总理金英日（前左四）到曲阜市参观访问 李辉/摄

4月9日 中国科协党组成员、机关党委书记苑郑民一行到曲阜市调研科普工作。

4月11日 全国百城旅游宣传周暨旅行社条例宣传周济宁分会场启动仪式在曲阜市万仞宫墙前举行。

4月14日 书法家、首都师范大学书法文化研究院名誉院长、博士生导师欧阳中石受聘曲师大荣誉教授并到校作学术报告。

4月23日 全国政协民族和宗教委员会副主任仲兆隆一行到曲阜市调研。

4月26日 全国第十九届图书交易博览会曲阜分会场在孔子文化会展中心开幕。

4月26日 中国工农红军曲阜红军小学捐赠仪式暨"裕隆杯"阳光明星足球友谊赛举行。

4月26日 2009孔子学堂首讲仪式在杏坛剧场举行。厦门大学教授易中天作题为《我读孔子》学术报告。

4月27日 中国加入WTO谈判首席专家、博鳌亚洲论坛秘书长龙永图在曲阜孔子文化会展中心国际会议厅作题为《在金融危机下，如何实现科学发展、跨越发展》学术报告。

5月1—3日 "五一"小长假，全市累计接待中外游客37.9万人次，旅游社会收入1.09亿元。

5月6日 驻日本特命全权大使崔天凯到曲阜市参观考察。

5月6日 潍坊市委书记、市人大常委会主任张新起率领党政考察团到曲阜市考察文化旅游产业发展情况。

5月7日 葡萄牙共和国议长雅伊梅·伽马一行参观访问曲阜。

5月14日 江苏省副省长、徐州市委书记徐鸣带领党政考察团到曲阜市考察文化旅游产业发展情况。

5月14—16日 曲阜市党政考察团到河南林州、兰考等地进行考察。

5月20日 中央党史研究室副主任张启华一行到曲阜市调研考察。

5月25日 2009年孔子尼山教育基金捐赠资助仪式举行。曲阜尼山教育基金发起人孔众现场捐赠100万元专项用于尼山中学建设。

5月26日 市招投标管理中心启动仪式举行。

6月1日 山东省中西语言文化交流研究基地在曲师大揭牌。

6月2日 市委副书记、市长刘森与新加坡工程事务所董事刘太格签署新加坡—曲阜文化生态城规划设计合作备忘录。

6月3日 省委常委、副省长王军民到曲阜市调研指导学习实践科学发展观活动开展情况。

6月6日 全国政协教科文卫体委员会主任、中国工程院副院长、院士邬贺铨率领全国政协调研组一行到曲阜市考察文物保护工作。

6月6日 莱索托王国外交大臣莫赫拉比·肯内斯·柴夸到曲阜市参观访问。

6月8日 省委常委、副省长王军民出席曲阜市委常委学习实践科学发展观活动专题民主生活会。

6月8日 香港终审法院首席法官李国能一行到曲阜市参观考察。

6月11日 省委常委、省政法委书记柏继民到曲阜市调研政法和社会治安综合治理基层基础工作。

6月14日 省政协副主席王新陆陪同中共中央党校省部级学员一行到曲阜市及曲阜师范大学调研。

6月16日 市委书记、市人大常委会主任朱庆安在阙里宾舍会见全国台湾同胞投资企业联谊会会长张汉文一行。

6月17—19日 曲阜市党政考察团到河南省开封市、安阳市、林州市和山东省聊城市进行考察。

6月18日，全国人大内务司法委员会副主任委员白景富到曲阜市考察。

6月22日 山东省文化厅厅长亢清泉到曲阜市调研指导文化产业发展工作。

6月23日 《中共曲阜地方史》(第二卷）出版发行。

6月24日 全市重点项目集中开工仪式举行，天然气压缩暨物流、环保设备生产、第二污水处理厂、锂离子动力电池产业化一期工程、甜叶菊、创源铝基复合材料、商用太阳能7个项目开工奠基剪彩。

6月28日 全国政协人口资源环境建设委员会副主任张黎率调研组一行到曲阜市就“人口老龄化对经济社会发展的影响”进行专题调研。

6月28日 国家广播电影电视总局副局长胡占凡到曲阜市调研指导广播电视工作。

7月6日 国家人口计生委副主任崔丽等调研山东省人口计生工作(曲阜)汇报会举行。

7月7—8日 国家人口计生委副主任王培安、山东省人口计生委主任盖国强到曲阜市调研指导人口和计划生育工作。

7月9日 中国共产党曲阜市第十二届委员会第五次全体会议召开。会议对《中共曲阜市委常委会关于贯彻落实科学发展观情况的分析检查报告》进行讨论和评议。

7月17日 中国科学院力学研究所与曲阜天博汽车零部件制造有限公司汽车零部件联合研发中心揭牌仪式举行。

7月30日 空军副参谋长但志平到曲阜市考察。

8月2日 全国政协副主席李兆焯一行到曲阜市调研文物保护工作，济宁市政协主席赵树国、曲阜市政协主席马书轩陪同。

8月6日 曲阜游客服务中心落成启用。

8月18日 中国书法家协会主席张海到曲阜市考察指导工作。

9月1日 大型文化电视系列片《演说论语》开机仪式在曲阜市孔庙举行。

9月4日 尼日利亚奥贡州州长丹尼尔考察曲阜中联水泥有限公司。

9月6日 全国政协副主席李金华到曲阜市视察。

9月15日 市行政服务中心运行剪彩仪式举行。

9月15日 孔子像金银玉币首发式暨曲阜旅游品行会获奖精品展启动仪式举行。

9月21日 曲阜市中医院与济南军区总医院协作医院揭牌仪式举行。

9月22日 国家文物局副局长童明康到曲阜市调研指导文物保护工作。

9月23日 济宁市委书记、市人大常委会主任孙守刚到曲阜市检查孔子文化节筹备工作。

9月24日 曲阜汽车新站启用仪式举行。

9月24日 曲阜市举行《孔子世家谱》续修告成颁谱大典仪式。

9月27日 2009中国(曲阜)国际孔子文化节开幕式暨“孔子教育奖”“孔子文化奖”颁奖典礼在曲阜杏坛剧场举行。全国人大常委会副委员长陈昌智宣布2009中国曲阜国际孔子文化节开幕。

9月27日 纪念孔子2560周年诞辰全国政协系

2009年5月7日，葡萄牙议长雅伊梅·伽马(前左四)到曲阜市参观访问

统书画作品邀请展开幕剪彩仪式举行。

9月27日 孔子学术会堂创办二十周年暨孔子及儒家思想学术报告会举行。

9月28日 己丑年公祭孔子大典在孔庙大成殿前举行。范曾手书"己丑年祭孔子文碑刻"揭幕仪式在孔子文化园举行。

9月28日 韩国大型舞蹈剧《孔子》在曲阜市上演。

9月29日 中国工程院院士盖钧镒到济宁学院考察访问。

2009年10月16日，国际奥委会主席罗格（前右二）到曲阜市参观访问

10月10日 中国共产党曲阜市第十二届委员会第六次全体会议召开。

10月15日 国家质量监督检验检疫总局进出口商品免验审核组对圣阳电源进行出口免验审核。17日通过审核，是中国铅酸蓄电池行业唯一一家通过出口免验审核的企业。

10月15日 省关工委"三项活动"工作座谈会在曲阜市举行。

10月16日 国际奥委会主席罗格及夫人到曲阜市参观访问。

10月17日 中共中央政治局委员、国务委员刘延东到曲阜市调研指导工作。

10月18日 第十一届全国运动会群先代表团到曲阜市观摩考察。

10月18日 香港中华总商会会长蔡冠深率代表团到曲阜市参观考察。

10月26日 曲阜市美术陶瓷厂投产剪彩、山东艺术学院陶艺实习基地揭牌、曲阜市琉璃瓦厂开工奠基仪式举行。

10月27日 市委副书记、市长刘森一行到深圳拜访港中旅集团和华侨城集团，双方就旅游合作事宜进行深入探讨与交流。

11月5日 北京大学与曲阜市人民政府在北京大学举行孔子文化研究与发展战略研讨会暨《北京大学与曲阜市人民政府孔子文化研究与发展战略合作协议书》签约仪式。

11月9日 应邀参加中国空军庆祝活动的外国空军代表团在空军司令员许其亮，济南军区空军司令员刘忠兴、政治委员王金相等陪同下到曲阜市参观访问。

11月9日 省政协副主席、省工商联主席王乃静，省委统战部副部长、省工商联党组书记孙传宏带领参加山东省第一届鲁商大会企业家代表到曲阜市考察。

11月24日—12月1日 市政协主席马书轩率团对瑞典欧洲文化城于默奥市进行友好访问。

12月3日 德州市委书记、市人大常委会主任雷建国率党政考察团到曲阜市考察。

12月7日 市政府第十六届第十一次常务会议召开。会议研究开展国民经济和社会发展第十二个五年规划编制、孔府家酒业有限公司改制、深化医药卫生体制改革和第六次全国人口普查等工作。

12月10日 省委第二巡视组在副组长王文升带领下到曲阜市开展巡视工作。

12月12日 曲阜市南新区概念规划暨核心片区控制性详细规划、轩辕—少昊陵片区控制性详细规划项目评审会召开。

12月15日 中共中央政治局原常委、中央纪律检查委员会原书记吴官正到曲阜市视察。

12月18日 曲阜论语碑苑更名为"孔子文化园"，经全面修葺一新后，向广大市民和中外游客免费开放。

12月24日 "中国书法之乡"——曲阜授牌揭

碑仪式举行。

2010年

1月14日 省水利厅厅长杜昌文到曲阜市指导泗河曲阜段治理工作。

1月16日 文化部副部长赵少华到曲阜市调研孔子博物馆筹备情况。

1月17日 中国共产党曲阜市第十二届委员会第七次全体会议召开。

2月1—4日 市人大十六届三次会议在市机关招待所召开，听取审议市政府、市国民经济计划、市财政预决算、市人大常委会、市人民法院、市人民检察院工作报告，补选市人大常委会委员4人。

2月27日 全市2009年度奖惩兑现暨2010年度转变作风攻坚冲刺动员大会召开。

3月1日 三孔保护项目和鲁国故城项目开工仪式举行。国家遗产地三孔保护项目和曲阜鲁国故城保护项目分别于2007年8月和2008年7月被省发改委立项，列入2009年第四批扩大内需中央预算内投资计划。

3月12日 省供销合作社主任白志刚到曲阜市调研合作社组织平台建设工作。

3月17日 济宁中石油昆仑天然气曲阜站项目开工奠基仪式举行。

3月21日 农业部党组成员、驻部纪检组组长朱保成带领春季农业生产督导组到曲阜市检查指导春季农业生产工作。

3月24日 省委宣传部副部长黄泽存带领省委督导组到曲阜市督导市委中心组理论学习情况。

3月26日 第十六届广州亚运会志愿信使团到曲阜市恭取圣土圣水活动举行。

3月30日 最高人民检察院检察长曹建明到曲阜市调研。

4月2日 济宁市政协主席赵树国到曲阜市调研文化标志城建设情况。

4月3日 庚寅年春季尼山祭孔大典举行。

4月3日 尼山书院开讲暨明伦堂揭牌仪式举行。

4月3日 尼山祭孔开笔礼仪式在尼山夫子洞广场举行。

4月7日 韩国韩中亲善代表团到曲阜市考察。

4月10日 全国百城世博旅游宣传推广周暨迎世博相约圣城——曲阜2010全国摩托车旅游节开幕式举行。

4月13日 青海省政协主席白玛一行到曲阜市考察。

4月16日 曲阜市政府与中国进出口银行青岛分行战略合作协议签约仪式举行。

4月21日 曲阜市举行“情系玉树大爱无疆抗震救灾”募捐仪式。

4月24日 屈家村党支部书记孔庆灿被评选为全国劳动模范，市总工会举行欢送仪式，欢送孔庆灿到北京受奖。

4月26日 最高人民检察院副检察长孙谦到曲阜市调研。

4月26日 中共中央政治局原委员、中央军委原副主席、原国务委员兼国防部部长曹刚川到曲阜市视察。

4月29日 曲阜市与上海齐鲁实业总公司在上海齐鲁万怡大酒店签署《关于利用世博会开展曲阜品牌形象宣传推介战略合作协议》，曲阜孔府菜进驻世博会。

5月1日 出席全国人大与日本国会参议院定

2010年4月27日，孔庆灿在全国劳动模范授奖现场

期交流机制第四次会议的日本国会参议院代表团，在全国人大常委会委员、山东大学校长徐显明陪同下到曲阜市参观访问。

5月1—3日 三孔景区共接待中外游客16万人次，全市旅游星级酒店上座率平均98%。

5月4日 中国国民党荣誉主席连战一行到曲阜市参观访问。

5月7—8日 湖北省十堰市委书记、市人大常委会主任陈天会率领十堰市党政考察团到曲阜市考察。

5月16日 京沪高铁曲阜连接线工程全线施工启动仪式举行。

5月21日 全国人大常委会副委员长陈昌智到曲阜市调研采煤塌陷地复垦项目情况。

6月8日 曲阜市与敦煌市缔结友好城市签约仪式举行。

6月19日 济宁市2010年第二批工业调整振兴项目集中开工曲阜分会场暨嘉信电气有限公司抽油机专用变频器项目奠基仪式举行。

6月22日 第三次国家级文化产业示范园区联席会议在曲阜孔子文化会展中心召开。

6月22日 第三次国家级文化产业示范园区联席会议专家座谈会议在曲阜市阙里宾舍举行。

6月22日 《中国共产党曲阜市历史大事记》首发式举行。

2010年5月4日，中国国民党荣誉主席连战（前右一）一行到曲阜市参观访问 王涛/摄

6月23日 第十届中国专利高新技术产品博览会开幕仪式在曲阜孔子文化会展中心举行。全国政协原副主席张怀西出席有关活动。

6月24日 济宁市委书记、市人大常委会主任孙守刚在曲阜阙里宾舍会见济宁市金融顾问、复旦大学管理学院产业投融资中心主任袁成教授和上海复星集团董事、上海复地集团董事长范伟一行。

6月26日 省委第二巡视组副组长、巡视专员王文升到曲阜市调研经济社会发展情况。

6月26日 省双拥模范城检查组到曲阜市检查双拥创城工作。

7月1日 孔府菜美食节开幕式在世博园孔府宴馆举行。

7月12日 中国共产党曲阜市第十二届委员会第十次全体会议召开。

7月20日 济宁市科学发展现场观摩会议全体与会人员到曲阜市现场观摩德化社区、东宏大口径新型管材、曲阜大成路南延、新西兰庄园等项目建设。

7月22日 山东省中华文化标志城规划建设办公室副主任周晓波到曲阜市调研首届尼山论坛筹备情况。

7月22—24日 第四届中日韩青少年友好会见活动在曲阜市举行。

7月26日 全省文化体制改革和文化产业振兴大会召开，市委书记、市人大常委会主任朱庆安参加会议并作典型发言。

7月28日 曲阜市委理论学习中心组举行安全生产专题报告会，中国地质大学（北京）安全研究中心主任、安全工程专业教授、博士生导师、国家安全生产理论专家组成员罗云作题为《安全发展、共铸和谐》专题报告。

8月2日 尼山世界文明论坛组委会副主席、国际展览局名誉主席、欧洲科学院副院长吴建民到曲阜市调研首届尼山世界文明论坛筹备工作情况。

8月8日 全国各地学校师生600余人到曲阜市孔庙举行“中华成人礼——知礼行天下”大型成人礼仪式。

2010年9月18日，特立尼达和多巴哥总统乔治·理查兹（中）到曲阜市参观访问 翟海鹏/摄

8月11日 由中央国家机关政府采购中心主任陈建明率中央国家机关政府采购调研组到曲阜市招投标交易中心调研。

8月19日 副省长才利民到曲阜市调研尼山文化遗产保护与利用工作。

8月24日 曲阜市政府与上海复星集团战略合作框架协议签约仪式举行。

9月1日 京沪高铁曲阜连接线工程上跨兖石铁路立交桥开工仪式举行。

9月11日 市委副书记、市长刘森代表曲阜市政府向美国国会图书馆赠送孔子像拓片，国会图书馆亚洲馆藏部主任卢雪乡、学术研究部主任居密接受捐赠。

9月14日 省委常委、宣传部部长李群到曲阜市调研指导首届尼山世界文明论坛筹备情况。

9月15日 刘森应邀参加由美华协会、美国国会图书馆等机构主办的"儒学对世界的影响"论坛，并发表主题演讲。

9月17—19日 中国烹饪协会副会长汤庆顺一行到曲阜市评估验收"中国孔府菜之乡"。

9月18日 特立尼达和多巴哥总统乔治·理查兹携夫人到曲阜市参观访问。

9月19日 曲阜中医药学校新校区启用暨国家中医药管理局农村中医药知识与技能培训示范基地和国家职业资格中医药行业特有工种实训基地揭牌庆祝大会举行。

9月19日 汤加王国公主皮洛莱乌·图伊塔率汤中友协代表团到曲阜市参观访问。

9月21日 2010山东文化产业博览交易会济宁会场开幕式在曲阜孔子文化会展中心举行。会场共设置文化、旅游、商贸三大展馆，展区面积共计4.98万平方米，设35个特装展位、400个摊位和622个标准展位，海内外参展企业、团体1026个。

9月25日 全国人大常委会原副委员长许嘉璐在曲阜尼山书院与匈牙利前总理迈杰西举行高端会谈。

9月26日 首届尼山世界文明论坛在曲阜尼山书院举行，欧洲、美洲、亚洲等11个国家和地区70余位专家学者云集尼山，展开多种形式对话和文化交流。

9月26日 印度尼西亚前总理梅加瓦蒂到曲阜市参观访问。

9月27日 2010中国（曲阜）国际孔子文化节开

2010年9月25日，匈牙利前总理迈杰西（左三）到曲阜市参加尼山文明高端论坛 翟海鹏/摄

2010年9月26—28日，印度尼西亚前总理梅加瓦蒂（前左一）到曲阜市参观访问

参观考察。

11月19日 省政协社会法制委员会主任惠菽林带领视察组到曲阜市考察妇女权益保障法贯彻落实情况。

11月19日 曲阜籍运动员刘婷婷获广州亚运会赛艇女子轻量级四人双桨项目冠军。

11月24日 曲阜圣帝药业有限公司与北京五洲全新医药有限公司合资组建的山东中旭制药有限公司挂牌仪式举行。

11月24日 山东企鹅塑胶集团有限公司塑料制品及年产2万吨宽幅压延高性能农用覆盖材料项目签约仪式举行。

幕式暨“孔子教育奖”“孔子文化奖”“孔子友谊奖”颁奖典礼在曲阜杏坛剧场举行。全国人大常委会副委员长、全国妇联主席陈至立出席并宣布2010中国曲阜国际孔子文化节开幕，全国人大常委会原副委员长许嘉璐等为获奖代表颁奖。

9月27日 第三届世界儒学大会开幕式在孔子研究院举行。

9月27日 2010中国（曲阜）国际孔子文化节投资项目合作交流会暨重点项目签约仪式举行。

9月28日 2010中国（曲阜）国际孔子文化节庚寅年祭孔大典举行。同日，“庚寅年祭孔子文碑刻”揭幕仪式举行。

9月28日 《孔庙、孔府、孔林》特种邮票首发式举行。

10月1—7日 曲阜市三孔景区共接待中外游客近35万人次，全市星级饭店客房出租率95%。

10月3日 全国人大常委会原副委员长热地到曲阜市视察。

10月10日 全国政协副主席何厚铧率澳门特别行政区代表团到曲阜市视察。

10月14日 西藏自治区党委常委、自治区政协党组书记、副主席巴桑顿珠到曲阜市考察。

10月14日 中央军委原副主席、原国务委员兼国防部部长迟浩田到曲阜市视察。

10月29日 世界农村公路大会代表到曲阜市

11月26日 曲阜市举行广州亚运会冠军刘婷婷凯旋欢迎仪式。

11月30日至12月2日 市委副书记、市长刘森带领有关部门负责人到山东省枣庄市、江苏省徐州市、安徽省宿州市、江苏省南京市、江苏省无锡市（锡山区）、江苏省昆山市、上海市，实地考察学习高铁片区规划、建设、投融资、管理体制等情况。

12月6日 市政府第十六届第十六次常务会议召开。会议研究曲阜市国民经济和社会发展第十二个五年总体规划纲要编制工作，研究深化医药卫生体制改革、创建山东省科学城市（试点）、京沪高铁部分站点（片区）开发建设学习考察情况等工作。

12月17日，中共中央政治局常委、全国政协主席贾庆林到曲阜市视察。

12月21日 惠州市—曲阜市缔结友好城市签约仪式在惠州市举行。同日，惠州挂榜阁落成典礼暨孔子圣像揭幕仪式在惠州高榜山举行。

12月26日 全市领导干部会议召开。会议宣布山东省委、济宁市委关于曲阜市委主要领导调整的决定：李长胜任曲阜市委书记、常委、委员、党校校长，提名为曲阜市人大常委会主任候选人；朱庆安不再担任曲阜市委书记、常委、委员、党校校长，市人大常委会主任职务。

12月28日 全市科技工作暨科技示范园（村）授牌会议召开。

2011年

1月1日 山东“中华文化游”启动仪式在曲阜市举行。

1月6日 京沪高铁曲阜连接线工程下穿京台高速立交桥开工仪式举行。

1月7日 市政协主席马书轩等出席市政协援建项目——姚村镇薛家村“民心路”竣工庆典仪式。

1月9日 中国共产党曲阜市第十二届委员会第十一次全体会议召开。会议审议通过《中共曲阜市委关于制定曲阜市国民经济和社会发展第十二个五年规划的建议》。

1月9—12日 市人大十六届四次会议召开,补选李长胜为市人大常委会主任。

1月10日 山东科迅车业与南池集团合作年产7800万只锂电池暨配套年产100万辆锂电池电动车项目签约仪式举行。

1月10日 《中华文化标志城总体规划纲要》编制座谈会暨编制小组第一次全体会议召开

1月28日 济宁市委副书记、市长梅永红看望慰问京沪高铁曲阜东站工程施工人员。

1月28日 济宁曲阜概念性总体规划暨文化生态城详细规划汇报会在阙里宾舍举行。

2月2日 中共中央政治局常委、国务院总理温家宝到曲阜市实地察看麦田旱情、水库蓄水情况,到王庄一农户家中与农民共度春节。

2月2—8日 春节黄金周期间，三孔等文物景区共接待中外游客10.7万人次,实现门票收入338.3万元。

2月3日 济宁市委书记、市人大常委会主任张振川深入京沪高铁曲阜东站建设现场,看望慰问节日期间坚持施工的建设者。

2月14日 国土资源部部长徐绍史、副部长汪民一行到曲阜市调研抗旱应急工程找水打井现场并指导抗旱工作。

2月19日 全市干部作风暨“2711”工程建设誓师大会召开。

2月23日 济宁市政协主席赵树国到曲阜市检查指导抗旱工作。

3月5日 全市农村环境整治“进校园”“进家庭”万人签名仪式举行。

3月12日 市政府全体(扩大)暨廉政工作会议召开。

3月13日 “魅力曲阜·教育名市”工程暨作风建设动员大会召开。

3月17日 国家文物局党组副书记、副局长董保华到曲阜市考察2011年中国文化遗产日主场城市活动筹备工作。

3月19日 省军区司令员郎剑钊到曲阜市检查人武部建设工作。

3月25日 曲阜市儒家崇廉尚勤思想教育基地被中央纪委监察部命名为第一批全国廉政教育基地,揭牌仪式在孔子六艺城举行。

3月26日 蓼河城区段综合治理工程开工建设。

4月3日 辛卯年尼山春季祭孔大典暨2011中国(曲阜)国际孔子文化节启动仪式在尼山孔庙举行。

4月3日 “文化之旅·书香尼山”文化活动启动仪式及“习礼尚贤·明德笃行”——辛卯年学童启蒙开笔礼仪式在尼山夫子洞前举行。

4月8—9日 民建中央副主席陈明德一行到曲阜市考察。

4月10日 欧洲地区驻华大使代表团在外交部副部长傅莹陪同下到曲阜市参观访问。

4月12日 市政府第十六届第十八次常务会议召开。会议研究“三争”工程、新型农村社会养老保险试点、“311圣城人才工程”、文物保护和大遗址保护利用、公交运营及城乡客运公交化、“魅力曲阜·教育名市”工程、全民创业工程等工作。

4月15日 省交通厅道路运输局局长江成到曲阜市察看京沪高铁曲阜连接线工程建设情况。

4月18—19日 国家民族事务委员会副主任罗黎明一行到曲阜市考察。

4月19—21日 市委副书记、市长刘森到京津地区访问招商重点客户,看望曲阜市驻点招商人员,调度招商工作开展情况。

4月21日 美国驻华大使馆公使衔经济参赞魏伟良一行到曲阜市参观考察。同日，韩国乌山市华城阙里祠向曲阜市赠送《华城阙里祠志》仪式在曲阜杏坛宾馆举行。

4月27日 全国政协常委、解放军原副总参谋长张黎带领全国政协军队委员考察团到曲阜市考察。

4月30日—5月2日 “五一”小长假期间，三孔景区共接待中外游客14.2万人次，实现门票收入635.2万元。

5月6日 山东圣阳电源股份有限公司在深圳证券交易所上市。

5月12日 中国国民党名誉主席吴伯雄一行到曲阜市参观访问。

5月16日 市政府第十六届第十九次常务会议召开。会议研究《曲阜市工业项目招商引资优惠政策》《关于招商引资考核奖励的暂行办法》《关于加快工业经济做大做强的扶持意见》《曲阜市专利资助和奖励管理办法》等事项。

5月16日 山东省政协副主席栗甲一行到曲阜市考察。

5月24日 济宁市政协主席赵树国调研京沪高铁曲阜片区建设工作。

5月25日 济宁市委书记、市人大常委会主任张振川到曲阜市实地察看高铁曲阜东站孔子文化广场和孔子大道、香格里拉酒店、银座物流配送、虎标铝材项目建设情况。

5月25日 省政协常委、文史委主任王凤胜一行到曲阜市调研曲阜片区大遗址保护工作。

5月25日 省督导组对曲阜市健康山东行动暨夏季传染病防控工作进行调研督导。

6月11日 2011年中国文化遗产日主场城市(济宁)活动闭幕式在曲阜市杏坛剧场举行。

6月11日 曲阜颜庙复圣殿维修竣工暨孔孟文化遗产地世行贷款项目启动仪式举行。

6月13日 市政府第十六届第二十次常务会议召开。会议研究《关于迎接高铁时代加快旅游业发展的意见》《关于加快服务业跨越发展的若干政策》。

6月13日 团省委书记王磊到曲师大调研指导青春创业社和基层团建工作。

6月21日 中共山东省立第二师范支部旧址纪念碑落成仪式在曲阜师范学校举行。

6月22日 由国家汉办主办、省教育厅承办的“2011汉语桥——美国中小学校长访华之旅：中美中小学校长论坛”在济宁学院举行。

6月27日 济宁市委书记、市人大常委会主任张振川等到京沪高铁曲阜东站调研。

6月29日 曲阜市庆祝中国共产党成立90周年纪念大会在孔子文化会展中心召开。

6月30日 京沪高铁开通运营，市委副书记、市长刘森在高铁曲阜东站出站口迎接到达曲阜的首批客人。

7月1日 全国政协常委、文史和学习委员会副主任、内蒙古自治区政协主席陈光林一行到曲阜市考察。

7月1日 曲阜市举行欢迎仪式，迎接京沪高铁曲阜东站首批“乘高铁、游曲阜”旅游团队。

7月6日 济宁市第一届全民健身运动会“体彩杯”围棋比赛在曲阜市举行。

7月7日 济宁市委书记、市人大常委会主任张振川，济宁市委副书记、市长梅永红带领济宁市科学

2011年5月12日，中国国民党名誉主席吴伯雄(前右二)一行到曲阜市参观访问

发展现场观摩会与会人员到曲阜市现场观摩沃德虎标铝材、京沪高铁曲阜东站孔子广场及孔子大道、天下美食城、曲阜银座配送有限公司物流配送中心等项目建设现场。

7月8日 海峡两岸学子“孔孟文化之旅”夏令营开营仪式举行。

7月17日 民政部原副部长、爱晚工程领导小组副组长、世纪爱晚投资有限公司董事长徐瑞新到曲阜市考察。

7月20日 济宁市第一人民医院“博士下农村”暨赠送医疗设备活动举行。

7月22日 由北京交通大学、华东师范大学、南京必得旅游规划设计研究院、曲阜师范大学组成的旅游规划专家组到曲阜市考察指导乡村旅游工作。

8月6日 中央政法委副秘书长王其江在省委常委、政法委书记柏继民陪同下到曲阜市考察政法综治工作。

8月10日 济宁市第十三届运动会足球比赛开幕式在曲阜市举行。

8月10—13日 孔子第七十九代嫡长孙、大成至圣先师孔子协会会长孔垂长率台湾孔子文化交流团一行到曲阜市参观访问。

8月15日 市委理论学习中心组召开严肃换届纪律保证换届风清气正专题学习会。

8月18日 省环保厅厅长张波一行到曲阜市检查指导环保工作。

8月22日 中国民盟山东省委主委、省人大常委会副主任、山东农业大学校长温孚江带领考察团到曲阜市考察。

8月22日 省军区司令员郎剑钊到曲阜市检查预备役部队建设工作。

8月29—30日 市委副书记、市长刘森到中国进出口银行青岛分行、华夏银行青岛分行等单位访问，推进双方融资合作。

9月2—4日 上海同济大学高廷耀环保科技发展基金会2011年青年博士生杰出人才奖学金颁奖仪式暨2010年获奖博士生中期考核在曲阜市举行。

9月14日 济南军区副司令员张鹤田到预备役某团检查指导工作。

9月17日 全国政协副主席陈宗兴、山东省政协副主席王新陆一行到曲阜市考察。

9月23日 山东理工职业学院曲阜校区揭牌仪式举行。

9月25日 曲阜天博汽车零部件制造有限公司与世界500强——美国ITW集团合资成立的依工天博(曲阜)汽车冷却系统有限公司开工奠基仪式举行。

9月27日 2011中国(曲阜)国际孔子文化节开幕式暨联合国教科文组织“孔子教育奖”颁奖典礼在杏坛剧场举行。

9月27日 第四届世界儒学大会暨2011年度孔子文化奖颁奖典礼在孔子研究院举行。

9月28日 纪念孔子2562周年诞辰祭孔大典在孔庙大成殿举行。

9月29日 曲阜高铁新城火炬企业总部基地项目开工奠基仪式举行。

9月29日 曲阜市政府与济宁市供水集团水务合资合作项目签约仪式举行。

10月1—7日 “十一”黄金周期间，三孔景区共接待中外游客36.67万人次。

10月10日 2011曲阜金秋工业招商大会在孔子文化会展中心国际会议厅开幕。

10月10日 山东鲁强电缆公司与中国电子科技集团第八研究所举行特种光缆及光纤传感器联合研发中心签约仪式。

10月18日 大型历史原创京剧《孔圣母》在曲阜市上演。

10月21日 中国共产党曲阜市第十二届委员会第十二次全体会议举行。

10月23日 省政协副主席王久祜一行到曲阜市考察。

10月25日 曲阜市首家院士工作站在山东圣阳电源公司挂牌成立。

11月12日 台湾海基会副董事长兼秘书长高孔廉一行到曲阜市参观考察。

11月16日 济宁市政协主席赵树国到曲阜市考察。

11月22日 省政协副主席王志民到曲阜市作《孔子与齐鲁》专题讲座。

12月2日 曲阜市被评为“2011年度中国旅游

竞争力百强城市”。

12月3日 中国传统文化与现代创意策划的融合交流峰会暨第八届中国策划师年会在曲阜市孔子文化会展中心召开。

12月4日 中共中央政治局委员、中央书记处书记、中组部部长李源潮到曲阜市息陬镇北元疃村调研农村基层组织建设和创先争优活动开展情况。

12月11日 市委召开常委会议，学习贯彻中共中央政治局委员、中央书记处书记、中组部部长李源潮考察曲阜市息陬镇北元疃村开展创先争优活动情况时重要讲话精神，研究贯彻落实全面推进党的建设和创先争优活动的意见。

12月20日 中国共产党曲阜市第十二届委员会第十四次全体会议举行。

12月21—24日 中国共产党曲阜市第十三次代表大会召开，大会出席代表334人。会议差额选举产生11名中共曲阜市第十三届委员会常务委员会委员；李长胜当选为市委书记，杨凤东、李玲当选为市委副书记，张公迁当选为市纪委书记。

12月26日 济宁市委书记、市人大常委会主任马平昌到曲阜市高铁曲阜东站、香格里拉酒店建设现场、三孔游客服务中心、圣阳电源、天博汽配、银座物流和裕隆生物医药园建设现场，实地察看曲阜市重点工程建设和文化旅游产业、工业发展情况。

2012年

1月5—7日 市政协十三届一次会议举行。选举郭庆海为市政协主席，颜世全、韦挺、李刚、赵磊、胥国红为副主席，肖胜军为秘书长。

1月5—8日 市人大十七届一次会议召开。会议选举李长胜为市第十七届人大常委会主任，孔令玉、马磊、赵业勇、段德柱等5人为副主任，选举出市人大常委会委员21人；选举杨凤东为市政府市长，刘继芳、李丽、刘秀广、林长运、褚福梅、马刚为副市长；选举孟伟为市人民法院院长，谷峪为市人民检察院检察长。

1月9日 省委书记、省人大常委会主任姜异康到曲阜市走访慰问老党员和困难职工群众、优抚对象。

1月10日 曲阜市被省委、省政府授予“平安山东建设先进市”称号。

1月22—28日 春节黄金周期间，全市共接待中外游客25.3万人次，实现旅游社会总收入1.01亿元。

1月29日 全市干部作风暨“2711”工程建设誓师大会在会展中心召开。

1月29日 济宁市干部作风建设大会召开，曲阜市委书记、市人大常委会主任李长胜，作题为《实干当头　全力全速　敢于担当　全面创新　努力实现曲阜“三年大变样五年翻一番”》的表态发言。

1月30日 曲阜市被省政府授予全省粮食生产先进县称号。

2月7日 市政府十七届第一次常务会议召开。会议研究全市农村六大重点工程和农业产业化验收工作，研究《关于推进工业立市实施千亿攻坚行动的意见》和《关于加快推进招商引资工作的实施意见》。

2月11日 曲阜市村情大调研暨第一书记工作会议召开。

2月20日 省委组织部调研组到曲阜市专题调研第一书记“1+1”制度实施情况。调研组一行先后到息陬镇北元疃村、西终吉村，陵城镇红庙村、曹庄村，书院街道宫家村调研。

2月27日 济宁市委书记、市人大常委会主任马平昌到曲阜市调研文化产业发展情况。

3月6日 济宁市政协主席赵树国到曲阜市调研文化产业发展情况。

3月10日 以“物联圣城曲阜，感知儒家文化”

第一书记深入农户家了解情况(2016年摄)

为主题的2012智慧曲阜规划建设专家研讨会暨曲阜物联网产业推介会举行。

3月22日 曲阜市“马上就办一线通”服务热线（0537-4412345）开通。

4月2日 全国政协港澳台委副主任、国家质检总局原局长李长江到曲阜考察。

4月3日 壬辰年春季祭孔大典在尼山孔庙大成殿举行，孔子第七十九代嫡长孙孔垂长参加活动。

4月5日 济宁市委书记、市人大常委会主任马平昌在阙里宾舍会见孔垂长一行。

曲阜市“马上就办一线通”24小时服务（2014年摄）

4月5—6日 全市第一季度现场观摩会议召开。与会人员实地查看各镇街产业项目、主体功能项目区规划和大绿化建设现场，对观摩情况进行实名制打分。

4月12日 副省长张建国到曲阜尼山书院、孔庙、孔府以及孔子博物馆，调研文化产业项目建设情况。

4月23—25日 全国政协常委、文化部原部长王蒙一行到曲阜调研。

4月26日 济宁市委副书记、市长梅永红在曲阜会见日本前首相、国际贸易促进会会长河野洋平一行。

4月27日 省委常委、宣传部部长孙守刚到曲阜市调研鲁国故城国家考古遗址公园项目。

4月29日 第三届全国地方新政论坛在曲阜举办。市委书记、市人大常委会主任李长胜作《实施十大新政 助推跨越发展》的主题报告。

4月29日至5月1日 “五一”小长假期间，三孔景区共接待游客14.5万人次，实现门票收入632万元。

5月7日 济宁市文化建设“突破曲阜”座谈会在曲阜市召开。会议讨论实施文化建设“突破曲阜”战略思路举措和具体政策。

5月8日 全国政协港澳台侨委员会主任陈佐洱一行到曲阜市考察。

5月10日 济宁市“大规模驻村入户、面对面谈心交流”暨“基层组织建设年”活动现场推进会在曲阜市召开。

5月13日 曲阜中联水泥有限公司被国家安监总局命名为“全国安全文化建设示范企业”。

5月16日 济宁市委常委扩大会议暨文化建设突破曲阜动员会议在曲阜召开，曲阜市委书记、市人大常委会主任李长胜代表曲阜作表态发言。

5月17—19日 市政协主席郭庆海等出席“孔子故里、走进广州”招商活动。

5月20日 全国人大常委会原副委员长、尼山论坛组委会主席许嘉璐与专程出席第二届尼山论坛的墨西哥前总统福克斯，在曲阜尼山书院就“文明对话的意义与价值”举行高端对话。山东大学校长、尼山论坛组委会副主席徐显明主持对话。

5月21日 山东省重大文化旅游产业项目——曲阜“尼山圣境”奠基仪式在尼山举行。

5月21日 国家大遗址保护曲阜片区暨山东省文物保护88项重点工程开工仪式在曲阜鲁国故城宫殿区遗址举行。

5月22—23日 以“合作共享生态曲阜、携手共创美好未来”为主题的曲阜市第一届现代农业招商大会召开。

5月24日 市政府全体（扩大）暨廉政建设工作会议召开。

5月27日 “孔子故里走进南京”经济合作恳谈

会在南京举行。

6月1日 中华全国供销合作总社党组成员、常务理事于培顺到曲阜市调研指导基层供销社建设工作。

6月2日 全国政协民族宗教委员会副主任马铁山、白玛到曲阜市考察。

6月5日 全国人大常委会委员、财政经济委员会原副主任委员、海关总署原署长牟新生到曲阜市考察。

6月7—8日 著名学者、北京师范大学教授于丹参加曲阜市文化发展座谈会，市委书记、市人大常委会主任李长胜向于丹颁发“曲阜市文化发展顾问”聘书。

6月9日 国家工商总局局长周伯华一行到曲阜考察。

6月10日 由曲阜市三孔古建筑管理工程处负责组织施工的颜庙复圣殿落架大修工程入选2011年度“全国十大文物维修工程”。

6月19日 国家电网山东电力集团公司举行尼山水库电力抢险防汛演习活动。

6月22日 济宁市委副书记、市长梅永红到曲阜检查指导第十一届中国专利高新技术产品博览会筹备工作。

6月23日 济宁市委书记、市人大常委会主任马平昌调研第十一届中国专利高新技术产品博览会筹备工作。

6月26日 第十一届中国专利高新技术产品博览会在孔子文化会展中心开幕。

6月28日 中共中央宣传部理论局、学习出版社、山东省委宣传部联合在鲁城街道林前社区举行仪式，向全市广大干部群众赠送图书《辩证看，务实办——理论热点面对面·2012》。

6月29—30日 全市第二季度现场观摩会议召开。与会人员对12个镇街主导产业项目和村内通道路建设进行实地察看并现场打分。

6月30日 曲阜市举行信访局第一局长公开大接访活动，现场接待群众72起、156人次。

7月10日、12日 济宁市委书记、市人大常委会主任马平昌分别到济宁学院、曲师大调研。

7月12日 省文物局在曲阜市召开鲁国故城国家考古遗址公园项目推进座谈会。

7月20日 济宁市人大常委会第一副主任陈民到小雪街道武家村调研。

7月24日 济宁市科学发展现场观摩会与会人员到曲阜市观摩。现场观摩银座物流、裕隆医药工业园，沿途考察圣阳工业园、海斯夫生物科技产业园。

7月31日 国家粮食局纪检组副组长、监察局局长辛志光到曲阜检查农户科学储粮工作。

8月7日 湖南省政协副主席张大方一行到曲阜考察。

8月9日 广西壮族自治区党委常委、常务副主席黄道伟到曲阜考察。

8月15日 济宁市农村环境综合整治工作动员大会召开。曲阜市委书记、市人大常委会主任李长胜在济宁主会场参加会议并作典型发言。

8月17日 由《光明日报》和曲阜市共同举办的曲阜市文化产业发展研讨会在北京举行，光明日报社将曲阜市定为“基层联系点”。

8月19日 曲阜市邀请中央党校教授王杰在孔子研究院做“儒家思想与干部道德教育”专题报告。

8月28日 市政德教育基地(党校迁建)项目开

曲阜市信访局“第一局长”接访现场(2013年摄)

工仪式举行。

8月28日 市体育馆项目开工奠基仪式举行。

8月28—29日 《人民日报》、新华社、《光明日报》、《经济日报》、中央人民广播电台、中央电视台等新闻媒体采访京沪高铁推动沿线地区经济社会发展情况，在曲阜市召开座谈会。

9月1日 市委书记、市人大常委会主任李长胜会见中国物联网首席科学家、感知集团总裁刘海涛一行，就曲阜物联网产业发展进行座谈。

9月3日 广东省政协副主席周天鸿一行到曲阜考察。

9月5日 国家烟草专卖局党组成员、副局长何泽华一行到曲阜调研。

9月5—6日 财政部副部长朱光耀带领中央信访工作督导组到曲阜检查督导信访工作。

9月6日 曲阜市与中国建设银行山东省分行举行曲阜市新农村建设与旧城改造融资座谈会。

9月7日 全国政协民族和宗教委员会副主任陈洪到曲阜市考察。

9月20日 财政部党组成员、部长助理郑晓松到曲阜市考察。

9月20日 中国地震局副局长阴朝民到曲阜调研基层防震减灾工作。

9月20日 曲师大独立承办的韩国国立安东大学孔子学院成立。

9月21日 市委、市政府召开党政联席会议，听取孔子文化节筹备、“世界500强企业走进圣城”活动等情况汇报，研究打造“彬彬有礼道德城市”意见。

9月23日 济宁市委书记、市人大常委会主任马平昌到曲阜检查孔子文化节筹备工作。

9月24日 市委书记、市人大常委会主任李长胜，市委副书记、市长杨凤东会见世界500强企业ITW全球汽车集团总裁安卓·曼斯一行。

9月25日 2012中国曲阜孔子文化旅游商品创新设计大赛颁奖典礼暨博览会开幕式在曲阜游客中心举行。

9月26日 引泗河水进护城河工程全线贯通，实现向明故城护城河引水。

9月26日 第十届中国艺术节“艺术圣火走基层”启动仪式在尼山镇东官村举行。

9月27日 2012中国(曲阜)国际孔子文化节开幕式暨第七届联合国教科文组织“孔子教育奖”、第四届“孔子友谊奖”颁奖典礼在杏坛剧场举行。

9月27日 2012中国(曲阜)国际孔子文化节经贸文化产业招商推介会暨500强企业走进圣城活动启动仪式在曲阜迎宾馆举行。

9月27日 第五届世界儒学大会暨2012年度孔子文化奖颁奖典礼在孔子研究院举行，中央民族大学教授牟钟鉴和韩国成均馆获得2012年度孔子文化奖。

9月27日 曲阜海峡两岸企业发展论坛举行。

9月28日 壬辰年祭孔大典在曲阜孔庙大成殿举行，台湾学者董金裕撰写大典祭文，书法家崔如琢书写的壬辰年祭孔祭文碑刻在孔子文化园揭幕。

9月30日至10月7日 中秋、国庆假日期间，三孔景区共接待中外游客46.31万人次，实现门票收入2063.78万元。

10月9日 中华人民共和国大典编修指导委员会常务副主任郭昱一行到曲阜市考察。

10月11日 《济宁历史文化丛书·工圣鲁班》出版发行。

10月12—17日 全市第三季度现场观摩会举行。与会人员对各镇(街)“村村通、村内通”和主导产业项目以及农村环境综合整治情况进行现场观摩。

10月13日 山东省“诵经典，爱中华”活动颁奖典礼暨优秀节目展演晚会在曲阜市举行。

10月16日 济宁市实施文化建设“突破曲阜”战略第二次联席会议在曲阜市召开。

10月17—26日 市委副书记、市长杨凤东带队到台湾、香港进行经贸文化交流活动。

10月18日 国务院参事室主任陈进玉一行到曲阜市考察农村环境综合整治工作。

10月18日 济宁市委副书记、市长梅永红到曲阜市看望慰问高龄老人和敬老院老人。

11月1日 济宁市文化建设“突破曲阜”工作现场推进会议在曲阜市召开。

11月3—4日 科技部高新技术产业司原司长、国家新材料产业发展战略咨询委员会常务副主任邵立勤一行到曲阜市考察，洽谈激光显示器项目。

11月9—11日 曲阜市生物医药产业招商大会

举行，中国台湾、北京、上海、天津和英国等国内外几十家医药开发和生产投资企业代表参加大会，有6个项目在大会上签约，总投资21亿元。

11月13日 济宁市委副书记、市长梅永红在曲阜市召开尼山圣境项目建设推进会议，实地察看诸子百花谷、宫像区等项目建设现场。

11月17日 曲阜市汽车零部件产业招商大会举行，国内外86家汽车零部件企业代表参会，6个项目签约，总投资21.9亿元。

11月18日 中国青年报社社长徐文新，国际休闲产业协会副主席、休闲乡村专业委员会主任朱至珍到曲阜调研考察。

11月19日 曲阜高铁新区管理委员会挂牌仪式举行。

11月19—20日 省委书记、省人大常委会主任姜异康到曲阜考察调研。实地察看尼山圣境项目建设现场，到陵城镇和鲁城街道池涯社区调研了解中共十八大精神学习宣传贯彻情况和基层党组织建设情况。

11月20—22日 市委副书记、市长杨凤东到上海市参加2012济宁(上海)经济合作恳谈会。

11月29日 全省社会主义核心价值体系建设暨“四德”工程现场观摩会与会人员到曲阜市观摩。30日，现场观摩会在滕州市召开，市委副书记、市长杨凤东参加会议并作典型发言。

12月1日 2012中国旅游品牌总评榜山东分榜颁奖典礼在东平县举行，曲阜市获“山东县域旅游十强”等6项大奖。

12月2—4日 中组部组织二局巡视员、副局长徐彦军到曲阜市开展党的群众路线教育实践活动专题调研活动。

12月3日 济宁市政协主席赵树国带领济宁市重点旅游项目建设现场推进会与会人员到曲阜观摩香格里拉酒店和尼山圣境项目。

12月4日 中国平安保险(集团)股份有限公司副总经理曹实凡一行到曲阜市考察文化产业项目。

12月5日 曲阜市入选“2012中国文化竞争力十强县排行榜”，位居第一名。

12月6日 壬辰年公祭颜子大典在颜庙复圣殿举行。

12月6日 纪念颜子2533周年诞辰暨海峡两岸颜子文化经贸联谊活动举行。

12月10日 市委书记、市人大常委会主任李长胜与全市16位不同行业、领域的“两代表一委员”、企业家代表，专家和干部群众面对面座谈交流，倾听他们对曲阜经济社会各方面发展意见。

12月13日 省人大常委会原副主任、关心下一代工作委员会(简称关工委)常务副主任崔曰臣到曲阜市调研关工委“三项活动”开展情况。

12月14日 全市镇(街)党(工)委书记抓基层党建工作专项述职暨“基层党组织服务能力提升工程”推进会议召开。

12月18日 中国中小企业协会与曲阜市中小企业举行“中小企业发展机遇与挑战”座谈交流活动，中国中小企业协会会长、国家发改委原副主任李子彬作“中小企业发展形势前瞻”报告。

12月20日 副省长夏耕考察尼山圣境文化旅游项目。

12月20日 第二届全国基层党建创新案例征集活动评选结果在北京公布，评出30个最佳案例、70个优秀案例，曲阜市“实行第一书记‘1+1’制度推进联系服务群众常态化”入选最佳案例。

2013年

1月2日 曲阜市被国家中医药管理局公布为全国农村中医药工作先进单位(市)、全国社区中医药工作先进单位(市)。

1月4日 市委书记、市人大常委会主任李长胜入选2012人民网“年度最受关注地方领导”。

1月7日 市委第十三届四十二次常委（扩大）会议召开。

1月10日 济宁市委书记、市人大常委会主任马平昌，市委副书记、市长梅永红带领济宁市科学发展现场观摩会与会人员到曲阜市观摩指导。

1月11日 全市信访局第一局长公开大接访活动在市会展中心举行。

1月17日 山东东宏集团与丹麦朗格斯特控股集团战略合作签约仪式举行。

1月17日 “好客山东 美丽齐鲁”2012第七届

山东旅游年会暨“好客山东贺年会”之好客山东旅游金榜大型评选活动举行，曲阜市获“2012山东最佳文化旅游目的地”称号。

1月18日 曲阜市级领导担任信访局第一局长制度获2012人民网全国优秀地方新政第一名。

1月21—23日 无锡灵山文化旅游集团董事长吴国平，中国民生银行资产负债管理部总经理肖宇、文化产业金融事业部万晓芳一行在曲阜市洽谈银政合作融资事宜。

2月9—15日 春节黄金周期间，三孔景区共接待中外游客13.2万人次。

2月16日 济宁市科学发展综合考核总结表彰暨干部作风建设电视会议召开，曲阜市获济宁市2012年度科学发展综合考核第一名，市委书记、市人大常委会主任李长胜在会上作《以改革创新的精神推动科学发展跨越发展》典型发言。

2月18日 全市干部作风暨“2711”工程建设动员大会在会展中心召开。

2月20—21日 市委副书记、市长杨凤东率领党政考察团到德州市齐河县、德城区，泰安市肥城市、新泰市学习考察。

2月25日 “马上就办”工作机制成功入选“2012年度山东省反腐倡廉工作创新成就”。

3月6日 第三届高铁新区暨城市建设重点项目推介洽谈会举行，集中推介高铁及连接线、旧城改造、房地产、基础设施等十大类64项重点项目，70余家国内百强、省内十强企业代表参加会议。

3月9日 下午3时许，中建八局6名人员在尼山水库不慎翻船落水。事件发生后，曲阜市立即启动应急救援预案，全力开展救援，1人被成功救起，5人溺水死亡。

3月15—16日 省长助理、省公安厅厅长徐珠宝到曲阜市检查指导公安及全国“两会”安保工作。

3月16日 济宁市委书记、市人大常委会主任马平昌到曲阜市东宏集团、小雪街道武家村、孔子国际文化交流中心等现场考察调研。

3月21日 农业部部长韩长赋到曲阜市调研春季农业生产管理工作。

3月25日 曲阜市举行“群众最不满意十件事”公开交办仪式。

3月25日 省交通运输厅到曲阜市检查验收村级公路网化示范县建设工作。

3月30日 曲阜市第三届工业招商大会暨汽车零部件产业重点项目恳谈会举行。

3月30日 曲阜三孔景区获2012中国旅游总评榜“年度最受欢迎景区”。

4月1日 山东省监察厅副厅长迟丽华到曲阜市调研“廉洁道德讲堂”建设情况。

4月2日 癸巳年春季祭孔大典在尼山举行。

4月4—6日 清明小长假，三孔景区共接待中外游客10.7万人次。

4月10日 市政府十七届第十九次常务会议召开，研究村村通公交车和交通基础设施建设等工作。

4月15日 济宁市加快推进“曲阜文化经济特区”规划建设工作会议召开。

4月17日 市政府十七届第二十次常务会议召开，听取关于申报第二批国家智慧城市试点工作和数字化城管系统建设情况汇报，研究农业产业化奖励政策，听取关于争创全国质量强市示范城市工作情况汇报。

4月19日 省委书记、省人大常委会主任姜异康就深入学习贯彻中共十八大和全国“两会”精神、

2013年10月，曲阜市“群众最不满意十件事”群众评议现场

改进工作作风、重视保障和改善民生等工作到曲阜市调研。

4月26日 曲阜中联水泥有限公司被中华全国总工会授予“全国五一劳动奖状”。

4月29日至5月1日 “五一”假期期间，三孔景区共接待14.8万人次。其中，5月1日当天，游览三孔景区的游客4.3万人次。

5月1日 “背《论语》免费游三孔”活动启动仪式在万仞宫墙前广场举行，规定游客在10分钟内完整背诵出《论语》30条者，可免费游览孔庙、孔府、孔林景区。

5月3日 周公庙、防山墓群、景灵宫碑、孟母林墓群、西夏侯遗址5处古迹，被国务院公布为第七批全国重点文物保护单位。曲阜市共有全国重点文物保护单位11处。

5月10日 济宁市政协主席赵树国到曲阜市调研文化项目建设情况。

5月18日 王庄镇圣鲁源粮食种植专业合作社在2012“中国合作经济年度成就奖”评选活动中，获“中国50佳合作社”称号。

5月18—19日 曲阜市首届“全民创业文化节”举办，全市有260多家企业和商户、16个创业平台、46个项目参展，评选优秀创业成果一等奖10名。

5月22日 省委宣传部副部长、省文明办主任刘宝莅到曲阜调研“乡村文明行动”开展情况。

5月25日 市委副书记、市长杨凤东到济宁广播电视台参加“政风行风热线”节目直播。

5月26日 “孔子故里走进上海”文化经济合作恳谈会在上海市闵行区举行。

6月7—8日 全省乡村文明行动现场推进会在曲阜市举行。

6月8日 副省长赵润田到曲阜市南雪村调研“三夏”生产工作。

6月9日 中华文化发展促进会大型报道活动《台湾文化人在大陆》在曲阜市启动。

6月16—17日 上海市人大常委会原副主任刘伦贤一行到曲阜市考察商业、工业、科技、文化发展情况。

6月22日 全国人大常委会委员、空军原政委邓昌友，济南军区空军副政委赵勇到曲阜市考察。

6月30日 “第二届全国基层党建创新典型案例交流座谈会暨第三届案例征集启动活动仪式”在北京市举行，市委书记、市人大常委会主任李长胜出席座谈会并作经验介绍。

7月1日 中银富登村镇银行CEO潘玮贤到曲阜中银富登村镇银行视察工作。

7月7日 济宁市委书记、市人大常委会主任马平昌，市委副书记、市长梅永红带领参加济宁市科学发展现场观摩会与会人员到曲阜市观摩指导。

7月9—10日 山东省孝德文化·健康长寿论坛在曲阜市举办，曲阜市被授予“山东省孝德文化教育基地”称号。

7月13日 第六届全球中华文化经典诵读大会开幕式暨千人诵读经典在孔子研究院举行。

7月14—15日 全市第二季度科学发展现场观摩暨下半年招商引资动员会议召开，实地观摩市经济开发区和各镇街第二季度主导产业发展情况。

7月18日 交通运输部公路局局长李华到曲阜调研农村公路建设及公铁立交桥路段情况。

7月27日 第二届海峡两岸企业发展论坛在曲阜市开幕。

7月30日 济宁市委书记、市人大常委会主任马平昌调研尼山圣境项目建设情况。

8月1日 济宁市委副书记、市长梅永红现场督导尼山圣境项目建设工作。

8月3日 全市信访局第一局长公开大接访活动在孔子文化会展中心举行，接待群众164人次，现场化解群众诉求问题42起。

8月6日 国务院妇儿工委副主任，全国妇联党组书记、副主席宋秀岩到曲阜市考察孔府文物档案馆。

8月6日 滨州市党政考察团到曲阜市考察农村环境综合整治工作。

8月7日 曲阜市被确定为国家智慧城市试点城市。

8月8—9日 市委副书记、市长杨凤东到昆山市学习考察经济、文化工作。

8月15日 济宁市人大常委会组织部分委员、省、市人大代表考察曲阜市生态建设工作。

8月16日 “2013年唐人中国城市旅游竞争力年

奥地利留学生Julia通过背《论语》获得免费游三孔资格（2015年5月摄）

9月27日　第六届世界儒学大会暨孔子文化奖颁奖典礼在孔子研究院举行，清华大学李学勤教授和美国夏威夷大学安乐哲教授获2013年度孔子文化奖。

9月27日　2013中国（曲阜）国际孔子文化节开幕式暨第八届“联合国教科文组织孔子教育奖”颁奖典礼在杏坛剧场举行。全国政协副主席黄孟复宣布2013中国曲阜国际孔子文化节开幕。“孔子教育奖”由纳米比亚教育部成人教育局、孟加拉国达卡阿萨尼亚慈善团、科特迪瓦“知识改善生活”组织获得。

会暨2013年度中国旅游竞争力百强城市排行榜发布盛典”在北京举行，曲阜市获“中国旅游百强县”称号。

8月22日　“孔子故里　走进深圳”经济恳谈会在广东省深圳市召开。

8月28日　“背《论语》免费游三孔”活动获山东省旅游产业创新奖特别奖，并获得100万元奖励。

9月4日　济宁市政协主席赵树国到曲阜市调研2013中国（曲阜）国际孔子文化节筹备情况。

9月6日　省旅游局局长于冲调研尼山圣境项目建设情况。

9月6日　济宁学院大型主题文化群雕《先师行教》落成揭幕。

9月8日　全市创建国家卫生城市专家报告会举行，全国爱卫办卫生城市创建评审专家库成员辛正对曲阜市创卫工作进行指导。

9月10日　中华全国供销合作总社党组成员、理事会副主任骆琳到曲阜市调研全国供销合作社基层工作会议筹备情况。

9月17日　省文物局、国家开发银行山东省分行、济宁市人民政府在济南市举行曲阜片区文化遗产保护开发性金融合作启动会。

9月18日　全国人大常委会原副委员长许嘉璐和中华文化标志城专家咨询委员会部分专家到曲阜市考察尼山圣境和鲁国故城大遗址保护项目。

9月25日　济宁市委书记、市人大常委会主任马平昌到曲阜市检查指导孔子文化节筹备工作。

9月28日　纪念孔子2564年诞辰祭孔大典在孔庙大成殿举行。

9月28日　省委常委、常务副省长孙伟到曲阜考察调研尼山圣境项目建设情况。

9月29日　副省长赵润田到曲阜市小雪街道武家村供销社社区服务中心、小雪供销社、康利源面粉公司等，现场调研供销社系统为农服务体系建设。

10月1日　济宁市委书记、市人大常委会主任马平昌到曲阜市察看“十一”黄金周旅游秩序情况。

10月1—2日　曲阜市党政负责人李长胜、杨凤东、郭庆海、李玲等以步行方式走街道、进社区、查问题、定措施，逐街挨区督导检查“创卫”工作情况。

10月5日　济宁市委副书记、市长梅永红到曲阜市调研供销社系统基层组织建设情况。

10月1—7日　“十一”黄金周期间，三孔景区共接待游客39.7万人次，实现门票收入1952.2万元。

10月10日　中华全国供销合作总社党组书记、理事会主任王侠带领全国供销合作社基层工作会议与会人员到曲阜市调研。

10月10日　鼓楼社区卫生服务中心被授予“全国示范社区卫生服务中心”称号。

10月17日　副省长王随莲到曲阜市调研奥体中心建设工作。

10月17日　副省长孙绍骋到曲阜市调研尼山圣境项目建设情况。

10月18—20日　第四届全国地方新政（曲阜）

论坛在曲阜市举办，市委书记、市人大常委会主任李长胜作《群众路线的创新实践与思考》系列新政专题报告。

10月19日 曲阜市举行仪式，迎接在扑救北京市石景山区喜隆多商场火灾中壮烈牺牲的刘洪魁烈士英灵回家。

10月23—25日 全市第三季度科学发展现场观摩会议举行，实地观摩12个镇街主导产业、民生项目进展情况及农村环境综合整治现场。

10月24日 国务院南水北调办公室主任鄂竟平到曲阜市调研南水北调通水试运行工作。

10月25日 以罗马尼亚参议院副议长克里斯蒂安·杜米特列斯库为首的中东欧国家青年政治家代表团一行30人，在中联部副部长周力陪同下到曲阜市参观考察。

10月28日 由山东歌舞剧院倾力打造的大型原创史诗歌剧《孔子》在曲阜登场，拉开世界巡演序幕。

10月28—29日 省高级人民法院院长白泉民到曲阜市调研人民法院基层建设工作。

11月5日 济宁市人大常委会第一副主任陈民到曲阜市调研尼山圣境、中华文坛百年巨匠艺术公馆、孔子国际文化交流中心等文化项目建设工作。

11月5日 省老年人体育协会主席曹学成到曲阜市考察指导老年体协工作。

11月8日 市政府十七届第三十五次常务会议召开。会议听取创建国家卫生城市暨重点城建搬迁项目有关情况汇报，研究2013年度公益性岗位招聘等工作。

11月15日 省委宣传部副部长、省文化厅厅长徐向红到曲阜市调研文化产业发展情况。

11月19日 2012年度全国十佳文物维修工程授牌暨研讨会在曲阜市举行。

11月25日 曲师大校长傅永聚担任首席专家的国家社科基金重大招标项目“历代孔府档案文献集成与研究及全文数据库建设”获准立项，成为山东省属高校中唯一国家社科基金重大招标项目。

11月26日 中共中央总书记、国家主席、中央军委主席习近平到孔府和孔子研究院考察，并同有关专家学者座谈。中共中央政治局委员、中央政策研究室主任王沪宁，中共中央政治局委员、中央书记处书记、中央办公厅主任栗战书，中央有关部门负责人和省、济宁、曲阜三级领导姜异康、郭树清、马平昌、梅永红、李长胜等陪同考察或参加座谈会。

11月29日 由《齐鲁晚报》与央视《感动中国》联合举办的2013年度“凡人歌·山东十大凡人善举”评选结果产生，曲阜市刘洪魁和扈芊芊两人名列其中。

12月2日 曲阜市获“全国科技进步先进市”称号。

12月7日 济宁市对曲阜进行2013年度群众满意度调查电话随机访问，曲阜以91.34分成绩列各县市区第一名。

12月11日 济宁市加快鲁西科学发展高地建设工作会议召开。曲阜市委书记、市人大常委会主任李长胜作题为《勇于担当使命，弘扬儒家文化，全力推进“曲阜文化经济特区”建设》表态发言。

12月12日 国家卫生和计划生育委员会基层卫生司司长杨青到曲阜市督查新农合制度建设“回头看”及新农合基金监管工作，调研城乡居民大病保险工作。

12月18日 海峡两岸交流基地授牌仪式暨海峡两岸孔庙祭祀礼仪研讨会在曲阜市举行。

12月19日 中国文物学会会长、故宫博物院院长单霁翔到曲师大作题为“把壮美的紫禁城完整地交给下一个600年”的专题报告。

12月19日 全市“村村通”公交车启动仪式举行。

12月23日 小雪街道武家村入选全国“美丽乡村”创建试点名单。

12月24日 济宁市委书记、市人大常委会主任马平昌，市委副书记、市长梅永红带领济宁市科学发展现场观摩会与会人员到曲阜市观摩指导。

12月25日 鲁国故城遗址公园入选第二批国家考古遗址公园名单。

12月31日 中国共产党曲阜市第十三届委员会第七次全体会议举行。

12月31日 吴村镇九仙山景区被命名为国家AAA级旅游景区。

第一编

建置环境

美丽乡村　（刘传法／摄）

曲阜市位于山东省西南部，地处北纬35° 29′ ~35° 49′ ，东经116° 51′ ~117° 13′ 。东与泗水县相连，南与邹城市为邻，西与兖州区接壤，北与泰安市宁阳县为邻。东西最大距离25千米，南北最大距离35.5千米，总面积815平方千米。2013年，曲阜市总人口64万余人，辖4个街道、8个镇，有408个行政村、494个自然村。

第一章 建置区划

“曲阜”一名始见于《礼记》，史上，曲阜之名还有“寿邱（丘）”“大庭库”“少昊之墟”“奄国”“鲁国都”“鲁县”“汶阳县”“曲阜县”“仙源县”“曲阜市” 等。1991年，曲阜市设6镇、7乡。2003年6月，曲阜市辖2个街道、4个镇、3个乡；曲阜新区辖2个镇1个乡。2013年，曲阜市辖8个镇、4个街道。

第一节 建置沿革

曲阜是中国古代伟大的思想家、教育家、政治家、儒家学派创始人孔子的故乡，是国务院首批公布的24个历史文化名城之一。“曲阜”一名始见于《礼记·明堂位》：“成王以周公为有勋劳于天下，是以封周公于曲阜。”因“鲁城中有阜，逶曲长七八里”（东汉应劭《风俗通义》），故名曲阜。曲阜历史悠久，是大汶口文化和龙山文化重要分布地区，是中华民族文化的发祥地之一。《史记正义》载：“《帝王世纪》云：‘炎帝神农氏都陈，徙曲阜。黄帝自穷桑，徙曲阜。少昊都曲阜。颛顼始都穷桑，徙商邱（丘）。’”穷桑在鲁北，或云穷桑即曲阜也。又为大庭氏之故国，《孔疏》（孔颖达《左传正义》）：“炎帝，一曰大庭氏。”《帝王世纪》又云：“黄帝生于寿邱（丘）。”《史记》亦云：“舜作什器于寿邱（丘）。”西晋史学家皇甫谧谓寿邱在鲁东门之北。古人叹曰：“于戏！弹丸邑，人皆仰圣域贤关。庸讵知隆古三皇之二、五帝之三，皆继起是邦乎哉？”

商代时为奄国，为商都，商第十八任王南庚迁都于此，二十任王盘庚由曲阜迁都于殷。周公旦因功受封于曲阜，周武王赐国名为“鲁”，建鲁国。《释名》：“鲁，鲁钝也。国多山水，民性朴鲁也。周成王即位，周公派长子伯禽管理鲁国而为第一代鲁公。”故春秋卫国大夫祝鮀言：“封伯禽少昊之墟。”鲁顷公二十四年（公元前250年），楚置原鲁国都为鲁县。秦代实行郡县制，鲁县属薛郡，为薛郡治。汉惠帝七年（公元前188年），置鲁国，鲁县为鲁国治，属豫州部。建武二十八年（52年），鲁县为东海王国都。黄初二年（221年），魏置鲁郡，鲁县为鲁郡治，名鲁城，为豫州部。东晋元熙二年（420年），鲁县属鲁郡属邑，名鲁城，属兖州部。北魏皇兴元年（467年），为鲁郡治，属兖州。北齐天保元年（550年），属任城郡，为任城郡治。隋开皇四年（583年），属兖州，次年改鲁县为汶阳县。隋开皇十六年（596年），初定县名为曲阜。唐贞观元年（627年）并入泗水，贞观八年（634年）恢复曲阜县建制。宋大中祥符五年（1012年），因黄帝出生于曲阜寿丘，下诏改名为仙源县，属兖州，后属袭庆府。金天会七年（1129年），将仙源县复为曲阜县，属兖州。明嘉靖三年（1524年）还治古鲁城，属兖州府。1914年属济宁道。1925年属兖济道。1928年属山东省。1936年属第一行政督察区。1941年属鲁南专区第一行政区。1945年年底，曲阜与泗水并称曲泗县。1946年春，曲、泗分治。1948年属鲁中南行政区第四专区（翌年名更尼山专区）。1950年属滕县专区。1953年属济宁专区。1958年12月，与滋阳县（兖州）合并，仍名曲阜县。1962年1月，与兖州分治，恢复原行政区域建制。1967年属济宁地区。1983年属济宁市。1986年6月2日，经国务院批准，撤销曲阜县设立曲阜市（县级），属山东省，济宁市代管。

第二节 区划变动

1991年，曲阜市共设曲阜、陵城、小雪、南辛、吴村、姚村6个镇和时庄、息陬、尼山、防山、书院、王庄、董庄7个乡。1997年6月，书院乡、时庄乡撤乡设镇。

2000年1月，鲁城镇撤镇设立街道；12月，尼山乡、南辛镇撤并成新南辛镇。2001年1月，书院镇撤镇设立街道。到2001年底，曲阜市辖2个街道、6个镇、4个乡，即：鲁城街道、书院街道，吴村镇、姚村镇、时庄镇、陵城镇、小雪镇、南辛镇，王庄乡、董庄乡、息陬乡、防山乡。2003年6月，陵城镇、小雪镇、息陬乡3个乡镇划归曲阜新区；曲阜市辖2个街道、4个镇、3个乡；曲阜新区辖2个镇、1个乡。2006年年底，曲阜新区撤销，陵城镇、小雪镇、息陬乡划归曲阜市。2010年6月，时庄镇、小雪镇改为街道；7月，息陬乡、王庄乡、防山乡撤乡建镇。2011年6月，南辛镇更名为尼山镇；9月，董庄乡更名为石门山镇。2013年，曲阜市辖王庄、石门山、吴村、姚村、陵城、息陬、尼山、防山8个镇，鲁城、书院、时庄、小雪4个街道。

第二章　地质地貌

曲阜在大地构造位置上处于中朝准地台鲁西断隆的中北部偏西，菏泽—尼山隆起上的尼山凸起与曲阜凹陷的交接部位。境内地层出露不连续，断裂构造发育，岩浆作用微弱。

第一节　地层

境内出露地层，从老至新有太古界泰山群，古生界寒武系、奥陶系、石炭系，新生界下第三系及第四系。基岩出露于北、东、南部低山丘陵地带，中西部则为大面积第四系所覆盖。覆盖层下的上石炭统太原组和下二迭统山西组为主要含煤层，煤藏量丰富。

泰山群　境内仅有太平顶组和山草峪组出露，二者构成基底岩系。

太平顶组。出露于北部吴村镇龙尾庄、九山，石门山镇石门山等地。岩性以灰黑色黑云斜长片麻岩为主，次为灰白色黑云母质条带状、眼球状混合岩，均质混合岩等，并有肉红色斑状混合花岗片麻岩、灰白色变伟晶岩脉侵入。其片理走向为80°~120°。厚度不详。同位素测定其变质年龄23.24亿年。

山草峪组。出露于东部防山镇尚家庄、芦山及东南部尼山镇长座等地。岩性以灰黑色黑云变粒岩为主，次为灰白色黑云母质条带状混合岩及均质混合岩等。其片理走向为305°~310°。厚度不详。同位素测定其变质年龄约24.60亿年。

寒武系　出露于东部防山、双山口、尼山和南部马鞍山、九龙山及尼山镇小北山等地，与下伏泰山群呈不整合接触。其地质年龄6亿年。有中、上统若干地层组出露。

中统。徐庄组：岩性以紫色页岩为主，夹有薄层石灰岩及含少量细粒的鲕状石灰岩。厚150米。张夏组：岩性以鲕状石灰岩为主，次为灰色及赭色石灰岩。节理发育，具溶蚀现象。厚50米。

上统。崮山组：岩性以黄绿色、紫色页岩为主，夹有薄层石灰岩及竹叶状石灰岩。厚30米。长山组：岩性以灰白色石灰岩及竹叶状石灰岩为主，次为绿色页岩及灰黑色薄层灰岩。厚50米。凤山组：岩性以蓝灰色薄层石灰岩、鲕状石灰岩及黑色块状白云质石灰岩为主，夹有少量黄灰色及绿色页岩。厚110米。

奥陶系　出露于东部防山镇八宝山、防后官庄、石汪、双山口等地，与下伏寒武系呈整合接触。其地质年龄5亿年。有下、中统地层出露。

下统冶里—亮甲山组：岩性以灰白色白云质石灰岩为主，次为白云岩及结晶灰岩。节理发育，具溶蚀现象。厚约80米。

中统马家沟组：岩性为棕灰色豹皮状石灰岩及深灰色、黑灰色致密块状石灰岩。节理发育，具溶蚀现象。厚约620米。

石炭系中统本溪组　出露于东部八宝山一带，与下伏奥陶系呈假整合接触。其地质年龄约3.0亿年。岩性上部为长石石英砂岩、紫色页岩、粗粒石英砂岩、砾岩等。中部为薄层状石灰岩、炭质页岩、砂页岩及煤层，下部为杂色页岩、山西式铁矿及G层铝土矿。厚300米。

下第三系官庄组　出露于北部石门山镇董家庄河东及东部八宝山等地，与下伏石炭系呈不整合接触。其地质年龄6000万年。岩性以砖红色粉砂岩、灰绿色细砂岩为主，夹有薄层钙泥质胶结的砂砾岩，砾石成分为石灰岩等。局部含石膏。厚150米。

第四系　大面积分布于境内中西部，均不整合覆盖在下伏各时代地层之上。其地质年龄200万年左右。沉积物厚度及粒级等明显受古地形骨架的影响和控制，有时代未分的及上更新统、全新统等沉积物分布。

时代未细分的残坡积层：分布于北部吴村镇—石门山镇一带及东南部尼山镇尼山、长座等地。岩性为红色、黄色亚黏土，亚砂土等。

上更新统

坡积层：分布于南部马鞍山、九龙山及尼山镇小北山等山麓地带。岩性为灰黄色亚砂土等。

洪积冲积层：分布于东部防山、东南部尼山镇鲁源村一带。岩性为黄褐色砂土等。

冲积层：大面积分布于中西部书院街道、息陬镇、陵城镇、姚村镇等地。岩性为黄褐色砂土等。

全新统冲积层多分布于泗河、沂河河曲处的河漫滩上，岩性为黄、灰白色砂砾等。

第二节　地层构造

境内分属两个次级构造单元，以峄山断层为界，东部为尼山凸起西缘，西部为曲阜凹陷的北部。境内褶皱构造微弱，断裂构造发育，伴随断裂有轻微褶曲产生。

尼山凸起　规模大，隆起较高。大面积出露泰山群山草峪组黑云变粒岩，并有太古代（大于25亿年）斜长花岗岩体侵入。片理走向北西，在其北缘分布有寒武、奥陶系石灰岩等。境内属其西部边缘。

曲阜凹陷　主要受南北向峄山断层和其南部边缘的近东西向凫山断层的控制，为不对称向斜凹陷。北以郓城断层为界，西与兖州凸起相接。其内被第四系覆盖。下伏主要为上侏罗统蒙阴组凝灰质碎屑岩，晚侏罗世至始新—渐新世（1.62亿年至4000万年）形成。境内属其北部。

断裂构造　多为区域上的过境断层，主要有4条。

汶泗断层。境内为区域上所称汶泗断层的中段，被第四系所掩覆，于吴村以北通过，走向近东西，倾向北，倾角70°~75°。高角度正断层，北盘上升，南盘下降。活动时间为古生代—燕山构造期（6亿年至7000万年）。

郓城断层。境内为区域上所称郓城断层东段，被第四系所掩覆，于姚村以南通过，在纸坊附近被峄山断层所错断，走向近东西，倾向北。为正断层，南盘上升，北盘下降。活动时间为古生代—喜马拉雅构造期（6亿年至200万年左右）。

峄山断层。境内为区域上所称之峄山断层中段，被第四系所掩覆，于曲阜城西附近通过。境内走向略呈弧形。南部走向北东15°左右，中部近南北向，北部北西18°左右，倾向西，倾角约76°~86°。高角度正断层，东盘上升，西盘下降。是尼山凸起与曲阜凹陷分界线。形成于燕山运动以前。燕山构造期强烈活动，喜马拉雅构造期仍有活动（1.8亿年至200万年左右），晚近继续活动。

尼山断层。境内为区域上所称之尼山断层北西端，部分被第四系所掩覆。自防山镇无粮庄附近起，向南东经土门延伸出境。走向300°，倾向南西，倾角约70°。高角度正断层，南东盘上升，北西盘下降。活动时间为太古代—中生代(25亿年至7000万年）。

境内还分别发育一组北东向和北西向断层，均为第四系所掩覆。北东向一组有八宝山断层、金庄断层入境部分，为倾向南东正断层。北西向一组有滋阳断层入境部分，为倾向北东正断层；孔村断层为倾向南西正断层。

第三节　地貌特征

曲阜在大地貌位置上处于鲁中南低山丘陵与鲁西平原的交接地带，属泰、沂、蒙山前冲积扇中上部。北、东、南三面环山，丘陵起伏；中西部是泗河、沂河冲积平原，为鲁西南平原东北角。地势的总特征是北高南低，东高西低，自然由东北向西南呈倾斜状态。境内低山丘陵面积198.90平方千米，占总面积22.2%；泗河、沂河冲积平原面积635.21平方千米，占总面积70.9%；洼地面积61.82平方千米，占总面积

6.9%。境内最高点是北部凤凰山，海拔548.1米；最低点是西南部程家庄附近，海拔47米；城区中心海拔60.5米。南北相对高差501.1米，东西相对高差273.4米。从东北部老虎窝山至西南部程家庄，长39千米，比降为1／650。

第四节　地貌类型

境内地貌，按形态可划分为7个类型，境内山丘属蒙山北西部余脉边缘部和12个微地貌单元。

低山岭坡　面积47.87平方千米，占总面积5%，可划分为2个微地貌单元。

石质山岭。分布在低山丘岭顶部及较高部位，即石门山镇、吴村镇北部，小雪街道、息陬镇南部，书院街道、防山镇东部和尼山。自然植被覆盖面<60%（包括林木、山草等），以裸露的石质山岭为主，适宜封山造林和开采建筑石料等。

荒岭坡。分布在山丘上部，即石门山、吴村、书院、防山、息陬、小雪、尼山等镇街石质山岭以下，坡面≥25°，自然植被覆盖面>60%，多数为荒岭及林地，发育有残积物，适宜封山造林和发展畜牧业.

岗坡沟谷地形　面积160平方千米，占总面积18%，可划分为4个微地貌单元。

岭坡。分布在山丘中部，即荒岭坡以下，地势较陡，坡度在15°~25°之间，发育有坡积洪积物，适宜退耕还林。

坡麓。分布在山丘中下部，岭坡之下，即吴村、石门山、防山和尼山等镇的山脚坡地。地形较缓，坡积物发育，可种植地瓜、玉米、花生等作物。

沟谷。分布在吴村及尼山等镇街的山谷之间，洪积物发育，适种小麦、玉米、番薯（地瓜，下同）、花生等作物。

岭岗。分布在岭岗中上部，如城北王庄、石门山、吴村、姚村等镇街的岭岗上，地势较缓，发育有洪积冲积物，适种地瓜、花生等作物。

近山阶地　面积58.8平方千米，占总面积7%，可划分为2个微地貌单元。

近山高阶地。分布于沟谷和坡麓之下，如石门山、吴村、书院、防山等镇街及尼山的山地之下，发育有洪积冲积物。

近山低阶地。位于高阶地之下，发育有洪积冲积物，宜种小麦、玉米等作物。

山前倾斜平原　面积89平方千米，占总面积10%，仅有1个微地貌单元——倾斜平地：位于蜷肞山的山根和伸腿山的近山阶地之下，即吴村镇的杨家院一带，尼山镇的屯里、大胡和息陬镇的夏侯一带。地势平缓，冲积物发育。

河谷平原　面积110平方千米，占总面积12%，仅有1个微地貌单元——河谷平地：分布于低山丘陵之间，临河两岸，即王庄镇陈家庄以北至石门山镇坡里一带，吴村镇崔家屯至泉头一带，尼山镇大王庄至苏家村一带。海拔70米~100米，地势平缓，洪积冲积物发育。

微斜平原　面积378.4平方千米，占总面积42%，仅有1个微地貌单元——微斜平地：位于山前平原之下，交接洼地之上，泗河、沂河两岸，即分布在城区四周，王庄、姚村两镇南部，书院街道北、西、南部，尼山、息陬、小雪等镇街北部，陵城、时庄等镇街。地势平缓，冲积物发育，为粮棉高产区。

浅平洼地　面积49.5平方千米，占总面积6%，仅有1个微地貌单元——浅平洼地：位于倾斜平地之下，交接洼地之上，分布于姚村镇的戴家洼、马厂一带，与陵城镇小厂、程家庄一带。海拔50米~60米，发育有冲积物或湖积物。

第五节　山丘

境内山丘属蒙山北西部余脉边缘部分，多分布在北、东、南三面，共有大小山头82座。其中海拔500米以上2座，海拔400米~500米9座，海拔300米~400米16座，海拔200米~300米27座，均属低山丘陵类型。主要有凤凰城、九仙山、石门山、防山、尼山、昌平山、九龙山等。

凤凰山　位于城北22千米的曲阜、宁阳交界处。主峰海拔548.1米。山体呈北西—南东向展布，由太古界泰山群太平顶组黑云斜长片麻岩及混合岩构成。北西—南东方向长2千米，北东—南西方向宽1.5千米，面积约3平方千米。山势两坡均较陡。植被发育。

九仙山　又称九山，古称甑山。位于城北18.5公

里。有大小山头9座，主峰海拔460米。山体呈近东西向展布，由太古界泰山群太平顶组黑云斜长片麻岩及各类混合岩构成。东西长2.5千米，南北最宽处约2千米，面积2.5平方千米。山势北坡稍陡，南坡稍缓。植被发育。

石门山　古称龙门山，又称石门寺山。位于城东北21.5千米的曲阜、宁阳交界处，由狼窝山、老虎窝顶、谷山、黄山、皮花顶等8个山头组成，主峰老虎窝顶海拔406.2米。山体呈近圆形，由太古界泰山群太平顶组黑云斜长片麻岩、各类混合岩及斑状混合花岗岩等构成。南北长3千米，东西宽2千米，面积约6平方千米。山势东陡西缓，植被发育。

防山　又名笔架山。位于城东10千米。主峰海拔245.2米，其东部山头海拔241米，西部山头海拔240米，习称大防山；最西部山头海拔180米左右，习称小防山。山体呈东西向展布，由太古界泰山群山草峪组黑云斜长片麻岩、混合岩及古生界寒武、奥陶系石灰岩构成。东西长2千米，南北宽0.5千米，面积约为1平方千米。山势北坡陡，南坡缓。植被发育。

尼山　古称尼丘山，因避孔子名讳改称尼山。位于城东南25千米的曲阜、泗水、邹城交界处。共有大小山头23个，主峰海拔344.6米。山体呈北东—南西向椭圆形展布，由古生界寒武、奥陶系石灰岩构成。北东—南西长约4千米，北西—南东宽1.8千米，面积约7.2平方千米。山势南东坡陡，北西坡缓。植被发育。

昌平山　位于城东南21千米的曲阜、邹城交界处。有大小山头10座，主峰海拔401.3米。山体呈北西—南东向展布，由古生界寒武系石灰岩构成。北西—南东方向长3.5千米，北东—南西方向宽1.3千米，面积约4.55平方千米。山势北东坡陡，南西坡缓。植被发育。

九龙山　古曾称灵山。位于城南10千米的曲阜、邹城交界处。有大小山头9座，主峰海拔215.4米。山体呈南北向展布，由古生界寒武系石灰岩构成。南北长5千米，东西宽0.8千米，面积约4平方千米。山势两坡基本对称。植被发育。

第三章　气候

曲阜属暖温带大陆性季风气候，具有四季分明、光照充足、春秋季多旱、夏季多雨（间有伏旱）、冬季干冷少雪的气候特点。春季（3—5月），在变性极地大陆气团控制下，温度回升快而变化剧烈，多西南大风，降水稀少，常形成春旱。夏季（6—8月），在自海洋吹向大陆的夏季风控制下，高温高湿，炎热多雨，间有伏旱发生。秋季（9—11月），随着蒙古大陆高压的重新建立并控制当地，气温急降，大气层结稳定，形成秋高气爽的天气，降水量明显减少，常形成秋旱，影响小麦的适时播种。冬季（12月至次年2月），因受自大陆吹向海洋的冬季风控制，天气干冷，雨雪稀少。

第一节　日照

日照　境内常年平均日照时数为2341.3小时，日照率为55%，最高年份1996年2638.6小时，最低年份2003年1967.2小时。常年日照时数以5月为最高，250.3小时；以12月最低，为158.3小时。

1991—2013年曲阜市常年月平均日照时数情况表

表1-1　　　　单位：小时

月份	1	2	3	4	5	6	7	8	9	10	11	12
日照时数	164.2	157.8	201.9	229.7	248.7	222.4.	194.4	196.9	184.3	193.1	164.8	158.2

第二节 气温 霜期 地温

气温 境内常年平均气温为14.3℃，最高年平均气温为15.6℃(2012年)，最低年平均气温为13.7℃(1991年)，常年春季平均气温14.9℃，常年夏季平均气温26.4℃，常年秋季平均气温14.9℃，常年冬季平均气温1.2℃，常年极端最高气温为41.0℃(2002年7月15日)，常年极端最低气温为-12.4℃(1991年12月28日)。

月平均气温最高是7月，为27.2℃；最低是1月为-0.5℃。境内气温年较差为27.7℃，年平均日较差为10.2℃，各月中日较差以4月最大，为11.4℃，利于作物生长发育；7月日较差最小，为8.5℃，对玉米、棉花等作物生长发育略有不利。

1991—2013年曲阜市累年月平均气温极值表

表1-2 单位:℃

月份	常年平均	最高气温	年度	最低气温	年度
1	-0.108	2.3	2002	-2.9	2011
2	3.22	6.5	2007	0.1	2005
3	8.884	11.6	2002	6	1991
4	15.68	17.6	2012	13	2010
5	21.372	23.8	2012	19.1	1991
6	25.94	27.7	2005	24.3	1991
7	27.564	28.9	1997	25.1	1993
8	26.36	29.4	2013	25.1	1993
9	21.86	24.1	1998	19.9	1997
10	15.78	19.1	2006	12.6	1992
11	7.88	10.2	2006	4.8	2009
12	1.632	3.6	2000	-0.3	2012

霜期 境内常年初霜一般在10月26日前后，极端最早时间在1992年10月19日，最晚时间在1997年11月13日。常年终霜一般在4月2日前后，极端最早时间是2010年3月2日，最晚时间是1996年4月21日。常年无霜期220天。最长是237天(2002年)，最短为200天(1991年)。

1991—2013年曲阜市无霜期及终霜期表

表1-3

年度	无霜期(天)	初霜日	终霜日
1991	200	10.25	4.01
1992	214	10.19	3.23
1993	201	10.24	4.11
1994	208	10.30	3.26
1995	210	10.21	4.03

续表1–3

年度	无霜期(天)	初霜日	终霜日
1996	205	10.31	4.21
1997	213	11.13	3.26
1998	218	10.26	4.02
1999	222	11.07	3.24
2000	229	11.02	3.16
2001	213	11.01	3.29
2002	237	10.29	3.08
2003	209	11.01	3.27
2004	233	10.23	3.07
2005	229	10.27	3.13
2006	236	10.29	3.14
2007	208	11.06	4.03
2008	229	10.29	3.25
2009	214	11.10	4.02
2010	239	11.03	3.02
2011	222	10.28	4.11
2012	226	11.20	3.24
2013	224	11.06	3.31

说明:1.01表示1月1日,11.29表示11月29日,以此类推

地温　境内常年地面温度为16.1℃，比年平均气温高1.8℃,地面温度最高年份为17.9℃(2013年),最低年份为14.9℃(1996年),常年平均地温最高时6月,最低是1月。地面冻结时间在10月至次年3月,常年冻土平均厚度为13.1厘米,冻土最深38厘米(2003年1月9日)。

1991—2013年曲阜市平均地表温度及冻土深度表

表1–4

年份	年平均地表温度(℃)	年平均冻土深度(厘米)	年内最厚冻土(厘米)	最厚冻土日期
1991	15.7	–	15	1.14、12.31
1992	15.5	–	15	1.03、1.20
1993	15.3	–	21	1月
1994	16	–	11	1月
1995	15.3	–	13	2月、12月
1996	14.9	–	15	2.04
1997	16.5	–	16	1.09、1.10
1998	16.2	–	15	1.28

续表1-4

年份	年平均地表温度(℃)	年平均冻土深度(厘米)	年内最厚冻土(厘米)	最厚冻土日期
1999	16.1	–	17	12月
2000	16.4	–	21	2.05
2001	16.6	–	18	12.29、12.30
2002	17	–	23	12.31
2003	15.3	–	38	1.09、1.10
2004	16.3	–	15	1月
2005	15.9	20	15	1月
2006	17.4	20	10	1月
2007	17.3	19	9	1月
2008	16.4	19	12	12.23
2009	17	19	20	1月
2010	16.8	20	23	1月
2011	16.3	18	29	1月
2012	17.6	19	14	1月
2013	17.9	19	22	1月、12月

第三节　降水　蒸发

降水　境内常年(1991—2013年)降水为701毫米,年最大降水量出现在2003年,为1076.5毫米;年最小降水量出现在2002年,为415.6毫米;降水主要集中于6—9月,几乎占全年降水量2/3。一日最大降水量出现在1995年8月15日,为178.6毫米。全年大于0.1毫米的降水日数平均为71.4天。

1991—2013年曲阜市常年降水情况表

表1-5　　单位:毫米

项目	季度	春			夏			秋			冬			年
	月份	3	4	5	6	7	8	9	10	11	12	1	2	
一日最大量	极值	41.1	44.5	78.1	118.4	140.6	178.6	158.5	44.2	35.5	16	17.3	17.8	178.6
	日期	3	2	12	5	20	15	20	13	25	9	6	18	8.15
	年度	2007	2008	1984	1984	2009	1995	2005	1993	2004	1984	2001	1998	1995
月均值		20.2	29	55.2	93	195.3	162.8	67.5	33.7	18.8	8.3	7.2	10	701
占年百分比(%)		2.9	4.1	7.9	13.3	27.9	23.2	9.6	4.8	2.7	1.1	1	1.5	
季度均值		104.4			451.1			120			25.5			
占年百分比(%)		14.9			64.4			17.1			3.6			

1991—2013年曲阜市常年连续降水表

表1-6　　单位:毫米

月份		1	2	3	4	5	6	7	8	9	10	11	12	年合计
平均降水日数		2.6	3.7	4.2	5	6.6	7.7	12	9.9	7	5.3	4.2	3.2	71.4
最长连续降水日数	日数	4	3	4	5	4	6	8	6	10	9	7	6	
	降水量	31.4	19.3	21.6	19	50.9	80.9	112	422	205	74.2	82.5	10.2	422
	年度	2001	2011	2011	1994	2002	2007	2001	1995	2003	2005	1993	1991	1995
	止日	9	28	1	12	16	24	30	18	7	3	12	27	18
最长无降水日数	日数	81	89	105	36	28	28	19	16	26	28	46	77	105
	年度	1996	1999	1999	2000	1982	2000	1992	2001	2个年	2009	2010	2010	1999
	止日	12	28	16	1	10	11	10	23	–	21	30	31	16

蒸发　年平均蒸发量为1587.2毫米，相当于降水量2.3倍,在各月蒸发中以6月最大,为241毫米;以12月最小,为40.6毫米。

1991—2013年曲阜市常年最大蒸发表

表1-7　　单位:毫米

月份		1	2	3	4	5	6	7	8	9	11	12	年合计
蒸发量		41.6	63.7	128.4	180.7	218.1	241.4	190.3	167.3	140.2	65.7	40.6	1587.2
月最大蒸发量	极值	55.6	103.5	170.6	207.2	255.9	320.9	264.1	235.2	203	85.9	57.8	
	出现年度	1994	2004	2000	2005	2001	1997	1997	1997	1998	1991	2010	

第四节　风

境内受季风环流影响,常年(1991—2013年)最多风向为东北偏东风,其频率为12%,年平均风速为1.9米/秒。春季主导风向为南风,频率为12%,风速为3.2米/秒。夏季主导风向为东南偏南风,频率为12%,风速为2.4米/秒。秋季主导风向为东北偏东风,频率为15%,风速为2.2米/秒。冬季主导风向为东北偏东风,频率为17%,风速为2.4米/秒。各月平均以4月最大,为3.3米/秒;以9月最小,为1.9米/秒。

附:天气谚语

立春无雨到清明。

正月初一有早霞,今年雨量定不差。

正月二十不见星,滴滴答答到清明。

春寒夏雨多。

春雨少,夏雨多。

一场春风对一场秋雨。

惊蛰若刮风,连刮一百场风.

清明湿了乌鸦毛,麦子水中捞。

清明刮了坟头土,连旱四十五。

桑花落在干地上,麦子打在泥窝里。

伏里凉,秋雨淋倒墙。

八月初一下一阵,过年旱到五月尽。

八月十五云遮月,(来年)正月十五雪打灯。

重阳无雨盼十三,十三不下一冬干。

秋雾多,春雨多。

秋雨多,来年春雨少。

十月三场雾,来年水上铺。

秋季雨水多,冬季是好天。

冬季雨水多，春季雨水少。

冬天或春季连旱，到麦前会有冰雹出现。

早霞不出门，晚霞行千里。

日出胭脂红，无雨便是风。

瓦块云，晒死人。

鱼鳞天，不雨也疯癫。

今天热得很，明天下得稳。

东虹(jiàng)日头西虹雨。

早晨起雾，中午晒布。

云往北，一阵黑；云往南，雨成潭；云往东，一阵风；云往西，披蓑衣。

东南风，雨祖宗。

一年四季东风晴，就怕东风起响声。

一日东风三日雨，三日东风一场空。

旱刮东风不下雨，涝刮西北不晴天。

东北风，雨太公。

西北风是开天的锁。

北闪有雨来，南闪火门开。

雷公先唱歌，有雨也不多。

雷轰天边，大雨涟涟；雷轰天顶，有雨不猛。

太阳现一现，三天不见面。

蚂蚁搬家蛇过道，水缸穿裙山顶帽。(有雨)

乌云接落日，不落今日落明日。

天上游云丝，久晴便可期。

日晕三更雨，月晕午时风。

天上钩钩云，地上雨淋淋。

先下牛毛没大雨，后下牛毛不晴天。

东北风不倒，别嫌雨小。

东南上的雨上不来，上来没锅台。

月亮生毛，大雨滔滔。

第五节 物候

植物候 迎春花，立春前后萌芽，2~3月开花，清明前后抽叶，不结实。毛白杨，2月底发芽，3月上中旬开花，3月中下旬种子成熟，3月底展叶，10月中下旬落叶。垂柳，2月下旬至3月上旬发芽，3月底展叶，3月下旬开花，4月中下旬种子成熟，11月上中旬落叶。桃树，3月上旬出芽，中旬开花，4月上旬展叶，10月底至11月初落叶。苹果树，3月底萌芽，4月开花，8~10月结果，11月中旬落叶。泡桐，4月上旬萌芽，中旬展叶，下旬开花，10月底至11月初果实成熟，10月下旬落叶。枣树，4月中旬发芽，下旬展叶，5月下旬开花，8月底果实成熟，10月下旬落叶。橘子，清明后萌芽，谷雨后抽叶，立夏后开花，6月结果。佛手，清明后萌芽，谷雨后抽叶，5~7月开花，6~7月结实。柳叶桃，清明后萌芽，立夏后抽叶，6~9月开花，不结实。木槿花，清明后萌芽，立夏后抽叶，6~9月开花，不结实。月季，惊蛰前后萌芽，谷雨后抽叶，5~10月开花，9~10月花谢结实。

动物候 白鹭，3月中旬到曲阜，5月上旬营巢，中旬产卵，6月中下旬孵卵，7月下旬出壳，8月底发育成鸟，8月底至9月初开始南迁。家燕，3月中旬迁到曲阜，10月中下旬迁走。喜鹊，3月上旬营巢，4月上旬交配，4月中旬产卵，5月上旬孵化，5月中下旬出雏。星头啄木鸟，3月下旬至4月上旬发情交配，4月中旬凿洞营巢。布谷鸟，3月下旬迁到曲阜，9月底迁走。猫头鹰，是冬候鸟，境内集中期约为10月至次年2月。青蛙，3月下旬复苏，4~5月交配繁殖，10月中下旬蛰眠。中华鳖，3月底至4月初复苏，6~8月交配繁育，11月上旬蛰眠。壁虎，3月下旬出蛰，6~7月繁殖，11月上旬进入冬眠。

曲阜市鸟——鹭鸶 廉家华/摄

第四章　水文

曲阜市属淮河流域、沂沭泗水系，有大小河流17条。地下水比较丰富，大体分为5个含水岩组，即松散岩孔隙水、碎屑岩孔隙—裂隙水、碳酸盐岩溶水、变质岩裂隙水、结晶岩弱水。

第一节　地表水

全市有大小河流17条，总长256.4千米。境内泗河、沂河为东西向骨干河道。泗河支流有沂河、仙河（原名崄河）、时庄北大沟、郭泗河、纸坊河、竹子园沟；沂河支流有蓼河、蒋沟河、四清河、南辛北大沟、洙水河、小沂河、护城河。另外，小白马河和烟袋河均为邹城白马河上游支流，汗马河为兖州洸府河上游支流。

泗河　泗河是曲阜市最大河流，又名泗水，发源于新泰市平顶山（海拔814米）西侧，西南流经泗水、曲阜、兖州等县市，于任城区辛闸村入南阳湖，泗河全长170千米。曲阜境内长度为41.72千米，东由防山镇徐家村入境，西至陵城镇粉店村入兖州。境内流域面积648平方千米，河床宽150米~300米，红旗闸上、下游比降1/1100，进入姚村、时庄、金口坝为比降1/1400。河槽安全泄流量1900~2400立方米/秒，最大洪峰流量4020立方米/秒，属季节性河道。多年平均年径流量3.469亿立方米。多年平均年输沙量37万吨。

沂河　又名小沂河，曲阜俗称大沂河，沂河为曲阜市第二大河流，属于泗河一级支流。沂河发源于邹城市城前镇凤凰山北麓，全长58千米。境内全长39千米，有大小15个主要弯道，流域面积365.6平方千米。上下游河床平均宽220米，最大洪峰流量309立方米/秒，最大年径流量1.88亿立方米，最小年径流量0.11亿立方米，多年平均径流量0.752亿立方米。沂河自尼山水库溢洪道向西北穿越尼山、防山、息陬、小雪、陵城、时庄等镇街，于金口坝入泗河。

蓼河　是沂河第一大支流。其主支发源于邹城葛炉山和羊山一带，全长30千米。蓼河首先进入尼山镇西魏庄村，整体呈南东至北西流向，在西魏庄村南向东北流向东魏庄村，自东魏庄村向北流向刘庄村，自刘家村向西偏北流向日兰高速，然后向北偏西流至古路套村入沂河。境内长21.32千米，共有14个主要道弯，平均河宽50米，境内流域面积131平方千米，为季节性山洪河道。

崄河　古称险水，为泗河右岸一级支流。东支发源于泰安宁阳县梧桐峪，流经宁阳、石门山镇、王庄镇，东支境内长17.5千米，河道宽度45米左右；西支发源于吴村镇凤凰山，全长19千米，流经吴村镇、王庄镇。崄河近南北流向，东、西分支汇合于王庄镇后王村，流向孙家道沟村入泗河。入王庄镇后河道比降变缓，但仍为1/500~1/88，汛期洪水流速2.5米/秒以上。源短流急，迅涨迅退，为多弯季节性排洪河道。

蒋沟河　曲阜俗称小沂河，为沂河另一重要支流，属于排洪河道，曾名跃进河，也名尚家河。发源于防山镇无粮庄、尚家河和刘家庄一带山丘区，流域面积23.5平方千米，上下游高差40米，全长11.04千米。河道从无粮庄向西南至颜林折向西，流经纪庄、李家村、宋家村、官庄，从齐王官庄流向西南，由河套与沂河原北支汇流，经葛家庄、沂河涯、于苗孔东南流入沂河。

其他河流　小白马河，系白马河支流，发源于小雪街道九龙山，流经东凫村、北凫村、南凫村3个村庄，河长4.1千米。烟袋河，系白马河支流，发源于小雪街道西庄村南山邹城境内，流经西庄、白杨店等村，折向西南出境汇入白马河，全长14千米。洙水河，又名林河，发源于书院街道韩家铺东南八宝山山丘区，沿327国道南侧至瓦窑头村前穿过公路向西，经张家村、汉下、五泉庄、孔林到马家庄折向南，于苗孔东汇入沂河，全长18千米。

第二节　地下水

曲阜市属于中朝准地台鲁西隆起区，地层发育较全，从老到新有太古界前震旦系泰山群；古生界寒武系、奥陶系、石炭系，中生界侏罗系，新生界第三系和第四系地层。境内主要地质构造为断裂，其中较大断层有尼山断层贯穿市内东西，峄山断层纵穿吴村、石门山东西。根据地下水赋存条件，水力联系，富水程度及不同时代、不同成因、不同岩性的组合关系，大体分为5个含水岩组：

松散岩孔隙水　第四系和第三系松散层孔隙水，境内广泛分布，主要分布在沿泗河岸以南，单位（每天每米）涌水量50~100立方米，沂蓼河堆积区、古河道地带，单位涌水量多大于500立方米。水质良好，矿化度小于0.5克/升，水化学类型为HCO3-Ca型。

碎屑岩孔隙—裂隙水　该岩组由第三系和石炭系组成，主要分布在峄山断裂以西，尼山断裂以南，富水性较弱，井孔单位出水量均小于50立方米。矿化度小于1克/升。

碳酸盐岩溶水　该岩组包括奥陶系和寒武系，主要由石灰岩、白云岩组成，夹有少量页岩、砂岩等。在北兴—南辛断块中，从东向西埋深逐渐加大，至排泄区的北兴一带增加到110米左右。岩溶深度发育250米，东部山区和山前补给区，单位涌水量一般小于每小时100立方米，中部径流区单井涌水量多在1000~3000立方米，西部矿化度小于0.5克/升。

变质岩裂隙水　该岩组包括太古变质岩及零星出露的各期岩浆岩，主要分布于尼山断层北侧，地下水主要赋存于风化裂隙中，区内多挖掘地道井取水，单位涌水量小于50立方米，矿化度小于0.5克/升。

结晶岩弱水　该岩组主要分布于石门山、吴村两镇，这部分岩层中有发育不同的裂隙水存在。区内多挖掘地道井，根据风化壳厚度、岩脉走向，地下水流向以及区域水位等综合因素，确定地道井走向。把上部风化裂隙水、构造裂隙水汇储于地道井中，形成一个地下水库。单位涌水量为10立方米。

全市地下水化学类型，主要是重碳酸盐及碳酸盐氯化物。矿化度绝大多数在0.5克/升左右，均小于1克/升，总硬度均小于标准40度，pH值一般在6.9~8.0之间，大部分为中性反应，适于饮用和灌溉。

第五章　土壤植被

曲阜市耕地土壤共分石质土、粗骨土、褐土、潮土、砂姜黑土、水稻土6个土类。境内杂草植被主要有葎、萹蓄、藜、猪毛菜、反枝苋、马齿苋、米瓦罐、繁缕、王不留行、毛茛、荠菜、播娘蒿、小花糖芥、蒺藜、铁苋菜、打碗花、田旋花、菟丝子、节节麦、看麦娘、野燕麦、牛筋草、狗尾草等。

第一节　土壤

曲阜市位于鲁中南山区边缘，属太沂蒙山前冲积扇中上部。东、东南、北三面环山，东北部为太沂蒙山地边缘，中部为泗河、沂河冲积平原。按照全国第二次土壤普查分类系统，曲阜市耕地土壤共分石质土、粗骨土、褐土、潮土、砂姜黑土、水稻土6个土类，10个亚类，10个土属，32个土种。其中褐土分布最广，潮土次之，砂姜黑土较少。

石质土　曲阜市石质土与褐土成复区存在，是在原棕壤土与部分褐土基础上分离出来，分布于石门山镇、防山镇、尼山镇、吴村镇北部低山丘岭上部，分酸性石质土和钙质石质土两个亚类，两个土属，两个土种。

粗骨土　粗骨土是在原棕壤土与褐土基础上分离而来，分布于石门山镇及防山镇、尼山镇、吴村镇北部低山丘岭上部，分酸性粗骨土和钙质粗骨土两个亚类。

褐土　褐土是曲阜市主要土壤类型，在垂直谱中出现于棕壤之下，它是在高温与湿润同时发生，黏土矿物发生淋溶淀积而形成的土壤类型。成土母质为砂页岩、石灰岩，通体一般呈褐色，通常由耕作层、淀积黏化层和钙积层3个基本层次组成，典型褐土的剖面中有假菌丝体。由于黏化过程的作用，心土层较黏重，并且有胶膜出现，底土层中常可发现散生的石灰结构（砂姜），褐土表层质地多为轻壤、中壤、屑粒状结构，耕作层通气透水性较好，保水保肥性能良好。这类土壤地下潜水一般4~10米，水质较好，没有盐渍化威胁，

潮土 潮土是河流沉积物基础上受潜水作用形成的一种土壤。由于地下水升降，氧化还原作用交替进行，土壤中下部呈现铁锈斑纹或铁锰结核，成土母质的粗细，在平面上有分选的差异，剖面中质地层次也有明显不同。主要分布在泗河、沂河、蓼河、峪河两岸的时庄街道办事处、姚村镇、王庄镇、防山镇、息陬镇等镇（街）的河漫滩及背河洼地，地下水位在1.5米左右，100厘米左右出现锈纹锈斑和铁子，土壤全剖面有弱石灰反应，土体一般为沙壤—轻壤，耕性好，蒸发强烈，排水条件差，地下潜水位高，有盐碱威胁、土壤板、湿、干、凉物理性差。漏沙是潮土的主要障碍和限制因素，其次是养分缺乏。潮土养分的有效性和土壤的生产性能低于褐土类。

砂姜黑土 砂姜黑土有耕作层、黑土层、潜育砂姜层组成，其成土母质是老的湖河沉积物，当地群众多称黑土、黑黏土。曲阜市砂姜黑土主要分布于陵城镇、小雪街道、石门山镇、姚村镇等镇街的碟形洼地和浅平洼地中，面积17.98平方千米，占总耕地面积3.8%，砂姜黑土全剖面土质都较黏重，石灰反应由弱到强，黑土层一般埋藏深度为40~100厘米，耕作层色浅淡，砂姜层出现部位一般在60厘米左右（随地形部位变化，低洼处在60厘米以上，较高处在60厘米以下），主要剖面特征：下部有埋藏的黑土层和砂姜层，浅水埋深在1.5~3米之间，地湿、凉、板、结构差，有效养分低，缺磷，大部分表层质地黏重耕性不良，土层中有砂姜，影响作物根系生长发育，是低产土壤。曲阜市定为一个砂姜黑土亚类，一个砂姜黑土土属，两个土种。

水稻土 它可以由各种类型的土壤经水耕熟化而形成，与原土壤类型的成土过程和土壤属性有共性，也有特殊性，曲阜市水稻土面积很小，时间短而不固定，种植历史较长的主要分布于鲁城街道办事处的南泉一带，是盛产全国驰名的曲阜香稻所在地土壤，剖面分为耕作层（淹育层）、犁底层（隔水层、渗育层）、潜育层，已发育为老水稻土。

第二节 植被

曲阜市境内杂草植被主要有：葎草，桑科，一年生草本，常见于沟边、路旁等；萹蓄，蓼科，一年生草本，常见于农田、路旁或水边湿地；藜，藜科，一年生草本，常见于河滩、荒地或农田，主要为害小麦、蔬菜、大豆、棉花等作物；猪毛菜，藜科，一年生草本，生于路旁或荒地；反枝苋，苋科，一年生草本，常见于农田、路旁或荒地，主要为害大豆、棉花、蔬菜、花生、瓜类、薯类等作物；马齿苋，马齿苋科，一年生肉质草本，常见于农田、路旁或地边，主要为害蔬菜、棉花、薯类、大豆、甜菜等作物；米瓦罐，石竹科，越年生或一年生草本，常见于农田或荒地，主要为害小麦；繁缕，石竹科，越年生或一年生草本，常见于农田、路旁，主要为害小麦、蔬菜等作物；王不留行，石竹科，越年生或一年生草本，主要生于小麦田；毛茛，毛茛科，多年生草本，生于低湿地田边、路旁或水边湿地；

曲阜孔庙宋银杏（2016年摄）　　项春生/摄

荠菜，十字花科，越年生或一年生草本，生于农田、路旁，主要为害小麦、蔬菜等作物；播娘蒿，十字花科，越年生或一年生草本，生于农田、路旁、渠边，主要为害小麦；小花糖芥，十字花科，越年生或一年生草本，常见于路旁、荒地或农田；蒺藜，蒺藜科，一年生草本，生于农田、田边、荒丘，为害花生、棉花、大豆、薯类、蔬菜作物；铁苋菜，大戟科，一年生草本，生于农田、路旁较湿处，为害棉花、大豆、薯类、蔬菜、瓜类等作物；打碗花，旋花科，多年生蔓性草本，常见于路旁、荒地或农田，部分小麦、棉花、蔬菜等作物受害较重；田旋花，旋花科，多年生蔓性草本，常见于荒地或农田，部分小麦、棉花、蔬菜、豆类等作物受害较重；菟丝子，旋花科，一年生寄生草本，寄生于豆科、藜科等作物或杂草上；节节麦，禾本科，越年生或一年生草本，常见于荒地或麦田；看麦娘，禾本科，越年生或一年生草本，生于较湿润的农田或路边，主要为害小麦；野燕麦，禾本科，越年生或一年生草本，主要为害小麦，部分麦田受害较重；马唐，禾本科，一年生草本，为旱秋作物田和果园、苗圃的主要杂草；牛筋草，禾本科，一年生草本，生于较湿润的农田或路边，对棉花、大豆、薯类、蔬菜、果树作物为害较重；狗尾草，禾本科，一年生草本，常见于路旁、荒地或农田，部分农田、园圃发生较重。

第六章　自然资源

曲阜市总土地面积为814.88平方千米。全市多年平均水资源总量30610万立方米，其中地表水资源量为18010万立方米，地下水资源量为14134万立方米。全市共有维管植物98科304属539种；有野生陆生脊椎动物4纲26目64科109属153种；主要经济鱼类有青鱼、草鱼、鲢鱼、鳙鱼、鲫鱼等，虾蟹类有浪漂水虱、钩虾、中华米虾、细足米虾、中华小长臂虾等；有真菌门类6科约15种。到2013年，曲阜市共发现矿产30种，查明矿床85处、矿化点28处。

第一节　土地资源

土地面积

1991年4月，曲阜市开展土地资源调查。全市总土地面积为814.88平方千米，其中耕地505.77平方千米，园地27.17平方千米，林地40.16平方千米，水域面积61.99平方千米，交通用地28.29平方千米，居民点及工矿用地92.89平方千米，未利用土地58.61平方千米。2007年，全市总土地面积814.74平方千米，其中耕地427平方千米，占总土地面积52.4%；林地165.02平方千米，占总土地面积20.3%；荒山122.55平方千米，占总土地面积15.0%；河流51.60平方千米，占总土地面积6.3%；水产养殖15.73平方千米，占总土地面积1.9%。在耕地面积中，平原230.4平方千米，山丘137.06平方千米，涝洼地59.53平方千米，分别占耕地面积54.0%、32.1%、13.9%。

耕地利用

1991年，曲阜市耕地456.55平方千米，占总面积50.96%；水产养殖22.94平方千米，占2.56%。2000年，全市耕地428.97平方千米，占总土地面积47.9%；水产养殖10.44平方千米，占总土地面积1.2%。在耕地面积中，平原232.39平方千米，山丘137.07平方千米，涝洼地59.54平方千米，分别占耕地面积54.2%、32.0%、13.8%。2006年，全市耕地427平方千米，占总土地面积52.4%；水产养殖15.73平方千米，占总土地面积1.9%。在耕地面积中，平原230.4平方千米，山丘137.06平方千米，涝洼地59.53平方千米，分别占耕地面积54.0%、32.1%、13.9%。2008年，全市耕地面积426.99平方千米，其中水田0.11平方千米，水浇地356.21平方千米，旱地70.67平方千米。粮食种植面积642平方千米，其中小麦播种面积320.86平方千米，玉米播种面积241.6平方千米，番薯播种面积2.33平方千米，花生播种面积31.86平方千米，棉花播种面积10.53平方千米，瓜菜

2008年耕地地力等级面积统计表

表1-8　　单位：公顷、%

等级	一级地	二级地	三级地	四级地	五级地	六级地	总计
面积	20453.27	6441.81	6067.69	3293.77	3053.67	3388.79	42699
百分比	47.90	15.09	14.21	7.71	7.15	7.94	100

播种面积90平方千米。

2008—2013年，曲阜市划定基本农田保护区，结合中低产田改造、商品粮基地建设、农业综合开发、测土配方施肥、粮食资金发展项目、小麦高产创建、免耕播种、小流域治理等重大建设项目，实施土地改良利用综合治理活动。在全市推广秸秆还田、深耕改土、增施有机肥、配方施肥、小麦免耕播种、林田路渠综合配套及微灌、喷灌、滴灌等节水灌溉技术，有效提高土壤地力和抗旱能力。

耕地地力等级及分布

2008年，曲阜市耕地总面积为426.99平方千米，其中一级地面积为204.53平方千米，占耕地总面积47.90%；二级地64.42平方千米，三级地60.68平方千米，分别占耕地总面积15.09%、14.21%；四级地、五级地和六级地面积较少，分别为32.94平方千米、30.54平方千米和33.89平方千米，各占耕地总面积7.71%、7.15%和7.94%。

一级地和二级地主要分布在曲阜市西部和西南部。微地貌类型为微斜平地、倾斜平地和河谷平地，少量的浅平洼地和近山阶地，属于高产田区。主要分布在时庄街道办事处、陵城镇、小雪街道、姚村镇、息陬镇和书院街道等西部几个镇。区域内农业基础设施均配套成型。三级地和四级地分布零散，主要分布在一级地和二级地边沿地带。微地貌类型以倾斜平地、河谷平地、微斜平地为主，少量的坡麓梯田、河谷梯田、岭岗梯田等，属中产田类型，主要集中在姚村镇、王庄镇、石门山镇、吴村镇和尼山镇，还有少部分分布在息陬镇、陵城镇和防山镇。五级地和六级地主要分布于曲阜市北部和东南部地区，大部分在石门山镇、吴村镇、防山镇和尼山镇。在北部呈现大面积分布，在东南部呈现分散型分布。微地貌类型为坡麓梯田、岭坡梯田、河谷梯田和近山高阶地。少部分荒坡岭和石质山岭，该区域农田土层比较薄，肥力低，灌溉水平处于全市最低水平，其中有部分未利用土地，属于低产田类型。

第二节　水资源

水资源量　曲阜市水资源来自大气降水和过境河流。大气降水形成当地地表水、地下水，客水有自然入境泗河水，其他水源有集雨和污水（市污水处理厂）回用。全市年平均水资源总量30307万立方米，其中，地表水资源量为18010万立方米，地下水资源量为16876万立方米，地表水与地下水重复计算量为4294万立方米；其他水源350万立方米（含污水回用）。

水资源可开发利用量　曲阜市年平均可供水量为21160万立方米，其中，地表水10678万立方米，地下水13130万立方米，地表水与地下水重复计算量为2998万立方米；其他水源350万立方米。

水资源供需平衡　曲阜市境内年平均需水量11546万立方米，其中，生活用水1355万立方米，工业用水907万立方米，农田灌溉用水8213万立方米，林牧渔畜用水277万立方米，城镇公共用水237万立方米，生态环境用水557万立方米。

第三节　动植物资源

植物

曲阜市域气候温和，地形较为复杂，北有九仙山、石门山，南有尼山、九龙山，中部为泗河、小沂河流域。植物资源比较丰富，种类较多，分布比较广泛。全市共有维管植物98科304属539种，其中，蕨类植物12科13属23种，裸子植物2科3属5种，被子植物84科288属511种。其树种，平原地区主要是毛白杨、加拿大杨、107杨、旱柳、垂柳、榆树、国槐、毛泡桐、梧桐等；山丘区主要是侧柏、油松、刺槐等。木本植

曲阜孔子湖国家湿地公园

物有乡土树种和引进树种65科157属302种，其中乔木253种、灌木116种、藤本28种、竹类5种。果树有10科16属27种，主要有苹果、海棠果、沙果、梨、山楂、杏、桃、樱桃、枣、葡萄、柿、核桃、栗等。草本植物有91科332属491种。中药材127种，野生药材109种，占86%；家种药材有18种，占14%；野生家种兼有16种，占12%。

其分布规律是，北、南部山区以野生药材为主，主产丹参、酸枣仁、黄芩、柴胡、桔梗、连翘、卷柏、地榆、薤白等。中部平原以家种药材为主，主要有黄芪、生地、玄参、菊花、薏米等，另外还有莱菔子、枸杞、老鹳草、马齿苋、旱莲草、蒲公英、萹蓄等多种野生品种。20世纪90年代，普查发现鬼箭羽、漏芦、玉竹、黄精、山豆根、罗布麻等药材近30种。

动物

全市共有野生陆生脊椎动物4纲26目64科109属153种，其中鸟纲17目46科83属120种（留鸟17种，夏候鸟31种，冬候鸟14种，旅鸟58种），兽纲5目9科14属17种，爬行纲3目5科7属9种，两栖纲1目4科5属7种。另外还有野生无脊椎动物500余种。

曲阜水生生物资源较为丰富，其中主要经济鱼类有青鱼、草鱼、鲢鱼、鳙鱼、鲫鱼、大银鱼、团头鲂、乌鳢等，虾蟹类主要有浪漂水虱、钩虾、中华米虾、细足米虾、中华小长臂虾、日本沼虾、克氏螯虾、中华绒螯蟹等。

此外，据初步调查，用于生物防治的天敌资源动物类有2个纲8个目28科86种，其中昆虫纲6目16科60种，蛛形纲1个目6个科26种。

微生物

曲阜市有真菌门类6科约15种，曲阜病原微生物有蚜霉菌、棉铃虫核型多角体病毒等。初步应用于生产的有蚜霉菌、核型多角体病毒等。

第四节　矿产资源

曲阜市矿产资源以建材非金属矿产和能源矿产为主，到2013年，共发现矿产30种，查明矿床85处，矿化点28处，探明储量的有煤炭、灰岩、建筑石料用花岗岩、建筑用砂、砖瓦用黏土。

曲阜市境内能源矿产以煤为主，主要分布于西南部及北部，有煤矿井田5处（3处为跨界矿山），资源储量为93043万吨，保有资源含量69484.48万吨，蕴藏量比较丰富。其他非建材非金属（灰岩、花岗岩、砖瓦用黏土）查明资源含量为1377.158万立方米。

其他矿种大多含量低，且多为伴生矿。其中金属矿产5种，非金属矿产22种，能源矿产2种。优势矿产资源是“三石、三土、砂、煤、水”，既花岗岩、石灰岩、白云岩，耐火黏土、膨润土、砖瓦黏土，建筑用砂，煤及饮用天然矿泉水。金属矿产分布在防山—南辛；非金属矿产主要分布息陬—尼山—防山一带；能源矿产分布在小雪—陵城—时庄—姚村—吴村—王庄；饮用矿泉水分布在小雪—尼山—吴村。

第七章　自然灾害

境内主要自然灾害有旱灾、水灾、雪灾、风灾、雹灾、霜冻灾。农作物主要病害有44种，其中小麦有9种，玉米12种，棉花5种，花生3种，其他作物15种；林业主要病虫害有15种。

第一节　旱灾

1991—2013年，境内发生较严重旱灾6次，大中型旱灾受区域旱涝交替规律制约。

1991—2013年曲阜市重大旱灾简表

表1-9

年度	灾情
1992	旱情严重，丘陵地区玉米种植面积减少，甚者玉米绝产
2000	春旱较为严重，水浇条件较差地块小麦减产严重
2002	早春旱、夏秋连旱，河流干涸，造成饮水困难，全市农作物受灾2.44万公顷，绝收0.79万公顷，造成直接经济损失1181.3万元
2006	11—12月，降水共计15.4毫米，2006年1—3月总计降水13.3毫米，连续5个月降水总量28.7毫米，较年同期均值减少36.5毫米，2006年9—10月，共计降水0.9毫米，加之气温较高，土地失墒较快，严重影响到冬小麦播种及总产量
2009	2008年12月至2009年2月25日，全市仅有5毫米降水，其中2009年1月无任何降水，致使全市2.8万公顷小麦受到不同程度旱情影响，干旱严重面积6533公顷
2010	入冬后持续干旱少雨，自9月11日到12月31日，全市仅有7.1毫米降水，其中10月16日至12月底滴雨未下，由于气温偏高，麦田墒情下降较快，部分地块出现干旱，对农作物生长和小麦越冬不利
2011	2010年9月11日至2011年2月25日，全市降水仅为11.4毫米，其中2010年10月16日至2011年2月9日滴雨未下，是曲阜气象局气象资料记录中持续无降水日数历史极值，由于气温偏高，日照充足，导致旱情发展迅速，全市农田受旱面积2.6万多公顷，重旱1.6万公顷，部分农作物出现枯黄干死现象。61座小型水库蓄水仅为682万立方米，比2010年同期减少40%，干涸21座；208座塘坝蓄水不足100万立方米，近65%干涸。地下水位埋深4.13米，比2010年同期降低0.44米
2012	2012年1—6月，降水量除3月偏多5.2毫米外，其他5个月均比常年偏少，特别是4月26日至6月28日64天共降水2.6毫米。全市有10个镇街受灾，其中石门山、王庄、防山3个镇街旱情较重，全市农作物受灾面积185.43平方千米，其中成灾面积108.05平方千米，直接经济损失927.13万元

第二节　水灾　雪灾

境内水灾主要是洪涝，多由暴雨造成，或平地积水淹没田园禾稼，或泗、沂等河决口冲毁村庄房舍。暴雨多出现在6—8月，以7月为最多，雨季最早开始时间是6月上旬，最晚结束时间为9月下旬。经过多年水利建设，排洪泄洪能力有明显提升，洪涝灾情年份较历史有所下降。冬季雪灾比较少见。

1991—2013年曲阜市重大水灾简表

表1-10

年份	灾情
1995	8月14—16日，市内降水量393.8毫米，部分城乡居民房屋进水，农业受灾面积1.87万公顷，其中玉米1.67万公顷，棉花2000公顷，果园、蔬菜、树木和其他秋季作物都遭到不同程度的损害，全市共计被毁房屋160余间，刮倒、刮断电线杆190余根，全市共造成经济损失7480余万元
2001	8月4日，出现暴雨，降水量77.2毫米。农作物受灾1.71万公顷，冲毁房屋792间，冲毁水利设施30处，经济损失8000万元
2003	8月23日至9月4日，全市平均降水量239.0毫米。全市农作物受灾面积117平方千米，成灾面积77.37平方千米，绝产面积20.14平方千米，毁坏或倒塌房屋305间，直接经济损失3809万元
2005	9月中旬至10月上旬，出现持续降水过程，降水量373.2毫米。频繁降雨影响到曲阜旅游业，对农业生产也造成严重影响，导致秋收进度推迟，玉米、花生无法收获，棉花落桃或不开桃，同时影响冬小麦适时播种，播种期推迟10天以上
2007	5月22日16时到23日8时，全市普降暴雨，城区降水量为54.4毫米，乡镇最大降水量为80.2毫米。书院、王庄、吴村、防山、陵城、息陬等乡镇小麦遭受严重灾害，全市32.29平方千米小麦减产三成以上，小麦减产6559吨，农业直接经济损失1115万元，受灾人口49000人
2009	7月20日，遭到暴雨袭击，全市平均降水量118.7毫米，防山乡最大降水量282毫米。连续高强度降水导致全市多个乡镇发生洪涝灾害，全市受灾人口6.3万人，农作物受灾面积41.34平方千米，其中成灾面积28.5平方千米，造成直接经济损失3060万元，其中农业经济损失2200万元。防山乡境内尚家园水库和刘家庄水库出现小范围决口

第三节　风灾

境内风灾主要由大风、龙卷风和干热风造成。大风有春末夏初的偏南大风、夏季的雷雨大风、冬季的偏北大风3种类型，其中以伴有雷雨、冰雹的强对流天气风灾最为常见，给经济和农业造成重大损失。

1991—2013年曲阜市重大风灾简表

表1-11

年度	灾情
1993	7月9日、7月11日出现大风，9日10分钟平均最大风速为13.3米/秒，瞬时风速22米/秒，农作物受灾2.67万公顷，西部遭受雷击，住户经济损失3万余元。9—11日倒树1500棵，玉米刮倒660余公顷
1995	出现四次雷雨大风冰雹天气，分别出现在6月26日、6月29日、7月1日、8月14—16日。6月26日19时10分开始，董庄乡出现雷雨大风天气，瞬时风速16~17米/秒，共刮倒树木万余棵，倒塌房屋400余间，各类果树落果300万千克，遭雷击死亡1人，重伤4人。6月29日下午13时45分，南辛、尼山两个乡镇遭受狂风冰雹袭击，瞬间风速20米/秒，冰雹直径大者10毫米以上，农作物受灾面积1730余公顷，成灾面积930余公顷，造成经济损失1200余万元。7月1日9点58分开始，遭受雷雨、大风、冰雹袭击，瞬时风速24~26米/秒，冰雹直径10毫米左右，降雹时间持续3~5分钟，这次灾害性天气共造成全市7人死亡，百余人重伤，3万只家畜、家禽被砸死，农作物受灾面积4.14万公顷，成灾面积2.9万公顷，1.6万公顷树木被刮断刮倒。孔庙、孔府等名胜建筑院内53棵古树刮倒，有5棵被拦腰折断。全市共倒塌房屋2500余间，境内有5000余米国防长途电话线被毁，800余千米10千伏线路无法供电，其中倒杆、断杆380根，断线190处，损坏变压器52台，全市停电4小时。城区5处施工塔吊被刮倒报废，孔庙内鹭鸶（夜鹭、池鹭、苍鹭等）被砸死300多只。全市经济损失2.3亿元以上

续表1-11

年度	灾情
1997	5 月 29 日，出现雷雨大风天气，瞬时风速 8~9 级，小麦倒伏 9333 公顷，倒树 3 万株，毁坏房屋 874 间，造成直接损失 2445 万元
1998	7 月 21 日出现大风，瞬时风速 17~18 米/秒，玉米倒伏 4 平方千米以上；8 月 22 日，董庄乡局部出现龙卷风，给农作物及果木造成重大损失
1999	7 月 20 日、7 月 26 日出现雷雨大风天气，共造成经济损失 3540 万元
2006	8 月 3 日下午 3 时 40 分开始，时庄、姚村、南辛镇的部分村庄受到暴雨大风及冰雹袭击，瞬间风速 8 级，平均降水 102.2 毫米，伴随出现的冰雹直径最大约 30 毫米，造成部分玉米、棉花、葡萄绝产，直接经济损失 1344 万元
2007	7 月 11 日，出现强对流天气，过程从 16 时开始至 17 时 48 分结束，其间，降水量 38.2 毫米，最大风速 21.9 米/秒，大风持续大约 10 分钟。部分村庄房屋损坏 215 间，玉米、瓜果、蔬菜等农作物 34.5 平方千米受灾，13.5 平方千米农作物绝产；造成直接经济损失 3037.5 万元，其中农业直接经济损失 2837.5 万元
2009	8 月 17 日 12 时至 18 日 07 时，遭到暴风雨袭击，全市平均降水量 93.7 毫米，最大降水量 135.7 毫米，最大风力 12.9 米/秒，连续高强度刮风和降水导致全市多个乡镇发生不同程度灾害。全市受灾农作物面积 57.27 平方千米，损坏树木 10 万多株，造成直接经济损失 7150 万元，农业经济损失 4520 万元
2013	5 月 26 日 20 时开始至 27 日夜间，出现强降水且风力较大，降水量 113.2 毫米，导致部分小麦倒伏，据民政局调查，共造成 17800 人受灾，农作物受灾面积 13.75 平方千米，直接经济损失 580 万元

第四节　雹灾　霜冻灾

境内雹灾多发生在5—6月，以6月为最多。冰雹多自西北宁阳县入境，向东南移除或在境内消失。

2001年3月28日，强冷空气影响曲阜市，最低气温从3月26日6.3℃，骤降至28日-3.1℃，致使曲阜市大面积冬小麦发生冻害，造成一些早春开花的果树如杏树、桃树、樱桃等大量幼果冻伤脱落，产量大减。

1991—2013年曲阜市重大雹灾年表

表1-12

年份	灾情
1991	6 月 21 日 17 时 30 分至 18 时，董庄中部和东部降雹，受灾村庄 35 个总受灾面积 2667 公顷。过程中伴有大风，阵风 7~8 级。玉米受灾 1333 公顷，其他作物 97 公顷
1995	6 月 29 日下午 13 时 45 分、7 月 1 日 9 点 58 分、8 月 14 日夜间 2 时，遭受冰雹及暴雨袭击，冰雹直径 10 毫米左右，最大平均重量为 6 克，造成严重灾害
2001	6 月 20 日，西南部乡镇受冰雹大风袭击，造成经济损失 2100 万元
2004	6 月 22 日 23 时至 23 日 2 时 30 分，遭受特大暴风雨和冰雹袭击。短时阵风 8 级以上，最大降雨量 83.2 毫米，城区冰雹直径约 2.0 毫米。对部分农作物、林果业、房屋、通信、供电等设施造成严重破坏，受灾农作物主要是春玉米、棉花等，涉及长度约 30 千米，造成直接损失约 3000 万元

第五节　病虫灾

曲阜市境内农作物受耕作制度、作物布局、气候条件等多种因素影响，农作物病虫害发生种类较20世纪90年代以前有所增加，一些新的病虫不断发生。主要病害有44种，其中小麦有9种，玉米12种，棉花5种，花生3种，其他作物15种。常发性且为害重的病害有小麦纹枯病、根腐病、叶枯病、白粉病、锈病（叶锈病）、赤霉病、黄花叶病，玉米苗枯病、粗缩病、大、小叶斑病、褐斑病、弯孢菌叶斑病、锈病、瘤黑粉病、顶腐病、茎腐病，棉花苗病、枯萎病、黄萎病；花生叶斑病，马铃薯晚疫病等。主要虫害有53种，其中小麦有7种，玉米10种，棉花5种，花生6种，大豆7种，其他作物18种。常发性且为害重的虫害有小麦蚜虫、红蜘蛛、麦叶蜂、吸浆虫、金针虫，玉米黏虫、玉米螟、棉铃虫、甜菜夜蛾、蓟马、蚜虫、灰飞虱、二点委夜蛾；棉花棉铃虫、蚜虫、红蜘蛛，花生棉铃虫、蛴螬、红蜘蛛、蚜虫，大豆蛾、大豆造桥虫、斜纹夜蛾、棉铃虫、甜菜夜蛾。曲阜境内农作物发生的成灾性病害主要是玉米粗缩病。2007—2011年，玉米粗缩病在曲阜市发病较重，部分地块大幅减产，另有部分地块甚至绝产，改种其他作物。2008年，曲阜市玉米粗缩病发生面积1.04万公顷，田间病株率50%以上的重病面积2000公顷，其发病程度是1991—2013年最重的一年。

林业主要病虫害有杨树黑斑病、杨树烂皮病、杨树溃疡病、杨扇舟蛾、杨小舟蛾、双条杉天牛、大叶黄杨斑蛾、小叶黄杨绢蛾、桑天牛、美国白蛾、杨毒蛾、悬铃木方翅网蝽、春尺蠖、侧柏毒蛾、舞毒蛾等。

第二编

人口　婚育

2008 年 6 月 22 日，一休婚纱曲阜市首届大型集体婚礼现场　（市委宣传部提供）

1991年，曲阜市人口为608470人。2010年，全市人口638036人。2013年年底，全市人口为639528人，密度为每平方千米785人，有百岁老人23人。全市人口预期寿命由1990年71.6岁提高至2013年77.52岁。

1991年起，曲阜市贯彻执行中央计划生育工作方针，遏制人口迅猛增长态势。1996年4月，被省委、省政府授予计划生育“三为主”先进县（市、区）称号。进入21世纪，曲阜市贯彻落实党中央、国务院人口与计划生育工作方针政策，依法管理、依法行政，人口自然增长率、符合政策生育率等各项指标均达到上级下达的责任目标。2009年12月，曲阜市获“全国计划生育优质服务先进单位”称号。

第一章 人口状况

1991年，曲阜市人口为608470人，人口密度为每平方千米707人。2010年，全市人口638036人，密度为每平方千米782人。2013年年底，全市人口为639528人，密度为每平方千米785人。1991—2013年，全市出生142161人，死亡100553人，自然增长31058人；迁入159407人，迁出168242人。

第一节 人口数量

1991—1995年，曲阜市人口增长率较低，5年间净增1581人，年平均净增316.2人，年均增长率为0.52‰。1996—2000年，全市人口自然增长率呈上升

1991—2013年曲阜市人口数量一览表

表2-1　　单位：人

年份	户数（户）	总人口			非农业人口（城镇人口）	农业人口（乡村人口）
		合计	男	女		
1991	162309	608470	313721	294749	64893	543577
1992	162285	608863	313679	295184	66675	542188
1993	168798	611072	314451	296621	69750	541322
1994	167982	611827	314616	297211	80592	531235
1995	162050	614113	315213	298900	111826	502287
1996	174567	617928	316742	301186	117244	500684
1997	173072	621397	317715	303682	121602	499795
1998	175978	625118	319330	305788	126136	498982
1999	178025	627832	320270	307562	129738	498094
2000	179708	631947	321584	310363	135419	496528
2001	180040	636432	323324	313108	140591	495841
2002	181047	639392	324466	314926	173510	465882
2003	181559	640516	324641	315875	281625	358891
2004	182710	637358	322279	315079	275481	361877

续表2-1

年份	户数(户)	总人口			非农业人口（城镇人口）	农业人口（乡村人口）
		合计	男	女		
2005	182401	640817	323366	317451	189938	450879
2006	186675	642416	323811	318605	189021	453395
2007	188597	640783	322827	317956	182483	458300
2008	188089	637270	321256	316014	179689	457581
2009	188671	636938	321297	315641	182600	454338
2010	188364	638036	322106	315930	272705	365331
2011	188752	638304	322273	316031	274606	363698
2012	189317	639261	322781	316480	274529	364732
2013	189928	639528	322628	316900	275331	364197

说明：2003—2006年，含曲阜新区

趋势，5年净增12095人，平均净增2419人，年均增长率为3.88‰。2001年以后，人口自然增长率有所下降，年均增长率为3.4‰左右，相对平稳。

第二节　人口变动

自然变动

人口出生。1991—1995年，曲阜市人口出生21615人，平均每年出生4323人，年均出生率为7.1‰。1996—2000年，出现人口生育高峰，5年间出生32155人，平均每年出生6431人，年均出生率为10.33‰。2001—2005年，全市人口生育相对平稳，5年间出生31776人，平均每年出生6355.2人，年均出生率为9.96‰。2006—2010年，全市人口生育有所增加，5年间出生35008人，平均每年出生7001.6人，年均出生率为10.95‰。2011—2013年，全市人口生育稍有增加，3年间出生21607人，平均每年出生7202人，年均出生率为11.3‰。

1991—2013年曲阜市人口自然增长情况表

表2-2

年份	出　生		死　亡		自然增长	
	人　数	‰	人　数	‰	人　数	‰
1991	6455	10.70	4086	6.77	2369	3.93
1992	2947	4.84	3967	6.52	-1020	-1.68
1993	3601	5.90	4005	6.57	-404	-0.67
1994	4123	6.74	4031	6.59	92	0.15
1995	4489	7.32	3945	6.44	544	0.89
1996	6475	10.51	4195	6.81	2280	3.7
1997	6451	10.41	3879	6.26	2572	4.15

续表2-2

年份	出生		死亡		自然增长	
	人数	‰	人数	‰	人数	‰
1998	6665	10.73	3934	6.34	2731	4.39
1999	6018	9.61	3813	6.09	2205	3.52
2000	6546	10.39	4239	6.73	2307	3.66
2001	5635	8.89	4089	6.45	1546	2.44
2002	5875	9.21	4135	6.48	1740	2.73
2003	5520	8.63	4312	6.74	1208	1.89
2004	7463	11.68	4100	6.42	3363	5.26
2005	7283	11.4	4493	7.03	2790	4.37
2006	5989	9.33	4152	6.47	1837	2.86
2007	6732	10.49	4519	7.04	2213	3.45
2008	7257	11.36	4811	7.53	2446	3.83
2009	7149	11.22	4685	7.35	2464	3.87
2010	7881	12.36	5639	8.85	2242	3.52
2011	7370	11.56	5256	8.24	2114	3.32
2012	7961	12.46	5525	8.65	2436	3.81
2013	6276	9.83	4743	7.43	1533	2.4

人口死亡。1991—2005年，曲阜市人口死亡情况较为平稳，没有出现大起大落的现象，每年死亡在4000人左右，年均死亡率在6.5‰左右。2006年起，死亡人数略有增加，每年死亡在5000人左右，年均死亡率在7.5‰左右。

机械变动

1990年7月1日至2010年7月1日，曲阜市迁移人口31121人，迁居曲阜市其他乡、镇、街道21472人；迁出曲阜市人口9649人。2000—2010年，曲阜市省内市区内人户分离60949人，迁居省外3605人。

2003年，曲阜师范大学、济宁学院等大中专院校学生大多选择不再迁移户口，导致全市迁入人口减少，人口机械增长率开始呈负增长。2003年，全市迁入9131人，迁出9675人，机械增长率为-0.84‰。2004年，全市迁入7561人，迁出14235人，机械增长率为-10.44‰。2007年，山东省公安厅下发《关于我省大中专院校（技工院校）录取本省新生不再办理户口迁移手续的通知》，当年，全市迁入5059人，迁出9163人，机械增长率为-6.39‰。2008年，时庄镇田家、河头、焦家3个行政村划归兖州市酒仙桥街道管理，全市迁入4398人，迁出10588人，机械增长率为-9.68‰。2010年，全市迁入3839人，迁出5065人，机械增长率为-1.92‰。2013年，全市迁入2621人，迁出3261人，机械增长率为-0.98‰。

1991—2013年曲阜市人口机械变动表

表2-3 单位：人

年度	迁入	迁出	机械增长率(‰)	年度	迁入	迁出	机械增长率(‰)
1991	4791	4404	0.64	2003	9131	9675	-0.84
1992	4770	4590	0.3	2004	7561	14235	-10.44
1993	6199	4368	3	2005	9631	9619	0.02
1994	10315	9690	1.1	2006	8235	8284	-0.07
1995	8456	7109	2.2	2007	5059	9163	-6.39
1996	7174	5488	2.7	2008	4398	10588	-9.68
1997	7169	6318	1.3	2009	4072	5420	-2.11
1998	7104	5960	1.9	2010	3839	5065	-1.92
1999	7939	7106	1.3	2011	3262	4051	-1.23
2000	10272	8577	2.7	2012	2828	3603	-1.2
2001	10471	7751	4.3	2013	2621	3261	-0.99
2002	14110	13553	0.94				

第三节　人口分布

1990年，曲阜市常住人口为594486人，人口密度为每平方千米733人；曲阜镇人口75526人，时庄乡、陵城镇人口超过5万人。全市非农业人口57739人，多集中在曲阜镇42847人，时庄乡2486人，防山、南辛、尼山不足1000人，其他乡镇1000人以上不足2000人。2000年，曲阜市人口密度为每平方千米733人；全市常住人口625313人，曲阜镇132221人，增加56695人，增幅75.1%；其他各乡镇均呈现不同程度的下降，尼山乡降幅最大，为1685人、11.7%，吴村镇4533人、11.1%，姚村镇、王庄乡、南辛镇降幅也在5%以上，分别为4079人、8.94%，2686人、5.7%，2160人、5.54%；降幅最小的是靠近城区乡镇书院镇和时庄镇，分别为284人、0.8%，716人、1.4%。以上数据说明，农村人口开始向城区集中，曲阜市城镇化趋势明显。2010年，曲阜市人口密度为每平方千米786人；全市常住人口640498人，鲁城街道人口相比2000年人口普查数据增至159062人，占全市人口总数24.83%，曲阜市城市化更加明显；陵城镇由于济宁学院迁入，息陬镇由于高铁开通，时庄街道由于与市经济开发区区镇合一，人口数量均有不同程度的增加，幅度分别为12.06%、2.91%、3.7%，也可以看出曲阜市城区向南向西发展的趋势；其他乡镇人口数量则有不同程度下降，尤其是石门山镇，减少6370人，下降幅度13.72%，吴村、防山、姚村和王庄减少都在5%以上，分别为8.87%、8.43%、6.07%、5.35%，小雪、书院和尼山减少幅度较小，分别为0.4%、3.3%、3.77%。全市非农业人口155992人，其中鲁城街道132587人，占比83.63%；书院、时庄街道分别为7276人、7282人；陵城、防山、小雪、董庄、息陬分别为2304人、1500人、1161人、1023人、996人；其他乡镇较少，分别为姚村582人、王庄530人、吴村392人、南辛359人。

1991—2013年曲阜市人口分布表

表2-4　　　　　　　　　　　　　　　　　　　　　　　　　　　　单位：人

行政区划 年度	鲁城	书院	时庄	小雪	吴村	姚村	石门山（董庄）	王庄	陵城	息陬	防山	南辛	尼山
1991	84339	35803	52163	45687	41784	45817	48251	50553	56598	48835	44388	39394	14858
1992	89128	35519	51803	45359	41395	45131	47946	49718	56312	48263	44271	39199	14819
1993	94809	35292	51573	45128	40991	44734	47697	49162	55839	47953	44029	39075	14790
1994	100868	35095	51228	44697	40093	44064	47252	48432	55502	47480	43645	38800	14671
1995	111638	34445	50260	44051	39298	43214	46529	47556	54529	46583	43135	38374	14501
1996	116544	34372	50125	43862	39073	42868	47154	47504	54446	46349	42996	38206	14429
1997	117314	34655	50360	44071	39031	42893	47086	48054	54474	46939	43523	38602	14395
1998	119853	34841	50478	44038	38925	42914	47112	48206	54725	47033	43611	38961	14421
1999	121320	35206	50749	44119	38869	43194	47087	48287	54759	47200	43623	38997	14422
2000	125129	35226	50504	44160	38708	43244	47733	48211	54689	47198	43616	53529	尼山乡合并到南辛镇
2001	128468	35296	50857	44211	38608	43211	48308	48150	54883	47203	43639	53601	
2002	129727	35578	51100	44392	38531	43282	48674	48191	55308	47305	43652	53652	
2003	128752	35916	51457	44738	38305	43266	48882	48032	56195	47609	43743	53621	
2004	122552	36167	52051	45308	38402	43441	47590	48425	57111	48254	43883	54174	
2005	121411	36445	52497	45832	38147	43652	47455	48920	59016	48755	44004	54683	
2006	120116	36800	52811	46089	38177	43822	47246	49248	60137	48890	44188	54892	
2007	117447	36951	53041	46344	38109	43936	47042	49493	59661	49067	44457	55235	
2008	115009	37176	50920	46736	38367	44135	47089	49888	58487	49407	44877	55179	
2009	113057	37292	51139	46919	38443	44175	47065	50393	58690	49586	44779	55400	
2010	111493	37517	52044	47424	38723	44259	47118	50084	58968	49999	45174	55233	
2012	108856	37903	52935	47743	39010	44391	47148	50454	59229	50389	45225	南辛镇更名为尼山镇	55978
2013	108856	38002	53242	48134	38893	44134	46880	50649	59415	50707	44853		55763

第四节　人口结构

全国第四次人口普查

全国第四次人口普查显示，曲阜市常住人口为594486人，共有户数148631户，其中家庭户148149户，家庭户人口583964人，平均每个家庭户的人口为3.94人。集体户482户，集体户人口为10522人。全市总人口中，汉族592765人，占总人口99.71%；各少数民族1721人，占总人口0.29%，少数民族人口分别为：回族1632人，满族62人，蒙古族5人，苗族、朝鲜族各4人，壮族、俄罗斯族各3人，土家族2人，佤族、土族、白族、傣族、水族各1人，未识别民族1人。全市总人口中，男性为305909人，占总人口51.46%；女性为288577人，占总人口48.54%，总人口性别比为106；0~14岁人口为163198人，占27.45%，15~64岁人口为

399362人占67.18%，65岁及以上人口为31926人占5.37%；具有大学（指大专以上）文化程度8707人，中专文化程度为7563人，高中文化程度为30099人，初中文化程度154093人，小学文化程度为199167人。全市在业人口总数362005人，在业人口中，从事农林牧副渔业300629人，从事工业25533人，建筑业3165人，交通运输、邮电通信业3107人，商业、公共饮食业、物资供销和仓储业9262人，房地产管理、公用事业、居民服务和咨询服务业3452人，卫生、体育和社会福利事业2086人，教育、文化艺术和广播电视事业8446人，国家机关、政党机关和社会团体5389人，金融保险业803人，科学研究和综合技术服务事业89人，其他行业44人。不在业69283人，其中在校学生21017人，料理家务26196人，待升学454人，市镇待业1075人，离退休4637人，丧失劳动能力15408人，其他496人。

全国第五次人口普查

全国第五次人口普查以2000年7月1日零时为标准点。普查显示，曲阜市常住人口为625313人。全市常住人口中共有户数173218户，其中家庭户167869户，家庭户人口585368人，平均每个家庭户的人口为3.49人。集体户5349户，集体户人口为39945人。全市总人口中，汉族622857人，占总人口99.57%；各少数民族2456人，占总人口0.39%，少数民族人口分别为：回族1931人，满族206人，蒙古族176人，佤族96人，朝鲜族61人，苗族43人，彝族33人，壮族25人，布依族24人，藏族23人，维吾尔族15人，侗族12人，拉祜族、达斡尔族各10人，白族6人，土家族、俄罗斯族各5人，畲族4人，水族、鄂温克族各3人，克尔克孜族、哈尼族、门巴族各2人，傣族、傈僳族、纳西族、撒拉族、塔吉克族、锡伯族各1人。全市常住人口中，男性为317685人，占总人口的50.8%；女性为307628人，占总人口的49.20%，总人口性别比为103.27；0~14岁的人口为128903人，占20.61%；15~64岁的人口为428888人，占68.59%；65岁及以上的人口为67522人，占10.8%；具有大学（指大专以上）文化程度29149人，高中（含中专）文化程度71064人，初中文化程度256182人，小学文化程度173157人。全市就业人口36424人，其中从事农林牧渔业23810人，制造业4330人，采掘业377人，电力、煤气及水生产和供应业128人，建筑业1948人，地质勘查业、水利管理业26人，交通运输、仓储及邮电通信业829人，批发和零售贸易、餐饮业1904人，金融保险业138人，房地产业48人，社会服务业743人，卫生、体育和社会福利业364人，教育、文化艺术及广播电影电视业969人，科学研究和综合技术服务业11人，国家机关、政党机关和社会团体777人，其他行业22人。未工作人口12566人，其中在校学生4122人，料理家务3621人，离退休943人，丧失工作能力2905人，从未工作正在找工作594人，失去工作正在找工作101人，其他280人。

全国第六次人口普查

全国第六次人口普查以2010年11月1日零时为标准时点普查显示，曲阜市常住人口为640498人，共有户数181610户，其中家庭户180279户，家庭户人口608416人，平均每个家庭户人口为3.37人。集体户1331户，集体户人口为32082人。全市总人口中，汉族637020人，占总人口数99.46%；少数民族3478，占比0.54%，少数民族人口分别为：回族2915人、佤族214人、满族67人、壮族49人、蒙古族43人、布依族28人、拉祜族20人、怒族18人、彝族18人、苗族14人、土家族14人、朝鲜族13人、藏族11人、俄罗斯族9人、维吾尔族8人、达斡尔族7人、黎族6人、傣族5人、瑶族4人、仡佬族4人、布朗族2人、哈萨克族3人、纳西族3人、哈尼族3人、土族2人、白族2人、侗族2人、鄂温克族2人、撒拉族1人、高山族1人、鄂伦春族1人。全市常住人口中，男性为314778人，占总人口49.15%；女性为325720人，占总人口50.85%，总人口性别比为96.64；0~14岁人口为97589人，占15.24%；15~64岁人口为482425人，占75.32%；65岁及以上人口为60484人，占9.44%；具有大学（指大专以上）文化程度61809人，高中（含中专）文化程度77173人，初中文化程度272432人，小学文化程度147907人。全市就业人口37813人，其中从事农林牧渔业21726人，采矿业444人，制造业4313人，电力、燃气及水的生产和供应业177人，建筑业3433人，交通运输、仓储和邮政业903人，信息传输、计算机服务和软件业104人，批发和零售业2583人，住宿和餐饮业980人，金融业220人，房地产业115人，租赁和商务服务业248人，科学研究、技术服务和地质勘探业21人，水利、环境和公共设施管理业176人，居民服务和其他服务业651人，教育715人，卫生、社会保障（福利）业360人，文化、体育和

娱乐业156人，公共管理和社会组织488人，国际组织61人。全市未工作非经济活动人口13111人，在校学习2353人，丧失工作能力3072人，毕业后未工作153人，失去工作91人，离退休1315人，料理家务4920人，其他1207人。失业人口426人，毕业后未工作177人，失去工作81人，料理家务65人，其他原因113人。到2013年年底，全市共有百岁老人23人，男3人，女20人，大多集中在农村。

第二章 人口控制与管理

1991年起，曲阜市依靠宣传教育、综合服务、目标管理、综合治理等，使人口迅猛增长态势得到遏制。1995年，人口出生率由1991年10.7‰降至0.89‰。1996年4月，曲阜市被授予省计划生育“三为主”先进县(市、区)称号。进入21世纪，以争创省计划生育工作先进县、示范县和全国计划生育优质服务县为载体，提升服务水平，人口计划生育管理各项指标均完成济宁市委、市政府责任目标。2013年起，全市人口与计划生育工作进入逐步调整完善生育政策、提高出生人口素质、改善人口结构、应对人口老龄化等促进人口长期均衡发展的新阶段。

第一节 计划生育管理

政策规定

1991年，市政府制定《关于加强计划生育工作的决定》。1996年，市政府颁布《关于违反计划生育政策法规的处罚规定》，对拒不缴纳社会抚养费的当事人，由市人口计生局依法申请人民法院强制执行。自1996年起，执行计划内怀孕12周以上终止妊娠手术审批和终止妊娠鉴定制度。2003年，市委、市政府出台《关于鼓励晚婚晚育的规定》，对晚婚晚育作出一系列奖励规定；市政府制定《进一步完善计划生育利益导向和社会保障机制的意见》，完善奖励、优先、优惠、扶持、保障、救助政策；制定《计划生育行政执法规范》，明确计划生育行政执法程序。2005年6月，市政府下发《关于对农村部分计划生育家庭实行奖励扶助制度的通知》。2008年6月，市委、市政府出台《关于全面加强人口和计划生育工作统筹解决人口问题的实施意见》；建立“曲阜市计划生育公益金”，集中用于计划生育特困家庭救助，独生子女尤其是农村一女户关爱和独生子女伤残死亡家庭、基层贫困计生工作人员救助。2006年5月，出台《关于在全市人口和计划生育系统进一步推行政务公开的实施意见》，要求公开人口和计划生育相关的政策法规，公民实行计划生育应享有的权利和义务，人口和计划生育行政执法的依据与执法程序等。2007年10月，出台《曲阜市关于贯彻落实国家人口计生委〈人口计生系统依法行政“十一五”规划〉的实施方案》，进一步完善人口计生管理和行政执法体制；下发《关于进一步加强计生依法行政工作的通知》，就健全规章制度、加大综合执法力度、规范日常工作等作出要求。同年10月，市人口和计生局、市司法局联合下发《关于规范计划生育合同管理的指导意见》，进一步规范计划生育合同内容。2008年，曲阜市修订完善《村规民约》和《计划生育村民自治协议书》，对育龄群众实行合同化管理。2009年4月，市政府出台《曲阜市建立人口和计划生育利益导向机制若干规定》，对夫妻双方或一方户籍在曲阜市行政区域内实行晚婚晚育和计划生育的家庭制定一系列优惠政策。2012年8月，市政府出台《关于加强计划生育合同化管理的意见》(以下简称《意见》)，进一步完善和规范计划生育合同管理。依据《意见》，各村委会针对不同人群，分别与育龄群众签订《未婚青年管理服务合同》《流动人口管理服务合同》《已婚育龄妇女管理服务合同》等。到年底，全市计划生育合同签订率95%以上，合同履行率98%以上。2013年3月，市委、市政府制定《关于进一步加强和改进人口和计划生育工作的意见》，实行计划生育重点管理、一票否决、追踪奖惩制度。

生育指标管理

1991年，曲阜市继续执行对生育者实行准生证制度，审批二胎生育指标，生育者本人向乡镇计生办提出生育申请，乡镇计生办初审后报市计划生育委员会审核签批“准生证”。1991—2013年，曲阜市计生部门执行“准生证”审核、发放管理制度，并对乡镇、街道计生部门人口计划生育执行情况监督考核，确保生育指标全部落实到村、发证到人。

工作目标管理

进入20世纪90年代，市委、市政府与乡镇政府、市直党委部门每年签订人口目标责任书，实行计划生育“一票否决”制度；每年与市直各部门和单位签订《履行计划生育职责责任书》，健全部门系统垂直负责体系，建立部门职责经常性落实机制。1993年，对目标管理责任制进行调整完善。2000年，市政府把人口增长纳入国民经济和社会发展总体规划，坚持计划生育同经济建设一齐抓。2001年，实行党政主要领导负责的目标管理责任制。2008年6月，市委、市政府把对党政领导人员和计划生育部门“双线考核”，扩大为对党政领导、计生部门和相关部门的“三线考核”。

婚育龄妇女管理

1991年，曲阜市继续对已婚育龄夫妇计划生育建档、卡、簿。1995年，全市已婚育龄妇女纳入计划生育WIS管理系统（育龄妇女子系统），实行微机化管理。1999年，开展健康查体和妇科病诊治工作，组织技术、服务人员定期到乡村为已婚育龄妇女查体治病，此后每年两次实施育龄妇女健康查体。2000年起，逐步建立计划生育统计数据收集、汇总、分析、指导制度，健全完善已婚育龄妇女信息管理系统。2004年，对持生育证妇女开展孕情监护服务管理。2005年，对持二孩生育证怀孕妇女违法私自终止妊娠的，不再批准其生育申请。2006年，市人口和计生局出台政策内怀孕妇女孕情监测服务办法，乡镇每季度首月对政策内怀孕妇女实行孕情跟踪监测服务，建立孕情监测档案。2007年，制定《曲阜市基层人口和计划生育工作管理规范》《关于规范〈计划生育服务手册〉和〈生育证〉管理的意见》等一系列规范性文件，明确管理服务规范及已婚育龄妇女在结婚、怀孕、生育、节育过程中应履行的义务。乡（镇、街办）建立育龄妇女信息系统。2009年3月，成立信息中心，专人收集医院婴儿出生、医学出生证明，卫生防疫信息，民政局办理的结婚、离婚信息，公安部门办理的落户信息等。实行环情孕情服务定点制度，由市、乡镇街两级计划生育技术服务机构承担。2011年开始，农村育龄妇女一年查体三次，机关企事业单位一年查体两次。2012—2013年，全市13.39万名已婚育龄妇女参加免费健康查体，查体率98.5%，查治妇科疾病1.9万例。对持生育证育龄妇女实行“单月查，双月访”。2013年，持《计划生育服务手册》人员由各镇街计生办单月进行孕情监测服务，各镇街对持《计划生育服务手册》及生育证人员进行跟踪随访。

2005年10月，曲阜市农村部分计划生育家庭奖扶金首发仪式现场

打击“两非”行为

2010年，曲阜市加大对B超等设备监管和对计划生育药物市场管理力度。市人口计生局与市卫生局、市药监局联手出击，查处违法鉴定胎儿性别、私自终止妊娠和无证销售终止妊娠药物等不法行为，没收流引产药品52盒，对违反规定的两家私营医院停业整顿。全年查处私自终止妊娠案件12例，全部进行收证处理。2011年，摸清全市139家药店和56台B超机分布情况。调查确认涉嫌私自流引产12

1998年，曲阜市人口和计划生育局获全国计划生育系统先进集体称号

例，全部进行收证处理；深挖背后线索办结案件2例，查处违法销售流引产药店2个，没收B超机1台。2012年，对15所公立医院、2所民营医院、10个计生服务站和14家药品批发零售企业进行集中整治“两非”执法专项检查，查处“两非”案件15例。2013年，共查处“两非”案件7例。

流动人口计划生育管理

1991年12月，国家计生委颁发《国家流动人口计划生育管理办法》。1994年8月，市政府出台《关于城区流动人口计划生育管理若干问题的规定》，成立城区流动人口计划生育管理办公室。1996年10月，其他12个乡镇设立流动人口计划生育管理站。1997年，出台《流动人口计划生育管理办法》，全市流动人口发证率96%以上，验证率、建档率均为97%以上。1999年，加强对下岗职工、“口袋户”（指一些大学毕业生没有及时落户，将户口放在口袋里）、大龄未婚青年、再婚人员、外来人员等特殊人群计划生育管理。2000年4月，市委、市政府严格按照“谁主管谁负责，谁受益谁管理”原则，加大对重点部位流动人口计划生育的清理清查力度。2004年1月，完善“单位负责、条条保证、条块结合、以块为主、双向管理、双向考核”流动人口计划生育管理体制。2007年，开展“三免”“三送”活动，“三免”即免费办理《流动人口婚育证明》、免费获取计划生育避孕药具、享受计划生育免费项目技术服务，“三送”即送政策、送服务、送温暖。发挥流出地源头管理优势，做好外出人员登记、宣传、教育，落实避孕节育措施，免费办理《流动人口婚育证明》等相关工作。2009年，出台《流动人口计划生育工作“一盘棋”“三年三步走”实施细则》。2010年起，坚持属地原则，利用现代化手段对流动人口实施信息化管理。

第二节　计划生育宣传教育

曲阜市人口和计划生育工作实行宣传引路，开展生育文明建设。通过网络建设、影视宣传、新闻媒体宣传、举办展览等有效手段，宣传人口和计划生育的方针、政策以及相关思想理论、科技知识，提高群众计划生育政策知晓率，使之接受并自觉实行计划生育。

宣传教育网络

1991年，各乡镇均设有计划生育办公室，各行政村设有计划生育专管干部，通过标语、过街联、大喇叭等形式向群众进行计划生育方针政策宣传教育。1994年4月，市计生委设立计划生育宣教科，乡镇、村全部设立人口学校，市、乡两级开展经常性的宣传教育活动，把宣传教育与综合服务、科学管理结合起来。到1994年年底，全市495个行政村全部合乎“一室一校”标准（即一间服务室、一所人口学校），形成基层计划生育宣传教育网络。2005年，曲阜市建立起110余处人口文化大院。2008年，全市388个行政村（居）全部合乎“三室一校”标准（即办公室、服务室、药具室，人口学校）。2011年，建立人口基础信息共享平台，市人口计生局、公安局户籍科、妇幼保健院、疾病预防控制中心、卫生部门批准的定点接生机构建立信息交换平台，市计生服务站与乡镇计划生育服务站实现微机联网，实现全省计生与卫生、公安、民政部门信息的网上共享。2013年6月，全市计划生育网格化管理系统投入使用。

计划生育宣传

1990—2013年，在每年世界人口日，市计生委、计生协会举办“世界人口日”主题宣传活动。1991年，市委宣传部、民政局、公安局、总工会、团市委、妇联、司法局、计划生育委员会联合发文《关于积极响应党的号召，认真做好晚婚晚育工作的意见》。1995年，全市开展“管理工作上档次，宣教工作上水平，动态工作上台阶”的“三上”竞赛活动。1996年，

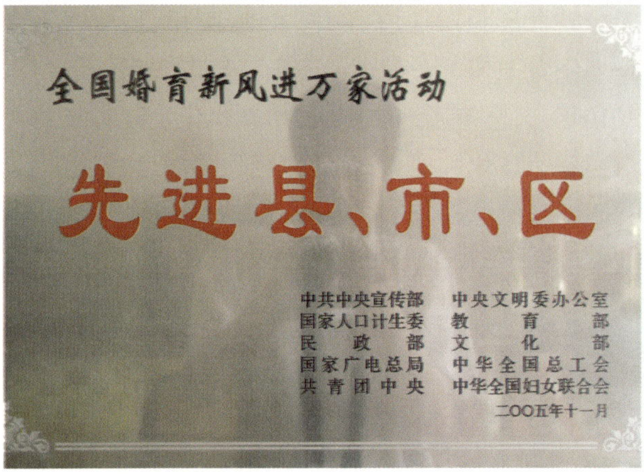

2005年11月，曲阜市获全国婚育新风进万家活动先进县、市、区称号

市委、市政府下发《关于加强计划生育宣传教育工作的意见》。1997年5月，全国计划生育宣传教育工作会议与会人员参观曲阜市计划生育宣传教育工作现场，国家计生委副主任张维庆和杨魁孚分别题词“少生快富奔小康，育龄群众做主人”和“计划生育造福于民”，勉励曲阜市计划生育工作。1999—2002年，市计生委协调电台、电视台、《曲阜日报》相继开办《人口警钟》《人口与计划生育》《计生园地》栏目，在全市乡、村巡回放映《新甜蜜的事业》《女人也是人》等计划生育影片。2002年10月，出台《关于印发公开计划生育〈管理权限〉等八项制度的通知》，各行政村设立计划生育政务公开栏，并设立举报电话，建立举报制度。2003—2005年，制作《曲阜新型生育文化巡礼》等3部电视专题片，在市电视台播出。2003年，市计生局被评为全省“宣传教育进村、婚育新风进家”“建设新型生育文化、建设文明幸福家庭”先进单位。2004年，启动实施“关爱女孩行动”。同年，曲阜市发行的晚婚模范纪念币获全国人口与计划生育宣传品三等奖。2005年，市政府发出《致全市育龄妇女一封信》，提倡一对夫妇只生一个子女和农村有条件地间隔生育等基本生育政策。同年，曲阜市被评为2001—2005年度全国婚育新风进万家活动先进市和山东省人口和计划生育对外宣传窗口县。2006年，在城乡交通要道、繁华商业街普遍设立计划生育过路宣传牌和陶瓷宣传壁画。2007—2008年，制作“关爱女孩”挂历3000余套、《服务指南》折页4万份、外宣画册1万份，分发到乡村和农户。2007年9月，由市人口和计划生育局推荐报送的《收获的季节》《关爱女孩》宣传画获中国宣传画竞赛优秀奖。2008年9月，举办全市“关爱女孩行动”电视竞赛，代表济宁市参加山东省“关爱女孩行动”知识竞赛并获第4名。2009年，编印出版大型画册《曲阜市人口和计划生育工作巡礼》。2010年，由省人口计生宣教中心摄制的《清风拂面——曲阜市防山乡齐王官庄完善村规民约推进移风易俗》专题片在山东电视台《人口与发展》栏目播出；开展“生育关怀·牵手圆梦”活动。2013年4月，曲阜市在城区大沂河广场开展“促进家庭幸福、构建和谐人口”大型宣传服务活动；编印《曲阜市人口和计划生育知识“一口清”》并向全市散发。2000—2013年，曲阜市计生部门常年编印《计划生育信息》《曲阜人口》《人口和计划生育工作指南》。

教育培训

1991—1992年，市计生服务站举办5期培训班，对计划生育人员进行考试。1992年，全市13处乡镇服务站全部具备为婚育龄妇女定期查体工作的条件。1993年，开展村街药具管理员和乡镇服务站节育技术人员培训工作。1994—1996年，为乡镇服务站培养一批妇科、B超、化验等技术人员；对全市495个行政村计生专职主任、村查访人员进行人口理论、节育技术和查访职能等方面培训。2000年，对全市申办二胎生育证病残儿家长集中进行优生优育知识培训。2001年，市计生服务站开展“争做新时期最可爱的人”活动，对全市技术人员进行宗旨教育和技术培训。2009年5月，举办流动人口微机员培训班，指导省人口和计划生育系统流动人口管理平台操作。2013年，开展计划生育技术服务人员大练兵活动，选派技术人员到济宁市级、省级医疗机构进修学习，提高其服务技术水平。

第三节　计划生育服务

计划生育服务站（室）建设

1991年，市计划生育服务站占地面积5470平方米，其中服务楼1228平方米，平房康复室150平方米，为副科级事业单位，编制22人，实际工作人员13人，配有技术服务器材、宣传电教器材、避孕药具等。13个乡镇共有计划生育服务人员238人，均配有多台X光机（或透环机），有单独的办公室、手术室等。1993年，市、乡两级用于计划生育服务站建设的投资200余万元，新建场所面积1900平方米，13个乡镇计生服务站均符合一类标准。1995年，全市13个乡镇全部设立服务站。1997年4月，开展创建优秀服务站（室）活动，13个乡镇服务站全部符合济宁市计划生育优秀服务站标准，全市27%行政村达到“三室一校”优秀标准，其余村达到“一室一校”标准。1999年8月，省人口与计划生育领导小组将曲阜市确定为全省优质服务试点县之一。同年，曲阜市出台《曲阜市计划生育优质服务试点实施方案》。2003年，对市、乡镇计生服务站翻新、改造，所有服务站设立门诊室、妇科检验室、诊断室、诊疗室、生殖保健室、优生监测室、手术室、悄悄话室等。2005年，曲阜市建成与省、市互联互通的计划生育专线网络，开通人口公共服务网站。市计划生育服务站被评为“省级优秀服务站”。2006—2007年，以国家建设标准对市计生服务站进行扩建和改建，购置彩超等先进设备和专用车辆。市计划生育服务站总建筑面积为2000平方米；各乡镇、街道对计生服务站扩建房屋，添置仪器，培训技术力量；全市设立60个便民避孕药具服务点。2007年，全市开展以提高服务水平和计划生育工作质量的国家级优质服务县创建活动，于2009年创建成功。2008—2013年，市政府对镇街服务站建设实行奖补政策，尼山、息陬、时庄新建计生服务站，其他9个镇街分别改扩建计生服务站。实施村级计划生育服务室标准化建设，有353个村（居）通过专项验收。市、镇（街道）两级建成计划生育局域网，并实现与省人口信息中心的连通；建立全市全员人口个案信息数据库，实现省内人口数据共享。

技术及药具服务

1991年，设立市计划生育服务站药具科，加强避孕药具监管与服务。市、乡级配备药具管理人员，负责辖区内计划生育药具管理服务。村级有专用或合并使用的药具室，并配备专兼职女性药具管理员。2002年9月，为履行计划生育义务的农村育龄夫妻实行计划生育避孕节育技术免费服务，城镇实行计划生育的育龄夫妻（驻曲单位人员除外），接受避孕、节育技术服务。2003年，乡镇计生服务站开展产后随访，免费提供节育技术服务。2005年，全市495个行政村全部配备专职药管员。2006年，开展免费生殖保健服务，查治卵巢瘤、子宫肌瘤、生殖道感染、乳腺小叶增生等疾病；建立男性参与计划生育和生殖保健机制。2006年以后，实施城市避孕药具管理体制及发放方式城乡一体化改革，全市设立50个免费药具发放点，在宾馆、医院、集贸市场、公共场所安装自动售套机6台、安全套手拨式发放机3个和自取箱35个，满足各类人群的免费药具供应。2008年开始，各镇街每年开展3次指纹录入、影像抓拍、实名登记的计划生育集中服务活动。2009—2010年，开展计生免费药具管理专项整治活动，规范全市计划生育药具管理行为。2011年10月，实施村级计划生育药具管理规范化项目。2013年8月，开展流动人口计划生育药具服务年活动。2007—2013年，全市有4人申请节育手术并发症鉴定，有2人鉴定为三级，2人未通过鉴定。

2001—2013年，全市审核计划生育技术服务机构执业许可证42个、计划生育技术服务人员合格证

2008年5月19日，曲阜市计划生育局在农村集贸市场开展优生咨询活动

334个。

1990年起，市计生委、市卫生局组织市病残儿鉴定小组，由病残儿申请人提出申请，村级初核，乡级再审核后呈报市病残儿鉴定小组初审，后报济宁市病残儿鉴定组织审批。到2013年，全市申请病残儿人数864人，批准人数670人。

第四节 优生优育

1991年，市计划生育服务站开展孕期保健等优生优育服务。90年代中期开始，实行避孕节育措施知情选择。1997年，市计生服务站实行育龄妇女孕前指导，指导妇女在孕前至孕后3个月服用叶酸，减少胎儿神经系统疾病发生。实施优生遗传检测，病毒检测3000余例，诊治不孕夫妇200余例，88例受孕。2000年，计生服务站开展孕期保健随访服务，实施避孕节育优质服务工程、出生缺陷干预工程、生殖道感染综合防治工程。2003年，开展优生咨询、病毒检测、病残儿夫妇再育监护，实行育龄群众知情选择建档和"民情日记"制度。2006年，对申请生育夫妇进行巨细胞病毒、风疹病毒、弓形体、疱疹病毒等优生检测，遗传病高危家庭建档率和独生子女病残儿家庭生育二胎优生监护率均为100%。2008年，为有生育计划的对象建立优生监护档案，孕前签订禁止非医学需要鉴定胎儿性别和选择性别终止妊娠合同。对有孕情妇女，村（居）级计划生育专职人员每半月上门随访一次，乡镇服务站每月一次孕情监测；市计生服务站实施对孕后4~6个月妇女监测，对怀孕二胎妇女每两个月一次孕期保健。2011年8月，实行二胎持证人员双月到市计生服务站进行孕情监测；市、镇街计生服务站开展免费环情孕情检查和妇科疾病诊治。同年，全市出生缺陷发生率持续下降到4‰。2012年，曲阜市被济宁市确定为"免费孕前优生健康检查试点县"之一。2013年，检测6028名育龄夫妇，高风险育龄人群386人，全部进行优生指导，生殖健康服务率98%以上，出生缺陷发生率降至4‰以内。至2013年年底，全市独生子女病残儿家庭生育二胎优生监护率为100%，遗传病高危家庭建档率为100%。

第三章 婚姻家庭

中华人民共和国成立后，国家颁布婚姻法，废除以包办强迫、男尊女卑、漠视子女利益为特征的封建主义婚姻家庭制度，确立以婚姻自由、男女平等、一夫一妻、保护妇女儿童合法权益为原则的社会主义婚姻家庭制度。2003年10月1日，国家颁布《婚姻登记条例》，对婚姻登记制度进行重大改革。

第一节 婚姻

1991年，曲阜市设有14处婚姻登记处，登记合格率、晚婚率均100%。1994年，撤销乡镇婚姻登记处，成立市民政局婚姻登记处，负责办理全市婚姻登记工作。1999年，市民政局与省民政厅通过拨号上网实现婚姻登记工作信息化管理和微机制证。2003年10月1日，结婚登记取消单位出具婚姻状况证明，当事人只需持本人身份证、户口簿即可办理登记手续。同年，取消强制婚前身体健康检查项目，改为自愿婚前身体健康检查。2009年，市政府在全市范围内推行自愿免费婚前健康检查。2011年7月25日，山东省启用民政部婚姻登记管理信息系统，联网办理婚姻登记业务。1991—2013年，曲阜市共办理结婚登记114390对，离婚登记5750对，登记合格率100%。

1991—2013年，曲阜市在人口基数呈逐年递增态势下，结婚登记对数大致呈现先下降后上升波动趋势。从1991年开始，结婚登记对数大致呈现波动式下降趋势。2005年后开始大幅提升，反弹原因在于中国在1980—1990年间由于生育率波动造成出生"小高峰"。

1991—2013年曲阜市婚姻登记情况表

表2-5　　　　单位：对

年度	结婚	离婚	补发登记	年度	结婚	离婚	补发登记
1991	2774	5	—	2003	8248	80	—
1992	2678	10	—	2004	4901	220	98
1993	2780	7	—	2005	4213	303	86
1994	1786	17	—	2006	5789	346	136
1995	3743	43	—	2007	6170	345	213
1996	4211	32	—	2008	6867	372	228
1997	4773	44	—	2009	7779	493	315
1998	4523	55	—	2010	6600	571	453
1999	5246	50	—	2011	7121	685	556
2000	3494	49	—	2012	6118	829	785
2001	4338	70	—	2013	5425	1064	1248
2002	4813	60	—				

曲阜市全国人口普查15及15岁以上婚姻情况表

表2-6　　　　单位：人

	第四次(1990.7.1)			第五次(2000.7.1)			第六次(2010.7.1)		
	总数	男	女	总数	男	女	总数	男	女
人口总数	431288	218151	213137	48990	24561	24429	51790	25396	26394
未婚	100893	60724	40169	11399	6567	4832	8546	4952	3594
初婚有配偶	-	-	-	33521	16644	16877	-	-	-
再婚有配偶	-	-	-	762	345	417	-	-	-
有配偶	299775	148474	151301	-	-	-	39276	19233	20043
离婚	1016	827	189	169	123	46	357	231	126
丧偶	29604	8126	21478	3139	882	2257	3611	980	2631

与结婚登记对数呈现波动变化的趋势相比，1991—2013年，离婚登记对数则基本呈现逐年增加趋势。1991—2003年，离婚总数呈现缓慢增加趋势。2004年以后，离婚总数则呈现明显增加趋势。1991年，离婚总数为5对，2000年增至49对，2010年为571对，2013年为1064对。离婚总数的逐年增长从一个侧面反映了随着社会发展人们婚姻文化价值观的逐渐变迁。

第二节　家庭

据全国第四次人口普查，1990年7月1日，曲阜市家庭总数148149户，其中单身户5716个，一对夫妇户7344个，二代户97216个，三代户26705个，四代户960

个;1人户6638个,2人户13444个,3人户34888个,4人户47674个,5人户27676个,6人户11315个,7人户4377个,8人户1448个,9人户452个,10人及10人以上户237个;汉族与少数民族混合户185个。

据全国第五次人口普查,2000年7月1日,曲阜市家庭总数167869户，其中一代户28155个，二代户103433个，三代户35167个，四代户1114个;1人户10149个,2人户23897个,3人户53191个,4人户46814个,5人户24701个,6人户7305个,7人户1405个,8人户295个,9人户73个,10人及10人以上户39个;单一民族户167159个,占总户数99.58%,两个民族户704个,占比0.42%,三个民族户6个;有0-19岁青少年人口家庭150392个;有60岁及60岁以上老年人家庭户49285个,其中单身老年人户4556个,一个老年人与未成年亲属户254个，只有一对老夫妇户5617个,一对老夫妇与未成年亲属户381个。

据全国第六次人口普查,2010年7月1日,曲阜市家庭总数180279户，其中一代户41891个，二代户85514个,三代户50382个,四代户2490个,五代及以上,2个;1人户14739个,2人户34707个,3人户54501个,4人户36264个,5人户28126个,6人户9528个,7人户1716个,8人户514个,9人户134个,10人及10人以上户50个;单一民族户179703个,占总户数99.68%,两个民族户576个,占比0.32%;有60岁及60岁以上老年人家庭户65130个，其中单身老年人户7257个,一个老年人与未成年亲属户217个,只有一对老夫妇户9446个,一对老夫妇与未成年亲属户335个,有三个60岁及以上老年人户813个。

第三编

姓氏家族

重建后的复圣府 （市旅游局提供）

第一章　姓氏规模

2013年，全市总人口639528人，共有295个姓，其中复姓有东野、上官、欧阳、澹台、司马、东方、颛孙、令狐8个。

第一节　姓氏概述

2013年，曲阜市超过万人的姓氏有：孔姓126886人，占总人口19.67%；张姓48125人，占总人口7.47%；王姓47395人，占总人口7.35%；刘姓34952人，占总人口5.42%；李姓28075人，占总人口4.35%；陈姓25551人，占总人口3.96%；颜姓23380人，占总人口3.63%；宋姓13094人，占总人口2.03%；朱姓12064人，占总人口1.87%；孟姓11520人，占总人口1.79%。万人以下、5000人以上姓氏有：赵姓9945人、徐姓9839人、高姓9698人、杨姓9093人、胡姓8980人、孙姓8030人、吴姓7770人、郭姓6758人、周姓5821人、翟姓5553人。有9个姓氏每姓仅有1人。以2013年姓氏人数多少为序，排列如下：

孔张王刘李陈颜，宋朱孟赵徐高杨，胡孙吴郭周翟郑，丰魏马曹韦杜贾，董田冯韩袁史姜，吕林许续尹苏蒋，于薛宫毕聂黄丁，彭桂毛蔡邱屈武，邢齐裴岳夏乔霍，姚付靳柴席石康，任范倪荀崔牛丛，庞何闫顾唐郝卓，渠尚鲍戴程罗步，卢代段侯白东野，梁常邵陶晏肖潘，安秦谢路江苗鹿，纪褚钱曾沈万洪，房廖星沙阮关上（上官），祝金单谭季郁严，随申澹殷伊艾冷，宁寻褚米方庄楚，来曲司傅扈樊窦，班章束钟勾邓姬，左雷巩耿焦阮梅，解卜陆温苑卞惠，时燕汪叶芦闵仲，蒿甄穆龚谷汤贺，戚封隋兰靖连闻，卫初翁景母花国，相华完鲁党熊邹，冉向庚管余涂柏，瞿栾俞包杭仇公，狄滕臧文欧阳铁，井费澹台龙车刁，阎展蔺边郎荆师，易黎迟查秋都战，童敬成舒萧莫位，薄朴阿胜司马伍，西祖东方种夹哈，池詹凌嵇荀谌蒲，腾那火户岑巴爱，泮裘阴元令狐布，佘屠庹袭颛（颛孙）占濮。

第二节　姓氏迁入与分布

2013年，全市共有295个姓，其中孔、颜、孟、东野、林等均系祖居曲阜大姓，其他姓氏多自外地迁居曲阜。韦氏中一支于西汉时由邹县迁居曲阜鲁城北九山脚下；陈氏为周陈之后，唐末由河南省阳武县单父村迁居曲阜驻跸村，后人丁繁衍，逐渐分迁于旧县、中疃、彭家村、万柳庄以及邹县、泗水等县，俗传“山东无二陈，驻跸村北是老林”；赵氏中一支即周时赵国之后，北宋时迁居曲阜；朱氏中一支系明鲁王之后，清时迁居曲阜；张氏中一支系鲁王张姓侍卫，守卫鲁王苑圃（苑庄），后留居于此。李、刘、宋、徐、周、魏、史等姓氏均于明洪武二年（或三年，1369年/1370年）自山西平阳府洪洞县迁至曲阜。吴氏祖居江苏延陵，先迁洪洞，后迁曲阜；武氏祖居安徽凤阳府奉春县，于洪武十三年（1380年）奉旨移居曲阜武家村。

第二章　孔氏家族

自孔子起，孔氏家族历经两千余载繁衍，成为中华民族一大姓氏。到2013年年底，曲阜孔姓人数126886人，占全市总人口19.67%。

第一节　孔子后裔繁衍及迁徙

孔氏家族与其他各姓氏一样，国兴则家兴，族旺则人繁。东汉章帝到鲁城祭孔时，大会曲阜孔氏族人，20岁以下男子则有63人。东汉末年、魏晋之际，中华大地历经三国纷争、八王之乱和五胡乱华，载入家谱二十二代孔氏仅有4人，自二十二至三十三代，载入家谱者仅有103人。终唐一世，包括孔子嫡裔奉旨率族于宁陵建庙祭祀孔子的孔氏族人，多数为官外地而定居。至唐末五代时期，当时寓居全国各地者110支，曲阜阙里孔氏则人数较少。四十三代孔仁玉生有四子，此后繁衍较盛，陆续形成“五位”（袭封位、中散位、侍郎位、中舍位、博士位），被后世孔氏尊为“中兴祖”。然至宋、辽、金、元时期，孔氏嫡裔等为避战乱兵祸，率族或迁于南方，或至于汴京。至元末，孔氏五十三代载于家谱者有90人，至一世或二世、三世而绝者62人，传有裔孙20人，遂成孔氏“二十派”。至明一代，国家安定，孔氏繁衍较盛，天启年间孔氏家族修谱，元末“二十派”发展至57个宗户、一万余人。经历明末大乱，孔氏后裔大批迁居外地，许多后裔死亡无传。清康熙年间，孔氏修谱时“有丁万人”，整理为60个宗户，这就是孔氏“六十户”的由来。乾隆初年，孔氏男丁超过两万人，咸丰年间则“丁满四万”。孔氏后裔是曲阜最大家族，1949年，孔氏族人有6万人左右，1978年发展至10万余人。据1985年全国人口普查，曲阜市有123567户537555人，其中孔姓47511户118385人，占比为38.5%和20.53%。因此，在曲阜有“无孔不成村”“无孔不成席”之说。2009年，《孔子志》载“全国有孔姓人口349万人，其中子姓孔氏340万人”，在中国姓氏排行第98位，约占全国人口总数0.21%。

从元代开始，有孔氏族人向海外迁徙。至正九年（1349年），承懿公主远嫁高丽忠肃王之子王颛，孔子裔孙、五十四代孔昭作为公主侍从跟随。到高丽后，孔昭官至门下侍郎同平章事，先后受封为桧原君、昌原君，其长孙孔俯官至判尹，次孙孔德官至门下侍郎同平章事。高丽王国正宗十六年（1792年），国王考求曲阜孔氏族谱后，命高丽国孔氏以曲阜为籍贯，以示不忘祖先，并仿中国衍圣公之例封以世爵。韩国孔氏繁衍至今，延续至八十六代，有同宗组织“曲阜孔氏韩国大宗会”。1987年，韩国孔氏族人为17207户72382人，2009年82000人，朝鲜也有孔姓2万余人。自20世纪80年代起，“曲阜孔氏韩国大宗会”多次组团赴曲阜祭祖，并在仰圣门（即曲阜城北门）外立碑纪念。孔氏族人外迁国家还有越南、马来西亚、新加坡、印度尼西亚、缅甸、日本、美国、加拿大、柬埔寨、澳大利亚、新西兰和欧洲等国家和地区。2008年6月25日，韩国孔氏后裔编纂《阙里志》，到曲阜考证族源。2009年9月27日，韩国乌山市孔氏后裔代表团到曲阜祭祖，韩国孔氏大宗会副会长孔大植向曲阜市史志办公室赠送《华城阙里祠志》。

第二节　孔子后裔联谊组织

世界孔子后裔联谊总会

世界孔子后裔联谊总会于2005年9月在曲阜市成立，9月26日召开成立大会暨第一次代表大会，会议通过《世界孔子后裔联谊总会章程》和《曲阜宣言》，选举总会第一届领导机构，孔德成被推举为名誉会长，孔德墉被选为会长。总会成立以后，海内外孔子后裔纷纷成立分会组织。

曲阜孔子后裔联谊会

2006年4月，曲阜孔子后裔联谊会在曲阜市成立，选举孔德成、孔德懋、孔德墉任名誉会长，孔令玉任会长。活动宗旨是团结曲阜广大孔子后裔，加强联系，扩大交流，促进合作，为弘扬优秀传统文化和孔子思想精华，为促进社会和谐发展、统一祖国，为振兴中华和世界和平服务。6月19—26日，世界孔子后裔联谊总会副会长、曲阜孔子后裔联谊会会长孔令玉赴韩国拜访韩国曲阜孔氏大宗会。2010年3月27日，曲阜孔子后裔联谊会应邀参加在上海文庙举行的上海孔子后裔家祭活动。

孔子世家谱常态化续修工作协会

2012年10月，孔子世家谱常态化续修工作协会在北京香山召开成立大会。孔子第七十九代嫡长孙、大成至圣先师孔子协会会长、世界孔子后裔联谊总会名誉会长孔垂长，世界孔子后裔联谊总会会长、孔子世家谱续修工作协会会长孔德墉，《孔子世家谱》编纂委员会部分编委会成员及山东、北京、江苏、辽宁、天津等地孔子后裔代表，中华大成至圣先师孔子协会、孔子世家谱续修工作协会计算机数字化合作方及《光明日报》等媒体参加成立大会。

第三节　孔氏家祭

孔子文化节孔子后裔祭祀活动

1991—2009年，每年9月28日，在中国（曲阜）国际孔子文化节上，均在曲阜大成殿举行孔子诞辰纪念仪式或祭孔大典，曲阜市组织党政机关和企事业单位孔氏代表参加祭祀表演活动。2004年9月28日，孔子文化节祭孔表演活动改为政府公祭活动，曲阜市孔子后裔代表作为韩国、马来西亚、中国香港、美国、日本等国家和地区参礼团之一在祭坛前祭拜孔子。2005年9月28日，孔子文化节举行第一次全球祭孔大典，除在曲阜大成殿外，上海、浙江衢州、云南建水、甘肃武威、香港、台北及韩国汉城、日本足利、新加坡韮菜芭、美国旧金山、德国科隆等地孔子后裔代表都于同日举行祭祀孔子活动。2006年9月28日，同根一脉·两岸联合祭孔大典活动举行，曲阜孔子后裔联谊会组织曲阜孔氏族人代表参加祭孔大典。2010年9月28日，孔子文化节祭孔大典首次包括政府公祭

2005年9月26日，世界孔子后裔联谊总会成立大会暨第一次代表大会现场

2007年4月3日，曲阜孔氏族人孔庙家祭现场

和孔子后裔家祭两个部分。公祭仪式结束之后，香港、上海、河南、山东、安徽、山西等地300余名孔子后裔代表举行孔子后裔家祭仪式。此后，孔子后裔家祭成为祭孔大典一个重要组成部分。

清明家祭

2008年4月5日，曲阜孔子后裔联谊会组织成员与曲阜各乡镇(街道)孔氏代表300人左右，在孔林祭祀孔子和中兴祖孔仁玉。从2008年开始，在每年清明节和农历十月一日，曲阜孔子后裔联谊会组织孔氏族人在孔林祭祀孔子和中兴祖孔仁玉。2010年4月4日，孔子后裔清明祭奠先祖活动在孔林举行，曲阜孔子后裔联谊会成员、曲阜各乡镇孔子后裔代表和上海、河北、河南、江苏、山东等地近300名孔子后裔代表参加。2011年4月5日，曲阜孔子后裔联谊会、各乡镇孔子后裔代表以及河北、河南、江苏、宁夏、山东、北京、甘肃、湖北、安徽、辽宁、广东等省市约300名孔子后裔代表每人手持白菊，在曲阜孔林，以果蔬鲜花，祭奠先祖孔子。2012年4月4日，孔子第七十九代嫡长孙孔垂长率山东、河北、河南、浙江、江苏、上海、北京、安徽、辽宁、广西、台湾等省市近300名孔子后裔代表，齐聚曲阜孔林，共同祭奠先祖孔子。这也是孔子嫡系子孙时隔60余年后(1947年3月，孔德成回曲阜祭扫林庙)首次清明墓祭。2013年4月4日，北京、上海、江西、河北、河南、山东等省市及曲阜孔子后裔联谊会、曲阜市孔子后裔代表近300人在孔林举行清明墓祭仪式。

第三章　颜氏家族

颜回祖先可追溯于轩辕黄帝。黄帝姬姓，黄帝生昌意，昌意生高阳；帝高阳生称，称生卷章，卷章生吴回，吴回生陆终。陆终生六子，长子昆吾，其封国卫；二子参胡，其封国韩；三子彭祖，其封国徐；四子会人，其封国郑；五子晏安，其封国邾；六子季连，其封国楚。周武王时，封晏安后裔侠为邾国君，子爵。侠生非，非生成，成生车辅，车辅生将新，将新生訾父，訾父生夷甫。夷甫，字伯颜，因有功于周王室，被封为公爵，谥号武。次子友别封郳国，为小邾子，于是以颜为姓。郳国为鲁国附庸，故历代国君为鲁国卿大夫。友生爽，为鲁下大夫。爽生连，连生嗷，嗷生鸣，自连至鸣为鲁上大夫。鸣生音，为鲁司寇。音生羽，羽生训，训生简，简生箱，自羽至箱俱为鲁下大夫。箱生□(未知其名，下同)，□生景，景生整，整生恤，恤生求，自□至恤俱为鲁司寇。求生友，为邑宰。友生无繇，字路，为鲁卿士。孔子始教学于阙里，颜路从而受学。颜路娶齐姜氏，生回。颜氏为当时鲁国大族，孔子教学于阙里，颜氏随孔子而学载于史籍者除颜回父子外，还有颜辛、颜高、颜相、颜之仆、颜哙和颜何，另有卫国颜浊邹。孔门号称七十二大贤，其中颜氏就占八分之一。2013年，颜氏有23380人，占全市总人口3.63%。

第一节　颜回及后世追封

颜回，字子渊，小孔子30岁。13岁从学于孔子，聪明好学，德行超群，名列孔门四科之首，孔子最得意弟子。

颜渊闻夫子讲克己复礼，于是问如何治理国家，孔子告之以四代礼乐。孔子称赞他“能守中庸”，“用舍行藏”只有颜回与自己可以做到。孔子说：“颜氏之子，其庶几乎？”颜子箪瓢陋巷，不改其乐。孔子称许，于是对他说：“家贫居卑，胡不仕乎？”颜回回答：“回有郭外之田五十亩，足以给饘粥；有郭内之田十亩，足以为线麻；鼓琴足以自娱；所学于夫子者，足以自乐。回不愿仕也，回愿贫如富，贱如贵，无勇而威，与士交通终身无患难，亦且可乎？”孔子称赞说：“善哉！回也。夫贫而如富，其知足而无欲也；贱而如贵，其让而有礼也；无勇而威，其恭敬而不失于人也；终身无患难，其择言而出之也。若回者，其至乎？”

孔子北游于农山，子路、子贡和颜渊在身边陪侍。孔子说：“二三子各言尔志，吾将择焉。”颜回答：“回闻薰莸不同器而藏，尧桀不共国而治，以其类异也。回愿得明王圣主辅相之，敷其五教，导之以礼乐，使民城郭不修，沟池不越，铸剑戟以为农器，放牛马于原薮，室家无离旷之忧，千岁无战斗之患。则由无所施其勇，而赐无所用其辩矣。”夫子正色道：“美哉！德也。”子路举手问道：“夫子何选焉？”孔子答说：“不伤财，不害民，不繁词，则颜氏之子有矣。”

孔子被围困在陈蔡时，子路说了不高兴的话，颜回说：“夫子之道至大，天下不能容。虽然，夫子推而行之，世不我用，有国之丑也，夫子何病焉？不容然后见君子！”

楚王将把一个小城——书社封给孔子，令尹子西说：“王之辅相有如颜回者乎？”楚王回答：“没有。”子西说：“孔子得据土禳贤，弟子为佐，非楚之福。”楚王于是不再封书社给孔子。

孔子曾经说：“回有君子之道四焉。强于行义，弱于受谏，怵于持禄，慎于治身。”

子贡对卫将军文子说：“夙兴夜寐，讽诵崇礼；行不贰过，称言不苟。颜回之行也。若逢有德之君，世受显名，不失厥名，以御于天子。则王者之相也。”

颜回29岁时，头发就全白了。32岁去世。孔子为此悲伤痛哭，说：“天丧予矣！”鲁哀公派人吊唁，并探望孔子，孔子说：“凡在封内，皆臣子也。礼，君吊其臣，升自东阶，向尸而哭，其恩赐之施，不有笇也。”不有笇，是说恩赐之厚。

颜回生于鲁昭公二十一年（公元前521年），死于鲁哀公五年（公元前490年）。其坟墓在曲阜明故城东防山南面。娶妻宋国戴氏女，生子颜歆。

汉永平十五年（72年），皇帝“东巡至鲁，幸孔子宅，祠，及颜子”。颜庙在汉代时为家庙。北齐天保元年（550年），朝廷令鲁郡以时修葺坊内颜庙。唐贞观二年（628年），唐太宗李世民诏升孔子为先圣，颜子为先师。总章元年（668年），唐高宗赠颜回为太子少师。太极元年（712年），唐睿宗加赠颜回太子太师。开元八年（720年），唐玄宗下诏：“颜子等十哲，宜为座像。”以颜子为亚圣。开元二十七年（739年），唐玄宗诏封颜回为“兖公”，颜路为“杞伯”，颜辛为“萧伯”，颜高为“琅琊伯”，颜哙为“朱虚伯”，颜之仆为“东武伯”，颜何为“开阳伯”，颜祖为“临邑伯”。后周广顺二年（952年），周太祖郭威驾幸曲阜，敕兖州府修葺颜庙。宋大中祥符二年（1009年）五月，宋真宗赵恒下诏追封颜回为“兖国公”，封颜无繇为“曲阜侯”，颜幸为“阳谷侯”，颜高为“雷泽侯”，颜哙为“济阴侯”，颜之仆为“宛句侯”，颜何为“堂邑侯”，颜祖为“富阳侯”。金明昌四年（1193年），朝廷出资对颜庙大修，此时颜庙位于鲁城街道五泉庄附近。元泰定三年（1326年），中书省奉旨行文济宁路，责成在陋巷故址买地，另建新颜庙。至顺元年（1330年），元文宗封颜子为“兖国复圣公”。颜子庙始名复圣庙。至顺三年（1332年），追封颜无繇为杞国公，谥文裕；母亲齐姜氏为杞国夫人，谥端献；妻宋戴氏为兖国夫人，谥贞素。元统三年（1335年），改曲阜侯颜路冕九旒，服九章。明洪武十五年（1382年），曲阜知县等捐俸维修颜庙。弘治年间，朝廷拨库银对颜庙进行大修并扩建。嘉靖九年（1530年），明世宗改大成殿为先师庙，颜子为四配之首。颜子父颜无繇称先贤颜子。清顺治二年（1645年），清世祖定大成至圣文宣王先师孔子，四配复圣颜子、宗圣曾子、述圣子思、亚圣孟子，春秋上丁行祭。1934年，民国山东省政府由省库拨款3.05万元维修颜庙。新中国成立后，人民政府重视文物保护工作,对颜庙时加修葺。“文化大革命”期间,颜庙复圣殿内颜子座像被毁。1978—1980年,国家相继拨款60万元对颜庙大修。1990年,市政府重塑复圣殿颜子像。2006年4月,市文物局实施颜庙复圣殿落架大修工程,2013年7月竣工。

第二节　颜氏宗子世系

因颜回在孔门弟子中名望最高,被后世尊为“复圣”。其后裔子孙,历经两千余年繁衍,尊颜回为一世祖。

二代颜歆,字子林,鲁大夫,葬颜子墓东十余步。元泰定三年(1326年)从祀配享复圣庙。歆生子俭,鲁大夫。泰定三年从祀配享复圣庙。俭生子威,鲁下大夫。威生子芃,鲁下大夫。芃生子亿,鲁大夫。亿生子岵,鲁大夫。亿生子卸。

八代卸,字伯伷,秦大夫。卸生子誉,秦舍人。誉生子产,项羽闻其名,聘之,不受。誉生子异。

十一代颜异,字世仁,汉大夫。异生子愚,汉卿士。愚生子逵,汉大夫。逵生子肆,字季逵,汉武帝时历任尚书郎、会稽都尉,《书传》作“颜驷”。肆生子衷,一作颜忠,任郡工曹从事、巩县令。衷生子凯,字季卿,张禹向朝廷推荐,任安成太守。凯生子邃,字景深,任郡上计吏。邃生子龠,字茂宗,被州官推举为茂才。龠生子绰,字参道,任太守。绰生子准,始任从事,后高尚不仕。准生子阮,字怀珍,被推举为有道之士,任为著作郎。阮生子亮,字世明,曾任郡督邮,事见《冀州刺史王统碑》。亮生子敫,字士荣,被推举为茂才,历官至御史大夫,生二子:斐、盛。

二十四代颜斐,字文林,三国时在魏国为官,历官至京兆尹,有善政之名。斐生二子:鲁、欢,俱无后,故以颜盛为宗。颜盛,字叔台,一字叔震,曾任汉尚书郎,魏时,历官青、徐二州刺史,关内侯,史书有传记。盛生子钦,字公若,历任东中郎将、司马、太中大夫、东莞太守、广陵太守,史书有传记。钦生子默,字静伯,历任汝阴太守、护军将军、给事中,袭爵葛绎县子。默生三子:畿、辇、含。长、次无传,三子颜含,字宏都,晋时曾任光禄勋,史书有传记。含生子髦,字君道,晋时历任侍中、光禄勋,史书有传记。髦生子綝,字文和,曾任散骑都尉,封爵西平县侯。綝生子靖之,字茂宗,历官西中郎行参军、宣城太守、司徒谘议、御史中丞。靖之生子腾之,字宏道,善书法,以草隶见长,有风格,历官州西曹主簿、度支校尉、治书御史,巴陵太守。腾之生五子兴之、炳之等。三十二代颜兴之,曾任安宁太守,生子登。颜炳之,字叔豹,以书法著称,生子见远。三十三代颜登,字康之,曾任梁鄱阳王府郎中,无传,后以炳之子见远为宗。颜见远,历官安城王侍郎、征西参军,治书御史兼中丞,生子协。三十四代颜协,字子和,曾任湘东王右常侍、领西记室,史书有传记。颜协生四子:之仪、之推等。颜之仪,字子升,北周时任麟趾学士、御史大夫,晋爵平阳县公;隋时任集州刺史,晋爵新野郡公。史书有传记。生二子:冠(去寸加首)、昶,均无传,后以颜之推为宗。颜之推,字子介,北齐时任黄门侍郎,隋时任太子文学,生子思鲁。

三十六代颜思鲁,字孔归,唐时任仪同秦王府记室,史书有传记。思鲁生子师古,字籀,历任秘书监、银青光禄大夫,弘文、崇贤两馆学士,史书有传。师古生子趋庭,字茂实,历任太宗文皇帝挽郎、朝散大夫、职方郎、吉州刺史。趋庭生子尚宾,历任右率府亲卫、鄜州司功、监州录事、下邽令。尚宾生子鼎,生子迢。迢生子传贽。传贽生子旻。四十三代颜旻,生五子:长子君则,无传;次子君佐,三子君雅。颜君佐,曾任金乡丞,生子文威。颜君雅,生二子:文蕴、文铎。四十五代颜文威,五代时隐居峄山,号虚中,有文集传世,生子承祐;颜文蕴,乡贡进士,生子涉;颜文铎,曾任平原郡节度副使,追赠太常卿,生子衎。四十六代颜承祐,生二子:长子崇德,无传;次子仲昌。颜涉,乡贡进士,生四子:匡朗、匡密、匡美、匡赞,俱无传。颜衎,字祖德,曾官户部尚书,史书有传记,生子柽。四十七代颜仲昌,宋淳化二年(991年),因讲解五经获赐及第,终官南京判官。因曾孙颜岐任执政,追赠太子少保,生子太初。颜柽,曾任巡官,生子端。

四十八代颜太初,字醇之,号凫绎,曾任南京国子监说书,生子复。颜端,宋大中祥符元年(1008年),宋真宗巡幸曲阜,因其为颜子后裔特授官郊社斋郎,终官桂阳司理,生子继。四十九代颜复,字长道,曾官国子祭酒,生六子:峣、岐、崘、嵂、岹、嶕。因颜岐官执政,颜复子孙南徙;故后以颜端子颜继为宗。颜继,进士及第,居曲阜,主奉祀事,生子昌。昌

生子擎。擎生子价。价生子顺。顺生子宝。宝生子椿。五十五代颜椿，历官中书、工部劄付、监修祖庙提领，生子之美。五十六代颜之美，字宗德，历官天成县教谕、益都路学正、庐州路教授、山阳县主簿、文林郎、东明县尹，生子池。五十七代颜池，字德裕，历官山阳县主簿、宣德府教授、三氏学教授，生子拳。五十八代颜拳，字克膺，生子希仁。五十九代颜希仁，字士元，号景哲，明正统十一年(1446年)钦定主奉祀事。生三子：议、赞、谕。颜希惠，景泰二年(1451年)，行取复圣公子孙，特授翰林院五经博士。后因非嫡派黜罢，仍以希仁长子颜议为宗。六十代颜议，字定伯。因正统以后宗系紊乱，经天顺六年(1462年)辨正，仍授翰林院五经博士，并世袭主奉祀事。成化元年(1465年)，皇帝驾幸太学，行取陪祀，有大臣奏其京师未有宅第，于是皇帝赐宅第于东安门外，觐见皇帝可驾乘驿马疾行，定为常例。生子三：公鋐、公铜、公钺。六十一代颜公鋐，字宗器，生五子：重德、重礼、重道、重贤、重式。六十二代颜重德，字尚本，号西庄，生子从祖。六十三代颜从祖，字守嗣，无传，后以颜重礼长子颜肇先为宗。颜肇先，字启源，号克复，生子嗣慎。六十四代颜嗣慎，字用修，号敬亭，生三子：胤宗、胤祚、胤禄。六十五代颜胤宗，字永昌，号养蒙，未袭而卒。生二子：伯贞、伯廉。颜胤祚，字永锡，号新吾，以兄早卒，万历十七年(1589年)代袭翰林院五经博士，主奉祀事。及兄子伯贞长，让职致仕。生四子：伯华、伯伟、伯秀、伯润。六十六代颜伯贞，字叔节，号建中，生二子：光鲁、光晋。颜伯廉，字叔清，号执中，以兄卒侄幼，万历三十四年(1606年)代袭翰林院五经博士，主奉祀事。及兄子颜光鲁长，让职致仕。生子光启、光祐。六十七代颜光鲁，字宗旦，号师周，生三子：绍统、绍绪、绍徽。六十八代颜绍统，字景宗，号世乔，无传。颜绍绪，字振宗，号砫世。崇祯十四年(1641年)八月，因兄绍统病故，无传，世袭翰林院五经博士，主奉祀事。清顺治三年(1646年)，改授内翰林国史院世袭五经博士。生六子：懋衡、懋行、懋修、懋健、懋证、懋值。六十九代颜懋衡，字以玉，号向九。康熙八年(1669年)，皇帝驾幸太学，行取陪祀，赐宴加一级待遇。康熙二十三年(1684年)，皇帝巡幸曲阜，陪祀，赐书，赐蟒袍，赐宴加一级待遇。生四子：崇文、崇敷、崇敞、崇敦。七十代颜崇文，未袭封病故，无传。颜崇敷，字化南，号松堂。以兄终弟及之例于康熙四十年，奉旨承袭翰林院五经博士，主奉祀事。生三子：怀礼、怀禩(衣为示)、怀禧。七十一代颜怀礼，字子真，号约亭，袭翰林院五经博士。早逝，生二子：士基、士埙俱早逝，以胞弟颜怀禩(衣为示)承袭。颜怀禩，字彤宾，号凫亭。因兄怀礼早逝无子，袭翰林院五经博士，主奉祀事。雍正八年(1730年)重修圣庙竣工，随衍圣公进京谢恩。乾隆二十一年(1756年)，皇帝巡幸曲阜，陪祀，赐给书籍、衣缎。生二子：士采、士培。七十二代颜士采，无传，以从兄颜士庄长子颜锡嘏继嗣。七十三代颜锡嘏，字公纯，号眉峰，附生，乾隆四十九年(1784年)，皇帝巡幸曲阜，赐纻丝二卷，生二子：振佑、振吉。七十四代颜振佑，字启愚，无传。颜振吉，因兄早卒，嘉庆十九年(1814年)代袭翰林院五经博士。咸丰三年(1853年)，皇帝驾幸太学，行取陪祀，赐墨，赐貂皮。无传。至此，颜懋衡后裔无传。颜振吉夫人选颜懋行派下颜锡璋之孙颜振淇次子颜承裔入嗣，袭翰林院五经博士。七十五代颜承裔，字波仙，生子颜景堉。颜景堉，字养斋，号云峰道人。1915年改授复圣颜子奉祀官，主奉祀事，生四子：世镛、世釪、世铎、世锦。

七十七代颜世镛，字冠声，号正宣，1918年袭复圣颜子奉祀官，主奉祀事。1935年由国民政府再次颁布，袭复圣颜子奉祀官。1975年病故。《曲阜市志》有传记。生五子四女：子廷瀚、廷渭、廷潮、廷瀓、廷淦，女廷凤、廷娟、廷云、廷惠。七十八代颜廷瀚，1940年生，1972年病故。生一女一子：子秉刚，女秉真。七十九代颜秉刚，在曲阜市文物局工作，任曲阜市政协常委、济宁市政协委员、曲阜颜子研究会主任、世界颜氏宗亲联谊总会名誉顾问。子培郅，1996年2月生。

第三节　颜子后裔繁衍与迁徙

春秋时期，颜氏为鲁国大族。秦汉之际，颜氏人口增长缓慢，从颜回至二十二代孙颜亮均记为单传。魏文帝黄初年间，因避战乱，二十四代孙颜盛率子孙由鲁(曲阜)迁至琅琊临沂定居，其后人在琅琊建庙立林，世代居住，其地被誉为“孝弟里”。魏晋时，颜氏成为琅琊世族。西晋五胡乱华之际，颜氏宗子颜钦南迁，居住在建业(南京)长干，里名“颜家巷”。颜之推，任官梁国黄门侍郎时，被西魏俘虏至弘农，逃至北齐，意欲转归南朝，却被北齐任为平原太守。北齐灭亡，他被征赴长安，其后世居京兆万年县(西安)。

唐宋时期，颜氏人口发展较快。唐开元二十七年(739年)，诏封颜子为“兖国公”，于兖州城东南建颜子庙，颜氏宗子始复归鲁。唐朝末年，颜子四十四代孙颜君佐任金乡县丞，迁居金乡城南；后转居彭城。五代十国时期，四十三代孙颜昮率近支族人东移，四十五代孙颜文威隐居峄山，其叔兄颜文蕴迁回曲阜。后周广顺二年(952年)，郭威驾幸曲阜，授颜文蕴之子颜涉为曲阜县主簿，始定居曲阜鲁古城东城。四十六代孙颜衎，清泰三年(936年)，官都官员外郎，开运末年，授左谏议大夫，权判河南府，召拜御史中丞。上书求回乡终养其母，改任户部侍郎。颜衎坚持辞官，诏书褒扬其孝道并同意，遂与其母东归曲阜。四十九代孙颜继进士及第，主奉祀事，定居曲阜，世居庙前陋巷。其后，颜氏家族开始享受朝廷优崇。

金兵南侵，五十代孙颜峣率近支兄弟颜岐、颜崘、颜嵂、颜岹、颜嶕、颜峒、颜屿、颜崿、颜峈、颜嵫等同衍圣公孔端友一道，于宋建炎二年(1128年)扈从康王赵构南渡，迁居浙江、安徽、江苏、福建、湖南等地，世代繁衍。未南迁颜昌、颜择、颜终、颜絪、颜经、颜广、颜唐、颜康、颜庚等留居曲阜，奉祀祖庙、祖林，世代繁衍，后称“北宗”。其后，颜氏宗子未再离开家乡。因战乱、灾荒或其他原因，“北宗”子弟亦有徙居外地者。

金元时期，颜氏裔孙繁衍日众。为管理族人，颜氏家族除宗子外，另设族长一人，协助管理家族事务，设提领监修一人，管理林庙。明洪武十五年(1382年)，皇帝改授宣德府教授颜子五十七代孙颜池为三氏学教授，奉颜子祭祀事宜，这是朝廷开始确定宗子奉祀颜氏事宜。景泰三年(1542年)，朝廷依照衍圣公孔彦缙举荐，以颜希惠授翰林院五经博士，子孙世袭。这是颜氏奉祀世袭的开始。天顺五年(1461年)，朝廷勘实，颜希仁为颜子后裔嫡派，革退颜希惠，以颜希仁嫡长子颜议袭授翰林院五经博士，子孙世袭。之后于颜庙东侧建府第，人称其为“颜翰博府”，简称“博士府”，俗称颜府。20世纪50年代初，颜府建筑破败损毁严重。至70年代，曲阜市印刷厂迁入，原有建筑基本无存，仅余后院厢房数间。2001年4月，曲阜市政府决定恢复颜府建筑物。由市政府协调、孔子旅游集团出资50万元搬迁市印刷厂。同年10月，颜府复原工程开工。2002年7月，颜府大门及第一进院落基本完工。2013年，颜翰博府复建工程被列入曲阜市“2711”重点城建产业项目。复建后的颜翰博府前后五进院落，恢复建筑面积3600平方米，主要建筑84间，配套仿古家具50余台套，并复原颜翰博府布局陈列。府内设立颜子研究院、颜子博物馆、新六艺体验馆和国学教育培训基地等。

明清之际，颜氏家族遍居曲阜及周边各地，为便于管理，颜府将颜氏族人划为16户，嫡裔及近支为“大宗户”，其余各支以迁居之地为户名，分别为：四皋、嵫山、泗南、陶村、巧泉、坊上、五泉、龙湾、萃溪、泗上、泗东、临泗、汉下、防山、陶乐。还对裔孙规定统一行辈，以明世系、辨昭穆，六十一至九十代行辈字为：公重从嗣胤，伯光绍懋崇，怀士锡振承，景世廷秉培，克建永沛昭，启裕显兆守。新中国成立后，为适应颜氏人口发展需要，曲阜颜子后裔又续定九十一世至一二一世行辈30字：德泽知好乐，惟有仰立卓，周正曾安鼎，祥云天自多，继志忠孝悌，纲常如大科。

颜翰博府外景　　市旅游局提供

第四节　宗亲联谊

旅居海外的颜子后裔，以血缘亲情为纽带，建立起颜氏宗亲会、颜氏公会等宗族组织，海外宗族组织主要分布在东南亚地区。新加坡：颜氏公会，1986年，颜氏公会会长率新加坡50余名宗亲到曲阜寻根问祖；2001年，筹集资金20万元人民币协助曲阜整修颜子林等。马来西亚：颜氏公会联合总会，2002年，筹集资金10万元马币支持曲阜颜府颜林复原整修工程；另外，马来西亚还有雪兰莪颜氏公会、马六甲颜氏公会、北马颜氏公会、彭亨颜氏宗祠、仁贵颜氏宗祠、森美兰州颜氏公会、柔属颜氏公会。越南：颜连邢宗亲相济总会。菲律宾：钞坑颜氏同乡会、菲律宾河源张颜同宗总会。

改革开放后，中国经济走向世界，山东、福建、广东、湖南、四川、陕西、江苏、黑龙江等省相继建起颜氏联谊会。

曲阜颜子研究会。始建于1990年9月。颜子研究会第一、二、三、四、五届主要成员由市委、市政府、人大、政协班子成员组成，理事由机关、乡镇、企事业单位负责人担任；自第六届起，颜子研究会在企业、社会人员中推荐选举领导成员，成员及理事主要由在曲阜工作的颜子后裔担任。1994年11月，曲阜颜子研究会在颜庙举办纪念颜子2514周年诞辰大会。1997—1999年，连续三年接待台湾台南大型祭祖参拜团。1998年10月，曲阜颜子研究会接待第五届世界颜氏宗亲联谊大会各地颜氏宗亲参会代表团200余人，到曲阜参拜祭祖、扫墓、立碑。曲阜颜子研究会组团参加第一、二、三、五、六届世界颜氏宗亲联谊大会。在马来西亚第六届世界颜氏宗亲联谊大会上，曲阜代表团提出修复颜翰博府议案和编修《陋巷志》议案获大会通过；颜秉刚被聘为首届世界颜氏宗亲联谊总会名誉顾问。为江苏海州、安徽亳州和山东各地颜子后裔接续宗谱二十余部。1999年9月，在曲阜举办首届世界颜子后裔书画艺术展。2001年9月8日，曲阜颜子研究会、曲阜市史志办公室协助中央电视台《天涯共此时》栏目拍摄《古城曲阜话颜姓》专题片。为修复颜府、颜林工程，曲阜颜子研究会多方联络，并发出倡议书争取海内外颜子后裔支持，收到新加坡颜氏公会、马来西亚颜氏公会联合总会、山东临沂颜子研究会等颜氏宗亲团体及个人捐款。组织编纂《新版陋巷志》，刊印明末清初版《陋巷志》。2002年10月8—10日，举办第七届世界颜氏宗亲联谊大会，马来西亚、新加坡、印度尼西亚、英国、美国、澳大利亚、毛里求斯和中国等10余个国家和地区1000余名颜子后裔参加会议。会议内容包括颜氏宗亲联谊总会会员代表大会、颜子学术报告会、颜府复原一期工程揭幕式、旧版和新版《陋巷志》发行仪式等，在颜庙、颜府和颜林举行纪念颜子活动，举办世界颜子后裔第二届书画艺术展、经科贸洽谈和联欢活动。2004年，组织编纂《复圣颜子后裔书法集锦》。2009年12月，组织编纂出版《颜子语集》。2010年，曲阜颜子研究会与市文物局共同编纂出版曲阜已故作家杨立群创作的《颜子传》，由文物出版社出版发行。

山东省除曲阜市外，还有临沂、淄博、枣庄、泰安颜子研究会，福建德化颜氏宗亲联谊会、永春颜氏联谊会、同安颜氏宗亲联谊会、仙游姓氏源流研究会颜氏分会，江苏泗阳颜氏宗亲联谊会，广东汕头市三市县（潮阳、普宁、惠来）颜氏联谊会，四川颜子文化研究会、古蔺、成都、雅安、自贡颜氏联谊会，陕西商州市北宽坪镇广东坪村颜氏联谊会，江西萍乡颜子学术研究会，广西防城港市颜氏联谊会，湖南省颜子学术研究会湖南分会，还有邵东、涟源、娄底、新邵、冷江、衡阳、常德、株洲、醴陵、桃江、浏阳、溆浦等市县相继成立基层支会，江西永新、萍乡、玉山，河南平顶山，浙江杭州、温州、宁波、慈溪，广西邕宁，广东南海、潮阳、普宁、海丰、肇庆，湖北洪湖、孝感，江苏邳州、淮阴、高邮、扬州、镇江、句容、常州、丹阳、宜兴，安徽合肥、六安、亳州、肥西、长丰，河北保定、高碑店、任丘、博野，黑龙江大庆、宁安以及北京、天津、甘肃、新疆、上海等地颜子后裔，均以不同组织形式和联络方式开展联谊活动。香港、台湾、澳门有金门颜氏宗亲会、台北市颜氏宗亲会、台北市颜荣公忠信会、世界颜氏宗亲总会、香港颜氏宗亲总会有限公司、世界颜氏宗亲联谊总会。2002年3月，为曲阜颜府复原工程，香港实业家颜纯炯、颜金炜各认捐颜府院落一座，合计人民币50余万元。

第四章　东野氏家族　孟氏家族

曲阜市除“至圣”孔子后裔和“复圣”颜子后裔外，还有鲁国公族后裔东野氏、“亚圣”孟子后裔孟氏等家族。

第一节　东野氏

东野氏远祖是周公旦，得姓始祖是周公旦之孙、鲁公伯禽幼子公子鱼，为鲁大夫，赐有东野之田，故以东野为姓，田为名，但后世仍以周公为始祖。2013年，曲阜市东野姓氏人数较少，有753人，占全市总人口0.12%。

周公因功封于鲁，令长子伯禽代其就封，为第一代鲁公。周公去世后，周成王特令鲁国建太庙，赐给鲁国用天子礼乐祭祀周公，祀曰“文”，故周公又称“周文公”。伯禽生子三，伯禽死，长子名酋（或作遒）继鲁公位是为鲁考公，无嗣，次子熙承爵，为鲁炀公；幼子名鱼，为鲁大夫，赐给鲁城东野田为其食采，公子鱼因以东野为姓，以田为名，是为东野氏始祖。秦庄襄王元年（公元前249年），楚国灭鲁国，鲁国公族计“五百余门悉被屠戮，残伤离散”，“周公之祀遂绝”，惟周公二十三代孙东野质负子携族逃难到东吴，至秦始皇三十七年（公元前210年）返回鲁城。西汉平帝元始元年（公元元年），朝廷访得周公之后“鲁顷公玄孙之玄孙”（鲁顷公为鲁国最后一代君主）公子宽，遂封为“褒鲁节侯”，奉周公祭祀。公子宽死，其子相如嗣位，更姓“公孙”，后又更姓“姬”，国于南平阳（曲阜、邹城、兖州交界处）。永平元年（58年），皇帝率群臣“躬养三老五更于辟雍，行大射之礼，令郡县道行乡饮酒礼于学校，皆祀圣师周公、孔子，牲以犬”，这是国家开始在国学及郡县学校祭祀周公、孔子。汉末战乱，周公三十三代孙东野熙举族避乱到东海郡。南朝宋永初二年（421年），周公三十七代孙东野芳举亲族57人自东海迁回鲁县。唐武德二年（619年），诏令“国子学立周公、孔子庙各一所，四时致祭”。贞观二年（628年），取消周公“先圣”称号，升孔子为“先圣”；武则天封老子为“玄元皇帝”，周公为“褒德王”，孔子为“隆道公”。唐玄宗则封孔子为“文宣王”。宋大中祥符元年（1008年），宋真宗到曲阜，拜谒周公庙旧基，封孔子、周公为“玄圣文宣王”“文宪王”，令在鲁太庙旧址建庙祭祀周公；同时褒奖周公后裔东野宜。元至正二年（1342年），周公六十七代孙东野子礼举族避乱到东昌路，此后东野氏开始散居各地。明永乐十四年（1381年），东野子礼堂弟东野子仪回曲阜，定居在城南沂河南岸，形成东家村。弘治二年（1489年），山东巡抚经访查东野禄是周公后裔，令其主奉周公祭祀。正德十三年（1518年），朝

各地周公后裔到曲阜周公庙祭祖现场

孟子故里——曲阜凫村

廷为周公庙置祭田祭器。清康熙二十三年(1684年),康熙到曲阜,遣使祭祀周公。次年,封周公七十五代孙东野沛然世袭翰林院五经博士,主奉周公祭祀,命"仿颜子祀田例,拨给周公祭田50顷,免除东野氏地亩额银,为周公庙设礼生20人,令山东巡抚饬葺庙宇",时东野氏男丁不足百人。1914年,改为元圣奉祀官。2013年,传至第八十五代。

大中祥符元年,宋真宗命于鲁国太庙旧基之上新建周公庙,于元天历二年(1329年)重修。明代修7次,其中嘉靖三年(1524年)修建"经天纬地""制礼作乐""文宪王坊"3个石牌坊,万历四十三年(1615年)重修周公庙时栽植树木。清代修庙11次,其中,清康熙二十五年(1686年)大修周公庙,新建配殿十间,问礼堂三间,更衣亭三间,火焰房一座,头门二门各三间,中殿、寝殿各五间,周围墙垣二百八十八丈。清乾隆三十五年(1770年)重修时"正殿五间将旧时镶嵌黑瓦易以绿色琉璃瓦,殿中恭安像主,及东配鲁公像主,西金人像,殿枋恭悬"。南新建棂星门,棂星门南约200米重建文宪王坊。四周墙垣共二百八十八丈,石栏、板槛,皆砌甬道。

东野氏奉祀博士同颜、曾、孟等圣贤博士一样,均以嫡长孙承袭,"由衍圣公查明博士病故缘由、嫡长子孙应否承袭,并取族人保结及宗支图册题奏承袭,关防图记亦由衍圣公给予。自雍正年间始,又陆续为周公庙置奉祀生36人,由衍圣公会同山东巡抚、学官查明,选东野氏子弟俊秀者报礼部颁给执照,给以衣巾冠服,以奉祀周公及鲁国三十四君"。

清代之后,东野氏均有规定行辈。康熙年间,赐东野、姬、周姓氏家谱排字从周公76代起统一为:枝、兴、衍、圣、绪,隆(龙)、茂、庆、传(脉)、长,广、生、忠、厚、士(世),永、远(元)、祯、正、方。从七十六代至八十四代东野世袭博士名字可见一斑:东野枝盛、东野兴辉、东野衍兆、东野崇鐈、东野绪询、东野隆祈、东野茂嵩、东野庆瀛、东野传桀。

2010年5月,曲阜周公文化研究会成立,在曲阜周公庙举行祭祖活动,全国各地周公后裔300余人参加仪式。此后,该会创办网站、会刊,组织祭拜周公。

第二节 孟氏

曲阜市小雪街道凫村即孟子诞生地。曲阜孟氏大多数是孟子后裔。

孟子是战国时期伟大的思想家、教育家,儒家学派的代表人物。孟子故里凫村,1946年前隶属邹县,1946年划归曲阜县,1947年复归邹县,1949年又划归曲阜县。2013年,隶属曲阜市小雪街道。

凫村东靠马鞍山和孟母林,西邻兖石铁路,南与邹城市接壤,北为孔子故里。孟子故宅西小白马河,穿村南流。1958年,文物考古部门对凫村遗址进行发掘,鉴定为新石器时代晚期龙山文化遗址,春秋战国时期形成村落。因孟母洗衣于白马河畔,曾见凫鸟落于水中,视为吉祥之兆,故取村名为凫村。亚圣孟子就生在此村,后人尊称此村为孟儒里。魏、晋时期称邹兴乡邹儒里。村中东西大街路北尚存孟子故宅,有门楼一座,上悬"孟子故宅"匾额,内有正殿三间,殿中为孟子父母塑像,东间为孟子塑像,西间为孟氏四十五代中兴祖孟宁塑像,东院有神厨和更衣室。故宅西南有池约2000平方米,为孟母池。池之西北有孟母井,井一旁有清光绪年间立"重修孟母井"石碑,故宅有"孟子故里"木质牌坊。

《孟氏家谱》将孟氏划分为十一派二十户。二十

孟母故宅(2007年摄)

户中,聚居邹城东部称“东八户”,聚居邹城城南称“南四户”,居住曲阜者称“西八户”。2013年,曲阜孟子后裔约有11520人,占全市总人口1.79%,多分布在小雪、尼山、息陬、防山、陵城、鲁城等镇街;孟姓族人居住集中的村街,以凫村最多,占居民总数75%,共约3200余人。曲阜市内以孟姓命名的村庄有孟庄、孟官庄、孟林村、前孟村、后孟村、孟李村、孟家道沟等。

曲阜市孟子研究会于1993年9月成立,其宗旨是团结与组织学术界对孟子、儒家和中国传统文化思想进行科学研究,以联络孟氏宗亲感情,增进友谊,加快孟子故里的文化繁荣与经济发展。孟子研究会多次组织举办纪念先哲孟子活动。1993年12月27日,在凫村举办纪念孟子逝世祭典活动。1998—2013年,每年农历四月初二日举行纪念孟子诞辰大典,其间,举办孟子儒家思想学术研讨及孟子后裔联谊活动,举办以发展农村经济、推广先进农业科学技术为主题的科技演展活动。

1998年3月,孟子研究会发现整理同治年间《孟子世家谱》。2006年3月,成立《孟子世家谱》研究会,对孟氏家谱进行续修整理工作。2005年5月,恢复树立孟氏中兴祖孟宁墓碑;同年9月,恢复树立孟母墓碑及二世祖墓碑;凫村小学更名为孟子小学,成立孟母教子研究会,对孟母母教文化进行研讨。

第四编

城乡建设与环保

蓼河儒家文化体验景观

1991—2013年，曲阜市城市规划逐步完善，先后编制完成《曲阜市城市总体规划（1993—2003年）》《曲阜市城市总体规划（2003-2020年）》《曲阜市城镇化发展规划》；市政公用设施逐步完善，完成明故城墙恢复工程、高铁曲阜东站连接线及广场建设工程和蓼河二期景观工程；城市绿地做到“园在城中、城在园中、三季有花、四季常青”和“公园绿地服务半径500米”建设标准；城区垃圾日产日清，城区公厕符合国家卫生城市标准；房地产业快速发展，建筑业从粗放到集约，施工队伍由弱到强；城市管理实施精细化，管理水平不断提升。2013年，曲阜市获“山东省园林城市”称号。到2013年年底，全市拥有城市道路面积近400万平方米，城市桥梁32座，路灯8630杆5.5万盏，排水管网近200千米，污水管网32.5千米，路灯规模接近全国先进地市水平；建成区绿化覆盖面积10.5平方千米，绿地率33.9%，人均公园面积14.9平方米；日供水能力10万立方米，集中供热在网面积400余万平方米；全市拥有资质以上建筑业企业42家，实现产值57.27亿元。

曲阜市环境保护工作贯彻党和国家环境保护方针、政策，实施“生态兴市”战略，履行环境监管职能，开展环境综合整治，抓好污染减排，全市环境质量得到持续改善。2013年，曲阜市大气环境质量符合或超过国家环境空气质量二级标准，沂河及支流水质符合地表水环境质量四类标准，地下水全部达到饮用水标准，区域环境噪声平均等效声级为国家1类区标准。10月，曲阜市国家环保模范城市创建通过环保部专家评审。

第一章　机构设置

第一节　住房和城乡建设局

1991年，曲阜市城乡建设委员会（简称市建委）是市政府工作机构，位于明故城内，内设办公室、政工科、财务科、规划科、法制审计科、城市管理科、乡村建设科和住房改革办公室，下辖市建筑工程公司、市古建工程公司、市建筑机械厂等4家企业，环境卫生管理处、园林管理处、城市建设综合开发公司、建筑设计院、自来水公司、市政工程公司、房地产管理处等9个事业单位，其中环境卫生管理处、城市建设综合开发公司、自来水公司、市政工程公司、房地产管理处为副科级事业单位。市政建设管理局位于明故城内，为市政府正科级机构。1993年12月，市政建设管理局撤销，并入市建委；市政工程公司更名为市政管理处，市园林管理所更名为市园林绿化管理处，为副科级事业单位。1994年，设立市住房制度改革领导小组办公室，为副科级事业单位。1997年3月更名为市住房委员会办公室；同年6月，市房地产管理处党支部改建为党总支。1998年，市建设监理有限公司成立。市建筑管理处、规划设计处升格为副科级事业单位，市自来水公司、市政管理处党支部改建为党总支。1999年，市建委机关迁至明故城南新城区舞雩坛路。2000年3月，市城市建设综合开发公司由企业化管理事业单位成建制转为企业。2002年4月，市建委更名为市建设局；同年7月，设立沂河公园管理所，为副科级事业单位，隶属市建设局管理。2004年5月，市规划设计处更名为市规划技术服务中心；10月，市建设局设立市政公用事业管理办公室，为副科级事业单位；设立市房地产开发管理服务中心，为副科级事业单位。2005年4月，设立市房地产管理局，为正科级事业单位，隶属市建设局；市房地产开发管理处更名为市房地产开发建设服务中心；设立城建财务核算中心，为副科级事业单位，隶属建设局。2008年6月，设立市城建招商局，为正科级事业单位，隶属建设局；7月，市城市建设房屋拆迁办公室升格为副科级事业单位。2009年6月，市住房委员会办公室更名为市住房保障办公室，市房地产开发建设服务中心更名为市房地产交易登记中心。2010年4月，市建设局更名为市住房和城乡建设局（简称市建设局）。2012年12月，市政工程管理处更名为市政工程管理局（简称市政局）。2013年1月，市环境卫生管理处更名为市环境卫生管理局（简称市环卫局）。2013年，市建设局内设办公室、政工科、财务科、城市建设管理科、村镇建设管理科、工程建设管理科、住房保障与房地产管理科、行政许可科、政策法规科等9个职能科室，下辖市政局、园林局、环卫局、城建资金核算中心、公共事业管理办公室、建筑工程管理处、房地产开发管理服务中心、房屋征收办公室、住房保障办公室、规划技术服务中心、房地产交易登记中心、建材管理办公室、沂河公园管理所、名城集团、监理公司、建筑工程公司、自来水公司、富华燃气公司、聚源供热公司、圣方热力公司、环保资源中转站等企事业单位。到2013年年底，曲阜市住建系统有干部职工3167人，其中市建设局机关567人。

第二节　规划局

2002年2月，曲阜市在市建设局原规划科基础上成立市规划局，为正科级事业单位，隶属市政府，归口市建委管理，内设办公室、规划科。2009年4月，市规划局内设科室调整为办公室、规划用地科、规划建设科、规划监察科。2010年7月，设立规划行政许可科。2013年4月，设立村镇建设科。2013年年底，市规划局内设办公室、规划行政许可科、规划用地科、规划建设科、村镇建设科、规划监察科。

第三节　城市管理行政执法局

1991年，曲阜市城建监察大队主要负责规划建设、市容环境管理和行政处罚工作。1994年5月，市政府组建市城市管理办公室，归口市公安局巡警队，主要负责城市市容环境和户外广告管理工作；市城建监察大队主要负责城市规划区范围内的违法建设查处工作。2002年4月，市政府撤销市城建监察大队、市城市管理办公室、市旅游投诉中心，成立市城市管理综合执法大队（简称市执法大队），为正科级事业单位，隶属于市政府，下设1个办公室、4个执法中队。2003年3月，市执法大队成立规划管理中队、广告管理中队和旅游管理中队。2006年12月，成立市城市管理行政执法局（简称市执法局），为正科级行政单位，隶属市政府，内设办公室、法制监督科（许可服务科）2个科室，市执法大队隶属于市执法局管理。2011年6月，设立高铁新区综合执法中队，为副科级事业单位，隶属市执法局管理，主要负责高铁新区综合执法工作。2012年，市委、市政府成立市城市管理委员会，负责全市城市管理工作的组织、协调、监督等工作，委员会办公室设在执法局，市执法局局长兼任办公室主任。2013年，市执法局成立12支镇（街道）执法队伍，构建起“两级政府、三级管理”的城市管理格局；9月，曲阜市实施数字化城市管理工程，建成数字化城市管理平台，由市执法局代管，选址在游客集散中心，占地300余平方米。2013年年底，市执法局内设办公室、法制监督科，下辖6个市容管理执法中队和规划管理中队、广告管理中队、旅游管理中队、五马祠街管理中队，以及城市管理综合执法大队、高铁新城综合执法中队2个事业单位。

第四节　环境保护局

1991年，市环境保护局（简称市环保局）是市政府工作机构，位于城区大同路。2001年7月，设立市环境稽查大队，为股级事业单位，隶属市环保局管理。2002年6月，市农业环保站由隶属市农业局管理调整为隶属市环保局管理。2008年7月，市农业环境保护站更名为市生态环境管理站。2010年，市环保局内设办公室、污染防治与应急管理科、政策法规科、行政许可科4个职能科室。2012年，市环境稽查大队更名为市环境监察大队。2013年3月，曲阜市设立市污染物排放总量控制办公室，隶属市环保局，为正科级事业单位。到2013年年底，市环保局内设办公室、污染防治与应急管理科、政策法规科、行政许可科，下辖市环境监测站、市环境监察大队、市生态环境管理站、市污染物排放总量控制办公室4个事业单位。

第二章　城市规划

20世纪90年代初期，曲阜市基本形成“东工、西文、南新、北林”梅花瓣型城市格局。1993年，曲阜市被列为省城市总体规划试点城市。同年，编制《曲阜市城市总体规划（1993—2003年）》，确立曲阜市建设国际性历史文化名城、世界孔子研究中心、花园式生态城市目标。2003年3月，《曲阜市城市总体规划（2003—2020年）》通过省政府审批，确定城市性质为世界著名的历史文化名城，城市以向南发展为主。

第一节　总体规划

1983年，《曲阜县城市建设总体规划》确定曲阜城市性质为文化古迹旅游城市，将城市划分为旧城、东城、西郊3个区，与城北孔林游览点和城南风景点组成“十字花瓣”型布局。到20世纪90年代初期，曲阜市基本形成以明故城为中心，东工（工业区）、西文（政治文化区）、南新（新城区）、北林（孔林），梅花瓣型城市格局。1993年，曲阜市被列为省城市总体规划试点城市，市建委对城市总体规划进行修订，编制《曲阜市城市总体规划（1993—2003年）》，确立把曲阜市建成国际性历史文化名城、世界孔子研究中心、花园式生态城市的总目标。1995年，获省政府批准实施。2003年，曲阜市完成城市总体规划修编。同年3月，《曲阜市城市总体规划（2003—2020年）》通过省政府审批，确定城市性质为：世界著名的历史文化名城。规划区面积895.93平方千米，规划城市人口50万人，用地控制在58平方千米；城市以向南发展为主，呈“南展、北控、东进、西扩”态势，形成“一城、两区、四组团”总体布局结构。规划体现“四个突出”，即突出对三孔“两城”“四山”的保护，突出对城市生态环境及历史文化环境的保护，突出对城市景观特色的塑造，突出对旅游资源的开发利用；强化6个方面的内容，即区域与城乡协调发展的研究，历史文化名城保护规划，城市公共政策和发展策略的研究，对生态景观资源的保护与利用，市政基础设施规划，建设管理与规划控制。曲阜市城区将以向南发展为主，通过南展、北控、东进、西扩，打造世界著名的历史文化名城。利用历史文化资源丰富、文物古迹众多的特点，体现历史文化底蕴、自然风貌特色。曲阜城市发展的总体布局为“一城、两区、四组团”的布局结构，“一城”为曲阜城，“两区”为北城区、南城区，“四组团”为东北组团、高铁组团、时庄组团和陵城组团。北城区以商贸、旅游文化娱乐和居住为主，展现曲阜的历史文化风貌；南城区是城市未来发展主要区域，是以行政办公、商业服务、信息产业以及居住为主的综合性中心区。东北组团是以外向型加工工业为主的工业园区；高铁组团以京沪高速铁路站场为依托，发展服务业、商贸业；时庄组团以加工工业、仓储物流和商贸、居住相结合的产业园区；陵城组团是以高新技术产业、教育研发产业及配套商业、居住相结合的综合区。根据规划，到2010年，曲阜城市建成区面积为35平方千米，城市人口为30万人，到2020年，城市人口为50万人，建成区面积为58平方千米。2006—2007年，编制完成《曲阜市明故城控制性规划》《尼山、石门山、九仙山风景名胜区总体规划》，其中《曲阜市明故城控制性规划》获山东省城乡规划优秀设计一等奖。2010年11月，聘请新加坡“规划之父”刘太格主持编制《曲阜市概念性总体规划及高铁文化生态城城市设计》。2011年3月，委托杭州城市规划设计研究院编制《曲阜市生态水系规划》。2012年，编制完成《曲阜高铁文化生态城起步区控制性详细规划》《国家级文化产业示范园核心区概念性规划及重点片区控制性详细规划》《曲阜（陵城）高新技术产业开发区规划》。

第二节　城区建设规划

1991年，市建委完成后作街小区、苗孔工业小区、大成小区、红星小区规划及城南区控制性详细规划、城市抗震防灾规划。1992年，完成曲城防洪排涝、林前广场、鲁城商场三期工程等规划。1993—1995年，市建委编制完成曲阜市新旧城区道路、煤气工程、污水处理等23项详细规划设计，总面积7.56平方千米，详细规划覆盖率为43.4%，完成标志性地段、标志性建筑规划设计，完成旧城区控制性详细规划、城市国有土地使用权出让规划、龙虎居住小区规划。1997—2002年，在《曲阜市城市总体规划》指导下，市建设局加强控制性、修建性详细规划和专业规划编制工作，完成教师新村、新一中、大有私营经济工业园、龙虎新村改造等10余项详细规划编制，规划面积超过3平方千米；委托省城乡规划设计院、省农业大学分别编制《静轩路东段景观规划》和《327国道沿线规划》；完成阙里街、有朋路、春秋路西延工程、半壁街等20余条道路规划设计。2003—2005年，完成长春路、静轩路、南护城河综合改造、圣华路、大沂河西段综合治理等市政工程规划设计工作；探测曲阜市建成区内管线（包括积水、排水、污水、煤气、热力、石油、供电及各类通讯电缆等）427.5千米，探查各类管线点12291个，其中探测隐蔽点5439个，调查明显点6852个；上海复旦规划建筑设计研究院和曲阜市名城设计院编制完成《静轩路沿街地块规划设计》。2005年1月，曲阜市与欧盟签订欧亚城乡合作计划，欧盟拨款75万欧元，由法国雷恩市为主导、西班牙圣地亚哥市为配合，帮助曲阜市就遗产保护、旅游振兴等方面进行为期3年的合作；9月，曲阜市举办欧亚城乡合作计划——曲阜历史文化名城保护与发展论坛。2006—2007年，市规划局完成长春路、静轩路、南护城河综合改造、圣华路、大沂河西段综合治理、小沂河景观风情文化带游客服务中心、孔子文化国际交流中心、大成桥等重大基础设施的规划设计；委托

图4-1　曲阜高铁文化生态城起步区控制性详细规划图

省城乡建设勘察院建立100平方千米D级DRS平面控制网及61.6平方千米三等水准高程控制网，并实测等高距为0.5米的1∶500数字化地形图71.5平方千米；配合济宁市规划局，编制京沪高铁曲阜东站及周边区域规划。2008—2011年，市规划局编制完成《曲阜市城市生态水系规划》《城市综合交通规划》《城市绿地系统规划》《曲阜市教育布点规划》《曲阜市农贸市场规划》《城乡供水、供气、供暖规划》等专项规划，其中《曲阜市城市生态水系规划》强化曲阜城市形象，延续曲阜人文特色，使水系建设在城市认知中与其“历史文化名城”地位相匹配；规划突出水城交融，城水互动，从历史文化名城生态水系的延续、保护、更新、利用等方面，水系结构、文化传承、水系循环、水环境建设等实施建设问题，提出完善历史空间的组织体系、延续历史形态和格局、调整城市水系功能的历史文化名城生态水系的规划思路，得出符合曲阜市城市发展特色的生态水系系统。完成《曲阜市城市中轴线发展战略规划及城市设计》《孔子博物馆景区规划及建筑设计》等特色规划，《曲阜市城市中轴线发展战略规划及城市设计》结合新的发展形势，研究曲阜市在区域发展中的地位与作用，并在大文化视角下形成曲阜城市发展构想。完成《南新区控制性详细规划》《高铁新城概念性规划》《高铁新城控制性详细规划》等重要详细规划，《高铁新城概念性规划》提出曲阜高铁新城规划面积35平方千米，起步区5.53平方千米，建设用地面积约3.86平方千米，其中商业、旅游用地35.88公顷，居住用地155.31公顷，体育设施29.9公顷，高科技产业96.9公顷，教育设施61公顷，公共及基础设施8公顷。新城按照新加坡规划大师刘太格规划理念和设计方案，重点突出儒家优秀文化深厚积淀，将曲阜高铁新城打造成为“孔子故里新客厅、生态文化新城区、高新产业新平台”。利用世行贷款编制《明故城基础设施管网规划》，制定《曲阜市明故城保护区内规划建设管理规定》《曲阜市明故城保护区内规划建设技术规定》等一系列规划管理措施。委托中国工程院院士、中国建筑西北设计研究院总规划师张锦秋编制《曲阜市古泮池风貌区实施性详规及建筑方案设计》，规划从老城保护角度，以保护与发展、可持续发展原则，依据文化体验、旅游休闲、高端居住、商业购物复合功能区的功能定位，优化以古泮池水系为核心的生态环境，彰显儒学文化、发展旅游经济。委托清华大学交通研究所编制《曲阜市城市综合交通规划》。2012—2013年，市规划局组织编制《孔子国际文化交流中心总体建筑设计》《蓼河人工湖景区总体设计》《明故城修建性详细规划》《曲阜历史城区振兴与规划实施细则》《古泮池风貌区建筑施工图》《明故城内传统府第恢复规划设计》《朝圣之路雕塑及沿线景观设计》《大沂河三千米大型喷泉带规划设计》等。

第三章　市政建设

曲阜市各项市政公用设施逐步完善。2002年3月，完成明故城墙恢复工程。2011年4月，完成高铁曲阜东站连接线及广场建设工程。2013年，完成蓼河二期景观工程。到2013年年底，全市拥有城区道路面积近400万平方米，城内道路框架基本形成。

第一节　市政设施管理

市政工程管理处前身为市政工程公司，1991年，市政工程公司下设办公室、市管科、财务科、技术科、计量科、施工科、预制件厂、材料科、路灯站、机械科、公交公司11个科室，有从业人员88人。全年完成工程总投资270万元，铺筑、翻修城区道路6条0.25千米。1992—1993年，完成工程投资837万元，修建道路14条11.23千米。1994—1995年，修建城市道路24条，面积27万平方米。1995年3月，市政管理处由省市政工程三级企业晋升为省市政工程二级企业。1996—1998年，市政工程管理处完成工程投资3141万元，铺设城市道路11.53千米，新建排水管道11.7千米，安设路灯3238盏。1999—2002年，完成政府投资9000万元，建设完成城区10余条道路建设，实施城区“光明工程”和小林河防汛工程。2002年，成立城市道路维修养护队，每年两次对全市道路及路灯进行维修。2003—2005年，实现工程产值1.2亿元，对老城区道路进行青石板硬化，对南护城河进行综合整治；在新城区完善道路排水、人行道硬化及周边整治。2006—2007年，曲阜市启动新一轮城市市政基础设施建设。市政管理处完成市政工程建设任务6000余万元，完成建设项目60余个，其中市重大项目24项。从2007年起，城区过境公路管理权统一由市政处管理，将国道城区段327（西外环—韩家铺）、东西104（北转盘—三岔口）划为城市道路，由市政管理处管理养护。2008—2011年，实施市政工程项目80余项，完成投资5.6亿元。2012年，市政府将市政局管理范围调整为曲阜城区及新区73条主次干道、9处公园、28座桥涵。2012—2013年，市政管理处完成市政工程建设投资2.6亿元，实施市政工程建设项目60余个，其中市重大项目24个。到2013年年底，市政局有从业人员107人，养护城市道路面积400万平方米、人行道191万平方米、排水管网近200千米、污水管网32.76千米、桥涵4.3万米、路灯56963盏、电缆近290千米、变压器109台。

第二节　道路

1991年，市政工程公司实施鼓楼大街中段拓宽等6条道路建设工程，全长2.49千米，面积3.24万平方米，修排水沟2.52千米，架照明线4条6.28千米，装路灯162盏，城区街道照明线路总长度28.36千米，路灯800盏，排水沟24.1千米。1992年，修建道路8条，总长4.01千米，面积4.13万平方米；修砌排水设施2.22千米；完成7条道路路灯安装，架照明线路4.15千米，安路灯295盏。1993年，修建电视台路、开发区14号路、开发区18号路、大同路慢车道等6条道路，翻修鼓楼东街，总建设长度8.23千米，面积7.83万平方米；铺设水泥方砖人行道2.25万平方米，排水管道11.2千米。1994年，完成各类市政基础设施建设工程20项，其中铺筑翻修西宾路、逵泉路、舞雩坛路、约礼街等8条道路，总长4.37千米。1995年，完成工程18项，其中铺设翻修仓庚路、瑞祥路、大成路、仓巷街、逵泉路、林门东路、武装部仓库路等11条道路，全长4.58千米，面积8.87万平方米，修排水沟4.76千米，铺设人行道2.34万平方米，建变压器楼5座。1996—1998年，铺设北马道东街、春秋路、天华路、沂河路、医大路、浴沂路、南马道东街、秉礼南路、逵泉路、污水厂路等13条城市道路11.53千米，面积15万平方米，新建排水管道11.7千米，安装路灯3238盏。1999—2002年，对城市路网建设进行长远规划，完成阙里街石板路工程、林门西路、圣都商城路、曲师大东路、春秋西路、钟楼街石板路、文化路、有朋路、逵泉路东延、寿丘路、春秋路西延、半壁街石板路等10余条道路建设，恢复城内街道明清古色古香风貌；实施“光明工程”，完成沂河广场、大成桥、鼓楼街、春秋路等路段的路灯和霓虹灯安装，安装各种灯饰450余盏，安装霓虹灯带5千米，完成孔孟新道、327国道城区段路灯建设；完成327国道京福高速公路出入口综合整治工程建设，出入口连接线全长4千米。2003—2005年，对明故城正南门周边、钟楼街、孔府东路、南马道、各城门周边等道路进行青石板硬化，对南护城河进行综合整治，修建明故城明桥和正南门左右两侧景观桥；在新城区，修建春秋西路二期、327国道西段排水和人行道硬化、文化路、浴沂路、体育场周边整治等多项工程；城区主要道路排水管道清淤2.7万米。2004年，将东104国道、逵泉路、鼓楼大街、有朋路、327国道、春秋路6条道路高压、网通、联通、移动等架空线路全部下地，统一开挖地槽，为以后管线入地打下基础。2005年，安装护城河、小沂河、大沂河宫灯，市政府门前地灯和正南门、大成路、华联等建筑灯带。2006年，安装鼓楼大街、后作街、北马道、陋巷街、颜庙街、东南马道、滨湖路、圣华路、逵泉东路、大沂河北岸、西外环南段仿古宫灯、景观灯、元宝灯、钠灯。建设滨湖路、逵泉路、春秋路人行道、西外环人行道、大沂河石板路等，对东门大街、鼓楼南街、南马道东街等老城区道路进行改造。2007年，“五一”“十一”前，对全市路灯及其设施进行大规模维修。同年，翻修仁义街、康宁街、仓庚路、东南门大街、棋盘街，新建长春路、林前广场、体育公园等，建设曲阜新区主车道89.87万平方米。2008—2011年，完成沂河公园建设、五马祠街改造、体育公园二期工程、327国道人行

道改造、游客集散中心配套工程、第二污水厂管网配套工程、延恩路改造工程、大成路南延人行道铺装工程、瑞祥路改造工程、迎宾大道排水工程、曲阜南新区迎宾区景观工程、高铁连接线及广场建设工程、路灯工程等多项工程建设任务。2012—2013年,完成春秋路罩面、约礼街石板改造、西马道石板改造、蓼河东104国道桥梁拓宽、岐黄街改造、西北护城河清淤、路灯工程、市政设施管理养护等60多项工程建设任务。完成浴沂路、尼山东路、学院西路、仓庚路、逵泉路西段路灯安装,维修路灯4678盏次,更换各类线缆7.85千米,更换各类亮化电器1.05万余套,维修养护配电设施87台次。到2013年年底,全市城市道路400万平方米、排水管沟200千米,污水管网32.76千米、检查井7245座,路灯杆8938个,路灯56963盏,电缆长度290千米,变压器109台,路灯规模接近全国先进地市水平,城内道路框架基本形成,初步形成明故城区内道路以青石板铺设、路灯以仿古宫灯为主,新城区以普通城市沥青道路、路灯以钠灯华灯为主的格局。

鼓楼大街 南起静轩中路,北至明故城北门,长1.34千米,是曲阜明故城中心主干道。1991年,建设鼓楼北街鼓楼门至后作街段,长439米。2005年,翻修后作街至北门段主车道。2006年9月,翻修鼓楼大街人行道,由静轩路至后作街段,双侧人行道全部铺装火烧板。

327国道、东104国道、西104国道 327国道过境曲阜市城区段被西104国道、东104国道分为3段,西104国道以西为裕隆路,东104国道以东为静轩东路,中间路段为静轩中路,全长12.5千米,宽24米,双向四车道。2004年8月,翻修大豁(鲁故城东墙与327国道交界,俗称“大豁”)至高速路口段,全长14.2千米,宽29米,双侧人行道铺设花砖6550平方米。2005—2009年,翻修城区国道人行道4.41万平方米。东104国道过境曲阜市城区,被分为4段,延恩东路以北为迎宾大街,迎宾大街向南至东关大街段为秉礼北路,东关大街至327国道段为秉礼南路,327国道以南为弘道路,道路全长9.2千米,宽24米。西104国道过境曲阜城区,南起三岔口(东、西104国道交界处),北至北外环,全长9.3千米,宽24米。在城区内被分为3段,由校场路至西关大街为归德北街,向南至327国道为归德南街,由327国道至大沂河段为五福路。

春秋西路、春秋路中段、春秋东路 春秋西路、春秋路中段和春秋东路三条道路首尾相连,西起西外环,东至康居路,全长6.74千米,宽40米,其中快车道14米,两侧各设3米隔离带、6米慢车道、4米人行道。1996年,修建该段慢车道、人行道。1997年,向西建设至乐融桥。2001年,建设春秋西路天华路至污水处理厂段。2003年,向西建设至西外环。2005年,改建大成路至乐荣桥段人行道,双侧铺设石板2700平方米。2006年,翻修五福路至乐荣桥段人行道,铺设火烧板。2012年,春秋路西段重新罩面。2013年7月,实施春秋路东延工程,西起康居路,与春秋路连接,东至勇马路,工程包括康居路至勇马路段和创业大道至京沪高铁曲阜东站段道路工程及跨蒋沟河桥工程,全长3.38千米。至此,曲阜市春秋路全面贯通。

大同路 鼓楼街南延,北起327国道,南至沂河公园,长2.2千米,宽6米,面积1.3万平方米,沥青混凝土路面。1993年4至7月,建设双侧慢车道,两侧各设2米隔离带、6米慢车道、5米人行道。栽花岗岩路缘石3.2千米,铺水泥花砖7000平方米,安装排水管道1.97千米。

舞雩坛路 1994年建,为城区南部东西走向重要道路,东起弘道路,西至仓庚路,全长1.29千米,面积2.63万平方米,栽沿石5.98千米,铺设人行道8305平方米,修排水管道2.8千米,检查井32个,雨水井110个,总投资226.4万元。

大成路 地处明故城中心地段,北起正南门,南至舞雩坛路,是一条主要交通干道,也是名城风貌最主要展示区之一,俗称“华灯街”。工程建于1995年3—8月,全长1.6千米,宽60米,其中327国道以南路段主车道14米,两边为绿化隔离带3米、慢车道6米、绿化带9米、人行道5米;327国道以北路段,后被命名为神道路,中心是3米花岗石石板路面,两侧依次是古树保护隔离带6米、慢车道8.5米、绿化带9米、人行道5米,铺设沥青2.85万平方米、石板路面810平方米、水泥砖1.6万平方米,铺设直径800毫米排水管道两条2.38千米、直径300毫米给水管道一条1.23千米,栽置路缘石6千米,砌垒检查井52座,安装56盏与天安门广场华灯灯形相似的高标准华灯。道路总投资652万元。2009年,实施大成路南延工程,沿既有大成路北起舞雩台路,向南跨大沂河(新建大成桥)后,经

孔子大道(2011年摄)

小雪镇张家村与石家村中间、穿北兴村至孔子大道，建设里程2.2千米。

327国道京福高速公路出入口连接线 出入口连接线全长4千米，其中“大豁”(鲁故城墙与327国道交界处，下同)内2千米，规划道路红线42米，机动车道为双向6车道24米宽，两侧各4米隔离带和5米人行道。“大豁”外2千米，规划道路红线66米，机动车道为双向6车道30米宽，两侧各7米绿化隔离带，6米非机动车道和5米人行道。工程于2001年实施，总投资3000万元。

孔子大道 西起五福路，与东104国道交叉，终点至站前路，道路全长7.9千米，是京沪高铁沿线站点中最长的连接线，新建上跨兖石铁路和下穿京台高速立交桥各1座。设计采用一级公路标准并结合城市主干路要求，沥青路面，双向6车道，设有非机动车道、人行道和绿化带，路面宽54.5米，道路绿线80米，总投资7.2亿元。2010年5月开工建设，2011年4月30日全线贯通。

2013年曲阜市城市主干道情况表

表4-1 单位：米

道路名称	起止地点	种类	长度	宽度
327 国道(城区段)	西起西外环，东至东外环(韩家铺西)	沥青	12500	24
春秋西路	西起西外环，东至西 104 国道(五福路)	沥青	4211	40
春秋路中段	西起五福路，东至弘道路(东 104 国道)	沥青	1500	40
春秋东路	西起东 104 国道，东至康居路	沥青	1900	40
舞雩坛路	东起弘道路，西至仓庚路	沥青	1290	30
东 104 国道	南起三岔口，北至书院迎宾区转盘	沥青	9200	24
大同路	南起浴沂路，北至 327 国道(静轩路)	沥青	2200	40
鼓楼大街	南起静轩路，北至北门	沥青	1340	25
大成路	南起舞雩坛，北至静轩西路	沥青	1350	60
西 104 国道	南起三岔口，北至北外环	沥青	9300	24

2013年曲阜市城市次干道和主要支路情况表

表4-2　　　　单位:米

道路名称	起止地点	种类	长度	宽度
半壁街	南起南马道,北至延恩街	石板	1460	13
东门大街	东起秉礼路,西至鼓楼大街	石板	600	18
西门大街	东起半壁街,西至归德路	沥青	527	20
后作街	东起鼓楼大街,西至半壁街	石板	382	15
天官地街	东起半壁街,西至西 104 国道	沥青	570	8
南马道	东起东 104 国道,西至半壁街	石板	1450	13
阙里街	南起南马道,北至孔府前街	石板	720	12
东南门大街	北起东门大街,南至东南门道	石板	820	12
滨河路	南起 327 国道,北至南马道	沥青	380	9
陋巷街	南起东门大街,北至颜庙街	沥青	300	8
文化路	东起东南门大街,西至鼓楼大街	沥青	176	13
钟楼街	东起鼓楼大街,西至阙里街	石板	199	21
神道路	南起 327 国道,北至正南门	沥青	195	26
南环城门路	明故城南门	沥青	315	14
北环城门路	明故城北门	沥青	285	14
岐黄街	东起归德路,西至岐黄桥	沥青	570	15
西宾路	南起 327 国道,北至校场路	沥青	1231	16
校场路	东起归德路,西至西宾路	沥青	1200	18
长春路西段	东起西 104 国道,西至西外环	沥青	3400	20
长春路中段	东起林道路,西至西 104 国道	沥青	940	19
延恩西路	东起东关大街,西至归德路	沥青	930	17
仓庚路	南起舞雩坛路,北至静轩中路	沥青	1410	16
天华路	南起春秋西路,北至裕隆路	沥青	1040	18
康宁街	东起大成路,西至仓庚路	沥青	362	4
逵泉路西段	东起大同路,西至仓庚路	沥青	600	20
逵泉路中段	东起弘道路,西至大同路	沥青	550	16
逵泉路东段	东起远大路,西至弘道路	沥青	3440	18
大沂河石板路	东 104 国道至西 104 国道	石板	2225	6
浴沂路	东起第二污水处理厂,西至弘道路	沥青	1250	15
永乐街	北起舞雩坛路,南至浴沂路	沥青	300	19
沂河路	北起 327 国道,南至逵泉路	沥青	850	9

续表4-2

道路名称	起止地点	种类	长度	宽度
滨湖路	北起逵泉路，南至春秋东路	沥青	450	14
康居路北段	北起有朋路，南至逵泉路	沥青	300	22
有朋路	西起弘道路，东至石鼓桥	沥青	400	30
顺河路	北起有朋路，南至逵泉路	沥青	440	8
建设路	北起东关大街，西至秉礼路	沥青	500	10
东关大街	东起建设路，西至秉礼路	沥青	840	6.5
约礼街	东起周公庙，西至秉礼路	石板	350	20
延恩东路	东起秉礼路，西至北门	沥青	540	12
林道路	南起北门，北至孔林	沥青	1170	27
长春路东段	东起东 104 国道，西至林道路	沥青	650	12
林门东路	东起东 104 国道，西至孔林门	沥青	739	16
博文街	南起 327 国道，北至南马道	沥青	270	12
圣阳路	东起远大路，西至石鼓桥	沥青	2350	40
府前路	东起鼓楼大街，西至阙里街	石板	199	12
浴沂路东段	西起看守所，东至第二污水处理厂	沥青	1200	22
康居路南段	北起逵泉路，南至春秋东路	沥青	640	20
国老街	北起春秋路，南至舞雩坛路	沥青	800	16
观志街	东起国老街，西至大同路	沥青	500	12
新大成路	北起舞雩坛路，南至孔子大道	沥青	1200	42
会展中心北路	东起新大成路，西至西 104 国道	沥青	880	20
会展中心南路	东起东 104 国道，西至西 104 国道	沥青	1500	54
迎宾大道	东起东 104 国道，西至西 104 国道	沥青	1000	54

第三节　河道　桥梁　城墙

1991年，曲阜市城区桥梁主要分布在护城河和小沂河上，有西门桥、天官第街西桥、五马祠街东桥、颜庙街东桥、半壁街北桥、北门桥、结义胡同北桥、正南门桥、东门桥、南马道桥、东南门桥、大同桥、东104小沂河桥、归德桥、利涉桥15座。1993年4月，架设仓庚桥，位于仓庚路中段，桥面面积468平方米。1995年2月，在逵泉路东部建设青年渠桥。1996年4—7月，架设有朋桥，工程投资114.5万元，桥长24.2米、宽40米，面积968平方米，为三孔实腹拱桥。1997年2—6月，架设乐融桥，工程投资160.2万元，桥长72米、宽30米，面积2160平方米，为二孔现浇板桥，单跨8米。2002年11月，实施小林河综合治理工程。工程从孔林西墙至护城河道，全长3.15千米，按照20年一遇防洪标准，规划河道深度为3.2米，其中主河道深度2.2米，二滩深度1米，主河道宽度为13~16米，二滩宽度两侧各5米，布置绿化带和游园路，河道外设30米绿化带。一期治理工程长度为2100米，分为9个标段，历时7个月，开挖土方13.5万立方米，砌垒石墙1.8万平方米，铺设直径800毫米排污管道2.1千米，建水坝两座，建桥一座，拆

蓼河遗梦桥（摄于2013年）

迁10个单位部分建筑和100户住宅，总投资1060万元。2005年，实施南护城河改造工程，工程东起东南城角，西至西南城角，单侧全长1.7千米，安装高标准栏板3.4千米，铺设人行道1.5万平方米，工程造价300万元。同年，拆除孔子精华苑景点，沿鼓楼街商品房、职工住房2000余平方米，高标准铺设停车场地砖3000平方米，新建设商品服务房、厕所200余平方米，为整顿三孔周边旅游环境提供场地保障。2006年，实施大沂河防汛治理工程，位于外环路西，全长700米，工程内容包括对河道进行治理和拦水建筑。对西外环桥下游700米河槽开挖整治，在西外环下游500米处建橡胶坝1座，规划坝长100米、高3.5米。在河道治理同时，对广场、滩地及大坝进行绿化、硬化、亮化建设，完成工程量1700万元。2007年，实施东、西护城河段综合治理工程，工程在南护城河治理基础上，对长1900米东、西护城河进行综合治理，垒砌石墙护坡，安装仿古护栏，铺设青灰砖路，架设仿古宫灯等。2010年，实施第二污水处理厂管网配套工程，铺设直径300毫米管道3.3千米、直径400毫米管道1.8千米、直径500毫米管道1.5千米，小林河至小沂河段顶管直径800毫米管道3.9千米、直径1000毫米管道1千米。2013年，实施城区水系提升工程，封堵青年渠沿线截污口4处，清淤500多米；沟通护城河、青年渠、小沂河，沟通红旗渠入大沂河，为大沂河、小沂河提供清洁水源，实现城区水系的全面贯通。同年，实施蓼河二期工程和跨蒋沟河桥梁工程。到2013年年底，曲阜市城区桥梁有仓庚桥、石鼓桥、岐黄桥、乐融桥等桥梁28座。

明故城墙恢复工程

曲阜明故城墙建于明正德八年（1513年）至嘉靖元年（1522年），历时10年建成，建城主要目的是为了保护孔庙，“高两丈，宽半之”。城墙周长5.3千米，有仰圣、延恩、宗鲁、崇信、秉礼5座城门，城墙结构为外砖内夯土。1977年，明故城墙因当时县革命委员会错误决策被人为拆毁。1987年，市政府拆掉明故城墙基大部分违章建筑，以绿化代之。2000年，市旅游局提出明故城恢复建设旅游项目，并被列入《山东省旅游发展总体规划》优先发展示范项目之一。2001年，省政府予以立项并批准可行性研究。2002年3月1日动工，一期工程恢复南城墙和东、西部分城墙工程，共1.5千米，同年9月20日工程竣工，整个工程投资5600万余元，省旅游发展基金支持1100万元，省旅游局支持贴息贷款2000万元，其他部分由地方政府自筹。

蓼河二期景观工程

蓼河二期景观工程是2013年全市重点项目。工程共开挖拓宽河道3.2千米，主要施工内容为河道石砌护坡，驳岸、码头、景观桥建设，橡胶坝建设，观光大道、游园路建设，蓼河广场及亮化工程，整体工程建设用时78天，完成工程量1.5亿元，创造曲阜建设的“蓼河速度”。市委、市政府对蓼河二期景观工程实施给予高度评价，要求全市学习“蓼河精神”，即“突出一个‘精’字，精益求精、‘百米赛跑’干事业”。

新大成桥

连接曲阜明故城与南新区重要桥梁，在设计上与大沂河公园有机结合。全长260米，宽43米，横向分为3幅：中幅桥宽23米，双向6车道，两侧边幅各宽10米，为非机动车道和人行道。桥梁采用9孔连续传统拱桥。边幅采用拱形箱梁，与桥墩、桥台配合，风格与传统拱桥相近；人行道上覆有中国古典式廊亭，设置汉代风格石阙造型桥头堡，拱座处布置传统雕刻图案或雕塑，人行道栏杆栏板上雕刻体现曲阜历史文化和人文特点图案；采用LED灯作为光源。工程于2008年2月开工建设，主桥于同年9月建成，大成路南延、桥上景观及配套工程于2009年9月完工。

2013年曲阜市城市桥梁情况表

表4-3

名称	位置	结构形式	桥长(米)	宽度(米)	建设年份
滨河桥	南护城河	石砌	18.4	6.21	1986年
正南门桥	正南门外护城河上	石砌	6.5	13.2	1986年
大成桥	大成路中段	石砌	75	30	1992年
大同桥	大同路中段	石砌	42	19.8	1989年
仓庚桥	仓庚路中段	石砌	45	14.2	1993年
岐黄桥	岐黄街	钢混	16	10	1996年
崇信桥	南门大街南首	石砌	18	12	1996年
思明桥	沂河路南首	石砌	39	5	1996年
逵泉桥	逵泉路东段	石砌	24.2	20	1996年
石鼓桥	有朋路西首	石砌	24.2	20	1996年
万佳桥	万佳小区	钢混	38.6	10	1997年
乐融桥	春秋路西段	钢混	72	30	1997年
孔庙西桥	南门西侧	石砌	24	9	2004年
孔庙东桥	南门东侧	石砌	24	9	2004年
校场桥	校场路中段	石砌	11.5	20	2004年
长春桥	长春路	石砌	80	10	2004年
新大成桥	新大成路北首	钢混	260	60	2008年
陈桥	静轩中路	钢混	20	30	2008年
春秋桥	春秋路中段	钢混	35	40	2008年
五福桥	五福路	钢混	31.3	29.8	2008年
西104国道小沂河桥	五福路与春秋路交汇处	钢混	43.7	28.5	2008年
西104国道大沂河桥	西104国道	钢混	247.2	28.5	2008年
西104国道蓼河桥	西104国道	钢混	104.8	28.7	2008年
东104国道书院桥	迎宾大街	钢混	34	20	2008年
东104国道小沂河桥	弘道路中段	钢混	55	15.5	2008年
东104国道大沂河桥	东104国道	钢混	224	16	2008年
东104国道蓼河桥	东104国道	钢混	120	22	2008年
新区桥	孔子大道	钢混	180	60	2008年

第四章　广场　园林　绿化

曲阜市城建部门按照“园在城中、城在园中、三季有花、四季常青”要求，依据城市绿地系统规划，按照“公园绿地服务半径500米”建设标准，进行城市公园绿地建设。2013年12月，曲阜市获“山东省园林城市”称号。

第一节　广场　公园

1991—2013年，在城区重要地段规划建设体育公园、民族公园、人民公园、大沂河公园、孔子文化园等公园绿地，面积均在5000平方米以上。2013年，曲阜市被命名为山东省园林城市；同年12月，市委、市政府决定创建国家园林城市，制定《创建国家园林城市实施方案》。年底，全市建成区面积27平方千米，市区人口总数20万人，建成区绿地率32.8%，绿化覆盖率37.4%；公园绿地面积286.43公顷，园林绿地面积885.48公顷，包括综合性公园4个、社区公园6个、专类公园1个、带状公园6个、街头绿地30个，人均公园绿地面积14.3平方米。

大沂河公园

又名鲁能沂河公园。2000年，山东鲁能集团捐资200万元，由市园林处负责建设鲁能沂河公园，公园位于东、西104国道之间，大成桥两侧滨水区域，规划范围为南北大堤至大沂河两岸带状用地，面积为65公顷，全长2.1千米，砌垒路缘石4.18千米，砌垒蘑菇石1.81千米，沿河堤砌垒青石台阶、埋设地下喷灌系统；栽植各类乔、灌木9.1万株，移植大树55棵，花草11.7万株；新建主题广场2个、园中园2个；修建大小花池、花坛15个，景点小品16处，铺设游园路7千米。2009年，实施大沂河公园二期工程建设，同年9月下旬建成使用。二期工程占地44.6公顷，由上海复旦规划建筑设计研究院规划设计，总投资2.19亿元。公园中大沂河北大堤以北区域建设以“大成”为主题的中心广场，以古代“八音”为寓意，建设“金乐、石乐、土乐、革乐、丝乐、竹乐、匏乐、木乐”等8个景观节点广场，栽植灌木4600株、大树84棵；公园河道景观按照“三带五园”设计，建设绿化休闲带、滨水游憩带、水生植物带，木景园、曲篱园、玉石园、花景园、逝水园，同时进行河道开挖、修整和护砌，拓宽水面形成生态湿地，完成土方29万立方米、河岸护砌1.7万立方米；铺设石板路5万平方米，栽植乔木2500株、灌木92万株，种植草坪6.3万立方米；安装各种体育健身器材以及路灯、草坪灯、庭院灯等多种景观照明设施。

沂河岸边绿化带（摄于2013年）

体育公园

位于曲阜明故城东南，327国道与104国道交汇处，南临小沂河，东侧毗邻市民集中居住区，规划占地面积12公顷，由上海ANS国际建筑设计与顾问有限公司设计。工程总投资3000余万元，工程内容包括对体育中心拆迁改造，新建全民健身区、竞技体育区，建设生态园林健身区、滨河休闲健身区、竞技健身区，实施立体景观绿化、安装雕塑，开挖东湖水面，架设景观平台，形成滨水景观休闲区。公园绿化和造景树木品种以乡土树种为主，乔木主要以白蜡、栾树、五角枫、君迁子、朴树、楷树、大叶女贞、栾树为主，灌木配置以大叶黄杨、小龙柏、红叶石楠、小叶女贞、金叶女贞等为主，草坪以适应北方气候的冷季型草坪为主。一期工程于2007年6月启动，同年国际孔子文化节前竣工。

东迎宾区广场

2003年，市政府投资315.77万元，由园林处对京福高速公路入口处暨东迎宾区广场进行绿化。整个广场分为南北两部分，面积8.84公顷，建设人工湖3个、堆山2处。北半部分以一组迎宾亭为主景，南半部分以一组孔子率弟子周游列国大型雕塑做主景，共栽植碧桃、紫叶李、红枫、南天竹、瓜子黄杨球、松柏球等苗木17.14万棵，安装假山石23块，建设游园路及铺装面3960平方米，安装蘑菇石、花岗石、青石材质沿石2.68千米，安装草坪灯及泛光灯22个，种植白三叶草坪4万平方米。

舞雩坛公园

2003年，市政府投资41.53万元，由园林处对舞雩坛遗址进行绿化。清运垃圾1200立方米，购进种植土1200立方米，安装青石栏板777米，设置组合座凳20个，建设游园路及铺装面1.07万平方米，安装青石沿石、蘑菇石2.35千米，埋设地下喷灌系统一套，栽植乔、灌木1.36万株，种植白三叶草坪1.5万平方米，实现绿化面积4.32万平方米。

春秋公园

2005年，市政府投入绿化经费158.25万元，由园林处对春秋公园进行绿化。春秋公园位于春秋西路南，曲阜一中对面。清运垃圾3000立方米，购进种植土1.05万立方米，堆土山2处，埋设地下喷灌系统两套，栽植乔、灌木2730株，种植白三叶草坪6.08万平方米，实现绿化面积6.08万平方米。

圣贤广场

2006年，实施圣贤广场工程，拆除颜庙前老剧院办公楼、变压器以及破除旧路面5000平方米，新建广场长宽各60米，广场面积3600平方米，铺设广场高标准石板3500平方米，绿化100平方米，工程造价200万元。

蓼河二十里儒家文化体验景观带

又名蓼河二十里现代版清明上河园。蓼河综合治理工程是市委市政府打造“水绕城、水连城、水融城”生态宜居水城的一项民心工程、文化工程及生态

瑞雪降蓼河（2015年摄） 孟霞/摄

水利防洪工程，工程上起大沂河张曲橡胶坝，下至蓼河与大沂河交汇处，全长约10千米，综合治理水面面积约24公顷，蓄水量约120万立方米，两岸湖滨广场绿化面积约34.8公顷，面积共58.8公顷。整个工程共包括引水工程、人工湖工程、东104国道蓼河桥加宽工程、景观桥工程、喷泉激光水幕电影工程、橡胶坝工程、景观工程及蓼河治理下游延伸工程，投资7.2亿元。工程分为两期建设。其中，蓼河下游一期工程2013年10月动工，建设礼园、仁园、义园、智园、信园等五大儒家文化主题公园；二期工程上起大沂河张曲坝段，下至蓼河一期地段，全长约5千米，工程规划建设“温、良、恭、俭、让”5个儒家文化主题园。

高铁曲阜东站连接线及广场建设工程

高铁连接线及广场建设工程是曲阜市2011年全市重点工程，内容包括高铁广场硬化铺装、一环二环站前路建设、连接线双侧人行道建设，投资近1.2亿元。2011年1月21日，市住建局党委在京沪高铁曲阜站前广场建设一线举行高铁工程建设誓师大会。动员干部职工推行“天天一线工作法”和“全员全天待命”工作法，打破系统各单位内部种种局限，随时调动全系统的人力和物力，保障工程各个环节不脱节、不误工。工程指挥部坚持“以人为本”安全管理理念，完善安全管理体系，签订安全合同，分解安全责任，削减安全风险。住建系统2000多名干部职工围绕“430”（当年4月30日前）任务目标，发扬“苦干、实干、拼命干”精神，参战一线。工程于4月28日竣工，施工时间不到一百天，清运建筑垃圾9万立方米，清输土方11万立方米，铺设各种管线20千米，水泥稳定层10万平方米，沥青油面11万平方米，人行道板8万平方米，广场石板2.8万平方米，安装路灯720盏，铺设电缆26千米。市住建局被市委、市政府授予高铁会战“铁军”称号，中共曲阜市委十三届第九次全体会议要求全市弘扬“高铁精神”。

第二节　绿化工程

1991—1992年，市园林绿化管理处（以下简称市园林处）更新旧城区主要街道老化行道树种，绿化327国道沿线3千米，新增明故城北门东段绿化面积1876平方米。1993年，全市新增城区绿化面积1.9万平方米，完成鼓楼大街与327国道交叉路口绿化面积1320平方米、大同路与春秋路交叉路口绿化面积5200平方米、小林河沿岸940平方米。1994年，市政府投入绿化经费90万元，对林道路、林门东路、延恩西路、东104国道小北关至书院乡段进行绿化，共栽植苗木22个品种24102株，马尼拉草坪5590平方米，女贞绿篱2.45千米，砌垒水泥护栏墙555米，建设凉亭花架两处，形成绿地总面积3.13万平方米。1995年，对城区内22个村街、202个企事业单位、24条街道开展绿化设施普查，结果表明，城区绿化总面积为269.79万平方米，公共绿地43.12万平方米，绿地率29.6%，覆盖率32.12%，人均占有公共绿地7.27平方米，有省级绿化先进单位5个。1999年，市政府将城区7条主要道路及2个重点区域绿化任务分解到26个单位，集资124.74万元，实施鼓楼大街（包括林道路、大同路）、大成路、春秋路、327国道、孔孟新道、东104国道、舞雩坛路7条主要道路绿化建设或完善工程。2000年，实施青年渠及逵泉路等处绿化工程。2001年，完成104国道曲阜至泰安市界，327国道曲阜至兖州市界，327国道城区段（西104国道至旧县东）两侧，京福高速公路曲阜出口等处绿化工程。2002年，完成舞雩坛路、新文化路、327国道百花园、市政府西绿地，327国道两侧及东迎宾区等园林绿化工程。2003—2005年，完成南泉绿地、粮食局西绿地、浴沂广场、东迎宾区广场、舞雩坛公园和春秋公园的绿化建设任务；实施327国道（拆迁段）、西外环（327国道—春秋路段）、春秋西路和长春路（环卫处前）、环护城河带绿化工程。2006年，市政府投资150万元，购进种植土5万立方米，对全长4千米的西外环进行绿化，共栽植苗木4062株，孤赏石造型2个，堆假山2座，下铺马尼拉草坪1.1万平方米，安装蘑菇石4千米，在分车带以小龙柏形成矩形图案，以小叶女贞形成两道绿篱，下铺白三叶草坪1.43万平方米，实现绿化面积2.2万平方米。2007年，实施体育公园、小沂河、市政府后、林前广场绿地建设工程。2008年，建设游客中心绿地、会展中心周边绿地；实施提升崇文大道、沂河公园绿化改造工程。2009年，对春秋路、鼓楼大街、东西104国道进行绿化提升。2010年，对大成路南延、长春西路实施绿化配套建设。2011年，完成南迎宾曲广场、高铁连接线绿化配套建设。2012年，实施城区大绿化工程，在小沂河、大同路、东西104国道、327国道等城区主要绿地公园、道路绿化配套区栽植樱花。2013年，实施孔子大道、大成路、滨河路和春秋西路等道路、重要节点绿化工程，完成春秋公园、蓼河二期公园、体育公园等公园绿化建设任务，完善仁和广场、民族公园和人民公园建设，在城区建设街头游园和绿化用地3万平方米；对滨河观光大道和尼山路、尼山东路、学院路、杏坛路、盛文路等道路绿化景观进行改造提升，栽植乔灌木59.19万株，黑松桩景239株，种植草坪16.8万平方米，回填种植土4500立方米；在大沂河公园、大成路和圣水苑小区等沿线道路、庭院栽植乔灌木、地被38.3万株，种植草坪2400平方米；完成吉祥、如意小区等安置房小区绿化工程，栽植乔灌木94.8万株。

第五章　市容　环卫

20世纪90年代，曲阜市垃圾收集处理比较粗放，一般用填埋方式处理垃圾。1992年，城区日产垃圾约80吨，做到日产日清。同年，曲阜市被评为全国卫生先进城市。1995年，市政府制定《曲阜市城市环境卫生管理暂行办法》；6月，成立河道管理站，实施城区河道保洁。2002年4月，新建2座地下封闭式垃圾中转站。2006年，实施景区周边、旅游黄金通道、接待宾馆周边、人口密集区及公共场所全日保洁。2009年，曲阜市城区15座水冲式公厕全部免费对外开放。2013年9月，城区公厕内部设施全部升级为国家卫生城市标准，全部免费对外开放。

第一节　市容整治

1991年，曲阜市环境卫生管理处（以下简称市环卫处）负责城区52.5万平方米路面和城区386处厕所保洁工作；对鼓楼大街、西门大街等十余条主要街道进行治理，拆除违章建筑和实体围墙1530平方米，新建透景墙300平方米。1995年，制定《曲阜市城市环境卫生管理暂行办法》。1998年，城市环境卫生实施责任区域划分，按牌立界，全日保洁。2000年，更换新垃圾箱20个，喷漆更新垃圾箱78个、果皮箱50个，安装公共厕所导向牌20个；垃圾清运做到日产日清。2003—2005年，对城区600个垃圾箱、800个果皮箱进行更新，喷漆刷新。2005年8月，市环卫处购置2台高压水冲自动喷洗机，对城区重要景点、墙壁"野广告"进行集中清洗，清除各类"野广告"1万余条。2006年，对景区周边、旅游黄金通道、接待宾馆周边、人口密集区及公共场所清扫保洁实行弹性工作制，两班人员轮流保洁。2009年，建起一座日处理120吨生活垃圾压缩站，撤并城区垃圾点60余个。2011年，市环卫处开通环卫热线"0537-4426255"，成立20人环卫应急分队，保证接到电话30分钟内到达现场。2013年，市环卫局管理队伍发展至600余人，拥有6辆洗扫车，道路保洁机械化作业率70%以上。

第二节　垃圾收集与处理

1991年，市环卫处投资25万元，在城区建造8座悬空式垃圾台，沿街设果皮箱150个，购置全封闭自卸垃圾清运车2部。1992年，投资16万元，购置全封闭自卸垃圾清运车3部，城区新增垃圾箱30个，城区日产垃圾约80吨，做到日产日清；对城区积存垃圾全面清理，约5000立方米。1999—2002年，市环卫处清理、整治垃圾死角180余处，清运建筑垃圾、渣土、杂草及无主生活垃圾2.6万吨，查处乱堆、乱倒垃圾及车辆运行沿路漏撒造成环境污染案件7300余起。2001年12月，市环卫处成立环卫通运有限公司。2002年4月，市政府投资12.7万元，在逵泉路中段路南和仓庚路（小沂河南）西建设2座地下封闭式垃圾中转站，撤掉原来城区沿街垃圾箱、点32个，大同路到孔孟新道、大沂河至327国道范围内无沿街露天垃圾。2003年5月，在发生"非典"疫情期间，市环卫处制定环境卫生应急预案，开展城市环境综合整治行动，全体环卫干部职工坚持垃圾日产日清，适时洒药、消毒，及时清刷环卫车辆，清除卫生死角238处，清运各类垃圾1.8万立方米。2003—2005年，为改变城区垃圾点裸露污染环境情况，市政府投入100余万元，市环卫处自筹资金120余万元，被服务单位出资80余万元，在城区主要道路、重要景点、党政群机关、商场、公园等人流量密集场所，建设60座地下密封式垃圾中转站，每座垃圾中转站服务半径500米，撤掉沿街露天垃圾箱、点200个，实现生活垃圾从居民家到垃圾场不见天，减少垃圾二次污染。2006年，对城乡接合部、易形成垃圾死角部位实行专人看管，实行24小时巡查制度，查处乱堆、乱倒垃圾及车辆运行沿路漏撒造成环境污染案件4900起，办理建筑垃圾运输准运证1187个，出动宣传车进行环卫法规、法令、办法宣传，促进环境卫生管理工作规范化、制度化。2008—2011年，购置洗扫车1台、清扫车2台、洒水车1台、压缩车2台、化粪池抽吸车1台等，加大垃圾机械化清扫、洗扫力度。2009年，投资150万元，在市政府大院西侧建起一座日处理120吨生活垃圾压缩站，撤并城区垃圾点60余个；新购载桶专用垃圾车1部、购置240升聚乙烯垃圾桶和660升铁质垃圾桶310个；在城区道路两侧和居民小区设置标准240升聚乙烯垃圾桶180个，车辆装备与标准垃圾桶无缝对接，实现生活垃圾桶装化储存、机械化收集、集约化中转、密闭化运输、无害化处理；对清运作业车辆实行单车分片包干负责制和定人员、定车辆、定区域、定质量、定油耗、定安全，做到车走地面净，安全及时和高效作业。

生活垃圾压缩站（2015年摄）

创建国家卫生城市（简称“创卫”）期间，市环卫局协调各“创卫”战区拆除地坑式垃圾池及敞口式垃圾池100多个，全部更换为660升垃圾桶，解决垃圾渗滤液二次污染问题。在鲁城、时庄、书院、小雪、息陬、陵城等镇（街道）设置垃圾清运点，保持生活垃圾密闭式运输及垃圾日产日清；购买4辆洗扫车、4辆小型清扫车、2辆8吨垃圾压缩车、3辆3吨垃圾压缩车、2辆钩臂车、1辆高压冲洗车，新建12座垃圾中转站，配备高水平垃圾压缩设备，逐步建立起“人工保洁+机械化清扫”作业模式。

第三节　河道保洁

1995年6月，曲阜市成立河道管理站，保洁范围为护城河、大沂河、小沂河、小林河、鲁故城河约30万平方米水面，主要职责为清理垃圾、拔除杂草，配合绳网浮桥挡围浮萍，每天定期巡视河道，并派专人打捞水草、浮萍。2003年5月，对全长700米、宽40米的明故城河进行集中清淤，清除河底垃圾3900立方米，清除各类杂草4200立方米。“创卫”期间，清除城区河道淤泥、杂草、浮萍、垃圾1万余吨。2013年，对城区护城河、小林河、小沂河、故城河、体育场人工湖、献泉池等全长12千米28万平方米水面保洁实行划片包干，实行城区河道全天保洁。

第四节　公厕管理

1995年，新建16座高标准水冲式公厕和4个垃圾中转站等设施。1999年8月，市环卫处对24处水冲公厕全部粉刷，对其内部水、电设施进行更换。2003—2005年，对23座水冲公厕内部设施更新配套，粉刷墙壁，并对公厕内部水、电设施，门窗玻璃及时维修更新，保证通水、通电、通风设施正常使用。2009年，对城区15座水冲式公厕免费开放，投资21万元对其设施进行升级改造，实行一厕两人负责管理，全天保洁、定时冲刷，定点消杀；每月对公厕设施进行一次全面检修，确保设施完好，正常使用。2013年9月，“创卫”期间，全市拆除旱厕300余座，新建改建公厕78座，内部设施全部升级为国家卫生城市标准，城区105座公厕全部实现免费对外开放。市环卫局对所属17座公厕进行升级改造，新建公厕28处，增加残疾人无障碍设施；对“创卫”各战区内旱厕进行拆除，或按照国家卫生城市标准改造。

第六章　公用事业

1991年，曲阜市城区供水普及率为97%。1998年8月，曲阜城市燃气项目投产运营。2002年，市政府制定《曲阜市城区集中供热管理办法》和《曲阜市城区集中供热入网管理办法》。8月，圣华热电有限公司成立，实施热力管网规划、建设，并向市区集中供热。2003年4月，市污水处理厂投入试运行。2008年11月，富华燃气完成管道天然气进曲阜和城区管网升压改造工程，曲阜市民用上国家西气东输管道天然气。2010年8月，聚源供热有限责任公司成立，承接向城区（大沂河以北）集中供热任务。到2013年年底，曲阜市日供水能力10万立方米，服务人口18万余人；全市集中供热在网面积400余万平方米。

第一节　城市供水

1991年，市自来水公司位于鼓楼南街，辖水厂、安装公司、劳动服务公司，有员工170人。1991—1993年，市自来水公司安装供水管道29.27千米，曲阜市拥有城市供水管道95千米，供水普及率为97%。1993年，全年供水量1149万吨。1994年，铺设半壁街、舞雩坛路、逵泉路、东林西等路段供水管道8.25千米。1995年，对红星新村家属楼、供电局、啤酒厂等20多处铺设供水管道8.93千米；市自来水公司拥有水资源地及深井7眼，日供水量3300吨。1998年，安装变频器1台，实现供水自动恒压控制；完成鼓楼大街等27项自来水安装工程，铺设大小管道4千米；开通供水服务热线。坚持以“想用户之所想、解用户之所难”为宗旨，不断完善服务承诺和服务内容，解决用户热点、难点问题，热线电话处结率达到100%。1999—2002年，铺设和改造鼓楼大街、老东门大街、林门西路消防专线、逵泉东路、高管局、有朋路、曲师大、书院街道供水工程，完成大小管道安装65条，增加100毫米以上管线2.8千米、100毫米以下管线5千米。2003年，市自来水公司与济宁供水集团共同出资800万元，注册成立圣城供水有限责任公司。2009年，完成大成桥、沂河公园、香格里拉、新汽车站、圣地花园等22项新供水管网安装工程。2010年，更新抄表收费系统，开设多个收费窗口和网上缴费平台，对部分管网和用水大户安装远程监测系统。2011年，实施京沪高铁连接线和高铁曲阜东站广场片区供水工程——高铁水厂开工建设，水厂总投资3000万元，设计供水能力4万吨。到2013年年底，市自来水公司下辖沃特安装公司、圣泉富氧纯净水有限公司、圣水源供水有限公司、圣城供水公司4家子公司，拥有水源地3处、深水井9眼、直径100毫米以上供水管道339千米，日供水能力10万立方米，担负城区、新区、高铁片区及部分镇街村庄生产、生活和文物古迹消防的供水任务，成为集城市供水、工程安装、纯净水销售为一体的国有中二型企业。

第二节　城市燃气

曲阜城市燃气项目于1991年经山东省计划委员会立项，1992年7月开始筹建。市燃气公司位于城区西郊327国道北侧，占地7.33公顷。1998年8月，曲阜城市燃气项目投产运营。由于投资力度大、燃气用户少、覆盖规模小、运营成本高等诸多因素，一直处于亏损状态，主要靠市政府财政补贴运营。1998—2003年，企业亏损额平均每年在350万元左右。2004年4月，曲阜城市燃气与英国富地燃气合资成立曲阜富华燃气有限公司（简称富华燃气），总投资5200万元，注册资本2600万元，其中曲阜市国有资产占股30%，富地燃气公司占股70%。2006年，富华燃气建设标准加气站一座，是济宁市第一家汽车加气站。次年，成立天然气汽车改装厂。2008年11月，富华燃气完成管道天然气进曲阜和城区管网升压改造工程，曲阜市民开始用上清洁环保的国家西气东输管道天然气。当年，富华燃气公司采取车运压缩天然气方式，实现向泗水燃气公司、曲阜和顺铝业公司供气。2010年，富华燃气与中石化、中石油签订供气协议，解决输差问题，节约资金100万元。当年，富华燃气公司被评为山东省燃气行业安全管理先进集体。2012年，富华燃气发展居民用户3825户，工、商业用户17户，年供气量1229万立方米；自筹资金1200万元，建设第二气源工程，包括7千米次高压管线和占地5300余平方米调压站1座。到2013年年底，富华燃气公司固定资产9800万元，有员工176人。

济宁曲阜新区富弘燃气有限公司　2004年7月，济宁曲阜新区富弘燃气有限公司（以下简称富弘燃气）成立，由香港富地燃气发展有限公司和济宁华润燃气有限公司合资组建而成，是市政府指定在原曲阜新区（陵城、小雪、息陬三乡镇）范围内唯一一家管道燃气公司，承担曲阜市大沂河以南管道燃气建设经营和曲阜市区燃气供应任务。2012年，天然气管线在高铁新城形成南至崇文大道、北至大沂河南岸、东至京沪高铁、西至西外环路的管网，保障3万余户居民生活用气及宾馆、食堂、学校、医院、工业等用户用气。2013年，完成杏坛路西外环路口至工业西路管线，圣水苑、林兴苑、官庄社区等小区管线，工业西路至德化路口燃气管网，陵兖路至鲁贤社区管网，杏坛路至官庄社区燃气管线建设。至2013年年底，富弘燃气公司固定资产为3800余万元，铺设天然气中压管线45千米、低压管线100千米，拥有居民燃气用户1.8万余户、工商业用户9户。

济宁中石油昆仑燃气有限公司曲阜母站　隶属于中国石油天然气集团公司，位于息陬镇大辛庄村南侧，2009年施工建设，于2010年4月1日投产运营。气源是西气东输一线冀宁联络线曲阜分输站开口，母站设计规模一期为30万立方米/日，主要生产经营车用压缩天然气，供应曲阜市、泗水县煤气公司管道天然气。2013年，公司占地2.32公顷，建筑面积2671平方米。

第三节　城市供热

20世纪90年代初期，曲阜市没有大型集中供暖设施。市委、市政府机关备有锅炉，为机关工作人员办公供暖。一些机关企事业单位自备锅炉，为单位办公和职工宿舍供暖。2002年，市政府制定《曲阜市城区集中供热管理办法》和《曲阜市城区集中供热入网管理办法》。8月，圣华热电有限公司成立，位于裕隆路曲阜工业园内，系市政公益事业企业管理单位，隶属市建设局，负责筹建曲阜市热电联产项目，实施曲阜市城区热力管网规划、建设，并向曲阜市城区集中供热。2003年，圣华热电有限公司铺设蒸汽管网12千米、水网2千米，于当年底首次向城区集中供热。2004年6月，山东圣方热力有限公司（简称圣方热力）成立，位于济宁学院西邻，占地面积3.14公顷，建筑面积5000余平方米，为曲阜南新区企事业单位提供供热服务，设计供热规模600万平方米。2006年11月，完成与华能曲阜电厂汽网管道对接工程，并投入使用。到2007年年底，圣华热电有限公司累计铺设钢套钢直埋蒸汽管网18.5千米、水网20千米，建设换热站和联片供热站42座，拆除10吨以下燃煤、燃油锅炉50台，累计完成投资9600万元，供热能力180万平方米，为60多个单位和1.3万户市民提供供热服务。2010年8月，曲阜聚源供热有限责任公司（简称聚源供热）成立，属公用事业性质，位于裕隆路，由山东聚源供热有限责任公司、曲阜市圣华热电有限公司、山东圣方热力公司共同出资成立，全面承接原圣华热电有限公司向曲阜市城区（大沂河以北）集中供热任务。2011年，增加汽车站、职业中专、酒厂宿舍、锦华园、锦绣庄园、千禧苑等18个小区供热面积76.7万平方米，在网面积超过400万平方米近3万户居民。2012年，增加沂河小区、大成小区、龙虎小区、南池社区等约3万户居民供热面积43万平方米。2013年，在东部开发区建设热源厂一处，增加150万平方米供热能力，向杏坛世家、锦绣庄园、儒轩家园、文明小区、畅园小区、天博汽配家属院、金皇活塞家属院、千禧园三期、锦华苑二期、国贸中心居住楼、纺织厂家属院、犁铧春秋等社区单位供热，面积近50万平方米，在网面积近500万平方米。到2013年年底，曲阜市城市供热能力350吨/小时，供热总量136万吉焦，集中面积392万平方米。

第四节 污水处理

1993年，曲阜市污水排放量852万吨，其中工业废水747万吨，企业废水排放达标率为80%。1995年年初，市政府委托市建委筹建曲阜市污水处理项目，设计规模为日处理污水4万吨，设计出水标准执行二级排放标准，总投资1.19亿元，配套管网30千米。1997年12月，曲阜市污水处理厂动工。2003年4月，投入试运行。2005年4月，正式运行，各项出水指标优于设计标准。

2007年9月，市污水处理厂安装进出水在线自动监控设备，实现化学需氧量、氨氮数据直接传输省环保局联网和自动监控设备第三方运营管理，做到24小时监控，确保正常运行、达标排放。2004年，市污水处理厂启动中水回用项目立项工作，项目概算总投资4695万元，其中利用韩国政府贷款2100万元，设计规模4万吨/日，其中中水回用量3万吨/日，外排达标水量1万吨/日，设计出水符合《城镇污水处理厂污染物排放标准》一级A标准。2005年，市污水处理厂中水回用项目被市政府列为十大重点项目之一。该项目2008年3月开工建设，2009年6月投入试运行，出水水质符合一级A排放标准。中水主要用于华能曲阜电厂冷却循环用水、蓼河景观补充用水及市政园林部分绿化用水等。

随着曲阜市城区不断向南发展，污水处理厂处理能力难以适应城市发展，市政府决定在大沂河以南建设第三污水处理厂，由济宁供水集团总公司投资建设运营。第三污水处理厂于2012年7月筹建，采用“预处理+A2O+二沉+絮凝沉淀+过滤+消毒”三级污水处理工艺，处理后主要污染物合乎国家《城镇污水处理厂污染物排放标准》(GB18918—2002)一级A排放标准；总投资7431.14万元，设计规模30000立方米/日；厂址位于陵城镇西果庄村西侧，占地面积3.06公顷。

曲阜市污水处理厂 曲阜市污水处理厂成立于1998年2月，隶属于市建委，属于公益性企业，运营费用由市财政直接拨付。2010年，根据市政府《关于曲阜市污水处理厂招商引资问题的批复》，将市污水处理厂产权转让给济宁供水集团。2011年7月，市住建局代表市政府与济宁供水集团签订资产转让协议；9月29日，曲阜市政府与济宁供水集团签订曲阜市污水处理厂特许经营协议；10月，济宁供水集团接管曲阜市污水处理厂。2012年10月，经曲阜市污水处理厂职代会通过、济宁市国资委批准，曲阜市污水处理厂

2005—2013年曲阜市污水处理厂运行指标表

表4–4

年度	运行天数（天）	年处理总量（万吨）	满负荷运转率（%）	平均出水水质毫克/升					消减量(吨)		
				生化需氧量	化学需氧量	SS	氨氮	TP	化学需氧量	氨氮	TP
2005	271	758		22	48	21	–	–	–	–	–
2006	360	1066.4	74	20	45	20	5.4	0.88	–	–	–
2007	362	1133.6	78.3	19.8	20	43.8	5.4	0.87	2083	109	17
2008	344	1075.5	78.3	18.75	37	20.71	4.1	0.9	1735	96	16
2009	320	1096.1	85.6	19.23	35.5	17.55	3.625	0.761	2667	153	14.72
2010	365	1306.4	89.5	12.38	34.04	11.66	2.15	0.31	3671	180	16.29
2011	365	1328.8	91	6.75	28.03	5.84	1.9	0.34	3744	184	17.27
2012	366	1418	97	6.3	22.44	5.83	2.65	0.3	4660	251	30
2013	365	1451	99	6.29	22.71	6.21	3.35	0.29	4294	273	29

改制为曲阜市污水处理有限公司，为国有独资有限责任公司；并引进现代企业管理制度，进行组织结构梳理、竞聘上岗。

2013年，曲阜市有2个污水处理厂运行，全年处理污水量1451万吨，日污水处理能力7万吨。

第五节　公共交通

公交汽车

1998年，曲阜市成立中通公交汽车有限公司，运营26辆公交车，线路2条（曲师大—纺织厂、北兴—孔林）。2002年，公交车增至50辆，线路增至5条。2008年，市委、市政府提出“完善城乡公交运营机制，实现城乡公交一体化”战略，曲阜市交通服务中心与济宁交通运输集团有限公司共同出资成立曲阜市城乡客运有限公司。年初购置公交车50辆，开通公交线路5条，通车里程316.5千米；年底又购置公交车15辆，增开公交线路2条。2010年，购置13辆7米以下小公交车，开通5条农村客运线路。2011年，为实现京沪高铁乘客零换乘，购置10台大型豪华天然气公交车，开通曲阜汽车站至高铁曲阜东站公交线路；购置6辆高档公交车，开通曲阜至石门山旅游景区公交线路。2012年，购置32辆公交车，为全市117所中小学校开通公交线路，实现全市3240名农村中小学教师上下班免费乘车。2013年，购置公交车40辆，增开城乡公交线路5条，实现全市“村村通公交”；开通曲阜—济宁城际公交。到2013年年底，全市拥有公交车190辆，共开通城乡公交线路35条，通车里程800余千米。

2012年，曲阜市农村中小学教师免费乘坐公交车上下班

出租车

20世纪90年代初期，曲阜市第一代出租车开始运营，车型以松花江、昌河面包为主，90年代中后期发展到300辆运输规模。2003—2007年，对全市出租车进行第一次更新，将面包车全部更换为轿车，车型以奇瑞、捷达2种品牌轿车为主。2012—2013年，全市出租车进行第二次更新，车型以捷达、志俊、现代3种品牌轿车为主，使用油、气双燃料，并统一出租车专用色，悬挂专用车牌。2013年，全市拥有客运出租车公司2家、出租客车209辆，从业人员400余人。

第七章　房产管理

曲阜市房地产业起步于20世纪90年代中期，房地产业发展改变了曲阜城市面貌，改善了市民居住环境。2010—2013年，由市政府主导建设华沁苑小区、仁和小区、裕馨花园、水岸雅居小区合计2434套，由企业自筹代建大庄研究生公寓、中联水泥公租房改造、西关民族花园小区等合计985套，建设各类保障性住房3419套。2013年，曲阜市房地产业共完成开发投资19亿元，开发建设面积232万平方米，开发建设项目48个；全市有房地产开发企业38家，办理房地产企业资质上报15家。

第一节　住房制度改革

1991年，曲阜市制定住房制度改革方案。1992年

12月，制定《曲阜市城镇住房制度改革实施方案》和《提租补贴办法》。至1993年年底，有70多个单位3700余户进行改革，总面积约25万平方米。1994年，市政府成立住房制度改革领导小组办公室。同年，开展公有住房出售工作，有1.2万户居民购买自住公有住房，以成本价出售，每平方米建筑面积428元，后逐年调整价格。2000年，每平方米调整为670元。2003年，出售公有住房建筑面积74万平方米，每平方米835元。1998年，国家实施住房制度改革，停止福利分配住房，实行货币化住房补贴。2002年，成立房地产开发建设管理办公室。2004年，设立市房地产开发管理服务中心，房地产开发建设管理办公室撤销。2009年6月，市住房制度改革领导小组办公室更名为市住房保障办公室。

第二节　城市综合开发及房地产开发

1991—1993年，曲阜市城市综合开发完成建筑面积7.37万平方米，其中住宅面积4.35万平方米，工程总量7000万元。1993年，开发后作街一期工程面积1.84万平方米、五马祠太白楼工程4800平方米、林前广场3500平方米、大成小区3万平方米。1994—1995年，市政府以住宅开发为龙头，市场建设和旧城改造并举，重点进行大成、龙虎、红星住宅小区为主体的安居工程建设，竣工面积5.6万平方米，居民住房难问题得到缓解；开发后作街二期工程、曲阜商城、圣都商城等项目建设，面积18.8万平方米；完成迎宾曲、天官第街、西104国道旧城改造开发工程。1996—1998年，开发改造五马祠商业街、阙里宾舍、孔府商城、华联商厦等一大批商业网点及六艺城、论语碑苑、华夏文化城等一批旅游场所，建成体育中心、图书馆、文化宫等科教文化、体育设施，开发建设沂河、龙虎、红星等住宅小区。1998年年底，曲阜市城区人均居住面积10.27平方米。

20世纪90年代后期，曲阜市拥有3家具有资质的房地产开发企业：城市建设综合开发公司、鲁建房地产开发总公司、房屋建设综合开发公司，均为国有企业。城市建设综合开发公司开发项目主要有龙虎小区、奎文嘉苑、富贵名苑等小区，房屋建设综合开发公司开发项目主要有汇泉小区、国贸中心，鲁建房地产开发总公司开发项目主要有静轩小区、春秋丽景花园等。1999—2002年，市房地产管理处完成开发投资1.3亿元，开发面积26.2万平方米。2003—2005年，完成房地产投资2.1亿元，建筑面积66万平方米，销售面积16万平方米，销售额2.27亿元。2007年，曲阜市拥有资质开发公司20家，其中三级资质5家、四级5家、暂定资质10家，外地到曲阜投资建设7家。到年底，房地产业完成投资6.7亿元，房屋施工面积124.2万平方米，其中竣工49.82万平方米，实现销售额5.2亿元；办理房地产开发经营许可证13项，办理商品房预售许可证42项。2008年，房地产业完成投资3.2亿元，房屋施工面积62.7万平方米，实现销售额6.5亿元，普通商品房住宅均价为2450元／平方米；办理房地产开发经营许可证11项，办理商品房预售许可证20项。2009—2010年，完成投资10.88亿元，施工面积138.32万平方米，预(销)售12.82万平方米，实现销售额9.73亿元；办理房地产开发经营许可证21项，办理商品房预售许可证29项，2010年，普通商品房住宅均价3200元／平方米。2011年，完成投资6.4亿元，施工面积153.27万平方米，实现销售额5.63亿元，全市新建商品房均价3750元/平方米；办理房地产开发经营许可证13项，办理商品房预售许可证29项。2012—2013年，完成投资31.6亿元，施工面积385.43万平方米，实现销售额34.8亿元；办理房地产开发经营许可证34项，办理商品房预售许可证49项。到2013年年底，全市有房地产开发企业38家，房地产项目48个，实现销售额24.44亿元，开发规模30万平方米以上项目10个。

第三节　交易市场管理

曲阜市房地产交易登记中心位于大同路2号，系副科级事业单位，隶属于市住房和城乡建设局。其前身为市房地产开发建设服务中心。1991—1993年，市房地产开发建设服务中心办理房屋确权200户，房屋交易89起，交易额640万元。1994—1995年，加强房屋拆迁管理、房地产交易管理和产权产籍管理，完成房地产交易额6218万元，办理房屋确权3563户，确权面积122.65万平方米，完成房地产评估量3965万元，公

房维修工作量108万元，维修面积10.689万平方米，收缴房屋租金18.5万元，收缴率98%。1996—1998年，办理交易561户、面积26万平方米，确权3763户、面积134.54万平方米，租赁821户、面积2.8万平方米，抵押30户、面积1.2万平方米；完成评估工作量1.38亿元；房管所完成房屋维修量89万元。面积5.1万平方米；房租收缴38万元，收缴率为93%。1999—2002年，市房地产交易完成交易988户，交易额1.15亿元，确权7127户、面积216万平方米，抵押803户；完成评估32.6万平方米，评估额2.25亿元。2003—2005年，完成交易3050户，确权2300户、面积86.4万平方米，抵押2270户；完成评估72万平方米，评估额4.6亿元；完成测绘180万平方米，测绘额150万元。2006—2007年，完成交易1972户，确权1275户、面积79万平方米，抵押3422万户；完成评估82.3万平方米，完成测绘65.2万平方米。2009年，市开发建设服务中心政企分离，更名为市房地产交易登记中心，实施“一站式”服务、发证“一条龙”服务、延时服务以及绿色通道服务等便民服务制度。2008—2011年，市房地产交易登记中心确权4110户、面积195.72万平方米。2013年，对29家企业31个账户进行资金监管，并出具收存证明余额2000余份，信息补录453份。

第四节　房屋拆迁管理

1992年3月，曲阜市城市建设房屋拆迁办公室成立，为股级事业单位，隶属于市建委。1991—1993年，曲阜市在城市综合开发过程中，拆迁居民600户，房屋1600余间、面积3万平方米。1994年，实施雕塑“迎宾曲”环境建设开发工程建设，拆除房屋211间、面积4800平方米。1995年，实施大成路道路工程建设，拆迁9户居民和6个单位建筑物1.15万平方米；实施逵泉路道路工程，拆除5个单位和33户居民建筑物3.34万平方米；孔府商城建设过程中，拆迁35户居民和12个单位，面积1.2万平方米；实施天官第街开发改造工程，拆除建筑物1.2万平方米。1996—1998年，实施林道路、西关大街、半壁街等街道和南关美食城、圣府商城等五大片开发改造工程，拆迁居民600余户，房屋3160间、面积7.2万平方米。2002年，实施孔府西苑、曲阜一中扩建、科技城扩建、327国道东段等城市建设工程，拆迁居民350余户、面积5万余平方米。2003年，实施小林河治理(西关至更道段)、春秋路西延(仓巷段)、孔子商贸城等城市建设工程，拆迁居民260余户和7家企业，面积4.8万余平方米。2004年，实施静轩路沿线拆迁、绿化美化工程建设，对一些有碍观瞻影响市容的建筑实施拆迁，面积2.43万平方米。2005年，实施春秋路拓宽(仓巷段)、孔子研究院(二期)扩建等工程，拆迁居民35户和4家企业，面积1.2万余平方米。2008年，实施大沂河广场工程，拆迁居民40余户，面积1万余平方米。2009—2010年，实施大成路南延、京沪高铁曲阜东站配套工程建设，拆迁居民760余户、面积15万余平方米。2011年，市城市建设房屋拆迁办公室更名为市房屋征收办公室，为副科级事业单位。同年，实施春秋路东延建设工程、医药公司居民片区工程、万佳(仓巷新村)片区A区工程等建设，搬迁居民314户、面积约5.2万平方米。2012年，实施球霸片区、仓巷片区、国家级文化产业示范园区核心区建设、尼山圣境工程建设，搬迁1517户村民、面积39.65万平方米。2013年，实施古泮池项目、小沂河北片区项目、颜府恢复项目、鲁城市场改造项目、西关酒城市场改造项目、康居路北延项目及华联北片区、高铁新区、小雪街道铁炉社区、陵城镇改造项目工程，搬迁住户2727户、企事业单位7家，面积62万平方米；在新型农村社区建设和危房改造工作中，全市总计启动村民安置房14499户，建筑面积174万平方米，总投资24亿元，拆除旧房7796户。

第五节　住房保障

2007年6月，市政府制定《曲阜市城镇最低收入家庭廉租住房管理办法》。当年，市内申请廉租住房90户，符合条件85户。市建设局开展城市低收入困难家庭住房状况调查工作，当年，有40户居民领到廉租户补贴资金。2010年5月，市政府制定《曲阜市经济适用住房管理办法》。2011年5月28日，首批经济适用住房电脑摇号、抓阄分房仪式在杏坛剧场举行，全市360户低收入家庭摇号、抓阄分房，并筛选出10户孤、老、病、残、特困家庭，将他们安置在一楼。同年，1240套保障性住房开工建设。到年底，全市享受廉租住房194户，其中租金配租146户，实物配租48户。2012—

2013年，认定廉租用房、经济适用房城市低收入家庭807户。2013年，全市保障性住房任务项目工程开工面积4.5万平方米，其中，吉祥小区公租房100套、廉租房100套，建筑面积1.2万平方米；裕馨花园经济适用住房项目建筑面积3.3万平方米。至年底，发放租赁住房补贴77户，补贴金额3.6万元。

第六节　物业管理

20世纪90年代，住宅小区多为机关企事业单位公房，住房维修或单位自身或单位协调建设部门处理，垃圾及卫生管理由单位或市环卫处承担。1998年3月，市城市建设综合开发公司成立龙虎住宅小区管委会，专门从事小区物业管理工作，系全市首家物业管理单位。2002年，成立5家物业公司，从事社区物业服务。2013年10月，市政府规范物业管理活动，制定《曲阜市物业管理办法》。到年底，全市有物业服务公司27家，分别对44处住宅和办公及商业项目进行物业管理和服务。

第八章　城市管理

曲阜市加强城管队伍建设，把城市管理作为优化人居环境和改善投资发展环境重要环节，标本兼治，齐抓共管。2006年12月，成立市城市管理行政执法局，加强市容市貌、城市规划、建筑市场、旅游秩序管理。2012年，成立市城市管理委员会，负责全市城市管理组织、协调、监督等工作。2013年，成立镇（街道）执法队伍，构建“两级政府、三级管理”城市管理格局，实施城市精细化管理。

第一节　市容管理

1991年，曲阜市城建监察大队负责城市市容环境管理和行政处罚工作。1994—1995年，市政府制定《曲阜市城市管理暂行办法》《曲阜市城市环境卫生管理暂行办法》等一系列政策文件，采取从公安、市政、园林、环卫、监察大队等部门抽调人员进行集中办公模式，成立城市管理办公室和综合执法队伍，行使城市市容环境管理职责。1996年，市政府与15个相关部门签订城市管理责任状，建立“路长”制市容管理机制，将城区主要街道划分为63个路段，分别由道路两侧单位负责包保环境卫生管理工作，小街小巷环境卫生则由所在居委会负责包保，单位、居委会负责人任“路长”，层层落实市容管理责任。2002年4月，市政府组建市执法大队，市城建监察大队、市城市管理办公室撤销，其职权划归市执法大队行使，下设4个执法中队，分别负责4个辖区市容环境管理及行政处罚工作。市执法大队坚持“疏堵结合，标本兼治”原则，采取管教结合、宣传为主工作方式，与城区3000个门头商店签订《门前三包责任制》，当年，对鼓楼大街、静轩路、大同路、五马祠街、仓庚路等主要道路进行综合整治，清理流动摊点987个，规范专业市场6处，整改不符合标准广告牌匾1226块，拆除乱搭乱建135处。2003年，采取日常执法巡查和专项整治相结合，错时执法管理和全时段执法管理相结合工作模式，以城区严管示范街为重点，陆续开展对早摊点、洗车点、门头匾额、落地灯箱、宣传布联的专项整治，规范早餐摊点190余家，没收乱摆乱放落地广告牌、灯箱1200余块，清除玻璃贴字1600余户。“非典”期间，配合市房地产管理处，对大成居民小区、沂河居民小区等开展“脏、乱、差”集中整治，清理占压小区绿地棚厦、菜地、煤池、压水井等违章物300余处。2004年，实行重点街道、路段责任包保机制，对城区严管街和东关市场、林前广场等6处重点区域的环境秩序进行定点定人管理。2006年，市城市管理行政执法局以城区严管街、市场、学校、景区周边等区域作为重点，落实“门前三包”责任制，定期对鼓楼大街等城区严管街的玻璃贴字、店外经营等违章行为开展集中整治活动，下达各类书面通知1万余份，搬迁小

北关建材城及三孔建材城内经营建材、废品收购、煤炭等经营户54家，拆除乱搭乱建建筑7000余平方米。购置电话自动追呼系统和高压清洗机，对主要城区乱贴乱画和非法小广告进行洗刷清理、查处。2008年，市执法局采取市场化运作和疏堵结合的管理措施，设立便民摊点市场、烧烤市场、小吃摊点疏导点、货运车辆集中停放区等16处，疏导安置各类经营摊贩600余个、洗车经营户80余户；投入资金15万元，完成城市主要道路空调外机罩的统一安装工作，共安装空调外机罩600余个，移转空调外机400余个；取缔华联夜市、好又多夜市、五马祠街夜市等占道夜市摊点群，取缔仓庚路孔子研究院路段、半壁街北段、有朋路等马路市场，拆除鲁都批发街乱搭乱建建筑。2009年，联合市三产办公室引入市场化经营机制，实施放心早餐工程，新设置早餐亭（车）80余个。同年11月18日，在市招投标交易中心公开招标城区非法小广告清理服务采购项目，万家灯火物业管理有限公司以年承包价12.2万元中标。2011年，实行"大错时"工作机制和每天"四集合、六时段"工作法，对城区早餐摊点、夜市烧烤进行整治，全年规范治理早餐、夜市摊点经营业户38户。2012年，市执法局被确定为全省第二批"和谐城管"创建项目示范单位。同年底，济宁市"和谐城管"创建现场会在曲阜市召开。2013年，市执法局开展"城乡建设管理年"活动。按照"青砖、灰瓦、白墙"明清民居风格，对东门大街、棋盘街、五马祠街等历史街巷实施街景提升改造；坚持"疏堵结合"和"便民、利民、为民"原则，通过市场化运作，对4处农贸市场进行升级改造，新建有朋路利民早餐市场、国老街市场、神风便民市场、圣泉市场、花鸟鱼虫古玩市场等12处标准化便民市场，安置城区各类摊点1160多个；开展占道经营、早餐夜市、门牌匾额、违章搭建等一系列专项整治行动，全年规范治理店外经营、占道经营3600余处，依法拆除城区违章搭建1200余处，清除不符合要求广告牌匾、宣传品4600余处，更换、整改门牌匾额4600余块。

第二节　规划管理

1991年，市建委规划科负责城区规划建设管理。1994年6月，市城建监察大队下设3个规划执法小组，以静轩路和鼓楼大街为界，分别负责3个辖区范围内的违章建设查处工作。1998年，组建建筑市场稽查队，对辖区内未取得建筑工程施工许可手续的公建工程项目进行监督检查。2002年4月，市城建监察大队撤销，其职权划归市执法大队行使。2003年3月，执法大队成立规划管理中队，负责城市规划区内各类违法建设行为查处工作。当年，依法拆除影响静轩路拓宽工程的违章营业楼2处，面积3000余平方米；拆除工业园非法建设房屋1422平方米，养殖大棚2800平方米，围墙700余米；拆除有朋路石拱桥东乱搭乱建12处等计面积300余平方米。2006年，市执法局将城市规划区划分为两个大区、4个小片，做到每一片都责任到人，拆除火车站广场、小北关建材城、三孔建材城、东关居委、西关居委、书院工业园等区域多处违法建设工程。到2007年年底，检查各类建设512处，查处违法建设287处，依法拆除违法建筑、棚厦6000余平方米，责令限期整改违法建设283处。2008年，市执法局与属地镇政府、街道办事处联合联动，强化重点区域巡查监控，依法拆除高铁站片区、汇鑫大厦工程建设区等区域违法建筑。到2009年年底，查处各类违法建筑730余处，组织拆除行动230余次，拆除违章建筑、棚厦面积2.7万余平方米，为孔子文化会展中心建设工程、孔子大道建设工程、大成路南延工程、重点片区和城中村改造工程等提供执法保障。2010年，与小雪街道办事处联合行动，拆除汇鑫大厦工地2处家禽养殖大棚及附属房屋3000余平方米；与息陬镇政府联合行动，拆除高铁站片区6处违法建筑2700余平方米。2012年，强化明故城区、城乡接合部、拆迁开发冻结区等重点区域巡查管理，查处各类违法建设案件446起，拆除春秋丽景小区、千禧苑小区西侧、林前居委以及小雪街道、陵城镇辖区各类违法建筑6.2万余平方米，为孔子博物馆工程、蓼河人工湖工程、逵泉西路工程等做好执法保障工作。

第三节　广告牌设置管理

20世纪90年代初期，曲阜市城市管理监察大队负责对城区广告牌设置进行管理。2002年4月，市城建监察大队撤销，其职权划归市执法大队行使。当年，市执法大队联合市建设局、市规划局、市公安局、市工商局、鲁城街道办事处等单位开展联合执法，对静轩路、104国道、鼓楼大街、五马祠街、南马道沿街门头匾额、户外广告等进行综合整治，拆除不符合标准广告牌匾1226个。2003年，联合市建设局等部门对大成路、仓庚路、有朋路等10余条街道户外广告进行集中整顿，拆除、更换广告牌匾1021块。2004年，配合市广告牌匾综合整治指挥部，拆除门头匾牌820块、楼顶大型户外广告牌132块。2005年，成立广告楹联整治指挥部，围绕打造孔子儒家文化特色目标，实施广告楹联整治工程，邀请国内著名书法家题写楹联、门头匾额700余块，更换鼓楼大街、神道路、林道路、静轩路等9条主要街道牌匾1260块，在鼓楼大街、神道路重点位置广告牌匾上方安装摄灯。2006年，制定严管街门头牌匾标准，在中国（曲阜）国际孔子文化节开幕之前，对东南马道、博文街门头牌匾按照黑（蓝）底金字仿古牌匾进行集中更换。2007年，对林前广场周边建筑及门牌匾额进行整改，恢复建筑物原貌，修补粉饰破损房屋及残墙，拆除喷绘及低档次门牌匾额，更换仿古牌匾90块；在逵泉路设置3000平方米大型公益宣传广告牌1块。2008年，市政府制定《曲阜市城市规划区户外广告设置管理暂行办法》，市执法局联合市财政局、市物价局制定印发《曲阜市城市规划区户外广告资源有偿使用收入征收管理暂行办法》，建立户外广告联审联批制度，规范户外广告有偿使用征收工作。2009年，配合市城市道路改造和街景提升指挥部，制定东、西104国道广告牌匾制作标准，印发《曲阜市街景提升所涉及道路广告牌匾制作要求》，拆除东、西104国道两侧不符合标准广告牌、灯箱281个，安装统一样式门头牌匾262余块；对存在安全隐患的华联商厦21层楼顶大型广告牌、圣城国贸原德庄火锅大型墙体竖式广告牌、东104国道和西门大街4处过街式广告牌进行拆除；通过公开招标形式，对五马祠商业街门头牌匾进行统一改造，拆除广告牌341块，安装324块。2009年6月，联合市财政局、市招投标办公室，举行城区13条城市道路灯杆广告经营权公开拍卖活动，雅图广告公司以45万元/年价格中标。2010年，联合市财政局、市招投标办公室举行墙体粉刷式广告资源经营权拍卖活动，东易工贸有限责任公司以3.6万元/年价格中标。2012年，通过公开招投标，将城区主要道路灯杆挂旗3年期广告经营权进行公开拍卖；设立26块便民信息栏，建立起“市场化清理+人性化疏导”的“小广告”综合治理机制；全年累计办理大型户外广告设置申请62件，新设置灯杆道旗1473块，更换公益广告牌1563处，安装国旗1738面，拆除违法户外广告23处。2013年，对城区6237块门牌匾额逐一进行登记和筛查，并制定《门牌匾额规范治理工程实施方案》和门牌匾额设置技术标准；11月28日，组织城区70家广告牌匾制作商召开门牌匾额治理工程广告业务培训会，统一城区门牌匾额制作和安装标准。到年底，完成鲁都批发街和大庄市场内157块门牌匾额改造，打造门牌匾额治理样板示范街；“创卫”期间，按照“一店一牌，整齐划一”标准和“使用新型材料，制作仿古牌匾”要求，整改门牌匾额3500余块，更换修整灯杆广告1860块，设置大型户外广告23处，制作公益宣传广告画面1.36万平方米。

第九章　村镇建设

1991年，曲阜市各乡镇均设有村镇建设委员会，市建委开展一乡、一镇、一村规划试点。年末，城镇居民人均住宅建筑面积5平方米，农村居民人均住宅建筑面积18.5平方米。1993年，完成乡镇驻地和409个村庄规划工作，全市13个乡镇驻地和50%以上村庄用上自来水。2002年，小雪镇、姚村镇被省政府确定为中心镇。2006—2007年，编制完成《尼山风景名胜区总体规划》。2008—2011年，实施新农村社区项目21个16085户，建筑面积193万平方米。到2013年年底，曲阜市城镇居民住房建筑面积人均33.84平方

米，农村居民住房建筑面积人均42.35平方米。

第一节　村镇规划

1991年，曲阜市加强村镇规划，市建委开展一乡（息陬乡）、一镇（陵城镇）、一村（小终吉村）规划试点。1993年，完成12个乡镇（曲阜镇除外）驻地和409个村庄规划。至1995年年底，全市13个乡镇驻地“八图一书”规划全部调整完成。2002年，小雪镇、姚村镇被省政府确定为中心镇。2003年，曲阜市把村镇建设纳入全市总体规划体系，年内完成中心镇、重点村、中国历史文化名村和姚村、时庄省级生态优美乡镇的规划编制。2005年，曲阜市10个乡镇2个街道全部完成“八图一书”规划，85%村庄编制“五图一书”规划，董庄、王庄、南辛、吴村等乡镇驻地编制开发建设详细规划。2006—2007年，编制完成《尼山风景名胜区总体规划》，对尼山景区的典型景观、游览组织、基础服务设施配套、文物建筑及石碑石刻的专项保护等进行系统规划；编制完成《九仙山风景名胜区总体规划》，将九仙山定位为观光农业示范园区，在对九仙山山林植被自然地形地貌和古迹进行保护基础上进行开发，形成曲阜市北部旅游景点。2008—2011年，市规划局成立村镇规划科，具体负责镇（街道）规划区范围内建设项目规划审核，指导镇（街道）各项规划编制工作；委托省城乡规划设计研究院编制《曲阜市城乡一体化规划》；编制完成《市域村镇体系规划》《农村住房建设与危房改造规划》《曲阜市新农村社区规划》等，与城市总体规划、新一轮土地利用总体规划紧密结合，推进曲阜市城乡一体化规划实施。2012—2013年，组织编制《尼山省级历史文化名镇保护规划》《凫村、夫子洞村等特色村落保护规划》及18个新建社区规划，推进3000人以上农村社区建设，加快全域城镇化进程。

第二节　镇街建设

1991年，曲阜市各乡镇均设有镇村建设委员会，负责镇村建设工作。1992年，市建委在全市开展山东省“十、百、千”村镇建设活动。1993年，曲阜镇于家庄、陵城镇小厂村被列为山东省“小康屋”农居试点。到年底，全市村镇道路发展到1974千米、1284万平方米，其中硬质道路588千米。1994—1995年，铺修村镇道路343千米，架设路灯2650盏，建设商业市场6处、住房4567万平方米，农民人均居住面积23平方米。陵城镇、姚村镇被省政府命名为新型乡镇，吴村镇白塔村，书院乡旧县一街、四街等12个村庄被省政府命名为明星村庄，曲阜市被评为济宁市村镇建设先进市。1996年，按照统一规划、综合开发、配套建设原则，对南辛、书院、陵城、小雪等乡镇驻地进行开发建设。1996—1998年，拓宽改造村镇道路625千米，硬化路面1976千米，安装路灯4050盏，乡镇驻地主要道路硬化率为100%；村庄一条街道路硬化率为40%，村通电率为100%、电话安装率为100%，农民人均居住面积26平方米。1998年，曲阜市省“十、百、千”活动通过检查验收；曲阜镇苗孔村、龙虎街，陵城镇小厂村，小雪镇西雪村，南辛镇大烟庄村，防山乡钱家村，息陬乡西夏宋村7个村街被评为省村镇建设“十、百、千”活动明星村；陵城镇、小雪镇被评为省村镇建设新型乡镇；曲阜市被评为省村镇建设先进市。2002年，姚村镇将政府前街改造为具有欧式风格的建筑群；小雪镇政府104国道两侧建设初具规模；陵城镇按照规划建设民营经济工业园区；息陬乡政府驻地沿曲尼路商业街南侧开发，推动当地经济发展；董庄、王庄、南辛、吴村等乡镇驻地均制定并实施开发建设规划。2003—2005年，有计划推进村庄合并工作，发展强村、中心村，推进村居楼房化，逐步减少自然村、经济薄弱村；做好乡村道路改造和管护，完善村村通柏油路、通客车，实施村村通有线电视、通自来水工程，年内发展有线电视村20个、自来水村25个；做好学校危房改造工作，推广农村改厕、改水，实施规范化卫生所、农村文化大院、农村敬老院建设工程。2006—2007年，市住建局与各乡镇配合，推行“一书两证”制度，查处违法乱搭乱建及无证建设行为。2007年，对全市31个村庄进行村庄整治，美化村容村貌、户容户貌，投入整治资金2000余万元，向上级争取资金3000万元，投入劳动力5万余个，清除垃圾、污染物3000余吨，建立休闲绿地1万余平方米。2008—2011年，实施新农村社区项目21个16085户，建筑面积193万平方米，总投资17亿元。2012—2013年，建立城乡环境卫生督查考核机制，每周一调度、每月一观摩、每季一点评。组织实施全市农村环境卫生督导点评活动，对78个村实施主街亮化，对237个村照明设施升级改造。实施村民安置房建设，建设14499户，建筑面积174万平方米，总投资24亿元。

第十章 建筑业

全市建筑业从分散到集中经营，从粗放到集约，由弱到强，建筑市场从无形到有形，走出一条适合全市建筑业发展的路子。1991年，曲阜市建筑业从业人员2.19万人，完成社会总产值1.28亿元。2013年，全市拥有资质以上建筑企业42家，完成建安产值57.27亿元，初步形成以工程总承包为龙头，以专业承包为依托，以房屋建筑施工为主，其他专业基本配套的施工组织结构，基本形成施工队伍规模与基本建设任务相适应的生产格局。

第一节 建筑设计

1991年，曲阜市建筑设计有限公司有职工42人，其中注册一级建筑师2人、注册一级结构师4人、高级工程师5人、工程师23人，内设建筑设计室、结构设计室、设备设计室、综合办公室5个职能科室，公司设计资质等级为乙级，隶属于市建委。1994—1995年，曲阜市建筑设计院完成81个单项建筑工程设计任务，计21万平方米。主要工程有鞍山玉佛寺大殿及山门、曲阜大成住宅小区、曲阜大酒店、圣都商城、阙里宾舍康乐城等。1996年完成设计任务13.8万平方米，1997年完成设计任务16.1万平方米，1998年完成设计任务26.4万平方米。1998年，市建筑设计有限公司获省农村住宅优秀设计三等奖1项。1999—2002年，完成省内外多项大型建筑工程设计任务，如市广播电视局办公楼（广电大厦）、孔子中英文学校、教师新村、圣都商城、孔子国际商贸城、杏坛圣梦剧场等，外地工程主要有日照市佛香阁、德州市旅游一条街、河南省安阳市古建一条街、黑龙江巴彦山旅游公园等，其中杏坛圣梦剧场获省优秀设计三等奖。2006—2007年，公司设计工程主要有嘉禾玉米油厂、尼山中学、曲阜师范大学科技一条街、富贵名苑小区、孔子研究院三期工程，外地工程主要有德州董子读书台、宁阳凤仙山风景区、济南大观园改造等工程，完成设计200余项，实现设计收入300余万元。

第二节 建筑管理

1991年，曲阜市建委设有建筑工程质量监督站，下设工程质量检测站。1998年8月，市建委成立市建设监理有限公司，为独立核算企业，隶属于市建委。公司拥有各类专业技术人员30人，下设办公室，财务科，项目监理一部、二部及派驻现场项目监理机构，全面履行监理合同约定各项条款。当年，公司监理工程17项，总建筑面积76370平方米，总投资6085万元。2001年，成立建筑施工安全生产监督站，坚持“安全第一、预防为主，综合治理”，开展创建安全质量标准化工地活动。2002年5月，成立建设工程交易中心，建立公开、公平、公正的市场竞争环境；7月，装饰装修管理办公室由原二轻系统管理调整到建设局管理。2003—2005年，安全生产监督站监督工程266个，建筑面积167万平方米，其中创建济宁市级安全文明卫生优良工地114个，创建省级安全文明卫生优良工地2个；为35家建筑施工企业办理安全生产许可证，组织全市556名建筑施工企业主要负责人、项目负责人和专职安全生产管理人员参加全省建筑施工企业管理人员安全生产考核。市建筑工程质量监督站监督工程362个，建筑面积46.23万平方米；其中取得济宁市优良工程16个，优良面积6.2万平方米，市广播电视大楼、市中医院2号病房楼、工商行曲阜市支行营业楼、曲师大科技实验楼、曲师大合堂教学楼等获省建筑工程质量最高奖“泰山杯”。2004年，市建筑施工安全生产监督站被评为全省建设工程安全管理先进单位。2013年，办理146个单位工程安全监督报监手

续、建筑面积107.69万平方米，工程竣工102个、37.89万平方米，办理建筑起重机械使用登记及安装拆卸告知书88件，办理建设工程安全竣工备案书36份；接受委托工程90个、面积85.7万平方米、造价11.16亿元，竣工工程92个、面积44.93万平方米、造价5.69亿元，办理竣工验收备案手续48个、面积34.74万平方米、造价3.9亿元，发出质量整改通知21份。

第三节　建筑企业

1991年，曲阜市除市属企业曲阜市建筑工程公司外，各乡镇均辖有建筑公司，其中有3家三级施工企业、8家四级施工企业、2家非等级施工企业，全市建筑业从业人员2.19万人，完成社会总产值1.28亿元。1995年，全市有四级以上资质建筑企业35家，建筑施工从业人员2万余人；施工年产值3.8亿元，其中外出施工产值1.1亿元。当年，市建筑工程公司晋升为国家中一型施工企业。1998年，全市有建筑企业40个，完成建安产值3.93亿元，实现利税3103万元，全年施工项目311个，竣工168个。2002年，曲阜市建筑业形成曲阜古建、钢结构、幕墙等专业优势，广电大厦（市建筑工程公司建）被评为省建筑工程质量最高奖“泰山杯”。2005年，全市建筑施工企业43家，从业人员4万余人，完成建安产值12.79亿元，其中21家施工总承包企业中二级企业6家，25家专业承包企业中一级企业4家、二级企业8家，涉及建筑幕墙、钢结构、园林古建筑、安装、电力、消防、预制件等门类。2006—2007年，全市完成施工总产值14.87亿元，实现利税1.12亿元。其中古建筑、幕墙、钢结构等施工优势明显，两年招标工程60个，中标价5.74亿元；市区范围内在建工程148个，建筑面积59.78万平方米，工程合格率100%。2008年7月8日，承担汶川地震灾区援建任务的曲阜市援川施工队全部到达绵阳灾区，37名队员随即投入灾区板房安装工作。曲阜市施工队承担任务主要是绵阳市盐亭县两河镇、巨龙镇、双岔河镇部分学校和医院的板房安装，建设27套教室、12套餐厅、29套住房和3套工作用房。承担主体安装任务的施工单位是市远大工程有限公司，负责水电安装任务的是市住宅建筑工程公司，实施土建工程的是市建筑工程公司。市人民医院选派1名优秀医生，负责突击队员医疗保健。在22天的援建工作中，施工队员每天工作12小时以上，吃住在工地，按时超量完成建设任务。2010年，全市具有各类总承包、专业承包、劳务分包资质企业52家，建筑业总产值22.8亿元，从业人员1.61万余人；有一级资质企业7家、二级资质企业13家、三级资质企业32家。2013年，全市有资质以上建筑企业42家，从业人员2.12万余人，完成总产值57.71亿元，其中施工总承包一级企业1家、二级企业8家、三级以下企业13家，专业承包一级企业6家、二级企业6家、三级以下企业8家。

建筑企业选介

曲阜市城市建设综合开发公司。1991年，市城市建设综合开发公司是全民事业单位，隶属于市建委，担负着曲阜市旧城改造、新城开发建设任务。1995年，有干部职工55人，其中工程技术专业人员38人。1994—1995年，开发建设孔府商城、后作街旅游商业

2013年曲阜市建筑业企业一览表

表4-5

类型	资质级别	名称	类型	资质级别	名称
房屋建筑总承包	一	曲阜市建筑工程公司	钢结构	一	曲阜远大工程公司
	二	曲阜市华立建筑公司		一	曲阜市远东装饰公司
	二	曲阜市第二建筑公司		一	山东友联工程公司
	二	山东圣祥集团公司		二	曲阜市光大实业公司
	二	曲阜市圣时建筑公司		二	山东鲁强地纬公司
	二	曲阜市大成建筑公司		二	山东天幕装饰公司
	二	曲阜市环宇建筑公司		二	曲阜昶旺结构公司

续表4-5

类型	资质级别	名称	类型	资质级别	名称
房屋建筑总承包	二	曲阜市圣强建筑公司	园林古建	一	曲阜市园林古建公司
	二	曲阜市华兴建筑公司		一	曲阜市义德古建公司
	三	曲阜市佳乐居建筑公司		二	曲阜市华厦古建公司
	三	曲阜市西城建筑公司		二	曲阜三孔古建工程处
	三	曲阜市龙虎建筑公司		三	曲阜市鲁宏古建公司
	三	曲阜市新城建筑公司	安装	三	曲阜市圣洁安装公司
	三	曲阜市鲁城建筑公司		三	曲阜市庆华安装公司
	三	曲阜市南池建筑公司		三	曲阜市华能电力公司
	三	曲阜市红星建筑公司		三	山东圣阳电源股份有限公司
	三	曲阜市天华建筑公司	混凝土	二	曲阜市聚能混凝土公司
	三	曲阜市华圣建筑公司		三	曲阜市中联混凝土公司
	三	曲阜市第三建筑公司		三	曲阜市鑫军混凝土公司
	三	曲阜市金声建筑公司		三	曲阜力帮建材有限公司
	三	曲阜市东圣建筑公司		三	曲阜市裕达混凝土公司
	三	曲阜市涵基建筑公司		三	曲阜市圣鑫混凝土公司
	三	曲阜中通建设工程有限公司		三	曲阜市惠通混凝土公司
幕墙	一	山东天幕集团总公司	安装	三	曲阜市海润混凝土公司
	三	曲阜沃特幕墙工程处		三	曲阜市弘丰建材有限公司

小区、龙虎住宅小区等。后作街旅游商业小区工程总投资2400万元，建筑面积1.4万平方米，施工中设计使用新工艺，楼面采用大面积青石雕刻墙画，改革小屋顶构造，使24砖和27砖结为一体。1998年，有员工73人，其中专业技术人员43人。2010年，因管理、市场等原因，公司效益下滑。

曲阜市建筑工程公司。位于曲阜市建设路。1991年，固定资产756万元。1991—1993年，分别完成建安产值5400万元、1.2亿元、1.52亿元，施工总面积57万平方米，实现利税1300万元。1994年4月，市建筑工程公司晋升为国家中一型施工企业。1998年，下辖预制构件厂、装饰装潢公司、建筑机械厂、铝合金制品厂、木工厂、安装公司、综合商店、质量检验站等11家企业及23个施工队，有职工2096人，其中各类专业技术人才171人。2000年，完成施工产值5596万元，施工面积8.08万平方米，竣工面积2.95万平方米。2013年，市建筑工程公司发展成为集房屋建筑、园林古建筑、大型预应力构件、铝合金制品、机电设备安装等功能齐全的大型建筑施工企业，有在册职工350余人，其他从业人员、配属劳务人员1200余人，其中专业技术人员200余人，是济宁市唯一一家以建筑工程施工总承包、古建筑工程专业承包双壹级资质的施工企业，并具有建筑装修装饰工程、起重设备安装工程、建筑机电安装工程等专业承包资质，为资信等级一级（AAA级）企业，并通过ISO质量体系、ISO环境管理体系、OHSAS职业健康安全管理体系认证。同年11月，承建的曲阜市天博工业园装配车间工程获省工程质量最高奖“泰山杯”。

曲阜市三孔古建筑工程管理处。位于后作街1号，前身是曲阜县古代文物管理委员会三孔古建筑修缮队，成立于1949年3月。1986年，更名为曲阜市三孔古建筑工程管理处。管理处除专业负责曲阜境内文物建筑日常保养与维修外，还承接各地古建工程维修及仿古建筑工程建设。1994—1995年，独立承担北京中南海西花厅修缮工作，施工质量全部达到优良。工程完工后，施工人员受到国务院总理李鹏的接见，该工程获省政府施工管理奖。1991—2013年，承接日本相模原市真芳寺大殿重修、欧盟古泮池项目、世行孔孟遗产地项目、日本奈良市相麻原寺大殿维修等多项国际交流工程项目；精工制作孔子像、神龛、祭器、曲阜孔庙中轴线建筑微缩模型，到东南亚各国和地区展出。2011—2013年，颜庙复圣殿落架大修工程、孔府西路建筑群维修工程获全国十佳文物保护工程奖，三孔古建工程管理处获中国文化遗产保护与传承典范单位称号。2013年，有干部职工449人，其中专业工程技术和管理人员60人；拥有文物保护工程施工一级资质、文物保护工程勘察设计甲级资质、园林古建筑工程二级施工资质，是山东省同时拥有古建筑设计、施工资质的唯一古建筑企业。

山东圣城集团有限公司。为综合性民营股份制企业，2001年注册成立，集团总部坐落于曲阜市大同路。2003年5月，以曲阜市最高单价拍得华联北土地开发权。2005年12月，在澳门世界企业联盟等机构组织召开的世界竞争力品牌大会上，获"中国诚信地产200强"称号。2013年，拥有资产2.6亿元，辖山东圣城房地产开发公司、瑞祥实业有限公司、圣城国贸大厦有限公司、诚信财务咨询服务有限公司、北斗电脑工程有限公司、香港瑞达国际投资有限公司等多家全资或控股子公司。

曲阜市华厦古建公司。位于曲阜市弘道路南首路西，系古建园林二级资质，主要从事古建、仿古建筑、园林古建筑以及古建设计、装饰装修等。1997年9月，在曲阜市率先完成股份制改革。1991—2013年，相继完成蓬莱峰埠顶古建筑群、蓬莱戚继光故居、禹城禹王亭公园、省政府办公用房、滨州古井琉璃景区、台儿庄古城等大型仿古建筑群工程建设，落架大修蓬莱阁、曲阜明故城城门楼、泰山岱庙碑廊、济南千佛山普照寺、威海刘公岛等文物古建筑。2002—2004年建设的明故城墙恢复工程获中华人民共和国成立六十周年山东省"精品建设工程"奖。2005年，承建的吉林省长春市华夏陵园被长春市政府评为优良工程。2013年，有高级工程师2人、工程师10人、一级建造师5人，全年完成施工产值6562万元。

曲阜市城建置业发展有限公司。系市建设局直属房地产企业，前身为市城市建设综合开发公司。1991—2013年，相继开发改造五马祠街商业区、鲁都批发街、政府综合楼、后作街旅游商业居住区、孔府商城、龙虎住宅小区一期工程、后作街商业住宅小区和龙虎小区二期工程、龙虎住宅小区三至六期工程、龙虎新苑小区和奎文嘉苑小区。2013年，有员工21人，具有城市综合开发三级资质，通过ISO 9001: 2000质量管理体系认证。

山东圣强建筑工程有限公司。位于明故城东南10千米处，是一家具有房屋建筑施工总承包二级、公路工程和园林古建筑施工总承包三级资质的股份制施工企业。前身为息陬建筑公司，于2007年整体改制，并更名为山东圣强建筑工程有限公司。2010年，圣强建筑公司被评为省建筑业先进集体。2013年，有施工人员1100人，其中有技术职称人员230人，实现产值2.9亿元，上缴税金1190万元。下设水泥预制管厂、机械租赁公司、塑钢门窗厂及济南、蓬莱、泗水等分公司。

山东君泰房地产开发集团有限公司。位于经济开发区君泰路，成立于2002年。同年，开发建设瑞士苑住宅小区。2003年7月，开发建设泗水君泰新城，总投资2.5亿元。2005年，开发建设日照金阶大酒店。2007年年初，开发建设瑞士豪庭花园住宅小区。2010年7月，开发建设李官庄社区（千禧苑），该项目位于市城区西南部。2011年9月，对原市橡胶厂进行整体收购，实现退城进园，于开发区西区成立君泰工业园，占地约11.84公顷。2013年，园区内企业有山东君泰橡塑有限公司、君泰球业有限公司、山森电器设备有限公司、伟德体育用品有限公司等。原橡胶厂地块用于商住开发，建成圣园居小区，小区占地6.07公顷，建筑面积8.2万平方米。

曲阜市圣时建安有限公司。位于曲阜经济开发区西区，前身为时庄乡建筑公司。1997年7月，改制为股份制民营企业，注册资金2003万元。2007年，通过ISO 9001:2008质量管理、ISO 14001:2004环境管理、GB/T 28001—2001职业健康安全管理体系标准认证。2013年1月，圣时建安有限公司被评为山东省三上企业统计工作规范化星级单位。到年底，建筑面积3万平方米，有工程技术、经济管理人员326人，高、中级职称人员41人，一、二级注册建造师36人，各工种持证上岗率100%。

曲阜市第二建筑公司。位于陵园路，1991年，有员工160人，实现产值210万元。1994年，改制为股份合作制。2000年，实现产值6168万元，利税197万元。2001年，公司迁至逵泉路东首。2003年，获ISO 9000质量管理体系认证。2009年12月，其建设工程阙里宾舍获得中华人民共和国成立60周年山东省精品建设工程称号。

山东圣诚中溢置业有限公司。成立于2004年，位于孔子大道，主要从事房地产销售，拥有房地产开发三级资质。2010年，有员工50人，实现产值8000万元、利税400万元。2004年至2013年，获得"泰山杯"工程项目奖2个、济宁市级优良工程奖20个、济宁市级"运河杯"工程奖6个。2013年，下辖曲阜市瑞银物业管理有限公司、曲阜嘉瑞营销有限公司，有员工86人，实现产值1.2亿元、利税1300万元。

建筑工程选介

孔府文物档案馆。1991年5月，国家计委和财政部拨款800万元，在孔府原东仓位置兴建孔府文物档案馆。该馆由上海同济大学设计院设计，功能要求符合国家一级档案馆标准。1992年9月启用，耗资900万元。馆内设施有中央控制室、中央空调、恒温恒湿、1301消防、电视监控报警，技术上符合防水、防潮、防火、防盗、防虫、防污染、通风透光、抗震等规定标准。建筑外形为2层檐仿古建筑，建筑风格与孔府古建筑群相协调，建筑面积3969平方米。由曲阜市建筑工程公司承建。该工程被评为山东省优良工程。

大成住宅小区。位于孔庙大成殿中轴线上，建于1994—1995年。由上海同济大学承担规划设计，房屋建设综合开发公司承担开发，总规划占地15.5公顷，建筑面积17.18万平方米，其中住宅面积16万平方米，入住2850户。

金普花园别墅区。位于经济开发区内，由北京华松电子开发公司投资兴建，占地2.47公顷，建筑面积9264.63平方米。

孔府商城。位于明故城内，北起东门大街，南接五马祠街商业区，东靠棋盘街，西临孔府、孔庙。1995年春，由市城建综合开发公司建设，南京东南大学建筑设计院设计。整体建筑风格与三孔古建筑相呼应。商业区内以花岗岩铺设街道，配备仿古路灯，精心设置石井亭、牌坊等10个仿古园林小品和景点。

龙虎小区。位于明故城东南，北靠有朋路，南接逵泉路，东邻龙虎新村，西邻南池新村，市城建开发公司1993年开发建设。采用上海同济大学设计方案，总规划占地面积18公顷，建筑面积21万平方米，小区集住宅、卫生、教育、商业集市等社会功能和园林景观为一体。1998年3月，根据小区物业管理需要，市城市建设综合开发公司成立龙虎住宅小区管委会，从事小区物业管理工作。

汇泉小区。由市房屋建设综合开发公司于1998年开发建设。小区位于明故城东南，北临逵泉路，西靠春秋东路，占地14.5公顷，规划建筑面积16.2万平方米。整体布局分为"梅、兰、竹、菊"4个组团，以"四君子"凸显曲阜文雅之风。

广播电视大厦。位于舞雩台路，由广播电影电视部设计院创意规划，市建筑设计院设计。地下1层，地上13层，建筑高度63.6米，建筑面积8400平方米，造价1200万元。工程由市建筑工程公司承建，1996年10月开工，1999年10月竣工。2000年12月，该工程获省工程质量最高奖"泰山杯"和济宁市政府工程质量金牌。

后作街旅游商业区。南临孔府、孔庙，东起颜庙西门，西至半壁街，规划占地面积6公顷，集宾馆、饭店、旅游商品店、风味小吃店、工艺制品店以及居住、经营为一体。后作街商业区一期工程1.3万平方米的沿街商业门面房1996年年底完成。2~4期配套工程1.5万平方米仿古住宅楼于1999年开工，2004年完成全部开发建设销售任务。后作街旅游商业小区高档住宅楼采用仿古设计风格，砖混住宅互有联系而又各自独立，建筑风格与曲阜古建筑协调一致。

妇幼保健院综合楼。曲阜市妇幼保健院综合楼工程由济宁建筑设计研究院设计，是集诊断治疗与住院病房于一体的综合性建筑，高4层，局部5层，建筑面积3500平方米，造价230万元。该工程由市建筑工程公司承建，2004年8月开工，2005年7月竣工。工程获2005年度济宁市工程质量"运河杯"银奖。

富贵名苑。位于明故城东南，春秋路东拓段北

吉祥社区（摄于2013年）

侧，南接小沂河绿化景观带，北靠田家炳小学，规划面积8.1公顷，总建筑面积8万多平方米，绿化率50%以上，由上海复旦大学规划设计院规划设计。自2006年起，富贵名苑由曲阜城建置业发展有限公司开发建设。

华沁苑。华沁苑居民小区由聚鑫房地产开发有限公司自主开发，项目为教师新村二期工程。位于春秋路以北，327国道以南，规划总占地面积27.13公顷，分为A、B、C3个区域，总建筑面积27.8万平方米，规划入住2000户，绿化率41%。2006年10月动工建设。

绿城·诚园。绿城集团在曲阜开发项目，毗邻孔子博物馆，南接孔子大道，西邻大成路，设有商业、会所、餐饮、幼儿园、室外露天泳池等配套设施，采用“一中轴、四组团”、四重渐进式布局，2013年10月动工建设。

圣水苑小区。由恒基置业有限公司开发建设，杭州市规划设计研究院与中国美术学院风景建筑设计研究所承担小区规划与建筑初步设计及景观设计，济宁市建筑设计研究院承担建筑施工图设计。位于大沂河南岸，东临东104国道，西至大成路，南至工业北路，占地14.87公顷，总建筑面积37万平方米，设有商业服务用房、社区医疗服务点等内部服务设施，有9层小高层住宅5栋，11层小高层住宅16幢，17层高层住宅10幢，24层高层住宅2幢。小区实行封闭式管理；内部设立警务室，车辆管理实现智能管理，并设有电子巡更系统。2011年3月动工建设。

吉祥社区。位于大沂河南岸，西临东104国道，南至盛才路，北至盛文路。小区主要用于北兴村、石家村、林家村等搬迁村民安置。小区占地约19.33公顷，总建筑面积约33万平方米，提供约3000户住宅。由曲阜市恒基置业有限公司负责开发建设，北京中联环建文建筑设计有限公司承担小区规划与建筑方案设计及景观设计，施工图由山东京联建筑设计单位设计。2012年9月30日开工建设。

曲阜名城水岸雅居。一期工程东临尼山东路和蓼河，西至尼山路孔子大道南侧，建筑面积约5.64万平方米。由北京中联环建文建筑设计有限公司设计，曲阜顺和房地产开发有限公司负责建设，2013年12月动工建设。

第十一章　环境监测

1991年，市环境监测站编制5人，主要设备有大气例行监测、锅炉烟尘监测和部分水质项目监测仪器。1996年，市环境监测站通过省级计量认证。2003—2005年，购置无菌操作台、生化培养箱、烟气传感器、氮氧化物和一氧化碳测试仪、声极计等一批仪器设备。2010年，对监测站实验室进行升级改造，建设重金属监测站；同时，加强在线监测设备的安装和运行管理，全市9家重点企业均安装在线监控设备，并实现三级联网。到2013年年底，有在编人员25人，内设水质室、大气室、质控室等，配有大气自动监测系统、监测数据处理平台、离子色谱仪、原子吸收分光光度计、紫外分光光度计、气相色谱仪、自动烟尘测试仪、电导率仪等监测仪器设备90余台(套),设备原值300余万元。

第一节 大气监测

1991年,大气常规监测为手工分时段监测二氧化硫、氮氧化物和总悬浮颗粒物3项指标,每季度监测5天。2003年,大气常规监测拓展为24小时连续监测。2006年,二氧化硫、氮氧化物、总悬浮颗粒物每月监测12天。2011年,市城区有大气监测点位3个,分别为环保局、观圣阁(位于半壁街)和保安公司(位于五马祠街),采用手工大气连续采样系统监测。2013年起,城区设立大气自动监测点位2个,在环保局和孔林投资建设2个空气自动监测站,利用空气自动监测系统采样监测,监测项目为二氧化硫、二氧化氮、可吸入颗粒物、细颗粒物、臭氧、一氧化碳6项,采取实时监测。

第二节 地表水环境监测

1991年,曲阜市地表水监测断面为泗河金口坝、沂河粉店坝及护城河秉礼桥。2011年,曲阜市地表水环境功能区水质监测断面有9个,泗河3个断面(红旗闸、龙湾店闸、书院桥),沂河2个断面(尼山水库、粉店坝),护城河3个断面(秉礼桥、陈桥、南新区),岭河1个断面(陈庄桥);其中,泗河书院桥为省控监测断面。经过合理化布局,2012年,曲阜市地表水环境功能区水质监测断面调整为8个,泗河3个断面(红旗闸、龙湾店闸、书院桥),沂河2个断面(尼山水库、粉店坝),护城河1个断面(妇女儿童活动中心),小林河1个断面(乐融桥),岭河1个断面(陈庄桥)。

根据各水体不同功能区分别设置不同的监测频次及监测项目。泗河书院桥、龙湾店闸和沂河粉店坝属于省、市控断面,每月1—10日采样,1月监测1次,全年监测共12次,监测项目包括流量、水温、pH值、环境监测氧参数、重铬酸盐指数、高锰酸钾指数、氨氮、生化需氧量、六价铬离子含量、挥发酚、氟化物、氰化物、石油类、总磷、粪大肠菌群、铜、锌、铅、镉、硒、砷、汞、阴离子表面活性剂、硫化物24项;沂河尼山水库、岭河陈庄桥、护城河妇女儿童活动中心、小林河乐融桥和蓼河孔子大道桥属于曲阜市控断面,每年1月、3月、5月、7月、10月、12月各监测1次,监测项目包括pH值、环境监测氧参数、重铬酸盐指数、高锰酸钾指数、氨氮、生化需氧量6项;泗河红旗闸、泗河龙湾店闸和沂河粉店坝属于跨界河流断面,每月1—10日采样,1月监测1次,监测项目包括流量、重铬酸盐指数、氨氮等3项;岭河陈庄桥和沂河粉店坝属于入河排污口监测断面,每年3月、5月、10月、12月各监测1次,监测项目包括流量、重铬酸盐指数、氨氮3项。

第三节 地下水环境监测

曲阜市集中式饮用水源地为南泉地下水水源地。“八五”至“十一五”期间,共有沂河广场、南泉2个取水点,曲阜市地下水每年1月、6月上旬各监测1次,监测项目包括pH值、色度、混浊度、总硬度、硫酸盐、氯化物、高锰酸盐指数、氨氮、氟化物、挥发酚、硝酸盐氮、亚硝酸盐氮、氰化物、总大肠菌群、六价铬15项。“十二五”期间,增设六艺城水厂取水点。地下水每月上旬监测1次,监测项目增加铁、锰、铜、锌、阴离子表面活性剂、汞、砷、硒、镉、铅23个项,每年进行1次39个项目的全分析。1996—2013年,市监测站完成地下水监测数据共3684个,上报数据质控合格率为100%。

第四节 声学环境噪声监测

“八五”至“十一五”期间,曲阜市城区设4个功能区噪声监测点,每年5月、11月各监测1次;10个道路交通噪声监测点,每年5月监测1次,全年监测共1次;128个区域环境噪声监测点,每年5月监测1次。“十二五”期间,设4个功能区噪声城区监测点,每季度监测1次;道路交通噪声监测路段4条,监测点位14个,道路总长度27.4千米。每年5月监测1次;区域环境噪声110个监测点,将市建成区以500米乘500米等大网格划分成若干小区,符合测定要求的每小区中心附近设一测点,共计110个,每年5月监测一次。1996—2013年,市监测站完成监测数据共59097个,上报数据质控合格率为100%。

第十二章 污染防治

20世纪90年代，环境保护由单纯工业污染治理扩展到生活污染治理、生态保护、农村环境保护、核安全监管、突发环境事件应急等各个重要领域，并逐步参与到经济和社会发展的综合决策中。2005年以后,确立以人为本、环保为民的环保宗旨。“十一五”规划提出建设资源节约型、环境友好型社会的战略任务和具体措施，市政府和有关部门层层分解落实减排任务，加大结构减排、工程减排、管理减排工作力度。“十二五”期间，污染减排指标由2项扩大到4项，建立覆盖经济社会发展各个环节、各个领域和各个方面的污染防控体系。

第一节 大气污染防治

1991—1993年，曲阜市更新改造各种炉、窑、灶210台，关停食品加工点3个。1994—1995年，全面实施环保目标责任制。审批项目25个，否决污染项目7个，关停7家重点污染点源，对5家企业进行限期治理。1996—1998年，完成限期治理项目16家，关停转产企业25家，搬迁污染企业11家，淘汰“火烧心”式茶水炉96台，更新改造炉灶462台。1999—2002年，实施“蓝天工程”，市政府成立防治市区大气污染领导小组和工作小组，全市淘汰改造293台燃煤小锅炉。曲阜市废气排放烟尘、二氧化硫、粉尘三项指标分别由1998年4162吨、12162吨、4200吨下降到2002年的2600吨、3100吨、1580吨，市区空气环境质量基本符合国家一级标准。2003—2005年，实施总量控制战略和生态保护战略，以“三河”（泗河、沂河、护城河）、“两区”（城区、水资源保护区）、“一库”（尼山水库）污染防治为重点，以解决群众关注的环境热点、难点问题为突破口，依法行政。烟尘、粉尘分别由2003年2560吨、1460吨下降到2005年2206吨、1040吨，市造纸厂、燕京啤酒（曲阜三孔）有限责任公司通过省级清洁生产审计。2006—2007年，审批建设项目250个，否决污染项目13个，查处违法建设单位52起，限期整改36家，依法关停土小企业77家。到2007年年底，4家企业通过清洁生产审核专家验收，6家单位通过ISO 14001环境管理体系认证。2008—2011年，审批建设项目906家，拒批50余个不符合国家产业政策及重污染项目；淘汰中联水泥有限公司6座立窑生产线，超额完成“十一五”期间济宁市下达的二氧化硫净削减21.94%的减排目标。2012—2013年，曲阜市制定《大气环境质量综合整治方案》，实施大气环境整治；下达《关于取缔城区小型燃煤锅炉的通知》，对城区内小型燃煤锅炉、炉具进行改造和取缔，减少烟尘污染；检测机动车2.3万余辆（次），逐步淘汰高污染车辆；制定秸秆禁烧工作方案，做好秸秆禁烧工作，未出现大面积焚烧秸秆现象。圣城热电有限公司完成脱硫设施改造及1号炉烟气旁路拆除，曲阜中联水泥有限公司完成窑炉脱硝工程。2013年，按照济宁市《生态济宁建设三年行动计划》（2013—2015）要求，曲阜市开展“治水当示范”碧水行动、“治气当先行”蓝天行动共28个项目，完成既定目标。

“十二五”期间，曲阜市主要污染物二氧化硫、氮氧化物分别削减263吨、4524吨，全面完成济宁市下达的主要污染物总量减排任务。

第二节 水污染防治

1995年，曲阜市重点工业企业废水处理能力由1993年538万吨增加到816.47万吨，占全年总排废水量72%，重点工业企业万元产值废水排放量由1993年120吨降到98吨；完成重点水污染治理项目2个，开展水污染物排放总量控制工作，49家单位进行申报登记。1996—1998年，制定《城区地下水饮用水资源保护规划》《城市饮用水源保护区污染防治管理规定》等16个地方规范性文件，完善环保法规保障体系。1998年，三孔啤酒有限公司污水处理工程评为全国酿造行业污水处理示范工程。同年，关停9家小造纸厂，年削减废水排放122万吨，削减化学需氧量排放646.78吨。1999—2002年，限期整改30家污染企业，依法关停7家小造纸、小电镀，搬迁饮用水源区污染企业2家。曲阜市化学需氧量排放量由1998年12842吨下降到2002年5500吨，2005年，降至3672吨。2006—2007年，曲阜市以南水北调水污染治理为重点，制定《水污染物排放标准区域划分方案》，将全市划分为核心保护区（龙湾店闸、粉店坝和尼山水库）、重点保护区（城区、泗河和沂河）、一般保护区三类控制区，并分别明确各控制区相应水污染物排放执行标准；对35家重点水污染物达标排放企业发放排污许可证。2008—2011年，关闭曲阜市造纸厂麦草制浆生产线，关停"土小"企业100余家；第二污水处理厂建成并投入运行，日处理能力7万吨，出水水质均符合一级A标准；超额完成"十一五"期间济宁市下达的化学需氧量净削减19.1%的减排目标；以淮河流域水污染防治和南水北调东线水污染治理工程为重点，完成2010年度淮河流域治污考核工作，被评为济宁市全国重点流域水污染防治工作考核突出贡献单位。2012—2013年，印发《南水北调水污染防治推进方案》，完成14个南水北调治污项目建设，完成第一污水处理厂、第二污水处理厂配套管网建设，实施城区生活污水直排口截污封堵；在陵城镇建设第三污水处理厂，全市10个镇（街道）建成城镇污水处理站，解决镇政府（街道办事处）驻地污水处理问题；蓼河、沂河、崇文湖3个湿地建设项目列入国家"十二五"规划，争取国家资金1200余万元。"十二五"期间，曲阜市主要污染物化学需氧量、氨氮分别削减1861吨、249吨，完成济宁市下达任务。

曲阜市第三污水处理厂（摄于2013年　孔德敏／摄）

第三节　噪声污染防治

1993年，曲阜市建成噪声达标区2.86平方千米。1997年，制定《城区环境噪声功能区划及环境空气质量功能区划》，完成噪声治理项目11个。1998年起，中考、高考期间，停止办理夜间建筑施工作业环保审批手续，实施执法巡查，防止噪声污染。2012—2013年，完成区域环境噪声110个点位、交通噪声4条道路14个监测点位噪声环境质量监测，报出监测数据1283个。

第四节　固体废物及医疗放射源防治

1997年，曲阜市开展固体废弃物排放申报登记工作，建立96个固体废弃物排放档案。1999—2002年，推广煤矿塌陷地复垦，煤矸石、粉煤灰综合利用。2003年4月，制定《SARS病毒污染的废弃物应急处理技术方案》，强化曲阜市火车站、汽车站交通运营垃圾安全处置工作。2006—2007年，收贮放射源7枚。2012—2013年，对7家铅酸蓄电池企业加强管理，对水、气、固和危废实行规范化管理，并通过省环保厅核查。

第十三章 环境质量

第一节 大气环境质量

1991年，曲阜市大气主要污染物二氧化硫年均0.04毫克/立方米，氮氧化物年均0.03毫克/立方米，总悬浮颗粒物年均0.19毫克/立方米。1996年，通过大气例行监测结果评价分析，总悬浮颗粒物年均0.24毫克/立方米，二氧化硫年均0.035毫克/立方米，氮氧化物年均0.034毫克/立方米，低于国家标准，大气污染处于警戒水平（Ⅰ=1.6）以下。1996—2011年，曲阜市大气主要污染物为总悬浮颗粒物。2012—2013年，大气主要污染物为可吸入颗粒物。2013年，可吸入颗粒物、二氧化硫、二氧化氮年均值分别为0.091毫克/立方米、0.038毫克/立方米、0.037毫克/立方米，达到环境空气质量二级标准。1991—2013年，大气降水pH范围5.62~6.89，pH均值呈中性。

第二节 水环境质量

1991—2013年，曲阜市尼山水库水质符合三类地表水标准，污染综合指数均小于1，宜作备用饮用水源地。1991—2001年，沂河及支流污染类型以工业废水和生活污水为主，主要污染物为化学需氧量和氨氮，化学需氧量21.8毫克/升~36.9毫克/升，氨氮0.546毫克/升~2.07毫克/升，pH值6.13~8.17，属地表水五类水质。随着曲阜市污水处理能力提高，市区内地表河流水质不断改善。2013年，沂河及支流水质为地表水环境质量四类标准水平；泗河龙湾店闸断面化学需氧量12.1毫克/升~19.2毫克/升，氨氮0.236毫克/升~1.47毫克/升，pH值6.56~8.04，为地表水四类标准水平。

1991—2013年，根据每年一次39个项目全分析，曲阜市地下水全部达到饮用水标准。

第三节 声学环境噪声

1991年，噪声分功能区噪声、道路交通噪声和区域环境噪声，全区均为昼、夜等效声级水准，其中孔府、大成小区、曲阜一中区域环境噪声为国家一类标准，五马祠噪声区为国家二类标准。市区域环境噪声年平均值为56分贝，主要交通干线噪声平均值为69分贝。1995年，城区环境噪声值由56分贝降到54分贝。1998年，城市区域噪声平均值为54.6分贝，主要交通干线噪声平均值为67.5分贝，环境噪声达标区覆盖率为100%。2013年，曲阜市道路交通噪声平均等效声级69.2分贝，区域环境噪声平均等效声级昼间47.3分贝，夜间35.2分贝，为国家一类区标准。

第十四章 环保管理

第一节 监察执法

1991—2002年，环境监理对象主要为工业污染源，市环保局实施环境影响评价制度和“三同时”（污染防治设施与主体工程同时设计、同时施工、同时投产使用）管理制度，对全市工业企业及其他企业定期监理，对重点企业监督管理2000余次，关闭淘汰落后产能小造纸、小化工15家。

2001年,曲阜市成立环境稽查大队,负责对环境污染事故、纠纷的调查,对环境违法行为进行处理等工作。2004年,配合市政府有关部门,取缔拆除环保局、土管局等100余家取暖锅炉,有300余家餐饮、面食加工单位改用清洁燃料,拆除燃煤茶水炉10余家;对全市国控、省控重点企业、重金属企业、化工企业及其他企业定期监察,共计对200多家企业监督管理1.2万余次,规范整治企业40多家。2009年,实施整治违法排污专项行动,对6家涉铅企业规范整治,关闭市造纸厂草浆生产线,关闭市助剂厂、苗孔造纸厂、诺博尔电源、长兴众信电源等达不到环保要求企业50余家,为9家排污企业安装污染源在线监控系统。2012年,市环境稽查大队更名为市环境监察大队。2012—2013年,在市环保局督促下,华能曲阜热电有限公司烟气旁路拆除工作通过济宁市环保局验收,华能曲阜热电有限公司、曲阜中联水泥有限公司完成脱硝设施安装使用并稳定达标,孔府家有限公司增设氨氮在线监控设施,污水处理厂有限公司更换氨氮在线监控仪器;规范整治排污口企业100余家,取缔关闭小淀粉、小颗粒、小电镀等“土小”企业100余家。2012—2013年,围绕国家环境保护模范城市、国家生态市、卫生城市创建工作,规范企业创模档案、打造企业创模现场100余家,整理、绘制全市环境保护重点监管单位分布图。

第二节 排污收费

1991—2002年,曲阜市贯彻执行国务院《征收排污费暂行办法》《山东省征收排污费实施办法》。2003年,执行国务院公布的《排污费征收使用管理条例》。2008年,市环保局执行省环保局、省财政局、省物价局《关于运用价格政策促进环境保护的意见》,征收排污费375.8万元。2009年,市环保局利用“排污费征收管理系统”,对申报数据进行集中输入、汇总,完成103家排污单位年报和季报工作,征收排污费433.115万元。2013年,根据国务院《排污费征收使用管理条例》和《中华人民共和国政府信息公开条例》等法规,征收排污费1079万余元。

第三节 宣传教育

市环保局每年在“6·5”世界环境日开展环保宣传活动,采取编印《环保法律法规文件汇编》,悬挂宣传标语,媒体宣传,创建环境友好企业、绿色学校、绿色社区等形式,宣传环保法律、法规,提高居民环保意识;结合植树节、学雷锋纪念日、世界水日、户外清洁日等时机开展志愿者宣传活动,发放《环保法律法规文件汇编》、倡议书等1.2万余份,创建省级绿色学校4所、济宁市级绿色学校10所。

第四节 国家环境保护模范城市、国家生态市创建

市政府把保护生态环境、改善环境质量作为全市重要民生工程,环保部门坚持以创建“国家环境保护模范城市”“国家生态市”为抓手,切实发挥环境监管职责,促进辖区环境质量改善。

2011年12月,市委、市政府提出创建国家生态市创建目标。2012年,同步创建国家环境保护模范城市,市政府制定《曲阜市创建国家环境保护模范城市工作考核奖惩办法》。同年,曲阜市一次性创成7个省级生态镇,曲阜市通过省级生态市验收,成为济宁市首家省级生态市。2013年,制定下发《曲阜市创建国家生态市工作实施意见》,市委、市政府成立生态市建设指挥部,各镇(街道)、各部门和村居成立相应工作机构,形成市、乡、村三级工作网络。市委、市政府将国家生态市创建各项指标纳入年度岗位目标考核和年度目标责任制考核。成立国家级生态城市志愿服务队,向全市发出“生态创建,你我有份;共建文明,你我同行”倡议。9月,市政府委托清华大学编制《曲阜市创建国家环保模范城市规划》,并通过环保部专家评审。

第五编

交通　邮电

京台高速公路曲阜北立交（2008年摄）

1991年，全市公路通车里程208.4千米，境内有京沪铁路和兖石铁路，里程113.89千米；全市邮电业务总量420.9万元，电话机3172部。1997年，对辖区所有国道、省道及县、乡道路实施升级改造。2000年，全市信息产业总产值近8亿元。同年，京福高速公路曲张段竣工通车。2003年5月，上海申通物流公司在曲阜市成立曲阜市申通快递有限公司，是曲阜市最早的快递公司之一；8月，日东高速公路曲阜段建成通车。2008年，曲阜市实施城乡公交一体化工程。2011年6月，京沪高铁曲阜东站建成通车。至此，曲阜市成为鲁西南重要的交通运输集散地。同年，曲阜市列为全省首批"村级公路网化示范县"，全市累计投资6.2亿元，实施"村村通、村内通、户户通"工程，建设农村公路、村内街巷2248千米。到2013年年底，全市公路总通车里程1433.55千米，其中高速公路65.6千米，铁路117千米（其中高速铁路35千米）；有城区至镇街邮路2条、城市投递段道10条、农村投递路线1368千米；全市规模以上电子信息制造企业32家，实现销售收入62亿元，成为引领全市工业经济转型升级的主力军；有快递企业9家，全年业务收入2389.5万元。

第一章　机构

第一节　交通运输局

1991年，市交通局内设生产股、人秘股、路政股、财务股等科室，位于327国道汽车站西邻，下辖运输公司、汽车修配厂、公路站、汽车站、济宁汽车运输总公司第十公司5家单位。1996年，市交通局设置政工科、行政科、财务科、运输管理企业科、汽车维修管理科、客运管理所、交通稽查大队、地方道路管理处等单位，其中地方道路管理处为副科级事业单位，辖12个乡镇交通管理所，托管单位有济宁市公路管理局曲阜公路局、曲阜汽车站、济宁汽车运输总公司第十公司，局属企业有市运输公司和市汽车修配公司。1997年11月，市运输公司改制为市利达交通运输有限公司。1998年5月，市汽车修配公司改制为中鲁汽车贸易有限公司。1999年10月，成立交通服务中心，在孔林西北角征地0.96公顷，建设机动车辆检测中心。2009年，成立维修管理科、驾驶培训管理科，分别对汽车维修行业、驾校进行管理。2010年4月，市交通局更名为市交通运输局。2013年，市交通运输局位于静轩西路，内设办公室（交通战备办公室）、建设管理科、行政许可科（政策法规科），下辖地方道路管理处（副科级事业单位）、道路运输管理处、交通运输监察大队、客运管理处和11个镇街交通运输所等单位。

第二节　邮政业发展办公室（邮政管理局）

2015年5月，曲阜市设立市邮政业发展办公室，实行县级邮政管理派驻机构和地方政府双重管理，为市交通运输局所属公益一类正科级事业单位，内设办公室、行业管理科2个股级中层机构。同年7月10日，经国家邮政局同意，曲阜县级邮政监管机构在全省率先挂牌成立，曲阜邮政管理局为济宁市邮政管理局派出机构，机构规格为正科级，与曲阜市邮政业发展办公室合署办公，实行"一套班子、两块牌子"运行模式，主要负责兖州区、曲阜市、泗水县邮政市场监督管理工作。

第三节　邮政局

市邮政局成立于1998年9月1日，内设办公室、经营服务部、人劳部、计财部，下辖集邮公司、储汇分局、报刊发行局、报刊零售公司、速递公司和市邮政局实业总公司。2001年1月，市邮政局实业总公司撤销。2006年2月，成立物流公司。2007年9月，市邮政局内设机构调整为综合办公室、市场经营部。2013年，市邮政局内设管理机构综合办公室、市场经营部，下辖9个专业营业部，即金融营业部、保险营业部、电子商务营业部、分销营业部、函件营业部、集邮营业部、发行投递营业部、报刊零售营业部、包裹业务中心。

第四节 公路局

1991年，曲阜交通局下辖曲阜公路站，位于弘道路。1993年6月，曲阜公路站更名为济宁市公路管理局曲阜公路局（以下简称曲阜公路局），内设办公室、财务科、养护路政科、机务科、养路费稽征办5个职能科室，下辖吴村、小雪、时庄、八宝山4个公路站。1996年，曲阜公路局内设办公室、财务科、养护科、路政科、机料科、养路费征稽办，下辖1个工程处、1个收费处（327国道曲阜收费处）。1997年1月，327国道曲阜收费处并入327国道济宁收费处，直属于济宁市公路管理局管理。2013年，曲阜公路局内设政工科、办公室、财务科、养护科、路政科、治理车辆超限超载办公室、工程处、机料科、法制科、ETC办公室10个科室。

第二章 公路

1991年，曲阜市晴雨通车里程208.4千米，其中柏油路142.7千米。2010年，全市公路运输里程1034.53千米，其中境内高速公路全长65.6千米。2013年，全市公路通车总里程1433.55千米，其中国道（包括高速公路）133.4千米，省道13千米，县道97.79千米，乡道和村道1189.36千米。

第一节 公路建设

高速公路

京台高速公路（G3）。原京福高速公路，曲阜境内全长33.183千米，北起石门山镇小西庄，南至息陬镇小峪村，设曲阜立交、曲阜北立交2个出入口。沥青混凝土路面，双向四车道，全封闭、全立交，设计时速120千米。京福高速公路曲阜段于1998年开工，2000年建成通车，2010年更名为京台高速公路。

日兰高速公路（G1511）。原日东高速公路，曲阜境内全长32.45千米，西起曲阜兖州交界，东至曲阜泗水交界，设曲阜南收费站1个出入口。沥青混凝土路面，双向四车道，全封闭、全立交。日东高速公路曲阜段于1999年开工，2002年建成通车，2010年更名为日兰高速公路。

国道

327国道。境内长21.2千米（与104国道曲阜城区西北环重合8.7千米），东自防山镇徐家村入境，经八宝山，书院张阳、高家村、西林西村，时庄街道刘家村、商贸城，至兖州区田家村交界。该路1949年前建设，2001年大修后升级为一级公路。

104国道。境内长46.6千米，北自石门山镇宋家洼入境，向南经王庄镇岳家村、书院街道转盘、时庄街道李家店、陵城镇星家村、小雪街道凫村至邹城交界。该路20世纪70年代建设，1994年进行改建，1995年104国道文明样板路通过交通部达标验收。

省道

日东高速泗水连接线（S611）。连接尼山景区至日东高速的一条省道，起点为日东高速公路泗水互通立交出口，终点为尼山水库北侧，全长8.2千米，曲阜境内3.4千米。技术标准为二级公路，水泥混凝土路面，路基宽15米，路面宽12米。工程2007年开工，2008年建成通车。

张阳—西陈公路（S701）。北起书院街道张阳转盘，南至小雪西陈，全长9.2千米。沥青混凝土路面，路基宽14米，路面宽12米，2000年建成通车。

县道

曲宁公路。自孔林角经姚村，从西辛庄出境与宁阳宁曲路相接，过境13.5千米。姚村镇孔家村以西为三级公路，路面宽7米，路基宽9米；孔家村西至宁阳为二级公路，路面宽12米，路基宽15米，均为沥青路面。

曲尼公路。西起东104国道北林中学西，东至尼

曲尼路(摄于2013年)

山孔庙南，全长24.9千米。鲁源村以西，路面宽12米，路基宽15米，沥青路面，技术等级二级；鲁源村以东，路面宽7米，混凝土路面，技术等级三级。

曲双公路。自东开发区王家村路口，经宋家村、土门村，至双山口，全长18.9千米。2011年进行一次改建，王家村至土门村为三级公路，路面宽7米，沥青路面；土门村至双山口为四级公路，路面宽5米，混凝土路面。

南兖公路。原公路自南兴埠路口，经陵城，交叉西外环，过金口坝入兖州区，全长11.8千米。2013年，西外环至兖州段升级改造为曲阜高铁站至兖州连接线全长7.2千米。

张土公路。自防山张家村，经南辛，从大烟庄出境入邹城市，过境11.1千米。2011年改建为三级公路，路面宽7米，路基宽9米。

星吴公路。自泗水星家村，经董庄、吴村，过境11.2千米。吴村段2007年改建为三级公路，2010年车站村至石门山镇政府驻地改建为二级公路，2011年石门山镇政府至泗水段改建为四级公路，路面宽6米，路基宽8米。

孟王公路。104国道至王庄，全长2.3千米。2011年改建为二级公路，路面宽9米，路基宽12米，沥青路面。

河夹店至石门寺公路。2000年修建，2011年改建，自104国道，经梨园至石门山国家森林公园景区门口，全长4.1千米，路面宽9米，路基宽12米。

1991—2013年曲阜市公路通车里程统计表

表5-1 单位：千米

年度	通车里程				
	合计	国道(含高速公路)	省道	县道	乡、村道
1991	208.4	64.9	9.2	98.3	36
1992	223.9	64.9	9.2	110.2	39.6
1993	225.7	64.9	9.2	110.2	41.4
1994	252.6	64.9	9.2	110.2	68.3
1995	290.4	64.9	9.2	100.3	116
1996	393.6	64.9	9.2	100.3	219.2
1997	440.2	64.9	9.2	100.3	265.8
1998	458.5	64.9	9.2	100.3	284.1
1999	463.19	64.9	9.2	97.79	291.3
2000	503.77	98.08	9.2	97.79	298.7
2001	507.21	98.08	9.2	97.79	302.14
2002	557.4	133.4	9.2	97.79	317.01

续表5-1

年度	通车里程				
	合计	国道（含高速公路）	省道	县道	乡村道
2003	572.09	133.4	9.2	97.79	331.7
2004	595.71	133.4	9.2	97.79	355.32
2005	652.09	133.4	9.2	97.79	411.7
2006	727.6	133.4	9.2	97.79	487.21
2007	767.35	133.4	13	97.79	523.16
2008	877.89	133.4	13	97.79	633.7
2009	1023.79	133.4	13	97.79	779.6
2010	1043.53	133.4	13	97.79	799.34
2011	1209.53	133.4	13	97.79	965.34
2012	1406.17	133.4	13	97.79	1161.98
2013	1433.55	133.4	13	97.79	1189.36

2013年曲阜市县、乡道明细表

表5-2

序号	路线编码	路线名称	起点名称	讫点名称	里程总计（千米）
1	X004	星村—吴村	泗水、曲阜界	东杨院村	11.184
2	X007	张村—土旺	张村南	曲阜界	11.072
3	X008	兖州—南兴埠	粉店桥	小雪公路站北	11.758
4	X076	曲阜—宁阳	孔林角	宁阳界	13.536
5	X077	孟庄—王庄	李庄西 104	王庄医院	2.289
6	X078	河夹店—石门寺	104 国道	石门山森林公园	4.146
7	X079	曲阜—尼山	北林中学	尼山孔庙南	24.92
8	X080	曲阜—双山口	鲁能物流	曲阜界	18.944
9	Y081370881	杨家院—九仙山	东杨院东	九仙山	7.031
10	Y082370881	孔林角—郭家庄	东林西	郭家庄	10.531
11	Y083370881	宫楼—尼山	宫楼曲阜入口	西鲁源村	10.364
12	Y084370881	尼山—周庄	尼山中学	黄土村	1.038
13	Y085370881	钱家村—火车站	钱家村	火车站	5.238
14	Y086370881	纸坊东—姚村	纸坊东	姚村镇政府	7.12
15	Y087370881	孔村—辛店北	张家村村北	铁路桥	11.657
16	Y088370881	姚村—冈子北	姚村铁路桥	冈子北	4.09
17	Y089370881	杨家院—河洼	东杨家院	河洼北	6.492

续表5-2

序号	路线编码	路线名称	起点名称	讫点名称	里程总计(千米)
18	Y090370881	陈庄—北陶洛	陈庄村西	陶洛村	5.968
19	Y091370881	中王—红旗闸	王庄医院	陶西北	12.553
20	Y092370881	西关—单村矿	大庄	单家村煤矿北	10.203
21	Y093370881	褚魏村—泉头	褚魏村东	泉头村北	10.135
22	Y094370881	管村—龙尾庄	管村西	九仙天池	9.862
23	Y095370881	林家洼—郭堂	林家洼西 104 国道	郭堂村东	5.751
24	Y096370881	梨园—杨柳	歇马亭小学	周庄村北	7.639
25	Y097370881	吴村—柳庄	高楼村东	柳庄	8.634
26	Y098370881	杨柳—杨家洼	高尔夫球场南	袁家村南	14.43
27	Y099370881	董庄南村—衡庙	星吴路交叉口	衡庙村西	4.502
28	Y100370881	南村—管村	董庄乡入口	管村北	7.621
29	Y101370881	夫子洞—颜母庄	孔庙南	宫家楼	6.245
30	Y102370881	黄堂—高店	黄堂	高店村	14.204
31	Y103370881	高家村—后时	竹子园	后时	5.622
32	Y104370881	河东—泗水张庄	河东村北	曲阜市界	5.094
33	Y105370881	宋家村—南陶洛	宋家村	陶西村	4.18
34	Y106370881	吴村—富家洼	峪南	曲阜市宁阳界	2.323
35	Y107370881	岳家村—郭堂	岳家村	郭堂	9.471
36	Y108370881	姚村—下地	姚村西	下地	3.403
37	Y109370881	古城—盛果寺	古城南	盛果寺	3.286
38	Y110370881	高家村—薛家村	高家村东	薛家村变电所	3.185
39	Y453370881	张庄—后代	张庄村南	后代	4.409
40	Y454370881	啤酒厂—薛家村	啤酒厂西	薛家村南	2.37
41	Y455370881	岳家村—宋南庄	岳家村北	刘家村北	1.127
42	Y456370881	刘庄—西孟庄	刘庄东	西孟	1.753
43	Y457370881	东岭—峪东	东岭村东	峪东村北	3.539
44	Y458370881	林家洼北—林家洼	林家洼北 104 国道	林家洼	0.783
45	Y459370881	河东—南村	河东村南	董庄小学	0.951
46	Y460370881	峪南—丁家庄	陈家洼村北	白塔村东	2.655
47	Y461370881	少昊陵—五泉庄	少昊陵	五泉庄	1.771
48	Y661370881	南陶洛—红旗闸	红旗闸南 327 国道交叉口	红旗闸	1.335
49	Y662370881	王林—歇马亭	王林村南交叉口	开始重复 104 国道	6.227

续表5-2

序号	路线编码	路线名称	起点名称	讫点名称	里程总计（千米）
50	Y663370881	杨柳—高尔夫球场	杨柳东	高尔夫球场东	0.822
51	Y664370881	夫子洞—周庄	夫子洞	曲阜市界	0.994
52	Y665370881	岳家村—宋南庄西线	宋历庄村	纸坊西	1.594
53	Y803370881	马家庙—中疃	马家庙北	中疃	10.098

第二节　重要工程

国道工程

孔孟新道建设工程。曲阜市“八五”期间重要建设项目之一，投资1020万元，北自327国道，南至邹城市界。1994年3月动工修建，市交通局组织施工，于1995年9月完成施工任务。孔孟新道全长12.6千米，宽30米，机动车道水泥路面，非机动车道沥青路面，路线技术一级，路面种类高级。

104国道曲阜段文明样板路建设工程。1995年，投资1400余万元，开展104国道曲阜段文明样板路建设工程。104线曲阜境内北自泰安市宁阳县进入曲阜市境，桩号为582K+052，南与邹城市接壤，市境内全长38.2千米，其中公路正常养护段28.4千米，改建工程段7.6千米，城建道路2.4千米，穿越董庄、吴村、王庄、书院、曲阜镇、小雪6个乡境，其中一级路21.4千米，二级路7千米，境内有吴村、小雪两个公路站。全线共有大、中桥6座，公铁立交2座，涵洞86座。1995年10月，工程通过交通部文明样板路检查验收。

104国道曲阜西环续建工程。1996年，投资1819万元，完成104国道曲阜西环5.1千米水泥路面、大沂河桥、蓼河桥、小沂河桥续建工程。

104国道曲阜北段路面改建工程。1997年3月，投资4070.5万元，实施104国道曲阜北段路面改建工程，7月竣工。路面改建工程设计标准为一级公路，结构层次为主车道在原路面上铺筑15厘米水泥稳定级配碎石+6厘米沥青混凝土，慢车道为18厘米水泥稳定沙+3厘米沥青混凝土，为山东省首创，为市公路局与西安公路大学联合科研项目。

原104线曲阜城建路段大修工程。1998年，投资300万元，对2.4千米原104国道曲阜城建路段（盛果寺—327国道路口）进行大修。

327国道曲阜城区段改建工程。2001年4月，投资2800余万元，对327国道曲阜城区段进行改建。该工程西起327国道与曲阜西104国道平交路口，终点为曲阜东古城墙遗址大豁口，路线全长3.57千米，路面宽24米，按平原微丘区一级公路标准设计，于2001年9月全线竣工。

327国道曲阜北外环线改建工程。2002年4月，投资4000余万元，开工建设327国道曲阜北外环线改建一期工程，路线东起曲阜城北104国道迎宾曲转盘路口，向西经书院街道高家村，向南过327国道延伸至春秋路，全长9.5千米，按照一级公路标准设计，路面宽24米，于9月底全线竣工。2002年下半年，投资2775万元，开工建设327国道曲阜北环线改建二期工程，路线东起书院瓦窑头，穿京福高速公路、白陶铁路，至104国道转盘，全长6.8千米，与一期工程相接，2003年9月竣工通车。

327国道曲阜至田村桥段改建工程。2003年4月，投资3970万元，开工建设327国道曲阜至田村桥段改建工程。路线东起104国道曲阜西环出口，西至田村泗河大桥东，全长11.82千米，城区段为24米路面，曲阜收费站以西为29米路面，其余路段为26米路面，9月底竣工通车。

104国道曲阜西南环新建工程。2003年10月，投资3448万元，开工建设104国道曲阜西南环新建工程。该工程为一级公路，全长6.43千米，24米路面；大沂河桥全长164.54米，全宽30米，上下分离，桩柱式墩台，灌注桩基础，2004年8月底竣工通车。

济微线济宁段改线工程（曲阜段）。2003年6月，投资5766万元，开工建设济微线济宁段改线工程（曲阜段）。该工程为一级公路，全长10.046千米，30米路面，两侧各20米绿化带，2004年9月底竣工通车。

高速公路工程

日东高速公路曲菏段工程。1999年4月，日东高速公路曲菏段开工建设，全长148千米，曲阜境内18.2千米，东起曲阜市息陬镇大辛庄，西至陵城镇苑庄村，穿越息陬镇、小雪街道、陵城镇。日东高速曲菏段采用平原微丘标准，全封闭、全立交，设计时速120千米，路面宽26米，2002年5月竣工通车。

日东高速公路竹曲段工程。2001年3月，日东高速公路竹曲段开工建设。该段东起临沂竹园，西至息陬镇大辛庄，曲阜境内13.98千米，穿越息陬镇、尼山镇、防山镇，设计标准采用平原微丘标准，全封闭、全立交，设计时速120千米，路面宽26米，2003年8月竣工。

村村通公路工程

2003年年初，交通部为贯彻党中央、国务院关于支持"三农"决定，作出"修好农村路，服务城镇化，让农民兄弟走上沥青（水泥）路"部署，由此，县道、乡道、村道统称为农村公路。曲阜市借此机遇，落实中央政策，由交通部门牵头，各乡镇联动，通过新建和重建农村公路，至2005年，实现域内所有行政村通公路。2010年年底，全市拥有农村公路370条897.59千米，其中县道97.79千米、乡道257.9千米、村道541.9千米。2011年，山东省交通运输厅决定在全省开展"村级公路网化示范县"试点活动，曲阜市被列为全省第一批35个"村级公路网化示范县"之一。市委、市政府把农村公路建设作为全市重点工程，确定"到2012年年底全市全面实现村村通、村内通，基本实现户户通"建设目标。2011—2012年，全市完成投资6.2亿元，建设农村公路、村内街巷2248千米，其中村级公路网化示范工程595.9千米（县道33.4千米、乡道102.9千米、村道291.7千米、村内主街167.9千米）。全市所有村（居）实现农村公路村村通、村内通目标，95%村庄户户通。全市农村公路通车里程1287.15千米，其中县道97.79千米、乡道258.36千米、村道931千米。2013年3月，曲阜市在全省首个通过"村级公路网化示范县"验收工作。

村内通公路（2013年摄）

第三节　公路桥涵

1991年，全市各类公路桥梁有154座，总长度5443.5米，其中属市公路站常年养护公路桥梁37座，乡村公路桥梁117座；有公路涵洞378座，总长5204.4米，其中干线公路涵洞118座、市乡公路涵洞260座；其种类有石板、石拱、钢筋混凝土板、水泥管等。随着交通量的快速增长，原有桥梁由于建设时间长、设计标准低、安全性差，已不适应经济的发展。"十一五""十二五"期间，根据公路发展规划，曲阜市建设一批大型桥梁，改造一批危桥。至2013年年底，全市国、省干线公路桥梁共18座、涵洞112座，其中大桥3座、中桥7座、小桥8座；县、乡公路桥梁共42座，其中大桥11座、中桥31座。曲阜市桥梁养护实行"四个一"制度，即每座桥梁均明确一名养护员、一名技术员、一名路政员和一名行政领导。

附：桥梁简介

孔家村泗河大桥。位于城区西北5千米姚村镇孔家村东泗河上，是曲宁公路重要桥梁。该桥原长246米，宽8.7米，18孔钢筋混凝土双曲拱桥，随着交通量的增加，成为危桥。2008年12月原桥封闭，在其北侧建设一座新桥，长315米，共23孔，钢筋混凝土板桥。

元疃沂河大桥。位于息陬镇元疃东沂河上，曲尼公路由此通过。1986年建设，大型石拱桥，全长241.8米，20孔。2013年1月，该桥拆除重建，新桥为预应力钢筋混凝土板桥，12孔，全长256米。

尚河桥。位于防山镇高家村东1千米曲双公路上，中型桥梁，1972年建设，4孔石拱桥，长48米，宽9米。

土门桥。位于防山镇土门村南曲双公路上，中型桥梁，1985年建设，5孔石拱桥，长49米，宽8.5米。

西鲁源桥。位于尼山镇鲁源村西北，曲尼公路由此通过，1986年建设，长57米，5孔，中型石拱桥。

马庄桥。位于防山镇马庄南马庄新河上，1979年建设，10孔中型石拱桥，长50米，宽8.5米。2010年去除混凝土栏杆，加设防撞墙和桥面铺装。

大湖响河桥。位于尼山镇大湖村北响河上，张土公路由此通过，1978年建设，长50米，宽8.5米，10孔石拱桥，属中型桥梁。

河夹店桥。位于石门山镇河夹村北崄河上，河夹店至石门寺公路由此通过，2000年建设，混凝土板桥，7孔，长56.4米，宽12米。

2013年曲阜市国道中型桥梁一览表

表5-3 单位：米

桥名	归属路线	桥梁位置	长度	宽度	结构类型
陶洛桥(旧)	327 国道	防山乡陶洛村东	38.4	13	钢筋混凝土板
陶洛桥(新)	327 国道	防山乡陶洛村东	39.4	13	钢筋混凝土板
梁公林桥(新)	327 国道	防山乡梁公林东	39.6	13	钢筋混凝土板
梁公林桥(旧)	327 国道	防山乡梁公林东	37	13	钢筋混凝土板
烟袋河桥	104 国道	小雪街道大雪村北	46	43.6	钢筋混凝土板
歇马亭桥	104 国道	石门山镇歇马亭村东北	86.4	27.3	石拱
河夹店桥	104 国道	石门山镇河夹店村南	31.3	26.9	石拱

2013年曲阜市农村公路大中型桥梁一览表

表5-4 单位：米

桥梁名称	路线名称	全长	桥跨组合	桥梁全宽	跨径分类类型	上部结构形式
鲁源大桥	宫楼—尼山	156	7*20	7.4	大桥	空心板梁
颜母庄桥	夫子洞—颜母庄	280	20*13	7	大桥	空心板梁
仙店桥	中王—红旗闸	106	13*8	7.7	大桥	空心板梁
元疃桥	曲阜—尼山	230	20*11.5	8.5	大桥	整体现浇板
四张曲沂河桥	南泉—三张曲	173.94	13*13	7	大桥	空心板梁
北马桥	杨柳—杨家洼	173.94	13*13	7	大桥	空心板梁
孔村大桥	曲阜—宁阳	315	23*13.35	9.5	大桥	空心板梁
红旗闸	中王—红旗闸	226.8	63*3.6	5.6	大桥	空心板梁
夫子洞桥	连接线—西官	196	9*20	8.5	大桥	空心板梁
竹子园桥	高家村—后时	272	13*20	7	大桥	空心板梁
颜家村桥	姚村—颜家村	408	20*20	23	大桥	空心板梁
冷庄辽河桥	南息陬—小峪	46	3*11	9	中桥	空心板梁
三张曲沂河桥	三张曲—葛家庄	41	10*3.5	3	中桥	空心板梁

续表5-4

桥梁名称	路线名称	全长	桥跨组合	桥梁全宽	跨径分类类型	上部结构形式
东夏侯辽河桥	农机站—东夏侯	48	3*11	7.5	中桥	其他桥
峪东北桥	东岭—峪东	47	8*5.6	5.7	中桥	其他桥
魏家岭桥	梨园—杨柳	42.5	3*11	4.7	中桥	其他桥
粉店桥	兖州—南兴埠	50	8*6	8	中桥	整体现浇板
尚河桥	曲阜—双山口	48	4*8	9	中桥	整体现浇板
马庄桥	张村—土旺	50	10*4.5	8.5	中桥	整体现浇板
西鲁源桥	曲阜—尼山	57	5*8	8.5	中桥	其他桥
桑庄北桥	桑庄—甘辛庄	98	6*13	7.4	中桥	空心板梁
杨庄沂河桥	苑庄—大柳树	50	9*5.5	7	中桥	空心板梁
袁家庄辽河桥	白杨店—林家村	67	6*8	7	中桥	其他桥
红庙桥	马家庙—后彭	46	8*5	8	中桥	空心板梁
红庙南桥	林家村—朱庄	90	3*30	53	中桥	空心板梁
葛庄桥	三张曲—葛家庄	60	15*3.5	5	中桥	空心板梁
后王桥	王庄界—中王	46	9*4.5	8	中桥	空心板梁
梁公林桥	防后—梁公林	38	4*8	5	中桥	空心板梁
杨家洼桥	朱家洼—杨家洼	63	7*9	6	中桥	空心板梁
前夏庄桥	林程店—前夏庄	42	5*7	6	中桥	空心板梁
纸坊南桥	姚村—104 国道	40	3*10.1	9	中桥	整体现浇板
纸坊西南桥	姚村—104 国道	40	3*10.1	9	中桥	整体现浇板
南辛桥	张村—土旺	36	6*6	8	中桥	整体现浇板
钱家村桥	夏宋—八宝山	44	7*6	7	中桥	空心板梁
土门桥	曲阜—双山口	49	5*7.5	8.5	中桥	其他桥
前孟桥	黄堂—高店	36	3*10.5	8	中桥	其他桥
河夹店桥	河夹店—石门寺	56.4	7*6	12	中桥	整体现浇板
河夹店水库桥	张庄—石头河	84	6*14	5	中桥	其他桥
南村崄河桥	河东—南村	36	6*6	6	中桥	空心板梁
南河套桥	东河套—西仲吉	58	7*3.5+13*2.5	5	中桥	空心板梁
大湖桥	张村—土旺	50	10*4.7	8.5	中桥	其他桥
东魏庄桥	东嵃山—西魏庄	45	11*3	8	中桥	空心板梁

第三章 铁路

1991年，经过曲阜的铁路有京沪线（津浦线）、兖石铁路、兖南铁路。京沪线（津浦线）境内路段长26.123千米，由石门山镇宋家洼入境，至姚村镇西南匡庙出境至兖州区，有歇马亭、吴村、柳庄、姚村、程家庄车站。兖石铁路由陵城镇程家庄车站入境，至防山镇徐家村出境，经过小雪街道、息陬镇、防山镇、鲁城街道、书院街道，过境长度为26.666千米，有凫村、阮家村、曲阜、南陶洛车站。兖石铁路北环线经过姚村镇、王庄镇、书院街道和防山镇，过境长度为26千米；兖石铁路过境段曲阜站为三等站，其余为四等站。京沪高铁于2011年6月全线通车，京沪高铁曲阜段全长35.1千米，经过石门山镇、王庄镇、书院街道、鲁城街道、防山镇和息陬镇，设有曲阜京沪高铁东站。2013年，全市过境铁路117千米，其中高速铁路35千米，有火车站10座。

第一节 车站

京沪高铁曲阜东站

京沪高铁曲阜段全长35.1千米，占地约110.71公顷，总投资约40亿元。京沪高铁曲阜东站位于市城区东南14千米处，京福高速公路以东，沂河以南、日东高速公路以北，车站中心里程位于京沪高铁536千米处，是京沪高速铁路第9个站点，全线6个精品站之一，上行站位泰安站，下行站位滕州东站。车站站场设计为4台6线，设正线2条、到发线4条；车站建筑面积9996平方米，候车室实际面积4000平方米，旅客座椅560个，最高小时聚集人数700人；设计人工售票窗口3个，自动售票机7台、自动取票机5台，自助查询机4台、进站检票闸机6台、出站闸机6台、安检门2台。

京沪高铁曲阜东站售票处

车站站房为中国著名建筑设计师吴良镛及其子吴晨联手设计，整体建筑风格与曲阜城市文化背景有机融合。站房主体沿用汉代宫殿建筑风格，以哑白色、木色及灰麻色为主色调，棕色仿木格窗，候车室屋檐采用类似于世博中国馆倒阶梯装饰，站房外墙用3960块刻“六艺”字样石雕图案铺装，处处用细节诠释着儒家文化。候车大厅屋顶使用半透光材质。10万平方米的孔子文化广场，出自新加坡“现代设计之父”刘太格之手。突出建设“六艺群雕”“生态公园”两大景点。站前广场上设有多根立柱，每一根上面都刻有孔子《论语》中的名句。候车室中央树立高约3米的孔子木雕像，以孔子标准画像用木质雕刻而成。候车室设在站区中部，建筑屋脊高度30米，一层为旅客候车区，二层为旅客服务区，为旅客提供购物、餐饮等服务。候车区北端设有客运值班室和民警值班室，南北各有1处卫生间。检票口设在候车室南端，共有检票闸机6台、人工通道1处、座椅450个。同时，

为方便老幼病残孕等重点旅客乘车，在靠近检票口的候车室西南角开辟重点旅客服务区。为方便旅客采集铁路旅行信息，将旅客所需的信息全部在候车室电视屏上滚动播放。联合旅游部门，在候车室、出站口设立旅游信息宣传展架。大、小贵宾室正面墙面设计体现孔子思想和文化的大型壁画，一幅为《孔子著春秋》木版画，一幅为体现孔子讲学的《近者悦，远者来》金漆画，充分展现儒家文化。

2011年1月，曲阜市成立京沪高铁曲阜东站组团开发建设指挥部，负责高铁曲阜段、连接线及站前广场建设及区域开发建设工作。同年4月30日，曲阜高铁东站孔子文化广场落成和孔子大道贯通。同年6月30日，曲阜东站开始运营。

曲阜火车站

地处曲阜市电缆路南首，始建于1983年，1986年1月开通运营。车站中心里程位于兖石铁路24千米处，分别与南陶洛站、阮家村站接壤，距离兖州站31千米，离日照站285千米，是三等客货运站，隶属济南铁路局临沂车务段。1991年，曲阜火车站有到发线3条、货物线1条、专用线路2条，车站下设行车、客运、货运3个班组，有职工46人；站区包括工务、电务、公安、水电、卫生5个单位。2002年，曲阜火车站进行信号通信设备、线路轨道改造，线路轨道正线由50型钢轨换成60型钢轨。9月，通过专家组验收，取得优质工程称号。经过提速改造，客车最高时速120千米，客货车通过能力提高40%。2013年，曲阜火车站办理列车接发、客运、专用线卸车和齐鲁快运业务，下设行车、客运两个班组，有干部职工37人。

第二节　铁路桥涵

全市上跨铁路桥涵共43座，其中二级2座、三级5座、四级36座。为切实维护桥涵设施良好使用性能，每季度组织养护工集中开展桥涵设施专项养护作业，主要对桥涵淤泥、杂物及桥涵伸缩缝进行清理，使用路面养护恢复再生剂对桥面进行维护，避免桥面开裂。至2013年年底，各桥涵设施使用性能良好。

2013年曲阜市上跨公路铁路桥涵一览表

表5-5

序号	公路路线编号	被跨位置的公路桩号	被跨公路的技术等级	被跨位置的路面宽度(米)	跨越铁路名称	公路与铁路的修建顺序	备注
1	C165	1.811	四级	4	津浦铁路	先铁后公	韦家楼
2	Y662	6.036	四级	3.5	津浦铁路	先铁后公	歇马亭
3	C167	0.979	四级	3.5	津浦铁路	先铁后公	张庄(3孔*10米)
4	C293	1.778	四级	3.5	津浦铁路	先铁后公	韦庄(2孔*10米)
5	C106	0.218	四级	5	津浦铁路	先铁后公	石泉庄
6	C333	0.14	四级	5	津浦铁路	先铁后公	石泉庄
7	Y094	0.070	四级	6	津浦铁路	先铁后公	管村西
8	X004	39.257	三级	7	津浦铁路	先铁后公	吴村东(4孔*7米)
9	Y093	10.112	四级	5	津浦铁路	先铁后公	泉头(2孔*4米)
10	Y102	7.096	四级	4	津浦铁路	先铁后公	柳庄西(2孔*4米)
11	C034	0.040	四级	4	津浦铁路	先铁后公	姚村
12	X076	7.494	三级	7	津浦铁路	先铁后公	姚村铁路桥
13	C017	0.324	四级	5	津浦铁路	先铁后公	姚家庄东
14	C017	0.384	四级	5	津浦铁路	先铁后公	姚家庄东

续表5-5

序号	公路路线编号	被跨位置的公路桩号	被跨公路的技术等级	被跨位置的路面宽度(米)	跨越铁路名称	公路与铁路的修建顺序	备注
15	C766	1.532	四级	5	津浦铁路	先铁后公	河口北(采)
16	C182	1.167	四级	4	白陶铁路	先铁后公	保宁
17	X076	5.926	三级	9	白陶铁路	先铁后公	颜村
18	Y087	0.317	四级	5	白陶铁路	先铁后公	张庄
19	C015	1.062	四级	4	白陶铁路	先铁后公	陈寨
20	Y665	3.620	四级	3.5	白陶铁路	先铁后公	宋历庄
21	Y093	3.560	四级	5	白陶铁路	先铁后公	宋历庄东
22	Y107	0.972	四级	5	白陶铁路	先铁后公	孟家道沟
23	C190	0.919	四级	5	白陶铁路	先铁后公	旧县
24	X080	0.622	二级	9	新石铁路	先铁后公	开发区(1*10)
25	C169	0.039	三级	10	新石铁路	先铁后公	水泥厂(3孔*10米)
26	C096	0.268	四级	5	新石铁路	先铁后公	陶洛
27	C096	1.394	四级	5	新石铁路	先铁后公	陶洛
28	CA23	0.193	四级	4	新石铁路	先铁后公	陶洛
29	C280	1.959	二级	18	新石铁路	先铁后公	开发区(1*20)
30	Y105	3.975	四级	5	新石铁路	先铁后公	南陶洛
31	Y085	4.486	四级	6	新石铁路	先铁后公	曲阜站
32	C178	1.681	四级	4	新石铁路	先铁后公	葛庄(1*8)
33	C192	2.381	四级	5.0	新石铁路	先铁后公	三张曲西(1*8)
34	X079	1.789	三级	9	新石铁路	先铁后公	杨辛庄(1*10)
35	C213	4.574	四级	5	新石铁路	先铁后公	阮家村东
36	C209	6.604	四级	6	新石铁路	先铁后公	西雪(1*7)
37	C206	3.344	四级	5	新石铁路	先铁后公	后苗营(1*5)
38	C210	1.802	四级	5	新石铁路	先铁后公	宣村(1*5)
39	C167	2.584	四级	3.5	京沪高铁	无公后铁	黄沟(1*10)
40	C102	1.654	四级	4	京沪高铁	无公后铁	林程店东(3*12)
41	C285	0.46	四级	4	京沪高铁	无公后铁	林程店东(1*8)
42	C111	0.525	四级	5	京沪高铁	无公后铁	朱黄庄(1*20+2*15)
43	C179	1.372	四级	5	京沪高铁	无公后铁	东陬(1*10)

第四章　交通管理

曲阜市境内干线公路与乡村公路采取分级养护方式，1991年，全市养护公路里程194.2千米，市交通运输、公路等部门不断加强交通管理队伍建设，优化路域环境，规范运输秩序，提升服务水平。1997年，曲阜市被授予全省路政管理先进市称号。2011年3月，市政府确定“县道县管、乡道乡管、村道村管”原则，农村公路形成建养并重格局。2013年，境内国、省道路面优良率为100%。

2012年3月30日，济宁市第七个“山东公路路政日”宣传活动在曲阜市舞雩坛广场启动

第一节　公路养护

国、省道养护

曲阜市境内干线公路与乡村公路采取分级养护方式，干线公路主要由养护工班负责，乡村公路为群众养护，主要由各乡镇选派养路员负责。1991年，全市养护公路里程194.2千米，其中沥青路面137.05千米、水泥路面21.4千米、沙土路面35.73千米，晴雨通车里程194.2千米，干线公路好路率100%。公路养护基本实现机械化，共有中压路机9台，推土机、铲车各1台，载重汽车3辆，拖拉机14台，沥青保温车、洒水车各1辆，发电机、电焊机各1台。1996年，结合全市争创中国优秀旅游城市活动，市交通局在国道两侧补植桧柏3600棵、月季500棵，整修泄水槽50个，增设示警桩360根，新增指路标志、警告标志16块。1999—2002年，按照“建养并重，保障畅通”方针，投入资金300余万元，养护境内国道。2003—2005年，按照公路“畅、安、舒、美”整体要求养护境内国道，投入养护资金400余万元，境内公路等级全部为一级路，104国道为国家级文明样板路，327国道为省级文明样板路。2006—2007年，投入养护资金760余万元，实施全省“五大养护工程”（即文明样板示范工程、公路养护畅通工程、公路安全保障工程、科学养路创新工程、养护管理信息工程），提高养护质量。2013年，全市干线公路136.9千米，其中国道67.8千米、高速65.7千米、省道3.4千米，国省道路面优良率为100%。有清扫车3台，多功能车1台，有养路职工78人，群众养护员215人，设养护工班4个。

县、乡道养护

1991年，市交通运输局公路管理站专门负责县、乡公路管理养护，各乡镇交通管理所负责辖区内道路清扫、排除路面积水障碍物、清除路肩杂草等日常维护工作。1996年，市乡公路管理站更名为市地方道路管理处。2002年，设立养护科，专门负责农村公路养护工作。2011年3月，市政府颁布《曲阜市农村公路管理养护实施细则》，确定“县道县管、乡道乡管、村道村管”原则，各乡镇、街道成立养护办公室，建立养护队伍，负责管理养护辖区内乡村公路，全市农村公路形成建养并重格局。2012年，市交通运输局将县道养护工程公开招标，择优选择有资质的养护企业，农村公路养护走向市场化运作。2013年年底，全市公路通车里程1433.55千米，公路密度159千米/百平方千米，好路率85%，镇村通达率、公路列养率均为100%。

第二节 路政管理

1991年，市公路局路政科负责境内国、省干线路政管理工作，配备10名路政人员，2辆路政执法车辆，组织实施公路巡查，负责受理、制止、查处非法占压、污染、损坏、破坏公路、公路用地和公路设施等违法行为。市交通运输局地方道路管理处负责管理保护农村公路、农村公路用地、农村公路附属设施。1997年，曲阜市被授予全省路政管理先进市称号。2002年起，市公路局加强国、省道路域环境综合整治，加大对路政许可事前勘察和事后监督管理力度，做到一案一评审；开展非公路标志整治活动，严格公路建设控制区的管控工作；实行路政和养护同巡查。市交通运输局地方道路管理处配备专职人员，购置执法车辆，建立路政宣传长效机制，加大农村公路日常管理力度，对县、乡、村级公路分级管理，实现管理无空档。2010年，市公路局成立路政大队，下设3个中队，分别为吴村中队、小雪中队、时庄中队，到2013年，处理路政事案2600余起；市交通运输局处理路政事案3100余件。

交通执法人员检查货运车辆

第五章 运输

1991年，境内有营业性运输车辆2606辆，其中农用汽车120辆，拖拉机1667辆，货运汽车769辆，客运汽车50辆。2013年，境内有营业性运输车辆4235辆，其中载货汽车4109辆，客运班车46辆，出租汽车209辆，公交车155辆。货物配载中心12家，一级客运站1个，二级汽车客运站1个，等级货运站3个（银座、汇鑫、华能），维修企业86家，A级汽车综合性能检测站1个，机动车驾驶培训学校2所，道路运输业户1516户，从业人员1.1万余人。

第一节 货运

汽车、拖拉机等

1991年，全市有货运汽车769辆、农用汽车120辆、拖拉机1667辆、公路货运量273.5万吨，货运周转量5431万吨千米。1995年，有货运汽车1123辆、农用汽车440辆、拖拉机2463辆，公路货运量757万吨，货运周转量17355万吨千米。2005年，华能陆港物流有限公司成立，建成全市第一家物流园区，占地面积53.33公顷，经营仓储、配送、货物配载服务，是济宁市第一家一级货运站场。2008年，曲阜银座配送有限公司成立，规划总用地22.8公顷，建筑面积36000平方米，投资2.4亿元，储位23500个，可存储商品60万箱，主要负责鲁西南银座各门店直供商品的物流配送及运营管理工作。2013年，全市共有营运货车4109辆（大型货车2139辆、中型货车110辆、小型货车1029辆、牵引车831辆），营运农用汽车80辆，货运总吨位40275吨。

曲阜火车站运输

1994—1995年，曲阜火车站装卸货物1862车，发送货物154152吨，接发列车1万辆。1996年，货物装车775车，发送量4.4万吨；卸车286车，到达量1.4万吨；运输收入97万元。专用线年到达量0.1吨。2003年，货物发送2.54万吨，办理到达11.71万吨。2013年，有到发线3条、专用线路2条。到2013年12月31日，该站实现安全生产6604天，连续8年被济南铁路局评为“先进中间站”。

1991—2013年曲阜市营运车辆拥有量统计表

表5-6

年度	农用汽车		拖拉机		货运汽车		客运汽车	
	辆	吨位	辆	吨位	辆	吨位	辆	客位(座)
1991	120	60	1667	3190	769	2456	50	1809
1992	177	89	1987	3672	1055	4168	61	2161
1993	280	140	2079	3872	1125	3985	65	1986
1994	310	289	2150	3934	1051	3484	119	3962
1995	440	377	2463	4501	1123	3609	82	2066
1996	451	389	2460	4495	1454	4156	49	316
1997	464	391	2460	4496	1615	4938	73	2158
1998	1073	538	5683	11450	1921	6880	112	3414
1999	1800	1200	6283	11269	2338	8884	112	3414
2000	1900	950	6283	11269	2453	9564	176	4865
2001	2000	1500	5230	8891	2459	8025	140	2590
2002	1334	678	1621	2590	2390	5745	148	3222
2003	1607	807	1471	2296	2542	5232	105	1995
2004	1387	693	685	1077	2420	5859	108	2052
2005	1160	810.5	668	1020.5	2636	6587.15	99	1762
2006	1151	586	559	876	2142	6505	99	1762
2007	1152	576	574	906	2106	7818	99	1762
2008	1435	1238	501	795	1902	13853	122	2955
2009	1653	1659	539	857	2804	25562	106	2719
2010	482	1035	–	–	3667	34186	112	2887
2011	430	920	–	–	4034	37935	71	2264
2012	191	362	–	–	3866	41472	51	1876
2013	80	135	–	–	4109	40275	46	1781

1991—2013年曲阜市营运性货车年末统计表

表5-7

年度	数量（辆）	吨位	货运量（万吨）	货运周转量（万吨千米）	年度	数量（辆）	吨位	货运量（万吨）	货运周转量（万吨千米）
1991	769	2456	273.5	5431	2003	2542	5232	2238.8	43734
1992	1055	4168	324.5	8639	2004	2420	5859	2239.5	44886
1993	1125	3985	445.9	9673	2005	2636	6587.15	2239.52	44886.3
1994	1051	3484	701	13882	2006	2142	6505	2238.5	44880
1995	1123	3609	757	17355	2007	2106	7818	2215	44405
1996	1454	4156	925	19992	2008	1902	13853	2051	41107
1997	1615	4938	983	23097	2009	2804	25562	2065	41298
1998	1921	6880	1259	27915	2010	3667	34186	2168	43365
1999	2338	8884	2034	34497	2011	4034	37935	2172	43418
2000	2453	9564	2130	41469	2012	3866	41472	2180	43452
2001	2459	8025	2132	42958	2013	4109	40275	2158	42888
2002	2390	5745	2142	43729					

第二节　客运

曲阜汽车站

1991年，曲阜汽车站位于曲阜明故城南，毗邻孔庙，有在岗职工76人，客运车辆50部，客位1809座。1993年，车站由手工售票转为微机售票。2002年，对车站经营环境进行改造，停车场实行封闭式发车管理。2009年，迁至327国道与西外环交汇处新建，距明曲阜故城5千米，占地7.23公顷，按照国家一级汽车客运站标准建设，总建筑面积1.71万平方米，集客运服务、物流配载、汽车维修、商业、餐饮、办公等功能于一体。车站实施智能化、现代化管理，配备先进的广播、通信、消防、电梯、大屏幕电子显示、电子监控、GPS全球定位等系统设施，安全管理、售票、检票、行包托运、营收结算等全部采用国内领先水平的计算机客运综合管理系统。2013年，进站经营客车195辆，每天始发班车562个班次，其中长途始发班车236个班次，村村通始发班车224个班次，过路车95个班次，营运线路92条，营运范围辐射13个省、自治区、直辖市和全国170个县（市、区），日平均发送旅客3000余人次，客流高峰时日发送旅客1万余人次。

京沪曲阜高铁东站客运

位于曲阜市城区东南部，距离市中心约14千米，2011年6月运营，占地面积2.14公顷，建筑面积5100平方米，总体高度为17.36米。该站设计功能完善，配备微机售检票系统、旅游信息查询系统、远程监控及安检等系统。2011年，京沪高铁曲阜东站发送旅客85.04万人次，运输收入4558万元。2012年，完成运输收入1.7亿元，发送旅客128.97万人。2013年，京沪高铁曲阜东站实现运输收入2.7亿元，发送旅客176.06万人。

曲阜火车站客运

曲阜火车站主要承担周边地区旅客乘降业务。1991—2013年，旅客发送人数年均10万人。1994—1995年，曲阜火车站到发旅客列车2920辆，发送3.87万人次。1994—1995年，旅客发送2.9万人次，到达5.8万人次。2003年，发送旅客4.98万人/次。2013年，发送旅客161.98万人次。

1991—2013年曲阜市营运性客车年末统计表

表5-8

年度	数量（辆）	座位（个）	客运量（万人次）	客运周转量（万人千米）	年度	数量（辆）	座位（个）	客运量（万人次）	客运周转量（万人千米）
1991	50	1809	162.8	10787	2003	105	1995	340	15878
1992	61	2161	315.5	18423	2004	108	2052	187	10656
1993	65	1986	244.6	15163	2005	99	1762	187.2	11227
1994	119	3962	298	16806	2006	99	1762	190	11260
1995	82	2066	325	17258	2007	99	1762	190.3	11278
1996	49	316	376	18324	2008	122	2955	194.12	11395
1997	73	2158	401	19014	2009	106	2719	189.96	10986
1998	112	3414	428	19517	2010	112	2887	156.48	9408
1999	112	3414	440	20500	2011	71	2264	156.37	7287
2000	176	4865	441	20600	2012	51	1876	171.56	8063
2001	140	2590	441	20600	2013	46	1781	161.98	9882.57
2002	148	3222	441	20600					

第三节　交通稽查

1991年，交通监理站负责运输市场稽查治理，查处违反道路运输管理法律、法规和规章行为。1996年，成立交通稽查大队，依法查处欠费车辆、超限车辆、非法营运车辆。2013年6月，交通稽查大队更名为交通运输监察大队。2008年9月，市政府组织交通、公安、公路部门组成路检路查工作组，抽调137名执法人员开展治理车辆超限超载工作，打击超限超载、无牌无证、抛洒滴漏违法车辆。当年，查处超限超载车辆542辆，卸货3590吨，罚款34万余元，拘留抗拒检查、强行闯关驾驶员5人。同年，市交通运输局结合全市创建一流景区工作，加大旅游秩序整治。抽调骨干执法人员，组建旅游秩序管理执法中队，以林前广场、五马祠街等游客集中区域为重点，通过白天巡逻、夜晚突击方式，开展执法行动，查扣“黑出租”18辆、非法载客摩托三轮12辆，打击违法营运行为。2012年，加强货运源头治理，组织镇街及水利、国土、林业、公安、交通、公路、工商等部门开展联合整治行动，出动执法人员760余人次、车辆230台次，下达责令停止违法采沙行为通知书31份，清除违法沙场16处，扣押采沙船、铲车、挖掘机等工具15台。2013年，开展治理车辆超限

2008年9月，曲阜市开展治理车辆超限超载工作

超载“百日会战”行动，查处违法运输车辆158辆，关停非法沙场6个，销毁采沙船6艘，拆除非法货场房屋21间，行政拘留违法人员4人。开展客运市场秩序集中整治月行动，查处“黑出租”97辆、不规范运营出租车68辆。

第四节　规费征收

1991年，拖拉机及其他车辆（不含汽车）公路养护费由车籍所在地交通管理所征收，客运基金由客运所征收。1994年7月，汽车养路费征收标准调整为每月每吨位190元。1996年，开征路港费（不含汽车），由各交通管理所征收。1998年起，养路费征收使用计算机办公，开发安装交通管理信息系统，借助交通管理网络，加强数字信息交通管理，对各征收单位征管情况实施监控，确保征费标准、征费月份、征费吨位、违规处罚“四统一”。2001年1月，车辆购置附加费改为车辆购置税。2005年1月，车辆购置税交由国税部门直接征管。2006年，交通部门所有业务点实现计算机联网征费。2008年12月18日，国务院发布《关于实施成品油价格和税费改革的通知》，决定自2009年1月1日起，取消由交通部门征收的公路养路费、航道养护费、公路运输管理费、公路客货运附加费、水路运输管理费、水运客货运附加费6项收费，提高成品油消费税单位税额。曲阜市根据上级要求，市交通局、公路局不再征收公路养路费等收费。面对新形势，市交通部门及时调整机构、人员，工作重心向交通管理服务转变。

1991—2008年曲阜市各类交通规费征收情况表

表5-9　　单位：万元

年度	养路费	路港费	管理费	客货运基金	合计
1991	191	-	64	167	422
1992	215.3	-	90	174	479.3
1993	268	-	127.5	206	601.5
1994	296	-	138	236	670
1995	379	-	132	278	789
1996	359	-	128	340	827
1997	351.4	99.4	180.6	330.8	962.2
1998	503	155.2	174.8	350.7	1183.7
1999	484.2	148.4	182.3	362.5	1177.4
2000	480	142	173.8	542	1337.8
2001	484.72	134.32	174.7	552.2	1345.94
2002	502.18	139.98	193.04	560.3	1395.5
2003	550.61	151.84	183.88	572.11	1458.44
2004	473.57	74.59	105.84	538.23	1192.23
2005	480.83	73.02	105.45	547.7	1207
2006	438.23	70.14	129.08	607.53	1244.98
2007	451.66	83.82	177.39	766.11	1478.98
2008	446.26	75.73	206.99	934.68	1663.66
合计	7354.96	1348.44	2667.37	8065.86	19436.63

第六章 邮政 快递

1991年，市邮电局下辖邮电支局所13处，其中设在农村12处；信筒、邮箱46处，其中农村35处；邮政储蓄网点13处；集邮点1处。全年邮电业务总量420.93万元。1998年邮电分营时，原邮政资产原值1848.05万元，其中自有房屋土地资产原值769.14万元，自有通用设备、邮政专用设备、信息技术设备原值205.05万元，自有运输设备132.77万元，无形资产软件原值64.1万元，无形资产土地使用权原值676.99万元。分营后，市邮政局下辖邮电支局所16处，其中设在农村12处；邮政储蓄网点14处，其中城市网点2处。2000年，实现邮政业务收入1367万元。至2013年年底，曲阜市邮政局有局所15处，其中设在农村12处；邮政储蓄网点13处，其中城市网点2处；城区至农村镇街邮路2条，总长度170千米，城市投递段道10条；农村投递路线1368千米；在职职工71人，劳务用工93人，固定资产原值2303.4万元。2013年实现业务收入3246.48万元，同比增3.5%。

第一节 邮政设备

1991年，有邮政自行车80辆，汽车2辆，1998年增至4辆。1998年邮电分营时，邮政生产用汽车4辆，自行车46辆。2008年6月，与邮政储蓄银行分营时，有9辆生产行政用车，其中含2辆邮车。2013年，邮政运输工具主要为汽车、电动车，有电动三轮车11辆、电动自行车14辆、汽车12辆；现代邮政设备齐全，营业台席配备计算机、传真机、终端机、打印机、身份证鉴别仪、验钞机、火车票专用制票机，每个支局配备打印复印一体机、指纹仪、监控系统、视频媒体电视、POS机、条码打印机、ATM机、多功能排队机、空调等设备。

第二节 邮政线路

1991年，曲阜市境内有邮路13条，邮运工具为自行车，邮路长度总计131.5千米。1996年7月，保留市内自行车邮路1条，设南、北、东3条汽车邮路。汽车邮路系逐日班，每日出班保持2个频次。

1998年，邮政、电信分营时，境内设3条汽车邮路，系逐日班，每日出班保持2个频次，邮路长度总计200千米。有11条市内投递段道，皆为自行车，日出2班；全市11个投递段道共2077个投递点，全程总计273千米。全市农村投递路线共34条，单程长度总计1256千米。其中自办的1条，单程长度40千米；委办的33条，单程长度1216千米，均为自行车投递，周六班。2013年，境内邮路设为2条，分南北两条邮路，每日上午一趟邮运频次；北路邮车里程145千米，负责曲师大、姚村、吴村、董庄、王庄、书院6个邮政支局的上一日及当日封班前的各类出口邮件及当日进口邮件；南路邮车里程137千米，负责时庄、济宁学院、陵城、小雪、息陬、南辛（尼山）、防山、有朋路8个支局的上日及当日封班前的各类出口邮件及当日进口邮件。设10条境内投递段道，其中一条机动车段道，负责机关单位等重点客户报刊邮件投递工作，9条电动自行车段道，日出2班；全市10个投递段道共2893个投递点，全程总计273.34千米；农村投递段道24条，为外包形式，全程长度总1712千米，均为摩托车投递，周六班。

第三节 邮政业务

1991年，全市邮政业务总量177.2万元。1998年9月1日，市邮政局成立，全年实现邮政业务收入1054.79万元。2013年，全市邮政业务收入规模3500万元。

函件业务

传统函件业务主要有信函、明信片、邮简、印刷品及盲人读物等。1991年,函件业务258.54万件。随着互联网兴起,函件业务开始转型与互联网相结合,业务规模不断壮大,发展形式越来越多元化,先后增设数据库商函、中邮DM、账单、期刊广告、企业金卡等业务。2001年7月起,经营邮资信封业务。2004年4月16日,三孔邮资门票启用。2005年5月1日,三孔"一票通"邮资门票启用;邮政局投资为三孔安装电子检票系统,邮资门票使用率80%以上。2013年5月,邮政局投资300万元,为三孔景区建设新型电子门票系统投入使用。2013年,全年函件总量2052.4万件,其中国内函件2052.1万件,国际函件3000件。

包件业务

1991年,全市包件业务14715件,邮政快件7.21万件。1992年,开办台湾快件包裹业务。1995年起,收寄脆弱包裹只限寄往同意接收这类包裹的国家和地区。同年,国际保价包裹只限与中国互寄该类包裹的国家和地区,保价金额为500元。1996年12月1日,停办商品包裹、纸质品包裹和航空包裹国际业务。2001年8月1日,开办国内快递包裹业务,形成普通、快递、特快专递包裹3种业务。2004年8月19日,推出一、二线城市次晨达、次日递业务。2005年7月25日,推出中国、美国、澳大利亚、日本、韩国、中国香港间国际时限承诺服务,2006年8月3日和12月19日,实现韩国、日本主要城市次日递。2007年,合同物流服务延伸至港澳等亚太地区;同年1月10日和8月28日,开办国内电子商务速递业务和经济快递业务。2009年1月,邮政速递物流业务分营,曲阜邮政的EMS、快包及国际包裹成为代理业务。2012年10月,推出邮政国内小包业务。2013年,全年包裹总量25.3万件,机要文件1619件,特快专递3.7万件。

报刊发行业务

1991年,全市订销报纸期发数4.48万份,报纸流转额131.1万元。到1998年8月底,全市建有报刊发行站10个,发行员18人。2013年,曲阜邮政有12个收订网点,同时在企业、机关、学校、部队等建立10个社会报刊发行站,拥有10名社会发行人员,单位和个人均能方便订阅报刊。拥有40名投递人员,在市区对报刊实行每天2个频次投递。有投放信报箱3万余个。全市报纸期发数2.4万份、杂志期发数9000份。

报刊零售业务

1991年,有报刊门市部1处、报刊零售亭2处。1996年,市邮电局成立报刊零售公司。1998年,有报刊门市部1个、零售亭15个、个体批销户16户。2013年,设立便民充电站77个。全市有报刊零售亭21个,经营报刊100余种。

集邮业务

1991年,有集邮点1处,全年集邮业务量65.18万枚。1993年6月,市邮电局集邮室撤销,设立集邮公司。1998年9月28日,国家邮政局发行TP8《曲阜三孔》特种邮资片,首发式在孔庙大成殿举行,邮资片1套4枚;曲阜局发行纪念封纪念戳各1枚。1999年6月,市集邮协会启用纪念戳1枚。9月28日,国家邮政局《孔子诞生2550周年》纪念邮资封在曲阜首发,片图为孔子出生地尼山,邮资图为孔子半侧面头像,启用纪念戳2枚;曲阜邮政局发行纪念封1枚,启用孔庙邮政支局开业留念纪念戳1枚。12月31日,曲阜邮政发行"世纪之交"千禧纪念封、纪念戳各1枚。2000年1月1日,发行"世纪之交,百年回眸"纪念封纪念戳各1枚;9月28日,由山东省邮政局制作、国家邮政局发行的《孔子周游列国图》《六艺图》邮政邮资明信片在曲阜首发;11月11日,国家邮政局主办,山东省邮政局、曲阜市人民政府承办的《古代思想家》邮票首发式在曲阜举行,启用纪念戳1枚。2001年6月13日,市集邮协会启用纪念戳1枚。2002年9月19日,市邮政局发行曲阜市第一套个性化邮票《孔子故里——曲阜》,启用纪念戳1枚。2004年3月14日,国家邮政局发行《孔庙——大成殿》《孔庙——杏坛》普通邮资明信片;12月5日,国家邮政局发行《中国古代书法——隶书》特种邮票1套4枚(4—1)东汉·乙瑛碑80分,启用纪念戳一枚;9月23日,国家邮政局发行JF81《联合国教科文组织孔子教育奖》纪念邮资封1套1枚,面值80分,启用"杏坛""杏坛剧场(临)"风景戳及宣传戳各1枚。2007年6月1日,国家邮政局主办,山东省邮政局、曲阜市人民政府承办的《孔融让梨》特种邮票首发式在万仞宫墙前举行,启用纪念戳3枚,宣传戳1枚;6月1—2日,济宁市集邮协会、曲阜市集邮协会与齐鲁集邮研究会在曲阜会展中心联合举办"儒家文化"集邮展览,启用纪念戳1枚;11月5日,国家邮政局发行《中

国古代书法——楷书》特种邮票1套4枚(6—2)T张猛龙碑1.20元,启用纪念戳1枚。2008年6月16日,市邮政局、市鲁班文化研究促进会联合发行《鲁班故里曲阜》个性化纪念邮票1套纪念封、戳各1枚;7月22日,奥运圣火在曲阜进行传递,曲阜发行《奥运圣火耀曲阜》个性化邮票1套8枚,纪念封,邮资加印片,纪念戳2枚。2010年9月28日,《孔庙》《孔府》《孔林》特种邮票首发仪式在孔庙大成殿前举行。2013年7月13日,《琴棋书画》特种邮票首发式在孔子礼仪文化学校举行。全年集邮业务量30.1万枚。

邮政储蓄业务

1991年,全市有邮政储蓄网点13个,年末收储余额1186.22万元,年平均收储余额873.6万元。1998年,全市邮政储蓄网点实现联网,并与全国50多个城市2300多个邮政储蓄网点实现邮政储蓄活期存款通存通取。2002年,全市有邮政储蓄网点14个,余额及储蓄收入为4.04亿元、912万元。2005年6月,实现邮政储蓄计算机网和电子汇兑系统两网互通,并可跨行交易。2006年年底,开办定期存单小额质押贷款业务。2008年5月,中国邮政储蓄银行山东省曲阜市支行成立,曲阜邮政金融业务全部改为代理,共下设15个网点,其中代理金融业务网点13个,纯邮政网点2个。当年完成邮储余额3亿元。至2013年,余额规模为7.27亿元。

邮政保险业务

1999年7月,市邮电局开始代理保险业务。2011年6月,市邮政局设立保险理财部,挂靠金融业务局,代理生命、泰康、太平洋、国寿、太平、人民、华夏、国华、中邮、平安等多家公司30余险种。2013年,完成趸交保费7742万元,期交55万元。

邮政分销业务

2004年,市邮政局成立专职物流机构,实行项目经理负责制,发展村级代办所396处,并在所有支局设立物流专营配送点及物流超市。2006年,市邮政局完成送电影下乡660场,示范田建设55.8公顷,送科技知识讲座382场;对原有村级代办所进行规范和整顿,开展乡级农资店、村级农资店建设。到2007年年底,建设完成“三农”服务站106处。2012年8月,市邮政局通过成立鸿雁专业合作社,吸纳会员创建高产示范田,发展农业保险项目,发展会员6.35万户,遍布全市11个乡镇,累计建设邮政高产示范田3133公顷;借助邮政邮乐网,推广吴村葡萄樱桃、书院大蒜、姚村山药、尼山土豆等特色农产品,当年通过合作社销售的农产品金额600余万元,为农户创收近100万元。

邮政电子商务业务

2009年11月,市邮政局成立电子商务局,开展自邮一族、放号、彩票、航空票务、代收业务。2012年,建设便民站356个,基本覆盖全市社区、生活区、学校、镇街政府(办事处)驻地,为城乡居民提供代收代缴、代售票务等便民服务。2013年,总代收量约27万笔,总代收金额约810万元。

第四节　快递

2003年,申通、中通等快递公司开始在曲阜注册成立分部。到2013年年底,有持证快递企业9家,即圆通、中通、百世汇通、韵达、申通、增益D速、顺丰、安捷、宁运,全年快递业务收入1062万元,业务量134万件,快递业务收入及快递业务量增幅均高于济宁市平均增幅。

圆通速递

上海圆通速递(物流)有限公司于2009年11月在曲阜市注册,名为曲阜圆速通快递有限公司,位于曲阜一中西侧,主要经营50千克以内的小包裹快递业务,围绕客户需求,形成12小时次晨达、24小时次日达、36小时隔日上午达、48小时72小时及承诺达等时效件和到付件业务、代收货款、签单返还、代取件业务、仓配一体等多种增值服务。公司成立之初,业务量每天几十票快件,员工3人,电动三轮车2辆。到2013年年底,曲阜圆速通快递有限公司业务量发展到每天收派2000余票,拥有员工30人,大小车辆20部。

申通快递

上海申通物流公司于2003年5月在曲阜市成立曲阜市申通快递有限公司,是曲阜市最早的快递公司之一,位于城区东关部队军转楼,只有1辆车、2个人、2辆摩托车、2部电话和1间办公室。2004年6月,注册登记为曲阜市申通配货服务部。2007年,在总部签订合同。2009年,注册为曲阜市申通快递有限公司。到2013年年底,位于城区电缆路南首路东,有员工30人,市区直营店4家,总部面积800多平方米,操作场地300多平方米，传送设备1条，大小网络车9辆，电脑和传输设备若干，设有客服部、财务部、会议室、活动室等。

中通快递

中通快递股份有限公司于2003年6月在曲阜市成立曲阜中通快递有限公司，服务项目有国内快递、物流配送与仓储等，提供“门到门”服务和限时（当天件、次晨达、次日达等）服务。2012年，随着整体业务的提升，曲阜中通快递有限公司拥有自身形象店，所有车辆统一VI标准，全市12个镇街全部开通运营。2013年，曲阜中通快递有限公司日发件3000余件，派送1500余件。到年底，曲阜中通快递有限公司有员工50人，主线班车2台，小型货车4台，派送三轮车20台，市区标准形象店2个、普通营业点7个，乡镇营业点9个。

第七章　电子信息

曲阜电子信息产业起步较早，在改革开放之初到20世纪90年代初期的曲阜市“十厂一矿”中，便拥有曲阜电缆、天博汽配等电子信息制造企业，1991年，实现产值3亿元，有汽车热敏开关、电力电缆等主导产品。1991—2000年，圣阳电源、金升电机等一批新兴信息企业出现并发展，曲阜电缆、天博汽配产品技改扩能，加之一些民营经济中小微信息制造企业逐步生根发芽，曲阜信息产业得到进一步发展和壮大。到2000年，全市信息产业总产值近8亿元。2000—2010年，随着计算机的普及，曲阜市信息产业规模大幅提高，同时，萌芽和发展一批软件企业、电子商务企业等信息产业相关企业。2010年，全市信息产业总产值20亿元。2010年起，市委、市政府加大招商引资力度，强化政策扶持，培植壮大骨干企业。2013年，曲阜市被确定为国家智慧城市试点市，创建周期为2013—2017年。到年底，全市规模以上电子信息制造企业16家，实现主营业务收入40.32亿元、利税4.01亿元，成为引领全市工业经济转型升级的主力军。

第一节　邮电局电信业务

固定电话

1991年，曲阜市内电话交换机为总容量2000门的编码纵横制交换机，设备为西安邮电第十研究所研究生产的HJ-09型，到年底，实占1891门。1992年7月，市邮电局新上上海贝尔生产的S-1240程控交换机5000门开通，市话告别机械式交换，市内电话迎来程控化。1993年3月，陵城程控电话率先在全市开通，主机选用中兴公司ZX-500型全数字程控电话交换机，传输采用120路数字微波，首期开通300门，终期容量为2000门；5月，姚村镇程控电话开通，不到半年时间，全镇54个自然村全部开通电话，成为全市第一个实现村村通电话乡镇；11月，曲阜市12个乡镇程控电话全部开通，农村电话一举告别“摇把子”磁石电话时代。1993年12月，当地网建成后，数字中继电路660条，数字程控交换机12台，容量4808线，新建支局楼房12座，建设投资1800余万元。1998年8月，曲阜市话交换机总容量2.75万门，实占2万门，用户话机1.98万部。

移动通信

1991年，通信电源采用分布式高频开关电源；移动通信光缆传输采用PDH异步数字复用技术。1992年11月，投资217万元，引进美国摩托罗拉公司模拟通信设备，曲阜无线寻呼开通。此后，相继开通全省联网的“9898”“9899”寻呼台和全国联网的“198”“199”寻呼台。1993年1月，开通900兆赫模拟蜂窝移动电话网；开通800兆模拟通信网（1G），有模拟通信信道8个，当年发展移动电话用户140户。1995年4月30日，移动电话和固定电话号码升为七位，移动电话首尾“9”号码后加“0”，长途区号由“05473”改为“0537”，固定电话原号码前加“4”；同年，开通分组交换网。1996年，开通数字数据网（DDN）；开通chinanet中国计算机互联网（163）；光缆传输采用SDH同步数

字复用技术，开通900MGSM-2G数字蜂窝移动电话网络；开通全球移动通信系统GSM（2G），迈出数字时代第一步。1997年，开通公众多媒体通信网（169）。1998年，开通窄带ISDN接入网。在济宁地区率先建成南、北两大光环网络，工程投资1600多万元，主干网采用SDH设备，速率622兆/秒，为每个乡镇提供126个2兆口，并具有自愈保护功能。到年底，全市有分组交换网用户40户、DDN用户8户、无线寻呼14488户；有模拟通信信道270个，移动用户增加到6832户。

第二节　联通公司

1998年6月，市邮电局拆分为市邮政局、市电信局2个单位，电信局实行政企分开，经营辖区内基础电信业务。1999年4月，移动通信分营工作启动；同年，市电信局拆分为市电信公司、市移动公司，市电信公司经营除移动业务外的基础电信业务。2002年5月，原市邮电局经过邮电分营、移动分营、政企分开及中国电信南北分拆的基础上，北方10省电信公司更名为通信公司。2002年9月，市通信公司更名为市网通公司。2008年年底，根据国家新一轮电信体制改革方案，联通公司将CDMA业务剥离后与网通公司合并，组建为中国联合网络通信有限公司曲阜市公司，简称曲阜联通公司，在全市11个镇设有分支机构，是曲阜主导电信运营企业。2013年，曲阜联通公司内设1部、3个生产中心和11处乡镇营业部，在城区设有自办营业厅2处，11个乡镇营业部各设有自办营业厅1处。

主要业务

曲阜联通主要经营GSM、WCDMA和FDD-LTE制式移动网络业务，固定通信业务，国内、国际通信设施服务业务，卫星国际专线业务，数据通信业务，网络接入业务和各类电信增值业务，与通信信息业务相关的系统集成业务等。2008年，曲阜电信业务总量为5920万元。2013年，曲阜联通启动4G设备建网，采购TD-LTE基站。

固定电话和小灵通业务。市邮电局拆分市邮政局、市电信局后，曲阜固定电话井喷式增长。2002年，全市固定电话交换机容量16.7万部，实装9.3万部，姚村、时庄、陵城、王庄、小雪、书院、董庄等乡镇实际用户数量均突破5000户，全市50%以上家庭拥有电话。固定电话发展到顶峰。同年，网通公司投资建设小灵通基站，并于当年5月开通放号；到年底，小灵通发展到7600余部。2008年年底，全市固定电话、小灵通合计10.3万部。2009年，启动小灵通退网工作，陆续拆除小灵通基站。到2013年年底，全市固定电话用户发展到7.8万个。

数据、宽带业务。2002年，宽带ADSL在曲阜市开通，曲阜市网络步入高速宽带时代。2008年，固话市场进一步萎缩，有效用户减少，为控制收入下滑速度，公司采取一系列经营活动，以客户保有稳定市场，以宽带发展和质量提升增加收入，以组合产品营销开拓市场，使传统业务收入结构得到调整，共发展宽带5690部。到2009年年底，宽带发展到2.5万部。2013年，全市宽带用户发展到3.91万户。

光进铜退工作。2011年，曲阜联通公司着力打造“光网城市，智慧曲阜”，启动光进铜退工作，对实现光网覆盖的用户进行免费提速。到2013年年底，全市农村宽带用户有70%实现光纤入户。

移动电话。2008年年底，全市共有联通基站60余处，联通基站少，网络信号较差。为解决联通移动业务信号问题，当年投资90万元，新开通GSM基站3个。2009年，投资420万元，再开通GSM基站14个。2012—2013年，曲阜联通公司加大投资力度，每年投资300万元，完善2G区域盲点，优化扩大3G信号覆盖范围，增加写字楼、开发区等WLAN和室分网络建设，特别是新建设的电力调度中心、国税大厦、济宁银行增加无线网络设施；在3G网络基础上，对高铁新区、旧城区、经济开发区、乡镇村街、主干道进行深度覆盖。到2013年年底，2G信号覆盖曲阜全境，开通2G基站179个；3G信号基本覆盖曲阜全境，开通3G基站146个；有2G用户6.7万户、3G用户1.6万户。

新农合信息卡。2011年，曲阜联通公司启动新农合信息卡工作，项目覆盖10个乡镇、126个村、4.06万户，占参保用户29.64%。2012年，曲阜联通公司在原3个渠道中心基础上，整合城区大、中型代理商，成立卖场服务中心。2013年，全市村级服务站累计网点652家，达到“一村一站”规模。

规范服务

2009年，实施“一二三”工程。“一争”，即争创国家级文明企业；“二建”，即建山东省级文明行业、山东省级文明单位；“三创”，即创优良秩序、优美环境、优质服务。2013年,联通公司分解各部门责任,规范电信服务,推出服务窗口"五个一"("一张账单、明白消费""一点查询、自主订退""一站服务、首问负责""一键接入、便捷沟通""一声提醒温馨关怀")服务承诺;推出宽带"一张表"工作方法;通过"一张表"调整板块资源78块,布放光缆7000余米,解决装机600余户。对外窗口实行"五统一"(统一公开服务规范、统一亮明身份、统一实行挂牌上岗、统一推进文明用语、统一安装服务评价系统)规范服务。落实"临柜五分钟"要求,推行"一台清""一站式服务",减少客户排队和业务办理时间。营业厅全部安装自助服务设备,包括自助缴费和查询设备,所有自助服务设备安排专门人员进行服务引导,协助客户办理业务。

第三节　电信公司

2004年年初,中国电信集团公司北方电信有限公司曲阜市分公司(简称曲阜电信)成立,办公地点位于舞雩坛路,主要在曲阜范围内经营固定电话、移动通信、互联网接入及应用等综合信息服务,拥有曲阜境内70%的国家长途光纤资源,设有综合部、市场部、网络部、营业部等部门。2008年,曲阜电信接管曲阜联通原有CDMA手机网络及用户,第一次成为全业务通信运营商;推出"天翼"品牌,天翼号段除延续原联通的"133""153"外,另增加"189"号段。2011年,曲阜电信公司打造"光网城市,智慧曲阜",启动光进铜退工作,加快推进宽带网络的光纤化升级,建设超高速(100M)宽带接入网络。"180"号段在曲阜放号。2012年,曲阜电信公司进行内部机制改革,"划小核算单元"为10个支局进行外包。2013年,曲阜电信4G网络启动建设。2013年年底,电信曲阜分公司有员工38人,下辖网络支局、卖场支局、营业支局、城区支局各1个,农村支局3个;拥有覆盖全市城乡、通达世界各地的电信网络和"商务领航""综合办公""外勤助手""翼校通"等行业应用产品,承担曲阜市内"133""153""180""181""189"号段3G号码规划、建设和运营,有移动用户数2.2万户,宽带用户数1.2万户;全年实现基础业务收入1800万元。

第四节　移动公司

1999年7月,曲阜移动公司内设办公室、综合部、市场经营部,固定资产563万元;同年,在全市发展代销网点11处,形成覆盖全市的服务网络,并与农业银行、工商银行签订代收话费协议,开通9个农行和工行移动电话代理收费点,实现全市城乡联网收费;开通中国移动通信"1860"服务热线和"1861"话费自动查询热线和"1258/1259"中文短消息服务等新业务。2001年5月,实施模拟退网工作,转网模拟用户1700余户;12月31日,关闭中国移动模拟通信网。至此,中国移动通信进入"数字时代"。2004年,曲阜移动建设SDH光环网络。2006年,春秋路营业厅被命名为省级"青年文明号",被山东移动通信有限责任公司授予"五星级营业厅"称号。2009年10月,开通TD-SCDMA(一个由中国政府支持、大唐电信科技集团提出,具有自主知识产权的第三代移动通信国际标准,简称3G)。2011年,与市政府合作建设城市天网工程、"智慧城市"群等,助建"智慧曲阜"。到2013年12月,曲阜移动3G用户9.6万户,飞信活跃客户9500户,应用商店注册用户1.16万户。2000—2012年,连年获山东省第三至九届"消费者满意单位"称号。2013年,发展数据专线480条、互联网专线130条,光纤宽带覆盖2万户。到年底,曲阜移动公司内设综合部、业务运营部、建设维护部、集团客户服务中心、校园运营中心,下辖4个城区营业厅和10个乡镇经营部,拥有移动通信基站258个,全网覆盖率91.99%。

第六编

农　业

圣华果树科技示范园土豆丰收　（王庄镇提供）

1991年，曲阜市以传统农业种植为主，粮食作物主要有小麦、玉米、地瓜、大豆、谷子、高粱等，经济作物主要有棉花、花生。1992年，林业部批准曲阜市尼山林场、石门寺林场合并建立“尼山国家森林公园”。1993年，曲阜市被列为国家“八五”第二批商品粮基地市。2002年，曲阜市优质专用小麦面积2.33万公顷，被农业部列为优质面条麦基地市。2008年、2013年，曲阜市获全国粮食生产先进县称号。2013年，曲阜市粮食种植面积7.55万公顷，平均单产490.5千克，总产5.58亿千克；林业用地面积2.57万公顷，活立木蓄积量97.35万立方米，干鲜果品总产量7.82万吨；规模以上农业产业化龙头企业96家，农民专业合作社454家，“一村一品”示范村78个，注册家庭农场158个，九仙山葡萄、鲁泉香稻通过国家农产品地理标志认证；生猪存栏28.76万头、出栏66.91万头，家禽存栏636.57万只、出栏1857.82万只，肉、蛋、奶类总产分别为8.15万吨、4.16万吨和0.78万吨。

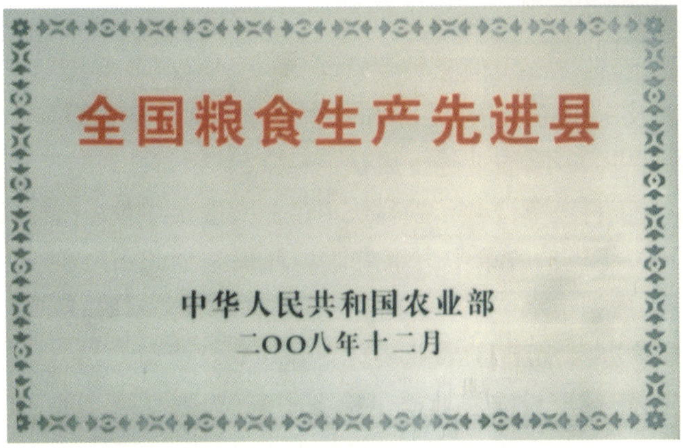

2008年12月，曲阜市获全国粮食生产先进县称号

第一章　机构设置

第一节　农业委员会 农业党工委

曲阜市农业委员会前身是市农村经济委员会，是市政府序列部门，主管全市农业和农村经济工作，协调农业局、林业局、水利局、气象局和农业机械、畜牧兽医等农口部门工作。1991年，办公地址在神道路市水利局办公楼。1993年12月，市农村经济委员会更名为市农业委员会，迁至春秋路中段市政府综合楼办公。2002年5月，市农业委员会、市农业局与市林业局合并组建农业局，加挂林业局牌子；同时设立农业局党工委。2003年3月，市委撤销农业局党工委，设立市委农业工作委员会（简称农业党工委），有工作人员10人，下属5个党总支、26个党支部，党员652人。2006年，农业党工委有工作人员9人，下属5个党总支、26个党支部，党员658人。2010年4月，市委撤销市农业党工委，成立市农业局党委，市林业局党总支、市农机局党总支、市畜牧兽医局党总支、市气象局党支部所属党组织、党员隶属市农业局党委管理；市水利局党总支所属党组织、党员隶属关系变更为市直机关党工委管理。2012年12月，市水利局党组所属党组织、党员隶属关系重新变更为市农业局党委管理。2013年，市农业局党委下属5党总支、26个党支部，有党员626人。

第二节　农业局

1991年，市农业局位于延恩西路，设有23个工作机构：局办公室、老干部办公室、财务股、科技股、农技站、农经站、蔬菜站、植保站（农业植物检疫站、农药监督管理站）、环保站、土肥站、种子站（种子公司）、农广校、农村能源办、保健食品厂、通天化工有限公司、水产站、渔政站、咨询服务站、劳务印刷服务部、吉鲁联营加油站、局招待所、良种场、鱼种场，共有人员145人，其中具有高级技术职称9人，中级职称35人。1998年3月，市政府成立水产局，为正科级事业单位，内设办公室、水产技术科和渔政监督管理科；11月，成立农业热线快速反应服务中心（即农业110),主要包括咨询指挥中心,市乡两级联动系统,监测鉴定信息服务系统,配套经营服务系统,涉及农业局11个业务站和13个乡镇的农技站、农经站。1999年,农业局下属18个科室,其中行政科室5个,正科级单位4个,副科级单位3个,股级单位6个。2002年机构改革中,市农业局环保站划归市环保局,撤销市水产局,设立市农业局水产办公室(简称水产办),水产办、农业委员会合并到农业局。2003年,市政府设立农业质量检测中心,为副科级事业单位,隶属市农业局管理,编制20人;撤销市土肥站,其职能划归农业质量检测中心,将市植保站农药监督管理和植物检疫职能划归市农业质量检测中心。2004年,市政府设立农业产业化办公室,为正科级事业单位,隶属市农业局;同时撤销市能源办公室,其职能和人员整建制划归市农业技术推广中心。2007年4月,市委农村工作办公室成立,市农业产业化办公室由隶属市农业局管理划归市委农村工作办公室管理;9月,撤销市种子公司,成立市种子管理站,隶属市农业局管理,为副科级事业单位。2008年,市农业局搬迁至静轩东路。2013年3月,市委农村工作办公室撤销,农业产业化办公室划归市农业局。到年底,市农业局设置办公室、政工科、生产指导科、科技教育科、计划财务科、行政许可科(挂政策法规科牌子)等6个职能科室;有正科级单位4个,即省农业广播电视学校曲阜分校、市农业产业化办公室、市农业局水产办公室、市农业技术推广中心;有副科级单位5个,即市农业质量检测中心、市种子管理站、市农村经济经营管理站、市蔬菜生产管理办公室、市良种场;有股级单位3个,即市农业技术推广站、市植物保护站;有市农业热线快速反应服务中心;有专业技术人员107人、机关事业人员61人。

第三节 市委农村工作办公室

市委农村工作办公室(简称市委农工办)成立于2007年4月,正科级行政单位,加挂市政府农业办公室牌子,位于曲阜市浴沂路,下设综合科、调研科、社会事业科和农业产业科4个科室,市农业产业化办公室划归市委农工办管理。2013年3月,市委农工办撤销,市农业产业化办公室划入市农业局。

第四节 林业局

1991年,市林业局位于校场路,属于市政府工作机构,设有办公室、林业工作站、果树工作站、林政工作站、林木保护工作站、公安股、培训中心等站室,下辖直属国营尼山林场、石门寺林场和方家村苗圃,所属企业有冷藏库、招待所、咨询服务部、林产品公司,有干部职工102人;各乡镇设有林业服务站,隶属于林业局,共有干部职工25人。1992年,林业部批准尼山林场、石门寺林场合并,建立尼山国家森林公园;各乡镇林业站归口乡镇政府管理。1993年12月机构改革时,市林业局更名为市林业技术服务中心;设立尼山国家森林公园管理委员会办公室,与市林业局合署办公,下辖石门山管理区和尼山管理区。1995年5月,成立市果品办公室和市木材检查站;8月,市政府将林业局公安股纳入公安机关序列管理,改称为市公安局林业公安科;11月,撤销市林业技术服务中心,恢复市林业局。2007年4月,成立市林业产业协会;7月,市林木保护工作站更名为市野生动植物保护站,市森林植物检疫站更名为市林业有害生物防治检疫站。同年,市野生动植物保护站被省林业局确定为省级野生动物疫源疫病检测站。2013年,市林业局内设办公室、计财科、果品生产管理办公室、林业工作站、林政工作站、野生动植物保护工作站、湿地管理办公室、木材检查工作站、科技产业科、场圃种苗工作站、森林公安局、行政审批服务科,下辖石门寺林场、尼山林场、国营苗圃,有干部职工95人。

第五节 畜牧兽医局

1991年,市畜牧兽医技术服务中心属市政府正科级直属事业单位,位于静轩西路,占地0.66公顷,内设生产股、财务股、办公室,下属13个乡镇畜牧兽医站,下辖市畜牧兽医工作站。2000年1月,市畜牧兽医技术服务中心迁至舞雩台路中段;同年,乡镇畜牧兽医站归口乡镇政府管理,市畜牧兽医技术服务中心

对乡镇畜牧兽医站实行业务工作管理；市畜牧兽医工作站增挂市动物检疫站牌子。2005年，乡镇畜牧兽医站及其职能归并乡镇农业服务站。2006年11月，市畜牧兽医技术服务中心更名为市畜牧局，隶属市农业局。2010年4月，市畜牧局更名为市畜牧兽医局。2011年，设立行政许可科。2012年5月，设立综合执法科；7月，撤销市动物检疫站，市畜牧兽医工作站加挂市动物卫生监督所牌子。2013年，市畜牧兽医局编制20人，内设办公室、财务科、技术科、综合执法科、许可服务科5个科室，下辖市畜牧兽医工作站（市动物卫生监督所）。

第六节　农业机械管理局

1991年，市农业机械管理局（简称市农机局）为市政府工作机构，位于鼓楼南街，内设人秘股、会计股、机务股、审计股、农业机械修配管理站，下辖市农机安全监理站、市农机技术推广站、市农机化学校3个股级事业单位，有干部职工37人；下属市农机公司和市拖拉机站2个企业单位，有干部职工200人。1993年12月机构改革，市农机局更名为市农业机械技术服务中心，转为市政府直属正科级事业单位。1994年4月，市政府设立市农业机械化学校、市农机技术推广站，均为股级事业单位，隶属市农业机械技术服务中心。2006年12月，市农业机械技术服务中心更名为市农业机械管理局。2008年4月，设立市农业机械质量监督投诉中心（前身农机质量监督管理站），为中层机构，是全省首家农机质量监督投诉中心；5月，市行政审批中心农机分中心挂牌运作。2011年8月，市农机局办公室加挂规划发展科牌子。2013年，市农机局内设办公室、规划发展科、计财科、农机科、审计监察科、农机质量监督投诉中心，下辖市农机安全监理站、市农机技术推广站、市农机化学校3个事业单位，有干部职工42人。

第二章　农村经济体制改革

20世纪90年代，曲阜市通过发展专业协会、联合经营经济组织等形式，推进农业产业化经营。1999年，贯彻落实国家农村土地延包政策。2005年起，曲阜市取消各项涉及农民税费。2010年，实施深化集体林权制度主体改革。

第一节　完善土地承包责任制

20世纪90年代初，曲阜市在完善以家庭联产承包为主要内容的责任制和统分结合的双层经营基础上，通过发展专业协会、联合经营经济组织等形式，推进农业产业化经营，鼓励、引导农民举办各类专业协会、技术协会和合作社等服务组织，壮大农村集体经济。1994—1998年，选择不同类型、不同经济发展水平的曲阜镇南池街、时庄镇单家村、息陬乡三张曲村、南辛镇彭庄村、吴村镇后张村5个村作为首批试点村，进行土地改革试验。

1999年，开展延长土地承包期工作，贯彻落实国家农村土地延包政策，全市405个行政村全部进行土地延包，实行家庭土地承包经营耕地面积4.35万公顷，承包农户13.41万户，签订土地承包合同11.87万份，发放土地承包经营权证书8.95万份。在强化土地集体所有权、明晰农户承包经营权基础上，按照自愿、有偿原则，建立土地承包经营权流转机制；鼓励农民以土地、奖金、技术等生产要素进行合作，兴办新型股份合作经济，实现农业生产经营向集约型转变，加快农业产业化进程。

2013年8月，实施农村土地承包经营权确权登记颁证工作。到年底，3个试点村完成755户农户181.13公顷土地确权工作。

第二节 减轻农民负担和税费改革

1991年，国务院颁发《农民负担监督管理条例》，市委、市政府制定具体实施意见，建立健全农民负担预算制度、农民负担卡制度、专项审计制度、民主管理监督制度、专项资金管理制度，落实减轻农民负担的各项政策规定，村提留、乡统筹严格控制在农民人均纯收入5%以内，农村“两工”（义务工和劳动积累工）人均15个，没有超过国家规定的比例限额。

2002年，实施农村税费改革，取消农业税和“三提五统”，采用农业税附加方式统一收取，农民负担大大减轻。2005年起，取消各项涉及农民的税费，农民彻底告别上缴“皇粮国税”年代。2005年，制定下发《关于进一步加强和规范农村财务管理工作的意见》，对行政村收入管理、开支决策、核算程序、财务公开等方面加以规范。2009年，开展村“三资”（资金、资产、资源）管理改革，推行农村财务委托代理制度、资产资源招投标制度、集中采购制度。2013年，曲阜市所有行政村实行资金账目“双代管”制度。

第三节 集体林权制度改革

2008年6月，市委、市政府召开集体林权制度改革动员大会，印发《关于全面推进集体林权制度改革的意见》《全市集体林权制度改革工作方案》，涉及全市11个乡镇（街道）、285个行政村、11.1万农户、43万人，涉改总面积1.1万公顷。2010年6月，启动深化集体林权制度主体改革，制定市、乡（镇、街道）、村实施方案。2011年5月，完成1.1万公顷集体林地确权发证工作，登记林地1958宗，发证1423本，确权到户率100%。当年，曲阜市被评为省集体林权制度改革先进集体。至2013年年底，累计申报林业贴息贷款1.3万元，中央财政贴息450万元，林业小额贴息贷款3000万元，中央财政贴息90万元，涉及林农100余户，累计造林1000公顷；全市注册林业专业合作社268个，入社农户1.58万余户，入社林地面积1.07万公顷，注册资金3.8亿元；具有规模以上农民林业专业合作社88个。

第三章 新农村工作与农业综合开发

2007年4月，市委成立农村工作办公室，主要负责对全市农业、农村工作中的重大问题进行调查研究，拟定农业、农村工作中的政策和工作措施，负责全市新农村建设的指导、协调、督导和考核工作。

1991年，曲阜市设有市利用世界银行贷款发展灌溉农业项目办公室、黄淮海平原农业开发领导小组办公室。1993年，更名为市黄淮海平原农业开发办公室，隶属市农业经济委员会。2003年，更名为市农业综合开发办公室（简称农开办）。2004年4月，划归市农业局。2005年7月，划归市政府办公室。2010年4月，划归市财政局管理。

第一节 新农村工作

2008年3月，市委、市政府印发《农业产业化发展考核奖励的意见》，市政府出台《曲阜市扶持农业产业化发展专项资金管理试行办法》等政策文件，争取济宁市扶持农业产业化发展专项资金560万元，兑现曲阜市农业产业化专项奖励资金1944.37万元。2009年，市委、市政府印发《关于全面推进农村土地承包经营权流转的实施意见》《关于加快新型农村社区和农村住房建设的实施意见》等文件，增强科技支撑，加大投入力度，促进农业增产增效、农民增收增富。2010年，全市启动19个济宁市级示范点，累计投资近3亿元。实施王庄纸坊社区、

息陬终吉社区等9个城乡建设用地增减挂钩项目，节余土地近133公顷。2011年，市委、市政府将农村六大工程建设列入全市“2711”重点工程，确定100个新农村建设示范先导村。市财政拨付资金240万元，编制《曲阜市城乡一体化规划》《时庄镇（开发区）新型乡镇建设规划》《时庄镇（开发区）控制性规划》和新型农村社区、市域村镇体系、农村住房建设与危房改造、农村居民点用地挂钩4个专项规划，以及6个镇小城镇建设规划，形成中心城—小城镇—农村社区—基层村城乡规划体系。全年实施新型农村社区项目22个，建筑面积119万平方米、10085户，累计投资17亿元。市委、市政府将2011年确定为“农村公路建设年”，财政列支6000万元，每千米补助10万元，实行“以奖代补、先干后补”，全年建设农村公路及村内道路810千米，其中村村通272千米，村内通538千米，405个村全部实现村村通。全市建设沼气池1.58万户，建成沼气乡村服务网点32个，修缮恢复沼气池1500个，新建养殖小区和联合沼气6处。投资5637万元，完成32座中小水库除险加固任务，新增和改善有效灌溉面积3640公顷，发展和改善节水灌溉面积5733公顷，治理水土流失面积26平方千米。当年，曲阜市被济宁市委、市政府授予“农村六大重点工程建设先进县（市）”称号。2012—2013年，实施“村村通、村村洁、村村绿、村村亮、村村安、村村医、村村演、村村富、村村和、村村响”10项农村全覆盖系列工程，累计投入10亿多元，实施农村环境卫生综合整治工程，建设生态文明乡村。

第二节　农业综合开发

曲阜市利用世界银行贷款及国家、省、市财政等资金，实施农、林、牧、渔、水利等一系列农业综合开发项目。1988—2013年，曲阜市完成四期黄淮海平原农业开发项目、三期世行贷款项目和国家高标准农田建设示范项目。开发土地治理项目完成投资3.39亿元，开发、改造中低产田4.33万公顷，建成旱涝稳产田3.75万公顷、高标准建设示范田5767公顷；实施产业化项目28个，总投资7345万元，其中争取财政资金2774万元，拉动社会资本4571万元。

项目编制

1987年，编制《曲阜市黄淮海平原农业综合开发规划》，论证实施期限30年。从1988年开始，与“利用世行贷款加强灌溉农业项目”合并执行。1988年，编制“利用世行贷款加强灌溉农业项目”规划（世行Ⅰ期项目），投资总额为1997万元，实施期限为1988—1996年。1991年，编制“利用世行贷款加强灌溉农业Ⅱ期项目”规划，投资总额4221.9万元，实施期限为1991—2004年。2002年，编制国家四位一体生态项目规划，投资额度为540万元，项目建设期为2002—2003年。2004年，编制“利用世行贷款加强灌溉农业项目Ⅲ期”规划，投资额度4035万元，建设期限为2005—2008年。2009年，编制“高标准农业建设试点规划”，规划建设高标准农田700公顷，建设期为2009—2011年，投资额度为6747万元。2013年，编制《曲阜市高标准农田建设八年规划》（2013—2020年），规划涉及曲阜市境内耕地面积1.27万公顷，分曲阜北区、曲阜中区、曲阜南区3个片区。

黄淮海平原农业开发项目

1988—1990年，曲阜市实施黄淮海平原第一期农业开发，开发面积6400公顷，涉及南辛、防山、鲁城3个乡镇，项目总投资512万元，其中财政无偿资金122万元，有偿资金203万元，银行贷款126万元，农民自筹61万元，重点实施深井开发并配套、地下管道铺设、玉米和棉花增产技术等。

1991—1993年，实施第二期农业开发，开发面积4333公顷，涉及书院、王庄、董庄、南辛4个乡镇，项目总投资747万元，其中财政无偿资金212万元。有偿资金258万元，银行贷款105万元，农民自筹172万元。

1994—1996年，实施第三期农业开发，开发面积2000公顷，涉及吴村、姚村、时庄3个乡镇，项目总投资2193万元，其中财政资金410万元。在做好土地治理项目同时，加大多种农业经营项目扶持，涉及食品、畜牧、鱼类、经济林等行业。

1997—2001年，实施2个中低产田治理和有机肥生产、土地复垦、生态项目、畜牧养殖、苗木繁育等项目，土地治理面积1681公顷，总投资1880万元，其中财政资金1030万元。

2002—2005年，实施开发项目6个，其中一个是时庄镇生态农业项目，建“四位一体”大棚75座，秸秆汽化站1座;其余5个为中低产田改造治理项目,治理面积4133公顷,项目总投资3046万元,其中财政资金2210万元。

2007—2011年,扶持6个产业化项目和1个万亩土地修复项目、1个科技推广项目,项目总投资989万元,其中财政资金436万元。

2012—2013年,项目总投资9475万元,其中中央、省、市、县无偿资金7311万元,农民自筹资金2164万元。实施土地治理项目10个,改造治理土地面积3667公顷。争取农业产业化经营项目13个,其中产业化补助项目9个,贷款贴息项目4个。在农业综合开发扶持下,曲阜市农业产业化水平明显提高,特别是通过开发扶持,康利源面粉有限公司、圣利食品有限公司和圣地嘉禾油脂有限公司3家企业晋升为省农业产业化重点龙头企业。

世行贷款项目

1997—2002年,曲阜市实施利用世界银行贷款加强农业灌溉二期项目,涉及陵城、小雪、息陬等3个乡镇,开发治理面积1.09万公顷,项目总投资4303.7万元,其中世行贷款资金和省、市、县(市)配套资金3154.4万元,镇、村自筹资金1149.3万元。项目主要工程量为开挖沟渠34.3万立方米,建桥涵973座,新打机井127眼,改建旧井1099眼,铺设地下管道812千米,购置喷滴灌设备100台(套),架设农电线路12千米,建砂石路851千米,建土路212千米;建市种子加工车间一处,建筑面积3663平方米;建市农技推广中心一处,建筑面积5300平方米;完善配套乡镇农技站3处,建筑面积1530平方米;建晒场1500公顷,购置农机10台;建农田防护林6940公顷,发展苗圃780公顷。

2005—2008年,曲阜市实施利用世界银行贷款加强农业灌溉三期项目,涉及姚村、吴村、董庄3个乡镇,开发治理面积6000公顷,项目总投资4005.8万元,其中世行贷款资金和省、市、县(市)配套资金2877.9万元,镇、村自筹资金1127.9万元。项目主要工程量为开挖疏浚沟渠636千米,建桥涵2143座,新建机电排灌站28座,打井326眼,洗井44眼,建井房402座,购置设备219台(套);埋设农电线路120千米,安装变压器22台(套);建小型蓄水工程27座,新修砂石路318千米,铺设PVC节水管道354千米,建用水者协会5个,购置病虫害防治仪器12台,建乡镇农技综合服务站2处,购置秸秆还田机10台,建农田林网140公顷。

高标准农田建设治理项目

2009—2011年,曲阜市实施高标准农田建设试点县市项目,建设高标准农田3400公顷,项目总投资6747万元,其中中央、省财政资金5542万元,市财政配套资金259万元,项目区农民自筹587万元。

第三节 产业结构调整

1991年,曲阜市调整种植业结构,高价值经济田迅速扩大,蔬菜种植面积2507公顷,完成农业部"万亩大白菜"开发丰收计划。1992年,全市第一个食用菌研究所在曲阜镇大庄村建立,占地1公顷,总投资50万元。1994年,全市蔬菜面积发展到5333公顷。1995年,全市有食用菌制种室27间、菇棚7个,约1400平方米,生产菌类三大系列60余个品种,年生产菌种100吨,产值20万元,利税10万元,成为济宁地区最大的食用菌研究开发基地;蔬菜面积发展到6667公顷,其中保护地栽培面积发展到2000公顷,蔬菜产值2亿元;特别是以327国道、104国道为轴线的蔬菜经济长廊建设进展较快,发展高标准日光式塑料大棚328个。2003年,市委、市政府提出"山区林果平原菜、城郊花卉苗木带"的农业产业结构调整总体布局和"一乡一业、一村一品"的发展格局,重点培植瓜菜、林果、畜牧三大主导产业,打造山区旅游观光农业、平原特色经济作物、城郊苗木花卉和重要交通干线两侧高效农林经济作物四大产业带。2005年,曲阜市有产业化经营组织620家、农产品加工流通企业150家、年产值超千万元龙头企业18家,带动生产基地1万公顷,带动农户6万户;各类专业协会、合作经济组织发展到282个,通过订单生产,合同销售农产品4万吨。董庄草莓、书院大蒜等专业批发市场规模和辐射效应不断扩大。市、乡两级建立信息服务站,实现微机联网,共享农产品价格和供求信息资源。成立市农业质量检测中心,具备土、肥、水、气、农药残留等检测能力,为绿色、无公害农产品生产、申报、认证和出口提供保证;南辛圣府牌白莲藕,董庄石门山牌草莓、黄金梨、葡萄通过农业部无公害

农产品认证。2006年，全市日光温室和冬暖式蔬菜大棚发展到133公顷，中小拱棚发展到400公顷，食用菌栽培面积20余公顷，牛蒡发展到400公顷，被济宁市批准为首批农产品质量安全示范区，成为全市“订单农业”样板；大蒜面积发展到2000公顷，形成以书院为中心向鲁城、王庄辐射局面；旱藕发展到33.3公顷；新建高标准草莓大棚120个，投入200多万元。水产养殖面积发展到1600公顷，自繁自育观赏鱼苗700万尾，实现渔业总产值800万元。2007年4月，市委、市政府出台《中共曲阜市委 曲阜市人民政府关于农业产业化发展考核奖励的意见》《曲阜市人民政府关于印发〈曲阜市扶持农业产业化发展专项资金管理试行办法〉的通知》，市财政安排专项资金对达到一定规模标准的农业园区、种养基地、农田水利基础设施、农产品专业市场、农业品牌等农业项目以奖代补，鼓励发展农业龙头企业、合作社、家庭农场，增强其辐射带动作用。到2013年年底，扶持资金累计5066万元。2007—2013年，曲阜市累计争取省、济宁市农业产业化专项扶持资金2000多万元，用于促进现代农业发展，提高农业产业化经营水平。

2013年12月，曲阜市以农民增收为目的，建设融合科技推广、科普教育、生产示范、加工物流、休闲观光等功能于一体的现代农业科技示范园区——曲阜现代农业高新技术示范区，园区位于城区以南5千米尼山镇和息陬镇境内大沂河北岸，规划面积1600公顷，核心区505公顷。核心园区规划以“一带、六区”为结构布局，包括农业休闲观光带、现代农业高科技展示区、农业文化养生区、现代智能育苗区、设施蔬菜生产示范区、高端花卉生产示范区、园林苗木生产示范区。到2013年年底，曲阜市形成“优质粮食、高端林果蔬菜、现代畜禽养殖、苗木花卉”四大主导产业，“草莓、大蒜、生姜、樱桃、葡萄”等十大优势农产品。发展“一村一品”专业村78个，规模养殖场425个，规模养殖总量占全市养殖总量75%以上。尼山、吴村、石门山3个农业主导型乡镇生态观光旅游农业初步形成，发展农家乐900多户，推出尼山圣地山水游、石门山养生休闲游、九仙山民俗体验游等精品乡村旅游线路。

第四节 新型农业经营主体

2004年，市政府设立市农业产业化办公室，为正科级事业单位，隶属市农业局。2004—2013年，按照“市场牵龙头、龙头带基地、基地连农户、产加销一体”思路，加大政策扶持力度，不断促进龙头企业升级提档，全市农业龙头企业形成粮油加工、畜禽加工、木材加工为主的“龙头型”企业体系。2007年，《中华人民共和国农民专业合作社法》颁布实施后，曲阜市按照“党政引导、能人牵头、多户参与、优化组合、入社自愿、退社自由”原则，扶持农民专业合作社发展。2007年年底，对当年注册成立的9家农民专业合作社给予每家5000元奖励。此后，每年对制度完善、运行规范、带动能力强的合作社给予1万元奖励。2013年5月，市政府出台《曲阜市关于办理家庭农场市场主体的登记要求》，当年全市登记注册家庭农场158家。至2013年年底，共扶持155家合作社，奖励扶持资金150.5万元；全市有规模以上农业产业化龙头企业96家。

第五节 农业品牌

曲阜香稻

曲阜香稻产于曲阜明故城南门外的南泉、小泉一带。栽培历史悠久，源溯于周代，盛于清代乾隆年间，米质优良，香气醇浓可口，有“一家煮饭十家香”美称，常年种植面积65~130公顷。1960年1月，全国农业展览馆将曲阜香稻编入《农作物稀有名贵品种》一书。1964年，曲阜香稻种植面积66.67公顷，亩产150余千克。后来，稻区或更换品种，或改为旱作，致使香稻濒临绝种。1978年后，曲阜香稻生产得到政府和科技部门重视，并成立专门科研机构，对香稻栽培和管理进行研究和试验。1985年，山东省农业厅将曲阜香稻编入《山东省农业名产》。1987年，全市种植香稻近百亩，亩产200余千克。1984年、1990年，曲阜香稻两次参加全国名特优农产品展销，均获得农业部名特优产品称号。2013年，鲁城街道南泉居委以“曲阜市鲁城街道南泉香稻协会”名义，在米类农产品注册“曲阜香稻”地理标志商标。

果旦杏

又名“巴旦杏”，是肉仁兼用的名贵稀有品种，为曲阜特产水果。果形漫长，呈橘黄色，个头较大，主要分布于尼山、防山两镇的大胡、万柳庄、东河套等村一带，而以大胡村所产品质最佳。清代初期，大胡一带有杏园13公顷左右，最大树年结果500余千克。20世纪60年代中后期，果园遭破坏，仅剩20余株。1980年，济宁市和曲阜县林业部门在大胡等村新辟杏园6.7公顷，并改良原品种，质量有所提高。由于相比引进品种经济效益较低，2013年，果旦杏存树量极少。

孔府冬枣

是曲阜市万亩枣园中发现的自然变异品种，具有早实丰产、晚熟耐贮、抗干旱耐瘠薄、抗病害能力强等特点，入选2013年度全国名特优新农产品目录。

孔府樱桃

该品种采用高端温室大棚种植，个大味美、营养丰富、绿色有机、上市时间早，入选2013年度全国名特优新农产品目录。

九仙山葡萄

九仙山地理环境优越，山脚下种植水果营养丰富，口味香甜，成熟葡萄含糖量高达10%~30%，还含有矿物质钙、钾、磷、铁、多种维生素以及多种人体必需氨基酸。2013年，该品种被农业部评定为农产品地理标志产品。

北山大枣

又名九山大枣，因产于曲阜北部九山（又名九仙山）前峪口、龙尾庄、大河崖等村，故名，是曲阜市特产水果。清乾隆年间，北山大枣年产干枣15万千克之多。1949年后，曲阜县推广枣粮间作，1985年种植1260余公顷。1987年，北山大枣被评为省优质果品，年产量78万千克。1990年，增至150万千克。2013年，吴村镇农业综合服务站注册北山大枣地理标志商标。北山大枣有长红、圆红和脆枣之分，前两者多加工成干枣，后者以鲜食为主。北山大枣以长红质量最优，皮软、肉厚、核小，含糖量高，生熟均香甜可口。

石门山草莓

2013年，石门山镇提出“小草莓　大产业”发展战略，打造“中国草莓第一镇”品牌，与山东农业大学联合建立科研与就业实践基地，投资300万元兴建草莓组培室，培育出世界领先的草莓品种，创建“农户—企业—院校”合作模式。2013年，发展草莓种植1000余公顷。

纪庄梨

又名纪庄青梨，产于防山乡纪庄、万柳庄村一带。该梨青黄色，斑点稀，把细短，个适中，肉质细白，核小无渣、清香脆甜。明、清时，衍圣公府列为贡品。1949年后，梨园最多时30~40公顷，年产27~35万千克，远销北京、上海等地。1990年，有梨园13.3公顷，总产10万千克左右。由于新品种的不断引进，与新品种相比经济效益较低，导致栽植面积逐年减少。2013年，接近绝迹。

九仙山葡萄

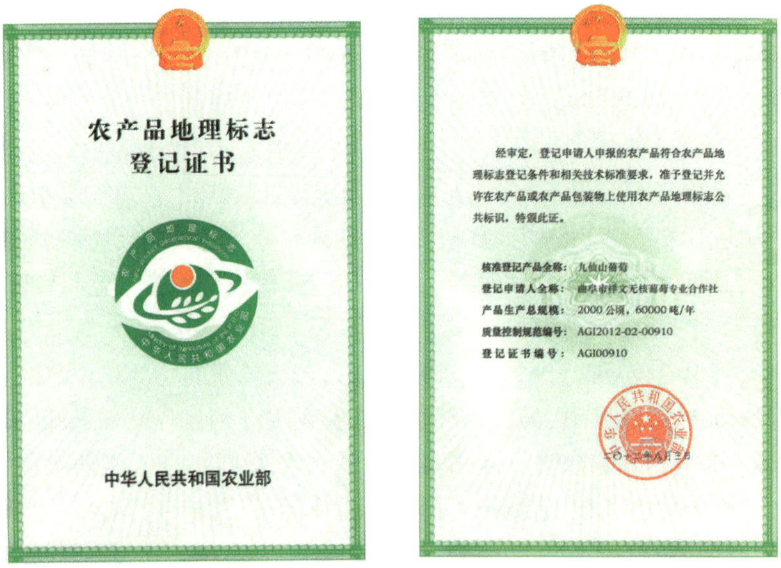
农产品地理标志
登记证书
中华人民共和国农业部

经审定，登记申请人申报的农产品符合农产品地理标志登记条件和相关技术标准要求，准予登记并允许在农产品或农产品包装物上使用农产品地理标志公共标识，特颁此证。

核准登记产品全称：九仙山葡萄
登记申请人全称：曲阜市祥文无核葡萄专业合作社
产品生产总规模：2000公顷，60000吨/年
质量控制规范编号：AGI2012-02-00910
登记证书编号：AGI00910

九仙山葡萄获农产品地理标志称号

第四章 种植业

20世纪90年代，由于种粮效益低，销售不畅，曲阜市粮食面积逐年减少，粮食产量徘徊不前，花生等经济作物面积则不断扩大。1991年，曲阜市有耕地4.6万公顷，粮食种植面积6.41万公顷，总产35.7万吨，平均(亩)单产372千克；花生种植面积2867公顷，总产量9769吨。1998年，粮食种植面积6.25万公顷，总产38.9万吨，平均(亩)单产416千克；棉花、花生种植面积4273公顷，总产量1.3万吨。2005年起，国家取消农业税，提高粮价，给予农民种粮补贴，市政府实施粮食高产创建工程，粮食生产面积扩大，单产量、总产量不断提高。2009年，曲阜市获全国小麦玉米高产创建示范县、全国基层农技推广体系改革与建设示范县称号。2013年12月，获全国粮食生产先进单位称号。2013年，曲阜市粮食种植面积75540公顷，平均(亩)单产490.5千克，总产55.58万吨；花生面积2660余公顷，总产量1.28万吨。

1991—2013年曲阜市部分年份粮食种植情况表

表6-1

项目 / 年度	人口（万人）	农业总产值（亿元）	耕地（万公顷）	人均占有粮食（千克）	种植面积（万公顷）、亩单产（千克）				总产（亿千克）
					夏粮	亩单产	秋粮	亩单产	
1991	60.85	6.11	4.6	587	3.22	337	3.19	407	3.57
2000	62.51	11.50	4.37	623	3.09	334	3.1	494	3.9
2009	63.69	16.31	4.2	794	3.59	436.0	3.33	542.4	5.058
2013	64.58	31.57	4.73	861	3.78	445.5	3.78	535.6	5.558

第一节 种植品种

小麦

20世纪90年代，曲阜市先后引进推广小麦良种泰山系列，济宁3号，高38，济南13，百泉号，辐63，鲁麦1、5、7、8、14、16、22、23，鲁215953，陕7859，鲁淄92-1，济宁12，济南16、17号，936098，PH85-4，PH85-16等品种。2000—2013年，先后引进济宁13、14、16，潍麦8号，淄麦12，泰山23，泰山9818，济麦20，D9401，烟辐188，山农8355，山农664等品种。小麦优良品种的更新换代，使小麦生产由20世纪70年代低产变为80年代中产水平，90年代进入高产水平。2008年，全国开展粮食生产高产创建工程以后，实行小麦良种财政补贴，市农业局每年选择4~5个优良小麦品种，如潍麦8号，泰山9818，淄麦12，济麦22，良星66、99，泰农18，临麦4号，鲁原502等品种，每亩用种7.5千克，国家补贴10元，由种子公司统一包衣供种，曲阜市小麦生产进入超高产水平。2013年，曲阜市冬小麦种植面积3.71万公顷，总产量25.26万吨，平均(亩)单产445.5千克，息陬、时庄、陵城、小雪、姚村等镇街平均单产均突破500千克。

玉米

20世纪90年代初、中期，曲阜市玉米种植品种主要是掖单号系列，主要有掖单13、11、12、4，鲁单10、11号等。由于掖单系列品种抗病性较差，2000年以后开始向鲁单系列品种过渡，主要为鲁单50、掖单22等。2008年以后，密植型玉米品种受到农民欢迎，平原地区种植密植型品种，如郑单958、浚单20、登海系列、金海系列、隆平206、伟科702等品种面积不断扩大，留苗密度都在每亩4200株以上，玉米单产水平普遍都在550千克以上，高者900千克以上。普通型品种，如鲁单981、农大108、先玉335等品种也有一定种植面积，留苗密度略低，每亩3000~3500株，单产普遍在500千克左右。2013年，曲阜市玉米播种面积3.7万公顷，平均单产541千克，总产量29.99万吨。

大豆

1991—2007年，每年种植面积都在1300公顷以上，主要种植品种为鲁豆4、鲁豆7、鲁豆10、鲁豆11、山宁8、山宁11、荷豆13等，单产在160~190千克/亩徘徊，产品主要销往一些大豆油、粕制品等小规模作坊和豆腐店。2005年起，由于受美国、巴西等进口转基因大豆影响，大豆种植面积下滑，曲阜市大豆种植面积由2005年1473公顷下降到2013年453公顷，产量由1991年3643吨下降到1245.4吨。

番薯

1991—2000年，番薯作为曲阜部分农村地区主食之一，主要在山区丘陵缺水地带种植，多与花生进行调茬，但随着人们生活水平的提高，种植面积不断下降，由1991年近6000公顷降至2005年800公顷，2008年为231公顷。种植品种多为淀粉性品种，如徐薯18、徐薯22、徐薯25、济薯18、济薯21、济薯26等，单产（地瓜干）430~550千克/亩。随着人们生活质量的提高和科技进步，番薯又作为一种保健食品出现在餐桌上，于是鲜食性品种开始出现，如北京553、苏薯8、隆薯9、烟薯25等，种植面积有所回升。2013年，曲阜市番薯种植面积为306公顷，亩单产折合番薯干436.5千克。

第二节　技术推广

种子包衣技术

曲阜市从1996年开始进行种子包衣技术推广，最初由人工包衣。1997年，市种子公司购进大型种子包衣机1台。1998年，全市有10个乡镇农业技术综合服务站购进并使用种子包衣机包衣。2008年，实行良种补贴制度，市种子公司统一供种，种子全部包衣，全市种子包衣面积90%以上，该技术可使农作物产量提高8%~15%。

旱作农业周年覆膜栽培技术

曲阜市山区、丘陵旱地面积大，由于受水的制约，农作物产量低而不稳。1999年，引进“旱作农业周年覆膜栽培技术”及配套小麦穴播机和专用地膜，在王庄乡、吴村镇等乡镇进行试验、示范，增产效果明显，亩增小麦172千克，增幅82.7%。在不破坏地膜情况下，接茬种植玉米，亩增100千克，增幅20.4%。2000年，曲阜市、乡两级对购买小麦穴播机农民进行补贴，当年发展穴播机33台，旱作技术推广应用面积1330余公顷。

测土配方施肥技术

20世纪90年代初期，曲阜市农民施肥重视氮、磷肥，忽视钾肥。进入2000年以后，农民施用土杂肥逐年减少，开始氮、磷、钾肥并重，平衡施肥。2005年，国家拿出一部分资金开始在全国进行测土配方平衡施肥技术推广，培肥地力，按配方平衡施肥，粮食产量进一步提高。

小麦播种新技术

曲阜市于20世纪80年代推广小麦精量半精量播种技术，亩播量8~15千克，节省种子，产量不降低反而高产，该项技术迅速在全市推广开来。2009年，引进小麦规范化播种技术。2011年，引进推广小麦宽幅播种技术，全市应用面积不断扩大，增产幅度在10%以上。当年，时庄街道西辛村试验地创造755.23千克

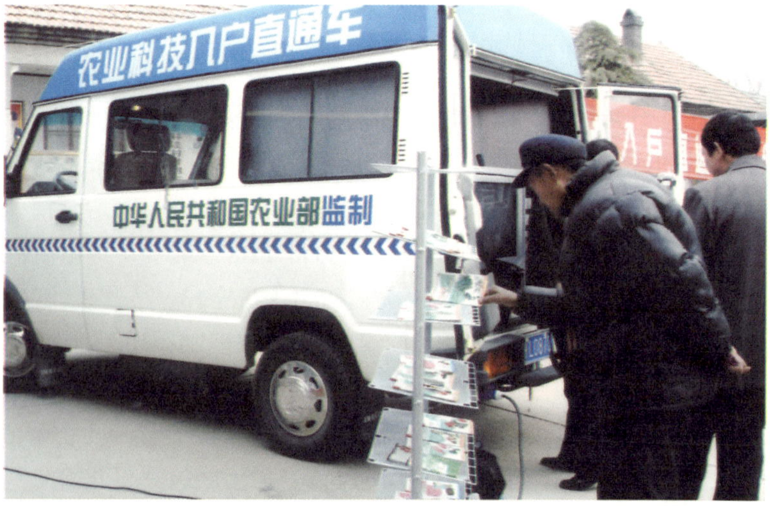

农业科技入户直通车（2013年摄）

亩单产纪录，引起轰动。

秸秆还田技术

1990年前，曲阜市小麦收获绝大多数靠人工收割，麦秸绝大部分当柴烧或喂牛，麦糠用来人工沤渍绿肥。随着小麦机械化收获推广，脱粒后麦秸有的农户收集起来当柴烧，有的则直接还田。1990年，曲阜市首次引进玉米秸秆还田技术，配套秸秆还田机械，并在全市推广。1992年，曲阜市承担山东省吨粮田建设项目。1994年起，小麦收割机配备粉碎装置，收割后麦秸直接还田。2007年起，市政府成立秸秆禁烧办公室，开展秸秆禁烧工作，推广秸秆综合利用技术。2013年，曲阜市秸秆还田率92%以上，秸秆综合利用率95%以上。

小麦氮肥后移技术

将氮素化肥的底肥比例减少到50%，追肥比例增加到50%，同时将春季追肥时间后移。2008年，曲阜市引进该项技术。2013年，该项技术应用50%左右。

小麦冬春控旺防倒技术

2007年，曲阜市秋种推广该项技术，应用面积不断扩大。2010年，该项技术应用100%。

玉米一增四改技术

2010年6月，曲阜市承担实施省财政支持的夏玉米"一增四改"高产栽培技术示范推广项目，实行机械化种、肥同播。2013年，曲阜市应用该项技术95%以上，应用面积3.33万公顷以上，玉米亩单产550千克左右。

农作物病虫害专业化统防统治现场

第三节 病虫害防治

测报机构

2004年，曲阜市建设有害生物预警与控制区域站，位于静轩东路。2013年，曲阜市12个镇街均设有基层测报点，每个基层测报点配备一名兼职测报员，配备仪器设备；全市有61个植保专业化组织，其中植保专业合作社12个。

病虫害预测预报

市植保站按照病虫测报技术规范，开展以作物为单位的病虫系统监测，每年对小麦、玉米、大豆、花生、棉花等农作物65种主要病虫害进行系统测报和重点监测，向上级业务部门编发病虫发生动态旬报、拍发病虫电码模式电报、汇报病虫发生情况、发布病虫情报，主要病虫预报准确率95%以上，为适时有效指导防治提供科学依据。2月下旬，发布《农作物病虫发生趋势预报》和《春季麦田杂草化学防治技术意见》，印发《早春麦田病虫草害综合防治技术要点》明白纸；3月上旬，举办《春季麦田病虫草害防治现场会》，发动植保专业化组织和广大农民群众抓住3月上中旬有利时机，开展春季麦田病虫草害防治工作。

小麦病虫害防控

每年4月下旬，市农业局做好小麦"一喷三防"工作，经市政府同意，采取"自行采购"方式，询价采购"一喷三防"物资，要求各供应商在4月22日前将采购物资送达各镇街指定地点，4月25日前将一喷三防物资发放到村、到户，5月1日前组织农户和植保专业组织集中使用对路药剂，开展以预防小麦赤霉病和防治穗蚜为重点的小麦"一喷三防"。同时，印制"小麦'一喷三防'项目宣传材料"，深入一线开展技术指导，指导农户适时开展小麦穗期病虫害综合防控。

玉米病虫草害防控 每年5月中旬，根据田间调查监测结果，结合玉米主要病虫发生特点，印发《夏玉米病虫草害发生趋势及综防技术意见》。6月上旬，发布《一代玉米螟发生预报》《夏玉米苗期病虫草害发生防治预报》《二代棉铃虫防治预报》。7月上中旬，发布《玉米褐斑病发生预报》《三代棉铃虫发生预报》《二代玉米螟发生防治》。8月上中旬，发出《玉米穗虫发生防治预报》《四代棉铃虫发生预报》等多期玉米病虫情报，开展玉米病虫防控。

第五章　林业

1991年，曲阜市制定《林业发展总体规划》；到年底，全市林地面积1.05万公顷，活立木蓄积量55.93万立方米。1996年，山区乡镇实施荒山绿化工程。2000年，利用世界银行贷款，规划实施林业持续发展项目。2001年9月，市野生动植物保护站获国家林业局"森林病虫害防治检疫标准站"及"国家级森林病虫害中心测报点"称号。2004年，实施九仙山综合开发基地建设、环库绿化工程、煤矿塌陷地综合治理等工程。2012年，开展集体林权制度改革，放活经营权。2008年，市公安局林业公安科纳入国家专项政法编制。2010年9月，曲阜市成立市森林公安局，挂市公安局森林警察大队牌子。2012年，曲阜市被命名为全国林业专业合作组织示范县称号。2013年年底，全市林业用地面积2.57万公顷，活立木蓄积量97.35万立方米，森林覆盖率34.5%，城市绿化覆盖率38.9%。1991—2013年，查处涉林行政案件600余起，累计罚款400余万元，为国家挽回经济损失4000余万元；未发生重大森林火灾。

第一节　植树造林

1991年，曲阜市制定《林业发展总体规划》（即"八五"规划）。到1993年年底，全市完成造林5146公顷，新增和完善农田林网4.93万公顷，发展农林间作（含地堰绿化）1.8万公顷，四旁植树完成565万株，提前完成"八五"绿化达标任务。1994—1995年，全市造林4067公顷，补植完善林网面积2.69万公顷，发展农林间作1667公顷，四旁植树198万株。1995年，曲阜市"八五"绿化通过省部级验收。1996年，山区乡镇实施"91378"工程，将造林绿化和水利设施配套相结合，开展荒山绿化工程，即在小雪、息陬、南辛、尼山、防山、书院、王庄、董庄、吴村"9"个乡镇内，以"1"百个村庄为基础，以"3"百华里林果路为纽带，建成"7"个果品基地，重点培养"8"个高产典型。1996—1998年，"91378"工程完成治山整地1000公顷，发展高效经济林533公顷，完善提高环山林果路75千米。1999—2002年，全市林业工作围绕建设林业强市和生态旅游城市总目标，实施绿色通道工程、经济林基地建设、农田林网和封山育林4项重点林业工程。2002年，实施国家世行贷款林业持续发展项目，项目总投资1100万元，其中世行贷款550万元，省、市、县配套550万元。至2002年年底，全市完成高标准绿色通道建设143.6千米，新建完善农田林网3.22万公顷，完成造林任务5733公顷，其中高效经济林3000公顷，引进新品种53个，建设各类林果科技示范基地12处，果品总产3750万千克，年产值1.6亿元。2003年2月10日至3月20日，曲阜市完成京福和日东高速公路曲阜段绿色通道工程，全长67.6千米，两侧绿化带各宽100米，被山东省和济宁市作为示范和样板向全省和济宁市推广。2004年，实施九仙山综合开发基地建设、环库绿化工程、煤矿塌陷地综合治理，栽植经济林2000公顷，发展用材林、种苗花卉基地1330公顷，新建和完善农田林网1.2万公顷，植树400余万株。其中，九仙山综合开发工程新增林地660余公顷，栽植核桃、山楂、柿子、葡萄等林果60万株；环库绿化工程，完成18千米环库绿化带建设，栽植杨树7万株、经济林10万余株，实施雨季造林200公顷，栽植侧柏苗近百万株；时庄镇煤矿塌陷区生态农业工程，重点实施速生丰产林基地、高效经济林、农田林网、瓜菜基地和后续产业5项内容，新增林地面积1000公顷，栽植各种树木40万株。2005年，曲阜市实施九仙山开发、汗马河综合治理、农田林网、经济林基地建设，栽

2009年3月22日，曲阜市全民植树现场

植各类树木350余万株，实现造林2500公顷，其中栽植经济林1330公顷，速生丰产林1000公顷，荒山造林330公顷，新建和完善林网7700公顷。其中，九仙山综合开发工程15.8千米环山路两侧发展经济林666.7公顷，荒山绿化666.7公顷；汙马河流域综合治理，重点建设速生丰产林基地，完成投资100余万元，造林233公顷，栽植“107”杨树18万株。以优质早熟大樱桃为重点，全市栽植大樱桃等各类经济林1000公顷，栽植苗木60万株，投入资金500万元。2006—2007年，市委、市政府出台市直部门和企业包荒山绿化工作新举措，各包保单位与董庄、吴村、防山、尼山、小雪、息陬6个有荒山绿化任务的乡镇配合，其中吴村镇九仙山、小雪镇九龙山以及尼山镇昌平山荒山造林成效显著。2006年5月，出台《曲阜市2006年雨季造林工程实施方案》，以吴村镇羊山、防山乡围子山、南辛镇颜母山为主，辐射带动周边山区村庄绿化荒山267公顷，植树130万株。2007年，推进中华文化标志城所在地九龙山植被恢复工程，市委、市政府主要负责人及各大党委干部职工2000余人在九龙山开展大规模义务植树活动，掀起春季造林绿化高潮，全年完成造林任务1007公顷。2008—2011年，随着造林资金投入的不断加大，各项惠农政策的出台，社会团体及基层群众绿化意识增强，林业资源得到稳步增长，完成造林4020公顷，新增和完善农田林网3.51万公顷，四旁植树290万株。2012—2013年，市委、市政府制定城乡大绿化年度任务，层层分解落实任务，完成造林4080公顷，农田林网新增和改善面积1.01万公顷，新建苗木花卉基地110公顷，建设绿色通道238.7千米，新绿化村村通公路570千米。到2013年年底，曲阜市森林覆盖率34.5%，城市绿化覆盖率38.9%。

第二节 植桑养蚕

曲阜市有植桑养蚕的传统。1991年，全市桑园面积为229.33公顷，生产桑蚕茧235吨，产鲜茧21.61吨，蚕茧总额为233.41万元。1995年，桑园面积发展到1000公顷，亩桑产茧52.66千克，全市总产鲜茧498吨，产茧总额748.21万元。由于受国内外茧丝绸市场影响，1996年蚕茧价格比1995年下跌16%，出现毁桑改种现象，桑园面积急剧下降，全市桑园面积不足200公顷。1997年后，植桑养蚕由传统家庭室内蚕匾育逐渐转化为大棚大户育，再加之推广新品种“春蕾·镇珠”，亩产蚕量增加10%以上，桑园面积有所增加。1998年，推广“3+1”大棚养蚕新模式、新技术，茧质大幅提高，桑园面积恢复到437公顷，桑茧产量567吨。2002年，全市建造“3+1”模式大棚1080处，鲜蚕总产量超过500吨，年末实有桑园面积670公顷。国务院办公厅颁布《关于蚕茧流通体制改革的意见》，明确对鲜蚕收购实行资格认证制度，对蚕茧市场实行有序放开。从2003年开始，鲜、干蚕价格完全走向市场。2003—2004年，全市新建“3+1”模式蚕禽两用大棚300余座，累计1100余座。2005年，全市有养蚕乡镇为9个，有蚕茧站7处、养蚕村140余个，桑园面积510公顷，蚕农亩收入在3000元左右。2006—2007年，全市新建“3+1”蚕禽两用大棚200余座，新发展桑园133公顷。到2007年年底，有桑园面积286.81公顷，主要分布在姚村、时庄、王庄、董庄、吴村、防山、息陬、南辛、陵城等乡镇。2008年以后，由于受国际金融危机影响，加之新生代农民外出务工，小城镇建设开发土地面积减少等原因，曲阜桑园面积大幅度减少。2013年，全市桑蚕茧产量176.83吨，桑园主要分布在陵城镇、姚村镇和息陬镇。

第三节　森林防火

2012年12月8日，曲阜市森林防火演习现场

全市文物景区古树名木分布广、数量多，尼山国家级森林公园下辖尼山林场、石门寺林场2处国有林场，另外还有石门山镇、吴村镇、息陬镇、小雪街道、尼山镇、防山镇6个山区防火镇街，森林防火任务重大。1991年，曲阜市设有森林防火指挥部，指挥长由分管副市长担任，副指挥长由市人武部副部长和林业局局长担任，成员单位由市公安局、市安监局、市农业局等25个部门及镇街组成，指挥部办公室设立在市林业局。2012年，森林防火明确行政首长负责制，市政府建立森林防火目标责任管理体系，市政府与市林业局、市林业局与各镇街、镇街与行政村层层签订责任状，把责任分解到部门，落实到具体人；全市6个防火镇街和2处国有林场均成立防火指挥部，并组建1支森林防火半专业队（人数均在30人以上）和1支护林员队伍。2013年起，每年12月均组织开展“隐患排查、问题整改”专项行动，从苗头上杜绝森林火灾事故发生。各林区由市林业局统一购置配备消防器材，市政府每年均列支10万~50万元专项经费用于购置配备消防器材。1991—2013年，曲阜市无重大森林火灾案件发生。

第四节　林木病虫害防治

1996年，实施湿地资源及有害生物调查。1997年，开展名胜古迹林生物资源调查。1998—1999年，开展野生动植物调查。2001年9月，市野生动植物保护站获国家林业局“森林病虫害防治检疫标准站”及“国家级森林病虫害中心测报点”称号。2004年，开展林业有害生物普查，绘制曲阜市林业主要病虫害分布图、林业测报对象发生趋势图、测报网点分布图等，制作主要有害生物标本并贮存，拍摄有害生物照片，完成有关科研项目7个。2008年，曲阜市建立市、乡、村三级防控网络和森林防火队伍，各村设立村级森林防火员，并进行技术培训，全市有村级森林防火员381人。在市林业局指导下，尼山林场在林场侧柏林内采用人工投放招引木，诱杀双条杉天牛；在时庄镇单家村煤矿塌陷地三倍体毛白杨林沿边栽植桑树，在沂河沿岸杨树丰产林区按每公顷10株密度栽植或保留桑科植物，诱杀桑天牛成虫；在曲阜市生态园、吴村镇峪西村枣园、花卉苗木基地惊众园艺场安装振频式杀虫灯，诱杀害虫；推广生物性、植物性农药，如灭幼脲、吡虫啉、阿维菌素等，尼山林场侧柏林发生侧柏毒蛾灾害，用仿生农药灭幼脲3号农药进行防治，取得显著防治效果。2009年，在全市设立17个县级测报点，覆盖城区和乡村，并配备杀虫灯。下发《关于严禁从疫区引进苗木及其繁殖材料、林木、林产品的通知》，凡进入曲阜市境内的苗木及其繁殖材料、林木、林产品都必须向市林业有害生物防治检疫站（市林业局林保站）申请办理《检疫要求书》，并持有调出方检疫机构开具的检疫证书方可进入曲阜。8月，在息陬服务区首次发现美国白蛾，随后在吴村镇泉头村法桐苗圃发现类似疫情。2010年，曲阜市防控工作在济宁市林业有害生物防控工作检查考核中名列各县（市、区）第一位。从2010年开始，曲阜市每年1~2次对以美国白蛾为主的林业有害生物进行飞机喷药，遏制虫情蔓延。2012年4月，曲阜市发现春尺蠖。8月，市林业局在小雪街道释放周氏啮小蜂防治美国白蛾；在小雪街道喷施纯生物农药苏云菌杆菌（BT）防治林业有害生物。2013年10月，实施PLC（可编程逻辑控制器）防控技术推广项目，推广面积5667公顷。

第五节　古树名木

曲阜古树名木历史悠久，具有树龄大、品种多、成群分布特点。主要分布于各文物保护区内，民间散生古树稀少。2013年，曲阜市存有古树名木2.1万株，分为19科21种，其中一级古树名木1000多株，主要分布在古寺院、庙庵、陵园等文化区内，以侧柏、桧柏为主。孔庙共有百年以上古树名木1200余株，分属8科10种；孔府共有古树名木70余株，分属9科12种；孔林百年以上古树有10000余株，分属10科13种。颜庙、周公庙、少昊陵、尼山孔庙、孟母林等古树名木9600余株，还有散生在城区、镇（街道）的许多古树名木。

孔子逝世后，其弟子“各持其方树来种之”“树以百数，皆异种，鲁人世世无能名其树者”。其后，随着孔子地位提高，三孔以及其他与孔子（包括其弟子）和儒家文化有关的遗迹，均受到政府的重视与保护，相继修建祭祀建筑和围墙，并植树绿化。南朝宋元嘉十九年（442年）十二月，“诏修孔子庙，复学舍，招生徒。又诏卫护孔林，蠲孔子墓侧孔景等五户课役，以供洒扫，于林内植松柏600株”。北魏太和十九年（495年），“帝幸鲁亲祠孔子，诏兖州为孔子起园栽柏，修饰坟垅”。明、清两代不断扩林种树。明成化七年（1471年），明宪宗朱见深命在孔林及神道两旁广植树株，一年植树1000余株。明弘治七年（1494年），衍圣公孔弘泰以修文庙余资修葺尼山书院和洙泗书院，重修孔林驻跸亭、孔子墓享殿、林墙及门楼，建洙水左右二桥，增植侧柏、桧柏数百株。明万历二十二年（1594年），山东巡抚郑汝璧、巡按连标修孔子墓享殿、斋室，树石阙5楹，题额“万古长春”，筑碑亭2座，又在孔林神道两旁补栽柏树百余株。清康熙二十三年（1684年），在扩大林地之后，植侧柏500余株。随着树木增多，孔府加强对所属林木的管理。清乾隆五十年（1785年），对孔林树株进行分界，各有林头和林役看管，并负责清查各类树株，“通共四界共树三千一百六十二株”。清乾隆五十三年（1788年）秋，视学使者刘公会同地方诸官，出俸钱植树，“视诸隙地，亡者易之，缺者补之”，共植树5000余株。翌年，孔林再次进行大规模植树造林。《圣林补植树木功碑记》载，此次筹钱数千缗，在享殿周围及红墙以外、缭垣以内，补植松、柏、樟、楠等万株。清道光二十八年（1848年），在孔林内及神道旁栽植柏树1194株。同年，经林头、林役“各按方界”，“挨次遍查数目，查得红墙内并四界，以及神道一切大小树株，总共壹万柒千贰百捌拾伍株”，并造册上报。这是孔林历史上树木数量最多的记载。

先师手植桧（摄于2013年）

经长期栽植、保护和树木自身的衍生，形成曲阜品种数目众多的古树名木。1986年，市文物管理委员会开展古树名木普查，曲阜共有百年以上古树名木17180株。2008年，市文物局开展第二次古树名木普查，曲阜共有百年以上古树名木2.1万株，主要树种为侧柏、圆柏和黄连木；孔林、孔庙、尼山孔庙、孟母林古树为千株以上古树群，后三者为古柏纯林，这些古树生长期大致都在二百年以上，有的树龄千年以上，最著名的古树有子贡手植楷、先师手植桧、孔庙汉柏、唐槐和宋银杏等。

先师手植桧

位于大成门内石陛东侧，外用石栏围护，胸径70.1厘米、高19米，旁有明万历二十八年（1600年）杨光训手书石刻“先师手植桧”。据考原树系三株，一株于西晋永嘉三年（309年）枯死，另两株于金贞祐二年（1214年）毁于兵火。元至元三十一年（1294年），三氏

五柏抱槐(摄于2013年)

学教授张翌(xū)将东庑废墟新生桧树移到原先师手植桧处,明弘治十二年(1499年)、清雍正二年(1724年)又两遭火难,存树为清雍正十年(1732年)在其树桩旁复发新芽,抽枝长成,树龄约280余年。先师手植桧一直受到人们的重视,人们把它看作孔子思想的象征,不仅和孔氏子孙的命运联系在一起,"此桧日茂,则孔氏日兴",而且,还同中原王朝的命运联系在一起,宋代书法家米芾写诗赞道:"矫龙怪,挺雄质,二千年,敌金石,纠治乱,如一昔"。

子贡手植楷

位于孔子墓前东侧,仅存枯楷树桩,以石栏围护。孔子去世后,众弟子安葬守墓三年相诀而去,唯弟子子贡外出经商来迟未赶上孔子葬礼,守墓三年后决定再守墓三年,因哭丧棒(黄连木做)没能扔进孔子墓内,便将它插到墓旁。天长日久,发芽生长,竟长成参天大树,清康熙年间遭雷火焚毁。树后有"子贡手植楷诗"碑,为清代文学家施闰章所作;"楷图"碑,刻有子贡手植楷树图,为清康熙五十一年(1712年)立。

孔庙汉柏

位于孔庙杏坛东北角,存世两株,长势旺,粗者树高14.5米、胸径1.25米,树龄2100余年。清康熙间孔毓埏有《汉柏诗》:"鲁王宫已没,翠柏尚含情。何代移新甫,于今傍大成。名因易世古,干以饱霜轻。殿阁微风起,萧然万壑清。"

唐槐

位于孔庙诗礼堂院西侧,唐朝植,历经唐、宋、元三个朝代,而后枯萎。明代年间,从枯槐基部萌生一新枝,2000年又枯死,后在其旁萌发小苗,2013年,新槐高近8米,枯树尚存。

宋银杏

位于孔庙诗礼堂前,东西各有一株,东为雄树,西为雌树。2013年,雄树胸径81.2厘米、高19.5米,雌树胸径267.5厘米、高21.5米,长势旺盛,春华秋实。

五柏抱槐

位于孔府后花园,一株侧柏分五干,在其中附生一棵国槐,树型奇特。"五柏抱槐"始名"五君子柏",后因其中生一国槐而得名。明弘治十六年(1503年),李东阳监工修建孔府花园时植树数十株,此柏树为其时所植。

第六章　果品生产

1991年,曲阜市境内果树有12个属36个种151个品种。随着消费者需求以及市场变化,果品种类不断优胜劣汰,至2013年,曲阜市境内果树有14个属45个种500余个品种。曲阜市特产水果有纪庄青梨、大湖果旦杏和北山大枣等。

第一节　技术推广

1991年,曲阜市"大枣丰产综合技术开发"项目获省林业厅科技进步一等奖。1992年,省林业学校

2013年曲阜市果树树种和品种情况表

表6-2

属	种	主要栽培品种
苹果	道生苹果、西府海棠、三叶海棠、山定子、沙果、苹果	金帅、富士、烟富3、烟富10、短枝富士、嘎啦、珊夏、藤木一号、美国8号、乔纳金、红将军、新红星、陆奥、华美、华硕、秦阳
梨	秋子梨、杜梨、沙梨、西洋梨、新疆梨、白梨、河北梨、褐梨	酥梨、绿宝石、黄金梨、苹果梨、丰水梨、水晶梨、皇冠梨、红香酥、鸭梨
桃	油桃、蟠桃、寿星桃、山桃、秋桃	中华寿桃、蟠桃、雪桃、曙光、瑞光、五月火、华光、永莲水蜜、春雷、艳光、安农水蜜、黄桃、春雪、岱妃
葡萄	葡萄(欧洲种、美洲种、欧美杂种)、山葡萄	巨峰、藤稔、夏黑、玫瑰香、京秀、京亚、红提、绿提、阳光玫瑰、摩尔瓦多、金手指、黑芭拉多
杏	普通杏、山杏、杏梅	红玉杏、红荷包、白水杏、麦黄杏、金太阳、凯特、红丰、新世纪、山杏、杏梅
李	中国李、欧洲李、美洲李	秋姬、布朗、大石早生、密斯李、黑宝石、早美丽
樱桃	中国樱桃、大樱桃、酸樱桃、毛樱桃	红灯、美早、早大果、拉宾斯、意大利早红、那翁、库宾、雷尼、先锋、布鲁克斯、萨米脱、早生凡
核桃	核桃、核桃秋	香玲、清香、辽核系列、元丰、鲁光、丰辉、美国黑核桃、薄壳、纸皮、寒丰、绿玲、鲁核
板栗	板栗、茅栗	华丰、金丰、海丰、石丰、泰山红、大毛栗、临沂短枝
柿子	柿、君迁子	磨盘柿、镜面柿、牛心柿、富有、次郎、日本甜柿
枣	枣、酸枣	长红枣、圆铃枣、脆枣、沾化冬枣、金丝小枣、梨枣、酸枣、脆酸枣
山楂	山楂	大金星、敞口山楂、大货
石榴	红石榴、白石榴、黄石榴、玛瑙石榴	大青皮甜、大红石榴、大籽石榴、冰糖石榴、大红皮酸、青皮、泰山红、玛瑙、大马牙
蓝莓	北高丛蓝莓、半高丛蓝莓、矮丛蓝莓、	蓝丰、北陆、都克、喜来

在吴村镇设立林果培训站，开展技术人员培训工作。1993年，济宁市农委、林业局在吴村镇设立万亩苹果高新技术示范区。1995年，曲阜市板栗低产园开发技术获省林业厅科技进步三等奖。1996年，林业系统56名技术干部进园开展无偿技术承包。1997—1998年，发展银杏采叶经济林200公顷，分布在陵城镇、吴村镇、董庄乡，其中陵城镇东宫村投资300万元建成采叶园100公顷，成为全省发展银杏采叶园典型村。1998年，林业系统技术干部率先创办林果示范基地，局属单位7人自办示范基地5处，乡镇林业干部创办示范基地8处。1999—2002年，利用世行项目引进大枣、核桃、石榴、桃、杏、梨为主的新品种53个。2003—2008年，围绕大樱桃发展，市林业局多次和防山、吴村、石门山等乡镇负责人到枣庄、烟台等地实地考察，并深入发展大樱桃意向村向村民授课；完成全市名优示范园和防山乡尧乔沟生态休闲观光园规划，以及九仙山、石门山等林业示范园建设。2013年，引进推广蓝莓新品种管理技术。1991—2013年，市林业局平均每年举办林果业各类技术培训班40余期，培训果农2000余人次，发放技术明白纸2万余份。

第二节　基地建设

1991年，曲阜市林果面积2230公顷，干鲜果品产量2.5万吨。到1993年，新发展苹果、石榴等果园1330余公顷，果品产量3.1万吨。1995年2月，实施“91378”工程；至年底，全市有七大果品基地初具规模。

1991—2013年曲阜市果品产量情况表

表6-3

年度	面积（公顷）	产量（万吨）			年度	面积（公顷）	产量（万吨）		
		合计	干果	鲜果			合计	干果	鲜果
1991	2230	2.5	0.6	1.9	2003	3400	4.1	0.9	3.2
1992	2819	2.9	0.7	2.2	2004	4100	4.6	1.2	3.4
1993	3053	3.1	0.8	2.3	2005	5700	5	1.1	3.9
1994	3586	3.9	1	2.9	2006	6234	5.1	0.8	4.3
1995	3920	5	1.2	3.8	2007	6632	5.7	0.9	4.8
1996	4153	5.7	1.3	4.4	2008	7046	5.8	0.9	4.9
1997	4386	6.5	1.4	5.1	2009	7253	6	0.9	5.1
1998	4520	7.3	1.5	5.8	2010	7250	6.5	1	5.5
1999	3952	6.6	1.4	5.2	2011	7786	7	0.8	6.2
2000	3619	6	1.4	4.6	2012	7913	7.4	0.9	6.5
2001	3272	5.3	1.3	4	2013	8100	7.9	1	6.9
2002	3017	3.75	1	2.75					

1996—1998年，全市新发展高效经济林533公顷，完善提高环山林果路75千米。1998年，曲阜市果品总产量7.35万吨。1999—2002年，建设各类林果科技示范基地12处。2002年，果品总产量3.75万吨，林果总产值1.6亿元。2005年，在防山乡东部洪山流域范围实施“樱桃谷”林果工程，当年秋季发展大樱桃133公顷，栽培品种以红灯、早大果、意大利早红为主。2007年，市林业局重点培植董庄乡大樱桃科技示范基地、防山乡樱桃谷基地、时庄镇煤矿塌陷地特色林果基地、吴村镇林果旅游观光示范基地、南辛镇特色山区经济林建设工程，新发展经济林400公顷，其中高效大樱桃基地133公顷。2007—2013年，相继完成九仙山观光农业示范基地、石门山观光农业示范基地、尼山观光农业示范基地、防山大枣生产基地指导建设，涌现出圣仙果品有限公司，车站大樱桃示范园，董庄多模式栽培示范基地，王庄镇后孟村、仙店村、李庄村早熟苹果高效栽培示范基地，城建生态科技示范园，吴村镇茶基地等一大批高效经济林生产典型。2013年，曲阜市果园种植面积8100公顷，干鲜果品总产量7.9万吨。

第三节 名优品种引进

2003年，市林业局根据曲阜林果生产实际和物候期特点，经过多方参观考察，在吴村镇、董庄乡引进种植早熟梨品种绿宝石、七月酥和黄金梨，早实薄皮核桃新品种辽4、辽7、中林5。2005年，组织部分乡镇、村干部和技术员到枣庄、烟台等地考察学习，引进红色早熟樱桃新品种红灯、早大果、意大利早红，在防山乡、董庄乡、吴村镇大面积发展。2008年，从郑州市果树研究所引进锦绣红、华美、华硕、美国8号、太平洋嘎拉、新红将军等苹果新品种和六六红桃树新品种，在吴村镇、王庄乡、息陬乡大面积发展。2013年，组织专业人员到河南郑州、山东泰安、陕西等地考察学习，通过仔细筛选，引进秦阳、烟富3、烟富10等苹果新品种，香铃、清香、辽系等薄壳核桃品种，布鲁克斯、美早、黑珍珠等大樱桃品种，金辉、金硕、金山早红等油桃新品种，夏黑无核、阳光玫瑰、摩尔多瓦、金手指、美人指等葡萄新品种，以及永莲蜜桃等桃新品种，在吴村镇、石门山镇、小雪街道、南辛镇大面积发展，为曲阜市经济林发展注入活力。

第七章 畜牧业

1991年，曲阜市境内牲畜主要有猪、牛、山羊、绵羊，数量较大，马、驴、鹿、狐狸等数量较少，家禽主要有鸡、鸭、鹅、鹌鹑等，畜禽结构单一，饲养方式简单，畜禽生产商品化、规模化程度低，畜牧业处在低发展水平。1996年开始，生猪、肉鸡、蛋鸡规模养殖数量不断增加。2010年开始，曲阜市畜禽以生猪、蛋鸡、肉鸡、肉鸭为主，规模化、标准化程度不断提高。2007—2013年，曲阜市连续7年获农业部、财政部“全国生猪调出大县”称号。2013年底，全市生猪存栏28.76万头、出栏66.91万头，家禽存栏636.57万只、出栏1857.82万只，肉、蛋、奶类总产分别为8.15万吨、4.16万吨和0.78万吨，实现畜牧业增加值8.26亿元，占农业总产值26.2%。

第一节 饲养品种

生猪

1991年前，主要以曲阜产黑猪土猪为主，家庭饲养，生产规模小，管理粗放，饲料以泔水及草粉为主，生产周期长，一般1年以上出栏，料肉比高。农民养猪的另一个重要用途是积粪肥田。1991年年末，全市肉猪出栏28.64万头。1992年，开始出现养猪大户，饲料添加剂快速育肥技术得到大面积推广。引进长白猪、约克夏、杜洛克等优良品种，主要用于杂交利用生产商品仔猪，俗称“外三元”，占比90%以上。曲阜产品种大蒲莲黑猪、莱芜黑猪、太湖猪等数量迅速减少，到年底，存栏不到1000头，占比不到0.3%。1995年，随着饲养管理技术水平的不断提高，生猪出栏周期缩短为4~5个月，料肉比3:1，生猪生产进入良种化、规模化、专业化阶段。1997年，曲阜市被授予全国瘦肉猪生产基地县称号。2007年、2008年、2012年，实施能繁母猪补贴项目，按照每头能繁母猪补贴100元标准，全市兑现补贴资金近500万元。2007年、2008年、2010年，与市发改局共同申报生猪标准化规模养殖场建设项目，共对22家规模猪场实施改扩建，项目总投资620万元。2011年，开展能繁母猪、育肥猪保险试点工作。2007—2013年，曲阜市连续7年获全国生猪调出大县称号，累计获得国家奖励资金近4000万元。2013年，曲阜市有规模养猪场户304户，其中年育肥出栏猪100~499头养殖场户182户，500~999头养殖场户76户，1000~4999头以上养殖场户34户，5000头以上养殖场户12户。

家禽

20世纪90年代以前，曲阜市家禽业以家庭散养鸡、鸭、鹅为主，其中，笨鸡占较大比例。1991年年末，曲阜市家禽存养量233.99万只，禽蛋产量1.54万吨。1995年以后，全市养禽业进入快速发展时期。以大成畜牧公司、鲁南养鸡场为中心，向周边乡镇辐射，先后形成时庄、陵城等蛋鸡规模养殖集中区域，全市最高养殖量600万只。随着养鸡业发展，种禽孵化业也得到发展，2005年，曲阜市有5家种鸡场，年平均孵化雏鸡800万只。之后，受禽流感等疫情影响，养鸡业出现滑坡。2013年年末，曲阜市家禽存栏636.57万只，其中鸡存栏514.25万只，主要品种有海兰褐蛋鸡、罗曼蛋鸡等，肉鸡品种主要有罗斯、AA、艾维因等，占90%以上；曲阜产笨鸡则多在偏远农村和山区饲养。

2002年，规模鸭场开始在曲阜落地生根，品种以樱桃谷鸭为主，期末存栏41.37万只。以后规模不断发展扩大，2013年期末存栏118.43万只，是曲阜市主要禽类养殖品种之一。

大牲畜

1991年，曲阜市大牲畜存栏3.6万头，其中马、驴、骡合计1.46万头。随着农业机械化发展，牛、马、驴、骡役用功能逐渐被替代，农民家庭养殖存栏数量不断下降。2013年，曲阜市家庭养殖马、驴、骡等役用畜合计不足20头；役用牛存栏429头，品种为鲁西黄牛，主要由农户散养，分布在尼山、防山东部。

2000年，曲阜市开始出现奶牛养殖，主要品种为荷斯坦黑白花奶牛，且规模不断扩大。2008年，董庄朝阳牧业公司成立，实有奶牛500头，且配套现代化挤奶厅。2008年，姚村镇民兴养殖场、息陬乡犇牛公司等规模肉牛养殖场相继建成，饲养品种以利木赞、西门塔尔等杂交牛为主。2013年，曲阜市开展能繁母牛（奶牛）保险工作。到年底，全市牛存栏1.09万头，其中肉牛8475头、奶牛2034头、役用429头。

羊

主要畜种为绵羊和山羊。曲阜本地品种有泗水裘皮羊、小尾寒羊、大尾寒羊等，引进品种有澳洲美利奴羊、特克赛尔、无角陶赛特、湖羊等。1991—2000年，曲阜市肉羊以散养放养为主，饲料以作物秸秆、树叶、青草为主。2002—2006年，曲阜市出现数个种羊养殖场，并引进杜泊、波尔山羊等国外品种，开展与曲阜本地品种羊杂交试验等。其中，2002年，科阳羊场存栏国内外优良品种10个品种1000余只。后因市场变化，曲阜种羊养殖场相继破产关闭。2012年，吴村镇宏利公司、防山镇玉柱羊场、姚村镇财运源养殖场等5个千头羊场建成投产。2013年，全市羊存栏22.28万头，其中山羊15.21万头，绵羊7.07万头。

兔

1991—1996年，曲阜市兔养殖没有规模化养殖，1991年存养量7.48万只。1997年以后，养兔生产发展迅猛，主要品种为獭兔和长毛兔，以白色獭兔为主，占总存栏90%以上，长毛兔较少。1998年，兔存养量18.65万只，其中长毛兔1.64万只，出栏量60.41万只，其中肉兔60.37万只。2005年，兔存栏达到高峰期，全市存栏57.6万只，出栏281.57万只。2013年，由于市场原因，存栏数量减少，年末存栏量25.35万只，出栏186.97万只。

第二节 品种引进与改良

良种牛

2000年，大成畜牧公司率先引进荷兰荷斯坦奶牛60头，平均年产乳量5000千克，乳脂率3.65%。2008年，民兴肉牛场引进40头利木赞牛，该场利用利木赞牛杂交改良鲁西黄牛，杂种牛体重提高12.6%，净肉率提高2%。2009年，犇牛公司引进西门塔尔牛20头，利用西门塔尔公牛与曲阜本地品种母牛杂交，生产出部分优良杂交牛。

良种羊

1998年开始，部分养殖场引入波尔山羊进行纯繁或杂交改良，效果良好。试验表明，波尔杂种羊的活重比曲阜本地品种山羊提高54.17%~94.91%，生长速度可以超过200克/日。2003年，科阳牧业公司引进无角陶赛特羊和特克赛尔羊各60头，开展胚胎移植试验，通过与当地品种小尾寒羊结合，扩大种群。

良种猪

1992年，大成畜牧公司从国外引进长白猪4头，生长快，产仔多，瘦肉率高，育肥期平均日增重540克。1993年，管村种猪场引进大约克夏猪20头，逐渐推广到全市。各猪场多用大约克夏公猪与曲阜本地品种母猪杂交，生产瘦肉型肥猪。1994年，大成畜牧公司引进杜洛克猪50头。1996年，大成畜牧公司引进31头汉普夏猪。

良种家禽

1993年，鲁南种鸡场引进5000套海兰褐蛋鸡父母代种鸡，向社会提供商品代海兰褐蛋鸡。1995年，大成畜牧公司鸡场引进6000套罗曼蛋鸡父母代种鸡，向社会提供商品代罗曼蛋鸡。1996年开始，肉鸡经济人引入曲阜罗斯308肉鸡和双A肉鸡，进行合同养殖。2002年，实行合同养殖，引入樱桃谷肉鸭，采用公司加农户方式进行养殖，规模不断扩大。2007年，弘基牧业有限公司、金惠牧业有限公司引进罗斯308肉鸡和双A肉鸡种鸡繁育。

种畜禽场

2013年，曲阜市有畜禽良种场8个，分别是尼山中华蜜蜂保种场、弘基牧业有限公司、金惠牧业有限公司、大雪胡显峰鸡场、润和农业发展有限公司、圣地宝牧业有限公司、浩源种猪场、和谐种猪场。全市有省级中华蜜蜂保种场1个、父母代种禽场4个、父母代种猪场3个，存栏父母代种猪、肉种禽10万余头（只），年供种禽600万只、种猪2万头。全市“外三元”杂交猪比例90%以上，奶牛、肉禽良种率为100%。尼山中华蜜蜂保种场存栏优质中华蜜蜂320群。

第三节　畜禽生产

20世纪90年代初，曲阜市发展商品瘦肉型猪生产。先后从外地引进瘦肉型种公猪150头，开展人工授精配种技术，推广青贮、氨化饲料，全市生猪生产平稳。1991年，市畜牧局被授予省青贮氨化饲料工作先进单位称号。1994—1995年，市政府实施“568”工程，即全市畜牧业产值占农业总产值比重为50%、生猪年饲养量60万头、家禽年饲养量800万只。在104国道、327国道两侧，以年出栏万头猪以上的小雪镇石村孔德福养猪场、大成畜牧养殖场等为龙头，向姚村、王庄、吴村、董庄、陵城、息陬、南辛7个乡镇集中发展千头规模养猪场18个；以秸秆资源丰富的曲阜镇、时庄乡、姚村镇、小雪镇为主，带动王庄、董庄、防山、尼山、南辛、吴村6个乡镇发展百头规模养牛场6个，百只以上羊场60个；以鲁南种鸡场、大成畜牧养殖场、市良种场为龙头，发展万只养

1991—2013年曲阜市畜牧生产情况表

表6-4

年度	牛存栏（头）	猪存栏（头）	羊存栏（头）	家禽存栏（万只）	猪出栏（万头）	羊出栏（万只）	家禽出栏（万只）	肉类总产量（吨）	禽蛋产量（吨）	牛奶产量（吨）
1991	21400	25	10.83	233.99	28.64	7.55	173.01	25234	15359	–
1992	23100	26.07	11.36	227.32	31.7743	9.7515	179.67	27722	15050	–
1993	24800	26.22	11.4	251.44	32.8199	10.5547	269.37	31549	17054	–
1994	26700	28.43	13.6	321.43	36.84	15.32	367.28	42382	23627	–
1995	29600	32.3	27.42	451.64	54.3	30.57	902.54	63854	37911	1023
1996	35077	33.17	34.6	477.29	59.96	43.32	1110.27	75824	47198	2160
1997	32218	33.76	25.05	496.82	61.15	38.72	872.41	73040	47330	3342
1998	26137	33.14	21.93	415.14	62.474	33.7272	647.3105	65443.49	39569.987	3826.15
1999	24170	32.46	22.63	536.24	65.5403	37.4671	659.0445	73736.311	43917.64	4277.2
2000	23000	35.95	27.81	623.48	69.6	28.48	1047.42	89190	50721	4798
2001	16702	31.13	29.44	630.48	70.16	49.27	1073.97	85162.79	52163.9	8884.2
2002	17535	28.48	30.85	625.7	66.75	53.79	1137.48	79796	48217.97	7734.5
2003	20078	25.74	37.01	605.12	67.12	54.07	1151.11	74693.45	50368.2	8461
2004	26500	30.82	43.52	690.2	82.31	67.32	1346.14	86042.63	53397	11928
2005	32396	32.59	50.45	675.87	92.3195	75.1243	1526.6066	100717.13	51386.01	12944.2
2006	25855	33.23	45.41	599.66	87.0176	67.6118	1947.7099	102066.55	46247.002	12580
2007	21350	29.15	40.61	430.88	53.8077	53.4796	1520.1172	87033.553	45779.557	9379.51
2008	17489	31.15	34.69	478.64	63.4702	54.6618	1253.1371	76496.746	43735.356	9112
2009	11225	29.56	27.48	556.72	64.4567	39.8467	1498.4988	77187.977	37683.264	8665.31
2010	15132	27.38	26.39	599.36	64.8662	38.293	1591.7062	76422.324	38294.963	7636.38
2011	12077	27.56	22.53	594.32	63.7253	38.0605	1668.7132	77657.591	39599.134	8912.06
2012	11202	28.01	22.67	622.48	66.288	39.4188	1820.4716	80770.828	41047.741	8855.36
2013	10938	28.76	22.28	636.58	66.9083	39.3585	1857.817	81463.245	41646.058	7774.87

鸡场30个。1995年，曲阜市生猪饲养量86.6万头，家禽饲养量1354.18万只，实现畜牧产值5.36亿元，占农业总产值51.3%。同年，市畜牧局被评为全国畜牧兽医技术服务中心优秀单位。1996—1998年，曲阜市畜牧局与济宁市畜牧局签订畜牧业“千百万”工程建设项目管理责任书。到1998年年底，全市建成规模饲养场230处，其中千头猪场41处、百头牛场16处、百只羊场105处、万只禽场68处，并辐射带动发展畜禽专业户5600个、专业村176个、饲养小区36处，规模饲养量占畜禽饲养量32%以上。2002年，曲阜市养猪生产形成以姚村、董庄、王庄为中心的10万头瘦肉猪生产区，以时庄镇为中心的8万头瘦肉猪生产区，以息陬、防山、小雪为中心的20万头瘦肉猪生产区；养鸡生产以大成畜牧集团、鲁南种鸡场为带动，以时庄、陵城为中心，引进“海兰白”“迪卡”等优良种鸡，形成300万只蛋鸡、100万只肉鸡规模饲养区。到年底，有千头猪场45个、万只鸡场74个、百只以上羊场136个、规模肉牛场30余个、畜牧专业村20余个。2005年，曲阜市实现畜牧生产总值13.7亿元，占农业总产值57.54%，跨入省和济宁市同行业先进行列。2007年，曲阜市生猪良种覆盖率98%，家禽良种覆盖率100%，有标准化饲养场260个、养殖小区28处、500头以上养猪场86个、万只禽场174个，规模养殖总量占到全市养殖总量70%以上。当年，曲阜市获农业部、财政部“全国生猪调出大县”称号。到2013年年底，全市生猪存栏28.76万头、出栏66.91万头，家禽存栏636.58万只、出栏1857.82万只，肉、蛋、奶类总产分别为8.15万吨、4.17万吨和0.78万吨；全市实现畜牧业增加值8.26亿元，占农业总产值26.2%；有省级标准化示范场6处，济宁市级标准化示范场17处，省、济宁市畜牧龙头企业20家；省级农民合作社1个，济宁市级农民合作社3个，济宁市级家庭农场1个，培植科技示范户50户、养殖示范基地6个；有17家畜禽养殖企业通过无公害畜产品认证；全市有规模饲养场312个，其中规模猪场120个、万只禽场126个、千只羊场4个，规模养殖占到全市养殖总量75%以上。

第四节 疫病防治

全市畜禽疫病共发现25种，其中猪传染病有猪瘟、猪丹毒、猪肺疫等12种，家禽传染病有禽霍乱、鸡新城疫等6种，牛传染病有牛肺疫、牛结核等5种，羊传染病有羊痘、布氏杆菌病、小反刍兽疫、羊口蹄疫4种，这些传染病几乎分布于各个镇街，有些畜禽场发生频率较高。1991—2002年，全市各兽医部门对所有猪、牛、羊进行口蹄疫强制免疫。2003—2013年，对全市所有家禽开展高致病性禽流感疫强制免疫。2004年，曲阜市周边地区发生高致病性禽流感疫情，市政府成立市动物重大疫病防治指挥部，组织畜牧、公安、财政、交通、工商等部门深入乡镇督查禽流感防控措施落实情况；市、乡两级均制定《防治高致病性禽流感应急预案》，组建突发疫情应急预备队；各村（居）、规模养禽场配备疫情报告员、设立监测点；对规模养殖场户实行重点保护分级管控，对活畜禽及其产品严格按照检疫程序实施产地检疫和屠宰检疫，对过往运载禽类及其产品车辆实行严格检查，关闭活禽市场。2005年，在每个行政村选聘一名动物应急防疫员，乡（镇、街道）政府（办事处）与防疫员签订防疫合同书，由市财政每人每年补助600元工资，建立起市、乡、村三级防疫网络。10月，国家投资56万元，市财政配套资金84万元，实施省、县级动物防疫基础设施建设项目，通过省畜牧兽医局，统一采购酶标仪、纯水机、酸度计、高速离心机、生物安全柜自动高压灭菌消毒器、通风柜、恒温振荡摇床、解剖台具、采样车等35台（套）仪器设备。当年，项目建成并发挥作用，承担曲阜市及周边县市区高致病性禽流感血清检测工作。2007年，实施乡镇兽医站基础设施建设项目和动物检疫监督基础设施建设项目，乡镇兽医站基础设施建设项目总投资90万元，其中中央投资32.4万元，地方配套投资57.6万元，主要为乡镇兽医站购置仪器设备，到2008年年底，仪器设备全部发放到乡镇街道；动物检疫监督基础设施建设项目内容为改造业务用房200平方米，购置仪器设备228台（套），总投资44万元，其中中央投资15.6万元，由省畜牧兽医局统一购置仪器设备120台（套），发放到曲阜市动物检疫站（兽医站）。2010年，实施乡镇兽医站

扩建项目，建设内容为乡镇（街道）兽医站购买仪器设备共计396台（套、个），总投资60万元，全部为中央投资。2013年，开展H7N9禽流感疫情普查和抗体监测，及时将消毒药品免费发放到养殖场户手中，指导其做好环境消毒工作。

第五节 执法管理

综合执法

市畜牧兽医局于2012年8月设立综合执法科，依据《兽药管理条例》《山东省兽药质量经营管理规范》《饲料和饲料添加剂管理条例》《中华人民共和国农产品质量安全法》的规定，依法对兽药生产（经营）企业、饲料生产企业、养殖企业实施监督检查，严厉打击和查处兽药、饲料违法行为，查处在饲料、饮水、动物产品中添加违禁物质及药物的违法行为，依法查处无证生产及兽药经营的违法行为，打击无证行医的违法行为。

动物诊疗

1991年至2005年10月，曲阜市有13处动物诊疗工作站，其中县级1处。2005年10月乡镇机构改革，动物诊疗工作由乡村兽医人员诊治。2013年起，动物诊疗单位或个人需持有动物诊疗合格证方可从事动物诊疗活动。有动物诊疗条件的个人申请，经省、济宁市业务部门验收合格颁发动物诊疗合格证。到2013年年底，全市共有4家获得动物诊疗企业资格。

兽药经营

依据《兽药管理条例》《山东省兽药质量经营管理规范》，凡从事兽药经营的单位和个人，一律申请兽药GSP（药品经营质量管理规范）验收，经省、济宁市兽药领导小组验收合格后发放兽药许可证，才能从事兽药经营。2013年年底，全市共有17家GSP认证兽药经营企业。

执业兽医

根据农业部《执业兽医管理办法》，2010年10月起，凡从事兽医工作，必须按照“管理办法”规定的条件，通过国家考试、颁发执业兽医师证书，并通过县级注册，方可在取得动物诊疗机构工作。到2013年年底，全市共登记执业兽医师22人、助理执业兽医师8人，其中注册执业兽医师4人、注册助理执业兽医师2人。

种畜禽生产许可

根据《中华人民共和国种畜禽管理条例》规定，依据种畜禽许可的验收标准和条件，申请获得种畜禽生产经营许可证，方可从事种畜禽生产经营活动。2013年年底，全市共有种畜禽生产企业6家，其中种猪3家、肉种鸡1家、蛋种鸡1家、中华蜜蜂原种场1家。

抽检、查处

市畜牧兽医局依据《兽药管理条例》《饲料和饲料添加剂管理条例》《中华人民共和国农产品质量安全法》的规定，对全市畜禽及畜禽产品生产经营和兽药、饲料生产经营企业进行管理。2013年，检查兽药生产企业14家次，检查饲料生产企业32家次，检查兽药经营企业42家次，检查养殖企业53家次，抽检兽药16批次、饲料10批次、畜产品150批次，依法查处兽药违法案件6起、饲料违法案件1起，立案7起，罚款1.316万元。

第六节 养殖基地

1991—2000年，曲阜市有畜禽养殖专业村12个，大型畜禽养殖基地20处，其中瘦肉猪生产基地8处、蛋鸡生产基地6处、肉鸡生产基地5处、肉牛生产基地1处。2001—2010年，有省级标准化示范场2处、济宁市级标准化示范场6处、济宁市级农民合作社2个，培植科技示范户30户、养殖示范基地5个，17家畜禽养殖企业通过无公害畜产品认证。2013年，全市从事畜禽及其产品生产经营行业有省级重点农业龙头企业恒达食品有限公司、圣利食品有限公司，济宁市级重点农业龙头企业9家；省级畜禽养殖标准化示范场6个：山东圣地宝种猪繁育有限公司、董庄朝阳牧业有限公司、王庄镇东峰蛋鸡养殖场、圣地源农牧发展有限公司、大雪胡显峰养殖场、弘基牧业有限公司，济宁市级畜禽养殖标准化示范场18个。

尼山中华蜜蜂生态园

2011年建场，位于尼山镇西余村，总投资2000万元，占地面积13.33公顷，从事中华蜜蜂的保种繁育、蜜蜂文化建设、蜜蜂生态观光旅游、蜂产品研发、生产加工等。以养殖中华蜜蜂为主，主要产品有蜂蜜、蜂胶、蜂花粉、蜂王浆、蜂蜜酒、化妆品、饮料、

1995年10月，曲阜市畜牧兽医技术服务中心被授予全国畜牧兽医技术服务中心优秀单位称号

保健品、蜂蜜糕点等10余类产品。育有中华蜜蜂200群，建有养蜂室15个，栽培蜜源植物2.67公顷；配套建设中华蜜蜂博物馆、中华蜜蜂观光园、蜜源植物种植、药品“GMP”（良好生产规范）和蜂蜜酒生产基地。2012年10月，尼山中华蜜蜂生态园获中华蜜蜂保种场称号。

山东圣地宝牧业有限公司

建于2007年9月，位于尼山镇北辛村，占地4公顷，建筑面积1.5万多平方米，职工16人。2012年，公司投资30万元，建成150立方米大型地下沼气池2座，轻钢结构顶棚沉淀池400立方米，轻钢结构干粪棚100余平方米，病死猪无害化处理池50立方米，生产区雨污全部实现分离。猪场采取干清粪为主的清粪方式，所清猪粪全部进入干粪棚堆积发酵后作为周边蔬菜基地肥料；部分粪便填入沼气池加以利用，每年可处理粪便300余吨，产生沼气近8000立方米，沼渣、沼液全部用于有机蔬菜示范园肥料。2011年，被授予山东省标准化示范场称号。2013年，圣地宝牧业有限公司存栏生猪1500余头，其中种猪180头。

曲阜市弘基牧业公司

成立于2004年，位于王庄镇康桥村，占地5.07公顷。2006年，弘基牧业公司被济宁市农业产业化办公室评为济宁市产业化龙头企业。2009年，弘基牧业公司通过ISO 9001质量管理体系、ISO 14001环境管理体系认证。2011年，投资20多万元，建成两个150立方米大型沼气池。2013年，公司拥有26排现代化、标准化全封闭式鸡舍，存栏良种种鸡10万只。

曲阜市腾达养猪专业合作社

成立于2008年，位于尼山镇屯里村南，占地2公顷。2012年4月，腾达养猪专业合作社筹资400万元，建设150立方米地下沼气池12座，同时在沼气池上面建设1000余平方米标准化猪舍。2013年，腾达养猪专业合作社有社员53个，生猪存栏近1.2万头。

曲阜市浩源养殖场

始建于2007年，位于小雪街道前宣东村。该场占地0.8公顷，建有标准化立体式猪舍4栋，共3000余平方米。该猪场主要饲养三元杂交猪，设有消毒池、消毒室、更衣室，配备产床、风机、饲料加工机组、全自动防疫消毒设备、饮水设施等，建有粪污处理设施。该场为曲阜市大型生猪屠宰加工企业——恒达食品有限公司养殖基地，商品猪全部由恒达食品公司收购。2009年，建成12个8立方米的沼气池。2013年，年出栏生猪3000余头，销售收入420万元；固定资产200余万元。

曲阜市润和农业科技有限公司

建于1998年6月，是一家民营股份科技型企业，存栏曲阜品种土鸡5000只，产值50万元。之后专业养殖美国海兰褐父母代蛋种鸡，2013年，公司辖种禽分公司、有机肥厂、禽蛋部、禽病防治中心及有机核桃种植基地，总占地面积13.33公顷，员工120人，总资产1200万元。存栏父母代蛋种鸡6万套，年孵化母雏600万只，种蛋销售500万枚。

曲阜市圣地源农牧发展有限公司内景（摄于2013年）

第八章　渔业

20世纪90年代初，曲阜市渔业生产发展较快，1991年，全市利用水产养殖面积1206公顷，水产品总产量413.8吨。1996年，发展名优高效渔业工程建设，引进锦鲤、河蟹、美国青蛙、丰产鲫等品种。1996年，发展精养高产和特种水产品养殖，全市有水产养殖面积1800公顷，水产品总产量4004吨。2003年，尼山水库发展网箱养殖，投放网箱325只。2008年，推广生态养殖和健康养殖技术。2013年，曲阜市水产养殖面积1467公顷，渔业产值为0.54亿元。

第一节　渔业生产

1992年，市农业局水产站在吴村镇粮船石水库投放3只网箱，面积75平方米，其中放养罗非鱼取得成功，生产成品鱼9850千克。1993年，曲阜市鱼种场引进、驯化泰国革胡子鲶、日本白鲫、美国鮰鱼等名特优稀品种。发展庭院养鱼专业村5个、专业养殖户787户，面积1万多平方米。1996年，抓住水库塘坝蓄水丰富有利时机，加大养殖生产规模，全市渔业生产面积为1800公顷。实施名优高效渔业工程建设，引进锦鲤、河蟹、美国青蛙、丰产鲫等品种。在尼山水库移殖大银鱼面积613公顷。1998年，开展精养高产和特种水产品养殖。在董庄乡河夹店、田家林水库创建科技示范基地，投放网箱38只，放养锦鲤、河蟹、美国青蛙等名优水产品8个品种。1999年，市水产站在时庄镇刘家村进行池塘网箱养殖金鱼试验，在李官庄进行金线蛭人工繁殖试验；在尼山水库渔业科技示范基地投放网箱37只。涌现出孔宪水水产苗种培育示范户和王德森观赏鱼培育示范户等科技示范户。2003年，曲阜市干旱得到缓解后，渔业生产逐渐恢复。尼山水库网箱养殖发展迅猛，投放网箱325只，出现苏国民等一批水库网箱养殖科技带头户和张金龙等观赏鱼养殖致富带头人。2008年，推广生态养殖和健康养殖技术，尼山大仲渔业专业合作社成为曲阜市第一个通过国家认证的无公害水产品产地。2011年，组织举办3期渔民阳光工程培训，培训渔民200人。2013年，市水产站引进名优品种，在石门山镇梨园水库发展鲟鱼网箱养殖，共投放网箱120只；在陵城塌陷地发展网箱养殖观赏鱼基地1.33公顷，投放10只网箱，网箱养殖观赏鱼成为渔业生产亮点。2013

1991—2013年曲阜市渔业生产情况表

表6–5

项目 年度	面积（公顷）	产量（吨）	产值（万元）
1991	2255	413.8	149
1996	1800	4004	4980
2001	1720	2800	1295
2006	1540	835	2000
2011	1380	1660	2700
2012	1380	1660	2932
2013	1467	4720	5383

年，曲阜市渔业经济产值5383万元。

第二节　技术推广

1991年，曲阜市水产科技推广人员同8个乡镇42个村街养鱼户签订鱼塘技术承包服务合同，承包水产养殖池塘173个，实施水产养殖面积33.72公顷，实行科学养殖管理，当年产鱼156.4吨，平均亩产309.2千克，有59.8亩鱼塘亩净产超过500千克。市水产办结合自身水产生产实际需求，进行小型水库精养技术开发，参加省水产局小型水库精养高产“丰收杯”竞赛活动。曲阜市参赛小水库10座，养殖面积100余公顷，亩产104.5千克。1992年，曲阜市中低产鱼塘开发扩大到47公顷，平均亩产296.2千克。1994年，曲阜市小型水库精养高产面积发展到229公顷。1998年，曲阜市有养鱼池塘373公顷，平均单产300千克。到年底，中低产鱼塘开发及小型水库精养高产技术开发项目全面完成。2013年，曲阜市水产品产量4720吨。

2008年4月22日，曲阜市圣水观赏鱼合作社成立揭牌现场

网箱养殖

1992年2月，曲阜市建立由尼山乡和农业局水产站组成的尼山水库综合开发班子，把网箱养鱼作为开发突破口，当年尼山水库发展网箱56只1400平方米，产鱼200多吨。1996年，尼山水库发展网箱养鱼167只4175平方米，产鱼815吨。2003年，尼山水库网箱325只。2013年，全市网箱养殖12.96万平方米，产量1400吨。

名优高效渔业工程

1996年，曲阜市制定名优高效渔业工程实施方案，到1998年工程验收，曲阜市大银鱼移植水面1000公顷，产量75吨，青虾养殖面积1067公顷，产量20吨。同时，市水产站调整渔业养殖结构向高端名优方向转变，发展金鱼、日本锦鲤、日本金鲫等观赏鱼养殖。2013年年底，全市观赏鱼养殖670万尾，实现产值1005万元。

渔业科技示范

1998年，曲阜市水产局指导仙源特种水产养殖场开展鳜鱼、黄颡鱼池塘套养试验以及乌鳢高产高效试验成功。1999年，会同王庄乡前王鱼种场开展池塘规模化培育团头鲂鱼种试验，带动鱼种规范化养殖生产。同年，市水产办公室在时庄镇金龙观赏鱼场进行宽体金线蛭养殖试验。2002年，指导仙源特种水产养殖场创建科技示范园，开展无公害水产技术和健康水产养殖技术试验，指导该场按标准化、规范化进行养殖生产管理。同年，市水产办公室会同尼山水库渔业公司进行水库网箱培育大规格彭泽鲫鱼种高产试验和水库网箱养殖团头鲂大规格鱼种高产试验。2005年，在时庄镇金龙观赏鱼场进行池塘水产养殖应用EM原露技术试验。2006年，会同尼山水库渔业公司进行水库网箱无公害养殖斑点叉尾鮰高产试验。2010年，在石门山镇韦庄水库进行小型水库青虾资源增殖养护技术研究等渔业科技项目。

渔业合作社

2008年，市农业局水产办发动、指导水产养殖户成立渔业专业合作社，指导建立健全规章制度，指导合作社成员按标准化生产、规范化操作、制度化管理、产业化经营。到2013年，曲阜市共成立渔业专业合作社8个，有成员156个。

健康养殖示范场创建及水产品认证

2010年，开展健康养殖示范场创建活动，当年，大仲渔业合作社和崇文湖养殖场2家场社获山东省级健康养殖示范场称号。2012年，崇文湖养殖场和渔丰养殖场分别获农业部、山东省健康养殖示范场称号。到2013年年底，曲阜市共有无公害水产品养殖基地6处，产品21个，面积947公顷，占全市渔业养殖面积67.8%。

渔民培训

2010年，市农业局水产办加大渔民培训力度，扩大水产科技进村入户到塘范围。除每年举办渔业科技培训班外，2011年和2012年，组织实施“阳光培训工程”活动。到2013年年底，共培训水产养殖人员300人次。

第九章 农业机械

1991—2013年，曲阜市农机化新机具、新技术覆盖面逐年加大，小麦、玉米全程机械化，经济作物机械化，节水灌溉、田园管理、秸秆粉碎还田、保护性耕作、深松深翻整地、化肥机械深施等农机化适用技术得到大面积推广和应用。1996年，市农机局被评为省“节本增效，兴机富农”先进单位。1999年，曲阜市农机监理服务大厅建成启用，推行政务公开和服务承诺。同年，市农机总公司被授予全国农机系统优质服务单位和“全国农机百强企业”称号。2000年，组织实施农业部“重点地区农作物秸秆机械化还田示范工程建设”项目。2005年，全市农机服务组织发展到230余个，曲阜市获山东省农机安全示范市称号。2008年，市政府设立专项配套资金用于玉米收获、秸秆还田、保护性耕作机械等新机具、新技术推广。2004—2013年，全市共争取和落实国家财政补贴资金4245.91万元，补贴农机具9632台，拉动农民投入1.66亿元，近4000多户次农民享受到补贴。到2013年年底，全市农机固定资产（原值）4.3亿元，农业机械总动力75.12万千瓦，农机经营服务总收入2.11亿元，主要农作物耕种收综合机械化率为87.3%。

第一节 农业机械化

20世纪90年代初期，适合农村小规模经营的小型农机具、手扶拖拉机、农副产品加工机械、农用运输车等在曲阜市逐步增多，但大中型拖拉机和配套农具保有量停滞不前，机具配套比失调，田间机械利用率低，农田作业机械化水平提高缓慢。1991年，曲阜市农业机械总动力为25.79万千瓦，拥有大中型拖拉机1900台、小型拖拉机2900台、农用汽车246辆、柴油机8400台、电动机8500台，各种机引农具6294台件。1995年，曲阜市农业机械总动力为27.53万千瓦，农机配套比1:2.5；机耕面积3.65万公顷，占总耕地面积81%;小麦机播3.05万公顷，占播种面积85%。1996年，曲阜市注重农机安全监理基础设施建设，农业机械审验合格率为95%，农业机械维修网点、修理工人审验合格率95%以上。同年，市农机局被评为省“节本增效，兴机富农”先进单位。1997年，市农机公司采用集体、职工共同出资形式，投资100万元，建立全省首家农机社会化服务组织——曲阜市兴农机械有限公司。1998年，全市拥有实体型农机队42个、松散型农机队298个、农业机械股份合作制农机队29个、合作制农机队41个。1999年，曲阜市农机监理服务大厅建成使用，推行政务公开和服务承诺。当年全市玉米秸秆还田面积4500公顷，联合收获面积3800公顷。4月8—10日，省春季农机产品订货会在曲阜市举行，参会人员2万余人，成交额近10亿元。9月15—17日，省秋季农产品订货会在曲阜市举行，与会厂商200余家，与会人员1万余人，成交额14亿元。市农机总公司销售小麦联合收获机1650台，成为全国农机第一销售大户，被授予全国农机系统优质服务单位和“全国农机百强企业”称号。2000年，组织实施农业部“重点地区农作物秸秆机械化还田示范工程建设”项目，全市小麦、玉米秸秆还田面积分别为种植面积的97%和41%。2001年，承担实施省农机创新示范工程“玉米收获及秸秆机械化还田工程”项目，项目区完成玉米联合收获面积107公顷，秸秆还田面积1067公顷，机械深耕面积1067公顷，作业量超过项目目标33个百分点，创收63万元，项目被评为优质工程，综合指标列全省第一名，曲阜市被列为省农机化创新示范工程基地。2002年，实施济宁市玉米生产全过程机械

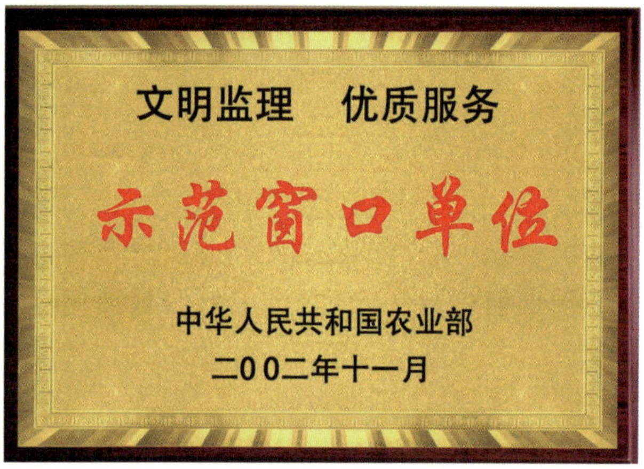

2002年11月，曲阜市农业机械管理局获农业部文明监理优质服务示范窗口单位称号

化项目，全市机收面积为3.34万公顷。到年底，曲阜市农机作业服务组织发展到316个，农机作业服务合作社89个，农机专业大户55户，松散型农机服务组（队）172个，新增农机维修点43个、维修门市部26个，发放机车技术状态检测维修卡2000多个。市农机监理站获农业部“文明监理、优质服务”示范窗口单位和山东省农机监理工作先进单位称号。2004年，实施山东省和济宁市玉米收获及秸还田机械化工程项目，争取省、市、县（市）配套资金51.83万元，玉米收获面积1666公顷。承办全省玉米机收、秸秆还田暨保护性耕作现场会，全国15个厂家100余台机械参加展示，与会人员200余人。2003—2005年，贯彻《中华人民共和国道路交通安全法》《中华人民共和国行政许可法》《中华人民共和国农业机械化促进法》《山东省农业机械管理条例》等法律法规，制定实施《曲阜市重特大农机事故应急预案》，开展农机安全村创建和农机安全“一十百千”示范活动。2005年，全市农机服务组织发展到230余个，其中，不同类型的农机服务合作社（队）32个、农机大户62户、松散型农机服务组织（队）136个。曲阜市获山东省农机安全示范市称号，通过农业部“农机安全‘一十百千’示范创建”活动检查验收。2006年，建成开通全市第一家县（市）级农机化信息网，实现农机化信息的网络化编发和报送。曲阜市获全国“十五”农机化管理工作先进单位称号。2008年，市委、市政府和市农业产业化办公室相继出台《关于农业产业化发展考核奖励的意见》《曲阜市扶持农业产业化发展专项资金管理试行办法》，设立专项配套资金用于玉米收获、秸秆还田、保护性耕作机械等新机具、新技术的推广。2009年，实施2009—2011农业部保护性耕作示范县项目，争取到每年20万元、总额60万元的中央财政专项资金。市政府出台累加补贴政策，对小麦免耕播种面积实行种植补贴，实施1000亩以上乡镇（街道）每亩财政补贴10元，全市实施保护性耕作面积3900公顷。2010年，吴村镇中心村农机大户赵广成被评为全国农机大户示范户。2012年，实施省财政支持类“马铃薯播种收获机械化推广示范项目”“花生联合收获机械化技术推广示范项目”和济宁市农机化创新示范工程“经济作物生产机械化示范区建设项目”。马铃薯播种收获机械化推广项目通过省农牧与丰收奖评审委员会验收，被省农业厅授予“优秀科技成果奖”。吴村镇被授予省级农机安全“十县百乡千村万户”示范镇称号，时庄镇富安农机合作社被授予“十县百乡千村万户”示范农机合作社称号。2013年，全市有注册农机专业合作社33家，其中国家级示范社1家，省级1家，达到“五有”（有较大规模、有较完善规章、有较强经济实力、有较强凝聚力、有示范带动能力）标准合作社21家；陵城镇丰乐农业机械服务专业合作社被授予国家和省级农机合作社示范社称号；全市新创建省级“农机安全示范乡镇”1个，“农机安全示范村”5个，“农机安全示范合作社”9个、示范户60户。

第二节　农机推广

1991年，为鼓励村集体购置大中型农业机械，市政府投资22万元，乡镇投资30万元，全市投资531万元，新增拖拉机224台，其他农机具600台；引进推广各种新机具992台（件）。1992年，引进上海-Ⅲ型联合收割机63台、泰山-18型机动喷雾器80台，全市农机具向多功能、大型、综合性、机械化方面发展，全市小麦收脱期比往年提前6天。1995年，为配合省农机局“节本增效兴机富农”活动，市政府财政拿出13.84万元对全市引进推广大型小麦联合收割机进行补贴，新增大型小麦联合收获机173台。1999年，市政府印发《曲阜市关于加快农业机械发展的意见》和《曲阜市人民政府关于对农机推广实行以奖代补的通知》，促进全市农机化发展。实施省农机“34135”计划，推广小麦联合收获机190台，推广玉米秸秆还田

机150台、玉米联合收获机4台。2001年，新增大中型深耕犁74台，保有量1656台。1999—2001年，曲阜市连续三年被省农机办授予“农机推广先进单位”称号。2003年，推广实用高效农机化新技术新机具，争取并实施农业部新型农机具补贴项目，项目总投资62万元，通过政府采购，新增上海-50拖拉机、玉米秸秆还田机、机械翻转深耕犁各11台。2005年，推广玉米联合收获机25台、玉米秸秆还田机60台、深耕翻转犁36台，推广东方红-70拖拉机2台。2006年，曲阜市新增小麦免耕播种机15台。2008年，曲阜市新增花生覆膜播种机29台。2011年，曲阜市推广薯类收获机13台。2012年，推广马铃薯机械化播种、收获机械162台，花生自走式收获机械3台、背负式收获机械50台。2013年，曲阜市补贴各类机械1760台(套)，受益农户490余个。

第三节 农机化培训

1996年1月，市农业机械化学校(简称市农机校)在小雪街道北兴村北建成，占地面积0.23公顷，有教职工11人。1996—1998年，举办拖拉机驾驶员培训班10期，培训1038人，举办小麦联合收获机技术培训班11期，培训1400人，培训各类农机技术人员1.28万人。1999—2002年，学校利用现场会、培训班、技术讲座、送科技下乡等形式，提高农机操作人员操作水平，普及农机科技知识，组织培训班17期，召开现场会50多次，初训农机驾驶员3039人，培训各类农机技术人员1.92万余人次。1999—2002年，学校连续四年被评为省先进农业机械化学校。2003年，市农机局投入6万多元，提升市农机校软硬件建设。2007年，实施“现代农业农机新技术培训行动”，开展农村劳动力转移“阳光工程培训”活动，举办4期农机局“农村劳动力转移阳光工程”培训班，完成农村劳动力转移培训216人。其中，与崇德电子厂实行校企联合办学，开办电子操作工培训班，培训技术工人46人。开展玉米收获机械化技术、保护性耕作机械化技术等农村实用技术培训，培训技术人员97人。2009年，农机培训第一次纳入阳光工程培训范围。2012年，开办培训班6期，培训各类农机人员5890人次。

第四节 农机购置与作业补贴

2004年5月，农业部印发《关于下达农业机械购置补贴项目资金的通知》。曲阜市实施山东省和济宁市玉米收获及秸秆还田机械化工程项目，争取省、市两级配套资金36.03万元，其中省财政30万元、济宁市财政6.03万元。“三秋”期间，市政府出台《关于对农业机械实行购置补贴的通知》，设立15.8万元专项资金对农业机械实行购置补贴。2005年，实施省财政厅、省农机办联合下达的曲阜市农机购置补贴项目，争取省财政20万元补贴资金，对玉米生产机械和“三秋”农业机械进行直补，完成玉米机收面积1933公顷，玉米秸秆还田面积8000公顷，总作业量超过项目目标2.3%。2006年，实施省农机办、济宁市农机局下达的两级农业机械购置补贴项目和保护性耕作机械化技术项目，争取90万元专项资金对玉米收获机械、保护性耕作机械等重点机型进行直补。2007年，实施国家优质粮食产业工程现代农机装备推进项目和济宁市秋季农作物秸秆综合利用农机化项目，争取各级无偿扶持资金155.11万元。实施曲阜市历史上最大的农机工程项目——国家优质粮食产业工程现代农机装备推进项目，项目总投资733.81万元(其中中央预算内资金120万元，省、市、县三级投资20万元)，与4000公顷农业标准粮田建设任务相配套，推广大型拖拉机40台、玉米联合收获机35台、玉米秸秆还田机20台、深耕翻转犁31台、旋耕机22台、小麦精少量播种机15台。2010年，落实中央和地方财政补贴和累加补贴资金799.27万元，补贴重点为轮式拖拉机、玉米联合收获机、免耕播种机等机具。2012—2013年，春秋两季农机购置补贴分别落实中央财政和济宁市级补贴资金710万元、780万元，拉动农民投入资金6000余万元，受益农户924户、合作经营组织20家，涵盖全市12个镇街，补贴机具数量3949台(套)，涉及九大类农业机械。

第五节 农业机械跨区作业

最初，农机手开展跨区机收主要目的是提高机

2006年9月，曲阜市农业机械管理局获"十五"全国农机化管理工作先进单位称号

具的利用率，是受经济利益驱使的自发性行为。机械化水平低，跨区机收规模较小。1997年起，市农机局开始组织小麦跨区机收服务，联合收割机利用率和经营效益大幅度提高。5月，济宁市小麦收获跨区作业现场会在曲阜市举行，600多台联合收割机参加小麦跨区机收，历时半个多月，在安徽、湖北、河南、河北、山东等地完成机收小麦面积2.85万公顷。同年，曲阜市被省农业机械管理局评为小麦联合收获机"西进东征"跨区作业先进单位。1997年5月，由市农业机械技术服务中心牵头，市农业机械总公司承建，成立全省首家兴农服务队，下设兴农机械修配厂、三包技术服务站，购置自走式、背负式联合收获机、玉米收获机及耕、耙、播等机械28台(套)，多次参加省、济宁市农业机械管理局、曲阜市农业机械技术服务中心组织的大型农业机械跨区作业活动。

1998年"三夏"期间，市农机局组织126台大型联合收获机跨省作业、91台跨市(地)作业、268台跨县(市)作业，分别完成作业面积3360公顷、3033公顷和9533公顷。同年，市农业机械技术服务中心被评为省 "兴机富农比贡献"先进单位、小麦联合收获机"西进东征"跨区作业先进单位。1999年，农业部首次发布全国小麦跨区机收作业市场信息，跨区机收工作覆盖面扩展到全国。农机部门为跨区机手发放跨区作业证，持有跨区作业证的农业机械可免交过路、过桥费，托运联合收割机的运输车在高速公路行驶时可免交高速公路通行费。同时，与市石油公司协调推出农机优惠加油卡，为跨区机手降低作业成本。2002年"三夏"期间，市农机局组织932台小麦联合收获机跨区作业，完成作业面积3.52万公顷，创收1163.5万元；"三秋"期间，组织103台机械跨区作业，完成作业面积3.12万公顷，创收1173万元。1999—2002年，市农机局连续四年被省农机办评为农机跨区作业先进单位。2003—2005年，曲阜市共组织出动各类机械3072台(套)次，完成作业面积9万公顷，实现社会经济总收入4650万元。

2008年，开辟农机供油绿色专用通道，指定供油点，供应"三夏"机收所需平价油料。检修跨区机具1645台，组织28个跨区服务队，完成作业面积4.35万公顷，实现经济社会总收入3012万元。2010年，市农机局与市三产办等部门协调，制定农机供油应急措施，设立跨区作业接机服务站，为跨区机手提供流动性服务。2011年，市农机局通过网络和电话平台，及时掌握机收市场信息，为跨区机手提供服务。明确21个"三夏"跨区农机维修服务联系点，与市经信、石油等部门协调，制定农机供油应急措施，办理"农机优惠加油卡"凭证90张。全市参加跨区作业机械完成作业面积5.6万公顷，创收4785万元。2012—2013年，调度机械开展跨区作业、订单作业，全市跨省、跨县市、跨乡镇作业机械4200多台，完成作业面积8.73万公顷，创收7570万元。

2009年5月7日，农民获得农机购置补贴后将机械开回家

第七编

水　利

红山水库溢洪道涵闸　（摄于2013年）

1991—2013年，曲阜市按照"全面规划、统筹兼顾、循序渐进、标本兼治、综合治理"的水利方针，在河道整治、水库除险、水土保持、抗旱防汛、节水灌溉、农村饮水、执法管理等方面，多方举措，加大投入，推进工程水利和民生水利建设，开展城市生态水利工作。2013年，全市主要水利工程设施有：大(2)型水库1座、小(1)型水库7座、小(2)型水库54座、塘坝235座、拦河闸坝10座，拥有机电配套井9976眼，节水灌溉面积2.69万公顷，平均灌溉水利用系数达0.67；全市"村村通自来水"村庄405个，建成10个镇街10处集中供水厂，农村自来水普及率100%，农村人口饮水安全普及率66%。

第一章　机构设置

第一节　水利局

1991年，市水利局位于孔庙门前神道路路东，内设人秘股、财务科、水土保持办公室(副科级)、水利勘察设计室、农田股、工程管理股、水资源办公室、水政股、市防汛办公室(市政府挂靠)、市水资源管理委员会办公室(市政府挂靠)，下辖尼山水库管理局、红旗闸管理所、官寨闸管理所、水土保持试验站、孔家村提水站、水利局机井队等事业单位，水利系统人员总数252人；各乡镇设有局属水利站。同年8月，市政府成立市水土保持委员会，挂靠市水利局。1992年4月，市水利局撤销人秘股、农田股、工程管理股、水资源办公室，分别改为办公室、农田站、工程管理站、水资源管理站；乡镇水利站归属当地乡镇政府管理。1993年8月，市水利局由事业局转变为行政管理局；9月，设立水土保持监督站，与市水土保持办公室一门两牌。1994年，水政股更名为水利执法科；6月，市尼山水库管理局升格为正科级事业单位，红旗闸管理所升格为副科级事业单位。1996年4月，市政府设立市水利科技推广中心，为正科级事业单位，水利局增挂市水利科技推广中心牌子。1998年，市水利局成立水政监察大队；7月，济宁市水利局在曲阜市设立干部培训中心，为副县级事业单位。2002年，撤销水保办及财务科，水利勘察设计室更名为水利建设站。2005年，乡镇(街道)水利站撤销，其职能合并到乡镇(街道)农业综合服务站。2009年7月，济宁市水利干部培训中心撤销。2012年，孔家村提水站撤销，设立市河道治砂管理办公室，为副科级事业单位。同年，恢复镇街水利站，隶属镇政府(街道办事处)管理。2013年，市河道治砂管理办公室更名为市河道治砂管理局。到2013年年底，市水利局科室及局属单位有办公室、水务执法科、水利科技推广中心(正科)、河道治砂管理局、农田站、工程管理站、水利建设站、水资源管理站、市防汛办公室(市政府挂靠)、市水资源管理委员会办公室(市政府挂靠)、水政监察大队，辖市尼山水库管理局(正科)、红旗闸管理所(副科)、沂河管理所、市水土保持试验站、市水利局机井队，水利系统有干部职工156人。

尼山水库(摄于2012年)　　曹天一/摄

第二节 尼山水库管理局

1991年，市尼山水库管理局位于尼山镇尼山水库西南畔，为副科级事业单位，隶属于市水利局。1994年5月，市尼山水库管理局升格为正科级事业单位，其隶属关系、人员编制不变。2013年，市尼山水库管理局内设办公室、工程科、财务科和派出所，有干部职工39人。

第二章 水利工程

1986年起，曲阜市全力推进水利工程建设。到2013年，全市累计投入水利项目建设资金19.8亿元，完成各类工程项目1200个，治理河道78千米，建成提水泵站117处、拦蓄闸坝19处，建设机电井28238眼，有效灌溉面积3.49万公顷，其中节水灌溉面积2.69万公顷。

第一节 蓄水工程

2013年，全市有蓄水工程299处，其中尼山大型水库1座、小(1)型水库7座、小(2)型水库54座、塘坝235座，总库容15015万立方米，兴利库容8329.7万立方米，控制灌溉面积1.15万公顷。

尼山水库

位于曲阜城东南25千米，地处邹城、泗水、曲阜三县(市)交界的沂河干流上，属淮河流域沂沭泗水系，控制流域面积264.1平方千米，总库容1.13亿立方米，兴利库容6102万立方米，死库容747万立方米，灌溉面积6533公顷，是曲阜市境内唯一的防洪为主、结合灌溉、城区供水、养鱼、补充地下水综合利用的大(2)型水库。

尼山水库枢纽工程主要包括大坝、溢洪道和放水洞三部分组成。大坝全长1805米，坝顶高程130.59米，最大坝高22.2米，坝顶宽度10米，保安全工程前为黏土均质坝，保安全工程中坝体内增设一道混凝土防渗墙。正常溢洪道和非常溢洪道位于大坝右端，其中正常溢洪道内建有4孔宽度10米、高4.7米的平板钢闸门，溢流堰为WES(指堰剖面为曲线型)型低堰，堰顶高程120.2米，闸门顶高程124.9米，溢洪道最大泄量每秒1591立方米；非常溢洪道位于溢洪道右侧，净宽59.25米，底高程124.59米，非常溢洪道内建自溃坝1座。放水洞位于大坝左端，洞长为75.4米，混凝土管长38米，管内直径1.5米，进口底高程113.54米，为廊道式衬管形式，设计流量每秒7.4立方米，最大流量每秒15.8立方米；闸门尺寸1.5×1.5平方米，为铸铁平板闸，配有15吨螺杆式启闭机。

20世纪90年代初，尼山水库被列为全国43座重点病险水库之一。1991年，水利部淮河水利委员会批复尼山水库保安全工程设计，批准总投资1.42亿元，其中中央投资4712万元、省投资4428万元，两级市配套资金5085万元，尼山水库保安全工程于1992年3月开工，设定防洪标准达到万年一遇，相继完成大坝基岩灌浆、砼防渗墙、新溢洪道工程、溢洪道泄槽及消能工程、输水洞加固及电站尾水渠翻修、溢洪闸改建等10余项工程。2002年11月，工程竣工，完成土方41.77万立方米，砌石18.42万立方米，混凝土及钢筋混凝土7.71万立方米，大坝灌浆进尺7.23万米，混凝土防渗墙6.64万平方米，完成投资1.4亿元。经国家淮委、省水利厅验收，尼山水库保安全工程质量达到设计标准，被评为优良等级。

尼山水库每年蓄水受制于流域降雨量，流域来水量大，水库蓄水就多，反之则少。1991—2013年，水库蓄水位最低年份发生在1999年和2000年，最高蓄水位发生在2007年。

粮船石水库

位于吴村镇九仙山旅游风景区内，岭河西支上游，流域面积11.5平方千米。大坝为均质土坝，主坝长320米，最大坝高17.5米，总库容352.5万立方米，兴

1991—2013年尼山水库运用情况表

表7-1

年度	最高水位(米)	发生日期(月、日)	相应库容(万立方米)	实灌面积(公顷)	捕鱼量(万斤)
1991	119.89	7.26	2673.4	-	20.5
1992	117.07	1.1	1087.7	-	15.5
1993	119.99	8.5	2741.83	667	200
1994	118.88	9.5	2033	667	225
1995	121.68	8.16	4032	667	313
1996	119.95	8.2	2714.35	667	335
1997	118.47	9.1	1794.6	667	224
1998	120.94	8.16	3434.68	667	296
1999	115.59	8.21	564.4	-	162.5
2000	115.59	9.11	564.4	-	326
2001	122.9	8.16	5110	1000	483
2002	121.16	1.1	3606.8	1000	475
2003	123.97	9.5	6168.26	800	585
2004	124.5	8.28	6750	9333	650
2005	124.2	9.21	6405	667	600
2006	123.34	1.1	5535	867	560
2007	125.04	8.18	7362	1000	560
2008	121.85	6.5	4177.5	800	613
2009	123.56	9.2	5756.2	800	651
2010	123.56	9.2	5756.2	333	672
2011	123.38	12.21	5575	333	644
2012	123.41	1.17	5605	333	646
2013	121.26	1.1	3684.8	333	592

利库容200万立方米。设计灌溉面积240公顷，溢洪道设在东副坝北端，底宽46米，最大泄洪流量每秒150立方米。放水洞为有压钢筋混凝土圆管，断面直径0.5米，最大放水流量为每秒0.25立方米。2008年和2010年，分两期进行除险加固治理，加固内容为大坝多头小直径深层搅拌桩截渗、大坝覆土加厚、坝前坡干砌石护坡、坝后增设贴坡排水、坝面混凝土硬化等，完成土方4.48万立方米，石方1.134万立方米，砂石垫层6600立方米，混凝土520立方米，用工6500个，完成投资554.15万元。

吴村水库

位于吴村镇吴村北崄河西支上，流域面积17.5平方千米。大坝为均质土坝，主坝长340米，最大坝高11米，总库容110万立方米，兴利库容105万立方米，灌溉面积127公顷；溢洪道底宽93米，最大泄洪流量为每秒210立方米；放水洞为有压钢筋混凝土圆管，断面直径0.4米，最大放水流量为每秒0.18立方米。2009年，市水利局对吴村水库进行除险加固治理，加固内容为坝前振动射冲成槽地下连续墙截渗、迎水坡砼护坡、坝后贴坡排水，完成投资410.06万元。

白塔水库

位于吴村镇白塔村后汉马河支流上，流域面积8.3平方千米。主坝长484米，最大坝高11.8米，总库容194万立方米，兴利库容124万立方米。溢洪道设在西副坝北端，底宽35米，最大泄洪流量为每秒95立方米。放水洞为有压钢筋混凝土圆管，断面直径0.35米，最大放水流量为每秒0.16立方米。2010年，对其进行除险加固治理，加固内容为坝前振动射冲成槽地下连续墙截渗、迎水坡混凝土护坡、坝后贴坡排水、放水洞重建等工程，投入工日1.39万个，完成投资387.57万元。

河夹店水库

加固后的河夹店水库一角（摄于2013年）

位于石门山镇河夹店村东，拦截崄河上游3条支流上，流域面积38.7平方千米。大坝为均质土坝，主坝长150米，最大坝高10米。总库容304万立方米，兴利库容136万立方米，设计灌溉面积133公顷。溢洪道在主坝东端，底宽75米，最大泄洪流量为每秒200立方米。放水洞为石砌半圆拱无压涵洞，断面0.8平方米，钢板闸门，最大放水流量为每秒1立方米。2010年，市水利局对其进行除险加固治理，加固内容为大坝覆土加厚，坝前振动射冲成槽地下连续墙截渗，坝前混凝土护坡，坝后干砌石贴坡排水，溢洪道沉砂池维修，放水洞维修等，投入工日1.9万个，总投资472.09万元。

梨园水库

位于石门山镇北部石门山景区以西崄河支流上，流域面积14.3平方千米。大坝为均质土坝，主坝长150米，最大坝高11米，总库容380万立方米，兴利库容215万立方米，设计灌溉面积100公顷。溢洪道底宽60米，最大泄洪流量为每秒100立方米。放水洞为石砌半圆拱无压涵洞，断面0.25平方米，铸铁楔形闸门，最大放水流量为每秒1立方米。2008年和2010年，市水利局分两期对其进行除险加固治理，加固内容为大坝多头小直径深层搅拌桩截渗，坝前干砌石护坡，坝后贴坡排水，溢洪道翼墙护砌等，投入工日2.2万个，完成投资527.97万元。

韦家庄水库

位于石门山镇河夹店水库下游，由河夹店、梨园2水库溢洪蓄入该库，流域面积53.7平方千米。主坝长530米，最大坝高10米。总库容336万立方米，兴利库容121万立方米，设计灌溉面积133公顷。溢洪道底宽120米，最大泄洪流量为每秒120立方米。放水洞为石砌拱无压涵洞，断面0.64平方米，最大流量为每秒1立方米。1993年，水利部门对其进行防汛岁修治理，护坡总长度为300米，护坡宽平均10.7米，护坡坡度为1:3，石护坡厚度30厘米。投入工日2608个，总投资5.47万元。2009年，市水利局第二次对其进行除险加固治理，加固内容为大坝局部灌浆截渗、迎水坡砼护坡等，投入工日2.1万个，完成投资586.05万元。

胡二东水库

位于防山镇东部，拦截沂河上游支流上，流域面积3.7平方千米。大坝为均质土坝，主坝长475米，最大坝高17.6米，总库容143万立方米，兴利库容105万立方米，设计灌溉面积100公顷。溢洪道建在大坝北端，底宽20米，最大泄洪流量为每秒92立方米。放水洞为有压钢筋混凝土圆管，断面直径0.4米，最大放水流量为每秒0.2立方米。2010年，市水利局对其进行除险加固治理，加固内容为大坝覆土加厚，坝前振动射冲成槽地下连续墙截渗，迎水坡混凝土护坡，放水洞维修等工程，投入工日1.5万个，完成总投资469.72万元。

闸坝

1991年，曲阜市在沂河干流建有李家村、白村、元疃、杨庄4座小型拦河坝及官寨闸，在泗河干流上建有红旗闸、陈寨坝。1999—2009年，在城区段沂河干流上先后建拦河橡胶坝5座。2012年，在泗河、蓼河干流上各建设拦河橡胶坝1座。

红旗闸。位于防山镇原南陶洛村北泗河干流上，是曲阜市境内最大的拦河引水灌溉枢纽工程。闸上游泗河流域面积1289平方千米，闸上壅水面积1.6平方千米，最大蓄水208万立方米，设计防洪标准为20年一遇，相应洪峰流量每秒2360立方米，校核防洪标准为50年一遇，相应洪峰流量每秒3060立方米。闸上设交通桥，桥面宽3.5米，设计承载能力为加重“汽—10级”，设计灌溉面积4800公顷。该闸长320米，净跨253米65孔，其中58孔为水力自动翻板闸门；堰型为驼峰曲线式，堰顶高程74米，门高2.7米，净跨4米，开门水位76.9米；7孔提升式冲沙闸，闸底高程73米，闸门高3.7米。红旗闸由于多年运行失修，严重危及泗河防洪及灌溉安全，2010年，红旗闸被国家列入重新建设规划。

书院泗河橡胶坝(摄于2013年)

陈寨拦河坝。位于姚村镇段泗河干流上。为浆砌滚水坝，长229.94米，设钢筋混凝土多铰自动翻板闸29孔，提升式钢筋混凝土冲沙闸12孔，每孔长6.1米，高2米。滚水坝顶高程62.3米，冲沙闸底高程60.8米。该坝按50年一遇防洪标准设计，相应洪峰流量每秒3316立方米。

官寨闸。位于曲阜城西南沂河上，为地下水回灌枢纽工程，包括拦河闸、交通桥及两岸各1座进水闸。闸长112米，由4孔长2.5米高2.5米的冲沙闸和16扇长6米高2米的多铰式自动翻板闸门组成。交通桥18孔，长112米宽5米。进水闸为单孔，宽2.5米高2米。

城区橡胶坝。位于曲阜城区五福路南首、沂河大桥下游沂河干流上，为地下水侧渗工程，于1999年3至12月建。橡胶坝南北长150米，坝高3.5米，蓄水量70万立方米。

张曲橡胶坝。位于曲阜城东沂河干流上、张曲桥上游50米处，为地下水侧渗工程。2006年9月开工建设，2007年11月竣工。橡胶坝南北长100米，正常蓄水位67.7米，坝高3.5米，蓄水量70万立方米。

西外环橡胶坝。工程位于西外环路下游500米沂河干流上，为地下水侧渗工程。工程于2006年3月建设，7月竣工。橡胶坝长100米，坝高3.5米，蓄水60万立方米。

杨庄橡胶坝。工程位于陵城镇杨庄村北沂河干流上，2009年5月建。橡胶坝长100米，坝高3.8米，蓄水70万立方米。

郭庄橡胶坝。工程位于陵城镇郭庄村南沂河干流上，2009年5月建。橡胶坝长100米，坝高3.8米，蓄水70万立方米。

蓼河湖橡胶坝。位于小雪街道西陈村北蓼河干流上，2012年3—7月建。坝长80米，坝高4米。水面面积24公顷，蓄水量100万立方米。

书院桥橡胶坝。位于泗河104国道曲阜段书院公路桥下游286米处，具有拦蓄水源、抬高水位等功能。工程建于2012年10月。坝长160米，坝高5.5米，蓄水量360万立方米。

塘坝

2013年，全市建有塘坝235座，其中防山36座、尼山4座、息陬1座、姚村4座、王庄35座、吴村57座、石门山97座，总库容663.38万立方米，兴利库容459万立方米，有效灌溉面积1867公顷。全市小水库及塘坝现状统计表见下页。

2013年曲阜市小(1)型水库情况统计表

表7-2

水库名称	所属镇(街道)	所属河道	建成时间	流域面积(平方千米)	总库容(万立方米)	兴利库容(万立方米)	坝型	最大坝高(米)	溢洪道(米)		放水洞断面直径(米)	作用	灌溉效益(公顷)
									底高程	宽			
白塔水库	吴村镇	汉马河	1972.6	8.3	194	124	均质	11.8	101.5	35	0.35	拦洪灌溉	160
吴村水库	吴村镇	崄河	1971.6	17.5	187	105	均质	11	108.5	93	0.4	拦洪灌溉	127
梨园水库	石门山镇	崄河	1967	14.3	380	215	均质	12	117.5	60.5	0.5	拦洪灌溉	100
粮船石水库	吴村镇	崄河	1965.3	11.5	353.5	200	均质	14.2	139.5	75	0.5	拦洪灌溉	240
河夹店水库	石门山镇	崄河	1966.5	38.7	368	110	均质	10	107	75	0.5	拦洪灌溉	133
韦家庄水库	石门山镇	崄河	1978.8	53.7	336	121	均质	10.5	104.5	120	0.8	拦洪灌溉	133
胡二东水库	防山镇	小沂河	1967.5	4.9	143	105	均质	17.6	143.7	20	0.8	拦洪灌溉	100

2013年曲阜市小(2)型水库情况统计表

表7-3

水库名称	所属镇(街道)	所属河道	建成时间	流域面积(平方千米)	总库容(万立方米)	兴利库容(万立方米)	坝型	最大坝高(米)	溢洪道(米)		放水洞断面(米)	作用	灌溉效益(公顷)
									底高程	宽			
桃花峪	石门山镇	崄河	1977.11	0.65	19.6	15.6	均质	20	167	10	0.3×0.3	拦洪灌溉	16.67
华山		崄河	1970.4	0.76	18.9	10.5	均质	11	145.5	8	直径 0.3	拦洪灌溉	20
西庄北		崄河	1970.2	1.3	32.7	17.4	均质	9.2	126.3	4.8	0.4×0.4	拦洪灌溉	20
颜岭		崄河	1971.1	0.57	16.8	11.4	均质	11.2	150.3	12.3	0.4×0.4	拦洪灌溉	13.33
陈林		崄河	1969.5	0.65	19.8	10.8	均质	8	124.5	15	直径 0.3	拦洪灌溉	20
官路口		崄河	1978.2	0.95	26.3	7.4	均质	11	109	10	直径 0.3	拦洪灌溉	26.67
石泉庄		崄河	1962.4	1.3	31	14.5	均质	7	121	18	直径 0.4	拦洪灌溉	20
周庄		崄河	1979.2	1.61	21.9	13.7	均质	13	149	15	直径 0.4	拦洪灌溉	26.67
郭沟		泗河	1956.2	0.80	11.5	6.5	均质	6.3	107.1	5.8	提灌	拦洪灌溉	13.33
焦沟(一)坝		泗河	1956.2	1.15	12	5.5	均质	5	95.1	12.5	提灌	拦洪灌溉	13.33
焦沟(二)坝		泗河	1953.2	0.53	18	10.2	均质	7	100.2	6	提灌	拦洪灌溉	13.33
焦沟(三)坝		泗河	1969.2	1.26	20.6	7.5	均质	6.3	102	7.5	提灌	拦洪灌溉	13.33
焦沟南坝		泗河	1978.1	0.95	10.6	6.3	均质	6.5	92.5	9	提灌	拦洪灌溉	16.67
梨园东		崄河	1971.3	0.9	19	11.6	均质	9.7	140.3	9	直径 0.3	拦洪灌溉	13.33
石头河		崄河	1966.3	0.94	22.4	13.5	均质	12	130	10	直径 0.5	拦洪灌溉	33.33

续表7-3

水库名称	所属镇街	所属河道	建成时间	流域面积（平方千米）	总库容（万立方米）	兴利库容（万立方米）	坝型	最大坝高（米）	溢洪道（米）		放水洞断面（米）	作用	灌溉效益（公顷）
									底高程	宽			
西夏庄	石门山镇	崄河	1978.4	0.76	23	12	均质	12	123	9	直径 0.3	拦洪灌溉	20
黄庄		崄河	1978.2	21	90	36	均质	11.5	95	80	0.5×0.5	拦洪灌溉	33.33
小西庄		崄河	1979.3	0.75	10	6	均质	7	153.1	11.5	直径 0.3	拦洪灌溉	13.33
韦寨		崄河	1972.2	1.5	11.5	6	均质	5.5	90	6	0.4×0.4	拦洪灌溉	13.33
韦楼		崄河	1980.3	2.2	20	13.8	均质	9	121	10	直径 0.4	拦洪灌溉	33.33
三官庙	吴村镇	汉马河	1993.11	2.5	11	8	均质	9	76.6	9	提灌	拦洪灌溉	53.33
郭店		汉马河	1963.4	1.12	12.8	6.2	均质	7	91.7	13	提灌	拦洪灌溉	10
峪东		崄河	1972.11	0.5	11.4	7.8	均质	5.6	121.4	30	直径 0.3	拦洪灌溉	20
红山		崄河	1966.11	4.6	50	36.8	均质	12	150.7	16	直径 0.2	拦洪灌溉	53.33
九山		崄河	1968.3	0.75	21	14.5	均质	10	157.5	40	0.5×0.8	拦洪灌溉	20
簸箕掌北		崄河	1973.11	0.6	19	9.2	均质	9	165	15	直径 0.4	拦洪灌溉	13.33
簸箕掌东		崄河	1966.10	0.6	18.6	13.6	均质	12.6	138.7	36	直径 0.4	拦洪灌溉	20
东岭		崄河	1972.11	1.5	36.6	20	均质	7.4	125.7	10.8	提灌	拦洪灌溉	43.33
三岔河		崄河	1965.4	1.9	28	17.2	均质	9.8	111	40	0.4×0.6	拦洪灌溉	26.67
马石棚		崄河	1959.4	14.6	41.8	26.6	均质	11	116.1	23	提灌	拦洪灌溉	43.33
泉头		泗河	1972.5	6.39	28	20	均质	6	83	12	提灌	拦洪灌溉	53.33
峪西		崄河	1974.5	0.77	20.4	13.5	均质	8.3	126	9	提灌	拦洪灌溉	40
陈洼		汗马河	1981.11	4	15	10	均质	5.5	107.4	35	直径 0.4	拦洪灌溉	33.33
中心		崄河	1970.4	0.71	24	18	均质	7	96.5	25	直径 0.5	拦洪灌溉	26.67
前后河		汉马河	1979.11	1.12	15.5	10	均质	8	109.7	12	提灌	拦洪灌溉	20
柴峪	息陬镇	沂河	1969.10	1	12	8	均质	8	90	5	提灌	拦洪灌溉	120
大峪		沂河	1973.12	1.5	25	13	均质	6	88.5	5	提灌	拦洪灌溉	46.67
东焦沟	王庄镇	泗河	1965.4	2.72	27.2	8.2	均质	5	88.3	20	提灌	拦洪灌溉	46.67
离河庄		泗河	1956.6	1.12	24.8	11	均质	7	85.3	20	提灌	拦洪灌溉	80
前孟		泗河	1957.3	4.62	26.9	6.8	均质	5.1	80.3	50	提灌	拦洪灌溉	26.67
冯村		泗河	1957.6	4.22	35.6	11	均质	5.5	79.9	30	提灌	拦洪灌溉	33.33
陶庄	王庄镇	泗河	1978.11	3.8	12.5	7.2	均质	6.7	70.86	10	提灌	拦洪灌溉	66.67
纸坊		泗河	1978.11	6.41	19.2	11.2	均质	5.8	71	50	提灌	拦洪灌溉	100
大烟	尼山镇	沂河	1971.6	2	30	23	均质	9	115.6	17	1×0.6	拦洪灌溉	133.33
尧桥沟水库	防山镇	沂河	1976.3	1.17	24	16	均质	11.2	183.3	15.5	直径 0.5	拦洪灌溉	33.33

续表7-3

水库名称	所属镇街	所属河道	建成时间	流域面积（平方千米）	总库容（万立方米）	兴利库容（万立方米）	坝型	最大坝高（米）	溢洪道（米）		放水洞断面	作用	灌溉效益（公顷）
									底高程	宽			
高家村	防山镇	沂河	1968.5	2	28	25	均质	7.8	104.6	14	直径 0.33	拦洪灌溉	80
无梁庄		沂河	1976.3	1.17	40	30	均质	17.1	118.5	10	直径0.25	拦洪灌溉	66.67
梁公林下坝		泗河	1970.12	1.25	17	8.4	浆砌石重力坝	8	92.1	35	提灌	拦洪灌溉	20
梁公林上坝		泗河	1967.5	2.78	20	14	均质	7	95	30	0.4×0.4	拦洪灌溉	26.67
刘家庄		沂河	1974.4	1.67	28	18	均质	6	114.7	10.5	提灌	拦洪灌溉	53.33
徐家村		泗河	1967.5	1.51	20	8	均质	8	87	25	0.4×0.4	拦洪灌溉	33.33
纪庄		沂河	1969	1.1	13	10	均质	9	98	6	直径 0.4	拦洪灌溉	23.33
土门		沂河	1968.5	3.71	80	57	均质	13.7	130.4	20	直径 0.3	拦洪灌溉	100
崔庄	姚村镇	泗河	1977.5	9.3	25	15	均质	8.1	72	14	直径 0.4	拦洪灌溉	40

第二节　农村饮水工程

市水利局采取建设集中供水工程，对饮水工程统一规划设计、统一组织施工、统一供水管理，实行城乡供水一体化等措施，解决农村饮水质量和安全问题。2006年起，曲阜市实施“村村通自来水”工程。市委、市政府成立村村通自来水领导小组，制订施工方案，到2007年年底，完成村村通自来水主管网铺设，初步实现王庄乡村村通、书院街道户户通自来水发展目标，改变泗河两岸人民长期饮用污染水状况。2008年，完成62个村庄7万余人自来水设施升级改造工程。2010年，市政府投入1.5亿元，实施农村安全饮水工程，40余万农民群众吃上自来水。2013年，曲阜市农村自来水普及率100%，农村人口饮水安全普及率66%，“村村通自来水”即城乡供水一体化村庄有208个，解决农村饮水人口28.53万人。

第三节　提水工程

曲阜市提水设施因城乡修建道路、开发建设、水源变化等原因，一些提水站被废，同时兴建新的提水站。至2013年年底，全市境内建提水设施242处，其中较大的提水站6处。

冯家村提水站

位于王庄镇红旗闸北干渠上，分两级提水，一级站安装2台机组，扬程15.5米，提水流量每秒0.5立方米；槽长750米，采用每孔8米桁加结构，下接950米地下土渠到达二级站渠首。二级站分高低两个扬程，低扬程6米，高扬程10米，通过450米混凝土拱肋结构渡槽输水。

车家庄提水站

位于王庄镇红旗闸北干渠上。2010年，市水利局对该站机房及配电设施进行维修建设。该站分两级提水，一级站扬程19.4米，通过30孔360米联拱式渡槽，下接地下水渠690米到达二级站渠首；二级站安装高扬程机组2台，扬程13.5米，通过760米渡槽输水，渡槽下部为钢筋混凝土排架，上部为“U”型薄壳槽身，每孔净跨10米，墩高13米。

孔村提水站

位于王庄镇孔村西红旗闸北干渠上，属事业单位。2012年7月撤销，其业务交由王庄镇政府管理。总装机容量270千瓦时，设计扬程45米，设计流量0.9立方米/秒，灌溉王庄、吴村2个镇2000公顷农田。

石泉庄提水站

位于石门山镇石泉庄南，工程有从岭河穿过津浦铁路至石泉庄前长500米的引水砌石涵洞，涵洞截

面为1×1.2平方米，1008米长钢筋混凝土拱渡槽，最大墩高10米，总扬程21.5米，装机55千瓦。出水量每秒0.3立方米，灌溉农田53.33公顷。

保安提水站

位于姚村镇向阳渠上游，建于2009年，装有4台机组，装机容量260千瓦，上水量每小时1100立方米。2013年进行修建，增加变压器房和配电室各1间。灌区埋设PVC管道4万多米，受益村庄为保安村及附近村庄，效益面积273.33公顷。

陈寨提水站

位于姚村镇陈寨坝上游泗河北岸，建于2013年，受益村庄为陈寨村等，效益面积153.33公顷，提水站装有2台机组，装机容量100千瓦，上水量每小时560立方米，灌区埋设PVC管道2万多米。

第三章 农田水利

曲阜市将农田水利基本建设作为推进农业发展的重要抓手，重点推进小型农田水利工程。1986—2013年，全市累计投入农田建设资金9.7亿元，建成节水农田2.76万公顷，建成高效节水灌溉面积3333公顷。

第一节 灌溉

市委、市政府每年召开全市农村水利工作会议和农田水利建设专题会，出台鼓励集体、个人出资兴办水利事业的优惠政策，推动全市水利建设。1991—2001年，全市农田水利基本建设主要依靠农民义务工和劳动积累工作为投资保障，肩挑镢挖、牛拉车推的群众治水场面经常出现，投工多，但效益较低。2002年，中央农村税费改革后，取消农村义务工和劳动积累工政策，农田水利建设采取“一事一议”制度，逐步走上市场化运作方式，以机械施工为主，省工、省时、高效。2005年，国务院关于深化农村税费改革试点工作的通知下发后，曲阜市探索小型农田水利建设新机制，设立农村小型农田水利设施建设补助专项资金，对农民兴修小型农田水利设施给予适当补助。至2013年，全市有7个镇级用水者协会、4个村级用水者协会、405个村委用水管理组织，由农民自我管理建设农村灌溉工程等涉水项目。

井灌

曲阜市农田灌溉机井按岩土类别分砂土井、岩石深井。进入20世纪90年代，农田机井存在毁坏废弃情况。2005年起，曲阜市结合农业综合开发项目、小农水重点县项目等，每年新打一批机井作为补充。随着机井建设的发展，机井的型式也呈现出多样性。2013年，曲阜市近65%灌溉面积采用机电井灌溉。

长条井。分布在吴村镇、石门山镇一带，表土层以下为第三纪红色基岩，属贫水区。长条井开挖一般在地下10~14米处，开挖宽2米，高2米，长度80~500米，顶为拱形的地下渠道，被群众称为“长条井”也叫“地道井”，利用岩石裂隙渗水发展灌溉，每小时50立方米，最高可到150立方米。

自流井。2005年，全市有自流井11眼。随着气候干旱，降水补给减少。至2013年，绝大多数自流井都已停止自流或报废。每逢丰水年份，仅有彭家村、石家村等几眼自流井出现自流现象。

深井。机井一种，分布在曲阜市东南青石山区，井深一般在150米左右，最深200米。曲阜市东部八宝山一带，赋水性较差。小雪街道104国道以东，北起白杨店南至东凫村一带，姚村镇春亭一带均可打出深井。

大口井。位于曲阜市北部砂石山区，以大口井为主，一般井径10~20米，深10~15米，出水量每小时40立方米。

浅机井。广泛分布于全市境内，具有制作工艺简单，材料来源广泛，价格低廉，施工方便，供水水质稳定，使用寿命长，适合各类含水层取水建井等优点，颇受群众欢迎。曲阜市农田灌溉井以浅机井灌溉为主。

引泗河水灌溉

红旗闸引泗灌区。闸体位于曲阜南淘洛北、泗河干流上，总宽320米，净跨253米，计65孔，其中58孔水力自动翻板闸门，门高2.7米，净跨4米。南干渠引水闸1孔，净宽4.5米，流量5立方米/秒，设计渠道总长度6.3千米。南干渠从红旗闸至八宝山岭，由韩家铺村西南分为南分干渠（防山镇）、中干渠（书院街道旧县等村）、北分干渠（书院街道高村），设计灌溉面积2333公顷，可控制31个村庄。实际受益面积333公顷，以自流为主。同时，通过南干渠引入蒋沟河再向蓼河输送河道生态补水。北干渠引水闸两孔，净宽3米，流量5立方米/秒。北干渠经过车庄岭，穿过崄河到达纸坊，全长11.7千米，设计灌溉面积2467公顷，实际受益面积1533公顷，大部分为提水灌溉。干渠设节制闸7座，桥梁26座，砌石竖井30座。干渠延伸到姚村汉马河，地下水回灌面积达到2000公顷。

陈寨引泗灌区。位于姚村镇孔村附近泗河干流上，为浆砌石滚水坝，坝长229.9米，自动翻板29孔，每孔宽6.1米、高2米，冲沙闸12孔。灌区干渠长12.5千米，有9条支渠，自流和提灌面积1333公顷。

水库塘坝灌区

尼山水库灌溉。尼山水库设计初衷，除调洪防洪功能外，以灌溉为主，兼顾工业、生活和生态用水需求。尼山水库大坝南端设有放水洞，其下游引渠直接通过原沂河槽输水，沿河陆续兴建零星的引河灌溉工程。灌区设计灌溉面积6533公顷，有效灌溉面积4933公顷。至2013年，灌区配套设施为：白村拦河坝，坝长200米，高1.5米，坝顶宽1.5米，设冲沙闸3孔，每孔净跨2米。元疃闸，位于中元疃东沂河干流左岸，闸底高程83.6米，宽1.2米，设计引水深度0.8米，流量1立方米/秒，设计受益面积1000公顷；闸体基础较为完好。桑庄干渠，经刘家楼、苏家村至桑庄，长4.2千米；干渠设计流量1立方米/秒，设计灌溉面积533公顷。李庄拦河坝、杨庄拦河坝和鲁源提水站报废。

2013年小型水库灌溉情况。小（1）型水库灌溉：粮船石水库，开挖通往杨院干渠5千米、支渠3条，设计灌溉面积240公顷，灌溉效益良好。河夹店水库，干渠长2千米，设计灌溉面积133公顷，灌溉效益良好。梨园水库，设计灌溉面积100公顷，实际灌溉面积63公顷。胡二东水库，分为通往石旺的南干渠、至土门小（2）型水库的北干渠，设计灌溉面积100公顷，灌溉效益良好。吴村水库，设计灌溉面积127公顷，无灌溉效益。白塔水库，设计灌溉面积160公顷，无灌溉效益。韦家庄水库，设计灌溉面积133公顷，干渠长2.8千米，有一定灌溉效益。小（2）型水库灌溉：全市54座小（2）型水库中，有21座可提水灌溉，灌溉面积810公顷；有33座可自流灌溉，灌溉面积1290公顷。

塘坝灌溉。2013年，全市235座塘坝中70%属于提水灌溉，灌溉面积1307公顷；30%塘坝属于自流灌溉，灌溉面积562公顷。

截潜拦蓄灌溉。1991年10月，姚村镇在泗河颜家村河段建设颜家村截潜工程，完成主桥、立桥、北堤防洪闸、上下游导流墙四部分工程内容，建设漫水桥370米，投资55万元。2004年，曲阜市董庄乡启动首期崄河截潜拦蓄工程，工程内容包括河道治理长度9.14千米，新建浆砌重力坝型截潜工程3处、漫水桥4座、交通桥1座，总投资1217万元；建设北村拦蓄重力坝1座，坝长120米，坝高2米，底宽13米，投资30万元。2005年，董庄乡投资70万元，新建杨洼交通拦蓄一体综合工程1处。

节水示范灌溉

万亩农田果园综合节水技术研究与示范项目。省科委“曲阜市万亩农田果园综合节水技术研究与示范项目”由省水利科学研究院、省果树研究所和曲阜市政府共同承担实施，历时3年，于1993年4月25日全面完成。项目区位于丘陵贫水区吴村镇，以白塔村为核心包括周边等15个行政村，主要内容是建设管灌面积667公顷、苹果微灌面积140公顷等；同时开展灌溉指标、施肥、覆盖、修剪栽培配套综合技术研究。工程总投资136万元。节水工程实施后，较传统灌溉管灌亩次节水37.5%，喷灌亩次节水50%，滴灌亩次节水87.5%，皿灌亩次节水90%；亩次节能33%~87%，粮食增产39.1%，果树增产5%~7%。1993年4月25日，经24名国内专家教授现场考察鉴定，认为曲阜市万亩农田果园综合节水技术试验示范开发研究成果居国内领先水平，具有广泛的示范推广价值。

1991—2013年曲阜市节水灌溉面积统计表

表7-4 单位:万公顷

年度	总灌溉	有效灌溉	节水灌溉	节水灌溉率(%)	旱涝保收面积	年度	总灌溉	有效灌溉	节水灌溉	节水灌溉率(%)	旱涝保收面积
1991	2.47	2.32	0.75	34.3	2.93	2003	2.5	2.24	1.52	67.8	2.94
1992	2.47	2.32	0.8	34.7	2.98	2004	2.49	2.23	1.54	68.9	2.88
1993	2.58	2.4	0.81	33.6	2.98	2005	2.49	2.42	1.58	70.3	3.01
1994	2.62	2.41	0.82	33.9	3	2006	2.59	2.35	1.62	70	3.04
1995	2.62	2.41	0.9	37.35	3	2007	2.61	2.37	1.67	70.4	3.05
1996	2.69	2.49	0.91	36.5	3.09	2008	2.59	2.36	1.71	72.4	3.01
1997	2.69	2.48	0.91	36.6	3.09	2009	2.6	2.36	1.75	74.1	3.01
1998	2.67	2.49	1.06	42.7	3.08	2010	2.59	2.37	1.78	75.2	3.03
1999	2.67	2.48	1.14	45.9	3.07	2011	2.58	2.37	1.79	75.5	3.04
2000	2.67	2.48	1.21	48.8	3.28	2012	2.58	2.37	1.78	75.3	3.08
2001	2.62	2.47	1.28	52.1	3.08	2013	2.41	2.33	1.8	74.7	3.08
2002	2.53	2.23	1.55	65.6	2.99						

山前平原农田灌溉综合开发试验项目。项目位于曲阜市东南部,包括南辛、防山、息陬、小雪4个镇,总面积256.54平方千米。该项目是山东省水利厅“曲阜市南辛镇山前农田灌溉综合开发试验”项目,于1994年上半年超额完成任务,新打深井26眼,埋设地下输水管道78.5千米,新增节水灌溉面积695公顷。1994年12月8日,项目由省水利厅、济宁市水利局、曲阜市水利局、南辛镇政府组成验收小组进行验收。市水利局在认真总结试点成功经验基础上,在小雪、息陬、防山等乡镇全面推广,至1996年年底,新打岩石深井185眼,在南辛镇西余村完成46.67公顷全自动化果树微喷示范工程,节水灌溉面积7000公顷,初步形成深井供水网络。

大棚节水灌溉研究与示范工程。1997年,市政府成立由市农业综合开发办、市水利局、陵城镇政府组成的塑料大棚节水灌溉工程模式开发研究示范课题小组,于1997—1999年在陵城镇、时庄镇、小雪镇推广大棚微灌节水灌溉面积100公顷,微灌工程亩均投资2837.8元,总投资425.67万元。示范区未实施节水灌溉前为地面灌溉,灌水定额每亩25立方米;实施节水灌溉后,滴灌、微灌灌水定额每亩5立方米,示范区年节水18万立方米,节水率60%,节电1.1万千瓦时。

曲阜市节水增产示范重点县(市)建设。1996年9月,曲阜市被列为全国300个建设节水增产示范重点县(市)之一。全市节水工程示范项目区包括南辛镇、息陬乡、防山乡、王庄乡,有人口7.56万人,耕地面积1.44万公顷。工程项目主要是发展节水灌溉面积6667公顷。“九五”期间,项目区完成发展节水灌溉面积8133公顷,新打中浅机井500眼、深井50眼,配套机泵855台(套),修建防渗渠道50千米,埋设各类管道1492千米,总投资5524万元。2000年11月5日,经省水利厅和省水科院专家组检查认为:工程节水效果明显,灌溉水利用系数提高23%,作物生产能力提高25%,带来了良好的经济、社会和生态效益,并为全国节水灌溉工程发展提供了良好经验。符合标准,通过验收。

利用征收水资源费开展节水示范项目。2009—2013年,曲阜市利用济宁市节水专项资金,在农田、果园节水灌溉等方面进行示范带动,先后在姚村镇保宁村、尼山镇西魏庄村、小雪街道前苗营村、石门山镇董大城村及丁庄村等实施农田节水灌溉工程，新打中浅机电井12眼，维修旧井8眼，新建机井房8间，示范节水灌溉面积1533公顷。

第二节　综合治理

曲阜市农田水利坚持山、水、田、林、路综合治理的原则，高起点规划，高标准建设，以实现高效益灌溉。2009年，争取省财政厅与水利厅支持，开启小型农田水利重点县和现代农业生产发展资金小麦产业项目县建设，项目覆盖节水灌溉面积8133公顷，完成总投资1.24亿元。2010年，市政府办公室印发《曲阜市小型农田水利重点县和现代农业小麦产业项目县建设项目建设与管理办法（试行）》，成立项目建设工作领导小组。工程具体包括小型水源工程建设、小型排灌更新改造与新建、重点中型灌区续建配套与节水改造、灌区末级渠系节水改造工程、田间排水工程、高效节水灌溉工程、中小型河流治理、水土保持小流域综合治理8个方面。2011—2012年，小型农田水利重点县项目首先在王庄镇实施，总投资6220万元，新增灌溉面积300公顷，恢复灌溉面积347公顷，改善灌溉面积1727公顷，年增粮食生产能力432万千克，年增节水能力160万立方米；其次在陵城、时庄、姚村、吴村4个镇街25个村全面推进，主要建设内容包括小型水源工程、高效节水灌溉工程、水价改革和农民用水户协会建设等，节水覆盖面积3479公顷，项目总投资3465.7万元。2013年，小农水重点县建设在尼山、书院两地实施，与高标准农田水利建设专项资金项目、农业综合开发低中产田改造项目相结合，项目总投资3631.51万元，新增灌溉面积773公顷，改善灌溉面积1533公顷，年增产粮食1.93万吨，年节水69.2万立方米。

第四章　抗旱防汛

曲阜市地处淮河流域，因受暖湿季风气候的影响，年际降水不均，春季多风少雨。有"十年九旱"之称，夏季多雨易涝，晚秋及冬季少雨易旱，旱涝交替发生、连年发生，属于灾害多发地区。市委、市政府坚持"安全第一，常备不懈，以防为主，全力抢险"方针，兴建大批防洪除涝工程和田间抗旱工程。

第一节　抗旱

1991—2013年，曲阜市完善抗旱防汛机构，编制抗旱应急预案并组织实施；每年拨出专款，进行旱涝治理。每当旱情发生，市政府及时召开抗旱会议，动员各行各业支援抗旱，特别是供电、石油、农机、供销等部门保证能源和抗旱机具供应，水利部门、土矿部门指导群众找水打井、大搞抗旱灌溉工程。在贫水区加大找水力度，发动群众打岩石深井、大口井、长条井，逐步扩大拦蓄地表水灌溉规模，推广喷灌、滴管、微灌、低压管灌等节水灌溉技术，使有效灌溉面积不断扩大。20世纪90年代初期，市水利局成立抗旱服务队，将国家部分特大抗旱补助费用于购置抗旱机具，采取购买或租赁方式开展有偿抗旱服务。2012年，指导各镇街成立抗旱供水专业服务队，全市选聘服务队员275人，统一配备抗旱机具设备，实行公益性服务与市场化运营相结合，为群众提供抗旱服务。

1991—2013年，曲阜市几乎每年都有旱情发生，因旱成灾面积1万~10万亩5年，11万~40万亩4年，旱灾发生的主要原因是年内降雨不均，春、秋少雨，节水工程建设滞后等。

2010年9月11日至2011年2月25日，全市降水仅为11.4毫米；其中2010年10月16日至2011年2月9日无任何降水，为市气象站1951年有记录以后秋冬春持续无降水日数的历史极值，全市农田受旱面积

3.25万公顷，特别是北部吴村镇、石门山镇等镇街旱情更加严重。面对严峻旱情，市委、市政府启动抗旱Ⅰ级应急响应，按照“确保人畜吃水安全、确保夏粮丰收”目标和“全面推进、突出重点、分类指导、科学抗旱”原则，开展抗旱工作。

2011年2月初，正值曲阜发生大旱之际，中共中央政治局常委、国务院总理温家宝到曲阜市视察农田水利工作。随后，山东省鲁南地质工程勘察院成立应急抗旱领导小组，抽调技术力量到曲阜市帮助抗旱，在吴村、石门山、尼山等地勘探打井。2月14日，国土资源部部长徐绍史一行考察鲁南地质工程勘察院在曲阜市抗旱应急找水打井现场。市水利局与各镇街密切配合，在发挥现有水利工程抗旱减灾作用的同时，在最短时间内实施吴村东大岭应急调水、尼山中干渠维修、粮船石水库调水、截潜和开挖长条井等应急调水工程措施，缓解旱情。其间，全市累计投入抗旱资金2561万元、劳力5.2万人、抗旱设备1.3万套，新建抗旱应急水源工程111处、调水工程7处，抗旱浇地面积2.75万公顷。

第二节 防汛

根据省、济宁市防汛指挥部统一部署和对防汛工作的具体安排，每年汛前，曲阜市政府建立市防汛指挥部，指挥部下设尼山水库、小型水库、河道、企业、红旗闸、城市、内涝等分部，设专人抓防汛工作。市防汛指挥部办公室设在市水利局，市水利局局长兼任市防汛办公室主任，主持日常工作；办公室负责向全市传达抗旱防汛指挥部的总体部署，调度、检查指挥部下达到各分部防汛任务的落实情况，搜集降雨、旱涝灾害等资料统计，提出抗旱防汛工作的初步方案。市政府召开全市防汛工作会议，部署当年防汛工作，下达大、小水库，河道等水利工程防汛任务和控制运行指标，提出具体要求和搞好防汛工作的措施，明确责任分工；各镇（街道）、各水管单位对所管理的河道、涵闸、水库、泵站等水利工程和防洪工程设施进行全面细致的检查；市水利局组织技术人员对险工险段及病险涵闸等进行检查，实行边检查、边定措施、边落实的办法。根据市指挥部的要求，各分指挥部、各镇街分别建立防汛组织，成立防汛抢险队、常备队、预备队。

尼山水库安全与否，直接关系到下游100余万名人民群众生命及财产安全，关系到三孔世界文化遗产保护及京沪高铁等重要国家设施的正常运行。为确保水库安全度汛不倒坝，市防汛指挥部特制定非常措施，汛期警戒水位125.47米，汛中水位为122.59米，汛末蓄水位123米。

泗河、沂河是曲阜市境内主要排洪河道，市防汛指挥部将两河防汛责任进行落实。书院、时庄、陵城防护泗河南岸，王庄、姚村防护泗河北岸，尼山、息陬、小雪、陵城防护沂河南岸，尼山、防山、鲁城、时庄防护沂河北岸。泗河书院水文控制站的警戒水位67.7米，沂河下游入泗河口警戒水位49.7米。河道水位超过警戒水位时，立即组织人员进行堵复缺口和抢修抬高河堤。

1995年汛期，全市出现4次暴雨大风天气。第一次发生在6月26日，董庄乡出现雷雨大风天气；第二次为6月29日，南辛、尼山两个乡镇遭受几十年未遇的狂风冰雹袭击；第三次为7月1日，曲阜市遭受雷雨、大风、冰雹袭击，降雨量43.8毫米，冰雹直径10毫米左右，全市13个乡镇450个自然村受到不同程度的破坏；第四次在8月14—16日，市内降水量393.8毫米，其中“8·16”特大暴雨日降雨量343毫米，大于1957年214.9毫米，接近500年一遇。尼山水库水位猛涨，泗河发生超标准洪水，冲毁水利工程1200余处，其中桥涵288座。灾情发生后，市委、市政府及时动员、组织社会各界力量对水毁工程尽快予以修复，对陵城镇粉店桥、杨庄坝，南辛镇张崇桥，曲阜镇苗孔桥进行重点修复，投入工日8.48万个，投入资金371万元。

1997年，在济宁市防汛指挥部的资金支持和技术指导下，市水利局安装防汛信息通信接受塔，引进遥测遥控技术，做到上下汛情、雨情无线通报，改变通过邮电局用有线电话单一联系方式。

2002年5月，市政府将恢复水毁工程建设列入“为群众办好10件实事”之一。按照市政府统一部署，曲阜市水利局牵头负责全市水毁工程恢复建设工作。同年10月，曲阜市完成崄河仙店桥、泗河颜村桥等52处交通桥涵、大口井等水毁工程恢复建设，累计完成土石方5.98万立方米、混凝土及钢筋混凝土0.15

万立方米，完成投资176.3万元。

2013年，国家投资533.6万元，在全市新建各类自动水位雨量监测点37个，在7个镇街40个村庄安装预警发射接收站，在水利局建立水情监测预警平台，防汛雨情、监测预报做到及时快速和全覆盖。

第五章　水城建设

2011年，市委、市政府提出建设"生态宜居水城"目标，打造独具东方圣城特色水系景观。2013年，实现引泗河水入护城河工程，贯通泗河、沂河、洙水河、护城河、蒋沟河，形成"水环城、水绕城、水融城"的独特景观。

第一节　大沂河治理

沂河是曲阜市四大骨干排洪河道之一，经过多年运行，河槽淤积严重，堤防残缺，行洪断面狭窄，防洪标准已不足5年一遇。1999年，市政府决定按20年一遇防洪标准，对沂河进行治理。1999年3月至2001年12月，曲阜市以城区为重点，分三期对沂河进行治理，全长6700米。治理内容主要是河道清淤开挖、修筑大堤、岸坡护砌、建橡胶坝和滚水坝。三期工程都采用机械化施工，动用机械2400多台（套）。治理后，河槽为复式河槽，矩形断面，子河槽宽100米，主河槽平均宽150米，堤间距平均宽300米，堤顶宽15米。河道两岸为重力式浆砌料石挡土墙，锯解样板石压顶。橡胶坝长150米，挡水高4米；滚水坝长105米，挡水高1.8米。三期工程完成综合土方240万立方米，砌石5.9万立方米，混凝土1.3万立方米，投资4775万元。同时，对大沂河两岸进行绿化及水保林建设。治理后的大沂河，形成蓄水长4000多米的水面，蓄水量约95万立方米，在美化城区生态环境同时，有效回灌两岸地下水资源，同时也为曲阜市城区增添一道风景线。

2005年，市委、市政府决定继续对沂河防汛工程进行治理，并列为年度重点工程建设项目。8月，实施西外环桥下游橡胶坝蓄水工程，工程内容包括在西外环下游500米处建橡胶坝1座（坝长100米，高3.5米），河槽开挖，两岸护砌及大堤加宽长700米，广场硬化1.4万平方米，运输土方16万立方米，护砌石方4000立方米，橡胶坝浇筑钢筋混凝土5800立方米，投资1700万元。整个工程于2006年9月竣工。

2006年9月，实施张曲橡胶坝蓄水工程，即在张曲桥上游50米处建1座橡胶坝，南北长100米，正常蓄水位67.7米，高3.5米；在南泉老节制闸处改建1处引水节制闸，控制水量和流向，闸设5孔，每孔3米；疏浚河道780米，包括河槽开挖、河岸护砌、大堤加高加宽，北岸堤防顶宽15米，南岸6米。投资1200万元，2009年5月完工。

2008年6月，实施沂河截污导流工程。工程位于境内沂河下游，是南水北调输水干线水质控制性配套工程。工程在郭家庄和杨庄附近各建橡胶坝1座，在两座橡胶坝上游分别建提水泵站1座。工程于2009年5月完工，累计完成土方开挖10.143万立方米，土方回填7.51万立方米，混凝土及钢筋混凝土1.66万立方米，砌石0.385万立方米，钢筋制作安装515.38吨；橡胶坝袋购置安装160米，钢管购置安装1040米，水泵购置安装8台，变压器购置安装4台，工程总投资2714.21万元。沂河截污导流工程，能够拦截下泄尾水770万立方米，减少COD和NH3-N入泗河量，实现泗河曲阜段水质控制目标，沂河粉店坝控制断面水质达到国家地表水Ⅲ类水质标准。

2009年2—4月，实施城区段沂河公园河道景观治理工程。工程治理范围：西起西104国道大桥，东至东104国道大桥，治理长度1540米；工程内容包括拆除原曲邹老桥，清理河床堆土，将河床两岸直线型护坡形式改建为曲线形浆砌石护岸，主河槽宽度由原来100米拓宽到160米，蓄水量由原65万立方米增加到82万立方米。工程防洪标准按50年一遇设计。工程投入工日6.23万个，总投资1651.57万元。

2011年7—10月，实施沂河中游段治理工程。工程既是全国重点小河流治理项目，也是市政府2011年“2711”重点工程。设计防洪标准为20年一遇，治理范围为息陬镇三张曲桥至步家庄，全长6.9千米；主要内容为整修加固堤防15.1千米，河槽清淤开挖6.9千米，重点险工段护滩950米，新建四清河穿堤涵洞及跨河桥梁的引桥护砌等。该工程完成土方开挖79.5万立方米，回填36.6万立方米，砌石0.6万立方米，混凝土及钢筋混凝土274立方米，投资2515万元。

第二节 小沂河治理

20世纪90年代初，小沂河、小林河由于长年淤积和失修，流水不畅，两岸及河床遍布垃圾，不仅影响市容，更为防洪排涝带来隐患。曲阜市把根治两河列入1995年城市建设重点防汛工程。1995年3月，经驻曲阜官兵及12个乡镇共同努力，63天投工100万个，完成土方38万立方米，砌垒石方7.5万立方米，征、租土地21.67公顷，搬迁房屋1315平方米，完成投资1400万元，建成总长4000米、宽40~60米高标准城市防汛设施。

2012年5—7月，曲阜市实施城区上游段小沂河河道景观治理工程，并列入“市政府为民办好的十件实事”之一。市水利局具体负责工程勘察设计及施工。工程东起蒋沟河兖石铁路桥保护范围，西至苗孔村东南小沂河与大沂河交汇处，治理总长度约5040米，投资643万元。工程分两个标段进行施工。第一标段东起蒋沟河兖石铁路桥保护范围，西至东湖左岸原浆砌石护岸挡土墙，治理长度约2018米。东湖工程位于春秋路至弘道路之间，治理长度556米，左岸扩宽整形、河道清淤、浆砌石挡土墙护岸等，修建浆砌石挡土墙785米，修建浆砌料石踏步2座。河岸整形工程位于兖石铁路桥保护范围至春秋路之间，包括河岸整形、修建浅水区、修筑堤防等，治理长度为1435米。该工程在沿河两岸埋设钢筋砼排水管道总长度为277米，建浆砌砖竖井9个。第二标段东起东湖左岸原浆砌石护岸挡土墙，西至小沂河与大沂河交汇处，治理长度约3022米，主要建设内容为河道清淤疏浚、河岸挡土墙及踏步修复、河内阻水建筑物拆除工程等。

第三节 蓼河治理

蓼河属于季节性山洪河道，河道断流期较长。治理前，由于长期排污，蓼河曲阜段两岸生态环境遭到破坏，河水受到污染，河流周围地下水受到一定污染。2012年，把蓼河城区段综合治理工程列为全市2711重点城建项目之一。

蓼河一期景观工程

蓼河一期景观工程——蓼河人工湖工程，包括以河岸扩宽整形为主的人工湖开挖工程，设计坝轴线长约80米、坝高4米的橡胶坝工程以及引大沂河水入蓼河工程。其中，蓼河开挖工程位于东、西104国道交叉路口以北，东104国道上游200米至西104国道下游200米区段，水面面积约24公顷，岸线长度约3.4千米，蓄水量100万立方米，两岸湖滨绿化面积约16公顷。其他工程包括东104国道蓼河桥加宽工程、景观桥工程、喷泉水幕电影工程等。2012年3月26日开工建设，7月26日竣工。

蓼河二期景观工程

主要工程内容为河道石砌护坡，驳岸、码头、景观桥和橡胶坝建设，一、二级游园路建设，以及广场铺装和亮化工程。工程投资1.5亿元。工程于2012年4月1日开工，至6月30日结束，开挖拓宽河道3200米。

蓼河湖上游延伸工程

工程内容包括上起沂河张曲坝段，下至蓼河人工湖，全长5千米，加宽河道至50米，完成土方开挖60万立方米，堆筑绿化微地形5万平方米，完成灰土路面8万平方米，栽植景观绿化树木1600余株。工程投资5亿元，2013年10月开工，12月底竣工。

人工湿地水质净化及生态修复工程

全长16.7千米，从沂河上游张曲橡胶坝，到下游入沂河口，利用蓼河流域河道及滩地建设，总面积约为128.4公顷。工程内容包括河道平均加宽至50米，蓼河人工湖宽度200米，防洪标准由原来的不足5年一遇提高到50年一遇。2013年10月开工，12月底结束。同年，沂河公园被省水利厅挂牌命名为“省级水利风景区”。

第四节 六河贯通

2011年，市委、市政府编制曲阜市城市生态水系规划，实施护城河截污导流，蓼河、蒋沟河、小沂河综合治理和引泗河水入护城河等工程，贯通泗河、洙水河、护城河、沂河、蒋沟河、蓼河水系，形成"水在城中、城在水中、河畅水清、岸绿景美""人水和谐"的独特城市景观。

引泗河水入城工程

2012年，在泗河104国道书院公路桥下游约286米（泗河桩号65+000）处建橡胶坝1座，拦蓄泗河河水入城。橡胶坝长为160米，坝高为5.5米，蓄水库容约360万立方米。引水口位于书院公路桥上游南岸泗河桩号65+400处，在引水口建穿堤涵闸1座，向南沿104国道铺设内径1500毫米的有压钢筋混凝土管道3725米，自流引水入明故城护城河。在明故城护城河东北角、洙水河分别布设出水口。对橡胶坝上游2.1千米堤防进行加固，左岸按照50年一遇，右岸按照20年一遇防洪标准，修筑堤防长度4.2千米。2012年9月，泗河拦蓄引水入明故城护城河工程竣工。

明故城二、三级水系建设工程

曲阜市恢复明故城护城河水系后，护城河旅游和休闲功能日益体现出来，但是护城河两岸景观功能不足，河道护岸及拦蓄设施破坏严重，内城古泮池没有水系连通功能，不能形成活水体系，因此，明故城护城河水系工程需要提升。2012年，结合孔孟文化遗产地保护利用世界银行贷款项目，对明故城护城河水系进行治理，内容包括实施青年渠向蒋沟河调水工程，实现泗河、护城河、小沂河、古泮池水系贯通。2013年，完成二、三级水系建设工程，将泗河水经明故城护城河引入古泮池和城区蒋沟河并最终流入沂河。

泗河红旗闸南干渠、青年渠引水工程

2013年9月，完成泗河红旗闸南干渠、青年渠引水工程并开闸放水，泗河水引入蒋沟河、沂河、蓼河。泗河红旗闸南干渠引水工程全长16千米，主要对淤积严重渠段进行清淤，对渠道断面较窄渠段进行扩宽，在引水渠上建节制闸；对9千米长蒋沟河进行疏浚，建分水闸引水入蒋沟河，最后汇入沂河。红旗闸南干渠通水后，每天可向城区蒋沟河、沂河、蓼河补水10万立方米。引水入蒋沟河工程，主要是对全长2000米青年渠进行清淤、疏浚，修复蒋沟河水毁设施。通过在明故城护城河西南角建设拦水坝，抬高水位分流到青年渠并引入蒋沟河。通水后，每天向城区蒋沟河补充水量2万立方米。同时，对城区主要交通干线和河道两侧环境进行综合治理，建成沂河、蒋沟河、护城河、小林河、蓼河五大生态绿化风景带。

第六章 水土保持

1991—2013年，曲阜市水土保持工作贯彻执行国家《中华人民共和国水土保持法》等法律法规，宣传普及水土保持科学知识，实施水土保持技术推广工作；通过争取国家补助加地方自筹资金办法，组织实施一批小流域综合治理工程，减少城乡水土流失面积，提高水生态文明程度。

第一节 水土流失

曲阜市山区耕地面积4万公顷，其中坡耕地面积0.72万公顷，占山丘区土地面积的18%，且大多为顺坡耕种，土层薄，土壤结构差。每到汛期，极易被冲刷，造成流失。

2013年，全市易发生水土流失面积140.71平方千米，占土地面积的17.3%（不含无明显侵蚀面积）。全市水土流失划分为五级，即无明显侵蚀、轻度侵蚀、中度侵蚀、强度侵蚀、剧烈侵蚀。其中，无明显侵蚀主要发生在平原、洼地、郁闭度大于0.7的山林草地，部分水平梯田、果园等，面积672.89平方千米；轻度侵蚀主要发生在林草覆盖度在0.5~0.7之间的山

2013年曲阜市水土流失分级表

表7-5

分级名称	编号	面积（平方千米）	占面积（%）	每年每平方千米流失（吨）	土壤侵蚀量（万吨）	年侵蚀深（毫米）
无明显侵蚀	1	672.89	82.7			
轻度侵蚀	2	51.59	6.3	1200	6.19	0.89
中度侵蚀	3	34.02	4.2	3100	10.55	2.3
强度侵蚀	4	42.08	5.2	5500	23.14	4.07
剧烈侵蚀	5	13.02	1.6	8000	7.08	5.93
合计		813.6	100		46.96	

岭地、部分水平梯田、缓坡地，面积51.59平方千米，占水土流失面积的36.7%；中度侵蚀主要发生在林草覆盖度在0.3~0.5之间的山岭地、疏林地及部分坡耕地，面积24.02平方千米，占水土流失面积的24.2%；强度侵蚀主要发生在林草覆盖度在0.1~0.3之间的山岭地、顺坡地、沟谷、河岸等，面积42.08平方千米，占水土流失面积的29.9%；剧烈侵蚀主要发生在林草覆盖度在0.1及以下的荒山、荒坡、裸岩及乱垦滥牧地，面积13.02平方千米，占水土流失面积的9.2%。

第二节　水土治理

曲阜市重视水土流失治理工作，尤其是尼山、防山、吴村、石门山等镇街，几乎每年都对荒山荒地进行整治，引水上山，营造水保林、经济林。1991—2013年，全市治理水土流失面积118.71平方千米，坡改梯整修水平梯田0.68万公顷，营建水保林2933公顷、经济林2333公顷，修建环山主干路120千米，建设塘坝120座、谷坊500座，扩大和改善灌溉面积1733公顷。1997年，曲阜市获全省水土保持先进市称号。

1991—1993年，实施治理吴村镇九山前小流域工程。工程本着“因地制宜，适地适树，因害设防，综合治理、全面开发”原则，按照《山东省水土保持小流域综合治理标准》，先上后下，先治坡后治沟，沟坡兼治，工程措施和生物措施相结合，进行综合治理。主要完成修建道路、开挖环山沟、新建拦沙坝及小型塘坝，拦蓄总库容14.5万立方米；截潜打井配套、营造经济林和水保林等内容。综合治理完成土石方28.81万立方米，投工28.55万个，投资116.16万元。治理后，各类林地面积由治理前101公顷发展到475公顷，森林覆盖率由6%增加到22.2%，流域综合蓄水量达到377.42万立方米，蓄水效益61.7%；年均土壤侵蚀模数由治理前3534吨/平方千米减少至544吨/平方千米，减少土壤侵蚀量3.9万吨，侵蚀削减率85.92%。

2004年，实施南辛镇嶁山小流域治理，治理面积2.5平方千米，投工21.83万个，总投资277.44万元。经过治理，林木覆盖率提高到30%以上，年土壤侵蚀模数下降到742.5吨/平方千米，减少68.4%；蓄水保水量29.9万立方米，保土1.25万吨。

2007—2009年，实施尼山镇西官小流域水土保持综合治理工程，完成治理面积1.07平方千米。主要内容是建设水平梯田发展果园6.67公顷、经济林28.67公顷，封育疏林、补植水保林71.42公顷，建拦砂谷坊7座；完成土石方3.84万立方米，投工2.46万个，完成总投资115.47万元。经治理，西官小流域林木覆盖率提高到22%以上，年土壤侵蚀模数下降到1115吨/平方千米，减少32%，蓄水保水量4.71万立方米，保土0.79万吨。

2008年，实施吴村镇黑虎山小流域治理。主要内容是建设水平梯田，发展果园18公顷、经济林750公顷，封育疏林、补植水保林74公顷，建谷坊2座；工程完成土石方10.84万立方米，投工5.14万个，完成投资146万元。经治理，黑虎山小流域林木覆盖率提高到22%以上，年土壤侵蚀模数下降到1115吨/平方千米，减少32%，蓄水保水量4.71万立方米，保土0.79万吨。

吴村镇九仙山谷坊工程(摄于2013年)

1998年6月,省水利厅下达《关于开展城市水土保持试点工作的通知》,确定曲阜市作为全省3个水土保持试点城市之一,试点工作至2000年6月结束。市政府成立城市水土保持工作领导小组,下设办公室,鲁城、小雪、书院等有关街镇也成立相应领导机构,负责城市水土保持工作的协调;同时,市水利、建委、计划、环保、土地、财政6部门联合向全市下发《印发〈关于曲阜市城市开发建设项目水土保持方案管理审批的规定〉的通知》,市水利局编写《曲阜市城市水土保持规划》。1998—2000年,各部门按照城市水土保持规划组织实施,主要措施是坡改梯253公顷,谷坊22座,整修河道1.11万米,开挖人工湖1处,河道绿化3.7千米,种植草皮437万平方米,327国道绿化2.1千米,总投资1330万元。经过治理,曲阜市城区水土流失面积大大减少,年土壤侵蚀模数由1479吨/平方千米下降到296吨/平方千米,减少80%。

2011年2月至2011年6月,实施八宝山小流域治理,治理水土流失面积1.06平方千米。主要内容是建土坎梯田50公顷,发展果园和经济林56公顷,建浆砌石拦水坝2座、浆砌石蓄水池2个、沉砂池2个;工程完成土方25.9万立方米、浆砌石2143.14立方米、混凝土30.09立方米,栽植果树5.85万株,投工23.1万个,完成投资281.17万元。

第七章　水利管理

全市水利管理内容主要包括工程、农田、水资源、水土保持、财务、行政执法等,全市水利管理体制分为市、乡两级水利管理体制。市(县)级管理机构有市水利局工程管理站、农田水利站、水资源管理站、水政监察大队,局下属水利管理单位有尼山水库管理局、沂河管理所、红旗闸管理所。2012年年底,曲阜市12个镇街恢复水利站,镇街水利站接受市水利局业务领导,根据属地原则,每个镇街的水利工程及设施,由其负责管理维护,配合市水利局做好水利管理的相关工作。

第一节　施工管理

1991—2013年,市水利局在水利工程建设中履行基本建设程序,实行项目法人责任制、招标投标制、建设监理制和合同管理制等制度进行施工管理。

项目法人组建。在工程项目批复后组建项目法人,明确项目负责人、工程技术人员和具体工作人员的责任,层层落实责任制,并加强监督和检查。

采取政府公开招标,选择报价合理、工期较短、技术可靠、资信良好的中标人,施工单位确定后,召开施工图技术交底会议进行技术交底。

质量保障。通过公开招标确定监理单位,建立健全项目法人负责、监理单位控制、施工单位保证和政府监督相结合的质量管理体制,对施工全过程进行监管。从准备、施工到工程竣工与运行的各个环节,均做到质量管理规范化、系统化,从措施、制度、组织等各个方面,建立健全工程质量保障体系。

资金管理。用于工程投资的建设资金做到统一管理，专款专用，账目管理清晰，严格按照合同规定付款。遵循“低成本、高质量”原则，最大限度地保证建设资金的合理、优化配置。

竣工验收。工程完工后，施工单位向项目法人提出工程验收申请，工程项目法人组织技术人员验看施工建设资料和工程现场；经检查认为技术项目具备相应的验收条件的，及时组织法人验收，工程具备竣工验收条件的，项目法人申请上级组织验收。

2009年，在实施沂河景观治理工程过程中，市委、市政府首先成立工程建设指挥部，指挥部领导成员由市委、市政府、市政协分管领导组成，成员由建设相关部门的主要领导组成。指挥部办公室设在市水利局，市水利局局长兼任办公室主任。指挥部办公室下设施工科、财务科、质检科、安全科，同时建立消防保卫制度、文明施工制度、安全生产制度、安全禁令制度。施工单位成立工程项目部，建立健全工程质量检查制度，物资供应部门严格按照设计、规范及使用要求，确保合格的材料、设备进场；工程部门严格按照图纸放样、组织施工；质检部门严格按照“三检”程序做好班组自检、工序互检、专职质检员复检工作，确保无误后，报监理工程师终检验收并办理签字手续。在施工工程中，加强全员质量意识，对不符合要求的问题，人人有权和义务提出。

第二节　工程管理

水库管理

尼山水库属于国家大(2)型水库，市尼山水库管理局负责尼山水库辖区水域及枢纽工程的管理、运行、维护、防洪调度、灌区管理工作。尼山水库大坝安全监测按照《土石坝安全技术规范》(SL—1994)相应规定执行。监测的主要内容有坝体、坝基和坝区、输水洞、正常溢洪道等项目。1980年，省水文总站施测绘制尼山水库万分之一地形图，并据以测算出库容曲线。1997—2011年，4次对尼山库区内水文测报基础设施进行更新升级。2012年6月，在库区、大坝、溢洪道、管理设施区安装有线和无线监控系统。

其他7座小(1)型水库、54座小(2)型水库均为集体所有，分布在防山、吴村、石门山、尼山等镇街，水库的正常管理由所属镇街水利站及受益村具体负责。

河道管理

全市河道管理实行属地管理，由河道沿线镇(街道)负责，市水利局工程管理站负责监督，泗河、沂河河道闸坝工程由市水利局工程管理站总体负责，泗河、沂河道闸坝工程由沂河管理所、红旗闸管理所具体负责；陈寨坝由姚村水利站具体负责；其他小河流的闸坝工程设施由所属镇街负责。每到汛期前，市水利局联合镇街水利站进行河道堤防巡查与检查。汛期期间，沿河主要防汛工段镇街，负责日常的堤防巡视，发现问题及时向市防汛指挥部汇报，进行汛前堤防缺口培复加固等。

1991—2013年，共对10处泗河险工段进行除险加固，累计治理长度7.8千米。沂河城区段防洪能力由1997年不足5年一遇，提高到2013年20年一遇标准。

灌溉管理

1991—2013年，市政府结合国家小农水重点县建设、千亿斤粮食增产项目建设、农业开发综合项目建设，建设一大批高标准农田灌溉设施。在涉农灌溉设施管理保护方面，按照谁受益、谁管理原则，在农村用水者协会和村委会领导下，自我组织、自我管理，制定统一灌溉管理制度，实行微利有偿灌溉服务。1991年，全市有配套机电井8980眼，节水灌溉面积1.19万公顷，铺设节水管道182万米。2010年，市政府印发《曲阜市农村公共供水管理实施细则》，对农业灌溉规划建设、供用水管理、安全监控等方面均作出规定。2013年，全市拥有配套机电井9976眼，节水灌溉面积2.76万公顷，铺设节水管道289.8万米。

第三节　水资源管理

制度建设

曲阜市秉持依法行政、统一管理水资源原则，对水资源开发、利用、保护，实行统一规划，科学配置，统一调度，统一发放取水许可证，统一征收水资源费，统一计量监测水量水质，推广应用先进节水技术，实行工业、农业、生活用水计划管理，开展全面服

1991-2013年曲阜市节水灌溉面积统计表

表7-6

年份	总灌溉	有效灌溉	节水灌溉	节水灌溉率(%)	旱涝保收面积(千公顷)
1991	37.05	34.75	11.92	34.3	29.33
1992	37.05	34.74	12.05	34.7	29.84
1993	38.72	36.06	12.14	33.6	29.84
1994	39.25	36.17	12.27	33.9	29.98
1995	39.25	36.17	13.51	37.35	29.98
1996	40.32	37.29	13.62	36.5	30.89
1997	40.41	37.23	13.62	36.6	30.89
1998	40.07	37.28	15.92	42.7	30.77
1999	40.01	37.17	17.05	45.9	30.7
2000	40.08	37.18	18.14	48.8	32.82
2001	39.34	36.99	19.27	52.1	30.78
2002	37.92	35.45	23.25	65.6	29.91
2003	37.46	33.67	22.74	67.8	29.37
2004	37.35	33.52	23.12	68.9	28.76
2005	37.38	33.63	23.65	70.3	30.06
2006	38.9	35.32	24.36	70	30.44
2007	39.15	35.6	25.08	70.4	30.47
2008	38.91	35.45	25.68	72.4	30.07
2009	38.93	35.46	26.29	74.1	30.07
2010	38.82	35.57	26.75	75.2	30.28
2011	38.72	35.54	26.83	75.5	30.35
2012	38.7	35.52	26.74	75.3	30.76
2013	36.07	34.9	26.94	74.7	30.76

务。1991—1995年，市政府两次修订颁布《曲阜市水资源管理办法》。2011—2013年，市政府先后出台《曲阜市用水总量控制管理实施方案》《曲阜市城市规划区自备井清理整顿工作实施方案》《曲阜市最严格水资源管理制度实施方案》《曲阜市水资源论证前置实施办法》等。到2013年年底，全市工农业发放取水许可证到位率95%，非农业用水计划下达率80%，计量缴费率100%，违法用水案件查处率100%。

水资源三条红线管理

水资源总量控制管理。按照国家政策要求，市政府自2011年开始实行农田灌溉、工业、生活用水指标控制管理制度，将济宁市分配曲阜市控水指标分配到每个镇街、企业及其他用水户，对超过或者接近控水指标单位和镇街，不予批准新增取水量，同时对超计划用水户实行加价征收水资源费制度。

用水效率控制管理。市水利局对新建、改建、扩建项目实行节水“三同时”制度，即节水设施与主体工程同时设计、同时施工、同时投入使用。在工业节水管理上，实行自备井计量制度、水资源费征收制度、水平衡测试制度，指导企业采用废水回用技术，提高循环用水利用率。1991年，全市工业取水量4500万立方米，重复利用率到为38.7%，污水排放率为33.6%。至2013年，工业取水量下降到1036万立方米，重复利用率提高到82.5%，排放率下降到16.8%。在生活节水管理方面，市水利局推行国家节水型器具，在机关、学校、社区、旅游场所普及安装节水阀、卫生间节水设施。到2013年年底，全市节水器具普及率65%。

水功能区限制纳污管理。市水利局对泗河、沂河、崄河、尼山水库、小(1)型水库进行水功能区划分，明确排入河道、水库内的水质目标；同时，加强入河排污口设置管理，严禁城区等重要河段设置入河排污口。市水利局建立市、镇(街道)两级联合巡查入河排污口制度，定期对河道、水库内的水质进行取样化验分析，保证水功能区水质安全。

自备井管理

在自备井管理方面，曲阜市实行取水许可制度、装表计量制度、计划用水制度、水资源费征收制度。2001—2012年，市水利局先后4次对城区自备井集中开展清理整顿行动。2005年，市政府出台《城区封停自备井工作实施方案》，规定以市水利局为主对城区及工业园区自备井进行清查，封停自备井11眼，填埋废弃自备井9眼。2012年年初，市政府开展城区自备井清理整顿工作，对无证取水、违法新建自备井、有证但不能按照取水条件取水或者取水水质达不到国家卫生标准的自备井予以取缔；对符合条件的工业及特殊行业自备井，依法管理；对已获得取水许可证的自备井单位，进行拉网式稽查。7月1日至10月30日，市政府组织水利、住建、食药、城市执法、公安等部门联合执法，开展城市规划区自备井清理整顿工作。至2013年年底，累计清查1200户用水户，其中核查380家餐饮服务业用水户，吊销23家单位自备井取水许可证，封停70家单位直径300毫米以上自备井80眼，其中党政机关事业单位自备井22眼，宾馆饭店单位自备井28眼，取缔手压井270眼。

1991–2013年曲阜市机井运行状况统计表

表7–7

年份	机井数量(眼)	配套机井数量(眼)	水源危机机井数量(眼)	年份	机井数量(眼)	配套机井数量(眼)	水源危机机井数量(眼)
1991	9791	8980	114	2003	12122	10727	134
1992	10062	9119	132	2004	12211	10852	310
1993	10046	9155	87	2005	12119	10711	128
1994	10103	9210	46	2006	12242	10833	131
1995	10175	9307	580	2007	12390	10982	123
1996	10292	9450	430	2008	12468	10968	246
1997	10484	9565	52	2009	12541	11053	209
1998	10344	9505	50	2010	12633	11141	125
1999	10598	9653	243	2011	12682	11163	123
2000	10771	9804	360	2012	12626	11149	612
2001	11004	9929	270	2013	12682	9587	93
2002	11838	10514	124				

第四节 执法管理

水政管理

2002年,《中华人民共和国水法》修订颁布以后,市水利局推进水政监察执法队伍专职化、执法管理目标化、执法行为合法化、执法文书标准化、考核培训制度化、执法统计规范化、执法装备系列化、执法监督经常化,不断增强执法综合能力,全市水事违法案件呈逐年下降趋势。1991—2013年,累计查处水事违法案件367起,下发整改通知单311份,立案56起,结案率为100%,申请法院强制执行案件24起,挽回直接经济损失3.6亿元。

在水行政审批方面,市水利局严格审批流程,把好水行政各类论证关口。设立水政监察大队,下设工程管理、水资源、尼山水库等3个中队,各镇街设立水政监察室。2010年、2011年,市水利局在全市集中开展水资源管理专项执法活动,重点查处无证取水、乱设入河排污口、恶意拖欠水资源费等行为。针对高耗水服务业用水情况进行集中整治,管网覆盖内的餐饮业等与饮水安全密切相关的行业自备井一律予以封停;对取用浅层微咸水用于冲厕、绿化及简单生产用水的自备井经审查符合取水条件者补办取水许可,装表计量,依法缴费,规范管理。集中对洗浴、洗车业进行排查,发现洗浴点15家、洗车店11家,对洗车店划定专门区域集中经营,凡是不在规定区域的洗车站点,逐步予以取缔,对于规范管理的用水单位,依法办理相关手续,缴纳水资源费。该活动封停自备井43眼,规范自备井13眼,取缔洗车店4家,拆除手压井120个。

河道采砂管理

2009年起,市水利局对境内河道、水库采砂进行整体规划与调整,其中对泗河进行重点规划。同时,修订完善《曲阜市河道采砂管理办法》,为依法规范管理河道采砂提供法制保障。

2012年7月,市政府成立河道管理办公室,加大河道采砂整治力度。科学划定砂场,实行定点、定位、定量管理,自觉接受群众和社会监督,采砂许可证实行一年一许可制度,严防偷运砂等不法行为;采砂业主凭砂资源管理办公室发放的砂票运砂,向市财政缴纳管理费、矿产资源管理费、资源税等费用;建立市、镇(街道)、村三级联合巡查机制,做到日日有值班,天天有巡查;建立健全河道采砂举报机制,畅通信息投诉渠道,强化社会舆论监督。

至2013年底,市河道管理办公室组织6次河道采砂专项整治行动,出动执法人员300余人次、车辆70台次,销毁采砂船53台(套),拆除违章建筑76间,取缔违法砂场20余处,征收各项税费累计1680余万元;立案6起,结案6起。尼山镇刘楼村民张某于2010年前后经常到尼山水库盗砂,被市水政执法大队多次查处。2012年7月13日,水库巡查人员发现在颜母庄桥东下水两只砂船,系张某正在盗采库砂,当即勒令张某离开水域,并于次日下达书面通知。因该水域处曲阜、邹城两市交界,两市执法人员哪边去执法,张某就把船只开到另一边,以打游击方式盗采库砂。为此,曲阜、邹城两市水政监察、公安、综合执法等部门联合执法,将其砂船捣毁,设备没收,并对其进行行政处罚。

第五节 水事纠纷处理

曲阜市水事纠纷主要分为三类,因水库蓄水土地被淹而引起,或由农民责任田间打井引起,或城区内部分居民打手压井影响其他居民用水安全引起。1991—2013年,全市成功调解水事纠纷63起,其中1991—2000年36起,2001—2010年22起,2011—2013年5起。总体上看,水事纠纷越来越少,主要原因在于水利工程设施逐步完善,排水、用水民间矛盾减少;水法规政策宣传逐渐深入,群众用水法律意识增强;节水工程基本普及,灌溉技术提高,各行政村成立用水者协会,统一灌溉用水,减少水事纠纷。

第八编

工　业

2008年12月9日，“2009首届孔府家中国儒商文化之旅”现场

20世纪90年代初期，曲阜市开展“质量、品种、效益年”活动，工业生产效益增长较快。1991年，曲阜市城(镇)街道和乡及乡以上企业3024家，全市工业总产值10.45亿元。其中，轻工业企业112家、总产值3.14亿元，重工业企业67家、总产值2.75亿元；全民所有制企业42家、总产值3.35亿元；集体所有制企业137家、总产值2.54亿元，其中乡办企业96家、总产值1.41亿元；城镇合作经营企业13家、总产值77万元，城镇个体企业19家、总产值118万元；农村乡办企业755家、总产值3.20亿元，农村合作经营企业126家、总产值2601万元；农村个体企业1932家、总产值1.09亿元。曲阜市工业总产值、实现利税、技改投资、新产品开发4项指标居济宁市县(市、区)首位。全市有14种产品创优，其中国优1种、部优3种、省优9种。“八五”期间，曲阜市围绕建立现代企业制度，采取股份制、股份合作制、兼并、租赁、拍卖、破产等形式，完成企业改制，盘活存量资产2.35亿元，企业活力进一步增强。1995年，曲阜市城市工业经济效益大幅度提高，全市独立核算工业企业170家，乡及乡以上工业实现销售收入26.6亿元，比1990年增长4.7倍。大中型工业企业11家，即“十厂一矿”，销售收入17.36亿元，其中国有大中小企业7家，销售收入13.60亿元；集体经济企业121家，销售收入6.97亿元，其他经济企业42家，销售收入4.48亿元，其中国有控股企业5家，销售收入3.29亿元；轻工业企业81家，销售收入16.98亿元，重工业企业89家，销售收入9.62亿元；省属企业1家，销售收入1753万元，市属企业63家，销售收入20.01亿元，乡属企业101家，销售收入6.17亿元，其他企业5家，销售收入1640万元。培植出10家利税过千万元企业，孔府家集团实现利税3亿元以上，成为全省白酒行业利税第一大户。1994—1995年，市属企业完成技术开发项目39家，其中6千伏屏蔽电缆、聚氯乙烯绝缘电力电缆、阀控式密封铅酸蓄电池3项新产品达到国家先进水平。利用外资嫁接改造老企业迈出新步伐，批准合资企业25家，合同利用外资3311万美元。1994年，科利水泥集团对市第二水泥厂实施兼并。1995年，市印刷厂、市车辆厂、孔府药厂3家企业经营困难，分别被孔府家集团生达彩印公司、市电源厂和裕隆总公司兼并改组。“九五”期间，曲阜市完成固定资产投资51.2亿元。重点投向基础产业、重点项目，形成一批新的经济增长点。啤酒、电缆、光缆、密封铅酸蓄电池、水泥等扩能改造，铝型材、唐阳煤矿、钢塑共挤型材、摩托车活塞、天昊化工、宇丰专用肥、金丰麦芽、圣旺中药提取、孔子研究院、圣府商城、农机交易市场、圣都副食品批发市场、建材批发市场等项目建设，增强了经济发展后劲。到1995年年底，市属企业总资产累计17.2亿元，比1990年增长9倍。2000年，全市工业企业总数10478家，完成增加值26.28亿元。其中，全部国有及年销售收入500万元以上非国有工业企业50家，完成增加值8.74亿元。在限额以上工业增加值中，国有企业16家，完成增加值2.42亿元，集体企业17家，完成增加值1.48亿元，其他经济类型企业7个，完成增加值4.85亿元；轻工业企业24家，完成增加值4.12亿元，重工业企业26家，完成增加值4.63亿元，轻重工业比例为47∶53。“十五”期间，曲阜市工业立市战略扎实推进。全市完成全社会固定资产投资152亿元，是“九五”时期2.9倍。“十五”末，全市规模以上工业企业117家，比五年前增加67家，实现销售收入68.2亿元、利税8.6亿元、利润4.79亿元。利税过千万元企业13家，其中过亿元1家，过3000万元5家。圣城热电、星村煤矿、唐阳煤矿、旋窑水泥、锦嘉纺织、光纤复合电缆、海关场站和保税仓库等一批大项目形成新的经济增长点。华能电气、金皇活塞、天博汽配、圣阳电源、鲁能电缆等企业发展迅速，有9家企业进入全省千家最具成长性中小企业行列。高新技术企业14家，新开发高新技术产品35个，高新技术产业产值占工业总产值比重为30%。全市工业形成轻工、煤炭、建材、电子、旅游、橡胶、化工、机械、医药九大门类。全市生产性投入18.28亿元，其中市属企业完成9.13亿元，民营经济完成9.15亿元。2003—2005年，曲阜市新上技改项目116个，累计完成技改投入23.5亿元。电缆集团等5家企业建立省、市级企业技术开发中心，高新技术占工业增加值比例30%以上。“十一五”期间，曲阜市工业经济在引导扶持、扩能增效中调整振兴。2010年，全市规模以上工业企业314家，实现业务总收入247亿元、利税33.3亿元、利润19.3亿元，年均分别增长30%、16%和17%；高新技术企业发展到20家，国家级高新技术企业4家，万元GDP能耗累计降低23%。传统产业加速改造升级，累计为企业提供贷款担保13.08亿元，支持企业实施技改项目448个，总投资108亿元。裕隆集团新上60万吨洗煤厂，销售收入突破20亿元；天博工业园开工建设，并与美国ITW集团达成合作协议；圣阳电源完成股份制改造，新上锂电池、胶体电池等项目，成为国内铅酸蓄电池行业唯一通过出口免验企业；燕京3.6万瓶/小时啤酒灌装生产线投产，经营效益不断提升；金鲁城集团通过联姻中联水泥，驶入发展快车道；东宏大口径管材项目竣工投产，“东宏实业及图”成为济宁地区5个中国驰名商标之一。“十二五”期间，曲阜市坚持以科学发展观统领全局，工业经济呈现出结构持续优化、活力明显增强、消耗不断降低、效益大幅提高的良好态势。2011年，圣阳集团公司成功登陆深圳中小板市场，是曲阜市第一家在内地上市公司。2012年，市委、市政府确立“工业立市”发展战略，推动产业升级，制定信息产业、汽车及零部件、生物医药三大主导产业发展规划，优选重点骨干企业倾力扶持，推进节能降耗和科技创新等一系列措施实施和落实，为工业发展注入动力。2013年，全市规模以上工业企业160家，完成工业总产值206.25亿元；年末，高新技术企业40家，高新技术产业产值52.12亿元，占规模以上工业总产值比重26.58%；实现业务主营收入247.39亿元，实现利税38.03亿元；全市完成工业投资78.34亿元，完成改建和技改投资75.81亿元。曲阜工业形成机械制造、信息化、生物医药、食品加工、建筑建材、旅游六大特色产业集群，其中机械制造产业集群和信息化产业集群被认定为济宁市第一批市级中小企业产业集群。2013年年底，六大产业集群企业2900余家，从业人员14万余人。全市中小微企业3444家，个体工商户2.6万户。曲阜市万元GDP能耗为0.7933吨标准煤，比2012年降低3.85%，规模以上工业万元增加值能耗比2012年降低4.71%，主要固体废物综合利用率92%以上。

第一章　管理机构

第一节　经济和信息化局

曲阜市经济和信息化局（简称市经信局）前身为曲阜市经济委员会（简称市经委）。1991年，市经委位于鼓楼大街中段，内设党委办公室、政工科、人秘科、财务科、审计科、生产科、企管科、科技科、劳资科、安全科、节能科、技术进步办公室、计划生育办公室、老干部科、综合科、业务科、网点办、团委、妇联19个科室，机关人员51人。市财贸办公室为正科级行政单位，由市经委代管。1993年12月，市经委撤销，组建市经济贸易委员会（简称市经贸委），下设技术进步办公室、人事秘书科、政工科、行政办公室、生产调度办公室、企业管理办公室、财务审计办公室、节能环保办公室、财贸办公室、职工教育办公室等10个科室，编制46人。1995年12月，市财贸办公室撤销，归口市经贸委管理，为正科级内部机构。1998年7月，市经贸委增挂市政府生产调度室牌子。2000年10月，市劳动和社会保障局管理的市安全生产委员会办公室移交市经贸委管理。2001年7月，市经贸委党委改建为经贸委党工委。同年10月，市安全生产委员会办公室改建为市安全生产监督管理局，由市经贸委管理。2002年5月，市经贸委撤销，市乡镇企业局、财贸办公室、物资总公司、二轻总公司、商业总公司、对外经济贸易委员会、经贸委等7个局级单位合并，连同安全生产监督管理局，组建为市经济贸易局（简称市经贸局）。其中，乡镇企业局更名为民营经济办公室，为市经贸局中层机构；物资总公司、二轻工业集团总公司、商业总公司合并为三产办公室，对外经济贸易委员会改为对外经济贸易局，财贸办公室取消。同时，经贸委党工委更名为经贸局党工委。市经贸局下设办公室、政工科、经济运行科、技术进步科、企业管理科、民营经济办公室，编制为34人。2008年6月，市政府设立节约能源办公室，为副科级事业单位，隶属市经贸局管理。2010年4月，市政府设立市经济和信息化局、挂市商务局牌子（简称市经信局），为市政府工作部门，下设办公室、政工科、经济运行办公室（挂调研室牌子）、技术进步科、信息化办公室、中小企业管理办公室、

行政许可科、对外贸易科、投资促进科等9个职能科室，编制42人。

第二节　乡镇企业管理局

曲阜市乡镇企业管理局前身为市多种经营乡镇企业局。1991年，市多种经营乡镇企业局为市政府工作机构，内设办公室、财务股，审计股、企管办、职教办、科技股、信息股、生产股、多种经营股等组织机构，工作人员32人；直属企业有市供销公司、市建材公司、市皮革厂、市兽药厂、市展销经理部等。1993年12月体制改革，更名为市乡镇企业局，内设办公室、生产计划科、财务审计科、企业管理科、科技信息科等5个科室，工作人员17人；管理机构有经济贸易办公室。1995年，局直属企业3家：圣旺集团、市供销公司、市建材公司。2002年5月，市乡镇企业局撤销，改为市民营经济办公室，为市经贸局中层机构。2004年5月，撤销市经贸局民营经济办公室，设立市民营经济发展局，经济贸易局加挂民营经济发展局牌子。2010年，市民营经济发展局合并到市经信局，为市经信局中层机构。

第三节　供电局　供电公司

曲阜市供电局位于曲阜城西北校场路，1991年，占地22万平方米，建筑面积6136.75平方米，内设办公室、生产办公室、财务办公室、监察教育办公室、工会办公室、三电办公室、保卫股、接待站、车队、调度室、线路工区、修验场、营业室、计量室、材料供销公司等15个组织机构，下辖薛村、防山、陵城、孟庄、管村等5个变电站和姚村、吴村、董庄、王庄、时庄、城关、书院、防山、小雪、息陬、陵城、南辛、尼山等13个供电站。1993年，有员工334人，其中技术人员87人。1998年，曲阜市供电局上划为省电力集团子公司。同年，成立劳动服务公司、华能电器制造公司、电力安装公司。开办圣西祥电力电器商场。2002年11月，更名为曲阜市供电公司。到2002年年底，有职工446人，其中各类专业技术人员147人，固定资产总额2.2亿元，营业客户16.25万户。2005年，拥有35千伏及以上变电站17座（含境内隶属济宁供电公司220千伏曲阜变电站），其中110千伏变电站6座（薛村、防山、苗孔、姚村、孟庄、新区变电站），35千伏变电站10座（管村、南泉、开发区、陵城、书院、息陬、南辛、尼山、吴村、大同变电站）。2011年7月，完成资产划转工作，成为山东电力集团公司全资子公司。2013年7月，名称规范为国网山东曲阜市供电公司。同年12月，开展机构编制和职责优化调整，内设10个职能部门，下辖镇（街道）供电所13个。

第四节　商业局　商业集团总公司

1991年，市商业局位于鼓楼大街中段路东，属于市政府工作机构。1993年12月，更名为市商业集团总公司，转为经济实体。下属企业有百货总公司、五金交电化工总公司、糖酒茶副食品总公司、华侨友谊总公司、食品总公司、食品厂、饮食服务公司、电力控制设备厂、商汇总公司、摄影冲印公司、冷饮公司、彩色塑料印刷厂、广告装潢公司、鲁都工业品市场等，有干部职工2000余人。1995年，商业系统下属企业发展到20余家，主要有华联商厦、百货大楼有限公司、方圆百货有限公司、商业大楼、宏大开关设备有限公司、天民食品有限公司、百货公司、五金公司、食品公司、饮食服务公司、摄影冲印公司、工业贸易公司、塑料制品彩印厂等，经营范围有百货、五金、副食、针纺、服装、鞋帽、家电、化工、餐饮、住宿、彩色印刷、高低压开关、食品加工、冷藏、冷饮等。市商业集团总公司依据《中华人民共和国公司法》先后对18家企业进行股份制改造，1家企业实行租赁经营。在18家改制企业中，有17家改为股份制有限公司，1家改为股份合作制。2001年，按照《中华人民共和国破产法》要求，对11家资不抵债、扭亏无望的老企业依法实施破产重组。2002年，曲阜市商业集团总公司机关设8个职能科室，有39人，下属19家企业，其中流通企业15家，商办工业4家。同年4月，市商业集团总公司撤销，其职能划入市经济贸易局。

第五节　物资局　物资集团总公司

1991年，市物资局位于鼓楼大街南首路东，占地7039平方米，建筑面积5695平方米，属于市政府所属经济组织，为企业编制。1993年12月，机构改革组建曲阜市物资集团总公司，内设办公室、经营管理科、财务审计科、劳动人事科，下辖燃料公司、金属材料公司、机电设备厂、化轻公司、木材厂、金属回收公司、建材厂、物资协作开发公司、汽车销售公司、基建物资承包公司、物资综合公司、物资供销公司、物资建筑装饰公司、物资局中心、物资宾馆15个经济实体单位，主要经营煤炭、钢材、木材、水泥、化工材料、机电产品、汽车、汽车配件等，有职工307人。1995年，物资集团总公司对所属15家公司进行改组、改制，将汽车销售公司、物资建筑装饰公司等5家人员较少、基础较好的公司改制为有限责任公司；将化轻公司、木材公司2家资不抵债的公司分别合并归属物资贸易中心和基建物资承包公司。当年，物资集团总公司完成物资购进额3490万元，物资销售额3850万元，上缴利税27万元，各项经济指标在济宁市同行业中名列前茅，是济宁市13个县(市、区)中唯一不亏损的物资企业，被评为全省物资系统先进单位。1998年2—4月，对燃料公司、机电设备公司实行股份制改造，组建鲁旺燃料有限公司和广联机电设备有限公司。到1998年底，物资系统改制企业7家，其中有限责任公司3家，股份合作制2家，租赁经营、承包经营2家，改制面为87%。2002年4月，物资集团总公司撤销，其职能划入市经济贸易局。

第六节　二轻局　二轻办公室　二轻工业总公司

1990年，市政府设立市二轻办公室，为科级事业单位，对外挂二轻工业局牌子，1993年12月，更名为市二轻工业集团总公司，转为经济实体，内设总经理办公室、综合科、生产科、科技、财务科、室内装饰行业管理办公室。机关工作人员16人，其中大中专以上文化程度10人，具有中级职称7人。下辖企业有地毯厂、电机厂、锻件厂、木器厂、工艺美术厂、慧迪精细化工有限公司、车辆修造厂、塑料工业公司、服装公司、二轻工业供销总公司、轻工业供销公司、钟表眼镜公司等，有干部职工2000余人。1994年，对慧迪精细化工有限公司、二轻工业供销总公司、地毯厂实行股份制改造。2001—2002年，二轻工业集团总公司对下属11家企业中，除钟表眼镜公司(因特殊情况不能改制仍为市属集体所有制企业）外，全部实施改制，其中改为股份合作制企业7家(电机厂、锻件厂、慧迪化工有限责任公司、服装公司、工艺美术厂、轻工业供销公司、二轻工业供销总公司)。国有、集体资产全部退出，由企业按股份合作制企业章程自负盈亏，自主经营。改为股份制企业1家(地毯厂)，实施企业破产2家(木器厂、塑料工业公司)。2002年4月，市二轻工业集团总公司撤销，其职能划归市经济贸易局。

第二章　工业体制改革

第一节　企业生产承包责任制

1991年，曲阜市设有经济体制改革委员会，具体指导城市经济体制改革。在部分企业中试行厂长(经理)经营责任制，扩大企业自主权。推行“一包三改”，乡镇企业发展较快，1997年，发展到496家。1998年，私营企业发展到216家，注册资本1.05亿元；个体私营经济增加值占全市国民生产总值7%。

1987年，市政府撤销工业和二轻2家行政性公司，推行以承包为主要内容的企业经营责任制，并成立招标市场办公室，公开招标，竞争承包。10月，制定印发《关于在全市推行承包经营责任制的试行意见》。到年末，市属114家企业中，100家签订承包合同，占87.7%；133家乡镇企业中，126

家签订承包合同，占94.7%；少数企业试行租赁制。同时，实行厂长（经理）负责制、任期目标责任制和离任终结审计制。市商业局对所属8家公司采取招标承包或经营承包形式；市供销社对所属24家企业实行承包经营，与所属企业关系由行政管理型转变为法律契约型。至1993年，曲阜市先后出台有关承包方面的文件12个，不断完善承包合同条款，强化企业监督、约束机制。两轮承包期中，共有12个系统99家企业签订承包合同书，有77家企业完成或超额完成任务，占77.8%；22家企业未完成任务，占22.2%。共兑现奖金440.1万元，扣罚金额19.5万元。

第二节　“四放开”和“公有民营”改革

“四放开”　即放开经营、放开价格、放开用工、放开分配制度。曲阜市工业企业放开经营始于1991年初，首先在全市重点企业“十厂一矿”（即市酒厂、啤酒厂、农机厂、水泥厂、电缆厂、橡胶厂、纺织厂、化工厂、地毯厂、配件厂和单家村煤矿）和市属亏损企业进行试点，下半年全部放开。1991年10月，开始在7家国合商业企业进行“四放开”试点。1992年4月，对试点企业进行检查验收。在总结试点经验基础上，对全市国合商业企业全部实行“四放开”，并相继延伸到粮食、物资、外贸等流通行业。

“公有民营”　即在干部、职工身份不变，工资等级不变，劳保福利不变“三不变”前提下，将原有固定资产、营业设施、库存商品等转租给职工个人或集体经营，与承租者签订合同，一定3年，其资金由企业逐步抽回。1993年年初，曲阜市探索流通领域改革，采取“租壳卖瓤”“抽本经营”“一引两退”“利润大包干”“引厂进店”等不同类型的“公有民营”形式。市委印发《关于推行“公有民营”改革的实施意见》，坚持“国家所有，个人承租，风险抵押，照章纳税，自负盈亏”原则，根据各自特点，宜卖则卖，宜租则租，宜包则包，采取灵活多样的形式进行改革。全市共有59家企业438个门店进行公有民营改革，抽回资本金275万元，收缴租赁费364万元。

第三节　三项制度改革

自1992年起，曲阜市对企业人事、劳动、工资分配三项制度进行改革，制定《关于深化企业改革，以打破“一大三铁”为重点转换企业机制的意见》，首先在经委、二轻、商业、粮食、供销、物资、旅游、交通等16个经济主管部门32家企业进行试点，随后在全市各系统和企业推开。全市84家企业实行厂长聘任副职，12名原副厂级行政干部落聘，新聘149人，其中工人身份占47%。87家企业实行厂长聘任中层干部，有72名原中层干部落聘，成为一般员工；新聘中层干部891人，其中工人身份占70%。有16家亏损企业厂长（经理）登上黄榜，对6名因经营管理不善不能按期扭亏厂长（经理）就地免职。全市优化下岗职工280人，90%以上通过厂内退养、发展第三产业、自谋职业和厂内待业等形式进行安置。全市有16家工业企业5300名职工实行岗位技能工资，24家工业企业4800名职工实行计件工资，企业购销人员普遍实行提成工资。

第四节　实行重奖政策

1993年，市委、市政府印发《关于鼓励企业加快发展的意见》《关于进一步促进全市城市经济持续、快速、健康发展的试行意见》，年初签订责任状企业14家。1995年，签订责任状企业12家。对完成或提前完成第一轮签状目标的孔府家集团、科利水泥有限公司等9家企业，提前超额完成第二轮签状目标的孔府家集团、裕隆总公司、山东三孔啤酒集团等5家企业实行重奖兑现，两轮共兑现资金462万元。1994—1997年，部门与企业目标责任兑现，按实现利润，以市委、市政府文件规定进行兑现。

第五节　劳动用工制度改革

1991年，曲阜市劳动用工开始向社会化迈进，企业用人打破身份界限，就业体制发生转变。1994年，曲阜市实行全员劳动合同制，有2万余名职工与企业签订劳动合同。

1994年10月，曲阜市成立市劳动监察大队，纠正和处理部分企业在劳动用工等方面的不法行为。按照建立现代企业制度要求，实行以按劳分配为主体，其他分配方式为补充，效率优先、兼公顾平的分配制度，同时加强企业工资总额的宏观管理，完善“工效挂钩”办法。1995年，审批挂钩企业112家，职工19359人，核定工资基数11246.4万元。1996—1998年，继续推进退休工资分配制度改革，加强宏观调控与监督管理，推行工效挂钩和企业岗位技能工资，指导企业搞活内部分配，实行多种形式的分配方式。到1998年年底，曲阜市154家企业中，实行技能工资制56家、岗位技能工资制10家、计件工资制44家、承包效益工资制36家、计时工资制3家、其他形式5家。2008—2011年，曲阜市就业总量稳步增长，全市累计实现城镇增加就业2.89万人，其中高校毕业生就业7371人，下岗失业人员再就业7820人，困难群体再就业1750人，增加农村劳动力转移3.12万人次；全市城镇登记失业率始终控制在4%以内。推行劳动用工备案制度，全市备案企业370家，备案职工4.8万余人，规模以上企业劳动合同签订率98%；劳动人事仲裁机构共立案仲裁争议案件298件，案件结案率始终保持在100%。2012—2013年，曲阜市设立1100万元小额担保贷款基金，2年共为符合条件的945名创业人员办理创业贷款6110万元；开发公益性岗位160人，重点安置困难家庭大学生。新建6200平方米的人力资源和社会保障综合服务中心，完善镇街、村居基层平台建设，实现市、镇、村3级联网，信息共享。曲阜市2年实现城镇增加就业1.63万余人，增加农村劳动力转移就业1.69万人，城镇失业人员再就业5431人，城镇登记失业率保持在3%以内，就业形势相对稳定。

第三章　乡镇企业

曲阜市乡镇企业有建材、建筑、酿酒、造纸、化工、机械制造、食品加工等多个门类。1991年，全市乡镇企业8048家，从业人员7.98万人，工业总产值5.96亿元。到1995年年底，全市乡镇企业完成销售收入44.4亿元，实现利税4.6亿元，其中乡镇属企业6593万元，村办企业实现3.96亿元；企业个数增加到9532家，从业人员12.01万人。市委、市政府印发《关于鼓励乡镇企业加快发展的实施意见》《关于深入学习苏南经验，加快发展乡镇企业的意见》《关于加强对乡村骨干企业厂长（经理）管理的意见》等文件，促进乡镇企业发展。到1998年年底，全市311家乡镇集体企业全部进行改制。

第一节　企业改制

20世纪90年代中后期，随着社会主义市场经济体制的逐步建立和完善，乡镇集体企业的传统优势逐步减弱，多数乡镇企业出现严重亏损，部分企业处于停产或半停产状态。针对乡镇企业发展中遇到的困难，市政府多次在《政府工作报告》中将企业改制工作作为全市重要工作加以强调，多次召开专题会议，出台一系列政策，引领和推动企业调整与发展；指导企业依法制定改制方案，建立公司管理结构，实施全员劳动合同制，建立公司制、法人制、股份制等现代企业制度；实施市场化运行工程、名牌产品工程以及现代企业制度试点、抓大放小促进企业改革改制等。1998年，全市311家乡镇集体企业全部进行改制，组建股份有限公司1家，有限责任公司15家，股份合作制17家，组建济宁市级以上企业集团14家，其中省级以上9家，租赁企业113家，兼并联合2家，依法破产27家，折卖转让75家，承包经营47家。通过企业改制，盘活闲置资产，1996—1998年，全市盘活存量资产1.18亿元。

第二节　企业管理

市、乡(镇)两级政府在增加乡镇企业资金投入、提升技术改造水平同时,强化企业管理,提升企业管理水平和人员素质。

1993年,全市乡镇企业拥有工程、会计、统计、审计、经济等各类技术职称人员779人,其中高级职称2人、中级职称109人、初级职称668人。孔府酒庄、王庄造纸厂、岩棉厂、保宁淀粉厂被评为省级企业管理达标企业;巾被厂、石棉瓦厂、制桶厂、专用肥厂、铝制品厂、缫丝厂、陶瓷厂、炭黑厂、溶剂厂、拖拉机配件厂、琉璃瓦厂、南关涂料厂、姚村造纸厂等被评为济宁市企业管理达标企业。

1995年,市委、市政府印发《关于鼓励乡镇企业加快发展的实施意见》,对乡镇、村街企业引进“四高”(高附加值、高技术含量、高出口创汇、高市场占有率)产品、项目、资金、人才等方面都作出奖惩规定;制定《关于深入学习苏南经验,加快发展乡镇企业的意见》,引进外地项目8个,合同利用资金2000多万元。市委制定下发《关于加强对乡村骨干企业厂长(经理)管理的意见》,对全市30多家骨干企业厂长(经理)进行双重管理,推动骨干企业快速上规模、上档次。

1996—1998年,全市乡镇企业重视人才引进和培养工作,对企业工作人员特别是技术骨干和管理人员进行多种形式培训,提高管理水平和技术水平;同时,多渠道引进和使用各类人才,特别是高、精、尖人才。1996年5月30日,市委、市政府印发《关于深入开展管理效益年活动的实施意见》,突出成本、财务、资金、质量管理4个重点,提高乡镇企业运行质量、经济效益和服务质量。引导企业在提升人员素质的同时,强化企业管理,把科学管理作为转变经济增长方式关键来抓。

第四章　民营经济

民营经济是曲阜经济发展的主力军。1990年,全市个体工商户12001户2.56万人,民(私)营企业153家,从业人员2861人。1991年,发展个体工商户2928户,新增民(私)营企业46家。1997年,全市个体私营业户7602家,其中个体工商户7432户,民(私)营企业170家,个体私营经济总产值1.83亿元,占全市经济总量3.5%,其中个体工商业6760万元,民(私)营企业1.15亿元。2000年,全市个体私营业户1.46万户,其中个体工商户1.42万户,民(私)营企业360家,个体私营经济总产值7.28亿元,占全市经济总量10.8%,其中个体工商业4.44亿元,民(私)营企业2.85亿元。2013年,全市民营经济发展到3.04万家,其中个体工商户2.64万户,民(私)营企业3952家,实现营业收入775.27亿元,缴纳税金21.41亿元。

第一节　个体工商户

1991年,曲阜市个体工商户1.49万户。1993年8月,市政府出台《关于鼓励个体私营经济加快发展的意见》,全年发展个体工商户4120户。1997年,新发展个体户3478户,从业人员5217人,注册资金369万元。1998年,全市有长期个体户9000户,从业人员2.7万人,注册资金6824万元。2001年,对登记各类市场主体进行审查,落实“三严格、三禁止”登记原则。2004年,市工商局支持下岗失业人员从事民营经济,下岗失业人员凭“再就业优惠证”办理个体营业执照132户,免收各类费用30余万元。2005年,市工商局增强“窗口”服务意识,优化“窗口”服务环境,简化登记工作流程,实行“一审一核”登记制度和AB角工作制及当场登记办法,构建局所网络,实现个体工商户分层分类登记。2007年年底,全市有个体工商户8996户,注册资金1.44亿元。2008年9月1日，取消个体工商户管理费。2011年，全市有个体工商户1.03万户。2013年，新登记个体工商户3837户，新增资金数额6.09亿元。到年底，全市个体工商户2.46万户，从业人员7.13万人。

第二节 民营企业

1991年，曲阜市发展企业196家，其中民（私）营企业46家。1992年发展企业495家，其中民（私）营企业72家。1994年，国家《中华人民共和国公司法》颁布实施，市工商物价局以此为契机，采取多种形式，利用报纸、电台、电视等新闻媒介对《中华人民共和国公司法》进行广泛宣传；根据公司法和“公司登记管理条例”要求，把公司登记程序分为受理审查和核准登记两个环节，提高工作效率。1995年，支持企业按照建立现代企业制度要求进行多种产权形式的改制、改造和改组工作。组织民（私）营企业开展互帮互保活动，加快民（私）营企业资金运转速度。1997年8月，曲阜市工商局被评为全省个体私营经济登记管理、公司规范先进单位。到2007年年底，曲阜市登记注册各类企业2139家，其中内资企业1012家，注册资本24.94亿元；民（私）营企业1127家，从业人员1.05万人，注册资本13.48亿元；法人企业398家（含有限公司155户），营业性单位614个。全市企业集团6家，注册资本4.15亿元。2010年，市工商局印发《关于充分发挥工商职能作用努力保增长扩内需促发展的意见》，出台36条帮扶措施，优化投资环境。2012—2013年，在法律法规允许的范围内，本着能宽则宽、能简则简、能快则快的原则，降低门槛、简化工商登记程序，提高服务效率。全市新登记内资企业56家，新登记私营企业1145家，新增注册资本32.9亿元，共有私营企业3181家。

第五章 酿酒

曲阜市酿酒历史悠久，工艺先进，酒香纯正。20世纪90年代，酿酒企业在各镇街遍地开花，一大批酿酒企业，如孔府酒庄、曲阜二酒厂、圣泉酒厂、孔圣府酒厂等拔地而起，成为当时骨干企业，出现一批名优产品，如孔家家酒、圣府家酒等，带动上下游配套产业发展，酒容器、酒包装等，如美术陶瓷厂等企业不断壮大。1991年，曲阜市白酒产量1.2万吨，啤酒产量2.91万吨，两酒产销两旺，“孔府家酒”“三孔啤酒”均为曲阜市重要支柱企业。1995年，全市白酒产量4.67万吨，啤酒产量9.57万吨，其中孔府家完成销售额9.8亿元，列全国500家经济效益最佳企业第265位，跻身中国白酒行业前3名；啤酒产量9.57万吨，也大幅增长。后受市场因素影响，乡镇或个体酿酒企业于2000年前后效益下滑，或被重组改制，或退出市场。2000年，全市白酒产量1.55万吨；啤酒则大幅增长，产量19.12万吨。2005年，曲阜市白酒产量0.58万吨，进一步下滑；啤酒产量12.47万千升，也有所下降。2010年，白酒产量8314.5千升，啤酒产量13.5万千升，均有所回升。2013年，曲阜市白酒产量7549千升，啤酒产量13.73万千升。

第一节 白酒

孔府家酒业有限公司 孔府家酒业公司（简称孔府家）前身是曲阜酒厂，位于曲阜市裕隆路9号（静轩西路）。1991年，有员工1481人。1992年，晋升为国家大型企业，跨入中国500家经济效益最佳企业行列。1993年，有固定资产1.5亿元，年产优质酒2万吨，创利税1.1亿元，获“全国同行业经济效益十强企业”“山东省同行业排头兵”“济宁市第一利税大户”等称号。品牌产品“孔府家酒”获“全国驰名白酒精品”及“全国市场竞争力第三名”等称号。1994年，年产优质粮食酒3.5万吨，实现利税2.1亿元；4月，“孔府家酒”被评为“中国公认名牌产品”；12月，被中国质量检查协会推荐为国产精品。同年，曲阜酒厂改制为曲阜孔府家集团总公司。1995年，“孔府家酒”获1995全国畅销商品金桥奖，位居1995白酒类全国市场占有率第一位，畅销东南亚，跻身欧美市场。曲阜酒厂为适应市场需求，开发研制新产品，探索包装、设计新路子，成功研制出精品孔府家酒、特A孔府家酒、扁瓶孔府家酒等系列，使孔府家酒由原来单一品种（大陶孔府家酒）发展到高、中、低档次系列孔府家酒；成功研制“放线菌除臭窖泥生产新工艺”，孔府家酒质量有显著提高。1996年，孔府家酒被评为“中国家庭爱用品牌”。1997年，孔府家集团以曲阜市酒厂为龙头，采取独资、合资形式，成立劳动服务公司、生达彩色印刷包装有限公司、销售公司、华美装饰安装有限责任公司、孔府家葡萄酒有限公司、君马食品有限公司、孔府家进出口贸易有限公司、曲阜华美包装材料有限公司、包装材料回收有限公司、鑫达酒水有限公司和美佳食品有限公司等企业。同年，“孔府家酒”系列产品被确定为山东省消费者喜爱知名产品。1998年，孔府家进行公司规范化改造，成立山东孔府家集团有限公司。同年，孔府家酒销售商品酒1.94万吨，其中散白酒2200吨，完成销售收入3.04亿元，实现利税1亿元。1999年，孔府家集团在管理机构设置设立“五部一室一公司二中心”，建立以市场为导向的组织结构。2000年，聘请全国著名白酒专家周恒刚、沈怡方对产品质量及工艺操作进行技术指导。2001年10月，通过中国方圆标志认证委员会专家统一审核，成为山东省白酒行业首家通过ISO 9001质量认证、ISO 14001环境体系认证企业。2004年6月，孔府家集团被山东省工农业旅游示范点评定委员会评定为山东省工业旅游示范点。2007年，孔府家集团改制为曲阜孔府家酒业有限公司（简称孔府家酒业）。当年实现销售收入1.6亿元，上缴税金2113万元。2008年，孔府家酒业举办“2009—首届中国儒商文化之旅”活动；2009年，举办“孔府家酒获国优20周年庆典”活动；孔府家酒通过中国食品工业协会白酒专业委员会“纯粮固态发酵白酒认定”。2010年，被中国酿酒工业协会和山东省政府联合授予“中国低度浓香型白酒著名企业”称号；同年，投资500万元，对地下酒库进行改造。2011年，举办孔府家第二十八届酒文化节暨儒雅香孔府家酒封藏大典。2012年，孔府家品牌获2012年度最具复兴价值品牌称号。2012—2013年，孔府家酒业实现销售收入8.03亿元，上缴税金1.8亿元。到2013年年底，孔府家酒业公司占地面积40余公顷，拥有陈年窖池7200余座，年生产优质粮食酒能力2万余吨，优质基酒储存能力3.5万余吨，在职员工868人，其中国家、省、市级白酒评委23人，工程技术人员76人，技能人才185人。

儒雅香孔府家酒地下珍藏库（摄于2013年）

孔府酒坊集团有限公司 成立于1995年3月，位于曲阜市合德路，主营“孔公家酒”“孔府酒坊酒”“曲阜人酒”等系列产品。2013年，厂区占地面积4万余平方米，固定资产2000万元，拥有员工300余人，其中省评酒师2人，技术人员20余人。生产孔府酒坊、鲁泉特曲等品牌产品100多种，获得ISO 9000质量管理体系认证。

孔府酒庄 位于静轩西路，属鲁城街道西关民族居委会所办企业。占地2公顷，建筑面积1.25万平方米。孔子七十七代嫡孙女孔德懋曾为该厂名誉经理。产品有“孔家”“大成”“保健”三大系列30个花色品种。1991年，孔家宴酒获“省优”“部优”产品称号；1992年，获第三十一届世界博览会金奖和银奖。1994年，公司固定资产1015万元，年产白酒3000吨，年产值3000万元，利税800万元，晋升为国家中型企业。2000年后，因市场原因效益下滑。2005年，孔府酒庄停产。

圣府酿酒有限公司 又名二酒厂，位于静轩东路南侧，属鲁城街道南池居委会所办企业。占地3.13公顷，建筑面积5572平方米。1992年，圣府家酒获农业部首届食品博览会铜牌奖；1993年，获国际旅游协会“金帆奖”。1994年，实现产值2800万元，利税750万元。1998年，二酒厂因市场和经营原因转产。

第二节 啤酒

1991年，曲阜市啤酒厂占地13.33公顷，员工1010人，年产量2.89万吨，实现利税879万元。1992年，在厂西500米处建设3座职工宿舍，满足110户职工住房需求。1993年10月，与英国中国投资发展基金有限公司合资经营，英方以795万美元现汇投资，企业更名为曲阜三孔啤酒有限公司。

1994年7月，曲阜三孔啤酒有限公司在曲阜市率先进行股份制改造，改组成为曲阜三孔啤酒集团股份有限公司，职工参股800万元；公司与德国DAB公司签订为期10年的技术合作合同，内容包括使用DAB公司全套啤酒生产啤酒专利技术，生产DAB公司“汉莎”啤酒，同时利用德国技术对三孔啤酒生产工艺进行改进。全年生产销售啤酒7.09万吨，实现销售收入1.9亿元，利税4872万元。1995年，在全国啤酒行评中，三孔一级啤酒、三孔优级啤酒和三孔干啤同时获“中国优质啤酒”称号；在全省啤酒行业中，产销量和经济效益均居第二名；全年生产销售啤酒9.56万吨，实现销售收入2.5亿元，利税6402万元。同年6月24日，投入资金200万美元，引进易拉罐啤酒生产线，生产速度3万听/小时，可年产易拉罐啤酒4万吨。

1997年9月，经山东省经济体制改革委员会同意，成立以主营啤酒，兼营麦芽制造、包装物制造、餐饮等多种经营的山东三孔集团有限公司。全年完成啤酒产量16.49万吨，实现利税9666万元。同年，三孔集团有限公司被确定为济宁市十大重点企业集团之一，被省政府确定为“九五”期间山东省啤酒行业重点发展的两大企业之一。1998年，实施新30万吨扩建工程；当年生产啤酒21.5万吨，实现销售收入3.43亿元，利税1.29亿元。同年，公司产品通过ISO 9002质量认证。1999年5月，购进德国（Huppmann）霍普曼全自动糖化生产设备、瑞士Filtrox全自动烛式滤酒机、美国巴雷—威米勒3万听/小时生产线、荷兰Skalar啤酒全自动分析仪。2000年，山东三孔集团有员工2334人，主要产品为三孔“汉莎”“鲁啤”品牌啤酒，实现产值近3亿元，利税6063万元。

2001年3月，北京燕京啤酒有限责任公司、北京企业（啤酒）有限公司和曲阜三孔啤酒股份有限公司三方进行资产重组，共同组建燕京啤酒（曲阜三孔）有限责任公司（简称燕京三孔公司），注册资本2.3亿元元，拥有总资产3.4亿元，占地66.66公顷，员工2200余人。2002年，燕京三孔公司生产啤酒16.77万吨，销售啤酒16.82万吨，实现销售收入2.41亿元，利税5831万元。2003年，三孔牌啤酒被评为山东名牌产品。2005年，燕京三孔公司实现销售收入2.08亿元，实现利税2874万元。2007年，通过国家实验室能力验证，获安全标准化（轻工）二级企业称号。2009年，对原包装二车间厂房进行改造，对灌装设备进行整体更新，淘汰8000瓶/小时啤酒灌装线，安装3.6万瓶/小时啤酒生产线一条；对原易拉罐生产设备进行改造，开发500毫升易拉罐啤

燕京三孔啤酒公司酿造车间外景（2013年摄）

酒。同年,燕京三孔公司通过国家质量管理体系认证,被评为中国啤酒工业优秀企业;2010年,被评为山东省全省轻工行业安全生产先进单位。2011年,投资3000万元对原包装五车间进行厂房改造,淘汰3万瓶/小时啤酒灌装线二条,新上4万瓶/小时纯生啤酒生产线一条;开发燕京纯生啤酒和燕京鲜啤系列产品;全年实现销售收入3.3亿元,利税7321.74万元。2012年,通过国家HACCP管理体系认证。2013年,燕京啤酒(曲阜三孔)有限责任公司拥有总资产3亿元,占地53.33公顷,年生产啤酒能力30万吨,员工1652人,有各类专业技术人员72人,其中国家一级酿酒师40人、二级30人,国家一级评酒师2人,为国家大型企业。

1991—2013年曲阜市啤酒经营指标完成情况统计表

表8-1

年度	销量(吨)	利税(万元)	年度	销量(吨)	利税(万元)
1991	28941	897	2003	132163	4519
1992	53969	1666	2004	133058	3190
1993	67360	2013	2005	126523	2874
1994	70933	4872	2006	112279	2701
1995	95600	6402	2007	103981	3446
1996	137333	9006	2008	131944	5336
1997	164856	9666	2009	132598	5676
1998	203241	12871	2010	137542	6306
1999	221043	10596	2011	146351	7321
2000	187048	6063	2012	150518	7287
2001	169289	3256	2013	137951	6043
2002	168233	5831			

第六章 食品加工

1991年,曲阜市有乡及乡以上独立核算食品制造企业10家,工业总产值3005万元;村办食品制造企业145家,工业总产值3429万元。2000年,规模以上农副食品加工企业18家,总产值14.82亿元;食品制造企业3家,总产值1.45亿元。2013年,全市规模以上农副食品加工企业10家,总产值14.61亿元;食品制造企业4家,总产值3.35亿元。

第一节 粮油加工

1991—1993年,曲阜市粮食系统以改革为动力,以提高经济效益为目的,抓住“实业兴粮”这一基点,成立饲料公司、粮油实业开发公司、粮油综合服务公司、粮油食品公司等企业,到1993年年底,市粮食局有直属企业12家,下辖乡镇粮所13个。1994—1995

年，粮食系统各企业开发新产品10余个，项目投资640万元；技改项目8个，投资3168万元；网点建设40余处，投入资金400余万元。1995年4月，孔膳坊天然酱油被省经委、省食品工业协会命名为“山东省传统名特食品”；5月，被国家科委、国家技术监督局等5部委评为“国家级新产品”。同年，完成销售收入1.67亿元，工业总产值6502万元，粮油经营额2.97亿元，国有资产增值2000万元，全系统完成利税250.55万元，其中利润208.98万元，在全省粮食系统名列前茅。1996年，面粉厂投资850万元，新上年产5万吨专用粉生产线；油厂投资1000余万元，新上日处理大豆100吨浸出油生产线；饲料公司投资400余万元，新建年产500吨饲料生产线；书院粮所投资100万元，新上恒温库1座；城关粮所投资141万元，新建面条烘干生产线1条。各农村粮所确立“一大四小”（即开展大流通，每个粮所要建成小面粉加工厂、小粮油食品加工厂、小饲养场、小综合门店）发展思路，开展“两代一换”（代农加工、代农储存、品种兑换）业务，初步形成多行业、多门类，融生产、加工、销售、饲养等为一体的经营格局。1994—1997年，市粮食局连年被评为全省粮食系统先进单位。1997年，董庄粮所被授予“全省百强粮所”称号。

1998年，市粮食局对面粉厂、油厂、招待所、调味品公司、综合服务公司等10家粮办工业企业进行改制，组建股份制企业5家，改为股份合作制企业2家，实行有效资产划转企业2家、资产租赁经营企业1家。到年底，全市粮办工业有干部职工1503人，固定资产1.1亿元，流动资产2.38亿元，仓容量8.48万吨，年经营粮油21.9万吨。2003年，仓庚路粮店被授予“山东省城市粮油供应企业明星粮店”称号，时庄粮油食品经销中心、书院粮油食品经销中心被评为山东省农村经营企业经济效益排头兵。2008年，市直粮食企业探索企业发展思路，摆脱靠租赁资产维持经营局面。2009年9月，金曲面粉有限公司、孔膳坊调味品有限公司、金穗粮油贸易中心联合成立曲阜市富粮置业有限公司，利用企业地块所处区位优势，与菏泽市新民房地产有限公司合作开发建设富良商城，工程于2010年6月开工，建筑面积4.11万平方米，总投资1.44亿元。2012年8月竣工，众多商铺成功入驻，三家企业资产由原来1200万元增加到1.23

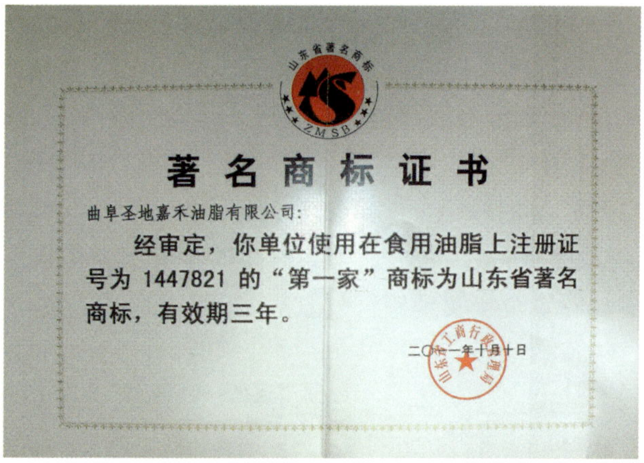
著名商标证书

曲阜圣地嘉禾油脂有限公司：

经审定，你单位使用在食用油脂上注册证号为 1447821 的“第一家”商标为山东省著名商标，有效期三年。

二〇一一年十月十日

圣地嘉禾油脂“第一家”被认定为省著名商标证书

亿元。此做法被省粮食局作为粮食企业转方式、调结构先进典型在全省推广。

2008年起，市粮食局加强对社会粮油企业的行业管理，做好全市粮油产品推优树先及产销协调服务，培育龙头企业，促进全市粮油加工企业发展。2010年，圣地嘉禾油脂有限公司被国家粮食行业协会授予“全国放心粮油进农村进社区示范工程”示范加工企业称号，“第一家” 牌玉米油被山东省粮食行业协会评为“放心油”；康利源面粉有限公司被山东省粮食行业协会评为全省放心粮油进农村进社区先进单位。2008—2013年，全市粮油企业实现工业总产值37.49亿元，完成销售收入36.24亿元。

圣地嘉禾油脂有限公司（山东圣地嘉禾生物工程有限公司） 成立于2006年2月，有员工148人，位于曲阜经济开发区西区，占地7公顷，建筑面积1.2万平方米。2007年，公司“第一家”玉米油被评为曲阜市绿色消费知名品牌。2008年，产品通过ISO 9001:2000质量管理体系认证和HACCP体系认证。2010年6月，被授予山东省农业产业化重点龙头企业和全国粮油进农村进社区示范加工企业称号。同年11月，注册成立山东圣地嘉禾生物工程有限公司，注册资本8000万元。2011年8月，被授予山东省“精细化管理样板达标企业”称号；10月，玉米油“第一家”牌商标被认定为山东省著名商标。2013年，玉米油被山东省粮食协会授予“放心油”称号；被列为“全国玉米油加工企业十强”企业。

孔府食品有限公司 前身是孔府香油坊，位于时庄镇马村工业区。1993年，孔府香油坊实现销售收入700余万元，利税200余万元。1991年，“孔府香油”

2008—2013年曲阜市粮油企业部分年份产销统计表

表8-2　　　　单位:万元

年度＼项目	工业总产值	销售总收入	小麦粉加工工业		食用植物油加工工业		饲料生产企业工业	
			产值	销售收入	产值	销售收入	产值	销售收入
2008	16530	17045	12983	13498	2800	2800	747	747
2009	15494	15995	12631	13132	2100	2100	763	763
2010	63880	61526	23167	22284	27488	26587	13225	12655
2011	82598	77813	31528	31300	34361	30079	16709	16434
2012	89595	83378	36830	36793	44154	38024	8611	8561
2013	106795	106655	36410	41684	60672	55161	9713	9810

获广州出口商品交易会荣誉奖、华东地区包装设计大奖;1996年,获中国国际食品博览会名牌产品奖、中国国内贸易部质量信誉商品,孔府香油坊被指定为山东省食品油对外出口基地。2001年5月,孔府香油坊改制,更名为曲阜市孔府食品有限公司。2006年,“孔府香油”获中国优质产品称号。2007年,孔府食品有限公司被授予山东消费者质量放心企业称号。2008年,“孔府”商标获山东省著名商标称号,获省食品行业十佳品牌称号;孔府食品有限公司被选为省食品工业协会理事单位。2009年4月,“孔府香油”被中国质量万里行评为合格产品;2011年3月,获山东省安全放心健康品牌称号。

曲阜市康利源面粉有限公司　成立于2001年3月,位于陵城镇郑家村,占地面积6.66公顷,是一家集小麦收储、转运、面粉加工、面条加工等为一体的农业产业化企业,自主研发生产“康利源牌”“鲁城牌”“三孔牌”“佳嘉信牌”四大系列60多个品种产品。2002年1月,康利源面粉有限公司获国家QS食品质量安全市场准入证;2003年4月,获全国工业产品安全生产许可证;2005年,通过ISO 9001质量体系认证;同年,康利源面粉有限公司被命名为山东省龙头企业。2006年,“康利源牌”商标被评为山东省著名商标;2008年,被评为山东消费者最信赖的质量放心企业(品牌)。2010年,康利源面粉有限公司被评为全省放心粮油进农村进社区先进单位。2012年,与山东江泷面条研究所合作建设面条精加工生产线4条。2013年,有职工43人,全年完成销售收入3770万元,上缴税金260余万元。

第二节　副食品加工

20世纪90年代初期,曲阜市副食品企业主要有圣都肉制品厂、开元食品厂、天民食品厂、冷饮公司等;酿造调味品业主要产品包括酱油、食醋、酱腌菜、面酱等,随着市场经济发展,国营酿造企业经营出现困难,逐渐由个体、民(私)营企业取代;受多种因素影响,国营商办肉制品企业于2000年左右逐步退出历史舞台,而民营及个体肉制品企业如雨后春笋般崛起。2013年,有代表性的食品企业有恒达食品有限公司、恒运水产有限公司、闻春礼食品集团公司、万成公食品有限公司等民营及股份制食品企业。

曲阜市恒达食品有限公司　成立于1994年11月,注册资金1260万元,坐落于书院街道八宝山,占地2.67公顷,从事生猪收购、屠宰、加工、冷藏、出口。1999年11月,恒达食品有限公司通过济宁出入境检验检疫局注册;2001年5月,获得外贸出口自主经营权;2002年5月,在俄罗斯注册;2004年,被列为国家农产品加工业示范企业和山东省农业产业化重点龙头企业,企业资信达到AAA级。2005年,恒达食品有限公司鲜、冻猪分割肉产品获中国质量认证中心HACCP卫生质量体系认证;2006年,被评为全国乡镇企业实施“走出去”战略先进企业;2008年,被商务部列为“中央储备冷库”;2009年5月,被评为山东省肉类食品行业50强企业。2011年,恒达食品有限公司屠宰生猪13万头，生产主导产品1.2万吨，实现销售收入1.8亿元，上缴税金120万元。2012年12月，被评为山东省商贸流通先进企业。2013年，有员工160人，完成产值2.05亿元，实现利税1990万元。

曲阜圣利食品有限公司 成立于2002年，位于姚村镇政府驻地，占地3.33公顷，主要从事畜禽屠宰加工、调运，肉制品加工销售，水产干鲜蔬菜销售。2013年，有员工160人，其中大中专毕业生及专业检疫人员、肉品品质及检验员65人，专业化验室工作人员6人。年加工生产生猪30万头，销售收入1300万元，利税110万元。是山东省生猪定点屠宰企业和济宁市农业产业化重点龙头企业。

闻春礼食品集团有限公司 坐落于书院街道工业园内，主要经营“闻春礼”系列产品，产品有闻春礼烧鸡、闻春礼猪蹄等。2004年，通过QS质量体系认证和IQS 9001质量管理体系、ISO 14001环境管理体系和ISO 18000职业健康安全体系认证。2006年9月，闻春礼被认定为山东省著名商标。2010年12月，闻春礼烧鸡制作技艺被评定为济宁市非物质文化遗产。2011年12月，闻春礼食品集团有限公司被授予济宁市农业龙头企业单位。2012年，闻春礼烧鸡在山东省市场占有率为20%，在省肉类食品生产同行业中（禽类酱卤制品）排名第4位；10月，闻春礼食品集团有限公司被评为山东省第九届消费者满意单位，获山东省肉类食品行业肉制品加工强势企业第3名。2013年，占地3公顷，拥有大型冷库近1500平方米，有员工280人，其中各类技术骨干150人，实现主营业务收入1.59亿元、利税1745万元。

曲阜市恒运水产有限公司 成立于2006年8月，位于曲阜市书院街道八宝山北，占地2.67公顷，总投资2200万元，总建筑面积7400平方米，设计生产能力为年加工、储存各类水产品4万吨，速冻能力每日40吨，冷库储存能力1.5万吨，有员工120人，主要从事深海鱼类粗加工，主要产品有狭鳕、真鳕、无须鳕、黑线鳕等多个类别，单冻片、切段、模具鱼、锯块、尾段、整条块冻等几十个品种。2013年，有职工400余人，年产值6772万元，利税311万元，具备CIO国内注册（注册号3700/02A02）、HACCP、MSC、BRC等多项资质认证。

万成公食品有限公司 “万成公”是一个具有300多年历史的老字号，以生产正宗孔府糕点著名。清光绪二十年（1894年）十月，衍圣公孔令贻携各色贡品进京为慈禧祝寿，慈禧召见并品尝万成公糕点后大悦，孔令贻回曲阜后亲笔题赠“万成公”金字牌匾。曲阜镇龙虎居委会于1982年恢复万成公食品厂，位于颜庙街，建筑面积1800平方米。主要生产大桃酥、冰糖芙蓉果、香酥芝麻枣煎饼、酥皮月饼等。2004年，改制为万成公食品有限公司。2013年，有职工30余人，占地面积0.3公顷，产值500万元。

曲阜市孔膳坊食品有限公司 前身是圣府酱菜厂，位于时庄街道刘家村，主要生产酱油、醋、酱。2003年，获得国家食品质量安全市场准入生产许可证。2008年3月，改制为孔膳坊食品有限公司。到2013年年底，有员工76人，全年实现产值790万元，利税112万元。

第三节 食品添加剂

曲阜市食品添加剂企业主要生产甜菊糖苷、动物提取物、植物提取物等甜味剂和增味剂等产品。

润昕生物科技有限公司展厅

山东润昕生物科技有限公司　成立于2012年8月，位于吴村镇工业园区，占地2公顷，拥有D级（10万级）生产质量管理规范车间，从事食品、保健食品、保健品原料加工销售，硫酸软骨素、透明质酸、动物提取物、植物提取物、精细化工产品（不含危险化学品）、生物医药产品原料及中间体、化妆品、水泥熟料销售。

海根甜菊制品有限公司　成立于2006年，位于春秋西路，从事甜菊糖苷研发、生产、销售。2011年，获济宁市农业产业化重点龙头企业称号。2012年5月，通过GB/T 19001质量管理体系认证；6月，通过GB/T 22000食品安全管理体系认证。2013年9月，通过马来西亚清真认证和有机产品认证。

山东圣香远生物科技有限公司　成立于2010年9月，位于纺织北路南创业大道东，主要从事食品添加剂、甜菊糖苷、甜菊糖、甜菊甙、甜菊苷、甜叶菊提取物的生产、销售及饮料、糖果制品、健康糖、压片糖果的生产、销售，货物及技术进出口。2013年，有员工85人，实现主营业务收入1.09亿元，上缴税金32.8万元；拥有国家专利4项。

第七章　纺织　服装

20世纪90年代初，纺织业为曲阜市支柱产业，市纺织厂、市地毯厂均为骨干企业。1991年，曲阜市乡及乡以上工业企业中有纺织类企业13家，总产值1.13亿元，占全市工业总产值10.8%。2000年，全市纺织业生产纱线总量5438吨、布1234.72万米、丝72吨。2000年以后，受市场变化等因素影响，曲阜市纺织企业效益波动较大，很多纺织企业停产或转产。2013年，全市纺织业生产纱543吨、布匹1161万米，有规模以上纺织、缝纫、皮革及制鞋企业7家，总产值5.3亿元，占全市工业总产值2.57%。

第一节　纺织

棉纺

济宁润欣纺织有限公司。为济宁如意印染产业集团下属子公司，于2005年12月投资兴建，位于姚村镇驻地，2006年建成投产，主要生产纯棉坯布，品种有32/21、21/32、40/40、10/10等各种服装面料。2013年，纺纱车间投产运行，拥有2.5万锭环锭纺，主要产品为纯棉棉纱40S、32S。厂区占地面积4.24公顷，建筑面积2.5万平方米，有员工200余人，拥有48台190型喷气织机。

曲阜市锦绣纺织公司。前身是曲阜市纺织厂，位于曲阜市明故城东1.5千米处。1992年，与香港华鲁公司合资成立圣光纺织有限公司，先后从日本、意大利、英国、德国、美国和西班牙引进先进设备；当年完成利税305.4万元。1993年，圣光纺织有限公司厂区面积12.4公顷，生产厂房28328平方米；拥有精梳机1套、有梭织机300台、喷气织机60台，变电所、供电专用管线等设施齐全，有职工2170人。全年生产各种棉纱5500吨、棉布1000万米，产值6700万元，利税1350万元，主要产品有纯棉、涤棉、维棉、麻面、人造棉、精棉等各种粗细号纱和各种坯布。1995年，出口创汇1200万美元，是曲阜市重要出口创汇企业。出口产品主要以30/24人棉绉布为主，通过香港转口至周边国家，FB308纱直接出口日本、韩国等国家。到1995年年底，圣光纺织集团公司下辖曲阜市圣光纺织有限公司、曲阜市纺织厂、曲阜市保温材料公司、曲阜市北斗计算机公司、曲阜市纺织厂劳动服务公司、曲阜市纺织厂一分厂6家子公司。1997年，实现销售收入1.46亿元，利税488万元。2001年8月，由职工个人出资购买曲阜市纺织厂、曲阜圣光纺织有限公司资产，企业改制为曲阜市锦绣纺织有限公司，总资产2亿元，职工2400余名，其中各类专业技术人员200余人；拥有3万纱锭、128台喷气织机和80台剑杆织机，建立QFMIS计算机管理系统和ISO 9000质量管理保证体系，主要生产棉、麻、涤、粘、氨纶等40多种纤维的混纺纱线和交织产品。2002年，实现销售收入

1.58亿元，利税1200万元。2005年，曲阜市纺织厂依法破产。2006年，锦绣纺织有限公司实现销售收入3.5亿元，利税1870万元。2007年，企业通过ISO 9001质量管理体系认证。同年，开发亚麻系列高档服装面料、亚麻混纺高档针织纱，获得省级新产品、新技术鉴定验收证书和“省一种亚麻混纺纱及其制备工艺”专利，被国家质量监察检疫总局授予“国家免检产品”称号。至年底，总资产4.79亿元，实现销售收入3.9亿元，利税完成1890万元。2007年以后，由于市场等原因，效益下滑，逐渐退出市场。

地毯

20世纪90年代初，曲阜市地毯厂为曲阜市“十厂一矿”之一。其他地毯生产多为集体小作坊来料加工，或组织家庭妇女在家制作。后来随着市场变化较大，2010年后，针织地毯生产逐渐退出曲阜市场。

曲阜市儒雅地毯公司。前身是曲阜市地毯厂，位于孔林东路，是山东省畜产进出口公司联营厂，主要生产90道、120道、150道各种图案的高级手工栽绒羊毛地毯及三孔系列挂毯。1994年，厂区向东扩建后，总占地面积2.8公顷，建筑面积2.3万平方米，固定资产2400余万元，有职工1100余人，其中工程技术人员160余人，当年利税320余万元，是当时曲阜工业“十厂一矿”中心成员单位。1994年8月，实施股份制改造。1998年，有职工950人，全年生产地毯10万平方米，销售收入4000万元，创汇360万美元，上缴税金236万元，是山东省畜产进出口公司出口企业之一。后由于地毯市场出现变化和生产经营原因，出现亏损。2004年4月，企业改制为曲阜市儒雅地毯公司，2013年停产。

第二节　棉花加工　缫丝

棉花加工

曲阜市第一棉花加工厂。位于静轩东路，是曲阜市第一座棉花加工厂。1992年，投资220万元，购进WY-121轧花设备，新增生产能力100万千克。1994年，实现产值5684万元，利税15.4万元。1998年，厂区占地9公顷，建筑面积8522.4平方米。有干部职工302人，下设9个科室、4个生产加工车间。拥有各种型号轧花机、打包机、脱绒机、榨油机等机械27台。

曲阜市第二棉花加工厂。位于大同路南段沂河桥南路东侧，主要业务是棉花收购、加工、销售。1994年，固定资产328万元，实现产值145万元，利税10.5万元。1995年8月，投资190万元购置纸扳机1套、双色印刷机2台、装订机8台，生产各种规格纸箱。1998年，占地4.67公顷，建筑面积9752平方米，有干部职工170人，其中各类技术人员45人。

曲阜市第三棉花加工厂。位于姚村火车站东，主要产品有脱脂棉、纱布，质量达到国标，产品销往东北及鲁西南等地。1994年，加工销售棉花18吨，产值152万元，固定资产200万元。1998年，占地2.67公顷，建筑面积7500平方米，有职工88人。

21世纪初，因市场原因，曲阜市棉花种植面积急剧下降。1991年，曲阜市棉花总产量为7366吨。2000年，则降为402吨，因此各棉花加工厂效益急剧下滑，逐渐退出市场。

缫丝

曲阜市缫丝厂。位于时庄街道办事处驻地西、327国道北侧，主要生产“梅花牌”白厂丝。20世纪90年代初，市缫丝厂被山东省丝绸公司、省进出口商检局定为出口产品厂家，产品销往韩国、日本、新加坡等国际市场。1993年，购进D301自动立缫机80台。1994年，产值1260万元，利税133万元。1998年，缫丝厂占地1.2公顷，建筑面积4500平方米，有职工453人，固定资产340万元，拥有造茧、煮茧、缫丝、复摇、整理5个车间，设备有锅炉1台、煮茧机1台、立缫机40台、复摇车24台。21世纪初，当地农民植桑养蚕户逐渐减少，加之市场和管理原因，丝绸厂、缫丝厂效益下滑，逐渐退出市场。

第三节　服装　服饰

曲阜新东方服装有限公司　前身为市商业大楼服装厂，位于五马祠街，创立于1991年，有员工200余人。2009年，迁址曲阜市林道路东首，更名为曲阜新东方服装有限公司，主要从事各类外贸服装开发、生产、加工和销售。到2013年年底，新东方服装有限公司占地10.67公顷，有员工1700余人，拥有10个生产车间、40条缝纫生产线、3个包装车间、3个裁剪车间，主要经营加工品牌有全球最大连锁超市沃尔玛四季服装，还有众多国内、国际品牌，产品大多出口至欧美等40多个发达国家。

曲阜鲁汇针织有限公司　成立于2010年8月，位于尼山镇南辛中村，占地3.33公顷，建筑面积6900平方米，是一家以针棉产品开发、生产、销售为一体的民营企业，主要生产加工全棉针织内衣、内裤、儿童套装等产品，产品主要出口日本、韩国、阿联酋、沙特阿拉伯等国家和中国香港地区。2013年，有员工345人，全年实现销售收入4806万元。

曲阜鲁汇针织有限公司生产车间（摄于2013年）

曲阜市服装公司　位于钟楼街中段北侧，属市二轻工业集团总公司集体企业，主要产品为各类布制服装，下设杏坛商场、孔府制衣房、服装加工店和服装厂。1998年，市服装公司有职工119人，其中技术人员3人。有生产经营楼面积1600平方米，杏坛商场面积850平方米，孔府制衣房200平方米。全年生产服装6万件，产值40万元。后因市场和管理原因，公司运营处于停滞状态。

第八章　建材

曲阜市建筑材料资源丰富，砖、瓦、灰、沙、石等产量较大，随着古建筑业和现代建筑业发展，带动一批水泥及其制品、管材、钢构、铝型材、新型墙体材料、石材、防水、保温、洁具等建筑建材生产企业的集聚发展，并形成集建筑、建材、装饰装修、销售等行业一体的完整产业链。随着国民经济高速增长，一大批建材企业相继崛起，天幕集团、圣时建安、远大钢构等成为行业领跑者，逐渐形成以龙头企业为支撑，中、小微型企业相结合的建筑建材产业生产体系。1991年，曲阜市有乡以上建筑材料及其他非金属矿物制品业企业24家，工业总产值6841万元，生产水泥19.57万吨、瓦356万片、砖9500万块、水泥预制构件62万立方米、建筑用石灰3.31万吨、日用玻璃2547吨、卫生陶瓷232万件、耐火材料制品1.16万吨、石墨及碳素制品1520吨、石棉制品92吨。1996年，乡及乡以上非金属矿物制品业企业6家，总产值2.74亿元，生产水泥49.5万吨、水泥预制构件40.96万立方米、砖9.35亿块、瓦8511万片、建筑用石灰22.95万吨、日用玻璃制品720吨、日用陶瓷282万件、耐火材料制品697吨、石棉制品3100吨。2000年，全市建筑材料及其他非金属矿物制品业企业生产水泥80.2万吨、石棉水泥瓦53万平方米、油毡油纸9.24万卷、日用陶瓷406万件。2005年，全市建筑材料及其他非金属矿物制品业企业生产水泥155.05万吨、天然大理石建筑板材9200立方米、日用陶瓷400万件。2010年，全市有非金属矿物制品企业48家，总产值36.34亿元，生产水泥246.56万吨、商品混凝土25.57万立方米、水泥混凝土排水管952千米、砖1482.74万块、日用陶瓷制品7338.26万件。2013年，全市非金属矿物制品业企业19家，总产值25.63亿元。生产水泥195.94万吨、商品混凝土52.85万立方米、砖1.3亿块、玻璃包装容器5.97万吨。

第一节 水泥

1991年，曲阜市有2家水泥厂，即曲阜市水泥厂和曲阜市第二水泥厂。曲阜水泥厂位于明故城东10千米书院街道陶瓷路。1993年12月，市政府将市第二水泥厂划归曲阜市水泥厂管理。

1991年，曲阜市水泥厂总产值2550万元，利税598.69万元。同年，被评为山东省节能先进企业、山东省推广散装水泥先进企业、国家节约能源二级先进企业。1992年，被评为山东省重点合同守信用企业。1993年10月，通过技改，企业年新增生产能力40万吨。1993年12月，曲阜市水泥厂与美国科利融资集团公司达成协议，美方投资1876万美元，共同兴建年产30万吨水泥干法旋窑生产线合同，市水泥厂更名为曲阜科利水泥有限公司，厂区占地25公顷，固定资产2.5亿元，拥有职工1300人，其中各类专业技术人员350人，主要生产“鲁城牌”425#R普通硅酸盐水泥。全年总产值5880万元，利税1068.3万元。同年，被国家建材局评为“推广水泥品质技术先进企业”。1995年，曲阜科利水泥有限公司有职工2100人，其中各类技术人员400人，分项目、行政、经营、生产、企管5个部，下辖一分厂、编织袋分厂、加油站、预制加工厂、二分厂，并设生料、烧成、水泥、包装、机修、电力等车间，主要生产425#R、525#R鲁城牌普硅水泥。同年7月，曲阜市水泥厂党委成立，由132名党员、11个党支部组成。通过资本购并、联合、租赁等多种组合手段，购并中铁十一局鲁中水泥厂，跨地区新建菏泽粉磨站，租

2013年，中联水泥有限公司获得全国五一劳动奖状

赁经营陵城编织袋厂，新上塑钢门窗生产线，与里彦电厂合作建设特别水泥公司。1996年12月，在曲阜科利水泥有限公司基础上改组成立山东金塔王集团股份有限公司，注册资本4514万元，下辖曲阜科利水泥有限公司、山东鲁中水泥厂、八宝山水泥厂、菏泽鲁城水泥厂、曲阜市塑钢门窗厂、包装公司、新型建筑材料厂、石油公司、陵城镇编织袋厂、运输公司、山东里彦特种水泥有限公司等11家企业，职工1800人。集团设立市场营销部、财务物资部、集团办公室、人力资源部、资产管理部、计划发展部、企业文化部等管理机构，对各企业实行指标定额的风险抵押承包责任制，率先在全市建起集团化管理新模式。1999年，金塔王集团生产水泥76.7万吨，销售水泥68.7万吨，销售收入1.47亿元，实现利税1628万元。2000年，投资2000万元，实施鲁中水泥厂日产千吨熟料旋窑工程。与北京智业科技发展有限公司、陵城镇政府合作成立曲阜金塔众和门窗有限公司，位于陵城镇杨屯村，

2008—2013年曲阜中联生产经营数据统计表

表8-3　　　　单位：万元

年度	水泥产量（万吨）	熟料产量（万吨）	销售收入	净利润	利税
2008	136.21	121.66	54424	5063	8562
2009	136.53	131.25	62478	7910	13384
2010	159.5	141.68	80048	10545	18171
2011	177.58	203.28	91096	13725	24614
2012	150.16	194.39	77505	15019	26715
2013	128.14	206.07	77260	13625	25307

采用钢塑共挤专利技术和PVC结皮微发泡工艺，至年底生产型材226吨。同年，金塔王集团通过ISO 9002国际质量体系认证。2001年，完成ISO 9001:2000质量体系认证换版及ISO 14001环境体系认证。全年生产水泥102万吨，销售水泥100万吨，销售收入1.85亿元，实现利税2008.3万元；生产塑钢门窗2.64万平方米，生产型材502吨，销售门窗2.52万平方米，销售收入476.23万元，实现利税21.98万元。2002年6月9日，投资2亿元，上马日产2500吨熟料旋窑生产线。2005年，生产水泥201.3万吨，销售水泥200.6万吨，实现销售收入4.07亿元，利税2437万元。2004年1月，山东金塔王有限公司依法变更为山东金鲁城有限公司。2005年，鲁中公司成功生产快硬硫铝酸盐水泥。2007年12月，山东金鲁城有限公司与中国联合水泥集团有限公司签订合作协议，中国联合水泥集团有限公司占股90%，市政府占10%。2008年年初，山东金鲁城有限公司成为中国联合水泥集团全资子公司，更名为曲阜中联水泥有限公司，拥有2条日产2500吨水泥熟料生产线和1条日产1000吨特种水泥熟料生产线，配备装机9兆瓦纯低温余热发电系统，下属企业14家，在职员工1300余人。2009年，产销水泥及熟料267.78万吨，实现收入6.25亿元，实现利税1.34亿元。同年，曲阜中联水泥有限公司精细化管理被中国建材协会评为“企业现代化管理二等奖”；余热发电车间被中国机冶建材总工会授予“工人先锋号”称号。2010年，其“阳光采购”获全国建材企业现代化管理创新成果奖。2011年，产销量突破21万吨，成为全国特种水泥龙头企业。3月16日，曲阜中联水泥有限公司混凝土外加剂专用基准水泥经中国建筑材料联合会混凝土外加剂分会严格检验，各项指标均达到要求，符合国家标准，标志着曲阜中联生产基准水泥一次性成功，成为全国基准水泥唯一指定生产单位。曲阜中联水泥有限公司基准水泥的成功生产，终结了中国基准水泥一直由国外企业生产的历史。9月13日，成立曲阜市金鲁城小额贷款有限责任公司。同年，曲阜中联水泥有限公司党委书记、董事长孙建成获“全国五一劳动奖章”称号。2012年，曲阜中联水泥有限公司被评为全国安全文化建设示范企业；2013年，获得全国五一劳动奖状。2013年，曲阜中联水泥有限公司员工1300余人，拥有2条日产2500吨新型干法水泥生产线及1条日产1000吨特种水泥生产线和装机容量9兆瓦的纯低温余热发电系统，水泥及熟料生产能力600万吨。

第二节　墙体材料

20世纪90年代初，曲阜市有多家石棉瓦制造企业，每个乡镇都有1~2家实心砖制作企业。21世纪初，曲阜市陆续关闭实心黏土砖厂家，推动墙体材料革新工作，执行新型墙体材料建筑节能技术产品省级统一认定制度，严把新型墙材建筑节能技术产品进场关。2005年，全市有新型墙材厂5家。2007年，全市新型墙材厂发展到11家，有10余种产品取得山东省新型墙材统一认定，年生产量折合标准砖5.4亿块，占全市墙材生产总量96%，年节约生产能耗5万吨标煤，节约土地53.36公顷，综合利废60万吨。实心黏土砖厂由30家下降到9家，实心黏土砖产量由3亿块下降到0.36亿块标砖。到2010年，实心黏土砖厂基本绝迹。

曲阜市石棉瓦厂　地处石门山镇经济小区南首，主要产品有机制水泥石棉小波瓦、脊瓦等。1994年，实现产值2725万元、利税124万元。1998年，曲阜市石棉瓦厂占地2公顷，建筑面积5300平方米，有职工138人，固定资产420万元。2010年后，因受发展环境制约，生产处于停滞状态。

曲阜市瑞祥新型建材有限公司　成立于2010年7月，位于防山镇大官庄村，主要生产煤矸石烧结墙体材料。采用硬塑工艺，一次码烧工艺，选用节能型3.6米隧道干燥室及隧道窑自动流水生产线，利用窑炉余热应用、变频调速及内掺燃料等新型节能技术，生产环保节能新型墙体材料——煤矸石烧结空心砖、多孔砖。2013年，有员工70人，具备年产1亿块生产能力，产品各项指标达到国家标准（GB 13545—2014、GB 13544—2011），获得省建设厅产品质量认证和推广实用认定证书。

曲阜裕达建材有限公司　成立于2012年7月，位于尼山镇中辛村西南，主要从事商品混凝土制造、销售，预拌砂浆、稳定土等销售。2013年，拥有员工45人，建有HZS180生产线3条，具有预拌商品混凝土专业承包三级资质。

第三节　陶瓷玻璃

山东省天幕集团总公司　前身是曲阜市新型建材玻璃厂，位于曲阜明故城北门外、林道路南端东侧，隶属鲁城街道北关居委会管理。与清华大学、天津大学及全国468家建筑设计院建立新产品研究开发推广关系，开发18种特殊玻璃，其中夹层玻璃、金星玻璃产品填补国内空白。1988年，刘清海任厂长。1991年，产品获“国家七五星火计划金奖”；1992年，获印度尼西亚中国科技成果及实用技术展览会银奖，金星玻璃被国家科委列为1993—1994年国家级星火项目。1994年1月，经省体改委批准，在曲阜市新型建材玻璃厂基础上成立山东天幕集团总公司。同年，产品获国家科委星火银奖。1995年，获得建筑装饰施工资质一级企业。同年，开发研制不锈钢网架、不锈钢幕墙，填补国内空白，获得国家专利。不锈钢网架被国家科委列为1995年度国家级新产品，不锈钢幕墙被国家科委列为1997—1998年度国家级星火计划项目，被建设部、中国金属协会列为跨世纪豪华幕墙推广产品。为山东省唯一能承揽大型玻璃幕墙、网架安装企业，国家玻璃研究所新产品开发试验基地，国家消防局定点玻璃生产厂家。1996年，被列为大型一档国家级企业集团；同年，被授予济宁市“最佳经济效益企业”和曲阜市“功勋企业”称号。1997年，被授予山东省高新技术产业生长点企业称号。1998年，天幕公司销售收入1.9亿元，实现利税1430万元，固定资产7860万元。同年，被授予山东省建设机械质量信得过明星企业称号，是山东省最大的幕墙网架专业公司。2012年，天幕集团投资8400万元，新上天池胶生产线和中空防火门窗、建筑装饰新材料铝塑板生产线。2013年，占地4.93公顷，建筑面积3万平方米，有干部职工1286人，其中高级技术人员58人。

曲阜市永康建材发展有限公司　前身是曲阜市轻质墙板厂，位于王庄镇主体功能区，1996年成立，主要从事GRC轻质隔墙板，排烟、排气道，花地砖，欧式造型屋面保温板、组合式复合屋面保温板，各种保温材料及玻璃钢制品生产及销售。1998年，更名为曲阜市永康建材发展有限公司。2010年，有员工100人，产值1000万元。2013年，有员工180人。

曲阜市琉璃瓦厂有限公司　琉璃瓦是曲阜传统名牌产品，早在明洪武年间开始生产，即曲阜御圣公窑场，是修缮孔府、孔庙专用琉璃瓦生产作坊。曲阜市琉璃瓦厂于1989年10月创建，位于曲阜市校场路西首，有员工80人，多为传统琉璃瓦制作工匠，当年实现产值200万元、利税15万元。2009年，曲阜琉璃瓦制作技艺被列入山东省非物质文化遗产名录。2000年，有员工130人，实现产值900万元、利税77万元。2011年，曲阜市琉璃瓦厂改制为曲阜市琉璃瓦厂有限公司，迁址开发区阳春西路。同年，曲阜琉璃瓦被授予“山东老字号”称号。2013年年底，曲阜市琉璃瓦厂有限公司有员工183人。

曲阜市陶瓷厂　位于书院街道八宝山下，其“杏坛牌”琉璃瓦曾被省一轻工业厅命名为省优质产品。1994年，完成工业总产值690万元，实现销售收入700万元、利税108万元。1998年，主要产品有高档彩釉瓷瓶、卫生瓷、日用瓷三大系列50多种，主要设备有园窑5座，67米隧道窑、烤花窑各1座，高档节能生产线1条等，固定资产360万元。2012年，由于管理经营不善，生产处于停滞状态。

山东圣鲁轻工集团有限公司　前身为曲阜市防弹玻璃厂，创建于1996年，位于崇文大道东首，主要从事防弹玻璃生产和安全门制造，主要产品有防弹玻璃、防爆夹层玻璃、热弯玻璃、钢化玻璃、中空玻璃、艺术玻璃以及银行专用电子防尾随联动门、金库门、防盗门、自动感应门等。1997年，产品通过公安部质监部门技术检测、鉴定，符合公安部GA

琉璃瓦制作工艺制模现场（2006年摄）

165:1997、GA/T 143:1996、GB 9962:1999等标准。2012年，投资建设标准化钢结构厂房4座，占地4公顷，建筑面积2.3万平方米。同年，企业改制，更名为山东圣鲁轻工集团有限公司。2013年，通过ISO 9000质量认证。2013年，公司下属4家子公司，分别为圣鲁防弹玻璃工程有限公司、圣鲁安全门业有限公司、济南圣鲁电子科技有限公司、曲阜圣鲁物流有限公司，有曲阜和济南2个办事处，拥有员工64人。

曲阜市美术陶瓷厂　成立于1991年6月，于2009年6月迁至曲阜经济开发区西区孔圣文化产业园，占地面积2.6公顷，主要生产陶瓷酒瓶。2010年，通过ISO 9001:2008质量管理体系认证。企业注重节能降耗和环境保护，开展清洁生产，拥有自动化控制系统燃气高温窑炉和低温烤花窑炉，实现无污染物排放。

海盾公司生产车间（摄于2013年）

第四节　防水建材

曲阜市鲁南建材有限公司　前身是曲阜市油毡厂。1991年，企业占地面积2.9公顷，职工100人，年销售额560万元，主导产品是“鲁南牌”石油沥青纸胎油毡，取得第一批全国工业产品生产许可证。1993年2月，曲阜市油毡厂更名为曲阜市防水建材厂。1994年5月，作为曲阜市第一批股份制改造试点企业进行股份制改造，成立曲阜市防水建材有限公司。1997年，购进年产300万平方米改性沥青防水卷材生产线，逐步淘汰石油沥青纸胎油毡产品。1998年，其产品获山东建材名牌产品称号。1998年，企业更名为曲阜市鲁南建材有限公司。2000年，通过ISO 9001国家质量管理体系认证和14001环境质量体系认证。1997—2002年，高聚物改性沥青防水卷材连续6年获山东省产品质量免检产品。2007年，“鲁南牌”商标被认定为山东省著名商标。

山东海盾高新工程材料制造有限公司　前身是曲阜市海盾防水建材有限公司，始建于1999年，位于孔林东104国道东侧，占地1公顷，有员工35人。2002年，研发生产土工布、土工膜、复合土工膜、TS系列聚乙烯丙纶高分子复合防水卷材、SBS高聚物防水卷材、聚氨酯防水涂料、三元乙丙防水卷材、自粘防水卷材、PVC防水卷材、PET防水卷材等产品。同年，自行研制的一款无毒、无污染绿色环保材料，

鲁南建材有限公司“八五”至“十二五”经济指标统计表

表8-4　　　　单位：万元

时间	工业总产值	销售收入	利税	利润
八五	3560	3410	140	91
九五	5020	4860	198	110
十五	8200	8000	320	205
十一五	12600	12500	500	300
十二五	21590	20905	650	338
合计	50970	49675	1808	1044

被审定为“绿色建材产品”，并获得国家“全面质量合格产品证书”“山东省工业建设产品备案证书”“全国工业产品生产许可证”等。2013年，占地8公顷，有员工150余人。

山东普文特建材有限公司 前身是曲阜市三孔油毡有限公司，成立于1992年，位于姚村镇政府东南，是较早持有国家质量监督检验检疫总局颁发的生产许可证生产厂家之一。2013年，有员工100人，主要产品有SBS、App防水卷材、自粘橡胶沥青防水卷材、聚乙烯丙纶高分子防水卷材、非固化橡胶沥青防水材料、PVC防水材料、聚氨酯防水涂料、JS防水涂料等近100个品种。

第五节 钢结构 铝材

曲阜远东铝业有限公司 1993年4月2日，曲阜市农业机械厂与台湾昌永股份有限公司合资兴办曲阜远东铝业有限公司（以下简称远东铝业），总投资6000万元，其中农机厂出资以土地、厂房和公共配置设施为主，计1800万元，占总投资30%；昌永公司以生产设备及现汇出资4200万元，占总投资70%，是当时山东省唯一与台商合资生产铝材的企业。远东铝业位于曲阜经济开发区内，占地4公顷，建筑面积1.2万余平方米。一期工程全套引进具有20世纪90年代国际先进水平的1800吨、1200吨、880吨（2台）、660吨全自动挤压机。1996年，实现销售收入4862万元、利税32万元。1998年，完成销售收入1.55亿元，实现利税2490万元，被列入山东省外商在华投资500强企业之一，被授予济宁市优秀外商投资企业称号。2001年，通过中国冶金质量体系认证中心ISO 9002质量体系复评。同年，产品被评为山东省免检产品。2013年，主要产品有90、73、70系列推拉窗，46系列地弹簧门料，38、50系列平开窗，各种装饰用铝型材，幕墙型材，工业用铝型材，花格铝网及特种型材，全年销售铝型材2131吨，实现销售收入4321万元。

曲阜远大（集团）工程有限公司 前身是曲阜远大装饰有限公司，于1998年10月成立，位于北关大街，占地面积3.53公顷，主要经营轻质板、网架、玻璃幕墙。2000年3月，更名为曲阜远大工程有限公司，有员工70人，实现产值1300万元，利税80万元。2001年，获山东省外出施工先进单位、山东省建筑业先进集体称号。2002年4月，迁址曲阜经济开发区东区。同年，被评为中国建设系统企业信誉AAA级企业，被银行系统评为AA级信誉企业，省级“重合同、守信用”企业。2004年，获得山东省优秀勘察设计企业称号。2009年，其产品获山东省民营经济知名品牌产品称号。2011年1月，更名为曲阜远大（集团）工程有限公司。2013年，有员工383人，拥有建设部核准颁发的钢结构、建筑幕墙设计甲级资质一级施工资质，主要承建钢结构（钢架、网架、桁架等）和建筑幕墙。全年实现销售收入1.5亿元，利税1080万元，下辖曲阜远恒建材有限公司、山东诺来生物科技有限公司、曲阜远大钢品开发有限公司和曲阜远大经贸有限公司4家子公司。

山东友联工程有限公司 前身曲阜友联网架公司，建于1998年10月，位于曲阜经济开发区西区，主要从事钢结构、网架和建筑幕墙制作与安装。2004年5月，由开发区迁至书院街道书院工业园。2009年9月，曲阜友联网架公司更名为山东友联工程有限公司。2013年，有员工23人，具有一级施工资质和甲级设计资质，是山东省“重合同，守信用”企业，全年完成产值2756万元，实现利税270万元。

天银建设集团有限公司 成立于2013年6月，位于陵城镇主体功能区，占地13.33公顷，从事彩涂铝板、彩涂铝卷、铝单板、铝塑复合板以及汽车

曲阜天银建设集团（摄于2013年）

专用密封胶、建筑用结构胶研发、生产和销售，建筑幕墙、室内装饰工程及钢结构工程设计、施工等。2013年，有员工45人，完成销售收入1330万元，上缴税金近100万元。

山东华亿钢机股份有限公司 成立于2013年3月，注册资金1亿元，位于王庄经济开发区，占地面积8公顷，建筑面积5万平方米，从事重型钢结构、管桁架、网架、铝镁锰板、幕墙、智能立体车库设计、加工、施工。具有国家钢结构制造一级资质，钢结构、幕墙设计乙级资质，钢结构、幕墙专业承包二级资质，建筑装饰装修工程专业承包二级资质；为中国钢结构协会会员、中国重型机械工业协会会员。

第九章 能源工业

1991年，曲阜市有煤炭采选企业1家，原煤产量52.22万吨，总产值3984万元；全市供电量1.53亿千瓦时。1996年，原煤产量85.19万吨，总产值1.91亿元。全年完成供电量2.61亿千瓦时。2000年，原煤产量85.66万吨，总产值1.31亿元；全年完成供电量3.75亿千瓦时。2005年，有规模以上煤炭开采和洗选企业2家，原煤产量198.67万吨，工业总产值8.61亿元；全年供电量5.92亿千瓦时，用电量5.78亿千瓦时。同年，华能曲阜电厂开工建设。2010年，规模以上煤炭开采和洗选企业3家，原煤产量229.75万吨，工业总产值17.88亿元。全年发电量26.21千瓦时，供电量8.36亿千瓦时，用电量8.18亿千瓦时，其中生产用电6.46亿千瓦时。2013年，煤炭采选业工业总产值16.85亿元；全年发电量22.38亿千瓦时，用电量13.21亿千瓦时，其中生产用电10.23亿千瓦时。

第一节 煤炭

山东裕隆矿业集团有限公司 1991年，曲阜市有1家煤炭生产企业，即单家村煤矿，位于时庄街道境内，曲阜市和兖州区之间，曲兖公路北侧2.2千米处。有职工1900人，实现营销收入4156万元，利税992万元。1993年，单家村煤矿生产原煤79.98万吨，实现利税1890.79万元。

1993年8月，曲阜市在单家村煤矿基础上，成立曲阜市裕隆总公司，位于曲阜市裕隆路，是一家以煤矿为龙头，集煤炭、医药、商贸、运输和旅游服务业于一体的企业集团，下辖单家村煤矿、曲阜市煤气工程气源厂、山东孔府药厂、裕隆综合开发公司、华鲁电子器具厂、曲阜市煤炭供销公司、鲁煤大酒家、曲阜市制药厂、裕隆输送带有限责任公司、岚山裕隆大酒店10家企业，拥有固定资产1.8亿元，职工2997人。同年，裕隆总公司完成20多项新技术引进和应用，被评为山东省煤炭系统科技进步先进集体。其扇风机变频调速节能装置获能源部节能技术改造优秀项目二等奖。1994年3月，裕隆总公司被评为山东省文明单位。

1994年3月22日，裕隆总公司骨干企业单家村煤矿-290水平3321溜子道发生2100立方米/小时奥灰突水，干部职工在总经理兼党委书记、矿长秦裕彦带

2008年，裕隆矿业集团唐阳煤矿回收班被中华全国总工会授予全国工人先锋号

领下，在出水巷道直接打墙堵水，并在关键时刻成功关闭阀门，于3月30日堵住奥灰水，恢复生产，为国家挽回经济损失5000余万元，并创造出拦水墙在32千克/平方厘米高压下滴水不漏，在大灾面前2300名职工无一伤亡奇迹。单家村煤矿战胜奥灰突水事迹在社会各界引起强烈反响。《人民日报》等中央、省、市媒体对此大量报道，中共山东省委副书记、省长赵志浩到矿慰问，并挥毫题词："英雄群体、艰苦创业"。1994年5—6月，山东省煤炭工业局，济宁市委、市政府，曲阜市委、市政府相继作出决定，号召全省煤炭系统、全市人民向单家村煤矿和该矿矿长秦裕彦学习。

1995年11月，裕隆总公司被授予山东省现场管理样板企业称号。全年实现营销收入1.55亿元，实现利税4427万元。1998年7月，裕隆总公司唐阳煤矿动工建设；山东孔府药厂抗癌新药"康逆灵"打入北京市场；裕隆总公司煤气工程筹建处完成投资1亿元，将原来煤制气改为混合气，向城区供应。

1998年9月，经山东省体改委批准，曲阜市裕隆总公司依法改制为山东裕隆矿业集团有限公司（简称裕隆矿业集团）。2000年，裕隆矿业集团拥有职工3315人，实现营销收入1.61亿元、利税3342万元。同年12月16日，裕隆矿业集团唐阳煤矿建成投产，位于汶上县南站镇境内，年设计生产能力120万吨原煤。2004年7月，获中国煤炭工业百强企业称号。2005年5月，经市政府批准，依法改制成为非国有控股企业，组建曲阜裕隆矿业开发投资有限公司。当年，实现营销收入7.71亿元、利税4.43亿元。从2006年开始，裕隆矿业集团实施"走出去"开发战略，投资开发建设内蒙古鄂尔多斯裕隆富祥煤矿、准格尔旗山贵煤矿，贵州安康煤矿。裕隆富祥煤矿是裕隆矿业集团与内蒙古东神煤炭有限公司合作建设的第一个矿井，位于鄂尔多斯市伊金霍洛旗，组建于2006年8月，同年10月实施矿井技改工程。2008年1月，裕隆矿业集团成立山东裕隆实业有限公司，加强裕隆矿业集团非煤产业管理。7月，裕隆富祥煤矿实现试生产。10月，裕隆矿业集团建成年洗选能力120万吨唐阳煤矿洗煤厂。2009年8月，建成年洗选能力60万吨单家村煤矿洗煤厂，同年11月，获全国企业文化优秀案例奖。2010年5月，裕隆矿业集团工会委员会获全国模范职工之家称号。全年实现营销收入22.78亿元，实现利税10.07亿元。2011年5月，与北京海布国际医药科技

1991—2013年裕隆集团经济指标一览表

表8-5

年度	产量（万吨）	销售收入（万元）	上缴税金（万元）	年度	产量（万吨）	销售收入（万元）	上缴税金（万元）
1991	53.22	4156	191	2003	162.78	37383	9157
1992	68.71	5950	228	2004	158.11	58506	13956
1993	80	8141	311	2005	183.55	77083	21899
1994	78.67	10840	998	2006	180.52	77465	25385
1995	89.2	15518	2000	2007	209.17	93101	27549
1996	85.19	13087	3623	2008	230.05	171477	39117
1997	85.12	19517	3194	2009	295.63	185490	41603
1998	85	16579	3237	2010	317.88	227805	48560
1999	91	15291	2328	2011	328.04	319274	63459
2000	101.9	16098	2759	2012	285.22	330299	61087
2001	120	24877	4887	2013	280.56	308218	34672
2002	157.62	35075	7927	合计	3727.14	2071230	418127

裕隆大厦（摄于2010年）

发展有限公司合作医药工业园项目开工建设，总投资2亿元，一期工程占地6.67公顷，建筑面积2.46公顷。2011年11月，裕隆矿业集团被评为全国煤炭企业信用等级评价AAA级企业。2012年8月，裕隆圣都花园房地产项目开工建设。同年，医药工业园化学原料药、制剂项目完成厂房建设和设备安装，通过生产许可证验收，获得山东省药监局核发的“药品生产许可证”。2013年3月，建设山东义能煤矿，位于汶上县义桥乡，年设计生产能力45万吨原煤。同年10月，建成年洗选能力90万吨山东裕隆煤电有限公司洗煤厂。到年底，裕隆矿业集团下辖单家村煤矿、唐阳煤矿、山东义能煤矿、山东裕隆煤电有限公司、山东裕隆实业有限公司、山东孔府制药有限公司、鄂尔多斯裕隆富祥煤矿、贵州安康煤矿等14家企业，拥有总资产30多亿元，职工5000余人，是一家以煤矿为龙头，集煤炭、医药、物流、房地产开发和旅游服务业于一体、跨地域、多行业经营的现代化大型企业集团，全年主营业务收入累计30.82亿元，利税3.85亿元。

山东省天安矿业集团有限公司　前身是山东省天安矿业有限公司，位于曲阜市陵城镇境内，以经营煤业为主。矿井于2003年2月开工建设，由中煤国际工程集团南京设计研究院设计，设计年生产能力45万吨，核定生产能力90万吨，服务年限68.8年。2006年10月建成投产，当年生产原煤90万吨，销售收入3.2亿元，上缴税金6517万元。2007年，提出“观念转变，结构转变，企业转型，跨越发展”指导思想。2008年12月，天安矿业有限公司下属合资企业山东田源森化学科技有限公司开工建设。同年，天安矿业有限公司被评为山东省十佳煤矿；发明二氧化碳气体防灭火装置，获国家专利。天安矿业有限公司确立“伺奉天下”企业宗旨，“播种文化、务实创新”发展战略，提出“办文化企业、建安全矿山”发展方向，编制全国第一个《本质安全型矿井管理条例》，获山东省企业文化创新奖。2009年，提出“1126”规划，即利用10年时间，实现利税过10亿元，煤炭收入过20亿元，非煤收入过60亿元。同年，被授予山东慈善奖——最具爱心捐赠企业称号。2010年，被评为中国企业文化建设先进单位。发明煤爆自动喷雾装置，获国家专利。同年，青岛重交沥青25万立方米油库投产。2011年，确立“安全看世界，发展抓转变，煤业为基础，引领靠观念”发展方针。全年

天安集团办公楼（摄于2013年）

2013年，天安矿业集团有限公司工会被中华全国总工会授予"模范职工之家"称号

生产原煤75.47万吨，上缴税金7567万元。2012年6月，山东省天安矿业有限公司变更为山东省天安矿业集团有限公司（简称天安矿业）。同年，发明矿井防爆冲击波风门、气动螺杆注胶装置，获国家专利。2013年，天安矿业工会被中华全国总工会授予"模范职工之家"称号。到2013年年底，天安矿业有员工3100人，总资产49.87亿元，实现销售收入6.97亿元、利税2.15亿元。下辖山东省兖州区大统矿业有限公司、曲阜市星村煤矿、山东宏阳矿业有限公司、山东田源森化学科技有限公司、青岛天安重交沥青有限公司、曲阜天安置业有限公司、襄垣县大统能源开发咨询有限公司、山东源泰新材料有限公司等13家子公司。

曲阜三让水煤浆有限公司 成立于2013年5月，坐落在曲阜市高新技术开发区，占地20余亩，主要产品为水煤浆和煤粉，是华东地区重点水煤浆和煤粉洁能燃料生产配送企业，也是山东省"工业绿动力"计划首推清洁燃料生产企业。2013年12月，水煤浆车间建成投产。有员工40余人，其中中高级技术人员16人。

第二节 电力

发电

华能曲阜电厂位于曲阜经济开发区西区，2005年5月，华能曲阜电厂开工建设，1#、2#机组分别于2006年2月、9月移交生产。电厂投产，替代全市能耗高、污染严重的22台工业锅炉和55台采暖锅炉。12月，中国华能集团与山东里能集团联合成立华能山东里能煤电有限公司，曲阜电厂为华能山东里能煤电有限公司全资子公司，纳入华能山东发电有限公司管理。2008年11月，2220兆瓦供热机组经省经贸委审核后，通过热电联产机组认证。11月15日，曲阜电厂热网首站竣工，实现按期向曲阜市供热水目标。2009年8月，进入济宁市工业企业50强。2010年3月，获国家电监会济南电监办与省安监局联合授予的"安全生产标准化二级企业"证书。2013年12月，山东里能集团股权变更为如意集团，曲阜电厂为中国华能集团公司下属企业。2013年，曲阜电厂有职工363人，本科以上学历151人，具有高级职称11人。装

2006—2013年天安矿业生产经营情况一览表

表8-6

年度	产量（吨）	销售收入（万元）	上缴税金（万元）
2006	902136.18	31657	6517
2007	631500.82	25461	8011
2008	920095.35	53584	15032
2009	903772.29	44999	10325
2010	751140.02	48924	19339
2011	754685.15	41726	7567
2012	950381.11	51398	14356
2013	1260246.28	69740	21459

20世纪90年代，供电线路检修作业现场
张宏伟/摄

机容量为2220兆瓦，全年完成发电量24.87亿千瓦时，完成综合供电煤耗338.88克/千瓦时，完成厂用电率7.47%。

供电

1991—1993年，市供电局完成南泉、管村变电站建设，八薛线路（邹城市八里变电站至曲阜市薛村变电站）建设和孟庄变电站扩建工程。1994年，在电网结构上，完成各35千伏变电站之间环网供电；将境内10千伏到35千伏线路针式瓷瓶全部更换为防污型柱式瓷瓶，提高供电可靠性。1995年3月，曲阜市被授予全国农村电气化县（市）称号。5月，曲阜市完成“户户通电工程”。1997年，220千伏曲阜变电站通过4条110千伏配套线路与全市电网连接，实现全市110千伏、35千伏及城区10千伏线路环网供电。2007年，对境内电网设备进行升级改造，完成曲新线、兴庄Ⅱ线、同六线（电缆线路）、新罗线（电缆线路）架设工程，对南泉变电站进行数字化改造。同年，市供电公司被省电力集团命名为5亿~8亿千瓦时“电网状况专业标杆单位”。2009年，完成京沪高铁沿线32条8.2千米线路迁改，南陶洛牵引站2条专线23.5千米、99基杆塔架设工程。2013年，新建、改造10千伏及以上输电线路163.8千米。到2013年年底，曲阜市有变电站27座、主变压器59台，容量91.99万千伏安。供电公司直属变电站18座、变压器35台，容量78.27万千伏安。全市拥有35千伏专用变电站的工业企业，有单家村煤矿、星村煤矿、圣阳电源、圣阳科技、锦嘉纺织、东宏管业、水泥变、恒峪变9家，主变压器24台，容量13.73万千伏安。

电力分配

1991年，曲阜市供电局市内供电量1.53亿千瓦时，售电量1.45亿千瓦时，其中全市工业用电8907万千瓦时，占全市供电量的58.22%；农业用电2922万千瓦时，占全市供电量19.1%；居民生活用电2336万千瓦时，占全市供电量22.68%。1993年，向上级购买、争取用电指标共计1.05万千瓦，解决全市工业技改、扩建和新建40多个项目的用电问题。1995年5月，全市实现户户通电，老百姓告别点煤油灯时代。1999年，全市新增用户96户，增加用电容量18440千伏安，增加用电负荷1.7万千瓦。同年9月起，实施农网改造工程，总计投资8034.8万元，对全市495个行政村进行改造，2002年完成全部改造任务。2000年，完成供电量3.74亿千瓦时，售电量3.66亿千瓦时。2001年，被命名为首批全国一流县供电企业。2003—2005年，投资6000万元，实施曲阜市县域电网改造工程。2010

曲阜市实施农网建设改造惠民工程（2013摄）

1991—2013年曲阜市供电设备情况统计表

表8-7

年度	变电站						高压线路（千米）			低压线路（千米）	配电变压器	
	110千伏			35千伏								
	变电室（座）	变压器（台）	容量（千伏安）	变电室（座）	变压器（台）	容量（千伏安）	110（千伏）	35（千伏）	6～10（千伏）		数量（台）	容量（千伏安）
1991	1	2	51500	4	8	30850	21	86.9	868	2465	1630	108625
1992	1	2	51500	4	8	30850	21	86.9	876.9	2509	1639	114360
1993	1	2	51500	5	10	40600	42.8	94.7	886	2672	1734	138983
1994	2	4	114500	5	10	45400	46	105	893	2742	1797	139798
1995	2	4	114500	5	10	50450	45.7	105.6	921.5	2781	1888	148028
1996	3	5	146000	5	10	50450	55.7	106.3	927.6	2792	1982	160148
1997	5	7	182000	4	8	42300	64.6	117.2	933.1	2819	2068	183408
1998	5	7	182000	5	10	47450	104.2	111.9	958.9	2838	2118	190838
1999	5	8	198000	7	14	68600	101.8	129.9	932.9	2762	2185	208100
2000	5	8	198000	12	23	89750	101.8	129.9	990.2	2749	2308	214900
2001	5	8	198000	14	28	96800	101.8	122.1	950.8	2415	2449	239570
2002	5	9	218000	14	28	96800	101.2	153.13	979.35	2668.6	2537	269603
2003	5	9	218000	16	31	156800	101.24	156.9	994	2583	2658	298025
2004	5	9	236500	16	34	193700	101.24	158.69	995	2503	2898	352355
2005	5	9	236500	17	36	205200	95.3	151.48	1063.2	2608.2	3097	403285
2006	5	10	246500	17	36	205200	96.86	162.48	1020.48	2725.82	3209	425833
2007	6	12	315500	17	37	233700	113.03	163.27	1107.22	2720.52	3315	477578
2008	6	12	352500	17	37	239650	114.59	167.24	1149.6	2749.52	3164	435155
2009	6	12	371000	17	37	252400	114.88	146.27	1174.29	2807.46	3352	489310
2010	6	12	371000	15	34	299800	114.88	185.92	1211.4	2786.03	3506	496510
2011	6	12	389500	16	35	345150	114.88	185.92	1254.42	2870.51	3925	593235
2012	7	14	489500	18	42	375400	127.28	188.37	1280.77	2788.17	4157	654855
2013	8	15	539500	19	44	380400	136.71	183.41	1299.76	2869.4	4464	756425

年，根据山东电力集团公司《关于做好2010年农村电网建设改造计划的通知》要求，市供电公司编制《2010年曲阜市农网建设改造项目计划》，自2011年3月起实施。自2010年11起，市供电公司对全市高低压用户开展用电信息采集工作。2011年12月，完成全市高压用户用电信息采集覆盖建设。2012年，被授予全国供电可靠性A级金牌企业称号。2013年，市委、市政府将“村村亮”工程纳入全市“十大重点民生工程”，对村内主街、广场进行亮化。到2013年6月底，全市各镇街新安装路灯1.12万盏，升级改造路灯

2183盏，累计投资884.98万元。同年，启动营销GIS系统建设，加强与生产、调度等横向集成，保证基础数据真实准确。全年新增用户238户，增加用电容量8.86万千伏安，同比降低12.74%，增加售电量1.09亿千瓦时；全市专变用户2887户，最高用电负荷21.95万千伏安。

用电管理

1991年7月起，市供电局开展"电力安全生产百日竞赛"活动。到年底，曲阜市供电系统安全生产3062天。1992年，曲阜市495个用电村全部实行电工抄表，供电站审核，会计收费，定期定点张榜公布。到年底，曲阜市农村保照明率为97.9%，限电拉路条次比1991年下降14%。1993年，全市新建工业技改、扩建项目40多个，电力缺口较大，市供电局争取增加负荷1.05万千瓦，保证全市正常用电。1994年，试行峰谷分时电价制度，高峰时段电价，按基础电

1991—2013年曲阜市电量指标完成情况统计表

表8-8　　单位：万千瓦时

年度	售电量	其中		
		工业用电	农业用电	生活用电
1991	14474	8907	2922	2336
1992	17220	9972	4326	2642
1993	19307	11914	3670	3122
1994	22825	14626	3790	3604
1995	23957	15674	3543	3697
1996	26069	17159	3380	4129
1997	30035	18775	4473	5112
1998	30177	19557	2919	5596
1999	33927	21927	3649	5914
2000	36607	21454	4408	6457
2001	36582	20239	5305	6504
2002	39554	20546	6508	7383
2003	42057	24403	2597	7734
2004	52100	30836	2873	8388
2005	57792	33895	3260	10591
2006	64203	38106	3435	11968
2007	67783	38877	3457	13481
2008	73168	43377	3851	13608
2009	78758	44078	5060	16036
2010	81763	43806	5100	19071
2011	88401	44512	5715	21619
2012	97300	45274	6489	25664
2013	108200	51287	6290	29863

价上浮50%；低谷时段电价，按基础电价下浮50%；平时段电价，按基础电价。1995年3月，推行峰谷分时电价制度，对实行峰谷分时电价单位全部安装分时电能表，实行峰谷分时电价计费。全年节电1835千瓦时。1996年4月，曲阜市被山东省经委、山东省电力工业局授予“节电先进县（市）”称号。1998年，曲阜市在济宁市12个县（市、区）中率先建立客户服务中心，实行业扩报装、工程委托、工程监督、电费营业、电能表修校等一条龙服务。同年7月，被电力工业部授予“节电先进县（市）”称号。1999年，市供电公司制定实施供电站改为供电所乡镇管电机构改革。6月，对书院、息陬、南辛、吴村4个供电站进行“站改所”试点，10月，乡镇供电站全部完成“站改所”改革，并挂牌营业。2001年8月1日，在2000年同价0.669元/千瓦时基础上，实现全市农村居民生活照明同价0.66元/千瓦时。2002年4月，实现农村居民生活用电销售、抄表、收费、服务“四到户”管理。2004年，全年抽查漏电保护器1539台；举办农电工培训班和技术比武活动，培训人员近500人次；出动“三夏”安全用电宣传车22台次，向全市居民宣传安全用电知识。2007年，市供电公司成立营销部，将“95598”客户服务调度中心、客户服务中心、计量中心、业扩报装、用电稽查、需求侧管理纳入统一管理。同年，更改“商业门头房”电价398户，提高到户平均电价水平。2008年，市供电公司联合市经贸局、市安监局对2家高危客户、26家重要客户用电进行排查，排查用电问题32项，治理13项。全市建成“电气化村”11个、标准用电村26个。2011年，“95598”服务热线移交省电力公司客服中心；全年夏冬两季负荷6次刷新历史纪录，最高达到16.79万千瓦。2012年，曲阜市首家邮政代收电费示范网点在王庄镇刘庄村落户，实现“设立一个点，带动一大片”便民服务。同年7月1日，居民生活用电试行阶梯电价，第一档：电量每户每月210千瓦时及以下，执行电价0.5469元/千瓦时不变；第二档：电量每户每月210~400（含400）千瓦时之间，每千瓦时加价0.05元；第三档：电量每户每月400千瓦时以上，每千瓦时加价0.3元。2013年，开展高铁、三孔旅游景区、宾馆等重要用户、场所用电检查，完成用电安全检查52次，下发用电检查通知书20份，督导完成整改。实施用电信息采集建设攻坚战，实现高压终端覆盖率100%，全市率先试点运行高压负控终端预购电业务。居民生活用电阶梯电价为：不满1千伏电价为0.5469元/千瓦时，1千伏及以上为0.4929元/千瓦时；一般工商业用电不满1千伏电价为0.7796元/千瓦时，1~10千伏为0.7646元/千瓦时，35~110千伏为0.7496元/千瓦时；农业生产用电不满1千伏电价为0.5589元/千瓦时，1~10千伏为0.5439元/千瓦时，35~110千伏为0.5289元/千瓦时。

第十章　机电与器材

电力电缆企业是曲阜市支柱产业之一，由1991年1家电缆厂、1家电源厂起步，到2013年逐渐形成电缆和电源2个产业发展集群，为曲阜经济发展注入强大活力。1991年，曲阜市有乡及乡以上电气机械及器材制造企业8家，总产值2527万元；生产交流电动机0.46万千瓦、电力电缆2596千米、电线3604千米、蓄电池2142千伏安时、灯泡（乡村工业产量）28.1万只。1995年，电气机械及器材制造业实现总产值2.23亿元。2005年，有规模以上电气机械及器材制造企业8家、电力生产企业1家，实现总产值9.06亿元。2013年，规模以上电气机械及器材制造企业发展到13家，总产值17.86亿元，通信设备、计算机及其他电子设备制造企业3家，总产值18.02亿元，电力企业1家；生产交流电动机29.36万千瓦、电力电缆0.65万千米、通信及电子网络用电缆36.6万对千米、光缆60.43万芯千米、绝缘制品2320吨、铅酸蓄电池186.9万千伏安时、工业自动调节仪表与控制系统127台（套），发电量22.38亿千瓦小时。

第一节　机电

曲阜金升电机有限公司　前身是曲阜市电机厂。1991年，曲阜市电机厂为集体所有制企业，占地面积23.5亩，有职工187人，全年销售额463万元，实现利税29万元。同年，试制投产YCT系列电磁调速电动机。1994年，研发冷却塔专用电动机，并制定该电机企业标准，并开发该电机配套产品NGW行星齿轮减速机。1995年，实现销售收入1311万元、利税150万元。1996年，开发Y180四极、六级拖动电动机，并形成批量生产；试制成功NGW减速机。1997年，开发YCT355-4B磁速电动机和3种规格冷却塔电动机，完成NGW行星齿轮减速机3种规格试制工作。同年11月，曲阜市电机厂进行股份制改革，由集体企业变更为股份合作制企业。1998年，开发研制3种型号列车空调风机电动机，投入试生产；开发生产立式调速电动机获得成功。1999年，与清华大学合作开发变频调速器，试制生产YVP系列变频调速电机；对冷却塔专用电机及变频调速电机进行优化，升级为YLF2系列和YVF2系列。2000年11月，注册成立曲阜市电机厂铁路机械分厂，主要生产铁路轨道涂油器、轨道润滑脂。2002年，在曲阜经济开发区东区建设新厂。同年，产品通过质量管理体系认证。2003年1月，注册成立曲阜嘉信电气有限公司，主要产品为变频调速器、控制系统；同年10月，注册成立曲阜巨能变压器有限公司，主要生产有油浸电力变压器、有载调压变压器、箱式变电站等。

2004年4月，注册成立曲阜金升电机有限公司，注销曲阜市电机厂，金升电机有限公司下设金升电机控股曲阜嘉信电气有限公司、曲阜巨能变压器有限公司及曲阜市电机厂铁路机械分厂。同年，试制投产冶金类电动机。2005年，产品通过3C认证。2007年，生产各类电机、变频器及电气自动控制设备2万余台（套），实现产值6000万元、利税200万元。2009年5月，曲阜金升电机有限公司对公司股权进行重组，退出2家控股子公司及1个分厂经营业务，专营电机制造及销售业务。同年，与江苏国茂减速机集团有限公司建立营销合作关系，为国茂集团提供与减速机配套的电机产品，国茂集团为金升电机提供电机销售平台。2013年，试制投产Y3系列低压大功率电机。2013年，金升电机有限公司占地面积3.5公顷，拥有员工220人，其中专业技术人员50余人，固定资产750万元，主要产品有VCT系列电磁调速电动机、YVF2系列变频电动机、YZR系列起重及冶金用电动机、YLF系列冷却塔专用电动机等。全年主营业务收入5895万元，上缴税金42万元。

山东天燚电力设备有限公司　前身为曲阜巨能变压器有限公司，位于书院街道旧县四街社区，成立于2003年12月，注册商标“天燚巨能”。2009年4月，入驻吴村镇工业园，占地面积1.15公顷，主要从事电压等级35千伏以下S11型、S13型、S15型系列高效节能降耗油浸式电力变压器，非晶合金变压器，美式欧式箱变及干式变压器，高低压开关柜和国家电网主推的柱上变压器台成套变压器设备生产及销售。

山东博诚电气有限公司　位于吴村镇工业园内，创建于2008年，占地5.33公顷，致力于矿用隔爆兼本质安全型组合式真空电磁起动器、矿用中高压变频器、永磁同步电机专用变频器等电气产品研制开发，产品广泛适用于综合机械化采煤工作面胶带输送机等设备的综合控制，其中变频器产品采用IGBT中点钳位式三电平变频器芯，四电平IGBT拓扑结构，产品技术属于国内首创。2012年，被认定为山东省高新技术企业。2013年，引进国外先进技术，合

金升电机车间内景（摄于2013年）

作开发额定电压等级达到3300伏的变频器产品，功率最高为2000千瓦，主要针对综采工作面刮板输送机等高压设备使用。同年，被认定为国家星火示范企业。到年底，有员工200余人，其中高级工程师12人，获得6项发明专利，12项实用新型与外观设计专利；全年销售收入4710万元，上缴税金295万元。

曲阜市康利机电有限公司 成立于1997年，位于王庄开发区，有员工126人，主要生产调温器推杆、传感器壳体等，产值约600万元。2000年，通过提高设备自动化水平，年产值增长到1200万元，利税128万元。2013年，有员工84人，主要生产调温器推杆、腔体、铝壳、割草刀、地漏等，年产值2800万元，利税367万元。

华能电气集团有限公司 前身曲阜华能电气制造有限公司，成立于2000年，位于曲阜经济开发区东区华能科技园，有员工40人，主要从事变电站综合自动化系统、数字化变电站保护系统、电子新产品、仪器仪表制造，当年产值2380万元，实现利税400万元。2010年9月，更名为曲阜华能电气集团有限公司。2013年，有员工70人，全年实现业务收入2589万元。

山东济开电气有限公司 成立于2013年4月，注册资本5200万元，坐落于陵城镇何家村，占地面积4.93公顷，主要生产40.5千伏及以下各种高低压开关设备、真空系列断路器等电器元件。有员工21人，全年完成销售收入2100万元，上缴税金132万元。

山东晶导微电子有限公司 成立于2013年7月，位于曲阜台湾工业园创业大道与春秋东路交汇处，占地面积12.27公顷，厂房面积5万平方米，主要从事制造、加工半导体芯片及材料、封装产品，电子器件和材料销售，电子设备和产品销售及应用技术服务。2013年，有员工900余人，公司产品与厦门阳光、立达信、得邦、生辉、通士达、固锝、道全、强茂、亚昕以及比亚迪、三星、飞利浦、JE等一大批国内外知名企业合作，出口韩国、印度等多个国家和中国台湾地区。

曲阜市电力控制设备厂 前身是宏大开关厂，位于静轩东路。1991年1月，曲阜市在原饮食服务公司技术力量基础上，调入部分专业技术骨干，组建曲阜市首家商办电控配电设备生产厂家，产品有高压开关柜、低压配电柜、动力配电箱、照明配电箱、路灯自动节电稳压控制器等，当年即实现产值60万元。1993年，实现产值325万元。1994年，企业进行股份制改造，更名为曲阜市宏大开关设备有限公司。1996年起，引进先进生产设备和质量管理体系，产品质量和销量有所提高。2000年以后，受市场和技术等因素影响，产品市场份额逐渐萎缩。2003年，企业亏损严重，退出市场。

第二节 电缆

山东鲁强电缆（集团）股份有限公司 前身是曲阜电缆厂，位于校场路光明街。1991年，主要从事电线、电缆生产；同年，投资350万元扩建厂房3500平方米，购进国内外电线、电缆专用设备15套。到年底，有员工230人，全年实现产值1507万元、利税243万元。1994年5月，经市政府批准，电缆厂全体职工出资596.82万元，将国有净资产1218万元的49%买下，组建曲阜电缆集团股份有限公司。1994年，组织专门班子，集中力量进行市场调研，开发生产“35千伏及以下交联聚乙烯绝缘电力电缆”。1995年，完成销售收入1.47亿元，实现利税1036万元，跨入国家大中型企业行列。1997年，将3个生产分厂改组为有限责任公司。同年，“GXPTB橡皮绝缘屏蔽型扁平电缆”获国家级新产品称号。1998年，投资3400万元，生产接入网光缆；6月18日，与山东电缆厂联合组建山东泰山国

晶导微电子生产车间内景（摄于2013年）

际集团曲阜电缆有限公司，电力电缆产品直供北京“9950”工程，通信电缆用于首都北京地铁工程；10月28日，随同山东电缆厂加入山东电力集团，成为省电力系统首选供货单位；12月26日，参股孔圣电线电缆厂，成立曲阜电缆集团孔圣线缆有限公司。同年，曲阜电缆厂产品通过ISO 9002质量体系。1999年7月，曲阜电缆有限公司光缆产品通过省级鉴定。2000年，曲阜电缆有限公司更名为鲁能泰山曲阜电缆有限公司，曲阜电缆有限公司及其3家子公司分别冠入“鲁能泰山”字号；“采用辐照交联技术及工艺设备改造现有生产线项目”，列入国家“双高一优”导向计划。到年底，山东鲁强电缆（集团）股份有限公司下辖电缆股份有限公司、山东泰山国际集团曲阜电缆有限公司、电力电缆有限公司、特种电缆有限公司、铜材公司、孔圣线缆有限公司、福达石油公司，有员工800人，主要产品为通信电缆、通信光缆、电力电缆、矿用电缆、数据电缆、裸电线、控制电缆等，总产值4.24亿元，实现利税3258万元。2001年1月，建立曲阜市第一家省级技术中心。2002年，建设电缆集团辐照中心。同年，产品通过ISO 14001环保体系和煤安、3C等一系列国家认证。2003年，开发10千伏及以下架空绝缘电器、阻燃系列耐火电缆、ADSS及OPGW电力光缆、六类缆、数据电缆、宽带数字通信电缆等10余种产品。2005年3月，“宽带数字通信电缆”项目列入曲阜市“2005年全市重点项目名录”；10月，“鼓楼牌”通信电缆被评定为“2005年山东名牌产品”。2006年4月，投资建设铝包钢线项目，形成年产铝包钢线及铝包钢绞线4000吨能力，填补省内空白。2007年8月，电力金

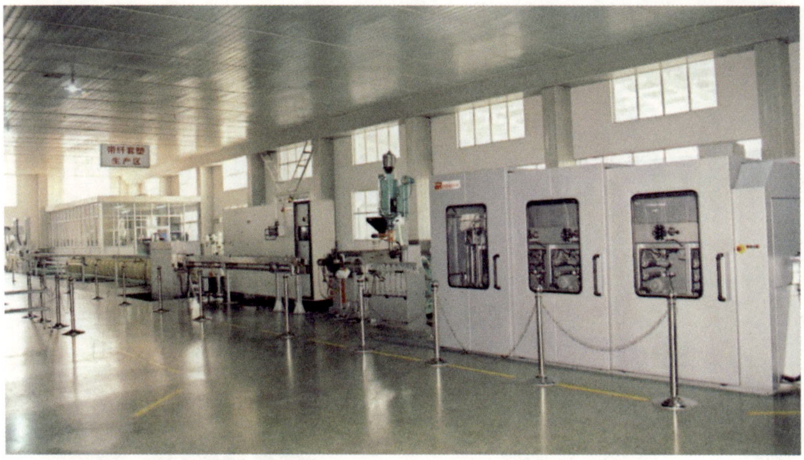

鲁强电缆车间内景（摄于2013年）

1991—2013年山东鲁强电缆（集团）股份有限公司经济指标统计表

表8-9　　　　单位：万元

年度	销售收入	利税	年度	销售收入	利税
1991	1368	243	2003	26909	1302
1992	2716	401	2004	35355	2079
1993	4183	631	2005	41998	2602
1994	9463	1226	2006	41997	3978
1995	14700	1036	2007	58313	4568
1996	20686	1681	2008	66880	4253
1997	17247	1632	2009	63460	4016
1998	16618	2717	2010	66596	4462
1999	17224	2296	2011	83085	3393
2000	30963	3258	2012	100011	5043
2001	40382	5095	2013	100159	2660
2002	21589	2006			

曲阜电缆(集团)孔圣线缆股份有限公司上市(摄于2015年)

具获得全国工业产品生产许可证。2008年，开发YJV62-8.7/10KV1×300mm²大规格交联电缆、风能电缆、BS-JKLYT-0.6/1KV4×120mm²架空平行集束绝缘导线、OPPC光纤复合架空相线及铁路用金具系列产品、光纤复合低压电缆OPLC等。2009年,获国家级高新技术企业称号。2010年10月,与中国电子科技集团第八研究所联合成立特种光缆及光纤传感器联合研发中心。全年完成销售收入6.66亿元,实现利税3258万元。2012年,新上光缆、电源线设备19台(套),开发碟形光缆、大截面光电复合缆、OPPC相线用中间吊挂接头盒等10余种新产品。2013年,开发大截面复合低压电缆OPLC，开发J-VLY耐光防紫外线阻燃聚烯烃橙色护套远供电缆新产品,开发接地片、光缆密封裙等产品;"鼓楼" 品牌获得山东省最具市场竞争力品牌称号。同年,将原电缆公司、力缆公司、特缆公司3家公司整合为鲁能泰山曲阜电缆有限公司，注销鲁能泰山曲阜电力电缆有限公司和鲁能泰山曲阜特种电缆有限公司。到2013年年底,山东鲁强电缆(集团)股份有限公司下辖鲁能泰山曲阜电缆有限公司、山东鲁强地纬新型建材有限公司等5家控股、参股企业,经营场所10余处,占地30余公顷,拥有资产10亿元,固定资产8亿元,有员工960人,全年实现销售收入10.15亿元,上缴税金2523.7万元。主要产品为通信电缆、通信光缆、电力电缆、电力光缆、矿用电缆、控制电缆、架空导地线光缆、金具附件等。

曲阜电缆(集团)孔圣线缆有限公司　前身为曲阜电缆(集团)孔圣线缆有限公司,成立于1998年,位于校场路西首路北,主要生产布电线、钢芯铝绞线、电器装备用电线电缆。当年,产品获ISO 9002:1994质量体系注册证书。1999年,企业被认定为第二批全国城乡电网建设与改造所需主要设备产品与生产单位。2000年,企业获国家进出口企业资格证书。当年,实现产值230万元。2003年,产品获ISO 9001:2000质量管理体系认证证书。2008年,加入国家电网合格供应商行列。2011年,产品获ISO 9001:2008质量管理体系认证证书。2013年年底,有员工69人,主要产品有架空电缆、架空绝缘电缆、电力电缆、电器装备用电线电缆等,实现销售收入5700余万元,上缴税金219万元。

山东川达线缆有限公司　成立于2008年8月,位于曲阜经济开发区西区阳春路，以生产建筑工程电缆、电力电缆、橡套电缆、特种矿用电缆等产品为主,注册商标"鲁龙"。2010年后,采用山东卫视等地方电视广告,通过网络营销、纸媒体报道,提升品牌知名度。2013年,占地面积7.33公顷,建筑面积3万平方米,有员工121人。

曲阜市虹飞电缆有限公司　前身为虹飞电缆厂,2003年建厂,位于书院街道工业园。2004年9月,产品通过"CCC"认证。2005年,更名为曲阜市虹飞电缆有限公司,由上海电缆研究所进行规划、设计,与煤炭科学院上海分院进行技术合作,专业生产10千伏以下矿用移动橡套电缆，橡皮绝缘电焊机电缆,全塑电力电缆及港口、码头、钢厂运料机专用扁形电缆。2006年,注册"虹飞"商标,产品通过国家质量监督检验检疫总局生产许可证和矿用产品安全标志办公室煤安证。2008年初,开发生产MCPT-1.9/3.3、MYPTJ-6/10、MYPTJ-8.7/10等产品，填补省内空白。2012年,产品质量由中国人民保险公司承保。2013年4月,产品通过ISO 9001质量体系认证。2013年,有员工120人,拥有连续硫化生产线7条和300余台辅助生产设备,全年完成产值2300万元,实现利税276万元。

第三节 电池 芯片

山东圣阳电源股份有限公司（简称圣阳电源）前身是曲阜市电源厂。1991年，曲阜市在原五金厂筹建成立曲阜市电源厂，为国有企业，职工132人，占地0.67公顷，固定资产200万元，主要生产UPS用小型铅蓄电池，全年销售收入100万元。1993年起，市电源厂进行技术改造，引进国外关键技术和生产、检测设备，包括美国Wirtz40C铸板机、美国MAC涂板线等蓄电池极板制造设备，制造工艺告别手工操作，进入机械化生产时代。1995年，兼并市车辆厂和曲阜汽车配件厂电器分厂，占地面积3.8公顷，职工发展到471人，其中中专以上学历人数占50%。同年，市电源厂实现总产值5000万元、利税350万元，成为曲阜市支柱企业。同年，“圣阳牌”密封免维护铅蓄电池获第三届全国科技交流大会产品金奖。1996年，市电源厂购买市鞋厂，占地面积扩大3.33公顷。1997年，“圣阳”产品获得国防通信网设备器材许可证、信息产业部通信设备进网质量认证证书、国家ISO 9002质量体系认证证书、出口机电产品质量许可证及广播电视部入网证书。1998年，市电源厂改制为有限责任公司，更名为曲阜圣阳电源实业有限公司。为调动员工工作积极性，企业推行定岗、定编、定薪、定责，实行竞争上岗制度。

1998年，引进美国生产设备和技术软件，专业生产经营具有20世纪90年代国际先进水平的阀控式密封免维护铅酸蓄电池。同年8月，实施CIS（现代企业经营战略）导入战略。2000年，在曲阜经济开发区建设新厂区，占地130亩。当年完成产值1.3亿元，实现利税1142万元。2001年，国有股全部退出，改制为民营企业。2000—2005年，实施第三次大规模技术改造。选用世界先进极板制造设备，引入热封、穿壁焊、真空加酸、全自动在线化成等关键工艺，产品全过程质量水平提升。2005年，研发“赛耐克牌”电动自行车电池投放市场。6月，曲阜圣阳电源实业有限公司更名为山东圣阳电源实业有限公司。2006年，成立全资子公司山东圣阳电源科技有限公司，专注于动力电池研发、生产与经营；成立山东圣阳电源实业有限公司嘉祥分公司，专注于铅酸蓄电池极板生产，次年分公司撤回、注销。同年，产品被授予国家免检产品称号。2007年，实施高能环保型胶体太阳能储能电池及动力电池建设项目，解决铅酸电池高性能和渗漏污染等技术难题。全年实现销售收入4.2亿元、利税3500万元。其中，出口1700万美元，出口业绩位于曲阜第一。企业获济宁市出口创汇先进企业称号。

2007年，山东圣阳电源实业有限公司改制为股份公司，更名为山东圣阳电源股份有限公司。2008年，“圣阳”商标获山东省著名商标称号。2009年，在开发区海关东路建设动力电池生产厂区，占地5.33公顷。同年，启动锂离子电池项目。2010年2月，全资子公司深圳市方信电源技术有限公司在深圳成立，主要从事电源贸易、光伏电源产品、照明器材进出口贸易等。同年，圣阳电源产品获出口免验资质。2011年，

2001—2013年圣阳电源经营情况一览表

表8-10　　单位：万元

年份	销售收入	税金	年份	销售收入	税金
2001	8584	58.34	2008	50413.87	2780
2002	7821	1060.8	2009	61814.2	4548.1
2003	9111.36	723.02	2010	73256.79	3729.69
2004	13808.04	473.21	2011	95900.14	3286.37
2005	15883.8	985.76	2012	119178.73	3382.96
2006	25123.11	1467.95	2013	101773.8	3557.54
2007	42358.75	1709			

成功登陆深圳中小板市场，股票简称：圣阳股份，股票代码：002580。圣阳电源成为济宁市第6家、曲阜市第1家在内地上市公司，也是国内蓄电池行业中第4家内地上市公司。同年，圣阳电源被授予“2011年清洁生产环境友好型企业”“中华环境友好企业”“山东省管理创新优秀企业”称号；“赛耐克及图”商标获山东省著名商标称号，“圣阳” 商标获中国驰名商标称号。2012年，圣阳电源启动设计能力600万千伏安时的新型铅酸蓄电池扩迁建项目，总投资8.93亿元，占地22.53公顷。同年，“ABT”品牌被授予2011—2013年度山东省重点培育和发展的国际知名品牌；圣阳电源被中国轻工业联合会授予“铅酸电池行业十强”。2013年，被授予国家重点行业清洁生产示范企业、中国质量诚信企业、山东省电子信息行业优秀企业、山东省最佳雇主企业等称号；圣阳电源技术中心获“全国工人先锋号”称号。到年底，圣阳电源占地40公顷，建筑面积20万平方米，办公区域1.2万平方米；拥有总资产15亿元，员工2000余人，下属2家全资子公司，全年实现销售收入10.2亿元、税金3558万元。

山东科讯车业有限公司 成立于2009年，位于曲阜经济开发区东区天博路兴宇工业园，隶属于山东南池集团，从事锂电池研发、生产、销售，主要生产18650锂离子电池、数码电池、聚合物软包储能电池。2012年，实现销售收入2400万元、利税110万元。2013年年底，企业占地66.67公顷，有员工2000余人。

山东亿能电源有限公司 建于2004年7月，位于书院街道方家村西，主要生产电动助力车用铅酸蓄电池。当年实现产值300万元。2007年，亿能电源有限公司由鲁城街道迁址到书院街道。2008年9月，更名为山东亿能电源有限公司。2010年，成为中国电器工业协会会员单位。2013年，公司有员工160人，完成产值4553万元，实现利税280万元。

第十一章　机械制造

机械制造业是曲阜市支柱产业之一。1991年，曲阜市乡及乡以上工业企业中有机械工业类企业16家，工业总产值1221万元，主要生产铸铁暖气片、日用精铝制品、日用不锈钢制品、内燃机、建材设备、食品机械、机动脱粒机、中小农具等。1996年，乡及乡以上机械工业类企业发展到30家，工业总产值2.1亿元，其中有色金属冶炼及压延加工企业1家、金属制品业5家、普通机械制造企业5家、专用设备制造企业12家、交通运输设备制造企业7家。进入21世纪，曲阜市机械制造业发展迅猛，逐渐成为曲阜市重要经济支柱。2000年，曲阜市有重工业加工工业企业20家，总产值5.61亿元。2005年，曲阜市规模以上机械工业类企业24家，总产值10.37亿元。2010年，规模以上机械工业类企业发展到72家，工业总产值47.46亿元。2013年，曲阜市形成以汽车零配件、矿用机械、公路工程机械、清污机械、电机、农用机械等产业为主体，各类专用机械制造业协调发展，产品门类比较齐全，具有一定配套能力的机械制造产业体系。有规模以上机械工业类企业44家，工业总产值48.92亿元，其中有色金属冶炼及压延加工业7家、金属制品8家、通用设备制造业8家、专用设备制造业17家、汽车制造业1家，铁路、船舶、航空航天和其他运输设备制造业2家，仪器仪表制造业1家。

第一节　汽车制造

曲阜天博汽车零部件制造有限公司 前身是曲阜汽车配件厂，位于明故城东献泉路。1991年，占地面积53.3公顷，建筑面积2.13公顷。全年完成产值781万元，实现利税178万元。同年，产品与广西玉柴机器公司配套。1994年，确立围绕轿车、摩托车配件开发新产品发展战略，研发新产品热敏开关投放市场，替代进口产品，成为独家为桑塔纳轿车热敏开关配套厂家。1995年，在曲阜经济技术开发区征地2.7公顷新建厂房。同年，实现工业总产值2400万元、税利193万元。1997年，开发水温传感器、机油压力报警器和加浓阀三大类27个型号规格新产品，形成全厂六大类67个型号规格系列产品。同年，产品与神龙汽车有限公司、东安汽车发动机制造公司、沈阳航天三菱汽车发动机制造公司配套。1998年，开发电喷传感器、废气再循环阀等新产品。2000年，产品与奇瑞汽车股份有限公司、浙江吉利控股集团配套。全年完成产值4967万元，实现利税510万元。

2001年，曲阜汽车配件厂改制，成立曲阜天博汽车零部件制造有限公司（简称天博公司），迁至曲阜经济开发区东区天博路。2002年，有职工568人，固定资产3521万元。产品与长城汽车股份公司配套；天博公司计量室获得山东省计量确认资格，具有厂内使用长、热、力、电计量器具校准鉴定资格。2003年，产品通过德国大众亚太质保部审核。2004年，产品与上海通用汽车公司配套，同年，通过ISO/TS 16949、环境管理体系认证。2005年，产品与广汽本田汽车公司配套，通过德国大众汽车技术评审，成为上海大众、一汽大众A级供应商。2006年，通过国家二级安全质量标准化企业认证；产品与天津一汽丰田汽车公司配套。同年，创建天博工业园，位于曲阜经济开发区天博路，占地20余公顷。11月，完成天博工业园一期工程刹车片扩能改造项目建设，达到年产300万套刹车片生产能力。同年，被评为济宁市百强民营企业。2007年，学习借鉴同行业先进企业生产管理经验，推行“6S”（整理、整顿、清扫、清洁、素养、安全）管理方式。同年，被认定为山东省企业技术中心。2008年，导入ERP信息管理系统。2009年4月，德国大众、大众中国及一汽大众到天博公司，对传感器、报警器产品生产控制及技术、质量过程进行审核，顺利通过，标志着天博公司技术研发能力达到国际化水平。同年，通过ISO 14001质量管理体系认证，调温器产品被评为山东省名牌产品，被评为国家火炬计划重点高新技术企业。20世纪末至21世纪初，天博公司注重产、学、研合作，与中国电子科技集团公司38所、中科院力学研究所、上海交通大学等科研院所建立技术合作关系，形成以企业为主体、市场为导向、产学研相结合的技术创新体系。紧盯国内外汽车类电子产品行业发展方向，开发ABS传感器、TPMS（轮胎压力报警器）、电子调温器等各类新产品。2010年，新产品年产值占企业年度总产值35%。2011年7月，与世界500强——美国ITW集团签署合资合同，成立依工（曲阜）天博汽车冷却系统有限公司，总投资3000万美元，新建1万平方米厂房及仓库，购置关键研发与生产设备30台（套）。同年，与法国VERNET达成技术合作协议，组建生产线，生产电子调温器。同年，天博公司产品与长安福特汽车公司配套，成为沈阳三菱优秀供应商，获上海通用合作伙伴奖；企业被评为中国AAA级信用企业。2012年，曲阜天博国际贸易有限公司成立；天博公司总部搬迁至天博工业园。“天博”商标被评为中国驰名商标。2013年，与德

天博工业园俯瞰（摄于2013年）

国大陆集团合资成立陆博汽车电子(曲阜)有限公司,凭借德国大陆和曲阜天博双方优势,与主机厂同步研发,不断扩大市场。同年,公司产品与长安马自达汽车公司配套,获上海柴油机股份公司质量优胜奖。到2013年年底,占地面积16.53公顷,固定资产6544万元,有员工785人,大专以上学历人员468人,全年完成销售收入4.27亿元,实现利税1.14亿元。拥有研发试验仪器设备100余台(套),其中大型科学精密仪器设备51台(套);检测手段及技术装备达到国际先进水平;主要产品有调温器、油压开关、温度传感器、PCV阀、倒车灯开关、刹车灯开关、热敏开关、冲压件8大类产品,为上海通用、一汽大众、上海大众、广州本田、广州丰田、长安福特、南京马自达等100余家整车和发动机公司配套,主导产品调温器市场占有率45%,产品进入国外OEM(定点生产)市场,批量出口英、美、法等30多个国家和地区。

曲阜金皇活塞股份有限公司 前身是曲阜市农业机械厂,原名曲阜市农机修理制造厂,属市经委下属企业,位于曲阜市献泉路,主要生产农机活塞和农用机械。1992年,更名为曲阜市农业机械厂。1996年,曲阜市农业机械厂以无偿划转方式并入中国轻骑集团,更名为中国轻骑集团曲阜活塞厂,成为轻骑集团全资子公司,厂区占地3.5公顷,有职工600余人,固定资产1800余万元,主导产品为摩托车用铝活塞,尤其以二冲程发动机用高硅活塞见长。在生产农机活塞、轻骑摩托车活塞等产品基础上,曲阜活塞厂实施技改开发,逐步发展生产铃木系列、本田系列、雅马哈系列、川崎系列、汽车系列等五大系列70多个品种活塞。1997年,活塞厂瞄准市场发展,开拓国内外市场,营销网点扩大到全国30多个省区市,设立23个专卖店、10个办事处,其产品高硅铝活塞占领全国市场80%以上。1999年,产品通过ISO 9002质量体系认证。2000年,与大长江集团、轻骑铃木、嘉陵、宗申、隆鑫、力帆、钱江、金城、北方易初等国内摩托车发动机生产厂家配套,并在其所在地设有办事处。2001年,取得自营进出口权,产品批量出口日本、美国、英国、巴基斯坦、印度尼西亚、越南、尼日利亚等国家;同年,被评为山东省出口创汇荣誉企业。2002年,聘请日本、德国专家担任厂技术顾问,成立产品科研发展中心,拥有活塞顶部微弧陶瓷、喷涂二硫化钼和碳化硅铝基复合材料等新技术。2003年4月,公司董事长张鲁京等10名自然人出资1396万元,以承接负债方式购买曲阜活塞厂资产,并吸纳和安置所有员工,改制为民营公司,组建曲阜金皇活塞有限公司。改制后,企业相继与吉利、华普、东安三菱、东安动力等汽车发动机生产集团建立合作关系。2003年,该企业小动力活塞国内市场占有率40%以上; 国外与铃木公司、雅马哈公司、三菱重工、法国标致、伊莱克斯、意大利巴马公司、GGP公司、日本丸山公司等国际知名公司配套。同年,被认定为山东省高新技术企业和中国专利山东明星企业; 其产品通过ISO 9001和QS 9000国际质量体系认证;30CC-1440CC铝活塞获山东省机械工业产品质量奖;金皇活塞自主研制的SiCp/Al复合材料活塞被评定为“国家级重点新产品”。2004年,金皇活塞公司技术中心被认定为省级企业技术中心;“金皇牌”铝活塞被山东省质量技术监督局评为“省内质量免检产品”,获“山东省名牌产品”称号;通过ISO/TS 16949国际质量管理体系认证;“金皇” 商标获 “山东省著名商标”。2004—2005年,在曲阜经济开发区建设二期活塞扩能技改工程,总投资5600万元,增设生产线20条,活塞生产能力600万只。2005年9月,实施三期扩能技改项目,项目占地6.67公顷,总投资1.2亿元,增建铸造车间、机加工车间、陶瓷表面处理综合车间及附属设施。同年12月,曲阜金皇活塞有限公司更名为曲阜金皇活塞股份有限公司。2006年,与山东大学、西安工业大学等知名高校开展“产学研”合作,成立西安工业大学铝基复合材料产业化基地、西安工业大学曲阜金皇联合研究所、西安工业大学研究生培养基地。与西安工业大学成功研制大功率柴油机复合材料活塞。金皇活塞股份有限公司纳微米粒子增强铝基复合材料活塞项目列入科技部火炬计划,其制备技术获国家发明专利。同年,金皇活塞股份有限公司被确认为国家汽车零部件出口基地企业,被评为2006年度山东省机械工业十大自主创新品牌企业,通过ISO/TS 16949全球汽车行业质量管理体系认证。2007年,企业整体迁至曲阜经济开发区金皇路。同年,其三期扩能技改项目被省政府列为“省级重点建设项目”;公司被认定为国家火炬计划重点高新技术企业。2009年3月,铸造车间被命名为山东省科普车

裕隆金和精密机械加工车间内景(2013年摄)

间。2010年1月，获得山东省诚信示范企业称号；2011年4月，获得中国工业先锋示范单位称号。2013年，占地10.67公顷，员工1600人，是专业活塞制造生产企业、国家高新技术企业、国家火炬计划重点高新技术企业和国家汽车零部件出口基地企业；主导产品为汽车、柴油机、摩托车及通用汽油机用铝活塞，产品品种1000余种。

山东裕隆金和精密机械有限公司 成立于2010年8月，位于曲阜经济开发区东区创业大道，是山东裕隆矿业集团有限公司全资子公司，注册资本8000万元，主要生产乘用车自动变速器壳体、阀体、箱体，发动机缸体等关键零部件。2001年，企业通过ISO/TS 16949—2009质量体系认证。2013年，有员工59人，全年实现主营业务收入2899万元，主要客户有吉利汽车、盛瑞传动、北汽动力、众泰汽车、一汽四环发动机及北京精进电动等。

曲阜嘉信电气有限公司 成立于2003年1月，2010年迁入曲阜经济开发区创业大道，占地2.8公顷，厂房1.05万平方米。主要生产变频调速器、变频控制系统和节能电器。2010年，通过ISO 9001:2008质量管理体系认证。2013年，被认定为国家高新技术企业，列为全国变频器行业企业家论坛理事单位。

第二节 机械基础件

曲阜市索龙索具有限责任公司 前身是曲阜市锻件厂，1991年，有员工126人，设3个生产车间、5个职能科室，主要生产日式锻造卡头、美式锻造卡头等产品，全部出口。1993年1月，设立厂内年度技术进步奖项。1994年6月，在锻压车间试行班组机台承包，采取“五定一包”方式(即定产量、定质量、定消耗、定费用、定安全、包盈亏)和自由组合方法。1996年，研发生产意式、德式、美式精密锻造卡头，德式花兰螺丝等系列产品。1997年12月，实行股份合作制改造，企业注册总股本101万元，其中集体股本为40万元，职工个人股本61万元。1998年，开发生产不锈钢精密锻造卡头。2000年，有员工179人，销售收入1052万元，利税100万元。2000—2002年，在普通锻造索具类产品市场日渐萧条情况下，企业致力于不锈钢高档类产品研制开发，研制开发316不锈钢产品，其中15个品种打入美国等国家市场。2003年7月，在曲阜经济开发区征地3.33公顷，建设新厂区，一期工程总建筑面积5540平方米。2007年，实现销售收入3952万元、利税201万元。

2008年，曲阜市锻件厂改制，更名为曲阜市索龙索具有限责任公司(以下简称索龙索具)，位于天华路1号。2012年，获得自营出口权。2010年4月，索龙索具迁址曲阜经济开发区勇马路北首。2013年10月，获山东省安全生产监督管理局二级安全资格证书。2013年，索龙索具自营出口值占公司年度出口总额50%以上。到年底，公司拥有厂房建筑面积1.57万平方米，有员工286人，固定资产5200万元；主营模锻、机械加工类产品，是曲阜市产品全部出口的外向型企业。

曲阜市铸造材料厂 位于石门山镇郭沟村，1991年，曲阜市铸造材料占地2.13公顷，有员工86人，主要生产黏土、石墨、膨化淀粉等。1993年，研发的“醇基涂料干粉”获国家发明专利。2000年，投资60万元，上马稀土镁合金项目；投资120万元，建“誉华科苑”科研大楼，建筑面积2000平方米。同年，自主研发的“湿型铸造用煤粉”获得国家科委“金鼎奖”。2001年，通过ISO 9001国际质量体系认证。2008年，“誉华牌”MDCC、MPDCC系列型砂粉获得“山东省消费者满意度高产品”称号。2010年，新建除渣剂分厂，上马除渣剂项目，占地1.33公顷，厂房2300平方米。

2011年，被授予山东省一级民营信用企业。2013年，该厂为中国国家标准化管理委员会起草“铸造湿型砂混配黏结剂”国家标准；珍珠砂旋转干燥装置、珍珠砂冷却装置、无碳砂粉旋风分离装置、粉丝料搅拌装置获国家发明专利，“铸造湿型砂无煤粉复合黏结剂”被评为山东省科技发明三等奖。到年底，该厂占地面积5.33公顷，建筑面积3万余平方米，固定资产6000万元，员工160余人，产品有无碳、低碳材料、MDCC、MPDCC等八大系列100多个品种。

曲阜市永兴铸造材料有限公司 位于石门山镇郭沟村，占地面积2公顷，建筑面积7000平方米，是集科、工、贸为一体的专业生产铸造材料企业。2013年，固定资产1200万元，拥有8个车间、2个实验室及先进试验设备，通过ISO 9001国际质量体系认证。其“永兴牌”系列产品有型砂添加剂、煤粉、高效除渣剂、型砂增强剂、黏合剂五大系列30多个品种。

曲阜市华隆机械有限公司 成立于2001年，位于石门山镇工业园内，公司借鉴国外先进工艺研发生产，注册“宏力牌”商标，从事美标S505、S506、S510、S409系列钢压套等索具配件制造销售。2013年，通过ISO 9001:2008国际质量管理体系认证。

第三节 重型矿山机械

山东瑞鸿重工机械有限公司 2013年年初，由曲阜三孔模板有限公司与内蒙古赤峰龙宇路桥有限公司合资成立，位于曲阜经济开发区内，有员工56人，是一家集设计、研发、制造及服务一体的大型桥梁模板企业，为中国模板脚手架协会会员、理事单位。主要生产移动模架造桥机、大型箱梁、桥梁墩身墩帽、挂篮、隧道台车、桥梁静载试验台等。到年底，公司占地11.87公顷，取得ISO 9001：2008国际质量体系认证证书；全年主营业务收入4867万元。

山东兴达矿山机械有限公司 成立于2005年10月，位于市曲阜经济开发区西区阳春东路，主要从事矿用机电设备及环保产品设计、开发、制造和安装。2011年，在北京燕郊成立新产品研发中心。2013年，兴达矿山机械有限公司占地面积5.8公顷，生产车间1.5万平方米，办公面积1.4万平方米，有员工238人，拥有国家专利28项，主要产品有(甲)带式给料机、XD-I超高效煤尘抑制剂、混凝土喷射机、快速计量装车系统、空气炮、主井装卸载自动化及提升信号系统、副井操车系统、滚轮罐耳、主井装卸载气控(液压)系统、电缆热补机、电缆压号机、电缆热风干燥机、电缆探伤仪，与北京、西安、济南、南京、合肥、武汉、太原等煤炭设计院建立合作关系，产品通过ISO 9001：2008质量管理体系、ISO 14001：2004环境管理体系、GB 28001—2001职业健康安全管理体系认证。

山东裕鑫重工有限公司 创建于2009年5月，位于曲阜经济开发区东区，主要生产各类精密冲压件、模具制造及煤矿各种机械设备。2013年，有厂房4.2万平方米，员工108人，下设3家分公司，总资产1.6亿元，拥有1个技术研发中心、12项专利技术，通过ISO 9000质量管理体系认证。主要生产托辊用冲压轴承座套件，型号包括DTII、TK、TKII、鲁美卡式、DT75五大系列200余种；有汽车用冲压件生产线2条，生产汽车专用喇叭、节温器、倒车灯开关、刹车灯开关等冲压件；注塑生产线3条，生产各种精密矿用、汽车用及其他注塑件100余种。

曲阜巨力铁路轨道有限公司 始建于2009年，厂区占地13.33公顷，建筑面积3万余平方米，位于曲阜台湾工业园创业大道，主要生产优质球铰、声屏障及各种混凝土构件、减隔震构件等。2013年，拥有员工212人，其中专业技术人员29人、技术工人48人，具有各种机械动力设备350台（套）；拥有17项国家专利，企业资信达到AAA级。

曲阜永安煤机有限责任公司 前身是曲阜市煤矿机械厂，1984年创建，位于曲阜市时庄街道办事处驻地，是一家致力于煤炭运输、洗选、综采设备的开发生产销售服务于一体的机械加工生产型企业，产品应用于煤矿、港口、矿山、电力、环保等行业。2003年，通过ISO 9001：2008国际质量体系认证。2006年，改制成立曲阜永安煤机有限责任公司；同年，SGB系列刮板输送机、带式输送机通过煤矿安全标志认证。2007年，被评为山东省第二批成长型中小企业。2013年，永安煤机占地近8公顷，轻钢结构高标准厂房面积2万平方米，拥有各种机械加工设备200余台(套)，员工130余人。

山东吉华重工机械有限公司 2011年4月成立，

2011年8月2日，永安煤机公司产品试车现场

位于曲阜经济开发区西区玉兰路，占地面积13.33公顷，建筑面积约4.5万平方米，生产各类履带式液压挖掘机、推土机引导轮、驱动轮、支重轮、托链轮、涨紧装置总成等工程机械配套件，产品主要为三一重机、山东重机、山东力士德、日本竹内、日本久保田等国内外著名挖掘机、推土机企业的整机配套。2013年，有员工80余人，全年生产各类工程机械配件8万套。

兴邦重工设备有限公司 前身是曲阜圣鑫机械厂，位于小雪街道铁炉村，1998年成立，主要生产生物质燃料设备、生物质燃料颗粒机、木屑颗粒机、木屑粉碎机、生物质锅炉、环保型塑料颗粒机等机械。2009年，迁至书院街道，更名为曲阜华诚机械厂。2013年10月，迁至王庄镇康桥村西北，有员工128人。

曲阜三孔模板有限公司 前身是曲阜三孔轻工机械设备有限公司，1998年4月成立，位于曲阜市更道路，占地面积1.33公顷，是一家全资国有企业，从事轻工设备制造销售、工程安装设备维修，全封闭防盗安全门制造、推拉铝合金窗、推拉塑料窗加工等。2008年年初，为适应市场需要，引进桥梁模板制造项目，更名为山东三孔集团曲阜三孔模板有限公司，主要生产桥梁墩身墩帽模板、移动模架造桥机、挂篮、隧道台车、桥静载试验台等，主要用于高速铁路、高速公路建设。2010年12月，总资产3030万元，全年实现销售收入5600万元，上缴税金115万元。2011年，改制为股份制企业，更名为曲阜三孔模板有限公司。

恒兴重工科技有限公司 成立于2007年，位于姚村镇席厂村，占地2.5公顷，主营机械、钢材加工和销售。2013年，有员工100余人，拥有专业焊丝生产线1条、冷拔圆钢生产线3条，拥有大小车间50余间，有固定资产5000万元。产品通过ISO 9001：2008质量体系认证。

第四节　水工机械

曲阜恒威水工机械有限公司 成立于2006年7月，位于曲阜市书院工业园内，是以生产水利水电工程金属结构机械产品为主的专业制造公司，主营回转式清污机等各类水工机械。针对泵站、水电站引水口阻塞问题，设计、制造不同类型清污装置。2009年，获中国产品质量协会21315质量信用AAA级单位称号。2011年，获山东省守合同重信用企业称号。2013年，参加水利部行业标准起草修订，其产品用于多个国家重点工程，如：长江电力集团葛洲坝二江电站，中国国电云南大盈江一级电站，南水北调东线皂河一二站、洪泽站，中国水电工程顾问集团成都勘测设

恒威水工机械有限公司（摄于2013年）

山东省水工机械厂（摄于2013年）

计研究院四川凉山州洼垴电站，万里黄河第一闸内蒙古三盛公电站一、二期工程，广东珠海澳门供水工程竹洲头泵站，南水北调来水调入密云水库调蓄工程。涉外工程有乌兹别克斯坦阿拉特泵站、新加坡丰加北新生水项目、柬埔寨VACIO灌区项目、老挝淮坡水电站等项目。2013年，企业占地2.15公顷，建筑面积1.01万平方米，有员工76人，全年完成产值2823万元，实现利税104万元；拥有产品实用新型设计专利22项，发明专利1项。

山东省水工机械厂 是山东水利工程总公司直属二级法人企业，主要从事水工金属结构产品及启闭机生产。1992年，取得水利部水工金属结构产品生产许可和启闭机使用许可证书，是全国首批取得水金属结构产品及启闭机生产许可证厂家。2009年，由兖州市迁至曲阜市，注册资金1.02亿元，位于陵城镇后学村，占地面积10.67公顷。2013年，有员工160人，其中各类技术人员76人，有各类金属结构加工设备300余台（套）；全年完成销售收入3700万元，上缴税金240万元。

第五节 仪器仪表

曲阜市崇德精密机械有限公司

2005年9月成立，位于曲阜经济开发区西区。2009年，获得自主进出口权。2012年，成立曲阜尚德国际贸易公司；同年，获得美国多利安工具国际公司中国总代理资格。2013年，建筑面积1万余平方米，在岗职工150余人，固定资产3693万元，主要生产经营高刚性、高精度、高转速弹簧夹头、刀柄等数控刀具，包括：高精度ER夹头（5μ/8μ），SK高速机夹头（5μ），EOC（OZ）夹头（10μ），C直柄夹头（10μ）及BT/DIN69871（SK）/CAT、HSK等锥度的高速动平衡数控刀柄、刀盘等产品。

崇德精密机械有限公司（摄于2013年）

第六节 医疗器械

曲阜市欣雨辰医疗器械有限公司 成立于2012年9月，注册资金3100万元，坐落于陵城镇主体功能区内，占地3公顷，建筑面积8000平方米，拥有加工医用器械设备17台（套），从事无影灯、手术床、护理台等医疗器械生产和销售。2013年，生产医疗设备1万余套，有员工31人，实现销售收入2160万元，上缴税金130余万元。

盛德医疗科技有限公司 成立于2010年9月，位于陵城镇杨家屯村，占地面积2.67公顷，拥有厂房及配套设施4000平方米，主要从事医疗器械生产销售。2013年，有员工22人，主要产品有手术无影灯系列、手术台系列、普通医用床及医用车、医用橱柜等七大类近200个规格型号；全年完成销售收入970万元，上缴税金67万元。

山东铭泰医疗设备集团有限公司 成立于2000年6月，位于曲阜经济开发区西区，通过SFDA注册认证，主要生产手术无影灯、LED手术无影灯、电动手术台、电动病床、医用吊塔吊桥等医疗设备。2008年，

2005—2013年崇德精密机械公司销售、利税一览表

表8-11

年度	销售收入(万元)	利税(万元)	年度	销售收入(万元)	利税(万元)
2005	480	16	2010	3046	160
2006	850	40	2011	3560	180
2007	1200	90	2012	3890	226
2008	2080	120	2013	4180	246
2009	2470	140			

产品通过ISO 9001、ISO 13485国际质量体系认证和美国FCC认证;2010年,通过欧盟CE认证。2012年,借助阿里巴巴和中国制造网等第三网络平台进行国内外贸易,通过百度、搜狗、360网站进行品牌推广。同年,获得英国WINDERWILSON医药控股公司支持,在国际国内建立销售、服务网络;同德国德尔格医疗公司、贺尔碧格自动化技术公司、欧达尔医疗技术公司建立合作关系。2013年,占地0.7公顷,建筑面积9000平方米,有员工60余人,拥有14项实用新型专利和2项外观专利。

第七节 环境工程机械

山大能源环境有限公司 位于曲阜经济开发区西区,是山东神华山大能源环境有限公司全资子公司,成立于2006年2月,厂区占地8公顷,办公及标准化厂房面积3万平方米。主要从事湿式静电除雾器、布袋除尘器及其他新能源领域产品生产制造与销售。2013年10月,神华集团下属子公司中国节能减排有限公司收购山东山大能源环境有限公司,曲阜山大能源环境有限公司并入神华集团。

华成环境工程有限公司 2009年成立,位于小雪街道工业园,有员工50余人,主要从事大型除尘、烟气脱硫装置等大气污染治理设备改造与维修。2013年,有员工80人,全年产值8000万元,利税800万元。

第八节 石油化工通用机械

山东天工石油装备有限公司 成立于2012年6月,位于陵城镇政府驻地北,占地面积2公顷,主要从事石油电子装备的生产、销售。2013年,被授予"济宁高新技术企业"称号。2013年年底,有员工30人,获得实用新型专利8项、外观设计专利12项、计算机软件著作权登记8项;全年完成销售收入3300万元,上缴税金220万元。

天工金属制品有限公司 前身是曲阜市铁铝制品酒类容器总厂,位于姚村镇姚村火车站南。2001年2月,注册成立曲阜市天工金属制品有限公司,主要生产酒厂、啤酒厂、油厂、食品厂所用容器及冷凝、搅拌等设备。创业之初,先后派员到青岛英威特焊接设

2012年6月25日,天工石油装备制造项目开工仪式现场

玉樵夫科技有限公司厂区（摄于2013年）

备有限公司、哈尔滨工学院等地，引进不锈钢氩弧焊焊接技术，到山西太原工具厂和兖矿集团化工机械厂招聘生产设计工程师，不断进行新产品开发。2011年5月，取得山东省质量技术监督局“危险品、化学品包装物生产许可证”。2012年1月，研制开发玫瑰花蒸馏系统，申请为国家专利。同年6月，为倪氏国际玫瑰制品股份有限公司生产的玫瑰花蒸馏系统设备试车成功并投入生产使用，被专家称为“亚洲首条玫瑰液细胞分离生产线”。

第九节　文化办公设备

玉樵夫科技有限公司　成立于2003年4月，坐落于曲阜经济开发区创业大道，从事专用打印机及其耗材研发、生产、销售和服务，主要产品有热打印条幅打印机、无版数码烫金打印机、飘带打印机、彩色标签打印机、热熔彩色写真打印机等系列。2009年11月，被中国计算机行业协会吸纳为会员单位和打印机专业委员会理事单位，多次参与打印机耗材行业国家标准的起草和制定。2010年，玉樵夫《热打印技术在广告行业的应用》获中国计算机行业最具发展成就先进方案与案例奖。2013年，占地4公顷，有员工206人，其中科研人员36人。

第十二章　化工

1991年，曲阜市有乡及乡以上炼焦、煤气及煤制品类企业3家，工业总产值321万元；化学工业13家，总产值2299万元；橡胶制品企业5家，总产值3889万元，塑料制品企业3家，总产值367万元；生产化学肥料418吨、橡胶运输带30万平方米、塑料制品445吨。2005年，有规模以上石油加工、炼焦及核燃料加工业2家，总产值1.71亿元；化学原料及化学制品制造企业9家，总产值4.39亿元；橡胶制品企业1家，总产值2176万元；塑料制品企业2家，总产值1584万元。2013年，有规模以上化学原料及化学制品制造企业21家，总产值28.4亿元；橡胶和塑料制品企业5家，总产值2.58亿元；生产初级形态塑料3.54万吨、化学试剂5.67万吨、塑料制品81吨。

第一节　橡胶

1991年，曲阜市橡胶厂位于环城西路，是化工部橡胶管带产品定点生产厂家，属国家大型二类企业，占地面积7公顷，建筑面积4万平方米，有职工799人，其中工程技术人员120余人，主要产品有输送带系列产品、三角带、排吸胶管、钢编缠绕胶管、夹布胶管以及PVC树脂系列软管。全年完成工业总产值4600余万元，销售收入2800余万元。

1994年4月，在曲阜橡胶厂基础上成立曲阜市橡塑制品总公司，下设压胶分厂、胶管分厂、三角带分厂、输送带分厂、实验分厂、机修分厂、动力分厂，设有销售公司、供应公司、运输公司及劳动服务公司，保留曲阜橡胶厂名称，并作为总公司下属机构。同年，开发汽车风扇带及橡胶海绵体地毯衬垫，其中橡胶海绵体地毯衬垫获国家专利。全年实现销售收入2456万元，利税156万元。1995年，其产品普通V带获中国保护消费者基金会“消费者信得过产品”称号，吸引胶管获化工部A级产品称号。1996年，完成产值4204.3万元。1997年，增设螺旋管分厂。

1997年5月，曲阜市橡塑制品总公司实行股份制改造，按照剥离经营方式，把企业有效资产1040万元分离出来，吸纳职工入股190余万元，成立神力橡塑有限公司。全年完成产值4463万元，实现利税415万元。1998年，投资275万元，对拳头产品“普通三角带”进行技术改造，购进20台平板硫化机，三角带生产能力提高到2000万米，产品合格率提高到99.9%以上，一级品率提高到99%。2005年，实现销售收入2500万元。

2011年11月，山东君泰集团在对原曲阜市神力橡塑有限公司实施并购，组建山东君泰神力橡塑有限公司，以生产普通V带、输送带、橡胶水坝、胶管系列产品、普通平带、橡胶零件为主，产品注册商标为“鲁城牌”。2011年12月起，公司对普通V带、输送带、胶管系列生产设备进行更新换代，引进生产设备和工艺流程，实现生产工艺自动化。2012年年初，建设新厂区，位于曲阜经济开发区君泰路。2013年12月，通过ISO 9001质量认证体系及ISO 14000环境质量认证体系。到年底，占地12公顷，其中建筑面积6万平方米，拥有员工532人，其中各类专业技术人员118人，属中型二档橡胶加工企业，是国家橡胶管带行业定点生产企业。

君泰神力橡塑有限公司厂区一角（2013年摄）

第二节　炸药

山东银光民爆器材有限公司曲阜分公司　前身是曲阜市化工厂，位于防山镇万柳庄村北。1991年，有员工360余人，主要生产工业炸药，全年实现产值850余万元、利税120余万元。1993年7月，新增1条2000吨乳化炸药生产线。10月，国家民用爆破器材检测中心进厂抽查，经测试，其“前锋牌”2#岩石铵梯油炸药7项主要指标全部合格，其中5项优于国家标准。1994年10月，曲阜市化工厂（国有）进行股份制改革，更名为曲阜市前锋化工有限公司（简称前锋化工），总资产3319万元，占地面积20.67公顷，拥有铵梯炸药生产线1条、现代化乳化炸药生产线1条，年生产能力1.2万吨，主要生产民用铵梯炸药、铵油类炸药、乳化炸药三大类十几个型号规格，有员工460人，其中专业技术人员43人。2000年，实现产值5501.04万元、利税490.2万元。2003年，新上6000吨乳化炸药生产线。2006年12月，经山东省国防科工办、曲阜市人民政府批准，由曲阜前锋化工有限公司与山东银光化工集团有限公司整合重组，成立山东银光前锋化工有限公司。2007年，完成工业总产值4801.46万元，上缴税金411万元。

2009年9月，山东银光前锋化工有限公司更名为山东银光化工集团有限公司曲阜分公司。同年，投资6000万元，引进1条美国年产2.4万吨连续性自动化胶状乳化炸药生产线。投资1000多万元，新建办公大楼1幢。2010年12月，山东银光化工集团有限公司将费县、曲阜、莱州3个生产点及销售服务公司合并成立山东银光民爆器材有限公司，山东银光化工集团有限公司曲阜分公司更名为山东银光民爆器材有限公司曲阜分公司。2011年，获得GB/T 19001—2008、GB/T 24001—2004、GB/T 28001—2001质量、环境和职业

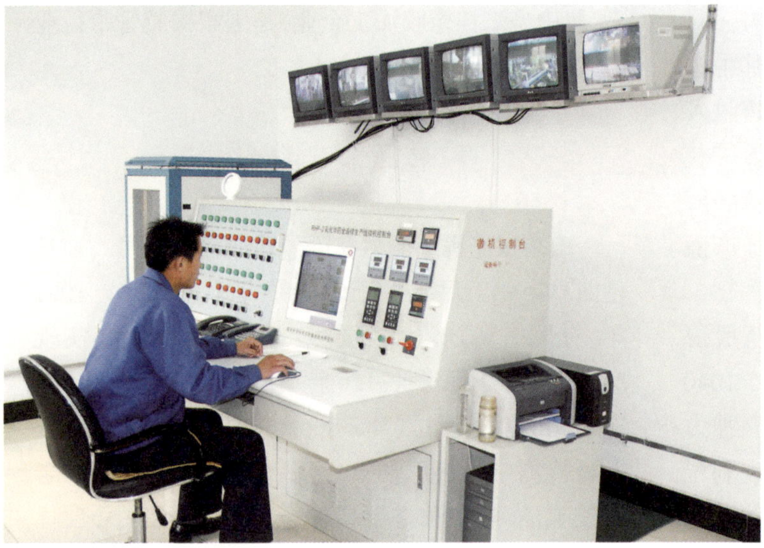

银光民爆器材有限公司曲阜分公司车间内景(2013年摄)

健康安全“三位一体”管理体系认证。2012年4月，山东银光民爆器材有限公司与中国保利集团进行联合，保利集团控股70%。2013年，对乳化炸药包装工序进行改造，引进金奥博技术转让(MGEPL-R型机器人工业炸药智能自动包装设备)。到年底，厂区占地24公顷，职工总数为452人，其中工程技术人员63人，生产各类乳化炸药1.7万吨，实现利税2708万元。

曲阜晨光化工有限公司 其前身是化工部定点企业——曲阜市第三化工厂，位于曲阜市息陬镇小终吉村，主要生产有机硅偶联剂、氯乙酸甲酯等。1994年，中性γ-氨丙基三甲氧基硅烷、中性乙烯基三乙氧基硅烷、γ-氨丙基三乙氧基硅烷、γ-甲基丙烯酰氧丙基三甲氧基硅烷的制备方法获国家专利。2004年，改制并更名为曲阜晨光化工有限公司，年产硅烷偶联剂系列产品3000吨，产品超过10多个系列，是中国最大的硅烷和有机硅生产商之一。2013年，有员工150余人，实现产值9000余万元，上缴税金200余万元。

第三节 塑料

山东东宏集团有限公司 前身是曲阜鲁宏工矿贸易公司，1990年6月创建，位于天华路，属民营企业。1997年，在曲阜鲁宏工矿贸易公司基础上成立山东东宏集团有限公司(以下简称东宏集团)，注册资本1.47亿元。2000年，东宏实业主导产品为绿色环保建材PP-R、PE-X管材、管件、铝塑管。2002年8月，注册“东宏实业及图”商标。同年，东宏实业取得矿用产品安全防爆合格证。2003年，通过ISO 9001国际质量管理体系认证和ISO 14001环境管理体系认证。2005年，东宏集团获得A级特种设备制造许可证，当年实现销售收入5000万元。2006年，自主研发“煤矿井下用钢丝网骨架聚乙烯液体管”获国家煤矿安监局“矿用产品安全标志证书”“东宏实业及图”商标被认定为山东省著名商标，“东宏牌”给水用聚乙烯(PE)管材被认定为山东省名牌产品。2007年5月，东宏实业迁至小雪街道东宏路东宏科技园。12月，东宏实业给水用聚丙烯管材管件、给水用聚乙烯管材被认定为国家免检产品；到年底，销售收入突破1亿元。2008年，改制成立山东东宏管业股份有限公司；同年，成立曲阜东方橡塑制品有限公司。2009年4月，“东宏实业”及其商标被认定为中国驰名商标。2010年，东宏高分子材料复合管道研发中心被认定为山东省工程技术研究中心。同年，引进德国巴顿菲尔生产线6条；吸收企业高级管理人才8人、硕士研究生1人、贸易专业人才5人、专业技术人才2人。2011年，曲阜市东宏实业有限公司变更为山东东宏集团有限公司

东宏集团有限公司研发中心(2013年摄)

司(以下简称东宏集团),同时成立山东东宏管道工程有限公司,公司业务从单一管材管件生产制造向提供管道配套安装服务产业链式发展;与泰瑞机器股份有限公司联合开发价值1000万元15万克特大型注塑机并投入使用,填补中国塑料管道行业空白。同年,东宏集团被认定为国家级高新技术企业。当年,东宏集团销售收入突破10亿元。2012年,与中科院共同成立东宏科技公司,致力于数字化智能管道系统的研发与推广;与丹麦郎格斯特集团公司合作成立东方新材料公司,主要集中于新型高分子材料的研究与应用。同年,东宏集团获得“济宁市市长质量管理奖”,被评为“山东省消费者满意单位”,被认定为“中国专利山东明星企业”,获得中国塑料加工工业协会AAA级企业信用等级证书;取得中国石油天然气集团公司供应商准入证。2013年,东宏集团子公司东宏管业有限公司进行股份制改革,变更为山东东宏管业股份有限公司;同年,东宏集团获国家工商行政管理总局守合同重信用企业称号;新建研发中心,获得CNAS国家级实验室认证。2013年底,东宏管业股份公司及其全资子公司有山东凯诺管业有限公司、山东中通塑业有限公司、山东东方新材料有限公司、山东东宏管道工程有限公司,有员工1500余人,大中专及以上人员840余人;拥有各类生产、检测、安装等设备超过400台(套);全年实现销售收入15.06亿元,利税2.6亿元;拥有各类专利45项。

曲阜必可成环保实业有限公司　前身是山东必可成环保实业有限公司,2003年开始产品自主研发,主要生产薄膜类、无纺布类、发泡类及注塑类产品。2008年1月,落户曲阜,注册为曲阜必可成环保实业有限公司,属于中澳合资企业,厂区占地面积1.2公顷,位于经济开发区发展大道东段。2013年,固定资产1284万元,员工97人。产品通过美国ASTM6400、欧盟EN13432、澳大利亚AS4736等国际标准认证,全部出口到澳大利亚、英国、意大利、美国等国家。

第四节　精细化工

曲阜市精细化工厂位于天华路,1991年,实现销售收入89万元。1994年4月,改建为曲阜慧迪精细化工有限公司(以下简称慧迪化工),成为曲阜第一家股份制工业企业。1996—1998年,聘请德国、法国、日本等国外化学专家10多人次到企业指导技术管理工作,与德国SES、日本JSV等国外化学组织和专业公司建立技术合作关系。1998年10月,慧迪化工获国务院“成功引进国外智力成果展”金奖。到1998年年底,占地3公顷,其中建筑面积1.8万平方米,固定资产2970万元,有员工230人,其中专业技术人员95人。1999年,被授予山东省技术改造先进单位称号。2000年,慧迪化工苯—丙烯酸酯共聚乳液开发通过国家鉴定,填补山东省空白。2002年,研制开发环保型脲醛树脂、酚醛树脂。2005年,在经济开发区内征用土地1.33公顷,建筑面积为1.4万平方米,投资近3680万元,实施聚醋酸乙烯乳液(白乳胶)系列产品生产线项目建设。2006年,“慧迪牌”系列胶黏剂在业内率先通过中国环境标志认证,尤其是威尔顿地毯专用胶、环保型脲醛树脂、实木复合地板专用胶、酚醛树脂胶实现中国环境标志认证“零”的突破,成为同类产品中唯一通过十环认证的产品。2007年,被国际绿色产业促进会、中国可持续发展协会推荐为“环境友好产品”;同年,实现销售收入4970万元。2008年年初,通过IS O 9001质量管理体系认证。2009年,“慧迪”被认定为山东省著名商标。2010年,产品列入国家“环境标志产品政府采购清单”。2012年,与南京中国林业科学研究院林产化学工业研究所合作,启动国家科技部农业科技成果转化资金项目“低成本三元共聚环保型木材胶制备技术开发”,建立“低成本共聚木

2009年9月,慧迪公司“绿色环保白乳胶系列产品”获“济宁优秀引智成果”奖　刘新红/摄

材胶黏示范基地”和“博士实验基地”并挂牌运作，组建年产3000吨生产线1条。2013年，慧迪化工拥有员工104人，其中专业技术人员30人，占地面积3公顷、建筑面积1.8万平方米，建有国家级“低成本共聚木材胶黏剂示范基地”1个，国家级“博士实验基地”1个，各类试验、检测仪器60多台(套)，其中科学精密仪器30台(套)。

第五节　农用肥料

鲁虹农业科技股份有限公司厂区(2013年摄)

鲁虹农业科技股份有限公司　成立于2009年，位于曲阜经济开发区创业大道，生产“全系列360°健康套餐肥”，涂层缓释肥、有机肥、水溶肥、生物肥四大系列200余种。2013年，获国家高新技术企业称号。到年底，拥有员工101人，年生产能力5万吨，取得国家专利36个、发明专利8个，其中3项技术被鉴定为“国际先进技术”，1项技术获“国家重点新产品”称号。

曲阜市专用肥厂　1991年，曲阜市专用肥厂属姚村镇镇办企业，是曲阜市唯一取得化工部生产许可证的肥料生产企业。1996年，与农业部联合开发8万吨“宇丰牌”复合肥生产项目。1997年，被国家科委列入星火计划。1998年，占地50亩，拥有固定资产2130万元，完成产值2600万元，实现销售收入2303万元。2000年后，因市场变化等因素停产。

第十三章　医药　化妆品

1991年，曲阜市乡及乡以上工业企业有医药制造企业1家，工业总产值240万元。1995年，医药制造企业3家，总产值1.22亿元。2000年，医药制造企业9家，总产值4.6亿元。2005年，医药制造企业完成项目投资1.41亿元。2013年，拥有规模以上医药制造业8家，总产值8.67亿元。以圣旺集团、孔府制药为代表的医药企业形成产业集群。

第一节　西药　中药

孔府制药有限公司　是山东裕隆矿业集团下属企业山东裕隆实业公司子公司，分为中药部和化药部，中药部建于1992年4月，1997年10月归属裕隆集团，生产线分别于2003年、2008年通过国家药品生产质量管理规范认证，产品以中成药OTC产品为主，拥有口服液、糖浆剂、颗粒剂等6个剂型39个品种。化药部(裕隆医药工业园)位于曲阜经济开发区西区，项目占地25.33公顷，2012年建成生产质量管理规范车间和实验室。与北京海步国际医药科技有限公司合作，引进11个新药仿制品种，主要是抗肿瘤和治疗心脑血管的药物。2013年11月，通过生产质量管理规范认证，是济宁市首家通过生产质量管理规范认证的中药生产企业。到2013年年底，孔府制药有限公司占地面积1.71公顷，建筑面积1.24万平方米，有员工400余人。

曲阜圣城医药有限公司　成立于2004年6月，坐落在石门山镇衡庙西工业园，总投资1000万元，占地面积1.7公顷，取得药品批准文号：药用糊精、药用淀粉、药用无水亚硫酸钠、药用低密度聚乙烯袋膜。2013年，成为中国药用辅料专业委员会理事单位。

第二节　兽药

山东圣旺集团公司　前身是曲阜市兽药厂，始建于1992年，位于弘道路。同年7月，与韩国汉城泛河可利亚株式会社联营，成立圣亚兽药有限公司，生产“圣旺牌”兽药、营养饲料添加剂等。1993年11月，被中国兽药监察所中龙生物科技总公司定为实验基地。1994年，企业实现产值4400万元，创利税400余万元，被授予山东省“三资企业五百强”称号，被国家环境保护局评为全国环保先进企业。1995年9月，在曲阜市兽药厂基础上成立山东圣旺集团公司（简称圣旺集团），下设曲阜圣亚兽药有限公司、圣旺制药有限公司、圣旺综合服务公司、圣旺集团进出口分公司4家分公司和曲阜市兽药厂、圣元甜菊糖厂、圣旺集团医药化工厂、圣旺集团中药厂、圣旺节粮饲料厂5家分厂。1996年4月，山东圣旺集团总公司迁至有朋路6号。1997年8月，筹建山东圣旺股份有限公司。同年，成立圣旺集团食品分公司，引进日本配方生产甜菊糖深加工产品。与日本、俄罗斯客户合作，研制开发“圣旺”牌甜菊液体乌龙茶、固体茉莉花茶、减肥茶、无花果汁饮料及“圣旺”牌矿泉水和纯净水系列产品。当年，圣旺集团实现销售收入1.1亿元，利税1080万元，出口创汇75万美元。1998年6月，成立植化分公司。同年，圣旺集团被中国国际贸易促进委员会和中国商会吸收为会员单位，产品通过ISO 9002质量体系认证，获得绿色产品标志使用权，被省信誉评级委员会授予“AAA特级信誉企业”，并获“全国环保优秀企业”“淮海经济区优秀支农企业”“山东省三资企业五百强”称号。1999年、2000年，被国家科技部及省科委授予“火炬计划项目高新技术企业”称号。2002年，圣旺集团在全省率先通过卫生部兽药粉针车间生产质量管理规范认证，被中国动物保健品协会评为“中国动物保健品50强”，圣旺集团研发中心被国家科技部定为“国家火炬计划济宁生物技术产业基地”。2004年4月，与美国SUNWIN公司（以下简称美国公司）签署《曲阜天然绿色工程有限公司合作协议》，将曲阜天然绿色工程有限公司97%股权中的80%与美国公司进行股权置换，成为美国公司主要股东，进入美国资本市场，登陆纳斯达克，股票交易代码为SUWN.OB。2005年1月，圣旺集团被山东省工商行政管理局授予免检企业；11月，被授予“中国最具生命力民营企业”；12月，被评为全国农产品加工示范企业。2006年，获得国家高新技术企业称号。11月，“圣旺”商标获得山东省著名商标称号。2007年6月，圣旺集团总部迁至书院工业园圣旺国际科技园。同年，属下圣仁制药有限公司通过国家食品药检局生产质量管理规范认证。2008年2月，在原厂房内建设粉针生产质量管理规范标准生产线。2010年7月，甜叶菊产业共性关键技术及其循环经济综合研究与开发项目被认定为国家科技部星火计划项目。8月，圣仁制药获得甜菊糖产品生产许可证。11月，圣仁制药获得瑞士SGS认证公司甜菊糖产品ISO 9001质量体系认证和ISO 22000食品安全体系认证。2011年1月，圣旺集团甜菊糖产业共性关键技术与循环经济模式研究及其产业化应用项目获得山东省科学技术奖；11月，圣仁制药获得德国CERES公司有机认证；12月，获得山东省首家药用辅料（甜菊素）批准文号及证书。2013年，圣旺集团下设天然绿色工程有限公司、圣仁制药有限公司、圣旺生物科技有限公司、圣旺兽药饲料有限公司、圣旺进出口贸易有限公司等分公司，占地面

圣旺集团公司车间（2013年摄）

圣地宝药业公司厂区(摄于2013年)

积18公顷,有员工310余人,其中具有大专以上学历技术和管理人员160余人;公司产品涉及中药、兽药、饲料,食品添加剂、高含量甜菊素系列及甜菊黄酮、医用原料/医用辅料,甜菊生物高效肥料(土壤叶面调节剂),卫生用、环境用、畜牧用消毒剂等200多个品种。全年完成业务收入1.15亿元,实现利税1000余万元。

山东圣地宝药业有限公司 成立于2000年,位于陵城镇政府西侧,占地面积2.6公顷,建筑面积1.2万平方米,主要从事兽用产品、植物提取、微生物制剂的研发和销售。2003年,新建综合办公中心、注射液粉散剂车间、物流仓库等建筑面积1.1万平方米;同年,产品通过农业部兽药生产质量管理规范验收,成为山东省首批通过生产质量管理规范验收的兽药生产企业。2006年,投资建设中药提取生产线,新建高标准大小容量注射液和粉散剂生产车间。2008年,"圣地宝"商标被评为山东省著名商标。2012年,投资300万元,扩建质检中心,建筑面积600平方米,新上高效液相色谱、气相色谱、紫外分光光度计等精密检测仪器。2013年,拥有员工140余人,产品覆盖最终灭菌小容量注射剂、粉针剂、粉剂、散剂、预混剂、消毒剂(固体、液体)、最终灭菌大容量注射剂、口服液剂(含中药提取)等数10种产品;全年实现销售收入3950万元,上缴税金270余万元。

第三节 药用辅料

天利药用辅料有限公司 位于姚村镇曲宁路,始建于2001年,主要生产糊精、羧甲淀粉钠、预胶化淀粉、倍他环糊精、药用淀粉、微晶纤维素、硬脂酸镁等药用辅料产品。2013年,被评为济宁市农业产业化重点龙头企业;被授予"中国化学制药行业药用辅料优秀企业品牌",其中糊精、微晶纤维素、倍他环糊精三大品种产品被授予"中国化学制药行业药用辅料优秀产品品牌"。到年底,有员工206人,占地5公顷,其中建筑面积2万余平方米,拥有7条药用辅料生产线,通过GB/T 19000:2008、ISO 9000:2005质量管理体系认证。

第四节 化妆品

曲阜市广龙生物制品厂 建于2003年4月,位于曲阜经济开发区东区金阜路,主要生产硫酸软骨素、肝素钠。2005年10月,被列为国家农产品加工业示范企业、山东省农业产业化重点龙头企业、山东省成长型中小企业。2006年6月,被评定为AA级信用企业;8月,获得独立进出口资格。2011年7月,取得省食品药品监督管理局卫生许可证;10月,取得全国工业产品生产许可证。2012年8月,取得三类医疗

天利药用辅料车间内景(摄于2013年)

器械生产许可证书，准予生产Ⅲ类植入材料和人工器官(6846)；并取得医用透明质酸钠凝胶出口资质。到2013年年底，公司拥有固定资产3887万元，占地面积3公顷，建筑面积7669平方米，有员工126人，主要生产透明质酸、硫酸软骨素等，推出化妆品水蕴伊人、圣妍坊、亮黛等系列产品。产品通过ISO 9000管理体系认证、ISO 14001环境体系认证及ISO 13485体系认证和相关CE认证，并在国际上取得SGS金牌原料供应商资质证书。

广龙生物制品厂(摄于2013年)

山东焦点生物科技股份有限公司　成立于2012年，位于高铁新区，占地面积5公顷，主要从事透明质酸钠生产，产品广泛应用于化妆品行业、营养保健品行业、美容行业及医药行业。

第十四章　造纸印刷

曲阜民间造纸历史悠久，桑皮纸制作2009年列为山东省非物质文化遗产。

20世纪90年代初至2010年年底，曲阜市造纸企业较多，几乎每个乡镇都有造纸企业，是曲阜市支柱产业之一，有曲阜市造纸厂、西关造纸厂、姚村造纸厂等一批骨干型企业。由于受环境和市场等因素影响，曲阜市大多数造纸企业于2000年前后破产或转产，曲阜市最大的造纸企业——曲阜市造纸厂于2010年退出市场。进入21世纪，曲阜造纸行业逐渐向特种纸和包装纸方面发展。曲阜市印刷厂和曲阜师范大学印刷厂是20世纪90年代曲阜市规模最大的2家印刷厂，后来，这种国有或集体印刷企业逐渐被民营企业代替或兼并。2010年后，曲阜师范大学印刷厂生产处于停滞状态。

桑皮纸制作现场

1991年，曲阜市有乡及乡以上造纸及纸制品企业5家，工业总产值1584万元；印刷企业3家，总产值650万元，生产机制纸及纸板8300吨、书刊印刷1万令、胶印印刷1.6万对开色令。2000年，曲阜市生产纸浆2.79万吨、机制纸2.61万吨、机制纸板5223吨。2005年，有规模以上造纸及纸制品企业5家，工业总产值4.98亿元；印刷和记录媒介复制企业2家，总产值1700万元，生产纸浆5.44万吨、机制纸及纸板5.95万吨。2013年，有规模以上造纸及纸制品企业3家，工业总产值2.71亿元；印刷和记录媒介复制企业2家，总产值2800万元。

第一节　造纸

曲阜市造纸厂　位于王庄镇后王村。1991年，占地面积6.7公顷，固定资产1800万元，有东西2个造纸车间、6台（套）造纸设备，后经升级改造，拥有8条生产线，年出机制纸10万吨，主要产品有有光纸、书写纸、书皮纸、五色纸、双胶纸等品种。1992年，被评为山东省造纸系统先进企业。1993年，有职工650人，全年生产机制白纸4641吨、色纸908吨，总产值1516万元，实现利税121万元。1996年，被农业部评为“全国中型一级乡镇企业”。1998年，其污水治理工程通过省环保局验收，实现污水达标排放。全年完成产值5703万元，实现销售收入5694万元，上缴税金377万元。2005年，曲阜市造纸厂被认定为山东省工业污染源达标排放单位，被授予山东省安全生产管理先进单位。全年完成销售收入1.93亿元，上缴税金1042万元。2007年以后，受生产和市场等因素影响，企业经济效益逐年下滑。2010年9月，因资金周转困难，企业停产。

孔家印务古籍印刷技艺　　翟盛军/摄

第二节　印刷

曲阜市印刷厂　位于曲阜市颜庙街。1991年，有职工164人，产值147万元，固定资产81.2万元，印刷各类图书、报纸、商标及包装装潢制品，拥有彩印、铅印2条生产线。1992年，于苗孔村征地1公顷，投资333万元，兴建新厂，建生产楼2000余平方米、仓库及辅助设施1117平方米，购进D3D型对开双色胶印机、北大方正激光照排等设备23台（套），设备投资111万元。1993年，孔府家酒酒盒被省轻工业厅评为优质印刷产品，黑芝麻板包装盒在全国评比中获设计银奖。1995年，市印刷厂被生达彩色印刷包装有限公司兼并。

孔家印务有限公司　前身是金鼎印刷厂，成立于2003年5月，2007年改制为金鼎印刷有限公司，位于春秋路中段。2013年，迁址裕隆路；同年，被省新闻出版局批准为出版物印刷企业。2013年，有员工30人，厂房建筑面积1680平方米。经营出版物印刷、包装装潢印刷品印刷、其他印刷品印刷，在宣纸印刷、精装、线装方面有其独到之处，被列为国家级非物质文化遗产项目“古籍印刷技艺”传承示范点。

曲阜市金马包装有限公司　建于1994年，位于为仁路，主要从事彩箱、彩印、宣传品、商标印刷等。2013年，占地面积3.33公顷，总资产1850万元，固定资产1230万元，有员工200余人，拥有自主出口商品包装容器质量许可证。

第十五章　木制品

1991年，曲阜市有乡及乡以上木材加工及木、竹、藤、棕、草制企业1家，家具制造业企业6家，工业总产值614万元。2005年，有规模以上木材加工及木、竹、藤、棕、草制企业4家，工业总产值2.88亿元。2013年，有规模以上木材加工及木、竹、藤、棕、草制企业6家，工业总产值3.64亿元，家具制造业2家，总产值2.14亿元；生产人造板8.33万立方米，木制家具21.12万件。

第一节　木业

圣富木业有限公司　成立于2003年，位于长春路中段，占地面积3公顷，主导产品为多层胶合板和高档UV板。2008年，通过美国加州官方第三方CARB认证。2013年，有员工200余人，全年实现销售收入6600万元，利税300余万元。拥有自营出口权，产品全部出口美国、加拿大和欧盟等国家和地区。是济宁市级农业产业化龙头企业。

2012年9月，盛大木业有限公司获省林业产业龙头企业称号

盛大木业有限公司　成立于2006年5月，坐落于陵城镇政府驻地以北，占地2.67公顷，主要从事木制品加工、生产。2009—2013年，先后获得山东省林业产业龙头企业、济宁市林业产业龙头企业、济宁市农业产业龙头企业称号。2013年，有员工33人，主要生产木制天花板及木地板、胶合板、木质包装材料、家具、橱具等；全年实现销售收入2790万元，上缴税金170余万元。

佳美家居有限公司（2013年摄）

第二节　家具

佳美家居有限公司　建于2004年，位于小雪街道北雪村崇文大道路北，员工100人，主要从事家具生产、组装、销售。2013年，佳美家居有限公司有员工450余人，主要从事家具生产、组装、销售和装饰材料、陶瓷洁具、家装饰品销售；全年营业额5000余万元，利税600万元。

山东盛木缘木业有限公司　前身为曲阜盛木缘木业，成立于1993年，位于小雪街道南雪龙山一街，从事家具研发、制造、销售。2013年,有员工360余人,厂房面积3万余平方米;全年实现销售收入6500万元,利税590余万元。家具产品主要有东方尚品、金丝玫瑰、乌丝木语、莱茵庄园、北欧檀韵、摩登北欧六大产品系列,产品通过ISO 9001质量管理体系认证和ISO 4001环境管理体系认证。为山东省家具协会理事单位。

金凤祥木业有限公司 成立于2008年3月,位于南池集团中信科技园内,建筑面积5500平方米,从事各种实木门、实木复合门、工艺门、仿古门窗及家具橱柜生产销售。2013年,其产品被中国质量监督协会和中国建材质量检验中心评为"中国绿色环保名优产品",获"全国木门30强"称号。

山东瀚林家居有限公司 创立于2010年,坐落于高铁新区,拥有员工200余人,厂房面积4万余平方米,主要生产餐桌、卧房、书房、客厅、宾馆、办公、家装饰品等几大系列300多个品种。2013年,通过ISO 9001: 2008.ISO 14001: 2004.GB/T 2008—2001体系认证,国家环境产品十环认证,CQC品质认证等。

第九编

园区经济　招商引资

山东圣阳厂区　（2013 年摄）

曲阜市境内开发区经济园主要有曲阜经济开发区、曲阜工业园、曲阜新区和曲阜高铁新区。曲阜经济开发区创建于1992年5月。2003年6月，济宁市曲阜新区成立，辖陵城、小雪、息陬3个乡镇，面积188平方千米；同月，曲阜市成立曲阜工业园。2004—2005年，曲阜新区实现地区生产总值19.9亿元，引进区外国内合同项目102个，合同利用区外国内资金81.92亿元。2006年11月，济宁市对曲阜新区实行“封闭运行”，由曲阜市代管，所属乡镇划归曲阜市。2007年10月，曲阜工业园撤销，并入曲阜经济开发区。2008年6月，曲阜市实施开发区与时庄镇“镇区合一”管理体制。2011年，曲阜市提出镇街主体功能区建设理念，将12个镇街划分为服务业引领、观光农业主导和工业主导3个类型。2012年7月，曲阜市成立曲阜高铁新区，设立曲阜高铁新区管理委员会。2013年，曲阜经济开发区分东、西两区，总规划面积36.8平方千米，建成区约13平方千米，全区实现销售收入220亿元、税金12亿元，主要经济指标在全省省级开发区中排名第37位。陵城高新区、防山台湾工业园、姚村韩资工业园等专业园区基础设施达到“七通一平”，息陬电动车、小雪古典家具、王庄建材、书院机械加工等特色产业园区初具规模。

2001年5月，曲阜市设立招商局。2008年6月，撤销招商局，设立招商引资委员会，内设办公室、招商一局、招商二局；设立开发区招商局、市经贸招商局、市城建招商局、市文化旅游招商局，各乡镇街道设立招商办公室。2011年3月，曲阜市实行驻点招商、专业招商、企业招商等制度，全市共设立101个招商局。2011—2013年，全市签约项目436个，合同利用市外资金1500亿元。

第一章　曲阜经济开发区

1992年12月，曲阜经济技术开发区成立，位于曲阜城区东，规划面积15平方千米。曲阜经济技术开发区管理委员会，为副县级单位，是市政府派出机构，下辖开发总公司，内设办公室、土地规划科、经济技术开发科、计划财务科、投资服务中心5个职能科室，有员工30人，其中机关编制11人。1993年，更名为曲阜旅游经济开发区，开发区管委会下辖经济技术开发总公司、金普房地产开发公司，内设办公室、规划建设科、项目发展科、投资服务中心等中层机构。至1995年年底，开发区引进项目30个。1998年7月，设立曲阜市个体私营经济实验园，市政府出台系列优惠政策，吸引个体私营企业入园发展。到2000年年底，累计进区项目64个，总投资7.6亿元。2001年10月，市委设立曲阜旅游经济开发区工作委员会（以下简称开发区党工委），为市委派出机构。2002年，更名为曲阜经济开发区，开发区管委会下设办公室、招商局、经济发展局、规划建设局、财政分局、投资服务中心和社区服务中心等内部管理服务机构；开发区党工委下设工会工委；市国税局、地税局、国土资源管理局、公安局等在开发区设立分支机构。开发区对区内实行封闭式管理，为企业入驻提供项目审批、土地使用、规划建设、财政税收、户籍管理等“一站式”服务。2003年6月，曲阜市成立曲阜工业园，设立管委会和党工委。曲阜工业园规划面积25.61平方千米，主要发展高新技术产业、外向型加工业和贸易批发业。管委会为市政府派出机构，副县级单位，设有党政办公室、经济发展局、招商局、财政分局、规划建设分局、国土资源分局等办事机构，为企业入驻提供“一站式”服务。2005年，曲阜经济开发区经国家发改委审核确定为省级经济开发区。2007年10月，曲阜工业园并入曲阜经济开发区。2008年6月，曲阜经济开发区与时庄镇机构合并，实行“镇区合一”管理体制。开发区管委会内设党政群办公室、招商局、经济发展局、社会管理局、财政分局、建设分局、国土分局等办事机构。到2010年年底，区内企业发展到321家，年内引进项目21个，投资额27.8亿元。2013年，曲阜经济开发区（以下简称开发区）分东、西两区，总规划面积36.8平方千米，建成区约13平方千米。其中东区规划面积11.2平方千米，建成区约7平方千米，涉及鲁城7个村、防山9个村、书院3个村；西区规划面积25.6平方千米，建成区约6平方千米，涉及时庄街道16个村。到年底，区内企业263家，全年引进项目30余个，投资额43亿元；完成工业销售收入220亿元，上缴税金7.8亿元。

第一节 规划

开发区东区，位于曲阜城东，京福高速公路出入口，防山镇、书院街道与鲁城街道行政区界交汇处，总规划面积15平方千米，起步区2平方千米。1992—2002年，一期起步区完成4平方千米开发建设。2002年8月，山东省城乡规划设计研究院完成开发区总体规划，规划控制范围为西起鲁城街道云风村，东到防山镇宋家村，北起少昊陵，南至大沂河，规划总用地25.15平方千米，规划居住人口5万人。2002—2009年，开发区加速拓展，完善建成区衔接城区建设，完成开发区向东发展路网等基础设施框架建设。2009年5月，完成总体规划修编实施，原西侧建成区划入城区，东侧京沪高铁以东纳入防山镇，规划控制范围调整为：静轩路以南，西至火车站路，东邻京沪高铁，南至沂河控制线；静轩路以北，西至京福高速，东抵京沪高铁以西约300米处，北距白陶铁路150米；规划控制面积约11.2平方千米（含台湾工业园，后划为防山镇政府管理），规划人口规模约2万人；规划区内京福高速公路及其曲阜东出入口、兖石铁路、京沪高铁、静轩路等4条主要交通道路穿越，便捷园区对外交通。

2007年，曲阜工业园与开发区合并，形成开发区东、西两区。2008年，实施曲阜经济开发区与时庄镇“区镇合一”政策，由山东省城乡规划设计研究院编制西区时庄新型乡镇总体规划。2009年12月，经曲阜市人民政府批准实施。其东侧工业园区为开发核心区（主体功能区），规划控制范围为：东起伟业路，西至规划曲西路，南到沂河，北至泗河；规划控制区面积约25.6平方千米，规划总人口约5.1万人。

第二节 基础设施建设

开发区东区

1992—2002年，一期起步区建设。投资3亿元，共完成火车站路、光明路、化工路、有朋路东段、逵泉路东段、远大路南段、天博路西段、花园路、金阜路、站前北路等一期路网建设，完成水泥硬化路面（柏油路面）10.5万平方米，排水管铺设1.3万米，绿化种植9.3万平方米，铺设自来水管道8000米、通信线路8000米；园区内35千伏变电站、海关大楼及其场站建成并投入使用。起步区基本达到供电、供水、排水、通信、道路及场地“五通一平”。2002—2009年，二期拓展期建设。投资2亿元，完成发展大道、创业大道、创业大道北延、海关东路、勇马路、北支路、纺织北路、天博路东段、纺织北路东延、春秋路东延、光明路中段改造等二期路网建设，完成柏油路面11.24万平方米，铺设排水管1.4万米，绿化种植12万平方米，建成自来水加压站1处，铺设自来水管道8520米；供电线路与通信线路实现区内全覆盖。2009—2013年，完善开发区东区园区管网建设，投资1亿元，铺设天然气管道5000米，铺设污水管道1.2万米，园区污水汇入曲阜市第二污水处理厂；建成换热站1处，铺设热力管道2000米。

开发区西区

2003—2012年，一期起步区建设。投资6亿元，完

高铁曲阜东站至曲阜经济开发区连接线（2013年摄）

成工业一路、长春西路、校场西路、春秋西路、阳春路、凯伦路、弧形路、园四路、园五路、西外环及327慢车道10条一期路网框架建设，铺筑柏油路面31.14万平方米，铺设排水管2.99万米，绿化苗木种植25.7万平方米，安装照明路灯360余盏，铺设自来水管线1万余米，预埋弱电管线1万余米，热力管线5000余米，天然气管线6000余米，架设供电线路1万余米；曲阜华能电厂在区内建成运营。2012—2013年，实施开发区西区扩区升级建设。完成工业三路、长春西路西延、园四路西延、园五路西延、园七路、大学西路、工业一路北延7条二期"四横三纵"路网框架建设，铺筑柏油路面18.86万平方米，铺设排水管1.87万米，铺设中水及地表水管道1万米，建设自来水加压站1座，完成苗木种植道路绿化10.5万平方米，铺设弱电管线3000余米、天然气管线5000米；新建110千伏时庄输变电工程，新建变电容量50兆伏安、线路19.25千米，建设10千伏配网线路9条，线路全长约30.4千米。

第三节　项目引进

1992年，曲阜经济技术开发区管委会成立后，组建开发区招商局，参加各种招商会、展示会、经贸洽谈会，加强与各类协会、研究会联系。1993年，引进第一家台湾合资花岗岩石高中档装饰材料项目。至1995年年底，累计引进项目30个，完成投资1.61亿元。1996—1998年，引进项目17个，总投资3200万元。1998年，创建个体私营经济实验园，市政府出台《曲阜旅游经济开发区个体私营经济实验园管理暂行办法》《曲阜旅游经济开发区个体私营经济实验园优惠政策》等一系列政策，吸引个体私营企业入园发展。1999年，创立机电工业园、外资工业园、生化科技园、加工工业园、高科技产业园、民营工业园、国防贸易园、旅游产业园八大园区。2000年，累计进区项目64个，总投资7.6亿元。到2002年12月底，八大园区共聚集入区项目105个，形成总投资额逾15亿元发展规模，实现区内产业结构调整多样化。

2004年，市委、市政府加大开发区招商力度，制定《曲阜经济开发区招商引资优惠政策》，对进区企业从服务、收费、征地、基建、财政扶持等方面给予优惠政策。2004—2006年，引进工业用除尘设备和矿用产品、立信生物科技、裕隆生物科技、锦绣纺织、圣美框木、特霓电子影像设备、三龙石化、华林生物、九龙山科工贸、小美伟业、迈德森精细化工、圣阳电源环保电池等60余个项目，投资额7.25亿元。2007—2008年，引进郦泰铝业铸造、浙江一马电动车、勇马重工科技、综合照明灯具、广虹传动链条制造、虫草王口服液、凯伦汽车零部件、脱氧材料、创源科技材料等各类项目40余个，投资额8亿元。2009年，引进华能科技园、金和精密机械、甜叶菊制品加工、锂电池正极材料、圣化生物工程、商用太阳能、裕隆实业中药制剂、速达电气变频器及驱动机等项目26个，投资额17.78亿元。2010年，引进嘉禾小麦胚芽油和天然维生素E、永康医疗医用吊塔、吉华工程配套件加工、企鹅塑胶塑料制品、圣心养生宝保健品、鲁虹全营养生态肥等项目21个，投资额27.8亿元。2011年，引进矿用成套输送设备、计算机打印机及耗材、新型土工合成材料、新源电力电器设备、橡胶及橡塑制品、超滤膜与立体车库、汽车冷却及尾气排放系统等项目20余个。2012—2013年，引进银座物流、广恒链业履带板、LNG储气站及加注站、HDPE环保材料、高强度特种胶凝新材料、杭州电子太阳能发电、美汇汇美药妆品、聚乳酸生物医用材料产业化、北茂置业汽车轮毂项目和汽车消声器、精密机床附件、铝制冷却器、天银建设机械电子标准厂房等项目30余个，投资额43亿元。到2013年底，共引进项目21个，投资87.88亿元，其中过亿元项目21个。

第四节　经济发展

20世纪90年代初期，曲阜经济开发区将改善基础设施条件、优化投资环境作为工作重点，先后制定一系列优惠政策，促进开发区经济发展。到1998年年底，进区工业企业19家。2002年，区内实现科工贸总收入13亿元，上缴税金6600万元。2006年，经国家发改委审核通过，曲阜经济开发区升级为省级开发区。到2008年年底，区内拥有企业294家，其中规模以上工业企业75家，初步形成机械电子、新型建材、生物医药、纺织服装、商贸物流五大主导产业。重点企业有曲阜市中联水泥有限公司、曲阜圣城热电公司、圣阳电源公司、天博汽车配件公司、华能电气制造公司、金皇活塞有限公司、五洲机械公司、宇新物质公司、鲁能电缆公司、锦绣纺织有限公司、圣时塑业公司、曲阜市煤机厂、恒达食品有限公司等，实现总收入91.37亿元、税收2.88亿元，地方财政收入1.1亿元。2009年，获"山东省知识产权园区""山东省低碳经济十佳开发区"称号；2010年12月，通过国际标准质量、环境和职业健康安全管理三体系认证。到2010年年底，拥有区内企业321家、国家级工程实验室3个、省级工程技术研究中心4个、中国驰名商标1个。2012年，围绕市委、市政府"三年大变样、五年翻一番"奋斗目标，推进实施工业立市战略和全市重点工程建设，新增规模以上企业10家。2013年，实施"区辖街"管理体制，全年完成工业销售收入220亿元，上缴税金7.8亿元；汽车零部件、生物医药等主导产业实现工业总产值105亿元，占经济总量比重75%以上；园区GDP、地方财政收入、税收收入、实际利用外资、进出口额、规模以上工业企业占全市比重分别为65%、24%、42%、72%、90%、63%。到年底，拥有区内企业263家，其中规模以上企业67家，获得"山东省首批物联网产业基地"称号；有国家级工程实验室3个，分别是山大能源燃煤污染物减排国家工程试验室、澳大利亚必可成环保降解材料实验室、裕隆生物免疫诊断国家工程实验室；省级工程技术研究中心6个；省级企业技术中心4个；中国驰名商标4个，分别是圣阳商标、天博商标、企鹅商标、金皇商标，省著名商标8个；山东名牌4个；院士工作站2个；技术专利800余项；上市公司1家（圣阳电源），在全省137个省级开发区综合评价中排名第40位，济宁市13个省级开发区综合考核排名第4位。

第二章　曲阜高铁新区

2010年12月，曲阜市成立京沪高铁曲阜东站组团综合开发建设指挥部。京沪高铁曲阜东站组团先后更名为曲阜高铁新城、曲阜高铁新区，规划总面积35平方千米，建设用地面积约3.86平方千米。2011年6月，设立曲阜高铁新城管理委员会，为正科级事业单位，市委、市政府派出机构，全面履行高铁新城规划区内的建设、管理、服务和协调等职能，内设党政办公室、招商局、规划建设局、社会事业局4个副科级机构。派出机构方面，市城市管理综合执法大队增设高铁新城综合执法中队，为副科级中层机构，由高铁新城管委会和城市管理综合执法大队双重管理；设立市公安局高铁巡警中队；国土、交通、工商等相关职能由各主管部门按照管辖范围和权限安排专人承担。2012年7月，市委、市政府决定，在原京沪高铁曲阜东站组团综合开发建设指挥部基础上成立曲阜高铁新区，设立曲阜高铁新区管理委员会，办公机关设在高铁曲阜东站南游客服务中心二楼，为市政府所属正县级事业单位，核定编制15名，内设党政办公室、招商局、规划建设局、社会事业局正科级中层室局，派出机构保留高铁新区综合执法中队。同年9月，市委撤销中共曲阜新区工作委员会，成立中共曲阜高铁新区工作委员会。到2013年年底，高铁新区"一环三横三纵"路网基本形成；签约项目30余个，合同资金150多亿元。

第一节　基础设施建设

2010年底，曲阜高铁新区主要核心区路网建设工程开工建设，包括"两横三纵三环"及主体功能区"一横三纵"道路设施，全长约18.47千米，总投资约3.5亿元。同年12月，作为京沪高铁曲阜东站的重要配套工程、京沪高铁沿线站点中最长的连接线——孔子大道及孔子文化广场工程动工。市委、市政府成立京沪高铁建设办公室、连接线指挥部等机构，协调、负责高铁建设工作。2011年1月，曲阜市合并成立京沪高铁曲阜东站组团开发建设指挥部，市发改、财政、建设、交通、国土、公安、审计、环保等部门和属地镇街等单位为成员单位，全面负责高铁曲阜段、连接线及站前广场建设及区域开发建设工作。同年3月，市规划局委托济宁市城市规划设计研究院进行《曲阜市高铁文化生态城起步区控制性详细规划》编制工作，并组织专家部门对规划进行评审。该规划以新加坡刘太格《曲阜市概念性总体规划及高铁文化生态城城市设计》为依托，借鉴新加坡规划理念，突出曲阜文化生态优势和区域交通优势，以交通、交易、交流、交融平台的4C导向模式为出发点，将生态城建设成为活力新区、文化新区、生态新区、宜居新区及形象新区。规划总面积35平方千米，建设用地面积约3.86平方千米，其中商业、旅游用地36公顷，居住用地155公顷，体育设施30公顷，高科技产业97公顷，教育设施61公顷，公共及基础设施8公顷。起步区北起盛文路（工业北路），南至杏坛路，西起日菏铁路，东至仁乐路，总面积11.25平方千米。同年4月30日，曲阜高铁东站孔子文化广场落成和孔子大道贯通，完成总投资9.6亿元，其中孔子文化广场工程2.4亿元、建筑面积10万平方米，孔子大道工程7.2亿元、全长7.9千米，途中架设上跨兖石铁路桥，下穿京台高速桥2座大桥；完成市政设施投资1.88亿元，铺设各种管道5.82万米、电缆2.6万米，安装路灯620盏，栽植银杏、白蜡、玉兰、黄连木等大树412株，栽植雪松、蜡梅、碧桃、百日红等乔木2.9万株，栽植金叶女贞、迎春等灌木347.7万棵，种植草坪13.2万平方米。

2012年8月，曲阜市体育馆奥体中心项目开工建设。2013年，息陬社区一期安置房15栋楼及终吉社区68户安置房交付使用，总投资6500万元，安置住户420户；同年，息陬镇启动二期拆迁工作，完成搬迁1350户，拆迁面积31万平方米，投资约1.2亿元。曲阜市奥体中心包括综合馆和游泳馆，总占地9.2公顷，建筑面积3.9万平方米。

高铁新区成立管委会以后，管委会通过多方融资，采取多种方式融资建设仁信路、仁居路、泗水连接线（含大沂河桥）、站前路、高速东路、三环路、盛文路、盛世路、盛爰路及息陬工业园区4条园区道路等计13条，长度约20千米，工程造价约3亿元。到2013年底，高铁新区“一环三横三纵”路网基本形成。

第二节　站区管理与服务

2011年下半年，曲阜高铁新区管委会派专业人员到南京、扬州等车站学习管理经验。委托曲阜市名城建设集团物业管理服务公司，负责孔子文化广场及孔子大道日常管理、车辆看护、治安管理、保洁管理、绿化养护等。与市综合执法局、市公安局、息陬镇联合成立综合整治队伍，针对广场小摊小贩、车辆乱停乱放、垃圾乱扔等问题进行集中整治。组建市综合执法局高铁中队、市公安局高铁警务室，配备执法队员和执法车辆，负责京沪高铁曲阜东站站前广场、孔子大道环境管理。实行错时管理，做到从早7时到晚11时半全天候、无缝隙管理。规范出租车、三轮车、电瓶车等管理，在京沪高铁曲阜东站规划旅游大巴车和出租车专用通道，增加出租车道专线出入护栏；在站前车辆停车场增加自动升降杆，规范车辆出入停放；在高速公路、国道、省道、城市道路和通往主要旅游景区道路上，设置京沪高铁曲阜东站指引牌；在孔子文化广场及孔子大道安置交通警示灯及摄像探头，加强旅客交通安全管理；站前园林绿化等工作纳入市政管理。管委会同时肩负做好孔子文化节、政德教育培训、尼山论坛等全市各类大中型会务、接待活动的接送站任务。

2012年5月22日，京沪高铁曲阜东站孔子大道贯通仪式现场

第三节　高铁曲阜东站建设

京沪高速铁路从北京南站出发终止于上海虹桥站，正线全长约1318千米，其中曲阜段全长35.1千米，由北至南依次经过董庄乡、王庄镇、书院街道、防山镇、息陬镇和尼山镇6个镇街30个行政村，正线征用土地约111公顷，搬迁205户；沿线由沂河特大桥、泗河特大桥、崄河大桥、梨园特大桥等高架桥连接而成，总投资40亿元。工程由中国水利水电建设股份有限公司三局、十四局及八局负责施工建设。

工程自2008年4月开工以后，曲阜市支援高铁建设办公室，协调相关部门，优化建设环境，加强与施工单位沟通，建立联席会议制度，解决施工过程中存在的矛盾和问题；沿线各镇街实行包保责任制，路、地双方关系融洽，得到铁道部京沪高速铁路建设总指挥部肯定。开工伊始，曲阜市及时清除梁场内地上附着物，中国水利水电建设股份有限公司十四局成为全线第一个进驻制梁场施工的单位；在全省第一个完成沿线15米内杨树砍伐工作，并关闭两侧1000米内采石场和易燃易爆企业；提前全部完成线下工程，成为山东段第一个全线贯通的路段。

曲阜东站站房工程总投资1.88亿元，占地面积1.3公顷，建筑面积9996平方米，主要建设中间一层的中央候车厅、两侧两层的辅助用房及其配套设施。工程由中铁建工集团有限公司京沪高速铁路站房Ⅱ标段项目经理部二分部（简称中铁建工）负责施工建设。邀请新加坡“现代设计之父”刘太格专程到曲阜，召开规划方案论证会，对原方案进行细化，并几易其地，拿出最佳区位作为高铁曲阜站址，委托省城乡规划设计研究院按此方案设计施工图。为使站房设计风格与历史文化名城曲阜整体风貌相协调，指挥部人员先后6次到北京与有关部门协商，不仅达成站房建筑优化设计方案共识，并且将京沪高铁曲阜东站批准为6车道立返站和全线6个精品工程之一。站房由中国现代建筑设计泰斗、两院院士吴良镛父子设计。

2011年6月30日，京沪高铁通车，京沪高铁曲阜东站投入使用。

第四节　重点项目

曲阜高铁东站站房配套设施竣工后，曲阜市抓住高铁机遇，决策开发高铁新城建设。2011年9月，北京火炬企业总部基地项目、道路工程项目签约落地高铁新城。曲阜市在多次开展专题招商活动基础上，聘请天津广告公司制作曲阜高铁新城专题宣传片；为确保新城基础设施、产业布局科学合理，编制完成高铁新城控制性详细规划。2012—2013年，高铁新区凭借曲阜文化名城名片，“敲名门，招大商”，围绕文化产业、房地产等主导产业，组建招商团队到北京、南京、上海等城市寻求合资合作。成功举办三届高铁新区暨城建重点项目推介会，累计签约项目30余个，合同资金150多亿元。

政德教育基地

一期工程由裕达建工集团有限公司捆绑投资1.288亿元建设，2012年8月开工，后纳入山东省重点建设项目，重新调整规划，由省市两级追加投资，总投资15亿元。项目位于孔子大道以北、仁义路以东、仁礼路以西、盛乐路以南，项目总建筑面积12.1万平方米，包含体育场馆3.96万平方米、教学生活区8.14万平方米。

高铁医院

由浙江驰成建设集团有限公司建设，位于京台高速以西、盛世路以南、仁和路以东、杏坛路以北，规划占地约2公顷，总建筑面积3.07万平方米，其中门诊综合楼面积为2.7万平方米，设计床位305张，配置先进检查诊疗设备，总投资约1亿元。2012年开始建设。

奥林匹克体育中心工程

由曲阜市圣东方城市开发有限公司投资建设，2012年8月开工。曲阜市奥体中心包括综合馆和游泳馆，总占地7.65公顷，总建筑面积3.58万平方米。

息陬社区安置房建设工程

一期工程由息陬镇政府开发建设，二期工程由九巨龙公司开发建设。项目位置西起规划路高速东路，东到仁居路，北起杏坛路，南至规划路，规划用地面积32公顷，息陬社区用于安置东息陬、南息陬、西息陬、北息陬、原郭庄村5个村庄。一期工程15栋住宅

楼、1栋商业楼，建筑面积11622平方米，工程造价5243万元，由市财政投资建设，2012年，安置孔子大道和孔子广场拆迁户入住；二期工程由九巨龙公司以土地捆绑方式承建，规划共55栋楼，建筑面积为24万平方米。

九巨龙游客集散中心

由曲阜圣源文化旅游开发有限公司开发建设，项目位于高铁新区孔子大道以北、盛开路以南、仁居路以东、三环路以西，规划建设用地3.9公顷，总建筑面积20.05万平方米。

九巨龙孝养城

由曲阜圣源文化旅游开发有限公司开发建设，项目位于高铁新区孔子大道以北、盛开路以南、仁居路以东、京台高速以西，规划建设用地23.18万平方米，总建筑面积33.6万平方米。

春秋书院商业街（春秋古镇）

由圣源文化旅游开发有限公司开发建设，位于孔子大道以南，新建春秋书院以南。商业街占地约1.06公顷，规划建筑面积约1.1万平方米。

九巨龙学校

由圣源文化旅游开发有限公司开发建设，由九巨龙教育产业化有限公司运营，位于息陬镇曲尼路以南、杏坛路以北、高速东路以西，规划建设用地5.12公顷，总建筑面积2.66万平方米，包含教学楼、办公楼、餐厅、实验楼、风雨操场、教师和学生公寓等建筑，总投资6800万元。

息陬镇群众集贸市场

由曲阜鑫城房地产有限公司开发建设，位于盛爱路以北、杏坛路以南、高速东路以西，属于息陬社区商业配套工程。规划占地面积2.37公顷，总建筑面积约3.4万平方米。

张曲社区安置房工程

由曲阜恒顺房地产开发有限公司开发建设，位于盛文路以南、铁西路以西，规划建设用地面积21公顷，总建筑面积26.8万平方米1306户。

滨河花苑

由曲阜恒顺房地产开发有限公司开发建设，位于盛文路以北、铁西路以西，项目总投资约13亿元，规划占地24公顷，建筑面积44万平方米3792户。

息陬镇中心小学建设

由山东圣强建筑有限公司承建，位于息陬镇春秋家苑社区（息陬社区）东，总建筑面积1.5万平方米，建设内容包括教学楼、综合楼、幼儿园楼及室外附属工程。工程于2011年3月开工，2013年9月竣工，总投资3197万余元。

春秋中学操场建设

由九巨龙房地产有限公司承建，位于息陬社区以东春秋中学校内，建设主要内容有操场厕所拆除工程、运动场工程、操场看台工程、操场绿化工程，总投资约1079.6万元。

高铁曲阜东站至开发区连接线工程

连接线包含大沂河桥梁工程和连接线道路工程，大沂河桥为9孔不等跨实腹式拱桥，总投资8000万元，桥梁全长253.1米、全宽34米，主车道21米，两侧各6.5米慢车道，该连接线道路南起大沂河桥，北至开发区创业大道南端。

第三章　曲阜新区

2000年，山东省将济宁市列入全省重点规划的四大区域中心城市之一，要求到2010年，同淄博、烟台、潍坊一起跨入特大城市行列。2001年，济宁市组织专家论证，通过以济宁、兖州、邹城、曲阜四城市为中心，建设“济宁—曲阜都市区”发展战略，确定建设济、兖、邹、曲组群结构大城市战略构想。2003年年初，经济宁市党代会、人代会审议通过，济宁市委、市政府决定启动建设曲阜新区。同年6月12日，曲阜新区党工委、管委会成立，为济宁市委、市政府派出机构，全面负责曲阜新区的规划、建设与管理。曲阜新区紧靠曲阜明故城，北与世界文化遗产“孔庙、孔府、孔林”隔河相望，南与孟子故里邹城市遥相呼应，地处孔孟文化的中轴线。新区辖陵城镇、小雪镇、息陬乡3个乡镇，92个行政村，15.4万人，面积188平方千米。党工委、管委会下设党政办公室、经济发展局、社会事业发展局、市政建设管理局4个直属机构和规划分局、国土分局、财政分局、公安分局4个分支机构。在功能分区上，主要设置行政办公区、文化教育区、高新技术产业区等区域。行政办公区面积约20平方千米，为党政机关办公区和核心区；文化教育区面积15平方千米，重点发展文教和科研产业；高新技术产业区约10平方千米，重点发展电子信息、生物工程、新材料和光机电一体化项目。东部为以京沪高速铁路入口处配套为重点的高铁车站组团，面积约10平方千米；南部为中华文化标志城规划建设区，面积约55平方千米。

曲阜新区领导班子任职情况表

表9-1

职务	姓名	任职时间	职务	姓名	任职时间
党工委书记	王均生	2003.6—2004.7	副主任	李明晨(正县级）	2004.8—2007.8
	张术平	2005.3—2007.1		刘绪平	2003.6—2005.11
	朱庆安	2007.1—2012.12		常继双	2003.6—2005.11
党工委副书记	王庆成	2003.6—2007.11		孟庆安(正县级）	2003.6—2009.2
	郭庆海	2007.11—2012.12		李　朴	2003.6—2005.11
	李明晨(正县级）	2004.8—2007.8		李新念	2003.6—2005.11
	刘芝峰(正县级）	2003.6—2006.9		李国山	2004.7—2007.8
	许　可	2005.11—2006.12		程高岫	2004.7—2007.8
主　任	王均生	2003.6—2004.7		刘　伟	2007.11—2012.12
	王庆成	2004.7—2007.11		葛俊岳	2007.11—2012.12
	郭庆海	2007.11—2012.12	纪工委书记	李国山	2004.7—2007.8
常务副主任	王庆成(正县级）	2003.6—2004.7			

第一节　规划建设

2003年，曲阜新区组织总体规划、分区详细规划及相关专业规划编制，邀请国内外知名专家进行评审和论证，完成新区总体规划编制，行政区规划完成第三轮论证。在规划基础上，以完善新区大学城、产业区共25平方千米区域内路网、管网为重点，全面推进新区基础设施建设。全年道路工程完成投资1.17亿元，管网设施完成投资1.2亿元。济宁学院教学区总建筑面积18万平方米11个单体建筑主体工程封顶。2004年，围绕《曲阜市城市总体规划》编制的新区行政区详细规划、绿地系统规划、村庄整合安置规划等专业规划编制结束，创业中心详细规划、城市南北中轴线干道规划设计完成。38千米道路及两侧26.45千米雨水排水管网建设完成。济宁学院路灯、绿化、弱电、供水、供电、供热、燃气、排污等配套工程全部完工。二期道路12.97千米开工建设，三期（曲阜新区行政办公区）道路工程设计通过专家评审。新区热力公司、供水公司、燃气公司成立，联片供热站、11万伏变电站、城市供水系统、污水处理系统工程开工建设，城市热力一期工程供热。起步区弱电管网系统铺设完毕，曲阜西外环线建成通车。济宁市区和曲阜新区全长29千米的济曲快速干道建成通车。总建筑面积25万平方米的济宁学院一期工程竣工。2005年，先后编制行政中心、会展中心详细规划，做好大沂河、蓼河水系景观规划，参与中华文化标志城规划方案论证等。启动行政商务区基础设施建设，新建城市道路

13千米，迎宾大道蓼河桥建成通车，完成道路建设投资3445万元，埋设雨污水管网6千米，敷设弱电管网8千米；投资1500万元，对济曲快速干道、西外环路、杏坛路等8条道路实施绿化、美化，绿化里程24千米、75万平方米。启动大沂河西延治理工程，启动建设11万伏变电站、城市供水等配套工程，70万平方米的圣方热力一期工程竣工。全年招挂土地4宗52.67公顷，成交价款3.4亿元。全年治理塌陷地180公顷。

第二节　新区发展

2004年，曲阜新区实现地区生产总值6.56亿元，实现财政总收入3131万元，其中地方财政收入2532万元。全区完成工业企业增加值7935万元，销售收入9202万元。全社会固定资产投资完成5.5亿元，其中，国有及国有控股经济投资2.93亿元，集体经济投资1.77亿元，其他投资5423万元。全区建筑业完成增加值1603万元，上缴税金235万元。全区农林牧渔业实现总产值5.34亿元，农林牧渔服务业产值1416万元。全区年末耕地总面积1.15万公顷，全年粮食播种面积1.62万公顷，粮食总产10.78万吨，单产444千克。全区共新发展经济林300公顷、速生丰产林430公顷，完善农田林网3060公顷，栽植各类树木132万株。森林覆盖率23%。全区年末金融机构各项存款余额3.6亿元，比年初增加4184万元，其中农村居民储蓄存款2.9亿元。各项贷款余额1.81亿元，其中农业贷款1.34亿元。区内有中小学37所，教职工1258人，其中初中7所，在校生4334人；小学30所，在校生7508人；在园幼儿2641人。有医疗机构103所，其中卫生院3所、卫生室100所，拥有床位72张，卫生技术人员122人。

2005年，实现地区生产总值12亿元，同比增长52%；地方财政收入3397万元，同比增长34%；全社会固定资产投资13亿元，同比增长51%；农民人均纯收入3886元，增长9%。规模以上工业企业17家，全年完成民营经济增加值2.13亿元，销售收入完成9.2亿元，上缴税金1556万元，其中规模以上工业企业增加值5095万元，销售收入1.9亿元，上缴税金790万元。农村合作医疗参保率88%；人口自然增长率4.82‰，计划生育统计合格率、流动人口管理三率指标均在98%以上。全区瓜菜面积2460公顷，花卉200公顷，专用麦5660公顷，占全区小麦面积58%。小雪镇西陈村被评为全国无公害农产品生产基地。九龙山绿化工程共栽植侧柏24万株，造林90公顷，完善林网1600公顷。

第三节　项目引进

2003年，曲阜新区把招商引资作为新区起步突破口，通过多种渠道和方式开展招商活动，共接触洽谈各类项目59个，其中签订合同、协议和意向54个，总投资95.6亿元，其中外资3.9亿美元；在谈项目5个，总投资29.4亿元，其中外资2亿美元。签约及在谈项目中过亿元项目20个，其中过5亿元项目10个。

2004年，引进区外国内合同项目78个，合同利用区外国内资金30.23亿元，实际到位6.3亿元。批办“三资”企业12家，合同外资4582万美元，实际利用外资279万美元；外贸出口完成136万美元。在谈项目50个，总协议意向外资额78.69亿元，其中区外国内项目28个，协议（意向）外资51.48亿元；境外项目22个，协议（意向）外资3.28亿美元。华泰生物科技产品、中溢灯饰制品、金彩绒彩色裘革制品、圣杰数码电子产品、金生金命制药等18个项目开工建设；济宁学院、星村煤矿、华泰生物科技园、金彩绒彩色裘革制品等27个重点项目完成固定资产投资近5亿元。

2005年，围绕新区发展定位，与中外客商开展广泛接触，先后与上海汇诚集团、博一集团、兖矿集团、香港宝峰投资公司签订投资协议，博一文化城、德邦不锈钢、会展中心、大型商务中心、创业中心等一批项目签约新区。借助曲阜国际孔子文化节平台，举办第二届中外企业高层论坛暨经贸合作恳谈会，签约项目12个，总投资额130.7亿元，其中境外投资11.5亿美元，国内投资35.7亿元，与一大批知名企业和研究机构建立长期合作关系。全区引进合同招商引资项目24个，完成合同利用国内资金51.69亿元，实际到位国内资金7.8亿元；在谈国内项目14个，协议意向资金20.2亿元。批办“三资”企业2家，股权转让1家，完成合同利用外资5464万美元，实际利用外资324万美元，外贸出口502万美元。在谈外资项目10个，协议意向外资7.56亿美元。华泰生物科技制品有限公司大蒜精华素保健产品试产成功，圣地宝药业2个GMP

车间一次通过国家级验收。济宁学院一期工程竣工，首批4个系2100名学生进驻校园，投资近1亿元包括6栋学生宿舍、1栋餐厅总建筑面积8.1万平方米的济宁学院二期工程基本完成；总投资8亿元的区内第一个村庄整合小区开发项目——世纪新城开工建设，圣城嘉苑、富邦商业街等通过规划论证。

第四节　体制调整

2006年11月6日，济宁市委、市政府作出关于理顺和调整曲阜新区管理体制的决定。对曲阜新区实行“封闭运行”，由曲阜市委、市政府代管，运行期限为三年，所属乡镇划归曲阜市，代管至2009年12月30日结束。

2006年11月初，曲阜市探索新区“封闭运行”运作方式，多次召开常委会、市长办公会以及相关会议，专题研究新区问题，提出“利益最大化、损失最小化”和“以地生财”工作思路。市委、市政府制定新区三年工作目标。成立新区债权债务和土地清理领导小组，由市纪委、法院、审计局等有关单位人员组成。在摸清新区债权债务及土地储备的同时，完成新区办公地点搬迁、固定资产处理、建设工程档案项目交接、土地储备中心后续工作交接、新区调整后善后等工作事宜。

曲阜新区围绕“利益最大化，损失最小化，确保平稳过渡、社会稳定”20字工作方针开展工作。建立债权债务台账，全面厘清债权、债务、土地、建设等相关情况。协助国土部门向各欠交土地出让金单位发放债权催交通知书100余件，通过起诉、经债权债务相互抵顶、债权转让等方式，收取债权，签订分期还款协议，通过法院追索债务。曲阜市委、市政府在资金十分紧张的情况下，每年安排专项资金用于偿还债务。采取抵顶、债权转让、诉讼、和解、以物抵顶等方式，消化各项债务。协助国土部门出让新区原储备土地和追缴土地欠款、其他土地收入。2010年年初，鉴于曲阜新区工作还有部分债权债务和遗留问题需要处理，根据工作需要和济宁市委、市政府意见，确定新区延期运行两年。至2011年，新区共在全国各级人民法院参加起诉案件27件。其中，新区作为被告案件19件，主动起诉4件。

2012年10月，曲阜新区撤销。

第四章　其他园区选介

第一节　曲阜（陵城）高新技术产业开发区

曲阜（陵城）高新技术产业开发区（以下简称高新区）成立于2012年10月，正科级单位，位于曲阜市陵城镇，北起大沂河，南至高速北二路，西起工业西二路，东至文化西路、文化路、尼山路，规划总面积10平方千米，起步区3.87平方千米。高新区功能定位为：以汽车零部件和医疗器械为发展核心的产业集聚区，建设目标为科学技术先进、功能设施完善、生态环境优良、社会稳定和谐的产城合一现代科技新城。2013年4月，曲阜市委、市政府印发《关于加快陵城镇（高新区）建设和发展的实施意见》，落实高新区发展的扶持政策。

基础设施建设

2012年，陵城镇在原有路网基础上投资1000万元，完善道路9条，计6.5千米8万平方米；投资200余万元对园区内供电线路进行改造；市政府投资2600万元，对基础设施进行完善升级。2013年，投资3000余万元，修建孔子大道西延段，修建双向10车道沥青路面1.1千米，面积4.4万平方米。

招商引资

陵城镇按照“工业立镇、产城一体、镇区结合、创新发展”工作思路，服务于高新区建设发展，开展招商引资工作。实施“以商招商”“招商小分队”策略，推动招商引资向招商选资转变。2013年12月，举办曲阜市首届医疗器械产业项目恳谈会，浙江仙居可邦耐医疗、浙江仕家医疗、北京罗麦科技、天津天狮集团、江苏瑞明生物、山东普华恒泰、山东育达集团等35家知名医疗器械代表参加会议，签约项目8个，合同金额14.25亿元。到2013年年底，高新区内在建及投产项目26个，项目总投资额111.73亿元，其中过亿元项目10个，包括东宏东方新材料、济开电器、天银汽车玻璃、众诺诚汽车焊接设备、腾兴立体车库、山东天工石油装备、亿能锂电、裕宏燃气、绿影花新型材料项目。

园区服务

陵城镇围绕企业发展，实施全方位包保跟踪服务。强化招商引资"一条龙"服务意识，构建项目洽谈、开工建设、生产运行三大服务体系，对入驻园区项目的落地和建设，坚持实行大项目会办、领导干部包保联系、项目全程帮办制度，对落地项目安排专人跟踪服务，帮助企业解决项目建设中遇到的问题，推进项目早开工、早竣工，促进项目尽快投产运营。

第二节　山东(曲阜)台湾工业园

山东(曲阜)台湾工业园于2011年5月经山东省委台办批准成立，位于防山镇境内，北至发展大道、西至京福高速公路、东至京沪高速铁路、南至大沂河，总规划面积3.25平方千米，起步区面积58公顷。园区主导产业为电子信息产业、新材料、新能源、新信息等高新技术产业。管委会为正科级机构，为市政府直属机构，全面负责园区规划建设管理工作。2012年年初，制定《招商引资优惠政策和奖励办法》等优惠政策，实行土地价格最低控制标准、行政收费最低标准。管委会创新服务机制和管理办法，实行"一个项目、一个班子成员、一名直接责任人、一个工作小组"的挂包责任制度，按照"马上就办、办就办好"原则，对项目立项、落地、建设、投产等环节中遇到的困难和问题，第一时间进行全程跟踪服务。

规划建设

2011年9月，台湾工业园由省城乡规划设计研究院设计规划，总体规划为"一心两轴四区"，"一心"为园区核心，台湾工业园中心地带；"两轴"为春秋路、创业大道空间发展轴；"四区" 为综合服务、滨河生态、生活居住、工业4大功能区。综合服务区位于园区中心，为园区提供行政、金融、科研、商业、酒店等多种服务；滨河生态区位于沂河北岸，包括旅游度假区、生态休闲区；生活居住区包括2个居住组团，用于安置园区内企业家和员工以及园区内两个村的村民；工业区位于园区北半部，包括现状工业组团、西部工业组团、东部工业组团3个工业组团。建设初期，坚持政府投入和社会融资相结合模式，多渠道筹集建设资金。至2012年7月，实现起步区60公顷土地基础设施"七通一平"，完成投入1600万元。至2013年年底，园区建设投入3000余万元，园区水、电、气、热力、路等基础配套一步到位，具备项目随时落户、随时配套的能力。

招商引资

台湾工业园根据"特色、科技、生态"建园方针，重点围绕智能电子信息产业、汽车零部件等高新技术产业，盯紧台商在大陆知名品牌，瞄准世界500强企业，引外资，引台资。2012年，台湾工业园创新招商引资方式，通过网上招商、敲门招商、以商招商、委托招商、代理招商等方式，推进项目入驻；围绕汽车零配件、智能电子、新材料等高新产业，实行产业招商；突出锁定与项目关联度高的经济发达地区及大企业

台湾工业园区道路(2013年摄)

实行定向招商。2013年，引进落地山东晶导微电子项目，该项目位于台湾工业园创业大道与春秋东路交汇处，占地12.27公顷，总资产2亿元，注册资本1.62亿元。项目一期自2013年12月动工，是一家专业从事制造、加工半导体芯片及材料、封装产品，电子器件和材料销售，电子设备和产品销售及应用技术服务，半导体器材设计，货物及技术进出口的民营股份制有限公司。到2013年年底，园区落地项目30个，其中在建17个，签约4个，投产9个，跟踪洽谈项目10余个。

第五章　招商引资

2001年，曲阜市提出“全党抓经济，重点抓工业，突出抓招商”的总体思路，全面实行招商引资目标责任制。2003年，市委、市政府对市级领导，各乡镇、各部门主要负责人下达年度招商引资目标。2008—2010年，全市累计签订项目331个。2011年3月，市政府制发《曲阜市工业项目招商引资若干优惠政策规定》，实行驻点招商、专业招商、企业招商等制度，全市共设立101个招商局。2011—2013年，签约项目247个，合同利用市外资金1130.93亿元；新开工项目379个，总投资额983.06亿元。

第一节　招商体制

20世纪90年代初，市对外经济贸易委员会在做好项目考察论证和审批工作的同时，实施对外招商引资工作。1992年12月，曲阜经济开发区成立，开展招引企业入驻工作。1994年，曲阜市成立外商投资咨询服务中心，为外商来曲投资及外资企业提供服务。2001年5月，曲阜市政府设立市招商局，为正科级事业单位，负责全市招商工作的联络、项目推进、对外宣传等工作，隶属市旅游经济开发区管理委员会管理。2002年4月，曲阜市撤销市外资企业投资服务中心，人员并入市招商局。在招商方式、方法上，曲阜市把大规模招商与小型、分散、经常性招商结合起来，层层落实招商任务，组织参加西安、台湾、香港、深圳、广州、江门等地招商活动。2003年5月，市委组织部、市人事局、市监察局、市招商局组成专门班子，制定招聘简章，面向市内外公开招聘10名专业招商人员，从事专业招商。2004年，在招商工作中，注重小分队招商、代理招商、委托招商、亲情招商和以商招商。2006年，曲阜市开展专业招商队伍招商；组织各专业小分队分赴不同地区蹲点招商、登门招商，利用网上招商、亲情招商、委托招商、以商招商等多种方式招商，形成领导带头、政府推动、企业为主、市场运作的招商引资工作机制。市骨干企业结合改制重组抓招商，选择与国内外大公司开展对接洽谈，靠外资嫁接提升整体素质和核心竞争力。2007年，市委、市政府出台政策，完善开发区基础设施配套，鼓励乡镇招引项目入驻开发区；落实创新发展环境政策，组织开展软环境建设集中督查，实行领导包保重点招商项目制度和项目建设联席会议制度。同年6月，市招商局由隶属曲阜经济开发区管理委员会管理调整为直属市政府管理。2008年6月，撤销市招商局，设立招商引资委员会，下设办公室、招商一局、招商二局；设立开发区招商局、市经贸招商局、市城建招商局、市文化旅游招商局；各乡镇街道分别设立招商办公室。2010年3月，曲阜市整合招商力量，从各乡镇街道、市直各部门抽调骨干力量，选派360余人赴北京、上海、深圳、杭州、昆山、温州、苏州、江阴、张家港等地开展驻点招商活动。同年4月，市招商一局更名为市招商局，市招商引资委员会办公室整建制划入市招商局。2011年3月，曲阜市实行驻点招商、专业招商、企业招商等制度，对全市招商引资工作队伍进行充实调整，共设立101个招商局，其中9个专业招商局、12个镇街招商局、62个驻点招商局、18个企业招商局；成立市督查考核委员会办公室，内设招商引资办公室，负责全市招商引资工作的牵头抓总、综合协调工作；市招商局改为市二产招商局，负责全市工业大项目招商。2012年2月，市政府对全市招商引资工作队伍进行充实调整，设立104个招商局，其中13个专业招商局、12个镇街招商局、61个驻点招商局、18个企业招商局；市二产招商局，含汽车零部件招商局、生物医药招商局、新能源招商局、物联网招商局，负责全市工业大项目、特别是四大主导产业招商。同年8月，市政府成立市招商办公室，将原由市督查考核委员会办公室承担的招商引资指导、调度等职责移交市招商办公室。2013年，市政府优化驻点布局和招商产业。央企招商突出北京，台资招商突出昆山、东莞，主导产业招商突出长三角地区；产业方向瞄准汽车零部件和生物医药两大主导产业。全市共在30个城市设置44个驻点招商局，主要侧重长三角地区，兼顾珠三角、环渤海等经济发达地区。同年3月，市政府调整市招商办负责全市招商引资牵头抓总、综合协调工作，市招商局负责推进汽车零部件产业招商。

第二节　招商管理

2001年，曲阜市把招商引资作为加快区域经济发展的战略举措，提出“全党抓经济，重点抓工业，突出抓招商”的总体思路，加快园区建设步伐，全面实行招商引资目标责任制。把招商重点放在“四个面”“四条线”“四个点”上，即国内京津塘、环渤海、长江三角洲、珠江三角洲4个面，大姓后裔、大专院校、大型企业、重点私企4条线及日本、韩国、中国香港、中国台湾4个点，突出国有资产特别是闲置国有资产的出租、出售。2003年，市委、市政府对市级领导，各乡镇、各部门主要负责人下达年度招商引资目标，制定奖惩措施，以领导招商促部门招商，以部门招商带动全民招商，并将招商结果月统计、季通报、年底兑现奖惩措施。面向市内外公开招聘10名有一定工作经验和招商渠道的专业招商人员从事专业招商。2004年，有4人完成当年合同任务，参加续聘，又增补招聘6名专业招商人员，充实招商力量；印制发放“客商证”，编制《曲阜投资指南》；利用孔子文化节、颜氏宗亲联谊会等招商平台，举办各种经贸洽谈会等活动。2006年，围绕机械加工、电子信息、生物医药、纺织服装、食品加工、建筑建材六大产业链，策划包装一批招商项目，汇编《投资优势分析》，编制不同种类项目投资专案。2007年，各重点招商单位外出招商550多人次，招商领域遍及长江三角洲、珠江三角洲、京津塘等经济发达地区，签订开天国际大酒店、中韩甜菊、高性能环保密封胶体电池、镀陶汽缸、电动车、铝合金等重点合作项目。2008年9月，市委、市政府从全市党政机关、事业单位、乡镇街道选聘34名综合素质好、开拓进取意识强、较为熟悉经济工作的机关干部作为专职招商人员，充实6个专业招商局；同时，印发《全市招商引资人员聘用管理考核暂行办法》，对其所担负的工作任务、职责、管理、考核和奖励等作了明确规定。2010年，市政府印发《曲阜市招商引资项目全程代办服务暂行办法》，在市行政服务中心设立招商引资项目综合服务窗口，对招商引资项目咨询、受理，实行全程式服务。2011年，出台《曲阜市工业项目招商引资若干优惠政策规定》，对符合国家产业政策、环保要求及曲阜市发展规划的生产型工业项目，根据产业性质、投资规模、投资强度、税收贡献等因素，由受益财政给予补助；对固定资产投资10亿元或外资注册资本5000万美元以上的先进制造业、高新技术产业项目，以及世界500强、中国100强、行业领军、品牌公司投资项目，按“一事一议”给予专项优惠政策。开通书记、市长服务企业家直通车。全面推行企业驻警制度，每一个重大项目均安排干警入驻现场。各招商局根据其产业领域独立完成筛选包装项目、前期论证分析、专案编制、资料搜集和推进洽谈工作；具备签约条件后，申请提交项目评估论证会议和项目联席会议进行论证，签订协议后，由落地单位负责后续工作。初步建立起“驻点招商人员提供招商信息、专业招商局跟进洽谈签约、市级领导和部门镇街主要负责人帮办服务、园区（镇街）负责项目落地”的招商引资专业化服务体系。2012—2013年，市委、市政府印发《关于加快推进招商引资工作的实施意见》《关于进一步加强招商引资工作的通知》《2013年招商引资工作要点》《曲阜市驻点人员管理考核暂行办法》《驻点城市专题招商推介活动总体方案》《2013年招商引资重要工作责任分工》《关于实施招商引资项目论证联席会议制度的通知》《第二轮驻点城市专题招商推介总体方案》等一系列招商引资文件，指导规范全市招商引资工作。招商办公室进一步规范招商引资项目报送工作，实行周调度、月通报、季观摩、半年评议、年终考核的督导考核机制。

第三节 招商成果

2012年4月22日，曲阜市第二届文化旅游产业招商大会签约仪式现场

2002年，通过参股、联合、改造、嫁接等形式，一批项目落户曲阜。其中，星村煤矿项目累计投入6000万元，电缆集团与加拿大合作筹建山东鲁强地纬新型建材项目。2003—2005年，全市合同招商引资额266亿元，实际利用市外资金54亿元，曲阜圣城热电厂、大成汽车广场、星村煤矿、孔子国际商品交易城、吴泰（曲阜）商务港等一大批项目落户曲阜。2006年，实现合同利用市外国内资金87亿元，实际利用市外资金25亿元。2007年，合同利用市外国内资金20.54亿元，到位市外国内注册资金5.8亿元。金鲁城集团与中国建材集团确立合作关系，投资新上特种水泥生产线；圣旺集团在实现美国市场融资的基础上，与韩国甜菊株式会社实现合资合作；金皇活塞与万向集团联合新上活塞二期、镀陶汽缸等项目；前锋化工和银光化工联合重组；SOHO中国有限公司注册2980万美元成立曲阜立力达投资管理咨询有限公司；上海开天集团投资2.5亿元建设开天国际大酒店（五星）项目完成注册；嘉里建设集团投资4000万美元建设曲阜香格里拉酒店完成论证、立项和选址；市委、市政府在惠州市和东莞市分别举办经贸旅游合作推介会。2008—2010年，以发展机械加工、汽车配件、生物医药、复合管材、光伏、物联网、农产品加工，总部型、商务型、科技型现代服务业，旅游观光农业、有机生态农业为重点，实行1个乡镇（街道）1个主导产业、1套发展指标、1套推进措施和考核办法，着力培植主导产业，壮大特色经济。全市累计签订项目331个。通过企业并购、资产重组、合作合资，曲阜中联水泥有限公司在金鲁城基础上成立；天博公司与世界500强美国ITW集团合资合作的新能源汽车冷却系统及尾气排放系统研发与生产项目开工；裕隆集团与北京海步国际医药公司合资建设医药工业园；孔府家集团和联想集团进行合作对接。2011年，全市引进过亿元项目40个，开工过亿元项目15个，累计到位市外国内注册资金30.18亿元，实际利用外资1.45亿元。尼山圣境、火炬集团总部基地2个投资过100亿元重大项目落户曲阜。2012—2013年，市招商局共引进签约落地项目10个，建成投产汽车电子产品生产研发基地、ITW汽车发动机排气冷却系统、企鹅高分子新材料、新沃特电力设备等项目7个。2012年11月17日，曲阜市汽车零部件产业招商大会举行，共有6个项目在大会上签约，总投资21.9亿元。2013年3月30日，曲阜市第三届工业招商大会暨汽车零部件产业重点项目恳谈会举行，共7个项目签订合作协议，项目总投资额31.27亿元；6月，由世界500强德国大陆集团与曲阜天博汽车零部件公司联合投资汽车电子产品生产研发基地项目投产，该基地主要从事ABS传感器研发与生产。

第十编

商　贸

曲阜市富良商城

20世纪90年代初期，在计划经济占主导地位的双轨制经济体制下，国有、集体单位在曲阜商贸服务领域发挥着主渠道作用。1991年，曲阜市社会商品零售总额4.14亿元，其中居民消费品零售额3.35亿元、社会集团消费品零售额0.15亿元、农业生产资料零售额0.64亿元，全市集市贸易成交额1.4亿元、农产品收购额2亿元。随着市场经济发展，市商业、物资、粮食、供销社等部门改革经营管理、引进竞争机制，推行多种形式的承包经营责任制和租赁制，以增强市场竞争力。1993年，市商业局、市物资局在保留原机构设置的情况下，分别组建实体总公司。市政府鼓励兴办各类市场，引导市场建设向专业化、规模化方向发展。90年代中后期，随着市场经济体制的基本确立，国有、集体企业因体制等原因，部分企业出现严重亏损。商贸系统坚持“改革促发展，改革增活力”的指导思想，以产权制度改革为重点，对所属企业以破产、兼并等形式进行改制，由商品经营向资产经营转变。各总公司引导企业开拓市场，强化现代市场经营理念，调整经营结构，不断提升经营档次。2000年，曲阜市城乡消费品市场趋旺，全年实现社会消费品零售总额21.21亿元；城乡集贸市场发展较快，全市城乡集贸市场发展到57处，城乡集市贸易成交额9.38亿元。进入21世纪之后，商贸服务业经营更加多元化。市政府围绕现代服务业发展这个主题，制定一系列政策措施，引进高端品牌，打造现代服务业精品，初步形成行业较为齐全、功能较为完善的商贸服务业体系。2002年4月，市商业集团总公司、市二轻工业集团总公司、市物资集团总公司撤销，其职能划入市经济贸易局，设立市三产办公室（简称市三产办），后列为正科级事业单位，内设行政科、政工科、劳动人事科、财务科、商贸科、企业管理科。2006年4月，市三产办加挂曲阜孔子国际商品交易城管理委员会牌子。2008年7月，市三产办增加对原商业、物资、二轻企业的管理职能，行使对全市商贸流通企业、直属专业公司，如烟草、石油、盐务等规划发展、管理协调职能。2010年7月，市三产办隶属市商务局管理，负责全市流通行业部分行政执法，生猪定点屠宰活动的监督管理，承担原属市三产办的其他职能。2013年，全市实现服务业增加值173.17亿元，占GDP比重为52.2%，全市实现社会消费品零售总额139.11亿元。

1991—2013年曲阜市社会消费品零售额情况表

表10-1　　　　单位：万元

年度	社会消费品零售总额	其中			
		商业	餐饮业	工业	其他行业
1991	41395	26598	5292	4586	4919
1992	51929	33149	6106	6741	5933
1993	58768	34491	8179	12198	3900
1994	74482	36955	11426	16750	9351
1995	97168	48347	15093	21291	12437
1996	126320	61651	21177	26935	16557
1997	142405	68274	25234	30165	18732
1998	160918	74130	31565	36088	19135
1999	181931	94708	37405	29866	19952
2000	212131	106007	47878	33687	58246
2001	241405	116369	59642	37123	65367
2002	274718	130647	69662	41261	74409

续表10-1

年度	社会消费品零售总额	其中			
		商业	餐饮业	工业	其他行业
2003	283382	210369	59127	–	13886
2004	338893	257022	65265	–	16606
2005	416976	319726	80912	–	16338
2006	489508	372382	97465	–	19661
2007	582089	442125	110702	–	29212
2008	682721	522804	125132	–	34785
2009	845229	637112	165641	–	42476
2010	922265	757925	164340	–	–
2011	1063032	907745	155287	–	–
2012	1223459	1007595	215864	–	–
2013	1391073	1140681	250392	–	–

第一章 商业

第一节 商业体制改革

1991年，市商业局为市政府工作机构，有干部职工37人。1992年，市商业局推进商业企业综合改革，将蔬菜公司并入华侨友谊公司，成立市华侨友谊总公司；将原饮食服务公司一分为五，成立商汇总公司、摄影冲印总公司、冷饮公司、电力控制设备厂及饮食服务公司；成立百货总公司、五交化总公司及糖酒茶副食品总公司，兴办计算机服务公司、花卉公司、亚细亚歌舞厅、亚细亚风味餐厅等5家经济实体；成立商业学校和函授学校。1993年，在机构改革中，原市商业局成建制转为经济实体，改称曲阜市商业集团总公司，下属企业有市百货总公司、市五金交电化工总公司、市糖酒茶副食品总公司、市华侨友谊总公司、市食品总公司、市食品厂、市饮食服务公司、市电力设备控制厂、市商汇总公司、市摄影冲印公司、市冷饮公司、市彩色塑料印刷厂、市广告装潢公司、鲁都工业品市场，共有干部职工2000余人。1994年，商业集团总公司分别对百货大楼、五金交电化工总公司、电力设备控制厂、食品厂、华侨友谊总公司、方圆百货公司等企业实行股份制改造，成功组建百货大楼有限公司等6家股份制公司。1995年，对18家企业进行股份制改造，对1家企业实行租赁经营。当年底，商业系统下属企业20余家，主要有华联商厦、百货大楼有限公司、方圆百货有限公司、商业大楼、宏大开关设备有限公司、天民食品有限公司、百货公司、五金公司、食品公司、饮食服务公司、摄影冲印公司、工业贸易公司、塑料制品彩印厂等，经营范围有百货、五金、副食、针纺、服装、鞋帽、家电、化工、餐饮、住宿、彩色印刷、高低压开关、食品加工、冷藏、冷饮等。2001年，商业集团总公司对其下属11家资不抵债、扭亏无望的老企业依法实施破产重组，破掉企业债务1.2亿元。2002年，市商业集团总公司有8个职能

科室，共有39人，下属19家企业，其中流通企业15家、商办工业4家。同年4月，市商业集团总公司撤销，其职能划入市经济贸易局，原市商业集团总公司、物资集团总公司、二轻工业集团总公司机关撤销，整合组建成正科级事业单位——市三产办公室，其主要职能是负责承担原商业集团总公司、物资集团总公司、二轻工业集团总公司机关债权债务，市三产办机关共有人员77人，其中离岗人员11人、离退休人员29人。下属地毯厂、电机厂、华联商厦、第一百货大楼有限公司、第二百货大楼有限公司、金汇商厦有限公司、锻件厂、慧迪化工有限责任公司、天宏百货有限公司、三和家电有限公司、天民食品有限公司、新世纪五交化有限公司、鲁燃煤炭有限公司等39家企业，职工4566人，离退休职工1000余人。同年，市三产办对所属39家企业进行改制、拍卖、重组、租赁，3家企业实行破产重组，对华联商厦实行租赁经营，金属回收公司实行整体转让。2003年，对严重资不抵债的4家公司进行破产重组，对金属材料公司、物资基建承包公司资产整体出让，对企业职工进行一次性补偿安置。由此，商业、物资系统计划经济实体企业全面转型。此后，市三产办职能由过去对企业的直接管理，转变为对系统内企业服务，对商贸流通行业的监督管理和对全市商贸流通领域行为的规范。2010年，市政府机构改革，成立市商务局，将内贸职能划归市商务局，市三产办隶属于市商务局管理，受商务局委托行使内贸职能。2013年，市三产办内设办公室（人事科）、政工科、财务科、商贸流通科和孔子商贸城管委会办公室5个职能科室，在职人员26人；下属企业39家，有干部职工4000余人，离退休人员1000余人。

第二节　商业经营与管理

1991年，曲阜市商业系统以提高效益为中心，全方位开拓市场，市商业局成立开拓经营办公室，协助各企业设立驻外办事处，先后在北京，深圳，河南省光山、许昌、开封，辽宁丹东，江苏无锡等地设立办事处，与省内500多家名优产品厂家建立业务关系；在曲阜市则立足城镇，辐射农村。当年商业系统商品购进额为0.97亿元，销售完成1.21亿元，上缴税金230万元，商办工业完成产值581万元。1994年，商业各企业充分利用自身优势，大力开展总代理、总经销业务，搞规模经营，增强竞争能力。1995年年底，全系统在省内外与40余个名优厂家建立区域总代理、总经销业务。1996年，全系统有97个柜组和18个门店实行抽本经营、租赁和承包经营，部分新建营业楼和门店实行职工买断经营。企业内部深化企业三项制度改革，对中层以上干部全部实行聘任制或竞争上岗制，分配上实行工资与效益挂钩和全额浮动分配形式，经营形式上发展厂商联合、商商联合、连锁店以及开架式经营。1999年，市商业集团总公司引导企业围绕市场调整经营结构，商品上档次，打名牌，突出特色经营，提升经营档次，优化环境氛围。总公司成立招商引资办公室，鼓励企业招商引资。华联商厦、第一百货大楼和三和家电等企业先后引进50多户知名厂家和大批商家进店经营。2002年，市三产办引进曲阜孔子商品交易城项目，总投资39亿元，总建筑面积339万平方米。华联商厦利用外力，发挥内力，投资500万元兴办联华超市。2005年，全市商业系统限额以上企业实现销售收入1.05亿元、利税352万元，分别比2004年增长24.9%、15%；完成外贸出口交货值0.38亿元，比上年增长39.5%。2006年，三产系统完成对华联商厦超市、百货大楼、天宏百货等企业招商招租。天宏百货公司抓住批发商城拆迁有利时机，接收其80%以上商户，成立中百批发商城。2007年，市儒雅地毯有限公司引进2家韩国服装加工企业，提供就业岗位400多个；市锻件厂、慧迪化工有限公司分别投资2000万元在开发区建设新厂区；鲁燃煤炭公司投资700万元建设曲阜美食城；二轻供销总公司投资2000万元兴建大型商业楼。2006—2007年，三产系统限额以上工业企业实现销售收入2.8亿元，利税820万元。2010年，市三产办对鼓楼百货大楼公司、新东方百货大楼、第二百货大楼等城区老企业实施租赁经营、厂商联营、商商联营。2008—2011年，开展行业"诚信兴商""百城万店无假货示范店和示范街"活动，引导商贸流通企业推进诚信建设，培植华联商厦、银座商城、百意购物中心、三联家电等5家"百城万店无假货示范店"；承担孔子商贸城二期工程，锻件厂、木器厂片区改造，仓巷片区改造三大重点工程指挥部办公室日常工作，协调开展项目的招商洽谈、土地征用、规划建设等。推进"家电下乡"及"家电以旧换新”工作，到2011年年底，三产系统累计销售“家电下乡”产品13万台，销售额3亿元，补贴3876万元；销售“家电以旧换新”产品9万台，带动消费3.2亿元，补贴2798万元。2012—2013年，市三产办成功处理第二百货大楼经济纠纷上访事件、新东方百货大楼有限公司原企业班子问题、三和家电公司职工诉求问题等，处理和化解各种信访问题、矛盾100余件；开展创建诚信商贸企业承诺活动，142家商贸流通企业参与挂牌。2013年，全市社会商品零售总额139.11亿元，其中商品零售114.14亿元，餐饮收入24.97亿元，限额以上批发零售企业全年商品购进总额7.81亿元，销售总额9.21亿元。

第三节　网点建设

1991年，全市有商业零售机构5423家，从业人员1.35万人。城区商业网点围绕孔府、孔庙、孔林旅游景点，分布在五马祠街、半壁街、步行街、东关大街、西关大街。1994年年初，建设华联商厦，1995年12月底1至4层裙楼竣工投入使用，营业面积1.19万平方米。1998年，投入网点建设资金2428万元，完成盐业公司综合楼、果品公司、天民食品厂、五金公司、华侨友谊公司等营业楼建设，增加营业面积3.18万平方米；启动市场6处，完成投资6800万元，新建市场面积2.47万平方米。2000年，全市有限额以上批发零售企业11家，有从业人员1747人。2002年年底，国际孔子商品交易城动工建设。2005年10月，一期工程投入使用。2008年，组织“万村千乡市场工程”。到2011年底，发展连锁超市、加盟店以及改造农家店168家。2013年，全市城乡商业网点遍布，城区集中经营网点50个，商贸流通业商户8700户，城区商业业态形成五大商业片区，即五马祠街—鼓楼街商业片区、百意超市商业片区、银座—华联商业片区、双龙超市商业片区和孔子国际商品交易城商业片区。到年底，全市有限额以上批发零售企业90家；年末零售营业面积22.74万平方米，有从业人员5365人；连锁超市、加盟店、农家店发展到338家。

五马祠街—鼓楼街商业片区

五马祠街商业区西起钟楼街东首，东至秉礼南路，建设于1988年，由东南大学建筑设计院设计，整体布局合理，基础设施完善。1994年，该商业街获建设部建筑设计银质奖。营业楼房总面积3.5万平方米，总计13处栋群，内有市第一百货大楼、第二百货大楼、供销社商场等，古泮池商业区、鼓楼街商业区、东关大街、鲁城商场均在周边，成为市民、游客消费重要场所。

市五金交电公司位于鼓楼街商业区内。1991年，位于静轩东路，占地2.67公顷，另有鼓楼大街2800平方米3层商场1处，主要经营五金工具、交通设备、电工器材、家用电器，兼营机电、建材、日用百货等。1993年，实现销售额4206万元，主要经营指标在济宁市同行业中名列前茅。1995年，兴建综合营业楼。1996年7月，鼓楼大街“孔府商城”1号楼交付使用。同年，实施剥离经营，组建成立新世纪购物城，主要经营百货、副食品、旅游品等。1997年9月，实施改制，组建成立市新世纪五交化公司；11月，购买鼓楼大街营业楼1170.35平方米，原2层扩至3层。1999年，资金周转出现困难，于次年12月破产。2002年2月，市新世纪五交化公司对新世纪购物城进行改造，职工自筹资金进店经营。2004年4月，新世纪购物城营业楼整体交付个人经营使用，公司与承接人合作经营。

百意超市商业片区

位于曲阜市弘道路与327国道交汇区域，由鲁城

五马祠街夜景（2013年摄）　　刘传法／摄

街道池涯社区开发的龙泉商业区内。主要有百意购物中心、九龙家电曲阜店、龙泉商场等商业机构。

百意购物中心。创建于2005年1月，位于弘道路，毗邻市体育场，主楼3层，营业面积1万余平方米，从事零售日常生活用品、百货类、黄金珠宝、服饰等商品销售。百意购物中心分精品大厅、生活超市、食品超市、小吃城、娱乐城等经营主体，集购物、休闲、娱乐、餐饮于一体。2005年起，百意购物中心在曲阜市城乡设立连锁店。2007年，实现销售收入8000万元、利税100万元，获全国"青年文明号"称号。2010年，迁至斜对门弘道路东侧新建门店，经营面积2.6万平方米。2013年，百意购物中心有员工800余人，是曲阜市最大的超市之一。主要连锁店有仓庚路连锁店、曲师大连锁店、姚村连锁店、龙虎连锁店、献泉路连锁店、息陬连锁店、石门山连锁店、吴村连锁店、陵城连锁店等，在校场路、小雪镇、苗孔大街、南辛镇、息陬、陵城镇、济宁学院等有多家加盟店，经营面积4万平方米。

百意购物中心（2013年摄）

九龙家电曲阜店。隶属济宁市九龙贵和商贸集团公司，于2010年7月成立，毗邻市体育场，营业面积6000余平方米，主要经营家用电器、电脑及配件耗材、五金交电、电线电缆等。

银座—华联商业片区

曲阜银座商城。为山东银座商城股份有限公司第37家门店，位于曲阜市春秋路大同路十字路口西南角，2007年10月31日开业。2010年10月，在曲阜市建设物流配送中心，位于静轩东路，注册为曲阜银座配送有限公司，主要负责鲁西南地区60余家大型银座超市门店直供商品的物流配送及运营管理工作。项目一期常温配送中心于2011年11月投入运营，建筑面积3.6万平方米，投资2.4亿元，储位2.1万个，可存储商品60万箱。2013年，曲阜银座商城经营面积1.5万平方米，经营品种5万多个，有员工800多人。

华联商厦。1995年12月开业，位于春秋中路。1997年，市华联商厦获山东省青年文明号称号。1998年，获山东省公共卫生先进单位称号。2002年9月，投资380万元，建3300平方米高档品牌精品楼。2003年2月，与上海联华集团合作，把一楼改为大型购物超市，新增经营品种17000余个，是曲阜市第一家大型综合超市。2004年，市华联商厦获山东省百城万店无假货示范店称号。2013年，市华联商厦占地面积0.73公顷，建筑面积1.46万平方米，职工304人。下设超

"八五"至"十二五"之间部分年度华联商厦经营状况表

表10-2　　　　单位：万元

年度＼项目	销售收入	利税	利润	职工人数
1995	296.3	3.2	0.3	348
2000	2782.1	41.6	5.9	336
2005	3605.7	73.4	13.8	323
2010	4412.9	98.7	21.5	308
2013	8200	136	28	294

银座物流配送中心外景(2013年摄)

市、精品楼、九天家私、家具城、李先生快餐店和225家加盟店。为全市唯一未改制国有商业企业。

孔子国际商品交易城商业片区

曲阜孔子国际商品交易城(简称交易城)位于工业园路,2002年由北京顺鑫农业集团投资兴建,一期工程于2007年建设完成并投入使用,占地33.33公顷,总投资5.4亿元,建筑面积34万平方米,建设沿街商铺2197套。到2007年年底,入驻商户800余户,年交易额1亿元以上。2006年,市政府设立曲阜孔子国际商品交易城管理委员会,市三产办加挂交易城管理委员会牌子。管委会内设办公室、财务科、行政服务大厅,所需人员从市三产办抽调,负责市场的综合管理、政策咨询、证照办理、监督协调、党务工作、计划生育等,行政服务大厅工作人员分别从工商、国税、地税、公安、卫生等部门抽调。同年9月,交易城与省旅游局、济宁市政府和曲阜市政府联合举办“山东省旅游商品博览会”,省人大常委会副主任曹学成,济宁市、曲阜市两级领导出席,省内外知名民间艺人及500余家企业参加活动。2008年,市委、市政府引导城区内五金、建材、化工、汽配等经营业户向交易城集中。2011年,市政府将交易城设为曲阜市全民创业园区,给予各项创业优惠政策,鼓励全民创业。2012—2013年,实现营业收入5亿元。至2013年年底,交易城形成建材区、茶叶区、古玩字画区、汽配区、餐饮娱乐区5个经营区域,有经营商户1400户,从业人员5000余人。

曲阜建材城位于孔子商贸城内,占地10万平方米,形成于2011年年底。2013年,拥有业户750户,经销高中低档建材产品,有油漆、地板、装饰材料、厨卫、灯具等经营项目,万余个产品种类。

江北古玩城2007年,交易城打造“中国江北古玩城”项目,是江北较大的古玩市场,规模最大的古石雕市场。9月20日,江北古玩城举行启动仪式,省人大常委会原副主任严庆清、省政府原副省长王玉玺参加,济宁市、曲阜市有关领导出席活动。2008年9月26日,中央电视台鉴宝栏目在交易城举办“鉴宝走进曲阜”活动。2013年,江北古玩城经营面积12万平方米,经营业户200余家,古玩、字画、石雕种类齐全。古玩城每年春秋两季举办藏品博览会,古玩、字画、石雕等交易活跃。

曲阜茶都。位于交易城中南部区域,驻有乌龙茶、铁观音茶发源地福建安溪县及浙江、安徽等地茶商,主要经营各类红茶、绿茶、青(乌龙)茶、白茶四大系列及茶叶包装、精品茶具等。2013年,曲阜茶都有商户60家,经营面积1.5万平方米。

餐饮娱乐美食一条街。位于交易城内,2013年,餐饮娱乐美食一条街驻有甘肃、河南、安徽、福建等10余个省市及济宁特色餐饮100余家商户入驻,有微

双龙购物西关店(2013年摄)

山湖鱼、济宁甏肉干饭、河北河间驴肉、兰州拉面、新疆烧烤、安徽板面、福建米线等特色餐饮。

汽配市场。位于交易城内。2013年，驻有经营商户100户，经营各类汽车农机配件、蓄电池及汽车、工程车整车销售业务。

双龙购物广场片区

曲阜市双龙购物广场有限责任公司隶属于泰安双龙商贸集团有限公司，成立于1993年，主营家电、汽贸、比亚迪4S店、荣威4S店、中华4S店、好风景家居、花花公子专卖店、餐饮、超市、双龙服饰专卖店、信和典当等，总经理沙振波是鲁城街道西关社区居民。2008年3月，为回报父老乡亲，在鲁城街道西关大街成立双龙购物广场西关店，主营超市、酒店、宾馆等。2011年4月，投资调整原龙虎商城，成立双龙购物广场龙虎店，主营超市、服装、便民市场等。2012年8月，接管原御香苑宾馆酒店，成立双龙浩德商务港，主营酒店、宾馆。2013年，双龙购物广场有限责任公司销售收入1722万元，有从业人员180人。

第二章　供　销

1991年，市供销合作社联合社（简称市联社）对企业所有网点实行经营承包责任制。1992年，对所属13家企业实行一级法人治理，独立核算，自负盈亏。1996—2000年，在全系统实行全员劳动合同制，对14家社属企业全部改制。2001年，通过依法破产程序，改造重组11个基层社，派生出涉及种植、养殖、加工等领域6个农民专业合作社。7月，省供销社在全省推广曲阜市联社该先进经验。2006—2007年，市联社全面实施以“三农”服务为主体的现代流通服务网络和新农村社区服务中心建设。2008年，组建市双联农业生产资料有限公司。2011年，成立市农村合作经济组织联合会，带动各基层供销社自办、联办专业合作社24个。2012年，市联社被省人力资源和社会保障厅、省供销社评为全省供销合作社系统先进集体。2013年10月，全国供销合作社基层工作会议现场观摩会在曲阜市召开，对曲阜市供销社工作给予充分肯定。

第一节　供销体制改革

20世纪90年代初，全市供销社系统基本形成以主任（厂长、经理）任期目标责任制为主导，以门店“三包”和岗位责任制为基础，以租赁经营为补充的经营承包责任制体制。1991年，市供销合作社联合社（以下简称市联社）内设政工科、秘书科、行政科、业务科、基层组织科、会计科、统计科、审计科、安全保卫科、棉麻科、老干部科、教育科12个科室；有下属企业24家，其中直属企业12家、基层供销合作社12个；经营网点321个，其中城区50个、乡镇271个。市联社又以“四放开”为主体深化改革，即在人事、经营、商品、体制4个方面放开搞活。1993年，结合政府机构改革，市联社率先对机关人事进行改革，取消棉麻公司行政管理职能，市联社机关科室连同市棉麻公司合并为党委行政办公室、企业管理办公室、纪检审计办公室和棉麻办公室，机关人员由原来46人精简到30人；供销社14家直属企业在“四放开”基础上完善承包经营责任制；12个基层供销社实行“租壳卖瓤”改革。1995年，中共中央、国务院发出《关于深化供销合作社改革的决定》，根据文件精神，市联社制定《关于进一步深化供销社体制改革和发展农村合作经济组织的实施方案》，报经市政府批准后全面实施。围绕着真心把供销社办成农民合作经济组织这个中心，在为“三农”服务前提下，转换经营机制，调整产业结构。第二棉花加工厂新上较大规模纸箱生产项目，实现首个棉花企业的转产。同时，改革系统内农资流通体制，合并原经营公司，组成曲阜市农业生产资料总公司。1996年，省政府发布《关于依托供销社发展农村专业合作社的通知》，按照文件精神，市联社把发展农村专业合作社作为工作重点，于当年10月依托南辛供销社，创办全市第一个农村专业合作社——尼山渔业专业合作社。按照“重点发展、以点带面、注重实效、逐步推开”的原则，依托有关基层供销社先后领办和自办蔬菜、林果、大蒜等6个专业合作社。1997年，根据市政府〔1997〕第82号会议纪要精神，第一棉花加工厂部分职工带资产划转给山东天幕集团。1998年，改革的重点转向依法破产重组、依法保护供销社现有资产。对所属企业在依法破产基础上，重组或改制成完全自主经营、自负盈亏的股份合作制企业，14家直属企业于2000年年底全面完成；对11个基层供销合作社依法破产重组，坚持合作制原则，分别召开第一次社员代表大会，吸收一定比例农民代表参加，民主选举产生新一届基层供销社理事会和监事会，到2002年年初全部组建完毕，从体制上摆脱了计划经济模式，成为自主经营、自负盈亏、自我管理、自我发展的合作经济组织。2002年7月，山东省发展农村合作经济组织（现场）会议在曲阜市召开，中央财经领导小组、中央农村工作领导小组、国务院政策研究室以及省市领导和专家出席会议并讲话。2003年，市联社机关经费纳入财政管理，机关工作人员纳入事业单位编制。2006年，市联社全面部署“一个网络、两个平台”三项任务，通过抓龙头、建网络、促服务，构筑农村现代流通服务体系。2011年，市联社注册成立曲阜市农村合作经济组织联合会，有专业合作社成员34个。2011年，组建供销社系统第一个资金互助社——圣鲁源资金互助合作社。2013年，市联社内设党委行政办公室、经济发展办公室、纪检审计办公室、会计统计办公室，下辖直属企业13家、基层供销合作社12个。

第二节　网点建设

1991年，市联社所属企业24个，其中直属12个、基层供销合作社12个，有经营网点321个，其中城区50个、乡镇（曲阜镇除外）271个，全系统固定资产2686万元，有流动资金8861万元。2013年，市联社有直属企业13家，基层供销合作社12个，经营网点发展到794个。

社属企业网点

1991年，市联社所属企业12家。1992年，市棉麻公司撤销，市联社机关设棉麻办公室，行使原棉麻公司行政管理职能；组建市联社综合批发总公司，开展联购分销、分购联销业务。同年8月，组建市盐业公司，与市果品公司合署办公，内设盐业科，具体承担全市盐业经营和市场管理工作，成立市盐政管理办公室，为副科级事业单位。1993年，在原棉麻公司旧址组建市商贸公司，由机关精减人员组成，开展联购分销业务。1994年，市盐业公司与市果品公司分离经营。1996—1998年，市饮料厂和第一、第二、第三棉花加工厂依法破产，分别重组为市清源食品饮料有限公司、市精制食用油厂、市元振实业有限公司和市卫生材料厂。1997—1999年，市联社在城区沿327国道两侧兴建市联社机关、农资总公司、盐业公司、果品公司、鲁城商贸城等11座经营服务大楼，总面积3.5万平方米。2000年5月，市盐业公司从市联社分离。2001年，市商贸公司注销，市联社将烟花爆竹专营业务从第二农业生产资料公司分离，利用商贸公司厂

曲阜市城关供销合作社商贸批发中心全貌（摄于2013年）

1991—2013年曲阜市供销合作社联合社商品零售额统计表

表10-3　　单位:万元

年度	金额	年度	金额	年度	金额
1991	15793.7	1999	9000.4	2007	3988.2
1992	17112.1	2000	11706.0	2008	4209.7
1993	15540.4	2001	7675.8	2009	6117.8
1994	9698.7	2002	14797.2	2010	33989.9
1995	16551.5	2003	9996.3	2011	76286.9
1996	15879.3	2004	8015.7	2012	80011.6
1997	14392.2	2005	4943.3	2013	100706.6
1998	7542.3	2006	4358.7		

址成立市联社烟花爆竹专营公司。2002—2005年，由于经营体制和历史原因，市联社有多个社属企业经营陷入困境，先后对9家企业进行拍卖重组。2005年4月，济宁市供销社在曲阜市设立干部培训中心，为副县级单位，曲阜市供销合作社主任任培训中心主任。2006—2007年，市联社整合资源，依托兖州市供销社广场商厦、曲阜市供销社批发总公司，形成生活日用品龙头公司(配送中心)。2012年，市联社成立银祥再生资源回收公司，开拓全市再生资源回收和加工利用市场。2013年，公司投资600万元，新建集废品收购、分拣、加工、销售于一体的回收中心1处。到年底，市联社有所属企业13家。

基层供销社网点建设

1991年，市联社下属12个基层社，有基层网点309个。自1992年开始，市联社对基层供销社321个门店、柜组实行“社有民营”(或称“租壳卖瓤”)经营承包方式，承包后门店、柜组向工商部门注册登记，办理营业执照，并在银行单设账户，独立核算，基层供销社收取经营设施租赁费，管理其人事档案。1994年，王庄供销社对其面粉加工厂改建扩建，建成市第二面粉加工厂；兴建1处大型养殖场，存栏生猪1000多头，销售收入50多万元。次年，陵城供销社成立市第三面粉加工厂。1995年，所有实行“社有民营”门店全部扭亏为盈，上缴承包费1005.6万元，承包人上缴各种税费2300万元，流动资金增加600万元，增加固定资产200万元。至1999年，各基层社通过导入合作制、完善组织、提供服务等手段，发展各类农村合作经济组织80多个，参加农户1.5万余户，带动农户近10万余个。2001年，城关供销社拆除鲁城饭店，建成鲁城商贸城；到年底，除城关供销社外，其他11个基层供销社全部实施破产重组，并更名为合作社。2003—2005年，11个合作社先后依法恢复原“供销合作社”名称。2007年，基层供销社第一个经营面积超1000平方米乡镇超市——息陬供销社百合超市建成，为百合超市有限责任公司直营店；随即在全市8个乡镇驻地建设1000平方米以上生活日用品超市10处，改造便民小超市36个。到年底，各基层社通过主动服务、指导规范、完善组织、导入合作制等措施，组建20个农民专业合作社。自2008年起，市联社以基层供销社分布在各个镇(街道)行政村的74个综合门店为基础，改造便民超市32处，发展连锁加盟店36处，在全市390个行政村建起“市级配送中心+镇级直营店+村级加盟店”三级日用品销售网络。2012年，各基层社通过购买、置换、租赁、改造、合资合作等方式，建成以防山纪庄村、时庄后孔村为代表的农村社区服务中心21处。

第三节　商品购销

1991年前，供销合作社商品购销主要面向农村兼顾城区，购销商品包括农业生产资料、日常生活用品、农副产品和废旧物资，购销方式以批发零售、联购分销为主。1991年，随着市场放开，供销社主渠道地位动摇，市联社所属企业和各基层供销社所有网点实行经营承包责任制。商品流通实现多种渠道，购进方式多种多样，网点经营商品丰富多彩，多从全国各地购进，购进商品根据市场实际需要选购。2013年，市联社商品零售额10.07亿元。

农业生产资料供应

20世纪90年代初期，国家对农业生产资料（化肥）实行双轨制，少部分实行计划管理外，大部分放开市场，其价格由市场决定。市供销合作社作为农业生产资料销售主渠道，依托市农业生产资料公司和12个基层供销合作社，主要经营品种有化肥、农药、农膜、农具、农业机械等，全市每年需要化肥总量8.8万吨，市联社系统供应化肥数量占全市供应总量60%~70%。1994年，省政府颁布《关于化肥等农业生产资料流通体制改革实施办法》，市政府出台实施意见，明确市农业生产资料公司和基层供销合作社为化肥流通主渠道，市农业植保站、农技推广站及各乡镇农机站是化肥流通辅助渠道，市联社所属批发公司和商贸公司可作为农资供应辅助渠道予以保留；“意见”还统一规定尿素、“二胺”（磷酸二铵）等主要化肥品种的价格。1995年，市联社改革农资流通体制，由一名副主任兼任农资总公司经理，负责全系统农业生产资料经营，形成以农资总公司为龙头、以各分公司为依托、以基层供销社131个农资代销店为基础的农业生产资料经营体系。1996年起，实行化肥经营许可证制度，由市联社农业生产资料总公司审核，市工商局颁发。2002年起，农资市场全面放开，市联社经营主渠道地位逐步淡化，市农资总公司、市农业生产资料公司、市第二农业生产资料有限公司由于市场竞争力差，于2005年全部解体，农业生产资料经营呈现个体化。2008年，市联社控股组建双联农业生产资料有限公司，在各基层供销社设立化肥连锁加盟店、直销店156个。2011年，市联社系统销售各种化肥3万余吨。2012年，市联社在双联农资公司建立农业生产资料配送中心和检测中心，提升改造36家连锁经营核心示范店。通过龙头培育、连线织网、发展终端，形成新型农资经营服务体系。

农副产品收购

1991年，市联社系统农副产品收购由市第一、第二、第三棉花加工厂，市果品公司，市土产杂品公司和各基层供销社采购站承担，主要收购棉花、苹果、蜂蜜、畜产品以及玉米、小麦等，农副产品收购额1200余万元。1994年，根据国务院和省政府指示精神，市政府明确棉花购销体制实行由国家统一定价、统一经营，不放开棉花市场，不搞双轨制，由供销社独家经营。随着市场逐步放开，曲阜市棉花资源逐渐减少，三家棉花加工厂于2003年相继转产或破产重组。其他农副产品收购业务也随着市场的逐步放开，转为个体经营。2003—2005年，市果品公司转变为果品蔬菜专业合作社，市土产杂品公司并入市农资总公司，各基层供销社采购站相继解体或承包给个人经营，供销社退出农副产品收购业务。2011年，以康利源面粉有限公司为龙头，实行订单农业。2013年，康利源面粉公司与基层社、村两委签订种植2000公顷高面筋优质小麦合同，为农民增收

2013年9月，小雪供销合作社为农服务中心建成使用

230余万元。

生活资料购销

1991年，市联社系统经营网点大部分实行承包经营制。生活资料经营品种数千种。经营方式批发、零售兼有，以联购分销为主，生活资料年销售额1.5亿元。1992年后，生活资料经营方式全部实行“公有私营”和“抽本经营”，联购分销逐渐消失，各经营门店自购自销、自负盈亏。2006年，市联社全面实施现代流通服务体系建设，在各乡镇建设较大型超市和购物中心。2013年，市联社所属各基层供销社建设的超市遍布全市农村各镇、街和较大村庄，生活资料年销售额近12亿元。

2013年10月10日，全国供销合作社基层工作会议与会人员观摩小雪供销合作社百意超市现场

废旧物资回收

1991年，市联社废旧物资回收业务以市废旧物资回收公司为主，12个基层社设有回收站13个，承担农村废旧物资回收加工业务。主要收购品种有废旧钢铁、有色金属、废旧布条、废纸旧报、纸箱包装物、橡胶塑料等。随着废旧物资回收市场的放开，全系统废旧物资回收业务量日渐萎缩。2000年，市废旧物资回收公司改制为市再生资源有限公司。由于经济效益不佳，各基层社采购站逐渐放弃废旧物资回收业务。1997年、2003年，因327国道两度扩建，市废旧物资回收公司经营场地拆除，其废旧物资回收业务中断。2012年，市联社成立银祥再生资源有限公司，新建集废品收购、分拣、加工、销售为一体的废旧物资回收利用中心，构建起以经营网络为基础，以再生资源回收利用中心为依托，集收购、加工、销售于一体的再生资源经营链条。

第四节　社办产业

市联社系统的社办产业，主要包括饮食服务业和社办工业。

餐饮服务业

1991年，市联社系统共有餐饮服务企业19家，其中饭店13家、旅店2家、照相馆3家、理发店1家。城关供销社鲁城饭店是城区内较大的饭店之一。1996年以后，受市场和管理原因，市联社系统餐饮服务业日渐亏损，逐渐退出市场。2003年，由于城区改造，鲁城饭店拆除，建设鲁城商贸城。2013年，因古泮池建设，市联社招待所被拆除。

社办工业企业

1991年，市联社系统有社办工业企业5家，各基层供销社兴办工业项目16个，全年工业产值300万元。1993年10月，市联社征用土地8.53公顷，筹建市胶合门板厂。1994年，市第二棉花加工厂投资230万元，转产、改造为纸箱生产厂；市第三棉花加工厂转产、改造为市卫生材料厂。1997年，市第一棉花加工厂转产、改造为市精制食用油厂。2000年后，由于设备陈旧、技术落后、工艺水平低、管理不到位，市联社社办工业企业相继停产或破产。2013年，市联社有社办工业企业3家，均处于停产状态。

第五节　土地托管服务

2009年起，市联社创新农产品经营和大田作物服务机制，先后建起10余个示范基地，创办领办农民合作经济组织26个。2011年，组织基层供销社和农民专业合作社开展土地托管服务，打造农业系列化服务链。市联社印发《大田作物服务体系建设意见》，在培育壮大农业产业化龙头企业基础上，构建起以市联社为主导，以康利源面粉公司和双联农资公司为依托，以基层供销社为纽带，以粮食种植和农机服务专业合作社为载体，吸纳村支两委和农民参与，开展供、种、管、收、储、加、销等产前、产中、产后综合性服务的土地托管服务体系，发展小麦良种繁育基地667公顷、优质小麦基地3333公顷，带动普通小麦种植1.13万公顷、玉米种植1.53万公顷。2011年，康利源面粉有限公司晋升为全国供销合作社农业产业化重点龙头企业。2013年3月，济宁市供销社工作现场会议在曲阜市召开，曲阜市供销社作典型经验介绍。9月，小雪供销社为农服务中心建成使用，吸纳农业、农机、气象、林业、畜牧等涉农部门入驻，搭建起为农服务综合平台，向农民提供“一站式”生产服务。10月，全国供销合作社基层工作现场会在曲阜市召开，中华全国供销合作总社主任王侠、副省长赵润田及全国各地供销社负责人200余人参加会议，与会人中参观了小雪供销合作社为农服务中心、武家村社区服务中心、康利源面粉有限公司等3个现场；推广了曲阜市供销社开展党建带社建·社村共建、为农服务中心综合服务平台建设、土地托管服务的经验做法。同年，市联社领办的圣鲁源粮食种植专业合作社获全国农民专业合作社示范社和“中国50佳合作社”称号。到2013年年底，全市供销联合社土地托管服务面积发展到8000公顷。

第三章　粮　油

20世纪80年代末90年代初，国家粮食流通体制发生重大历史性变革，粮食体制由计划经济转向市场经济，逐步形成粮食市场主体多元化。曲阜市粮食局以改革为动力，以提高效益为目的，抓工业，增后劲，活流通，创效益，1996年、1997年连续两年被评为“全省粮食系统先进单位”。世纪之交，从粮食流通体制改革到粮办工业破产重组，再到进行股份制改造，从人员分离分流到下岗失业，再到实施再就业工程，每家企业，每个职工，都经历了一场从不适应到适应的过程。市粮食局以“营造稳定局面，巧施改革之策，寻求发展机遇，逐步改变现状”为整体思路，坚持“求真务实、刻苦创业、因企制宜、稳中求胜”，履行粮食储备、监管、调控、安全等行政管理职能，完成粮食工作任务。2003年，被评为山东省粮食系统先进单位。2005年12月，针对国有粮食购销企业改革，从政策、方法、策略到工作安排等都作了全面部署，按时完成改革工作，实现“无震荡改革”目标。2010年，被评为山东省粮食系统先进集体。2012—2013年，围绕产业结构调整，因企制宜，宜工则工、宜商则商，加大投资，提升企业经营效益。全市建成2家放心粮油配送中心，有6个放心粮油产品、15家放心粮油示范店；发放农户科学储粮示范仓2000套，为农民增收近40万元。

1992年3月，市粮食局获商业部内部审计先进集体奖
孔祥忠/摄

第一节　粮食体制改革

1991年，市粮食局内设局长室、秘书股、人事股、计划股、饲料股、审计股、财会股、业务股、批拨室、化验室；直属企业有面粉厂、油厂、食品厂、议价公司、城镇粮油供应公司、招待所、麻纺厂、粮油机修厂，下辖13个乡镇粮食管理所和28个粮店（站），有干部职工1278人。同年12月，成立粮油购销公司，

是负责管理全市平价粮油的政策性企业。各粮管所、粮店(库)代粮油购销公司完成平价粮油购、销、储存等任务,按定额收取费用,不再承担经营平价粮油发生的政策性亏损。1992年10月1日起,全面放开粮油统销价格,按计划分配的行业用粮、粮油制品一律取消,实行市场调节价。同年,市粮食局被商业部授予内部审计先进集体奖。1993年8月,市粮食局各中层股(室)及市粮油购销公司全部撤销,重新设置为办公室、人事科、财会科、工贸科、审计科、贸易部;12月,市政府成立市粮食总公司,与市粮食局一套班子、两块牌子,市粮食局行使行政管理职能;总公司与市政府签订承包合同,实行企业化管理。1994年,曲阜市建立地方粮食风险基金机制。为解决无地农民生活问题,市政府确定对符合"农转非"政策的无地农民试行"山东省地方城镇户口",市粮食局负责办理粮油关系,粮证为蓝皮本,俗称"蓝皮户口"。1995年,在全市粮食部门企业实行"两条线"(政策性经营和商业性经营)运行购销管理机制。同年,曲阜市实行粮食工作市长负责制。1997年12月,市政府成立市粮油购销储运中心,隶属于市粮食局,为副科级事业单位。1997年9月至1998年6月,市粮食系统企业改制重组,组建股份制有限公司责任公司4家,组建股份合作制企业1家,资产划转企业2家,实行资产租赁经营企业1家。1998年起,在全市贯彻落实"三项政策,一项改革",全面落实粮食工作行政首长负责制。为解决粮食政策性历史财务挂账问题,1998年、2003年,市政府两次组织审计等部门对粮食政策性财务挂账进行清理核实,审核确认政策性财务挂账4246.52万元,核销2671万元。1999年4月,实行"四分开,一完善"("四分开"即实行政企分开、储备与经营分开、中央与地方责任分开、新老粮食财务挂账分开,"一完善"即完善粮食价格形成机制)粮食流通体制改革,市粮食部门实施主营、附营分离,将全系统13个单位(12个粮所、1个直属粮库)资产、债权债务、人员一次性分离;成立市粮食收储公司,下设13个粮食收储站;成立12个独立法人的粮油食品经销中心,隶属市粮食局领导。1999—2000年,制订《粮食系统深化企业改革实施方案》,对原面粉厂、油厂、饲料公司、粮油食品公司、调味品公司、实业开发公司、综合服务公司、粮食局招待所等8家企业实施破产,累计核销不良资产1.87亿元;成立金曲面粉有限公司、孔膳坊调味品有限公司等8家企业,累计退出国有资产1073万元。2001年5月1日起,国家取消定量人口粮食供应,定量人口粮食供应从此退出历史舞台。2002年5月,市粮食局按照"政企分开、政事分开、政社分开"原则进行机构改革,将粮食局机关原来五科一室精简为两科一室,即业务科、政工科、办公室,在编人员由原来24人精简为11人。市粮油购销储运中心,内设办公室(审计科)、业务科、财务科。至2002年年底,全系统共有行政机构1个、事业单位1个、企业法人单位23个,全系统人员1735人,其中离退休226人。2005年12月,对粮食收储公司(含13个收储站)、军供中心和12个粮油经销中心等国有粮食购销企业进行改革。2007年8月,市粮食购销储运中心更名为市粮食调控监督管理中心,为副科级事业单位,编制20人,内设监督管理科(挂财务科牌子)、法制科、执法稽查大队3个股级中层机构。2009年9月,金曲面粉有限公司、孔膳坊调味品有限公司、金穗粮油贸易中心3家企业联合成立曲阜市富粮置业有限公司,联合开发建设富良商城。2010年8月,市粮食局调整为市发展和改革局挂牌单位,是市政府工作部门,内设政工科、调控储备科(挂行政许可科牌子)、财务审计科、产业发展科4个职能科室,辖属市粮食调控监督管理中心1个事业单位,下辖粮食企业11家,其中市粮食储备库负责地方粮(油)的储存、轮换等任务。2012年6月,市粮食局设立监督检查科,撤销市粮食调控监督管理中心监督管理科。到2013年年底,市粮食局内设政工科、调控储备科(挂行政许可科牌子)、财务审计科、产业发展科、监督检查科,下辖市粮食调控监督管理中心1个事业单位和市粮食储备库、市金曲面粉有限公司、市华裕植物油有限公司、市孔膳坊调味品有限公司、市雪荣淀粉有限公司、市粮食局冷冻食品厂、市粮食局饲料厂、市粮油机械修造厂、市金穗贸易中心、市仓庚路粮油食品中心、市阜粮大酒店11家粮食企业,有干部职工995人。

第二节 粮食收购

1991—1992年，执行粮食定购制度、粮油定购任务作为政府的一项重要责任，由乡镇政府向村户下发收购任务，同时，执行“三挂钩”（粮食合同定购与供应平价化肥、柴油，发放预购定金挂钩）政策，每交50千克小麦奖励化肥22千克、柴油3千克。1992年，市政府决定免收花生米定购任务。1993年，实行粮食收购保护价制度，执行保护价的范围仅限于国家定购和专项储备粮收购；保留粮食定购数量，放开粮食价格，改进粮食定购“三挂钩”物资兑现办法，农业税实行“实物征收，货币结算”办法；征收以小麦为主，坚持“先征后购，先税后贷”原则，保证税款及时足额入库。1994年，市场粮价上涨，国家大幅度提高定购粮收购价格，粮食定购价（不含挂钩物资）小麦由0.65元/千克提高到1.08元/千克，玉米由0.42元/千克提高到0.82元/千克。1995年，省政府确定对农民交售定购以内粮食每50千克按省定零售价格供应尿素5千克，定购以外坚持随行就市收购。1996年，小麦、玉米定购价分别由每千克1.08元、0.82元提高到1.52元、1.26元。1997年，粮食市场开始出现供大于求状况，国家确定按保护价敞开收购农民余粮政策。随着按保护价敞开收购粮食的增加，两次大幅度提高粮食定购价格。由于粮食连年丰收，市场价格不断下滑，定购价格大大高于市场价格，粮食流通出现只购不销或多购少销、库存严重积压的局面。1998年，国家出台《粮食收购管理条例》，省政府取消市地间定购粮调拨制度，调减粮食定购任务，并坚持按保护价敞开收购农民余粮；合理调整粮食收购价格，定购价小麦由每50千克76元降至73元，玉米由63元降至61元，保护价小麦由69元降至64元，玉米由57元降至54元。1999年，实行定购价与保护价并轨，并进一步降低收购价格，小麦由每50千克73元降至64元，玉米由61元降至46元。2000年，定购价与保护价又进行适当调整，小麦由每50千克64元降至57元（标准品由混合麦改为白麦），玉米由46元提高到49元。2001年起，粮食收购在夏、秋两季集中收购的同时，坚持常年挂牌敞开收购农民余粮。2004年，粮食收购主体趋向多元化，国家全面放开粮食收购市场，粮食价格由市场形成。粮食经营企业和粮食收购业户，须经市粮食行政管理部门审查认定其粮食收购资格，同时具有“工商营业执照”，方可从事粮食收购活动。2006年，国家开始在山东省等6个小麦主产区实行最低收购价政策。1991—2013年，全市粮食收购总量210.6万吨，其中2008年、2009年、2010年、2012年四年启动小麦最低收购价收购，分别收购小麦1213吨、34417吨、8683吨、2894吨，解决农民卖粮难问题。

第三节 粮食销售

1991年，按照省、市要求，小麦统销价格提高到0.42元/千克，玉米提高到0.30元/千克。因提价幅度偏低，购销价格倒挂问题仍然没有解决，致使财政负担过重，政策性亏损增多；同年11月中下旬，曲阜市出现面粉抢购现象。1992年，国家实行购销同价，粮食供求矛盾得到缓解，财政负担开始减轻；同年10月，放开粮食销售价格。1993年，全国性粮价出现大波动，市粮食局周密组织粮源，在城区设面粉厂粮食专供店、城关粮店、曲师大粮店、综合服务公司（仓庚路店）4个国有粮店，确保居民口粮供应。1995年，省政府确定实行粮食工作市长、专员负责制，加强定购粮计划管理，恢复省内

1998年，曲阜市粮食局夏粮收购现场

市地间定购粮调拨制，1995—1997年对口向淄博市博山区、沂源县调拨定购。1995年5月，为平抑粮食价格，对城镇非农业人口恢复粮食供应，供应品种全市统一定为特二粉，供应数量为每人每月10千克，价格每千克1.94元，城区居民凭购粮证购粮，各乡镇非农业人口由当地粮管所负责供应。1996年，调整粮食销售价格，供应城镇居民面粉，每千克特一粉2.72元，特二粉2.54元，标准粉2.36元；同时恢复对城镇居民口粮实行限量、限价、限时供应等政策。1996—1998年，国家和省相继出台顺价销售政策，不允许企业降价亏本销售，不允许擅自处理陈化粮。同时，对企业商品粮库存超过合理库存部分每年由财政按每千克粮食补贴6分钱保管费用，银行贷款利息由财政据实补贴，粮食企业出现库存积压、效益下降情况。1998年，国务院颁布《粮食收购条例》和《粮食购销违法行为处罚办法》，将粮食购销行为纳入法制化管理轨道，市政府调控粮食市场能力不断增强。1999年，省政府制定促销压库政策，对粮食风险基金补助实行包干办法，各地在对国有粮食购销企业补贴标准不降低前提下，可以适当降低储存环节的补贴标准，鼓励企业扩大销售。1991—2013年，全市粮食销售总量186.5万吨。2000年起，粮食销售全面放开，完全进入市场经济时代，除最低收购价小麦由国家组织统一拍卖出库外，不论是地方储备粮轮换销售，还是商品粮销售，一律由卖方和买方协议定质、定价、定时，随行就市销售。

单位：万吨

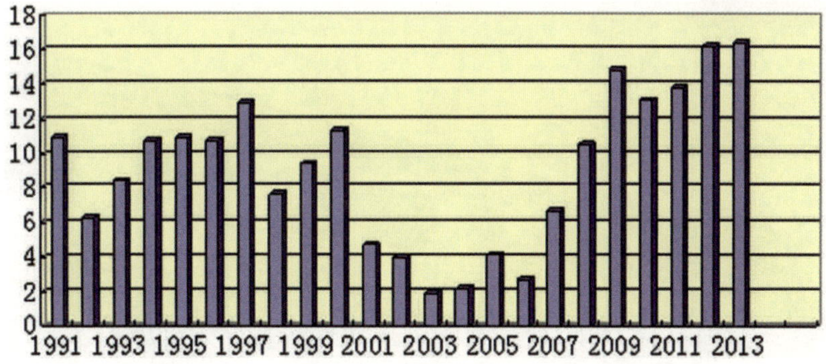

图10-1　1991—2013年曲阜市粮食收购数量趋势图

单位：万吨

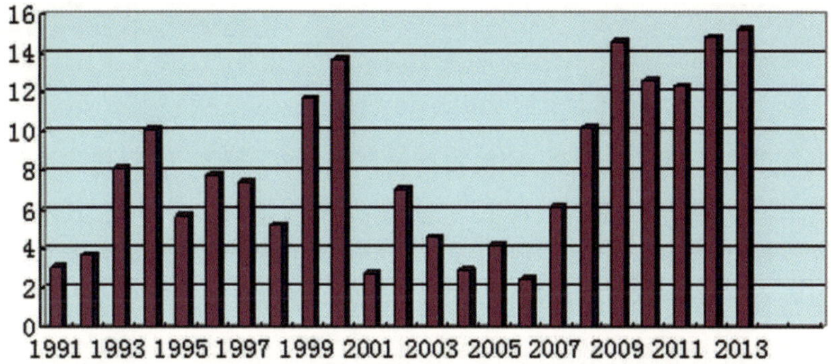

图10-2　1991—2013年曲阜市粮食销售数量趋势图

第四节　粮食执法与应急保障

粮食执法

1997年起，国务院先后颁布《粮食收购条例》《粮食流通管理条例》等一系列粮食法规，粮食行政主管部门职能也随之转变。1997年12月，成立市粮油购销储运中心，为副科级事业单位。2004年5月，设立调控储备科（行政许可科），负责粮食收购许可证办理；设立监督检查科和市粮食调控监督管理中心，负责粮食监督检查。落实人员编制和执法经费，配备粮食执法车辆，购置电脑、摄像机、照相机、投影机、录音笔等数字化执法用具，设立专门执法档案室，公开举报电话和监督电话，主动接受人大、政协和社会各界监督。2013年，有12人取得粮食监督检查证，其中6人同时取得山东省行政执法证。2004—2013年，全市累计检查197次，出动1031人次，检查单位1586个次，责令整改27例，取消收购资格1例。2012年，曲阜市被授予全省粮食规范化执法示范市称号；2013年，市粮食局被评为全省粮食执法效能提升活动先进单位。到2013年年底，全市具有粮食收购资格的粮食经营者46家。

应急保障

1997年起，市粮食局依托全市18个价格监测网点、11个纳入统计范围的骨干粮油经营企业，每周对全市主要粮油产品价格和库存情况进行调度，掌握

仓庚放心粮油示范店（摄于2013年）　　刘达阔／摄

市场动态。每年组织夏、秋粮食产量调查和年度粮食供需平衡调查，掌握粮食生产、消费、库存等情况。设立城镇调查户20户、农村调查户40户，掌握城镇居民粮食消费情况和农村粮食产、需、存情况。在元旦、春节等重大节假日期间，强化“保供稳价”措施，保障市场供应，避免全市粮油市场发生异常波动。2004年10月，市政府制定《曲阜市粮食安全应急预案》；2007年，对其进行修改完善。2009年，市政府制定《曲阜市粮食安全应急预案实施补充办法》；2013年，对其应用等级、后期处置等机制进行修改、完善，建立健全信息发布、监控、报告、值班等规章制度。

第五节　放心粮油工程

2010年，市政府围绕提升城乡居民粮油食品消费水平，打造“放心粮油”工程。2012年，放心粮油工程建设列入市政府重要事项，成立以分管市长为组长的放心粮油食品工程建设领导小组。2013年，市政府将放心粮油示范店建设工程列为重要民生工程之一。放心粮油示范店经营，按照“六统一”“五放心”（即统一门头店标、统一规章制度、统一服务承诺、统一报表台账、统一明码标价、统一监督管理，质量放心、卫生放心、价格放心、计量放心、服务放心）管理标准加强管理，制定《曲阜市放心粮油食品示范店管理办法》和《曲阜市放心粮油食品示范店考核实施细则》，以此进行监督、考核。到2013年年底，曲阜市建成放心粮油配送中心2家，有省级放心粮油产品6个、放心粮油示范店13家，“放心粮油”供应网络实现城乡全覆盖。

第六节　粮安工程

仓储设施建设

1993—1998年，市粮食局先后建成静轩、有朋、彭村3个分库，累计仓容2.085万吨。其中，静轩分库0.62万吨，有朋分库1.03万吨，彭村分库0.44万吨。2005年粮食购销企业改革后，除储备库有朋分库、静轩分库、彭村分库基本符合仓储技术要求外，其他库点均属于报废范围。2010年12月，投资70余万元，建成4个150吨罐容食用植物油储油罐，并配置检测化验仪器和设备。2013年，投资90万余元，对危仓老库进行维修改造。

地方粮食储备

1992年，曲阜市开始建立地方粮食储备制度，年底储备规模5000吨。2004年、2013年，根据城镇化进程和经济发展需要，两次增加地方储备粮5000吨。2013年年底，曲阜市地方储备粮规模1.5万吨，地方

曲阜市国家粮食储备库外景（摄于2013年）　　刘达阔／摄

储备食用植物油规模为390吨。

科学储粮

国有粮食收储企业执行国家保粮方针，加强粮食储藏基础设施建设。1991—2007年，曲阜市粮食仓储企业主要采取以下储粮技术：仓房改造通风口，利用储气箱，采取吸出式或压入式机械通风方法，降低储粮温度或水分；对安全水分的储粮，采取塑料薄膜密闭低氧储存；对水分较低、杂质较少、仓房密闭条件较好的储粮，采取低剂量药剂熏蒸；利用冬季气温低、气候干燥有利时机，对储粮进行降温、降水，开春后，压盖粮面低温储藏；夏季小麦入库，对水分较低，采取快入仓热密闭；采取布设测温电缆，用电子表头检测粮温。2008—2010年，市粮食局对静轩、有朋分库提升机械通风功能，安装微机测温系统；有朋分库实现环流熏蒸。2011年，对彭村分库提升机械通风功能，安装微机测温系统，木质门窗改造成密封门窗。1991—2013年，曲阜市国有粮食收储企业库存粮油实现数量真实、质量良好、储存安全，达到“一符三专四落实”（账实相符，专仓存储、专人保管、专账记载，数量落实、质量落实、品种落实、地点落实）要求和“四无粮仓”（无虫害、无鼠雀、无霉变、无事故）标准。

2010年，市政府将国家惠农工程农户科学储粮工程列为民办实事之一，推广发放彩钢板组合储粮仓。到2013年，全市共发放农户科学储粮示范仓2000套，每年减少粮食产后损失占总产量8%，约15余万千克，为农民增收近40万元，解决部分农户储粮难问题。

第四章　物资流通

市物资局为市政府所属经济组织，负责全市工矿企业及民用生产的物资供应工作，主要经营煤炭、钢材、木材、水泥、化工材料、机电产品、汽车、汽车配件等。20世纪90年代初期实行承包经营，因市场竞争激烈，系统内各经营单位效益下滑。1995年起，市物资局采取改、转、租、兼并、联合等形式，对所属企业进行改组、改制；2000年起，对一些停产或亏损企业实施破产，一些企业由职工认购、买断或配送，逐渐转为个体经营。

第一节　物资流通体制改革

1991年起，市物资局对系统内企业实行承包经营责任制，其基本形式是“两保一挂”，即企业保证完成承包合同规定的上缴利税指标，保证完成国家规定的技术改造任务，工资总额与实现利税挂钩。签订承包合同的公司包括燃料公司、金属材料公司、木材公司、机电设备公司，化轻公司、金属回收公司、建筑材料公司和开发公司，合同承包期为3年，共签订两次，分别是1988—1990年和1991—1993年。

1991年，市物资局为市政府所属经济组织，企业编制，位于鼓楼南街，占地0.71公顷，下辖15家公司，包括燃料公司、金属材料公司、机电设备公司、化轻公司、木材公司、基建物资承包公司、金属回收公司、物资贸易中心、物资协作开发公司、建筑材料公司、汽车销售公司、物资综合公司、物资建筑装饰公司、物资供销公司和物资宾馆，有干部职工300余人。1993年，物资流通企业进入市场经济模式，直接参与市场竞争；市物资局从政府部门分离出来，转为经济实体，更名为市物资集团总公司。1994年，物资集团总公司与各分公司签订经营目标责任书，期限3年。1995年，物资集团总公司对所属15家公司进行改组、改制；经过半年运行，企业总亏损额由61万元降至4万元，亏损单位由5个下降到1个。1998年，物资集团总公司进行产权制度改革，采取改、转、租、兼并、联合等形式，规范和完善改制企业，一企一法，不搞一刀切。2000年，按照市委市政府下发的《关于进一步深化企业改革实现“三年两个目标”的实施方案》要求和部署，深化企业改革。对鲁旺燃料有限公司、广联机电设备公司、建材公司、物资协作开发公司等资不抵债公司依法实施破产；对钢联金属材料有限公司、基建物资承包公司、金属回收公司、物贸中心进行资产评估后，由职工认购、买断或配送。2002年，市物资集团总公司设有办公室、财务科、物价审计科、人事科，下辖鲁旺燃料有限公司、钢联金属材料有限公司、广联机电设备有限公司、基建物资承包公司、金属回收公司、物资贸易中心、物资协作开发公司、建筑材料公司、物资建筑装饰公司和物资宾馆，有干部职工300余人。同年4月，市物资集团总公司撤销，其职能划入市经济贸易局，机关与市商业集团总公司、二轻工业集团总公司机关合并成立市三产办公室。

第二节　物资经营与管理

1991年，市物资局物资购进总额1.05亿元，物资销售总额1.13亿元，实现利润90万元，上缴税金56万元。同年，市物资局在第二轮承包的基础上，各公司层层分解，重点抓好企业内部的层层承包，建立和完善各项规章制度；利用孔子故乡知名度，在北京、上海、天津、西安、青岛等大中城市厂矿企业设立办事机构；在做好大宗购销业务同时，重点突出品种多、小而全、质量优、价格廉的特点，吸引顾客；抓购销基地建设，当年全系统有购销基地约250个；利用业务座谈会、洽谈会、物资交易会，开展百厂服务和送货上门活动。1992年，市物资局开拓市场，开展配送销售活动。机电化轻公司开展“三秋”“三夏”串乡服务，门市部延长服务时间；回收公司开展“百厂服务活动”，上门回收废金属；燃料公司义务为烈军属送煤到家。1993年，燃料公司新上多种经营，开展房地产开发，组建装饰公司，建设商场，遏止效益下滑局面；金属公司成立特种钢材供应公司和东关、南关、北关3家金属材料分公司，在北京、天津、唐山、抚顺、济南、青岛等大城市建立资源基地10多处；回收公司实施全员推销、任务到人、按月兑现制度，提高效益；机电公司在济南设立办事处，在北京、天津、浙江、上海开辟信息网点，与省内外50多个厂家建立业务关系。1994年，市物贸中心与齐鲁石化公司互为依托，互惠互利；开发公司与沧化、鲁化、天化建立业务关系，采取多种形式与厂方进行物资协作串换。1995年，市物资系统完成物资购进额3490万元，物资销售额3850万元，上缴利税27万元。物资集团总公司与曲师大、酒厂、啤酒厂、单家村煤矿、水泥厂等10余家大小厂矿建立供销关系，增设8个销售网点。1996年，物资系统各公司成立清欠小组，加大清欠力度，到年底，共收回欠款56万元；压缩不合理库存，调整库存结构，盘活企业资金。1997年，物资系统针对经营决策、资金投放、费用支出、清欠库压存在问题，制定《关于严格招待费管理的规定》《关于加强水电费管理的通知》《关于成立清欠领导小组的通知》等一系列管理制约体系。1998年，按照抓大放小原则，对部分停业半停业企业实施租赁经营、联合承包。对经营较好的企业，实施多方联合，不断拓宽市场，增强竞争力。对一些闲置的经营设施和场地加以开发和利用，开辟新的效益增长点。1999年，市物资系统完成物资购进额1360万元，物资销售额1350万元，亏损47万元，实现利税42万元。2000年，市物资集团总公司改革经营机制，进一步下放所属企业经营权。

第五章　石油经营

第一节　石油经营体制

中国石化销售有限公司山东济宁石油分公司曲阜片区（以下简称曲阜片区），前身是山东省石油集团曲阜公司，位于静轩东路，负责境内燃油品经营业务。1991年，设有经理办公室、人事劳资科、业务科、财务科、企业管理科、保卫科、姚村油库、市石油销售公司、市设备润滑油公司、多种经营部、石油经营处11个部门。1991年起，国家逐渐减少计划内成品油供应，至1993年取消，公司不断转变经营方式，保证境内生产生活用油。1994年，实行全方位承包经营责任制，推行岗位技能工资制和干部聘任制。1998年7月，公司划归中国石油化工总公司，更名为山东省石油集团曲阜公司。公司深化内部改革，对所属3个加油站及业务科、石油经营处、润滑油公司实行全面承包。2000年5月，山东省石油集团曲阜公司改制重组，成立具有原县公司市场职能的非法人单位，为中国石油化工股份有限公司直属驻曲分支机构，更名为中国石油化工股份有限公司山东济宁曲阜经营处。改制前公司有固定资产705万元，加油站3座，改制后由曲阜石油经营处接管。曲阜石油公司被济宁石油分公司责令停业整顿，结束成品油供销职能。2013年，更名为中国石化销售有限公司山东济宁石油分公司曲阜片区。辖加油站15座，分布于境内327国道及104国道道路两侧，重点分布于市区、镇、街等市场集中部位。

第二节　石油经营网点

1991年，山东省石油集团曲阜公司下辖曲阜市石油销售公司、曲阜市设备润滑油公司、多种经营部、石油经营处等经营点。1993年，与市财贸办公室成立联合实体——市石油化工销售总公司，与大连石油七厂联营福达石油化工股份有限公司，建有加油站45座。1995年，完成基本设施投资52万元，新建1座加油站。1997年，利用姚村油库闲置仓房，创建油品油脂厂，由单一成品油销售转向生产、批发、零售一条龙服务。1998年，石化销售企业上划集团公司后，即瞄准国际市场定位，首选网络经营，抢占市场地盘。2000年上半年开始，曲阜石油经营处借助政策优势，在曲阜市区和327国道、104国道市场集中区域收购、扩建、改建加油站。同时，中国石油化工股份有限公司山东分公司收购曲阜市鲁工油库及其所属4座加油站。曲阜石油经营处加油站从7座增加到20座，约占全市加油站总数的37%。2005年，中国石油化工股份有限公司山东济宁曲阜片区有加油站14座，分布于境内327国道、104国道、市区等市场集中部位。2013年，曲阜片区拥有加油站15座，分别是中国石化销售有限公司山东济宁石油分公司曲阜第一加油站、第二加油站、第三加油站等（以下简称曲阜1站、曲阜2站、曲阜3站等），均分布于境内327与104两条国道主干道两侧，其中9座站为达标加油站，6座站为托管加油站。

济宁中石油昆仑燃气有限公司曲阜母站，位于息陬镇大辛庄村南侧，是济宁中石油昆仑燃气有限公司下属分公司，2009年施工建设，于2010年4月投产运营。气源是西气东输一线冀宁联络线曲阜分输站开口，母站设计规模一期为30万立方米/日，主要生产经营车用（CNG）压缩天然气，供应曲阜市、泗水县煤气公司管道天然气。2013年，占地2.32公顷，建筑面积2671平方米，具有完备的硬件设施，包括站房、罩棚、高低压变压器、加气机、加气柱、压缩机、干燥器、调压计量柜、储气井、办公楼等设备设施。

济宁中石油昆仑天然气有限公司息陬加气母站外景（2013年摄）

第三节　石油购销

1991年，石油市场较紧张，计划内成品油供应减少15%，市场调节部分逐步扩大。全年自购各种油4907吨，计划汽油供应535吨，煤油供应435吨、柴油供应4600吨，全年经营总油量1.18万吨，实现利润70万元，利税总额111.35万元。1993年，计划油取消，公司改革传统计划营销方式，筹集资金2217.7万元，自购成品油1.25万吨，全年经营油1.73万吨，实现利润62.4万元、利税110万元。1996—1998年，成品油购进2.62万吨，销售2.76万吨。1999—2001年，成品油购进7438吨，销售7447吨。2004年10月，实施推广IC卡加油工程。2005—2007年，全市成品油销售总量5.63万吨。2008年，受国内成品油价格影响，当地成品油市场批发、零售价格倒挂现象比较严重，出现供不应求情况。2008年开始，中石化系统加油站增加非油品销售业务，在原有经营范围基础上添加日用百货经营、书刊零售等多元化服务项目。自2008年中石化零售管理系统上线运营以后，曲阜片区各加油站点每天日结算，通过系统统一上传数据，由中石化济宁公司根据系统内数据统一安排济宁或曲阜油库所需配发油品。油库油品通过铁路、管道、公路等方式，由中石化省公司物流配送中心统一调度配送补充库存。2008—2011年，销售汽柴油总量9.71万吨，润滑油销售161.5吨。2012—2013年，汽柴油销量6.02万吨，润滑油销售27.3吨，非油品销售额898.79万元。2013年，加油卡充值金额1.44亿元，新增沉淀资金186万元；充值卡销售265.46万元；持卡消费比例46.52%。

2013年，曲阜片区辖区内加油站点柴油、汽油均由中国石化销售有限公司山东济宁石油分公司（以下简称中石化济宁公司）统一调度，公司本部位于济宁市市中区供销路40号，拥有济宁、曲阜两座现代化管输油库，180多座自营加油站。

曲阜片区加油站根据国家经信委发布的价格公告，由济宁石油分公司通过网络传输手段统一调整

2013年曲阜市石油经营网点一览表

表10-4

站名	地址	始建时间	占地（公顷）	加油机（台）	人员数	销售（吨）	汽油（吨）	柴油（吨）
1	静轩东路44号	1985.6	0.61	8	12	5767	4984	783
2	孔府药厂对过	1989.4	0.15	5	5	2503	2133	369
3	市气源厂对过	1990.3	0.42	4	4	852	413	439
4	时庄街道红楼村处327国道路北	2000.12	0.33	4	5	1022	556	466
5	小雪街道西陈村处104国道路东	2000.12	0.31	4	7	3883	1856	2027
6	小雪镇石村西104国道路西	1998.1	0.26	5	7	3360	2502	858
8	王庄镇104国道602.1千米处路东	1995.1	0.25	4	4	1584	638	946
9	王庄镇104国道599.0千米处路西	2000.6	0.43	4	4	503	217	286
10	王庄镇后孟村处104国道路东	2001.3	0.36	4	5	1004	236	768
11	吴村镇中心村处104国道路西	2000.12	0.34	4	5	1893	808	1085
13	小雪街道南兴村处104国道路西	2000.12	0.22	4	6	2881	1378	1503
14	书院街道八宝山处327国道路北	2000.12	0.3	7	6	2493	646	1847
15	防山镇陶洛村处327国道路南	2000.12	0.43	2	4	340	100	240
16	时庄街道田家村处327国道路北	2000.12	0.96	5	6	1432	510	922
18	书院街道旧县村处327国道路南	2000.12	0.33	8	6	3187	1762	1425

油价，每台加油机均有网络传输功能，根据国家统一价格销售油品。曲阜片区加油站加油机均由市质量技术监督局按季度检查调整，各站油样定期送曲阜配送中心统一检验。各加油站零售油品均在站点内自动打印发票，中石化济宁公司依照曲阜片区总销量统一向国家纳税。

第六章　烟草经营

1991年，曲阜市烟草专卖局（山东省烟草公司曲阜市公司，简称曲阜烟草公司），内设人秘科、业务科、计财科。1993年，成为二级批发公司。全年实现利税400余万元。自1993年起，曲阜烟草公司逐渐向卷烟销售双轨制企业发展。1995年6月，归属山东鲁南烟草集团，更名为山东鲁南烟草（集团）有限公司曲阜分公司。1998年1月，山东鲁南烟草集团与颐中烟草集团合并，更名为颐中烟草（济宁）有限公司曲阜分公司；同年8月，山东省烟草系统进行改革，曲阜烟草公司更名为山东烟草购销（集团）有限公司（济宁）曲阜分公司。2000年9月，更名为山东济宁烟草有限公司曲阜分公司。2005年10月，更名为山东济宁烟草有限公司曲阜营销部（简称营销部）。2013年，营销部内设综合办公室、专卖科、营销科、法规科、内管科、稽查大队、配送部、特情中队和5个稽查中队，辖区有2388户卷烟零售客户。全年销售卷烟2.42万箱，实现销售收入4.21亿元，实现利税1.34亿元；查处各类案件254起，案件总值52.38万元。

第一节　市场管理

曲阜烟草公司不断完善制度建设，宣传烟草专卖法，联合公安、工商等部门，查处无证经营、渠道外进货等，打击涉烟违法犯罪，规范卷烟市场秩序。1994—1995年，查扣各类卷烟1371件，罚款11.18万元，收购差价17.81万元。1996—2002年，查处涉烟案件7107起，罚没款100万元，查处不法卷烟18.14万条，案值410万元。2001年3月14日，召开焚烧假冒名优卷烟现场会，公开销毁假冒名优卷烟21个品种316件。2002年，市政府召开整顿和规范烟草市场工作会议，组织公安、工商、质监、国税、检察院、法院、烟草等部门参加的联合执法检查队伍，以“打、控、管、服”为手段，采取“点、线、面”结合的方式，实施卷烟市场综合治理行动，查获制假卷烟机1套，捣毁藏假售假窝点50个，查处各类违法案件1924起，立案196起，移送司法机关5人。2003—2005年，查处案件978起，查处非法卷烟11.89万条，案值155.01万元。2003年，实施政府领导下的多部门联合执法办案体系、烟草专卖进社区、工商驻烟草、检企共建执法办案机制。2004年，对全市卷烟零售户守法经营情况实行备案记录，年底，举办“星级卷烟零售户”评选活动，对星级卷烟零售户给予奖励。11月3日，济宁市焚烧假烟现场会议在书院街道举行，一次性集中焚烧销毁非法卷烟9800余件、制假烟机3台（套）。2005年，成立烟草专卖社区化管理领导小组和社区化监督管理办公室，与社区居委会签订目标责任书，与市公安、工商等部门定期召开联席会议，

2009年6月，曲阜烟草专卖局业务人员走向街头宣传烟草专卖法

1994—2013年曲阜市烟草销售情况一览表

表10-5 单位:万元

年度	销售额	利税	年度	销售额	利税
1994	4842.5	529	2005	11830	1989
1995	4233	425	2006	15810	2394
1996—1998	16000	1100	2007	18821	4236
1999	5273	91	2008	23329	5565
2000	4582	95	2009	27019	6392
2001	6159	530	2010	31266	7280
2002	6644	659	2011	44176	11000
2003	8300	1167	2012	52758	12800
2004	10452	1826	2013	62049	13400

协调组织联合执法行动。2006—2009年,累计查处涉烟违法案件1222起,查获各类违法卷烟1.91万条、烟叶烟丝11.58吨,总案值169.87万元。把"端窝点、断源头、破网络、抓主犯"作为卷烟打私打假重点,巩固政府领导、烟草牵头、多部门协作配合工作机制,组织开展"百日会战""利剑行动""名烟名酒店专项治理"行动。2010—2013年,查处涉烟违法案件1950起,查处卷烟2.91万条,烟叶1.83吨。

第二节 烟草购销

1993年10月,曲阜烟草公司成为二级批发公司。1994年,完善卷烟销售网点制度,推行送货服务,发挥网点卷烟经营和专卖管理双重职能。1999年,加大市场监督检查力度,配合专卖责任区管理和户籍化管理,推行"一价制"。2003年,开展城乡一体访送分离工作,根据零售户分布情况和地域经济状况,划分为15条访送线路,把2700余户零售户全部纳入访送服务范围。2004年,推行客户关系管理,对全市卷烟零售户按照卷烟销量划分为A、B、C类客户,每月制作卷烟销售量化分析表,对零售户实行升降级动态管理。2006—2007年,推行"按客户订单组织货源"经营模式。2012—2013年,坚持数据驱动,实施精益营销。

第七章 丝绸与医药经营

第一节 丝绸经营

1991年,市丝绸公司为省属国有企业,隶属山东省丝绸公司,内设政工、会计、生产、科技4个科室,有员工47人,下辖陵城、时庄、姚村、董庄4个蚕茧站和1个丝绸经营部。1991—1993年,全市鲜茧产量939.83吨,干茧销售额1301.1万元、丝绸额226.5万元。1995年,市政府成立茧丝绸协调小组,负责全市蚕茧市场管理。当年全市产鲜茧49.8万千克,销售总额748.21万元,销售干茧总额812.27万元,丝绸销售总额30.1万元,完成利税90.47万元。1996年,增设息

陬蚕茧站。全年放种8295张，收购鲜茧25.96万千克，蚕茧销售406.17万元，丝绸销售30.44万元，实现利税50.65万元。2000年，增设南辛蚕茧站。全年收购鲜茧26.5万千克，实现利税65万元。2005年5月，市丝绸公司进行股份制改革，对原公司职工进行分流、安置，改组为曲阜市圣源丝绸有限公司，负责曲阜市及曲阜新区范围内鲜蚕收购、加工、经营，内设办公室、技术科、财务科，下辖姚村、董庄、时庄、陵城、息陬、防山、南辛7个蚕茧站，拥有固定资产530余万元，隶属于山东省丝绸集团总公司。2006年，收购鲜茧23万千克，实现利税100.2万元。2007年，曲阜市圣源茧丝绸有限责任公司在全市成立蚕业生产合作社，对原有300余座大棚全面升级改造，实现40%蚕户省力化养蚕。后因管理、市场等原因效益下滑，2013年8月，公司宣布破产，人员分流安置。

第二节　医药经营

1991年，济宁市医药（集团）总公司曲阜市分公司（曲阜市医药公司）位于春秋路中段，占地1.67公顷，设有政工、财务、统计、物价、审计、质检、行政办公室等科室，主要从事中药材、中成药、西药、医疗器材经营。1995年，拥有员工120人，下设2个批发部、3个经营组和6个零售门市部。1994—1995年，完成销售收入1900万元，实现利税60万元。1996年起，在经营上实行抓大放小，对批发部、鼓楼药店实行目标责任管理，其他经营部门实行部门核算、上缴利润、费用包干办法管理；放开经营管理权，各部门自行安排经营活动，自行掌握流动批发价格。1996—1998年，完成销售收入4604万元，实现利税104万元。1999年起，根据医药市场变化，进行网点设置，扩大经营规模。同年，在城区延恩路开办第二批发部。2001年，在董庄乡、姚村镇、曲阜镇大庄村、书院乡、陵城镇各设立药店1处。2002年，在书院乡、尼山乡、王庄乡、陵城镇、小雪镇、姚村镇、曲阜镇设立药店8处。到年底，市药材公司业务机构有业务科、批发部及3家支公司和26个零售店，有干部职工132人。1999—2002年，完成销售收入9265.7万元，上缴税金188.7万元。2003年，国家颁布《药品经营质量管理规范（GSP）认证管理办法》，开始对药品经营企业实行质量管理认证制度，即“GSP”认证。市药材公司投入大量资金，对仓库经营设备进行改造，建立阴凉库，购置空调、冰箱等设备，保证药品贮存安全；同时对各类人员进行培训，持证上岗；完善管理制度和工作程序，对进货、验收、贮存等各个环节严格把关。2004年1月9—11日，市药材公司通过GSP认证，成为济宁市第一个通过GSP认证的医药公司。同年12月，实施改制，更名为曲阜市强达医药有限责任公司。2005年5月，强达医药有限责任公司，有员工116人，下设1个批发部和35家零售药店。2003—2005年，市药材公司完成销售额6688.1万元。2006年8月，辖属31家药店变更为独立法人经营。2013年，全市有医药及医疗器械专门零售法人单位190余家，从业人员470余人。

第八章　盐业经营

1991年以前，盐业经营在计划经济框架下，食盐由各级计划部门调拨、供销系统经营。山东省供销社在济宁地区设立盐业二级站，二级站在兖州设立分站，兖州分站负责曲阜市、泗水县、平邑县及宁阳县部分乡镇盐业供应。1991年年底，食盐由市供销社联合社独立经营，其下属单位市果品公司具体负责经营，货源由山东省盐业公司调拨，批发给全市13个基层供销社，供应辖区群众。1992年1月，市果品公司成立盐业科；6月，在市果品公司盐业科基础上成立市盐业公司，与市果品公司一门两牌、一体经营。1994年1月，市盐业公司与市果品公司分离，开始独立经营，人、财、物归属市供销社联合社。2000年，国家进行盐业经营体制改革，盐业公司从市供销社划转分离，成立曲阜市盐务局，隶属山东省盐务局，盐

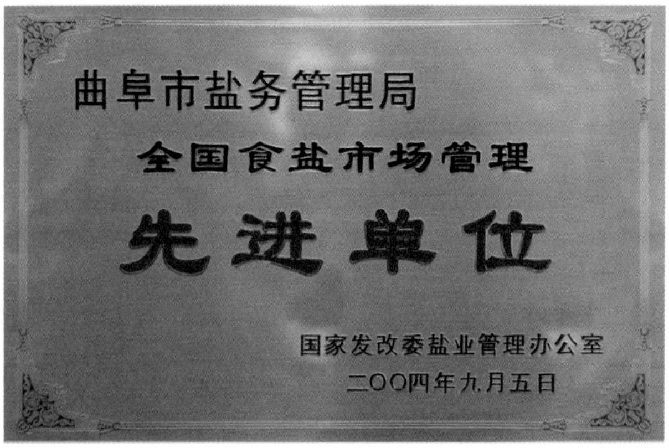

2004年9月，市盐务局获全国食盐市场管理先进单位

业公司加挂市盐务局牌子，合署办公。2004年9月，市盐务局获全国食盐市场管理先进单位。2012—2013年，全市各类盐销售总量1.31万吨，查处私盐案件97起，实现销售收入2200余万元、利税136万元。

第一节　市场管理

盐政执法管理

1992年9月，市盐政管理办公室开始行使执法检查权力，持有济宁市工商局和济宁市卫生局核发的执法检查证，其执法检查工作与市工商局、市卫生防疫站联合实施，行政处罚手续和执法文书由市工商局出具。1993年，成立盐政稽查中队，具体负责盐业行政管理和执法工作。1994年8月，国务院颁布《食盐加碘消除碘缺乏病危害条例》。1996年5月，颁布《食盐专营办法》。2000年5月，市盐务局撤销盐政稽查中队，设立盐政稽查大队。10月，《山东省盐业管理条例》颁布实施。曲阜市盐政管理工作以盐业法规为基础，落实国家食盐专营政策，执行各项盐业法规，开展盐政执法，打击私盐贩销。

市场经营管理

1990—2000年，国家对食盐零售实行指定销售和委托代销制度，初期由商业、粮食、供销社系统批准和指定下属零售门店经营零售食盐，后期逐步由盐业公司委托代销，并挂牌编号，规定其进货渠道。2000年，市盐务局对食盐实行加碘供应，专营管理；对纯碱、烧碱工业用盐实行监督管理，其他用盐实行统一经营。在食盐流通市场实行零售许可制度，并根据辖区内网点分布和人口密度合理布局食盐零售网点，按程序核发食盐零售许可证，2000—2013年，累计核发食盐零售许可证1.1万个，对每个网点实行悬挂一个碘盐供应标示牌、签订一份购销合同、发放一本送销记录簿的“三个一”制度。通过科学的网点布设，许可证发放量逐年精简，由2000年度3000个精简至2013年1300个。

2005—2013年曲阜市盐务局查处盐业违法案件统计表

表10-6

年度	数量(件)	没收(吨)	罚款(万元)	年度	数量(件)	没收(吨)	罚款(万元)
2005	89	280	26.1	2010	83	398	18
2006	389	616	44.9	2011	94	22.7	3.3
2007	89	580	39.1	2012	53	23.1	2.5
2008	154	124	4.5	2013	44	4.1	0.59
2009	192	596	30.9				

2000—2013年部分年份曲阜市食盐零售许可证发放统计表

表10-7

年度	2000	2003	2006	2009	2012
数量(个)	3000	2700	2200	1800	1300

第二节　产品购销

1991年起，市果品公司开始经营食盐批发，由省供销社计划调拨。1992年9月，盐产品直接由省盐务局按照国家指令性计划调拨食盐，分别从昌乐盐业转运站、青州盐业转运站、大家洼盐业转运站、洋口盐业转运站发货。2000年以前，食盐全部依靠铁路运输，分别从姚村火车站和吴村火车站下货。姚村车站到货后一般直接分配给各基层供销社销售。吴村车站到货后一般进入食盐储备库。食盐储备库位于吴村车站西，占地0.67公顷，可储备一个专列(2000吨)食盐，能够保证市民4个月生产生活用盐。

1991—1992年，食盐销售由各基层供销社到盐业公司提货，或在姚村车站下货时分配，再由供销社各零售网点向市民零售。1993年年初，市盐业公司实行送货上门，以12个基层供销社为依托成立12个盐业供应站，盐业公司购买12部货车分配到各供应站。各站定期到盐业公司提货，负责向各零售网点送货。2000年，市盐务局撤回供应站，按照辖区布局和送销路线，分别在城区、吴村、王庄、息陬、小雪、时庄建立盐业供应站。2006年，盐业供应站精简为鲁城、王庄、时庄、尼山4个站。到2013年，没有变化。

1998—2013年曲阜市盐务局购销、利税统计表

表10-8

年度	销售数量(吨)	调拨计划(吨)	利税(万元)	年度	销售数量(吨)	调拨计划(吨)	利税(万元)
1998	6000	—	60	2006	5916	5015	69.5
1999	3955.67	—	39.4	2007	5983	4970	60
2000	4220.51	—	48.3	2008	5811	5500	45
2001	4738.36	—	59.54	2009	5814	5737	51
2002	3979.32	—	74.59	2010	6284	6260	62
2003	6309.6	—	65	2011	7121	6553	66.9
2004	6089	—	61	2012	7458	7389	65.9
2005	6286	4562	72	2013	5643	5881	70

第九章　对外经济贸易

20世纪90年代，出口商品结构由初级产品向精深加工转化。21世纪以后，曲阜市出口产品不断升级，国际市场范围持续拓展，进出口贸易不断壮大。2009年开始，受全球金融危机大环境影响，曲阜市对外贸易出现大幅度滑坡，市政府通过深入摸底、保企业个数、保重点企业、保市场份额、保政策落实等措施，引导企业实施技术改造和产品升级，参加各种国内外展会，支持企业巩固和开拓国际市场，企业订单增加，外贸形势逐渐好转。2006年，曲阜市被中国科学院等部门评为“全国最具投资潜力中小城市100强”第8位，获“世界特色魅力城市200强”称号。2010年后，市政府坚持抓大带小，发挥圣阳电源、圣美框木、天博汽配、华能陆港等骨干优势企业外贸进出口重要支撑作用，进一步优化市场结构，出口品牌建设步伐加快。支持企业加大产品研发和营销环节投入，开展国际商标注册、国际质量体系认证，扩大自主知识产权、自主品牌、自主营销、高技术含量、高附加值、高效益产品出口。鼓励企业抓住机遇，扩大先进技术、关键设备、重要零部件以及节能环保技术设备等进口。2012年，市政府开展出口农产品质量安全示范区创建工作。市政府成立出口农产品质量安全示范区建设指挥部，建立质量安全标准化体系、农业化学投入品监控体系、质量安全可追溯体系、监控评估预警体系、企业质量安全诚信体系、多元化国际市场体系，推动以企业为龙头、基地为依托、标准为核心、品牌为引领、市场为导向的“五位一体”出口农产品质量安全示范区发展模式。2013年，印发《全市外经贸发展意见》，涉及全市企业外出参展、争创名牌、科技研发、信用保险、出口贴息等九大方面，为全市外贸企业提供政策保障。全年实现进出口额1.36亿美元，同比增长19.1%，其中出口1.29亿美元，同比增长31.6%；进口698万美元，下降56.8%。至2013年年底，全市拥有进出口企业51家。

第一节　管理体制

20世纪90年代初，曲阜市建立并完善企业内部激励竞争机制和区域发展机制，对外贸易跨入快速发展轨道。1990年4月，市政府重新设立市对外经济贸易委员会（以下简称市外经委），为市政府正科级事业单位，与市经济技术协作办公室和市经济发展研究中心合署办公。1993年12月，撤销市经济技术协作办公室，市外经委列为市政府工作部门序列，定编16人，内设外贸管理科、国际经济技术合作科及办公室。1994年，成立市外商投资咨询服务中心，为事业单位，隶属市外经贸委领导。同年5月，市外经贸委与中国山东外运联合成立中国山东外运曲阜公司。1995年3月，经外经贸部批准，给予曲阜市外贸进出口经营权。市政府成立市股份制对外贸易有限公司，归口市外经委管理。5月，市委设立中共曲阜市对外经济贸易委员会。1996年5月，市外经委成立市外商投诉中心，与市外商投资咨询服务中心一门两牌。1998年，青岛仲裁委员会在曲阜市对外经济贸易委员会设立曲阜办事处。2001年10月，中共曲阜市对外经济贸易委员会撤销。2002年4月，市外经委撤销，与市经济贸易委员会、市乡镇企业局合并组建市经济贸易局，挂市对外贸易经济合作局牌子，市对外贸易经济合作局单独办公。原市外商投资服务中心人员划归市招商局。2003年，为适应对外开放发展，市政府组织海关、商检、外办、台办、工商联、侨联、国际旅行社等单位建立联席会议制度，定期召开联席会议；与国内外著名商社、企业保持良好联系，建立招商代理制度；建立健全利用外资制度，制定并落实外资项目调度制度、跟踪代办制度、大项目包保制度、外商投诉24小时受理制度等。2005年，市对外贸易经济合作局（简称市外经贸局）设有办公室、外资科、外经科和对外贸易科4个科室。同年，成立中国国际贸易促进委员会曲阜分会，与市外经贸局合署办公，工作人员实行聘任制，隶属市外经贸局。2008年6月，市外经贸局划归市招商引资委员会管理，与市招商二局合署办公。2010年4月，市政府成立市商务局，不再保留市外经贸局，为市政府工作部门，内设办公室（挂行政许可科牌子）、对外贸易科、投资促进科、商贸流通科。2013年7月，设立对外劳务合作服务平台，隶属市商务局管理。到2013年年底，市商务局内设行政许可科、对外贸易科、投资促进科和商贸流通科。

第二节　进出口贸易

1994年，曲阜市“三资”企业完成产值2.83亿元，实现税收0.51亿元，“三资”企业自营出口创汇922万美元。随着国际产业资本的进入，工业国际化程度提高，工业制成品出口比重加大、科技含量提高，曲阜市出口产品由20世纪90年代初4种增加90年代末14种，水泥、化纤布、体育用品、光纤产品、制版设备、蓄电池等工业制成品出口量占总出口量80%，出口产品主要销往日本、韩国、菲律宾等20个国家和地区。1996—2000年，曲阜市进出口总量从486万美元增加到1495万美元，年增长率32.4%，自营进出口企业从无增至13家。进入21世纪，曲阜市出口产品在原来以纺织品、球类、木制品基础上，增加机电产品、农副产品、水泥辅料等产品，出口产品主要有纺织、球类、轻工产品、机

电、酒类、农副产品等13大类100多个品种，产品分别出口到美国、英国、荷兰、日本、韩国、俄罗斯、巴基斯坦、中国香港、中国台湾等20多个国家和地区。2001—2005年，进出口总量从1502万美元增加到5857万美元，年增长率40.5%，自营进出口企业达到38家。2006—2010年，进出口总量从7518万美元增加到9508万美元，年增长率6.2%，自营进出口企业82家。2007年，曲阜国际商会获第一届中国国际商会理事会单位称号。2008—2011年，新批准进出口企业42家。2011年，曲阜市进出口1.19亿美元，进口完成0.34亿美元。2011—2013年，进出口总量从1.19亿美元增加到1.36亿美元，年增长率6.9%，2013年年末有自营进出口企业257家。

1996—2013年曲阜市对外贸易一览表

表10-9　　单位:万美元

年度	进出口额	出口额	进口额	年度	进出口额	出口额	进口额
1996	486	486	-	2005	5857	5167	690
1997	1100	1100	-	2006	7518	7014	504
1998	1010	610	400	2007	9010	8548	462
1999	1295	929	366	2008	9232	8929	303
2000	1495	1246	249	2009	7898	7698	200
2001	1502	1151	351	2010	9508	7664	1844
2002	1268	1101	167	2011	11897	8494	3403
2003	2386	2053	333	2012	11444	9830	1614
2004	3994	3437	557	2013	13633	12935	698

第三节　对外经济合作

1990—1993年，曲阜市外派经贸团组22批，51人次。1993—1998年，外派经贸团组68批、154人次，赴19个国家和地区开展经贸洽谈活动。在1994年、1995年国际孔子文化节经贸洽谈会上，曲阜市对外发布招商项目83项，接待外商95人次，签订合同13项；两年办理经贸出国考察62人次。1996—1998年，办理经贸出国考察62人次。1999—2002年，市外经贸局引导企业实施“走出去”战略，组织企业参加境内外各种经贸洽谈会，加强国际间交流与合作；办理经贸出国考察205人次。2007年，市外经贸局动员圣美框木有限公司、鲁汉木业、锦绣纺织等13家企业申请注册中小企业开拓资金资格权，其中为圣美框木有限公司、圣阳电源有限公司等8家企业申请中小企业开拓国际市场资金50.12万元。2008年6月，曲阜市在香港举办“走进曲阜·感悟孔子——曲阜·香港经济文化协作交流会”活动。2009—2011年，曲阜市组团参加“鲁港经贸活动周”“鲁新经贸理事会”活动，与中国香港、新加坡加强合作。2012年9月26—28日，曲阜市举行首届曲阜—海峡两岸企业发展论坛，邀请近百位海峡两岸企业界、文化界嘉宾，其中台湾地区新党主席郁慕明参加活动并致辞，国家、省市相关领导出席。2013年7月26—28日，第二届曲阜—海峡两岸企业发展论坛召开，国家、省市有关领导和海峡两岸82家知名企业负责人计120余人参加。台湾客商按照新能源产业、汽车及零部件产业、生物医药产业、台湾工业园投资说明4个模块分别与曲阜市相关单位进行座谈，并签订投资协议8项，合同金额26.8亿元。

2012年11月13日，曲阜市重点外贸企业座谈会现场

第四节 对外劳务及境外投资

20世纪90年代初，曲阜市外派劳务业务较少。1993年，曲阜市组织3个出国劳务团组，共83人分赴德国、俄罗斯、乌克兰进行劳务承包与合作，主要从事仿古园林、房屋建造、蔬菜种植等项目工程。1999—2002年，曲阜市劳务输出为128人次。2003年起，曲阜市重视外派劳务工作，逐步改善外派人员结构，提高外派劳务人员素质，在国际劳务市场上创造“曲阜名牌”。2004年，曲阜市劳务输出实现150人次，在外劳务人数577人。2005年，外派劳务完成190人，其中在外劳务人数1057人。2006年，曲阜市组织人员到河南新县，山东青州、泗水等地学习外派劳务先进工作经验。2007年，曲阜市外派劳务完成238人。同年，市政府成立外派劳务市场整顿领导小组，规范劳务输出径口，加大外派劳务企业安全监管机制建设。帮助大成建筑公司同俄罗斯波罗的海地区阿利费耶签订在彼得堡和彼得格勒建设民宅协议。2008—2011年，曲阜市外派劳务人数1200人，除传统外派国家日本、韩国、新加坡外，德国、赤道几内亚、阿尔及利亚等国家和地区的新兴市场发展迅速。2009年，曲阜市天然绿色工程有限公司在美国设立圣旺贸易有限公司，是曲阜市第一家境外投资企业。2012年，因国际形势复杂多变，企业对境外投资持谨慎态度，市政府成立对外劳务合作服务平台。2013年，全市外派劳务人员306人，年末在外劳务人数750人。同年，天安矿业集团在加拿大设立天安（加拿大）能源科技投资公司。

第五节 三资企业

1991—1993年，市外经委共审批、申报、批准成立“三资”企业50家，总投资1.31亿美元。1994—1995年，全市兴办“三资”企业13家，总投资4015万美元。1996—1998年，兴办“三资”企业92家，累计合同利用外资1.4亿美元，实际利用外资6300万美元。期间，三孔啤酒有限公司被命名为“全国200家大型‘三资’企业”，圣光纺织公司被命名为“全国500家重点出口创汇企业”“全国双优企业”。2000年，曲阜市办理外商投资企业5家，完成合同外资595万美元，实际利用外资512万美元。2005年，全市批办“三资”企业14家，合同利用外资1.59亿美元，实际利用外资6147万美元。2008—2011年，全市新批外商投资企业22家，实际利用外资为1.43亿美元。2012—2013年，全市实际利用外资1.62亿美元。至2013年年底，有“三资”企业24家，其中2013年新批5家。

圣美框木有限公司产品

2013年曲阜市主要出口商品及市场情况表

表10-10

单位名称	出口商品	出口国家及地区
山东圣阳电源股份有限公司	密封铅酸蓄电池	菲律宾、孟加拉、印度尼西亚、也门、尼日利亚、沙特阿拉伯、欧盟等
曲阜市鑫宇家具有限公司	木制橱柜	美国
曲阜市恒运水产有限公司	冻鳕鱼片	马来西亚、美国、欧盟等
曲阜圣旺进出口贸易有限公司	甜菊糖	美国、德国等
曲阜圣美框木有限公司	框镜	西班牙、荷兰、英国等
天博汽车零部件制造公司	节温器、温度传感器等	欧盟、加拿大、中东等
曲阜市九五药业有限公司	彩弹	美国、欧盟
曲阜市晨光化工有限公司	硅烷类	韩国
方正贸易有限公司	甜菊糖	美国、秘鲁、西班牙、日本、韩国等
曲阜市冠达球业有限公司	可充气球	美国、西班牙、法国等
曲阜市福克斯商贸有限公司	透明质酸	美国、欧盟、日本等
曲阜市金皇活塞股份有限公司	活塞	欧盟、俄罗斯、日本等
曲阜市港湾橡塑化工有限公司	运动鞋	意大利、德国等
天博汽车制动器有限公司	刹车片	欧盟、加拿大等
曲阜市欣艺画框木业有限公司	镜框、相框	欧盟、美国、加拿大等
曲阜市必可成环保实业公司	可生物降解塑料袋	澳大利亚、美国、欧盟等
曲阜市索龙索具有限公司	花兰螺丝	意大利、德国
曲阜市东宏实业有限公司	聚乙烯管	泰国、蒙古、俄罗斯

第十章　服务业

1992年，曲阜市有社会服务业单位117家，年末从业人员2893人，实现社会增加值2873万元。2013年，全市社会服务企业发展到3756家，年末从业人员8.37万人，实现营业收入350.21亿元。

第一节　住宿餐饮

随着曲阜市旅游业的快速发展，住宿餐饮业也快速膨胀。1991年，曲阜市住宿餐饮业总产出2748万元，有招待所、旅馆94家，床位4600张，从业人员2100余人。同年，阙里宾舍被评为鲁西南地区首家三星级涉外饭店。2003年以后，曲阜市星级饭店进入快速发展时期。2003年，裕隆大饭店、龙泉宾馆被评为二星级饭店。2005年以后，市旅游局以“星级评定”和“诚信旅游示范单位”建设为抓手，持续抓好星级酒店建设，铭座杏坛宾馆、国际酒店、国铁大酒店、春秋大酒店等相继被评为旅游星级饭店。2007年9月，阙里宾舍晋升为四星级旅游饭店。2013年8月，曲阜市第一个五星级酒店香格里拉大酒店开业。2013年，全市有招待所、旅馆345家，床位1.26万张，实现住宿和餐饮业增加值8.46亿元，其中住宿业1.61亿元，餐饮业6.85亿元。有五星级酒店1家：香格里拉大酒店；四星级酒店2家：阙里宾舍有限公司和铭座杏坛宾馆；三星级酒店6家：迎宾馆（机关招待所）、曲阜国际饭店、春秋大酒店有限公司、龙泉宾馆、国宾馆、名雅儒家大饭店有限公司；二星级酒店2家：国铁大酒店、裕隆大饭店；另有各类连锁酒店铂涛（7天）、华住（汉庭）、如家、莫泰、锦江之星、金广快捷、99旅馆等，形成高、中级，商务型、经济型门类齐全的商业格局。

五星级酒店

香格里拉大酒店由马来西亚著名华商郭鹤年旗下香港嘉里集团投资建设，项目占地5.07公顷，建筑面积7.77万平方米，总投资9.89亿元，2009年10月奠基，2013年8月1日建成开业，是该集团在中国县级市投资建设的第一家五星级酒店。香格里拉大酒店主要由两层地下室、地上两层裙楼、两栋塔楼组成。地下二层为车库和设备用房，其中车库部分为平战结合的人防区域，地下一层包括车库、酒店后勤区等；地上两层裙房，首层主要包括酒店大堂及附属休息场所、中餐厅、西餐厅、孔子研究图书馆、商业等部分，二层主要包括多功能厅、大宴会厅、健身中心、室内游泳池等。两栋塔楼主要是客房，南侧塔楼13层，北侧塔楼17层，客房数量为501间。酒店在建筑设计上，将孔子六艺“礼、乐、射、御、书、数”等文化因素融入其中，正门车道建有25根石柱，仿照古代拴马桩，高低错落；正门采用汉代庑殿式大顶，上雕红漆洛书纹路，并悬挂巨幅宫灯。

四星级酒店

阙里宾舍位于曲阜明故城中心，右临孔庙、后依孔府，整体建筑采用中国四合院式布局，总建筑面积1.3万多平方米，阙里宾舍拥有174间儒家文化特色客房，大、中、小规格不同的餐厅可同时容纳600人就餐。1991年，阙里宾舍有员工110人，产值1060万元，利税110万元；同年，阙里宾舍被定为三星级旅游涉外饭店。1999年，阙里宾舍隶属孔子旅游集团有限公司管理。2000年，阙里宾舍有员工317人，产值1540万元，利税160万元。2003年，阙里宾舍被连五洲实业集团收购，成立连五洲阙里宾舍有限公司，隶属北京连五洲集团。2005年，阙里宾舍获儒家文化主题酒店称号。2006年4月，阙里宾舍由南池集团收购，同年获得ISO 9001: 2000体系认证。2007年9月，被定为四星级旅游饭店，加入中国饭店金钥匙组织。2009年，阙里宾舍获金叶级特色旅游饭店称号；2012年，获山东省诚信旅游示范单位称号；2013年，被评为好客山东最具特色旅游酒店、好客山东贺年会年味最浓星级酒店。

铭座杏坛宾馆原为名雅杏坛宾馆，是济南铭座酒店管理公司下属一家四星级儒家文化精品酒店。前身系杏坛宾馆，1991年9月开业，为二星级旅游涉外饭店，隶属市旅游局，占地1.93公顷，建筑面积2.4万平方米。1999年，隶属孔子旅游集团有限公司管理，2001年破产。2005年，济南铭座酒店管理公司进驻曲阜杏坛宾馆，以儒家文化为主体理念对酒店进行升级改造。2012年9月，被评为四星级饭店。2013年，拥有99间主题文化风格客房，夫子堂和大学堂两个高端餐区和宴会大厅，21个儒家文化主题宴会厅房，同时可容纳500人用餐，酒店有鲁菜（孔府菜）、川菜、粤菜、淮扬菜等菜系。

三星级酒店

曲阜迎宾馆位于春秋路中段，是三孔旅游服务公司下属一座三星级旅游饭店，占地1.53公顷，建筑面积11000平方米，地处城区中轴线。酒店前身为市机关招待所，2011年划归三孔旅游服务公司。2013年，拥有各类客房100余间，设有会议中心、商务中心、商场、多功能厅等综合服务设施和2个宴会大厅及20余间宴会餐室，可同时容纳700人就餐，菜系有淮扬菜、粤菜、鲁菜、川菜及孔府菜等。

曲阜国际饭店位于327国道、东104国道交汇处，始建于1995年，2005年由南池集团出资收购，并改造升级，2006年被评为三星级饭店。2013年，拥有各类套房、商务房、标准间客房90余间（套），餐饮以提供孔府菜和新派鲁菜为特色，17个餐饮包间及中餐宴会厅、多功能厅可容纳700余人进餐，有各种规格会议厅4处，其中国际会议厅能容纳500余人召开大型会议，并可举办中西餐宴会。

国宾馆是2004年由香港大厦接管的原曲阜税务宾馆，酒店坐落在大成路南首，是一家三星级旅游饭店。2013年，酒店拥有套房、商务房、标准房76间（套），大型宴会厅可同时容纳100余人就餐，孔府厅可承接58人分餐宴会，有中小型特色宴会厅8个。国宾馆是国际金钥匙组织会员单位、国际主题酒店研究会会员单位，通过ISO 9001质量管理体系认证。2013年4月，获得山东省最具竞争力酒店称号。

春秋大酒店是一家三星级旅游饭店，由东方儒家酒店公司管理，东靠孔子六艺城，西邻杏坛剧院，于2006年4月开工建设，占地面积0.8公顷，建筑面积6000多平方米，2008年5月建成并对外营业。2013年，酒店有高、中档客房100余间（套），大、中、小会议室3个，有宴会包间、零点餐厅、多功能厅和宴会厅，可容纳400人同时用餐；餐饮以孔府菜及新派鲁菜等为主。

龙泉精品酒店前身龙泉宾馆，始建于1992年，位于弘道路，1994年5月对外营业，是一家二星级旅游饭店。2012年12月，东方儒家酒店集团接管并以儒家文化为主题进行升级改造，成为三星级旅游饭店。2013年，有各类客房86间（套），大、中、小会议室3个，设有不同规格餐厅、包房20个，零点餐厅能同时容纳60人就餐，多功能厅可承接220人会议用餐。酒店餐饮以孔府菜为主，兼有微山湖鱼宴及运河宴菜品。

名雅儒家酒店原为邮政宾馆，是一家三星级儒家文化主体酒店，由山东名雅酒店管理公司管理，位于鼓楼北街，主体为仿古式建筑。2013年，酒店有套房、家庭房、双人房等80余间，酒店餐饮部（春秋食府）宴会厅能同时容纳300人就餐，菜系主要有孔府菜、滕州祖传渔家宴等。

二星级酒店

国铁大酒店隶属于济南铁路局济南铁路经营集团有限公司，二星级旅游饭店，始建于1996年，位于静轩东路，占地1.19公顷，营业面积1.1万平方米。2013年，有客房、餐饮、桑拿、茶楼、商务、交通、美容美发等服务项目，有客房110间，宴会包间18个，大型宴会厅一处，可容纳450人同时就餐，菜品有鲁菜、孔膳、湖鲜等。

裕隆大饭店位于鼓楼北街，是由山东裕隆矿业集团投资，在原金府宾馆基础上修建的一座集客房、餐饮、会议、休闲娱乐为一体的二星级旅游饭店。2013年，饭店拥有各类豪华客房60间，其中宴会包间、零点餐厅可容纳400人同时用餐，还有14个包间和多功能厅，菜品有孔府菜及新派鲁菜、淮扬菜等。

其他酒店

东方儒家花园酒店位于大成路，孔子研究院西部，于2006年开工建设，是按照四星级标准，由孔子研究院投资在原金府宾馆基础上兴建，并委托东方儒家酒店集团管理的儒家文化精品酒店，2011年8月开业。主题建筑由中国科学院院士、工程院院士、清华大学教授吴良镛规划设计，总体布局构图以方和圆为基本母体，用隐喻方式表达中国文化内涵。2013年，酒店拥有客房150间，各类宴会包房、中西自助餐厅、咖啡厅、宴会厅等，还有集就餐、演出、会议为一体的多功能厅，酒店独立会议区儒学会堂设有容纳438人、6声传译的综合会议厅，有中小型会议室多个。

孔府西苑由山东电力集团公司投资兴建，位于孔庙西。一期工程于2000年9月16日建成并投入运营，总面积6000余平方米，是一处五星级标准儒家文化特色酒店。房舍布局仿照孔府内宅建造而成，明清庭院式结构，主要有前上房、前堂楼、后堂楼、东厢房、西厢房等7处楼群组成。2013年，有客房35间，内餐厅可同时容纳100人就餐，外餐厅能同时容纳200余人就餐。

第二节　居民服务业

1991年，曲阜市居民服务业包括理发及美容化妆、洗浴、摄影及扩印、托儿所、日用品修理、殡葬等行业，有从业人员199人，总产出306.5万元。2013年，全市有居民服务业、修理和其他服务业单位185个，实现营业收入12.31亿元，从业人员2890余人。

摄影彩扩

大成彩扩摄影有限公司。前身是市水利局彩扩部，成立于1988年，隶属于市水利局，是曲阜市成立最早的彩扩门店之一。2003年，改制成立曲阜市大成彩扩摄影有限公司。2004年，加盟世界连锁贵族天使儿童摄影世界。同年，在曲阜师范大学开设大成彩扩分部。2006年，买断天福园彩扩门店经营权。2008年8月，在静轩路成立鑫大成数码彩扩

2009年1月12日，大成彩扩公司向贫困学童发放希望工程助学金

公司。9月，收购国营照相馆东方红彩扩门店。同年，在济宁学院、曲阜师范大学日照校区和山东省水利学校开设彩扩门店。2009年，加盟北京寺库寄卖公司。2011年，成立醍恩红酒行，主要经营原装进口红酒，并代理贵州习酒曲阜市片区经营。2013年，大成彩扩摄影有限公司位于静轩中路，下设7家彩扩分部，有员工76人，主要经营数码彩扩、图像制作、大型图片展览、千人大型团体合影拍摄、专业摄影器材等。

曲阜一休婚纱摄影有限公司。前身为一休照相馆，创建于1995年，是首家将婚纱摄影引入曲阜摄影市场的门店。2002年5月，被中国人像摄影学会评为“中国婚纱艺术摄影企业精粹”。2003年，该影楼化妆摄影作品获登《亚太华人2003年优秀影楼专业摄影师、造型师年鉴》。2004年12月，被中国人像摄影学会评为“全国婚纱摄影名店”。2007年，投资数百万元，以国际流行设计思想与现代影楼店堂设计理念对影楼进行改造。2008年6月，在杏坛剧场承办2008曲阜市首届大型集体婚礼，有56对新人参加活动。2009年，被中国人像摄影学会评为“全国婚纱摄影百强企业”。2010—2012年，被评为“山东省消费者满意单位”。2005—2013年，捐助失学儿童、辍学女童73人。2013年，一休婚纱摄影有两家门店，总面积3000平方米。

礼仪庆典

随着市场经济发展，曲阜市礼仪庆典业及相关配套产业发展较快。2002年，曲阜市第一家礼仪庆典公司爱华礼仪开业，位于有朋路西首。随后，剧团庆典中心、天虹礼仪公司、大邦礼仪文化传播有限公司相继成立。2010年，曲阜市成立工商联礼仪庆典业商会，有会员86人。2013年，商会被评为省工商联五好商会。礼仪庆典业商会涵盖礼仪、婚庆、摄影、司仪、演艺、广告、鲜花、车队、跟妆等行业，全市有礼仪婚庆行业50余家，从业人员超过500人，经营产值在5000万元左右。

大邦文化传播有限公司成立于2003年，位于曲阜市体育中心，主要从事礼仪庆典、综艺演出等服务。2009年，通过研究《周礼》《仪礼》和《礼记》，开发“周制婚礼”推向市场，受到业内人士关注，多次到全国各地展演、交流。2013年1月，应韩国全州政府邀请，参加全州孔子文化展，并指导当地大学生展演“周制婚礼”。同年4月，北京大学、湖南卫视《中国婚礼》纪录片摄制组到曲阜市采访拍摄周制婚礼。2013年，拥有员工12人。

汽车维修

曲阜市泰达汽车销售服务有限公司前身曲阜市

曲阜市泰达汽车销售服务公司一角

汽理厂，1991年更名为曲阜市华泰汽车大修厂，占地面积0.6公顷。1992年，建成上海大众汽车曲阜特约维修站。1993年，建立北京切诺基汽车特约经修站。1995年，与上海桑塔纳轿车修理厂联合建立桑塔纳轿车曲阜专修厂。1996年，进行股份制改造，组建华泰汽车大修有限公司。2000年，通过ISO 9000质量认证。2005年，再次改制，成立曲阜市泰达汽车销售服务有限公司，为一类资质维修企业，主营汽车维修、汽车配件销售、汽车美容服务、整车销售等业务，有员工60余人，其中管理人员10人，高级技师及中、高级维修人才20人，内设汽车维修部、配件供应部、汽车美容部、质量技术部、市场业务部及财务管理部、人力资源部，拥有15台升降机和电脑监测仪、四轮定位仪、奔宝奥专检工具，建有高级烤漆房2台。2013年，有员工66人，主营业务收入330余万元。是经中保财险、中国人寿、中国太保、康诚财保等授权事故、查勘、定损、理赔单位，还具有保险兼代理资格，可为客户提供代买保险、无偿事故协同处理、委托处理、定损、年审、代理赔偿一条龙服务。

养老服务

山东孝养城老年产业有限公司成立于2013年11月，注册资金5000万元，坐落于曲阜孔子大道以北，曲阜高铁站西200米处，是九巨龙房地产开发集团有限公司控股子公司，有员工400余人，主要经营养老产业项目投资、管理，农作物种植，养老服务。九巨龙集团秉承“为社会做贡献、为企业求发展、为员工谋福利”企业价值观，研究开发建设老年住区项目，创建“孝养城”品牌，在济宁市、曲阜市等开发建设满足不同层次客户需求的“孝养城”项目。曲阜孝养城项目由山东孝养城养老产业有限公司投资建设，规划建设用地23公顷，总建筑面积33.6万平方米，是集养生、养老、养护、医疗为一体的学院式颐乐养老示范园区，园区内建有孝养院、老年康复医疗中心、养老服务配套、国际双语学校、日间照料中心、老年大学等养老服务功能板块。

殡葬服务

曲阜市殡葬管理所位于曲阜城东10千米八宝山丘陵地带，1991年占地0.89公顷，建筑面积1868平方米。1996—1998年，殡葬管理所在原址新建2层2000余平方米办公服务楼，增添火化机、水晶棺和运尸面包车等设施，铺设水泥地面5895平方米，建起仿古式牌坊大门，设置假山、凉亭，栽植花草5000平方米。2012年，设立殡仪馆，位于殡葬管理所院内。同年，启动殡仪馆总体改造工程，改建后，占地面积1.98公顷，建筑面积4566平方米。拆除原来平板式火化炉，新上3台全自动环保火化炉，实现火化全自动化。

眼镜验配

曲阜精益眼镜公司成立于1989年，位于鼓楼街，营业面积70余平方米，是一家专业化视光产品验配企业。2000年，购进角膜曲率仪、裂隙灯等大型眼科医疗设备，并不断引进国际知名品牌镜架、镜片等。与天津医科大学眼科医院合作，成立曲阜市首个儿童眼科与视光服务中心。多次参加支助贫困学生、为中小学生献爱心等公益活动。2013年，曲阜精益眼镜公司位于五马祠街中段，下辖曲阜精益旗舰店、曲阜精益曲阜师范大学店、曲阜精益精品店3家门店，营业面积300余平方米，有员工12人；拥有众多国内外品牌镜架和镜片。

保洁服务

曲阜市三孔保洁服务有限公司成立于2008年5月，属于曲阜市三孔文化旅游服务有限责任公司下属子公司，主要负责景区内卫生保洁服务、民俗礼仪服务等。立足自身实际，严格进行质量管理，提升服务水平，为景区游客和社会提供服务。2013年，三孔保洁服务有限公司有员工50余人。

第三节　文化、体育和娱乐服务业

1991年，曲阜市娱乐服务业总产出42万元。2013年，全市有文化、体育和娱乐业企业128家，实现营业收入96.5亿元，有从业人员2400余人。

印章、尼山砚

印章、尼山砚是曲阜著名旅游品，多为个人铺摊或个体商铺为游人制作，大型厂家多为料石经营，图章章料琳琅满目，篆刻水平风格不一。曲阜市尼山砚制作被列为山东省非物质文化遗产名录。2013年，曲阜市从事图章篆刻和尼山砚经营商铺厂家有15家，规模较大的有天成电子商务有限公司、三孔旅游服务公司、金龙阁艺术品有限公司等。

天成电子商务有限公司前身为孔府印阁，始创

曲阜楷雕工艺大师、国家级非物质文化项目代表性传承人颜景新

于1985年，其篆刻印章曾3次代表山东省参加世界文化博览会。2007年，更名为天成电子商务有限公司，位于鲁城街道林前社区，主要从事网络经营篆刻印章、文房四宝。2013年年底，鲁城街道办事处与林前村委共同发起，投资约5000万元，兴建孔府印阁篆刻电商基地，占地面积1万平方米，是一处集原石加工、工艺雕刻、印章篆刻、网络销售、文化体验、大众创业为一体的综合性文化产业基地，有员工100人，在淘宝、天猫、京东等大型电商平台开设多个店铺，产品远销日本、韩国、新加坡等多个国家。

楷木雕刻

俗称“楷雕”，为曲阜三宝之一，多为个人手工作坊零散生产。2008年，曲阜楷木雕刻被列入第二批国家级非物质文化遗产名录，楷雕工艺师颜景新被列为国家级非物质文化遗产传承人。到2013年，曲阜楷雕主要是个体作坊生产或工艺师在家制作，较大的楷雕制作厂家有三孔旅游服务公司、金龙阁艺术品有限公司、御书房工贸有限公司等。

曲阜市工艺美术厂。1991年，位于鼓楼北街路东，占地3000平方米，有厂房面积约1500平方米。1995年，迁至城东鲁城商场中段，占地2000平方米，建筑面积1100平方米。先后为淄博市淄川区大佛寺、博山区颜文姜祠，河南洛阳白马寺等雕刻大型佛、神像，神龛供桌，经厨等。2000年后，因市场等原因效益逐步下滑。2010年，破产注销。

山东汉风艺术工程有限公司。又名中国孔子壁画雕塑艺术研究院，成立于2010年2月，位于书院工业园区，生产车间面积4300平方米，主要从事壁画、雕塑、园林环艺、工艺美术工程设计、施工，古式建筑、标识设计、工艺品设计加工等。2010—2013年，完成北京会馆、南京三茅山、西安军事学院、中国石油大学、济宁南池公园、曲阜蓼河景区、孔子研究院、兖州火车站、高铁曲阜东站等艺术工程。为中国建设文化艺术协会团体会员单位，具有环境艺术设计乙级、环境艺术工程二级、环境艺术总承包二级认证资格，是中央美术学院、中国美术学院、山东艺术学院、山东工艺美术学院、山东省壁画艺术研究院创作基地。

石雕

曲阜市石雕石材公司位于小雪街道办事处驻地东南、104国道东侧，是武家村村办企业。该村东临九龙山，有开山采石雕琢龙凤传统，世代传承石雕技艺，曾参与人民大会堂、南京人民英雄纪念塔、毛主席纪念堂石雕工程，为深圳锦绣中华雕刻北京故宫、天坛、曲阜孔庙大成殿及岳阳楼、黄鹤楼等石雕缩影珍品；为深圳世界之窗雕刻奥地利“美泉宫”柱廊。1998年，曲阜市石雕石材公司主要石雕品种有石狮、滚龙柱、石碑、坊、亭，各种佛像、孔子像及花鸟鱼虫等近百个，销往美国、日本、韩国、新加坡和国内各地。2001年，因受环境因素制约停产。

体育器材

曲阜市冠达球业有限公司前身系曲阜市球霸球

天成电子商务有限公司一角

麦田科技（曲阜信息港）

业有限公司，1994年建厂，员工400余人，主要生产橡胶球类产品，产值2000万元。2003年，年产值5000万元。2006年，迁址到小雪街道工业园。同年，改制成立曲阜市冠达球业有限公司。2007年，冠达球业成为“喜羊羊动漫”授权品牌代理。到年底，有员工500余人，下设橡胶球、吹塑球、机缝球与球胆4家工厂，主要生产橡胶球、PVC玩具球、高档橡胶球胆，可年产各种规格橡胶球600万只，PVC球、异形玩具及泳圈等3000万只，机缝球及胶粘球200万只，高档球胆1000万只，产品主要销往欧美国家。

九五科技有限公司成立于2006年9月，位于曲阜经济开发区阳春路，占地10余公顷，主要从事彩弹（PAINTBALL）生产和销售，彩弹也译作“匹特博”或漆弹，它是以击发器（PAINTBALL GUN）和彩弹（PAINTBALL）为主要工具，对参赛者的眼面部有较严密保护的激烈对抗性的运动。这项运动主要流行于欧美，在美国每年举行一次世界杯彩弹射击比赛。2013年，有员工110余人，办公楼、厂房、研发中心及辅助设施建筑面积5万余平方米，总资产1.2亿元，有14条彩弹生产线，产品主要出口美国、德国、英国、俄罗斯等近30个国家和地区。

第四节 信息传输、软件和信息技术服务企业

1991年，曲阜市信息、咨询服务业总产出24.1万元，其中广告业3万元、咨询服务业21.1万元。1999年1月，创建曲阜信息港，是曲阜市最大门户网站。2013年，全市有信息传输、软件和信息技术服务企业57家，实现营业收入4.45亿元，有从业人员1300余人。

网络经营

曲阜市信息港注册于1999年1月，为曲阜市内综合信息平台，专业提供曲阜商家信息发布与查询，设有旅游、房产、婚庆、人才、二手、装饰、汽车、交友等20多个栏目。2008年，注册为济宁麦田网络科技有限公司，成为一家集互联网开发、网络运营、互联网服务为一体的互联网公司。2010年，获济宁市互联网宣传管理先进单位称号。2013年，公司位于新华大厦写字楼，拥有员工80人，拥有独立服务器，托管于香港电信主干机房，能够提供从域名注册、虚拟主机、中文网址、企业邮箱、网站建设、网站推广、网络营销和软件开发的企业上网全程服务。

文化传媒

曲阜市孔子文化传媒有限公司由曲阜文化旅游发展投资（集团）有限公司和曲阜儒诚投资有限公司于2010年9月共同出资成立，员工200余人，主要经营文化艺术交流策划、舞台艺术造型策划、企业图文设计制作、会务服务、展览展示服务、庆典服务、礼仪服务，设计、制作、发布、代理国内外各类广告，企业管理咨询、商务信息咨询，企业形象策划，网站建设、网络推广，工艺礼品设计制作销售，文化办公用品等。到2013年，公司市场化运作春季祭孔

九五科技有限公司厂区（摄于2013年）

活动，参与承办全国第十九届图书博览会曲阜会场、龙永图金融危机与经济形势报告会，策划改造杏坛剧场舞台设计，助力大型原创舞剧《孔子》落地曲阜等文化活动。

曲阜市孔子文化产业发展有限公司位于鲁城街道通相圃社区博文街，成立于2005年3月。运作2005—2011年孔子文化节开幕式大型文艺晚会、2005年全球联合祭孔、2006年海峡两岸同祭孔、2007年全球华人华侨同祭孔和孔子文化节开幕式系列活动招商及市区节庆间广告招商；举办1995—2013年孔子文化节中国象棋（全国、省）大赛及十九届“建国杯”中国象棋赛，奥运火炬传递曲阜站外围用品布置，外国政要和国家领导人到曲阜观光外围庆典布置，投资曲阜游客（集散）服务中心大型广告牌、广告位招商。2012年，拍摄制作电影《小孩不容易》。公司主要从事策划承办曲阜市企事业单位庆祝、庆典活动，邀请歌星和书画家表演献艺等文化产业活动。

第五节　曲阜名吃

曲阜餐饮文化有着悠久历史，而且与儒家文化有着密不可分的关系。

孔府菜

孔府菜，不仅是鲁菜三大组成部分之一，而且还是典型的官府菜，形成著名的孔府宴，它的最大特点是文化底蕴深厚，几乎每道菜都有其典故，且风味独特。孔府宴是历代衍圣公接待贵宾，袭爵上任，祭日、寿辰、婚丧时特备的高级宴席，经过发展，孔府宴逐渐集全国各地之精华，成为鲁菜一个重要组成部分。孔府菜原料有名贵的驼蹄、熊掌等，也有地方特产，像微山湖的鱼虾等常用料。孔府宴分五大宴：寿宴主要是为庆祝衍圣公及家眷的生日而设，宴席上的佳肴非常精美，菜肴名称也各有寓意，主要有福寿绵长、长寿鱼、一品寿桃等。花宴是衍圣公的公子或小姐婚嫁时所设宴席。孔府一向联姻高门，花宴自然高贵体面，这类宴席特别突出“喜”字，菜肴名称也贴切雅致，有鸳鸯鸡、凤凰鱼翅、带子上朝等。喜宴即孔府适逢受封、袭爵、得子等喜庆之事，都要办宴祝贺。这种宴席面上往往突出喜庆气氛，菜名多美好、吉祥之意，主要有鸡里炸、四喜丸子等。迎宾宴是迎圣驾、款待王公大臣等所设宴席。这种宴席规格最高，席面上多有山珍海味，其中最

孔府菜之“太极双拼”

孔府菜之“寿头”

孔府菜之“诗礼银杏”

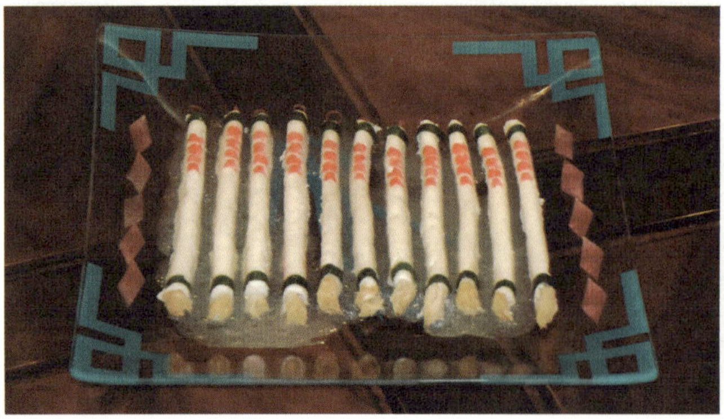

孔府菜之“御笔猴头”

孔府菜之“圣书香”

孔府藏御赐孔府菜银制餐具(部分)

华贵的就是满汉全席。家常宴是孔府接待亲友所用宴席,菜品随季节而变换。孔府内除内厨、外厨外,还有自设小厨房,烹调各自饭菜。2004年9月,日本东京电视台记者团30余人访问曲阜市,提出品尝孔府宴,厨师彭文瑜主理早餐2万元/桌4桌,中餐、晚餐4万元/桌6桌的高档孔府菜燕菜席,受到日本客人高度评价。2009年6月,彭文瑜被评为省级非物质文化遗产(孔府菜烹饪技艺)传承人。2010年,在由省烹饪协会、济宁市政府主办,济宁市旅游局、曲阜市政府、济宁市烹饪餐饮业协会承办的“2010中国孔府菜发展论坛暨孔府菜发展联盟成立新闻发布会”上,孔府菜非遗传人彭文瑜表演“孔府家宴”“孔府喜宴”“孔府寿宴”,参赛选手现场制作“孔府一品锅”“带子上朝”“怀抱鲤”“八仙过海闹罗汉”等孔府菜,得到与会专家高度评价。长期从事中国饮食文化史研究的浙江工商大学教授赵荣光说:“我从来没有把孔府饮食只看成是餐桌上的一道道菜品,而是将其作为民族的物质文化来研究。”论坛期间,中国孔府菜发展联盟成立。2011年5月,孔府菜烹饪技艺被列入国家非物质文化遗产名录。2012年,第二届中国孔府菜发展论坛在曲阜市召开,参赛选手们展示了创新的孔府菜,美食节上的创新菜式“圣书香”“黄金屋”“列国行”菜品,引起与会人士的瞩目。在论坛上,以“我眼中的孔府菜”为主题,各位专家从不同角度交流关于孔府菜规范化、传承和创新经营、市场化的意见。2013年9月20日,第三届中国孔府菜发展论坛在曲阜东方儒家花园召开,论坛内容包括“中国孔府菜宴席展”“中国孔府菜宴席礼仪展”和骆承烈孔子礼食思想专题讲座等。

孔府糕点

孔府糕点是曲阜源远流长、世代相传的风味糕点。按照定例或遇有喜庆大典,孔府每年几次向皇宫进贡的贡物和贺礼中,常有孔府糕点。孔府糕点讲究现烤现吃,求其色、香、形俱佳,分外用和内用两大类。

孔府外用糕点主要用于进贡、馈赠、恩赏。以“枣煎饼”和“缠香酥”为主。“枣煎饼”是选用上好红枣、芝麻、小米精工制成,用金属盒密封,外加装饰,特点是香甜酥脆。“缠香酥”特点是制作精巧,形薄如纸,香脆可口。

孔府内用糕点又分应时糕点、常年糕点、到门糕点、宴席糕点、节用糕点等。应时糕点有桂花饼、藤花饼、荷花饼、菊花饼、薄荷饼等,是在各种花卉盛开季节精工制作的。如桂花饼,在桂花喷香时,采集花瓣处理后,配以青红丝等为馅,用上好豆粉、蛋精为皮,候火过油即成。外酥脆,内香软,桂花鲜艳如故,令人

孔府菜两代厨师,前排右一为葛守田,后排左一为彭文瑜(摄于1983年)

赏心悦目。应时糕点还有春秋时令的萝卜饼，夏令的绿豆糕、栗子糕、凉糕，冬令的小水晶包、豆沙包、火腿烧饼。绿豆糕点解暑清心，凉爽可口，是将绿豆煮后去皮，配以各种解暑清凉的佐料，最后用各种水果形的特制模具造型。常年糕点有大酥合、菊花酥、百合酥、麻团、黄糕(各式蛋糕)等。到门糕点，顾名思义，即客人到门之后，宴席之前所上糕点，有“梢梅”“一口盅”“棉花桃”等，这类糕点制作精巧，形象逼真，色彩优美。节用糕点有各种馅的元宵和火腿、冬菜、海米馅的月饼，尤以“孔府巧果”为最佳，它品种繁多，造型优美，工艺精细。巧果糕点是用传统模具制成的，花色图案十分丰富，有吉祥的孔雀、展翅的小鸟、小石榴、小花篮、仙桃、金鱼、寿字、福字等。

孔府各式各样的糕点，都配以各式各样的汤。如绿豆糕配山楂汤，各类酥糕点，配有桂圆汤、莲子汤、百合汤、杏仁羹，火腿烧饼、鱼翅饺子，则配有紫菜汤、口蘑汤、银耳汤等。

曲阜煎饼

煎饼是汉族传统面食之一，起源甚早。从原料上看，有小麦煎饼、玉米煎饼、米面煎饼、豆面煎饼、高粱面煎饼、地瓜面煎饼、混合面煎饼等。一般百姓常食煎饼是将玉米面粉或其他杂粮等做成团状(地瓜面需滤出一定糖分)在热鏊子上滚烙而成；一种是将小麦粉、玉米面粉或其他杂粮等调成糊状放入平锅内摊烙而成。曲阜煎饼则是通过以上程序后，把一两张煎饼放在热鏊子上加馅料，再加一两张煎饼叠烙而成。馅料可以根据口味制作，主要有葱油、花生、芝麻、辣椒等，谓之“咸煎饼”，俗称“对子”。曲阜“咸煎饼”皮薄馅多，香酥可口，营养丰富，可以储存久放，即取即食。有的人家在制作煎饼时，用时鲜蔬菜或肉类做馅料烙制即食，鲜美可口，曲阜人谓之“菜煎饼”或“菜对子”。曲阜煎饼因曲阜旅游日兴而随之成为一种旅游名吃，深受中外游客喜爱，“咸煎饼”“菜煎饼”也成为曲阜饭店酒楼必备面食之一。2010年后，曲阜煎饼制作成为一个产业，著名品牌有孔府家饼、张姥姥、酥客斯等。

熏豆腐

熏豆腐是曲阜传统名吃，也是孔府菜特色佳肴之一，又称“孔门豆腐”。制作方法是先将白豆腐(用膏豆腐)，切成长、宽5~6厘米，厚1厘米方块，放在铁箅子上，下面用木锯末(松、柏、梨、枣、苹果等树木均可)或谷糠熏烤至棕黄色即成。豆腐表面呈棕黄色，表层结实，里面细白鲜嫩，吃起来带有浓郁的木香或谷糠香味，熏豆腐可凉拌，可炖煮，也可切成薄片或细条，加青椒或蒜薹炒制。曲阜农贸集市上，常设有熏豆腐锅，即把熏豆腐与肉块，放入佐料炖煮，是当地百姓喜闻乐见的一道美食。

第十一章　集贸市场

第一节　市场建设

1991年，曲阜市建成国内第一个酒类批发市场——鲁都酒城。到年底，全市有集贸市场35处，市场成交额1.37亿元。同年，阙里步行街旅游品专业市场、陵城农贸市场被评为省级文明市场，鲁城商场、姚村农贸市场、南辛龙凤桥商场被评为济宁文明市场。1994年，市工商物价局建成市场2处(鲁城商场三期工程、圣都商城)，改造市场4处，成立集市2处(农贸)，征用土地10公顷，建筑面积2万平方米，总投资1050万元。1995年，市工商物价局建设市场2处(孔府商城、曲阜批发商城)，续建工程2处(圣都商城二期工程、鲁城商城续建工程)，建筑面积4万平方米，总投资3500万元。1998年，全市建有商品交易市场54处，建筑面积21.8万平方米。1999年，新建半壁街明清小吃一条街、北关旅游商品一条街和旧货市场，总投资742万元，市场面积9800平方米。2000年，培育市场4处，面积1.1万平方米。全市市场总数57处。2002年，核准

姚村镇灯光蟋蟀市场(摄于2013年)

设立市场4处,其中农贸市场3处、建材市场1处。2003年,核准设立市场3处,其中农贸市场2处、建材市场1处,全市市场总数57处。2004年,设立农贸市场4处。2005年,核准设立市场3处,在神道路规划建设明清古玩字画一条街,全市市场达到64处。2013年9月,市委、市政府成立鲁城市场改造建设指挥部,全力以赴改造旧市场,推动国家卫生城市创建工作。鲁城街道南池社区抽调精兵强将,通过宣传发动,用15天时间搬迁280户业户和15户居民,拆迁面积8000多平方米。通过5个多月紧张施工,建成高标准高规格的新市场,并在第一时间将所有商户回迁,恢复正常经营。同年10月,根据市委、市政府创建全国卫生城市集贸市场整改技术要求,鲁城街道西关民族社区实施鲁城西关市场改造迁建工作。西关民族社区居委会投资1200万元,在西关大街西段路北建设一个高标准封闭式市场——西关市场。到2013年年底,全市有各类市场75处,其中农村集贸市场46处,全市商品交易市场基本形成覆盖食品、副食品、粮油、蔬菜、果品、水产、服装、小商品、百货、五金、家电、家具、通信、电脑、汽车、汽配、建材等20多个行业、门类齐全、协调配套、共同发展的商品市场体系。

第二节 市场选介

西关市场

西关市场前身为鲁都酒城,始建于1991年,位于曲阜师范大学东侧,占地面积0.6公顷,建筑面积3000平方米。为加强管理,市工商局于1992年成立酒城市场管理所。1996年,在鲁都酒城内成立曲阜市市场服务中心和市场开发公司。1998年,鲁都酒城整体移交给鲁城街道办事处,由西关居委管理,更名为“西关市场”。2013年,曲阜市创建国家卫生城市(简称“创卫”),西关市场设施陈旧,不符合“创卫”标准。经市政府批准,市“创卫”市场改造指挥部具体实施,西关民族社区居委会投资,在西关大街西段路北新建西关市场,占地面积1.53公顷,新建钢构大棚2座,建筑面积1万平方米,货台摊位1200米,可容纳商户(生熟肉、蛋禽、水产品、蔬菜、水果、豆制品、干货等农副土特产品)1000余户,市场内专设小吃一条街及活禽宰杀区,配有垃圾转运站、公厕,设有消防、监控设施。

圣府市场

圣府市场位于东104国道秉礼路中段路东,是曲阜市最繁华、规模最大的农贸市场。1991年,市工商局实施圣府市场二期工程建设,建大棚3000余平方米,铺设水泥路面5000平方米、水泥台面1000平方米,改善市场营业环境。1992年,实施圣府市场三期工程建设,市政府成立市场建设指挥部,抽调文物、

西关农贸市场(摄于2013年)

曲阜圣府贸易市场（摄于2013年） 翟盛军/摄

建设等部门工作人员，进行规划设计、文物勘探、道路建设，三期工程占地4.13公顷。1994年，三期工程建成使用，建筑面积2.5万平方米，全部为二层、局部三层楼房，建有仿古大门两个，铺设建设路1000米。同时，成立市场建设开发公司和市场服务中心，为副科级事业单位，隶属市工商局管理。1998年，将市场交给鲁城街道办事处管理。2013年，市委、市政府成立圣府市场改造建设指挥部，将市场（不含建材市场）进行全面整治改造，新改建经营面积2万余平方米，商铺经营面积1.17万平方米，大棚1.5万平方米。指挥部按照“创卫”标准，对市场进行划行规市。圣府市场管理办公室设有市场管理服务组、食品卫生监督组、环境卫生整治组、消防交通安全组和多功能食品快检室，制定《圣府市场管理条例》，设立公开投诉电话，要求经营户亮证经营、明码标价、诚信经营。

第十一编

旅　游

有朋自远方来　（摄于2005年　董少伟）

20世纪90年代初，曲阜市委、市政府确立“强农重工，活商兴旅”经济发展战略。1991年，市旅游局为市政府所属事业单位，内设办公室、财务科、宣传科、企管科、审计科等。当年，全市旅游收入9315万元，全年接待旅游人数135.6万人。1993年12月，市旅游局列为市政府直属机构。9月，孔子六艺城建成营业。1998年，曲阜市提出“旅游兴市”发展思路。同年，曲阜市被命名为中国优秀旅游城市，全年接待中外游客255.29万人。2003年4月，市委设立市文物旅游党工委，撤销市旅游局党委，建立市旅游局党组、市旅游局支部委员会，撤销阙里宾舍党委，建立阙里宾舍党总支。市文物旅游党工委下辖市文物局党委、市旅游局党支部、孔子旅游集团有限公司党委、曲阜孔子国际旅游股份有限公司党委，原旅游局党委所属企业党组织、阙里宾舍党总支隶属市孔子旅游集团有限公司党委管理。2004年3月，市委、市政府设立市文化遗产管理委员会，成立市文化遗产党工委，下设市文物局党委、市旅游局党组、孔子旅游(集团)有限公司党委等党组织。2007年，曲阜明故城(三孔)景区被评定为国家首批AAAAA级旅游景区。“十五”以后，曲阜市旅游业呈现多渠道投入、多元化发展势头，旅游产业地位逐步提高，产业规模不断扩大，产业结构趋向完善。2010年4月，市政府设立市文物旅游局，为市政府工作部门，将原市文物管理局、市旅游局职责整合划入市文物旅游局，内设办公室、文物保护科、旅游业务科、行业管理科4个职能科室。2012年11月，市文物旅游局更名为市文物局，挂市旅游局牌子，市旅游局单独办公、单独配备领导班子，内设办公室、规划统计科、市场开发科、旅游监察大队(质检所)、信息中心，下辖市旅游服务管理中心，为副科级事业单位。到2013年年底，曲阜市有景点24处，其中国家A级旅游景区10处(AAAAA级1处、AAAA级2处)，建有曲阜游客服务中心1个；拥有国家森林公园、国家农业旅游示范点、国家级湿地公园、省级文化旅游度假区、省级旅游风景名胜区、省级工业旅游示范点各1处，省旅游强乡镇8个，省旅游特色村17个；注册旅行社38家，其中国际旅行社2家；星级酒店13家，经济型连锁酒店30余家；全年三孔景区接待中外游客4435万人次，门票收入1.83亿元。

第一章 旅游管理

第一节 行业管理

旅游秩序管理

1991年起，市旅游局负责旅游管理工作。1994年8月17日、1995年1月19日，市政府召开2次整顿旅游区治安秩序公开处理大会，依法处理33人，其中逮捕3人，劳动教养7人，治安处罚23人。1996年4月，曲阜市旅游投诉中心成立，为正科级事业单位，隶属市旅游局，主要负责受理旅游投诉和旅游秩序整顿、检查、监督等管理工作，并向社会公布投诉电话。2002年4月，市旅游投诉中心撤销，其职权划归市城市管理综合执法大队(简称市执法局)。同年，受理旅游投诉23起。2003年5月，市执法局组建旅游管理中队，通过设立景区服务台、开通旅游投诉热线、明察暗访、签订“门前三包”责任书等措施，受理各类旅游投诉案件56起，治理景点流动摊点、店外经营1000余户次。2006年，开展“旅游秩序集中整治年”活动，对明故城东、南马道、博文街和孔林广场周边门头牌匾进行整治，拆除各类户外广告、门头牌匾280余块；“五一”“十一”黄金周期间，在孔庙、孔林、鼓楼门、六艺城等景区设立旅游投诉服务台，现场受理游客咨询和投诉；年底，曲阜市通过中国优秀旅游城市复核验收。2011年，采取便衣执法、巡查暗访、打时间差突击检查等方式，加大对三孔景区、停车场、宾馆饭店等重点区域的旅游秩序整治力度，其中查扣黑出租95辆次，黑三轮416辆次，不规范经营出租车、客车203辆。2013年，坚持全员一线工作，保持投诉电话24小时畅通；采取定点定人执勤和流动巡查相结合的方式，加大景区巡查执法力度，打击各类无证、假证导游,规范导游接团、候团行为,处理旅游投诉案件。

导游管理

1999年5月,国务院颁布《导游人员管理条例》,市旅游局组织全市导游人员学习《导游人员管理条例》,增强法律意识。同时,通过条例约束导游从业人员。2002年,市执法局查处违规导游17人次。2003年5月,市执法局查处无证导游人员21人。2004年3月,市旅游局引进、建立全市导游人员微机管理系统,实现导游管理的自动化、微机化和信息化。2009年,市执法局查处无证导游,处理不按规定地点候团、私自接团等违规行为导游200余人次,查处导游与旅游经营者串通欺诈游客案件4起,收到游客表扬信、锦旗15件。2011年,曲阜市被确立为全省导游管理体制综合改革试点市,推行导游分类准入、见习导游员、计分管理、培训学分、监管主体、薪酬保障、分级管理、网络监管、奖励激励、退出机制"十项制度"改革;市文物旅游局印发《曲阜市导游管理体制综合改革试点工作方案》,出台《曲阜市导游人员管理办法》《曲阜市三孔景区讲解资格证使用管理办法》《曲阜市导游人员教育培训管理办法》等规范性文件,对导游员进行计分管理,查处无证导游3人,处理不规范接团、候团导游20余人次。2012年,举办导游人员冬季业务培训班、旅行社经营与管理专项讲座,下发《游读曲阜》规范旅游讲解服务。2013年,印发《关于关于加强导游管理的二十二条》,加强导游管理。

旅游市场整治

20世纪90年代初,曲阜市旅游行业进入快速发展时期,旅行社逐渐增多,从业人员队伍逐渐壮大,服务质量问题日益凸显。部分旅行社以包代管,软小散乱,某些导游服务水平低下,游客满意度较低。曲阜市旅游行业秩序问题突出表现为"三黑",即"黑出租"非法营运、随意定价、乱跑景点,"黑三轮"乱拉乱导、私自改装、非法载客,"黑导游"无证导服、违规候团、欺诈游客;"三乱",即是乱揽客、乱兜售、乱定价;"三差",即是部分从业人员服务质量差、一些地方环境差、旅游基础设施水平差。"三黑""三乱""三差"引发游客大量投诉,也引起各级领导和新闻媒体关注。2000年4月2日,市委、市政府召开全市旅游市场秩序整顿大会,会上宣读游客对曲阜旅游秩序的投诉信,会议提出"谁砸曲阜旅游的牌子,就砸谁的饭碗"。2002年4月,市政府组建城市管理综合执法大队,加大旅游市场综合执法力度;5月,曲阜市通过国家旅游局旅游市场整顿工作检查。2006年,制定《曲阜市旅游秩序整顿工作责任分工表》,第一次把各项整顿任务分解到个人;同年,关停鲁国盛世景点和神话宫景区。2008年,成立旅游秩序管理督察办公室,由市纪委牵头,对公安、工商、物价、交通、旅游等部门的旅游秩序整治任务完成情况进行督察、问责。2011年,市文物旅游局在全市开展优化旅游环境、整顿旅游秩序专项整治行动,印发《关于进一步规范旅游行业管理十条规定》,推行旅游市场暗访制度,把暗访检查作为市场检查的主要方式,建立旅游质量公示制度,公开曝光旅游市场中的典型案例;推行旅游企业满意度测评制度,推动旅游企业完善管理,改善服务;完善旅游投诉受理机制,全面受理游客和市民相关旅游业各类投诉。2013年,制定《"彬彬有礼道德城市"旅游饭店服务评分标准》等一系列考核办法和细则,在旅游企业中开展"彬彬有礼"主题活动,提高人员素质和服务质量。

第二节　质量管理

1996年4月,市政府批准成立市旅游投诉中心和市旅游服务中心。市委下发《关于大力发展旅游业的意见》,市政府制定颁布《关于加强旅游行业管理的暂行规定》《关于旅游投诉暂行规定》《关于一日游管理规定》等管理办法,促进旅游发展及旅游质量管理向法制化、规范化、标准化转变。1999年3月,启动曲阜旅游服务质量年活动。2000年5月,开展旅游区等级创建工作,新建和改建景区内及景区周围游客集中地段旅游厕所,完善景区标识系统,制作、设置14个旅游信息电脑触摸屏,增设游客休息设施、特殊人群服务设施,强化医疗服务功能、垃圾处理功能,建设互联网宣传服务平台;同时,规范景区质量、环保、统计、安全、卫生、文物保护等管理制度、岗位职责和工作流程。11月,孔庙、孔府、孔林旅游区创建国家AAAA级旅游景区工作通过国家旅游局审查验收。2001年,市旅游局与相关部门联合下发打击回扣行为通知,强化对旅游饭店、旅行社、定点单位的年检、安全检查和服务质量培训。同年4月，市政府带领公安、消防、林业、防疫等部门对文物旅游安全进行拉网式大检查。2003年，市政府对城区主要街道绿化、亮化、美化，拆迁违章建筑，实行高低压线路下地，清理更换不规范门牌广告等。5月1日，市游客咨询服务中心挂牌运行，为游客提供咨询、宣传、投诉、旅游引导等服务。8月，市旅游服务管理中心成立，全面负责旅游行业管理工作。当年，三孔景区获得全省文明景区、全省自驾车旅游目的地等称号和人文景点旅游目的地第二名，并在全省“百景护照”评比中名列前茅。2006年，全市32家旅行社、7家星级宾馆推行质量监督员制度，实行旅行社、星级宾馆月报制度。2008—2011年，旅游、卫生、安监、消防等部门联合，对涉旅企业加强安全监管力度，强化安全隐患排查治理。对全市星级饭店、宾馆、旅行社等旅游企业进行专项业务检查和安全检查20余次。2011年，市旅游局利用“5·19”中国旅游日、“安全生产月”等时机，在重要街道、景区周边发放安全生产宣传资料，制作宣传展板，开展现场咨询活动。同年8月，印发《关于对重点区域实行重点管理的通知》，将三孔景区、孔庙神道路片区、孔府广场片区、孔林广场片区、高铁曲阜东站片区、新汽车站片区等区域划分到各个责任单位，实行网格化无缝隙管理；迁出孔庙、孔府景区内照相业户。2012年，三孔景区在山东省旅游局AAAAA级旅游景区游客满意度测评中，以97.64分成绩名列第二名。2013年，修订《曲阜市旅游突发事件应急预案》，实行安全生产“一岗双责”责任制度，与旅行社、星级饭店和A级旅游景区签订年度旅游安全管理目标责任书。3月，三孔景区获得2012中国旅游总评榜“年度最受欢迎景区”；10月，三孔景区以96分通过国家级服务业标准化试点评估考核。

第二章　旅游资源

20世纪90年代前，三孔景区是曲阜旅游市场的主体，除文化资源外，其他旅游吸引物较少。20世纪90年代后，曲阜市加大文物保护和开发力度，文化旅游资源不断丰富。2007年，明故城（三孔）景区被评定为国家首批AAAAA级旅游景区。至2013年，全市有A级旅游景区（点）10家，其中AAAAA级1家，为明故城（三孔）景区；AAAA级2家，分别是孔子六艺城、尼山孔庙及书院；AAA级7家，分别为颜庙、周公庙、寿丘·少昊陵、石门山绿色休闲风景区、九仙山风景区、孔子文化园等。

孔庙俯瞰图

第一节　AAAAA级旅游景区

明故城（三孔）旅游区

孔庙，又名“至圣庙”，是祭祀春秋末期著名的思想家、教育家、政治家、儒家学派的创始人孔子的庙宇，位于曲阜市明故城中心。2007年，被国家旅游局评为首批国家AAAAA级旅游景区。

孔府，又名“衍圣公府”，位于孔庙及孔子故宅东，是孔子后世嫡裔子孙世代居住的官邸。2007年，被国家旅游局评为首批国家AAAAA级旅游景区，2010年，被中纪委监察部命名为全国廉政教育基地。

孔林，距曲阜城北门约1.5千米，占地近200公顷，是孔子及其后裔的家族墓地。2007年，被国家旅游局评为首批国家AAAAA级旅游景区。

第二节　AAAA级旅游景区

尼山孔庙及书院

尼山孔庙，位于曲阜市城区东南约28千米处的尼山东麓。2009年，尼山书院被北京大学列为"文化遗产教学实践基地"。2011年，入围"到山东不可不去的100个地方"。2012年，被国家旅游局评为国家AAAA级旅游景区。

孔子六艺城

孔子六艺城，系国家"八五"期间重点旅游建设项目之一，于1992年9月兴建，1993年9月对外开放，占地面积13.33公顷，建筑面积5万平方米，是一座以孔子六艺（礼、乐、射、御、书、数）和古鲁民俗文化为主线，运用声、光、电等科技手段，借助音乐、美术、建筑、古乐舞和民俗表演等多种表现形式建造的一座集知识性、教育性、娱乐性、参与性、趣味性为一体的大型儒家文化主题公园。整个景区分为"六艺" 游览区和孔子故里园古鲁文化民俗展示区两大部分。孔子故里园是孔子六艺城二期项目，2002年建设，占地6.67公顷，景点分为忠良阁、仁德厅、义行轩、智慧库、勇毅楼、礼仪厅、廉洁坊、习礼堂、崇圣殿以及九曲桥、观川亭、荷花池、孔子圣迹石雕等景区，以展示古鲁民居和文化为主。2008年，孔子六艺城被国家旅游局评定为AAAA级旅游景区。2010年，景区结合"体验旅游"市场需求，依托儒家文化资源，策划推出孔子六艺文化体验游、孔子六艺修学游、中华成人礼仪、祈福游等精品旅游项目，内容包括体验开城迎宾礼、入泮礼、祈福礼，修习孔子六艺、感悟儒家文化，参与打腰鼓、抬花轿、纺鲁锦、织麻布等民俗表演。

六艺城孔子列国行铜雕及礼厅景观

第三节　AAA级旅游景区

颜庙

又名"复圣庙"，位于明故城北门内东侧，是祭祀孔子弟子颜回的庙宇。2010年，被评为国家AAA级旅游景区。

周公庙

周公庙，是祭祀西周初期思想家、政治家周公旦的庙宇，位于曲阜明故城东北1千米处。2011年，被国家旅游局评为国家AAA级旅游景区。

寿丘·少昊陵

寿丘，位于曲阜明故城东北3千米旧县村东北处，为中华始祖轩辕黄帝出生地。北宋时，建景灵宫祭祀黄帝，宫前立巨碑2通，毁于元末明初。残存巨碑2通，东碑俗称"万人愁"，于1991年复立；西碑俗称"庆寿"，于1992年复立，通高都在16米以上。少昊陵，古称云阳山，是中国古代"三皇五帝"之一少昊的陵墓。2011年，寿丘、少昊陵景区被评为国家AAA级旅游景区。

石门山

位于曲阜城东北25千米处，因山形似蟠龙之状，故有"龙门山"之称；这里风景优美，云蒸霞蔚，又有"云山""云亭山"之谓；又因两山对峙如石门，故俗称"石门山"。石门山东、北两面与宁阳县交界，山体呈圆形，有老虎窝山、狐山、黄山及牛山等10余个山头，主峰卧虎顶海拔406.2米。石门山以"奇、秀、险、幽"而闻名，是著名的旅游胜地。孔子曾在石门山修改《易经·系

石门山绿色休闲风景区（摄于2013年）

辞》，带领弟子夜宿石门山。唐代，高士张叔明在石门山麓结庐隐居，李白、杜甫在此共饮话别，《桃花扇》作者孔尚任在此隐居。1938年，曲阜市第一个农村党支部在此成立。1992年，被批准为国家级森林公园。1999年10月1日，济宁市政府将面积为6.75平方千米的石门山及附近范围划为石门山地质地貌景观保护区；同年，曲阜市政府又在此周边划出7.36平方千米范围列为曲阜市级保护区，保护区面积扩展到14.11平方千米。2009年，石门山景区被国家旅游局评为国家AAA级旅游景区，面积260公顷，包括石门、桃坞和黄山三大景区，50余处景点。2012年9月，石门山地质地貌景观保护区被山东省国土资源厅授予省级地质公园。2013年，石门山举办首届休闲旅游节暨大樱桃采摘节、招商大会、石门山登山节等活动，节庆活动集“生态观光—体育休闲—采摘娱乐—农家体验”为一体，吸引周边各大城市游客到此观光旅游。

九仙山

位于曲阜城北18.5千米处，西、北部与宁阳县毗邻，东部与石门山镇接壤。相传是古代9名仙女趁王母娘娘大宴群仙醉后偷偷下凡，迷恋人间美景化为9个山峰常立人间而得名。九仙山风景区面积35.1平方千米，由凤凰山、凤凰城、华山、龙山、黑虎山等33座山头的万亩山林植被和山前两万亩国家级观光农业示范园组成。景区内凤凰城海拔548.1米，是曲阜市海拔最高点，内有中华始祖黄帝和周成王祭祀大地祭坛遗迹，“和圣”柳下惠故居和墓葬遗址，九仙山寺庙群和明安丘王墓群，宋代呼延庆西山寨（跑马岭、饮马泉）、楼台寺、九女堂、莲花台、观音堂、弘法寺、楼斗寺，黑风口古战场遗址、凤凰城遗址等。其中，以红门宫为代表的寺庙群始建于明代，有红门宫、华佗庙、玉皇顶、蛰龙井、龙王庙、黑龙潭、王母阁、仙人桥、十八盘、山神庙、三清殿、拨云观、一天门、中天门、南天门、碧霞祠等人文建筑30多处，儒、释、道文化汇集此地，素有“小泰山”之称。历年的农历三月三庙会都吸引着众多的游客前来祭拜。三月三庙会是为纪念碧霞元君（老奶奶）进香许愿形成，历史悠久。20世纪90年代初期，吴村镇将此文化资源开发为集物资交流、观光休闲为一体的特色节庆活动。九仙山开发始于1994年，吴村镇不断加大九仙山风景区建设力度，先后建起石景探秘区、水上游憩区、森林体验区、农业观光休闲区、科技体育游览区、寺庙游览区和综合服务区7大旅游景区，具有较高价值的风景资源66处，其中自然风景资源50处，人文资源16处，以孔子石为首的自然、人文景点30余处。同时，加快荒山绿化，整个山区森林覆盖率80%以上。建设吴村镇九仙山观光农业示范园，总耕地面积4200公顷，院内干鲜果品繁多，主要有大枣、苹果、葡萄、柿子、梨、杏、山楂等，享有“林果之乡”美誉。2005年，九仙

九仙山景区（2013年摄）

山被国家旅游局评为“国家级农业观光示范点”称号。2013年，九仙山被国家旅游局评为国家AAA级旅游景区，吴村镇曲阜瑞景苑果蔬花卉基地创建为省级农业旅游示范点，九仙山百果园创建为省级精品采摘园。

孔子文化园

孔子文化园位于孔庙正南3000米处，西临孔子研究院，原名论语碑苑，1994年建设，苑名为孔子七十七代嫡长孙孔德成题写，是一座以《论语》为表现内容、书法为表现形式、碑刻为载体、古典园林为环境的文化旅游景点。苑内博选中国沙孟海、张仃、沈鹏、谢云、王学仲、钱君匋、龚望、赖少其、李铎、康殷、陈立夫，韩国金庸里，日本表立云，法国熊秉明等海内外512位著名汉字书法家的力作，精工良匠摩勒上石，遍置苑内，是集生态园林、山水景观、休闲旅游、餐饮购物、文艺演出、国学讲堂为一体的开放式儒家文化主题公园。2009年，市委、市政府将其维修改造，增加园区音响、晚间灯光、餐饮、文化商品等服务设施，并更名为孔子文化园，向市民免费开放，是当年十大惠民工程之一。孔子文化园占地面积约5.33公顷，建筑面积7000多平方米，假山5000多平方米，以明代建筑风格为基调，有楼、堂、亭、榭、台、廊、坊、庑等建筑400余间，主要景点有善华堂、光世堂、泮池、仁山、乐湖、咏归亭、必观亭等。2013年，孔子文化园被国家旅游局评为国家AAA级旅游景区。

石门山自驾车露营地

石门山自驾车露营地位于国家级森林公园、国家AAA级旅游景区石门山脚下，项目结合曲阜儒家思想，突出现代生态理念，是一个观光、旅游、娱乐、采摘、餐饮、住宿融为一体的生态观光示范区。

第三章　旅游开发

进入21世纪，随着旅游市场的成熟和人们消费需求的变化，游客需求呈现多样化和个性化，旅游产品由单一的游览观光向满足多种需求的休闲度假、商务考察等产品过渡。针对这一发展趋势，曲阜市致力于开发乡村生态旅游，将乡村旅游资源丰富的吴村镇、尼山镇和石门山镇定位为观光农业主导型乡镇。2011年，市政府制定《关于迎接高铁时代加快旅游业发展的意见》，推出促进乡村旅游发展的多项具体政策，坚持财政引导、农民主体、社会参与、市场运作，引导各类投资主体以租赁、承包、联营、股份合作等多种形式投资开发乡村旅游项目。

周庄慢客驿站一角

第一节　“圣地人家”农家乐

2012年，按照省、市旅游局关于推进“好客山东”农家乐品牌建设部署，突出儒家文化特色，因地制宜，进行“圣地人家”农家乐品牌建设。2013年，以省旅游局乡村旅游“改厨改厕”工程为抓手，市旅游局推进乡村旅游经营业户厨房、卫生间、餐厅、客房等基础设施改造，按照标准完成700余户农家乐改造。引导社会资金发展农家乐，瑞景苑果蔬生态园、田园山庄、卧虎山庄、圣湖山庄、山外山庄园、顺祥农场等50余个农家乐项目相继建成运营。到年底，全市建立规模以上农业龙头企业96家，登记注册家庭农场167家，发展农家乐900余户。

第二节 休闲采摘 赏花游

曲阜市乡村旅游发展开始以采摘游体验农家活为主，客源以修学团队为主。

石门山镇采摘游

2013年5月，石门山镇在石门山自驾车露营地举办石门山休闲旅游节暨大樱桃采摘节。在石门山休闲旅游节暨大樱桃采摘节上，石门山镇天健生态农场、顺祥欢乐农场等生态农业基地推出生态园赏花和绿色蔬果采摘活动，让游客走进生态园，体验自己动手采摘的乐趣，品尝大棚草莓、美国大樱桃、韩国雪梨等多种水果，到生态乐园开心农场做周末农夫，采摘绿色有机蔬菜。采摘时间为每年12月至次年6月。

吴村镇采摘游

吴村镇是曲阜市水果重要产地，2010年以后，采摘游逐渐成为吴村镇乡村旅游热点。吴村镇按照“旅游镇”主体功能区定位，以30余处果品采摘园为载体，开通3条旅游观光线路。

九仙山百果园。位于东岭村，总面积13.33公顷，园内果品主要有大棚桑葚、杏、桃、苹果、山楂、葡萄、梨等10余个品种；采摘时间为3—11月。

车站樱桃种植园。总面积30公顷，大樱桃主要有红灯、先锋、水晶、雷尼、美早等10余个品种；采摘时间为4—5月。

高楼葡萄采摘园。面积93.33公顷，有早、中、晚熟葡萄新品种25个，通过农业部无公害果品认证；采摘时间为8月上旬至9月下旬。

赏花游

槐花观赏，在吴村镇九仙山红门宫，赏花期为4月下旬至5月初。紫藤花观赏，在石门山景区，赏花期4月下旬。杏花观赏，在九仙山红山子村黄杏基地，赏花期为3月至4月上旬。桃花观赏，在九仙山峪西、龙尾庄北山，赏花期为3月下旬至4月下旬。梨花观赏，在九仙山龙尾庄村，赏花期为4月。樱桃花观赏，在吴村镇车站樱桃种植园、石门山镇顺祥欢乐农场，

葫芦套民俗村（2013年摄）

赏花期为3月下旬至4月中旬。

第三节 民俗村

葫芦套民俗村

坐落于九仙山风景区，村庄依山傍水，风景秀丽。2013年起，该村以原始生态为依托，以古村落为载体，建设观光休闲采摘区、民俗民居体验区、山区景观娱乐区、垂钓水上嬉戏区、餐饮食宿区。在村里，休闲街、文化街、美食街、度假屋、民俗表演馆、自采园、观景亭、山林景观错落有致，140米葫芦长廊、煎饼坊、刺绣坊、香油坊、葫芦画舍各具特色。

会泉峪民俗村

位于九仙山景区东南部，拥有明代安丘王墓群、黄帝祭台、芦斗寺、百年姜窑等文化遗产资源。2013年起，该村依托“曹刿论战”“和圣高风”“孔子劝和”“吴起仕鲁”等历史故事，打造800米经典文化故事街。村内古色古香，绿树成荫，瓜果满地，漫步石街，听水会泉河，探访“圣地人家”，情趣盎然。

梨园民俗村

位于石门山镇金牛山下，依山靠水，始建于清末，村子四周长期栽植梨树，故称梨园。2013年起，该村按照北方明清传统四合院风格对村内房屋进行统一仿古改造，为村民改厨改厕，门前屋后遍植苗木，家家户户达到美洁庭院标准；设计安装村名牌、标识牌、街巷牌、户名牌，制作文化墙等。

周庄民俗村

地处石门山镇东北，为曲阜、宁阳、泗水3县（市）

交界处，是随农家俗、学农家活、识农家事、住农家房、吃农家饭为一体的宜居宜游生态旅游村，百姓学礼、知礼、明礼，拥有"诗礼周庄"美誉。

会泉峪民俗村(2013年摄)

第四节　民俗节庆活动

九仙山庙会

传统三月三庙会，历史悠久，逢庙会时，山庙"庙城宏敞，布蓬连肆，百剧杂陈"。为祭神设有谢神戏台，人们前来赶庙会，为碧霞元君(老奶奶)进香许愿，"自碧霞宫兴，百世香火奔走元君，近数百里，远即数千里，每岁瓣香山顶数十万众，施舍金钱币亦数十万。"久而久之，前来赶会进香者近至数里，远至全国各地，"山下赶会，山下降香"。吴村镇开发这一民俗资源，每年农历三月三举办，为期6天。主要包括特色小吃、民间工艺品、民间土产等。配合庙会，还举办各种文化和体育活动，如农民艺术文化节、豫剧团演出、摄影比赛、登山比赛等。

蟋蟀交易夜市

姚村镇蟋蟀全国闻名，品种多，有个头大、牙长、善斗特点。明清时期，曾作为礼品供应王公大臣。每到立秋至秋分，是姚村镇蟋蟀上市季节，上海、北京、天津、江苏等地蟋蟀爱好者及经销商云集姚村，在姚村镇驻地、姚西、西辛等村摆摊收购，自发形成蟋蟀交易市场。利用农闲捕捉蟋蟀，成为当地群众增收门路之一。2013年，姚村镇举行全民创业暨第一届蟋蟀文化节，打造中华蟋蟀姚村品牌，为群众增收、全民创业提供平台。

第四章　旅游活动

20世纪90年代初，曲阜市旅游部门开发的孔子家乡修学游产品受到欧美等国家和地区游客青睐。此后，曲阜市修学游产品打造转向深入挖掘文化内涵、突出文化展示与体验功能，逐渐成为与国际孔子文化节相呼应的知名节庆品牌。进入21世纪，市文物旅游部门适时推出大型广场乐舞《杏坛圣梦》、明故城晨钟暮鼓仪式、孔庙祭孔、孔府戏台、孔府过大年等各种旅游展演活动，丰富游客观瞻内容。2008年，推出"孔子学堂"主题文化品牌工程。2013年，举办"杏坛开讲"系列讲座。同年，"背论语免费游三孔"活动获得"省旅游产业创新奖特别奖"和"2013中国旅游营销创新排行榜前十位"。

第一节　孔子修学旅游节

2006年，曲阜举办孔子修学旅游节，此后每年举办。修学旅游节时间一般安排在学生暑假期间，主体活动内容包括：在大成殿举行经典诵读仪式，邀请著名人文学者在孔庙杏坛讲学，举办修学旅游成人仪式——加冠礼，另外还包括学习中国书法、绘画、篆刻、饮食、中医、武术等常规修学活动，主要面向国内院校学生游、小康家庭度假亲子游、教师游，新马泰、印度尼西亚、菲律宾等东南亚地区海外华人的"寻根"游，韩国、日本和欧美的"朝圣"游。2011，曲阜孔子修学旅游节开幕式与第八届“孔子杯”全球青少年华文作文大赛颁奖典礼同时举行。2013年，修学旅游节突出“在圣贤的光芒下学习成长”主题，除在开幕式举行明故城开城仪式、祭孔拜师仪式、孔子礼仪课堂以外，修学团可根据需要自助选择其他稳定成熟的修学活动，如开笔礼、成人礼、孔子礼仪课堂专题讲座等。到2013年年底，共吸引美、德、法、韩、日、新加坡等17个国家和地区30余万名师生到曲阜朝圣修学。随着2013年11月中共中央总书记习近平视察曲阜引起的国学热和传统文化的强势回归，以及中央办公厅、国务院办公厅《关于实施中华优秀传统文化传承发展工程的意见》，教育部、国家旅游局等11部门《关于推进中小学生研学旅行的意见》的出台，越来越多的人把学习和体验中国传统文化目的地锁定在曲阜。

三孔景区内孔子修学游体验项目包括明故城晨钟开城仪式、暮鼓关城仪式，孔庙大成殿祭孔展演，孔府后花园孔府大戏，入泮礼、拜师礼、成人礼。孔子六艺城、故里园景区内容包括礼厅学习体验传统礼仪见面礼、鞠躬礼、拜师礼等；书厅品读《论语》，学习书法，听讲座；御厅乘舆走孔子周游列国路；射厅内体验射箭、投壶等；六艺城大剧院欣赏古乐舞演出；参观非物质文化遗产体验馆，体验曲阜楷雕、扶兴和毛笔、纸坊桑皮纸、鲁锦纺织等非遗制作工艺；参与阙里抛绣球招婿、汉代婚俗展示情景剧互动；在烟雨阁品鉴香茗，观看茶艺、曲艺表演；游览孔家“百户作坊”，体验木匠坊、铁器铺、磨坊等；体验摊煎饼、剪纸、木板年画、捏面人等民俗文化。尼山孔庙及书院内容包括尼山书院听国学课，参加开笔礼，举行取水取土仪式，参加祭孔仪式。颜庙内容是参加颜庙祭祀活动。周公庙内容为讲解《周易》，演示古代礼仪，了解周礼起源和内涵，学习传统礼仪知识。寿丘少昊陵内容为寻根问祖，祭祀黄帝、少昊活动。孔子研究院内容为参加拜师礼、成人礼活动；参加中华经典研修诵读活动；参加国学讲座；体验琴、棋、书、画、茶艺、武术等传统技艺。孔子文化园内容为开展“寻找论语名句”活动，开展书写论语名句活动。石门山自驾车露营地内容为体验真人CS、高尔夫球项目、篝火晚会。吴村镇葫芦套民俗村及附近拓展基地内容为到村外田园收获蔬菜、采摘果实，感受劳作快乐，体验农事辛苦和人与大自然的和谐。儒源儒家文化体验基地内容为集体拜师礼、成人礼等礼仪活动，开展中华经典研修诵读活动，参加国学讲座，体验琴、棋、书、画、茶艺、女工、武术等传统技艺。孔子文化学院内容为参加国学讲座、“东方圣地”（颜府）公益大讲堂、中华经典研修诵读活动；体验琴、棋、书、画、茶艺等传统技艺。

第二节　春季旅游推介会

2005年4月18日，曲阜市首次举行春季旅游推介会，邀请山东省国际旅行社等省内外近百家旅行社和山东电视台、齐鲁电视台、《大众日报》、《齐鲁晚报》等几十家媒体参加。此后，春季旅游推介会每年举办。2007年，将春季旅游推介会、于丹教授曲阜之行和旅游演艺项目启动三大内容融为一体推出，在社会各界引起强烈反响。2009年，曲阜市本着兼顾景区、游客和旅行社三方利益原则，制定奖励性政策，首次按照送团量对旅行社进行年终现金奖励。2010年，设立“曲阜旅游市长特别奖”，奖励长期对曲阜旅游作出突出贡献的旅行社，泰安瀛泰旅行社获得该项奖励，奖金10万元。2013年4月，在春季旅游推介暨

2013年，孔子修学游成为曲阜旅游亮点　　张令伟/摄

2013全国百强旅行社曲阜会盟仪式上，北京、上海等13个省市的全国百强旅行社代表约150人齐聚曲阜，共同发表《孔子修学旅游联盟曲阜宣言》，举行会盟签约仪式。

第三节 演艺活动

《杏坛圣梦》乐舞

《杏坛圣梦》由孔子国际旅游股份有限公司组织策划、编创、投资，展示孔子思想学说的大型广场乐舞，2001年5月于杏坛露天剧场上演。2006年4月，推出《杏坛圣梦》改造版，选取《论语》“学而时习之，不亦说乎”“发乎情，止乎礼”“四海之内皆兄弟”“有朋自远方来，不亦乐乎”为切入点，以广场艺术为定位，注重运用服饰效果和灯光变化，强化寓教于乐的目的。

舞剧《孔子》

《孔子》是由孔子旅游集团组织创作的大型原创舞剧，于2009年中国曲阜国际孔子文化节开幕式首演，2010年跻身国家文化旅游重点项目名录，是山东省唯一入选剧目。2011年，在保持演出风格不变基础上，对舞剧进行完善、提升，内容增添祭孔乐舞表演，重新编排舞蹈，突出音乐节奏和视觉效果。4月20日晚，新版舞剧《孔子》在杏坛剧场首映，舞剧分天降仲尼(序)、礼乐天籁、仁德安邦、圣坛惊梦、车革千国、万世师表(尾声)6个章节。

明故城晨钟暮鼓仪式

2013年4月1日起，曲阜明故城恢复晨钟暮鼓仪式。明故城开城仪式是融合吉时晨钟、乐舞迎宾、嘉宾入城等3个传统礼仪内容，根据现代旅游需要改编而成的一项旅游演艺活动。明故城晨钟开城仪式每天早8时在明故城万仞宫墙前举行，暮鼓关城仪式每天17时在明故城万仞宫墙前举行。

孔庙祭孔展演

2013年起，曲阜市策划推出孔庙祭孔展演演艺项目，展演每天11时在孔庙大成殿前月台举行，每到此刻，景区雅乐四起，演艺人员登台演出，吸引大量游客驻足观看。

六艺城乐舞

孔子六艺城艺术团组建于1993年7月，下设民乐队、舞蹈队、声乐队和电声乐队，隶属孔子六艺城旅游有限公司。艺术团通过挖掘传统“礼乐”文化，编创《杏坛古韵》《汉代祭孔大典》《大哉孔子》《鲁宫长袖舞》《孔子乐舞春秋篇》等舞蹈、器乐类节目，以及《祝福祖国》《蒹葭》《溜溜的康定，溜溜的情》《和谐秧歌》《春之梦》等现代文艺节目。同时，结合市场需求，立足景区资源特色，策划推出开城迎宾、宾射礼和古代婚俗等常态化表演节目。1998—2000年，该艺术团连续4年被授予山东省青年文明号称号；2002年4月，被授予全国青年文明号。

阙里宾舍古乐舞

阙里宾舍孔子古乐舞艺术团成立于1986年，乐舞团以弘扬孔子儒家文化为宗旨，以“礼、乐、射、御、书、数”为表演内容，以中国古典“八音”为主调，挖掘山东民俗文化，并与曲阜师范大学等院校专家、教授合作，精心编制排练出一批歌舞节目。古乐舞节目包括《先师颂》《杏坛学子》《墨海书香》《箫韶旋律》《关雎》《列国游》等。2006年9月，艺术团为联合国教科文组织首届孔子教育奖颁奖典礼展演杏坛晚宴起菜仪式。2007年10月，艺术团随山东省代表团赴香港参加庆祝香港回归十周年暨孔子2558年诞辰大型系列活动，实景展示“孔府盛宴”起菜仪式，受到香港市民和《大公报》等主流媒体高度评价。2010年7月，艺术团赴上海参加世博会，为世博会孔府菜美食节助演。2011年，艺术团为全国第二届春节文化论坛专家代表展演“孔府过大年”系列体验项目。到2013年，阙里宾舍孔子古乐舞艺术团专场演出70余次，出访加拿大、新加坡、韩国、日本等国家和中国香港地区，多次代表济宁、曲阜参加山东省文化艺术节，取得优异成绩。

第四节 背《论语》免费游三孔

2013年5月1日，曲阜市推出“背《论语》免费游三孔”活动；至5月7日，山东、北京、上海、河南、安徽、山西、陕西、内蒙古、黑龙江、广东、新疆等全国27个省、自治区、直辖市1854人参加活动，其中有86岁耄耋老人，也有4岁垂髫孩童；有学生、同事齐上阵，也有家人亲朋总动员，有1769人过关，通过率95.4%。新华社、中新社、人民网、《人民日报》、《光明日报》、《中国青年报》、《中国日报》、《中国旅游报》、《中国文物报》、《大众日报》、《齐鲁晚报》、《半岛都市报》、山东电视台、济宁电视台等60余家新闻媒体对活动进行跟踪报道，社会各界对活动给予高度评价。同年9月21—25日，市文物局组织"背《论语》免费游三孔走进北大清华"活动。在北京大学两天，162人参加活动，125人通过，通过率为77.2%；在清华大学两天，88人参加活动，83人通过，通过率为96.2%。活动期间，新华社、中新社、《人民日报》、人民网、中央电视台、《中国青年报》、《中国旅游报》等媒体现场采访。10月31日，"背《论语》免费游三孔"活动走进长沙市，《长江日报》《楚天都市报》《武汉晨报》等新闻媒体进行详细报道，新华网、中新网、中国日报网等20余家媒体纷纷转载报道。同年，"背论语游三孔"活动获得"省旅游产业创新奖特别奖"和"2013中国旅游营销创新TOP10"。

第五节　好客山东贺年会

好客山东贺年会于2009年开始举办，时间为元旦至农历正月十五。贺年会期间，曲阜市借助元旦、春节、元宵节浓厚的节日氛围，结合曲阜实际，策划推出"孔子故里除夕游"、"晨钟暮鼓"、"最具特色孔府菜"评选、年夜饭、祝寿宴等活动，吸引大批游客和旅游团队参与。到2013年，好客山东贺年会举办5届。

孔府过大年

春节期间，"孔府过大年"是"好客山东贺年会"中一项重头戏，活动以还原孔府过年习俗为载体，以"孔府元素、儒学文明、中国礼仪"为主题，通过挖掘整理孔府年文化，向中外嘉宾展示孔府春节礼仪、祭祀等场景，让中外宾客体验感受古代中国春节习俗文化。活动设26个体验项目，即入府仪式（过门槛）、内宅请安、兰堂试讲、过年服饰、写春联、贴门神、剪纸窗花、挂天灯、放鞭炮、请祖先、除夕家宴、包饺子守岁、辞岁、发压岁钱、新年钟声、发纸祃、熬岁踩祟、大祭天地、祭祖先、元宝验岁、释菜（祭孔）、新年素饺酒席、大拜年、燕享旅酬、孔府扮玩、龙灯会。

孔府文化体验基地

2013年12月29日，孔府文化体验基地在阙里宾舍揭牌。该基地旨在贯彻中共中央总书记习近平视察曲阜讲话精神，挖掘孔府古典礼仪，弘扬中国优秀传统文化。重点打造"阙里人家"品牌，建设仿古四合院，参照孔府内宅陈设风格，实行管家式服务，体验孔府岁时节日风俗礼仪，营造学礼仪、懂礼仪、守礼仪的浓厚氛围。

第六节　好客山东休闲汇

根据山东省政府和国家旅游局统一安排，曲阜市于2011—2013年每年8—10月举办"好客山东休闲汇"活动。曲阜市确立"儒家文化发祥地，休闲快乐曲阜游"活动主题，策划开展"乡村旅游休闲主题周""儒家文化体验主题周""康身健体休闲主题周"活动，主要内容是乡村趣味比赛、六艺状元比赛（六艺运动会）、登山活动、尼山水库垂钓比赛、曲阜旅游口号投票、曲阜美景摄影大赛、"游学曲阜快乐成长"活动、孔子六艺城暑期修学活动、"一票游双山"活动、全面健身活动、消夏广场系列文艺演出、金秋采摘季乡村旅游休闲系列活动等。

2013年5月1日，曲阜市"背《论语》免费游三孔"现场　　张令伟/摄

第五章　旅游服务

20世纪90年代初，曲阜市有5家高档饭店。2000年前后，旅行社业务呈现爆发式增长，全市旅行社发展到40家，国内旅行社分社及营业网点20余家，导游员600余人。2010年以后，京沪高铁的贯通，方便了中远距离游客到曲阜旅游，市内绿色电瓶车、景区专线车等方便了游客游览。2013年，全市有星级饭店13家、国内知名连锁酒店10余家，中低档宾馆更是遍地开花。

第一节　服务中心

曲阜游客服务中心位于明故城南、104国道和327国道交叉处，占地13.33公顷，总投资超过1.4亿元，总建筑面积2.318万平方米，主体大楼建筑面积1.77万平方米，停车场占地3.26公顷。2008年5月，游客服务中心开始建设。2009年8月，落成启用。到2013年，游客服务中心引入远东台湾食品连锁店、山东舜发汽车有限公司和汉庭快捷酒店等知名企业入驻，是一个集景点售票、导游服务、咨询投诉、购物休闲、集散换乘、城市形象展示等于一体的综合服务机构。游客服务中心拥有八大功能：销售孔庙、孔府、孔林景区门票（散票和联票）及代售曲阜其他各个景点门票；选派优秀导游员，为游客提供优质导游服务；设有大型停车场，游客停车购票后可换乘专为游客服务的电瓶车直达三孔景点（往返）；设专门服务人员为游客提供咨询服务及投诉服务，设有投诉电话；配楼设有“永和豆浆”餐饮部，24小时为游客服务，地下超市为游客提供曲阜特色旅游商品；中心三楼设综合演艺厅；在中心大楼各个重要部位架设摄像头，并可对三孔景区实时监控，为游客旅游安全提供保障；城市展示功能。

第二节　旅行社

1990年7月，曲阜旅行社成立，隶属于市旅游局。同年，曲阜市导游队伍发展到71人，其中翻译导游18人（英语9人，日语7人，德语1人，法语1人），粤语导游3人。1991年，全市有旅行社3家。1993年6月，孔府饭店成立春秋旅行社。到年底，曲阜市有国际旅游业务的二类旅行社1家，经营国内旅游业务的三类旅行社12家。1994年4月，曲阜国际旅行社由二类社晋升为一类社。1998年年底，全市有旅行社8家，其中国际旅行社1家：曲阜中国国际旅行社，有翻译导游20人，主要语种有英语、日语、德语、法语、韩语等；国内旅行社7家：曲阜旅行社、春秋旅行社、天马旅行社、齐鲁旅行社、大成旅行社、青年旅行社、老年旅行社，共有导游员110人。进入21世纪，曲阜旅行社发展迅猛，相继成立名城、中铁、圣贤、华夏、平安等旅行社。2002年，曲阜旅行社达到21家。2005年，发展到30家。2010年，孔子旅游集团导游有限公司成立，地接导游大部分纳入管理，全市形成孔子旅游集团导游有限公司、海峡旅行社、海燕旅行社3家开展三孔地接业务的格局。到2013年年底，全市有旅行社38家，有在职从业导游400余人。

第三节　旅游交通

市内交通

20世纪90年代初，乘坐仿古马车游览是曲阜市旅游特色之一，孔子文化节开发的旅游活动中，就有乘坐仿古马车旅游项目。1993年，全市用于旅游交通的汽车350余辆、仿古马车20余辆。1994年9月26日，在“孔子周游列国首游式”上，120多名海外游客分乘的20辆仿古马车方阵，经孔子故宅门，顺阙里街出曲

2013年曲阜市旅行社情况表

表11-1

成立时间	成立时间	地址	名称	成立时间	地址
中国国际旅行社	1996.3	鼓楼大街	世圣旅行社	2001.11	阙里街南首
曲阜旅行社	2001.3	大成路	名城旅行社	2002.1	孔庙南门东
春秋旅行社	2002.1	春秋东路	友好旅行社	2004.5	圣都商城
海峡旅行社	2003.4	神道路南首	圣地旅行社	2003.11	逵泉路西首
康辉旅行社	2000.6	招商银行楼内	东方文化旅行社	2006.9	春秋路
齐鲁旅行社	2000.8	静轩西路	中铁旅行社	2003.12	林道路南首
大成国际旅行社	1992.4	静轩西路	风光旅行社	2005.6	阜粮商城楼内
夕阳红旅行社	2003.1	鼓楼街南首	海燕旅行社	2005.6	林道路
招商旅行社	2000.1	静轩东路	平安旅行社	2005.6	游客集散中心内
山水旅行社	2001.11	鼓楼街南首	金鹏旅行社	2006.1	孔庙南门东
天马旅行社	1993.5	神道路南首	青年旅行社	1995.2	圣都商城
孔子教育旅行社	2000.7	静轩东路	交通旅行社	2004.1	静轩西路
邮之旅旅行社	2007.6	鼓楼北街	圣光文化旅行社	2006.4	陋巷街
神州旅行社	2000.8	鼓楼南街	海外国际旅行社	2009.1	大同路
中国国际旅行社	1996.3	鼓楼大街	世圣旅行社	2001.11	阙里街南首
杏坛旅行社	2001.9	圣都商城	六艺城旅行社	2009.4	春秋路
华夏旅行社	2005.6	春秋路综合办公楼	东方圣城国际旅行社	2009.8	静轩中路
圣贤旅行社	2001.9	校场路光明街	中侨旅行社	2012.8	滨河路
假日旅行社	2001.9	圣都商城北门	三孔旅游旅行社	2012.2	神道路
世纪旅行社	2002.1	圣都商城	孔子旅游集团导游有限公司	2010.8	静轩中路

阜正南门，经大同路到孔子六艺城参观，成为活动的亮点。1996年，曲阜市拥有涉外旅游接待用车30部、社会旅游接待用车300部。2002年，各类旅游车辆发展到900余辆，其中包括客货运机动车、人力三轮车和仿古马车400余辆。同年，市三孔旅游服务公司设立孔林电瓶车游览观光中心，开发孔林电瓶车游览。2008年，孔林电瓶车游览观光中心获"山东省青年文明号"称号。2013年，曲阜市区公交线路主要有1路、2路、3路、5路、6路、9路和K01。其中1路公交车可到游客集散中心和孔子故里园；2路可到汽车站、孔庙南门、游客集散中心；3路可到火车站、汽车站和游客集散中心；5路公交车自汽车站（火车站）乘车可直达孔庙南门、论语碑苑东门、孔子故里园等景点；6路也可到孔庙南门、游客集散中心；9路可到火车站、游客集散中心；K01自汽车站至曲阜高铁东站，经过孔庙南门和游客集散中心。

2013年，曲阜汽车站与区域内各景点旅游专线车主要有曲阜城至尼山南、尼山北、石门山、九仙山、九仙庙5条旅游专线。市内游览，可乘坐三轮车、旅游观光电瓶车和仿古大胶轮马车。大型仿古旅游观光电动车，可同时乘纳14人。

市外交通

济宁曲阜机场位于济宁市嘉祥县纸坊镇，2007年10月26日，经国家批复立项。2008年10月2日，经中国民航飞行校验中心校飞合格，11月21日通过民航华东局行业验收，12月4日取得“民用机场使用许可证”，12月28日开航。机场民航站区占地面积23公顷，机坪设4个停机位，飞行区等级指标为4C，机场航站楼面积为9740平方米，机坪面积为3万平方米。机场跑道长2800米、宽50米，可供起降B-737、A320和MD-82等中小型飞机。机场辐射济宁、泰安、枣庄、菏泽、商丘、濮阳等苏鲁豫皖四省八市3000多万人口，覆盖半径200千米，是山东省重要民用航空港之一。2013年，济宁曲阜机场通航城市26个，初步形成联通北京、上海、广州、深圳、成都、重庆、哈尔滨、海口、昆明、长沙、南宁等国内热点城市的航线网络。

京沪高铁曲阜东站，是京沪高速铁路第9个站点，于2011年6月建成通车，是京沪高铁全线6个精品站之一，位于曲阜市城区东南部，距离市中心约14千米。2013年，曲阜东站每天有79个班次发往北京、上海、长春、长沙、福州、大连、贵阳、哈尔滨、杭州、南昌、青岛、重庆、郑州、深圳、天津、合肥、南宁、温州、厦门等地。

曲阜火车站于1986年1月开通运营，位于市城区东南，距离市中心约4千米。2013年，每天有23个车次发往北京、曹县、汉口、菏泽、济南、临沂、青岛、日照、上海、威海、西安、烟台、枣庄。

曲阜汽车站，原位于曲阜明故城南，毗邻孔庙。2009年，迁至327国道与西外环交汇处新建，距曲阜明故城5千米。2013年，有通往山东省内各地长途汽车，也有到北京和河南新乡少数远途汽车。

第四节　旅游商品

曲阜旅游商品丰富，具有浓郁地方特色，以盛产楷雕、碑帖、尼山砚、孔府家酒、孔府糕点、香稻而著名。其中，楷雕、碑帖、尼山砚被誉为“曲阜三宝”。20世纪90年代后，随着旅游业不断发展，旅游商品发展规模不断壮大。2004年年底，曲阜市有10余个大类1000多个品种的旅游商品，主要有木雕类、石雕类、印刷类、拓片类、食品类、古董复制类、陶瓷类、纺织品类、文房四宝类、字画系列、小工艺品类、酒类等，仅孔子像、论语、如意等类就有几百个品种，产品从几元、几十元到几十万元不等。2013年，旅游商品以孔子文化系列产品生产为主，并占有80%左右旅游商品销售市场，从业人员5000余人。如意雕刻厂家有近百家，生产礼品式曲阜煎饼作坊也有近百家。旅游商品收入占旅游收入30%以上。从事旅游商品生产经营规模较大的主要有三孔服务公司、金龙阁、御书房、新民三宝、鲁宝阁、弘儒轩、集雅山房，其中，金龙阁艺术品有限公司是全省重要旅游商品开发基地，其古装本《论语》、横排中英文《论语》、竖立式木雕如意等是畅销产品。到2013年年底，全市有4人被评为“山东省民间手工艺制作大师”。

曲阜三宝

楷雕。曲阜特色工艺产品之一，有2000余年历史。楷雕原料是孔林楷树。孔府珍藏的孔子及夫人亓官氏二尊圆雕坐像，相传是子贡为孔子守墓时用楷木雕刻而成。曲阜楷雕传统产品是手杖和如意。楷木木质坚实而柔韧，有直性无横性，刻制成杖，不会暴折；折枝为杖，天然屈曲，状似龙蛇，古雅可爱。楷木纹细，色呈金黄，刻制的如意，玲珑剔透，如丝不断。

曲阜碑帖。曲阜碑林是中国五大碑林之一，是全国碑帖主要产地之一，境内存有西汉以后历代碑刻1万余通，主要集中在孔府、孔庙、孔林、颜庙、周公庙、少昊陵、孟母林等处。曲阜拓碑技法讲究，基本有擦拓和扑拓两种，以扑拓为主，其拓本清细精美。曲阜碑帖约为1000多种，以汉、魏、六朝碑帖为主，尤以“乙瑛碑”“孔宙碑”“礼器碑”“史晨碑”“张猛龙碑”“贾使君碑”《玉虹楼法帖》等最为著名。

尼山砚。因其石料取于尼山而得名。清乾隆《曲阜县志》载：“尼山之石，文理精腻，质坚色黄，可以为砚。”可见，尼山石制砚已有悠久的历史。尼山砚制作以简朴大方见长，一方砚石，巧用自然，略加雕琢，情趣盎然；而且发墨如锉，舔笔如油，拭不损毫。尼山砚的佼佼者为松花砚，石色褐黄，遍布青黑色松花纹，其砚利用料石的自然形状开墨堂、墨池，砚额将松花纹剔成浮雕，雅致可爱。

孔府家酒、曲阜香稻

孔府家酒。历史悠久，沿袭孔府家用酒坊历史发

展而来，其酿制白酒是历代衍圣公（孔子后裔）进奉宫廷和馈赠达官贵人专用酒。孔府家酒素以“三香”（闻香、入口香、回味香）、“三正”（香正、味正、酒体正）而著称。

曲阜香稻。产于鲁城街道南泉村，色白而略有青头，米质粘细油韧，清香醇口，有“一家煮饭十家香”之誉，因衍圣公府进献皇帝贡品而闻名遐迩。

旅游商品开发

曲阜市利用孔子故里独特优势，开发出一系列“孔字号”现代旅游产品。楷雕在发展传统产品基础上不断推陈出新，到2013年，楷雕已发展到上百个品种，包括人物、花鸟、走兽、器皿等，许多作品被日本、韩国、美国等国家和地区友人收藏，曲阜楷雕作坊也已发展到近百家。

金龙阁艺术品有限公司大型立式“九龙如意”，画面由九条龙组成，衬以祥云，造型惟妙惟肖。孔子七十七代嫡孙女孔德懋为此作品题名“世界之最，九龙如意”。

曲阜新民三宝艺术开发有限公司成立曲阜三宝艺术馆，组建团队致力于尼山砚及系列艺术品研发、创作，推动曲阜尼山砚由传统礼品砚向高端艺术品发展。2011年，应邀到美国孟菲斯孔子学院举办尼山孔子砚展，并现场展示尼山砚雕刻工艺。

玉成食品厂等食品企业在继承传统工艺制作基础上，结合现代化科学技术，开发出深受游客喜爱的孔府煎饼、孔府饴糖、孔府黑芝麻板等各色食品。

围绕孔子像和《论语》设计制作开发一系列特色旅游产品。孔子像有木雕、玉雕、石雕、铜铸、金箔等，《论语》工艺产品有仿真古装版、金版、竹简等。2004年，在山东省首届旅游商品创新设计大赛上，金龙阁“横版英汉对照版《论语》”工艺品获得大赛最高奖。

第五节　旅游企业选介

20世纪90年代初期，曲阜旅游企业基本属于散兵游勇状态，没有规模性企业。2000年前后，管理不善等各种制约企业发展的问题逐步呈现出来。随着市场经济体制的建立完善和旅游市场的迅猛发展，曲阜市旅游企业逐渐走向规模化、规范化发展轨道。2013年，主要旅游企业有孔子旅游（集团）导游有限公司、三孔游服务公司、金龙阁艺术品有限公司等。

孔子旅游集团

孔子旅游集团成立于1999年11月，是市政府国有独资公司，注册资本6212万元。2009年，孔子旅游集团与社会企业合作，向游客推出游客服务中心电瓶车服务，成为曲阜旅游产业品牌。2013年，下属企业有曲阜游客服务中心、曲阜中国国际旅行社有限公司、曲阜天马旅游汽车有限公司、万民乐煤气有限公司、导游公司、孔子六艺城有限公司、曲阜旅行社有限公司、春秋旅行社有限公司。破、停产企业有杏坛宾馆、孔府饭店、旅游服务公司、工贸公司、旅游产品开发公司。

孔子旅游（集团）导游有限公司

孔子旅游（集团）导游有限公司（简称导游公司），隶属孔子旅游集团有限责任公司，1999年，由33家旅行社联合成立。每年3—12月，导游公司定期开展旅游服务、景区讲解、传统文化、文明礼仪、导游读书会及“彬彬有礼”、“争做文明导游员”等系列活动。2010年7月，组织员工加入志愿者协会，开展为留守儿童捐资、捐物活动。节假日期间，组织志愿者在高铁、高速路口、神道路口、金声玉振坊等地段，免费为游客提供咨询、地图、绿豆粥等服务。2013年，公司有专职导游328人，兼职导游80人，占曲阜导游份额80%左右。

孔子国际旅游股份有限公司

1999年，市政府对国有文物旅游资源提出“两权分离”设想，组建孔子旅游（集团）有限公司，为市政府直属国有独资企业，是市政府授权投资机构和资本运营机构。2000年，经市政府授权，以市孔子旅游集团公司为主发起人，联合深圳华侨城集团、山东省中国国际旅行社（集团）、山东三孔集团有限公司、曲阜电缆（集团）股份有限公司、曲阜生达彩色印刷包装有限公司5家企业，共同发起设立“曲阜孔子国际旅游股份有限公司”，于2001年1月12日依法成立，注册资本6000万元，深圳华侨城集团出资3000万元，山东国旅和曲阜4家公司出资3000万元。市政府授权该公司经营管理孔庙、孔府、孔林、颜庙、周公庙、寿丘、少昊陵、尼山孔庙旅游业务。2001—2003年，该公司建设大型露天演艺广场杏坛剧场，编创大型古乐舞

2011年，金龙阁被省旅游局列为旅游商品研发基地

《杏坛圣梦》。2004年2月，深圳华侨城集团以内部股权转让形式退出该公司，市政府收回孔庙等8处景区旅游经营权。

三孔旅游服务公司

1991年，市三孔旅游服务公司（简称服务公司）隶属市文物局，依托三孔等景点资源进行旅游服务开发经营。2006年11月前，三孔景区内经营工作由服务公司、老龄实业公司、文物商店具体负责。2006年11月，服务公司全面整合优势资源，通过自主研发和广泛对外合作嫁接，逐步形成以餐饮住宿、旅行社服务、电瓶车游览观光、古典乐舞祭祀、孔子文化展览、文物复仿制品开发、孔子文化特色工艺品销售、曲阜土特产展销、古典文化系列书籍经销及专业文博讲解为主体的服务体系，年经营收入由2006年50万元增加到2013年突破亿元大关，上缴营业税由每年2万元增加到过千万元，增加社会就业岗位600多个。2013年，三孔旅游服务公司下设三孔保洁服务有限公司、孔府工艺品作坊有限公司、曲阜中国国际旅行社、三孔旅游旅行社、迎宾馆、济宁市文物店、尼山景区管理中心、孔林电瓶车游览观光中心以及三孔景区多个旅游商店。

金龙阁艺术品有限公司

金龙阁艺术品有限公司（简称金龙阁）创建于1995年，位于鼓楼大街中段。1996—2001年，先后于店内举办孔子文化节旅游商品展、艺术2000年奥地利维也纳7人绘画展、当代中国人物、山东花鸟画家邀请展。2002年4月，在首届中国旅游纪念品设计大赛上，该公司设计制作的“微雕论语”获金奖；9月，被山东省旅游局评为“山东省首家六真店”。2004年，设计开发的线装横排中英文对照版《论语》，获省旅游商品创新设计大赛金奖；9月，被省旅游局评为“山东省首家六真店”。2005年，金龙阁被评为省特色旅游购物店十佳品牌。2006年，被评为中国“质量、服务、诚信AAA企业”。2008年，与孔子文化发展公司创意研发孔府和田玉如意，获国家专利，获山东（国际）文化产业博览会唯一特别大奖。2009年5月15—17日，“孔府和田玉如意”“中英文对照版《论语》”获首届中国北方旅游商品交易会金奖；同年，特邀国内30多位专家教授、艺术家、鉴赏家、工艺大师研究设计，在国庆节和孔子诞辰前夕推出纪念中华人民共和国成立60周年暨孔子2560周年诞辰金银玉币系列礼品，礼品及包装盒获国家专利。2010年11月，被评为首批“中国专利·山东明星企业”称号；12月，被评为省金牌旅游购物商店。2010年9月，“孔子圣迹图”长卷获省文化产业博览会和旅游商品创新设计大赛唯一“特别大奖”。到2013年年底，金龙阁拥有工艺美术师20余人，制作生产基地8处，主要经营孔子文化收藏、旅游纪念品、名人书画、珠宝玉器、外事接待礼品等12大系列3600多种产品；全年实现销售收入800余万元。

金府古轩商贸有限责任公司

金府古轩商贸有限责任公司原为金府古轩旅游纪念品商店，位于鼓楼大街，创立于1994年7月，主要从事传统雕刻、古式家具、工艺礼品、文房四宝、书画古玩经营。2005年9月，注册为曲阜市金府古轩商贸有限责任公司。该公司立足曲阜文化和儒家思想，自行研发设计各种文化旅游产品，先后开发《论语》系列、楷雕如意系列、金属和木质孔子像系列、文房四宝系列、儒家文化系列等旅游商品800余个品种，多个设计获得省、市旅游品设计奖项。先后有50余位国内著名书画家在金府古轩举办个人作品展览，其中包括王学仲、于希宁、何南史、蒋维崧等。2010年，在济宁市成立金府古轩工艺品商行艺术品公司。2013年，有员工20余人。

第十二编

文化产业

2008年7月2日，曲阜市国家级文化产业示范园区挂牌现场

进入21世纪，曲阜市凭借其浓厚的文化底蕴，把文化产业作为引领全市经济发展的主导产业来抓，致力于将文化资源优势转化为文化产业和经济发展优势，走出一条符合曲阜市情的文化产业科学发展之路。2008年5月，文化部批准曲阜市为国家级文化产业示范园区。8月，济宁市成立曲阜新区文化产业园管理委员会，具体负责曲阜国家级文化产业示范园区和全市文化产业发展工作。通过市场化运作和拓宽产业链条，加快传统业态升级和新兴业态培育，传媒、演艺、会展、景区开发、综合性文化旅游服务等行业快速发展，规模和实力不断增强。

第一章　国家级文化产业示范园

2001年6月，中共曲阜市委十届四次全委会报告提出，以发展文化产业为突破口，尽快形成一批文化资产经营、文化旅游一体化、特色文化产业的大型企业或集团。变文化资源优势为品牌优势、产业优势，把曲阜市建设成文化大市、文化名城。市剧团、阙里宾舍、六艺城古乐舞剧团开拓演出市场，到国外及国内一些城市进行文化交流，取得一定经济效益。市文化局发展艺术培训业，开展礼仪、化妆、庆典、书画装裱等服务，通过文企联姻，把文化活动转化为文化产业，如举办“立党为公、执政为民心酒情消夏广场文艺演出”“心酒缘平安之夏广场文艺演出”等活动。2006年，市文化局多次到周边县（市、区）考察学习，理清文化产业发展思路，写出《农民画出大产业》《梁山好汉热书业》《让电影走向新生》等调研报告。同年6月，济南安诺特公司落户曲阜，注册成立曲阜市翼道产业有限公司，从事动漫制作、图书发行等业务。2007年9月3日，山东省委书记李建国在鲁南经济带建设规划会议上提出：“孔子文化节已上升为文化部、教育部和山东省政府共同主办，曲阜可以利用这个契机，争取成为国家文化产业示范基地。”济宁市委书记孙守刚，市委常委、副市长张术平先后就曲阜市文化产业发展作出批示。9月27日，曲阜明故城被评为山东省第一家省级文化产业示范园区（基地）。曲阜市在省级文化产业示范基地（园区）基础上，邀请华中师大教授专家组，对创建国家级文化产业示范园进行设计策划。到2007年年底，全市文化产业从业人员2.5万余人，占城区人口六分之一。2008年5月13日，文化部批准曲阜市为全国第三家国家级文化产业示范园区。2009年开始，济宁市每年从文化发展基金中拿出1000万元，支持国家级文化产业示范园建设。

第一节　机构

曲阜国家级文化产业示范园管理委员会

2008年8月，济宁市成立曲阜新区文化产业园管理委员会，在济宁曲阜新区管理委员会加挂曲阜新区文化产业园管理委员会牌子，正处级机构，内设管委会办公室、文化产业发展局、市财政局分局、文化产业招商局4个正科级机构，下辖曲阜文化旅游发展投资公司。主要负责曲阜市新上文化旅游项目开发建设、招商引资、产业发展等工作，并承担对全市新上文化旅游产业项目进行统一管理和文化产业规划建设统筹任务。2012年11月，曲阜新区管委会不再挂曲阜新区文化产业园管委会牌子，设立曲阜国家级文化产业示范园管理委员会，为正县级事业单位，内设党政办公室（会展中心管理办公室）、文化产业发展局、文化产业招商局、市财政局文化产业园分局（由财政局和管委会双层管理）4个正科级机构。

曲阜文化旅游发展投资（集团）有限公司

曲阜文化旅游发展投资（集团）有限公司（简称文投集团）是曲阜国家级文化产业示范园下辖国有独资公司，负责文化产业项目规划、融资和建设。文投集团实行现代企业管理制度，内部设立办公室（人力资源部）、财务部、企划部、投资管理部（项目部）、工程服务部5个部门。2012年11月，《曲阜市文物旅游体制改革方案》对公司体制和职能进行完善和明确，集团公司本部内设公司办公室（人力资源部）、财务部、企划部、投资管理部（项目部）、工程服务部5个部门。集团公司采取董事会领导下的董事长负责制，设董事长1人、总经理1人，监事会主席1人，监事3人；下属子公司设董事会，按照独立法人治理结构实行独立经营，集团按照资产关系和投资方式对下属企业进行管理。至2013年年底，其下辖公司发展到9家，即明故城开发建设有限公司、文投资产经营管理有限公司、孔子文化演艺有限公司、孔子国际会展有限公司、孔子文化传媒有限公司、孔子圣地旅游集团、孔子旅游（集团）有限公司7家为子公司，汉风壁画雕塑艺术有限公司、东方圣城文化传播有限公司2家为其参股经营企业。全年主营业务收入2.59亿万元，固定资产11.2亿元，总资产16.05亿元。

第二节　园区规划

2007年9月27日，曲阜明故城被评为全省第一家省级文化产业示范园区（基地），新批准的曲阜明故城儒家文化产业园以明故城为中心，北以孔林、西以孔子商贸城、南以孔子研究院、东以游客中心为4个支撑点，整合文化旅游资源，形成产业规模。随后，曲阜市邀请华中师大教授专家组成国家级文化产业示范园规划专家组，对曲阜创建国家级文化产业示范园总体目标、品牌目标、产业目标和总体布局进行设计策划，整合构筑“孔子故里、东方圣城、中华民族共有精神家园”城市品牌，形成孔子文化旅游、孔府餐饮、孔子书画、孔子书业、孔子文化演艺、孔子文化纪念品、文物复制品、古董收藏交易、孔子文化会展和孔子文化影视、动漫、创意等文化产业集群的分类品牌。2008年2月28日，文化部文化产业司在曲阜市召开《曲阜国家级文化产业示范园区建设与发展规划》专家论证会，文化部文化产业司司长王永章等参加论证会。北京大学、清华大学、上海交通大学等10所重点院校国家文化产业研究中心专家参加论证和评审。会议决定通过论证和评审。2012—2013年，在“一轴三区”（即以孔子大道为东西轴线，自东向西依次为高铁新区、国家级文化产业示范园区、高新技术产业示范园区）新城建设布局前提下，明确建设儒家文化城市综合体定位，规划东至兖石铁路、南至日东高速、西至文化路、北至大沂河约18平方千米的国家级文化产业示范园区核心区，重点发展儒家文化体验、文化创意创业、蓼河文化商业、市民文化广场等项目。调整完善曲阜国家级文化产业示范园区“一区多园”概念规划及重点片区控制性规划，规划以寿丘、少昊陵为中心的人文始祖文化产业园，以明故城为中心的儒家文化旅游体验园，以九仙山风景区为载体的农业观光旅游产业园，以尼山孔子诞生地为中心的世界级“文化修贤”度假胜地，以石门山国家级森林公园为载体的休闲度假《桃花扇》戏曲文化产业园等，明确发展“教育培训、文化旅游、休闲体验、动漫创意、会展演艺、艺术品交易”六大重点特色产业。

2011年2月，省政协十届四次会议提出设立“曲阜文化特区”建议。2012年12月，省政府与文化部签署合作推进山东文化强省建设《框架协议》，提出实施文化建设“突破曲阜”战略，探索创建“曲阜文化经济特区”。2013年1月，曲阜文化经济特区写入省《政府工作报告》；同年4月，济宁市制定《关于加快推进“曲阜文化经济特区”规划建设的意见》，启动建设曲阜文化经济特区。

第三节　项目建设

2008—2011年，园区以历史文化遗产保护为原则，坚持把扩大规模和提升内涵结合起来，引入特色文化产业大项目。实施总投资17亿元的明故城恢复改造二期工程，投资8亿元的孔子文化会展中心建设；投资约8000万元，改造杏坛剧场、孔子文化园（原论语碑苑）等一批文化产业项目。到2011年，有文化产业投资项目12个、施工项目11个。2012—2013年，按照文化建设项目化、工程化理念，尤其是省和济宁市实施文化建设“突破曲阜”战略以后，园区通过与港中旅、保利集团、北京锦绣富华、鞍山红山文化、香港墨维克—仲圣控股、北京银谷艺术馆等大型文化企业协商洽谈。到2013年年底，引进文化产业项目50余个，其中万豪儒家文化动漫体验基地一期、儒源儒家文化体验基地一期、新世纪电影城、蓼河水幕电影景区、葫芦套民俗旅游度假村等8个项目完工，尼山

圣境、鲁国故城考古遗址公园、孔子博物馆、中华文坛百年巨匠艺术公馆、明故城古泮池片区开发、蓼河仿古文化商业街等16个项目落地建设。

古泮池片区开发

2009年，曲阜市实施古泮池片区开发。古泮池片区位于明故城东南部，西起东南门大街，东至东马道，北起五马祠街，南至东南马道，用地面积15公顷，其中规划用地面积13.34公顷，建筑风貌控制性面积1.66公顷，是明故城恢复改造二期工程的起步区域。市委、市政府委托中国工程院院士、西北建筑设计研究院总建筑师张锦秋编制设计《明故城古泮池风貌区实施性详细及建筑设计方案》，主要建设内容包括古泮池遗址公园、行宫宾馆、泮池坊四合院体验区、池东餐饮区、家庭旅馆、东南门大街沿街商铺六大板块，总建筑面积102381平方米，其中地上总建筑面积75138平方米，地下总建筑面积27243平方米。

2013年3月，市委、市政府成立古泮池片区建设工程指挥部，对古泮池片区进行拆迁改造。经过指挥部耐心工作，古泮池片区建设得到古泮池居民支持配合，44天时间完成片区588户民居搬迁和安置。

孔子博物馆

2007年，曲阜市规划实施曲阜孔子博物馆项目，邀请两院院士、清华大学建筑学院教授吴良镛主持规划编制和设计工作。孔子博物馆设计以“北斗七星”为规划布局，体现孔子“为政以德，譬如北辰，居其所而众星共之”理念，形成以主展馆为核心的建筑群体空间。项目位于国家级文化产业示范园区核心区，孔子大道以南，蓼河公园以北，西104国道以东，一期主馆工程用地面积5.7万平方米，建筑面积4.2万平方米，计划投资约7亿元。2010年，《孔子博物馆总体展陈策划方案》通过国家文物局专家组论证。2013年2月，曲阜孔子博物馆项目建设启动；年底，孔子博物馆实现主馆主体结顶。

蓼河文化商业街

蓼河文化商业街是曲阜市蓼河清明上河园项目的一部分，2013年，由杭州城市规划设计研究院规划设计，锦绣富华（北京）投资管理公司建设。项目位于蓼河人工湖以西，孔子大道以南，尼山东路以东，总占地面积约32公顷，建筑面积约10.6万平方米。项目结合蓼河水系综合治理工程，打造特色的商业文化旅游中心与湿地科普教育中心。蓼河商业街主要建设内容为酒店与会所功能区、文化旅游购物街区、特色商业文化街区。该项目于2013年5月开工建设。

百年巨匠艺术公馆

百年巨匠艺术公馆项目是曲阜国家级文化产业园管委会联手北京银谷艺术馆共同打造的文化产业项目。百年巨匠艺术公馆位于曲阜文化产业园核心区和孔孟文化大中轴中间，南依孔子文化会展中心，北依大沂河景观带，占地5.7公顷，建筑面积5.3万平方米，总投资6亿元。项目立足曲阜丰厚的文化历史和独特的城市品牌，联合国内外影响力艺术企业，打造集文化艺术创作、培训、鉴赏、展示、拍卖为一体的文化展示创作集聚区。项目规划建设名人名家创意工作室、百年巨匠艺术长廊、中华艺术品拍卖中心和会议中心4个区域。百年巨匠项目于2013年10月开工建设。

第四节　文化产业活动

2008年起，曲阜国家级文化产业示范园以孔子品牌为引领，推出系列大型演艺、会展、节庆等文化活动，打造特色文化旅游产品。引入专业会展运营企业——大连星海集团入驻会展中心，建立专业会展队伍。相继举办第一、二届山东省文博会，第十九届全国图书交易博览会暨古籍古旧图书展览会曲阜分会场，第九届、十届中国专利高新技术产品博览会，2009年孔子文化节书画艺术品展览会，首届中国书画艺术品双年展（曲阜）博览会，首届大连国际时尚服装（曲阜）博览会，2010全国名优商品交易会等集文化会展、学术研讨、经贸洽谈为一体的40余个大型展会；长年承办曲阜及周边企业大型年会和各类演出活动；举办阳光明星足球赛、龙永图学术报告会、第八届策划师年会等文化产业活动。2012年，承办曲阜人大、政协两会开幕式、曲阜城市基础设施建设招商会、曲阜高铁新区暨城市建设推介会、第二届文化旅游产业招商大会、第一届现代农业招商大会等大型行政会议以及汽车展销会、大连服装展、第十一届中国专利高新技术产品博览会等展会及演出活动。2013年，承办全市信访大接访、全面提升群众满意度会议等10余个综合性会议；完成大型原创歌剧《孔子》曲阜场首演;举办曲阜首届全民创业文化节、曲阜家居团购会和首届曲阜房产、汽车、家居博览会等商业会展活动,以及全市信访大接访、共托明天的“太阳活动”、全市“马上就办”面对面等10余个公益性会展活动。

2010年5月,舞剧《孔子》在杏坛剧场演出现场

影视系列片《演说〈论语〉》

2010年4月18日,102集大型儒家文化影视系列片、全球首部影视版《论语》——《演说〈论语〉》首发式在杏坛剧场举行。该片自2009年8月拍摄,辗转山东、山西、河南等地,通过表演和对话,用电视情景和白话语言诠释《论语》。《演说〈论语〉》由中国光华科技基金会、济宁市儒家文化与企业发展协会、济宁市人民检察院、山西太原文佳制作公司发起,联合曲阜东方圣城文化传播有限公司等单位共同摄制,总制片人由美国“好莱坞创意奖”获得者刘耀文担当,国家一级演员王英斋扮演孔子,刘远东等任编剧,曲师大教授骆承烈等改编完成。该片被列为中国光华科技基金会全国青少年中国传统文化教育教材,成为国家新闻出版总署“十一五”重点音像出版规划项目,获得山东省第十届精神文明建设“文艺精品工程”优秀作品奖。

第十九届全国图书交易博览会曲阜会场

2009年4月26—29日,在曲阜孔子文化会展中心举行。设立展位2000余个,全国各地近千家图书经销商和书画艺术家到会进行业务交流、图书经销、产品推介,展出图书15余万册,参观读者40余万人次,成交额5400余万元。

第三届山东文化产业博览交易会济宁会场

2010年9月21—23日,在曲阜孔子文化会展中心举行,由省政府主办、济宁市政府承办。展览会场设文化、旅游、商贸三大展馆,展区面积共计4.98万平方米,设35个特装展位、400个摊位和622个标准展位,参展企业、团体1026个。曲阜市文化展馆设曲阜新区国家级文化产业示范园区、孔子圣迹图尼山砚和大庄琉璃瓦3个特装展,文化产品标展71个;旅游展馆设曲阜文化旅游特装展1个,旅游工艺品标展18个;商贸展馆设在孔子商贸城内,有近600家客商参展,实现交易额300余万元。

舞剧《孔子》

2010年,曲阜孔子文化演艺有限公司大型原创舞剧《孔子》在杏坛剧场首映。该剧以舞蹈形式对孔子一生、孔子内心情感进行演绎,全剧用时70分钟,分为“序:天降仲尼”“礼乐天籁”“仁德安邦”“圣坛惊梦”“车革千国”四幕和“尾:万世师表”,采用水幕、雾幕、巨型开合LED电脑屏幕、“7+1”结构多声道立体环绕音响系统等现代舞台技术。11月,该剧入选《国家文化旅游重点项目名录(旅游演出类)》,成为山东省唯一入选剧

2009年4月,全国图书博览会在孔子文化会展中心设立曲阜会场

目。2012年，该剧获山东省第十届精神文明建设“文艺精品工程”优秀作品奖。曲阜孔子文化演艺有限公司成立于2010年，其下属杏坛剧场为曲阜市标志性建筑之一，拥有座席4100个和专业演出团队，能够承接各种大中型演艺、会议的策划和实施。

第二届曲阜市工业招商大会

2012年3月10—12日，在孔子文化会展中心国际会议厅举行。大会以大项目为重点，围绕汽车零配件、生物医药、新能源、物联网四大主导产业，突出加快台湾工业园和工业主导型镇街建设，坚持“敲名门、招大商”，邀请一批世界500强企业、国内100强企业、大型央企、民营巨头和台资企业参加大会。

曲阜市首届全民创业文化节

2013年5月18—19日，在曲阜孔子文化会展中心举办。文化节以“我创业、我骄傲，我致富、我自豪”为主题，举办创业论坛、创业政策宣传、创业成果展示、创业平台展示、创业项目推介、特色美食展示、创业成果评奖等活动，260余家企业和商户、16个创业平台、46个项目参展，评选优秀创业成果一等奖10名、二等奖20名、三等奖30名，特色美食奖30名。

第二章 儒学培训

曲阜市将优秀传统文化与教育培训紧密结合，推进文化教育培训产业。1991年起，先后有孔子六艺城、孔子研究院、儒源儒家文化体验基地、儒学新院、吃亏是福孔子学苑儒商文化培训基地、全球孔子学苑总部体验基地、政德干部学院等一大批儒学研究、传播、培训机构在曲阜落户。到2013年年底，曲阜市共有26家传统文化教育培训机构。

第一节 政德干部学院

2012年，市委、市政府决定以党校迁建为依托，建设曲阜市政德教育基地，该项目列入曲阜市重点工程和济宁市“文化建设突破曲阜”十件实事之一。基地位于孔子大道北侧，距京沪高铁曲阜东站约3千米，总占地28公顷（其中教学生活用地18.47公顷、体育场馆用地9.53公顷），总建筑面积12.1万平方米。教学生活设施建设面积8.14万平方米，分两期建设。初名曲阜干部学院，后定名曲阜政德干部学院。规划以“政者，正也”为设计理念，以“仁、义、礼、智、信、勤、善、公、和、廉”为设计主线，将其贯穿学院整个空间布局，规划大尺度景观湖（智乐湖）串联各功能建筑，形成“金镶玉”式的园林景观格局。后济宁干部政德教育学院在此成立。

第二节 山东儒源文化集团

2002年，孔子礼仪文化学校成立，位于曲阜市岐黄街2号曲阜市中医药学校原校址。2010年，德行天下文化传媒有限公司成立。2012年，山东省儒源文化集团有限公司成立，下设孔子礼仪文化学校、德行天下文化传媒公司、儒源幼儿园、儒源学校、儒源儒家

儒源孔子礼仪文化学校学生在学习茶道礼仪（2013年摄）

文化体验基地、儒源孔子文化教育集团公司、曲阜人人彬彬有礼教育学校、儒源科技公司、儒源酒店管理公司、儒源商贸公司、儒源旅行社、儒源投资公司、儒源之衣有限公司、儒源装饰公司、儒源物业管理公司、孔子家园有限公司16个分支机构，是一家依托儒家文化资源，集国学教育、修学体验、企事业单位培训、会议接待、文化礼品等于一体的综合性文化集团。同年，学校被授予“省级文化产业示范基地”称号。2013年11月26日，中共中央总书记习近平视察曲阜，儒源文化集团创始人金辉出席座谈会向总书记汇报集团工作。

吃亏是福孔子学苑外景（2013年摄）

第三节　吃亏是福孔子学苑

曲阜（中国）孔子学苑项目是由中国吃亏是福企业家总裁俱乐部和上海吃亏是福管理咨询机构共同发起，并有诸多企业家爱心投资，以弘扬中华优秀传统文化、建设中华民族共有精神家园、实现中国梦、对企业家进行传统道德文化培训为主要功能的重大文化项目。项目于2012年7月由市政府招商引资落户于吴村镇。项目整体规划以“孝”字为原型修建，重塑中国人做人的根本。由格物殿、致知阁、诚意殿、正心殿、修身苑、齐家苑、治国楼、童蒙苑、净心苑等13个板块构成，主体建筑外围配套约120余公顷试验田，用于学员农耕体验。吃亏是福孔子学苑占地134公顷，总建筑面积20万平方米，2013年4月动工建设。

第四节　儒学新院　曲阜国学院

儒学新院位于大同路中段，是一所中外合资文化教育机构。曲阜儒学新院院长曾繁如，系新加坡著名企业家，经营航运30余年，被称为“新加坡船王”。2007年起，曾繁如注重儒学传播事业，是儒家典籍英文翻译专家，历任新加坡共和国智囊团委员、新中协会副会长、孔垂长特别顾问、联合国教科文组织中国协会顾问等职务。2013年，曾繁如投资2.5亿元，在曲阜兴建曲阜儒学新院，主要设置弘道厅、雅乐厅和孔府书房。到年底，完成主体建筑建设。

曲阜国学院又称曲阜儒者联合会，初名曲阜市礼乐文化促进会，于2005年筹办，2007年经市教育局批准成立。曲阜国学院是一家仿照古人“读经、习礼、开笔、开讲、游学、力行、祭祀与会讲”为常规课程内容的全日制国学教育机构。学院位于曲阜市北门大街，占地2公顷，建筑面积1.5万平方米。2011年，组织学生参加首届国际《论语》知识大赛，获少年组冠军和成人组二、三等奖。

第三章　尼山圣境

尼山圣境位于曲阜明故城东南25千米处、尼山省级文化旅游度假区内。尼山圣境由曲阜市与无锡灵山文化旅游集团有限公司（简称灵山集团）等进行开发，集文化体验、修学启智、生态旅游、休闲度假、教育培训于一体，总体定位为“世界级人文旅游目的地”和“文化修贤度假胜地”，核心文化主题为“明礼生活方式”。2010年11月20日，曲阜市政府与灵山集团就合作开发尼山省级文化旅游度假区和核心文化旅游项目——尼山圣境达成意向，签订战略合作协议书。

第一节　规划设计

2010年11月30日，省政府批复济宁市人民政府《关于设计尼山省级文化旅游度假区的请示》，同意设立尼山省级文化旅游度假区。该度假区位于曲阜市、邹城市、泗水县交界处，区域东至宋家山头村，西至西鲁源村，南至南王村，北至周庄村，规划总面积35.76平方千米。

2011年7月29日，灵山集团召开尼山省级文化旅游度假区总体规划第二阶段成果讨论会，将尼山省级文化旅游度假区打造成结合世界遗产、旅游胜地、生活体验、休闲度假、研究学习、会议商务、生态城镇、环境保育、交通建设、经济提升等具有多种功能的世界孔学中心；8月，完成《山东省曲阜市尼山圣境项目可行性研究报告》编制；9月28日，曲阜市人民政府与灵山集团签订《曲阜尼山圣境项目合作合同》；9月30日，灵山集团在灵山总部召开尼山省级文化旅游度假区总体规划第三阶段成果讨论会，设计主要围绕尼山圣境的文化活动核心，完成大学堂遗产区、颜母山休闲区、书院式大学、体验拓展区、游客集散区等空间功能结构规划；11月初，尼山省级文化旅游度假区核心景区总体规划与概念设计完成；11月6日，灵山集团与尼山圣境项目建设指挥部、曲阜市规划、国土等部门负责人就《尼山省级文化旅游度假区总体规划》进行专题交流。2012年1月5日，《尼山省级文化旅游度假区总体规划》评审会在济南市山东大厦召开，通过专家评审，并按程序报批实施；度假区空间布局明确为“一环五区”：环湖生态游憩带，儒学圣殿瞻礼区、山水书院修贤区、学院联盟游学区、生态耕读体验区、昌平乡国际社区。尼山圣境一期为核心区，规划范围8平方千米，主要包括宫像区（孔子像、大学堂等）、鲁源村入口区、耕读书院区（书院群落）、配套服务区（含尼山书院酒店）以及尼山孔庙保护区等。

第二节　项目建设

2012年5月8日，曲阜尼山文化旅游投资发展有

2012年5月21日，尼山圣境项目开工奠基现场

限公司(简称尼山公司)成立。5月21日,尼山圣境项目举行奠基仪式,山东省、济宁市、曲阜市领导以及灵山集团、尼山公司负责人出席活动,省委副书记、省长姜大明宣布工程开工,副省长才利民、济宁市委书记马平昌、灵山文化旅游集团董事长吴国平致辞,济宁市委副书记、市长梅永红主持奠基仪式。9月16日上午,尼山圣境项目工程举行动土仪式。11月13日,梅永红实地察看尼山圣境项目建设情况。11月20日,省委书记姜异康考察尼山圣境宫像区项目现场。12月3日,济宁市政协主席赵树国考察尼山圣境宫像区项目现场。12月20日,副省长夏耕视察尼山圣境宫像区项目现场。12月23日,确定尼山孔子像底部海拔为201.8米,孔子像高度为72米,朝向为南偏东9.5度,背山面湖,面南而立,遵循“可亲可敬,写实为主”的造像原则,体现“长者”“师者”“智者”的形象气质。

尼山圣境百花谷景区　　曹天一/摄

2013年1月23日,召开孔子像2米小像研讨会,会议就吴显林、龙翔、朱尚熹3位雕塑家6件孔子像小样作品进行观摩评审。4月16日,尼山圣境举行宫像区开工仪式。4月20日,灵山集团及尼山公司会同曲阜市负责人、孔子后裔及文化专家评审孔子像1.5米小样,签订《尼山圣境孔子像小样认定书》。7月30日,济宁市委书记马平昌、政协主席赵树国一行考察尼山圣境项目现场。8月3日,曲阜市政府主要负责人、尼山公司股东董事代表、孔子后裔代表、文化专家代表等在南京晨光集团制像分公司召开尼山圣境7.2米孔子像认定会,审查认定雕塑家吴显林创作的孔子形象符合项目及各方面要求,并签订《7.2米孔子像小样认定书》。9月6日,省旅游局局长于冲考察尼山圣境项目现场。9月18日,全国人大常委会原副委员长许嘉璐视察尼山圣境项目建设。9月24日,曲阜市委书记、市人大常委会主任李长胜在市委常委会议室召开规划委员会会议,专题研究尼山省级文化旅游度假区孔子像及基座项目,会议原则同意孔子像及整体设计。9月27日,尼山圣境孔子像1: 10模型交接暨项目承建合同签约仪式在南京市举行,会议签署模型交接文件,以及72米孔子像制作与安装协议书(草签)。9月28日,曲阜市政府同意对611省道日兰高速泗水连接线曲阜段实施封闭改造,道路按照尼山圣境核心景区标准和要求实施改建和景观绿化;同日,副省长孙伟考察尼山圣境宫像区、百花谷项目建设。10月17日,副省长孙绍骋考察尼山圣境项目建设。12月25日,尼山圣境核心项目之一——大学堂举行破土仪式。

尼山圣境大学堂仁厅

第十三编

财政　税务

曲阜市办税服务大厅工作场景

随着市场经济体制的建立和财政体制的完善，曲阜市财政收入稳定增长，收入总量大幅度增加。1991—1993年。全市各种收入总额3.21亿元。1993年，国家实行分税制财政体制后，地方财政收入迅速增长，由1994年5490万元增加到1998年23549万元，财政支出规模也迅速扩大。1993-1998年，全市财政总支出增加22116万元，年均增加4423万元。2002年12月，市财政局获全国财政系统先进集体称号。2010年，曲阜市财政收入突破10亿元，财政支出16.91亿元。1994—2013年，市国税局累计组织税收收入84.6亿元，年均增幅9.74%。地税系统组织税收收入97.3亿元，年均增幅25.6‰。2013年，曲阜市财政总收入28.11亿元，地方财政收入突破20亿元，完成20.11亿元，财政总支出32.44亿元，保障了各项重点支出。

第一章　机构设置

第一节　财政机构

1991年，曲阜市财政局机关位于春秋路，内设办公室、人事监督科、预算行财科、企财科、农财科、会计科、综合计划科、控制社会购买力办公室、监察控购办公室、世界银行贷款项目管理办公室、税收财务物价大检查办公室、市财政驻厂员管理组、世行办（市黄淮海平原农业开发领导小组办公室与利用世界银行贷款加强灌溉农业办公室一个机构两个牌子）13个单位。1992年5月，成立市经济开发投资公司，企业化管理自收自支事业单位，隶属财政局。1993年，成立市住房资金管理处，为副科级事业单位，隶属财政局。12月，税收财务物价大检查办公室撤销。市黄淮海平原农业开发领导小组办公室降为股级单位，改称黄淮海农业综合开发办公室，归口农业委员会管理。1994年7月，定为副科级事业单位；同年12月，设立市国有资产管理局，为副科级事业单位。1995年12月，成立预算外资产管理局，为副科级事业单位，下设票据管理科、收费结算科、收费稽查科、综合计划科、个体私营业户规费征收科，隶属财政局管理。1996年11月，设立市利用世界银行贷款项目办公室，为财政局内部正科级行政机构。1997年4月，黄淮海农业综合开发办公室升为正科级事业单位。1998年，市政府成立国有资产管理委员会，下设办公室，与市国有资产管理局合署办公，为正科级事业单位，隶属财政局。1999年9月，市政府设立政府采购中心，为副科级事业单位；12月，设立社会保障基金管理中心，为副科级事业单位。2000年4月，设立基本建设工程预结算审查中心，为副科级事业单位，隶属市财政局管理。2002年2月，设立会计核算中心，为正科级事业单位，隶属市财政局管理；设立市农业税收征收管理局，为正科级事业单位，内设综合科、税政科、会计科3个科室，下辖农业税收稽查队，为副科级机构，隶属市财政局管理；撤销市利用世界银行贷款项目办公室，市财政局加挂利用世界银行贷款项目办公室牌子；6月，市农业税收征收管理局更名为市农税局。7月，市财政局内设办公室、预算科、农业科、企业科、会计科、财政监督科6个职能科室。2003年7月，撤销市会计核算中心，设立市会计局，为正科级事业单位，隶属市财政局管理。2005年4月，设立市财政集中支付中

2002年12月，市财政局获全国财政系统先进集体称号

心，为正科级事业单位，下设综合科、支付科、稽核科3个中层科室；撤销市经济开发投资公司。9月，市预算外资产管理局更名为市非税收入管理局。2007年6月，市住房资金管理处上划济宁市管理。2008年，因城市建设，市财政局驻地搬迁，机关整体到大同路曲阜工商银行大楼办公。2009年6月，市政府采购中心调整为隶属市招投标管理办公室管理；11月，市基本建设工程预结算审查中心更名为市财政投资评审中心，为正科级事业单位，内设综合科、评审科、监督科。2010年4月，市农业综合开发办公室调整为隶属市财政局管理。2011年6月，市农税局更名为市基层财政管理局。2012年10月，市会计局撤销。2013年7月，设立市农村综合改革办公室。到2013年年底，市财政局内设办公室、预算科、国库科、农业科、经济建设科、会计科、财政监督科、农村综合改革办公室8个行政科室，下辖国有资产管理局、非税收入管理局、财政投资评审中心、基层财政管理局、农业综合开发办公室、财政集中支付中心、社会保障基金管理中心、企业财务管理处、财政局机关服务中心9个事业单位，以及文物门票管理处、财政局开发区分局、财政局曲阜高铁新城分局3个派出机构。

第二节　税务机构

1991年，曲阜市税务局位于春秋路，内设办公室、税政科、征管科、审计科、人事监察科、集体企业财务管理处、税检科、会统科、发票管理所、稽查队10个科室，下辖13个基层税务机构，有职工180人。1994年8月，市税务局撤销，成立市国家税务局和市地方税务局。

国家税务局

曲阜市国家税务局成立于1994年8月，位于春秋路，内设办公室、政策法规科、税政科、收入核算科、纳税服务科、征收管理科、人事教育科、监察室、税源管理一科，下辖一个直属机构：稽查局，一个事业单位：信息中心，5个派出机构：城区税务分局、时庄税务分局、王庄税务分局、经济开发区税务分局、陵城税务分局。2013年，市国家税务局有在职干部职工142人。

地方税务局

1994年8月，税务系统机构分设，成立市国家税务局、市地方税务局。市地方税务局位于春秋路，隶属市人民政府，正科级单位，内设办公室、人事科、计会科、征管科、税政科5个职能科室，下设稽查局、第一征收分局、第二征收分局3个分局及书院、王庄、董庄、吴村、姚村、时庄、陵城、小雪、息陬、南辛、防山、尼山、开发区13个税务所。1998年9月，全省地税系统实行垂直管理。1999年5月，第一征收分局、第二征收分局合并为直属征收分局，13个税务所合并为书院征收分局、小雪征收分局、王庄征收分局、时庄征收分局、息陬征收分局5个基层分局。至2013年年底，内设办公室、法规税政科、征管和科技发展科、税源管理科、收入核算和财务科、人事科、党总支、监察室8个科室，下辖稽查局、直属征收局2个直属机构和纳税服务中心一个事业编制单位，鲁城中心税务所、时庄中心税务所、书院中心税务所、王庄中心税务所、小雪中心税务所5个基层税务所，为副科级机构。在职干部职工153人。

1994年税制改革，市国税局与地税局机构分设。图为国税局办公场所

第二章　财税体制改革

20世纪90年代初，曲阜市实行行政、事业经费预算包干，试行事业单位企业化管理，设置文教卫生科学事业周转金，建立财政支农周转金，建立预算外资金管理制度；税收初步形成多税种、多层次、多环节征收的复合税制。1994年，财政体制由“财政包干”改为“分税制”财政管理体制，对乡镇财政体制实行“收入全留，定额上解（补助），一定五年不变”管理体制。2002年4月，农村税费实行“三取消、两调整、一改革”。2005年，全市一次性取消农业税。2009年，国家实行“费改税”，市交通局、公路局不再征收公路养路费等费用。

第一节　县级财税体制改革

20世纪90年代初，曲阜市改革事业费管理制度，全面实行行政、事业经费预算包干。1994年1月1日起，财政体制由“财政包干”改为“分税制”财政管理体制：增值税为中央和地方共享，中央分享75%，地方分享25%，以1993年净上划中央的收入为基数，核定县（区）级税收返还基数，后据每年上缴中央两税（增值税75%和消费税）数额，按1:0.3的比例增加税收返还，继续保留定额上解和专项上解。2002年起，地方各级企业缴纳的企业所得税和个人所得税，全部实行中央和地方共享，并把营业税纳入省、市、县分享范围。2004年1月1日起，实行“税收属地管理，主体税种两级分享”的新财政管理体制。

2005年起，曲阜市调整开发区财政体制，确定财政收支基数标准为以2004年开发区范围内企业实现地方税收，完成收入基数市财政补助开发区200万元，超基数部分的曲阜市分成部分实行市政府与开发区5:5分成办法。2009年，实施开发区（含时庄镇）“固定基数，定额补助，超收分成”财政体制，取消时庄镇原体制上解1000万元、教育卫生上解1028万元，以2007年开发区实现地方财政收入为收入基数，完成收入基数市财政补助开发区827万元，超基数的曲阜市分成部分实行市与开发区3:7分成。该体制执行时限内，开发区从曲阜市境内引进企业，按照该企业入区影响的市级财政收入，增加开发区收入基数。

第二节　乡镇财税体制改革

1994年，根据分税制要求，曲阜市对乡镇财政体制进行调整，实行“收入全留，定额上解（补助），一定五年不变”管理体制。2005年，鉴于宏观财政政策变更较大，工资增长幅度较高，为确保乡、村两级组织运转，对全市乡镇财政体制进行调整：重新核定乡镇收支基数，确定乡镇补助或上解数额，对补助乡镇实行定补与以奖代补相结合形式，即对国家工资标准部分实行定额补助（70%部分），对村级经费以及乡镇公用经费参照其乡镇税收增长情况，实行以奖代补；考虑体制稳定性，对原乡镇体制补助不做调整，适当增加奖励性体制补助，按照乡镇税收增长比例，对乡镇进行奖励；打乱现有企业隶属关系，按税种划分市级与乡镇的收入，重新核定市、乡收入基数，确定乡镇上解和补助数额。同时，完善乡镇财政体制措施，鲁城街道为上解乡镇，原转移支付上解的1000万元作为定额上解。书院街道实行自收自支、自求平衡的财政体制。其他乡镇实行财政补贴，补贴采取“保障性转移支付”和“激励性转移支付”相结合形式。

第三节　农村税费改革

2001年初，曲阜市农村税费改革起步，2002年4月全面铺开。改革主要内容为“三取消、两调整、一改革”。“三取消”即取消乡统筹费、农村教育集资等专门面向农民征收的行政事业性收费、政府性基金、集资，取消屠宰税，逐步取消劳动积累工和义务工。“两调整”即调整农业税政策，新农业税适用税率为6%，不再征收实物，一律征收代金；调整农业特产税政策，对大田生产西瓜、甜瓜、甜叶菊等产品改征农业税。“一改革”即改革村提留征收使用办法：原由农民按人均纯收入上缴村提留，改按新农业税和农业特产税附加形式收取，农业税附加比例为正税40%，农林特产税附加比例为正税20%；两项附加属村集体资金，由乡镇财政专户存储，村委会安排使用，乡镇经管部门实施监督管理。2003年，按照农村税费改革要求，全市一次性取消农业特产税。2005年，全市一次性取消农业税。

第三章 财政收入

第一节 农业税收

20世纪90年代以后，虽然曲阜农林牧渔总产值保持在5%左右的实际增长速度，但是农民“增产不增收”现象初现端倪。1991—1993年，在农业大丰收的情况下，农民人均纯收入实际增幅下降。1996年，农民人均纯收入比上年实际增长9%，1997年增幅降至4.6%，1998年降至4.3%。

2000年3月2日，中共中央、国务院发出《关于进行农村税费改革试点工作的通知》，决定在安徽进行农村税费改革试点。2002年，国务院确定包括山东在内的16个省、自治区、直辖市为2002年扩大农村税费改革的试点省，曲阜被列入第一批试点县（市、区）。曲阜市成立市农业税收征收管理局，各乡镇、街道建立农业税收征收管理所，与财政所一门两牌，全市农

1991—2013年曲阜市农业“四税”征收情况统计表

表13-1　　单位：万元

年度	农业税	特产税	耕地占用税	契税	年度	农业税	特产税	耕地占用税	契税
1991	258	60	253	3	2003	3077	37	1065	819
1992	290	64	323	3	2004	892	–	3221	2887
1993	349	61	283	3	2005	–	–	4211	6396
1994	513	135	309	5	2006	–	–	2491	6051
1995	505	124	298	1	2007	–	–	3648	949
1996	779	134	445	3	2008	–	–	282	1256
1997	791	144	135	5	2009	–	–	1931	5587
1998	854	109	81	20	2010	–	–	2921	9912
1999	920	137	195	57	2011	–	–	1588	4336
2000	799	125	236	75	2012	–	–	6794	3702
2001	798	125	545	139	2013	–	–	8792	10843
2002	2652	37	3813	98					

税工作人员106人；同时，选聘296名群众担任农业税协税员，构建起市、乡、村三级农业税征管网络。2002年，全市完成农业税2652万元，全市地方财政收入29842万元，农业税占地方财政收入的8.89%。2004年，农业税税率由6%调到3%，全市完成农业税892万元，全市地方财政收入44276万元，农业税占地方财政收入的2%。2005年，曲阜市率先第一批取消农业税，免征农业税892万元。

第二节　工商税收

1991年，曲阜市工商税收收入为5455万元。1994年，实行分税制管理体制，当年工商税收收入为4244万元。2000年，全市工商税收收入完成1.83亿元，比1996年增长1.15倍。2013年，全市工商税收收入完成12.12亿元，是2000年的6.62倍，比1996年增长13.25倍。

1991—2013年曲阜市工商税收收入情况统计表

表13-2　　单位：万元

年度	收入额	年度	收入额	年度	收入额
1991	5455	1999	13660	2007	35420
1992	7330	2000	18302	2008	44345
1993	5787	2001	11296	2009	53282
1994	4244	2002	10648	2010	67336
1995	5639	2003	17594	2011	71668
1996	8500	2004	21689	2012	89807
1997	9809	2005	28359	2013	121154
1998	11812	2006	33020		

第三节　预算外收入

1991年，曲阜市开始加强行政事业单位预算外资金管理。到1996年预算外资金管理局成立时，全市教育、建设、劳动人事、公检法等九大系统89个执收执罚部门和单位逐步实现“收入全额上缴财政专户，支出按计划拨付，政府适当统筹”收支两条线管理机制。1999年年初，依托“票款分离”信息化平台推行集中收入制度，规范行政事业性收费收缴办法，使用统一、规范执收票据，实行部门开票、银行代收、财政统管征管体制。对所有收费和基金项目实行编码管理，由缴费人直接到财政部门指定代收银行缴纳收费款项，收费资金由代收银行直接缴入国库或财政专户，取消由执收部门按月汇缴收费资金做法。2000年年底，实现“集成账务”系统与省财政厅“票款分离”管理信息系统切换和对接。2003年，进行“票款分离”代收费系统升级工作，启用山东省非税收入征收管理系统，将所有行政事业性收费、政府性基金及代行行政职能社会团体会费、以政府名义接受捐赠收入等政府非税收入以及纳入财政专户管理“往来款项”全部纳入“票款分离”范围，并扩大到全部国有商业银行代收网络，通过非税收入系统征管比重100%。2005年，市预算外资金管理局更名为市非税收入管理局。2006年，加强收费票据领购、审验、核销和监督管理，对票据管理细化到每一张票据，从源头上制止乱收费、乱罚款、乱摊派和坐收坐支等问题。2007年，曲阜市被命名为全省首批“非税收入管理示范县”。2012—2013年，对全市执收执罚部门和单位的国有资产（资源）出租收入、城市基础设施配套费、防空易地建设费、水资源费、排污费、城市公共事业附加等非税收入缴纳情况、票据使用情况及有无“三乱”情况进行全面检查，查处一批违法行为，打击违法犯罪。

到2013年年底，曲阜市非税收入征收管理工作形成较为完善的征、管、查三位一体的管理体系，政府非税收入规模从1991年的2592万元拓展到2013年的24.1亿元，累计组织完成非税收入108.28亿元，缴存率100%，成为财政收入的重要组成部分。曲阜市1991—2013年非税收入支出累计34.11亿元（不含基金支出）。在长期的工作实践中，曲阜市逐步构建起财源建设信息化平台，较早推行集中收入制度，"票款分离"征管系统覆盖面100%；国有资源有偿使用收入特别是三孔门票收入等全部纳入财政专户管理。

1991—2013年曲阜市非税收入统计表

表13-3　　单位：万元

年度	收入金额	年度	收入金额	年度	收入金额
1991	2592	1999	8576	2007	28312
1992	4429	2000	3880	2008	45441
1993	4875	2001	7192	2009	134724
1994	6197	2002	8095	2010	261920
1995	6854	2003	18865	2011	100281
1996	9583	2004	20440	2012	116209
1997	10429	2005	17465	2013	241021
1998	8514	2006	16878		

说明：非税收入包括专项收入、行政事业性收费收入、罚没收入、国有资本经营收入、政府性基金收入、国有资源（资产）有偿使用收入、其他收入等

第四节　一般预算收入

1991年，曲阜市地方财政收入为5418万元，到1996年，全市财政收入1.52亿元。2006年为6.59亿元。2010年，突破10亿元，为10.8亿元。2013年，突破20亿元，为20.11亿元。

1991—2013年曲阜市一般预算收入统计表

表13-4　　单位：万元

年度	收入额	年度	收入额	年度	收入额
1991	5418	1999	24021	2007	70051
1992	8265	2000	26909	2008	81960
1993	14076	2001	31778	2009	86878
1994	5490	2002	31566	2010	107729
1995	10318	2003	38964	2011	127766
1996	15151	2004	44276	2012	162396
1997	18788	2005	54908	2013	201090
1998	23549	2006	65892		

第五节 其他收入

其他收入包括各种罚没收入、公产收入及杂项收入。罚没收入是政府部门依法处理的罚款和没收品收入，以及依法追回的赃款和赃物变卖收入。公产收入是指国有山林等公产的产品收入、政府部门主管的公房和其他公产的租赁收入及变价出售收入等。杂项收入包括国际组织援助捐赠收入、对外借款归还收入等。

1991—2013年曲阜市其他收入情况统计表

表13-5　　单位:万元

年度	金额	年度	金额	年度	金额
1991	187	1999	4762	2007	44
1992	187	2000	69	2008	0
1993	157	2001	11583	2009	0
1994	288	2002	11745	2010	201
1995	437	2003	4840	2011	163
1996	17	2004	33	2012	143
1997	139	2005	48	2013	0
1998	4701	2006	55		

第四章 财政支出

第一节 公共财政支出

1991—1992年,曲阜市财政一般预算支出13702万元。随着经济发展的快速增长,支持各项事业发展的资金需求量随之增大,1993—1995年,曲阜市一般预算支出都突破亿元。1996年,市财政一般预算支出猛增至2.61亿元,其中用于企业发展资金4068万元,占年初预算116.2%,占市级“灶内”支出24.22%;科技三项费用和科学事业费增长57%;公检法支出37%。2000年,全市财政一般预算支出3.74亿元,其中教育事业费7657万元,卫生经费3000万元,行政管理费6188万元,农林水利气象等部门的事业类支出1686万元。2005年,全市财政一般预算支出7.24亿元,其中农业支出2425万元,教育支出9850万元,医疗卫生支出3252万元,行政管理费9443万元,公检法司支出3743万元。2005年起,曲阜市执行国库集中支付制度,将所有财政性资金都纳入国库单一账户体系管理,收入直接缴入国库或财政专户,支出通过国库单一账户体系支付到商品和劳务供应者或用款单位。2010年,全市财政一般预算支出16.91亿元,其中一般公共服务支出2.55亿元,公共安全支出8720万元,教育支出3.6亿元,科学技术支出894万元,文化体育与传媒支出6301万元,社会保障和就业支出5974万元,医疗卫生支出1.27亿元,环境保护支出1758万元,城乡社区事务支出2348万元,农林水事务支出2.37亿元,交通运输支出1271万元,资源勘探电力信息等事务支出1505万元,商业服务业等事务支出3551万元，粮油物资储备管理等事务支出301万元，国土资源气象等事务支出798万元，住房保障支出1137万元，国债还本付息支出45万元，其他支出3.66亿元。2013年，全市财政支出32.45亿元，比2012年增长27.4%，其中民生投入18亿元，占财政支出55.99%，民生投入支出中，社会保障支出6.36亿元，医疗卫生体制改革支出2.07亿元，惠农惠民支出0.9亿元。

1991—2013年曲阜市一般公共预算支出统计表

表13-6　　单位:万元

年度	金额	年度	金额	年度	金额
1991	5194	1999	36451	2007	96829
1992	8508	2000	37397	2008	119873
1993	12361	2001	46705	2009	138875
1994	13965	2002	44740	2010	169090
1995	17079	2003	54746	2011	216188
1996	26108	2004	57673	2012	254676
1997	30018	2005	72423	2013	324447
1998	35789	2006	85697		

第二节　非税收入支出

市财政局通过采取各种措施，加大征收工作力度，控制支出，在行政事业性收费项目减少、增支因素增多、收支矛盾突出、财政资金紧张情况下，统筹安排预算内外财力。1991—2013年，累计支出31.11亿元，保证行政事业单位运转和重点项目建设。2011年以后，市财政局按照公共财政服务要求，统筹各项资金，优化财政支出结构，保证重点工程、重点项目支出需要。

1991—2013年曲阜市非税支出统计表

表13-7　　单位:万元

年度	支出金额	年度	支出金额	年度	支出金额
1991	2365	1999	7297	2007	11361
1992	4193	2000	2399	2008	16015
1993	4669	2001	7276	2009	29876
1994	5558	2002	7366	2010	42997
1995	5369	2003	10622	2011	20779
1996	5535	2004	13853	2012	51106
1997	7647	2005	12736	2013	23172
1998	7185	2006	11708		

第三节 支农资金支出

1991—2013年，市财政支农支出逐年增长，从1991年的1102万元增长到2013年的52271万元，年均增长33.4%。2003年，国家实施小麦良种补贴政策。2004年，国家实施玉米良种补贴政策。2004年，国家实施农机购置补贴政策。2005年8月，财政部发布《国家农业综合开发资金和项目管理办法》。此后，农业综合开发资金逐年增加，农业综合开发资金和项目管理工作逐渐规范化。2006年12月，《山东省农业财政专项资金实行县级报账制管理暂行办法》实施，曲阜市农业财政专项资金实行县级报账管理。2010年起，曲阜市实施小农水重点县项目。此后，支农范围更广，投入更大。

1991—2013年曲阜市财政支农资金支出情况统计表

表13-8　　单位：万元

年度	金额	年度	金额	年度	金额
1991	1102	1999	3442	2007	5237
1992	890	2000	3799	2008	9860
1993	957	2001	2707	2009	10504
1994	1327	2002	2655	2010	23682
1995	1358	2003	3426	2011	39037
1996	2372	2004	2855	2012	50297
1997	2801	2005	3359	2013	52271
1998	2293	2006	4112		

第五章 税收收入

1991—1993年，曲阜市税务局共实现税收收入2.68亿元，平均增幅54.39%。1994—2013年，国税系统共组织税收收入84.6亿元，年均增长9.74%；地税系统共组织税收收入69.7亿元，年均增长25.6%。

第一节 国税税收

1994—1998年，受益于酒类行业税收，税收总量逐年上升，1998年，完成税收32271万元，是1994年的1.77倍。1999年后，随酒类行业衰退税收出现滑坡，2000—2005年，税收总量一直徘徊在2亿多元。2006—2010年，随着天安矿业和圣城热电公司相继投产，税收总量每年一个台阶，相继跨过3亿元、4亿元、5亿元、6亿元、7亿元关口，5年年均增长26.09%，超过济宁市年均增幅(21.59%)4.5个百分点。2011—2013年，市税收总量持续上升，2013年，突破10亿元，完成106787万元。

级次收入

1994—2013年，全市共组织中央级收入653669万元，年均增长9.81%，占税收总量的77.27%。其中消费税和车辆购置税为100%中央级，增值税、企业所得税、个人所得税为中央、地方共享收入。1999年，因消费税入库税额较多影响，全市中央级收入占税收总量的83.62%。2008年，中央级收入占比最低，为73.87%，是由于消费税占比较低，而增值税、所得税占比较高。全市共组织县级收入179980万元，年均增长9.93%，略高于税收总量和中央级年均增幅0.19和0.12个百分点，占税收总量的21.28%。其中“十一五”期间县级收入为60935万元，是“十五”期间（20253万元）的3倍，占1994—2013年县级总量的33.86%，年均增长18.11%；“十二五”期间为124683万元，是“十一五”期间的2倍，一方面是所得税占比逐年走高，另一方面是2013年8月“营改增”政策实施后对县级收入总量和增量拉动作用明显。

各税种收入情况

2005年之前，曲阜市增值税、消费税“两税”占税收总量的90%以上，1996年为97.92%。2006年以后，随着所得税规模扩大，“两税”占比逐年下降，2013年最低为66.54%。企业所得税自2006年上升至第二位，2013年为26.8%。

增值税。1994—1999年，增值税征收额逐年增长阶段，年均增长13.39%，完成8.38亿元，占期间税收总量（15.33亿元）54.7%。2000—2005年，年均增长0.06%，完成9.17亿元，占期间税收总量（13.47亿元）68.04%。2006—2013年增长较快，年均增长12.76%，完成37.1亿元，占期间税收总量（55.8亿元）的

1994—2013年曲阜市国税税收完成情况表

表13-9 单位：万元

年度	合计	其中				增值税	消费税	企业所得税（含外企）	个人所得税	车辆购置税	其他税种
		中央级	省级	市级	县级						
1994	18266	13528	311	–	4427	9065	6725	11	64	–	2401
1995	19989	16459	–	–	3530	11447	7747	0	12	–	783
1996	23842	19921	–	–	3921	14836	8510	206	0	–	290
1997	27392	22416	–	–	4976	14933	11065	1205	0	–	189
1998	32271	26447	–	–	5824	16553	13875	1686	0	–	157
1999	31494	26336	–	–	5158	16994	13448	881	3	–	168
2000	25468	20008	–	–	5460	16501	6725	1364	563	–	315
2001	23118	18886	–	–	4232	15246	6093	561	1016	–	202
2002	20200	16120	590	–	3490	13479	5146	345	1120	–	110
2003	20739	16474	439	–	3826	14907	4442	339	1036	–	15
2004	21951	17385	528	–	4038	15001	4917	899	1139	–	–5
2005	23268	18211	270	120	4667	16548	4415	1068	1232	5	0
2006	36148	26987	635	141	8385	25968	3503	5229	1444	4	0
2007	45360	33833	1626	–	9901	33841	3819	6037	1629	34	0
2008	56086	41429	1670	–	12987	39519	4571	10762	1181	53	0
2009	61554	46852	1355	–	13347	46569	5802	7078	579	1526	0
2010	74161	56400	1446	–	16315	48213	7540	14084	191	4133	0
2011	79444	60950	1235	–	17259	52790	8742	13160	84	4668	0
2012	98412	74989	1935	–	21488	63867	9736	18614	25	6170	0
2013	106787	80038	–	–	26749	60196	10864	28623	11	7093	0

66.49%。

消费税。1994—1999年，消费税征收额快速增长，年均增长14.87%，完成6.14亿元，占期间税收总量（15.33亿元）40.04%。2000—2006年，年均增长-10.3%，完成3.52亿元，占期间税收总量（17.09亿元）20.62%。2007—2013年，年均增长19.03%，完成5.11亿元，占期间税收总量（52.18亿元）9.79%。

企业所得税。受征管范围、税收政策等因素影响，2001年以前，所得税规模较小，2001年所得税为561万元。2002年以后，新办企业所得税归属国税管理。2006—2013年，企业所得税共完成103587万元，占期间税收总量（557952万元）18.57%。

其他税种。1994—2013年，共完成个人所得税、车辆购置税等39640万元，占20年税收总量的4.69%。其中个人所得税共完成11329万元，车辆购置税完成23686万元。

第二节 地税税收

税收总量

1994年8月，国、地税机构分设。到2013年年底，地税系统共组织税收收入697033万元，年均增幅为26.92%。其中，“十一五”期间地税收入总量为234623万元，年均增长23.23%，是“十五”期间（88545万元）的2.65倍。2011—2013年，完成302978万元，年均增长21.32%，税收增速逐渐放缓。

1994年，市地税局完成税收2216万元。1997年，全市地税总收入首次突破亿元。2012年，突破10亿元，全市地税系统累计实现各项税费收入10.20亿元，是1994年的46倍。2003年起，随着城市建设的扩张，工业园区兴起，城市基础设施建设和房地产业进入高速发展期，至2011年的9年间，年均增幅23.10%。2012年下半年起，受全社会经济特别是地产市场下滑影响，税收增幅渐趋平稳且呈下降趋势。

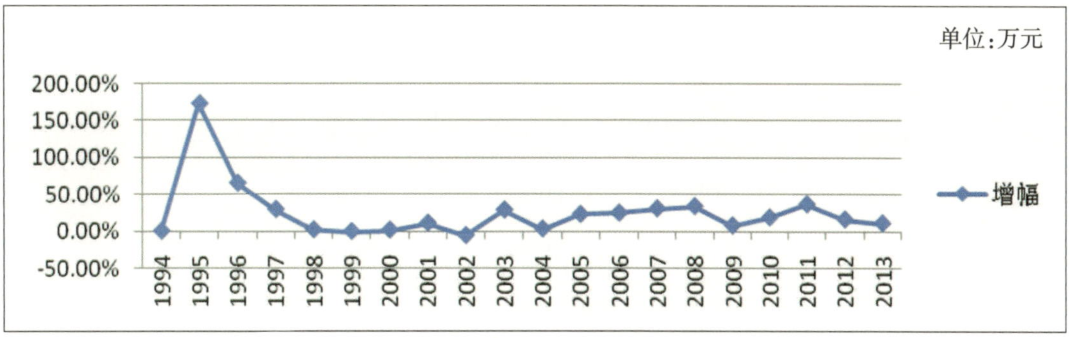

图 13–1 1994—2013 年税收增幅示意图

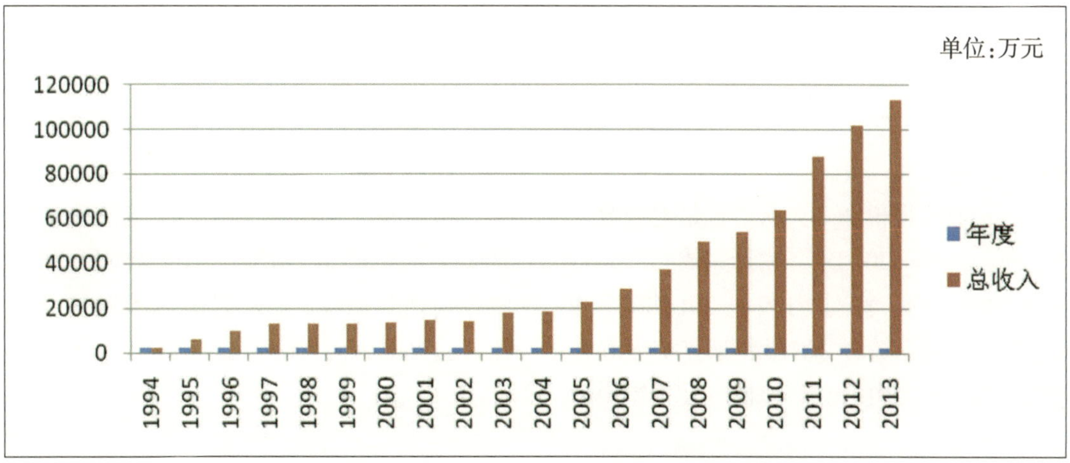

图 13–2 1994—2013 年税收总量变化图

地方级次收入

受经济平稳较快增长、产业结构优化提升影响，曲阜市地税收入中地方级次收入规模逐年增加，市县级收入从1994年0.19亿元增至2013年10.1亿元，19年时间增长53倍；地税收入占地方财政收入比重，从1994年34.7%增至2013年48.56%。

1994—2013年曲阜市地方税务局收入分级次统计表

表13-10　　单位：万元

年度	收入总额	增幅(%)	中央级	省级	地市级	区县级
1994	2216	–	–	311	–	1905
1995	6041	172.61	–	354	–	5687
1996	9981	65.22	–	401	–	9580
1997	12926	29.51	–	518	–	12408
1998	13192	2.06	–	397	–	12795
1999	13159	–0.25	–	359	–	12800
2000	13372	1.62	–	371	–	13001
2001	14849	11.05	–	348	–	14501
2002	14012	–5.64	2976	1380	–	9656
2003	18073	28.98	3817	1737	–	12519
2004	18655	3.22	4014	1830	–	12811
2005	22956	23.06	6476	2472	–	14008
2006	28667	24.88	8877	2871	–	16919
2007	37461	30.83	11089	3726	–	22646
2008	50197	34	13008	5172	3	32014
2009	54099	7.77	13588	5701	4	34806
2010	64199	18.67	16512	6547	4	41136
2011	87736	36.66	21910	8300	4	57522
2012	101976	16.23	19019	8672	7	74278
2013	113266	11.07	12184	26	8	100975

各税种收入情况

营业税、企业所得税和个人所得税是地税收入三大主体税种。1994—2013年，累计完成460954万元，占总收入的66.13%。特别是1994—2012年，平均占到收入总额的72%。随着“营改增”试点扩大和各种税收优惠政策出台，2013年起，地税三大主体税种占比逐年下降，2013年，占比为48.69%。

房产税、土地使用税、印花税和车船使用税。1994年为225万元。耕地占用税和契税于2011年由财政改为地税征收，当年入库“两税”4461万元。2013年，为19635万元，比2011年增长近4.4倍。

第六章 财税管理

第一节 财政管理

财政预算管理

曲阜市财政预算管理改革紧跟中央精神部署，各项改革措施逐步落实，国有企业改革、粮食流通体制改革、金融改革、社会保障制度改革、政府机构改革等各项改革都进入加速期。市财政从过去支持经济建设为主向提供公共服务转变。但改革进程中显现出体制和制度的弊端，主要表现为预算时间短、内容粗，只到类不到项目；“基数加增长”的部门支出限额编制方法，固化了财政支出格局，财力配置不合理；财政资金按部门、单位和按经费性质交叉并行分配，财力资源配置效率低；预算内容不完整，大量的预算外资金游离于预算管理之外，由部门自行安排收支，随意性很大。

社会民生保障

1997年，曲阜市建立城市、农村居民最低生活保障制度，保障标准城市为每人每月120元，农村为每人每月50元。2003年，曲阜市启动新型农村合作医疗试点，财政补助标准为每人每年10元。2004年，市政府建立医疗救助制度。按照医疗救助与全市经济和社会发展水平相适应，政府救助、社会帮扶、政策优惠和个人负担相结合的原则。从2006年起，开始对国家安排迁移曲阜市三峡库区移民和尼山水库移民发放大中型水库移民补贴资金，每人每年补贴600元，发放人数15799人，时长为20年。2008年7月，启动城镇居民医疗保险制度试点。2010年，建立低保标准自然增长机制，根据社会发展水平、人均收入水平和居民实际生活水平，适时提高救助标准。2011年7月，曲阜市启动新型农村社会养老保险制度、城镇居民社会养老保险制度国家级试点，基础养老金为每人每月55元。2013年，曲阜市最低生活保障标准城市为每人每月440元，农村为每年2550元。全市保障城市低保对象1094户2931人、农村低保对象8315户16170人，月发放低保金城市1126.2万元、农村2455.2万元。

教育事业经费

1991年，曲阜市乡镇教育经费主要来源为农业税收、农村教育集资和收取学生杂费。至1993年，全市投入6268万元，初步解决校舍不足等办学基本条件差的问题。1994—1995年，迎接国家、省“两基”验收，全市通过各种渠道筹措义务教育资金5400余万元用于学校建设。2001年，随着农村税费改革的政策落实，“以县为主”的义务教育管理体制逐步实施，实现统一发放城乡教师工资、统一管理教师队伍、统一管理中小学收费、统一规划学校布局等教育权限和职能的重大转变。2006年10月，中小学教师工资纳入市级财政预算，实现城乡教师工资部分统一标准发放。2007年，农村义务教育发展经费全部纳入财政统筹范围。2012—2013年，全市教育财政总投入153963万元，占财政总支出的比重逐年增长。征收拨付城市教育附加9057万元，征收拨付地方教育附加4792万元，拨付率100%。征收城市基础设施教育配套费1617万元，拨付教育1119万元。征收城市建设维护税2027万元，并用于中小学校舍修缮1439万元。同时，吸引社会各界捐资助学800万元。每年支出600万元，开通农村教师上下班免费公交，解决3000余名农村教师上下班交通问题。投入548.1万元，对农村家庭经济困难、城镇低保家庭和孤残儿童接受学前教育和义务教育予以资助。2013年起，逐步对义务教育阶段非家庭经济困难学生给予每人每天一元的营养餐补助。

财政集中支付

2005年4月，市财政集中支付中心成立，主要承办市财政拨款单位预算内、外资金的集中支付工作。11月，选择农业部门、财政部门、审计部门等12个部门31个单位作为国库集中支付首批试点单位，实行以国库单一账户体系为基础，以国库集中支付为主要形式的管理制度，意味着传统的财政资金拨付方式宣告结束。2006年7月1日，全面推行财政国库制度改革。2010年5月21日，下发《曲阜市市级预算单位公务卡管理暂行办法》，在市级预算单位推行公务支出刷卡报销制度。到2013年年底，纳入财政集中支付预算单位105个，集中支付累计支出213亿元。

企业财务管理

1992年，曲阜市将外商投资企业纳入财政管理，并建立外商投资企业财政财务会计报表制度、会计决算年度检查制度和外商投资企业财政登记制度。1993年7月，执行《企业会计准则》和《企业会计通则》，培训全市企业财会人员，对全市企业财务进行调账。1994年，开征外商投资企业"场地使用费"。1999年起，企业年度决算试行统一报表，不再分行业编报。2003起，全省实行企业财务信息快报网上报送。2005年，市财政局成立企业财务管理处，出台《曲阜市企业财务信息管理考核办法》。2005—2013年，全市共申报到位上级各项扶持企业资金1.42亿元。2013年，全市纳入全省财政企业财务信息报网上报送企业126家，其中国有企业17家、集体企业2家、外商投资企业5家、民营企业102家。

财政评审

2000年4月，市政府成立市基本建设工程预结算审查中心。2005年7月，市政府印发《曲阜市财政投资评审管理暂行办法》。2006年11月，市基本建设工程预结算审查中心更名为市财政投资评审中心。评审中心坚持"不唯减、不唯增、只唯实"工作理念，优化评审流程，规范评审行为，推进财政资金运行的规范性、安全性和有效性。

2005—2013年曲阜市财政评审中心项目评审情况表

表13-11　　单位：万元

年度	原报造价	审定造价	审减造价	年度	原报造价	审定造价	审减造价
2005	2897.46	1739.29	1158.17	2010	73385.87	53946.86	19439.01
2006	5284.61	3549.4	1735.21	2011	88317.93	67316.17	21001.76
2007	13780.01	9927.23	3852.78	2012	51725.7	39494.87	12230.83
2008	14798.94	9002.47	5796.47	2013	260261.98	215092.27	45169.71
2009	35546.94	25704.19	9842.75				

会计事务

1992年8月，曲阜市开始对会计员、助理会计师、会计师职务资格实行全国统一考试制度，以考代评。此后，每年举行1~2次各类会计培训、会计人员活动。2007年，组织全市会计人员参加第三届全国会计知识大赛，参加第一赛程网上答题4760人，曲阜代表队获得一个团体优胜奖和一名个人三等奖。2008年，组织开展会计工作先进集体、先进会计工作者及从事会计工作30年荣誉证书评选活动，共确定15名先进个人、2个先进单位和84名30年以上会计人员汇总上报。2002年、2008年、2013年，完成3次会计从业资格证书换发工作，累计换发证书一万余次。

财政监督

1997年，撤销税收财务物价大检查办公室，改为由市纪委牵头，财政、税务、工商、公安、检察院、法院等部门组成的联合财政监督检查机构。2000年，成立市财政监督检查局，行使财政监督职能。2002年，改为市财政监督科。2002年起，一年一度的会计信息质量大检查成为财政监督科日常工作。2012年4—11月，协调税务、国土、公安、工商等部门，成立综合治税工作组，对全市主要房地产企业、工矿等重点企业进行检查，查补入库1412万元。在做好正常工作的同时，按照中央八项规定，对市直各部门、各镇街的三公经费支出实行季报告制度。

种粮补贴和农村公共服务、经济建设资金

2004年，根据国家政策，曲阜市开始对种粮农民按小麦种植面积进行补贴。2011年，投入财政资金2亿多元，带动镇街、村等投入4亿多元，完成村村通公路建设任务，并带动村内户户通路建设，成为全省首批村级公路网化示范县。2013年，市政府设立财政局农村综合改革办公室，专职承担农村综合改革事宜。10月，曲阜市被确定为全省农村公共服务运行维护机制建设试点县之一，试点内容是村内基础设施建设维护和公共服务项目维护。到2013年年底，累计对43.13万公顷小麦发放补贴资金51063万元。此外，市财政局还对上级安排的交通建设资金、环境保护资金、城乡污水管网建设资金、粮食风险基金等进行监管使用。

第二节 税收征管

国税征管

1995年，市国税局将城区分局作为推进征管改革试点单位。1996年1月，国税办税大厅运转，实行纳税人到办税服务厅自行申报纳税制度；将原来11个国税所合并为书院、王庄、陵城、南辛4个农村征收分局；成立涉外分局。2000年3月，市国税局被确定为山东省国税局、济宁市国税局加油机安装税控装置试点单位。2001年7月，CTAIS（中国税收征管信息系统）征管软件成功上线，实现税收信息集中化。2004年，简化办税流程，原来受理核批业务170多个办理环节压缩为98个，增值税一般纳税人认定由原来9个环节压缩为2个，领购发票由原来5个环节压缩为1个。2006年，落实"一窗式"管理操作流程，推广"一窗式"管理票表（税）比对系统和增值税防伪税控"一机多票"系统。2009年，推行网上认证，网上认证率提高到95%，人工干预率下降到1.2%。2013年10月，"金税三期"上线运行，实现足不出户轻松办税。

地税征管

1994年8月，国、地税机构分设后，地税部门实行省以下垂直管理体制。1996年，市地税局推行依托计算机网络，集中征收、重点稽查新税收征管模式，全面推行纳税人自行申报制度。1999年8月，完成内部局域网建设，并延伸到分局，山东地税综合信息管理系统、NOTES、公文处理、济宁地税发票管理系统等业务软件开始应用。2004年1月，启用"山东地税发票税控管理信息系统"。2005年，推行"一窗式"和"一站式"服务。2012年，开展打击发票违法犯罪活动，对金融、保险、广告、餐饮娱乐、药品与医疗器材、房地产与建筑安装、交通运输及有资本交易行为的企业等行业发票使用情况进行重点检查。2013年10月，地税局"金税三期"系统上线运行。

第三节 税务执法

国税执法

1994年8月，市国家税务局设立市国家税务局稽查分局，负责全市税务稽查工作。当年，组织开展专项检查，历时40多天，排查企业236家，共查补税款809.5万元，清理企业欠税270.2万元。1999年，对1995年以后查处中存在税收违法问题的489家企业进行专项检查，对其中11家存在问题企业进行处罚，补税罚款及加收滞纳金24万元；加强税务处理决定的执行工作，共查补税款、罚款及滞纳金3447万元，其中专业稽查2885万元，处罚率16%，滞纳金加收率6%，查补税款入库率95%以

2013年7月，市国税局召开重点税源企业专项检查动员会现场

上。2003年，对医药行业、新办企业、出口退税企业和群众举报案件开展专项检查和专案检查，入库查补税款、罚款及加收滞纳金339万元；检查纳税人54家，其中有问题41家，查补税款35万元，罚款15万元，加收滞纳金6万元，合计56万元；共执行纳税人37家，入库税款80万元，罚款28万元，滞纳金14万元；依法向公安机关移送涉税案件4起，涉案税款、罚款和滞纳金316万元。2005年，对废旧物资回收经营企业、农副产品加工行业、接受虚开运输发票企业、群众举报案件、发票协查案件开展专项检查和专案检查，对涉嫌刑事犯罪案件及时移交，并选派精干力量，配合总局、市局做好"晋鲁"专案检查等工作；全年共检查纳税人96家，其中有问题38家，查补税款、罚款574.2万元，入库补滞罚224.2万元，移交公安机关5家，协查发票34起。2008年，执行重大税务案件集体审理、减免税集体审批等制度，开展税收规范性文件清理，围绕税收执法权、行政管理权等四大类、12个方面开展税收执法检查和执法监察；对农村信用社、房地产、电力、煤炭等部分重点企业开展专项检查工作，并做好群众举报案件、发票协查案件、"州界行动"、"永光税案"检查，共检查39户，有问题14户，移交公安机关立案1户，查补收入合计368.29万元。2011年，开展中小企业税收专项检查、异常申报企业专项检查、发票专项检查等专项检查活动，对存在涉税疑点纳税人进行检查，共检查纳税人976户，清理漏征漏管112户，调增定额131户，查补入库税款、滞纳金、罚款736.51万元；组织对商品混凝土、电池电缆生产、房地产、出口退税、钢构及部分重点税源企业等的稽查行动，开展发票专项整治活动，全年共检查47户次，移送司法机关3户，查补入库税款、罚款、滞纳金合计1518.05万元。2012年，执行重大税务案件集体审理制度，以税收执法管理系统为抓手，实行税收执法责任考核和追究制度，发现问题及时整改，确保执法正确率；共查结有问题户数33户，移交公安机关7户，查补入库合计2345万元。2013年，依托社会综合治税和行业专项整治活动，在组织全市164家重点税源企业和17家旅游品、工艺品经销企业开展自查自纠和重点检查基础上，逐步将检查范围扩大到全市所有增值税一般纳税人和小规模、个体重点户，共查补入库税款718万元；着重开展成品油、医药经销、农产品加工等行业的税收专项检查，注重进、销、存三方面的比对分析以及逆差法的运用，加大对税收违法犯罪行为的打击力度；全年共查结有问题户数23户，移交公安机关6户，查补入库税款1859万元。

地税执法

1994—2013年，市地税稽查部门把依法治税贯穿税收工作始终，以"查办大案要案、提升稽查威慑力、提高纳税遵从度"为总抓手，查处一系列涉税违法行为。

2003年，组织开展专项检查，历时3个月，排查企业104家，共查补税款424.33万元，清理企业欠税403万元。2005年，对2000年以后查处中存在税收违法问题的85家企业进行专项检查，对其中30家存在问题企业进行处罚，补税罚款及加收滞纳金49.5万元。2007年，对房地产业、建筑业和群众举报案件开展专项检查和专案检查，检查纳税人78家，其中有问题51家，查补税款758.84万元，罚款131万元，加收滞纳金2万元，合计891.84万元。2008年，选派精干力量，组成6个检查小组，对全市违规开具、取得、使用发票行为，买卖、开具、接受假发票行为以及发票协查案件开展专项检查和专案检查，全年共检查纳税人40家，其中有问题30家，查补税款、罚款159.57万元，入库补滞罚22.01万元，协查发票15起。2010年4月，提请市政府组织召开贯彻落实《山东省地方税收保障条例》座谈会，对条例贯彻落实问题广泛征求意见建议；同年6月，市政府印发《关于进一步加强地方税收保障工作的实施意见》；次年6月，市政府颁布《贯彻落实山东省地方税收保障条例考核办法》。稽查局组织房地产、建筑、煤炭等部分重点企业开展专项检查工作，共检查企业23家，有问题企业23家，查补收入合计349.49万元，入库滞纳金11.36万元，罚款0.7万元。2011年，组织对房地产、金融保险及部分重点税源企业等的专项检查行动，开展群众举报案件查处活动，全年共检查34家次，查补入库税款、罚款、滞纳金合计100.63万元。2013年3月，成立地税局综合治税指挥部，对全市新上重点建设项目和房屋租赁税收进行清理检查，历时100天，查缴税款7189万元；稽查局全年共查结有问题企业13家，查补入库税款22万元。

第十四编

金　融

金融系统开展金融知识宣传　（2012年聂）

1991年，曲阜市有银行机构5家、保险公司1家，有从业人员491人。各银行机构年末存款余额5.88亿元，各项贷款余额4.75亿元。金融系统各机构围绕经济社会发展这个主线，参与改革，推进改革，健全完善监管体制，发展金融机构，提高金融服务水平，优化金融生态环境。保险业不断深化改革，从数个险种扩展到包括财产险、人身险、责任险和信用险四大类上百个险种，大批分业经营的保险公司相继成立，市场规模不断扩大。到2013年年底，全市拥有银行业金融机构10家，年底存款余额214.13亿元，各项贷款余额106.13亿元；有小额贷款公司2家、融资性担保公司3家；有上市企业2家；有保险公司22家，全年保费收入5.22亿元；从业人员1987人。

1991—2013年曲阜市银行机构存贷款情况表

表14-1　　单位：万元

年度	存款余额	贷款余额	年度	存款余额	贷款余额
1991	58746	47452	2003	526894	313631
1992	72271	59701	2004	563538	301613
1993	95972	72077	2005	647999	324012
1994	148485	94195	2006	688545	323857
1995	195020	114526	2007	769253	374669
1996	239798	149129	2008	984500	393822
1997	264166	166730	2009	1246836	514556
1998	303324	182833	2010	1436671	629801
1999	327118	197550	2011	1669277	713413
2000	363262	199752	2012	1925068	904259
2001	420996	224652	2013	2141281	1061292
2002	457184	256857			

第一章　银行机构

1991年，曲阜市有银行机构5家，有从业人员466人。1996年，中国农业发展银行曲阜市支行成立。2006年，济宁银行股份有限公司设立曲阜市支行。2008年，由曲阜市邮政局邮政储蓄改制并设立中国邮政储蓄银行有限责任公司曲阜市支行。2012年，招商银行设立曲阜市支行。2013年，中银富登村镇银行设立曲阜市支行。到年底，全市银行机构10家，营业网点65个，从业人员1233人；小额贷款公司2家，融资性担保公司3家，从业人数53人。

2013年曲阜市银行业主要金融机构概况表

表14-2

机构名称	在职人员（人）	营业网点（个）	机构名称	在职人员（人）	营业网点（个）
人行曲阜市支行	32	1	工行曲阜支行	90	5
银监会曲阜市办事处	1		农行曲阜支行	174	12

续表14-2

机构名称	在职人员(人)	营业网点(个)	机构名称	在职人员(人)	营业网点(个)
农发行曲阜市支行	18	1	中行曲阜支行	66	4
建行曲阜支行	104	6	招商银行曲阜支行	30	1
济宁银行曲阜支行	38	2	曲阜中银富登村镇银行	67	1
曲阜市农信联社	476	30	交通银行曲阜支行	19	1
邮储银行曲阜支行	72	4	曲阜金鲁城小额贷款公司	8	1
其中:曲阜市邮政局	66	13	曲阜东宏小额贷款公司	9	1

第一节　中国人民银行曲阜市支行

中国人民银行曲阜市支行（简称人行曲阜支行）是中国人民银行的派出机构，隶属于中国人民银行济宁市中心支行。1991年，内设办公室、人事科、货币发行科、国库会计科、计划调研科、国家外汇管理局曲阜支局办公室、保卫科、稽核科、金融管理科、金融监察室，国家外汇管理局曲阜支局与人民银行合署办公。1993年，报济宁市分行同意，人行曲阜支行设立金融市场经理、曲阜金店经理。1995年，内设机构人事科更名为人事教育科，计划调研科更名为计划调统科，货币发行科更名为货币金银科，金融管理科、稽核科、外汇管理办公室合并为金融管理稽核科，加挂外汇管理办公室牌子。1998年，人民银行实行大区制，人行曲阜支行归属于人民银行济南分行济宁市中心支行，内设机构调整为办公室、政工科、货币信贷与统计科、金融监管科、会计国库科、货币金银科、保卫科、纪检组。2000年，人行曲阜支行发行库撤销，内设机构调整为综合科、政工科、金融机构监管科、货币信贷与统计科、会计国库科、货币金银科、保卫科、纪检监察室。同年，实施中层干部聘用制，各科室负责人全部进行竞聘上岗。2003年12月，银行业监督管理业务从人民银行分离，中国银行业监督管理委员会济宁监管分局曲阜办事处成立。2004年，内设机构调整为办公室、政工科、货币信贷与统计科、国库会计科、发行保卫科、纪检监察室。2006年，内设机构整合为“二部二室”，即调查信息部、综合业务部、办公室、纪检监察室。2012年，成立曲阜市金融消费权益保护协会，对银行业金融机构实施“两管理两综合”，即对新设金融机构开业管理、金融机构重大事项管理，金融机构综合评价、综合执法检查。到2013年年底，人行曲阜支行有员工31人。

2011年11月1日，人行曲阜支行调研活动现场

第二节　中国农业发展银行曲阜市支行

1996年10月，中国农业发展银行曲阜市支行（简称曲阜农发行）组建成立，行址设在曲阜市城区东关大街。曲阜农发行内设会计出纳部、计划信贷部和办公室，干部职工20人全部从市农业银行调入。2001年2月，根据上级机构改革和人事制度改革“三

定”方案精神，曲阜农发行内设机构调整为综合业务部、计划信贷部。12月，曲阜农发行迁址曲阜市大同路38号。2002年6月，农发行内设机构调整为办公室、计划信贷部、会计出纳部。2013年年底，农发行有员工19人。

第三节　中国工商银行股份有限公司曲阜市支行

2012年3月15日，工行曲阜支行营业室员工走上街头开展咨询服务活动场景

中国工商银行股份有限公司曲阜支行（简称工行曲阜支行），原名中国工商银行曲阜市支行，位于大同路南首。1991年，内设办公室、劳动人事科、监察室、保卫科、稽核科、会计科、出纳科、储蓄科、计划科、信贷科10个组织机构，下辖鼓楼、庙西、曲阜师范学院、鲁城商场、东门大街、新东门、五马祠街、仓巷新区、水校储蓄所和八宝山分理处10个营业网点，有员工111人。1992年年末，各项存款余额1.37亿元，各项贷款余额1.05亿元。1993年11月，被工行山东省分行授予“抓管理，上等级”先进行处。1998年7月，全员实行劳动合同制。2000年10月，工行曲阜支行新营业办公大楼落成开业。2004年4月，规范内设机构名称和职能，设立三部一室：将公司业务部改为营销一部，个人金融部改为营销二部，同时保留办公室，成立业务管理部。营业部作为对外营业机构进行管理，不再负有对分理处、储蓄所的管理职能，更名为营业室；五马祠街储蓄所迁至有朋路，更名为有朋路

1991—2013年工行曲阜支行存贷款统计表

表14-3　　单位：万元

年度	各项存款	各项贷款	年度	各项存款	各项贷款
1991	13699	10489	2003	98746	72290
1992	17349	12678	2004	109028	83524
1993	22762	14452	2005	120596	78726
1994	37771	15915	2006	119921	84656
1995	45708	18105	2007	143112	78315
1996	48439	22263	2008	180004	62083
1997	53691	22829	2009	225692	79120
1998	60559	25659	2010	266270	96005
1999	65612	23578	2011	322731	122225
2000	72119	26390	2012	388000	150400
2001	82648	36766	2013	357417	134105
2002	93447	59792			

储蓄所。撤销新东门储蓄所和水校储蓄所。2005年10月，中国工商银行曲阜支行更名为中国工商银行股份有限公司曲阜支行。2006年11月，撤销支行金库，将款项守库、押运职能移交济宁市保安总公司，开办居民个人售汇业务。2013年年末，工行曲阜支行内设公司客户营销部、个人客户营销部、风险管理部和办公室4个部（室），下辖营业室、曲阜师范大学支行、鼓楼支行、有朋路分理处和逵泉路分理处5个营业网点和汽车站、人民医院、静轩西路、百意超市、天博工业园和孔子商贸城6处离行式自助银行，在职员工90人；各项存款余额32.45亿元，各项贷款余额13.41亿元。

第四节　中国农业银行股份有限公司曲阜市支行

中国农业银行股份公司曲阜市支行原名中国农业银行曲阜市支行（简称农行曲阜市支行），位于鼓楼街中段。1991年，农行曲阜市支行内设办公室、计划科、企业信贷科、农业信贷科、信用合作科、营业部、会计科、审计科、人事科、纪检组、保卫科、工会、国际业务部、中心储蓄所、出纳科，下辖13个银行营业所、13个信用社、29个储蓄所、292个农村信用代办站，有员工204人。1994年4月，全市13个乡镇农行办事处（营业所）与信用社实施分门办公，并协助上级行组建农村信用联社。6月，完成农业银行和农业发展银行政策性业务同经营性业务划分任务。2001年，推行中层干部竞聘、员工竞争上岗的双向选择，选拔聘用33个部（室）及综合营业机构正副职，其中正职15人、副职18人，选拔聘用10个储蓄所（柜）主任，133名员工参与双向选择。2009年1月，中国农业银行股份有限公司成立，中国农业银行曲阜市支行更名为中国农业银行股份有限公司曲阜市支行。到2013年年底，农行曲阜市支行有员工174人，内设综合管理部、财会运营部、个人金融部、公司业务部、风险管理部，下辖曲阜农行营业部、书院分理处、息陬分理处、小雪分理处、陵城分理处、时庄分理处、北关分理处、鲁城分理处、东门外分理处、开发区分理处、舞雩坛储蓄所、曲阜师范大学储蓄所12个营业网点。

1991—2013年农行曲阜市支行存贷款一览表

表14-4　　单位：万元

年度	存款余额	贷款余额	年度	存款余额	贷款余额
1991	12392	17789	2003	94482	43900
1992	15185	19645	2004	109706	33481
1993	20608	21369	2005	125925	36765
1994	27362	11272	2006	139230	29944
1995	32954	12822	2007	154515	55736
1996	29927	15642	2008	203504	42623
1997	29022	19215	2009	265739	65398
1998	39666	22340	2010	289550	90293
1999	43452	25239	2011	320165	112219
2000	47970	30332	2012	369189	127410
2001	58862	32110	2013	407644	139395
2002	73830	36627			

第五节　中国建设银行股份有限公司曲阜市支行

1991年，中国人民建设银行曲阜市支行（简称建行曲阜支行）位于春秋路，内设12个科室，下设1个办事处、1个房贷部、1个国际业务部、13个储蓄机构，在单家村煤矿、市教育局和人民医院设有专门服务机构，有员工84人。同年，省建行在曲阜市进行“资产负债比例管理”试点工作。1996年3月，中国人民建设银行曲阜市支行更名为中国建设银行曲阜市支行。同年，开办月内小额抵押贷款，开始推行住房公积金制度。2000年，“95533”客户服务系统开通。2004年12月，中国建设银行曲阜市支行更名为中国建设银行股份有限公司曲阜市支行。2013年，建行曲阜支行内设办公室、综合部、客户服务部、营业室等4个部门，下辖营业室、曲阜师范大学支行、后宰门分理处、陈桥分理处、鲁城支行、新城分理处等6个营业网点和曲阜师范大学印刷厂、曲阜师范大学西公寓、曲阜师范大学北门、华沁苑小区、百意超市、裕隆生活特区6处离行式自助银行，有员工104人。

1991—2013年建行曲阜支行存贷款统计表

表14-5　　单位：万元

年度	存款余额	贷款余额	年度	存款余额	贷款余额
1991	11259	10574	2003	93941	48105
1992	15270	11979	2004	86391	37124
1993	21311	6598	2005	105513	44772
1994	29440	11703	2006	107513	42711
1995	39109	15816	2007	125147	41794
1996	51915	22537	2008	144623	50233
1997	54674	25253	2009	196160	62447
1998	66845	25024	2010	207491	64491
1999	68852	31268	2011	241539	74267
2000	71935	29776	2012	280825	118379
2001	88698	29249	2013	294484	178346
2002	80286	33033			

第六节　中国银行股份有限公司曲阜支行

中国银行股份有限公司曲阜支行（简称中行曲阜支行）原名中国银行曲阜支行，位于春秋路西首。1991年，有员工62人，内设人秘科、存汇科、计划信贷科、财会科、信用卡科、稽核科、保卫科和工会委员会8个科室，下辖鼓楼分理处、半壁街、顺河桥、沂河小区、西门、六艺城6个储蓄所和1个支行储蓄专柜。全年各项存款余额3138万元，各项流动贷款资金贷款余额2670万元，实现利润16万元。1995年，中国银行山东省分行把曲阜市列为全省唯一资产负债比例管理县级试点行。1999年11月，内设科室调整为行长办公室、公司业务部、零售业务部、营业部4个部（室）。2000年，全年各项存款新增6492万元，在曲阜四大国有商业银行中位居第一位。2002年，中行曲阜支行有员工83人，下辖有朋路、六艺城、鼓楼、静轩西路4个多功能机构，西门储蓄所、沂河小区储蓄所2个储蓄网点和3个储蓄专柜。2013年，有员工66人，内设公司业务部、零售业务部和营业部、综合管理部4个部门，下辖曲阜鼓楼支行、曲阜裕隆路支行、曲阜有朋路支行、曲阜支行营业部4个营业网点。2013年，各项存款余额26.05亿元，各项贷款余额13.93亿元，其中市属骨干企业贷款9.83亿元。

1991—2013年中行曲阜支行存贷款统计表

表14-6　　单位：万元

年度	存款余额	贷款余额	年度	存款余额	贷款余额
1991	3138	2670	2003	80781	35238
1992	6031	5057	2004	88367	40219
1993	8843	7615	2005	93269	45673
1994	13228	11769	2006	105838	50738
1995	22163	13588	2007	118938	52436
1996	25700	13470	2008	133337	56723
1997	28100	15321	2009	164801	61321
1998	34500	16706	2010	199692	75936
1999	45837	18643	2011	227952	83880
2000	53326	20324	2012	242935	117523
2001	69598	24509	2013	260529	139295
2002	75324	30217			

第七节　其他银行业金融机构

济宁银行股份有限公司曲阜支行

济宁银行股份有限公司曲阜支行（简称济宁银行曲阜支行）于2006年10月16日开业。2013年，济宁银行曲阜支行共有2个网点，分别为位于弘道路的曲阜支行和静轩西路39号曲阜静轩路支行，有员工38人。至2013年年底，各项贷款余额10.39亿元，存款余额13.92亿元，存贷比为74.64％，列曲阜市各商业银行第一位。

中国邮政储蓄银行股份有限公司曲阜市支行

中国邮政储蓄银行股份有限公司曲阜市支行（简称邮储银行曲阜支行）前身是曲阜市邮政局邮政

2005—2013年邮储银行曲阜支行存贷款统计表

表14-7　　单位：万元

年度	存款余额	贷款余额	年度	存款余额	贷款余额
2005	33016	0	2010	46646	14159
2006	39041	0	2011	56196	8285
2007	34334	0	2012	69362	21686
2008	33271	1589	2013	156486	20189
2009	34767	12425			

储蓄。1991年，曲阜市邮政储蓄点有鼓楼储蓄所和12个农村储汇网点，年末收储余额1186万元。1996年，邮政储蓄余额突破亿元，年邮储余额1.21亿元。2000年年底，市邮政局有14个邮政储蓄网点，全部联入绿卡大网，安装ATM机2台，实现全国通存通取。2005年6月，曲阜邮政储蓄、汇兑两网互通工程成功切换。2008年5月，邮储银行曲阜支行成立，有员工80人；8月，开办小额贷款业务。2010年3月，推出小微企业贷款业务。2011年2月，开办动产质押贷款新业务；7月，邮储银行曲阜支行迁至大同路国贸大厦南首，营业面积1000余平方米。2013年，邮储银行曲阜支行内设综合管理部、综合业务部两个部室，辖有4个营业网点，在职员工72人。年末各项存款余额15.65亿元，发放信贷资金2.02亿元。

曲阜中银富登村镇银行有限公司

曲阜中银富登村镇银行有限公司（简称曲阜中银富登村镇银行）由中国银行和新加坡淡马锡旗下的富登金融控股公司共同投资成立，位于春秋路。2013年3月20日，中国人民银行曲阜市支行批准曲阜中银富登村镇银行人民币银行结算账户等业务系统、办理账户等业务；4月18日，曲阜中银富登村镇银行开业；内设财务部、人力资源部、风险管理部、运营部、公司金融部、三农金融部和零售金融部，营业网点1个，在职员工67人。年末各项存款余额1.31亿元，贷款余额1.06亿元。

招商银行股份有限公司曲阜支行

2013年11月10日，招商银行股份有限公司济宁曲阜支行（简称曲阜招行）挂牌成立营业，位于大同路圣城国贸大厦，营业面积1400平方米，有员工30名。年末存款余额1.13亿元。

曲阜市农村信用合作联社

前身是曲阜市农村信用合作社联合社（简称市农信联社）。1991年，全市农村信用社有1个联社，下辖13家信用社、5个分社、15个储蓄所、296个信用站，共有干部职工280余人。1994年4月，农村信用社与农行分门办公，曲阜市农村信用合作社联合社成立。1996年11月，与农行脱离行政隶属关系。2000年12月，曲阜市城市信用社并入市农村信用合作社联社，更名为“曲阜市城区农村信用社”。2013年，市农信联社下辖13处信用社、1个联社营业部、14个分社等30个网点，有员工476人。全年各项存款余额50.94亿元、贷款余额28.34亿元，入库税金2390余万元。

1994—2013年曲阜市农信联社存贷款统计表

表14-8　　　　单位：万元

年度	存款余额	贷款余额	年度	存款余额	贷款余额
1994	32381.07	22185	2004	138917	106271
1995	42711.16	28434.73	2005	154284	115133
1996	40085.5	35815.03	2006	168069	109935
1997	49106.32	42229.37	2007	184162	125199
1998	68138.41	47244.44	2008	238555	149762
1999	72918.53	44627.5	2009	274145	185402
2000	95712	67733	2010	322740	322740
2001	102797	79563	2011	364998.93	218622.88
2002	112724	92086	2012	427311.53	249123.42
2003	122572	107871	2013	509351.13	283377.86

第二章　金融管理

第一节　金融监管

1991—1993年，依据国家金融方针、政策和信贷计划，对辖区内金融机构进行管理和监督。在信贷资金管理方面，坚持“双紧”方针，加强对信贷总量控制，管好用活中央银行再贷款和专项贷款。抓住金融宏观调控“热点、难点”问题进行稽核监管，对擅自向社会集资及提高存款利率违规行为进行专项稽核管理，完成对各金融机构“约法三章”落实情况稽核。1994—1995年，各家银行开始由专业银行向商业银行转轨，试行资产负债比例管理，推行分业经营、分业管理，工作重点转到加强经营管理和提高资金效益上。进行信贷结构调整，改革单一信用贷款形式，扩大承兑汇票、票据贴现、抵押、担保等所占比重。1996—1998年，对全市商业银行非现场监管体系进行完善，通过非现场监管提出风险问题6个并督促当事行及时进行整改。针对金融业经营管理中存在的突出问题和重要金融风险点开展稽核监督，完成常规稽核4家次，查出违规金额3889万元，罚款94万元，提出整改建议681条。2001年，开展创建金融安全区活动，建立政府协调会议制度，由市政府主持，市经贸委、人行曲阜支行、市法院、市公安局、市工商行政管理局、市财政局及新闻宣传、金融机构部门和单位参加，研究解决重大风险的处置和打击金融违法行为等问题，维护社会信用秩序、金融稳定和金融资产安全。2005年，结合曲阜市实际，印发《曲阜市关于加强金融生态环境建设的指导意见》，成立由政府分管市长为组长的金融生态环境建设领导小组。按照市委、市政府工作部署，克服宏观调控、银根紧缩不利影响，通过对上争取，组织银企洽谈合作，简化放贷手续，降低放贷门槛，扩大信贷规模。至年底，全市各项贷款余额32.59亿元，比年初增加2.4亿元，增长7.36%。2007年，通过组织信贷项目推介、贷款企业现场考察等活动，搭建银企交流、对接平台，组织企业参加济宁市金融生态环境暨银企合作促进会、召开全市银企合作促进会等活动，促进产业政策和信贷政策的协调配合。到年底，全市评选农村信用户5.11万余户、信用村120个，申报信用乡镇3个，创建信用社区1个，7家企业信用级别得到提升。在济宁市金融生态环境建设考评中，曲阜市被评价为A级金融生态区。2008年，协助农行曲阜支行剥离不良贷款2.0654亿元，市农村信用联社置换不良贷款2.035亿元。2011年，实施“两综合、两管理”（开业管理、营业管理，综合执法检查、综合评价），制定《曲阜市金融机构综合评价实施细则》，加强金融管理，维护货币政策传导，防范金融风险。到年底，全市56家企业评定为A级以上信用企业标准。

第二节　外汇管理

随着对外开放政策的不断深入，曲阜市外向型经济日趋发展，出口产品不断增加，创汇收入不断增加，国家外汇管理局曲阜市支局（简称曲阜市外汇支局）强化外汇管理为企业服务。1993年，调进外汇80万美元；为购置通信设备及生产资料，调出外汇100余万美元。同时，健全外商投资企业档案，加强对外商投资企业外汇收支的管理与监督。1994年年初，国家取消外汇留成制度，实行银行结售汇制度。1996年，国家全部取消所有经常性国际支付和转移的限制，实现人民币经常项目可兑换。2005年7月，国家启动人民币汇率形成机制改革，外汇管理方式加快从重点管外汇流出转为流出入均衡管理，逐步建立起资本流动双向均衡管理的制度框架。2005年，曲阜市出口总收汇4693万美元，同比增长37%，进口总付汇206万美元，实现顺差4487万美元。2009年以后，外汇

2006年8月17日，曲阜市首笔农业小企业贷款项目签约仪式现场

管理从重审批转变为重监测分析，从重事前监管转变为强调事后管理，从重行为管理转变为更加强调主体管理，从“有罪假设”转变到“无罪假设”，从“正面清单”转变到“负面清单”。2012年，曲阜市外汇支局为辖区内66家涉外企业办理名录登记和网上业务开通管理，当年实现货物贸易出口9854万美元，进口2411万美元，出口收汇9464万美元，进口付汇1758万美元。到2013年底，曲阜辖区存续外商投资企业20家，外汇资本金流入1.11亿美元。

2013年，曲阜境内有中行、工行、农行、建行和邮政银行5家金融机构开办外汇业务。全市货物贸易进口付汇110余万美元、出口收汇近亿美元，服务贸易（对公）收汇66万美元、付汇491万美元，个人项下外汇收入346万美元、支出488万美元，个人结汇502万美元、售汇690万美元，资本金流入2071万美元。

第三节　市属金融管理

2013年5月，曲阜市设立市金融工作办公室，为市政府直属正科级事业单位。主要负责辖内小额贷款公司、融资担保公司等地方金融机构的设立、变更初审和业务监管工作；会同有关部门做好市属金融机构的管理工作；协调推动全市企业上市工作。

自2006年起，经山东省金融工作办公室批准，曲阜市成立一批融资性机构和小贷款公司，解决企业特别是中小微企业融资难、融资贵问题。2006年11月，成立山东益铭融资担保公司，2007年7月，成立山东中冠融资性担保有限公司。2009年7月，曲阜市恒信融资担保有限公司成立。2011年7月，曲阜市金鲁城贷款有限责任公司成立。2013年11月，曲阜市东宏小额贷款有限公司成立。到2013年年底，全市3家融资性担保机构担保户数1333户，在保责任余额共计7.91亿元；2家小额贷款公司贷款226笔，贷款余额共计2.6亿元。

企业上市　至2013年年末，全市有上市企业2家。2004年4月30日，曲阜天然绿色工程有限公司在美国场外柜台交易系统上市，登陆纳斯达克，是曲阜市境内第一家上市企业。2011年5月6日，圣阳电源在深交所中小板上市。市政府制定《关于加快推进企业上市工作的意见》，成立推进企业上市工作领导小组，研究解决企业上市中的问题，做好企业上市的统筹规划和指导、协调、服务工作，加快企业上市进程。

企业融资　2013年，市金融办会同市人行、市银监办及市政府有关部门，针对资金暂时困难企业，实施重点帮扶，摸排企业生产经营资金缺口，了解企业贷款需求，有针对性解决问题。每年定期召开银企对接会，按照“一个企业一个方案，一项资金一个办法”原则，采取“1+1+N”银企对接形式（即1家政府职能部门+1家银行+N家企业），推进银企对接、增强企业融资。到年底，曲阜市本外币各项贷款余额比年初增加19.08亿元，增长26.75%；全市中小企业新增贷款5.43亿元。

第三章　金融服务

第一节　货币发行与流通

人行曲阜支行作为央行分支机构，承担着曲阜辖区人民币发行管理工作。

货币发行　1987年4月27日，中国人民银行发行第四套人民币，共有1角、2角、5角、1元、2元、5元、10元、50元、100元9种面额，其中1角、5角、1元有纸币、硬币2种。1角、2角、5角、5元、10元只有1980年版一种，2元、50元、100元有1980年版、1990年版两种，1元有1980年、1990年、1996年版3种。与第三套人民币相比，增加50元、100元大面额人民币。1992年8月20日，发行改版后1990年版50元、100元券，增加安全线与无色荧光油墨印刷等新技术。第四套人民币共发行主辅币9个面额14个券别，分为1元、2元、5元、10元、50元、100元6种主币，以及1角、2角和5角三种辅币，其中主币中，1元、2元、50元和100元还分为1980年和1990年版两个版别（1元还有一种1996年版）。央行于1997年4月1日起停止发行第四套人民币。

1999年，第五套人民币发行，第四套、第五套人民币混合流通。第五套人民币共有1元、5元、10元、20元、50元、100元6种面额，其中1元有纸币、硬币2种。第五套人民币共7种面额：100元、50元、20元、10元、5元、1元、5角、1角。第五套人民币增加20元面额，取消2元面额，使面额结构更加合理。第五套人民币采取“一次公布，分次发行”方式。1999年10月1日，发行100元纸币、1元和1角硬币。2000年10月16日，发行20元纸币。2001年9月1日，发行50元、10元纸币。2002年11月18日，发行5元纸币、5角硬币。2004年7月30日，发行1元纸币。1999年9月，发行“庆祝中华人民共和国成立50周年纪念钞”，曲阜发行量2万张。2000年11月，发行“迎接新世纪纪念钞”，曲阜发行量500张。

第五套人民币于2005年8月31日发行，有100元、50元、20元、10元、5元纸币和不锈钢材质1角硬币。2008年7月，发行“第29届奥林匹克运动会纪念钞”，曲阜发行量300张。

货币流通　1991—2010年，曲阜市是国家历史文化旅游名城，一直是现金流入占主导、现金净回笼的地区。2010年后，由于大量使用信用卡、网上银行等支付结算方式，现金（纸币）净回笼呈现下降趋势。

曲阜市第八至第十二个五年计划现金流通情况表

表14-9　　单位：亿元

时期	现金回笼	现金投放	净回笼
第八个五年计划（1991—1995年）	609.75	598.99	10.76
第九个五年计划（1996—2000年）	670.73	657.89	12.84
第十个五年计划（2001—2005年）	1006.1	991.83	14.27
第十一个五年计划（2005—2010年）	1609.75	1594.92	14.83
第十二个五年计划（2011—2015年）	1931.7	1925.4	6.3

第二节 支付体系建设

人行曲阜支行于2005年6月、2006年6月分别上线运行大额实时支付系统、小额批量支付系统。2007年6月，上线运行全国支票影像交换系统。2008年4月，上线运行境内外币支付系统。2010年起，秉承“急事急办、特事特办、马上就办”精神，履行服务承诺，采取“一站式”服务，给企业开户提供服务。2012年，曲阜市378个行政村均布放金融基础设施，到2013年年末，曲阜市辖区共布放ATM机110台，安装POS机具4757台，设置助农取款服务点378个，第三方支付机构布放“全民付”支付终端20台，全市行政村实现金融基础设施、银行卡助农取款点和手机支付业务全覆盖。

第三节 国库业务

2005年12月，曲阜市作为第一批试点县，实现国库集中支付。自2007年起，曲阜市实现多项补贴资金的直接支付发放工作。2010年，人行曲阜支行“关心国库发展，服务社会民生”国库系列宣传活动，得到上级国库部门肯定，被选定为国库直接支付现场观摩点。4月22日，在中国人民银行国库局副局长朱苏荣带领下，中央电视台一套、《金融时报》等5家媒体采访组到曲阜市小雪镇农信社，现场观看三峡移民、大学生村官和90岁以上老年人生活补贴资金的国库直接支付业务操作流程。2013年，纳入国库集中支付的101个市直预算单位共计办理直接支付、授权支付资金7396笔，金额59.25亿元。

第四节 农业政策性金融业务

1996年起，曲阜农发行执行国家宏观调控政策、产业政策，支持曲阜经济发展。

1998年，曲阜农发行贯彻落实国务院关于深化粮食流通体制改革决定，推进收购资金封闭运行工作，按照“收一斤粮，发放一斤粮的贷款”和“钱随粮走”原则，支持粮食收购，当年全市粮食共入库4283万千克，入库值5631万元，年末各项存款余额854万元，各项贷款余额31826万元。按照国务院调整农发行业务范围规定，在人民银行协调下，将开发性贷款、人行专项贷款2309万元和粮棉油附营加工贷款4381万元划转到农业银行。1999年，参与粮食流通体制改革，当年支持收购粮食8093万千克，价值9136万元。年末各项存款余额159万元，各项贷款余额3.35亿元。

2001年，曲阜农发行开展清资核贷，年底各项存款余额689万元，各项贷款余额3.01亿元，当年发放贷款与粮棉油新收购价值比率100%，不合理贷款下降率10.6%，完成市分行分配任务106%，贷款收回率为100%；收息率93.24%；资金运用率98%，销售货款回笼率、回笼货款归行率、回笼销售货款收贷率均为100%。支持粮食收购，全年粮食共入库4944万千克，入库值5149万元。银企联手抓清收，累计清理收回粮食1521万千克，价值1481万元，分别占应清收的71.6%和71.2%。2004年7月，曲阜农发行将新老区收储公司贷款债务全部分批落实。2005年底，农发行各项贷款余额18187万元，各项存款737.5万元，库存小

金融系统行(社)开展“珍爱信用记录 享受幸福人生”主题活动现场

麦1731万千克，库存值2332万元。发放收购贷款438万元，支持收储企业收购流转小麦312万千克。配合市财政部门做好对农民种粮直补工作，将777万元粮食风险基金及时发放到位。

2006年，开展农业产业化龙头企业贷款和农业小企业贷款试点工作，做好财务挂账的认定和剥离工作。申报呆账贷款10025万元，审批3194万元，核销3194万元；现金清收不良贷款13万元，完成任务118.18%；年末贷款余额14956万元，不良贷款1356万元，占9%，比年初下降24.7个百分点。2007年年初，开办银行承兑汇票业务，增加存款870万元；实现CM2006信贷管理系统上线运行。年末各项贷款余额16456万元，实现利润300万元。2008年，立足农村基础设施，支持新农村建设，为农村道路维修项目贷款3亿元。努力支持产业化龙头企业，发放400万元贷款，支持圣地嘉禾油脂有限公司累计购进300万千克玉米胚芽，拉动销售玉米5000万千克；发放贷款2000万元，支持锦绣纺织有限公司累计购进亚麻等原料3200万千克。2010年，加大信贷支持力度，及时化解信贷风险，如期收回锦绣纺织2000万元潜在风险贷款及利息。

2013年，农发行年末各项贷款余额4.59亿元，各项存款8915万元，实现账面利润551万元。

第五节　征信管理与社会信用体系建设

2005年10月，中国人民银行实施《个人信用信息基础数据库管理暂行办法》，个人信用信息基础数据库运行。2007年起，曲阜市金融机构创建信用镇、信用村、信用户建设。当年，小雪镇、陵城镇、王庄镇、姚村镇、时庄街道被评为信用镇，147个行政村被评为信用村，38900户农民被评为信用户。2013年，开始推行机构信用代码；3月15日，施行《征信业管理条例》。人行曲阜支行组织辖区金融机构加大《征信管理条例》宣传力度，在曲阜师范大学和济宁学院设立征信宣传站。

第六节　金融消费权益保护

2013年12月，曲阜市金融消费权益保护协会（以下简称金融协会）成立。主要职能是依法维护金融消费权益，开展金融消费权益保护调查和研究，解答金融消费咨询，受理金融消费者投诉，并对投诉事项进行调查、调解。开展金融机构保护金融消费者权益综合评价，对损害金融消费者合法权益的行为进行披露，维护辖区金融稳定和社会和谐。第一届协会有84名个人会员，39家会员单位。

第七节　金融信息化工作

20世纪90年代初，曲阜市金融机构逐步告别“一把算盘、一支笔”传统业务处理方式，实现办公自动化。1996年，人行曲阜支行开通电子联行系统，异地跨行资金汇划缩减到1~2天。2005年，曲阜市停用电子联行系统，使用大额支付系统，曲阜辖区银行营业网点66个中，有47个加入大额支付系统，覆盖率为71%。2006年，使用小额批量支付系统。2007年，使用全国支票影像交换系统。2011年，人行曲阜支行作为山东省无障碍现金支付试点单位，首先在孔庙刷卡支付点试运行成功。2012年，中央银行会计核算数据集中系统即（ACS）系统启用。2013年，人行曲阜支行成为人民银行国库直拨业务系统即TCBS系统上线试点单位，试点工作得到总行肯定。

2011—2013年，曲阜市各金融机构借助于大小额支付系统，相继建立和开办“网上银行”、“电话银行”、“跨行通存通兑”、信用卡、金融IC卡、外币存款、外汇贷款、国际结算、票据承兑贴金融房地产、代企业发行债券、贵重物品代保管、代发工资、代收水电费等新型业务。到2013年年底，全市布放离行式ATM机、移动POS机4867台，在各中心村实现存取现金、跨行支付、现金汇款、转账汇款等业务。

第四章　保险

1991年，曲阜市有保险公司1家，即中国人民保险公司曲阜市支公司。1993年，共开办43个险种，全年收保险费1343.7万元，赔款支出976.1万元。1996年4月，中国人民保险公司曲阜市支公司分设改建为中保财产保险有限公司曲阜市支公司和中保人寿保险有限公司曲阜营业部，后更名为中国人民保险公司曲阜市支公司、中国人寿保险公司曲阜市支公司。2000年，人寿保险公司开通“800”免费服务电话；曲阜保险公司增加平安保险曲阜公司。全市保险业保费收入2600余万元，赔付额1300余万元。2005年，增加中国大地财产保险股份有限公司曲阜支公司。2012年6月，中保财险公司开办政策性农业保险。2013年，曲阜市有太平洋、平安保险、中国人寿等22家保险公司，全年保费收入5.22亿元，其中财产保险费收入1.39亿元，人身保险费收入3.83亿元，赔付额1.92亿元，其中财产险赔付金额0.66亿元，人身险赔付金额1.26亿元。

第一节　中国人民保险公司曲阜市支公司

1991年，中国人民保险公司曲阜市支公司（简称市保险公司）位于东门大街，内设办公室、计划财务科、人身保险科、车辆保险科、财产保险科，下辖陵城镇保险营业所。1991—1993年，在13个乡镇以及火车站、农行、教育局等处建立19个保险代办网点。1993年5月7日，市保险公司召开棉花保险工作会议，为全市棉农提供保险服务，填补曲阜市棉花保险空白。至年末，市保险公司共开办43个险种，其中人身保险21个、财产保险17个、农业保险5个，全年收保险费1343.7万元，办理赔案3453件，赔款支出976.1万元，占保费收入72.64%，其中财险赔付406.3万元、车险赔付280.3万元、人险赔付289.5万元，全年上缴税款35.6万元。1994年3月，单家村煤矿发生井下透水灾害事故，市保险公司支付397.75万元赔款。1995年3月，适应曲阜市旅游事业发展需要，市保险公司开办旅客住宿人身意外伤害保险业务。7—8月，曲阜市连续遭受龙卷风暴风雨冰雹袭击，市保险公司在勘察核实后，10天之内将190余万元赔款送到农民保户手中。全年收取保费1234万元，办理赔案5664起，赔款支出1127.1万元，其中财险赔付221万元、车险赔付695万元、涉外赔付27万元、人险赔付184万元，全年上缴税款63万元。1996年4月，中国人民保险公司曲阜市支公司分设改建为中国人民财产保险有限公司曲阜支公司和中国人寿保险有限公司曲阜营业部。

第二节　财产保险

中国人民财产保险有限公司曲阜支公司　1996年4月，中国人民财产保险有限公司曲阜支公司成立，位于东门大街，专门经营财险业务，内设7个科室，下辖1个营业所，有员工25人。当年，中保财险曲阜支公司对下属陵城镇保险服务所进行巩固和充实，招聘20名营销员，经业务培训、资格考试后，成为曲阜首批持证上岗的保险营销员。2000年8月，中保财险曲阜支公司与市交警122联动服务，开设95518人保24小时专线值班电话，为保户提供报案、咨询、投诉等服务项目。2001年，实行直销与营销并轨，全员实行营销化管理，当年招收营销人员50余人，扩大业务规模。2002年，险种发展到财产、农业、机动车、货运、责任、信用、保证等40多个险种。2003年，更名为中国人民财产保险股份有限公司曲阜支公司（以下简称人保财险曲阜公司），内设办公室、营业室、理赔部、基层科、客户服务部，下辖陵城营业部、开发区营销部和姚村营销部，拥有营销人员30名，均取得保险代理资格证书。人保财险曲阜公司建立现代企业制度基本框架，实施机构、人事与分配制度改革。2012年6月，开办政策性农业保险，主要有玉米保险、小麦保险、花生保险、能繁母猪保险、塑料大棚保险。2013年1月，承办新农合大病保险，承保20种重大疾病保险。到2013年底，人保财险曲阜公司有从业人员100余人，下辖外勤营销业务部6个、中介部1个、直销部1个、电商部1个，农村营销服务部7个。全年总保费收入6323万元，赔付额3671万元，上缴税金568万元。

1996—2013年人保财险曲阜支公司保费及理赔情况统计表

表14-10　　单位：万元

年度	保费收入	理赔	年度	保费收入	理赔
1996	1245	635	2005	2203	1487
1997	966	808	2006	2305	1566
1998	1588	818	2007	2560	1723
1999	1560	261	2008	2785	1782
2000	1450	1000	2009	2913	1860
2001	1606	817	2010	3402	1923
2002	1985	1009	2011	3204	1925
2003	2056	1230	2012	5566	2550
2004	2272	1650	2013	6323	3671

说明：2012—2013年保费收入中包含政策性农业保险保费以及新农合（居民）大病保险保费

中国太平洋财产保险股份有限公司曲阜支公司 成立于1991年，位于静轩路运输公司，主要经营险种有企业财产险、家庭财产险、建筑工程险、安装工程险、货物运输险、机动车保险、船舶保险、能源保险、一般责任保险、保证保险、信用保险、短期健康保险、意外伤害保险。2005年9月，太保财产曲阜公司迁至大成路，营业面积410平方米。2011年，太保财产曲阜公司获省级先进集体称号。2013年，承保曲阜市花生、奶牛、玉米及小麦等农业保险。到年底，太保财产曲阜公司内设出单、理赔、农业险、渠道、直销等部室，全年保费收入1507万元，理赔金额1420万元。

1996—2013年太保财产曲阜公司保费及理赔情况统计表

表14-11　　单位：万元

年度	保费收入	理赔金额	年度	保费收入	理赔金额
1996	117	133	2003	275	203
1997	109	95	2004	277	233
1998	136	121	2005	344	303
1999	139	117	2006	463	501
2000	185	139	2007	510	468
2001	197	141	2008	850	796
2002	260	229	2009	970	801

续表14-11

年度	保费收入	理赔金额	年度	保费收入	理赔金额
2010	1170	961	2012	1380	1157
2011	1240	1095	2013	1507	1420

第三节　人寿保险

中国人寿保险公司曲阜市支公司　1996年4月，中国人民保险公司分业经营，设立中保人寿保险有限公司曲阜市营业部，位于东门大街，营业面积约260平方米，当年实现保费收入486万元。1999年，更名为中国人寿保险曲阜市支公司（简称中国人寿曲阜公司）。6月，中国人寿曲阜公司迁至东南门大街，营业面积3358平方米，有员工8人，拥有城乡代理420人，公司内设经理室、团体部、中介部、个人代理人管理部和客户服务部，下辖陵城、息陬、小雪、南辛、姚村、董庄、防山和王庄等8个乡镇服务处。2000年10月，开通“800”免费服务电话，为保户提供咨询、投诉等服务项目。2001年9月，开通中国人寿保险公司客户服务专用电话“95519”，为保户提供24小时专线服务。2003年6月，更名为中国人寿保险股份有限公司曲阜市支公司。2006年，乡镇网点增加到14个。2007年，推出“国寿1+N”服务，即一位客户多种服务，包括多种保单服务及各种增值服务。至2007年年底，中国人寿曲阜公司乡镇保费规模占总保费40%。到2013年年底，中国人寿曲阜公司下辖11个乡镇营销服务部，有员工29人、代理人856人，全年保费收入1.83亿元，理赔金额977万元，居曲阜市保险行业第一位。

1996—2013年中国人寿曲阜市支公司保费及理赔情况统计表

表14-12

单位：万元

年度	保费收入	理赔金额	年度	保费收入	理赔金额
1996	486	—	2005	9534	415
1997	689	—	2006	10263	457
1998	1150	86	2007	11182	496
1999	1696	110	2008	12000	519
2000	2165	154	2009	16035	600
2001	2763	214	2010	17700	618
2002	4896	257	2011	16500	773
2003	4792	289	2012	18036	918
2004	4683	353	2013	18340	977

中国太平洋人寿保险股份有限公司曲阜支公司　成立于1991年，位于大成路南首，内设经理室、办公室、团险部、个险部、培训部，下辖6个经营网点，有员工280人，主要经营养老保险、健康保险、分红保险及人身意外险共4类100余个险种。2003年，太平寿险曲阜公司实现保费收入1198万元，理赔款72.25万元。2005年，在实施用户满意工程中获得全国用户满意企业称号。2012年，与银行类金融机构加强业务合作，为银行借贷客户提供人身风险类保险，该产品获得济宁市政府金融创新奖。2013年，太平寿险曲阜公司内设经理室、办公室、个险部、法人渠道业务部、培训部、续期部，有从业人员400余人，开办人寿险、年金保险、意外险、万能保险等200余个险种。全年保费收入4585万元，理赔金额244万元。

1996—2013年太平寿险曲阜公司保费和理赔情况统计表

表14-13 单位:万元

年度	保费收入	理赔金额	年度	保费收入	理赔金额
1996	121.5	12	2005	2384	104
1997	172	18	2006	2566	114
1998	288	22	2007	2796	124
1999	424	28	2008	3000	130
2000	541	39	2009	4009	150
2001	691	54	2010	4425	154
2002	1224	64	2011	4125	193
2003	1198	72	2012	4509	229
2004	1171	88	2013	4585	244

第五章　证券　信托

1996年,曲阜市工商局为26家企业办理动产抵押登记。2011年,齐鲁证券有限公司在曲阜市设立营业部。2013年,山东万通典当有限公司成立。

第一节　证券

中泰证券股份有限公司曲阜大同路证券营业部(简称曲阜营业部)前身是齐鲁证券有限公司曲阜大同路证券营业部,于2011年2月21日经中国证券监督管理委员会批准,在曲阜市工商局注册设立,经营范围为证券经纪,注册资本500万元。曲阜营业部位于大同路66号新华大厦1~2楼,营业面积1848平方米。2012年,上证指数从2212点上涨到2269点,全年上涨57点。曲阜营业部完成佣金收入659.17万元;实现交易额34.33亿元,市场份额为0.00532%。2013年,股市行情持续低迷,上证指数从2289点下跌到2115点,全年下跌174点。全年完成股基交易量44.62亿元,市场份额0.00506%,累计实现佣金收入840.88万元,佣金份额0.0095%。到2013年年底,有员工12人,内设营运部、营销部两个业务条线,其中营销部工作主要负责市场开发、财富管理工作,营运部工作主要负责日常业务受理,后勤保障工作。

第二节　信托

1996年,曲阜市全面开展动产抵押物登记管理工作。当年,市工商局为26家企业办理动产抵押登记,为企业融资提供便利。2006—2013年,市工商局共为253家企业办理动产抵押登记,帮助企业盘活资金9.42亿元。

山东万通典当有限公司是经省商务厅批准,报商务部备案,为中华人民共和国成立后曲阜市第一家典当公司,公司成立于2013年5月14日,注册资本2000万元,位于曲阜市大成路路东,业务范围是动产质押典当业务、财产权利质押典当业务、房地产(外省、自治区、直辖市的房地产或者未取得商品房预售许可证的在建工程除外)抵押典当业务、限额内绝当物品的变卖、鉴定评估及咨询服务和商务部依法批准的其他典当业务。2013年,贷款余额1000万元,营业收入48万元。到2013年年底,山东万通典当有限公司有员工13人。

第十五编

经济管理

2006 年，市工商局岗位大练兵大比武活动现场 （市工商局提供）

1992年后，政府微观经济管理职能逐渐削弱或消失，宏观经济管理的职能逐步加强。计划管理由指令性计划转变为指导性计划，市场价格监督检查工作转向以服务为主；审计范围由国家审计、内部审计扩大到社会审计，项目拓展到财政、金融、基建、离任审计等领域；统计部门职能由主要提供统计信息，发展到具有统计信息、咨询和监督等多种职能；工商部门"两费"停征，从"收费型工商"转向"监管服务型工商"；市安全生产监督管理局和市药品监督管理局等机构的相继设立，经济管理走向规范化、科学化；济宁海关曲阜办事处和监管场站投入运行，曲阜市对外开放力度加大。

1991—2013年，曲阜市先后获全国科技先进市、全国消灭无标准生产试点工作先进市、全国质量兴市先进市、国家级出口食品农产品质量安全示范区等称号。

第一章　计划管理

20世纪90年代初，市计划委员会加强综合计划管理，深化计划体制改革，从直接管理微观经济活动转向重点制定和提出经济发展总体规划、重大方针和政策，从运用行政手段管理转向运用经济政策、经济杠杆间接管理，从指令性计划管理转向以指导性计划管理。

第一节　计划体制

1991年，曲阜市计划委员会内设综合计划科、城市经济科、基本建设计划科、农村经济科，辖副科级全额拨款事业单位农业区划委员会办公室。20世纪90年代初，随着计划管理体制改革的逐步加深，引入市场机制，指令性计划管理范围和比重大幅削减，逐步形成指令性计划、指导性计划和市场调节三种管理方式，赋予企业更多更大的经营自主权。市计划委员会按照发展社会主义市场经济要求，加强综合计划管理，依据新时期计划管理的职能，推进计划体制改革，从以往直接管理微观经济活动，定指标、分投资、批项目、分物资，转向重点制定和提出经济发展的总体规划、重大方针和政策；从主要运用行政手段进行直接管理，转向主要运用经济政策、经济杠杆进行间接管理；从以指令性计划管理为主，转向以指导性计划管理为主。1993年，市物资局改为市物资集团总公司，转为经济实体，原物资行政管理职能并入计划委员会；同年12月，撤销市农业区划委员会办公室。曲阜市计划委员会内设办公室、综合计划科、投资计划科、区划社会科。1995年7月，设立曲阜市项目办公室，为副科级全额拨款事业单位，隶属市计划委员会。1992—1997年，市场调节机制占计划管理主导地位。市计划管理部门对经济活动主体由行政干预转变为间接调控，加强协调服务职能，缩减计划物资分配职能。运用财政、税收、价格等经济杠杆调控经济运行，改善经济环境。1998年5月，设立曲阜市信息中心，为副科级全额预算事业单位，隶属市计划委员管理，负责全市经济信息工作。1998—2001年，根据国家计划期内下达的计划指标，编制市国民经济计划和年度计划，对生产、消费、积累进行综合平衡，对基本建设项目和计划内物资实行有计划的审批、分配。在市场管理中，除关系市国民经济的重大项目外，其余项目全部放开；在指导性计划管理上，通过预测和分析，确定经济参数，提供市场需求信息，制定配套经济调控意见。在重点项目建设方面，实行对重点项目考察与论证，确保每年有新项目建成投产。2002年4月，市计划委员会更名为市发展计划局，将指导和协调物资部门工作的职能划归市经济贸易局，市物价局并入发展计划局，市发展计划局内设办公室、综合科、投资科，管理市物价局、市项目办公室。职能转变为负责拟定全市国民经济和社会发展战略、发展规划、总量平衡、结构调整，指导和协调全市招投标工作，对全市重大建设项目建设招投标进行监督检查；将一般性生产计划改为预测性、指导性指标；推进价格改革，减少实行政府指导价和政府定价商品和服务价格的范围，实行并完善宏观经济调控下主要由市场形成价格的机制。2005年10月，市发展计划局更名为市发展和改革局，为市政府工作部门，将市经济贸易局指导全市经济体制改革的职能划归市发展和改革局，市粮食局退出市政府工作部门序列，市发展和改革局加挂市粮食局牌子，市发展和改革局内设办公室、综合科、投资科、经济体制改革科，管理市物价局、市粮食局、市项目办公室，主管全市国民经济和社会发展战略、发展规划、总量平衡、结构调整、经济体制改革及物价、粮食管理等工作。2007年5月，设立市服务业办公室，为正科级全额预算管理事业单位，隶属市发展和改革局管理。2010年4月，市发展和改革局挂市粮食局、市物价局牌子。对市发展和改革局职能进行调整，取消国务院、省政府和市政府公布取消的行政审批事项，增加对地方投资地方收益、价格变动具有区域性影响的供水、供热、燃气、公交、有线电视等部分公用事业和公益性服务价格制定职责；增加反价格垄断执法职责；加强全市宏观经济和社会发展的预测预警和信息引导，增强扩大开放条件下经济协调发展的能力；加强投资宏观管理，调控全社会投资总规模；加强对能源问题的前瞻性、综合性、战略性研究，提高能源安全的保障能力；加强对粮食战略性问题的研究，推进粮食流通体制改革，完善粮食储备体系，健全粮食监测预警体系和应急机制；加强价格调节基金的征收、管理、使用以及相关政策的制定和完善工作。

第二节　规划编制

1991—2013年，在全市规划编制过程中，根据市场经济体制下政府职能转变的要求，加强宏观调控指导，既提出预期发展目标，又在具体工作安排上突出经济结构战略性调整、新兴产业培育、重点项目建设、个体经济发展和招商引资等实现目标的关键性措施。到乡镇（街道）、县直有关单位和企业，对经济社会发展中的热点、难点问题开展调研，分析矛盾和问题，提出对策建议。在调查研究和征求意见基础上，研究编制年度国民经济和社会发展计划及五年发展规划。建立与有关部门之间的相互配合、相互制约机制，做好经济运行的综合协调。在提出调控目标时，注重于有关部门进行衔接平衡，提出全市GDP增长率，全社会固定资产投资、地方财政收入、农民人均纯收入及人口自然增长率等宏观调控目标，并围绕实现计划目标，提出国民经济和社会发展的主要任务及相应的政策措施。在年度计划制定时，注重计划目标同中长期规划的衔接，在具体实施过程中，定期调度情况，分析问题，采取相应对策，综合运用经济杠杆，确保中长期宏观调控目标如期实现。在制定五年发展规划过程中，以党和国家各项路线方针政策为指导，立足国情市情，给曲阜市发展准确定位，提出五年经济社会发展的任务目标和发展重点。

1991—2013年，先后编制《曲阜市国民经济和社会发展第八个五年计划（草案）》《曲阜市国民经济和社会发展第九个五年计划及2010年远景目标纲要（草案）》《曲阜市国民经济和社会发展第十个五年计划及2010年长期规划（草案）》《曲阜市国民经济和社会发展第十一个五年总体规划纲要（草案）》《曲阜市国民经济和社会发展第十二个五年总体规划纲要（草案）》，分别经曲阜市相应届次人民代表大会审议通过并组织实施。

第三节　计划执行

“八五”期间（1991—1995年），曲阜市国民经济得到较快增长，各项社会事业协调发展。1995年，全市地区生产总值42.2亿元，按可比价格计算，比1990年增长3.3倍，平均每年增长33.6%。其中第一产业8.1亿元，年均增长13.1%；第二产业24.7亿元，年均增长52.3%；第三产业9.4亿元，年均增长29.6%。年人均国民生产总值6885元，年均增长40.4%。财政总收入2.64亿元，比1990年增长5.4倍，平均每年增长45%。社会消费品零售总额9.7亿元，比1990年增长2.3倍，平均每年增长26.7%，主要经济指标均完成或超额完成“八五”计划。经济结构明显改善，三次产业结构由1990年的44:30:26调整为19:58:23；基础设施得到完善，完成全社会固定资产投资16亿元；实际利用外资3022万美元；科技进步因素对经济增长贡献率为49%，跨入全国科技先进市行列。1995年，农民人均纯收入1795元，城乡居民居住条件显著改善，

科、教、文、体、卫及环保等各项社会事业全面发展。

“九五”期间（1996—2000年），国民经济综合实力显著增强，各项改革取得较大进展。2000年，曲阜市地区生产总值实现67.4亿元，按可比价格计算，比1995年增长73%，年均增长11.6%。其中第一产业增加值11.5亿元，年均增长6.1%；第二产业增加值31.2亿元，年均增长8.1%；第三产业增加值24.8亿元，年均增长22.2%。人均地区生产总值1.1万元。财政总收入4.59亿元，其中地方财政收入2.69亿元，比1995年增长161.1%，年均增长21.1%。三次产业比例由20.3∶56.5∶23.2调整为17.1∶46.2∶36.7，林牧渔业产值占农业总产值50.8%，轻重工业比例由58∶42调整为48∶52。“九五”期间，全社会固定资产投资累计完成51.19亿元，是“八五”投资的3.19倍。实际利用外资3516万美元，出口创汇8.8亿元。全市在岗职工年平均工资7686元，农民人均纯收入2888元，年均分别增长9.8%和10%。城乡居民的衣食住行条件明显改善，城镇人均居住面积10.4平方米，农村人均居住面积26平方米。

“十五”期间（2001—2005年），曲阜县域经济基本竞争力跨入全国百强县，综合经济实力进入全省30强。2005年，曲阜市地区生产总值实现130.2亿元，按可比价格计算，比2000年增长101%，年均增长15%。其中，第一产业增加值12.3亿元，年均增长6%；第二产业增加值62.8亿元，年均增长15.2%；第三产业增加值55.1亿元，年均增长17.6%。人均地区生产总值2.04万元，年均增长13.8%。财政总收入8.3亿元，其中地方财政收入5.83亿元，分别比2000年增长80.8%、116.7%，年均增长12.6%和16.7%。人均地方财政收入912元，年均增长16.5%。三次产业比例由17.1∶46.2∶36.7调整为9.4∶48.3∶42.3。实际到位资金55亿元。新批办外资企业42家，合同利用外资3亿美元，实际利用外资1.25亿美元，外贸出口1.1亿美元。规模以上工业高新技术产业产值22.5亿元，占规模以上工业总产值29.2%。旅游社会收入占地区生产总值10%。全社会固定资产投资累计完成160亿元，比“八五”增长10倍，是“九五”计划数的3.08倍。2005年，全市在岗职工年均工资13561元，年均增长9.8%；农民人均纯收入4414元，年均增长8.9%。城镇居民人均居住面积25.5平方米，农村居民人均居住面积31.5平方米。城镇登记失业率控制在4%左右。文化、广播电视、妇女儿童、档案、史志、老龄、民兵预备役等各项社会事业全面发展。

“十一五”期间（2006—2010年），全市呈现出经济持续发展、事业不断进步、社会和谐安定的良好局面，各行各业的面貌发生新的巨大变化。2010年，曲阜市地区生产总值235.29亿元，是2006年的1.89倍，年均增长13.4%。三次产业比例由2005年的9.4∶48.3∶42.3调整为2010年的10.3∶40.5∶49.2，第一产业占比上升0.9个百分点，第二产业占比下降7.8个百分点，第三产业占比上升6.9个百分点。现代服务业主导带动作用增强，服务业增加值115.78亿元，年均增长15.8%，成为拉动经济增长和增加就业的重要力量。工业化水平和质量提升，2010年规模以上工业企业发展到313家，比2005年增加196家，规模以上工业增加值51.05亿元，高新技术产业产值占规模以上工业总产值比重提高到29.4%，科技进步对经济增长贡献率显著提高。节能减排成效明显，万元GDP能耗累计降低23%。现代农业发展步伐加快，农业产业化和市场化水平不断提高，规模以上农业产业化龙头企业59家。全社会固定资产投资由52.01亿元增加到123.33亿元，年均增长23.8%，五年累计投资387.89亿元。社会消费品零售总额由41.7亿元增加到92.23亿元，年均增长17.8%。地方财政收入由5.83亿元增加到10.77亿元，年均增长13.1%，地方可用财力实现翻番。招商引资成效显著，累计到位国内市外注册资金26.2亿元，实际利用外资2.28亿美元，外贸进出口总额4.3亿美元。三孔接待中外游客383.5万人次，实现门票收入1.65亿元，年均分别增长10.9%和17%，获“世界著名文化旅游城市”称号。园区经济总量不断壮大，成为全市经济新的增长极和工业化推进平台。城镇化水平逐步提高，城镇化率48%。城乡居民生活水平和质量显著提高，城镇居民人均可支配收入14011元，农民人均纯收入7402元，年均分别增长11.8%和10.9%。累计新增就业2.7万人，城镇登记失业率控制在4%以内。城乡医疗卫生条件逐步改善，新型农村合作医疗参合率提高到98.8%。经济适用房、廉租房建设力度加大，中低收入家庭居住条件得到改善。文化、体育等事业取得新的成就，保持“全国文化先进市”称号，群众性体育活动丰富多彩，奥运火炬曲阜站传递圆满成功。工会、共青团、妇联等群众团体在公共管理中的作用日益明显。广播电视、统计、妇女儿童、老龄、慈善、气象、档案史志、防震减灾、安全生产、民族宗教、外事侨务、对台、残疾人等各项事业取得新成绩。民主法治建设成效显著。

"十二五"期间(2011—2013年),国民经济综合实力大幅提升。地区生产总值由235.29亿元增加到331.66亿元,人均生产总值51416元,固定资产投资由79.18亿元增加到174.57亿元,社会消费品零售总额由92.23亿元增加到139.11亿元，地方财政收入由10.77亿元增加到20.11亿元。三次产业比由2011年的9.9:40:50.1调整为3.4:48.9:47.7。现代农业扎实推进,粮食总产保持在5亿千克以上,实现"十一年连年丰收";规模以上农业龙头企业89家，农业专业合作社454家，家庭农场153家,"一村一品"专业村89个,获"国家级出口食品农产品质量安全示范区"和"全国粮食生产先进单位"称号。新型工业加快发展,有规模以上工业企业160家,国家级高新技术企业40家,高新技术产业产值占比26.59%。现代服务业取得突破,规模以上服务业增加值173.17亿元，服务业增加值比重52.2%。强化"百姓至上"理念,坚持"民生优先"财政投向,实现"百姓生活年年有改善、人民群众年年得实惠、干部职工年年涨工资"。每年征集交办"群众最不满意十件事",实施教育名市、健康名市建设等系列民生工程,在全省率先实现全民免费健康查体、困难家庭大病全报销和农村教师上下班免费乘车。干部职工月工资比2010年平均增加近2000元。城镇居民人均可支配收入和农民人均纯收入年均分别增长11.4%和13.3%。安置就业5.3万人,城镇登记失业率控制在3%以内,获全国就业先进工作单位称号。率先实现养老等五项社会保险全覆盖，参保人数和基金征缴收入稳步增长。城市低保标准提高到每人每月520元,农村低保标准提高到每人每月305元,农村五保老人集中供养率96%。完成农村贫困家庭危房改造2766户。创建全国义务教育发展基本均衡市。中医院创成"三甲"医院,镇街卫生院和村级卫生所实现基本药物制度全覆盖,"先看病后付费" 诊疗服务模式在全市定点医疗机构全部推开，曲阜市获全国农村中医药工作先进市称号。在济宁市率先建成"15分钟公共文化服务圈","图书馆+书院"模式在全省推广,创成首批省级公共文化服务体系示范区。人口素质明显提高,平均人口自然增长率为3.58‰。体育事业持续发展,圆满承办省运会和残运会赛事。人才强市战略加快实施,累计引进高层次人才851人。

第四节　项目管理

1991年5月,曲阜市作为山东省县域国土规划试点,开始国土规划编制工作。1992年9月,编制完成。曲阜市综合国土规划分为基本情况、规划构想、政策措施三部分,规划中提出切实强化、优化农业基础,发展城市工业和乡镇企业,搞活以商业贸易、旅游服务为主要内容的第三产业，逐步把曲阜建成社会经济、环境协调发展的国际一流的历史文化名城的战略发展方向。该规划被评为山东省国土规划科研成果二等奖。同年,配合供电局争取新上22万伏变电所项目。1994年,国务院将曲阜市列为粮食大县,保宁淀粉厂5000吨结晶葡萄糖项目被列为1995年粮食大县项目,争取低息贷款1260万元。1994—1995年,管理煤气工程、尼山水库除险加固工程、孔孟新道、曲阜批发商城、孔府商城、政府新办公楼、论语碑苑等重点工程建设,做好220千伏变电所、污水处理厂和京沪高速铁路、京沪高速公路曲阜路段、孔子研究院等项目前期工作。1996—1998年,全面推行建设项目法人责任制和资本金制度，试行招标制和工程监理制。对事关全市大局的重点项目,建立项目库,3年收集筛选项目50余个。重点建设项目全部实行月报制度,及时掌握项目的投资进度。争取国家粮棉大县项目以及唐阳煤矿、污水处理厂、东郊水厂、孔子研究院、尼山水库除险加固、大城住宅小区、汇泉住宅小区等10个重点建设项目。参与京沪高速铁路、京福高速公路、日菏高速公路曲阜段建设有关问题的调查与论证；协助市人民医院利用美国贷款26.715万美元,引进14台(套)医疗设备;争取市污水处理厂利用德国贷款690万马克。1999—2002年,实施"项目立市""项目兴市"战略,制定《曲阜市重点建设项目管理办法》,实行重点项目市级领导包保责任制和乡镇街道、部门负责人负责制,并将项目建设列为年度经济考核的重要内容。市项目办公室对重点建设项目实施全过程监督管理,对在建项目采取月调度、季检

查、半年通报、年终考核、定期召开项目调度会等方式，全面掌握并及时汇报项目建设进展情况和存在问题，为市委、市政府指导重点项目建设和制订措施提供依据。1999年，重点调度50万元以上项目88个，完成投资8.02亿元，竣工项目51个；同年4月，市政府成立支援铁路建设领导小组，领导小组办公室设在市计划委员会。菏日铁路复线曲阜段全长10千米，涉及防山乡、姚村镇、书院街道3个乡镇、街道15个自然村，占地33.33公顷，其中新征土地21.33公顷。该项目8月开工，2001年12月建成通车。2000年，调度100万元以上项目51个，完成投资3.53亿元，竣工项目35个。2001年，调度项目47个，完成投资4.16亿元，竣工6个。2002年，调度项目38个，完成投资5.25亿元，竣工项目7个。2003—2005年，树立"项目立市""项目兴业"意识，坚持实施大项目带动战略。每年年初筛选论证公布一批重点项目名录，市里定期召开项目调度会和现场办公会，包保领导和责任单位协调帮助项目建设单位解决土地、资金、环境等方面的困难和问题，保证重点建设项目推进。2003年，全市重点建设项目49个，完成投资14.84亿元。2004年，重点建设项目46个，完成投资14.21亿元；同年，京沪铁路兖州北环线增建工程竣工通车；同年12月，市政府成立天然气、成品油管道工程曲阜段建设协调领导小组，领导小组办公室设在市发展计划局，具体负责油气管道工程建设的协调服务工作。曲阜市境内开工建设4条油气管道：天然气西气东输冀宁联络线管道工程、鲁皖成品油管道工程、中原油田东明—曲阜—济南天然气管道工程和天然气冀宁联络线济宁支线管道工程。2005年，重点建设项目60个，完成投资18.85亿元。2006—2007年，对列入重点调度范围项目实行市级领导包保责任制，实行市级领导包保重点项目联系卡，包保市级领导和部门负责人经常到项目建设第一现场，了解工程进度、建设资金、施工环境等方面情况，切实帮助项目单位解决项目建设中存在的诸多困难和问题。2006年，全市重点建设项目60个，完成投资16.8亿元。2007年，重点建设项目44个，完成投资9.59亿元。协调港枣线成品油管道曲阜段工程、新西兰现代观光农牧业、圣城热电2×350兆瓦热电联产工程、中联水泥4800吨/日水泥熟料生产线及余热发电项目、速达电器有限公司变频器项目、孔子博物馆项目、孔子国际商品交易城二期工程等涉及农林水利、能源交通、工业结构调整、城建环保、社会事业、现代服务业等八大领域34个总投资186.88亿元的项目，纳入省发改委"十二五"规划重点储备项目。2008—2010年，实施重点项目带动战略，实行重点项目市级领导包保责任制，建立重大项目、重点工程帮办保证金制度，建立健全项目双向沟通联络机制；建立重点工业项目库，实行动态管理。2008年，市委、市政府确定36个包保重点项目，完成计划任务项目29个，争取国家大型优质小麦生产基地曲阜项目区、黑虎山小流域综合治理、姚村至104国道公路等项目资金2900多万元。2009年，确定33个包保重点项目，完成计划任务项目26个，争取各类资金1.92亿元，其中中央资金6261.5万元，省配套资金1252.5万元，地方债2500万元，省调控资金9220万元。2010年，确定28个包保重点项目，完成计划任务项目20个，争取上级无偿资金5359万元，其中中央无偿资金4956万元，省无偿配套资金403万元。2011—2013年，全市开展"大项目突破年"活动，通过市级领导包保、项目集中开工、科学发展现场观摩等一系列举措，扎实推动大项目建设。2011年，"2711工程"中列入重点产业项目17个，年底完成投资9亿元，完成计划任务项目13个。2012年，筛选提报圣地尼山文化旅游项目一期工程、圣阳电源新型铅酸蓄电池迁扩建项目、孔子博物馆景区工程等6个济宁市领导包保项目和15个济宁市大项目突破年集中调度项目。2013年，尼山圣境项目一期工程被省发改委纳入山东省重点建设项目，企鹅高分子新材料加工科技园、东宏聚乙烯瓦斯抽放管项目、吉华重工机械项目等32个项目纳入济宁市"大项目突破年"集中调度项目，完成投资80.55亿元。

第五节　固定资产投资管理

1991—1993年，曲阜市投资管理坚持调整投资结构，提高投资效益原则，加强投资计划管理，保证重点工程建设，适当增加投资需求，增强发展的后劲，市以上完成固定资产投资6.29亿元。1994—1995年，项目审批执行国家产业政策，注重投资效益，实施"投资方向调节税"的代征工作，执行"投资许可证”制度，完成固定资产投资17亿元。1996—1998年，对投资项目按照程序进行审批申报，定期检查项目进度，协调解决建设中有关问题。全社会固定资产投资3年完成16.14亿元，审批基本建设项目247个。1998年1月1日起，投资额在200万元以下、自筹资金的乡镇企业项目由市政府审批，200万元以上及在规划区内建设的所有项目须上报济宁市计委审批。1999—2002年，紧抓国家扩大投资、启动内需，实施积极财政政策和稳健货币政策的良好机遇，扩大投资规模，保持固定资产投资的稳定增长。四年审批各类基建项目235个，总投资27.25亿元；为部门、企业和单位争取各类建设项目资金共计2.3亿元；全社会固定资产投资完成52.23亿元。2002年4月，按照省、市计委要求，竞争性基建项目由审批制改为备案制。2003—2005年，市发展和改革局贯彻落实《国务院关于投资体制改革的决定》和一系列配套文件，把握国家宏观调控政策，执行国家产业导向，依法依规清理投资项目，执行项目建设程序，把关项目立项。三年完成全社会固定资产投资128.61亿元；审批、备案项目163个，计划总投资100.55亿元；为各类项目争取无偿资金3140多万元，争取国债资金和银行政策贷款1.1亿元；有15个项目列入贷款贴息范围，贷款贴息规模7000多万元。2006—2007年，全社会完成固定资产投资79.87亿元；为全市各类项目向上争取资金5000多万元；发挥审批大厅窗口作用，两年办理项目立项120个。2008—2011年，全社会完成固定资产投资369.73亿元；办理项目立项332个，其中备案类项目172个，审批核准类项目160个；争取中央扩大内需项目37个，争取中央资金1.1亿元、省调控资金6200万元、省配套资金755.5万元，为全市各类项目争取中央资金2763.36万元、省配套资金1066.2万元。2012—2013年，全市完成固定资产投资315.47亿元；办理项目立项248个，项目总投资269亿元，其中备案类项目132个、核准类项目73个、审批类项目43个；为项目单位争取中央和省各类资金7834.5万元。

第六节　服务业项目建设

2007年5月，为加快服务业发展，曲阜市设立市服务业办公室。2008年，曲阜市续建项目16个，总投资18.9亿元，新开工项目16个，计划总投资57.2亿元，京沪高铁曲阜段、城区水系治理工程、孔子商品交易城二期工程、济宁（曲阜）游客服务中心一期工程、香格里拉大酒店一期工程等开工建设。同年，曲阜市华能物流园、尼山文化旅游休闲区被济宁市确定为2008年度市级服务业重点园区；曲阜市获2008年度全省服务业三大载体先进单位称号。2009年，曲阜总投资3000万元以上服务业项目34个。12月，曲阜市和儒家文化旅游区获省服务业“三大载体”先进单位称号。2010年，全市投资500万元以上，新建、续建项目78个。2011年，全市服务业重点续建项目2个，投资总额9.3亿元，完成6.3亿元；银座物流配送中心、富良商城、佳美家居交易中心等项目动工建设。10月，孔子旅游（集团）有限公司获省重点服务业企业先进单位称号。12月，为德祥仓储物流园、佳美国际家居广场、京沪高铁曲阜东站文化旅游服务3个项目争取济宁市级服务业发展引导资金235万元。2012年，曲阜市服务业过亿元项目共7个，总投资150亿元，当年完成投资24.7亿元。圣地尼山文化旅游、北京火炬企业总部基地一期工程、南池汽车城、曲阜星光天地、曲阜市奥林匹克体育运动中心、尼山中华蜜蜂生态园等项目落地建设。市政府印发《关于加快推进企业剥离非核心业务工作的意见》，出台曲阜市企业剥离非核心业务工作领导小组文件和工作实施方案，开展企业剥离非核心业务工作，帮助企业集中精力更好地发展壮大主导产业。2013年，曲阜市服务业在建项目14个。7月，尼山圣境项目入围2013年省服务业重点项目名单。9月，鲁城街道列入济宁市重点服务业镇（街道），曲阜孔圣文化艺术产业园、曲阜顺鑫孔子国际商品交易城列入济宁市重点服务业园区，曲阜市南池商贸集团有限公司、曲阜银座配送有限公司、曲阜市三孔旅游服务公司、曲阜文化旅游发展投资（集团）有限公司4家单位列入济宁市重点服务业企业，孔子学苑、孔子国际文化交流中心、儒家文化动漫体验园、蓼河仿古文化商业街、闽商君廷高档酒店5个项目列入济宁市重点服务业项目。

第二章　国有资产管理

1991年3月，曲阜市设立国有资产管理局（简称市国资局），负责企业国有资产的产权界定、产权登记、资产评估监管、清产核资、资产统计、综合评价等基础管理工作，为副科级事业单位，隶属市财政局管理，12月降为股级单位。1994年12月，市国资局恢复为副科级事业单位。市政府制定《曲阜市行政事业单位国有资产管理员试行办法》，为全市13个乡镇、25个市直单位聘用38名管理员。1998年3月，市国有资产管理委员会成立，下设办公室，为正科级事业单位，市国资局与其合署办公，负责全市国有资产的管理、评估、清产核资和市国有资产管理委员会的日常工作。到2013年年底，曲阜市直各部门、单位及各镇街各类独立法人、独立核算的行政事业单位总计185户，资产总额31.96亿元，国有资产总额24.14亿元。

1999—2013年曲阜市行政事业单位国有资产总量一览表

表15-1

年度	户数（户）	资产总额（亿元）	国有资产总额（亿元）	年度	户数（户）	资产总额（亿元）	国有资产总额（亿元）
1999	119	7.54	5.9	2007	163	18.45	13.06
2000	107	8.73	6.77	2008	162	18.79	13.61
2001	105	11.13	8.94	2009	175	21.76	15.64
2002	96	11.95	9.31	2010	173	25.11	19.1
2003	89	12.31	9.48	2011	176	28.09	21.07
2004	93	13.18	9.98	2012	179	29.24	21.75
2005	143	15.25	10.96	2013	185	31.96	24.14
2006	161	17.77	13.03				

第一节　资产管理

行政事业资产监管

资产清查。2001年，市国资局按照财政部统一部署，组织开展全市资产清查工作，112个市直单位和12个乡镇固定资产总额9.77亿元，其中房屋及建筑物179万平方米价值6.02亿元，土地资产1.01亿元，各种交通工具835辆价值0.83亿元，通用及专用设备41.7万台（件）价值1.77亿元，图书资料44.6万册价值280万元，文物及陈列品6.5万件，其他固定资产886万元。2007年，以2006年12月31日为基准日，市国资局对全市独立核算行政事业单位（含乡镇）总计161个开展资产清查，占有资产总额17.77亿元，比上年增加2.52亿元，负债总额4.73亿元，净资产总额为13.05亿元。其中127个市直行政事业单位占有资产13.26亿元，负债4.03亿元，净资产9.23亿元；乡镇占有资产4.51亿元，负债0.69亿元，净资产3.82亿元。资产总额500万元以上（含500万元）单位共68个，其中资产总额过亿元（含亿元）的单位共2个。

资产产权登记。1996年，市国资局向全市行政事业单位颁发“中华人民共和国国有资产产权登记证”,2000年、2013年分别换发“山东省行政事业单位国有资产产权登记证”。在此基础上,国有资产管理部门结合每年度产权证年检,进行房屋资产、土地资产、小汽车等固定资产的调查和摸底。

固定资产购置、配置管理。2003年起,与市纪委(监察局)、市政府采购中心联合,严把机关事业单位配置、更换小汽车“进口”关。2004—2005年,市国资局在行政事业单位开展土地资产清理,并将单位土地证收归国资局集中保管。2012年10月开始,车辆管理划归市机关事务管理局,市国资局与该局共同把好车辆购置与处置审批关。2013年,市国资局根据市政府《关于加强全市行政事业单位固定资产管理的意见》有关规定,做好全市预算单位政府采购环节中的一般固定资产购置、配置前置审批工作。到2013年年底,市国资局为12个单位审批新增车辆37辆。

国有资产处置管理。2006年7月,执行财政部令35、36号文件及曲阜市人民政府《关于加强全市行政事业单位固定资产管理的意见》精神,对行政事业单位资产处置,按程序进行审批。对申请报废资产行为的,坚持实地查看,核对实物与账面是否一致,是否达到报废标准,未达标准的不予批准;对申请出售、置换的,按照“单位申报、主管部门或政府批准、科学评估、公开拍卖、严格执行收支两条线”的资产处置程序进行运作;对申请划拨资产的,均到接收单位勘查实物,并完备交接手续,而后审批。2013年10月24日,工商、质监、地税由省级以下垂直管理改为地方政府分级管理,国资局与质监、工商、地税部门对接,取得专项财务审计报告,及时将下划的资产纳入曲阜市财政资产管理信息系统;同时要求单位做好产权登记工作,切实管好用好国有资产。至年底,市国资局接收上述三单位资产4258万元。2013年,市国资局为27个单位房屋、车辆、设备分别进行处置批准,处置账面总额1336.42万元。其中置换资产账面值82.38万元,划拨资产账面值687.7万元,报废资产账面值407.74万元,出售资产账面值158.6万元。

规范行政事业资产管理。2007年10月30日,市国资局以政府名义分别制发《关于加强全市行政事业单位国有资产管理工作的意见》《关于加强全市行政事业单位固定资产管理的意见》,联合市国土局、住建局、公安局、工商局分别对土地资产、房屋资产、车辆资产及对外出租资产有关合同进行规范。

企业国有资产监管

财务决算报告制度。1992年起,市财政局按年度编报国有资产统计报表。到2013年年底,曲阜市国有及国有控(参)股企业30家,企业资产总额151.03亿元,负债总额82.21亿元,所有者权益68.82亿元,国有资产52.03亿元。

产权登记。曲阜市1992年开始实行企业国有资产产权登记制度,包括占有产权登记、变动产权登记、注销产权登记和产权登记年度检查。2013年,对

1999—2013年曲阜市国有企业国有资产总量一览表

表15-2

年度	单位户数(户)	资产总额(亿元)	国有资产总额(亿元)	年度	单位户数(户)	资产总额(亿元)	国有资产总额(亿元)
1999	58	26.28	9.3	2007	24	25.01	6.93
2000	53	25.28	6.6	2008	27	32.47	7.79
2001	32	25.51	6.71	2009	29	60.99	28.16
2002	31	25.36	6.92	2010	30	72.51	39.98
2003	23	20.47	7.24	2011	30	106.45	38.89
2004	25	25.72	7.61	2012	30	111.12	41.38
2005	24	23.33	9.2	2013	30	151.03	52.03
2006	26	26.39	8.38				

62家国有及国有控(参)股企业(其中子企业25家)进行年度检查,登记企业实收资本173777万元,国有资本134725万元。

土地资产清理。2004年,市政府制定《关于加强企业土地资产管理工作的意见》。市国资局组织全市企业土地资产清理工作,共清查12个部门、114家企业,清查企业使用土地357公顷,其中未改制国有企业使用国有土地60.53公顷,国家控股、参股企业使用国有土地231.07公顷,国家完全退出企业使用国有土地67公顷。

绩效评价。2001年,根据省财政厅等5部门联合下发的《关于深入开展国有企业绩效评价工作的通知》精神,市国资局联合市财政局、市经贸委、市委组织部、市劳动和社会保障局、市计委等部门组织对全市30家国有企业进行绩效评价,优绩企业3家,良级企业13家,中级企业14家。金塔王股份公司被省财政厅评为优级单位,单家村煤矿被省财政厅评为良级单位。

股权管理

2000年,市国资局向改制企业委派国有股董事、监事,通过参加企业股东会、董事会、监事会,参与企业管理。2002年起,市财政局在中介机构审计报告基础上,根据企业不同情况,采取不同措施,收缴国有股权收益。2005年起,市国资局开展国有及国有控(参)股企业的财务决算报表审计,对各单位企业股权、管理人员变动情况,企业重大投融资对外担保情况,重大往来事项、企业主要资产状况及出租出借情况,企业人员及企业管理层薪酬情况进行重点审计。到2013年年底,共收缴各类国有资产收益10亿多元。

企业改革

曲阜市国有企业改制从1993年开始,历经试点起步、面上铺开、整体推进、攻坚破难4个阶段,因企制宜,一企一策。到1999年年底,曲阜市市属14家工业企业改制11家,商业系统18家、粮食系统10家企业全部改制,物资系统5家、旅游系统7家企业分别改制3家。改制企业中,股份制改组17家,破产重组4家,租赁经营5家,有限责任公司19家。2000年,市委印发《中共曲阜市委、曲阜市人民政府关于进一步深化企业改革实现"三年两个目标"的实施方案》,加大企业改革力度。对资产规模较小的中小企业,鼓励企业经营者一次性买断国有资产,鼓励企业职工入股。2000—2002年,圣阳电源实业公司等5家企业实行国有资产整体退出。2011年,圣阳电源公司成功上市;电缆集团、金塔王集团实行国有股股权比例减持;对商业、粮食等亏损企业,实行零资产转让,在签订土地资产使用合同后,由企业经营者和职工入资注册新公司,盘活存量资产。

国资局以国有企业为载体,坚持扩大增量与优化存量并重,最大限度吸引外地资本、民间资本参与国企改革。2005年,市国资局代表市政府持股49%组建山东裕隆矿业集团,共计上缴红利12.69亿元;孔府家酒业公司历经万基集团入资、退出、破产、重组,经过2009年和2011年两次改制,国有资产全部退出,最终被联想控股集团重组;天博公司2009年国有股权退出后,与美国ITW集团合作;2008年,山东金鲁城有限公司重组,市国资局持股10%参股中联水泥集团;名城集团、保安公司等企业也以不同形式实现国有资产退出。改制企业均建立"产权清晰、责任明确、政企分开、管理科学"的现代企业管理制度。

融资平台建设

2002年7月,市政府成立市方兴城市建设经营有限公司,为重大项目融资,破解城市建设资金难题。方兴城市建设经营有限公司为明故城恢复、城市道路路网建设、小沂河环境改造、大成路(桥)建设、大沂河环境综合整治、农村公路建设、曲阜游客集散中心建设、农村住房及公路升级改造、城市水系建设等重点工程项目融资20多亿元。

第二节　资产评估

曲阜市资产评估工作从1993年开始,参与以下类型的企业改制:中外合资合作经营,股份制改组,企业破产清算,国有资产转让、出售、置换、拍卖、租赁等。1993—1995年,市国资局对17家股份制改组企业评估增值净资产839万元,对5家中外合资合作经营企业中方资产评估增值3625万元。1997—2002年,市国资局对粮食系统、商业系统、物资系统等流通企业国有资产退出进行资产评估,累计评估增值净资产2亿元。2002—2012年,对裕隆矿业集团、孔府家酒业公司、名城集团、圣阳电源公司、三孔啤酒有限公司等工业企业进行企业改制。

评估工作，主抓以下环节：在中介机构的选择上，严格选聘有资质、信誉高、业务能力强，在省国资委中介机构备选库中备案的中介机构承担评估工作。在评估过程中，安排专人负责，到企业现场办公，从实物盘点到账务审核进行全过程跟踪，发现问题，及时解决。在评估报告的审核上，严格按照《企业国有资产评估管理暂行办法》的有关要求进行审核，保证评估结果的公正合理。坚持实行评估结果公示制度，评估项目核准前，进行审计和评估结果公示，接受企业职工和社会各界监督。严格审批权限，资产超过5000万元的评估项目全部报济宁市国资部门核准。

第三章　审计监督

随着市场经济体制的建立和完善，曲阜市审计部门由单纯的财务收支审计发展到政策措施落实审计、预算执行审计、经济责任审计、政府投资审计、专项资金审计、绩效审计等全过程、全领域的审计监督。1991—2009年，审计部门完成审计（审计调查）项目2139个。2010—2013年，实施完成审计及审计调查项目412个，审计查出问题金额18.31亿元，其中违纪违规金额1.96亿元，管理不规范金额16.35亿元；审减工程决算（结算）造价5.18亿元，综合审减率16.42%。出具审计报告406份，提出审计意见、建议1524条，移送处理事项29件。

2005年12月，市审计局获全国审计机关先进集体称号

第一节　机构

1991年，曲阜市审计局设办公室、财政金融审计科、商粮贸审计科、工业交通审计科、基建外资审计科5个科室，办公地点设在市政府综合办公楼，有干部职工17人；辖市审计师事务所，为副科级事业单位。1993年年底，曲阜市有85个市直单位建立内审机构，其中专职机构34个，配备内审人员165人，其中专职75人；13个乡镇设立农经审计站和经贸办审计科，配备44名内审人员。1995年，增设内审指导科。1995年6月，曲阜市13个乡镇设立审计所，每个所编制3人，隶属乡镇政府领导，业务工作受审计局指导。1997年，曲阜市设立市乡镇审计工作指导站，编制3人，为市审计局局属副科级事业单位。1999年11月，曲阜市审计师事务所进行改制，与市审计局机关脱钩。2001年12月，市审计局整体搬迁至舞雩台路7号办公。2002年5月，市审计局下设办公室、财政金融审计科、经济贸易审计科、固定资产投资审计科，辖市乡镇审计工作指导站，有工作人员26人。2003年7月，曲阜市成立市经济责任审计办公室，为正科级事业单位，隶属市审计局管理，内设秘书科、综合科，人员编制15人；同时撤销市乡镇审计工作指导站，原市乡镇审计工作指导站人员整建制划入市经济责任审计办公室。2005年9月，各镇街将所属审计所合并到财政所，并明确1~2名专职审计人员，负责审计工作。12月，市审计局被人事部、审计署授予全国审计机关先进集体称号。2007年12月，市经济责任审计办公室科室调整为综合科、评审科、监督科，有工作人员20人。2010年12月，曲阜市成立市政府投资审计中心，原审计局固定资产投资审计科撤销并入，隶属市审计局，为正科级事业单位，编制6人。2013年7月，曲阜

市成立市村级经济责任直审办公室，编制16人，为正科级事业单位，隶属市审计局，负责开展全市村（居）民委员会及其所属企业和经济组织负责人经济责任审计。到年底，曲阜市审计局内设办公室、财政金融审计科、经济贸易审计科3个职能科室，辖市经济责任审计办公室、市政府投资审计中心和市村级经济责任直审办公室3个正科级事业单位，在岗在编人员39人。

第二节　国家审计

财政审计

1995年，曲阜市审计局在济宁市率先开展对本级预算执行情况进行审计。在当年的全省财政审计工作会议上，济宁市审计局把曲阜市审计局这项工作作为典型进行介绍，引起强烈反响。此后，市审计局每年向市政府和市人大常委会报告审计情况。1996年，重点对预算外资金进行清理，在审计分析中指出市财政收入结构有着较严重的不平衡性，市乡差距加大的问题。1997年，审计重点是规范账户，清查预算专款使用情况，审计发现少数部门挤占专款用于机关自身建设问题。1998年，重点是摸清财政资金总量，分析资金的运动状态和趋势，审计中指出全市预算管理形式有待完善，税收调节作用还未充分发挥，财政信用金投放存在把关不严等问题。1999年，市审计局侧重财政收支真实性审计，分析指出上级下达的硬性增长指标是产生本级财政列收列支的根源。2000年，重点是摸清信用资金总量，分析中提出硬化预算约束，加大财政信用资金清收力度的建议。2001年，审计重点是摸清政府债务规模和拖欠工资总额，分析指出收入结构不合理，非税收入增长迅速，财政可统筹安排财力相对减少是经济发展的弊端。提出积极培植财源，建立健全政府债务管理机制的宏观建议。2002年，重点是摸清所得税和营业税改革对市乡财政的影响，市级收入真实性状况，分析提出建立偿债准备金制度、防范财政风险，逐步建立公共财政支出管理体系的建议。2003年，市审计局对地方财政收入、支出结构和政府债务进行专题审计，审计分析指出全市财政收入结构不够合理、财政债务负担过重的问题，提出增强债务风险意识建议。2004年，市审计局对工资政策兑现情况和科技三项费用、农业专款的管理使用情况进行专题审计，审计报告提出强化预算约束机制的建议。2005年，重点对财政改革措施贯彻落实，预算编制、批复情况进行审计，报告指出预算执行部门存在问题，向市政府提出维护预算和财经纪律严肃性的必要性。2006—2007年，在本级预算执行审计中，市审计局重点审查预算执行的真实性、合法性，预算编制的依据，专项资金的使用，二、三级预算单位预算执行情况；审计发现部分应上缴入库资金未及时入库、部门专项资金管理使用上存在较多问题需要规范，资金管理使用制约机制不健全、部分资金被挤占挪用、部门细化预算编制和审核工作的准确性有待提高、部门经费预算存在苦乐不均等问题，提出改进意见和建议。2008—2011年，市审计局充分利用计算机辅助审计，加强对有预算资金分配权、掌握资金量较大单位的审计力度；对市财政局预算编制的完整性、合规性及预算执行的严肃性进行重点审计；以检查税收会计信息真实性、核实税收收入、审查税收征管法落实情况为目标，对市地税局进行审计，并累计延伸市重点税源企业30余家（次）。针对存在问题，市审计局提出严格预算约束机制、合理控制债务规模、防范债务风险、加大税款稽查力度做到应收尽收等建议。2012—2013年，市审计局对市级财政预算执行和其他财政财务收支情况进行全面审计，重点关注国库集中支付管理、财政存量资金、“三公”经费情况等方面，加强对财政资金分配、使用和管理情况的监督；注重从体制、机制、制度层面分析原因，提出改进建议，维护公共财政安全。

1995—2013年，市审计局完成财政预算执行审计项目38个，查出违规违纪金额1.09亿元，管理不规范金额18.37亿元，提出审计意见、建议169条。

企业审计

1991年开始，市审计局围绕促进企业增收降耗，加强经营管理，提高经济效益，开展财务收支审计、承包经营审计、资产负债损益审计等工作。

1991年，市审计局对市单家村煤矿、市外贸公司等9家企业进行审计，帮助企业调整账务76笔，纠正各种违纪问题金额158万元，提出合理化建议36条，帮助完善内控制度11条，促进企业提高经济效益80

多万元。1994—1995年，对市酒厂、五金公司、物资集团、粮食集团、纺织厂进行资产负债审计或盈亏情况调查，并有侧重地向内部管理制度、购销合同、减少有问题商品以及成本、费用方面延伸。1996—1998年，开展市属和乡镇企业经营目标审计工作，于每年春节前后对乡镇企业经营目标、农村经济综合发展目标和市属企业责任目标完成情况进行审计，作为政府奖惩兑现依据。1996年，120个单位申报受奖，经审计，认定73个单位未完成责任目标，取消受奖资格。1997年和1998年，分别审计核定28家和11家未完成责任目标，取消受奖资格。1998年后，围绕企业改制，建立现代企业制度，重点审计企业会计核算真实性，审计发现企业资产盈亏不实、国有资产流失及盲目投资造成损失浪费等问题，促进企业规范经营。1999—2002年，做好市政府交办的城市和农村经济责任目标完成情况的审计。于每年春节前后对乡镇企业经营目标、农村经济综合发展目标和市属企业责任目标完成情况进行审计，作为市政府奖惩兑现的依据。1999年，有92个单位申报受奖，审计认定22个单位未达到受奖条件，被取消受奖资格。2000年，审计认定18个单位未达到受奖条件。2001年，审计认定8家市属企业完成经济指标达到受奖条件。2002年，审计认定7个乡镇、17个村街、24家乡村企业和3家市属企业完成经营目标，达到受奖条件。2003—2005年，做好城市和农村经济责任目标完成情况审计。2003年，审计认定有12个单位未完成责任目标；2004年，审计认定有7个单位未完成责任目标。2005年，审计认定3个乡镇、7个村街、4家乡镇企业和3家市属企业完成责任目标。2006年后，企业审计项目比重大幅降低。1991年至2013年年底，共审计企业536家（次），查出损失浪费金额9763万元，促进增收节支3028万元，提出合理化意见、建议1458条。

固定资产投资审计

1993—1994年，市审计局审结基建工程造价1.897亿元，净审减2740万元。1995年8月，市审计局基建外贸科对六艺城1700万元土建工程决算进行审计，净审减430万元，其中安装工程原报决算331万元，净审减108万元，审减率32%。在做好工程决算审计的同时，开展基建工程事前、事中审计80多项。1996年，曲阜市重点建设工程孔孟新道完工，工程总投资1420万元，市审计局对工程的财务收支、决算造价进行审查，工作历时4个月，审减工程造价365万元。1998年，审计市气源厂工程总金额5056万元，净审减759万元。1996—2005年，审计工程造价6.3亿元，为国家、集体节约建设资金9367万元。2006年起，市审计局在政府投资项目上的审计力度逐年加大，尤其是对市级重点建设工程项目，从建设项目的前期准备、项目招投标、现场施工建设、工程竣工验收决算，审计都实施动态监督控制。2011—2013年，市审计局完成政府投资审计项目91个，工程总投资30.22亿元，审减工程决算（结算）造价4.36亿元，综合审减率15.31%。

经济责任审计

1998年2月，市委、市政府印发《关于领导干部实行任职审计的试行意见》，市审计局开始分三批对11个乡镇、22个市直部门和1家重点企业的34名主要领导离任经济责任进行审计，审计中发现不少单位资产记录不全，账外债权债务多，个别领导离任经济责任不清等问题。1999—2002年，依据《县级以下领导干部任期经济责任审计暂行规定》和《国有企业及国有控股企业领导人员任期经济责任审计暂行规定》，市审计局对88名乡镇（含街道）和市直部门主要领导进行离任经济责任审计。2002年，发现经济案件线索3起，分别移交纪检监察和司法机关，其中逮捕1人，司法处理2人；发现不少单位招待费超支，账外债权债务多等问题，并以《审计要情》形式向市委、市政府报告。2003—2005年，完成市属部门经济责任审计项目100个，其中任中经济责任审计59项，查出违规行为资金1.33亿元。2006—2007年，完成经济责任审计项目124个，查出违规金额1620万元。2008—2011年，深化和规范经济责任审计内容，加大任中审计力度，切实发挥审计“防患于未然”作用。2012—2013年，市审计局对依法纳入审计范围的有关领导干部经济责任进行合理界定及审计查证，对其决策行为所产生的经济效益、社会效益和环境效益作出适当评价。在105个领导干部经济责任审计项目中，查出主要问题金额19.09亿元，其中违规金额1.01亿元，管理不规范金额18.08亿元；对1名严重违规单位负责人延伸调查；

对1名负责人违纪问题移交市纪委处理。

村级直审

2013年5月，曲阜市全面启动村级经济责任直审工作（简称村级直审）。7月，曲阜市成立村级经济责任直审办公室，负责审计村（居）民委员会及其所属企业和经济组织，对于重大事项和问题，向前追溯或向后延伸，并根据情况延伸审计有关单位。2013年10月，山东省审计厅到曲阜调研“村级直审”工作，肯定并转发曲阜市的这一创新举措。2013年，完成“村级直审”项目80个，查出违规违纪资金3149.89万元，管理不规范资金1.79亿元，提出审计整改意见建议16类182条，整改落实169条，为村居集体组织节约资金1340余万元；审计查出相关违纪违法线索27起，24名村居干部受到党纪国法处分或组织处理，12起因村干部经济问题引起的信访案件得到有效化解。

第三节　内部审计

1995年，市审计局成立内审指导科，专门指导全市内部审计工作。当年，全市有内审机构66个，其中专职29个，内审人员197人，其中专职内审人员67人。1996—1998年，全市内审机构完成审计项目1965个，查出各类损失浪费金额3526万元，纠正违规违纪金额8360万元，提出审计建议被采纳1158条，促进增收节支1.1亿元，审计基建工程造价4809万元，审减额859万元。1999—2002年，全市内审机构完成审计项目2359个，查出各类损失浪费金额2322.8万元，纠正违规违纪资金4223.1万元，提出审计建议806条，促进单位增收节支1864万元，审计基建工程造价9954.75万元，净审减118.06万元。2003—2005年，全市内审机构完成审计项目386个，查出各类损失浪费金额319.3万元，纠正违规违纪资金1273万元。2006年，中国内审学会会长王道成到曲阜市检查指导工作，对曲阜内审工作给予肯定。2006—2007年，内审人员完成审计项目199个，查出各类损失浪费金额215万元，纠正各类违规违纪资金65万元，提出审计建议125条，促进单位增收节支627万元。2010年12月21日，曲阜市成立市内部审计协会，为济宁市第一家县级内部审计协会，共吸纳单位会员37个，个人会员143人。2011—2013年，曲阜市内部审计机构共实施各类审计项目614个，审计总金额11.81亿元，查出管理不规范金额3145万元，提出审计建议1431条，其中被采纳1127条，促进增收节支1541万元。到2013年年底，曲阜市内审协会有会员单位36个、个人会员147人，其中取得内部审计资格证书98人。

第四节　社会审计

1991年，曲阜市审计师事务所隶属于市审计局，为副科级全额拨款事业单位，营业范围为清查会计账目、建账、工程预决算审计、注册资金验证、会计培训、资产评估等业务。市审计师事务所从审计业务开始，不断建立和完善各项管理制度，逐步形成一套较完整的质量管理体系。在工作中坚持既顾又问，合理收费，定期上门服务，进行财务活动分析，提出合理化建议，为企业当好参谋。1993年，市审计师事务所完成委托审计292项，审计总额2.49亿元，查出违纪违规金额1012万元，纠正错账289项，提出审计合理化建议166条，审结基建工程造价2847万元，净核减305万元。1995年，市审计师事务所被评为山东省社会审计先进单位，获得省“国有资产评估资格证书”、省“国有企业审计查证资格证书”和“山东省工程造价咨询单位资质等级乙级证书”。1996—1998年，完成委托项目289个，审计查证总金额55亿元，审计工程总造价2.81亿元，审减3604万元，核减虚假注册资金794万元，评估资产4.8亿元，评估增值1923万元。1999年12月，济宁仲创有限责任会计师事务所（简称仲创所）成立，前身为原曲阜市审计师事务所和原曲阜市会计师事务所，原会计师事务所成立于1989年10月，隶属于财政局。仲创所是曲阜市辖区内唯一一家可独立承办财务审计查证、资产评估、公司注册资本验证、工程造价咨询、税务代理等业务的综合性会计师事务所，地址为春秋路10号政府综合办公楼，有员工23人，注册会计师5人，注册评估师2人。2000年，仲创所全年完成财务报表和注册资金查验项目90项，查验资产额18.9亿元，各类资产评估项目99项、评估前资产金额9.3亿元，工程造价审计项目112项、决算金额1.06亿元，实现业务收入230万元。1999—2013年，仲创所取得“大型企业年度会计报表审计资格”“从事股份制改制会计业务资格证书”“资产评估资格证书”“工程造价咨询乙级资质证书”“山东省建设工程审价业务三级资质证书”，完成委托审计项目14887个，验证注册资本总额232.65亿元，促进提高经济效益2.98亿元。

第四章 统计管理

1991年起，曲阜市实行农村统计一套表制度，逐步取消农村社会总产值、净产值统计，增设农林牧渔业增加值统计。1992年，开始实施新国民经济核算体系。1993年，开始总产出和国内生产总值的生产法、收入法、支出法计算工作，增设外经统计和新增工业经济效益统计。1995年，增设科技统计。2002年，工业统计采用工业品价格指数计算工业发展速度。2003年，市统计局规范旅游业统计。2005年，开展文化产业统计。2006年，开展服务业统计。2007年，开展能源统计。2007年起，在相关专业实行网上直报统计表，上报的定期报表和年报统计表主要有农村统计表、工业统计表、建筑业统计表、固定资产投资统计表、批发零售贸易及餐饮业统计表、对外贸易统计表、劳动工资统计表及综合平衡统计表等。规模以上工业企业、资质以上建筑企业、限额以上批零贸易企业，均基本实现网上直报统计表。2008年，曲阜市12个乡镇（街道）综合统计站通过省、市基层基础规范化验收，被授予济宁市规范化乡镇综合统计站称号，鲁城街道综合统计站被授予山东省示范化综合统计站称号。2012年2月，曲阜市“三上”企业及房地产企业年报数据、快报数据通过网上直报方式上报。同年12月1日起，实施国家城乡一体化住户调查制度，统一城镇和农村居民收入和支出的分类标准、指标名称与口径；按照统一的抽样方法和程序，由被抽取住户中固定人员按照国家统一要求，将家庭中每个人的每项收入和支出，按发生日记录在国家统一印制的账册上。由市级、县级国家调查队按月收取账册，经审核、编码、录入后，通过统计专用网直接上报国家统计局。2013年，重点服务业企业进行企业一套表联网直报。

第一节 机构

曲阜市统计局

1991年，曲阜市统计局设办公室、综合平衡科、城市经济科、农村经济科和计算机站（股级），有工作人员14人；全市13个乡镇均配有专职统计员；市直各大系统、市属企业配备专兼职统计员；下设曲阜市农村经济抽样调查队，正科级事业单位，编制8人。1992年3月，曲阜市农村经济抽样调查队更名为曲阜市农村社会经济调查队。1996年5月，市政府成立城市经济调查队，为全额拨款副科级事业单位，隶属市统计局。主要负责城市经济运行中的各项统计调查及普查工作。2002年7月，按“三定方案”，市统计局设办公室、综合科、城市科。2005年，曲阜市乡镇机构改革，乡镇、街道统计站与农村经营管理站合并称经管站。全市12个乡镇、街道经管站共有统计人员16人，其中专职14人；55个管区有专（兼）职统计人员392人。同年9月，设立市普查中心，与城市经济调查队一门两牌。2007年4月，市统计局增设节能统计科、法制科；5月，恢复乡镇（街道）统计站；9月，市农村社会经济调查队更名为国家统计局曲阜调查队，脱离曲阜市统计局管理。2012年11月，设立文化旅游统计科，为股级中层机构，主要从事全市文化旅游产业统计调查和监测工作。2013年，曲阜市统计局设办公室（挂法制科牌子）、综合统计科、城市统计科（挂节能统计科牌子）、服务业统计科4个职能科室，下辖全额拨款副科级事业单位市城市经济调查队，有工作人员22人。

国家统计局曲阜调查队

国家统计局曲阜调查队是国家统计局派驻地

方行使统计调查行政职能的参照《公务员法》管理的正科级事业单位，于2007年11月16日挂牌成立，为国家统计局派出机构，具有依法独立行使统计调查、统计报告、统计监督权利，其前身为曲阜市农村社会经济调查队。2007年，国家统计局曲阜调查队设综合科、农村调查科、产业调查科等3个职能科室，核定参公事业编制8人。2013年，曲阜调查队实有工作人员8人。

第二节　统计普查

人口普查

第四次全国人口普查。普查以1990年7月1日零时为标准时点，调查项目21项，首次运用电子计算机进行数据处理。普查结果：曲阜市总人口594488人，民族15个。

第五次全国人口普查。普查以2000年11月1日零时为标准时点，调查项目63项，采取张贴《人口普查登记牌》等办法，首次在人口普查中采用光电录入技术进行数据处理。普查结果：曲阜市登记人口625313人，民族29个，百岁以上老人4人。

第六次全国人口普查。普查以2011年11月1日零时为标准时点，普查内容包括姓氏、年龄、受教育程度、行业、迁移流动、社会保障等基本情况。普查结果：曲阜市常住人口为640498人，共有户数181610户，其中家庭户180729户，集体户1331户；男性为314778人，女性325720人。

农业普查

第一次全国农业普查。普查以1996年12月31日为标准时点，调查项目38个，首次在普查中采用光电录入技术进行数据处理。普查结果：曲阜市从事生产经营活动的农村住户128127户，从业人员320314人，村级科技人员1686人，非农乡镇企业649家。

第二次全国农业普查。普查以2006年12月31日为标准时点。普查结果：曲阜市从事生产经营活动的农村住户133240户，从业人员333150人，村级科技人员5620人。

工业普查

第三次全国工业普查。普查以1995年12月31日为标准时点。普查结果：曲阜市工业企业和生产单位1872个，从业人员71001人，当年乡及乡以上工业增加值89912万元，产品销售收入336864万元，税金41346万元。

第三产业普查

1993年9月，曲阜市开展第一次全国第三产业普查。普查表分甲、乙、丙三种，率先实行第三产业增加值普查登记、普查证明等质量控制办法。普查结果：曲阜市第三产业单位3156个，从业人员57188人，当年第三产业增加值37221万元。

基本单位普查

第一次全国基本单位普查。普查以1996年12月31日为标准时点，普查结果：曲阜市共有法人单位1772个。

第二次全国基本单位普查。普查以2001年12月31日为标准时点，普查结果：曲阜市共有法人单位1980个，个体工商户10049户。

经济普查

第一次全国经济普查。普查以2004年12月31日为标准时点，普查结果：曲阜市共有法人单位1918个，从业人员97247人；个体工商户23224户。

第二次全国经济普查。普查以2008年12月31日为标准时点，普查结果：曲阜市共有法人单位3238

2007年12月，曲阜市第二次全国农业普查宣传活动现场

2004年，第一次全国经济普查入户登记现场

个，产业活动单位1181个，从业人员136025人；个体工商户26582户。

第三次全国经济普查。普查以2013年12月31日为标准时点。普查充分运用现代信息技术，全面采用手持电子终端设备和电子地图，实现普查数据的采集、报送、处理等手段的自动化、电子化，提高普查的信息化水平。普查结果：曲阜市共有产业活动单位7860个，其中从事第二产业和第三产业的单位7762个，比2008年末增加3347个，增长75.81%。在从事第二产业和第三产业的单位中，法人单位6897个，增加3661个，增长113.13%。个体经营户37866户，增加11014户，增长41.02%，其中有证照个体经营户19094户。

其他专项调查

1991年，曲阜市开展农村集体补贴情况调查。1992年，开展儿童基本情况抽样调查和农村集体所有制单位固定资产投资项目调查。1993年，开展商业、饮食业、居民服务业经营情况调查、农业科技调查、农工商投入产出调查。同年，开始开展农村小康监测工作。1994年，开展电视观众问卷调查。1995年，开展农村五保户调查、城市公用设施调查、土地开发复垦调查、妇女儿童用品调查、洗发水调查、农业机械调查、家电市场需求量调查。1998年，开展城镇住户抽样调查。同年7月，市城市经济调查队在市区抽选610户城镇居民家庭进行一次性调查。在此基础上，再按照抽样调查原则，抽选出50户记账户开展住户调查，该调查自1998年第四季度开始至2000年年底结束，历时2年3个月。1998年始，市统计局定期或不定期开展1%人口抽样和劳动力调查。2000年始，开展妇女儿童监测统计工作。2002年，开展旅游黄金周调查、规模以下工业企业调查、限额以下批发零售贸易餐饮业调查、农村劳动力转移及就业情况调查、农民种植意向调查、重点集市价格及交易量调查、农村固定资产调查、畜牧业调查、农产品价格调查、中间消耗调查、高新技术产品调查等专项调查。2003年，开展农业产业化调查、私有货车运营情况调查、城镇居民家庭收支调查。2005年，开展群众安全感调查、农村全面小康监测工作及文化产业调查统计工作。2006年，开展城镇化监测评价工作；开展计算机服务业、软件业、租赁业和商务服务业等12个行业的服务业抽样调查工作，主要用于GDP核算。2007年9月始，市统计局恢复城镇住户抽样调查工作。2009年二季度始，市统计局按季度开展文化产业统计监测工作。2009年7月始，市统计局开展全市服务业三大载体统计监测工作。

第三节　国家调查

住户一体化调查

2013年起，每年从曲阜市12个镇（街）中抽取27个调查小区，记账户共270户，以满足镇（街）、县、市、省国家各级住户调查需要。调查内容涵盖城乡居民现金和实物收支、住户成员及劳动力从业情况、居民家庭食品和能源消费情况、住房和耐用消费品拥有情况、家庭经营和生产投资情况、社区基本情况以及其他民生状况等。2013年，农村居民人均可支配收入11268元，城镇居民人均可支配收入为20365元。

农民工监测调查

2007年起，每年从曲阜市12个镇（街）中抽选10个调查小区、100户调查户。2013年起，调查户数调减为9个小区、90户。调查内容涵盖住户成员基本情况，劳动力就业基本情况，外出从业人员及本地非农务工人员收支及社会保障情况，农村劳动力本地非农自营和创业情况，农民工子女教育、举家外出情况等，以反映农民工数量、流向、结构、就业、收支、生活和社会保障等情况。2012年，曲阜市百户农民工外出就业劳动力77人，在外务工总收入174.04万元。2013年，曲阜市100户农民工外出就业劳动力76人，在外务工总收入191.66万元。

农产量、中间消耗调查

1985年起，组织农作物播种面积意向调查、夏秋粮预实产调查及农业生产中间消耗调查等调查工作。2007—2013年，粮食调查分为县级粮食调查和国家粮食调查，县级粮食调查在抽中的20个行政村中进行，用于推算曲阜市的粮食数据；国家粮食调查在抽中的5个行政村中进行，数据直接上报国家统计局。2013年，曲阜市全年粮食种植面积7.29万公顷，亩产476.7千克，总产52.15万吨，其中夏粮种植面积3.57万公顷，亩单产420.53千克，总产22.55万吨，秋粮种植面积3.72万公顷，亩产530.6千克，总产29.6万吨。

畜禽监测调查

2008年起，畜禽监测调查在曲阜市抽选20个调查小区及大型规模户，采取全数调查和抽样调查相结合的方式，调查主要畜禽（猪、牛、羊、禽）存栏、出栏、产品产量及出售价格以及生猪生产、销售及价格变化等情况，从而反映全市畜牧业生产发展现状及发展趋势。2013年年末，曲阜市生猪存栏35.46万头，猪肉产量4.82万吨。

服务业调查

2008年起，规模以下服务业调查在曲阜市抽选从业人员50人以下且年营业收入1000万元以下的服务业样本法人单位20余个，调查内容涵盖服务业法人单位的基本情况、经营状况、经营环境、遇到的困难及建议等，从而反映规模以下服务业企业的经营状况和经营环境。

农产品价格调查

农产品价格调查分为农产品生产者价格调查和集贸市场主要农产品价格调查。2007年起，在曲阜市抽选8户农产品生产大户、9户农产品普通农户，共17个农业生产经营单位和一个大型农贸市场，采取抽样调查和重点调查相结合的调查方法，客观反映曲阜市农产品生产者价格水平和结构变动情况。2013年，曲阜市均价小麦2.43元/千克，玉米2.19元/千克，大豆5.48元/千克。

第四节　统计资料整理

市统计局利用掌握的大量数据、资料和信息，编印综合性或专业性统计资料和书籍，撰写统计分析报告，多方位开展统计服务。1991年起，市统计局每年编印《曲阜统计年鉴》。每年定期发布年度国民经济和社会发展公报。1992年8月，编纂出版《今日曲阜乡镇》。1993年6月，编印《新国民经济核算指南（教材）》。1996年5月，整理编印《辉煌的十年》。1997年起，编印《曲阜经济信息》，每月一期。1999年，编印《曲阜主要经济指标快报》和《曲阜在十二个县市区的位次资料》，每月一期。1999年8月，编纂出版《历史的飞跃——曲阜五十年的辉煌成就》。2004年，整理编排《历史资料统计台账》。2004年起，负责全市乡镇经济点评计票工作。2007年，编印《奋进的历程辉煌的成就》，祝贺曲阜市第十六届人民代表大会、政协曲阜市第十二届委员会召开。2008年，制作反映曲阜经济社会发展成就的大型展牌，在会展中心参加“改革开放30

2013年9月28日，国家统计局曲阜调查队对玉米样本脱粒、晾晒调查的现场　李广元/摄

年”大型展览。2011年7月，国家统计局曲阜调查队整理编纂《立足圣地 科学调查—国家统计局曲阜调查队成立五周年纪实》。2012年起，曲阜调查队编印《曲阜调查年鉴》。

第五节 统计培训教育

1991年，曲阜市统计专业职称评定开始进行以考代评试点。1993年，统计专业中、初级资格全部实行以考代评。1993—2005年，曲阜通过考试获取初级职称112人、中级职称34人，向省高评委推荐高级统计师并通过评审6人。2000年，曲阜市开展统计专业技术人员继续教育培训工作，培训对象为从事统计工作在职技术人员。2005年，培训统计专业技术人员506人次。同年，开展统计从业资格认定工作，培训对象为持有统计从业资格证书统计工作人员。到年末，培训2660人次。2006年，山东省作为国家首批试点省市，实行高级统计师考评结合，曲阜有6人通过国家标准，2人达到省级标准。同年，向省统计专业高级评审委员会推荐2人参加评审，均获通过。2007年，向省统计专业高级评审委员会推荐2人参加评审，通过1人。2008—2013年，曲阜市统计专业职称通过考试获取初级职称18人、中级职称117人。到2013年年末，曲阜市持有统计从业资格证书统计人员489人。

第五章 物价管理

1991年，曲阜市以稳定市场物价为中心，采取各种行政、经济手段，加强价格监管，打击乱涨价行为，市场价格秩序明显好转，物价上涨得到有效控制。1992年后，全面推进价格市场化，加强宏观调控体系建设。至1997年，大多数商品和服务价格放开，市场调节价商品在社会商品零售总额中占92%，农副产品收购总额占84%，工业生产资料销售总额占81%。同时，主要农产品、轻工产品和生产资料价格大幅度回落。1998—2002年，价格管理工作重点由抑制通货膨胀转入完善宏观调控措施、整顿规范价格秩序和收费行为等方面。政府价格管理方式也从“管价格”向“管行为”、“重管理”向“管理和服务并重”过渡，各项价格调控手段逐步健全。2002—2013年，完善价格形成机制，注重民生价格监管与改革。全面放开粮食收购市场，转换粮食价格形成机制。将水资源价格转变为包括水资源费、供水价格和污水处理费在内的全成本水价。推行差别电价，城市居民生活用水阶梯式水价等有利于节能减排的价格政策。在价格制定或调整过程中，逐步引入成本监审制度、价格听证制度、专家评审制度、集体审议制度和价格公示制度，提高价格决策的科学性和透明度。

2013年12月，市物价局被授予2013年度全国价格宣传工作先进集体称号

第一节 机构

1991年，市物价局属于市政府工作机构，有工作人员13人。下辖市物价检查所和农产品成本调查室2个事业单位，各乡镇和商业、供销、粮食、物资系统均设有物价监督检查站，公司、厂矿企事业单位设有专职或兼职物价员。1993年12月，与工商行政管理局合

并为市工商物价行政管理局,内设物价科,下设市物价检查所。1995年11月,市工商物价行政管理局撤销,恢复设立市物价局。1997年,在曲阜市春秋路东首自建办公楼;11月,济宁市物价局在曲阜市设立济宁市物价干部培训中心,为正科级自收自支事业单位,编制6人。2002年2月,成立市价格认证中心,为副科级事业单位;4月,市物价局并入市发展计划局。2005年4月,成立市价格监测中心,为副科级事业单位。2010年6月,成立市价格调节基金办公室,隶属市物价局管理。2010年8月,市物价局设办公室、价格管理科、收费管理科;经市委批准,设立市物价局党组。2012年8月,成立市价格监督检查局和农产品成本调查科,列为市物价局中层行政机构,不再保留市物价检查所和农产品成本调查室。2013年9月,原市物价检查所和市农产品成本调查室事业编制人员共12人通过考试,过渡为国家公务员。

第二节　价格管理

1991年4月,市政府成立整顿农村电价领导小组,召开农村电价检查整顿现场会。组成13个检查组,对全市495个行政村的农电进行整顿,使农村电价由平均每千瓦时0.43元降到0.34元,每年可减轻农民电费负担180万元。推进价格改革,逐步建立以市场形成价格为主的价格管理机制。1993年,曲阜市86%的农产品收购价格和90%的工业生产资料销售价格实现市场化改革。至1993年年底,曲阜市国家管理商品159个种类(其中中央级106个,省级38个,市地级15个)及曲阜市级管理商品价格全部放开。1991—1993年,全市社会零售物价指数分别为106.3%、106.2%、111.9%,价格实现市场化。1994年,曲阜市把部分产(商)品的价格定价权放给企业,孔府家酒、三孔啤酒等一些产品价格,由生产企业根据市场情况进行制定。全部放开统配煤炭价格,石油产品销售价一律执行国家定价。1995年,加强流通领域的价格监管,清理流通渠道,整顿以化肥、农药等农资为重点的市场秩序。打击非法倒卖、假冒伪劣、价格欺诈、坑农害农等违法行为,最大限度地控制自发性涨价。贯彻综合电价、城市供水、城市燃气、水利工程供水、中成药等价格管理办法,规范价格行为。1996—1998年,推进粮食流通体制改革,落实按保护价敞开收购和顺价销售政策,适当降低小麦、玉米定购价格;在适当降低棉花定购价格同时,进行棉花价格形成机制的改革;提高铁路货运、城市自来水、公交车票价、旅游景点门票、公路客运附加费等价格和收费标准;配合流通体制改革,建立在政府调控下石油成品油市场形成价格的机制;在整顿农村电价的基础上,推行农村分类综合电价;降低部分电信业务资费标准;整顿药品价格秩序,规范餐饮业价格行为,物价运行环境得到改善,价格总水平持续下降势头有所抑制。1999—2002年,市物价局坚持“全党抓经济、重点抓调整”工作方针,充分发挥价格杠杆对经济的调节作用,加大宏观调控力度。通过开展对粮食、肉蛋禽、鲜菜、烟酒糖茶以及耐用品市场价格的跟踪调查,落实各项价格政策。通过整顿人力三轮车、公交车、出租车等客运价格,遏制乱收费、欺诈游客现象发生。市物价局调整优化部分产品和服务价格,先后制定孔子故宅、圣贤馆、名人书画展、杏坛剧场、石门山森林公园等门票价格。按政策规定调整供水价格、三孔景区照相价格及名优特新玉米种子的销售价格。2003—2005年,市物价局对三孔明信片门票、杏坛剧场、明故城墙、石门山、九仙山等景点景区门票价格进行制定与调整;对农村三类电价和城区电网改造费用情况进行调查、测算。“非典”期间,市物价局对曲阜市生产的菌毒杀(霉迪)消毒剂系列产品和脱脂口罩销售价格进行审批,并对全市所有医疗机构和与“非典”相关商品生产、经营单位进行价格监控。分别于2003年和2005年对城区集中供暖价格、供水价格进行听证。2006年,开展城乡用电同网同价基础数据、三孔门票收入、供热与燃气相关数据、高耗能企业、污水处理费与水资源费、近10年水价等情况的调查。2007年4月,省物价局调整三孔门票价格。自2007年6月1日起,实行城乡用电同网同价;11月,学校教学和学生生活用电、用水、用气价格分别按居民用电、用水、用气价格;理顺原曲阜新区自来水、燃气等价格管理,批转孔林景区游览用电瓶车票价;制定百龄园公墓收费标准及圣贤广场至万古长春坊线路电动旅游车票价。2008年,市物价局对大型超市成品粮及其制品、食用植物油、猪牛羊肉、鸡蛋、牛奶等实行调价备案制度,建立电煤价格月报机制；对尼山景区、颜庙、孟母林、周公庙、少昊陵等文物景区门票价格，通过价格听证会进行调整。2009年，省物价局在曲阜召开三孔门票价格调整听证会，最终确定三孔门票价格调整方案，调整后的孔庙、孔府、孔林门票价格分别上调20元、15元和10元，三孔联票价格上调35元；市物价局对全市水价进行调整，服务业水价每立方米降低0.98元，实现服务业与工业用水同价。2011年，市物价局确定首批经济适用住房销售价格及城区廉租房租金标准。2012年，市物价局转发对京沪高铁曲阜站站前停车场收费标准的批复；开展孔府药厂、圣仁制药等药品企业生产的《山东省政府定价药品目录》中的增补药品的出厂价格、生产成本调查；确定曲阜市第二批经济适用住房销售价格标准。2013年，市物价局协调相关经营单位，落实对社会福利场所的价格优惠政策；开展自来水、污水处理费、水资源费、交通运输价格、天然气销售以及成本情况的调研；参与起草制定《曲阜市物业管理办法》；参与编印《企业缴费指南》《市民缴费指南》。

第三节　收费管理

1991年，曲阜市政府成立治理"三乱"（乱收费、乱罚款、乱集资）领导小组，召开治理"三乱"工作动员大会。5月，市政府召开新闻发布会，明令废止省确立的48项、济宁市确立的13项及曲阜市确立的10项收费、罚款、集资项目，废止市政府发布的21件有关收费、罚款、集资的文件，减轻企事业单位和群众负担310万元。1993年，市物价局集中3个月时间对全市450个农村卫生室收费情况进行检查，制止乱收费行为，全年可减少农民医疗方面负担60万元。1996年，市物价局为全市569个行政事业单位颁发"收费许可证"，对全部收费单位的执收人员进行业务培训。每年市物价局会同市财政局、监察局对全市209个行政事业性收费部门的收费许可证进行集中清理审验，对各收费单位收费行为、国家减免收费政策执行情况及财政票据使用、"收支两条线" 政策执行情况进行重点检查。1998年，按照市政府办公室《关于集中整顿行政性事业性收费紧急通知》要求，市物价局、监察局联合开展全市行政事业性收费情况大检查，废止收费项目219项，降低收费标准22项；市物价局对市经委、二轻、商业、供销、粮食、石油、医药、乡镇企业、农机、旅游、文物11个系统249家企业、5600家私营企业、个体工商户免费发放企业交费登记卡，依此制止向企业乱收费行为。1999年，市物价局在全市范围内推行涉农价格收费公示制度，此项工作涉及12个乡镇、街道，396个行政村和14个行政执法职能部门，涉及收费项目41个，收费标准102个，凡属农民需到收费部门交费的收费单位都在收费大厅、收费窗口或收费室内悬挂涉农价格收费项目标准公示牌。2002年2月，市物价局与监察局联合对全市368家企业，实行企业交费登记卡和进企业收费批准通知书制度，使绝大部分收费单位收费时都能做到亮证收费，杜绝对企业乱集资、乱摊派现象发生。2003年，市物价局建立和完善农村价格监督网络，切实减轻农民负担；在全市9个乡镇、街道建立价格监督站，在全市297个行政村聘请村会计兼任义务价格监督员，并全部颁发价格监督员证，依法监督。2005年，市物价局编印《曲阜市涉企收费手册》和企业交费登记卡，免费发放到企业，同时完善"二证二卡一员一书一审"制度；市物价局联合市教育局、监察局对全市范围内114所大中专院校及中小学校教育收费进行公示，统一制作收费项目标准公示栏（牌），接受学生、家长和社会监督；联合市卫生局对全市各医院及乡镇街道所属卫生所（室）收费进行规范，统一制作医疗收费项目标准公示牌260个。2012年，市物价局按照市委、市政府及市纪委关于实施"四零"工程的意见要求，联合市财政、法制等部门抽调骨干力量组成"零收费"工作推进组，进行"零收费"项目清理审核工作。2013年，市物价局继续推出第二批"零收费"项目，免除涉及全市21个部门80项收费，减轻企业和群众负担1280万元；编印《企业缴费指南》和《市民缴费指南》，免费向企业和市民发放，《企业缴费指南》涉及收费单位37个共计1400余项，《市民缴费指南》涉及收费单位28个900余项。同年起，市物价局使用全国行政收费动态监管系统平台，收费许可证的核发和年审工作全部通过监管系统在网上办理。

第四节　价格监督检查

价格监督工作　1991年，市物价局开展农用生

产资料价格、医疗收费、农机监理收费、水利收费等检查工作，共检查121个单位、750户工商户，查处存在违法行为单位21个、个体工商户105户，查处违纪金额11万元。1992年，开展铁路货运价格、农用生产资料价格、农村电价、汽车修理收费等检查工作，共检查单位783个，查处违法单位42个，违纪金额32.95万元。1993—1995年，整顿以化肥、农药等农资为重点的市场秩序，打击非法倒卖、假冒伪劣、价格欺诈、坑农害农等违法行为，最大限度地控制自发性涨价。1996—1998年，对粮价、农村电价、生资价格、种子价格、蚕茧价格、药品价格、丝绸价格等进行监督检查，共检查单位89个，立案167例，查处违价金额570余万元，处罚55万元，责令退款42万元；对教育、劳动、交通、公路、医疗卫生、建委、土矿、公检法、工商、税务、邮电、金融、供电等单位收费情况进行检查，立案查处536例，查处违价金额840余万元，处罚105万元，责令退款78万元。1999—2002年，对乡镇（街道）计生办、建办、土矿所、农网改造等涉农收费单位进行检查，查处婚姻登记搭车收费、换发土地使用证超标准收费、农网改造收费不统一、材料费加价及乱列支挪用等问题，并依法做出处理；对药品价格、农村中小学收费和建委、土矿局、自来水等收费单位进行检查，对查出问题依法处理；按照上级业务部门要求，对移动、联通、电信等企业进行专项检查，查处变相降价进行促销等无序竞争行为。2003—2005年，对药品价格、医疗收费、中小学教育收费等进行专项检查，并对环保局、质监局、交警大队、工商局等462家单位收费情况进行全面检查，对各种乱收费案件进行依法处理，实行经济制裁305.97万元，退还用户45.79万元。2007年，对商场、超市、商业零售点和粮油副食店价格和明码标价情况进行检查，打击乱涨价、虚假降价和价格欺诈等扰乱市场的不正当价格行为。2008—2013年，开展对教育收费和医疗卫生收费、药品价格的专项检查，对涉农价格、涉企收费进行全面检查，对发现问题依法进行处理。

市场检查和旅游市场整顿工作

1996—1998年，市物价局开展明码标价检查整顿和节日期间市场物价检查工作，主要查处违反国家《关于商品和服务实行明码标价的规定》《关于制止牟取暴利的暂行规定》的价格违法行为，使市标价签使用率85%以上。开展"物价、计量信得过单位"（简称"双信"）评审工作，根据各经营单位实际情况，评审出省级"双信"单位1个、济宁市级4个、曲阜市级9个。2001年2月，在全市开展实行"三色"标价签及明码标价整顿工作，推行"五个一"示范点，即一个示范市场、一个示范企业、一条示范街、一个示范医院、一个示范景点，发放材料3000余份，"五个一"明码标价率95%以上，普及率90%以上，并对明码标价执行不力单位和个人进行处罚。对全市10家重点企业进行"双信"评比验审，评审出百货大楼为"省级双信单位"，中医院、华联商厦为"济宁市级双信单位"。2003—2005年，评选出六艺城、供电公司、中医院等10家单位为价格诚信单位。2006—2007年，国内食用植物油、猪肉、鸡蛋、副食品等价格大幅上涨，市物价检查所向全市100多家食用植物油、猪肉、副食品生产销售企业下发稳定市场价格告知书；召集各生产企业和商场、超市单位负责人召开价格政策座谈会，签订诚实守信经营承诺书；市物价局与工商局、质监局、城市管理执法局、广播电视局等部门联合开展"明码标价示范街"与"百城万店无假货"活动，在步行街开展创建示范街活动，以示范街为样板，在全市旅游品商店、摊点推广普及明码标价，使旅游区商店、摊点明码标价普及率90%以上；市物价局针对全市停车场经营状况和市场需求，报济宁市物价局批准，将全市停车场收费标准提升为小车10元/次，中型车15元/次，大型车20元/次；对全市各景区停车场工作人员进行培训，重新颁发收费许可证，统一制作停车场收费标准牌，注明"12358"举报电话。对宾馆、饭店进行督促检查，饭店销售酒水、饮料必须使用明码实价签，菜谱明码标价和服务收费必须经物价局审定，并加盖曲阜市物价局明码标价监制章；宾馆客房、商品价格和服务收费必须在大厅内标示。2008—2013年，对旅游市场实行网格化管理，向旅游景区各经营单位、经营业户下发明码标价宣传单5000多份、5万张不干胶小价签、9万张三种规格标价签，并与经营单位（户）签订价格诚信责任书；为全市17个景区停车场统一免费制作高标准不锈钢收费标准公示牌；对全市旅游区各饭店菜谱加盖曲阜市物价局明码标价监制章，使旅游区各饭店实行一套菜谱，查处使用两套菜谱坑客、宰客现象;制作价格诚信经营责任公示牌300多个,在经营场所醒目位置悬挂;会同市文化遗产管委会为曲阜游客中心统一制作门票价格公示牌,并在售票大厅醒目位置公示。通过"价格服务进景区"工作,使全市旅游区明码标价普及率95%以上。市物价局与市工商局联合下发文件,制作印章刻字价格表,盖章、塑封后免费发放给各经营业户,连同业主营业执照悬挂或摆放在经营场所醒目位置,实行亮照经营和价格公示。加强市场价格检查,稳定市场商品价格。

价格举报工作 1996—1998年,根据举报线索,重点查处停车场收费,旅馆、饭店牟取暴利,摩托车管理费等26件价格案件。2003年,市物价局设立举报中心,开通举报热线"12358",24小时专人值守。对举报案件限时办理,及时反馈处理结果。2004年,市物价检查所被评为省"规范化检查所"。2003—2005年,共受理举报案件97件,查处落实97件,结案率100%。2007年,接到举报案件9起,查处9起,结案率100%。2012—2013年,接到价格咨询193起,举报案件81起,查处81起,结案率100%。

2001—2009年,市物价检查所连续9年被评为省价格监督检查先进集体;2013年,被评为价格监督检查与反垄断先进集体。

第五节 农产品成本调查

1991—1993年,市物价局开展小麦、玉米、大豆等生产成本调查。在小雪、王庄、防山、息陬4个乡镇中,建立小麦、玉米、大豆、地瓜等品种生产成本调查点。1996—1999年,加强对农业生产资料价格和农民购买农资情况调查,尤其加大农业购肥、用肥高峰期化肥价格监测力度。2000—2005年,加强农业生产成本调查力度,建立农产品调查资料库,完成农户种植意向、农户存售粮情况、农户农资购买情况专项调查,完成小麦、玉米、花生、大豆成本收益预测。2005年,曲阜市被省物价局确定为省属农产品生产成本直报县市,主要调查品种是小麦、玉米、大豆和花生4种。2006年底,开展农户收入和支出情况调查,农户种植意向调查,农户存粮情况调查,农户购买农资情况调查和小麦、玉米成本直报等各类调查活动,并上报调查分析报告。对农调户集中培训2次,入户辅导6次,入户调查40余次,收集科技种田信息10余条,向农户传达80余次。按照省物价局主要品种"一县三点九户"要求,2007年年初,在全市安排"四点十二户"调查网点进行调查工作。2008年,获得全国农产品成本调查工作先进集体和山东省农产品成本调查先进集体称号。2009年,新设董庄乡屈家村特色农产品草莓成本调查点,调查网点为"六点十八户"。2010年,向全市18户农产品成本调查户颁发国家发改委、山东省物价局确定的"国家农产品成本调查户"牌匾。2013年,市价格监测中心被评为全国价格宣传工作先进集体,市物价局被评为全省价格研究工作先进单位。

第六节 价格监测

2005年9月,曲阜市价格监测中心成立,为副科级事业单位,其基本职能是实施价格监测预警,提出价格预警建议,为市委、市政府宏观调控经济工作服务。

根据《山东省主要商品和服务价格监测报告制度》,价格监测工作主要是对全市农副产品收购价格(计15个品种)、居民消费品零售价格(计40个品种)、涉农产品及服务价格(计44个品种)等共计99个品种价格进行市场监测上报工作。2003年10月至2005年年末,共计报送各类市场价格监测报表800次,报送各种市场价格品种3万余次;加强对节假日市场价格监测,特别是做好"五一"、"十一"、元旦、春节等节假日期间市场价格监测和预警工作。2007年,在全市设立10个固定和4个临时性非定点商品价格监测点,及时准确上报监测品种价格,有价格异动时立即报告并简要说明原因;4月猪肉价格和10月食用植物油价格出现持续异常上涨,并带动其他相关商品价格一起上涨,监测人员及时到各监测点和市场进行实地调查,分析原因,并与相邻县(市、区)进行横向比较,及时向市委、市政府信息科和业务上级上报预测和预警变化情况和原因,提供数据翔实的调查报告。2011年,在全市设置43个各类价格监测点,出台监测点报价工作考评办法(试

行），制定曲阜市优秀监测点报价员评选办法，与报价员签订监测工作协议书，完成各项价格监测表格（数据）填报任务。2013年，开始工业产品和原材料常规价格监测工作。2012—2013年，共报送各类价格监测表格（数据）812次，涉及品种33794项次，报送价格监测稿件100多篇；根据市场价格动态，多次及时提报价格预警信息，上报成品油等价格应急监测情况154次、蔬菜价格应急监测情况29次；开展大棚黄瓜、草莓种植收益情况，蔬菜批发市场相关情况、生猪生产成本及产销情况、秋粮生产和市场预期情况等多项价格调研活动；设置各类价格监测点共42个，其中常规价格监测点30个。

第七节　价格认证

自1991年起，市物价局开展价格认证业务，主要业务是涉案物品价格评估，破产、合并、转让等企业设备资产价格评估及交通事故的车物定损工作。2002年2月，曲阜市价格认证中心成立，为副科级事业单位，编制6人，在所属行政区内，具有刑事、民事、经济、行政一级仲裁案件涉及的各种扣押、追缴、没收及纠纷财物的价格鉴定，价格行为合法性和价格水平合理性、价格纠纷调解的资质。2009年，价格认证中心启用山东省价格鉴证管理系统，该系统能对各项鉴证业务和相关资料进行编辑、查询、统计和管理，可打印出具全套价格鉴证文书。2011年3月，价格认证中心启动开展涉税财物价格认定工作。2013年，认证中心有15名注册价格鉴证师、8名保险公估师、6名旧机动车评估师、2名经济师。全年完成价格鉴证案件2298件，鉴定标的额68578.37万元。在做好价格认证业务工作的同时，开展经济适用房销售基准价格、自来水、天然气、供热等定价成本监审工作。同年，市价格认证中心被评为全省价格认证工作先进单位。

2009—2013年价格认证工作情况统计表

表15-3　　单位：件、万元

年份	合计		刑事案件		民事案件		行政案件		仲裁案件		价格认证				涉税财物价格认定	
											小计		服务政府			
	件数	金额	件数	金额	件数	金额	件数	金额	件数	金额	件数	金额	件数	金额	件数	金额
2009	387	576	64	96	9	26	302	437	0	0	12	17	0	0	0	0
2010	470	688	54	120	10	76	387	430	0	0	19	62	0	0	0	0
2011	911	13370.66	71	88	6	61	281	365	0	0	13	66	0	0	540	12790.66
2012	1352	28513.64	42	36	3	83	245	295	0	0	2	30	0	0	1060	28069.64
2013	2298	68578.37	35	45.59	2	44	227	403.41	0	0	7	9472.92	2	2.92	2027	58612.45

第六章　工商行政管理

第一节　机构

1991年，市工商局机关设在春秋路10号市政府综合楼。1992年，设立鲁都酒城批发市场工商行政管理所、建筑市场工商行政管理所（同工商局市场科一个机构两个牌子）；局机关设人秘科、企业科、个体科、市场科、经济合同科、经检法制科、商标广

曲阜市工商局办公大楼(2013年摄)

告科、财务科8个科室;有干部职工204人,其中个体劳动者协会专职秘书16人;个体劳动者协会、私营企业协会、消费者协会挂靠工商局,下设办公室,接受工商局领导;下辖城区工商所、鲁城工商所、旅游区工商所、鲁都酒城工商所、旅游经济开发区工商所、书院工商所、王庄工商所、董庄工商所、吴村工商所、姚村工商所、时庄工商所、陵城工商所、小雪工商所、息陬工商所、南辛工商所、防山工商所、尼山工商所17个基层工商所,建有16个个体劳动者协会和行业分会;10月,市工商局迁址城区弘道路26号。1993年,成立曲阜市工商咨询服务中心,隶属市工商局领导;12月,曲阜市撤销市工商行政管理局和市物价局,设立曲阜市工商物价行政管理局。1994年,设立城区工商所、鲁城商场工商所、旅游经济开发区工商所、市消费者协会办公室,撤销东关、西关工商所;设立曲阜市市场建设开发公司,隶属市工商物价局领导。1995年,设立工商物价消费者权益保护科,与市消费者协会办公室一门两牌;10月,恢复设立曲阜市工商行政管理局。1996年,设立流动人口计划生育管理办公室;成立曲阜市市场服务中心,隶属市工商局领导;11月,成立曲阜市工商局党委。1997年,设立政工科,撤销人事监察科。1998年,设立市消费者投诉中心,与市工商局消费者权益保护科(消费者协会办公室)一门两牌;设立市工商局稽查大队。1999年,国家实行省以下工商系统垂直管理,曲阜市工商局业务隶属济宁市工商局管理,下设城区工商所、鲁城工商所、旅游区工商所、鲁都酒城工商所、旅游经济开发区工商所、书院工商所、王庄工商所、董庄工商所、吴村工商所、姚村工商所、时庄工商所、陵城工商所、小雪工商所、息陬工商所、南辛工商所、防山工商所、尼山工商所。2002年7月,市工商局内设机构调整为市场合同科、商标广告科、消费者权益保护科、法制科、人事政工科、财务装备科、监察室、办公室8个科室,设企业注册局(副科级)、公平交易局(副科级)2个直属机构,下设11个工商所;市个体私营企业协会、市消费者协会挂靠市工商局,下设办公室,接受工商局领导。到2013年,市工商局内设及辖属机构没有变化。

第二节　市场管理

1991年,阙里步行街旅游品专业市场、陵城农贸市场被评为省级文明市场,姚村农贸市场、南辛龙凤桥商场被评为济宁市文明市场。1996年、1997年,鲁城商场、批发商城分别被评为省级"规范化管理样板市场"。2001年,市工商局采取产权移交方式与所办市场脱钩,将鲁都酒城、鲁城商场移交市政府。2005年,市工商局配备流通领域食品检测车,设立检测室,开展食品检测工作。通过开展"红盾护农行动"、食品安全专项整治行动、防控禽流感行动等专项行动,维护市场经济秩序。10月8—11日,第十七届全国旅游区工商行政管理年会在曲阜市阙里宾舍召开,全国20个单位参加年会,年会围绕加强景区市场管理、规范旅游市场秩序、规范旅游中介服务机构、加强景区窗口建设、树立工商形象、强化旅游消费投诉管理等内容进行交流和探讨。2006—2007年,市工商局在全市农村食品市场推行"一户多档、实名登记、证明登记、标牌公示"四项制度,为食品经营户印制标准格式的进、销货台账各3000册,制作经营人员胸牌、食品名称标牌各6000个,工商所食品安全监管公

直接经济损失分别为135.1万元、167.7万元，实现事故总量、死亡人数、受伤人数3项控制指标连续保持大幅下降态势。2008—2010年，全市发生各类安全生产事故、死亡人数、受伤人数、直接经济损失4项指标全面下降，安全生产形势总体平稳。2011年，全市事故死亡总人数29人；2012年，事故死亡总人数30人；2013年，事故死亡总人数12人。2013年，曲阜市共有生产经营单位1500余家，其中危险化学品生产企业10家、经营企业59家，烟花爆竹生产企业1家、批发企业1家，非煤矿山企业34家，涉氨企业16家，分布在全市12个镇街。全市未发生1起人员伤亡生产安全事故。

第三节　安全执法

1994年11月，市政府下发《曲阜市安全生产管理办法》。每年都开展"安全月""安全生产周"活动和进行安全生产大检查。1994—1995年两年查出事故隐患287条，下达《整改通知书》45份。1996—1998年，强化领导责任和规范管理，通过开展"安全月""安全周"活动和经常检查，普及安全生产法规和知识，层层落实安全生产责任制；对事故隐患，限期整改。2001—2002年，开展"安全生产月"隐患集中整治活动，检查12个乡镇（街道）、23个系统80多家厂、矿、企事业单位；2001年，查处各类事故隐患121处，及时整改98处；2002年，查处各类事故隐患及不安全因素342处，及时整改331处。2003—2005年，全市开展煤矿、道路交通、文物旅游、公众场所、民用爆破器材和烟花爆竹、危险化学品、非煤矿山、城市燃气和液化气、建筑施工、特种设备、学校等方面安全生产专项整治。2006年，市安监局执法监察队伍围绕重点时期、重要季节，坚持在生产一线执法检查，查出事故隐患483条。2007年，在曲阜市1500余家生产经营单位、100余所学校、87处人员密集场所开展隐患自查自改活动，自查自改隐患980余项，上报较大事故隐患82处，落实自查自改资金837万元。2008—2011年，曲阜市在矿山、道路交通、危化品、建筑施工等12个重点领域和行业持续开展专项整治，查处事故隐患1067条，完成整改1042条，下达安全生产行政执法文书1600余份；开展烟花爆竹百日集中整治活动，查处收缴非法烟花爆竹2500余万个，取缔不具备安全经营条件零售网点40余家，依法治安拘留4人；对42起安全生产违法行为进行立案调查，依法对案件当事人进行行政处罚，罚款57.8万元，停产整顿26家企业。2012年，市政府组织文物旅游、特种设备、非煤矿山、建设工程等10个专业检查组，由各位副市长带队，有关部门负责人参加，对全市生产经营单位进行安全检查。停产整顿非煤矿山企业1家，查处校车3辆，各类交通违法行为2700余起，发现隐患设备15台，下达指令书5份，下达施工安全整改通知41份，整改内容243条。2013年，对全市重点行业领域组织检查2164人次，排查一般事故隐患2600项，打击非法违法行为232起，取缔非法生产经营单位44家，停产停业整顿单位6家，责令整改违法行为197项；对全市建筑施工行业进行安全生产执法检查，对检查中发现的存有较大安全隐患的5家企业16个单体工程下达停工通知书；对夏季高峰用电商场、批发街、五马祠街等人员经营密集场所开展安全检查，对22起安全生产违法行为案件进行立案调查，依法对案件当事人进行行政处罚，罚款45万元，停产整顿22家。

第四节　综合监督

1994—1998年，建立并实施市政府"安全生产目标责任管理"体制。2001年11月，建立市安全生产教育培训基地。2003年，市安监局以全面实施《中华人民共和国安全生产法》等法律法规为主线，加大事故责任追究和行政处罚力度，下达行政处罚决定书3份，责令停产整顿单位2个。2004年，对5名负有责任的领导和责任人进行行政责任追究，分别给予党纪政纪处分；下达整改指令书10份，下达行政处罚决定书4份，对3个单位予以经济处罚。2006年，市安监局修订和完善《曲阜市突发公共事件总体应急预案》，开展以提高全民安全意识、加强安全文化建设为主要内容的"安全生产月"活动。2008—2011年，推进安全标准化建设，加强企业基础管理，21家非煤矿山企业、9家危化品企业通过济宁市级安全标准化达标验收，1家烟花爆竹批发企业和2家工商贸企业通过省级安全标准化验收，成功创建6家安全文化示范企业。2009年，曲阜市颁布《曲阜市安全生产行政责任制规定》，制定市政府领导安全生产检查制度，落实曲阜市政府领导“一岗双责”安全生产责任制；将安全生产工作纳入党政机关领导干部考核体系，建立健全奖惩机制和绩效评价体系。2012年，市政府修订完善《曲阜市安全生产行政责任制规定》，明确各部门各单位安全生产责任；印发《曲阜市安全生产“一岗双责”制度实施细则》，落实行政首长安全生产第一责任人责任和分管领导“一岗双责”责任。2013年，对镇街、部门安全生产目标考核实行年终考核与动态考核相结合；推进安全生产标准化创建，在高危行业全面实现标准化基础上，100家企业达标；落实建设项目“三同时”制度，全市新建项目全部实现“三同时”。

第八章　质量技术监督

1991年，曲阜市技术监督局在全市开展“商品质量信得过企业”评比活动。1992年，在全市开展“质量万里行在曲阜”活动。1994年年初，开始实施企事业单位和社会团体统一代码标识制度。1996年，开展争创“曲阜名优产品”“百城万店无假货”等活动。1998年，市政府实施“质量兴市”战略，从根本上提高全市主要产品的质量水平。1999年4月，曲阜市被列为创建全国消灭无标准生产试点市。2001年，曲阜市被命名为全国质量兴市先进市。2002年年初，市质监局取消行政审批事项13项，精简幅度50%以上。2003年，建成“12365”质量技术监督热线系统、办公自动化系统。2005年，市质量技术监督局对全市生产加工企业进行质量安全普查和建档，实行A、B、C、D分类监管。2006年，推行“中国产品电子监管网”“山东金质区域监管信息系统”“企业质量安全信息系统”三位一体质量电子监管网。2009年，建立心、脑电图机、B超、液体灌装机、计量秤等检定计量标准装置。2010年，市质量技术监督局开展工业压力管道、厂（场）内机动车辆、锅炉及其附属件的专项整治活动和气瓶专项整治及年度监督检查等工作。2013年，三孔景区获国家级旅游服务标准化试点单位称号。到2013年年底，曲阜市拥有山东省名牌产品13个、服务名牌2个，济宁市市长质量奖1个、市长质量提名奖2个。

第一节　机构

曲阜市质量技术监督局（简称市质监局）前身为曲阜市技术监督局，为市政府管理标准、计量、质量的综合监督职能部门，下设办公室、业务科2个科室，下属计量检定测试所、产品质量监督检验所、技术监督稽查队3个事业单位，共有干部职工48人。1998年，市技术监督局增设法制科。2000年7月，曲阜市技术监督局实行省以下垂直管理，更名为曲阜市质量技术监督局，为济宁市质量技术监督局直属机构。2000年10月，市劳动和社会保障局将锅炉、压力容器、电梯、防爆电器等特种设备的安全监督管理职能划归市质量技术监督局。同年，市质量技术监督局自建质量检测大楼，建筑面积2400平方米。2002年年初，市质监局取消行政审批事项13项，精简幅度50%以上。对所保留的项目，通过设立公开栏、印发明白纸等形式全部进行政务分开，并集中在行政审批大厅办理。2004年12月，市质量技术监督局加挂市质量技术监督稽查队牌子。2007年，市质量技术监督局成立城区监管分局、开发区监管分局、王庄监管分局。同年，市质量技术监督服务大厅被山东省精神文明建设委员会办公室、山东省质量技术监督局授予“十佳文明窗口”称号。2010年，市质量技术监督局下设分局撤销。2013年11月，市质量技术监督局由省以下垂直管理改为地方政府管

理。年底，下辖产品质量监督检验所撤销，监管职能划归曲阜市食品药品监督管理局。市质量技术监督局内设办公室、综合业务科、特种设备安全监察科、监督法制科，下辖曲阜市计量检定测试所、曲阜市质量技术监督局稽查队。

第二节　标准化管理

1992年，曲阜市粮食局孔府酱油厂孔府牌酱油率先采用商品条码标识。1993年，孔府家酒、孔家家酒、孔孟府八宝粥、南瓜粉4个产品采用商品条码标识。年底，市水泥厂、电缆厂、橡胶厂、农机厂、汽车配件厂5个厂家9种产品采用国际标准，并通过采标验收。1994年年初，曲阜市开始建立实行企事业单位和社会团体统一代码标识制度。1994—1995年，帮助市啤酒厂、自来水公司、精细化工厂等17家企业制定汉莎啤酒、“孔府牌”八宝粥等28个新产品企业标准。至1995年年底，全市1162个机关、团体和企事业单位办理代码证书1683个。1996—1998年，办理企业产品标准备案58个，为企业提供标准信息580余条。电缆集团等7家企业9种产品采用国际标准和国外先进标准；为1006个党政机关、社会团体和工商企业办理代码证书，帮助三孔集团等17家企业55种产品办理条形码标识。1998年，为贯彻ISO 9000质量管理和质量保证系列标准，举办宣传标准和培训企业质量认证内审员培训班，120余人参加培训。1999年4月，曲阜市被国家技术监督局列为创建全国消灭无标准生产试点市。市政府召开动员大会，印发《曲阜市开展消灭无标准生产工作实施方案》，开展消灭无标准生产工作。到2000年8月，市质量技术监督局培训企业标准化检查员476人，对269家产品生产企业623种产品进行企业产品执行标准登记，其中执行国家标准、行业标准产品536个，执行地方标准产品2个，执行企业标准产品73个，企业标准覆盖率98.1%。9月，曲阜市获全国消灭无标准生产试点工作先进单位称号。2002年年底，曲阜市有40余家企业通过ISO 9000、ISO 14000系列标准认证。2004年，三孔景区申报山东省服务标准化试点单位创建项目。市政府印发创建实施方案，制定《三孔景区服务标准化实施管理办法》，市质监局组织文物局、旅游局等单位结合景区实际情况，制定375项服务标准，实现对食、住、行、游、购、娱等旅游服务要素的全覆盖，并将具有开城迎宾仪式、祭孔展演、“诗礼堂”儒学讲座、“背《论语》免费游三孔”等常态化活动融入标准化体系中，打造特色标准化品牌。其中《三孔名胜景区服务规范》（DB37/T 951-2007）等7项标准被批准为山东省地方标准。到2005年年底，曲阜市有40余家企业分别通过ISO 9000质量体系认证和ISO 14000环境体系认证。2009年，三孔景区通过省服务标准化试点单位验收组验收。2010年，三孔景区申报国家级服务标准化试点项目。2012—2013年，制定或修订企业标准28个，帮扶4家企业争创“标准化良好行为企业”。2013年，成立山东省孔府菜标准化技术委员会。12月，三孔景区获国家级旅游服务标准化试点单位称号。

第三节　计量管理

1992年9月，曲阜市孔府酒庄成为曲阜市第一家达到二级计量合格水平的乡镇企业。1995年，市农机厂、兽药厂、啤酒厂、电缆厂、单家村煤矿、二酒厂、巾被厂7家企业晋升为国家二级计量合格企业。1998年，市计量检定测试所购置出租汽车计价器检测装置。2002年，市计量所建立社会计量公用计量标准9项，能够开展衡器、加油机、天平、压力表、血压计、汽车里程表、出租车计价器、电话计费器等计量器具检定检修。2003年，曲阜市建立电话计时计费器、出租车计价器检定计量标准装置，更新、完善原有计量标准设备，购置电子汽车衡、加油机检定专用车。2006年，市质监局组织对全市生产企业和市场上的酒类、糕点、小麦粉、植物油、饮料、农药、化肥、种子等定量包装产（商）品进行抽查，对不合格产（商）品生产（经销）企业依法处罚，打击定量包装商品计量违法行为，维护消费者利益。2009年，建立心、脑电图机、B超、液体灌装机、计量秤等检定计量标准装置。2010年，依据《中华人民共和国节约能源法》和《能源计量监督管理办法》，市质监局组织对能源计量器具进行检测，对5家重点用能单位曲阜中联水泥有限公司、燕京啤酒（曲阜三孔）有限公司、曲阜师范大学、裕隆集团、圣城热电厂进行重点管理。2001—2013年，每年“世界计量日”，曲阜市都组织上街开展“计量日”宣传活动，宣传《中华人民共和国计量法》《山东省计量条例》等计量法律法规及有关计量知识，还通过市场商品计量检查、对血压计、人体秤、眼镜开展免费计量检测等，开展服务咨询活动。共检测定量包装商品20余种，出具检测报告2550份。燕京啤酒（曲阜三孔）有限公司、圣阳电源股份有限公司、天博汽车零部件制造有限公司等14家企业通过计量保证确认，曲阜市锻件厂、曲阜慧迪化工有限公司等36家企业通过计量合格确认并获取证书。

第四节　质量监督管理

1991年，市技术监督局在全市开展“商品质量信得过企业”评比活动；10月，孔府家酒、三孔啤酒、鲁城牌水泥3个产品获省免检产品称号。至1993年底，5个单位获市级商品质量信得过企业称号，市百货大楼获省级商品质量信得过企业称号。1994年，曲阜市组织开展“石油质量信得过”单位评选活动，评选出4家济宁市级、7家曲阜市级石油质量信得过企业。1995年4月，会同市联社对化肥、农药经销单位实行保质监销挂牌经营和报验制度，共在全市城乡设立化肥、农药保质监销处17个、监销点69个，杜绝假劣化肥、农药坑农害农事件的发生。1996年，市技术监督局开展争创“曲阜名优产品”“百城万店无假货”等活动。1998年，曲阜市实施“质量兴市”，市政府颁布“质量兴市”实施方案，把质量目标进行层层分解，逐项落实，从根本上提高全市主要产品的整体素质和质量水平。到1998年年底，全市有国家级名牌产品3个，有省部级名牌25个，孔府家酒、三孔啤酒、鲁城牌水泥3个名牌产品获省级质量免检，圣阳电源、远东铝业、三孔啤酒等7家市属骨干企业通过质量认证，全市生产企业标准覆盖率提高到90%以上，产值百万元以上生产企业产品标准率100%。1999年，市质监局以在《曲阜日报》开设“质量月”专栏、出监督简讯、版牌展示、举办培训班、设立咨询台、假冒伪劣商品展览、悬挂过街联等方式，开展“3·15”“质量月”“安全月”等活动；在全市开展“质量万里行”“百城万店无假货”等活动，形成全社会重视质量氛围。2001年9月，市质量技术监督局组织山东名牌产品申报工作。“远东牌”铝合金型材、三孔啤酒、金鲁城水泥获山东

2001—2013年曲阜市山东名牌产品一览表

表15-8

单位	产品	获批时间（年）
山东孔府家酒股份有限公司	孔府家牌浓香型白酒	2004、2011
曲阜金皇活塞有限公司	金皇牌铝活塞	2004
山东金鲁城有限公司	普通硅酸盐水泥	2005
山东圣阳电源股份有限公司	铅酸蓄电池	2005
鲁能泰山曲阜电缆有限公司	通信电缆系列产品	2005
曲阜远东铝业有限公司	FE 牌铝合金建筑型材	2006
燕京啤酒（曲阜三孔）有限责任公司	三孔啤酒	2006、2009、2012
曲阜市东宏实业有限公司	东宏牌聚乙烯管材	2006
曲阜天博汽车零部件制造有限公司	TEMB 牌调温器	2006
山东东宏管业有限公司	给水用聚乙烯（PE）管材	2011
山东东宏管业有限公司	钢丝网骨架塑料（聚乙烯）复合管材	2012
曲阜天博汽车零部件制造有限公司	车用调温器总成	2012
山东东宏管业有限公司	燃气用埋地聚乙烯（PE）管	2013

2012年10月23日，东宏实业有限公司获济宁市市长质量奖

省政府产品质量奖。同年，曲阜市被命名为全国质量兴市先进市，是全国首批受表彰的“质量兴市”先进单位。2002年，全市产品质量监督抽查合格率79%，比1998年71.8%提高7.2个百分点。2004年9月，市政府印发《曲阜市质量与安全区域监管工作实施方案》，将全市划分为4个监管责任区。2005年，市质量技术监督局对全市生产加工企业进行质量安全普查和建档，实行A、B、C、D分类监管。到年底，全市累计建档386家，纳入定检信息系统监管的生产企业306家，初步形成全市生产加工企业质量监管网络；市政府与12个乡镇（街道）及市直有关部门签订《食品安全责任书》；督促100余家食品生产加工企业向社会做出食品质量安全承诺。启动茶叶等13类食品市场准入工作，全市有34家企业获得食品生产许可证。同年，曲阜市政府被评为山东省实施名牌战略、推动质量兴市工作先进市。到2005年年底，市质检所拥有产品质量检验专用仪器、设备总值40余万元，能够开展对食品、化工、建材、轻工、机电等218种产品的检验；全市大多数市属企业和乡镇骨干企业及一些民营企业相继建立质量检验机构，配置质量检测仪器设备。2006年，曲阜推行“中国产品电子监管网”“山东金质区域监管信息系统”“企业质量安全信息系统” 三位一体质量电子监管网。2007年，曲阜市30家食品生产企业全部获得食品生产许可证，56家食品加工小作坊全部签订质量安全承诺书。同年，三孔旅游景区、阙里宾舍获山东服务名牌称号，实现曲阜服务名牌零的突破。至2007年年底，全市金质区域监管信息系统企业数据库覆盖全市食品和涉及人身健康安全的10类消费品等289家企业、340个产品、333个标准、1237台（件）计量器具的基本信息，基本实现山东金质区域监管信息系统在境内的正常运行。2012年，东宏实业有限公司获济宁市市长质量奖，中联水泥有限公司获济宁市市长质量奖提名奖。2013年，圣阳电源股份有限公司获济宁市市长质量奖提名奖。

第五节　特种设备安全监察

2000年10月，市质量技术监督局成立锅炉、压力容器、压力管道、特种设备安全监察科（简称锅容管特科）。同年，开展特种设备安全普查，全市登记锅炉148台、压力容器68台，发现安全隐患120余处，发出安全监察意见书100余份。2009年1月，市质量技术监督局锅容管特科更名为特种设备安全监察科，监管分局特种设备安全监察功能由特监科负责。2010年，市质量技术监督局开展工业压力管道、厂（场）内机动车辆、锅炉及其附属件的专项整治活动和气瓶专项整治及年度监督检查等工作。全年检查特种设备安装、使用单位120余家，特种设备1000余台，下发特种设备安全监察指令书76份，查处非法安装、非法使用案件12起，拆除不合格锅炉3台；培训特种设备安全管理人员158人，机电类操作人员174人、锅炉操作人员163人。2011年，针对曲阜造纸厂改组实际情况，登门提供特种设备相关方面服务，向其提供特种设备安全、制度、检验等方面技术支持；曲阜富华燃气有限公司、济宁中石油昆仑天然气利用有限公司曲阜母站和曲阜裕宏气瓶检验检测站全部实行气瓶自动充装FRID射频识别技术。2012年，召开落实企业主体责任安全履责报告会，特种设备生产使用单位对本单位特种设备生产使用情况进行履责，签订特种设备使用单位安全责任告知书80余份，涵盖曲阜市大部分大中型企业和部分小型企业。2013年，曲阜市特种设备数量由2012年年底1462台（不含气瓶）增长到2375台，增长率62.4%。其中电

2012年4月25日，市技术监督局到特种设备单位检查

梯数量由2012年273台增加到609台，增幅123.1%。在电梯、液化气瓶、危化品单位、液氨压力容器等专项检查整治活动中，检查特种设备安装、使用单位140余家、各类特种设备700余台，下发特种设备安全监察指令书35份，查处非法安装、非法使用等案件20余起，拆除不合格锅炉2台，停用不合格电梯32台、不合格压力容器13台、不合格起重机械4台。

第六节　行政执法

1991年，市技术监督局与有关单位联合，对棉花收购质量、食品标签标准执行情况进行检查，查处假冒伪劣商品11个品种，价值10万余元。1992年，在全市开展“质量万里行在曲阜”活动中，查处并集中销毁假劣电线、低压电器、橘汁、麦乳精、白酒、罐头、奶粉、皮鞋等10余种，货值25万元。1993年9月，市技术监督局与工商行政、公安等部门联合开展打假活动，查处伪劣商品30多种，处罚20余起，销毁超期变质食品货值2万余元，没收假劣商品货值5万余元，罚款4300元。1994—1995年，查处质量和标准计量各类违法案件89起，立案查结标准、计量、质量违法案件11起，罚没款15.5万元。1996—1998年，市技术监督局组织对白酒、低压电器、电线、粉条机、面粉、茶叶、奶粉、蜂窝煤、石油、水泥、油毡、铝合金和调味品等商品质量专项检查20余次，监督抽查检验28类、309种产（商）品，检验批次2180个，合格批次1467个，抽查检验合格率67.3%，立案查处和现场处罚质量违法案件380起，受理消费者质量投诉160余件，端掉制售假冒伪劣产品黑窝点13个。1999—2002年，查处制售假冒伪劣商品案件705起，捣毁制假售假窝点67个，查处假冒伪劣商品货值700余万元，受理消费者投诉500余起，为消费者和企业挽回经济损失1000余万元。2003年，市质量技术监督局建成“12365”质量技术监督热线系统、办公自动化系统，工作人员按照工作职责、工作受理流程做好各项业务咨询、投诉举报等工作。2007年，开展全国产品质量和食品安全专项整治行动，市立案办理各类质量技术监督行政案件400余起，查处制假窝点10余个，受理消费者投诉100余起，为消费者挽回损失300余万元。开展产品质量和食品安全专项整治行动，市政府成立产品质量和食品安全专项整治行动工作领导小组，通过宣传发动、调查摸底、分类建档、规范整治，全市28家食品生产加工企业取得食品生产许可证，获证产品全部加贴QS标志，56家食品生产加工小作坊签订食品质量安全承诺书，20家涉及10类消费品生产企业建立质量档案，城区市场超市建立进货索证索票制度，乡镇、街道、社区食杂店建立食品进货台账制度，餐饮经营单位建立原料进货索证制度，猪肉城区定点屠宰率100%。2012—2013年，通过“12365”质监热线，受理各类投诉举报56起，立案查处各类违法案件48起。处理产品质量纠纷8起。

第九章　国土资源管理

1991年始，市矿产资源管理局对村办集体和个体采矿企业颁发山东省临时采矿许可证。1993年，市土地管理局和市矿产资源管理局合并为市土地矿产管理局。1995年，市政府划定基本农田保护区，落实1995—2000年耕地保护面积4.93万公顷。1998年3月，市政府组织编制《曲阜市土地利用总体规划（1996—2010年）》。1999年，将山东省临时采矿许可证统一换发为中华人民共和国采矿许可证。2002年4月，市土地矿产管理局更名为市国土资源局。同年起，全市实行矿业权有偿出让。2004年，执行基本农田保护“责任制度、用途管制制度、监督监察制度、严格审批和占补平衡制度、质量保护制度、环境保护制度”六项制度。2005年起，采取招标、拍卖、挂牌方式出让矿业权。2008年，实行全国采矿权统一配号，全市共有持证采矿单位40个，其中省以上发证3个，县级发证37个。2009年，开展第二次土地调查，2010年进行补充调查。调查数据显示：曲阜市土地总面积814.75平方千米，其中耕地4.73万公顷，园地1357公顷，林地7107公顷。2010年，曲阜市开始申报城乡建设用地增减挂钩项目。

第一节　机构

1991年，市土地管理局为市政府工作机构，下辖市土地勘测规划站、市土地监察执法大队；各乡镇建有土地管理所，为乡镇所属事业单位，业务受市土地管理局指导。1993年，市土地管理局和市矿产资源管理局合并为市土地矿产管理局；5月，市土地矿产管理局设立市地价评估所，为股级事业单位。1995年7月，曲阜市设立市土地开发复垦中心，为副科级事业单位。1998年6月，设立市土地市场管理中心，为正科级事业单位。1999年7月，设立市土地开发整理服务队，为股级事业单位。2002年4月，市土地矿产管理局更名为市国土资源局，内设办公室（财务科）、综合科、监察科3个职能科室；5月，设立市土地储备中心，为副科级事业单位，隶属市政府，归口市国土资源局管理；10月，设立市国土资源局经济开发区分局，为副科级事业单位，隶属曲阜经济开发区管理委员会管理，业务上受市国土资源局指导。2003年5月，设立市地租征收处，为副科级事业单位。2005年9月，各乡镇、街道有关国土资源管理职能收归市国土资源局，乡镇（街道）设立国土资源管理所，为股级事业单位，市国土资源局派出机构；市土地监察执法大队更名为市国土资源执法监察大队，并升格为副科级事业单位，隶属市国土资源局管理。2008年10月，设立市国土资源局陵城、小雪、息陬国土资源管理所，为股级事业单位，为市国土资源局派出机构。2010年5月，市政府明确市国土资源局内设办公室、规划科、土地矿产科、地籍科、行政许可科5个职能科室。2011年9月，市经济开发区管理委员会（时庄街道）国土资源分局、国土资源局姚村、时庄国土资源管理所整合组建为市国土资源局开发区分局，为副科级事业单位。市国土资源局陵城、小雪、息陬国土资源管理所整合组建为市国土资源局高铁新城分局，为副科级事业单位；市国土资源局鲁城、书院国土资源管理所整合组建为市国土资源局鲁城中心所，为股级事业单位；市国土资源局尼山、防山国土资源管理所整合组建为市国土资源局尼山中心所，为股级事业单位；市国土资源局吴村、王庄、董庄国土资源管理所整合组建为市国土资源局吴村中心所，为股级事业单位。2013年，市国土资源局内设办公室、规划科、土地矿产科、地籍科、行政许可科；下辖市国土资源局高铁新城分局、开发区分局、吴村中心所、尼山中心所、鲁城中心所；下辖市国土资源执法监察大队、市土地储备中心、市土地市场管理中心、市地租征收处、市土地勘测规划站、市土地开发复垦中心、市土地开发整理服务队、曲阜市地价评估所8个事业单位。

第二节 土地使用制度改革

1991年以前，农村宅基地以无偿使用方式由乡镇政府管理。1991年，土地管理法修改以后，农村宅基地审批权限收回到市政府。1992年11月，市政府开始进行土地使用制度改革，变土地无偿、无限期使用为有偿、有限期使用，变土地使用权不流动为流动，并实行土地资源、资产并重管理；对新征地、原有国有土地使用权管理，按不同用地类型，采取有偿出让、有偿划拨和行政划拨三种方式提供土地，并逐步向有偿出让单轨过渡；对乡镇村企业用地，采取有偿使用，并实行“五统一”（统一规划、统一征地、统一开发、统一出让、统一管理）。1996年，确认农村集体经济组织以土地使用权作为经营条件与其他单位或个人举办联营企业，允许集体土地使用者在一定范围内依法转让、出租、抵押所使用土地使用权。2002年5月，市政府印发《曲阜市土地储备管理办法》，建立土地收购储备制度，加强政府对土地一级市场的统一管理，依据市土地利用总体规划、城市总体规划及市场需求，由市土地收购储备中心代表市政府择优收购、储备土地，管理依法由政府收回的违法用地及储备土地的前期开发整理；按照国土资源部《招标拍卖挂牌出让国有土地使用权规定》，市政府推行“招、拍、挂”土地出让制度，并规定房地产、旅游、娱乐、商业四类用地必须实行“招、拍、挂”方式出让国有土地使用权，初步形成“一个口子进、一个池子蓄、一个龙头放”的土地收购、储备、供应机制。2005年1月，市政府出台《关于加强农村宅基地管理的意见》，实现全市农村宅基地有序管理。2012年，全市经营性土地全面采取网上挂牌方式出让。

2012年9月26日，曲阜市国有建设用地使用权出让实现网上挂牌

第三节 地籍管理

土地调查

1990年11月基本结束的曲阜市第一次土地调查数据显示：曲阜市土地总面积813.6平方千米，其中耕地505平方千米，占62.11%；园地27.18平方千米，占3.34%；林地40.16平方千米，占4.93%；居民点及工矿用地92.88平方千米，占11.42%；交通用地28.29平方千米，占3.48%；水域62平方千米，占7.62%；未利用土地57.73平方千米，占7.10%。

2009年，开展第二次土地调查，2010年进行补充调查。调查数据显示：曲阜市土地总面积814.75平方千米，其中耕地473.52平方千米，占58.12%；园地13.57平方千米，占1.67%；林地71.07平方千米，占8.72%；城镇村及工矿用地119.2平方千米，占14.63%；交通用地39.46平方千米，占4.84%；水域及水利设施用地56.99平方千米，占6.99%；未利用土地26.16平方千米，占3.21%。

土地登记

1989年8月起，按照“权属合法、界地清楚、面积准确”三项标准，为辖区内国有土地使用单位、集体土地所有单位、集体土地建设用地单位和国营农、林、牧、渔场的土地进行登记发证工作。2013年，曲阜市国有土地使用权发证率超过90%，集体土地使用权发证率超过75%。

大比例尺基础地理信息数据库更新项目

曲阜市大比例尺基础地理信息数据库更新项目于2013年11月11日进行公开招标，中标单位分别为辽宁宏图

2012年10月，市国土资源管理局工作人员上门为群众办理土地登记

创展测绘勘察有限公司（A标段）和正元地理信息有限责任公司（B标段）。A标段负责更新12个镇街及建制镇65平方千米，其中建成区面积55平方千米、建制镇面积10平方千米、石门山镇测区面积1.1平方千米；测绘、地名地址数据采集和数据建库面积共32.8平方千米，包括城市建成区21.7平方千米，建制镇10平方千米，新测1.1平方千米。B标段负责大沂河北地形修补测、地名地址数据采集，面积共37.2平方千米。通过实施项目，建立新的基础地理信息数据库，开展全市70平方千米大比例尺基础地理信息数据库更新工作，利用第二次土地调查取得成果，补充完善基础地理信息数据资料，为“智慧曲阜”建设提供基础数据支撑。

第四节　耕地保护

基本农田保护

1995年，市政府划定基本农田保护区，落实1995—2000年耕地保护面积492.53平方千米，其中一类农田398.93平方千米，二类农田52.53平方千米，三类农田23.33平方千米。划分基本农田区级保护区13个，镇级保护区495片、1514个地块。制作县级保护标志牌141块。1996年，全市耕地保护面积492.53平方千米，保护率89.4%。2000年，辖区耕地保有量增加41.2公顷。2003年，基本农田保护面积440平方千米，保护率89.4%。2004年，执行基本农田保护“责任制度、用途管制制度、监督监察制度、严格审批和占补平衡制度、质量保护制度、环境保护制度”六项制度，并实行“实地、标牌（界桩）、图标、制度、责任”五落实；建立健全基本农田保护档案，制作基本农田保护标志牌300块、大型基本农田保护公示牌10块。2010年，全市耕地总面积466.67平方千米，基本农田保护面积409.2平方千米，在全市设定基本农田保护区12个，设立基本农田保护标志牌。2011年，全市耕地保有量472.6平方千米，基本农田面积410.87平方千米。2012年，全市签订基本农田保护责任书155168份，设置基本农田保护区公告标示牌14个，在重点区域及重要路段设置基本农田保护标志96个。2013年，完成基本农田保护标志牌复新和基本农田保护区界桩设立工作。在基本农田划定和数据库建设中，把永久基本农田划定与农用地承包经营权确权发证充分衔接，在济宁市率先实行将基本农田保护面积标注在农用地承包经营权证书上，确保基本农田保护责任落实到农户。

土地复垦

2010年，曲阜市开始申报城乡建设用地增减挂钩项目。2011年，验收城乡建设用地增减挂钩项目2个，结余指标44.53公顷。2012年，验收挂钩项目4个，总规模30.67公顷，结余指标24.87公顷。2013年，通过项目实施主体的转换、资金扶持力度的加大、社区指挥部制度的建立，增减挂钩项目实施、验收步伐加快，通过省厅验收项目6个，结余指标93.93公顷。

第五节　用地管理

1998年3月，市政府组织编制《曲阜市土地利用总体规划（1996—2010年）》，该总体规划以1996年为基期年，2010年为规划目标年，规划主要指标包括基本农田保护面积保持在44046.3公顷，耕地保有量49389.7公顷，补充耕地面积1413.3公顷，全市建设用地规模14749.2公顷。2000年10月，《曲阜市土地利用总体规划（1996—2010年）》经山东省人民政府批准实施。

2004—2011年曲阜市土地开发复垦整理项目汇总表

表15-9　　单位：公顷

年度	规划治理面积	竣工验收面积	新增耕地面积
2004	1445.89	1111.35	1014
2005	733.03	199.7	480.46
2006	303.62	203.62	163.03
2007	76.55	40.55	32.2
2008	355.82	77.01	77.32
2009	19.05	19.05	19.05
2010	171.22	170.64	15.42
2011	195.94	0	28.61

2010年7月，《曲阜市土地利用总体规划（2006—2020年）》编制完成，该总体规划以2005年为基期年，以2020年为目标年，经省政府批准实施。全市耕地保有量到2020年保持在46461公顷以上；基本农田保护面积稳定在40919公顷以上。建设用地总规模2020年控制在16362公顷，新增建设用地规模不超过1519公顷，其中占用农用地面积不超过1058公顷，占用耕地面积不超过995公顷。本轮规划统筹协调生态屏障用地与生产、生活用地，保留原有乡土、民俗、旅游和休闲用地。划定重要流域、重大灾害与重点治理区域，保障环境基础设施建设用地。

第六节　矿产管理

采矿登记管理

1991年始，对村办集体和个体采矿企业颁发山东省临时采矿许可证，当年发证180多个，发证率近60%。1993年，加强对矿山开采、加工、运销的监管工作，发放经营许可证200余个、准运证300余个。1999年，将山东省临时采矿许可证统一换发为中华人民共和国采矿许可证，同时对采矿登记档案实行微机化管理。2006年，发证率100%。2008年，实行全国采矿权统一配号，发证率100%，全市共有持证采矿单

2013年曲阜市探矿权设置一览表

表15-10　　单位：平方千米

项目	矿种	面积	项目	矿种	面积
曲阜市城区地热普查	地热	64.24	泗水县小白沟地区煤田普查	煤炭	78.1
曲阜市红楼地区煤田勘探	煤炭	10.49	曲阜市鲍家庄地区煤田普查	煤炭	15.02
古城煤矿扩大区煤田勘探	煤炭	2.79	曲阜市西部地热地质普查	地热	6.98
曲阜市防山地区地下水普查	地下水	136.84	曲阜市吴村、陵城地热普查	地热	0.7
曲阜市柴山水泥用灰岩勘探	水泥用灰岩	2.1	曲阜市姚村地区煤田普查	煤炭	37.32
曲阜市星村煤田地质精查	煤炭	32.74	曲阜市北部地热地质普查	地热	47.11
曲阜市时庄、息陬地区地下水普查	地下水	44.7			

位40个，其中省以上发证3个，县级发证37个。2009—2013年，办理采矿权初始登记6个，采矿权延续及变更登记34个。

矿产资源开发利用规划编修

2006年，按照国土资源部、省国土资源厅第二轮矿产资源规划编制工作要求，市政府对《曲阜市矿产资源开发利用总体规划》进行修订，2008年6月编制完成。规划基准年为2008年，规划期为2008—2015年，展望到2020年；第二轮矿产资源总体规划以2008年为规划基期，规划目标年为2015年，展望到2020年。矿山总数在2015年基础上再压减14%，保持在30个左右。同时，完善矿山地质环境保护规范和监督管理体系，加强矿山地质环境恢复治理工作，实现资源开发与矿山环境保护协调发展。

矿业权使用制度改革

2002年起，全市实行矿业权有偿出让，当年收取采矿权价款10多万元。2005年起，采取招标、拍卖、挂牌方式出让矿业权，成交采矿权价款13.5万元。2005—2010年，采矿权价款收缴80.7万元。2011—2012年，收缴采矿权价款278.3万元。2013年，收缴采矿权价款74万元。

矿产资源勘查

1991—2013年，全市共设置探矿权13个，累计勘查面积479.13平方千米。其中能源矿产探矿权6个，非金属探矿权1个，水气探矿权6个。

第十章　食品药品监督管理

1991年，市卫生防疫站负责食品卫生管理工作，市药品检验所负责药品质量监督检验工作。2007年9月，市卫生局卫生监督所负责食品生产、流通、消费环节卫生许可和餐饮业、食堂等消费环节监管工作。2004年11月，市药品监督管理局更名为市食品药品监督管理局。2010年5月，餐饮服务环节监管由市食品药品监督管理局负责。

2004年起，市食品药品监督管理局以保障人民群众饮食用药安全为中心任务，围绕体系建设、日常监管、专项整治、服务发展四条工作主线，创新监管举措，提升监管效能，推进依法行政，食品药品安全保障水平不断提高。2009年，曲阜市获“山东省食品安全示范（县）市”称号。

第一节　机构

曲阜市药品检验所

1991年，曲阜市药检所属卫生局股级事业单位，位于曲阜市天官第街西首，内设办公室、财务室、业务室、检验科（中药室、理化室、生测室）、药品监督科。1995年6月，兴建起办公实验大楼，建筑面积1500平方米。1998年10月，市药品检验所通过山东省技术监督局计量认证。2001年11月，设为正科级行政机构。

曲阜市药品监督管理局

2002年4月，原曲阜市药品检验所升格为曲阜市药品监督管理局，并实行省以下垂直管理，内设办公室（加挂人事科、法制监察室牌子）、计财科、市场监督科、药品医疗器械管理科等职能科室，人员24人。

曲阜市食品药品监督管理局

2004年11月，市药品监督管理局更名为市食品药品监督管理局，设有办公室、药品科、稽查队、器械科、食品安全协调监察科等职能科室。2009年11月，市食品药品监督管理局由省以下垂直管理改为地方政府管理，列入市政府工作部门。2010年5月，将市食品药品监督管理局食品安全综合协调、组织查处食品安全重大事故职责划入市卫生局，将市卫生局餐饮服务许可、餐饮服务环节食品安全监管和保健食品、化妆品卫生监督管理职责划入市食品药品监督管理局。2011年3月，市食品药品稽查大队组建成立，人员12人，为副科级事业单位，隶属市食品药品监督管理局管理，食品药品稽查大队加挂市食品药品检验所牌子，负责药品、医疗器械、餐饮环节食品、保健食品、化妆品的稽查办案、投诉举报和广告监测等工作。

第二节　药品药械监管

1991—1993年，市药品检验所对全市1家药厂、7处药品经营单位、18处医疗卫生单位、725处村卫生室及个体诊所、17处厂矿企事业单位卫生室、14个集市贸易市场进行全年普查，覆盖率100%。1993年，查处伪劣片剂10829片、针剂762支、中成药79000片（丸）、中药材72.5千克、饮片27.3千克、输液器125套。1995年，市药品检验所开展药品质量普查及“三证”验证工作。1998年，利用举办培训班和到基层培训形式，组织全市卫生从业人员进行《中华人民共和国药品管理法》培训，受训面95%以上。2001年4月，市药品检验所被授予全省药监系统先进集体称号。2003年，组织开展“非典”防治工作，以板蓝根等抗病毒药品和“防非”所需医疗器械为重点，对全市药品和医疗器械生产经营和使用单位进行拉网式专项执法检查，联合山东孔府药厂、市医药公司、山东鲁抗灵芝药业有限公司曲阜分公司、弘仁堂药店4家单位，向全市药品、医疗器械生产经营单位发出“保证防非药品供应、保证防非药品质量”倡议，组织开展“送医送药下乡”等活动。2006年4月，“齐二药”事件（即齐齐哈尔第二制药有限公司假药事件）发生后，市食品药品监管局立即发出紧急通知，要求各医疗机构及药品经营企业立即停止销售和使用齐齐哈尔第二制药有限公司生产所有药品。组织执法组对辖区内所有药品经营使用单位开展拉网式清查；6月，制定发布《全市药品安全突发事件应急预案》。2009年，在各级药品使用单位开展药品使用规范化管理和“示范药房”创建活动。2011年，市食品药品监督管理局开展质量管理规范单位创建活动。对全市生产企业进行检查评级，签订《医疗器械生产企业质量安全承诺书》。以医疗机构在用医疗器械为重点，加强对医疗器械使用的监管，开展新购进设备类医疗器械、宫内节育器、手足口病涉械、体外诊断试剂、骨科植入物、血液透析等高风险医疗器械专项检查20多项。2013年，开展中药饮片、中药生产企业、空心胶囊、非法渠道购药、超范围销售装饰性彩色平光隐形眼镜的“五整治”专项整治行动，共检查中药饮片经营使用单位30家，医疗机构20家，眼镜经营单位50家，查办不合格中药饮片经营案件4起，超范围销售“装饰性彩色平光隐形眼镜”案件2起。以“五整治”专项整治行动为契机，全面建立医疗器械生产经营企业诚信档案。

第三节　食品安全监管

2004年，按照国务院《关于进一步加强食品安全工作的决定》，确立全国统一领导、地方政府负责、部门指导协调、各方联合行动的食品安全工作机制，市食品药品监管部门负责食品安全综合监督、组织协调和依法组织查处重大事故工作。2005年4月，由市食品药品监督管理局牵头，会同农业、卫生、工商、质监、经贸、畜牧6部门在姚村镇开展食品安全大调查，摸清全市农村食品产业链现状、机构特点及存在问题。2006年，曲阜市被确定为食品安全信用体系建设试点市。市政府制定《曲阜市食品安全信用体系建设

2013年11月4日，曲阜市食品安全进校园活动现场

试点工作方案》《曲阜市食品安全信用体系建设试点单位考评标准》，确定3个行业29家企业为首批试点单位，并签订《诚信承诺书》。在全市各乡镇（街道）设立食品药品监管站，聘请食品药品监督员17人、协管员171人、信息员395人，形成覆盖全市城乡的监管网络。2008年7月，曲阜市被确定为“山东省食品安全示范市”创建单位，曲阜市围绕保障公众饮食安全、促进经济社会和谐发展工作目标，建设“地方政府负总责、监管部门各负其责、企业是第一责任人”工作责任体系，层层落实食品安全工作目标责任制，各有关食品安全监管部门各司其职，构建市、乡、村三级食品安全网络，推进食品放心工程、产品质量和食品安全专项整治，不断完善食品安全工作运行、信息预警、防范监控、应急处理等机制。2009年4月，曲阜市通过省级食品安全示范市考核验收，获得“山东省食品安全示范（县）市”称号。2012年，市食品药品监督管理局设立“马上就办”办公室，充分运用“马上就办”热线和“12331”举报投诉系统，举报投诉回复率确保100%。

第四节　餐饮服务食品监管

2010年5月，市食品药品监督管理局承担餐饮服务环节食品安全监管职责。2011年，在全市建立餐饮食品安全承诺制度。同年，曲阜市创建国家卫生城市，市食品药品监督管理局将全市食品生产、流通、餐饮环节的“创卫”和食品安全监管任务包保到16个网格、4个片区，每个监管网格片区由两人负责，将全市6000余家食品业户的食品安全监管任务，分解到网格、到街、到户、到人，将食品药品监管力量下沉到基层、到村居、到社区，形成横到边、纵到底、全覆盖的食品安全监管网络。对“创卫”建成区小餐饮业户配备消毒柜、垃圾桶给予奖补，引导督促小餐饮单位参与整改，落实各项食品安全管理制度和措施。开展餐饮单位量化分级管理，对餐饮单位实行量化评分，由高到低分为A、B、C三级，通过量化分级管理，全市餐饮单位量化分级覆盖率95%以上。2012年，在全市开展餐饮安全监督抽检工作，以学校食堂、重大活动接待单位、小型餐馆、农村和旅游景区餐饮服务单位等为重点单位，以凉拌菜、鲜榨果蔬汁、熟肉制品、非发酵豆制品、小麦粉、大米、食用油、畜禽肉等为重点品种，制定监督抽验计划。对全市餐饮单位自备井进行拉网式监督检查，确定曲阜市机关招待所等23家单位为首批使用自来水经营的餐饮服务业经营单位。到2013年年底，完成餐饮食品监督抽检18个品种308批次，其中不合格食品10批次，全部依法进行处置。

第五节　保健食品、化妆品监管

2010年，市食品药品监督管理局承担保健食品、化妆品监管职责。3月，开展保健食品、化妆品市场摸底工作，对140余家保健食品、化妆品生产经营单位建立纸质档案（即“一店一档”），保持纸质和电子档案同步推进，为纳入省局统一开发的保健食品化妆品档案信息管理系统打下基础。2011年8月，经过食品药品监督管理局调研、帮扶、谋划，曲阜市广龙生物制品厂仅用3个月时间就取得“卫生许可证”，填补曲阜市无化妆品生产企业的空白。2013年，《保健食品备案管理制度》施行，市食品药品监督管理局对全市保健食品经营企业经营场所卫生情况、从业人员查体情况、索证索票情况、房屋所有权情况等进行备案。到年底，检查保健食品、化妆品生产、经营单位1400余家次，出具监督意见书376份。收集违法保健食品、药品广告证据，保健食品、药品广告监测208次，向工商部门移送违法药品、保健食品广告2起，涉及9个品种。

第十一章 海关

第一节 机构

2002年8月23日，中华人民共和国济宁海关驻曲阜办事处（简称济宁海关驻曲阜办事处）设立。济宁海关驻曲阜办事处为副处级单位，管辖范围为曲阜市、兖州市、邹城市和泗水县。济宁海关驻曲阜办事处位于曲阜市经济开发区京福高速公路与327国道交汇处，曲阜市静轩路东首，由青岛海关筹建，所需10324平方米办公、生活场所由曲阜市人民政府筹资建设完成，2003年4月开关运行，内设综合业务科、通关科、监管技术科3个科室，机构编制14人，实有在岗6人。2013年，济宁海关驻曲阜办事处内设综合科、通关科、监管科3个科室，有干部职工10人。

第二节 海关服务

曲阜海关根据本区进出口商品特点，走访辖区骨干企业，了解企业在进出口环节上存在的疑难问题，第一时间为企业提供政策法规服务。2003—2005年，曲阜海关共办理进出口报关单2000票、监管进出口境集装箱30000个标准箱，征收关税及代征税5100万元；办理加工贸易合同备案260份，保税额1.5亿元；审批减免税460份，为企业减免关税及代征税6亿元，新注册备案企业256家。提供现场和电话业务政策咨询服务500余人次。2003年，兖州矿业集团在建年产焦炭200万吨项目，总投资22亿元，由于双方合资协议尚未达成，合资企业无法注册，签订合同设备急需发运，企业的不定性为以后的减免税审批、通关带来一定的困难。办事处向青岛海关申请批准设立临时监管仓库，使得进口设备得以及时疏港，为企业节省大量滞港和压箱费用，帮助企业渡过难关。2004年，由于国家对“三资”企业单独进口零配件政策的调整和报关人员的调整，大宇水泥厂对出口有关政策和事项不了解，曲阜海关及时派人进行指导，一方面企业利用自有资金政策对单独进口的零配件享受免税，另一方面根据企业所进设备情况适当调整，使之合理享受国家优惠政策。2005年，青岛—济宁实现口岸直通后，办事处坚持预约服务、加值班服务、“门对门”查验等方便企业通关的服务措施，保障企业在8小时工作时间以外能够正常办理急需货物的进出口手续。办事处改变传统的书面单证申报和税费支付方式，使企业通过计算机同海关联网，足不出户就能完成报关纳税等业务。2006—2007年，曲阜海关实施“多点报关、口岸验放”模式，打造通关高速路。办事处实现信息交流无纸传递，直接将通关现场由口岸拉至曲阜。新模式实施后，物流运作、单证流转时间由原来的3天、7天缩短到1天以内，做到当天申报、即时放行、当天集港装船，为企业降低大量费用。两年监管进出境货物100万吨，监管进出境集装箱58271个标准箱，审核报关单7000票，征收税款8.6亿元人民币；签发征免税证明359份，货值3.4亿美元，减免税款7亿元人民币，15家企业实现加工贸易联网监管，监管覆盖率为95%；保税仓库出入库货物9万吨，货值1.8亿美元。2012年，曲阜海关依托青岛海关门户网站开设网上服务大厅，编制政务公开指南和目录，定期发布海关政策法规。同时，把政务公开与优化通关服务结合起来，为企业提供多功能、一站式、规范化服务。曲阜海关多次派员到黄岛、青岛等海关，为企业办理进口设备的直通手续。

第十六编

中共曲阜市委员会

曲阜市行政服务中心

第一章　组织机构

1991—2013年，中共曲阜市委经历第八、九、十、十一、十二、十三次代表大会。委员会任期，1992年10月前为3年，1992年10月起改为5年。1991年，市委所属基层党委29个，有基层党总支109个、党支部1129个。2013年年底，市委所属基层党(工)委42个，有基层党总支181个、党支部1477个。

第一节　党员代表大会

中国共产党曲阜市第八次代表大会

1990年5月19—21日，中共曲阜市第八次代表大会在市机关招待所召开，大会代表294人，出席288人，济宁市委常委、曲阜市委书记崔波代表市委向大会作工作报告。选举产生中共曲阜市第八届委员会，选出委员25人、候补委员5人；选举产生中共曲阜市纪律检查委员会，选出委员15人。在市委九届一次全委会上，选举出由11名常委组成的市委常务委员会，崔波当选市委书记，房立泉、梁东成、李克胜、李胜利当选市委副书记。在市纪委第一次全委会上，选举出纪委常务委员会，王德金当选市纪委书记。

中国共产党曲阜市第九次代表大会

1995年5月25—27日，中共曲阜市第九次代表大会在市机关招待所召开，大会代表319人，出席310人，济宁市委常委、曲阜市委书记王润廷代表市委向大会作题为《坚持党的基本路线　为建设现代化曲阜而奋斗》的工作报告。选举产生中共曲阜市第九届委员会，选出委员29人、候补委员5人；选举产生中共曲阜市纪律检查委员会，选出委员17人。在市委九届一次全委会上，选举出由11名常委组成的市委常务委员会，王润廷当选市委书记，许传俊、李克胜、李进普、谷传祥当选市委副书记。在市纪委第一次全委会上，选举出纪委常务委员会，王德金当选市纪委书记。

中国共产党曲阜市第十次代表大会

1998年12月21—23日，中共曲阜市第十次代表大会在市机关招待所召开，大会代表319人，出席314人，市委书记许传俊代表市委向大会作题为《高举邓小平理论伟大旗帜　把曲阜现代化建设事业全面推向21世纪》的工作报告。选举产生中共曲阜市第十届委员会，选出委员29人、候补委员5人；选举产生中共曲阜市纪律检查委员会，选出委员17人。在市委十届一次全委会上，选举出由12名常委组成的市委常务委员会，许传俊当选市委书记，谷传祥、柳亚峰、王克孝、赵元山等5人当选市委副书记。在市纪委第一次全委会上，选举出纪委常务委员会，马书轩当选市纪委书记。

中国共产党曲阜市第十一次代表大会

2003年3月3—5日，中共曲阜市第十一次代表大会在市机关招待所召开，大会代表328人，出席311人，济宁市委常委、曲阜市委书记张术平代表市委向大会作题为《以全面建设小康社会为目标　加快曲阜改革和现代化建设步伐》的工作报告。选举产生中共曲阜市第十一届委员会，选出委员29人、候补委员5人；选举产生中共曲阜市纪律检查委员会，选出委员17人。在市委十一届一次全委会上，选举出由12名常委组成的市委常务委员会，张术平当选市委书记，江成、马书轩、郭庆海、曹方俊等5人当选市委副书记。在市纪委第一次全委会上，选举出纪委常务委员会，郭庆海当选市纪委书记。

中国共产党曲阜市第十二次代表大会

2007年2月3—5日，中共曲阜市第十二次代表大会在市机关招待所召开，大会代表338人，出席327人，市委书记朱庆安代表市委向大会作题为《谋求新发展　实现新跨越　为全面建设富裕文明和谐新曲阜而努力奋斗》的工作报告。选举产生中共曲阜市第十二届委员会，选出委员43人、候补委员8人；选举产生中共曲阜市纪律检查委员会，选出委员23人。在市委十二届一次全委会上，选举出由11名常委组成的市委常务委员会，朱庆安当选市委书记，刘森、郭庆海当选市委副书记。在市纪委第一次全委会上，选举出纪委常务委员会，杨凤东当选市纪委书记。

中国共产党曲阜市第十三次代表大会

2011年12月21—24日，中共曲阜市第十三次代表大会在孔子文化会展中心召开，出席大会代表334人，市委书记李长胜代表市委向大会作题为《实干当头　全力全速　敢于担当　全面创新　为加快建设富裕文明和谐幸福新曲阜而努力奋斗》的工作报告。选举产生中共曲阜市第十三届委员会，选出委员43人、候补委员8人；选举产生中共曲阜市纪律检查委员会，选出委员23人。在市委十三届一次全委会上，选举出由11名常委组成的市委常务委员会，李长胜当选市委书记，杨凤东、李玲（女）、孔祥勇当选市委副书记。在市纪委第一次全委会上，选举出纪委常务委员会，张公迁当选市纪委书记。

第二节　市委员会

中共曲阜市委是中共曲阜市地方组织领导机关，在中共曲阜市党代会闭会期间，执行上级党组织指示和市党代会决议，领导全市工作。市委由书记、副书记、常务委员、委员、候补委员组成。每届委员会由全市党员代表大会选举产生。大会闭会期间，可由上级党组织调动、任免市委组成人员。1990—2013年，中共曲阜市委共历经6届。

1990—2013年曲阜市委书记、副书记和常委任职情况表

表16-1

届次	职务	姓名	籍贯	任职时间
中共曲阜市第八届委员会（1990.5—1995.5）	书记	崔 波	邹城市	1990.5—1992.10
		王润廷	汶上县	1992.12—1995.5
	副书记	房立泉	曲阜市	1990.5—1992.12
		梁东成	山西省汾阳市	1990.5—1992.12
		许传俊	济宁市兖州区	1992.12—1995.5
		李进普	梁山县	1992.12—1995.5
		卢兆河	曲阜市	1992.12—1994.10
		谷传祥	微山县	1994.10—1995.5
		李克胜	日照市	1990.5—1995.5
		李胜利	寿光市	1990.5—1993.8
		韩克佑（挂职）	—	1990.6—1991.5
		武　广（挂职）	—	1990.6—1991.5
		刘　奎（挂职）	—	1991.5—1992.5
		王雨滨（挂职）	—	1992.6—1993.6
	常务委员	许传俊	济宁市兖州区	1990.5—1995.5
		付洪云（女）	曲阜市	1990.5—1993.3
		卢兆河	曲阜市	1990.5—1994.12

续表16-1

届次	职务	姓名	籍贯	任职时间
中共曲阜市第八届委员会（1990.5—1995.5）	常务委员	高洪彦	济宁市兖州区	1990.5—1995.5
		王德金	曲阜市	1990.5—1995.5
		柳亚峰	甘肃省庄浪县	1990.5—1995.5
		王克孝	肥城市	1992.8—1995.5
		陈学英（女）	曲阜市	1992.12—1995.5
		刘芝峰	曲阜市	1992.12—1995.5
中共曲阜市第九届委员会（1995.5—1998.12）	书记	王润廷	汶上县	1995.5.—1997.12
		许传俊	济宁市兖州区	1997.12—1998.12
	副书记	许传俊	济宁市兖州区	1995.5—1997.12
		李克胜	日照市	1995.5—1995.9
		李进普	梁山县	1995.5.—1997.12
		谷传祥	微山县	1995.5.—1998.12
		柳亚峰	甘肃省庄浪县	1996.2—1998.12
		王克孝	肥城市	1997.12—1998.12
		赵元山	费县	1997.12—1998.12
		袁炳新	曲阜市	1997.12—1998.12
		王贺新（挂职）	—	1996.3—1997.3
		李　健（挂职）	—	1998.8—1998.12
	常务委员	王德金	曲阜市	1995.5—1998.1
		柳亚峰	甘肃省庄浪县	1996.1—1998.12
		高洪彦	济宁市兖州区	1995.5—1998.1
		王克孝	肥城市	1995.5—1998.12
		刘芝峰	曲阜市	1995.5.—1998.12
		袁炳新	曲阜市	1995.5.—1998.12
		马书轩（女）	汶上县	1997.2—1998.12
		曹方俊	曲阜市	1997.12—1998.12
		郭庆海	济宁市任城区	1996.3—1998.12
		许　可	济宁市兖州区	1997.12—1998.12
		王贺新（挂职）	—	1996.3—1997.3
中共曲阜市第十届委员会（1998.12—2003.3）	书记	许传俊	济宁市兖州区	1998.12—2000.7
		张术平	诸城市	2000.7—2003.3

续表16-1

届次	职务	姓名	籍贯	任职时间
中共曲阜市第十届委员会（1998.12—2003.3）	副书记	谷传祥	微山县	1998.12—2001.2
		王庆成	泗水县	2001.2—2002.12
		江　成	沂源县	2000.6—2003.3
		柳亚峰	甘肃省庄浪县	1998.12—2001.2
		王克孝	肥城市	1998.12—2003.1
		赵元山	费县	1998.12—2003.1
		袁炳新	曲阜市	1998.12—2003.3
		马书轩（女）	汶上县	2001.1—2003.3
		刘芝峰	曲阜市	2001.8—2003.1
		郭庆海	济宁市任城区	2002.12—2003.3
		曹方俊	曲阜市	2003.1—2003.3
		李　建（挂职）	—	1998.12—2001.8
		高　明（挂职）	—	2000.8—2000.10
	常务委员	刘芝峰	泗水县	1998.12—2003.1
		马书轩（女）	汶上县	1998.12—2003.3
		曹方俊	曲阜市	1998.12—2003.3
		陈　方	曲阜市	1998.12—2001.2
		张建国	沂水县	1998.12—2003.1
		李维生	曲阜市	2001.1—2003.3
		孙建国	曲阜市	2001.12—2003.3
		李　玲（女）	金乡县	2003.1—2003.3
		韦良华	曲阜市	2003.1—2003.3
		邹大平（挂职）	—	1999.11—1999.12
中共曲阜市第十一届委员会（2003.3—2007.2）	书记	张术平	诸城市	2003.3—2006.12
		朱庆安	莱芜市	2006.12—2007.2
	副书记	江　成	沂源县	2003.3—2006.12
		刘　森	嘉祥县	2006.12—2007.2
		袁炳新	曲阜市	2003.3—2007.1
		马书轩（女）	汶上县	2003.3—2007.1
		郭庆海	济宁市任城区	2003.3—2007.2
		曹方俊	曲阜市	2003.3—2006.12

续表16-1

届次	职务	姓名	籍贯	任职时间
中共曲阜市第十一届委员会（2003.3—2007.2）	副书记	张俊平（挂职）	—	2003.8—2004.1
		邵明川（挂职）	—	2004.3—2005.2
		解红日（挂职）	—	2005.3—2006.3
	常务委员	韦良华	曲阜市	2003.3—2007.1
		许　可	济宁市兖州区	2003.3—2005.11
		李　玲（女）	金乡县	2003.3—2007.2
		杨凤东	单　县	2006.12—2007.2
		李维生	曲阜市	2003.3—2007.2
		孙建国	曲阜市	2003.3—2005.9
		甄海江	济宁市兖州区	2005.9—2007.2
		陈鲁起	济宁市任城区	2006.12—2007.2
		孔令玉	曲阜市	2003.3—2007.2
		王志泉	邹城市	2005.11—2007.2
		王　骁	微山县	2006.9—2007.2
		孟凡优（挂职）	—	2006.3—2007.2
中共曲阜市第十二届委员会（2007.2—2011.12）	书记	朱庆安	莱芜市	2007.2—2010.12
		李长胜	高唐县	2010.12—2011.12
	副书记	刘　森	嘉祥县	2007.2—2011.11
		杨凤东	单　县	2011.11—2011.12
		郭庆海	济宁市任城区	2007.2—2011.12
		李　玲（女）	金乡县	2011.11—2011.12
		马培国（挂职）	—	2008.6—2010.6
		孔祥勇（挂职）	—	2011.3—2011.12
	常务委员	李玲（女）	金乡县	2007.2—2011.12
		杨凤东	单　县	2007.2—2011.12
		齐建新	梁山县	2007.11—2011.11
		李维生	曲阜市	2007.2—2007.11
		甄海江	济宁市兖州区	2007.2—2007.6
		陈鲁起	济宁市任城区	2007.2—2009.12
		孔令玉	曲阜市	2007.2—2011.12
		王　骁	微山县	2007.2—2011.11

续表16-1

届次	职务	姓名	籍贯	任职时间
中共曲阜市第十二届委员会（2007.2—2011.12）	常务委员	王志泉	邹城市	2007.2–2009.12
		薛凤勤	济宁市	2007.6—2009.7
		张公迁	青岛市即墨区	2009.12—2011.12
		刘伟华	莒南县	2009.7—2011.5
		赵永和	济宁市任城区	2011.11—2011.12
		刘继芳	济宁市兖州区	2011.11—2011.12
		李丽（女，满）	泗水县	2011.11—2011.12
		马建国	泗水县	2009.12—2011.12
		王志营	沂水县	2011.7—2011.12
		靳　亚	微山县	2011.11—2011.12
		艾尔肯·依不拉音（挂职）	—	2007.3—2007.9
		张明安（挂职）	—	2007.4—2008.4
		孟凡优（挂职）	—	2007.2—2007.3
		白　飚（挂职）	—	2009.11—2010.1
		荣瑞峰（挂职）	—	2010.6—2011.12
		张淑钰（女，挂职）	—	2010.6—2010.12
中共曲阜市第十三届委员会（2011.12—）	书记	李长胜	高唐县	2011.12—
	副书记	杨凤东	单　县	2011.12—2014.10
		刘东波	邹平县	2014.10—
		李　玲（女）	金乡县	2011.12—2013.12
		赵永和	济宁市任城区	2013.12—
		孔祥勇（挂职）	—	2011.12—2012.3
		侯端峰（挂职）	—	2012.2—2013.2
		李　民（挂职）	—	2013.2—
	常务委员	张公迁	青岛市即墨区	2011.12—2013.11
		刘继芳	济宁市兖州区	2011.12—
		李　丽（女，满族）	泗水县	2011.12—
		马建国	泗水县	2011.12—
		高西强	济宁市兖州区	2013.11—
		王志营	沂水县	2011.12—2013.5
		张令华	金乡县	2011.12—

续表16-1

届次	职务	姓名	籍贯	任职时间
中共曲阜市第十三届委员会（2011.12—）	常务委员	靳　亚	微山县	2011.12—
		马　刚	微山县	2013.12—
		高心红	安徽省利辛县	2013.5—
		荣瑞峰（挂职）	—	2011.12—2012.6

说明：①市委书记、副书记同时为常委，常委不再列出。

②江成，2000.6—2002.12挂职曲阜市委副书记。

③2018年7月，袁炳新因涉嫌严重违纪违法，被开除党籍，取消退休待遇。

④2018年10月，陈鲁起涉嫌受贿被泗水县人民检察院提起公诉。

⑤挂职领导干部不注籍贯

工作机构

1991年，市委工作部门有市委办公室、市档案局、市委组织部、市委宣传部、市委统一战线工作部、市台湾工作办公室、市委政法委员会、市直属机关党委、市委党校、市党史资料征集研究会、曲阜报社、市老龄委员会办公室、市委老干部局。1993年4月，市纪委与市监察局合署办公；12月，市档案局归口市委办公室管理；市台湾工作办公室撤销；市党史资料征集研究会撤销，并入市委党校；市委老干部局撤销，设立市老干部局，不列市委工作机构。1994年10月，设立市关心下一代工作委员会办公室，与市老龄委办公室合署办公。1995年4月，设立市行政干部学校，与市委党校合署办公；10月，设立市信访局，明确由市委办公室、市政府办公室管理，以市委办公室管理为主。1996年11月，市老干部局更名为市委老干部局，隶属于市委组织部。1997年3月，设立市委党史研究室，为正科级事业单位。2002年4月，市直属机关党委更名为市委市直机关工作委员会；市档案馆挂市档案局牌子；市老龄问题工作委员会不再作为行政机构，调整为正科级事业单位。改革调整后，市委设工作机构7个，具体是：纪律检查委员会机关（监察局与其合署）、市委办公室、组织部、宣传部、统一战线工作部、政法委员会、市直机关工作委员会；部门管理机构2个：市委、市政府信访局，市委老干部局。2004年1月，曲阜报社撤销。2005年4月，市委办公室督查室、市政府办公室督查室合并为市委、市政府督查室，隶属市委办公室管理。市委机要局升格为正科级单位。2007年4月，设立市委农村工作办公室，同时加挂市政府农业办公室牌子；6月，市台湾工作办公室由市委统战部管理调整为市委办公室管理；9月，市委、市政府信访局加挂中共曲阜市委群众工作部牌子，为党委政府统管群众工作的职能机构。2008年10月，市委机要局加挂市密码管理局牌子。2009年2月，撤销市委、市政府督查室，设立市委督查室。2010年4月，政府机构改革后，市机构编制委员会办公室列为市委工作部门。2012年7月，设立市督查考核委员会办公室。2013年3月，市委农村工作办公室（市政府农业办公室）撤销。到年底，市委工作部门有市纪律检查委员会机关、市委办公室、市委组织部、市委宣传部、市委统一战线工作部（民族宗教局与其合署）、市委政法委（社会治安综合治理委员会办公室与其合署）、市机构编制委员会办公室、市委市直机关工委；部门管理机构有市委、市政府信访局（挂市委群众工作部牌子，由市委办公室、市政府办公室管理，以市委办公室管理为主）、市委老干部局（由市委组织部管理）；市委直属事业单位有市委党校（与行政干部学校合署）、市委党史研究室、市老龄工作委员会办公室（简称市老龄办）、市督查考核委员会办公室（简称市督考办）。

基层组织

1991年，中共曲阜市委所属基层党委有29个，其中乡镇党委13个、市直部门党委16个，有基层党总支109个、党支部1129个、党组11个。1994年12月，成立市委党校党委。1995年5月，成立外经贸委党委、曲阜酒厂党委、纺织厂党委、水泥厂党委、三孔啤酒股份有限公司党委。1996年8月，成立电缆（集团）股份有限公司党委、橡塑制品总公司党委、阙里宾舍党委。1997年1月，成立曲阜活塞厂党委。1998年7月，曲阜酒厂党委更名为孔府家集团有限公司党委，单家村煤矿党委更名为裕隆矿业集团有限公司党委；12月，中国农业银行曲阜支行撤销党组成立党委。1999年11月，设立孔子旅游（集团）有限公司党委。2000年12月，撤销曲阜镇党委、书院镇党委，设立鲁城街道党工委、书院街道党工委；撤销尼山乡党委、南辛镇党委，合并为南辛镇党委。2001年10月，设立经济开发区党工委。2002年4月，设立经贸局党工委、农业局党委，撤销经贸委党委、农委党委、外经贸委党委、文管会党委，建委党委更名为建设局党委，教委党委更名为教育局党委，组建文物局党委；12月，撤销阙里宾舍党委。2003年3月，农业局党委更名为农业局党工委；旅游局党委更名为旅游局党组；6月，设立工业园党工委；同月，组建中共济宁市委曲阜新区工作委员会，作为济宁市委、市政府派出机构，小雪镇、陵城镇、息陬乡整建制划归新区工作委员会管理。2006年7月，设立南池党委；11月，曲阜市委、市政府代管济宁曲阜新区，小雪镇、陵城镇、息陬乡重新划归曲阜市管理。2010年4月，成立文物旅游局党组；经贸局党工委更名为经济和信息化局党委，农业局党工委更名为农业局党委，教育局党委更名为教育和体育局党委；撤销文物局党委、旅游局党组；6月，撤销时庄镇党委、小雪镇党委，设立时庄街道党工委、小雪街道党工委；7月，息陬乡党委、王庄乡党委、防山乡党委分别更名为息陬镇党委、王庄镇党委、防山镇党委。2011年6月，南辛镇党委更名为尼山镇党委；9月，董庄乡党委更名为石门山镇党委。2012年11月，经济和信息化局党委更名为经济和信息化局党工委。2013年4月，成立山东东宏集团有限公司党委。至2013年年底，中共曲阜市委所属基层党（工）委有42个，其中乡镇党（工）委12个，市直部门党（工）委30个；基层党总支181个；党支部1477个，其中农村支部405个，机关、企事业支部1072个；党组31个。

第三节　市纪律检查委员会

市纪委组成

中共曲阜市纪律检查委员会由书记、副书记、常务委员、委员组成。在每次中共曲阜市党员代表大会上选举产生市纪委委员，并在随后召开的市纪委第一次全体会议上，选举市纪委常委和书记、副书记。市纪委每届任期和市委相同。市党员代表大会闭会期间，可由上级党组织决定、任免市纪委组成人员。

1990—2013年中共曲阜市纪律检查委员会书记更迭表

表16-2

姓名	籍贯	任职时间	备　注
王德金	曲阜市	1990.2—1997.12	市委常委
马书轩（女）	汶上县	1997.12—2001.8	市委常委 2001.1—2001.8市委副书记兼任
刘芝峰	曲阜市	2001.8—2002.12	市委副书记兼任
郭庆海	济宁市任城区	2002.12—2006.12	市委副书记兼任
杨凤东	单　县	2006.12—2007.11	市委常委
齐建新	梁山县	2007.11—2011.11	市委常委
张公迁	青岛市	2011.11—2013.11	市委常委
高西强	济宁市兖州区	2013.11—	市委常委

根据《中国共产党章程》规定，市纪委在市委和上级纪委的双重领导下开展工作。

工作机构

1993年4月，市纪委与监察局合署办公。合署后纪检监察机关内设办公室、研究室、宣传教育室、党风廉政建设室、监察综合室、信访室、执法监察室、案件检查室、案件审理室，均为副科级单位，机关行政编制28人，实有干部24人、事业编制工人3人。1998年8月，设立市行政机关办事效率投诉中心，为副科级事业单位，隶属于市监察局。2003年8月，市行政机关办事效率投诉中心升格为正科级事业单位。2006年12月，依据《中共曲阜市纪律检查委员会机关、曲阜市监察局职能配置、内设机构和人员编制方案》，市纪委机关、市监察局设9个职能室、1个事业机构，即办公室、监察综合室、研究室、宣传教育室、案件审理室、信访室（市国家行政机关工作人员违法违纪举报中心）、党风廉政建设室、执法监察室、纪检监察室和曲阜市行政机关办事效率投诉中心。2007年9月，市行政机关办事效率投诉中心加挂市旅游秩序管理督察办公室牌子，隶属市监察局管理。2010年4月，设立干部室，为市纪委机关内设机构。2010年9月，对市纪委（监察局）派驻机构实行统一管理，设5个派驻机构，负责监督检查纳入统一管理的46个市直部门单位及所属系统的党风廉政建设和反腐败工作。2013年，市纪委机关内设办公室、监察综合室、研究室、干部室、宣传教育室、党风廉政建设室、执法监察室、纪检监察室、案件审理室和信访室，下辖事业单位市行政机关办事效率投诉中心，有工作人员35人。

第二章　市委会议　市纪委会议

市委会议主要包括市委全委会议和市委常委会议；市纪委会议主要有市纪委全委会议和市纪委常委会议。

第一节　市委会议

市委全委会议

中共曲阜市委全体会议，其议事范围主要是对全市经济建设、社会发展、党的自身建设及其他涉及全局性的重大问题做出决策；制定贯彻执行上级党组织和市党代表大会决议、决定的措施；听取和审议市委常委会的工作报告，对常委会及其成员的工作进行监督和评议；决定召开市党代表大会或党代表会议；选举市委常委会和书记、副书记；对常委会提请决定的问题或必须由全委会决定的其他重要问题做出决策。

全委会议由市委常委会召集并主持，参加人员为市委委员、候补委员，市纪委委员列席全委会议。根据工作需要，市委常委会可确定其他有关人员列席全委会议。全委会议可根据工作需要随时召开，一般以市委全体（扩大）会议形式召开。举行会议必须有三分之二以上市委委员到会。会议议题由市委常委会确定，并按照事先确定的会议议题和议程进行。向全委会议报告工作和提交全委会议通过的事项，在会前需经过深入调查研究，广泛征求意见，集中各方智慧，反复推敲修改，形成书面材料。全委会议决定事项，安排足够的讨论时间，使市委委员、候补委员进行充分讨论。全委会议进行表决以赞成票超过应到会市委委员人数的半数为通过。对由全委会议表决的领导干部拟任人选和推荐人选，以无记名投票方式表决，表决结果由会议主持人当场宣布。对市委委员、候补委员作出撤销党内职务、留党察看或开除党籍的处分决定，须经三分之二以上市委委员同意。全委会议通过的事项、做出的决策和决定，会后以市委名义上报和下发。重大事项决定后按职责范围和工作分工组织实施，并视情况及时加以完善，确保决策落到实处。

市委常委会议

中共曲阜市委常委会是中共曲阜市委员会常设机构。市委常委会议一般每月月中、月末各召开一次，如遇重要情况随时召开。常委会议由市委书记召集并主持，必须有半数以上市委常委到会方能举行。推荐、提名干部，决定对干部的人事任免、奖惩，对重大案件作出处理决定时，出席人数必须达到应到会人数三分之二以上方能举行。除市委常委外，市政协主席、市人大常委会党组书记、市委统战部部长、市政府办公室主任、市委办公室副主任是常委会议列席人员。市人大、市政协相关负责人，市政府副市长，各镇（街道）党（工）委书记，市直有关部门负责人，是市委常委（扩大）会议列席人员。

市委常委会决策遵循民主化、科学化原则，对重大问题决策，坚持提出议题、调查研究、部门或专家论证、拟制方案、内部和民主协商、集体讨论、检查督办等决策程序。市纪委、市人武部、市人民法院、市人民检察院，市委部门及群团组织需要提请市委常委会讨论的议题，要事先征得分管副书记、常委同意，报市委书记审定；政府有关部门（单位）议题，须先经市政府常务会议讨论并认为有必要，提交市委书记审定后，方能提交常委会讨论；市人大、市政协议题分别以各自党组（党工委）名义向市委常委会报告。市委书记根据工作需要确定市委常委会讨论议题，由市委办公室负责安排讨论顺序，经书面确定后，印发各常委。常委会做出的决策，由常委按照分工分别负责组织实施，市委书记对组织实施工作负总责。常委会决策，由市委办公室负责综合协调、督促检查，并及时向常委会和市委书记报告决策执行情况，同时在一定范围内通报。

第二节　市纪委会议

市纪委全体会议

中共曲阜市纪律检查委员会全体会议由全体纪委委员参加。其主要议题是传达贯彻上级党委、纪委有关文件和会议精神，制定贯彻执行措施；听取和审议市纪委常委会工作报告，对常委会及其成员工作进行监督和评议；讨论并通过市纪委工作计划、工作总结；选举市纪委常委会委员和书记、副书记等。全体会议一般邀请市委常委，市人大常委会、市政府、市政协党员副县级以上领导干部，市人民法院院长、市人民检察院检察长，各街道、乡镇、市直各部门党政主要负责人以及未担任市纪委委员的街道、乡镇、市直部门纪委书记（纪检组长）、委局机关室（中心）主任等人员列席参加。会议一般每年召开一次，根据工作需要可随时召开。

市纪委常委会议

中共曲阜市纪律检查委员会常务委员会会议由市纪委常委参加，在市纪委全体会议闭会期间，研究贯彻上级的重要指示和会议精神，听取重要案件情况的汇报，决定重要案件的立案、结案和违纪人员的量纪处分，研究决定日常工作中需要集体决定的问题，总结部署全市纪检监察工作，讨论决定某些重要事项。会议由市纪委书记召集并主持，书记不能参加会议时，委托副书记召集并主持。必要时市纪委内设机构负责人或有关人员可以列席会议。会议一般每月召开一次，如需延期或遇紧急事项临时召开，由会议主持人视情况决定。

第三章　重要决策和部署

第一节　组织建设

1991年6—7月，中共曲阜市委组织全市开展一系列建党70周年纪念活动。1993年8月13日，市委部署，全市党员自觉自愿缴纳一次特别党费，资助济宁市部分受灾县区群众，全市2.3万名党员缴纳特别党费7.39万元。1994年4月18日，市委、市政府制定《关于1994年反腐败工作的实施意见》。1995年4月26日，市委作出《关于认真做好培养选拔女干部工作的意见》。6月29日，市委制定《关于改进和加强企业党的建设的意见》。8月9日，市委召开反腐败工作会议，传达中纪委《关于印发〈关于党政机关县(处)级以上领导干部廉洁自律补充规定的实施和处理意见〉的通知》，关于印发《关于国有企业领导干部廉洁自律“四条规定”的实施和处理意见》的通知。12月13日，市委制定《关于加强农村基层组织建设的实施意见》。1996年3月22日，市委、市政府下发《关于反腐败工作的实施意见》。5月31日，市委下发《关于批转市纪委〈关于在全市党员干部中开展“学条规、守纪律、做表率”教育活动的实施意见〉的通知》。8月6日，市委出台《关于加强乡镇干部廉洁勤政的有关规定》。1997年4月1日，市委印发《农村党支部书记规范化管理的暂行规定》。4月3日，市委、市政府制定《关于深入开展反腐败斗争加强党风廉政建设的意见》。5月20日，市委印发《乡镇党委工作规范(试行)》。7月7日，市委发出《关于进一步加强和改进国有企业党建工作的通知》。12月18日，市委制定《关于进一步深化农村基层组织建设工作的意见》。1998年3月3日，市委制定《市委常委会议事规则》《关于进一步加强市级领导班子思想作风建设的意见》。3月13日，市委发出《关于认真学习贯彻江泽民同志在九届全国人大一次会议山东代表团重要讲话的通知》。1999年1月5日，市委出台《关于加强农村党员干部实用技术培训工作的意见》。1月6日，市委、市政府出台《关于贯彻中共中央、国务院〈关于实行党风廉政建设责任制的规定〉的通知》。3月16日，市委、市政府制定《关于1999年党风廉政建设和反腐败工作实施意见》。2000年3月26日，市委制定《关于在全市开展农村基层组织建设“三级联创”活动的实施意见》。2001年8月11日，市委制定《关于加强农村基层组织建设的意见》。10月8日，市委发出《关于认真学习贯彻中共十五届六中全会精神的通知》。2003年11月29日，市委出台《农村党员干部现代远程教育工作实施方案》。2004年8月5日，市委印发《关于印发〈市委常委关于加强自身廉政建设的公开承诺〉的通知》。2005年1月9日，市委印发《关于印发〈2005—2008年曲阜市党政领导班子建设规划纲要〉的通知》。1月30日，市委制定《关于认真开展以实践“三个代表”重要思想为主要内容的保持共产党员先进性教育活动的实施意见》。3月4日，市委下发《关于印发〈中共曲阜市纪委关于深入开展先进性教育活动扎实推进反腐倡廉工作的意见〉的通知》。3月12日，市委、市政府印发《关于2005年全市党风廉政建设和反腐败工作的实施意见》。7月2日，市委制定《关于实行保持共产党员先进性承诺制的实施意见》。8月1日，市委制定《关于进一步加强基层党组织建设的意见》。2006年3月6日，市委、市政府制定《关于2006年党风廉政建设和反腐败工作的实施意见》。2007年9月25日，市委印发《关于进一步加强党风廉政建设的意见》。2008年8月5日，市委制定《关于健全落实乡镇(街道)党(工)委和部门党委（党组）抓基层党建工作责任制的意见》。10月30日，市委制定《关于实施“阳光党务”工程、推进党务公开工作的意见》。2010年9月16日，市委印发《关于开展“争创党建品牌进‘双十’争当先锋标兵进‘双百’”活动的实施意见》。11月19日，市委制定《关于建立健全基层党建工作长效机制的实施意见》。2011年，市委在全市78个“2711”重点工程项目指挥部和60个驻点招商一线建立党支部。同年，市委实施能人担任村党组织书记制度，加大从民营企业主、个体工商户、外出务工经商人员、种养殖致富能手和复退军人党员中选拔村党组织书记力度，鼓励机关事业单位离退休人员、大学生村干部以及企业职工中党员担任村党组织书记。4月20日，市委印发《关于中国共产党成立90周年纪念活动的通知》。2012年10月30日，市委制定《关于实施“基层党组织服务能力提升工程”的二十条意见》。11月，市委制定《关于提高市委常委会议事决策质量的办法》，在参会范围上，根据工作需要和会议内容，参加人员除市委常委和固定列席人员外，邀请市有关领导和市直有关单位主要负责人、部分“两代表一委员”和部分农民、市民、网民、教师、企业家、专家学者代表等人员列席会议。在召开形式上，根据议题内容，推行“一线”常委会议，在农村一线、项目一线、工程一线或镇街、企业召开常委会议，现场听取汇报、征求意见建议、研究解决办法。2013年年初，市委对市委权力及65个部门单位职权进行梳理，建立健全决策、用人、公开、监督四大类制度40余项，绘制权力运行、监督流程图10余项，经汇总整理形成《曲阜市权力公开透明运行改革资料汇编》，确保权力在阳光下操作、在规范中运行。市委开展村居党组织书记作风整顿年活动，推行村干部作风群众直评制度。市纪委采取向牵头单位发放党风廉政建设和反腐败工作“任务交办函”形式，实现责任分解“由虚到实”。同年1月10日，市委组织部印发《关于召开各镇党代会年会的通知》，曲阜市在济宁市率先试行镇党代会年会制，实行党代会代表提案制。2月23日，市委十三届五十一次常委(扩大)会议在东宏集团有限公司召开，推行“一线常委会”和常委倒序发言模式。9月23日，市委制定《关于加强农村党员教育管理的十条规定》。6月7日，市委、市政府制定《关于开展市党政领导班子成员向市纪委全委会述廉工作的实施方案》，市级党政领导班子成员结合自身思想、工作、廉洁从政和作风建设等各方面实际，向市纪委全委会报告履行“一岗双责”、执行党风廉政建设责任制情况，廉洁从政情况以及执行改进工作作风、密切联系群众规定等情况。

第二节　政治建设

1991年3月，市委制定《关于在全市机关、学校、企事业、城市街道开展社会主义思想教育活动的实施方案》。11月，市委决定，从11月27日至次年5月27日，开展第二次社会主义思想教育活动。1992年2月，市委、市政府发出《关于推进全方位目标管理责任制的意见》。1993年4月15日，市委印发《关于加强领导班子思想作风建设的意见》。1995年12月18日，市委制定《关于在全市城乡集中开展社会主义思想教育活动的意见》。1996年10月17日，市委制定《关于传达学习贯彻十四届六中全会精神的意见》。12月26日，市委制定《1996年至2000年曲阜市干部教育培训规划》。1997年6月26日，市委、市政府印发《关于加强农村基层民主法制建设的实施意见》。1998年1月23日，市委、市政府制定《关于在全市农村实行村务公开的意见》，出台《村级党员议事会和村民议事组织办法》。2月18日，市委、市政府制定《关于对领导干部实行任职审计的试行意见》。1999年1月，市委、市政府制定《关于在全市农村实行村务公开的意见》。5月20日，市委、市政府出台《关于加强村(居)民委员会建设工作的意见》。6月21日，市委、市政府印发《关于加快旅游产业发展，深化旅游体制改革的决定》。2000年1月7日，市委出台《关于加强和改进思想政治工作的意见》。2月18日，市委制定《关于在市级和部分市直部门领导班子、领导干部中深入开展以“讲学习、讲政治、讲正气”为主要内容的党性党风教育的实施方案》。2月20日，市委、市政府出台《关于在市直部门开展“人民双满意”评选活动的意见》《关于在全市农村评选“经济建设50强”村(街)的意见》《关于在全市农村党组织中评选“基层组织建设50优”的意见》《关于在全市农村评选“精神文明建设50佳”的意见》。2000年3月21日，市委印发《关于搞好乡镇和市直部门“三讲”教育“四同步”的实施意见》。11月6日，市委、市政府制定《关于加强机关作风建设的意见》。11月23日，市委、市政府制定《关于加强矛盾纠纷排查调处工作的意见》。2001年1月16日，市委制定《关于在农村开展“三个代表”重要思想学习教育活动的实施意见》。9月10日，市委制定《关于乡镇党委工作目标管理考核细则》，决定对乡镇党委实行千分制考核。2002年4月28日，市委、市政府出台《关于曲阜市党政机关机构改革的实施意见》。6月25日，市委印发《关于在全市农村开展“双强双富”活动的实施意见》。2003年6月30日，市委、市政府印发《关于在全市兴起学习贯彻“三个代表”重要思想新高潮的通知》。2004年3月17日，市委出台《关于进一步加强理论学习的意见》。4月20日，市委制定《关于实行市乡部门包村干部驻村的意见》。12月17日，市委、市政府出台《关于建立党政主要领导干部述职述廉制度的意见》；印发《关于禁止用公款大吃大喝的暂行规定》。2005年7月3日，市委出台《关于加强领导班子和领导干部思想作风建设的意见》。2006年5月29日，市委、市政府、市人武部下发《关于开展创建全国双拥模范城活动的决定》。8月1日，市委、市政府出台《关于在全市开展解放思想大讨论和“三学三创”教育活动的实施意见》。12月4日，市委、市政府印发《曲阜市实施〈中华人民共和国公务员法〉工作方案》。2007年3月7日，市委出台《关于加强领导干部和机关作风建设的意见》。5月25日，市委、市政府制定《关于开展旅游秩序集中整治年活动的意见》。9月4日，市委、市政

府印发《关于建立完善全市党政机关领导班子和领导干部综合考核体系的实施意见》。2008年9月22日，市委、市政府印发《党政领导班子成员分管工作评议办法(试行)》。2009年2月10日，市委、市政府出台《关于开展"跨越发展从我起步，转变作风从我做起"主题活动的实施意见》。8月13日，市委出台《关于开展"城乡联建创五好"活动的实施意见》。8月28日，市委、市政府印发《关于实施"三级便民服务网络"建设的意见》。2010年3月26日，市委、市政府出台《关于开展"解放思想、提高效能"活动的实施意见》。4月8日，市委、市政府制定《关于曲阜市人民政府机构改革的实施意见》。9月29日，市委、市政府出台《关于对市纪委(监察局)派驻机构实行统一管理的实施意见》。2011年年初，市委、市政府探索建立以马上就办办公室、马上就办一线通、马上就办直通车"三大载体"为支撑的"马上就办"工作法。2011年起，实行干部实绩周公示制度。2011年，市委、市政府坚持"百姓至上"理念，创新建立经常性教育引导机制、常态化直接联系服务机制、全覆盖民意反映机制、全过程群众评价机制、各级领导班子批评与自我批评机制。市委、市政府提出农村工作全覆盖，开展"乡村文明行动"。推行新闻监督制度，推进实现"用新闻指导工作，用新闻监督推进工作"。创新实施"四零"工程，即许可审批"零收费"、工程建设"零插手"、服务项目"零距离"、服务对象"零投诉"。同年2月10日，市委制发《关于党员领导干部担任村党支部"第一书记"的实施意见》，决定采取"1+1"模式，向全市各村居(社区)选派科级以上党员领导干部担任村党支部"第一书记"，选派村干部大学生或机关事业单位年轻干部担任村党支部书记助理或村委会主任助理。3月2日，市委、市政府印发《"2711"工程责任分工的通知》。4月7日，市委、市政府出台《关于督查考核工作体制改革的意见》。2012年，市委组织市级领导班子、市直有关部门主要负责人、各镇(街道)党政主要负责人历时6天、行程1200千米，对全市438个村公路建设情况逐一检查，创造"扑下身子、务实苦干、一线落实、全面覆盖"的"村村到"精神。把孝德作为干部提拔任用行动准则和否决因素，实施干部选拔任用全程实绩公示制度。创新制定干部作风建设"8·36·7"纪律要求，即8个严禁、36个不准、7个一律。同年1月12日，市委出台《关于在全市开展干部群众路线主题教育活动暨农民教育活动的意见》。3月15日，市委出台《关于进一步深化完善"第一书记""1+1"制度的实施意见》。4月28日，市委制定《关于市级领导干部担任市信访局第一局长"1+2"工作制度的实施意见》，"1+2"模式，即选派1名市级领导干部担任市信访局第一局长，并带领一名部门正职和一名年轻机关干部到市信访局轮流接访。5月，市委建立"网民与市委书记面对面"制度，市委书记每年至少两次与网民面对面座谈，各部门"一把手"作为问政对象现场解答网民代表提出问题。9月4日，市委、市政府制定《关于加强和创新社会管理工作的实施意见》。10月21日，市委出台《关于实施"干部修身计划"的指导意见》，实施修学、修心、修礼、修德、修政、修廉工程，打造干部队伍。11月29日，市委出台《关于进一步深化干部直接联系服务群众制度，深入推进群众路线教育实践活动的实施意见》。12月9日，市委出台《关于改进工作作风密切联系群众的二十条规定》。年底，市委、市政府开展公开征集、交办"群众最不满意十件事"活动。2013年起，在全市12个镇(街道)、67个市直部门中推行党政主要负责人"五不直管"制度。2013年，市委、市政府成立重大项目决策(审批)委员会，对全市重大项目实行"一会制"决策(审批)制度。市委设立"市村级经济责任直审办公室"，实施"村官直审"制度。同年1月3日，市委印发《关于深入学习宣传贯彻中共十八大精神的决议》。3月14日，市委出台《关于建立"干部党员联户"制度的实施意见》。4月7日，发布《公推直选姚村镇党委书记公告》，在全市范围内选拔姚村镇党委书记，探索实施公推直选部分镇(街道)党(工)委书记。5月16日，市委通过《今日曲阜》和党政网站，公开全市36个部门单位和79个涉企涉群重点岗位职责权限、工作流程、人员组成及分工、联系方式，选取20个重点岗位作为群众重点监督检查评议对象。9月，市委制定《关于市委权力公开透明运行工作的实施意见》；市委、市政府建立市级领导联系网民制度；启动"一放宽、三不变、五优惠"户籍管理制度改革，即：举家进城落户曲阜市农村居民，放宽户口迁移范围；原宅基地使用、土地承包经营等权益不变，享受国家各项惠农政策不变，5年内享受原户籍地生育政策不变；购房优惠，就业创业优惠,保障优惠,教育优惠,医疗优惠;制定《关于实行重大项目“一会制”决策(审批)制度的意见(试行)》。11月30日,市委制定《关于认真学习贯彻中共十八届三中全会精神的通知》。年底,市委在“第一书记”和干部党员联户工作基础上,建立“三联系”制度,即将全市6367户农村低保户、1281户城镇低保户全部纳入重点联系范围,实现联系困难户全覆盖;将2700个残疾人家庭纳入重点联系范围,实现联系特殊家庭全覆盖;将40名重点信访人员纳入重点联系范围,实现联系重点信访户全覆盖。

第三节 经济建设

1991年2月2日,市委八届三次会议通过《曲阜市国民经济和社会发展十年规划及第八个五年计划(草案)》,制订1991—2000年十年奋斗目标,即到20世纪末,国民生产总值12亿元,力争在1980年基础上翻过第三番;工农业总产值22亿元;财政收入超过1亿元。1992年5月,市委、市政府出台《关于开发、发展和保护“孔”字号系列产品的意见》。1993年1月17日,市委制定《关于贯彻中共十四大精神,解放思想,真抓实干,奋战三年,提前翻番的决议》。12月18日,市委办公室、市政府办公室转发市经济体制改革办公室《关于企业推行第三轮承包经营责任制和目标责任制的试行意见》。1994年3月14日,市委、市政府制定《关于稳定农村现行政策进一步加快农业和农村经济发展的意见》;制定《关于加快农村产业结构调整的意见》。4月11日,市委、市政府制定《关于在全市企业中普遍推行股份制的试行意见》。1995年1月8日,市委、市政府制定《关于进一步促进全市城市经济持续、快速、健康发展的试行意见》。4月25日,市委制定《关于进一步加快发展旅游业的意见》。5月10日,市委、市政府决定,在全市范围内掀起学苏南、赶苏南、加快发展乡镇企业热潮,发出《关于深入学习苏南经验,加快发展乡镇企业的意见》。1996年5月30日,市委、市政府出台《关于深入开展管理效益年活动的实施意见》。1997年5月30日,市委、市政府制定《关于深化改革进一步做好企业改制工作的意见》。1998年3月16日,市委、市政府制定《关于进一步加快农业结构调整大力发展区域特色农业的意见》。5月29日,市委、市政府制定《关于在全市大力开展乡镇企业二次创业的意见》。1999年1月11日,市委、市政府出台《关于进一步稳定和完善农村土地承包的意见》。4月13日,市委、市政府出台《关于进一步加快农业产业结构调整的意见》。2000年3月18日,市委、市政府印发《关于开展“我为曲阜经济建设作贡献”活动的意见》。5月22日,市委、市政府制定《关于大力实施“旅游兴市”战略、努力建设旅游强市的意见》。2001年5月16日,市委、市政府作出《关于加快开发区建设若干问题的决定》。2002年10月19日,市委、市政府制定《关于推进林业产权制度改革,加快林业发展的意见》。2003年3月10日,市委、市政府出台《关于进一步加强招商引资工作的意见》。2004年4月5日,市委、市政府制定《关于进一步发展村级集体经济的意见》。2005年3月23日,市委、市政府出台《关于加强科技创新进一步推进高新技术产业发展的意见》。5月30日,市委、市政府制定《关于发挥旅游龙头作用加快发展服务业的意见》,要求突出旅游业龙头地位,加快发展现代服务业,着力提升传统服务业,优先发展优势产业。2006年5月8日,市委、市政府制定《关于进一步加快园区发展的意见》,提出把园区建设成为环境优美、设施配套、功能完善的现代化新型工业园区、项目聚集平台、产业发展中心、技术创新孵化基地和可持续发展的现代化新城区。2007年4月19日,市委、市政府制定《关于加快工业经济发展的二十条规定》,加快培育一批核心竞争力强、科技含量高的骨干企业;7月9日,出台《关于进一步促进旅游业又好又快发展的意见》。2008年3月12日,市委、市政府印发《关于农业产业化发展考核奖励的意见》;制定《关于鼓励和引导农民专业合作社发展的意见》。5月8日,市委、市政府出台《关于进一步优化经济发展环境的十条规定》。9月22日,市委、市政府印发《关于实行重大项目、重点工程帮办责任制的意见》。2009年2月13日,市委、市政府出台《关于加快推进全市农村改革发展的实施意见》;6月3日,出台《关于全面推进农村土地承包经营权流转的实施意见》,优化配置农村土地资源,实施土地适度规模经营,促进农业和农村经济战略性调整,加快农村劳动力转移,增加农民收入;9月8日,出台《关于加快国家级文化产业示范园区建设的意见》。2010年

8月3日，市委、市政府制定《关于加快经济发展方式转变推进经济科学跨越发展的实施意见》。2011年，市委、市政府在全市抽调337名干部、组建104个招商局，常年开展驻点、驻企和专业招商工作。6月9日，市委、市政府印发《关于加强乡镇街道主体功能区建设的意见》，实行一个乡镇（街道）一个主导产业、一套发展指标、一套推进措施和考核办法，着力培植主导产业，壮大特色经济，优化产业布局。2012年3月11日，市委、市政府出台《关于加快推进招商引资工作的实施意见》，实行专业招商与驻点、驻企招商相结合。5月16日，市委、市政府制定《关于推进工业立市实施千亿攻坚行动的意见》。2013年3月24日，市委、市政府印发《关于加快经济开发区转型升级跨越发展的意见》。

第四节　文化建设

1991年8月18日，市委、市政府下发《关于创建社会文化先进市暨先进乡镇活动的实施意见》。1992年8月30日，市委、市政府制定《关于提高教育质量，办好教育为人民的意见》。1993年8月29日，市委、市政府作出《关于加快教育改革和发展的决定》。1994年7月19日，市委办公室、市政府办公室联合制定《关于集中整顿音像市场的实施意见》。1995年3月13日，市委、市政府制定《关于争创全国体育先进市的意见》；4月22日，作出《关于创建国家卫生城市的决定》。1996年4月4日，市委、市政府出台《关于创建社会文化先进县的实施意见》。1999年2月15日，市委、市政府印发《关于贯彻〈中共中央、国务院关于深化教育改革全面推进素质教育的决定〉的意见》。2001年2月2日，市委、市政府提出《关于加强人口与计划生育工作，稳定低生育水平的意见》；4月6日，出台《关于创建全省科普示范县（市）的实施意见》。2002年1月6日，市委出台《关于加强公民道德建设的实施意见》。2003年4月20日，市委、市政府印发《关于进一步做好非典型肺炎防治工作的通知》；6月19日，市委制定《关于开展“诚信曲阜行道德进万家活动”的实施意见》，要求全面贯彻落实《公民道德建设实施纲要》，提高市民思想道德素质。2004年3月2日，市委、市政府制定《关于进一步加强农村文明一条街建设工作的意见》。9月13日，市委、市政府出台《关于进一步加强和改进未成年人思想道德建设的意见》。12月17日，市委、市政府出台《关于坚决制止和纠正婚丧嫁娶大操大办不正之风的通知》。2005年5月25日，市委、市政府制定《关于开展弘扬曲阜精神构建和谐圣城主题活动的意见》，决定在全市范围内深入开展“弘扬曲阜精神，构建和谐圣城”主题活动，倡树“诚信、儒雅、自强、创新”曲阜精神。10月26日，市委、市政府印发《关于实施教育优先战略加快建设教育强市的意见》。2006年6月5日，市委、市政府出台《关于开展全民创新活动的决定》。12月28日，印发《关于加强农村文化建设的意见》。2009年6月3日，市委、市政府出台《关于加强“农家302书屋”工程建设的意见》。7月1日，市委、市政府印发《关于加强乡镇综合文化站标准化建设的意见》。2011年5月17日，市委、市政府出台《关于在全市实施农民教育工程的意见》；8月28日，印发《关于打造“彬彬有礼”道德城市的意见》；9月9日，制定《关于建设教育名市的实施意见》。2012年，市委、市政府坚持“千方百计吸引市外智力，博采众长为我所用”的敞开办教育理念，在全国范围内为全市89所中小学校选聘“第一校长”，加快教育名市建设步伐。实施“一村一医”工程，按照“属地为主、就近帮扶”原则，为全市405个行政村每个村选派一名市直或镇（街道）卫生院医生作为该村农户家庭保健医生，为群众提供基本医疗和基本公共卫生服务。同年1月20日，市委、市政府出台《关于认真贯彻中共十七届六中全会精神加快建设文化强市的意见》。2013年，市委、市政府制定《关于创建国家卫生城市的实施意见》，加大城市规划建设管理力度，提升城市环境卫生整体水平；出台《关于创建国家级生态市的实施意见》；印发《关于建设医疗卫生名市的实施意见》，力争用3~5年时间，实现医疗保障水平、医疗卫生资源配置水平、卫生现代化水平、人民群众健康水平走在山东省前列；实施“第一院长”制度，聘请一批全国、全省知名管理专家、业务专家到曲阜市各级医院担任“第一院长”或科室“第一主任”。

第五节　社会建设

1991年3月28日，市委印发《关于在全市机关、学校、企事业、城市街道开展社会主义思想教育活动的实施方案》。12月29日，市委提出《关于贯彻中共十三届八中全会精神，实现农村奔小康目标的意见》，提出全市农村“奔小康”目标及“小康之乡”“小康之村”“小康之家”标准。1994年12月4日，市委、市政府制定《关于专业技术拔尖人才的选拔管理办法》。1996年3月15日，市委印发《创建“五好村”活动的意见》。8月8日，市委、市政府下发《关于批转市“送温暖”工程基金会〈关于建立特困职工生活救助基金的报告〉的通知》。9月30日，市委、市政府决定在全市范围内推行“联户联防基础工程”。11月15日，市委出台《关于学习贯彻〈中共中央关于加强社会主义精神文明建设若干重要问题的决议〉的实施意见》。随后，市委制订《“九五”期间社会主义精神文明建设规划》。1997年2月26日，市委、市政府作出《关于认真贯彻中发〔1996〕13号文件，切实做好减轻农民负担工作的决定》，决定从1997年起，乡村统筹提留按各村街1996年农民人均纯收入5%计提，一定三年不变，按年收取。5月16日，市委、市政府发出《关于进一步解决部分企业职工生活困难问题的通知》。5月27日，市委、市政府制定《关于尽快解决全市农村贫困人口温饱问题的意见》，确保到1998年底解决全市15个贫困村6000名贫困人口温饱问题。8月6日，市委、市政府印发《关于在全市开展“讲文明、树新风”活动的实施意见》，动员全市上下努力争创第四届省级精神文明建设工作先进市和首批“中国优秀旅游城市”。8月9日，市委、市政府印发《关于争创首批“中国优秀旅游城市”活动的实施意见》。1998年2月19日，市委、市政府制定《关于城市改造开发建设的实施意见》。4月28日，市委、市政府制定《关于市乡村干部创办示范服务基地的意见》。8月26日，市委、市政府发出《关于进一步做好国有企业下岗职工基本生活保障和再就业工作的通知》。1999年1月10日，市委、市政府出台《关于加强村级社会治安综合治理和民主法制建设的意见》，全面推行“联户联防基础工程”，开展创建“安全文明街”活动。1月11日，市委、市政府制定《关于切实做好减轻农民负担工作的意见》。2月26日，市委、市政府制定《关于创建全国文明城市的决定》。5月27日，市委、市政府印发《关于开展争创模范村(居)民委员会活动的意见》。2000年1月7日，市委、市政府出台《关于农村文明一条街建设工作的意见》；3月2日，出台《关于在城区开展“为名城建设添光彩”活动的意见》；9月5日，发出《关于进一步做好信访工作，确保全市社会稳定的通知》。2001年4月26日，市委制定《关于开展“崇德守法美在曲阜”活动的意见》。2002年4月8日，市委、市政府印发《关于加强社会治安综合治理基层基础建设的意见》。2003年5月7日，市委、市政府出台《关于在全市开展增强服务意识优化发展环境活动的实施意见》。6月23日，市委制定《关于抓住机遇解放思想干事创业比学赶超加快发展的决定》，要求在园区建设、旅游业发展、招商引资、民营经济、农业产业化、企业产权制度改革、优化发展环境等方面解放思想，促进经济快速健康协调发展。8月17日，市委、市政府印发《关于进一步优化发展环境的意见》。2004年2月23日，市委、市政府出台《关于建设“平安曲阜”的实施意见》。2005年4月10日，市委、市政府印发《关于进一步加强乡镇(街道)调解中心建设的意见》，决定在原乡镇(街道)司法调解中心基础上建立乡镇(街道)调解中心，推动“平安曲阜”建设。5月19日，市委、市政府发出《关于印发〈曲阜市2005—2007年城市建设项目规划〉的通知》。2006年4月6日，市委、市政府出台《关于深入开展“平安曲阜”建设工作的考核办法》。12月19日，市委、市政府印发《关于加强城乡建设工作的意见》。2007年3月13日，市委、市政府印发《关于加快推进社会主义新农村建设的实施意见》；7月17日，出台《关于加强和改进新时期群众工作的意见》；8月14日，制定《关于在全市开展“当好东道主、喜迎文化节”活动的实施方案》。2008年8月1日，印发《曲阜市群众(信访)工作责任追究制度》。2009年3月26日，市委、市政府制定《关于开展区域大联防工程建设的实施意见》；8月6日，出台《关于加快新型农村社区和农村住房建设的实施意见》；8月28日，印发《关于进一步加强农村集体资金资产资源管理监督的意见》。2010年4月1日，市委、市政府出台《关于进一步优化环境争创中国最佳旅游城市的实施意见》；7月5日，出台《关于进一步加强安全生产工作的实施意见》；11月1日，印发《关于进一步深化新型农村社区建设加快推进城乡建设用地增减挂钩工作的意见》。2011年3

月29日，市委、市政府出台《关于深化文明城市创建活动的实施意见》；12月30日，印发《关于在全市开展“干干净净过大年”活动的通知》。年底，市委、市政府出台《关于对独生子女伤残死亡家庭开展关怀活动的实施意见》。2012年3月15日，市委制定出台《关于开展“百强示范村”创建活动的实施意见》；7月4日，制定《关于实施“十大工程”打造最安全地区的意见》。2013年，市委、市政府实施全民免费健康查体工程，启动5000万元大病医疗救助基金，实施困难家庭大病全报销制度。3月1日，市委、市政府出台《关于进一步加强和改进人口和计划生育工作的意见》。

第六节　生态文明建设

1995年11月21日，市委、市政府制定《关于加快小城镇建设的意见》，就小城镇发展目标、规划布局、建立多元化投入机制作出明确、具体的政策性规定。1997年6月10日，市委、市政府发出《关于贯彻鲁发〔1997〕9号文件加强土地管理切实保护耕地的通知》。1999年2月12日，市委、市政府出台《关于印发〈1999年曲阜市创建省级园林城市实施方案〉的通知》，决定在两年内建成省级园林城市。2000年12月13日，市委、市政府出台《关于实施四项重点工程，加快林业发展的意见》，决定从2001年起，奋战3年，全面完成绿色通道、农田林网、封山育林、经济林基地建设四项重点林业工程，创建高标准绿化市和林业强市。2005年5月30日，市委、市政府制定《关于加快生态市建设的意见》。2006年4月19日，市委、市政府出台《关于加快推进社会主义新农村建设工作的实施意见》。6月8日，市委、市政府印发《关于开展社会主义新农村新家庭示范工程建设的意见》。2007年3月7日，市委、市政府出台《关于市直部门和企业包荒山绿化工作的实施意见》，力争用3年时间完成全市1534.1公顷荒山绿化工作。7月25日，市委、市政府出台《关于进一步加强节能减排工作的意见》。2008年1月28日，市委、市政府出台《关于开展“喜迎奥运圣火加大城乡环境综合整治”活动的意见》。3月12日，市委、市政府制定《关于加快推进社会主义新农村建设的实施意见》。2010年8月9日，市委、市政府印发《关于进一步加大工作力度确保实现“十一五”主要污染物总量减排目标的通知》。2011年2月25日，市委、市政府出台《关于实施六大重点工程加快推进新农村建设的意见》。2013年3月5日，市委、市政府出台《关于创建国家森林城市的实施意见》，力争用2~3年时间将曲阜市创建成为国家森林城市；制定《关于创建国家环境保护模范城市的实施意见》，力争用两年左右时间，取得国家环境保护模范城市称号。

第四章　政研　保密　督查　信息管理

1991年6月，设立市委办公室督查科，为副科级行政单位。1993年12月，市委研究室撤销，其职能并入市委办公室；市委机要保密局撤销，成立市委办公室保密科。1995年4月，设立政策研究室，为市委办公室正科级内部中层机构；保密科升格为副科级内部机构。1996年7月，保密科更名为市委保密委员会办公室，挂市国家保密局牌子。1999年4月，市委办公室督查科更名为市委办公室督查室。市委保密委员会办公室（市国家保密局）升格为正科级行政机构。2002年，市委办公室信息科调整为市委办公室中层机构。2004年5月，市委办公室政策研究室更名为市委政策研究室。2005年3月，撤销市政府信息中心，设立市信息化管理中心，为正科级事业单位，隶属市委办公室管理，主要工作职能是负责全市电子政务、电子商务建设规划管理、推广应用，负责全市党政网站及办公自动化网络管理、维护。7月，市委办公室督查室、市政府办公室督查室合并为市委、市政府督查室，为正科级行政机构，隶属市委办公室管理。2009

年2月，市委、市政府督查室划分为市委督查室、市政府督查室两个正科级行政机构，市委督查室隶属市委办公室管理，负责办理市委督促检查党群系统政协提案办理等工作；设立市涉密载体销毁中心，承担全市机关、企事业单位涉密载体集中销毁工作。

第一节　政策调研

文件制发

市委政策研究室坚持紧贴上级精神、紧贴领导思路、紧贴曲阜实际的工作方式，做好文稿起草工作。2005年，按照中央和省、济宁市委要求，结合曲阜实际，制定印发《中共曲阜市委办公室工作标准制度规范和标准化管理控制文件汇编》《中共曲阜市机关公文处理暂行规定》《中共曲阜市委办公室关于进一步做好公文处理工作的实施意见》，推动机关公文处理工作规范化、正规化和标准化建设。组织人员参加中央秘书局和山东省委、济宁市委举办的公文处理与规范培训班，系统学习公文制发、规范和管理等方面知识，组织有关人员赴河北邯郸学习公文处理工作先进经验。分期分批对各乡镇党委、街道党工委和市直党委秘书开展业务培训，重点培训公文制发和文稿起草等知识，提高全市各部门党委秘书文字材料水平和公文处理能力。1994—2013年，市委政策研究室起草领导讲话4000余篇，撰写汇报材料1100余篇，在《人民日报》《光明日报》《内参选编》《大众日报》《山东通讯》《山东内参》《济宁日报》《济宁通讯》等报刊发表署名文章540余篇；制发“曲发”“曲委”“曲办发”“曲室字”文件等共计3400余件。

综合调研

市委办公室围绕市委中心工作，抓住市委需要决策的重大问题，牵动全局的热点、难点、重点以及事关人民群众切身利益的苗头性、倾向性问题，深入基层、深入群众调查研究，撰写调查报告，为市委决策提供科学依据。1994—2013年，市委办公室完成省、济宁市和曲阜市领导交办专题调研任务480余次，撰写调研报告580余篇。1996—1998年，市委办公室连续3年被授予全省党委系统调研工作先进集体称号；1999—2002年，连续4年保持济宁市调研工作第一名成绩。2003—2005年，市委办公室承担“圣城展望”“曲阜市2003—2010年可持续发展战略研究暨历史文化名城发展战略分析”“论历史文化名城的可持续发展”“论农村剩余劳动力的转移”等重点课题撰写任务，完成工作量70余万字。2005年，《曲阜市2003—2010年可持续发展战略研究暨历史文化名城发展战略分析》课题研究获山东省科技进步二等奖。2006年、2007年，市委办公室连续两年被授予全省党委政研系统先进集体称号。2012年，《创建生态文明乡村建设圣地美好家园》被评为济宁市党委政研系统优秀调研成果二等奖。2012—2013年，按照全市重大发展课题、重点工作任务，结合第一书记“1+1”、第一局长等干部直接联系服务群众制度，深入农村、企业、项目现场、医院、学校，开展调研和征求意见活动，并以此作为制定政策的依据；针对镇（街道）主体功能区发展、乡村旅游产业发展、全民创业、打造山东南部“寿光”等课题进行调研，形成16篇调查研究报告。

第二节　信息编发

1991年起，市委办公室每年年初印发《曲阜市党委信息考核办法》。2005年，市委办公室制定《中共曲阜市委关于进一步加强和改进信息工作的意见》；2010年，出台《中共曲阜市委办公室关于加强紧急信息报送工作的规定》。

内部资料编纂

《曲阜工作》《领导参阅》《资料动态》《调查研究》《情况反映》《曲阜信息》《曲阜内参》均为市委内部资料，由市委办公室编发。其中《曲阜信息》主要刊登市直部门半月工作动态、每月大事记，以及各单位承担全市重点工作重点项目进展情况、各部门工作中创新性举措等；《曲阜内参》重点刊登高层领导近期某方面重要论述、中央省市及国家部委近期出台的重大政策或决策的解读分析等。市委、市政府领导多次对《曲阜信息》作出批示，2009年4月5日，市委副书记、市长刘森在《曲阜信息》第25期作出批示；9月4日，市委副书记郭庆海在《曲阜信息》第72期作出批示；2011年2月26日，市委副书记郭庆海在《曲阜信息》第14期上作出批示；2013年3月4日，市委书记、市人大常委会主任李长胜在《曲阜信息》第20期

上作出批示。

信息上报

1991—2013年，市委办公室围绕全市重点亮点特色性工作、典型经验做法进行对上信息上报，平均每年上报中央、省委、济宁市委经验交流类、基层反映类等信息3500多条（次），上报信息条目、采用数量等方面均居济宁各县（市、区）首位；多条信息获中央、省委和济宁市委领导批示，其中，2010年3月5日，“曲阜市提出狠抓干部作风建设确保今年‘攻坚冲刺’”获济宁市委书记、市人大常委会主任孙守刚批示。2011年2月25日，“曲阜市大力整治农村环境努力建设生态宜居家园”获省委副书记刘伟批示；同年3月3日，“关于京沪高铁曲阜东站站名题写的建议”获济宁市副市长周洪批示。2013年6月24日，济宁市委书记、市人大常委会主任马平昌就“曲阜成功创建国家级海峡两岸交流基地”作出批示。

第三节　保密工作

1991—2013年，曲阜市贯彻执行中央、省、市保密工作方针、政策，定期听取保密工作情况汇报。市委及时调整充实市委保密委员会成员，由市委常委、办公室主任任市委保密委员会主任，市委保密委员会每年至少召开1次会议，研究解决实际问题；各级机关单位相应成立保密工作领导小组或保密委员会，明确专（兼）职保密干部，层层签订保密责任书。通过市委党校阵地，宣传《中华人民共和国保守国家机密法》和《保密法实施条例》，开展领导干部和涉密人员保密教育培训。市委保密委员会办公室（市国家保密局）每年开展一次综合性保密技术检查，将保密技术专项检查常态化、经常化。2007年，落实定密责任人制度，完善定密程序，加强计算机网络保密管理，对各类计算机进行分类标识、备案管理。2008年起，为市直有关单位涉密及内部计算机安装违规外联监控软件，加强工作内网和互联网管理，杜绝在连接互联网计算机上处理涉密及内部办公信息现象；针对机关单位网站，落实信息发布保密审查制度，确保工作内网和互联网不涉密；坚持持证上岗，依法开展保密审查、保密监督检查等工作。2013年，开展全市保密普查工作，建设保密管理数据库，同时强化涉密文件资料、密码电报、涉密电子信息、涉密移动存储介质管理。

第四节　市委督查工作

1991—2013年，市委成立督查工作领导组织机构，出台加强督查工作意见，不定期听取督查工作汇报，明确督查重点和工作要求，推动督查工作开展；建立完善督查工作联席会议制度，对全市经济社会发展重点工作进行分解立项、协调落实、督导检查。紧贴中心工作，抓好重大决策和重点工作贯彻落实情况督促检查。市委督查室每年不定期对市委常委会议和其他重要会议研究确定事项落实情况进行督导检查，年均开展决策督查活动40余次、办理领导批件180件以上，领导批件办理情况全部进行及时反馈，及时办理上级督查机关转办中央、省和济宁市领导批件。协调开展党群系统政协提案办理工作，督促有关部门落实政协提案办理各项要求，按时办结、及时答复，提案答复率、委员满意率均为100%。

第五节　中国·曲阜网

1998年9月，市计划委员会通过省信息中心建立曲阜市政府网，域名：www.qufu.net。网站重点向世界介绍曲阜历史文化、孔子生平、旅游资源、重点企业和产品、招商引资政策，成为因特网了解曲阜的一扇窗口。2002年，网站域名更换为www.qufu.gov.cn；同年，网站设立独立机房和服务器，由市政府信息中心进行管理维护。2005年，市信息化管理中心成立，网站进行第一次改版，定网站名称为中国曲阜党政网站（中国·曲阜网）。2006年，曲阜市信息化管理中心被评为全省信息产业系统先进集体。2010年，网站进行第二次改版，相继开设今日曲阜、本地快讯、媒体看曲阜、专题专栏、市委书记信箱、网络问政平台、市民企业在线服务、政府信息公开、企业之窗、投资曲阜、至圣孔子、旅游服务、图说曲阜等栏目。2009年、2010年，中国·曲阜网站获中国政府网站优秀奖。2010—2013年，中国·曲阜网年均发布新闻宣传稿件2000余条，日均访问量3000余人次。

市委书记信箱

2011年2月，市委书记信箱开通。市委办公室印发《市委书记信箱管理暂行办法》，信箱管理人员遵循审核、呈报、交办、催办、收回、回复办理流程，所有信件回复实行审查退办制，保证信件回复快速真实。市委书记定期过问信件办理进度，指导解决疑难问题；对于群众反映涉及多部门的复杂问题，主持召开专题会议研究处理意见，想方设法推进解决。至2013年年底，共受理群众来信3236件，到期办结率和群众满意率均为100%。

网络问政平台

2011年3月，曲阜市在中国·曲阜网开通运行网络问政平台，有75家部门单位同时上线。2013年，市委出台《关于进一步规范马上就办和网络问政工作的有关规定》，明确市级管理平台和各镇街、部门平台建设标准、办理程序、办理时限。至2013年年底，网络问政平台收到群众问政20360件，办结20289件，限时办结率为99%。

第五章　纪检　监察

第一节　党风廉政建设

1991—1993年，市委第八届七次全委(扩大)会议召开，传达中央、省、济宁市委关于深入开展反腐败斗争、加强党风廉政建设指示精神，研究部署曲阜市开展反腐败斗争、推进党风廉政建设工作具体措施，明确重要任务；市委八届八次常委会议制定党政领导干部党风廉政建设“小立法”，给全市党政领导干部规定“十个不准”(1.各部门、各基层单位一律不准向主管部门和党政领导送礼或赠送有价证券，商品零售单位不准使用此类证券销售商品；2.一律不准向基层索要或低价购买农副产品；3.婚丧嫁娶不准大操大办，更不准搞封建迷信；4.一律不准乱摊派，乱发奖金和实物；5.各种升级达标活动，除上级明文规定外，一律不搞；6.各种会议，市直人员一律不安排就餐，不准向与会者赠送纪念品；7.各种总结表彰活动，除市里出台政策外，一律以精神鼓励为主；8. 部门或乡镇总结表彰会不准邀请市级领导参加，更不准向领导发请柬；9.春节期间，除市里统一组织团拜活动外，领导之间、上下级之间不再相互走访；10.部门之间，乡镇之间，部门与乡镇之间，不准巧立名目相互吃请、请吃)。1994—1995年，曲阜市各级领导班子坚持每年召开两次民主生活会，对照中央各项规定进行自查自纠；市纪委开展清理党政机关及企事业单位小汽车、乡科级干部住房申报、狠刹用公款吃喝玩乐等工作；开展小汽车清理专项清查，全市清理小汽车670辆，对不符合规定的7辆进行调换，对违控购买的14辆给予处罚，收缴违控附加费和罚款28万余元。1996—1998年，市纪委以召开民主生活会、专项治理形式深入贯彻落实中央《关于党政机关厉行节约制止奢侈浪费行为的若干规定》和《中国共产党党员领导干部廉洁从政若干准则》有关要求；坚持乡科级以上领导干部住房申报制度，狠刹公款吃喝风，各党委(党组)每半年报告一次招待费开支情况；建立领导干部廉政档案，随时记录领导干部收交礼品、个人重大事项、收入申报等情况；实行党风廉政建设量化考核，坚持领导干部谈廉访廉制度，对新提拔党员干部进行廉政谈话，对受处分党员干部实施回访教育，对存在问题苗头党员干部及时打招呼提醒；针对中共中央、国务院《关于党政机关厉行节约制止奢侈浪费行为的若干规定》，市委常委会召开专题会议研究学习贯彻意见，下发《关于贯彻落实〈中共中央、国务院关于党政机关厉行节约制止奢侈浪费行为的若干规定〉的意见》。1999—2002年，市纪委以贯彻落实中共中央、国务院《关于实行党风廉政建设责任制的规定》和中共十五届六中全会决定为抓手，推进领导干部廉洁自律各项规定落实；制定《实施细则》

和《量化考核及责任追究办法》，层层签订党风廉政建设责任书，对责任制落实情况进行专项考核；实行领导干部述廉和廉政谈话、诫勉谈话等制度，先后对238名党员干部进行廉政谈话，对16名领导干部实施责任追究；全市清理清退干部多占住房424套，收缴资金217万元；压缩取消公款出国（境）团组8个，节约资金120余万元；对在职县（处）级领导干部配偶、子女从业情况进行清理检查，落实礼品登记、重大事项报告和个人收入申报三项制度；开展清理领导干部收受现金、有价证券和支付凭证工作，登记上缴5.95万元；开展党政机关事业单位工作人员借用公款清退工作，清理回收资金426.49万元，占借款总数96.38%。2003—2005年，深化落实民主评廉和市纪委常委同下级党政主要负责人廉政谈话制度；制定《关于公用小汽车配备更换和使用管理的暂行办法》《关于禁止公款大吃大喝的暂行规定》《关于坚决制止和纠正婚丧事大操大办不正之风的通知》《关于建立党政主要领导述职述廉制度的意见》《关于建立和完善科级领导干部党风廉政建设档案的通知》等文件规定；加强对中央“四个不准”“五个禁止”“四个从严控制”“四大纪律八项要求”等规定落实情况监督检查。2006—2007年，市纪委与基层党（工）委、党组签订责任书，将具体任务量化分解到职能部门。执行“三谈两述”制度（市纪委常委同乡镇、市直部门主要负责人、新任领导干部进行廉政谈话；领导干部进行述职述廉），274名领导干部向市纪委述职述廉，市纪委常委同35个部门单位主要负责人进行廉政谈话；对74个单位领导班子和765名领导干部落实责任制和廉洁自律情况进行民主测评和考核。落实中央“四大纪律八项要求”和济宁市廉洁自律规定，32名领导干部向所在党组织报告个人重大事项。对全市1051名副科级以上干部配偶子女从业情况进行登记。下发《曲阜市加强农村基层党风廉政建设的若干意见》。2008—2009年，市纪委组织对全市85个单位和873名领导干部落实责任制和廉洁自律情况进行民主测评和述职述廉；制定《2008年党风廉政建设和反腐败工作实施意见》，调整充实党风廉政建设领导小组，把年度党风廉政建设和反腐败工作分解成6大项、66小项，明确牵头单位和责任部门承担任务和责任；制定党风廉政建设考核方案，纳入市委考核体系；对党政机关工作人员个人小灵通捆绑单位办公电话进行摸底登记；制定《关于对全市党政机关、事业单位中层机构负责人勤政廉政实施重点监督的意见（试行）》，确定将22个中层机构纳入重点监督对象；出台《关于深入学习贯彻中共十七届三中全会精神进一步加强农村党风廉政建设的意见》；调研全市各基层党（工）委党务公开情况，发放调查问卷1400余份，形成专题调研报告。2010—2012年，市委、市政府与48个党（工）委分别签订《2010年度党风廉政建设和反腐败工作责任书》，各部门单位主要负责人与科室、科室与工作人员逐级签订责任书，落实“一岗双责”；执行上级纪委关于公务用车配备使用相关规定，对申请购置公务用车单位审查备案；印发禁驾令、禁赌令、限桌令三个规定，对党政机关及事业单位领导干部公务用车管理使用方面存在问题，以及参与赌博活动、利用赌博变相进行行贿、受贿，大操大办婚丧事宜，借机敛财等不良社会风气明令禁止；市纪委集中对各镇（街道）党（工）委、市直各党（工）委、党组以及企业党委党务公开情况进行检查验收；市公务用车问题专项治理工作领导小组对各乡镇街道、市直各部门单位进行逐车核实、逐车甄别，对审查中发现的28个存在超标、挂户、借用等问题车辆单位下达书面整改通知书，限期进行整改。2013年，实行主要领导“五不直管”制度，即各镇街、市直各部门党政主要领导不直接管理财务、人事、行政审批、物资采购及工程招投标五项具体事务，将权力交给不同副职分管，并在《今日曲阜》公开12个镇街、67个部门授权情况；探索开展市级党政领导班子成员向市纪委全委会述廉活动；推行市委权力公开透明运行改革，建成高标准户外集中公开区；市纪委开展中层干部作风整顿，公开全市79个重点岗位“权力清单”；建立任务交办函制度，推动党风廉政建设责任制任务落实；推进“123农廉工程”，即深入开展农村基层党风廉政建设示范村创建“一个活动”，执行和健全重大事项民主决策和村务监督委员会“两项制度”，构建资金资产资源“三资”管理、党务政务村务“三务”公开和县乡村“三级”便民服务网络“三个平台”。

第二节 廉政文化建设

1991—1995年，市纪委通过播放电教片、文艺晚会、知识竞赛、图片展览和典型宣传，开展反腐倡廉和党风政风教育，党员干部受教育面95%以上。1994年7月，举办庆“七一”反腐倡廉文艺晚会。1996—1998年，在全市开展“学条规、守纪律、做表率”和“讲学习、讲政治、讲正气”以及“领导干部要在党风廉政建设中以身作则率先垂范”教育活动。1998年，举办党纪政纪法规知识电视大奖赛。1999—2002年，坚持一手抓教育、一手抓办案，每年一个主题，有针对性开展党性党风党纪教育。抓住干部提拔、子女升学、婚丧嫁娶及传统节日等关键时间节点，开展预防教育。在当地报纸、电台、电视台开辟“廉政视点”“廉政热线”“领导干部廉政访谈”栏目。2003—2005年，市纪委开展“艰苦奋斗、廉洁从政”和《中国共产党党内监督条例（试行）》《中国共产党纪律处分条例》等宣传教育活动。2005年，启动廉政文化建设工程，举办党风廉政建设书画展、印制《致全市领导干部配偶及家属的一封信》、逐级召开领导干部配偶及家属廉政座谈会、签订《助廉承诺书》等十项活动，实施廉政文化进机关、进社区、进学校、进家庭、进企业、进农村“六进”工程，开展“廉政颂”文艺下乡演出活动，建立起具有曲阜特色的廉政文化体系。2006—2007年，市纪委向1000余名副科级以上领导干部及家属发出《廉洁过“两节”，自律做表率》的廉政倡议书；开展廉政文艺作品创作大赛活动，培植廉政文化示范点12个；编撰出版《儒家崇廉尚勤箴言解析》一书。2007年，组织编撰《廉洁教育进课堂读本》小学、初中、高中共三卷；在论语碑苑建设廉政教育基地“明镜轩”。2008—2009年，市纪委组织9000余名党员干部开展《工作规划》知识答题、“六个规范性”文件知识考试；开展“转作风、树形象，建设公平正义之家”主题教育；编辑出版曲阜党的纪律检查机关恢复重建30周年大型画册《清风正气沐圣城》；挖掘整理孔子故里园、孔府“阁老凳”和“戒贪图”等廉政景观；建设全省首批廉政教育示范基地——儒家崇廉尚勤思想教育基地；印制24万套《廉洁教育进校园丛书》在济宁市中小学发行，中央纪委副书记李玉赋对曲阜市该做法作出批示，给予肯定；开展廉政教育“六个一”活动，即组织新任干部一次廉政谈话、一次集体廉勤宣誓、签订一张廉政勤政承诺书、各单位党政负责人上一次廉政党课、机关干部集中观看一次反腐倡廉警示教育片、参观一次廉政教育基地；推出机关文化建设专题片，建成18个廉政文化示范点、4个廉政文化精品；在省纪委儒家廉政思想论坛上，市纪委“浅谈论语中儒家崇廉尚勤思想”一文被采用。2010—2011年，市纪委推进“反腐倡廉教育深化年”活动，向镇街村居发放《廉政准则》释义、学习问答和相关法规，开展《廉政准则》知识测试；组织部门单位党政负责人集体上廉政党课120余场，参与活动党员干部1.2万余人次；组织编撰《儒家经典文化读本》党员干部卷、幼儿卷，由山东人民出版社结集出版；儒家崇廉尚勤思想基地被命名为全国廉政教育基地，在孔子六艺城举行揭牌仪式，中央、省和济宁市纪委领导到会并致辞；定期组织各基层党委集中观看《廉政中国》《拒腐防变每月一课》等正反典型电化教材；开设新编廉政历史剧《杨震荐官》专场，为全市副县级以上党员领导干部、各单位党政班子成员上了一堂专题警示教育课；开展“风清圣城、崇廉尚勤”廉政文化作品创作评选，向全市征集廉政短信226条、廉政微博24条、廉政公益广告作品13条、廉政短剧9个；组织编创山东梆子戏《冷板凳》以及《红包》《公仪休嗜鱼》等廉政短剧入围济宁市优秀廉政文化作品网上巡展，获优秀奖。2012—2013年，市纪委面向全市中小学生免费开放儒家崇廉尚勤思想教育基地；组织3.7万余名党员签订勤政廉政承诺书，组织12个镇（街道）405个村居党组织负责人到市委党校集中培训；与市人民检察院合作建成“德政苑”警示教育基地；开展廉洁教育讲堂试点，建成机关、企业、学校、农村、社区等五大类标准化讲堂516个；组织推荐5名专家进入济宁市纪委反腐倡廉教育师资专家库。

第三节 信访举报

1991—1998年，市纪委受理信访举报1301件。1999—2002年，受理信访举报1372件，办结率97%。

2003—2005年，市纪委坚持依靠群众反腐败，受理信访举报500件，办结率98%。实行信访目标管理"一访两治"，控制集体访和越级访。2006—2007年，市纪委受理信访举报397件，办结率98%。实行信访举报双向承诺、信访案件听证、信访办事公开等制度；开展"走百访千"活动，收集群众关于党风廉政建设意见建议130多条，排查矛盾隐患61件。2008—2011年，市纪委受理信访举报956件，初信初访一次处结率100%。建立以群众工作统揽信访工作机制，拓宽群众利益诉求表达渠道，完善问题代理、受理、办理和结果反馈机制，扩大社会参与；开展"三无镇街""无越级集体访市创建"和"集中处理和解决重点信访问题"等活动；成立重点信访问题工作指挥部，坚持机关融入基层，干部融入群众，一线接访，入户化解，维护群众权益和社会稳定。2012年，市纪委受理信访举报180件，初信初访一次处结率100%。市纪委监察局将信访举报电话、行政效率投诉电话、政风行风投诉电话整合并入全国纪检监察机关统一举报电话，设立"12388"投诉举报热线，形成"一体受理、规范处置、协调联动"投诉举报新模式；组织开展涉农信访问题专项治理和"信访到我这里停止"活动。2013年，市纪委受理信访举报227件，初信初访一次处结率100%。开展"初信初访优质办理年"活动，在第一时间、第一地点解决群众的合理诉求；出台全员信访制度，实行实名举报回告制度，提高信访件处理质量。

第四节　执纪审查

1991—1993年，市纪委立查各类违纪违法案件433件，处分党员干部433人，其中党纪处分390人、政纪处分43人。1994—1995年，全市纪检监察机关立查各类违纪违法案件72件，给予党纪处分49人、政纪处分11人。1996—1998年，立查各类违纪违法案件208件，给予党纪处分129人、政纪处分70人，免予党纪政纪处分13人，挽回经济损失170万元。1999—2002年，查结各类违纪违法案件402件，其中涉及科级党员干部27件，大案和重点案件76件，挽回经济损失854万元。2003—2004年，立查各类违纪违法案件169件，挽回经济损失366.7万元，追缴违纪款145.19万元。2005年，立查44件，其中自办案件19件，移送司法机关4件。2006年，立查100件，其中自办案件36件，给予党政纪处分119人，移送司法机关16人，挽回经济损失589.06万元，追缴违纪款88.1万元；对商业贿赂情况进行集中治理，涉及10人件次，金额30余万元。2007年，立查57件，其中自办案件24件，自办重点案件9件，移送司法机关10人。2008年，立查60件，其中重点案件6件，自办案件20件；立查案件中经济类10件、占17%，失职渎职类41件、占68%，其他类9件、占15%。2009—2010年，立查188件，给予党纪处分355人，挽回经济损失499.01万元，追缴违纪款365.45万元。2011年，立查66件，给予党政纪处分75人，挽回经济损失70.33万元。2012年，立查80件，给予党纪处分118人，政纪处分1人，移送司法机关8人，挽回经济损失90.26万元，追缴违纪款22.26万元。2013年，市纪委组建32人案件审理专家库，实施镇街联片交叉办案，推广办案模板，提升基层办案能力。查办案件102起，给予党政纪处分147人，挽回经济损失539.04万元，追缴违纪款209.57万元。

第五节　执纪审理

1991—1999年，市纪委按照党纪处分条例、《行政机关公务员处分条例》《事业单位工作人员处分暂行规定》等进行案件审理工作。2000年，市纪委制定《关于进一步加强基层案件审理工作，提高审理质量的意见》，对基层查办违纪案件变事后检查为事前监督，指导基层办案62起；协助基层审理案件55起，纠正畸轻畸重案件10起，纠正定性错误13起；在乡镇、市直机关和企事业党委选择5个单位建立审理工作联系点。全年审结案件35件，经审理退回原移送机关3起。2001年，市纪委邀请济宁市纪委审理室负责人对纪检监察干部进行培训，组织全市90余名案件审理人员参加审理业务知识考试。全年审理各类违纪案件102起，指导基层纪委办案70起。对1993年以后查结案件处分决定执行情况进行全面检查，涉及433名违法违纪人员，其中科级干部46人、一般党员干部98人、农民党员156人。2002年，市纪委设立专(兼)职审理人员，审理各类违纪案件96起。对全市90余名纪检监察干部进行政治理论和审理业务知识培训，聘请210名政策法规联络员。建立政策法规网络，组织政策法规宣传活动24次，解答政策法规咨询60次，开展政策法规调研16次，向有关部门和领导报送政策法规信息3篇。2003—2004年，市纪委实行两级联片会审制度，将全市12个乡镇(街道)按自然区域成立4个联片会审小组，市直部门按行业特点成立5个小组，全市审结各类案件47起，补充证据材料60余份，规范办案手续50余件，纠正欠准确、处理不恰当案件10余起，因事实不清、证据不足撤案3起。对1993年合署办公至2002年年底市纪委监察局规范性文件进行全面清理，清理适用期已过或已经失效文件19个，并向社会公布。制订《曲阜市纪委监察局案件公开审理暂行办法》和《案件公开审理实施细则》。两年审理各类违纪案件150起。2009年，市纪委清理不合格评比达标活动7次，通过合格评比达标活动5次，完成对有关部门上报的498名先进个人、26个先进集体的受党政纪处分情况的政策审核工作。2012年，编印《曲阜市镇街、市直部门查办案件案卷模板》，共计16万余字。通过调研、召开座谈会和征求市级领导、部门、镇街意见等方式，起草《曲阜市中层干部作风效能问责暂行办法》《曲阜市干部作风建设“8个严禁、36个不准、7个一律”纪律要求》。为市委、市政府有关部门和镇街纪检机关购买“网上审理”软件并高标准配置案件审理机器设备，实现镇街案件由市纪委“网上审理”。2013年，市纪委建立市案件审理专家库，出台《曲阜市纪委监察局案件审理专家库管理暂行办法》，对专家库实行动态管理。

第六节　执法监察

1992—2001年，市纪委按照深化行政审批制度改革部署，对涉及各类经济组织和城乡居民的598项审批项目逐一进行清理审核，取消311项，保留287项，削减52%。成立行政审批中心，简化审批环节，规范审批程序，提高审批工作透明度。建立和规范有形建筑市场，实行建设工程招投标制度。深入落实“收支两条线”管理各项规定，加强预算外资金监督管理，对全市489个行政事业单位银行账户进行清理整顿，撤销356个，杜绝“账外账”“小金库”。对大型会议和公务活动实行财政统一审定结算。各乡镇、街道建立会计集中核算中心，从源头上堵塞财务管理漏洞。推行干部考选、任前公示、试用等制度，提高干部选拔任用民主、公开、竞争程度。全市120余个单位推行政务公开，85家国有、集体和国有控股企业及9家非公有制企业实行厂务公开，行政村全部实行村务公开，各教育卫生单位均实行校(院)务公开，全市形成以政务公开为龙头、各个层面全面展开的大公开格局。2002—2006年，市纪委针对群众反映强烈的热点、难点问题，围绕整顿和防范市场经济秩序、建筑工程招标、国债资金、清理个人借欠公款、企业效能监察、土地资金管理、机关事业单位人事制度改革、中层干部竞争上岗、招工招干、安全生产监督、计划生育、政务公开、国有土地使用权拍卖、政府采购、社区建设等，会同有关部门开展专项执法监察88次，涉及全市180余个被检查单位，涉及检查金额117613.6万元，查出违纪违规金额5741.5万元，为国家挽回经济损失894.3万元，纠正退还违规违纪资金1810.9万元，提出整改建议114件，做出监察决定43个，协助建章立制123项，发现案件线索21个，立案查处5个，处分人员5人。2007—2010年，市纪委会同市劳动和社会保障、卫生、财政、审计、物价等部门，对全市医疗保障资金管理使用情况开展联合监督检查。会同市建设、国土、房产、规划等部门对全市2005年至2007年期间建设用地逐宗进行清理，对房地产开发企业依法进行审计和检查。对环境保护法律法规和政策规定的落实情况开展监督检查，对89家重污染小企业进行集中关停。对国有资产投资的33项招标工程进行监督，中标总价9355万元，查处2起串标案件，对相关责任企业按照有关规定进行处理。开展全市建设工程项目执法监察“回头看”活动，催缴财政各项资金9223.18万元，发现各类违规违纪问题54个。会同安监部门加强对安全生产管理和生产单位及人员履行职责情况的监督检查，消除100余个安全隐患，免职2人，责令4人作出书面检查，与3名副科级领导干部进行警示谈话。会同民政等部门对全市26家福利企业进行复查，依法取消13家福利企业资格。对全市27个新增中央投资项目进行监督检查，现场反馈、责令整改发现问题，明确责任人和节点时限加以整改。会同市财政局、市审计局和市农业局对2008年以后全市种粮农民直接补贴等20余项资金落

实情况开展执法监察。2011—2013年，在全市房地产项目提高容积率集中清理行动中，补缴土地出让金和建设规费391.64万元。对全市保障性住房分配工作重点环节进行监督，取消4户购房资格。开展淮河流域水污染防治督导检查，下达限期整改通知书6份。开展闲置空闲低效用地专项行动，清理出批而未征、批而未供、闲置低效用地41宗，224.87公顷。对全市政府投资项目预概算情况进行专项检查，检查项目27个，查出无手续项目1个，责令整改。配合市国土局开展土地矿产卫片执法检查，对各乡镇整改情况进行督导，查办土地违法案件6起，给予6名村干部党纪处分。联合市财政局、市审计局等单位对政府采购执行情况开展专项执法检查，发现49家单位违规采购项目459个，违规金额3684.251万元。对29个单位下发整改通知书，对3个单位主要负责人进行约谈。清理整顿自备井，封停69个单位自备井77眼、手压井50眼。在市场中介领域清理规范工作中，发现问题38个，追缴违纪款54.92万元，责令补缴税款43.26万元，下发监察建议书3份，下发整改通知书15份。

第七节　作风纠风投诉

1991—1993年，清理侵占企业人财物问题；对其他行业不正之风的清理纠正，按照谁主管谁负责原则，由主管部门组织排查纠正。1993年，清理党政机关所办经济实体152个，从业机关人员176人，其中副科级以上干部兼职23人，全部办理脱钩手续。1994—1995年，市纪委清理清退党政机关无偿占用企业人员、车辆物资及借占资金。开展明查暗访，解决公路乱设卡、乱收费、乱罚款问题。实行收费公开制度，遏制中小学乱收费问题。对市属企业进行挂牌保护，印发保护企业合法权益规定，遏制向企业乱伸手不正之风。对计划外生育收费、个人挪借公款、预算外资金管理、棉花收购、农民负担、城市建设资金使用等问题开展专项检查11次。1996—1998年，开展治理公路乱收费、减轻农民负担、清理行政事业单位预算外资金和“小金库”、非农业建设用地等专项行动和执法监察。1999—2002年，开展民主评议行风、整顿行业作风、推行社会服务承诺和建立行风热线等活动。2003—2005年，推行药品集中招标采购制度，落实教育收费公示制度，对涉企收费项目进行清理。2006—2007年，开展纠风治乱工作，受理各类投诉111起，查结109起。开展“千名代表评机关”“民主评议行风”“千名司机评交警、千名患者评医风、千名家长评校风”等评议活动。2008—2011年，落实优化发展环境“十条规定”，实行企业生产“宁静日”、涉企检查收费批准备案、挂牌维护企业合法权益、“首违不罚”和较大数额罚款备案等制度，实行涉企收费“一费制”改革，开展专项整治活动。出台《旅游秩序整治工作推进机制》《旅游秩序整顿责任单位工作目标考核暂行办法》等7项规定，完善网格化管理措施，加大督察督办力度，严查各类破坏旅游秩序行为，查处各类扰乱旅游秩序案件316起，行政拘留192人。

第八节　“马上就办”机制

2011年年初，曲阜市在全市各级各部门单位挂牌设立101个“马上就办办公室”，全面推行首接负责、限时办结、一次性告知等10项行政效能提升制度，健全不作为乱作为慢作为行为处理、机关效能行为责任追究等惩戒规定，建立“马上就办”长效机制。组建群众监督评议团、随机暗访团，开展经常性明查暗访、民主评议，促进作风改进、效能提升。2012年5月，曲阜市“马上就办”工作方法入选人民网2011年度优秀地方新政。2012—2013年，市纪委深化“马上就办”工作机制。建立完善“马上就办”三大载体，开通“马上就办一线通”民生服务热线“4412345”，24小时受理民生诉求，第一时间转交相关“马上就办办公室”办理，全市运行34辆“马上就办直通车”，流动承办“马上就办”事项，一线督导事项办理。实施“四零”工程：实行行政许可、行政审批“零收费”，2013年减免收费300余万元、减少审批程序170个；实施工程建设“零插手”，抓捕破坏发展环境犯罪分子3人。以深化行政审批“三集中三到位”改革（部门行政审批权向一个科室集中、行政审批科室向行政服务中心集中、进驻服务中心项目向网上审批集中，做到审批事项进驻服务中心到位、审批授权到位、窗口人员到位）、推行“双代办三包”服务制（双代办：重大项目采

2012年4月，第三届地方新政曲阜论坛举办。曲阜市“马上就办办公室”工作机制入选“2011年十大优秀地方新政”

取“一个市级领导+一个部门”包保模式，项目手续由负责部门全程代办；采取政务服务外包模式，推行委托代理中心全程代办制。三包：对重大项目从申报受理、联办预审、办理审批手续等各流程，全面实现包代理、包时限、包办结服务制）为切入点，实施服务项目“零距离”。执行市行政服务中心牵头并联审批、双级并联审批和“一个会”审批制度（重大项目决策审批“绿色通道”，即一个会议决策、一个公章审批、自上而下联动、部门见章盖章审批模式），对招商引资项目落地涉及的前置审批实行会议审批、限时办结。完善电子监察系统预警纠错、即时评议功能。建立举报投诉快速反应机制，实施服务对象“零投诉”。2013年，拒绝进企检查收费7起，5000元以上处罚备案通过91起。

第六章　组织工作

中共曲阜市委组织部是市委主管组织、干部工作的职能部门。1991—2013年，组织工作围绕党的基本路线，加强党的执政能力建设、先进性和纯洁性建设，按照党的建设总要求，推进领导班子建设、干部队伍建设、人才队伍建设、党的基层组织建设和党员队伍建设。1991年，市委组织部内设办公室、干部科、组织科、知工科。1993年12月，撤销市委老干部局，设立市老干部局，不列市委序列机构，为正科级行政单位，下设干休所，老干部、老年人活动中心，老年大学。1994年，设立市党员电化教育中心。1996年11月，市老干部局更名为市委老干部局，隶属于市委组织部管理。1999年，市委组织部内设调研信息科。2002年，内设机构调整为办公室、干部科（挂干部监督科牌子）、组织科、新型经济社会组织党的建设联席会议办公室、调研信息科、市委组织员办公室、市干部信息中心等科室，下辖市党员电化教育中心。2004年，设立人才工作办公室。2005年，设立市党员干部现代远程教育管理中心，为正科级事业单位，撤销市党员电化教育中心。2010年，信息调研科更名为研究室；设立干部监督科、干部教育科；撤销新型经济社会组织党的建设联席会议办公室。2013年5月，市关心下一代工作委员会办公室划归市委老干部局管理。

第一节　党员队伍

曲阜市发展党员工作坚持标准，把好源头关，每年3月开展“入党积极分子培训月”活动，规定“有劣迹的一律不予发展、有信访的一律暂缓发展、异地入党的一律慎重发展、村支部书记亲属一律暂停发展”，落实“两推荐、两票决、三公示和四联审（政法、计生、信访、纪检）”制度，做到全程公开、全程纪实、全程审核、全程问责，确保发展党员工作在规范程序下进行。1991年，市委所属基层党委29个、党总支109个、党支部1129个，有党员22321人，其中预备党员502人、女党员2212人、少数民族党员74人。1991—

2002年，全市发展党员9336人。2002年，有所属基层党（工）委41个、党总支143个、党支部1415个；有党员31029人，其中女党员3738人、少数民族党员110人。2003—2012年，全市发展党员8178人。2013年起，试行乡镇党代会年会制。至2013年年底，市委所属基层党（工）委有42个，党支部1477个，有党员37181人，其中预备党员408人、女党员6300人、少数民族党员118人。

第二节　党员教育

1991年，市委组织部在全市开展社会主义市场经济大讨论，提高党员干部市场经济意识。1998年，在市级以上党政领导班子、领导干部中开展以“讲学习、讲政治、讲正气”为主要内容的党性党风教育。2000年，开展农村“三个代表”重要思想学习活动。1—5月，按照省和济宁市委要求，全面开展以讲学习、讲政治、讲正气为主要内容的“三讲”教育活动。2001年10月，组织全市党员收看全国村级“三个代表”重要思想学习教育电视电话会议。11月，市委召开全市村级“三个代表”重要思想学习教育活动动员大会。2005年1月，开展党员先进性教育活动，在全市机关、乡镇（街道）和农村基层党员中分期分批逐次展开。2006年6月，市委召开全市保持共产党员先进性教育活动总结大会。2009年3月，在全市开展深入学习实践科学发展观活动，第一批从2009年3月至2009年8月，第二批从2009年9月至2010年2月。2010年4月，开展创先争优活动，各级党组织和党员贯彻落实中央决策部署，坚持以学习实践科学发展观为主题，以“推动科学发展、促进社会和谐、服务人民群众、加强基层组织”为目标，深入推进创先争优活动。2011年，开展窗口单位和服务行业为民服务创先争优活动。2012年，开展基层组织建设年活动。2013年，开展以“修学、修心、修礼、修德、修政、修廉”为载体的干部修身活动。

第三节　基层组织建设

20世纪90年代初，市委重点抓全市各级领导班子建设，完善党的民主集中制和党务管理目标，推动农村基层组织整顿和建设，加强企事业单位党组织建设。2006年8月，市委制定《关于加强全市基层组织建设“1+x”意见》，“1”就是《关于深化农村党的建设“三级联创”活动推进社会主义新农村建设的意见》，“x”就是《关于进一步调整完善农村基层党组织设置的意见》《关于创建基层党建示范点的意见》《关于规范完善无职党员“设岗定责”制度的意见》《关于规范完善基层党组织、党员公开承诺制度的意见》《关于做好不履行党员义务、不具备党员条件教育转化和不合格党员处理工作的意见》等。2010年，开展创先争优活动，制定《关于在党的基层组织和党员中深入开展创先争优活动的实施意见》，成立领导小组，抽调人员组成全市创先争优活动办公室，结合曲阜实际，确定“科学发展、富民强市”的活动主题和“以为党争光、为民造福、永葆先进性”的价值取向。在创先争优活动开展基础上，在全市各级党组织和党员中开展以争创党建品牌进“双十”、争当先锋标兵进“双百”为内容的“双争双进”活动。坚持典型培植，突出宣传引导作用，举办创先争优知识竞赛，在市电视台开办“双争双进比贡献、创先争优促发展”栏目，在孔子故里网开辟“创先争优”专栏，依托部刊《圣城组工》开办“圣城先锋”专栏，开通组织系统手机短信信息平台，组织人员录制创先争优专题片《辉煌在平凡中铸就》，编印《党旗生辉映圣城——曲阜市2010年度基层党建工作纪实》，每周利用市远程教育频道和市电视台《圣城视点》栏目播放推出一批可学可比的党员典型。在“双争双进”活动中，基层党组织形成党员商户示范诚信经营一条街、村企“双联创争”、社区专职组织员、“一创双带”、企业党员责任区、党员空中课堂、村支部书记论坛、住建一线党旗红等一批品牌，涌现出全国劳动模范、董庄乡屈家村党支部书记孔庆灿，全国优秀人民警察颜世梅，环卫干部孔秀娟，自主创业大学生村官张琦，创业致富女党员魏哲英、宋学芳等一批先进典型。2011年，实施第一书记“1+1”制度，变过去管理群众为实实在在地服务群众。选聘60名优秀村支部书记担任特聘组织员，协助乡镇抓党建、促发展、保稳定。2012年，探索开展干部群众路线教育实践活动，坚持“百姓至上”理念，出台活动实施意见，成立活动办公室，编印活动简报，创新实施第一书记“1+1”制度、“马上就办”工作法等

2013年，市委组织部约谈村党支部书记现场

制度机制，使干部联系群众有抓手、深入群众有平台、服务群众有渠道。刘云山、赵乐际和李源潮等中央领导分别对曲阜市创新开展的干部群众路线教育实践活动和第一书记工作作出批示。中组部调研组先后2次到曲阜市调研指导基层组织建设年和干部群众路线教育实践活动开展情况。以“精品党建·美丽乡村·幸福家园”为主题，开展“百强示范村”创建活动，采取逐村观摩、苏州培训、定期督导、以奖代补等形式，分批打造100个“领导班子坚强、集体经济发展、群众生活富裕、村容村貌整洁、村风民风文明、生态环境优美”的基层党建“亮点村”，全市从南至北形成13条“精品党建示范线路”。2013年，实施基层党组织服务能力提升工程，市委书记带头履行抓基层党建工作责任。以干部联系农户为基本途径，组织全市3800余名干部与14.8万农户群众建立联系，实现干部、农户“两个全覆盖”。在济宁市率先试行乡镇党代会年会制，实行党代会代表提案制，推进党代表履职常态化，全市8个镇召开镇党代会年会，有800名党代表出席、604名党员群众列席，收到党代表提案104件，征集“群众最不满意事情”96件，收集意见建议900余条。

第四节　干部管理

曲阜市贯彻执行《党政领导干部选拔任用工作条例》，严格用人标准，完善工作程序，扩大选人用人视野，加大干部选任工作透明度，把实绩突出、群众公认的干部选拔到领导岗位。2003年起，执行中央、省和济宁市贯彻落实《党政领导干部选拔任用工作条例》要求，梳理全市干部选拔任用、监督管理等档案材料，先后开展10次专项检查。2010年起，坚持“以德为先、实绩至上”和“重视基层、倾斜一线”用人导向，选派干部到全市重点工程建设一线、驻点驻企招商引资一线、“第一书记”农村基层一线培养锻炼，在一线发现、培养、选拔干部；坚持正反评德和干部选任“双公示”等制度，改进干部选拔任用全程纪实制度，引导干部树立正确政绩观；5月，制定《曲阜市实行干部工作巡察制度暂行办法》，定期不定期开展干部工作巡回检查和干部考察，了解各级领导班子运行情况和干部队伍建设情况，及时发现并解决领导班子和干部队伍建设存在的苗头性问题。9月，制定《曲阜市公开差额选拔任用领导干部办法》，推行公开选拔、竞争上岗，探索公推直选、公开遴选等多种竞争性选拔方式，选拔13名镇（街道）党政正职干部、8名市直部门单位正职干部、2名市直部门副职干部，采用公推直选方式选拔姚村镇党委书记，探索采用“大评委制”办法选拔19名科级领导干部。9月，出台《曲阜市机关事业单位科级以下中层干部管理办法》和《曲阜市中层干部交流工作办法》，加大中层及以下干部交流工作力度，促进干部管理规范化。

第五节　老干部工作

1991年起，每年5月由市财政拨款组织老干部健康查体一次。每年按规定为老干部订阅各类报纸杂志，丰富老干部学习内容；市党代会、人代会、政协会等重要会议和重大活动，邀请老干部参加；每年两次向老干部通报全市经济社会发展情况；重大节日坚持走访慰问老干部活动；实施定期组织老干部参观重大工农业项目等制度。1991—1993年，老干部工资和医疗费受财政体制改革和部分企业破产、改制和医疗制度改革等因素影响，全市微利亏损事业单位离休干部“两费”出现拖欠现象。市老干部工作领导

小组制定一系列工作制度，定期研究制定解决离休干部“三个机制”运行过程中存在问题、及时督促解决的工作机制，每年三次集中时间、集中精力抓“两费”清欠。1993年，全市有离休干部784人，其中抗日战争时期入伍的149人、解放战争时期入伍的635人，共产党员529人，非党干部255人。1994年10月，曲阜市成立市关心下一代工作委员会，以组织发挥老干部、老战士、老专家、老教师、老模范“五老”在未成年人思想道德建设中的作用。1994—1995年，市财政拨款1300余万元用于解决乡镇离退休干部工资、医药费；市劳动保险处对统筹资金不能及时上缴的企事业单位，继续支付离退休干部工资3~6个月，并对离休干部1000元以上医疗费给予统筹解决；市财政拨专款3万元救济158户离休干部及遗属特困户。1996年9月，市老干部老年人活动中心落成启用，中心设置棋牌室、麻将室、台球室、乒乓球室、阅文室等。1998年起，全市离休干部离休费逐步实现社会统筹发放。2001年9月1日起，实施离休干部医疗统筹。2005年，市委成立市老干部党校，每年举办两期老干部党支部书记培训班。2013年，离休干部医疗统筹标准调整为每人每年14520元，每年按10%标准递增。至12月底，全市有离休干部278人；其中行政机关111人、事业单位91人、企业单位76人；抗日战争时期参加工作离休干部34人，解放战争时期参加工作244人；享受县处级待遇73人；全市离休干部平均年龄87岁，80岁以上270人，70至79岁8人。有退休干部4260人，其中，行政机关823人、事业单位3002人、企业单位435人。全市单建老干部党支部62个，单建老干部党小组44个；有离休干部党员206人、退休干部党员2476人。

第六节　老年大学

1990年3月，市老年大学成立，利用市委党校校舍设施办学，市财政拨款4000元作为筹建经费。3月1日，举行市老年大学成立暨首届学员开学典礼，首届学员50名，多是离休干部。开设课程有老年卫生保健、老年体育、老年心理学、曲阜文史、时事政治、书法、花卉栽培、烹饪、写作，学制两年。1991—1996年，毕业学员3届，计5个班200人。自1991年起，每届编撰一期《曲阜老年大学办学专辑》，刊登学员心得及作品。1996年，市老年大学列为正科级事业单位，与市老干部活动中心合署办公，隶属市委老干部局管理，归口市委组织部，有工作人员3人。7月，市老年大学由市委党校迁至市老干部活动中心（老年人活动中心），改为夏季招生，秋季开学，两年一届。2001年11月30日，曲阜市第一处乡镇老年学校——市老年大学陵城分校成立，并举行首届学员开学典礼。至2002年10月，曲阜市12个乡镇（街道）陆续成立市老年大学分校，一般开设一个班，学员30人。2004年5月18日，市老年大学仓巷社区分校成立，成为济宁市第一处村街老年学校。同年，市老年大学扩大办学规模。9月，市老年大学第八届招收16个教学班，学员755人次，任课教师45名。2005年7月13日，市委老干部党校成立，与市老年大学一门两牌。10月11日，市委老干部党校首届开班。市委老干部党校每年举办专题培训班，内容紧密结合党和国家大政方针和市委、市政府中心工作，参加人员有全市老干部党支部书记、市直部门老干部科科长、乡镇（街道）党（工）委组织委员或组织干事、市老年大学各班级临时党支部书记等。2007年4月，市老年大学设立临时党总支，各教学班设立临时党支部。10月25日，市老年大学舞蹈节目《十送红军》在省第二届老干部艺术节（济宁区活动）文艺会演中，获得银奖，学校获优秀组织奖。2008年3月，市老年大学被济宁市政府授予“首届十佳老龄工作先进单位”称号；2009年5月，被济宁市委、市政府授予老干部工作先进集体称号。2011年，编撰《课程标准与执教心得汇编（1990—2010）》（高超主编）。至2013年12月，市老年大学有11届4200余人次毕业。

第七节　包村工作和“第一书记”制度

1991年，曲阜市以促进农村和谐发展、提高民生工作水平、密切党群干群关系为宗旨，不断改进加强包村帮扶工作。1998年起，开展“城乡联建创五好”工作，以城乡党的基层组织结对帮扶、互帮互助，提升基层组织建设整体水平为抓手，选派机关干部，到农村蹲点帮扶，治穷、治乱、治瘫。2011年2月，曲阜市探索实施“第一书记”“1+1”制度，即村村选派“第一书记”、村村选派大学生村干部或年轻干部担任村助理,全市选派405名实职科级以上党员领导干部到村任第一书记,同时选取405名大学生村干部和年轻干部任村党组织书记(村主任)助理,“第一书记”主要职责是当好村里“五大员”即党建工作指导员、群众信访代理员、经济发展领航员、农民群众教导员和支部书记监督员,其主要特点是“全覆盖、常态化、终身制、负全责、群众评”,初步探索形成符合县乡层面实际的“干部不脱产、工作两兼顾、到村联帮促”的“第一书记”曲阜模式。2011年12月4日,中共中央政治局委员、中央书记处书记、中央组织部部长李源潮到曲阜市考察指导工作,认为这一做法是联系基层的好制度,对这一制度给予肯定;2012年1月21日,李源潮作出批示,要求将选派“第一书记”作为基层组织建设年的一个通行做法予以推广。《中央创先争优活动简报》、中组部《组工通讯》《组工信息》《党建研究》均予以刊发,中央电视台连续5天进行跟踪报道,《光明日报》连续2期头版头条宣传,《人民日报》、《中国青年报》、《大众日报》、人民网、新华网等新闻媒体先后对曲阜市“第一书记”工作做法给予宣传报道。2013年4月,635名济宁市直部门机关干部、4465名曲阜机关干部与全市14.8万个农村居民家庭建立联系。至2013年年底,曲阜市“第一书记”和包村干部帮助全市农村镇街清理整治小街小巷4000余条,建设农村公路、村内街巷2248千米,全面实现“村村通、村内通”,基本实现“户户通”,80%以上农村村街环境卫生实现“美、洁、净”;指导87个村推选更换党支部书记,40多个村班子由“弱”变“强”。

第七章　宣传工作

曲阜市宣传思想战线学习宣传贯彻中共十四大至十八大精神,坚持解放思想、实事求是、与时俱进、求真务实的思想路线,围绕中心、服务大局,加强党的思想理论建设,推动全市党员干部、群众思想解放、观念更新,为全市改革开放和经济社会发展创造良好的社会舆论环境。

1991年,市委宣传部内设办公室、理论教育科、新闻科、社会宣传科,代管市精神文明建设指导委员会办公室。1993年3月,设立市对外宣传办公室,为副科级事业单位;12月,撤销市精神文明建设指导委员会办公室、市对外宣传办公室,设立企业思想政治工作科。1994年6月,设立市对外宣传办公室,市政府设立新闻办公室,二单位合署办公,为副科级事业单位,市委宣传部代管。1995年7月,设立市精神文明建设委员会办公室(简称市文明办),为正科级事业单位,市委宣传部代管。1998年7月,市对外宣传办公室(市政府新闻办公室)升格为正科级事业单位。2002年4月,市文明办、市对外宣传办公室调整为市委宣传部内设机构。2007年5月,设立市互联网管理办公室,为副科级事业单位,隶属市委宣传部管理。9月,设立信息调研科。2013年,市委宣传部内设办公室、信息调研科、新闻科、理论教育科、政治思想教育科,下辖市精神文明建设委员会办公室、市委对外宣传办公室(挂市政府新闻办公室牌子)、市互联网管理办公室。

第一节　理论教育

1991年,市委宣传部按照市委统一部署,在全市组织社会主义思想教育活动、解放思想换脑筋大讨论和发展社会主义市场经济大讨论活动。1992年,全市开展“如何坚持以经济建设为中心”“解放思想换脑筋”和“发展社会主义市场经济”3次大讨论。1995年,结合庆“七一”,组织全市2万名党员参加“双学知识答卷竞赛”,举办“孔府家杯”双学知识电视大奖赛,开展“一名党员一面旗”活动和“阙里杯”市场经济理论万人答卷竞赛活动。1997年,市委理论学习中心组带头,引导干部群众学习初级阶段基本理论,举办20余次座谈读书会,各级干部撰写发表理论文章452篇,提出合理化建议53条。在《曲阜日报》

开辟《理论园地》《学决议导读》《解放思想　抓住机遇　加快发展》等专题或专栏，为群众解疑释惑。1999年，在新闻媒体开辟“庆祝建国五十周年”“加强党的建设　实践三个代表”“与时俱进　执政为民”等专栏。2000年，结合“三讲”教育，在全市开展“解放思想、加快发展”大讨论。2002年，开展“建设学习型城市”活动，建立机关、企事业、乡镇、家庭等学习型组织，促进学习型社会形成。2003—2005年，市委、乡（镇、街道）党（工）委理论中心组全面落实市委制定的学习计划，采取读书会、报告会等形式，系统学习中共十六大及十六届三中、四中、五中全会精神、科学发展观、党的执政能力建设、构建和谐社会等内容。邀请著名经济学家林毅夫、省委讲师团副团长何克亮等专家学者为全市领导干部作专题讲座和报告。开展中共十六大及十六届三中、四中、五中全会精神集中学习教育和理论下基层活动，到基层单位宣讲460余场次，听众10万余人次。开展创建学习型企业活动；建成各类学习型组织630余个。2004年，开展“基层党校建设年”活动，各党（工）委设立基层党校和党员活动室，村街全部设有党员教育宣传栏，全市建成一类规范化基层党校19个、党员活动室126个。同年，曲阜市获省党员教育工作先进市称号。2006年，开展社会主义荣辱观宣传教育活动，注重抓好“三个深化”，做到“三个结合”，即继续抓好深化“崇德守法、美在曲阜”“诚信曲阜行、道德进万家”“文明曲阜行、礼仪在圣城”活动，做到与弘扬“诚信、儒雅、自强、创新”曲阜精神相结合、与建设社会主义新农村相结合、与精神文明实践活动相结合；印发《社会主义荣辱观教育读本》3000册，组织乡镇（街道）党（工）委、市直党（工）委参与中央宣传部等6部委组织的树立社会主义荣辱观百题知识竞赛；举办树立社会主义荣辱观征文活动，收到各类征文600余篇；在全市开展礼仪实践、“交通三让”、城市美化、环境保护、诚信经营、小手拉大手等6项主题活动。2007年，中共十七大召开之后，市委印发《关于深入学习贯彻中共十七大精神的决议》，市委中心组重点对十七大报告和新党章进行专题研讨学习。各部门单位采取集中学习、辅导讲座、专题报告、张贴标语、举办知识竞赛、召开座谈会等形式，开展学习宣传活动。组织宣讲团到乡镇、街道、企业、社区、学校宣讲110余场次，听众2万余人次。市委中心组成员在省和国家级报刊刊发理论文章、调研报告40余篇。同年，市委宣传部获省理论教育和党员教育先进集体称号。2008—2011年，市委宣传部印发《关于进一步加强理论学习的意见》，完善《曲阜市、乡两级党委理论学习规范化细则》，对党委理论学习实施年度量化管理考核评比制度。围绕市场经济、企业改革、党的基本理论等有关知识，举办1000余场学习报告会。开展“党员集中学习日”活动，邀请龙永图、王永章、傅佩荣、葛剑雄、鲁培新、易中天、于丹、何克亮、罗云等国内外知名人士到曲阜授课。以创建学习型机关、企（事）业、村镇、家庭活动为载体，举办构建和谐社会、依法行政等专题报告130余场次，受教育人员21万人次；市委宣传部组织宣讲团到农村基层上大课360场次，接受教育干部群众70余万人次。各党委中心组领导干部围绕“2711工程”“第一书记”、驻点招商、文化产业等专题到基层开展调查研究，撰写专题理论文章、调研报告、学习体会450余篇，读书笔记640多万字。举办“纪念改革开放30周年”理论研讨征文活动，拍摄反映全市改革开放30年变化电视专题片——《曲阜巨变》。2008年3月，《舆海泛舟》（孔令绍著）由人民日报出版社出版发行；12月10—12日，举办“纪念改革开放30周年成就展”，设有政治社会事业、工业经济、农业和乡镇、文化旅游、城市建设和书画展6个展区，宣传牌467块、书画及照片109幅、实物536件，全市党员干部、中小学生、离退休老干部及社会各界群众2万余人参观。2012年，开展理论大众化示范点创建工作，吴村镇、尼山镇、市第二人民医院入选济宁市理论大众化示范点；举办“解放思想跨越发展大讨论”活动，在市级领导、企业家和市民等多个层面，开展“差距在哪里”“标杆是什么”“我（们）该怎么办”大讨论活动；开展干部群众路线主题教育活动，从信念信心信仰、为民服务、廉洁自律、个人品德4个方面对干部进行群众路线教育，举办集中学习研讨、专题知识讲座等1000余场次；组织社会科学普及周活动，其中“唱响曲阜舞动圣城”“人人唱村村演”群众文化活动展演等活动列入济宁市重点调度项目；《关于建设曲阜文化经济特区的研究课题》入选济宁市社会科学规划重点资助项目。

第二节 新闻宣传

1993年，全市对外发稿2000余件。市委宣传部组织编纂《香港商报》《人民日报》（海外版）《中国日报》《中国图片报》专版，出版中英文对照版《孔子故乡——曲阜》宣传折页，组织拍摄中英文对照电视专题片《走向开放的历史文化名城——曲阜》。1994—1995年，市委宣传部建立新闻例会制度，对上发稿1300余篇。印发《关于在全市建立新闻报道通信网络的意见》，各党委设立记者站、记者组，形成上下贯穿一体的通讯报道网络。1996—1998年，架通以光缆传输为主、微波传输为辅、覆盖全市城乡的独立有线电视传输网络，《曲阜报》被国家新闻出版署批准改为对开《曲阜日报》，发行量1.2万份以上。市委宣传部及新闻宣传系统对上发稿6252篇（条），外宣发稿400篇。1999—2002年，对上发稿7623篇（条），其中外宣媒体发稿687篇（条）、专版52个。2002年，中国新闻社设立曲阜记者站。论文《巧打孔子故里牌》获中国外文局“中国报道杯”一等奖。2003—2005年，修订《安全播出应急预案》，建立新闻发布协调机制。全市对上对外发稿6000余篇（条），协助有关媒体拍摄《中国古代圣贤——孔子》等12部外宣片。2006—2007年，对上发稿5000条（篇）。拍摄《孔子诞生的传说》《楷雕》等5部专题片在美国斯科拉有线电视网等媒体播出。2008—2011年，在中央媒体刊发稿件400余篇（条）。2010年，曲阜市建立新闻发言人和网络发言人队伍。2011年，市委宣传部印发《关于建立和完善党委新闻发言人制度的实施意见》。2011—2013年，曲阜市“第一书记”、“马上就办”、信访局“第一局长”、“齐鲁先锋共产党员”张佃壮、“山东好人”宋娟等一批新政举措、典型人物在全国各类媒体刊发。其中“第一书记”经验做法在《光明日报·情况反映》刊发，中共中央政治局委员李源潮作出批示，中央电视台、《光明日报》、《人民日报》等媒体分别予以报道；信访局“第一局长”入选“全国优秀地方新政”。协助中央电视台、央视西班牙语频道、《大道儒商》等摄制组拍摄专题12个。在市电视台、电台、《今日曲阜》开辟“来自‘2711’工程的报道”“招商一线”“打好百日会战攻坚战”等专题专栏。

第三节 道德城市建设

2012年8月，市委、市政府印发《关于建设“彬彬有礼道德城市”的意见》，在全市开展“彬彬有礼道德城市”主题教育活动。主要任务是实施“爱德”工程，建设大爱之城；实施“诚德”工程，建设诚信之城；实施“孝德”工程，建设孝德之城；实施“仁德”工程，建设仁德之城。10月，公开征集“彬彬有礼道德城市”标识系统LOGO设计方案。同年，曲阜市获得全省“四德”工程示范市和全省乡村文明行动示范市称号。2013年3月5日，曲阜市成立领导干部学雷锋志愿者服务队，200名市级领导和单位部门主要负责人加入志愿服务行列。7月，山东省“孝德文化·健康长寿”论坛在曲阜市召开，市委书记李长胜作《倡树“儒孝”之风，创建“孝德”之城——曲阜市“孝德”文化建设实现新突破》的典型发言；在会上，曲阜市被授予“山东省孝德文化教育基地”称号。至年底，市志愿者协会发展会员3000余名。

2013年5月28日，在曲阜市网民座谈会上，市委书记李长胜（前右五）与网民代表座谈现场

第四节　网络管理

2007年5月，曲阜市成立市互联网管理办公室（简称市网管办），隶属市委宣传部管理。2008—2011年，市网管办在各门户网站刊发稿件300余篇（条）。定期召开网民座谈会，分析研判网上舆情，编发《舆情动态》《每日网络舆情》《网民呼声》等；建立网络发言人制度，在全市各党委、重点单位建立网络发言人及评论员队伍；每季度召开一次例会，对网络热点问题、敏感问题、重大决策问题进行研究；在全市设立舆情信息直报点20多个。2008年11月，召开第一届网民座谈会，了解网络舆情，听取网民意见。2012年8月，举办网民“走近2711工程”活动，组织网民代表观摩新农村建设、重点企业、城市建设、“群众不满意十件事”办理等进展情况。此后，活动形成常态化。同年，网民座谈会转变为“网民与市委书记面对面”活动，每季度举办一次，市委书记主持，各职能部门主要领导参与，直接面对网民咨询与问政。该举措由新华社报道后，在全国引起较大反响。2013年，10名长期在“百度曲阜贴吧”活跃网民代表被邀请列席市人代会、市政协会，并参与议案分组讨论。5月，出台《关于开展“便捷网络　精彩生活”主题网络文化活动的意见》，引导全市网络媒体和网民共同建设文明健康的网络世界。10月，建立市级领导联系网民制度，每位市级领导根据分管领域联系2—3名相关行业网民代表并保持经常性沟通联系，听取意见建议，接受批评和监督。至2013年年底，有50余名网友被交通、卫生、规划等10余个部门选为监督员。

第八章　统一战线

1991—2013年，市委统战部落实中央、省、市多党合作政治协商制度，召开各种类型党外人士协商会、座谈会、通报会160余次，党外人士向各级党委、人大、政府、政协提交建议360余件。做好政协委员人选酝酿、推荐、考察、提名工作，当好参谋助手；会同有关部门做好选拔、安排民主党派党外人士担任领导职务工作；成立市海外联谊会，开展曲阜与海外文化交流活动。

1991年，市委统一战线工作部（简称市委统战部）为市委工作部门，对台办公室（市政府台湾事务办公室）为市委归口管理对台事务科级工作机构，与市委统战部合署办公。1992年1月，市委对台办公室更名为市委台湾工作办公室，不再与市委统战部合署，为市委工作部门。1993年12月，市委台湾工作办公室撤销。1994年9月，曲阜市成立市海外联谊会，有美国、日本、韩国、法国等国家和中国台湾、香港地区27位海外朋友出席成立大会，利用人脉、文化、区位等资源优势，发展海内外联谊文化，大批港澳台海外知名人士纷纷到曲阜寻根问祖，开展文化交流活动。1995年7月，市委设立台湾同胞接待站，为副科级事业单位，隶属于统战部。11月，台湾同胞接待站更名为台湾同胞接待处。1999年1月，市委设立台湾工作办公室，为市委工作部门，与市委统战部合署办公。2000年3月，设立市民族宗教局，为正科级政府机构，主管全市民族宗教工作，与市委统战部合署办公。2002年7月，市委统战部挂市台湾工作办公室牌子。2007年6月，市台湾工作办公室挂靠市委办公室管理。

第一节　民主人士参政议政

1991—1993年，市委统战部邀请民主党派、工商联负责人及各界代表举行民主协商会、座谈会、情况通报会等28次。1993年，市委印发《中共曲阜市委关于进一步加强多党合作和政治协商制度的意见》，将多党合作和政治协商内容、形式等进行完善。1994年，建立市委市政府领导和统战部负责人与党外人士联系制度，聘请8名民主党派、无党派代表人士担任特约检察员、监察员、审计员和教育督导员，实现党同各界人士合作共事和协商监督的经常化、制度化。1996—1998年，曲阜市民主人士针对教育、科技、医疗卫生、城建、环保、绿化、反腐倡廉等工作撰写政协提案，向市委、市政府提出合理化建议131条，被市委、市政府采纳120条，有18件提案被评选为市政协优秀政协提案。1999—2002年，市委召开或委托统战部召开民主协商会、座谈会、情况通报会等34次，同民主党派、工商联负责人及无党派代表人士就全市改革、发展中的重大问题，进行广泛的协商，充分听取党外各界人士意见。市政府各部门主动与民主党派联系，邀请党派负责人参加有关会议和活动，赠阅有关文件，拓宽民主党派参政议政、民主监督渠道。2006—2007年，市委召开协商会、座谈会、情况通报会12次，市政府17个部门与民主党派建立对口联系，发挥民主党派参政议政和民主监督作用，在各民主党派中开展以坚持中国特色社会主义政治发展道路为主题的政治交接学习教育活动，各民主党派、工商联开展调查研究，就改革发展中一些重大问题提出许多意见和建议，一些议案和建议被市委、市政府采纳。2008—2011年，市委统战部抓好多党合作各项制度落实，支持各民主党派、工商联和无党派人士，围绕全市经济建设和社会发展中重要问题，尤其是针对产业结构调整、新农村建设、城市重点工程等一些中心工作，多搞实地调查，多做深入研究，为市委、市政府科学决策提供参考。2011年，开展“党外代表人士队伍建设年”活动。建立“党政领导联系党外人士”制度，出台《党外代表人士队伍建设年活动实施方案》等文件，确定党外代表人士名单，建立600余人党外人士队伍、200多人党外人士人才库，向济宁市委统战部推荐41名高素质党外代表人士，其中无党派15人，民主党派20人，宗教界3人，少数民族1人，非公经济2人。2012年起，建立每年与民主党派成员定期召开座谈会、交心会、联谊会等制度。市政府常务会议邀请民主党派负责人列席；市政府有关部门根据业务范围，同相关民主党派定期召开信息沟通会议，就全市发展规划、年度计划、重大事项等向民主党派通报并征求意见建议；邀请民主党派成员就执行情况进行考察，就重点、难点、热点问题开展专题调研，就社情民意开展走访座谈。

第二节 民主人士和少数民族干部任用

每次政协换届，市委统战部发挥职能作用，做好人选酝酿、推荐、考察、提名工作，从委员规模、界别设置，构成比例及新老委员安排，突出广泛性、代表性。市政协委员既保留一批政治上强、有丰富阅历的老委员，保证工作连续性，同时又提拔一批年纪轻、文化程度高，参政议政能力强的新人，为政协组织注入新活力。

1991年，市委统战部建立党外干部后备队伍，对18名党外干部进行重点培养，当年安排副科级党外干部2人。1993年，对218名党外人士进行政治安排，其中市人大代表93人，市政协委员125人，有1名党外人士担任市人大常委会委员，3名党外人士担任市政协副主席。1994—1995年，安排副科级以上党外干部4人；安排各级党外人大代表101人、政协委员138人。1997年10月，推荐十届市政协委员205人、常委人选35人。1998年，对全市党外干部情况进行摸底调查，对300名股级以上党外干部进行登记；与各党委协商，推荐后备干部人选，建立一支45人党外后备干部队伍。1999年12月，市委公开考选党外干部12人。2002年年底，全市有党外领导干部20人，其中县级党外领导干部5人，包括人大常委会副主任1人、副市长1人、市政协副主席3人；科级党外领导干部15人，其中在政府任职10人、司法1人、学校1人、乡镇3人；在人大、政协做政治安排176人。2005年12月，有县级党外领导干部5人，其中市政协副主席3人、市人大常委会副主任1人、副市长1人；科级党外领导干部16人，其中在政府部门任职10人、司法1人、学校1人、乡镇4人。2007年12月，有县级党外领导干部5人，其中市人大常委会副主任1人、副市长1人、市政协副主席3人，科级党外干部19人。2011年12月，十三届市政协委员规模确定为246人，设26个界别，一次会议安排中共人选96人、非中共人选149人，共计245人，其中民主党派委员有38人，妇女委员有60人，少数民族和宗教界委员有8人，非公经济代表委员有29人，党外人士中有1人担任市人大常委会副主任，1人担任市政府副市长，3人担任市

政协副主席。2013年，重点考察2名党外代表人士进入人大、政协领导班子。市级领导班子中，有党外代表人士5人，有5个镇（街道）领导班子配有党外干部，15个市直部门班子配有党外干部。

第三节　民主党派工作

市委统战部支持民主党派加强自身建设，引导民主党派参政议政，鼓励民主党派围绕全市经济建设开展服务工作。

1991年，曲阜市有4个民主党派，即民革、民盟、民建、九三学社。1993年，有成员87人。市委统战部向民主党派提出“四定”（思想定向、班子定规、工作定标、管理定则）要求，促进民主党派工作开展。1994—1995年，各民主党派开展调查研究10多次，撰写、主编、出版书籍5种，写调查报告、论文、科普文章20余篇，引进、推广新技术新品种20多种，举办培训班、开展咨询服务300余场次。1996—1998年，各民主党派开展技术咨询服务200次，举办培训班3次，培训人员450人；开展义诊、咨询、送医药下乡10次，诊治疑难病症400余人次；举办名人名家书画展10次，展出书画作品1000余件。1997年，协助民主党派做好换届工作，市委统战部牵头，组成民主党派换届工作班子，协助九三学社曲阜市委、民盟曲阜支部、民建曲阜支部召开代表大会，完成领导班子充实调整。2002年，市委、市政府为5个民主党派调换办公场所，改善办公条件，出台加强支持党派工作、实行部门与党派对口联系、支持党派开展专题调研等文件。2012—2013年，各民主党派成员以送教、助学、助老、助残等多种方式，开展特色社会服务活动30余次，捐助善款60余万元，惠及群众2000余人。至2013年年底，全市民主党派5个，成员有206人。（详见第二十编第一章）

第四节　民族　宗教

1991—2013年，曲阜市不断强化工作机制，以开展民族团结进步宣传活动为载体，以发展民族经济为重点，完善市镇村三级宗教事务管理网络，建立区域宗教管理工作协调机制，提高处理宗教领域突发事件能力，全力维护民族宗教领域和谐稳定。（详见第三十三编第六章）

第九章　对台工作

曲阜市对台工作遵循“和平统一、一国两制”基本方针，坚持发展两岸关系、推进祖国和平统一进程八项主张及中央、省和济宁市对台工作要求，抓住重点，突出特色，做好对台工作机构建设、经贸文化交往交流、对台招商引资、台胞台属服务、对台宣传推介等各项工作，推动曲阜对台工作全面平衡发展。1999年8月，曲阜市被确定为全省对台工作重点市。2011年5月，设立山东省（曲阜）台湾工业园。2013年6月，曲阜孔庙被批准为国家级“海峡两岸交流基地”。

第一节　对台交往

1994年9月，曲阜市成立市海外联谊会，以促进曲阜和台湾地区在经贸、文化、旅游等方面的交流往来。1995年，曲阜市到台湾举办孔子故乡四千年文物大展。1996年7月，中国社科院在曲阜举办海峡两岸弘扬中华传统文化学术研讨会，接待大陆、台湾知名学者50人。1997年，接待“台湾孔子周游列国史迹考察团”一行20人。1998年5月，以国民党原副主席林洋港为首的“海和会”赴大陆参访团一行30人到曲阜访问，并参加孔庙祭孔活动。1999年8月，省政府确定曲阜为全省对台工作重点市。2001—2002年，举办海峡两岸传统文化研讨会等活动，组织或参与组织5个团组、12人次赴台交流活动。2002年10月，第七届世界颜氏宗亲联谊大会在曲阜举办，并将世界颜氏联谊总会从新加坡迁到曲阜。

1998年11月29日，中国台湾“第36届十大杰出青年”访问曲阜

2005年9月，世界孔子后裔联谊总会成立大会在曲阜召开，推举孔子第七十七代嫡孙孔德成为名誉会长。2006年9月，中国曲阜国际孔子文化节暨两岸孔子文化交流周期间，曲阜、台北、台南等地同时举办孔子诞辰2557年祭孔大典活动。中国国民党副主席林澄枝到曲阜参观。2009年8月，市委书记、市人大常委会主任朱庆安率团赴台开展经贸文化交流招商活动。2010年5月，中国国民党名誉主席连战到曲阜参观访问。2011年5月，中国国民党名誉主席吴伯雄到曲阜访问。8月，孔子第79代嫡长孙孔垂长率团到曲阜参观访问，并在孔庙举行祭孔活动。此后，孔垂长多次到曲阜参观访问。2012年，中国国民党副主席蒋孝严、林丰正先后到曲阜参观访问。2013年6月，曲阜孔庙被批准为国家级海峡两岸交流基地。此后，曲阜市在孔庙举办“台湾中流知识菁英研访营”、海峡两岸孔子后裔春季同祭孔、甲午年两岸青年学生同祭孔大典、海峡两岸民族特色美食体验展等系列交流活动。

第二节　对台经贸活动

1991—1993年，曲阜市发展台资企业10家，其中合资企业8家，独资企业2家，引进项目6家，资金1143.66万美元。至1995年年底，全市台资企业发展到13家，合同资金2040万美元，实际利用资金1521万美元。1998年，台胞王乃昌在曲阜投资创办远东工商外语大学。市委统战部开展台资企业走访调查，了解和掌握其生产经营管理情况，为全市10家台资企业建立健全档案。协助球霸球业有限公司办理配套贷款资金70万美元的过户手续；向中国台湾有影响的《现代时势》杂志推荐刊登文章《孔府家酒香飘四海》，向台湾人民介绍孔府家集团和名牌产品孔府家酒；组织远东铝业、球霸球业、金阜石材三家台资企业赴潍坊参加省第五届鲁台经贸洽谈会及产品展销会。2002年9月国际孔子文化节期间，举办鲁台（曲阜）经贸合作交流恳谈会。至2002年年底，全市有台（合）资企业8家，其中独资企业2家：远东铝业有限公司、远东工商外语大学，合资企业6家：球霸球业有限公司、金轮彩印包装有限公司、金阜石材有限公司、圣美框木有限公司、新兴体育运动器材有限公司、高裕有限责任公司，总资产2.86亿元。2004年9月，中国国民党副主席、两岸市场基金会董事长萧万长一行到曲阜参观考察，重点考察曲阜市文化旅游产业状况和市场经济发展情况。2006—2007年，借助举办海峡两岸发展论坛、尼山春祭、孔林家祭等活动时机，组织开展赴台经贸文化交流活动，台湾工业园招引落地一批投资过亿元大项目等，与台湾在经贸、文化、旅游等多方面实现突破性交流合作。2007年9月，中国国民党副主席林丰正、台湾商业总会理事长张平沼一行参观曲阜，考察曲阜投资环境。随后，台湾屏东精制农特产品发布会等一系列台湾名优产品展会在曲阜举行。2011年5月，山东省（曲阜）台湾工业园通过省台办批准设立，位于防山镇，到2013年年底，初步形成电子信息、汽车零部件、生物医药等三大产业集群。2012年，市委副书记、市长杨凤东带队赴台开展招商活动，访问远大创投、台虹科技、诚远集团、开南大学等企业和高校，拜谒台北和台南孔庙，拜访孔子第79代嫡长孙孔垂长，台湾颜氏总会会长颜武胜，并就举办“颜氏宗亲联谊会及台资企业招商会”“孔子故里走进台湾宝岛”招商活动、共建高新科技园区等方面达成共识。9月，举办孔子文化交流周暨海峡两岸（曲阜）企业发展论坛，台湾新党主席郁慕明及80余名台商出席活动，并签约废水自动处理设备、养生庄园、古玩博览城等多个项目，达成合

作意向近30亿元；12月，开展海峡两岸颜子文化经贸联谊活动，达成合作意向20多亿元。

第三节　涉台服务工作

1991—1993年，接待回乡探亲台胞539人次。1994—1995年，接待探亲台胞270人次，接待旅游、考察等台胞2100多人次，调处涉台事务、纠纷9（件）起，办理报批定居手续2人。1996—1998年，接待参观旅游台胞9373人次，接待探亲台胞119人次，其中接待国内涉台团组和海外团队70个，960人次，走访重点台属200人次。1999—2002年，台湾同胞到曲阜市观光旅游、探亲考察2万余人次。2003年5月，面对“非典”，市委统战部配合全市网上招商，给20家台商发传真、电子邮件、打电话，邀请台商登录网站。为台属、台胞企业生产销售出谋划策，多次探视患病台胞。2003—2005年，接受台胞、台属咨询、投诉、求助30余人次，召开台胞、台属座谈会12次，组织、协调济宁市、曲阜市两级政协委员视察台资企业，协助台属办理遗产继承3起，处理台属纠纷2起，受到好评。2007年，开通台胞台企24小时服务电话，安排专人接听台胞台企求助，提供服务。2008年起，开展为台胞台企做好事、办实事活动，每年都对台资企业进行梳理，了解企业遇到问题，为他们提供帮助。执行每季度一走访、半年一座谈制度，听取台企负责人意见和建议。贯彻执行《中华人民共和国台湾同胞投资保护法》和《实施细则》，协调发改、经信、国土、规划、工商、台湾工业园等部门单位和有关镇街，为台商在曲阜投资兴业提供优惠条件。处理台商投诉和涉台纠纷，维护台商合法利益。2010年，多次为远东职业技术学院协调处理各类矛盾问题，保障学校正常运转。到2013年年底，全市有去台人员680人，连同二、三代在台人员2800余人，全市有台属2300户、近万人，分布在12个镇（街道）320个村居。

第四节　对台宣传工作

20世纪90年代，曲阜对台宣传工作逐步进入岛内、走向海外。1993年，在中国台湾《世界论坛报》陆续发表介绍曲阜历史文化、风土人情、著名特产、发展巨变、投资环境等方面的专栏文章。1994年，配合济宁市台办和南京金陵电台举办以孔孟文化为主题的系列报道。同年，应中国台湾孔子学会邀请，曲阜师范大学教授骆承烈到中国台湾讲学，并撰写《孔子故里著述》等7篇宣传书稿，由中国台湾中华发展基金管理委员会在台湾出版发行。1995年，分别在美国《侨报》和法国《欧洲时报》组办孔子故里专版，并首次利用台湾“中视”电视台，播放介绍曲阜经济、社会、文化、建设成就和名优特新产品的电视片。1997年，在中国台湾《现代时势》杂志刊登文章《孔府家酒香飘四海》，介绍孔府家集团和孔府家酒。2006—2007年，借助举办海峡两岸发展论坛、尼山春祭、孔林家祭等活动时机，加强与中国台湾文化交流工作，相继组织春季两岸同祭孔、两岸孔子文化交流周暨中小企业发展论坛。2010年起，每年在中央、省市和台湾地区各级广播、电视、网络等媒体刊发涉台和宣传曲阜信息、新闻200余条次。

第十章　机关党建

1991年，市委直属机关党委下属市直机关70个单位98个党组织，其中党总支部5个、党支部76个（直属机关党支部36个、党总支下属党支部40个），共有党员1449名（含预备党员49名）。2002年，更名为市委市直机关工作委员会（简称市直机关工委）。2013年，市直机关工委下属市直机关62个单位106个党组织，其中党总支部12个、党支部94个（直属机关党支部41个、党总支下属党支部53个），共有党员2119名（含预备党员14名）。国家范围或者全市范围发生重大灾害时，市直机关工委主动行动，组织系统内党员捐钱捐

2010年4月24日，曲阜市直机关干部职工趣味运动会现场

比赛。1999—2002年，连年举办“七一”升国旗唱国歌、知识竞赛、演讲比赛、文艺晚会、歌咏比赛等文娱活动。1999年，开展“创建文明机关，当好人民公仆”活动。2000年，开展“创‘双满意’和机关工作人员‘十不准’活动”、向李嗣强等先模人物学习活动和创建学习型机关活动等。2004年，市直机关工委在全系统组织开展学习落实科学发展观知识竞赛活动，庆祝建党83周年，参赛率超90%，答题准确率95%以上；于“七一”期间举办“庆七一、创平安，共建美好家园”文艺晚会。2006年，举办党支部书记培训班，培训班以提高基层支部书记综合素质和工作能力为主题，采取专题授课、观看录像、外出参观、经验交流、知识测试等形式，并邀请市委组织部、市委政法委、市总工会负责人围绕机关党组织和党员队伍建设、日常组织活动和社会稳定、机关工会等工作进行授课；于“七一”期间举办“爱党颂党”歌咏比赛。2007年，于“七一”前后举办“胜利油田杯”党史知识竞赛；举办市直机关干部职工趣味运动会。2008年，市直机关工委以“立足岗位、争当先锋”为主题，在基层党组织开展“党员示范岗”创建活动，通过申报和审核，全系统有39个岗位创建成“党员示范岗”。2008—2011年，连续举办党支部书记培训班，提高基层党支部书记党建工作认识，增强做好新形势下机关党务工作责任感和使命感；于“七一”期间举办“春满圣城　和谐曲阜”元宵灯会、市直机关干部职工趣味运动会、“七一”歌咏比赛、国庆节书画展等活动。2013年，市直机关工委组织开展以“牢记新使命、创造新业绩、喜迎十八大”为主题的创先争优专项评选表彰、“把党的旗帜亮出来”“喜迎十八大，干在‘2711’工程一线”有奖征文等活动。开展为民服务创先争优服务品牌创建活动，市行政服务中心“四零服务”（即“零收费、零插手、零距离、零投诉”）和群众工作部（信访局）的“零距离接访

物。如在抗洪抢险，抗击“非典”，吴村、防山旱灾等发生时，开展“送温暖、献爱心”活动。多次组织机关干部无偿献血、为慈善协会捐款捐物。在植树节、孔子文化节、国庆节、百姓儒学节、春节等节日期间，配合市委、市政府工作，市直机关工委承担组织全市机关干部到九龙山、防山、石门山或者吴村等地义务植树活动，组织孔子文化节、国庆节、春节期间文化活动等工作任务。

第一节　党员活动

市直机关工委坚持以人为本，以党员为本，将提高党员政治素质作为工作重点，创新形式，强化思想教育；利用“七一”、“十一”、孔子文化节等节庆时机，组织开展各种文体活动，丰富党员文化生活。

1991年，市委直属机关党委落实“三会一课”、组织生活会、民主生活会等制度，还采用知识竞赛、经验交流会、报告会、培训班、大讨论等形式，从多角度帮助党员加深对于党规党纪的理解学习，加强党员政治教育。1993年，举办党规党法知识竞赛。1994年，举办庆“七一”歌曲竞赛活动。1995年，开展“发展社会主义市场经济”大讨论，邀请市人民检察院、市委党校相关干部就如何帮助农民脱贫致富作经验介绍和举行“新时期合格党员”专题报告会等。1997年，举办中共十五大知识电视大奖赛、十五大精神辅导报告会；举办“庆七一　迎回归”大型歌咏

面对面沟通”被济宁市评为为民服务创先争优服务品牌。

第二节　基层组织建设

1991年，市直机关工委下属5个总支、76个支部。1991年起，向基层支部陆续印发《关于进一步加强市直机关党的基层组织工作条例》《机关党务干部手册》《关于开展创建标准化党支部活动的意见》《关于开展党员政治生日谈话制度的通知》等文件手册，让基层支部建设有章可循；规范党费收缴和党员信息管理，实现党费收缴符合标准，党员管理信息化、规范化。市直机关工委按照组织规定，落实发展党员公示制、发展党员调控计划、组织员列席发展党员大会等制度，把好发展对象确定关、新党员接收关和预备党员转正关，加强入党积极分子培训、考核力度，保证发展党员质量。1999年起，市直机关工委坚持每年举办入党积极分子培训班，加强入党积极分子考核。培训班结束后，进行统一考试，笔试成绩超过85分才考虑作为发展对象。1991—2013年，市直机关工委按计划、按标准、按程序发展党员571名。至2013年年底，市直机关工委下属12个总支、94个支部。

第十一章　党校工作

1991年，中共曲阜市委党校（简称市委党校）位于西门大街，校区占地面积1.57公顷。1992年8月，市委党校被确定为中等专业学校，升格为副县级单位，设有人秘科、教研室、总务科、函大工作站等6个中层机构。1993年，市委党校建设教学楼1幢，建筑面积1000余平方米。市党史委更名为地方党史研究室，并入市委党校，为副科级中层机构。1994年6月，市委党校各中层科室定为副科级中层机构。1995年4月，市委设立行政干部学校，与党校合署办公，一个机构两个牌子，为市政府直属事业单位；市委党校设立国家公务员培训科，为副科级机构。1997年3月，市委成立市委党史研究室，党校地方党史研究室撤销。2001年8月，市委党校增挂市社会主义学校牌子。2013年，党校设有办公室、教研室、函授辅导站、公务员培训科和总务办公室5个副科级科室；有教职工24人，其中博士、硕士研究生8人。

第一节　党员干部培训

1991年，市委党校开办以中共中央总书记江泽民“七一”讲话、农村改革路线方针政策、农村党的建设和农村经济领导工作等为主要内容的农村党支部书记进修班，600名农村党支部书记参加学习。1992年，市委党校开办全市副科级以上领导干部进修班，360人参训；会同组织部、人事局开办党政机关考选录用干部（含副科级、股级和一般行政干部）上岗培训班，20余人参训。1994年3月，市委党校会同市委组织部、市委宣传部、市纪委举办全市副科级以上领导干部短训班，集中学习《邓小平文选》第三卷，培训450人。1995年，市委党校会同市委组织部，以全市各大党委分管副书记、宣传委员、组织委员、乡镇党校校长和专职干部为教育对象，举办以学习邓小平建设中国特色社会主义理论和《中国共产党章程》为内容的“双学”骨干学习班；会同市委宣传部、组织部举办以学习中共十四届五中全会精神为内容的领导骨干学习班。1996—1998年，举办全市副科级以上领导骨干中共十五大精神学习班，培训532人；到各乡镇和市直各单位进行十五大精神宣讲31场次，听众1.2万人。协助市委组织部举办3期乡镇干部培训班，选派教师宣讲“农村工作中的热点、难点问题及解决的对策”，参训人数708人。选派教师到基层上党课4次，进行邓小平理论和党章、党的基本知识教育，参听人数5000人次。1999—2002年，市委党校与市人事局联合举办人事干部业务培训、政工干部培训、军转干部培训和2000年以后任命的科（股）级干部培训5期283人；与统战部联合举办民主党派、党外领导干部、后备干部、党外知识分子、非公有制经济代表人士培训班2期239人。配合市委组织部、市经委举办工商业厂长、经理培训班2期60人。选派理论骨干教师配合市委组织、宣传部门到乡（镇道）、村街、企事业单位宣讲邓小平理论、“三讲”、“三观”、“三个代表”重要思想、党的章程、十六大报告42场次，参听人数1.8万余人。2004年，市委党校会同市委宣传部举办全市学习中共十六届四中全会精神理论骨干培训班，参训人员165人；协助市人事局举办新录取公务员岗位培训班，参训68人。2005年，市委党校举办学习贯彻“十一五规划”理论骨干培训班，200人参加学习。2007年，选派教师赴市直机关、事业单位和乡镇、街道，就中共十七大精神、和谐社会建设、依法行政、领导科学与艺术等进行专题宣讲，参训人员1800多人次。2008年，与市委组织部联合举办全市农村新任党支部书记培训班、“千名人才计划”新录用人员培训班、新录用大学生到村任职岗前培训班。2009年，与市国家安全局联合举办安全信息管理人员培训班；与市安监局联合举办全市安全检查员培训班。同年，市委党校被评为山东省党校系统先进党校。2010年，与市委组织部、市人事局联办新录用人员岗前培训班；与市委组织部联办农村特聘组织员培训班；与市民政局联办退役士兵考前培训班；与市直机关工委联办学习中共十七届五中全会精神培训班；与市安监局联办全市安全检查员培训班。全年举办主体班次6期，培训1800余人。2011年，与市委组织部联办农村新任村党支部书记培训班1期；与市委组织部、市人社局联办新录用人员岗前培训班1期；与市招商局等单位联办驻点招商培训班3期。全年举办主体班次5期，参训1000余人。选派骨干教师到市直机关、事业单位和乡镇（街道），就胡锦涛总书记“七一讲话”精神、党史和党的建设、中共十七届五中全会精神、科学发展观等内容进行宣讲，参训2000余人次。同年，市委党校被评为山东省党校系统先进党校。2012年，与市委组织部联办薄弱村党支部书记培训班1期，培训90余人；与市民政局联办退转军人培训班1期，培训200余人；与市委组织部、市民政局、市妇联联办农村妇女干部培训班4期，培训400余人；与市纪委联办全市中层干部培训班6期，培训1380人；配合市质检局举办特殊工种人员培训班2期，培训460人；配合市政府法制办举办执法人员上岗培训班1期，培训202人；举办农业科普知识培训班4期，培训400人。与市委组织部联合，在息陬镇北元疃村设立农村干部培训基地和现场教学点，培训农村党支部书记100余人。选派骨干教师到市直机关、事业单位和乡镇（街道），就中共十八大精神、省第十次党代会精神、文明礼仪等内容进行宣讲，参训1.2万余人次。2013年，与市委组织部联办中共十八大精神培训班4期，培训900余人；与市民政局联办退转军人培训班1期，培训200余人；与市委组织部、市人社局联办全市新录用人员岗前培训班1期，培训300余人。选派骨干教师到市直机关、事业单位和乡镇（街道），就中共十八大精神、党史党建、文明礼仪等内容进行宣讲，参训1万余人次。同年，市委党校被评为山东省优秀县级党校。

第二节　理论研究

1992年，市委党校教师撰写论文25篇，其中国家级交流1篇、省级发表1篇、交流4篇。《毛泽东思想发

1991—2013年中共曲阜市委党校专著（作品集）出版一览表

表16-3

作品名称	作者（或主编）	出版单位	出版年份
儒学思想与现代文明	韩世云	济宁市新闻出版局	1998 年
孔子思想与现代文明	韩世云	山东友谊出版社	1999 年
曲阜市民道德教育读本	颜秉海	山东友谊出版社	2001 年
儒家经典文化读本	颜秉海、赵辉	山东人民出版社	2011 年
官德教育读本	孔庆国	中共中央党校出版社	2012 年

展史》一书获吉林省长白山优秀图书一等奖；文章《毛泽东思想是中国革命和建设取得胜利的旗帜》获省哲学学会优秀成果奖；出版著作《企业经济管理实用大全》《行政管理学简明教程》《法学案例与分析》等。1993年，出版著作《中国近现代国情研究》《社会主义市场经济概论》《毛泽东主要著作研究》《历史的选择与选择的历史》等。1994年，出版著作《市场经济与党的建设》《社会主义思想教育疑难问题解答》，其中《社会主义思想教育疑难问题解答》一书获山东省社会科学界联合会一等奖。1996—2002年，出版著作和发表文章获省级科研成果奖9个，在国家级报刊发表文章31篇、省级34篇，获奖国家级8人次、省级15人次。2003年，国家级报刊发表论文8篇，省级报刊5篇。论文获国家学会奖1项。2006年，有2篇文章获省市级科研成果奖。2008年，撰写调研报告《在发展中稳步推进新农村建设——对我市新农村建设情况的调查》。2011年，形成《京沪高铁助推曲阜旅游业发展的调查与分析》《曲阜高铁新城规划与建设分析》两篇调研报告。发表国家级学术论文6篇、省级学术论文4篇。2012年，在《中国纪检监察报》发表论文3篇，中央党校《干部教育》2篇；获中央党校征文二等奖1篇。2012年，编纂《官德教育读本》一书，由中共中央党校出版社出版发行。《中国纪检监察报》《学习时报》对该书进行推介。《“第一书记”制度暨基层组织建设创新研究》获山东省党校系统科研立项，实现曲阜市委党校科研课题省级立项“零”的突破；《高铁新城规划建设的调查与思考》和《文化建设突破曲阜战略研究》两项课题获济宁市委党校系统科研立项。2013年，在山东省委党校《理论学刊》发表《论反腐倡廉监督体系科学化》，在《云南省委党校学报》发表《马克思对德国古典哲学批判精神的继承与发展》，在中央党校内部刊物发表文章2篇，省委党校内部刊物2篇，其他省级刊物4篇。其中《加强农村廉政文化的路径探析》获中国教育学会论文一等奖。《关于创建曲阜文化经济特区的若干问题研究》获山东省党校系统科研立项。《曲阜市主体功能区建设的现状及思考》和《关于曲阜市城镇化建设的调查与思考》两篇调研报告引起市委书记李长胜重视，专门作出批示，在市委《调查与研究》中全文转发，供领导参阅。

第三节　党校学历教育

市委党校于1987年开办中央党校函授大专班，1993年开办中央党校函授本科班，2010年招收最后一届学员。

1993年，中央党校函大班党政管理专业学员毕业117名，为中央党校函授本科班招生112人，学制两年半。为省委党校干部大专续读班招生76人，函授大专班招生76人，涉外经济大专班招生76人，涉外经济大专班招生104人（分经济管理和财经管理两个专业），学制三年。1994年，招收山东省委党校经济管理大专班学员169人，本科班学员361人，招收省委党校农村干部九四级、九五级大专班学员243人。1995年12月，中央党校函授经济管理大专和本科班学员毕业101人。市委党校被中央党校函授学院评为“先进办学单位”。1996—1998年，市委党校举办中央党校函授学院九三级经济管理专业专科班，省委党校九三级涉外专科班，九四级、九五级专科班，九四、九五级农干班，共有学员924人；举办省委党校九四级本科班、九六级本科班，共有学员234人。1996年，市委党校被确认为山东省委党校考风考纪信得过单位；1997年6月，受省委党校委托，开办省委党校农村青年干部脱产学习大专班，学制两年，招收学员80人。1998年，市委党校获山东省委党校业余教育学院先进办学单位称号，被确认为山东省委党校业余教育学院工作联系点，获评山东省委党校先进学区。1999年，招录经济管理专业大专、本科班学员447人，经济管理专业毕业学员438人。同年，市委党校被评为山东省委党校先进学区。2000年，招录经济管理专业大专、本科班学员497人，学员毕业280人。2001年，招录经济管理专业大专、本科班学员277人，学员毕业327人。2002年，经济管理专业大专、本科班学员277人，法律专业本科首次招录学员157人，学员毕业355人。市委党校获山东省党校系统函授业余教育先进学区称号。2003年，招收省党校会计专业专科班和法律专业本科班学员320人，毕业学员240人，省函本科学员141人。市委党校获山东省党校系统函授业余教育先进学区称号。2004年，招收中函经济管理、法律专业本科

2012年8月28日，曲阜市政德教育基地(党校迁建)项目开工仪式现场

班和省函经济管理大专班学员412人，毕业学员483人。市委党校获山东省党校系统函授业余教育先进学区称号。2005年，招收省党校专科班、本科班250人，毕业学员276人。2006—2009年，录取学员642人，毕业学员725人。2010—2012年，招生42人，毕业学员230人。

第四节　党校与政德教育基地建设

老校区建设

1993年，市委党校建设教学楼1幢，建筑面积1000余平方米。1998年，建设公寓化学员宿舍楼1幢，面积2400平方米，建设教职工宿舍楼2幢。购置新型书架和图书资料。1999年，购书架14组。2001年，市委党校有专用教室1014平方米，包括大小礼堂各1个，大教室1个，标准教室6个，可同时容纳学员600人，标准课桌椅600套，电化教室550平方米，可容纳学员300人；办公楼2座，2200平方米；高标准学员宿舍楼1座，2500平方米；学员食堂1个，1200余平方米，新购置30张餐桌、300张餐椅，可同时容纳300人就餐；图书资料室、阅览室2个，200多平方米；有34寸和25寸彩电8台、录放机2台、录音机3台、微机2台；建起远程教学c级站；运动场地2个，运动器材总价值5000余元。2005年，市委党校新增教室2个，铺水泥路面150平方米。2012年，市委、市政府拨付资金15万元，为每位教职员工配置笔记本电脑一台。2013年，曲阜市创建“国家卫生城市”，党校投入22万元改造环境卫生，全员参加，细化责任，清理建筑垃圾30多车，清除杂草、绿化校园1000多平方米，清扫修整道路1100多平方米，完成卫生死角的彻底清理和校园全面绿化，达到“创卫”标准和要求。

新校区与政德教育基地建设

2012年，市委党校依托曲阜历史文化资源优势，探索将儒家文化融入党性教育，打造政德教育品牌。该举措得到市委重视，市委常委会对党校政德教育工作进行专题研究，印发《中共曲阜市委关于进一步加强党校工作的意见》和《中共曲阜市委关于实施“干部修身计划”的指导意见》，同时决定以新党校为平台建设曲阜市政德教育基地，列入曲阜市“2711”重点工程和济宁市“文化建设突破曲阜”十件实事之一。2012年8月28日，市政德教育基地(党校迁建)建设启动。基地主要分为教学区、办公区、生活区、运动区、休闲区等，建设总用地28公顷，总建筑面积12.1万平方米。市委党校制定《政德教育基地建设实施方案》，明确政德教育基地定位，确定专题授课和现场教学相结合培训模式。建设师资与专题库，邀请上级党校及驻曲阜高校、科研院所专家教授，组建30余人的师资库。以弘扬优秀传统文化、提升干部道德修养为主题，设置60个专题，在三孔、周公庙、颜庙、尼山等地设立现场教学点18个，形成专题教学、现场教学、体验教学、礼乐教学、党性教育实践教学五位一体的政德教育体系。

第十二章　档案工作

1991年，市档案局、档案馆合署办公，为正科级事业单位，隶属于市委办公室，位于市委、市政府机关院内，办公楼是一座按照国家档案馆建筑规范设计建造的三层环廊楼房，建筑面积964平方米，其中库房面积514平方米。1993年12月，市档案局撤销，档案工作行政管理职能划归市委办公室。2001年6月，市档案馆新馆竣工投入使用，坐落于市委、市政府大院西北侧，为五层框架式建筑，占地0.26公顷，建筑面积4000平方米，其中库房面积1800平方米、办公及业务用房2100平方米。楼内配备监控设施、红外线防盗报警设备，楼外有实时录像监控、监测系统。库房内新上密集架280组，设有中央空调、防火烟感自动报警系统、干粉灭火器、去湿机、温湿度记录仪、吸尘器等装置，合乎防盗、防火、防潮等国家档案局提出的档案室“九防”规定；档案馆还设有消毒室、修裱室。2002年4月，市档案馆挂市档案局牌子，授权行使有关行政管理职能。9月，市文档服务中心成立，设在市档案馆，主要集中收集、保管市委、市政府、市直各部门及各乡镇（街道）制发的现行文件、政策法规性文件及各类法律法规资料，并向社会提供查阅服务。2013年，市档案局（馆）下设办公室、管理科、指导科、编研科、声像科、技术科。

第一节　基础业务

1991年12月，市档案馆晋升为省二级先进档案馆。1993年起，市档案局（馆）开展档案教育培训，同山东省委党校合作，开办档案文秘专业本、专科班学历教育。至2009年，档案教育培训招收学员710人，有659人毕业。

1995年8月，印发《关于征集孔子文化档案资料的通知》，设立《孔子文化档案》。主要有清乾隆至民国年间的《阙里文献考》《曲阜县志》《孔子世家谱》等，20世纪30年代至80年代的37种348册老报纸，中华人民共和国成立后出版的《曲阜市志》《曲阜年鉴》《孔子故里》画册、《孔子故里风俗》和发表孔子研究成果刊物、书籍、学术报告等，以孔子文化为内容的纪念邮票、明信片、首日封，曲阜籍作家作品集、文稿，党和国家领导人对曲阜题词，外国友人题词及“孔”字号产品包装物等。2001年11月，市档案馆晋升为省一级先进档案馆。至2013年年底，累积征集孔子文化档案资料2000余卷（册），实物500件。

2003年，市档案局投资3万余元，接入宽带网，健全局域网，配备计算机服务器等技术设备，成立电子文件备份服务站，购买档案管理软件，开展馆藏文书档案文件级目录录入。2004年9月，日本企业史料协议会访华代表团一行9人到市档案馆参观。2005年6月，市档案信息网开通，栏目包括局馆概况、馆藏介绍、新闻动态、特色档案、编研成果、法律法规等。2006年10月，市档案馆晋升为省特级档案馆。2007年7月，省档案局调研组到市档案馆进行调研。

曲阜市档案局外景（2013年摄）

2007年9月，市档案馆开辟专门库房，建立特藏室。特藏室以重在保护为目的，突出馆藏特色档案和珍贵档案，主要内容有历代碑帖、契约、古旧书籍、名人字画、领导题词、声像档案及部分孔府档案。11月，国家档案局副局长李和平率全国档案事业发展评估小组到曲阜市视察档案工作。

2009年，开展新农村建设档案工作示范乡镇（街道）、示范村活动，全市12个乡镇（街道）全部建立农村档案，其中6个乡镇被授予新农村建设档案工作示范乡镇（街道）称号，70个行政村被授予新农村建设档案示范村称号，整理档案共计1.4万余盒。其中鲁城街道社区建档率100%。5月，市档案馆创建为国家二级综合档案馆。8月，根据国家档案局《各级国家档案馆开放档案办法》规定，市档案局（馆）对馆藏自形成之日起满30年的文书档案对公众开放，此次开放涉及49个全宗，总计7212卷档案，经鉴定审核，除涉及党和国家重大政治、经济利益及各级党委政府工作重大涉密档案不予开放，实际开放6939卷档案。至2013年年底，全市100余个基层档案室达到档案管理规范化省级标准，9家企业单位达到国家二级标准，全市分别有6家、34家，50家单位档案室通过省特级、一级、二级规范化目标管理考核认定；市档案局形成覆盖全部馆藏的目录数据库53万余条，全文数据库1.5万余条。

1995—2013年，市档案局（馆）先后4次被授予山东省档案系统先进单位称号。

第二节　馆藏

2013年，市档案馆（局）馆藏档案110个全宗，案卷总数44688卷，排架长度900米，以件为保管单位的档案22854件，排架长度23米，另有录音带62盘、照片61675张；馆藏资料13466册。

文书档案　在馆藏档案中数量大、内容多，形成年代较久，主要包括市直机关各部门、事业单位、乡镇文书档案及革命历史档案，其中革命历史档案43卷。

科技档案　馆藏科技档案共11卷，均为永久保存卷，案卷形成时间是1974—1988年。

声像档案　市档案馆存有照片、录音、录像、电影片、幻灯片等不同载体的声像档案，其中照片档案6.1万张，一部分是档案馆拍摄的，还有一部分是个人捐赠的，主要包括曲阜市历届人代会、党代会、外国元首以及党和国家、省市领导人到曲阜照片档案，历届县（市）主要领导人照片，曲阜名胜古迹、名人、名优产品照片，录音、录像、影片档案等。1991年，市政协离休干部孔祥民将个人拍摄制作的《曲阜地名历史照片资料》孔林部分捐赠给档案馆，孔林部分共130卷，用照片形式对当时孔林石碑、石刻、石雕、古木等做详细记录。

专门档案　专门档案包括会计、审计、公证、统计、死亡干部、人口普查、工业普查、干部处分及科技项目档案共计3178卷（盒），实物档案包括荣誉证书、锦旗、名人字画、国外城市友好往来赠送纪念品共计182件。

第三节　开发利用

20世纪90年代初期，市档案馆利用馆藏档案资料，自编或与其他部门合作出版部分书刊、资料，包括《曲阜旅游指南》《中共曲阜市组织史资料》等出版物，以及《中共曲阜市历次代表大会简介》《曲阜市历届人民代表大会简介》《政协曲阜市历届委员会简介》等十余种内部参考资料；配合党史、史志等部门，出版一批反映曲阜历史、文化、名胜的书籍与资料；向上级业务部门、新闻部门提供大量用于出版刊物、拍摄电视片的档案资料。

1991年10月，市档案馆依据《曲阜市档案工作概况》，结合馆藏内容编印《曲阜市档案馆指南》。1996年，配合省档案局，设计制作《孔府档案展览》，迎接第十三届国际档案大会召开。2005年4月，编纂《百年影像——20世纪的孔府》大型画册，中国文史出版社出版；同年5月，编纂《倾听龙的心声——镜头内外的孔祥民》，山东画报出版社出版；9月，编纂《孔子圣迹图》，江苏广陵古籍刻印社出版。到2013年年底，市档案馆编纂出版画册《孔子故里》《曲阜旅游大观》《孔子故里·东方圣城——曲阜市创建国家卫生城市掠影》，整理出版《孔子与曲阜》《孔子故里风俗》《特藏室简介》《曲阜市档案局（馆）大事记》《抗美援朝运动曲阜档案资料精选》《档案利用典型实例精粹》《曲阜市档案局馆藏重要古籍介绍》《曲阜市档案成果汇

2011年8月11日，市档案局在开发区(时庄街道)举办新农村建设档案工作培训

编》等地方资料，配合党史、史志、文史、教育、文化等部门开展多种志书和画册的编纂出版工作。

2001年年初，市档案馆承办制作纪念建党八十周年大型图片展，于7月1日对外开放。展览分5大部分，80多个板块，展出照片350幅，并配有2万余字的文字介绍。2005年9月，《倾听龙的心声——孔庙走出的摄影家孔祥民》摄影回顾展在济南东方现代艺术馆举行，展出孔祥民摄影精品130余幅。2006年6月，举办纪念建党八十五周年曲阜辉煌成就展。2007年7月，举办纪念《档案法》颁布20周年曲阜档案事业成就展和孔孟颜曾“四圣”后裔成就事迹展。2008年，市档案馆举办“奥运圣火耀圣城”火炬传递图片展。

1999—2007年，市档案馆有42人次获山东省开发利用档案信息资源成果一、二、三等奖，1人获山东省对外传播奖二、三等奖；30余篇论文在《中国档案》《中国档案报》《山东档案》《基层档案工作论文集》等报刊书籍发表或选录。2012—2013年，完成省档案局《档案背后的故事》稿件2篇；配合省档案局与山东电视台，摄制电视纪录片《山东往事——档案背后的故事》，为该纪录片甄选《孔德成的家国情怀》等5篇史实故事。

1991—2013年曲阜市档案局(馆)资料整理出版统计表

表16-4

作品名称	编撰单位	主编或作者	出版单位	出版时间	备注
曲阜市档案馆指南	曲阜市档案局	张建国	济宁市新闻出版局	1991.10	内部资料
孔子故里风俗	曲阜市档案局参与编撰	叶涛、陈学英 陈凡明	华语教学出版社	1993.10	
百年影像：20世纪的孔府	曲阜市档案局	侯信杰 孔红晏	中国文史出版社	2005.4	
倾听龙的心声：镜头里外的孔祥民	曲阜市档案局	孔伟军	山东画报出版社	2005.5	
孔子圣迹图	曲阜市档案局	孔磊华	江苏广陵古籍刻印社	2005.9	内部资料
特藏室简介	曲阜市档案局	王成舜		2009.5	内部资料
曲阜市档案局(馆)大事记	曲阜市档案局	王成舜		2009.10	内部资料
档案利用典型实例精粹	曲阜市档案局	刘保瑞		2010.10	内部资料
抗美援朝运动曲阜档案史料精选	曲阜市档案局	刘保瑞		2010.11	内部资料
馆藏重要古籍介绍	曲阜市档案局	王成舜		2013.6	内部资料
档案利用成果汇编	曲阜市档案局	曲阜市档案局		2013.8	内部资料

第十三章 信访工作

20世纪90年代初期，市委设有市委信访领导小组，各乡镇设信访领导小组，各管区设信访网长，村委设信访民调成员，厂矿企业设信访工作人员1~2人。1991年，市信访局是市政府工作机构，下设办公室、调研股、办信股、接访股，行政编制12人，全市专职干部62人，兼职干部242人。1993年12月，市信访局行政编制减至6人(列市委办公室3人，市政府办公室3人)。1995年12月，市信访局由市委办公室管理为主，列党委序列；乡镇、街道设立信访接待室，配备1名专职信访干部。1996年，市信访局迁入市委大院西侧办公楼办公，建筑面积660平方米，有办公室9间。1998年5月，市信访局更名为市委、市政府信访局。2004年12月，市委成立市处理信访突出问题及群体性事件联席会议，由市级分管领导担任会议召集人，会议成立6个专项工作小组应对当时较为突出的信访问题，2007年调整为8个专项工作小组。2007年7月，市委在市委、市政府信访局基础上成立市委群众工作部，同时挂市委、市政府信访局牌子，内设办公室、来信办信室、协调办理室、民情恳谈室、调研宣教室、督查室等中层科室，下辖市人民群众来访服务中心，为副科级事业单位。机关餐厅腾出部分房间增加群众工作部办公场所，总面积1000平方米。同时，全市12个乡镇（街道）、14个市直部门、9家企业党委均成立群众服务中心或群众工作办公室，其他部门也都设立专门做群众工作的科室，全市392个村居均成立群众工作小组，设立群众服务室，全市有专兼职群众信访工作人员186人。2008年12月，市委成立维护稳定工作领导小组，领导小组办公室设在市委群众工作部。2011年4月，市人民政府信访事项复查办公室成立，为副科级事业单位，挂靠市委群众工作部管理。2012年，市委、市政府创新实施市级领导干部担任市信访局第一局长“1+2”工作制度。1991—2013年，市信访局(市委群众工作部)受理信访件22192个，年均965件。其中群众来信9674件，年均420件；群众来访12518起，年均544起。2007—2013年，市信访局开展矛盾纠纷排查85次，排查化解矛盾纠纷1939起。2004年、2013年，曲阜市被省委、省政府评为全省信访工作先进单位。

第一节 受理来信来访

1990年前，市信访局对群众来信来访办理一般是经过立案、调查取证、审核裁决、组卷归档等步骤。1990年后，由于多元性信访主体的不同诉求，单一信访部门难以解决，必须形成各级各部门齐抓共管、各级领导干部亲力亲为的工作格局。1991—1995年，市信访局受理信访件4935件，年均987件，其中来信年均648件，来访年均339起。1995年，国务院颁布《信访条例》，首次提出“归口办理、分级负责，谁主管、谁负责”；按照《信访条例》要求，市信访局逐渐从一线办案脱离。1996年后，全市信访总量持续攀升，反映问题多为就业安置、下岗职工及困难企业职工待遇及养老医疗保险、村务公开、村级干部作风、土地承包纠纷等。1999年起，市信访局逐步增强对信访案件的督查、回访、调研力度；2000年，市信访局建立调研排查、信访督查、信访回访、目标管理制度，更多地向充当市委、市政府参谋助手角色进行转变。2003年以后，市委、市政府逐年加强对信访工作的组织领导并强化工作力量，注重矛盾纠纷排查化解，重视畅通信访渠道，细化领导干部接访制度，并相继成立市处理信访突出问题及群体性事件联席会议、市委群众工作部、市维护社会稳定领导小组等机构，完善市、乡、村三级信访工作网络，大量矛盾纠纷在基层被提前化解，全市信访总量不断下降。这一时期，信访问题多以养老医疗等劳动社保问题、拖欠农民工资、农村农业问题为主。2005年，根据国务院《信访条例》“属地管理、分级负责，谁主管、谁负责”要求，市信访局工作方式转为向相关职能部门单位交办、转办，并肩负协调处理、督促检查相关部门的职责，并赋予向市政府提出完善政策、改进工作、提出问责意见的“三项建议权”。2010年后，各级党委、政府对信访工作的考核由传统对“量”的考核逐步转为对“质”的考核，推动信访工作注重提质而非一味“严防”。2012年，建立“月通报、季排名、半年初考、年终汇总”通报考核机制，强化职能部门对信访事项的办理。2012—2013年，市委、市政府全面强化信访工作，创新实施第一局长“1+2”工作制度，健全完善信访工作目标管理与考核问责机制，开通“书记信箱”、网络问政平台畅通群众诉求渠道，强化基层信访力量夯实信访基层基础，信访工作源头预防力更强。两年受理信访件767件，年均384件，其中来信91件，来访293起，信访总量呈持续下降态势。

2008年1月9日，曲阜市人民群众来访服务中心揭牌仪式现场

第二节　制度建设

1991—1995年，信访工作主要以接访为主。1996年，全市上下普遍建立信访工作主要领导负总责机制，各级领导坚持定期听取信访工作汇报、研究信访工作、阅批群众来信、接待群众来访、包案处理信访问题制度，并实行信访工作任务目标管理责任制，并使之不断完善、细化。1997年起，市委、市政府根据《全市信访工作任务目标管理考核奖惩办法》，对乡镇党委、市直党委和各企业党委进行物质奖励和经济处罚。1998年，建立信访工作领导责任区，完善领导接访制度，在接访前三天，通过电视等新闻媒介向社会公开接访领导、时间、地点等。1999年，市委、市政府对信访工作领导责任制作出明确规定：主要领导负总责、分管领导靠上抓、其他领导“一岗双责”。与此同时，市委、市政府还强化对信访干部的培训，市信访局每年均对全市各级信访干部进行法律、法规的专项培训，以提高全市各级依法做好信访工作的自觉性。2007年，健全完善信息反映灵敏、问题处理高效，全覆盖、无缝隙的三级矛盾纠纷排查化解组织网络，市级每月一排查，乡镇、市直部门每半月一排查，重点对土地征用、房屋拆迁、企业改制、劳动保障等13个领域或群体进行排查，重大矛盾纠纷实行包保责任制。市委、市政府与各级各部门单位签订《群众（信访）工作目标责任状》，明确目标、压实责任；同时，按照中共中央《关于加强新时期信访工作的意见》，市委、市政府更加注重突出领导干部接待群众来访工作，市委、市政府出台《关于建立市乡两级领导干部定期接待群众来访制度的意见》，即每月抽出2个工作日由市级领导干部接待群众来访，并将领导公开接访安排情况向社会公布。2008年，市委制定出台《曲阜市群众（信访）工作责任追究制度》。6月至年底，开展领导干部大接访活动，所有市级领导走向信访工作第一线，直接接待群众来访，解决问题，受到群众一致好评。2009年，曲阜市信访工作打造人民调解、行政调解和司法调解“三调联动”的矛盾纠纷化解模式。市委、市政府制定《关于领导干部定期接待群众来访的实施办法》，明确要求市委书记、市长每月至少安排1天时间接待群众来访，市级领导班子成员定期轮流接访；各乡镇（街道）、各部门单位和企业领导班子成员每个工作日在群众工作办公室轮流接待群众来访。

2012年，市委、市政府创新实施市级领导干部担任市信访局第一局长“1+2”工作制度。“1+2”即市级领导担任信访局第一局长，每天一位第一局长坐镇市信访局，并带领一名部门正职、一名年轻干部接访，每月共计93人到市信访局轮流接访。在此基础上，每季度开展一次第一局长镇街大下访活动、每半年开展一次第一局长公开大接访活动，让领导干部走到群众中去问民冷暖、听取民声、解决民难、赢得民心。第一局长“1+2”工作制度，落实领导干部、职能部门工作责任，提高办事效率，成为全市群众信访工作“听民意、汇民智、释民惑、解民忧”的一大亮点。市信访局总结提炼第一局长做法，编印《第一局长》书籍，并向全市发放。第一局长“1+2”工作制度在社会上引起强烈反响。制度实施以后，有20余批次媒体记者到曲阜市考察报道；在人民网举办的“2012年全国优秀地方新政”评选中，曲阜市第一局长“1+2”工作制度获评第一名；在第四届“全国地方新政论坛”上，曲阜市第一局长“1+2”工作制度受到重点推介，获得国务院副秘书长、国家信访局局长舒晓琴的首肯以及国家信访局副局长张恩玺的专门批示。自2012年起，市信访局坚持每年修订完善《全市信访工作考核办法》。至2013年年底，实施第一局长“1+2”工作制度市级领导接待群众432起1556人次，开展大接访、大下访活动7次，化解处置群众上访357起618人次。2008—2013年，市委群众（信访）工作领导小组对因工作措施不到位引发上访问题的8个单位通报批评22次，责令3名相关责任人向市委、市政府作出书面检查，建议组织部门对3人实施诫勉，开展领导约谈5次。

2012年6月30日，曲阜市信访局第一局长公开大接访活动现场

第三节　畅通群众诉求渠道

1991—2003年，全市群众信访诉求渠道主要以接访、来信为主。2004年9月，市信访局向市委建议成立法律服务站，为信访群众提供法律服务；同年10月，市委信访工作领导小组聘请6名社会监督员。2007年，市信访局成立民警值班室，每天安排6~8名民警在市委大院门口值班，提前半小时上班，发现问题及时介入。同时，从乡镇选派年轻干部到信访局轮流值班，切实加强市级接访力量。开通“绿色邮政”，即群众以书信形式向地方党委、人大、政府、政协及其他部门提出信访事项时，只要在信封下面右上角注明“群众来信”字样，就可享受免贴邮票服务，所需资金由市级财政承担。2010年，市维稳办制定《关于在全市建立健全社会稳定风险评估机制的实施意见》，开展合法性评估、合理性评估、可行性评估、安全性评估，防止因政策措施制定不当而引发信访问题。2012年4月，制定出台《信访积案化解奖励办法（试行）》，对化解成功信访案件责任人予以现金奖励。2011年，市委、市政府开设“市委书记信箱”“网络问政平台”，市委书记阅批“书记信箱”群众来信，第一时间回复群众；“网络问政平台”辖100余个市直部门及企业单位，全面受理群众生产生活中遇到的困难和问题，一一做出答复。“市委书记信箱”及“网络问政平台”实现网上访民情、网下解民忧，大大降低群众来信来访成本。2012年，市信访局印发《群众工作手册》15万份，将全市各级领导干部姓名、职务、联系方式、分管工作、接访日期全部面向全市群众公开，群众生产生活中遇到困难，可直接拨打电话或到指定接访日期有针对性地反映问题，深受群众欢迎。

第四节　信访法规宣传

1995年，国务院发布《信访条例》后，市委、市政府印发《中共曲阜市委办公室　曲阜市人民政府办公室关于在全市开展〈信访条例〉宣传月活

动的意见》。1996年1月，广泛宣传《信访条例》，张贴布告600份，印发学习材料800册，利用《曲阜报》举办专题讲座5讲，通过电台、电视台对信访法规进行播讲。2000年《山东省信访规定》出台后，市信访局组织各乡镇、街道、市直各部门开展信访法规宣传活动。2001年4月，开展以宣传《山东省信访规定》为主要内容的信访法规集中宣传活动；同时，确定以后每年4月为《信访条例》宣传月。2006—2007年，国务院颁布新《信访条例》、中共中央出台《关于加强和改进新时期群众工作的意见》后，利用宣传月、各种会议和到基层调研时机进行宣传和解读。2008—2011年，全市贯彻执行《山东省人民群众上访程序》以及济宁市《关于实施群众逐级上访制度具体办法》等政策规定，每年定期开展宣传培训，提高全市各级依法做好信访工作的自觉性。2011年7月，市信访局联合市司法局、市公安局开展“信访法律下乡”活动，对全市12个镇（街道）机关干部、各村（社区）人民调解员进行信访法律法规宣传。2012年6月，组织全市40个基层党委开展“信访法律法规宣传月”活动。2013年，全年开展“信访法规农民教育”活动，深入全市405个村居，村村开展信访法规宣传，出动宣传车80余车次，发放《信访条例》明白纸2万余份，发放《信访条例材料汇编》4000余册，书写固定标语800余条，全市405个村居全部在政务公开栏张贴《信访条例》宣传内容。

1991—2013年，全市信访系统在国家级媒体刊发文章13篇，国家信访局《人民信访》及《情况交流》刊发4篇，《山东信访》刊发37篇，在济宁《信访情况》刊发30篇，形成调研报告49篇，向市委报送《信访情况》170篇。

第十四章　党史工作

1991年，市委党史资料征集研究委员会是市委所属事业单位，为正科级机构。1993年12月，市委党史资料征集研究委员会撤销，设立市地方党史研究室，隶属于市委党校，为副科级机构。1997年3月，撤销市委党校地方党史研究室，设立市委党史研究室，为市委直属正科级事业单位，负责全市党史资料征集、研究、编纂及党史宣传工作。2007年7月，市委党史学会成立，吸收热爱党史研究各界人士160人，系济宁市范围内第一家县级党史学会。至2013年，市委党史研究室6次被评为全省党史工作先进集体。

第一节　资料征集与编纂

1999年1月，党史研究室编辑《中国共产党一至十五次代表大会简介》，系统、简要地介绍中国共产党一至十五次代表大会概况和选举结果等，全书7.6万字，济宁市新闻出版局准印出版；编辑《中国共产党曲阜市一至十次代表大会简况》，系统、简要地介绍中国共产党曲阜市一至十次代表大会概况和选举结果等，全书5万字，济宁市新闻出版局准印出版。1997—1998年，市委党史研究室组织人员到上海、徐州、济南、北京等地，访问曾在曲阜担任过市（县）委书记的老干部及在曲阜工作过的老干部30余人，行程万余公里，征集到近10万字中共曲阜党史资料。2001年6月，市委党史研究室编辑《中国共产党曲阜市历次代表大会文献选编》，收录曲阜市一至十次党代会的工作报告、开幕词、闭幕词等，全书25.3万字，济宁市新闻出版局准印出版。2006年，全省开展《抗战时期山东人口伤亡和财产损失》大型课题调研工作，市委党史研究室负责抗战时期曲阜人口伤亡和财产损失的调研，历时7个月，调查曲阜12个乡镇392个行政村，查阅档案900余卷，复印档案4000余页，收集言词证据130余份，整理档案70余卷，并进行声像资料的录制工作。2007年，市委党史研究室与市总工会、市劳动模范协会联合征集编撰《曲阜劳模名录》（1950—2006）资料，收录1950—2006年获市（县）以上政府表彰的劳动模范、先进生产者、先进工作者和有关部门与人事部门联合表彰的享受其相应待遇的劳动模范、先进人物366人，37万字。2009年，完成山东省、济宁市部署的曲阜市革命遗址（新民主主义革命时期1919年5月—1949年10月）普查工作，全市共确定革命遗址30处、其他遗址5处，撰写普查报告，并针对曲阜市革命遗址现状，提出遗址保护建议。2011年，市委党史研究室完成《山东省抗战时期人口伤亡和财产损失大事记》（B卷本）曲阜部分编写、补充、订正工作，收录抗战时期日伪军在曲阜制造的5人以上人员伤亡和10间房屋以上财产损失的事件。2012年起，市委党史研究室开展《曲阜历届县（市）委书记、县（市）长与曲阜》资料征集工作，通过实地走访、信函、电话访问等多种方法，采访老干部20余位，收集部分回忆录、照片等，并留存现场录音等第一手党史资料，形成30余位县（市）委书记、县（市）长的简历及在曲阜工作的资料5万余字。2013年，编印《红色记忆—曲阜市革命遗址概览》，收录革命遗址、遗迹72处，图片200余张，文字10万字，并附有曲阜革命烈士英名录等资料；征集编写《谷牧与历史文化名城曲阜的建设和发展》资料，全文1.4万字，主要记述无产阶级革命家谷牧对曲阜历史文化名城建设的关怀与促进，在曲阜的文物保护，城市建设和旅游发展，儒学在新时代的研究与推进，确立和发展曲阜国际儒学研究中心做出的重大贡献；与市政府史志办公室联合开展《永远的足迹—党和国家领导人与曲阜》征编工作，收录180余位党和国家领导人到曲阜考察指导的图文资料，其中图片800余张、文字资料5万余字；完成山东省抗战课题调查资料汇编曲阜部分材料的审核上报工作，形成材料4.6万字、图片资料10余幅。

第二节　出版发行

1991年6月，《中国共产党山东省曲阜市组织史资料》（1926—1987）出版发行，市委组织部、市委党史资料征集研究委员会、市档案局共同编撰，编录1926年至1987年61年间曲阜中共党组织及其所领导的政权、地方军事、政协、群众团体等组织的发展概况、机构沿革和领导人名录，由中共党史出版社出版。1998年11月，《中国共产党曲阜市历史大事记》（1919—1996）出版发行，概要地记述1919年5月至1996年12月77年间党领导曲阜市（县）各界人民群众进行革命与建设的历史，共计收录大事、要事2152条，并有140多幅历史照片，全书60万字，由中共党史出版社出版。2000年6月，《中国共产党山东省曲阜市组织史资料》出版，收录1987年11月至1999年12月曲阜市党政机关、武装组织、群众（社会）团体副科级以上行政机构和副科级以上事业机构沿革及其副科级以上干部，国家和山东省、济宁市驻曲阜部分相应级别的机构沿革及其负责人，市属骨干企业及其负责人，全书40万字，由中共党史出版社出版。2000年12月，《孔子故里的农村变革》出版发行，市委党史研究室和市农业委员会联合编撰，全面反映1978年中共十一届三中全会后至1998年曲阜20年间农村变革历程，全书38万字，中共党史出版社出版。2003年12月，《中共曲阜地方史》（第一卷）出版发行，市委党史研究室编撰，系统记述新民主主义革命时期党领导曲阜人民进行革命活动的历史面貌及曲阜地方党组织从无到有、从弱到强、不断发展壮大的历程，并突出重要历史事件和重要历史人物的活动，全书28万余字，图片资料27幅，由中共党史出版社出版。2004年11月，《曲阜党史人物》（第一集）出版发行，主要收录新民主主义革命时期曲阜区域活动且具有一定影响的党史人物，同时还收录部分曲阜籍在外地从事革命活动的党史人物，全书16万余字，个人照片资料80余幅，由中共党史出版社出版。2008年12月，《中共曲阜地方史》（第二卷）出版发行，该书主要记录1949年10月至1978年12月曲阜党组织领导全县人民群众在由新民主主义向社会主义过渡和建设社会主义的历史事实和基本经验教训，全书30万字，由中共党史出版社出版，该书获山东省党史部门2008—2009年度党史优秀成果奖著作类特别奖。2010年5月，《中国共产党曲阜市历史大事记》（1997—2008）出版发行，市委党史研究室编撰，集中展示1997—2008年市委、市政府一系列重大决策、重点工作、重要部署和取得的重要业绩、成功经验。2011年4月，《中国共产党山东省曲阜市组织史资料》（2000—2009）出版发行，市委组织部、市党史研究室编撰，以市级领导班子和各级组织机构的变化沿革为中轴线，全面记述2000—2009年全市副科级以上机构沿革和人员及市属部分骨干企业副职以上人员的变化情况。

1991—2013年曲阜市委党史研究室党史资料整理出版统计表

表16-5

作品名称	编撰单位	主编或作者	出版社	出版时间	备注
《中国共产党山东省曲阜市组织史资料》(1926—1987)	市委组织部市委党史资料征集研究委员会市档案局	周玉民　张建国	中共党史出版社	1991	
《中国共产党曲阜市历史大事记》(1919.5—1996.12)	市委党史研究室	杜仲文	中共党史出版社	1998	
《中国共产党一至十五次代表大会简介》	市委党史研究室	杜仲文	济宁市新闻出版局	1999	内部资料
《中国共产党曲阜市一至十次代表大会简况》	市委党史研究室	杜仲文	济宁市新闻出版局	1999	内部资料
《中国共产党山东省曲阜市组织史资料》(1987—1999)	市委党史研究室	杜仲文	中共党史出版社	2000	
《孔子故里的农村变革》	市委党史研究室 市农业委员会	杜仲文　孔令玉	中共党史出版社	2000	
《中国共产党曲阜市 历次代表大会文献选编》	市委党史研究室	杜仲文　孔磊华	济宁市新闻出版局	2001	内部资料
《中共曲阜年鉴》(2002年卷)	市委办公室 市委党史研究室	邱　臣	中共党史出版社	2002	
《中共曲阜地方史》(第一卷)	市委党史研究室	邱　臣	中共党史出版社	2003	
《曲阜党史人物》(第一集)	市委党史研究室	邱　臣	中共党史出版社	2004	
《中共曲阜年鉴》 (2002—2004年卷)	市委办公室 市委党史研究室	邱　臣	中共党史出版社	2006	
《时代楷模——曲阜劳模名录》(1950—2006)	市总工会　市劳模协会 市委党史研究室			2007	内部资料
《曲阜党史人物》(第二集)	市委党史研究室	邱　臣	中共党史出版社	2007	
《中共曲阜地方史》(第二卷)	市委党史研究室	邱　臣	中共党史出版社	2008	
《中国共产党曲阜市历史大事记》(1997—2008)	市委党史研究室	邱　臣	中共党史出版社	2010	
《中国共产党山东省曲阜市组织史资料》(2000—2009)	市委组织部 市委党史研究室	邱　臣	中国出版社	2011	

第三节　党史宣传

重大历史事件、重要节庆纪念活动

1991年6月，曲阜市召开历届县(市)委书记座谈会，曲阜历届县(市)委书记10余人参加座谈，书记们回忆自己在曲阜期间的工作，对曲阜未来发展提出建议。2001年6月，举办纪念中国共产党成立80周年党史知识竞赛，全市党政领导干部和中小学生共3000余人参加活动；召开建党80周年老党员座谈会，中华人民共和国成立前参加工作的市级老干部和农村党员干部代表20余人参加座谈。2004年6月，举行庆祝建党83周年座谈会暨《中共曲阜地方史》首发式，中华人民共和国成立前参加工作的老干部及全市各党委、党工委主要负责人参加会议;8月,在纪念邓小平百年诞辰之际,党史研究室同市委宣传部、市委党校联合举办"农信杯"纪念邓小平百年诞辰党史知识竞赛;同时,举办纪念邓小平百年诞辰学术研讨会,市委党史研究室提交论文两篇,并作学术发言。2005年6月,举办曲阜市纪念抗日战争胜利60周年大型图片展览,制作展板30幅,展出图片200张;展览在市委大院展出后,又到全市36个基层党委进行巡回展览,历时20余天,全市参观者近6万人次。2006年6月,市委党史研究室在市艺术馆举办曲阜市庆祝建党85周年和长征胜利70周年大型党史书画摄影展,历时10余天,参展作品600余幅。2007年6月,市委党史研究室与曲阜诗社联合举办颂党恩、庆七一、贺香港回归十周年大型诗朗诵会,曲阜诗社成员20余人登台朗诵,活动收到诗稿80余篇。2008年6月,在中共曲阜市第一个农村支部——董家庄党支部诞生70周年之际,市委党史研究室与市委组织部、市委老干部局、董庄乡党委政府在董庄乡大牛山竖立中共董家庄支部成立纪念碑,市委书记、市人大常委会主任朱庆安和老领导赵明勤为纪念碑揭幕。2009年9月,党史研究室会同有关部门在市图书馆举办庆祝中华人民共和国成立60周年大型党史图片展览,展出各种党史书画、摄影图片200余幅。2011年6月,市委党史研究室开展庆祝建党90周年学习《中国共产党历史》暨举办"孔府家杯"党史知识竞赛活动。

党史宣传

1996—1998年,党史研究室与市电视台协作拍摄"五四"青年节教育片和七一党史教育片两部。1998年,党史研究室主办内部刊物《党史通讯》,集中反映曲阜市党史征集、研究成果,报道党史工作信息;至2000年停刊。2001年7月,在《曲阜日报》上开辟"党史人物"专栏,采访中华人民共和国成立前参加革命的老党员、老领导,让他们忆党史,话今昔,开展革命传统教育。2005年,制作老战士忆当年、话抗战电视专题片《烽火岁月》,采访抗战老战士10位,并在曲阜电视台连续播放。2010年,在纪念抗日战争胜利65周年之际,走访曲阜市抗日战争时期老战士赵明勤、魏振生、张寿青等,录制《老战士忆当年、话抗战》专题电视片,并在曲阜电视台连续播放。2011年7月,在《今日曲阜》开辟纪念中国共产党成立90周年之"红色记忆"栏目,刊登《红色的起点—山东省立第二师范支部的成立与发展》《鲁南七校学生抗日请愿和兖州截车事件》等文章。

党史研究

1996—1998年,市委党史研究室编撰人员在省级以上报刊发表党史论文3篇、史料文章2篇。1998年10月,《真理标准的讨论给予人们的启示》,获济宁市纪念十一届三中全会二十周年理论研讨会优秀论文奖。2001年,《经济全球化对党的建设的挑战与对策》《邓小平对毛泽东唯物史观的继承与发展》《论加强农村基层共产党组织建设》《发挥党史教育作用,全面加强党的建设》等文章被收入中共党史出版社出版的《伟大的历程与辉煌业绩—中国共产党成立80周年论文集》一书。2003年8月,《坚持执政为民是实现最广大人民根本利益的保证》,获山东省执政党执政规律研讨会优秀论文。2005年,市委党史研究室组织撰写的《党的七大与毛泽东思想的确立》,作为济宁市县(市)区唯一一篇入选论文参加省委党史研究室、省委宣传部等部门举办的纪念抗日战争胜利60周年学术研讨会。《曲阜抗战事迹》入选中国现代史学会《抗战档案》一书。2006年4月,省委党史研究室、省党史学会在曲阜市召开全省纪念建党85周年学术研讨会,曲阜市委党史研究室《论尼山抗日根据地的建设与执政经验》《关于社会主义和谐社会理论的形成与发展初探》等获优秀论文二等奖。2010年12月,《用优秀传统文化和先进文化占领思想文化阵地,铲除邪教孳生的土壤》,获济宁市"弘扬优秀传统文化、防范抵御邪教侵害"学术研讨会优秀论文。2012年9月,《破"四旧"对三孔的破坏及后来的保护》,入选首届全国党史文化论坛。

党史"六进"工作

党史"六进"即党史学习宣传工作进机关、学校、军营、企业、社区、农村。1996年起,市委党史研究室多次组织专人到学校、厂矿上党课。1999年,在全市开展学习党史、了解过去、把握现实、开创未来、努力建设历史文化名城活动;同市委组织部、市委宣传部联合下发《关于在全市青少年中广泛开展"光辉八十年"党史教育和社会实践活动的通知》,组织全市青少年开展以爱党、爱国、爱社会主义为主题的党史教育和社会实践活动。2006年3月,与市委组织

2011年6月，曲阜市纪念建党90周年“孔府家杯”党史知识竞赛决赛现场

刘中华/摄

部、老干部局联合开展向市老干部、老领导赠送党史书籍活动，向100多位老干部赠送党史书籍600余册；协助包村点息陬乡北元疃村建立文化广场及图书阅览室，赠送党史书籍500余册。2011年7月，在曲阜师范学校举行中共山东省立第二师范支部纪念碑落成仪式；与市关工委联合举办曲阜党史小故事走进校园活动，精选曲阜革命英雄人物和曲阜重大革命事件制作成展板，到城区各学校巡展；与市关工委等单位联合编撰《红色记忆—曲阜党史小故事》画册及光盘，向全市各中小学赠送。2012年3月，由市委党史研究室、市关工委牵头，组织青少年学生到石门山镇中学和东焦沟烈士林开展缅怀革命先烈的爱国主义教育和清明节祭英烈活动；6月，在时庄街道红楼村党员活动室举行党史教育走进红楼村活动，赠送《中国共产党曲阜市历史大事记》《中共曲阜地方史》等书籍100余册，并为全村党员群众上党课。2013年10月，向市干休所赠送党史书籍200余册。

第十五章　督考工作

2011年3月，曲阜市围绕建立“决策—执行—督查考核”三位一体的权力运行机制，成立督查考核委员会；按照“精简、统一、高效”原则，整合市考核办、市发改局、市委督查室、市政府督查室等部门单位部分职责，组建市督查考核委员会办公室（简称市督考办），赋予其考核与督查的双重职能，为市委、市政府直属正科级事业单位，内设综合监督科、目标考核科、社会监督科、招商引资考核科。市督考办对镇（街道）的考核指标，主要依据镇（街道）主体功能分区和个性考核原则进行设置，突出特色发展、创新发展；对部门的考核，重点考核招商引资，包保“2711”项目等工作。

第一节　督导督查

2011年起，市督考办围绕市委、市政府中心工作，确定每年全市“2711”重点工程，按照工程指挥部模式推进。将重点督查与日常督查、专项调度与领导观摩相结合，每两周对所有工程项目现场督导一遍，及时掌握进展情况；对进展慢的工程指挥部进行督办，并帮助其解决工程建设中出现的困难问题。至2013年年底，全市有180余项“2711”工程项目完成年度任务。

2011—2013年，市督考办先后组织对会议决定落实情况、八城同创、作风建设、民生工作、安全生产等30余项工作的重点督查活动，保障和促进市委、市政府重大决策落实。每年对接济宁市考核指标，分析指标变化，将考核指标及加减分因素逐项分解到43个责任部门，对指标完成情况实行月调度，督促责任部门深入分析考核指标，对照指标、找准差距，研究制定对策。整理汇总“双创双争”项目及各镇街、部门承接上级考核的加分项目材料，及时对接上报济宁市考核办。在济宁市科学发展综合考核中，曲阜市2012年至2013年度获综合考核第一名。

第二节 考核工作

2011年起，市督考办按照“突出重点、个性考核”和“重点考、考重点”原则，统筹全市考核项目，一个镇街一个方案，部门同类同考，精简考核指标，突出重点和中心工作，对镇（街道）党（工）委书记、镇长（办事处主任）、党（工）委副书记三职人员“同职同考”。协调组织各考核单位集中考核镇街，杜绝各自为政，为镇街节省大量时间精力。通过查看现场，查阅相关凭证资料，对主导产业项目、加分因素等逐个认定。将三个市级园区纳入考核，并围绕市级园区发展特点设定考核指标；加大对镇街主导产业考核力度，突出对农业结构调整、社会稳定和农村环境综合整治的考核；强化对企业税收和研发中心技术中心建设、金融部门税收和信贷比等指标的考核。2013年，曲阜市实行提升群众满意度工作指挥部体制，将群众满意度纳入对镇街、部门的考核，对承担满意度调查内容的牵头部门，按其在济宁市调查中成绩排名予以奖惩。市督考办整合市长热线等各类咨询投诉电话，开通“马上就办一线通”服务热线，24小时接听群众电话，对接全市122个“马上就办办公室”，构建起立体化、全覆盖“马上就办”工作体制。完善“马上就办”一线通、网络问政运行体制，执行、监督首接负责制、限时办结制等制度；每周到现场督导各单位承办事项办理情况，复杂问题及重大事项及时呈报市级分管领导，杜绝“重回复、轻落实”现象；将“马上就办”一线通和网络问政平台受理情况分析统计报告每半月报送相关市级领导。公开征集、交办“群众最不满意十件事”，将“群众最不满意十件事”及提升群众满意度纳入“2711”工程，发挥群众监督评议团作用，跟踪督促责任部门强化整改。同年，在济宁市群众满意度电话调查中，曲阜市获得群众满意度第一名。

第三节 “2711”工程

2011年起，市委、市政府围绕“著名东方圣城、国际旅游名城、现代科技新城、生态宜居水城”建设目标，实施“以跨越发展为总基调、以实干兴市为总要求”的“2711”工程，推进经济社会发展。

2011年，“2711”工程共98项工程项目。“2”指20个投资过亿元的产业项目。“7”指77项重点工程，其中融资工作1项、新农村建设工程14项、重点产业项目17项、城乡建设工程39项，其他重点工程6项。“1”指10项改革措施，即督查考核体制改革、招商体制改革、开发区体制改革、乡镇经济体制改革、干部人事制度改革、乡镇（街道）机构改革、文化旅游体制改革、农村金融体制改革、农村集体产权制度改革、城建管理体制改革。“1”指10项民生工程，即实施国家基本药物制度、启动新型农村社会养老保险试点工作、推进新农合医疗付费制度改革、实施农村校舍安全工程、实施法律援助工程、推进保障性住房建设、实施城区夜间亮化工程、推进城市市政基础设施扩面增容、完善市乡村三级视频监控网络、推进农村危房改造工程。2011年，“2711”工程项目中有75项完成年度任务，占总数的57%。省级台湾工业园、省级物联网产业基地、尼山省级旅游度假区获批；完成孔子诞生地—尼山圣境、孔子博物馆、孔子学

2013年5月，曲阜市开展解决群众最不满意的十件事现场评议活动
仲伟华/摄

院总部儒家思想体验中心“新三孔”规划设计，确立曲阜文化旅游发展新格局；京沪高铁曲阜东站暨孔子大道建设、800千米农村公路建设和农村环境综合整治三大战役，进展较快。

2012年，“2711”工程共100项工程项目。“2”指引进20个投资过亿元的产业项目。“7”指79项重点工程，其中新农村建设工程7项、重点产业项目28项、城乡建设工程44项。“1”指10项改革措施：文化旅游管理及企事业单位改革、开发区体制改革、教育改革、干部人事制度改革、农村集体产权制度改革、镇街经济体制改革、农村土地股份制改革、农村社区党建及管理服务改革、农村宅基地流转改革、户籍管理制度改革。“1”指10项民生工程：小街小巷综合整治工程、完善城乡公交网络、农村危房改造工程、农村校舍安全工程、白内障患者复明工程、贫困肢体残疾人康复救助工程、免费为60岁以上城镇和农村居民健康查体、开发公益性就业岗位、文化惠民工程、免费向市民开放部分文物景点。到年底，“2711”工程项目有59项完成年度任务，占总数的59%。与美国ITW、德国大陆、联想控股3家世界500强企业成功合作。尼山圣境、鲁国故城考古遗址公园、孔子国际文化交流中心、蓼河文化商业街等项目开工建设，儒源儒家文化体验基地等8个项目建设完成。实施小沂河、蓼河、护城河治理和滨河景观路等工程，实现引泗河水入城。

2013年，“2711”工程共101大项、116小项工程项目。“2”指引进2个过30亿元项目。“7”指78项重点工程，其中“三农”工程8项，重点产业项目18项，城镇化建设工程40大项，社会事业及其他工程12项。“1”指10项改革措施：市委权力公开透明运行改革，市直部门、镇街权力公开透明运行改革，公推直选镇街党委书记改革，公立医院改革，医院人事制度改革，农村土地股份制改革，农村集体产权制度改革，农村宅基地流转改革，户籍管理制度改革，行政审批制度改革。“1”指12项民生工程：困难家庭大病全报销工程、全民免费体检工程、城区交通综合整治工程、城区环境综合整治工程、村村通公交车工程、村村亮化工程、农村安全饮水工程、城乡视频监控提升工程、一村一医工程、失独家庭关怀活动、放心粮油示范店建设工程、困难家庭学生义务教育阶段营养餐补助工程。到年底，“2711”工程项目有68项完成年度任务，占总数的66.7%。

第十六章　机关事务管理

市机关事务管理局前身为市直机关后勤服务处，成立于1993年11月，挂市接待处牌子，主要承担市级领导机关接待服务工作、全市大型会议会务工作、市机关办公大院房屋管理维修、水电暖设备管理维修、安全保卫工作等。1995年9月，承担市级机关新办公大楼筹建、协调工作。市级机关新办公大楼坐落在南新区小沂河南岸，与孔子研究院隔河相望，于1995年10月奠基动工，1999年5月1日启用，总建筑面积3.4万平方米，绿地面积2.5万平方米。2003年起，市直机关后勤服务处不再承担市级领导机关接待服务、全市大型会议会务、市里大型外出学习、考察活动服务等工作；同年7月，市直机关后勤服务处更名为市机关事务管理局。2008年，市机关事务管理局被评为全省机关事务工作先进单位。2009年6月，增加全市机关事业单位公共机构节能管理职能。2012年10月，增加全市机关事业单位公务用车管理职能。2013年5月，增加全市机关事业单位办公用房管理职能。

第一节　接待会务

市机关事务管理局（市机关后勤服务处）树立“服务无小事”理念，确保各项重大会议活动零失误、零缺陷。1994—1995年，市机关后勤服务处完成接待任务589起13668人次（含会议人数），其中接待中央、省部级领导152人次，筹备全国性会议5次，全市大型会议11次，为市级领导机关外出学习、考察活动服务13次。1996—1998年，完成接待任务919起15320人次，其中接待中央、省部级领导156人次，接待全国性会议人员到曲阜参观28次，完成三届国际孔子文化节内宾接待任务，参与筹备全市大型会议14次；为市级领导机关外出学习、考察活动服务16次。1999—2002年，完成接待任务715起9031人次，其中接待省部级领导47人次，厅局级领导168人次，接待全国性会议4起，承接市级会议55起，完成国际孔子文化节内宾接待任务。2003—2005年，完成省级现场会、济宁市级领导会、外商投资洽谈会等各项会议服务工作，承接各类会议1600多次。2006—2007年，完成全市经济工作会议、市委十一届五次全委会议、市第十二届一次全委会议等会议服务工作，使用会议室1033场次。2007—2013年，市委、市政府及其部门使用会议室3900余场次。

第二节　后勤服务

1994—1998年，市机关后勤服务处完成市机关办公大院及市委、市政府家属院水、电、暖供应、维修，设备更换、施工，环境绿化、美化等服务性工作和市机关办公大院安全保卫工作。1999—2002年，对机关大院供水控制系统、办公主楼空调、电话、灯光系统、开水自动控制器进行改造，对机关家属院用电线路进行改造。投资4万多元，成立机关食堂，解决大院内工作人员就餐问题。2003—2005年，对机关大院冷却水系统进行除垢清洗，对冷却塔进行加固修补。对机关宿舍部分供暖区域实施对外承包，保证供暖效果。在机关大院陆续建立起牡丹园、月季园和翠竹园。2003年，增设机关理发室；2004年，增设机关自助餐厅。2006—2007年，新上一台4吨供暖锅炉，完成重点办公室供暖设备翻新改造任务。清洗维修空调出风口，更换开水器36台，安装空调11台，改造维修院内各种灯具和老化机电设备，对3幢办公楼顶约7000平方米作防水处理，新建36个花池和2处干部职工休闲健身广场，改造54个卫生间。2008—2011年，市机关事务管理局与机关大院内各部门、各单位签订《消防安全责任书》；强化门卫管理，实施进出大院人员登记，对进出车辆实行通行证制度。实施机关大院环境优化改造工程，精心挑选采购柿、核桃、楷树、郎榆、朴树、云杉、黑松以及玉兰、红叶石楠等，对大院进行科学绿化；铺设硬化道路500米，采购石头点缀假山，修建景观水池等；投资450万元升级机关餐厅，为机关干部职工提供生活保障服务。2011年2月26日，市机关事务管理局举办全市公共机构能耗统计培训班；同年6月，在全市机关事业单位开展节能宣传周活动。2012—2013年，采取购买服务方式，对机关及机关家属院安全保卫、设备维护等专业性强服务项目，全部外包给专业单位。在大院新增16个监控探头，构建人防、物防、技防安保体系；对开水炉和公共照明实行微电脑时钟控制，实现定时开关。

第三节　办公用房及公务用车管理

2011年5月，曲阜市开展公务用车专项治理工作。2012年10月，市机关事务管理局成立公务用车管理科，负责市级机关公务用车统一管理工作。同年11月，市机关事务管理局规范公务用车购置、置换、报废审批程序。2013年，起草《关于认真做好党政机关停止新建楼堂馆所和清理办公用房工作的通知》《关于认真开展多占办公用房、滥建楼堂馆所专项整治工作的通知》《关于贯彻上级文件精神进一步做好办公用房清理整改工作的通知》《关于认真开展规范公务用车管理清理整顿工作的通知》，以市委办公室、市政府办公室名义印发。

第十七编

曲阜市人民代表大会

2014年10月，市人大常委会视察文化产业发展工作

1991—2013年，曲阜市人民代表大会共历经6届。曲阜市人民代表大会常务委员会由曲阜市人民代表大会会议选举产生，其组成人员每届任期，1993年前为3年，1993年起为5年。23年间，市人大常委会共审议“一府两院”工作报告1055项，作出决议、决定310项，组织视察、检查830余次，每年收集人大代表和群众意见、建议200余条。

第一章　组织机构

第一节　代表选举与构成

市人大代表

曲阜市人民代表大会是曲阜市最高国家权力机关。市人民代表大会由市人大代表组成。市人大代表经选民选举产生，依法在市人大会议和闭会期间执行代表职务。根据《中华人民共和国宪法》和有关法律规定，市人大代表主要享有审议各项议案、报告和其他议题，发表意见权；选举权；表决权；提名权；提出议案、质询案、罢免案权；提出对各方面工作的建议、批评、意见权；言论表决免究权；执行代表职务所需信息及各项保障权及法律规定的其他权利。同时承担着相应的义务。

曲阜市人大代表的选举，依照《中华人民共和国宪法》《中华人民共和国全国人民代表大会和地方各级人民代表大会选举法》《中华人民共和国地方各级人民代表大会和地方各级人民政府组织法》的规定进行。市人大代表的人选，由选民从辖区内年满18周岁、依照法律未被剥夺政治权利的公民中选举产生。市人大代表的每届任期，1993年前为3年，1993年起延长为5年，可连选连任。选举工作一般分三个阶段进行。第一阶段，建立组织、宣传发动、培训骨干。市人大常委会依法建立市选举委员会，主持全市选举工作。选举委员会下设办公室，承担选举工作的具体事务。各乡镇依法建立乡镇选举委员会，各街道和市直各大党委依法建立选举工作指导小组，作为市选举委员会派出机构。由市选举委员会制定选举工作方案，召开全市选举工作动员大会，部署选举工作。第二阶段，划分选区和进行选民登记。选区按选民居住状况和工作单位，以每个选区选举1~3名代表来划分。按照程序对每个选区符合条件的选民进行登记，张榜公布。第三阶段，推荐和确定候选人，选举代表。以选区为单位提名推荐代表候选人，经选民小组酝酿、讨论、协商，根据多数选民的意见，按多于应选代表名额三分之一至一倍的比例确定正式候选人并张榜公布。全市在法定选举日统一进行选举。选举采取差额选举和无记名投票方式进行。选出的人大代表结构具有代表性和广泛性，保证工人、农民、知识分子、党外人士在代表中的适当比例。妇女代表、少数民族代表、归侨代表的比例按照法律的规定予以保证。市、乡镇两级人大代表之间，人大代表与本级党代表、政协委员之间一般不交叉任职。连任的代表在新一届的代表中有适当比例。

1990年3月，选举市第十二届人民代表大会代表，参选人数379489人，参选率96.5%，选出市人大代表324人；1993年3月，选举市第十三届人民代表大会代表，参选人数396472人，参选率96.8%，选出市人大代表322人；1998年1月，选举市第十四届人民代表大会代表，参选人数410875人，参选率97%，选出市人大代表236人；2003年1月，选举市第十五届人民代表大会代表，参选人数4499109人，参选率97.1%，选出市人大代表242人；2007年12月，选举市第十六届人民代表大会代表，参选人数5038957人，参选率95.3%，选出市人大代表240人；2012年1月，选举市第十七届人民代表大会代表，参选人数558467人，参选率95%，选出市人大代表244人。

曲阜市第十二届至十七届人大代表情况一览表

表17-1

届次			第十二届（1990.3—1993.3）	第十三届（1993.3—1998.7）	第十四届（1998.1—2003.1）	第十五届（2003.1—2007.12）	第十六届（2007.12—2012.1）	第十七届（2012.1—）
代表人数			324	322	236	242	240	244
代表构成	工农	人数	181	188	120	174	89	91
		占比	55.8%	58.3%	51%	72%	37.1%	37%
	干部	人数	84	79	81	37	89	82
		占比	26%	24.5%	34%	15%	37.1%	33%
	知识分子	人数	53	50	35	31	57	11
		占比	16.3%	15.5%	15%	13%	23.8%	5%
	其他	人数	6	5	—	—	5	—
		占比	2%	1.7%	—	—	2%	—
其中	党员代表	人数	225	229	203	205	180	195
		占比	69.4%	71.1%	86%	84.7%	75%	80%
	妇女	人数	71	69	40	37	37	39
		占比	21.9%	21.4%	17%	15.3%	15.5%	16%
	非中共党员	人数	99	93	33	37	60	49
		占比	30.6%	28.9%	14%	15.3%	25%	20%

乡镇人大代表

乡镇人民代表大会是乡镇最高国家权力机关。根据《中华人民共和国地方各级人民代表大会和地方各级人民政府组织法》，乡镇人民代表大会代表由选民直接差额选举产生。其每届任期，2004年前每届为3年，2004年宪法修正案通过后，改为每届5年，可连选连任。其职责是密切联系选民，依法组成代表小组，反映群众意见和要求，协助本级人民政府推行工作。

曲阜市乡镇人大代表人数的确定，根据《中华人民共和国全国人民代表大会和地方各级人民代表大会选举法》《山东省县乡两级人民代表大会选举实施细则》规定，1986年12月2日第六届全国人民代表大会常务委员会第十八次会议《关于修改〈中华人民共和国地方各级人民代表大会和地方各级人民政府组织法〉的决定》中指出：乡镇人民代表大会代表名额：人口2万人以下，选代表30~50人；人口超过2万人不足3万人，选代表50~70人；人口超过3万人不足5万人，选代表70~90人；人口超过5万人不足8万人，选代表90~110人；人口超过8万人，选代表不超过120人。1995年2月28日第八届全国人民代表大会常务委员会第十二次会议《关于修改〈中华人民共和国地方各级人民代表大会和地方各级人民政府组织法〉的决定》指出：乡镇人民代表大会代表名额基数为40名，每1500人可以增加1名代表；人口超过9万人的镇代表总名额不超过100名。2004年10月27日第十届全国人民代表大会常务委员会第十二次会议对《中华人民共和国地方各级人民代表大会和地方各级人民政府组织法》进行第四次修正。

乡镇人大代表选举产生过程：第一阶段，成立换届选举工作领导小组，进行宣传发动，培训骨干；第二阶段，划分选区和进行选民登记；第三阶段，推荐和确定候选人，选举产生代表。1990—2013年，全市共选出第十二届至第十八届乡镇（街道）人民代表大会代表5928人。其中乡镇（街道）第十二届人民代表大会代表1082人，第十三届人民代表大会代表1080

名，第十四届人民代表大会代表894人，第十五届人民代表大会代表867人，第十六届人民代表大会代表707人，第十七届人民代表大会代表715人，第十八届人民代表大会代表583人。

第二节　市人大常务委员会

市人民代表大会常务委员会由市人民代表大会选举产生，为市人民代表大会闭会期间常设机关。依据《中华人民共和国宪法》和有关法律规定，市人大常委会在市人民代表大会闭会期间行使市人民代表大会最高权力，讨论决定全市政治、经济、文化等重大事项，监督“一府两院”（市人民政府、市人民法院、市人民检察院）工作，依法进行人事任免等。

市人大常委会由主任、副主任和委员组成，在每届市人民代表大会第一次会议上经市人大代表无记名投票差额选举产生。其每届任期，1993年前为3年，1993年起延长为5年。

曲阜市第十二届至十七届人大常委会主任、副主任任职情况表

表17-2

届次	职务	姓名	籍贯	任职时间
第十二届（1990.3—1993.2）	主任	尹效英	曲阜市	1990.3—1993.2
	副主任	李秀文	寿光市	1990.3—1993.2
		高振祥	曲阜市	1990.3—1993.2
		刘振洪	曲阜市	1990.3—1993.2
		徐庆刚	曲阜市	1990.3—1993.2
		孔宪连	曲阜市	1990.3—1993.2
		孔庆庄	曲阜市	1990.3—1993.2
第十三届（1993.2—1998.1）	主任	尹效英	曲阜市	1993.2—1998.1
	副主任	徐庆刚	曲阜市	1993.2—1998.1
		付洪云（女）	曲阜市	1993.2—1998.1
		郭宗英	青岛市	1993.2—1998.1
		刘祥德	曲阜市	1993.2—1998.1
		曾奇栋	福建省建瓯市	1993.2—1994.10
		孙宪琚	江苏省沛县	1993.2—1996.1
		秦裕彦	江苏省赣榆县	1994.1—1998.1
第十四届（1998.1—2003.1）	主任	尹效英	曲阜市	1998.1—2003.1
	副主任	高洪彦	济宁市兖州区	1998.1—2003.1
		付洪云（女）	曲阜市	1998.1—2003.1
		刘祥德	曲阜市	1998.1—2003.1
		刘金山	曲阜市	1998.1—2003.1
		姜秉举	济宁市兖州区	1998.1—2003.1
		秦裕彦	江苏省赣榆县	1998.1—2001.1
		陈庆英（女）	曲阜市	1998.1—2003.1
		陈兰金	汶上县	2000.1—2003.1

续表17-2

届次	职务	姓名	籍贯	任职时间
第十五届（2003.1—2007.12）	主任	卢兆河	曲阜市	2003.1—2007.1
		朱庆安	莱芜市	2007.1—2007.12
	副主任	高洪彦	济宁市兖州区	2003.1—2007.1
		付洪云(女)	曲阜市	2003.1—2007.1
		刘金山	曲阜市	2003.1—2007.1
		张建国	沂水县	2003.1—2007.1
		陈庆英(女)	曲阜市	2003.1—2007.1
		陈兰金	汶上县	2003.1—2007.1
		李一中	曲阜市	2003.1-2007.1
		王鸣放	汶上县	2004.1—2007.12
		王克孝	肥城市	2005.1—2007.1
		袁炳新	曲阜市	2007.1—2007.12
		韦良华	曲阜市	2007.1—2007.8
		史存华	济宁市兖州区	2007.1—2007.12
		李　明	曲阜市	2007.1-2007.12
第十六届（2007.12—2012.1）	主任	朱庆安	莱芜市	2007.12—2011.1
		李长胜	高唐县	2011.1—2012.1
	副主任	袁炳新	曲阜市	2007.12—2012.1
		刘灿镇	莱芜市	2007.12—2012.1
		吴霁雯(女)	济宁市任城区	2007.12—2008.3
		王鸣放	汶上县	2007.12—2012.1
		李　明	曲阜市	2007.12-2012.1
		孟庆安	曲阜市	2009.1—2010.2
第十七届常委会（2012.1—）	主任	李长胜	高唐县	2012.1—
	副主任	袁炳新	曲阜市	2012.1—2014.1
		孔令玉	曲阜市	2012.1—2014.1
		李　玲(女)	金乡县	2014.1—
		马　磊(女)	济南市	2012.1—2012.11
		赵业勇	泗水县	2012.1—
		段德柱	曲阜市	2012.1—

说明：2002.1—2003.1 卢兆河任曲阜市人大常委会党组副书记。
2007.12—2010.1 史存华任曲阜市人大常委会党组副书记。
2012.1—2013.3 刘灿镇任曲阜市人大常委会党组副书记

第三节 工作机构

市人大工作机构

1991年年初，市人大常委会由19人组成，设办公室、代表工作室、城市建设委员会、财政经济工作委员会、法制工作委员会、教育科学文化卫生工作委员会、农村经济工作委员会7个工作机构。1993年2月，增设信访工作室，为正科级单位。1998年2月，增设调查研究室，为正科级单位；代表工作室更名为人事代表工作室。2005年11月，设立老干部工作室，为正科级单位。到2013年年底，市人大常委会由27人组成，设办公室、人事代表工作室、法制工作委员会、财政经济工作委员会、教育科学文化卫生工作委员会、城乡建设环境保护工作委员会、农村经济工作委员会、信访工作室、调查研究室、老干部工作室10个工作机构。

乡镇人大工作机构

1989年4月，曲阜市各乡镇设立人民代表大会主席团，为行政正科级，同时设立人大主席团办公室，为行政副科级。人大主席团办公室主任由市委任命，办公室配备工作人员1~2名。1996年1月，乡镇人大主席团改称乡镇人民代表大会，设主席、副主席。乡镇人大工作办公室更名为乡镇人大主席团办公室。1999年，各乡镇设人大主席1人，副主席1人，个别乡镇设副主席2人；建立乡镇人大办公室，由乡镇人大副主席兼任办公室主任或由专人担任，并配备专职或兼职工作人员1~2人。乡镇人大主席、副主席由乡镇人民代表大会选举产生。2000年12月，设立鲁城街道、书院街道人大代表工作室，为市人大常委会派出机构。2002年4月，曲阜市党政机关机构改革。乡镇人大主席一般由乡镇党委书记兼任，亦有专职担任。2010年6月，设立时庄街道、小雪街道人大代表工作室，为市人大常委会派出机构。2013年，全市设有8个镇人大办公室、4个街道人大工作室，有镇人大主席8人、街道人大代表工作室主任4人。

第二章 人大会议

第一节 市人民代表大会历届历次会议

曲阜市人民代表大会会议每年至少举行一次，由市人民代表大会常务委员会召集，依法行使职权。会议的内容一般是听取审议市政府、市国民经济计划、市财政预决算、市人大常委会、市法院、市检察院等六个工作报告；审议市政府关于代表议案建议办理情况的报告；审查批准每年度国民经济计划和财政预算；选举或补选市人大常委会、“一府两院”组成人员。会议进行选举和通过决议，以全体代表的过半数通过，选举采用无记名投票方式。1991—2013年，从曲阜市第十二届人民代表大会第二次会议至曲阜市第十七届人民代表大会第四次会议，共历经6届人民代表大会，召开人民代表大会会议24次。

曲阜市第十二届人民代表大会

第二次会议。1991年3月27—30日，曲阜市第十二届人民代表大会第二次会议在市机关招待所举行，出席代表323人。会议听取审议并通过市政府、市国民经济计划、市财政预决算、市人大常委会、市人民法院、市人民检察院工作报告；审查批准曲阜市国民经济、社会发展十年规划和第八个五年计划、1991年国民经济和社会发展计划、1991年财政预算；审查市政府关于市十二届人大一次会议代表议案建议办理情况的报告。

第三次会议。1992年3月24—27日，曲阜市第十二届人民代表大会第三次会议在市机关招待所举行，出席代表321人。会议听取审议并通过市政府、市人大常委会、市人民法院、市人民检察院工作报告；审查批准1992年国民经济计划和财政预算；审查市政府关于市十二届人大二次会议代表议案建议办理情况的报告；审议通过《曲阜市人民代表大会议事规则》。

曲阜市第十三届人民代表大会

第一次会议。1993年2月8—13日，曲阜市第十三届人民代表大会第一次会议在市机关招待所举行，出席代表322人。会议听取审议并通过市政府、市国民经济计划、市财政预决算、市人大常委会、市人民法院、市人民检察院工作报告；审议市政府关于市十二届人大三次会议代表议案建议办理情况的报告；审查批准1993年国民经济计划和财政预算；会议选举尹效英为市第十三届人大常委会主任，徐庆刚、付洪云、郭宗英、刘祥德、曾奇栋、孙宪琚为副主任，选举出市人大常委会委员12人；选举许传俊为市政府市长，卢兆河、赵元山、孟庆安、韦良华、刘金山为副市长；选举姜秉举为市人民法院院长，孔祥河为市人民检察院检察长。会议选出出席济宁市十二届人民代表大会代表。

第二次会议。1994年1月24—27日，曲阜市第十三届人民代表大会第二次会议在市机关招待所举行，出席代表322人。会议听取审议并通过市政府、市国民经济计划、市财政预决算、市人大常委会、市人民法院、市人民检察院工作报告；审议市政府关于市十三届人大一次会议代表议案建议办理情况的报告；审查批准1994年国民经济计划和财政预算；补选秦裕彦为市人大常委会副主任。

第三次会议。1995年1月16—19日，曲阜市第十三届人民代表大会第三次会议在市机关招待所举行，出席代表331人。会议听取审议并通过市政府、市国民经济计划、市财政预决算、市人大常委会、市人民法院、市人民检察院工作报告；审议市政府关于市十三届人大二次会议代表议案建议办理情况的报告；审查批准1995年国民经济计划和财政预算。

第四次会议。1996年2月5—8日，曲阜市第十三届人民代表大会第四次会议在市机关招待所举行，出席代表344人。会议听取审议并通过市政府、市国民经济计划、市财政预决算、市人大常委会、市人民法院、市人民检察院工作报告；审议、审查批准曲阜市国民经济和社会发展计划第九个五年计划、1996年国民经济和社会发展计划、1996年财政预算；审议市政府关于市十三届人大三次会议代表议案建议办理情况的报告。

第五次会议。1997年1月21—24日，曲阜市第十三届人民代表大会第五次会议在市机关招待所举行，出席代表339人。会议听取审议并通过市政府、市国民经济计划、市财政预决算、市人大常委会、市人民法院、市人民检察院工作报告；审查批准1997年国民经济和社会发展计划和财政预算；审议市政府关于市十三届人大四次会议代表议案建议办理情况的报告。

曲阜市第十四届人民代表大会

第一次会议。1998年1月11—18日，曲阜市第十四届人民代表大会第一次会议在市机关招待所举行，出席代表336人。会议听取审议并通过市政府、市国民经济计划、市财政预决算、市人大常委会、市人民法院、市人民检察院工作报告；审议市政府关于市十三届人大六次会议代表议案建议办理情况的报告；审查批准1998年国民经济计划和财政预算；会议选举尹效英为市第十四届人大常委会主任，高洪彦、付洪云、刘祥德、刘金山、姜秉举、秦裕彦、陈庆英为副主任，选举出市人大常委会委员9人；选举谷传祥为市政府市长，王克孝、孟庆安、韦良华、刘灿镇、颜世全为副市长；选举王永明为市人民法院院长，孔祥河为市人民检察院检察长。会议选出出席济宁市十三届人民代表大会代表。

第二次会议。1999年1月24—28日，曲阜市第十四届人民代表大会第二次会议在市机关招待所举行，出席代表245人。会议听取审议并通过市政府、市国民经济计划、市财政预决算、市人大常委会、市人民法院、市人民检察院工作报告；审议市政府关于市十四届人大一次会议代表议案建议办理情况的报告；审查批准1999年国民经济计划和财政预算；补选市人大常委会委员1人，选举陈福泉为市人民法院院长，史存华为市人民检察院检察长。

第三次会议。2000年1月17—21日，曲阜市第十四届人民代表大会第三次会议在市机关招待所举行，出席代表245人。会议听取审议并通过市政府、市国民经济计划、市财政预决算、市人大常委会、市人民法院、市人民检察院工作报告；审议市政府关于市十四届人大二次会议代表议案建议办理情况的报告；审查批准2000年国民经济计划和财政预算；补选陈兰金为市人大常委会副主任。

第四次会议。2001年1月10—13日，曲阜市第十四届人民代表大会第四次会议在市机关招待所举行，出席代表255人。会议听取审议并通过市政府、市国民经济计划、市财政预决算、市人大常委会、市人民法院、市人民检察院工作报告；审议、审查批准曲阜市国民经济和社会发展计划第十个五年计划、2001年国民经济和社会发展计划、2001年财政预算；审议市政府关于市十四届人大三次会议代表议案建议办理情况的报告。

第五次会议。2001年8月8—9日，曲阜市第十四届人民代表大会第五次会议在市机关招待所举行，出席代表252人。会议听取审议并通过市政府上半年工作报告；补选王庆成为市政府市长，补选市人大常委会委员4人。

第六次会议。2002年1月29—31日，曲阜市第十四届人民代表大会第六次会议在市机关招待所举行，出席代表252人。会议听取审议并通过市政府、市国民经济计划、市财政预决算、市人大常委会、市人民法院、市人民检察院工作报告；审议市政府关于市十四届人大二次会议代表议案建议办理情况的报告；审查批准2002年国民经济计划和2002年财政预算。

曲阜市第十五届人民代表大会

第一次会议。2003年1月18—24日，曲阜市第十五届人民代表大会第一次会议在市机关招待所举行，出席代表242人。会议听取审议并通过市政府、市国民经济计划、市财政预决算、市人大常委会、市人民法院、市人民检察院工作报告；审议市政府关于市十四届人大六次会议代表议案建议办理情况的报告；审查批准2003年国民经济计划和2003年财政预算；会议选举卢兆河为市第十五届人大常委会主任，高洪彦、付洪云、刘金山、张建国、陈庆英、陈兰金、李一中为副主任，选举出市人大常委会委员14人；选举江成为市政府市长，刘灿镇、吴霁雯、陈鲁起、张公迁、赵永和等6人为副市长；选举陈福泉为市人民法院院长，史存华为市人民检察院检察长。会议选出出席济宁市十四届人民代表大会代表。

第二次会议。2004年1月4—7日，曲阜市第十五届人民代表大会第二次会议在市机关招待所举行，出席代表246人。会议听取审议并通过市政府、市国民经济计划、市财政预决算、市人大常委会、市人民法院、市人民检察院工作报告；审议市政府关于市十五届人大一次会议代表议案建议办理情况的报告；审查批准2004年国民经济计划和2004年财政预算；补选王鸣放为市人大常委会副主任。

第三次会议。2005年1月11—14日，曲阜市第十五届人民代表大会第三次会议在市机关招待所举行，出席代表244人。会议听取审议并通过市政府、市国民经济计划、市财政预决算、市人大常委会、市人民法院、市人民检察院工作报告；审议市政府关于市十五届人大二次会议代表议案建议办理情况的报告；审查批准2005年国民经济计划和2005年财政预算；补选王克孝为市人大常委会副主任。

第四次会议。2006年1月10—13日，曲阜市第十五届人民代表大会第四次会议在市机关招待所举行，出席代表250人。会议听取审议并通过市政府、市国民经济计划、市财政预决算、市人大常委会、市人民法院、市人民检察院工作报告；审议、审查批准曲阜市国民经济和社会发展计划第十一个五年总体规划纲要、2006年国民经济和社会发展计划、2006年财政预算；审议市政府关于市十六届人大三次会议代表议案建议办理情况的报告；补选市人大常委会委员3人，选举张欣为市

2003年1月18日，曲阜市第十五届人民代表大会第一次会议召开

人民法院院长。

第五次会议。2007年1月27—30日，曲阜市第十五届人民代表大会第五次会议在市机关招待所举行，出席代表251人。会议听取审议并通过市政府、市国民经济计划、市财政预决算、市人大常委会、市人民法院、市人民检察院工作报告；审议市政府关于市十五届人大四次会议代表议案建议办理情况的报告；审查批准2007年国民经济计划和2007年财政预算；补选市人大常委会委员1人，选举朱庆安为市人大常委会主任，韦良华、史存华、李明等4人为市人大常委会副主任，刘森为市政府市长，谷峪为市人民检察院检察长。

2012年1月5日，曲阜市第十七届人民代表大会第一次会议召开

曲阜市第十六届人民代表大会

第一次会议。2007年12月11—15日，曲阜市第十六届人民代表大会第一次会议在市机关招待所举行，出席代表240人。会议听取审议并通过市政府、市国民经济计划、市财政预决算、市人大常委会、市人民法院、市人民检察院工作报告；审议市政府关于市十五届人大五次会议代表议案建议办理情况的报告；审查批准2008年国民经济计划和2008年财政预算；会议选举朱庆安为市第十六届人大常委会主任，刘灿镇、吴霁雯、王鸣放、李明等5人为副主任，选举出市人大常委会委员19人；选举刘森为市政府市长，杨风东、陈鲁起、张公迁、赵永和、刘秀广、褚福梅等6人为副市长；选举张欣为市人民法院院长，谷峪为市人民检察院检察长。会议选举出席济宁市十五届人民代表大会代表。

第二次会议。2009年1月8—11日，曲阜市第十六届人民代表大会第二次会议在市机关招待所举行，出席代表242人。会议听取审议并通过市政府、市国民经济计划、市财政预决算、市人大常委会、市人民法院、市人民检察院工作报告；审议市政府关于市十六届人大一次会议代表议案建议办理情况的报告；审查批准2009年国民经济计划和2009年财政预算；补选孟庆安为市人大常委会副主任。

第三次会议。2010年2月1—4日，曲阜市第十六届人民代表大会第三次会议在市机关招待所举行，出席代表250人。会议听取审议并通过市政府、市国民经济计划、市财政预决算、市人大常委会、市人民法院、市人民检察院工作报告；审议市政府关于市十六届人大二次会议代表议案建议办理情况的报告；审查批准2010年国民经济计划和2010年财政预算；补选市人大常委会委员4人。

第四次会议。2011年1月9—12日，曲阜市第十六届人民代表大会第四次会议在市机关招待所举行，出席代表245人。会议听取审议并通过市政府、市国民经济计划、市财政预决算、市人大常委会、市人民法院、市人民检察院工作报告；审议、审查批准曲阜市国民经济和社会发展计划第十二个五年总体规划纲要、2011年国民经济和社会发展计划、2011年财政预算；审议市政府关于市十六届人大三次会议代表议案建议办理情况的报告；补选李长胜为市人大常委会主任。

曲阜市第十七届人民代表大会

第一次会议。2012年1月5—8日，曲阜市第十七届人民代表大会第一次会议在市机关招待所举行，出席代表244人。会议听取审议并通过市政府、市国民经济计划、市财政预决算、市人大常委会、市人民法院、市人民检察院工作报告；审议市政府关于市十六届人大四次会议代表议案建议办理情况的报告；审查批准2012年国民经济计划和2012年财政预算；会议选举李长胜为市第十七届人大常委会主任，孔令玉、马磊、赵业勇、段德柱等5人为副主任，选举出

市人大常委会委员21人；选举杨凤东为市政府市长，刘继芳、李丽、刘秀广、林长运、褚福梅、马刚为副市长；选举孟伟为市人民法院院长，谷峪为市人民检察院检察长。会议选出出席济宁市十六届人民代表大会代表。

第二次会议。2013年1月13—15日，曲阜市第十七届人民代表大会第二次会议在市机关招待所举行，出席代表249人。会议听取审议并通过市政府、市国民经济计划、市财政预决算、市人大常委会、市人民法院、市人民检察院工作报告；审议市政府关于市十七届人大一次会议代表议案建议办理情况的报告；审查批准2013年国民经济计划和2013年财政预算。

第二节　市人大常委会会议
市人大常委会主任会议

市人大常委会会议

曲阜市人大常委会会议每两个月至少举行一次，如遇特殊情况，经主任会议决定，可临时召集会议。常委会会议由常委会主任召集并主持，或由主任委托副主任主持会议。常委会会议必须有常委会全体组成人员的过半数出席方可举行。举行会议时，常委会组成人员根据会前视察、调查、检查以及平时掌握的情况发表意见，充分反映民意。1991—2013年，曲阜市第十二届人大常委会第7次会议至曲阜市第十七届人大常委会第20次会议，共举行199次常委会会议。

常委会举行会议时，市政府市长或由市长委托副市长、市人民法院院长、市人民检察院检察长、市政府办公室主任、人大常委会各委室负责人列席会议。乡镇人大主席、街道人大工作室主任、市政府有关部门负责人，经常委会主任会议决定，可以列席会议。必要时，邀请上级人民代表大会代表、市人民代表大会代表或其他有关人员列席会议。

常委会全体会议或分组会议对议案、工作报告进行审议时，有关部门主要负责人到会听取意见，回答询问。对常委会提出的重要意见，会后由常委会办公室、研究室整理，印送市政府、市人民法院、市人民检察院以及有关机关研究办理，有关机关将办理结果于下次常委会会议前报送人大常委会。

常委会全体会议听取和审议市政府、市人民法院、市人民检察院的工作报告。市政府各工作部门受市政府委托，可以向常委会提出工作报告。必要时，常委会可以要求市政府、市人民法院、市人民检察院作专题报告。在常委会会议期间，常委会组成人员3人以上联名可以向常委会书面提出对市政府及有关部门、市人民法院、市人民检察院的质询案。

常委会会议表决议案或作出决议、决定，须由常委会全体组成人员过半数通过。表决结果由会议主持人当场宣布。

市人大常委会主任会议

曲阜市人大常委会主任会议由常委会主任、副主任组成，主任会议按照民主集中制的原则行使职权，并根据工作需要不定期召开。

主任会议由全体成员的过半数出席方可举行。会议由常委会主任或主任委托的副主任主持。会议议题会前由常委会办公室进行综合后提出，由主任或主任委托的副主任确定。常委会办公室主任列席常委会主任会议。根据需要，常委会驻会委员及常委会工作机构负责人可以列席会议。必要时，也可请市政府、市人民法院、市人民检察院有关负责人列席。

主任会议负责拟定常委会会议议程草案，决定常委会会议召开的会议日程、列席人员。主任会议可以向常委会会议提出属于常委会职权范围内的议案。市政府或常委会组成人员3人以上联名向常委会提出属于常委会职权范围内的议案，由主任会议决定是否提请常委会会议审议。常委会代表资格审查委员会的主任委员、副主任委员和委员的人选，由主任会议在常委会组成人员中提名，提请常委会通过。主任会议可以向常委会提议组织关于特定问题的调查委员会，由常委会会议决定。

主任会议日常主要听取和审议市政府、市人民法院、市人民检察院的专项工作报告，并提出意见和建议；研究处理常委会日常工作的其他重要事项；依法向常委会提出人事任免事项；领导和组织协调常委会机关重要工作。

第三节　乡镇人民代表大会会议

曲阜市乡镇人民代表大会，2004年前每届任期为3年，2004年后每届任期为5年，每年至少召开一次人民代表大会会议。各乡镇召开人民代表大会会议总体时间由市人大常委会审议决定，具体时间按照组织部门要求，由各乡镇自主安排。会议由乡镇人大主席团主持，主席团在乡镇人民代表大会会议召开前的预备会议上选举产生。大会主席团由乡镇人民代表大会主席、副主席和乡镇人大代表中提名产生的人员组成，一般不超过13人。乡镇人民代表大会主要议程是听取和审议乡镇政府工作报告、乡镇人大主席团工作报告，选举乡镇人大主席、副主席，选举乡镇政府乡镇长、副乡镇长。2007年起，市、镇两级人民代表大会同步换届。

1991—2013年，曲阜市曲阜镇、书院镇（乡）人民代表大会共历经四届，召开人民代表大会会议10次。小雪镇、时庄镇（乡）人民代表大会共历经六届，召开人民代表大会会议20次。其他乡镇人民代表大会共历经七届，每个乡镇召开人民代表大会会议25次。

2000年1月，曲阜镇撤镇设立街道；2001年1月，书院镇撤镇设立街道；2010年6月，时庄镇、小雪镇改为街道。各街道均成立街道人大代表工作室，作为市人大常委会派出工作机构，街道人大工作室主任、副主任由市人大常委会任免。街道人大工作室主任、副主任在市人代会闭会期间负责联系所驻街道的市级人大代表，并组织市人大代表开展相关活动等。

第三章　市人大常委会主要工作

第一节　重大事项决定

依法对国民经济和社会发展中重大事项行使决定权是常委会的一项重要职权。1991—2013年，市人大及其常委会依法行使重大事项决定权，努力把市委的意图和重大决策通过法定程序变为具有普遍约束力的人民意志，从制度上和法律上保证党的主张得到贯彻落实。

审查批准国民经济和社会发展计划

1991年3月，市十二届人大二次会议，经过与会代表充分审议，审查批准曲阜市国民经济和社会发展十年规划及第八个五年计划（简称“八五”计划），作出相应决议。1996年2月，市十三届人大四次会议，审查批准曲阜市国民经济和社会发展第九个五年计划（简称“九五”计划），作出相应决议。2001年1月，市十四届人大四次会议，审查批准曲阜市国民经济和社会发展第十个五年计划（简称“十五”计划），作出相应决议。2006年1月，市十五届人大四次会议，审查批准曲阜市国民经济和社会发展十一个五年总体规划纲要（简称“十一五”规划），作出相应决议。2011年1月，市十六届人大四次会议，审查批准曲阜市国民经济和社会发展第十二个五年总体规划纲要》（简称“十二五”规划），作出相应决议。

依法治市

为提高全民法治观念，历届市人大常委会依法作出进行法制宣传教育的决议。1991年，市十二届人大常委会第8次会议，经过常委会组成人员审议，作出《关于在全市公民中进行第二个五年法制宣传教育的决议》（简称“二五”普法决议）。1996年9月，市十三届人大常委会第28次会议，经过常委会组成人员审议，批准市政府《关于在全市公民中开展第三个五年法制宣传教育规划和依法治市第二个五年规划》，作出“三五”普法和“二五”依法治市决议。2001年9月，市十四届人大常委会第31次会议，经过常委会组成人员审议，作出决议，批准市政府《关于在全市公民中开展第四个五年法制宣传教育规划和依法治市规划》。2006年9月，市十五届人大常委会第27次会议，经过常委会组成人员审议，作出相应决议，批准市政府《关于在全市公民中开展第五个五年法制宣传教育规划和依法治市规划》。2011年7月，市十六届人大常委会第31次会议，作出相应决议，批准市政府《关于在全市公民中开展第六个五年法制宣传教育规划和依法治市规划》。

经济和社会事业

历届市人大常委会围绕全市经济和社会发展中的重大事项，行使重大事项决定权，依法作出决议、决定。1991年9月，在市十二届人大常委会第10次会议上，作出加强社会治安综合治理的决定，批准实施《曲阜市村民代表议事办法》。市十二届人大常委会第14次会议审议批准曲阜市市徽。1993年，市十三届人大常委会第2次会议，作出关于减轻农民负担的决议。1995年，市十三届人大常委会作出批准曲阜市与江苏省江阴市、张家港市缔结友好城市的决定。1999年12月，市十四届人大常委会第16次会议，审议通过追究司法工作人员违法办案办法。2003年9月，市十五届人大常委会第4次会议，听取审议市政府《曲阜市城市总体规划(修编)》的议案，依法作出决议，批准城市总体规划。2004年3月，市十五届人大常委会第8次会议作出关于批准《曲阜市生态示范区建设规划》的决议。2010年6月，市十六届人大常委会第23次会议，作出关于批准曲阜市与敦煌市缔结为友好城市的决定。

第二节　人事任免

1991—2013年，市人大常委会依据《中华人民共和国宪法》《中华人民共和国地方各级人民代表大会和地方各级人民政府组织法》和市人大常委会《关于任免国家机关工作人员办法》，坚持党管干部、充分发扬民主和严格依法办事的原则，依法对人大常委会、“一府两院”工作人员任免、决定任免、批准任免、接受辞职、撤销职务等事项进行表决，任免国家机关工作人员1396人次。坚持对被任命人员进行任前法律知识考试、任中作供职报告，任免过程中反复酝酿，充分讨论，最后投票表决；对被任命人员开展18次述职评议或工作评议，并针对评议中提出的问题和意见进行督促整改。

第三节　监督工作

1991—2013年，市人大常委会始终把监督工作放在重要位置，履行监督职责，加大监督力度，探索监督途径，不断增强监督实效。

法律监督

开展执法检查，确保宪法和法律在曲阜市行政区域内的遵守和执行。25年中，历届市人大常委会对《中华人民共和国城市规划法》《中华人民共和国环境保护法》《中华人民共和国农业法》《中华人民共和国教育法》《中华人民共和国土地管理法》《中华人民共和国森林法》等50余部法律法规贯彻执行情况，开展执法检查700余次。1999年9月，市十四届人大常委会主任尹效英带领常委会组成人员、部分人大代表，对市政府贯彻执行《环境保护法》和开展环境保护工作情况进行执法检查，察看市造纸厂、地毯厂、锻件厂和苗孔纸业有限公司污水和大气污染治理情况，提出要进一步加大对环境保护法规的宣传力度，正确处理全局利益与局部利益、长远利益与当前利益、发展经济与保护环境的关系，依法加强制度建设，不断提高执法队伍行政能力，使环保产业不仅成为治理污染、改善环境的重要工具，还要成为带动经济增长的一个重要生力军等意见、建议。2003年4月，市十五届人大常委会主任卢兆河带领各位副主任及部分委员、人大代表，对全市贯彻落实《中华人民共和国传染病防治法》及“非典”防治工作情况进行执法检查，察看市人民医院发热门诊、汽车站“非典”留验站和卫生工作人员值班室、市防疫站有关科室，要求市政府及有关职能部门，把防治“非典”工作当成一项重要政治任务去抓，加大《中华人民共和国传染病防治法》宣传力度，做好对预防传染性非典型肺炎知识的宣传工作，建立紧张有序、高效快速的“非典”防治工作班子，坚决切断“非典”传染渠道，加强对车站、学校、旅游点、宾馆以及党政机关、事业单位等重点部位和重要环节监控、防治工作，健全卫生防疫网络和应急反应机制，配齐防治设施，夺取“非典”防治工作的全面胜利。2007年8月，市十六届人大常委会部分委员，对市政府贯彻《中华人民共和国公路法》及农村公路建设情况进行执法检查，察看曲阜石料厂、董庄乡、吴村镇“村村通”建设及曲尼公路施工现场，针对农村公路养护和管理机制不健全、车辆超载、黑车现象普遍存在等问题，出台关于加强农村公路养护管理办法，完善养护管理长效机制，严厉打击破坏乡村道路的违法行为，加大对超限运输车辆、黑出租、非法客运车辆整治力度，维护城市交通市场秩序，加强公路执法队伍建设，提高工作人员学习意识、服务意识和依法行政水平等意见建议，得到市政府及交通部门认真落实。2012—2013年，市十七届人大常委会围绕城市建设实施监督。常委会多次对城乡总体规划、高铁新城及城市建设管理工作进行视察和审议，督促住建、规划等部门要高起点规划、高质量建设，尤其要抓好高铁新城、古泮池片区等重点项目的规划建设，统筹解决好综合配套问题。关注就业和民政救助工作。常委会对就业安置、社会保障、贫困家庭大病全报销等重点民生工程进行视察、检查和调研，要求完善扶持创业的优惠政策，简化困难家庭大病全报销审批程序。

司法监督

司法公正是维护社会公平正义的最后一道防线。历届人大常委会把促进司法公正放到重要位置，促进社会和谐稳定。加强对公安工作的监督。多次对市政府公安工作提速、打击犯罪、基层建设、社会治安综合治理进行检查和审议，要求公安机关要始终保持对严重刑事犯罪的高压态势，从严整治交通秩序混乱问题，兑现“命案必破”承诺，不断提升人民群众对社会治安的满意度。加强对法院工作的监督。多次听取审议市法院民商事审判、执行工作、审判方式改革、基层法庭建设、执法执纪等情况汇报，2012年，常委会作出《关于加强执行工作的决议》，2013年11月，对法院执行工作进行审议。市法院制定《自觉接受人大监督，加强与人大代表联系的意见》，实行的“双节”集中执行、调诉联动机制和人民陪审制度等工作得到最高院和省高院的肯定和推广。

工作监督

历届市人大常委会不断改进监督方式，力求监督实效，促进“一府两院”依法行政、公正司法，开展各项视察、调研活动800余次。围绕经济建设，每年都要对工业经济运行、“三农”工作和城建管理工作进行视察，对全市改革开放、农村税费改革、民营经济发展、招商引资、重点项目建设工作深入调研，促进全市经济快速、健康发展。围绕群众关心热点问题，每年对先进创建、减轻农民负担、下岗职工再就业、劳动和社会保障等工作进行检查和调研，帮助解决群众实际困难。围绕和谐社会建设，每年对教育、科技、文化、卫生、计划生育、民政等方面工作进行调研。

第四节　制度建设

曲阜市人大及其常委会、主任会议议事规则等有关制度始于1988年开始制定，后主要经过1998年7月31日市十四届人大常委会第4次会议、2003年7月25日市十五届人大常委会第3次会议、2007年7月20日市十五届人大常委会第39次会议、2008年7月31日市十六届人大常委会第4次会议4次修订。重要制度主要有：市人民代表大会议事规则、市人大常委会议事规则、市人大常委会主任会议议事规则、市人大常委会组成人员守则、市人大常委会工作细则、市人大常委会讨论决定重大事项规定、市人大常委会监督工作办法、市人大常委会联系市人大代表办法、市人大常委会议案征集处理办法、市人大常委会任免国家机关工作人员办法、市人大常委会评议“一府两院”工作办法、市人大常委会对“一府两院”专项工作报告实行票决制的办法、市人大常委会规范“一府两院”专项工作报告审议程序的办法、市人大常委会对市、镇人大代表述职评议试行办法、市人大常委会评选优秀市人大代表试行办法、市人大常委会处理人民群众来信来访办法、市人大常委会财政预算审查监督暂行办法、市人大常委会开展询问和质询试行办法等。

第五节　代表工作

代表联系工作

1990年5月29日，市十二届人大常委会第2次会议通过《联系市人民代表大会代表办法》，历届人大常委会都不断加强与代表的联系，以便于更好地发挥代表闭会期间作用。每年人大常委会人事代表部门都制定《人大代表小组活动内容安排意见》，提出代表小组活动主题。开展调研、联系选民等活动，对群众关心的热点问题，督促有关部门及时解决。2008—2013年，市人大常委会每年开展一次评选优秀市人大代表和代表小组活动，共表彰优秀人大代表150人，优秀人大代表小组36个。

2008年12月，王庄乡人大组织代表向选民述职

代表主题活动

市人大常委会着力搭建履职平台，注重发挥代表桥梁作用和品牌效应，组织和引导代表开展丰富多彩的主题实践活动。2013年，以建言献策、建功立业为主题开展“双建”活动。

工作评议和述职评议

1992年，经市委批准同意，市十二届人大常委会实行人大代表评议政府职能部门及“两院”工作制度，有效加强基层民主建设，保证履行宪法赋予人民管理国家事务的权利。1996年10月，市十三届人大常委会对市教委、公安、工商、土矿4个部门工作进行评议；1997年5月，对市人民法院、市人民检察院、市计生委工作进行评议。2000年10月，市十四届人大常委会对市计划委员会、司法局、卫生局、交通局、林业局的主任、局长进行述职评议；2001年11月，对市国税局、地税局、工商局、质量技术监督局等垂直管理单位进行评议。2003年11月，市十五届人大常委会对市经贸局等11个政府部门主要负责人、市法院3名庭长、市检察院1名副检察长进行述职评议。2004年11月，首次对市政府6名副市长进行述职评议；2005年11月，对市发展和改革局等10个部门主要负责人进行述职评议，对市供电公司、盐务局、部分银行等10个垂直管理单位进行工作评议。2008年12月，市十六届人大常委会对市国税局等26个垂直管理单位进行工作评议。

第六节　议案工作

1991—2013年，历届人大常委会高度重视人大代表议案建议办理工作，加强领导，完善制度，强化措施，加大督办力度，不断提高代表议案建议办理工作的水平、质量和效果，保障代表职权。历届市人大代表在代表大会上提出议案、建议、批评和意见2102条。

审查处理

每年人代会期间，由大会议案审查委员会根据《曲阜市人民代表大会代表议案、建议、批评和意见办理工作办法》的规定，对代表提出的议案、建议进行认真审查，转交市政府、市法院、市检察院研究办理。

审阅交办

每年人代会后，一般在每年3月，由市人大常委会人事代表工作室和市政府督查室对代表议案建议进行整理分类，呈送市委、市人大常委会、市政府主要领导审阅，并召开交办会议，将议案建议逐件落实到承办单位。

2012年10月30日，部分驻曲济宁市人大代表视察鲁城街道经济社会发展情况

督办机制

实行“五项制度”。会前调研审查制度，提前一个月安排各镇（街道）人大、市直各代表团开展集中视察，征集建议，充分审查，保证建议提出的质量。归口跟踪督办制度，由常委会分管副主任牵头，各委室按分工对建议办理进行跟踪督办，主任会议每月调度办理情况。回查“面对面”制度，承办单位负责人“面对面”听取代表对办理工作意见，解释办理落实情况。“二次办理”制度，对回查时未落实或落实不到位的建议，有重点地进行二次办理。答复、落实“双签字”制度，充分发挥考核评价机制作用，不断提高落实率。通过各种措施，曲阜市人大代表议案建议答复办理的满意率和落实率越来越高，群众关心关注的一些热点难点问题得到解决。

第十八编

曲阜市人民政府

市委、市政府办公楼

第一章　组织机构

1991—2013年，曲阜市人民政府共历经6届，每届市长、副市长由市人民代表大会选举产生。1991年，市人民政府设工作部门44个，乡镇人民政府13个。2013年，设工作部门34个，镇人民政府8个，街道办事处4个。

第一节　市政府组成人员

曲阜市人民政府是曲阜市最高行政机关，由市人民代表大会选举产生，向市人民代表大会负责并报告工作。市人民政府由市长、副市长、政府各工作部门主要行政负责人组成。市长、副市长在市人民代表大会会议上由人大代表选举产生，政府各工作部门主要行政负责人经市长提名，由市人大常委会批准任命。市人民政府每届任期，1993年前为3年，1993年起为5年。

曲阜市分别于1990年3月、1993年2月、1998年1月、2003年1月、2007年12月、2012年1月召开曲阜市人民代表大会第十二届、十三届、十四届、十五届、十六届、十七届会议，分别选举产生第十二届至第十七届人民政府市长、副市长。市人大常委会分别任命第十二届至第十七届人民政府其他组成人员。

1991—2013年曲阜市人民政府市长、副市长任职情况表

表18-1

届次	职务	姓名	籍贯	任职时间
第十二届（1990.3—1993.2）	市长	房立泉	曲阜市	1990.3—1993.1
	代市长	许传俊	济宁市兖州区	1993.1—1993.2
	副市长	许传俊	济宁市兖州区	1990.3—1993.1
		郭宗英	青岛市	1990.3—1993.2
		步长存	曲阜市	1990.3—1993.1
		赵元山	费县	1990.3—1993.2
		杨春炳	曲阜市	1990.3—1993.1
		隋云宽	莱阳市	1990.3—1993.1
		张永平（挂职）	—	1990.3—1991.1
		张万里（挂职）	—	1990.3—1991.1
		穆永喆（挂职）	—	1990.3—1993.2
		王仲谷（挂职）	—	1990.3—1993.2
		苏德海（挂职）	—	1991.1—1993.2
		刘恒昌（挂职）	—	1991.5—1992.2
		陈向群（挂职）	—	1991.5—1992.2

续表 18-1

届次	职务	姓名	籍贯	任职时间
第十二届（1990.3—1993.2）	副市长	马祥明（挂职）	—	1992.3—1993.1
		俞元志（挂职）	江苏省溧水县	1993.1—1993.2
		郭宝成（挂职）	—	1993.1—1993.2
第十三届（1993.2—1998.1）	市长	许传俊	济宁市兖州区	1993.2—1997.12
	代市长	谷传祥	微山县	1997.12—1998.1
	副市长	卢兆河	曲阜市	1993.2—1994.12
		谷传祥	微山县	1994.12—1997.12
		王克孝	肥城市	1997.12—1998.1
		赵元山	费县	1993.2—1998.1
		孟庆安	曲阜市	1993.2—1998.1
		韦良华	曲阜市	1993.2—1998.1
		马书轩（女）	汶上县	1995.8—1998.1
		刘金山	曲阜市	1993.9—1998.1
		王仲谷（挂职）	—	1996.1—1998.1
		李海琦（挂职）	—	1994.7—1998.1
		陆继星（挂职）	—	1993.2—1994.12
		马耀星（挂职）	—	1993.2—1995.3
		吴建忠（挂职）	—	1993.2—1995.12
		沈先锋（挂职）	—	1996.6—1998.1
		刘素文（挂职）	—	1996.7—1998.1
第十四届（1998.1—2003.1）	市长	谷传祥	微山县	1998.1—2001.1
		王庆成	泗水县	2001.8—2003.1
	代市长	王庆成	泗水县	2001.1—2001.8
	副市长	王克孝	肥城市	1998.1—2003.1
		孟庆安	曲阜市	1998.1—2003.1
		韦良华	曲阜市	1998.1—2003.1
		许　可	梁山县	1998.12—2003.1
		刘灿镇	莱芜市	1998.1—2003.1
		颜世全	曲阜市	1998.1—2003.1
		吴霁雯（女）①	济宁市任城区	2000.3—2003.1
		李　玲（女）	金乡县	2001.3—2003.1
		孙友勋	泗水县	2002.3—2003.1
		王仲谷（挂职）	—	1998.1—1998.2

续表 18-1

届次	职务	姓名	籍贯	任职时间
第十四届（1998.1—2003.1）	副市长	沈先锋（挂职）	—	1998.1—1998.5
		刘素文（挂职）	—	1998.1—1998.3
		吴耀田（挂职）	—	1998.11—2003.1
		孙丽艳（女，挂职）	—	1998.5—1998.11
		王唯周（挂职）	—	2001.1—2003.1
		薛卫东（挂职）	—	1999.11—2000.1
		努尔别克·卡买（挂职）	—	2000.8—2000.10
		韩金明（挂职）	—	2000.10—2000.12
		姜大进（挂职）	—	2002.5—2002.8
第十五届（2003.1—2007.12）	市长	江　成	沂源县	2003.1—2007.1
		刘　森	嘉祥县	2007.1—2007.12
	代市长	刘　森	嘉祥县	2007.1.5—1.31
	副市长	袁炳新	曲阜市	2003.1—2007.1
		李维生	曲阜市	2007.1—2007.11
		杨凤东	单县	2007.11—2007.12
		刘灿镇	莱芜市	2003.1—2007.12
		吴霁雯（女）	济宁市任城区	2003.1—2007.12
		孙友勋	泗水县	2003.1—2007.1
		陈鲁起	济宁市任城区	2003.1—2007.12
		张公迁	青岛市	2003.1—2007.12
		赵永和	济宁市任城区	2003.1—2007.12
		刘秀广	郓城县	2007.7—2007.12
		吴耀田（挂职）	—	2003.1—2005.12
		刘生长（挂职）	—	2003.9—2004.3
		许冰波（挂职）	—	2004.3—2004.9
		孙百迎（挂职）	—	2004.3—2005.3
		何文玲（女，挂职）	—	2004.5—2004.8
		韩　冬（挂职）	—	2004.9—2007.12
		王丽云（女，挂职）	—	2005.3—2006.3
		吕国强（挂职）	—	2006.3—2007.3
		托娅（女，挂职）	—	2007.3—2007.9
		刘玉山（挂职）	—	2007.5—2007.12

续表 18-1

届次	职务	姓名	籍贯	任职时间
第十六届（2007.12—2012.1）	市长	刘　森	嘉祥县	2007.12—2011.11
	代市长	杨凤东	单县	2011.12—2012.1
	党组副书记	李维生	曲阜市	2007.12—2012.1
	副市长	杨凤东	单县	2007.12—2011.12
		陈鲁起	济宁市任城区	2007.12—2009.12
		张公迁	青岛市	2007.12—2011.12
		赵永和	济宁市任城区	2007.12—2011.12
		刘继芳	济宁市兖州区	2011.12—2012.1
		李　丽(女,满族)	泗水县	2011.12—2012.1
		刘秀广	郓城县	2007.12—2012.1
		林长运	鱼台县	2011.12—2012.1
		褚福梅(女)	枣庄市	2007.12—2012.1
		韩　冬	莱州市	2007.12—2011.12
		马　刚	微山县	2011.12—2012.1
		刘玉山(挂职)	—	2007.5—2007.12
		张彦喜(挂职)	—	2008.7—2009.12
		张淑钰(女,挂职)	—	2010.6—2010.12
		荣瑞峰(挂职)	—	2010.6—2012.1
第十七届（2012.1—）	市长	杨凤东	单县	2012.1—2014.10
		刘东波	邹平县	2015.1—
	代市长	刘东波	—	2014.10—2015.1
	党组副书记	李维生	曲阜市	2012.1—
	副市长	刘继芳	济宁市兖州区	2012.1—
		李　丽(女,满族)	泗水县	2012.1—
		刘秀广	郓城县	2012.1—
		林长运	鱼台县	2012.1—
		褚福梅(女)	枣庄市	2012.1—
		马　刚	微山县	2012.1—2013.12
		艾　国	曲阜市	2013.12—
		荣瑞峰(挂职)	—	2012.1—2012.7
		刘逸飞(女,挂职)	—	2013.3—

说明：2000年1—3月，吴霁雯挂职曲阜市副市长。
2002年3月—2004年9月，孙友勋任曲阜市科技副市长。
2007年12月—2010年1月，韩冬任曲阜市科技副市长。
挂职干部不注籍贯

第二节　市政府工作机构

1991年，曲阜市政府工作部门有：市人民政府办公室、市经济体制改革委员会、市涉外工作委员会、市经济委员会、市农村经济委员会、市计划委员会、市城乡建设委员会、市科学技术委员会、市教育局、市体育运动委员会、市计划生育委员会、市公安局、市司法局、市民政局、市人事局、市档案局、市信访局、市财政局、市交通局、市粮食局、市供销合作社、市工商行政管理局、市物价局、市商业局、市农业局、市林业局、市水利局、市农业机械管理局、市畜牧局、市史志办公室、市卫生局、市文化局、市审计局、市土地管理局、市矿产资源管理局、市煤炭管理局、市统计局、市税务局、市技术监督局、市监察局、市国家安全局、市环境保护局、市广播电视局、市文物管理局。1992年5月，曲阜市旅游经济开发区管理委员会成立，副县级单位，为市人民政府派出机构。1993年4月，市监察局与市纪委合署办公。同年12月，党政机构进行改革，市经济委员会改称市经济贸易委员会；市农村经济委员会改称市农业委员会；市教育局改称市教育委员会；市文化局和市体育运动委员会撤销，合并为市文化体育委员会；市工商行政管理局和市物价局撤销，合并为市工商物价行政管理局；市土地管理局、市矿产资源管理局撤销，合并为土地矿产管理局；市对外经济贸易委员会列市政府工作部门序列，市旅游局改为行政单位，列市政府工作部门序列；市文物管理局更名为市文物管理委员会，转为事业单位；市农业局改称市农业技术推广服务中心，转为事业单位；市林业局改称市林业技术服务中心，转为事业单位；市农业机械管理局改称市农业技术服务中心，转为事业单位；市畜牧局撤销，成立市畜牧兽医技术服务中心；市广播电视局改称市广播电视中心，转为事业单位；市档案局撤销，归口市委办公室。市粮食局机构改革转为经济实体，称市粮食总公司；市煤炭管理局撤销，转为经济实体；市供销合作社改为经济实体；市史志办公室撤销。改革后市政府直属单位29个：市政府办公室、市经济贸易委员会、市农业委员会、市计划委员会、市城乡建设委员会、市科学技术委员会、市教育委员会、市文化体育委员、市计划生育委员会、市公安局、市司法局、市民政局、市人事局、市劳动局、市财政局、市税务局、市交通局、市水利局、市卫生局、市审计局、工商物价行政管理局、土地矿产管理局、市统计局、市乡镇企业局、市对外经贸委员会、市技术监督局、市环境保护局、市旅游局、市国家安全局。派出机构1个，即市旅游经济开发区管委会。

1995年10月，市工商物价行政管理局撤销，分设为市工商行政管理局和市物价局；市文化体育委员会撤销，分设为市文化局和市体育运动委员会。1997年5月，市经济体制改革办公室更名为市经济体制改革委员会，隶属市政府。1998年9月，市邮电局撤销，分设市邮政局和市电信局。1999年12月，市劳动局更名为市劳动和社会保障局。2001年7月，曲阜旅游经济开发区管委会更名为曲阜经济开发区管委会。2002年4月，市经济体制改革委员会办公室撤销，市计划委员会更名为市发展计划局；对外贸易合作委员会撤销，成立市对外经济贸易局；市教育委员会更名为市教育局，市体育运动委员会更名为市体育局，并入市教育局；市科学技术委员会更名为市科学技术局；市土地矿产局更名为市国土资源局；市计划生育委员会更名为市计划生育局；市城乡建设委员会更名为市建设局；市财贸办公室撤销；组建市文物管理局。同年5月，市经济贸易委员会撤销，成立市经济贸易局；市政策研究室、市法制办公室、市外事侨务办公室调整为市政府办公室中层机构；市物价局并入市发展计划局；市乡镇企业局并入市经济贸易局。

2003年6月，设立曲阜工业园管理委员会。2005年4月，设立中国国际贸易促进委员会曲阜分会；5月，市经济贸易局撤销中层机构民营经济办公室，加挂市民营经济发展局牌子；9月，市林业局加挂尼山国家森林公园管理委员会办公室牌子；10月，市发展计划局撤销，更名为市发展和改革局，加挂市粮食局牌子，市粮食局退出市政府工作部门序列；市计划生育局更名为人口和计划生育局；成立市安全生产委员会办公室，市安全生产监督管理局是其常设机构。2006年11月，市建设局加挂市城市管理行政执法局牌子。2007年6月，市招商局由隶属开发区管委会管理调整为直属市政府管理；10月，曲阜工业园管理委员会撤销。

2008年6月，设立市招商引资委员会办公室，隶属市政府管理；撤销市招商局，设立市招商一局。2009年2月，设立曲阜新区文化产业园管理委员会；8月，市行政审批中心更名为市行政服务中心。11月，市食品药品监督管理局由省以下垂直管理改为地方政府分级管理，列入市政府工作部门。2010年4月，撤销市对外贸易经济合作局，成立商务局，经济贸易局更名为经济和信息化局，加挂商务局牌子；市招商一局更名为市招商局，将市招商引资委员会办公室整建制划入市招商局；市教育局、体育局撤销，合并为市教育和体育局；市人事局、市劳动和社会保障局撤销，组建市人力资源和社会保障局；市交通局更名为市交通运输局；市建设局更名为市住房和城乡建设局，加挂市城市管理行政执法局牌子；市文化局更名为市文化广电新闻出版局，市文化市场管理办公室更名为市文化市场综合执法局，隶属于市文化广电新闻出版局，市广播电视局更名为市广播电视台；市文物管理局、市旅游局撤销，组建市文物旅游局；市农业综合开发办公室由隶属市政府办公室管理划归隶属市财政局管理。5月，山东省（曲阜）台湾工业园经山东省委台办批准成立，为市政府直属机构。2011年6月，曲阜高铁新区管理委员会设立，挂曲阜文化产业园管委会牌子。2012年7月，设立曲阜高铁新区管理委员会，为市政府所属正县级全额拨款事业单位；11月，曲阜高铁新区管委会不再挂曲阜文化产业园管委会牌子，设立曲阜国家级文化产业示范园管理委员会，为正县级全额事业单位；市文化遗产管理委员会、市文物旅游局撤销，组建市文物局和市旅游局。到2013年年底，市政府工作部门有：市发展和改革局（挂市粮食局、市物价局牌子）、市粮食局、市物价局、市经济和信息化局（挂市商务局牌子）、市商务局、市教育和体育局、市科学技术局、市公安局、市监察局（与市纪委机关合署）、市民政局、市司法局、市财政局、市人力资源和社会保障局（下辖市国外智力引进办公室、市党政机关事业单位考核委员会办公室）、市国土资源局、市住房和城乡建设局（挂市城市管理行政执法局牌子）、市城市管理行政执法局、市交通运输局、市水利局、市农业局（挂市林业局牌子）、市林业局（挂尼山国家森林公园管理委员会办公室牌子）、市文化广电新闻出版局、市文物局（挂市旅游局牌子）、市旅游局、市卫生局、市食品药品监督管理局（挂市食品安全委员会办公室牌子）、市人口和计划生育局、市审计局、市环境保护局、市统计局、市安全生产监督管理局、市工商行政管理局、市质量技术监督局。政府派出机构有市行政服务中心。市政府办公室下设政策研究室、法制办公室、督查室、应急管理办公室、外事侨务办公室等中层机构，下辖市人民防空办公室（挂市民防局牌子）、市史志办公室、市压煤搬迁办公室等事业单位。

第三节　乡镇人民政府和街道办事处

曲阜市各乡镇设有乡镇人民政府。乡镇人民政府是乡镇的国家行政机关，由乡镇人民代表大会选举产生，向乡镇人民代表大会和市人民政府负责并报告工作。乡镇人民政府设乡（镇）长、副乡（镇）长，在乡镇人民代表大会上由人大代表选举产生。其每届任期，2004年前为3年，2004年起改为5年。

1991年，曲阜市设曲阜、吴村、姚村、陵城、小雪和南辛6个镇人民政府，书院、王庄、董庄、时庄、息陬、尼山、防山7个乡人民政府。1997年6月，书院乡、时庄乡撤乡设镇人民政府。2000年1月，鲁城镇撤镇设立街道办事处，为市政府派出机构；12月，尼山乡、南辛镇人民政府撤并成新的南辛镇人民政府。2001年1月，书院镇撤镇设立街道办事处。到2001年年底，曲阜市辖2个街道办事处，6镇、4乡人民政府，即：鲁城街道办事处、书院街道办事处，吴村镇、姚村镇、时庄镇、陵城镇、小雪镇、南辛镇、王庄乡、董庄乡、息陬乡、防山乡人民政府。2003年，济宁市为建设济、兖、邹、曲组群结构大城市，启动建设曲阜新区，6月，曲阜市陵城镇、小雪镇、息陬乡3个乡镇人民政府划出，成立曲阜新区党工委、管委会；曲阜市辖2街道办事处，4镇、3乡人民政府；曲阜新区管委会辖2个镇1乡人民政府。2006年年底，曲阜新区管委会撤销，陵城镇、小雪镇、息陬乡人民政府划归曲阜市。2010年7月，息陬乡、王庄乡、防山乡撤乡建镇人民政府。2011年6月，南辛镇人民政府更名为尼山镇人民政府；9月，董庄乡人民政府更名为石门山镇人民政府。至2013年年底，曲阜市辖王庄、石门山、吴村、姚村、陵城、息陬、尼山、防山8个镇人民政府，鲁城、书院、时

庄、小雪4个街道办事处。

1991—1993年，乡镇人民政府工作机构设政府办公室（与乡镇党委办公室合署，称党政办公室）、计划生育委员会、农业委员会、经济委员会、建设委员会、教育委员会。1994年机构改革，乡镇人民政府设“两办四委”6个工作机构，即政府办公室（与乡镇党委办公室合署，称党政办公室）、计划生育办公室、农业委员会、经济委员会、建设环保土地委员会、社会事务委员会。2006年机构改革，各乡镇人民政府统一设置4个行政办公室，即综合办公室、经济发展办公室、社会事务办公室（挂人口和计划生育办公室牌子）、社会稳定办公室（挂社会治安综合治理办公室牌子）。各镇人民政府的事业机构统一设置5个财政拨款事业单位，即财政所（挂劳动保障事务所牌子）、司法所、计划生育服务中心、农业综合服务中心、文化服务中心。鲁城、书院、时庄、小雪4个街道办事处设立后，分别设有党政办公室、群众工作办公室、社会事务办公室、街居办公室、经济发展办公室、综合治理办公室、计划生育办公室7个科室。

第二章　施政方式

第一节　会议制度

市政府实行全体会议、常务会议、市长办公会议和市政府专题会议制度。市政府视情况召开全市性会议部署工作。

市政府全体会议

市政府全体会议由市长、党组副书记、副市长、特邀咨询和市政府组成部门、派出机构的主要负责人组成。必要时召开扩大会议，吸收市政府办公室副主任、市政府直属机构、办事机构、市属事业单位、国家和省市驻曲单位及部分中型以上企业主要负责人参加，视情况邀请市委有关部门、市人大和市政协专门委员会以及各群众团体的负责人列席。会议议题由市长确定，由市长或副市长召集和主持。一般每年召开2次。

市政府常务会议

市政府常务会议由市长、党组副书记、副市长、特邀咨询和市政府党组成员、办公室主任组成，市政府办公室副主任列席。市政府有关部门主要负责人列席相关议题。根据会议内容，可邀请市人大、政协专门委员会负责人及有关专家列席。市政府常务会议由市长决定召开，由市长或副市长召集和主持。市政府常务会议在组成人员超过半数时方能召开。会议的主要任务是：传达中央、省、济宁市和市委的重要指示、决定和会议精神，以及市人民代表大会及其常委会的决议、决定，研究提出具体贯彻意见；听取市政府重要工作情况的汇报；研究分析形势，讨论决定市政府工作中的重大问题；讨论通过提请市人民代表大会及其常委会审议的议案；讨论通过由市政府制定发布的政府规范性文件和重要决定；讨论决定各部门请示市政府的重要事项；研究全市国民经济和社会发展的长远规划、年度计划、财政预决算等；讨论需要市政府常务会议决定的其他事项。一般每月召开1次，必要时随时召开。

市长办公会议

市长办公会议是一种议事形式。由市长、副市长组成，市政府特邀咨询和办公室主任、副主任列席，必要时请市政府有关部门主要负责人列席。市长办公会议由市长或副市长召集和主持。会议的主要任务是：交流重要工作情况。研究处理需提交常务会议解决的重要问题。研究市政府日常工作中的其他重要事项。市长办公会议根据情况需要随时召开。

市政府专题会议

市政府专题会议由市长、副市长或市长、副市长委托办公室主任、副主任召集，市政府有关部门负责人出席。涉及两位以上副市长分管工作的，可共同召集会议。专题会议根据需要随时召开。会议的主要任务是:研究协调市政府领导分工职责范围内的专门问题;协调解决分管部门之间有意见分歧的问题;研究协调需提交市政府集体研究决策的有关问题。市政府专题会议(含现场办公会议)凡涉及资金、项目、机构编制安排的,严格按照规定的审批权限和程序办理。

其他全市性大型会议

传达贯彻中央、省、济宁市各级重要会议精神,部署全市性工作的会议;市政府研究部署重点工作的会议;由市政府授奖的综合表彰会或非行业性特殊表彰会。以上全市性大型会议由市政府召开。

第二节 工作制度

分工原则

市政府由下列人员组成:市长、党组副书记、副市长、特邀咨询,市政府组成部门主要负责人,市政府派出机构主要负责人。市政府实行市长负责制,市长领导市政府的工作;副市长、特邀咨询、办公室主任协助市长工作;常务副市长协助市长主持市政府日常工作;市长因公出发和出国访问期间,由常务副市长主持市政府的全面工作;市政府工作中的重大问题,须经市政府全体会议、市政府常务会议讨论决定。副市长按分工负责处理分管工作;受市长委托负责其他方面的工作或专项任务,并可代表市政府进行外事活动;市政府各组成部门、各派出机构负责人负责本部门的工作;市政府工作部门受市政府统一领导,在本部门的职权范围内行使职责。

请示汇报制度

市政府组成部门遇到有关事项需向市政府汇报。需要向市政府汇报的事项,应先向分管副市长汇报;确需向市长汇报的,原则上应事前征求分管副市长的意见。对涉及多个部门职责范围内的工作,主办部门要主动与协办部门协调,协办部门应积极配合。

科学民主依法执政

市政府及各工作部门应完善群众参与、专家咨询和政府决策相结合的决策机制,健全重大决策的规则和程序,实行科学决策、民主决策、依法决策。各部门提请市政府讨论决定的重要事项,必须经过深入调查研究,并经过专家或研究、咨询机构等进行必要性、可行性和合法性论证;涉及有关部门的,要充分协商;涉及镇街的,要事先征求意见;涉及重大公共利益和人民群众切身利益的,要向社会公开征求意见,必要时举行听证会。市政府及各工作部门按照法定权限和程序行使权力,强化法律意识和责任意识,加强依法行政统筹规划和组织领导,有法必依,违法必究,公正执法,文明执法,不断提高依法行政的能力和水平。

市政府接受市人民代表大会及其常委会的监督,执行市人民代表大会及其常委会的各项决议,定期向市人民代表大会及其常委会报告工作。加强同市政协和各民主党派、群众团体的联系,接受民主监督,及时办理人民代表的建议、批评和意见以及市政协委员提案,接受新闻舆论和群众监督。市政府制定全市经济社会发展中长期规划和提请市人民代表大会及其常委会审议的重要事项,应听取市政协和社会各界的意见。同时,市政府及各部门及时受理人民群众信访案件,确保信访渠道畅通。

市政府制定经济和社会发展规划,出台重大政策、改革措施、重要规范性文件等,应听取市政协和社会各界的意见。同时,根据需要通过召开座谈会等形式,直接听取民主党派、群众团体、专家学者等方面的意见和建议,并通过传媒向社会公布,征求广大人民群众的意见,以保证决策的科学化、民主化。

第三节 公文制度

各街道办事处、各乡镇人民政府、市政府各工作部门报市政府审批的公文,由市政府办公室审核后根据市政府领导分工呈送审批。向市政府报送需要审批的公文,除市政府领导直接交办事项和必须直接报送的绝密事项外,不得直接报送市政府领导个人,更不得多头报送、越级行文。市政府领导收到直接报送要求审批的公文,一般不先作批示,由市政府办公室按规定程序审核、运转。市政府领导批示的公文,由市政府办公室统一转办、处理。

各街道办事处、各乡镇人民政府、市政府各部门报送市政府的请示性公文,实行一事一报并由其主

要负责人签发。

市政府部门报送市政府审批的请示事项，凡涉及其他部门职能的，主办部门要事先征求有关部门的意见，主动做好协商。

市政府部门内设机构工作中需要请示的事项，一般向主管部门请示;确需向市政府请示的事项，由主管部门向市政府呈文。

以市政府或市政府办公室名义制发的公文，其内容应属于关系全市经济和社会发展的重大改革方案、重要决定、政策措施、政府规章以及需要全市各级国家行政机关、企事业单位执行和周知的重要事项。

凡以市政府或市政府办公室名义制发的公文，均由市政府办公室负责审理和送审、送签。

市政府领导不直接签批未经市政府办公室审理的公文文稿。

以市政府和市政府办公室名义制发的公文，一般由主管部门代拟文稿，其主要负责人应对代拟文稿认真审核把关。内容涉及其他部门职权范围的事项，主办部门应当主动与有关部门协商会签，协办部门须积极配合。规范性文件应送市政府法制办公室进行合法性审查。

第四节　政务信息与督查

政府系统政务信息

街道办事处、各乡镇人民政府和市政府各部门开展政务信息工作，及时向市政府反映政府工作及经济社会发展中的重要情况，为市政府领导科学、民主决策提供依据。

市政府办公室对全市政府系统政务信息工作进行指导，确保网络健全完善、高效运转。同时建立政务信息工作报送通报和考核机制，对信息报送工作先进单位和个人进行表彰，对迟报、漏报信息并造成严重后果的进行通报批评。

政务督查

市政府督查室对市委、市政府重要决策、重点工作、重点项目和领导批示件实行督查办理制度。政务督查工作按照立项交办、跟踪督办、办理反馈、整理归档程序进行。

各街道办事处、各乡镇人民政府和市政府各部门主要负责人对督查件办理落实负责。督查件涉及两个或两个以上承办单位的，由主办单位牵头办理，协办单位配合。办理结果报告由主办单位负责报送。

第三章　施政纪要

第一节　经济建设

1991年8月20日，市政府印发《关于建设和发展集贸市场的意见》，提出“发挥优势、合理布局、城乡并举、批专结合、综合服务、注重实效”的总体设想，制定全市集贸市场建设“八五”规划，要求逐步实现城区“东农贸、西酒城、南服务、北旅游”的市场建设格局。

1993年8月28日，市政府印发《关于鼓励个体私营经济加快发展的意见》，贯彻党和国家对个体私营经济的扶持政策，引导鼓励个体私营经济发展。1994年4月13日，市政府公布实施《关于深化国有企业改革推行股份制改造的试行方案》，决定在辖区企业中普遍推行股份制改造。5月25日，市政府印发《曲阜市行政事业单位预算外资金管理办法》，对预算外资金的各项管理作出详细规定，以强化宏观调控能力，合理引导预算外资金流向，提高预算外资金使用效益。9月7日，市政府印发《曲阜市鼓励外商投资的优惠政策》，对外商投资实行三开放，坚持特事特办的原则，保障“三资”企业充分的自主权，规定税收、进出口货物及其他优惠政策等。1995年8月16日，市政府发布《关于进一步清理整顿农业生产资料市场的通知》，决定对农资市场进行清理整顿，包括彻底清理流通渠道、查处非法经营、规范经营行为、组织货源满足农业生产需要、加强价格管理、加强组织领导和组织检查等内容。8月21日，市政府印发《曲阜市重点建设资金筹集办法》，以适应投、融资体制改革的新形势，增强曲阜经济发展后劲，加大地方资金的筹集力度，保障重点工程建设的需要。1996年5月14日，市政府印发《关于盘活存量资产壮大企业集团的意见》，要求为实现曲阜市经济增长方式由粗放型向集约型转变，盘活存量资产，发展企业集团，最大限度地发挥现有存量资产效益。6月20日，市政府印发《关于加强桑园管理的紧急通知》，为控制毁桑现象，扭转桑蚕生产的被动局面，要求各乡镇政府、市政府各部门必须加大工作力度，采取得力措施，提高单位面积产量和效益，搞好桑园建设。1997年1月3日，市政府公布实施《曲阜市旅游经济开发区优惠政策》，对开发区内的土地政策、税收政策、有关费用政策及其他优惠政策作出详细规定，以增强开发区优势和吸引力，促进开发区尽快形成规模、尽早发挥经济效益。8月20日，市政府印发《关于狠抓增收节支确保财政收支平衡的意见》，提出要严格依法治税，确保应收尽收；落实中央各项规定，严控财政开支；围绕促进两个转变，狠抓扭亏增盈；强化财政监督管理，严肃财经秩序；加强组织领导，确保全市平衡目标的实现。

1998年3月23日，市政府印发《关于加快畜牧业发展的意见》，提出的任务目标是年底大牲畜、生猪、家禽存养量分别为4.9万头、34.6万头、487万只，小尾寒羊发展到1万只，肉、蛋、奶总产量发展到7750万千克、5200万千克、354万千克。8月3日，市政府印发《关于强化建设用地管理的紧急通知》，对于少征多用、未批先用和以发展经济修路等名义，随意圈占土地的违法行为，强调必须引起高度重视，认真加以解决。9月22日，市政府公布实施《关于进一步鼓励外商投资的有关规定》，对外商到曲阜投资，除享受国家、省、济宁市及曲阜市已实行的优惠政策外，在不违背法律的前提下，同时享受曲阜市新规定的优惠待遇。1999年3月15日，市政府印发《关于加快农业机械化发展的通知》，对加强农业机械化的宏观管理，加快节本增效新技术新机具的推广，推进农机服务产业化进程作出明确规定。10月20日，市政府公布实施《曲阜工业产品结构调整规划方案》，对产品结构调整的指导思想、原则和目标，产品结构调整的重点及工作措施作出明确规定。2000年4月18日，市政府印发《曲阜市招商引资优惠政策》，对加大招商引资力度，吸引国内外资金，财政扶持、收费优惠、建设用地的优惠、引进人才优惠、奖励兑现等事项作出具体规定。2001年5月16日，市政府公布实施《关于鼓励招商引资的考核奖惩办法》，对招商引资重点考核的范围、奖励标准、处罚办法作出明确规定。2002年10月13日，市政府印发《曲阜市2002—2006年资本运营和企业上市工作规划》，对推进企业上市融资的指导思想、任务目标、方法步骤、工作措施作出明确规定。12月18日，市政府公布实施《关于进一步加强房地产开发管理若干问题的意见》，对规范房地产开发行为，完善房地产开发市场等事项提出明确要求。

2003年3月10日，市政府印发《关于2002年度经济发展和招商引资奖励兑现意见》，对在2002年经济发展和招商引资工作中成绩突出的单位、企业进行表彰奖励。2004年8月5日，市政府公布实施《关于加快推进种植业结构调整的意见》，围绕农业增效、农民增收，制定各乡镇、街道种植业结构调整任务、目标及扶持、奖励政策。2005年7月27日，市政府印发《关于曲阜市财政投资评审管理暂行办法的通知》，对财政投资评审的范围、评审办法、内容等事项作出明确规定。8月22日，市政府公布实施《关于加强国有股权管理工作的意见》，就国有控股、参股企业派驻董事、监事，企业运行监督，国有股分红等事项进行明确规定。10月19日，市政府发布《关于曲阜市国土资源管理体制改革的意见》，就做好全市国土资源管理体制改革工作，乡镇、街道机构设置和人员编制等事项作出明确规定。2006年2月25日，市政府印发《关于大力发展循环经济　建设节约型社会的实施意见》，明确提出把发展循环经济作为生态市建设的重要内容。7月5日，市政府公布实施《关于公布保留的市级行政许可事项和取消的行政许可收费项目的通知》，明确保留市级行政许可事项463个，取消行政许可收费项目52个。2007年5月14日，市政印发《关于印发曲阜市“十一五”服务业发展规划纲要的通知》，对服务业发展的指导思想、发展原则、规划布局、发展目标作出明确规定。11月16日，市政府发布实施《关于开展第一次全市污染源普查的通知》，安排部署对全市企事业单位的第一次污染源普查工作。

2008年3月12日，市政府印发《曲阜市扶持农业产业化发展专项资金管理试行办法》，为加快农业产业结构调整，提升产业化水平，推进社会主义新农村建设，市政府筹集不低于500万元资金用于扶持农业产业化发展。11月21日，市政府印发《关于加快供销社改革发展服务社会主义新农村建设的实施意见》，从扎实推进供销社“一个网络、两个平台”建设、加大扶持力度、加强组织领导等方面全面推进供销社改革。2009年1月6日，市政府印发《关于加强银政企合作支持中小企业发展的意见》，提出按照“坚持政策引导、市场化运作”的原则，加强指导协调，强化服务，拓宽中小企业融资渠道，推进银政企合作，实现银企互利共赢。2010年5月25日，市政府印发《关于明确公共资源招投标违法违规行为查处工作部门职责的意见》，健全完善公共资源招投标工作的监管机制，明确相关部门查处工作职责，提升全市公共资源招投标集中统一监管水平。2011年6月13日，市政府印发《曲阜市企业考核奖励办法》，设立企业发展贡献奖、快速膨胀奖、科技创新奖等奖项，改造提升传统产业，加快发展高新技术产业，形成具有集聚力、竞争力的产业新优势。

2012年5月20日，市政府印发《曲阜市农村六大重点工程农业产业化专项资金管理试行办法》，每年筹集不低于1000万元资金用于奖励在农业大发展、农村大繁荣、农民奔康致富中涌现出的先进单位和个人。6月28日，市政府印发《关于加快推进企业剥离非核心业务工作的意见》，对经济存量结构进行调整，引导企业优化资源配置。2013年1月16日，市政府印发《关于开展曲阜市高铁新区大开发大建设年活动的实施意见》，按照“产城一体”“现代古城”理念，大开发、大建设高铁新区。8月14日，市政府印发《关于进一步加快开放型经济发展的意见》，进一步扩大进出口规模，提高全市利用外资水平，促进开放型经济又好又快发展。

第二节　社会事业

1991年6月10日，市政府颁布《关于实施九年义务教育的意见》，建立并完善“义务教育责任制度”“学龄前儿童少年按时入学制度”“督导、评估制度”等7项规章制度。

1994年4月11日，市政府印发《曲阜市计划生育十项管理规范》，对婚姻管理、生育管理、统计管理、户口管理、档案管理、技术管理、宣教管理、站室管理、队伍管理、制度管理作出明确规定。8月15日，市政府公布实施《曲阜市科教兴曲实施规划》，对实施科教兴曲战略的意义及任务目标、保障措施等作出说明和规定。1995年3月25日，市政府印发《曲阜市文化市场管理规定》，对文化市场中的文化娱乐经营、音像制品经营、演出经营、书刊经营、美术制品经营及其他文化经营活动制定管理规定。9月1日，市政府公布实施《曲阜市文物保护管理办法》，对辖区内的各类文物、古树名木制定具体保护管理办法。1996年1月15日，市政府公布实施《曲阜市老年事业五年发展规划》，动员有关部门和全社会力量，调动广大老年人积极性，从实际出发，有计划、有步骤推进老龄事业发展，实现老有所养、老有所医、老有所学、老有所乐目标。8月27日，市政府印发《关于加快实现初级卫生保健规划目标的意见》，要求开展以乡镇为单位的初级卫生保健达标活动，确保两年以内以乡镇为单位全部达到初级卫生保健规划目标。1997年4月10日，市政府公布实施《曲阜市国家公务员制度实施方案》，总体安排是：1997年上半年完成职位分类和现有机关人员向国家公务员过渡工作，年底前在全市各级行政机关初步建立起国家公务员制度运行机制，然后方案再逐步完善。11月10日，市政府印发《1997年全市大中专毕业生就业分配工作意见》，对有关毕业生分配政策、严格分配工作纪律等提出指导性意见。

1998年5月25日，市政府发布《关于大力推进中小学实施素质教育的意见》，对中小学实施素质教育提出12条意见，以指导和推进中小学实施素质教育，全面贯彻教育方针，全面提高教育教学质量，使教育更好地适应现代化建设对各类人才培养的需要。6月28日，市政府印发《关于进一步完善农村卫生组织乡村一体化管理工作的意见》，提出农村卫生组织乡村一体化管理工作的重要意义、指导思想、基本原则和管理内容、实施措施等。12月20日，市政府下发《关于贯彻执行〈山东省计划生育社会抚养费征收管理办法〉的意见》，对该办法中有关条款的实施确定5条意见。1999年4月15日，市政府印发《关于开展第五次全市人口普查的通知》，对搞好人口普查的组织领导、范围和对象、内容等都作出明确规定，要求各单位精心组织、合理安排、认真负责，确保高质量完成。8月26日，市政府公布实施《关于加强母婴保健工作的意见》，要求各级切实加强对母婴保健工作领导，加大宣传教育力度，开展创建爱婴市活动。2000年2月14日，市政府印发《关于依法筹措教育经费，促进教育事业全面发展的通知》，对多渠道筹措教育经费，依法搞好教育集资，加大对教育的投入等事项作出具体规定。2001年6月21日，市政府公布实施《曲阜市防震减灾"十五"计划》，对"十五"期间防震减灾的目标和任务、保障措施作出详细规定。12月24日，市政府印发《曲阜市按比例安排残疾人就业办法》，对残疾人就业的范围、标准、待遇等方面作出明确规定。2002年1月10日，市政府印发《关于深化科技体制改革的意见》，对加快和深化科技体制改革的总体要求、主要任务与措施作出明确要求。2月28日，市政府公布《曲阜市老龄事业发展"十五"计划》，对发展老龄事业的指导思想、原则和目标、基本任务和措施等事项作出明确规定。7月4日，市政府公布实施《曲阜市特大洪涝灾害救灾应急预案》，对灾民搬迁安置范围及数量、领导体制和指挥机构设置、移民迁安实施计划、滞洪时的应急反应及抢救工作、救灾资金和生活物资的筹集、灾后救灾工作及群众生活安排都作出详细部署。

2003年6月22日，市政府印发《曲阜市新型农村合作医疗管理办法》，对提高农民基本医疗水平，建立农村群众医疗保障制度作出具体规定。12月8日，市政府公布实施《关于工伤保险制度的通知》，对企业、有雇工的个体工商户缴纳工伤保险、工作保险认定等事项作出明确规定。2004年2月26日，市政府印发《关于完善城镇职工基本医疗保险的实施意见》，明确规定城镇职工基本医疗保险实施的范围、缴费、待遇等事项。11月3日，市政府公布实施《关于实施农村医疗救助的意见》，明确规定对农村患大病五保、特困家庭实行医疗救助的办法及基金筹集、管理办法。2005年5月30日，市政府印发《关于进一步加强食品安全工作的意见》，对控制农产品源头污染，加强食品加工、流通领域监管等事项作出明确要求。6月2日，市政府公布实施《关于对农村部分计划生育家庭实行奖励扶助的通知》，明确规定农村计划生育家庭享受奖励扶助的标准及申报程序，扶助资金的筹措、发放等事项。2006年12月14日，市政府印发《关于印发曲阜市中长期科学技术发展规划纲要（2002—2020年）的通知》，对今后一个时期科学技术发展的重点任务、保障措施、发展目标作出详尽规划。2007年3月30日，市政府公布实施《关于贯彻落实全民科学素质行动计划纲要的实施意见》，对进一步提高全民科学素质，从任务目标、实施途径、组织领导等方面作出明确部署。11月7日，市政府公布实施《关于印发曲阜市农村居民最低生活保障制度实施细则的通知》，对辖区农村户口人员申请享受农村低保待遇作出明确规定。

2008年5月31日，市政府印发《曲阜市人民政府突发公共事件总体应急预案》，规范全市突发公共事件应急处置工作，建立健全突发公共事件应急处置体系和运行机制，快速、高效、有序地开展公共事件应急处置工作。9月26日，市政府公布实施《曲阜市抚恤定补优抚对象医疗保障实施细则》，规范完善抚恤定补优抚对象医疗保障制度，保障抚恤定补优抚对象医疗保障待遇。2009年6月23日，市政府印发《关于加快推进农村住房建设与危房改造的意见》，全面推动农村住房建设与危房改造的实施。2010年3月26日，市政府印发《关于加强殡葬管理推进殡葬改革的意见》，倡导发展生态葬，减少丧葬用地和资源浪费，减轻丧葬造成的环境污染，建立科学、规范、文明、环保的丧葬管理新模式。11月12日，市政府印发《曲阜市残疾人优惠扶持规定》，切实保障残疾人的合法权益。2011年9月27日，市政府印发《曲阜市地方志工作管理暂行办法》，规范和加强地方志工作，要求全面、客观、系统地编纂地方志，科学地积累、保存与开发、利用地方志资源，发挥地方志在促进经济和社会发展中的作用。

2012年5月8日，市政府印发《关于加快推进残疾人社会保障体系和服务体系建设的实施意见》，建立健全各项政策措施，构建残疾人"两个体系"建设长效机制。11月26日，市政府印发《关于对独生子女伤

残死亡家庭开展关怀活动的实施意见》，从帮扶养老、办理低保、办理保险、帮扶就医、健康查体等方面对独生子女伤残、死亡家庭开展关怀活动。2013年3月5日，市政府印发《关于建立困难家庭大病全报销制度的意见》，决定在全市建立困难家庭大病全报销制度，切实解决困难家庭因病致贫和就医难问题。9月1日，市政府印发《关于曲阜市户籍管理制度改革的实施意见（试行）》，统筹城乡发展，进一步放宽城镇落户条件，实施更加灵活的户口迁移政策，加快农村人口向城镇转移。

第四章　施政政绩

第一节　第十二届人民政府

1990年3月，曲阜市第十二届人民政府由曲阜市第十二届人民代表大会第一次会议选举产生，任期至1993年2月。3年中，曲阜市坚持“强农重工、活商兴旅、科教兴曲”工作思路，正确处理治理整顿与加快发展关系，带领全市人民坚持在困难中找出路，在紧缩中求发展，完成市十二届人大第一次会议《政府工作报告》主要任务目标。1992年，全市完成社会总产值27.87亿元，比上年增长46.6%；完成地区生产总值11.9亿元，比1989年增长67.9%，平均每年增长18.8%；完成工农业总产值24.65亿元，比1989年增长97.3%，平均每年增长25.4%；财政收入8265万元，比1989年增长114.2%，平均每年增长28.9%；农民人均纯收入782元，比1989年增长5.5%。

农业和农村经济

农业坚持以稳定政策为前提，加强社会化服务，多渠道增加对农业投入，改善生产条件，调整优化产业结构，探索发展高产高效农业路子。1992年，曲阜市粮食总产38.28万吨，再创历史最高水平，有6个乡镇实现吨粮乡镇；新开发经济田面积1333公顷，达到1.58万公顷；完成造林面积1866公顷，荒山绿化693公顷，保持全国平原绿化先进市称号；果品总产量1.23万吨；畜牧业向规模化、效益型方向发展，全市饲养专业户2457个，肉类总产2.77万吨，水产品产量452吨；全市多种经营总收入6.02亿元；从事庭院经济开发的10万多户，经济总收入1.8亿元。全市有效灌溉面积3.48万公顷；全市机耕面积3.99万公顷，占总耕地面积的76.1%；秸秆还田面积3000公顷。全市45个贫困村人均收入460元，基本解决温饱问题。放手发展乡镇企业，全市乡及乡以下企业完成工业产值12.59亿元，实现利税1.26亿元，完成基建、技改投资1.23亿元。

工业经济

1992年，全市市以上工业完成产值5.58亿元，销售收入完成6.62亿元，实现利税1.13亿元。市以上工业企业全年产销率90%以上，市属企业重点考核的23种产品，10种增幅在20%以上，全年完成新产品开发36项，其中5项填补国家空白，5项达到国内先进水平。全年新上、在建项目66项，其中25项竣工或投产。市属企业全年完成基建、技改投资7000万元。曲阜市酒厂晋升为全国500家最佳效益企业，市供电局获全国“三为”服务达标单位称号。“十厂一矿”实现利税9003.4万元，比上年增长48%；5000门程控电话于8月开通运行，邮电业务总量完成616万元，比上年增长46.3%；交通运输业发展迅速，被交通部评为“全国交通运输先进单位”。

财贸经济

全市社会商品零售总额完成5.19亿元，新建或改建各类集贸市场9个，集市贸易成交额1.83亿元，新建商业服务网点8个，新上商办工业项目2个；农副产品收购总值完成2.18亿元；年末各项存款余额7.23亿元，各项贷款余额5.97亿元，争取建设资金2.2亿元。

城市建设

围绕争夺“齐鲁杯”、创建全国卫生城、迎接孔子文化节三大活动，重点加强城市基础设施建设、文物保护和旅游开发工作。1992年,完成327国道、104国道两侧经济开发区规划和城市防洪排涝规划,补充完善商业小区、旅游开发区、住宅开发区等20余项专业详细规划;有9个村庄被省政府命名为"明星村",书院乡被命名为"全省村镇建设新型乡镇";完成大成路、有朋路、大同路、东104国道、建设路、后作街等道路铺设翻新工程,完成后作街开发一期工程、沂河小区等24处住宅楼综合开发,集中供热面积8400平方米,城区绿化覆盖率28.4%。1992年,曲阜市城市建设获省政府颁发的"齐鲁杯"奖。

文物旅游

加强对"三孔"、鲁国故城遗址等文物古迹的保护和管理工作,恢复开放孔府西路,完成孔府档案馆建设和寿丘文物旅游区第一期工程,开通寿丘路。1992年,全年接待中外游客132万人,其中国际游客1.46万人,创汇275万元人民币,旅游总收入1.03亿元。

改革开放

至1992年年底,全市工交企业、流通企业全部实行放开经营;在完善承包制基础上,企业三项制度改革全面展开。全市所有应参加待业保险、职工养老保险的企业和职工全部参加,农村农民保险工作进展顺利,被民政部命名为"农民养老保险先进市"。全市495个行政村全部进行土地承包合同续签和完善工作。全市各级行政事业单位兴办各类经济实体87个。

外向型经济

1992年,曲阜市在黑龙江同江市设立边贸公司,在上海市、厦门市设立孔府餐厅,在北京市设立地产工业品展销部。全年引进利用外资1683万美元,发展合资独资企业22家。利用孔子文化节,举办重点基建、技改项目论证会,新技术、新产品交易会和外经外贸洽谈会,论证基建、技改项目19个,总投资1.7亿元。外经外贸洽谈项目137项,正式签约22项;新技术、新产品交易会签订合同482项。

社会事业

1992年是曲阜市科技进步年,全年引进、转让科技项目85个,取得科技成果29项,"星火计划"、成果推广等科技项目实施进展顺利。全市有9个乡镇实现初等义务教育,多渠道培训各类专业技术人才1100人,全市公办学校校舍改造通过省政府验收。曲阜市被全国爱卫会命名为"全国卫生城市"。建立健全计划生育工作"互保"监督体系,人口增长过快势头得到控制,1992年全市人口自然增长率为-0.23‰。曲阜市被省委、省政府和省军区评为"双拥模范市"。

社会主义民主和法制建设

市政府办理人大代表建议和政协委员提案185件,处理人民来信来访1064件(次)。"二五"普法全面展开,依法治市向纵深方向发展。全市破获各类经济案件和刑事案件254起,捣毁犯罪团伙21个。

第二节 第十三届人民政府

1993年2月,曲阜市第十三届人民政府由曲阜市第十三届人民代表大会第一次会议选举产生,任期至1998年1月。5年中,曲阜市遵循"强农重工、活商兴旅、科教兴曲、城乡一体、共同发展"的总体思路,推进两个根本性转变,坚持以经济建设为中心,坚持两个文明一起抓,抢抓机遇,真抓实干,完成各项任务目标。1997年,全市完成地区生产总值52.37亿元,比1992年增长3.37倍。农民人均纯收入由1992年的782元提高到2536元。完成财政收入4.19亿元,比1992年增长4.04%。

农村经济

围绕蔬菜、林果、畜牧三大主导产业,抓农业产业结构调整,推进农业产业化进程。粮食生产在耕地减少、经济作物增加的情况下,总产仍保持在4亿千克。蔬菜面积发展到7573公顷,其中保护地栽培3000公顷。实施"91378"工程,贯通150千米林果路,提前一年实现"八五"绿化目标,经济林面积发展到9000公顷,有千亩以上果园5个。畜牧业跨入全省畜牧强市行列。渔业生产有较大发展,全市放养面积1133公顷。林牧渔业占农业总产值的60%,比1992年提高17个百分点。农村基础设施建设得到加强,农业生产条件明显改善。五年投入资金1.4亿元,投入工日3244万个,铺开各类农田水利建设工程4353个,新增灌溉面积1.27万公顷,治理水土流失面积28.9平方千米,曲阜市被评为全省水土保持先进县(市)和全省水利建设先进县(市),尼山水库保安全工程完成投资3100万元,有5个乡镇实施统一供水中心建设。农业开发成效显著,曲阜市被评为"全省黄淮海平原开发先进县（市）”。农业机械化水平有新提高，新增农业机械17177台（件），农机总动力27.9万千瓦。乡镇企业实现新突破，1997年，全市乡村两级完成工业总产值约13亿元，实现利税1.3亿元，实现利润6546万元，分别是1992年的3.54倍、3.42倍和3.51倍，年均分别增长28.8%、27.9%和28.6%。5年全市乡村企业完成固定资产投资8亿元。圣旺集团、天幕集团、苗孔纸业公司等一批骨干企业崛起，全市利税过千万元企业5家，过100万元企业25家，形成企业集团13个，其中国家级企业集团2个、省级企业集团6个、济宁市级企业集团5个。

工业

五年中完成基建技改投入5.7亿元，建成年创利税过500万元以上项目12个，曲阜市被命名为全省“八五”技术改造先进县（市）。1997年，市属工业实现总产值14.5亿元，利税3.3亿元，利润1.2亿元，分别是1992年的2.6倍、3倍和2.8倍，年均分别增长21%、24.6%和23.1%，居济宁市上游水平。孔府家集团、三孔集团、裕隆总公司等重点企业发展较快，成为国民经济支柱企业。电缆集团、圣阳电源有限公司、远东铝业公司等企业通过国家级质量认证，全市经济运行质量明显改善，工业整体素质明显提高。能源、交通、通信等发展迅速，1997年完成供电量2.85亿千瓦时，比1992年增长55.7%，防山、姚村、苗孔3个110千伏变电建成运行；全市程控电话装机总容量3.5万门，建成电话村37个；货运周转量2亿吨千米。

第三产业

商业网点建设进展迅速，五年相继开发建设孔府商城、曲阜商城、圣都商城、贸易中心、华联商厦、鲁城商场等一批购物中心和批发市场。市场秩序趋于好转，城乡市场进一步活跃。1997年，全市实现社会消费品零售总额15亿元，实现集市贸易成交额7.5亿元，分别是1992年的3.4倍和4.1倍，年均增长27.7%和32.6%。市消费者协会被评为全国保护消费者合法权益先进集体。文物旅游工作坚持保护、开发、利用相结合原则，完善人防、技防、物防三大保护体系；开发六艺城、论语碑苑、鲁国盛世华夏文化城、石门山森林公园、尼山圣水湖、九仙山、孔子精华苑等一批旅游景点；开展创建中国优秀旅游城市活动，曲阜市被确定为全国35个王牌旅游城市之一，“三孔”被联合国教科文组织列入世界文化遗产名录。1997年，接待中外游客240万人次，实现旅游社会收入4.1亿元，分别是1992年的1.4倍和3倍，年均增长15%和20%。

城乡建设

修订完善城市总体规划，详细规划覆盖率在63%以上。城市改造和新城区开发建设较快，先后修建大成路、舞坛路、孔孟新道等32条道路，新建桥涵15座，安装路灯1420盏（组）。开挖砌垒小沂河、小林河，形成开放式带状公园，城市绿化覆盖率34%。完成沂河、大成、龙虎、红星等住宅小区开发建设。村镇建设步伐加快，396个村铺通柏油路，农民人均居住面积26平方米。土地矿产管理和环境保护工作得到加强，5年开发复垦土地757公顷，关闭9家污染严重小造纸企业，有10家企业完成限期治理任务。1992—1997年，曲阜市先后获“全省规划先进县（市）”“全省‘八五’绿化达标城市”“全省环境保护先进市”“全省土地管理先进县（市）”等称号，并夺得城市三上活动“齐鲁杯”。

改革开放

作为全省农村改革试验区，曲阜市稳妥推进土地流转制度改革，初步建立社会化服务体系。推行农村股份合作制度和合作基金制度，曲阜镇被国家体改委等十一部委确定为全国百家综合改革试点镇。区内企业完成股份制和股份合作制改造196家，改制率92%，盘活融资3.1亿元，被省政府确定为全省经济体制改革先进典型。税收体制、金融体制改革实现平稳过渡；推进城镇住房制度、公费医疗、养老保险等社会保障体系建设，推行市乡（镇）机构改革和国家公务员制度。实施外向带动战略，对外开放取得新成绩，与日本多久市和美国戴维斯市结为友好城市，5年批办三资企业82家，实际利用外资5600万美元。1997年，完成出口交货值4.8亿元，完成自营出口创汇3008万美元，年均分别增长32%和40%。引进国外技术项目53项，聘请外国专家87人次。旅游经济开发区进区项目42个，完成投资2.87亿元。

社会事业

科技工作，五年累计取得济宁市级以上科技成果269项，科技进步对经济增长贡献率提高到52.6%，跨入“全国科技工作先进县（市）”行列。教育教学质量明显提高，五年向大中专院校输送人才5126人，办学条件和教师待遇得到改善，“两基”（基本普及九年义务教育、基本扫除青壮年文盲）工作通过国家验收。巩固发展“全国初级卫生保健达标县（市）”和“全国卫生城市”成果，城乡医疗条件和服务水平进一步提高，获“全省农村卫生先进县（市）”称号。网络队伍建设、文艺创作交流、文化活动普及工作成绩显著，曲阜市被命名为“全国文化先进县（市）”。孔子研究院经国务院批准在曲阜市开工建设。体育工作，有1人超1项世界纪录，跨入“全国体育先进县（市）”行列。民政工作成绩突出，曲阜市获“全国农村养老保险先进县（市）”“全省双拥模范城县（市）”“全省残疾人事业先进县（市）”等称号。广播电视宣传工作取得显著成绩，曲阜市被评为全省“十佳”县（市）。

精神文明和民主法制建设

开展争当文明单位、创建文明城市、评选文明市民为主要内容的“争创评”活动，组织科技、卫生、文化“三下乡”活动，“读报用报在名城”活动以及“十星级文明户”“十大先模”等评选活动。先后建成老干部活动中心、体育中心、妇女儿童活动中心等一批文体设施，孔子故居被列入全国100家爱国主义教育示范基地，曲阜市连续被省委、省政府授予“精神文明建设工作先进县（市）”称号。

依法治市

社会治安秩序和旅游秩序明显好转，刑事案件发案率大大降低。曲阜市被省委、省政府授予“信访工作先进单位”“社会治安综合治理先进县（市）”称号。落实中纪委规定，加大纠风力度，严肃查处大案要案，五年查处行政违法违纪案件235起，处分违法违纪人员84人。

第三节　第十四届人民政府

1998年1月，曲阜市第十四届人民政府由曲阜市第十四届人民代表大会第一次会议选举产生，任期至2003年1月。五年中，曲阜市强抓机遇，应对挑战，与时俱进，奋力拼搏，全市改革开放和现代化建设呈现出可喜局面。

国民经济

2002年，全市完成地区生产总值83.99亿元，比1997年增长73.4%，年均增长11.6%。完成财政收入5.13亿元，比1997年增长22.4%，年均增长4.1%，其中地方财政收入3.16亿元，比1997年增长61.2%，年均增长10%。农民人均纯收入3181元，比1997年增加645元。农业和农村经济全面发展。粮食总产量保持在4亿千克，农业总产值16.52亿元。工业经济运行平稳。限额以上工业实现销售收入23.12亿元，实现利税3.41亿元，其中利润1.35亿元。旅游龙头和辐射带动作用明显增强，第三产业趋于繁荣。全市实现社会消费品零售总额27.47亿元，比1997年增加13.23亿元，实现旅游社会收入8.7亿元。民营经济迅速膨胀。完成销售收入48.62亿元，实现入库税金1.41亿元。各项存款余额45.72亿元，各项贷款余额25.69亿元。外向型经济发展加快。实际利用外资232万美元，完成进出口总额1283万美元，三资企业实现销售收入4.9亿元，利税9626元。

产业结构调整

三次产业比由1997年20:49:31调整为2002年10:47:43。农业和农村经济结构调整步伐加快，蔬菜、林果、桑蚕、中药材、畜牧等五大主导产业初具规模，经济作物播种面积1.43万公顷。建设绿色通道126千米，新建和完善农田林网2.33万公顷。完成2000公顷世行二期项目开发、1300公顷中低产田综合开发和尼山水库保安全工程，新增和改善灌溉农田面积1.53万公顷。工业经济新的增长点不断涌现。累计完成技改投资7.1亿元，新上技改项目64个，其中5000万元以上9个，1000万元以上27个。唐阳煤矿、辐照电缆、阀控铅酸蓄电池、鲁中水泥等一批重点项目竣工投产，光纤复合架空地线、高能环保蓄电池、金皇活塞、旋窑水泥等一批重点项目开工建设，裕隆集团利税突破亿元大关。产品质量不断提高，曲阜市获“全国质量先进市”称号。坚持保护与开发利用并重，在重视文物保护的同时，加大旅游资源开发力度，完成孔子研究院、杏坛剧场、明故城墙恢复一期工程等旅游项目建设，累计完成旅游投入6.2亿元。颜庙、九龙山汉墓群被列为全国重点文物保护单位，孔庙、孔府、孔林被评为AAAA级旅游景区，曲阜市被列为首批中国优秀旅游城市。适应现代物流业发展形势，开展连锁经营、特色经营，市场秩序明显好转，城乡市场繁荣活跃，规划建设5个民营经济工业园。全市民

营企业新上技改项目186个，完成投入12.3亿元。全市个体工商户1.24万户，民营企业572家。

各项改革进程

完成政府机构改革，实施行政审批制度改革，行政效率进一步提高。完成土地延包，推进土地流转制度改革。粮食流通体制改革和供销社改革取得成效。完成农村税费改革，全市农民减负率为26%。加大企业产权制度改革力度，全市企业改革、改制面97%以上，退出国有集体资本2.78亿元，吸纳职工入股1.8亿元。三孔集团与燕京集团、电缆集团与鲁能集团实现强强联合，增强抗御市场风险能力。做好经营城市文章，实施土地储备、租赁、招标拍卖制度改革。推进养老、失业、医疗保险体系建设，完善失业人员基本生活保障和城镇居民最低生活保障线制度。

招商引资

2001—2002年，引进各类项目161个，引进利用市外资金8.8亿元，孔府西苑、孔子中英文学校、科技城、海关、鲁抗淀粉糖、星村煤矿、孔子商品交易城等一批项目落户曲阜市，经济发展后劲增强。通过理顺管理体制，优化投资环境，开发区建设速度明显加快，进区企业105家，总投资额15亿元，2002年实现销售收入13亿元，入库税金6600万元，占地5平方千米的起步区全部填满。

城乡建设

多渠道、多形式筹措资金，对城市基础设施进行较大规模改造建设，城市功能不断完善。完成城市建设总投资8亿元，新建和改造城市道路面积50万平方米，完成11条城市道路改造与建设，修建改造327国道曲阜东段、有朋路、逵泉路，实现城区与开发区的有效贯通；新修西外环路，缓解城市交通压力。开发住宅26万平方米。实施“绿、亮、清”工程，新增绿化面积21万平方米，对城市主要道路、建筑物进行霓虹灯装饰，完成大沂河公园建设及延伸绿化工程。强化城市供水、供气及信息网络等基础设施、公共设施建设，新增供水能力2万立方米，管道煤气用户8000户。交通事业取得历史性突破，京福高速公路曲阜段、日东高速公路曲阜西段建成通车，兖石铁路复线建设完成。小城镇建设步伐加快。农村电力、通信等各项基础设施逐步完善，镇容村貌明显改观，姚村镇、小雪镇被列为省级中心镇。

社会事业发展

科技创新、科技中介、科技服务体系建设取得明显进展，完成科技开发项目271项，其中国家级星火计划14项、火炬计划5项，科技进步在经济增长中的贡献率逐步提高。坚持走多元化办学路子，合理配置教育资源，推进素质教育，高中办学规模迅速扩大，教育教学质量得到提高。全市有各级各类学校196所，在校生8.65万人；其中民办学校19所，在校生4750人。群众文化活动丰富多彩，举办首届世界华人中华文化经典诵读活动，建成“中国楹联第一城”，继续保持“全国文化先进市”称号。广播电视工作取得显著成绩，曲阜市被命名为“全省广播电视工作先进市”。实施乡村卫生组织一体化管理，加大执法力度，强化药品监督，城乡医疗条件不断改善，公共卫生服务质量明显提高，曲阜市获“全国初级卫生保健先进市”称号。实施全民健身纲要，开展全民健身活动，提高竞技体育水平，曲阜市成为全省体育“十佳”先进市。2002年，全市人口出生率9.21‰，自然增长率2.73‰，出生性别比始终保持正常。完成第五次全国人口普查。贯彻建设项目“三同时”制度，强化环境管理，实施生态示范区建设，城市生态环境明显改善。

精神文明和民主法制建设

开展“崇德守法、美在曲阜”“建文明城市、创文明单位、做文明市民”等群众性创建活动，曲阜市被评为“全国村镇精神文明建设先进市”。民政工作成效明显，开展镇村区域规模调整，完成三峡移民安置工作，民兵预备役工作得到加强，双拥和优抚安置政策进一步落实。开展“四五”普法教育，民主法制建设取得新成绩。坚持向人大报告工作制度，自觉接受政协、民主党派和群众监督，认真办理人大代表议案、建议和政协委员提案。实行接访日制度，开通市长公开电话。强化社会治安综合治理，开展“严打”整治、基层“创安”等专项活动，曲阜市连续五年保持“全省社会治安综合治理模范市”称号。

第四节　第十五届人民政府

2003年1月，曲阜市第十五届人民政府由曲阜市第十五届人民代表大会第一次会议选举产生，任期至2007年12月。五年中，曲阜市创新发展理念，转变发展方式，破解发展难题，开拓进取，干事创业，经济和社会发展取得新的成绩。2007年，实现地区生产总值175.5亿元，比2002年增长1.09倍；实现地方财政收入7.71亿元，比2002年增长1.44倍。规模以上企业增加164家，发展到209家，实现主营业务收入130.3亿元、利税17.5亿元。实现社会消费品零售总额58.2亿元。城镇居民人均可支配收入9677元，农民人均纯收入5443元。五年完成规模以上固定资产投资194.7亿元，实施重点建设项目270个。圣城热电、星村煤矿、旋窑水泥、锦嘉纺织、活塞扩能、华能科技、嘉禾油脂等一批大项目建成投产，形成一批新的经济增长点。

结构调整

三次产业比例调整为7.7:46.7:45.6。有省级企业技术开发中心5家，高新技术产品企业50家，高新技术产业产值占规模以上工业产值的30.8%。山东省名牌产品和著名商标分别为10个和8个。2007年，民营经济完成营业收入233.3亿元。商贸流通活力增强，孔子商贸城、银座商城、裕隆购物广场、百意购物中心、金仓庚商业街等商业设施投入使用，金融保险、邮电通信、中介咨询、休闲娱乐业快速发展。曲阜市被确定为全省“重点服务业城区”和“重点服务业园区”，获“山东省服务业发展先进市”称号。

旅游产业

2007年，接待中外游客630万人次，实现门票收入1.39亿元、旅游社会收入20亿元，年均增长14.5%、8.6%和17.6%。明故城（三孔）景区成为国家首批5A级旅游景区。推进旅游项目开发建设，明故城墙恢复、状元文化博物馆、曲阜展览馆建成使用。整治旅游秩序，打掉一批拉客导宿、欺客宰客、扰乱旅游秩序的犯罪团伙。加强旅游宣传促销，于丹孔子故里再谈《论语》心得、香港祭孔大典演出等活动成效明显。全球祭孔、海峡两岸同祭孔在海内外引起强烈反响，联合国教科文组织设立国际孔子教育奖并在曲阜颁奖，孔子文化节被国家旅游局评为“中国最具国际影响力十大节庆活动”之一。曲阜市成为山东省首家文化产业示范基地。

改革开放

农村综合改革纵深推进，全部取消农业税。义务教育经费保障机制得到完善，教育“两免一补”政策全面落实。完成乡镇机构改革和国有粮食购销企业改革，国库集中支付制度全面实施。招商引资成效明显，五年签订招商引资项目268个。海关曲阜办事处设立，保税仓库建成使用。曲阜市被评为“全国最具投资潜力中小城市50强”。

新农村建设

粮食生产保持稳定，2007年总产38.5万吨。农业产业结构调整取得新进展，全市优质专用小麦、林果、瓜菜面积分别发展到2.33万公顷、1.73万公顷和1.13万公顷；畜牧业产值14.4亿元，占农业产值的58%。农业农村基础设施进一步完善，抗御自然灾害的能力不断增强。五年完成投入2.1亿元，实施重点项目139个，世行三期农业开发、测土配方施肥项目进展顺利。实现村村通自来水，改造农村公路253.2千米，有线电视村210个、“一池三改”3306户、生态家园村庄68个，60个示范村居建设取得阶段性成效。五年培训新型农民15万人次，转移就业8万人次。曲阜市成为全国首批“社会主义新农村新家庭示范工程试点市”。

基础设施建设

五年完成城市建设投资13亿元，建成区面积扩大到20平方千米，城市化水平达到32.6%。高标准改造体育公园，完成日东高速尼山连接线、曲尼公路改造、孔子研究院二期、大沂河二期等重点工程，新建改造道路20多条。完善城市光明工程，实现主要街道管网下地，实施护城河截污导流工程，建成公园广场10余处。城市日供水能力7.5万立方米，污水处理率75%，管道燃气覆盖率92%，供热面积170万平方米，人均绿地面积26平方米。建设汇泉、龙虎、教师新村等一批住宅小区，城市人均居住面积27平方米。城市管理综合执法得到加强，管理水平不断提高。曲阜市成为“世界特色魅力城市”和“感动世界的中国品牌城市”。

社会事业

实施教育优先发展战略，义务教育得到加强，高中阶段教育全面普及，职业教育、成人教育、学前教育协调发展，民办教育不断规范，高等教育逐步扩大。济宁学院落户曲阜，新曲阜一中建成使用。开展全民创新活动，引进推广科技项目180个，获“全国科普示范市”称号。曲阜市成为全国文化信息资源共享

工程示范点，祭孔大典成为首批国家级非物质文化遗产。颜庙、九龙山汉墓、尼山孔庙及书院列入全国重点文物保护单位，成为“全国文物工作先进市”。获“全国广播电视工作先进市”称号。新型农村合作医疗人口覆盖率94.7%。五年新增就业2.5万人，城镇登记失业率控制在2.2%以内，社会保障体系进一步完善。获“全国民政工作先进市”称号，实现省双拥模范城“五连冠”。

民主法制和精神文明建设

“四五”普法圆满完成，“五五”普法顺利推进。五年办理人大代表议案、建议407件，政协委员提案619件。城乡文明程度和市民素质不断提高，成为首批“省级文明城市”。推进平安曲阜建设，健全治安防控体系，加强社会治安综合治理，打击各种刑事犯罪活动，曲阜市获“平安山东建设模范市”称号。

行政效能建设

加快政府职能转变，加强作风建设，推进政府工作提速。健全完善决策目标、执行责任、考核监督“三个体系”，落实首问负责制、限时办结制，开展服务“双评”活动，规范行政许可行为，深化行政审批制度改革，提高办事效率和质量。推进政务公开和电子政务，开通“市长热线”，提高政府工作透明度。

第五节　第十六届人民政府

2007年12月，曲阜市第十六届人民政府由曲阜市第十六届人民代表大会第一次会议选举产生，任期至2012年1月。五年中，曲阜市推进发展方式转变，强力实施“2711”工程，锐意进取，攻坚克难，各项事业取得显著成就。2011年，实现地区生产总值265.76亿元，地方财政收入12.78亿元，固定资产投资96.36亿元，分别比2007年增长51.4%、82.57%和68.93%；“2711”工程完成年度任务75项。

工业经济

2011年，实现工业增加值51.77亿元，增长39.2%；规模以上企业131家，实现主营业务收入179亿元。传统产业优化升级，完成总投资130亿元的100余项工业技改项目，裕隆集团销售收入突破30亿元，金鲁城联姻中联水泥，孔府家改制，燕京啤酒10万吨纯生生产线投产；金皇活塞成为国家汽车零部件出口基地企业，天博汽配与世界500强美国ITW集团达成合作，东宏大口径管材项目投产，圣阳电源、东宏实业获中国驰名商标。国家级高新技术企业5家。“圣阳股份”登陆深市，曲阜市实现上市零突破。新兴产业加快发展，曲阜市成为山东省首批物联网产业基地，裕隆医药、科讯锂电、金和精密机械等项目加快建设，生物医药、新材料、新能源等新兴产业初具规模。

现代农业发展

2011年，实现农业增加值26.4亿元，粮食总产57万吨，曲阜市获全国粮食生产先进市称号。投入涉农资金6.86亿元，落实惠农“四项补贴”1.86亿元。有规模以上农业龙头企业66家，康利源、恒达、嘉禾成为省级农业龙头企业。

文化旅游产业

2011年，三孔景区接待中外游客425万人次，实现旅游社会收入40.4亿元，年均分别增长12.7%和19.1%；有AAA级以上旅游景区7处；曲阜市获中国旅游竞争力百强城市称号。孔子文化节成为“中国十大最具国际影响力节庆活动”，获中国节庆杰出典范奖。成功举办世界儒学大会、中国专利高新技术产品博览会、全国图书博览会、省文博会、奥运火炬传递等重大活动。原创舞剧《孔子》入选首批国家文化旅游重点项目名录，祭孔大典等4项非物质文化遗产项目入选国家级非物质文化遗产名录。国家级文化产业示范园和尼山省级文化旅游度假区获批；明故城保护复兴工程签订合作协议。孔孟文化遗产地保护、鲁国故城国家考古遗址公园启动。完善提升游客服务中心、杏坛剧场、孔子文化园综合功能，香格里拉大酒店主体封顶，天下美食城投入使用，如家、锦江之星等一批商务连锁酒店进驻曲阜。旅游秩序持续好转，“三孔”景区游客满意度为97.2%，创历史最高水平。

招商引资

五年累计签订项目331个，2011年引进过亿元项目40个，开工过亿元项目15个；累计到位市外国内注册资金30.18亿元，实际利用外资1.45亿美元。尼山圣境、火炬集团总部基地等重大项目落户曲阜市。园区经济实力持续增强。开发区实现“七通一平”，局部实现“九通一平”；累计引进过亿元项目42个，入驻企业

350家,2011年实现业务总收入240亿元。山东省(曲阜)台湾工业园获得审批,3个投资过亿元项目签约入驻。重点领域改革实现新突破。

城乡建设

五年完成40余项重点城建工程,城市建成区扩大到26平方千米。城乡规划体系进一步完善,城市规划区实现控规全覆盖。完成高铁曲阜东站配套工程建设,孔子文化广场、孔子大道成为城市新景观。曲阜东站成为京沪高铁沿线6个精品站之一。编制完成高铁新城起步区控规,全面启动新城建设。完成孔子文化会展中心、新大成桥、新汽车站、体育公园、五马祠街修缮等一批重点工程建设,自来水普及率99%,供气覆盖率92%,集中供热覆盖率80%。重点片区和城中村改造进程加快,裕隆小区、华沁苑等居民社区建成投用;打通春秋东路,改造9条城区干道和20条小街小巷,改扩建大沂河公园和蓼河公园。曲阜市获中国城市建设与管理典范城市称号。农村环境显著提升。实施"农村六大重点工程",2011年完成800千米农村公路建设任务;城乡客运公交化进程加快。农村集中供水、农村电网改造工程取得阶段性成果。推进终吉、德化等21个新型农村社区建设。开展"清三堆、治三乱、美三口、创三化"活动,改善农村生产生活环境。

生态环境建设

完成节能减排目标任务,万元GDP能耗累计降低17.6%。实施大沂河延伸、小沂河改造等工程,建成第二污水处理厂、环保资源中转站,城镇生活垃圾实现无害化处理。实施"大绿化"工程,林地面积2.07万公顷,建成绿色通道200千米,森林覆盖率为29%,创建省级环境优美乡镇2个。

人民群众生活

2011年,曲阜市城镇居民可支配收入和农民人均纯收入分别为15692元和7768元,年均分别增长10.1%和9.1%。累计新增城镇就业2.89万人、农村劳动力转移就业4.68万人;实施全民创业工程,新增创业1680人、带动就业5800人;招考机关事业单位人员657人,引进高层次人才526人。国家级城乡居民养老保险试点全面展开,参保率99.8%;城镇居民基本医疗保险参保率99.2%。农村、城市低保标准分别提高到1500元和3600元,农村五保集中供养率为96.3%。360套保障房投入使用,1100套农村危房改造完成。坚持以群众工作统揽信访工作,解决群众关注的热点、难点问题;重视安全生产,强化社会治安综合治理,曲阜市获"平安山东建设模范市"称号。

社会事业

推进办好"教育10件实事"工程,全部免除城乡义务教育阶段学杂费、课本费,实现城乡教师工资、补贴统一标准发放,新建、改扩建学校30余所。提升医疗卫生服务水平,全市新建、改建各级各类医疗卫生机构263个;新农合参合率100%;基本药物实现零差价销售,全面铺开"先看病、后付费"就医模式;保持全国计划生育优质服务先进市、全国农村初级卫生保健先进市、全国科技进步先进市、全国文化先进市、全国科普示范市等称号;实现亚运会金牌零突破;完成第三次全国文物普查工作,颜庙复圣殿大修等一批文保工程竣工;实施法律援助工程,完成"五五"普法工作;深化精神文明创建,保持省级文明城市称号。

行政效能建设

围绕科学发展跨越发展主题,按照"实干当头、敢于负责、全面创新"总体要求,开展实践科学发展观和创先争优等活动,倡树"马上就办"理念,坚持"一线工作法",落实指挥部工作机制,政府工作不断提速。全面实施政务公开,发挥市长热线、行风热线、网络问政等监督作用,开展"双评"和纠风专项治理,改善政风行风。推进公共资源交易规范化建设,成立招投标交易中心,增收节约资金5.58亿元。推行并联审批、全程代办等制度,2008—2011年,累计精简审批164项。履行社会管理、市场监管和公共服务职能,发挥行政监察和审计监督职能,推进廉政建设。推进人大代表议案建议以及政协委员提案办理工作,提高依法行政水平。

第六节 第十七届人民政府

2012年1月,曲阜市第十七届人民政府由曲阜市第十七届人民代表大会第一次会议选举产生,任期至2017年1月。2012—2013年,曲阜市围绕"三年大变样、五年翻一番"奋斗目标,坚持"实干兴市"总要求,

实施“2711”工程，锐意进取、攻坚克难，经济社会呈现发展加速、实力增强、结构优化、后劲提升的良好态势。

综合实力增强

2012年、2013年分别实现地区生产总值298.44亿元、331.66亿元，分别同比增长12.3%、12.5%；地方财政收入分别完成16.24亿元、20.11亿元，增长27.1%、16.3%；固定资产投资143.05亿元、174.57亿元，增长26.8%、24.5%。2012年在济宁市科学发展观摩点评中名列12个县市区综合第三位，2013年列12个县市区综合第二位。

工业经济优化提升。2012年，新增规模以上企业19家，新增税金过千万元企业5家；2013年，新增科技型小微企业111家，国家级高新技术企业发展到11家，院士工作站2家，规模以上工业企业162家，实现主营业务收入284亿元、利税48.5亿元、利润29.7亿元。

文化旅游创新发展。设立推进“曲阜文化经济特区”，文化产业园核心区加快建设；香格里拉酒店建成投用，尼山圣境儒宫全面开工，鲁故城考古遗址公园被批准为第二批国家考古遗址公园；“背论语免费游三孔”获“中国旅游营销创新大奖”，三孔景区成为国家级服务业标准化试点单位，孔庙成为国家级海峡两岸交流基地；鲁城、小雪、吴村、石门山、尼山等镇街获省旅游强镇称号，武家村、北元疃、葫芦套等村（社区）获省旅游特色村称号，曲阜市获中国旅游竞争力百强县第三名。

推进现代农业发展。2012年，投入支农资金5.08亿元，落实惠农“四项补贴”1亿元，兑现农业产业化资金1300万元，累计流转土地1.11万公顷，创建标准化生产基地16处，有规模以上农业龙头企业67家、省级规范化饲养场42家、农民专业合作社370个，圣方园大蒜合作社被评为全国首批专业示范社，曲阜市获全国首批林业合作社典型示范县称号；建成联户沼气工程170个，秸秆综合利用率96%以上。2013年，累计流转土地1.8万公顷，有规模以上农业龙头企业89家、注册家庭农场153家、“一村一品”专业村89个、农民专业合作社454家，圣鲁源粮食种植专业合作社获全国示范社称号。

发展活力增强

招商引资取得新突破。2012年，组建104个招商局，抽调337名干部驻点驻企和专业招商，全年实际利用外资7200万美元，对上争取资金16亿元。2013年，全市实际利用外资7576万美元；外贸进出口完成1.3亿美元，争取上级资金13亿元。

项目建设扎实有效。2012年，开展“大项目突破年”活动，强化指挥部运行机制，实行“市级领导+部门”包保模式和“一月一通报、一季一观摩、半年一点评、年终总考核”推进办法，促进项目落地建设；尼山圣境、鲁故城遗址公园等过百亿元项目落地开工。2013年，曲阜市纳入济宁市“大项目突破年”集中调度的32个项目完成投资100.6亿元，占年度计划的108.7%。

园区建设成效显著。2013年，开发区“扩区升级”工程新增路网管网20余千米，主要经济指标均增长30%以上。高新区、台湾工业园实现“七通一平”，各镇街主体功能区均实现“三通一平”；8个镇（街道）地方财政收入超过3000万元，其中2个超过2亿元。

城乡建设发展

城市建设步伐加快。2012年，实施42项城建重点工程，完成城建投资31亿元。围绕“一轴三区”“一路两河”，推进6大片区和4个村庄搬迁改造；高铁新区路网初步形成，推进火炬总部基地、政德基地、奥体中心、新区医院及安置社区建设。2013年，实施80项城镇建设工程，至年底，曲阜市城镇化率为54%。旧城改造步伐加快。实施仓巷、球霸、华联北、万佳等片区拆迁及改造工程，整治约礼街、浴沂路等20条街巷。实施颜庙街、棋盘街、有朋路、康居路、西关大街整治提升工程，完成颜府恢复工程主体建设，东西104国道翻修、春秋东路、逵泉路等全面通车。

实施生态宜居城市建设。2012年，实现引泗河水入城，尼山圣水湖成为国家湿地公园；大绿化工程栽植树木1023万株，小雪街道获国家级生态镇称号，曲阜市成为省级生态市、全省生态文明乡村建设先进市，获中国宜居宜业典范城市称号。2013年，完成泗河、小沂河等调水工程，实现“六河贯通”，沂河风景区被评为省级水利风景区；“创卫”工作取得成效，硬化街巷43万平方米，新改建公厕50余座，拆除各类违建7000余处，治理提升小区42个，11个农贸市场得到综合整治，通过省级卫生城市验收；城乡大绿化工程植树2476万株，城区绿化覆盖率为42%，全市国家级生态镇发展到9个、生态村12个，曲阜市获省级园林城市称号。

加快新城开发建设。2013年，高铁新城“一环三横三纵”路网基本形成，高铁站至邹城兖州连接线实现通车；体育馆、新城医院主体完工；滨河观光大道实现通车，蓼河文化旅游景观带初具雏形。房地产开发面积232万平方米，城乡建设用地增减挂钩挖潜建设用地指标93.93公顷。

加快城乡统筹发展。2012年，累计投入10亿元，建设农村公路2248千米，在全省率先实现村村通、村内通，基本实现户户通；推进22个农村社区建设，1490户村民入住。2013年，投入“村村”系列工程2.4亿元，推进小城镇“五个一”工程和24个新型农村社区建设，曲阜市在全省首批实现“村村通公交”，成为全省城乡客运公交化试点市，被评为全省村级公路网化示范县。

镇街主体功能区建设成效初显。12个镇街主体功能区基础设施不断完善，息陬、小雪、尼山、吴村等镇街特色初步显现，陵城纳入全省“百镇建设示范行动”示范镇。

社会事业

群众生活持续改善。2012年，全市新增创业3820人、城镇就业1.1万人；开发公益性岗位100个，曲阜市获全国就业先进工作单位称号。2013年，累计民生投入18亿元，完成12项民生工程；举办首届全民创业文化节，新增创业1.3万人、带动就业3.2万人。

推进教育名市建设。2012年，新改扩建幼儿园15所，完成校舍改造6.4万平方米；89名全国名校校长受聘为曲阜市中小学“第一校长”，3000多名农村教师实现上下班免费乘车。

加快医疗卫生名市建设。2012年，实施“一村一医”保健工程，248个村级卫生所实现基本药物制度全覆盖，新农合参合率98.5%、受益率174%。2013年，全市困难家庭大病全报销救助群众2156人次990万元，全民免费健康查体受益群众38.6万人。

进一步提高民生保障水平。2012年，城乡低保标准分别提高到4440元和2200元，对80岁以上老年人发放“高龄补贴”，曲阜市获省新型城乡社会养老保险工作先进单位称号；实施60岁以上城乡居民免费健康查体、贫困白内障患者复明手术、贫困肢体残疾人康复救助等工程；全年改造农村土坯房2300余座。2013年，曲阜市失独家庭关爱工作经验在全省推广。至年底，累计2252套保障房投入使用、1667户农村危房完成改造。

推进文化惠民工程。2012年，新建农村文化大院165个、农家书屋79个，实现村村全覆盖；成功创建山东省科学城市；全面开展“六五”普法，开展“彬彬有礼道德城市”创建活动，曲阜市获全省“四德工程”建设先进市、首批“乡村文明行动”省级示范市称号。2013年，曲阜市“15分钟公共文化服务圈”基本形成，“善行义举四德榜”实现农村全覆盖，获全省“四德”工程建设示范市称号。

行政效能

提高行政效能。2012年，继续推行信访“第一局长”“第一主任”工作机制，强化社会管理综合治理，“两抢一盗”案件得到遏制，命案破案率实现100%，曲阜市获平安山东建设先进市称号。2013年，曲阜市践行“马上就办”，坚持“天天一线”“5+2”“白加黑”，创造出高铁精神、村村到精神、古泮池精神、蓼河精神，推动行政作风转变；信访局第一局长“1+2”工作制度入选全国优秀地方新政第一名，曲阜市获省信访工作先进单位称号。

推进公共资源交易规范化建设。2012年，交易额累计突破100亿元、增收节约10亿元；2013年，公共资源交易规范化建设增收节约2.63亿元。推行并联审批、全程代办等制度，全年精简审批119项，71项实现“零”收费。2013年，实施“四零”工程，实行行政审批一站式服务、一会制审批，发展环境持续优化；“三公”经费同比下降26.9%。

第五章 政府法治

1991年，曲阜市法制局内设法规股、复议应诉股。1993年12月机构改革时，市法制局改称市政府法制办公室（简称市法制办），隶属市政府办公室管理。至2013年，没有变化。

第一节 规范性文件管理

市政府规范文件制订，推进依法行政。1991—1993年，市法制局共审查修改规范性文件91件，其中政府令6件、政府文件27件、政府办文件13件、政府部门文件11件、其他形式发文6件，经审查未通过28件。1991年，对市政府系统1983年以后涉及收费、罚款、集资等方面的100余份文件进行清理，确定废止21件。1992年，对治理整顿期间所发500余件政府文件进行清理，其中确定废止2件，修改后执行3件。1993年，全面清理涉及农民负担文件，对1989年以后政府文件进行排查，确定废止20件，另有4件修改后执行。

1993年12月起，市政府法制办公室继续履行规范文件制订职能。1999—2002年，审查和制发文件153件，其中规范性或有规范性内容的文件59件。2002年，为适应加入世界贸易组织（WTO）新形势，对新中国成立以后尤其改革开放以后出台的规范性文件和其他政策措施进行全面清理审查，共废止和停止执行市政府、市政府办公室文件212件。2006—2007年，审查修改市政府及政府办公室规范性文件50余件，其他规范性内容文件106件。2008—2011年，共审查市政府及政府办规范性文件及一般性文件300余件，其中60余件未予审查通过。2011年5月《山东省行政程序规定》出台后，市政府法制办及时制定《关于落实规范性文件统一登记统一编号统一公布制度有关问题的通知》《曲阜市规范性文件制定和备案办法》，规范性文件管理工作走向规范化、制度化。2012—2013年，审查政府规范性文件及其他各类文件100余件，向济宁市人民政府和曲阜市人大常委会备案21件。

第二节 执法监督

1991年，市政府对“乱集资、乱摊派、乱收费”行为进行重点检查和整顿；对《中华人民共和国企业法》执行情况和行政执法部门依法行政情况进行调查。1992年，配合市纪委对现行政策执行情况进行全面检查。

1993年，开展“一法五条例”监督检查，以及医疗市场整顿和纠正行业不正之风行政执法活动。1994—1995年，针对个别行政执法单位和人员出现的“三乱”及其他违法现象，不定期开展行政执法检查工作，有效监督行政执法人员依法行使行政权力，纠正违法行为，维护政府形象。1996年，市政府以行政处罚法的颁布实施为契机，加强全市行政执法人员的培训，到1998年共培训行政执法人员3500人次，其中1165人公共法律知识和专业法律知识考试合格，取得省政府统一颁发的行政执法证。2001年，完成首批1132人行政执法证件审验工作，并根据执法单位和人员的变化，特别是2002年机构改革后，对计划生育局、经贸局、鲁城街道等机构改革后名称、职能变化单位行政执法人员及时换发新的执法证件，共申领和变更（包括收回）执法证件657人，颁发听证主持人资格证43人和复议应诉资格证54人。

2003—2005年，配合市人大搞好各项法律法规实施情况的监督检查；接受政协各民主党派和人民团体的监督。2005年，市政府部署开展推行行政执法责任制工作，共梳理市直行政执法部门行政执法职权3411项，为分解执法职权、确定执法责任奠定基础。2006—2007年，市政府根据行政许可法和行政审批制度改革原则要求，组织两次针对行政许可事项、行政许可实施主体、行政许可收费的清理规范工作，经审查确定，向全市公布行政许可实施主体45个，行政许可事项436项，取消行政许可收费55项。

2008年，市政府贯彻落实《国务院办公厅关于推行行政执法责任制的若干意见》，按照市政府、市直各部门行政执法依据的梳理结果确定各单位职权分解和职责，全面落实行政执法责任制；在全市开展规范行政处罚裁量权工作，梳理规范全市43个行政执法部门行政处罚事项2229项，细化处罚标准6317项；市政府法制办组织有关单位分别于2008年、2010年、2011年开展行政许可及非许可审批事项的清理工作，分别以市政府文件形式公布保留的许可审批项目，分别为404项、319项、210项。2010年，市法制办对全市持有山东省行政执法证件的1408人实行档案管理制度，全市行政执法人员持证上岗率100%；同年，市法制办会同市编办等单位对61个部门行政权力事项进行清理，确定全市市级行政许可事项164项、非行政许可审批事项155项、各单位行政处罚3403项、行政强制133项、行政征收70项、其他权力120项。

2012年，开展执法职权梳理工作，公布保留的市级行政许可及非行政许可审批事项161项、规范行政处罚自由裁量权2703项，审核确认29个部门、258项行政处罚纳入“首违不罚”范围。2013年，严格证件管理，举办两期共695名行政执法人员公共法律知识培训，对全市持有省行政执法证件执法人员实行档案管理制度；对全市15个重点行政执法单位执法行为进行集中监督检查，开展土地执法、安全生产、食品安全专项检查。

第三节　行政复议

行政复议和应诉工作，对维护公民、法人和其他组织的合法权益，保障和监督行政机关依法行使职权，提高依法行政水平起了重要的推动作用。

1991—1993年，市法制局协调复议案件3起、审结行政复议案件4起，指导乡镇政府和市政府部门应诉14起。1994—1995年，根据《山东省行政复议条例》，受理行政复议案7件，其中有农民对乡镇政府的处罚决定不服、因计划生育部门的处罚不服而提起的复议等。1997年7月，市政府设立行政复议办公室，为副科级事业单位，编制3人，与法制办合署办公。1996—1998年，受理各类行政复议案件25起，作出复议决定14起。

1999—2002年，办理行政复议及应诉案件80起，其中法制办受理行政复议申请30起，参加法院诉讼和济宁市政府复议活动49起，指导和协助部门开展行政复议和行政诉讼工作50余起。

2003—2005年，受理行政复议申请30件，办结率100%。2006—2007年，收到行政复议申请30件，立案审结25件。

2008年，在全市开展“复议应诉规范建设年”活动，健全完善各项工作制度，制定《行政复议立案审批制度》《行政复议案件承办制度》《行政复议调解制度》《行政复议案卷归档制度》等20余项工作制度，与信访局、法院等单位建立行政复议工作衔接机制。创新复议工作方式，运用和解、调解等方式，有效化解行政争议，切实做到定纷止争、案结事了，使行政复议工作走上制度化、规范化轨道。2008—2011年，共受理行政复议申请42起，其中通过和解、调解方式结案17起。

2012—2013年，健全完善各项工作制度，提高行政复议案件质量，整理编印《行政复议工作手册》，修订完善《行政复议工作规程》，在全市各行政执法机关设立行政复议窗口，强化行政复议的影响力和扩大行政复议受理渠道；两年受理行政复议案件17起，审结16起。

第四节　法律事务

1991—1993年，市法制局培训政府部门行政执法干部5次，培训副科级以上干部500余人次，其他行政执法人员1000余人次，完成市委、市政府交办法律事宜20余件。1992年6月，市法制局创办市法律服务中心，面向社会开展有偿法律服务。下半年即为市广播局、文物局、中药厂、烟草公司等10余家企、事业单位担当法律顾问，代理民事、经济案件17起，代理法律文书90余件，提供法律咨询400余人次。1993年，市法律服务中心被20个单位聘为法律顾问，全年代理民事、经济案件40起，代理法律文书120余件，提供法律咨询800余人次，为企事业单位挽回经济损失50余万元。2000年后，市法律服务中心主要为政府法制工作在理论研究、法制宣传、法治培训、复议应诉等方面提供服务。

曲阜仲裁办事处是济宁仲裁委员会派出机构，2010年重新组建仲裁办事机构，建立健全各项仲裁工作制度。曲阜仲裁办事处宣传贯彻《中华人民共和国仲裁法》《中华人民共和国合同法》，推广使用标准合同文本，至2013年底，先后开展4次仲裁员和仲裁联络员的培训工作，召开6次基层法律服务机构人员座谈会，拓展仲裁案源。2008—2011年，推介仲裁案件70余件，仲裁标的额1600余万元，仲裁工作考评位居济宁各县（市、区）前三名。

第六章　政务综合协调

第一节　政务公开

1991年，市政府增强政府工作透明度，对群众关注的热点问题，实行政务公开。1999年，市政府按照省政府关于实施“政府上网工程”通知精神，设立市政府信息中心，具体负责“曲阜市人民政府网站（www.qufu.gov.cn）”建设。至2002年，政府网站由最初8个栏目发展到18个栏目、86个小项，集图片、音乐、视频为一体的综合性网站，推动全市政务公开工作，成为曲阜市对外宣传的重要窗口。网站“政务信息”栏目是网站建设的重点，内容由市政府办公室信息科提供，每周5次，每月不少于40条，既保证文章质量，又保持时效性。2013年，按照《中华人民共和国政府信息公开条例》和《山东省政府信息公开办法》要求，建立政务信息公开平台，在“曲阜政务网”下设“政府信息公开专栏”，分设“曲阜市人民政府信息公开目录”和“市政府各部门信息公开目录”，按部门公开分为75个部门，每个部门下设14或16个子栏目。市民通过以上栏目可以查阅市政府各部门、各镇街主动公开的政府信息。明确市政府办公室作为全市政府信息公开工作主管部门，负责推进、指导、协调、监督全市政府信息公开工作，市政府法制办负责政府信息公开中相关法律法规、规范性文件的审核工作，市信息化管理中心负责政府信息公开的相关技术支持和保障，市政府各部门、各镇（街道）成立信息公开工作机构，明确分管负责人，相关科室（站所）具体负责各自单位政府信息公开工作的日常开展。

第二节　市长热线

市长热线（热线号码：0537-4498697）前身是市长公开电话，1998年5月开通。经过探索实践和完善，市政府于2006年8月开通市长热线，市长热线形成网

市长热线24小时服务（2013年8月摄）

络、电话、邮箱、信箱等多种渠道相结合的服务体系，改变以往单一、复杂的程序，变得更加快速、高效、务实。市长热线成立伊始，市委、市政府出台《市长公开电话制度》《市长热线工作规则》《市长热线值班人员要求》等规章制度；工作中，市政府办公室秘书科具体负责市长热线办理工作，代表市政府领导受理群众来信来电，并实行24小时全天候值班，确保群众反映问题畅通无阻；市领导指导市长热线工作，多次对办理工作做出批示，推动工作落实；市政府办公室把握“群众第一”“求真务实”和“分级负责、归口管理”三项原则，建立市长热线受理、交办、反馈、归档工作制度，做到来电有登记、办理有专人、答复有记录、反馈有存根；实行市长热线办理限时督办反馈制度，所有事项要求在7日内办理完毕，并将结果反馈来话人。2006—2013年，市长热线由开始时的群众不熟悉、不认可到逐渐接受并日益信赖，年均办理群众来信、来电300余件，办结率100%，群众满意率98%以上。

第三节　政府督查与议案建议提案办理

1992年年初，市政府办公室设立督查科，与秘书科合署办公。1999年4月，市政府办公室督查科更名为政府办公室督查室，副科级内设机构，2002年5月，调整为市政府办公室中层机构。同年，创办《曲阜政务督查》，先后对重要会议贯彻情况、立项督办事项落实情况等进行通报。同时，政务督查工作还注重发挥上情下达、下情上传作用，及时将基层在具体工作中遇到的问题、建议和意见向领导机关反映。2005年4月，政府办公室督查室与市委办公室督查室合并为市委市政府督查室，正科级机构，隶属市委办公室管理。2009年2月，设立市政府督查室，正科级机构，为市政府办公室中层机构，专门负责市政府决策事项、各级领导批示事项、市政府工作部署和办理人大代表建议、政协委员提案的督查落实，主要对上级来文、领导批示件等工作事项按办理要求、批示意见及时向有关部门转办催办，按期反馈办理结果；对事关全市发展的重大决策立项，落实责任，进行专题督办；对市委、市政府重大会议和市长办公会、政府专题会议确定的各项工作执行情况和落实情况进行督查，并承办上级领导机关交办的督查事项。到2013年，共印发政务督查96期。

每年市人民代表大会和市人民政治协商会议后，市政府都及时召开市长办公会，对“两会”议案、建议、提案进行专题研究，确定分管领导和办理原则，落实办理单位，明确工作责任。各承办单位把办理工作纳入年度任期目标责任制，主要负责人对重要提案安排部署，深入到办理工作的具体环节，阅研建议提案，拟写答复件，走访代表委员，扎实推进办理工作。对于办理任务较重的部门成立由部门主要领导任组长的办理小组，从组织上保证提案办理工作有人抓、有人管，形成办公室牵头协调，相关科室各司其职、分工合作的办理机制。为做好建议提案办理工作，市政府办公室和督查室（科）每年都对办理工作进行督查和复查，对复查出的问题，限期整改，在建议和提案办理结束后，市政府督查室对人大代表和政协委员进行回访，当面答复有关问题。每年下发《曲阜市人民政府办公室关于认真办理人大代表建议和政协委员提案的通知》，从建议提案登记、办理、审阅到发送、反馈等，建立一套比较完善的制度。2003年，市政府建立办理工作制度：即审查把关制度，对一些重要提案报市政府办公室进行审核；催办制度，加强对办理工作督促检查。由于工作方法不断改进，“两会”议案、建议、提案办理质量逐年提高。2005年起，每年“两会”后，市政府都召开人大代表议案、建议和政协委员提案办理工作交办会，下发文件落实责任，严格办理程序，确定交办程序、办理期限、分办会办程序、书面答复要求、面复要求、续复规定、统计和总结要求等。2013年起，根据上级精简会议要求，改为对重点承办部门进行集中交办。2009年起，设立政协提案集中答复、人大建议集中回查制度，对关系群众切身利益，反映普遍的建议提案进行集中办理，强化跟踪落实。1992—2013年，在人大代表和政协委员书面反馈意见中，面复率100%，满意率和基本满意率均为100%。

第七章　行政服务

2002年3月，市政府成立市行政审批中心，为正科级事业单位，隶属市政府管理，内设办公室、业务科、督查科。4月9日，市政府下发《关于对行政审批事项实行集中办理的决定》，明确市发展计划局等21个单位为首批入驻审批中心单位，进驻窗口工作人员54人。2009年8月，市行政审批中心更名为市行政服务中心。2010年12月，市行政服务中心党总支成立，下设机关党支部、东服务大厅党支部、西服务大厅党支部。2012年，市行政服务中心设立电子政务科，为股级中层机构，同时，将督查科更名为督查考核科。

第一节　项目审批

市行政审批中心成立后，相继制定《工作人员行为规范》《投诉制度》《行政审批“五件”管理办法》《工作考核办法》《工作职责、运作办法和管理工作规定》等文件，加强中心管理。市行政审批中心对行政审批行为按照“五件”（即办件、承诺件、联办件、退回件、补办件）办理要求，根据“能进则进，充分授权，限时办结，一口收费”原则，要求各有关部门、单位行政审批事项及相关收费项目必须按规定进入中心集中办理，并授予窗口工作人员充分的审批权限和执收权限，并统一为各窗口单位刻制行政审批专用章，专供在市行政审批中心办理行政审批事项使用。2003年8月，市政府办公室印发《关于启用曲阜市发展计划局等单位行政审批专用章的通知》，规范市行政审批中心运行。2004年，全市有效进驻市行政审批中心集中办理的行政审批事项共170项。2006年7月，市政府印发《关于公布保留的市级行政许可事项和取消的行政许可收费项目的通知》，保留市级行政许可事项436项，取消行政许可收费项目52项。2008年3月，市委组织部、市人事局、市监察局和市行政审批中心联合印发《曲阜市行政审批中心窗口工作人员的管理办法》，强化窗口工作人员管理。5月，市委办公室、市政府办公室联合印发《关于认真做好行政许可及非许可审批项目清理工作的通知》，清理全市行政许可项目非行政许可审批项目。9月，市政府印发《关于公布保留的市级和乡镇街道行政许可项目非行政许可审批项目的通知》，其中行政许可项目238项，非行政许可审批项目166项，规定经审定的行政许可项目、非许可审批项目、收费项目，将作为调整各部门单位进驻市行政审批中心的基础和依据。

2009年8月，按照济宁市电子监察系统建设方案统一标准，建设曲阜市行政审批电子监察系统。9月，整体迁入孔子文化会展中心。市政府出台《关于进一步加强行政服务中心建设的意见》，审批中心出台《关于进驻部门选派窗口工作人员的通知》《关于进驻部门合理配置窗口办公硬件的通知》《关于落实全市深化行政审批制度改革工作会议精神跟踪采访安排的通知》等一系列文件，明确进驻市行政服务中心审批项目，其中许可项目158项、非许可审批项目99项、服务类项目9项；设立市财政局、市劳动和社会保障局、市农业机械管理局、市公安局（交警大队车管所、户籍大厅）5个分中心。曲阜市保留的行政许可、非行政许可项目共计404项，比2002年压减近50%；进驻中心部门29个，全年办理事项348项，占全市行政审批事项的86%。2010年5月，市行政服务中心制定《预约服务制度》《缺席默认和超时默认确认办法》等制度，对行政服务工作进行细化和规范。5月，市政府办公室印发《曲阜市建设类项目并联审批实施意见》，对并联审批进行规范。市纪委牵头，市行政服务中心会同市法制办，对全市行政审批服务事项进行再清理、再压缩、再规范，对审批流程再精简，审批时限再压缩，全市保留审批事项380项，压缩10%，其中进驻中心278项；审批环节普遍压缩1/3，涉及企业和人民群众的联审联办事项，办理时间缩短2/3。

2012年，市城市管理行政执法局挂牌整建制进驻，市自来水公司在中心设立服务窗口，开展水质检测服务。中心对全市行政许可和非许可审批事项再次清理，行政许可和非许可审批事项由2011年的319项精简为210项，压缩34%；在此基础之上，对进厅165项审批事项电子模板逐条把关审核，对审批流程进行优化再造，压缩审批时限；通过严格审核和科学优化，审批环节平均压缩1/4，审批时限压缩1/3，涉及企业和群众并联审批时限缩短2/3。同年，市行政服务中心对行政审批系统进行升级完善，全市审批业务基本实现网上办理；为12个镇（街道）便民服务中心和14个未进厅部门调试安装视频监控设备，实现监察人员对全市审批业务网上办理情况的实时监督和对工作人员审批行为的集中实时监控。2013年，市委、市政府制发《关于深化行政审批改革加强行政服务工作的十条规定》。市行政服务中心对全市行政许可和非许可审批事项第五次全面清理，全市行政许可和非许可审批事项精简为161项，比2012年压缩23%。市政府公布《关于调整进驻市行政服务中心部门和事项的通知》，进驻部门增加到30个，进驻审批事项增加到119项，并新增41项服务类事项，部门进驻率70%，窗口整建制进驻率80%。

第二节　审批制度改革

2002年，市行政审批中心共办理审批事项12660件，附带收费459余万元。2004年，全年共办理各类审批事项26748件，附带收费1038万元。2006年8月，市政府办公室转发《市行政审批中心关于实施行政审批"绿色通道"暂行办法》，把市委、市政府重大招商引资项目、全市重点建设项目等纳入行政审批"绿色通道"办理，实行特事特办制、跟踪督办制、预约办理制、上门服务制和协助办理制。2012年，为解决中介机构在服务过程中存在的收费高、服务差、效率低等问题，提高行政审批效能，市行政服务中心联合有关部门公开向省内9家资质高、业绩好的中介机构发出邀标书，在多方论证、严格制定评标标准和评标程序基础上，对中介机构进驻大厅开展业务进行公开招标。对中标的中介机构，市行政审批中心通过协议管理形式，对在业务办理过程中涉及的服务、收费、时限等进行再规范、再降低、再压缩，严格实行过错退出机制，实现对中介机构限时服务、限价收费、严格管理的目的。有7家中介机构进驻，可提供环评、可研报告、能评、工商验资、财务咨询、工商注册代办、土地测绘、土地评估8个方面的专业服务。至此，影响招商引资项目审批的"中间环节"—中介机构"中梗阻"现象得到解决，审批服务实现"一条龙""零距离"。同时，市行政服务中心聘请12名社会监督员对窗口服务进行明察暗访监督；市政府为进驻窗口工作人员设立绩效考核奖，表彰每季度和年度"先进个人"和"红旗窗口"工作人员。

2011年12月12日，金泰房产公司向曲阜市行政审批中心国土局窗口赠送锦旗

2003—2013年曲阜市行政审批工作一览表

表18-2

年度	办理审批服务事项（项）	收费（万元）	办结率（%）
2003—2005	20796	1372.07	—
2006—2007	22594	2605.6	95
2008—2009	30190	2826.6	98.5

续表 18-2

年度	办理审批服务事项(项)	收费(万元)	办结率(%)
2010	13940	4412.6	93.6
2011	16893	5260.8	99.9
2012	14835	13289	100
2013	15810	8416	98.2

第八章　调查研究

第一节　政策调研

1991—1995年，市政府办公室根据市政府工作部署和全市经济、社会事业发展的需要，完成各类文稿2400余篇、1000万字，其中政府工作报告5篇，领导讲话800篇，调研材料260篇，各类文件、纪要1400余件；政研方面起草《关于促进城市经济持续、快速、健康发展的意见》《关于加快城镇住房制度改革的实施意见》《关于荒山荒滩使用权实行拍卖经营的意见》《关于进一步加快发展乡镇企业的意见》《曲阜市教育发展纲要》《曲阜市妇女发展纲要》《关于加快全市新增灌溉面积的意见》《曲阜市林业生产91378工程实施意见》《曲阜市"九五"规划暨2010年远景目标发展纲要》等一系列政策性文件，经过反复讨论修改后出台；围绕市政府不同阶段的工作重点开展调研活动，写出关于城市经济、国有企业改革、城市建设、乡镇企业、畜牧业生产、农村医疗卫生、计划生育、社会治安综合治理等方面调查报告、典型材料26篇，有8篇被上级报刊采用，6篇在省市会议上典型发言；做好市长办公会、政府常务会及其他专业工作会议筹备服务工作，协助领导收集议题，整理材料，起草讲话，对全市各项工作起到较强的指导作用。

1996—1998年，市政府办公室起草文字材料4500件，累计670万字。其中《政府工作报告》3篇，撰写领导人署名文章59篇，调查类文章256篇，会议纪要226件、政府文件556件、政府办公室文件208件、曲政函56件、曲政办函40件、领导人讲话998件，其他材料709件；政研方面起草《关于企业改制有关问题的意见》《关于加快农业机械化发展的意见》《关于加强建筑业管理的意见》《曲阜市实施全民健身计划纲要》《曲阜市环境保护"九五"计划和2010年远景目标纲要》《曲阜市城市水土保持试点工作方案》《曲阜市旅游经济开发区优惠政策》等一系列政策性文件。1999—2002年，市政府办公室完成各类文稿5680篇，827万字，其中政府工作报告4篇，领导人署名文章87篇，领导讲话986件；起草整理《关于加快所有制改革大力发展民营经济的意见》《关于曲阜市招商引资优惠政策的意见》《关于加快开发区建设的决定》《关于进一步扩大开放推进经济国际化的意见》等一系列政策性文件；写出关于对外开放、工业经济运行、民营经济发展、招商引资、城市建设、教育改革、计划生育等方面调查报告、调研文章168篇，其中有93篇被上级报刊采用，24篇在省、市会议上被用作典型发言。2003—2005年，市政府办公室完成各类文字材料5760篇，累计860万字，其中政府工作报告3篇，领导讲话1289件，在《中国市长》《市长参考》《山东政报》《山东经济战略研究》《山东咨询》《济宁政报》等各类刊物上发表领导署名文章65篇；起草整理《关于鼓励企业招商引资的意见》《关于加快推进种植业结构调整的意见》《关于进一步加强食品安全工作的意见》《关于切实做好人口与计划生育工作积极应对第四次人口出生高峰的意见》等一系列政策性文件；组织各类调研活动148次，形成各类调研类文章126篇，其中有56篇被上级报刊采用，28篇在省、市会议上被用作典型发言，其中《拉长短腿，培植亮点—关于我市外经贸发展情况的调查与思考》《关于我市经济发展阶段性波动的调查与思考》《加快推进我市城市市政公用事业单位改革的调查与思考》等调研文章市领导做出重要批示。

2006—2007年，市政府办公室起草各类文字材料1300多件，累计600多万字，其中2006年度《政府工作报告》入选人民日报社选编《2006年度全国优秀政府工作报告集》，2007年度《政府工作报告》入选中国社会出版社选编《全国优秀政府工作报告集》；在《中国市长》《市长参考》《中华工商时报》《中国县域经济网》《山东政报》《现代文秘》《山东咨询》《济宁政报》等中央、省、市级报刊、网络媒体发表领导署名文章30余篇；组织人员200人次深入乡镇（街道）（村居）以及企业，就经济发展、城乡建设、环境治理、社会事业等方面工作开展专题调研，走访单位100多家，归纳梳理问题90多条，编发《政务调研》30期，有11篇被市级领导批示。

2008—2011年，市政府办公室起草文字材料2300多件累计1200余万字，编发《政务情况通报》50期，制发公文1600多件；通过掌握和发现经济和社会发展中的新情况、新事物、新经验、新做法，形成材料，在《大众日报》《山东经济战略研究》等各级报刊、网络媒体发表，共发表领导署名文章20余篇；开展专题调研40余次，撰写一批高质量的调研文章，为领导提供决策依据。2012—2013年，市政府办公室起草文字材料1700多件，累计900余万字，开展专题调研40余次，形成《关于创建曲阜文化经济特区的思考》《京沪高铁沿线高铁管理运营情况考察报告》《以村级公路网化建设为牵动全面建设文明幸福乡村》等一批调研成果，在《大众日报》《山东经济战略研究》等各级报刊、网络媒体发表领导署名文章18篇；组织300余次人员深入镇（街道）村居以及企业走访单位120多家，归纳梳理问题100多条，编发《政务调研》40期，19篇调研成果转化为领导决策依据。

第二节　政务信息

1994年8月，曲阜市被确定为国务院办公厅信息直报点，成为全省5个县级直报点之一，曲阜市政务信息可以直接进入国家最高决策层。同年，曲阜市上报信息在全省县级联系点中名列第四。1995年，制定《曲阜市人民政府关于加强政务信息工作的意见》，全市形成以市政府办公室为枢纽，上连国务院、省和济宁市人民政府，下通各部门、各乡镇和部分企业村街的信息网；投资3.7万元配置微机，信息传递基本实现现代化。1995年，曲阜市政务信息总积分获山东省和济宁市两个第一名。1996—1998年，曲阜市政府系统信息工作名列全省第三、第二、第三名，并在全省政务信息工作会议上作典型发言。到1998年年底，全市政务信息网络成员146个，专职信息员160人，其中26个市直部门被市政府办公室列为政务信息重点考核单位。

1999—2002年，市政府系统信息工作坚持报喜与报忧并重、信息与调研结合，共组织上报政务信息3789篇，其中被省政府采用253篇，被济宁市政府采用596篇，累计编辑下发《曲阜政务信息》（含专供领导参阅件）150余期，有105篇政务信息被政府领导批示直接进入决策，1999年、2001年、2002年名列全省县级市（县、区）第2名，2000年名列全省第3名。1999年年初，市委、市政府为强化信息职能，将市政府办公室信息科升格为副科级行政单位，信息科工作人员增至5人。

2003—2005年，曲阜市政务信息工作三年中分别名列全省县级市（县、区）第三、第二名。2005年，市政府办公室印发《关于进一步做好政务信息工作的通知》，明确各乡镇（街道）、市政府各部门分管领导、信息员，乡镇信息员由党政办秘书兼任，政府部门信息员由办公室主任担任，建立政府信息工作考核制度、联席会制度、紧急重大情况报告制度，基层信息网络、基层信息点60个，形成以政府办公室信息科为主干、以各级专兼职信息员为依托、横向到边、纵向到底的信息报送网络系统。2006—2007年，两年共组织上报政务信息2030篇，被省政府办公厅采用76篇，被济宁市政府采用200余篇，其中《曲阜市认真落实曾培炎副总理指示精神做好文物的保护和开发利用》被省政府转报国务院办公厅，《曲阜市建议尽快建设鲁国故城大遗址博物馆》被省政府专报采用，分管副省长批示“转省文化厅办理”；在为同级领导和部门、乡镇服务方面，两年共编发《曲阜政务信息》157期、《市政府大事记》24期、《每周工作动态》100多期。2006年度在全

省县(市、区)信息直报点中位居第一,2007年位居第二;两年在济宁市县(市、区)综合排名均列第一位。

2008—2011年,市政府共上报省、济宁市各类信息2200余篇,被采用500余篇,被国务院和省委、省政府领导批示20次,被济宁市政府领导批示40次,信息工作综合考评在省直接联系县市区和济宁市县市区中名列前茅。《基层反映外省企业抬价抢购小麦情况应引起重视》引起国务院领导高度重视,温家宝总理作出重要批示;《今年新麦价格创历史新高农民惜售心理浓重》得到姜大明省长批示;《京沪高铁连接线建设面临的困难和问题》《曲阜市推行农村社区建设手续一站式办理》《曲阜市推行城乡公交一体化改革已惠及40余万群众》等被省市采用,有关领导做出批示。编发《政务信息》205期、《市政府大事记》48期。从经信、农业、文物旅游、交通等单位抽调优秀信息员20余名进行轮训,提供信息撰写水平。

2012—2013年,市政府上报调研类信息716篇,编发《政务信息》254期,多次被国家和省、市领导批示。

第九章　应急管理

第一节　应急组织

2008年5月,市政府成立市应急管理工作领导小组,为全市应急管理工作领导机构;市政府设立应急管理办公室(简称应急办),为市政府办公室内设正科级机构,编制6人,具体负责应急管理日常工作。全市各有关部门、各镇街成立应急管理办公室(设在党政办或办公室),各村居均明确应急管理信息员,建立起市有应急办、镇有应急专兼职干部、村居有信息员的应急管理体系,形成“统一领导、综合协调、分级负责、属地为主”的应急管理格局。市政府依托市公安消防大队,组建市应急救援大队;市民政、卫生、安监、经信、公安、消防、文物旅游、水利、农业、食品药品监管等部门和重点企业都建立起专业应急救援队伍;各镇街整合各类救援力量组建专业应急抢险救援队伍,配备相应装备;重点村居组建应急小分队,提高快速反应能力。2011年,市应急管理工作领导小组更名为市应急管理工作委员会(简称应急委),由市长任主任,市级有关领导任副主任,相关部门、单位主要负责人任成员;应急委下设办公室,办公室设在市应急办。2013年,组建自然灾害、事故灾难、公共卫生、社会安全事件和综合管理等5个应急专家队伍,完善政府、专家和公众三结合的应急决策机制;成立红十字应急救援志愿者队伍,打造覆盖全市、训练有素、反应迅速的应急志愿者队伍。

第二节　应急预案

2008年,曲阜市编制完成全市总体应急预案1个,各类专项预案27个,部门应急预案90个,镇街预案12个,村居预案395个,形成多层次、立体化、广覆盖的应急预案体系。2013年,市应急办编制修订全市总体应急预案,指导部门、镇街对专项预案、部门预案及基层预案全部进行修订。每年按规定开展应急预案演练工作,到2013年年底,市应急办累计组织开展综合演练18次,部门及基层单位开展各类演练活动1600余次。

第三节　应急保障

2008年起,市政府建立应急管理目标考核责任制,出台应急管理工作目标管理考核办法。每年组织专门队伍对各镇(街道)应急管理工作进行全面检查,对部分应急管理部门进行抽查,检查结果在全市通报。每年组织《中华人民共和国突发事件应对法》颁布实施周年集中宣传活动,集中发行一批《中华人民共和国突发事件应对法》《山东省突发事件应对条例》《曲阜市公众应急知识手册》等材料;开展应急管理进农村、进社区、进机关、进企业、进学校、进家庭“六进”活动,组织应急知识普及、主题宣传、应急预案宣传活动。2009年,市应急办根据《曲阜市应急避难场所建设意见》,建设体育广场、民族公园等应急避难场所4处。根据应急管理“五有”要求(有组织机构、有应急预案、有应急队伍、有应急设施、有科普宣教),在镇、村、社区、企业、学校开展示范点创建活动。2011年年初,市政府下发《关于表彰2010年度全市应急管理工作先进单位先进个人的通报》,表彰全市应急管理工作先进集体和个人。7月,编发《曲阜市公众应急知识手册》2000余册,免费发放到广大市民和学生手中。到2013年年底,共建立曲阜市级应急管理示范镇街4个、示范村居16个、示范学校6所、示范企业8家、示范单位12个。全市应急系统处置突发安全生产事故、道路交通事故、甲流感、手足口病等公共卫生事件和食品安全事件等60余起。

第十章　地方史志

1991年1月,曲阜市史志办公室为正科级市政府所属事业单位,1993年12月撤销并入市政府办公室,1997年6月,恢复为正科级事业单位,隶属市政府办公室管理。2011年9月,起草《曲阜市地方志工作管理暂行办法》,由市政府颁布实施。1991—2013年,史志办公室在完成史志年鉴编纂基础上,均按时完成省市安排的年鉴和志稿编纂任务。

第一节　志书编纂

第一轮志书编纂

《曲阜市志》自1982开始编纂,1991年11月,基本完成初稿,12月转入总纂阶段。1992年7月上旬,召开《曲阜市志》稿评会。在系统整理、综合分析各方面意见基础上,制定志稿深加工方案。为提高志书质量,对各篇均采取集体论证、细致加工、主编一笔删削、专家严格审核等几步程序。到1993年年初,完成送审稿,并交市政府审查;3月,将送审稿呈报济宁市、山东省地方史志编纂委员会终审;4月,交付出版印刷。1993年9月29日,《曲阜市志》首发式暨总结表彰大会在市机关招待所举行。《曲阜市志》上限一般起自1840年,不少事物从发端写起,溯源述流;下限至1990年年底。篇目除序、凡例、概述、大事记、附录、编后记外,专志设28篇,依次为行政区域、自然环境、人口、孔氏家族、经济综述、城乡建设、农业、水利、工业、交通·邮电、商业、旅游、财税、金融、经济管理、党派群团、政权·政协、民政、公安·司法、军事、教育、科学技术、文化、文物、卫生·体育、方言、风俗、人物。

第二轮志书编纂

2004年,《曲阜市志》续修工作开始启动,上下限时间定为1991年到2005年。2005年6月1日,全市史志工作会议召开,安排部署续志工作。7月27日,举办全市第二轮修志培训班。9—10月,史志办着手设计续志篇目。后修志工作进入停滞状态。2013年年底,市政府办公室重新启动第二轮修志工作,将续修时限调整为1991年到2015年,后根据省史志办要求调整下限为2013年。

其他志书编纂

《山东省志·孔子故里志》。1982年,《山东省志·孔子故里志》由济宁市政府受省史志编委会委托组织承编,编纂任务由济宁市史志办公室、济宁市文物局、曲阜师范大学和曲阜市文物管理委员会承担,曲阜市史志办公室给予配合。1993年,《山东省志·孔子故里志》初稿完成,12月,稿评会在曲阜市召开。1994年3月,完成送审稿。在该书编纂过程中,曲阜市史志办公进行核实、校订资料和志稿修改加工工作。1997年1月,《山东省志·孔子故里志》由中华书局出版发行,该书获全国地方志一等奖。全书以篇、章、节划分层次,设概述、大事记及专志9篇,依次为孔子、孔氏宗族、孔氏教育及著述、孔庙、孔林、孔府、文物管理、孔子研究、故里建设;上限起于孔子诞生(公元前551年),下限因事而异,大事记、文物管理、孔子研究和故里建设止于1992年,其余诸篇止于1992年以前。

新编《陋巷志》。2000年9月,曲阜市政府、市颜子

研究会委托市史志办公室承担新编《陋巷志》编纂任务。市史志办调动社会力量参与修志，聘请曲阜师范大学、颜氏联谊会以及原史志办公室退休人员组成编辑班子，启动编纂工作。11月初，史志办组织编纂人员分成四组开展实地采访调查，历时月余，行程万里，遍及15个省、市、自治区，拜访当地史志办公室、博物馆、图书馆、档案馆及颜氏族人等，征集颜氏族谱40余部，各种资料300余万字，拍摄资料照片700余幅。同时，陆续收到海内外颜氏后裔大量信函、电话、传真等资料。2002年6月1日至2日，召开新编《陋巷志》稿评会。评稿会后，全体编纂人员对原稿进行修改。7月20日，送交齐鲁书社审阅；同时，安作璋、孟祥才、颜秉罡、王文恒等专家教授对该志进行最后通审。10月8日，第七届世界颜氏宗亲联谊大会在曲阜举行，同时举行新编及古本《陋巷志》首发式。

新编《陋巷志》是记述颜回以及颜氏家族的历史，采用篇、章、节、目体，首列概述、大事记，下设颜氏与陋巷、复圣颜子、颜氏宗族、文化遗存、文物成就和颜氏名人6篇，分别记述颜氏起源、颜子生平及研究、颜氏宗族繁衍与迁徙、颜氏文化遗存、文化成就、历代颜氏名人等，卷末设附录，辑录有关文献资料；本志上限起自颜回出生（公元前521年），个别情况适当上溯，下限止于2002年7月31日。

古本《陋巷志》始修于明朝正德二年（1507年），全书八卷。嘉靖二十九年（1550年）、万历二十九年（1601年）先后两次增订刊行于世。

《曲阜市政协志》。2007年春，市十一届政协党组和主席会议作出编纂《曲阜市政协志》决定。2007年9月28日，初稿编纂完成，字数100万字。市史志办公室帮助制定篇目，派出专人授课培训编纂队伍，初稿完成后提出修改意见，并参与志稿修改。11月6日，形成终审稿，交由中国国际图书出版社出版发行。

《孔子志》编纂。2008年年底，山东省史志编纂委员会和山东人民出版社共同策划编纂《齐鲁诸子名家志》（20卷），特约孔子研究院副院长孔祥林撰写《孔子志》。《齐鲁诸子名家志·孔子志》采用志、传、图、表、录诸体裁，客观、科学地记述孔子以及与孔子有密切关系的人、事、物，内容主要包括孔子的生平活动、思想学说、遗迹与纪念物、孔氏家族、历代尊崇、孔子研究、孔子思想的贡献与影响等。该书48万字，2009年4月由山东人民出版社出版发行。

乡镇村志、部门志编纂。1982年2月至1990年2月，曲阜市第一轮修志过程中，乡镇、部门志初稿形成后，一些乡镇和部门在初稿基础上，进行加工润色，经史志办审定后，印制单行本，为内部资料。有《曲阜一轻工业志》《曲阜二轻工业志》《曲阜水利志》《曲阜金融志》《曲阜财税志》《曲阜教育志》《小雪镇志》《陵城镇志》《防山乡志》《曲阜酒厂志》等。2005年，鲁城街道林西村在市史志办指导下编纂村志，孔庆廷主编，2006年，由济宁市新闻出版局准印发行。

1991—2013年曲阜市各类志书出版一览表

表18-3

书名	编写单位	作者或主编	出版社或出版单位	出版时间
曲阜市志（1990之前）	曲阜市史志编纂委员会	宁廷亮	齐鲁书社	1993.7
山东省志·孔子故里志	山东省地方史志编纂委员会	苏庆功　李启谦　孔祥林	中华书局	1994
新编陋巷志	曲阜颜氏联谊会 曲阜市史志办公室	国　伟	齐鲁书社	2002.2
曲阜市地名志	曲阜市地名志编委会	孔　佾	山东友谊出版社	1997
曲阜邮电志	曲阜邮电志编委会	李洪林	济宁市新闻出版局	2005.2
曲阜市军事志	曲阜市人武部	孔凡成　张立新	曲阜市人武部	2012.4
孔尚任新阙里志校注		徐振贵　孔祥林	吉林人民出版社	2004
曲阜市政协志	曲阜市政协	刘玉明	中国国际图书出版社	2007
西林西村志	书院街道西林西村	孔庆廷	济宁市新闻出版局	2006.12

第二节 年鉴编纂

曲阜市综合年鉴编纂起步较早，1988年、1989年，市史志办公室分别推出《曲阜年鉴》1987卷和1988卷。1994年，史志办一方面整理《曲阜市志》志后资料，一方面筹备编纂《曲阜年鉴》(1991—1993)卷，1996年4月由济宁市新闻出版局批准印刷。该书在山东省年鉴评比中获“胜利杯”综合奖二等奖及4项单项奖。1997年6月，《曲阜年鉴》(1994—1995)卷出版，栏目扩大到23个，收录党和国家领导人及外宾到曲阜视察访问的照片，由山东齐鲁书社出版发行。该书参加山东省年鉴“裕隆杯”评比，获综合奖特等奖和4个单项奖。1999年，《曲阜年鉴》(1996—1998)卷出版，该卷在当年全省年鉴成果评比中获特等奖，在第二届全国地方年鉴评比中获二等奖。2004年，《曲阜年鉴》(1999—2002)卷由中国出版社出版发行，设24个栏目，在2005年12月山东省优秀年鉴评比中，该年鉴获综合一等奖。2007年7月，《曲阜年鉴》(2003—2005)由中国出版社出版发行，在全省年鉴评奖中获特等奖。2009年，《曲阜年鉴》(2006—2007)出版发行，该年鉴获2010年第二届全国年鉴评比三等奖和第三届山东省年鉴评比综合特等奖及条目编写、框架设计、印刷装帧3个单项特等奖。2013年，《曲阜年鉴》(2008—2011)由中国国际文化出版社出版发行，首次采用四色印刷，获山东省第五届年鉴评比综合特等奖。到2013年年底，《曲阜年鉴》共出版9卷。

1991—2013年曲阜年鉴出版一览表

表18-4

名称	编纂单位	主 编	出版单位	出版时间
曲阜年鉴(1991—1993)	曲阜年鉴编委会	陈 方	济宁新闻出版局	1995.12
曲阜年鉴(1994—1995)	曲阜年鉴编委会	陈 方	齐鲁书社	1997.5
曲阜年鉴(1996—1998)	曲阜年鉴编委会	张东伟	齐鲁书社	1999.4
曲阜年鉴(1999—2002)	曲阜年鉴编委会	张东伟	中国出版社	2004.12
曲阜年鉴(2003—2005)	曲阜年鉴编委会	张东伟	中国出版社	2007.6
曲阜年鉴(2006—2007)	曲阜年鉴编委会	韩 益	中国出版社	2009.10
曲阜年鉴(2008—2011)	曲阜年鉴编委会	李广俊	中国国际文化出版社	2013.6

第三节 史志资料编纂

《曲阜之最》 1988年，市史志办通过汇集《曲阜市志》资料，编纂《曲阜之最》，7月由山东省出版总社济宁分社准印出版。

《孔子故里风俗》 1993年，叶涛、陈学英和市史志办编辑陈凡明编著《孔子故里风俗》，由华语教学出版社出版发行。1994年12月，该书获山东省社会科学优秀成果三等奖。2013年9月，曲阜市民俗学会主持编纂《孔子故里风俗》，市史志办派员参与该书编纂及审读。该书2013年9月由山东友谊出版社出版发行。

《第一书记》 2013年4月，市委组织编纂《第一书记》，市史志办派员参与该书资料收集及整理工作，按时完成编纂任务。该书2013年9月由中共中央党校出版社出版。

1991—2013年曲阜市文史资料著作出版一览表

表18-5

<table>
<tr><th colspan="2">书名</th><th>作者或主编</th><th>出版社或出版单位</th><th>出版时间</th><th>备注</th></tr>
<tr><td colspan="2">孔子文化大典</td><td>孔范今、桑思奋、孔祥林</td><td>中国书店</td><td>1994</td><td></td></tr>
<tr><td rowspan="6">曲阜系列丛书</td><td>圣人孔子</td><td>王怀棠</td><td rowspan="6">中国文联出版社</td><td rowspan="6">1995.6</td><td rowspan="6">金龙阁有限公司组织编纂</td></tr>
<tr><td>天下孔庙</td><td>王怀棠</td></tr>
<tr><td>孔子故里</td><td>薛利民</td></tr>
<tr><td>曲阜漫游</td><td>孟昭正</td></tr>
<tr><td>阙里人家</td><td>孟昭正</td></tr>
<tr><td>论语之光</td><td>孔祥震</td></tr>
<tr><td colspan="2">名人故事</td><td>樊兆阳、孟昭正</td><td>南海出版社</td><td>1995</td><td></td></tr>
<tr><td colspan="2">孔子故里奇人奇物奇闻</td><td>宋思刚</td><td>山东友谊出版社</td><td>1997</td><td></td></tr>
<tr><td colspan="2">孔子与世界——孔子学术会堂讲学录</td><td>李金山</td><td>齐鲁出版社</td><td>2000.9</td><td></td></tr>
<tr><td colspan="2">五经注释</td><td>孔令河</td><td>山东友谊出版社</td><td>2000.9</td><td></td></tr>
<tr><td colspan="2">绚丽的彩虹（毛泽东像章集藏）</td><td>杨春炳</td><td>中国文联出版社</td><td>2000</td><td></td></tr>
<tr><td colspan="2">三孔奇闻</td><td>宋思刚、屈建春</td><td>香港华夏文化出版社</td><td>2000</td><td></td></tr>
<tr><td colspan="2">孔孟奇观</td><td>孟昭正</td><td>远方出版社</td><td>2000</td><td></td></tr>
<tr><td colspan="2">圣迹图孔子故事</td><td>杨立群</td><td>远方出版社</td><td>2001</td><td></td></tr>
<tr><td colspan="2">孔子思想精华选释</td><td>颜廷淦</td><td>陕西旅游出版社</td><td>2001.2</td><td></td></tr>
<tr><td colspan="2">尚书新编</td><td>孔继寰</td><td>远方出版社</td><td>2001.7</td><td></td></tr>
<tr><td colspan="2">曲阜楹联集萃</td><td>孔继寰</td><td>远方出版社</td><td>2001.7</td><td>曲阜老年大学组织编纂</td></tr>
<tr><td colspan="2">东方圣城</td><td>孔庆民、李民、孟霞</td><td>中华书局</td><td>2001.8</td><td>曲阜东方圣城编纂委员会编纂</td></tr>
<tr><td colspan="2">圣人孔子</td><td>陈　思</td><td>远方出版社</td><td>2001</td><td></td></tr>
<tr><td colspan="2">歇后语小词典</td><td>徐印新</td><td>远方出版社</td><td>2001</td><td></td></tr>
<tr><td colspan="2">孔子故里经典谚语</td><td>荀昭安　孔宪登</td><td>远方出版社</td><td>2002.11</td><td></td></tr>
<tr><td colspan="2">孔子轶闻</td><td>唐福玉</td><td>远方出版社</td><td>2002</td><td></td></tr>
<tr><td colspan="2">为了这片圣土</td><td>孔繁吉</td><td>中国社会科学出版社</td><td>2004</td><td></td></tr>
<tr><td colspan="2">圣地群英</td><td>孔凡存</td><td>远方出版社</td><td>2004</td><td></td></tr>
<tr><td colspan="2">东方圣诞节</td><td>李　民</td><td>中国戏剧出版社</td><td>2005.9</td><td></td></tr>
</table>

续表18-5

书名	作者或主编	出版社或出版单位	出版时间	备注
歇后语博览	徐印新	远方出版社	2006	
大哉孔子	孔继寰	国际文化出版公司	2007.2	
曲阜人鲁班	刘玉明　王强	中国国际图书出版社	2007	曲阜鲁促会组织编纂
孔子研究院筹建记	傅鸿泉　孔伟	中国国际图书出版社	2008.1	
曲阜当代诗词选	薛利民	中国出版社	2008.11	曲阜诗社编纂
齐鲁老人言	荀昭安	远方出版社	2008	
颜子圣迹图	王心安	人民美术出版社	2009.2	
曲阜历代著名碑文校注	孔伟	中国图书出版社	2009.6	
远去的历史场景	刘亚伟	山东文艺出版社	2009	
洙泗新声	段炎平	内蒙古人民出版社	2009	
易翳拾遗之医镜心悟	吕建华	中医古籍出版社	2011	
工圣鲁班	杨朝明	中国社会出版社	2012	曲阜鲁促会组织编纂
曾子的故事	孔祥震　严文胜　曾庆贤	天津人民美术出版社	2012.5	
孔子后裔论孔子	孔继寰	内蒙古人民出版社	2012.10	
孔子故里风俗	荀昭安	山东友谊出版社	2013	曲阜市民俗学会编纂
马上就办	李长胜	中共中央党校出版社	2013.7	
第一书记	李长胜	中共中央党校出版社	2013.9	
第一局长	李长胜	中共中央党校出版社	2013.11	

第四节　市情网站

2004年5月，曲阜市情网（曲阜市情资料库）（qfsq.com），建成运行。2004年年初，市史志办公室聘请专业技术人员精心制作系统和网页，将《曲阜市志》《曲阜年鉴》《新编陋巷志》《孔子故里志》等曲阜主要志书年鉴发布在网站上，后录入曲阜地方志古籍《阙里志》《古本陋巷志》等地情资料。网站栏目，主要有曲阜概况、市情动态、曲阜年鉴、曲阜史志，市情动态是与曲阜党政网站等新闻媒体联合，有重点地转发他们的新闻信息。为展现曲阜和儒家文化，市情资料库设立文化古迹、历史人物、孔子、儒学动态、儒学思想、儒学典籍等栏目，上传《论语》《孟子》《大学》《中庸》《诗经》《朱子语类》《孔子家语》《春秋》等50多种古籍。与市妇联、市文联等部门联合设立巾帼风采、文学天地、艺术长廊等栏目。2007年11月，曲阜市情网站被评为全省地情资料库地情网站建设先进集体。2009年，曲阜市情网获全省史志系统优秀网站入围奖。

第五节　方志馆藏

曲阜市方志馆是曲阜市地方文献中心，由史志办公室建设和管理。2012年年初，市政府开始部署方志馆建设工作。分管副市长协调市档案局四楼部分藏室供方志馆使用，面积近400平方米；市政府投资20余万元，购置书架、阅览台、电脑、相机、扫描仪等部分必需设备；史志办公室将原史志办资料室书籍进行整理归档，并制作方志馆书籍编码。10月，市方志馆投入使用。方志馆馆藏各类方志、年鉴、地情资料、古籍等4000余册，各类音像、图照、实物资料2000余种、件，市政府荣誉匾牌60余件。2013年1月，获省优秀史志成果优秀方志馆称号。

第十一章　外事侨务

1991年，市外事办公室、侨务办公室为市政府下属独立工作机构。1993年12月，市外事办公室、侨务办公室合并为市外事侨务办公室（简称市外侨办），为市政府办公室内设机构，与市人民对外友好协会和市归国华侨联合会合署办公。2002年5月，不再作为市政府办公室内设机构，调整为市政府办公室中层机构。

1991年起，市外事侨务办公室制定《曲阜市出国人员管理条例》，对每个出国团组，严格进行外事纪律教育，并且与组织部门、国家安全部门密切配合，进行政审和保密教育。1993年，曲阜市与美国戴维斯市、日本多久市分别建立友好城市关系。1994—1995年，曲阜市与美国皮诺市、韩国乌山市、德国班贝克市建立联系。1999年，曲阜一中与日本和气闲谷高等学校、市实验小学与日本西尾市花木小学缔结友好学校关系。2001年，曲阜市与韩国安东市建立友好合作城市关系。2007年，曲阜市与瑞典于默奥市结为经济文化协作关系城市。到2013年，市外事侨务办公室共接待文化交流、经贸考察和友好访问的外国党宾、国宾团组2300余批2.88万余人次；共为280余批880余人次因公出国团组进行审核报批。

第一节　侨务工作

1991年10月，海峡两岸首次儒学学术讨论会在曲阜市召开，历时5天。1994年10月，欧华文化交流协会会长刘国良先生率团到曲阜市访问，参观三孔并访问市政府。1995年，曲阜籍台商王乃昌投资5000万元人民币，与曲阜市合资创建远东铝业有限公司。1998年，中国香港商人闫庆昕投资100万元与孔府家集团合资办起彩印生产线。王乃昌与曲阜市合办曲阜远东工商外语大学。1999年，加拿大艺术家华侨马鹏设计铸造孔子铜像捐赠曲阜六艺城。

2011年12月16日，国务院侨务办公室授予鲁城街道池涯社区三五普法宣传栏“侨法宣传角”称号

1999—2002年，海外华侨、华人共向曲阜市捐赠款物500万元，其中中国香港商人孔德墉向孔子研究院、慈善协会捐赠140万元；田家炳向曲阜一中捐赠300万元。2003年9月，中国侨联命名孔子故居为全国爱国主义教育基地。2007年12月7日，泰国清迈华人村华文教师联谊会20位校长和资深

教师，到曲阜市访问并出席实验小学华文教育基地授牌仪式。2008年8月14—15日，海外华裔青少年齐鲁文化行夏令营230余人到曲阜市参观三孔、孔子研究院，与曲阜市实验小学师生举行联欢活动。同年11月7—8日，“2008年海外华裔青年杰出人士华夏行”代表160余人到曲阜市参观三孔和孔府家酒业集团。2009年8月5—7日，2009山东国际青少年文化之旅闭幕式在曲阜六艺城举行，美国、印度和玻利维亚等国家近百名外籍青少年参加活动。8月21日，中国侨商投资企业协会山东考察团一行45人到曲阜市访问。12月28—31日，新加坡颜氏公会会长颜荣源、中国台湾颜氏公会理事长颜武胜等到曲阜市参加颜子诞辰2530周年纪念活动。2010年4月3—5日，中国香港轩辕教育基金会主席罗文春一行25人到曲阜市考察吴村镇新建小学并参观三孔，同年6月，轩辕教育基金会向吴村镇捐资22万元用于学校改扩建工程。7月28—30日，2010山东国际青少年文化之旅闭幕式在曲阜市举行，美国、突尼斯、韩国、印度和非洲等国家近百名青少年参加活动。10月17日，华侨校董访问团一行42人到曲阜市参观访问，与曲阜师范大学历史文化学院、曲阜师范附属小学进行交流。11月2日，东南亚华校资深教师访华团一行33人到曲阜市参观访问，并在曲阜师范大学听取儒家文化讲座。12月2日，轩辕教育基金会向南辛镇鲁源小学捐资26万元用于学校建设。2011年5月3日，欧华联会山东考察访问团一行49人到曲阜市访问。6月26日，第八届海外华裔杰出青年华夏行山东访问团一行120人到曲阜市参观，并考察京沪高铁曲阜东站。7月21—22日，2011“中国寻根之旅”国际青少年夏令营一行180人到曲阜市参观三孔并观看大型舞剧《孔子》。7月28—30日，“2011山东国际青少年文化之旅”闭幕式在曲阜举行，美国、韩国、西班牙、印度、玻利维亚、黎巴嫩等18个国家青少年共计350人参加活动。7月31日，中国华文教育基金会海外华裔青少年齐鲁文化行夏令营140人到曲阜市参观。9月22—24日，美国欣欣教育基金会山东区域负责人关颖华一行2人到曲阜市访问。9月24日，海外华校校董、校长访华团一行94人到曲阜市参观。11月23日，全国侨商组织会长联席会参观团一行120人在国侨办副主任任启亮陪同下到曲阜市参观考察。12月16日，国务院侨办“全国六五普法侨法宣传角”挂牌仪式在鲁城街道池涯社区举行。12月19—20日，2011“中国寻根之旅”冬令营—山东营华裔青少年计170人到曲阜市参观。2012年4月8—9日，轩辕教育基金会代表团一行33人到曲阜市参加捐资学校改扩建工程落成典礼仪式，并参加祭祀轩辕黄帝活动。4月21—22日，第十二期海外华侨华人文化社团负责人“文化中国之旅”山东行观摩团一行36人到曲阜市参观考察。5月9—10日，2012“中国寻根之旅山东行”夏令营印尼代表团一行60人到曲阜市访问。7月26—27日，2012“华文教育·校长研习” 欧美澳新班一行70人到曲阜市访问。10月22—23日，第十二期华侨华人社团中青年负责人山东参访团一行60人到曲阜市参观。2013年4月20日，2013年海外青少年寻根之旅春令营一行200人到曲阜市参观，并进行文化交流。

第二节　外宾到访

1991年6月2日，巴布亚新几内亚总督艾里到曲阜市参观访问；6月18日，联合国教科文组织总干事费德里科·马约尔博士在副省长宋法棠陪同下，到曲阜市参观访问，建议曲阜三孔尽快列入人类历史文化遗产项目进行保护。10月8日，朝鲜劳动党中央委员会总书记、朝鲜民主主义人民共和国主席金日成到曲阜访问。1992年，日本左和贤多久市议会代表团一行36人，到曲阜市进行友好访问。1993年，日本山口县友好之翼访华团一行130人，到曲阜市访问。1994年8月28日，马来西亚副总理安瓦尔及夫人率政府代表团一行31人，企业家代表团一行118人，记者15人，在外交部部长助理王英凡等陪同下到曲阜市参观访问。

1995年10月9日，以乌克兰老战士委员会主席格拉希莫夫为团长的乌克兰老战士代表团一行6人到曲阜市进行友好访问。1996年10月14日，新加坡共和国副总理李显龙率政府及经贸代表团一行56人到曲阜市参观访问。1999年4月14日，荷兰女王贝娅特丽克丝陛下率荷兰政府代表团25人，到曲阜市进行友好访问和参观游览，并在孔庙大成殿前观看大型祭孔乐舞表演。

2004年4月17日，法国前总统德斯坦一行22人

到曲阜市参观访问。2006年11月1日,柬埔寨首相洪森携夫人,副首相贺南洪携夫人等一行39人到曲阜参观考察。2007年9月26日,俄罗斯联邦委员会主席米罗诺夫及夫人一行到曲阜市参观访问,在孔庙大成殿前向孔子像敬献花篮并致辞,欣然用俄文题词:“为世界贡献了像孔子这样的天才人物的人民是自豪、骄傲的人民,祝愿友好的中国人民幸福安康。”12月30日,日本首相福田康夫到曲阜市参观孔庙,祭拜孔子,并在孔庙大成殿前题字“温故创新”。2008年6月25日,罗马尼亚参议院议长尼古拉·沃克罗尤一行到曲阜市参观。8月6—7日,联合国教科文组织总干事松浦晃一郎一行到曲阜市参观三孔并观看《杏坛圣梦》演出。8月11—12日,联合国世界旅游组织秘书长弗朗西斯科·弗朗加利一行到曲阜市参观三孔、观看祭孔表演及《杏坛圣梦》演出等。2009年3月18日,朝鲜内阁总理金英日一行45人到曲阜市参观访问。5月7日,葡萄牙共和国议长雅伊梅·伽马一行到曲阜市参观访问。6月6日,莱索托王国外交大臣莫赫拉比·肯内斯·柴夸及夫人一行6人到曲阜市参观访问。10月16日,国际奥委会主席罗格一行到曲阜市参观。2010年9月18日,特立尼达和多巴哥总统乔治·理查兹和夫人一行到曲阜市参观访问。9月19—20日,汤加王国公主皮洛莱乌一行到曲阜市参观访问。2013年2月23日,葡萄牙共产党总书记德索萨一行8人到曲阜市参观。4月20日,美国前副国务卿多布里扬斯基等为成员的美国对外政策理事会代表团一行10人到曲阜市参观。4月26日,俄罗斯国家杜马副主席列维切夫一行10人到曲阜市参观访问。12月17—18日,波兰参议长博鲁塞维奇一行17人,到曲阜市参观访问。

第三节　友好关系

1991—2013年,曲阜市先后与美国加利福尼亚州戴维斯市、日本贺佐县多久市、德国巴伐利亚州班贝克市、韩国庆尚北道安东市、瑞典西博滕省于默奥市建立友好合作关系。

1990年2月23日,市人大常委会通过《关于曲阜市与美国加利福尼亚州戴维斯市建立友好城市议案》决议。11月,全国友协批准曲阜市与戴维斯市建立友好城市关系。1993年11月6日,两市在戴维斯市国际大厦举行签字仪式,市委副书记、市长许传俊,戴维斯市市长沃克分别在友城协议书上签字。3月27日,市人大常委会通过《曲阜市与日本佐贺县多久市建立友好城市议案》决议。11月23日,两市在阙里宾舍举行签字仪式,市委副书记、市长许传俊和多久市市长百崎素弘在协议书上签字。1994年4月27日,日本和歌山县樱花友好交流团访问曲阜,并向曲阜市捐赠樱花树苗500棵。1995年,根据曲阜与美国戴维斯市的友城交流计划,戴维斯市派员到曲阜一中学习汉语,并为曲阜市培训英语教师,为期3个多月。1998年是曲阜市与日本多久市结好五周年,两市开展多项纪念活动。曲阜市赠送多久市3.3米高石雕孔子像1座;多久市赠送曲阜市50万日元,建立日中友好林。8月,多久市青少年访华团到曲阜市参观访问,与曲阜一中学生联欢。9月,多久市长横尾俊彦、议长山本善治率多久市政府和市民代表团一行63人到曲阜市参加国际孔子文化节,参观三孔啤酒集团和球霸球业有限公司,并为日中友好林建成揭幕。10月,市委副书记、市长谷传祥率政府访日团访问多久市。1999年,曲阜一中与日本和气闲高等学校、曲阜市实验小学与日本西尾市花木小学缔结友好学校关系。

2001年10月3日,曲阜市与韩国安东市在安东市签署协议书,缔结友好合作关系。2006年9月23日,曲阜市与西班牙加利西亚大区圣地亚哥·德孔波斯特拉市(Santiago de Compostela)缔结友好合作城市关系。2008年6月26日,韩国陕川郡文化院院长车判岩一行到曲阜市访问并访问市政府,市文化遗产管委会与韩国陕川文化院签订友好交流意向书。9月29日,曲阜市与瑞典王国西博滕省于默奥市缔结经济文化协作关系。2009年10月15—16日,日本山口县萩市日中友好市民联盟代表团一行23人访问曲阜市,并访问市政府,与曲阜市对外友好协会签订《友好交流协定书》。11月17—19日,瑞典于默奥市政府代表团一行8人到曲阜市访问,就筹建孔子学院、欧洲文化城文化交流、城市建设及能源合作等与市直有关部门负责人进行座谈,并参观三孔、明故城景区及京沪高铁曲阜站片区、市污水处理厂,还与孔子研究院、曲阜师范大学进行交流。2010年8月4日,日本冈山县闲谷高中校长中桐哲则一行13人到曲阜市参观访问，并与曲阜一中就友好交流事宜进行座谈。2012年5月23—25日，瑞典于默奥市政府代表团一行8人到曲阜市访问，与曲阜一中就瑞典孔子学堂的建立进行磋商。

第四节　因公出国

1991—2013年，共为530批2314人办理因公出访手续。

1991年10月17—29日，以市委副书记、市长房立泉为团长的曲阜市代表团到日本贺佐县多久市进行为期12天的访问。其间，参加多久市圣庙修复落成典礼，即“孔子祭”和圣庙联谊会活动，访问多久市政府和议会。1992年10月16—23日，以市人大常委会主任尹效英为团长的人大代表团访问日本多久市，参加多久市第二届“孔子祭”及日本孔庙联谊会活动。1993年11月2—18日，应美国加利福尼亚州戴维斯市市长沃克邀请，由市委副书记、市长许传俊为团长的代表团一行3人访问美国戴维斯、旧金山、萨克拉门托、洛杉矶等城市。11月29日至12月9日，济宁市委常委、曲阜市委书记王润廷随济宁市招商经贸合作洽谈团到韩国进行经贸洽谈活动，其间拜访韩国大型企业大宇株式会社、仁川市政厅，会见韩国孔氏宗亲会领导人。1994年10月和11月，曲阜市派政府代表团到日本多久市、美国戴维斯市进行友好访问。1995年，曲阜市派出政府访日团、教育访日团、祭孔乐舞指导访日团到日本多久市进行友好访问和文化交流。1998年10月16—23日，应日本多久市市长横尾俊彦邀请，市长谷传祥等一行5人到日本进行友好访问，参加第八届多久市秋季祭孔活动。

2000年10月3—9日，应韩国安东市长郑东镐邀请，市委副书记赵元山率团到韩国安东市进行友好访问，在汉城拜访韩国孔氏大宗会。2001年7月8—22日，济宁市委常委、曲阜市委书记张术平率领经济考察团一行4人，对欧洲进行为期15天的实地考察。2003年7月25日至8月8日，以江成市长为团长的经贸洽谈团对德国进行为期12天的经贸洽谈活动。

2004年，欧盟批准法国雷恩市、西班牙圣地亚哥市与曲阜市在建筑与城市遗产保护方面的合作计划，并予以全程资助。2005年3月24日至4月6日，市长江成率团到法国、西班牙进行考察访问。活动期间代表团与雷恩、圣地亚哥有关部门和欧亚印象顾问有限公司交流并交换意见，讨论关于城市规划、文化遗产保护等问题，并在巴黎与有关方面制定一些计划。10月24—31日，以济宁市委常委、曲阜市委书记张术平为团长的考察团一行6人到韩国进行考察。2009年2月22—27日，市委书记、市人大常委会主任朱庆安率团到香港参加“孔孟之乡——山东济宁（香港）投资环境说明会暨项目签约仪式”等招商活动。同年4月26日至5月7日，市委副书记、市长刘森率团到新加坡进行友好访问，就推进中新曲阜文化生态城建设、文化交流和旅游经贸与有关方面进行洽谈。

2010年5月4日至13日，市委书记、市人大常委会主任朱庆安率团对澳大利亚、新西兰进行友好访问，就曲阜市与新西兰农业观光项目合作进行磋商。5月22日至9月18日，市委副书记、市长刘森参加省中青年干部培训班到美国马里兰州立大学进行学习培训。2011年4月12—17日，市委书记、市人大常委会主任李长胜率团到新加坡参加第15次新加坡—山东经贸理事会。8月16—23日，全市74名青少年到韩国参加“2011中韩青少年友好文化交流”活动。2012年8月28日，市委常委、副市长李丽率团到韩国参加联合国教科文组织亚太地区世界遗产城市市长论坛。2013年7月，市委书记、市人大常委会主任李长胜到美国参加城市规划与新型城镇化建设专题培训班。

第十二章　压煤搬迁与无线电管理

1998年8月，市政府成立压煤搬迁办公室（简称市压煤办），为市政府办公室内设正科级全额事业单位，编制4人。市压煤办负责协调地方村庄和煤矿之间关系，解决工农关系纠纷；实施上级下达的压煤村庄搬迁计划，协调地方和煤矿之间签订压煤村庄搬迁的各项协议；负责压煤村庄的搬迁新村选址、新村规划建设及验收工作；负责矿区房屋斑裂的补偿与维修，处理塌陷的补偿事宜。

2000年，曲阜市政府设立济宁市无线电管理委员会曲阜监测站暨曲阜市无线电管理办公室（简称无管办），为副科级事业单位，隶属于曲阜市政府办公室，主要职责是配合上级无线电管理部门协调处理区域内无线电管理方面事宜。

第一节　压煤搬迁

制度建设

1998年起，市压煤办根据工作程序印制压煤搬迁流程图、房屋斑裂鉴定流程图，对办公室人员加强压煤搬迁法律法规、政策和业务培训，提高工作能力和业务水平。对有搬迁任务的村庄，通过明白纸、通告等多种形式，向群众宣传国家政策及法律法规，宣传省政府制定的搬迁相关法规政策，让群众了解政策，掌握政策，自觉按政策规定办事，避免群众因不了解政策而存有过高的期望值及提不切实际要求现象的发生。与煤矿企业建立经常性联席会议机制，定期座谈，通报各自工作情况，共商协作事宜。同时，在征地、维修道路、维护治安秩序等方面为煤矿企业排忧解难，为企业生产生活提供良好的外部环境。2000年以后，曲阜市压煤搬迁工作实行“政府主导、乡镇主办、部门协调、企业配合、村民参与”的工作机制，市政府成立煤矿矿区农村住房建设指挥部。针对矿区迁建新村用地难、面积受限等矛盾，经过考察论证，对压覆煤炭资源或因煤炭开采影响居住安全的村庄，实施整村搬迁、异地新建。注重压煤村庄搬迁与矿区农村住房建设相结合，与小城镇建设相结合，与新型农村社区建设相结合。利用煤炭企业支付的补偿资金，鼓励压煤村庄集中搬迁,向小城镇、大社区集中。做好人大代表和政协委员关于压煤搬迁的建议、提案的答复工作，做到“件件有着落，事事有回音”。2005年，依据《曲阜市土地利用总体规划（2006—2020年）》，以及与社会主义新农村建设、城乡一体化建设相结合，在分析曲阜矿区社会经济发展、生产水平以及矿区村庄压煤情况基础上，编制完成《曲阜压煤村庄搬迁中长期规划》。

村庄搬迁

市政府执行搬迁政策和工作程序，突出关键环节，使搬迁工作有序推进。兖矿集团从1984年开始在曲阜市搬迁。兴隆庄煤矿搬迁村庄和企业主要集中在陵城镇，包括新兴庄村、小厂村、官庄村、大苑庄窑场、小厂联中等，搬迁人数1828人，620户，总搬迁面积76.82万平方米，新迁址面积70.07万平方米。东滩煤矿搬迁村庄为陵城镇程庄东村、程庄西村，从2006年开始搬迁，搬迁1014户，3476人，搬迁面积52.21万平方米，新址面积33.6万平方米，新村址位于德化社区，建设住宅楼68幢，20.8万平方米，新址较旧址节约土地20.6公顷。到2013年年底，单家村煤矿累计搬迁村庄4个，分别是单家村、前杨村、后杨村及张庄村，搬迁的4个村庄全部位于时庄街道境内。其中，1988年完成单家村搬迁，共计435户1622人；1997年完成前杨村搬迁，共计227户802人；2005年完成张庄村搬迁，共计301户1116人；2006年，完成后杨村搬迁，共计335户1220人。

矿区房屋斑裂补偿

2005年，市压煤办与裕隆集团单家村煤矿协商，

2007年4月20日，济宁市无线电工作会议在曲阜市召开

完成单家村和良种场房屋斑裂补偿工作。2011年，与兖矿集团东滩煤矿签订协议，对陵城镇中疃村、北公西村斑裂房屋进行年度补偿。2012年，与兴隆庄煤矿签订协议，对陵城镇南庄西村斑裂房屋进行补偿。

第二节　无线电管理

2000年，曲阜市成立市无线电管理委员会，下属成员单位24个。无管办加强辖区内无线电台站监督管理，协助做好台站管理、规费征收、干扰查处、监测检测等工作，保障重大活动和高考、机关事业单位招考等各类考试的无线电通信安全；配合征收无线电频率占用费10余万元，参与执法检查和干扰查处50余次，查处“伪基站”“卫星干扰器”“黑广播”等违规违法行为10余次。2011年，济宁无线电管理委员会管理处在曲阜市建设DDF255无线电固定监测测向站。2004—2013年，曲阜市无线电管理工作连续被济宁市管理处授予“先进单位”称号。

第十三章　政府采购

第一节　招投标机制

2008年10月，市委、市政府成立市招投标管理委员会，同时，市政府成立市招投标管理办公室，为正科级事业单位，隶属市政府办公室管理。市招投标管理办公室主要承担市招投标管理委员会日常工作，制定招投标办法，履行交易活动日常监管职能，规范交易行为。2009年4月，市政府成立市招投标交易中心，隶属市招投标管理办公室管理，主要负责招投标信息发布、报名、招标文件备案，为组织开标、评标、定标等交易活动提供服务；6月，市政府调整招投标管理事项，市招投标管理办公室受市建设局、市财政局、市国土资源局、市交通局、市水利局等部门委托，负责对全市建设工程交易、土地矿产交易、政府采购和产权交易等活动的管理、监督和协调，上述部门相关招投标管理职能并入市招投标管理办公室，相关服务职能并入市招投标交易中心；将市政府采购中心由隶属市财政局

2009年5月26日，市招投标交易中心揭牌现场

管理调整为隶属市招投标管理办公室，为副科级事业单位。2013年，市招投标管理办公室、市招投标交易中心、市政府采购中心均位于孔子会展中心4A层，面积2600多平方米，有信息发布区、交易服务大厅、开标区、封闭评标区、候标区和开放式办公区等功能区，设有开标室2个，评标室2个，还设有询标室、监控室、专家抽取室等。

第二节　招投标工作

2009年5月26日，市招投标交易中心挂牌启用；当年，市招投标交易中心完成各类交易项目264项，交易额17亿元。2010年，市招投标管理办公室完成各类交易项目329项，交易额46.3亿元；参与投标报名企业290余家，接受企业投标报名2400多家次，收退招投标保证金3.2亿元，在交易中心备案招标代理机构13家；完成京沪高铁曲阜连接线工程、圣水苑小区、如意小区、第二污水处理厂、小沂河治理等市重点工程建设招投标工作；向社会公布投诉举报电话，全年受理质疑和投诉14起，将13家违规企业列入黑名单。2011年，完成各类交易项目277个，交易额21.6亿元，增收节约资金1.68亿元；完成奥林匹克中心规划设计、尼山地形测绘、蓼河喷泉景观设计招标；全年参与投标报名企业210家，接受企业报名810家次；对"2711"工程建设项目实行一站式管理、一条龙服务运作制度，开通招标采购"绿色通道"，实行全日制开标制度，全年完成农村环境综合整治、抗旱救灾物资、蓼河综合治理、经济适用房、廉租房、如意小区、垃圾中转站以及孔府药厂制剂车间、虎标铝业车间、东宏生产车间等工业项目招标；探索BT招标模式，吸引实力雄厚的大公司、大企业参与曲阜市政基础设施、交通公路建设，与财政、监察、审计等部门共同监管，相继完成京沪高铁连接线绿化、站前广场亮化及LED路灯、农村公路（曲双路、张土路）等市属重点项目的BT招标；8月，通过招标择优确定5家代理机构组建政府投资项目招标代理机构库；实施交易员制度，办理工程建设类会员企业97家，专职交易员148人；推行"暗标"评审制度，完善招标代理机构考评制度，实行一个项目一考核；建立网上投标报名、远程招标文件下载、远程质疑、答疑信息化系统平台；建立协议供应商库，完善评标专家库，新增建设工程评审专家24人，政府采购评审专家30人；完善远程视频评标系统，建设远程视频评标专网，实现省市县三级异地评标。2012年，交易中心平台交易总额突破100亿元，全年完成各类交易项目225个，交易额19.24亿元，增收节约资金1.41亿元；参与投标报名企业315家，接受企业报名890家次；借助济宁市公共资源交易中心国有土地出让网挂系统与曲阜市国土资源网上交易系统，全年利用网上竞价平台挂牌土地24宗，成交额5.476亿元；投资18万元，将电子监察系统由模拟信号改为数字信号，视频直播接口由8路增加到36路；加强信用体系建设，共输入信息554家，诚信库中招标代理机构、工程投标单位、政府采购供应商分别有28家、355家和171家。2013年，完成各类招标采购项目307个，交易额52.66亿元，招标采购节约和增收资金2.63亿元；开通招标采购"绿色通道"，最大限度放开招标前置条件，压缩招标时间，实行全日制开标制度，一般项目确保10个工作日内办结招标手续；开通24小时热线电话在线服务，随时为招投标当事人提供政策咨询、程序引导、业务指导等服务；完成尼山圣境、孔子国际文化交流中心、星光天地、圣都花园、数字化城管等重点项目招标工作；为60家房地产开发商及工商业企业办理和更新土地网挂系统认证证书，有78宗土地通过网挂系统进行出让；将

定点商城供应商招标现场

4家围标串标企业列入“黑名单”；参与招标采购企业2800多家(次)；制定《限额政府投资工程招标评标办法》，对市行政区域内没有特殊技术要求、经财政部门评审确定造价在1000万元(含)以下政府投资项目实行“零自由裁量权”制度，实行该办法招标项目17个，交易额5953万元，节约资金1262万元；全年暗标评审项目20个，交易额3.5亿元。

2009—2013年曲阜市招投标交易中心业务统计表

表18-6　　单位:亿元

年份	建设工程		政府采购		土地(产权)				合计		增收节约额
	项目数(个)	交易额	项目数(个)	交易额	项目数(个)	交易额	项目数(个)	交易额	项目数(个)	交易额	
2009	49	5.25	170	0.5626	41	11.11	4	0.0778	264	17	0.9378
2010	146	26.5	138	0.4395	41	19.4	4	0.0027	329	46.3	3.4
2011	139	17.59	122	0.5975	13	3.17	3	0.2081	277	21.6	1.68
2012	79	12.78	112	0.2897	30	6.01	6	0.1797	225	19.24	1.41
2013	114	28.02	132	0.5448	57	24.1	4	—	307	52.66	2.63

第十九编

政协曲阜市委员会

2013年5月19日，市政协视察美丽乡村建设

1991—2013年，中国人民政治协商会议曲阜市委员会共历经6届。市政协常务委员会由市政协全体会议选举产生，其组成人员任期，第八届为3年，第九届至第十三届为5年。曲阜市政协在坚持四项基本原则基础上，通过多种会议形式和提出意见、批评、建议等方式履行职责。

第一章　组织机构

曲阜市政协的组织形式为政协曲阜市委员会和常务委员会，常务委员会主持会务。主席会议负责处理常务委员会重要日常工作，主席主持常务委员会工作。

政协曲阜市委员会由中国共产党、民主党派、无党派人士、人民团体、少数民族和各界代表，港、澳、台属（胞）、归国侨胞以及特别邀请的人士组成，设若干界别。按照《中国人民政治协商会议章程》（简称《政协章程》）开展政治协商、民主监督、参政议政工作。

第一节　政协常务委员会

市政协常务委员会由市政协主席、副主席、秘书长和常务委员组成，其候选人由参加市政协的各党派、团体、各民族和各界人士协商提名，经全体会议选举产生。主要召集并主持市政协全体会议（每届第一次全体会议前召开全体委员参加的预备会议，选举第一次全体会议主席团，由主席团主持第一次全体会议）审议提交全体会议的文件；组织实施政协章程规定的任务和全国政协、山东省及济宁市政协所作的有关决议；执行市政协全体会议的决议；在市政协全体会议闭会期间，审议通过向市委、市人大及其常委会或市政府提出的重要建议案；协商决定增加和变更届中市政协参加单位、委员名额和人选，以及下届市政协的参加单位、界别设置、委员名额和人选；根据市委提名和市政协秘书长的提议，任免副秘书长；决定市政协工作机构的设置和变动，并任免其领导成员；决定政协各镇街工作机构和驻城专业组的设置和领导成员的任免；组织和指导各专门委员会、乡镇（街道）委员联络室和驻城专业组开展工作。根据1994年3月新修订的《政协章程》第四十一条规定，地方委员会任期由原来的3年改为5年。

1991—2013年曲阜市政协主席、副主席任职情况表

表19-1

届次	职务	姓名	籍贯	任职时间
第八届（1990.2—1993.2）	主席	李守振	单县	1990.2—1993.2
	副主席	蒋开征	滕州市	1990.2—1993.2
		刘祥德	曲阜市	1990.2—1993.2
		傅鸿泉	曲阜市	1990.2—1993.2
		孔繁英	曲阜市	1990.2—1993.2
		徐寿嶂	曲阜市	1990.2—1993.2
		孔德班	曲阜市	1990.2—1993.2

续表19-1

届次	职务	姓名	籍贯	任职时间
第八届（1990.2—1993.2）	副主席	邵西林	曲阜市	1991.3—1993.2
		孔庆玺	济宁市兖州区	1990.2—1993.2
第九届（1993.2—1998.1）	主席	李克胜	日照市	1993.2—1995.10
		李秀文	寿光市	1995.10—1998.1
	副主席	李秀文	寿光市	1993.2—1995.10
		傅鸿泉	曲阜市	1993.2—1998.1
		孔庆玺	济宁市兖州区	1993.2—1996.1
		徐寿嶂	曲阜市	1993.2—1998.1
		邵西林	曲阜市	1993.2—1998.1
		徐惠林	曲阜市	1993.2—1998.1
		陈学英（女）	曲阜市	1995.10—1998.1
第十届（1998.1—2003.1）	主席	王德金	曲阜市	1998.1—2001.1
	副主席	柳亚峰		2001.1—2003.1
		陈学英（女）	曲阜市	1998.1—2003.1
		邵西林	曲阜市	1998.1—2003.1
		徐寿嶂	曲阜市	1998.1—2003.1
		张继鹏	曲阜市	1998.1—2003.1
		张连坡	曲阜市	1998.1—2003.1
		宋思伟	曲阜市	1998.1—1999.1
		孔德班	曲阜市	1998.1—2003.1
第十一届（2003.1—2007.12）	主席	柳亚峰	甘肃省庄浪县	2003.1—2006.1
		赵元山	费县	2006.1—2007.1
		马书轩	汶上县	2007.1—2007.12
	副主席	赵元山	费县	2003.1—2006.1
		陈学英（女）	曲阜市	2003.1—2007.1
		邵西林	曲阜市	2003.1—2007.1
		张继鹏	曲阜市	2003.1—2007.1
		张连坡	曲阜市	2003.1—2007.1
		孔德班	曲阜市	2003.1—2007.1
		颜世全	曲阜市	2007.1—2007.12

续表19-1

届次	职务	姓名	籍贯	任职时间
第十一届（2003.1—2007.12）	副主席	刘海涛	曲阜市	2003.1—2007.12
		刘汉武	邹城市	2007.1—2007.12
		韦　挺	曲阜市	2007.1—2007.12
第十二届（2007.12—2012.1）	主席	马书轩	汶上县	2007.12—2012.1
	副主席	颜世全	曲阜市	2007.12—2012.1
		刘海涛	曲阜市	2007.12—2009.1
		刘汉武	邹城市	2007.12—2012.1
		韦　挺	曲阜市	2007.12—2012.1
		杨朝明	梁山县	2007.12—2012.1
		李　刚	曲阜市	2007.12—2012.1
		马　磊（女）	济南市	2008.11—2012.1
第十三届（2012.1—）	主席	郭庆海	济宁市任城区	2012.1—
		孔令玉	曲阜市	2014.1—
	副主席	颜世全	曲阜市	2012.1—
		韦　挺	曲阜市	2012.1—
		李　刚	曲阜市	2012.1—
		赵　磊	曲阜市	2012.1—
		胥国红（女）	茌平县	2012.1—

第二节　政协委员

《政协章程》规定，每届市政协的参加单位、委员名额和人选及界别设置，经上届市政协主席会议审议同意后，由市政协常务委员会协商确定。

委员产生

酝酿准备。在市委领导下，市委组织部、市委统战部会同市政协党组做好换届调研工作，并建立相应协调机制。

制定方案。市委组织部、市委统战部会同市政协党组，根据上级有关文件精神和《政协章程》规定，结合曲阜实际，研究提出政协换届委员人事安排工作方案，报市委审定。

推荐人选。根据市委确定的方案，各推荐单位经充分酝酿，提出拟推荐人选，并进行严格考察。

民主协商。市委组织部、市委统战部就推荐名单听取市政协党组意见，并与各单位沟通协商后，综合考虑民族、地域、界别、年龄、性别及历史等情况，分别提出党内、党外初步人选名单，由市委统战部汇总。市委统战部受市委委托，召开各民主党派、工商联组织负责人和无党派代表人士等参加的民主协商会，就初步人选名单进行协商，并进一步征求市委组织部、市政协党组意见，形成委员人选建议名单草案，报市委审定。

审议通过。将委员建议名单提交市政协主席会议审议同意后，由市政协常务委员会协商决定，经全体常务委员会组成人员过半数同意予以通过。通过的委员名单组成下届市政协委员会。

公布。经市政协常务委员会会议通过的委员，由市政协办公室分别通知推荐单位和本人，并通过新闻媒体向社会公布。政协委员增补程序参照政协换届时委员产生程序。

委员管理

政协委员(不含常务委员会组成人员)中的中共党员领导干部任期不超过两届,党外人士和党内专家、学者任期一般不超过三届,个别代表性强、表现突出、确实需要安排的委员可适当放宽任期期限。

委员履职

委员按照《政协章程》和市政协有关制度规定参加活动,市政协全体会议期间,听取并审议市政协常委会工作报告、提案工作报告,通过小组讨论、书写提案、大会发言和列席市人代会等进行全面协商;闭会期间,通过参加常委会议、专门委员会会议、座谈会以及调研、视察、民主评议等活动方式履职。

委员构成

为体现政协工作的特点,民主党派成员和无党派人士等非中共人士在政协委员中占较大比例,一般不少于60%,其委员来自社会各界,代表面广;保证妇女委员、少数民族委员在政协委员中占一定比例。一些综合素质好、代表性强、符合条件的一线产业工人、工会干部和农民,也适当安排为政协委员。

为能让更多的、各方面代表人士参加政协工作,坚持不交叉任职原则。除工作需要外,市政协委员人选原则上与中共市委委员、候补委员、纪委委员不交叉安排,与市人大代表不交叉安排。上、下级政协委员尽量减少交叉安排。

市政协委员人数情况:

第八届市政协(1990.2—1993.2),届初有委员219人。1991年2月增补委员2人,1992年1月增补委员2人,1992年5月增补委员1人,其间调出、请辞2人。第八届市政协届末实有委员222人。

第九届市政协(1993.2—1998.1),届初有委员208人。1993年3月增补委员1人,1994年1月增补委员6人,1995年7月增补委员3人,1995年10月增补委员1人,1995年12月增补委员8人,1996年8月增补委员8人,1996年10月增补委员3人,1997年8月增补委员1人,其间调出、请辞13人。第九届市政协届末实有委员226人。

第十届市政协(1998.1—2003.1),届初有委员205人。1998年4月增补委员5人,1998年7月增补委员12人,1999年1月增补委员1人,1999年4月增补委员4人,2000年1月增补委员10人,2000年12月增补委员11人,2001年7月增补委员1人,2002年1月增补委员9人,2002年5月增补委员2人,其间调出、请辞8人。第十届市政协届末实有委员252人。

第十一届市政协(2003.1—2006.12),届初有委员232人。2003年7月增补委员3人,2003年12月增补委员5人,2004年12月增补委员7人,2005年12月增补委员11人,2006年7月增补委员15人,其间调出、请辞10人,病故2人,届末实有委员261人。

第十二届市政协(2006.12—2012.1),届初有委员253人。2008年5月增补委员2人,2008年12月增补委员8人,2009年3月增补委员4人,2009年12月增补委员9人,2010年7月增补委员8人。2011年2月增补委员7人,其间调出、请辞26人。第十二届市政协届末实有委员265人。

第十三届市政协(2012.1—),届初有委员232人。

第三节　工作机构

1991年,市政协八届委员会设办公室、提案委员会、经济科技委员会、学习文教卫生委员会、文史资料委员会、祖国统一联谊委员会6个(正科级)实体工作机构和1个咨询服务委员会;设13个政协曲阜市委员会乡镇工作办公室(正科级),为市政协派出机构,属市政协和乡镇党委双重领导。第九届委员会机构设置和第八届相同。1998年4月2日,市政协第十届委员会设办公室、提案委员会、经济委员会、教科文卫体和学习委员会、文史资料委员会、港澳台侨委员会6个(正科级)实体工作机构。乡镇仍设曲阜镇等13个乡镇工作办公室(正科级)。1999年1月,政协十届委员会增设学习和社会法制委员会,同时将教科文卫体和学习委员会更名为教科文卫体委员会。1999年7月,设立研究室。2000年12月,因乡镇区划调整,尼山乡并入南辛镇,该乡政协工作办公室随之撤销。2001年1月,曲阜镇、书院镇撤镇设立街道,两镇政协工作办公室分别更名为鲁城街道政协工作办公室和书院街道政协工作办公室。

2003年3月,市政协十一届委员会设办公室、研究室、委员联络室、提案委员会、经济委员会、教科文

卫体委员会、文史资料委员会、港澳台侨委员会8个(正科级)实体工作机构。设鲁城街道、书院街道、王庄乡、董庄乡、吴村镇、姚村镇、时庄镇、陵城镇、小雪镇、息陬乡、南辛镇、防山乡12个乡镇(街道)联络室，为市政协派出机构，属市政协和乡镇(街道)党委(党工委)双重领导。市直划分为经贸、城建、农业、教育、医卫、外联、师大、政法、宣传、机关群团、侨台、政协机关12个专业组。市政协十一届一次常委会议决定，乡镇、街道设政协委员联络室。市委决定实行老人老办法，新人新规定，即乡镇工作办公室原有主任不到离岗年龄的继续连任，缺职的由乡镇党委、街道党工委分管党群工作的副书记兼任。同年6月，济宁市把陵城、小雪、息陬3个乡镇划为曲阜新区，政协委员和人大代表仍由曲阜市管理。2006年12月，市政协机关设办公室、研究室、政协委员联络室、老干部工作室4个科级工作机构，市政协设提案委员会、经济委员会、教科文卫体委员会、文史资料委员会、港澳台侨委员会5个专门委员会。设市政协机关车队，为股级事业单位。至2013年，没有变化。

第二章　政协会议

政协会议主要有政协委员会全体会议、政协常务委员会会议和政协主席会议等。市政协委员全体会议一般每年举行一次；市政协常委会会议一般每季度举行一次，必要时可临时举行；主席会议由主席、副主席和秘书长组成，处理常务委员会重要日常工作。

第一节　全体会议

全体会议由政协常务委员会召集并主持(每届第一次全体会议由大会预备会议选举的主席团主持)的例会，一般每年举行一次，必要时可临时召集。参加人员除当届全体委员外，根据工作需要，经常务委员会决定邀请有关人员列席会议。

政协曲阜市第八届委员会

第二次会议。1991年3月21—25日，在市机关招待所举行。应到委员225人，实到216人。中共曲阜市委副书记李胜利代表市委到会祝贺并讲话。会议听取和审议常务委员会的工作报告和八届一次会议后提案工作情况的报告；增选孔庆玺为市政协副主席；听取市委副书记、市长房立泉作的关于《政府工作报告》的说明，协商市政府工作报告；交流经验；通过会议决议。

第三次会议。1992年3月17—21日，在市机关招待所举行。应到委员227人，实到213人。市委副书记梁东成代表市委到会祝贺并讲话。会议听取审议《政协曲阜市八届委员会常务委员会工作报告》及提案委员会《关于八届二次会议以来提案工作情况的报告》；审议提案委员会关于八届三次会议期间提案审查情况的报告；听取市委副书记、市长房立泉作的《政府工作报告》的说明，讨论协商市政府工作报告；交流政协工作经验；改选届中委员会秘书长；通过会议决议。

政协曲阜市第九届委员会

第一次会议。1993年2月1—5日，在市机关招待所举行。应到委员208人，实到185人。市委书记王润廷到会祝贺并讲话。会议听取并审议《政协曲阜市第八届委员会常务委员会工作报告》和提案委员会《关于八届三次会议以来提案工作情况的报告》；听取市委副书记、代市长许传俊关于《政府工作报告》的说明，讨论协商《政府工作报告》和其他报告；会议选举出政协曲阜市第九届委员会主席李克胜，副主席李秀文、傅鸿泉、孔庆玺、徐寿嶂、邵西林、徐惠林，秘书长张继鹏及常务委员25人；通过会议决议。

第二次会议。1994年1月18—21日，在市机关招待所举行。应到委员215人，实到195人。市委书记王润廷到会祝贺并讲话。会议听取并审议《政协曲阜市九届委员会常务委员会工作报告》和提案委员会《关于九届一次会议提案工作情况的报告》，审议提案委员会关于九届二次会议提案审查情况的报告；会议听取市委副书记、市长许传俊关于《政府工作报告》的说明，讨论、协商《政府工作报告》及其他报告；交流政协工作经验；表彰优秀提案和先进承办单位；通过会议决议。

第三次会议。1995年1月11—14日，在市机关招待所举行。应到委员215人，实到202人。市委书记王润廷到会祝贺并讲话。会议听取并审议《政协曲阜市九届委员会常务委员会工作报告》和提案委员会《关于市政协九届二次会议以来提案工作情况的报告》；会议听取市委副书记、市长许传俊关于《政府工作报告》的说明，协商讨论《政府工作报告》及其他报告；交流政协工作经验；表彰优秀委员、咨询委员，优秀提案和提案先进承办单位；通过会议决议。

第四次会议。1995年10月7日，在市机关招待所举行。应到委员219人，实到185人。市委书记王润廷到会讲话。会议传达学习中国共产党第十四届中央委员会第五次全体会议精神；选举李秀文为政协曲阜市第九届委员会主席，陈学英（女）为副主席；审议通过《关于认真学习贯彻中国共产党第十四届中央委员会第五次全体会议精神的决议》；通过会议其他决议。

第五次会议。1996年1月22—25日，在市机关招待所举行。应到委员227人，实到216人。市委书记王润廷到会祝贺并讲话。会议听取并审议《政协曲阜市九届委员会常务委员会工作报告》和提案委员会《关于市政协九届三次会议以来提案工作情况的报告》；听取市委副书记、市长许传俊关于《政府工作报告》的说明，并就《政府工作报告》《曲阜市国民经济和社会发展第九个五年计划及2010年远景目标纲要（草案）》进行讨论、协商；表彰优秀政协委员、咨询委员，优秀提案及提案先进承办单位；通过会议决议。

第六次会议。1997年1月14—17日，在市机关招待所举行。应到委员231人，实到210人。市委副书记柳亚峰到会祝贺并讲话。会议听取并审议《政协曲阜市第九届委员会常务委员会工作报告》和提案委员会《关于市政协九届五次会议以来提案工作情况的报告》；听取市委副书记、市长许传俊关于《政府工作报告》的说明，讨论协商《政府工作报告》及有关报告；表彰优秀政协委员（咨询委员）、优秀提案及提案先进承办单位；通过会议决议。

政协曲阜市第十届委员会

第一次会议。1998年1月5—9日，在市机关招待所举行。应到委员205人，实到201人。市委书记许传俊到会祝贺并讲话。会议听取和审议《政协曲阜市第九届委员会常务委员会工作报告》和《政协曲阜市第九届委员会提案委员会关于九届六次会议以来提案工作情况的报告》；听取市委副书记、代市长谷传祥关于《政府工作报告》的说明，讨论协商《政府工作报告》及其他报告；会议选举出政协曲阜市第十届委员会主席王德金，副主席邵西林、陈学英（女）、徐寿嶂、张继鹏、张连坡、宋思伟、孔德班，秘书长张连坡（兼），常务委员27名；通过会议决议。

第二次会议。1999年1月18—22日，在市机关招待所举行。应到委员223人，实到219人。市委书记许传俊到会祝贺并讲话。会议听取并审议市政协主席王德金作的《政协曲阜市第十届委员会常务委员会工作报告》和提案委员会《关于市政协十届一次会议以来提案工作情况的报告》；听取市委副书记、市长谷传祥关于《政府工作报告》的说明，讨论协商《政府工作报告》；审议通过《关于接受宋思伟辞去副主席、张连坡副主席不再兼任秘书长请求的决定》，选举张文治为市政协第十届委员会秘书长；表彰优秀提案和提案先进承办单位、先进工作者；通过会议决议。

第三次会议。2000年1月16—20日，在市机关招待所举行。应到委员237人，实到220人。市委书记许传俊到会祝贺并讲话。会议听取并审议市政协主席王德金所作的《政协曲阜市第十届委员会常务委员会工作报告》和提案委员会《关于市政协十届二次会议以来提案工作情况的报告》；全体委员列席市十四届人大三次会议，听取市委副书记、市长谷传祥关于《政府工作报告》的说明，讨论审议《政府工作报告》；表彰优秀政协委员、优秀提案、提案先进承办单位和先进承办工作者；审议通过会议决议。

第四次会议。2001年1月5—9日，在市机关招待所举行。应到委员248人，实到229人。市委书记张术平到会祝贺并讲话。会议听取并审议市政协主席王德金所作的《政协曲阜市第十届委员会常务委员会工作报告》和提案委员会《关于市政协十届三次会议以来提案工作情况的报告》；听取市委副书记、谷传

祥市长关于《政府工作报告》的说明，讨论协商《政府工作报告》和《曲阜市国民经济和社会发展第十个五年计划的纲要（草案）》；通过王德金辞去政协曲阜市第十届委员会主席职务的请求，选举柳亚峰为政协曲阜市第十届委员会主席；表彰优秀提案、提案先进承办单位和先进承办工作者；审议通过会议决议。

第五次会议。2001年8月9日，在市机关招待所举行。应到委员244人，实到220人。市委书记张术平出席并讲话。全体委员列席市十四届人大五次会议，听取并协商市委副书记、代市长王庆成所作的《市政府工作报告》；审议通过接受张文治辞去市政协秘书长的请求，补选刘振林为秘书长。

第六次会议。2002年1月27—31日，在市机关招待所举行。应到委员257人，实到231人。市委书记张术平到会讲话。会议听取并审议市政协主席柳亚峰所作的《政协曲阜市第十届委员会常务委员会工作报告》和提案委员会《关于市政协十届四次会议以来提案工作情况的报告》；全体会员列席市十四届人大六次会议，听取市长王庆成关于《政府工作报告》的说明，讨论协商《政府工作报告》及其他报告；表彰优秀政协委员、优秀提案、提案先进承办单位和先进承办工作者；审议并通过会议决议。

政协曲阜市第十一届委员会

第一次会议。2003年1月10—14日，在市机关招待所举行。应到委员232人，实到230人。市委书记张术平到会祝贺并讲话。会议听取并审议市政协主席柳亚峰所作的《政协曲阜市第十届委员会常务委员会工作报告》、提案委员会《关于十届六次会议以来提案工作情况的报告》和市政协十一届一次会议提案审查委员会关于会议期间提案审查情况的报告（书面）；听取市委副书记、代市长江成关于《政府工作报告》的说明，协商讨论《政府工作报告》；会议选举出第十一届市政协主席柳亚峰，副主席赵元山、陈学英（女）、邵西林、张继鹏、张连坡、孔德班、刘海涛，秘书长彭书臣及常务委员28人；通过会议决议。

第二次会议。2004年1月2—5日，在市机关招待所举行。248名政协委员参加会议。市委书记张术平到会致贺并讲话。会议听取并审议市政协主席柳亚峰所作的《政协曲阜市第十一届常务委员会工作报告》和《关于十一届一次会议以来提案工作情况的报告》；听取市委副书记、市长江成关于《政府工作报告》的说明，讨论协商《政府工作报告》及有关报告；审议通过会议决议。

第三次会议。2005年1月10—13日，在市机关招待所举行。应到委员237人，实到208人。市委副书记、市长江成到会祝贺并讲话。会议听取并审议市政协主席柳亚峰所作的《政协曲阜市第十一届委员会常务委员会工作报告》和《关于十一届二次会议以来提案工作情况的报告》；与会全体委员列席市十五届人大三次会议，听取市委副书记、市长江成关于《政府工作报告》的说明，讨论协商《政府工作报告》及其他报告；表彰优秀政协委员、优秀提案、提案先进承办单位和先进承办工作者；审议通过会议决议。

第四次会议。2006年1月9—12日，在市机关招待所举行。应到委员246人，实到235人。市委书记张术平到会祝贺并讲话。会议听取并审议市政协主席柳亚峰所作的《政协曲阜市第十一届常务委员会工作报告》和《关于十一届三次会议以来提案工作情况的报告》；与会全体委员列席市十五届人大四次会议，听取市委副书记、市长江成关于《政府工作报告》的说明，讨论协商《政府工作报告》及其他报告；通过柳亚峰辞去政协曲阜市第十一届委员会主席职务的请求，选举赵元山为政协曲阜市第十一届委员会主席；审议通过会议决议。

第五次会议。2007年1月26—29日，在市机关招待所举行。市委书记、市人大常委会主任朱庆安到会祝贺并讲话，会议听取并审议市政协主席赵元山《政协曲阜市第十一届常务委员会工作报告》和《提案工作报告》；与会全体委员列席市第十五届人民代表大会第五次会议，听取并讨论《政府工作报告》及其他报告；协商讨论市人民法院、市人民检察院的工作报告；审议通过市政协常委会《关于接受赵元山辞去市政协主席，陈学英（女）、邵西林、张继鹏、张连坡、孔德班辞去市政协副主席职务辞呈的决定》；补选马书轩为市政协十一届委员会主席，颜世全、刘汉武、韦挺为市政协十一届委员会副主席；表彰优秀政协委员，优秀提案、提案承办先进单位和先进工作者；审议并通过会议决议。

政协曲阜市第十二届委员会

第一次会议。2007年12月10—14日，在市机关招

市政协十三届一次会议召开现场

待所召开。246名政协委员参加会议。市委书记、市人大常委会主任朱庆安到会讲话。会议听取并协商讨论市委副书记、市长刘森所作的《政府工作报告》和其他报告；会议选举出政协曲阜市第十二届委员会主席马书轩（女），副主席颜世全、刘海涛、刘汉武、韦挺、杨朝明、李刚，秘书长刘斌及33名常务委员；通过会议决议。

第二次会议。2009年1月6—9日，在市机关招待所召开。市委书记、市人大常委会主任朱庆安到会讲话。会议听取并审议《市政协十二届委员会常务委员会工作报告》和《提案工作报告》；与会全体委员列席市十六届人大二次会议，听取并协商讨论市委副书记、市长刘森所作的《政府工作报告》及其他报告；补选马磊（女）为市政协十二届委员会副主席；审议通过会议决议。

第三次会议。2010年1月30日至2月2日，在市机关招待所举行。应到市政协委员258人，实到254人。市委书记、市人大常委会主任朱庆安到会讲话。会议听取并审议市政协主席马书轩所作的《市政协十二届委员会常务委员会工作报告》和《提案工作报告》；与会全体委员列席市十六届人大三次会议，协商讨论市长刘森所作的《政府工作报告》及其他报告；表彰2009年度优秀提案、提案承办先进单位和提案承办先进工作者；审议通过会议决议。

第四次会议。2011年1月11—13日，在市机关招待所举行。应到市政协委员265人，实到251人。市委书记、市人大常委会主任李长胜到会讲话。会议听取并审议市政协主席马书轩所作的《市政协十二届委员会常务委员会工作报告》和《提案工作报告》；与会全体委员列席市十六届人大四次会议，协商讨论市委副书记、市长刘森所作的《政府工作报告》及其他报告；举行政协委员履职报告会；表彰2010年度优秀提案、提案承办先进单位和提案承办先进工作者；审议通过会议决议。

政协曲阜市第十三届委员会

第一次会议。2012年1月4—7日，在市机关招待所举行。应到委员245人，实到239人。市委书记、市人大常委会主任李长胜到会讲话。会议审议通过马书轩代表市政协十二届委员会常务委员会所作的工作报告和《提案工作报告》；与会全体委员列席市十七届人大一次会议，协商讨论市委副书记、市长杨凤东所作的《政府工作报告》及其他报告；会议选举出十三届市政协主席郭庆海，副主席颜世全、韦挺、李刚、赵磊、胥国红（女），秘书长肖胜军及34名常务委员；审议通过会议决议。

第二次会议。2013年1月13—14日，在市机关招待所举行。应到市政协委员258人，实到249人。市委书记、市人大常委会主任李长胜到会讲话。会议听取并审议市政协主席郭庆海所作的《市政协十三届委员会常务委员会工作报告》和《提案工作报告》；与会全体委员列席市十七届人大二次会议，协商讨论市委副书记、市长杨凤东所作的《政府工作报告》及其他报告；补选市政协十三届委员会常务委员会组成人员；表彰2012年度优秀提案、提案承办先进单位和提案承办先进工作者；审议通过会议决议。

第二节　政协常务委员会会议

政协曲阜市委员会常务委员会会议，履行政治协商、民主监督、参政议政职能。依据《政协章程》规定，市政协常委会会议一般每季度举行一次，必要时可临时举行。常委会举行会议时，不是常务委员的市政协各委办主任、副主任和各镇（街道）政协工作机构负责人列席会议。市政协常委会会议主要任务：审议政协会务和工作中的重大事项；协商讨论市委、市政府重要决策、政策和社会生活中的重大问题，听取市委、市政府及有关部门负责人对有关重要问题的

报告或说明，提出建议和意见；审议提交全体会议文件和重要建议案、提案、视察报告、调查报告和其他报告。1991—2013年，共举行常委会会议92次。

第三节　政协主席会议

根据《政协章程》和《市政协主席会议规则》有关规定，政协曲阜市委员会主席会议由主席、副主席和秘书长组成，处理常务委员会的重要日常工作。受常务委员会的委托，主持下一届第一次全体会议预备会议。主席会议由主席召集并主持，或主席委托的副主席主持。根据会议内容和工作需要，由主席或主持会议的副主席确定其他列席人员。政协主席会议主要任务：研究决定关于召开政协常委会议的日期、议程等事宜，审议提交常委会议的议题；协商讨论曲阜市政治、经济生活中的重大问题及政协、统战工作方面的重要事务；审查以市政协名义向市委、市人大、市政府提出的重要建议案；讨论决定委员视察及重要的专题调查活动，审议各专门委员会提出的涉及全局性的工作计划、活动方案和其他议题，检查布置工作；审议提交由常务委员会会议协商决定的委员会组织机构设置和人事任免事项；决定委员会各专门委员会组成人员的个别调整，任免办公室副主任和秘书；主席、秘书长认为需要提请主席会议研究的其他重要问题。1991-2013年，共举行主席会议138次。

第三章　重要工作

市政协依据《政协章程》以及市委、市政府有关要求，坚持重大问题协商在市委决策之前、人大通过之前、政府实施之前，通过主席会、常委会、全委会等多种形式，对全市重要决策进行全面协商、重点协商、专题协商。市政协通过提出意见、批评、建议方式进行政治监督。

第一节　政治协商

市政协坚持每月一次主席会议，每季一次常委会议，每年一次全委会议。

每年政协全体会议，市委、市政府、市人大、市政协主要领导和有关方面负责人通过参加大会开幕式、闭幕式、听取大会发言、参加讨论，同委员面对面协商交流，共谋全市发展大计。全体会议期间，委员列席市人代会，就市政府工作报告、财政预决算报告、市人民法院和市人民检察院工作报告、重要人事安排等进行协商。

召开常委会议，就全市“九五”“十五”“十一五”“十二五”经济社会发展规划，每半年经济社会发展情况，政协委员提案落实情况，法检两院工作等重点工作进行协商，并提出意见建议，推动相关问题的解决。在每年二季度召开的市政协常委会议上，由市政府主要领导通报全市经济社会发展情况。

召开主席会议，就提交常委会审议的议题、全市重要决策部署等进行协商讨论，协商相关问题。通过政协主席列席市委常委会议、副主席列席市长办公会议，及时了解掌握市委中心工作和市政府工作进程，把政协履职融入全市中心工作之中，谋划部署，协调关系，建言献策，服务大局。

第二节　民主监督

每年政协全体会议，听取审议常委会提案工作报告和提案审查委员会或提案委员会关于提案审查情况报告。

1993年，曲阜市政协参照《全国政协提案工作条例》和省、市政协提案工作条例，在认真总结《政协曲阜市委员会提案工作规则（试行）》实施情况和经验基础上，起草《政协曲阜市委员会提案工作条例（草案）》（简称《提案条例》），7月28日，提请市政协九届常委会三次会议审议通过后，市委办公室、市政府办公室将条例印发各乡镇、市直各部门执行。1995年12月29日，市政协对“条例”进行修改，增加“参政议政”和完善中国共产党领导的多党合作制度等内容，经市政协九届常委会十一次会议审议通过。1998年，市政府办公室印发《关于进一步加强人大代表议案、建议和政协委员提案办理工作的通知》，加大提案办理力度。2000年，市政协对“条例”做进一步修改，11月2日，提请市政协十届常委会十一次会议审议通过，市委办公室印发全市执行。2005年，市政协提案委员会在征求各民主党派、工商联、群众团体及有关单位意见基础上，再次对“条例”进行修改，并提请市政协十一届常委会十一次会议审议通过，市委办公室、市政府办公室印发各乡镇街道、市直各部门执行。2010年，市政协合并印发《政协提案审查立案实施细则》《政协提案交办制度》《政协提案办理程序》《政协提案答复办法》《政协提案“互评”办法》，自2010年10月1日起实施。

1991—2013年，在市政协八届二次会议至十三届四次会议期间，共收到委员提案3976件。其中市政协八届二次会议至四次会议期间收到提案254件，立案242件，落实或基本落实112件；九届市政协收到提案721件，立案626件，落实或基本落实467件；十届市政协收到提案906件，立案704件，落实或基本落实532件；十一届市政协收到提案587件，立案521件，落实或基本落实401件；十二届市政协收到提案917件，立案664件，落实或基本落实664件；市政协十三届一次会议至四次会议期间收到提案909件，立案829件，落实或基本落实829件。在市政协九届一次会议至十三届四次会议期间，评出优秀提案294件，表彰提案办理先进单位253个（次）。

优秀提案办理。1992年，为落实《抓好庭院经济》提案，市政府在全市开展庭院经济十乡百村竞赛活动，当年全市庭院经济实现产值1.1亿元。针对提案《关于加强九龙山一带文物保护和管理的建议》，市文物局立即采取措施，加强九龙山、孟子故宅、孟母林、石门寺等文物古迹保护管理工作。1994年，针对《关于开发九仙山》的提案，吴村镇党委、政府发动群众修建九仙山入山道路，并且在山脚下开辟集划船、钓鱼、吃住行于一体的旅游服务项目。1996年，为落实关于《减轻学生家长负担过重问题》的提案，市物价局成立检查组，赴各乡镇对中小学乱收费问题进行查处，并严格收费标准和审批程序，指导学校建立健全财务管理制度。针对《北关文华街下水设施应尽快改造》的提案，市政府投资260余万元，对文华街下水设施进行改造，于当年汛期来临之前完成建设。1998年，为落实《加大农业科技推广力度》的提案，市委、市政府出台创办示范服务基地的文件和鼓励干部职工创办示范服务基地的优惠政策，当年，全市创办各类示范基地93处，有从业人员1480人。针对《提高医疗服务质量，减轻病人经济负担》的提案，市卫生局成立医疗技术顾问小组，检查指导各医疗单位服务质量，专项治理拿回扣、乱收费的问题。2002年，部分委员提出《扶持龙头企业，促进农业产业化结构调整》《繁荣农村经济，增加农民收入》等提案，市委、市政府建立和完善《关于加快农业产业化的实施意见》；针对《加强城区交通道路建设》的提案，市政府通过多渠道、多形式筹措资金，建设逵泉东路和春秋西路，治理327国道城区段、京福高速入口处，对城乡接合部、重点道路等部位进行综合整治。2003年，市政府提出以蔬菜、林果、桑蚕、中药材、畜牧五大主导产业为重点，采取市场引导、政策扶持，实现农业和农村经济的新突破。针对《改善重点项目建设环境》的提案，市委、市政府调整充实市优化发展环境领导小组，出台《关于进一步优化环境发展意见》《关于优化发展环境实行有奖举报制度》等文件；市纪委在全市开展“增强服务意识，优化发展环境”集中整顿活动。2005年，关于《精心协助配合孔子商贸城做好启动运营工作》的提案，市经贸局、工业园管委会等有关部门、按照市委、市政府统一部署，推进各项工作落实；完成8家农机公司进驻，经营面积4000平方米，与省内100余家汽车配件客商达成协议，其中48家签订入驻合同。针对《整合旅游资源，使旅游优势转化为经济优势》的提案，市文化遗产管理委员会、市旅游局加大旅游资源整合力度，进一步挖掘文化资源，带动旅游业提档升级。2007年，委员提出的《关于提高市民素质，提升旅游环境的建议》，市纪委、市旅游秩序督察办从严厉打击“三黑”“三乱”“三差”入手，联合相关部门有针对性地开展一系列整治行动，建立起旅游秩序管理运行长效机制。2011年，针对提案《关于加快项目落地、实现“工业立市”的建议》，市委、市政府出台《关于推进工业立市实施千亿攻坚行动的意见》，下达《关于印发“百亿企业”培育工程“1+1”包保责任制分工的通知》，落实包保领导和责任部门，引导企业转型升级，扶持新兴产业做大做强；市级领导带队开展“敲名门招大商”集中攻坚活动，推进投资项目落地。针对提案《关于完善“村村通”道路建设，加强道路养护的建议》，市交通运输局等相关部门明确责任、细化任务，加强农村公路建设质量、资金监管及管理养护工作，实现农村公路“村村通”“村内通”，基本实现“户户通”，并建立农村公路管理养护长效机制。2012年，针对提案《建设生态城市，打造“森林曲阜”的建议》，市林业局科学制定大绿化工程实施方案和考核办法，明确标准质量和时间要求，并将造林绿化任务层层分解，落实到各镇、街，开展全民植树造林活动，推进“森林曲阜”建设。

第三节　参政议政

市政协八届委员会重点对乡镇企业发展、农业立体种植、农村卫生工作、“三夏”工作等进行视察调研。

九届市政协重点对农业生产、农村产业结构调整、优质高产高效农业、棉花种植情况、科技兴农、股份制企业发展、“91378”工程建设、乡镇教育工作等进行视察调研。

十届市政协重点对创建中国优秀旅游城市工作、争创全国科普示范县（市）工作、个体私营经济发展情况、旅游业发展情况、市属企业改革与发展情况、中药材发展情况、中小学素质教育情况、农村财务管理工作、尼山水库保安全工程、外贸工作、三资企业等进行视察调研。

十一届市政协重点对农村劳动力转移、山丘区水土保持、农业产业化企业发展、农村基础设施建设情况、城市建设、水利工程建设、村村通自来水工程、新农村建设、民营经济发展环境、骨干企业发展、园区建设和招商引资工作等进行视察调研。

十二届市政协重点对全市新农村建设、食品药品安全、就业、工业企业运行、科技兴农科技强农、水利建设、农村基层公共文化建设、全市人口和计划生育、慈善事业发展、全市普法和依法治理等工作进行视察调研。

十三届市政协重点对文化建设、教育名市建设、医疗名市建设、创建国家卫生城市、高铁新城建设、重点工业项目建设、文物旅游工作、信访维稳工作、招商引资及园区建设、国际文化慢城暨美丽乡村建设、城市暨小城镇建设管理等工作进行视察调研。

视察调研中，发挥委员主体作用，吸收各民主党派、工商联和无党派人士参加。1991—2013年，市政协开展视察调研活动158次，提出合理化建议近1000条。

第四节　文史资料征编

文史资料工作每年都列入市政协重要议事日程，一般每年主席会议至少有两次讨论审议文史资料工作计划和报告，并根据需要，召开专题研究或部署文史资料工作会议。主席、分管副主席出席文史资料委员会议和有关会议，具体指导工作。1991年11月12日，市政协召开文史工作座谈会，会议贯彻全国政协文史工作会议精神，通报市政协文史工作情况，探讨协作事宜。1994年12月，文史委编撰出版《曲阜文史》第14辑《工商记事—曲阜工商经济史料专辑》，集中刊发一些曲阜市近现代工商经济珍贵史料。1998年，协助济宁市政协征集整理《孔府1966大劫难》《圣人后裔在海外》等有关资料。协助省政协进行《中央领导在山东》《山东重大考古发掘纪实》《齐鲁文物保护纪实》专辑有关曲阜部分的征集。2002年，配合济宁市政协文史委开展《孔孟之乡名优特产专辑》材料征集工作，参与省政协《新世纪之光》图书征集活动。

2013年11月，市政协大型图书《曲阜文史集粹》首发式现场

配合省政协文史委组织编写近3万字“文化大革命”时期破坏三孔有关资料，后作为重要稿件被省政协《春秋》杂志2002年第一期以《1966—破坏三孔纪实》为题刊发。由曲阜市政协主编，与济宁市政协文史委合作出版的《孔子家世》《颜子家世》等地方文史书籍也得到社会的关注。2006年9月，市政协编撰出版《曲阜文史》第19辑（鲁班文化研究专辑）。2013年11月，编辑出版大型图书《曲阜文史集粹》，全书分7卷，即政治军事卷、工商经济卷、科教社会卷、历史文化卷、风物民俗卷、名胜古迹卷、孔颜家世和工圣鲁班卷。

1991—2013 年曲阜市文史资料出版一览表

表19-2

书名	篇数	字数	出版时间
《曲阜文史》第十一辑	28	11万	1991.9
《曲阜文史》第十二辑	37	17万	1992.9
《曲阜文史》第十三辑—《孔子孔府养生之道》	103	17万	1993.9
《曲阜文史》第十四辑—《工商记事——曲阜工商经济史料专辑》	72	22万	1994.12
《曲阜文史》第十五辑—《孔子故里百名女寿星谱》	103	9万	1995.9
《曲阜文史》第十六辑—《孔孟解读》	10	15万	1997.3
《曲阜文史》第十七辑—《颜子家世》	35	19万	1998.11
《曲阜文史》第十八辑—《孔子养生与儒医》	19	12万	1999.9
《曲阜文史》第十九辑—《鲁班文化研究专辑》	33	7万	2006.8
《曲阜文史集粹》		150万	2013.11

第五节　联谊交流

曲阜市政协发挥曲阜市旅游城市优势，加强与海内外和社会各界人士的联谊交流，为促进祖国和平统一和现代化建设服务。

曲阜市是孔子、颜回、孟子、鲁班故里，是其后裔寻根祭祖的地方，每届市政协都把他们作为重要联谊对象，帮助他们寻根祭祖，陪同参观考察，组织座谈，联谊交友，弘扬民族优秀文化，促进曲阜外向型经济发展和祖国和平统一大业实现。十三届市政协实施“孔子文化走出去”战略，开展与孔、颜、曾、孟后裔联谊活动，宣传推介曲阜。

1991—2013年，市政协重视“三属”联谊工作，组织“三属”委员学习中共中央关于“和平统一、一国两制”方针、政策，全国人大常委会《告台湾同胞书》《中华人民共和国反分裂国家法》，定期召开侨台属代表座谈会，走访“三属”政协委员，交流发挥“三属”优势，发展家乡经济和开展招商引资经验。

1993年8月17日，市政协召开“三属”委员座谈会。学习中共中央政治局常委、全国政协主席李瑞环在全国政协八届二次常委会议上的讲话，与会人员就如何利用名城优势吸引外资，发展曲阜经济提出意见建议。

1994年，市政协组织和筹建由海外77位知名人士组成的曲阜市海外联谊会，加强海外联谊，吸引更多的港澳台同胞、海外侨胞到曲阜投资兴业。2001年年初，市政协设立“政协委员活动之家”。2002年10月7—9日，第七届世界颜氏宗亲联谊大会在曲阜市举行，市政协主席、分管主席和有关政协委员应邀出席或致辞。2005年9月28日，无党派民主人士、全国唯一一位终身制全国政协委员、孔子第七十七代嫡孙女孔德懋到曲阜市参加国际孔子文化节全球联合祭孔大典，在孔庙大成殿前向先祖孔子行礼。2009年2月26日，市政协参与举办曲阜中外名家书画展。9月27日，举办纪念孔子2560周年诞辰全国政协系统书画邀请展，参展书画作品200余幅，省内外政协系统和文化艺术界人士300余人参加活动。

第二十编

民主党派和人民团体

2007 年 9 月，书院街道夏家村表彰好媳妇、好婆婆现场

1991—2013年，曲阜市各民主党派团结带领党派成员，围绕中心、服务大局，履行参政议政、民主监督职能，在政治、经济、文化、社会发展方面建言献策，为市委、市政府决策提出许多建设性意见建议。

曲阜市人民团体主要有工会、共产主义青年团、妇女联合会、科学技术协会、工商联合会等。1991—2013年，各人民团体发挥党和政府联系群众的桥梁纽带作用，推进社会各项事业发展。

第一章　民主党派

1991年，曲阜市有4个民主党派，即民革、民盟、民建、九三学社。1999年11月，民进曲阜支部成立，民主党派团体增至5个，成员104人。2013年，全市有民主党派成员206人。

第一节　中国国民党革命委员会地方组织

组织建设

中国国民党革命委员会山东省委员会直辖曲阜市支部（简称民革曲阜支部）成立于1988年3月26日。1996年1月19日，民革曲阜支部召开全体成员会议，选举支部副主任委员兼组织委员1人，宣传委员1人，祖国统一、海外联谊、“四化”建设、社会服务委员1人，支部成员9人。2001年4月24日，召开第三次全体党员大会，民革省委秘书长王鲁一、组织处处长段德民参加会议，会议选举产生第三届支部委员会：主任委员1人，组织委员1人，宣传委员1人，支部成员10人。2006年，民革曲阜支部成员发展到22人。2008年10月18日，第四次全体党员大会召开，选举产生第四届支部委员会：主任委员1人，副主任委员3人，委员2人。2013年，支部有党员31人，其中50岁以下22名，其中女党员9名。

参政议政

民革曲阜支部重视提案工作，围绕曲阜经济社会发展，参政议政。1998年1月，提案《关于建立曲阜市博物馆的建议》，被有关部门采纳。经过规划，纳入明故城恢复工程建设。1999年1月，提案《关于曲阜市扩大高中招生数量的建议》，得到市委、市政府重视，市政府会同教育等有关部门研究制定政策，予以实施。2000年，针对民革曲阜支部提案《关于大力发展我市蚕茧生产的建议》，市政府召开专门会议，下达有关文件，制定优惠政策，提高农民植桑养蚕积极性，当年全市扩大桑园面积近万亩，增加农民收入2000余万元。2002年9月22日，全国人大常委会副委员长、民革中央主席何鲁丽参加世界华商儒学论坛后，接见民革曲阜支部部分成员。1998—2006年，民革曲阜支部应邀参加市委、市政府各种类型会议80余次。1988—2013年，民革曲阜支部共提出政协提案近60件，其中成员个人提案46件。提案全部立案，并被采纳。其中，优秀提案11件。

主要活动

20世纪90年代初，与其他民主党派联合举办2届“孔子故里书画院”与“孔子文化节”书画展活动。参展作品中有海外作品200余件，其中有中国台湾陈立夫书写的一件条幅。民革曲阜支部撰写专题汇报材料上报，得到民革中央原副主席贾亦斌重视。1998年，84岁高龄老党员徐镜寰，赈灾捐资人民币1000余元，为希望工程捐资1000余元，资助3名辍学贫困儿童复学。2008年，“5·12”汶川特大地震发生后，民革曲阜支部党员捐款捐物，捐款总额8000余元，为灾区缴纳特殊党费3500元。大地震发生时，党员张圣魁在上海进修学习，当灾区伤员转到上海救治时，他抢先加入救灾医疗志愿者行列，投入救助工作。民革党员、曲师大教授朱玉富在省、国家级以及俄罗斯俄语学术刊物上共发表论文近50篇，译著两部，俄语教材3部，参编、主编《英俄汉通用大辞典》《新汉俄实用词典》《俄汉外来语百科辞典》等7部，入选省专业技术外语人才库、中国俄语300年教育名人。

第二节　中国民主同盟地方组织

组织建设

中国民主同盟曲阜支部成立于1988年3月25日。1997年6月26日，民盟曲阜支部召开第三次代表大会，盟员16人参加会议。大会选举产生第三届支部委员会，选举主委1人、副主委1人、支部成员3人。1998年7月9日，召开第四次代表大会，盟员17人参加会议。选举产生第四届支部委员会，选举主委1人、副主委1人、支部成员3人。2003年11月5日，第五次代表大会召开，盟员20人参加会议。选举产生第五届支部领导班子，选举主委1人、副主委1人、支部成员3人。2010年9月3日，第六次代表大会召开，盟员25人参加会议，选举产生第六届支部领导班子，选举主委1人、副主委1人、支部成员3人。

参政议政

1994年，提交济宁市政协会议提案《为确保公正执法，公检法的主要负责人应异地做官》，得到中共济宁市委、市委政法委、市委组织部领导重视，并被采纳。2000年，提案《严禁在婚丧嫁娶中动用公车大操大办》，被列为曲阜市委、市政府2000年反腐倡廉十项规定第六项规定。至2013年，《杜绝建筑行业的腐败现象，严把建筑工程质量关》《发展我市旅游工作的十项建议》《抓好农业产业结构调整的六项建议》等20余件提案，得到市委、市政府重视，并被评为政协优秀提案，受到表彰。民盟曲阜支部提交的政协提案还有，《关于提请市政府围绕群众生活中的热点、难点问题每年办十件实事的建议》《要加快事业单位人事改革步伐》《对大沂河两岸绿化美化的建议》《建议对护城河、小沂河水质污染进行治理》《加快实施农业标准化生产进程，促进我市农村经济快速发展》《关于加大城市治理力度，提高曲阜历史名城品位的几点意见》等。

主要活动

2003年8月，民盟曲阜支部主委李刚多方联系，引进资金1000余万元，建立曲阜圣明工贸科技有限公司。2005年9月25日，举办支部委员翟盛礼个人画展及大型系列画《孔子之光》画册首发式。

第三节　中国民主建国会地方组织

组织建设

民建曲阜支部成立于1986年12月。1992年7月，召开第三次会员大会，选举产生第三届领导班子，选举主委1人、副主委2人、委员2人。1997年7月18日，召开第四次会员大会，选举产生第四届领导班子，选举主委1人、副主委2人、委员2人。2002年1月，召开第五次会员大会，选举产生第五届领导班子，选举主委1人、副主委3人、委员3人。2005年8月，民建曲阜支部组建为民建曲阜总支部，下辖弘道、大同、崇文3个支部。2006年，民建曲阜总支部有会员57人。2007年6月，民建曲阜总支召开第一次全体会员大会，选举产生总支第一届委员会，产生主委1人、副主委4人，下辖弘道、大同、崇文3个支部，有会员65人。

参政议政

民建曲阜支部围绕曲阜经济建设，调查研究，参政议政，建言献策。1998年，提案《农村土地承包合同档案化管理》，被市政协评为优秀提案。2000年，民建曲阜支部被民建山东省委授予“先进集体”称号。2005年，民建曲阜总支被民建山东省委评为“先进支部”。到2013年年底，民建曲阜支部提交政协提案60余件，其中10件被评为市政协优秀提案。

主要活动

1988年，民建曲阜支部与其他民主党派一起创建孔子故里书画院。2003年“非典”疫情发生后，民建曲阜支部全体会员捐款近3000元。2004年，全体会员捐款1.4万元，为泗水县一山区村庄修建一条“民建路”。2006年春节前，民建曲阜总支一班人携带救济款及春联等年货，与市委统战部到董庄乡朱家洼村开展“献爱心送温暖”活动。2010年，曲阜师范大学《现代语文》编辑部编辑桑哲被评为全国优秀民建会员。到2011年，以桑哲为主的民建会员为曲阜市贫困乡镇5所中学建成5个投资10余万元的“民建图书室”。2013年，桑哲被推选为民建中央文化委员会委员。

第四节　中国民主促进会地方组织

组织建设

中国民主促进会（简称民进）曲阜支部成立于1999年。1999年11月5日，民进曲阜支部第一次会员大会召开，选举主委1名、副主委1名、支部委员1名。全市共有会员18人。2006年12月19日，民进曲阜支部第二次会员大会召开，选举主委1名、副主委2名、支部委员2名。全市共有会员43人，分布在教育、卫生、文化、司法、新阶层等领域，会员具有高级职称17人、硕士研究生2人、博士研究生1人。2011年，民进曲阜支部被民进山东省委评为先进基层组织。

民进曲阜支部定期召开全体会员会议，要求会员做到"六个一"，即在政治学习方面，每人每年参加一次学习交流活动，每人负责或重点参与一方面的工作，提一项合理化建议，出一项科研成果，参加一项社会公益活动，做一次个人总结。

参政议政

民进曲阜会员强化参政议政意识，就人民群众关心的热点、难点问题，开展调查研究，向市委市政府建言献策。2000年，提案《恢复阙里商业街建议》被评为市政协优秀提案。2003年，针对不良文化对青少年的精神侵蚀，民进曲阜支部提出《充分利用孔子故居爱国主义教育基地，对中小学生开展传统教育和爱国爱名城的教育》的提案，得到市委、市政府重视并落实。2004年，针对网络对中小学生的冲击，提交提案《加强网吧管理的建议》，市委责成有关部门落实。同年，向有关部门提交中小学生上网情况、中小学校教育专项经费投入、农村中小学教师经济情况调查报告，作为部门决策依据。2005年，联合曲阜民革支部，提交《加快春秋西路的建设》提案。2006年1月，提交《在中学生中开展传统道德教育，开展爱国爱市爱名城教育》提案，得到落实。2012年，提案《关于对鲁国故城地上城墙、现代墓葬及碑刻现状的调研报告》，得到社会重视。到2013年年底，共提交提案15件、调查报告4篇。

主要活动

2000年12月，民进支部发起献爱心活动，为希望工程捐款。2005年9月29日，民进曲阜支部副主委、曲阜一中原副校长孔令强，在教师新村南大沂河边冒着生命危险，成功抢救3名溺水中学生。

第五节　九三学社地方组织

组织建设

九三学社曲阜市委员会成立于1989年，是九三学社全国最早的县级市委会。1992年，九三学社第二届曲阜市社员大会举行，选举产生九三学社第二届曲阜市委员会，选举主委1人、副主委1人、委员5人。1997年6月20日，第三届社员大会召开，选举产生第三届委员会，选举主委1人、副主委1人、委员5人。2003年12月30日，召开第四届社员大会，选举产生第四届委员会，选举主委1人、副主委2人、秘书长1人。2006年，九三学社曲阜市委员会有社员43人，其中高级职称32人，社员平均年龄56岁，下设文教、科技、卫生3个支社。2012年3月31日，第五次代表大会在市机关会议中心举行，选举产生第五届委员会，产生7名委员，其中主委1人、副主委3人，其中1名副主委兼任秘书长。2013年，九三学社曲阜市委获九三学社山东

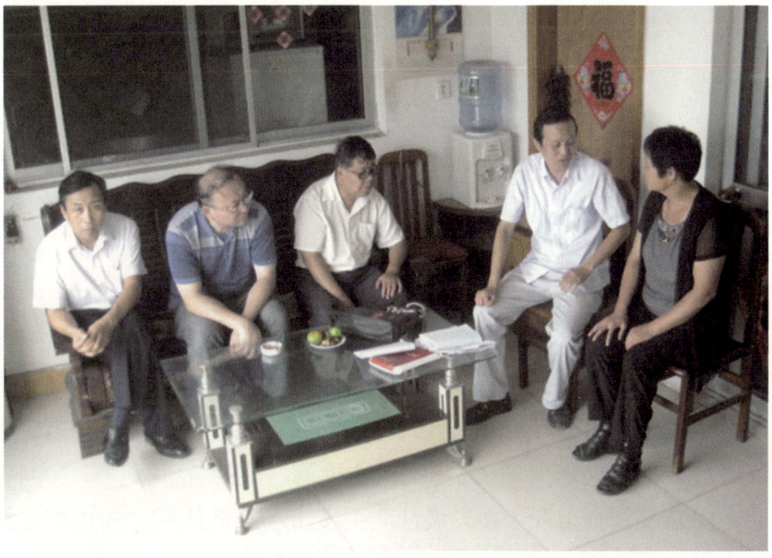

2013年9月4日，九三学社曲阜市委邀请医疗专家到时庄街道霍家村开展义诊活动

省委先进集体称号。九三学社曲阜市委有文教、科技、医药卫生3个支社，社员56人，大学本科以上学历38人，高级职称29人，占社员总数的59%。社员主要来自科技、卫生、文化、教育等界别。

参政议政和社会活动

九三学社曲阜市委围绕曲阜市中心工作，开展调研视察，提交提案建议，为党委、政府决策提供参考依据。1993年，副主委毕丙勤出版专著《曲阜香稻研究》，对保护地方种子资源发挥重要作用。2001年，《关于公费医疗改革情况的调研报告》，得到市委、市政府的重视。2006年5月，组织社内医疗专家到鲁城街道敬老院开展义诊活动，为院内100位老人免费查体，针对老人身体状况提出医疗保健意见。《关于进一步完善镇街主体功能区建设，促进镇街经济社会全面发展的建议》作为2012年1号优秀提案受到表彰。2013年，《关于加大招商引资项目监管力度，保证项目建设平稳健康推进的建议》《突出曲阜文化特色，促进文化产业发展》被九三学社济宁市委征集为党派提案，提交济宁市政协会议。1991—2013年，九三学社社员取得省级科研成果36项、地市级38项，出版国家级著作28部、省级15部，国家规划教材1部，获国家专利3项，公开发表国家级论文62篇，省级81篇；共提交党派团体提案45件、党派联合提案9件，各级人大代表、政协委员提交议案、提案467件。

第二章　工会

1991年，曲阜市设有市直系统工会工作委员会（简称工委）14个，下辖209个基层工会。2004年，鲁城街道总工会被授予"全国新建企业工会组建工作先进单位"称号。2011年，中联水泥工会获全国"职工书屋"称号。2013年，全市有市直系统工委18个，镇街总工会12个，基层工会1510个，会员21万人，专兼职工会干部3109人。

第一节　代表大会

1991—2013年，市总工会召开第十次至第十三次代表大会，选举产生工会委员会委员、常委、主席、副主席；组织推荐、评选全国劳模3人、省劳模35人、全国五一劳动奖章获得者3人、省"富民兴鲁"劳动奖章获得者14人。

市工会第十次代表大会

市工会第十次代表大会于1994年5月12—14日在市机关招待所召开，出席会议代表206人。大会审议通过市总工会第九届委员会《抓住机遇　真抓实干　团结带领全市职工在发展社会主义市场经济体制中做出更大贡献》的工作报告。大会选举市总工会第十届委员会委员23人、经费审查委员会委员5人，市总工会第二届女职工委员会委员17人。5月14日，市总工会十届一次全体委员会议召开，选举产生常委7人、主席1人、副主席2人；召开第十一届经费审查委员会一次会议，选举产生主任1人；召开第二届女职工委员会一次会议，选举产生主任1人。

市工会第十一次代表大会

市工会第十一次代表大会于1999年5月9—11日在市体育中心召开，出席会议代表200人。大会审议通过市总工会第十届委员会《支持改革　促进发展　维护稳定　团结带领全市职工为实现跨世纪宏伟目标而奋斗》的工作报告，选举产生市总工会第十一届委员会委员27人、经费审查委员会委员5人，第三届女职工委员会委员19人。5月11日，召开市总工会十一届一次全体委员会议，选举产生常委7人、主席1人、副主席2人；召开市总工会十一届经费审查委员会一次会议，选举产生主任1人；召开第三届女职工委员会一次会议，选举产生主任1人。

市工会第十二次代表大会

2004年6月15—16日，市工会第十二次代表大会在市机关招待所召开，出席会议代表200人，特邀代表32人，列席代表45人。大会审议通过市总工会第十一届委员会题为《围绕中心　服务大局　团结带领

全市职工为全面建设小康社会跨入百强县而努力奋斗》的工作报告。选举产生市总工会第十二届委员会委员27人、经费审查委员会委员5人，第四届女职工委员会委员17人。6月16日，分别召开“三个”委员会一次会议，选举产生市总工会十二届委员会常委7人、主席1人、副主席3人，经费审查委员会主任1人，女职工委员会主任1人。

市工会第十三次代表大会

市工会第十三次代表大会于2009年11月19—20日在市机关招待所召开，出席会议代表220人。大会审议通过市总工会第十二届委员会题为《团结职工凝心聚力　为加快建设富裕文明开放和谐新曲阜而努力奋斗》的工作报告。选举产生市总工会第十三届委员会委员35人、经费审查委员会委员7人，第五届女职工委员会委员21人。11月20日，分别召开“三个”委员会一次会议，选举产生市总工会十三届委员会常委7人、主席1人、副主席2人，经费审查委员会主任1人，女职工委员会主任1人。

第二节　组织建设

1991年，市总工会设办公室、组织部、宣教生产部、女工部、财务部5个科室，下辖市工人文化宫，为副科级事业单位，有市直系统工委14个209个基层工会，有工会会员25342人，专职工会干部156人，其中女工干部41人。市煤矿机械配件厂于1994年11月18日召开首届工会会员暨工会成立大会，选举产生首届工会委员会，这是全市第一家私营企业工会组织。1995年，全市市直系统工委增至28个，会员31529人，其中女会员11862人，专兼职工会干部681人。2001—2002年，市总工会新建企业工会74家，发展会员1.62万人。与市委组织部、人事局等联合下发《关于进一步加强乡镇街道办事处工会工作的意见》，全市12个乡镇、街道配备一名专兼职工会干部。到2002年年底，全市市直系统工会工作委员会16个，乡镇（街道）工会工作委员会12个，下辖627个基层工会，其中新建企业工会502个。全市共有会员5.2万人，专（兼）职工会干部750人，其中女干部245人。2003年，通过召开新建企业、机关组建工会现场会，加大制约、奖励等措施，加快工会组建步伐。开展有班子、有牌子、有章子、有办公场所、有工作制度、有工作标准“六有”标准化工会建设活动，做到组织规范、制度规范、阵地规范和档案规范，选调64人参加全国总工会、省工会干部管理学院岗位培训，开展建设“合格职工之家”和“双评双爱”活动。到2004年年底，全市新建工会组织210个，发展会员2.2万人。在省总工会召开的工会组织工作会议上，曲阜市总工会作题为《坚持组建管理巩固提高并举方针　实现新建企业工会组建与发挥作用同步发展》的典型发言。同年4月，市总工会成立困难职工帮扶中心。2006年起，深化“党建带工建、党工共建”工作格局和“三级联创”活动，做到发展会员无遗漏，组建工会无例外。与市委组织部联合下发《关于加强非公有制经济组织“党建带工建、党工共建”工作的意见》《关于在全市农村建立工会组织的意见》《关于加强乡镇、街道办事处工会工作的意见》《关于加强市直机关工会组织建设意见》等。同年4月，鲁城街道在济宁市率先召开总工会成立现场观摩会。此后，书院街道、时庄镇、小雪镇相继成立总工会。市总工会向各乡镇（街道）总工会、各系统工委每年下达年度组建工会和发展职工入会指标，并签定目标任务责任书；发展行业性、区域性工会联合会，先后成立市餐饮服务行业工会联合会、旅游服务行业联合会、建筑业工会联合会、出租公交车司机行业工会联合会、防山乡教育工会联合会、市文化局工会联合会、百意购物中心工会联合会、小雪镇机制砖厂工会联合会、小雪镇企业联合工会委员会等，全市工会组织建设得到拓展。至2007年年底，全市有市直工委15个，乡镇（街道）总工会12个，基层工委1166个，会员12.5万人，专兼职工会干部2950人。2008年，市总工会依托餐饮业协会牵头，制定工会联合会章程，在阙里宾舍等单位倡导下，通过“小联合”实现“大覆盖”，建会70余家，吸收1.1万名职工入会。依托市建设局下发《在全市建筑施工企业中组建进城务工人员工会联合会的意见》，通过行政方式实现行业联合覆盖。依托旅游服务管理中心组织发起，34家旅行社建立工会联合会，发展会员2100人。在工业主导型园区，按照易单则单、易行则行、易联则联灵活方式建立古玩市场、建材区域、茶叶片区工会联合会等。针对观光农业主导型，把工会建在蔬菜大棚、草莓基地、药材种植等各类专业合作社、农场农庄上，全市发展农业产业工会40余个。贯彻市委组织部《关于加强新形势下基层党建带工建工作意见》，镇街总工会主席由镇街党政副职干部兼任，局(委、办)工会主席由同级副职干部担任，市委组织部通过党委推荐、会员选举，配齐配强工会干部。市总工会制定《乡镇(街道)总工会规范化建设标准》和《考核办法》等文件，集中推动统一工作流程、档案管理、信访接待、教育培训、经费管理等规章制度，统一基层工会工作职责，统一镇街总工会牌子、章子，统一工会网络信息平台，统一困难职工帮扶站和职工书屋建设。2009年，开展“亮牌子、明职责”“亮身份、讲承诺”活动。在街道、社区、企业大门等明显位置悬挂与行政相应工会牌子，在办公场所、宣传橱窗、厂务公开栏、职工食堂、局域网站等公开地方亮公示牌，公开姓名、照片、办公地点、联系方式、职责、承诺内容。工会主席、副主席统一佩戴工作牌，设置办公桌牌，公开QQ号，建立工会主席QQ群。推行鲁城街道总工会主席张耀“马上就办工会热线”、中联水泥工会主席颜志刚“有困难我解决”的做法。2011年，开展“树品牌、树典型”活动。天安矿业工会开展“安康杯”竞赛活动，围绕“盯过程、控风险、保安全、除隐患”“安全生产大检查”等活动，开展职工代表巡视工作，获全国“安康杯”竞赛优胜单位；中联水泥工会把实施工资集体协商签订集体协议作为“我们生产凝聚力”“创建美丽企业” 的重要工作来抓，通过工资集体协商，职工收入增长20%，住房公积金得到落实，实现企业与职工的双赢，获全国“职工书屋”。2012年，市总工会开展评选“十佳工会组织”“十佳工会干部”活动。评选出裕隆矿业集团、中联水泥公司等十佳工会组织，评选出心系职工、做好外资企业民主管理工作的工会主席李作华，善于维权、做好工资集体协商、签订集体合同工作的工会主席徐伟等10名优秀工会干部。到2013年年底，市总工会下设女职工委员会、经费审查委员会、办公室、组织部、法律部、保障部、生产部、民主管理部、财务部9个科室，副科级全额事业单位工人文化宫，市直系统工委18个，镇街总工会12个，基层工会1510个，涵盖单位2325个，职工21.4万人，会员21万人，专兼职工会干部3109人。

第三节　职工民主管理

1991年，市总工会制定《关于加强民主管理、完善企业激励机制的试行意见》。到年底，全市有14个企业厂长(代表行政)与工会主席(代表职工)签订“双保合同”，有26家企业被省工会授予民主管理达标单位。1993年，针对部分亏损企业进行调研，召开实情发布会，树立一批民主意识强、依靠职工办企业的优秀厂长以及尊重、支持厂长工作、发挥工会桥梁纽带作用的先进工会组织。1996年，开展争创“十佳”依靠职工办企业好班子活动，单家村煤矿等21家企业受到表彰。1997年，市总工会与组织部、纪委等单位联合开展民主评议企业领导干部工作，全市118家企事业单位建立起职代会制度。1998年，根据企业改制类型，联合有关部门制定《关于股份合作制企业职工民主管理和工会工作意见》《关于公司制企业工会工作暂行规定》，在企业中推行建立职工董事、监事制度。1999—2000年，组织全市168个职代会与企业建立平等协商、签订集体合同制度。2001—2002年，连续两年召开全市优化发展环境、治理“三乱”暨厂务公开工作会议，全市36名工会主席依法进入董事会、监事会。2003，开展非公有制企业厂务公开民主管理活动，市总工会与市经贸局、外经贸局、市劳动和社会保障局、市工商行政管理局联合印发《曲阜市非公有制企业厂务公开民主

2007年9月8日，济宁市首家乡镇(街道)总工会在鲁城街道成立

管理工作实施意见》。通过召开职代会、签订集体合同、公开栏等形式，将企业生产经营计划、重大改革方案、劳动时间、工资报酬、保险福利、安全生产卫生、规章制度等事项向职工群众全面公开。2006年，市总工会在全市各类企事业单位中开展职代会标准化建设活动。2007年，率先在济宁推行区域性行业性职工代表大会制度。年底，在山东省厂务公开民主管理工作会议上，曲阜市作题为《加强职代会规范化建设构筑和谐稳定劳动关系》的典型经验介绍。11月，曲阜市首届区域性职工代表大会在小雪镇召开。2008年，曲阜市推行国有企事业单位厂务（校、院）公开活动，到年底，曲阜市80%规模以上非公企业建立起厂务公开制度，80家国有及控股企业全部建立职代会制度，建制率100%。2010年，在省厂务公开民主管理工作会议上，曲阜市作题为《健全机制、规范运作、积极推行厂务公开工作》的典型经验介绍。2011年，市总工会重点在外资、合资、民营、改制企业和乡镇总工会中推行职代会制度。同年，中联水泥有限公司被评为“山东省职代会优秀星”。到2013年年底，曲阜市实现公有制企业职代会制度和厂务公开全覆盖，非公有制企业厂务公开、职代会建制率85%以上，事业单位职代会建制率99%。

第四节　维护职工权益

1992年，市总工会在调查研究基础上制订《关于加强民主管理、完善企业激励机制的试行意见》。2006年3月起，市总工会利用两年时间，在全市推行女职工特殊权益平等协商制度，签订女职工特殊权益保护专项集体合同工作。2006年4月，成立职工维权机制工作领导小组，成立职工维权服务中心，并与困难职工帮扶中心合署办公。市委办公室转发《曲阜市总工会关于开展创建“劳动关系和谐企业”活动的意见》，市总工会、市劳模协会下发《关于开展“劳模企业家带头创建劳动关系和谐企业” 活动的通知》，在劳模经营者中开展带头创建劳动关系和谐企业活动。市总工会制定劳模企业家带头创建“三年行动规划”。4月18日，以建设系统为试点，在自来水公司和市政工程管理处分别举行启动仪式暨观摩大会，然后在全市全面铺开签订工作，重点在国有改制企业、非公有制企业和农民工中的女职工三个群体中推行签订合同，并加大推行签订区域性和行业性女职工专项合同工作。在市劳动保障局建立劳动输出人员工会委员会，在曲阜职业中专和曲阜行知中专建立工会，颁发会员证和职工维权手册。2007年，全市有420家企业和单位签订女职工特殊权益保护专项集体合同。2009年，成立市女职工学校。2010年起，市总工会每年集中开展对困难女职工、女农民工的帮扶及“两癌（乳腺癌和宫颈癌）专项检查”活动。至2011年底，全市企业独立签订工资集体协议276份，覆盖企业368家，女职工特殊权益劳动保护专项集体合同同步签订。2012年，市总工会发挥镇（街道）总工会、社区工会和园区工会作用，实行“上代下”代行要约，开展区域性工资集体协商，横向推广到边。发挥行业协会和工会联合会双向作用，实行各工会联合会开展集中要约，全面启动行业性工资集体协商，纵向推进到底。至年底，工资集体协商覆盖企业90.9%，覆盖职工88.5%。在全省工会“两个普遍”工作推进会上，市总工会作“分类指导攻坚克难全面推进企业工资集体协商”典型发言。

第五节　劳动竞赛

1991年，市总工会开展“我怎样为质量、品种效益年做贡献” 为主要内容的社会主义劳动竞赛和提合理化建议、民主管理达标等活动。1992年，市总工会开展“合理化建议月”及“争做优秀厂长竞赛”“创最佳效益、夺红旗竞赛”“创纪录、夺金牌竞赛”“小方位多指标竞赛”等活动。1993年，在全市各级工会组织中开展“解放思想换脑筋”及“市场经济与工会工作”大讨论。全市工会组织共出黑板报960期，作辅导报告320次，组织知识竞赛、演讲会80场次，有2.5万名职工参加活动。1994年，开展以“四创四降”为主要内容的劳动竞赛及合理化建议、技术革新、揭榜攻关活动；全市职工提合理化建议2.6万条，采纳1.8万条，实施6500多条，创经济价值1400多万元。1994—1995年，市总工会开展“市场经济与主人翁”主题系列教育活动，“爱国、爱厂、爱岗、学理论、学技术、学科学、学管理、学法律”为主要内容的教育活动。通过举办歌咏比赛、专题报告会、“敬业、爱岗、奉献”职工演讲会，教育职工支持改革，拥护改革，发扬工人阶级的主人翁精神，在平凡的岗位上建功立业。在群众生产工作中，紧紧围绕“质量效益年”开展了创先、创优、创新、创最佳效益和降成本、降消耗、降积压、降亏损额的“四创四降”社会主义劳动竞赛。

1996年，市总工会在全市开展争创“十佳”依靠职工办企业的优秀班子、争创百名文明职工、提千条合理化建议、万名职工参加劳动竞赛活动，绝大多数基层工会结合各自实际制订具体活动方案开展活动。全市3.5万名职工参加，提出合理化建议1100条，完成技术革新313项，全市举办43个项目的技术比武，376人成为厂级技术能手，113人成为市级技术能手。1997年，市总工会表彰全市21家全心全意依靠职工办企业的好班子、文明职工和劳动竞赛、合理化建议先进个人和单位。1999—2000年，市总工会在全市各级工会组织中开展群众性经济技术创新工程、“十、百、千”劳动竞赛和争做文明职工、争创文明职工家庭系列活动。

2001—2002年，在全市各级工会组织中开展“四杯”竞赛活动，即在工业企业中开展“技术创新杯”，在煤炭、交通、建筑、化工企业中开展“安康杯”，在财贸、旅游、文教卫生系统中开展“优质服务杯”，在机关事业单位中开展“人民满意杯”竞赛活动。全市有184个单位参加，参赛职工3.1万人。配合文明委开展“崇德守法美在曲阜”活动，举办“小灵通杯”《中华人民共和国工会法》知识竞赛，“网通杯”计算机大赛，全市19个系统工委、87名职工代表参加比赛。

2003年春夏之交，市总工会向全市职工发出总动员，开展以“全力抗‘非典’，大干三十天，岗位做贡献”主题系列活动。市总工会围绕生产经营、强化管理、节能降耗、扭亏增盈、挖潜增效、促销清欠、技术进步、优质服务等环节，开展以提合理化建议为主要内容的献“金点子”活动，全市共提合理化建议1.2万条，转化为经济效益400余万元。

2003—2005年，市总工会以“创建学习型组织，争做知识型职工”为纽带，实施经济技术创新工程。通过创建职业道德“双十佳”“职业道德示范岗”、文明家庭、文明职工活动和“学振超、练绝活、强素质、创一流”经济技术学习创新比武活动，提高职工科学文化素质和创新能力。2011年，市总工会实施职工素质提升活动，争当“2711”重点工程建设主力军，首次选树5名“金牌工人”。围绕“转方式、调结构、促发展”为主题，各级工会组织广泛开展多种岗位练兵、技术比武、揭榜攻关活动，规划实施数控车工、高压实验电工、矿井瓦斯检验等14个大项技术比武项目，开展“百佳合理化建议”评选表彰活动。各镇街总工会、企业工会共收到合理化建议4600余条。

2012年，全市各级工会组织组织职工开展以“重安全、提质量、保工期”为主要内容的劳动竞赛活动。在蓼河工程治理、古泮池拆迁、尼山圣境等重点工程中开展以“一流服务、一流工程、一流创造、一流形象”为主题的创建“工人先锋号”活动，在城乡公共汽车、城内出租车、生产车间、大型超市和旅游景点“工人先锋号”挂牌亮岗活动成为工会工作的品牌。

第六节　送温暖工程

1992年，市总工会启动送温暖工程。当年元旦春节期间，市总工会开展“进万家门、知万家情、解万家难、暖万家心”送温暖活动，市级领导到困难职工家中进行走访慰问。各级工会累计筹集“送温暖”资金350万元，走访困难企业慰问困难职工家庭6.4万户。1998年，市总工会协助政府妥善安排好下岗职工基

2009年8月27日，曲阜市金秋助学活动现场

本生活，对特困职工承担起“第一责任人”职责；协助民政部门做好低保工作，通过建立困难职工档案，帮助困难职工纳入低保范围。2002年，开展“金秋助学”活动，市工会拿出3万元对困难职工家庭上学子女给予学费资助。2004年1月，建立市困难职工帮扶中心，帮扶中心设立专门场所、配备专职人员，为困难职工提供信访接待、政策咨询、生活救助、就业帮扶、法律援助等“一条龙”服务。2006年，元旦春节期间，开展“向农民工送温暖”活动，筹集资金走访慰问困难农民工，送去慰问金及粮油等生活用品。2007年，与市关工委、慈善协会、团市委、教育局、民政局、文化局、广播电视局联合组织 “金秋献爱心助圆大学梦”活动，有70名贫困大学生接受捐助。8月21日，在杏坛剧场举办“金秋献爱心助圆大学梦”活动，募集并发放资助金14万元。2013年7月，联合市妇联、团市委开展夏季“送清凉”活动，为在一线工作的职工送去西瓜、绿豆、矿泉水、清凉油、毛巾等。

第七节　职工教育与文体活动

1991年，市总工会围绕经济建设这个中心，在全市各级工会组织中开展群众性的以爱国、爱党、爱社会主义为主题的系列活动，各基层工会围绕“展、讲、评、赛”，举办“爱祖国·奉献在曲阜”的演讲比赛、厂矿歌咏比赛。1997年，举办“庆祝香港回归祖国”女职工歌舞大赛、演讲比赛，全市2000余名女职工参加活动。2006年3月起，推行女职工特殊权益保护平等协商制度，以建设系统两个企业为试点签订《女职工特殊权益保护专项集体合同》，至2007年，全市420家建制企业和单位全部签订《女职工特殊权益保护专项集体合同》。2011年，组织参加济宁工会“永远跟党走”红歌大赛及女职工排舞大赛，开展建党90周年夏秋广场文艺演出，举办“党旗颂扬、唱响圣城”第八届歌手大赛和弘扬高铁精神、唱响主旋律红歌大赛，全市3000余名女职工参与活动。2012年，联合有关部门举办职工篮球、乒乓球、象棋等竞技比赛，举办女职工全健排舞大赛，全市13支代表队参加，市卫生局、裕隆矿业集团、市住建局代表队获一等奖，鲁城街道总工会等获优秀组织奖。在济宁市女职工才艺大赛上，曲阜市代表队获得一等奖；组织参加济宁市第四届职工运动会，曲阜市代表队获得团体第二名。

第八节　选树劳动模范

根据劳模评选办法，劳动模范评选工作严格按照民主评议、推荐、审核、公示等程序进行。1991—2013年，市总工会组织推荐、评选全国劳模3名、省劳模35名、济宁市劳模135名、曲阜市劳模273名；全国五一劳动奖章获得者3名、省“富民兴鲁”劳动奖章获得者14名、济宁市五一劳动奖章108名、曲阜市五一劳动奖章77名。2007年，市总工会、市劳模协会和市委党史研究室联合编纂《1950—2006时代楷模》一书，收录1950—2006年曲阜市行政区域内获市（县）以上政府表彰的劳动模范、先进工作者和有关部门与人事部门联合表彰的享受其相应待遇的劳动模范、先进人物366人，材料主要包括个人基本情况、主要工作事迹和所获主要荣誉三部分。

附：1991—2013年全国劳动模范、全国五一劳动奖章、山东省劳动模范人物名录

全国劳动模范

秦裕彦（1995）　孔庆灿（2010）

全国“五一劳动奖章”

曾奇栋（1992）　杨淑君（1996）　孙建成（2011）

中央文明办“中国好人榜”　孔繁鹏（2011）

全国纪检监察工作先进工作者　马书轩（2002）

全国社会治安综合治理先进工作者　韦良华（2005）

全国法院模范　陈福泉（1999）

全国特级优秀人民警察

李启发（2003）　颜世梅（女，2012）

全国民政系统先进工作者　孔繁臣（2002）

全国工商行政管理系统先进工作者　王润宣（2002）

全国教育系统劳动模范及全国模范教师

陈玉娟（女，1998）

全国电力工业劳动模范　彭庆成（1994）

全国邮电系统劳动模范　王飞（1996）

全国建材系统劳动模范　孙建成（1996）

全国旅游系统劳动模范　王芳（女，1999）

全国科技管理系统先进工作者　刘德林（2001）

全国供销系统劳动模范　曹芝生（2003）

山东省劳动模范

宋文俊(1992) 曾奇栋(1993) 宁相周(1995) 杨宝友(1995) 杨淑君(1995) 宋斌(2003) 邱振新(1998) 陈卿(1998) 张来旺(1998) 孔凡廷(1999) 侯信杰(2003) 刘选举(2003) 张立刚(2008) 朱伟伟(女,2008) 倪奉尧(2013) 高海(2013) 张佃壮(2013)

山东省环卫先进工作者 孔宪娥(女,1995)

山东省"富民兴鲁"劳动奖章 宋斌(1999)

山东省拥军优属模范 孔繁臣(1997)

山东省粮食生产突出贡献农业科技人员 王洪誉(2012)

山东省"人民满意的公务员" 颜世梅(女,2010)

第三章 共产主义青年团

1991年,共青团曲阜市委(简称团市委)内设办公室、组织部、宣传权益部、工农部、统战部、学少部、研究室和市直机关团(工)委8个部室,下辖基层团委30个、团总支148个、团支部1189个,全市有各级团干部1700余人,团员29899人。1999年,增设市希望工程办公室(简称市希望办),为股级事业单位,承担全市希望工程实施、管理工作。2004年,市关心下一代工作委员会办公室由市老龄问题工作委员会办公室调整为团市委管理,为正科级事业单位。2013年,市关心下一代工作委员会办公室由团市委管理调整为市委老干部局管理。团市委内设办公室、组织部、宣传权益部、工农部、统战部、学少部、研究室、市希望办和市直机关团(工)委9个部室。团市委下辖基层团委35个、团总支55个、团支部1130个,全市有各级团干部1800余人,团员32640人。

1991—2013年部分年度曲阜市团组织状况表

表20-1　　单位:个、人

年份	基层团委	团总支	团支部	团员
1993	33	157	1198	30197
1995	35	180	1453	39186
1998	38	205	1380	39898
2002	39	131	1351	42449
2005	31	124	1173	34091
2010	35	122	1157	33895
2013	35	55	1130	32640

第一节 代表大会

1991—2013年,共青团曲阜市委共召开7次代表大会。

1993年9月2—3日,共青团曲阜市第十四次代表大会在市机关招待所召开,出席会议代表289人。大会审议通过第十三届团市委题为《投身改革开放 坚持建功育人 全面推动共青团工作再上新台阶》的工作报告。会议选举产生第十四届共青团曲阜市委员会委员39人。9月3日,召开团市委十四届一次全体委员会议,选举产生团市委常务委员会委员9人,团市委书记1人,副书记2人。

1996年11月6—7日,共青团曲阜市第十五次代

表大会召开，出席会议代表298人。大会审议通过第十四届团市委题为《肩负跨世纪历史重任　为建设现代化新曲阜贡献青春》的工作报告。会议选举第十五届共青团曲阜市委员会委员39人。11月7日，召开团市委十五届一次全体委员会议，选举产生团市委常务委员会委员9人，团市委书记1人，副书记2人。

1999年12月14—15日，共青团曲阜市第十六次代表大会在市贵宾楼会议室召开，出席会议代表205人。大会审议通过第十五届团市委所作工作报告。会议选举第十六届共青团曲阜市委员会委员43人。12月15日，召开团市委十六届一次全体委员会议，选举产生团市委常务委员会委员7人，团市委书记1人，副书记2人。

2002年9月12日，共青团曲阜市第十七次代表大会召开，出席会议代表205人。大会审议通过第十六届团市委题为《与时俱进　开拓创新　团结带领团员青年为建设现代化新曲阜而奋斗》的工作报告。会议选举产生第十七届共青团曲阜市委员会委员43人。9月12日，召开团市委十七届一次全体委员会议，选举产生团市委常务委员会委员11名，团市委书记1人，副书记1人。

2005年12月24日，共青团曲阜市第十八次代表大会在市机关会议中心召开，出席会议代表205人。大会审议通过第十七届团市委题为《在“三个代表”重要思想指引下团结带领广大青年为建设新曲阜大曲阜贡献青春》的工作报告。会议选举产生第十八届共青团曲阜市委员会委员39人。12月24日，召开团市委十八届一次全体委员会议，选举产生团市委常务委员会委员11名，团市委书记1人，副书记2人。

2008年9月16—17日，共青团曲阜市第十九次代表大会召开，出席会议代表205人。大会审议通过第十八届团市委题为《高举中国特色社会主义伟大旗帜　为建设富强文明开放和谐新曲阜贡献青春力量》的工作报告。会议选举产生第十九届共青团曲阜市委员会委员37人。9月17日，召开团市委十九届一次全体委员会议，选举产生团市委常务委员会委员11人，团市委书记1人，副书记2人。

2013年12月13日，共青团曲阜市第二十次代表大会在市机关招待所召开，出席会议代表200人。大会审议通过第十九届团市委题为《高举旗帜跟党走凝心聚力促跨越　为加快建设富裕文明和谐美丽新曲阜贡献青春力量》的工作报告。会议选举产生第二十届共青团曲阜市委员会委员37人。12月13日，召开团市委二十届一次全体委员会议，选举产生团市委常务委员会委员11人，团市委书记1人，副书记2人。

第二节　建功立业

1991年，团市委在农村团组织中开展千万亿小康工程、青年科技示范户等活动，在工矿团组织中开展双增双节、“五小”科技成果（小发明、小革新、小改革、小设计、小建议）竞赛、节约挖潜、岗位奉献等系列活动，在商贸服务行业开展评选服务明星、青年文明岗、最佳青年管理者活动。1994年，团市委实施“跨世纪青年文明工程”和“跨世纪青年人才工程”活动。1997年、1998年，连续两年被团省委评为“青春立功活动先进单位”。1999年，团市委启动跨世纪青年农民科技培训工程，到2002年年底，共举办各类实用技术培训班129期，培训青年1.5万多人次。2003年，团市委落实科学发展观，组织青年技术、施工人员参加小林河治理突击工程、九仙山青年绿化工程、“四个一”环保节约活动以及全市团员青年“晚婚晚育我先行”等生态环保活动。2007年，开展“青年绿化基地”

团市委开展中国（曲阜）国际孔子文化节志愿服务活动

创建工作，联合市农信社出台实施“青春建功新农村家百千万农村青年创业计划”意见，分类实施“万名农村青年致富能手培养计划”“百名农村青年企业家培养计划”，对青年创业者给予信贷扶持，在利率上给予最大优惠。2008年，实施“青春促跨越　岗位建新功”行动，联合中国银行曲阜支行开展金融知识下乡和农村青年信用示范户创建活动，共创建50个信用示范户。累计协调金融机构为创业青年提供小额贷款100余万元。建立青年就业创业见习基地60余处。2009年，有4处“青年就业见习基地”被团中央命名为“青年就业创业见习基地”。2012年，团市委围绕服务“2711工程”建设，开展“服务2711工程建设青年楷模”评选、“创建国家卫生城市”演讲比赛、“一线送清凉”等活动；开展“青春汇绿美丽曲阜”主题植树行动和雨季植树等青春绿色行动。

第三节　青年志愿者

1994年，团市委组织开展“一助一”、送温暖、助残、扶贫、送科技下乡等青年志愿者活动。1996年，成立市青年志愿者服务总队，在五马祠街建立市青年志愿者服务责任区，在护城河和主要旅游景点建立26处共青团绿地。1996年起，每年开展“科技文化卫生”三下乡（进厂）服务活动。于3月5日前后，开展以“一助一”爱心助残、尊老敬贤、公益劳动、社会治安、市场监督等为主要内容的学雷锋青年志愿者活动。1999年，推行志愿者注册制度，2002年10月，启动并实施“青春辉映夕阳红”志愿者行动。到2005年底，共建立各类“三下乡”社会实践基地19处。至2007年底，全市注册青年志愿者1万余人。2011年，全市共有志愿服务站12个、志愿服务队17支、志愿服务项目22个。2012—2013年，组织青年志愿者走进香格里拉大酒店建设工地、市“2711”重点工程之一的蓼河人工湖建设工地，向农民工发放防暑降温宣传单，为他们送去毛巾、肥皂等生活用品共计1000余份；协调医疗卫生青年志愿者为300多名农民工进行健康知识宣讲和免费体检；成立“争创国家卫生城市青年志愿服务队”，组织团员青年开展“展青春风采当创卫先锋”主题活动。

第四节　学习教育

1994年，团市委围绕“爱国、立志、成才、奉献”主题，开展学习英模、学习特色理论、学党史等活动。1998年，以改革开放20周年等重点节庆活动为契机，举行18岁青年孔庙大成殿前成人宣誓、“杏坛杯”青年文物知识电视大奖赛、“建文明城市、做文明青年”演讲征文比赛、纪念中共十一届三中全会召开20周年青年演讲比赛等一系列活动。1999年，团市委举办“庆国庆、迎澳门回归”知识竞赛、“庆澳门回归、迎接新世纪”诗歌朗诵会、各界青年庆祝建团80周年座谈会和学习中共十六大精神座谈会等一系列教育活动；孔子研究院和论语碑苑分别被命名为山东省青少年道德建设基地。2003年，团市委举办各界青年学习十六大精神座谈会、全市青少年“学习贯彻十六大精神”知识竞赛、中共十六届三中全会精神专场辅导报告、“青春和党旗一起飞扬”演讲比赛、“颂歌献给党”歌咏比赛等大型活动。2007年，中共十七大召开后，团市委及时组织召开全市各界青年学习贯彻十七大会议精神座谈会，就学习好贯彻好十七大精神作安排部署。2012年，团市委开通“曲阜青年之家”官方新浪、腾讯微博，通过新媒体教育引导青年；利用《今日曲阜》《曲阜信息》《曲阜团讯》加强共青团工作宣传，加强青少年“四德”教育。成立市青少年国学教育讲师团，聘请孔子研究院院长杨朝明等专家学者作为讲师，定期为青少年授课。

第五节　青工青农

1994年，围绕实施“跨世纪青年文明工程”和“跨世纪青年人才工程”，团市委在农业战线团组织开展“青年致富工程”活动，在工矿企业战线开展争创青年全优岗、争当青年岗位能手、举办青工技术比武活动，在商贸服务行业开展争创青年文明号活动。1996年，围绕建立现代企业制度和企业改革发展需要，在工矿企业团组织中开展以导师带徒、拜师学艺、技术比武、“五小”竞赛等为主要内容的争当“青年岗位能手”和创建“青年文明号生产线”活动。到2002年年底，全市共创建国家级“青年文明号”2个、省级“青年

文明号”3个、济宁市级“青年文明号”18个、曲阜市级“青年文明号”53个。2003年，团市委成立市青年就业指导服务中心，乡镇团组织成立青年农民科技信息中心，设立新世纪书屋21个。2006年，实施青年科技创新行动和青工技能振兴计划，引导青年技工立足岗位进行科技创新活动。

2007年12月，团市委对全市青年文明号进行全面复核检查，经核查全部验收通过。到年底，全市共有国家级“青年文明号”2个、省级“青年文明号”9个、济宁市级“青年文明号”30个、曲阜市级“青年文明号”60个。2008年，与市政府职能部门联合开展青工培训工作，1930名适龄青年参加创业培训和技能培训，为260名进城务工青年开展订单式培训，扶持创业项目15个，带动就业400余人。

2012年，团市委开展以支持青年创业、促进青年就业为核心的青春创业行动，创建农村青年信用示范户50家；组织青年参加第二届济宁市青年创业大赛，获得2个优秀创业青年奖、3个优秀创业项目奖。

第六节　学校共青团

1991年，团市委在各中小学开展社会实践、劳动实践、“五自”（自我、自理、自信、自立和自强）教育等活动。1994年，举办“圣旺杯”“建行杯”“爱我中华　读书成才”演讲比赛。在学校团组织中开展争创“曲阜未来合格建设者”实践教育活动，加强中学生团校“建、管、用”工作，到1995年年底，全市中学生团校建设率95%以上。2003年，以团基础教育为主线，加强中学生团校“建、管、用”一体化建设，实现硬件建设规范化、教育内容丰富化、团校管理科学化、教育手段多样化。2006年，团市委开展青少年读书节活动，引导青少年多读书、读好书。2013年，全市学校共有基层团委2个、团总支15个、团支部342个，有学生团员11878人。

第七节　少先队

1996年，在全国爱国主义教育基地——孔庙大成殿前举行集体入队宣誓和“曲城少儿绘长卷迎回归”活动。1997年6月1日，团市委联合市教委等部门评选首届曲阜十佳辅导员、十佳少先队员。在各中小学开展“雏鹰奖章争章卡”“跨世纪雏鹰行动”“手拉手”、少先队“五自”实践和“争做未来合格建设者”等活动。1998年5月，团市委联合市金属门窗厂在护城河、小林河、小沂河两岸和城区主要旅游景点安装26块共青团（红领巾）绿地责任区牌，将美化净化名城任务量化分解到市直各基层团委和驻城各中小学校。1999年6月，团市委开展评选曲阜首届“十佳孔子故里好少年”和“十佳希望之星”。2000年12月，团市委、市教委在全市中小学实施中华古诗文经典诵读工程，成立中华古诗文经典诵读工程指导委员会，组织编印《中华古诗文经典读本》，并于2001年5月，开展中华经典诗文读本捐赠暨“庆六一”汇报演出活动。2002年5月29日，团市委举办“中国人寿杯”小公民道德建设暨中华古诗文经典诵读知识竞赛；9月，在孔子研究院举办首届华人中华文化经典朗诵会暨友谊赛；12月，团市委被中国青少年发展基金社区和文化委员会、中华古诗文经典诵读工程全国组织委员会授予“中华古诗文经典诵读工程‘百县计划’先进单位”称号，获山东省少先队庆祝建队52周年中华古诗文经典诵读大赛优秀组织奖。2006年，团市委、市教育局联合在市实验小学召开社会主义荣辱观教育观摩推进会，教育引导广大青少年努力成长为“五有”社会主义公民。2007年11月，团市委启动城乡儿童手拉手活动。2008年，团市委开展“祭扫烈士墓缅怀革命先烈”活动；举办青少年“畅享高铁时代共建美好家园”绘画大赛；举行“童蒙养正学做人习礼作乐求仁和”开笔礼暨新生入队仪式；启动少先队爱心图书工程，协调爱心企业向基层少先大队捐赠价值10万余元的图书；推进传统文化进校园活动，开展以弘扬优秀传统文化为主题的“天天诵读二十分钟　人人争戴诵读章”活动。2012年，团市委组织开展“学儒家文化　做彬彬有礼好少年”暨传统文化下乡镇（街道）、进校园等活动，加强青少年“四德”教育；成立“曲阜市青少年国学教育讲师团”，聘请儒学专家为讲师，定期为青少年授课。

第八节　青少年权益保护

1991年，团市委推动“曲阜市青少年工作领导小组”“曲阜市未成年人保护委员会”成立。1996年，推动成立“曲阜市青少年工作委员会”。2003年，团市委与曲师大、远东大学、中医药学校、职业中专、行知中专等大中专院校签订为创业青年提供业务指导、管理技能培训、优先发布信息、学费优惠和减免等内容的协议，为青年就业培训提供服务。3月，成立民办非企业机构市青年创业服务指导中心，实施“工岗快递”行动。2004年，实施青少年违法犯罪社区预防计划。2005年，团市委、市教体局、市文化局、市关工委办公室、市网通公司联合开展青少年绿色上网手拉手活动。2007年11月16日，全市城乡儿童手拉手活动启动，邀请著名家庭教育专家卢勤、新加坡儿童教育专家郑柔娟开展家教专场讲座。2008年3月，团市委、市委政法委、市公安局、市司法局、市教育局、市法院等部门联合召开全市学校法制教育工作座谈会，全年组织法制教育宣讲团到鲁城、时庄、书院等有关中小学开展法制宣讲30余场，近万名中小学生观看报告会。2009年，团市委举办“人大代表、政协委员与青少年面对面”活动，邀请15名人大代表、政协委员和各界青少年代表一起面对面交流，共话青少年权益保护。2010年，发挥政协委员优势，提交《关于加强我市闲散青少年教育和管理的提案》，开展“青春助力——曲阜共青团关爱农民工子女志愿服务行动”系列活动，邀请济宁市第一人民医院医生到曲阜市时庄镇第二中学免费为学生健康查体。2012年，结合全市“大走访”“第一书记”工作，团市委先后与省青少年发展基金会、市公路局、农信社等单位联系，为300余名农民工子女争取学习用品、生活用品等物资累计约10万元；设立曲师大学生社会实践基地、“蒲公英小屋”、社区服务站等志愿服务基地，为农民工子女提供学习活动场所。2013年，团市委成立预防青少年违法犯罪领导小组，加强对重点青少年排查摸底和服务管理；举办模拟法庭大赛、自护情景剧大赛、心理健康大讲堂等活动43场；定期与公安、司法、法院、人社、教体、民政、妇联等部门沟通联系，形成对五类重点青少年管理帮扶工作合力。

第九节　希望工程

1994年，曲阜市开始全面实施希望工程，市委、市政府出台开展希望工程活动实施方案，团市委面向社会，聘请10名希望工程监督员，开展“十百千”活动、“手拉手”活动和城乡联谊活动。1996年9月，团市委、市希望办公室举行希望工程新闻发布会暨希望书库发放仪式，向尼山乡夫子洞裕隆希望小学等9所学校捐赠由市农村信用联社等9个单位资助的希望书库，并发出“希望工程最后一轮劝募行动——请您参加‘爱心奉献’活动”倡议。2000年2月，团市委被团省委、省青少年发展基金会授予“希望工程攻坚奖”称号。1999年，团市委、市希望工程办公室举办希望工程成就展、“希望工程托起明天的希望”采访报道和“希望工程十周年爱心捐赠活动”、1+1结对救助、百家单位献千元活动。2003—2005年，团市委发起“爱心筑希望　共圆大学梦”爱心助学行动，当年筹集资金10万余元，帮助81名农村贫困学生进入高校学习；募捐希望工程资金42万元，新建真维斯希望小学、梁公林足利希望小学等希望学校3所。2005年，日本互乐会友人向市希望工程捐助2万元资金，用于贫困学生救助以及学校教学环境改善。2006年7月，青岛海尔集团出资30万元在董庄乡捐建曲阜海尔希望小学。自2007年开始，每年7月团市委联合市关工委、市总工会等7部门联合开展“金秋献爱心·助圆大学梦”活动，筹集社会资金，资助贫困大学生完成学业。2010年，中国著名乒乓球运动员孔令辉投资35万元在小雪街道和尼山镇助建希望小学。

1991—2013年曲阜市希望小学建设情况一览表

表20-2

学校名称	所属乡镇、街道	捐助方	捐助金额(万元)	捐助时间
防山乡尧乔沟希望小学	防山镇	地毯厂	2	1995.1
尼山乡夫子洞裕隆希望小学	尼山镇	裕隆总公司	10	1995.2
尼山足利希望小学	尼山镇	日本国足利市互乐会	25	2000

续表20-2

学校名称	所属乡镇、街道	捐助方	捐助金额(万元)	捐助时间
尼山镇真维斯希望小学	尼山镇	香港真维斯集团	50	2001
梁公林足利东希望小学	防山镇	小笠原康夫(日本)	20	2003.4
鲁能曲阜万柳希望小学	防山镇	山东鲁能集团	20	2003.6
海尔希望小学	石门山镇	青岛海尔集团	30	2006
曲阜国际人才希望小学	吴村镇	中国国际人才开发中心	25	2008.6
小雪街道明芃小学	小雪街道	中国宋庆龄基金会喜舍基金	28	2009
小雪街道令辉星际希望小学	小雪街道	令辉星际	15	2010
尼山令辉星际希望学校	尼山镇	令辉星际	20	2010
耀中耀华希望小学	陵城镇	上海耀中国际学校	45	2011

第四章　妇女联合会

1991年，曲阜市妇女联合会(简称市妇联)内设宣传部、组联部、权益部、少儿部、办公室。1993年，市妇联撤销“四部一室”，不再设中层机构。下属13个乡镇妇联，市直14个妇委会，有专职干部27人，村级妇代会495个，妇代会成员1731人。1995年4月，成立市妇女儿童工作委员会，办公室设在市妇联，为副科级事业单位；12月，设立市妇女儿童活动中心，为副科级事业单位，位于瑞祥路2号，占地1.23公顷，同年9月建成。2001年，市妇联下辖10个乡镇妇联、2个街道妇联、17个市直妇委会(企业女工委)，有专兼职妇女干部29人；396个村级妇代会，有妇代会成员2051人。随着形势发展，市妇联在新型经济组织、党政机关、科教文卫事业单位及民主党派中发展妇女组织。2013年，全市有乡镇(街道)妇联12个、市直妇委会(女工委)21个、村级妇代会405个；女性进村委班子实现100%，村妇代会主任由“两委”女性成员兼任。

第一节　代表大会

1992年5月21—23日，市妇联第十届代表大会召开，出席会议代表332人。大会讨论通过市妇联第九届执行委员会工作报告，号召妇女自尊、自信、自立、自强，为建设名城曲阜建功立业。大会选举市妇联第十届执行委员会委员39人，选举执委会常委11人，主任1人，副主任3人；1993年12月，增补主任1人；1997年7月，增补主任1人。

2000年5月24—25日，市妇联第十一届代表大会召开，出席会议的代表212人。大会讨论通过市妇联第十届执行委员会所作的工作报告，动员广大妇女发扬“自尊、自信、自立、自强”精神，为实现曲阜跨世纪宏伟目标努力奋斗。大会选举市妇联第十一届执行委员会委员39人，选举执委会常委11人，主席1人、副主席2人。

2005年12月30—31日，市妇联第十二届代表大会召开，出席会议的代表201人。大会讨论通过市妇联第十一届执行委员会所作的工作报告，动员广大妇女坚持科学发展、履行职能，为曲阜名城建设做出新贡献。大会选举区妇联第十二届执行委员会委员39人，选举执委会常委9人，主席1人、副主席2人。

第二节　宣传教育

1991年起，市妇联开展系列主题宣传教育活动，宣传各条战线优秀妇女典型，宣传妇女工作，提高妇女思想文化素质，营造支持妇女儿童事业发展良好社会氛围。

1994年，市妇联组织开展奔向北京象征性长跑、巾帼风采展览知识竞赛，拍摄迎“九五”培养选拔女干部工作纪实电视片——《撑起另一半蓝天》。到1995年年底，全市各级妇女组织共出黑板报、展板870期，展出图片近万张，张贴标语、过街联1163幅，印发宣传提纲2万余份，宣传妇女工作和妇女典型。1995年，市妇联被济宁市妇联评为济宁市宣传工作先进单位。1998，在曲阜报社、电台、电视台开设巾帼风采栏目，宣传妇女典型事迹和男女平等基本国策等。1999年，编纂出版《巾帼风采五十年》一书，荟萃全市35名妇女先模人物和3个妇女先进集体。

2000年，在市电视台开辟“巾帼创新业”专栏，宣传一批优秀妇女典型。组建巾帼文明队，2005年年底，全市建立各类巾帼文明队280支，队员总人数4500人。2006年，与市电视台联合拍摄“建功十一五，巾帼创新业” 专题片。2012年，创建市妇联网站。2013年，省妇联在曲阜市召开全省妇女工作宣传工作现场会，市妇联在会上作典型发言。

第三节　参与经济建设

“双学双比”竞赛活动

1991—1993年，曲阜市开展以一种、二养、三加工、四庭院经济、五旅游服务、六“三八”绿色工程为主要参赛内容的“双学双比”竞赛活动。1995年，开展“三八”银花赛活动、争当农民“科技女状元”竞赛活动，小雪镇1名个体养殖户被评为山东省“科技女状元”。1996年，实施千名农村妇女培训工程、妇女联动致富奔小康工程，到1999年年底，全市农村妇女85%掌握两门以上技术，村妇代会主任98%获得“绿色证书”或成为农民技术员，1792名农村妇女获得绿色证书。2001年，市妇联制定《曲阜市农村妇女科技知识培训规划（2001—2005年）》，实施“巾帼科技致富工程”。到2002年年底，全市接受新技术培训妇女2万余人，有400余名贫困妇女走上致富路；成立女子函授学校、农村妇女科技指导中心举办各类培训班30余次，培训妇女5000人次；启动万名妇女养殖竞赛活动，60%村建起以妇女科技骨干和致富带头人为主体的科技服务队。2006年，开展“以科技为先导，建设社会主义新农村”为主题的“巾帼科技曲阜行”活动，接待群众咨询500余人次，举办各类技术培训班40余期，培训农村妇女2680人，新建巾帼科技示范基地10个，命名“三八”绿色优质工程8个，命名市级“家庭创业示范基地”5个。2008—2011年，市妇联组织举办实用技术培训班150期，培训妇女3万余人，发展和培育“妇”字号基地、巾帼科技示范基地56个，树立女大户、女能人典型580人，创建济宁市级“巾帼示范村”10个、曲阜市级30个。2012—2013年，开展巾帼科技曲阜行活动，培树巾帼创业带头人，引导更多妇女创业就业。

“巾帼建功”竞赛活动

1991年，全国妇联号召广大城镇妇女发扬“四自”精神，在各自岗位建功立业，市妇联主要开展“巾帼文明岗”“巾帼社区服务工程”“巾帼志愿者” 等活动。1992年，市妇联出资在书院乡韩家铺村荒山栽植10000棵红富士苹果树，命名为“巾帼山”。2001年，开展巾帼社区服务工程、“十岗百星”创评活动，到2002年年底，全市树立42个市级“巾帼文明岗”。2006年，全市评选“巾帼文明岗”15个，“巾帼建功”先进典型30名。2013年，全市有国家级巾帼文明岗1个、省级5个、济宁市级13个。

妇女就业创业工作

1995—2013年，曲阜市各级妇联组织发挥各自优势，协助党委、政府做好妇女就业和再就业工作。2003年，市妇联与行知中专联合举办农村女青年就业培训班，23名农村女青年赴苏州就业；成立市妇女创业指导中心，指导农村女青年创业就业。2004年，市妇联联合有关企业举办下岗女工就业技能培训班5期，全市1070名下岗女工实现再就业。2006年，市妇联开展春风送岗活动，组织人员到外地考察、洽谈，提供用工信息，对农村贫困妇女开展“一帮一”扶贫活动，到2007年底，向外输出妇女劳动力1270人，市内安置妇女1710人；与市农村信用联社联合开展“信贷助推农村妇女创业行动”，为10名符合条件创业妇女协调贷款60万元；召开家庭创业现场经验交流会，为5个家庭创业示范基地挂牌。到2011年年底，联合农信社发放信贷资金93万元，支持18名妇女创业，联合人社局发放小额担保贷款176万元，扶持22名妇女创业；与曲阜师范大学联合开展关注女大学生从毕业走向就业系列活动。2013年，举办妇女SYB创业培训班，对全市12个镇街2000余名妇女进行创业培训，600余名妇女编制创业计划书，70余名妇女着手创办微小企业。

第四节　文明建设

1991年，市妇联广泛开展家庭文化建设活动，到1993年年底，市、乡（镇）、村（单位）三级评选“美好家庭”户，占全市总户数的23%。1994年起，开展创建“十星级文明户”活动，1995年年底，市妇联表彰“十星级”家庭标兵户50户，全市六星级以上挂牌率100%。1997年，全市开展“讲文明、树新风”和“净化、美化进家庭”活动，评选表彰50户文明家庭。

2000年，开展“情系西部、共享母爱”活动，为西部贫困母亲和儿童献爱心，收到各界捐款2万余元。2002年，市妇联评选表彰100名好媳妇，在电视台、电台、报社推出“十佳”好媳妇专题报道。2003年，评选表彰25户“家庭美德光荣杯”家庭。2006年，在书院街道寻家村举行“城乡妇女手拉手、共建美好新农村”帮扶结对仪式，结成帮扶对子25对，帮扶书橱18个，捐书2500册，“一池三改”24户，帮扶困难家庭18户。2006年，全市开展“孔子故里十万学习型家庭”等评选活动，至2007年年底，各级共表彰“和谐家庭”示范户250个、优秀读书家庭430个、“好媳妇、好婆婆”100名。

2012年，市妇联开展环境综合整治进家庭活动，向全市家庭和妇女发出倡议，通过集中整治、召开现场会、选树典型等达到房间亮化、居室净化、庭院美化。2013年，市妇联开展“户户洁”活动，市委将其纳入“2711”重点工程；组织举办“卫生城市·健康家庭”妇女骨干培训班，下发《关于开展曲阜市健康家庭行动的通知》，发出“凝聚巾帼力量　共创卫生城市”倡议。

第五节　妇女权益保护

普法教育

从1991年开始，开展“男女平等基本国策”宣传一条街、“148”妇女维权周、《中华人民共和国妇女权益保障法》颁布3周年宣传纪念活动。召开全市贯彻实施《中华人民共和国妇女权益保障法》和《实施办法》经验交流暨表彰会，表彰维护妇女合法权益工作先进集体50个，先进个人50人。2005年，邀请律师在全市举办法律知识讲座，通过案例对妇女群众普遍关心的土地权益、财产权、彩礼纠纷、家庭暴力等问题进行分析、讲解。组织妇联干部开展庭审观摩活动，增强“实战”经验。通过曲阜电视台“行风热线”，向全市妇女宣传妇联维权职能、维权热线职能、现场为群众解答有关问题。利用“三八维权周”“12·4”等重大宣传日，设立咨询台，发放《中华人民共和国妇女权益保障法》、新婚姻法、艾滋病防治知识和进城务工妇女知识手册等宣传资料，提高妇女群众用法律维护自身权益水平。

维护妇女合法权益

1991年起，市妇联每年都举办主题培训班，开展新婚姻法、男女平等基本国策、反家庭暴力法等内容的培训活动，每期参加培训的妇女干部均在150人以上。举办新婚姻法知识竞赛，乡镇、市直27支代表队参赛。开展“男女平等基本国策”宣传一条街、“148”妇女维权周、宣传《中华人民共和国妇女权益保障法》活动，到1993年底，查访处理家庭暴力等案件68起，市妇联被济宁市妇联评为普法工作先进集体。1994年，市妇联被国务院妇女儿童工

曲阜市开展城乡母子手拉手暨“母子传承国学”活动

2006年3月，曲阜女法官宣传妇女权益保障法现场

作委员会评为全国维权工作先进集体。1996年，推动《中华人民共和国妇女权益保障法》贯彻落实，调查新时期维权工作出现的新情况、新问题，做好接访工作。1996—1998年，市妇联共受理信访案件54起，并会同有关部门做恰当处理。1997年，市妇联被评为全国拥军优属先进单位。1998年，市妇联开展妇女儿童维权情况调查，到446个行政村重点调查发展女党员、妇代会主任进两委、离婚妇女财产分割、子女抚养等问题；在城镇，调查机关企事业单位229个，重点调查发展女党员、提拔女职工、女干部、住房分配等问题。2001年，市妇联制订全市妇联系统法制宣传教育第四个“五年规划”。2005年，开展“平安家庭”创建活动，市妇联制订下发《关于开展“平安家庭”创建活动的意见》《曲阜市“平安家庭”创建活动年度考核标准和考核办法》。到2007年年底，全市评选表彰“平安家庭”标兵户50个、优秀“妇女维权岗”10个、“零家庭暴力村庄”10个，鲁城街道池涯居委被评为山东省零家庭暴力社区。2007年起，开展“平安家庭”创建活动。鲁城街道南泉居委被授予全国“平安家庭”创建活动先进示范社区。

2008年起，开展“反家庭暴力”宣传活动，印发“反对家庭暴力，创建平安家庭”倡议书；畅通“12338”妇女维权热线，建立健全信访工作制度，信访案件处结率达到100%。2012年，聘请村妇代会主任为妇女维权志愿者；利用妇女维权周，以“法律温暖　家庭幸福”为主题，开展男女平等基本国策和妇女法治宣传咨询活动。

第六节　儿童工作

1991年，家庭教育知识宣传普及活动以培训“母亲”为重点，办班32期次，培训骨干3000人。开始实施“春蕾计划”，救助失学儿童完成学业。1995年，在全市城乡广泛开展“母教子”百千万系列活动，培养树立新时期家庭教育的典范。到1997年年底，全市救助失学女童324人。1998年，市妇联开展家庭教育知识宣传普及活动，家教知识普及率城区90%、农村80%；建立家长学校351所；举办家教座谈会、演讲会，经验交流表彰会74次。开展城乡手拉手、爱心献春蕾活动，市级领导带头结对子，市妇女儿童工作委员会成员单位和有关部门结合联系点，走访慰问，全市为特困女童捐助10万元，救助特困女童161人，市妇联救助5人。1999年，开展“面向二十一世纪，我们怎样做家长”系列活动，评选出济宁市“母教子”先进集体2个、“教子有方”家庭3户、好母亲9个、山东省优秀家长1个，评出省级示范家长学校1所。2000年，市妇女儿童工作委员会对全市实施“春蕾计划”活动情况进行调查。2001年，开展“孔子故里好家长、好儿童”评选活动，8名好家长、8名好儿童受到济宁市表彰，1名儿童被山东省妇联评为“齐鲁好儿童”。协调慈善协会拿出8000元资助100名特困女童。2003年，制订《曲阜市小公民道德建设行动计划(2003—2005年)》；命名市级以上小公民道德建设示范基地12处，示范家长学校16所。2003—2005年，市妇联筹集资金13.6万元，资助660名女童。2005年起，每年制订《曲阜市妇儿工委关于为全市妇女儿童办十件实事的意见》。2006年，制订《曲阜市家庭教育工作十一五规划》。2006—2007年，市妇联联合市委组织部等部门制订《关于贯彻落实济宁市委组织部、市妇联等七部门意见精神做好农村留守流动儿童工作的意见》和《关于建立农村留守流动儿童家长学校的通知》。2011年，市妇联开展庆“六一”爱心捐助暨文艺演出，捐助42名特困孤儿；争取济宁市妇联拨款7100元，资助贫困儿童。

2012—2013年，在全市招募"爱心妈妈"90名，与100名留守贫困儿童结对帮扶。争取上级资金70万元，在全市24个村居建设留守儿童活动站。

第七节　妇女儿童发展规划

1994年，市妇联编制《曲阜市妇女发展规划（1995—2000）》。1995年7月，市妇女儿童工作委员会成立；12月，《曲阜市妇女发展规划（1995—2000）》由市政府颁布实施。1998年，市妇女儿童工作委员会办公室对《曲阜市妇女发展规划》《曲阜市儿童发展规划》进行中期监测评估。2000年，召开妇女儿童工作会议，对全市两个规划实施情况进行检查，完成省、济宁市妇儿工委对曲阜市实施两个规划检查验收。2001年，召开全市妇女儿童工作会议，通报九五规划终期监测评估工作情况，对新规划提出要求；起草《2001—2010年曲阜市妇女儿童发展规划》，由市政府颁布实施；市妇联在《曲阜日报》开辟专栏，分期分批登载两个规划主要目标；举办"电信杯"婚姻法、两个规划电视知识竞赛，宣传新规划。同年，市妇女儿童工作委员会被省委省政府授予省妇女儿童工作先进单位称号，曲阜市被命名为省"实施两个规划示范县市"。2002年，市妇联举办"2001—2010年妇女儿童规划"培训班。2003年，对妇女儿童规划（2001—2010年）进行第一次阶段性评估；省、市政协对曲阜市妇女儿童"纲要"实施工作给予肯定。2005年，省妇联对《曲阜市妇女儿童规划（2001—2010年）》进行中期检测评估。2010年，市妇联开展妇女儿童两个规划监测统计工作；协调将《曲阜市妇女"十二五"发展规划》《曲阜市儿童"十二五"发展规划》列入市政府"十二五"重点专项规划；省政协视察组对曲阜市实施"一法两纲"情况进行视察。2012年，市妇联制订《2011—2015年妇女儿童发展规划》，由市政府颁布实施。

第五章　工商业联合会

曲阜市工商业联合会（简称市工商联），是中共曲阜市委领导的面向工商界、以非公有制企业和非公有制经济人士为主体的人民团体和商会组织，是党和政府联系非公有制经济人士的桥梁纽带，是政府管理和服务非公有制经济的助手。1994年5月，市民间商会成立，与市工商联一套班子、两块牌子。1998年10月，市工商联党组成立。2010年8月，市委非公有制经济组织工作委员会成立。2013年，市工商联有主席1人、副主席12人、秘书长1人，常务委员25人、执行委员77人、会员530人。

第一节　代表大会

市工商联七次会员代表大会

于1990年8月16—17日在五马祠街招待所召开，出席会议代表78人。会议审议通过市工商联第六届执行委员会工作报告，选举产生第七届执行委员会，选举执委会委员21人。执行委员会第一次会议，选举执委会常委7人，主任委员1人，副主任委员2人，秘书长1人。

市工商联八次会员代表大会

于1994年5月18日在市农行招待所会议室召开，出席会议代表110人。会议审议通过市工商联第七届执行委员会工作报告，选举产生第八届执行委员会，选举执委会委员25人。在市工商联八届一次执委会上，选举执委会常委8人，秘书长1人，副主任3人，主任1人。

市工商联九次会员代表大会

于1998年10月29日在市老干部活动中心会议室召开，出席会议代表130人。会议审议通过市工商联第八届执行委员会工作报告，选举产生第九届执行委员会，选举执委会委员27人。在第一次执委会上，选举执委会常委8人，秘书长1人，副会长7人，会长1人。

2009年9月23日，市工商联举行庆祝中华人民共和国成立六十周年文艺会演　孔向前/摄

市工商联十次会员代表大会

于2001年11月23日在市机关会议中心召开，出席会议代表150人。会议审议通过市工商联第九届执行委员会工作报告，选举产生第十届执行委员会，选举执委会委员39人。在第一次执委会上，选举执委会常委10人，秘书长1名，副会长7人，会长1人。届中增补执行委员12人，常委9人、副会长10人。

市工商联十一次会员代表大会

于2008年3月21日在市机关会议中心召开，出席会议代表135人。会议审议通过市工商联第十届执行委员会工作报告，选举产生第十一届执行委员会，选举执委会委员57人。在市工商联十一届一次执委会上，选举执委会常委17人，秘书长1人，副主席18人，主席1人。

市工商联十二次会员代表大会

于2012年4月22日在市委会议中心第一会议室召开，出席会议代表170人。会议审议通过市工商联第十一届执行委员会工作报告，选举产生第十二届执行委员会，选举执委会委员77人。在市工商联十二届一次执委会上，选举执委会常委25人，秘书长1人，副主席12人，主席1人。

第二节　主要活动

组织建设

1991年，市工商联制订并实施《关于在全市非公有制经济人士中建立骨干队伍的计划》；1998年，对计划进行修订完善，全市非公有制经济人士骨干队伍发展到80人。2001—2002年，鲁城、书院、王庄、董庄、吴村、姚村、时庄、小雪、息陬、南辛10个乡镇街道，分别建立工商联街道分会、乡镇商会。2001年9月，成立市非公有制经济代表人士联谊会。2004年3月，制定《曲阜市工商业联合会会员条件和入退会办法》，开展会员登记工作，吸纳新会员，全市会员总数为490人。2006年4月，成立曲阜市工商联女企业家商会。2008年4月，陵城镇、防山乡建立乡镇商会。2010年5月，成立市工商联礼仪庆典业商会；　12月，成立市经济开发区（时庄街道）工商联。2011年5月，成立市工商联摄影业商会。2011年3—10月，协助市委组织部、市非公经济组织党工委先后在鲁城、书院、王庄、石门山（董庄）、吴村、姚村、开发区（时庄）、陵城、小雪、息陬、尼山、防山12个乡镇（街道）建立非公有制经济组织工作党总支。

思想政治工作

1991年，市工商联在全市会员中开展“坚定不移跟党走，尽心竭力为四化”学习教育活动。2000年7月，根据全国和省、市工商联要求，结合全市实际，开展“双思”和“三结合”教育活动。“双思”即致富思源，富而思想，“三结合” 即把自身企业发展与国家发展结合起来，把个人富裕与共同富裕结合起来，把遵循市场法则与发扬社会主义道德结合起来。2002年5月，市工商联开展“争做中国特色社会主义事业优秀建设者”活动，在全市推选出11名优秀民营企业家、36名优秀建设者予以表彰。2005年8月，开展建设“节约型”“环保型”企业活动。2008年12月，市工商联召开曲阜改革开放30年民营经济大发展座谈会。2009年9月，市工商联举办庆祝中华人民共和国成立60周年文艺会演。2010年7月，开展“回报社会感恩行动”活动，走访帮扶困难老八路、老解放、老党员53户，副主席会员企业及部分常委会员企业捐资发放帮扶金9.8万元。2011年6月，市工商联结合企业党建工作召开庆祝中国共产党建党90周年座谈会。2013年，开展“共产主义理想信念教育实践”活动；1991—2013年，常年与市文明办联合开展市非公有制企业文明单位创建活动，与团市委联合开展“青年创业就业奖”评选活动、“百家企业创建青年就业创业见习基地”活动，协同市委组织部、市工商局在非公有制企业党员中开展争做“兴业先锋、奉献标兵”活动。

参政议政

1991—2013年，市工商联遵照《中共中央关于坚持和完善中国共产党领导的多党合作和政治协商制度的意见》精神，组织会员参加党委和政府召开的协商会、座谈会，参加市人大、政协的有关活动，参与全市政治、经济、社会生活中重大问题的讨论，全市会员向市委、市政府及有关部门提出建议和意见400余条。市工商联每年举办一次有市委、市政府、市纪委有关领导和部分政府职能部门负责人参加的对话活动，累计提出意见、建议180条。

服务会员

1991—2013年，市工商联坚持服务立会、服务兴会、服务强会，开展系列服务工作。举办企业管理、市场营销等专题培训15次，受益1500人次。多次帮助企业会员与市纪委、市优化办、市委办、市政府办、市民营局、市三产办、市质量技术监督局、市工商局、市招商局、市经济开发区、市农村信用联社、市农业银行等单位协调关系，解决实际问题。为会员企业提供有价值生产销售信息1000余条，融资1100余万元。与市报社、电视台、文广新局合作，定期不定期宣传工作典型和企业，指导基层商会工作。2003年，成立市工商联（民间商会）企业家俱乐部，开展联谊交流活动46次；成立市工商联医疗保健专家小组，每年组织骨干会员举行健康查体1次、专题咨询1次，组织召开健康保健专题报告会1次。2004年，市工商联组建市工商联人大代表、政协委员活动小组。2005年，市工商联成立市工商界人大代表、市政协委员维权活动小组。2006—2013年，市工商联举办法律讲座、培训班等15次，为会员维权3次。

对外联络与招商引资

1991—2013年，市工商联先后与上海市黄浦区工商联，浙江省萧山区工商联、台州市椒江区工商联，江苏省昆山市工商联、靖江市工商联，河南省郑州市工商联、洛阳市工商联建立友好商会，与山东省女企业家商会和济南市工商联确立交流合作伙伴关系。接待巴基斯坦、澳大利亚和中国台湾地区等客商19起200余人。2002年，市工商联配合金皇活塞股份有限公司开展有关外贸活动，促成与巴基斯坦商会的贸易合作。2005年，帮助巨力钢模有限公司引进台资50万美元，创建升阳管业有限公司。2006年，市工商联协助恒达食品有限公司融资800万元，扩大企业经营规模。2008年5—10月，在“海内外知名企业家齐鲁行”活动中，市工商联组织30余人次，赴环渤海、长三角、珠三角、闽中南等地区开展招商活动，促成签约项目2个。2011—2013，市工商联开展驻点招商工作，提供招商信息30余条，为企业引进技术2项，落地项目2个。

公益事业

1991—2013年，广大会员在“希望工程”、助教事业、敬老济困、村村通柏油路、慈善事业、治理尼山水库和大沂河、抗洪抗震救灾等方面各类捐款2200余万元。2002 年 6 月，协助市慈善总会举办《慈善之光》大型慈善募捐文艺演出，捐赠人民币 2 万余元。2008 年 5 月 12 日，汶川地震发生后，市工商联迅速向全市会员发出倡议书，并在慧迪化工有限公司组织捐献活动，当场捐款 12 万元；通过会员驻地党政组织和有关部门捐款 500 余万元。2009—2010 年，开展“支持新农村建设援助村级卫生所建设”活动，副主席会员企业和部分常委会员企业，捐款捐物 40 余万元，援建卫生所 9 处。此项活动成为山东省县级工商联光彩事业新亮点。

2010年3月，市工商联在王庄乡孟李村举行援建卫生所揭牌仪式

孔伟／摄

第六章　科学技术协会

1991年，曲阜市科学技术协会(简称市科协)内设科普部、学会部、办公室，下辖市科技咨询服务中心。全市有市直学会(协会、研究会)组织22个。2001年，市老科技工作者协会成立。2001年起，开展"科技活动周"(每年5月第三周)活动。2002年，推动建立企业科协组织。2005年，实施"科普村村通"宣传栏建设工程。2006年，实施"科普惠农兴村计划"。2007年，实施《全民科学素质行动计划纲要》。2012年，实施"基层科普行动计划"。2013年，全市有市直学会(协会、研究会)组织16个，会员3400人；有企业科协组织20个。2004年、2011年，曲阜市创建为全国科普示范市(县、区)。

第一节　代表大会

1991—2013年，曲阜市科学技术协会历经3次换届选举。

1992年9月9—10日，市科协第三次代表大会召开，出席会议代表200人。会议审议通过题为《投身改革，奋力拼搏，为建设名城，振兴曲阜，贡献聪明才智》的工作报告。大会选举市科协第三届委员会委员35人。在市科协三届一次全委会上，选举市科协第三届委员会常委8人，主任1人，副主任2人。

1999年4月18—19日，市科协第四次代表大会召开，出席会议代表210人。会议通过三届市科协题为《团结协作，积极进取，为实施科教兴曲和可持续发展战略而努力奋斗》的工作报告，修改通过《曲阜市科学技术协会章程》。大会选举市科协第四届委员会委员35人。在市科协四届一次全委会上，选举市科协第四届委员会常委7人，主席1人，副主席3人。

2005年12月28—29日，市科协第五次代表大会召开，出席会议代表210人。会议通过四届市科协题为《与时俱进、开拓创新，为全面建设小康社会和构建和谐圣城而奋斗》的工作报告，修改通过《曲阜市科学技术协会章程》，通过《致全市科技工作者倡议书》。大会选举市科协第五届委员会委员35人。在市科协五届一次全委会上，选举市科协第五届委员会常委7人、主席1人、副主席3人。

第二节　组织建设

1991年，市科协下辖市科技咨询服务中心，为副科级事业单位，有市直学会、协会、研究会组织22个。1995年，市气功科学研究会、星期日工程师学会组织自动解散。1999年，市直学会进行全面整顿与调整，由22个减至18个。2001年5月，市老科技工作者协会成立。2004年10月，成立市反邪教协会，后市科协增设市反邪教协会办公室，为正科级事业单位。2005年，市医学会、中医学会、防疫学会、护理学会进行整合，合并为市卫生学会。2013年，市科协编制13人，下辖市科技咨询服务中心和市反邪教协会办公室；市直学会整合发展为16个；全市各镇(街道)均设1名科协主任，配备1名专职副主任；全市各村居均建有科普协会，基本形成以市科协为龙头，镇街科协为组

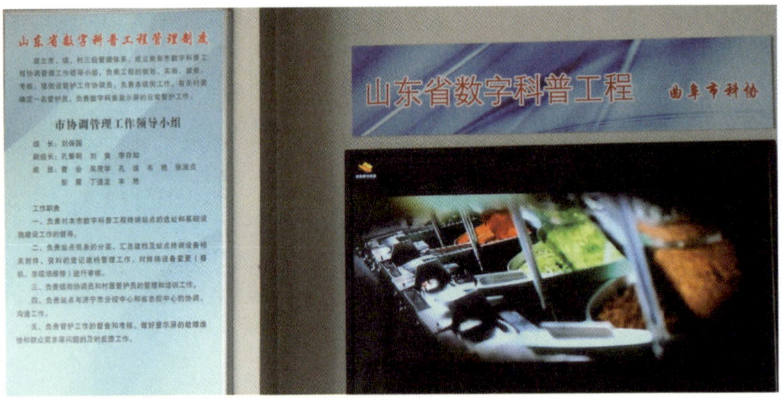

2013年，曲阜市实施全省数字科普工程

带，村街科普协会、农技协为主体，示范基地、示范户为基础的四级科普组织网络。

第三节　主要活动

创建全国(省)科普示范市

2001年年初，曲阜市被列为全省科普示范县(市)创建单位，市委十届96次常委会议专题研究科普创建工作，研究制定创建工作实施意见。4月，市政府召开创建全国(省)科普示范市动员大会，分解任务，落实责任。6月，市科协在春秋路建设50米高标准钛合金科普画廊。12月26日，曲阜市被命名为“山东省科普示范县(市、区)”。2002年2月，曲阜市被列入第二批创建全国科普示范县(市)创建单位。市委、市政府专题研究创建工作，整个创建活动分宣传发动、组织实施、检查验收和总结表彰四个阶段实施。各创建单位同心协力，创建工作取得明显成效，2004年10月，曲阜市被命名为第二批“全国科普示范县(市、区)”。2008年，曲阜市通过全国科普示范县(市、区)复查验收。2010年，启动新一轮全国科普示范市创建工作，2011年，曲阜市创建为“2011—2015年度全国科普示范县(市、区)”。

《全民科学素质行动计划纲要》实施

2007年，全市启动实施《全民科学素质行动计划纲要》(以下简称《纲要》)，成立全市全民科学素质工作领导小组，市政府分管副市长任组长，市直31个成员单位分管领导为成员。5月，召开全市《纲要》实施动员大会，下发《纲要》实施意见和实施工作方案。市科协发挥工作职责，组织协调各成员单位开展工作。2008年，市科协举办“燕京啤酒杯”全民科学素质科普知识竞赛，全市20个代表队60名选手参加竞赛，发放科普知识读本1000余册。2011年，市科协获“山东省全民科学素质工作先进集体(2006—2010年)”称号。2011年，开展山东省科学城市创建试点工作。4月，举办创建山东省科学城市科技创新成果巡展现场活动。创建期间，各创建单位多措并举，扎实推进创建试点工作。2012年5月，曲阜市被省全民科学素质工作领导小组授予“山东省科学城市”称号。2013年，制定《关于加强城镇社区科普工作的意见》，建立市科普志愿者队伍。首批志愿者220人，下设12个服务站。组织开展一系列以“讲科学生活，建文明社区”为主题的“科教进社区”活动。

农村科普工作

1991—1998年，市科协围绕实施“科教兴曲”战略，以农村科技培训工作为重点，举办以农广校、乡镇夜校、农函大为主的农业科技知识培训和由学会、协会、研究会举办的实用技术培训等各类技术培训，培训各类专业技术人才14.5万人次。1999年，市委、市政府转发市科协《“百千万”科普示范工程实施意见》，组织实施“百千万”科普示范工程。到2005年，全市兴办各类科普示范基地88处，面积1733公顷，带动辐射面积3867公顷。成立市农村专业技术协会，发展农村专业技术协会组织116个，培养科技示范户15404户。其中大成畜牧养殖科普示范基地、陵城镇农业高科技示范园被命名为省级科普示范基地，14处基地被命名为济宁市级科普示范基地，11个科技示范户被命名为济宁市模范科技示范户。2005年起，市科协加强农村科普宣传阵地建设，实施“科普村村通”宣传栏建设工程。采取市场化运作方式，筹措资金40余万元，为全市264个行政村、32个社区、10个科普示范基地免费建设面积10平方米高标准科普宣传栏；省科协每年配送4期科普挂图，市科协及时组织更换宣传栏。

2006年起，按照省、济宁市科协工作部署，曲阜市科协开展“一站一栏一员”(即乡村科普站、科普宣传栏、科普宣传员)建设试点工作，到2013年，全市建设科普村村通宣传栏403个，有9个镇(街道)、295个行政村完成乡村科普活动站建设任务；为341名科普宣传员建档立卡、登记造册，并对其全部进行培训。2006年11月10日，济宁市“一站一栏一员”建设暨“村村建网站、户户信息通”工作会议在曲阜市召开，曲阜市科协作典型经验介绍，为济宁市开展“三个一”建设提供试点经验。

基层科普行动

2006年起，中国科协和省科协每年组织实施“科普惠农兴村计划”；2012年，增加实施“社区科普益民计划”，并将两个计划合并成为“基层科普行动计划”。市科协坚持以点带面、榜样示范，扶持培育农村科普示范基地、农村专业技术协会、农村科普带头人等科普惠农先进典型和科普社区典型，组织申报基层科普行动计划项目，引导先进集体和个人发挥科普示范带头作用。到2013年，大成畜牧养殖基地、市渔业协会、石门山镇草莓协会等先进典型受到国家、省、济宁市表彰奖励，获得奖补资金113万元。

2007—2013年曲阜市基层科普行动计划获奖单位情况表

表20-3

年份	单位名称	荣誉名称	奖补资金(万元)
2007	大成畜牧养殖基地	全国科普惠农兴村先进单位	20
2008	陵城镇	济宁市科普惠农示范乡镇	3
2009	曲阜市	济宁市科普惠农示范县	5
	曲阜市大蒜协会	济宁市科普惠农示范工程先进单位	2
2010	曲阜市	山东省科普惠农示范市	15
	曲阜市大蒜协会	山东省科普惠农示范工程先进单位	6
	王庄养殖协会	济宁市科普惠农示范工程先进单位	2
2011	王庄养殖协会	山东省科普惠农示范工程先进单位	6
	防山养猪协会	济宁市科普惠农示范工程先进单位	2
2012	鲁城街道仓巷社区	全国基层科普行动计划先进单位	20
	石门山镇草莓协会	山东省基层科普行动计划先进单位	6
	曲阜市渔业协会	济宁市基层科普行动计划先进单位	2
2013	曲阜市渔业协会	全国基层科普行动计划先进单位	20
	尼山果蔬协会	济宁市基层科普行动计划先进单位	2

青少年科普

2001年起，市科协围绕青少年科普工作，结合创建全国(省)科普示范县(市)创建活动，开展科普示范学校(基地)创建、青少年科技创新大赛、青少年科技培训等工作。2002年6月，市科协成立市青少年科技辅导员协会和青少年科普教育辅导团，组织开展青少年科技创新大赛、青少年计算机奥林匹克竞赛、生物标本制作大赛、科普知识校园巡展等活动，中小学生参与率95%以上。到2004年，市实验中学等4所学校被授予济宁市科普示范学校称号，实验小学被授予省科普示范学校称号，孔子研究院、市职业中专等被命名为省科普教育基地，市实验中学等12处科普教育基地被命名为济宁市科普教育示范基地。2009年、2010年，省科普报告百校行活动两次走进曲阜市，分别在市杏坛中学和曲阜一中举办“卫星遥感就在你身边”和“太空人的衣食住行”大型科普报告会。2011年、2012年，市科协在市实验中学、杏坛中学举办“科普大篷车进校园”活动。2012年，在曲阜一中组织举办世界地球日大型科普报告会。11月，在曲阜一中举办“山东省流动科技馆县县通工程”巡展活动，全市万余名师生参观体验展品展具。2013年，组织中小学师生参加国家、省、市青少年科技创新大赛，100余名师生获奖。2010—2012年，市杏坛中学教师陈登民在第二十五、二十六、二十七届全国青少年科技创新大赛上获全国优秀科技辅导员创新项目科技发明类一等奖，被授予“全国十佳科技辅导员”称号，2012年，被省科协和省教育厅授予第二届山东省青少年科技教育“春晖奖”称号。

学会工作

1991年，曲阜市有22个市直学会（协会、研究会），各学会发挥自身优势，开展学术交流、人才培训、优秀论文评选、便民科技服务、送科技下乡、科技

咨询等多项学会活动。到2000年，市直各学会以不同形式开展学术交流610余次，参加人数7.5万人次；举办科技讲座、培训班720余次，参加人数8.2万人次；共组织5次优秀论文评选活动，征集学术论文570篇，获得济宁市优秀科技论文一等奖25篇，二等奖56篇，三等奖245篇，获得曲阜市优秀科技论文150余篇；开展便民科技服务2100次，受益群众3.5万余人次；参加“送科技下乡”活动1100人次，受益群众45万人次。

1999年，对市直学会进行全面整顿与调整，有原来22个调整到18个学会，各学会先后进行换届，并建立健全各项规章制度。市委办公室、市政府办公室下发《关于进一步加强学会工作的意见》，促进学会工作。2000年起，先后开展“十佳会员”评选、优秀科技工作者评选、自然科学学术创新奖、优秀学术论文评选、学术研讨会等活动。

2003年，市科协在全市范围内开展“十佳会员”评选，评选出曲阜市首届“十佳会员”。

2004年起，市科协开展优秀科技工作者评选活动，宣传和表彰在科技战线上做出突出贡献的优秀科技工作者，每三年一届评选。2004年，市科协联合市人事局开展首届曲阜市优秀科技工作者评选，评选出20名优秀科技工作者；2007年，第二届评选出24名优秀科技工作者；2010年，市科协联合市委组织部、市人社局开展第三届优秀科技工作者评选，评选出30名优秀科技工作者。

2008年起，曲阜市每两年开展一届自然科学学术创新奖评选活动，学术创新奖评奖范围包括学术论文、科研论文、论著和科技建议。2008年首届自然科学学术创新奖评选活动，评选获奖成果74项，其中一等奖30项、二等奖44项；2010年，第二届评选获奖成果41项，其中一等奖20项、二等奖21项；2012年，第三届评选获奖成果21项，其中一等奖8项、二等奖13项。

2005年10月，医学会、中医学会、预防医学会、护理学会、农经学会合并为卫生学会。到2013年年底，曲阜市有16个市直学会、协会、研究会，发展会员3400人。

企业科协

2002年，市科协开始推动建立企业科协组织，先后在燕京啤酒、金皇活塞、圣阳电源、天博汽配、孔府制药等企业建立科协组织，到2013年，全市有企业科协组织20个。市科协制定《关于加强企业科协工作的意见》《关于在企业中深入开展“讲理想、比贡献”活动的意见》等文件；各企业科协开展科技讲座、科普展览、继续教育、岗位技能培训和科技比武等群众性科技活动，举办“讲敬业爱岗、比科技兴企”竞赛和创建科普车间、科普班组等活动；承担各级各类科技计划项目78项，开发新产品45项，开展各类学术交流活动360次，提合理化建议890余条。2007年，市科协被评为全省“讲理想、比贡献”竞赛活动先进单位。

老科协工作

2001年5月25日，市老科学技术工作者协会（简称市老科协）成立，并成立卫生、教育、农业、工业、畜牧、林业6个专业委员会，首批会员60人。市老科协成立以后，组织老科技工作者围绕全市社会经济发展，建言献策，发挥专长和余热，进行科普咨询服务等活动。2007年，市老科协向市委市政府提出“关于开展全民健康教育”的建议；10月，市科协、市老科协、市老年大学联合举办“光彩老年”演唱会；2008年，组织开展庆祝“老人节”卫生保健科普讲座；向市委、市政府提出的“关于农村养老问题的建议”得到市领导和有关部门的重视。2009年10月，市科协、市老科协和市老年大学联合举办“贺国庆老科技工作者书法绘画展”；2010年、2012年，市老科协组织卫生委员会专家到防山乡钱家村、小雪街道前西庄村开展惠民义诊活动。2013年6月，市老科协第二次会员代表大会召开，选举产生新一届组织领导机构，完成市老科协社团登记注册工作。

1991—2013年曲阜市直学会情况表

表20-4

学会名称	成立时间	会员人数	备注	学会名称	成立时间	会员人数	备注
农学会	1980.7	181		工程技术学会	1982.6	92	
植保协会	1988.1	129		工艺美术学会	1982.5	73	
蔬菜协会	1985.12	44		医学会	1980.7	299	
渔业协会	2006.4	389		中医学会	1990.5	42	
农业机械学会	1981.1	126		预防医学会	1989.8	46	
畜牧兽医协会	1980.7	166		护理学会	2000.8	411	
水利学会	1980.7	134		农经学会	1985.10	124	2000 年并入农学会
林学会	1980.7	76		电子学会	1987.8	96	1999 年撤销
卫生学会	2005.10	1400		珠算协会	1981.9	98	1999 年撤销
药学会	2005.3	183		青年书法家协会	1987.6	11	1999 年撤销
食品酒业协会	2004.7	116		星期日工程师协会	1988.10	146	1995 年解散
书画研究会	1988.7	125		果品协会	1990.6	110	1999 年撤销
计划生育协会	1987.7	团体会员		气功科学研究会	1987.3	280	1995 年解散
孔府菜研究会	1985.7	34					

第二十一编

政　法

2014年11月，曲阜市一民情夜会现场

1991年，曲阜市政法机关继续严厉打击各类违法犯罪活动，在维护社会稳定和保障经济发展中发挥保驾护航作用。至2013年，侦破各类刑事案件16675起，查处治安案件3.6万余起、交通事故4.6万余起；审查起诉3478件5936人，判决刑事犯罪分子4437人，立案查办贪污贿赂案、各类渎职案478件606人；判决刑事案件1527件，审结民事案件21904件（其中调解结案12047件）、经济（商事）案件5931件，审结执行案件8856件；调解处理各类纠纷1.28万件，办理各类法律事务2.21万余件，办理各类公证6.41万余件；全市刑满释放，解除劳动教养人员帮教率为100%，安置率在90%以上。

第一章　政法委及综合治理

市委政法委坚持以“以法治市”为引领，推进司法体制改革，强化队伍建设，提高政法工作水平，防控各类风险，维护社会稳定，促进曲阜法治建设发展。

1991年年初，曲阜市成立社会治安综合治理委员会及其办公室，并作为常设机构与市委政法委合署办公。1994年8月，成立社会治安见义勇为奖励促进会，为群众社团组织。1998年，各乡镇配备综合治理负责人，设立综合治理办事机构。2000年5—11月，全市13个乡镇（街道）均设立由行政、司法等职能部门组成的乡镇司法调解中心，负责辖区内矛盾纠纷排查调处工作。2001年3月，从公检法部门选派12名干部到乡镇（街道）党（工）委任挂职政法副书记。2007年9月，会同市委组织部从政法部门选派12名优秀政法干警到乡镇（街道）任挂职政法副书记。至2007年年底，全市选派6批72名政法干部到乡镇（街道）挂职工作。2013年，市委政法委有工作人员7人，市社会治安综合治理委员会及其办公室与其合署办公。

第一节　“严打”整治

1991—1993年，曲阜市公安机关破获经济案件和刑事案件1368起，摧毁犯罪团伙82个；市人民检察院批准逮捕180件336人，受理移送审查起诉、免予起诉案件190件356人；市人民法院受理刑事案件224件336人，审结199件291人。1994—1995年，市公安机关开展“春季严打攻势”“扫黄打非”、打击车匪路霸和盗窃机动车犯罪，以及“集中整治农村治安落后村街”等专项斗争；市人民检察院批准逮捕155件390人，受理移送审查起诉、免予起诉案件185件385人；市人民法院受理刑事案件215件356人，审结186件315人。1996—1998年，开展严打整治冬季行动、百日会战、打霸除恶等专项打击活动，破获各类刑事案件2851起，摧毁犯罪团伙79个；市人民检察院批准逮捕323件590人，受理移送审查起诉、免予起诉案件384件596人；市人民法院受理各类案件410件599人，审结380件552人。1999—2002年，组织开展“打黑除恶”、治爆缉枪和打击经济犯罪三条战线斗争，市公安机关破获各类刑事案件4220起，打掉犯罪团伙97个，查获团伙成员422人，抓获各类犯罪嫌疑人1193人；市人民检察院批准逮捕431件730人，受理移送审查起诉案件478件764人；市人民法院受理刑事案件751件1112人，审结734件1084人。2003—2005年，建立健全严打经常性工作机制，组织开展“命案必破”“打霸除恶”“侦破命案”和打击“两抢一盗”、打击盗抢农用水电设备、打击盗抢机动车等一系列专项斗争和集中行动，市公安机关破获各类刑事案件3114起，摧毁犯罪团伙130个，抓获团伙成员543人，缴获赃款及赃物折款581.5万元，抓获各类犯罪嫌疑人1250人；市人民检察院批准和决定逮捕173件347人，受理移送审查起诉案件242件430人；市人民法院审结各类刑事案件532件，判处犯罪分子843人，依法执结各类案件2368件。2006—2007年，组织开展“打霸除恶”“侦破命案”和打击“两抢一盗”、旅游秩序整治、流动人口以及租赁房屋清理整顿、打击非法传销等专项斗争和集中行动，加强社会治安形势分析研究，落实“宽严相济”刑事政策，将依法严厉打击严重刑事犯罪方针贯彻落实到侦查破案、批捕起诉、定罪量刑等各个环节，市公安机关破获各类刑事案件2295起，摧毁犯罪团伙80个，抓获团伙成员314人，缴获赃款及赃物折款755万元，抓获各类犯罪嫌疑人899人；市人民检察院批准和决定逮捕272件538人，受理移送审查起诉案件419件703人；市人民法院审结各类刑事案件388件，判处犯罪分子632人，依法执结各类案件1539件，标的额2017万元。2008—2011年，开展交通秩序专项整治“百日行动”，组织暂住流动人口租赁房屋清理整治专项行动，遏制抢劫、抢夺、盗窃案件高发势头。市委政法委精心组织“命案侦破”、“打霸恶、追逃犯”、打击“两抢一盗”等专项行动，市公安机关破获刑事案件4499起，抓获犯罪嫌疑人1506人，摧毁犯罪团伙127个，破获命案28起，命案破案率100%；市人民检察院审查批准逮捕402件724人，依法提起公诉605件979人；市人民法院受理各类案件13887件，审结各类刑事案件593件，判处罪犯924人。2012—2013年，开展社会治安重点要害部位和“两抢一盗”、涉牌涉证交通违法等突出治安问题不间断排查整治，实施“平安进万家”社会治安集中清查行动。市公安机关创建“无黑恶犯罪市”，打击“两抢一盗”和“黑恶霸痞”犯罪，破获各类刑事案件2204起，抓获各类犯罪嫌疑人687人，摧毁犯罪团伙37个，抓获团伙成员134人，缴获赃款赃物折款400余万元；市人民检察院立查贪污贿赂类职务犯罪17件24人，渎职侵权类职务犯罪6件8人，依法批准逮捕212件307人，受理移送审查起诉案件381件639人，经审查依法提起公诉343件466人；市人民法院受理刑事案件351件493人，审（执）结328件459人，结案率99.3%，诉讼标的额5.2亿元。

第二节　综合治理

1991年，在市区设立城市巡警大队，建立城区治安联防指挥部和治安岗亭，实行全方位治安联防巡逻；在乡镇，16个乡镇联防大队250余名义务联防员构成农村联防网络。1994年，每个乡镇设置2—3个治安报警点和治安岗亭，京沪、兖石铁路沿线设立18处铁路护路房，保障铁路安全畅通。市委、市政府对社会治安综合治理工作不力影响稳定乡镇和部门单位实行一票否决。成立社会治安见义勇为奖励促进会，筹集资金47万元，对全市90名社会治安见义勇先进个人进行表彰奖励。1996年，全市495个行政村建立起综合治理、村（社区）警务、治保、调解、外来人员管理“五位一体”的综合治理办公室。同年，曲阜市被授予山东省社会治安综合治理先进单位称号。1998年，曲阜市获山东省社会治安综合治理模范市称号。1999年，对全市治安混乱地区和突出治安问题进行拉网式排查和集中整治，整治治安混乱地区13个，解决个别路段抢劫（夺）等突出治安问题17个。至2002年年底，全市有252个行政村达到“安全文明村”标准，有91个小区达到“安全文明小区”标准。2003年，实施军警民巡防工程，成立100人协警机动队，全市116个居民小区均设立治安值班室，有专职保卫人员464人，其中103个居民小区达到“安全小区”标准；全市有101处银行网点、4处金店、200余个单位及300余家住户安装电子监控或联网报警系统。到2007年年底，全市重点场所、金融网点和200余个基层单位安装技防设施，建成农村技防村居14个，安装技防产品3500余套。2008年，实施社会治安“区域大联防”工程和“警灯闪烁”工程；完善市、乡、村三级联动调解工作网络，在市一级建立健全矛盾纠纷排查调处联席会议制度，在镇（街道）一级加强调解中心规范化建设，在村一级搞好人民调解委员会建设，做到排查工作经常化、制度化，运用人民调解、司法调解、行政调解等手段，依法调处化解矛盾纠纷，调处成功率98%。2012年，实施“天网工程”，在城区471个重点部位、重点区域安装监控探头5080个，农村安装监控探头6040个，实现行政村居100%全覆盖。2013年，在济宁市群众安全感满意度调查中，曲阜市以91.34分位居各县（市、区）第一名；在全省社会治安满意度调查中，曲阜市获“全省第五、济宁市第一”。

第三节　“平安曲阜”建设

2004年初，曲阜市贯彻“打防结合、预防为主，专群结合、依靠群众”方针，按照“农村抓整治、城区抓防范、校企抓周边、基层抓创安”综合工作思路，整合

2013年4月19日，曲阜市一村一警入户调查

组织部，联合下发《关于搞好乡镇派出所、法庭、司法所主要负责人选配和交流的意见》，对12名法庭庭长、9名司法所的司法助理员、15名派出所的所长和指导员进行交流和调整。1994年，曲阜市开展学济南交警活动，实施政法系统纪律作风整顿，查处违法违纪干警，提高队伍整体素质。1996年起，根据济宁市统一部署，每年集中两个月时间对政法队伍进行纪律作风整顿。市委政法委成立督查委员会，定期对政法干警执法情况实行监督、检察。1999年起，政法部门实行"一岗双责"责任制和领导干部公开接访制，推行中层职位竞争上岗、一般工作人员双向选择和热点岗位轮换制。市人民检察院于2000年1月、市人民法院于2001年7月、市司法局于2002年7月分别进行中层职位竞争上岗，有35人走向中层正职，58人走向中层副职工作岗位。2006年，政法系统推行"开门评警"，征求社会各方面意见，聘请社会监督员160人，征得意见建议80余条；出台《关于进一步加强督察工作的意见》，聘请20名人大代表、政协委员、社会各界人士担任执法执纪监督员；成立督查科，落实济宁市政法干警《十条禁令》。2005年，按照中央政法委统一部署，全市政法系统开展"规范执法行为，促进执法公正"专项整改活动，政法机关边整边改、整建结合，逐步建立起系统配套的制度规范。2008年，政法系统组织开展"三学三创"作风建设年活动、学习实践科学发展观活动、"帮千企走千村访万户服务'三保'任务"主题实践活动等，增强干警政治意识、法制意识、服务意识。2012年，实施"铸剑"工程，在全市综治干部中开展群众观点大讨论、解放思想跨越发展大讨论、"岗位大练兵、业务大比武"等活动；在干警中实施以"修学、修心、修礼、修德、修政、修廉"为内容的"六修"工程，提升队伍执法能力、纪律作风。市人民法院民事审判第一庭被省高院授予"'零错案、零投诉、零上访'竞赛活动优秀单位"称号，给王庄法庭记集体二等功，刑事审判庭被省高院授予刑事审判先进集体称号，市司法局公证处获省优秀公证处称号。

各种社会资源，健全完善社会治安防控体系，实施平安曲阜建设活动。2006年，市委、市政府下发《关于向农村派驻"平安特派员"的实施意见》，向基层村居派驻"平安特派员"332人。2005—2007年，曲阜市连续被省委、省政府授予平安山东建设模范市称号。2009年4月，市委政法委在"帮千企走千村访万户、服务三保任务"主题实践活动中，组织政法干警进村入户，送法律、送服务、送平安，全市分12个工作组491名政法干警分包全市491个自然村，实现"一村联一警、一警包一村"全覆盖。至2011年底，全市包村干警撰写村情调研文章1000余篇，提合理化建议400余条，提供法律咨询2万余人次，调处矛盾纠纷260余起。省委常委、政法委书记柏继民批示："曲阜市'一村一警'保平安做法，是政法机关服务基层群众、促进建立和谐警民关系、强化社会治安综合治理基层基础工作的新举措，值得总结推广。"2012年，市委政法委开展"平安进万家"活动，推进视频监控全覆盖，实施网格化管理，深化基层平安创建。

第四节　队伍建设

1991—1993年，市委政法委组织全市干警开展"政法工作如何为经济建设服务"大讨论，制定《为改革开放和经济建设保驾护航的实施意见》；会同市委

第二章　公安

曲阜市公安系统坚持立警为公、执法为民，履行打击、防范、管理、建设职能，抓基层、强基础、促规范、严执法、提效能，开展公安工作，加强队伍建设，打造平安曲阜、和谐圣城，提升人民群众安全感满意度。

第一节　机构

1991年，市公安局位于曲阜明故城五马祠街，内设办公室、政工、治安、预审、政保、内保、文保、行政、消防、户政、法制、刑警、交警、看守所、拘留所等科室队所，辖东关、西关、南关、北关、书院、王庄、董庄、吴村、姚村、时庄、陵城、小雪、息陬、南辛、尼山、防山16个户籍派出所和三孔、矿区2个治安派出所，有民警272人。1993年，设立市巡警大队和市开发区治安派出所，市刑警队更名为市刑警大队，市交警队更名为市交警大队。1994年10月，市公安局机关搬迁至舞雩台路；12月，市刑警大队、交警大队、巡警大队升格为副科级单位。1995年10月，市公安局设立林业公安科。1996年4月，市公安局办公室更名为指挥中心，挂办公室牌子，升格为副科级单位；12月，设立流动人口计划生育管理办公室。1998年7月，设立督察大队、信访科、审计科。2000年4月，撤销政保科、保卫科，设立国内安全保卫大队、经济犯罪侦查大队，均为副科级单位。2003年9月，市公安局看守所更名为市看守所。2005年4月，设立公共信息网络安全监察科，撤销政工科、治安科，设立政治处、治安大队，均为副科级单位；督察大队升格为副科级单位；文保科变更为经济犯罪侦查大队三中队。2006年9月，市公安局拘留所更名为市拘留所。2010年5月，市公安局内设机构调整为指挥中心、国内安全保卫大队、刑事侦查大队（挂市禁毒委员会办公室牌子）、交通警察大队、治安管理大队（挂爆炸危险物品监管大队和特巡警大队牌子）、经济犯罪侦查大队、出入境管理大队、公共信息网络安全监察大队、法制大队等9个执法勤务机构，政工室、警务保障室2个综合管理机构，市看守所、市拘留所2个监管场所，纪委（监察室）（挂督察大队、信访室牌子）、森林公安局（挂市公安局森林警察大队牌子），流动人口计划生育管理办公室，下辖东关、西关、南关、北关、开发区、三孔、矿区、书院、王庄、董庄、吴村、姚村、时庄、陵城、小雪、息陬、南辛、防山、尼山等19个派出所，有民警434人。2013年3月，撤销流动人口计划生育管理办公室，设人民警察训练基地；6月，公共信息网络安全监察大队更名为公共信息网络安全保卫大队。到年底，有民警390人。

第二节　来信来访

20世纪90年代，市公安局开展“涉法信访案件专项整治工作大会战”及“信访突击月”等专项治理工作。1991—2000年，受理群众信访案件963起，办结率100%。2001年，建立局长接访日制度，当年接待群众来访17起49人次，收到各类信件43封。2005年，开展集中处理群众信访问题大接访活动，在市公安局门口设立信访科对外接访办公室，方便群众来访。当年处理人民来信44封，接待群众来访38人次。2007年，构建“统一领导、部门协调、各负其责、齐抓共管”公安信访工作格局，规范控申接待、问题处理、局长接访等工作，当年受理人民群众来信19封、群众来访4起，接受群众咨询120余人次和求助3人次。2010年，建立和落实责任倒查、职务悬挂、开门接访、领导接访、带案下访等制度，受理人民群众来信7封，接待群众来访7起16人次，化解信访积案1起，接受群众咨询90余人次和求助3人次。2012年，开展“零信访”创建活动，受理人民群众来信9封，接待群众来访22起，接受群众咨询50余人次；息诉往年信访案件2起。

第三节　经济文化保卫

1991年，市公安局以创建“治安安全单位”为中心，督促内部单位完善安全保卫责任制，带动和促进经济文化保卫工作的开展。查处文物走私案件2起，盗掘古墓案件3起，破坏文物案件25起，查获文物犯罪团伙3个，抓获违法犯罪人员17人，缴获各类文物25件。1996年，对内部单位重点要害区位全部实行铁栏封闭措施，安装防盗门及防盗锁8938户，金融系统、文物单位、重点企业130个单位安装监控系统，200家企业单位安装有线报警装置。市公安局与市文物管理委员会35个展室、全市31家窑厂签订文物安全合同书。1998年，建立警企联系制度，全年开展安全大检查17次、召开安全防范会议9次，查出整改安全隐患317条。1999年，成立打击涉税违法犯罪办公室，破获经济犯罪案件19起，抓获犯罪嫌疑人13人，挽回经济损失316.7万元。同年，破获盗掘古墓葬案件20起，抓获犯罪嫌疑人32人。2000年，侦破各类经济犯罪案件23起，抓获犯罪嫌疑人46人。2001年，对369个内部单位开展安全检查23次，查出各类事故隐患和不安定因素1300余条。全年破获盗掘古墓葬案件3起、损毁文物案件1起，提请逮捕犯罪嫌疑人5人，抢救性发掘文物49件，追缴文物16件。2002年，对全市263个内部单位、161个保卫组织、7支经济民警队和457处重点要害部位进行重新审核登记，签订“内部单位治安保卫责任书”263份，组建保卫组织16个。2006年，推行“治安双保”制度，与全市286家内部单位重新签订“治安安全保卫工作责任状”，全市内部单位增加各类保卫人员600余人，组建保卫组织34个，全市116个居民小区均设立治安值班室，有专职保卫人员464人。2007年，开展校园、企业及周边治安秩序专项整治和内部安全大检查活动，查出整改各类安全隐患650余处。2010年，开展打击假币、假发票、银行卡犯罪3个专项行动，破获各类经济犯罪案件29起，抓获犯罪嫌疑人20人，挽回经济损失653万余元；捣毁制售假发票窝点2个，控制人员6人，缴获假发票43968份。2011年，开展打击侵犯知识产权和制售伪劣商品犯罪“亮剑”专项行动、打击银行卡犯罪“天网—2011”专项行动、打击整治发票犯罪专项行动，共破获各类经济犯罪案件9起，抓获犯罪嫌疑人7人，挽回经济损失580余万元。2013年，发起集群战役2起，参与侦破外地集群战役11起，破获经济犯罪案件20起，刑事拘留21人，提请逮捕7人，移送起诉18起18人，挽回经济损失1800余万元。其中摧毁朱峰等跨地域特大制售假冒汽车配件的产供销犯罪网络，涉案价值近3000万元。

第四节　刑事犯罪侦查

1991—1992年，开展“严打”斗争，组织开展反盗窃、打拐、除“六害”、打击车匪路霸等专项打击和破案会战，破获各类刑事案件601起，查获作案成员528人，摧毁各类团伙50个，查获团伙成员243人。1994年，打掉作案60余起的李某国特大抢劫团伙和流窜10余个县市区盗窃价值100余万元的许某特大盗窃机动车团伙。中央电视台、《中国法制报》等媒体以“斩断伸向机动车的黑手”为题进行报道。1996年，以“破大案、追逃犯、打团伙、治混乱”为重点，开展“严打”斗争集中统一行动和严打整治“冬季行动”，打掉犯罪团伙32个，查获团伙成员159人。1997年，实施刑侦工作体制改革，将预审科合并至刑警大队，实行侦审合一。刑警大队下设一室8队，实现从接警、处警到侦查破案、移送起诉等执法办案环节一体化。1998—2000年，针对严重暴力犯罪、团伙犯罪和多发性侵财犯罪开展专项行动，破大案665起，打掉团伙36个。2000年12月至2002年12月，开展“打黑除恶”专项斗争和严打整治斗争，打掉王某社涉黑犯罪集团和韦某生、孔某光等恶势力犯罪团伙11个，抓获成员81人，破案371起。2001年，市公安局刑警大队被授予全省严打整治先进集体称号，刑警三中队被授予全省优秀刑警中队称号。2003年，市公安局刑警大队三中队被公安部命名为全国一级责任区刑警队。2006年，全市公安系统侦破命案13起，打掉杜某勋特大涉黑恶、曲某猛15人特大抢劫盗窃机动车等团伙49个。2007年，侦破命案22起，打掉恶势力团伙6个，破获非法买卖制毒物品案82起。2011年，开展“打黑恶、反盗抢”安民行动，打掉系列抢劫盗窃团伙8个。开展网上追逃专项督察“清网行动”，追回各类网上在逃人员

89人，潜逃11年的命案逃犯田某贵、潜逃20年重大盗窃保险柜逃犯孔某峰被追捕到案，网上逃犯下降87.1%。2013年，开展"打黑恶、反盗抢"安民行动等严打专项行动，破获各类刑事案件1206起，抓获犯罪嫌疑人297人，摧毁犯罪团伙16个，抓获团伙成员56人，打掉恶势力犯罪团伙8个，抓获涉恶涉霸犯罪嫌疑人73人，破获涉恶涉霸刑事案件135起。

许某特大盗窃机动车团伙案

1994年3月24日，市公安局打掉一个以许某、许某、陈某平、高某华为首的8人盗窃机动车犯罪团伙，查明该团伙于1993年7月至1994年3月，窜至徐州、莱芜、滕州、连云港等地，盗窃桑塔纳轿车4辆，摩托车50辆，盗窃价值100余万元。

王某社特大涉黑犯罪团伙案

2001年4—6月，市公安局打掉王某社特大涉黑犯罪团伙，抓获团伙成员34人，查明该团伙自1998年起至2001年3月，为争夺高速公路建设工程送料权，持猎枪、砍刀、木棍等凶器，窜至息陬乡、小雪镇、鲁城街道、王庄乡、董庄乡及邹城市作案66起，其中伤害16起，轮奸妇女1起，抢劫1起，非法买卖枪支弹药4起，寻衅滋事6起，打伤20余人，其中致残6人。该团伙被打掉后，市公安局适时召开公捕公判大会和战果展示会，将部分赃物退还群众。2001年4月，此案被列为全省十大黑恶案件之一；6月，中共中央政治局委员，山东省委书记吴官正在公安部转发的曲阜打掉王某社犯罪集团的材料上批示"打得好"；7月，公安部工作组到曲阜市就打黑除恶工作进行专题调研。

孔某光特大绑架团伙案

2002年7月8日、9日、20日，曲阜市连续发生绑架外地到曲阜女青年系列案件，手段恶劣凶残。案发后，市公安局成立专案组，展开侦破工作。7月24日下午，案件告破，抓获2名犯罪嫌疑人，将被绑架4天4夜的受害人董某解救。随后，专案组分兵多路，连续出击，又将该团伙其他4名成员抓获，摧毁一个以孔某光为首的11人特大绑架人质勒索钱财的犯罪团伙，将发生的3起绑架案件全部侦破。经查，该团伙自1999年起实施绑架、抢劫、盗窃、盗割裸铝线、抢夺、

1991—2013年曲阜市刑事案件立案破案情况表

表21-1

年份	立案(件)	破案(件)	追回损失(万元)	惩治处理(人)	年度	立案(件)	破案(件)	追回损失(万元)	惩治处理(人)
1991	463	357	71	297	2003	2001	1014	630	319
1992	344	244	63.3	231	2004	1815	1015	2518.8	460
1993	454	323	97.8	316	2005	1684	1061	528.5	483
1994	388	322	223.74	448	2006	1633	1043	1061.8	463
1995	344	295	139.84	303	2007	1556	1151	1184.2	436
1996	319	272	83.3	276	2008	1474	1117	996.1	417
1997	458	361	1900	249	2009	1422	968	1360	329
1998	387	202	286.25	223	2010	1339	946	1003	430
1999	962	665	447	302	2011	1218	824	850	330
2000	1299	500	803.31	179	2012	1115	754	2600	390
2001	1969	1287	902	384	2013	1292	948	2010	297
2002	1984	1006	1129.2						

猥亵妇女，非法拘禁、敲诈勒索等多种违法犯罪活动，作案50余起，打伤10余人，敲诈勒索、抢劫抢夺财物涉案金额170万元。

“7·21”特大杀人案

2004年7月21日下午，董庄乡河东村两名12岁少年从家中外出后失踪。接报后，市公安局成立专案组立即开展侦查。7月23日中午，抓获犯罪嫌疑人孔某秋，经突审破获曲阜历史上罕见的四起杀人匿尸案。经查，刑释人员孔某秋曾与一卖淫女同居，后该女被家人找回，孔某秋怀疑陈某家人提供消息，怀恨在心，伺机报复。7月21日下午，孔某秋将陈某等两名少年挟持至家中杀害，并将尸体掩埋在院内。孔某秋还交代2002年和2003年因琐事将同村村民张某某及其母先后杀害并匿尸的犯罪事实。

杜某勋黑恶犯罪团伙案

2006年2月1日，市公安局经过一年半侦查，摧毁一个以杜某勋为首的涉黑恶犯罪团伙，抓获团伙成员38人，缴获汽车4辆，仿64式手枪1支，猎枪5支，子弹56发。经查，2003至2006年年初，该团伙在曲阜市、兖州市等地，为达到攫取钱财、称霸一方目的，采用暴力手段，大肆进行犯罪活动，寻衅滋事、敲诈勒索、故意伤害、强揽工程、诈骗保险、非法持枪、故意毁财、包庇、强制交易，作案63起，致死1人，重伤3人，轻伤15人，涉案价值107.6万元。

非法制造买卖制毒物品案

2007年1月25日，市公安局成立专案组，对曲阜市绿宝生物有限公司向河南省西平县出售麻黄素情况开展侦查。专案组分赴河南、天津、广西等8个省市及山东省济南、潍坊、菏泽等部分地市侦查取证，经过7个多月艰苦侦查，抓获史某某等涉案犯罪嫌疑人26人，破获非法买卖制毒物品案82起，追缴麻黄素500余千克。

“2·15”系列杀人案

2007年2月15日前后，曲阜市城郊接连发生3起共致死6人的恶性案件。面对人证、物证缺乏，现场有价值线索少，犯罪手段反常等一系列困难，市公安局参战民警夜以继日，共调查相关人员11500余人，提取生物检材300余份。经过157昼夜艰苦奋战，7月22日，抓获犯罪嫌疑人张某法，破获张某法于2001年9月4日晚、2007年2月6日晚、2月15日晚、2月20日晚、6月3日晚、7月10日晚实施杀人案件6起，致死7人、重伤2人的系列杀人案件。

“5·25”杀人案

2012年5月25日13时许，市公安局指挥中心接到群众报警称：北门外东北角一青年女子被人连刺数刀，并被割脖颈躺在地上，浑身是血。接报后，市公安局成立专案组，采取多种侦查措施和手段，综合运用各种技战法，经过50个小时连续工作，于27日下午3时，将刚刚逃至广东深圳的犯罪嫌疑人陈某抓获。经查，犯罪嫌疑人陈某与死者邢某因感情纠葛，从天津市追邢某至曲阜市，将其杀死。此案入选全省2008—2012年度侦破命案典型案例。

第五节　治安管理

基层基础建设

1991—1994年，市公安局开展创建“规范派出所”活动，办公用房由114间增加到195间，汽车由5辆增加到15辆，16个派出所实现独门独院，达到规范化标准。1996年，推行社区警务，实施警长负责制，实行巡防制，密切警民联系。1997年，全市有14个派出所晋升省三级档案管理单位，2个派出所晋升省二级先进档案管理单位。1998年，开展争创人民满意派出所活动和“满意户籍室”活动，购买15辆高速车辆用于派出所110出警，办理各类户口55327人次，上门服务1926人次。全市有4个派出所达到省公安厅提出的公安派出所档案规范化优秀单位的标准。2000年，对13个乡镇169个治保会进行调整充实或重建，对全市219名联防队员进行政治业务考核。2003年，书院派出所被公安部授予“全国优秀基层单位”称号，被评为一级派出所，防山、尼山派出所被评为二级派出所。2004年，东关派出所被评为二级派出所。2005年，市公安局对派出所警务工作、民警行为、装备建设以及服务大厅、候问室建设等进行规范。非实战单位40岁以下民警和机关科室没在派出所工作过的民警全部到派出所锻炼，实现警力下沉，派出所均达到公安部标准要求。2006年，制定《关于全面推进社区、农村警务建设的实施意见》，充实派出所警力53人；建设社区警务室38个、农村警务室25个；为派出所购置车辆13辆。同年，吴村派出所升级为二级派出所。2008

年，孔子商贸城、孔林两处警务室受到国务委员、公安部部长孟建柱高度评价。2009年，董庄、时庄派出所分别晋升为一级、二级派出所。到年底，全市符合省公安厅规定标准警务室达到28个，时庄派出所、孔子商贸城警务室被济宁市公安局评为金牌警务室。2010年，实施派出所规范用房改造和执法功能分区建设；对全市528个治保会、550个治保小组1823人，76个联防队492人进行集中培训。同年，小雪派出所东宏警务室被济宁市公安局评为金牌警务室。2011年，在全市高校新建高标准警务室6个。时庄派出所孔子商贸城警务室被评为一级警务室。2012年，三孔派出所被评为一级派出所。2013年，开展“社区六进”（消防管理、车辆管理、危险物品管理、流动人口管理、网络管理、物业管理进社区）工作，推出华沁苑、富邦新都、裕馨花园、圣华苑、千禧苑、张庄村、武家村等先进典型社区。

治安管理工作

1991年，市公安局查处各类治安案件323起、查处违法人员667人次。1994年，查处各类治安案件1046起、查处违法人员1545人次；将全市815家公共场所、2695名从业人员纳入规范化管理。1995年，市公安局确定以指挥中心为龙头，110接警为纽带，巡警为骨干，派出所为基础，形成治安管点、巡警巡面、交警管线、派出所管片、保卫科管院，各警种相互衔接、整体作战的动态管理新格局。当年查处集体哄抢案件5起，阻挠水利施工治安案件1起；清理整顿阙里街，查处违法人员42人，查缴各类枪支87条、管制刀具104把、淫秽书刊47本；对432家特种行业进行清理整顿，将出租汽车纳入特种行业管理。1997年，启动禁放区禁止燃放烟花爆竹工作，查处违规燃放人员4人；开展治理爆炸物品专项斗争，查处违法人员6人，收缴非法炸药3吨、硝铵4吨。1999年，整治治安混乱村庄9个；将全市351家机动车修理业户纳入特种行业管理，将全市260辆出租汽车纳入治安管理。2000年，成立民爆器材专卖公司；依法取缔33家电子游戏经营业户，对27家歌舞娱乐场所、14家桑拿按摩场所、57家美容美发场所予以停业整顿或取缔。2001年，对全市1106家公共场所开展检查，取缔娱乐服务场所17家，停业整顿或限期整改40家。2003年，筑牢防治“非典”防线。市公安局会同交通、卫生等部门设立治安交通检测站5处，24小时对进入曲阜车辆和人员进行严格检测，严防死守。5月3日至6月底，检测外来车辆8万余辆36万余人次，其中重点地区车辆1万余辆；抽调警力300余人，深入各大宾馆、厂矿企业、村街对外来暂住人口、省外迁入人员及外出打工返回人员进行调查摸底，登记山东省外来（返乡）人员9632人，外省迁入126人，清理出暂住人口2371人。2005年，开展机动车修理业专项整治行动，查处违法犯罪案件2起，取缔非法回收报废机动车企业1家，签订安全管理责任书157份。8月，市公安局将烟花爆竹生产经营安全管理职责移交市安全生产监督管理局。2006年，安装旅馆业信息系统16家，覆盖旅馆34家；市公安局完成枪支爆炸物品管理信息系统建设，并与业务上级联网，实现动态管理。2007年，查处扰乱旅游秩序案件411起600余人次，其中7月8日整顿旅游秩序专项行动中，抓获扰乱旅游秩序违法人员108人；打掉扰乱社会秩序违法团伙21个，查扣汽车56辆、摩托车2辆。2008年，加大印章业治安管理信息系统建设，3045个单位启用防伪印章，4468枚印章纳入系统管理。2009年，配合卫生部门做好手足口病和感染甲型H1N1流感人员及接触人员的防控、隔离工作；组织永安爆破工程公司、银光化工集团、天安矿业有限公司等民爆器材

2011年9月，民警走访群众现场

使用单位投资760万元，改造、新建民爆物品储存库13座。2010年，开展校园及周边治安秩序专项整治行动，做到“学校门口见警察，学校附近见警车，重要路段、重点部位见警灯”，对全市71所中小学校、136所幼儿园、4所大学、6所民办学校开展检查，检查校园及周边重点场所、部位516个，排查消除安全隐患76处，对排查出的382名重点人员特别是37名精神病肇事肇祸人员严格落实监管措施。2013年，开展缉枪治爆专项行动，收缴炸药3134.95千克，雷管13399枚，仿军用枪1支、猎枪1支、气枪2支、仿真枪13支，各类子弹877发，炮弹6发、烟花亮珠1000千克，爆竹引线600千克，发射药600千克，管制刀具47把；对30余家涉危单位排查整改隐患92条；查缴高毒农药三类20余瓶（袋）。开展公共场所特种行业专项整治行动，处罚不按规定如实登记上传信息的旅馆13家；为全市1760个单位刻制印章2285枚，均纳入印章业治安管理信息系统管理。

1991—2013年曲阜市治安案件查处情况统计表

表21-2

年度	查处案件（件）	查处人员（人次）	年度	查处案件（件）	查处人员（人次）
1991	323	667	2003	597	801
1992	295	610	2004	642	831
1993	288	510	2005	610	1141
1994	1046	1545	2006	381	637
1995	712	1194	2007	5242	2334
1996	1107	1522	2008	4145	3400
1997	2553	2892	2009	3321	368
1998	1148	1739	2010	8162	968
1999	1196	2013	2011	5931	903
2000	1532	2161	2012	5149	1011
2001	1671	2342	2013	4453	429
2002	1735	2205			

治安防范工作

1991年，市公安局开展群防群治三级联防网络建设，至1992年年底，全市有专职治安联防大队16个、联防队员437人，专职治安联防中队59个、联防队员383人，治安联防小队365个、联防队员4444人。1993年，建立集指挥调度、110接警、电视监控和信息为一体的现代化指挥中心，对巡警、刑警、交警、消防、武警、保安实行统一指挥。1994年、1995年，分别公开招收巡警20人、28人，充实警力。1996年，按照“巩固人防、完善物防、突出技防”思路，构建人物技防相配套、点面结合的城区立体式防范网络。1998年，在104国道王庄开发区建设一处昼夜检查站，交警、巡警、治安联合执勤。2000年，开展创建安全文明小区活动，登记住宅小区69个、7117户、31379人。2002年，全市277辆出租汽车均安装安全隔离网；对全市5处珠宝店进行安全大检查，完成防盗门检测和换证工作。2003年，全市101个银行网点、4处金店、200多个单位及300余家私人住宅安装电视监控或联网报警系统；186个企业财务室与保安公司实行联网报警；对64处重点要害部位实现技术监控等安全措施。2004年、2005年，先后招聘警务机动队员43人、48人，充实警力。2005年，启动军警民巡逻仪式，设立警务工作站1处、治安检查站3处、治安卡点15处；全市23个党（工）委116个居民小区均设立治安值班室，有专职保卫人员464人。2006年，制订"各用户站点—集群监控平台—派出所监控平台—市公安局管理系统"四级城市动态监控系统建设规划。2007年，全市社会面安装电视监控探头2600个，安装红外联网报警装置600多套，150辆出租车安装GPS卫星定位系统。2009年，推进"区域大联防""一村一警"保平安、市乡村三级电子视频监控联网和基层平安创建"四大工程"建设，完善社会治安防控体系。发动和组织基层村居、单位和重点企业治保联防人员627人，统一购置电动巡逻车、配发巡防服装及警棍等装备，购置警车6辆、电瓶巡逻车6辆，实行警民联防联治，构建以巡防民警为骨干、专兼职治安巡逻队和保安人员为主要力量，其他群防群治队伍为补充的网格化全覆盖巡防格局；全市491名政法干警下沉到村居，开展包保帮扶，实现"一村联一警，一警包一村"。2010年，全市技防设施覆盖重点要害部位、居民小区、大型商场、宾馆饭店等单位321个，安装监控、红外探头4623个，联网报警486套，GPS卫星定位系统263套，门宇对讲系统3120余套，车辆防盗报警3200余套；在主要街道、重要路口、公共场所安装监控探头217个，开展警铃入户50多个村4000余户。2011年，实施城区监控系统升级改造工程，增加探头155个，建成乡镇一级监控平台10个，行政村级监控系统372个，安装监控探头6030个。建成警铃入户村庄77个1.3万余户。利用技防措施预防可防性案件168起，提供涉案线索72条，其中破获案件41起，提供预警信息147条。2012年，开展"警灯闪烁百日行动"和"百日大巡防"工程，实现城区主要街道、重点部位和中小学生上学放学重点时段"见警车、见警灯、见警察"。全市建有监控平台24个，安装视频监控、红外探头11300多个，联网报警581套，卫星定位系统263套，门宇对讲系统8120余套，车辆防盗报警4200余套，警铃入户3万余户。2013年，实施"天网工程"建设，新建高清雷达卡口系统17处，城区重点部位治安监控326处，接入社会资源监控点位800个；对9个银行业金融机构和1个邮政储蓄机构等75个营业网点、3个金库实施安全评估。

第六节　户政管理

户籍管理

1991年，市公安局在城区建立治安管理段16处，在农村设立治安民警室30处，加强户籍管理。1992—1993年，改革农村户口管理制度，实行农村户口城市化管理，全市农村138290户全部挂牌，实现一村一图、一户一档。1994—1995年，推广微机管理人口信息，16个派出所实现微机前台办公。1997年，开展争创文明户籍室活动。实现人口信息计算机管理，将3673户6183人空挂户迁移到本人居住地派出所，注销重户193户，新安门楼牌16万个。1999年，推行警务公开，印发便民服务卡和警民联系卡12种5万份；开展户口整顿工作，将1007户空挂户2731人迁至原所在地，注销重户102户，完成62万余人新常住人口登记表和17万余户户口簿换发任务。2000年，曲阜市参加全国百城信息网络化建设工程，实现人口信息资源共享，在济宁市率先建立公安综合信息管理系统；开展第五次人口普查户口整顿工作，全市共有175755户，户籍人数625659人，实有人数609109人，暂住人口5892人，查出有户口无人问题35609个、有人无户口问题25407个。2001年，完成全市495个村庄12200余条街路巷字典重新编码工作，将全市76万余条数据全部转入新系统，完成人口信息新版本升级

2011年8月，执勤民警盘查嫌疑人现场　孔猛／摄

工作；对40余万常住人口、2499名暂住人口图像进行扫描，完成人口信息系统照片扫描工作。2002年，出台《户政工作“提速”实施方案》和户政“提速”措施，实行城乡一体化的《市内迁移通知书》制度；在济宁市率先建立户政大厅，实行一站式服务和承诺、限时、延时、上门、预约服务，上门办理50户233名三峡移民的迁移落户手续；实施城镇户籍管理改革，将全市21个村29699人统一改登为非农业户口。2004年，集中换发集体户口簿2000余本，10万余人，按照编码原则安装门楼牌号4000余个，对城区主要街道2780个门牌号统一进行编排和安装，对未命名13条街道进行命名。2006年，探索“以房管人，以静制动”的实有人口管理新机制，推广时庄派出所农村、居民小区、工业园区管理模式、东关派出所暂住人口实有人口管理化模式、开发区派出所跟踪服务管理模式，南关派出所依托居委会建章立制、实行微机化管理模式，书院派出所依托堵截站分片分段管理模式。2012年，推进户籍管理制度改革，编排制作门楼牌4287个；开展实有人口案前管控责任倒查工作，倒查案件15起23人。2013年9月，市政府公布《曲阜市人民政府关于曲阜市户籍管理制度实施意见(试行)》，实施户籍管理制度改革，按照统筹兼顾、依次放开、逐步推进要求，实施灵活的户口迁移政策，方便农村人口就近有序转移，鼓励农民进城；公安局简化户口迁移手续，对于进城购房、务工、夫妻投靠等类的户口迁移开辟绿色通道。城区各派出所开展人户分离人口清理工作，动员购房群众将户口迁入城区，从而达到人户一致的目的。至2013年年底，曲阜市城镇户籍达到275331人。

由于户口性质的存在，1991—2004年，曲阜市每年都有一部分人将农业户口转为非农业户口，1996—2003年呈逐年上升趋势。2004年下半年起，曲阜市停止“农转非”户口办理。

1996—2004年曲阜市农转非户口情况统计表

表21-3

年份	农转非户口情况(人)	年份	农转非户口情况(人)
1996	4459	2001	5261
1997	3962	2002	34788
1998	3839	2003	55476
1999	4183	2004	3706
2000	6131		

暂住人口管理

1994年，市公安局将1630户出租房屋、2493人暂住人口纳入管理视线，各派出所建立暂住人口管理站。2001年，对全市租赁房屋、暂住人口进行拉网式清理整顿，列管租赁房屋4072处，暂住人口4124人，催办暂住证980个，新签订租赁房屋治安责任保证书1697家，发外地协查函912封。2004年，开展租赁房屋、暂住人口“百日整治”专项行动，清理暂住人口4244人，办理暂住证3726个，清理租赁房屋2849户4576间，发现犯罪线索6条，破获刑事案件30起，抓获犯罪嫌疑人16人。2005年，开展暂住人口、租赁房屋集中清理整顿工作，摸排暂住人口4659人，租赁房屋3348户5243间，签订租赁房屋治安责任保证书3348份，抓获在逃人员6人。2008年，开展创建“平安奥运”集中统一行动，入户调查21000余户，清理暂住人口24837人，租赁房屋6290户，抓获违法人员28人；登记大中专院校学生13055人，作为暂住人口进行管理。2009年，开展户口清理整顿工作，入户调查7494户，清理暂住人口3318人，租赁房屋1985户，育龄妇女712人，抓获违法人员24人。2010年，开展第六次人口普查户口整顿工作。入户调查189130户639431人，登记人户分离人员25219人，户口待定人员1296人，解决户口待定人员497人，解决户口项目差错61183人，登记暂住人口25763人，登记境外人员80人。2011年，

市公安局出入境民警向咨询人介绍业务现场　　孔猛／摄

清理暂住人口34405人，办理暂住证2126个，清理出租房屋489户，清理重点场所部位512家（处）；清理人口信息数据6472项，复核各类户口卷宗1758卷，查实纠正一人多户口656人。2013年，开展流动人口出租房屋清理整顿专项行动，清理流动人口1490人、出租房屋60户，核查注销户口重复人员1353人。

居民身份证管理

1991年，市公安局加强颁发居民身份证管理工作，制作居民身份证19423件，累计发证426279件。1997年，全市新办理、换发居民身份证27859件。1998年，入户核对62.1万人，清理核对居民身份证编号454841个，办理居民身份证38900件。2002年，集中为需要申领、换领、补领居民身份证的群众进行照相，共办理居民身份证17.9万余件。2003年，开展《中华人民共和国居民身份证法》宣传工作；在人口信息清理纠错工作中，核对常表与微机信息不一致10476条，删除重复人员214人，更改重复身份证号1935个，更改校验信息1897条。2005年，开展第二代居民身份证（简称二代证）换发工作，入户核对38500人次，纠正项目差错6332条，采集照片2626张；全年换发二代证176128件。2012年，完成居民身份证"一换二"工作，完成换发任务19348件；推广居住证办理工作，采集信息22190条。2013年，办理二代证22700余个、临时身份证2100余个，审核居住信息18761条，签发居住证10196个。

第七节　出入境管理

1991年，市公安局加强办理出入境业务，受理10名公民出境手续，接待临时入境人员1万多人。1996年，市公安局把外事管理（简称外管）工作纳入派出所目标管理和百分考核。2000年，全市公民出境增加到214人次。2002年上半年，建成全市国家工作人员登记备案库，并及时更新，确保数据库准确。2003年，公民出境受理量上升至745人次，2004年受理量达到1120人次。2005年，市公安局建成出入境接待大厅；建立健全派出所外事档案，设置32名外事民警、51名基层信息员，加强基层外管人员力量建设。2006年1月，市公安局外事科被评为全省出入境管理部门文明窗口和接待标兵。2009年，指导曲阜师范大学、济宁学院、少林武术学校等几家涉外单位安装使用"境E通"系统，可自助办理临时住宿登记和外国人签证等事项。2010年10月，出台《关于加强不准出境人员报备工作的意见》。2011年1月20日，市公安局启用电子护照质量监测平台，出入境管理大队指导注册照相馆完成网上注册，并通过定期培训和检查督促照相馆做好日常管理工作。同年，市公安局出入境管理大队被评为全省公安机关出入境管理工作先进集体。2012年3月15日，山东省启用电子护照，出入境接待大厅开通3个受理窗口，增设引导服务台；5月，启动使用POS机缴费系统，实现票据打印和刷卡缴费"一站式"服务。同年，市公安局出入境管理大队获全省公安机关电子护照签发启用试点工作先进集体称号。2013年，市公安局开展境外人员住宿登记管理集中整治行动，将散居在社会面上的境外人员纳入实有人口管理。同年4月，被山东省公安厅记集体二等功。1991—2013年，处理涉外案事件33起。

2005—2013年曲阜市公民出境受理情况表

表21-4　　单位：人次

年份	受理量	年份	受理量
2005	770	2010	2130
2006	1022	2011	2847
2007	1319	2012	4289
2008	1283	2013	5109
2009	1389		

第八节　交通管理

1991年年初，市公安局交警队位于曲阜市老东门大街，年底迁至静轩西路新建办公楼，建筑面积1300平方米。1995年8月，交警大队下辖办公室、车辆管理所、事故科、交通宣传科和一、二、三中队。同年，交警大队一中队办公场所在静轩东路建成，建筑面积500平方米。1996年，招聘合同制工作人员55人，总人数达到130人。1997年8月，成立市公路巡逻民警大队。2000年，开展创建“平安大道”活动，在董庄乡管村104国道旁建成“公路巡逻民警二中队”。2001年，交警大队二中队被公安部授予创建“平安大道”模范中队称号。2001—2004年，在创建全国平安畅通县区活动中，曲阜市被评为C类城市一等交通管理水平。2009年，交警大队租用山东高速公路集团曲阜服务区场地办公，违法处理中心迁至交警大队一中队。2012年，在交警大队二中队建立山东省省际第26号检查服务站和港湾式车辆检查区。2013年，在济宁市公安局“群众安全感满意度”调查中，曲阜市交通管理工作满意率列第一位。到年底，交警大队民警、辅警共计240人。

交通秩序管理

1991—1994年，查纠各类交通违章34万人车次。1996年，开展学习济南交警活动。在城区327国道静轩路、鼓楼大街设立交通疏导岗8个。1998年3月，交警大队实行罚款决定与罚款收缴分离。1999年，在104、327两条国道等公路沿线设立助学岗12处，向沿线两侧学校赠送小黄帽2万顶。2001年，实行路段承包责任制，对轻微交通违法和送学生、治病等产生的交通违法行为实行告诫、批评制度，不予处罚。2003年，开展争创交通安全先进单位和先进驾驶员活动。2004年，加大对城区道路和104、327两条国道管控力度，设置查纠超限超载检查站4处，抽调16名民警成立机动队，对全市重点路段、路口实行24小时管控。2005年，城区交通管理全面推行“高峰站点、平峰巡线、低峰控面、以动为主”勤务方式，干线公路管理采取“有违则纠、无违则巡、以动制动、巡逻防控”勤务机制。2010年，开展“畅通安全行”主题活动。2013年，开展“平安行·你我他”活动，抓好高峰岗、平峰岗、助学岗、形象示范岗、流动巡逻岗建设，落实包保责任制。

科技强警

2002年6月，在104国道设立警务工作站，开通电视监控、图像传输功能。2005年，加大全市交通设施建设投入，电子警察抓拍违章机动车辆1870辆。2006年，对外环路与城区道路的曲宁路口、西外环交叉口、春秋路西口、孔孟新道桥口设置太阳能红绿灯。2009年，交警大队购置37部警务通，即时查询机动车及驾驶人信息。2010年，在城区主要道路设置外地旅游车辆引导停放至游客集散中心指示标牌26块，施划城区交通标线5.5万平方米。2012年，21处固定、2个移动电子警察共采集各类违法信息21035起，协助侦破交通肇事逃逸事故7起。2013年，新安装红绿灯2处，购置移动信号灯3台；渠化路口3处，新建12座竖式一体化信号灯，道路通行能力较渠化前提高40%。

规范车驾管理

1991年，市公安局交警大队车辆管理所（简称车管所）位于静轩中路，占地0.78公顷。1994年，开展92式牌证换发、年审和驾驶员培训工作。2000年，实行核发牌证内部传递一条龙服务，摩托车、农用车等“五小车辆”实现电脑选号；举办驾驶员培训班8期，办理机动车驾驶证4096件，“五小车辆”入户3554辆。2003年，在市经济开发区设立车管所，占地0.46公顷。2004年，推出预约服务和上门服务；严把车辆入户及驾驶员考试关，杜绝人情牌、关系证。2005年，接管农用车辆管理工作，接收农用车档案2432份，驾驶员档案3115份。2007年，开展属地化管理工作，属地化管理机动车76927辆，属地化管理驾驶人57683人，划分社区587个，重点社区34个；对全市217辆客运车及其驾驶员建立基础信息台账，定期组织开展交通安全宣传教育；与全市138所中小学校、135所幼儿园签订《交通安全宣传接送学生校车责任书》，查处不符合校车管理、无校车统一标识的客运车辆5辆。2009年，成立机动车检测中心，实行机动车检测与车管所分离。2010年，实行“一窗式”综合服务，坚持业务退办、值日警官、首问责任、延时服务等制度，对社会公开承诺业务限时办结，缩短办事时间，提高工作效率。2012年6月，车管所搬迁至孔林西北侧，占地1500平方米，业务大厅设8个服务窗口，5个受理岗、1个违法处理岗、1个收费岗和1个档案岗。业务大厅设有专职导办员、群众监督举报电话和《意见簿》，安装POS机，实现“一厅两办”服务；大厅LED大屏及时发布车管信息，提醒机动车驾驶员按时换证、审验。2013年，受理各类业务63100起，其中机动车业务受理56339起、驾驶证业务受理工作6761起。

市交警大队交通民警服务群众现场

交通宣传教育

1991年，组织交通安全宣讲员到城乡巡回宣讲，增强市民交通安全观念。1995年，市公安局成立交警大队交通宣传科，负责交通安全宣传工作。1999年，开展交通安全示范学校创建活动。2000—2003年，交警大队开展深化创建“平安大道”、实施“畅通工程”活动宣传，发放宣传材料20万份，到厂矿企业、街道、学校上交通安全宣传课213场次。2004年，启动交通安全宣传进农村、进社区、进企业、进学校、进家庭“五进”活动，实施“保护生命，平安出行”交通安全宣传教育工程，提高全民交通安全意识和遵章守法的自觉性。2005—2013年，交警大队在全市组织交通安全课1000余场（次），播放安全教育光盘2210场（次），发放交通安全知识宣传材料160万余份。

事故处理工作

1991—1995年，处理道路交通事故226起，事故致人死亡82人，受伤104人，直接经济损失174.68万元。1995年8月，市交警大队下设事故科，负责处理道路交通事故工作。1997年2月，成立交通事故122报警服务台，由民警16人组成，下设勘察小组7个。年内，122接警158起，176名交通事故受伤人员得到及时救治，侦破交通肇事逃逸案件4起，治安拘留17人，提请逮捕4人。1999年，成立追逃小组，侦破交通肇事逃逸案件30起，治安拘留39人，提请逮捕13人。2000—2004年，推行警务公开，实行限时办案、预约办案和公示制度、事故回访制度，建立健全集体议案、公开负责和事故分析例会制度，及时处理道路交通事故。2008年，市人民法院成立交通法庭，年内追究驾驶员刑事责任51人，破获重大逃逸事故6起，吊销驾驶证42本，终身禁驾6人。2011年3月，市交警大队将事故处理业务下放到交警二中队，交警一中队设置事故科办案场所。2013年，市交警大队有事故办案人员29人，实行“双班备勤”制度；设立“法律援助办公室”，对交通事故双方当事人提供法律服务。

1991—2013年曲阜市交通事故情况表

表21-5

年份	交通事故(起)	死亡(人)	受伤(人)	直接经济损失(万元)
1991	25	2	10	6.2
1992	63	21	42	56.83
1993	50	20	23	24.23
1994	40	15	9	24.65
1995	48	24	20	62.78
1996	65	31	23	70.67
1997	64	49	18	21.4
1998	109	47	36	121.37
1999	2069	110	396	442.5
2000	1847	79	533	427.5
2001	1448	82	719	280.58
2002	1980	107	1441	305.55
2003	1839	121	1301	277.43
2004	2011	127	1598	481.57
2005	2105	147	1673	513.11
2006	1947	119	1610	496.2
2007	3557	139	1615	614.06
2008	3750	125	1856	762.68
2009	3727	146	1734	778.03
2010	4101	140	1757	822.75
2011	4600	129	1582	960
2012	4900	119	1741	1096.7
2013	6080	145	2014	1305.36

第九节 消防管理

1991年，市公安局消防科有干警19人。1992年10月，消防科与武警消防中队合并成立市公安消防大队，编制为正营职，划归武警序列，隶属于济宁市公安消防支队，受济宁消防支队党委及曲阜市公安局党委双重领导，下设三孔消防中队，编制为正连职。1994年，对全市消防重点单位重新进行调整，调整后共有一级单位20个、二级单位39个、三级单位60个。1995年3月，设立公安消防监督科，为正营级单位。1996年，推进消防工作社会化，逐级落实消防安全法人责任制和岗位防火责任制。1998年，以颁布实施《中华人民共和国消防法》为契机，加大消防宣传和监督管理力度，购置消防车2辆、照明器材车1辆，提高扑救火灾能力。2000年，建成火警119计算机接处警系统，购置综合性登高平台消防车1辆，增设市政消防栓30个。2004年，对全市消防单位实行消防监督分级管理，授权派出所对消防重点单位的消防监督管理范围和职责权限；在姚村镇建立消防站1处。2005年，组建消防特勤班，购置特勤器材装备；督促市文物局更新孔府、孔庙火灾自动报警系统和孔府档案馆气体自动灭火系统。2006年，指导各单位制定火灾预案70余份，在6所重点学校开展灭火和逃生自救演练。2008年，开展曲阜圣火传递火灾隐患围剿行动，检查单位646个，发现火灾隐患1380余处，责令当场整改1000余处，对10家单位提请市政府挂牌督办，完成奥运火炬传递消防安保任务；同年，市公安消防大队被评为全国公安机关奥运消防攻坚战先进集体。2009年，宣传普及新消防法，开展“全警全力、平安全运”围剿火灾隐患行动，检查单位320个、“九小”场所1200余家，发现各类隐患1200余处，责令当场改正780余处。2012年，开展“清剿火患”战役和党的十八大消防安全保卫战，督促整改隐患3000余处；组建侦察、救生和排险灭火救援攻坚组，加强实战训练，提升部队灭火救援能力。2013年，深入推进构筑社会消防安全“防火墙”工程，完善全市95家重点单位的户籍化档案，落实《山东省火灾高危单位消防安全管理规定》，强化28家火灾高危单位消防安全管理；购置抢险救援消防车1辆、个人防护装备130余件（套），灭火救援器材30余件（套），改善消防大队装备水平。

1991—2013年曲阜市公安消防大队接处警情况统计表

表21-6

年份	扑救火灾（起）	抢险救援（起）	社会救助（起）	火灾损失（万元）	营救人员（人）	挽回经济损失（万元）
1991	26	—	—	10	—	—
1992	38	12	6	15	11	205
1993	42	14	3	18	10	325
1994	48	8	5	22	9	405
1995	66	15	7	24	12	580
1996	85	19	10	27	11	740
1997	159	17	9	33	15	1130
1998	215	23	8	35	19	1420
1999	241	19	10	43	16	1660
1999	241	19	10	43	16	1660
2000	213	24	12	55	18	1750
2001	215	27	14	64	22	2170
2002	265	22	9	75	19	2300
2003	253	35	11	80	25	2750
2004	237	28	15	73	20	3075
2005	268	31	14	85	24	3360
2006	259	19	17	106	21	2860
2007	243	68	19	134	41	3100
2008	254	43	21	150	34	3540
2009	245	54	13	192	37	3800

续表 21-6

年份	扑救火灾(起)	抢险救援(起)	社会救助(起)	火灾损失(万元)	营救人员(人)	挽回经济损失(万元)
2010	311	53	13	267	48	5030
2011	265	49	15	255	53	4290
2012	297	44	35	280	61	4620
2013	377	89	18	325	75	5970

第十节　网络安全工作

1991—2000年，市公安局办公室（指挥中心）负责检查计算机盗版软件，开展计算机病毒防治工作。2001年，指挥中心通信科对全市经销计算机单位进行建档立制，将15家网吧纳入管理，查改安全隐患40余条，查处违反《计算机安全管理条例》7人，处罚单位和经销点9个。2002年，对全市互联网进行摸底调查，其中有接入单位100余家，个人用户突破2万人。2003年，设立指挥中心计算机监察科，加强网上安全监察。2003—2004年，完成全市75家“网吧”2465台机器“一卡通”管理系统建设，首批发卡量12000张；整治网吧13家，抓获负案在逃人员15人；开展打击淫秽色情网站专项行动，对12000个上网账户、109家专线接入单位进行备案登记。2005年，指挥中心计算机监察科更名为公共信息网络安全监察科，做好52个重点单位计算机信息网络安全工作；打击各类网上违法犯罪活动，全年查办、协办各类刑事案件17起，抓获犯罪嫌疑人23人。2006年，依托公安信息网，建立曲阜市网监基础数据管理系统，输入各类数据1.3万条。2007年，对98家网吧、256个网站、20台本地服务器和5家主机托管业务及重点联网单位加强管理，建立安全员备案联系制度，严格执行信息发布审核制度；开展网吧业主及安全员培训，实施各类安全检查23次，查处违法人员36人，清理关闭非法经营场所13家。2008年，建设全市互联网信息安全审计系统；协助其他警种抓获违法人员21人，提供证据37次；查处网络造谣、侮辱信息案件9起13人；整改、查处违规网吧96家次，其中停业整顿21家，行政处罚15家。2009年，公共信息网络安全监察科更名为网络安全保卫大队，建设全市网吧二代身份证登记系统，加强虚拟社会管理，抓获犯罪嫌疑人25人。2010年，公共信息网络安全监察科更名为公共信息网络安全监察大队，安装“网络督察设备”，更新网监基础数据库信息；建立网监、国保、刑侦、治安、经侦等部门网上监控与网下查控有效衔接的涉网案件侦办协作机制，协助其他警种抓获犯罪嫌疑人132人，行政处罚违法人员16人；主侦案件23起，抓获犯罪嫌疑人27人。2011年，在济宁市率先成立曲阜市信息网络安全协会，发展会员单位127个、理事单位23个；全市安装互联网安全管理审计系统41家；配侦案件120起，抓获各类违法犯罪人员147人，追回网上在逃人员27人；主侦案件12起，抓获涉案人员23人。2012年，建设互联网信息监控中心，加强互联网阵地管理；开展网吧安全集中清理整治行动8次，查处违规网吧25家（次），停业整顿16家；责成全市88家机关企事业单位、酒店宾馆等重点联网单位落实互联网安全保护技术措施；抓获违法人员48人，追回网上在逃人员17人。2013年，对全市网吧进行集中拉网式检查，查处违规网吧56家次，停业整顿5家；新安装非经营性上网设备91家；加大涉网案件侦办力度，侦破公安部督办“孔超等非法获取国家秘密案”，抓获犯罪嫌疑人6人，公安部十一局致电表示祝贺。

第十一节　禁毒反恐

禁毒

1991—2004年，曲阜市禁毒工作主要开展禁种铲毒、禁毒宣传和麻醉精神药品管理，铲除罂粟3652株。2005年，加大禁毒宣传力度，向中小学毒品预防教育示范学校——曲阜市舞雩坛中学发放禁毒挂图、影像制品，学校设立专门阅览室，并确定两名教师负责毒品危害性宣传工作，由此带动其他学校和

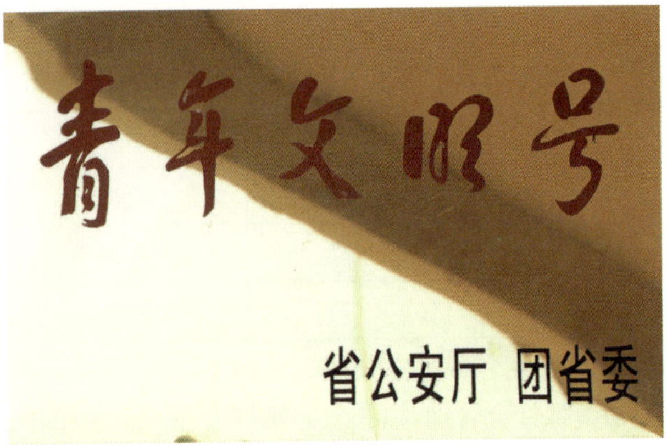

2001年7月，市公安局110特勤中队被授予山东省青年文明号称号

社会开展防毒、拒毒教育。2006年，对全市麻醉精神药品和易制毒化学品生产经营使用企业底数及生产经营情况开展调查，逐一建档立卡。2007年，打掉史某忠重大非法买卖制毒物品犯罪团伙，破获非法买卖制毒物品案件82起。2008年，开展整治歌舞娱乐场所吸贩毒行动，严格麻醉、精神药品和易制毒化学品管理，建立完善动态管理机制。2010年，打掉一特大涉毒团伙，破获贩毒案件5起，抓获团伙成员5人，缴获冰毒、麻古900余克，毒资26000余元，抓获吸毒人员12人，缴获冰毒18克、K粉2克及吸毒工具一宗，对41名吸毒人员进行列管、帮教。2011年，开展防范新型毒品集中宣传教育，召开禁毒专题座谈会5场次及春节和“6·26”国际禁毒日期间系列宣传活动。2012年，破获“8·3”特大贩卖毒品案等涉毒案件3起，打掉贩毒团伙1个，抓获贩毒人员9人，查缴海洛因86克、冰毒676克，麻古129粒。2013年，侦破各类毒品案件57起，抓获犯罪嫌疑人21人，查处吸毒人员22人。

反恐

2008年起，市公安局提高群众反恐意识，加强对水、电、气、热等重要基础设施和重点单位、要害部位的安全保卫工作。2010—2013年，推进“情报、打击、防范、应急”四位一体的反恐实战体制和机制建设，加强对外来人员调查管控和对重要单位、要害部门及重要目标的安全防范，制定反恐应急处突预案，加强演练，使反恐工作由被动应付转变为主动预防。

第十二节　110报警服务

110报警台原为市公安局刑事案件接警台，20世纪90年代初期，百姓使用率并不高。1994年，市公安局投资100余万元，建成集有线、无线调度和110接警、电视监控为一体的现代化指挥中心体系，对巡警、刑警、交警、消防警、武警实行统一指挥，对全市重点单位、重要路口实行24小时监控。1997年，市公安局在学习考察“漳州110”经验做法后，开通110、122报警服务台。指挥中心安装9003指挥系统和110接处警系统，开通20路直通专线，形成以指挥中心为龙头，以110为纽带，122、119、电脑报警中心及各派出所和刑警、巡警、治安等警种配套联动的110服务系统。坚持“有警必接、有难必帮、有灾必救、有求必应”原则，110报警服务台全年接处警2864起，抓获各类犯罪嫌疑人193人。1998年，市委、市政府办公室下发《关于进一步加强110联动工作的通知》，明确公安、卫生、供电、邮电、自来水等联动单位职责，推动110建设向纵深发展；在各派出所建立110值班室，成立专门处警队伍，配备处警装备和设施，实现110向基层延伸；与一些机动车维修和防盗、锁具维修等单位开通小110，为群众排忧解难，全年接处警4423起。2001年7月，市公安局巡警大队110特勤中队被省公安厅、团省委评为“青年文明号”。2004年，曲阜市实施110、122、119“三台合一”工作机制。2006年，完成公安350兆集群通信网建设，增配移动对讲机48部，

2009年10月3日，市公安局特警队员将走失儿童送还家长现场

形成覆盖全市的公安无线通信网络。2012年，启动常态布警、治安复杂时期布警、突发事件和重大案件布警的三级布警措施，提高快速反应能力。2013年，坚持内部抓管理、外部抓延伸、处警抓规范，全年接报有效警情31861起。

1997—2013年曲阜市110接处警情况表

表21-7

单位：起

项目 年份	总起数	刑事警情	治安警情	交通警情	火警	群众求助	其他
1997	2864	345	1477	398	35	311	298
1998	4423	401	1606	446	55	757	1158
1999	7118	471	2702	734	42	1285	1884
2000	7777	670	3469	666	37	691	2244
2001	10536	722	2971	2967	264	382	3230
2002	9775	753	2487	3029	270	281	2955
2003	10534	802	2812	3243	64	341	3272
2004	12409	1274	2914	3703	34	508	3976
2005	12524	1326	2696	3603	74	467	4358
2006	14970	1984	3214	3492	54	922	5304
2007	18257	2467	2699	3662	92	1833	7504
2008	19113	2518	2636	3750	239	1153	8817
2009	16565	2421	2326	3727	263	761	7067
2010	14610	1933	3012	3975	302	511	4877
2011	23829	1885	6917	4969	162	7494	2402
2012	27929	1381	7414	5411	273	11257	2193
2013	31861	1464	8810	6668	330	12235	2354

第十三节　安保警卫

1991年起，市公安局继续围绕重要会议、重大活动、重要节日及敏感时期和重要警卫保卫对象，制定孔子文化节等安保实施方案和安全警卫方案，按照“一切工作具体化”要求，细化任务分工，层层明确责任，狠抓各项安保和警卫措施落实。到2013年，完成各项警卫保卫任务4392起，其中一级警卫116起、二级警卫196起、三级警卫274起，保卫任务3806起，出动警力120余万人次。

1991年，完成朝鲜劳动党总书记、国家主席金日成访问和国务院总理李鹏视察等重要警卫任务。1992年，完成中共中央总书记江泽民视察等重要警卫任务和中共十四大期间辖区安全保卫工作。1995年，完成联合国第四次世界妇女大会期间辖区安全保卫工作。1997年，完成中共十五大和庆七一迎香港回归等重大活动期间辖区安全保卫工作。1999年，完成庆祝中华人民共和国成立50周年、澳门回归等重大活动期间辖区安全保卫工作和荷兰女王贝娅特丽克丝访问等重要警卫保卫任务。2000年，完成国务院总理朱镕基视察重要警卫任务。2002年，完成中共十六大期间辖区安全保卫工作。2003年,完成抗击“非典”等敏感时期安保维稳任务。2004年,完成国际孔子文化节暨世界旅游日中国主会场开幕式等警卫保卫任务。2007年,完成中共十七大、孔子文化节开幕式暨“中华情”大型文艺演出活动和日本首相福田康夫访问等重要警卫保卫任务。2008年,完成奥运会、残奥会期间辖区安全保卫工作和奥运火炬接力传递曲阜站活动安全保卫任务。2009年,完成庆祝中华人民共和国成立60周年、第十一届全运会期间辖区安全保卫工作和第十九届全国图书博览会等重大活动警卫保卫任务。2011年,完成国务院总理温家宝视察等重要警卫保卫任务。2012年,完成中共十八大期间辖区安全保卫工作。2013年,完成中共中央总书记、国家主席习近平视察等重要警卫保卫任务。

1991—2013年曲阜市警卫保卫任务完成情况表

表21-8　　单位:起

项目/年份	总数	警卫任务				保卫任务
		小计	一级	二级	三级	
1991	50	38	10	8	20	12
1992	57	37	4	11	22	20
1993	44	25	4	7	14	19
1994	59	32	3	15	14	27
1995	57	24	3	7	14	33
1996	60	16	2	4	10	44
1997	67	17	0	5	12	50
1998	75	15	2	4	9	60
1999	103	15	3	4	8	88
2000	123	27	1	12	14	96
2001	153	40	2	10	28	113
2002	156	23	2	7	14	133
2003	158	17	4	3	10	141
2004	209	21	9	4	8	188
2005	356	26	6	11	9	330
2006	313	20	8	6	6	293
2007	346	34	10	10	14	312
2008	317	19	4	10	5	298
2009	327	18	9	5	4	309
2010	375	52	10	25	17	323
2011	419	21	6	10	5	398
2012	405	26	7	10	9	379
2013	163	23	7	8	8	140
合计	4392	586	116	196	274	3806

第十四节　监所管理

1991—1995年，市公安局看守所、市公安局治安拘留所依法实施教育管理工作，保障监所安全，配合刑事诉讼和行政执法工作开展。1995年，看守所及时制止两起人犯集体越狱逃脱事故。1996年1月，看守所迁至城区浴沂路，治安拘留所迁往五马祠街看守所旧址；8月20日，武警中队撤出内卫，负责看守所外围警戒，内卫由看守干警接替。1997年，看守所全面实行等级化管理，8月被省公安厅授予“全省先进看守所”称号。2002—2004年，看守所实行定岗位、定人员、定职责、定任务、定奖惩工作模式，治安拘留所实行分别管理和分类教育，落实监管制度，以确保安全。2002年，治安拘留所被评为公安部达标治安拘留所。2003年，市公安局看守所更名为市看守所。同年，看守所有效制止在押人员自杀事故2起，深挖余罪19起；治安拘留所预防治安拘留人员自杀事故1起。2005年，看守所开展建设“平安监区”活动，实行勤务模式改革，实行全方位轮流值班工作法。2006年，看守所增设多画面监控设备，设置禁闭室和隔离室，开设对外办公窗口，提讯、会见和办公区域加装电动控制门，实施人性化管理。市公安局治安拘留所更名为市拘留所。2007年，市看守所开展建设“平安监区”活动，对在押人员实行军事化和人性化管理相结合模式，加大对在押人员管理教育力度；深挖犯罪119起，居济宁市各监所前列。拘留所实行“外围封闭、内部开放、合理分区、双层管理”模式，加强对被拘留人员管理和教育。2008年，看守所深化勤务改革，深挖犯罪133起，被评为全省公安监管系统深挖犯罪先进集体。2009年，看守所、拘留所落实入所体检等各项监管制度。同年，看守所晋升为全国二级看守所。2010年，启动看守所改扩建项目建设。2013年，看守所改扩建项目竣工并启用。同年，实施看守所警示教育基地建设，对社会开放，年内有7批112人次到所参观。

第十五节　公安法制

1991年，市公安局对《对治安管理处罚条例》执行、行政执法和收审等情况开展执法检查，纠正执法存在问题。1995年，制定《关于追究人民警察执法过错责任规定》，成立执法监督委员会，将执法工作纳入岗位目标考核。1997年，组织全体干警学习《中华人民共和国行政处罚法》、新《中华人民共和国刑事诉讼法》和新《中华人民共和国刑法》。1998—1999年，推行警务公开，除涉密内容外，将执法权力、管理规定、办事程序、收费标准、办事结果等业务内容全部公开，变“暗箱操作”为“阳光作业”。2000年，学习贯彻《曲阜市人民代表大会常务委员会追究司法工作人员违法办案办法》，对刑警、交警、巡警、治安和派出所等执法办案单位开展教育整顿；开展纠正刑事立案不实专项治理活动，补立各类刑事案件222起。2002年，110、治安、户政、交通、出入境、消防、派出所等部门，全面实行警务公开和服务承诺制。2003年，市公安局党委成员、中层干部分批分别参加省公安厅和济宁市公安局执法培训，市公安局分两批组织培训未参加上级培训民警。2004年，开展“为民、务实、清廉”集中教育整顿活动、侵害群众利益问题大调查活动和“两个随意”专项治理活动。2005年，组织“规范执法行为，促进执法公正”专项整改活动。2007年，深化警务公开，完善和坚持跟踪服务、首接负责、限时办结、上门服务、预约服务等制度，实行一站式、一条龙服务，最大限度地简化程序，放宽限制，促进公安机关由“管理型”向“服务型”转变。2009年，制定执法规范化建设实施方案、案卷质量考评办法、办理伤害案件指导意见、规范取保候审措施规定等一系列文件，对全市公安机关执法规范化建设任务进行分解。2011年，实施执法单位功能分区建设，建设视频监控督察系统，实行接处警、讯问、询问等执法办案全程同步录音录像；建立法制员制度、案件评查制度，引进矛盾纠纷司法调解机制，出台《110接处警及延伸工作规范化标准》《涉案财物管理工作规范》《有责信访事项倒查追究规定》等规范执法规章制度。同年6月，代表济宁市公安局通过省公安厅执法规范化建设观摩点评。2012年，开展“如实立案、规范办案、圆满结案”工作。2013年，开展涉案人员非正常死亡、涉案财物管理问题“两个专项治理”、执法安全隐患和苗头性问题大排查；推进取保候审突出问题专项督察工作，清查取保候审案件404起，被取保候审人员591人，查纠各类问题2893件。

第十六节 队伍建设

思想政治教育和廉政建设

1991年，市公安局开展以城市社会主义思想教育、反“和平演变”教育为主要内容的思想政治教育活动，举办培训班4期，培训干警170余人；开展以密切警民关系、为警清廉、拒腐防变为主要内容的教育活动，查处违法违纪案件16起。1996年，抓好“禁酒令”“三条禁令”落实，查处违纪案件15起，查获违反“禁酒令”干警4人。1997年，开展学习济南交警、漳州110、邱娥国、程广泉活动。1998年，建立警务督察大队，对民警执勤和警车使用等警务开展督察工作。2000年，开展“人民双满意”活动，派出所、交警、巡警等重点部门和窗口单位，采取“承诺、限时、延时、预约、上门”等服务措施，倡导文明新风，推行文明用语，克服“四难”现象。2001年，开展“学英模，见行动”“一个党员一面旗”“一帮一，一对红”“我为警徽添光彩”等活动。同年，交警大队二中队被公安部授予创建“平安大道”模范中队称号，记集体一等功；巡警大队110特勤中队被省公安厅、团省委评为“青年文明号”。2002年，开展“三个代表”重要思想和中共十六大精神学习教育活动；开展“学党章、守纪律、正党风”教育活动和“珍爱生命远离刑讯逼供滥用枪支警械滥用强制措施”大讨论活动；开展对动用警力参与非警务活动的专项整治和公安收费专项检查活动。2003年，制定群众举报奖励制度、专项督察加压制、等级化管理一票否决制、家属定期座谈制和关于饮酒、警车、值班、会议、着装、卫生、娱乐、交友、就餐等十条具体措施和纪律规定，并抓好落实。当年纠正违反警容风纪36人次，查扣违规使用警车8辆、违章特种车辆3辆。刑警三中队被公安部评为一级（模范）中队，书院派出所被公安部评为一级派出所，武警中队被武警总部评为全国十佳标兵中队，2004年，组织民警学习“三个代表”重要思想、《中共中央关于进一步加强和改进公安工作的决定》。2005年，深入开展保持共产党员先进性教育活动。2008年，市公安局组织开展深化作风建设集中教育活动和大学习、大讨论活动。同年，市公安局被评为山东省践行社会主义法治理念先进单位、全省公安系统奥运安保工作先进集体。2010年，开展“严明警纪、强化素质、锤炼作风、立警为民”集中教育整顿活动和“查思想、查执法、查纪律、查作风”纪律作风集中教育整顿活动，创建“无违纪科所队”活动考核激励机制，开展警车和涉案车辆违规问题专项治理工作，表彰先进单位5个，问责6人。治安大队被公安部授予全国公安机关执法示范单位称号。2011年，开展集中整治执法过程中涉案人员非正常死亡问题和公安机关涉案财物管理问题专项治理工作，通过公安部和省公安厅交叉检查验收。2012年，在全市公安系统组织开展“忠诚、为民、公正、廉洁”的人民警察核心价值观教育实践、“解放思想跨越发展大讨论”“三提三促”教育整顿等活动。同年，曲阜市被评为全省“清剿火患”先进市，市公安局被公安部评为全国“清剿火患”战役成绩突出县级公安局。2013年，开展纪律作风整顿暨“五条禁令” 专题教育活动、“中层干部作风整顿巩固提升年”活动和“改作风、肃警风、提效能”教育整顿活动。查纠违纪违规问题7件，辞退1人。

从优待警

1993年，调整中层骨干123人，选拔87名一线干警。1994年，选拔副科级侦察员25人，市公安局选拔中层干部33人；建设干警宿舍楼1幢，解决干警住宿难问题。1995年，选拔中层干部48人；新建干警宿舍楼两幢，解决干警住宿难问题。1997年，选拔中层干部13人。1998年，调整中层干部179人，其中选拔91人、平调61人；新建干警宿舍楼两幢。1999年，调整中层干部59人，其中选拔24人。2001年，调整交流中层干部145人，其中选拔60人、平调85人。2003年，对缺职岗位实行公开竞争上岗，竞选出41人中层干部。2005年，制定《2005—2008年公安队伍正规化建设实施意见》，全面推进队伍正规化建设，选拔正科级侦察员16人、副科级侦察员39人；市公安局调整交流中层干部187人，其中选拔96人。2009年，对正规化管理《考核办法》和《验收标准》进行完善，推广应用绩效考核管理系统。2012年，完成警员职务套改工作，落实法定工作日之外加班补贴。

第十七节 保安服务

1993年4月，曲阜市保安服务公司成立，面向社

会招聘保安队员50人，设器材经营部、工程部，用于保安器械经营和处警机动。1994年，市保安服务公司引进美国FBL电脑联网报警设备，建设曲阜市第一家保安联网报警系统，并成立处警机动队，当年发展联网报警用户59家。1997年，市保安服务公司被省公安厅批准为“技防工程二级施工单位”；2000年1月，获得山东省消防器材维修许可证；2002年10月，设立犬防中队，负责警犬养育、训练及犬防业务开发；2003年，被评为山东省十佳保安公司；2004年9月，注册成立子公司鑫威安防科技服务有限公司；2005年，成立保安驾驶培训学校，是全市首家机动车驾驶培训机构，并获得国家一级机动车驾驶培训机构资质；2006年，引入ISO 9001国际质量管理体系；2007年8月，成立鑫安护卫犬业有限公司；2008年，承担奥运会青岛流亭机场、上海浦东机场安检搜爆任务、第二十三届省运会、残运会警犬搜爆安检任务。2009年7月，市保安服务公司注册为山东华威保安服务有限公司，成为全国第一家由国营改制为民营的保安公司。2010年9月，山东华威保安服务有限公司注册成立山东华威保安集团有限公司（简称华威公司）；10月，华威公司在北京成立华威保安海外服务中心；同年，成立华威保安爱心基金会。2013年6月30日，华威公司在青岛主办2013国际保安交流与合作研讨会，成立中国华威国际交流中心（香港）有限公司；12月，进行股份制改造，成立山东华威保安集团股份有限公司（简称华威股份）。至2013年年底，华威股份有员工3164人，下设子公司、分公司19个，国际战略合作伙伴4个，分别是澳大利亚MSS集团、美国七海集团、新加坡JK咨询控股有限公司和南非雷德公司，有人防服务客户367家，服务岗位5379个，在岗保安队员2945人，全年营业收入1.48亿元。

第三章　检察

第一节　机构

1991年，曲阜市人民检察院设刑事检察一科、二科，经济检察科、法纪检察科、监所检察科、控告申诉检察科、民事行政检察科、检察技术科、政工科、办公室、政研室等内设科室，位于鼓楼南街西侧。1994年，市检察院在舞雩坛路南侧建设办公场所，建筑面积4677平方米；7月，取消经济检察科，成立反贪污贿赂局，刑事检察一科更名为批捕科，在市保险公司派驻技术鉴定中心。1995年4月，设置行装科。1995年5月23日，最高人民检察院检察长张思卿到市人民检察院视察工作。1996年，市人民检察院刑事检察二科更名为起诉科；2000年1月，取消法纪检察科，设立渎职犯罪侦查局；2000年，起诉科更名为公诉科；2003年，批捕科更名为侦查监督科；2005年7月，渎职犯罪侦查局更名为反渎职侵权检察局。2007年9月，设立人民监督员办公室、信息管理科、督察考核办公室；2008年，设立人大代表、政协委员联络工作室和职务犯罪预防科，督察考核办公室更名为检务督察办公室，政工科更名为政治处，政治处内设组织人事科和宣传教育科。2011年12月，设立案件管理中心。2012年8月，设立未成年人刑事检察科，设立派驻开发区（时庄街道）检察室、派驻王庄检察室、派驻高铁新区检察室。2013年3月，反贪污贿赂局设立综合科，反渎职侵权局设立综合科；9月，信息管理科更名为信息通讯科。1991—2013年，市人民检察院先后在市税务局、单家村煤矿、市农业银行、市工商局、市酒厂、市供销社、市财政局、曲阜镇8个单位派驻检察室，市保险公司派驻技术鉴定中心、市中医院法医鉴定中心等两个派驻机构，后撤销。到2013年年底，市人民检察院内设办公室、政治处（内设组织人事科、宣传教育科）、侦查监督科、公诉科、未成年人刑事检察科、反贪污贿赂局（内设综合科、一科、二科、三科、四科）、反渎职侵权局（内设综合科、一科、二科）、刑事执行检察科（与派驻曲阜市看守所检察室合署办公)、民事行政检察科、职务犯罪预防科、控告申诉检察科(举报中心)、检察技术科、信息通讯科、法警大队、法律政策研究室、行政装备科、监察室、检务督察办公室、人民监督员办公室、人大代表政协委员联络室、案件管理中心、派驻开发区(时庄街道)检察室、派驻王庄检察室、派驻高铁新区检察室等23个机构,全院有政法专项编制91人。

1991—2013年曲阜市人民检察院检察长任职情况表

表21-9

起止时间	姓名	籍贯
1984.2—1993.2	孔祥九	曲阜市
1993.3—1998.12	孔祥河	曲阜市
1999.1—2006.12	史存华	济宁市兖州区
2007.1—2013.12	谷　峪	鱼台县
2014.1—	张治国	嘉祥县

第二节　刑事检察

侦查监督

2009年9月前,市检察院侦查监督科履行审查逮捕(含本院办理职务犯罪案件犯罪嫌疑人的审查逮捕)、侦查活动监督、立案监督等检察职能。2009年9月开始,办理职务犯罪案件犯罪嫌疑人审查批捕工作由济宁市检察院侦查监督处负责。

1991—1993年,市检察院刑事检察一科共受理审查逮捕案件199件392人,其中批捕360人,不批捕32人;1994—2002年,批捕科共受理审查逮捕案件984件1803人,其中批捕1662人,不捕141人,纠正漏捕11人,立案监督30人;2003—2013年,侦查监督科共受理审查逮捕案件1628件3059人,其中批捕2413人,不捕646人,纠正漏捕51人,立案监督122人。

1991—2013年曲阜市人民检察院批捕案件情况统计表

表21-10　　单位:人

年份	受案数(个)	受案人数	批捕	不捕	纠正漏捕	两项监督
1991	66	102	92	10	—	—
1992	66	98	92	6	—	—
1993	67	192	176	16	—	—
1994	92	227	204	23	—	—
1995	90	208	196	12	—	—
1996	106	209	179	30	—	—
1997	106	190	175	15	—	—
1998	114	185	168	17	—	1
1999	113	190	184	6	—	6
2000	110	148	132	16	—	10
2001	136	228	214	14	7	6

续表21-10

年份	受案数（个）	受案人数	批捕	不捕	纠正漏捕	两项监督
2002	117	218	210	8	4	7
2003	111	240	217	23	4	8
2004	163	322	294	28	11	16
2005	189	379	333	46	3	15
2006	184	371	310	61	7	19
2007	152	323	228	95	7	14
2008	149	292	218	74	—	11
2009	122	235	191	44	—	9
2010	138	265	193	72	8	6
2011	113	176	122	54	2	—
2012	133	212	137	75	5	6
2013	174	244	170	74	4	5

公诉

1991—1996年，市人民检察院刑事检察二科受理侦查机关（部门）移送审查起诉案件534件1015人，审结462件748人（含上期滚动）。1997—2000年，起诉科受理侦查机关（部门）移送审查起诉案件493件724人，审结435件644人（含上期滚动）。2001—2013年，公诉科受理侦查机关（部门）移送审查起诉案件2414件4000人，审结2093件3286人（含上期滚动）。

2004—2008年，市人民检察院创新实施职业公诉人制度。2008年起，开展“检察官教检察官”活动。

1991—2013年曲阜市人民检察院起诉案件情况表

表21-11

年份	受案数（个）	受案人数	审结件数	审结人数	年份	受案数（个）	受案人数	审结件数	审结人数
1991	62	102	57	65	2003	138	246	116	175
1992	63	88	59	89	2004	217	356	194	319
1993	71	186	53	115	2005	206	376	196	341
1994	94	204	79	142	2006	205	368	188	333
1995	98	202	76	113	2007	210	327	169	240
1996	146	233	138	224	2008	178	307	142	224
1997	124	188	97	126	2009	168	276	154	254
1998	119	180	114	171	2010	230	375	173	308
1999	151	213	141	171	2011	187	271	153	212
2000	99	143	83	117	2012	189	360	155	224
2001	164	248	154	230	2013	174	237	185	233
2002	148	253	114	193					

刑事执行检察

1991—2013年，市人民检察院查办职务犯罪3件4人，批准逮捕2件2人，审查起诉13件22人；其中涉嫌故意杀人、故意伤害致人重伤、抢劫等严重暴力犯罪案件8件13人；监督纠正刑罚交付执行违法情形案件2件2人，依法监督纠正社区服刑罪犯脱管、漏管40人，办理羁押必要性审查11件11人，监督纠正市看守所内要求在押人员超时超体力劳动、对在押人员混管混押等违法情形37件。2013年，立案侦查市拘留所干警孔某、孔某、张某玩忽职守案，3人擅离职守，导致1名被拘留人自杀死亡，3人均被做出有罪判决。

未成年人刑事检察

2013年3—12月，市人民检察院办理公安机关移送审查逮捕、审查起诉案件22件48人。

控告申诉检察

1991—2013年，市人民检察院控告申诉部门受理各类来信、来访2802件(次)，处结率为96%。

第三节　职务犯罪查办和预防

反贪污贿赂

1991—1994年，市人民检察院立案查处各类经济犯罪案件41件44人，其中贪污犯罪案件15件15人，挪用公款犯罪案件7件7人，其他类案件19件22人。

1995—2013年，反贪污贿赂部门立案查处各类职务犯罪案件313件399人，其中贪污犯罪案件154件194人、贿赂犯罪案件63件79人、挪用公款犯罪案件71件99人、其他犯罪案件25件27人。2005年5月，杏坛中学吴某贪污、挪用公款案，吴某利用担任会计职务便利，贪污公款150余万元，挪用公款590万元，吴某被判处有期徒刑15年。2007年7月，市公安局巡警大队吕某受贿、私分罚没财物案，吕某在担任中队长兼整治高速路口专业队队长期间，利用职务上的便利，收受好处费16700元，并为他人谋取利益；私自决定将应当上缴国家的罚没款224500元分多次集体私分给中队队员。吕某被判处有期徒刑3年6个月。

反渎职侵权

1991—1999年，市人民检察院法办理法纪案件75件93人。1999—2013年，立查各类渎职侵权职务犯罪案件65件101人。2000年，市公安局陈某、徐某、丰某等刑讯逼供案，陈某等人采取刑讯逼供致1人死亡，其中陈某被判处有期徒刑10年，徐某被判处有期徒刑5年，丰某被判处有期徒刑5年。

职务犯罪预防工作

市人民检察院职务犯罪预防部门成立于2008年，到2013年年底，发出职务犯罪预防检察建议98份，进行法治宣传174次，警示教育246次，行贿犯罪档案查询6000余次。2012年9月，市人民检察院投资150余万元规划建设“德政苑”暨曲阜市廉政警示教育基地，到2013年年底，接待各级纪检监察、政府部门、镇(街道)干部及参观群众60余场次，2400余人次。

第四节　民事行政检察

1991年起，市民事行政检察部门继续运用抗诉和检察建议等手段开展法律监督。2013年，市人民检察院立足服务基层群众，开通弱势群体申诉绿色通道，为6名申诉人启动便利诉讼程序。至2013年年底，受理不服审判机关民事、行政判决、裁定的申诉案件510件，其中提请抗诉131件，提出再审检察建议217件，开展行政执法监督24件。

2013年4月，市人民检察院开展法制宣传活动现场　卜雪峰／摄

第五节　检察技术和信息化

检察技术部门负责法医、司法会计、电子证据、心理测验、视听技术等检察工作职责。1991—2013年，市人民检察院办结各类检案3448件，其中检验鉴定889件、文证审查894件、技术协助1567件、现场勘察98件。2002年9月，市人民检察院建设中心机房，配备微机，应用互联网办公。2003年，组建检察系统局域网，并实现与全国检察机关局域网互联互通。2013年7月，市人民检察院检察局域网完成涉密分级保护工程建设，建成级别为机密级的检察涉密网，并在检察局域网上线全国检察机关统一业务应用系统，通过国家保密局山东检测中心测评验收。

第四章　法院

第一节　机构

1991年，曲阜市人民法院（简称市法院）下设办公室、政工科、立案庭、刑事审判庭、执行庭、司法警察大队和书院、姚村、时庄、南辛、小雪、防山、董庄、吴村等9处人民法庭。1996年8月，市法院设立城区中心法庭、王庄中心法庭、陵城中心法庭、息陬中心法庭，同年11月确定为市法院副科级派出机构。1999年3月，最高人民法院出台《人民法院五年改革纲要》，按照该纲要要求，市法院在审判体制、审判方式、内设机构、人事制度等方面加快改革步伐。2000年10月，设立行政科、经济审判一庭、经济审判二庭，其中经济审判一庭负责审理经济合同纠纷案件，经济审判二庭负责审理企业破产案件及部分合同纠纷案件、补偿案件；同年11月，市法院撤销城区、王庄、陵城、息陬4处中心法庭，撤销书院、姚村、时庄、南辛、小雪、防山、董庄、吴村等9处人民法庭，撤销执行庭，设立书院、王庄、陵城、息陬4处派出法庭，设立执行局。2005年7月，增设信访科，负责案件申诉控告等工作。2010年8月，政工科更名为政治处，增加人民陪审员办公室，负责人民陪审员日常管理和考核等工作。2012年，市法院内设机构重新调整为办公室、政治处（内设组织人事科、教育培训科）、立案庭、刑事审判庭、少年审判庭、民事审判第一庭、民事审判第二庭、民事审判第三庭、行政审判庭、国家赔偿办公室、审判监督庭、执行局（内设执行一庭、执行二庭、综合办公室）、研究室、审判管理办公室、人民陪审员办公室、技术室、监察科、信访科、行政科、司法警察大队，下设王庄、陵城、息陬3处人民法庭共计27个部门，到2013年年底，内设机构没有变化。

1991—2013年曲阜市人民法院院长任职情况表

表21-12

姓　名	籍　贯	任职时间
姜秉举	济宁市兖州区	1990.3—1997.12
王永明	金乡县	1998.1—1998.12
陈福泉	邹城市	1999.1—2005.12
张　欣	河北省石家庄市	2006.1—2011.12
孟　伟	金乡县	2012.1—

第二节 刑事审判

市法院坚持从重从快方针和惩办与宽大相结合的刑事方针，重点打击严重危害社会治安的各类刑事犯罪案件和严重经济犯罪。1994年，根据中央政法委和最高法院“严打要打出声威”要求，把打击重点放在严重危害社会治安、危及人民群众生命财产安全等案件审理上，并且在审理时把握一个“准”字，坚持一个“狠”字，从重从快判处一批刑事犯罪分子。工作中，市法院将“以事实为根据，以法律为准绳”原则贯彻于办案始终，严格执行程序法和实体法规定，不放过一个疑点，不轻率下判，坚决做到不枉不纵。1996年，党中央决定在全国范围内继续开展“严打”集中统一行动，市法院明确重点，加大“严打”力度，与公安、检察部门密切配合，协同作战，对起诉到法院的案件，及时审结，依法从重从快判处一批严重危害社会治安的犯罪分子。1996—1998年，判决发生法律效力的有291件429人；召开公判大会12次，宣判刑事案件49件91人；对判处管制、缓刑和免予刑事处分人员进行经常性回访帮教工作，预防和减少重新犯罪。1997年，新修订的《中华人民共和国刑法》和《中华人民共和国刑事诉讼法》颁布实施后，市法院受理的各类刑事案件所占比例发生明显变化，侵犯财产权、侵犯公民人身权利民主权利罪等传统性、常规化犯罪所占比例明显下降，危害公共安全、妨害社会管理秩序等现代社会的犯罪类型所占比例明显上升。1991—1999年，市法院对一些发案率高、犯罪手段恶劣、情节严重的犯罪分子从重惩处，判处严重危害社会治安的各类犯罪案件869件1202人。1999年起，市法院刑事审判除对严重危害社会治安的犯罪分子继续贯彻“从重从快”的严打方针以外，更注重对未成年人犯罪案件、刑事自诉案件的审理，发挥刑罚的调整和保护功能。

2012年，市法院设立少年刑事审判庭，推进少年综合审判。2013年，少年审判推行“圆桌审判”方式，开展庭前调查、心理疏导、判后帮教和轻罪档案封存等工作，实现民事案件和刑事附带民事赔偿案件调撤结案率100%、履行到位率100%的“双百”目标，《人民法院报》《山东法制报》对此给予报道。

1991—2013年曲阜市人民法院刑事案件收结案件情况表

表21-13　　单位：件

年份	收案	结案	旧存	年份	收案	结案	旧存
1991	67	62	0	1995	100	91	0
1992	67	69	2	1996	130	129	0
1993	76	68	0	1997	104	117	13
1994	92	95	3	1998	157	134	0
1999	201	212	11	2007	168	169	1
2000	162	136	0	2008	133	144	11
2001	204	222	18	2009	126	132	6
2002	173	164	0	2010	161	162	1
2003	116	114	0	2011	171	169	0
2004	123	121	0	2012	174	172	0
2005	179	205	26	2013	138	142	4
2006	179	197	18				

2011年11月，市人民法院刑庭法官回访帮教未成年人犯现场
孔德法／摄

第三节 民商事审判

1991年4月，《中华人民共和国民法诉讼法》施行，审理和执行程序更加规范，运用新增的督促程序解决债权关系明确的财产案件，对提高诉讼效率、节约诉讼成本起到积极作用。随着市场经济的发展，以诉讼手段调节经济关系的案件越来越多，市法院围绕农村和国企改革与发展，商事案件主要受理经济合同纠纷、经济损害赔偿纠纷、不服行政机关处分经济纠纷三类案件。市法院发挥民商事审判工作定纷止争、化解矛盾、维护稳定的职能作用，合法、及时、妥善地解决各类民商事纠纷，坚持“能调则调、当判则判、调判结合、案结事了”办案原则，加强诉讼调解工作。随着社会的发展，离婚案件以及与之相关的离婚后财产权纠纷、抚养纠纷案件日益增多，由于婚姻案件的特殊性，存在着举证难、处理难度大的问题，对此，市法院依照法律规定，本着促进家庭和睦和精神文明建设的宗旨，妥善处理，对夫妻感情尚未破裂的，依法做调解和好的工作，或判决驳回原告要求离婚的诉讼请求，对夫妻感情破裂、经调解无和好可能的，判决予以离婚。对涉及离婚后子女的抚养和财产分割时，以保护妇女、儿童及无过错方合法权益为原则进行分割处理，所采取的分割方式与市场经济运行的规则相适应。1991—1993年，受理各类民事案件2432件，审结2339件，结案率为96.2%；受理各类经济纠纷案件2761件，审结2607件，结案率为

1991—2013年曲阜市人民法院民商事案件收结案件情况表

表21-14 单位：件

年份	收案	结案	旧存	年份	收案	结案	旧存
1991	1423	1411	0	2003	2170	2223	53
1992	1480	1476	0	2004	2156	2134	0
1993	1842	1778	0	2005	2148	2170	22
1994	2084	2119	35	2006	2316	2487	171
1995	2081	2008	0	2007	2178	2189	11
1996	2106	2112	6	2008	2298	2361	63
1997	1900	1871	0	2009	2158	2139	0
1998	1716	1644	0	2010	2474	2685	211
1999	2720	2754	34	2011	2386	2618	232
2000	2571	2448	0	2012	2451	2475	24
2001	2458	2433	0	2013	3166	3329	163
2002	2657	2562	0				

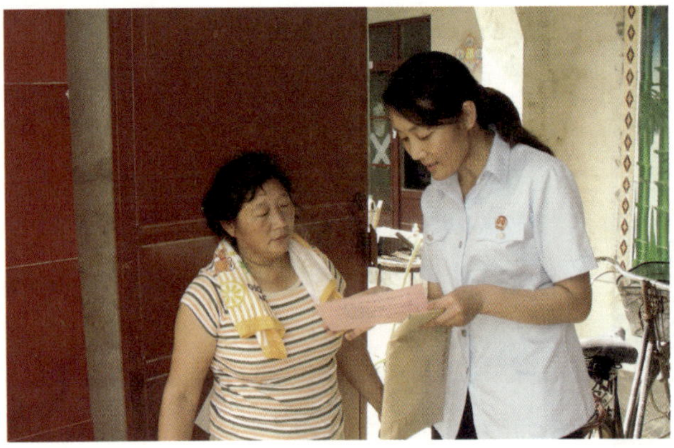

2009年7月，市法院干警上门为群众提供法律指导现场
盛春坤／摄

94.4%，诉讼标的额3243.67万元。1996—1998年，审结民事案件3187件，其中审结婚姻家庭案件1376件(其中离婚1240件)，债务1057件，损害赔偿508件，这三类案件占审结民事案件92.28%；审结商事案件2448件，其中购销合同939件，借款合同410件，农村承包合同144件，这三类案件占审结案件60.99%；其他经济合同、其他经济纠纷和适用督促程序、公告催办程序审结的955件，占审结案件的39.01%。

1999年起，民商事审判工作坚持“抓重点，即审理好与深化改革和发展市场经济相关的案件，促进社会主义市场经济体制的建立；抓大头，即审理好婚姻家庭、债务、损害赔偿案件；抓基层，即加强对人民法庭的管理和业务指导”的方针，把审判与宣传法制、倡导良好风尚与精神文明建设相结合，着力于疏导调解，及时化解社会矛盾，保护当事人合法权益，促进社会安定团结和两个文明建设。2013年，受理民商事案件3166件，审结3299件（含旧存），结案率99.2%，诉讼标的额2.1亿元。

第四节　行政审判

20世纪90年代初，行政审判尚处于摸索试办阶段，这个阶段行政案件相对较少，行政审判工作重点放在协调法院与其他各部门之间的关系，以及探讨与研究行政诉讼法实施的状况，包括实施中出现情况，如何完善等。此后，行政案件的数量以较大的比率逐年增加，行政审判收案范围涉及公安、工商、土地、城建、教育以及劳动与社会保障等20多个行政执法领域，案件种类基本覆盖行政管理领域。1991—2000年，市法院审结各类行政案件925件。1999年11月24日，《最高人民法院关于执行〈中华人民共和国行政诉讼法〉若干问题的解释》公布。市法院在行政审判工作中，严格执行被告举证制度，坚持“大胆受理、慎重裁判、注重效果、维护大局”的整体办案原则，体现维护与监督并重的执行思想，依法公正裁判。2013年，开展行政审判相对集中管辖试点工作，新收案件273件，审结250件（含旧存），协调和解撤诉率86.6%，居全济宁市县市区法院前列；探索建立“四沟通工作法”，参与曲阜市对非法采砂、黑出租、黑导游等专项整治活动，协调市政府处理多起集团诉讼案件。

第五节　控告申诉审判

1991年起，市法院继续以申诉告诉庭为控告申诉审判专门机构，配备3名合议庭法官，对外统一负责当事人的控告申诉的受理和审查，对符合审理的条件负责再审审理，到2001年，审结案件78件，接待来信来访群众780余人次，化解信访案件102件。2002年，为落实最高人民法院“立审分离，审监分离”要求，市法院撤销告诉申诉庭，成立立案庭和审判监督庭。到2004年，办结再审案件3件，处理化解当事人信访案件159件，接待信访群众300余人次。

2005年，市法院成立信访科，建立信访风险评估制度，实行院长接访工作制度，并由法院院长出任信访局第一局长，定期驻市信访局进行接访。在上访矛盾化解工作中，建立“四定一包”工作制度，即定领导、定方案、定时间、定责任，同时实行首问负责，包案到人，推动上访化解工作规范化。成立诉讼服务中心，将信访接待大厅列入诉讼服务中心建设范围，建立视频平台，实行视频接访。2013年，完善“领导包案、公开接访、主动约访、联动化解”信访工作机制，履行信访“第一局长”职责，信访科和市法院其他各部门配合协作，共同化解信访案件47件，信访工作成绩保持济宁市先进名次。

第六节　执行工作

1991年起，市法院继续实行审执合一机制，到

1995年，市法院执结案件732件。1996年起，市法院实行“审执分离”，推进执行体制和机制改革；针对积压案件，调整充实力量，加大执行措施，每年组织执行会战，定期开展集中清理执行积案活动。1999年，根据最高人民法院要求，市法院审结具有执行内容的判决书交执行庭执行，各法庭负责执行法庭有执行内容的调解书。2012年10月，市法院突出保障民生和服务大局两大主题，召开专门会议，在春节和中秋节组织干警进行集中突击执行。2013年，市法院成立“双节”（国际孔子文化节、国庆节）集中执行指挥部，制定实施方案，在保证日常工作正常运转外，134名干警和6名人民陪审员分成6个执行小组，集中办公、集中行动，还采取“兵团作战、凌晨行动、突然袭击”等方式，打出一系列组合拳，其间执结案件1187件，过付案款710余万元，彻底化解涉执信访案件32件。

第七节 审判监督

1991—2001年，市法院审结发回重审案件83件。2002年，撤销告诉申诉庭，成立审判监督庭，专门负责发回重审案件审理。推行巡回审判工作制度，并结合发回重审案件的审理，建立疑难案件评议制度，保障审判监督工作有效开展。至2012年，市法院审结发回重审案件83件。2013年，市法院建立发回重审案件审委会讨论定性制度，即由审委会讨论决定发回重审案件是否属于错案，同时强化发回重审案件审理工作调解方式的运用，配备专门人民陪审员担任调解员，负责主持调解，优化发回重审案件审判效果。全年审结发回重审案件16件，其中9件经调解后当事人撤诉。

1991—2013年曲阜市人民法院执行案件收结案件情况表

表21-15 单位：件

年份	收案	结案	旧存	年份	收案	结案	旧存
1991	1423	1411	0	2003	2170	2223	53
1992	1480	1476	0	2004	2156	2134	0
1993	1842	1778	0	2005	2148	2170	22
1994	2084	2119	35	2006	2316	2487	171
1995	2081	2008	0	2007	2178	2189	11
1996	2106	2112	6	2008	2298	2361	63
1997	1900	1871	0	2009	2158	2139	0
1998	1716	1644	0	2010	2474	2685	211
1999	2720	2754	34	2011	2386	2618	232
2000	2571	2448	0	2012	2451	2475	24
2001	2458	2433	0	2013	3166	3329	163
2002	2657	2562	0				

第五章　司法行政

曲阜市司法部门发挥职能作用，开展社区矫正、安置帮教、人民调解、普法宣传、法律援助、公证、律师管理等工作，为法治曲阜建设做出贡献。2001年6月，市司法局被评为“1996—2000年全省普法依法治理先进单位”。2006年6月，被评为“全省‘四五’普法依法治理先进单位”。2011年8月，被中共山东省委、山东省人民政府评为“2006—2010年全省普法依法治理工作先进单位”。2013年8月，曲阜市公证处被评为山东省优秀公证处。

第一节　机构

1991年，曲阜市司法局位于鲁城街道西关大街中段，内设办公室、基层工作管理科、法制宣传教育科3个职能科室，辖属市公证处和市律师事务所2个副科级事业单位。1997年，市普法办公室成立，与市司法局合署办公；6月，市刑释解教人员安置帮教领导小组办公室成立，与市司法局合署办公。1998年，市法律援助中心成立，与市司法局合署办公。2000年9月，市司法局迁至市舞雩台路。2003年7月，市法律援助中心列为副科级事业单位，隶属于市司法局。2004年5月，各乡镇司法所调整为市司法局派出机构。2005年12月，市基层法律服务工作者协会成立。2007年6月，市司法局对乡镇(街道)司法所管理由业务指导转变为垂直管理。2010年，鲁城街道西关民族居委被授予全国民主法治示范村称号。2011年6月，市司法局增设行政许可科。2013年3月，增设社区矫正管理科。到2013年年底，市司法局内设办公室、基层工作管理科、法制宣传教育科、行政许可科、社区矫正管理科，辖属12个镇街司法所以及公证处、法律援助中心、山东曲圣地律师事务所3个副科级单位。

第二节　公证事务

随着市场经济体制的初步建立和逐步完善，市公证处把服务于社会主义市场经济作为工作重点，发挥沟通、服务、监督等职能作用。1991—1995年，办理各类公证事项10258件，其中经济公证8102件，涉及总标的额4亿多元，向市政府和有关部门、单位提出司法建议20项，有14项被采纳；办理涉外公证事项230件。

中国加入世贸组织以后，对外经贸活动和人员往来逐步增加。2001年，市公证处办理涉外及中国港、澳、台地区年公证数由2000年的120件猛增到278件；2002年，增加到570件。2005年，开展“公证队伍规范教育树形象”活动，加强对公证人员公证质量意识的教育力度。1996—2005年，接待来访34012人次，办理各类公证事项34000件。

2006年3月，《中华人民共和国公证法》施行，市公证处规范办案程序，提高办案质量。2007—2009年，办理全市重点工程公证38项430余件，累计标的额34亿元，其中包括京沪高铁曲阜东站建设、京沪高铁曲阜东站至济宁连接线建设、曲阜城市水系建设、西关民族居委会片区改造300余户房屋证据保全公证等；开展全市300余户经济适用房分配公证活动，促进民心工程阳光化。2006—2010年，办理各项公证9677件。

2011年，市公证处开展“公证规范化建设年”活动，加强基础设施建设；6月30日，市公证服务大厅建成启用；12月，市公证处档案室被省档案局验收为“一级档案室”。2012—2013年，办理曲阜高铁新城建设公证及古泮池片区拆迁公证，及时解决有关疑难事项，规范国有土地、矿产资源、土地整理项目网上招拍挂及现场招拍挂程序；办理全市经济适用房分

2012年12月，市公证处干部到被帮扶困难学生家庭慰问现场
张建凤／摄

配公证1000余人次。2013年8月，市公证处获得省优秀公证处称号。2011—2013年，办理民事公证3101件、经济公证912件、涉外公证1430件，总计5443件。

第三节　律师事务

律师

1991年12月，曲阜市法律顾问处更名为曲阜市律师事务所。1994年6月，全市法律服务机构实行体制改革，律师事务所由财政事业单位改为差额补贴事业单位。1995年8月，曲阜市律师事务所更名为济宁圣地律师事务所。1996年3月，济宁圣地律师事务所更名为山东曲圣地律师事务所，为副科级差额拨款事业单位。1998年，全市第一家合伙制律师事务所山东圣城律师事务所成立，打破以往一个国营律师事务所垄断全市律师业务的局面。2001年5月，全市第二家合伙制律师事务所——山东众立律师事务所成立。到2013年年底，全市有5家律师事务所，分别为山东曲圣地律师事务所、山东众立律师事务所、山东圣城律师事务所、山东儒衡律师事务所、山东鲁都律师事务所，有执业律师44人。

基层法律服务

曲阜市法律服务工作始于1990年。1993年，各乡镇成立法律服务站。1998年6月，各乡镇法律服务站更名为法律服务所；2001年5月，乡镇法律服务站注销，重新合并组建为合伙制基层法律服务所。2002年年底，曲阜市有8家法律服务所、33名注册基层法律服务工作者。体制改革后，市司法局完善监督指导、财务审计和年检注册等工作制度，促进全市法律服务工作发展。2005年，市司法局加大法律服务执业行为监管，清理一批无资格从事法律服务人员。2007年12月，鲁兴法律服务所被省司法厅命名为“省级文明法律服务所”。2011年3月，市司法局组建“2711”工程律师咨询服务团，组织12名资深律师为全市重要工程指挥部提供法律服务。2012年，开展“百名律师进企业”法律体检活动，帮助企业防范法律风险，提供法律服务。2013年，开展“两所共建”活动，即采取1个法律服务所与1~2个司法所结对方式，签订所所共建协议，全市11个法律服务所均签订“两所共建”协议。到2013年年底，全市有法律服务所10家，法律服务工作者58人。

1991—2013年曲阜市律师事务所、法律服务所业务统计表

表21-16

年份	民事、经济案件（件）	行政案件（件）	刑事案件（件）	法律顾问单位（家）
1991-1995	880	16	283	41
1996-2000	1096	49	325	65
2001-2005	2798	156	786	82
2006-2010	5562	587	1048	112
2011-2013	4520	375	940	232

第四节　基层基础工作

1991年，曲阜市人民调解工作以防止矛盾纠纷激化为重点，加强对乡镇司法所的业务指导和管理。1993年3月，召开全市防止民调纠纷经验交流暨表彰会议，推广防止矛盾纠纷激化经验，表彰先进集体和个人。1994年，曲阜镇南池街调解委员会被省司法厅授予“防激化有功集体二等奖”称号。1995年年底，全市有6个乡镇司法所达到省、地（市）级规范化标准。1991—1995年，全市各级人民调解委员会共调解各类矛盾纠纷5500余件，防止自杀事件和“民转刑”案件42件涉及154人，避免或挽回经济损失3100万元。

1996年，市司法局推行岗位目标责任制，坚持做好综合考评、调解主任培训和民间纠纷大排查等工作。1998年9月8日，全市开通“148”法律服务专线，市司法局设立值班室和专线电话“4416148”，为群众提供法律服务，化解矛盾纠纷。2000年6月，全市12个乡镇相继设立乡镇（街道）司法调解中心，对民间纠纷实行集中受理、集中调处。1996—2000年，各级调解组织参与调处各类纠纷7530起，成功调处6994起，调处成功率为93%。

2001年7月，“148”热线实现全省微机联网，至2002年4月，“148”解答群众电话法律咨询、接待上门咨询12280人次。2004年，全市调解工作实行重点排查与一般排查相结合工作机制，加大基层人民调解力度。2005年，曲阜市出台《关于进一步加强乡镇（街道）调解中心建设的意见》，部分乡镇（街道）调解中心与市司法局调解中心实现微机联网。到2005年年底，全市有司法所12个，各级基层调解组织289个，调解人员1246人。2000—2005年，全市受理调解纠纷8663起，调处成功8317起，成功率96.6%，防止“民转刑”案件6起11人。

2006年，完善市、乡镇（街道）、村（社区）三级调解工作网络，加强基层基础工作。2008年，推进司法所规范化建设，全市新建司法所2个，改建8个。2009年6月22日，山东省委常委、政法委书记柏继民到曲阜市调研，实地察看陵城司法所建设情况，对陵城人民调解庭规范化建设给予肯定。到2010年底，曲阜市建立起406个调委会，其中村（社区）调委会390个、镇街调委会12个、企事业单位调委会4个，调解人员1295人，培训调解人员831人，整顿调解组织11个，撤换调解人员10人。

2011年5月，开展人民调解“515”建设，即在全市建设50个人民调解工作示范村（社区），培养100名人民调解能手，落实500个人民调解“以案奖补”案件。到年底，开展审（诉）前社会调查案件22起，全部被市法院、市检察院采纳。2012年，市司法局与市综治办联合，集中开展矛盾纠纷“大排查大调解”和人民调解“直通车”活动，排查矛盾纠纷隐患447起，调解矛盾432件，成功率96.6%，没有因调解不及时或不当而引发的“民转刑”案件或群体性上访事件。2013年，开展“星级司法所”创建活动，当年创建3个“五星级司法所”、4个“四星级司法所”、3个“三星级司法所”；开展人民调解“双争赢满意”活动，设立品牌调解室14个，表彰人民调解能手24人。同年6月，吴村司法所与吴村镇卫生院联合成立吴村镇医患纠纷调解委员会，加大医患纠纷调解力度；8月，市法院、市司法局联合成立“诉调联动”工作中心，当年参与调处诉前纠纷122件，调处成功115件。到2013年年底，全市设有人民调解委员会406个，调解人员1218人；各级调解组织开展各类活动1573次、解答群众诉求500余人次、预防调解各类矛盾纠纷531件，调解成功率98%以上。

1992年，曲阜市普法办、市司法局法律知识有奖问答现场

第五节　社区矫正

曲阜市社区矫正工作始于2007年，当年接收矫正对象402人，解除矫正对象76人，无一人重新犯罪。2008年，建立审（诉）前社会调查对象档案，组织社区服刑人员宣告仪式。2009年，市司法局联合市公安局、检察院、法院出台《曲阜市适用非监禁刑判前社会调查暂行办法》，开展审（诉）前社会调查17起，全部被法院采纳；当年接收社区矫正对象657人，解除矫正461人。2010年，曲阜市成立社区矫正安置帮教工作办公室，开展“双援”活动，确立50余名被帮扶社区矫正人员和刑释解教人员。至2011年年底，全市有矫正人员196人，其中管制36人、缓刑121人、假释33人、暂予监外执行1人、剥夺政治权利5人。2012年3月1日，国家颁布实施《社区矫正实施办法》，依法规范实施社区矫正。市司法局编印《社区矫正实施办法》500册，组织全体司法行政人员和社区矫正人员进行学习；与市检察院、公安局进行业务对接，开展“社区矫正集中月活动”；打造“电子围墙”，做好社区矫正人员终端及应用管理系统建设，实现社区矫正监管工作从“人防”向“技防”的转变。2013年3月，成立社区矫正管理科，负责管理和指导全市社区矫正等工作。重要节点期间，抓好社区矫正人员“五个活动”，即开展一次集中报到教育活动、一次家访活动、一次帮扶走访活动、一次重点人员排查活动、一次送祝福活动；对全市300多名社区矫正人员实行分级处遇管理，对重点管控人员实行专人专管；抓好社区服刑人员“五课”教育，即社区矫正人员无缝对接、片区社区矫正人员报到教育、时事政治教育、司法所每月报到教育、社区矫正人员典型教育。

对违反社区矫正相关规定人员及时处置。到2013年年底，曲阜市社区矫正工作累计接收1108人，累计解除769人，累计撤销假释1人，累计对暂予监外执行收监1人。累计社会调查106件，全部被委托机关采用。在册339人，其中缓刑283人，假释44人，暂予监外执行6人，管制6人。

第六节　安置帮教

曲阜市安置帮教业务始于1997年。当年6月25日，成立市刑释解教人员安置帮教领导小组，办公室设在市司法局，市司法局对全市刑释解教人员安置情况进行调查，明确帮教工作任务，建立帮教档案。1998年6月30日，市刑释解教人员安置帮教领导小组带领市委政法委、市司法局、市文化局、市帮教办负责人及市剧团演职员一行44人到济宁监狱，向曲阜籍在押犯进行帮教活动，激励其认罪服法，积极改造，早日回乡；同年10月，市帮教办选取3名在押犯人到市8所高中、中专学校对15000名师生进行“忏悔演讲”；年底，市司法局组织带领犯人家属一行45人，到监狱“亲情看望”，配合监狱管教人员帮助罪犯改造，教育他们重新做人。1997—2002年，全市有帮教小组227个，帮教人员698人。2003—2006年，对113名刑释解教人员，全部进行安置和落实帮教措施，无重新犯罪和重新被劳教情况。2007年，回归社会刑释解教人员108人，全部签订安置帮教协议和责任书，无一人重新违法犯罪；同年，市司法局基层工作科被授予全省司法行政系统法律服务管理先进集体称号。2008—2009年，全市接收刑释人员220人，解除劳教人员28名，共计248人，全部建立帮教组织，使刑释解教人员重新犯罪率控制在3%以内，安置率和帮教率均在98%以上。到2013年年底，安置帮教人员在册共计657人，衔接180人，安置总人数178人，其中政府安置“三无”人员2人。帮教人员180人，帮扶救助13人，帮教率99%。

第七节　普法工作

1991年，市司法局举办以厂长、经理、财会人员为重点对象的法律常识培训班，全市32万名普法教育对象综合普及率为98%。1993年，向全市推广13个依法治理单位典型经验，农村依法治理工作铺开面为85%。1995年，通过抓典型以点带面，完成“二五”普法教育任务，经济宁市普法工作领导小组验收合格。1997年，组织领导干部参加普法骨干学习班和首次副科级以上干部普法考试，实施“五个一”工程建设(法律宣传一条街、一所法制学校、一个法制教育宣讲团、一支法制文艺宣传队、一个法制新闻宣传网络)。1999年，实施“法制校长”依法治校活动，全市58所中学和155所小学全部聘请法制校长，全市依法治校铺开面为95%以上。2001年，利用“12·4”全国法制宣传日时间节点，集中开展以宪法为核心的法制宣传教育。同年，市司法局被授予山东省全民普法依法治理先进单位称号。2003年，与市委宣传部、市卫生局联合将2003年6月确定为全市依法防治“非典”法制宣传月，发放宣传手册、宣传挂图、《农村防治非典型肺炎法律知识明白纸》近万份；开展聘请法制副校长和争创“遵纪守法光荣校（班）”活动，全市有15所中小学被授予济宁市遵纪守法光荣校称号。2004年，开展创建民主法治示范村活动，全市40%村街达到“民主法制示范村”标准，其中鲁城街道西关民族居委会被授予山东省民主法制示范村称号，鲁城街道红星居委会等10个村（居）被授予济宁市民主法制示范村称号。2006年，开展以“学法律、讲权利、讲义务、讲责任”为主题的法律进机关、进农村、进学校、进企业、进社区“法律五进”宣传教育活动，联合市关工委和政法部门成立青少年法制教育宣讲团，开设“流动法治课堂”，定期到全市各中小学开办法治宣讲活动；当年，市司法局被授予全省四五普法依法治理先进单位称号。2009年，市司法局培树防山镇南河套社区、息陬镇终吉社区和王庄镇纸坊社区三个试点，进行新型农村法制社区建设；成立法律服务宣传队，到农村基层宣传土地承包、征地拆迁、农民工维权等常用法律知识，为群众解答法律疑难问题。2010年，鲁城街道西关民族社区被授予全国民主法治示范村称号，书院街道丰家村被授予全省民主法治示范村称号。2012年，市司法局利用“第一书记”“一村一警”“大学生村官”新三大员，举办普法宣传教育活动。到2013年年底，全市有国家级民主法治示范村1个，省级6个，济宁市级34个。

2001年，曲阜市首个全国法制宣传日活动现场

第八节　法律援助

1998年起，市司法局开展法律援助业务，逐步完善法律援助工作制度，畅通法律援助渠道，为贫困群众免费提供法律服务。1999—2003年，办理各类援助案件168件，接待群众来访1500余人次，解答法律咨询1600人次。2003年9月1日，国家《法律援助条例》开始施行。曲阜市成立法律援助中心，主要负责全市的法律援助申请、审批、指派、办理工作。2004年，依托乡镇司法所和有关部门，设立16个法律援助工作站，在村居明确1名法律援助联络员。2007年，增设市劳动和社会保障局、市建设局等法律援助工作站。2004—2007年，办理法律援助案件233件，接待群众来访730次人。2010年8月，曲阜市成立法律援助工作委员会，规范21个法律援助联络站，招募25名法律援助志愿者，调整充实405名村（社区）法律援助联络员，形成市、乡、村三级联动工作格局；当年，市法律援助服务大厅投入使用，由专职法律援助人员和律师轮流值班，坚持“一站式”“便民式”工作模式。同年，市法律援助中心获省优秀妇女维权岗称号。2011年，办理法律援助案件243件，涉及农民工15件。2012年，推行法律援助“点援制”，受援人可以在法律援助中心设立的法律援助律师和基层法律服务工作者名录中自主选择法律服务人员；成立曲阜市妇女维权法律服务团。2008—2012年，办理法律援助案件942件，受援人数1503人，案卷质量全部达标。2013年，集中开展案件质量评查活动，建立法律援助案件投诉查处机制，设立专门投诉查处电话，接受社会监督。到2013年年底，曲阜市法律援助中心共办理法律援助案件1100余件；曲阜市法律援助工作实现连续11年“零投诉”。

第二十二编
军　事

2011年12月，欢送有志青年奔赴军营建功立业仪式现场（市人武部提供）

1991—2013年，曲阜市驻军、武警部队、武装部门贯彻经济建设与国防建设协调发展方针，军地一体、同心协力，在战备训练、维护稳定、双拥共建、防汛抢险等工作中，完成各项工作任务，推动军民融合发展。

第一章　机构

第一节　国防动员委员会与人民武装委员会

国防动员委员会与人民武装委员会均属国防动员体制，是组织和实施国防动员的领导机构，由政府、社会团体和军队系统等方面的代表组成。

人民武装委员会

1996年，中共曲阜市委对市人民武装委员会进行调整充实。委员会由市长任主任，市委副书记、副市长、市人武部政委、市人武部部长、预备役某团团长任副主任。后根据上级要求，市人民武装委员会与市国防动员委员会为一个机构两块牌子。2003年，市国防动员委员会与市人民武装委员会合并为新的市国防动员委员会。

国防动员委员会

1998年5月，曲阜市国防动员委员会成立，内设人民武装动员、经济动员、人民防空、交通战备4个办公室，1个秘书组。2003年6月，市国防教育委员会与市国防动员委员会合并，对外统称国防动员委员会，内设人民武装动员办公室、政治动员办公室、经济动员办公室、人民防空办公室、交通战备办公室、综合办公室等。8月1日，市国防动员委员会开始在市人武部挂牌办公，负责全市国防动员工作。

第二节　人民武装部

1991年，曲阜市人民武装部为副县级行政单位，隶属济宁军分区和曲阜市委、市政府双重领导，内设办公室和军事科、政工科、后勤科，驻地位于曲阜市老城区长城街，下辖13个乡镇武装部及市直机关武装部。1996年4月，市人武部收归军队建制，更名为中国人民解放军山东省曲阜市人民武装部，隶属济宁军分区和曲阜市委、市政府双重领导，正团职，内设军事科、政工科、后勤科，下辖曲阜市民兵武器装备仓库和曲阜市民兵训练基地，均为副科级事业单位。

2003年，市人武部机关迁至浴沂路办公楼

1991—2013年曲阜市人民武装部部长、政委任职一览表

表22-1

职务	姓名	籍贯	任职时间	职务	姓名	籍贯	任职时间
政委	高洪彦	济宁市兖州区	1986.6—1996.4	部长	陈兰金	汶上县	1990.4—1999.3
	郭庆海	济宁市任城区	1996.4—2001.9		付风信	济宁市	1999.3—2004.2

续表 22-1

职务	姓名	籍贯	任职时间	职务	姓名	籍贯	任职时间
政委	孙建国	曲阜市	2001.9—2005.2	部长	薛凤勤	济宁市	2004.2—2007.2
	甄海江	济宁市兖州区	2005.2—2007.2		刘伟华	莒南县	2007.2—2009.1
	薛凤勤	济宁市	2007.2—2009.1		尹清江	平度市	2009.1—2011.4
	刘伟华	莒南县	2009.1—2011.4		张　炜	微山县	2014.1—
	王志营	沂水县	2011.4—2013.4		樊　鹏	河南省固始县	2014.2—
	高心红	安徽省利辛县	2013.4—				

1997年6月，书院乡、时庄乡武装部更名为书院镇、时庄镇武装部。2000年1月，曲阜镇武装部更名为鲁城街道武装部。12月，尼山乡武装部和南辛镇武装部合并为南辛镇武装部。2001年1月，书院镇武装部更名为书院街道武装部。2003年，部机关搬迁至新城区浴沂路。

随着城市建设发展，仓库周边楼房林立，基地周边道路拥挤，民兵训练基地、武器装备仓库废弃，武器装备回收济宁集中保管。2010年6月，时庄镇、小雪镇武装部分别更名为时庄街道、小雪街道武装部；7月，息陬乡、王庄乡、防山乡武装部分别更名为息陬镇、王庄镇、防山镇武装部。2011年6月，南辛镇武装部更名为尼山镇武装部；9月，董庄乡武装部更名为石门山镇武装部。

第三节　驻军

济南药材仓库曲阜分库

1991年，名为济南军区曲阜药材仓库。1999年4月，更名为济南军区济南药材仓库曲阜分库，为药材周转库；6月，更名为济南药材仓库曲阜分库。

山东陆军预备役炮兵师某团

1991年，为济宁陆军预备役炮兵师某团，预编范围为曲阜市。1998年11月，改编为山东陆军预备役炮兵师某团，驻防曲阜市和泗水县，隶属山东陆军预备役炮兵师，受上级军事机关和曲阜市委、市政府，泗水县委、县政府双重领导。2000年6月，团机关办公区调换为原军官训练团营区。2004年年底，预编范围扩大到曲阜市、济宁曲阜新区、邹城市、兖矿集团、泗水县；2006年年底，调整为曲阜市、邹城市、兖矿集团和泗水县。

第四节　武装警察部队

武装警察部队曲阜市公安消防大队

1990年，市公安局消防股改称消防科，配备干警3人。1992年10月，武警消防中队与市公安局消防科合并成立曲阜市公安消防大队，正营级单位，隶属于中国人民武装警察部队济宁市消防支队、济宁市公安消防支队，受济宁市消防支队党委及曲阜市公安局党委双重领导。1995年3月，设立公安消防监督科，正营级单位。2013年，曲阜市公安消防大队下辖一个消防中队（曲阜市公安消防中队），担负孔府、孔庙、孔林等众多文物古迹及曲阜市区消防保卫任务；消防大队拥有各类消防车7辆，其中有22米举高车1辆，火场照明车1辆，大型水罐消防车1辆，中型、普通水罐车3辆，泡沫车1辆；配备空气呼吸器26套，隔热服6套，防化服6套，避火服6套，破拆工具10套（件）。1991—2013年，曲阜辖区内共发生火灾4000余次，抢险救援150次，救助被困、遇险群众160余人，保护财产价值近亿元。1994年、1995年，进行灭大火、灭特殊火灾的准备和消防体育训练。战备值勤，消防战斗员实行两班制，每班执勤时间为24小时。1992年，建立健全各项战备执勤制度，其中有大队值班室、调度室、值班中队长、班长、战斗员、司机、电话员职责以及车辆管理和交换班制度等。制定重点单位预案81件，重大活动保卫预案36件。2000—2001年，连续两年被山东省公安消防总队评为“先进消防中队”。

武装警察部队曲阜市中队

中国人民武装警察部队济宁市支队曲阜市中队建于1953年，始称济宁专署公安处公安大队曲阜县中队。1986年6月，称中国人民武装警察部队济宁市支队曲阜市中队。1995年3月，武警部队由国务院和中央军委双重领导，实行统一领导管理与分级指挥相结合的体制，市武警中队接受曲阜市人民政府领导。主要担负曲阜市看守所武装看守勤务，防止犯罪嫌疑人逃跑、行凶、暴狱和敌对分子袭击目标，劫夺犯罪等活动；同时还担负着曲阜市的社会治安，维护人民政府领导，打击一切颠覆国家政权的不法分子活动，处置突发事件，执行反恐任务，协助公安机关对犯罪分子实施武装抓捕、拘捕、追捕等任务。2003年12月，曲阜市武警中队被武警部队授予“基层建设标兵中队”称号。

第二章 兵役

1991年，曲阜市征兵工作领导小组由市委副书记、市长或副市长任组长，市人武部部长、人武部政委任副组长，市人武部副部长、军事科科长、政工科科长、后勤科科长以及市直有关部门主要领导为成员，根据人员变动情况及时调整。各街道、乡镇征兵工作领导小组由乡镇（街道）党（工）委书记任组长，党（工）委副书记和武装部部长任副组长，其他副科级干部为成员。市征兵工作领导小组下设征兵办公室，办公室设在市人武部，市人武部部长或副部长兼任办公室主任，市人武部军事科科长兼任办公室副主任。

第一节 兵役登记

1990年7月，曲阜市兵役登记工作经过组织准备、宣传教育、进站登记、检查验收等四个阶段，到9月20日结束。经目测和初步体检，确定当年的预征对象。1995年，根据《山东省征兵工作若干规定》的要求，在户口簿中统一标注兵役状况，将适龄青年应服兵役、免服兵役和不得服兵役的情况，填写在户口簿的“兵役状况”栏目中，并压盖兵役登记专用章。1996年6月21日，山东省人民政府、省军区印发《山东省兵役登记办法》，当年曲阜市共有5216名适龄公民进行登记，占适龄青年总数95%以上，应征公民有1620人经过目测、初检。1998年12月，国家颁布修改后《中华人民共和国兵役法》，再次规定：“每年12月31日以前年满18岁的男性公民”，都应当在当年9月30日前进行兵役登记。2000年，曲阜市设18个兵役登记站。兵役登记工作按照《山东省兵役登记办法》，跨入法制化、规范化轨道。2005年，曲阜市人武部对征兵体检进行改革，实行微机化、封闭式体检，并开展心理测试和性病检测，确保新兵身体质量。兵役登记工作根据兵役登记办法进行登记。2007年，逐步放宽高学历入伍青年年龄限制与体检标准，高学历应征青年比例逐年上升。2010年，国防部实行应征公民互联网上兵役登记，由县级人武部在互联网上确定预征对象。

征兵宣传进校园（2013年摄）

第二节 兵员征集

兵员征集工作依据《中华人民共和国兵役法》《中华人民共和国征兵工作条例》及当年的征兵命令，在地方党委、政府统一领导下，建立征兵工作领导小组，从公安、卫生等部门抽调人员，同人武部门一起组成办事机构，共同组织实施。1991年，春、冬季两次进行征兵。1992—2012年，每年冬季一次征兵。2013年，根据中央军委征兵命令，将征兵时间调整为夏秋季。

曲阜市在征兵工作中注重宣传教育，主要内容包括：爱国主义思想教育、革命英雄主义教育、兵役法制教育和端正入伍动机教育，增加国防观念，提高人民群众的思想觉悟和依法服兵役的自觉性教育。1991—2013年，每年征兵工作开始后，曲阜市召开征兵会议，印发征兵通告，悬挂过街条幅、播放电视节目、刊登报刊信息等进行宣传。乡镇（街道）利用广播、会议、黑板报、画廊等多种形式进行宣传。采取座谈会、家访、谈心、跟踪教育等多种形式加强思想教育工作。进入21世纪，征兵宣传更注重运用信息量大、辐射面广和传递速度快的电视、广播、网络短信等媒体进行宣传。曲阜市在电台、电视台开设征兵宣传栏，对征兵工作进行系统报道等。

第三章 预备役

预备役，是中国武装力量重要组成部分，具有地方性、分散性、群众性的特点，其任务主要是搞好生产，参加军政训练，做好各项战备工作；并随时准备转为现役部队，参军参战。预备役包括军官预备役和士兵预备役。

第一节 军官预备役

1991年，曲阜市预备役开始军官登记、统计、建卡、立档工作，登记、统计对象主要是1988年9月以后被授予军官军衔的转业干部。以后每年下半年，在转业干部单位、职务确定并报到后进行登记统计。1989—1996年，转业干部在市人武部进行登记、统计后，重新评定预备役军衔。评定工作由市委、市政府、市人武部领导以及市委组织部、市人事局等部门负责人组成评定领导小组，根据上级军事机关关于评定改授、授予预备役军官军衔的有关规定进行评定。1997年以后，转业干部在批准转业地方工作同时，办理转服预备役，改授预备役军官军衔手续；市人社局接收转业干部的同时，协助市人武部完成预备役登记，市人武部协同市委、市政府适时办理预备役军官军衔认定工作。

第二节 士兵预备役

中国实行民兵与预备役相结合的后备力量建设制度。基干民兵为一类预备役，普通民兵为二类预备役。退伍军人和部分适龄公民，分别编入第一类、第二类预备役。复员军人参加基干民兵一般在30岁左右；青年参加基干民兵，本着自愿原则，年龄18~25岁为宜。

第三节 预备役登记工作

预备役登记工作每年除对复员退伍士兵进行登记外，还对基干民兵进行登记。1990年，国家《民兵工作条例》颁布，对民兵性质、任务、军事训练、政治教育、领导关系及组织建设作出详细规定。1997年、2012年，中央下发文件，提出对民兵工作进行调整改革。2005年后，士兵预备役登记自当年退伍开始，至次年10月结束，按照规定进行登记统计，编组上报。对复员退伍士兵的预备役登记，由市人武部协同市民政局共同完成，复员退伍士兵回乡报到的同时，完成预备役登记手续；对基干民兵的登记，主要结合每年上半年的民兵组织整顿进行，以复员退伍士兵为骨干，从企事业单位、村庄社区遴选相关人选，按上级下达的编制计划编组成若干民兵分队。

第四章　国防教育

曲阜市国防教育委员会，负责全市国防教育工作。2003年6月，市人武部设立国防教育办公室，各乡镇、街道成立国防教育小组。

第一节　全民国防教育

1991—2013年，结合国庆节、建军节和具有重大历史意义的纪念日，开展以爱国主义为主题的国防教育；每年清明节，组织中、小学校学生和机关团体人员到革命烈士陵园参观、瞻仰，凭吊革命烈士；每年建军节，组织党政领导、骨干民兵等，或进行轻武器体验射击，或组织军民走访座谈；结合国庆节和具有历史意义的纪念日，联系电视台播放国防教育影片等。通过多种形式，增强全民爱国、爱军、爱英雄意识。

2001年，九届全国人大常委会第二十三次会议决定设立全民国防教育日，确定将每年9月第3个星期六设立为“全民国防教育日”。当年9月15日，市人武部在鼓楼大街举行第一个“全民国防教育日”启动仪式，组织乡镇、企业等18个单位的武装部，制作宣传图板100块，宣传横幅50条，彩车12辆，进行国防知识、国防法规宣传，散发宣传材料2万份。《曲阜日报》以“圣地涌动国防潮”为题，对全市开展全民国防教育活动进行专题报道。2003年，市人武部机关搬迁至浴沂路，全民国防教育日主要宣传阵地转移至沂河广场、大同路。此后，全民国防教育日宣传活动逐步制度化、程序化，通过挂横幅、设展板、发放宣传单、滚动播出电视字幕等方式，增强全民国防教育观念。

第二节　学生国防教育

1990年7月，全市第一所少年国防教育学校在陋巷中学堂成立，继而又在实验小学、舞雩坛中学成立。少年国防教育学校训练内容主要包括国防形势教育、国防知识竞赛、军事常规训练、拉练、夏令营、实弹射击等。组织学生参加“万校国防教育活动”，开展“保卫21世纪中国”国防教育演讲比赛等，增强学生国防意识。2000年12月，舞雩坛中学被山东省国防教育委员会评为“国防教育基地先进单位”。

2001年6月，国务院办公厅、中央军委办公厅，转发教育部、总参谋部、总政治部《关于在普通高等学校和高级中学开展学生军事训练工作的意见》，对学生军训的指导思想和目的、规划和要求、工作机构和师资配备、训练保障以及组织领导等问题作出明确规定。根据这一《意见》，进一步规范学生军训工作，训练对象主要是高中、中等专业学校新入学学

市人武部组训骨干为镇街人武干部讲解枪械知识（2013年摄）

生，并适度向初中学校拓展，时间多安排在暑假开学前，半个月左右。高级中学学生军训，统一纳入社会实践课程进行，学生军训内容和课时安排，按照新修订的《高级中学学生军事训练大纲》执行。至2013年，曲阜市每年组织入学新生参加军训，参训率95%以上。

第三节　国防教育基地

曲阜市革命烈士陵园

1991年，位于老城区南小沂河北，占地0.54公顷。陵园北部正中建有革命烈士纪念堂，建筑面积215.25平方米。堂内迎屏为烈士丰碑，记载着553名烈士的英名。北墙正中镶嵌山东省委原书记舒同题写的“革命烈士纪念堂”匾额，下面悬挂69名烈士半身画像，正间陈放49名革命烈士骨灰盒，东西间陈列革命烈士遗物展橱10个。2006年，烈士陵园搬迁至吴村镇九仙山重建。烈士陵园是曲阜国防教育重要基地，每逢清明节和重要节日，党、政、军、学校都组织人员前去祭扫，也有复员退伍军人和群众自发组织开展纪念活动。

孔子故宅

1997年，曲阜孔庙孔子故宅被确定为“全国首批百家爱国主义教育基地”。曲阜市把国防教育与“三孔”旅游资源有机结合，使国防教育阵地得到扩展。各中小学少年军校的国防教育课、成人宣誓、学生团队日等活动经常在曲阜孔庙举行。

第五章　拥政爱民

拥政爱民是人民军队的优良传统。市人武部发挥联结军队与地方的桥梁纽带作用，协调组织驻军和民兵预备役人员开展军民共建活动，参与曲阜市城市建设、植树造林、抢收抢种、抢险救灾、包村扶贫等活动。

第一节　支援地方建设

1993年4月，市人武部联合预备役炮兵某团，组织部队官兵、地方民兵300多人，参加小林河治理工程。1994年5月，市人武部组织驻军6个单位和城区20多个民兵连开展《中华人民共和国兵役法》宣传活动，共制作宣传栏80多个，散发传单2万余份；年底组织拥军慰问团组40多个，向老红军和部队赠送价值万余元的节日礼品。1995年，市人武部组织全市民兵营、连和驻军开展“学雷锋、学军嫂、献‘五心’”活动，成立学雷锋小组、便民服务队30多个，义务为群众、为烈属军属做好事680多件，并组成军民共建对子18个，设共建点56处。部机关联系帮扶时庄镇后孔村、单家村、南辛镇新村，驻村工作组成员吃住在村，为帮扶村购置旋耕犁、拖拉机等农机具，铺设低压管道500米，引水上山，解决村民吃水困难。1995—1997年，市人武部组织协调驻军官兵先后投入兵力3500人次，车辆240台次，挖土1万立方米，疏通老城区护城河道；组织民兵带头创建旅游区文明“窗口”，每年孔子文化节和旅游旺季，旅游区的广大民兵，踊跃走上街头，带头维护旅游秩序，开展便民服务。2000年，市人武部组织各基层武装部，创办民兵科技示范园，以种植、养殖、加工项目为主，每个基层武装部创办2~3个，共创办科技示范园26处。2001—2002年，市人武部组织曲阜驻军、各基层武装部、民兵营连参加绿色通道工程建设，出动兵力1200人次，栽植树木6万株，绿化道路30千米。农村扶贫帮困活动中，协调市委、市政府下发《基层武装部帮扶后进村三年规划》和《关于乡镇党委、政府支持专武干部帮扶后进村的通知》；协调资金，引技术，上项目，在防山、陵城、小雪、董庄等乡镇种植中药材、食用仙人掌、草莓和葡萄等；在广大民兵中建起养猪基地、养鸡场，养黑豚示范园，带动和辐射周围群众发展养殖业；协调2.3万元资金，帮助南辛镇新村解决山地灌溉和吃水问题；市人武部现役干部集资4000余元，与小雪镇北林小学、铁炉小学10名失学儿童结成帮扶对子。2003年，以双拥模范城"创城"为重点，市人武部协调驻军开展"双四好"活动，密切军政军民关系。在扶贫帮困和富民工程中，组织300余支民兵预备役突击队、义务帮工队，帮助在外务工民兵家属、烈属军属、困难户抢收抢种；投资5万元为时庄镇后孔村和南辛镇新村两村解决山地灌溉和群众饮水问题。同年，曲阜市被省政府命名为"双拥模范城"。2004年，市人武部发挥桥梁纽带作用，围绕组织农村劳动力转移，做好教育、引导、培训和相关服务工作；以建设"平安曲阜"为载体，组织民兵预备役人员参与社会治安综合治理。5月，市人武部被省委、省军区党委表彰为帮扶工作先进单位。2006年，市人武部与政法部门联合出台《关于组织民兵配合政法部门参与社会治安综合治理，建设"平安曲阜"的意见》，与公安部门联合组建200余支治安巡逻队，开展护村、护厂、护矿、护林、护路等活动，形成军警民协防机制。尤其是鲁城、书院两街道民兵巡逻队，经常在城区、旅游景区活动，鲁城街道大庄村成立民兵"110"，发挥作用明显；两街道先后出动民兵2600多人次，抓获各类犯罪人员50多人次，《人民日报》《中国国防报》《中国民兵》等先后从不同角度报道曲阜市民兵维护社会治安的事迹。

市人武部抽调2名干部组成工作组，驻姚村镇姚村，开展新农村、新家庭建设定点帮扶，协调资金2万元，修建村文化大院，完善集贸市场设施，协助该村对6公顷闲置土地进行承包，建起建材市场。2003—2006年，市人武部协调驻曲阜部队与地方部门、企业、乡镇、村街、学校等结成共建对子，深入开展"岗位学雷锋，行业树新风""做文明市民，创文明单位，建文明城市"等共建活动；驻军和民兵预备役官兵在大沂河、小沂河、小林河等重点整治工程中，出动兵力1万余人次，挖土5万余立方米；维护治安、抢险救灾、抢收抢种等急难险重任务，冲锋在前，出动兵力5000余人次，年人均参加地方义务劳动工日10个以上。2008年，奥运火炬接力传递途经曲阜，市人武部协调驻军单位参与以"干部下访、矛盾排查、治安整治、安全生产"为主要内容的"迎奥运保稳定"百日行动，开展综合协调、社会稳定矛盾纠纷排查、情报信息、现场保卫等各项工作。7月22日，在火炬传递现场安保活动中，协调出动预备役官兵3346人，武警官兵1416人，消防官兵150人。2008—2011年，在开展九龙山绿化、抗旱保苗、城区环境综合整治、区域大联防、扶贫帮困、完成急难险重任务中发挥主力军作用。2012—2013年，按照市委包保镇街要求，对防山镇、防山镇无粮庄，吴村镇、吴村镇蒋家寨村、峪西村进行帮扶，对基层党委、村"两委"建设建言献策，加强指导，使其组织建设坚强，农民发家致富。

2006年10月，市人武部组织民兵分队执勤巡逻

1991—2013年，曲阜预备役某团先后出动3万人次，投入30万个劳动日，参加旧护城河清淤加固、小林河清挖、小沂河改造、大沂河治理、104国道修筑、泗河岸堤加固等工程，参加植树造林、抢收抢种、抢险救灾、包村扶贫等活动，为地方"两个文明"建设注入生机和活力，受到济南军区、省军区、省政府、济宁预备役炮兵师、济宁市人民政府的多次表彰奖励。2001年，在全省预备役部队建设会议上，曲阜预备役某团与市人武部合作，在会上介绍"携手干事业、同心兴武装"的经验做法，得到省军区认可，并转发推广。

1991—2013年，武警曲阜中队完成以执勤和"处突"为中心的各项任务，特别是完成江泽民、李鹏等24位党和国家领导人，12位外国元首政要到曲阜视察参观的路线和驻地警卫任务。中队与南泉居委会、田家炳小学、孔子中英文学校等8个单位结成共建对子，常年开展学雷锋活动，定期走向街道为群众义务打扫卫生、清理垃圾，向驻地大、中、小学派出校外辅导员80余人次，军训各类学生2万人次、厂矿企事业单位员工6500人次。配合政法机关开展“严打”整治斗争和“平安圣城”建设，处置多起凶杀、劫持人质事件，先后出动兵力400余人次，完成抓捕、追捕、押解、押运、巡逻、公捕公判现场警戒勤务130余起，抓获犯罪嫌疑人76人。2009年5月，中队协助市公安局捣毁一个涉嫌贩毒、抢劫和敲诈勒索的犯罪团伙，17名主要犯罪嫌疑人全部落网，受到武警总部首长，山东省委、省政府和济宁市委、市政府表扬。2010年6月，协助公安机关抓获贩毒分子6人，缴获弓弩及各种管制刀具8件、冰毒1000余克、北京现代汽车1辆，价值100余万元，这是济宁市公安局打击吸毒、贩毒行动中，一次性缴获毒品数量最大的案件，而且切断四川至济宁的贩毒路线，受到社会各界赞誉。完成历届“国际孔子文化节”安全保卫任务。

武警曲阜公安消防大队驻林前路，担负着孔府、孔庙、孔林、众多文物古迹及市区13个乡镇，共896平方千米的消防保卫任务。1991—2013年，共参加灭火救援4500余次，救助被困、遇险群众200余人，保护财产价值近亿元。武警曲阜公安消防大队多次被山东省公安消防总队评为“先进消防大队”。

第二节　抢险救灾

1993年9月，尼山水库汛情告急，预备役炮兵师某团迅速集结指挥连100余人，参加抗洪抢险。1997年，曲阜华侨联谊公司冷库发生火灾，驻军官兵在抢险灭火中发挥突击队作用。2001年3月3日19时，石门山国家森林公园突发大火，预备役炮兵师某团迅速组织50多名现役和预编官兵赶到火灾现场，扑灭山火。同年7月31日，组织团现役官兵参加防山乡商家庄水库抢险。2003年，在抗击“非典”战役中，市人武部、预备役炮兵师某团发挥民兵预备役人员组织优势，发动民兵预备役人员投身到抗击“非典”战役中去，发挥疫情监督员、常识宣传员、“非典”协查员作用，防止“非典”蔓延。10月中旬，黄河梁山段发生生产堤溃堤，人武部、预备役炮兵师某团按照上级命令，组织民兵预备役部队到梁山县抗洪抢险；市直部门、鲁城街道、时庄镇、裕隆集团、金塔王集团、三孔集团、孔府家集团等单位800余名民兵预备役人员连夜动员集结，快速开进抗洪一线，经过2天3夜奋战，完成抗洪抢险任务。2005年6月，结合防汛工作需要，市人武部组织基层专职人武干部到尼山水库、泗河等重点大中型水库和河道进行防汛现场勘察，请水利专家讲解防汛知识，制定完善防汛预案。9月，组织民兵预备役人员400余人，到防山乡徐家村水库处置险情。2006—2007年，出动民兵1000余人次，参与地方抢险救灾，特别是在大沂河二期防汛工程综合治理，董庄、王庄、防山水库塘坝除险、二牛山山火扑救等任务中，各基层武装部、民兵营连均发挥突击队作用。

2013年3月9日19时许，尼山夫子庙后山五老峰突发森林大火。市人武部接到市政府通知，立即出动民兵应急分队赶到现场，参与灭火行动。市人武部周边乡镇立即收拢应急分队第一时间赶到火灾现场，其他应急分队立即集结到人武部集合，交通战备办公室准备车辆到人武部待命。一个小时内，300余名应急队员分批赶到现场。按照指挥部指令，第一批正面抗击火灾，第二批直接到达北山腰灭火，第三批绕道到西山麓执行任务。经过4个多小时奋战，扑灭明火百余处，火势基本得到控制。时至深夜，风势有所减弱，为防止死灰复燃，人武部向市政府主动请缨，继续蹲守，组织分队进行拉网式排查蹲点，至次日凌晨3时许，整座山无火无烟，人武部才组织官兵有秩序撤离现场。

2013年3月9日，市人武部官兵在尼山森林大火救援现场

第六章　人民防空

曲阜市作为全省人民防空重点城市，按照“长期准备、重点建设，平战结合”的方针，提高战备效益、社会效益和经济效益，2000年起，曲阜市防空领导小组和市人武部多次组织民兵应急分队进行防空袭演习。2002年9月，曲阜市被省政府、省军区调整为省人民防空重点城市。2003年7月，设立市人民防空办公室（简称市人防办），为正科级事业单位，隶属市政府办公室领导。2008年7月，市人防办加挂市民防局牌子。2013年，市人防办（民防局）编制调整到5人。

第一节　宣传教育

2006年6月，曲阜市举行人民防空教育培训班，对城区中学校长、分管副校长、政务主任及人防教员进行防生物武器、防化学武器、防核武器的“三防”知识专题讲座，提出“教育一个学生，带动一个家庭，推进一所学校”的口号，广泛开展战时及平时抢险救灾的自救互救措施、防护技能、应急知识的教育；会同教育部门制定“四纳入、五落实”管理体制，即人防教育纳入学校工作计划、纳入教师职责、纳入学生作业考试、纳入教师业绩考评，落实目标、落实计划、落实教材、落实教师、落实课时。2007年，市政府出台《关于在城区中学开展人民防空知识教育的意见》，市人防办、教育局在孔子中学组织人防知识教育开班仪式，将1300多份人防知识教材发放到学生手中。2009年暑假期间，市人防办组织人防国防知识夏令营，对中小学生进行人防知识和灾害防护的学习和训练。2013年，城区初中全部开设人防教育课程，“三防”知识教育普及率100%。

市政府将人民防空宣传教育工作纳入普法教育规划，市人防办翻印《中华人民共和国人民防空法》《山东省实施〈人民防空法〉办法》，下发到各单位、部门、企业，学习法律法规原文。每年在《中华人民共和国人民防空法》和《中华人民共和国突发事件应急法》颁布纪念日前，与市政府法制办联合，在城市中心地带设立集中宣传站，悬挂宣传横幅，印制人防法规和人防知识明白纸向过往群众发放，并现场接受群众咨询，就人防法和应急法进行现场答疑。

第二节　通信警报

2000年3月，曲阜市防空领导小组和市人武部组织民兵应急分队进行防空袭演习，主要利用“空中设置”“实施电子干扰”等方法，抗击敌人空袭。成立防空演习指挥所，下设指挥组、政工组、保障组。参演兵力由市人武部机关、民兵应急分队一个连编成，总计150人。3月21日开始，3月28日结束，历时8天。2002年9月，曲阜市被省政府、省军区调整为省人民防空重点城市。2003年，市防空办投资10余万元，按照每平方千米一台要求布点安装5台无线遥控电动警报器，与济宁市人防办实现无线联控。2004年9月18日，举行首次“国耻日”人防警报试鸣活动。2005年9月18日，举行人防警报试鸣活动，济宁市人防办利用人防专用车载移动警报音响扩大警报覆盖面。此后，每年“国耻日”10时至10时11分之间均举行防空警报鸣放。2007年，经市政府批准，市人防办出台《关于加强人民防空警报设施社会化管理的意见》《关于加强全市人防音响警报建设工作的意见》，人防警报建设趋于正规。2008年，市人防办建立完善警报无线统控系统和警报试鸣制度，实现利用广播、电视、电话、网络和机动警报等多种手段发放防空防灾警报，城区警报音响覆盖率达到95%以上；建立警报设施管理档案和警报管理人员培训制度，警报设施实现社会化管理，始终处于战备状态；建设完成人防无线电短波通信网，并与省、市人防通信网连接。9月18日，结合警报试鸣在市一中与市人武部、教育局、消防等部门联合进行学生人防与应急疏散情况演练，有12个班600多名学生参加演练。到2013年年底，全市拥有18台电声警报器并实施社会化管理；完成集信息采集、通信、综合保障和装载平台合为一体的机动指挥所建设。

第三节　组织指挥

2003—2013年，市委常委扩大会议在落实城市建设工作的同时专题研究人防工作，市政府多次召开市长办公会、城建领导小组会议，听取人防工作情况汇报，及时解决工作中存在的困难和问题。2006年11月，市人大常委会就全市贯彻人防法律、法规情况进行视察。2008年，市人防办执行人防工程战术技术标准，按照省防空地下室行政审批程序进行审批，并以政府办公室文件予以转发；实地勘察四基（峪）山人防工程现状和道路等情况，形成相关材料分别向上级人防部门和市领导进行汇报；初步完成《曲阜市防空袭方案》编制。2009年，制定完善《曲阜市地下空间开发暨人防建设规划》，并把高铁曲阜东站作为济宁市重要经济目标防护。2010年，组织各乡镇（街道）、市直各部门、驻曲阜开发建设企业等有关单位负责人召开人防工作会议，庆祝新中国人民防空创立60周年，会议邀请省人防办总工程师李俊华就当前人防工作面临的新形势和人防建设工作中需要注意的问题进行讲解论述。2012年，下发《曲阜市人民政府、曲阜市人民武装部关于调整曲阜市人民防空工作军政联席会议组成人员的通知》《市政府、人武部印发关于加强镇（街）人防民防工作的意见》，印发《山东省群众防空组织建设实施细则的通知》和《曲阜市人民政府关于进一步加强结合民用建筑修建人防工程建设管理工作的意见》，完善人防工作联动机制。

第四节　工程建设

2004年，市委、市政府、市人武部出台《关于加强人民防空工作的意见》，市政府出台《曲阜市人民防空工程建设管理暂行办法》，印制《结合民用建筑修建防空地下室审批及易地建设费收费指南》，出台《关于收取人防易地建设费的通知》等一系列人防法规文书；及时办理行政收费许可证和各种票据，完善执法收费工作手续；按照人防法规和《中华人民共和国行政许可法》要求，对人防行政执法依据进行全面梳理，按照“以建设为主，以收促建”原则和规定程序办理人防项目的立项、审查、报批手续；市人防办自身建立人防易地建设费征收档案，对全市民用建筑情况和人防费缴纳单位情况分别登记注册，摸清底数；规范执法文书，规范《防空地下室易地建设费征收决定书》，并在审批中心设立人防窗口，实行轮流值班制度，并对人防审批程序审批时限进行网上公示，依法管理防空地下室审批、建设和管理，执行“联动式”并联审批程序，明确审批流程和审批时限。市人防办下发《关于人防工程建设项目实行招投标的通知》，规范人防工程建设项目的设计、施工、监理以及防空设备的采购，建设管理和验收程序。2007年10月，市政府出台《关于进一步规范结建人防工程建设审批管理工作的意见》。2011年，市人防办印发《曲阜市防空地下室建设管理专项执法检查活动实施方案》，发放各部门和各建筑企业；组织市住建局、市规划局、市执法局、市监察局等相关部门召开专项执法检查调度会，从执法局规划中队抽调5名干部，对全市所有建设类项目逐一进行核对和审查。同年4月，市人防办聘请省、济宁市人防办质量监督部门对小区防空地下室进行检查验收。2012年，梳理全市人防审批项目，对全市建设类项目逐一核对和审查，并对部分未办理人防手续单位进行书面催办，对拖欠异地建设费单位逐一了解，下达催缴通知书；针对未办理人防手续单位，与综合执法局共同下达书面催办通知，并进行当面警告。到2013年底，全市防空地下室工程竣工面积为4万余平方米。

第二十三编

民　政

国家级模范敬老院——书院街道敬老院(2011年摄)

曲阜市民政系统坚持“百姓至上”理念，以服务曲阜科学发展为主题，以提高民生保障水平为重点，完善制度、规范管理、优化服务，推动全市各项民政事业不断发展。2002年，曲阜市被评为山东省民政工作先进单位；2006年，被授予“全国民政工作先进市”称号。2011年，曲阜市建立“三议三公开”村级事务决策机制，执行村务公开民主管理市、镇、村三级一体考核检查机制，被评为“全国村务公开民主管理示范市”。1992—2013年，曲阜市连续七届获山东省“双拥模范城”称号。

1991年，曲阜市民政局位于静轩西路中段路南，占地0.91公顷，建筑面积2100平方米，内设办公室、优抚安置科、民政科、社会科、地名办公室（副科级）5个科室，下辖社会福利院、殡葬管理所（正科级）、军队离退休干部休养所、民政福利事业服务处、农村社会养老保险管理处、烈士陵园管理所、收容遣送站7个事业单位。1993年，地名办公室调整为股级机构，军队离退休干部休养所（简称军休所）、农村社会养老保险管理处、民政福利事业服务处定为副科级事业单位。1996年10月，设立市双拥办公室，为市民政局内部副科级机构。1999年12月，撤销农村社会养老保险管理处，市民政局农村社会保险职能划归市劳动和社会保障局。2000年4月，市地名办公室由民政局中层机构变更为副科级事业单位，隶属市民政局管理。2002年4月，市双拥办公室撤销，市民政局加挂市双拥办公室牌子。2005年4月，市城乡低保救助中心定为副科级事业单位，隶属市民政局管理。2006年，市双拥办公室调整为正科级事业单位。2010年10月，市民政局机关迁至春秋西路办公。2013年，市民政局内设办公室、优抚安置科、社会救助科、基层政权和社区建设科、民间组织管理办公室，下辖正科级事业单位市殡葬管理所、市社会福利院，副科级事业单位市军休所、市民政福利事业服务处、市地名委员会管理办公室、市低保救助中心，股级事业单位市烈士陵园管理所、市婚姻登记处、市殡仪馆、市城乡居民家庭经济状况核对中心。

第一章　救灾救济

1991年起，曲阜市建立健全市、乡救灾减灾综合协调机制和上下衔接配套的救灾预案体系，完善落实灾害应急响应、灾情信息调度和灾情会商制度。2007年，市政府把实施“农村贫困家庭危房改造安居工程”作为保障和改善民生的重要举措，至2013年连续六年列入市政府为民所办实事之一。2011年，鲁城街道林前社区被命名为“全国综合减灾示范社区”。

第一节　救灾

1991年，曲阜市向安徽省等受灾地区捐款27万元，各类物资折款7.5万元。1993年，向梁山、嘉祥等受涝灾区捐送款、物，总价值50余万元。同年，曲阜市被评为山东省抗洪救灾先进单位。1994年，全市发放救灾扶贫款21万元，解决36个村庄2万多受灾群众生产、生活困难。1995年6月下旬至8月中旬，曲阜市连续四次遭受特大暴风雨、冰雹袭击，9800公顷农作物受灾，砸毁、倒塌房屋10450间，死亡9人，100余人受重伤，10处文物古迹遭毁坏。灾情过后，全市广泛开展“支援灾区献爱心”活动，市内捐款92.8万元、化肥20吨、水泥200吨、衣物3982件；接收邹城市捐助现金5万元，嘉祥县捐助玉米种子5000千克；争取上级救灾款45万元、化肥200吨。1998年，长江、松花江、嫩江发生特大洪水灾害。市委、市政府开展“抗洪救灾捐赠”“销售赈灾彩票”等活动，募集专项赈灾款物支援灾区。全市43个党委800多个基层单位、团体42.6万人加入献爱心行列，市救灾捐赠办公室收到捐款187万元、棉衣被5.17万件，其他物资折款83万元；发行赈灾彩票350万元。2002年，曲阜市出台《救灾工作应急预案》，当年下拨救灾款100余万元，发放救灾粮60万千克。2003—2005年，下拨救灾款585万元，购买救济粮345万千克、衣被5万余件，解决灾区群众生产、生活困难。2006—2007年，发放救灾款202.8万元、救灾粮75万千克，发放棉衣被2.56万件，使3万余名受灾群众得到救助。2008年5月12日，四川汶川发生特级大地震。民政部门执行市委、市政府部署，开展全市抗震救灾捐赠活动。市抗震救灾捐赠办公室共收到全市社会各界捐赠款物合计1002.8万元，其中捐款965.6万元、物资折款37.2万元；另外，省、市驻曲阜单位及垂直管理部门捐款500余万元，组织部门收到特殊党费289.6万元，红十字会收到社会捐款20余万元。为保证捐赠款物安全，市民政局对所捐物品逐一登记造册，建立台账，确保一件不落。2008—2011年，建立健全市、乡救灾减灾综合协调机制和上下衔接配套的救灾预案体系，完善落实灾害应急响应、灾情信息调度和灾情会商制度，三年向全市城乡困难居民和灾区受灾群众发放慰问款物合计720.6万元。开展“防灾减灾日”宣传和综合减灾示范社区创建活动，2011年，鲁城街道林前社区被评为“全国综合减灾示范社区”。2012—2013年，各镇（街道）遭受不同程度的旱灾和风雹灾，其中旱灾受灾人口13.9万人，饮水困难人口0.55万人，受灾面积88.04平方千米，成灾面积52.69平方千米，直接经济损失4750万元，市民政局拨付救灾资金760万元，用于采购并发放救灾物资。

第二节　社会救济

1991年，曲阜市发放救灾救济款34万元，解决8000个贫困户生活困难。1992年，发放救灾救济款24万余元，解决5580个贫困户生活困难。1993年，发放救灾救济款20余万元，解决8400余名灾民温饱，扶贫1000户，脱贫751户。1996—1998年，发放救灾救济款122万元，解决2.12万人生活困难，其中扶贫2200户、脱贫1540户。2002年，实施破产企业职工“绿卡”救助活动，年发放“绿卡”救助金10万余元，解决248名破产企业困难职工生活困难。市、乡镇（街道）设立临时性救助资金，每年向600余户困难家庭发放临时性救助金60余万元，解决2000多名群众临时困难。2003—2005年，向全市5358户临时困难城乡群众发放救济款213万元。2007年，市、乡列支救助金46万元，救助980户因偶发事件造成临时困难的群众。2010年，实施低保家庭大学生救助制度，2010—2011年救助40人，发放救助金16万元。2011年，发放城乡困难群众一次性生活补贴476.39万元。2013年，建立曲阜市阳光救助服务中心，设立并开通救助热线4612349，把城乡低保、大病救助、慈善救助、低保大学生救助、困难优抚对象救助、流浪乞讨人员救助等纳入救助中心，开展“一厅式”服务；成立市社会救助工作监督领导小组，12个镇（街道）成立社会救助工作监督组织，保障社会救助工作的准确性。

农村贫困家庭危房改造工程

2007年起，曲阜市实施农村贫困家庭危房改造工程，当年，全市确定新建房屋和房屋维修98户，至年底，36户维修户和62户新建户告别危房。2011年，市政府成立危房改造工作领导小组，制定《曲阜市农村贫困家庭危房改造安居工程实施方案》，建立“即时申请、即时受理、即时施救”工作推进机制。2012—2013年，将农村贫困家庭危房改造作为全市“2711”重点工程推进，市民政局在全市开展“镇不漏村、村不漏户”拉网式调查，建立起一户一档农村贫困家庭危房改造档案，严格申报、审批和公示环节，自觉接受群众监督，两年完成危房改造566户，投资1132万元。

医疗救助制度

2004年，曲阜市建立医疗救助制度。实施初期采取重特大疾病救助方式，随着时代发展，医疗救助工

曲阜市阳光救助服务中心（2013年摄）

作进一步深化。2007年，曲阜市拨付38.3万元，对7068名城乡特困群众进行医疗救助。其中81名农村大病患者报销大病医疗救助资金人均报销额度2210元，27名城市大病患者人均享受医疗救助4963元。2008—2011年，全市发放医疗救助金672.4万元，救助困难群众57017人。其中，138.8万元用于资助53358名农村低保、五保对象加入新农合和2260名城市低保对象加入城镇职工医疗保险，533.6万元用于1399名大病患者医疗救助。2011年，建立城乡困难居民大病医疗救助"一站式"即时结算服务和城乡困难居民门诊医疗救助制度，加大对患特殊重大疾病困难群众救助力度。2012—2013年，发放困难群众大病医疗救助金1006.8万元，救助困难群众30063人次。2013年，曲阜市建立困难家庭大病医疗全报销制度，市财政设立5000万元大病医疗救助基金，其中市财政列支2000万元、社会募集3000万元，大病全救助对象为城乡低保对象、农村五保对象，救助病种为国家卫生部门确定的20类重大疾病。

2006—2013年曲阜市大病医疗救助情况统计表

表23-1

年份	救助人次	救助金额(万元)	年份	救助人次	救助金额(万元)
2006	58	9.7	2010	406	159
2007	108	31.3	2011	685	294.6
2008	143	40.6	2012	1298	538
2009	237	101.2	2013	2156	990.6

第三节　"五保"供养

1991年，曲阜市有13所乡镇敬老院，养老床位985张，供养五保老人924人。1991—1993年，全市投资1000余万元，建起书院镇、曲阜镇、时庄镇、董庄乡、小雪镇5处敬老院。息陬乡、陵城镇、王庄乡、姚村镇、曲阜镇、时庄乡敬老院被评为省级文明敬老院。1995年，书院乡敬老院被民政部评为国家级模范敬老院。1998年，全市1298名"五保"对象生活费用实行乡镇统筹。13所乡镇敬老院集中供养"五保"老人886人，"五保"老人入院率为68.3%。2003年，市、乡财政按6∶4比例负担，保证集中供养"五保"对象年人均生活费2000元、分散供养1200元。实施农村扶老福利工程，民政局与各乡镇政府签订"项目建设责任书"，明确建筑质量要求、竣工时间。2007年，"五保"对象生活费用实行市、乡财政列支，集中供养"五保"对象人均生活费提高到2160元，分散供养提高到1360元。投资271万元，升级敬老院建设，改善院民生活环境。2008年，依托社区，兴办居家养老院，建立健全社区养老服务网络；农村加大以敬老院为依托的"五保"服务中心建设，做好散居"五保"老人和空巢、独身老人的供养服务。2010年，全市有"五保"对象1230人，12个镇街敬老院集中供养"五保"对象1185人，"五保"对象集中供养率为96%，供养经费实现市财政统筹。2011年，集中和分散供养标准每人每年分别提高到3000元和1800元。2013年，全市农村"五保"集中供养标准每人每年由3600元提高到4100元，分散供养由2100元提高到2700元。全市12所镇(街道)敬老院完成事业法人登记。新建尼山镇敬老院，有床位120张；新建姚村镇敬老院，拥有床位124张；改造息陬镇、防山镇、书院街道、石门山镇、时庄街道、吴村镇、王庄镇、小雪街道敬老院；新建40所养老互助院，有床位1302张。裕隆集团、天安矿业向全市镇(街道)敬老院无偿对口支援煤炭840吨，镇街敬老院实现集中供暖。至2013年年底，全市有农村"五保"供养对象1230人，其中集中供养1185人，分散供养45人，集中供养率96%；集中供养标准为每人每年4100元、分散供养3600元，全年累计发放"五保"供养资金502.05万元。全市有各类养老机构54家、养老床位2696张，其中镇(街道)敬老院12处，总占地面积12.47公顷，总建筑面积36549平方米，房间953间，床位1306张，工作人员137人，其中国家三星级敬老院6所：鲁城街道、书院街道、小雪街道、时庄街道、陵城镇、姚村镇，二星级敬老院6所；镇街有农村养老互助院40所。

第四节　慈善事业

曲阜市慈善总会前身为曲阜市慈善协会，成立于2001年4月，位于市民政局院内。2002年，曲阜市慈善总会成为中华慈善总会团体会员单位。同年6月，举办大型"慈善之光"公益演出暨捐赠活动，中华慈善总会副会长张汉兴为晚会祝词，著名演员韦唯、关牧村、郁钧剑、俞尚华、朱方、泽娜卓玛、易秒英、闫冲等和著名节目主持人王刚、刘晓娜，中华慈善总会艺术团、杏坛剧场艺术团、曲师大艺术系、六艺城艺术团、阙里宾舍艺术团以及中医药学校等参加演出。此次活动收到社会捐款180万元，其中山东裕隆矿业集团有限公司和曲阜孔子国际旅游股份有限公司各捐30万元，香港益光有限公司孔德墉捐款20万元，山东孔府家集团公司、兖州矿业集团公司、山东里能集团、曲阜大成旅游集团捐款10万元。此次演出，中央电视台第七套节目农业军事频道现场录播并进行播放。2003年，曲阜市实施"慈心一日捐"活动。春节期间，开展"慈善情暖百家"活动，落实200户孤老和特困家庭，慈善协会拨出资金5万元作为救助金，开展走访慰问活动。2004年6月，曲阜慈善亭于大沂河公园落成，高10.18米，建筑面积38平方米，系古式六角双檐风景亭，由鲁城街道大庄居委古建公司捐建，亭内设六棱形功德碑1座，凡向慈善机构捐款（物）千元以上个人和万元以上单位均刻录于碑上。2005年，全市12个乡镇、街道和389个村（居）全部建立起慈善组织。到年底，"慈心一日捐"活动收到社会各界捐款500万元、物资4万余件，支付救助金350.2万元、救助特困群众13659人（户）。同年，市慈善协会被评为"全省先进社会团体"。2006—2007年，两年"慈心一日捐"活动收到捐款640余万元，支付51.4万元用于开展"斜疝康复"和"慈善助学""情暖万家"活动。2008—2011年，全市慈善事业募集善款1109.93万元，救助社会困难群众26758人（户），发放救助金872.8万元、救助物资1.5万件。2008年，济宁慈善超市在曲阜设立第十一连锁店，全年总会募集专项基金83.25万元，支付65万元用于全市敬老院建设改造。2010年，市中医院捐资1000万元设立"中医院肿瘤康复基金"，救助肿瘤患者。市慈善总会设立"夕阳扶老"基金，自2011年起，每年支出30余万元，用于全市敬老院健身设施、院民生活提高和院外五保户房屋修缮等。2012—2013年，市慈善总会募集善款555.03万元，救助社会困难群众12292人（户），发放救助金496.31万元，发放物资1500件。2013年，开展"一日捐"活动，全市机关事业单位按照科级以上干部200元、一般工作人员100元标准统一捐赠，全市有36个党委系统200多个单位参与捐赠活动，累计接收善款1032万元。至2013年年底，曲阜市慈善总会有会员179个，有市级慈善组织1个、乡镇（街道）慈善协会12个、村级慈善组织404个、慈善超市7处、社会义工组织7个、义工1.3万余人。

2010年老人节，曲师大慈善义工到鲁城街道敬老院举行慰问演出

第五节　最低生活保障

1997年7月1日起，曲阜市实施城乡一体最低生活保障制度，救助年人均纯收入不足600元农村贫困群众、月收入不足120元城镇居民，最低生活保障标准为农村每人每月50元、城镇每人每月120元。2002年，全市1402户、2904名城市低保对象得到低保救助，1029户、2952名农村困难群众得到农村最低生

活保障。2008—2011年，全市审批城市低保对象3618户、10122人，发放低保金1958.8万元。2012—2013年，农村低保救助标准由每人每年1500元提高到2250元，城市低保救助标准由每人每月300元提高到440元；农村低保覆盖面由2%扩大到4.4%。两年审批城市低保对象2099户5667人，发放城市低保金2097.1万元，认定廉租住房、经济适用房保障城市低收入家庭807户；审批农村低保对象13666户、26446人，发放农村低保金4246.9万元。

2006—2013年曲阜市城市低保金发放统计表

表23-2

年份	户数	人数	低保标准(元)	补差标准(元)	年发金额(万元)
2006	784	2206	196	105	231
2007	780	2211	196	105	280
2008	703	1964	240	135	375.8
2009	694	1951	251	135	420
2010	1122	3150	260	178	482
2011	1099	3057	300	185	681
2012	1005	2736	340/370	220/240	970.9
2013	1094	2931	440	308	1126.2

说明：2012年，两次提高标准

2006—2013 年曲阜市农村低保金发放统计表

表23-3

年份	户数	人数	低保标准(元)	补差标准(元)	年发金额(万元)
2006	1539	3980	800	20	103.48
2007	2240	4365	800	23	125.05
2008	4381	10905	900	42	551.12
2009	4567	9946	1060	60	717
2010	4923	10089	1300	70	888
2011	5054	10206	1500	80	1226
2012	5351	10276	2200	120	1791.7
2013	8315	16170	2250	149	2455.2

第二章　优抚

曲阜市落实国家政策，及时调整各类优抚对象补助标准，保证优抚对象政治、生活待遇。1991—2013年，在“八一”、春节等节假日，市委、市政府向全市下发开展拥军优属通知，市、镇街、村居采取送钱送物、帮扶解困等多种形式，走访慰问现役军人家属和优抚对象。针对驻曲阜部队南方战士多的情况，市政府每年都拿出专款购进大米供应部队。出台《民兵训练经费筹集暂行办法》，保证民兵训练经费拨付到位。完善《关于依法维护军人军属合法权益，切实做好涉军涉诉案件的试行规定》，依法维护军人军属合法权益。

第一节　拥军

1991年，市委、市政府、市人武部出台《关于开展创建双拥模范城的决定》。同年，济宁预备役师组织“快反”训练，市六大班子领导带着2500多千克鸡鱼肉蛋、20万元人民币，慰问参训指战员。1991—1992年，开展大型双拥活动75次，组织拥军优属慰问团组200多个，向部队提供钢材112吨、木材347立方米、水泥730吨、土地14公顷，赠送价值37万余元的体育器材。1992年，曲阜市被评为山东省双拥先进市，被命名为“省级双拥模范城”。1993年，全市组织拥军慰问团35个，送温暖小组650个；出资20多万元，为驻军和军休所铺设柏油路，向部队赠送价值3万余元的节日礼品，为老红军及军干休养人员送粮、煤、油等2万余千克。到1995年年底，全市军民共建项目拓展到科技、信息、文物保护等十几个门类，共建单位发展到27个。1996年，市人武部转制，曲阜市拿出185万元解决所欠基建贷款，拨出40万元为人武部更换战备用车。1991—1998年，为驻曲阜部队实行粮价补贴550万元。1996—1998年，市政府及其下属部门为驻军解决“吃水、用电、铺路”，随军家属就业、子女就读等问题。1999年，济南军区军事演习部队路过曲阜，市政府在327国道曲阜段组织欢送长廊，设茶水站、送饮站。1999—2002年，出资375万元，为驻曲阜部队建设适应正规化训练优质场地2万余平方米，建高标准训练基地6000余平方米，铺设路面3万余平方米。市民政、电信、文物、科技等部门向部队捐赠书籍数万册，帮助建起8个高标准图书室。到2002年年底，驻曲阜部队与曲阜市部门、企业、乡镇、村街、学校等结成共建对子56个。2003年，市政府出资500余万元新建一幢办公大楼赠送市人武部使用。2004年，市政府以返还50%契税、每平方米减免200元、优先挑选楼层等优惠政策在城区黄金地段提供6000多平方米住房让驻曲部队干部购买。2007年10月，参加中俄联合军演“铁军”先头部队途宿曲阜时，曲阜市动用大部分警力和大量干部保障官兵路途和食宿安全，并向部队官兵赠送慰问品。2008—2011年，全市建立城乡社区双拥工作站227个，有工作人员800余人。各级各部门单位走访驻军部队600余人次，优抚对象1200余户，送去慰问金、慰问物品500万余元。1991—2013年，为部队免费培训司机、厨师、微机操作员等军地两用人才，为驻军及过路官兵减免三孔等文物古迹参观门票费用。

2010年7月，曲阜市民政部门走访慰问驻曲阜部队

第二节　优待

家属优待

1991年，曲阜市农村现役军人家属优待款户均在100元左右。1991—1998年，市财政拿出专款优待城镇退伍义务兵、转业志愿兵、伤残退伍军人（因病致残除外）、特殊政策规定退伍军人（中越边境自卫反击战前线立功）、立二等功以上退伍军人2705名。1995年，现役军人家属优待款户均增加200~300元，数额800元以上，其中曲阜镇为1000元。1998年，农村现役军人家属户均优待1375元。2013年，完善适龄青年参军入伍优惠政策，当年向553户义务兵家庭发放优待金584.5万余元。

“三老”优待

1993年，曲阜市建立“三老”（老军烈属、老复退军人、老残疾军人）优待对象医疗服务中心。到1998年年底，累计为全市2210名“三老”优抚对象减免医疗费120万元。1994年，探索建立“三老”优抚对象医疗保障制度，被济宁市推广。1996—1998年，“三老”优抚对象医疗中心为优抚对象减免医疗费41万元。1999—2002年，曲阜市用于解决孤老优抚对象“三难”（生活难、住房难、医疗难）资金400余万元。有帮扶任务的市直机关、企事业单位向148户有生活困难的“三老”优抚对象帮扶生活费和米、面、油、衣被等生活必需品共计160万元；筹集资金32万元，为6户优抚对象新建房屋20间、340平方米，为15户优抚对象修缮房屋50间、850平方米。各乡镇（街道）敬老院改建光荣间47间，集中供养有功之臣79人；各乡镇（街道）组织医护人员为孤老优抚对象义务查体600余人次，解决优抚对象住院费用62万元，12所优抚医院为“三老”优抚对象减免挂号费、医疗费48万元。1999年，曲阜市被评为全国爱心献功臣行动先进单位。2002年，曲阜市“三老”优抚对象人均医疗费从150元提高到300元，并在全省率先实施合作医疗、优抚医疗及大病保险三个层面保障。2007年，全市用于优抚医疗资金255万元。2008年起，开展“关爱革命功臣”活动，定期为优抚对象免费健康查体并建立个人健康档案，组织重点优抚对象到省级荣军医院进行康复疗养。

2010年4月，曲阜市“关爱革命功臣”免费查体活动现场

第三节　抚恤补助

1991年，曲阜市实施国务院《革命烈士褒扬条例》，抚恤因公牺牲军人和革命烈士。10月，市政府发布《曲阜市抚恤优待暂行办法》。1994年，全市2600名“三属”（革命烈士、因公牺牲军人、病故军人家属）和复员军人抚恤、定补合乎国家标准，1995年略高于国家标准。1998年，“三属”伤残、复员军人抚恤、定补达到或略高于省定标准，有特殊困难退伍军人享受定补照顾。2002年，抚恤补助标准超过省定标准。2003年，全市享受定期抚恤者375人，农业、非农业户月人均额分别增至250元和190元。2004年10月，根据国家《军人抚恤优待条例》，提高一次性抚恤金标准。2005年，“三属”死亡后，享受增发6个月定期抚恤金作为丧葬补助费。2008年，全市享受定期抚恤者188人，农业、非农业户月人均额分别增至296.7元和468.3元。2008年10月以后，享受定期抚恤农业、非农业户月人均额增长20%，分别为360元和560元。2011年7月29日，《国务院、中央军事委员会关于修改〈军人抚恤优待条例〉的决定》中现役军人死亡，根据其死亡性质和死亡时的月工资标准，由县级人民政府民政部门发给其遗属一次性抚恤金。2013年，全市因战因公致残的一级、二级残疾军人护理费标准提高到1411元/月，全市发放各类抚恤金、定期生活补助资金2402.4万元。做好60周岁以上农村籍退役士兵和烈士子女生活补助发放工作。通过城乡低保、农民安居工程、城乡医疗救助、阳光救助工程等各项民生政策，为烈属、军属、伤残军人等重点优抚对象实现危旧房改造

7户，解决生产、生活困难130件次。

第四节　烈士褒扬

1991年，曲阜市革命烈士陵园由市民政局管理，位于城区陵园路北侧，占地0.66公顷，周有墙垣。建有纪念堂5间、215平方米，为民族建筑风格。正门上方镶嵌“革命烈士纪念堂”7个金色大字，系书法家、山东省委原书记舒同所题。堂内中有著名烈士陈波塑像，像高2米，1991年制作安放。像后是一座木质丰碑，高2米，记载着553名革命烈士名单。靠北墙并列3个大橱，分别安放着49名烈士骨灰。东西两间有10个玻璃展橱，陈列烈士立功奖状、奖章、喜报、纪念章、书籍、笔记本、学习用具、作战地图、侦察记录、战斗决心书、保证书、信札、枪弹、手榴弹、哨子及日用品等遗物365件。纪念堂东西两侧松柏林中，有烈士墓55座，墓周砌砖，圆形封土。2006年4月，市政府投资1000余万元，将烈士陵园迁至吴村镇九仙山麓重建，纪念设施建在山顶，建登山台阶666级，陵园内竖立革命烈士纪念碑，高32.99米、长15米、宽10米，陵园建有烈士英名录碑1座，上刻562名烈士名单，设有烈士墓4排。1991—2013年，每年清明节、国庆节前后，市领导、机关企事业单位代表、大中小学生均前往烈士陵园举行凭吊、悼念活动。

曲阜市革命烈士陵园（2013年摄）

第三章　村民自治和社区建设

第五届村民委员会是依据从1988年6月1日起在全国试行的《中华人民共和国村民委员会组织法(试行)》换届选举的。村民委员会成员选举，先由村民小组民主推选候选人，然后在村选举领导小组主持召开的村民选举大会上选举产生。有三分之二以上选民参加的选举大会选举有效。自1999年第六届村委会换届选举开始，曲阜市贯彻实施全国人大常委会《中华人民共和国村民委员会组织法》，村民委员会由主任、副主任、委员共3~7人组成，每届任期三年，由村民直接举产生，即村民委员会成员候选人由村民直接提名，按得票多少确定。2011年，曲阜市被评为全国村务公开民主管理示范市。

第一节　村民自治

20世纪90年代初，曲阜市开展村民自治示范和创建模范乡镇政府、村（居）民委员会活动。1995年9月，曲阜镇被授予“齐鲁乡镇之星”称号，苗孔村获省“模范村民委员会”称号。1996年3—4月，曲阜市进行第五届村民委员会换届选举。全市有选举资格村民参选率为98%，483个村委会实施换届选举，换届率为98.6%，465个村委会换届成功，成功率为95%。开展村民自治示范和模范村(居)民委员会评比表彰活动，曲阜市有1个镇、15个村民委员会和16个村委会主任受到省和济宁市表彰。1999—2002年，曲阜市先后开展第六届、第七届村（居）民委员会换届选举工作，特别是2002年第七届，以省村“两委”换届“一法两办法”为依据，按照村支两委依法交叉任职和村支书、主任“一人兼”要求，全市396个村（居）委会换届392个，一次选举成功率99%，“一人兼”村（居）335个，比例为86%，两委成员交叉任职比例75.3%，比上届精减干部1285人。2004—2005年，第八届村委会换

2011年5月13日，曲阜市召开重点村"两委"换届工作推进会议

届一次成功率98.3%，书记、主任"一人兼"比例为87.3%，两委成员交叉任职比例77.1%；完成41个居委会换届选举工作，换届率100%。2007年4月，由组织、纪检、民政、农业、计生等部门组成检查组，对全市12个乡镇、街道57个行政村(居)进行明察暗访，全市389个村(居)村务公开率100%，设立高标准公开栏85%以上。同年9—12月，曲阜市进行第九届村(居)委会换届选举，全市有村(居)委会388个，其中村委会347个、居委会41个，村委会换届341个，居委会换届15个，占总数的98.27%；书记、主任"一人兼"比例为89.63%。2008—2011年，落实"四民主两公开"制度，建立"三议三公开"村级事务决策机制，健全村务监督委员会；开展村务公开"暗访"活动，执行村务公开民主管理市、镇(街道)、村三级一体的考核检查机制。同年，曲阜市被评为"全国村务公开民主管理示范市"。2011年3—6月，曲阜市进行第十届村(居)委员会换届选举，全市405个村(居)完成换届399个，占98.5%，女性进村(居)委占100%，书记、主任"一人兼"比例为82%，支部成员兼任村委成员比例为65%。

第二节　社区服务

1996年，曲阜市开展社区网点普查工作，全市社区网点1081个。2002年，全市有社区专职人员316人，兼职人员590人，志愿者服务队38支、1300人。38个社区居委会办公场所建筑面积均在500平方米以上，社区服务站300平方米以上，50多家单位利用单位食堂、浴池、图书馆、医务室等开展社区服务，成立5个物业公司、4个家政公司、四大批发市场、十大商场、十条商业街、四大农贸市场，建筑面积30余万平方米。800多家餐馆、饭店、旅社、商场安置下岗职工4300多人。2004—2005年，各社区居委会建立健全民主决策、民主管理和民主监督制度，做到责任明确，制度上墙。坚持"谁投资、谁所有、谁受益"原则，引导城区单位利用内部设施开展社区服务，全市成立物业公司20个、家政公司24个。2006—2007年，推广阙里社区"村改居"股份制改革试点经验，龙虎、西关、通相圃、于庄社区居委会借鉴"阙里经验"，开展股份制改革工作。各社区居委会本着"共享、互利、互惠"原则，通过改革、置换、租用等形式，服务中心面积都在200平方米以上。社区居委会通过社会选聘、竞争上岗等渠道选聘人才，至2007年年底，全市社区专职人员336人、兼职人员670人，登记注册志愿者服务队41个，志愿者1500人。2008—2011年，曲阜市加快以"社区居家养老"为重点的养老服务体系建设，加快社区劳动保障和民政救助公共服务体系建设，兴办经济实体，创办就业市场，开发就业岗位，扩大就业容量。实施社区卫生体系建设，实现"小病在社区、大病进医院、康复回社区"的分级医疗服务。2012—2013年，开展创建"和谐示范社区"特色社区活动，为全市重点规划79个农村社区制定建设布局规划。

逵泉社区

第四章 安置

1991—2013年，市民政局贯彻落实国家安置工作法律法规和政策规定，做好退役士兵安置、军队离退休人员安置和移民安置工作。

第一节 退役士兵安置

1991—2013年，曲阜市接收退役士兵8687人。根据国家安置条例，农村义务兵回户籍所在地，办理落户，落实村民待遇；城镇义务兵、因战因公被评为5~8级残疾等级、因战立三等功或平时获二等功及以上奖励者，由政府安排工作。退役符合安排工作条件士兵，1991—2007年，按照“按系统分配任务、包干安置”办法安置；2008—2012年，按照文化考试和档案考核成绩依次挑选单位办法安置；2013年起，选择自主就业退役士兵，地方政府按每服一年兵役给予4500元一次性经济补助；选择政府安置工作退役士兵，照顾重点安置对象。

2004年起，曲阜市对每年退役农村籍士兵和城镇自谋职业退役士兵进行职业技能培训。2007年，城镇退役士兵自谋职业率为17.6%。2008—2011年，城镇退役士兵自谋职业率为51%。2013年7月，市民政局在市职工中专对2012年度正常退役义务兵、复员士官和选择自谋职业、自主创业转业士官进行短期技能培训，276人参加培训，培训经费支出52.4万余元，培训率95%。

1991—2013年曲阜市退役军人安置统计表

表23-4 单位：人

年份	合计	其中		年份	合计	其中	
		农村	城镇			农村	城镇
1991	418	205	213	2003	395	239	156
1992	384	198	186	2004	343	204	139
1993	455	210	245	2005	393	254	139
1994	304	143	161	2006	307	210	97
1995	421	181	240	2007	286	176	110
1996	528	270	258	2008	360	224	136
1997	358	157	201	2009	305	198	107
1998	588	316	272	2010	364	238	126
1999	503	288	215	2011	315	163	152
2000	430	270	160	2012	289	167	122
2001	371	239	132	2013	202	177	25
2002	368	215	153				

第二节　军队离退休人员安置

1991年，市军休所位于康沂街，辖南北两个军休干部居住区，有军休干部36人。1996年，南片区迁至仓庚路南首路东，占地4882平方米，建楼房40套、办公楼1幢，总建筑面积4460平方米。1997年，因孔子研究院建设迁至大成小区重建，占地面积0.8公顷，建筑面积4529平方米，由军休宿舍楼、综合办公楼及其他附属设施组成，宿舍楼建筑面积4016平方米，共5层40套，每套住房面积100.4平方米，共住离休人员23人；综合办公楼建筑面积513平方米，设有办公室、医务室、会议室、阅览室、娱乐室、健身房等。2004年，实施翻建改造，全部建成楼房；南居住区位于小沂河北岸，占地0.79公顷，建有平房32套、办公用房2452平方米。军休所内部机构健全，设有党支部、管委会及门球队、扑克队、钓鱼队及象棋队等。2013年，军休所管理军休干部45人。

1991—2013年，市军休所以落实军休干部政治待遇和生活待遇为出发点和落脚点，每年为军休人员发放书报费、订阅杂志，每月组织一次政治学习；为每位军休人员建立健康档案；为军休干部取暖费用财政补贴50%。2000年，全体军休人员及离休无工作家属、遗属全部实现由公费医疗向医疗保险制度过渡。

第三节　军地两用人才培养

1991年，曲阜市设有市、乡（镇、街道）两级退伍军人两用人才工作机构，市军地两用人才中心与市退伍军人安置办公室一套班子、两个牌子，同属市民政局内设机构；乡（镇、街）设有军地两用人才工

曲阜市军休所综合办公楼（2013年摄）

2013年6月6日，曲阜市举办退役士兵培训班

作站。2005年，市民政局将农村籍退役士兵档案移交市人武部，并协助农村籍退役士兵寻找工作岗位，“两用人才”开发使用率为100%。1991—2011年，曲阜市单独组织或联合举办军队两用人才招聘会35场次，提供用工信息3200余条，推荐两用人才就业3600多人，600余人成为村（居）两委成员。2012—2013年，曲阜市培训自主就业退役军人1126人，利用就业信息平台发布用工信息1000余条，推荐退役军人就业696人。

第四节　移民安置

2002年8月17日，重庆市赵家镇57户230名三峡移民、5名随迁移民到曲阜市安家落户。2004年8月5日，23户100名重庆市镇安镇移民与6名随迁人员入住曲阜市，成为曲阜市市民。移民入住后，市、乡、村对移民采取生产、生活和子女入托、入学“四帮扶”措施，使其尽快适应新的环境和生产、生活条件。

三峡移民相对集中安置在曲阜市5个镇（街道）27个安置点（村组），息陬镇安置16户66人，时庄街道14户61人，陵城镇17户71人，小雪街道17户70人，书院街道16户60人，共划拨宅基地20293平方米，完建（购置）房屋面积9280平方米，划拨承包耕园地20公顷、旱地20公顷，全部完成土地经营承包权手续，移民户籍、子女入学、宅基地使用等手续全部办理。2012年，三峡移民新增扶持资金（包括淹没土地新增补偿资金和生产安置费补差资金）每人10610.47元，共计348.0234万元，全部拨付到移民所在镇街。至2013年年底，享受移民后期扶持资金有337人，每人每月发放50元。

第五章 社会事务

1991—2013年，市委、市政府鼓励社会组织发展，提升其自身能力建设和社会服务能力。市民政部门以保障和改善民生社会福利为主线，提升社会事务管理服务水平，维护婚姻服务对象、殡葬服务对象、老年人、残疾人、孤儿、弃婴等特殊群体以及社会救济对象的合法权益；贯彻国家《地名管理条例》，致力于地名的规范化、标准化和科学化。

第一节 社会组织管理

1991年起，贯彻落实《社会团体登记管理条例》，市民政局设专人负责社会团体登记管理工作。1994年起，每年按照《社会团体登记管理条例》《民办非企业单位登记管理暂行条例》和《民办非企业单位年度检查办法》，对民间组织实施年检。1998年9月25日，国务院通过《民办非企业单位登记管理暂行条例》。2000年5月至2001年12月，对符合条件的民办非企业单位，经业务主管单位审查同意后，在市民政局进行登记注册。2002年，全市有各类行业协会68个，其中农村经济协会43个，个人会员1.4万人。2003年，市政府下发《关于加快推进行业协会工作的实施意见》，市民政局、市监察局、市财政局联合下发《全市行业协会整改工作方案》，市民政局与市教育局、市卫生局、市文化局联合下发《曲阜市文卫类民办非企业单位登记审查管理办法》，加强社会团体和民办非企业单位管理。同年，制止和取缔“曲阜孔子文化教育对外交流中心”的非法活动和非法组织。同年，市民政局被评为全省民间组织先进登记管理机关。2007年底，全市注册登记社会团体72个、民办非企业单位296个。2008年，推行社会组织分类审批，优先审批新能源、新材料、新兴产业等行业协会，重点扶持培育经济类、科技类、公益慈善类、城乡社区类社会组织。对全市83个社会团体进行清理整顿工作，登记确认67个社会团体，对12个社会团体进行清理整顿，注销4个管理混乱、未正常开展工作的社会团体。全市建立业务主管单位社会组织党总支36个、党委1个，独立建立党支部社会组织98个，73个社会组织建立联合支部7个，向40个社会组织派遣党建指导员26人。2010年5月，曲阜市成立市社会组织党工委，负责全市社会组织党建工作，同时，成立35个业务主管单位社会组织党总支。2011年，完善民办非企业单位内部管理制度，逐步建立起以章程为核心的法人治理结构。至2011年年底，全市建立社会组织党委1个、建立独立支部98个、建立联合支部73个，派党建指导员40人，党组织覆盖率80%，工作覆盖率100%。2013年12月，开展行业协会商会兼职（任职）清理整顿工作，主要针对党政机关在职领导干部和工作人员，包括退出现职尚未办理退休手续的干部，不得在行业协会商会兼职。至2013年年底，曲阜市登记社会组织（含备案）212个，其中有社会团体98个，有民办非企业单位114个，涉及文化、卫生、慈善救助、教育、体育、食品药品、信息网络安全、农业服务等方面，从业人员

2011年11月9日，曲阜市召开社会组织规范化建设培训会议

超过1560人。

第二节　收容收养救助

1991年，国务院发布《关于城市遣送工作改革问题的意见》，将收容遣送对象扩大到三证（身份证、暂住证、务工证）不全流动人员。1992年，《中华人民共和国收养法》颁布实施，曲阜市境内内地居民收养登记手续由市民政局统一办理。1996—1998年，为两名弃婴办理收养登记手续；收容遣送疯、傻、痴、呆等各类流浪乞讨人员512人。2003年8月1日，《城市生活无着的流浪乞讨人员救助管理办法》实施，《城市流浪乞讨人员收容遣送办法》被废止。2008—2011年，建立健全网格化救助管理体系，严格落实流浪未成年人救助政策，开展“接送流浪孩子回家”等专项行动。严格依法办理收养登记，提升收养登记的制度化、规范化水平，为被收养儿童提供优越的成长环境。在全市建立养护、医疗、康复、教育、就业创业、住房保障等全方位的孤儿保障体系；落实孤儿和城镇“三无”人员福利补助政策，提高孤儿基本生活费发放标准，社会散居孤儿生活补贴提高到每人每月600元，福利机构集中供养孤儿生活补贴提高到每人每月1000元。2012年，全市社会散居孤儿福利补助标准每人每月由650元提高到720元，机构养育孤儿每人每月由1000元提高到1200元。2013年，在12个镇（街道）设立基层站点，安放43个救助站点标牌，在市区繁华路段安放16个救助引导牌，向社会公布求助方式和救助机构地址、电话、乘车路线和位置示意图等信息，全年救助流浪乞讨人员200人次，发放救助金10余万元。至2013年年底，全市有父母双亡孤儿43人，事实无人抚养孤儿13人，机构养育孤儿12人。

第三节　殡葬管理

1991年，曲阜市各乡镇均建有婚丧改革领导小组，形成覆盖全市的组织网络。全市有村街红白事理事会655个，提倡喜事新办、丧事简办。除少数民族外，丧葬实行火化，全市火化率99.9%。1993年，对全市62个花圈经营店铺进行整顿，颁发经营许可证，查禁36个制造、贩卖封建迷信品处所及人员。1995年，查处土葬和封建迷信品制作销售点2处，起尸火化2具。1997年清明节前夕，开展平坟还耕、加强丧葬用品管理突击活动，全市平掉坟头3599个、清理墓碑285块，还耕土地10.26公顷，取缔无照经营丧葬用品或扎制销售封建迷信品的扎纸户11家，查处销毁封建迷信品1343件。同年，曲阜市被评为山东省殡葬改革先进单位。1999—2002年，殡仪馆投资700余万元，改善馆区环境，促进殡葬设备更新换代，提高服务水平。2002年，市殡葬管理所被评为国家二级殡仪馆。2007年，曲阜市开展殡葬事业单位专项整顿活动，提升为民服务水平，当年火化率99.5%。2011年，对乱埋乱葬、筑坟立碑等问题进行集中治理。2012年，曲阜市实行惠民殡葬项目减免“一站式”结算服务，免除重点优抚对象、城乡低保对象、农村五保供养对象、城市“三无”人员等特殊困难群体基本殡葬服务费用。同年，曲阜市被评为省殡葬改革示范单位。

第四节　社会福利

社会福利院

曲阜市社会福利院位于天官第街，是曲阜市唯一综合性社会福利事业单位，主要承担抚养城市“三无”老人、弃婴及流浪乞讨人员，并开展代养业务。2007年，筹措资金220余万元，新建老年公寓1960平方米。2008年，新建老年公寓，占地面积2100平方米、建筑面积1960平方米。2012年，对原院民楼、餐厅食堂、办公区进行改扩建。2013年，市社会福利院占地面积9917.66平方米，总建筑面积7500平方米，有床位130张，入住院民109人。

老年公寓

2002年8月，由个人出资创办第一家民办老年公寓——夕阳红老年公寓，位于鲁城街道大庄社区，建筑面积1200平方米，床位70张，对收养老年人实行有偿或低偿服务。

福利企业

1991年，曲阜市有福利企业29家。1993年，新增福利企业10家，总数39家，年产值1823.9万元，有职工730人，其中安置伤残人员328人。1998年，全市福利企业68家，安置有劳动能力残疾人755人，年产值1.6亿元。2002年，在济宁市率先成立“福利企业协会”。

2005年，全市福利企业34家，安置有劳动能力"四残"人员489人，完成销售收入3.6亿元。市民政局制定《加强福利企业管理的若干规定》，落实国家优惠政策，全市福利企业残疾职工实现同工同酬，并全部加入社会养老保险。2007年，兴办福利企业21家，安置有劳动能力"四残"人员357人。至2013年年底，全市有天利药用辅料有限公司、金属门窗厂、鲁强电缆(集团)曲阜线缆有限公司、助剂厂、铸造材料厂、鲁南建材有限公司、造型材料厂、华龙铸造材料有限公司、电缆(集团)孔圣线缆有限公司、美术陶瓷厂、药用铺料有限公司、天宝塑料包装有限公司12家福利企业，安置就业残疾人职工占单位职工总数的25%以上，被安置残疾人上岗率100%、出勤率在80%以上。

第五节　福利彩票

曲阜市社会福利有奖募捐工作始于1987年，第一期福利彩票面值1元，属2万元奖组，其余9期均是面值2元彩票。通过宣传，群众参与购买奖券意识增强，1994—1995年，销售福利彩票260万元，曲阜市福利彩票发行工作被省民政厅评为"奖券销售超百万元"先进市。1998年，发行400万元奖组。2000—2002年，全市连续3年销售电脑福利彩票总量都在1800万元以上。2000年5月1日，曲阜市城区设立8台"齐鲁风采"电脑福利彩票投注机，实现全省联网。至2002年年底，全市设有"齐鲁风采"电脑福利彩票投注机44台，乡镇政府、街道办事处驻地覆盖面100%，全年销售电脑福利彩票3543万元，为国家、省、市筹集福利基金1062.9万元。2003—2005年，福利彩票销售8000余万元。2010年1月24日，全国首款以孔子为主题的福利彩票"中华名人·孔子"即开票首发仪式在孔子故里曲阜举行。2012年，开始销售福彩"刮刮乐"。2010—2013年，曲阜市销售彩票总额3.33亿元。2013年年底，曲阜市有电脑彩票投注站64家，其中乡镇20家、城区44家，中福在线销售厅1处。

第六节　地名管理

规划与管理

20世纪90年代初，曲阜市对不适应形势、不合乎要求的40个村庄、27条街巷进行更名、命名，全市496个村、乡镇驻地全部设立地名标志，实行标准化管理。1998年，为配合曲阜市中国优秀旅游城市创建活动，市民政局在城区主要游览区安装不锈钢、高档反光街路牌67块。同年，对城区新建扩建街巷、楼房、门牌进行命名，绘制地名图，实施城市地名标准化管理。同年，市民政局组织编纂《曲阜市地名志》。《曲阜地名志》共9编83章，计96万字，照片139幅。该书由中国地名研究所所长、联合国地名专家组中国分部主席、中国地名研究会常务副理事长、研究员王际桐审定并作序，山东友谊出版社出版。2002年，制作国标城区街道名称标志牌100余块。2003年，设立地名档案资料馆，加强地名档案收集、整理、保管、利用和咨询服务工作。2003—2005年，立足儒家文化，规范道路名称，制订城市住宅小区命名规划，编制、出版曲阜市城区图及曲阜市地图。2007年，在繁华地段设置显示屏，开通地名声讯台，设立曲阜地名网。2010年，编制《曲阜市地名规划方案文本(2003—2020)》。至2013年年底，完成镇街驻地地名标志设置工作，在镇街驻地门前共安装地名标志60余块。

勘界

1998年3月至12月，曲阜市开展与周边地区边地勘界和界桩设置工作。市政府成立勘界领导小组，从民政、水利、土管部门抽调人员组成工作班子，沿涉及曲阜市11个乡镇130多个行政村长248千米的边界线进行察看，制定由曲阜市牵头的曲阜宁阳线、曲阜泗水线、曲阜邹城线，曲阜、兖州、宁阳三交点，曲阜、兖州、邹城三交点"三线两点"联合勘界方案。与涉及县、市察看界桩点位，代国务院沿"三线两点"立界碑16块。勘定曲阜市与泗水县、邹城市、兖州市、宁阳县四县(市)交界线分别为曲泗线、曲邹线、曲兖线、曲宁线，总里程277.68千米，埋设界桩19根，宣传碑2块；与周边县市区及毗邻镇(街道)、村、界管员签订平安边界协议材料271份。曲阜泗水线被山东省勘界办定为"示范线"。2007年，开展平安边界活动，制作边界管理任务示意图和网络图。2011年，实施曲阜—泗水段联检工作。出版发行曲阜市区图和曲阜市地图。2013年，完成《中华人民共和国政区大典·山东卷》曲阜部分编纂任务。

第二十四编

人力资源和社会保障

2012年曲阜市春风行动招聘现场

曲阜市人事工作不断深化干部人事制度改革，推行国家公务员制度，实行考试录用、竞争上岗，绩效定级考核；工资改革逐步建立起符合机关事业单位各自特点的工资制度和增资机制；企业用工制度实行全员劳动合同制，职工工资与企业经济效益挂钩；事业单位逐步实行全员聘用制、干部任期制、竞争上岗制和绩效工资制。市劳动保障事业以改善民生、促进和谐为根本，转变作风，创新思路、创新工作方法，加强、深化劳动保障领域制度改革，调整劳动关系，维护劳动者合法权益。

第一章　机构设置

第一节　人事局

1991年，市人事局是市政府直属单位，下设办公室、干部奖惩任免调配室、工资福利退休干部科、科技干部科，代管市党政机关岗位责任制办公室、市人才市场管理办公室、市机构编制委员会办公室、市退休干部科和市机关事业保险事业处。1993年机构改革，市机构编制委员会办公室与市人事局合署办公。1995年，市人事局设立公务员考核委员会办公室，副科级单位。1996年，干部奖惩任免调配室更名为调配奖惩任免科，市人才市场管理办公室更名为市人才服务中心，市引进国外智力办公室与市人事局合署办公。1998年，市人事局内设办公室、调配奖惩任免科、工资福利退休干部科、科技干部科4个中层科室，辖属市人才服务中心、市公务员考核委员会办公室、市机关事业单位保险处和市人才培训中心。2002年5月，市国外智力引进办公室调整为市人事局中层机构，市公务员考核委员会办公室更名为市党政机关事业单位考核委员会办公室。2010年4月，市政府撤销市人事局。

2012年，曲阜市获全国就业先进单位称号

第二节　劳动局　劳动和社会保障局

1991年，市劳动局属市政府直属单位，内设办公室、劳动综合办公室、劳动监察仲裁安全科，辖属市技工学校、市劳动服务公司、市劳动保险事业处。1995年，设立市劳动监察大队，系副科级事业单位。1996年10月，市劳动仲裁办公室升格为副科级事业单位。1998年3月，市安全生产办公室升格为正科级事业单位，两办公室与劳动监察安全仲裁科合署办公。1999年12月，市政府撤销市劳动局，成立市劳动和社会保障局（简称市劳动保障局），将原由市人事局承担的机关事业单位工作人员社会保险职能、市民政局承担的农村社会保险职能和市卫生局承担的公费医疗管理职能划归市劳动保障局，为正科级行政机构，列市政府序列部门，内设办公室、工资福利科、就业培训科、劳动仲裁办公室，辖属市劳动就业办公室、市劳动保险事业处、市机关事业保险处、市医疗保险处、市农村养老保险处、市劳动监察大队6个事业单位。2007年，市政府设立市流动人口和计划生育管理办公室，为局下属股级事业单位。2010年4月，市劳动和社会保障局撤销。

第三节　人力资源和社会保障局

2010年4月，市政府撤销市人事局、市劳动和社会保障局，成立市人力资源和社会保障局(简称市人社局)，为市政府工作部门。2011年，市人社局内设办公室、政策法规科、规划财务科、社会保险基金监督科、公务员和事业单位人员管理科、专业技术人员管理科、工资福利和离退休干部科、社会保险和劳动关系科、就业培训科、国外智力引进办公室、劳动人事争议仲裁委员会办公室，辖属市劳动就业办公室、市社会保险服务中心、市社会医疗保险处、市农村社会养老保险事业管理处、市劳动监察大队、市人才服务中心、市人才培训中心、市人事档案管理中心、市党政机关事业单位考核委员会办公室、市流动人口和计划生育管理办公室等10个事业单位，有干部职工132人，其中行政编制15人。

第四节　机构编制委员会办公室

1991年，市编制委员会办公室为副科级行政机构，隶属市人事局管理。1993年11月，更名为市机构编制委员会办公室，为正科级机构，与市人事局合署办公。2005年4月，设立市事业单位登记管理局，为正科级事业单位，隶属市机构编制委员会管理。2010年4月，市机构编制委员会办公室单独设置，列入党委机构序列。2013年9月，市事业单位登记管理局更名为市事业单位监督管理局。

第二章　人力资源

20世纪90年代初，曲阜市党政机关普遍建立机关岗位责任制。1994年，开展机关事业单位工资改革工作。1996年，推行国家公务员制度工作。劳动就业实行“自主择业、公平竞争、双向选择”，完全进入市场化。自2000年起，曲阜市机关事业单位补充人员实行“凡进必考”制度。事业单位开始推行聘用制度，建立岗位管理制度。对军转干部采取考试、考核相结合安置办法。自2007年7月起，市直机关、全额事业单位和全市教师执行新工资标准。从2011年起，曲阜市利用5年时间，每年从“985”“211”工程院校引进10名博士研究生、100名硕士研究生充实到事业单位工作。1991—2013年，全市共引进各类专业技术及高层次人才3172人，军转干部359人，国外智力引进169人次；为11176名专业技术人员进行职称评定。

第一节　公务员管理

1994年，曲阜市开始推行国家公务员制度。1996年，制定《曲阜市推行国家公务员制度实施方案》。市委、市政府先后3次组织机关工作人员向国家公务员和机关工作者过渡考试，全市共有1312人参加考试。公检法机关公开招录113名工作人员，其中公安巡警21人、交警55人、法院14人、检察院16人。1998年8月，组织工商、地税人员向国家公务员过渡考试，参加考试202人。9月，曲阜市冻结机关行政编制，市人事局开展职位分类工作。全市共设置科级领导职数162人，科级非领导职数81人，在此基础上，将部门职能自上而下进行细化分解。开展任职回避调查和调整工作，全市市直、乡镇共上报应回避人员28人，调整人员21人。1997年4—7月，曲阜市市直、乡镇共19个单位面向社会公开招录30名国家公务员和机关工作者。1998年，根据《国家公务员暂行办法规定》和有关法规，曲阜市建立公务员退休制度。实施职位轮换制度，全市职位轮换人数共计187人，其中处级4人，科级44人，一般干部139人。2003年8月，实施公务员招考工作，有1546人报名，其中报考市直13个部门23个职位717人，报考8个乡镇（街道）36个职位559人，报考曲阜新区3个乡镇9个职位197人，报考公安局人民警察4个职位73人；笔试工作中，对所有工作人员实行全封闭管理，面试评委全部由济宁市从各县市区选调组成，考核工作由市委组织部、市人事局、招考单位抽调人员共同进行；根据笔试、面试和体能测试成绩，由高分到低分以不低于计划录用人数1.2倍比例，全市共有120人进入考核、体检范围；

经过考核和体检，确定72人为拟录用人员。2006年1月1日，国家实施公务员法。市人事局结合本市实际，将公务员法、行政许可法等内容对全市市乡两级机关公务员培训一遍。市编办根据人员编制情况，提供七类机关中除工勤人员以外的在职及离岗人员名单，分别交组织部干部信息中心和人事局人事档案管理中心。组织部干部信息中心和人事局人事档案管理中心核对“三龄一历”、工作简历和奖惩情况。组织人事部门分别按照管理权限，根据公务员准予登记的六类情况，对每个人进入公务员的方式，逐一进行审核。全市行政编制1745人，有公务员1610人(含离岗199人)，符合公务员登记条件准予登记的共1577人，其中市直机关1217人、乡镇机关360人，暂缓登记33人。在该年度国家公务员招考中，网上报名曲阜市岗位2007人，现场认定1515人，参加笔试1450人，按照1：3比例，确定67人进入面试，通过笔试、面试、体检、考核，共有22名考生进入公务员队伍。2008—2011年，曲阜市共招考公务员89人，事业单位工作人员561人。2012年，全市招考30名公务员，网上报名2874人，初审合格2719人，笔试由省、济宁市统一组织，正式录用27人。2013年4月，曲阜市被列为“省公务员平时考核工作试点单位”。同年，全市招考28名公务员。

第二节　事业单位管理

1994年，曲阜市推进事业单位管理体制改革，使机构、编制、人员管理工作初步走上规范化轨道。2000年，根据中央《深化干部人事制度改革纲要》、中组部、人事部《关于加快推进事业单位人事制度改革的意见》的精神，曲阜市推进事业单位人事制度改革。2000年起，曲阜市事业单位补充工作人员实行“凡进必考”制度。同年，全市第一次面向社会招考事业单位工作人员，招考252人，涉及86个单位57个专业。2001年3月，市委、市政府召开全市事业单位人事制度改革动员大会。市委、市政府出台《曲阜市事业单位人事制度改革办法》，市人事局出台《关于落实〈曲阜市事业单位人事制度改革办法〉的实施意见》。曲阜市事业单位人事制度改革范围包括国有和集体的全额、差额和自收自支、企业化管理的事业单位。改革的重点是推行全员聘用制和建立分配激励机制。曲阜市事业单位人事制度改革走在全省前列，省人事厅将曲阜作为事业单位改革联系点，到2002年年底，曲阜市事业单位基本实行全员聘用制、干部任期制、竞争上岗制和绩效工资制，市人事争议仲裁委员会办公室对事业单位人员聘用合同进行鉴证。同年，市文物管理委员会招考10名文博讲解员。2002年，市城市管理综合执法大队招考30名工作人员；乡镇中小学招考26名校医；曲阜经济开发区招考9名工作人员。2003—2005年，市人事局先后为80余家事业单位招考大中专毕业生200余人，并全部实行人事代理。2007年9月，市人事局对全市128个单位、7057人的平时考核与聘用合同管理工作进行抽查。2008年，实施事业单位中层干部交流制度，全面推行人员聘用制。2008—2011年，根据事业发展需要和招聘计划，公开招聘中小学及幼儿园教师、医务人员和其他事业单位工作人员200人；招募“三支一扶”大学生8人。2011年起，曲阜市实施“511”圣城引才工程，利用5年时间，每年引进10名博士研究生、100名硕士研究生，充实到事业单位工作。2013年，招聘中小学及幼儿园教师、医务人员和其他事业单位工作人员212人，招募“三支一扶”2人。到2013年年底，全市事业单位交流中层干部640人；招考教育、卫生等事业单位人员420人。

第三节　职称评审管理

1991年底，曲阜市专业技术人员获高级职称111人、中级职称1335人、初级职称7681人。1992年，曲阜市对会计、审计系列初级、中级职称晋升，统计系列初级职称晋升，实行以考代评制度。1993年，对经济系列初、中级职称晋升实行以考代评制度。全市举办培训班5期，进行继续教育、更新知识，受训人数650余人。在济宁市范围内，曲阜市率先建立健全专业技术人员档案（包括农民专业技术人员），共计13169卷。评聘两批专业技术人员技术职务，其中第二批对文凭低、年龄大、但有真才实学、有成果的专业技术人员放宽评聘条件。至年底，全市专业技术人员中具有高级职称者221人，中级职称者2309人，初级者9918人。1994—1995年，完善专业技术职务评聘工作。在职务晋升方面，按不同系列(专业)对全额预算管理单位、差额预算管理单位和自收自支事业单位实行分类管理。对专业技术人员档案进行系统整理，为23个系列13000余名专业技术人员建立技术档案。同时，注重加强年度考核、任期届满考核。1994年度，共有2712人经评审取得新的任职资格，其中高级245人、中级933人、初级1534人。1995年度，共有1744人经评审取得新的任职资格，其中高级53人、中级504人、初级1187人。1996—1998年，全市共有专业技术人员19653人，其中国有单位14966人（含离退休人员)、乡镇企业1122人、农村农民3565人。三年共有5678人晋升职称，其中高级297人、中级1279人、初级4102人。1998年8月，印发《曲阜市专业技术人员管理办法》。制定曲阜市初级专业技术职务评审委员会组织办法、评审办法、评委会成员守则等，加强评审组织建设。出台《关于加强专业技术人员聘任管理实施意见》，在全市推行竞争上岗、择优聘任、聘约化管理，打破专业技术职务“一聘定终身”现象。2002年年底，全市共有专业技术人员12776人(事业9494人，企业3282人)，其中高级424人，中级2895人，初级9457人。2004年7—11月，市人事局会同市文化局组织文化、艺术界专业人士，对曲阜市76名民间艺人进行职称评定，涉及土陶工艺、琉璃瓦工艺、篆刻、锡制工艺、石雕、书法、绘画、挂毯制作等10多个领域。2005年7月，曲阜市机关、事业单位在职人员开始发放考勤奖和目标管理奖。2009年3月，市政府办公室出台《关于加强专业技术人员聘任管理实施意见》，在全市推行竞争上岗、择优聘任、聘约化管理，打破专业技术职务“一聘定终身”现象。到2013年底，曲阜市共有专业技术人员10921人，其中中级以上5432人，有2人享受国务院津贴，即姜健(1992年批准)、秦裕彦(1993年批准)；有1人为山东省有突出贡献中青年专家，即山东圣阳电源有限公司孔德龙。

第四节　工资与福利管理

1991—1993年，曲阜市机关事业单位实行国家统一的以职务工资为主要内容的结构工资制度。1994年，组织机关事业单位工资制度改革，全市参加工资改革的10477名在职工作人员于1994年6月开始执行新工资制度，1983年离退休(退职)人员也按规定增加离退休(职)费，并陆续补发工资。1995年，组织全市机关事业单位23个行业、138个工种的2048名技术工人进行技术等级岗位考核工作。1998年6月，开展机关事业单位工作人员调整工资和离退休人员增加离退休费工作，为14132人调整工资标准，月增资31.34万元；为12016人晋升工资档次，月增资30.5万元；全市晋升级别工资人数998人，月增资2.19万元；对全市14075人现行津贴、补贴进行简化归并，月增资32.63万元；全市增加补贴人数14132人，月增资50.88万元，为2236名离退休人员调整离退休费，月增资20.96万元。2005年7月1日，全市机关、事业单位在职人员开始发放考勤奖和目标管理奖，标准为每人每月100元和40元；同时为离退休(退职)人员每月增加140元生活补贴，为退职人员每月增发90元生活补贴。2007年2月起，曲阜市组织、人事、财政等有关部门实施公务员工资制度和事业单位收入分配制度改革相关准备工作，对工资改革所需经费进行测算，收集审核机关事业单位工作人员基本信息，对涉及“三龄一历”、考核奖惩、现任职务及原任低一级职务、军转干部、现行工资等有关工资收入分配制度改革的信息进行把关，并按照新的工资标准逐人进行模拟套改。全市有公务员1622人，每月平均增资293元；事业人员11745人，每月平均增资301元；离退休(退职)人员3360人，每月平均增资300元。自2007年7月起，市直机关、全额事业单位和全市教师执行新工资标准，各乡镇、街道也由市财政通过转移支付，开始执行新工资标准。2009年12月，制定《关于组织实施机关事业单位工作人员带薪年休假的意见》，市人事局及时调度各单位带薪年休假实施情况。自2011年1月起，曲阜市城镇居民最低生活保障线为300元/月，相应调整遗属补助标准。2013年5月，联合市纪委、市委组织部、市监察局、市财政局、市审计局开展全市机关事业单位津贴补贴发放情况专项检查工作。

第五节　人才工作

1991—1993年，全市共引进各类专业技术人才111人，分别为16人、40人、55人，其中大专学历71人，

中专学历40人。1993年，市委、市政府制定《曲阜市引进经济技术人员的优惠政策》；1995年，引进63名外地专业技术人员。1998年6月19日，曲阜市人才与经济发展座谈会在北京召开，国家20多个部委司局级领导参加座谈会，并达成相关意向。1998—2002年，曲阜市举办大型人才交流会8次，专场人才交流会50余次，有800余人通过人才交流会落实工作岗位。1999—2002年，为企事业单位引进各类人才700多人，其中曲阜经济发展急需的酿造、机电、旅游、计算机、硅酸盐、食品工程等专业本科以上毕业生500多人。2002年9月，济宁市人事局、曲阜市人事局举办国际孔子文化节人才交流会。开展人事代理和人才素质测评工作，人事代理人数1200余人，代理档案管理、职称办理、转正定级、档案工资、养老保险等14项业务，人才素质测评500余人。2003—2005年，全市输出学生近500人；2003年、2004年，举办两届孔子文化节人才交流会；2005年年底，完成人事代理2200余人次。2006—2007年，为曲阜师范大学、明故城墙管理处、自来水公司等单位办理人事代理手续，为曲阜师范大学杏坛学院提供全方位的代理服务，包括档案、工资、职称、养老保险、住房公积金、人才交流等服务项目。2008—2011年，扩大"订单式""储备式"人才技能培训，培训公务员2109人次。从2011年起，曲阜市利用5年时间，每年从"985""211"工程院校引进10名博士研究生、100名硕士研究生(简称"511圣城引才工程")，充实到事业单位工作。2011年3月初，组成两个招聘小组分别到南京、上海、北京、西安等地近20所"985""211"工程院校进行校园现场招聘，引进硕士研究生103人、博士生8人，引进海外高层次人才16人。至2011年年底，全市人才总量28715人，与2000年的10587人相比，人才总量净增18128人，年均增长10.7%。2012—2013年，引进"985""211"工程院校博士研究生30人、硕士研究生259人。曲阜市创新实施医院"第一院长"和中小学"第一校长"制度，有57名全国著名医院的医疗专家和89所知名学校的校长应聘到曲阜市担任"第一院长"和"第一校长"。

第六节　大中专毕业生就业安置

1993年，按照上级有关规定，为市内部分企业单位从国家不包分配大中专毕业生中聘用43名合同制干部。1994年，市人事局为38人办理人才交流手续，调入曲阜市23人(大专以上学历14人)，调出9人，市内调动6人；会同三孔啤酒有限公司参加山东工业大学、山东轻工学院毕业生供需见面会，有53名毕业生经联系被曲阜市企业接收；会同劳动局制定《关于企业聘用国家不包分配的大中专毕业生有关问题的处理意见》，为解决聘用制干部的社会事业保险问题提供依据。1995年，组织部分企业参加济宁市春季、夏季人才交流供需洽谈会，引进外地大中专毕业生30余人。8月29—30日，曲阜市在市机关招待所举办曲阜市大中专毕业生供需见面会，到会企业及企业主管单位72家，毕业生及家长近千人，达成就业意向573人次，办理就业派遣手续59份，签订就业协议16份。2000年4月，市政府办公室印发《曲阜市关于全面实施劳动预备制度加快提高劳动者素质的意见》，组织城镇有就业愿望的初高中毕业生，以及农村准备向非农产业转移或进城务工的初高中毕业生，接受职业技术培训和相关教育，持"双证"(学历毕业证和职业资格证书)通过劳动力市场实现就业；年底，开展档案托管、求职登记等就业服务工作和职业技能鉴定考核发证工作，到2002年年底，全市共换发职业资格证书2000余份，对全市电工、焊工、装饰木工、精细木工、美容美发、宾馆餐厅服务员、驾驶员等十几个工种2400余人实施考核发证。1999—2002年，安置、推荐大中专毕业生2300余人，其中本科370余人、专科650余人、中专1300余人。2010—2013年，对全市电工、焊工、装饰木工、精细木工、美容美发服务人员、宾馆餐厅服务员、驾驶员等十几个工种共10167人实施考核发证。

第七节　军转干部管理

1991—1995年，曲阜市安置军转干部50人；1996—1998年，安置军转干部41人。1999—2002年，安置军转干部118人，军转干部家属52人。2000年，开始对军转干部采取考试、考核相结合的办法进行安置。2001年，市人事局被评为全省军转安置工作先进集体。2003—2005年，接收并安置军转干部59人，23名随调随迁家属也被妥当安置。2006年，接收安置17

名军转干部(其中副团职1人);2007年,接收军转干部9人,其中7名需要安置干部采取考试和考核相结合的办法安置;2008—2011年,接收并安置军队转业干部48人,接收安置军队转业干部随调随迁家属子女9人;2012年,接收军转干部6人,计划安置4人、自主择业2人;2013年,接收并安置军转干部3人(副团职2人,副连职1人)。

第八节 国外智力引进

1991—1993年,市人事局有计划有步骤地聘请国外专家到曲阜工作,并选派技术、管理人员出国培训;引进23个项目,有13家企业及科研单位从日本、德国、荷兰、法国、美国等国家聘请各类技术、管理专家28人次;派出项目2个,选派出国研修人员5人次。1994—1995年,执行引进项目23个,有14家企业和科研单位从日本、德国、法国、美国、荷兰、泰国等国家聘请各类技术、管理专家47人次到曲阜进行技术指导与咨询;执行派出项目2个,选派出国研修人员11人次;6起外国专业组织负责人到曲阜市进行引智项目评估与咨询;德国SES专家乌尔里希·里茨博士由于工作成绩显著而获"中国友谊奖";1995年1月,选派市慧迪精细化工有限公司作为济宁市唯一一家企业到京参加全国引智工作15年成果展览并获金奖。两年中,通过引进国外智力,解决技术难题78项,开发新产品12种,有27项产品填补国内空白。1996—1998年,执行引进国外智力项目33个,有19个企事业单位从德国、法国、加拿大、日本、瑞士、美国、英国等国家聘请各类技术、管理专家40人次到曲阜市进行技术指导与咨询,7起外国专家、组织负责人到曲阜市进行引智项目评估与咨询;日本JSV专家川岛荬子由于在曲阜市工作成绩突出,获"齐鲁友谊奖";通过引进国外智力,解决技术难题158项,开发新产品76种,其中注重引智为农业服务,聘请国外蔬菜、花卉、水产养殖等专家到曲阜市进行技术指导,引进23个蔬菜、花卉新品种。2003年、2004年,两次聘请日本花甲协会专家、曲阜荣誉市民熊谷俊一到曲阜市进行技术指导,受益果农8000余人。2005年,市人事局被评为山东省引智工作先进集体,并在全省引智工作会议上做典型发言。2006年,在孔子文化节国际人才交流活动中,日本JSV专家熊谷俊一和德国SES专家赫伯特·埃克获首届"孔子友谊奖"。2008—2011年,引进外国专家16人。

曲阜市引智办为金皇活塞有限公司引进德国专家到车间(2013年摄)

第三章 机构编制

第一节 党政机构改革

1993年12月,曲阜市开展党政机构改革,副科级以上工作机构由原来108个精简为54个,精简率为50%;13个乡镇内设机构统一为六个办(公室)十个站(处),六个办为乡镇党委和政府办事机构,十个站为乡镇事业单位。同时,为推进事业单位社会化、区域化、产业化进程,对全市事业单位进行综合配套改革。

2002年4月,曲阜市启动全市党政机构改革,市

委、市政府出台《关于曲阜市党政机构改革的实施意见》。该意见从改革的指导思想和目标、原则、转变职能，理顺关系，调整机构设置，精简人员编制，对市人大、市政府和群团机关机构改革、市政法系统机构改革进行详细说明，市直部门改革于当年5月底前基本完成。

2005年9月，曲阜市乡镇、街道机构改革正式展开。市委、市政府出台《关于乡镇（街道）机构改革的实施意见》，通过改革，转变乡镇政府职能，理顺市乡事权关系，整合乡镇（街道）事业站所，精简机构和减少财政供养人员，提高社会管理和公共服务水平，加快建立行为规范、运转协调、廉洁高效的乡镇行政管理体制和运行机制。同年10月，启动政府机构改革，对部分政府工作机构进行调整。市发展计划局改组为市发展和改革局，市粮食局不再作为政府工作部门，市发展和改革局挂市粮食局牌子；将市经济贸易局管理的市安全生产监督管理局，调整为市政府工作部门，同时为市安全生产委员会常设办事机构；市计划生育局更名为市人口和计划生育局。改革调整后，市政府设工作部门25个。

2010年4月，市委、市政府出台《关于曲阜市人民政府机构改革的实施意见》。改革以转变政府职能为核心，探索实行职能有机统一的大部门体制。设置政府工作部门24个，其中新组建机构5个，更名机构2个。

2010年12月，市委、市政府出台《关于进一步深化乡镇（街道）机构改革的实施意见》，部署开展乡镇（街道）机构改革。改革理顺上下层级之间职责关系，适度扩大乡镇（街道）事权和财权，增强乡镇（街道）履行职责的能力。2012年，对乡镇机构重新进行设置。一类乡镇（街道）设置5个党政工作机构，6个财政拨款事业单位；二类乡镇（街道）设置4个党政工作机构，5个财政拨款事业单位。

2012—2013年，实施文物旅游体制改革，设立曲阜国家级文化产业示范园管理委员会，撤销文化遗产管理委员会，市文物旅游局更名为市文物局（挂市旅游局牌子），理顺全市文物旅游管理体制。完善开发区管理体制，推行“区辖镇”管理体制，开发区党工委、管委会在辖区内行使同级党建、经济、行政、社会事业等管理权限。对食品药品工商质监管理体制进行改革完善。将工商行政管理局、质量技术监督局作为市政府工作部门。改革完善食品药品监督管理体制，整合监管职能和机构，重新组建市食品药品监督管理局（市食品安全委员会办公室），组建食品药品稽查大队；在12个镇（街道）设立食品药品监督管理所，为食品药品监督管理局派出机构。

第二节　编制工作

1991—1993年，曲阜市通过撤并机构，精简富余人员。科局级人员，男性由原来60岁退休改为55岁离岗，女性由原来55岁退休改为52岁离岗；一般人员男女分别改为52岁和50岁离岗，机构人员编制由原来1323人精简为750人。对全市事业单位进行综合配套改革。改革后，经过一段实践，根据实际情况和上级指示精神，先后恢复11个工作机构，增设4个工作机构，撤销6个工作机构。

2002年，调整党政机构设置，精简人员编制。改革后市政府设直属工作部门25个；市委机关行政编制总量精简12%，市政府机关行政编制总量精简25%，市人大、市政协机关编制精简12%，群众团体机关编制精简15%；政法机关专项编制精简10%；乡镇街道党政机关人员编制总量精简20%。各乡镇（街道）司法所调整为市司法局派出机构，实行局与乡镇（街道）双重管理。

2005年9月，全市乡镇、街道机构改革后，各乡镇（街道）组建6个财政拨款的股级事业单位，组建各乡镇（街道）劳动保障服务中心。完善农村义务教育管理体制，撤销各乡镇（街道）教育委员会，各乡镇（街道）中心中学承担原乡镇（街道）教育委员会管理职能。重新对各镇街事业机构编制、领导职数进行核定，按照“公开、平等、竞争、择优”原则，实行竞争上岗，上岗人员实行聘用制，签订聘用合同。

2007年，出台《曲阜市机构编制委员会工作规程》，对行政事业机构设立调整、人员编制配置调动的权限、程序等作出明确规定。

2010年4月机构改革后，对所有政府工作部门重新印发“三定”规定，对各部门人员编制、中层机构和领导职数重新进行核定；对工作任务较重的政府工作部门行政编制适当增加，对部分事业单位进行撤并和调整。

2012年，按照中央、省、市要求，开展机构编制核查工作，印发《关于开展机构编制核查工作的通知》，对全市党政群机关和事业单位机构编制及在编人员情况、领导职数配备情况、编外用人情况、离退休人员情况进行核查。对核查中发现的擅自设立机构、超编进人、超职数超规格配备领导干部、人员结构不合理等问题，进行清理整改。

2013年，开展政府部门机构编制年度评估工作，制定《曲阜市政府部门机构编制评估工作实施方案》，确定市发展和改革局等10个单位作为评估对象，被评估单位开展自查自评，市编办组成评估组到部门进行实地评估。

第四章　劳动与社会保障

1991年起，曲阜市农村社会养老保险工作在全市全面推行。1992年，深化企业用工制度改革，逐步建立起干部能上能下、人员能进能出、待遇能升能降、企业自主经营、自负盈亏的现代企业经营机制。1993年，城镇就业逐步建立起以市场为导向，企业自主用工求职者自由选择职业的“双向选择”的市场就业机制。机关事业单位合同制工人实行养老保险；企业养老保险实行社会统筹与个人账户相结合的办法。1995年，推行劳动合同制度。1998年，设立再就业指导中心，为下岗职工再就业服务。1999年，劳务输出成为分流农村剩余劳动力、增加农民收入、加快农村劳务经济发展的一项重要工作。2001年4月，启动城镇职工基本医疗保险。2008—2011年，全市累计实现城镇新增就业2.89万人。2012—2013年，全市实现城镇新增就业16301人，新增农村劳动力转移就业16899人，城镇登记失业率控制在3%以内。1991—2013年，共受理各类劳动争议案件1800余件，结案率98%；接待咨询2万余人次。

第一节　劳动就业

1991—1993年，曲阜市安置就业5106人，安置复员、转业、退伍军人441人，分配技校毕业生299人，劳动输出737人，发展劳动就业服务企业35个，安置待业青年576人。1994—1995年，全市招收合同制工人3762人，安置退伍军人361人，为企业交流技术工人1309人，分配技工学校毕业生385人，市外劳务输送965人，安置下岗职工270人再就业；两年中新发展劳服企业20个，安置待业人员500人。1995年年末，全市市属企业148家，其中国有所有制企业90家，集体所有制企业58家，职工28785人，其中国有企业职工20405人，集体企业8380人。

1996年后，劳动就业任务繁重，除城镇待业人员需要安置外，企业下岗职工再就业也是各级政府和劳动部门的重点工作。1996年，市政府下发《关于促进城镇就业工作的试行意见》，市劳动局与乡镇企业局联合下发《关于将部分乡镇企业纳入统一劳动管理的意见》，解决城镇待业、失业人员到乡镇企业就业的劳动合同、工资、保险等待遇问题；下发《关于加强和完善就业服务工作的通知》《关于对市区宾馆、饭店统一劳动管理的意见》，用政策鼓励城镇待业、失业人员到乡镇企业、私营企业就业和自谋职业，形成与国营、集体相对应的市外(劳务输出)、城外(乡镇企业)、企业外(个体户、自谋职业)“三外”就业政策格局；成立市劳动力调剂中心，开办“代招”业务。市委宣传部、市劳动局、市总工会、市妇联于1997年、1998年联合开展“实施再就业宣传年”活动，转变人们就业观念。1998年，市劳动局设立再就业指导中心，为下岗职工再就业服务。1996—1998年，招收合同制工人4719人，安排技工学校毕业生982人；劳动服务企业发展24家，安置待业人员302人；1970名下岗职工实现再就业；劳务输出、外地打工3715人。到1998年年底，全市共有企业151家，其中国营93家、集体58家，年末有职工29591人，其中国有企业21214人、集体企业8377人。

1999—2002年，市劳动保障局把劳务输出工作作为分流农村剩余劳动力，增加农民收入，加快农村劳务经济发展的一项重要工作，向张家港、天津、苏州、烟台等地区输送劳务人员1.56万人。2000年，市劳动保障局建立劳动力资源库和劳务输出信息库；强化劳务输出者职业技能培训，增强就业竞争能力；举办外出就业成才致富人员典型报告会、编发专题电视节目等，提高农民对劳务输出工作的认识。到年底，曲阜市农村劳动力从事非农产业12万人，占农村劳动力总数的46%，成为农民收入主要渠道之一。

2011年5月，曲阜市高校毕业生农村创业园成立现场

2003—2005年，市劳动保障局贯彻实施《山东省就业促进条例》，打破户籍身份限制，在就业工作中实施城乡劳动者统筹就业、建立统一的城乡劳动力市场、实现城乡劳动者平等就业的就业政策，全市新增就业人数1.26万人，全镇城镇下岗失业人员再就业3312人，新增农村劳动力输出12万人；职业技能培训4700人，下岗失业人员再就业培训515人，参加职业技能鉴定人员6883人，其中6370人鉴定考核合格拿到职业资格证书，发放再就业优惠证470个；协调有关部门加大对税费减免、小额贷款、社会保险补贴和公益性岗位补贴等优惠政策落实，2005年，减免各类税费26.5万元，发放公益性岗位补贴31万元，社会保险补贴46万元。

2006—2007年，全市新增就业人数14102人，其中城镇下岗失业人员再就业4395人，其中安置困难群体再就业1133人；开发公益性岗位540个；城镇登记失业人数1961人，失业率保持在3.8%以内，低于计划控制目标；新增农村劳动力输出4.82万人次，其中新增市外劳务输出人数累计2.56万人次；组织在职职工职业技能培训、下岗失业人员再就业和创业培训7062人；职业技能鉴定后发证人数5697人，新增高级技术人员724人，新增技师、高级技师87人；全市社会力量办学机构19家；发放“再就业优惠证”438个，享受优惠政策下岗失业人员1141人，成立小额担保贷款机构，开展小额担保贷款业务；共减免各类税费243.5万元，公益性岗位补贴50万元，社会保险补贴40.4万元。

2011年11月，曲阜市石门山镇SYB创业培训班现场

2008—2011年，组织开展“你就业、我服务”为主题的毕业生就业服务月活动和春季大型劳动力招聘会、高校毕业生就业洽谈会等活动；针对大学生、失业人员、农民工等不同群体，联合曲师大、济宁学院及曲阜技工学校等院校，开展电工、电焊、计算机、畜牧

养殖、园林栽培、旅游服务、餐饮烹饪等16个行业的创业就业培训班35期153个班次，共培训各类人员1.23万人。实施全民创业工程，命名8处创业培训基地、12个创业孵化园区、12处创业示范基地、5处高校毕业生就业见习基地、2个高校毕业生农村创业园、1个大学生创业孵化园区。累计实现城镇新增就业2.89万人，其中高校毕业生就业7371人，下岗失业人员再就业7820人，困难群体再就业1750人，新增农村劳动力转移3.12万人次，全市城镇登记失业率始终控制在4%以内。

2012年5月，曲阜市举办首届全民创业文化节，展示创业成果360个、推介创业项目58个、展示创业平台25个；举办创业论坛，评选优秀创业成果90个；组织指导12个镇街分别举办创业文化节。2012—2013年，曲阜市设立1100万元小额担保贷款基金，共为符合条件的945名创业人员办理创业贷款6110万元；开发公益性岗位160个，重点安置困难家庭大学生；新建6200平方米的人力资源和社会保障综合服务中心，完善镇街、村居基层平台建设，实现市、镇、村三级联网，信息共享；开展就业政策“进校园、进农村、进社区”活动，制作就业创业优惠政策、招聘信息等宣传光盘300余个，发放就业服务联系卡1.5万多张；举办就业创业培训156个班次，培训人员15921人；全市实现城镇新增就业16301人，新增农村劳动力转移就业16899人，城镇失业人员再就业5431人，城镇登记失业率始终保持在3%以内，就业形势保持相对稳定。

第二节　劳动关系

劳动合同

1992年8月，省和济宁市确定曲阜市为全省劳动制度综合配套改革区域性试点。全市各企业普遍推行全员劳动合同制。曲阜市成立劳动制度综合配套改革领导小组，在市劳动局设立办公室，具体负责综合配套改革工作。1993年上半年，全市92家全民、集体企业全部实施综合配套改革，共有21413人签订全员劳动合同制劳动合同。到1994年年底，全市企业实行全员劳动合同制，有2万余名职工与企业签订劳动合同，企业打破多种身份界限，可以自由流动。2008—2011年，全市备案企业370家，备案职工4.8万余人，规模以上企业劳动合同签订率98%。2012年，建立协调劳动关系联席会议制度，到2013年年底，全市企业签订劳动合同8.2万份，签订率97%

劳动工资

1991年，全市职工工资总额7172.9万元，年人均工资1992元，其中全民企业职工工资总额5709.9万元，年人均工资2104元，集体企业职工工资总额1463万元，年人均工资1649元。同年，对全市58家挂钩企业兑现效益工资、浮动转固定升级，为全市78家企业办理3%奖励晋级，对商业局饮食服务公司理发店、二轻局钟表公司职工进行考工晋级，为学徒工、熟练工、技术工、大中专毕业生、退伍安置的志愿兵、义务兵办理转正定级手续。1992年，为45名政工专业职务人员兑现职务工资，对市供电局“三为”服务达标进行奖励。1993年，对9家连续亏损3~6个月的企业厂级领导5人及其职工916人下浮一级工资，下浮工资额1.28万元。下半年，取消固定工制度，落实企业内部分配自主权，企业在国家核定的工资总额内自主确定工资分配形式、标准及增减工资、人员。1994年1月起，全市国有、集体和乡镇企业基本使用《工资总额使用手册》，控制消费基金增长；将全市155家企业20768名职工等级工资套改为技能工资标准，月标准工资额505.63万元，月增资245.38万元，人均月增118.2元；市属企业职工年人均工资3710元，其中全民4302元、集体2578元。1995年，有8家企业进行岗位技能工资试点；浮动转固定晋级企业82家，职工15750人，分别占企业和职工总数的73.4%和61%；对20世纪60年代企业精简老职工提高生活补助费标准。调查全市143家企业工资分配情况，其中困难企业发部分工资21家职工1171人，只发基本工资11家职工618人，发生活费5家职工243人，未兑现技能工资21家职工1797人。1997年，全市增资企业183家（包括劳动服务企业），职工29503人，月增加工资218.88万元。其中全民企业102家，职工21429人；集体企业78家，职工21429人；三资企业3家，职工335人。到1998年年底，全市154家企业中，实行技能工资制56家，岗位技能工资制10家计件工资制44家，承包效益工资制36家，计时工资制3家，其他形式5家。从1999年起，劳动部门不再对企业职工的工资进行审批。

第三节　劳动保险

机关事业养老保险

1993年1月，市政府设立市机关事业单位社会保险事业处，隶属于市人事局，主要负责管理机关事业单位的养老保险基金，到年底，全市机关事业单位1076人缴纳养老基金。1994年，机关事业单位应参加社会养老保险人员1262人，实际投保人数1231人，投保率97.5%。1997年，启动全员养老保险统筹工作。1998年，市政府制定并颁发执行《曲阜市机关事业单位工作人员社会保险暂行办法》，缴纳比例为单位缴纳工资总额20%，个人缴纳工资总额2%，1%失业保险金由单位缴纳，参保人员退休生活费、丧葬费、一次性抚恤金、遗属补助费等从保险基金中支付。当年，全市应参加保险人数16364人，其中在职14128人、离退休2236人，月工资额956.47万元。1999年10月，机关事业单位养老保险工作由市人事局移交至市劳动局。2002年，全市有249个机关事业单位17183人参加机关事业养老保险，其中离退休人员3058人。2005年，有249个机关事业单位17752人参加机关事业养老保险，其中离退休人员3330人。2010年，征缴机关事业单位职工养老保险金1.45亿元，为4137名机关事业单位离退休人员发放养老金1.48亿元。2013年，全市机关事业养老保险参保14528人，基金征缴2.01亿元，为5400名机关事业单位离退休人员发放养老金1.9亿元。

企业养老保险

1991—1993年，全市收缴合同制养老金1188.8万元，收缴固定职工离退休金5366.3万元，支付1513.7万元。1994年11月，为企业2595人增加离退休费，月增资22.1万元。1995年11月，为全市企业2500名离退休人员增加离退休费，人均月增资48元。1994—1995年，全市收缴基本养老保险金3040.3万元，支付1668万元。1996年，企业养老保险实行社会统筹与个人账户相结合的办法。1997年1月，企业离休人员人均月增资135元，退休人员人均月增加56元。同年7月起，实施由银行发放离退休金。针对企业欠缴保险金问题，市人社局将缴纳社会保险金情况与企业及其法人代表荣誉挂钩；在保险处内部实行收缴责任制，采取多种收缴手段，加大银行代扣力度，到年底，曲阜市各项基金收缴率在90%~95%。1998年，曲阜市养老保险企业180多家，参保职工32000多人。给全市企业离退休、退职人员符合政策规定的2858人增加养老金，人均增加34.9元。2001年，开设养老保险个人缴费窗口，允许城镇个体工商户、有缴费能力的自谋职业者和有合法收入的城镇待业失业人员到劳动保险处办理登记手续，缴纳养老金，投保职工养老保险。缴费年限可与以前缴费年限合并计算，到退休年龄，符合退休条件者，与在职职工享受同等待遇。2002年，全市参加社会保险统筹企业有158家，职工31464人，3664名企业离退休人员能按时足额通过银行领取养老金。2004年，市劳动保障局对全市职工养老保险参保人员进行登记，建立档案库，实行微机管理。2007年，全市企业单位离退休人员养老金全部实行社会化发放，养老保险经办机构按时足额发放基本养老金，发放率100%。2011年，全市新增参保企业297家，新增参保职工1.31万人。2012—2013年，新增参保企业171家，新增参保人员34061人；企业养老保险基金征缴7.95亿元。集中对欠费企业进行催缴，清欠各项基金6860万元；对全市规模以上130家企业开展社保基金监督与稽核。

城乡居民社会养老保险

1991年，曲阜市农村社会养老保险事业管理处辖13个乡镇管理所，496个行政村（街）管理站。1992年起，曲阜市实施农村养老保险工作，当年投保23.66万人，投保率占应投保人数的91%，投保金额

2004年，市劳动和社会保障局获全省机关事业单位养老保险工作先进单位称号

626万余元。同年，曲阜市被评为“全国农村社会养老保险先进市”。1993年，市委、市政府制定《曲阜市农村社会养老保险工作意见》，建立市包乡镇、乡镇包管区、脱产干部包村街、党员干部包户层层包保责任制。到年底，全市投保8万人，收取保费177万元。1994年，全市有24.3万农民投保农村社会养老保险，占适龄投保对象的95%，收缴保费679万元。1995年，曲阜市下发《关于加快进度，确保完成农村社会养老保险任务的通知》，印发《告全市人民的一封信》，出台“关于农村基层干部实行社会养老保险制度”变退休制为社会保险制，“关于将独生子女父母和双女结扎户父母养老保险归口民政部门”的具体规定。全市农村养老保险投保总额1900万元，积累保金2000余万元，居济宁市第一位。1996—1998年，全市收缴保费1760万元，续保乡镇、续保村为100%，适龄农民投保率为95%。1997年，曲阜市被授予“全省农村社会养老保险先进单位”称号。至1998年年底，全市13个乡镇496个行政村入保人数252212人，占适龄投保人数的96%，积累保费4640万元。1999年12月，市民政局农村社会养老保险管理处撤销，农村社会保险职能划归市劳动和社会保障局。2007年，农村养老保险基金积累7272万元，参保农民27万人。2008年，鼓励非公有制从业人员、灵活就业人员、城镇居民和农民工参加职工养老保险。到2011年年底，全市16周岁以上城镇居民社会养老保险参保人员5430人、参保率97%，收缴保险费130万元，发放养老金92万元；全市16周岁以上新农保参保人员37.2万人、参保率98.4%，收缴保险费6305万元，为83498位老人发放养老金2578万元。2012—2013年，城乡居民社会养老保险参保39.6万人，养老保险基金征缴2.54亿元，发放养老金6178万元。

社会医疗保险

1991年，曲阜市党政机关事业单位享受公费医疗人员，人均医疗费用274元。1992年5月，市政府出台《关于进一步完善公费医疗管理办法的意见》，实行公费医疗经费全额包干给医院，适当与个人挂钩的办法，即将每人每年190元定额标准全部包给市医院管理使用。1994年，由于曲阜市老龄化比例增高、慢性病增多、药品涨价等因素，公费医疗经费超支。市政府设立市公费医疗办公室，隶属于市卫生局，加强公费医疗经费工作管理。1994—1995年，全市收缴医疗保险金267.9万元，支付261.4万元。1995年起，曲阜市每年由市财政出资，公费医疗办公室组织对全体享受公费医疗人员健康查体一次。1996年5月，曲阜市提高公费医疗人均定额标准，在职人员每人每年300元，退休人员每人每年500元，仍然全额包干到市医院使用。

1998年，公费医疗经费管理职能划归市劳动局。2000年11月，撤销市公费医疗办公室，设立市社会医疗保险处。2001年4月，启动城镇职工基本医疗保险。参保人员除市直原享受公费医疗人员外，陆续将市直差额、自筹自支事业单位及金融、邮政、电信、烟草等属地化管理单位纳入，参保人数增加到11300人。2002年，确定公费医疗定点医院4个、定点门诊2个、定点零售药点7个。2005年，全市机关事业单位、金融、邮政、电信等系统单位全部纳入基本医疗保险范围，参保人员4.31万人。2006年，开发并完善医疗保险总和管理系统，为公费医疗管理监控审核、基金征交划拨、财务收支统计等提供支持。2007年，城镇职工医疗保险覆盖范围逐步由城镇职工扩展到灵活就业人员和城镇居民，全年新增参保单位51个，新增参保人员1700人。2008年7月，启动城镇居民医疗保险，将全市城镇居民纳入医疗保险保障范围。2009年，全市城镇职工参保40917人、城镇居民医疗保险参保76466人，全年征缴医疗保险基金3980万元。2010年，城镇职工参保50917人，全年征缴医疗保险基金4980万元；一般城镇居民最高支付限额由3万元调整至4万元，年末城镇居民参保9.1万人。到2011年年底，新增医疗保险参保单位163个，新增参保职工11.3万人。2012—2013年，曲阜市城镇基本医疗保险基金征缴2.53亿元。2013年，市政府将城镇职工和居民医疗保险最高报销额均调整至45万元。到年底，全市参加城镇基本医疗保险18.46万人，基金征缴1.54亿元。

工伤保险

1993年，市政府发布《职工工伤保险办法》《职工大病医疗保险办法》及《合同制职工未到退休年龄因病或非因工负伤丧失劳动能力基本生活社会保险办法》。1994—1995年，全市收缴工伤保险金59.24万元，支付10.49万元。2003年4月，国务院颁布《工伤保

险条例》,国务院各有关部门制定发布《工伤保险条例》若干配套规章或政策文件,各地方结合当地实际情况制定相应的地方性法规。2004年1月,曲阜市实施工伤保险制度。参加工伤保险的范围是行政区域内各类企业、有雇工的个体工商户(含曲阜新区及驻曲中央、省、市属各行业)。工伤保险基金的征缴按照以收定支、收支平衡的原则,存入社会保障基金财政专户,专款专用。工伤保险费由用人单位缴纳,根据不同行业的工伤风险程度确定行业的差别费率。2007年,全市工伤保险参保人数2.4万人。2013年,全市工伤保险参保人数9.4万人,征收基金1467万元。

失业保险

1993年4月,国务院发布《国有企业职工待业保险规定》。1996年,全市失业保险收入136万元,支出21万元。1998年,国家调整失业保险基金支出渠道,此项基金不再用于困难企业、关停企业的生产启动和职工生活救济,只用于符合条件的失业职工的基本生活。2002年,全市有2700多名失业职工纳入失业保险保障面,领取失业金。2005年,全市有32760人纳入失业保险保障面。2007年,征缴失业保险基金累计500万元,参保3.2万人。2008—2011年,失业保险新增参保单位57个,新增参保职工5200人。到2013年年底,征缴失业保险参保人数5.64万人,征收基金1791万元。

女工生育保险

女工生育保险自1994年开始实施,保险费征缴按企业职工年度工资总额的1%执行;1995年起,列入市级统筹。1994—1995年,全市收缴女工生育基金99.44万元,支付82.06万元。1999年,生育基金由单独收缴改为并于养老保险金之中,分别计算,同进度征收。2008—2011年,生育保险新增参保企业12家,新增参保职工2300人。2013年,全市女工生育保险参保人数4.5万人,征收基金830万元。

第四节　劳动监察

1994年,设立市劳动监察大队,为股级事业单位,隶属市劳动局管理。5—6月,开展全市劳动用工大检查,在企业自查基础上,组织力量集中抽查68个单位,其中国有企业32家、集体企业21家、事业单位8个、“三资”企业4家、私营企业4家。1994年9月,会同市工商物价局、市公安局联合取缔一所非法烹饪学校。1995年11月,开展遵守《中华人民共和国劳动法》情况大检查,检查单位占应查企业的40%,职工数占81%。依据法律法规,纠正和处理部分企业在劳动用工等方面的不法行为,对11个单位给予经济处罚。1996年8月,查处一批劳动违法案件,收缴罚金2.95万元。1997年3月,参加劳动年检单位159个,涉及29500名职工,对每个企业的《劳动年检手册》逐项逐条地进行核对、审查,109家企业取得合格证,21家企业进入整改行列;催缴养老保险金74万元,清退风险金近万元,补签劳动合同2680份。1998年4月,有150个单位参加劳动年检工作,108个用人单位领取劳动年检合格证,下达劳动监察限期整改指令书38份,督促用人单位补交养老金230万元,兑现拖欠职工工资3.3万元,补交失业金和农村劳动力管理费11万元,补签劳动合同1340份。10月,对46个单位劳动用工存在问题进行纠正,清退农村劳动力594人,补办招工手续266人。

2006年,曲阜市开展清理非法职业中介机构、禁止使用童工、维护女职工合法权益及催缴各项社会保险费专项执法行动;劳动保障年检检查用人单位1030家,下达限期整改书52份,补(续)签劳动合同7742份,补发拖欠工资126万元,其中补发拖欠农民工工资46万元,催缴各项社会保险金820万元,责令办理职业资格证书760人。

2008—2011年,市劳动监察大队联合有关部门开展整顿人力资源市场、拖欠农民工工资及最低工资标准执行情况等专项检查;对全市近600家用人单位进行劳动年检,全面掌握各企业基本情况,对各种违反政策和法律法规的行为进行查处和限期改正。

2012—2013年,推进劳动保障监察“两网化”,即网格化和网络化,网格化是以一个社区为一个网格单位,劳动保障监察机构将全部用人单位的用工和社会保障情况建立电子档案,劳动监察可以对用人单位采取动态管理;网络化是指建立网络信息平台,实行用人单位和职工情况网络化管理,及时汇总分析企业用工信息及劳动者的状况。到2013年年底,曲阜市实现全市三级监察网格全覆盖。

第五节　劳动人事争议处理

20世纪90年代初，随着经济体制改革的不断深化和企业改制的不断推进，企业与职工间劳动争议、纠纷逐年增加。1994年，曲阜市劳动争议仲裁院受理劳动争议申诉5起；1995年为21起，其中企业诉职工3起，职工诉企业或企业主管部门23起，查清事实，依据法律、法规结案21起，其中调解结案6起，裁决结案15起。1999—2002年，劳动争议仲裁院受理、调解人事争议仲裁案件10余起；对事业单位签订的1.1万份聘用合同全部进行鉴证。2003—2005年，接访320余人次，处理不予受理案件2起，调解人事争议案件5起。2005年，劳动争议案件立案410起，结案率100%。2008—2011年，立案仲裁争议案件298件，结案率100%。2012—2013年，全市各企业成立劳动人事争议专业调解组织86个；办理劳动人事争议案件190件，结案率100%。

第二十五编

科学技术

东宏科技园(摄于2013年)

曲阜市实施科教创新立市战略,科技投入逐年增加,科学技术对经济增长贡献率稳步提升。“八五”期间,全市完成科技项目205项,其中国家级4项、省级10项、济宁市级7项;1994年,曲阜市被评为全国科技工作先进市。“九五”期间,完成科技项目271项,其中国家级25项、省级46项。“十五”期间,完成科技项目198项,其中国家级8项、省级22项、济宁市级46项。“十一五”期间,承担各级各类科技计划421项,其中国家、省、济宁市重点计划86项,开发新产品350项,取得重要科技成果310余项,获得省科学技术奖10项,济宁市科学技术奖13项;共申请国内专利1166件,获国内授权专利867件。“十二五”期间,通过集聚各类科技资源,利用高新技术改造和提升传统产业,实施项目带动战略,安排科技计划项目312项,政府财政投入科技经费2150万元;组织承担济宁市级以上科技计划项目60余项,争取科技资金4000余万元,引导工业企业科技投入6.92亿元。自2000年起,中国专利高新技术产品博览会在曲阜举行,至2012年举办11届。1996—2013年,曲阜市连年获“全国科技进步先进市”称号;2009—2013年,连年获山东省知识产权示范市称号。2012—2013年,曲阜市连续2年承担省级重大科技专项,累计争取省重大专项资金2800万元。到2013年年底,全市拥有国家级高新技术企业7家、中国专利山东明星企业11家、省级工程技术研究中心8家、省级院士工作站2家。

第一章　科技机构

第一节　科技局

曲阜市科学技术局前身曲阜市科学技术委员会(简称市科委),1991年,市科委为市政府工作机构。同年,市、乡两级分别成立由党委或政府“一把手”挂帅的科技工作领导小组,各乡镇(街道)配备科技乡镇长、各行政村配备科技村主任。市直经济主管部门、市属企业和乡镇骨干企业分别设立科技科或技术开发中心。1993年机构改革,市科委为正科级单位,为政府主管科技综合部门,设办公室、计划管理科、地震办公室3个职能科室,有行政编制15人,事业编制10人。1994年6月,曲阜市科技情报研究所更名为曲阜市科技信息研究所,为股级差额事业单位,隶属市科委领导,编制4人,1998年撤销。1998年5月,市政府设立曲阜生产力促进中心,为正科级事业单位,隶属市科委领导,编制17人;同年被省科技厅批准为省级生产力促进中心;2001年被科技部认定为国家级示范生产力促进中心。2002年,市科委更名为市科学技术局(简称市科技局);2002年2月,设立曲阜市知识产权局。同年,市政府确定生产力促进中心编制为26人,内部工作机构设置管理科室办公室和业务科室综合科、业务科。2003年,曲阜生产力促进中心通过ISO 9000认证。2004年,设立市地震局。2010年5月,市科技局内设机构调整为办公室、综合管理科、计划财务科3个职能科室。12月,曲阜生产力促进中心内设机构调整为综合办公室、信息工程科、合作交流科、技术咨询科、教育培训科,下辖中国专利信息中心曲阜工作站、山东省专利服务所曲阜代办处、山东省专利评估事务所曲阜代办处、山东省国家级科技检索查新曲阜工作站、省级星火人才培训基地、曲阜市企业科技创新促进会等服务机构。2013年,市科技局有工作人员10人。

第二节　气象局

1991年,曲阜市气象局位于校场路12号,内设办公室测报组、预报组、服务科,有行政、技术人员11人。1994年,新征观测场保护地0.42公顷。1997年,市气象局科室调整为办公室、业务科、服务科、后勤管理科。2001年，于岐黄街2号新建办公楼，建筑面积1570平方米，总投资150万元。2007年，市气象局业务技术工作中，使用曲阜国家气象观测站二级站名称，台站级别为国家气象观测站二级站，在与地方政府工作交流中，仍使用曲阜市气象局名称。2013年年底，市气象局内设业务科（含预报组、测报组、农气组）、科技服务科、办公室，有职工15人。

第三节　地震局

1991年3月，曲阜市恢复设立市地震办公室，为副科级行政单位，归口市科委管理。1993年11月，撤销市地震办公室，变更为市科委中层机构。1997年12月，设立市地震办公室，为副科级事业单位，隶属市科委领导。2004年2月，设立市地震局，为正科级事业单位，隶属市政府领导，归口市科技局管理。

第四节　知识产权局

2002年2月，设立曲阜市知识产权局，为正科级事业单位，编制5人，隶属市政府领导，归口市科技局管理。2008年2月，内设办公室、法律事务科、协调管理科3个股级中层机构。2013年，有工作人员6人。

第二章　科技服务

2012年5月，市科技局送科技下乡活动现场

1991年，曲阜市继续围绕宣传“科技是第一生产力”，提高全民科技意识，开展多种形式的科技宣传、科技服务等工作。1995年，实施“万人科技致富带动工程”。1997年3月，创办《曲阜科技报》。2001年开始，举办“科技活动周”活动。2007年，实施科技信息村村通工程。2012年，选派科技人员到农业生产第一线服务。到2013年年底，全市高新技术产业产值52.12亿元，占规模以上工业产值的26.58%。

第一节　科普活动

曲阜市将1992年定为“科技进步年”，下发《关于在全市开展科技进步年活动的意见》，并开展一系列科技活动：3月，在市文化馆举办曲阜市科技成果展览，展出“七五”以后各类科技成果431项，实物165件、图片2025张；邀请省内专家教授作科技报告会，邀请日本农学博士米泽茂人作土壤分析报告；举办日本科技电影录像放映会，观众2000余人。1993年3月，市科委邀请日本花甲协会果树专家熊谷俊一到曲阜市做技术指导。1995年，市委组织部、市科委、电视台联合制作宣传曲阜科技发展专题电视片《强国富民之路》；组织实施“万人科技致富带动工程”。自2001年起，按照国家、省、市统一安排，每年5月第三周集中举办“科技活动周”活动。2001—2005年，科技活动周主题分别为“科技在我身边”“科技创造未来”“依靠科学，战胜非典”“科技以人为本，全面建设小康”。2006—2013年，科技活动周主题分别为“全民开展创新活动”“携手建设创新型城市”“提高自主创新能力，携手建设创新型曲阜”“提高自主创新能力，建设创新型曲阜”“科技引领未来发展、创新助推经济转型”“科技引领未来发展，创新建设美好曲阜”“创新驱动发展，科技惠及民生”，科技活动周启动仪式选在乡镇大集举行。其间，市科技局等单位向乡

镇、街道赠送电脑、打印机等科普惠民设备，给现场群众发放科普明白纸、书籍，宣传科普知识，接受群众咨询，开展义诊活动，通过展牌、视频展示科普知识和科技惠民成果，讲解宣传各种科技新知识和科技新成果。

第二节　科技情报

1997年3月，创办《曲阜科技报》，并向全市发行。2003年起，市科委编印《曲阜科技信息》，通报交流曲阜市乡镇(街道)、市直部门和企业科技工作情况，宣传国家及曲阜市有关科技政策、科技法规、科技动态、科技成果；推广实用技术、传递技术市场信息；不定期出版，分发到各部委办局及乡镇(街道)。同年，为利用互联网优势，扩大科技影响，市科技局注册成立曲阜科技信息网。2006年6月，对科技局、知识产权局、生产力促进中心和地震办网站进行全新改版，加大曲阜科技、科技计划、科技成果、科技政策法规、知识产权、防震减灾、高新技术企业及农业科技宣传力度。2007年，曲阜市将科技信息村村通工程列为市委、市政府十项惠民工程之一，由市委组织部和市科技局主办，曲阜生产力促进中心和市党员干部远程教育管理中心承办。建设十大科技信息数据库，为全市12个乡镇(街道)、388个行政村及10个科技示范园建设410个信息直通站，实现农业科技信息进村入户。2012年，《曲阜科技信息》停刊，共编印56期。

曲阜市科技局科技信息村村通网站

第三节　科技兴农

1991年，曲阜市科委承担济宁科技发展计划项目—立体高效农业栽培技术开发项目。1992年，年终调查时该项目平均亩产值2000元，纯效益1500元。其中息陬乡冷家庄“粮菜菌”高产高效模式，大田种植蘑菇、木耳等，亩产万斤，一项亩创收7000元，亩创总产值1.9万元。1993年3月，邀请日本花甲协会果树专家熊谷俊一到防山、吴村等乡镇果园现场示范，举办技术报告会，引进苹果新品种11个。1995年起，市委市政府组织实施“万人科技致富带动工程”，在全市培养一批科技带头户、明白人，并通过他们将科学技术传播到千家万户。1998年，市科委制定《曲阜市科技兴工310计划实施方案》和《曲阜市科技兴农381计划实施方案》，并在全市组织实施。乡镇(街道)设立农、林、水、机、牧技术综合服务站，各村街设立专兼职科技副主任，培植科技示范户、带头户，形成市、乡、村三级科技创新服务体系。1999—2002年，市科技局实施科技兴农计划，推广应用化学除草、激素调控、配方施肥、模式化栽培等20余项技术，实施大蒜、土豆、地瓜、中药材脱毒快繁、瘦肉型猪三元杂交等农业高新技术开发推广。全市建起中药材、良种羊繁育推广基地等农业高科技示范园65个，总占地面积387公顷，辐射带动3667公顷。2002年，全市主要农作物良种覆盖率98%以上，农业先进适用技术普及率90%以上。2003—2005年，筛选购置种植、养殖、食用菌及病虫害防治等声像资料312盘分发到各乡镇，由各乡镇科技办公室进村入户宣传。2005年，为9个乡镇和43个村街建立专用网页，发展信息员23人，建成一个信息互通网络，实现数据资源共享，为曲阜和周边地区农村提供信息服务。利用省级星火培训基地开展电脑基础知识、良种肉羊饲养、中药材科技化种植、食用菌高产栽培、优新特稀林果及苗木花卉培育等多种技术培训，共举办培训班52期，培训人员6000多人次，推广抗虫棉、优质小麦、良种肉羊等农牧新品种20余个。2006年，市科技局下发《农业科技示范园、示范村、示范户认定标准和办法》，重点扶持九仙山林果科技示范园、书院城建生态园林果蔬菜基地、董庄屈家村草莓基地等10个科技示范园区和20个科技示范村。2007年，全市引进推广农业、林果、蔬菜、畜牧等新品种100多个，农作物良种覆盖率95%以上。2008—2011年，培育南辛蔬菜、书院大蒜、时庄牛蒡等蔬菜基地，初步形成"一乡一业一特色"农业发展格局。2011年，曲阜市"三品认证"农产品达到73个；认定农业科技示范园18个，科技示范村30个，示范项目55个，示范面积530余公顷，辐射带动面积6660余公顷；扶持和发展乐义（曲阜）现代农业、恒达食品、康利源面粉、嘉禾油脂等济宁市级以上农业龙头企业30多家；市科技局为全市12个镇（街道）388个行政村、18个科技示范园，建设410个信息网点，累计发布各类信息20多万条，总点击量超过1000万人次。2012—2013年，曲阜市实施各类农业科技项目59个，扶持和发展闻春礼食业、恒达食品、康利源面粉、嘉禾油脂等济宁市级以上农业龙头企业30多家，推动现代农业产业化、集约化发展。选派科技人员到农业生产第一线服务，至2013年年底，累计选派科技特派员380名，实施科技特派员重点专项46个，建立科技特派员基地20个，推广新技术新品种500余个。

第四节　高新技术开发

曲阜市围绕新能源、新材料、新医药、新信息等重点领域，突出新兴产业培植发展、传统产业改造提升、开发区建设三个重点，全力推进高新技术产业化。1991年，市级科技三项经费1.5万元。1994年，出台全市中长期科技发展规划——《曲阜市科教兴曲实施规划》，曲阜市科技三项经费占同级财政预算支出1%。1995年，曲阜市被评为全国科技工作先进市。1998年，市科委制定《曲阜市科技兴工310计划实施方案》，全市大中型企业和乡镇骨干企业均设立企业技术开发中心，加强与高等院校、科研机构联系，通过产学研结合创办成果转化基地，开发出环保型密封铅酸蓄电池、轿车热敏开关、碳化硅颗粒增强铝基复合材料活塞、耐火电缆等45个新产品，其中9个通过省级以上鉴定，6个达到国内先进水平或填补国家及省空白，2家企业技术开发中心通过省级技术开发中心验收，4家企业通过市级技术开发中心验收。到2005年年底，曲阜市拥有圣旺、天博、金皇活塞、圣阳电源等15家高新技术企业，其中国家级1家、省级10家、济宁市级4家，35家高新技术产品企业，4家省级工程技术研究中心，5个省级技术开发中心，5家中国专利山东明星企业。全市高新技术产业产值22.5亿元，占工业总产值的29.23%。2006年，对全市19家高新技术企业、50家高新技术产品企业、5家省级工程技术研究中心和11家"中国专利山东明星企业"实行跟踪服务，为他们引进人才，解决技术难题，提供科技信息，争取优惠政策和资金支持。2007年，曲阜市高新技术产业实现产值38.47亿元，占规模以上工业

2003—2013年曲阜市高新产值及占比情况表

表25-1

年份	高新产值（亿元）	占规模以上工业总产值比重（%）	年份	高新产值（亿元）	占规模以上工业总产值比重（%）
2003	7.59	27.8	2009	53.77	27.32
2004	12.28	29.1	2010	69.85	29.4
2005	22.50	29.2	2011	45.94	22.7
2006	30.97	28.8	2012	44.41	22.92
2007	38.47	28.9	2013	52.12	26.58
2008	43.35	29.1			

说明：曲阜市自2003年开始对高新技术产业产值进行单独统计。
2011年，统计口径调整

产值的28.91%。2008—2011年，围绕汽车零部件、生物医药、新能源、物联网等重点领域，加大新技术、新产品研发力度，培育和发展一批优势产业链和核心项目。嘉信变频器、裕隆医药园等大批新兴产业企业加快成长。2011年，全市高新技术产业产值45.94亿元，占规模以上工业企业产值的22.7%。2012—2013年，完善高新技术企业信息数据库，鼓励企业申报国家级高新技术企业，有6家企业通过高新技术企业认定。研究、跟踪国家、省和济宁市科技发展规划，对发展潜力大、带动作用强的重大科技项目进行重点扶持。2013年年底，全市有国家级高新技术企业7家，高新技术产业产值52.12亿元，占规模以上工业产值的26.85%。

第五节　科技下乡

1991年起，曲阜市科技系统继续通过科技人员下乡、科技信息下乡、科技特派员下乡等形式开展科技咨询、科技成果和科普知识展览等活动。

为响应市委、市政府建设社会主义新农村、新家庭科技进村号召，2006年7月28日，市科技局、知识产权局、地震局和生产力促进中心共同组织到时庄镇霍家村开展科技下乡暨新农村新家庭“一团下乡”“六队到村”启动仪式活动。2009年12月13日，中共十七届三中全会精神进农村及2009年科技文化卫生三下乡活动启动仪式在吴村镇举行，市科技局制作宣传展板9块、条幅4条，发放宣传材料5000余份，答复群众技术咨询200余次。2012年3月24日，市科技局组织市知识产权局、市地震局、生产力促进中心有关人员参加吴村镇首届“乡村旅游推介会”暨“三月三”庙会，开展科技文化卫生三下乡活动，举办科技成果、科普知识展和科技咨询服务活动，发放各类科技宣传资料1000余份。2001—2013年，曲阜市共举办13次“送科技下乡，赶科普大集”主题活动，制作宣传展板1500余块，宣传条幅800余条，发放宣传材料10万余份，开展技术咨询和义诊2.7万余人次。

第三章　科技管理

1991年起，为加强科技管理工作，曲阜市出台一系列政策文件。实施科技计划项目，鼓励企业申报济宁市级以上科技项目。鼓励企业申请专利特别是发明专利，增强企业核心竞争力。到2013年，举办11届中国专利高新技术产品博览会，搭建官产学研密切结合的创新平台。

第一节　科技政策

1991年8月，曲阜市出台《关于进一步做好选聘科技副乡镇长的意见》。市委、市政府将1992年定为“科技进步年”，下发《关于在全市开展科技进步年活动的意见》。1992年6月，市政府印发《关于科技副乡镇长任职期间有关待遇的通知》；1993年10月，制定《关于选拔、管理乡村优秀科技人才的意见》；1994年8月，印发《曲阜市科教兴曲实施规划》；12月，出台《关于专业技术拔尖人才的选拔管理办法》。1995年，曲阜市组织实施万人科技致富带动工程和科技兴农金桥工程。1998年，市委、市政府制定《曲阜市科技兴工310计划实施方案》和《曲阜市科技兴农381计划实施方案》；4月，市政府出台《关于进一步整顿技术市场的意见》。2000年3月，制定《关于建立曲阜市专家咨询制度的意见》。2001年11月，印发《曲阜市“十五”及2015年科学技术发展规划》；12月，出台《曲阜市民营科技企业认定及管理办法》。2002年1月，制定《关于支持技术创新实现高新技术产业化的意见》《关于深化科技体制改革的意见》。2004年1月，印发《关于贯彻落实〈济宁市中小学生申请专利奖励暂行办法〉的实施意见》；3月，出台《曲阜市乡镇（街道）党政领导科技进步目标责任制考核办法》。2005年3月，制定《中共曲阜市委　曲阜市人民政府关于加强科技创新进一步推进高新技术产业发展的意见》《曲阜市委办公室　曲阜市政府办公室关于实施科技特派员工程的意见》《曲阜市科技特派员工程实施方案》《关于加强企业自主知识产权研发和保护的意见》等政策规定。2006年6月，印发《关于开展全民创新活动的决定》，市委、市政府召开全市科学技术大会，提出开展全民创新活动，建设创新型城市举措，决定利用两年时间在全市范围内开展全民创新活动，加快创新型曲阜建设步伐。2007年6月，出台《曲阜市科学技术奖励办法》，设立科技最高奖，奖金10万元，科技进步一、二、三等奖奖金分别由原来的1000元、800元、500元提高到1万元、5000元和3000元。2008—2011年，曲阜市印发《关于提高自主创新能力加快工业结构调整的意见》《曲阜市科学技术奖励办法》《曲阜市“十二五”科学技术发展规划》等政策文件。2011年6月，印发《曲阜市专利资助和奖励管理办法》；9月，出台《曲阜市科技创新奖励办法》，设科技功臣奖、创新奖和专利奖。

第二节　科技计划

1991—1993年，曲阜市安排计划项目74项，其中国家级2项、省级19项、地市级15项、县级38项。1994—1995年，曲阜市承担地市级以上各类科技计划项目21项，其中国家级4项、省级10项、济宁市级7项。1996—1998年，组织实施科技兴工“310”计划，即重点培植10家科技先导企业，引导、帮助企业创建10个市级优秀厂办科研机构，重点扶持10个高新技术产品项目，带动工业经济整体科技进步，使新产品产值占工业总产值比率提高到40%以上。到1998年年底，有10项产品生产技术达到国内先进水平，30项产品达到省内先进水平，名优产品产值率达50%以上。1999—2002年，全市承担各级各类科技计划项目129项，其中国家级19项、省级36项、济宁市级42项；申请专利73项；获各级各类科技进步奖83项，其中济宁市级以上19项。2003—2005年，市科技局协助有关部门和企业组织申报各级各类科技计划项目72项，其中国家级6项、省级7项、济宁市级32项，争取科技项目资金540余万元，安排县级科技计划项目115项，获各级科技进步奖70项。金皇活塞有限公司、金鲁城集团被认定为省级制造业信息化示范企业，金皇活塞有限公司同时获得国家和省中小企业技术创新基金扶持。曲阜圣阳电源实业有限公司开发的6-DZM-10电动助力车专用蓄电池和曲阜裕隆生物科技有限公司开发的YL2002A型生物芯片检测仪被列为国家级新产品。2006—2007年，全市组织申报济宁市级以上各级各类科技项目40项，其中国家级3项、省级13项、济宁市级24项，争取无偿资金582万元。圣旺药业股份有限公司的出口中药关键技术研究和开发项目被列为山东省2006年自主创新重大科技专项计划，曲阜金皇活塞股份有限公司承担的纳微米粒子复合活塞项目纳入国家级重点火炬计划，天博晶炭科技有限公司玉米秸秆等农业废弃物制造高价位成型活性炭项目获得国家农业成果转化基金支持、镍碳化硅复合镀陶气缸项目被列为济宁市重大科技专项。2011年，曲阜市设立科技功臣奖、创新奖和专利奖3个奖项，市财政每年安排200万元，重奖在科研创新、成果转化等方面取得突出成绩的组织和个人。曲阜生产力促进中心“公共技术创新及服务平台建设”及天博公司“膜片式调温器产业化”项目列入科技部“中小企业技术创新基金”专项；东宏集团公司成功申报国家级高新技术企业及省级工程技术研究中心。2012年，曲阜裕隆生物科技有限公司“全自动高通量化学发光分析仪及配套试剂中试及产业化”和“智能型生物芯片检测系统产业化”项目入围山东省自主创新和成果转化重大专项，获得无偿资金1300万元。曲阜圣仁制药有限公司“新型药用辅料甜菊素的研究与开发”项目成功入围省自主创新专项计划，获得项目经费1000万元。山东博诚机电有限公司IGBT钳位三电平变频器项目列入国家和省级创新基金项目，获得项目经费95万元。2012—2013年，曲阜共承担各级各类科技项目37项，累计争取资金3333万元，实现科技项目对上争取资金的历史性突破。曲阜中联水泥有限公司与西北工业大学联合开发的基于RCM的水泥生产设备管理系统通过省级成果鉴定，达到国际先进水平。2013年，曲阜天博公司等4家企业获得科技信贷补偿资金贷款贴息44.57万元，曲阜益晟康科技有限公司获得济宁市未来之星天使基金60万元。

第三节　科技成果

1991—1995年，曲阜市评选科技进步成果奖184项，其中特等奖6项、一等奖39项、二等奖57项、三等奖82项。1995年，曲阜市提高科技进步奖奖金数额，一、二、三等奖分别提高到1000元、800元和500元。1999—2002年，曲阜市获得各级各类科技进步奖83项，其中济宁市级以上19项。2003—2005年，曲阜市获各级科技进步奖70项。2006年，曲阜市调整充实科技进步奖评审委员会，2006—2007年，筛选出60项优秀科技成果进行评审奖励，发放科技进步奖金19.25万元。2011年，曲阜市制定《曲阜市科技创新奖励办法》，设立科技功臣奖、创新奖和专利奖3个奖项，市财政每年安排200万元，重奖在科研创新、成果转化等方面取得突出成绩的组织和个人。2013年，山东圣阳电源股份有限公司被评为济宁市首批创新型示范企业，由总经理宋斌领衔的济宁市新能源发电储能电源系统创新团队获济宁市优秀创新团队称号。曲阜市获得山东省科技进步三等奖1项，济宁市科技进步二等奖1项、三等奖7项。

1991—2013年，曲阜市共取得科技成果538项，有406项科技成果获奖。其中省级科技成果32项、济宁市级成果56项。在全部科技成果中，农业219项，工业110项，医药卫生180项，其他29项；有363项科技成果获曲阜市（县级）科技进步奖。

1991—2013年曲阜市获省（部）级以上科技成果奖项目表

表25-2

名称	完成单位	获奖时间	等级
山东省1981—1989年疾病监测研究	曲阜市卫生防疫站（协作）	1991	省科技进步二等奖
新型（系列）偏光器件六项成果（LGP-6系列马普赫斯棱镜；LGP-8系列超高透偏光镜；LSP-9系列平行分束偏光镜；LGP-9系列半阴偏振镜；冰洲石红外偏光镜；高精度云母、石英延迟片和石英偏光分束镜）	曲阜师范大学	1991	省科技进步二等奖
非线性规划理论和算法	曲阜师范大学	1991	省科技进步三等奖
莱西市土地资源调查与阳信县总体规划	曲阜师范大学（协作）	1992	省科技进步三等奖
图像处理中的非线性滤波方法和广义分散系统的理论研究	山东工业大学 曲阜师范大学	1993	省科技进步三等奖
庭院经济优化模式与技术研究	曲阜市畜牧局（协作）	1994	省科技进步二等奖
农田节水灌溉综合示范开发研究	山东省水利科学研究院 曲阜市人民政府	1994	省科技进步二等奖
地毯图案计算机辅助设计分色算料系统	曲阜师范大学 曲阜市地毯厂	1994	省科技进步三等奖
梨木虱、甘薯潜叶蛾、大豆蛀荚虫及玉米穗虫发生规律与防治技术研究	曲阜市植保站（协作）	1995	省科技进步三等奖
孔膳房天然生物酱油	山东省曲阜市调味品公司	1995	省科技进步三等奖
线性算子理论及应用	曲阜师范大学	1995	省科技进步三等奖
图论与最优化问题研究	山东大学　曲阜师范大学	1997	省科技进步二等奖
设备诊断预测与洗煤系列控制（系列项目）	曲阜师范大学 兖州矿业集团兴隆庄煤矿	1997	省科技进步三等奖
多功能电脑定量液体输送机的研究	曲阜市科技开发实业总公司电子研究所	1997	省科技进步三等奖
非线性积分、微分方程解的性质	山东师范大学 曲阜师范大学	1997	省科技进步三等奖
荷移动力学机制的相关性质研究	曲阜师范大学	1997	省科技进步三等奖
额定电压35KV及以下交联聚乙烯绝缘电力电缆	曲阜电缆有限公司	1997	省优秀新产品三等奖

续表 25-2

名称	完成单位	获奖时间	等级
GYT 系列通信光缆	鲁能泰山曲阜电缆有限公司	1999	省优秀新产品二等奖
二茂铁工业生产新工艺	曲阜师范大学 曲阜市天昊化工助剂有限公司	2000	省科技进步一等奖
非线性不确定系统控制问题研究—变结构与后向递推法	曲阜师范大学	2000	省科技进步二等奖
采光幕墙计算机辅助设计系统	曲阜师范大学 山东天幕集团公司	2000	省科技进步三等奖
非线性规划与组合优化问题研究	曲阜师范大学	2000	省科技进步三等奖
微分方程若干问题研究及应用	曲阜师范大学	2001	省科技进步二等奖
接入网用光纤带光缆	曲阜电缆有限公司	2001	省科技进步三等奖
荷移机理及其致分子磁性研究	曲阜师范大学	2001	省科技进步三等奖
植物对环境胁迫的影响机制及其植物资源的开发利用研究	曲阜师范大学	2001	省科技进步三等奖
高强度丙烯酸酯压敏胶粘剂(带)的研制与开发	曲阜师范大学	2001	省科技进步三等奖
基于电子转移的功能分子相关性质研究	曲阜师范大学	2002	省自然科学一等奖
热量表的研制	曲阜市圣达高新技术有限公司	2002	省科技进步三等奖
眼科图像智能模糊分析仪	曲阜师范大学自动化研究所	2002	省科技进步三等奖
ECM-A 电能信息自动化采集与管理系统	曲阜师范大学	2002	省科技进步三等奖
料位测控与视屏显微检测分析系统	曲阜师范大学	2003	省科技进步三等奖
多通道反应的机理和总反应速率的研究	曲阜师范大学	2003	省自然科学三等奖
曲阜市 2003-2010 年可持续发展战略研究暨历史文化名城发展战略分析	中国共产党曲阜市委员会办公室	2004	省科技进步二等奖
手工地毯图案生成与算料系统	曲阜师范大学	2004	省科技进步二等奖
纳微米粒子增强铝基复合材料活塞的研制	曲阜金皇活塞有限公司	2004	省科技进步三等奖
哈密顿系统的定性理论研究及其应用	曲阜师范大学	2006	省自然科学三等奖
基于 Web 的 PDM 系统	曲阜师范大学(等企业)	2006	省科技进步二等奖
原位反应合成 Al2O3-TiCp/Al-Si 复合材料及其活塞制备技术	曲阜金皇活塞股份有限公司	2007	省技术发明三等奖
应用胚胎生物技术对北极狐(蓝狐)进行保种的技术研究	曲阜师范大学(中国农大)	2007	省科技进步三等奖
自旋系统相变与动力学的理论研究	曲阜师范大学	2009	省自然科学二等奖
基于 Matlab 与 MCGS 组态软件的智能控制系统及应用	曲阜师范大学	2009	省科技进步三等奖
膜片式调温器	曲阜天博汽车零部件制造有限公司	2009	省科技进步三等奖
蒜片加工废水的 M-MIT 多级处理及综合利用新技术	曲阜师范大学	2009	省科技进步三等奖
甜叶菊产业共性关键与循环经济模式研究及其产业化应用	山东圣旺药业股份有限公司 山东中医药大学	2010	省科技进步二等奖
基于工作流的柔性 PLM 系统研究与实现	曲阜师范大学	2010	省科技进步三等奖
非线性、随即或不确定系统的控制问题研究	曲阜师范大学	2010	省自然科学二等奖
铸造湿型砂无煤粉复合粘结剂	曲阜市铸造材料厂	2012	省科技进步三等奖
狐狸高效繁殖技术体系的研究与应用	曲阜师范大学	2012	省科技进步三等奖
非线性时滞系统的时滞相关性能分析与设计	曲阜师范大学	2012	省自然科学三等奖

第四节　专利管理

1991—2001年，曲阜市申请专利190件，其中申请发明专利35件；授权专利164件，其中授权发明专利8件；平均每年申请专利17.27件，授权专利14.91件。2002年2月，市政府设立曲阜市知识产权局，负责全市知识产权管理等工作。2002年起，每年知识产权日4月26日前后，市知识产权局开展知识产权周户外宣传、网络宣传、媒体宣传及办讲座、报告会等知识产权法律法规宣传活动；坚持日常执法与专项执法相结合、联合多部门执法，打击知识产权侵权、假冒行为执法行动，切实保护专利权人合法权益，维护市场秩序。8月，印发《关于曲阜市专利申请资助专项资金管理办法（暂行）》；同年，编印《知识产权材料汇编》，利用知识产权周开展知识产权“进机关、进学校、进企业、进社区”四进活动，提高群众知识产权意识。2003年，山东圣阳电源股份有限公司成为曲阜市第一家山东省知识产权试点企业。2004年，引导、帮助各乡镇（街道）、重点骨干企业建立知识产权（专利）办公室和知识产权管理制度；市教育局、市科技局和市知识产权局联合出台《关于贯彻落实〈济宁市中小学生申请专利奖励暂行办法〉的实施意见》；同年，圣阳电源有限公司“一种阀控密封铅酸蓄电池”项目，获山东省第七届专利奖创新奖，“串联型稳压电源原理与故障演示仪”项目获第四届“宋庆龄少年儿童发明奖”优秀奖。2005年11月，市政府制定《关于加强专利工作的意见》；同年，曲阜市被确定为山东省知识产权工作试点单位。2006年3月，曲阜市首次将《专利法》纳入普法计划，在全市范围内举办国家公务员和机关事业干部知识产权普法活动；5月，市政府建立知识产权办公会议制度；同年，“防臭地漏”“如意涂料刷”个人发明项目获第五届宋庆龄少年儿童发明奖银奖、优秀创意奖。2007年，金皇活塞股份有限公司“一种活塞用铝基复合材料及其制备方法”获山东省第九届专利奖三等奖，伟创科技开发有限公司“智能双向密码遥控器”获优秀专利奖。2009年，曲阜市被授予“山东省知识产权示范市”和“山东省知识产权试点示范先进单位”称号。2010年6月，曲阜市首家专利工作站——济宁众城专利事务所曲阜工作站成立。同年，市知识产权局获“全省知识产权管理系统先进单位”称号。2011年，市知识产权局被评为省知识产权系统打击侵犯知识产权和制售假冒伪劣商品专项行动先进单位。2012年3月，曲阜市成立发明协会，在技术开发、转让、培训等多方面为企事业单位提供服务。2013年4月，市政府与曲师大联合举办主题为“协同创新、合作共赢”的产学研合作交流活动。到2013年年底，曲阜市有曲阜天博汽车零部件制造有限公司等7家企业入选“中国专利山东明星企业”。2002—2013年，曲阜市申请专利3095件，其中申请发明专利597件；授权专利1936件，其中授权发明专利95件；平均每年申请专利257.92件，授权专利161.33件。

第四章　中国专利高新技术产品博览会

中国专利高新技术产品博览会是经国家知识产权局批准，由国家知识产权局、科技部、中国科学院、中国工程院、山东省人民政府和科学技术部政策法规司、火炬高技术产业开发中心、中国专利信息中心、山东省科技厅、山东省知识产权局、济宁市人民政府主办，济宁市科技局、济宁市知识产权局和曲阜市人民政府承办。第一届中国专利高新技术产品博览会于2000年9月21日成功举办，2000年至2008年每年举办一届，第九届之后改为每两年举办一届，2012年第十一届举办后因多种原因取消。

第一节　第一届国际孔子文化节中国专利高新技术产品博览会

第一届国际孔子文化节中国专利高新技术产品博览会于2000年9月21日至23日在曲阜科技城举办。

科技部秘书长林泉，煤炭工业部原副部长、中国工程院院士范维唐、王思敬、顾心怿，省人大常委会副主任王道玉，副省长陈延明，省政协副主席李殿魁等领导和专家出席开幕式。全国人大常委会副委员长王光英，全国政协副主席、中国工程院院长宋健分别为大会发来贺电、贺词。北京、上海、天津、陕西、湖北、安徽、河南、河北、山东等20多个省市、自治区，200余所高校、科研院所和技术服务组织、专利技术持有者单位500多名专家、教授和科研人员参会参展。大会共设置国际标准摊位314个，增设临时摊位87个，展示发布专利科技成果信息13000余项，专利高新技术产品2000余种，邀请专家、教授和科研人员720余人，参会洽谈咨询、购买技术3.1万人次。大会达成技术合同协议1014项，其中签订技术合同251项，建立长期技术合作关系43对，达成技术转让意向协议720项，技术合同成交额7800万元。

第二节　第二届中国专利高新技术产品博览会

第二届中国专利高新技术产品博览会于2001年9月21日至23日在中国曲阜科技城举行。全国人大常委会副委员长田纪云电话祝贺，全国人大常委会副委员长、中国科协主席周光召为大会题写会名；清华大学校长、两院院士王大中发来贺信。全国人大常委会副委员长何鲁丽，科技部副部长黄齐陶，山东省人大常委会副主任王克玉，山东省副省长林书香，清华大学副校长孙继铭等领导和专家出席开幕式。大会筛选30项成交技术合同、协议举行签字仪式。14所重点高校、科研单位通过多媒体技术向大会发布科技成果信息500多项，济宁市12个县（市、区）、市直各部门和周边地区300多人参加会议，收集各类技术信息1200条。曲阜市与高校、科研院所、专利技术持有人共达成技术合同、协议297项，技术合同成交额9600万元。另外，达成技术合作意向800多项。全市共引进各类人才1554人，其中研究生14人。

第三节　第三届中国专利高新技术产品博览会

第三届中国专利高新技术产品博览会于2002年9月23日至25日在曲阜科技城举行。这次博览会邀请268所高校、科研院所和技术服务组织，共600多名专家、教授、科研人员和专利技术持有者参会参展。大会设有国际标准摊位300个，参会参展科技成果1.4万项，展示专利、高新技术产品2000余种。全国政协副主席宋健发来贺电。科技部、国家知识产权局、中国专利信息中心、清华大学、西安交通大学负责人、省人大常委会副主任何宗贵等领导和专家出席开幕式。曲阜市与高校、科研院所、专利技术持有人共达成技术合同、协议302项，其中签订技术合同190项，技术合作协议112项，技术合同成交额8000余万元，建立长期技术合作关系48对。

第四节　第四届中国专利高新技术产品博览会

第四届中国专利高新技术产品博览会于2003年9月22日至24日在孔子研究院举行。中国工程院副院长沈国舫，山东省政府副省长王军民，国家知识产权局副局长邢胜才等领导和中国工程院院士刘更另、范云六、刘耕陶、李京文、张子仪、潘健生、黄尚廉、束怀瑞等出席开幕式。全省16个市人民政府及科技、知识产权和经济主管部门领导应邀参加大会。各县市区、市直有关部门共组成20个参会代表团，由县（市、区）委书记或县（市、区）长、市直有关部门主要负责人带队参加大会。有200多所高等院校、科研单位，200余家高新技术企业，100多名专利发明人及美国、加拿大、法国、瑞士、韩国等海外人士1620人参展。大会设10个展区、350个展位、展出面积近万平方米，共成交项目、签订技术合同395项，项目投资总额106亿元，技术合同成交额27.8亿元，建立技术合作关系154对，招聘人才2630人。曲阜市在此届博览会共成交项目、签订技术合同320余项，项目投资总额93.7亿多元，技术合同成交额27.2亿元，建立技术合作关系82对，招聘人才2630人。另外还达成项目、技术等合作意向470项。

作关系72对。

第五节　第五届中国专利高新技术产品博览会

第五届中国专利高新技术产品博览会于2004年9月21日至23日在曲阜科技城举行。联合国副秘书长金学洙和夫人，中国工程院副院长王淀佐，山东省政府副省长王军民，国家知识产权局副局长张勤，联合国亚太经济与社会委员会司长宣增培，联合国亚太农业工程与机械中心副主任常平，中国专利信息中心主任杨采良，中国工程院院士于德泉、王玉明、艾兴、李伯虎、杨胜利、陈清如、郭予元、谢克昌等领导和专家出席开幕式。山东省16个地市人民政府、科技部门、经济部门负责人应邀参加大会。济宁市各县（市、区）、市直有关部门共组成20个参会代表团，由县（市、区）委书记或县（市、区）长、市直有关部门负责人带队参加大会。大会设三大展区、450个展位、展出面积1.5万平方米。有500余所高等院校、科研单位、高新技术企业，100多位专利发明人及美国、加拿大、英国、韩国、新加坡等海外人士1500多人参展。此届博览会共成交项目、签订技术合同324项，项目投资总额101亿元，技术成交额3.68亿元，建立技术合作关系74对，招聘人才1500多人；达成项目、技术等合作意向150余项；此届博览会共签订投资额亿元以上项目17个，5000万元至1亿元项目18个。

第六节　第六届中国专利高新技术产品博览会

第六届中国专利高新技术产品博览会于2005年9月21日至23日在曲阜孔子研究院举行。国家知识产权局原局长王景川，中国工程院副院长邬贺铨，山东省政府副省长王军民及孟加拉国卫生部官员阿卡特侯赛因，泰国专家查达，俄罗斯专家卡波夫等领导和专家出席开幕式。国内500多家高等院校、科研单位、高新技术企业、专利发明人及美国、俄罗斯、印度、孟加拉国等海外人士参加会议，大会共组织参展科技成果1.2万余项，专利、高新技术产品2000多个。大会共成交项目、签订技术合同295项，项目投资总额109.6亿元，技术合同成交额4.9亿元，建立技术合作关系72对。

第七节　第七届中国专利高新技术产品博览会

第七届中国专利高新技术产品博览会于2006年9月20日至22日在曲阜科技城举行。科技部副部长尚勇，中国工程院常务副院长潘云鹤，国家知识产权局副局长贺化，山东省政府副省长王军民等领导和专家出席开幕式。国内500多所高等院校、科研单位、高新技术企业、专利持有人和美国环境动力公司、澳大利亚昆士兰科技大学以及北美、西欧、俄罗斯和海外医药科技考察团等海外人士参加会议。大会共组织参展专利高新技术成果1.6万余项，专利高新技术产品3000多个。大会共成交项目、签订技术合同285项，项目投资额89亿元，技术成交额3.7亿元。

第八节　第八届中国专利高新技术产品博览会

第八届中国专利高新技术产品博览会于2007年9月28日至30日在曲阜科技城举行。中共山东省委书记李建国、代省长姜大明，中国工程院副院长邬贺铨，国家知识产权局副局长张勤等领导和专家出席开幕式。中国科学院、中国工程院、清华大学、北京大学、同济大学、浙江大学、西安交通大学、中国农业大学、中国矿业大学、山东大学等600多所高等院校、科研单位、高新技术企业、科技中介机构、专利持有人和北美、西欧等海外人士参会参展。此届博览会共设置国际标准展位560个，其中特装35个，展出面积1.5万平方米，较往届增加展览面积2000多平方米，增设展位110个，特装12个。大会共成交项目、签订技术合同304项，项目投资额98亿元，技术成交额3.1亿元。

第九节　第九届中国专利高新技术产品博览会

第九届中国专利高新技术产品博览会于2008年9月22日至24日在曲阜孔子文化会展中心举行。国家知识产权局副局长张勤、中国工程院副院长旭日干、中国科学院院士郑守仪、中国工程院院士李京文，山东省政府副省长王随莲等领导和专家出席大会；全国各地高校、研究院所、高新技术企业、专利持有人以及海外代表团专家与济宁市各县市区、市直部门、企业和社会各界人士参加大会，对接洽谈。博览会展示专利、高新技术成果1.7万余项，曲阜市共签订技术合同21项，项目技术成交额1790万元，投资额3.9亿元。

第十节　第十届中国专利高新技术产品博览会

第十届中国专利高新技术产品博览会于2010年6月23日至25日在孔子文化会展中心举办。全国政协原副主席张怀西、国家知识产权局局长田力普、中国工程院副院长旭日干、中国科学院秘书长邓麦村、山东省副省长李兆前、山东省政协原副主席周鸿兴等领导出席开幕式。中国工程院、中国科学院部分院士，全国科研院所、高等院校的专家、教授及专利持有人；省直有关部门和省内部分市负责人；各县（市、区）委书记、县（市区）长、分管副县（市、区）长，市、县各有关部门、事业单位主要负责人1400多人参展参会。本次专博会展出展位1200个。专博会期间成交技术项目316项，项目投资额216.9亿元，技术成交额5.1亿元；金融机构向45个项目发放贷款30.24亿元；有1251人达成就业意向，其中博士38人、硕士266人。

第十一节　第十一届中国专利高新技术产品博览会

第十一届中国专利高新技术产品博览会于2012年6月26日在孔子文化会展中心开幕。第十届全国人大常委会副委员长何鲁丽宣布第十一届中国专利高新技术产品博览会开幕，并与国家知识产权局副局长贺化，科学技术部党组成员、科技日报社社长王志学，中国科学院党组成员、秘书长邓麦村，中国工程院党组成员、秘书长白玉良，山东省委常委、副省长孙伟，济宁市委书记、市人大常委会主任马平昌共同启动开展按钮。大会以“创新·合作·发展”为主题，荟萃国内外高新技术专利产品，展示自主创新丰硕成果。展区设置国际标准展位600个，特装形式展位42个。展出国家科技奖励成果、国家“千人计划”部分专家科技成果和中国科学院、清华大学、浙江大学等高校科研院所最新科技成果；并设立人才招聘、科技金融展区和技术交易洽谈区等。420家参展单位，1300多名专家、教授和专利持有人，中科院系统12个科研院所、60多所高校，携带8000多项最新科技成果参展参会。本次专博会成交技术项目和技术合作协议348项，项目投资额218.4亿元，技术成交额12.2亿元；引进国家“千人计划”专家1人，初步达成就业意向3255人次；14家银行机构与企业签订贷款意向协议，总金额5.9亿元。

2010年6月23日，第十届中国专利高新技术产品博览会开幕式现场

第五章　气象　地震

市气象局根据上级气象预报指导，订正制作气象服务信息，及时提供给市政府及相关单位，并提出决策建议。1991年，曲阜市建立覆盖全市的地震宏观测报网、地震灾情速报网和地震科普知识宣传网“三网一员”群测群防体系。2007年，曲阜市首次被划定在省级地震重点监视防御区内，市政府建立健全由市、乡镇（街道）政府主要领导为责任人、乡镇（街道）科技办主任为网员的防震减灾网络。2013年，全市范围内共计安装自动气象站15个。

第一节　气象测报

市气象局地面观测业务工作，执行国家统一的业务规章制度和技术规范，使用国家统一标准的仪器装备。

气象设备与观测

1986年，增设高频电话系统，完善县级预报会商系统。1995年3月，济宁市气象局卫星云图接收站及微机组网系统建成，曲阜气象局投资近5万元，建立微机终端。1997年，曲阜市地面气象观测业务实行电脑操作。2000年1月1日，市气象局启用〈AHDM4.1〉地面气象测报软件。11月，市气象局完成卫星综合应用业务系统（9210）工程建设，投入运行。2001年，开展人工增雨防雹工作。2003年年初，气象监测业务实现全市地面报表制作机制化和网络传输。2004年，市气象局实行人工站和自动站双轨运行，使用OSSMO安徽（2002）版软件。2006年1月1日，曲阜市气象局自动站单轨运行。2007年，气象局在全市安装自动气象站13个，涵盖整个市区和乡镇。到2008年底，全市范围内共计安装自动气象站15个。

2007年4月，气象观测员在高空检修仪器

1965年1月1日至1971年12月31日，根据山东省气象局（61）农气站字0110号文，执行每日8时、14时、20时3次观测的规定。1972年1月1日起，根据济宁（72）气站字68号文，执行每日2时、8时、14时、20时4次观测的规定。1980年1月1日，根据中央气象局（79）气业字第156号文，执行新《地面气象观测规范》。1981年1月1日，根据山东省气象局（80）鲁气业字241号文，执行每日8时、14时、20时3次观测的规定。2004年1月1日根据鲁气办发（2003）96号文，执行新《地面气象观测规范》。

公共气象服务

曲阜市气象局根据上级气象预报指导，订正制作气象服务信息，及时提供给市政府及相关单位，并提出决策建议。平均每年制作各类气象服务信息80余期，及时发布灾害性天气预警信息；在麦收、高考及重大节日召开新闻发布会发布气象信息。2008年，在全市乡镇配备气象协管员13人，300余个行政村配备气象信息员358人，解决气象信息传输“最后一公里”问题；在煤矿、化工等重点部门共计安装各类气象信息显示屏30余块。2011年，市政府下发《关于印发曲阜市气象灾害防御规划的通知》，市政府应急管理办公室下发《关于进一步做好气象灾害预警信号发布工作的通知》，并于2012年、2013年出台《关于加快气象事业发展的实施意见》《关于印发曲阜市气象灾害应急预案的通知》，优化气象发展环境。

农业气象服务

2010年起，市气象局通过制作并发布气象专题信息、手机短信、预警信息、微信平台、显示屏等现代信息手段使气象服务工作更加细致到位。建立14区域自动站，13块电子显示屏。与农业局、林业局等建立联合工作机制，成立为农气象服务专家数据库，农事关键时期召开联席会议。

旅游和交通气象服务

1991—2013年，针对曲阜市旅游城市实际，市气象局与市旅游局定时召开联席会议，通过多种方式为游客提供气象服务。在主要景点、涉游饭店安装电子显示屏5个。做好国际孔子文化节和春节祭孔气象服务，每年发布专题气象服务信息6期，手机短信2000余条。开展交通安全气象服务，与交警部门联动，安装能见度观测仪1套，监测数据实现与交通部门共享。

气象防灾减灾

市气象局每年定期组织科技服务人员对全市200多个单位避雷设施进行全面检测，对经检测不合格单位提出整改意见，对于重点文物单位孔府、孔庙及重点防患单位如化工厂、化工公司等，列为重点单位进行检测。到2013年年底，全市共建成14个区域自动站、2个山洪雨量站、2个土壤水分观测站；为煤矿、电厂等高危行业安装气象信息直通显示屏6块，及时提供灾害性天气预警信息；有火箭发射架2部，适时开展人工降雨等影响天气作业。

第二节　地震测报与防御

地震测报

1990年，曲阜市境内有观测点10处。2005年12月，曲阜市地震局新上“JSD-II型电磁波信息监测仪”，观测仪为4个（双端）输入通道，测量范围为0~4.096V（DC）；输入阻抗：>10MΩ；采样率：1次/分；测量误差和分辨率：<0.5%（满量程）。建设曲阜市电磁波地震前兆观测站。2006年，在全市有关乡镇建立10个以动物观察和地下水宏观观察为主的地震监测点。7—9月，开展曲阜市地震台台址勘选工作。2007年3月，曲阜市地震台（台站代码37201）在董庄乡（石门山镇）梨园村西南处，（北纬35.42°，东经116.59°，海拔116.6米，总建筑面积10平方米）开工建设。台站包括台房基础设施、供电、避雷、数据采集、数据传输等五个部分，安装BBVS-60宽频带数字地震仪和EDAS-24IP地震数据采集器，达到监测鲁中、鲁西南断裂带1.0级以上地震活动的精度；2008年11月，并入省地震监测台网运行。2010年，在原地震台基础上建设强震观测台，安装强震观测仪，同时对曲阜地震台数据传输方式进行改造，由无线CDMA方式改造成光纤传输。2012年，新增6个动物速报点，至此曲阜市形成一站、一台和18个宏观点的地震监测预报网络。

震灾防御

1991年，曲阜市修订《曲阜市破坏性地震应急预案》；建立覆盖全市的地震宏观测报网、地震灾情速报网和地震科普知识宣传网“三网一员”群测群防体系。2003年，地震办公室制订《曲阜市地震安全性评价管理办法》《曲阜市破坏性地震应急预案》。2007年，曲阜市首次被划定在省级地震重点监视防御区内，市政府印发《曲阜市地震安全性评价监督管理办法》，规定6大类26项建设项目必须进行地震安全性评价；第三次修订《曲阜市地震应急预案》，印发“曲阜市防震减灾工作领导小组关于加强地震宏观观察、地震科普和地震速报‘三网一员’建设的意见”，建立健全由市、乡镇（街道）政府主要领导为责任人、乡镇（街道）科技办主任为网员的防震减灾网络。2007年，委托山东省地震工程研究院完成37平方千米曲阜新区地震小区划工作。2011年，曲阜市陵城镇红庙村被列为“省级地震安全示范社区”。

2009年3月23日，书院街小学举办气象日讲座活动现场

第二十六编

教　育

曲阜一中明德楼（摄于2013年）

曲阜作为孔子的故乡，秉承先圣办学之德，办人民满意教育。

20世纪90年代初，曲阜教育沿着“以义务教育为基础，职业技术教育为龙头，成人教育为依托，‘三教统筹’，农科教结合，为经济建设和社会发展服务”的办学思路，营造“党以重教为先，政以兴教为本，民以支教为荣”的社会环境。至1993年年底，13个乡镇全部实现初等义务教育。1995年12月，“两基”工作通过省政府验收；1996年11月，通过国家教委验收。2001年，曲阜市实施普及九年义务教育阶段，市教育局制定“调整布局，优化结构，扩大规模，加快发展，提高质量”的高中发展规划。2011年9月，市政府实施建设教育名市工程，开展创建教育示范市、教育强乡镇、规范化学校“三级联创”活动。2012—2013年，实施“全面改善义务教育薄弱学校基本办学条件”工程，完成农村中小学校舍安全工程加固项目学校70所437个改造项目。

第一章　教育行政

第一节　教育体制

1991年，曲阜市教育局是市政府工作机构，位于通相圃街西段，内设11个科、室、站，下辖曲阜一中、曲阜二中、杏坛中学、教师进修学校、职业中专、聋哑学校、实验小学等7所直属学校和13个乡镇教委办公室，农村义务教育阶段学校主要管理权限在乡镇。至年底，全市有中小学245所，其中高中4所、初中42所、小学246所；教学班2323个，其中高中教学班54个、初中494个、小学1775个；在校学生92381人，其中高中3018人、初中22215人、小学67148人，教职员工5434人。1992年9月，幼儿教育工作由市妇联移交市教育局主管。1993年12月，曲阜市教育局更名为曲阜市教育委员会。1996年，市政府成立教育督导室，配备专、兼职督导员，每年对乡镇教育事业发展和教育教学管理水平进行督导评估；市政府成立托幼办公室，配备幼儿教育专职管理干部和教研员。同年，建设市实验中学，为市直学校。1998年9月，市教研室增设教科室，负责全市教育系统科研工作。2000年9月，实行市管初中、乡镇管理小学管理体制，市直学校、乡镇中学、教委为副科级（或科级）事业单位；实施校长负责制、全员聘用制和岗位责任制校务管理。2001年8月，曲阜市教育委员会更名为曲阜市教育局，内设人事科、计财科、教育科、办公室4个行政科室和教学研究室、电教仪器站、勤工俭学办公室、托幼办公室、招生办公室、市政府教育督导室等7个事业编制科室，下辖曲阜一中、曲阜二中、杏坛中学、职业中专、职工中专、实验中学、实验小学、聋哑学校、机关幼儿园9个直属单位和12个乡镇（街道）教育委员会。2002年，小雪、息陬、陵城三乡镇划归曲阜新区，曲阜市教育局对其实施教育教学业务管理和指导。2003年3月，市教育局机关迁至曲阜师范大学对过。同年7月，市政府成立市教育人才交流服务中心、教育财务结算中心，隶属市教育局管理；8月，农村中小学教职工编制管理、招聘录用、职务评聘、继续教育、调配交流和校长聘用等划归市教育局管理。2005年10月，全市乡镇（街道）教育委员会撤销，各乡镇（街道）中心中学承担相应管理职能，接受乡镇（街道）政府（办事处）和市教育局领导；乡镇（街道）中心中学为副科级事业单位，内部机构设置由市机构编制委员会办公室按有关规定核定，同时明确原乡镇（街道）教委资产和债权、债务划转至各乡镇（街道）中心中学。2008年8月，曲阜二中合并到曲阜一中。10月，市职工中专划归市人力资源和社会保障局管理。2010年4月，市教育局、市体育局撤销，合并成立市教育和体育局（简称市教体局），下辖市体育中心，为正科级单位。2013年，组建教师教育中心，将教研室、师训中心和信息中心进行整合，构建教学研究、科研、师训和现代教育技术四位一体的研训模式。至2013年年底，市教体局设有功能机构21个，有干部职工240人，其中教体局80人、体育中心160人；下辖直属学校9所和12所镇街中心中学。全市有中小学116所，其中高中学校2所、初中23所、小学92所，教学班1308个，其中高中教学班154个、初中314个、小学840个，在校学生59605人，其中高中7869人、初中15860人、小学35876人，教职员工5684人。

第二节 教学设施

20世纪90年代初，曲阜市办学条件的改善主要以地方投资为主，在完成“黑屋子”“土台子”改造任务后，为普及九年义务教育，分级分步实施投资改造计划，重点解决初中学校图书、仪器和相关教学设施的配置；按照省定二类标准配备小学器材设施，实现“两机一幕”（投影机、录放语言机、银幕）进课堂的最初标准。到1993年年底，全市完成校舍建设、校舍改造14.17万平方米。1994—1995年，加大校舍改造和学校设施配置力度，中、小学学校内部设施达标率在80%以上。1995年，曲阜一中新建教学楼一座，扩招高中班两个；曲师大附中教学设备、器材和仪器全部按国家一类标准配置。1996年起，曲阜市教育投入不断增加，教学条件得到极大改善。到1999年年底，全市60%学校达到“四机一幕”标准，30%学校建有微机室，全市配置微机2314台、语音室29口、多媒体教室24口、校园网3处，各级各类电化教育示范学校84所；各中小学校校舍、场地、教学仪器、图书报刊，音乐、体育、美术、劳动技术教育、卫生器材基本达到省定标准。

2001—2005年，为整合优化教育资源，曲阜市调整农村中小学布局，解决学校分散重复投资问题；校舍危房改造方面，拆除D级危房5109平方米，改造危房7317平方米，新建、改扩建校舍12410平方米。2003年，加大农村中小学电化教学配置力度，“校校通”建设进展迅速，同年有33所农村学校接入局域网，占学校总数的34%。2006—2007年，市教育局设立农村中小学校舍维修改造专项资金，会同市建设局对全市中小学房舍进行全面鉴定，对鉴定出的1706平方米D级危房全部拆除重建，改造鉴定危房1880平方米；完成371口杨木梁教室的更换任务。2011年，市政府将中小学校舍安全工程列为年度民生工程十件实事之一，制定《曲阜市校安工程2009—2014五年实施规划》，全市新、改扩建校舍面积16.4万平方米、重建1.38万平方米；全市18处教学点全部配齐课桌凳。推进全市学校标准化建设，为部分学校购置教学仪器设备，配备3330台师生用微机，完成295口多媒体教室、57口实验室建设。2012—2013年，完成农村中小学校舍加固项目9.81万平方米，新建校舍2.74万平方米，新建、改扩建农村中小学教学楼16幢；新建30座学校餐厅（食堂），为51所中小学（幼儿园）改造水冲式厕所56个；各镇街新建、改建中心幼儿园12所、普通幼儿园9所；完成53所学校实验教学仪器配备和40所学校音乐、体育、美术、卫生类器材配备，装备微机1486台、多媒体教室197口，更新配备图书20万册。

第三节 教育经费

1991年，曲阜市乡镇教育经费主要来源是农业税收、农村教育集资和学生杂费；城镇教育经费主要来源是市级财政收入和城市教育附加及城镇职工基本工资2%的义务教育集资，基本维持城镇中小学正常运转经费需求。1993年，全市投入6268万元，完成“一无”“两有”“六配套”工程，初步解决校舍不足等办学基本条件差的问题。1994—1995年，迎接国家、省“两基”验收，把中小学布局调整和危房改造以及新校建设结合起来，通过各种渠道筹措义务教育资金5400余万元，用于学校建设。1996年，市委、市政府出台文件开通11个筹资渠道，解决农村中小学基础建设和维修改造资金问题。1997年9月，全市各乡镇实行中小学“校账乡管”制度。1996—1999年，市政府投资6000万元用于改善办学条件和中小学内部设施配套。

1991—2013年曲阜市教育经费一览表

表26-1

单位：万元

年份	总计	国家财政性经费	公共财政预算经费	公共财政支出	事业费	基本建设经费	其他拨款	教育费附加	政府性基金经费	农村事业费附加	地方附加	其他政府基金预算经费	企业办学拨款	校办产业等	民办投入	捐赠收入	事业收入		其他收入	其他经费
																	总额	其中：学费		
1991	2109.6	1968.2	1443.7	1443.7	1202.6	212	10	19.1	524.5	518.3	—	—	6.2	27.8	—	—	113.6	—	—	—
1992	3210.6	2262	1680	1680	1625	—	26.5	28.5	582	582	—	—	—	36.2	—	705	185	—	—	22.4
1993	4791	2921.6	2250.7	2250.7	2158.2	—	29.5	63	670.9	656.1	—	—	14.8	67.9	26.2	1486.1	251.3	—	—	37.9
1994	5151.2	3659	3037.8	3037.8	2849.3	56.2	20	112.3	621.2	601.3	—	—	19.9	231	—	950.4	301.1	—	—	9.7
1995	9537	4769.5	3388.8	3388.8	3035.7	66.7	30	256.4	1380.7	1380.7	—	—	—	46.3	—	3680.4	625.7	—	—	415.1
1996	8110	5692.8	4786.3	4786.3	4313.6	—	—	472.7	906.5	906.5	—	—	—	716.5	—	1002	502.4	—	—	196.3
1997	8275.2	6125.5	5298.3	5298.3	4541.3	107	50	600	827.2	814.7	—	—	12.5	295.8	—	1207.1	506.2	—	—	140.6
1998	9569.4	6752.2	6233.5	6233.5	5315.2	191.3	14	713	518.7	518.7	—	—	—	3	—	272	2324.9	1368.6	217.3	—
1999	10687.1	6867.6	6321.7	6321.7	5391.1	—	213.1	717.5	545.9	545.9	—	—	—	13.1	—	583.5	3124.5	1489.9	98.4	—
2000	12497.3	7361.4	7086.1	7086.1	7023.8	52.3	10		275.3	275.3	—	—	—	29.9	—	337.6	4399.1	2582	369.3	—
2001	15515.4	9834.8	9163	9163	8508.2	5	135.8	514	671.8	668.6	3.2	—	—	40.4	475.7	437.4	4298	2390.3	429.1	—
2002	17038.1	10793.8	10652	10652	10291.9	169	91.1	100	141.8	135.4	6.4	—	—	27.4	1018.8	229.5	4638.6	3150.7	330	—
2003	17566.1	10748	10630	10630	10160	—	—	470	118	—	118	—	—	49	996.5	150.1	5308.4	3364.8	314.1	—
2004	16317.2	10083.5	9929	9929	9191	—	373	365	154.5	—	154.5	—	—	15.5	915.5	12.1	4739.9	3487.8	550.7	—
2005	17105.4	10965.9	10965.9	10965.9	9850	—	432.9	683	0	—		—	—	0.7	200	218	5102.9	3585	617.9	—
2006	19902.3	13872.8	13494.2	13494.2	12122	—	552.2	820	378.6	—	378.6	—	—	9.5	320.1	303.1	4518.9	2792.4	877.9	—
2007	25279.7	21000.2	20870.2	20870.2	19802	—	406.2	662	130	—	130	—	—	—	60	73.5	3874.5	2377.2	271.5	—
2008	30720.5	25289.9	24890.7	24890.7	23644.7	—	—	1246	399.2	—	399.2	—	—	—	—	87.8	4731.5	2053.8	611.3	—
2009	30364.7	26472.6	26230.6	26230.6	24609.7	—	493.9	1127	242	—	242	—	—	—	—	50.6	3554.8	2438.4	286.7	—
2010	44782.8	36302.7	36020.8	36020.8	33019.4	—	—	3001.4	281.9	—	271.9	10	—	—	—	120.8	5719	4986.9	2640.3	—
2011	53334.2	46443.8	44718.8	44718.8	41916.1	—	—	2802.7	1725	—	1485	240	—	1	—	58.7	6419	5441.8	411.7	—
2012	62456.1	55391.7	54048.4	54048.4	51607.1	—	—	2441.3	1343.3	—	1300	43.3	—	—	—	62.2	6245.6	5607.5	—	756.6
2013	71357.6	64898.1	62697.1	62697.1	59312.4	—	—	3384.7	2201	—	2024	177	—	—	—	42.1	6071.1	5182.2	—	346.3

2001年，随着农村税费改革的政策落实，“以县为主”义务教育管理体制的逐步实施，曲阜市实现统一发放城乡教师工资、统一管理教师队伍、统一管理中小学收费、统一规划学校布局等教育权限和职能的重大转变。2003年，市政府投入1000多万元用于学校电化教学设施配置。农村税费改革后，曲阜市取消农村教育附加征收项目，农村教育经费主要靠地方财政收入和收取学生杂费。由于乡镇财力整体不足且区域间不平衡，一些学校经费得不到保障，城乡之间、乡镇之间教育差距不断拉大。7月，曲阜市成立教育人才交流服务中心、教育财务结算中心，建立健全义务教育投入保障机制，明确乡镇、村居办学责任，形成全市上下共同推进农村义务教育发展的合力。2004年，全市乡镇中小学（含公办幼儿园）财务资金实行由市教育财务结算中心统管，市教育财务结算中心下拨各乡镇教委，由乡镇教委集中管理使用。市直学校财务由市教育财务结算中心统管，各学校资金使用由结算中心划拨。2005年，曲阜市义务教育阶段实行“一费制”，学生收费减少。2006年10月，全市中小学教师工资纳入市级财政预算，实现城乡教师工资部分统一标准发放。2006—2007年，市、乡镇（街道）筹资380万元改造D级危房，投资252万元更换杨木梁校舍。2011年，通过上级转移支付等方式，化解农村中小学债务572万元。农村义务教育发展经费全部纳入财政统筹范围，免除城乡所有义务教育阶段学生学杂费、书本费，并逐步提高生均公用经费标准和农村义务教育阶段家庭经济困难学生寄宿生补助生活费标准；生均公用经费小学由每年295元提高到600元，初中由每生每年445元提高到800元。成立学生资助中心，发放中等专业学校学生助学金和高中生助学金3354万元，为1813名在校大中专学生办理959万元生源地贷款。市政府将学前教育经费纳入财政预算，当年拨付专项资金100万元，扶持幼儿园建设。2012—2013年，全市教育财政总投入15.4亿元；同时，吸引社会各界捐资助学800万元。开通农村教师上下班免费公交，解决3000余名农村教师上下班交通问题；对农村家庭经济困难、城镇低保家庭和孤残儿童接受学前教育和义务教育予以资助；对中等职业学校和普通高中家庭经济困难学生给予资助；为1924名学生办理助学贷款，累计金额1767万元；实施学生营养餐计划，对1.87万名家庭困难学生给予营养餐补助。2013年，全市投入资金4.5亿元用于办学条件改善。投入5189万元，按省定标准为每所中小学配备配齐电教化设备；投资200余万元，完成50所学校30万册图书配置；学生营养餐计划累计投资2107万元。

第四节　教学改革与研究

1991年，曲阜市初中学校为改变课堂容量小学习效率低问题，实施“大容量课堂”教学改革试验。同年，市实验小学尝试“和乐教育”教学改革，确立学校教研和发展方向。1992年10月，中国教育学会中小学整体改革专业委员会第五届学术年会在曲阜市召开，市实验小学“和乐教育”整体改革得到教育专家认可。1993年2月，开始新一轮教学改革探索，初中学校改变过去“满堂灌”教学方式，尝试“学为主导，练为主线，向45分钟要质量”的课堂教学改革。1994年，实行目标教学改革试验。1996年4月，市教委在全市中小学校开展评选学科带头人活动，以此引领学科教学，推进教改实验。全市评出第一批学科带头人171人，其中高中30人、初中63人、小学78人。1997年，全市实施创新教育改革，各学校均承担研究性课题改革实验项目。1999年，落实《山东省中小学生素质发展目标》，改变考试评价单一模式，实行等级加特长的素质发展多元化评价方式，促进学生德智体美劳全面发展。2000年10月，全国第二届创新教育研究与实验学术研讨会在曲阜市召开，与会代表观看曲阜市教育系统金秋文艺会演《杏坛春韵》和创新教育专题片《杏坛春晖》。2003年，全市推行新课程改革，教研活动在一线听评课、观摩课、过关课、探究课中开展，全市建立教改实验专题31个，科研课题5个。实验小学“和乐教育”整体实验被列为山东省教育科学“九五”规划重点课题；曲阜一中被列为国家教委和联合国合作项目试点校。2007年，市教育局提出提高课堂教学效率意见，引导各学校、教师注重教学研究，创新教学方法，突出育人实效。市教研室引导各学校实行“听课—评课—延伸—提高”的问题型校本培训模式，增强校本培训的可操作性和实效性。2008年，在高中、初中学校推行“因学定教，三三达标”教

改实验。同年，开展“校校孔子像、班班论语章、处处经典句、园园溢书香”传统教育活动，打造“古、儒、文、雅”书香校园。2010年2月，曲阜市“诵中华经典铸少年君子”活动被评为济宁市第六届精神文明建设十佳好事。

2011年3月，曲阜市作为济宁市唯一一个县(市)入选山东省普通中小学“1751”改革创新工程项目县(市)，市教体局在12个镇街选取36所项目实验学校作为课改实验点，探索实践先进教学理念、教育方法和课改模式，树立课程改革新样板。开展“名师课堂教学观摩”、送课下乡、同课异构活动，发挥省市特级教师、曲阜名师、骨干教师、教学能手带动作用，指导农村学校深化课堂教学改革，提高教学质量。启动教学大讲堂活动，市教体局各学科教研员亲自上课、做讲座，把科研成果实践在基层。推行学生成长导师制度，开放和拓展校外教育基地、爱国主义教育基地，开展体验教育活动。启动以“诵读先贤经典，培育当代君子”为主题，开设传统文化校本课程，开展诵读《论语》，点朱砂、启智开蒙举行入泮礼等传统文化教育活动。曲阜市传统文化教育工程“校校孔子像、班班论语章”和曲师大附中新课程背景下教师工作评价两项成果获山东省“十一五”地方教育创新成果奖。2012年，成立艺术教育指导与管理委员会，开展送艺术教育下乡和艺术教育指导与管理活动。组织实施《国家学生体质健康标准》和“三课、两操、两活动”，开展综合性或专项性学生运动会、体育节及其他体育竞赛活动，确保学生每天一小时校园体育锻炼。

曲阜市国家级教研课题结题统计表

表26-2

实验单位	立项课题名称	立项审定机构	立项时间	结题鉴定机构
书院街小学	学科活动培养学习毅力的行动研究	国家基础教育实验中心	2009.11	国家基础教育实验中心
石门山镇管村小学	农村小学生学习兴趣障碍成因及对策实践研究	国家基础教育实验中心	2009.11	国家基础教育实验中心
曲阜中医药学校	培养医卫学生健康心理的行动研究	国家基础教育实验中心	2009.11	国家基础教育实验中心
杏坛中学	合作学习中高效讨论的实践探索	全国教育科学教育部	2010.10	全国教育科学教育部
杏坛中学	初中英语合作学习的有效性研究	全国教育科学教育部	2010.10	全国教育科学教育部
防山镇中学	初中英语合作学习的研究	全国教育科学教育部	2010.10	全国教育科学教育部
防山镇中学	物理和数学中研究性学习的研究	全国教育科学教育部	2010.10	全国教育科学教育部

第五节　招生工作

1991年，曲阜市小学延续实行自主招生免试入学制度。为全面实现“两基”目标，保证小学适龄儿童全部接受义务教育，全市各小学逐户排查摸底，将六岁半以上适龄儿童登记造册强制入学，对于大龄少年开设速成班，适当安排入学年级就读。初中招生考试科目为语文、数学、思想品德、自然、历史、地理；考试管理权限在乡镇，初中学校负责录取，录取率98%。高中和职业类学校招生按全省中专招生统一考试命题，考试科目为语文、数学、政治、英语、物理、化学、历史、地理、生物。1991年7月，全市初中毕业生在市田径场首次参加体育中考，自此体育学科纳入初中毕业生升学考核科目，成绩分值50分；增加理化生学科实验操作测试，三科实验任选一科，分值10分。初中中专招生和重点高中招生实行预选制，分配名额到乡镇和市直学校，全市统一掌控。1993年，小学实行划片招生办法，乡镇教委、村和户口管理部门排查摸底，乡镇人民政府发放适龄儿童接受义务教育入学通知书，城镇小学按户口范围下发入学通知书。全市实行“市管初中、乡管小学”管理机制，市教育局主要管理初中学籍，小学学籍以乡镇为单位建立。严格控制小学生辍学现象，初中生辍学率控制在1%以内，残疾儿童入学率为82%，15周岁人口受初等教育和17周岁受初级中等教育完成率分别为99%和95%。1997年，初中毕业生志愿报考高一级学校，分设曲阜师范大学附中、曲阜一中、曲阜二中、杏坛中学4个考点，招生学校根据考生志愿择优录取。1998年，小学升初中实行"就近划片、免试入学"招生办法，取消小学毕业升初中会考制度。2008年，实行普通高中划片招生制度，划为曲阜一中、曲阜师范大学附中两个普通高中招生考点，分别招收规定区域内学籍或户籍学生。2009年，实行初中学生学业考试制度，增加学生素质评价项目，普通高中、职业学校统一录取新生时，将学生基础性发展目标评价等级作为重要参考。2013年，按照义务教育规划，镇政府、街道办事处(或委托镇街中心中学)城区学校划片发放规定服务区内适龄儿童接受义务教育入学通知书，正常适龄儿童入学率100%。同时，建立残疾儿童入学保障机制，听力残疾适龄儿童到市特殊教育学校就读，智障儿童到市特殊教育学校或就近普通小学随班就读，对不能到特殊教育学校就读的重度智障适龄儿童实行"送教上门"，视力残疾适龄儿童由镇街、市教育部门介绍到济宁市盲校就读。进城务工就业人员子女和暂住人口的适龄儿童在居住片区学校就读。因疾病或特殊情况需延缓或免予入学的由其父母（或其他监护人）提出申请报市教体局审批。在校生学籍全部进入山东省学籍管理信息库，因病或其他原因不能坚持正常就读的可办理休学，正常适龄儿童接受义务教育期间不得留级复读。

1991—2013年曲阜市高考录取情况统计表

表26-3

年份	参考人数	录取人数				
		本科	专科	高中中专	合计	录取比率(%)
1991	1334	128	141	60	329	25
1992	1447	144	119	65	328	23
1993	1881	181	339	66	586	31
1994	1973	148	282	35	465	24
1995	2046	189	302	60	551	27
1996	2145	211	352	63	626	29
1997	2451	241	229	130	600	25
1998	2137	212	350	181	743	35
1999	2343	443	428	130	1001	43
2000	2413	465	562	396	1423	59
2001	2626	490	1500	—	1990	76
2002	3175	773	1312	—	2085	66
2003	4112	1012	2242	—	3254	79
2004	5206	1036	2281	—	3317	64
2005	5932	1080	3115	—	4195	71
2006	5760	1311	2417	—	3728	65
2007	5667	1006	2362	—	3368	59

续表 26-3

年份	参考人数	录取人数				
		本科	专科	高中中专	合计	录取比率(%)
2008	5805	1040	2579	—	3619	62
2009	4767	1151	2240	—	3391	71
2010	3892	1168	1727	—	2895	74
2011	3260	1227	1215	—	2442	75
2012	3126	1170	1324	—	2494	80
2013	3006	1126	1142	—	2268	76

第六节　学校管理

1991年，市教育局在完善义务教育责任制基础上定点学校布局，建立完善义务教育管理档案；各学校建立德育工作机构，开通课堂教学、课外活动和社会实践三条教育渠道。1992年，将“学校管理升级达标赛，努力争创规范化学校”作为学校管理工作总抓手，创建“规范加特色”学校，培养“合格加特长学生”。1993年，开展规范化学校创建活动，同年年底，全市中小学被定为济宁市级规范化标准学校8所、一级管理水平46所、二级水平146所、三级水平38所，曲阜镇、王庄乡、吴村镇、姚村镇、时庄乡、陵城镇中小学全部达到二级以上管理水平。至1995年年底，全市创建省级规范化学校2所、济宁市级规范化学校7所，评出曲阜市规范化学校45所。

1996年，健全教育执法检查制度，市政府成立市政府教育督导室，每年对乡镇教育事业发展和教育教学管理水平进行一次督导评估。2000年8月，市委、市政府下发《关于深化中小学内部管理体制改革的决定》，市委组织部、市教委、市人事局、市财政局、市劳动和社会保障局联合制定《曲阜市关于深化中小学内部管理体制改革的方案》，全市189所学校5053名教职工参与竞争上岗，试聘、待聘28人，落聘9人，内部退养370人，37人脱产进修，57人被列为编外。

2003年8月，市政府将农村中小学教职工编制管理、招聘录用、职务评聘、继续教育、调配交流和校长聘用等划归市教育局管理，落实“以县为主、分级管理”制度。2005年，制定《中小学教师考核评价指导意见》，引导学校把教育教学实绩作为考核教职工重要环节；出台《关于进一步加强教师职业道德建设的意见》，对教师个人修养、思想道德要求以及从教准则作具体规定；出台《关于进一步加强班主任队伍建设的意见》，加强班主任队伍建设工作机制和激励机制；完善校长任中考核和奖惩办法，建立“优进劣退、汰弱留强”竞争机制；健全校长负责制，完善校长决策程序，发挥学校党组织政治保障作用；完善学校内部财务、会计和资产管理制度，实施乡镇和市直学校财务会计交流轮岗；建立应对各类突发事件工作预案，增强预防和妥善处理事故能力，促进安全教育制度化、规范化。2008年，全市学校普遍建立家长委员会、家长会议、家校联系制度，让家长、社区(村街)代表参与学校管理，监督学校日常教育教学工作。

2010年起，学校配备心理咨询室，对留守儿童进行心理疏导，及时发现和诊治儿童心理问题。建立留守儿童心理发展档案，建立跟踪教育制度，有的放矢地进行教育疏导。

2011年9月，曲阜市启动建设教育名市工程，开展创建教育示范市、教育强乡镇、规范化学校“三级联创”活动。至年底，全市创建济宁市级以上规范化学校比例为42%，创建济宁市一类幼儿园70所，占全市幼儿园总数的51.7%。

2013年8月，市教体局推进绩效工资制度改革，调配城乡教师职称结构，对绩效工资总量和水平的核定及分配，经费保障与财务管理、组织实施等做出明确规定。从基层一线一次性选任90余名校长、副校长，加强学校管理力量。

1993—2013年曲阜市省规范化学校统计表

表26-4

镇街	学校	创建时间	镇街	学校	创建时间
陵城	镇中学	1993.6	驻曲市直	实验小学	1994.7
	杏坛小学	2011.2		曲师大附属高中	1996.9
时庄	街道中学	2009.3		师大附属中小学	1996.9
息陬	春秋中学	2011.2		曲阜一中	1999.2
鲁城	田家炳小学	2005.6		特殊教育学校	2011.2
	书院街小学	2009.3		杏坛中学	2004.7
	春秋小学	2009.3		济宁学院二附小	2009.3
书院	中心小学	2009.3		歇马亭小学	2011.2

第二章　学前教育

1991年，曲阜市有幼儿园(含育红班)370所，幼儿入园率93%；各村街均设幼儿园或育红班1所，城区有幼儿园(含育红班)15所30个教学班、入园幼儿695人、教职工85人。2013年，全市有各类学前教育机构142个，其中公办幼儿园100所，民办幼儿园42处，形成“以政府办园为示范，社会各界办园为主体，个人办园为补充”的学前教育发展格局。3~6周岁在园幼儿18483人，入园率96.2%，教职员工862人，其中在编公办教师216人；全市学前三年教育普及率城区为87.5%、农村为86.2%，有省级示范性幼儿园7所、济宁市级一类幼儿园81所。

第一节　幼儿园所建设

1991年，曲阜市幼儿园（含育红班）370所，其中各村街均设幼儿园或育红班1所，城区有幼儿园(含育红班)15所。1994年，曲阜师范附属小学和市实验小学创办附属幼儿园，城区幼儿入园压力得到缓解。全市开展等级幼儿园创建活动，市机关幼儿园、曲阜师范大学附属幼儿园、市粮食局幼儿园、市人民医院幼儿园等4所幼儿园被认定为济宁市一类幼儿园，曲阜师范大学幼儿园被认定为省级示范幼儿园。1995年，曲阜市入园儿童22871人，入园率95.2%；9个乡镇建起中心幼儿园。11月，市机关幼儿园被认定为省级实验幼儿园。2000年，王庄乡、时庄镇、陵城镇将学前班设在各小学，作为学校附属幼儿园，由乡镇教委统一管理。2004年，鲁城街道书院街小学幼儿园和田家炳小学幼儿园被认定为省级示范幼儿园。2005年，全市12个乡镇(街

息陬镇中心幼儿园外景(摄于2000年)

石门山镇中心幼儿园图书角（摄于2000年）

鲁城街道民族幼儿园被认定为省级示范幼儿园。2010年，市教育和体育局被评为省学前教育先进单位。2011年，实施学前教育三年行动计划，时庄街道代庄小学幼儿园建成使用，书院街道中心幼儿园和息陬镇中心小学附属幼儿园完成主体工程建设，改扩建机关幼儿园、姚村镇中心幼儿园、王庄镇中心幼儿园、鲁城街道舞雩坛小学附属幼儿园等5所幼儿园，并面向全市公开招考40名公办幼儿教师。2012年，市政府把乡镇中心幼儿园建设列为十项惠民工程之一，将镇（街道）中心幼儿园建设和认定工作纳入政府教育

道）全部建起中心幼儿园。到年底，全市有幼儿园（学前班）160所，其中省级实验幼儿园1所、省级示范幼儿园3所，济宁市一类幼儿园49所，学前三年入园率为80.6%，各项指标均居济宁市县市区前列。2006年2月，市实验小学附属幼儿园被认定为省级示范幼儿园。2007年，全市发展民办幼儿园20所，在园幼儿900余人，其中济宁市一类幼儿园4所。同年3月，市民办幼儿园协会成立，14所民办幼儿园成为会员。全市逐步建立起“以政府办园为示范，社会各界办园为主体，个人办园为补充”的学前教育发展格局。2008年，书院街道投入5万元用于幼儿园改造。5月，

工作督导评估内容。到年底，全市学前教育领域完成投资911万元，改扩建机关幼儿园及镇（街道）中心幼儿园等15所，建成投入使用10所，有8所镇（街道）中心幼儿园（鲁城街道、书院街道、息陬镇、姚村镇、王庄镇、吴村镇、时庄街道、防山镇）被省教育厅认定通过。鲁城街道舞雩坛小学附属幼儿园被认定为省级示范幼儿园。2013年，全市新建幼儿园6所，改扩建幼儿园7所，完成12个镇（街道）中心幼儿园建设，并通过省乡镇中心幼儿园认定。同年，面向社会公开招考10名公办幼儿教师。

1991—2013年曲阜市幼儿教育基本情况统计表

表26-5

年份	园数（所）		在园（所）幼儿数（人）		教职工数（人）	
	总数	其中教育部门办	总数	其中教育部门办	总数	其中教育部门办
1991	370	—	—	—	—	—
1992	—	—	—	—	—	—
1993	—-	—	—	—	—	—
1994	321	—	22736	—	830	—
1995	317	83	22871	—	941	—
1996	326	—	13794	—	—	—
1997	354	—	12439	—	745	—
1998	351	—	10349	—	590	—
1999	248	—	12548	—	646	—

续表 26-5

年份	园数(所)		在园(所)幼儿数(人)		教职工数(人)	
	总数	其中教育部门办	总数	其中教育部门办	总数	其中教育部门办
2000	243	120	17945	4874	673	—
2001	227	—	13537	—	558	—
2002	257	—	17943	—	579	—
2003	149	106	12105	5196	655	—
2004	148	100	11641	—	643	—
2005	160	87	11509	—	701	—
2006	135	88	11617	—	772	—
2007	174	99	13313	—	796	—
2008	136	111	14610	—	883	—
2009	145	109	15333	—	994	—
2010	149	109	15885	12603	1086	753
2011	145	106	16913	13020	1129	774
2012	143	105	17544	14442	1202	807
2013	142	103	18254	15031	1333	902

第二节　幼儿教育工作管理

1991年，曲阜市妇女联合会是全市幼儿教育工作管理主体，乡镇妇联负责所辖区域幼儿教育工作，市教育局及乡镇教委协助幼儿园教学、教研、师资培养培训等工作。1992年，幼教工作由市妇联移交市教育局主管，市教育局制定全市幼教事业发展规划，建立幼儿园登记注册制度、督导评估制度，园长、教师资格审定和考核制度。1993年，市教育局在全市组织开展争创济宁市一类幼儿园和省级示范幼儿园活动。1996年，市教委成立托幼办公室，为副科级事业单位，负责组织、协调、指导全市学前教育工作；各镇街成立托幼管理机构，形成上下连贯的学前教育管理体系。2002年，开展幼儿园合班并园活动。市机关幼儿园划归市教育局管理；全市实行小学、幼儿园"一揽子"管理，即把幼儿园作为学校管理一部分，同时在教学督导评估中把幼儿园管理纳入学校发展综合指标体系。2005年，市教育局下发《关于理顺幼儿园与小学入学衔接的意见》，规定省级实验、示范幼儿园，济宁市一类幼儿园按标准办成小、中、大班相对平行的幼儿园；大班毕业幼儿可按照方便接送、就近入学原则，到规定辖区内小学接受义务教育；各小学在每年招生前应对辖区内生源进行摸底，确定招生计划。2006年，市政府下发《关于学前教育改革与发展的意见》。2007年，市教育局对全市学前教育发展状况进行调研，主要包括学前教育基本情况、幼儿园园长、教师情况、学前教育经费投入情况和农村非公办教师待遇情况等内容。2009年7月，出台《关于规范办园行为　防止和纠正小学化倾向等有关问题的通知》，规范办园行为，对幼儿园班额过大、严重超员问题提出整改意见。2010年11月，出台《关于进一步规范办园行为等有关问题的通知》，严禁教师体罚或变相体罚幼儿，严禁违规举办各种兴趣班、培训班，严格幼儿园审批管理制度。2011年，出台《曲阜市学前教育三年行动计划(2011—2013年)》《曲阜市学前教育普及计划(2011—2015年)》，建立学前教育联席会议制度和学前教育经费投入机制，将学前教育经费纳入财政预算。市政府出台《关于加强居住区配套幼儿园规划建设与管理的通知》，规定居住区配套幼

2012年11月，省级规范化幼儿园——书院街道中心幼儿园开园典礼现场

儿园建成后，无偿交给当地教育部门作为公办学前教育资源管理使用。2012年，市教体局与市编办、财政部门沟通协调，对所属公办幼儿园教职工编制进行测算核定，实行城乡统一编制标准，适当增加镇（街道）中心幼儿园、示范实验幼儿园专任教师编制。2012年起，曲阜市每年召开一次全市镇街中心幼儿园点评工作现场会。

第三节　机构注册与年检

2005年，市教育局出台《民办幼儿园审批程序》和《曲阜市合格幼儿园标准》，对登记注册并进行年检的160所幼儿园进行审评，90所幼儿园合格，21所纳入小学学前管理，25所被责令限期整改，24所被依法取缔。自当年起，市教育局每年10—11月对全市学前教育机构进行年检。2007年，开展学前教育机构登记注册制度，核发山东省学前教育办园许可证，对全市174个学前教育机构进行登记注册，准予登记注册136个、暂缓登记注册18个、不予登记注册20个。2008年，认定合格104处，责令限期整改31个。2009年10—11月，认定合格105个，责令限期整改40个，依法取缔3个；对申报学前教育机构进行查验，准予登记注册4个。2013年，认定合格119个，限期整改19个，依法取缔4个。到2013年年底，曲阜市登记注册的合格学前教育机构共149个。

第四节　幼儿教育师资培训

市教委重视幼师业务培训，通过举办各种培训班，提高幼儿教师专业水平。1994年8月、1995年8月，市教委组织城区幼儿园园长参加济宁市第一、二届园长培训班。1997年，举办全市幼儿教师文化知识、舞蹈、手工、音乐及计算机应用能力培训班，全市幼儿教师参加培训。1999年、2000年，举办全市第一期、第二期幼儿园园长培训班，51名园长参加培训。2001年4月，组织幼儿园园长和骨干教师参加济宁市《幼儿园教育指导纲要》培训学习。2002年，举办第二期全市幼儿教师文化知识、舞蹈、手工制作、脚踏风琴等培训班。2006年7月，举办第三期全市幼儿教师舞蹈、手工制作培训班，114人参加培训。2008年3月，组织全市28名幼儿园园长参加济宁市第三期幼儿园园长培训班。7月，举办全市幼儿园长上岗培训，90名幼儿园负责人参加学习。同年，曲阜市启动全国妇联、中国儿童少年基金会“安康婴幼儿成长管理系统”，全市43所幼儿园接受捐建。“安康婴幼儿管理系统”山东办事处专业技术人员在鲁城街道书院街小学附属幼儿园对安康婴幼儿管理系统使用情况进行技术指导，43所幼儿园园长和骨干幼师接受培训。2010年7月，举办全市幼儿教师课件制作培训班，全市124名在职幼儿教师参加培训。自2011年起，市教体局每年定期组织全市幼儿教师参加山东省远程研修培训学习。

第五节　托幼机构安全及卫生保健

1991年，全市各幼儿园绿化、美化、净化有一定发展，但是一些托儿所（幼儿园）基础设施、卫生保健设备和人员配备没有达到规范要求。1992年，市教育局接管幼教工作后，进一步加强幼儿园安全卫生保健工作。2001年4月，国家《幼儿园教育指导纲要（试行）》（简称《纲要》）颁布，各幼儿园以实施《纲要》精神为重点，加大儿童疾病预防、饮食营养安全、生长发育和心理卫生等方面工作力度。2003年，针对全国

“非典”疫情，各幼儿园开展卫生综合整治活动，实施“零”报告制度。次年，开展幼儿园安全管理专项整治，净化幼儿园周边环境，全面排查园内各类建筑、基础设施、生活服务设施和活动场所，消除安全隐患。2005年1月，对幼儿园食品卫生进行专项检查。10月，开展幼儿园安全管理工作专项整治。2008年5月，市教育局部署托幼机构和小学手足口病防控工作，发放手足口病防治宣传资料15万份，组织开展健康教育宣传活动，普及手足口病等肠道传染病防治知识。2009年7月，为加强甲型H1N1流感和手足口病防控工作，市教育局对各托幼机构实行24小时疫情报告和疫点处理制度，对患儿家庭及密切接触者逐一落实消毒处理措施，在托幼机构实行学生晨检和因病缺勤病因追查与登记制度，向5岁及以下儿童家庭发放防治宣传材料20万份。2010年，对全市幼儿园消防安全建设情况进行检查，发放幼儿园消防安全建设标准、员工消防知识明白卡、消防意识要点等宣传资料。8月，召开全市幼儿园安全保卫工作会议，对全市幼儿园安保工作进行督导。9月，配合市疾控中心开展手足口病预防性服用中成药工作。2011年，为全市幼儿园配备安保器材，配合市安监、公安等部门对校车、非法办园情况进行突击检查，依法查处幼儿园自有园车17辆、租用园车1辆、拼车27辆。2012—2013年，对全市托幼机构传染病防控工作进行专项检查，对防控工作不力者进行行政处罚。

第三章 小学教育

1991年，曲阜市有小学246所，在校学生61299人。至1993年年底，曲阜市基本实现初等义务教育。1995年，整合优化教育资源，对全市农村中小学进行重新规划布局。2005年，全市小学由2001年134所调减到124所。至2013年年底，曲阜市有小学74所，其中市直及驻曲小学2所、镇街小学72所，在校学生35579人，适龄儿童入学率、巩固率、按时毕业率均为100%。

第一节 学校

城区小学

1991年，曲阜市有市直小学1所，即曲阜市实验小学。1993年，市实验小学分校与曲阜师范学校附属小学合并新建，迁至仓庚路，为第二所市直小学。1997年3月，在曲阜镇大庄村西、曲阜师范大学北邻新建市第二实验小学；次年8月，招收义务教育学前班1个和小学一年级学生1个班，在校班级4个，学生220人。1999年3月，曲阜市将第二实验小学改建为实验中学，设有小学部，后将小学部并入书院街小学。

1991年11月，鲁城街道办事处将盛果寺教学点并入长春学堂。1992年1月，大庄小学并入书院街小学。1992年9月，新建逵泉路小学，香港著名实业家田家炳捐资100万元用于学校建设，故更名为田家炳小学，古泮池小学迁入田家炳小学。1999年9月，五泉庄小学并入古城小学。2000年9月，南泉小学、葛庄小学、于庄小学并入田家炳小学。

随着教师新村等新城社区的建设发展，2005年，在鲁城街道苗孔村新建苗孔小学，占地面积3公顷，建筑面积8362平方米；8月，将时庄镇犁铧店小学合并到苗孔小学，更名为春秋小学。2007年，东关小学更名为鲁班小学。2008年，将长春学堂迁入孔子中学。2009年8月，舞雩坛中学改制为舞雩坛小学，东南城区适龄儿童就学压力缓解。2010年，鲁班小学1~3年级并入市实验小学。2013年8月，鲁班小学、长春学堂并入市实验小学。

曲阜师范大学附属小学是省直属学校。2004年9月，与曲师大附中合并，曲师大附中更名为曲师大附属中小学。

2008年11月，曲阜师范学校附属小学更名为济宁学院第二附属小学。

农村小学

1991年，曲阜市农村小学246所，几乎每个行政村设有小学。随着农村适龄入学儿童的减少，为如期实现九年义务教育目标，各乡镇采取合校并点，集中办学，减少投入，设立九年一贯制学校、完全小学和教学点。2013年，全市农村小学72所。

1991—2013年部分年份曲阜市农村小学基本情况统计表

表26-6

年份	学校数(所)	班数(个)	学生数(人)	教职工数(人)	教师学历达标率(%)
1991	246	1775	67148	2909	76.6
1995	216	1811	82783	2747	85.9
2000	170	1203	40446	2465	97.5
2005	124	967	26587	2799	99.5
2010	108	880	33206	2856	100
2013	72	911	35579	2641	100

2013年曲阜市小学名录

市直小学：实验小学

驻曲小学：济宁学院第二附属小学

鲁城街道：书院街小学　舞雩坛小学　田家炳小学　春秋小学　民族小学　古城小学

书院街道：书院街道中心小学　瓦窑头小学　旧县小学　西林西教学点　毕家村教学点

王庄镇：岳村小学　纸坊小学　康桥小学　辛庄小学　蔡庄教学点

石门山镇：镇中心小学　董庄小学　歇马亭小学　董大城小学　管村小学　后夏小学　前夏教学点　育才教学点

吴村镇：镇小学　峪口小学　郭店小学柳庄小学　崔屯小学

姚村镇：中心小学　席厂小学　陈寨小学　薛村小学　春亭小学　王村小学　孔村小学　西孔教学点　马厂教学点

时庄街道：大庙小学　薛村小学　坊岭小学　马村小学　代庄小学

陵城镇：镇小学杏坛小学　果庄小学　辛庄小学　南庄小学　北宫小学　东程小学　驻跸小学

小雪街道：镇中心小学　宣村小学　铁炉小学　三合村小学　白杨小学　孟子故里小学　西庄教学点

息陬镇：息陬镇小学　东陬小学　二张曲小学　终吉小学　夏宋小学　元疃小学　东夏侯小学　三峪小学

尼山镇：红军小学　尼山小学　幔山小学　大湖小学　余村小学　西魏小学　王庄小学　桑庄教学点　白村教学点　张马教学点　真维斯教学点　长座教学点

防山镇：中心小学　南河套小学　万柳小学　梁公林小学　颜子小学　土门小学　程庄教学点　高村教学点　陶东教学点　胡二北教学点

第二节　学制与课程

2002年以前，曲阜市小学实行五年学制；2002年，全部过渡为六年学制。

1991年，按照山东省课程开设统一要求，曲阜市小学1至2年级开设语文、算术、品德、音乐、体育、美术6门课程；3年级增设自然课；4年级增设社会课；5年级增设常识课。1992年，国家教委第一次将“教学计划”改为“课程计划”。次年秋，全市各校贯彻以德育为首，德智体美劳五育并举，全面发展的教育方针，将活动与学科并列为两类课程。1999年起，落实“三级课程”管理体制要求，规范国家课程、地方课程、校本课程以及活动课程、研究性学习课程的管理。主要课程设置为：1至2年级开设思想品德、语文、数学、自然、体育、音乐、美术7科，班队活动1节，体育锻炼、科技文体课4节；3至5年级增设劳动课1节、社会课2节、地方课程3节。2001年，小学课程逐年变更，1至2年级将“思想品德”改为“品德与生活”，3至6年级“思想品德”改为“品德与社会”。2002年，全国实施第八次基础教育课程改革试点，全市小学进入新一轮课程改革，新课程整体设置九年一贯制义务教育课程，小学阶段以综合课程为主，在开设必修课程的同时，设置丰富多彩的选修课程，开设技术类课程，试行学分制管理；综合实践活动列为必修课程。2003年，教育部公布实施《义务教育课程标准》，全国义务教育阶段各年级中小学生统一使用“新课标”新版教材，小学增设综合实践和地方课程。国家课程：小学1至2年级开设语文、数学、品德与生活、体育、音乐、美术；3至6年级增设英语；4至6年级开设品德与社会。地方与校本课程：1至2年级开设4节，3至4年级开设3节，5至6年级开设2节。“自然”学科改为“科学”。2007年，3至5年级“社会”课改为“品德与社会”。2008年，实施传统文化进校园，成为曲阜地方课程、校本课程的一大特色。2012年，将1至2年级“体育”增至每周4课时，3至6年级增至每周3课时。

曲阜市实验小学

第三节　小学选介

曲阜市实验小学

1991年，曲阜市实验小学（简称实小）地处曲阜明故城东门大街，占地2公顷，总建筑面积1.31万平方米。实小分校位于仓庚路中段，占地1.27公顷，建有教学楼一幢，建筑面积2436平方米。1992年，分校发展为一至五年级8个教学班，近500名学生，13名教师。1992年10月，中国教育学会中小学整体改革专业委员会第五届学术年会在曲阜市召开，实小的“和乐教育”整体改革在会上引发关注。1993年8月，分校移交曲阜师范附属小学。到1993年年底，拥有31个教学班，在校学生2597人，另有学前班7个，在校学前儿童607人，教职工153人。1994年8月，增办附属幼儿园，建幼教楼一幢。同年，被确定为山东省规范化学校。1996年3月，建仿古校门及音美楼、图书楼。1996年，在南泉小区建教工宿舍楼2幢，计64户5120平方米。1999年4月，被全国少工委授予红旗单位；同年9月28日，与日本国爱知县西尾市花木小学缔结为友好学校。2000年9月，被评为全国中小学现代教育技术实验学校。2002年9月3日，获全国中华文化经典诵读友谊赛贡献奖、熟练奖、创意奖。2005年，投入资金100余万元，为各班级配置计算机、实物展台、投影机、功放机等设备，通过宽带并入教育网。2008年4月，校本教材《杏坛魂》《弟子规易解》被评为中央教科所研究成果优秀奖。同年5月，举行抗震救灾心系汶川捐款仪式，师生捐款11万余元。7月22日，组织千名小学生在大成殿前集体诵读《论语》，拉开曲阜站奥运火炬传递帷幕。2009年，投资260余万元，建服务楼1幢，建筑面积690平方米。5月29日，中央文明办副主任王世明一行到实小考察未成年人思想建设工作，省文明办主任姜文军及济宁、曲阜两级市领导陪同考察。2011年5月17日，“中华慈善总会·父母学堂感恩教育”大型公益巡回演讲走进实小，开展学校感恩教育活动。11月5—6日，《弟子规》全国研讨会在实小召开，全国各地100余名传统文化研究专家与学者参加研讨会。2012年4月，实小被评为全国青少年道德培养实验基地。11月，山东省社会主义核心价值体系建设“四德”工程现场观摩会在实小举行。2013年，筹资430余万元，升级全校多媒体，全部实现计算机网络辅助教学；办公室及功能教室均安装冷暖空调；各科教学器材全部达到国家一类配备标准；新进图书室标准书架52组，图书4万余册。同年，实小自编自演的情景剧《读论语树和风》作为山东省唯一入选节目参加全国文明办中国未成年人网络春晚。5月30日，全校师生为六年级一患白血病学生捐款，募得善

款160422.36元。9月，鲁城街道鲁班小学、长春学堂合并至实小。2013年，实小有79个教学班，在校学生5160人，其中学校附属幼儿园27个班，1535人；在编教职工211人，专任教师学历达标率100%。

济宁学院第二附属小学（摄于2013年）

曲阜师范大学附属小学

1991年，曲阜师范大学附属小学位于大学院内，占地1.5公顷；有教学班10个，2个学前班，在校学生500余人，教职员工20余人。2001年，投入资金50余万元，为科室、教师办公教学配备电脑64台。7月，学校获全国第四届"永林杯"健美操比赛二等奖；9月，获全国创新杯"东西部少年手拉手"科学征文绘画大赛优秀组织奖。2002年2月，学校开通校园网。12月，被中国青少年发展基金会、"古文诵读"工程全国组委会评为中华古诗文经典诵读工程"全国优秀学校"。2003年，学校以"保护母亲河，捡回一片希望"为主题，开展一系列环保教育活动。配合团市委，开展"捐献压岁钱，种棵世纪树"活动，捐款6000余元。12月，在全国第二届"中华古诗文知识竞赛"中获得优秀组织奖；被共青团中央中国青少年发展服务中心授予"全国青少年小记者培训基地"。2005年8月，对面积3600平方米的附小操场进行塑胶化改造。2009年9月，代表济宁市参加省委宣传部、省教育厅主办的"经典古诗文诵读"比赛，获三等奖。2011年9月7日，全国著名的"动物小说大王"沈石溪到曲师大附属小学，和师生进行面对面交流。2013年，学校有教学班12个，在校学生560人，教职员工36人。

济宁学院第二附属小学

原名曲阜师范学校附属小学，1991年，位于曲阜师范学校南侧。1993年，迁至仓庚路中段路西；同年，市实验小学分校并入曲阜师范学校附属小学。2008年11月，更名为济宁学院第二附属小学。2013年，学校分小学部和幼儿园部。小学部占地1.25公顷，24个教学班，在校生1428人，专任教师87人，教职工128人；幼儿园部有幼儿教师41人，在园幼儿418人。

第四章　中学教育

1991年，曲阜市有高级中学4所，其中市直高中3所，驻曲阜高中1所；乡镇初级中学42所。1999年，新建实验中学1所。2013年，曲阜市有高级中学2所，初级中学22所，其中九年一贯制学校5所。

第一节　学校

驻曲和市直学校

1991年，曲阜市撤销第三中学（小雪）、第四中学（南辛），全市保留曲阜市第一中学、第二中学（王庄）、杏坛中学3所市直高中。1999年3月，曲阜市第二实验小学改建为实验中学，结束曲阜没有实验初中的历史。同年，曲阜一中停办初中班，增加高中招生数量。2002年，曲阜市在苗孔村西南新建曲阜一中，2003年8月投入使用，田家炳分校一并迁入。2008年，曲阜二中合并至曲阜一中田家炳分校。2009年4月，杏坛中学改制为初级中学。2013年6月，根据新城区德化社区规划，曲阜市建设济宁学院（曲阜）附属学校（九年一贯制），学校设计规模54个教学班，次年8月招生，并将陵城镇罗庙中学、小雪街道北林中学、北林小学并入。

镇街中学

1991年,曲阜市乡镇初级中学42所。1997年5月,陋巷中学堂更名为孔子中学。按照义务教育学校布局规划,缩小城乡差别,曲阜市对乡镇初中学校统筹调整,撤并一些学校。2013年,曲阜市镇街定点初中学校22所。

1991—2013年部分年份曲阜市初中学校基本情况一览表

表26-7

年份	学校数(所)	班数(个)	学生数(人)	教职工数(人)	教师学历达标率(%)
1991	42	494	22215	2194	77
1995	36	543	33026	1906	83
2000	33	621	32932	2666	97
2005	30	352	12223	2460	100
2010	24	397	20007	2116	100
2013	22	314	18182	2064	100

1991—2013年曲阜市部分年份高中基本情况一览表

表26-8

年份	学校数(所)	班数(个)	学生数(人)	教职工数(人)	教师学历达标率(%)
1991	4	54	3018	331	93
1995	4	65	3661	422	94
2000	5	110	6339	526	97
2005	4	223	14139	910	98
2010	3	183	9828	834	100
2013	2	166	10370	662	100

2013年曲阜市中学名录

高级中学

曲阜一中(含初中)　曲阜师范大学附属中小学(高、初、小三个学段)

初级中学

市直:杏坛中学　实验中学　济宁学院(曲阜)附属学校(九年一贯制)

鲁城街道:孔子中学

书院街道:书院街道中心中学　圣林中学

王庄镇:镇中心中学(九年一贯制)　冯村中学

石门山镇:中心中学

吴村镇:镇中学

姚村镇:镇中学

时庄街道:街道中学(九年一贯制)　第二中学(九年一贯制)

陵城镇:镇中学　章枣中学(九年一贯制)

小雪街道:街道中心中学

息陬镇:镇中学　春秋中学

尼山镇:昌平中学　尼山中学

防山镇:镇中心中学

第二节　学制与课程

1991—2013年,全市高级中学、初级中学学制均为3年。

高级中学课程设置

1991年,高级中学开设语文、外语、数学、政治、历史、地理、物理、化学、生物、音乐、美术、体育等课

程。曲阜一中在实施国家规定课程中于高中一年级开设人口教育课，扩大学生知识容量，1993年10月，联合国人口基金项目中期评估对曲阜一中人口课的开设给予高度评价。2001年，全市高中学校增加信息技术和通用技术课程。2004年，将体育课改为体育与健康课，增加综合实践课程和校本课程（选修课课程）等；9月，进入新一轮课程改革，全面开设《课程方案》规定的语言与文学、数学、人文与社会、科学、技术、艺术、体育与健康和综合实践活动8个学习领域课程。学习领域科目包括语文、数学、外语（英语等）、思想政治、历史、地理、物理、化学、生物、技术（信息技术、通用技术）、艺术（或音乐、美术）、体育与健康等。学校开齐所有科目，并开足课时。

初级中学课程设置

1991年，初中课程开设语文、数学、英语、物理、化学、生物学、思想品德、历史、地理、音乐、体育与健康、美术等课程；5月，教育部重新颁布《中学政治课教学计划试行草案》，在初中一年级开设青少年修养，二年级开设法律常识，三年级开设社会发展简史。8月，教育部决定从新学年开设法律常识课，并将这一课程列为初中毕业生考试课程之一；初中二年级增加几何和物理，初三增设化学，其中地理课程在初二年级结业。自2001年开始，三个年级开设信息技术、劳动技术、综合活动实践等课程。地方课程主要开设山东历史、山东地理、济宁历史、济宁地理；部分学校增设国学读本。校本课程依据学校实际自行开设，主要开设德育、艺体等课程，设立音乐、舞蹈、文学、绘画、书法、体育等多种活动兴趣小组。

全市初中学校于2003年9月进入新一轮课程改革。新课程结构整体设置九年一贯制义务教育课程。2009年后，曲阜市执行"山东省基础教育课程改革实验区义务教育阶段课程安排"。

第三节　中学选介

曲阜市第一中学

1991年，曲阜市第一中学（简称市一中）位于曲阜明故城孔庙西侧，占地4.87公顷，拥有24个教学班（高中18个，初中6个），1200名在校生，教职工187人。1991—1992年，建设综合实验楼，建筑面积2860平方米；投资10万元，恢复"四氏学"老大门。1996年秋季，市一中新教学楼建成启用，建筑面积2200平方米。在1996年中考、高考中，市一中升入重点高中和大中专院校300余人，升学率为85%；文科数学成绩获济宁市重点中学第一名。1997年，学校有42个教学班，在校学生3400余人，教职工219人，有专任教师164人，其中具有本科学历141人，专科学历23人，高中教师学历达标率为99%，初中教师学历达标率为100%。同年10月，市一中撤销初中部，扩大高中招生规模。1999年，市一中语文学科成绩获济宁市重点中学第一名。同年，香港实业家田家炳捐资300万元，建设田家炳中学，位于市一中校园路南原通相圃居民区，占地4公顷，总建筑面积5.1万平方米。同年，学校被命名为省级规范化学校。2000年，学校创办《明德学刊》《明德苑》和《明德报》，编撰出版校本教材《论语精选》，强化学生道德教育。2002年1月，市委、市政府决定整体迁建市一中。迁建工程于当年10月启动，2003年9月建成投入使用。新校位于春秋西路，占地29.67公顷，设计120个教学班，在校人数6000人，建筑总面积11.3万平方米，其中教学楼、实验楼3.7万平方米、综合教学楼（办公楼）1.4万平方米、图书馆6600平方米、学生公寓3.8万平方米、学生食堂1.2万平方米、学术报告厅1500平方米以及其他教学辅助设施等，总投资1.5亿元。2003年，学校有84个教学班，4800名在校学生。2004年，本科一批上线474人，重点本科录取166人，音、体、美录取85人。2005年，发展到100个教学班，在校学生6200人，有教职工424人，其中高级教师63人、中级教师119人。同年9月25日，香港霍英东集团公司副总裁、启能投资有限公司董事霍启刚到学校参观考察，市一中聘任霍启刚为学校名誉校长。2006年1月，市一中探索"3+X+1"考试复习方法，同年高考本科一批上线536人，实际录取650余人，创历史最好成绩。2007年11月3日，2002级学生赵辉获得2007年度亚洲赛艇锦标赛冠军。2008年5月16日，全体教职工向四川地震灾区捐款近11万元；同年8月，曲阜第二中学自王庄校区迁至市一中校区。2009年12月，在第四届全国中小学优秀报刊评选中，市一中校刊《明德报》获特等奖。2010年9月，学校推行王军励志教育三大步模式；同年12月，开展以"青春　梦想　励志　成长"为主题的校园文化艺术节活动。

曲阜市第一中学办公楼（摄于2013年）

2011年6月21—22日，全国第三届励志教育论坛及曲阜一中实践汇报会在学校举办；同年，学校改革教学管理机制，实行级部负责制，分高一、高二、高三3个级部，级部又分为A部和B部，每部设主任1人、副主任3人；7月20—24日，学校通过竞聘演讲、答辩等形式，确定6名部主任、18名副主任。2013年9月29日，孔子教育奖获奖代表及联合国教科文组织官员到学校参观考察。到2013年年底，学校共有116个教学班，在校学生6590人，教职工580人，其中高级教师122人，中级教师203人。

曲阜师范大学附属中学

1991年，曲阜师范大学附属中学位于曲阜师范大学西邻，静轩西路57号，占地面积5.7公顷，有8个教学班（高中4个，初中4个）。1992年7月，与美国密苏里州圣路易市中学结为姊妹学校。同年9月，与市酒厂、市啤酒厂、省水利学校等单位开展合作办学。1994年3月，学校编印《中学教育信息报》。同年6月，被授予“全国先进体育传统项目学校”称号。1995年，学校有4个高中毕业班，毕业生207人，本科上线73人（含保送生14人），本科上线率37.8%，高考升学率76%，在济宁市14所重点中学中获得第一名，学校获济宁市高三教学质量一等奖。1996年，学校被确定为省级规范化学校。1997年5月，获得曲阜师大学生7号楼使用权，建筑面积7410平方米，解决学生宿舍楼紧张问题。10月，学校图书办公楼建成启用，共三层，建筑面积3050平方米。1998年，学校高一扩为8个班，初一扩为6个班，全校共计35个班，在校学生2600人。1999年，学校招生39个班，其中高中22班、初中17个班。12月，创办《校园生活报》。2002年，学校主办山东省“教育信息技术与学科教学整合的理论与实践”研讨会。4月，学校“首届科技文化艺术节”开幕。12月6日，学校期刊《教育家》创刊。同年，学校投入310万元修建塑胶体育场和篮排球场。2003年1月26日，学校首届中学生访美代表团到美国佛蒙特州，以家庭住访、学校随同上课形式进行为期三周的访问。2004年8月25日，曲阜师范大学党委研究决定，附中、附小实行一体化办公，成立曲阜师范大学附属中小学（对外仍称曲阜师大附中、曲阜师大附小）。12月27日，“华夏园丁大联欢——2004山东之旅”活动在曲师大附中举行，中国内地及港、澳、台地区和新加坡等300余名华夏教师代表及教育界人士参加活动。2005年3月，学校与韩国CTS公司、曲阜师大国际交流处达成招收韩国留学生协议。同年，曲师大附中在济宁市14所重点高中中获“双第一”——高考本科升学率第一和重点大学录取率第一。7月，教学楼竣工并投入使用，总建筑面积6498平方米。2006年7月26日，由省高级中学协会和台湾“中华中等教育学会”主办，曲师大附中承办的“2006海峡两岸高中学生辩论赛”开幕。2008年，在给汶川地震灾区献爱心捐款活动中，曲师大附中师生捐款155437.5元。2009年，学校实行“年级负责制”，公开竞聘小学、初中、高一、高二、高三级部5名主任和6名副主任。2010

2006年7月26日，曲师大附属中学主办2006海峡两岸高中学生辩论赛现场。该活动获山东省对外交流一等奖

杏坛中学大门（摄于2013年）

年12月，《曲阜师大附中报》获全国中小学优秀校报校刊“最佳校报一等奖”“最佳版面奖”。2013年，学校占地面积5.7公顷，校舍建筑面积3.22万平方米，有教学班66个，在校学生3884人，全校教职工229人，其中特级教师6人、副教授1人、硕士研究生导师7人、高级教师69人，有省和济宁市学科带头人、教学能手、骨干教师和优质课一等奖获得者87人。

曲阜市杏坛中学

1991年，曲阜市杏坛中学属于市属高级中学，位于春秋中路，占地面积为5.47公顷，建筑面积3.96万平方米。1993年，学校有20个教学班，在校学生1080人，教职工136人。2000年，学校续建东教学楼，加大招生规模。2004年，有54个教学班，在校学生3210人；同年，本科上线196人。2005年，编写校本教材《地理乐园》。2009年，学校改制为初级中学，第一届初中招生18个班，学生1090人。学校提出“建齐鲁名校创杏坛品牌”目标，内强素质，外树形象。同年，编写校本教材《论语诵读》。2012年学校首届初中毕业生中考成绩500分以上126人，位居全市学校第一名。同年，教师王计波、陈登民、张来萌等获全国自制教具比赛二等奖。其中陈登民获全国十佳优秀科技辅导员奖，到2013年底，他连续4届进入全国青少年科技创新大赛决赛并获3块金牌，获发明专利1项。2013年，编写校本教材《快乐阅读》；教师主持研究国家级课题5项；杏坛中学学生在“开启天宫的梦想”全国青少年航天科技知识竞赛中获1名优胜奖、3名参与奖。至年底，学校有52个教学班，在校学生3289人，教职工259人。

曲阜市实验中学

1997年3月，市政府决定在曲阜镇红星居民区新建一所小学，定名为“曲阜市第二实验小学”，为副科级事业单位，属市直学校；是年，学校招收周边村居义务教育范围内一、二年级2个班共90名小学生入学，暂借市聋哑学校进行教学、办公。1998年10月，学校师生由市聋哑学校迁入新址。12月，市委、市政府决定将“曲阜市第二实验小学”改建为“曲阜市实验中学”，系义务教育三年制初级中学，为正科级事业单位。1999年6月，市实验中学停止小学招生；7月，学校招收8个初中教学班，共577人，在校班级12个，在校生总人数为797人。2000年6月，学校获“全国教科‘九五’规划重点课题（子课题）《素质教育与学校体育模式》试验学校”称号。2001年3月，学校改革办学体制，实行联合办学、公办民助，开始由单一义务教育制转向义务教育制和非义务教育走读式、寄走式、寄宿式等多元制办学模式，寄宿择校生单独编班，单独管理。2002年5月，学校与市一中联合举办“初高中衔接教育实验与研究班”，通过考试在全市范围内择优招收100名学生组成2个实验班，并于初中毕业时直接升入市一中。同年，学校获全国教育科学“十五”规划教育部重点课题《素质教育与学校体育整体改革》实验学校称号。2003年9月，实行级部负责制。2005年，学校投资50多万元为18口教室配置多媒体设施，各处室、办公

2009年5月6日，曲阜市实验中学建校十周年庆典活动现场

室配备计算机，建成“校园网”；同年9月，市园林古建筑工程公司（鲁城街道大庄居委）在学校设立园林古建奖学金，每年度提供2万元，用于学校奖学奖教。2006年4月，取消学校公办民助体制。同年，学校获中央教科所“十一五”重点科研课题《传统文化与语文教学》实验学校称号。2008年7月，取消实验班招生；加强寄宿班管理，实行“双班主任制”，改革班级管理办法，实行“五星级评价”和学生综合素质评价。2010年6月，与孔子中学实行联合办学。2011年，二期工程暨综合楼开工建设。2013年8月，学校综合楼及其内部设施建成并正式投入使用。到年底，学校总占地面积4.91公顷，建筑总面积21673.5平方米，有37个教学班，在校生2345人，在校教职工为144人。

春秋中学

息陬镇春秋中学始建于1991年4月，因位于孔子作《春秋》处而得名。1992年12月，息陬联中、夏侯联中并入，学校占地6.07公顷，建筑面积1.09万平方米，设12个教学班，有在校学生738人、教师49人。1993年8月，夏宋联中并入，教学班增至28个，有在校学生1886人、教师67人。2009年，通过济宁市规范化学校验收。2011年，被评为济宁市中小学管理工作先进单位，同年，创建成为山东省第十五批省级规范化学校。2012年、2013年，中考过500分以上人数居曲阜市镇（街道）中学第一名。2013年9月，学校新建餐厅楼、学生宿舍楼各1幢。同年，学校被评为济宁市初中教育教学工作先进单位。到年底，学校有23个教学班、在校学生1087人、教职工86人。

第五章　职业教育

1991—2013年，曲阜市职业学校立足经济和社会发展实际，合理布局专业设置，突出多专业、多渠道的特色，重点发展机电、汽车维修、工程机械等专业，适应经济转型发展；曲阜中医药学校整合中医、中医护理、针灸推拿和中药等4个重点专业，光大中华医药传承；儒源经贸学校突出经贸专业特色，重点发展贸易物流；行知职业学校则突出技工专业，重点开设模具、数控类专业。各职业学校均建立面向市场、适应社会需求、科学合理的人事管理机制，形成吸引人才、稳定队伍的激励制度。探索校企合作、工学结合新思路，加大校企合作力度。组织教师到企业与管理人员、一线技术专家探讨和交流，将行业标准引入教学；让企业参与教学、指导学生实训、提供实训和就业岗位。学校为行业企业输送人才、培训技术人员、提供技术服务，形成互惠双赢的良性机制。

第一节　普通中专

山东省曲阜师范学校

济宁学院初等教育学院前身是曲阜师范学校，位于明故城鼓楼街。1991年，学校占地6.67公顷，总建筑面积28230平方米，内设办公室、教务处、政教处、总务处、工会、团委等，教职员工180人；有美术专业和普通中等师范两类。1991年4月，国务院原副秘书长、总理特别助理陈楚考察学校。7月1日，解放军总参谋部军务动员部原部长曹宇光少将考察学校。1992年起，施行《全国中等师范学校课程方案》。《方案》将中师课程分为必修课、选修课、课外活动、教育实践四个部分，必修课开设语文、数学、教育学、心理学、政治、历史、地理、物理、化学、生物、劳动技术11门学科。8月，邹县师范学校撤销，176名学生并入曲阜师范学校。1993年6月，与曲阜市实验小学（分校）合并而成的附属小学得以恢复；同年，曲阜师范学校被评为省德育工作先进单位。1995年9月29日，学校举行建校90周年庆典，全国人大常委会原委员长万里为母校发来贺电：“衷心祝贺母校建校九十周年！希望培养更多更好的教育人才。”1996年，学校通过山东省规范化师范学校验收。1997年，学校与曲阜市人民政府签署协议，将位于南门外操场土地转让给地方进行商业开发，市政府在龙虎小区划拨土地用

建于1931年的曲阜师范学校“工”字楼（当时的教学楼）（摄于2013年）

于教职工宿舍楼建设。2000年4月，山东省进行中师布局结构调整，全省54所中等师范压缩为29所，曲阜师范自当年9月起取消三年制中师招生，挂靠济宁师范专科学校招收五年一贯制师范专科（又称“3+2”，前3年为中专层次，后2年为专科层次），实现由三年制中师向五年一贯制专科的过渡。同年7月，兖州师范学校撤销，并入曲阜师范学校。到2000年6月与兖州师范合并前，曲阜师范学校总资产1900余万元，在校学生950余人，教职工163人，其中专任教师118人，高级讲师37人。2000年11月11日，教育部副部长王湛、山东省副省长邵桂芳到学校考察。11月15日，中共中央政治局委员、山东省委书记吴官正到学校考察，后来信称赞学校后勤社会化工作。

1991—2000年，曲阜师范学校相继建起办公楼、学生餐厅、图书馆、逸夫体育馆、学术会堂，办学基础设施不断得到改善，培养三年制普通师范毕业生3120人、美术专业生372人、音乐专业生31人、职业中专生170人。2001—2008年，培养三年制普通师范生742人，三年制幼儿师范生187人、职业中专生635人（幼儿教育专业），五年一贯制师范专科生2120人；先后建起科技楼、沿街门头和2幢学生公寓楼，增建面积7400余平方米，建有实验室9口、微机室5口（配备教学计算机300台）、语音室2口，所有教室均实现多媒体教学，建有校园网络、监控设施和塑胶操场，音乐、体育、美术教学设施齐全，图书馆藏书4.9万余册。

2004年3月，学校启动百年校庆筹备工作。3月，万里委派长子万伯翱、四子万晓武到曲阜师范学校赠送《万里文选》等图书。11月8日，委派女儿万叔鹏赠送“百年曲师”题词。2005年3月，“万里题词碑”落成。4月，由全国人大常委会原副委员长田纪云题写书名的《万里与曲阜师范》出版。4月11日，万里在中南海家中接见曲阜师范学校校长宋思伟，听取办学情况汇报。2005年9月16日上午，曲阜师范学校召开建校百年庆典大会，万国权、楚庄、张发强、万伯翱、李殿魁、贾万志、张术平等国家、省、市领导和特邀嘉宾300余人出席。2006年9月16日，由万里家人出资建设的“万里网球场”举行落成仪式，万里委员长长子万伯翱、次子万仲翔、山东省人大常委会副主任曹学成、济宁师专党委书记王应进、曲阜市委书记张术平、市长江成等出席。同年，学校被评为山东省民主管理先进单位。2007年11月，韩国前总理李寿成受聘为学校特聘教授。到2008年年底，曲阜师范学校占地14.09公顷，总建筑面积73084平方米，教职工297人，在校学生2791人，固定资产5470余万元；有63名专任教师获得硕士学位，承担山东省和济宁市级课题48项，在省级以上报刊发表论文180余篇，有83人晋升高级讲师、2名教师被评为山东省特级教师、2人被评为济宁市有突出贡献的中青年专家；毕业生总就业率为95%。同年11月，曲阜师范学校整建制并入济宁学院，成立济宁学院初等教育学院。

济宁学院初等教育学院（曲阜师范学校）万里题词碑（摄于2013年）

曲阜中医药学校

1991年,曲阜中医药学校是曲阜市属中等专业学校,位于城西郊岐黄街。2008年,市政府通过教育资源整合,将原曲阜市第二中学校舍划归曲阜中医药学校,成立曲阜中医药学校北校区。2010年,市政府将校场路原山东水利职业学院曲阜校区(含曲阜农场)购置后划归曲阜中医药学校使用,设为中医药学校中心校区。2013年,学校拥有4个校区,总占地面积35.33公顷,建筑面积11.07万平方米,拥有158口现代化实验室、多媒体教室和价值3200万元教学仪器与实训设备。

1991年,曲阜中医药学校设置三年制针灸及中医护理2个专业。1994年,举办成人中专"中西医"函授两个班,并开展乡村医生培训。1997年10月,增设中药、中医骨伤和中医医疗专业,学校所设专业增加到5个,即中医骨伤、中医护理、中医针灸推拿、中医医疗、中药,中医骨伤专业填补山东省中专教育专业空白;在校学生增至1320人。同年,学校与福建省漳州师范学院联办职业中专班,迈出跨省办学路子。1998年,与济宁高级技校联办中药制剂专业。1999年,被认定为国家中医药管理局建设达标学校;2000年,被认定为省部级重点中专;2001年,被评为山东省中专体育先进学校,被列入国家中医药管理局重点示范中专学校。2002年,学校设有中西医结合、中药、中医护理、针灸推拿、中医骨伤、中药制剂、中药营销7个专业。2003年,被认定为国家级重点中专学校。2006年,省中医管理局将曲阜中医药学校列为全省乡村医生中医专业中专学历教育培训基地,负责鲁南5地市乡村医生中医专业中专学历教育培训工作。到2007年年底,共招收培训乡医学员2400人。2008年,在北校区实施乡村医生卫生保健专业中专学历教育培训项目。2009年,曲阜中医药学校被济宁市人社局公布为济宁市中医药职业技能鉴定所。2010年,国家中医药管理局公布曲阜中医药学校为全国农村中医药知识与技能培训示范基地,国家中医药管理局中医药特有工种职业技能鉴定中心在曲阜中医药学校设立中医刮痧师实训基地和中药调剂员实训基地,在全国招收并培训609人,保健刮痧师招收并培训学员424人。2011年,曲阜中医药学校拥有中医、中医护理、针灸推拿、中药4个示范校重点建设专业和中医康复保健、营养与保健、农村医学、中药制剂等8个骨干专业。同年,省卫生厅、教育厅公布曲阜中医药学校继续举办中等中医专业学历教育,招生数量为每年500人,成为山东省唯一一所保留招收三年制中医专业中专学历教育资格的学校。2012年,学校牵头编写《山东省中等职业学校中医护理专业教学指导方案(试行)》。同年,学校被列为国家中等职业教育改革发展示范学校项目建设学校,被评为全省职业教育先进单位。2013年,学校中药专业被省教育厅列为省级品牌专业建设项目。

山东省水利学校

1991年,山东省水利学校位于校场路,隶属于山东省水利厅,占地18.27公顷,建筑面积5.46万平方米,教职员工496人,设有农田水利工程、水利工程、水文水资源、机电排灌、水利财务会计、机电技术应用、工业与民用建筑、水政水资源管理、水利工程运行与维护、给水与排水、工业企业电气化、计算机及应用、文秘与档案等13个专业,有普通班、委培班、农民合同制班及各类短训班等多种办学形式,在校学生1331人,学校藏书12万册。1993年9月,被列为省部级重点中专,当年被评为省教育先进集体。1994年,被列为国家级重点中专。1995年,校办产业完成产值1191.5万元,创利税23.89万元。1996年2月,获全国绿化先进单位、全国部门造林绿化400佳单位称号。1997年,校办产业晋升国家中(二)型企业,总产值1800余万元,利税160万元。1999年,获山东省十佳中专学校称号。同年7月,山东省水利职工大学移设至山东省水利学校,两校合署办学。2002年,普通中专开设水利工程、农田水利、机电排灌、给水与排水、工业与民用建筑、建筑装饰、机电技术应用、工业企业电气化、用电管理、自动化控制、水土保持、水政水资源管理、财务会计、计算机应用、水文水资源、市政工程施工、汽车拖拉机运用与维修、建筑预算与监理18个专业;学校招生1620人,全日制在校生4297人,毕业1841人。同年4月,山东省水利学校晋升为山东水利职业学院。

第二节 职业高中、中专

1991年,曲阜市有职工学校1所、技工学校1所、

职业中学3所，在校学生2305人，教职员工201人。6月，曲阜市第一职业高中(息陬校区)更名为曲阜市职业中等专业学校(简称市职业中专)，设有农学、牧医、财会、机电4个专业，教学班12个，在校生451人，教职工61人。1992年9月，市职业中专新校第一期工程竣工使用，市职业高中(北关校区)迁入，市职业中专设立第一职业高中(息陬)、第三职业高中(时庄)两处农村分校和实习基地。同年学校整合后增设化工、宾馆服务专业；与曲阜师范大学历史系、曲阜市文物管理局联合举办文博专业。全校开设专业12个，有29个教学班，在校学生1239人，教职员工171人。1994年3月，市教委将“济宁电大曲阜分校”划归市职业中专，当年招收经济信息管理、会计学专科班91人；与曲阜市保安服务公司、宁阳县民政局联合举办保安专业和艺术(音乐)专业，招收艺术专业120人、保安专业116人；增设服装专业，招生26人。1995年，学校财会模拟室建成启用；时庄分校增设“汽车驾驶与维修”专业，招生142人。同年，学校被评为山东省教书育人先进单位，被列为省级重点职业中专。1996年，增设电子技术专业，招生37人。成立市计算机应用能力培训考核办公室，负责曲阜市国家公务员、专业技术人员计算机应用能力培训，当年通过计算机初、中级培训考核人数近万人次。1999年，曲阜市被列为全省25个“双元制”试点县(市)，市职业中专从实际出发，进行“双元制”职业教育模式探索与尝试，采取以实践教学为主的教学模式。10月，建立鲁(山东省)—巴(德国巴伐利亚)职业教师资格培训中心鲁西南培训基地。学校实行产教结合，发展校办产业，拓展校内外实习基地，办起服装厂、实习宾馆、实习饭店、汽修厂、机械厂等。2000年5月，曲阜市职业中专被列为国家级重点职业中专。次年5月，济宁市中等职业学校“三孔杯”职业技能表演大赛在曲阜市职业中专举行，大赛设微机、礼仪、保安、财会和服装5个专业技能项目，22个代表队(含普通中专)780余名选手参赛。7月23日，教育部部长陈至立到曲阜市职业中专考察，对学校办学情况给予肯定。2001年9月，市教师进修学校、市技工学校并入市职业中专。2002年，市职业中专被教育部、劳动和社会保障部、国家经贸委授予“全国职业教育先进单位”称号。8月，市职业中专息陬分校停止招收全日制中专班，改设为曲阜市中小学职业技能创新教育实践基地，建立科普、环保、农业科技、美工、缝纫、钳工、车工、音乐、美术等22个活动室，以及林果园、温室花园2个园地和1个养殖场；当年，全市初中二年级学生分期分批到基地接受为期一周的实践创新教育。次年2月，学校将城区校16个专业和综合高中班划分为电学科、计算机科、机械科、综合科、艺体科、高中科，撤销文化课和专业课教研组；与山东省广播电视大学、山东旅游职业学院联合举办“三二”连读大专班。2004年，市职业中专招收新生1132人，创历史最高纪录。同年11月，被评为山东省中等职业学校教学示范校。2006年，与光彩教育集团、曲阜师范大学物理工程学院联合承办贵州省毕节地区培训扶贫中职生项目，培训中职生1521人，全部安置到广东深圳、山东省东营市沿海地区就业。市中小学职业技能科技创新教育实践基地更名为市中学生素质教育基地，设有活动室20个，有学生公寓床位300张、学生餐厅20间、洗衣房1处，承担曲阜市29所初中二年级学生培训任务，培训采取轮训方式，集中在“基地”生活实践一周，统一安排食宿，统一配发训练服装，实行封闭式、军事化管理。2006年1月至2007年12月，市中学生素质教育基地举办培训班46期，培训学生8536人。2007年，市职业中专“三二连读”大专班停止招生。学校扩大招生区域和招生网络，从贵州省遵义市招收汽车维修专业学生40人；成人电大开放教育有在校生310人；培训勇马重工企业员工160人。2008年，建成1200平方米机械加工实习基地；开设校园网站，建立校内网络办公系统，实现办公现代化，出版校刊《曙光》。2010年，校刊《曙光》获第五届全国中小学最佳校刊一等奖、优秀编辑一等奖、最佳版面奖。同年5月，因京沪高铁连接线建设，曲阜市中学生素质教育基地迁至王庄(原曲阜市第二中学)。2011年9月，市职业中专与山东理工职业技术学院签署联合办学协议，设立山东理工职业学院曲阜校区、山东理工职业学院孔子文化旅游管理学院；中国传媒大学在市职业中专设立文化产业人才培训基地。2012年8月，中学生素质教育基地迁至市职业中专东校区（原技工学校)，2013年停办。到2013年年底，市职业中专开设旅游服务与管理、美术绘画、音乐、学前教育、会计、计算机应用技术、服装设计与工艺、机电技术、数控加工技术、汽车运用与维修、运动训练等专业12个，教学班46个，在校生1490人，教职工309人。

第三节 技工教育

1991年，市技工学校位于静轩西路，于1986年创办，是一所培养中级技术工人的职业学校，学校占地面积4公顷，建筑面积12780平方米，工厂占地面积0.36公顷，建筑面积2800平方米。自创办到1995年，向曲阜市及周围县市厂、矿、企事业单位输送技术工人816人，其中砖瓦抹灰工165人、钳工130人、车工133人、井下电钳工120人、烹饪70人、电工58人，其他140人。1995年，学校固定资产680万元，有车工实习工位7个、钳工实习工位100个、微机12台，实验室、音像教室各1口，设有政工科、教务科、学生科、实习科、总务科、企业管理科，在校学生912人、教职员工50人。1998年，兴建综合楼和职工宿舍楼，建筑面积1.01万平方米，在校学生948人。1999年，学校占地4.13公顷，建筑面积近2.4万平方米，建有教学楼、实习楼、综合楼、师生宿舍楼、学生食堂、体育场、校办工厂等，教职员工68人，在校学生980人，固定资产2200万元。学校设有微机、电工、焊工、车工、钳工、砖瓦抹灰、烹饪、营销、矿电、矿钳等十几个工种。同年12月，晋升为一类技工学校。2000年，市技工学校划归市教育委员会管理。2001年，市教委将技工学校、教师进修学校并入职业中专，实行人、财、物统一管理。2008年年底，市职工中专划归市劳动和社会保障局管理，并加挂市技工学校牌子。2008—2011年，围绕企业需求，走校企合作办学路子，相继开设机电一体化、市场营销2个专业课程，招收技校学生162人，这些学生全部安置到曲阜圣阳电源公司和曲阜市百意超市工作。2012—2013年，拓宽学校培训渠道，同有关企业联合开设多种特色专业，主要有机电一体化、市场营销、电工电焊、面点烹饪、缝纫、家政服务培训与招生，学员毕业后安置到曲阜有关用工企业，就业率100%。

第六章 成人教育

20世纪90年代，曲阜市成人教育向多层次、多样化发展，逐渐形成以面授、函授、广播、电视、自考等多种形式结合，公办学校和民办学校并举，学历教育与非学历教育同存的格局。2000年后，成人教育呈现多元化、网络化、产业化发展趋势。

第一节 农民教育

成教中心和农民文化技术学校

1991年，曲阜市有村农民文化技术学校373所，以政治教育、文化扫盲和技术培训为主要职能。1993年，各乡镇均建起一所高标准多功能的成教中心，各行政村建起农民文化技术学校，有固定教学场所，配备校舍、图书、仪器等基本条件。为完成市政府扫盲目标，村农民文化技术学校主要坚持"一扫、二堵、三提高"方针，按需开展成人教育，实行扫盲和实用技术培训相结合。至1995年年底，全市13个乡镇、495个行政村全部建起成教中心和农民文化技术学校，乡村办学面100%，青壮年非盲率99.8%。1997年，各乡镇成人教育中心举办绿色证书

2012年4月19日，曲阜市农广校南河套教学班开学典礼现场

班，绿色证书班学生可以参加普通高中升学考试。各乡镇成人教育中心一校多牌，将党校、人口、科普、农业技术推广融为一体，到2000年年底，全市共有6个乡镇成教中心被认定为省级示范成教中心。2002年，防山乡成教中心冬枣种植技术培训，为尚庄村提供冬枣种植技术，使尚庄村成为远近闻名的冬枣种植村。2005年秋，董庄乡程庄村通过乡成教中心培训，学习寿光蔬菜大棚栽培技术，发展蔬菜种植产业，实现经济创收年年增长。2006年，全市初中“绿色证书班”停办，各乡镇成教中心职能转化到乡村文化大院，农民教育主要依靠镇街文化科技服务和村自治教育。

农村劳动力转移培训阳光工程

2004年起，曲阜市实施农村劳动力转移培训阳光工程，实施分为两个阶段。第一阶段（2004—2010年）：对农村劳动力开展非农行业职业技能培训，促进和引导农村富余劳动力向非农产业和城镇转移。7年间，曲阜市农业局共培训转移农村劳动力1.43万人。第二阶段（2011—2013年）：自2011年起，农村劳动力培训“阳光工程”由农民外出务工就业培训向就地就近转移培训转变，由城镇二、三产业向服务农业农村经济社会发展转变，重点面向农业产前、产中和产后服务，以及对农村社会管理服务领域的从业人员开展短期技能培训，以加快培育专业化的现代农业产业劳动力队伍，促进农民增收，为现代社会发展和新农村建设提供人才支撑。3年市农业局共培训农民3500人。

新型农民培训

2008年，曲阜市实施中央新型农民科技培训工程。培训涉及全市12个镇（街道）50个村2000名村民（每村40名村民），其中以粮食为主导产业村15个、蔬菜6个、果树14个、花卉13个、水产养殖2个。每个村进村集中培训15次，全年共开展技术培训750期，组织技术人员现场指导794次。2012—2013年，根据曲阜市粮食、蔬菜生产实际需要，市农业局在全市选择200个主导产业突出村作为科技示范村，实施新型农民科技培训工程，其中粮食专业村138个、蔬菜专业村40个、果品专业村22个。在专业村内，每村确定一名农民辅导员，全市共确定200名。本着服务方便和示范作用原则，每村由农民辅导员和村委会确定20户科技示范户。全市共确定4000户科技示范户参加，市农业局开展集中培训15场次。

第二节　职工教育

1991年，曲阜市职工学校位于仓庚路，占地0.39公顷，建筑面积1000余平方米，有教室11口、办公室9间，学校设有会议室、微机室、图书室等，有在校学生1100人，教职员工15人。1992年，更名为曲阜市职工中等专业学校（简称市职工中专），为副县级事业单位，是对曲阜市企事业单位职工进行文化、技术、职业道德、素质培养、岗位培训及就业前学历教育的综合性成人中等专业学校，设企业管理、财务会计、机电、酿造专业，有脱产、业余学习两种，学制二、三年不等，招生初中毕业文化程度的在职职工。1993年，市职工中专有在校学生400人，教职员工18人。同年，曲阜市被授予山东省职工教育先进市（县）称号。1994—1995年，招收学员560余人，毕(结)业学员240余人。组织全市企业中层干部、车间主任培训1200余人次，开展企业工人班组管理教育、岗位技能培训，受训工人4万余人次。1995年，市职工教育办公室被评为省职工教育先进单位。1996—1998年，培训厂长(经理)、车间主任、工程技术人员、工商干部、财会人员职称考前培训、会计上岗培训等6700人次，向社会输送机电、机械、计算机、外贸、财会等专业毕业生478人。1998年，有脱产班7个、业余班1个、短期班4个，在校学生795名。1999—2000年，举办会计电算化、财会人员上岗证书、会计人员继续教育、职称考前辅导、计算机应用能力初级证书、物业管理、化学危险品生产厂长（经理）、工商管理高级培训等短期培训班等1万余人次。

2001年，市职工中专划归市教委管理，市教委侧重在职工中等学校安排全市职工职业技能培训、下岗工人再就业培训和工人上岗培训等。2001—2008年，学校增设计算机应用、机电一体化工程、电子技术应用、经济管理、财务会计等专业，举办财会人员上岗证书、会计初中级职称考前辅导、会计人员继续教育、计算机应用中初级证书、物业管理、特种工种上岗证、安全生产管理、农民工转移、就业与再就业技能职业资格证书、工商管理等培训工作，培训各类人员1.2万人次。2007年12月，市技工学校合并到市职工中专。2008年年底，市职工中专划归市劳动和社会保障局管理，并加挂市技工学校牌子。

2008—2011年，深入企事业单位进行调查研究，根据企事业单位职工不同情况，采取长短结合，岗前岗后结合，开展会计培训、创业培训、阳光工程培训、工会干部培训等，培训职工3.2万余人次；2012—2013年，培训2.6万余人次。2013年，学校固定资产850余万元，有教职工31人，主要开展创业培训、技能培训、再就业培训、复退士兵培训、食品安全培训、公共场所从业人员培训，全年共开展培训213班期，超过万人次。

第三节 学历教育

1991年，曲阜师范大学设有函授部，开设各专业专科、本科高师函授。济宁广播电视大学在曲阜市设有分校招生。1992年，山东省中学教师“三沟通”培训在曲阜招生学员620人，其中本科84人、专科536人，分别毕业78人、413人。1993年，曲阜师范大学成立成人教育学院。1994年3月，济宁广播电视大学分校划归曲阜市职业中专，纳入规范管理。同年9月，电大学历教育招收经济信息管理、会计学专科班学员91人。1997年2月，职业中专电大学历教育和各种短期技术培训开始承担曲阜市专业技术人员和公务员计算机初、中级技术培训与考核工作。同年，曲师大成人教育学院被国家教委授予“全国成人高等教育评估优秀学校”称号。1998年，中学教师助学自考在曲阜招生793人，其中本科590人、专科203人，分别毕业543人、93人。2000—2002年，市委组织部、市人事局、市教育委员会与曲阜师范大学研究生处联合举办研究生课程进修班，招生对象以曲阜具有本科学历的高中教师及教育行政干部为主，开设有中文、数学、政治、教育管理、历史，英语等专业，三年招生317人，有313人取得研究生课程进修班结业证书。2013年，成人教育学院办学形式由单一函授教育发展为以函授教育为主、多种办学形式并举模式；专业设置由最初3个专业发展到50多个专业；培养学历层次发展为专科、本科、硕士研究生教育多层次共同发展。到2013年年底，学院在读函授生1.6万余人。

1991—2013年，曲阜市教师参加高师函授、自学考试8823人，其中本科3335人、专科5488人，毕业5897人，其中本科3107人、专科2790人；参加中师函授2040人，毕业1907人；参加中师离职进修475人，毕业471人。其中曲阜师范大学、济宁学院（济宁师范专科学校）、济宁教育学院等在全市在职教师中招收各类专业函授生4432人，毕业4152人。

第七章 教师队伍

1991年，曲阜市普通中、小学有教职工5361人，其中民办1691人，占31.5%；专任教师共4465人，其中中学教师1868人、小学教师2597人。到2013年年底，全市有中小学教师5546人、其中中学教师2821人，小学教师2725人。

1991—2013年曲阜市中小学教师情况一览表

表26-9

年份	教师职工总数（人）	小学（所）		中学（所）	
		合计	其中民办	合计	其中民办
1991	5361	2798	1360	2563	331
1992	5373	2778	1276	2595	332

续表 26-9

年份	教师职工总数(人)	小学(所)		中学(所)	
		合计	其中民办	合计	其中民办
1993	5410	3161	1214	2249	306
1994	5271	2795	1171	2476	279
1995	5312	2747	1077	2565	255
1996	5314	2782	1049	2532	234
1997	5957	2764	1034	3193	241
1998	6407	2728	352	3679	150
1999	6570	2684	308	3886	53
2000	6439	2445	351	3994	148
2001	5688	2098	349	3590	146
2002	6345	2002	0	4343	0
2003	6375	1909	0	4466	0
2004	5056	1959	0	3097	0
2005	5027	1924	0	3103	0
2006	6243	2607	0	3636	0
2007	6085	2593	0	3492	0
2008	5877	2732	0	3145	0
2009	5858	2697	0	3161	0
2010	5812	2620	0	3192	0
2011	5648	2704	0	2944	0
2012	5660	2718	0	2942	0
2013	5546	2725	0	2821	0

说明:中学包括普通高中、初中、职业中学、农技校等,小学包括特校

第一节 师资来源

1991—2000年,师资补充主要来源于师范类大中专毕业生,就业形式为分配就业。2001年起,通过招考大中专毕业生或引进高层次人才来补充师资。2002—2005年,招考录用大中专毕业生389人,其中本科69人、专科256人、中专64人。2005—2013年,全市公开招聘教师1209人。2011年,市政府制定并实施引进高层次人才计划,至2013年底,为教育行业引进硕士研究生72人、博士研究生2人。

第二节 教师培训

1991年,曲阜市教师学历进修和业务培训基地主体为市教师进修学校。2001年9月,市教师进修学校撤销,设立市教师培训中心。2013年3月,市教师培训中心更名为市教师教育中心。曲阜市中小学教师培训工作不断探索创新,丰富培训内容,创新培训模式,构建起集中培训、校本培训、远程培训有机结合的"大培训"格局。

教师进修

1991年,曲阜市教师进修学校占地2.37公顷,校舍建筑面积7500平方米,教职员工64人,在校学生196人。1992年,实施山东省中学教师全员培训计划。1991—1995年,培训中小学教师2617人,全部学历达标;举办中小学校长培训班5期423人,全部取得岗位合格证书,合格率100%,符合持证上岗要求。1992年,与鲁西科技进修大学、市乡镇企业局联合举办中专班,设有中医药、财会、机电、化工专业。受济宁教育学院委托,承办济宁市初中校长岗位任职资格培训班。1996—1998年,与市乡镇企业局、曲阜师范大学联合招收大专班、中专班,开设机电、化工、企业管理等专业,有423名学生学成毕业。1998年,学校设8个教学班,其中中师函授班2个160人,小学教育专科班1个119人,初中校长提高培训班(济宁市)1个50人,小学校长提高培训班1个45人,小学教师试用期培训班1个67人。2000年,教师进修学校有教职员工56人,年内毕业学生35人。2001年,市教师进修学校并入市职业中专。

教育干部培训

按照教育部《中小学校长培训规定》《山东省中小学校长培训规定》和曲阜市《关于加强教育系统行政干部培训的意见》要求,曲阜市加强对中小学教育行政干部和校长培训。1991—2013年,举办中小学校长岗位任职资格培训班10期,培训562人;1998—2013年,举办中小学校长提高培训班6期,参训270人;1999—2012年,举办幼儿园园长岗位培训班6期参训317人;2007—2011年,举办校长论坛3期参训443人。2011—2013年,选派中小学校(园)长参加省级以上培训项目24人。

教师技能培训

1991年,曲阜市教师技能培训主要在乡镇开展,各乡镇教委办公室组织开展教师粉笔字和钢笔字书写比赛和备课展览等活动。1996年5月,市教委组织全市近3000名小学教师参加通用基本功训练,内容包括三字(钢笔字、毛笔字、粉笔字)、一画(简笔画)、口语(普通话)、教具制作等。以市教师进修学校为训练基地,市教委教研室参与具体工作。市教师进修学校统一举办骨干学习班,培训二级辅导员,展开全面训练。1997年暑假期间,市教委用20天时间对参训教师统一考核,2315名参训教师取得合格证书。1998年6月起,实施学校学科基本功培训活动,至2001年6月结束。2004年起,开展校本研修工作,参与教师6万人次。在继续教育层次上,全市主要强调新教师见习期培训、教师职务培训和骨干教师培训三个方面。到2013年年底,全市举办各类业务技能和专业技能培训共13大项47期次,参训教师2万余人次。

中小学教师示范性培训

2010年,教育部、财政部直接组织实施面向各省(区、市)的中小学教师示范性培训,主要包括中小学骨干教师培训、中小学教师远程培训、班主任教师培训、中小学紧缺薄弱学科教师培训等示范性项目,曲阜市选派395名骨干教师参加项目培训。

网络(远程)培训

按照上级文件要求,曲阜市教育部门组织教师参加各级各类网络(远程)培训。2008年起,组织参加省中小学教师远程研修。2008—2009年,组织参加省农村中小学教师素质提高专题培训项目2期543人。2011—2013年,组织参加济宁市中小学班主任远程研修4期1256人;2012—2013年,组织参加济宁市中小学校(园)长提高性远程培训2期155人。到2013年底,曲阜市参加省中小学教师远程研修2.1万人次。

中师培训

曲阜市中师培训工作始于1981年,培训形式为中师脱产离职和中师函授学习进修。中师脱产、离职进修班到1992年招生10届475名学员,毕业学员471人;中师函授班到1999年结束,招收15届2040名学员,毕业学员1907人。

第三节　教师任用

管理体制改革

1991年7月,曲阜市在书院乡、陵城镇试点基础上实施全市教育管理体制改革,市教委出台《曲阜市农村中小学内部管理体制改革试行方案》。一年后,由于乡镇财力有限,除校长选任负责制、教师定编聘请制得到执行外,乡镇内结构工资制、教育岗位目标责任制未能贯彻执行。2000年8月,市委、市政府制定《关于深化中小学内部管理体制改革的决定》,市委

组织部、市教委、市人事局、市财政局、市劳动和社会保障局联合制定《曲阜市关于深化中小学内部管理体制改革的方案》，进行以“校长负责制、全员聘任制、岗位目标责任制、结构工资制”为内容的“四制”改革，全市共有189所学校、5053名教职工参与竞争上岗，试聘、待聘28人，落聘9人，内部退养370人，37人脱产进修，57人列为编外。2001—2002年，对教职工岗位目标、工作量测算及考核办法作补充调整。2003年8月，曲阜市将农村中小学教职工编制管理、招聘录用、职务评聘、继续教育、调配交流和校长聘用等划归市教育局管理。市政府出台《关于理顺全市农村中小学人事管理体制的意见》，就农村中小学教职工编制分配、实施教师资格制度、专业技术职务评聘、农村教师流动、农村中小学校长任用作出明确规定。2006—2007年，曲阜市对中小学校长实行聘任管理考核，建立并实施校长任期考核、交流任职、学习培训、离任审计等制度。2012—2013年，市教体局制定《关于做好教职工编制调整核定工作的实施意见》等文件，按学校编制确定工作岗位，调整镇街中心中学人员配置，从基层一线选拔调整90多名校长、副校长，充实学校领导力量。

教师资格工作

曲阜市从1996年开始进行在职教师资格过渡工作。7月，市教委根据《教师资格认定的过渡办法》，组织全市教师资格过渡工作，参加过渡教师4971人，其中高中教师资格258人、中等专业学校教师资格296人、实习指导教师3人、初级中学教师资格1580人、小学教师资格2834人。2001年，市教委进行教师资格认定工作，1911名在职教师申请认定，其中高中教师资格190人、中等专业学校教师资格76人、中专实习指导教师3人、初级中学教师资格1058人、小学教师资格576人、幼儿教师资格8人。2003年起，曲阜市面向社会认定教师资格，不再区分在职教师和社会人员；2005年认定教师资格1106人。至2012年，全市共认定高中及以下教师资格26274人。2013年，教师资格考试由省统一组织改为全国统一考试。

职称评聘

1991年，曲阜市中小学教师专业技术职务评聘实行名额分配制度，市教育局按照乡镇和市直学校待评教师比例，将晋升高一级教师专业技术职务名额分配到基层，市教育局成立初级评委，逐级评审推荐。新分配教师试用期满直接定为初级教师。2000年，市教委依据人事部和山东省人事厅职称改革评聘分开试点工作的精神，在曲阜一中、实验中学进行评聘分开试点。2005年，曲阜市在职教师5472人（含驻曲学校），其中高级职称464人、中级职称2730人、初级职称1662人。2009年9月，曲阜市制定《关于曲阜市事业单位岗位设置管理的实施意见》，全市教育系统上报岗位设置方案，设岗位5295个，其中管理岗位29个、专业技术岗位5124个、工勤技能岗位142个。2013年2月，曲阜市实施教师职称制度改革，对列入改革范围的教师进行过渡，共有476名高级、2486名中级、2034名助级、86名员级教师过渡到统一后职称体系。当年，曲阜市教育系统一次性聘任高级岗位140个、中级岗位310个，农村中级以上职称教师人数占农村教师人数比例与市直差额为0.5%。到2013年底，曲阜市中小学及幼儿园在职教师5682人，其中正高级1人、副高级565人、中级2302人、初级1074人，其他1740人。

第四节　教师待遇

工资待遇

1990年，曲阜市中学教师月工资最高者165元、人均117元，小学教师月工资最高者154元、人均106.5元；民办教师中学最高补助117元、小学114元，人均月补助工资中学81元、小学75元。1996年起，执行在中小学连续任教男满30年、女满25年，退休后享受原工资100%的退休金政策。2002年，曲阜市将教师工资由乡镇财政上划到市财政，在指定银行建立教职工工资专户，按时足额发放教师工资。2006年10月，曲阜市将中小学教师工资纳入市级财政预算，实现市乡教师工资部分统一标准发放。2006—2007年，落实“义务教育阶段人均80元、高中段人均100元”的班主任津贴标准，为全市1465名班主任发放61.14万元的职务津贴。2007年，曲阜市为城乡教师增加工资，人均增资270元。2010年7月，曲阜市实现农村教师工资与城市完全统筹发放。2013年，全市教师平均工资为3472元，比2010年增加746元。

福利待遇

1991年后，全市教师工资继续以乡镇财政为主进行发放，教师生活住房由所在学校解决。2002年10月，曲阜市实施教师安居工程，在城区春秋西路建设教师新村，占地20公顷，可容纳2000户教师入住。2003年上半年，约1500户教师迁入新居。2007年起，曲阜市每年为45岁以上中小学高级职称在职在岗教师免费健康查体。2008年起，为农村中小学教师一次性办理住房公积金和医疗保险手续。2009年起，曲阜市教师免费健康查体扩展到全体在职在岗教师。2011年11月22日，曲阜市开通首批35辆农村中小学教师通勤车，解决38所学校1233名农村中小学教师乘车上下班问题。12月18日，曲阜市开通第二批农村中小学教师通勤班车39辆，解决76所农村中小学任教近2000名乡村教师上下班问题。至此，全市114所农村中小学3000余名教师都能坐上免费城乡通勤车。

评先树优

1991—2013年，曲阜市评选表彰优秀教师5600人次、优秀教育工作者634人次，295人次获济宁市优秀教师称号，58人次获济宁市优秀教育工作者称号，329人次获济宁市教学能手称号，14人获省教学能手称号，22人被评为省特级教师，38人获省级优师称号，5人获省级优秀教育工作者称号，韦忠兰、张承翰、张立芳、史淑芬、张希景、牛成银、张慧、王廷志、许刚等9名教师获得全国优秀教师称号，孔凡鹏获全国优秀教育工作者称号；闫志强和陈玉娟被评为全国教育系统劳动模范，陈玉娟同时被授予全国模范教师称号。2006—2013年，有16人被评为济宁市杏坛名师，31人被评为济宁市特级教师。2009—2013年，有5名中小学校长被评为济宁市十佳校长。2010年9月，5名中小学校长被评为济宁市首批名校长。

2008年，市政府制定《关于实施教育“三名”工程的意见》，全面实施教育“三名”（名校长、名教师、名学生）工程。当年9月，11名校长被评为曲阜市优秀校长；11名教师被评为曲阜名师；106名教师被评为曲阜市骨干教师。2011年9月，曲阜市表彰优秀校长10名、名师10名、骨干教师90名。2013年9月，开展“‘中联杯’群众满意的人民教师”评选活动，在全市各学校评选出500名学生爱戴、家长认可、群众满意的人民教师；6名中小学校长被评为济宁市第二届名校长。

1991—2013年曲阜市获全国优秀教师等个人称号一览表

表26-10

姓名	性别	单位	授奖时间	授奖名称
韦忠兰	女	市实验小学	1991年9月	全国优秀教师
张承翰	男	市职业高中	1991年9月	全国优秀教师
闫志强	年	曲阜一中	1993年9月	全国教育系统劳动模范
孔凡鹏	男	市教育委员会	1993年9月	全国优秀教育工作者
张立芳	男	王庄乡朱村小学	1993年9月	全国优秀教师
张希景	男	曲阜一中	1995年9月	全国优秀教师
史淑芬	女	市实验小学	1995年9月	全国优秀教师
陈玉娟	女	曲阜镇古泮池小学	1998年9月	全国教育系统劳动模范并授予全国模范教师称号
张承华	男	市教育委员会	1998年9月	第三届“中华扫盲奖”（锡山奖）
陈广河	男	市教育委员会	2001年6月	全国“两基”工作先进个人
牛成银	男	曲阜一中	2001年9月	全国优秀教师

续表 26-10

姓名	性别	单位	授奖时间	授奖名称
张慧	女	曲阜一中	2004 年 9 月	全国优秀教师
王廷志	男	市实验中学	2009 年 9 月	全国优秀教师
王利民	男	市特殊教育学校	2011 年 6 月	全国特教园丁奖

民办教师工作

1991年，民办教师以乡镇管理为主，市教委以业务指导为主。1997年，国务院办公厅印发《关于解决民办教师问题的通知》，解决民办教师问题工作由此展开。曲阜市根据省、市安排，对凡1985年9月底以前任教，1987年登记在编，并持有省教委统一印制的任教证书，符合有关条件的在任民办教师转为公办教师。1996—1998年，全市民办教师转为公办教师1219人。2002年，济宁市出台《关于解决民办教师问题的意见》，对261名符合条件的登记在编民办教师全部转为公办教师，至此，除部分不符合条件的予以退养和辞退外，民办教师转正工作全部结束。2013年5月，省教育厅下发《关于对原民办代课教师进行调查摸底的通知》，在全省范围内开展对民办代课教师调查摸底工作。

第八章　社会力量办学

1994年，曲阜市民办教育起步，至2013年，全市注册民办教育机构81所，涵盖学前教育、义务教育、高中教育、中等专业教育和高等职业教育，社会办学成为曲阜教育一个亮点。

1998年7月，中国台湾教育家、实业家王乃昌与曲阜市人民政府合作创办远东工商职业技术学院。2000年，市政府制定《关于大力发展职业教育和民办教育的决定》，采取政策倾斜、放活机制等措施，鼓励企事业单位、社会团体和公民个人依法举办多层次、高标准的民办教育。同年8月，著名教育专家、上海建平（集团）学校总校长冯恩洪与曲阜市人民政府签订单独投资1.6亿元创办山东孔子中英文学校协议。学校位于曲阜经济技术开发区，占地16公顷，156个教学班，2001年9月建成使用，当年招生800余人。2008年起，公办高中学校停办复读班，由社会办学机构承办。2013年，全市民办学前教育注册49所，包括民办幼儿园、寄宿制学校、各类教育培训学校等，其中有学历类民办高等职业学校1所、在校生2000人，中等职业学校4所，其中民办2所，在校生11140人。

第一节　学校管理

1991年起，曲阜市教育局继续对民办教育办学管理情况进行全面督导，对其资产管理状况进行审计，确保各类民办教育健康有序运行。2006年，制订《曲阜市民办学校办学情况评估检查方案》，实施全市民办学校年度评估检查工作。重点对各民办学校安全管理、基础建设、文化建设、办学特色、财务状况等方面进行审核，对通过年检合格学校，及时向社会发布公告。

第二节　学校选介

曲阜行知职业技术学校

原名曲阜行知职业中等专业学校，始建于1994年，开办会计电算化专业，招收学生21人。次年学校迁址于曲阜镇敬老院内，招收会计电算化、法律事务、机电技术和计算机应用等4个专业班学生168所，注册为济南职工科技大学职业中专学生学籍。1997年6月，在曲阜镇于庄村进行学校建设。2003年3月，曲阜行知成人中等专业学校(简称行知中专)利用原书院中学设立北校区，招生1860人。2006年1月，行知中专被民政部评为全国民办非企业单位自律与诚信建设先进单位。2010年3月，行知中专新增农机使用与维修专业。2012年，举办曲阜行知高考培训班，2013年高考升入本科院校56人。2013年，行知中专设有曲阜火车站路校区、曲阜迎宾路书院校区和曲阜行知明德幼儿园等，初步形成以职业教育为主，基础教育、学前教育为辅的教育集团。学校占地8公顷，建筑面积3万平方米，图书4.3万册；有教学班30个，在校学生1500余人；教职工85人，其中专任教师56人，具有高级职称教师18人、中级职称教师25人，获得研究生学历5人、本科68人，教师学历合格率100%。

曲阜儒源经济贸易职业中等专业学校

1998年4月，山东省经济职工中等专业学校曲阜工作站成立，校址设在曲阜二棉厂院内，开设计算机应用专业，学生68人，教职员工11人。次年10月，学校更名为山东省经济职工中等专业学校曲阜分校。2003年，学校更名为曲阜市经济技术培训学校；新征土地3.33公顷建设新校。2004年3月，建教学楼，建筑面积4180平方米，可容纳20个教学班，建立语音室、电教室、图书室、阅览室，配置电视教学投影仪等设备。3月，学校更名为曲阜经济贸易职业中等专业学校。2006年，学校在中山市火炬开发区设立曲阜经济贸易职业中等专业学校驻广东办事处和学生就业安置基地；与曲阜师范大学成教学院联合举办大专班，招收学生46人。2013年，学校更名为曲阜儒源经济贸易职业中等专业学校。到年底，学校建筑面积6600平方米，有固定资产2100万元、教职员工46人。

2013年曲阜市部分民办学校统计表

表26-11

学校名称	校址	学校名称	校址
明德教育培训学校	兴华路1号	孔子文化教育培训学校	王庄镇聚金路中段
崇德培训学校	静轩西路17号	圣腾武当功夫培训中心	书院街道汉夏村村北
少林武术培训学校	石门山景区附近	春耕园培训学校	神道路万古牌坊东
卓越少儿(鲁艺)培训学校	实验小学校内	学致教育培训学校	富良商城内
剑桥英语培训学校	田家炳小学东40米	新思维教育培训学校	杏坛路1号
新星教育培训学校	游客中心内	文昌教育培训学校	曲尼路西首
晓雯教育培训学校	静轩西路45号	爱能学苑培训学校	归德北路66号
铭谦国学经典培训学校	吴村镇李洼村	亚马逊文源教育培训学校	裕隆路128号
圣城教育培训学校	瑞祥路6号	智源艺术培训学校	李官庄和犁铧店
翰林教育培训学校	孔子商贸城内	曲阜市圣贤教育学校	林道路2号
崇文教育培训学校	兴华路北首路西	曲阜市凯大教育学校	兴华路3号
中传钻烨教育培训学校	滨湖路7号		

第九章　高等教育

1991年，曲阜市有高等学校1所，教职员工2568人，在校学生1.1万人。1998年7月，台湾教育家、企业家王乃昌在曲阜石门山风景区投资兴办远东工商外语学院。2002年4月，山东省水利学校改建为山东水利职业学院，系专科层次全日制普通高等学校。2004年，曲阜中医药学校与山东力明科技职业学院联合开办“对口高职”和五年制大专班。2005年7月，济宁师范专科学校迁至曲阜市。同年，曲阜师范大学兴建杏坛学院。2007年3月，济宁师范专科学校升格为济宁学院。2013年，曲阜市有高等学校4所，教职员工3707人，在校学生5.94万人。

第一节　曲阜师范大学

概况

1991年，曲阜师范大学本部占地55.89公顷，日照分部占地3.43公顷，校舍面积17.04万平方米，下辖附属中学、附属小学、医院、幼儿园和4个校办工厂，教职员工1752人。1993年，设有中文、政治、历史、外文、教育、数学、物理、化学、生物、音乐、美术、体育、地理等13个系25个专业。学校设有孔子文化学院、成人教育学院以及马列主义教研部、体育教研部和日照分部。有在读研究生95人，在校4年制本科生和2年制专科生6051人，在读函授生7954人。2002年，建设日照校区。2003年，取得博士学位授予权。2006年，新增4个博士学位授权学科。2009年，继数学之后，又设立体育、中文、历史、物理博士后科研流动站，同年，国家体育总局体育文化研究基地在学校挂牌。2012年，入选山东省应用型人才培养特色名校。2013年，学校占地面积204公顷，资产总值13.12亿元，其中教学科研仪器设备总值2.39亿元，图书馆藏书416万册；公开出版《齐鲁学刊》（第二批国家社科基金资助优秀期刊）、《曲阜师范大学学报（自然科学版）》、《中学数学杂志》和《现代语文》等学术刊物；学校是国家首批公布的200所招收外国留学生的本科院校之一，与50所国外高校建立校际友好关系。学校建有博士后流动站7个；拥有博士学位一级学科授权点5个，涵盖31个二级学科博士点；硕士学位一级学科授权点22个，涵盖115个二级学科硕士点；硕士专业学位授权点12个；本科专业84个，形成涵盖文、理、工、法等十大学科门类的学科专业体系。下设28个学院（部），28个研究所。拥有国家级精品资源共享课程1门，国家级特色专业建设点6个，国家级综合改革试点专业1个，国家级大学生校外实践基地1个。建有省级协同创新中心2个，18个省级重点学科，7个省级重点实验室，2个省级强化人文社会科学研究基地，教育部、国家体育总局、山东省政府在曲师大设有7个省部级研究基地。在校本科生32502人，博士、硕士研究生3514人，成人教育在读生1610人，外国留学生81人。学校聘请诺贝尔奖获得者丁肇中为名誉校长，双聘院士2人；教职工2300余人，专任教师1461人，其中教授238人、副教授468人，新世纪百千万人才工程国家级人选1人，国家级教学名师1人，国家杰出青年科学基金获得者1人，教育部“新世纪优秀人才支持计划”5人，国家和山东省有突出贡献中青年专家15人，省高校中青年学术骨干学科带头人培养对象18人，泰山学者特聘教授6人（含泰山学者海外特聘专家2人），享受政府特殊津贴13人，全国模范教师5人。

院系简介

文学院。文学院的前身是中文系，2003年改制为文学院。有汉语言文学系等3个系，有汉语言文学、对外汉语、戏剧影视文学（艺术类）3个本科专业，10个硕士研究方向，1个博士点一级学科，1个博士后流动站。2013年，教职工64人，在站博士后工作人员10余人，有全日制在校博士生、硕士生和本科生2550余人。

历史文化学院。前身为历史系，是学校最早建立的系科之一。2003年更名为“历史文化学院”。学院下设历史学、国际政治、文化产业管理3个本科专业，2013年，建有南海及周边国家关系研究中心、世界历史研究所、国学研究中心、文化产业研究中心、传统文化与中国外交研究中心、儒家文化校本课程研究中心6个研究机构。有教职工47人，各专业在读本科生1600余人，硕士研究生、博士研究生200余人。

外国语学院。外国语学院前身为俄文专科。2013年，教职工89人，其中有专任教师79人、外籍教师10人，拥有英语、俄语、法语3个本科专业，在校本科生986人；1个硕士一级学科，3个硕士学位授权点，全日制在校研究生205人。

教师教育学院（教育科学学院）。前身为教育系，1995年更名为教育科学学院。2013年，有教育学、心理学、公共事业管理（教育）、学前教育4个本科专业，2个硕士一级学科，11个硕士学位授权点，5个专业学位授权点，专任教师52人，国家教学名师1人，在校本科生1495人、研究生460余人。

数学科学学院。前身为数学系。2013年，有1个一级学科博士学位授予权、1个博士后科研流动站、5个二级学科博士点、1个一级学科硕士学位授权点，有数学与应用数学、信息与计算科学2个本科专业，教职工66人，其中国家杰出青年科学基金获得者1人、泰山学者1人、特聘教授1人、外聘教授4人，有《美国数学评论》评论员6人，在校生1924人，其中本科生1675人、硕士研究生239人、博士研究生10人。

物理工程学院。前身为物理系，1995年更名为物理工程学院。2013年，物理工程学院有6个系所组成，有物理学、电子信息工程、通信工程、光电信息科学与工程、物联网工程5个本科专业，1个一级学科博士点和博士后科研流动站，2个一级学科硕士学位授权点，4个二级学科硕士点，学院有教职工92人，专任教师76人，其中教授18人，具有博士学位的教师47人，聘请15名国内外知名学者（其中9名科学院院士）为兼职教授，在读博士研究生10人、硕士研究生141人，在校本科生1860人。

化学与化工学院。前身为化学系，2013年，设有化学系等4个教学科研机构，有化学、化学工程与工艺、应用化学、材料化学、制药工程5个本科专业，拥有化学硕士学位授权一级学科5个硕士授权点，1个教育硕士学位授权点，教职工70人，泰山学者科研团队1支。

生命科学学院。前身为生物系。2013年，有生物科学、生物技术、环境科学、生物工程、食品质量与安全5个本科专业，2个一级学科硕士学位授予点，2个专业硕士学位点，教职工62人，聘中国工程院院士1人、国内外著名学者10余人作为兼职教授，在校研究生、教育学硕士、本科生1660人。

体育科学学院。前身为体育系。2013年，有体育教育、运动训练、舞蹈学（体育）、公共事业管理（体育）、休闲体育5个本科专业，1个一级学科硕士学位授权点、1个专业学位授权点、1个博士学位授权点和1个博士后科研流动站，1个“泰山学者”岗位，设有《国际体育科学与体育工程学报（英文）》中国编辑部，学院有6个教研室、8个实验室，教职工73人，在校本科生1852人、硕士研究生169人、博士研究生10人。

马克思主义学院。前身为马列主义教研部，2003年更名为政治与公共关系学院，2006年更名为马克思主义学院，2013年，教职工35人，其中专任教师33人。

书法学院。前身为书法系，始建于2003年，2012年更名为书法学院。2013年，有书法学专业，设有书法、篆刻、现代刻字3个方向，教职工22人，另聘请数位博士生导师，省书协主席兼任学院教授，在校本科生和研究生566人。

职业与成人教育学院。前身为函授部，1993年成立成人教育学院，1996年4月创办职业技术教育学院，2001年成人教育学院更名为继续教育学院，2008年6月继续教育学院与职业技术教育学院合并为职业与成人教育学院。2013年，学院设有6个功能室所、1个硕士点，教职工19人，在读硕士研究生22人，在读函授生1.6万余人。

国际文化交流学院。成立于2001年12月，与国际学院合署办公。2013年，有专兼职教师11人，开设基础汉语、汉语阅读、书法、武术等课程，招生专业涵盖全校所有本科和研究生专业，学程从短期语言进修到博士研究生多个层次类型，下设国际交流中心，是国家首批自费出国留学办理机构之一。

工学院。工学院于2014年7月由电气自动化学院与印刷学院合院成立。拥有自动化、电气工程及其自

动化、测控技术与仪器、印刷工程、包装工程、机械设计制造及其自动化6个本科专业，有1个博士后科研流动站、1个博士点、2个一级学科硕士学位授权点、1个专业硕士学位授权点，专任教师74人。

信息科学与工程学院。由原计算机科学学院发展而来，其前身是数学与计算机系。1992年，计算机科学与技术专业开始招生。2001年，成立计算机科学学院。2013年，有计算机科学与技术、网络工程、电子信息与技术3个本科专业，2个一级学科硕士授权点，4个二级学科学术型硕士授予点和2个专业型硕士授予点，专任教师55人，在校本科生2286人、硕士研究生109人。

传媒学院。创建于1994年，始称电教系；2002年4月，更名为信息技术与传播学院；后更名为传媒学院。2013年，学院设有教育技术系等4个教学科研机构，设教育技术学、新闻学、广告学、数字媒体艺术、数字出版5个本科专业，有戏剧与影视学硕士一级学科5个硕士学位授权点，教职工52人，在校本科生1540人、研究生256人。

管理学院。前身为运筹学研究所，2002年，成立管理学院。2013年，有信息管理、工商管理、市场营销、财务管理、物流管理5个系及物流科学研究所等3个研究室所，与数学科学学院共有数学一级博士点和博士后科研流动站，有系统科学一级学科硕士点，教职工40余人，在校在读本科生、硕士、博士、博士后1200余人。

地理与旅游学院。前身为地理系，2003年更名为资源与规划学院，2008年更名为地理与旅游学院。2013年，学院设有地理系、土地管理系、旅游系、城乡规划系4个系，2个研究中心、5个功能实验室，有地理科学（师范类）、自然地理与资源环境、人文地理与城乡规划、旅游管理、土地资源管理5个本科专业，地理学硕士学位一级学科授权点1个、3个二级学科硕士点，另有课程与教学论二级学科硕士点、3个专业硕士学位授权点，教职工43人，在校本科生1500人左右、研究生100余人。

政治与公共管理学院。前身为政治系，2006年1月成立政治与公共管理学院。2013年，有思想政治教育、哲学、行政管理、政治学与行政学4个本科专业、12个硕士学位授权点、1个博士学位授权点和1个博士后科研流动站，教职工44人，在读研究生340人、本科生1791人。

经济学院。前身为政治系经济学教研室，2006年2月成立经济学院。2013年，拥有经济学、贸易经济、人力资源管理、经济统计4个本科专业以及校企合作经济学（金融与财务外包）本科专业，有统计学等3个硕士点，教职工36人，在校本科生、留学生和研究生1600余人。

法学院。前身为政治系法学专业，1995年开始招生。2013年，有法学本科专业，设民商法学、刑事法学、诉讼法学、行政法学4个专业方向，1个硕士点，5个教学研究中心和30个教学科研基地，教职员工37人，另聘有全国著名法学家和一线优秀司法工作者95人为兼职教授，在校本科生1281人、硕士研究生55人。

翻译学院。2011年7月，与原东方语言文化学院合并。2013年，设有日语系等5个系，有英语、翻译、日语、韩国语、商务英语等5个本科专业、5个硕士点，教职工74人，其中外籍教师6人，另有特聘教授1人，兼职教授20余人，在校本生1500余人、研究生148人。

美术学院。前身为艺术系美术专业，1993年改建为美术系，2002年扩建为美术学院。2013年，设美术学系、绘画系、艺术设计系、美术学研究所等4个教学研究机构，有美术学类（含美术学、绘画）、设计学类（含视觉传达设计、环境设计）、戏剧与影视学类（动画）等7个本科专业方向，有学术型硕士点3个、专业型硕士点3个，教职工49人，在校本科生888人、研究生207人。

音乐学院。前身是艺术系音乐专业，1993年3月成立音乐系，2002年7月成立乔羽音乐学院，2009年3月更名为音乐学院。2013年，学院设有理论系、声乐系、键盘系、器乐系、舞蹈教研室、音乐研究所6个教学科研机构，拥有音乐学、音乐表演、舞蹈学3个本科专业、3个硕士学位授权点、2个专业学位授权点，教职工56人，在校硕士生160余人、本科生884人。

软件学院。前身为计算机科学学院软件工程专业。2013年，设软件工程1个本科专业，有软件开发、软件测试、云与大数据、软件外包（欧美、对日）和移动互联网5个专业方向，拥有软件工程一级学科硕士学位授予点，与多家国内外著名企业签订校企合作共建协议，是国家和济宁市软件行业高层次创新、创业人才培养基地，在校本科生1100余人。

公共外语教学部。前身是公共外语教研室，于1996年12月组建为独立的校直教学单位。2013年，分别在曲阜、日照两校区设有基础英语等7个教研室，有语音室18口，有座位1448个，两校区分别建有外语调频电台，教职工83人。

体育教学部。2003年6月确定为正处级单位。2013年，有6个教研室,学生体质监测室1个，3门省级精品课程，教职工42人，其中国家一级裁判12人。

第二节　济宁学院

概况

济宁学院前身为济宁师范专科学校（简称济宁师专）。2003年，济宁师专曲阜校区开工筹建。2005年7月，曲阜新校部分交付使用，济宁师专数学、外语、历史、美术、音乐5个系搬至曲阜市。2006年3月，曲阜新校全面启用，济宁师专整体搬迁至曲阜市。2007年3月，济宁师专升格为济宁学院。2008年11月，曲阜师范学校整建制并入。2012年10月，省政府决定对济宁学院实行省市共建、以省为主管理体制。2013年，学校占地面积107.53公顷，建筑面积52.56万平方米，图书馆藏书163.04万册，教学仪器设备值9900.7万元，学校设中文系、经济与管理系、文化传播系、外国语系、教育系、美术系、音乐系、数学系、物理与信息工程系、化学与化工系、生命科学与工程系、计算机科学系、机械工程系、体育系、社会科学部、大学外语教学部、继续教育学院、教师教育学院、初等教育学院（曲阜师范校区）、学前教育学院（兖州师范校区）20个教学单位，设本科专业36个、专科招生专业21个，分属经济学、教育学、文学、历史学、理学、工学、管理学、艺术学八大学科门类，教职工1148人，其中专任教师862人，有教授46人、副教授286人，博士53人、硕士494人，博士研究生导师2人、硕士研究生导师8人，享受国务院特殊津贴5人、山东省有突出贡献中青年专家1人、济宁市有突出贡献中青年专家11人，有省级教学团队3个、校级教学团队15个，省级教学名师6人、校级教学名师11人、专业带头人32人；长期聘任外籍教师6人，在校学生15989人；学校建有省级重点学科2个、校级重点学科3个、“十三五”重点学科培育项目6个，省级重点实验室1个、校级重点实验室1个、“十三五”重点实验室培育项目2个，“儒学与地域文化研究传播中心”“安全工程技术中心”“机器人技术与工程研究中心”3个中心，校级优势学科研究所23个、省级教师教育教学基地1个、省级实验教学示范中心1个、校级实验教学示范中心3个，实验（实训）室112个、校外实践教学基地158个，建成省级本专科特色专业8个、校级特色专业13个、省级卓越工程师培养计划试点专业2个，建有省级精品课程24门、校级精品课程90门，建有济宁市高性能计算中心、三星级山东省科普教育基地——南四湖动植物标本室，以及济宁学院—济宁市质量技术监督局产学研基地、济宁学院—济宁市南四湖自然保护区管理局产学研基地、济宁学院文化科技产业基地和生态旅游开发研究基地等8个产学研基地；与山东省鲁南工程技术研究院共建产学研合作办公室，与中国科学院（沈阳分院）和济宁市人民政府签署战略合作协议，与美国密苏里大学、英国卡迪夫城市大学、法国蓬图瓦兹大学、韩国平泽大学等国外10余所高校建立校际合作关系，2013年开始招收外国留学生。至2013年年底，学校获得省教育厅教学改革研究项目13项、省级教学成果奖4项、省级优秀教材奖3项；校级立项各类教改课题157项、校级教学成果奖36项、校级人才培养模式创新实验区6个；获国家级项目19项、省部级项目59项、市厅级项目105项、资助校级课题134项；获市厅级及以上科研成果奖107项，发表论文1454篇，其中在核心期刊发表论文553篇，被SCI、EI收录299篇，出版著作64部，授权专利48件。

院系简介

中文系。前身为济宁师专中文系。2013年，设有汉语言文学本科专业和语文教育、文秘2个专科专业，设有中国古代文学、中国现当代文学、文学概论、外国文学、汉语、写作、中学语文教学法等7个教研室，济宁地域文化研究、潜优师开发和写作研究等3个研究所，教职工48人，在校学生1310余人。

经济与管理系。前身为济宁师专政治系，2008年11月更名为经济与管理系。2013年，设有行政管理、经济学、金融与财务外包、网络商务与物流服务外包4个本科专业和金融与证券、行政管理、思想政治教育（师范类）3个专科专业，设有经济学、管理

济宁学院校园先师行教群雕（摄于2013年）

学、金融学、政治学和法学5个教研室，教职工38人，在校生1607人。

文化传播系。前身为济宁师专历史系和旅游地理系，2008年8月在两系基础上合并为文化传播系。2013年，有历史学、文化产业管理、酒店管理3个本科专业和旅游管理1个专科专业，设有历史学、文化产业管理、酒店管理、旅游管理等4个教研室，教职工30人，在校学生683人。

外国语系。前身为济宁师专外语系。2013年，有英语普通类和师范类本科专业及三年制英语教育专科专业，设有综合英语、英语阅读、英语听力、第二外语4个教研室，教职工38人，在校学生860人。

教育系。前身为济宁师专教育系。2013年，有心理学、小学教育和学前教育3个本科专业和心理咨询、初等教育、学前教育3个专科专业，设有心理学、教育学、教育技术、学前教育4个教研室和教育科学、心理科学2个研究所，教职工37人，在校学生1900余人。

美术系。前身为济宁师专美术系。2013年，设有美术学、视觉传达、数字媒体环境艺术设计等4个本科专业和美术教育、装饰设计、电脑设计3个专科专业，有视觉传达、环艺设计、动漫设计、公共艺术设计、美术学、基础课、理论课7个教研室，专任教师37人，在校学生972人。

音乐系。前身为济宁师专音乐系。2013年，有音乐学、舞蹈学2个本科专业和音乐教育一个专科专业，有音乐理论、声乐、钢琴、器乐和舞蹈5个学科教研室和1个音乐教育研究所，教职工57人，在校生644人。

数学系。前身为济宁师专数学系。2013年，有数学与应用数学、金融工程2个本科专业和1个数学教育专科专业，设有函数论、代数、几何、概率统计、数学教育、应用数学、金融工程7个教研室，应用数学研究所1个，济宁市数学会挂靠单位，教职工43人，在校学生1339人。

物理与信息工程系。前身为济宁师专物理系。2013年，有物理学（本科）、机械设计制造及其自动化（本科）、材料科学与工程（本科）、电子信息工程（本科）、电气自动化技术（专科）和电子信息工程技术（专科）等6个专业，教职工51人，在校生1785人。

化学与化工系。前身为济宁师专化学系。2013年底，设有化学、应用化学、化学工程与工艺3个本科专业，化学教育、应用化工技术、煤炭深加工与利用3个专科专业，教职工52人，在校生811人。

生命科学与工程系。前身为济宁师专生物系。2013年，有生物工程、食品科学与工程、酿酒工程3个本科专业和生物教育、生物技术及应用2个专科专业，设有普通生物学、食品科学与工程、微生物与发酵工程、生物化学与细胞生物学、分子生物学与遗传学5个教研室和生命科学实验中心，专任教师36人，在校生733人。

计算机科学系。前身为济宁师专计算机系。2013年，有计算机科学与技术本科专业〔即科学与技术、软件服务外包和物联网技术、软件开发和软件测试、网站建设（春季）〕和计算机应用技术、计算机网络技术、中兴移动互联网技术3个专科专业，设有基础理论、硬件、软件、外包、物联网等5个教研室和计算机实验中心、计算机网络技术研究所、山东省软件外包培训中心等科研、培训机构，教职工47人，在校学生1518人。

体育系。前身为济宁师专艺体科。2013年，有体育教育和社会体育2个专业，运动解剖学、运动生理学、体育保健学、体育心理学4个实验室、1个学生体质健康标准测试中心和6个教研室，教职工40人，其中国家级裁判员2人，在校学生383人。

社会科学部。前身为济宁师专社会科学部，由马列主义教研室和思想政治教育教研室整合组建而成。2013年，有毛泽东思想和中国特色社会主义理论体系概论教研室、马克思主义基本原理教研室、思想道德修养与法律基础教研室、中国近现代史纲要教研室、形势与政策教研室等5个教研室和济宁市历史与文化名人研究所，教职工26人。

大学外语教学部。成立于2008年4月，前身是济宁师专外国语系的公共英语教研室。2013年，专职教师37人。

继续教育学院。2008年成立，2013年，继续教育学院下设行政办公室、教学管理科、培训科及招生与自考科等4个科室，共有15名管理人员，兼职3人。继续教育学院办公教学点设在济宁学院济宁校区。

初等教育学院（曲阜师范校区）。前身为曲阜师范学校，位于明故城鼓楼街。2008年，整建制并入济宁学院，成立济宁学院初等教育学院。2013年，占地5.33公顷，建有教学楼、科技楼、音美楼、万里网球场、逸夫体育馆、学术报告厅等，总建筑面积3.2万平方米；有8个计算机教室、6个实验室、2个语音室、1个录播室，万里图书馆藏书近15万册，教职工131人，主要招收初中起点五年一贯制（二三连读）师范专科小学教育专业。2013年，在校学生1580人。

学前教育学院（兖州师范校区）。前身为兖州师范学校，位于兖州区西御桥南路。2008年，随曲阜师范学校整建制并入济宁学院，成立济宁学院初等教育学院。后定名为济宁学院学前教育学院（兖州师范校区）。2013年年底，占地面积6.4公顷，建有教学楼、综合楼、艺术楼、琴房楼、塑胶操场、学术报告厅、学生公寓等，总建筑面积4.45万平方米，有文化基础、专业技能、专业理论、教育实践四大类课程，有钢琴150余架、数码钢琴116架、舞蹈练功房4个、体操练功房2个、学生计算机房4个，语音室1个，图书馆藏书5万余册（含电子图书）、期刊300余种，教职工119人。

第三节　杏坛学院

曲阜师范大学杏坛学院，始建于2005年，是经教育部批准设立的全日制普通本科层次的独立学院，设济南和曲阜2个校区，其中曲阜校区占地15.07公顷，建有校园电视台1座、计算机实验室、数字化语音室各6个，多媒体教室22个，艺术设计实验室、硬件实验室各1个；图书馆馆藏图书15万余册，各类中外文期刊180余种，并与曲阜师范大学图书馆文献资源共享。建有400米塑胶田径运动场1个，塑胶网球场、排球场、羽毛球场各4个，篮球场10个；有人文学院、理工学院、外国语学院3个二级学院和1个基础教学部，设有汉语言文学、汉语国际教育、英语、日语、朝鲜语、美术学（书法）、艺术设计、数学与应用数学、计算机科学与技术、生物工程、电子信息工程、通信工程、信息与计算科学、环境科学、应用化学、化学工程与工艺等22个本科专业，汉语、数学教育、计算机应用技术、通信技术、应用英语、应用韩语、应用日语、电子商务、计算机音乐制作、动漫设计与制作10个专科专业。

人文学院。创建于2009年，2013年设有汉语言文学、汉语国际教育、美术学（书法）、视觉传达设计、环境设计、产品设计等6个本科专业，拥有3个专业实验室、4个书画实训室，专业实验实训场地面积680余平方米，专职教师42人，专业兼职教授9人，在校本科生900余人。

理工学院。创建于2009年，2013年，设有应用化学、化学工程与工艺、环境科学、自动化、信息与计算科学、电子信息工程、通信工程、计算机科学与技术、印刷工程、包装工程、生物工程、数学与应用数学、贸易经济等13个本科专业，在校生1906人，教师101人。

外国语学院。创建于2009年，2013年，设有英语、日语、朝鲜语3个本科专业和应用英语、应用日语、应用韩语等3个专科专业，拥有标准数字化语言实验室8个、同声传译实验室1个、网络自主学习实验室1个、多媒体教室5口，教职工38人，在校学生816人。

基础教学部。基础教学部创建于2010年，2013年，设英语、体育、计算机3个教研室，专任教师20人，外聘教师5人，国家一、二级裁判8人。

第四节　曲阜远东职业技术学院

1998年7月，中国台湾教育家、企业家王乃昌于曲阜市石门山风景区内投资兴办曲阜远东职业技术学院。1999年6月，经省政府批准与山东农业大学合作成立远东工商外语学院。2000年10月，经省政府批准、教育部备案，建立曲阜远东职业技术学院，是一所民办性质高等职业院校。2013年，学院占地26.67公顷，建筑面积10万余平方米，有5系1部1中心，即工商管理系、计算机系、电子信息系、外语系、艺术系、五年一贯制专科部、网络信息中心，设有教务处、学工处等8个管理部门，有会计电算化等20个专业，专任教师160人，来自美国、韩国等外籍专家18人，在校生1176人；馆藏图书14.4万册。

工商管理系。2013年，设有市场营销、会计、国际商务、旅游管理、金融管理与实务、工商企业管理等6个专业，在校生666人。有会计电算化模拟室、多媒体教室、会计岗位模拟—手工实验中心酒店与客房实验室等，校外设有实践实训基地。

计算机系。2013年，设有计算机应用技术、计算机信息管理、软件技术、计算机网络技术、电子商务等5个专业，在校生244人。计算机系有应用教研室、软件教研室、硬件教研室等，有7个电脑机房、2个实验室、1个网络中心、3个多媒体教室。

艺术系。2013年，设有装饰艺术设计、电脑艺术设计、书法教育等3个专业，在校生113人。

电子信息工程系。2013年，设有应用电子技术、通信技术、计算机应用技术等3个专业，在校生136人。建有电子元器件组装理实一体化实训室、单片机原理理实一体化实训室、电工电子实训室、彩电原理实验室、数电模电实验室、通信原理实验室、程控交换实验室等7个校内实验教学点。

外语系。2013年，设有应用英语、应用日语、应用韩语3个专业，在校生87人。拥有17位来自美国、日本、韩国等外籍教师，有语音实验室多媒体实训室6口。

五年制高职部。是山东省首批五年制高职试点院校。2013年，五年制高职部有在校生30人。五年制高职招收初中毕业生，专业由学生自选确定，毕业时颁发大专毕业证书。

另外，学院还有经省教育厅批准的计算机信息管理、会计、工商企业管理等3个专业试点本科教育。

第五节　曲阜中医药学校

曲阜中医药学校高等教育包括“三二”连读大专、“3+4”对口贯通分段培养本科教育、成人高等教育。1994年，曲阜中医药学校与济宁医学院联合开办大专班。1997年，与山东中医药大学联办专科函授班，并设立曲阜成人教育函授站；与济宁高级技校联办药工班，与济宁市其他县市区卫校联办医疗职业班。2003年，曲阜中医药学校联合办学单位有10家，其中与山东中医药大学、湖南中医学院联办本、专科函授生1300余人。2004年，与山东力明科技职业学院联合开办“对口高职”和五年制大专班。同年，学校列入省教育厅“三二连读”高等职业教育招生计划。2005年，学校与山东中医药高等专科学校联合开办“三二连读”（五年一贯制）专科教育。2006年9月，增招“三二”连读高职班新生158人。2007年，增加“三二”连读2个专业，招生230人。2008年，山东中医药大学继续教育学院在曲阜中医药学校设立曲阜分院。2013年，曲阜中医药学校高等教育设有中药学、护理、康复治疗技术等3个专业，其中中药学专业为山东省品牌专业。

康复保健技术专业。1991年，设有针灸推拿专业。2011年11月，在全国中医药职业教育针灸推拿技能大赛中，曲阜中医药学校学生获得二等奖2个、三等奖3个，团体三等奖，2名教师获得优秀指导教师奖。2012年，更名为康复治疗技术专业。

护理专业。2012年，曲阜中医药学校护理专业成为国家级示范校重点建设专业。2013年，在全国中医药职业教育技能大赛中医护理技能大赛中，曲阜中医药学校获团体二等奖，4名教师获优秀指导教师奖。

中药学专业。经省教育厅批准曲阜中医药学校与济宁医学院开展中药专业“3+4”对口贯通分段培养本科教育。2012—2013年，参加全国职业院校技能大赛中职组“康缘杯”中药传统技能大赛，获得1金、2银、3铜的成绩。

2007—2013年曲阜中医药学校专著(集)出版一览表

表26-12

书名	作者或主编	出版社或出版单位	出版时间
高中新课标导学教程精讲精练	高红霞	济南出版社	2007.2
天然药物学基础	魏修华	科学出版社	2010
论语指要	孔令俭	山东友谊出版社	2010
胃肠疾病与食物中毒治疗	苏华	中医古籍出版社	2010
中医药专业技术资格考试大纲	魏修华	中医药出版社	2011.12
常见急诊的自检与应对	郭颖华	陕西科学技术出版社	2011.6
常见传染病的自检与应对	管怀合	陕西科学技术出版社	2011.6
四书精要	颜廷淦	中国文化出版社	2012.8
中医学	翟华勇	中医古籍出版社	2013.3
护理礼仪	孔令俭	军事医学科学出版社	2013.7
中医经典医籍选读	孔令俭	军事医学科学出版社	2013.7
医学心理学	林国君	军事医学科学出版社	2013.7
病理学	颜勇	军事医学科学出版社	2013.7
中医诊断学	魏修华	军事医学科学出版社	2013.8
中医护理学	魏修华	中国协和医科大学出版社	2013.8
内科学	孔繁清	军事医学科学出版社	2013.8
推拿学	刘月振	军事医学科学出版社	2013.8
人体解剖生理学学	马光斌	军事医学科学出版社	2013.8
精神科护理学	林国君	军事医学科学出版社	2013.8
药理学	严秀芹	军事医学科学出版社	2013.8
中医妇科学	李聚荣	军事医学科学出版社	2013.8
中医基础理论	郝庆芝	军事医学科学出版社	2013.9
中医内科学	孙世山	军事医学科学出版社	2013.9
新课标优化探究	高红霞	漓江出版社	2013.10
高效课堂学案	高红霞	电子科技大学出版社	2013.11

第六节　山东水利职业学院

1999年7月，山东省水利职工大学移设至山东省水利学校。2000年，招收对口高职3个专业学生400人。2002年4月，山东省水利学校改建为山东水利职业学院。山东水利职业学院系专科层次全日制普通高等学校，设有对口高职、普通高职、五年制高职、成人高等教育等办学类别。1999—2002年，招收高职生2502人。2004年，该校迁至日照市。

第二十七编

卫　生

2013年4月，曲阜市全民免费查体现场（市卫计局提供）

曲阜市以提高人民健康素质为目标，深化卫生改革，强化医疗服务，改善卫生基础设施，提高医疗服务质量，推进农村卫生、公共卫生、城乡环境卫生工作。20世纪90年代，曲阜市被评为“全国计划免疫工作先进集体”“全国初级卫生保健达标城市”“省级卫生城市”“全国卫生城市”“全国农村厕所建设先进市”等。2003年，曲阜市获全省防治“非典”先进集体称号。2012年，实施“一村一医”工程暨万名保健医生进农户活动。全市人口预期寿命由1990年71.6岁提高至2013年77.52岁。

第一章　机构

1991年，全市有医疗卫生单位516个，其中市直单位8个、乡镇卫生院13所、农村卫生室495个，南辛卫生院、董庄卫生院、小雪卫生院为市人民医院分院；全市有卫生工作人员1423人，其中卫生技术人员1148人；全市医疗卫生机构床位825张。至2013年年末，全市有各类医疗卫生机构356个，其中医院（含镇街卫生院）18所，疾控中心、卫生监督所各1个，中等医学教育机构1个，社区卫生服务中心3个，社区卫生服务站7个，厂矿卫生室49个，村卫生室276个；有各类卫生技术人员3014人，其中执业医师1781人、注册护士1233人；医疗卫生机构床位2298张；形成以市人民医院、市中医院、市疾病预防控制中心、市妇幼保健院等市级医疗机构为中心，以镇（街道）卫生院为枢纽，以村卫生所（室）为基础的三级医疗卫生保健网络，基本满足全市人民群众的医疗健康保健需求。

第一节　行政机构

1991年，市卫生局位于归德北路，市计划生育委员会（简称市计生委）位于仓庚路。1993年4月，市卫生局迁至春秋中路。1995年1月，市红十字会办公室升格为副科级机构，由市卫生局代管。1998年，市计生委迁至弘道路。2002年4月，市计生委更名为市计划生育局。2005年10月，市计划生育局更名为市人口和计划生育局。2009年4月，设立市红十字会，为正科级市政府直属事业单位，撤销市红十字会办公室。

市卫生局

1991年，设秘书股、人事股、医政股、药政股、防保股、中医股、老干部股、公费医疗办公室、党委办公室、团委、工会、妇女工作委员会，代管市爱国卫生委员会（简称爱卫会）办公室、市红十字会办公室、市地方病办公室。1993年，设办公室、政工科、医药政科、预防保健科4个职能科室。1994年5月，增设财务审计科。2010年5月，设办公室（挂卫生应急办公室牌子）、组织人事科、规划财务科（挂目标管理绩效考核办公室牌子）、疾病控制与食品安全综合协调科（挂市食品安全委员会办公室牌子）、法制监督科（挂卫生行政许可科牌子）、医政妇社科6个职能科室。

市人口和计划生育局

1991年，市计生委设办公室、规划统计科、城区计划生育办公室3个科室。1994年4月，增设计划生育宣教科。1995年9月，增设信访科，城区计划生育办公室更名为市直计划生育办公室。1998年11月，增设技术科。2002年7月，市计划生育局设办公室、规划统计科、技术科3个职能科室。2005年，市计划生育综合执法大队，内设综合科、监察科、执法科3个科。2006年，市人口抽样调查队设调查统计科、资料汇总科。2008年3月，市人口和计划生育局设政策法规科、宣传教育科、信访科3个科。2010年5月，市人口和计划生育局设办公室、规划统计科、技术科、信访科、行政许可科5个职能科室。

第二节　医疗机构

市级医疗卫生机构

1991年年初，曲阜市有市级医疗卫生机构8处，即市人民医院（简称市医院）、市中医院、市卫生防疫站、市妇幼保健院、市皮肤病防治站、市药品检验所、曲阜中医药学校、市消毒杀虫监测站。同年12月，市政府将市红十字会诊所划归市卫生局管理。1993年9月，市红十字会诊所更名为市红十字会医院。1994年4月，市妇幼保健所更名为市妇幼保健院。1997年9月，设立曲阜市口腔医院。2002年10月，撤销市药品检验所，组建市药品检验局。2005年，市政府批准市中医院改制，组建济宁医学院曲阜医院，改制后的医院由济宁医学院附属医院和原市中医院共同管理，合作于2007年上半年终止。2007年9月，市卫生防疫站、市消杀站撤销，组建市疾病预防控制中心（简称市疾控中心）和市卫生局卫生监督所。至2013年年底，市直医疗卫生机构有市医院、市中医院、市疾病预防控制中心、市卫生局卫生监督所、市妇幼保健院、市红十字会医院、市口腔医院、市皮肤病防治站、市消毒杀虫大队、曲阜中医药学校10个。

乡镇（街道）医疗卫生机构

1991年，曲阜市有乡镇卫生院（含市医院分院）13所，主要是市医院南辛分院、小雪分院、董庄分院，鼓楼医院及书院乡、王庄乡、吴村镇、姚村镇、时庄乡、陵城镇、息陬乡、尼山乡、防山乡卫生院等，市医院南辛、董庄、小雪分院亦称南辛镇中心卫生院、董庄乡中心卫生院、小雪镇中心卫生院。1997年7月，书院乡卫生院、时庄乡卫生院分别改称书院镇卫生院、时庄镇卫生院。1998年9月，姚村镇卫生院改称姚村中心卫生院。2000年12月，书院镇卫生院改称书院卫生院。2001年8月，尼山乡卫生院并入南辛中心卫生院（市医院南辛分院）。2003年7月，鼓楼医院更名为曲阜市第二人民医院。2011年，董庄中心卫生院更名为石门山中心卫生院，南辛中心卫生院更名为尼山中心卫生院。到2013年年底，镇（街道）卫生院有市第二人民医院、石门山中心卫生院、小雪中心卫生院、尼山中心卫生院、姚村中心卫生院，书院卫生院（市传染病医院）、王庄卫生院、吴村卫生院、时庄卫生院（市精神病医院）、陵城卫生院、息陬卫生院、防山卫生院12所。

企事业单位医院（卫生所、室）

1991年，全市有45个企事业单位建立起卫生所（室），市单家村煤矿职工医院、市二轻职工诊所、市商业局诊所、市水泥厂卫生室、市纺织厂卫生室、市酒厂卫生室有一定规模。随着社会形势的发展，有的企事业单位卫生所（室）医院有一定发展，市二轻职工诊所划归市卫生局直属管理，有的因企业经营困难而停办。2013年，全市企、事业单位有医院、卫生所（室）49个。

驻曲医疗单位

济南军区房地产管理诊所。1991年，诊所隶属解放军某部。1993年4月，诊所扩展为门诊部。1997年底，该门诊部有平房3间，军医1人，聘用卫生专业人员3人。2000年解散。

曲阜师范大学医院。1991年，为学校副处级中层单位，归口学校机关。2010年，升格为正处级，归口于教辅单位。校医院开设内科、外科、儿科等15个科室，建有3个病区，有病床60余张。2013年，有正式职工37人，编制外医疗技术人员18人。

济宁学院初等教育学院卫生室。前身是曲阜师范学校卫生室。1991年，学校卫生室实用面积120平方米，有医务人员4名，设有诊室、注射室、治疗室、药房等。年门诊1万余人次，配备有常规诊疗药械。到2013年，没有变化

山东省曲阜水利机电学校卫生室。1991年，有房屋15间，职工6人，其中医疗业务技术人员5人。1996年9月，卫生室对外开诊，为当地群众诊治疾病。1997年12月，职工增至9人，设有医疗、护理、药剂3个科室，有病床7张。2004年，卫生室随学校迁至日照市。

济宁学院卫生所。2010年1月，济宁学院成立卫生所，隶属学校后勤处，有员工5人，设有内科、预防保健科等。

另有济南军区后勤部泰安驻曲阜部队第一、第二卫生室，济宁市汽车十队卫生室驻曲阜市境内，但规模较小。

第二章　疾病控制

1991年起，全市传染病、寄生虫病、地方病、慢性病等疾病的防治与管理不断加强，各类传染病发病率和死亡率大幅下降。至2013年，新生儿乙肝、卡介苗等12处预防接种门诊达到省级示范化门诊建设标准，全市免疫规划疫苗接种率稳定在95%以上；全市无重点传染病暴发流行。

第一节　计划免疫

1991年，曲阜市实行儿童计划免疫保偿制度。1992年5月，据国家有关规定，将乙肝疫苗纳入计划免疫管理范畴，至年底，有1000名新生儿童接种乙肝疫苗，占全年全市新生儿25%。为控制麻疹大龄化发病和结核病在学生中蔓延趋势，从1994年开始，曲阜市每年组织对中小学新生进行"麻疹和卡介苗"两苗注射。1995年，曲阜市通过省卫生厅乡镇单位"四苗"（卡介苗、脊髓灰质炎疫苗、百白破疫苗、麻疹疫苗）接种率达标考核验收。1997年，曲阜市有市乡两级计划免疫专业人员56人。到年底，"四苗" 接种率98.62%。1998年，开展麻疹疫苗初始强化免疫活动，组织11次冷链运转和培训，共接种疫苗214758人次，接种率99.9%；两轮脊灰疫苗强化免疫接种39745人次，接种率99.78%。2001年，开展省级示范化接种门诊创建活动，全市有6所乡镇卫生院接种门诊通过济宁市卫生局初评。2002年，姚村、息陬、小雪、书院、王庄、陵城卫生院预防接种门诊通过省级示范化预防接种门诊验收。2004年，吴村、董庄、时庄、防山卫生院和第二人民医院预防接种门诊获得省级示范化接种门诊称号。2005年5月，将新生儿乙肝疫苗接种纳入计划免疫管理，按照谁接生谁接种的原则，对新生儿进行第一针乙肝疫苗接种。2006年，对新入托入学儿童开展接种证查验及疫苗补种。2007年，开展"免疫规划管理年"活动，市卫生局、市教育局对全市28所小学、幼儿园预防接种证查验及疫苗补种进行督导检查。

自2008年5月1日起，在全市实施"扩大国家免疫规划"，将"甲肝减毒疫苗、A+C流脑疫苗"等为适龄儿童免费接种；实施免疫规划信息化管理，启用免疫接种信息卡。2009年，全市接种麻疹疫苗42960人次；市疾控中心成立预防接种异常反应调查诊断专家组，承担全市预防接种异常反应的调查诊断工作；开展1994—2001年儿童乙肝疫苗接种情况调查，完成1994—1995年出生儿童乙肝疫苗两针次的补种。2010年，开展1994—1995年出生儿童第二、第三针次乙肝疫苗的补种工作，并完成1996—2001年儿童摸底调查工作；重点开展寄宿制中小学学生、中等职业学校学生、初二年级在校生、大学生、孕产妇、兽医、家禽家畜养殖人员、慢性基础性疾病患者、国税局工作人员等重点人群甲流疫苗接种工作，全市分批次完成34842人次接种任务，上传个案信息34230人次。2011年，全市所有接种门诊开展AEFI监测，监测覆盖率100%；开展大中专院校在校学生、35岁以下外地到曲阜务工聚集人群麻疹疫苗强化免疫，全市设立15处接种点，对22640人进行麻疹疫苗接种。2012年，全市设预防接种门诊14处，产科接种室5处，预防接种人员104人。2013年，开展AEFI监测，全年报告疑似异常反应136例，均为接种后一般反应。全市国家免疫规划疫苗报告接种156382人次，接种率99.55%。

第二节　传染病防治

霍乱

1992年，市卫生防疫站举办霍乱防治培训班。1993年5月，在医疗机构规范开设腹泻病门诊，对腹泻病人进行登记检索。自此，每年4月定期举办霍乱等肠道传染病培训班，按时开设腹泻病门诊，规范开展腹泻病人监测检测及外环境检索。2001年4月，加强霍乱疫源检索，开展O157感染监测工作，开始将O157纳入常年监测范围。2013年，市疾控中心根据上级要求停止外环境检测。全市未发现霍乱病人。

麻疹

1992年，曲阜市以搞好儿童基础免疫及大中专新生和中小学新生入学麻疹疫苗注射为主要防治对策，提高人群麻疹抗体水平，监测对密切接触者进行人血丙球的注射，使麻疹疫情一直处于较低水平。1998年起，针对不同人群开展麻疹疫苗补充免疫活动。自2006年起，开展接种证查验及疫苗补种。2008年，实施“扩大国家免疫规划”，麻疹疫苗免疫程序调整为8月龄、18~24月龄和6周岁各接种1针次，使用麻风疫苗、麻腮风疫苗或麻疹疫苗。2013年，开展免疫规划疫苗查漏补种，含麻成分疫苗的查漏补种按月实施，达到相应月龄的儿童优先接种麻疹疫苗，曲阜市麻疹疫苗接种率多年保持在95%以上。

病毒性肝炎

20世纪90年代，曲阜市肝炎疫情报告逐渐将甲肝、乙肝等不同型别分开上报统计。病毒性肝炎防治工作以新生儿乙肝疫苗接种为重点，按照《全国实施乙肝疫苗免疫接种技术管理规程》85%以上的乙肝疫苗接种等措施，使用一次性注射器，献血人员每次献血前进行乙肝表白抗原及其他项目检测。1992年，推广乙肝疫苗，使用三联单。乙肝防治逐步规范，人群抗体水平逐步提高，使疫情处于比较平稳期，除1993年稍高外，其他年份均在《曲阜市病毒性控制规划(1991—1996)》要求范围之内。甲肝防治以甲肝疫苗接种和切断传播途径的综合性防治措施为主，狠抓疫情报告、疫点、暴发点的消毒处理，甲肝的发病率大幅降低。1995年，各医院开展新生儿乙肝疫苗接种工作。1998年，曲阜市第一次报告丙肝病例。2004年，第一次报告戊肝病例。2005年，开展个案调查和疫点疫区的处理，重点开展对甲肝疫苗的查漏补种工作，全年查漏补种甲肝疫苗5000多人份。2007—2008年，开展对1~15岁儿童甲肝疫苗的查漏补种工作。2010年，全市肝炎病例报告发病286例，无死亡。2013年，全市肝炎病例报告发病357例，无死亡。

流行性乙型脑炎

2008年，实施“扩大国家免疫规划”，乙脑疫苗免疫程序调整为8月龄、2周岁各接种1针次，使用乙脑减毒活疫苗。曲阜市乙脑疫苗接种率多年保持在95%以上。仅在1998年、2011年、2013年各报告1例乙脑病人，3例病人均为成年人，其余年份无该病报告。

细菌性痢疾

曲阜市对菌痢的防治，以管理传染源和切断传播途径为主要措施。对菌痢患者进行隔离治疗，并积极治疗慢性菌痢患者和带菌者。到2013年，曲阜市很少发生该病。

白喉

1998年，开展对240名白喉人群免疫水平调查。2008年，实施“扩大国家免疫规划”后，逐渐使用无细胞百白破疫苗代替全细胞百白破疫苗，免疫程序是婴幼儿3、4、5、18~24月龄各接种1针次，6周岁接种1针次百白破疫苗，疫苗接种率多年保持在95%以上。2013年，全市未发现白喉病例。

脊髓灰质炎

1991年起，曲阜市建立健全市乡村三级监测网络，加强婴幼儿服用脊髓灰质炎疫苗工作，强化3周岁以下儿童每年两轮糖丸的服用。2000年，曲阜市实现消灭脊髓灰质炎目标。2003年，开展急性弛缓性麻痹(AFP)病例监测和处置工作。2012年1月1日，曲阜市启用疫情网络直报系统报告AFP病例，提高AFP监测系统的敏感性。到2013年年底，全市未发现脊髓灰质炎病例。

流行性出血热

1991年1—4月，曲阜市临床诊断流行性出血热病人169例，呈现发病蔓延趋势。曲阜市采取灭鼠为主的综合性防治措施，同时采取免疫荧光试验核实诊断，控制疫情蔓延。1992年，疫情统计年度为中等强度流行年，共发病205人，发病率34.27/10万，病死2人，病死率0.98%。1993—1996年，曲阜市出血热发病率分别为9.68/10万、11.29/10万、25.01/10万、19.87/10万，疫情处于相对平稳期。1999年后，流行性出血热发病数逐渐下降，所发现出血热病例呈散发状态。2008—2011年，曲阜市无流行性出血热病例发生。2012年，全年出血热网络直报病例8例，所有病例均按照出血热防控方案要求，给予流行病学个案

调查、跟踪随访和采样检测。2013年，发病2例。

狂犬病

1993—2003年，无病例发生。2006年，市卫生防疫站设立狂犬病预防处置门诊，开展狂犬病人免疫球蛋白使用，当年登记、处理、上报被犬、猫咬伤者1188人。2007年，曲阜市将狂犬病暴露处置门诊设置纳入公共卫生体系，与乡镇卫生院、社区卫生和预防接种规范化门诊建设相结合，与医疗机构的急诊处置相结合，统一规划，属地管理，指令性设置狂犬病暴露处置门诊13处。2010—2013年，曲阜市无狂犬病例发生。

流行性感冒

1991—2008年，曲阜市流感年监测报告数据均为0。2002年，曲阜市开始推广接种流感疫苗。2009年，因甲流感暴发，流感防控进入紧张期，当年全市报告流感病例23例。2012年8月，防山镇陶西村出现一起H3N2流感聚集性疫情。2009—2013年，曲阜市每年均有流感病例报告，以散发病例为主，无重症或死亡病例。

非典型肺炎

2002年11月，广东省暴发“非典型肺炎”，简称“非典”。随后，在全国大部分地区蔓延。2003年年初，曲阜市卫生系统成立20个医疗救护机动队和流行病学调查处理机动队，消毒过往车辆3.8万余辆，体温监测入境、高考、集会人员30万人次。市医院对1例发热疑似病人进行隔离和救治，使其康复出院。各级医疗机构设立发热门诊和留验室，对1426名发热病人进行隔离观察。市卫生防疫站设立疫情信息报告管理中心，实行疫情日报告、零报告制度和每日疫情通报制度，全市设置监测站(点)700个。直到同年6月24日世界卫生组织(WHO)宣布解除中国旅游警告，曲阜市无一例“非典”病人输入和发生。

手足口病

2008年4月，曲阜市成立手足口病防制工作领导小组、技术指导小组、应急处理流调队和消毒工作队；指定市医院为手足口病定点医疗救治医院。全年共上报手足口临床诊断病例95例(排除8例)，所有上报病例均康复，无死亡病例。2009年，全市累计发生手足口病204例，无危重病例。2013年，发病71例，均按照标准要求进行调查处置。

甲型H1N1流感

2009年4月30日，卫生部将甲型H1N1流感纳入法定乙类传染病。6月10日，曲阜市确诊一例美国输入型甲型H1N1流感病例，启动应急预案，将患者转送至济宁市传染病医院隔离治疗。市疾控中心立即进行网络直报，对疫点进行消毒，对密切接触者实施统一隔离医学观察。2009年，全市甲型H1N1流感疫苗接种4万余人份。2010—2013年，曲阜市无甲型H1N1流感疫情报告。

艾滋病

2003年12月，曲阜市首次发现1例HIV感染者，系云南省临沧市女性婚嫁到曲阜人员；2004年，其配偶确证感染HIV，是第一例曲阜市户籍感染者。同年8月，成立市防治艾滋病工作委员会。2005年，全面启动以既往有采供血(浆)人员和外地到曲阜人口为主的艾滋病病毒抗体筛查工作，共查出外地到曲阜人员699人；对云南、贵州、广西、四川、新疆、湖南、河南籍或缅甸、越南国籍且1990年后到曲阜市女性进行艾滋病病毒感染状况调查，共采血调查外地到曲阜妇女277人，发现2例初筛阳性。同年11月，曲阜市对市监管场所进行艾滋病感染状况调查，共采血165人，全为阴性。2006年，开展安全套推广工作。2007年，开通艾滋病防治知识咨询电话：4495021，设立市医院、市中医院、市疾控中心自愿咨询检测点，开展自愿咨询检测服务；市疾控中心设立艾滋病防治科。2010年，市妇幼保健院设立自愿咨询检测点。2013年，发病1例。

布鲁氏杆菌病

1992年，曲阜市制订《曲阜市布氏杆菌病防治规划》；同年，市卫生防疫站对203例密切接触者，历史疫源地牛、羊、猪11077头，流产胎儿、屠宰脾脏191份，进行细菌培养，结果为阴性，均未查出布鲁氏杆菌。1993年，曲阜市被山东省列为全省布病监测点之一；对防山、南辛、董庄3个乡镇密切接触者205人进行血清学调查，结果全部阴性。1994、1995年，经检验证实，曲阜市人畜间未检出布病病人和病畜，基本达到部颁“稳定控制区”标准。2013年，全市发病17例。

第三节 专科病防治

结核病

1992年，曲阜市被列为山东省世界银行贷款控制项目县(市)之一；8月，结核病控制项目在书院、王庄、董庄3个乡(镇)启动；市结核病防治所(以下简称市结防所)门诊共诊治病人1789人次，新发涂阳病人54例，全部采用省统一的短化方案，经规则治疗，治愈率100%。1994—2000年，全市培训各级防痨医生3050人次，累计出诊登记病人6599人次，确诊590例，全部给予规则治疗和管理。2001年12月，世界银行贷款结核病控制项目结束。项目期间，市结防所接诊肺结核病人或可疑症状者1125例，确诊肺结核病人111例，全部给予免费治疗，治愈108例，治愈率为97.29%。2002年，曲阜市被确认承担三轮CIDA-WHO结核病控制项目。2004年起，实施中央转移支付结核病防治项目。2007年5月，实施山东省加强免费抗结核药品规范管理项目。2008年，启动实施山东省“五率”省级结核病防治项目。7月，市结防所在部分学校进行结核病筛查，筛查学生14000余名，查出肺结核或胸膜炎6例。2009年6月，市新型农村合作医疗办公室把结核病纳入新农合报销范围。

性病

1991—1997年，市皮肤病防治站门诊累计发现各类性病患者802例。1997—2005年，市皮肤病防治站确诊性传播疾病12896例，其中男性病例7018例，占54.4%，女性病例5878例，占45.6%，对查出患者进行门诊跟踪治疗。2006—2007年，全市确诊各类性传播疾病580例。2008—2013年，全市确诊各类性传播疾病258例。

市皮肤病防治站在做好各类性传播疾病治疗的同时，做好疫情监控及传染病信息上报等工作，分析各类性病的发病规律及新的治疗方法。

麻风病

1991年起，曲阜市加大防治措施，巩固“基本消灭麻风病市”成果。为减少复发巩固治疗效果，对巩固期的8名患者给予二联化疗，对观察期的44例患者进行随访观察，每年查体一次。1992—2006年，全市新发麻风病人12人(男10人，女2人)，全部治愈。2006年7月，中央补助麻风病防治项目暨麻风病线索调查项目在曲阜开展。2007年起，曲阜市未发现新发及复发麻风病人。

精神病

1991—1997年，曲阜市时庄卫生院精神科年均门诊患者约3700人次，年均住院病人170人次，收治病种以精神分裂症、躁狂症、抑郁症及各种神经症为主，其间开展电休克治疗200余人次。2001年，时庄卫生院开始对住院精神疾病患者实行半封闭半开放管理模式，患者住院家属无须陪护，日住院患者近30人。2009年7月，开展国家基本公共卫生重性精神疾病患者管理工作，为辖区内重性精神疾病患者建立健康档案，开展病情评估、随访、每年一次健康查体等医疗服务。2011年10月，曲阜市对重性精神疾病患者进行网络直报。2013年，曲阜市承接国家重大公共卫生项目(“686”项目)，为贫困精神疾病患者提供诊断复核、免费服药、免费住院、家庭健康教育、应急处置等服务。

2012年5月，曲阜市召开结核病、艾滋病防治工作会议

第四节 地方病防治

曲阜市地方病主要有碘缺乏病(主要指地方性甲状腺肿，简称“地甲病”)、地方性氟中毒（简称“地氟病”)、克山病等。

碘缺乏病

1991年，市卫生防疫站地方病科对王庄、书院、董庄3个乡镇监测点的居民及7~14岁儿童进行甲状腺肿大情况调查，共检查成人居民766名，肿大率为3.36%；共检查7~14岁儿童616名，肿大率为4.22%。1993年，市政府制订《曲阜市消除碘缺乏病实施方案》，采取全民食盐加碘、严厉打击假冒伪劣食盐等措施，居民户碘盐覆盖率和碘盐合格率逐步提升。1995年，全年共检测各类碘盐样本720份，合格率为95.13%；检测7~14岁儿童1044人，其中生理性肿大者37人，肿大率为3.54%，患病1人（一度），患病率0.1%。同年底，经省卫生厅评审，曲阜市提前五年实现全国消除碘缺乏病规划目标，在全省率先达到消除标准。2004年起，每年都对全市居民的食用盐进行碘含量监测，碘盐合格率与合格碘盐食用率都在90%以上。2013年，全市抽检5个镇（街道）300户居民食用盐样300份，合格份数291份，不合格份数4份，非碘盐5份，非碘盐率1.67%，碘盐覆盖率98.33%，碘盐合格率100%，合格碘盐食用率98.33%。

地方性氟中毒

1991年起，市卫生防疫站地方病科对所有完成降氟改水任务村庄的饮用水井进行水质监测。1996年9月，对2处乡镇、12个病区村庄随机抽取3个小学，进行地氟病防治监测。调查8~12岁学生1167人，查出氟斑牙人数265人，患病率为7352.94/10万，未发现氟骨症病人。

克山病

1991年，曲阜市克山病病区范围覆盖吴村、董庄、王庄、防山、南辛、尼山6个乡镇。2013年年底，市直综合医院及病区卫生院组织专人对2009—2013年接诊的全部心肌病患者进行筛选，未筛选出疑似克山病病例。同年5—8月，对防山镇万柳村常住居民424人、南辛镇西鲁源村常住居民431人，进行内科临床检诊和描记心电图，未发现克山病疑似病例。

第五节　基本公共卫生服务

国家基本公共卫生服务项目由国家为城乡居民免费提供，2009年有9项，2013年增加到11项。基本公共卫生服务所需经费按照比例分别由省、济宁市、曲阜市政府承担，2009年，人均补助标准为15元，2011年为25元，2013年30元。至2013年年底，曲阜市政府累计补助基本公共卫生服务经费0.72亿元。

基本公共卫生服务工作主要由3个社区卫生服务中心、7个社区卫生服务站及11所卫生院、273个村卫生室承担，村卫生室、社区卫生服务站分别接受乡镇卫生院和社区卫生服务中心的业务管理，合理承担基本公共卫生服务任务。

2012年，鼓楼社区卫生服务中心创建为省星级示范社区卫生服务中心、省中医药特色社区卫生服务中心；2013年10月，创建为国家示范社区卫生服务中心，成为鲁西南首家国家级示范中心；12月，有朋路社区卫生服务中心创建为省星级示范社区卫生服务中心、省中医药特色社区卫生服务中心。到2013年底，曲阜市建立居民电子健康档案583497份，电子健康档案建档率91.28%；管理0~6岁儿童35391人、孕产妇4854人、高血压患者48825人、糖尿病患者11368人、重性精神疾病患者1636人、冠心病患者4462人、脑卒中患者4090人、育龄妇女96603人、残疾人2107人；全年为67386名老年人进行健康查体，对5414名新生儿进行家庭访视，对5676人产妇进行产后访视。

第三章　卫生保健

1991年起，曲阜市对“接害”（接尘、接毒、接噪）职工、放射职工作业点常规监测、健康查体等职业保健逐步规范化。推行围生期保健、孕产妇和儿童系统化管理。市人民医院、市妇幼保健院、市中医院被卫生部、联合国儿童基金会和世界卫生组织授予“爱婴医院”称号。2013年，新生儿死亡率、孕产妇死亡率、5岁以下儿童死亡率明显低于全省平均水平。

第一节 职工保健

“接害”职工

1991年起，市卫生防疫站坚持对扬尘、有毒和噪声作业点进行常年常规监测，同时依据监测数据指导工厂改善工作条件，并有计划地对接尘、接毒、接噪工人进行职业性健康查体。1992—2005年，全市共监督监测有毒有害企业525户次，职业工人健康查体16462人次，布点监测1285人。1992年8月，市卫生防疫站对市化工厂车间TNT浓度及职业性体检等基本情况进行调查。结果显示：全厂职工345人，其中接触TNT职工120人，接触率为34.78%，监测5个车间7个TNT作业点，合格者8个点；体检338人，检出晶体损伤105人、贫血56人、心电图异常24人。1994年3月，市卫生防疫站和济宁医学院在市纺织厂开展噪声污染对工人健康损害调查，经对接触噪声5年以上的198名女工查体和13个声源检测，结果显示13个作业点超过850(BCA)8个，超标率61.54%，最大噪声为1040(BCA)；在198名工人中，听力及心电图异常者98人。1998年，监测粉尘点市属企业合格率82.61%，乡镇企业合格率75%；产毒点市属企业合格率87.5%，乡镇企业合格率66.67%；噪声合格率50%。当年，对8名职业禁忌者全部调离禁忌职业岗位，调离率100%。2004年，对橡胶厂、活塞厂、水泥厂等企业车间内环境进行监测。2005年，开展对电源厂接铅工人查体工作，到年底，累计查体1300余人次，对查出患者提出治疗意见。2002年5月1日起，《中华人民共和国职业病防治法》实施，市卫生防疫站依照职业病防治法开展职工保健工作。2012年起，“接害”职工保健职能由市卫生局调整到市安全生产监督管理部门。

1991—2013年曲阜市尘、毒、噪监测情况一览表

表27-1

项目 年份	尘点测定			毒点测定			噪声测定		
	测定点数	合格点数	合格率(%)	测定点数	合格点数	合格率(%)	测定点数	合格点数	合格率(%)
1991	45	30	67	18	12	67	9	6	67
1992	63	19	30	32	10	31	16	11	69
1993	44	41	93	33	25	76	14	8	57
1994	63	46	73	41	27	66	17	9	53
1995	74	46	62	38	24	63	4	3	75
1996	59	41	69	29	16	55	—	—	—
1997	64	47	73	36	32	89	7	4	57
1998	57	48	84	30	23	77	21	17	81
1999	49	48	98	21	18	86	23	18	78
2000	56	42	75	19	12	63	20	20	100
2001	55	36	65	19	12	63	18	13	72
2002	71	52	73	37	23	62	61	37	61
2003	56	42	75	28	19	68	37	27	73
2004	46	32	70	29	23	79	35	28	80
2009	—	—	—	23	16	70	16	13	81
2010	42	34	81	28	22	79	25	17	68

续表27-1

项目/年份	尘点测定			毒点测定			噪声测定		
	测定点数	合格点数	合格率(%)	测定点数	合格点数	合格率(%)	测定点数	合格点数	合格率(%)
2011	32	24	75	18	13	72	21	16	76
2012	26	20	77	38	27	71	34	27	79
2013	42	35	83	28	19	68	32	26	81

放射职工

1991年，市卫生局开展放射专业人员个人剂量监测和放射装置设备监测，对放射人员开展防护知识培训。1992年，省放射防护研究所对曲阜市21个单位44名从事放射工作人员进行健康查体，合格者19人，合格率为43.18%。同年，对个人剂量进行推测，44支测量笔共推测125个点，有93个点合格，合格率为74.4%。1994年起，市卫生防疫站根据个人剂量推测、放射人员健康查体、X线机监测结果，有计划地指导使用单位和个人改善放射防护条件。1997年起，市卫生防疫站每年配合济宁市实施放射工作人员职业健康检查，开展放射工作人员个人剂量监测，协助省放射防护研究所开展医用诊断X线机影像质量控制及防护检测。2013年，放射职工保健职能由市卫生局调整到市安全生产监督管理部门。

第二节　妇女保健

围生期保健

1991年起，市妇幼保健院重点开展婚前保健、优生检测与咨询、孕产期保健、儿童保健、计划生育技术服务、产后康复、女职工健康查体等相关服务，开设乳腺病、宫颈病等特色专科门诊；负责全市基本公共卫生妇幼项目业务管理工作。1991年，开展孕产妇系统管理工作，全年产妇总数7546人，产妇系统管理人数6766人，产前检查7358人，产后访视7478人，产妇死亡3人，新法接生7529人。1995年，市妇幼卫生合作项目通过省和国家终期评审验收；完成吴村、小雪、陵城97个村庄10万人口的基础资料调查。1990—1994年，曲阜市人口出生率由20.5‰降至1.74‰，孕产妇系统管理率由40.3‰提高到98.5‰，孕产妇死亡率由83.2/10万降至48.51/10万。2000年，完成卫生部妇幼卫生合作项目终期评估，当年曲阜市孕产妇死亡率降至46.5/10万，婴儿死亡率降至15.46‰，产妇住院分娩率100%，四个月纯母乳喂养率87%。2002年6月，全面启动孕产妇儿童保健保偿工作。2004年，推行使用《孕产妇保健手册》，孕产妇系统化管理率在95%以上。2007年，加强妇幼网络建设，做好妇幼卫生信息网络直报工作。市医院、市中医院等15个医疗保健机构设立妇幼组组长，扩大妇幼信息的收集和传递。2010年，开展农村妇女增补叶酸预防神经管缺陷工作；5月，全市实现农村孕产妇住院分娩补助网络直报；9月，实施农村孕产妇住院分娩补助即时报销；10月，实施孕产妇儿童保健免费服务。2011年，曲阜市孕产妇、儿童健康管理全部实现网络管理。2012—2013年，全市叶酸服用人数12246人，发放叶酸37413瓶，叶酸发放率在99%以上。

妇女病普查防治

1991年起，市总工会、妇联、劳动局、人事局、卫生局、计生委联合组织对市直妇女干部、职工及部分乡镇妇女干部每年进行一次妇女病普查普治工作，

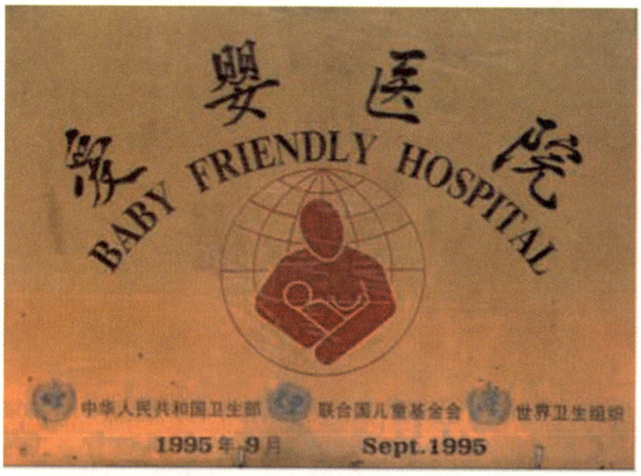

1995年，市医院、市妇幼保健院、市中医院被卫生部、联合国儿童基金会、世界卫生组织授予“爱婴医院”称号

市妇幼保健所负责具体组织实施。当年，全市应查33998人，实查25649人，其中患宫颈糜烂、阴道炎等病人数4058例；1994年，完成4692人次查体任务，妇科患病率30%，乳腺疾病患病率24.2%。1997年，对全市党政机关、企事业单位女职工进行妇女病普查普治健康查体，普查6000余人次，其中患病2675人次，患病率44%；2000年，查体4037人，查出疾病1537人；2002年，查体3254人，查出疾病650人，对患病者及时给予治疗和随访。2009年，市妇幼保健院完成企业女职工查体2525人，查出疾病800人。2012年8月，启动农村适龄妇女专项健康查体工作。到2013年年底，全市完成第一周期81230人农村适龄妇女“两癌”（乳腺癌、宫颈癌）筛查，确诊宫颈癌及癌前病变61例、乳腺癌35例。

婚前医学检查

1991年11月，市卫生局下发《关于在全市开展婚前健康检查工作的通知》，由市妇幼保健所具体承担婚检任务。1994年8月，市妇幼保健院首次在城区内开展婚前健康查体；到1998年，查体4331对9662人，查出各种疾病1169人，异常率13.49%，其中推迟婚姻登记31对，有家族遗传史不宜结婚2对。1999年3月，市政府要求凡在曲阜市行政区域内申请结婚登记的婚姻当事人，都要到市妇幼保健院进行婚前健康检查。2002年6月，曲阜市通过济宁市婚检验收考核。2003年10月，国家《新婚姻登记条例》颁布后，婚前健康检查改为自愿，全市婚前健康检查率急剧下降，婚检率仅为14.6%。2005年，曲阜市将婚前医学检查纳入农村合作医疗补偿范畴，婚检人数明显增加。自2007年5月1日起，曲阜市凡参加新农村合作医疗和结婚登记的青年男女，婚检费用纳入新农合支付范围，当年婚检率为28%。2009年8月，实施免费婚检工作，市妇幼保健院为全市定点免费婚检单位。2010年10月至2013年年底，曲阜市婚检率连年保持100%，居济宁市前列。

孕产妇培训

2007年7月，市妇幼保健院成立准妈妈俱乐部，定期开展孕产妇培训。2009—2010年，准妈妈俱乐部办班30次，吸收会员397人。2012年，市妇幼保健院成立母婴之家，全年举办“孕妈妈课堂”50期，培训2000余人次；2013年，举办46期，培训1530人次。

第三节　儿童保健

儿童保健管理

1991年，市妇幼保健院、乡镇卫生院成立孕产妇儿童保健系统领导小组。市妇幼保健院组织开展儿童健康查体，1岁以内4个月查体一次，2~3岁半年一次，3岁以后每年查体一次，学龄期由学校负责组织。全年共查2911人次，对体弱儿童进行注册登记专案管理。1992年4月，在陵城镇进行5岁以下儿童死亡调查和监测，围生期内死亡仍占首要位置，其次是感染性疾病，尤以肺炎为最多。1995年《中华人民共和国母婴保健法》颁布实施后，市妇幼保健院每年对全市儿童定期查体并建册、建卡。2000年，城区儿童系统化管理率为98%，婴儿死亡率降至13.44‰。2002年6月，市妇幼保健院启动孕产妇儿童保健保偿工作，至年底建立儿童保健保偿手册3298份。2006年，市妇幼保健院增设儿童智力及生长发育测查、微量元素监测等服务项目。2010年10月，启动孕产妇保健、儿童保健项目。2011年，结合“健康一卡通”卫生信息工程，儿童健康管理全部实现网络管理。2012年，全市儿童保健新增建档服务人数6194人。2013年，市妇幼保健院新进超声骨密度仪、儿童营养食物模型等，开展0~6岁儿童系统保健、生长发育评价及儿童依恋行为、气质测定、家庭养育环境评估等保健服务。

“出生医学证明”管理

1996年1月1日起，凡在曲阜市境内出生人口，统一使用卫生部依法印制的“出生医学证明”。新生儿父母或监护人凭“出生医学证明”到其常住户口登记机关申报出生登记；户口登记机关凭“出生医学证明”办理出生入户登记手续，并保留“出生医学证明”副页作为新生儿进行出生登记的原始凭证存档。2001年，曲阜市“出生医学证明”实行微机化管理，由专人负责，合格率100%。2003年1月1日，曲阜市启用具有防伪标志的“出生医学证明”。2009年，“出生医学证明”使用省妇幼保健管理系统网络化管理。2010年，市妇幼保健院统一实行“出生医学记录”“出生医学证明”、IC卡1：1：1发放管理模式。2012年3月21日零时起，曲阜市15家助产医疗机构启用2012版“出生医学记录”。2013年1月1日起，全市所有助产机构

安装使用“出生医学记录”管理信息系统。

新生儿疾病筛查

1998年7月，市妇幼保健院开展全市新生儿疾病筛查工作，内容包括先天性甲状腺功能低下症、苯丙酮尿症。全年筛查2094人，查出疾病2人。此后，这项工作每年持续进行。2002年6月1日，市妇幼保健院启动全市新生儿听力筛查工作，全年开展听力筛查3332人，对查出异常患儿给予指导和跟踪随访。2007年，全市新生儿听力筛查初筛率100%，再次筛查率由过去50%提高到80%以上。2009年6月，全市新生儿疾病筛查病种由两病改为四病（先天性甲状腺功能减低症、苯丙酮尿症、先天性肾上腺皮质增生症、葡萄糖-6-磷酸脱氢酶缺乏症）；7月，市妇幼保健院成立儿童视力筛查中心，承担全市6个月至6岁儿童的视力筛查、治疗及转诊工作，至当年底开展儿童视力筛查4172人。2010年8月，市妇幼保健院启动济宁市优生优育信息系统。2011年，筛查新生儿6436人，查出异常56人；视力筛查5195人次。2013年，筛查新生儿5883人，查出异常3人；视力筛查4259人次。

脑瘫、智障儿健康训练

2009年5月，市第二人民医院投入资金60余万元，成立残疾儿童康复中心，训练面积1500多平方米。康复中心设有儿童PT室、OT室、ST室、针灸室、推拿室、蜡疗室、中药熏蒸室、听力儿童个训室、亲子同训室、听力测试室等11个专业科室，配备发生诱导仪（启音博士）、丹麦纯音听力测试仪、蜡疗机、中药熏蒸机。根据残疾儿童康复需要，分类进行康复评估，有针对性地开展残疾儿童康复训练工作。康复中心承担曲阜市0~6岁残疾儿童康复和曲阜市、邹城市、兖州市、微山县、泗水县5个县市听力残疾儿童康复训练工程。2012年，康复中心被指定为省贫困聋儿（助听器）康复救助项目定点机构和贫困脑瘫、智障儿童康复项目救助定点机构；次年被指定为省级定点机构。

托幼机构卫生保健管理

1991年起，市妇幼保健所负责对市直托幼机构、乡镇托幼机构卫生业务指导工作。对入托儿童，市直由市妇幼保健院负责健康查体，乡镇由乡镇卫生院负责健康查体。1995年，市妇幼保健院在全市开展儿童计划免疫、疾病防治、健康查体等卫生保健技术指导工作。凡入园儿童须经体检证实健康后方能入园，托儿所、幼儿园工作人员每年进行一次健康查体，取得健康证明后方能上岗。1997年6月，市妇幼保健院开展对市直9所幼儿园、乡镇11所幼儿园工作人员及幼儿查体工作，查体626人，查出患病人数270人，患病率为43.13%，对患传染病（乙肝等）工作人员采取调离及治疗。2012年，托幼教师查体1028人，患病233人，患病率22.7%；在园幼儿查体3223人，患病172人，患病率5.3%，缺点1992人，占61.8%；入托前查体3069人，患病率3%。

第四节　健康查体

1991—2013年，曲阜市干部职工每年实行一次公费医疗和健康查体，没有间断。

2013年，曲阜市全面启动“健康城市”建设战略，市委、市政府决定利用3~5年时间，实现全市医疗保障水平、卫生资源配置水平、卫生现代化水平和人民群众健康水平走在全省前列。市委、市政府实施全民免费健康查体工程，各镇街卫生院、社区卫生服务中心作为定点查体机构，组建查体中心。市财政局及时拨付工作经费，市卫计局将全民免费健康查体工程纳入年度卫生计生重点工作，实行“一日一报表、一月一督查、一季一考核”。到年底，全市累计免费健康查体108.09万人次，查出各类疾病、异常17.9万人次，并及时给予健康指导。

第四章　卫生监督

20世纪90年代，曲阜市健全和完善公共卫生监督管理体系，推进公共卫生监督管理工作的法制化、制度化、规范化。结合创建省级、国家级卫生城，卫生行政部门与公安、工商、质检、药检等部门联合，对全市食品企业、有害因素企业、放射场所、公共场所、饮食摊点、学校食堂、生活饮用水销售单位和医疗市场等全面实施卫生监督。2010年5月，餐饮行业卫生监管职能移交市食品药品监督管理局。2013年，职业卫生监管职能调整到市安全生产监督管理部门。自此，市卫生行政部门对传染病卫生、环境卫生、学校卫生等行使卫生监督管理职能。

第一节　传染病卫生监督

传染病报告

1991年，曲阜市继续实行县、乡(镇)、村三级有疫情报告网络。医疗机构按规定时间报出传染病报告卡，市防疫站按统一表格进行旬报、月报、年报报告。这种医疗机构—县级卫生防疫站——地市级卫生防疫站的手工报告方式，一直沿用到1997年。1998年，市卫生防疫站实现县级传染病疫情网络报告。2002年，实现国家—省—市—县传染病疫情报告四级联网。同年，乡镇卫生院以上的公立医疗机构全部实现传染病疫情报告网络化。2006年、2007年，全市报告法定传染病分别为744例、717例，无重点传染病暴发流行。2013年，全市有传染病疫情网络直报单位20家，每个单位至少有1名专职人员，负责疫情的收集、审核和报告。1991—2013年，每年进行1次传染病漏报调查，传染病漏报率控制在1%以下。

传染病卫生管理

1991—1998年，市卫生防疫站等卫生机构开展霍乱等肠道传染病的管理，建立健全防治机动队，开展病人登记、粪便检索、细菌培养、疫情收集、整理和上报工作；开展流行性出血热防控管理，强化流行性出血热疫苗免疫接种工作；开展甲型H1N1流感防控管理，建立健全联防联控机制，严密落实各项防控措施，对甲型H1N1流感事件做到及时发现、及时报告、及时采样、及时处置，均无二代续发病例；开展艾滋病防治工作，注重艾滋病防治知识的宣传和培训，开展高危行为干预和安全套推广工作，实施艾滋病感染情况筛查，定期对曲阜市HIV感染者进行随访。

2003年，开展传染性非典型肺炎防治管理。按照《突发性公共卫生事件应急条例》和《传染性非典型性肺炎防治管理办法》，制定实施方案，建立健全信息服务网络、监督监测网络和流调网络。同年，曲阜市获全省防治“非典”先进集体称号。

2007年，市卫生监督所联合市旅游局，对注册导游进行结核病防治知识培训和筛查，共培训筛查260人次；做好结核病人痰检工作，2007—2008年，门诊登记可疑病人和可疑症状者3114例，初诊病人或随访病人查痰3161人次，并发现病人给予免费治疗管理。2009年，依法对市城区医疗机构、托幼机构防控手足口病实施全面监督检查；开展人感染高致病性禽流感、人感染H7N9禽流感和不明原因肺炎的监测、报告、排查和管理工作。2010年，围绕手足口病和甲流感防控监督执法工作，对全市各级医疗机构进行监督检查，共监督检查医疗机构和企事业厂矿卫生室及诊所142家次，监督检查学校、托儿机构126家，下达监督意见书122份。2012年，开展传染病暨人感染H7N9禽流感防控工作情况专项监督检查。

第二节　食品卫生管理

1991年，曲阜市工商、城管、卫生防疫等部门联合实施街头食品和集贸市场食品综合治理，实行“四统一”（统一食品库、统一工作服帽、统一集中式消毒、统一划行归市）。同年，曲阜市被命名为省食品卫生达标市。1991年起，市卫生防疫站每年开展食品卫生许可证验发、食品生产经营人员健康查体、各类食品监测、食品卫生执大检查、早点及夜市食品卫生专项大检查。1993年，市卫生防疫站在全省率先试行综合卫生监督执法。1995年10月，《中华人民共和国食品卫生法》公布施行，市卫生防疫站受市卫生局委托执法。2000年，市卫生防疫站对全市食品卫生工作实行区域管理，成立食品卫生科和卫生监测科，分别负责全市食品卫生监督和监测工作。2004年，开展餐饮和学校食堂量化分级管理工作。2005年1月1日，食品生产加工环节卫生监管职能划归技术监督部门，食品流通环节监管职能划归工商部门，卫生部门负责食品生产、流通、消费环节卫生许可和餐饮业、食堂等消费环节监管。同年，市卫生防疫站将全市公共卫生工作划分为8个区域，实行食品和公共场所卫生综合执法管理；开展生产经营企业卫生许可证专项清理、苏丹红专项查处、乳制品专项整治、学校和集体食堂专项整治等工作。

2007年9月，曲阜市实施卫生监督体制改革，组建市卫生局卫生监督所，食品生产、流通、消费环节卫生许可和餐饮业、食堂等消费环节监管职能划归市卫生监督所。2008年，市卫生监督所开展食品安全专项整治，推进食品安全“早餐工程”；开展对婴幼儿奶粉及液态奶专项监督检查；市政府组织卫生、工商、质监、公安、综合执法等部门，对全市酒类市场开展专项整治活动。2009年，开展旅游景区周边中小餐饮单位、夜市摊点专项整治工作，相继完成曲师大周边食品摊点、春秋路西段两边夜市烧烤摊点和重点工程、重点工地食堂的卫生监督执法专项整治工作。2010年5月，餐饮服务环节监管职能调整到市食品药品监督管理局。2011年，曲阜市规范完善食品安全重大事故查处制度。开展“地沟油”、食品非法添加剂、问题乳粉、瘦肉精和餐饮具集中消毒单位整顿活动，责令整改73家，依法处罚62家。2013年，对5家消毒服务机构进行专项监督和抽检，对50多家商场、医疗机构消毒产品使用和销售情况进行监管和抽检。

第三节　公共场所卫生管理

1991年，市卫生局发放“公共场所卫生许可证”256个，组织从业人员体检1560人，查出“五病”人员11人，“五病”调离率100%；监测影剧院3家、宾馆56家、商场5家，获得监测数据562个；监测理发美容店152个，获得监测数据485个；对30家公共场所进行限期整改处罚。1992—2004年，每年持续对公共场所从业人员实施健康查体和卫生知识培训，“五病” 人员及时调离。2005年，市卫生防疫站实行公共卫生区域化综合执法。当年，公共场所从业人员查体2108人，新发卫生许可证145个；监测宾馆、餐厅、理发美容店等公共场所单位163家，获得监测数据4872个。2007年9月，市卫生局组建卫生监督所，开展以住宿业为重点的公共场所卫生监督量化分级管理，量化分级公共场所单位261家；开展游泳场所、公共场所集中空调通风系统和重点区域内公共场所专项整治工作。2008—2011年，公共场所监测4175份，合格率87.5%。

2012年，监督培训从业人员2546人；10月，曲阜市公共场所卫生监督工作通过省卫生城市考核验收。2013年，实施城区公共场所提升整治工作，1080家公共场所单位全部达到创建国家卫生城市标准要求，1004家公共场所单位建立健全公共场所卫生监督管理分户档案，公共场所单位通过曲

2007年1月，市卫生防疫站执法人员开展公共场所综合执法检查

阜市创建国家卫生城市暗访和技术评估暨国家卫生城市验收。

第四节　餐饮具消毒管理

1991年，市卫生防疫站履行餐饮具消毒监测管理职责。1994年，成立餐具消毒科，采用化学性消毒方法，与饮食服务等有关单位签订消毒合同，每日定时定量送药上门，并提供技术指导。此后，每年都对固定场所的饮食单位餐具消毒进行监测管理。1998年，监测餐饮具1700件，合格1400件，合格率82.35%。

2007年，一次性消毒餐具陆续上市，市卫生监督所成立之后，承担对辖区内公共餐饮具集中消毒单位卫生监督工作。对监督餐饮具消毒经营单位从业人员每年进行健康查体，定期对餐饮具消毒情况进行监测。2008—2011年，对餐饮具消毒监测720份，合格率87.76%。2010年，曲阜市卫生、工商和药监等部门对全市取得营业执照的餐饮具集中消毒单位开展多次集中整治活动，通过电视媒体等形式，联合向社会公布餐饮具集中消毒单位专项监督检查结果。2013年5月，卫生监督所对餐饮具集中消毒单位和部分医疗机构、药店、超市经营使用的消毒剂、卫生用品等消毒产品进行专项监督检查，其中检查餐饮具消毒单位6家。同年，完成餐饮具消毒监测24家。

第五节　生活饮用水卫生管理

1991年，曲阜市被列入全国首批“城市生活饮用水监测网络”。同年4月、8月、11月，市卫生防疫站在枯水期、丰水期、平水期对随机抽取的全市30个城乡集中供水点，分水源水、管网水、末梢水进行270份水样的调查。1995年，市卫生防疫站监测城乡水样99分，获得监测数据1584个，合格率为90.91%，城区生活饮用水卫生指标明显高于农村乡镇。1996年，市卫生防疫站会同自来水公司对城区56个二次供水单位的压力罐和储水池进行检查，对11个单位储水容器进行清洗消毒。1999年，曲阜市农村生活用水推广使用深层地下水或以村为单位集体使用自来水。此后，使用浅水井、大口井和手压插管井等地表水的人数逐年减少。2003年，曲阜市农村乡镇有470个村饮用安全卫生水，卫生水普及率和自来水到户率分别为99.6%和80.8%；对于分布于防山乡、姚村镇13个自然村的高氟区，市政府投资40万元进行除氟改水工作。同年，曲阜市获全国农村自来水建设普及市称号。

2009年，开展生活饮用水专项整治工作，检查供水单位11家，监督指导市自来水公司水厂改造，水质检测项目提高到17项。2010年，实施对小型水质处理器专项检查，共监督检查10个经营销售单位的10个型号50余种净水器。2011年，曲阜市纳入全国生活饮用水卫生监测城市网点。2012—2013年，对全市6个供水单位监测和农村生活饮用水进行专项整治，培训生活饮用水卫生管理人员120人，发放农村供水单位卫生许可证7家。

第六节　学校卫生管理

1991年，市卫生防疫站对市直国办中小学继续坚持每年一度的健康检查。1992年，学生健康查体增加贫血检查，查体6804人，贫血人数1760人，患病率25.88%。同时，对城乡684名学生进行肠道寄生虫感染调查。自1993年新生入校开始，在全市各小学实行一年级入学新生查验预防接种证制度，对小学、初中、高中入学新生进行麻疹疫苗和卡介苗强化接种。1995年，曲阜市被济宁市列为5个创建农村学校卫生工作示范县（市）之一。1997年，市卫生局完成13个乡镇中心学校卫生建档工作，共建档26卷；6月，曲阜市通过省和济宁市学校卫生考评小组考核验收工作。2003—2005年，对全市寄宿学生开展胸透和乙肝表面抗原筛查，查出乙肝表面抗原阳性41人，肺结核13人。

2008年，市卫生监督所举办学校卫生管理工作培训班，实施全市学校食品卫生、环境卫生、传染病防治专项检查。2010年，建立和完善学校卫生工作档案124份，组织抽查23所学校、41所托儿所，下达监督意见书42份，责令改正4家。2011年，开展对学校桶装饮用水使用情况监督检查。2012年，开展对全市中小学和托幼机构传染病防控工作专项检查。

第七节　职业卫生管理

1991年，市卫生局对全市X光机建立健全使用档案，并开展放射专业人员个人剂量监测和放射装置设备监测，开展对放射人员防护知识培训。1994年，对全市21个单位28台X线机进行影像质量控制及防护效果评价，结果优级7台，良好8台，一般9台，较差4台。2001年3月，对全市20个使用放射装置单位的25台X射线机进行跟踪质量保证管理及卫生防护监督检查，优良仪器13台，基本合格4台，不合格8台。2005年，开展以保护劳动者职业健康权益为重点的卫生监督执法行动。2008年，建立健全职业病危害项目申报制度，建立企业职工职业健康监护档案，全市建立职业健康监护档案500余份，职业病危害项目申报企业30余家，建立职业卫生档案40余家。2009年，开展重点行业职业病防治专项治理工作，全市所有职业卫生单位全部配备个人防护用品，建立健全职业卫生管理组织和职业卫生档案及职业健康监护档案；按标准要求，定期对危害因素企业进行检测，督促企业为职工职业健康检查603人。2010年，完成全市放射诊疗许可工作。2011年，曲阜市被省、市卫生行政部门确定为职业卫生“四个一”工程第三批试点县。2012年起，实施职业健康检查工作实时上报，市疾控中心设立职业健康检查信息网络系统，实现职业健康检查工作电子信息化。2013年，完成曲阜市作为省重点职业病监测哨点申报工作，对全市医疗机构放射工作人员进行岗前和年度在职培训，对全市放射诊疗机构放射诊疗许可证和放射工作人员证持有情况、防护用品配备情况进行专项检查，下达卫生监督意见书64份，签订放射卫生管理责任书44份，完成放射工作人员个人剂量监测59人次。同年，职业卫生监管职能调整到安全生产监督管理部门。

第八节　消毒卫生监督监测

1991年，曲阜市消毒杀虫检测站对485个医院厂矿卫生所（室）、农村卫生室发放消毒与灭菌合格证，对全市31个单位100部电话机进行消毒卫生监测。1992年，对26个医疗单位进行采样监测，监测卫生物品329份，合格165份，合格率50.15%。1993年，在商场、汽车站等流通单位监测人民币900张。1995年，开展卫生用品卫生许可证调查工作，共调查商场、批发市场、销售网点213处，登记样品五大类728份（次）。1996年，对全市644个市直医疗单位、计生服务站、卫生用品生产销售单位、托幼机构、银行等单位进行消毒监测，共采样品13054份，合格率84.13%。2007年，曲阜市卫生监督体制改革，消毒监测工作由市疾控中心负责。2008—2011年，市疾控中心监测医疗机构335个，采样9664份，合格率93.73%；对城区135家托幼机构检测采集各类样品3016份，合格率75.8%。2011年，曲阜市托幼机构均建立卫生管理组织和卫生管理消毒隔离制度，配备紫外线消毒车和紫外线灯、消毒液以及流动洗手设施、餐饮具消毒设备，达到一人一巾一杯，一日一消毒。2012年，开展强化医疗活动中与医院感染有关的危险因素监测、安全防护及消毒隔离等工作的技术指导，采样2651份，检测7627项次，合格率92.1%。2013年，市卫生监督所对餐饮具集中消毒单位和部分医疗机构、药店、超市经营使用的消毒剂、卫生用品等消毒产品进行专项监督检查。

第五章　爱国卫生

曲阜市把爱国卫生运动纳入经济社会发展规划，建立健全爱国卫生组织及规章制度，明确责任分工，完善检查评比和工作机制，保障经费投入，推进爱国卫生运动工作。1991—2013年，曲阜市先后被命名为“全国卫生城市”“全国农村自来水建设普及市”“全国农村卫生厕所建设先进市”“山东省灭鼠灭蝇灭蟑灭蚊先进城市”“国家卫生城市”等。

第一节 病媒生物防治

1991年,市消毒杀虫监测站负责灭蚊、灭蝇、灭鼠以及其他媒介生物消杀指导和“三灭”科研及指导,设有消毒科、杀虫灭鼠科、监测科、行管科、药厂等。同年3月,全国媒介生物学控制专题委员会灭蚊蝇组出台《曲阜城镇蚊蝇综合防制研究方案》;曲阜市将消毒杀虫工作列入综合执法内容。1992年3月,实施消杀服务许可证制度。1993年,全市蚊蝇消杀面积9620万平方米,处理蚊蝇孳生地7600平方米,有效地控制蚊蝇鼠密度。1994年,曲阜市制定《曲阜市消灭病媒生物工作规定》,加大灭蚊、灭蝇、灭鼠工作的力度。1995年5月,曲阜市创建“基本无蝇市”“基本无蚊市”工作通过济宁市爱卫会验收,达到全国第三次城市卫生检查标准。1997年9月,成立曲阜市消毒杀虫大队;10月,设立医学昆虫研究所,主要研究本市昆虫种群、季节消长、孳生习性等;12月,市消毒杀虫监测站被评为省媒介昆虫及鼠类控制先进集体。自1999年起,曲阜市每年实施鼠药专供,统一使用抗凝血鼠药,防止剧毒鼠药中毒现象发生。2000年7月,市政府颁发《曲阜市除四害管理办法》,全市除四害工作逐步走向法制化。2006年,在冬春两季灭鼠工作中,全市投放毒饵8万多千克,有效控制鼠传疾病的发生与流行。2007年9月,市疾病预防控制中心病媒生物防制职能由市消杀大队承担,设监测室、标本室、药效测定室。2009年8月,市消毒杀虫大队完成“曲阜市蟑螂种群密度调查及综合防制方法的研究”。

2011年5月,市消毒杀虫大队成立医疗废物集中处置中转站,对全市镇街卫生院、一体化诊所、私立医疗机构和市皮防站、市妇幼保健院、市计生服务站等进行医疗废物过渡处置,实现医疗废物集中收集全覆盖目标。2012年10月,曲阜市病媒生物防制工作通过山东省省级卫生城市复审验收。2013年年初,曲阜市创建省灭鼠灭蝇灭蟑灭蚊先进市,聘请省、济宁市病媒生物防制专家开展知识培训,配备大型超低容量蚊蝇消杀喷雾机等消杀设备,在全市安装设置灭鼠毒饵站2.1万个;12月,曲阜市被命名为“山东省灭鼠灭蝇灭蟑灭蚊先进市”。

第二节 农村卫生

改水

1991年1月,曲阜市有448个村进行卫生改水,占全市村庄总数的90.5%,饮用安全卫生水农村人口42.9万人,自来水普及率为63%。同年12月,全国第二次农村改水工作暨表彰大会在北京人民大会堂召开。曲阜市副市长赵元山作为县级市唯一代表参加大会并作典型发言,介绍曲阜市“七五”期间农村自来水建设经验,卫生部部长陈敏章要求全国要像山东省曲阜市那样,在农村卫生改水工作中重抓落实,完成“八五”农村卫生改水任务。会上,曲阜市被全国爱卫会授予“全国农村自来水建设普及市”称号。1997年起,曲阜市本着“政府组织、地方负责、群众动手、谁受益、谁投资”原则,实施农村卫生改水工作。到2013年年底,曲阜市农村改水累计受益率100%。

改厕

1991年年底,曲阜市城区卫生厕所普及率90%,农村卫生厕所普及率42.5%。1993年,曲阜市被评为全国农村卫生厕所建设先进市。1996年起,在农村推广“深坑滑坡三格化粪池式”卫生厕所。2005年,城区改建旱厕为水冲式卫生厕所42座,关闭和拆除30座旱厕。

2006年6月,曲阜市承担国家重大公共卫生农村改厕项目,项目实施“四统一”,即统一培训、统一图纸、统一施工、统一验收。到2010年年底,时庄镇小安村、前杨村、后杨村300户,陵城镇曹庄村、小厂村300户,小雪镇前宣东村、陵城镇玄帝庙村、尼山镇东龙泉村400户完成三格化粪池式水冲改厕任务,通过省级验收。2011年,书院街道高家村、后瓦村、寻家村,吴村镇峪西村、白塔村,姚村镇颜家村、姚西村、羊厂村1800户完成三格化粪池式水冲改厕任务,通过省级验收。2012年,曲阜市坚持“国家补一点、集体投一点、群众出一点”原则,组织召开改厕现场会6次,举办培训班7期。同时,市卫生局主动与市农业、旅游等部门配合,开展农村“一池三改”工作。到年底,时庄镇前坊岭村、双庙村和小雪街道前宣东村400户完成三格化粪池式水冲改厕任务。2013年,尼山镇颜母庄村、宫楼村200户,小雪街道武家村300户完成三格化

粪池式水冲改厕任务。到2013年年底，曲阜市卫生厕所普及率为96.24%。

第三节　环境卫生

1991年8月，市爱卫会开展创建卫生乡镇驻地、卫生村庄活动。同年，市政府投资24万元，购置半封闭式垃圾清运车2部、垃圾箱150个，新建高标准仿古式高台垃圾站8处；城市环卫工人增加到236人。1992年4月，市政府发布《曲阜市城市规划管理暂行办法》；6月，市委办公室、市政府办公室下发《关于组织党政机关干部义务劳动日活动的通知》，组织党政机关干部清扫城区街道卫生；6月28日，国务院发布《城市市容和环境卫生管理条例》，全市出动干部职工12万余人次，清扫路面860万平方米，清运垃圾300万立方米。全年维修路面10800平方米，新铺路面25111平方米，新安装路灯125盏，新铺供水管道4660平方米，新修排水沟2233米，对市内10条主要道路进行整容修面，建垃圾箱9处，水冲式厕所6座，购置垃圾车7台、道路清扫机1辆，新置垃圾箱82个，城区全日保洁路面增至45.2万平方米，日产日清垃圾70吨，新植绿篱3200米。同年9月，曲阜市通过省级卫生城市复核。在第二次全国城市卫生检查评比中，曲阜市获小组第一名。12月12日，曲阜市被全国爱卫会授予“全国卫生城市”称号。

1996年，市爱卫会开展创建省级卫生单位、卫生乡镇、卫生村街活动，各部门、乡镇实行单位卫生和街道卫生包洁责任制。曲阜师范学校、阙里宾舍、市文物管理委员会(孔府、孔庙)被评为省级卫生先进单位。1997年8月，市爱卫会配合市委、市政府“讲文明、树新风、创建首批中国优秀旅游城市”活动，开展城区环境卫生综合治理突击月活动，解决部分单位脏、乱、差问题。市交通局、市人民检察院被评为省级卫生先进单位。1998年，全市共创建济宁市级卫生先进单位26家。2000年，9个单位获得省级卫生先进单位称号。2003年，在抗击“非典”工作中，全市组织大型卫生突击活动和义务劳动9次，出动人员38万人次，动用车辆2000余车次，清除卫生死角2.5万余处，清运垃圾6万多立方米，成立消毒消杀队639个，消毒面积1000余万平方米。

2004年7月，市政府制定出台《曲阜市城市爱国卫生管理办法》。2005年，曲阜市在农村文明一条街创建活动中实行卫生达标一票否决制。到年底，全市创建省级卫生示范镇3个、省级卫生先进单位23个、济宁市级卫生先进单位73个。2011年，市委、市政府提出“举全市之力，铁腕根治农村环境卫生，合力共建生态宜居家园”总体要求，坚持长效管理与卫生突击相结合，结合“健康山东·整洁环境”活动，开展以环境卫生整治和健康教育为重点的爱国卫生月活动，市财政调配专项资金2000万元，共动用各类机械车辆1000余台，出动人员近3万人次，清除垃圾2万多立方米，全市农村“三大堆”(草堆、粪堆、垃圾堆)问题得到治理。加强城乡环境卫生管理体系和队伍建设，城市社区、镇街、村居形成环境卫生网络化管理，形成农村垃圾“村收集、乡运输、市处理”管理格局，实现环境整治工作制度化、规范化、常态化。至2013年年底，全市共创建省级卫生镇5个、省级卫生村41个、省级卫生先进单位56个，济宁市级卫生村113个、济宁市级卫生先进单位119个。

第四节　创建国家卫生城市

1995年，市委、市政府提出“创城、夺杯、保牌子”目标，出台《曲阜市创建国家卫生城市实施方案》，实行周末卫生日制度，市政府与市直部门逐级签订《创建国家卫生城市目标责任书》，把创建国家卫生城市(简称创卫)工作纳入目标管理。1998年9月19—21日，全国第四次城市卫生检查团一行13人对曲阜市城市卫生进行检查，通过复核验收，曲阜市具备申报国家级卫生城市条件。2011年3月，市委、市政府将“创卫”纳入全市“十二五”医疗卫生事业发展规划。2012年8月10日，市政府出台《曲阜市迎接省级卫生城市复审实施方案》；10月下旬，省爱卫办检查组对曲阜市省级卫生城市进行暗访复审，确认曲阜市为省级卫生城市。2013年，曲阜市创建为省慢性非传染性疾病综合防控示范区，获得国家卫生城市申报资格；9月，市委、市政府成立创建国家卫生城市指挥部，设立效能督查、宣传报道、食品安全、市容环境卫生、环境保护、道路整治提升、公共卫生与健康教育、市场规划管理8个推进指挥部，下设办公室。将曲阜市城市建成区划定为十大创建战区，由市领导任指挥长，有关机关事业单位为责任单位；9月3日，市委、市政府召开创建国家卫生城市全民动员大会，会议采取电视直播方式，通过曲阜电视台向全市直播；10月1日至2日，市委、市人大、市政府、市政协四大班子领导带领市直有关部门、单位负责人徒步督导检查“创卫”工作；11月2日，全市创建国家卫生城市推进大会召开。

第六章　中医

曲阜市坚持中西医并重，突出中医特色和优势，提高综合医院中医药服务能力。1991年，市中医院落成开诊，成为全市中医技术指导中心。2013年，市中医院创建为“三级甲等中医医院”；市中医院针灸康复科被国家中医药管理局确定为“农村医疗机构针灸康复特色专科建设项目”。全市11处镇（街道）卫生院、2处社区卫生服务中心成立国医堂，建立中医药综合服务区；各镇（街道）卫生院设置中医科；曲阜中医药学校被列为全省乡村医生中医药中专学历教育培训基地和国家中医药管理局农村中医药知识与技能示范培训基地。到2013年年底，全市有济宁市中医特色社区卫生服务中心2个、中医特色卫生院9所，基本形成以市中医院为龙头、镇（街道）卫生院为枢纽、村卫生所为基础的三级中医药服务网络。

第一节　中医医疗机构

曲阜市中医院

1991年4月，市中医院开诊。医院建筑面积3400平方米；有职工78人，其中高级职称1人、初级职称48人；设4个职能科室，12个临床科室；拥有病床40张。1993年年底，增设6个科室，1号病房楼投入使用，设置床位150张。1994年4月，市中医院被批准为国家“二级甲等中医医院”“省示范性中医院”。1997年8月，成立社区卫生服务中心，新建1100平方米综合楼投入使用。2000年8月，2号病房楼投入使用，新增病床150张。2009年，市中医院加挂“曲阜市肿瘤医院”牌子。2001年6月，急救中心建成投入使用。2005年1月，济宁医学院曲阜医院挂牌成立，系由曲阜市人民政府、济宁医学院附属医院、曲阜市中医院、山东华融卫生投资管理有限公司四方参股、华融公司相对控股的股份制非营利性医院，注册资本2853万元；4月，医院投资100余万元建成高标准重症监护室。2007年6月，华融公司、济宁医学院附属医院退出，市中医院完成体制转换。2013年3月，医院综合病房楼启用，业务用房面积增加到3.8万平方米，床位增加到620张。同年4月，市中医院聘请哈尔滨医科大学人文社会科学学院院长尹梅教授为医院“第一院长”；8月，医院通过国家中医药管理局“三级甲等中医医院”专家组评审。至2013年底，市中医院建筑面积3.9万平方米，设17个职能科室、27个临床科室、12个医技科室，编制病床460张；有高级职称技术人员35人，中级职称101人。

曲阜市中医院（2013年摄）

曲阜市人民医院中医科

1991年，市人民医院（以下简称市医院）中医科设有中医门诊、针灸推拿室等，开展针灸、推拿、理疗、中医皮外等业务，有病床10张。1993年，有中医工作人员8人，其中副主任医师1人、主治医师3人、住院医师4人。1997年，市医院中医科设有中医临床、针灸、推拿、中医男病专科。2013年，市医院设有中医门诊、颈肩腰腿痛门诊、针灸推拿理疗门诊、机关门诊、便民门诊、肛肠门诊，有中医病床25张，中医药人员有主任医师1人、副主任医师3人，主治中医师3人、住院中医师3人，主任药师1人、主管药师2人、中药师2人。

镇街卫生院中医科

1991年，曲阜市3处市医院分院及10处乡镇卫生院有中医药技术人员31人，其中，中医师25人、中医士6人，有中医病床20张，大部分中医科能开展针灸、推拿、理疗、整骨、中医皮外等工作。1997年，全市495个行政村街卫生室能进行中医或中西医结合治疗的有396个，占卫生室总数的80%。2003年，董庄中心卫生院被评为山东省中医特色乡镇卫生院。2009年，全市有4所乡镇卫生院、1个社区卫生服务中心和10个村卫生所被评为济宁市中医特色医疗卫生机构。2012年9月，姚村中心卫生院通过全国基层中医工作先进单位期满复核验收。2013年，各镇（街道）卫生院门诊中医处方数占全院处方总数比例31.3%，村卫生所中医处方数占处方总数比例30%以上。2013年，镇（街道）卫生院有中医执业医师50人；石门山、陵城、王庄、书院、吴村、小雪、尼山7所卫生院纳入国家卫计委建设国医馆项目，姚村、石门山2所中心卫生院列入山东省国医堂建设项目。

陵城卫生院中医特色治疗区（2013年摄）

第二节　中医医疗技术

内科医疗技术

1991年，市医院中医科应用“泄胆汤”加减治疗郁症、癫症取得显著疗效。1992年，市中医院应用“益肾生精汤”治疗男性不育，用男子性功能康复治疗仪治疗阳痿获得理想效果。1993年，市中医院应用“脱敏止喘法”治疗小儿哮喘，总有效率为95.1%。1994年，市医院中医科根据中医“内病外治、冬病夏治”理论，自配哮喘1号、2号、3号方，开展穴位贴敷治疗哮喘、气管炎，总有效率91%。1995年，市中医院采用自拟方“柴胡栀子郁金汤”治疗慢性胆囊炎，总有效率为97%；针对肺胀病，采用皱肺方法治疗，取得满意疗效。1996年，市中医院运用中医“少阴常少血多气”理论治疗急、慢性肾囊肿等肾系疾病，效果明显。1997年，市中医院采用“补肾清泄法”治疗“慢性肾炎肾虚湿热证”，总有效率90.4%；治疗慢性肾功能不全肾虚湿热证，总有效率76%；运用自拟“鲁胃宝”治疗慢性浅表性胃炎，总有效率95.91%；运用“鲁胃灵方”治疗幽门螺旋杆菌相关性胃炎，总有效率97.2%，HP转阴率91.8%。市医院用中药“稳心颗粒”抗心律失常，有效率85.4%；鼓楼医院用中药外治缺血性中风后遗症，临床观察效果明显。1998年，市中医院运用自拟“十味安神汤”治疗“顽固性失眠”。

2000年，市中医院总结朱鸿铭治疗温热杂病用“紫雪散”经验，遇有高热烦躁、舌苔黄、脉洪大滑数时，用紫雪散退热，疗效迅速。2001年，市中医院运用“清热化湿汤”治疗“脾胃湿热证”。2004年，市中医院、书院卫生院、市医院尼山分院合作完成“过敏性咳嗽的中医药研究治疗”。2007年起，市中医院脑病科运用“卒中A”（补阳还五汤化裁）治疗中风病（脑梗死急性期）气虚血瘀型，总有效率82%；运用“卒中D”（星蒌承气汤化裁）治疗中风病

(脑出血急性期)痰热腑实型,总有效率79%;运用脑清舒(院内制剂)治疗偏头痛血虚血瘀型,总有效率87%;运用清阳定眩汤(半夏白术天麻汤化裁),治疗眩晕病(后循环缺血),风痰上扰型,总有效率86%。2008年,市医院自拟"脑脉通"以"清肝热、熄肝风"之法开展对脑血管病的研究,疗效较好。2012年,市中医院应用郎氏超声助溶+抗血小板+脑保护+中药+早期康复介入治疗脑梗死,总有效率73%。2013年,市中医院内分泌科应用中药"足痹通络方"熏洗治疗糖尿病周围神经病变,总有效率78%;运用"十一味止咳汤"治疗"外感咳嗽风盛挛急证",总有效率100%。

外科医疗技术

1991年,市医院针灸室开展针灸加穴位注射治疗中风后遗症、癃闭、神经性头痛,耳穴压豆治疗神经衰弱、顽固性呃逆均获明显疗效。1993年,市医院应用"皮炎汤"加减治疗过敏性皮炎,"养血祛风止痒汤"治疗皮肤瘙痒症,"清热利湿汤"治疗湿疹,"祛瘀汤"治疗黄褐斑均取得显著疗效。2009年,市医院开展"内外合法治疗椎动脉型颈椎病",取得较好疗效。2010年,市中医院应用"疏肝解郁法"治疗肝郁痰凝证乳腺增生,总有效率99.6%;运用中药口服配合冰硝散局部外敷治疗阑尾周围脓肿,总有效率98%。2011年,市中医院运用清热利湿、活血通络,佐以益气养血法,内服及疮面外敷相结合治疗臁疮,疗效显著。2012年,市中医院运用"利湿清热法",以茵陈蒿汤加味治疗肝胆湿热型胆石症,总有效率90.8%。

骨伤科医疗技术

1991年4月,市中医院开展中医骨科闭合整复、骨牵引、小夹板、石膏外固定等骨伤科诊疗项目。1995年4月,实施"人工股骨头置换术"成功。1996年,研制出中成药骨伤1号、2号、3号丸,骨疼丸,正骨酊擦剂,接骨粉等。2013年,开展脊柱的椎间盘、椎体成形、经皮内固定手术等微创手术。

市第二人民医院(鼓楼医院)中医治疗每年诊治大量骨伤病人。

妇科医疗技术

1993年,市中医院妇产科运用胶艾四物汤加减治疗功能性子宫出血,有效率98%;1995年,运用少腹逐瘀汤加减治疗宫外孕,治愈率90%。2013年,对肾虚型经间期出血采取滋肾清热法治疗,收到良好效果;应用"产后生化汤"治疗产后血瘀型恶露不绝症,总有效率93.5%;运用中药配合微创治疗异常子宫出血,总有效率98.7%。

儿科诊疗技术

2000年,市中医院儿科成立后,中医参与率60%以上,应用中药制剂、中药院内制剂,开展特色中医疗法,提高治愈率;开展穴位贴敷、小儿推拿、耳穴压豆等中医治疗项目及雾化吸入、蓝光照射、CPAP应用等医疗技术。2005年,用半夏泻心汤加减治疗幽门螺旋杆菌相关性胃炎取得进展。2011年,市中医院针对儿童感冒,自拟"小儿清感方"治疗,效果明显。2012年,儿科专家开展儿童抽动症、多动症等疾病治疗,临床效果显著。2013年,应用止咳贴穴位贴敷辅助治疗小儿肺炎喘嗽(痰热闭肺)、小儿推拿治疗肠系膜淋巴结炎、葛根芩连汤加减治疗小儿泄泻(湿热型),效果显著。

肿瘤科医疗技术

2000年8月,市中医院肿瘤科病区成立后,主要收治食道癌、胃癌、肺癌、肝癌等各种肿瘤患者,采取放疗、化疗以及中西医结合抗肿瘤治疗方法。2012年,针对噎膈病——瘀血阻膈症制定"食管癌协定方",总有效率80%;研发院内制剂"十一味补气养血胶囊",临床疗效较好;自创"固本培元灸",用以治疗肿瘤放化疗过程中导致的I—Ⅲ度骨髓抑制及全身技能衰退等表现,总有效率90%。应用芒硝、冰片外敷,治疗恶性腹水,总有效率92%;应用中药足浴循经疗法预防化疗后外周神经病变,总有效率89%。

痔瘘科(肛肠科)医疗技术

1991年11月,市中医院痔瘘科成立后,主要采用消痔灵注射法治疗,对内痔、外痔、混合痔、脱肛、肛裂、肛周胀肿、直肠息肉等疾患,采用中医传统疗法;其中对高位复杂性肛瘘及蹄铁型肛瘘,采取保留肛门括约肌剥离痔瘘管切除内口的手术,效果显著。1994年,市医院南辛分院与济南市痔瘘医院建立技术协作关系,治疗肛肠疾患。2000年,市中医院专家用闭式修补加消痔灵黏膜下注射术,开展直肠前突、直肠黏膜内脱垂、耻直肌肥厚等引起的便秘、排便困难、肛门坠胀等多种病症的手术治疗和研究工作,术后配合"麻仁润肠汤"治疗直肠前突、直肠黏膜内脱

垂等疾病，总有效率100%。2001年，市中医院专家采用半缝合半引流术治疗复杂性肛瘘，术后配合“肛肠坐浴洗剂”治疗高位复杂性肛瘘，治愈率96.7%。2006年，市中医院专家对环状混合痔采用高位悬吊保留齿状线分段结扎缝合术，术后配合“肛肠坐浴洗剂”治疗，总有效率100%。2013年，市中医院专家采用小针刀侧方内括约肌闭合切断术治疗肛裂，术后配合“肛肠坐浴洗剂”，治愈率95%。

针灸科（推拿康复科）医疗技术

1991年起，市中医院采用独穴疗法治疗落枕、急性腰扭伤症，疗效显著。1993年，市医院开展“冬病夏治”三伏天穴位贴敷治疗哮喘病、气管炎，疗效较好；市中医院开展腰椎病牵引，并配合推拿技术及硬膜外腔注射治疗腰椎间盘突出症。1994年，市中医院应用“平调阴阳二跷脉”治疗中风后遗症足内外翻，显效率97%。1995年，市医院开展针灸、推拿、牵引治疗颈肩腰腿痛疾病；市中医院开展“冬病夏治”疗法，药物穴位贴敷治疗慢性支气管炎、支气管哮喘，有效率92.%。同年起，市医院开展“针刺灵台点配合颈肩部推拿治疗颈肩综合征”研究，开展以“龙虎交战”针刺手法配合电针及中药牵正散加减口服治疗顽固性面瘫研究。2000年，市中医院将小针刀疗法引入济宁地区。同年起，市医院对颈型、神经根型、椎动脉型颈椎病用中药离子导入配合推拿治疗，取得较好疗效。2001年，市医院开展针灸减肥工作。2003年，市医院针刺与中药粉剂贴敷局部治疗骨质增生，疗效显著。2004年，市医院推拿配合中药内服治疗面瘫，取得较好疗效。2005年，市中医院开展“以督脉隔姜灸为主中西医结合治疗强直性脊柱炎”，总有效率86%。2010年，市中医院应用“醒脑开窍针刺法”治疗脑卒中，总有效率92.3%。2013年，市中医院专家采用三指舒筋法治疗小儿斜颈，治愈率100%。

第三节　中医特色临床科室

骨伤科

1991年，市中医院设有骨伤科。1994年4月，设立骨伤科病房，有病床36张。2009年，骨伤科列为省重点专科。2013年，骨伤科细化成立脊椎专科。

痔瘘科

1991年，市中医院设有痔瘘专科门诊；11月，成立痔瘘科，内设痔瘘门诊、换药室、手术室，病床5张。1992年，息陬卫生院设立痔瘘科。1994年，市医院南辛分院设立痔瘘科。1997年9月，市中医院成立痔瘘病区，开放病床15张。到2013年，没有变化。

针灸科（推拿康复科）

1997年，市中医院针灸推拿科内设针灸、推拿两个专业，开办颈椎病、腰椎间盘突出症门诊。市医院中医科设置针灸、推拿专科。2005年，市医院增设中医骨病微创科，设颈肩腰腿痛门诊。2006年，市中医院成立康复科。2013年，市中医院将推拿病区扩大为推拿一、推拿二两个病区。

肿瘤科

2000年8月，市中医院设立肿瘤科病区，开放床位40张。2009年，肿瘤科被列为山东省重点中医专科。2013年，市中医院成立肿瘤二科。

第四节　中西医结合医疗技术

1991年，市红十字会诊所中西医结合治疗面神经麻痹、小儿腹泻。1992年，市中医院开展“灸法治疗睑腺炎”新技术疗法，临床治愈率93%。1993年，陵城镇卫生院以补阳还五汤加减治疗中风后遗症、牵正散加减治疗面神经麻痹、血府逐瘀汤加减治疗顽固性呃逆、软坚化瘀汤加减用于肿痛止痛，获得较好疗效。1993年起，市皮防站门诊开始运用中西医结合技术治疗皮肤病。如应用维A酸、雷公藤治疗银屑病、毛发红糠疹、鱼鳞病、皮肌炎、掌角化病，疗效显著；应用皮质激素、雷公藤治疗重症药疹、过敏性紫癜，疗效满意；应用氯喹、DDS、雷公藤治疗日光性皮炎、盘状红斑狼疮、扁平苔藓，有效率98%；用潘生丁、雷公藤治疗复发性口腔炎，治愈率90%以上。1994年，市医院研制中药膏药外敷治疗慢性冠心病获明显疗效；运用中西医结合治疗“肾病综合征”，比单纯用激素治疗的病人，明显缩短疗程；用冬虫夏草6克水煎服治疗急性肾病疗效明显。2002年，市中医院应用刺五加与颅脑超声治疗椎—基底动脉供血不足，总有效率为96%；市医院运用电子瘫痪治疗仪配合益气活血通络液治疗急性脑梗死运动功能障碍，疗效显著。2004年,市计划生育服务站输卵管通液术结合中药治疗输卵管阻塞型不孕症效果可靠。2008年,曲阜中医药学校中医“奇经开穴”治疗偏头痛,临床疗效显著。2009年,市中医院微创手术加中药治疗高龄股骨颈骨折,临床效果显著。2010年,市中医院运用中药口服配合冰硝散局部外敷治疗阑尾周围脓肿,总有效率98%。2013年,市中医院进行止咳贴穴位贴敷辅助治疗小儿肺炎喘嗽(痰热闭肺),临床疗效明显;用中药配合微创治疗异常子宫出血,总有效率98.7%;开展中医针灸推拿配合西式康复训练设备治疗脑卒中患者,有效率90%。至2013年年底,市医院有20名西医师能运用中西医结合治疗脑血管疾病、冠心病、慢性肾炎、中耳炎、扁桃体炎、附件炎、不孕症、痛经、阑尾炎、脉管炎、小儿肺炎、肾炎、腮腺炎等疾病。

第七章　西医

曲阜市西医医疗技术比较全面,拥有一批特色科室。市人民医院为综合性医院,各科设置齐全,被列为全省重点建设县医院,1995年被授予“二级甲等医院”。2013年,市妇幼保健院通过省卫生厅复评,成为济宁市第三家“二级甲等妇幼保健院”。1991—2013年,市直各医院及乡镇卫生院引进先进技术和设备,研究开展一批新技术项目,提高医疗技术水平。

第一节　西医医疗机构

曲阜市人民医院

1991年,市医院建筑面积3.2万平方米,其中医疗用房2.1万平方米,设有6个职能科室、10个临床科室、9个医技科室,有卫生技术人员366人,其中高级职称13人、中级职称66人,拥有病床315张。1995年,干部病房楼建成使用,建筑面积2940平方米。1997年,浴室楼建成使用,建筑面积1206平方米;6月,成立“120”急救中心,实现“120”“110”“122”联动。2000年5月,综合办公楼、外科楼建成启用,总建筑面积5107平方米。2001年,五官病房楼、制剂楼建成启用,建筑面积4026平方米。2008年7月,儿科病房楼启用,建筑面积2076平方米。2011年6月,市医院与省立医院远程会诊中心建立协作关系,建成全省高标准远程会诊中心。2012年,神经内科被选为卫生部脑卒中医疗质量控制中心分中心;12月,市政府在春秋西路路北、西外环路东新建市人民医院并开工奠基。2013年10月,市医院聘任中国工程院院士、北京协和医院妇产科教授郎景和为“第一院长”,聘请省内外24位专家担任相关专业科室“第一主任”。到2013年年底,市医院建筑面积3.43万平方米;有干部职工917人,有卫生专业技术人员735人,其中高级职称76人、中级职称257人;拥有床位860张。

市妇幼保健院

1991年,市妇幼保健所位于东关城隍庙街,设两大部,16个科室,在职员工44人。1992年,迁至弘道路,总建筑面积3100平方米,设有社会保健科、妇产科、药剂科、检验室、B超室、放射室、治疗室、财务科、宣教科,有职工51人。1994年5月,市妇幼保健所更名为市妇幼保健院;同年,被确定为省婚前健康查体定点单位。1995年8月,市妇幼保健院经世界卫生组织、联合国儿童基金会、卫生部验收,命名为“爱婴医院”。1998年2月,经省卫生厅评审验收,命名为“一级甲等妇幼保健院”。1999年2月,市妇幼保健院建立“曲阜市不孕不育治疗中心”。2011年,新建办公综合楼,建筑面积1802平方米。2013年12月,市妇幼保健院被命名为二级甲等妇幼保健院。到年底,市妇幼保健计划生育服务中心占地1.3万平方米,建筑面积9557万平方米,职工217人;设临床医技部、行政后勤部、保健部三大部,下设妇产科、儿科、化验室等30个科室;拥有床位101张。

1995年3月，市人民医院被省卫生厅命名为“二级甲等医院”

第二节　西医医疗技术

内科医疗技术

1991年2月，市人民医院应用“多合剂”治疗慢性肺心病，获得满意疗效。1993年7月，开展变态反应性门诊，鉴别35种过敏源，用于支气管哮喘、过敏性鼻炎、过敏性皮肤病的诊断并给予脱敏治疗，取得良好临床效果；11月，开展首例纤维支气管镜检查。1994年4月，开展大剂量药物化疗急性白血病，有效率65%；12月，开展呼吸兴奋剂持续用药疗法治疗肺心脑病疗效较好，应用肝素毒治疗肺心病取得显著疗效。1995年7月，应用核氖激光血管内照射治疗脑卒中，有效率90%以上。1996年，应用溶栓疗法治疗急性脑梗死，有效率90%；开展成分输血治疗严重贫血和出血性疾病、用单克隆抗体诊断白血病、MA方案治疗难治性白血病、慢粒白血病急变、大剂量静脉滴注丙种球蛋白加环孢素A治疗再生障碍性贫血、胸腺肽加雄性激素治疗再障等疗法在临床应用且获显著效果；应用静脉滴注尿激酶治疗不稳定型心绞痛，有效率86.4%；应用凝血酶口服治疗急性上消化道出血，有效率86.6%。1997年，用硝酸甘油、多巴胺静滴治疗顽固性心衰，有效率87.8%；开展持续大剂量垂体后叶素静滴治疗上消化道出血，有效率95.4%；开展胸腔内注射药物治疗癌性胸水，显疗效率92%；开展甲状腺激素放免检查技术(T3-T4)填补曲阜市空白。1999年，开展C-14呼气试验检测幽门螺旋杆菌等技术，阳性检出率在90%以上。2001年，用糖皮质激素联合环磷酰胺及血管紧张素转化酶抑制剂（和/或血管紧张素转化酶受体拮抗剂）治疗难治性肾病综合征，有效率92.6%。

2002年，市人民医院开展拉米夫定、阿德福韦酯治疗乙肝，系曲阜市首次抗病毒治疗乙肝；2005年，市人民医院开展肺功能检查，主要开展肺通气功能检查，同时开展支气管舒张试验检查，填补曲阜市空白；2006年，应用无创呼吸机帮助ICU对一例AE-COPD行有创呼吸机治疗预计脱机困难的患者，行无创呼吸机脱机并取得成功。2011年，市中医院开展冠状动脉造影及支架植入术，填补曲阜市空白。2012年8月，市人民医院开展冠心病的冠脉造影检查及介入治疗项目，与北京安贞医院、301医院、济宁市第一人民医院开展合作，提高了对慢性闭塞性病变、分支病变等疑难病变、高危病变的处理能力。2013年，市人民医院购进先进医疗设备，用于脑血管病、脑外伤后康复、骨科及运动创伤康复、儿科康复；开展多导睡眠监测检查并行无创呼吸机夜间压力滴定治疗睡眠呼吸暂停低通气综合征，填补曲阜市空白。

曲阜市妇幼保健院（2013摄）

外科医疗技术

1991年2月，市人民医院实施一例外伤性心脏破裂修补术；10月，为一例先天性髋脱位病人完成切开复位、股骨旋转截骨SALTER骨盆截骨术，填补曲阜市空白；12月，实施左食指完全离断断指再植术，为曲阜市首例。1992年11月，市人民医院完成切开复位缝后肌、肌骨瓣移植手术，填补曲阜市空白。1994年，市中医院施行一例脑瘫、高选择脊神经后根切断术，为济宁市首例；市医院为一例股骨头无菌坏死病人施行人工全髋关节置换术，为曲阜市首例。1995年，市人民医院AO内固定术应用于临床、IUGUE氏棒治疗骨折，为曲阜市首例；市人民医院CD棒治疗腰椎管狭窄，填补曲阜市空白；市中医院实施首例人工股骨头置换手术。

2000年，市中医院开展首例膝关节置换术。2001年，市人民医院利用体外震波碎石机，在曲阜市率先开展输尿管结石、肾结石体外震波碎石。2003年，市中医院开展一例颈椎后路手术。2004年，市人民医院利用膀胱电切镜系统及腹腔镜系统，开展经尿道前列腺电切术、经尿道膀胱肿瘤电切术，填补曲阜市空白；市中医院开展一例颈椎前路手术。2006年3月，市中医院实施一例主动脉弓破裂修复术。同年，市中医院开展冠状A造影术、脑血管造影、脑A瘤栓塞术等10多项新技术新项目，其中球囊辅助右后交通动脉瘤栓塞术为鲁西南首例；市中医院开展施行股静脉带戒术、全胃切除空肠代胃术等5项新技术。2007年，市人民医院开展一例后腹腔镜肾囊肿去顶减压手术，填补曲阜市空白。2008年，市人民医院首次为一例左肺上叶肺错构瘤患者行胸腔镜肺楔形切除术，开创曲阜市胸外科先河。2009年，市中医院对肋骨骨折施行内固定手术治疗，填补曲阜市空白。2012年，市人民医院引进直线加速器放疗设备，开展适形放疗；市中医院开展腹腔镜下肝囊肿开窗术、肿瘤科食管癌碘粒子支架植入术等，填补曲阜市空白；市中医院独立完成20例冠状动脉造影术，填补曲阜市空白。2013年，市人民医院施行一例后腹腔镜肾切除手术，填补曲阜市空白。

妇产科医疗技术

1993年，市人民医院施行子宫颈癌根治术、卵巢癌根治术、子宫内膜癌根治术获得成功；市妇幼保健院开展子宫下段剖宫产术。1994年，市妇幼保健院开展异位妊娠手术。1995年，市妇幼保健院开展卵巢囊肿手术；市医院应用蓖麻油实施引产术成功。1996年，市人民医院应用下腹部横切口腹膜外剖宫产手术成功。1998年，市妇幼保健院开展全子宫切除术；鼓楼医院外科首例卵巢囊肿摘除术成功。

2004年，市人民医院开展宫腔镜检查和宫腔镜输卵管通液术，取得良好效果；2005年，率先在曲阜市开展筋膜内子宫切除术，大大缩短手术时间。2006年，市人民医院购置阴道镜、LEEP刀，为宫颈及阴道病变患者开展阴道镜检查，筛查宫颈癌、阴道癌，并为宫颈上皮内瘤变患者实施LEEP刀手术，减少宫颈癌变的发生；开展保留子宫血管上行支的子宫切除术，为年轻子宫腺肌病而需子宫切除的患者保留子宫血管，避免卵巢早衰，术后3年、5年随访，患者卵巢功能良好。同年，市妇幼保健院开展阴式全子宫切除术。2007年，市人民医院开展曲阜市第一例妇科腹腔镜手术，为一输卵管系膜囊肿患者行腹腔镜下输卵管系膜囊肿切除术。2008年6月，市妇幼保健院为一例阻塞性无精子症患者行附睾穿刺，术后人工授精，成功妊娠，此例为山东省第二例、济宁市首例。2011年，市医院为宫颈高级别上皮内瘤变患者实施宫颈冷刀锥切术，取得良好效果；为一例张力性尿失禁患者施行TVT-O手术，解除患者尿失禁痛苦。2012年，市中医院实施腹腔镜子宫肌瘤剥除术成功；市人民医院开展腹腔镜下剥除子宫内膜异位囊肿、电灼、切除异位病灶等手术治疗盆腔子宫内膜异位症。

小儿科医疗技术

1992年初，市人民医院开展雷公藤治疗难治性肾病的探讨；1995年，应用纳洛酮治疗新生儿缺氧缺血性脑病取得新进展，用7号头皮针给小儿做骨髓穿刺获得成功；1996年，对新生儿窒息采用新法复苏并广泛应用于临床；开展应用酚妥拉明、阿拉明、硫酸美治疗喘息性肺炎；1997年，应用环磷酰胺治疗重症过敏性紫癜获得显著疗效。

2000年，市人民医院联合应用甲泼尼龙、丙种球蛋白治疗原发性血小板减少性紫癜，显疗效率90%以上，填补曲阜市空白；2006年，在曲阜市率先引进无创呼吸机（CPAP），管理早产儿及新生儿呼吸窘迫综合征；将鲁米那钠用于新生儿缺氧缺血性脑病的系统治疗，降低脑瘫患儿发生率；2007年，应用异丙肾上腺素救治一例严重的三度房室传导阻滞的患儿，填补曲阜市空白；2010年，率先在曲阜市开展应用CPAP呼吸机及气管插管肺泡表面活性物质肺泡灌洗术；2012年，救治一例三胞胎早产儿，填补曲阜市空白；2013年，率先在曲阜市开展视网膜视力筛查。

五官科医疗技术

1991年4月，市人民医院施行曲阜市首例上颌骨截骨后退术、矫上颌前突手术成功；1992年，在省级专家谢立信指导下开展白内障囊外摘除人工晶体植入术成功；1994年5月，实施喉癌切除术获得成功；9月，实施颌面肿瘤切除带蒂皮瓣修复术成功。1996年9月，市人民医院施行第一例"眼内容剜除、眶内基磷灰石植入"获得成功，此项眼部美容、整形技术在省内尚属首例；10月，市人民医院施行曲阜市第一例外伤性睫状体脱离复位术成功，第一例青光眼滤帘切除、白内障囊外摘除人工晶体植入三联手术成功，第一例糖尿病白内障囊外摘除人工晶体植入成功，施行颌骨骨折微型钢板内固定手术成功；12月，施行曲阜市第一例眼眶内恶性肿瘤内容剜除术成功；第一例外伤性白内障囊外摘除人工晶体植入成功。1997年3月，市人民医院实施第一例白内障后房型人工晶体缝线固定术成功；10月，实施第一例间歇式外斜矫正术成功。

2000年，市人民医院开展烤瓷牙，铸造义齿修复技术；2000年6月，完成曲阜市首例鼻内镜下鼻中隔矫正术；2008年，利用口腔全景机，开展根管标准化治疗及涡轮机阻生齿拔牙技术。2009年，市口腔医院开展种植室和VIP诊室成立。2010年，市人民医院与山东大学口腔医学院联合开展种植牙技术；市口腔医院成功开展种植体支抗技术。2013年，市口腔医院引入微创拔牙新技术和设备，手术创伤小、愈合快。

肛肠科医疗技术

2005年6月，市人民医院成立肛肠科，采用中西医结合，内外兼治，手术与药物并用的综合治疗措施，治疗痔疮、肛瘘、肛裂、肛周脓肿等肛肠疾病；9月，开展排粪造影检查，为出口梗阻型便秘诊治提供直观可靠依据。2006年3月，市人民医院在省中医院著名教授姜春英、丁克指导下，率先在鲁西南开展痔疮微创疗法--PPH手术；2007年8月，开展"直肠前突经阴道修补+直肠黏膜环切术"，其治疗水平在鲁西南处于领先地位；2009年5月，引进电脑肛肠检查治疗系统；2010年，成功开展低位切开、高位清创、内口切除、对口引流的术式，治疗高位蹄铁型肛瘘。2011年，市中医院痔瘘科开展PPH技术治疗20余例，电子结肠镜检查20余例，查出直肠癌6例。

手术麻醉科医疗技术

1991年4月，市人民医院引入"深静脉穿刺留置静脉针" 技术在危重病人抢救和手术中应用。1992年，联合国捐助市医院皇家77麻醉机应用于手术。1993年，市医院将惠普监护仪用于手术麻醉中监测；1994年，成功开展第一例心脏动脉导管未闭手术麻醉；2000年，开展术后镇痛。2001年，市人民医院引进异丙酚镇静催眠药，促使无痛流产技术成功开展；开展食管癌、肺癌双腔气管插管全麻，施行单肺通气技术。2002年，市人民医院引进异氟醚，将气管插管全麻用于肝、脾、胃肠、颈部器官等手术；引进加强型气管插管组件用于头颈部手术麻醉。2003年，市人民医院引进苯磺酸阿曲库铵非去极化肌松药用于气管插管全麻；2010年，开展腰硬联合麻醉用于下腹部及下肢手术麻醉，麻醉效果更加精确；2011年，引进罗哌卡因用于硬膜外麻醉，延长麻醉效果持续时间；2012年，引进吸入性麻醉药七氟醚用于全麻，购进静脉微量泵及引进注射用瑞芬太尼用于术中泵注。

重症医学科医疗技术

1999年10月，市人民医院成立重症医学科，能独立开展经颈内、锁骨下、股静脉等部位中心静脉置管术和机械通气技术。2000年，市人民医院在济宁市率先引进经皮穿刺气管切开技术；2001年1月，成功开展济宁市首例经皮气管切开术；2002年7月，开展尿毒症患者血液透析及急性中毒患者血液灌流术，填补曲阜市空白；2003年，开展血液净化技术（血液透析+血液灌流），填补曲阜市空白；2008年，购置美国雅培血气分析仪1台，每年检查重症病人2000余例；2009年，利用纤维支气管镜，开展纤支镜治疗和检查。2013年，市人民医院率先在曲阜市引进持续血液净化、PICCO监测治疗；更换GEM3000血气分析仪，提高救治危重患者水平。

第三节　临床科室设置

内科

1991年，市人民医院内科为三个病区，一病区为呼吸、消化、神经、内分泌系统疾病区，二病区为心血管系统疾病区，三病区为血液、肿瘤病区。1993年，市人民医院成立呼吸科。1994年3月，市中医院设独立内科病区，开放床位35张。1997年年底，市人民医院大内科设呼吸、循环、消化、肾病、内分泌、血液肿瘤、神经内科7个专业，有医生24人，护理人员30人，开放床位115张；市中医院内科有医护人员17人，设病床35张。2004年，市中医院设立内分泌肾病科、糖尿病科。2007年8月，市人民医院心内科与消化内科分开，成立心内科病区。2010年1月，市人民医院高压氧舱建成并投入临床使用，纳入神经内科管理。2013年6月，市人民医院成立康复医学科专业。到2013年年底，市人民医院内科设8个病区，有外科医生50人、护理人员124人、床位299张。

外科

1991年，市人民医院外科按疾病分类为2个病区5个专业组。外一病区为普遍外科、心胸外科、神经外科专业组；外二病区为骨外科、泌尿外科专业组。同年，市中医院设立普外科门诊。1994年，市中医院设立神经外科，外科、骨伤科分为单位病区，各设病床35张。1997年年底，市人民医院外科分设4个病区，专业设普外、骨外、心胸外、泌尿外、神经外、小儿外、烧伤外科7个专业，有外科医生32人，护理人员41人，有床位140张；市中医院外科设普外、神经外、泌尿外、心胸外专业，有外科医生11人，护理人员10人，有床位35张。2006年7月，市中医院成立介入诊疗中心。2013年，市人民医院外科设4个病区，有外科医生45人、护理人员102人、床位204张。市中医院外科有外科医生50人、护理人员58人、床位252张。

妇产科

1991年4月，市中医院成立妇产科。1994年，市人民医院妇产科扩建至2个病区4个医疗组（产科一组、产科二组、病理产科组、妇科组），医护人员53人，床位73张。1994年4月，市中医院设立妇产科病房。1997年年底，市人民医院妇产科设产科（含病理产科）、妇科两大专业，有医护人员40人，产科床位54张，妇科床位12张；市中医院妇产科有医生5人；市妇幼保健院妇产科设妇科、产科两大专业，医护人员16人。2013年，市中医院妇产科有医生15人、助产师14人、护士14人、床位56张。市人民医院妇科有医护人员72人、产科床位60张、妇科床位20张。市妇幼保健院有医生11人，护理人员29人。

小儿科

2000年，市中医院成立儿科。2006年，市人民医院小儿科设立新生儿监护室，编制床位8张。同年9月，市妇幼保健院建立新生儿重症监护中心。2013年，市人民医院率先在曲阜市成立儿童保健门诊，下设雾化吸入中心、心理门诊、哮喘门诊、健康教育诊室等。

急诊科

1991年，市人民医院急症科有医护人员26名，拥有住院病床21张、监护床3张、抢救床1张、观察床30张。1993年底，市中医院设立急症门诊及急症护理单元。1995年8月，市中医院固定急症医生3人，设观察室1间，有床位4张。1997年8月，市人民医院成立急救中心，设有急诊病房，有床位26张。2008年11月，市人民医院急诊纳入济宁市急救指挥中心“120”统一管理；急诊科以重症监护室（ICU）为依托，形成院前急救—院内急诊—急诊观察—护送入院—重症监护等一条龙服务。市中医院急诊医学科硬件设施按照《济宁市医疗急救站设置原则和建设标准》进行配备；科室设有接警室、急诊抢救室、急诊处置室、清创缝合室、急诊治疗室、急诊留观室及相关配套的急诊挂号室、急诊药房等。2012年11月，市人民医院扩大内外科接诊室及抢救室，增加急诊留观室，设留观床位6张。2013年11月，市人民医院急诊科更名为急诊医学科。到年底，市人民医院急诊医学科拥有医疗人员10人、司机6人、救护车4辆，市中医院急诊科医护人员发展到20余人。

重症医学科

1999年10月，市人民医院成立重症医学科，是济宁市首家县市级医院成立重症医学科室。2004年，市人民医院重症医学科被济宁市卫生局评为“济宁市特色专科”。2005年，市中医院成立重症监护室，设置床位4张。2013年，市中医院重症监护室拥有病床15张，设有多重耐药菌患者隔离单间，是曲阜市唯一一家拥有百万级层流设备的监护病房，是济宁市中医药重点专科。

其他临床科室

五官科。1991年，市人民医院五官科按专业设有眼科、耳鼻咽喉科和口腔科。2013年，没有变化。

皮肤科。1991年，市皮肤病防治站设有皮肤病门诊。1993年，市人民医院激光治疗室并入皮肤科，皮肤科有独立综合治疗室。1995年，市人民医院皮肤科增设皮肤美容专业。2013年，没有变化。

手术麻醉科。1991年，市人民医院设有麻醉科，市中医院设有手术室1间。1994年5月，市中医院组建麻醉科（手术室）。1997年，市人民医院麻醉科手术室业务用房面积1200平方米，手术床6张。2013年，市人民医院麻醉科有手术室6间，麻醉复苏室1间。同年，市中医院设立高标准层流净化手术室6间，麻醉后复苏室1间。

肛肠科。2005年6月，市人民医院肛肠科成立，治疗痔疮、肛瘘、肛裂、肛周脓肿等肛肠疾病。2011年，开展PPH技术治疗20余例。

第四节 医疗设备

20世纪90年代，市政府对卫生事业建设和医疗设备的投入逐渐增多，国家允许大型医疗设备可通过银行贷款解决，上级财政给予部分补助。一些医疗单位自筹资金购买急需的医疗设备，以满足人民群众对医疗检查的需求。1991—1997年，全市卫生系统共购置医疗卫生器械950台（件），其中5000元以上298台（件），尤以市中医院新购置医疗设备较多，价值万元以上设备28台（件）。2000年起，市直医院及乡镇卫生院医疗卫生器械万元以上设备显著增加。到2013年，全市医疗卫生单位万元以上医疗器械设备1218台（件）。市人民医院、市中医院、市妇幼保健院、市第二人民医院、市口腔医院、姚村卫生院等购置50万元以上设备37台（件），其中100万元以上设备18台（件）。

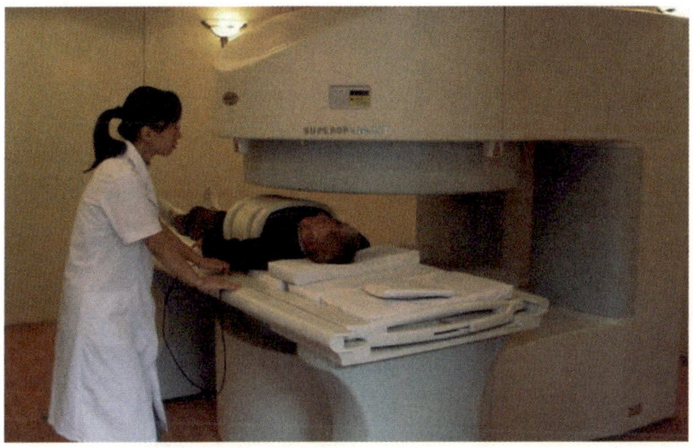

市人民医院核磁共振（2013年摄）

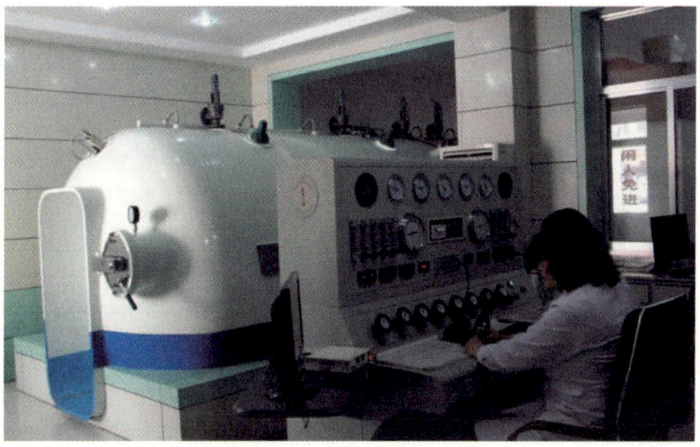

市人民医院高压氧舱（2013年摄）

2013年曲阜市人民医院主要医疗器械设备统计表

表27-2

设备名称	型号	数量（台）	产地（厂家）	启用日期	原值（万元）
腹腔镜	OLYMPUS	1	日本奥林帕斯	2005	59
彩色超声诊断仪	ALOKA SSD—4000	1	日本阿洛卡	2007	85
核磁共振	NSM-P035	1	沈阳东软	2007	525
全自动生化分析仪	bayer 1650	1	美国拜耳	2007	180
数字胃肠 X 光机	NF3900	1	沈阳东软	2008	196
血液透析机	4008B	1	德国费森尤斯	2010	172
直线加速器	XHA600D	1	山东新华	2011	435

续表 27-2

设备名称	型号	数量(台)	产地(厂家)	启用日期	原值(万元)
高档彩色多普勒超声诊断仪	IU22	1	美国飞利浦	2011	191
模拟定位机	SL-ZC	1	山东新华	2011	67
CT 机	BrillianceCT16	1	美国飞利浦	2012	410
血管造影机	WINMEDIC2000	1	北京卫金帆	2012	320
平板式数字化 X 线摄影系统	PhilipsDigitalDiagnost VR	1	美国飞利浦	2012	176
腹腔镜系统	OLYMPUS UHI-E	1	日本	2013	94.8

2013 年曲阜市中医院主要医疗器械设备统计表

表27-3

设备名称	型号	数量(台)	产地(厂家)	启用日期	原值(万元)
中心供氧设备		1	肥城康城	2000	78.8
16 排螺旋 CT	16 排螺旋 CT	1	美国 GE	2006	444.8
介入热疗机	HGC-3000	1	珠海和佳	2010	131.6
粒子置入计划系统	HGC-1000	1	珠海和佳	2010	68.7
免疫治疗机	IZL-2003II	1	珠海和佳	2010	97.3
体外高频热疗机	HG-2000III	1	珠海和佳	2010	114.5
数字胃肠机	AXIOM MD	1	德国	2010	189
磁共振	0.35T	1	美国 GE	2011	146
血管造影机	LCV+	1	美国 GE	2011	86

2013 年曲阜市妇幼保健院主要医疗仪器设备统计表

表27-4

设备名称	型号	数量(台)	产地(厂家)	启用日期	原值(万元)
阿洛卡彩色 B 超	阿洛卡 1700	1	日本	1999	78
东芝彩色 B 超	SSA-550A	1	日本	2007	66
彩色超声诊断 B 超	V01usn730	1	美国	2011	139
高千伏 X 光机	AXGQ620	1	上海	2011	50

2013 年曲阜市第二人民医院主要医疗仪器设备统计表

表27-5

设备名称	型号	数量(台)	产地(厂家)	启用日期	原值(万元)
彩超	DP-1100	1	深圳迈瑞	2003	66
CT 工作系统	CT-C2800A	1	东软飞利浦	2005	223
四维彩超	SSA-680A	1	日本东芝	2011	175

说明:购置价格在50万元以上,启用日期2000年前后至2013年

第八章　基层卫生

1996年5月，曲阜市推行乡村卫生服务一体化管理。2003年，曲阜市成为全省首批新型农村合作医疗试点县（市）。2007年，启动城镇社区卫生服务体系改革，在城区建立3处社区卫生服务中心。2013年，启动镇（街道）卫生院标准化建设和管理工作，全市有规范化卫生所266个，以乡镇为单位一体化覆盖率100%。

第一节　社区卫生服务

服务机构

仓庚路社区卫生服务中心。成立于2008年，辖区有住户3700余户，服务人口1万余人。该中心为辖区居民开展预防、医疗、保健、康复、健康教育及计划生育技术指导等“六位一体”医疗卫生服务，设全科诊疗室、中医诊疗室、康复理疗室、健康教育室、医学检验室、心电图室、B超室、传染病疾控科、卫生协管科等科室。

有朋路社区卫生服务中心。成立于2008年，是城乡居民和职工医保定点单位。2013年，中心占地面积0.42公顷，建筑面积4000平方米，下设3个卫生服务站，管辖10个居民小区和2个社区，服务面积13.38平方千米，服务人口2.9万人，有职工88人。设有全科诊室、中医诊室、骨科、康复中心、中西药房、健康教育室、妇女保健室、预防保健室、放射科、化验室、B超室、心电图室等20多个科室；拥有开放床位85张。

鼓楼社区卫生服务中心。成立于2008年，是城乡居民和职工医保定点单位。2013年，中心占地面积0.47公顷，建筑面积4040平方米，下设3个卫生服务站，管辖11个居民小区，服务面积18.05平方千米，服务人口4.66万人，有职工86人。设有全科诊室、中医诊室、皮肤科、健康教育室、公共卫生科、儿童保健科、防疫科、妇女保健科、中医科等18个科室；拥有开放床位95张。

家庭病床

1991年，因公费医疗经费超支严重，加之管理措施不配套，家庭病房工作基本停止，市医院有家庭病床5张，主要服务对象为外地离退休驻曲人员、厂矿企业慢性病人。1993年，全市各级医疗单位停止家庭病床业务。

第二节　农村卫生服务

1991年年初，曲阜市将行政村（街）卫生室建设、创建甲级卫生室活动列入全市初级卫生保健规划目标。1992年10月，曲阜市被卫生部、国家计委等5部门公布为“中国农村实现2000年人人享有卫生保健规划试点达标县”。1993年，市卫生局对全市村办集体卫生室进行办医资格和办医条件审查考核，有489个行政村卫生室符合规定标准，给其核发行医执照。1995年夏，市卫生局制订发布《曲阜市医疗机构设置规划》，对全市603个医疗机构进行执业登记注册工作。11月，在王庄乡开展农村卫生室村办乡管、乡村一体化管理试点。1996年5月，市政府出台《曲阜市农村卫生室乡（镇）村一体化管理办法》，在全市开展农村卫生室乡（镇）村一体化工作。济宁市卫生局把曲阜市息陬乡确定为“以初保为基础，全面推行农村全科医疗试点单位”。1998年，新设标准卫生所101个。2001年年初，纳入一体化管理乡村医生906人；市卫生局对全市84个卫生所进行综合评审，授予68处村级卫生所“甲等卫生所”“甲等社区卫生服务站”称号。2002年，曲阜市被命名为全国农村初级卫生保健工作先进市，姚村中心卫生院被评为山东省农村卫生工作先进集体。2004年6月，市卫生局出台《关于进一步加强乡村卫生服务管理一体化工作的通知》，制定村级卫生所人员编制规划，按照服务人口、区域卫生规划等因素定岗定编，实行退一补一制度。

2005年，市卫生局在上年度建设50处规范化卫生所基础上，再次创建30处规范化卫生所。2006年3月，曲阜市将乡镇卫生院上划市级管理，人员、业务、经费等由市卫生局管理。同年，全市新建20个规范化卫生所。2007年6月，市卫生局对卫生所设置、乡医队伍建设、药品采购供应、乡村两级卫生组织定位等提出要求。同年，全市新建40个高标准规范化卫生所。2008年12月，曲阜市实施村卫生所规划建设工程，至2009年年底，完成112个规范化卫生所建设任务。2012年5月1日，曲阜市村级卫生室实施国家基本药物制度；实施“基层医疗机构规范管理建设年”活动，全年新建、改建村级卫生室100处，卫生室面积均在100平方米以上，达到“五室、六通”标准（诊断室、治疗室、药房、观察室、值班室五室分开,通水、通电、通暖、通电话、通网络、通有线电视）。2013年，市卫生局实施私人产权卫生室转化为集体所有建设项目，市财政采取以奖代补形式，每新建一处补助5万元、购买一处补助3万元，全市48个私人卫生室全部转化为集体所有。到2013年年底，全市有乡村医生1177人，农村一体化卫生所276个。

2013年曲阜市农村一体化卫生所统计表

表27-6　　单位：个、人

镇街名称	卫生室个数	医护人员数		人员			
		男	女	中医专业	其他专业	中级	初级
鲁城街道	36	67	69	3	10	20	103
书院街道	19	64	36	7	23	7	63
王庄镇	20	61	30	3	14	10	71
石门山镇	27	73	39	2	1	6	103
吴村镇	21	44	29	3	5	4	61
姚村镇	20	64	21	2	3	6	74
时庄街道	25	39	47	3	5	5	73
陵城镇	23	69	29	4	7	6	81
小雪街道	22	83	28	4	4	9	94
息陬镇	19	64	48	2	9	3	98
尼山镇	24	67	22	1	8	6	74
防山镇	20	48	29	3	6	3	65

第三节　新型农村合作医疗

1991年，曲阜市有252个村、街坚持合作医疗，各乡镇、村、街建立合作医疗管理机构，合作医疗经费每年筹集一次，平均每人每年5~6元。参加合作医疗农民，根据疾病情况全部或部分报销医药费，受益人口26万人。1992年起，山东省将“集资医疗”统一改称合作医疗。1995年，市政府制定《曲阜市农村合作医疗保健管理办法》，市卫生局把恢复合作医疗保健制度列入重点管理目标。姚村、息陬、陵城、南辛、书院、董庄6个乡镇先后实行合作医疗制度，合作医疗覆盖人口52.2%，合作医疗经费111.65万元。1996年，全市13个乡镇均实行合作医疗制度，参加人口49.5万人，覆盖率为98.6%。

2002年，国家建立新型合作医疗制度。2003年，

省政府确立曲阜市为首批省级试点县(市),曲阜市成立新型农村合作医疗管理委员会和监督委员会,设立新型农村合作医疗管理办公室。2010年10月,市政府下发《关于进一步加强全市新型农村合作医疗管理的意见》。2003—2013年,全市参合432.76万人次,受益总人次610.2万人次;门诊统筹基金支出6249.86万元,住院统筹基金支出为43345.71万元。

第四节 个体诊所和民营医院

个体诊所

1991年起,市卫生局按照集体办医为主、个体办医为辅的工作方针,批准部分个体医生开设诊所。1993年,按照个体开业医生办医标准,对个体诊所逐个进行审查考核,对符合办医条件和资格的45处个体诊所核发行医执照,依法取缔7个挂名医院门诊的个体诊所。1994年,市卫生局对27户无证个体行医者给予行政处罚。1995年年底,全市个体开业诊所60个,执业人数84人。1996年7月,曲阜市实行乡(镇)村卫生组织“一体化”管理,保留个体诊所19个。1997年12月,查处各类违法个体开业行医125户。到2013年,曲阜市有个体诊所25个。

民营医院

曲阜盛德医院。1993年成立,是一所以精神卫生专业为主要科室的综合性民营医院。2013年,医院建筑面积8000平方米,职工80余人;设有精神科、内科、外科、中医科、急诊科、预防保健科、医学影像科(超声诊断专业、心电诊断专业)及医学检验科;拥有床位99张。

曲阜圣成医院。2002年成立,是一所综合性医院。2013年,医院占地面积5500平方米,建筑面积4000平方米;有职工21人,其中卫生技术人员18人;设有预防保健科、内科、外科、中医科等;拥有床位20张。

第九章 卫生支援

1991年,曲阜市卫生部门组织卫生支农工作队分片包干,覆盖全市13个乡镇,开展初级卫生保健及医疗工作。2005年,实施“市直百名医师下乡支农”工程。2012年,实施“一村一医保健工程”。1999年起,先后选派3名医务人员到新疆开展援疆医疗服务;2008年,选派6名医务人员到北川开展灾后援建工作;2013年,选派一名儿科专家到坦桑尼亚开展医疗服务。

第一节 支农

1991—1992年,市卫生局组织卫生支农工作队分片包干,抓好初级卫生保健(简称初保)及医疗工作,卫生支农工作队覆盖全市13个乡镇。1993年3月,出台卫生支农工作意见,推进“初保”规划目标的实施,甲级卫生室创建,合作医疗制度实施,卫生改厕、改水,计划免疫,传染病控制,妇幼保健系统管理及健康教育等。至年底,陵城镇、息陬乡、书院乡、曲阜镇、时庄乡、姚村镇、王庄乡、小雪镇“初保”工作达标。1998年,以“初保”为龙头,推进“三级网”建设、乡镇达标、合作医疗、乡村一体化管理、卫生支农工作。2005年5月,实施“市直百名医师下乡支农”工程,市直卫生单位下派支农人员5批41人次,帮助乡镇培训卫生技术人员820人次,开展新技术、新项目5项,诊疗11520人次。卫生部《农村卫生工作简讯》(第13期)以《山东曲阜百名医师下乡支农活动正式启动》为标题报道曲阜市卫生支农信息,给予肯定。2006年12月,市医院与12所乡镇医院签订卫生支农协作协议书。2007年,市医院派出专家38名,到乡镇卫生院坐诊2116人次,为乡镇卫生院培养专业技术人才30余人。2009年,曲阜市将结对帮扶与实施百名医师下乡工程等卫生支农工作相结合,由市直医院帮扶乡镇卫生院和社区卫生机构,乡镇卫生院帮扶村卫生所,每三年

2008年9月，曲阜卫生医疗队在汶川地震灾区举办卫生知识讲座

为一帮扶周期，对受帮扶单位进行“帮、扶、带、教”，带动基层医疗卫生事业发展。市医院定点帮扶6所乡镇卫生院，中医院帮扶4处乡镇卫生院，妇幼保健院帮扶2所乡镇卫生院；市医院帮扶鼓楼、有朋路社区卫生服务中心，市中医院帮扶仓庚路社区卫生服务中心；乡镇卫生院每年选派4名临床医生轮流到帮扶村卫生所坐诊，每人每年坐诊时间不少于6个月，乡镇卫生院安排村卫生所医务人员免费到乡镇卫生院进修。

2012年10月，实施“一村一医保健工程”工作，即保证一村配备一组保健医生团队，并开展保健医生签约服务工作。实行“保健医生2+1团队”服务模式，坚持“属地为主，就近帮扶”原则，从市、镇两级医疗机构各选1名医生和1名护士或其他医务人员组成1个小组，并与对口联系村乡村医生组成保健医生2+1团队，每一个团队对口联系一个行政村。各村保健医生坚持每月3次进村入户开展巡诊服务工作，重点对65岁以上老年人、0~6岁儿童、孕产妇、慢性病人及困难户、五保户、三留守家庭提供基本医疗和基本公共卫生服务。到2013年年底，全市各保健医生团队共巡诊家庭46.55万户，义诊54.39万人次，健康教育指导62.37万人次，发放健康教育资料78.8万份。

第二节　救援

2008年9月1日，曲阜市卫生系统选派6名同志组成援川医疗卫生队，代表济宁市卫生局到北川马槽乡开展灾后援建工作。援川医疗卫生队在马槽乡圣援小学，从食品卫生、饮水卫生、教室宿舍设施、传染病防控、内外环境卫生等方面实施卫生监督监测工作。医疗队现场捐赠2000元用于购买教学用品，组织学生健康查体178人，举办学生卫生知识讲座。卫生队结合马槽乡卫生院实际，开展医院日常工作，参与诊治病人900余人次，输液100余人次，抢救病人5人次，组织预防接种，建立健康档案36份。规范治疗室布局，完成清洁区、无菌区和污染区区域划分，建立紫外线消毒工作规范，落实消毒登记。协助当地政府及其他支援工作人员做好对死畜、垃圾的焚烧，对水沟、河道的消毒清理，对安置点板房、帐篷、垃圾池、厕所的消杀工作，并对当地消毒人员及防疫人员进行专业知识培训。10月10日，援川医疗卫生队完成任务返回曲阜。

2010年8月，市妇幼保健院选派1名专家到北川对口支援当地妇幼保健培训项目。

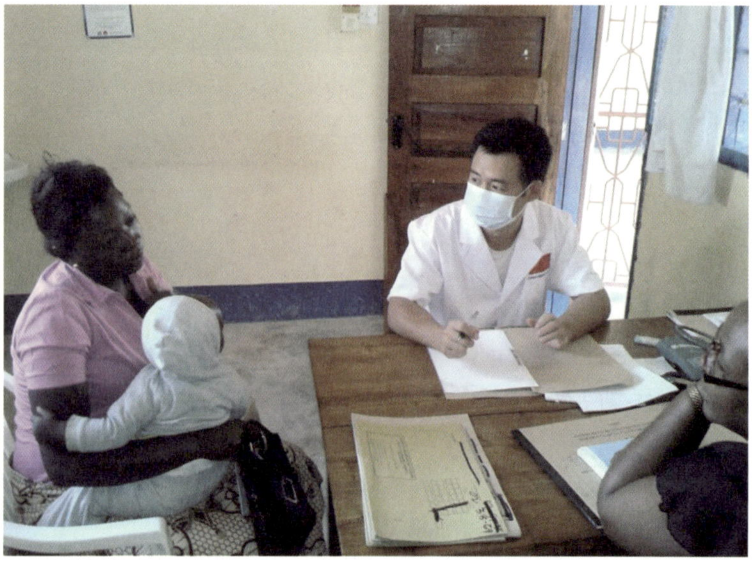
2013年2月，市医院儿科专家韩效伟在援外工作岗位上

第三节　援疆

1999年6月，市人民医院选派心内科专家靳海作为山东省第三批援疆干部到新疆维吾尔自治区巴楚县人民医院工作3年，2002年返回。

2008年7月，市人民医院选派骨科专家马军华作为济宁市20名援疆干部之一到新疆维吾尔自治区英吉沙县人民医院工作；先后获新疆英吉沙县"优秀援疆干部"、喀什地区"优秀援疆干部"称号。

2010年2月，市人民医院选派骨科专家毛阳升作为山东省第六批济宁市第四批援疆医生中途轮转医生到新疆维吾尔自治区英吉沙县人民医院工作；11月，被喀什地委行政公署授予"优秀援疆干部"称号。

第四节　援外

2013年2月，通过山东卫生厅考察，市医院儿科专家韩效伟成为第23批援坦桑尼亚医疗队员，8月，到坦桑尼亚最为艰苦的地区塔宝拉执行为期2年的援外医疗任务。在塔宝拉省立医院期间，救治多名脑型疟疾、重症肺炎合并多脏器功能障碍、腹泻合并循环衰竭的濒死病儿，并指导当地医生开展儿科工作。

第十章　卫生行政管理

曲阜市卫生医疗机构坚持以病人为中心，以质量为核心，强化卫生技术人员管理，加强队伍建设，不断提高医疗服务水平，减少医疗纠纷和差错事故。

第一节　综合管理

1992年，市卫生局出台《关于进一步深化卫生改革的意见》，完善综合目标责任制管理，理顺医院内部运行机制。市人民医院制订全方位技术经济目标管理责任制，市中医院出台《全面质量控制检查考核方案》。1997年，《中共中央、国务院关于卫生改革与发展的决定》发布，市委、市政府出台贯彻落实意见，各医院坚持"以病人为中心，以质量为核心"，深化内部改革，完善综合目标责任制管理。1999年，市卫生局公费医疗管理职能划归市劳动和社会保障局。2006年11月，乡镇(街道)卫生院由各乡镇(街道)管理调整为市卫生局管理，各乡镇(街道)卫生院人员、业务、经费实现由市卫生局统一管理。2007年，筹建卫生系统财务集中核算中心，有4个市直医疗单位和12所乡镇(街道)卫生院纳入财务集中核算。2013年4月，根据区域卫生规划，鲁城街道14个卫生室药品实行零差率销售，全市基层医疗机构基本药物制度实现全覆盖。

第二节　医政

1991年，曲阜市各级医疗单位开展"优质服务年"

2013年10月，中国工程院院士、北京协和医院妇产科主任、市医院"第一院长"郎景和教授(前右二)在市医院指导工作

活动，重点抓医疗服务质量提高。1992年，全市各医疗单位实行医院分级管理，开展“创甲”达标活动。1993年，市卫生局开展诊疗技术“大练兵”活动，各医疗单位利用业余时间举办“三基三产”培训班及各种技术讲座，组织理论考试和技术考核50余次，修订完善工作制度84项，工作职责31项，操作规程32项，系统整理医护文书2万余份，健全各类业务技术档案460余卷。1994年，在人民医院分级管理第一个评审周期，市人民医院、市中医院通过省卫生厅“二级甲等医院”考核评审；市人民医院董庄分院及鼓楼、陵城、王庄、姚村、息陬5处乡镇卫生院通过济宁市卫生局“一级甲等医院”考核评审。1995年1月，市中医院被国家中医药管理局命名为“二级甲等中医院”，被省卫生厅命名为“县级示范中医院”；同年3月，市人民医院被省卫生厅授予“二级甲等医院”。1997年，市人民医院成立医疗急救中心，开通“120”急救电话，实现“120”与“110”警医联动；市中医院扩大骨伤专科优势，以专科建设带动全院业务水平提高。1998年年底，市口腔医院开展全市性牙病防治。

2010年，全市开展“两好一满意”（服务好，质量好，让病人满意）和医院管理年活动，市卫生局指导医疗机构设立质量控制科，完善医疗质量管理制度和规范体系。实施医疗服务质量监督考评公示制，市卫生局与下属各单位签订重点工作目标责任书。市中医院引进济南军区总医院信息化系统，率先使用电子病历。2011年，落实县级以上医院检查结果互认、住院费用“一日清单”、医药费用公示和单病种限价制度，有效控制患者诊疗费用。同年起，全市实施医疗机构医疗废物集中处置，市消杀大队成立医疗废物集中处置中转站。

2013年，全市各级医疗机构启动实施“第一院长”“第一主任”制度，聘请全国、全省知名管理专家、业务专家担任“第一院长”“第一主任”，全市共聘请59位专家到曲阜市各医疗机构担任“第一院长”或“第一主任”。

第三节 药政

综合检查治理

1991年4月，市卫生局开展全市药品质量大检查，查出各种假劣药品62种；对农村卫生室药房进行整顿，统一换发“济宁市用药许可证”。1992年5月，对全市厂矿企事业单位卫生所、药品经营单位、乡镇卫生院、市直医疗单位、村卫生室和34处个体诊所药品进行质量检查，查出假劣药品40种。同时，市卫生局设立两部举报电话和19个举报箱。至年底，检查药品生产、经营单位10个，查出不合格药品4批次；检查村卫生室和个体诊所495个，查出不合格药品121批次。7月，对全市495个行政村卫生室“用药许可证”进行验收，查出12个村卫生室不合格，给予限期整顿2个月处罚，没收假劣药品29种。9月，市卫生局成立“三证”验收小组，对4处药品经营批发部、5处药品零售店、1处普通制剂室进行检查验收。当年，市药品检验所抽检药品338种，全检率为22%。1993年，组织两次大型打击假劣药品活动，全年查处假劣药品片剂10820片、针剂712支、中成药7900丸（片）、中药材725千克、饮片27.2千克、输液器50盒等。1996年，重点对行政村卫生室药品质量进行普查，查出假劣药品30批次，清除无证经营私人经营点1个，查处不正当渠道购药村卫生室20个。市药品检验所完成药品检验248批次，检出不合格药品38批次，不合格率为16.5%。1997年，查处不正当渠道进药63起。2000年，开展医疗器械和药品打假等专项活动，加强医疗市场监管。2002年，药政管理职能划归市药品监督管理局。2008年起，按照《曲阜市农村卫生所（室）管理办法》，对农村卫生所（室）药品统一由乡镇（街道）卫生院中心药库调拨等进行检查监督。至2013年，全市卫生行政和药品监管部门加强对进药渠道和药品质量的监督管理，维护群众用药安全。

药品招标采购

2000年，国家实行药品集中招标采购制度，拓宽医疗单位采购药品渠道。2002年5月，全市卫生医疗单位实施药品器材集中招标采购。市政府出台《曲阜市医疗单位药品器材集中招标采购实施办法》，招标办下发《关于药品器材集中招标采购有关问题的规定》，实行药品招标采购集中付款制度和市乡两级医疗单位分开招标、临时急用药品限额采购制度。针对输液器和大液体等生产厂家多、质量价格悬殊的问题，招标办组织专门人员到有关厂家实地考察，确定投标厂家。全年招标采购药品8次660余个品种，采购金额1442万元，采购价格下降17.6%，节约采购资金295.5万元。2008年4月，市政府纠风办、市卫生局下发《关于全市医疗卫生单位实行药品、器械等物资综合采购制度的意见》，市卫生局成立综合采购办公室，加强药品、器械等物资综合采购管理。2010年，曲阜市全面推进会计核算和药品器械综合采购工作。市卫生局出台《全市医疗卫生单位药品器械综合采购工作规范》，除按规定应由省市统一采购的药品外，所有药品、医用材料、体外诊断试剂等物资均由市卫生局综合采购。2013年5月，市卫生局出台《关于进一步加强财务、综合采购管理工作的实施意见》，全面推进财务、综合采购工作的开展。

特殊药品管理

1991年，依照卫生部下发《关于盐酸二氢埃托非管理的暂行规定》，该药其原料按麻醉药品管理，其制剂参照精神药品二类管理。1993年8月，市卫生局贯彻执行省卫生厅《关于阿比类成瘾常用戒毒疗法的指导原则的通知》精神。1994年2月，卫生部发布《医疗单位麻醉药品、精神药品计划供应办法的通知》，市卫生局要求各医疗单位按通知精神执行。1995年6月，卫生部发布《戒毒药品管理办法》；11月，省卫生厅转发卫生部《关于加强麻醉药品经营管理的紧急通知》。1996年1月，市卫生局对各经营、使用麻醉药品单位进行检查验收，并制定改进措施。1997年3月，市卫生局成立医疗机构与药品监督管理办公室，具体实施辖区内医疗机构和药品经营使用、生产单位的监督、检查、指导工作；10月，市卫生局发布《关于重新审批使用麻醉药品医务人员处方权的通知》，加强麻醉药品的监督管理力度。当年，市政府成立市禁毒工作领导小组，完善药政、药检机构及三级（市、乡镇、村）药品监督网络建设。

2005年11月，国家实施《麻醉药品和精神药品管理条例》，全市各医院根据规定建立麻醉精神药品管理机构，指定专职人员负责麻醉、第一类精神药品的日常管理工作，要求医务人员根据国务院卫生主管部门制定的临床应用指导原则，使用麻醉药品和精神药品。同月，卫生部印发《麻醉药品、第一类精神药品购用印鉴卡管理规定》的通知，各医疗机构实施“麻醉药品、第一类精神药品购用印鉴卡”制度。2006年1月，曲阜市15家医疗机构完成换发证件工作。到2013年，曲阜市特殊药品管理工作按照国家、省、市法规执行，日常管理工作由药学部门承担。

第四节　卫生执法

1991年，曲阜市调整卫生监督体制，开展综合执法试点工作，明确综合执法监督员19名。同年，曲阜市被命名为省食品卫生达标市。1992年4月，市卫生局举办监督员培训班。1998年，卫生系统有123人取得卫生执法证书。执法人员依法加强对食品、药品、化妆品、公共场所、医疗机构、劳动卫生、学校卫生、传染病防治、母婴保健、消毒监测等项工作的监督管理。

2000年，全面推行卫生行政执法责任制和错案责任追究制；重新清理卫生行政审批项目，行政审批事项从19项缩减为7项；开展创建“食品卫生示范单位”活动，实施食品打假等专项行动。2008年，市卫生局对11起超过法定起诉期、当事人却仍未履行行政处罚决定的案件申请市人民法院强制执行；同年，市卫生监督所对全市牙科诊所进行专项检查，对未取得医疗机构执业许可证、无执业医师资格证书、行医条件简陋、没有基本的口腔诊疗器械消毒设备和设施，达不到诊疗器械“一人一用一消毒或灭菌”要求

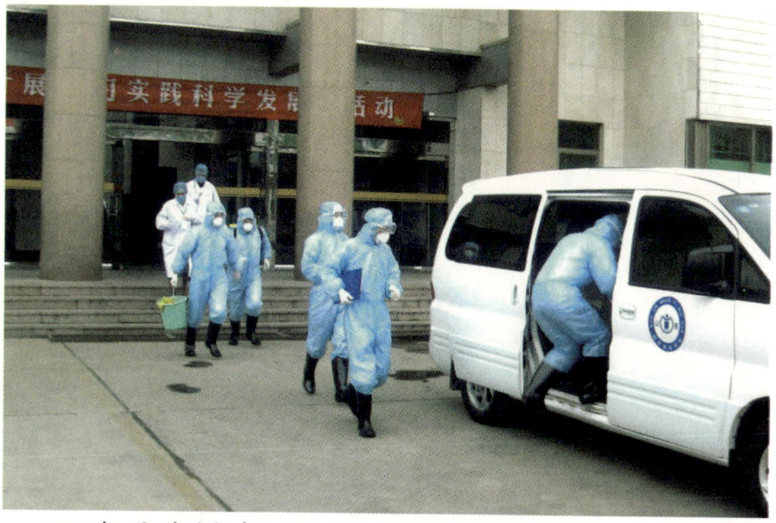

2009年6月，市疾控中心开展甲型流感防控卫生应急演练

的牙科诊所予以行政处罚。

2009年,按照市政府关于行政权力清理审核的要求,对156项行政处罚的处罚依据、处罚主体、处罚种类等事项进行清理,充实完善卫生行政处罚程序。全年立案查处卫生行政案件200余起,罚款30余万元,没收销毁伪劣食品、诊疗药械价值20余万元。2010年,审查行政处罚案件51起,报批行政处罚案件48起,结案34起,罚款金额5.27万元,无行政处罚案件诉讼现象发生。

2011年9月,在全市社区卫生服务中心和乡镇卫生院推行卫生监督协管工作。每个社区卫生服务中心和乡镇卫生院配备2名卫生监督协管员,每个社区卫生服务站和村卫生所配备1名卫生监督信息员,在辖区内开展食品安全信息报告、饮用水卫生安全巡查、学校卫生服务、非法行医和非法采供血信息报告及公共卫生事件应急处置、职业卫生咨询指导等。2013年,开展对村级卫生所"一证多室,多点执业"情况的综合执法工作,抽查村级卫生所482个(次);开展一级以上医疗机构综合执法检查,监督检查医疗机构23个,提出卫生监督意见180余条;开展麻醉药品和第一类精神药品专项检查,17个医疗机构通过济宁市检查验收;探索实施卫生监督执法参与新农合监管工作机制,对21家违规套取新农合资金卫生所进行行政处罚。

第五节　卫生应急

2003年,全国出现首例传染性非典型肺炎并迅速蔓延。市卫生局成立卫生应急工作领导小组,制定卫生应急工作制度,及时制定、修订卫生各类应急预案,卫生应急办设在卫生局办公室,实行24小时值班。各医疗卫生单位均成立相应组织,明确专人负责,配备卫生应急装备,定期组织业务培训。定期开展卫生系统应急演练活动,组织开展人感染高致病性禽流感、奥运火炬传递突发事件医疗急救卫生防疫应急演练、手足口病医疗救治及疫点消毒流调和甲型H1NI、H7N9流感医疗救治、交通事故应急救援演练和埃博拉出血热应急实战演练。2011年,卫生应急办撤销,卫生应急工作调整到市卫生局疾控科。

第六节　队伍建设

职称评聘

1991年,全市卫生系统有872名技术人员拥有技术职称,其中正高级1人、副高级20人、中级116人、初级581人。1992年,市卫生局制定卫生技术职务岗位设置及聘任结构比例。1994年,卫生系统实行技术职称评聘分离。同年,采取基层推荐、市卫生局审核、理论考试、实践考核和乡村医师技术职称评审委员会评审的办法,评出463名中级职称人员,市卫生局公布主任医师5人、副主任医师18人、副主任药师2人、主治(管)医师32人、主管药师8人、主管技师8人、主管护师17人。同年,曲阜市卫生系统通过理论考试和技术考核,有412名乡村医生晋升或获得技术职称。1998年,市卫生局明确市直医疗卫生单位中级及以上专业技术人员聘任与到乡镇卫生院工作挂钩。同年,全市1193名乡村医生参加执业资格审查考试,乡村医生1024名合格,获得执业资格。2005年,曲阜市有715名乡村医生取得助理执业医师资格。2006年,卫生系统中级职称开始以考代评。同年,市人事局公布卫生系统副主任医师15人、副主任护师9人、副主任药师2人。2009年,市卫生局对直属及下辖事业单位实行岗位设置,共设置岗位1724个,其中专业技术岗位1596个、管理岗位29个、工勤岗位99个。到2013年底,卫生系统有正高级职称19人、副高级职称186人、中级819人、初级744人。乡村医生中有执业医师927名(含中医10名),注册护士133名。

人才招聘与引进

2000年12月,曲阜市开始实施事业单位招考大中专毕业生工作。当年招录卫生类本科11人、大专15人、中专39人。2001—2003年,按照市人事局安排,118名大中专毕业生分配到医疗卫生单位工作。2004—2005年,曲阜市事业单位招考中,为卫生系统招录本科及以上学历人员96人。2008—2010年,卫生系统共招录大专以上人员213人,其中硕士研究生3人、本科70人。2011年起,曲阜市开始引进高层次人才。2011—2013年,卫生系统共引进或通过事业单位招考博士研究生1人、硕士研究生36人、本科64人、专科53人,办理人事代理人员6人。

1991—2013年曲阜市卫生系统举办业务培训班统计表

表27-7

时间	办班单位	培训内容	期数	人数
1991—1997年	市卫生局	乡医培训、初保资料培训	15	1500
	曲阜中医药学校	中医中药、妇幼保健、乡医培训	5	495
	市卫生防疫站	食品、环境、劳动、学校卫生、疾病防治培训	49	4197
	市药品检验所	药品检验培训	8	5385
	市妇幼保健院	妇幼知识培训	13	4430
	市消杀站	消毒、杀虫知识培训	12	5875
	乡镇卫生院	初级卫生保健培训	546	27300
2003年	市卫生局	卫生人员禽流感防治知识全员培训	—	1405
2004年	市卫生局	结核病、艾滋病等重点传染病防治培训	—	5200
2013年	曲阜中医药学校 市中医院	全科医师培训	—	500

1991—2013年曲阜市卫生系统邀请专家学术讲座统计表

表27-8

时间	专家单位、姓名	报告名称
1992年5月	澳大利亚罗森菲尔德教授	脊髓疾病手术治疗、脑移植技术报告
	山东医科大学吴承远教授	脑外伤手术治疗报告,
1992年9月	山东医科大学教授、省立医院儿科专家杨亚超	癫痫疾病诊治进展学术报告
	山东医科大学教授、省立医院儿科专家孔祥和	小儿神经疾病诊治进展学术报告
	北京医科大学附属医院林庆教授	小儿内分泌疾病诊治进展学术报告
1992年10月	山东医科大学附属医院付曾炬教授	静脉营养疗法报告
1992年11月	省肿瘤医院刘萍教授	冷冻肺外科报告
1993年4月	山东医科大学附属医院内分泌专家张宝珠教授	糖尿病诊治进展报告
1993年5月	省立医院内科专家冯宏	肝炎诊治进展报告
	省精神病医院许桐道教授	神经官能症诊治进展报告
1993年7月	山东医科大学附属医院张遵英教授	CT基本知识和临床应用报告
1993年9月	山东医科大学潘沛恩教授	重症肝炎诊治进展报告
1993年10月	山东医科大学附属医院王永惕教授	椎间盘脱出症的诊断及治疗报告
	山东医科大学附属医院袁孟彪教授	肿瘤标志物临床应用报告
1994年3月	省立医院儿科专家杨亚超	治疗小儿感染药物学术报告
	省卫生厅戴良科	医学论文撰写报告
1994年8月	千佛山医院许梅珠教授	功能性子宫出血诊疗报告

续表 27-8

时间	专家单位、姓名	报告名称
1997年8月	中国人民解放军301总医院教授汪龙霞	盆腹腔超声诊断与临床报告
2007年3月	济宁市人民医院帅开地	眼病流行病普查的技术要点
2012年5月	济南市病媒生物研究所辛正	病媒生物防制工作讲座
2013年2月	山东省疾控中心郭晓蕾 曲阜市疾控中心孔凡玲	慢病防治讲座 慢病防治工作要点
2013年10月	创建国家卫生城专家组辛正	创建国家卫生城市技术讲座

医学教育

曲阜市医学教育有在职医务人员教育和学校医学教育两种形式。在职医务人员教育通过培训、进修、讲座等形式进行；学校医学教育以曲阜中医药学校为主体，以临时性进修学校（班）为辅。

业务培训。1991年起，曲阜市实施初级卫生保健规划，举办各级各类人员培训班。市卫生局牵头举办初级卫生保健知识培训班、"初保" 资料培训班，改厕改水技术培训班，健康教育培训班等。至1997年12月，全市卫生系统共举办各类培训班569期，培训人员近5万人次。1998—2013年，全市卫生系统共举办业务培训班644期，培训人员4.6万人次。2002年，市卫生局被评为"全国乡村医生教育工作先进集体"。

进修学习。1991年起，曲阜市各医疗单位普遍制定人才战略培养规划，每年都要选送部分优秀人员到上级医疗卫生单位进修学习，时间一般为1~2年。1996年5月，市卫生局出台《关于加强卫生技术人才培养的意见》，实施人才培养工程。1996—1999年，市卫生局派出116人到外地进修学习。2006年，全市有26人参加省"360工程"重点卫生技术骨干培训。2007年7月至2009年6月，全市有61人参加济宁市"1127工程"技术骨干培训。2013年，市医院、市中医院、市妇幼保健院、市疾控中心承担基层医院进修、临床带教和医学院校学生实习任务，接收基层医疗人员进修239人次、护理人员进修226人次，接收医学院校、医疗专业实习生2684人次，护理实习生1320人次。

讲座。1991—1997年，市直医疗卫生单位自行组织业务讲座369次，邀请专家教授举办讲座38次，讲课时间701小时，听讲人数27525人次。1998—2013年，市直医疗卫生单位组织业务讲座2107次，邀请专家教授举办讲座98次，讲课时间864小时，听讲人数4650人次。

医学科研

20世纪90年代，曲阜市医疗卫生科研活动逐渐增多，不断获得曲阜市、济宁市科技成果奖，有的成果在全省推广，个别项目在国际学术会议上交流。2000—2003年，市卫生局连续四年开展医药卫生科技进步奖评选活动，共评选出406项。2008—2013年，卫生系统获济宁市自然科学学术创新奖7项，其中一等奖2项、二等奖1项、三等奖4项；获曲阜市自然科学学术创新奖42项，其中一等奖25项、二等奖17项。1991—2013年，全市卫生系统科技人员获曲阜市科技进步奖184项，获济宁市科技进步奖28项，获省部级科技进步奖8项。

科研成果

1991年，市消毒杀虫监测站孔凡吉开展孔林蝇种季节消长及孳生习性的调查研究，发现并被确认世界新种"双鬃树棘蝇"、国内新纪录蝇种"奥米伽芒蝇""山东省新记录种48种""曲阜新记录种69种"，其学术成果《孔林蝇种季节消长及孳生习性的调查研究》获省卫生厅科技进步一等奖。孔凡吉与济南军区医学研究所薛健合作开展曲阜市区吸血蠓及生态习性调查，1994年8月，发现并描述世界吸血蠓新种3个，经鉴定分别被命名为"孔林库蠓""曲阜库蠓""渎圣库蠓"，发现山东省新纪录蠓种2个，其学术论文《曲阜市区吸血蠓及生态习性调查》获济南军区三等奖。

1992年，市红十字会诊所姜健中西医结合治疗面神经麻痹的研究、小儿腹泻研究两项科研成果，通过山东医科大学、山东医科大学附属医院、山东中医

学院、山东中医学院附属医院的陈克忠、田道政、陆永昌、汤预生、高云、祝德军、李明堂7位专家鉴定，确认其研究成果达到国内先进水平。

1992—1996年，市医院小儿科、市妇幼保健院、鼓楼医院、书院镇卫生院联合参加完成全国妇联和联合国儿童基金会合作项目《社区儿童早期听力、视力障碍和智力后筛查研究》，在曲阜市测查1989人份，并总结出有关数据上报。

1994年，市中医院中药治疗乙型肝炎的临床研究被济宁市科委批准立项，共观察治疗病例450例，治愈率为62.09%，有效率90.94%。2000年，被济宁市科委鉴定为国内领先水平。

1999—2005年，市医院心内科杜润法等参加由英国牛津大学和中国医学科学院阜外心血管病医院组织实施的一项国际性多中心的大规模临床试验——氯比格雷和美托洛尔治疗急性心肌梗死的研究（又称第二项中国急性心肌梗死治疗研究，简称COMMIT/CCS-2），研究主要结果发表在国际著名的《柳叶刀》杂志上。

2001年，市医院孔德洪参与中国医学科学院血液学研究所的国家自然科学基金项目，并于《中华医学杂志(英文版)》(2001年第1期）联合发表论文《抗人血小板Tetraspanin（CD9）单克隆抗体以不依赖Fc受体的方式激活血小板整合素αⅡbβ3》。

2005年4月，市中医院桂清民参加针刀医学原创性及其推广应用的研究，获教育部科学技术成果三等奖。

2012年，市中医院专家杨成居研发院内制剂“十一味补气养血胶囊”，通过山东省药监局审批，获得生产批号，获山东省科技保健奖三等奖。

医著与论文

1991—2013年，曲阜市卫生技术人员主编、参编出版医药卫生科技书籍480多部；在《中华中西医学杂志》《中华实用医学研究》《中华结核和呼吸杂志》《中华儿科杂志》《中国现代医药杂志》《中国妇幼保健》《中国乡村医生杂志》《中国医疗前沿》等国家级期刊发表学术论文3900多篇。2007年，曲阜中医药学校参编的6部教材被列入“十一五”国家中医药高职高专规划教材。

专利

1991年起，曲阜市医疗卫生技术人员投入医疗器械创新研究，取得一大批医疗器械专利。到2013年，获得国家知识产权局授予的专利420多件。其中，马建国《一种治疗干燥型婴儿湿疹的药油及其制备方法》《一种治疗局限性神经性皮炎的药酊及其制备方法》《一种治疗玫瑰糠疹的药油及其制备方法》、冯振花《一种用于心脏动脉瓣狭窄或关闭不全的减压辅助器》、高群《一种用于手术室消毒的药剂的制备方法》、高淑珍《治疗心肾气阴两虚证型虚劳病的中药》、孔祥林《动静脉通路防护器》、王爱云《一种护理产后尿潴留的药剂》、瞿德栋《一种治疗小儿反复上呼吸道感染的药物组合物》等获国家专利局发明专利授权。

1991—2013年主要年份曲阜市在职在编卫生技术人员统计表

表27-9　　单位：人

年份	人员总数	专业技术人员职称					专业技术人员学历				
		合计	正高级	副高级	中级	初级	大学以上	大学	专科	中专	其他
1991	1151	718	1	20	116	581	—	43	158	514	436
1995	1424	1100	6	55	299	740	—	83	217	775	349
2000	1804	1678	4	96	563	1015	—	207	484	806	307
2005	1912	1752	11	154	616	971	3	332	613	668	296
2010	1936	1757	18	177	798	764	14	547	686	414	275
2013	1973	1768	18	171	819	760	45	811	585	136	191

第七节 经费管理

卫生事业经费管理

1990年,市卫生局争取到世界银行结核病防治项目、国际妇幼合作项目,省财政厅、济宁市财政局每年拨给曲阜市专项补助经费。

1991年起,全市创建全省初级卫生保健示范县(市),要求卫生事业经费指标达到当地财政支出预算8%。对此,市政府按照规划目标要求,大幅度增加卫生事业经费数额。同年,全市财政支出4116.2万元,卫生事业经费拨款385.9万元。

1995年,全市卫生事业经费拨款1393.7万元,是1991年的3.6倍。1998年,公费医疗经费管理移交到市劳动局,其经费也由财政局拨付至市劳动局。

2003年,实行新型农村合作医疗制度,全市卫生事业经费拨款1518.22万元。

2007年,乡镇(街道)卫生院由各乡镇(街道)政府(办事处)管理调整为市卫生局管理,全市卫生事业经费为2274.42万元。

2011年1月1日,曲阜市在镇街卫生院实施基本药物制度,减少的药品差价收入由各级财政补助,同年度卫生事业经费6512.9万元。2012年5月1日,全市实行一体化管理的村卫生室实施基本药物制度,市、镇财政补助其减少的药品差价收入,同年度卫生事业经费达到6815.9万元。

卫生经费管理

1990年以后,市卫生局执行市、乡两级财政预算拨款制度,市直卫生医疗单位主要用于员工工资和业务补助,并集中部分资金用于市直及乡镇卫生院大型基建开支。仅卫生院建设市卫生局每年就拨发25万元资金补助。1996年,市卫生局设立科技人才培养开发基金,每年支出约10万元。1997年,市卫生局投资近30万元,奖励在全市率先实现微机管理的两家医院。乡镇卫生事业费主要用于保人头工资,拨款数额相当员工工资60%,陵城镇、小雪镇、曲阜镇、王庄乡、姚村镇等财政状况较好的乡镇向其卫生院拨付专项资金,用于房屋建设及仪器购置,提高卫生院综合服务能力。

2003年,济宁市成立曲阜新区,将陵城镇卫生院、小雪中心卫生院、息陬卫生院划入曲阜新区,其经费由曲阜新区负担。2007年又划归曲阜市管理。

第二十八编

体 育

2017年10月29日，2017曲阜圣城国际半程马拉松赛现场

1991—2013年，随着经济社会快速发展，曲阜市社会体育意识明显增强，全民健身组织网络逐步形成，体育基础设施不断完善，竞技体育水平不断提高。1996年，曲阜市创建为全国体育先进县；2001年8月，创建为山东省十佳体育先进县。2005年，市政府确定4月为“全民健身月”，确立“生活奔小康、身体要健康”主题口号。2008年7月22日，完成北京奥运会火炬接力曲阜站传递活动。2012年，市政府规划建设体育馆，占地9.2公顷，建筑面积3.9万平方米。

第一章　机构

第一节　体育活动中心

1991年，市体育运动委员会(简称市体委)为市政府工作机构，设办公室、群众体育科、竞赛训练科等科室，下属市体育训练学校，为股级事业单位。1993年1月，曲阜市文化局、市体委撤销，成立市文化体育委员会(简称文体委)，设6个科室，行政编制21人。机构改革后，曲阜市少年儿童业余体育运动学校(简称市体校)列为事业单位。翌年10月，设立市体育活动中心，隶属文体委管理。1995年9月，撤销市体校，成立“三集中”竞技体育运动学校。是年年底，市文体委撤销，重新成立市体育运动委员会。2002年5月，市体育运动委员会更名为市体育局，下辖市体育活动中心、市体育中心劳动服务公司、市竞技体校、市老年人体育协会、鲁国盛世华夏文化城5个单位。2005年，曲阜市有各级社会体育指导员272名，负责全市城乡近30多个健身辅导站点、10余个健身活动中心的健身辅导工作。2009年，撤销市体育中心劳动服务公司。2010年3月，撤销市体育局与教育局，合并成立市教育和体育局，市体育活动中心负责全市体育日常工作。2013年，市体育活动中心设办公室、党务办、财务科、体彩科、群众体育科、竞赛训练科、经营科、体育公园管理科，下辖竞技体校、老年体育协会办公室2个事业单位，体育系统有员工120人。

市体育公园(2008年摄)

第二节　体育学校

1993年前，市业余体校隶属于市体委管理。1993年，市体校为单列副科级事业单位，全名为曲阜市少年儿童业余体校。1995年9月，撤销市少年儿童业余体校牌子，成立“三集中”竞技体育运动学校，学校设三科一室，配有专职教师、教练员20名，其中文化教员8名，教练员12名，设有初一、初二两个年级班。2005年4月，市少年儿童竞技体育运动学校升格为副科级事业单位。2013年，学校与杏坛中学联合办学，招收体育生集中在杏坛中学学习、训练、食宿，把举重、自行车、篮球、足球、田径等项目列为重点训练项目；同时，采取教练员帮教进校措施，选派10名教练员到鲁城街道各中小学利用体育课和大课间课外活动时间进行业余训练，选拔体育苗子，培养体育后备人才。

第二章　体育设施

曲阜市体育基础设施不断完善。到2013年年底，曲阜市建设完成国家级体育公园1处（曲阜市体育公园），省级全民健身活动中心1处（孔子国际会展中心），全民健身公园1处（沂河公园），全市12个镇（街道）建成乡镇文体活动中心及一处全民健身广场，配置篮球场、乒乓球台及健身路径。

第一节　体育场馆

1991年，曲阜市在曲阜明故城东南104国道东侧规划建设曲阜市体育中心，规划占地15.44公顷。原南门外老体育场转让给香港展辉置业有限公司开发。1992年，市体育中心建50米×25米标准露天游泳池。1993年，市体育中心增建6间室内训练房。1994年3月，山东省政府确定国际孔子文化节开幕式由孔庙迁至新建市体育中心田径场举行；市政府采取免收土地使用费、城市建设配套费等政策性补偿措施，在新城区黄金地带一次性解决体育中心用地20.33公顷；孔府家集团、三孔啤酒有限公司、裕隆总公司、科利水泥有限公司等40家企业、事业单位捐资500万元，全市上下形成“体育事业大家办”的社会氛围。孔子文化节前夕，占地6公顷，建筑面积3.4万平方米、看台高22米，可容纳1.4万名观众的田径场建成，1994国际孔子文化节开幕式如期举行。1995年，完成占地20.33公顷集训练、比赛、娱乐等活动于一体的体育中心一期工程。1996年，市政府在投资1000万元基础上，又投入资金550万元，且多方筹资520万元新建6270平方米的老年活动中心，设健身房、棋牌室、台球室等高标准的体育健身配套设施，建设容纳3000名观众标准看台的灯光球场1个，面积1260平方米设有6间教室、可容纳300名学生的体校教学楼1座，面积1300平方米设有办公室、会议室、教研室、选材室、科研测试室、卫生室、档案室等功能齐全的体校办公楼1座，面积6500平方米可供食宿、洗澡、取暖、舒适方便的生活设施1处。2005年，全市修建群众健身工程面积为3700余平方米，设有健身器材800余件，新增全民健身路径23条。2007年5月，市体育公园新增竞技健身活动场地1.8万平方米，被国家体育总局命名为国家级体育公园。2012年，承接筹备山东省第二十三届运动会青少年组女子篮球、男子足球、高校大学生组女子足球项目比赛。市政府在高铁曲阜东站与核心市区中间规划新建市体育馆，体育馆包括综合馆和游泳馆，占地9.2公顷，建筑面积3.9万平方米，其中综合馆25008平方米、游泳馆14648平方米，规划投资3.9亿元。次年9月，市政府投资近200万元，完成曲阜一中及体育中心足球场地标准化改造。

曲阜市新体育馆外景（摄于2017年）

第二节　健身站点

1995年年底，曲阜市城区设有晨练点13处。1998年，曲阜市经常参加体育

书院街道农民群众利用健身广场娱乐健身(摄于2012年6月)

锻炼人数占全市总人口36%以上，中小学体育达标率89.8%。大部分厂矿企业利用节假日组织车间、班组开展体育活动。2001年，市体育局扶持吴村、时庄、书院等8个乡镇各建1条健身路径，配备1套国民体质监测器材；在城区沂河广场和体育中心各建1条健身路径,对老年人露天舞池进行整修。2002年，在市体育中心院内建设1处塑胶地面封闭式高标准网球场。2003年，市体育局多方引进资金，修建群众健身工程3700多平方米，设有健身器材800余件；全市新增全民健身路径23条。2005年，全市有各级社会体育指导员272名，负责全市城乡近30多个健身辅导站点、10余个健身活动中心的健身辅导工作。2007年，曲阜市增建国家级体育公园项目1处，全民健身广场1处，乡镇文体大院1处，建成国家级农民健身工程33处，其中国家级一类3处、国家级二类20处、省级10处。全市明确新建、改建、扩建社区和住宅区需按《山东省全民体育健身条例》有关要求规划和建设相应的体育健身设施。曲阜市体育中心各项体育健身设施全天免费对公众开放，成为城区居民休闲、健身、锻炼的活动中心。论语碑苑、沂河公园、民族公园等对公众晨练和晚练活动免费开放，鼓励机关、企事业单位的体育健身设施向社会开放，学校的体育健身设施在节假日和寒暑假期间向学生开放，并在不影响教学和学校安全情况下向社会开放，基本达到《山东省全民体育健身条例》有关要求。同年，曲阜市纳入山东省首批农民体育健身试点工程村街43个，吴村镇被列入省级乡镇文体活动中心示范工程。到2011年年底，曲阜市新增竞技健身活动场地1.8万平方米，主要包括14片篮球场、2片网球场、2片门球场、乒乓球训练基地、室内羽毛球场、1个儿童集中活动区、1个青少年集中健身区，安装大量健身路径器材；建设健身广场、轮滑广场、田径场大跨度膜结构顶棚等。完成沂河公园全民健身一期工程，配置乒乓球台、棋牌桌、扭腰器、太空漫步机、健骑机、单双杠等健身器材50余件，儿童娱乐器材一套，安置8片羽毛球场，1块400平方米操舞场地，1条长120米、宽0.5米鹅卵石健身路，1片轮滑场地等。城区23个社区均建有全民健身场地，12个镇(街道)均建有文体活动中心，农村健身工程覆盖率55%。2013年，曲阜市利用体彩公益金采购农村健身器材507件，连同上级支持健身器材225件，全部发放到行政村。

第三节　中小学体育设施

1991—2013年，全市体育和教育系统依据《国家学校体育卫生条件试行基本标准》对体育场地的要求，按照《山东省普通中小学办学条件标准化建设实施情况评估方案》，多方筹措资金，为中小学配备体育器材，逐步改善体育设施。1996年，曲阜市体育器材固定资产总值为256.7万元。从1997年至2009年间，市体育局、教育局对体育器材投资较少，主要是市体彩销售的体育公益金用于对中小学体育器材购置，或各学校根据需要自行购置。2010年，市教体局增加学校体育器材投资，为40多所中小学进行体艺卫器材的配备和补充。2012—2013年，投入资金1200万元，用于53所中小学体育器材和实验教学仪器等配备。

2013年曲阜市中小学运动场改建新建情况表

表28-1

学校	运动场			学校	运动场		
	类型	面积（平方米）	田径场长度（米）		类型	面积（平方米）	田径场长度（米）
实验中学	塑胶	17544	300	时庄街道马家村小学	塑胶	4998	200
实验小学	塑胶	3590	200	时庄街道代庄小学	塑胶	5039	200
小雪街道中学	塑胶	6840	300	时庄街道坊岭小学	塑胶	4485	150
小雪街道中心小学	塑胶	5800	200	时庄街道大庙小学	塑胶	5467	200
小雪街道孟子故里小学	塑胶	2772	150	石门山镇董庄小学	塑胶	9000	250
陵城镇中学	塑胶	16826	400	石门山镇中心小学	塑胶	3600	200
陵城镇章枣中学	塑胶	10220	300	石门山镇董大城小学	塑胶	1953	140
陵城镇驻跸小学	塑胶	3800	200	石门山镇管村小学	塑胶	4080	200
陵城镇北宫小学	塑胶	4515	200	石门山镇后夏小学	塑胶	1447	150
陵城镇辛庄小学	塑胶	5296	250	石门山镇马亭小学	塑胶	5484	200
陵城镇果庄小学	塑胶	5500	200	石门山镇镇中学	塑胶	8712	250
陵城镇南庄小学	塑胶	5320	200	姚村镇席厂小学	塑胶	11000	200
陵城镇杏坛小学	塑胶	5400	150	姚村镇春亭小学	塑胶	8040	200
防山镇中学	塑胶	6781	256	姚村镇薛村小学	塑胶	4500	190
防山镇小学	塑胶	5280	200	姚村镇陈寨小学	塑胶	4800	180
防山镇万柳小学	塑胶	4800	160	姚村镇孔村小学	塑胶	2000	150
防山镇颜子小学	塑胶	5000	300	息陬镇中学	塑胶	34560	400
吴村镇中学	塑胶	10775	300	息陬镇春秋中学	塑胶	11063	300
吴村镇小学	塑胶	4582	200	息陬镇元疃小学	塑胶	34560	400
吴村镇郭店小学	塑胶	2834	200	息陬镇夏宋小学	塑胶	3250	150
吴村镇崔屯小学	塑胶	4976	200	息陬镇东夏侯小学	塑胶	4307	200
吴村镇柳庄小学	塑胶	3202	150	息陬镇二张曲小学	塑胶	3200	150
吴村镇峪口小学	塑胶	4426	200	息陬镇小学	塑胶	3224	150
书院街道西林西小学	塑胶	2091	70	杏坛中学	塑胶	25000	400
书院街道中心小学	塑胶	4169	200	王庄镇中学	塑胶	8534	300
书院街道瓦窑头小学	塑胶	3319	170	王庄镇纸坊小学	塑胶	4979	200
书院街道圣林中学	塑胶	5920	250	王庄镇辛庄小学	塑胶	8100	200
书院街道中学	塑胶	5442	200	王庄镇康桥小学	塑胶	3500	200
时庄街道中学	塑胶	20759	400	市第一中学	塑胶	20375	400
时庄街道第二中学	塑胶	8709	250	鲁城街道书院街小学	塑胶	3600	200

续表 28-1

学校	运动场			学校	运动场		
	类型	面积（平方米）	田径场长度（米）		类型	面积（平方米）	田径场长度（米）
鲁城街道民族小学	塑胶	2835	200	鲁城街道田家炳小学	塑胶	4578	200
鲁城街道舞雩坛小学	塑胶	7200	200	尼山镇大湖小学	塑胶	5706	200
鲁城街道春秋小学	塑胶	7100	200	曲阜红军小学	塑胶	6486	200
鲁城街道孔子中学	塑胶	4635	200	尼山镇嵫山小学	塑胶	5239	200
济宁学院(曲阜)附属学校	塑胶	13433	300	尼山中学	塑胶	7722	200
尼山镇昌平中学	塑胶	11076	300	尼山镇王庄小学	塑胶	2528	150
尼山镇张马小学	塑胶	2700	150	尼山镇余村小学	塑胶	1756	150

第三章 群众体育

20世纪90年代初期，曲阜市群众性体育活动主要以村队、厂矿企业为单位自发组织，项目多以不受场地限制，群众喜闻乐见的体育活动为主。随着《中华人民共和国体育法》和《全民健身计划纲要》的深入落实，曲阜市群众性全民健身活动发展活跃，1996年，曲阜市通过国家体育评审验收，跨入全国体育先进县(市)行列；同年，曲阜市老年活动中心落成启用。全市13个乡镇，均成立文体工作站和农民老年体育协会；各厂矿企业成立行业体育协会，学校成立体育领导小组和体育教研室；学校、厂矿、企业和村庄体育场地面向群众开放，成为群众参与体育健身活动和娱乐的重要场地。至2013年，曲阜市每年统一组织各系统象棋赛、竞走赛、学生田径运动会、乒乓球、篮球、冬季越野赛等群众性体育活动20次以上。

第一节 学校体育

学校主要依据国家规定课程开展体育教学和业余训练，课时安排按照全省课时计划落实。1990年，全市中、小学生达到国家体育锻炼标准的总人数为63225人，达标率占全市学生总人数的85%，其中，中学生优秀率为35.5%，小学生优秀率为32.8%。1991年7月25—27日，曲阜市初中毕业生在市田径场首次参加体育中考，自此，体育学科纳入初中毕业生升学考核科目。1995年9月，曲阜市少年儿童竞技体育运动学校在原业余体校基础上成立“三集中”竞技体校，开设举重、柔道、摔跤、男女足球、射箭、田径、武术、自行车等10余项专业项目。1996年5月，市教育局推广“五人制”足球赛，之后纳入全市“五人制”足球市赛规划。1999年12月，市业余体校获山东省高水平体育后备人才基地称号。2003年7月，市教育局成立市级学科中心教研组。2006年，曲阜市实施《学生体质健康标准》，上好两课两操，坚持每天一小时体育活动。2007年，市教育局推广大课间活动，使学生每天体育锻炼时间不少于1小时。是年10月，市教育局在曲阜一中举行阳光体育运动启动仪式。当年全市学校阳光体育运动开展率达到100%。至年底，曲阜市有省级传统项目学校2所，济宁市级传统项目学校3所，曲阜市级传统项目学校8所。2009年，市教育局下发全市中小学体育卫生教育工作专项督导评估细则和实施意见，将体育竞赛活动量化到乡镇、市直单位和驻曲学校。2011年，市教育局开展中小学生阳光体育冬季长跑活动。1986—2013年，曲阜市连续26年举办全市中小学生田径运动会及乒乓球赛、象棋赛、围棋赛、篮球赛、足球赛和冬季越野长跑6项联赛。

第二节 职工体育

20世纪90年代，曲阜市各大企业均建有体育活动组织，开展职工体育活动，部分企事业单位举办形式多样的职工运动会。各基层体育协会、单项协会还结合自己行业特点，经常开展拔河、自行车慢骑等小型体育比赛活动，活跃职工文体生活。13个乡、镇体育活动有组织、有场地、有设施，平时活动有安排，运动队伍有训练，节假日有比赛。大多厂矿企业利用节假日组织车间、班组员工进行体育活动。2009年，市经贸局举办系统内职工篮球、乒乓球赛，丰富职工文体生活；市直机关工委、鲁城街道办事处等单位举办趣味运动会，活跃机关文化生活。2010年，第八届职工运动会是曲阜市发动面最广、参赛人数最多、竞赛项目最丰富的一次综合性运动会，全市各乡镇（街道）、机关企事业单位24支代表队近2000名运动员参加5个组别46项的比赛；市体育局举办的“裕隆家苑杯”万人健身跑，全市100多个单位8000余人参加活动。2012—2013年，面向党委及企事业单位举办曲阜市第二届、第三届全民健身运动会，分别开展职工篮球赛、羽毛球比赛、中国象棋赛等，有近200个代表队6000余名体育爱好者参加比赛。

第三节 农民体育

进入20世纪90年代，随着经济快速发展，农民体育运动也趋于活跃，1990年，曲阜市各乡镇自办体育比赛52次，参加人数184779人次。1995年10月，成立市农民体育协会，11月，举行首届农民运动会，全市12个乡镇及农委系统13个代表队参加。同年，姚村镇被省体委授予“亿万农民健身活动先进乡镇”称号。1998年，全市各乡镇相继建立乡镇文体工作站、农民体协、老年体协等体育活动组织，做到有场地、有设施，平时活动有安排，运动队伍有训练，节假日有比赛。同年，时庄镇获全国群众体育先进单位称号，时庄、王庄、息陬获山东省体育先进乡镇称号。2006年，曲阜市纳入首批农民体育健身试点工程村街23个。2007年，有20个村街新增农民体育健身工程，吴村镇设立省级乡镇文体活动中心示范工程。至2013年年底，曲阜市12个镇（街道）均建有文体活动中心，每个行政村均设有健身场地，配备健身器材。

第四节 老年人体育

1991—1993年，全市共开展老年体育比赛活动10次，主要项目有老年门球比赛、老年中国象棋比赛等。1994—1995年，根据老年人体育爱好者要求，市老年体育协会成立老年人钓鱼协会、老年人太极拳（剑）研究会、老年人门球研究会、老年人中国象棋研究会，推动市老年人体育事业发展。1995年8月，市老年体育协会和市老年人太极拳（剑）研究会有关人员参加由济宁市外办安排的国际友人就东方武术、气功健身等内容的座谈和交流活动，并应邀为客人作太极拳、太极剑及气功表演，受到国际友人好评。到1995年年底，曲阜市城区有老年人晨练点13处。1997年，曲阜市老年体育协会与日本足利市互乐会签署协议，建立友好会际关系。2002年，市体育局组织全市老年人健身培训班，培养老年体育骨干73名，创设省级优秀晨练点4处，济宁市优秀晨练点4处。2005年，市老年人体育协会办公室被评为山东省老年人体育工作先进单位。2006—2007年，市老年体育协会拥有会员2万余人，协会有老年门球、地掷球、太极拳（剑）、钓鱼、乒乓球、健身舞蹈、象棋7个单项协会；城区建有晨练点23处，每天参加锻炼人员3000余人。2009年，市政府出台《关于进一步加强农村老年体育工作的意见》，发挥老年体育协会组织作用，各乡镇（街道）成立老年体育协会。是年，全市城区晨练、晚练场所增加到50余处，700余名社会体育指导员活跃在基层体育战线上。在2011年济宁市第十二届老年人乒乓球比赛中，曲阜市老年代表队获男子团体金奖、女子团体银奖。2012年，组织参加济宁市第二届济宁市老年运动会，获得2金、4银、1铜奖牌。2013年，组织参加济宁市乒乓球友谊赛、老年人门球比赛和中国象棋比赛，取得1金、2银、1铜奖牌。到2013年年底，全年组织举办老年人中国象棋联谊赛、中老年人羽毛球比赛等6项老年人体育赛事，有60余个健身活动站点1万余人参加活动。

第五节　残疾人体育

20世纪90年代，曲阜市重视残疾人体育运动，举办部分残疾人运动项目，仅在残疾人具有专项技能人员中选拔参加市级以上比赛。2002年9月，曲阜市组队参加济宁市第一届残疾人运动会，这是曲阜首次组团，21名运动员参加田径、羽毛球、举重等项目，获得3块金牌、6块银牌、3块铜牌。2006年10月，在全国第七届残疾人运动会上，曲阜市残疾人运动员孔祥振获70米个人淘汰赛第2名，印敏敏获第6名。2010年6月，在济宁市第二届残疾人运动会中，曲阜市组织36人参加多项比赛，其中30名残疾人运动员在田径、射箭、坐式排球、聋人篮球等项目中获得8块金牌、5块银牌、5块铜牌，取得金牌榜第六名，并获优秀组织奖、体育道德风尚奖；12名队员被济宁选拔参加山东省第八届残疾人运动会，其中孔祥振、印敏敏分别获得男、女射箭比赛项目70米个人36支箭排名赛第1名、70米个人72支箭排名赛第1名、70米个人淘汰赛第1名、70米团体赛第1名，计8枚金牌。曲阜市被授予振兴济宁残疾人体育突出贡献奖，成为参加山东省第八届残疾人运动会有功单位。2013年6月，在济宁市第三届残疾人运动会上，曲阜代表团38名运动员获得19块金牌、11块银牌、11块铜牌。

第六节　全民健身

为实施《全民健身计划纲要》，1995年，曲阜市开展以覆盖城乡全民健身活动的体育活动。到1999年，全市举办全民性体育活动36次，举办类型有全市职工运动会、中小学生运动会，农民运动会等、元旦环城赛跑。1999年年底，曲阜市通过全国体育先进县复查验收。

为高质量地开展全民健身活动，2000年，曲阜市成立国民体质监测站，并在鲁城街道办事处和书院街道办事处、王庄乡、陵城镇、时庄镇，设立监测分站。翌年，曲阜市创建成功山东省“十佳”体育先进县。2002年，王庄乡、鲁城街道办事处获山东省亿万农民健身活动先进乡镇称号。

2005年4月，曲阜市举办首届全市全民健身月活动，确立“生活奔小康、身体要健康”主题口号，举办全市乒乓球、象棋、长跑、篮球、拔河、健身路径、太极拳、第八套广播体操等十几个项目的比赛及二级社会体育指导员培训。全市30余个单位组织系统职工综合性运动会，组织单项活动累计60余项，近5万人次参加各种比赛和表演。

2012年，为全面贯彻落实《全民健身计划纲要》，唱响“全民健身共迎省运”，曲阜市举办全市第二届全民健身运动会。2013年，在曲阜市第三届全民健身运动会上，有近200个代表队6000名体育爱好者参加比赛。同年，曲阜市被评为山东省第三届全民健身运动会先进单位。

第七节　体育彩票

2000年8月，曲阜市成立体育彩票发行管理办公室。2002年，全市设有11处体育彩票销售点，年销售额200万元，位居济宁前列。2003—2005年，累计销售电脑型体彩628万元。至2005年年底，体彩中心下辖销售终端机17台。2006—2007年，累计销售电脑型体彩750万元，为全市积累体育公益金37.5万元，全部用于群体设施的修建及维护。2008—2011年，共销售体育彩票总额6022万元，其中电彩5064万元，即开彩

2010年4月24日，市直机关工委举办机关干部趣味运动会

票958万元。2010年，曲阜市被评为全省体育彩票工作先进市区。至2011年年底，全市共有体育彩票销售点46家，竞彩站点9家，分布在全市12个镇街。加大宣传力度，利用媒体和户外宣传方式宣传中国体育彩票，冠名多项群众体育活动和赛事。2012—2013年，全市共销售体育彩票6529万元，其中电脑型体育彩票5637万元，即开型体育彩票892万元，共建成星级网点32家。至2013年年底，全市有体彩销售网点48个，其中高频网点31个、快三网点8个、竞彩网点10个、星级网点18个，新增网点2个，盘活落后网点1个；全年销售体育彩票3831万元，其中电脑彩票3272万元、即开559万元。

第四章　体育竞赛

曲阜市体育竞赛主要有全民运动会、学生运动会、职工运动会、农民运动会和老年人运动会及篮球、乒乓球等单项体育竞赛。1999—2013年，曲阜籍运动员参加济宁市运动会比赛获金牌648.5枚；1986—2013年，参加国家级以上比赛获金牌32枚、银牌22枚、铜牌15枚。

2010年5月15日，曲阜市第八届职工运动会在市体育中心开幕

第一节　县级运动会

曲阜市干部职工运动会

1994年起，到2010年共举办8届（两年一届），每届设项有田径、拔河、跳大绳、协力共进、4×100×80×120×100/异程接力、4×60米踩木板齐步走、4×30米钓鱼接力、团体操、乒乓球、篮球、中国象棋等项目，各党委均派代表队参加，参加人数万人左右。

全民健身运动会

2011年，曲阜市举办第一届全民健身运动会，至2013年举办3届。设项篮球、乒乓球、羽毛球、中国象棋、围棋、自行车、拔河等12项比赛。每项比赛都有20余个代表队参加，参加人数万余人。

第二节　赛事承办

1991—2013年，曲阜市共组织承办9次济宁市级以上体育赛事，其中组织承办省级比赛7次。1996年、1998年、1999年、2002年，曲阜市连续承办四届全国竞走冠军赛。1999年9月，济宁市第十届运动会开幕式在曲阜市体育中心举行。2000年，全国足球乙级联赛济宁九巨龙队主场在曲阜市体育中心举行。2002年9月，承办中华炎黄圣火火炬接力赛、全国大学生火炬接力赛等大型比赛活动。2005年10月，山东省第十五届中国象棋棋王赛暨孔子棋院第二届“孔子杯”中国象棋锦标赛在曲阜市举行。

第三节　参赛获奖

1991—1993年，曲阜市运动员参加省级比赛7次，夺得金牌18枚、银牌17枚、铜牌11枚。市竞走代表队在山东省“至圣杯”竞走比赛中，获团体冠军1次、亚军2次。市体校输送甘肃省体工队的卜令堂，在1991年亚洲田径锦标赛中获男子20千米竞走金牌，在1992年第七届全运会男子20千米竞走比赛中，获得亚军并打破亚洲纪录。1993年，有14人获“全国优秀裁判员”称号。在1994全国竞走锦标赛中，卜令棠以1小时18分零3秒3的成绩，获得场地2万米竞走第一名，并创世界纪录。在1994全国少年田径运动会上，王发岭取得男子400米第一名、800名第二名、4×400米接力第一名；翌年，在全国田径锦标赛中，王发岭在4×800米接力比赛中获第三名。在1995全国竞走锦标赛中，运动员孔艳获女子1万米竞走第三名、2万米竞走第三名。1994—1995年，有13人被国家体委授予"优秀裁判员"称号。1996—1998年，在济宁市以上的运动会上获金牌85枚、银牌15枚、铜牌19枚。1999年9月，曲阜代表队参加在曲阜市举行的济宁市第十届运动会，获得单项第一名92人次、第二名74人次、第三名46人次，团体总分1435分，位于济宁市第二名；参加省十九届运动会，获得第一名15人次、第二名6人次、第三名12人次，团体总分249分。2002年，在山东省第二十届运动会上，曲阜市运动员获得1.25块金牌、4块银牌和167分。2003—2005年，全市有3名运动员参加国际级比赛，有25人次参加国家级比赛，获得2枚金牌、8枚银牌，第四至第八名9个；有285人次参加山东省青少年比赛，获得9枚金牌、32枚银牌、第四至第八名105个；有352人次参加济宁市比赛，获得金牌168枚。2006—2007年，有13人次运动员参加洲际级比赛，获得亚洲金牌1枚；有25人次参加国家级比赛，获得金牌3枚、银牌11枚；有285人次参加山东省青少年比赛，取得金牌9枚、银牌32枚；有352人次参加济宁市比赛，获得金牌168枚。2008—2011年，在其他国家级比赛中，共获得金牌5枚、银牌9枚、铜牌17枚；在山东省级比赛中，获得金牌13枚、银牌20枚、铜牌28枚。2012—2013年，在济宁市以上举办的运动会上获金牌40枚、银牌47枚、铜牌61枚。

第四节　体育人才

教练员

1986—2013年，曲阜市在各运动项目中经山东省体委（体育局）审定批准的一级教练员共9人，二级教练员共18人。曲阜经国家体委（体育总局）审定批准的国家级教练员（后改为高级教练）共3人，一级教练员9人，二级教练员18人。

裁判员

2001年，市体育局王秀岭被批准为国际裁判员。2013年，曲阜市拥有篮球、排球、足球、乒乓球、自行车、举重、田径、散打、太极推手、摔跤、柔道、羽毛球等12项目的24人等级裁判员，其中，国际级裁判1人，国家级裁判员有2人，一级13人，二级8人。

运动员

1986—2013年，曲阜市各运动项目经国家体委（国家体育总局）审定批准的国际级运动健将共4人，国家级运动健将6人，一级运动员13人。

刘婷婷，1990年出生，曲阜市时庄街道孟家林人。山东省赛艇队队员。2006年3月由时庄三中选拔致曲阜市少儿竞技体校训练。2007年5月由曲阜体校选拔进入日照水上运动技术学校集训。2010年评为国际级健将级运动员。同年获赛艇世界锦标赛女子轻量级四人双桨第三名，第十六届亚运会赛艇女子轻量级四人双桨冠军，是曲阜市有史以来获得等级最高、分量最重的一块金牌，实现全市亚运会金牌零的突破。2011年，成为山东省赛艇队正式队员。同年，获全国赛艇锦标赛女子轻量级单人双桨亚军，女子轻量级双人双桨冠军；2012年获全国赛艇锦标赛女子轻量级双人双桨冠军；女子轻量级四人双桨亚军；2013年获第十二届全运会女子轻量级四人双桨亚军；女子轻量级双人双桨第三名。

2010年11月26日，广州亚运会赛艇冠军刘婷婷凯旋回乡

1991—2013年曲阜市（籍）国家级以上运动健将一览表

表28-2

等级、名称	姓名	性别	项目	所在单位	达标时间
运动健将国际级	林延平	女	举重	青岛市李沧区沧口中学	2005年
	赵　辉	男	赛艇	济宁市水上项目管理中心	2006年
	王美银	男	自行车	山东省射击自行车管理中心	2007年
	刘婷婷	女	赛艇	山东省水上运动技术学校	2010年
运动健将国家级	孔　燕	女	竞走	济南市体校	1991年
	颜世国	男	自行车	山东省自行车队	2002年
	蒋艳伟	女	举重	新泰市体校	2003年
	孔　涛	男	举重	中国男子举重队	2003年
	郝　明	女	举重	新疆维吾尔自治区女子举重队	2003年
	刘国振	男	田径	济宁市体校	2006年

第二十九编

文 化

2012年1月，曲阜市新春文艺晚会在孔子文化会展中心剧场举行，图为俏妈妈艺术团表演节目

曲阜市以改善人民群众文化生活、提升幸福指数为目标，把文化“种”进基层，推动全市文化事业发展。文化设施完善，先后建起曲阜剧院、文化馆、图书馆、电影公司、孔府档案馆、六艺城、论语碑苑、孔子研究院、曲阜展览馆等文化场所；推动文艺创作繁荣，1991—2013年，出版小说、诗歌、散文、报告文学等文学专集1000余部；推进社区文化、企业文化、农村文化、校园文化、广场文化建设，群众文化形成区域和行业特色。文化市场健康发展，经营项目日臻多样化、现代化；广播电视事业从小到大、从弱到强，广播宣传工作走在全省前列。曲阜市先后被授予“全国文化先进市”“中国楹联第一城”“国家级文化产业示范园区”“中国书法之乡”“中华诗词之乡”称号。

第一章 机构

第一节 文化广播电视新闻出版局

曲阜市文化广播电视新闻出版局前身为曲阜市文化局，1991年，辖文化馆、图书馆、剧团、剧院、电影公司等5个单位和乡镇文化站。1993年12月，市政府成立市文化体育委员会，撤销市文化局和市体育运动委员会。1995年3月，市政府设立文化市场管理办公室，为正科级事业单位，挂靠市文化体育委员会；10月，市文化体育委员会撤销，恢复市文化局和市体育运动委员会，市文化市场管理办公室挂靠市文化局。1997年，成立市文化艺术研究所，为股级事业单位，隶属市文化局。2010年5月，撤销市文化局，设立市文化广电新闻出版局（简称市文广新局），为市政府工作部门，设办公室、社会文化科、文化产业科、新闻出版广播影视科（挂行政许可科牌子）4个职能科室，下辖市广播电视台、市文化市场综合执法局、市文化馆、市图书馆、市山东梆子剧团及市电影公司。2013年，市文化市场综合执法局不再隶属市文广新局，列为市政府部门。市文广新局设办公室、社会文化科、文化产业科、行政许可科，下辖市图书馆、市文化馆两个副科级事业单位和市文化艺术研究所一个股级事业单位。

曲阜市广电大厦（2013年摄）

第二节 广播电视台

曲阜市广播电视台，前身为曲阜市广播电视局。1991年，市广播电视局位于明故城鼓楼北街中段东侧，占地0.36公顷，建筑面积2000平方米，下辖曲阜人民广播电台、曲阜电视台。1993年机构改革，更名为市广播电视中心。同年5月，全国电视观众收视率调查网曲阜站成立。1995年4月，更名为市广播电视局。1999年，迁址于市南新区舞雩台路广播电视大厦。2010年4月，更名为市广播电视台，属正科级事业单位，隶属于市文广新局。2013年，市广播电视台内设办公室、政工科、财务科、后勤服务中心、总编室、广告中心、节目编排中心、播控中心、技术设备中心、《今日曲阜》编辑部和专题采编部11个中层科室，下辖市电影发行放映公司、圣城广播影视传媒有限公司，有干部职工376人。

市广播电视台党委下设机关、新闻、技术、广告、电影公司5个党支部，有党员113名。

1992年5月，市广播电视局兴办经济实体曲阜广播电视宾馆，1996年年底停止营业。1996年12月，市广播电视局实行局台合一管理体制，撤销曲阜人民广播电台、曲阜电视台、曲阜有线电视台建制。2004年11月，组建圣城广播电视网络有限公司，2012年11月注销。2009年7月，市电影公司整建制划归市广播电视局管理。2010年10月，成立圣城广播影视传媒有限公司。2011年3月，成立市新闻中心。2012年1月，成立山东广电网络有限公司曲阜分公司。

第三节　文学艺术界联合会

曲阜市文学艺术界联合会（简称市文联）于1990年5月设立，设市作家、书法家美术家、戏剧家、曲艺家、音乐家舞蹈家、摄影家6个协会。1992年，成立孔子故里书画院。1993年，市作协、市书法家美术家协会分别组建曲阜诗社、曲阜印社；各协会会员共432人。1999年，组建市京剧爱好者协会和市豫剧爱好者协会。同年，曲阜市被授予“中国楹联第一城”称号。同年12月22日，市文学艺术工作者第二次代表大会在贵宾楼召开，出席代表173名，大会选举产生市文联第二届委员会委员45名，在市文联第二届委员会第一次会议上，选举常务委员会委员15名、主席1名、副主席3名、秘书长1名。同年，组建市京剧爱好者协会及市豫剧爱好者协会。2005年2月25日，市文学艺术工作者第三次代表大会在市机关会议中心召开，200余名文学艺术界和社会各界代表参加会议，大会选举第三届委员会委员28名，选举产生新一届文联主席团成员，选出主席、副主席。

第四节　文化市场综合执法局

市文化市场综合执法局（简称市文化执法局）前身为文化市场管理办公室，于1995年3月设立，为正科级事业单位，由市文化体育委员会代管；10月，由市文化局代管。2008年7月，加挂市新闻出版（版权）局牌子。2010年4月，更名为市文化执法局，隶属于市文广新局。2012年10月，文化市场综合执法局调整为市政府直属事业局，将文化广电新闻出版局负责的“扫黄打非”职责划归市文化执法局承担，内设办公室、法规教育科、执法监督科、“扫黄打非”工作科、稽查队5个股级中层机构。

第二章　文化场馆

1991年，曲阜市有市文化馆1处、市图书馆1处、市电影院1处、市剧院1处，各乡镇均设有文化站、电影院各1处，部分大型企事业单位及驻曲单位设有图书馆及文化活动场所。1994年，市图书馆被命名为全国文明图书馆称号。2001年，组织开展城区广场文化活动。2006年，曲阜市被列为全国文化信息资源共享工程试点市。2009年年底，乡镇（街道）综合文化站全部建成使用，均设有高标准文化广场。2011年6月，曲阜市借助明故城墙恢复工程建设曲阜展览馆。同年，市文化馆搬迁至孔子文化会展中心。“十二五”期间，曲阜市投入资金218亿元，规划建设文化馆、图书馆、尼山圣境、孔子博物馆、鲁国故城考古遗址公园、孔子文化园、论语碑苑、孔子文化会展中心、体育公园、游客集散中心、儒家文化特色的蓼河四德文化公园、沂河文化公园、百年巨匠园、政德教育基地等公共文化服务设施。2013年，全市拥有文化事业机构5个，艺术表演场所3个，电影院、博物馆、文化馆各1个，镇街文化站12个，市属公共图书馆1个，馆藏图书10万余册。

第一节　影剧院

1991年，曲阜电影院位于孔庙西，通相圃东首南侧，建筑面积8500平方米，设1100个座席，配有“松花江5505型”固定放映机，隶属于市电影公司。1992年，投资60万元，进行维修改造。2012年5月，全市首家数字电影城——曲阜新世纪电影城开工建设，省和济宁市电影公司共同出资注册成立股份制公司，进行项目建设，9月开始运营。影城位于曲阜游客服务中心，营业面积1000余平方米，影城依照五星级标准设计打造，总投资5000万元，建筑面积2000平方米，拥有4个标准放映厅，530个座席，其中一号大厅是16米巨幕厅。项目由曲阜市广播电视台引进。

1991年，曲阜剧院位于鼓楼北街复圣颜子庙前，占地0.9公顷，建筑面积2370平方米，内设座席1140个，有员工26人，是一处集电影放映、大型会议、歌舞戏曲演出等于一体的群众文化活动场所。1991—2005年，曲阜剧院承担中国曲阜国际孔子文化节开幕式会场设计制作和现场祭孔演出服务任务；承担儒学研讨会、炎黄文化研讨会以及104国道、京福高速公路通车仪式、市政府大楼、孔子研究院等大型工程奠基仪式；先后接待美国、俄罗斯、澳大利亚等多个国家和地区文艺团体的演出；接待著名影视明星白杨、刘江、唐国强等到曲阜演出；多次被评为山东省先进演出场所。2006年5月，因老城区改造，市剧院拆除，人员分流到市图书馆和市文化馆。

第二节　文化馆

1991年，市文化馆内设艺术辅导部、文化经营部和办公室，位于东南门大街南段路西，仿古式建筑，有可容纳观众300人多功能文艺厅一个，可悬挂书画作品200余个展位展厅一个，有门厅和三层楼房一幢，可开展多种游艺活动，建筑面积1700平方米。

2011年11月，市文化馆被文化部授予国家一级馆

1995年11月，文化馆群众文化艺术档案室晋升“省二级”艺术档案室，命名为省“科技、事业单位先进档案室”。2006年6月，市委、市政府在明故城墙内建设曲阜展览馆，集图片、文字、实物、模型、影视、解说、触摸屏系统为一体，全面展示曲阜历史文化、旅游、城市建设、经济建设和各项社会事业发展情况。展览馆由市文化馆组成值班养护小组进行管理，做好各种接待工作。2011年，市文化馆搬迁至曲阜文化会展中心主楼，市文化馆根据会展中心建筑实际情况，针对自身业务特点，设计制作美术摄影培训展览厅、舞蹈戏剧排练厅、非物质文化遗产实物展厅、多功能厅、群众活动用房（合唱厅）、录音棚以及音乐舞蹈辅导部、美术摄影辅导部、文艺档案室、非物质文化遗产保护中心等，总面积5600平方米，购置配齐有关设备及文化设施。6月，市文化馆通过全国第三次文化馆评估定级验收，被评为“国家一级文化馆”。到2013年年底，曲阜展览馆接待各级党政领导视察团及中外团体40余个。

第三节　图书馆

1991年，市图书馆位于新文化街，馆舍1510平方米。2002年，购置24台电脑，开设电子阅览室。2005年，曲阜市启动文化信息资源共享工程。2006年，曲阜市被列为全国文化信息资源共享工程试点市。2007年，文化信息资源共享工程曲阜市支中心成立，与市图书馆合署办公；曲阜市建立起以支中心为枢纽，乡镇（街道）及村居服务点为基础，连接国家、省、济宁市文化信息工程、覆盖全市所有乡镇街道村居的网络；12月，市图书馆通过山东省共享工程支中心建设检查验收。2008年，曲阜市获山东省全国文化信息资源共享工程建设示范县称号，市图书馆获山东省文化信息资源共享工程建设与服务先进集体和山东省地方文献工作先进单位称号。2009年，市图书馆立足自身资源，制作一批专题资料，其中《曲阜状元文化博物馆》《楷木雕刻》《祭孔大典》入选国家中心资源库，《孔府菜烹饪技艺》获省文化共享工程资源建设专题片评比二等奖，《孔子诞生的传说》和《孟母教子的传说》获省文化共享工程资源建设专题片优

曲阜市图书馆（2013年摄）

秀奖；设立图书馆网站，安装自动化业务管理系统，开辟网上借阅和图书查询服务功能，开办图书馆微博和微信公共服务平台；组织曲阜辖区有关单位开展申报国家古籍名录和山东省古籍名录暨山东省古籍重点保护单位、国家古籍重点保护单位，建立起曲阜市古籍信息数据库，有113种古籍入选山东省首批公示珍贵古籍保护名录，宋代刻本《皇朝仕学规范》等19种宋元明清古籍善本入选国家珍贵古籍保护名录。2010年，曲阜市投资160余万元，配备图书81万册，在全省县级市率先实现农家书屋405个行政村全覆盖。2011年，曲阜市图书馆对公共空间设施场地和基本服务项目实行免费开放。2012年，曲阜市获“山东省公共电子阅览室建设与服务示范市”称号，鲁城街道南池居委被授予“全国文化信息资源共享工程公共电子阅览室示范点”称号，市图书馆被省文明办、省文化厅、中国孔子基金会评为“首届国际《论语》知识大赛”活动优秀组织奖。2013年，市文化馆迁址曲阜会展中心，原馆舍划归市图书馆，馆舍面积扩大为2900平方米。2010、2013年，曲阜市图书馆两次被授予“国家一级馆”。

第四节 文化站

1991年，曲阜市各乡镇均设有文化站。2009年，市文化局出台《关于加强乡镇综合文化站标准化建设的意见》，对镇（街道）综合文化站设施性质、职能、任务等方面作出明确规定。到年底，全市12个乡镇（街道）综合文化站全部建成使用，均选址在乡镇驻地中心地带，建筑面积在700~1500平方米之间，室外活动面积均在1500平方米以上；站内设有“七室一厅一场”：办公室、图书室（馆）、文艺排练室、游艺活动室、展览室、文化信息资源共享电子阅览室、教育培训室、影视多功能厅、休闲文化广场等文化活动场所。乡镇综合文化站实行“专人管理”制度，落实文化站长管理服务职责，市图书馆、文化馆定期到站开展业务辅导。2013年12月，市文广新局按照文化部标准，为镇街综合文化站评估定级，小雪、姚村、息陬被评为国家一级综合文化站，时庄、王庄、吴村被评为国家二级综合文化站。

第五节 文化广场

2001年，市文化局组织开展城区广场文化活动，坚持“月月有主题，周周有活动”，全市涌现出沂河广

尼山书院国学经典演讲比赛现场（2013年摄）

曲阜市歌手大赛现场（2013年摄）

场、华联商厦广场、贵宾楼广场、单矿广场、裕隆广场、汇泉广场、民族公园、水利学校、两观台广场、舞雩坛广场等10个文化广场典型。同年，华联商厦广场获济宁市首批“优秀文化广场”称号。2004—2006年，在沂河广场组织引导举行大型消夏广场文化系列演出活动，活动与企业联姻，每年持续3个月，成为曲阜一道独特的文化风景。2009年起，全市各镇街建设高标准文化广场。2011年3月，市委宣传部、市文广新局出台《关于加强农村文化大院建设的实施意见》，要求各行政村建设具备“三室一屋一场”的文化大院，即游艺室、多功能室、电子阅览室，一个农家书屋，一处文化广场。2013年，全市有镇街文化站12个，村街文化大院405处。

自2000年起，市文化广电新闻出版局、团市委利用暑假期间，在城区休闲文化广场联合举办（大邦礼仪文化传播有限公司承办）曲阜市歌手大赛暨圣城达人秀，每届大赛都会涌现出许多民间歌手。到2013年，共举办9届，约有2000人参加比赛，年龄最小3岁，年龄最大的则有83岁。

第三章　文学艺术

市文联制订创作规划，出台各类鼓励措施，举办多种演展和交流活动，鼓励和支持各类专业及业余作者文艺创作，促进文艺创作繁荣。1991—2013年，出版小说、诗歌、散文、报告文学等文学专集900余部（篇），涌现出10余名在省内、国内有一定影响度的书画家、作家、诗人等。

第一节　小说　诗歌　散文

1991年，曲阜作家协会不定期编纂创办会报《曲阜作家》，推出曲阜作家文学作品。9月，曲阜市《鲁风》文学联谊会成立，刊发全市中小学生优秀文学作品。1992年，市文联接受作家出版社、省文联、省作协委托，承办《孔子世家》首发式及评书活动。1991—1993年，曲阜市作家出版文学及文化书籍14部。杨立群散文《饮茶与长寿》获全国《卫生与健康》晚报征稿大奖赛三等奖。1994年，著名词作家乔羽创作《孔子赞歌》歌词。1995年5月，市文联与市委宣传部、市工商局、曲阜报社举办中篇小说《保成子》（荀昭安撰）作品讨论会。1996年，王怀棠长篇纪实文学《亘古的钟声--新闻记者看“祭孔”》一书，在中国艺术界名人作品展示评奖中获优等奖。1997年7月，市文联、市作协、市报社、市文物管理委员会、市个体劳动者协会联合举办“庆七一、迎回归”文学艺术作品征文活动，收到各种作品2400余件，《曲阜报》“鲁风”文艺副刊刊出其部分优秀作品，后汇编出版《香港回归祖国孔子故里文学艺术作品选》。同年，曲阜师范大学教授颜景琴编纂《颜光敏诗文集笺注》，孔子第76代嫡系近支孔令朋回忆录《风雨人生》《孔裔谈孔》出版。2001年5月上旬，日本滋贺诗咏朗诵友好访中团访问曲阜市，市文联组织诗词爱好者与其进行交流。7月，著名词作家乔羽到孔府家酒厂采风，为其创作厂歌歌词。2002年，市文联配合市老龄委举办全市老年诗歌比赛活动，征集诗歌作品100余件，组编作品集《夕阳红》。2003—2005年，曲阜市作家出版文集40余部；王怀棠《重走圣人之路》电视片被中央外宣办、国务院新闻办选送到国外播出。2004年5月，刘玉明《神州盛世伟业兴》《水调歌头·纪念中共建党八十周年》获中华纵横全国诗书画征文二等奖。2005年5月，市文联与市委宣传部联合创办《曲阜文学艺术》，刊发曲阜市文艺作者优秀文学作品。同年，宋红霞获第十九届世界诗人大会铜奖。2006年，宋红霞被文化部授予“对外文化友好使者”称号。2009年，曲阜作协曲阜诗社编纂中韩诗人答和集《圣乡集》（薛利民主编），由韩国学民文化社印制出版。2011年11月4日，韩国世界传统诗人协会会长、韩国儿童时调诗人协会会长柳圣圭一行10人到曲阜市与曲阜市作家协会曲阜诗社、实验中学和部分曲阜书画家进行交流联谊。2013

年，市委市政府成立创建中华诗词之乡领导小组，随后成立曲阜诗词学会，配合市文联与市文化局开展“中华诗词之乡”创建工作；同年10月，曲阜作家协会曲阜诗社30余名社员到韩国春川市参加世界传统诗人协会第一次大会；11月，曲阜作家协会编辑出版《曲阜文艺·作协专辑》。

1991—2013年曲阜市文学作品专著（集）出版一览表

表29-1

书名	作者（主编）	出版单位	出版时间	体裁	备注
圣地传奇	孟昭正	陕西旅游出版社	1993	民间文学	
孔子外传	孟昭正	陕西旅游出版社	1993	民间文学	
亘古的钟声	王怀棠	百花文艺出版社	1993	纪实文学	
古城没有梦	王怀棠	百花文艺出版社	1994	纪实文学	曲阜市广电局编
孔府传说	孟继新	山东友谊出版社	1995	长篇小说	
孔府姻缘	孟继新	山东友谊出版社	1995	长篇小说	
曲阜旧事	周翰庭	山东友谊出版社	1995	散文集	
鲁人随笔	周凤羽	南海出版公司	1996.8	散文集	
孔子的青少年时代	杨立群	国际文化出版公司	1996.12	长篇小说	
神思	孔祥震	国际文化出版公司	1996.12	诗集	
洙泗烟波	荀昭安	国际文化出版公司	1996.12	长篇小说	
漫步曲阜山水间	王怀棠	作家出版社	1997	纪实文学	
花　雨	冰　虹	山东文艺出版社	1997	诗集	
雪地上的烛光	刘佩成	中国文联出版公司	1998.4	诗集	
行余诗草	孔祥林	山东友谊出版社	1998.6	诗集	
云雀集	薛利民	山东文艺出版社	1999.8	诗集	
明珠耀阙里	曹兴民	山东文艺出版社	1999.12	纪实文学	
目击南街	王怀棠	作家出版社	1999	纪实文学	
天籁集散文篇	周翰庭	山东友谊出版社	1999	散文集	
雨铃	赵刚强	远方出版社	2000	诗集	
路漫漫兮	犟　丁	远方出版社	2000	文集	
秘密战争	荀昭安	远方出版社	2000	长篇小说	
孔府演义	孔祥仁	新华出版社	2000.9	长篇小说	
走近伟人	王怀棠	作家出版社	2001	纪实文学	
大成殿宝珠之谜	彭涛　建平	远方出版社	2001	民间文学	
时间的芭蕾	冰　虹	远方出版社	2001	诗集	
五味集	李正标	远方出版社	2001.12	诗集	
紫燕斋诗文集	张燕臣	北京燕山出版社	2002.12	诗文集	
一鸣集	薛利民	远方出版社	2002.10	诗集	

续表29-1

书名	作者(主编)	出版单位	出版时间	体裁	备注
两个人的世界	华　子	中国档案出版社	2002	小说	
玉堂集	颜廷淦	远方出版社	2002	诗集	
泥土芬芳	刘佩成	中国文联出版公司	2003.8	诗集	
伟人名人与曲阜(上)	刘玉明	远方出版社	2003.10	纪实文学	
李花白	荀昭安	远方出版社	2003.11	长篇小说	
其实不是你的错	孔磊华	学苑出版社	2003.5	小说	
青羽	孔祥震　张海宾	黄河出版社	2003	诗集	
诗坛语丝	焦　毅	山东友谊出版社	2003	诗集	
心雨集	潘守玉	远方出版社	2003	诗集	
曲阜旅游三字经	刘玉明	远方出版社	2004.9	诗歌	
情满神州	韩世云	远方出版社	2004.10	诗集	
诗梦年华	商孟华	中国新闻出版社	2004	散文集	
圣地群英	孔凡存	远方出版社	2004	纪实文学	
韦节东诗词选	韦节东	远方出版社	2005.10	诗集	
一得集	荀金轩	远方出版社	2005.12	诗文集	
沂河春思	李文华	远方出版社	2005.12	散文集	
报社	刘亚伟	文化艺术出版社	2005	长篇小说	
黑色的种子	刘佩成	中国文学出版社	2006.1	诗集	
风吹雨唱	刘佩成	作家出版社	2006.7	诗集	
诗铸岁月	刘佩成	作家出版社	2006.8	诗集	
日月集	刘玉明	远方出版社	2006.8	诗集	
神圣诺言	荀昭安	国际文化出版公司	2006.9	诗集	
穷桑吟草	刘鸿钧	中国诗词楹联出版社	2007.6	诗集	
颂鲁班诗词楹联集	刘玉明	中国国际图书出版社	2007	诗选集	曲阜鲁促会编
心田集	王景玉	远方出版社	2007	诗集	
手握一束光芒	冰　虹	中国广播电视出版社	2007	诗集	
今夜与谁同眠	刘亚伟	山东文艺出版社	2008	长篇小说	
鲁班传说	孔祥金	大众文艺出版社	2008	民间文学	曲阜市文化局编
跬步集	薛利民	中国出版社	2008	诗集	
心田集续编	王景玉	远方出版社	2008	诗集	
老圃黄花集	张燕臣	中国社会出版社	2008.3	诗文集	
夕阳诗草	韦节东	远方出版社	2008.5	诗集	
寻歌之旅	郑国平	中国出版社	2008.9	诗集	

续表29-1

书名	作者（主编）	出版单位	出版时间	体裁	备注
如梦岁	邓明进	延边大学出版社	2008.12	诗集	
泮水行吟	王玉贞	山东友谊出版社	2009.4	诗集	
鲁班爷传连环画	刘玉明　陈英俊	人民美术出版社	2009.6	民间文学	
圣乡集	薛利民	韩国学民文化社	2009.8	诗选集	
行余集	孔祥林	山东友谊出版社	2009	诗集	
心语	商梦华	中国戏剧出版社	2009	散文	
海选	毕孝立	华艺出版社	2009	长篇小说	
包二别转	刘芝晨	山东文艺出版社	2009	长篇小说	
音乐生活的断想	程　恺	作家出版社	2010.7	文集	
析薪集	薛利民	中国国际文化图书出版社	2010.8	文论	
放歌今夕	韩世云	内蒙古人民出版社	2010.9	诗集	
黄牛吟	吴德胜	远方出版社	2010.11	诗集	
不舍集	薛利民	中国国际文化图书出版社	2010.10	诗集	
清音集	李文华	远方出版社	2010.12	诗集	
张包子的诗生活	张海滨	太白文艺出版社	2010	诗集	
鲁班学艺	宋援朝	中国文化音像出版社	2010	民间文学	曲阜鲁促会、源潮文化公司编
乾隆曲阜朝圣	孟继新　张九韶	黄河出版社	2010	长篇小说	
春耕集	丁志朋	国际文化出版公司	2011	诗集	
萧红全传	袁权	中国吉林出版社	2011	传记文学	
行余集	孔祥林	作家出版社	2011	诗集	
海的牧歌	冰　虹	中国戏剧出版社	2011	诗集	
思乐泮水	王玉贞	东方出版社	2011	文集	
易道九仙之孔子前世	吕建华	九州出版社	2011	民间文学	
姊妹篇	薛利民	中国国际文化图书出版社	2011.5	诗集	
蒲公英飞絮	李秀英	远方出版社	2011.5	诗集	
葵倾集	孔继寰	内蒙古人民出版社	2011.6	诗集	
汀兰集	张燕臣	中国文联出版社	2011.7	诗文集	
鲁地秋韵	张殿富	内蒙古人民出版社	2011.7	诗集	
心田兄弟诗集	王景玉	远方出版社	2011.9	诗集	
夕阳辉	韦节东	远方出版社	2011.9	诗集	
洙淮圃韵文草	刘鸿钧	中国诗词楹联出版社	2011.12	诗集	
心源清波	黄　伟	中国文学出版社	2012		
白絮黄花	韩世云	中国社会出版社	2012.2	诗集	

续表29-1

书名	作者(主编)	出版单位	出版时间	体裁	备注
肖貌集	薛利民	北方妇女儿童出版社	2012.9	诗集	
友声集	金洪永	韩国学民文化社	2012.12	诗选集	
曲阜诗社长春分社诗词选	李文贵	北方妇女儿童出版社	2013.3	诗选集	
花瓣集	薛利民	北方妇女儿童出版社	2013.8	诗集	
南园诗草	邱忠孝	中国艺术出版社	2013.9	诗集	
剪灯夜话	孔磊华	中国文史出版社	2013	文集	

第二节　戏剧　曲艺

1996年9月，市文化馆承担国际孔子文化节民间文艺串街表演任务，组织戏曲一条街活动；12月，市文化馆恢复编印《曲阜文艺说唱》，编入各类文艺作品26件。1999年10月，小品《故园情》、山东快书《逛庙》分别获山东省群众艺术创作评比二、三等奖。2002年10月5日晚，市豫剧爱好者协会在曲阜剧院举行大型戏曲演唱会。2007年，市文联组织举办“迎七一、颂党恩庆祝香港回归十周年”诗歌朗诵会。2008—2011年，山东琴书《生育文化开新花》、山东梆子《心愿》分获山东省农村文化艺术节曲艺小品金奖、戏曲银奖，小品《故园情》获山东《群众艺术》二等奖，小品《心愿》获山东省“精品工程”奖。2011年，曲阜籍演员颜丙燕凭借电视剧《借枪》女主角获第五届华鼎奖“百姓喜爱的十佳影视明星”，她曾获得第二十六届金鸡奖最佳女主角、第十六届金鹰奖最佳女配角、第十二届表演艺术学会奖——金凤凰奖、中国华鼎奖观众最喜爱女演员奖等奖项。2013年，市文联组织举办“佳美家居全市青少年才艺大赛”活动。

第三节　音乐　舞蹈

1991年，曲阜市剧团挖掘、整理、编导《仿古祭孔乐舞》《箫韶乐舞》《祭祀徐福乐舞》《云门大卷》。1992年9月26日，《云门大卷》乐舞在孔子文化节开幕式上推出。1994年，中国广播艺术团作曲家张丕基创作《孔子赞歌》。在1994孔子文化节开幕式上，曲阜市推出大型歌舞《圣魂》。1996年8月，市文化馆参与组织代表队赴省参加少儿六项技能比赛，参赛125人，获省二等奖1个。10月，由曲阜市建筑工程公司职工许建军、孔庆振作词，曲阜师范大学张建国作曲的《曲阜市建筑公司之歌》在“美晨杯”第二届全国厂(店)歌征集评选中获佳作奖。2000年，市文联、市音舞协会与中国音协、山东省音协进行音乐艺术交流。2001年，孔子文化节期间，孔子后裔、旅美钢琴家孔祥东到家乡曲阜献技。2002年，在济宁市委宣传部、市文联举办的《公民道德建设实施纲要》歌曲征集活动中，市文联组织编创歌曲13首，其中《一首多情的歌》获创作二等奖、演唱二等奖。同年，曲阜市音舞协会《我与天鹅》在全省第六届《小飞天》儿童歌舞大赛中获音乐创作二等奖、最佳编舞二等奖。戏曲小品《故园情》获省群艺创作二等奖。2003年4月，孔祥东艺术人生钢琴演奏会在孔子中英文学校举办。市文化馆《科学的春天》在山东省科协文艺汇演中获一等奖。11月，市文化馆独舞《喜庆》在第二届全国新星选拔秀大赛中获得金奖。2004年10月，徐慧芳获中国首届老年艺术节创作三等奖。2006—2007年，市戏曲家协会协助济宁海关办事处、春秋小学、建设局等单位创作曲艺作品《说说海关曲办人》《赞春秋小学》《和谐之歌》等；孔军、张素文舞蹈《读论语，树和风》获全国校园文艺演出暨第二届中小学生艺术展演一等奖，并应邀参加教育部春节联欢会、中央电视台“六一”联欢会及香港回归十周年大型联欢会。杜薇获全国安全工作会议文艺会演声乐演唱一等奖。赵卫国歌曲《孔子的故乡》获第四届中国群众创作歌曲大赛银奖。2006年，在曲阜撤县设市20周年前夕，曲阜籍知名音乐家为刘玉明《我爱曲阜圣山河》谱曲；2007年，他又为刘玉明《鲁班颂》《鲁班之歌》和《千古孔子唤和平》谱曲。

第四节　美术　书法　摄影

美术、书法

1991年，曲阜与临沂在两地共同举办两市书画联展。孔子故里书画院配合文联举办孔端甫及其弟子作品展览。1992年，市文联成立孔子故里书画院，开展市内市外书画交流活动，韩益书法作品获“孺子牛杯”全国书画大奖赛优秀奖。1993年，市文联与市工商局、市个体劳动者协会举办篆刻艺术培训。孔子故里书画院在济宁市举办武君珍等5人书画展；徐寿嶂应邀参加亚洲书法美术大展和日本清尚书道百人年展；书画院接待新加坡、日本等国家及中国香港、台湾地区书画家访问团和国内艺术团体，并组织曲阜市书画家与之交流。市文化馆工笔画《孔子七十七代嫡裔图》77幅获山东省“科技文化优秀成果”三等奖。1994国际孔子文化节期间，孔子故里书画院承办中日书画交流展暨国内著名书画家作品邀请展，参展作者有日本种谷扇舟，中国台湾王佑文、香港兰亭学会、福建朱重兴、山东王本诚、杨象宪、牛折桂等书画家，作品400余幅。1995年，孔子故里书画院出版书画作品集《鲁屋楮墨编》。市文化馆国画《江山留胜迹，我辈复登临》入选齐鲁名人书画大展，《这里曾是消灭日军的战场》入选山东省纪念抗日战争胜利50周年15省、直辖市、自治区政协委员书画展，大型连环画《好军嫂——韩素云》获山东省好新闻美术作品一等奖。1996年5月，上海市文史研究馆馆员翁闿运、周退密等7人到曲阜市进行文化交流。1997年国际孔子文化节期间，上海市文史研究馆馆员孙仲威举办个人画展。1998年国际孔子文化节期间，山东省纪念十一届三中全会二十周年书画巡回首场展出——《于希宁孙墨龙尹毅巡回画展》在曲阜市文化馆举行。市政协、市文联和孔子故里书画院联合举办国际孔子文化节中国当代书画名家作品展，该展览分山东著名书法家作品展，王学仲、张永敬、陈玉圃书画展，曲师大师生画展，张宝珠画展6个展组分别展出。上海市文史研究馆馆员徐伯清等到曲阜市进行书画艺术交流。1999年，宋秉民、陈健书法作品入展第七届全国书法篆刻展。2000年国际孔子文化节期间，市文联主办或参与举办“浙江省衢州书画作品展”“杭州西泠书画院作品展”“五百罗汉艺术展”“孔子及七十二贤巨幅蜡染画展”“海砚堂揭匾暨王氏家庭书画回顾展”“奥地利维也纳妇女石板绘画艺术展”“山东女画家十人展”等。同年，韩益作品获跨世纪全球华人书画大赛优秀奖。2001年，市文联举办全国书法名家作品展，集中全国140多名中国书协会员以上的作品会展；举办周翰庭遗墨展、“海砚堂”师生书画展等；市书协同日本朝阳书道会举行笔会交流。2002年，市美协、书协、摄协与《曲阜日报》社联合推出“‘美丽、儒雅、激情’与时俱进的曲阜”等文艺专版，展示曲阜市容市貌，迎接中共十六大召开。孔子文化节期间，市文联与日照市联合举办曲阜市——日照市书画作品联展；会同市海外联谊会与日本九州华艺会在孔子研究院展厅联合举办2002年中日名家书法绘画展；组织举办庞中华硬笔书法表演、邹城市4人展等。韩益作品入选《中国世纪龙书画大赛》获优秀奖，市书协陈健等5位中青年书法家入选全国第八届中青展，陈健书法作品入展“首届中国兰亭奖”。在“走近孔子”全国摄影大赛中，曲阜市6位作者获一等奖1人、三等奖1人。11月上旬，上海市文联组织专业画家到曲阜采风，并进行座谈交流。同年，朱本群作品入展全国第四届楹联书法大展。2003—2005年，市文联主办、联办庆祝全国人民代表大会成立50周年书画展、纪念中国人民抗日战争暨世界反法西斯战争胜利60周年书画展、“儒雅之韵”四人书画展、纪念中国工农红军长征70周年摄影展、“儒风”纪念孔子2556年诞辰全国书画邀请展。孔子中国画研究院在文化节期间举办“孔子杯”“儒风”全国书画家作品邀请展。韩益作品入展第二届“羲之杯”全国书法大奖赛、获全国公务员书法大赛三等奖、“复圣杯”全国书画艺术大奖赛佳作奖，宋秉民、陈健、朱本群作品入展全国第七、八届书法篆刻展，朱本群作品入展全国第五届新人新作展、羲之杯全国书法作品展、获纪念邓小平100周年诞辰全国书法展提名奖，2005年王心安壁画《孔子施教图》入选全国首届壁画展并入围第十届全国美展，朱本群书法作品入展全国首届公务员书法艺术展，陈健书法作品入展第四、五届新人新作展和首届兰亭奖等，燕一群《山那边有朵美丽的云》获全国小品扇面画优秀奖，蒋月华《纳西姑娘》获中国装饰书画艺术精品展

花鸟画二等奖。《周凤羽全集书画编》《韩益行书宋词元曲百首》《魏张猛龙碑》出版。2006—2007年，市文联组织、参与举办“曲阜市书协主席团书法展”“曲阜文登书法交流展”“黑龙江肇东国画院暨全国名家精品展”“庆六一少儿书画大赛”，市诗社组织会员赴九仙山、大沂河进行采风等。陈燕作品《映日》在纪念中国工农红军长征胜利70周年中国书法美术大展中获铜奖。2013年9月，孔凡娥《花开富贵》、陈燕作品《荷塘清趣》在第四届“羲之杯”全国诗书画邀请展中均获一等奖。2008—2011年，市文联与文化部艺术中心、韩中友好协会、孔子研究院联合举办“中韩美术交流展”，并于7月上旬组织省内书画家到韩国安东市进行书画交流活动。工笔重彩作品集《画说孔子》《颜子圣迹图》、绘画本《孔子大智慧》《孟子智慧》、连环画《风筝世家》出版。孔祥民作品在2008全国中国画作品展中获优秀奖，在首届中国山水画艺术双年展中获优秀作品奖。陶剑作品《居高声自远系列2》入选全国第七届工笔画大展、《废墟》入选全国第二届工笔山水画展、《不如跳舞》入选全国第八届工笔画大展。2009年12月24日，“中国书法之乡”授牌仪式在孔子文化园广场举办，中国书协副主席吴东民、中国书协组联部主任张陆一、省书协主席张业法、常务副主席顾亚龙等为曲阜市授牌。2010年，韩益作品入展首届中国王羲之书法艺术（行草）大展和“孔子艺术奖”中国曲阜国际孔子文化节书画大展。2012—2013年，市文联举办“东方圣城·首善之区新春书画展”“齐鲁十老书画展”等活动。

《南园诗草》《孔繁祥书论语》《颜楷入门教程》出版。王心安《迷失》入选2012吴冠中艺术馆开馆暨全国中国画作品展，《自行车时代》入选2012“锦绣中原”中国画作品展；段国锋《相由心生》之三获第十届全国水彩粉画作品展优秀奖；鲁究《建设者》、段国锋《相由心生》之八、冯培利《静》入选第十届中国艺术节美术作品展，韩益书法获2013年全国书法家书写杜甫《秋兴八首》长卷三等奖，朱本群作品入展全国第五届新人新作展。

1991—2013年曲阜市书画、摄影专著（集）出版一览表

表29-2

书名	作者（主编）	出版单位	出版时间	备注
周凤羽诗书画印集	周凤羽	山东友谊书社	1993.5	专集
孔子故里	孔红晏	山东画报出版社	1996.12	摄影集
圣人孔子	孟　霞	山东友谊出版社	1998	摄影集
天籁集诗画篇	周翰庭	山东友谊出版社	1999	专集
曲阜旅游大观	孔红晏	山东画报出版社	1999	摄影集
仁义之师	孟　霞	中国大百科出版社	1999.4	专集
王汝霖百龙书法	王汝霖	华艺出版社	2000.1	书法
海砚堂画语	王传贺	田园书屋出版社	2000.1	国画
世界文化遗产孔庙	韩　益	内蒙古人民出版社	2000.4	书法集
世界文化遗产孔庙	孟　霞	云南美术出版社	2001.5	专集
孔子故里—曲阜	孔红晏	齐鲁书社	2002	摄影集
孔子故里游览	孟　霞	远方出版社	2002	专集
孔子的故事	燕一群	内蒙古人民出版社	2006	专集
韩益书法艺术	韩　益	内蒙古人民出版社	2006.8	书法集

续表 29-2

书名	作者	出版单位	出版时间	备注
新编孔子圣迹图	韩　益	内蒙古人民出版社	2006.8	专集
画说孔子	王心安	人民美术出版社	2009	专集
颜子圣迹图	王心安	人民美术出版社	2009	专集
全国鲁班书画展集锦	刘玉明　王强	中国国际图书出版社	2009	书画集
论语大智慧	燕一群　李明	内蒙古人民出版社	2009	连环画
孟子大智慧	燕一群	内蒙古人民出版社	2009	连环画
孔融的故事	燕一群	内蒙古人民出版社	2009	专集
风筝世家	燕一群	人民美术出版社	2011	专集
翰墨陶情	贾祥林	内蒙古人民出版社	2013.1	书画集
南园诗草	邱忠孝	中国艺术出版社	2013.9	书法诗歌集
鲁壁(一)	韩　益	中国诗联书画出版社	2013.12	专集

摄影

1991年，曲阜市摄影家协会举办纪念建党70周年摄影展览。1995年，孔祥民摄影作品集《天下第一家》出版。1997年，孔红晏摄影画册《孔子故里》、孟霞摄影作品集《圣人孔子》出版，孟霞作品《寻根》获电业杯全国摄影大赛优秀奖。2001年，市文联举办孔祥民《回眸曲阜》摄影艺术展。12月，鲁究作品《新有灵犀一点通》在“爱我中华，照我大地”全国摄影大赛中获最佳作品奖。2002，市文联会同曲阜孔子国际旅游股份有限公司与市孔子文化节办公室联合举办“走近孔子”全国旅游摄影、征文大赛，收到征文800余篇，摄影作品260余幅。2003—2005年，市文联主办或联办“大成杯”数码摄影展、“走进孔子、聚焦圣城”国际摄影大赛、倾听龙的心声—孔庙走出的摄影家孔祥民摄影展等。孟霞摄影系列作品《曲阜名胜》入选全国历史文化名城摄影展；孔红晏《千年儒魂》获“走近孔子、聚焦圣城”全国摄影大赛特等奖。摄影专著《孟霞摄影作品集》《圣城通览》《孔子文化与曲阜遗产》《大哉孔子》等出版。2006—2007年，市摄影家协会组织会员到平邑九间棚进行采风。2008年奥运火炬传递路经曲阜之际，市摄影家协会组织全体会员拍摄大量图片，用镜头记录下这百年不遇、激动人心的历史场景。2009年、2011年，举办吴村九仙山三月三庙会摄影大奖赛，邀请济宁市乃至全省的摄影爱好者300余人到吴村镇进行采风拍摄活动。2013年，周德仲《崛起》获大美曲阜全国摄影大奖赛一等奖。

2009年10月，曲阜市举行“祖国万岁”庆国庆大型文艺演出活动现场

第五节　群众文化

1991年，曲阜市继续推进社区文化、企业文化、农村文化、校园文化、广场文化建设，促进群众文化繁荣发展。春节期间，市文联组织书协、美协、戏曲协会和部分文艺工作者奔赴偏远山区送文艺下乡。

文化活动

1991年，曲阜市文化部门在国际孔子文化节期间承担开幕式会务、仿古乐舞表演、民俗结婚表演，队伍规模160余人，活动时间150余天，演出180余场；举办全市庆“六一”少儿美术书法比赛、孔端甫及其门人联合画展、中日书画名家作品联展、首届职工文化艺术节暨第二届农民文化艺术节。1993年，举办第三届农民文化艺术节暨第二届职工文化艺术节；举办全市中小学生作文大赛、纪念毛主席100周年诞辰书画展。1994年，举办全市首届唢呐定级大赛。1995年，举办迎新春书画、摄影、民间工艺品展。1996年，市文化局主办第四届农民文化艺术节。1997年，组织举办第五届农民艺术节和第三届职工艺术节开幕式；举办全市首届少儿艺术节。1998年，与中国楹联学会合作创建“中国楹联第一城”，征集海内外作者楹联3.6万余副，墨迹600余副，制作楹联载体255副，编辑出版《创建中国楹联第一城——曲阜》墨迹汇编。同年，承办山东省著名书画家于希宁、孙墨龙画展。次年，曲阜市被中国楹联学会命名为“中国楹联第一城”称号。1999年，组织举办第六届农民文化艺术节、中日书画名家作品展、全国少儿书画大展和纪念孔子诞辰全国书画大展。2002年，组织举办第七届农民文化艺术节、纪念毛泽东《在延安文艺座谈会上的讲话》发表60周年大型书画摄影展等。2003年，组织举办第五届职工文化艺术节，开展抗击“非典”宣传活动。2004年，组织举办第八届农民文化艺术节；围绕“平安曲阜”建设，创作一批文艺节目，组织书画摄影展、采风、笔会、书画捐赠活动。2005年，举办第六届职工文化艺术节；结合纪念抗日战争胜利60周年，举办文化纪念活动；承办全市“庆六一”少儿歌手大奖赛；举办汉魏碑刻研讨会、孔子故里第二届书画摄影大赛等活动。2006年，举办第九届农民文化艺术节；组织开展“和谐圣城”“平安曲阜”春节系列文化活动；参加济宁市庄户剧团文艺调演，曲阜市柳子戏、竹板秧歌、舞蹈等7个剧目获优秀演出奖；组织举办“党旗飘飘铸辉煌”七一建党85周年暨撤县建市20周年大型文艺演出。2007年，举办第十届农民文化艺术节、春节大型文艺联欢会——建设富裕文明和谐新曲阜文艺晚会；组织启动建设和谐文化、构建和谐圣城夏秋文化广场系列文艺展演活动。2008年，开展百名书画家送文化下乡活动；举办机关作风建设年宣传展览、纪念巧圣鲁班诞辰2515周年全国书画展和曲阜书画研究会成立20周年纪念书画展、庆“六一”迎奥运少儿才艺展示活动。市文化局与市广播电视局合作，开办《圣城视点》和《魅力曲阜》栏目，介绍曲阜市文艺家艺术人生及其成就。2009年，组织举办全市首届中老年健身舞蹈展演、“助残日”文艺演出、“安全生产宣传月” 文艺晚会等群众文化活动；举办第十九届全国图书博览会曲阜会场开幕式文艺演出，纪念五四运动90周年文艺晚会等文艺表演活动；举办爱祖国、赞圣城——庆祝新中国成立60周年摄影展；组织举办祖国万岁——全市庆祝新中国成立60周年广场文艺演出。2010年，市文化局组织举办全市首届农民歌手大赛、全市首届农民书画展和全市首届农民文艺汇演等农村文化活动。2011年，承办全市庆祝建党90周年“大有杯”书画摄影展，指导和参与组织“红歌大赛”、歌咏比赛、演讲比赛等活动。2012年，承办全国第十届运动会圣火走基层启动仪式，承办廉政歌曲排练及比赛，举办曲阜市与温州、台州联合书画展。2013年，在全市开展“人人唱村村演”活动，组织3个业务辅导组到各镇街、村居辅导文艺节目，组织层层比赛，选出月、季、年度前三名次。

2011年4月，腰鼓艺术团在沂河公园进行腰鼓表演

群众艺术团队

20世纪90年代，曲阜市群众业余艺术团队开始向有名称、有组织发展，民间文艺队伍数量质量不断提升。到2013年年底，全市有各类文化团体、文艺队伍586个，包括社区文化队伍、书画篆刻研究协会、摄影爱好者协会、企业文化表演队伍和校园文化团体等5大类。

第四章　戏曲　电影

1991年，曲阜市有2个城区影院和11个乡镇电影院。1991—2005年，市剧团策划创作孔子文化节开幕式和孔子诞辰纪念仿古乐舞演出。2003年，围绕抗击"非典"创作《疫情》，在山东电视台播出。2010年，曲阜市成立12支农村公益电影放映服务队，至2013年，每年放映公益电影6000场以上。

第一节　戏曲　乐舞

1991年，市剧团位于五马祠街老人民剧场，从业人员44人。2003年，曲阜市在市剧团艺术班基础上成立"小兰花"山东梆子剧团。2006年4月，市剧团搬迁至市人武部训练场内办公。

剧（节）目生产

戏剧部分有《闯王剑》《三孝堂》《墙头记》《茶瓶计》《桃花庵》《风筝误》《挑女婿》《四姐临凡》《打金枝》《寻儿记》等古装戏，《酷情》《军嫂》《人啊人》《孔繁森》《圣地计生颂》《赌场遗恨》《一把雨伞》《一封信》《疫情》《村官》等现代戏。古乐舞部分有《祭孔乐舞》《箫韶乐舞》《圣地乐》《云门大卷》《圣魂—大道行》《千古孔子—礼乐迎宾》《千古圣魂》等7大古乐舞。现代歌舞有《欢乐中国年》《走进新时代》《乱啦》《爱琴海》《不如跳舞》《漂亮男孩》《开门红》《绣军鞋》《四季平安》等，小品节目有《苦果》《嫂子颂》《唐知县再审诰命夫人》《八十万的妈》等。军乐部分有《载歌载舞的人们》《解放军进行曲》《欢迎进行曲》《欢送进行曲》《结婚进行曲》《祝你好运》《好日子》《歌唱祖国》等。

演出

1991—2005年，市剧团组织参加中国·曲阜国际孔子文化节活动，策划创作开幕式和孔子诞辰纪念活动大型仿古乐舞演出任务。1997年，组团到安徽亳州参加"纪念神医华佗诞辰1870周年暨中医学交流会"，表演大型仿古祭祀乐舞。1998年，参加辽宁大连国际服装节，演出大型古乐舞《千古圣魂》，后被录制成专题片《跨越渤海湾》在大连、曲阜两地电视台播放。2000年，参加上海嘉定文庙修复开放庆典，演出仿古祭孔乐舞。2002年8月，参加甘肃武威首届天马国际旅游节，在武威市文庙表演大型仿古祭孔乐舞。2003年9月，参加兰州市文庙修复开放庆典活动，表演祭孔乐舞。2004—2005年，先后4次到河南淮阳太昊陵，演出大型仿古祭祀乐舞。2005年9月，参加中国·鄄城第二届孙膑文化旅游节，演出仿古祭祀乐舞。2006年9月，参加榆次文庙修复开放庆典，表演大型仿古祭祀乐舞。2008年，参加纪念颜子诞辰2529周年祭祀大典，完成祭祀乐舞演出任务。

获奖情况

1996年，市剧团舞美设计参加联合国教科文组织国际艺术大赛获铜奖，该设计获省第五届戏剧艺术节会演一等奖；市剧团古乐舞演出获省民间艺术广场展演活动"红牡丹奖"。1998年，市剧团参加济宁市"天幕杯"中青年戏曲演员大奖赛，获一等奖1名、二等奖2名、三等奖4名。2000年，参加济宁市"三孔杯"戏剧会演，获一等奖1名、二等奖3名、三等奖3名。2002年，编演小品《一把雨伞》，获济宁市"公民道德建设实施纲要"文艺会演表演一等奖、编导一等奖。2003年，编演"非典"剧目《疫情》，分别在山东电视台公共频道和曲阜电视台播放。2004年，参加济宁市文艺会演，军乐《北京喜讯到边寨》获演出一等奖。2006年，参与挖掘整理的"祭孔大典"，列入首批国家级非物质文化遗产名录。2008年，参加济宁市中青年戏曲会演，获一、二等奖各1个，三等奖2个。2008年，参加山东省首届农村戏曲小戏会演，编演剧目《情系国策》获表演银质奖。2009年，参加山东梆子演唱大赛济宁赛区选拔赛，获一等奖1个、二等奖2个、三等奖3个；在山东梆子演唱大赛中，获得三等奖1个。2011年，创作山东梆子剧目《冷板凳》，在济宁市"以人为本，执政为民"廉政文化作品创作展播中被评为优秀作品。

第二节　电影

1991年，曲阜市电影发行放映公司隶属市文化局管理，全市有16毫米和8.75毫米电影放映机73台、2个城区影院和11个乡镇电影院。20世纪90年代中期，随着电视、录像等娱乐形式发展，曲阜市电影事业进入衰退期。2009年7月，市电影公司隶属变更为市广播电视局管理。2010年，曲阜市成立12支农村公益电影放映服务队，购置数字电影放映机18台，全年在全市农村放映公益电影5952场。至2013年，每年放映公益电影6000场以上，全市每个行政村每月至少放映1场电影。

1991—2008年曲阜电影公司城区影院放映情况统计表

表29-3

年份	场次	观众人数（万人）	收入（万元）	年份	场次	观众人数（万人）	收入（万元）
1991	2190	111.38	89.10	2000	1030	19.69	29.53
1992	2372	120.47	96.38	2001	900	11.89	17.84
1993	2360	138.60	110.88	2002	820	15.26	22.88
1994	2555	142.45	113.96	2003	790	23.41	46.82
1995	2920	119.99	131.99	2004	730	8.61	17.22
1996	2737	105.18	115.51	2005	630	5.44	10.88
1997	2500	107.18	117.89	2006	600	4.50	9.00
1998	1460	63.15	75.78	2007	360	2.66	5.32
1999	1095	34.56	36.85	2008	350	1.80	3.60

第五章　广播　电视　报刊　图书

2008年1月，曲阜市广播电视局被授予全国广播电影电视系统先进集体称号

1991年，曲阜市有电视台1座、广播电台1座、广播放大站1座、报社1家、新华书店1个、电视差转台1座，《曲阜报》发行量1.5万份，有线广播通播率96.6%，广播喇叭入户率53.2%。1992年8月，曲阜有线电视台建成试播。1998年12月，《曲阜报》更名为《曲阜日报》，由四开四版扩为对开四版。1998年1月，曲阜市被省广播电视厅命名为“全省广播电视工作先进县（市）”。1999年9月，曲阜广电大厦落成使用。2008年10月，曲阜市启用数字电视信号。2011年1月，《今日曲阜》创刊。2013年，市新华书店在市区有3处发行网点，图书营业面积1500余平方米。1991—2013年，曲阜市广播宣传连续23年蝉联山东人民广播电

台集体记者一等奖；2005—2013年，曲阜市电视宣传连续9年获山东电视台新闻宣传先进集体一等奖。

第一节 广播

1992年年初，市委、市政府下放“七站八所”，其中包括广播电视站，至年底，全市13个镇（街道）驻地全部安装音柱，通广播率为90%，入户覆盖率40%。同年，南辛镇投资12万元，建成广播电视差转台。市电台创办大板块直播节目，开创县级电台开办系列直播节目先河。1994年4月，曲阜人民广播电台试办文艺台。1995年，购置300瓦调频发射系统1套。2003年，安装1台1000瓦中波发射机。2008年，建立5个广播数字音频工作站。2008年3月，中波电台迁至东104国道沂河岸北50米处重建；6月，广播节目实现编辑数字化、播出自动化。

第二节 电视

新闻宣传

1991年，曲阜电视台开办专题专栏20多个，编发《曲阜新闻联播》260期、《一周要闻回顾》52期、《鼓楼荧屏》48期，《钟楼时话》《名城掠影》和《百姓故事》各46期，摄制专题片9部，播放文艺节目7650多部（集），录像播出大型活动10余次。1992年，开办专题专栏16个，开设《曲阜新闻》《曲阜经济信息》《点歌台》《鼓楼荧屏》《广告博览》等节目。1993年5月，开办《乡镇新闻联播》。1994年9月，实现当日新闻当日播出；曲阜1套新闻节目由每周2档改为每周3档播出。1997年，制作《让历史告诉未来——曲阜城市建设三年巡礼》《石门山》《论语碑苑》《春进孔家》等12部专题片在苏州、大同、遵义、洛阳等17家历史文化名城电视台播发，被中国黄河电视台传送至美国斯科拉卫星电视网播发；举办中国历史文化名城首届电视节目研讨会和华东县市电视台外宣协作网首届理事台会议。1999年9月，曲阜广电大厦落成，大厦高67米，地上13层，占地0.91公顷，建筑面积8400平方米，1996年4月动工建设；配合山东电视台对孔子文化节暨孔子诞辰纪念活动开幕式进行现场直播，中央财经频道、中文国际频道通过卫星向全世界进行同步发送。2002年5月，与加拿大四方影视公司合拍《寻找孔子》，面向全世界发行。2003年，电视散文《大成桥情思》（韦群撰）在黄河电视台和美国斯科拉卫星电视网播出。2012年3月，市广播电视台加入中国视协市县委员会并当选为理事台；6月，开设曲阜党建频道。

无线发射

1993年，市广播电视中心投资3万元将原9频道300瓦主机改扩为1000瓦。1994年，测试多路微波（MMDS）系统。2005年，安装1台1000瓦电视发射机；招标购置7条非线性编辑线和4条硬盘播出设备系统。

有线电视

1992年8月，曲阜有线电视台试播。1993年年底，曲阜市有线电视9000余户。1994年6月，有线电视台经省广播电视厅验收合格，成为全省县级市第一家经广电部批准开播的有线电视台；同年，书院镇方家村建起全市第一个农村乡镇有线电视村。1996年11月，实施有线电视光纤传输网工程，光纤自兖州接入曲阜，然后再由曲阜输送至邹城和泗水，横跨曲阜市5个乡镇，光纤总长度40余千米。1998年8月，对城区有线电视网络进行整网，以光缆传输代替电缆传输；同年，曲阜市在济宁市率先实现“乡乡通有线电视”。2002年11月，全市253个行政村接通有线电视，行政村有线电视通播为率53.6%、农村用户3.3万余个。2006年10月，启动全市村村通有线电视工程，市政府将其纳入为民办实事之一。2010年，新增农村有线电视用户23000个。到2013年年底，农村有线电视入户率为80%。

数字电视

2008年10月，数字电视信号开始进入曲阜市，当年开通168户。2010年1月，在城区新建小区进行数字电视试点工作。8月，实施有线电视数字化整体转换工程；9月，安装运行数字电视手机发射设备。全年发展数字电视用户1万余个。2013年9月，开通高清双向数字电视信号。至2013年底，全市数字电视用户为7841户。

第三节 报刊

《曲阜日报》

1991年，中共曲阜市委、中国孔子基金会合办

《曲阜报》,全国发行,国内统一刊号CN37—0042,邮发代号23—166。曲阜报社为市委下属工作机构,正科级事业单位。《曲阜报》四开四版,其版面安排是:一版为要闻版,二版是经济版,三版是文教卫生版,四版为副刊。1991年4月,于弘道路建设报社印刷厂和办公楼。1992年1月,由周刊改为周二刊。1994年1月,开设"月末版"专刊。1996年,改为周三刊,其中设有周末版。1998年12月,经国家新闻出版署批准,《曲阜报》更名为《曲阜日报》,由四开四版扩为对开四版。2003年12月31日,《曲阜日报》停刊,编采人员分流。

《今日曲阜》

创刊于2011年1月,系曲阜市委机关内部刊物,四开四版,面向全市党政机关、乡镇街道及村居、企事业单位、宾馆饭店及个体工商业户发放。每周两期,周一、周四出版,发行量每期5000份左右。2013年5月,获得山东省新闻出版局准印号鲁连内字第H0010号,改版为对开四版、彩版编排,发行量10000余份,分设大事要闻、经济时政、民生镇街、文艺副刊4大板块。至2013年年底,累计出版304期。

第四节　图书发行

20世纪90年代初,市曲阜市新华书店为新华书店鲁南总店曲阜分店,位于明故城鼓楼大街中段东侧,内设办公室、业务科、财务科、劳动人事科、工会、团总支;城区设有机关发行部、农村流供部、批发部、仓库、鼓楼门市部、大学门市部;下辖劳动服务公司,设有印务公司、安装公司、新华饭庄、电脑公司、音像门市部等。1994年12月,市新华书店党总支部成立,下设书店机关支部、劳动服务公司支部、老干支部,全店有干部职工106人,固定资产547万元。1993年至1995年度,获山东出版总社系统"新华书店图书储运最佳收货单位"称号。1995年,市新华书店办公室迁南新区仓库楼办公。6月1日,支持董庄乡歇马亭小学校改,捐赠现金2万元、课桌、凳100套等共计7万余元,学校更名为"新华小学"。全年新华书店销售图书1191万元,全市人均购书额19.46元,名列山东省第5位;劳动服务公司实现产值290万元。同年,市新华书店被省出版总社批准晋升为中型(二)类企业。1996年5月,市新华书店鼓楼办公楼改建工程竣工,总投资900万元,建筑面积2600平方米。改建后一楼设有图书、音像、文化用品、打字复印、电器、旅游品等8个营业柜组;二楼为餐厅,有大型会议室、歌舞厅、雅座等,可供240人同时就餐;三楼住宿,设有54个高档床位。1997年,市新华书店在董庄乡歇马亭建设图书发行网点,建筑面积370平方米。1998年,在南辛镇建设图书发行网点,建筑面积400平方米;8月,在陵城镇购买150平方米楼房,设立图书发行网点。1997年,市新华书店被评为山东省新华书店系统示范门市部和农村图书发行先进集体。1999年,在省水利学校、陵城镇驻地、远东大学设立图书发行门市部。2000年,成立圣地宏远电器有限公司,与曲师大物理系共同研究开发自动抄表仪项目。2002年,济宁市新华书店接待处注销,曲阜市新华书店属下其他各公司采取租赁经营。4月,市新华书店南新区综合营业大楼投入使用,主体8层,建筑面积6889.87平方米。2003年6月,市新华书店服务公司下属三个法人企业实施破产清算。2005年12月,实现全省新华书店连锁经营。当年,获山东省发行百强企业。2006年,市

2005年1月,曲阜市读书月活动启动仪式现场

新华书店参加曲师大教材竞标，中得一个标段，也是唯一一个中标的县级新华书店，全年新华书店大中专教材发行码洋为170万元。2007年8月，市新华书店举办曲阜市首批“农家书屋”启动仪式，选取书院街道旧县二街、姚村镇春亭村、息陬乡北元疃村、陵城镇章枣村及防山乡无粮庄5处作为“农家书屋”试点单位，配备图书5000册。2009年4月，与市文明办、市总工会、团市委、市妇联联合举办“全民读书月”活动。2011年12月，市新华书店注册为山东新华书店集团有限公司曲阜分公司。2013年，借助“世界读书日”、六一国际儿童节、教师节、国庆节等重大节日，组织员工到党政机关、企事业单位，推销“新华卡”40余万元；多次与市委宣传部、市教育局等部门联合，印发中共十八大精神学习材料3.37万册，码洋18.55万元；发行读书活动用书《复兴之路》3.56万册、码洋32.52万元，发行《国防教育》4.4万册，码洋41.66万元。

1991—2013年曲阜市新华书店图书发行一览表

表29-4　　单位：万元

年份	销售码洋	销售册数（万册）	教材教辅	一般图书	音像制品	图片	其他	利税
1991	417.67	294.98	122.52	280.24	—	14.91	—	30.39
1992	519.61	338.70	154.29	348.27	—	17.04	—	33.14
1993	640.31	413.36	275.60	349.25	—	15.46	—	44.71
1994	730.57	347.89	396.31	325.57	—	8.70	—	26.91
1995	1190.75	382.37	703.68	461.78	—	25.28	—	36.19
1996	1751.16	437.90	971.58	742.46	—	37.13	—	49.48
1997	2352.32	543.81	1082.77	1230.59	29.55	9.41	—	63.14
1998	2500.03	523.20	1181.95	1271.26	32.76	14.06	—	94.39
1999	2403.57	598.22	1220.15	1142.24	27.23	13.95	—	97.05
2000	2419.66	490.47	1097.69	1288.03	32.97	0.97	—	85.39
2001	2086.08	357.33	991.69	1038.60	34.75	21.04	—	40.16
2002	2329.70	407.91	1095.34	1190.19	34.01	10.15	—	75.81
2003	2000.98	332.26	1088.72	876.64	35.61	0.00	—	71.20
2004	2013.27	302.04	1194.86	781.38	37.04	0.00	5.86	58.48
2005	2105.89	291.03	1218.88	842.63	44.39	0.00	7.92	55.41
2006	2025.27	262.72	996.69	997.26	31.32	0.00	13.60	43.24
2007	2042.58	245.73	1077.88	939.46	23.29	1.96	8.02	37.18
2008	2107.67	218.58	1108.25	978.09	20.38	0.95	4.80	31.72
2009	2053.68	264.14	1108.67	921.13	18.36	5.51	4.62	29.16
2010	2092.12	319.06	1284.34	795.90	11.41	0.47	13.47	30.89
2011	2330.57	258.95	1293.86	1019.68	17.03	0.00	5.22	168.65
2012	2239.30	248.81	1586.54	641.98	10.78	0.00	14.84	319.98
2013	2412.45	251.56	1873.10	533.35	5.99	0.00	31.10	279.11

第六章　家谱续修

曲阜是儒家文化发源地，有世界上延续时间最长、最完备的家谱——《孔子世家谱》。受儒家文化和《孔子世家谱》续修影响，曲阜市家谱纂修较为普遍。

第一节　《孔子世家谱》续修

北宋元丰八年（1085年），孔子第四十五代孔宗翰首次修纂孔氏族人全谱，于北宋元祐四年（1089年）刻成。在此之前，孔氏族谱只收长支，不及旁系，且一直为手抄本。其后又经多次续修，由于金宋对峙的历史原因，南北两宗各自修谱。元朝混一后方才合编宗支图册。明朝弘治二年（1489年）续修时议定此后族谱“六十年一大修，三十年一小修，大修以甲子为期”；有明一世，又经天启二年（1682年）大修。康熙甲子年（1682年）续修时，第六十四代孔尚任将孔氏族谱定名为《孔子世家谱》。雍正年间，孔氏家族再次全国合修时，礼部下文要求孔氏族谱只能收录山东孔氏近支，外地流寓各支只需查明世系原委即可。直至民国19年（1930年），孔氏家族才得以再次倡修合族通谱。民国19年，《孔子世家谱》续修在曲阜孔庙开馆进行，全谱成于民国26年（1937年）十一月，由“三十二代衍圣公、大成至圣先师奉祀官”孔德成任总裁，参加工作人员60余人，历时7年而成。全谱共分4集108卷，总计154册，收录79代56万孔氏族人，分属13派、60户、31支和77个上代失叙支。《孔子世家谱》以其延时之长、族系之明，纂辑之广、核查之实，体例之备、保存之全，于2005年被吉尼斯世界总部列为“世界最长家谱”。

第五次孔子世家谱续修动议始于1987年国际儒学研讨会，孔子77代嫡孙孔德成从堂弟、香港企业家孔德墉拜晤孔子基金会名誉会长谷牧和会长匡亚明，二老面嘱孔德墉应续修孔氏家谱。1996年10月2日，孔德墉赴台北会晤孔德成，商讨续谱事宜，孔德成说“应该修，应该修，应该修……但多年战乱如何联络族人？经费如何筹措？这可是天文数字啊。”孔德墉表示：“如果你同意续修，其他问题我们去想办法。”10月26日，孔德成委托孔德墉联络近支兄弟，于曲阜召开续修筹备会。之后，孔德墉多次召集筹备会议，推动家谱续修工作。国际儒联主席宫达非表示支持《孔子世家谱》续修，并将孔子后裔寻访登记工作作为儒联研究项目来进行。

1998年3月，孔子世家谱续修工作协会在香港成立，孔德墉任会长，开始着手调查登记工作。是年6月，发表告族人书，公告全族开展调查登记工作。全国各地孔氏相继成立续谱分支机构531个，孔子世家谱续修工作协会在济南成立《孔子世家谱》续谱办公室，负责国内外联络、谱表审核及编辑工作。

2009年9月24日，《孔子世家谱》续修告成颁谱大典仪式现场

新版《孔子世家谱》按民国版总谱接续纂修，包括卷首又五集。初集为曲阜60户，二集为中兴祖（孔子43代孙孔仁玉）后外迁共51个支派，三集为中兴祖前外迁共12个派，四集为按待考后裔所居省区排列的待考支，五集为这次续修新增的海外支派即韩国高丽派。全谱共80册、4.3万页、2000余万字，录入总人数约200万人。新版世家谱首次出版共印总谱430部，抽印各支谱16980部。其特点：一是女性族人、少数民族、外籍孔子后裔首次录入家谱。不仅有因通婚或生活所迫变更为回族、苗族、水族、哈尼族、景颇族、土族、东乡族、藏族等少数民族的后裔，还有旅居韩国、美国、澳大利亚、瑞士、新加坡、马来西亚等国家地区的外籍后裔近4万人。这次续修增录140余万人，其中女性约20万人。二是信息量增加。以往只收入姓名，这次增加性别、配偶、学历等个人信息。此外，国内登记在世族人中，最高辈分为68代“毓”字辈，最小辈分为83代“念”字辈。韩国高丽派未按国内行辈派，其自有行辈，入谱其最小辈分为86代。三是运用现代数字化技术进行家谱的编辑工作。建立数据库，便于族人寻根查寻，编写家谱软件，直接将数据库里的资料转换成家谱版式。建立孔氏宗亲网，联谊宗亲，宣传家谱续修工作，提供《孔子世家谱》数据库平台。

2009年9月，历经13年耗资人民币1000余万元的新版《孔子世家谱》由文化艺术出版社出版。9月24日，《孔子世家谱》续修告成颁谱大典仪式在曲阜大成殿举行。2011年12月6日，孔子第七十七代孙孔德墉向国际儒学联合会赠送新版《孔子世家谱》精装版一套，共80册。

2012年10月，孔子世家谱续修工作协会更名为孔子世家谱常态化续修工作协会，实施家谱续修常态化，将传统几十年续修一次家谱分解到日常每天做的小事，把修谱工作变成一件纯事务性技术工作。

第二节 《曲阜颜氏家谱》纂修

颜氏所存前代旧谱是以北宋末四十八代颜端之后在五十六代时聚居曲阜及其就近县域颜氏十六户为主体编辑。新修《曲阜颜氏家谱》始于1992年冬，告竣于1997年春，历时四年。颜廷潮续修，共19卷20册，卷首载圣贤画像、嫡裔相承图、十六厘米户图、历代优抚恩例、先贤举略、世居庙宅宗派记、颜氏宗传总论、新定行辈吉字、族规等，及旧谱序言、原修谱凡例、姓源及世系概况。卷一至卷十五详载大宗户等十六户从五十六代至八十余代颜氏人口繁衍实况。卷十六至卷十九，载五十六代之后颜子后裔外迁繁衍实况，其中有山东莱芜、峄城、莘县、东平、兰山、青城、金乡、邹平、德州、泰安、高唐、禹城、历城及安徽六安、亳州，河北正定等支派。其上限一般自元末明初，下限除个别支派外，截至1997年。

第三节 其他家谱续修

在孔氏、颜氏家谱续修带动下，家谱续修成为曲阜市民间一个流行的文化现象。市史志办公室经常接待曲阜市内外的家谱续修者，在给予必要指导的同时，给予提供资料等帮助。曲阜具有5000余年的文明史，也是李、张、季、孔、孟、颜、东野、郈、端木、金、南宫、漆雕、公冶、阮、桑、史、微生、夏侯、郁、宰父、仉、阙等古老姓氏的肇兴之地，因此全国各地到曲阜寻根问祖者络绎不绝。针对这个现象，市作家协会、市民俗学会，或其他文化人士有意识地组织家谱续修工作；也有不少家族自发进行家谱续修。到2013年年底，他们撰修并印发20余部家谱。随着时代的发展和变迁，现代化社会人员流动性越来越大，再加上知情老人愈来愈少，历史实物的不断散失，姓氏族谱断代的现象屡见不鲜，可见续修家谱是一件抢救性的文化工作。

曲阜市民间修谱情况表

表29-5

名称	收录范围	刊印时间	出版方式
曲阜颜氏族谱	山东、安徽、河北等地颜子后裔繁衍情况	1997.3	自刊
荀氏宗谱（荀昭安主编）	书院街道荀家村、林前村，济南市、辽宁省本溪市等地	2001.12	自刊

续表 29-5

名称	收录范围	刊印时间	出版方式
高氏宗谱(荀昭安主编)	书院街道高家村	2005.1	自刊
赵氏宗谱(荀昭安主编)	鲁城街道林前村	2005.12	自刊
冯氏宗谱	时庄街道坊岭村	2006.12	自刊
孔子世家西林户支谱	书院街道西林西村	2008.5	济宁市新闻出版局
张氏族谱	息陬镇东陬村	2008.10	自刊
蒋氏宗谱	息陬镇蒋家夏侯村	2009.7	自刊
王氏宗谱	防山镇东庠厂村	2009.12	自刊
孔子世家谱林西户支谱	书院街道西林西村、甘肃省武威市、江苏省徐州市铜山区等地	2011.08	济宁新闻出版局出版
潘氏族谱	书院街道旧县村、鲁城街道东关社区、南池社区	2011.11	自刊
楚宗屈氏族谱	石门山镇董大城村	2012.7	自刊
朱氏宗谱	陵城镇刘家村	2012	自刊
李氏族谱	姚村镇李家庄村	2013.3	自刊

第七章　文化市场管理

1991年起，曲阜市继续贯彻执行文化市场管理工作法律法规，加强文化市场管理，以规范求繁荣，以创新求发展，健全文化市场体系，完善管理机制，依法查处违法违规行为，规范、净化文化市场。1999年，市文化市场管理办公室受到中央宣传部、中央政法委、全国“扫黄”工作小组、公安部、文化部、国家广播电影电视总局、新闻出版署联合通报表彰。2008年，市文化市场管理办公室被授予全国“扫黄打非”工作先进集体称号。

第一节　组织管理

1990年，市委宣传部抽调文化、工商、公安人员，设立“文化市场管理办公室”临时机构，对曲阜市文化市场进行监管。1995年，设立市文化市场管理办公室，为正科级事业单位。1999年，成立“扫黄打非”工作领导小组，由市委主要领导担任组长，市长、分管副书记、分管副市长担任副组长，各有关部门主要负责人为成员；同年，市文化执法局获中宣部通报表彰。1999年起，曲阜市每年召开全市文化市场管理和“扫黄打非”工作会议，领导小组与各镇街及各市直有关部门签订责任书，将文化市场管理和“扫黄打非”工作纳入负责人年度岗位责任制考核，实行一票否决。2012年，成立市文化市场管理工作领导小组，由市委副书记、宣传部部长担任组长，市政府分管副市长担任副组长，各有关部门主要负责人为成员；实施文化市场管理暨“扫黄打非”工作延伸工程，在各镇街、村居聘任文化市场管理暨“扫黄打非”工作社会监督员。

第二节　经营审批

1991年，市文化局市场科负责文化市场经营审批工作。2009年，市文化广播新闻出版局下设文化影视行政许可科，入住市行政服务大厅。2009—2013年，审批许可互联网上网服务营业场所共79家、歌舞娱乐经营场所21家、印刷企业40家、电影放映经营单位3家、从事出版物零售单位84家、美术品经营单位90家、文艺表演团体5家、打字复印经营单位53家，安装和使用卫星地面接收设施经营单位2家、美术品经营单位备案90家。

2013年曲阜市印刷企业一览表

表29-6

企业名称	地址	主营	厂房（平方米）	销售收入（万元）	总产值（万元）
曲阜师范大学印刷厂	静轩西路	出版物印刷	1850	110	160
曲阜新区华新印务有限公司	小雪街道石家村北		3000	600	720
曲阜新金马纸业有限公司	更道长春路	包装装潢印刷品印刷	33000	6072.1	6800
九仙山印刷包装厂	吴村镇粮船石水库西		1200	240	259.18
曲阜天河彩印包装有限公司	校场路西首		6600	330	340
圣文印刷有限公司	孔林西南角		1300	122.2	145.3
金轮彩印包装有限公司	小雪街道办事处南		6000	1385	1400
加德印务有限公司	市经济开发区		10000	1050	1260
曲阜易忠工贸有限公司	市旅游经济开发区		1500	222.97	234.1
龙港印刷有限公司	裕隆路西首		1700	108	108
荣盛印务有限公司	裕隆路11号		12500	478	608
奎文广告印务有限公司	秉礼北路		630	71.65	65
商务印务有限公司	鲁城商场西		600	124	130
方正包装有限公司	时庄街道黄家村		1200	1018.71	956.98
华卫商业票据印务有限公司	小雪街道开发区		16475	1732	2100
舞雩坛印刷厂	春秋路	其他印刷品印刷	350	65	57
龙虎街印刷厂	龙虎街		300	50	100
德新印刷厂	洙何西街		1500	110	110
曲阜金鼎印刷有限公司	天华路		450	230	270

第三节　宣传教育

曲阜市每年组织开展文化市场管理法制宣传活动，采取领导电视讲话、悬挂过街联、散发明白纸、设立咨询台等多种形式，广泛宣传文化市场管理工作。2001年起，每年开展“4·26”世界知识产权日系列活动，在大同路或孔子会展中心等城区主干街道、繁华区域开展打击侵权盗版保护知识产权宣传周（宣传月）活动；在中小学开展倡议“读好书、多读书”、倡导“文明上网”“拒绝诱惑、远离网吧”等一系列活动；定期举办文化经营业户法律法规培训班，帮助经营业户知法、懂法、守法。2002年，编印《文化市场管理法规文件汇编》，并发放至经营业户。2013年，编印《文化市场政策法规选编》，同时制作“曲阜市文化市场综合执法局特别警示您严格遵守：网吧经营《十个严禁》、歌舞娱乐经营场所《九不准》、音像制品经营《八不准》、书店经营《七不准》、印刷企业五项制度”警示牌，公布监督举报电话。

市文化执法局开展文化经营业户法律法规培训现场

第四节　市场执法

曲阜市文化执法部门针对文化市场在发展中不断出现的问题，及时开展文化市场专项整治。1995年3月至2013年年底，市文化执法部门查办案件800余起，涵盖网吧、娱乐、游艺、印刷复制、图书报刊、广播电视、计算机软件、网络视听等领域。1999—2013年，对文化市场经营业户分别按行业、区域量化到每位执法队员，实行网格化管理。执法队员坚持每日进行巡查，每周至少安排2次中午、晚上执法，双休日、节假日确保4人以上值班并巡查。

出版物市场整治

1991—1994年，重点对盗版图书、录像厅进行监管。1994年12月，由市委宣传部牵头，市文体委会同公安、工商等部门对阙里街文化娱乐、音像制品经营摊点进行整顿。1995—2004年，市文化市场管理办公室加大文化市场管理力度，组织联合行动40余次，查缴政治性非法出版物、封建迷信书刊6500册，查缴淫秽光碟6200盘(盒)。2005年，国家加大对互联网监管，黄色淫秽音像制品有抬头之势，市文化执法部门采取措施，全年收缴淫秽光盘8300余盘。2008年，实施集中清理非法报刊行动，从印刷企业入手，调查非法报刊源头，通过召开非法报刊主办单位座谈会，讲解有关法律法规，促其停办。

孔林原是不法商贩兜售非法出版物重灾区，2002年起，市文化执法部门坚持常年对孔林实行“贴身紧逼式”防守，每天安排2人，并经常会同公安部门和林前居委对孔林摊点进行拉网式清查；同时，不定期组织对夜间文化市场进行清查。2009年，市文化执法局获评山东省“扫黄打非”工作先进集体。

1995年3月至2013年12月，开展出版物市场专项整治38次，查缴非法出版图书及期刊850多种32680余册、报纸11800余份、地图1800余张，清缴盗版、低俗、淫秽音像制品2.85万余盘(盒)，取缔游商摊点1600多个。2012年，市文化执法局获评省“扫黄打非”工作先进集体。

网吧整治

1996年，网吧行业开始在曲阜市出现，市文化执法部门按照有关法律对其进行管理。2002年起，市文化市场管理办公室以国务院《互联网上网服务营业场所管理条例》为抓手，坚持每年开展两次以上网吧专项整治活动，重点遏制网吧接纳未成年人进入。2004年，设置“净网先锋”软件，对全市网吧实施技术监控。2006年，引导网吧加入连锁企业，强化行业自律，规范网吧经营。2013年，结合创建国家卫生城市，推进网吧规范化建设，提升网吧管理水平，改善场所环境。1996—2013年，查处网吧接纳未成年人案件428起，查处网吧不按规定登记、超时经营265起。

市文化执法人员检查印刷企业现场

娱乐场所整治

1991年，市文化局协同市公安、工商等部门，对全市娱乐场所进行管理。2009年4月，文化部公布《第一批游戏游艺机市场准入机型机种指导目录》，市文化市场管理办公室联合公安、工商部门，对全市15家游艺经营场所进行全面检查，对各经营场所不符合文化部要求的电子游戏机机型、机种登记造册，责令立即停止使用并限期撤除。2009—2013年，市文化市场办公室（市文化市场执法管理局）配合公安、工商等部门坚决取缔无证经营娱乐场所，并深入农村、城乡接合部，查处有奖电子游艺厅；对民间演出团体进行严密监控，特别是在每年三月三九仙山庙会、清明、阴历十月一林门会期间，执法人员全天候现场监督一些民间表演团体表演，维护演出市场秩序。

卫星地面设施专项整治

1991年，市广播电视局社会管理科，负责规范广播电视播出秩序，每年组织执法检查20次以上，开展取缔不良广告、擅自设立频率频道、任意更改台标呼号、互联网视及公共视听整治、违法安装销售使用卫星地面接收设施等执法活动。2007年，取缔违法卫星地面接收设施销售点5个，没收违法设施12套，清理收缴违规安装使用卫星设施400余套；开展“自查拆除”活动，广电执法人员教育引导群众自行拆除“小耳朵”500余套。同年12月，省广电行政执法培训暨创建无"小耳朵"县市区现场会议在曲阜市召开，推广曲阜经验做法，曲阜市创建为全省无“小耳朵”市。2010年4月，社会管理职能划归市文广新局，纳入文化市场综合执法范围。市文化执法局每年与社区、村居等基层组织密切配合，对所辖社区、村居进行走访排查，与擅自安装、使用卫星电视广播地面接收设施用户逐一取得联系，解释相关法律、条例，促其自行拆除。联合公安、工商开展联合执法行动，定期对全市家电卖场、集贸市场等重点区域进行检查，收缴非法卫星地面接收设施。2012年10月至2013年12月，查缴“小锅盖”367个，查处损坏广播电视线路案件11起。查处黑电台2个。

第三十编

文化遗产

国家非物质文化遗产——孔庙祭孔大典现场

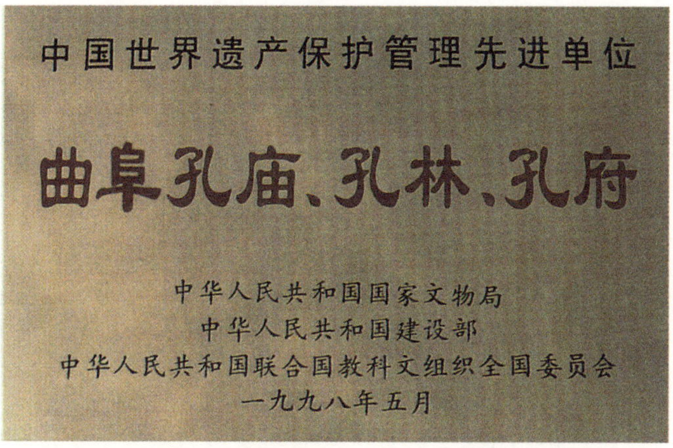

1998年，曲阜三孔景区被授予“中国世界遗产保护管理先进单位”

曲阜是东方文明发祥地之一。古籍有“鲁有大庭氏之库”，黄帝生于曲阜，炎帝、少昊都曲阜等记载。考古工作者先后在曲阜发现30余处新石器时代文化遗址，发掘出大量文物，证明早在四五千年前先民们就在这里聚居、生产、生活，创造了早期的人类文明。商代的南庚至盘庚初期，在此建都近半个世纪；周初设置的鲁国，在此建都800余年，是周王朝在东方的礼乐文化中心。古鲁国建造的城垣，在各诸侯国中沿用时间最长。此后的三千多年间，或为国都，或为郡县治，曲阜城位置基本未变。

曲阜是孔子故里，儒家文化发祥地。自汉代以后，历代王朝不断对孔子加封追谥，增广孔庙，扩大孔林，为其嫡裔营建府第，封官赐爵。历代贤达、名宦也竞相而至，向圣人孔子顶礼膜拜，赋诗礼赞，相关文化古迹不可胜数。

1994年12月，孔庙、孔府、孔林（简称三孔）被联合国教科文组织列入《世界遗产名录》。1997年，孔子故居入选全国百个爱国主义教育基地。1998年，曲阜三孔景区被授予“中国世界遗产保护管理先进单位”。2004年12月，曲阜市获全国文物工作先进县称号。2007年4月，三孔入选中国首批AAAAA级旅游景区。2009年3月，被列为山东省社会科学普及教育基地。2013年3月，被评为中国国际志愿者基地。2013年，曲阜市境内有第三次全国文物普查核定文物点820处，国家和省、地、县各级文物保护单位209处，其中国家重点文物保护单位11处、山东省文物保护单位48处、济宁市文物保护单位9处、曲阜市文物保护单位141处，存世古建筑1300余间、古墓葬10万余座、古树名木2万株、古代碑刻1万余块，馆藏文物10余万件。

第一章　文物保护管理

为做好文物保护管理工作，曲阜从管理体制的变革、管理机构的级别调整到下属中层机构的增减，文物保护管理机构不断得到健全完善。开展文物普查和考古勘探工作，除自主开展的文物普查活动外，按照统一部署，开展全国性文物普查3次，开展考古勘探与发掘工作18次。做好文物保护单位的提档升级，曲阜市在级文物保护单位由1991年109处增加到2013年209处。建设孔府文物档案馆、汉魏碑刻陈列馆和鲁国故城国家考古遗址公园，打造文物陈列与展示的优良平台。加强文物安全防范建设，健全完善人防、物防、技防体系，推进防雷、消防和安防项目建设，对田野文物实行划片分工、网络化巡查管理。立足文物本体保护，开展重大维修工程，颜庙复圣殿落架大修工程、孔府西路维修工程和尼山孔庙古建筑群维修工程分别获得2011年、2012年、2013年全国十大文物保护工程。

第一节　文物管理体制

1991年，市文物管理局为市政府工作部门，设行政办公室、文物管理科、陈列科、消防保卫科、财务科，下辖文物商店、孔林管理所、古建维修队、旅游服务部、孔子故里博物馆、资料研究室、文物保管科、孟母林管理所、行政管理科。同年11月，设立文物局党委。1992年，增设政工科、孔府档案科、古树名木保护科、监察室、寿丘管理所和尼山管理所。

1993年12月，更名为市文物管理委员会，转为正科级事业单位。1994年3月，孔子故里博物馆更名为孔子博物院，为正科级事业单位，与市文物管理委员会一个机构两块牌子。12月，增挂明清服饰研究中心牌子。1998年，设立九龙山文物管理所、计划生育办公室、孔子世家谱研究中心等中层科室。7月，市文物旅游管理委员会成立，为副县级事业单位；12月，市文物旅游管理委员会升格为县级事业单位，同时撤销市文物管理局，保留市文物管理委员会，与市文物旅游管理委员会一个机构两块牌子。1999年12月，文物管理委员会分立为文物管理委员会、文物旅游开发有限公司（增挂市文物旅游服务处牌子），有干部职工147人。原文物管理委员会陈列科（开放管理科）、孔林管理所、寿丘文物管理所、尼山文物管理所、论语碑苑管理处、文物商店、古建筑队划归文物旅游开发有限公司。2000年4月，孔林管理所、寿丘文物管理所、尼山文物管理所由文物管理委员会下属股级事业单位改为内部中层机构，划归文物旅游服务处，同时设立办公室、财务科、行政管理科、保卫科、开放管理科等中层科室。2001年6月，文物管理委员会增设三孔世界遗产监测办公室。7月，增设文物稽查大队。2002年4月，组建市文物管理局，与文物管理委员会机构、职能、人员一体化运作，共同承担全市文物保护研究和开发利用工作，文物稽查大队由文物管理委员会划归文物管理局管理。2004年2月，市文物旅游服务处（市文物旅游开发有限公司）撤销，人员划归文物管理委员会。3月，市文物旅游管理委员会更名为市文化遗产管理委员会，为正处级事业单位，设党政办公室、文物保护部、旅游秩序部、市场经营部，负责全市文物，特别是世界文化遗产的保护和利用，对全市文物旅游景区、景点进行统一管理，负责文物景点的经营和执法检查；负责全市文物保护和旅游发展规划、计划的编制和执行，负责旅游行业管理，旅游市场开发，旅游秩序整顿；负责文物、旅游工作的协调和配合，对石门山管委会、九仙山管委会实行业务指导归口管理。设立孔庙管理处、孔府管理处、孔林管理处等3个副科级内部机构，设立市文物门票管理处，为正科级事业单位，为市财政局派出机构，受市文化遗产管理委员会和市财政局管理。2006年11月，文物管理委员会经费形式由自收自支调整为市财政全额拨款。2007年5月，孔子世家谱研究中心、文物商店由独立事业单位调整为市文物管理委员会内部机构。2009年3月，论语碑苑管理处资产划归曲阜文化旅游发展投资（集团）有限公司。4月，文物管理委员会设立汉魏碑刻陈列馆。2010年1月，文物管理委员会增设鲁国故城管理处，为副科级事业单位。4月，撤销市文物管理局，成立市文物旅游局，有干部职工835人。2012年2月，市古建筑队更名为市古建修缮中心。3月，文物管理委员会设立颜子博物馆和明清床榻博物馆，为股级事业单位。11月，曲阜市改革文物旅游管理体制，撤销市文化遗产管理委员会，市文物旅游局更名为市文物局，挂市旅游局牌子。市文物局单独办公，主要承担文物行政管理职能，不单独设立中层机构，与文物管理委员会中层机构合并设置。市文物局下辖文物管理委员会、文物门票管理处和文物稽查大队3个事业单位，主要承担文物行政管理职能。文物管理委员会下辖孔府管理处、孔庙管理处、孔林管理处、外围文物管理处、鲁国故城国家考古遗址公园管理处和汉魏碑刻陈列馆等6个事业单位，撤销石门山文物管理处、论语碑苑管理处；设办公室（信息中心）、政工科、行政管理科、财务科、资料研究室、文物保护科（世界遗产监测办公室）、安全消防保卫科、古树名木保护科、孔子世家谱研究中心、文物商店、票务室等11个中层机构，有干部职工895人。2013年3月，设立门禁管理室，为文物管理委员会内部中层机构。至2013年年底，市文物局（文物管理委员会）下辖孔府管理处（副科级）、孔庙管理处（副科级）、孔林管理处（副科级）、外围文物管理处（副科级）、鲁国故城国家考古遗址公园管理处（副科级）、孔府文物档案馆（副科级）、三孔世界遗产监测办公室（副科级）、颜子研究院（副科级）、文物稽查大队（股级）、古建修缮中心（股级）、汉魏碑刻陈列馆（股级）等11个事业单位，内设办公室（信息中心）、政工科、行政管理科、财务科、资料研究室、文物保护科、安全消防保卫科、古树名木保护科、孔子世家谱研究中心、文物商店、票务室、门禁管理室，有干部职工919人。

第二节　文物普查

不可移动文物普查

中华人民共和国成立以后，曲阜文物管理部门共进行文物普查7次，分别是1956年、1964年、1973年、1980年、1987年7月至1989年4月，2004年、2007年4月至2011年12月。全国性文物普查共进行过3次。

2004年，市文物管理委员会组织实施文物普查活动，拉网式普查吴村镇、姚村镇全部村庄和所有文物保护单位，发现民间祠堂、功德碑刻、观音庙、古遗址、古民居、古桥、墓葬及民俗文物、现代遗物等。普查于3月2日开始，4月15日结束。

2007年4月，国务院下发《关于开展第三次全国文物普查的通知》，普查项目增加近现代重要史迹及代表性建筑，包括工业厂房遗址、民间老字号、“文化大革命”遗存、历史反动人物遗迹以及农田水利设施等。通过普查，发现一大批有重大文物价值的文物点，如前宣西村遗址、九龙山遗址、陵南遗址等新石器、商周时期的典型遗址，重修曲阜县廨记碑、东终吉石经幢等一批重要碑刻石刻，以及颇有代表性的古民居和近现代大型水利设施等，登录上报文物古迹825处。

可移动文物普查

第一次全国可移动文物普查工作自2013年9月开始实施，市文物管理委员会对境内及馆藏文物进行普查，对全市近800家国有单位进行详细的摸底调查。通过调查，上报国有单位579家，反馈有文物（含疑似文物）的国有单位8家。

第三节　考古勘探与发掘

1991年起，依据《中华人民共和国文物保护法》《山东省文物保护条例》等有关规定，曲阜市配合日东高速、京台高速、京沪高铁、曲阜高铁站、鲁国故城等重大工程项目的文物勘探，同时配合因学术研究而进行的考古勘探与发掘工作，到2013年年底，累计考古勘探面积超过700万平方米，发掘墓葬千余座，遗址数万平方米，出土文物数万件。

1991年11—12月，对鲁国故城内市无线电厂扩建工地进行考古发掘，发掘面积200平方米，发现战国时期陶窑3座、陶井2座，汉代陶窑1座、墓葬1座，出土各类文物100余件，发现一批陶器铭文。

1992年2月24日，在引泗调水工程工地发现“新富里刻石”，出土地点位于曲阜城北，原汉代城墙附近。长方形，砂石质，发现时断成两块，长114厘米，宽39厘米，厚18.5厘米。正面阴刻隶书“建武廿二年十月作渎新富里”12字，镌刻在粗作平整的石面上，从其刻字来看，作者应是修渠工匠，展示了汉代民间书法的面貌。

1996年9月，对鲁国故城南东门外体育场工地进行抢救性发掘，共清理20余座周至汉代墓葬，出土陶器、青铜器一批。10月，市文物管理委员会在北关发掘4座春秋晚期墓葬，出土陶器、青铜器一批。

1997年3月，在“万古长春”坊西侧，抢救性清理一座春秋时期大型墓葬，出土一批珍贵小玉器（包括龙形玉璜等）、成组28件石磬、大石蛙和包金铜贝等等，其中货币包括金铜贝348枚，外碎片约100枚。7月，抢救性发掘小雪镇武家村4座西汉石椁墓，出土陶器、铁剑、石鼻塞等器物。

2000年4—6月，对息陬镇柴家峪墓地进行考古发掘，探明墓葬240余座，发掘200余座，为大型汉代家族墓地。墓葬多为长方形竖穴土圹墓，有的有生土台，墓侧或一端多挖有壁龛，葬具有单棺、木椁木棺、石椁木棺之分，棺椁内外多漆有黑红漆，有的漆上绘有白、黑彩花纹，图案美观、色泽艳丽。葬式多为仰身直肢葬，有的身上压有铜钱，侧旁放置铁刀、剑等，腰部置有铜带钩，口鼻内有石琀（hán）、塞，头下有木枕、布枕等。随葬陶器有鼎、罐、壶、盒、盘、匜、勺、熏炉等，多置于龛内或椁外。9月，对小雪街道南雪村小花山墓地进行抢救性发掘，共清理汉代墓葬96座。墓葬以单室石椁墓为主，双室墓次之，在曲阜地区首次发现并穴三室墓，另有空心砖墓一座、砖室墓一座。出土随葬品200余件，主要有陶器、玉器、铜器、铁器、漆器等，出土一批珍贵的汉画像石。

2001年7月，对鲁故城东墙“大豁”处（因327国道穿过鲁故城东墙，有一缺口，俗称“大豁”）进行考古解剖工作。在道路两侧分别解剖一段长5米、宽30余米的墙体，最高处距地面近10米，清理夯土近300立方，历时40余天。通过发掘，文物部门对这段鲁故城城墙的起始年代、砌筑样式及方法有了清晰认识：城墙共分五个时期筑建，其中包括加固、修补和加高，均为窝夯夯实，层层筑垒，内置横木以加强凝聚。

2003年4月，清理明故城东北角城墙下出土的汉代铜钱窖藏，对流散铜钱进行追缴。7—8月，对京沪高速铁路曲阜段进行沿线考古调查勘探工作，发现河夹店窑址等6处文物遗址，并对沿线确定的8处取土场进行考古调查。9月，对防山墓群7号墓进行抢救性发掘，出土各类随葬品10余件。

2004年2月，清理单家村一座汉墓，出土6件釉陶（2瓶4罐），时代为东汉。在东关大街中段一建设工地发现一处王莽时期钱币窖藏，钱币总数量约有45千克，计3.8万余枚。3月，在北关一座战国墓葬中，发现海贝800余枚，青铜管、青铜珠等饰品1000多件。8月，在北关发掘5座春秋早中期墓葬，出土玉器、水晶器、绿松石饰件、玛瑙饰件、金箔、青铜器、陶器等大批精美文物。9—10月，对兖州北环线增二线铁路工程曲阜段线路和取土场进行文物调查、勘探和清理发掘工作。

2007年3月，于孔子墓东墙外约10米处发现明代“子贡手植楷”碑刻一块。6月，万古长春路改造工程中发现春秋时期墓葬一座，出土青铜簋、鼎各一。发现殉马坑两处，均殉马4匹，骨架保存完好。11月，在孔林西北部距林墙约5米处发现一座古墓葬，出土随葬品铁鼎1件，白瓷罐、红陶罐、灰陶罐各1件。

2008年1月，修复孔林孔氏中兴祖墓葬时，发现墓志碑一通，高64厘米、宽65厘米、厚13.5厘米。3月，对京沪高铁曲阜段全线进行复查，新发现前瓦窑头遗址1处。8月，抢救性发掘万柳庄墓群，发掘墓葬20余座，墓葬形制有石椁墓、石洞墓等。12月，在北关发掘一座战国晚期墓葬。

2009年6月，在延恩西路发现并清理一座古代墓葬，出土器物10余件，其中青铜器5件，分别为双耳鼎、三足双耳盘、匜、舟、簋；陶器10余件，可辨识的有簋6、豆1、鬲2，年代为春秋早期。

2010年8月，高铁延伸线息陬段建设工地出土一明代古碑，宽约50厘米，高约75厘米，碑文记载此碑主人为明朱元璋第六代孙，四岁夭折。10月，派考古人员进驻息陬镇四张曲村西被盗古墓进行抢救性发掘。

2011年6—8月，对防山墓群3号墓进行抢救性发掘，出土成套编钟25件、玉人9个及其他殉葬品，共300余件。

2011年10月起，对鲁国故城城墙、城壕、周公庙建筑基址、南东门等进行全面勘探及部分发掘。周公庙建筑群遗址考古发掘项目完成勘探面积22万平方米，发掘2730.9平方米。南东门遗址完成发掘面积3000平方米。在周公庙高地一带发现鲁国故城内城，南北270米，东西410米，有城墙、护城河及城门、道路等。

2012年6月，对孔府西苑进行考古发掘，发掘面积400平方米，发现周代夯筑台基、周代窖穴、汉代砖砌水井等遗迹。对曲阜奥体中心进行考古发掘，发掘汉至宋代墓葬400余座。

2013年3—10月，对绿城社区及旧县社区工地进行考古勘探及发掘。于绿城社区发现唐代窑址1座，并发现岳石文化遗存；于旧县社区发现汉代窑址9处。上述10处窑址均完整取回，存放于鲁国故城遗址公园内。8月，对古泮池片区进行考古勘探，共挖探坑12个，勘探面积13.67公顷。通过采用“小探坑探查法”，基本探明古泮池四周边缘、开口层位及其堆积状况、大体年代等。古泮池平面形状大体呈长方形，东西长约205米，南北宽约87米，总面积约17835平方米。

2007年，曲阜明故城（三孔）旅游区被授予国家AAAAA级旅游景区

第四节　文物保护单位

1991年，曲阜市境内共有各级文物保护单位109处，其中全国重点文物保护单位3处、山东省文物保护单位11处、济宁市文物保护单位10处、曲阜市文物保护单位85处。1992年6月，洙泗书院、梁公林被公布为第二批山东省文物保护单位。2001年3月，坡里遗址等4处古迹被公布为第三批济宁市文物保护单位。6月，颜庙、汉鲁王墓被公布为第五批全国重点文物保护单位。2006年5月，尼山孔庙（书院、孔庙）被公布为第六批全国重点文物保护单位。12月，少昊陵遗址等11处古迹被公布为第三批山东省文物保护单位。2010年2月，四府故址等73处古迹被公布为第二批曲阜市文物保护单位。2012年11月，姚村火车站等35处古迹被公布为第四批济宁市文物保护单位。2013年3月，景灵宫碑等5处文物古迹被公布为第七批全国重点文物保护单位。10月，曲阜师范学院旧址等31处古迹被公布为第四批山东省文物保护单位。到2013年底，曲阜市境内有各级文物保护单位209处，其中国家重点文物保护单位11处、山东省文物保护单位48处、济宁市文物保护单位9处、曲阜市文物保护单位141处。

全国重点文物保护单位名单

表30-1

序号	名称	年代	位置	公布时间	批次
1	曲阜鲁国故城	周至汉	鲁城街道、书院街道	1961年	一
2	曲阜孔庙及孔府	金至清	鲁城街道	1961年	一
3	孔林	东周	鲁城街道	1961年	一
4	颜庙	元至清	鲁城街道	2001年	五
5	汉鲁王墓	西汉	小雪街道九龙山	2001年	五
6	尼山孔庙及书院	明至清	尼山镇夫子洞村	2006年	六
7	防山墓群	周、汉	防山镇防山西麓	2013年	七
8	周公庙	明至清	鲁城街道	2013年	七
9	孟母林墓群	东周至清	小雪街道凫村	2013年	七
10	西夏侯遗址	新石器、商	息陬镇西夏侯村	2013年	七
11	景灵宫碑	宋	书院街道旧县二街村	2013年	七

山东省文物保护单位名单

表30-2

序号	名称	年代	位置	公布时间	批次
1	韦家墓群	周、汉	石门山镇	1977年	一
2	朱总司令召开军事会议会址	1950年	孔林享殿内	1977年	一
3	少昊陵	宋至清	书院街道旧县一街	1977年	一
4	安丘王墓群	明	吴村镇	1977年	一
5	姜村古墓	汉	小雪街道	1977年	一

续表 30-2

序号	名称	年代	位置	公布时间	批次
6	梁公林墓群	周、汉	防山镇	1992 年	二
7	洙泗书院	明、清	书院街道书院村	1992 年	二
8	石门寺建筑群	清	石门山镇石门山	2006 年	三
9	东颜林	春秋至清	防山镇程庄村	2006 年	三
10	曲阜明故城城楼	明至清	明故城内	2006 年	三
11	曲师礼堂及教学楼(含考棚)	民国	曲阜师范学校内	2006 年	三
12	四基山观音庙	明至清	尼山镇大烟庄村南四基山	2006 年	三
13	仙源县故城	宋至明	书院街道旧县村	2006 年	三
14	少昊陵遗址	新石器	书院街道旧县一街	2006 年	三
15	九仙山建筑群	明至清	吴村镇簸箕掌村九仙山	2006 年	三
16	林放墓(含问礼故址)	春秋	小雪街道林家村西北	2006 年	三
17	九龙山摩崖造像石刻	唐	小雪街道	2006 年	三
18	董大城古城址	东周至宋	石门山镇	2013 年	四
19	陵南遗址	周	陵城镇	2013 年	四
20	杨辛庄遗址	周、汉	息陬镇	2013 年	四
21	宣村遗址	新石器至汉	小雪街道	2013 年	四
22	前瓦遗址	夏商	书院街道	2013 年	四
23	马家遗址	商、周	时庄街道	2013 年	四
24	景灵宫遗址	宋	书院街道旧县一街东	2013 年	四
25	白村遗址	新石器时代、商、周	尼山镇	2013 年	四
26	宋家窑址	隋、唐	防山镇	2013 年	四
27	万柳庄遗址	新石器	防山镇	2013 年	四
28	小南庄遗址	新石器	陵城镇	2013 年	四
29	息陬窑址	宋	息陬镇	2013 年	四
30	东野林	五代至清	书院街道	2013 年	四
31	孔继涑墓群	清	时庄街道	2013 年	四
32	武文昌墓	明	小雪街道	2013 年	四
33	北阁山玉皇阁	清	息陬镇大峪村	2013 年	四
34	凫村古村落	清	小雪街道凫村	2013 年	四
35	慎修堂	清	鲁城街道龙虎社区	2013 年	四
36	保安古桥	清	姚村镇保安村	2013 年	四
37	迎坤桥	清	尼山镇桑村	2013 年	四

续表 30-2

序号	名称	年代	位置	公布时间	批次
38	南夏宋古井	明	息陬镇南夏宋村	2013 年	四
39	姓氏源流序碑	明	书院街道旧县二街村	2013 年	四
40	大峪西渡槽	20 世纪 60 年代	息陬镇北大峪村	2013 年	四
41	小雪影剧院	20 世纪 70 年代	小雪街道	2013 年	四
42	尼山水库水利设施	1958 年	尼山镇刘家楼村	2013 年	四
43	梁公林提水站	1975 年	防山镇梁公林村	2013 年	四
44	曲阜师范学院旧址	1955 年	鲁城街道静轩西路 57 号	2013 年	四
45	红旗闸	1970 年	王庄镇北陶洛村	2013 年	四
46	孔家村泗河桥	1924 年	姚村镇孔家村	2013 年	四
47	姚村火车站	清	姚村镇姚村	2013 年	四
48	南雪遗址	新石器	小雪街道南雪村南	2013 年	四

济宁市文物保护单位名单

表30-3

序号	名称	年代	位置	公布时间	批次
1	果庄遗址	新石器	陵城镇	1985 年	一
2	明故城	明	鲁城街道	2001 年	三
3	坡里遗址	新石器	石门山镇坡里村	2001 年	三
4	崔家屯鲁公桥	明	吴村镇崔家屯村	2012 年	四
5	“五四”青年洞	中华人民共和国	尼山镇黄土村	2012 年	四
6	曲阜革命烈士陵园	中华人民共和国	吴村镇簸其掌村	2012 年	四
7	明德中学旧址	1925 年	鲁城街道通相圃社区	2012 年	四
8	九龙山遗址	新石器	小雪街道南雪村	2012 年	四
9	章枣遗址	新石器	陵城镇章枣村	2012 年	四

曲阜市文物保护单位名单

表30-4

序号	名称	年代	位置	公布时间	批次
1	西庄石佛像	宋	石门山镇	1986 年	一
2	东大岭化石遗址	旧石器	石门山镇	1986 年	一
3	河夹店窑址	隋至宋	石门山镇	1986 年	一
4	夏庄遗址	新石器	石门山镇	1986 年	一
5	屈家村窑址	宋	石门山镇	1986 年	一

续表 30-4

序号	名称	年代	位置	公布时间	批次
6	屈家林遗址	周	石门山镇	1986 年	一
7	屈家林桧树	明	石门山镇屈家村东南屈家林	1986 年	一
8	韦家祠堂	明至清	石门山镇韦家庄村	1986 年	一
9	韦家庄遗址	新石器	石门山镇	1986 年	一
10	公孙丑墓	周	陵城镇	1986 年	一
11	东郭遗址	商至周	陵城镇	1986 年	一
12	西郭遗址	周至汉	陵城镇	1986 年	一
13	苑庄遗址	新石器	陵城镇	1986 年	一
14	北十府	清	鲁城街道北门大街路西	1986 年	一
15	十二府故址	清	鲁城街道东门大街路北	1986 年	一
16	古泮池(附文昌祠)	周	鲁城街道明故城东南角	1986 年	一
17	有若墓	周	鲁城街道	1986 年	一
18	五泉庄古墓	汉	鲁城街道	1986 年	一
19	修治洙河碑(附泉池)	明嘉靖五年	鲁城街道	1986 年	一
20	西颜林古墓群	六朝至清	鲁城街道	1986 年	一
21	颜翰博府	明至清	鲁城街道颜庙街路北	1986 年	一
22	重修全真观碑刻	元	尼山镇	1986 年	一
23	㠑山石经幢	元	尼山镇	1986 年	一
24	东魏庄遗址	新石器	尼山镇	1986 年	一
25	夫子洞遗址	商至汉	尼山镇夫子洞村	1986 年	一
26	尼山水库遗址	新石器	尼山镇黄土村西南	1986 年	一
27	南辛石桥	清	尼山镇南辛村	1986 年	一
28	彭庄玉皇庙	明至清	尼山镇彭庄村东	1986 年	一
29	张氏祖茔碑	元	尼山镇	1986 年	一
30	八里庙遗址	新石器	时庄街道	1986 年	一
31	古柳村遗址	周至汉	时庄街道	1986 年	一
32	孔村窑厂遗址	商至汉	时庄街道	1986 年	一
33	霍家村遗址	新石器	时庄街道	1986 年	一
34	刘家村遗址	新石器	时庄街道	1986 年	一
35	宫氏祖茔碑	元	书院街道	1986 年	一
36	瓦窑头遗址	新石器	书院街道	1986 年	一
37	西林西遗址	新石器	书院街道	1986 年	一
38	张温林墓群	五代至清	书院街道	1986 年	一

续表 30-4

序号	名称	年代	位置	公布时间	批次
39	陈庄遗址	周	王庄镇	1986 年	一
40	横沟泉化石遗址	旧石器	王庄镇	1986 年	一
41	王庄西岭遗址	新石器	王庄镇	1986 年	一
42	地道遗址	宋	吴村镇前寨村	1986 年	一
43	凤凰城址	宋	吴村镇	1986 年	一
44	春秋书院旧址	清	息陬镇北息陬村	1986 年	一
45	齐家林遗址	新石器	息陬镇店子村北	1986 年	一
46	店北头遗址	新石器	小雪街道店北头村北	1986 年	一
47	凫村遗址	新石器	小雪街道凫村西	1986 年	一
48	南兴埠遗址	新石器	小雪街道南兴埠村东	1986 年	一
49	彭家村遗址	周至汉	小雪街道彭家村北	1986 年	一
50	巨野王墓群	明	小雪街道武家村北	1986 年	一
51	孙家林遗址	新石器	小雪街道西雪村西北	1986 年	一
52	纸坊户祠堂	清	姚村镇红新庄村南	1986 年	一
53	西孔村遗址	周至汉	姚村镇西孔村东南	1986 年	一
54	大庙窑址	隋至唐	石门山镇大庙村东南	2010 年	二
55	凤阳慈母碑	民国 29 年	石门山镇丁家庄村	2010 年	二
56	丁家庄革命委员会旧址	中华人民共和国	石门山镇丁家庄村	2010 年	二
57	河夹店城址	汉	石门山镇河夹店村南 200 米	2010 年	二
58	后夏庄娃娃庙	民国 30 年	石门山镇后夏庄村三牛山西侧	2010 年	二
59	中共曲阜市第一个农村党支部诞生地旧址	民国	石门山镇黄沟村大牛山山下	2010 年	二
60	林程店孔氏祠堂	清	石门山镇林程店村	2010 年	二
61	黄土崖古禅台	不详	石门山镇石门山前黄山山阴	2010 年	二
62	石泉庄玉皇庙	清	石门山镇石泉庄村委院内	2010 年	二
63	董庄中村东风三级提水站	1968 年	石门山镇中村东	2010 年	二
64	马庄窑址	宋、元	防山镇马庄村东	2010 年	二
65	胜天渠一级提水站	1968 年 8 月	防山镇南陶洛东村东北部	2010 年	二
66	尚家园墓群	汉	防山镇尚家园村北	2010 年	二
67	尚家园窑址	隋至宋	防山镇尚家园村东南	2010 年	二
68	尚家庄遗址	周、汉	防山镇尚家庄村南	2010 年	二
69	四清池	1965 年	防山镇双山口村	2010 年	二
70	无粮庄遗址	周	防山镇无粮庄村东	2010 年	二
71	品重乡邦碑	民国 31 年	陵城镇陵北村	2010 年	二

续表 30-4

序号	名称	年代	位置	公布时间	批次
72	南刘家村遗址	新石器、周	陵城镇南刘家村北	2010 年	二
73	池涯吴氏民居	清	鲁城街道池涯居委五马祠街中段	2010 年	二
74	南关三官庙	清代	鲁城街道南关居委沂河路东	2010 年	二
75	黄连山寨址	清	尼山镇大王庄村南黄连山	2010 年	二
76	大王庄遗址	新石器、周、汉	尼山镇大王庄村东	2010 年	二
77	东鲁源刘氏民居	清	尼山镇东鲁源村	2010 年	二
78	甘辛庄古墓	明	尼山镇甘辛庄村东北	2010 年	二
79	西魏庄古墓	明	尼山镇西魏庄西北王附山	2010 年	二
80	西大峪古墓	明	尼山镇西余村西北柴山前	2010 年	二
81	孔道第一学校旧址	民国	时庄街道大柳村	2010 年	二
82	后孔遗址	周至汉	时庄街道后孔村西南	2010 年	二
83	小孔家村遗址	汉	时庄街道小孔家村东	2010 年	二
84	北张阳天齐庙	清	书院街道北张阳村	2010 年	二
85	毕家村告示碑	清光绪二十六年	书院街道毕家村东北	2010 年	二
86	东野村遗址	汉、宋	书院街道东野村北	2010 年	二
87	方家村遗址	春秋、战国	书院街道方家村东南	2010 年	二
88	宫家村遗址	商、周、汉	书院街道宫家村西北	2010 年	二
89	韩家铺华佗庙	清	书院街道韩家铺村委院内	2010 年	二
90	汉下汉墓群	汉	书院街道汉下村西北	2010 年	二
91	汉下重修颜氏家祠谱序	民国	书院街道汉下村小学院南	2010 年	二
92	西林西义井	清嘉庆十七年	书院街道西林西村	2010 年	二
93	西泗滨遗址	周、汉	书院街道西泗滨村西	2010 年	二
94	夏家村友谊楼	中华人民共和国	书院街道夏家村村委院内	2010 年	二
95	徐家村遗址	东周	书院街道徐家村北	2010 年	二
96	张家村遗址	新石器、周、汉	书院街道张家村西	2010 年	二
97	陈庄供销社	中华人民共和国	王庄镇陈庄村	2010 年	二
98	褚魏村遗址	周、汉	王庄镇褚魏村北	2010 年	二
99	车站村圣帝殿	民国	吴村镇车站村东北	2010 年	二
100	吴村火车站	1908—1912 年	吴村镇车站村南	2010 年	二
101	急公好义碑	清	吴村镇蒋家寨村委西	2010 年	二
102	前黄堂遗址	周、汉	吴村镇前黄堂村北	2010 年	二
103	峪西孔氏家祠	清	吴村镇峪口西村	2010 年	二
104	东终吉南遗址	汉	息陬镇东终吉村东南	2010 年	二

续表 30-4

序号	名称	年代	位置	公布时间	批次
105	侯家山墓群	汉	息陬镇冷家庄村西	2010 年	二
106	管勾山采石场遗址	明	息陬镇西夏侯村管勾山	2010 年	二
107	管勾山山神庙	清	息陬镇西夏侯村西管勾山	2010 年	二
108	镇静楼	民国 22 年	息陬镇夏宋南村委东	2010 年	二
109	中元疃赵氏支派碑	民国 25 年	息陬镇中元疃村西	2010 年	二
110	中元疃遗址	周、汉	息陬镇中元疃西南部	2010 年	二
111	彭家村陈氏故宅	民国	小雪街道彭家村小学内	2010 年	二
112	前西庄遗址	新石器时代	小雪街道前西庄村北	2010 年	二
113	北雪遗址	汉、宋	小雪街道小雪北村东北	2010 年	二
114	北雪主席台	中华人民共和国	小雪街道小雪北村	2010 年	二
115	小花山汉墓群	汉	小雪街道小雪南村东	2010 年	二
116	陈家寨拦河坝	20 世纪 70 年代	姚村镇陈家寨村东	2010 年	二
117	春亭遗址	唐至宋	姚村镇春亭村西北	2010 年	二
118	岗子遗址	周至汉	姚村镇岗子村南	2010 年	二
119	纪家村遗址	周	姚村镇纪村北	2010 年	二
120	兴隆桥遗址	周	姚村镇兴隆桥村西南	2010 年	二
121	于家村遗址	汉	姚村镇于家村西	2010 年	二
122	张家村遗址	周	姚村镇张家村东	2010 年	二
123	郑家庄遗址	周	姚村镇郑家庄北	2010 年	二
124	周家村遗址	周	姚村镇周家村北	2010 年	二
125	河口古桥碑刻	民国	姚村镇河口村村委西南	2010 年	二
126	四府故址	清	鲁城街道五马祠街	2010 年	二
127	大元善士毕君碑	元	书院街道毕家村	1986 年	一
128	楠柏萝树	明	时庄街道西辛庄内	1986 年	一
129	杜家林石兽	元	息陬镇杜家村	1986 年	一
130	夏宋石人	宋	息陬镇夏宋村	1986 年	一
131	大峪石人	宋	息陬镇大峪村南	1986 年	一
132	孔广森墓群	清	时庄街道犁铧店村南	1986 年	一
133	宰予墓	周	鲁城街道古城村南	1986 年	一
134	河套窑址	三国至宋	防山镇东河套村东	1986 年	一
135	果庄观音庙碑	元	陵城镇大果庄村	1986 年	一
136	红庙观音庙碑	元	陵城镇红庙村	1986 年	一
137	马庄遗址	新石器	防山镇马庄村	1986 年	一

续表 30-4

序号	名称	年代	位置	公布时间	批次
138	孔广森故居	清	鲁城街道东门大街	1986 年	一
139	西五府故址	清	鲁城街道实验小学内	1986 年	一
140	曲阜县衙	明至清	鲁城街道西门大街	1986 年	一
141	柴家峪古墓	汉	息陬镇柴家峪村南	1986 年	一

第五节　文物保护规划编制

曲阜市文物局与国内科研院所合作，启动实施文物保护规划编制报批工作，规划文物保护单位保护修缮、开放管理、遗产监测、周边环境控制性措施、组织机构设置以及曲阜未来城市发展、基础设施建设、环境控制等，为国家重点文物保护单位保护管理提出总体目标和具体措施。

鲁国故城总体保护规划

2008年8月，市文物局组织编制《曲阜鲁国故城总体保护规划》，明确规划原则、基本对策、保护区域划定、专项规划编制、分期规划和投资估算编制等内容。2011年5月，国家文物局批复原则同意该规划。2013年7月，省政府办公厅发布《关于实施鲁国故城等遗址保护规划的通知》，公布实施。

鲁国故城考古遗址公园规划

2011年6月，市文物局组织编制《鲁国故城考古遗址公园规划》，对遗址情况和资源条件进行分析，规划遗址保护、展示、管理等内容。2012年3月，国家文物局委托中国文物信息咨询中心专家组成评审委员会，对规划进行评审并原则同意。该规划是基于《曲阜鲁国故城总体保护规划》中所确定的考古遗址公园的专项规划，是鲁国故城国家考古遗址公园建设的基础性、指导性文本。

三孔保护规划

2011年8月，市文物局委托北京建工建筑设计研究院对三孔文物价值、现状、风险等级、管理利用等内容进行专项评估，于2012年11月编制完成《曲阜孔庙孔林孔府保护规划》。

颜庙保护规划

市文物局委托北京建工建筑设计研究院对颜庙进行专项评估，于2011年8月编制完成《全国重点文物保护单位曲阜颜庙保护规划》。2013年1月，国家文物局同意该规划编制立项。

尼山孔庙及书院保护规划

2010年7月，市文物局委托北京建工建筑设计研究院对尼山孔庙及书院进行专项评估，编制完成《全国重点文物保护单位尼山孔庙及书院保护规划》。2013年3月，国家文物局批复同意该规划编制立项。

汉鲁王墓（曲阜）保护规划

2012年，市文物局委托北京建工设计研究院着手编制《汉鲁王墓（曲阜）保护规划》。2012年12月，国家文物局批复。

第六节　文物鉴定、整理及修复

1993年，国家文物局组织朱家溍、李学勤、郚立业等文物鉴定专家到曲阜市鉴定馆藏文物。1998年，市文物管理委员会邀请国家文物鉴定委员会委员朱家溍、郚立业等专家到孔府文物档案馆鉴定馆藏明清服饰及杂项等文物。

2011年7月7日，市文物管理委员会获可移动文物修复二级资质，业务范围涉及玉器、石器、陶器、瓷器、铜器、铁器、石刻砖瓦、书法绘画、家具类文物修复。2013年7月，市文物局成立文物修复中心，建立文物修复室，加强人员队伍建设，多次派专业技术人员参加国家级培训，并与各地博物馆开展业务合作和技术交流。

1991—2013年曲阜市文物保护经费一览表

表30-5

年份	经费金额(万元)	年份	经费金额(万元)
1991	118.33	2003	73.54
1992	175.72	2004	276.57
1993	306.93	2005	177.75
1994	175.62	2006	352.69
1995	451.55	2007	706.84
1996	425.09	2008	1109.79
1997	912.36	2009	1301.94
1998	980.16	2010	2055.77
1999	441.63	2011	1682.51
2000	190.11	2012	2353.02
2001	110.07	2013	9750.56
2002	104.05		

第七节　文物陈列与展示

孔府文物档案馆

孔府文物档案馆始建于1991年，坐落在孔府东路，总面积3960平方米，内设文物库房、文物修复中心、监控室及办公室等。库房内全部安装自动灭火、自动报警、中央空调、恒温恒湿等设备。孔府文物档案馆馆藏文物主要是孔府旧藏和考古发掘出土、社会捐赠及拍卖会所得文物，分陶瓷器、铜器、珐琅器、金属器、玉石器、织绣品、字画、书籍、档案、竹木牙雕、文房用具、印章、钱币、漆木器等35类。2013年，孔府文物档案馆拥有文物10余万件，其中在级文物6700余件。

汉魏碑刻陈列馆

汉魏碑刻陈列馆是为保护曲阜碑刻珍品而设立的管理机构，位于原孔府西仓。西仓为孔府储存细粮的仓库，1998年按照原建筑形式复建。建成后将原存和散落于孔庙、孔林的汉魏碑刻以及部分重点碑刻移入馆内进行集中保存和陈列，隶属孔府统一管理。2009年4月，汉魏碑刻陈列馆隶属市文物管理委员会管理，主要负责陈列馆内汉魏碑刻的保护、展览、宣传和管理工作，并面向社会免费开放。2011年10月，汉魏碑刻陈列馆被中共中央宣传部、财政部、文化部和国家文物局联合公布为中央第三批免费开放的博物馆。2013年，馆存碑刻131块，石雕6尊，历西汉、东汉、曹魏、北魏、东魏、北齐、隋、唐、宋、金、元、明、清至民国，贯穿整个中国碑刻史，其中有西汉碑刻7块，东汉碑17块，魏碑4块，汉碑数量居全国之首。其中，乙瑛碑、礼器碑、孔宙碑、史晨碑是汉代隶书的代表碑，张猛龙碑则代表魏体书法艺术的最高水平。

鲁国故城国家考古遗址公园

鲁国故城面积约10.45平方千米，城墙周长约1.1万余米，城内有曲阜明故城和10余处村居，约有居民8万人。2010年10月，被国家文物局公布为“国家考古遗址公园”，是《国家文物博物馆事业发展“十二五”规划》“六片四线一圈”中“曲阜片区”的核心和关键点。

曲阜市委、市政府将该项目列为文化建设“突破曲阜”战略的关键项目和2012年、2013年曲阜市“2711”重点工程。2012年5月，项目启动建设。11月4日，设立鲁国故城国家考古遗址公园管理处，隶属市文物管理委员会管理。2013年12月，公布为第二批国家考古遗址公园。至2013年年底，完成项目建设区域

鲁国故城东北角城墙遗址保护展示工程一角(摄于2013年)

迁坟3138座,临时租地55.67公顷;完成考古遗址公园规划、总体保护规划、东南角城墙遗址方案、东北角城墙遗址方案、周公庙环境整治方案、望父台墓葬区保护展示方案、周公庙建筑群保护展示方案(一期)和北城墙中段遗址保护展示方案,上述项目经国家文物局批复通过;完成东北角城墙本体工程、洙水河清淤整治工程、东北角和东南角城墙参观道路工程、洙水河桥工程、东北角区域参观绿化工程、周公庙建筑群基址保护展示工程和东北角附属设施及游园路工程等7个施工设计,并通过省文物局评审。完成考古勘探面积120万平方米,考古发掘4600平方米;编制完成2012年考古勘探和发掘报告。

第八节　文物安全

文物人防建设

1991年,消防保卫科设有消防总控室、消防管网加压泵房和孔庙、孔府消防安全巡逻等6个工作组,实行24小时值班巡逻、下班清场及岗位日查、科室周查、单位月查等举措。坚持每年召开文物安全专题会议,层层签订文物安全、安全用电等年度目标责任书,明确目标任务,细化分解到具体岗位和个人。定期选派人员参加省、市消防安全专题培训,实行消防保卫、水电管理、古建维修等所有工种人员持证上岗。每月组织文物安全大检查和安全隐患专项排查;联合市安监、消防、气象等部门,定期开展全市文物景区专项检查和古建筑防雷设施维护检测;开展百日安全集中行动、文物安全专项整治行动等。坚持每年修订完善《文物突发事件应急预案》,制定实施三孔景区安全预警方案、门禁安检管理应急预案、清明节农历十月一及冬春防火、汛期安全和各节假日工作方案。利用春节、清明节、“5·18”博物馆日、文化遗产日、中国旅游日、文物保护法颁布纪念日等各种时机,采取在景区、到社区、进校园、镇(街道)集市宣传文物法律法规;利用国家法定节日和特殊人群庆祝日,面向市民、学生和广大游客开展优惠参观曲阜文物景区活动。

2007年起,实行市文物局领导夜间带班值班、机关工作人员中午下午小值班和安全自查月报制度。2008年1月起,实行单月9日安全警示教育活动。2012年起,对外围文物实行24小时巡查。

物防建设

1991年,全市文物景区统一配置消防器材,每月3次对景区消防设施进行检查维护,定期检测、保养或更换消防、报警、监控设施设备,确保消防系统处于良好使用状态。2013年,组织编制颜庙、周公庙、孟母林、九龙山等14个外围文物保护区监控系统设计方案,在颜庙、九龙山、安丘王墓、汉鲁王墓、霸王坟等文物点安装防护栏1200多米。到2013年年底,全市文物保护单位共配有灭火器700具、风力灭火机21

2010年6月12日,市文物局开展文物知识和法律法规宣传活动现场

启用电子门禁系统（摄于2013年）

具、消防手抬泵10台，建设消防蓄水池26个，总蓄水量2200立方米，建有消防加压泵站1座，安装调频变压自动供水控制系统，总扬程150米。

技防建设

1991年，配合三孔文物景区开放管理和古建筑维修保护，开展技防设施监测更新工作。2007年，市文物局实施三孔及外围景区安全防范系统工程，建设中央安全管理系统、防火报警联动设备、防盗报警联动系统、电视监控系统、周界防范系统等。2010年，实施孔庙、孔府安全防范系统改造。在孔府、孔庙景区安装视频监控图像采集设备，安装防火监控系统，在围墙周边安装入侵报警系统，在各出入口安装自动人数统计系统和防爆安检系统。2010年11月，通过政府招标采购，与深圳市惠友安电子技术有限公司签订合同，在三孔景区和孟母林、周公庙等12个外围景区安装电子巡更管理系统，共采用巡更系统31套，安装巡更点100多个。2013年起，实施景区数字化门禁和安全监控系统，基本实现全天候、全覆盖。

田野文物保护管理

1991年至2012年11月，文物稽查大队负责田野文物的保护管理。2012年11月，市文物管理委员会成立外围文物管理处，下辖17个文物管理所，负责田野文物的保护管理。市文物管理委员会出台《关于文物点划片分工管理的意见》，明确17个文物管理所职责范围和监管区域，把文物安全巡查保卫工作任务具体落实到每个文物点、每个岗位和工作人员，实现网格化管理；根据文物点级别、类别和风险等级，制定巡查密度和巡查路线，横向到边，纵向到底。与全体田野文物保护管理人员签订《文物安全目标责任书》。严格执行夜间文物管理所所长带班制度、文物安全月报制度、考勤制度、巡查制度、值班制度等一系列制度，制定《田野文物巡查管理办法》《外围文物管理处通信工具使用管理规定》等。与12个镇（街道）、9个行政序列局、12个权属单位签订《文物安全责任书》，督促12个镇（街道）与文物点所在村签订责任书。对田野文物进行长期周密的巡查和保护，重点加强夜间巡查，落实24小时值班制度。为52名一线田野文物巡查人员配备GPS定位手机，每月26日将各所上报的考勤与手机定位记录进行比对。加大对田野墓葬、石刻文物的巡查力度和密度，严厉打击偷盗、破坏文物的行为。2013年年初，市文物管理委员会将30余名复退军人充实到文物巡查管理一线，外围文物保护队伍达到117人规模。

重大安全事件

2007年12月，曲阜人李某、赵某及陈某、董某、窦某盗墓团伙在多次勘察后，对姜村古墓实施盗掘，连续三个夜晚进行打眼钎探，后用炸药爆破方式将墓室炸开，掘土搬开墓砖进入墓室，一批玉器、金器、银器、铜器和石器被陆续盗掘，其中还有8个小玉人，团伙成员一人分得一个。第一次盗墓成功后，该团伙因分赃不均导致分裂，李某撇下董某、窦某，和有盗墓经验的张某结伙，后又招集5名同村人，于2008年4月再次盗掘，先后四次在不同地点对姜村古墓实施爆破，相继盗掘漆器、玉器、铜器、金器等物品装满五个胶丝袋子，分几夜拉走。该团伙陈某于前两次盗墓中担任司机，因分赃较少，2008年8月、9月，陈某伙同其他5人，携带两支猎枪、一支手枪，从老盗洞进入姜村古墓，盗掘出青铜色平底马勺、青铜色碗、青铜色壶三件物品，分赃约3天后，其中同伙刘某撇下陈某，伙同其他3人再次进入鲁珠王墓，未盗掘出任何文物。前后多次盗掘出土的大量金器、玉器、铜器、漆器等珍贵文物被几经转手销赃流失，造成难以弥补的损失。2010年4月27—29日，济宁市中级人民法院对案件进行开庭审理。6月8日，杜某等4人因涉嫌犯失职造成珍贵文物损毁、流失罪被曲阜市人民检察院取保候审。9月29日，济宁中院对该团伙的28人做出判决，其中主犯李某被判处无期徒刑，剥夺政治权利终身，并没收个人全部财产。同日，曲阜市人民检察院向曲阜市人民法院提起公诉，11月12日，曲阜市人民法院依法做出判决：杜某犯失职造成珍贵文物损毁、流失罪，判处有期徒刑二年，缓刑三年。孔某、陈某、张某犯失职造成珍贵文物损毁、流失罪，判处有期徒刑一年六个月，缓刑二年。2013年7月18日，董某等2成员落网，曲阜市人民法院对案件进行审理判决，董某判处有期徒刑13年，并处罚金400万元。

2010年9月，市文物局孔府西路维修工程现场

第九节　文物维修

颜庙复圣殿落架大修工程

复圣殿为颜庙主祀颜回的大殿，也是颜庙的主殿，由于年久失修，复圣殿整体建筑处于濒危状态。2002年6月，市文物管理局编制《曲阜颜庙复圣殿维修和总体规划前期工程方案》；2003年，国家文物局通过该方案。2006年3月，省文化厅成立颜庙复圣殿修缮工程领导小组，曲阜市政府和市文物管理局也分别成立工程管理指挥部和项目部，实施颜庙复圣殿维修工程。同年，该工程被国家文物局列入2006年国家重点文物保护维修工程。2008年10月，完成主体结构工程。2009年7月，完成全部修缮项目。2011年6月，通过国家文物局竣工验收，入选“2011年度全国十大文物维修工程”；编撰出版《颜庙复圣殿落架大修实录》；国家文物局副局长童明康及有关领导、专家检查指导颜庙复圣殿维修工程，指出要认真总结颜庙复圣殿落架大修的成功经验，供今后古建筑维修工程借鉴。

孔府西路维修工程

孔府西路包含多个单体建筑，其中红萼轩、忠恕堂、安怀堂、南花厅、北花厅等建筑的斗栱、装修等均具有明显的清中叶特征，与中路的多处明代建筑有着显著区别。由于年久失修，出现不同程度的残损。2006年12月至2008年8月，市文物管理局编制《曲阜孔府西路建筑修缮保护方案》。2009年2月，国家文物局批准维修方案；3月，孔府西路维修工程启动，由市古建修缮中心承担施工任务。当年，赍奏厅、西三厅、官厅等建筑完成落架大修；2010年，红萼轩、忠恕堂、安怀堂、花厅等建筑完成屋面、木结构、墙体、油饰维修；2011年，全部建筑主体维修竣工。2012年5月1日，孔府西路对外开放。孔府西路建筑群修缮工程获“2012年度全国十大文物保护最佳工程奖”。

尼山孔庙古建筑群维修工程

尼山孔庙始建于北魏，占地1.6公顷，建筑面积1700平方米，有殿、堂、门、亭等建筑27座81间，分东、中、西三路，庙后为尼山书院。2006年，尼山孔庙被公布为全国重点文物保护单位。由于年久失修，尼山孔庙及书院屋面普遍漏雨，部分木构件糟朽，墙体、台帮、阶条等砖石构件存在大面积酥碱、风化现象，亟须全面维修。2009年，中国文化遗产研究院受市文物局委托，对尼山孔庙古建筑群进行勘察设计和规划，编制《曲阜尼山孔庙维修工程保护方案》。2011年，国家文物局批复该方案。2012年8月，市文物局组织施工单位对尼山孔庙及书院古建筑群进行全面维修，历时13个月完成。该工程入选2013年度“全国十佳文物保护工程”。

曲阜三孔石刻数字化检测项目

曲阜片区石刻文物丰富、数量庞大，年代久远。

三孔景区约6000块石刻，但大部分处于露天状态，由于长期风吹日晒，石刻表面粉化剥落、浅表性裂隙等现象严重，部分石碑石刻由于地震、战争、保护不当等历史原因造成断裂、缺失、碑文模糊等现象，亟须进行抢救性保护。2012年3月，中国文化遗产研究院对曲阜孔庙所存石碑石刻进行实地勘察，设计编制《孔庙石碑石刻保护修复方案》，获得国家文物局同意批复，先期选取100块石碑编制《曲阜孔庙石碑石刻保护修复第一期方案》，获省文物局同意批复后，由市三孔古建筑工程管理处负责实施修复。

1991—2013年曲阜市文物重大维修略表

表30-6

年份	金额（万元）	维修范围
2004	60	颜庙复圣殿维修、孔庙角楼、花园温室
2005	57	孔庙龙柱、城墙维修、三孔古建筑维修、后作庙墙拆砌
2006	270	颜庙复圣殿维修、孔府后花园维修、三孔古建筑维修、孔林圣林坊
2007	272	颜庙复圣殿维修、三孔古建筑维修、孔庙御碑楼
2008	350	颜庙古建筑群维修、三孔古建筑维修、洙泗书院、少昊陵工程
2009	955	孔府西路建筑群整体维修、三孔古建筑维修、颜庙复圣殿维修、尼山孔庙建筑群维修
2010	350	颜庙古建筑群维修、三孔古建筑维修、明故城楼
2011	920	三孔古建筑维修、九仙山、少昊陵、尼山孔庙建筑群维修、周公庙
2012	2844	孔府西路古建筑群修缮、孔林环林石板路维修、国家遗产地曲阜孔府及孔庙和孔林保护项目管理基础设施工程及环境整治工程、尼山孔庙建筑群维修、周公庙建筑群维修、鲁国故城遗址公园地上附着物迁建
2013	7277	孔府中路东房、东三厅、前上房院东厢房维修，鲁国故城国家考古遗址公园洙水河桥，孔林洙水桥修缮及洙水河整治，孔庙、孔府建筑台阶通道塑木铺设，鲁国故城国家考古遗址公园东北角城墙遗址保护，鲁国故城泉池修复及碑亭建设，鲁国故城国家考古遗址公园周公庙建筑群基址展示，鲁国故城国家考古遗址公园东北角洙水河护坡、附属设施及游园路，孔庙大成殿观礼台，孔庙东路建筑群维修，孔林至圣林坊等古建筑维修

第二章　古遗址

到2013年，曲阜发现新石器时代文化遗址30余处，多分布在泗河、沂河及崄河两岸。随着人类生活聚居区的相对固定和传统手工业的发展，古文化遗址、古城址、古窑址和各类古建筑遗址也在曲阜境内被发现，年代历商、周、汉以至唐、宋，较有代表性的有少昊陵遗址、西夏侯遗址、杨辛庄遗址等古文化遗址，鲁国故城遗址、仙源县故城、董大城古城遗址等古城遗址，息陬窑址、河夹店窑址、宋家村窑址等古窑址和景灵宫遗址、春秋书院旧址、十二府故址等古建筑遗址。

第一节　古文化遗址

少昊陵遗址

位于书院街道旧县一街北，北高南低，东西长150米，南北宽100米，面积1.5万平方米。其文化层堆积厚2米左右，采集到大量红烧土块及红陶残片，有锥形、凿状鼎足，鼎口沿，三足觚形杯座，罐口沿，罐底，鸡头形罐耳等。为新石器时代大汶口文化遗址，保存完好。2006年，公布为山东省文物保护单位。

南兴埠遗址

位于小雪街道南兴埠村东，东西长约350米，南北宽约200米，面积6万余平方米。文化层距地表约3米，厚度亦约3米。发掘出半穴式房屋基址1处，墓葬4座。出土文物56件，为典型的新石器时代大汶口文化遗址。

马庄遗址

位于防山镇马庄村东南，东西长400米，南北宽300米，面积约12万平方米。

西夏侯遗址

位于息陬镇西夏侯村西约500米，沂河南岸约500米。据地表陶片分布范围推测，遗址面积东西约300米，南北约400米。2006年，公布为山东省文物保护单位；2013年，公布为全国重点文物保护单位。

白村遗址

位于尼山镇西白村西南，大沂河北岸约500米的一处台地上，东距尼山约2千米。遗址东西长350米，南北宽200米，面积约7万平方米。2008年，曲阜市第三次全国文物普查时，在地表采集大量遗存陶片，是一处新石器、商周时期的人类聚落遗址。2012年，公布为济宁市文物保护单位；2013年，公布为山东省文物保护单位。

万柳庄遗址

位于防山镇万柳庄村北，平原遗址，东西160米，南北380米，面积约6万平方米，出土大量陶器、陶片、石器、鹿角等。2012年，公布为济宁市文物保护单位；2013年，公布为山东省文物保护单位。

小南庄遗址

位于陵城镇小南庄村东约200米处，出土有红陶器、灰陶器、石器、鹿角器等遗物。2002年，发现墓葬1座，出土泥质红陶鬶（guī）、杯等器物1宗，是一处典型的新石器龙山文化遗址。2012年，公布为济宁市文物保护单位；2013年，公布为山东省文物保护单位。

前瓦遗址

位于书院街道前瓦窑头村西约200米，遗址面积约2万平方米。2008年4月，市文物稽查大队（考古办公室）工作人员对京沪高速铁路曲阜段全线进行复查时发现该遗址，于5月10日对其进行考古发掘，发掘面积200余平方米。遗址堆积可分四层：第一和第二层为近现代地层，第三层为唐宋金元时代，第四层属岳石文化遗存。2012年，公布为济宁市文物保护单位；2013年，公布为山东省文物保护单位。

马家遗址

位于时庄街道马家村南，平原遗址，面积约5万平方米。地表暴露遗物较多，采集标本有盆、罐、鬲口沿，豆盘、绳纹板瓦残片等，为商、周时期文化遗址。2008年6月，曲阜市第三次全国文物普查首次发现。2012年，公布为济宁市文物保护单位；2013年，公布为山东省文物保护单位。

宣村遗址

位于小雪街道前宣西村西1千米，地势稍高，略呈正方形，面积约5万平方米。地表断层中暴露出大量陶片，属于新石器至商周时期文化遗存。2012年，公布为济宁市文物保护单位；2013年，公布为山东省文物保护单位。

杨辛庄遗址

位于息陬镇杨辛庄南，2008年曲阜市第三次全国文物普查时发现，地表暴露遗物较为丰富，为周、汉遗址。通过考古勘探，发现墓葬5座，灰坑1个，遗址面积为5.8万平方米。2012年，公布为济宁市文物保护单位。2013年，公布为山东省文物保护单位。

第二节　古城遗址

周鲁国故城遗址

始建于西周早期，形成于西周晚期。城近于扁方形，南垣较直，东、西、北三垣略向外漫突，四角呈弧形。东垣长2.53千米，西垣2.43千米，南垣3.25千米，北垣3.56千米，周长11.77千米，墙基宽40米左右，墙高10米左右。周以护城河环绕，其中西、北两面以古洙水为河，河宽30米左右，城与河间距10至30米不等。探掘发现城门11座，东、西、北三面各3座，南面2座，城门门道宽8至14米、长30至42米不等，每座城门都有直通城内的交通干道，东西向及南北向各5条。此外，还有若干衢道，形成交通网络，将宫殿、作坊、

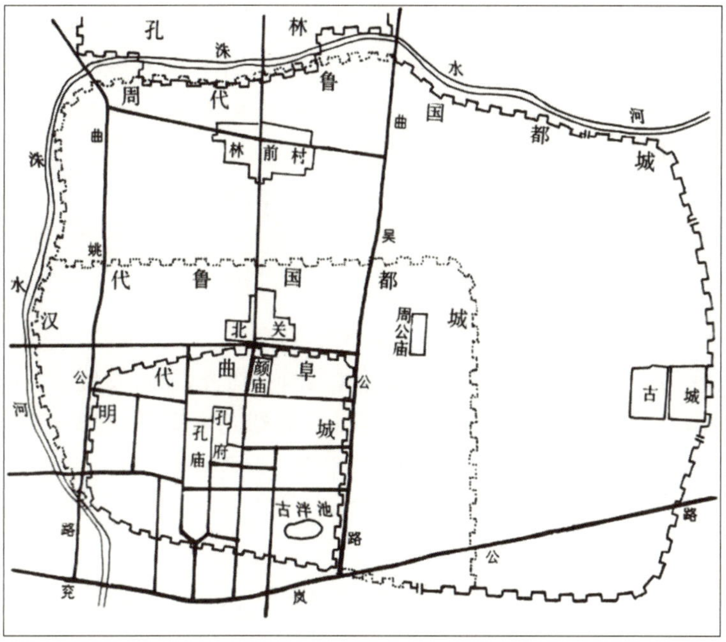

图30-1 鲁国故城平面示意图

市井、居住区连成一体。城北部还有一条横贯东西的排水道，东连东城外壕，西流入洙水。

城区面积约10.45平方千米。规模宏大的宫宅建在城中心高阜上，宫宅东南及西南为贵族官宦居住区，北面为市贾区，居民区散布于城四周近城墙处，符合“左坛右社，面朝后市”“仕者近宫，不仕与耕者近门，工贾近市”的周代礼制。

宫宅东西长约550米，南北宽约500米，占地约27万平方米。宫宅周围筑有夯土墙，墙宽约2.5米。宅南有干道直通城的南东门，门南三里处有祈天祷雨的舞雩台，宫宅、城门、祭坛连为一直线，形成城市中轴线。探掘发现手工业作坊11处，有冶铁4处（北关、盛果寺村南，林前村东，孔林神道中部东侧），冶铜2处（盛果寺村西北、城西北药圃以东），制骨2处（林前村西北、孔林神道东侧），制陶3处（坊上村西、城西北药圃北、张阳村东南）。在城东、西、北三面，发现居住遗址11处，靠近城门。城内西部发现墓地4处，发掘墓葬137座，其中周代墓葬128座，出土大量随葬品。

地面尚存周鲁国故城部分残迹。城墙东南角向北780米，南端残垣高10米，底宽40米，顶宽20~30米不等；向西1280米，高7~10米不等，宽度不一。城墙东北角向南75米，残垣高2米，宽5米；向西1700米，残垣高2~8米不等，宽20米左右。残存台址尚有：舞雩台，位于南泉村西南500米处，分上下两层，下层东西长120米，南北宽115米，上层东西宽60米，南北长65米，通高7米；望父台，位于城北，孔林神道西侧，探掘发现战国大墓一座，残存封土6~7米见方，高约2米；斗鸡台，位于城西北300米处，残台呈椭圆形，东西110米，南北55米，高约3米。

汉鲁国故城遗址

位于周鲁国故城的西南部，西汉时建。城为扁长方形，东墙长1.88千米，西墙长1.46千米，南墙长2.5千米，北墙长2.56千米，城垣周长8.4千米，面积约4.2平方千米。

汉城西、南两面沿用周国鲁故城旧垣及城门，西1南2。东、北两面城垣为汉时所建，基本为直线，墙宽约10米，每面各开城门一座，门道长15米左右，宽7米左右。西南城角为弧形，其他三城角均为直角。城与护城河间距10至15米，河宽18至23米，深1.8至2.7米。城内除利用原周鲁国故城干道外，又增加干道3条，东西向2，南北向1。城内东北部为规模宏大的宫殿建筑群，通往南东门的干道两侧有大型夯土基址，当是官衙或贵族府第。出土陶、玉、石、铜、铁器物及五铢钱等汉代遗物。

仙源县故城

仙源县故城位于书院街道旧县二、三街。宋初，曲阜县城沿用唐及五代时期旧址，在曲阜市城区东北周公庙高地一带。宋大中祥符五年（1012年）闰十月，宋真宗以祖黄帝生于寿丘（在曲阜城东旧县村），下诏改曲阜为仙源县，将县治徙往寿丘，并营建景灵宫，以奉祀黄帝。特定仙源县官由孔子后裔充任。“帝言轩辕黄帝降于延恩殿，谕群臣曰，赵之始祖再降乃轩辕黄帝，黄帝生寿丘，寿丘在曲阜，乃故县名曰仙源，徙治寿丘。”乾隆《曲阜县志》卷二十四记载重和元年（1118年）七月，升兖州为袭庆府，仙源县归其所属。南宋建元二年（1128年），县入于金。金天会七年（1129年），又将仙源复为曲阜县，县址不变。金大定十九年（1179年），改袭庆府为兖州泰定军节度使，隶山东西路，曲阜归其所属。金宣宗元光年间，曾一度改曲阜为仙源，但不久即恢复。南宋宝庆元年（1225年），县入于蒙古。元灭南宋后，曲阜属济宁总管府所辖。洪武十八年(1385年),升兖州为府,隶山东布政使司,曲阜县属兖州府。从正德七年(1512年)七月至嘉靖元年(1522年)三月,用十年工夫环孔庙、孔府筑成曲阜县城,俗称“明故城”。原曲阜城即仙源旧城废弃为村庄,名曰旧县村。

仙源县故城为南北向长方形,东西540米,南北722米,面积约40万平方米。四面城门均居四面中心,城中心有通向四城门的十字大街。20世纪50年代,尚残存西城墙,高五六米。2006年,“仙源县故城”被公布为山东省文物保护单位。2008年第三次全国文物普查时,尚存部分护城河。城内为居民居住区,原有十字大街基本保存。

明曲阜县城遗址

俗称“明故城”,位于周鲁故城西南隅,明正德七年(1512年)至嘉靖元年(1522年)为护卫孔庙而建。城高约6米,宽约3米,东墙长1.2千米,南墙1.4千米,西墙0.7千米,北墙1.5千米,城周长约4.8千米,城区面积约1.41平方千米。护城河宽、深均约3.3米,城与河间距7至10米不等。城有5门:东曰秉礼、南东曰崇信、正南曰仰圣、西曰宗鲁、北曰延恩,5门均建有瓮城,内外两门洞间距20.70米,门洞高、宽均约4.40米,长8米。孔庙、孔府居城中部,将城区隔成东、西两部分。东西、南北门之间无直通干道,城内街道多呈丁字形,又架有跨街牌坊30余座,车辆往来多不方便。官署多集中于西部,店铺多集中于东部。孔庙、孔府、颜庙及30多座贵族府第占地0.757平方千米。清末以后,多数府第及牌坊因年久失修倒塌或拆除,街道也经改造拓宽。1978年7月,曲阜县将明城墙拆除,仅保留南、北二门及东北、西北两城角。2001年,明曲阜县城遗址被公布为济宁市文物保护单位。2004年,曲阜市按原址复建明故城墙。为方便现代交通,在明城原址上开辟城门7座,此项工程共投资3000万元。

董大城古城遗址

位于曲阜城北15千米石门山镇董大城村,亦称董城寨。周围土筑城墙,原有外大、内小两城,后小城留存,城呈长方形,四面皆有城门,城中心有一条十字大街通四面城门,城东墙长292米、西墙282米、南墙426米、北墙432米,墙宽约10米,城内面积约12.6万平方米,周围原有护城河。2009年第三次全国文物普查时,城门均毁,仅存古城西南角处城墙,长约100米,墙基宽为10米,高约4米。该古城垣系战国建造。2013年,公布为山东省文物保护单位。

第三节　古窑址

息陬窑址

位于息陬镇息陬村北,宋代窑址,面积约3.6万平方米。2008年第三次全国文物普查时,发现窑址南部被民居占压,在窑址采集到大量窑具、支架、瓷片等。2012年,公布为济宁市文物保护单位;2013年,公布为山东省文物保护单位。

河夹店窑址

位于石门山镇河夹店村东150米,唐至宋代窑址,分布面积约3万平方米。2009年第三次全国文物普查时,采集到窑具及器物残片等,窑址西部因村民大量取土形成高约2.5米的断崖,文化堆积层破坏严重。

宋家村窑址

位于防山镇宋家村东,隋唐青釉窑址,面积约4万平方米,文化堆积厚约2米。在窑址采集到碗、杯、罐、枕、砚等瓷器或瓷片,均为青釉,窑具有三角支架、圆柱支架、托座、垫圈等。2009年第三次全国文物普查时,遗址东南部被民居占压,西部自北往南有一条沟穿过,沟东部露出文化堆积厚约1~2米,断面上发现红烧土块。2012年,公布为济宁市文物保护单位;2013年,公布为山东省文物保护单位。

第四节　古建筑遗址

景灵宫遗址

位于曲阜城东4千米,书院街道旧县一街东的一片高地上,为宋至明时期宫殿遗址,呈不规则长方形,面积约4.2万平方米。大中祥符五年(1012年),北宋王朝为纪念黄帝,在曲阜寿丘建造景灵宫、太极殿。《重修景灵宫记》碑载:“帝建宫祠轩辕曰圣祖,又建太极殿祠其配曰圣母。越四年而宫成,总千三百二十楹,其崇宏壮丽无比……”北宋天圣年间景灵宫曾遭火灾,旋即修复。后续工程一直延续至北宋末年。宋政和、金大定、蒙古庚戌、元至正年间多次重修。元代忽必烈入主中原后,推崇黄帝,下令重修景灵宫,

准许汉人祭祀黄帝。景灵宫毁于元末战乱。2013年，景灵宫遗址被公布为山东省文物保护单位。

春秋书院旧址

位于息陬镇北息陬村西北角。原有大门3间，二门1间，门两旁各有掖门1间，二门内大成殿3间，东西配房各3间，全院红色围墙，南北长42米，东西宽35米。原院门东曾立"孔子作春秋处"石碑一通，书院西北有"春秋台"。古建筑于"文化大革命"期间被毁，碑刻及"春秋台"均不存。2013年，存有建筑基址，向南50米立有"孔子作春秋处"碑刻一通。

孔氏十二府故址

位于东门大街西首路北，始建于清乾隆初年，是孔传铎五子孔继涑府第，原有七进院落，420余间房屋，占地约3万平方米。1949年前后为部队所用，原有建筑于20世纪70年代全部拆除。故址残存部分墙基，由济南军区曲阜房地产办事处管理。

曲阜市古遗址一览表

表30-7

名称	时代	发现时间	采集及出土文物
陵南遗址	周	2008 年	豆柄，板瓦残片，盆、鬲、罐等器物口沿及红烧土块
韦家庄遗址	新石器	1980 年	罐、杯、鼎、盆等器物碎片
果庄遗址	新石器	1958 年	手制素面红色陶，以鼎形器为多
尼山水库遗址	新石器	1958 年	石斧、凿、铲、纺轮，陶器有鼎、壶、豆、黑陶罐
夫子洞遗址	商至汉	1958 年	采集有宽沿盆、浅盘细柄豆、宽沿鬲
南雪遗址	新石器	1957 年	厚刃石斧、穿孔石斧、灰黄夹沙陶片、黑陶盆
坡里遗址	新石器	1981 年	罐、鼎、鬲、盆等
九龙山遗址	新石器	2008 年	包含较多烧土粒的红陶片、草木灰
章枣遗址	新石器、商、周	1981 年	罐盆、豆盘、石沙轮、陶片
东大岭化石遗址	旧石器	1965 年	兽骨化石
夏庄遗址	新石器	1962 年	夹沙灰陶片、平底器、鬼脸鼎足
屈家村窑址	宋	1978 年	罐口沿、盆口沿、罐耳、碗底、缸底
屈家林遗址	周	1962 年	罐口沿、碗底、缸底
东郭遗址	商至周	1963 年	灰陶豆盘、红陶片、石铲
西郭遗址	周至汉	1981 年	豆、鬲、绳、瓦
苑庄遗址	新石器	1956 年	夹沙黑陶片、泥质黑陶片
东魏庄遗址	新石器	1962 年	鼎、杯、石斧、刀、镞、骨匕
八里庙遗址	新石器	1957 年	杯、盆、豆、罐等残片
古柳村遗址	周至汉	1980 年	陶片、红烧土、器物口沿
孔村窑厂遗址	商至汉	1962 年	灰豆盘、豆柄、鬲口沿
霍家村遗址	新石器	1981 年	石斧、小口鼓腹平底罐
刘家村遗址	新石器	1962 年	夹砂红陶、黑陶片、钵、杯
瓦窑头遗址	新石器	1957 年	厚刃石斧、石锛、陶鼎

续表 30-7

名称	时代	发现时间	采集及出土文物
西林西遗址	新石器	1963 年	灰夹沙陶片
陈庄遗址	周	1981 年	豆柄、豆盆、瓦片
横沟泉化石遗址	旧石器	1961 年	树干化石
王庄西岭遗址	新石器	1957 年	石锛，红、灰夹沙陶片
地道遗址(吴村镇前寨村)	宋	1981 年	
凤凰城址	宋	1950—1960 年	青铜质箭头及人骨、箭头、匕首
齐家林遗址	新石器	1963 年	石器、鹿角、陶器
店北头遗址	新石器	1958 年	轮制灰陶敞口碗、鬼脸式鼎足
凫村遗址	新石器	1958 年	红陶片、敛口盆、石斧、石镰
彭家村遗址	周至汉	1981 年	泥质灰陶片
孙家林遗址	新石器	1957 年	厚刃石斧、穿孔石斧、灰黄夹沙陶片、黑陶盆
西孔村遗址	周至汉	1981 年	豆、盘、罐
大庙窑址	隋至唐	2008 年	半釉陶片、支钉等器物
河夹店城址	汉	2008 年	盆缸口沿、板瓦、筒瓦、灰陶足残片等
马庄窑址	宋、元	2008 年	罐、盆、壶等器物残片、支钉
尚家园窑址	隋唐至宋	2008 年	支钉、窑具、瓷碗底等
尚家庄遗址	周、汉	2008 年	筒瓦、板瓦、器物口沿等陶器残片
无粮庄遗址	周	2008 年	红陶板瓦残片，灰陶罐口沿、盆口沿、盆底、板瓦残片、陶井圈
南刘家村遗址	新石器、周	2008 年	泥质、灰砂灰陶、鬲足、箅子、筒瓦、纺轮等、红烧土块
黄连山寨址	清	2008 年	残存寨墙
大王庄遗址	新石器、周、汉	2008 年	新石器时代夹砂红陶鬲足，周代绳纹板瓦残片、盆口沿残片，汉代盆口沿残片
后孔遗址	周至汉	2008 年	盆、罐、板瓦等残片
小孔家村遗址	汉	2008 年	瓶、盆、缸、豆及板瓦陶片
东野村遗址	汉、宋	2008 年	板瓦、筒瓦残片、豆盘残片及器物
方家村遗址	春秋、战国	1988 年	鬲、豆、缸、盆、瓦当、滴水、印纹硬陶缸
宫家村遗址	商、周、汉	2009 年	陶鬲足、鬲口沿、豆盘、豆柄、盘口沿、板瓦、筒瓦、纺轮等
西泗滨遗址	周、汉	2008 年	盆口沿、盆底、瓮口沿、豆柄、板瓦残片、筒瓦残片等
徐家村遗址	东周	2008 年	筒瓦、板瓦残片及缸、盆、罐口沿等
张家村遗址(书院)	新石器、周、汉	1987 年	鼎、鬲、杯、豆、罐、盆及汉代板瓦等
褚魏村遗址	周、汉	2008 年	灰陶板瓦、甑口沿、筒瓦残片等
前黄堂遗址	周、汉	2008 年	灰陶残片
东终吉南遗址	汉	2008 年	筒瓦、板瓦、器物口沿

续表 30-7

名称	时代	发现时间	采集及出土文物
管勾山采石场遗址	明	2008 年	大型石雕石料
中元疃遗址	周、汉	2008 年	罐、盆等器物口沿以及甑底，罐底，板瓦、筒瓦残片
前西庄遗址	新石器	2008 年	鬲足、口沿残片、陶器残片等
北雪遗址	汉、宋	2008 年	汉代板瓦残片、罐口沿、器底及大量宋代建筑构件
春亭遗址	唐至宋	2008 年	陶质罐口沿、盆底残片；瓷质碗底、青釉高颈罐口沿、酱釉开口杯等器物残片
岗子遗址	周至汉	2008 年	泥质灰陶板瓦、筒瓦残片，罐、盆等器物口沿
纪家村遗址	周	2008 年	陶质豆盘、板瓦、陶罐、陶鬲等器物残片
兴隆桥遗址	周	1950 年	瓦片、陶罐、陶豆
于家村遗址	汉	2008 年	绳纹板瓦残片、盆口沿残片
张家村遗址（姚村）	周	2008 年	尊、罐、盆等器物口沿及豆盘、板瓦等残片
郑家庄遗址	周	2008 年	缸、罐、盆等器物口沿及板瓦、器物底等残片
周家村遗址	周	2008 年	鬲口沿、罐口沿、盆口沿、井圈、板瓦残片、筒瓦残片

第三章　古墓葬

孔子葬于泗上，弟子们筑坟植树，其子孙围绕孔子墓接冢而葬，逐渐形成孔氏家族墓地。随着儒家思想逐渐确立为古代中国社会正统思想，历代王朝尊崇孔子，在曲阜分封诸王，使得王侯墓、先贤墓和孔子知名弟子家族墓地遍布市境。由于年代久远、水土流失和人为破坏等原因，不少墓葬难寻踪迹，保存完好者不多。

第一节　孔林

孔林即至圣林，位于曲阜市城北1.5千米处，是孔子及其后裔墓地，面积2平方千米。鲁哀公十六年（前479年），孔子葬于此地，其后两千多年后代接冢而葬，至21世纪林内坟冢10万余座，不少墓前建有墓碑、墓表，有些墓旁建享殿、立石坊、置石仪，是中国存世规模最大、持续年代最长、保存最完整的一处宗族墓葬地。

林周筑有围墙，前有至圣林坊及二道林门。门内有一南北林道，长1266米，宽44米。林道西侧偏南处即孔子墓葬区。过洙水桥及坊，有思堂、享殿，后即为孔子墓。孔子墓东有孔鲤墓，南有孔伋墓，形成“携子抱孙”之势。孔子墓葬区周围多为战国时代墓葬，再北多为汉代墓葬。明代54至65代孔子嫡裔（衍圣公）墓群在孔子墓西北1千米处。其他均散布林内，穿插而葬。林内存石碑5000余块，树近10万株。

孔子墓

位于孔林中前部，坟以特殊形式筑成，称为“马鬣封”。径长约30米，高5米。墓前有两石碑：后碑为宋淳祐四年（1244年）刻立，篆书“宣圣墓”三字；前碑为明正统八年（1443年）刻立，篆书“大成至圣文宣王墓”。碑前有明制石供案、清制石鼎、拜台等，甬道两侧有宋刻文豹、甪端、望柱及清刻翁仲等石仪。

孔鲤墓

在孔子墓东5米，封土南北23米，东西18米，高约

3米。墓前有宋淳祐四年（1244年）所立小碑一幢，篆书“二世祖墓”；前有明代刻立石碑，楷书“泗水侯墓”。碑前设石供案、拜台。

孔伋墓

在孔子墓南约20米，封土东西18米，南北21米，高4米。墓前有宋淳祐四年（1244年）所立“三世祖墓”小碑一幢，前有明代石碑，楷书“沂国述圣公墓”。碑前有明制石供案，宋制翁仲等。

孔彪墓

在孔子墓西北约500米，封土约25米，高8米，前立乾隆年间刻制石碑，隶书“汉博陵太守孔君之墓”。原立汉碑及石兽、石阙，均移于孔庙内保存，1998年碑刻、石兽移存汉魏碑刻陈列馆，石阙展陈于孔庙神庖。

孔仁玉墓

在孔子墓东北约百米处，中型坟冢，墓前石碑篆书“宋兵部尚书袭封文宣公之墓”，为明正统八年（1443年）刻立，碑前设石供案。

孔宗愿墓

位于孔子墓西南约50米处，中型坟冢。墓前有清乾隆三十四年（1769年）刻立石碑，圆顶，楷书“宋故四十六代衍圣公尚书比部员外郎（比部，官署名。魏晋时设，为尚书列曹之一，职掌稽核簿籍。后世沿之。至唐代，为刑部所属四司之一，设有郎中、员外郎各一人、主事四人。宋代为刑部三司之一。金元废。）通判淮州事子庄先生墓”，其后还有一宋代刻制小碑，篆书“比部员外郎袭封衍圣公之墓”。

孔尚任墓

在孔林东北部，中型坟冢。墓前石碑圆顶螭首，碑文为“奉直大夫户部广东清吏司员外郎东塘先生之墓”，阴刻楷书，为清雍正十三年（1735年）刻立。碑前有一石供案。

孔毓珣墓

在孔林中部偏北，中型坟冢。墓前石碑楷书“诰授光禄大夫兵部尚书兼都察院右副都御史，总督江南河道提都军务加八级谥温僖孔公，封一品夫人孔母徐氏之墓”，清雍正九年（1731年）刻立。碑前设有石案、石鼎，神道两旁有石人、石兽、望柱、石坊、御碑等。

孔继涵墓

在孔林东部偏北处，大坟冢一座。墓前石碑圆顶，隶书“赐进士出身朝议大夫，户部河南司主事，加二级，军功加一级，孔子六十九代孙体生先生墓”，清乾隆四十九年（1784年）刻立。

孔祥柯墓

在孔林近东墙偏北处，小型坟冢。墓前石碑圆顶，正楷书“孔子七十五代孙则君先生之墓”，1933年刻立。碑前有石供案。

第二节　汉鲁王墓

汉鲁王墓位于曲阜市和邹城市境内，曲阜市有8座，分别是九龙山1—5号墓、亭山6—7号墓、孟母林马鞍山8号墓。

高后元年（前187年），吕后始封其外孙张偃为鲁王，至东汉末年两汉鲁国共历14王407年。其中，有12王在死后是按诸侯王礼制进行营葬。汉鲁王墓就是这些王陵的一部分。

曲阜市九龙山汉鲁王墓共5座，皆位于半山腰处，依山凿洞，东西并列，墓门向南。1970年5月，发掘清理西边4座，其中3号墓墓道南北长37.5米，东西宽4.6至4.8米，壁高18.4米。墓道北端近墓门处，有东西耳室，室内专置车马。墓门呈长方形，后接甬道。门用19块长方形巨石堵塞，其中14块有篆体阴文，刻人名或尺寸，如“王陵塞石广四尺”等。在甬道北端距前室1.5米处，东西两侧又有小甬道，通向东西耳室，是仓库。前室为一个厅堂，东西长8米、南北宽6.3米、高4.2米，后室为椁室，长宽各6.5米、高4.4米，平顶，北壁中央凿一壁龛。墓室从前到后，有完整的墓底排水系统，分为两股，利用自然山缝为渗井，使水顺沟倾泻山下。除后室和前室四周为明沟外，其余均以石板覆盖形成地面平整的暗沟。其余三墓布局与3号墓大致相同。从其形制和出土随葬品判断，属于西汉时期鲁王陵墓。

汉鲁王墓对研究西汉诸侯王丧葬制度及古代陵墓工程技术有着重要价值。2001年，汉鲁王墓被公布为全国重点文物保护单位。

第三节　防山墓群

防山墓群位于防山镇防山西麓。墓群分布在东西3千米南北宽约2千米的山丘上，原有坟冢22座，

2013年尚存10座。封土最大一座东西71米、南北75米、斜面高40米，最小者径10米、斜高4米，墓前无碑。2003年与2011年分别发掘7号墓和3号墓，出土铜缕玉衣片等，均为东汉王侯墓。墓室均依山势直凿穿石而下，前有墓道，上为封土，多为夯筑。从采集到的鼎、豆、盘等陶器残片和几何花纹方砖判断，为东周至汉代墓葬。2013年，防山墓群被公布为全国重点文物保护单位。

第四节　孟母林

孟母林位于小雪街道凫村东。孟子之母始葬于此，后成为孟氏族茔。宋景祐四年（1037年），始修墓建祠，后多次扩建重修，“文化大革命”中遭破坏，1985—1987年，进行全面修复，建围墙及大门，墙周长2744米，林地面积约45.6万平方米。

孟母林大门在其东南部，林内建有享殿、文昌阁、望峄亭等。享殿后有“启圣邾国公端范宣献夫人神位”碑，碑西50米为孟母墓。墓呈圆丘形，封土高4米，围65米，墓前有元贞二年（1296年）所立“孟母墓”碑，碑前有石供案、石鼎等。孟仲子墓在孟母墓西南，墓呈圆丘形，封土高2米，围25米。孟氏中兴祖孟宁墓，在享殿东北，墓呈马鬣封形，封土高3米，围20米，墓前有石鼎。2013年，孟母林被公布为全国重点文物保护单位。

第五节　其他墓群

梁公林

位于防山镇防山北，为孔子父叔梁纥、母颜征在、兄孟皮墓地，南北长200米、东西宽143.4米，周砌围墙。大门前有清代圆雕石狮一对，元至元六年（1340年）刻立“启圣王墓”碑一通。门内甬道旁立有元代雕制望柱、文豹、甪端、翁仲。享殿后还有一砖砌内墙，墙内为墓地。

墓地正中为孔子父母合葬墓，封土高2.1米、围35米，呈马鬣封形，墓前宋淳祐四年（1244年）所立“圣考齐国公墓”碑，碑前有石供案、石鼎。该墓左前3米处为孟皮墓，封土高1.5米、围16米，墓前有明永乐十五年（1417年）所立篆刻“圣兄伯尼墓”碑。该墓地1967年遭破坏，1982年全面修复。1992年，公布为山东省文物保护单位。

姜村古墓

位于曲阜市小雪街道姜家村西北300米处，为汉代墓葬，是曲阜地上最大坟墓，封土南北长105米、东西宽97米、斜坡长约55米，封土全部夯实，每一夯层约8~10厘米。2007—2008年被盗掘。

韦家墓群

位于曲阜市石门山镇韦家庄东北，系汉至现代韦氏家族墓地。原有墓葬1000余座，墓碑100余块，松、柏、杨等各种树木500余株。1966—1967年，树被伐光，碑毁殆尽。1978年为修水库，取土筑坝，墓区被夷为平地。

安丘王墓群

位于吴村镇王林村后，为明代早期郡王墓地。有墓葬3座：一座为圆丘形封土，直径80米、斜面高35米，俗称“钓鱼台”；一座南北长40米、东西宽24米、斜面高度20米；一座于1958年夷为平地，墓室下塌，发现砖砌券形墓室，出土一合圹志铭，盖铭曰：“鲁府安丘王镇国将军圹志铭”，篆书阴线刻，记载墓主为明朝鲁国第三代安丘王朱阳釜第三子、镇国将军朱当沿。

寿丘　少昊陵

位于曲阜城东北3千米处旧县村东北处，是中华始祖轩辕黄帝出生地。宋大中祥符五年（1012年）闰十月，宋真宗下诏京城与曲阜寿丘各建景灵宫，京城景灵宫奉祀黄帝及赵氏先祖，曲阜景灵宫祭祀始祖黄帝及圣母，将曲阜更名仙源县。

寿丘，近似正棱台式，宋政和元年（1111年），以2662块磨光料石砌成，俗称“万石山”，底东西长28.4米、南北宽28.2米，顶四边皆为9.4米，斜坡长12.2米，角处长15.2米。陵顶置石室，东西阔2.9米，进深2.6米，清乾隆年间改为庑殿顶，上覆黄琉璃瓦，饰五脊六神兽，内供汉白玉神像一尊，供奉黄帝白石像。寿丘后，是一座土山，世称“云阳山”。云阳山即少昊陵墓，少昊，号金天氏，远古部落首领，为五帝之一，曾都于曲阜。墓前立有石碑，置有石供桌，石碑上书“少昊陵”三个大字，系著名书法家王学仲题字。

东颜林

位于曲阜明故城东8千米防山南麓，曲尼公路南

500米处，是复圣颜子及其家族墓地。南北长约470米、东西宽约207米，面积为9.7万余平方米。颜回及其父葬此后，颜氏后裔接冢而葬，逐渐形成一古墓葬区。

由于时代久远及“文化大革命”破坏，金、元、明碑刻及石仪遗失，清康熙时修建享殿围墙倒塌，墓区内还有墓冢1000余座。颜子墓处于中心，墓呈圆锥形，封土高2米、围45米，墓前石碑为1986年修墓时复制，篆刻“兖国复圣公墓”。此墓以北为颜子父颜路墓，封土高1.5米、围25米。2006年，东颜林被公布为山东省文物保护单位。

东野林

位于书院街道东野村东，为东野氏家族墓地，东西宽130米、南北长206米，总面积约2.6万平方米。原有元、明、清三代石碑52块，元代刻制石人、石兽、石柱及各种古树760余株，“文化大革命” 中遭破坏。2012年，公布为济宁市文物保护单位；2013年，公布为山东省文物保护单位。

孔继涑墓群

位于时庄街道大柳村南，乾隆五十六年（1791年）孔继涑始葬于此，以后其子孙也随葬此处。林地长宽约50米，内有墓5座，东起第二墓为孔继涑夫妇合葬墓，墓室为石椁，石灰灌浆，外面封土呈圆丘形，墓前石碑楷书阴刻“至圣六十九代孙候补内阁中书谷园先生墓”。东起第一墓为其嗣子孔广廉夫妇合葬墓，第三墓为孔继涑三个侧室合葬墓，墓前均有石碑。第四、五墓无墓碑。“文化大革命”中墓群遭破坏。2012年，公布为济宁市文物保护单位；2013年，公布为山东省文物保护单位。

第六节　先贤墓

宰予墓

位于曲阜城东3.5千米古城村东南300米处，墓区南北55.70米、东西62米，原封土东西15.60米、南北11.50米、高3米，林区有大石碑三通，墓前为“先贤宰予之墓”碑，东南有一碑，刻“宰予墓重修碑记”，西北角有“先贤宰予林”碑。“文化大革命”中坟冢被铲平，石碑遗失。

有若墓

位于曲阜明故城东南4千米、南泉村东南500米处，原墓区南北长47米、东西宽46米，有若墓居中偏北，原封土直径为5米、高4米，周围以砖砌成八角形，墓前由衍圣公孔宪培所立“先贤有子之墓”碑，墓、碑均于“文化大革命”时毁弃。

林放墓

位于小雪街道林家村西北，大沂河南岸，东104国道西侧，东西100米、南北50米，林放墓处中部，墓前石碑上书“先贤长山侯林子放墓”，林地还有林氏后裔墓数座。2001年，公布为济宁市文物保护单位；2006年，公布为山东省文物保护单位。

公孙丑墓

位于陵城镇北公村西400米处，墓地为一片高出地面2米的高台，南北长80米、东西宽74米，墓前有南北长109米、宽10米的神道，封土径约30米、坡高15米，墓前石碑二通，一书“寿光伯公孙丑墓”，一书“先贤寿光伯公孙丑墓”。墓前有院落一处，内建享殿三间，亭一座。“文化大革命”期间，林墓遭破坏。

第四章　古建筑

由于孔子及儒家思想在中国历史上特殊的地位和影响力，形成为数众多的与儒家文化相关的建筑，在曲阜以祭祀庙宇、书院、祠堂和故居为主，且以明清官式建筑为主体风格。其中最具代表性的是孔庙、孔府建筑群，承袭了中国古代建筑的传统，按照宫廷式建筑规制，三路布局，九进院落，体现朝廷对孔子“大成至圣先师” 的崇敬以及对孔子嫡系后裔的优渥。孔林内以墓葬为主，有部分殿、堂、坊、亭等古建筑。其他如颜庙、尼山孔庙、周公庙、梁公林、少昊陵、洙泗书院等建筑群，既有中国传统建筑的基本风格，

同时又突出自身的祭祀需求和文化特质。

第一节　孔庙建筑

孔庙即至圣庙，位于曲阜城区中心，是中国祀孔庙宇中建造年代最早规模最大的一座。1994年，列入《世界文化遗产名录》。

孔子殁后，后人以其故居三间为庙，岁时奉祀。隋朝时开始扩建。至唐代，有正殿、两庑等建筑30余间。北宋天禧年间，建为三路布局四进院落，有殿堂廊庑316间。至明弘治年间扩建，奠定存世规模。清雍正二年（1724年），孔庙毁于雷电火，朝廷“发帑金令大臣等督工监修，凡殿庑制度规模以及祭器仪物，皆令绘图呈览，亲为指授”，调集12个府、州、县令督修，总共用时六年完成，孔庙“巍焕崇闳，坚致壮丽，纤悉完备，灿然一新”，正殿及其大门仿皇宫制改用黄色琉璃瓦和金龙合玺彩绘。

图30-2　孔庙平面图

孔庙南北长：东侧637米、西侧651.7米，东西宽：南侧141米、中部153米，面积约9.6万平方米，共九进院落，前三进为引导性庭院，从第四进庭院起建筑增多，第六进以后分左、中、右三路布局。整个建筑疏密有致，布局严谨，中贯轴线，左右对称。2013年，有殿、堂、亭、门、坊等104座466间，建筑面积1.6万余平方米。存世建筑分别建于金、元、明、清及民国时期，庙内存有两汉以后古代碑碣1000余块。

金声玉振坊

进孔庙的起点，明嘉靖十七年(1538年)建。高5.60米，阔13.50米，石质，三间四柱三楼冲天柱式。柱呈八棱体，底用石鼓夹抱，柱头仰莲座，顶置圆雕蹲兽。额枋阴刻“金声玉振”四字。坊上覆瓦垄形屋盖，悬山顶，有脊无吻。

棂星门

孔庙第一道大门，清乾隆十九年(1754年)改建为石质，高10.34米、宽13米，三间四柱冲天柱式，四柱分立四天王像，额枋明间两层，下层阴刻乾隆皇帝题“棂星门”三字，两端浮雕云鹤。

德侔天地及道冠古今坊

分别位于第一进院东、西墙上。明永乐十三年(1415年)建。坊木质，三间四柱五楼，黄琉璃瓦顶，高7.60米、阔9.43米。明间庑殿顶，两稍间歇山顶，明稍之间有小屋顶。柱下夹杆石上圆雕石狮、天禄，形象古拙，风格粗放。

圣时门

孔庙第二道门，明永乐十三年(1415年)始建，弘治年间扩为五间，砖木结构，阔23.03米、深11米、高12.09米，中三间发券为拱门，单檐歇山顶，门下有1.15米高台基。

璧水桥

位于圣时门后，砖石券栱，中桥宽10.30米、长16.68米，两翼辅桥，宽3.43米、长13.35米。始建于明永乐十三年(1415年)，弘治年间于桥上添加石栏，河岸砌石墙,清康熙十六年(1677年)改石墙为石栏。

同文门

孔庙第五道大门,始建于北宋初期,为当时庙门。门独立院中,周无墙垣,五间三门,单檐黄瓦歇山顶,高10.62米、宽16.9米、深9.34米。

奎文阁

位于同文门后,系收藏帝王所赠书籍、字画之处。始建于北宋初年,为五间重檐,金代改为三檐,明弘治时扩为七间三檐,清光绪三十四年(1908年)改覆黄琉璃瓦。阁高24.35米、阔30.1米、深17.62米,歇山黄琉璃瓦顶。外用24根八棱石柱,内用22根木柱。

金代碑亭

位于奎文阁后十三碑亭南排,有二座,即东起第三及第六亭。建于金明昌六年(1195年),是孔庙存世最早的建筑。第三亭11米见方,第六亭10.80米见方。亭结构大致相同,每面三间,重檐黄瓦歇山顶,呈现宋代建筑特点。第三亭内存宋、金修庙碑,第六亭内存唐修庙碑。

元代碑亭

十三碑亭南排第四亭,元至元五年(1339年)建,亭约11米见方,每面三间,重檐黄瓦歇山顶。亭内存元、清修庙碑。

大成门

孔庙第六道门,为正殿大门。始建于宋代,三间。元大德六年 (1302年) 扩为五间。门屋高13.53米、阔24.68米、深11.2米,单檐黄瓦歇山顶,门下台基高1.65米。大成门两侧有掖门即金声门、玉振门,各三间。

杏坛

在大成门至大成殿甬道中间,是为纪念孔子讲学建造的纪念物。宋代立坛,金代建亭,明隆庆三年(1569年)改为重檐,亭每面三间,11.05米见方、高12.05米,亭盖四面悬山,重檐黄瓦。

大成殿

因尊崇孔子集先贤先圣之大成而名,是孔庙主体建筑。始建于宋天僖二年(1018年),清雍正二年(1724年)火后重建。殿高24.80米、阔45.69米、深24.85米。殿立于2.1米高台基上,前与月台,后与寝殿相连,殿基为须弥座,两层栏柱,上层为火焰宝珠顶,下层为重层覆莲瓣顶,柱有圆雕螭首外探。

殿面阔九间,进深五间,重檐黄瓦歇山顶。柱架结构简洁整齐,有外、中、里三圈柱列。外围为28根石檐柱,高近6米,承下檐斗栱及围廊天花。前檐下10根深浮雕石柱,每柱有二龙上下对翔,争戏宝珠,龙周遍刻云朵,柱下端刻山石波涛,是中国稀有的石刻艺术品。余18根为八棱水磨石柱,每面浅雕9条团龙,每柱72条,总计1296条。中圈为16根木金柱,高约15米。内圈也为16根金柱,高约18米。殿内正中为斗栱藻井。

殿内正中木制神龛内为孔子坐像,高3.35米。龛上施十三踩斗栱,龛前为垂莲柱罩,柱雕降龙。其前面有4个神龛,再外还有6对神龛,分别供奉四配十二哲。殿内悬有清朝多个皇帝所题匾额、对联等。

东西庑

位于大成殿两侧,即孔庙主院厢房。始建于唐代,存世为清代建筑,两庑共88间,长163米。东西两庑供奉孔子弟子及古代先贤先儒156人,原为画像,金时改为塑像,明成化年间改为木制牌位,“文化大革命”中撤除牌位,1998年恢复陈列。

寝殿

在大成殿后,祀孔子夫人亓官氏大殿。始建于宋代,重建于清雍正年间。殿基高2.06米,殿面阔七间33.44米、深四间17.86米,殿高约20米。四周回廊下有22根八棱石檐柱,满镌减地平锻小幅凤凰牡丹图案。重檐九脊,黄瓦歇山顶。

圣迹殿

孔庙中轴线上最后一座建筑,明万历二十年(1592年)为保存《圣迹图》而建。高12.55米,面阔五间30.69米,深三间10.12米,单檐绿瓦歇山顶。殿内存石刻《圣迹图》120幅。

诗礼堂

位于孔庙东路,阔五间23.88米,深三间13.3米。堂为明弘治年间重建。清嘉庆二十一年(1816年)拆卸维修。

崇圣祠

位于孔庙东路。明弘治十七年(1504年)始建,为孔氏家庙。清雍正二年(1724年),改为祭祀孔子上五世先人的崇圣祠。阔22.92米、深11.49米。

金丝堂

在西路启圣门内,是祭前演乐、祭后宴享的地方。面阔五间24.38米、深三间14.30米,绿瓦悬山顶。

为清雍正时火后重建。

孔子故宅门

面对阙里街，西接孔庙东墙，东接孔府西墙。门内有一狭长小院，有“故宅赞”碑亭一座。

阙里坊

位于孔庙东侧阙里街上。木构，四柱三间三楼，正楼庑殿顶，绿瓦覆盖。系明初或以前建筑。

第二节　孔府建筑

位于曲阜孔庙东侧，是孔子嫡长子孙府第，即衍圣公府。明洪武十年（1377年）始建，明弘治十六年（1503年）重修拓广，清道光十八年（1838年）扩修。中华人民共和国成立后，人民政府多次拨款重修。

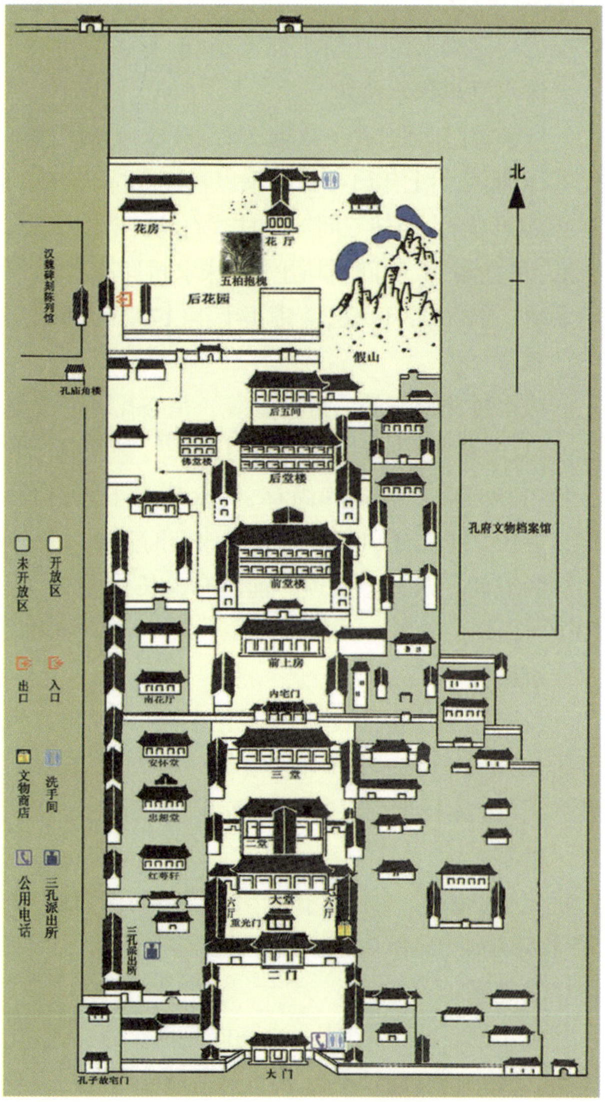

图30–3　孔府平面图

1994年，被联合国教科文组织列入《世界文化遗产名录》。

孔府占地约7.5万平方米，九进院落，楼房厅堂463间。三路布局，中路前为官衙，有三堂六厅，后为内宅，有前上房、前后堂楼、配楼、后五间等，最后为花园；东路为东学，有家庙、慕恩堂、一贯堂等；西路为西学，有红萼轩、忠恕堂、安怀堂、南北花厅等。

孔府大门

高7.95米、阔14.36米、深9.67米，三间，灰瓦悬山顶。明间上悬“圣府”竖匾，为明代权臣严嵩题写；左右抱柱悬楹联，为清代纪昀题写。

重光门

二门内牌楼式影壁门，是孔府仪门。弘治十六年（1503年）始建，高5.53米、阔6.24米、深2.03米，灰瓦悬山顶，中间辟门，门上悬明世宗亲颁“恩赐重光”横匾，故称“重光门”，前后有八个半悬式木柱，底部有花型雕刻，又称“垂花门”。

大堂

高10.5米、阔28.65米、深16.12米，五间，灰瓦悬山顶。后有穿堂与二堂连接，穿堂五间，灰瓦卷棚顶。

二堂

高9.13米、阔19米、深7米，五间，灰瓦悬山顶。

三堂

高8.59米、阔27.42米、深11.8米，五间，前出廊，灰瓦悬山顶。

前上房

位于内宅门内，高8.12米、阔30.68米、深11.73米，七间，前出廊，灰瓦悬山顶。

前、后堂楼

为清光绪十一年（1885年）火后重建，两楼均为七间二层，灰瓦悬山顶。前楼高11.65米、深11.3米、阔30.96米，后楼高12.89米、深11.88米、阔31.23米。

花厅

位于花园中部偏北处，园建于明代，厅为民国时期建筑。三间，东侧耳室二间，前出廊，高7.66米、阔11.97米、深8.15米，前连一南北向长廊，周绕以水泥栏杆。

报本堂

又称孔氏家庙，在孔府东路南部，五间，阔18.55米、深8.34米，前出廊，灰瓦悬山顶。

慕恩堂

清代建筑，五间，东侧耳室二间，阔21.20米、深10.28米，灰瓦悬山顶。

一贯堂后大厅

阔20.85米、深9.60米，五间，前出廊，灰瓦悬山顶。

忠恕堂

西路第二进院内，阔21.07米、深10.23米，五间，灰瓦悬山顶。堂后接抱厦，三间，灰瓦卷棚顶。清康熙时期建。

钟楼

位于阙里街中部，孔府大门南近百米处，建于清初，名端门。楼下为一砖砌高台，中辟南北券门。台阔9.04米、深7.60米、高4.85米，内置铜、铁钟各一，均高1.45米、口径1米。

鼓楼

位于孔府大门东百米处，始建于明弘治年间，清同治十一年(1872年)重建。楼高15.46米，面阔五间22米，深三间11米，重檐绿瓦歇山顶，周有回廊，内置齐人高大鼓一面。楼下有砖砌方台，高7.20米、南北长25.4米、东西宽12.1米，台下中间辟东西向券门，台南有马道供上下。

第三节　孔林建筑

汉永寿三年(157年)，重修孔子墓，造神门，建斋宿。元至顺二年(1331年)，始建林墙，筑孔林门。明弘治七年(1494年)，建享殿。明嘉靖二年(1523年)，建洙水桥坊。清康熙二十三年(1684年)，扩林地，再筑林墙。清雍正八年(1730年)，重修门坊、林墙等。孔林林墙高3.3米，厚1.1米，长6834米，石基砖砌。1994年，被联合国教科文组织列入《世界文化遗产名录》。2013年，孔林存有元、明、清建造殿、堂、坊等116间。

万古长春坊

位于曲城北门与孔林间神道中部，建于明万历二十二年(1594年)，清雍正十年(1732年)重修。坊石质，六柱五间五楼，庑殿顶。柱方形抹棱，中二柱雕云龙，柱下以抱鼓石相夹，石上蹲幼狮。明间坊额刻“万古长春”四字，旁雕二龙戏珠，次间雕双凤朝阳，稍间雕行龙。坊东西各有碑亭一座，均为明万历年间建。亭形制相同，9.6米见方，重檐绿瓦歇山顶，每面三间。东亭内立“大成至圣先师孔子神道碑”，西亭内立“阙里重修林庙碑”。

至圣林坊

神道北端，大林门之前有木坊三间，四柱三楼绿瓦顶。明间透雕云龙花板，中刻“至圣林”三字。坊始建于明中期，清康熙年间重修。

大林门

至圣林坊后，两侧出八字墙，门三间，绿瓦悬山顶，长12.23米、深6.95米。次间下有1.20米高台基，周围以木栏，明间为车辆人马来往通道。始建于元代至顺年间，明崇祯、清康熙年间重修。

二林门

以甬道与大林门相接，为元代孔林门，明弘治七年(1494年)于其上架楼，清雍正十年(1732年)重修。下层为砖砌拱形门，门洞上额篆刻“至圣林”三字。

洙水桥与洙水桥坊

位于林门西北，孔子墓轴线前端。洙水桥始建年代不详，明弘治七年(1494年)增以栏杆。桥长6.6米、宽25.24米，坊为四柱三间冲天柱式石坊，四柱均为八角形，顶立蹲兽，明间石坊上雕“洙水桥”三字，坊为明嘉靖二年(1523年)建，清雍正十年(1732年)重修。

思堂

洙水桥北偏东的一进三合院，是祭孔时斋戒更衣处，故习称“更衣厅”。始建年代不详，金大定二十五年(1185年)修思堂碑尚存，明永乐二十年(1422年)、万历二十二年(1594年)及清康熙时重修。思堂大厅为五间，灰瓦悬山顶，前出廊，长14.30米、深10.19米。

享殿

位于孔子墓前，始建于明弘治七年(1494年)，明万历二十二年(1594年)、清雍正九年(1731年)重修。殿五间，长24.18米、深13.18米，黄瓦歇山顶，前出廊。

楷亭

位于享殿后，为纪念孔子弟子子贡植楷而建。亭5.5米见方，四柱攒尖灰瓦顶，四面空透。

驻跸亭

位于楷亭北，共三座。自南向北依次为：乾隆驻跸亭，长6.50米、宽5.54米，内立乾隆御碑一幢；康熙驻跸亭，长6.45米、宽6.50米，黄瓦歇山顶；宋真宗驻

跸亭，长5.61米、宽5.53米，黄瓦歇山顶，内立宋真宗驻跸亭碑一幢。

鸾音褒德坊

位于孔子墓东北1千米，孔子72代嫡孙、衍圣公孔宪培墓前。清道光五年(1825年)，为孔宪培妻于氏所建。木坊，四柱三间三楼歇山灰瓦顶，长14.2米、宽4.64米，坊前额刻祭文，背刻"鸾音褒德"四字。

第四节　颜庙建筑

颜子庙是祭祀孔子弟子颜回庙宇，位于曲阜城北门内东侧。原建于曲阜城东北3千米五泉庄附近，宋延祐四年（1317年）移建于陋巷故宅处，元致和元年（1328年）落成。明代多次重修，1979年进行大修。2006年，对颜庙进行全面维修，对复圣殿进行落架大修。

庙南北长247.3米，东西宽：南端104.5米、北端87.5米，占地约2.5万平方米。五进庭院，第一进庭院，由石坊和石栏组成，自第三进庭院分成东、中、西三路。2001年，公布为全国重点文物保护单位。2013年，颜子庙有元、明、清建筑24座159间。

陋巷坊

在颜庙前陋巷街北首。明万历二十二年（1594年）建，三间四柱式石坊，中二柱顶圆雕蹲兽，边二柱雕宝瓶。明间大额枋，小额枋浮雕云纹，顶刻火焰，其下为竖刻"陋巷"二字。

卓冠贤科及优入圣域坊

位于庙门两侧，始建于明正德二年（1507年），为木坊，清康熙四十九年(1710年)重建时改为石坊。大小额枋上均有花板，明间上层花板上刻隶书，东为"卓冠贤科"，西为"优入圣域"。

复圣门

颜庙正门，高9.06米、阔13.93米、深8.53米，三间三门，绿琉璃歇山顶，为明正德年间重修时遗构。

陋巷井亭

在颜庙大门内，传为颜子生活用井。宋熙宁年间于井上建亭，题名"颜乐"，今亭为清嘉庆大修时重建。亭为正六边形，边长2.9米。

御碑亭

位于二门内，东西两座。东亭建于明正统六年(1441年)，存明英宗御制碑；西亭建于明正德四年(1509年)，以存放明武宗御制碑。两亭形制相同，三间，长8.8米、宽8.7米，重檐，灰瓦歇山顶。

乐亭

位于复圣殿前，明正德二年(1507年)由陋巷井移建于此，清嘉庆时重建。亭高7.35米、阔7.35米、深5.98米，四面悬山，绿琉璃瓦顶。

复圣殿

为颜庙正殿，位于第三进庭院内。元代时为五间重檐，明正德二年(1507年)重建时扩为七间，殿高17.48米、阔31.22米、深17.1米，重檐绿瓦歇山顶，殿内顶有天花，明间有藻井。殿有回廊，擎檐用26根石柱，前檐下中四柱深浮雕一条降龙，周刻云朵，底衬山石，外二八棱石柱减地平钑（sà）升降龙，最外二八棱石柱刻凤凰及花卉，此八柱为明正德遗构。

杞国公殿

在西路正门内，是祭祀颜子父亲颜路专祠，元代始建。殿五间，高8米、阔15.60米、深7.33米、单檐庑殿顶，灰瓦绿琉璃剪边，具宋代建筑特点，又有元代特色，是颜庙最早建筑。

第五节　尼山孔庙建筑群

位于曲阜尼山，后周显德年间始建。宋庆历三年（1043年），重建夫子殿、讲堂、学舍等，金明昌五年（1194年）大修，金末塌毁，元至元四年（1338年）重建。其后多次重修，清道光二十六年（1846年）大修，中华人民共和国成立后多次维修。2006年，公布为全国重点文物保护单位。

尼山孔庙建筑群前为庙，后为书院，各成院落。庙占地约1.6万平方米，有殿、堂、祠、亭等81间，建筑面积约1700平方米。庙分为东、中、西三区，中区有前后两院，前为大成殿，后为寝殿；东区有讲堂、土地祠；西区南有启圣殿及寝殿，东南部与中区相接处有毓圣侯祠。书院占地约660平方米，有正房、两厢各三间。

棂星门

为尼山孔庙正门，建于清道光二十七年(1847年)，三间四柱冲天柱式石坊，额枋单层，明间阴刻"棂星门"三字。

观川亭

棂星门东，东临悬崖，相传为孔子观川处，金代建筑。每面一间，6.15米见方，单檐灰瓦歇山顶。

大成殿

五间，阔18.57米、深10.57米，单檐黄瓦歇山顶，前出廊。为清道光年间建筑，有元代建筑风格。

启圣王殿

祭祀孔子父叔梁纥专祠。五间，阔15.45米、深8.53米，单檐绿瓦歇山顶。

毓圣侯祠

宋皇佑三年(1051年)，封尼山山神为毓圣侯，建专祠祭祀，后多次修葺，清道光时重建。祠三间，阔10.67米、深7.5米，灰瓦单檐硬山顶，前出廊。

书院正房

三间，阔10.09米、深6.24米前出廊，单檐灰瓦硬山顶。

第六节　周公庙建筑

周公庙位于曲阜城东一千米。宋大中祥符元年（1008年），宋真宗追封周公为文宪王，下诏在鲁太庙旧址建庙祭祀，元及明时多次重修，清康熙二十五年(1686年)大修，后又多次重修。中华人民共和国成立后，于1953年、1978年两次大修。2013年，公布为全国重点文物保护单位。

周公庙南北长230米，南端宽68.2米、北端宽71.20米，面积1.6万余平方米。原有殿、亭、门、坊等21座，2013年时有13座57间，建筑面积941平方米，均为明清建筑；存有宋、元、明、清石碑35块。

棂星门

三间三楼四柱冲天柱式木构牌楼，阔11.72米、高9.25米，灰瓦硬山顶，柱顶分踞四天王塑像，琉璃烧造，柱前后以木柱戗撑。

经天纬地与制礼作乐坊

正门内东西院墙上侧门，东为“经天纬地”、西为“制礼作乐”，明嘉靖二年(1523年)建。坊石质，阔12.12米，三间四柱冲天柱式。

康熙御碑亭

位于二门内，三间，7.80米见方，1687年(康熙二十六年)建。重檐绿瓦歇山顶，内立清圣祖御制碑。

元圣殿

位于三门内院落里，为庙主体建筑。高11.81米、阔23.7米、深12.26米，绿瓦歇山顶，前出廊。殿内正中木雕神龛内为周公塑像，神龛上悬乾隆书“明德勤施”匾额，东侧神龛内为伯禽塑像，西侧站立金人塑像。

第七节　梁公林建筑

梁公林位于曲阜城东13千米处，南倚防山。2013年，林前有神道，神道北端为坊式大门3间，林门甬道直通享殿，享殿广5间、深3间，歇山顶，四周飞檐，上覆绿瓦，下用方砖铺地。殿内供奉叔梁公木主。享殿两端各有掖门一座。

第八节　少昊陵建筑

少昊陵，位于寿丘景灵宫遗址区北，有神道与景灵宫遗址相连，神道北侧建有四楹三间石坊，坊额阴镌“少昊陵”三个填红大字。石坊北侧即是少昊陵3间大门，进入陵门，院落内有享殿和叠石寿丘。

享殿为单檐碧瓦歇山式顶，5间，前厦后坐，六梁十八柱。东西各列3间配殿，正殿内上悬雕龙蓝地金书“金德贻祥”匾额，匾下团龙巾金神龛一尊，内供木主牌位，金书“少昊金天氏神位”，匾额、木主皆为清代乾隆皇帝御题。

第九节　洙泗书院建筑

洙泗书院位于曲阜城东北约4千米，泗河南岸，为孔子晚年修书讲学之地。汉时，诸弟子房舍、井瓮犹存。建武五年（29年），光武帝击破董宪于昌虑（滕县东南），过鲁，坐孔子讲堂，顾指子路室谓左右曰：“此吾太仆之室也。”其后学废，遗址存焉。元至元三年（1337年），孔子五十五代孙、曲阜县尹孔克钦在旧址建书院，有礼殿、讲堂等，称为洙泗书院。其后多次修建。1992年，公布为山东省文物保护单位。

2013年，洙泗书院南北长136米、东西宽99.4米，院前神道长193.4米、宽30.35米，总面积约1.94万平方米。院分东、中、西三区，中为两进庭院，有讲堂、大成殿等，东有更衣厅，西有礼器库等。

有讲堂三间，阔11.71米、深6.52米，单檐灰瓦悬山顶，明间南北辟门，稍间南安槛窗，明间前后石柱础为元代遗物。

大成殿五间，高10.20米、阔25.80米、深12.15米，单檐绿瓦悬山顶，前为廊。

第十节　石门寺建筑

石门寺位于曲阜城东北30千米石门山。始建年代不详，宋、元时名全真观，明景泰七年(1456年)重建，易名玉泉寺，俗称石门寺。原有建筑70余间，后多次修葺，1937年大修。2006年，公布为山东省文物保护单位。2013年，存有山门，佛殿、后楼、正房等28间，均为民国时建筑。

山门寺院西部偏南，为一石砌方台，长6.3米、宽5.5米、高4.3米。台正中辟门，前后以石券成拱形，中以木版棚顶。台上建房三间，阔5.7米、深3.2米。

佛殿五间，阔13.15米、深10.4米。灰瓦硬山顶，前出廊，后有一抱厦，阔3.85米、深1.1米。与南天门、东西厢房组成一个四合院。

正房位于殿西偏北处。三间，阔10.20米、深5.20米。

第十一节　九仙山建筑

九仙山位于曲阜城北部，距城18.5千米，区域总面积21.39平方千米，有碧霞祠等40多处名胜古迹和自然景观，有“小泰山”之称。九仙山建筑多建于明代，清代进行大规模扩建，后因天灾人祸和年久失修等多废毁。1996年，曲阜市文物部门与吴村镇政府共同勘察设计，投资260多万元，修复红门宫、碧霞祠、三清殿、三天门、南天门等建筑，并塑各祠、殿神像，铺设登山道路。2001年，公布为济宁市文物保护单位；2006年，公布为山东省文物保护单位。

红门宫

位于九仙山山脚，又称“黉(hóng)门宫”。建在高台之上，为三合小院，其中正房、两厢各3间，正房内供碧霞元君塑像。

三清庙

原建于山下龙湾之北，清康熙九年(1670年)移建于红门宫院东北，有正祠3间，前接卷棚，原供玉清元始天尊、上清灵宝道君、太清太上老君。祠东有一阁，3间。正祠东侧有石碑一幢《九仙山创建三清庙碑记》，为康熙九年立。

王母宫

有屋3间，门上镶嵌石额，刻“西王母行宫”。有石碑三幢，分别是清康熙十八年(1679年)《重修九仙山拨云观记》碑，清康熙三十一年(1692年)《天仙山太平坦拨云观王母宫前创建紫宵坊记》碑，还有一幢题名碑。

碧霞祠

四合院落式庙宇，前面为灰瓦悬山式朱漆大门楼一座，周围红墙环护，院内建有正殿5间和东西配殿各3间，均为前厦后坐，灰瓦覆顶，妆金彩塑的碧霞元君像端坐在大殿内正中，碧霞元君像两侧，是“眼光神”“送生神”，三神俗称泰山老奶奶、眼光老奶奶、送生娘娘。碧霞祠院内有石碑6幢，分别是清康熙八年（1669年）《天仙山仪凤岩碑记》、清康熙十一年(1672年)《九仙山仪凤岩创建大殿碑记》以及四幢题名碑，均为清代碑刻。

其他古建筑见表30-8

曲阜市部分古建筑表

表30-8

名称	位　置	建筑朝代	遗存主要建筑
四基山观音庙	尼山镇大烟庄村南四基山	清	山门、钟楼、玉皇阁
北阁山玉皇阁	息陬镇大峪村	清	阁楼下层 3 间
慎修堂	鲁城街道龙虎居委	清	大门 1 间、正房 5 间、东西配房各 3 间
保安古桥	姚村镇保安村	清	
迎坤桥	尼山镇桑庄村	清	

续表 30-8

名称	位置	建筑朝代	遗存主要建筑
南夏宋古井	息陬镇南夏宋村	明	
孔广森故居	鲁城街道东门大街路北	清	大厅 5 间、东西配房及书房各 3 间
曲阜县衙	鲁城街道西门大街路北	清	监房 5 间
崔家屯鲁公桥	吴村镇崔家屯村	明	
韦家祠堂	石门山镇韦家庄	清	大门 1 间、祠堂 3 间
北十府	鲁城街道北门大街路西	清	前厅、耳室
文昌祠	鲁城街道明故城东南门	清	大门 1 间、正房 3 间
南辛石桥	尼山镇南辛村	清	
纸坊户祠堂	姚村镇红新庄村	清	祠堂 3 间
石泉庄玉皇庙	石门山镇石泉庄村委院内	清	大殿 3 间
池涯吴氏民居	鲁城街道池涯居委五马祠街中段	清	前后堂屋各 3 间、绣楼 1 间 2 层
南关三官庙	鲁城街道南关居委	清	庙堂 3 间
东鲁源刘氏民居	尼山镇东鲁源村	清	正房 3 间，东配房 3 间
北张阳天齐庙	书院街道北张阳村	清	大殿 3 间
韩家铺华佗庙	书院街道韩家铺村委院内	清	庙殿 1 间
峪西孔氏家祠	吴村镇峪口西村	清	祠堂 3 间
管勾山山神庙	息陬镇西夏侯村西管勾山	清	庙殿 1 间

第五章　碑刻

曲阜市存有古代碑刻1万余块，历汉、魏、北齐、隋、唐、宋、金、元、明、清至民国，贯穿整个中国碑刻史。曲阜碑刻以汉魏碑刻驰名中外，汉碑数量居全国之首，成为研究中国古代文字发展、书法艺术和汉魏时期政治、经济、军事、文化发展水平及孔庙建筑史的宝贵资料，在中国碑刻史上占有举足轻重的地位。曲阜隋唐时期碑刻相对较少，只有21块；至金元时期，碑刻逐渐增多，以谒林庙题诗、题名、题记等刻石为主。明清时期的碑刻有3000余块，内容丰富。玉虹楼法帖刻石汇集晋唐以后古代书法艺术成就并自成体系，成为研究中国书法艺术史的珍贵资料。

第一节　汉、魏及北朝碑刻

曲阜存有西汉刻石7块，东汉碑刻16块，魏碑4块。这些碑刻书法浑厚严谨，气势磅礴，是中国古代文化遗产的瑰宝，对研究中国古代书法艺术及字体演变具有重大价值。汉魏碑刻原散存于孔庙、孔府内，1998年全部移入汉魏碑刻陈列馆。

北陛刻石

刻于鲁恭王六年，中元元年(前149年)，高19厘米、宽42厘米、厚94.5厘米。石阶面浅雕双璧纹，立面阴刻菱纹，一端有卯榫。阶石左端刻“鲁六年九月所造北陛”9字，阶石向上一面璧纹内侧刻“六五乙”3

1998年，曲阜市设立汉魏碑刻陈列馆，对汉魏碑刻等部分重点碑刻进行集中保存和陈列

字，字体系小篆兼有隶意。1942年，日本侵略军占领曲阜，盗掘鲁国故城遗址时发现，被日本人运至北京，日本投降后，落存北京大学。1980年，移存曲阜孔庙东庑；1998年，移入曲阜汉魏碑刻陈列馆。

五凤刻石

又名鲁孝王刻石，汉五凤二年（前56年）刻。石长72厘米、左高41厘米、右高39厘米、厚43厘米。刻石左侧刻“五凤二年鲁卅四年六月四日成”13字，字体隶有篆意。金明昌二年（1191年），出土于鲁灵光殿遗址西南“太子钓鱼池”。1998年，由孔庙东庑移入曲阜汉魏碑刻陈列馆。

祝其卿坟坛刻石、上谷府卿坟坛刻石

二刻石又名“汉居摄坟坛刻石”“孔林坟坛石刻两种”“孔子墓前坟坛刻文”“子思墓前石龛文”等。一石高22厘米、宽69厘米、厚38厘米，石灰岩质；另一石高25厘米、宽98.5厘米、厚49厘米，石灰岩质。汉居摄二年（7年）刻。一石刻“祝其卿坟坛居摄二年二月造”，另一石刻“上谷府卿坟坛居摄二年二月造”，刻字篆书。该二石原在孔林孔子和子思墓前，清雍正十年（1732年），庙官陈百户将两石移入孔庙西斋宿所。1998年，移入汉魏碑刻陈列馆。

王陵塞石

高229厘米、宽93厘米、厚47厘米，石灰岩质。约西汉中期刻制。字隶书，有篆书笔意。文字当为工匠随意所刻。1970年，出土于曲阜城南九龙山摩崖汉墓群3号墓。1998年移入汉魏碑刻陈列馆。

舞雩台刻石

高64厘米、宽64.5厘米、厚30厘米，刻于西汉，凿线纹地，上刻两个相同的字，篆书，一立一横，多读作“麃”字。“麃”字为姓，为汉时鲁国大族。1979年春，出土于曲阜城南舞雩台。1998年，移入汉魏碑刻陈列馆。

新富里渎石

石高18.5厘米、宽114厘米、厚39厘米，花岗岩质。汉建武二十二年（46年）刻。记载东汉初年在鲁城北门处整修护城河水沟的时间、地点等。此石原为汉鲁城北墙排水道盖石，“渎”为水渠之意，“新富里”即地域名称。隶书，当为工人所刻，笔势刚健。1992年，发现于曲阜小北关村北104国道西侧。1998年，移入汉魏碑刻陈列馆。

乙瑛碑

又称“汉鲁相乙瑛请置孔庙百石卒史碑”“孔庙置守庙百石卒史碑”“孔庙置守庙百石孔和碑”“孔和碑”等。碑方形，无额。碑高198厘米、宽91.5厘米、厚22.5厘米，石灰岩质。汉永兴元年（153年）立。碑文刻元嘉三年三月二十七日，司徒吴雄、司空赵戒应鲁国前国相乙瑛请求，为孔庙设置守庙百石卒史的奏书及司徒、司空府和鲁相选任孔和为百石卒史的公文。“元嘉”为东汉桓帝刘志年号（151—153年）。该碑一直收存孔庙，1998年，移入汉魏碑刻陈列馆。

孔谦墓碑

又名“孔德让碑”“孔谦碣”“汉孔德让碣”“汉郡诸曹史孔谦墓碣”。碑圆首，高84厘米、宽52厘米、厚22厘米，上圆下平，有穿，穿上有晕，无额字。汉永兴二年（154年）立。碑原在孔林，清初移入孔庙。1998年，移入汉魏碑刻陈列馆。

孔君墓碑

又名“孔君碣”“孔少垂墓碑”。碑圆首，通高150厘米、宽48厘米、厚29厘米，文字刻于上半部，碑阳左下角刻题记一则。汉永寿元年（155年）立。清乾隆五十八年（1793年）三月，钱塘何元锡、教授颜崇规发现于孔林红墙外，当即移入孔庙同文门下；阮元将发现经过刻于碑左下角，翁方纲记，黄易题名。1998年，移入汉魏碑刻陈列馆。

礼器碑

全称“汉鲁相韩敕造孔庙礼器碑”,又名“后汉修孔子庙器碑”“韩明府孔子庙碑”“鲁相韩敕孔子庙碑”“鲁相韩敕复颜氏繇发碑”“韩敕碑”“孔庙礼器碑”等。碑圆首,有额,高45厘米;碑身高171厘米、宽78.5厘米、厚20厘米。汉永寿二年(156年)立。碑文记述鲁相韩敕优免孔子舅族颜氏和妻族亓官氏徭役、增造孔庙礼器、修饰孔子宅庙、制作两车的功绩。碑阳末三行及碑阴、两侧满刻104人姓名及捐款数额。1998年,移入汉魏碑刻陈列馆。保存完整,是存世最好的汉碑之一。

孔宙墓碑

全称“汉泰山都尉孔宙碑”,简称“孔宙碑”。碑圆首,高306厘米、宽102厘米、厚24厘米。有额,有穿,穿上有晕,汉延熹七年(164年)刻立。碑文记述孔宙生平事迹。碑阴也有额,题隶书“门生故吏名”一行于穿下。碑左侧有唐大中元年(847年)高元度等人谒孔子墓题记,右侧有宋天圣元年(1023年)进士刘炳所作的太子中舍和著作佐郎崔暨等同谒先圣陵题记。孔宙碑有额有题,碑阴亦有题额,为汉碑所仅见。碑原在孔林孔子墓东北500米孔宙墓前,清代移入孔庙同文门下。1998年,移入汉魏碑刻陈列馆。

史晨碑

碑分前碑和后碑,前碑名“鲁相史晨奏祀孔子庙碑”“汉鲁相晨孔子庙碑”“史晨请出王家谷祀孔子碑”“史晨前碑”“史晨奏铭”,后碑名“鲁相史晨飨孔子庙碑”“史晨后碑”。碑圆首,有额,额无字,额高35厘米,碑身高173厘米、宽85厘米、厚23厘米。汉建宁二年(169年)刻。前后碑皆隶书,出自一人之手,结字方整谨严,为汉隶代表碑之一。史晨碑一直保存在孔庙,1998年,移入汉魏碑刻陈列馆。

孔彪墓碑

又名“汉博陵太守孔彪碑”“孔彪碑”。碑高285厘米、宽99厘米、厚26.5厘米。碑圆首,有穿有晕,额位于穿上。汉建宁四年(171年)立。碑阳主要记述孔彪生平和为官经历,并颂其业绩。碑阴刻题名。碑原立于孔林孔彪墓前,清康熙年间移入孔庙同文门下。1998年,移入汉魏碑刻陈列馆。

熹平残碑

因碑文中有“熹平二年十一月乙未”字样而得名。原碑上下右皆残损,仅存中下部左半,呈不规则形,右侧最高处71厘米,中部最宽处80厘米,厚21厘米。汉熹平二年(173年)或以后立。此碑虽残,但文字方正端庄,风格淳朴,气势雄健,属于东汉隶书成熟时期的典型之作。清乾隆五十八年(1793年),黄易访得于曲阜东关外,急告阮元,阮元“命人掘土出之,舁至试院,秉烛洗土,审视得七十三字”。并将其发现经过及出土时情况刻于石右。清道光十八年(1838年),孔昭薰等人将残碑嵌于同文门壁上。1998年,移入汉魏碑刻陈列馆。

汉鲁王墓二石人题字

又名 “鲁王墓石人胸前题字”“汉鲁王墓前二石人题字”“汉鲁诸王墓石人篆字”。石人原在曲阜城东南张曲村,清乾隆五十九年(1794年)金石学家阮元发现后,令教授颜崇规和县尉冯策将其移于孔庙,并题记“乾隆甲寅阮元移置”8字于左石人背后。石人两尊,右石人胸前篆书二行10字,曰“汉故乐安太守麃君亭长”;左石人胸前篆书一行4字,曰“府门之卒”。

孔褒墓碑

全称“汉故豫州从事孔褒碑”,也称“汉孔文礼残碑”。碑高270厘米、宽101厘米、厚23.5厘米。圆首,有晕,有穿,有额。汉中平元年(184年)或以后刻立。碑隶书,形态严整齐正,尽管漫漶严重,仍可窥汉隶之风采。清雍正三年(1725年),乡民犁田发现于周公庙侧,告之庙官陈百户,是年秋移入孔庙同文门下。1998年,移入汉魏碑刻陈列馆。

陶洛残汉碑

因在陶洛村出土而得名。经过拼接残石发现其原碑有穿,存世为碑右半部,高204厘米、宽59厘米、厚22厘米,约东汉晚期刻立。字体方正,用笔圆熟,为汉隶中精品。1957年春,发现于曲阜城东防山乡陶洛村南;1959年,挖掘出碎石90余块,内中有文字者24石。1998年,以砖灰固结为碑形,展出于汉魏碑刻陈列馆。1981年,该碑出土附近又挖出一对石人,1982年,调入山东省石刻艺术馆。

鲁孔子庙碑

又名 “孔羡碑”“魏封宗圣侯孔羡碑”“魏封孔羡奉孔子祀碑”“宗圣侯孔羡碑”“魏修孔子庙碑”。碑通高233厘米、宽93厘米、厚25厘米。碑额呈圭形,有穿。额篆书2行,行3字,文“鲁孔子庙之碑”。魏黄初元年

（220年）刻立，书法艺术价值甚高。

贾使君碑

又名“贾思伯碑”“后魏兖州贾使君碑”“后魏贾思伯碑”“兖州刺史贾思伯碑”等。碑首圆形，深浮雕四龙拱起，龙首在碑侧。碑通高214厘米、宽84厘米、厚20.5厘米。北魏神龟二年（519年）立。正书，习称魏体，笔法高古。碑原在兖州府学戟门下，1951年春移入曲阜孔庙保管；1998年，移入汉魏碑刻陈列馆。

张猛龙碑

又名“魏鲁郡太守张猛龙碑”“张猛龙清颂碑”“魏鲁郡太守张府君清颂之碑”。有额，圆首，浮雕四条蟠龙，龙身即为晕纹，晕纹两端各雕两只下垂龙头。碑通高228厘米、宽91厘米、厚24厘米。北魏正光三年（522年）刻立。碑文记颂鲁郡太守张猛龙家世生平事迹，笔画雄强刚劲，书法艺术精湛，历受推崇，一向被推为魏碑代表之一。碑原存曲阜孔庙同文门下，1998年，移入汉魏碑刻陈列馆。

李仲璇修孔子庙碑

又名“东魏孔子庙碑”“鲁孔子庙碑”“后魏兖州刺史李仲璇修孔子庙碑”“兖州刺史李仲璇修孔子庙碑”。碑圆首，有额，饰晕状龙纹。通高253厘米、宽86厘米、厚14厘米。东魏兴和三年（541年）立。碑文记载兖州刺史李仲璇修孔子庙，“命工人修建容像”“雕素十子”，即立孔子和十哲塑像事。碑正书，含有隶意，间用篆书，且多异体字。碑一直存于曲阜孔庙，1998年，移入汉魏碑刻陈列馆。

郑述祖夫子庙之碑

又名“郑述祖碑”“郑述祖夫子庙碑”。圭形，通高176厘米、宽95厘米、厚25厘米。有额，额部为等腰三角形，有穿，穿径12厘米，额刻“夫子之碑”，篆书，阳文。碑文隶书，19行，行24字，剥蚀严重。碑存字不多，但书法严谨，可窥见其书法特色。碑原存孔庙，1998年，移入汉魏碑刻陈列馆。

第二节　隋、唐碑刻

曲阜存有隋碑1块，唐碑6块，唐代墓志5石，唐人题记9则。

陈叔毅修孔子庙碑

又名“隋孔子庙碑”“隋陈明府修孔子庙碑”，隋大业七年（611年）刻，碑高214厘米、宽82厘米、厚21厘米，圆首，有额，额刻“修孔子庙之碑”，阳文，篆书。碑文21行，行47字，仲孝俊撰文，记述曲阜县令陈叔毅维修孔庙事。碑隶书，结体方正。原存孔庙，1998年，移入汉魏碑刻陈列馆。

赠太师鲁先圣孔宣尼碑

唐仪凤二年（677年）刻立，碑高360厘米、宽127厘米、厚32.5厘米，半圆首，额题为篆书。碑文为隶书阴刻，有唐武德九年（626年）封孔子后裔为褒圣侯诏书，唐乾封元年（666年）赠孔子太师诏书，还有致祭祝文和请立碑孔庙奏文。碑原有龟趺，金明昌二年（1191年）断为二，改为方座。立于孔庙十三碑亭。

鲁孔夫子庙碑

唐开元七年（719年）刻立，碑高402厘米、宽145.5厘米、厚61.2厘米，半圆首，篆书额题。正文19行，每行60字，李邕撰文，张庭珪书。立于孔庙十三碑亭。

兖公之颂碑

唐天宝元年（742年）刻，碑高200厘米、宽84厘米、厚16厘米。碑方形，但两上角各抹去宽、高各约十厘米，剩余部分刻碑额“兖公之颂”，横排一行，隶书。张之宏撰文，包文该书。原存孔庙东庑，1998年，移入汉魏碑刻陈列馆。

文宣王庙门记碑

唐大历八年（773年）十二月刻立。碑高168厘米、宽72厘米、厚14厘米，螭首。文字保存完好，唯左下角残缺。碑文记述兖州刺史孟休鉴命曲阜知县裴有象修孔庙南门事，隶书，字结体端庄平正，笔画匀称疏朗，风格工丽清雅。裴孝智撰，裴平书。碑右侧有曲阜令李子皓等建碑题名，隶书。碑阴刻有唐代郑汉璋、郜来庭两则题记。

新修庙记碑

唐咸通十一年（870年）三月刻立。碑高145厘米、宽74厘米、厚22厘米。内容为三部分：前为“新修曲阜县文宣王庙记”；中为孔温裕“请修兖州曲阜县文宣王庙”奏文；后为中书门下省准奏牒文。碑文记述孔子三十九代孙、天平节度使、郓曹濮观察使孔温裕捐财重修孔庙事迹，贾防撰文，字楷书，无书者姓名。

大乘寺造像碑

唐天宝三年（744年）立石。通高187厘米、宽70厘米米、厚23厘米，额高70厘米、宽100厘米、厚35厘米。此碑为佛教碑刻，李士强撰文。碑头浮雕五台山山形，远近高低，层峦叠嶂，内有楼台庙宇、飞天、神仙骑兽、坐佛等，雕镂精细，造型奇特。1956年，发现于原南辛镇白村，次年移入孔庙；1998年，移入汉魏碑刻陈列馆。

羊荆壁墓志铭

刻立年月及撰书人均不详，墓主葬于唐天宝四年（745年）。石宽56厘米、高46.5厘米、厚10厘米。楷书，23行，行18字。1957年，发现于姚村镇黄屯村，后移入孔庙，后又移入汉魏碑刻陈列馆。

独孤景墓志

此墓志刻于唐大中元年（847年）。墓志铭有盖，长宽均为60.5厘米、厚8厘米，盝顶，长宽均为39厘米，阴刻“唐故任城县令独孤公墓志铭”，正书，字径6厘米。墓志长宽均为60厘米、厚9厘米，碎为三块。墓志铭为李华宗撰，19行，其中题、款各一行，序14行，铭3行，行20至25字不等。字行书，无书者姓名，字径约3厘米。刻石于民国年间在时庄街道尹家村出土，1978年，征集入孔庙，1998年，移展汉魏碑刻陈列馆。

第三节　宋、金、元碑刻

孔庙存有宋代碑刻9块、刻石11块，明代重刻宋碑5块，另有宋人题记16则，周公庙有宋真宗撰《文宪王赞》碑；金代碑刻有党怀英撰《重修至圣文宣王庙》碑、题“杏坛”碑、赫甡（shēn）诣祠题记及《大乘寺铸钟铭》碑；元代刻石有61块，题记42则。多存于孔庙、孔林内。

米芾孔圣手植桧赞碑

宋崇宁二年（1103年）刻立。碑圆首，高148.5厘米、宽61厘米、厚19厘米。正文4行，题、款各一行，均为行草。原在手植桧侧，后移入孔庙；1998年，移存汉魏碑刻陈列馆。

大乘寺碑

金大定八年（1168年）立。碑高185厘米、宽70厘米、厚24厘米，碑首浮雕云龙，碑文为正书。1957年，由尼山镇白村大乘寺移入孔庙；1998年，移存曲阜汉魏碑刻陈列馆。

金重修至圣文宣王庙碑

金承安二年（1197年）刻立。高36厘米、宽158厘米、厚51.9厘米，螭首龟趺，有额。党怀英撰文并书丹，额题篆书，正文隶书。立于孔庙十三碑亭。碑阴刻有宋淳祐五年（1245年）元好问拜奠孔子庙林题记和宋淳祐十二年（1252年）杨奂谒庙诗，均为行书。

赵孟頫书孔治墓碑

元大德三年（1299年）刻立。圆首方趺，高266厘米、宽90.5厘米、厚20.5厘米，篆书，双行，每行6字，边款正书。原立于孔林孔治墓前，1979年移入孔庙；1998年，移入汉魏碑刻陈列馆。

曲阜县历代沿革志碑

元至正十年（1350年）刻立。方柱形，高2米，宽、厚均0.54米，顶覆瓦垄形石板。三面刻字，楷书，记述曲阜历代沿革。1998年，有孔庙移存汉魏碑刻陈列馆。

第四节　明、清碑刻

曲阜存有明、清时期碑刻3000余块，碑刻内容比较丰富，有修庙及祭孔记录，也有帝王将相、文人墨客谒庙题记，最有特色的是谒庙诗文，如董其昌题跋，李东阳诗、赋，周天球谒庙诗、题记等。

御制重修孔子庙碑

又称“成化碑”，明成化四年（1468年）刻立。高约6米、宽2.2米、厚0.5米，碑首雕盘龙绕日，龟趺高1.25米、长5米、宽约2.5米。明宪宗撰文，楷书。立于孔庙同文门东南。

严嵩书孔闻韶墓碑

明嘉靖三十五年（1556年）刻立。方首方趺，碑额高170厘米、宽130厘米，浮雕云龙。碑身高264厘米、宽121厘米、厚34.5厘米。正题篆书，双行，每行7字，边款正书。立于孔林孔闻韶墓前。

翁方纲书孔传钲墓碑

清乾隆四十七年（1782年）刻立，圆首方趺，高319厘米、宽110厘米、厚50厘米，隶书。立于孔林孔传钲墓前。

阮元题孔宪增墓碑

清道光十九年（1839年）刻立。方首方趺，碑额及碑边浮雕云龙。碑高390厘米、宽110厘米、厚37厘米，篆书。立于孔林孔宪增墓前。

何绍基题孔昭杰墓碑

清咸丰四年(1854年)刻立。圆首方趺,高225.5厘米、宽81.5厘米、厚27厘米,篆书。立于孔林孔昭杰墓前。

慈禧赐孔令贻"寿"字碑

清光绪二十年(1894年)刻立。高213厘米、宽92厘米、厚24厘米。上款正书"慈禧皇太后御笔,光绪二十年十月十五日",下款正书"赐赏戴双眼花翎袭封衍圣公孔令贻",中草书一大"寿"字,存于孔府二堂内。

玉虹楼法帖(孔庙东庑北部)(2013年摄)

第五节 玉虹楼法帖刻石

玉虹楼法帖刻石是清代著名书法家孔继涑于清乾隆三十三年(1768年)整理刻成,存于孔庙东西庑,有刻石569块。刻石分为14类,有"玉虹楼帖""玉虹鉴真""玉虹续鉴真""谷园摹古""国朝名人""瀛海仙班""金人铭""隐墨斋""黄涪州""米海岳""祝京兆""临《中兴颂》""张文敏小楷""张文敏书诗"等,编为101卷。玉虹楼法帖是以孔继涑、张照临摹或自书为主体,兼收书法名人真迹摹刻而成,保存晋唐以后各种书体、各个流派的墨迹,真、草、隶、篆章法各异,自成体系,在中国书法史上具有重要的历史地位。

第六章 古代石刻

曲阜石刻主要有画像、石柱石仪雕刻和摩崖造像三大类。画像石刻以汉代为主,宋代以后的孔子画像刻石多以前人画像摹刻。画像石内容丰富多彩,线刻、浅雕、浮雕等刻法多种多样,画像风格千变万化,是中国古代艺术珍品。曲阜石柱始于金代,孔庙殿庑"外柱以石,刻为龙文"。受其影响,颜庙、尼山孔庙等也都改用石柱。石仪始于汉代,本为墓前装饰物,后世逐渐演变为墓主生前地位的标志。曲阜摩崖造像即指九龙山摩崖造像,为石佛洞龛,共6处。

第一节 画像石刻

曲阜汉代画像石刻存有100余块,宋代以后孔子画像刻石120余块,均保存在孔庙。

石阙

有三组,均以方形石块垒成,上覆瓦垅形坊顶。一组五石,高2.2米;一组六石,高2.6米;一组四石,高1.35米。石块四周阴刻有人、兽、神、怪等,均为汉代早期作品。原置于孔林内,1978年移入孔庙。

安汉里画像石

新莽至东汉初年石椁墓画像石。石椁全长281厘米、宽252厘米,中间有一隔板分为二室,为夫妻合葬墓。椁内四壁、隔板两面、盖板及两侧壁外均有画像。隔板两面刻行乐图,人物中有击鼓吹笙的、有轻歌曼舞的、有静思对弈的。室顶为二石,刻连环玉璧、龙纹等图案。四壁东刻青龙,西刻白虎,南刻朱雀,北刻玄武,两侧壁外面刻神荼郁垒、对语图。画像为阴浅刻,饰以麻点或鳞纹,以重菱纹饰边。隔板上有一行隶书题记"山鲁市东安汉里禺石也"。石椁于1937年在曲阜城东韩家铺村出土，存于孔庙。其中，博弈画像石高0.42米、宽1.14米，刻三组人物：左二人奏笙管、一人起舞，中二人击鼓，右二人跪坐博弈：一为走出妙棋而得意、一观棋慎思；石周饰菱形花纹，是诸石中最精彩的一块。

扁鹊针灸画像石

汉元和二年（85年）刻制，高84厘米、宽80厘米。画面分上中下三层，上层刻龙、虎、异兽，中层左刻人首鸟身的扁鹊持针诊病，右边4人拱手跽坐，下层刻大树下炊者在做饭。1950年，于微山县两城镇附近出土，存于孔庙。

孔子凭几像刻石

亦称孔子小影，刻于宋绍圣二年（1095年），传为摹唐吴道子画像刻制。高1.25米、宽0.67米。画上孔子凭几而坐，两边侍立颜子等弟子10人。上刻有宋太祖《至圣文宣王赞》、宋真宗《夫子赞》，图下题记，述刻石经过。

圣迹图刻石

明代刻制。由画工杨维扬作画，刻工章草刊石，镶嵌在孔庙圣迹殿墙壁上，全图共120幅，每幅宽约38厘米、长60厘米。第一石篆刻"圣迹之图"四字，后刊录"孔子世家""圣迹殿记"等。其中109幅，记述自颜母祷尼山生孔子，到孔子去世后弟子庐墓为止，包括"宋人伐木""苛政猛于虎"等孔子一生的主要活动和言论，是有完整人物故事的连环画石刻。最后还附有汉高祖、宋真宗以太牢祀孔子图二幅。图均附有正书标题及文字说明。

第二节　石柱　石仪

曲阜石柱分为三类：一类是浮雕起突云龙，使用在孔庙大成殿、崇圣祠、启圣殿、大成门及颜庙复圣殿，其中体量以大成殿为最，雕刻水平以大成门和崇圣祠为高，制作年代以复圣殿和崇圣祠为早。一类是减地平钑（sà）龙凤或花卉，分别使用在孔庙大成殿、寝殿、大成门、启圣殿、崇圣祠和颜庙复圣殿、尼山孔庙大成殿、启圣王林享殿上，其中雕刻水平以复圣殿、崇圣祠为高，制作年代以大成门、崇圣祠、复圣殿为早。一类是素面无纹，使用在孔庙奎文阁、杏坛、碑亭等建筑上。

孔林内有汉代石兽、石阙，张曲大墓前有石人、石兽，陶洛大墓前有石人。北齐陈博达墓前有石兽，五代颜文铎墓前有翁仲，宋代孔子墓前和元代叔梁纥墓前均刻立全套石仪；从孔子五十九代嫡孙孔彦缙起，衍圣公墓前均刻立石仪，计有明代8组、清代10组。

张曲汉石人

东汉晚期刻制，二尊。原在曲阜城东南4千米张曲村南大墓前，清乾隆五十九年（1794年）移至城内矍相圃。1953年，移置于孔庙，建亭保护。1998年，移入汉魏碑刻陈列馆，二尊东西并列，东高2.2米、胸围2.45米，头戴帻，双手执彗，胸腹阴刻篆书"府门之卒"；西高2.54米、胸围2.9米，戴冠，长衣露足，拱手立，腰间佩剑，胸腹间阴刻篆书"汉故乐安大守麃（biào）君亭长"。

孔子墓宋石仪

宋宣和元年（1119年）刻制，宣和五年（1123年）立于孔子墓前。清雍正十年（1732年），移至子思墓前。有两对石兽，为宋代遗物。南面一对石兽踞坐于0.23米高的石座上，垂长尾，生双翼，左高1.77米、右高1.54米；北面一对石兽卧伏于地，头生一角，肋生双翅，仰首长啸状，长1.75米、高约1.5米。

叔梁纥墓元石仪

元至元二年（1336年）刻立，有石柱，石人各一对，石兽二对，残损严重。石柱为八棱形，石人戴纱帽，左手执笏，右抄手挂剑。右石柱及兽头，左人首均为1982年配补。

孔府石狮

明代刻立，置于孔府门前两侧，立0.8米方形云纹石基上，高约1.2米。卷毛，睁目，张口露齿。东雄，玩一绣球；西雌，扶一幼狮。

第三节　九龙山摩崖造像

位于曲阜城南10千米九龙山南麓，有唐代石佛洞龛6处。4龛附有题记，但多不可辨认。2006年，公布为山东省文物保护单位。

第一龛高、宽均为60厘米，卢舍那佛坐于须弥座上，旁为立于莲台上的阿难、迦叶及二菩萨。从龛外左侧题记可知，系宋五娘为亡父所造，刻于后梁天保十五年（576年）。

第二龛高1.95厘米，雕菩萨立像一尊，袒胸露腹，头梳高髻，立于莲台之上。龛左题记磨蚀不清，其下刻有宋政和二年（1112年）游人题记一则。

第三龛高84厘米、宽60厘米，雕菩萨一尊，坐于莲台之上，两角刻力士。龛左题记模糊不清。

第四龛高60厘米、宽38厘米，刻文殊菩萨坐于狮身之上，狮旁、狮后各有一个力士。

第五龛高80厘米、宽46厘米，刻普贤菩萨坐于白象之上，前后各有一名力士。龛下还并列三个小龛，刻一坐二立菩萨。

第六龛高24厘米、宽13.8厘米，刻立佛一尊，披袈裟、腰束带。龛右题记若干数字。

2006年，曲阜九龙山摩崖造像被公布为山东省文物保护单位。

第七章　馆藏文物

曲阜市馆藏文物种类繁多，有玉石器、青铜器、陶瓷器、字画、书籍、雕刻、衣冠、家具、砚章等，还有孔府档案两万余卷。这些文物大多为衍圣公府家藏，部分为中华人民共和国成立后搜集或出土。2013年，曲阜馆藏文物总数68万余件，其中一级文物375件、二级文物2417件、三级文物3974件。

第一节　玉石器

孔府文物档案馆馆藏玉石器千余件，其中在级文物百余件，门类丰富，既有历代衍圣公府传世实用器、陈设器，也有曲阜境内各考古遗址发掘出土的礼器、佩饰、葬玉等。尤其以20世纪70年代鲁国故城遗址考古发掘出土的玉器最为精美。

长玉琮

新石器时代礼器，宽7厘米、高38.2厘米，专用于祭地。

墨玉刀

商代礼器，长27.5厘米、宽3.5厘米、厚0.4厘米。

玉戚

商代礼器，长16.6厘米、宽9.2厘米、厚0.5厘米，上部三面开刃。

龙首黄玉璜

周代礼器，长16.6厘米、宽5.3厘米、厚0.35厘米，两端镂雕龙首，器身刻饰勾连云纹。

蕉叶纹白玉铎

宋代陈设器，通高16.5厘米，甬钟状，白玉质，玉质细腻。

青玉角端

宋代陈设器，长7.2厘米、宽3.5厘米、高11.2厘米。

雕楼阁人物碧玉山子

明代陈设器，长34.4厘米、宽6厘米、高31.3厘米，碧玉质，晶莹温润。以自然之形雕琢山景、亭台楼阁、人物、树林、鹤、鹿、灵芝等纹饰，配镂雕花卉、山石紫檀木座。

透雕花龙纹青玉带板

明代皇帝和官僚贵族鞶带配饰，等级和地位象征物，其形制有方形、长方形、桃形等。带板六块，铊尾二、胯四。玉带板分大小两种，大的长15.9厘米、宽5.3厘米，小的长5.8厘米、宽5.3厘米。

雕莲蓬碧玉盒

清代实用器，高10.1厘米、长13.8厘米、口径10厘米，通体雕一莲蓬，器盖相扣，盖面雕荷叶、莲子，器底莲枝缠绕。

珊瑚朝珠

清代朝珠，共108颗。此朝珠由107颗珊瑚珠贯穿而成，周长104厘米，每隔27粒穿入一颗翠佛头。佛头塔缀蓝色丝绦，中穿翡翠背云，末端缀一葫芦形紫晶佛嘴，佛头塔两侧缀绿松石纪念三串，每串10粒，末端各缀红宝石、绿宝石、紫晶坠角一个。

夔龙榖纹青玉璧

战国礼器，外径31厘米、内径10厘米、厚0.6厘米，鲁国故城遗址出土。

榖纹夔龙形青玉饰

战国佩饰，长15.4厘米、宽5.8厘米、厚0.4厘米，鲁国故城遗址出土。曲身龙形，龙首独角，作回眸状，体横向蜷曲，呈“S”形，两面饰榖纹。

出廓双龙勾云纹黄玉璜

战国佩饰，通长8.7厘米、半径4.5厘米、厚0.3厘米，鲁国故城遗址出土。黄玉质，玉质温润。璜身满刻勾云纹，璜下透雕双龙。

透雕出廓双凤榖纹黄玉小系璧

战国佩饰，通长6.9厘米、通高4.65厘米、厚0.3厘米，鲁国故城遗址出土。器中为玉璧，两侧外缘各饰透雕凤鸟，背向而立。

兽面纹黄玉带钩

战国实用器，长8.3厘米、宽6.8厘米、钮径2.7厘米，鲁国故城遗址出土。兽首形钩，器面刻饰兽面纹。

圆雕黄玉马摆件

战国陈设器，长5.8厘米、宽1.7厘米、通高5.7厘米，鲁国故城遗址出土。

战国黄玉马摆件

红玛瑙环

战国佩饰，外径6.6厘米、内径3厘米，鲁国故城遗址出土。有白色瑕斑，纹理如流云缭绕。

紫晶玛瑙串饰

战国佩饰，通长19.3厘米，鲁国故城出土。紫晶纯正，晶莹剔透。

第二节　陶瓷器

孔府文物档案馆馆藏陶瓷器几千余件，其中在级文物700余件套，主要以大汶口文化、龙山文化及商、周、两汉时期陶器，明、清时期瓷器为主。20世纪70年代，鲁国故城遗址勘察发掘时，出土大批陶器，藏于孔府文物档案馆。孔府旧藏瓷器以明清为主，多为祭祀礼器、陈设器。

明永乐描金青花蕃莲碗

口径15.1厘米、足径5.6厘米、高6.2厘米，胎薄，半透明。

明万历款青花“五谷丰登”人物图碟

口径9.8厘米、足径5.5厘米、高2.4厘米。

明龙泉青瓷刻花大盘

口径46.2厘米、足径28厘米、高8.7厘米。

明万历款青花云龙纹笔架

长17.5厘米、宽4.5厘米、高13厘米，长方双栏内横写楷书“大明万历年制”底款。

明青花婴戏图蒜头瓶

口径2.2厘米、足径2.3厘米、高16.5厘米，蒜头状敛口。

清乾隆款粉彩“福禄寿”鹿头尊

口径16.4厘米、足径24.3厘米、高45.1厘米，器身以青山绿林为景，绘群鹿在山林之间奔跑嬉戏图。青花篆书“大清乾隆年制”底款。

清康熙青花人物大缸

口径50.9厘米、底径27厘米、高35.8厘米，器形较大，器身绘人物在山石、松竹之间，描绘细致。

陶鼎、陶壶

大汶口文化晚期陶鼎、陶壶，1962年在曲阜西夏侯遗址出土，鼎通高23厘米、口径11.9厘米，泥质红陶。

蛋壳黑陶高柄杯

大汶口文化晚期高柄杯，1962年曲阜西夏侯遗址出土，通高24厘米、口径8.6厘米、底径8厘米，器壁薄如蛋壳。

红陶鬶

大汶口文化晚期红陶鬶(guī)，1962年曲阜西夏侯遗址出土，通高28厘米、宽18厘米(附图)。

灰陶豆

曲阜防山马庄遗址采集，龙山文化早期陶豆，高21.3厘米，口径23.1厘米，底径18.2厘米，泥质灰陶。

灰陶簋

1978年曲阜鲁故城遗址出土，春秋时期陶簋，高17.4厘米，口径18.2厘米，底径12厘米，泥质灰陶。

战国紫晶玛瑙串饰

清乾隆款粉彩“福禄寿”鹿头尊

大汶口文化红陶鬶

第三节　青铜器

孔府文物档案馆馆藏铜器主要为孔府旧藏历代祭器、乐器及鲁国故城出土铜器为主。鲁国故城出土铜器造型器形硕大，纹饰古朴精美，且种类繁多，年代主要以西周时期和春秋战国时期居多；孔府旧藏铜器多为祭祀礼器和实用器皿，主要有鼎、甗(yǎn)、盨(xǔ)、簋(guǐ)、簠(fǔ)、壶、盘、匜(yí)、缶、罐、鐎(jiāo)壶、钵、盆、盖豆、舟等。馆藏在级青铜器200余件，普品约50000余件。

“侯母”铭象纹铜壶

鲁国故城遗址出土，西周时期铜壶，口径10.2厘米、底径19.3厘米、通高39厘米，呈卵形，腹有四系，盖沿和壶口各铸一周对铭文“侯母乍侯父戎壶用征行用求福无疆”。

“鲁中齐”铭双牺耳三童足铜盘

鲁国故城遗址出土，西周时期铜盘，口径38.7厘米、底径28.1厘米、通高15.5厘米，附耳饰卧牛，圈足下铸三童，盘内铸铭文“鲁司徒中齐肇乍盘其万年永宝用享”。

“鲁白悆”铭窃曲纹双兽耳虎钮铜盨

鲁国故城遗址出土，西周时期铜盨，口径22.7厘米×14.2厘米，通高19.2厘米，呈长方形，盖、器铸对铭文“鲁白悆用公龙，其肇乍其皇考皇母旅盨囗，悆囗囗，用追孝，用囗多福，悆其万年囗寿，永宝用享”。

“鲁中齐”铭夔纹兽首鋬四足铜匜

鲁国故城遗址出土，西周时期铜匜，长34.7厘米、宽17厘米、通高19厘米，呈椭圆形，内铸铭文“鲁司徒中齐肇乍皇考白走父宝匜其万年眉寿子子孙孙永宝用享”。

“鲁中齐”铭鳞纹三足铜鼎

鲁国故城遗址出土，西周时期铜鼎，口径29厘米、通高28.2厘米，内壁铸铭文“鲁中齐肇作皇考鬻鼎，其万年眉寿，子子孙孙永宝用享”。

“鲁中齐”铭垂鳞纹双耳三足铜甗

鲁国故城遗址墓出土，西周时期铜甗，口径31厘米、通高41.7厘米，由甑、鬲两部分组成，甑下有榫圈套入鬲口，鬲双耳，内壁铸铭文“鲁中齐作旅甗其万年眉寿子子孙孙永宝用”。

厚格圆茎有箍式铜剑

周代铜剑，通长47.5厘米、宽4.8厘米，倒凹字形厚格，有双箍，圆形首。

蟠虺(huī)纹铺首衔环铜罍

春秋时期铜罍(léi)，口径14.3厘米、底径13.2厘米、通高32.7厘米，呈圆形。

铜鼓

汉代铜鼓，直径73.5厘米、高57厘米。鼓面饰多种花纹，边沿铸青蛙、人骑马牵牛立体塑像，鼓腹。

虎钮錞于

汉代铜制打击军中乐器。底径17.5厘米×15.3厘米，通高50厘米，呈椭圆筒形，独角兽钮。

四神规矩镜

汉代，直径18厘米、厚0.5厘米，圆钮，钮座外方框内排列十二地支铭。

“侯母”铭象纹铜壶

蟠虺(huī)纹铺首衔环铜罍

明掐丝珐琅鼓墩

鎏金千佛塔

明代，通高202厘米，塔呈八角形鎏金，共13层；塔身层层飞檐，檐上脊挑角外伸，最下层前面开有门洞。塔身铸有形态各异座、立佛705尊，故称千佛塔。

鎏金“第四夹钟”铭镈钟

清代，铣间42.5厘米，甬高28.5厘米、通高77厘米，呈椭圆形；钲部正面铸铭文“乾隆御制”等124字，背面铸铭文“镈(bó)钟第四夹钟，大清乾隆二十又六年”等33字。

第四节　景泰蓝器具

孔府文物档案馆馆藏珐琅器百余件，主要为明清时期祭祀礼器、陈设器和实用器，主要是古代皇帝颁赐给历代衍圣公府的礼器法物及孔府收藏、搜集的传世文物。

明兽面纹掐丝珐琅五供

孔庙祭祀礼器，香炉一、尊二、烛台二，香炉口径22厘米×17厘米、座22.6厘米×17.6厘米、通高44.8厘米，紫铜胎，座面饰“五福捧寿”纹。尊口径18厘米×18厘米、底径14厘米×14厘米、通高42.1厘米，紫铜胎。烛台底径10.9厘米×10.9厘米、座径14厘米×14厘米，通高55.5厘米，紫铜胎。

明“大吉”掐丝珐琅葫芦瓶

陈设器，通宽26.3厘米、通高41厘米，紫铜胎。

明蕃莲纹掐丝珐琅高足盂

孔庙祭祀盛食器，口径11厘米、座径14.4厘米、通高16.3厘米，紫铜胎，盛食器。

明缠枝宝相花纹雕龙耳掐丝珐琅香炉

香薰器，口径25.9厘米、足高23.3厘米、通高64.2厘米，紫铜胎

明万历缠枝宝相花纹掐丝珐琅长方盘

陈设器，长57.7厘米、宽39厘米、高8.2厘米，紫铜胎，盘心正中饰以圆形“寿”字纹。

明掐丝珐琅鼓墩

香薰器，面径27厘米、底径27厘米、通高40厘米，铜胎。

明缠枝宝相花纹掐丝珐琅大盖炉

陈设器，口径42.7厘米、通高37.2厘米，铜胎，双环耳。

明掐丝珐琅荷花吊灯

陈设器，底径20厘米、通高67厘米，铜胎。器由盖、链、储液罐、座组成。

清双龙戏珠纹掐丝珐琅笔洗

文房用具，口径15.8厘米、底径12.9厘米、高6厘米，铜胎，有红色方栏内署“大明年制”楷书款。

清乾隆画珐琅带盒九子盘

陈设器，直径33.5厘米、通高10.1厘米，紫铜胎，盒内装有盘九个，盘心各饰有红色楷书“喜”字。

清乾隆黄地彩绘缠枝花卉纹铜胎画珐琅爵

饮酒器，流长6.7厘米、柱高3.3厘米、足高7.5厘米、通高17厘米，铜胎。

清雍正黄地彩绘缠枝牡丹纹铜胎画珐琅五供

香炉，口径36厘米、通高70厘米，紫铜胎。尊，口径23.7厘米×23.7厘米、底径27.3厘米×27.3厘米、通高70.5厘米，紫铜胎。烛台，下盘径33厘米×33厘米、底径29.3厘米×29.3厘米、通高73厘米，紫铜胎。均有

楷书“雍正年制”款。

第五节　孔子画像、衍圣公及夫人画像

曲阜市字画文物资源非常丰富，其中孔府文物档案馆馆藏明清字画两千余件，大部分为孔府旧藏。其中以孔子画像、衍圣公及其夫人画像最为独特、珍贵。名人字画除衍圣公、衍圣公夫人及其家人字画外，还有不少名人字画，如乾隆《万仞宫墙赞》《孔子故宅门赞》等，还有慈禧太后“寿”字轴、“九桃图”中堂，以及周之冕、桂馥、郑板桥、刘墉等名人字画。

孔子画像主要有明代“孔子为鲁司寇图轴”“孔子燕居图轴”“孔子观欹器图轴”“孔子杏坛讲学图轴”“孔子燕居图轴”“孔子讲学图轴”“孔子颜回曾参三圣图轴”等，清人“孔子像轴”“孔子颜回二圣像轴”等。

衍圣公及其夫人画像在孔府文物档案馆字画藏品中占据着重要地位，主要为明清时代，以明代居多，如“衍圣公孔弘绪画像”“衍圣公夫人江氏小像轴”“衍圣公孔闻韶画像轴”“孔子六十五代孔胤植画像轴”，清代有“孔子六十五代嫡孙孔胤植陶夫人画像轴”“孔子六十六代嫡孙孔兴燮画像轴”“孔子六十七代嫡孙孔毓圻画像轴”等，这些画像均生动形象地保存了衍圣公及其夫人的面貌，对研究孔府传承、明清官服演变及写生艺术都有着重要的参考价值。

第六节　古籍

孔府文物档案馆是山东省和全国重点古籍保护单位，所藏古籍图书共计6400余部4万余册，其中13部入选《国家珍贵古籍名录》，47部入选《山东省珍贵古籍名录》。

宋刻本《皇朝仕学规范》四十卷

张镃辑，纸本线装，函套为黄色蜂巢纹锦缎，上有书签“宋本仕学规范”，淡蓝色洒金书衣。行款：12行25字，小字双行25字。属史部政书类。内容分为学、行己、莅官、阴德、作文、作诗6类，统载宋名臣事状并征引原文名著出典。钤有朱文印二方“钦雪堂印”“信夫之印”，白文印二方“雪庵道人”“王之仲”。

清孔广森稿本

纸本，线装。有《礼服释名》1卷、《列国事语分类考释》1卷、《读书札记》、《礼仪器制考释》58卷、《顨轩经说》10卷、《春秋公羊经》1卷、《礼记注疏补缺》1卷、《大戴礼记补注》13卷序录1卷。

第七节　孔府档案与雕版

《孔府档案》是孔府的生活记录和社会经济活动记录，以其历史长、数量多、内容丰富而成为中国著名的私家档案。

孔府重视文书档案的储存，元代设掌书官，后称典籍官，并设册户，专门保管各种册籍。原孔府档案分朝贺、承袭、奉祀、宅基、地亩、人丁、词讼等28类，按“天地玄黄宇宙洪荒”等《千字文》文字顺序编号。中华人民共和国成立后，政府对这批文物非常重视。1956年，国家文物局专家单士元、李洪庆等到曲阜，指导清理孔府文物，将孔府所藏文书档案单独列项，专库保管。南京档案史料整理处(后更名为中国第二历史档案馆)受国家文物局委托，派专家帮助曲阜县文物保管所对孔府旧存资料进行清理，鉴定、分类、整理、裱糊、立卷、装订、编号，装册保管，至1958年结束。后曲阜市文物管理委员会陆续整理，至2013年，整理完成案卷集档案9021卷258419件、文件集档案19860件，保存于曲阜市文物管理委员会孔府文物档案馆内。

《孔府档案》记录孔府自明嘉靖十三年(1534年)至1948年四百余年的政治、经济、文化、思想、宗族等社会生活的各个层面，档案按时间顺序分为三个部分，即明代档案、清代档案和民国档案；按内容分为袭封、宗族、属员、刑讼、租税、林庙管理、祀典、宫廷、朝廷政治、财务、文书、庶务等类，有孔氏子孙袭爵受封、圣贤奉祀等反映袭封方面的内容，有帝王御祭孔子或遣官祭祀等祀典方面的内容，有衍圣公与朝廷、地方官员往来的奏档、京报邸抄、公文簿册等宫廷方面的内容，有孔子后裔纂修家谱、各省支谱、祖训箴规、宗法族规、族务管理等关于孔氏宗族的内容，还有孔府祭田、学田契约，租银及开支账册，官属员役等方面资料。

2013年，孔府文物档案馆馆藏木雕版4400余块，涉及各类古籍70余种，其中存量较大的有《幸鲁盛典》

《阙里志》《阙里文献考》等，另有部分日用文书类雕版，如清代木刻祭孔仪仗职司雕版、木刻衍圣公府驿传信票雕版、木刻《急救黑痧胀经验神效方》雕版等。

第八节　古家具

孔府保留大量明、清及民国时期硬木家具，品种如黄花梨木、紫檀木、鸡翅木等，类型有椅凳、桌案、床榻、柜架等，共计900余件，其中珍贵文物152件。

明红木扶手椅

素混面，为南官帽椅典型样式。椅面冰盘式边抹，四足圆木。

清紫檀方桌

素面，束腰，下有霸王枨，直腿，足部雕卷云。

清乾隆紫檀木三节玻璃柜

上下橱门外有五彩玻璃花片，内有木雕花板，二橱背均有浮雕花草。上层四周均有浮雕。

第九节　古衣冠

孔府文物档案馆馆藏服饰有9000余件，均为孔府旧藏，主要为历代衍圣公及其家眷服饰，包括官服、礼服、常服及日常服装饰品，大多以丝、绸、缎、麻、绢为主，图案精美，制作精致，数量庞大。馆藏服饰珍品以明代服饰为最，清代服饰也十分丰富，尤其是官服、礼服及常服数量较多。此外，还有若干服饰饰品，均出自孔家女眷之手，有香囊、荷包、绣花扇面等。

墨绿纱织暗花妆花蟒衣

明代赐服，交领、右衽、长阔袖、左右开裾式袍。直经纱地织如意云暗花纹。前胸、后背、两肩织金妆花柿蒂形过肩蟒，腰栏上织八条行蟒。

蓝纱织暗花妆花蟒衣

明代交领、右衽、长阔袖、左右出摆式袍。亮地纱织四合如意云暗花纹。妆彩织柿蒂形蟒，两蟒穿前胸后背，腰栏上织七行蟒，袖栏侧面升蟒各一。

第十节　其他文物

孔府文物档案馆收藏有竹木牙雕、漆器、文具、乐器等杂项类文物7000余件，多为孔府旧存，是明清及民国时期孔府生活用具或陈设摆件。也有鲁国故城遗址出土的相关文物。

孔府保存的文物还有诰封、乐器、文房四宝、印章、金银器等。砚石类文物中，一级文物4件、二级文物2件、三级文物121件；印章类文物中，一级文物9件、二级文物7件、三级文物12件。

猿形银带钩

战国时代制品，猿身微拱，振臂回首跃进状，前掌曲成钩形。长16.7厘米，背面有圆钮。通体贴金箔，目镶蓝色料珠。属鲁国故城出土文物。

错金银铜杖首

战国早期制品，高20.5厘米、长20.8厘米，下部为圆筒形銎（qiōng），上部为鸟兽抓手。銎上卧一昂首曲腹修尾龙形兽，口衔蛇身鸟啄兽。龙形上还盘绕一蛇形兽，口咬一兽头，兽又衔鸟尾，铜杖首上镶嵌金银饰片。属鲁国故城出土文物。

青田石印

元代何震作，灰青色，长宽各7.4厘米、高5.2厘米，隶书题字“养浩然气于蓬莱之下饮清源于渊默之流丙寅七月既望何震”。

七星端砚

明代制，漫圆形，长18.1厘米、最宽14.1厘米、厚2.4厘米，砚面上端凸雕七星，砚周边挖宽窄不同的沟槽。

明洪武宝钞

纸币，洪武八年（1375年）发行。长34厘米、宽22厘米，面额壹贯。上有户部文告与钤印。

青田石章

共两方，均为明代制品。一方为文彭作，圆顶扁方形，长6.1厘米、宽3.4厘米、高5.2厘米，章为阴刻篆文，侧面题款隶书“藏经阁三桥居士文彭作于安晚轩”；一方为文寿承作，黑灰色，扁方形，高7.5厘米、长7.1厘米、宽4.1厘米，印文为篆书阴刻，侧面隶书题字“景化寿承于白门舟次”。

太狮少狮端砚

清乾隆年间制作，漫圆形，长21.6厘米、最宽15.9厘米、厚2.4厘米。上端半圆形水池，池内崖雕大狮小狮翻滚嬉戏，中为墨池。砚背题铭，隶书“镇以柔温而理从吾游二十年矣乾隆丙午秋九日梦泉斋桂馥铭”。

雕狮纽水晶印

清代制作，正方形，上浮雕座狮，长宽均7.6厘米、高12.1厘米，为衍圣公孔繁灏印章。

满汉餐具

清代制作，全称“满汉宴·银质点铜锡仿古象形水火餐具”，共404件。有的带有保温设备，上有盖，底放有热水器物，餐具上刻有各种不同的花纹或古文纹。为衍圣公府接待尊贵客人时所用。

中和韶乐器

康熙五十八年(1719年)，朝廷颁赐孔庙“中和韶乐”乐器一副，乾隆年间又增加一些乐器，共有镈钟2枚、编钟16枚、特磬2枚、编磬16枚、琴6把、瑟4把、箫6支、笛6支、篪(chí)4支、排箫2个、笙6架、埙2个、柷1个、敔(yǔ)1个、搏拊2个，楹鼓、足鼓、鼗鼓各1个。其中，编钟为铜质敲击乐器，一套16枚，外形基本相同，鼓状，中空，顶交龙纽，通高3l厘米、纽高6厘米、上径17.2厘米，正面刻律名，背面刻“康熙五十二年制”；特磬为石质敲击乐器，通长84厘米、厚3厘米，正面绘云龙纹，一侧篆书“特磬第四夹钟大清乾隆二十有六年岁在辛巳冬十一月乙未朔越九日癸卯琢成”。

第八章　近现代文物

曲阜师范学校礼堂及教学楼

曲阜师范学校礼堂和教学楼始建于民国初年，具有当时建筑中西合璧的鲜明特点。礼堂南北长34.6米，东西宽15.8米，教学楼东西长34米，南北宽19.8米。1926年，中共二师支部建立，学校大礼堂成为革命师生集会、演讲重要场所。1937年，驱逐日本文化特务犬养毅斗争也发生在这里。1948年8月，华东野战军前委在曲阜师范教学楼召开会议，拟定济南战役作战方案。2006年12月，公布为山东省文物保护单位。

朱总司令召开军事会议会址

孔林享殿既是祭祀孔子的圣地，同时又是一处重要的革命活动纪念地，1950年10月，中国人民解放军总司令朱德在孔林享殿前召开中国人民解放军第九兵团团以上干部会议。会议由兵团司令员兼政委宋时轮主持，朱总司令代表党中央、中央军委作抗美援朝动员报告。孔林享殿作为革命文物，1977年12月公布为山东省文物保护单位。

尼山水库大坝

尼山水库位于尼山镇刘家楼村东，距曲阜城25千米。尼山水库大坝始建于1958年11月，于1960年9月竣工蓄水。后历经多次续建、加固。2012年，公布为济宁市文物保护单位；2013年，公布为山东省文物保护单位。

小雪影剧院

始建于20世纪70年代，位于小雪街道办事处驻地附近，原为曲阜县小雪人民公社礼堂，后改为小雪影剧院，南北11间、后台2间，跨度为钢架梁起脊，全石双层结构，内有舞台，可容纳数百人；南北部有如意台阶，前门额雕刻有五角星。2012年，公布为济宁市文物保护单位；2013年，公布为山东省文物保护单位。

曲阜师范大学旧址

位于静轩西路57号。曲阜师范大学始称山东师范专科学校。1956年5月，更名为曲阜师范学院，同年9月迁址曲阜，使其成为国内第一所建在县级城市的高等院校。1970年9月，与山东大学文科合并为山东大学。1974年4月，恢复曲阜师范学院建制。1985年11月，学校更名为曲阜师范大学。2009年5月第三次全国文物普查时，发现该校保存有图书办公楼、文史楼、西联教室、生化楼、小礼堂和学生1、2食堂等20世纪50年代至60年代的建筑。2012年，公布为济宁市文物保护单位；2013年，公布为山东省文物保护单位。

姚村火车站

位于姚村镇姚村东。始建于光绪三十四年(1908年)，民国元年(1912年)竣工，由英德银团建造。原车站建筑前为二层楼房、后为平房，为一整体院落，具有欧式建筑特征。抗日战争时期，二层楼房上层被毁，后改建为一层，保持原有建筑风格。门、窗为拱券形，具有罗马风格，房顶多次修复为红瓦覆顶，具有哥特式建筑遗风，院落面积为441平方米。2012年，公布为济宁市文物保护单位；2013年，公布为山东省文物保护单位。

红旗闸

位于王庄镇北陶洛村泗河干流上，是曲阜境内“文化大革命”时期最大的拦河引水灌溉枢纽工程。1970年春动工兴建，1972年夏竣工。2012年，公布为济宁市文物保护单位；2013年，公布为山东省文物保护单位。

第九章 文物利用

通过文物古建筑维修、住户及商户搬迁和环境整体整治，孔庙、孔府逐步扩大开放区域，同时，尼山孔庙、寿丘少昊陵、孟母林等文物景区也相继对外开放。三孔于1994年12月成为世界文化遗产，2007年3月入选首批国家AAAAA级旅游景区。到2013年年底，曲阜市有5处文物景区成为AAA级以上旅游景区。

第一节 文物景区管理

景区开放

1979年，曲阜市全面维修三孔，拆除文物保护区内非文物建筑3万多平方米，相继迁出在三孔内办公的十几个单位及居民100余户，恢复孔庙孔府北大墙和东大墙。同年12月，三孔、颜庙景区对外开放。20世纪90年代初期，尼山孔庙及书院对外开放；寿丘少昊陵、孟母林、石门寺、九仙山古建筑群经过系统整修和环境整治后也相继对外开放。汉鲁王墓于1998年对外开放，后因存在多方面安全因素于2008年10月停止对外开放。

2006年，市文物管理局对孔府西路进行维修。2012年五一期间，孔府西路对外开放。

曲阜市文物景区除面向70岁以上老人、1.4米以下儿童、残疾人、记者和现役军人免费参观外，每年面向济宁市民开展元旦、春节优惠参观活动，年均接待市民10万多人次；利用旅游淡季，面向驻曲阜高校新生、中小学生和曲阜籍高校新生开展免费参观活动，年均接待学生2万多人次；利用“5·18”国际博物馆日、文化遗产日、中国旅游日、“六一”儿童节和孔子文化节、修学旅游节等，面向中外游客开展系列优惠参观活动。9月10日，三孔景区面向曲阜市大中小学师生免费开放。

三孔申遗

1993年5月，国家文物局拟将曲阜三孔列入申请世界文化遗产名单。1993年7月，曲阜市文物管理局组织人员准备申遗文本编写工作，成立文字资料、摄影、英文翻译、宣传片制作和版式设计等工作小组，分头组织开展工作。1994年5月，世界遗产委员会委派2名专家到曲阜对孔庙孔林孔府申遗工作进行全面考察和现场评估。12月17日，在泰国普吉岛举办的第十八届世界遗产大会上，曲阜市三孔被联合国教

2011年5月31日，曲阜市大中小学生年度免费参观三孔景区活动现场

科文组织列入《世界文化遗产名录》。

票务管理

三孔景区开放以后，一直由市文物管理委员会财务部门负责景区票务管理工作。2000年，三孔景区门票管理工作由孔子国际旅游股份有限公司负责。2004年2月，市文物管理局在内部设立票务管理室，专门负责三孔景区及外围文物景区的票务管理、门票销售、客流量统计等工作。票务工作按照财政部门“票款分离”规定，对现金和银行存款，做到日清月结，达到票款相符，同时严格按照票务管理制度要求，编制记账凭证，汇总报表，达到票款、账款、账票、门票邮资费等账务相符。2007年，市财政局设立门票管理室，在市文物局机关办公，专门负责三孔景区及市内其他文物景区的门票印制、发放和账户核对工作，全市文物景区门票收入统一上交市财政，纳入全市非税收入项目。2012年年底，全市文物旅游体制改革，市财政局成立外派文物门票管理处，继续负责三孔景区及市内其他文物景区的门票印制、发放和账户核对工作。

1998—2013年曲阜市三孔景区参观人数及门票收入情况表

表30-9

年份	门票收入（万元）	客流量（万人次）	年份	门票收入（万元）	客流量（万人次）
1998	4400	—	2006	8421.2	277.1
1999	4825	—	2007	12672.8	304.9
2000	5792	—	2008	14943.5	331.1
2001	—	263.5	2009	15023.2	343.9
2002	7526.6	—	2010	16458.5	385.2
2003	5358.3	182	2011	18142.5	426.1
2004	7839.7	256.3	2012	18472.6	439.8
2005	7547.4	250.9	2013	16555.4	368.7

第二节　文物景区A级创建

市文物局不断加大资金投入，加强全市文物景区软硬件设施建设，完善景区管理服务标准体系，提高服务质量和接待水平，推进全市文物景区A级创建工作。2007年3月13日，三孔景区被授予国家AAAAA级旅游景区称号。同年，三孔景区管理服务和孔府档案馆保护服务工作通过ISO 9001质量体系认证。2008年起，三孔景区建成集报警联动、电视监控、周界防范为一体的安防系统，利用中央扩内需项目完成景区供排水、供电、照明系统改造，实施古树名木养护复壮工程，改造景区道路和休息座椅。严格按照国家AAAAA级旅游景区标准，全面更换新增景区引导标识和说明牌，在三孔及部分外围文物景区新建高标准景区厕所，景区卫生实现全天候保洁、垃圾日产日清，及时调整节假日期间景区开放接

总控室24小时实时监控（摄于2013年）

待和售检票时间，实施一系列管理服务提升措施。结合“彬彬有礼诚信服务”“窗口单位和服务行业创先争优”和“百日素质提升行动”等系列活动，全面加强人员管理，转变工作作风，提高业务素质，提升服务水平，提升游客满意度。2010年12月27日，经山东省AAA级旅游景区检查验收组检查评定，颜庙景区、尼山孔庙及书院景区被评为3A级旅游景区。2011年11月3日，周公庙、寿丘少昊陵被省旅游局评定为AAA级旅游景区。2012年2月，尼山孔庙及书院景区晋级AAAA级旅游景区。2013年，全市文物景区共有A级旅游景区5处，其中AAAAA级旅游景区1处（明故城三孔景区）、AAAA级旅游景区1处（尼山孔庙及书院）、AAA级旅游景区3处（颜庙、寿丘少昊陵、周公庙）。

第三节 文物复仿制品开发

2006年，三孔旅游服务公司对孔子文化进行全面包装，研发出1000多种不同属性和材质的孔子文化礼品、文物复仿制品、纪念品和工艺品等。2013年，三孔旅游服务公司开发的文物复仿制品有孔府珍藏花篮册、孔府珍藏蝴蝶册、清珐琅五供、龙耳珐琅尊、玉质角端、一品文官补、一品武官补、战国夔龙毂纹玉璧等，均是依据孔府档案馆馆藏文物复仿而成。

第四节 文物展览

1991—2013年，曲阜市文物管理委员会独立办展或联合其他单位办展，先后在法国、西班牙、美国、日本和中国香港、台湾、北京、哈尔滨，山东省博物馆、德州市博物馆、济宁市博物馆、潍坊市博物馆及曲阜孔子研究院等举办各种形式孔子文化展共计26次。

1995年，在台湾台北市举办孔子大典展，展览馆藏字画、明清服饰及杂项等文物。2000年，参加文化部在北京国家历史博物馆举办的“世界遗产在中国”文物及图片展，展览馆藏文物、图片及孔庙建筑模型。2005年，在哈尔滨举办孔子文化展，展览馆藏文物图片。2010年2月，应美国华美协进社中国美术馆邀请，在美国纽约参加“孔子展”，展出字画、纪念册、青铜器、珐琅器、景泰蓝、圣迹图、古籍、印章、圣旨、孔家珍藏和出土文物等45件文物。2013年，在台湾高雄佛光山举办“永远的孔子—走进衍圣公府”文物图片展。

曲阜老照片精品展（2013年摄）

孔尚任纪念展览

1995年8月设计制作，陈列于石门山石门寺西院展厅。展览分前言、家世、治学、仕宦、交游、著述、结语7个部分，展览运用30多组照片、100余块展板展现文化名人孔尚任的一生。

奎文阁《圣迹图》展

2007年4月设计制作，陈列于孔庙奎文阁。展出明代彩绘《圣迹之图》，说明文字用中英文两种语言标注，配备液晶电视、DVD播放器等现代化多媒体手段，面向游客固定展出。展览图片根据彩绘《圣迹之图》放大复制而得，投资10万余元。

孔林风物展

2007年10月制作，陈列于孔林思堂。展览分前言、孔林概况、孔子墓葬、长孙墓葬、名人墓葬、书法艺术、结语7个部分，运用大量文字介绍、百余幅照片、孔林微缩景观模型等形式，介绍孔林的基本概况、历史沿革、墓葬制度、孔子后裔名人、书法和石刻艺术等。

孔府文物精品展

2009年10月17日，在孔子研究院展出。共精选服装、字画、铜器、玉器、瓷器、孔府档案、古籍、杂项

等9个大类63件文物，其中一级文物31件、二级文物11件、三级文物16件、不在级文物5件，包括黄玉马、银猿形带钩、商周十供、明清孔府档案和珍贵古籍《皇朝仕学规范》等部分代表孔府文化特色的重要文物。

陋巷华光展

2009年9月设计制作，在颜庙复圣殿东、西庑和享殿陈列，2009年12月2日开展。展览主要由“陋巷华光”“圣殿复新”图片展和颜庙复圣殿落架大修工程替换残损构件实物展两部分组成，表现复圣颜子生平、贡献，颜庙历史沿革和颜庙复圣殿大修历程。

孔子后裔名人书画展

2012年5月，配合孔府西路开放，在孔府西路后花厅西厢房，由曲阜市文物商店精选店藏精品，集中展示孔子后裔书画名家书画精品，包括孔尚任书法对联、孔昭焕书法十二条屏、孔令贻书法中堂、孔广玖仿摹商鼎周彝、孔祥珂书法对联、孔祥霖书法中堂、孔继埙书法对联、孔德成书法中堂、孔德成书法对联，以及孔宪彝、孔繁裕等人书画作品，多数为第一次展出。

清代服饰展

2012年5月，配合孔府西路开放，在孔府西路成衣房，展出9套17件具有代表性的清代服饰，以女式服装居多，面料以绸、缎为主，包括春、夏、秋、冬四季服装。展出服饰多是曲阜市文物商店从民间收藏和拍卖行收购所得，展品档次高，艺术门类多，品种丰富，形态完好。

曲阜老照片精品展

2012年5月，配合孔府西路开放，在孔府西路忠恕堂西厢房，精选41幅珍藏老照片，通过户外写真形式进行布展。这些老照片拍摄于20世纪初，时间跨度大，涵盖内容广，展现清末民初时期曲阜金声玉振坊、奎文阁、十三碑亭、杏坛、大成殿、曲阜钟楼、阙里坊、孔府大门、万古长春坊、孔子墓、曲阜老牌坊等老城区部分建筑、街区原貌，以及衍圣公孔令贻及子女生活场景。

第五节　文史资料编纂出版

市文物局立足曲阜丰富文物资源，与各新闻出版机构合作，组织编辑出版大量历史文化书籍。文物工作人员也结合自身学习研究，围绕三孔及儒家文化，出版众多文史资料书籍，成为宣传推介曲阜文物旅游资源、传承优秀传统文化的优良载体。

1991—2013年曲阜市文物系统文史著作出版一览表

表30-10

书名	编写单位	作者或主编	出版社	出版时间
衍圣公府见闻		孔繁银	齐鲁书社	1992
天下第一家		孟继新	山东友谊出版社	1994
天下第一庙		孟继新	山东友谊出版社	1995
曲阜胜迹匾联		孔祥林	山东友谊出版社	1999
孔庙		孔祥林	群言出版社	1999
孔府		孔祥林	群言出版社	1999
孔子故里	曲阜文物管理委员会	孔祥林	浙江美术出版社	2000
圣地览胜		孔祥林	山东友谊出版社	2001
东方圣城曲阜		孔祥林	山东友谊出版社	2001
曲阜的历史名人与文物		孔繁银	齐鲁书社	2002
曲阜十三碑亭		朱福平	中国档案出版社	2004.1
曲阜历史文物论丛(一)	曲阜市文物局	陈传平	群言出版社	2004.8

续表 30-10

书名	编写单位	作者或主编	出版社	出版时间
曲阜历代名碑刻石选		陈传平	广陵书社	2004.9
曲阜孔庙　孔林　孔府		陈传平	三秦出版社	2004.5
孔庙　孔府　孔林		孔祥林	中国水利出版社	2004
图说孔子		孔祥林	山东友谊出版社	2005
曲阜孔庙孔林孔府		孔德平	新世界出版社	2007.5
曲阜孔庙祭祀通解	曲阜市文物局 曲阜市三孔旅游服务公司	孔德平	现代出版社	2007.8
图说孔子(繁体字)		孔祥林	台湾好读出版	2007
孔子九讲		傅佩荣、郭齐勇、孔祥林	中华书局	2008
孔庙孔府对联	曲阜市文物局 曲阜市三孔旅游服务公司	孔德平	现代出版社	2008.1
孔子生平事迹图	曲阜市文物局 三孔旅游服务公司	孔德平	北京现代出版社	2008.7
世界遗产丛书曲阜孔庙孔林孔府		孔德平	上海世界图书出版公司	2008.8
图说天下·孟子	孔子博物馆	周龙涛	吉林出版集团有限责任公司	2009.8
曲阜历史文物论丛(二)	曲阜市文物局	孔德平	文物出版社	2008.9
玉虹楼法帖	曲阜市文物商店	孔德平	扬州广陵古籍刻印社	2009.9
曲阜历史文物论丛(三)	曲阜市文物局	彭庆涛、刘岩、鲁风	文物出版社	2009.12
祭孔礼乐研究	曲阜市文物管理委员会	孔德平、彭庆涛、孟继新	文物出版社	2009.12
孔子(英文)		孔祥林	外文出版社	2010
孔府档案珍藏		孟继新	中国社会出版社	2010
曲阜古迹通览	曲阜市文物局	孔德平	文物出版社	2010.6
中国孔庙保护协会论文集	曲阜市文物局	孔德平、彭庆涛	文物出版社	2010.6
曲阜史沉轶话	曲阜市文物局	孔德平	文物出版社	2010.7
祭孔礼乐	曲阜市文物局	孔德平、彭庆涛、孟继新	中国社会出版社	2010.9
孔子传	曲阜市文物局 曲阜市三孔旅游服务公司	孔德平	国际文化出版公司	2010.9
孔府孔庙文物珍藏		孟继新	中国社会出版社	2010
曲阜颜庙复圣殿大修实录	曲阜市文物旅游局等	曲阜市文物旅游局等	中国建筑工业出版社	2011.6
世界孔子庙研究		孔祥林	中央编译出版社	2011
孔府孔庙碑文楹联集萃		孟继新	中国社会出版社	2011
衍圣公与衍圣公府		孔祥林	中国社会出版社	2012
鲁文化——曲阜		孔祥林	山东友谊出版社	2012
游读曲阜	曲阜市文物局	孔德平、彭庆涛	泰山出版社	2012.3
曲阜小城故事多	曲阜市文物局	孟坡	中国文史出版社	2012.9

续表 30-10

书名	编写单位	作者或主编	出版社	出版时间
曲阜旅游	曲阜市文物局	张富勇	中国旅游出版社	2012.9
孔府文化研究		孔祥林、管蕾、房伟	中华书局	2013
踏寻圣地遗珍	曲阜市文物局	孔德平	山东友谊出版社	2013.4
曲阜汉魏碑刻	曲阜市文物局	孔德平	山东美术出版社	2013.8

第十章　非物质文化遗产

曲阜市坚持"保护为主、抢救第一、合理利用、继承发展"的指导方针，按照"政府主导、社会参与，明确职责、形成合力，长远规划、分步实施，点面结合、讲求实效"的原则推进，强化非物质文化遗产普查、筛选、确定、立项、申报和保护措施，切实做到抢救、保护、利用的有机结合和协调统一，使曲阜市非物质文化遗产得到有效保护、继承和发扬。

第一节　非物质文化遗产保护

20世纪90年代，曲阜市文化部门对失传多年的《祭孔乐舞》《箫韶乐舞》《云门大卷》进行挖掘整理，并相继在孔子文化节上陆续推出，在国内外引起较大反响；编辑出版《曲阜民间文学》，举办曲阜市首届民间工艺品展，组织参加济宁市民俗民间工艺品展、龙狮大赛等活动，为民间文化的传播与弘扬提供展示平台。2004年，曲阜市为首批民间文化工作者和爱好者评定专业技术职务，全市评定民间艺术职称76人，其中中级15人、助理级28人、员级33人，涉及书法、绘画、工艺、美术、音乐、雕刻、民间艺术表演7个专业。

2005年10月，市政府成立非物质文化遗产保护工作领导小组，设立办公室，建立市非物质文化遗产保护工作联席会议制度，聘请相关专家组成非物质文化遗产保护工作专家组。2006年4至8月，接连召开6次非物质文化遗产保护工作专家组会议；市文化馆举办全市非物质文化遗产保护工作培训班；专家组成员带领市保护中心工作人员对全市非物质文化遗产进行全面普查。2007年6月，市文化馆组织"曲阜楷木雕刻" 参加山东省首届非物质文化遗产名录精品展。2008年，组织省级非物质文化遗产传承人颜景新参加省文化厅第三个"世界文化遗产日"收徒展演活动。2009年，建立曲阜市非物质文化遗产数据库，建设非物质文化遗产实物陈列厅，编辑出版《山东省非物质文化遗产普查资料汇编(曲阜卷)》，收集整理2000余项非物质文化遗产资源和线索。2010年6月，结合全国第五个非物质文化遗产日宣传活动，召开曲阜市非物质文化遗产保护传承工作会议，公布《曲阜市第二批非物质文化遗产名录》，命名六艺城孔子故里园为非物质文化遗产展示基地；完成全省非物质文化遗产资料库所需6个非物质文化遗产项目资料拍摄、编辑工作。2011年6月，全国第六个非物质文化遗产日宣传活动闭幕式在曲阜举行。

第二节　申报非物质文化遗产工作

名录申报

2005年，曲阜市启动"祭孔大典"申报首批国家级非物质文化遗产名录工作。2006年5月，"祭孔大典"被公布为首批国家级非物质文化遗产项目。8月，经过研究论证，确立12件申报首批省级非物质文化遗产项目，分别是鲁班的传说、孔子诞生的传说、孟母教子的传说、孔子世家谱、箫韶乐舞、孔府菜制作工艺、楷木雕刻制作工艺、桑皮纸制作工艺、大庄琉

2010年，上海世博会上曲阜国家级非物质文化遗产楷木雕刻展区

璃瓦制作工艺、大庄绢花制作工艺、始祖文化、孔府婚俗，申报数量居济宁县市区第一。2007年，“孔子诞生传说”等6项目被列为首批山东省非物质文化遗产名录，项目数为全省县市区第一；“尼山砚制作工艺”等14项目材料被列为济宁市非物质文化遗产名录。同年，启动“曲阜楷木雕刻”和“鲁班传说”申报第二批国家级非物质文化遗产名录工作。2008年6月，“曲阜楷木雕刻”和“鲁班传说”列入第二批国家级非物质文化遗产名录。同年，通过普查、研究、认定等一系列工作，市非物质文化遗产保护中心办公室确定76项曲阜市级非物质文化遗产名录。2009年，经过走访、整理文件、拍摄、汇总、申报等工作，省级新增“曲阜尼山砚制作技艺”“桑皮纸制作技艺”“曲阜琉璃瓦制作技艺”“曲阜大庄绢花制作技艺”“箫韶乐舞”5项，济宁市级新增“曲阜尼山砚制作技艺”“桑皮纸制作技艺”“曲阜琉璃瓦制作技艺”“曲阜大庄绢花制作技艺”“孔宴香油制作技艺”“熏豆腐制作技艺”“张姥姥传说”“孔府婚俗”“始祖文化”“九仙山庙会”“孔子世家谱”11项，位居济宁市县市区前列；确定89项曲阜市级非物质文化遗产名录；组织“祭孔大典”申报世界级非物质文化遗产名录；颜景新被评为国家级非物质文化遗产传承人，孔繁彪、彭文瑜被评为省级非物质文化遗产传承人。2010年，“孔府菜烹饪技艺”被列入第三批国家级非物质文化遗产名录。2011年，曲阜市非物质文化遗产项目济宁市级增至26个，非物质文化遗产资源线索2000余项。2013年，6个项目申报并批准列入济宁市第三批非物质文化遗产名录，5个项目申报并批准列入山东省第三批非物质文化遗产名录；组织省级项目“曲阜琉璃瓦制作技艺”申报国家第四批非物质文化遗产名录；“曲阜楷木雕刻制作技艺”链接国家非物质文化遗产中心数据库，列入国家重点保护非物质文化遗产名录。到2013年年底，曲阜市拥有国家级非物质文化遗产项目4个、省级16个、济宁市级26个、曲阜市级105个，国家级非物质文化遗产传承人1人、省级4人、济宁市级8人、曲阜市级21人，均位居全省县级市前列。

2013年曲阜市济宁市级以上非物质文化遗产项目名录表

表30–11

国家级（4项）

项目名称	项目类别	公布时间	批次
祭孔大典	民俗	2006 年 5 月	国一
曲阜楷木雕刻	传统美术	2008 年 6 月	国二
鲁班传说	民间文学	2008 年 6 月	国二
孔府菜烹饪技艺	传统技艺	2011 年 5 月	国三

续表30-11

山东省级（16项）

项目名称	项目类别	公布时间	批次
鲁班传说	民间文学	2006 年 12 月	省一
曲阜楷木雕刻	传统美术	2006 年 12 月	省一
孔府菜烹饪技艺	传统技艺	2006 年 12 月	省一
祭孔大典	民俗	2006 年 12 月	省一
孔子诞生传说	民间文学	2006 年 12 月	省一
孟母教子传说	民间文学	2006 年 12 月	省一
曲阜尼山砚制作技艺	传统技艺	2009 年 9 月	省二
箫韶乐舞	传统音乐	2009 年 9 月	省二
曲阜琉璃瓦制作技艺	传统技艺	2009 年 9 月	省二
大庄绢花制作技艺	传统技艺	2009 年 9 月	省二
桑皮纸制作技艺	传统技艺	2009 年 9 月	省二
孔府家酒传统酿造技艺	传统技艺	2013 年 5 月	省三
颜子传说	民间文学	2013 年 5 月	省三
徐弓坊弓箭制作技艺	传统技艺	2013 年 5 月	省三
曲阜扶兴和毛笔制作技艺	传统技艺	2013 年 5 月	省三
拓片制作技艺	传统技艺	2013 年 5 月	省三

济宁市级（26项）

项目名称	项目类别	公布时间	批次
孟母教子传说	民间文学	2007 年 12 月	市一
鲁班传说	民间文学	2007 年 12 月	市一
孔子诞生传说	民间文学	2007 年 12 月	市一
颜子传说	民间文学	2007 年 12 月	市一
曲阜楷木雕刻	传统美术	2007 年 12 月	市一
箫韶乐舞	传统音乐	2007 年 12 月	市一
孔府家酒酿造技艺	传统技艺	2007 年 12 月	市一
孔府菜烹饪技艺	传统技艺	2007 年 12 月	市一
祭孔大典	民俗	2007 年 12 月	市一
熏豆腐制作技艺	传统技艺	2009 年 5 月	市二
桑皮纸制作技艺	传统技艺	2009 年 5 月	市二
琉璃瓦制作工艺	传统技艺	2009 年 5 月	市二
大庄绢花制作工艺	传统技艺	2009 年 5 月	市二

续表 30-11

项目名称	项目类别	公布时间	批次
尼山砚制作技艺	传统技艺	2009 年 5 月	市二
孔宴香油制作技艺	传统技艺	2009 年 5 月	市二
张姥姥传说	民间文学	2009 年 5 月	市二
九仙山庙会	民俗	2009 年 5 月	市二
始祖文化	民俗	2009 年 5 月	市二
孔子世家谱	民俗	2009 年 5 月	市二
孔府婚俗	民俗	2009 年 5 月	市二
袁氏正骨	传统医药	2011 年 4 月	市三
面塑	传统美术	2011 年 4 月	市三
福临布老虎制作技艺	传统技艺	2011 年 4 月	市三
扶兴和毛笔制作技艺	传统技艺	2011 年 4 月	市三
徐弓坊弓箭制作技艺	传统技艺	2011 年 4 月	市三
闻春礼烧鸡制作技艺	传统技艺	2011 年 4 月	市三

2013年曲阜市济宁市级以上非物质文化遗产传承人汇总表

表30-12

级别	姓名	公布时间	批次	项目名称	项目类别
国家级	颜景新	2009 年 5 月	国三	曲阜楷木雕刻	传统美术
山东省级	颜景新	2007 年 6 月	省一	曲阜楷木雕刻	传统美术
	孔繁彪	2009 年 6 月	省二	曲阜楷木雕刻	传统美术
	彭文瑜	2009 年 6 月		孔府菜烹饪技艺	传统技艺
	李文广	2011 年 10 月	省三	祭孔大典	民俗
济宁市级	颜景新	2008 年 10 月	市一	曲阜楷木雕刻	传统美术
	孔繁彪	2008 年 10 月		曲阜楷木雕刻	传统美术
	彭文瑜	2009 年 4 月	市二	孔府菜烹饪技艺	传统技艺
	颜世伟	2009 年 4 月		曲阜楷木雕刻	传统美术
	朱玉海	2012 年 4 月	市三	琉璃瓦制作技艺	传统技艺
	丁　辉	2012 年 4 月		尼山砚制作技艺	传统技艺
	徐明坤	2012 年 4 月		徐弓坊弓箭制作技艺	传统技艺
	许相云	2012 年 4 月		山东梆子	传统戏剧

说明：李文广直接评为省级传承人

第十二章　鲁班文化

春秋战国时期的鲁国曲阜，不仅诞生了孔子、颜子、曾子、孟子等一批中国历史上伟大的思想家，而且还造就了作为工匠祖师的“工圣”鲁班。鲁班发明曲尺、墨斗、刨子、钻子、锯子等木工工具，使当时工匠们从原始繁重的劳动中解放出来，大幅度提高劳动效率，自古人们传诵着他的发明和创造故事，他的名字成为中国人民聪明智慧的象征。鲁班积极进取、发明创新、精益求精的文化特质对铸就中华民族优秀品格起到积极作用，鲁班文化是中华民族优秀传统文化的重要组成部分。

第一节　鲁班祖庙与鲁班源流

鲁班，姓公输，名般，古代般、盘、班通用，因其为鲁国曲阜人，遂以鲁班著称，尊称为公输子。生于鲁定公三年（前507年）甲戌五月初七日午时，卒于鲁悼公二十三年（前444年）。鲁班是鲁国人，属于鲁国公族，里籍是鲁都曲阜，即今曲阜市。东汉经学家赵岐《孟子注》载：“公输子，鲁班，鲁之巧人也；或以为鲁昭公之子。”《山东通志》也明确说到鲁班为鲁公族，“公输子，鲁公族，名班，或作般”。清乾隆三十九年（1775年）修《曲阜县志》卷九十三“方技篇”：“曲阜方技有十一人，公输子位列其中。”

鲁国故城原有鲁班庙宅，位于鲁国故城内周公庙右前方宫殿区的鲁班巷内。曲阜鲁班祖庙，宋代时称“工师庙”，明末清初被毁，清康熙年间重修。孔尚任《阙里志校注》记载，鲁班出生在鲁国故城内盛果寺附近的贤胜路太平村。20世纪50年代，曲阜县文物管理人员在景灵宫遗址处发现数块石碑，其中在一块石碑上发现有关太平村的记载，与《鲁班经》记载基本相符，文曰：“师讳班，姓公输，字依智。鲁之贤胜路，东平村人也。其父讳贤，母吴氏。师生于鲁定公三年甲戌五月初七日午时。”1956年，曲阜县进行文物普查时，鲁班庙尚有正殿三间，长7.5米，宽4米；卷棚三间，长7.5米，宽3米；门楼一座，院落一处。鲁班庙坐北朝南，大殿为青砖灰瓦，硬山到顶，一门两窗，窗为直棂窗，殿内正中有神龛一座，内塑鲁班神像，头戴二层台式冠，上有二龙戏珠及红绒球，两耳垂穗，身穿五彩蟒袍，粉红脸，双手执圭。塑像高1.31米，腰宽0.59米。两旁侍童头戴青毡滚龙加檐帽，身穿五彩绣花大领袍，左童捧书，右童捧尺。侍童身高均为0.93米，腰宽0.33米，像前立雕云边牌位，上书“敕封北城侯鲁公输子神位”。殿内上悬木匾九块，为乾隆、嘉庆、道光、同治、光绪、民国等年代遗物，正中一块匾刻“聪慧绝伦”。后墙绘五彩壁画。鲁班庙内有重修鲁班庙或进行重大祭祀时所立石碑，为乾隆三年(1738年)、八年(1743年)、三十一年(1761年)，嘉庆十二年(1807年)、十六年(1811年)，道光十一年(1831年)，1922年、1934年刻制。1957年7月，鲁班庙被公布为全县重点文物保护单位。1964年，曲阜县文物复查时记载：鲁班庙宅占地2500平方米，约合4亩地，建筑分三部分，前为广场，后为配院，中为庙宇。庙前广场与庙宇之间由“考磐涧”小河隔开，上有石桥直通庙院。广场西面原有瓦房三间，戏台一座。跨过殿前的卷棚即进入鲁班庙主殿。鲁班庙主殿后还有一个小院落，俗称鲁班小花园，实为鲁班庙田产。鲁班庙于“文化大革命”前夕因扩修公路拆除。

众多国内外著名专家学者在考察确认山东曲阜为鲁班故里后题词。1992年10月，中国国家文物局古建筑专家组组长、中国文物学会会长罗哲文题词：“班门圣地。”2006年9月，中国工程院常务副院长潘云鹤院士题词：“纪念百工之祖，发扬中华文化。”同年12月，世界孔子后裔联谊总会会长孔德墉题写“鲁班故里”。2007年7月，中国两院院士、清华大学教授吴良镛题词：“哲匠始祖·大成智慧”。此后，中国夏商周断代史工程首席专家、清华大学教授李学勤题词：

"班门胜地,见贤思齐。"中国人民大学孔子研究院院长张立文教授题词:"继承中华文化,弘扬鲁班精神。"中国先秦史学会副会长兼秘书长宫长为题词:"神州精工艺,鲁班故里园。"

第二节　鲁班祭祀

鲁班逝世后,人们在其故宅立庙祭祀。"战国大义赠为永成待诏义士。后三年,陈侯加赠智慧法师。历经汉、唐、宋,犹能显踪助国,屡膺封号。"(明朝午荣等主编《新镌京版工师雕斫正式鲁班经匠家镜》,通称《鲁班经匠家镜》,简称《鲁班经》)宋代将鲁班祖庙改为工师庙,榜曰"艺圣庙"。"明永乐年间……爰建庙祀之,匾曰鲁班门,封待诏辅国太师北成侯,春秋二祭,礼用太牢。"(《鲁班经》)曲阜鲁班祖庙神像前牌位为"敕封北成侯鲁公输子神位",曲阜民间木工等工匠祭祀鲁班从未间断。祭祀活动多由民间工匠团体组织发起,参加祭祀活动的有政府官员、社会名流,有木、石、瓦、扎、铁、绳及社会百业行家。《曲阜县续志》记载,民国十七年(1928年)九月,曲阜县在东关鲁班庙成立木业工会、泥业工会、扎业工会、绳业工会组织。两年后又改组扩大工会组织,木业工会会员765人,泥业工会会员421人,扎业工会会员54人,油漆业工会会员55人,会员总计1295人。中华人民共和国成立之前,这些行业每年都在鲁班庙举行祭祀活动。

2011年7月,曲阜鲁班文化研究促进会会长赵元山等应邀赴上海和香港参加鲁班文化节祭祀活动。2012年6月16日,中国曲阜鲁班文化节启动仪式暨工圣鲁班诞辰2519周年祭典在孔子六艺城鲁班殿举行。

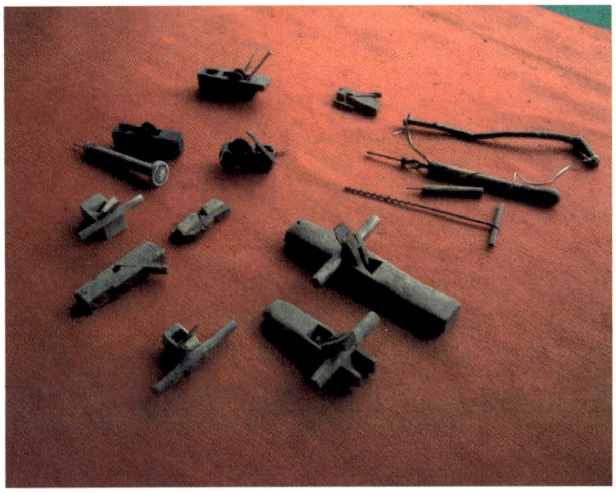

鲁班发明的木工工具(部分)

第三节　鲁班技艺

鲁班在鲁国及周边诸侯国发明创造主要是木、石、铁器和机械等。"楚攻宋,般为设机械以攻之,而尽其变。又尝怨吴,乃为木人,以手指吴,吴中大旱三年。吴人卜,曰:此般所为也。诣般谢之。般断其手,而吴大雨。"(清乾隆《曲阜县志·人物传》)这些发明创造不仅启迪了人类的智慧,而且有的发明创造至今为世人传承使用,主要有木鹊飞鸢、木人木马、卯榫结构、鲁班锁、斗拱、云梯、碾、磨、风箱、伞、锯、刨、墨斗、曲尺、圆规、凿、橹、钩拒、宫殿民居、九州地图、门户铺首等。

鲁班锁

周穆王时,社会上有简单的锁钥,形状如鱼。鲁班改进的锁钥,形如蠡状,内设机关,用钥匙才能打开,能代替人看守。鲁班教育年幼儿子留根,拿六根木条,做了件玩具让留根拆了再装上。留根原以为是小菜一碟,谁知这小玩意儿易拆难装,点灯熬油一夜也没装上。直到天亮后在鲁班指点下才总算装上。这个当时不起眼的玩意就是后来孩子手中玩的"魔方",它起源于鲁班首创的卯榫结构。以前叫空明锁,也叫别闷棍、无奈何、鲁班锁。

斗拱

鲁班还在卯榫结构基础上发明斗拱,并在鲁国宫殿建设中尝试成功,形成中国古建筑特有的逐层纵横交错叠加的飞檐反宇。仅曲阜孔庙大成殿就有七踩单翘重昂、九踩单翘三昂等斗拱365攒。

以鲁班锁和斗拱为代表的传统木结构营造技艺于2009年列入世界非物质文化遗产名录。

第四节　鲁班文化研究

平台建设

2006年4月,曲阜市政协成立鲁班文化研究促进会。2007年6月,鲁班文化研究促进会主管单位由市政协变更为市文广新局。2007年7月,创办会刊《鲁班

斗拱

研究》。2008年12月，开通鲁班故里·曲阜网站www.lubanguli-qufu.com，主要栏目有曲阜人鲁班、鲁班传说、鲁班研究、鲁班文艺、领导题词、鲁班新闻。2010年8月，在孔子故里园设立鲁班故里博物馆，并举办“工圣鲁班文化展”暨国家级非物质文化遗产项目《鲁班传说》展示厅，有38块展板、200多件实物。2012年9月，在全国第二届非物质文化遗产博览会上，曲阜鲁班文化研究促进会和曲阜琉璃瓦厂获参展奖和优秀传承人奖。2013年6月16日，曲阜鲁班文化研究促进会与山东城市建设职业学院在曲阜签订合作协议，打造山东城市建设职业学院大学生鲁班文化育人基地。至2013年年底，鲁班文化研究促进会拥有会员106名，《鲁班研究》印发24期。

学术交流

2006年6月，曲阜鲁班文化研究促进会举行首次鲁班学术报告会。同年9月，鲁班文化研究促进会与省鲁班研究会、济宁市政协等单位在曲阜科技城联合举办中国曲阜巧圣鲁班文化展，有展板170余块，实物500余件。全国政协副主席周铁农，山东省政协副主席周鸿兴，济宁市政协主席王润廷、副主席牛惠兰，济宁市委常委、曲阜市委书记张术平等领导出席开幕式并剪彩。省人大常委会原副主任兼省鲁班研究会理事长何宗贵、中国工程院常务副院长潘云鹤分别为展览题词。副省长王军民观看展览后指出：“鲁班是建筑业的鼻祖，曲阜可以借鲁班的品牌优势，加强职业教育，多培养一些建筑业、土木工程方面的高级技工，满足社会的需要。”济宁市委书记、市人大常委会主任孙守刚观看后指出：“鲁班文化展很有意义，可以把这个展览经常性地办下去，把它建成一个新的旅游景点。”2008年6月16日，曲阜市纪念鲁班诞辰2515周年系列活动在孔子研究院举行，活动包括全国鲁班书画展、韦选民捐赠鲁班木雕像揭幕式和《鲁班传说》图书、鲁班故里曲阜纪念邮票首发式。2010年7月8日，鲁班文化研究促进会《鲁班传说》《曲阜人鲁班》等书籍参展上海世博会。省委副书记、省长姜大明等陪同中央政治局委员、上海市委书记俞正声等观看曲阜鲁班楷雕展位。2012年6月16日，中国曲阜鲁班文化节启动仪式暨工圣鲁班诞辰2519周年祭典在孔子六艺城鲁班殿举行。

研究成果

2006—2013年，曲阜鲁班文化研究促进会编辑出版《曲阜文史·鲁班文化研究》《曲阜人鲁班》《颂鲁班诗词楹联集》《全国鲁班书画展集锦》《鲁班传说》《鲁班爷传连环画》《工圣鲁班》《鲁班研究文集》和《鲁班学艺》图书、光盘等研究成果150余万字。《工圣鲁班》和《曲阜人鲁班》等图书被国家图书馆收藏。

2006年，曲阜鲁班文化研究促进会协助市文化部门采访老艺人，搜集鲁班传说资料，调查鲁班故里遗迹，形成《鲁班传说》并开展非物质文化遗产申报工作。同年11月，《鲁班传说》被列入山东省首批非物质文化遗产名录。2007年11月，曲阜鲁班文化研究促进会、曲阜诗社、曲阜楹联学会联合编辑《颂鲁班诗词楹联集》，由中国国际图书出版社出版发行。2008年6月，《鲁班传说》被列入第二批国家级非物质文化遗产名录。6月16日，《鲁班传说》由大众文艺出版社出版发行，在孔子研究院举行首发式，该书收集鲁班故里曲阜以及国内外各种鲁班发明创造故事，共11万字，该书由孔祥金主编、王良总纂。12月，由刘玉明作词、程恺谱曲的《鲁班颂》，被曲阜鲁班文化研究促进会定为会歌和鲁班文化节节歌。《鲁班爷传连环画》，由曲阜鲁班文化研究促进会会同著名编导作家唐英超、曲师大美术学院教授陈英俊、《中外交流》月刊新闻中心记者徐京玉，根据唐英超同名长篇小说《鲁班爷传》和曲阜鲁班文化研究促进会近年研究成果改编，2009年6月由人民美术出版社出版发行。曲阜鲁班文化研究促进会编纂《全国鲁班书画展集锦》，2009年由中国国际图书出版社出版发行。2010年1月，曲阜鲁班文化研究促进会与济南源潮文化传媒有限公司合作大型动画片《鲁班的故事》，共60集，每集15分钟。以鲁班发明创造为主线，以历史题材和大众生活为背景，展现一代巨匠各个时期的发明片段。

其他活动

2008年4月8日，曲阜鲁班文化研究促进会在国家工商总局商标局申请保护"鲁班故里""鲁班文化"两大类59项商标。6月，与山东邮政局联合发行《鲁班故里曲阜纪念邮票》一套3枚。曲阜鲁班装饰公司董事长韦选民向曲阜鲁班文化研究促进会捐赠大型香樟木鲁班雕像，高2米，由曲阜楷雕国家级非遗传承人、国家工艺美术大师颜景新设计，曲阜工艺美术厂厂长孔宪武雕刻，珍藏于孔子六艺城工圣鲁班文化展厅。2010年年底，与山东邮政局联合制作纪念工圣鲁班诞辰2518周年有奖明信片，在上海世博会启用鲁班故里山东曲阜邮戳。2013年6月，曲阜市金属门窗厂厂长孔庆法捐赠鲁班青铜像一尊。

第三十一编

儒学研究

第三届世界儒学大会现场(2010年9月摄)

20世纪80年代初，时任中共中央领导人胡耀邦多次谈到，曲阜市应“搞成研究中国孔子学派和儒家思想发展史的中心”。1984年9月，中国孔子基金会在曲阜市成立。1990年9月，按照国务院副总理吴学谦指示精神和省委、省政府有关领导意见，创立孔子学术会堂。1993年，《曲阜市城市总体规划（1993-2003年）》确立把曲阜市建成国际性历史文化名城、世界孔子研究中心、花园式生态城市总目标。1995年9月至1999年9月，唯一经国务院批准设立的儒学研究专门机构——孔子研究院在曲阜市设立。世界儒学大会是由文化部和山东省人民政府主办、在孔子研究院举办的世界性儒学盛会，2007年9月召开发起会议。2008年，全国人大常委会副委员长许嘉璐倡议，以开展世界不同文明对话为主题创办尼山论坛，在孔子诞生地尼山召开。2013年，曲阜师范大学和济宁学院均设有专门的儒学研究机构。

第一章　中国孔子基金会

中国孔子基金会是经中共中央批准成立的民间社会组织，1984年9月22日（农历八月二十七日，孔子诞辰）成立，由中央书记处书记、国务委员谷牧担任名誉会长，原南京大学校长匡亚明担任会长，秘书处设在孔府内。1989年秘书处迁往北京，1996年经中央批准迁至济南，在曲阜孔府一直设有其办事处。

第一节　组织建设

中国孔子基金会成立的初始动机是为曲阜文物维修募集资金，成员以曲阜人为多。名誉会长谷牧，会长匡亚明（江苏省人大常委会副主任、南京大学名誉校长），常务副会长张健（中国教育学会），副会长吴富恒（山东大学原校长）、余修（山东省政协副主席）、程汉邦（曲阜师范学院副院长）、孔德懋（全国政协委员、衍圣公孔令贻次女）、孔令仁（山东大学教授）、王力生（济宁市政协副主席）、刘蔚华（山东省社会科学院院长）、翟胜奎（曲阜县政协副主席）、孔祥林（曲阜县文物管理委员会主任），翟胜奎兼任秘书长。

1985年10月11日，召开第二次理事会，机构成员进行调整，理事增加到65人。聘请周谷城（全国人大常委会副委员长）为首席名誉顾问，王光英（全国政协副主席）、冯友兰（国学大师、全国政协常委、北京大学教授）、刘靖基（全国政协副主席）、荣毅仁（全国人大常委会副委员长）、侯外庐（全国政协常委、中国社会科学院历史研究所原所长）、梁步庭（中共山东省委书记）、梁漱溟（国学大师、爱国民主人士、国家宪法修改委员会委员）、楚图南（全国人大常委会委员）为名誉顾问，孔令仁（山东省政协副主席）、孔令朋（农工民主党中央常委、上海市委副主委）、孔德懋、王玉哲（著名先秦史专家、南开大学教授）、刘福田（曲阜市委书记）、李子超（山东省政协主席）、严北溟（中国哲学史专家、复旦大学教授）、辛冠洁（中国哲学史研究室主任）、吴富恒、杨向奎（中国科学院历史研究所秦汉史研究室和清史研究室主任）、张健（中国教育学会常务副会长、教育学研究会会长）、张岱年（中国哲学史学会会长）、金景芳（吉林大学教授）、张黎群（中共中央纪律检查委员会教育室主任）、程汉邦为副会长，刘福田兼任秘书长，翟胜奎改任第一副秘书长。成立了学术委员会、基金委员会、孔子故里文物研究委员会和《孔子研究》编辑部。

1996年，孔子基金会迁至济南，仍由谷牧（全国政协原副主席）担任名誉会长，赵志浩（山东省委书记、省人大常委会主任）任会长，刘蔚华任专职副会长，刘示范（山东经济学院副书记、副院长）任秘书长，设立了秘书处、办公室、学术委员会、基金委员会和曲阜办事处、北京联络处。

1999年10月，召开第三届理事会，仍由谷牧担任名誉会长，韩喜凯（山东省政协主席）任会长，陈光林（山东省委常委、宣传部部长）任常务副会长，张树骅（省政协文史委副主任）任秘书长。

2004年12月，召开第四届理事会，改为理事制，不设会长，由韩喜凯（山东省人大常委会原主任）任理事长，张树骅任秘书长，2006年12月改由梁国典（《大众日报》副总编辑）任秘书长。

2009年3月，召开第五届理事会，恢复会长，韩喜凯任会长，朱正昌（山东省人大常委会副主任、山东大学党委书记）任常务副会长，梁国典任理事长兼秘书长，2012年10月，王大千（大众报业集团副总经理）接任理事长兼秘书长。

第二节 学术活动

1985年，曲阜市文物部门申请到国务院1470万元文物维修专款，不需要再从社会上募集资金，而中国孔子基金会由于增加了许多学术界人士，开始将精力转向学术研究。学术活动主要有召开各种形式的学术会议，创办儒学研究刊物，出版儒学文库，编辑《儒藏》等。

学术会议

中国孔子基金会成立后，担负起组织儒学研究的重任，相继举办或与国内外其他学术机构团体合作召开学术会议。

1986年4月26—30日，在曲阜市召开中国孔子基金会学术委员会暨《孔子研究》首届春季学术讨论会。

1987年8月31日至9月4日，孔子基金会与新加坡东亚哲学研究所在曲阜市联合举办儒学国际学术讨论会。国务委员谷牧、全国人大常委会副委员长周谷城，新加坡第一副总理吴庆瑞、第二副总理王鼎昌，12个国家和地区及国内130余位学者参加会议。

1988年10月，孔子基金会与联邦德国阿登纳基金会在波恩市联合举办儒学国际学术讨论会。

1989年10月7—10日，与联合国教科文组织联合举办孔子诞辰2540周年纪念与学术讨论会，全世界20余个国家和地区学者出席，会议第一次邀请中国台湾学者参加，联合国教科文组织总干事泰勒出席会议并致辞。中共中央总书记江泽民会见了学者代表。

1990年8月20—22日，《孔子研究》编辑部与《东北之窗》杂志社在大连共同举办1990年夏季孔子思想研讨会。

1991年10月11—14日，在曲阜市主办海峡两岸首次儒学学术讨论会，并就加强两岸学者儒学研究与合作交换了意见；10月27日—11月1日，与浙江省社会科学院、衢州市人民政府联合召开儒学与浙江文化研讨会。

1993年8月27—31日，在威海市主办中、韩、日、越1993年孔孟荀学术思想国际研讨会。

1994年10月5—8日，在北京市主办孔子诞辰2545纪念暨国际学术讨论会，20多个国家和地区近300名学者与会。中共中央政治局常委、全国政协主席李瑞环，中央政治局委员、国务院副总理李岚清出席会议并讲话，会议还正式成立由孔子基金会联合国内外学术机构团体发起的国际儒学联合会。

1998年9月5—7日，与山东大学、台湾鹅湖杂志社、台湾“中央研究院”等在济南市联合主办牟宗三与当代新儒学国际学术讨论会。

1999年10月7—12日，与国际儒学联合会、联合国教科文组织联合在北京市、曲阜市主办孔子2550诞辰纪念暨儒学与二十一世纪人类社会和平与发展国际学术研讨会。

2001年12月22—23日，在北京市昌平区主办儒学与家庭伦理研讨会。

2002年8月6—10日，与淄博市人民政府等联合举办第五届齐文化国际学术讨论会；8月11—13日，与国际儒学联合会、山东省社科院在青岛市共同举办儒学与全球化国际学术讨论会。

2004年10月，与国际儒学联合会共同在北京、曲阜主办孔子诞辰2555纪念暨国际学术讨论会。

2005年8月5—6日，在北京市举办儒家中和思想与世界和平国际学术讨论会。

2007年6月18—20日，在青岛市举办儒学·人与自然和谐学术讨论会。联合国教科文组织发文祝贺。7月25日至27日，与美国科技教育协会、曲阜师范大学等联合在曲阜市主办海内外基础教育研究会。8月5—6日，与中国奥运会组委会在北京钓鱼台国宾馆共同主办奥林匹克精神与儒家文化论坛，并向北京奥委会组委会赠送孔子塑像。

2008年起，连续与中国艺术研究院、山东省文化

厅等共同承办由国家文化部和山东省人民政府共同在曲阜市主办的历届世界儒学大会。

2009年9月23—29日，与国际儒学联合会、联合国教科文组织共同在北京市主办纪念孔子诞辰2560周年国际学术研讨会。

2011年7月13日，在台湾与台湾中国孔学会共同主办孔子思想的当代价值学术讨论会。

2012年11月2—5日，与国际儒学联合会、清华大学哲学系共同在泗水圣源书院主办儒学与全球伦理国际学术研讨会。

2013年起，每年举办全国儒学社团联席会议。同年6月1日，指导召开2013海峡两岸儒家精神与企业经营研讨会。6月25—28日，与国际儒学联合会、俄罗斯科学院远东所共同主办2013中国儒学与俄罗斯文明对话国际论坛。7月9日，举办季羡林精神遗产传承座谈会。7月25—28日，与中央党校社会发展研究中心等共同主办中国梦与儒家文化学术研讨会。7月27日，与深圳影视共同主办题为“论儒家文化对儿童性格养成的重要性”的“学前教育泰山论坛”。10月12—14日，与山东社会科学院、苍山县政府共同主办荀子思想现代价值学术研讨会。

学术刊物与学术著作

1986年，孔子基金会创办《孔子研究》，每年四期。2000年起，改为六期。1987年，孔子基金会编辑出版《近四十年孔子研究论文选编》《孔子研究论文著作目录（1949—1986）》《中国传统思想研究丛书》。此后，几乎每次学术会议后都编辑出版会议论文集。1997年，设立《中国孔子基金会文库》；与四川大学联合编辑《儒藏》。2000年，创办《中国儒学年鉴》，每年一期。2009年，创办《儒风大家》，每季一期。2010年，与孔子研究院联合创办《孔子学刊》。

第三节　儒学普及

2006年，开始实施《论语》普及工程，推进《论语》进学校、进社区、进公交、进医院活动，配合活动编印《社区论语》《公交论语》《医院论语》等精选《论语》，开展国学文化主题社区活动。2007年，孔子基金会创办融媒体《中国孔子网》。同年，与山东电视台合作创办大型文化电视节目《新杏坛》。2013年1月，与山东省浙江商会共同实施“走读齐鲁”文化工程；5月，开展“我的中国梦·孝行齐鲁”和“中华学子朝圣行”活动。

第四节　文化交流合作

1991—2013年，孔子基金会与众多国内外学术团体、机构、学校、新闻媒体建立联系，进行战略合作，开展交流互访，合作举办学术活动。2005年，孔子基金会发起全球联合祭孔大典，联系中国大陆、中国台湾、日本、韩国、德国等国内外几十所孔子庙参加，中央电视台向全球实况转播。2009年，启动“孔子文化世界行”活动，足迹遍及20多个国家和地区。

第二章　孔子研究院

孔子研究院是唯一经国务院批准设立的儒学研究专门机构，集学术研究、信息交流、文献收藏、人才培养、博物展览五大功能于一体，以建设世界儒学研究交流中心为发展目标。

2000年10月，中共中央总书记、国家主席、中央军委主席江泽民为孔子研究院题写院名。

1997—2013年，孔子研究院先后承担“中国曲阜儒家石刻文献集成”“世界孔子庙研究”等国家社会科学基金项目和数十项省部级重点课题；编纂出版《孔子家语通解》《论语诠解》《世界孔子庙研究》《20世纪儒学研究大系》等40余部丛书和专著。自2007年开始，连续组织承办六届世界儒学大会和五届孔子文化奖评选活动。创办《孔子学刊》《孔子文化季刊》等学术刊物和公益性文化交流平台——春秋讲坛，组建“中国孔子研究院网”门户网站。与中国孔子基金会、台湾中华大成至圣先师孔子协会等国内部分高校、文化机构以及韩国安东大学等20多个国家文化机构、高校建立友好合作关系。

第一节 立项与规划

20世纪80年代初，中共中央书记处书记、国务委员谷牧提出在孔子故里曲阜建立“孔子思想研究中心”构想。1985年，中国孔子基金会会长匡亚明提出：“在曲阜设立一个孔子研究院”。

1986年10月22—23日，国务委员、中央书记处书记谷牧在曲阜主持召开曲阜历史文化名城保护和建设座谈会，提出在曲阜市建立孔子博物院（即孔子研究院）设想。11月28日，山东省委向时任中共中央总书记胡耀邦及国务委员谷牧呈送《曲阜历史文化名城保护和建设座谈会纪要》。1987年3月2日，谷牧在北京中南海召开落实曲阜座谈会精神会议，确定孔子研究院最初选址，并由建设部做初步设计方案。1989年2月21日，国家建设部部长戴念慈致信曲阜市委，就孔子研究院选址、占地面积、建筑规模、制作模型、印制宣传册提出明确要求。

1994年6月22日，以黑龙江省政协主席周文华为团长的全国政协委员视察团一行到曲阜视察，曲阜市争取机会汇报了孔子研究院建设等问题。视察团在《关于视察山东省情况报告》里，建议中央帮助解决孔子研究院建设问题，国家有关部门给予关心支持。12月初，曲阜市委、市政府就争取孔子研究院建设项目，责成副市长赵元山、政协副主席傅鸿泉负责组织由文物、计划、财政、城建等部门有关人员组成孔子研究院筹建班子（以下简称筹建组）。12月30日，济宁市政府将《关于曲阜孔子研究院建设的请示》上报山东省人民政府。

1995年2月17日上午，曲阜市有关领导到南京市看望教育家、作家匡亚明，匡亚明说：“曲阜比耶路撒冷更有历史意义，因为曲阜的历史比耶路撒冷长，孔子比耶稣早551年，曲阜比耶路撒冷起码早500多年，耶路撒冷是宗教，我们不是宗教，正因为我们不是宗教更可贵。”他看了有关在曲阜建设孔子研究院的内容后说：“这是个好消息，我告诉你们，……在曲阜建立孔子研究院不仅是对曲阜、对山东、对全国，而且是对全人类都有重大意义的事情。”2月20日，筹建组将有关在曲阜设立孔子研究院书面材料送全国人大代表、曲阜市红十字会医院院长姜健。2月21日，筹建组人员到山东大学向全国政协常委、民盟中央副主席、全国妇联副主席、省政协副主席、山东大学教授、孔子后裔孔令仁送交设立孔子研究院相关资料。3月8日晚，筹建组到全国政协八届三次会议上看望孔令仁，她讲：“你们曲阜市委、市政府计划建设研究院，这是很好的决策，对弘扬民族优秀传统文化、开展儒学研究、传播孔子思想、增进民族认同感，意义深远。我正在起草向大会联名提交的《关于在曲阜建立孔子研究院的建议案》，还请你们提供相关情况。”3月11日，姜健联络50名全国人大代表向大会提交《关于请求在曲阜市设立孔子研究院》议案；孔令仁联络13位全国政协委员提交1339号提案——《关于在曲阜建立孔子研究院的建议案》。5月17日，中国孔子基金会在曲阜阙里宾舍召开第三届理事会全体会议，会议通过《关于请中央支持在曲阜建立孔子研究院的建议书》。12月29日，省政府第65次省长办公会决定：同意在曲阜设立孔子研究院，明确孔子研究院投资数额和隶属关系。纪要指出：“同意在曲阜设立孔子研究院，由省里解决资金800万元，其中省计委承担200万元，省财政厅承担600万元，从96年开始每年各拨付一半，研究院为省属事业单位，机构规格和人员编制在机构改革时一并审定。暂按此意见上报国务院，将来可考虑由曲阜市管理。”1996年3月20日，曲阜市政府向济宁市政府报送《关于孔子研究院选址情况的报告》；同日，曲阜市计划委员会向济宁市计划委员会报送《孔子研究院新建工程可行性研究报告》。4月24—26日，省工程咨询院副院长兼总工程师王存昌组织项目评估组，到曲阜市就孔子研究院可行性研究报告进行评估。5月29日，省计委《关于孔子研究院建设项目可行性研究报告的批复》内容是：“你委《关于呈报孔子研究院新建工程可行性研究的报告》济计投资字〔1996〕第40号悉，根据省工程咨询院的评估意见，经研究，批复如下：一、为了进一步弘扬民族文化，振奋民族精神，系统整理和研究孔子的儒学思想，同意在曲阜市建设孔子研究院。二、一期建筑总面积控制在17246平方米以内。其中：主楼12130平方米，办公及其他辅助设施1400平方米。三、建筑风格应注意与‘三孔’建筑群相协调，古朴大

方，体现文化特色，内部结构合理适用，并努力节省投资。四、总投资控制在5428万元以内。其中：省安排基建资金800万元（省计委200万元、省财政600万元），济宁市及曲阜市自筹1000万元，申请国家补助1500万元，其余资金由曲阜市向国外募捐解决。”6月2日，曲阜市计委向济宁市计委呈送《关于孔子研究院建设项目申请国家补助资金的报告》。6月11日，曲阜市委、市政府向省有关领导报送《关于在曲阜建设孔子研究院的有关情况汇报》。6月20日，曲阜市孔子研究院筹建组拜会清华大学建筑学院教授吴良镛，请他主持孔子研究院设计。7月1日，曲阜市委书记王润廷主持书记办公会，听取孔子研究院筹建情况汇报后，明确孔子研究院筹建委员会成员名单，成立筹建、拆迁两个指挥部。7月7日，中共中央政治局委员、国务委员李铁映，在副省长宋法棠、济宁市市长王仁元、副市长张仁敬、市政府秘书长李坤、曲阜市委书记王润廷、市长许传俊等陪同下视察曲阜文物保护工作，李铁映对孔子研究院建设表示支持。7月15日，曲阜市委、市政府下发《关于成立孔子研究院拆迁指挥部的通知》；7月18日，下发《关于成立孔子研究院筹建委员会的通知》。8月26—28日，清华大学教授吴良镛一行到曲阜市察看孔子研究院选址现场。28日下午，吴良镛在阙里宾舍召开座谈会，作设计说明及总体设想。之后，吴良镛带领设计组，迅速投入工作，很快推出孔子研究院第一设计方案，设计组对设计思想作《发掘文化内涵塑造建筑环境》的阐述。

9月28日，国务院办公厅以国办函〔1996〕66号文，对山东省人民政府《关于在曲阜市设立孔子研究院的请示》给予批复。全文如下：

山东省人民政府：

你省《关于在曲阜市设立孔子研究院的请示》（鲁政发〔1995〕20号）收悉。经国务院领导同志同意，现函复如下：

鉴于在曲阜市设立孔子研究院有助于弘扬我国优秀的传统文化、推动对儒学的研究和对外文化交流，所需建设资金可由国家给予适当补助，其余部分由你省和曲阜市多渠道筹集解决。国家补助的具体数额，请你省与国家计委商定。

同日，正逢孔子2547年诞辰纪念日，孔子研究院奠基仪式在曲阜大成路中段、小沂河北岸举行，参加奠基仪式的有：国际儒学联合会副会长、外交部原副部长宫达非，秘书长姜广辉，省人大常委会副主任徐建春，副省长韩寓群，省政协副主席、全国政协常委、山东大学教授孔令仁，省政协副主席李殿魁，文化部计财司副司长秦占菊，中国科学院院士、中国工程院院士、清华大学教授吴良镛，省政府副秘书长曹道泉，省建委副主任、党组书记刘景铎，省文化厅副厅长王承典，省文物局副局长由少平及济宁市委书记王修智，市长王仁元，市委常委、纪委书记高建刚，市人大常委会副主任周庆浮，政协副主席车法科，军分区副司令员刘洪成，曲阜师范大学党委书记解授禄，曲阜师范大学纪委书记、曲阜市政府顾问李金山，孔子后裔孔令朋、孔令炤，香港孔教学院院长汤恩佳和曲阜市党政负责人以及各有关部门和单位负责人参加仪式。奠基仪式由曲阜市委书记王润廷主持。向奠基仪式致贺信贺电有：中共中央政治局委员、国务委员李铁映，中共中央政治局委员、书记处书记、国务院副总理姜春云（题词），全国政协原副主席、国际儒学联合会会长、中国孔子基金会名誉会长谷牧，国务院古籍整理领导小组组长、中国孔子基金会会长匡亚明，国际儒学联合会，中华孔子学会会长张岱年、副会长羊涤生，香港孔教学院院长汤恩佳，英国伦敦迈克尔·赖斯。副省长韩寓群，济宁市委副书记、市长王仁元，曲阜市委副书记、市长许传俊分别在在奠基仪式上发表讲话。

10月18日，为争取海外捐资，曲阜市整理印发《关于在曲阜建立孔子研究院的情况介绍》。12月9日，孔子研究院规划建筑设计方案（第二稿）汇报会在孔府孔子学术会堂举行。

孔子研究院坐落在孔庙向南的延伸线上，与孔庙、孔府南北一线，与展示孔子思想的文化景点“论语碑苑”相对应，融为一体，形成新的“儒学文化区”。总体布局以方和圆作为基本母题，用隐喻方式表达中国文化内涵，将儒学中“仁”“和”观念融入规划之中，借鉴“洛书”“河图”“九宫”格式及风水学说理论，将现有地段匠心独运，合理布局。其建筑风格表达孔子文化思想内涵，体现民族性、时代性、纪念性。孔子研究院规划占地面积9.5公顷，建筑面积2.6万平方米，计划总投资1.6亿元人民币，分两期完成。一期工程，建筑面积1.8万平方米，投资1亿多元，包括主体工程、辟雍广场及辅助设施，该工程于1999年9月竣工并投入使用。二期工程建筑面积8000平方米，计划投资6000万元，主要是学术报告厅和研究中心的建设。

第二节　项目建设

一期工程

1997年3月17日，国家计委下拨山东省计委非经营性基金补助地方投资孔子研究院500万元。5月22日，曲阜市起草《关于曲阜建立孔子研究院情况介绍》和《感谢捐资者之办法》印发国内外，5月31日刊登在香港《深星时报》。9月8日，孔子研究院规划设计木质模型由中国著名模型师阎德润制作完成。9月17日，孔子研究院建设工程施工放线、破土动工。1998年，中央书记处原书记、国务院原副总理、全国政协原副主席谷牧，中央党校原副校长、孔子基金会原副会长张黎群，山东省委副书记、省长李春亭，省政协副主席王裕晏，副省长韩寓群、黄可华，省人大常委会原副主任、原副省长王玉玺，省政府副秘书长曹道泉，省计委主任倪永康、财政厅厅长张昭立等先后到孔子研究院工地视察。

5月9日上午10点30分，孔子研究院举行主楼大脊合角吻仪式，吻以凤凰造型，其寓意为“凤凰飞来，天下太平”。

6月13日，飞利浦公司济南办事处负责人到孔子研究院筹建处协商飞利浦公司向研究院工程捐赠灯具事宜，经双方协商最后确定：孔子研究院使用飞利浦公司照明灯具总价值160万元，其中80万元属该公司无偿捐赠，另80万元照明设备由研究院出资购买。7月18日，施工进入最紧张阶段，施工单位40余个。7月22日，省委原书记、省人大常委会原主任赵志浩视察孔子研究院建设情况。

1999年8月1日，孔子研究院一期工程竣工在即，市领导及有关负责人商议题写院名问题。8月21日，筹建处向省委报送《关于请江总书记为孔子研究院题字的请示》。9月1日，国家旅游局副局长张希钦、山东省旅游局副局长陈向群到孔子研究院考察工作。9月4日，济宁市委书记贾万志，市委副书记、市长周齐视察孔子研究院建设情况。9月8日，曲阜市印发《孔子研究院一期工程落成仪式暨大哉孔子生平纪念展览、精品文物展览开馆剪彩仪式的活动方案(草案)》。9月26日上午9时，孔子研究院一期落成暨大哉孔子孔府文物展在孔子研究院主楼前举行，中共中央政治局委员、山东省委书记吴官正，省长李春亭，省委老领导苏毅然、陆懋曾，山东省委常委、秘书长王修智，省委常委、宣传部部长陈光林，省人大常委会副主任董凤基，济宁市委书记贾万志、市长周齐，曲阜市委书记许传俊、市长谷传祥，外宾有：几内亚、日本、奥地利等国驻华大使，俄罗斯旅游体育部副部长、韩国驻青岛领事、联合国旅游组织代表及清华大学教授吴良镛，土建、安装、装修的施工单位及市直各部门、各乡镇负责人。市委书记许传俊主持落成剪彩和开展仪式。10月12日，国际儒联及参加国际儒学研讨会中外学者60余人，在国际儒联理事长唐裕和副会长宫达非带领下视察孔子研究院建设情况。11月17日，全国政协副主席陈锦华到曲阜视察孔子研究院。12月1日，济宁市人民政府向山东省人民政府报送《关于要求解决孔子研究院二期工程所需建设资金的请示》。2000年3月10日，按照绿化设计要求，在孔子研究院大门外两侧绿地内植杏树各36株，共72株，喻72贤；以纪念孔子杏坛设教，弟子三千，贤者72人。4月6日，山东省机构编制委员会下达《关于孔子研究院机构编制的批复》：“济宁市编委：你市《关于确定孔子研究院机构规格的请示》收悉。为了促进曲阜以孔子、儒学研究为特色的文化名城建设，进一步发掘和弘扬中华民族优秀传统文化资源，充分利用‘三孔’名胜宣传山东，提高曲阜、济宁和山东在国际上的知名度，促进经济与社会发展。根据加强孔子研究院建设与管理和对外交往的需要，经研究同意将该院明确为隶属于省文化厅和济宁市政府管理的事业单位，以济宁市管理为主，副厅级建制，省里定额补助，日常经费济宁市负责。所需人员编制由你市根据实际情况自行确定。”11月9日，省委办公厅函复孔子研究院，并送江泽民总书记题写的院名两张。11月14日，国务院总理朱镕基及夫人劳安到孔子研究院视察。12月13日，中央书记处原书记、国务院原副总理、全国政协原副主席谷牧在省市领导陪同下第二次视察孔子研究院。

至2000年12月，孔子研究院建设落实到位资金8550万元，其中国家计委2000万元，财政部1400万元，山东省计委、财政厅2600万元，济宁市政府100万元，曲阜市政府2450万元。

2001年9月27日，中共中央总书记江泽民题写"孔子研究院"院名揭牌仪式在孔子研究院举行，中央政治局委员、中国社会科学院院长李铁映，全国人大常委会副委员长王光英及夫人应伊利，省委副书记王修智，《求是》杂志社总编戴舟，国家旅游局党组成员、纪检组长王军，省委常委、宣传部部长陈光林，省人大常委会副主任董凤基，副省长林书香，国际儒联常务副会长杨波，国家计生协会常务副会长刘汉彬，省政协副主席张敏，原省委常委、纪委书记王众音，济宁市委书记贾万志，济宁市委副书记、市长周齐，济宁市委常委、曲阜市委书记张术平和省、济宁市部门单位同曲阜市六大班子负责人及曲阜市直部门、各乡镇负责人出席仪式。为揭牌仪式致贺信、贺电、贺词中央领导有姜春云、陈锦华、谷牧、王丙乾等，致贺信、贺电、贺词单位和其他个人有中国孔子基金会、香港孔教学院院长汤恩佳、中华孔子学会副会长羊涤生、清华大学建筑设计研究院等。仪式由济宁市委副书记、市长周齐主持，孔子研究院党委书记许传俊汇报孔子研究院建设情况，济宁市委书记贾万志致辞，省委副书记王修智讲话，中共中央政治局委员、中国社会科学院院长李铁映，全国人大常委会副委员长王光英为孔子研究院揭牌。

二期工程

2000年，省委副书记、省长韩寓群在视察研究院时提出济宁负责搬迁、省里出资建设的路子。经过多年努力，国家发改委拨1000万元专款用以研究院二期工程建设。2004年，孔子研究院组织力量对孔子形象重新定位，并筹措社会资金，新落成孔子铜像。2005年3月，副省长赵克志召开专题会议，就孔子研究院二期工程建设有关问题做出具体安排，提出目标要求。济宁市委、市政府决定孔子研究院二期工程建设从济宁市财政拿出1000万元，由曲阜市负责完成。2005年，山东省落实建设资金1000万元。同年8月，孔子研究院规划建设重要组成部分"四书苑"落成。"四书苑"呈"回"字形设计，位于辟雍广场西南角，是国内唯一一座以篆刻《四书》为主要内容，集书法，绘画、篆刻、浮雕于一体的碑刻建筑，由济南军区空军师级干部、军旅书法家李泰和书写，并自筹资金篆刻完成。碑刻建筑占地930平方米，建筑内共有312块碑石，碑刻篆书57005字。中央圆坛之上，矗立着圣人孔子铜制头像，名曰"大哉孔子"；两侧墙壁上刻有浮雕壁画，壁画内容为"孔子行教""删述六经"等，采用仿汉画像风格。

孔子研究院二期工程于2006年开工建设，二期工程总建筑面积5400平方米，包括学术研究中心、国际会议中心及院区内绿化工程，总投资2758万元。2007年，孔子研究院二期工程定为世界儒学大会发起国际会议、联合国教科文组织孔子教育奖颁奖典礼主会场，国家、省、市各级领导给予高度重视，孔子研究院加强领导，精心组织，周密安排，调整加强基建工作班子，经过18个月紧张工作和艰苦努力，于8月底竣工。

三期工程

2008年，孔子研究院筹备三期工程建设工作。2011年，孔子研究院三期工程竣工并投入使用。其中，"儒学会馆"主要包括餐饮部、客房部、会议中心三部分，设有雅间14个、中西宴会厅3处、客房103套、床位178个、大型国际会议报告厅1处、中小型会议室6处，具备承接400人国际会议和各类培训能力。

到2011年年底，孔子研究院建设总投资约1.6亿元，全部由国家、省和济宁市、曲阜市四级政府投资建设。

附：中共中央总书记习近平视察孔子研究院

2013年11月26日，中共中央总书记、国家主席、中央军委主席习近平视察孔子研究院，并主持召开专家学者座谈会。

10时46分，习近平总书记一行从东大门步入孔子研究院。参观过程中，听取孔子研究院建院历史、建筑特色、主要功能以及人才队伍建设情况汇报。在孔子研究院主楼大厅前，总书记拾级而上，在二楼平台转身南望，与陪同人员合影留念。随后，总书记习近平步入孔子研究院二楼主展厅参观孔子思想图片展和孔子研究院学术成果展。当总书记习近平看到由孔子研究院院长杨朝明撰写的《孔子家语通解》和《论语诠解》时，他拿起来细细翻看，说："这两本书我要仔细看看。"

2007年7月21日，吴良镛察看孔子研究院二期建设现场

在座谈会上，曲阜市杨朝明、骆承烈、金辉、贾祥彬4位专家、代表分别围绕儒学的当代价值、增强文化自信、弘扬礼仪文化和建设和谐社区等主题，向总书记汇报各自工作情况。总书记听完后发表重要讲话，肯定孔子研究院和其他方面的工作成绩；就孔子、儒家思想和传统文化研究提出，要坚持古为今用，去粗取精，要弘扬传统文化最精华的部分，加强“四德”建设，促进社会主义核心价值体系建设，树立时代新风，振奋民族精神，提高文化软实力；针对中华文化“走出去”，“关键是要搞好四个讲清楚：一是讲清楚每个国家和民族的历史传统、文化积淀、基本国情不同，其发展道路必然有着自己的特色；二是讲清楚中华文化积淀着中华民族最深沉的精神追求，是中华民族生生不息、发展壮大的丰厚滋养；三是讲清楚中华优秀传统文化是中华民族的突出优势，是我们最深厚的文化软实力；四是讲清楚中国特色社会主义植根于中华文化沃土，反映中国人民意愿，适应中国和时代发展进步的要求，有着深厚历史渊源和广泛现实基础。总书记最后勉励大家，要再接再厉，大力弘扬中国传统文化，为建设和谐社会，实现‘两个一百年’的目标贡献聪明才智。”

参加座谈会人员名单：习近平（中共中央总书记、国家主席、中央军委主席），王沪宁（中央政治局委员、中央政策研究室主任），栗战书（中央政治局委员、中央书记处书记、中央办公厅主任），姜异康（山东省委书记、省人大常委会主任），郭树清（山东省委副书记、省长），马平昌（济宁市委书记、市人大常委会主任），梅永红（济宁市委副书记、市长），杨朝明（孔子研究院院长）、骆承烈（曲阜师范大学教授），金辉（曲阜儒源儒家教育学校校长），贾祥彬（曲阜市鲁城街道池涯社区党支部书记、居委会主任），张文科（孔子研究院副院长），刘续兵（孔子研究院学术交流部部长），孔祥林（孔子研究院研究员）。

第三节　机构设置

孔子研究院是国家唯一经国务院批准于1996年9月在孔子故里曲阜设立的儒学研究专门机构，副厅级事业单位，编制125人，设有办公室、学术研究部、收藏展览部、信息联络部、学术交流部、安全保卫部，具有博物展览、文献收藏、学术研究和学术交流、孔子及儒学研究信息交流、人才培训5项功能，规划建设成为世界儒学研究中心。2006年，省委、省政府确定在孔子研究院设立孔子文化研究“泰山学者”岗位。同年，经文化部、山东省人民政府研究决定，于每年孔子文化节期间召开世界儒学大会，并在孔子研究院设立大会秘书处。2007年，孔子研究院按照“公开、平等、竞争、择优”原则，经过招聘、评议、审定、公示等程序，最终确定曾振宇教授为孔子文化研究“泰山学者”岗位特聘专家，正式签订聘任合同，并按要求组建“泰山学者”团队，制订五年工作规划和年度工作目标，建立相关制度。同年，聘请知名学者于丹教授为特约研究员，设立于丹工作室。到年底，孔子研究院在编42人。2008年，孔子研究院成立学术委员会。2011年，通过济宁市高层次人才引进计划和“千名人才引进计划”，引进4名博士和11名硕士。同年，孔子研究院聘请全国政协原副主席、国际儒学联合会会长叶选平担任名誉院长，聘请一批国内外儒学专家担任孔子研究院学术顾问、高级研究员、客座研究员和特聘研究员。到年底，孔子研究院在编63人。2012年，孔子研究院主要功能调整为学术研究、信息交流、成果展示、文献收藏、人才培训。2013年，孔子研究院引进博士研究生4名、英语硕士

研究生1名。到2013年底，孔子研究院占地面积9.5公顷，建筑面积2.6万平方米，内设学术研究部、信息联络部、学术交流部、收藏展览部、安全保卫部、党政办公室，在编70人。

第四节　学术研究

2000年，孔子研究院院长傅永聚组织30多位国内著名儒学专家、教授，着手编纂《20世纪中国儒学研究大系》《中国伦理道德范畴丛书》及《大哉孔子》。《20世纪中国儒学研究大系》丛书共21卷，分别为孔子、儒家学派、儒家经典、现代新儒学、儒家经济思想、儒家宗教思想、儒家伦理思想、儒家教育思想、儒道比较研究、儒学与西方哲学、儒学传播研究、儒家哲学思想、儒家史学思想、儒家政治思想、儒家管理思想、儒家文艺思想、儒家美学思想、儒家文化思想、儒释比较研究、儒学与实学和日本、韩国的儒学研究，由傅永聚、韩钟文主编，张岱年作序，孔子第七十七代孙孔德成题签书名，中华书局出版发行。该书以时间为经，以具有代表性的人物及其学术观点为纬，展示20世纪各个历史阶段不同流派代表人物在儒学研究或儒学学术争鸣中的精神风貌，梳理百年儒学研究与中国现代思想学术发展史关系，探讨未来儒学研究或儒学发展基本趋势。该书是2003年国家哲学社会科学重点研究项目，获山东省社会科学优秀成果二等奖。《中国伦理道德范畴丛书》，由中国社会科学出版社出版发行，傅永聚主编，叶选平为丛书题签书名，张立文作序，季羡林题词。该丛书选取中华伦理道德的66个范畴如仁、义、礼、智、信、和、勇、俭、孝、爱、诚、廉、忠、德等，每一范畴勒为一卷，共66卷，1200万字。《大哉孔子》，孔祥林主编，省委副书记王修智作序，齐鲁书社出版发行，该书介绍孔子生平、思想以及儒学发展、海外影响的儒学研究和普及图书，配有大量精美图片，分为济世化民的一生、博大精深的思想、源远流长的儒学学派、影响远播惠及世界四部分，16万字，收录图片近500幅。

2003—2005年，孔子研究院推出《〈论语〉新译》《中国儒学入门》两部儒学著作。《〈论语〉新译》，人民日报出版社出版，该书是在孔子研究院支持指导下，由金池牵头历经十二年九易其稿编撰而成，全书34万字。人民日报出版社社长刘景山评论说：“《〈论语〉新译》是一部完整的、真实的、易懂的《论语》译评，匡正了2400多年来对《论语》的误读、误解、误译、误导、误传100多处，使孔子文化得到复原。”《中国儒学入门》，孔祥林、杨春炳、齐金江主编，内蒙古人民出版社出版发行。该书收录儒家文化部分精髓文章，每一入选人物由作者简介、著作简介、原文、注释、赏析五部分组成。

2006—2007年，孔子研究院在台湾出版《图说孔子》一书，该书入选山东省“五个一”优秀作品。2007年，完成《孔德成研究资料》（第一辑）、《中国及海外孔庙制度之比较》等编撰工作。2008—2011年，孔子研究院主持或参与编纂《世界孔子庙研究》《古八德研究与故事新解》《圣人箴言类纂》《孔子文化体验》《中国儒学简史》等著作出版发行。2011年，创办《孔子学刊》和《孔子文化季刊》两个学术刊物；确立“孔子故里文化研究”“儒家文献研究”“孔子思想与历代中国研究”“儒家管理思想研究”“儒家礼乐文化研究”以及“儒学与多元文化比较研究”6个院级研究方向。2012—2013年，孔子研究院主持或参与编纂《孔子弟子评传》《中国传统文化概论》《儒家故事》《孔子这样说》（中德文、中文）等学术著作、普及读本17部，在各级各类学术刊物上发表论文84篇，其中，核心A10篇，核心B5篇。成功申报国家社科基金重点项目1项、山东省社科基金重点项目1项。《世界孔子庙研究》一书获山东省社会科学重大成果奖。

《孔子学刊》　由孔子研究院和中国孔子基金会联合主办，2010年12月创刊，每年一辑。最初采用以书代刊形式，面向海内外公开发行。2010—2013年，由上海古籍出版社出版五辑。孔子研究院院长杨朝明担任主编。常设栏目包括“孔学探源”“名家访谈”“学术史谭”“儒经诠解”“简帛考释”“儒学与现代”“阙里文献”等，内容涉及“出土文献与早期儒学研究”“孔子思想与历代中国研究”“儒家礼乐文化研究”“孔子故里文化研究”“儒学的现代价值”“儒学与多元文化比较研究”等研究方向。

《孔子文化》　是孔子研究院院内刊物，由孔子研究院与山东国际交流中心主办，2010年9月创刊。李学勤、汤恩佳、陈祖武、牟钟鉴、周桂钿、王钧林、林存光等著名学者担任顾问，孔子研究院院长杨朝明担任编委会主任，信息联络部部长齐金江任主编。该刊固定于每年3月20日、6月20日、9月20日、12月20日刊出。内容注重思想性和可读性，主要设有“特邀稿件”“学人访谈”“洙泗论辩”“读经论典”“谐和家邦”“域外汉学”“灯下品书”“圣域曲阜”“论点摘编”“学界动态”等栏目。

1999—2013年孔子研究院专著（作品集）出版一览表

表31-1

书名		作者（主编）	出版单位	出版时间
二十世纪儒学研究大系	孔子研究	孔凡岭	中华书局	2003
	日本韩国的儒学研究	刘厚琴		
	儒道比较研究	李景明　唐明贵		
	儒家管理思想研究	杜豫　刘振佳		
	儒家教育思想研究	李兆祥		
	儒家经典研究	张涛		
	儒家经济思想研究	杨荫楼		
	儒家伦理思想研究	曾振宇		
	儒家美学思想研究	李孝弟		
	儒家史学思想研究	范学辉　齐金江		
	儒家文化思想研究	杨春梅		
	儒家文艺思想研究	赵利民		
	儒家学派研究	李绍强		
	儒学与西方哲学	韩钟文		
	儒家哲学思想研究	张颂之		
	儒家政治思想研究	王曰美		
	儒家宗教思想研究	李建		
	儒释比较研究	李景明　唐明贵		
	儒学传播研究	刘德增		
	儒学与实学	苗润田		
	现代新儒学研究	刘雪飞		
大哉孔子		孔祥林	齐鲁书社	2004
中华伦理范畴丛书第一函	中华伦理范畴　耻	李玉洁　任亮直	中国社会科学出版社	2006
	中华伦理范畴　善	孔繁岭		
	中华伦理范畴　俭	任怀国　陈新岗　李秀英		
	中华伦理范畴　信	傅礼白		
	中华伦理范畴　廉	张涛　项永琴		

续表 31-1

书名		作者（主编）	出版单位	出版时间
中华伦理范畴丛书第一函	中华伦理范畴 孝	曾振宇 齐金江	中国社会科学出版社	2006
	中华伦理范畴 慈	柴洪全 董伟		
	中华伦理范畴 和	修建军		
	中华伦理范畴 义	仝晰纲 查昌国 于云瀚		
	中华伦理范畴 仁	滕新才 曾超 曾毅		
圣人箴言类纂		张东伟、宋冬梅	中国广播电视出版社	2008
中国儒学入门		孔祥林 杨春炳 齐金江	内蒙古人民出版社	2005
孔子家语通解		杨朝明 宋立林	齐鲁书社	2009
“古八德”研究与故事新解		杨春炳	中国广播电视出版社	2009
孔子志		孔祥林	山东人民出版社	2009
中国儒学简史		齐金江	内蒙古人民出版社	2009
孔门七十二贤像传		张效仿	中国画报出版社	2010
孔子文化十五讲		杨朝明	山东人民出版社	2010
中华经典故事阅读		孔子研究院济宁监狱学儒育新活动共建办公室	黄河出版社	2010
中华经典名篇选读		孔子研究院济宁监狱学儒育新活动共建办公室	黄河出版社	2010
汉晋孔氏家学与“伪书”公案		黄怀信	厦门大学出版社	2011
鲁班研究文集		杨朝明	中国社会科学出版社	2011
诗说中国-隋唐卷		《诗说中国》编委会	中国大百科全书出版社	2011
中华经典名句诵读		孔子研究院济宁监狱学儒育新活动共建办公室	山东友谊出版社	2011
世界孔子庙研究		孔祥林	中央编译出版社	2011
论语诠解		杨朝明	山东友谊出版社	2012
图说经典		张文科	山东友谊出版社	2012
孔子弟子评传		杨朝明 宋立林	中国社会出版社	2012
孟子诠解		曾振宇	山东友谊出版社	2012
孔府文化研究		孔祥林 管蕾 房伟	中华书局	2013
孔子这样说		刘续兵	山东友谊出版社	2013
美国华裔史家的历史解释研究		路则权	山东人民出版社	2013
孔安国学术研究		陈以凤	山东人民出版社	2013

说明：《二十世纪儒学研究大系》 由傅永聚、韩钟文总编

《中华伦理范畴丛书（第一函）》由傅永聚、韩钟文、曾振宇总编。由傅永聚、齐金江、修建军主编

第五节 学术交流与传播

2002年5月，孔子研究院协助山东团省委、济宁团市委、曲阜团市委举办大型青少年古诗文诵读活动，全国2000多名中小学生参加。8月，香港青少年访问团、中国青少年学会访问团及海峡两岸青少年夏令营到孔子研究院访问交流。11月，孔子研究院建立中国孔子研究院网（www.confucius.gov.cn），为世界各地儒学研究与孔子研究提供网上交流平台。2004年，孔子研究院作为发起单位参加"中国哲学大会"，并主持"中国儒家哲学论坛"，与36个儒学研究基地、100位社会知名人士、28家儒学出版机构建立起经常性联系。2006年，精选《三字经》《百家姓》《千字文》《增广贤文》《弟子规》，编纂出版《中华传统蒙学有声读本》系列丛书。2007年5月30日，孔子研究院创办的大型文化讲座——春秋讲坛开讲，讲坛以弘扬儒家思想文化，实现大众化、民间化为宗旨，针对儒学热点问题进行研讨与交流。同年，孔子研究院组团到韩国进行访问，韩方于孔子文化节期间到孔子研究院回访，双方开展学术交流并就深入开展学术研究与交流达成共识。为"海外华裔青年杰出人士华夏行"代表团、外交部驻外使节考察团、香港教育界参观团和日本、新加坡、复旦大学等10余个国内外专业团体举办儒学专题讲座。2008—2011年，孔子研究院成功参与举办世界儒学大会和"孔子文化奖"评颁奖活动。2010年，孔子研究院与济宁监狱院地联合，开展"学儒家经典、育道德新人"活动。探索教育培训合作新模式，与北京大学、北京师范大学联合开展教育培训项目。与济宁市慈善总会、济宁市民政局联合开展"弘扬儒家慈善文化，构建和谐慈善济宁"活动。7月，韩国孔氏会会长、孔昭(思绍)后裔孔大植率韩国孔氏会到学院进行文化交流，并在孔子研究院安放曲阜孔氏韩国始祖桧原君孔昭(思绍)铜像。9月26日，与奥地利维也纳大学在孔子研究院签署合作协议。2011年，与济宁日报社联合主办，吸纳曲阜师范大学、济宁学院、曲阜市文物旅游局参与，共同打造"春秋讲坛"。7月，与奥地利维也纳大学组织开展"汉语桥——奥地利中学生夏令营"活动。8月，孔子第79代嫡孙孔垂长率团到孔子研究院参观、交流，孔子研究院与台湾中华大成至圣先师孔子学会确立友好联系。11月，与德国纽伦堡市政治经济文化代表团就"儒学在中国经济发展中的作用""儒学对世界金融问题的借鉴作用""儒家思想对世界和平的影响" 等话题进行学术交流。2012—2013年，孔子研究院成功举办第五、六届世界儒学大会和"孔子文化奖"评颁奖活动；开展以"儒学与干部道德教育"为主题的第三届"学术活动月"和以"品味书香，感悟经典""曲阜石刻文献视域下的孔子思想与历代中国"为主题的第四届"学术活动月"活动；编写出版中华文化读本《孔子这样说》中德文对照版及中文单行版；组织编写《孔子》全息数字电影脚本。2012年4月，与孔垂长为代表的台湾参访团围绕"海峡两岸孔子文化研究的长期合作与发展"开展交流座谈；5月，组织尼山世界文明论坛分会场活动，承担"文明古国文化遗产保护与促进文明对话国际研讨会"。2013年4月，孔子研究院与中国孔子基金会正式签署战略合作协议；7月，孔子研究院联合中国孔子基金会、山东中华文化学院、国际经典文化协会(香港)、中华文化教育学会(台湾)和湖南省中华文化学院等单位联合举办第六届全球中华文化经典诵读大会。9月，《学儒育新——儒家文化与监狱教育改造共建模式探索与实践》获首届山东省文化创新奖，被山东省人民政府通报表彰。

第六节 博物展览

收藏展览和对外开放是孔子研究院的五项重要功能之一，也是对外展示的"窗口"。

1999年9月26日，孔子研究院在二楼主展厅推出"大哉孔子展"，本次展览分为 "孔子及其先世""志学""立教""从政""周游列国""著述"6个主题，共计展出6组约1000余幅图片。作为这次展览背景的全国木刻壁画之最——"山高水长"巨幅壁画以及壁画前设青铜铸像成为展览亮点。同时，在主楼二楼推出"孔府文物展"，文物展分东西两个展厅。东西展厅正面分别悬挂一组编磬与编钟，以喻《孟子》中"金声玉振"之意。西展厅展品为玉石类展品，货币陈列，青铜器、陶器，圣旨、孔府档案，满汉全席、瓷器，鎏金铜佛像，鎏金千佛曲阜塔，古琴、文房四宝；东展厅展品为商周十供，字画，元、明、清衣冠，明代家具。

2004年3月5日到13日，为纪念孔子2555年诞辰，应澳大利亚东方艺术中心、澳大利亚齐鲁同乡会的邀请，孔子研究院、曲阜市人民政府、山东出版集团、曲阜师范大学在澳洲雪梨中华文化中心联合主办《大哉孔子》展，展览由“圣迹之图”“世界文化遗产——孔庙、孔府、孔林”“东方圣城——曲阜”“孔子研究院”“孔子家乡的大学——曲阜师范大学”“中国各地孔庙”“儒学在国外的传播”等280余幅图片和百余种儒学专著组成。2005年7月23日至8月8日，为纪念孔子2556年诞辰，孔子研究院、曲阜市人民政府、山东出版集团和曲阜师范大学联合主办的“大哉孔子展”到欧洲七国巡回展出。

2005年，孔子研究院设计制作《中国历代至圣先贤先儒画像展》和《清代圣迹图展》，共展出历代儒家学派代表人物画像150余幅；承担华夏文化标志城地形地貌沙盘展，设计制作曲阜至邹城地形地貌沙盘模型；承接省、市两级政府“孔子文化节高新技术专利产品博览会”工作，累计提供展区面积10000平方米，设计展位800余个。

2006—2007年，孔子研究院举办“孔子与世界”中国书画艺术慈善展，“走近孔子感受中国”首届儒家文化国际视觉设计展，“孔子杯”迎奥运书画精品展，“走近孔子”书画名家邀请展，曲阜、文登书法家协会作品展，崔振海榜书展等多项大型展览，两年共展出作品1400余幅，新藏书画作品及其他工艺品30余件，接受国内外捐赠书籍100余册。

2008—2011年，孔子研究院举办孙大石九十华诞书画艺术展、纪念巧圣鲁班2515年诞辰全国书画展、2008米奥运盛世和谐长卷巡展、第三届中韩美术书法交流展、芜湖市·曲阜市美术书法交流展、中国历史文化名街成果展等各类展览20余次。2010年12月，台湾水墨画大师李奇茂向孔子研究院捐赠书画作品76件。2011年，与济宁市中华文化标志城办公室联合建设“孔孟文化数字展示系统”。

2012—2013年，孔子研究院设计制作孔学书画作品展，将76幅珍贵馆藏作品进行高精度仿制后陈列展示；举办“为了中华的崛起——文化名人的爱国情怀”巡展、“《论语》回故里”——历代《论语》珍本展等大型室内展，以及“儒风石渐”——长江石儒家文化专题展。

第三章　尼山论坛

尼山论坛，即尼山世界文明论坛，是全国人大常委会原副委员长、中华文化标志城专家咨询委员会主任许嘉璐倡议发起，以开展世界不同文明对话为主题，以弘扬中华文化、促进中外文化交流、推动建设和谐世界为目的的国际文化学术交流活动。

第一节　起源与设立

2008年4月，第九届、第十届全国人大常委会副委员长、中华文化标志城专家咨询委员会主任许嘉璐倡议，中华文化标志城专家咨询委员会第一次工作会议提出，以开展世界不同文明对话为主题创办尼山论坛，作为中华文化标志城内涵建设的重要内容。2009年11月，许嘉璐在山东大学调研期间，就办好首届尼山论坛提出具体要求。2010年2月23日，中央领导李长春、刘云山在许嘉璐提交的关于尼山论坛的报告上作出重要批示，充分肯定尼山论坛重要意义，对办好论坛提出期望和要求。3月15日，尼山世界文明论坛组委会第一次工作会议在北京召开，会议通过尼山论坛组织架构，确定首届尼山论坛于2010年9月26—27日在山东曲阜举办，讨论安排首届论坛的人员邀请、学术研究、宣传报道、会务保障等筹备事项。会后形成《会议纪要》。2010年4月1日，山东省委书记、省人大常委会主任姜异康，省委副书记、省长姜大明对尼山论坛作出重要批示，要求认真贯彻落实中央领导重要批示精神，精心筹办首届尼山论坛。省委常委、宣传部部长李群就做好各项筹备工作提出明确要求。4月，山东省成立首届尼山论坛筹备工作协调指导小组。5月17日，尼山论坛组委会、光明日报社在北京召开的庆祝联合国世界文明对话日高层座谈会暨尼山论坛官方网站开通仪式。7月24日，尼山论坛组委会、光明日报社在北京召开尼山世界文明论坛专题座谈会。8月3—4日，尼山论坛组委会副主席、国际展览局名誉主席、欧洲科学院副院长吴建民到尼山考察首届尼山世界文明论坛筹备工作。8月25日，许嘉璐主编、尼山论坛组委会秘书处编辑、五洲传播出版社出版的“尼山论坛文库”首册《世界和平对话日：来自中国的声音》出版发行。2012年3月16日，第二届尼山世界文明论坛新闻吹风会在济南召开，省委宣传部副部长、省文化厅党组书记、尼山论坛组委会秘书长徐向红在会上介绍尼山论坛有关情况：第二届尼山世界文明论坛将于2012年5月21—23日，在中国古代伟大的思想家、教育家孔子诞生地尼山举办。5月21日是“世界文化多样性促进对话与发展日”（简称“世界文明对话日”），也是世界文明对话十周年，选择5月21日举行尼山世界文明论坛是对世界文明对话十周年活动的回应。尼山世界文明论坛组委会决定把5月21日作为每届尼山论坛法定举办日。

第二节　论坛活动

首届尼山世界文明论坛

2010年9月26日，首届尼山世界文明论坛在曲阜尼山书院举行。欧洲、美洲、亚洲等11个国家和地区70余位专家学者云集尼山，展开多种形式的对话和文化交流。论坛以“和而不同与和谐世界”为主题，为期2天。各位专家学者围绕“人类危机与文明对话”“对话文明与和平文化”“包容与多样”“和谐与正义”“儒耶文明对话与世界未来”等话题，进行4场高端对话（会谈）、8场学术分会、1场学术全会、1场电视论坛。北京大学高等人文研究院院长、新儒家学者杜维明与芝加哥大学神学教授霍普金斯进行关于“对话文明与和平文化”的文化交流。

论坛举办前一天，全国人大常委会原副委员长许嘉璐在曲阜尼山书院与匈牙利前总理迈杰西举行高端会谈，探讨开展中西文明对话活动意义，共同展望开展中西文明对话活动未来。

第二届尼山世界文明论坛

主题为“和而不同与和谐世界：信仰　道德　尊重　友爱”的第二届尼山世界文明论坛于2012年5月21—23日在孔子诞生地尼山（泗水县圣源书院，位于尼山东）举行。20多个国家和地区、代表不同文明的近百名专家学者相聚尼山脚下，就“和而不同”“和谐世界”展开对话。

5月20日下午，全国人大常委会原副委员长、尼山论坛组委会主席许嘉璐与墨西哥前总统福克斯，在曲阜市尼山书院就“文明对话的意义与价值”举行高端对话。山东大学校长、尼山论坛组委会副主席徐显明主持对话。许嘉璐指出，不同文化可以通过对话消弭冲突。福克斯对此表示认同，他说，文明对话将显示更强大的力量。

第四章　世界儒学大会

世界儒学大会是由文化部和山东省人民政府主办、在孔子诞辰之际于孔子故里（中国孔子研究院）举办的世界性儒学盛会，旨在传承和弘扬中国优秀传统文化，搭建一个国际化儒学研究与交流平台，推动国际儒学研究与交流，探讨儒学价值与意义，鼓励跨地域、跨学科、跨行业儒学研究，加强海内外专家学者、儒学研究机构（团体）密切交往，增进不同文明之间的对话与交流，促进人类社会和平、和谐发展。世界儒学大会融国际性文化论坛、高规格学术盛会和权威性政府行为于一体，创建出一个儒学研究、交流、合作的国际化平台。

第一节　发起与设立

2007年9月27日，世界儒学大会发起国际会议在孔子研究院举行，文化部副部长周和平，中国艺术研究院党委书记、院长，中国非物质文化遗产保护中心主任王文章，文化部外联局副局长于兴义，山东省政府副秘书长司安民，文化厅厅长杜昌文，副厅长李国琳，济宁市委书记、市人大常委会主任孙守刚，济宁市委副书记、市长张振川，市委副书记赵树国，孔子研究院党委书记李家平，孔子研究院院长傅永聚，日本、韩国、美国、法国、新加坡、马来西亚等国家以及中国内地和港、澳、台地区97位专家学者代表海内外55家儒学研究机构出席会议。

发起国际会议由中国艺术研究院、山东省文化厅、济宁市人民政府、孔子研究院承办，会议举行开幕式和儒学研讨会。研讨会上，中国人民大学孔子研究院院长、教授张立文、美国夏威夷大学教授成中英、中国艺术研究院教授刘梦溪、韩国成均馆崔瑛甲、韩国国学振兴院院长沈宇永和孔子研究院副院长孔祥林分别围绕世界儒学大会主旨先后作了演讲。

世界儒学大会发起国际会议经过反复酝酿、讨论、修改、征求意见，最终审议并通过《世界儒学大会发起宣言》和《世界儒学大会章程》。根据《世界儒学大会发起宣言》和《世界儒学大会章程》，确定世界儒学大会在国际孔子文化节期间在孔子故里举行，每年举行一届。

首届世界儒学大会现场（2008年9月摄）

第二节　历届大会

第一届世界儒学大会

2008年9月27日，第一届世界儒学大会在孔子研究院开幕，大会由中国艺术研究院、山东省文化厅、济宁市人民政府、中国孔子基金会、孔子研究院共同承办，韩国、新加坡、马来西亚、美国、法国、英国、比利时、丹麦、澳大利亚等22个国家和中国内地、香港、澳门、台湾地区86个儒学研究机构172位专家学者，以及海内外100多家新闻单位的记者及各界人士出席会议。全国人大常委会原副委员长许嘉璐，文化部副部长周和平，中国艺术研究院院长、中国非物质文化遗产保护中心主任王文章等出席会议并致辞，出席会议的还有省人大常委会原副主任李明先、文化部外联局副局长张瑞、著名书画家范曾、省文化厅副厅长李国琳、中国孔子基金会副秘书长林先众，济宁市委书记、市人大常委会主任孙守刚，济宁市委副书记、市长张振川，市政协主席赵树国、市委副书记张术平、孔子研究院党委书记李家平等。

第一届世界儒学大会开幕式由山东省文化厅厅长杜昌文主持，由王中江、孔祥林、刘梦溪、刘蔚华、何沛雄、李瑞智、俞荣根、黑山、傅永聚、董金裕、戴卡琳11人组成大会主席团。大会决定在孔子研究院设立世界儒学大会秘书处，并举行授牌仪式，由文化部副部长周和平授牌。

大会主席团执行主席俞荣根主持与会嘉宾代表主题演讲。范曾、刘梦溪、李瑞智、戴卡琳、安德森5位著名学者围绕世界儒学大会发表演讲。之后，与会代表围绕儒学当代意义、儒学普世价值、世界文化体系中儒学研究、儒学研究与文化核心价值观建构、儒学研究与和谐文化建设五个议题进行分组学术研讨。《第一届世界儒学大会学术论文集》由文化艺术出版社出版。

第二届世界儒学大会

2009年9月27日至29日，第

二届世界儒学大会在中国孔子研究院举行，中国艺术研究院、山东省文化厅、济宁市人民政府、中国孔子基金会、国际儒学联合会、孔子研究院联合承办，中国内地、香港、澳门、台湾和日本、韩国、以色列、西班牙、斯洛伐克、美国、巴西、澳大利亚等26个国家97个儒学研究机构300多位儒学专家学者参加会议。中纪委驻文化部纪检组原组长常克仁，中国艺术研究院院长助理、文化发展战略研究中心主任贾磊磊，山东省文化厅厅长、世界儒学大会秘书长亢清泉，副厅长李国琳，孔子基金会秘书长梁国典、纪委书记张卫东，国际儒学联合会理事长、韩国成均馆中央大学校总长徐正炖，国际儒学联合会常务副秘书长牛喜平，济宁市委书记、市人大常委会主任孙守刚，孔子研究院党委书记庄金兰等出席大会。

由杜维明、成中英、范曾、梅约翰、竹内弘行、梁承武、黑山、董金裕、蒙培元、周桂钿、舒大刚、俞荣根、傅永聚、贾磊磊、孔祥林15人组成第二届世界儒学大会主席团。著名学者杜维明、成中英、梁承武、范曾分别作大会主题演讲。之后，与会代表围绕多元文化语境下儒学的传承与发展、儒学与经济发展、儒学与当代艺术创作等议题分为三个小组进行学术讨论。

第二届世界儒学大会设立2009年度“孔子文化奖”(ConfuciusCulturalAward)，旨在鼓励儒学研究者、机构或非政府组织，站在时代的高度，深入发掘研究孔子思想文化精髓，加快儒学研究成果创新，加强儒学研究成果国际交流，推动儒家文化传承和普及，促进人类社会的和谐发展、文明进步。大会评选出2009年度“孔子文化奖”获奖学者和机构，分别是美国哈佛大学燕京学社社长杜维明和中国孔子基金会。《第二届世界儒学大会学术论文集》于次年9月由文化艺术出版社出版。

第三届世界儒学大会

2010年9月27日至29日，第三届世界儒学大会在山东曲阜举行。全国人大常委会原副委员长许嘉璐，山东省政协原副主席莫振奎，北京师范大学党委书记刘川生，山东省政府副秘书长司安民，省文化厅厅长、世界儒学大会秘书长亢清泉，省文化厅副厅长李国琳，中国艺术研究院院长助理、文化发展战略研究中心主任贾磊磊，济宁市委书记、市人大常委会主任孙守刚，世界儒学大会执行秘书长、孔子研究院党委书记庄金兰等出席会议。全国政协原副主席叶选平为第三届世界儒学大会的开幕致贺信。国家文化部副部长、中国艺术研究院院长王文章致辞。日本、韩国、新加坡、英国、德国、奥地利、丹麦、乌克兰、爱尔兰、美国、巴西、澳大利亚等16个国家和中国内地、香港、澳门、台湾地区86个儒学研究机构与学术团体200位儒学专家学者围绕“儒学思想的时代发展与国际传播”“儒学与美学”“儒学与伦理学”“儒家与文化多元化发展”等议题进行研讨与对话。

大会评选出第二届“孔子文化奖”获奖学者和机构，分别是山东大学儒学研究中心主任庞朴和国际儒学联合会。

成中英、何怀宏、金圣基、李夏德(Richard Trappl)、汤恩佳、董金裕、陈福滨、王延光、俞荣根、刘振玮、高秉涵、吕武吉、蒙培元、牟钟鉴、黄玉顺、白彤东、陈望衡、郭齐勇、韩星发表演讲。大会还举办全国知名民营企业总裁孔子文化“问礼”行活动。《第三届世界儒学大会学术论文集》于次年9月由文化艺术出版社出版。

第四届世界儒学大会

2011年9月27日，韩国、日本、新加坡、乌克兰、美国、德国、巴西、澳大利亚等16个国家和中国内地、香港、澳门、台湾地区83个儒学研究机构与团体200位专家学者汇聚孔子故里曲阜，出席由国家文化部、山东省政府主办，中国艺术研究院、山东省文化厅、中国孔子基金会、国际儒学联合会、济宁市政府、中国孔子研究院承办的第四届世界儒学大会。全国政协原副主席、国际儒学联合会会长、孔子研究院名誉院长叶选平，2010年度孔子文化奖获得者庞朴分别为大会致贺信。文化部原副部长赵维绥，市委书记、市人大常委会主任张振川，市委副书记、市长梅永红，省政府副秘书长司安民，省委宣传部副部长、省文化厅党组书记徐向红，市委副书记张术平，省文化厅副厅长李国琳，市委常委、秘书长陈民，市委常委、宣传部部长刘成文出席开幕式。葛荣晋、彭林、成中英、梁承武、吕武吉等将就如何发掘儒学的文化价值、儒学如何融入世界及融入现代社会等发表主旨演讲。专家学者主要围绕“儒学的价值取向与社会发展”“儒学创新与当代文化建设”“儒家思想及其普世价值”

“道德礼义与人文教化”等议题展开分组学术研讨。郑炳硕、陈荣照、阮玉诗、胡洪治、蔡德贵、水口拓寿、孔祥祺等从不同角度阐述自己的学术观点和研究成果。大会共收到海内外儒学研究论文逾100篇。

大会评选2011年度“孔子文化奖”获得者。汤一介和汤恩佳获得孔子文化奖个人奖。《第四届世界儒学大会学术论文集》于次年8月由文化艺术出版社出版。

第五届世界儒学大会

第五届世界儒学大会暨2012年度孔子文化奖颁奖典礼于2012年9月27日在山东曲阜举行。美国、澳大利亚、奥地利、韩国、新加坡、越南等12个国家和中国内地、香港、澳门、台湾地区的100余位儒学研究专家参加大会。国家文化部副部长、中国艺术研究院院长王文章，山东省副省长张超超在大会开幕式上致辞，并为孔子文化奖获奖者颁奖。第五届世界儒学大会以“儒家思想的当代意义”为主题。围绕“儒家伦理与市场伦理”“中华元典与现代文明”“儒学与国民教育”等重大现实议题进行研讨和对话。中央民族大学教授牟钟鉴和韩国成均馆获得2012年度孔子文化奖。第五届世界儒学大会突出“小而精”特点，提高办会层次。一是提高中青年学者比例，40岁以下青年学者占到总人数25%以上；二是增加承办单位，首次将山东大学儒学高等研究院纳入承办单位，借助其在学术、宣传等方面的力量，将世界儒学大会的影响力进一步扩大；三是与“尼山论坛”错位邀请。《第五届世界儒学大会学术论文集》于次年9月由文化艺术出版社出版。

第六届世界儒学大会

2013年9月27日至28日，第六届世界儒学大会在孔子故里曲阜召开。大会由国家文化部、山东省人民政府主办，由中国艺术研究院、山东省文化厅、山东大学儒学高等研究院、中国孔子基金会、国际儒学联合会、济宁市人民政府、孔子研究院等共同承办。日本，韩国，越南，印度尼西亚，马来西亚，以色列，澳大利亚，英国，爱尔兰，俄罗斯，美国和中国大陆、香港、台湾等14个国家和地区60个儒学研究机构与学术团体120位专家学者围绕“儒家思想与当代社会建设”主题，对“儒家思想与生态文明”“儒家伦理与道德教育”“礼乐传统与社会礼仪”“儒家思想与文化传播”四个议题进行了深入研讨与广泛对话。

大会开幕式暨2013年度孔子文化奖颁奖典礼上，山东省政府副秘书长李娥，中国艺术研究院常务副院长王能宪、副院长贾磊磊，省文化厅副厅长李国琳，中国孔子基金会副理事长武卫华，国际儒学联合会秘书长牛喜平，济宁市委书记、市人大常委会主任马平昌，济宁市委副书记、市长梅永红，市委常委、秘书长刘成文，副市长吴霁雯，孔子研究院党委书记庄金兰，院长杨朝明等出席。清华大教授学李学勤、美国夏威夷大学教授安乐哲（Roger T. Ames）获得孔子文化奖。

大会讨论、通过新修订的《世界儒学大会章程》。根据新的章程，世界儒学大会将由以往一年一届改为两年举办一届，孔子文化奖也改为每两年评选一次。面向全球发布世界儒学大会会歌暨孔子研究院院歌《文明足迹》。《第六届世界儒学大会学术论文集》于次年10月由文化艺术出版社出版。

第三节　孔子文化奖

孔子文化奖(The Confucius Culture Prize)是由中华人民共和国文化部和山东省人民政府联合设立的国际性文化奖项，是国内儒学研究和推广领域的最高奖项之一。从2009年开始，于每届世界儒学大会期间颁奖。至2013年，孔子文化奖评选五届，推选出杜维明、庞朴、汤一介、汤恩佳、牟钟鉴、李学勤、安乐哲及中国孔子基金会、国际儒学联合会、韩国成均馆等获奖个人和获奖机构。2013年，孔子研究院、世界儒学大会秘书处启动《孔子文化奖学术精粹丛书》编写工作，该丛书首批出版六卷，分别为《杜维明卷》《庞朴卷》《汤一介卷》《牟钟鉴卷》《李学勤卷》《安乐哲卷》，每卷35万字左右，丛书内容以孔子文化奖获奖学者关于“孔子儒学、中国传统文化”研究成果为核心，精选、汇集学术观点，每卷自成体系，展示获奖学者成就。

附：孔子文化奖获得者名单

2009年　杜维明（美国夏威夷东西中心担任文化与传播研究所所长），中国孔子基金会

2010年　庞朴（山东大学教授），国际儒学联合会

2011年　汤一介（北京大学儒学研究院院长），汤恩佳（香港孔教学院院长）

2012年　牟钟鉴（中央民族大学哲学与宗教学系教授），韩国成均馆

2013年　李学勤（清华大学历史系教授），安乐哲（英文名Roger T. Ames，美国夏威夷大学教授）

第五章　学术平台

第一节　孔子学术会堂

1990年9月，在省委常委、宣传部部长苗枫林主持下，孔子学术会堂在曲阜市创立。主旨是以发挥曲阜历史文化优势，借孔子文化节嘉宾荟萃良机，按照“小规模、高水平、大影响”和“百花齐放，百家争鸣”方针，研讨交流孔子及儒家思想文化，以增强中华民族血缘同宗、文化同源的共识和为现代社会发展服务而创立的一个高层次学术讲坛。2008年，市文化遗产管理委员会与中华书局联合打造“孔子学堂”主题文化品牌工程。

设置

孔子学术会堂设首席主持人一人，主持人若干人。首席主持人由苗枫林担任，主持人由李金山（曲阜师范大学原纪委书记、教授）、孔祥林（孔子研究院原副院长、教授）担任。讲学活动具体事宜由曲阜市孔子文化节办公室筹办。孔子学术会堂设在孔府内，最初在孔府西路忠恕堂，后迁移到孔府文物档案馆东厢。堂内设置为仿古制式，古色古香，淡雅别致，以求遵从古制，再现当年孔子杏坛讲学之风貌。

孔子学术会堂于每年孔子文化节活动期间（9月26日或27日），邀请两名海内外研究孔子、儒学造诣高、影响大的著名专家、学者或社会活动家登坛讲学，作孔子及儒家思想学术报告。组织研究孔子及儒家思想的专家学者到堂听讲，并进行学术交流与研讨。孔子学术会堂讲学开始前，先由主持人向听讲者介绍讲学人的简历及其主要成就。讲学活动结束后，收取讲学人讲稿，并连同讲学录音一同作为重要资料存入孔子学术会堂档案。孔子学术会堂邀请的讲学人员不限国别，没有报酬，只在学堂壁上为讲学人悬一肖像瓷盘和赠送一件代表孔子故乡特色的纪念品，以资纪念并作为象征性答谢。

学术报告会

自1990年孔子学术会堂举行首次孔子及儒家思想学术报告会，到2009年停办共连续举办20场学术报告会，先后邀请40位专家学者举行40场（次）学术报告会。1990年9月26日，中国孔子基金会副会长杨向奎，全国政协特邀委员、中国汉字现代化研究会会长袁晓圆分别作题为《孔子的思想与中国传统文化》《中国传统文化》学术报告。1991年9月28日，孔子学术会堂举办第二次学术交流讲座，美国总统府学者委员会主任委员、美国共和党少数民族裔全国委员会主席、中国旅游协会海外名誉顾问陈香梅作《孔子其人》学术报告，复旦大学教授、著名美学家蒋孔阳作《孔子的美学思想》学术报告。1992年，中国社会科学院学部委员、中国历史研究所所长、中国先秦史学会会长、研究员李学勤作《轩辕黄帝与曲阜》学术报告，西北大学校长、教授、中国孔子基金会副会长张岂之作《孔子及儒家思想与现代文明》学术报告。1993年，中国人民大学教授、中国孔子基金会理事张立文，清华大学教授钱逊分别作《孔子精髓与现代文明》《中国传统的道德精神》学术报告。1994年，中国人民大学教授葛荣晋、中央民族大学教授牟钟鉴分别作《儒家智慧与造就一代儒商》《儒家人性论的综合考察与新人性论的构想》学术报告。1995年，北京大学哲学系主任叶朗、孔子学术会堂首席主持人苗枫林分别作《儒家美学对当代的启示》《孔子人才观及其对中国的影响》学术报告。1996年，山东大学传统文化研究所教授丁冠之，山东社科院儒学研究所所长赵宗正分别作《对儒家伦理学说的几点认识》《大程在儒学中的地位》学术报告。1997年，中国人民

大学副校长、中国伦理学会会长罗国杰，北京大学教授、学贯中西的学界泰斗季羡林分别作《中国伦理学》《孔子与东方文化》学术报告。1998年，由南京大学教授周继旨、闫韬分别作《关于儒学的历史地位与未来前途的展望》《顺应潮流：儒家思想的重要原则》学术报告。1999年，韩国著名学者赵骏河、曲阜师范大学教授李金山分别作《未来十年孔子思想》《孔子思想的核心问题》《哲学家孔子与孔子的哲学》学术报告。2000年，中国社会科学院研究员庞朴、孔子博物院院长孔祥林分别作《楚国早期儒家思想》《世界各国的孔庙及孔子在世界的影响》学术报告。2001年，美国哈佛大学教授杜维明、重庆社会科学院院长俞荣根分别作《孔子文化的价值》《文明对话与儒学创新》学术报告。2002年，韩国儒教学术院院长崔根德，台湾政治大学中文系教授、文学院院长董金裕分别作《〈论语〉中孔子的经济思想》《孔门的诚信之教》学术报告。2003年，吉林大学古籍研究所教授吕绍纲，北京大学中国文化书院院长王守常分别作《中和与道统》《古之兵柄本出儒术》学术报告。2004年，香港孔教学院院长汤思佳，台湾佛光大学校长龚鹏程分别作《发展孔教儒学是国家的当务之急》《生活中的儒学》学术报告。2005年，中国社会科学院教授朱凤瀚、山东大学教授蔡德贵作《从西周之德到孔子之德》《儒学面临的困境及出路》学术报告。2006年，孔子学术会堂举行孔子书院成立典礼暨孔子及儒家思想学术报告会，孔子书院顾问刘启林、刘庆俄分别作学术报告。2007年，美国夏威夷大学哲学系教授成中英，中国周易学会会长、山东大学教授刘大钧分别作《儒学伦理的全球化与人类持续发展》《周易浅述》学术报告。2008年，澳大利亚学者李瑞智、西南政法大学教授蒋庆分别作《儒学的当代意义》《复兴儒学的两大传统》学术报告。2009年，北京大学儒学研究中心主任、中国哲学史学会会长陈来，北京师范大学教授周桂钿分别作《孔子礼的思想及其现代意义》《儒家民本观》学术报告。2009年，在孔子学术会堂举行学术活动20年之际，因世界儒学大会成立并展开学术活动等，孔子学术会堂停办。

2009年9月27日，孔子及儒家思想学术报告会在孔子学术会堂举行　李辉/摄

2000年，根据孔子学术会堂首席主持人苗枫林提出的“十年一总结、十年一回顾”的意见，孔子学术会堂确定出版《孔子学术会堂讲学录》。2000年9月26日，孔子文化节开幕当日，凝聚着孔子学术会堂创办10年期间20位海内外专家学者心血和智慧，代表当时世界孔子及儒家思想研究最新学术观点和研究成果的大型论文集《孔子与世界——孔子学术会堂讲学录》(1990—1999年)出版并举行首发式。

第二节　孔子学堂

2008年4月5日，“我的《论语》心得”征文颁奖典礼暨孔子学堂启动仪式在杏坛剧场举行，启动以“儒道与人生”为主题的“孔子学堂”，北京师范大学教授于丹作《在圣贤的光芒下学习成长》专题讲座，成为首讲。8月9日，复旦大学中国历史地理研究所原所长、复旦大学图书馆馆长、百家讲坛主讲人之一葛剑雄教授，在孔子研究院国际学术报告厅作《儒家思想与中国疆域的形成》讲座。9月7日，中国台湾大学教授、国学名家傅佩荣作题为《儒家文化为什么重要》讲座。2009年4月26日，厦门大学教授易中天作《我读孔子》讲座。自2013年4月开始，举办“杏坛开讲”系列讲座，定期邀请一位儒学大家在孔庙杏坛前向驻曲阜院校师生、机关干部职工和游客讲授儒学。

第三节　曲阜师范大学儒学研究机构

曲阜师范大学注重依托孔子故里独特历史文化资源优势，在传承创新优秀传统文化方面形成特色优势。1956年12月，曲阜师范学院成立孔子研究会。1979年1月，学校成立孔子研究室。1983年2月，山东省教育厅批准曲阜师范学院孔子研究所属系一级建制。2013年，曲阜师范大学孔子研究所扩充为孔子文化研究院。该院是曲阜师范大学最具特色的专门研究机构，是全国专门研究孔子儒学的重镇，有专职研究人员30余人，兼职人员18人，博士生导师8人，硕士生导师16人。1956—2013年，出版著述400余部，发表相关学术论文2000余篇。孔子文化研究院具体研究方向有孔子儒学文献整理与研究、中国教育传统思想研究、中华传统伦理研究、中华传统文化对外传播与交流研究、曲阜传统文化传承发展示范区建设研究。曲阜师范大学以孔子、儒学为主要研究方向的专门史（思想史）学科是博士学位一级授权点，建有博士后流动站，是"十一五"省级重点学科、"十二五"省级特色重点学科，建有山东唯一的省级人文社科类协同创新中心——"孔子与山东文化强省战略协同创新中心"、山东省"孔子与传统文化研究中心"重点强化建设人文社科基地，是山东省高校首家国学院。

第三十二编

孔子文化节

2001年中国曲阜国际孔子文化节开幕式文艺演出——杏坛圣梦

中国曲阜国际孔子文化节是中华人民共和国确定的国家级、国际性“中国旅游节庆精选”之一，于每年孔子诞辰（9月28日）前后，在中华民族始祖轩辕黄帝诞生地、圣人孔子故里曲阜市举行，以纪念孔子，弘扬民族优秀文化为主题，融经济、文化、旅游、艺术、学术、经贸、科技活动于一体。主题活动为9月26日开幕式和9月28日纪念孔子诞辰活动——祭孔大典。1991年，由济宁市主办、曲阜市承办；曲阜市孔子文化节办公室为曲阜市政府不列编常设机构，由多次参与筹备“孔子诞辰故里游”和孔子文化节经验丰富的几位离退休干部组成，主要负责策划、创意、设计孔子文化节活动，协调对上、对市内各项筹备组织工作的关系，督导检查工作进度。1992年，国家旅游局确定将中国友好观光年十四条国家级专项旅游线路“寻根朝敬之旅”首游式与孔子文化节开幕式一并举行。1994年4月，曲阜市孔子文化节办公室列为市政府常设机构，为正科级事业单位，专门负责孔子文化节活动的研究策划和组织协调工作。由于孔子文化节筹备组织工作是一项牵涉到方方面面、社会各界的综合性工作，曲阜市委、市政府每年都成立孔子文化节筹备工作领导小组，由市委、市政府主要领导任组长，分管领导任副组长，市直有关部门主要负责人为成员。领导小组下设若干工作组，工作组组长由承担筹备工作任务比较重的单位或者部门主要负责人担任。各工作组实行组长负责制，对于每项工作的具体工作组长是第一责任人，负全责。同时，明确一名市委副书记和一名副市长主抓孔子文化节各项筹备组织工作，以便于协调上下、内外关系。1995年，孔子文化节由国家旅游局与山东省人民政府联合主办，济宁、曲阜两级市政府承办。2001年，由国家旅游局、山东省人民政府联合主办，省旅游局和济宁、曲阜两级市政府承办。此后，主办档次愈来愈高。至2003年孔子文化节，文化节活动前期的策划、创意、联络活动具体组织实施皆以曲阜市为主，济宁市以上有关部门对活动举办提出指导性意见。2004年，济宁市成立孔子文化节办公室，孔子文化节活动由济宁市负责主办，曲阜市转为配合，主要负责筹备组织祭孔大典，为开幕式等活动提供场地保障、后勤保障等。同年9月28日孔庙祭孔大典，首次由民间祭孔活动转变为官方公祭活动。2005年，由联合国教科文组织、国家旅游局、山东省人民政府、中华民族文化促进会、国际儒联、华夏文化纽带工程组委会、中国孔子基金会主办，济宁、曲阜两级市政府承办。2008年起，开幕式与孔子教育奖颁奖活动并为一体，将世界儒学大会作为文化节主题活动之一。2013年，取消开幕式文艺晚会，增加系列文化惠民演出活动。

第一章　开幕式

开幕式是中国曲阜国际孔子文化节的重头戏之一。内容包括国家或有关部门，或省市领导宣布开幕，省或济宁、曲阜市领导致辞，然后表演表现儒家文化的大型乐舞。出席人员有国家及其有关部门，省市领导人，省市有关部门负责人，以及济宁、曲阜市及其有关部门邀请的国内外各界人士。

第一节　1991年国际孔子文化节开幕式

1991年中国曲阜国际孔子文化节正值国家旅游局在山东省举办庆祝“世界旅游日”（9月27日）活动，省政府决定，将孔子文化节活动纳入庆祝“世界旅游日”活动重要内容；同时决定，自1991年起，孔子文化节交由济宁、曲阜两级市举办。

1991年9月26日上午，中国曲阜国际孔子文化节开幕式在孔庙大成殿前举行。国家旅游局局长刘毅，国家物价局局长张琪，山东省政协主席李子超，省顾问委员会副主任刘鹏，省人大常委会副主任卢洪，省顾问委员会常委王润斋、孙恕之、朱永顺、赛风，省政府特邀顾问张敬焘、朱奇民、韩邦聚等，孔子后裔代表孔德懋、孔令朋，济宁市委书记王玉玺，济宁市委常委、曲阜市委书记崔波等，美国知名人士陈香梅、美国戴维斯市市长史根纳，日本多久市市长百崎素弘，足利市市长早川一夫和足利市议会议长竹正平等出席。曲阜市委副书记、市长房立泉主持，济宁市委副书记、市长韩寓群致开幕词，国家旅游局局长刘毅，省委常委、宣传部部长苗枫林分别致辞。9月26日下午，在景灵宫遗址举行宋宣和碑修复竣工剪彩仪式。

第二节　1992年国际孔子文化节开幕式暨中国友好观光年“寻根朝敬之旅”首游式

1992年，国家旅游局开展中国友好观光年活动，将孔子文化节确定为中国友好观光年“百项节庆活动”之一，并将中国友好观光年十四条国家级专项之一的“寻根朝敬之旅”首游式放在曲阜与孔子文化节开幕式一并举行。

1992年9月26日上午，在孔庙大成殿前举行1992国际孔子文化节暨1992中国友好观光年“寻根朝敬之旅”首游式开幕式。中顾委委员赵健民、陈璞如，中国红十字总会副会长孙柏秋，山东省委书记姜春云，省顾委主任梁步庭，省人大常委会主任李振，省政协主席李子超，中纪委委员李发荣，省顾委常委王成旺、王润斋、朱永顺、孙恕之、李瑜，省人大常委会副主任卢洪、苗枫林，省政协副主席孔令仁、郑伟民，省老领导，孔子后裔孔德懋，济宁市委书记韩寓群等。美国、日本、澳大利亚、德国、意大利、荷兰、韩国以及中国香港、澳门、台湾及内地等16个国家和地区的嘉宾、华侨华人及有关代表2500余人出席。曲阜市委副书记、市长房立泉主持，济宁市委副书记、副市长张仁敬宣读全国政协主席李瑞环贺信，贺信指出：“我们应当通过卓有成效的工作，进一步保护和继承孔子文化遗产，吸取孔子思想精华，把民族优秀文化传统和改革开放事业很好地结合起来，为实现中华民族的伟大复兴做出贡献。”济宁市委副书记、市长王修智致开幕词，省委常委、宣传部部长董凤基、国家旅游局副局长孙刚分别致辞。开幕式文艺演出是由中国艺术研究院、中国歌剧舞剧院、北京大学等单位专家学者指导曲阜市文化部门挖掘整理编创的古代“六代乐舞”之一——《云门大卷》。

第三节　1993年曲阜国际孔子文化节开幕式

1993年年初，国家旅游局从全国200多项节庆活动中精选国际孔子文化节在内的41项节庆活动作为国家级、国际性旅游拳头产品向国际社会重点宣传促销。

1993年9月26日上午，1993年国际孔子文化节开幕式于孔庙大成殿前举行。原中顾委常委段君毅，原中顾委委员赵健民，国务院双拥办公室副主任邓先群，全国政协常委梁步庭，外交部官员范承祚，全国政协常委、甘肃省政协副主席、中国佛教协会副会长贡唐仓·丹贝旺旭，山东省委副书记马仲才，省委常委、宣传部部长董凤基，省人大常委会副主任苗枫林，副省长宋法棠，省政协副主席王裕晏、吴富恒，孔子后裔、全国妇联副主席孔令仁，省老领导，孔子后裔孔德懋、孔令朋、孔令炤，济宁市委书记王修智、市长王仁元等。日本、美国、法国、德国、加拿大、英国、荷兰、澳大利亚、新加坡、印度、俄罗斯以及中国香港、澳门、台湾及内地等15个国家和地区的嘉宾、华侨华人和国内社会各界代表1200余人出席。曲阜市委副书记、市长许传俊主持开幕式，济宁市委副书记、市长王仁元致开幕词，副省长宋法棠致辞。

第四节　1994中国曲阜国际孔子文化节暨经贸洽谈会开幕式

1994年是济宁市旅游年，适逢国家举办中国文物古迹旅游年，孔子文化节被国家旅游局列为文物古迹旅游年必须突出办好的十大文化性节庆活动之一。省委、省政府要求孔子文化节要“办出特色、提高水平”。1994年2月28日，省委常委、副省长宋法棠到曲阜市主持召开孔子文化节汇报座谈会，就如何办好孔子文化节提出要求，并进一步明确孔子文化节名称为“中国曲阜国际孔子文化节”。

1994年9月26日9时，1994中国曲阜国际孔子文化节暨经贸洽谈会开幕式在市体育场举行。全国人

大常委会副委员长李锡铭，全国政协原副主席马文瑞，国家旅游局副局长孙刚，外经贸部原副部长程飞，省委常委、副省长宋法棠，山东省政协主席陆懋曾，省人大常委会副主任苗枫林，省政协副主席翟永溥，省老领导，孔子后裔、全国妇联副主席、省政协副主席孔令仁，济宁市委书记王修智，市委副书记、市长王仁元，墨西哥驻华大使罗德里格斯等出席。济宁市委常委、曲阜市委书记王润庭主持开幕式，宋法棠、王仁元分别致辞。全国人大常委会副委员长雷洁琼、新加坡驻华大使郑东和国家旅游局分别致贺信、贺电。开幕式文艺演出由表演艺术家李默然、中央电视台节目主持人鞠萍主持，大型歌舞《圣魂》由“友朋情”“大道行”“先师颂”“开放潮”四场组成；歌星韩延文演唱由词作家乔羽作词、作曲家张丕基作曲的《孔子赞歌》。

第五节　1995中国曲阜国际孔子文化节开幕式

1995年，正值中国民俗风情旅游年，国家旅游局将孔子文化节确定为中国民俗风情游三大重点节庆活动之一，由国家旅游局与山东省政府联合主办。

1995年9月26日上午，1995中国曲阜国际孔子文化节开幕式于孔庙大成殿前举行。国家旅游局副局长何光暐，山东省人大常委会副主任苗枫林，副省长韩寓群，省政府特邀顾问韩邦聚，孔子后裔、省政协副主席孔令仁，省老领导，孔子后裔孔德懋、孔令朋、孔令炤，济宁市委书记王修智，市委副书记、济宁市市长王仁元，波兰驻华大使兹·古拉尔赤克，马来西亚旅游部副部长邓育桓等。美国、法国、瑞典、澳大利亚、以色列、泰国、捷克以及中国港、澳、台及内地等22个国家和地区嘉宾、华侨华人及有关代表3100余人出席。曲阜市委副书记、市长许传俊主持开幕式，王仁元致开幕词，王修智致辞。开幕式推出大型文艺演出《大成之光》，包括“吉祥迎宾”“孔子赞歌”“武韵”“矍相圃观射”“继往开来”等5个场次。同日，还推出由曲阜市、邹城市、兖州市、梁山县、嘉祥县、济宁市中区和兖州矿务局组团参加的大型民间艺术串街表演。

第六节　1996中国曲阜国际孔子文化节开幕式

1996年中国曲阜国际孔子文化节被山东省列为1996中国（山东）度假休闲游内容之一。济宁市委、市政府决定1996中国曲阜国际孔子文化节由曲阜市政府主办。

1996年9月26日，1996中国曲阜国际孔子文化节开幕式在曲阜孔庙举行。国家旅游局局长何光暐致贺信。外交部顾问、原副部长宫达非，山东省副省长韩寓群、省政协副主席孔令仁，省老领导，省纪委副书记陈兰芳，孔子后裔孔德懋，济宁市委书记王修智，市委副书记、市长王仁元，香港孔教学院院长汤恩佳等出席开幕式。曲阜市委副书记、市长许传俊主持开幕式，王仁元致辞。美国、日本、加拿大、澳大利亚、瑞士、韩国、马来西亚、新加坡、德国、法国、英国、丹麦、挪威、波兰以及中国香港、澳门、台湾及内地等30多个国家和地区的嘉宾、华侨华人及有关代表4600余人参加活动。开幕式还推出大型文艺演出《千古孔子》。

第七节　1997中国曲阜国际孔子文化节开幕式

1997年，适逢中国旅游年，国家旅游局把孔子文化节作为中国旅游年重要旅游节庆活动之一。济宁市委、市政府决定，邀请省旅游局共同主办中国曲阜国际孔子文化节。

1997年9月26日，1997中国曲阜国际孔子文化节开幕式在曲阜孔庙举行。山东省委副书记韩喜凯、省人大常委会副主任苗枫林、省政府特邀顾问韩邦聚，省老领导，孔子后裔孔德懋，济宁市委书记王修智，市委副书记、市长王仁元，瑞典驻华大使林德思，奥地利驻华大使格哈特·瑞格拉等，美国、日本、韩国、瑞士、马来西亚、菲律宾、荷兰、捷克、越南、英国、奥地利、瑞典、新加坡、德国、法国、泰国、加拿大、澳大利亚及中国香港、澳门、台湾及内地等20多个国家和地区嘉宾、华侨华人及有关代表4000余人出席开幕式。曲阜市委副书记、市长许传俊主持开幕式，王仁元致开幕词。开幕式推出大型文艺节目《千古孔子》，节目包括“礼乐迎宾”“杏坛艺韵”“情满人间”“永垂流芳”四个部分。

第八节　1998中国曲阜国际孔子文化节开幕式

1998年，国家旅游局在全国范围内举办国际性华夏城乡游活动，孔子文化节被列为“98华夏城乡游”活动中全国23个重点旅游节庆活动之一。

1998年9月26日，1998中国曲阜国际孔子文化节开幕式在曲阜孔庙举行。山东省委副书记、省政协主席韩喜凯，省人大常委会副主任李文全，孔子后裔、全国妇联副主席孔令仁，国家税务总局副局长卢仁法，省老领导，省纪委副书记陈兰芳，省政府省长助理丹笑山出席开幕式。开幕式由曲阜市委副书记、市长谷传祥主持，济宁市委副书记、市长贾万志致开幕词。美国、加拿大、澳大利亚、英国、法国、德国、奥地利、俄罗斯、马来西亚、波兰、意大利、泰国、日本、韩国、新西兰、塔吉克斯坦及中国香港、澳门、台湾及内地等20多个国家和地区外宾、华侨华人和有关代表5000余人出席开幕式。开幕式上演《仿古祭孔乐舞》，乐舞之后，歌手陈俊华、范琳琳、付笛声、任静演唱《孔子赞歌》《祝福你曲阜》等歌曲。

第九节　1999中国曲阜国际孔子文化节开幕式

1999年为“山东孔子旅游年”，省委、省政府决定与国家旅游局联合主办1999中国曲阜国际孔子文化节，成立以省委常委、宣传部部长陈光林等为组长的领导小组。

1999年9月26日，1999中国曲阜国际孔子文化节开幕式于在曲阜孔庙举行。开幕式由济宁市委副书记、市长周齐主持，山东省委副书记、省长李春亭和联合国世界旅游组织代表雷德致辞。中共中央政治局委员、山东省委书记吴官正，省人大常委会主任赵志浩，省委副书记、省政协主席韩喜凯，省委常委、秘书长王修智，省委常委、宣传部部长陈光林，省人大常委会副主任董凤基，省老领导，俄罗斯体育旅游部副部长瓦连京若维奇、几内亚驻华大使马马迪贡代、日本驻华大使谷野作太郎、奥地利驻华大使博天豪，美国、日本、瑞典、孟加拉国、巴西、智利、哥伦比亚、匈牙利、哈萨克斯坦、巴基斯坦、秘鲁等30多个国家和地区1300余人出席开幕式。开幕式推出大型歌舞《大哉孔子》，文艺演出由主持人陈铎和影星朱琳联袂主持，歌星韦唯主唱，以解放军艺术学院、济南前卫歌舞团为主要阵容，歌舞由“爱”“小康·善与美的旋律”“六艺·道与德的奏鸣”“大道·天与人的交响”“仁”等5个章节组成。

第十节　2000中国曲阜国际孔子文化节开幕式

2000年，国家旅游局推出“神州世纪游”，将世界文化遗产曲阜“三孔”作为主打产品向国际社会宣传促销；这届孔子文化节开幕式门票一律销售，为把孔子文化节推向市场、实现社会办节积累经验。

2000年9月26日，2000中国曲阜国际孔子文化节开幕式在曲阜孔庙大成殿前举行。开幕式由曲阜市委副书记、市长谷传祥主持，济宁市委副书记、市长周齐致开幕词。山东省政协主席韩喜凯，省委常委、省军区政委何法祥，副省长陈抗甫，省老领导，孔子后裔孔德懋等出席开幕式，美国、日本、加拿大、丹麦、奥地利、新加坡以及中国香港、澳门、台湾及内地等10多个国家和地区3000余人参加活动。开幕式推出大型音乐舞蹈《金声玉振——孔子礼赞》，由中国歌剧舞剧院演出，歌手万山红、孔德成、朱丽群等分别演唱《孔子赞歌》《天作》等歌曲，舞蹈通过“楚腰”“踏歌”以及古琴曲“幽兰”等展示孔子“仁爱”“尚礼”“与民同乐”思想。

第十一节　2001中国曲阜国际孔子文化节开幕式

2001中国曲阜国际孔子文化节由国家旅游局、山东省政府联合主办，省旅游局和济宁、曲阜两级市政府承办。开幕式首次改于晚上，地点选在非文物区举行。

2001年9月26日，2001中国曲阜国际孔子文化节开幕式在杏坛剧场举行。全国人大常委会副委员长

王光英宣布孔子文化节开幕，济宁市委副书记、市长周齐主持开幕式，曲阜市委副书记、市长王庆成宣读嘉宾名单，山东省副省长林书香致辞，国家旅游局局长助理王军讲话。中共中央政治局委员、中国社会科学院院长李铁映，全国人大常委会副委员长王光英、何鲁丽，全国政协常委、全国妇联常委应伊利，《求是》杂志社总编戴舟，国家计生协会常务副会长刘汉彬，国际儒联常务副会长杨波，中国社科院党组成员武寅，中国旅游报社社长林山，山东省委副书记王修智，省委常委、宣传部部长陈光林，省人大常委会副主任董凤基，副省长林书香，省政协副主席张敏等，省老领导，俄罗斯、美国、英国、法国、德国、意大利、荷兰、俄罗斯、奥地利、加拿大、澳大利亚、新加坡、日本、韩国、泰国以及中国香港、澳门、台湾及内地等30多个国家和地区4500余人出席开幕式。开幕式大型歌舞《杏坛圣梦》由“学而时习之，不亦乐乎”“发乎情，止乎礼”“四海之内皆兄弟”“有朋自远方来不亦乐乎”四个板块组成。

第十二节　2002中国曲阜国际孔子文化节开幕式

2002年，中国曲阜国际孔子文化节被国家旅游局确定为中国“民间艺术游”重点活动之一，同时决定，从2002年起，中国曲阜国际孔子文化节将与山东省政府联合主办。

2002年9月26日晚，2002中国曲阜国际孔子文化节开幕式在杏坛剧场举行。济宁市委副书记、市长周齐主持开幕式，曲阜市委副书记、市长王庆成介绍嘉宾情况，山东省委常委、副省长林廷生、中国旅游协会副会长佟华龄分别致辞。全国人大常委会副委员长曹志，全国政协副主席、中国致公党中央主席罗豪才，致公党中央副主席吴明熹，全国政协副秘书长张道诚，司法部副部长岳宣义，中国旅游协会副会长佟华龄，日本前首相村山富市，比利时驻华大使万德斯，哥伦比亚大使阿方索·坎波·索托，约旦大使拉吉布·苏凯里，秘鲁大使玛尔塔·托莱多·奥坎波，泰国大使敦·帕马威奈，菲律宾大使卫和世，省人大常委会副主任莫振奎，省政协副主席张敏，省老领导，人民日报副总编于宁，孔子后裔孔德懋、孔令仁等出席开幕式。美国、日本、俄罗斯、法国、比利时、泰国、韩国、菲律宾、马来西亚、澳大利亚、英国、约旦、秘鲁、哥伦比亚以及中国香港、澳门、台湾及内地等20多个国家和地区7000余人出席开幕式。文化节开幕之际，中共中央政治局委员、全国人大常委会副委员长姜春云致贺信。开幕式大型歌舞晚会《千载神韵唱中华》，由中央电视台与曲阜孔子国际旅游股份有限公司联合编创演出。

第十三节　2003中国曲阜国际孔子文化节开幕式

2003年初，中国突发非典型肺炎疫情，党和国家采取系列果断措施扼制其蔓延，其中包括取消大型集会及在公共场所举办各种大型活动等。曲阜市做两手准备，如果到时疫情解除，孔子文化节将如期举办，因此各项筹备工作照常进行；如果疫情没有解除，则作为一次大练兵。8月，“非典”疫情完全解除，孔子文化节如期举办。

2003年9月26日20时，2003中国曲阜国际孔子文化节开幕式在杏坛剧场举行。曲阜市委副书记、市长江成介绍嘉宾情况，山东省副省长蔡秋芳致辞。全国人大常委会副委员长傅铁山、中国工程院副院长沈国舫、国家知识产权局副局长邢胜才、山东省人大常委会副主任曹学成，副省长王军民，省政协副主席王志民、省军区副政委幸胜标，省老领导，国际儒学联合会秘书长曹风泉，孔子基金会副会长吕绍刚，孔子后裔孔德懋，美国、日本、韩国、印度尼西亚、马来西亚和中国香港、澳门、台湾及内地等10余个国家和地区3000余人出席开幕式。开幕式推出大型服饰舞蹈史诗《金舞银饰》，由上海歌舞团演出，乐舞由“亘古回音”“琼宫神韵”“市井风情”“游牧生涯”“乐舞升平”“礼仪华采”六个部分组成。

第十四节　2004中国曲阜国际孔子文化节暨世界旅游日中国主会场庆祝活动开幕式

2004年，国家旅游局将世界旅游日中国会场庆祝活动设在曲阜市，其开幕式与孔子文化节开幕式一并举行。

2004年9月26日晚，2004中国曲阜国际孔子文化节暨世界旅游日中国主会场庆祝活动开幕式在杏坛剧场举行。曲阜市委副书记、市长江成介绍领导和嘉宾情况，全国人大常委会原副委员长王汉斌宣布开幕。全国政协港澳台侨委员会副主任委员张伟超传达中共中央总书记胡锦涛关于建设“中华文化标志城”的批示精神；中国联合国教科文组织全国委员会秘书长田小刚宣读《中国联合国教科文组织全国委员会关于积极支持济宁市向联合国教科文组织申报设立国际“孔子奖”的决定》；国家旅游局副局长顾朝曦、山东省副省长孙守璞分别致辞；中共中央政治局原常委李岚清，全国人大常委会原委员长万里、副委员长田纪云、许嘉璐，全国政协原副主席谷牧分别致贺电、贺信；全国人大常委会委员、香港中华总商会会长曾宪梓，全国政协港澳台侨委员会副主任、华夏文化纽带工程组委会副主任张伟超，国家旅游局副局长顾朝曦，济南军区政治部副主任穆振河，国家有关部门领导、山东省老领导、联合国教科文组织官员、外国驻华大使和文化参赞，孔子、颜子、曾子、孟子后裔，专家、学者和企业家，美国、日本、韩国等30多个国家和地区3000余人出席开幕式。开幕式推出大型专场文艺晚会，由中央电视台《中华情》节目组策划、编创，节目分为“学篇”“诗篇”“友篇”“和篇”“仁篇”五个篇章。

2004年，孔子文化节暨世界旅游日中国主会场庆祝活动开幕式文艺演出现场

第十五节　2005中国曲阜国际孔子文化节开幕式

2005年中国曲阜国际孔子文化节由联合国教科文组织、国家旅游局、山东省政府、中华民族文化促进会、国际儒联、华夏文化纽带工程组委会、中国孔子基金会主办，济宁、曲阜市承办。

2005年9月26日20时，2005中国曲阜国际孔子文化节在杏坛剧场开幕。曲阜市委副书记、市长江成介绍领导和嘉宾情况，全国人大常委会原副委员长王光英宣布开幕，联合国教科文组织代表青岛泰之、山东省副省长张昭福、中国旅游协会常务副会长林山分别致辞。全国人大常委会委员、香港金利来集团董事局主席曾宪梓，全国人大常委会委员李春亭，全国政协常委、全国妇联副主席、中国孔子基金会副会长孔令仁，中国旅游协会常务副会长林山，省人大常委会副主任王道玉、省政协副主席王志民，部分省级老干部和中央、国家和有关省市机关负责人，专家和学者出席开幕式。开幕式推出大型歌舞《有朋自远方来》，歌舞包括主题歌《千年孔子》、大型男子舞蹈“春秋战国”“时空对话”，以及鼓乐舞蹈、红楼幻境、阿拉伯舞蹈、爱尔兰踢踏舞、男女声独唱、男女声二重唱等内容。随后，举行大型焰火晚会。

第十六节　2006中国曲阜国际孔子文化节暨两岸孔子文化交流周大型活动开幕式

2006年中国曲阜国际孔子文化节开幕式与首届孔子教育奖颁奖活动和两岸孔子文化交流周大型文化交流活动开幕式一并举行。

2006年9月26日晚，2006中国曲阜国际孔子文化节暨“两岸孔子文化交流周”大型活动开幕式在杏坛剧场举行。曲阜市委副书记、市长江成介绍领导和嘉宾情况，全国政协副主席周铁农宣布2006中国曲阜国际孔子文化节暨两岸孔子文化交流周大型活动开幕，山东省副省长张昭福、国务院台湾事务办公室副主任、海峡两岸关系协会副会长王在希、国家旅游局副局长杜一力、中国国民党祭孔文化参访团团长、中国国民党原副主席林澄枝等在开幕式上分别致辞。中国国民党副主席章仁香，部分省级老干部，海内外孔子、颜子、曾子、孟子后裔及济宁、曲阜两级市领导出席开幕式。开幕式推出大型文艺晚会《和之韵》，其中大型歌舞《中华大家园》分人和、地和、天和三个篇章。两岸孔子文化交流周活动是由国务院台湾事务办公室、文化部、国家广播电影电视总局、国家旅游局支持，济宁市政府、山东省政府台湾事务办公室、省文化厅、省旅游局、中国孔子基金会、华夏文化纽带工程组委会、台湾中华孔孟学会、孔子研究院主办，济宁市节会活动办公室、济宁市政府台湾事务办公室、曲阜市政府承办。9月25日至10月1日，由中国国民党中央评议委员会议主席团主席、原中国国民党副主席林澄枝和中国国民党副主席章仁香率领的中国国民党祭孔文化参访团到曲阜市参加两岸孔子文化交流周活动。9月23—28日，500余名台湾同胞到曲阜市，分别参加2006中国曲阜国际孔子文化节暨两岸孔子文化交流周大型活动开幕式、同根一脉两岸祭孔大典、《和之韵》大型文艺晚会、台北孔庙向曲阜孔庙赠送特制祭器交接仪式、两岸孔子文化交流周——济宁台湾经贸合作恳谈会、曲阜九龙山与台湾日月潭的圣土汇土仪式、联合国教科文组织孔子教育奖首次颁奖典礼、世界孔子后裔联谊总会2006年会、第三届中华儒商国际论坛、第三届孔孟颜曾后裔恳亲联谊活动等一系列交流活动。

2006年9月26日，2006中国(曲阜)国际孔子文化节开幕式在杏坛剧场举行

第十七节　2007中国曲阜国际孔子文化节开幕式

2007年中国曲阜国际孔子文化节，由山东省政府、文化部、教育部、国家旅游局、中华全国归国华侨联合会主办，以“走近孔子、喜迎奥运、同根一脉、共建和谐”为主题，举办走近孔子——世界华人华侨相聚孔子故里、两岸孔子文化交流周、世界华人华侨同祭孔等系列活动。

2007年9月27日晚，2007中国曲阜国际孔子文化节开幕式在市体育公园举行。山东省副省长才利民主持开幕式，省委副书记、代省长姜大明，文化部副部长周和平，教育部副部长李卫红，国家旅游局副局长王志发，全国人大常委会委员、中国侨联主席林兆枢先后致辞。全国政协副主席罗豪才宣布开幕。全国人大常委会委员、香港金利来集团主席曾宪梓，中国工程院副院长邬贺铨，清华大学校长顾秉林，国家知识产权局副局长张勤，山东省委书记李建国，省委副书记、代省长姜大明，省委常委、宣传部部长李群，省人大常委会副主任朱正昌，副省长才利民，省政协副主席王志民以及省老领导、港澳嘉宾、驻华使节等出席开幕式。开幕式推出大型文艺晚会《国风和颂》，由中央电视台《中华情》栏目组承办，晚会由“同根一脉，四海共仰”“杏坛春雨，和而不同”“人文奥运，盛世大同”三个篇章组成，焦晃、费玉清、张也、刘欢、刘若英、孔祥东等演员、歌星、演奏家参加演出。

第十八节　2008中国曲阜国际孔子文化节开幕式暨第三届孔子教育奖颁奖典礼

2008年中国曲阜国际孔子文化节，以“走近孔子，感悟圣城”为主题，举办2008祭孔大典、首届儒学大会、2008山东文化产业博览会等文化活动，孔子文化节开幕式与第三届孔子教育奖颁奖典礼一并举行。

2008年9月27日20时，2008中国曲阜国际孔子文化节开幕式暨第三届孔子教育奖颁奖典礼在孔子文化会展中心举行。山东省委副书记、省长姜大明，文化部副部长周和平分别致辞。全国人大常委会副委员长蒋树声宣布2008中国曲阜国际孔子文化节开幕。联合国教科文组织北京办事处代表代办毕斯塔宣读第三届孔子教育奖获奖名单。全国人大常委会原副委员长许嘉璐等向获奖者颁发证书，教育部党组成员、部长助理杨周复、济宁市委书记孙守刚向获奖者赠送纪念品。两位获奖机构代表发表获奖感言。知名书画家范曾向山东赠送大型国画作品《孔子像》，省委常委、宣传部部长李群接受馈赠。国家旅游局副局长杜江、国家新闻出版总署副署长孙寿山、中国侨联顾问唐闻生、经济日报社副总编辑丁士、中国青年报社社长徐文新、中国联合国教科文组织全国委员会副秘书长杜越，山东省委副书记、省长姜大明，省人大常委会副主任高新亭，省委常委、宣传部部长李群，省人大常委会副主任温孚江，省政协副主席王志民，省政协秘书长毕泗生，部分省级老干部，第三届联合国教科文组织孔子教育奖获奖机构代表、南非“行动升级项目”伊图梅玲·勒巴莎和埃塞俄比亚成人教育和非正规教育机构阿里马亚胡·黑卢·格贝，日本前官房长官武村正义，瑞典王国于默奥市民主社会党市委书记玛丽·路易斯、市长简；济宁、曲阜两级市领导；首届世界儒学大会代表、海外孔子学院代表、尼山文化论坛国际筹备会议代表、“孔子与旅游”论坛代表、黄埔四海同心会代表等出席。开幕式推出大型原创舞台节目《孔圣·九章》。

2008年，孔子文化节开幕式暨第三届孔子教育奖颁奖典礼现场

第十九节　2009中国曲阜国际孔子文化节开幕式暨第四届孔子教育奖颁奖典礼

2009年中国曲阜国际孔子文化节以“纪念先哲孔子，弘扬传统文化，实践科学发展，建设和谐社会”为主题，举行2009中国(曲阜)国际孔子文化节开幕式暨第四届联合国教科文组织孔子教育奖、首届孔子文化奖颁奖典礼，举办开幕式首演大型原创舞剧《孔子》、第二届世界儒学大会、己丑年祭孔大典、《孔子世家谱》续修颁谱典礼四大主题活动。孔子文化奖是由中国文化部和山东省政府设立，每年评选一届次，每次评选团体、个人若干名，主要表彰奖励对全球儒学研究和孔子文化传播做出突出贡献的团体、个人和非政府组织。该奖是中国文化部最高奖项之一。

2009年9月27日20时，2009中国曲阜国际孔子文化节开幕式暨孔子教育奖孔子文化奖颁奖典礼在杏坛剧场举行。全国人大常委会副委员长陈昌智宣布2009中国曲阜国际孔子文化节开幕。省委副书记、省长姜大明，文化部纪检组原组长常克仁，中央纪委驻国家旅游局纪检组组长、国家旅游局党组成员刘金平，中国联合国教科文组织全国委员会秘书长方茂田，联合国教科文组织教育部副助理总干事唐虔分别致辞。姜大明和方茂田为孔子教育奖获奖代表阿富汗帕萨伊发展计划帕萨伊语言委员会阿

2009年孔子文化节开幕式文艺演出现场

布杜·阿哈德·穆拉·穆罕默德，菲律宾阿古市市长艾瑞古·扬·桑德拉颁奖，唐虔为孔子教育奖荣誉奖获奖代表不丹教育部非正规及继续教育计划高级项目官员罗勃赞·多尔吉颁奖。常克仁宣布首届孔子文化奖获奖名单，并为获奖者儒学家、哈佛大学亚洲中心资深研究员杜维明、获奖机构代表孔子基金会理事长梁国典颁奖。省教育厅、文化厅和济宁、曲阜市领导向获奖代表赠送纪念品。全国人大常委会副委员长陈昌智、新闻出版总署纪检组组长宋明昌、省人大常委会副主任时立军、部分省级老干部、知名书画家范曾、第二届世界儒学大会代表、海外孔子学院代表、儒商高层论坛代表、儒家廉政思想论坛代表、孔子文化旅游高峰论坛代表、引智成果推介会代表、孔子后裔代表、友好城市代表、友好节庆代表等出席开幕式。开幕式推出大型原创舞剧《孔子》。

第二十节 2010中国曲阜国际孔子文化节开幕式暨孔子教育奖孔子文化奖孔子友谊奖颁奖典礼

2010年中国曲阜国际孔子文化节以“游孔子故里、品孔府家宴、观儒乡风情、学圣人智慧”为主题，举办联合国教科文组织总部孔子文化周、首届尼山论坛、第三届世界儒学大会和2010山东省文化产业博览会济宁会场等系列活动。开幕式与孔子教育奖孔子文化奖孔子友谊奖颁奖典礼一并举行。孔子友谊奖于2006年设立，是济宁市政府为表彰在济宁经济建设和社会事业发展中做出突出贡献的外国专家而设立的最高荣誉奖。孔子友谊奖每两年颁奖一次。

2010年9月27日，2010中国曲阜国际孔子文化节开幕式暨孔子教育奖孔子文化奖孔子友谊奖颁奖典礼在杏坛剧场举行。山东省委副书记、省政协主席刘伟，联合国教科文组织总部官员纳姆提普·阿克索库，国家旅游局党组成员、纪检组长刘金平分别致辞，尼泊尔非正规教育中心、埃及伊斯梅利亚政府项目获得第五届孔子教育奖，马拉维妇女联合会“妇女土地权利项目”获得孔子教育奖荣誉奖，全国人大常委会原副委员长许嘉璐为获奖代表颁奖；山东大学儒学研究中心主任庞朴和国际儒学联合会获得第二届孔子文化奖，全国政协原副主席李蒙为获奖者、获奖代表颁奖，山东圣阳电源股份有限公司技术顾问阿哲·雷周度里、邹城市食用菌协会技术顾问弗朗蒂则克·察德拉齐尔等2名国际友人获得孔子友谊奖。全国人大常委会副委员长、全国妇联主席陈至立，中央党校原副校长、《求是》杂志原总编辑、清华大学马克思主义学院院长邢贲思，全国政协常委、外事委员会主任、中国人民大学新闻学院院长赵启正，中国联合国教科文组织全国委员会秘书长方茂田，复旦大学校务委员会主任、党委书记秦绍德，中国科学技术协会原党组书记、副主席高潮，山东省人大常委会副主任刘玉功、省政协副主席王新陆，部分省级老干部，济宁、曲阜市领导，首届尼山论坛代表，第三届世界儒学大会代表，海外孔子学院代表，全国知名民营企业总裁代表，国内友好城市代表，世界银行专家，《孔府、孔庙、孔林》特种邮票首发式代表，2010中国(山东)服装家纺国际博览会代表等出席开幕式。开幕式上演大型文艺演出《杏坛儒风》。

第二十一节 2011中国曲阜国际孔子文化节开幕式暨联合国教科文组织孔子教育奖颁奖典礼

2011年中国曲阜国际孔子文化节，以“儒济天下、和宁四方”为主题，主要举办开幕式暨联合国教科文组织孔子教育奖颁奖典礼、辛卯年祭孔大典、第四届世界儒学大会暨“孔子文化奖”颁奖仪式等三大主题活动和相关系列活动。

2011年9月27日，2011中国曲阜国际孔子文化节开幕式暨联合国教科文组织孔子教育奖颁奖典礼在杏坛剧场举行。山东省委副书记、省政协主席刘伟在开幕式上致辞，并宣布2011中国曲阜国际孔子文化节开幕。济宁市委副书记、市长梅永红、中国联合国教科文组织全国委员会秘书长杜越、韩国大邱市寿城区厅长李晋勋致辞。济宁市委书记、市人大常委会主任张振川，曲阜市委书记、市人大常委会主任李长胜为联合国教科文组织孔子教育奖获奖者美国“读书空间”项目、刚果民主共和国“共同的阿尔法·乌祖威”项目赠送孔子像。全国政协原副主席、国际儒学联合会会长、孔子研究院名誉院长叶选平和孔子文化奖获得者庞朴为大会致贺信。省政协副主席乔延春，国务院参事、科技部原副部长刘燕华，省人大常委会原副主任卢洪、王渭田，国家有关部门和济宁、曲阜市领导，第四届世界儒学大会代表、国际教育研讨会代表、第二届中国健康产业儒商高峰论坛代表、“高铁济宁行”休闲旅游合作对接会代表、第二届全国少儿国学故事大赛总决赛代表、世界银行孔孟文化遗产地项目专家、海外孔子学院代表、驻华使领馆代表、海外友好城市代表、华人华侨代表等出席开幕式。开幕式推出大型歌舞《大哉孔子》，由序(你是一团遥远的火)、礼乐篇、仁爱篇、大同篇和尾声(千年孔子)五篇章组成。

2011年孔子文化节开幕式文艺演出——大哉孔子

第二十二节 2012中国曲阜国际孔子文化节开幕式暨第七届联合国教科文组织孔子教育奖、第四届孔子友谊奖颁奖典礼

2012年中国曲阜国际孔子文化节以“文化圣地，共有家园”为主题，举办2012中国曲阜国际孔子文化节开幕式暨联合国教科文组织“孔子教育奖”颁奖仪式、祭孔大典和第五届世界儒学大会三大主题活动。

2012年9月27日20时，2012中国曲阜国际孔子文化节开幕式暨第七届联合国教科文组织孔子教育奖、第四届孔子友谊奖颁奖典礼在杏坛剧场举行。山东省委常委、副省长孙伟在开幕式上致辞，并宣布2012中国曲阜国际孔子文化节开幕，中国联合国教科文组织全国委员会秘书长杜越致辞，联合国教科文组织教育计划和发展部负责人戴维·阿乔莱那宣读第七届联合国教科文组织孔子教育奖获奖名单，不丹成人及高等教育司“非正规及继续教育计划”和哥伦比亚“让我们进行变革基金”“互动系统计划”获得孔子教育奖，美国专家豪斯特·褒曼、法国专家施依莎、意大利专家格雷戈里·博古等8名外籍专家获得孔子友谊奖。中国文联党组副书记、

副主席覃志刚，杜越，济宁市委书记、市人大常委会主任马平昌为获奖者颁奖，山东省教育厅副厅长孟庆旭、山东省旅游局副局长窦群向获奖者赠送纪念品，济宁市委副书记、市长梅永红为第四届孔子友谊奖获奖代表山推工程机械股份有限公司高级顾问赖大卫、法国专家施依莎颁奖，曲阜市委书记、市人大常委会主任李长胜向获奖者赠送纪念品。第五届世界儒学大会代表、国际教育研讨会代表、第三届中国健康产业儒商高峰论坛代表、海外孔子学院代表、海外友好城市代表、华人华侨代表等出席开幕式。开幕式推出大型文化演出《富邦之夜·中华家园》，以火、水墨、水、大河、石雕五个意象揭开“富邦之夜·中华家园”的序幕，演出由“中华之魂”“文化同根、文明同源”“和谐盛世”三个篇章组成。

第二十三节　2013中国曲阜国际孔子文化节开幕式暨第八届联合国教科文组织孔子教育奖颁奖典礼

2013年中国曲阜国际孔子文化节以“文化凝聚正能量，同心共筑中国梦”为主题，举办三大主题活动，即2013中国曲阜国际孔子文化节开幕式暨第八届联合国教科文组织孔子教育奖颁奖典礼，癸巳年祭孔大典，第六届世界儒学大会暨2013年度孔子文化奖颁奖仪式。活动突出以人为本，节俭办节，提升群众的参与度，取消开幕式文艺晚会，增加系列文化惠民演出活动。

2013年9月27日20时，2013中国曲阜国际孔子文化节开幕式暨第八届联合国教科文组织孔子教育奖颁奖典礼在杏坛剧场举行。济宁市委副书记、市长梅永红主持开幕式，全国政协原副主席、全国工商联名誉主席黄孟复宣布2013中国曲阜国际孔子文化节开幕，中国联合国教科文组织全国委员会秘书长杜越致辞，联合国教科文组织代表贝斯塔致辞并宣读第八届联合国教科文组织孔子教育奖获奖名单，纳米比亚教育部成人教育局、孟加拉国达卡阿萨尼亚慈善团、科特迪瓦“知识改善生活”组织获得孔子教育奖。省委常委、副省长孙伟，省政协副主席、省工商联主席王乃静，济宁市委书记、市人大常委会主任马平昌为孔子教育奖获奖机构代表颁发证书。省教育厅党组成员、总督学孟庆旭，省旅游局副局长于凤贵，曲阜市委书记、市人大常委会主任李长胜向获奖机构代表赠送纪念品。孔子教育奖获奖机构代表茱莉亚·纳麦恩·杰莱米亚、马克赫勒斯·莱赫曼、米克尔·德雷奇·劳隆诺分别发表获奖感言。

第二章　祭孔大典

祭孔活动可追溯到公元前478年，孔子卒后第二年，鲁哀公将孔子故宅辟为寿堂祭祀孔子，孔子故居成为世界上第一座孔庙。孔子后代及弟子以其故宅为家庙，岁时奉祀，是谓“家祭”。汉高祖十二年（前195年），刘邦到曲阜以太牢祭祀孔子，封孔子九代孙孔腾为“奉祀君”，开国家祭孔活动先河。汉武帝罢黜百家、独尊儒术后，各地纷纷建孔庙，直至达到县县有孔庙的盛况，孔庙逐渐演变成历代朝廷和官府祭祀孔子或从事教育活动的礼制庙宇。元、明、清时，皇帝举行国家祭奠孔子的主要场所在北京孔庙。1986年，祭孔大典经曲阜市文化部门挖掘整理，在“孔子故里游”纪念孔子诞辰日（9月28日）表演。2004年，孔子文化节孔庙祭孔大典首次由民间祭孔活动转变为官方公祭活动。祭孔大典的内容和形式在遵循古代祭孔礼仪内涵的基础上，逐渐演变为明故城开城仪式、孔庙开庙仪式、现代公祭和传统祭祀四个部分。

第一节　古代近代祭孔活动

释奠是古代孔庙祭礼中规格最高的一种。曲阜孔庙举行释奠礼，除有皇帝亲临或御遣钦差外，例由衍圣公主祭孔子、四配，属官分祭十二哲、先贤、先儒、启圣祠、崇圣祠、寝殿、家庙等。释、奠都有陈设、呈献的意思，指在祭典中，陈设音乐、舞蹈，并且呈献牲、酒等祭品，对孔子表示崇敬之意。

祭孔大典是专门用于祭祀孔子的大型庙堂乐舞活动，亦称“丁祭乐舞”或“大成乐舞”，是集乐、歌、舞、礼为一体的礼乐形式。乐、歌、舞都是围绕礼仪而进行的，所有礼仪要求“必丰、必洁、必诚、必敬”。祭孔作为国家大典最初为每年秋季一次，后增为春秋两次。东晋明帝太宁三年（325年）诏孔子嫡裔奉圣侯孔嶷四时祭祀孔子。祭孔是历代衍圣公主要职责。清代衍圣公府祭孔有春夏秋冬四上丁（阴历二、五、八、十一月上旬丁日）、四仲丁（阴历二、五、八、十一月中旬丁日）、八小祭（清明节、端午节、六月初一、中秋节、重阳节、十月初一、腊八、除夕），每月朔日、望日，二十四节气等。祭孔分大小祭，主要是春秋上丁日为主，二者又以秋季上丁日为大。国民政府实现公历后，将大祭孔子日子定为阴历八月二十七日（孔子诞辰日）。国祭多由皇帝专门指定大臣、地方官员或皇帝自己到曲阜孔庙致祭。1949年，中华人民共和国成立后，国家基本取消祭孔活动。1984年，曲阜孔庙恢复民间祭孔，属于表演性质。2004年9月28日，曲阜市将民间祭孔改为政府官方公祭孔子。2007年9月28日，山东省人民政府官方公祭孔子。

古代参加祭孔者只能是男子。祭孔前，主祭人和一些陪祭人员要提前三天去孔庙东、西斋宿斋戒、沐浴更衣，做好各种准备。参加祭祀者所穿的服装，均依古礼不得擅自更改。如衍圣公穿的祭服是绛紫色、绣团花，有喇叭形宽大的袖口，下身穿类似裙子的“裳”。礼生乐舞生更有一套特制服装，使用标准的“大成乐”及舞具，奏乐和舞蹈均按固定的程式。一切礼乐用品，平时存放于孔庙后部东、西各九间的礼器库和乐器库。为保证祭孔乐舞的古意，不使这种古代乐舞湮没，清至民国年间，曲阜特设“古乐传习所”，专门授以传授乐舞技艺。

祭孔乐舞的表演场所在大成殿前的露台上。“大成乐”主要有金、石、丝、竹、革、木、匏、土等古代八大类乐器，有镈钟、特磬、编钟、古琴、古瑟、笙、排箫、笛、篪、箎、埙、敔、柷及各类鼓等。按轩悬乐制，排列在大成殿露台的东西南三面。金石类乐器地位特殊，镈钟用于每句之首，特磬用于每句之终、编钟用于每字之首，编磬用于每字之尾，具有起音收韵的作用。舞生一部分人持节，大部分人两手分持羽。舞时分初献（乐奏宣平之章）、亚献（乐奏秩平之章）、终献（乐奏叙平之章）。每部分又有三十二节，即三十二种动作，每种动作以一个字形作代表，如初献第一节“觉”，为“正立龠下垂羽植”，亚献第一节“嘉”为“俯首至羽如龠十字”等。这套祭孔乐舞直到20世纪50年代仍有人会演奏和表演。后经人挖掘整理，使其重新以表演形式出现于国际孔子文化节上。

最初的祭孔比较简单，后来越来越复杂，越来越烦琐。祭器有俎豆、簠、爵、簋、篚、笾、牺尊、象尊、壶尊等，盛放稻、粱、鱼、鹿醢、兔脯、鹿脯、韭沮、笋沮、芹沮、菁沮、黑饼、白饼，还有整猪、整羊、整牛（腹中挖空，带头带足）以及铜镫和御窑特制的五彩大香炉、烛台等。据孔府档案记载，一次祭祀要使用牛两头、猪20只、羊31只、鹿5只。各种祭品的质量、形制及来源都有严格的规定。如祭牛，必须全黑体壮，无一根杂毛，专司贡献祭牛的牛户（又称祭牛户）往往多处寻访才可得到。鱼菱、芡必须由昭阳湖中的船户按照固定要求（重量、颜色、形状）及时送到。

祭孔的具体方法，祭时行跪拜礼的次数、各种规定程序，从来就有着十分严格的规定。祭孔的最重要议程是三献礼，主祭人要先整衣冠、洗手后才能到孔子香案前上香鞠躬，鞠躬作揖时男的要左手在前右手在后，女的要右手在前左手在后。所谓三献，指献爵（酒）三次，分初献、亚献和终献。祭孔大典在古代被称作“国之大典”。随着历代帝王的褒赠加封，祭典层次逐渐提高。在唐以前，祭祀孔子，一般使用六佾之舞。自唐玄宗于739年封孔子为“文宣王”后，祭祀孔子采用“八佾舞”。宋太祖祭孔采用文、武舞，文舞生64人，武舞生64人，合计128人。明洪武至成化年间，沿用“六佾舞”，成化九年（1473年），将文庙释奠仪式改为“八佾舞”。清政府沿用“六佾”之制上丁祭孔，乾隆一帝先后8次亲临曲阜拜谒孔子。清光绪三十二年（1906年），又诏定祭孔为“大祀”，用“八佾舞”。历代帝王或亲临主祭，或遣官代祭，或便道拜谒，总计196次。礼器、乐器、乐章、舞谱等也多由皇帝钦定颁行。

民国时期，政府明令，每年阴历八月二十七日为孔子诞辰日，全国各地都要举行祭孔仪式。其程序和礼仪做了较大变动，由旧时半夜起祭改为早上七点，由献爵献胙改为献花圈。政府官员多不穿古式祭服，而穿长袍马褂，由跪拜礼改为鞠躬礼。参加祭孔者，除各级政府官员和孔氏族人外，还有一些来宾、记者、随从、参观团等。辛亥革命以后，袁世凯曾以民国大总统的身份穿上祭服，在北京祭天祀孔。1927年4月23日，国民革命军总司令蒋介石到曲阜瞻仰孔庙孔林，并召见孔子七十七代孙孔德成。

第二节　祭孔乐舞表演

1991年9月28日11时，曲阜市在孔庙大成殿前，举行“纪念孔子2542年诞辰暨欢迎世界旅游日贵宾光临曲阜”仪式，推出大型庙堂艺术《仿古祭孔乐舞》。1996年9月28日上午，在孔庙大成殿前举行纪念孔子2547年诞辰祭孔大典，韩国、日本、中国香港及内地等11个国家和地区的嘉宾、孔子后裔及有关人士参加纪念活动。活动推出以民间形式组织祭孔，在孔庙大成殿前摆放猪、牛、羊“三牲”等祭品模型，由嘉宾以民间传统祭祀形式祭拜孔子。1997年9月28日上午，祭孔大典首次将“三牲”等祭品模型改为“三牲”真品，孔子后裔、海内外嘉宾、上千学生参加祭拜，行跪拜大礼。2001年9月28日上午，在纪念孔子2552年诞辰祭孔大典仪式上，上千名小学生在大成殿前诵读《论语》名句。2003年9月28日上午，纪念孔子2554年诞辰祭孔大典活动，由开城仪式开始一直延伸到孔庙大成殿。

第三节　公祭孔子

自2004年中国曲阜国际孔子文化节起，中国曲阜国际孔子文化节曲阜孔庙祭孔大典由原来民间祭孔转变为官方公祭活动。

孔子文化节公祭孔子大典

2004年9月28日，孔子2555年诞辰祭孔大典由市文化遗产管理委员会具体承办，祭孔大典首次由原来民间祭孔活动转变为官方主导的大型公祭活动。公祭孔子大典由开庙仪式、祭孔巡游、祭孔大典三组系列活动组成。开庙仪式设在孔庙万仞宫墙与金声玉振坊之间，仪式体现神圣庄严；祭孔巡游由100座城市、100所学校、100个姓氏的参拜团，十五个辈分的孔氏后裔，海外嘉宾、各级领导、市民、游客等沿孔庙中轴线，依次走过孔庙棂星门、圣时门、弘道门、大中门、同文门、大成门；祭孔大典：上千人规模的表演队伍和公祭队伍自开庙仪式游行至孔庙大成门后，即在杏坛和大成殿前开始祭孔活动。曲阜市市长宣读祭文后，举行祭孔乐舞，十五个辈分孔氏后裔、全国100座城市、100所大专院校、100个姓氏，以及海外华人、外宾参拜团代表，分别参拜孔子。

2005年9月28日的“全球联合祭孔”由联合国教科文组织、国家旅游局、中华民族文化促进会、国际儒联、华夏文化纽带工程组委会、山东省政府主办，祭孔大典主会场设在曲阜孔庙，由市文化遗产管理委员会具体组织实施。大典由三大板块构成：前奏部分，即明故城开城仪式。以开城仪式作为整个祭孔大典活动的前奏。现代公祭部分。孔庙九进院落大门全部同时打开，祭孔队伍沿孔庙中轴线徐徐前行到大成殿前。全国政协原副主席、国际儒学联合会会长叶选平，全国人大常委会原副委员长王光英敬献花篮；中华民族文化促进会、中国孔子基金会、世界27所孔子学院代表、国际友人代表、企业界代表、教育界代

2004年9月28日，孔庙祭孔大典首次由民间祭孔活动转变为官方公祭活动。图为市委副书记、市长江成宣读祭文

表，以及孔子、颜子、曾子、孟子后裔代表参加祭祀活动。传统祭祀部分首次参照《圣门礼志》《阙里志》等文献资料，再现明代祭孔祭祀程序和祭孔乐舞。与此同时，浙江衢州、云南建水、甘肃武威、上海等地文庙和中国香港孔教学院、中国台湾台北孔庙举行祭孔活动，韩国汉城成均馆孔庙、日本东京孔庙、德国科隆孔庙、美国旧金山齐鲁会馆等地，同时举行祭孔活动。

2006年9月28日，纪念孔子2557年诞辰祭孔大典在曲阜孔庙举行。这届祭孔大典有九大突破性创意：曲阜孔庙祭孔大典和中国台湾台北、台南孔庙祭孔大典同步进行；祭祀空间延伸至孔子诞生地尼山；延长神道空间，建设“朝圣大道”；使用马车组成祭孔行进方队；尼山取圣土圣水仪式、万仞宫墙迎圣土圣水仪式和大成殿敬献圣土圣水仪式；曲阜九龙山与台湾日月潭会土，寓意两岸同胞骨肉一体；曲阜孔庙和台北孔庙互赠祭器；孔庙大成殿前举行成人礼；第一次通过中央新闻媒体向海内外征集祭文。全球24个国家和地区2556名儒家文化推崇者参加祭孔活动。祭孔大典由中央电视台现场直播，国内外100多家媒体300多名记者，发表祭孔大典相关报道1000余篇，在国内外引起强烈反响。“两岸首次携手联合祭孔”入选“2006两岸关系十大新闻”。

2004—2007年祭孔大典祭文，均委托曲师大教授杨佐仁撰写。

2008年祭孔大典确定以“仁者爱人，自强不息”为主题，这是曲阜市祭孔大典首次主题铭文祭孔。9月28日9时15分，在孔庙万仞宫墙广场，全国人大常委会原副委员长许嘉璐为公祭孔子大典主题铭文揭幕，济宁市委副书记、市长张振川宣读主题铭文（韦群撰文），省委副书记、省长姜大明宣读祭文，祭文由作家金庸撰写。

2009年9月28日，纪念孔子2560年诞辰祭孔大典由孔庙新大成桥南端迎宾仪式、万仞宫墙前举行的祭孔大典主题揭幕仪式、孔庙开庙仪式、大成门启户仪式和大成殿祭孔组成。省委副书记、省长姜大明宣读祭文，书画家范曾撰写祭文并书丹，并在祭孔大典上挥毫书写大典主题“和衷共济，讲信修睦”八个大字。

2010年9月28日，在孔庙万仞宫墙前，全国人大常委会副委员长陈至立揭示纪念孔子2561年诞辰祭孔大典主题：世界大同、协和万邦。大典祭文由全国人大常委会原副委员长、中华社会救助基金会理事长许嘉璐撰写，省委副书记、省政协主席刘伟宣读祭文。

2011年9月28日，纪念孔子2562年诞辰祭孔大典主题为“儒和天下”。省委副书记、省政协主席刘伟宣读祭文，孔子研究院院长杨朝明撰写祭文，省和济宁市、曲阜市领导，联合国教科文组织官员及孔子教育奖、孔子文化奖获奖代表，第四届世界儒学大会代表，孔子后裔代表，国内友好城市代表，教育界、文化界、旅游界、企业界、新闻界知名人士等海内外嘉宾参加活动。

2008年9月28日，孔子文化节祭孔大典现场

2012年9月28日，在纪念孔子2563年诞辰祭孔大典上，省委常委、副省长孙伟诵读祭文，中国台湾政治大学中文系教授董金裕撰写祭文，世界各地2000多名嘉宾参加活动，这次大典以“文化圣地，共有家园”为主题。

2013年9月28日，纪念孔子2564年诞辰祭孔大典在孔庙大成殿前举行，大典以“文化凝聚正能量，同心共筑中国梦”为主题。清华大学教授彭林撰写祭文，省委常委、常务副省长孙伟宣读祭文。

春季祭孔大典

2008年4月6日，曲阜市首次恢复

孔庙大成殿传统春季祭孔大典活动，省旅游局和济宁、曲阜市领导敬献花篮。2009年4月4日，曲阜市首次在尼山孔庙举行春季祭孔活动，国家旅游局、省旅游局和济宁市、曲阜市领导出席祭孔仪式。在次年举行的庚寅年春季尼山祭孔大典上，在夫子洞举行开笔礼仪式。2011年4月4日，在举行春季尼山祭孔大典的同时，启动"文化之旅·书香尼山"活动，并在夫子洞前举行"习礼尚贤·明德笃行"学童启蒙开笔礼仪式。

2012年4月3日，联合杭州孔庙、哈尔滨文庙、南京夫子庙、番禺学宫、邢台顺德府文庙、北京孔庙等单位在尼山联合举行壬辰年尼山春季祭孔大典。与此同时，广西柳州文庙、江苏南京夫子庙、河北承德热河文庙、四川犍为文庙、广西恭城文庙、吉林文庙、江苏江阴文庙、福建莆田涵江文庙、广东怀集永固至圣庙等参照曲阜春季祭孔时间与活动内容，自行安排祭孔活动，首次实现全国孔庙同步春季祭孔。2013年，春季祭孔包括癸巳年尼山春季祭孔大典暨2013全国百强旅行社曲阜会盟活动欢迎会、2013曲阜旅游演艺新品展演、曲阜春季旅游推介暨2013全国百强旅行社曲阜会盟仪式、癸巳年尼山春季祭孔大典、"文化中国·书香尼山"活动、开笔礼、欢送会等7项内容。

第三章　文化经贸旅游活动

第一节　主要文化活动

1991年孔子文化节期间，曲阜市举办孔子七十二贤弟子画像石刻展、国际儒学与现代社会文明学术讨论会、海峡两岸首次儒学学术讨论会、孔子及儒家思想学术报告会等文化学术活动。1992年，文化活动主要有曲阜历代名人画像展、中日书画名家作品联展、党和国家领导人视察曲阜暨外国元首访问曲阜照片档案展览、孔子及儒家思想学术报告会等。1993年，主要有中日书画名家作品联展暨孔子及其七十二贤弟子木雕群像展、国内著名书画家作品邀请展。1994年，主要有中华人民共和国成立45周年曲阜辉煌成就展、中日书法交流展暨国内著名书画家作品邀请展、《山东省志·孔子故里志》《孔子文化大典》首发式、38集孔子家教电视系列社教片开拍仪式、全国地方志年鉴与经济发展研讨会、孔子思想与二十一世纪国际学术研讨会、东方文化与社会发展国际研讨会等。1995年，孔子文化节文化活动有孔孟之乡大型民间艺术串街表演和21世纪社会伦理道德国际学术讨论会。1996年，孔子文化节文化活动有中国传统音乐会第九届年会、孔子及儒家思想学术报告会、中日友好书画联展和孔子研究院奠基仪式。1997年，孔子文化节推出新编历史剧豫剧《风雨行宫》。1998年，孔子文化节期间举办山东省著名书法家作品邀请展，于希宁、孙墨

2006年9月28日，孔子文化节祭孔大典文艺表演现场

孔庙、孔府、孔林特种邮票

龙、尹毅巡回画展，吴泽浩画展，王学仲、张永敬、陈玉圃画展等；在六艺城举行“孔子·和平仁爱·二十一世纪”“文化之旅环球考察暨纪念封首发式”“三孔邮资明信片首发式”等活动。1999年，国际儒联、中国孔子基金会和联合国教科文组织联合在北京（开幕）和曲阜（闭幕）两地举办纪念孔子2550年诞辰暨国际儒学学术研讨会。2000年，孔子文化节推出“大哉孔子”展览、杭州西泠书画院作品展；举行《孔子六艺图》《孔子周游列国》邮资明信片首发式；出版学术专著《孔子与世界——孔子学术会堂讲学录》。（加图）

2001年孔子文化节期间，举办首届世界华商文化论坛；举行中共中央总书记江泽民题名“孔子研究院”揭牌仪式、《文化巨人孔子》电视片首映式；演出新编历史剧《桃花扇》。2002年，举办“首届华人中华文化经典诵读友谊赛”、“东亚文化论坛”、第三届全国乡村青年歌手电视大赛暨颁奖晚会，举行《孔子故里——曲阜》个性化邮票首发式、“走进曲阜·走近孔子”旅游摄影、征文比赛颁奖仪式。2003年，举行《二十世纪儒学研究大系》首发式、《山东省中国人物、山水、花鸟画家邀请展》《海峡两岸书画名家作品展》《文化巨人孔子》巡回展、《大哉孔子展》等。2004年，主要有“世界思想家巅峰论坛”、首届《韩国安东美术作品展》、《“孔子杯” 全国当代书画家作品邀请展》等。2005年，孔子文化节推出孔子故里博物馆系列展览。2006年，开展两岸孔子文化交流周活动，在孔子六艺城举办首届联合国教科文组织“孔子教育奖”颁奖仪式，知名钢琴家孔祥东现场演奏；举办《旅游商品创新设计大赛精品展览》《“孔子杯”山东省收藏家协会藏品展览》《中国状元文化博物展》《走近孔子国际摄影大赛作品展》《巧圣鲁班文化展》等。2007年，举行第二届联合国教科文组织孔子教育奖颁奖典礼、世界儒学大会发起国际会议；举办第二届两岸孔子文化交流周，《海峡两岸书画名家祭孔交流展》《儒家文化国际视觉设计大展》《孔子与世界·艺术中国书画慈善大展》等。2008年，首届世界儒学大会在曲阜举行；主要文化活动还有2008山东（国际）文化产业博览会（济宁展区）、尼山文化论坛国际筹备会议、孔子与旅游论坛等。2009年，举办《孔子世家谱》续修告成暨颁谱典礼，举行第二届世界儒学大会、全国政协系统书画邀请展、知名书画家范曾手书《己丑年祭孔子文》碑刻揭幕仪式、孔子文化旅游高峰论坛，演出舞剧《伟大的导师孔子》。2010年，举办首届尼山世界文明论坛和第三届世界儒学大会、《孔府、孔庙、孔林》特种邮票首发式、许嘉璐祭孔子文碑刻落成典礼等文化活动。

2011年，孔子文化节文化活动有第四届儒学大会、海峡两岸孔子文化交流周。在文化交流周活动中，孔子第七十九代嫡长孙、大成至圣先师孔子协会会长孔垂长率中国台湾孔子文化交流参访团一行到曲阜市参加活动。2012年，举办第五届世界儒学大会暨2012年度“孔子文化奖”颁奖仪式，大型文化活动还有孔子文化旅游商品创新设计大赛博览会、全国书法篆刻作品展。2013年，主要文化活动有“孔子教育奖”颁奖典礼、癸巳年祭孔大典、第六届世界儒学节暨孔子文化奖颁奖典礼等活动。

第二节　主要经贸活动

1991—1999年，孔子文化节经济活动有市政府及有关部门举行的对外经贸洽谈会、项目论证会、出口商品展销会、物资交易会、名优特新出品产品展销会、旅游商品展销会、企业产品订货会、科技成果交易会等。2000年，首届中国专利高新技术产品博览会在曲阜举行。2001年，孔子文化节经济活动主要有中国专利高新技术产品博览会、中国旅游热线推介会暨旅游商品博览会和对外经贸洽谈会。2002年，举办“第三届中国专利高新技术产品博览会”“旅游热线推介暨旅游商品博览会”“鲁台（济宁）经贸合作交流恳谈会”“第七届世界颜氏宗亲联谊大会暨经科贸合作推介洽谈会”。2003年，举办黄帝城旅游项目签约仪式、文化产业发展论坛、中国CEO孔子故里行、山东省第二届教育用品展示会、第五届国际儒商大会、第四届中国专利高新技术产品博览会、“走进孔孟之乡”全国百强旅行社论坛暨旅游热线推介会等。2004年，举行第五届中国专科高新技术产品博览会、孔孟颜曾圣裔恳亲联谊暨经贸洽谈会、中外知名企业联谊暨经贸恳谈会等。2005年，主要有第六届中国专利高新技术产品博览会、第二届中外企业高层论坛暨经贸合作恳谈会、对外经贸合作洽谈会、全国六城市台协会济宁经贸合作恳谈会、孔孟之乡国际旅游目的地营销暨项目推介会、孔颜圣裔联谊经贸恳谈会、欧亚城乡合作计划——曲阜历史文化名城保护与发展国际论坛、曲阜重点项目开工竣工仪式和曲阜市招商引资项目签约仪式等。2006年，有文化旅游商品博览会暨旅游商品创新设计大赛、中国曲阜现代物流业发展高峰论坛、孔颜圣裔联谊既经贸恳谈会、曲阜历史文化名城保护与发展国际学术研讨会、第七届中国专利高新技术产品博览会、中国（济宁）现代生态农业特色产品及乡村旅游国际博览会人才交流大会、第三届中外企业高层论坛暨经贸合作恳谈会和部分项目签约、开工、竣工仪式等。2007年孔子文化节期间，第八届中国专利高新技术产品博览会、台商孔子故里行、2007中国（济宁）现代农业国际博览会、侨商台商经贸合作洽谈、“迎北京奥运、游孔孟之乡”国际旅游推介会等在曲阜举行。2008年，主要有第九届中国专利高新技术产品博览会以及项目集中签约和落地项目开工、开业仪式。2009年，第十届中国专利高新技术产品博览会、中国（济宁）现代生态农业特色产品及乡村旅游博览会等活动在曲阜举办。2010年，孔子文化节期间主要经济活动有山东文化产业博览交易会济宁会场、中国（曲阜）孔府菜美食节、中国（山东）服装家纺博览会、全国知名民营企业总裁孔子文化“问礼”行，曲阜市投资项目协作交流会暨重大项目签约仪式、房地产展示会。2011年，有第二届中国健康产业儒商峰会、首届汽车文化周活动、汽车展销会、图书交易会、服装展销会、水利机械设备展览会、“儒家居住文化”房地产展示会、外贸商品暨工艺品展销会、高铁生态文化项目签约仪式等。2012年，主要有孔子文化旅游商品创新设计大赛博览会、海峡两岸企业发展论坛、经贸文化产业招商推介会暨500强企业走进圣城等。2013年，主要有联合国教科文组织全民教育国际研讨会、经贸合作高端恳谈会、中青旅联盟走进济宁合作恳谈会、第四届儒商高峰论坛。

2009年9月27日，世界旅游日主会场——曲阜明故城开城仪式现场

第三节　主要旅游活动

1992年，国家旅游局开展中国友好观光年活动，孔子文化节被确定为1992中国友好观光年“百项节庆活动”之一，将中国友好观光年14条国家级专项旅游线路之“寻根朝敬之旅”（拜祭黄帝、炎帝、孔子、岳飞等）首游式放在曲阜，与孔子文化节开幕式一并举行。新推出曲阜城郊、曲阜—邹城、曲阜—济宁市中区、济宁郊区—嘉祥、曲阜—梁山4条旅游专线。1994年，国家旅游局和国家文物局举办1994中国文物古迹旅游年，孔子文化节被确定为文物古迹旅游年中必须突出办好的十大文化性节庆活动之一。举办“天下第一家”——孔府美食旅游，寓文于乐的孔子家乡修学旅游、古典婚俗旅游、孔子周游列国模拟表演等。1995年，国家旅游局举办中国民俗风情旅游年，将孔子文化节确定为中国民俗风情旅游三大重点节庆活动之一，举办孔子周游列国模拟表演及专题和

专线旅游活动。1996年，山东省开展中国（山东）度假休闲游活动，孔子文化节被列为休闲度假游活动之一，组织了近10个国家和地区的外宾、海外同胞侨胞参加的“中外游人赏月”活动。1997年，适逢中国恢复对香港行使主权，又逢国家举办1997中国旅游年，国家旅游局把孔子文化节作为1997中国旅游年重要旅游节庆活动之一。在专题旅游方面，新增尼山泛舟垂钓旅游、石门山探幽揽胜旅游、济宁市重要景点旅游等项目。1998年，国家旅游局举办国际性1998华夏城乡旅游活动，孔子文化节被列为1998华夏城乡游活动中全国23个重点旅游节庆活动之一。在专题旅游方面，举办文化节“千人共祭孔活动，孔子故里农家民俗游、孔子故里—水浒之乡专线旅游”活动，新增“山水圣人游”等黄金旅游线路。1999年，曲阜市开展孔子家乡修学旅游、孔子周游列国旅游、曲阜祭孔游、齐鲁山水圣人游、书法之旅、学生祭拜祖师旅游、海内外孔子后裔故乡朝圣旅游、孔子故里古典婚俗旅游等多项专题旅游活动；举行“游齐鲁大地，看山水圣人”旅游展示咨询活动和全国“百家旅行社采线”活动。2000年，推出“孔夫子之路”专题旅游项目。2002年，开展“三孔、两城、四山”旅游（即：游览孔庙、孔府、孔林、明故城、黄帝城、尼山、石门山、九龙山、九仙山）和曲阜—济宁运河文化游，曲阜—邹城孔孟文化游，曲阜—梁山东文西武游，曲阜—汶山佛教文化游，微山湖风光游。2003年，举行明故城墙恢复一期工程竣工暨明故城开城仪式。2004年，举办“圣地之旅”首游式，推出孔府家工业旅游、九仙山农业观光游。2009年，举办孔子文化旅游高峰论坛。2013年，举办文化节“走进文化济宁——百景万人自驾游济宁休闲周”旅游推介活动。

第四节　联合国教科文组织孔子教育奖

联合国教科文组织“孔子教育奖”从2006年起正式设立，这是首次以中国人名字命名的国际奖项

2003年，联合国大会决定将2003年到2012年的十年定为“联合国扫盲十年”，并要求联合国教科文组织担任扫盲十年的协调员。此举措与孔子所一直倡导的“有教无类”思想不谋而合。山东省政府和济宁市政府经过多次与中国联合国教科文组织全国委员会协商，于当年向教科文组织提出设立“孔子教育奖”的设想。2004年4月8日，省政府正式向中国联合国教科文组织全国委员会发出《山东省人民政府关于建议在联合国设立孔子奖的函》。5月8日，济宁市政府也向中国联合国教科文组织全国委员会发出《济宁市人民政府关于设立孔子奖有关问题的函》，就孔子教育奖的设立提出一些建议：孔子教育奖为联合国教科文组织最高级别的国际奖项，主要奖励在教育、文化、哲学方面做出突出贡献的人，每年颁发一次，并以联合国教科文组织法律文件形式公布等。同年7月，向联合国教科文组织承诺出资设立国际“孔子教育奖”。2005年9月29日，国际孔子文化节期间，联合国教科文组织第172次执行局会议讨论，同年10月经联合国教科文组织第33次大会批准，正式决定从2006年起，由山东省政府和济宁市政府每年出资15万美元，以中国政府的名义设立“联合国教科文组织孔子教育奖”。每年评选一次，首期为五年，每年孔子文化节期间，在孔子故里曲阜市颁奖，主要用于表彰教育领域，特别是农村教育和扫盲领域、妇女儿童教育领域取得突出成就的政府机构、非政府组织和具有杰出贡献的个人。

根据《联合国教科文组织孔子教育奖章程》，由各会员国政府与其教科文组织全国委员会磋商后提出，或由那些与教科文组织保持正式关系的非政府组织，于每年4月23日之前向联合国教科文组织“孔子教育奖”秘书处提交候选人提名。每个国家政府和每个非政府国际组织每年只可提两名候选人。评选方法是由联合国教科文组织总干事任命的5名独立的、不同国籍的委员组成评审委员会。评审委员会依照《联合国教科文组织孔子教育奖章程》开展工作，进行评审。

第三十三编

社会生活

沂河岸边新人留影

进入20世纪90年代，社会经济迅速发展，城乡居民经济收入增长较快。1991年，曲阜市农村人均纯收入741元，城镇居民人均可支配收入1438元。城乡居民生活消费水平不断提高，空调、电冰箱等耐用消费品由少数家庭拥有到基本普及，电脑、轿车等高档消费品进入寻常居民家庭，饮食由“温饱型”转向“营养型”“健康型”，衣着越来越讲究舒适、美观、时尚，住房转向社区商品房，农民进城买房成为趋势。2013年，城镇居民人均可支配收入20365元，消费性支出13523元；农村居民人均纯收入11268元，其中生活消费支出6821元。

1991年起，全市继续通过开展创建文明城市、文明乡镇、文明单位、文明市民等一系列群众性创建活动，提高人民群众的政治思想素质、道德素质和文明素质。继续统筹规划老龄事业发展，监督检查老年法规贯彻落实，开展维护老年人合法权益等工作。继续贯彻执行党和国家关于民族宗教工作方针政策，关怀少数民族群众生活，扶持发展少数民族事业，尊重、保护信教群众正常、合法地进行宗教活动。1994年、2005年，鲁城街道西关民族社区两次被国务院授予“全国民族团结进步模范集体”称号。到2013年，曲阜市先后获全国创建文明村镇工作先进市、省级文明城市、“乡村文明行动”省级示范市（县、区）、“四德”工程示范市（县、区）等称号。

第一章　居民生活

进入20世纪90年代，社会经济发展迅猛，曲阜市城乡居民收入大幅度增加，人民群众生活水平不断提高。膳食结构发生重大变化，由90年代初“温饱型”转向2000年前后的“营养型”，再转向2010年前后的“健康型”。衣着由讲究舒适、美观转向品牌、时尚。住房追求越来越高档，城市居民转向社区商品房，农民进城买房成为大趋势。城乡居民耐用品越来越普遍，讲档次，2013年年底，曲阜市农村家庭拥有汽车率17%。

第一节　城镇居民生活

收入

20世纪90年代前，曲阜市城镇居民主要收入来源是职工工资。20世纪90年代后，曲阜市第三产业迅猛发展，大多数无固定工作的城镇居民投入到第三产业中，1991年年末，从业人员5.25万人，总产值2.17亿元。1991年，曲阜市城镇居民人均可支配收入1438元，职工年人均工资2103元，其中全民所有制职工年人均工资2227元，集体所有制职工年人均工资1658元。之后，职工工资逐年增长。1993年10月，实行工资改革，机关、事业单位工作人员实行职级工资制，国家连续几次提高工作人员工资标准和档次；企业实行岗位技能工资制度，全市职工工资收入进入较快增长阶段。1994年，城镇居民人均可支配收入2998元，职工年平均工资4236元。1996年，城镇居民人均可支配收入3824元，从业人员年人均工资5571元。进入21世纪，全市从业人员劳动报酬进入快速增长阶段，2000年，曲阜市第三产业从业人员12.63万人，总产值22.99亿元，年均劳动报酬7619元，比1996年增长36.8%，城镇居民人均可支配收入5463元；2010年，从业人员劳动报酬23703元，比2000年增长211%，城镇居民人均可支配收入14011元；2013年，从业人员劳动报酬37533元，比2010年增长58.35%，城镇居民人均可支配收入20365元。同时，不同从业群体及同一群体中不同层次的从业人员收入差距有所拉大。

1991—2013年曲阜市城镇居民人均可支配收入一览表

表33-1　　　　单位：元

年份	人均纯收入	年份	人均纯收入
1991	1438	2003	7357
1992	1819	2004	7695
1993	2378	2005	8027
1994	2998	2006	8765
1995	3394	2007	10675
1996	3824	2008	11538
1997	4245	2009	12839
1998	4768	2010	14011
1999	5127	2011	15375
2000	5463	2012	18004
2001	5843	2013	20365
2002	6465		

消费

1991年，曲阜市城镇居民消费性支出1136元，其中食品支出627元。2013年，城镇居民消费性支出13523元，其中食品支出4721元、衣着支出1773元、居住支出1120元，其他支出5909元。

衣。衣着消费大幅度增加，改变以往服饰颜色单调、款式单一、质地差的状况，衣着冠履多姿多彩。收入较高的人群大都穿着名牌服装，追求高档次，中青年绝大多数人讲究穿出特点和品位，为数不少的人佩戴项链、戒指等饰品(物)，化妆品、美容店受到青睐。20世纪90年代，西装、风衣、夹克、T恤、牛仔裤、旅游鞋、喇叭裤流行一时，羽绒服、皮大衣、羊毛衫、保暖内衣等出现。90年代前期，面料向合成纤维演变。90年代后期，人们日渐崇尚天然纤维面料。进入21世纪，人们穿衣分商务和休闲系列，西装领带、休闲服、牛仔裤、针织衫、T恤等成为服饰主流，连衣裙、套裙、迷你裙、短裤为女性所喜爱。2010年以后，随着服装网络销售普及，市民穿衣向国际化、个性化、时尚化发展。

食。20世纪90年代，居民食品消费以细粮为主，辅以粗粮和副食品，肉、禽、鱼、蛋的消费量逐年增加。20世纪末21世纪初，居民食品消费由温饱型转向营养型，副食品消费量增加，花色品种繁多，鸡鸭鱼肉奶和各类新鲜蔬菜一年四季占据餐桌，膳食结构日趋合理，人们开始讲究吃喝美味、营养保健。粗粮细作、粗细搭配的食品受到青睐，水果消费量逐年增加。2010年以后，曲阜城镇居民定亲宴、婚嫁宴、生日宴、聚会宴等大多在酒店举行，除夕夜全家老少到酒店订餐吃“年夜饭”成为时尚。

住。1990年前后，城镇职工一般居住单位的公房，面积较小，设施简陋，部分职工因无公房而租赁民房居住。1995年前后，随着国家住房制度改革和建筑业的发展，大批职工购买商品房，居住条件得到改善，城市人均住房面积12.5平方米。进入21世纪，绝大多数居民拥有商品房，部分居民有两处或两处以上。社区服务规范，自来水、暖气、网线等设备齐全，室内装修向着高档次、豪华型发展。2013年，曲阜市城镇居民人均住房面积33.84平方米。

行。1991年前后，城镇居民出行一般乘公共汽车或自行车，部分人乘摩托车。2000年前后，出行工具

多为轿车等各类汽车、摩托车、电动自行车和自行车。到2013年，居民出行的主要交通工具为轿车、面包车、电动轿车和电动自行车，摩托车、普通自行车已不多见，部分老年人以电动轿车代步，大量中青年男女学驾驶、买汽车，成为生活之必需。

其他消费。1991年前，曲阜市居民家庭“现代化”高档日用品主要是手表、挂钟、液化气炉具、收录机、黑白电视机等，彩色电视机、电冰箱、洗衣机等尚不普遍。1991年之后，各种高档日用耐用消费品逐步增加。到2013年，液晶彩色电视机、微型计算机、因特网、电冰箱、洗衣机、空调机、固定电话、手机、电磁炉、微波炉、太阳能热水器等使用普遍。

1991—2013年曲阜市城镇居民人均消费支出一览表

表33-2　　单位：元

年份	人均消费支出	年份	人均消费支出
1991	1136	2003	4612
1992	1356	2004	4878
1993	1745	2005	5058
1994	2116	2006	5207
1995	2521	2007	6156
1996	2732	2008	7900
1997	3109	2009	8347
1998	3458	2010	9973
1999	3693	2011	10697
2000	4014	2012	12307
2001	4221	2013	13523
2002	4494		

第二节　农村居民生活

收入

1991年，曲阜市农民人均纯收入为741元。随着调整农业产业结构，发展个体经营，大量农民进城务工，农民收入大幅度增长。2000年，曲阜市农民人均纯收入为2888元。2001年以后，发展农业产业化，以及农村剩余劳动力转移，提高农民收入水平。2013年，农民人均纯收入11268元，是1991年的15.21倍。

1991—2013年曲阜市农村居民人均纯收入一览表

表33-3　　单位：元

年份	人均纯收入	年份	人均纯收入
1991	741	1994	1329
1992	782	1995	1795
1993	924	1996	2270

续表 33-3

年份	人均纯收入	年份	人均纯收入
1997	2536	2006	4800
1998	2717	2007	5477
1999	2780	2008	6080
2000	2888	2009	6610
2001	3036	2010	7402
2002	3181	2011	8270
2003	3416	2012	9861
2004	3904	2013	11268
2005	4414		

消费

1991年，曲阜市农村居民人均生活消费支出573元，其中，食品支出313元。2000年，农村居民人均生活消费支出1463元，其中，食品支出609元。2010年，农村居民人均生活消费支出4378元，其中，食品支出2000.7元。2013年，农村居民人均生活消费支出6969元，其中，食品支出2447元，衣着支出622元，居住支出1416元。

1991—2013年曲阜市农村居民人均消费支出一览表

表33-4　　单位：元

年份	人均生活消费支出	年份	人均生活消费支出
1991	573	2003	2472
1992	592	2004	2785
1993	705	2005	3109
1994	1008	2006	3214
1995	1389	2007	3722
1996	1542	2008	4246
1997	1536	2009	3989
1998	1576	2010	4378
1999	1615	2011	5108
2000	1463	2012	6363
2001	1587	2013	6969
2002	2144		

衣。1991—2013年，曲阜市城乡居民服饰差别越来越小，西装、裙服、休闲装、文化衫、夹克衫、运动装、皮鞋、运动鞋在群众中普遍流行。2013年，曲阜市农村住户人均衣着类支出621.45元，其中衣类485.84元，鞋类107.84元，每个中年农民一般都有一身以上棉大衣或防寒服。

食。随着收入的增加，农民膳食结构发生变化，由过去以粗粮为主改为以细粮为主，发展到馒头、米饭、面条、油饼、火烧成为家常便饭，新鲜蔬菜及猪、牛、鸡、鸭、鱼等肉类、海鲜进入百姓餐桌。2013年，曲阜市农村住户人均食品消费支出为2446.72元，其中，肉禽蛋奶及制品为656.75元、水产品及制品49.99元，在外饮食消费333.37元。

住。20世纪80年代，曲阜市农村住房多以平房为主，多数为砖混结构，瓦房。1990年后，随着农民收入增加，农民翻建新房不断，土坯房渐渐绝迹，大都变成砖房、“一头沉”或楼房，住房结构变为单元式，客厅、卧室、厨房、卫生间配套，功能齐全，住宅面积多在100平方米以上。有的富裕家庭仿城市楼房样式设计建造，一般为二至三层。进入2010年以后，农民到城镇社区买房成为普遍现象。2013年，曲阜市农村住户人均居住消费支出1415.61元。

行。20世纪90年代，农村家庭内普遍拥有自行车，一般家庭拥有2~3辆，部分家庭拥有摩托车。21世纪初，城乡之间开通公交车。电动车开始流行，少数家庭拥有家庭轿车。2010年以后，曲阜市农村电动车、电动轿车更为普遍，部分家庭购买家庭轿车。2013年，曲阜市农村住户人均交通和通讯消费支出889.9元，其中交通工具支出386.84元，交通工具用燃料支出148.11元。

耐用消费品。20世纪90年代开始，农村居民转向拥有电视机、录音机、洗衣机、录像机、电冰箱、高级音响以及摩托车等耐用消费品。1995年，曲阜市农村居民有电视机11.67万台，其中彩电1.56万台，录音机4.11万台、洗衣机0.59万台、电冰箱0.38万台、摩托车0.7万辆。2000年，曲阜市农村居民有电视机14.44万台，其中彩电5.54万台，录音机5.66万台、洗衣机1.4万台、电冰箱1.26万台、摩托车3.42万辆。2010年以后，农村居民家庭绝大多数拥有彩电、洗衣机、摩托车等耐用品，部分家庭拥有电脑、电冰箱、空调等高档消费品。2013年，曲阜市100个农村住户抽样调查显示，拥有彩色电视机96台，空调机36台、洗衣机82台、电冰箱72台、摩托车67辆、汽车17辆、移动电话199部，热水器74台、家用计算机31台。

第二章　精神文明建设

1991年起，曲阜市精神文明建设工作继续围绕中心、服务大局，在满足人民群众精神需求、提高居民文明素质、提升城市文明程度上下功夫，为全市经济社会发展提供精神动力支撑。2008年11月、2011年12月，曲阜市连续获得“省级文明城市”称号。

第一节　思想道德建设

20世纪90年代初期，曲阜市坚持精神文明重在建设的方针，开展各种形式的创建、共建、评选“季度好事”、争做文明市民等精神文明建设活动。1992年5月，市委宣传部组织编纂《市民道德规范手册》（李维生主编）。1996年，制定《曲阜市民文明公约》《曲阜市民“十不”行为守则》（以下简称公约、守则），在城区主要街道设置灯箱式“公约”“守则”宣传牌，使“公约”“守则”深入人心。加强企业思想政治工作，完善《关于加强和改进企业思想政治工作的实施办法》，以《新时期职工思想道德水平修养读本》为内容，加强对全市职工思想道德教育。1998年，曲阜市被评为第四届省级精神文明建设工作先进市。

2000年，树立“在内宾面前我代表曲阜，在外宾面前我代表中国”名城意识，在城区开展以“优美环境、优良秩序、优质服务，市民满意、游客满意”为主要内容的“三优两满意”活动。2001年，开展“崇德守法、美在曲阜”活动，活动着力抓五个方面教育，即理想信念教育、“五爱”“三德” 教育、“公约”“守则”教育、科学文化知识教育和法律法规教育。中央文明办《精神文明建设工作简报》、山东省文明办《精神文明建设通讯》刊登曲阜做法，全国各地100多个县、市、区到曲阜市参观学习。

2002年，开展“公民道德教育年”活动。活动以贯彻落实《公民道德建设实施纲要》，树“爱国守法、明礼诚信、团结友爱、勤俭自强、敬业奉献”基本道德规范为主要内容，以提高市民道德素质为目的，结合实际，重点抓理想信念、爱国主义和集体主义、名城意识、“社会公德、职业道德、家庭美德”、民主法制、传统文化六个方面教育。同年8月22—23日，全省公民道德建设现场经验交流会在曲阜市召开。省委常委、宣传部部长朱正昌，中宣部宣教局副局长王开忠，省委宣传部副部长王兆成，济宁市、曲阜市领导出席会议，来自全省17个市、部分县(市、区)及省各大企业党委负责人共60余人参加会议。与会人员参观电缆(集团)股份有限公司、实验小学、西雪村、中医院、行政审批中心、沂河公园、神道路“诚信经营示范一条街”、大成路道德教育长廊及孔子研究院等现场，观看曲阜市中小学生孔子名言及古诗文诵读，对曲阜市公民道德建设工作给予肯定。中央文明办、山东省文明办推广曲阜市公民道德建设做法，全国各地180个县、市、区到曲阜考察学习公民道德建设先进经验。同年，曲阜市获得全国创建文明村镇工作先进市称号。

2003年，开展“诚信曲阜行、道德进万家”活动，打造诚信曲阜品牌，表彰一批“诚信机关”“诚信企业”“诚信工商户”“诚信家庭”“诚信市民”。曲阜市公民道德建设被中宣部、中央文明办作为全国5个重大典型之一进行集中宣传。2004年，曲阜市被评为全省思想政治工作创新先进集体。2005年，开展“文明曲阜行礼仪在圣城”活动，济宁市委、市政府在曲阜召开现场会，推广曲阜经验。2006年，开展社会主义荣辱观宣传教育活动。同时，在全市开展礼仪实践、“交通三让”、城市美化、环境保护、诚信经营、小手拉大手6项主题活动。市文明办组织编纂《文明礼仪基础读本》(李玲主编)，配合活动开展。2007年，开展“十大不文明行为”宣传教育活动。在全社会征集“曲阜市民十大不文明行为”，制作“曲阜市民十大不文明行为”宣传漫画，在电视台黄金时段连续播放；同时，开展“告别不文明行为，争做文明市民”主题活动，形成人人讲礼仪、讲文明的良好氛围。开展“全民健身迎奥运、共建和谐新曲阜”活动。9月21日，在新落成的市体育公园举行“全民健身迎奥运、共建和谐新曲阜”启动仪式，农民、企业职工、机关干部、中小学生、社区群众表演舞龙、大秧歌、腰鼓、太极拳等节目。2009年，围绕社会公德、职业道德、家庭美德、个人品德“四德工程”建设，建起书院街道、实验小学、地税局、南关居委、裕隆集团等5个济宁市“四德工程”建设示范基地，市文明办依托基地组织开展道德教育和实践活动，发挥示范点辐射带动作用。

2010年4月，实施“文明交通行动计划”，市文明办以市志愿者协会为依托，350余名志愿者在星期六、星期日和重大节假日，协助城区各主要路口交警工作。2012年10月22日，曲阜市启动“彬彬有礼道德城市”建设。“彬彬有礼道德城市”建设，以“爱、诚、孝、仁”为核心，常态化开展“爱聚孔子故里”“诚播文化名城”“孝传千家万户”“仁洒和谐社会” 等四大主题实践活动。10月9日，中央文明办专职副主任王世明批示：“曲阜市‘彬彬有礼道德城市’建设系统、具体、扎实，是道德建设的实招。编发精神文明建设简报，中国文明网在显著位置刊发。”10月31日，中央文明办《精神文明建设》简报第38期刊发《曲阜市大力打造“彬彬有礼道德城市”》。《时事报告》11月版刊发《孔子故里再造道德新高地——曲阜市委书记李长胜谈“彬彬有礼道德城市”建设》。11月29日，山东省社会主义核心价值体系

2012年8月8日，曲阜市成立人人彬彬有礼培训学校现场

建设“四德”工程现场观摩会在曲阜市召开，市委副书记、市长杨凤东代表曲阜市作《传承儒家思想精髓　提升市民道德素质　曲阜市全力建设“彬彬有礼道德城市”》典型发言。12月，市文明办联合市文联、平安电动汽车旅游观光有限公司征集并编撰《彬彬有礼道德城市楹联集锦》（赵永和主编），浓厚“彬彬有礼道德城市”建设氛围。2013年7月30日，曲阜市被评为山东省“四德”工程示范市。

第二节　精神文明创建活动

20世纪80年代末90年代初，曲阜市陆续开展“礼貌友谊在曲阜”“学习雷锋精神，争做四有公民”“月度十件好事”评选，创建文明城市、文明乡镇、文明单位、文明市民等一系列群众性的创建活动。1994年，出台《关于加强精神文明建设，开展争、创、评活动实施动态管理的意见》《关于职业道德教育，规范窗口行业文明服务用语活动的意见》。1995年，对省、济宁市和曲阜市级文明单位实施动态管理，进行重新申报和评验。同时，组织4家新闻单位开辟“文明单位风采”专栏，对省、济宁市级文明单位进行集中采访和系统宣传。

1996年，市委制订《曲阜市九五期间社会主义精神文明建设规划》，决定在全市开展“做文明市民，创文明单位，建文明城市”活动。制定完善“文明服务用语”和“服务禁语”，开展窗口服务行业的社会服务承诺活动。开展“十星级文明户”“遵纪守法光荣户”等活动，弘扬尊老爱幼、邻里互助、守法经营等文明道德风尚。

2003年，开展文明街建设活动，市文明办制定文明样板街、一类街、二类街、三类街标准。实行市文明委成员单位包乡镇、乡镇包村街责任制，采取省、市级文明单位共建、市直有关部门帮扶等措施，促进文明街建设向纵深发展。2004年，曲阜市文明街建设通过济宁市委的检查验收。

2005年，曲阜市以“提高全民素质，塑造城市形象，建设全面小康”为目标，创建“山东省文明城市”。市委、市政府成立领导小组，明确任务分工，45个责任单位签订责任状，共同开展创建活动。6月，曲阜市被省委、省政府命名为山东省文明城市，被济宁市委、市政府命名为创建文明城市工作先进市。

2006年5月，开展文明小康村、文明生态村创建活动。组织省、市级文明单位与文明小康村、文明生态村创建村结成对子，在人力、物力、财力上支持创建村街发展。2007年，全市共建成文明小康村39个、文明生态村146个。

2007年8月，市文明办、市总工会、团市委、市妇联联合下发《关于在“公民道德宣传日”评选表彰道德模范的通知》，在全市组织开展以经济发展创业有为、助人为乐见义勇为、诚实守信秉诚服务、敬业奉献无私为民、孝老爱亲传承文明为主要内容的道德模范评选活动，评选出25名道德模范，并通过电视专访、召开座谈会等形式集中宣传其事迹。

2009年3月，市文明办、市农工办、市建设局、市总工会、市公安局、团市委、市工商局、市旅游局、市文化市场管理办公室等单位联合组织开展“百十佳”〔十佳文明机关、十佳文明村（居）、十佳文明小区、十佳行业标兵、十佳文明保安班、十佳青少年、十佳个体经营者、十佳文明导游、十佳文明网吧、十佳文明网民〕评选活动。2010年4月，在农村镇街开展“一十百千”创建活动，即“村村建设一条孝贤教育长廊，评选十个孝贤村居优秀支部书记、一百个孝贤家庭、一千个孝贤儿女”，统一制作450套二十四孝图在各村张贴，180多个村建成孝贤教育长廊。

2011年7月，市文明办联合市妇联在全市农村镇街开展“文明示范户”创建活动。9月，开展“卫生示范户”评选活动，到2011年年底，全市共创建“文明示范村”139个，评选创建“文明示范户”8203户，全市7万余户合乎村级“卫生示范户”标准。

2013年，曲阜市民孔庆美、吴同贞、姜海龙3人入选“济宁好人”，刘洪魁、荀金忠2人入选“济宁好人——每季之星”。刘洪魁、扈芊芊入选山东十大凡人善举，宋娟、吴同贞、孔凡珍入选济宁市第四届道德模范。当年，曲阜市评选“四德模范”40人、道德游客10人。中央电视台社会与法频道对曲阜市“四德模范”代表——颜丙霞、扈芊芊进行专题采访。

附：2013年曲阜市省级文明村镇、文明单位、文明社区名单

文明村镇

时庄街道、姚村镇、尼山镇、吴村镇、书院街道夏

家村、息陬镇北元疃村、石门山镇林家洼村、陵城镇曹家庄村、王庄镇刘庄村、陵城镇星家村、小雪街道北兴村、小雪街道武家村

文明单位

市地方税务局、市国家税务局、中国邮政集团公司山东省曲阜市分公司（原曲阜市邮政局）、中国联合网络通信有限公司曲阜市分公司、山东裕隆矿业集团有限公司、市中医院、市实验小学、鲁城街道办事处、市气象局、市第一中学、曲阜中医药学校、济宁市公路管理局曲阜公路局、书院街道办事处、市人民检察院、华能曲阜热电有限公司（原曲阜圣城热电有限公司）、市住房和城乡建设局、市工商行政管理局、富华燃气有限公司、市实验中学、市财政局、市审计局、国家统计局曲阜调查队、市质量技术监督局、国网山东曲阜市供电公司、市自来水公司、市卫生局、市人口和计划生育局、市人民法院、市公安局

文明社区

鲁城街道南池社区、仓巷社区、南关社区、南泉社区、龙虎社区、阙里社区、于庄社区、西关民族社区、后宰门社区、林前社区、池涯社区，汇泉社区，书院街道旧县二街社区、北张阳社区、宫家村社区

第三节 农村精神文明建设

20世纪90年代，在农村精神文明建设方面，曲阜市加强对农村发展、农村基本政策、民主法制、宗旨观念等方面的教育，提倡婚事新办、丧事简办，反对封建迷信和封建宗教活动，倡导健康、文明、科学的生活方式，提高农村精神文明建设水平。

1999年12月起，曲阜市在全市农村开展文明街建设活动，以改变农民落后的生活方式，改善农村“脏、乱、差”环境。2000年，全市召开各种现场会12次，促进文明街建设。到2002年年底，曲阜市建设文明街1200条，其中标准高、功能全、设施完善文明街576条。中央文明办、中宣部宣教局、山东省文明办多次到曲阜市考察文明街建设，给予肯定；全国各地160多个县、市、区到曲阜市学习文明街建设经验和做法。

2007年11月，市委、市政府下发《关于开展“喜迎奥运圣火，加大城乡环境综合整治”活动的意见》，在全市开展城乡环境综合整治活动，展示环境美、秩序良、民风正的东方圣城新形象。在环境卫生方面，以城区、乡镇街道驻地、景点景区、城乡接合部等为重点，建立卫生保洁长效机制。2011年3月，市文明办联合市总工会、团市委、市妇联、市城市管理行政执法局等举办农村环境综合整治“进校园”“进家庭”万人签名活动启动仪式，近万名参与者在宣传条幅上郑重签名，形成曲阜市农村环境综合整治工作的浓厚氛围。同年5月，市委、市政府出台《关于在全市实施农民教育工程的意见》，明确农民教育以法律法规教育、文明风尚教育、孝贤文化教育、科技致富教育为主要教育内容，全年举办各类培训120余场，受众20万人次。制作“农村生活方式十大不文明现象”和“十大文明行为”动漫，在曲阜电视台播放，其中“农村生活方式十大不文明行为”动漫片被济宁市在县（市、区）推广。

2012年，围绕“村容村貌、村风民俗、乡村道德、生活方式、平安村庄、文化惠民”新农村建设六大重点，开展“乡村文明行动”。5月3日，在全省“乡村文明行动”工作会议上，市委书记、市人大常委会主任李长胜作题为《突出特色、强力创建，深入扎实实施“乡村文明行动”》典型发言。9月18日，《曲阜：乡村文明行动细致到一言一行》一文在大众日报发表后，省委常委、宣传部部长孙守刚作出批示，省委宣传部副部长、省文明办主任刘宝莅注明“请将曲阜‘乡村文明行动’的经验发在省《简报》，予以交流”。同年，曲阜市获得山东省“乡村文明行动”省级示范市（县、区）称号，息陬镇获得山东省“乡村文明行动”示范乡镇（街道）称号。2013年6月，全省乡村文明行动现场推进会在曲阜市召开。中央文明办精神文明建设简报刊出《曲阜市实施农村精神文明建设十大系列工程》，对曲阜市的经验做法进行推广。

第四节 文明精神

诚信、儒雅、自强、创新

2005年年初，市委责成市委宣传部、市文明办在全市各界开展征集曲阜精神活动。在征集活动中，共向全市发放征集函500余封，收到200余条曲阜精神表述语。在征求各方面意见并深刻论证基础上形成

反映曲阜特色的曲阜精神。同年5月，市委推出“诚信、儒雅、自强、创新”曲阜精神，并开展“弘扬曲阜精神，构建和谐圣城”主题活动。市文明办为配合活动，编印《文明礼仪读本》，重点加强社会、校园等24个方面的礼仪教育。

五种精神

市委十三届第九次全体会议提出：“推进‘十三五’规划实施，要以‘五种精神’为动力。弘扬‘高铁精神’，突出一个‘快’字，‘马上就办’、全力全速抓工作；弘扬‘古泮池精神’，突出一个‘勇’字，敢于担当、破难攻坚求突破；弘扬‘蓼河精神’，突出一个‘精’字，精益求精、‘百米赛跑’干事业；弘扬‘村村到精神’，突出一个‘实’字，专心致志、天天一线促落实；弘扬‘创卫精神’，突出一个‘钻’字，心无旁骛、锲而不舍创极致！”

“高铁”精神。京沪高铁是国家重点建设工程，京沪高铁曲阜东站建设工程除1万平方米车站由铁道部承担外，车站广场等基础设施和公路连接线、桥梁等总投资9.6亿元的项目工程全部由曲阜市承担。其中孔子文化广场工程总投资2.4亿元，建筑面积10万平方米；孔子大道工程总投资7.2亿元，全长7.9千米，是京沪高速铁路沿线站点中最长的一条连接线；途中架设上跨兖石铁路桥、下穿京台高速桥2座大桥。整个工程投资规模之巨、建设难度之大、建设工期之紧、标准要求之高，在曲阜历史上是空前的。2011年1月16日，曲阜东站配套设施和连接线百日会战工程在东站站前广场项目建设现场开工。所有参战人员围绕“4·30”（4月30日）工程期限，倒排工期，卡死节点，将任务分解到人、细化到天、落实到量。实行“5+2、白加黑”“天天都是星期一”一线工作法，坚持24小时值班制度，倾全力、全天候推进工程施工，按时保质保量完成建设任务。曲阜市委书记李长胜对高铁百日大会战作出高度评价，并提炼出“勇挑重担、苦干实干、全力全速、争创一流”的曲阜“高铁”精神。

“蓼河”精神。2013年，曲阜市将“生态宜居水城”建设作为全市重点工程，把蓼河十里儒家文化旅游景观带建设作为工程重中之重，投资高、体量大。市住建局采用指挥部工作机制，成立六支突击队。在蓼河会战的70多天里，市领导经常到现场巡查项目进展情况，帮助解决一些单一部门不易协调的问题；各突击队长更是顶着安全帽和建筑工人们并肩作战，从不曾下过火线。市委书记李长胜评价他们：“在曲阜，有一支特别能吃苦、特别能战斗、特别能奉献的铁军。不论多么艰苦的战役，只要插上他们的战旗就无往而不胜，他们就是曲阜市的住建系统班子。”进而提炼出曲阜“蓼河”精神。

“村村到”精神。2012年10月，曲阜市采取“村村到”方式，由市委书记带领市级领导、市直部门负责人、镇（街道）党政正职、市级以上党代表130余人，行程1200千米，采取每村必到、最后点评打分等形式，对农村公路村村通、村内通、户户通建设情况进行观摩检查，推进各项工作落实，创造形成“一竿子插到底”的“村村到”精神。

“古泮池”精神。2013年年初，曲阜市建立指挥部，实施古泮池改造前期的居民搬迁工作。指挥部经过耐心细致工作，得到居民配合，44天时间完成古泮池片区588户民居搬迁和安置工作。市委将指挥部工作精神提炼成敢于担当、破难攻坚求突破的“古泮池”精神。

“创卫”精神。2012年4月，曲阜市启动国家卫生城市创建工作，市政府成立创建指挥部，主要领导挂帅，市级领导一线指挥，镇街、部门、企事业单位、村居、社区均成立创建组织，实现“横到边、纵到底”全覆盖。全市科学划分战区，市人大、政协领导担任总指挥，明确一个牵头部门，统筹调动区内创卫工作；成立十四大工程指挥部，市委常委和副市长包保责任。全市召开千人以上规模动员大会3次；召开8次步行现场推进会议，市委、市政府主要领导徒步200余千米，走街道，进社区，查问题，定措施。2015年3月，曲阜市被全国爱卫会命名为“国家卫生城市”。市委总结“创卫”工作，提炼出“敢为人先、众志成城、锲而不舍、追求极致”的“创卫”精神。

第三章 老龄事业

1991年,市老龄委员会办公室(简称市老龄委)为市委工作机构,各乡镇设有老龄问题委员会。1994年10月,设立关心下一代工作委员会(简称市关工委)办公室,与老龄办合署办公。2001年4月,市老龄委员会更名为市老龄工作委员会办公室(简称市老龄办)。2002年4月,市老龄办调整为正科级事业单位。2004年11月,市关工委办公室调整为团市委管理;2013年,市关工委办公室调整为市委老干部局管理。

第一节 老龄管理

制订老龄事业发展规划

向市委、市政府提出综合解决老龄问题和发展老龄事业的意见和建议是老龄办的一项重要职责。1996年,市老龄委制订《曲阜市老年事业"九五"规划》。2001年、2006年、2011年,市老龄办分别制订《曲阜市老龄事业"十五"发展规划》《曲阜市老龄事业"十一五"发展规划》《曲阜市老龄事业"十二五"发展规划》。

调查研究

1991—2005年,市老龄办共组织调查10余次,其中,专门调查8次。1994年,市老龄办对老年人生活基本情况进行调查,撰写调查报告《曲阜市老年人生活基本情况调查》。1997年、1999年,调查全市老年人基本情况,分别撰写调查报告《曲阜市老年人基本情况》。2000年,对全市农村老龄工作和养老状况进行调查,撰写调查报告《全市农村老龄工作和养老状况情况》。2001年,对全市农村老年人养老状况进行调查,撰写调查报告《曲阜市农村老年人养老状况》。2003年,对城区老年人基本情况进行调查,撰写调查报告《城区老年人基本情况》。2005年,对全市农村抗战前困难老党员、中华人民共和国成立前困难老干部、中共十一届三中全会前困难老党员和中华人民共和国成立前女支前模范人数进行调查统计。

养老保障

1993年、2005年,组织推行家庭赡养协议书制度,将赡养义务具体化,在协议书中明确规定赡养具体内容和标准。截至2005年,全市共签订家庭赡养协议书9.6万份,签订率95%以上。

从1991年开始,市老龄办配合有关部门推行农村社会养老保险,取得显著成效。截至2005年,全市参保农民27万人,基金滚存结余8600多万元,有2.4万农民领取养老金。2006年起,市老龄办不再参与此项工作。

落实老年人优待政策

1996年,国家《中华人民共和国老年人权益保障法》颁布实施;1999年,《山东省老年人权益保障条例》《山东省优待老年人规定》相继颁布实施,对老年人优待政策作明确规定。每年,由市老龄办向市人大申请,对贯彻落实国家和省老年人优待政策情况进行督导检查。1999年,《山东省优待老年人规定》明确规定为70岁以上老年人减免"三提五统",为60岁以上老年人免除"义务工、劳动积累工"。1999—2002年,全市共为70岁以上老年人累计减免"三提五统"1210余万元,为60岁以上老年人累计免除"义务工、劳动积累工"820余万元。2002年,山东省下发《关于农村税费改革实施方案》,明确规定"70岁以上老年人,免征新增农业税及附加、不承担出资义务、免缴乡村公益事业金""凡税费改革前不承担'三提五统'的,改革后也不缴纳乡村公益事业金",所有农村老年人都不承担村级兴办集体公益事业筹劳义务。市老龄办按照山东省老龄办《关于认真贯彻执行省农村税费改革方案,做好落实减免老年人税费政策工作的通知》落实相关政策。2002—2006年,曲阜市为70岁以上老年人免除新增农业税及附加,金额1075

余万元；为60岁以上老年人免缴乡村公益事业金，金额640余万元，免除出资出劳义务，金额98万余元。2010年10月，市老龄办落实60~70周岁以上老年人半价优惠、70岁以上老年人免费乘坐城区公交车政策。2012年12月，曲阜市落实90周岁以上老年人免收基本火化费的优惠政策。

1999年，《山东省优待老年人规定》颁布后，市老龄办落实关于老年人优惠游览景区政策。自1999年开始，曲阜市"三孔"景区等主要景点，对持有山东省老年人优待证的60~70周岁老年人实行半价游览景区、70周岁以上老年人免费游览景区的优惠政策。

老年人法律援助和服务

构建老年人法律服务体系，向老年人提供法律咨询和法律援助。2004年，市老龄办会同市司法局成立老年人法律援助站，市老龄办同市法院进行协调，落实70岁以上老年人减免诉讼费政策，到2013年，共司法救助或法律援助老年人326人次，减免老年人诉讼费7700元。

老年人优待证发放

1999年，《山东省老年人权益保障条例》《山东省老年人优待规定》规定，各县（市、区）为60周岁以上老年人办理老年人优待证。2003年6月，山东省老龄办下发《山东省老年人优待证发放暂行办法》，对全省老年人优待证进行规范，统一样式，并规定由地市级老龄办办理老年人优待证。2013年年底，新修订的《山东省老年人权益保障条例》《山东省老年人优待规定》，取消老年人优待证工本费，并改由各县（市、区）老龄办办理。1999年至2003年6月，曲阜市共发放旧版老年人优待证7万余本。2003年6月至2013年年底，曲阜市共发放新版老年人优待证11万余本。

高龄补贴制度

根据新修订《山东省老年人权益保障条例》《山东省优待老年人规定》，经市政府办公会议通过，曲阜市从2012年12月起开始实施80~89周岁以上老年人高龄补贴制度。凡是户籍地在曲阜，户籍年龄满80-89周岁老年人，均可享受每月20元补贴；90~99周岁老年人享受每月50元高龄补贴，由济宁市财政负担；100周岁以上老年人享受省级补贴每月200元、济宁市级每月100元、曲阜市级补贴每月100元政策。2012—2013年，曲阜市80~89周岁高龄补贴累计发放人次15.6万余人，累计发放金额1000万余元。

银龄安康工程

2009年，山东省老龄办和中国人寿保险公司山东分公司联合下发《关于开展老年人意外伤害保险办理工作的通知》，统称为"银龄安康工程"。该通知要求在全省范围为50~80周岁老年人根据自愿原则办理意外伤害保险。曲阜市"银龄安康工程"由市老龄办和中国人寿保险公司曲阜支公司共同承担。2009—2013年，曲阜市累计参保7.2万人次，累计支付赔款220万余元。

第二节　老龄活动

老年节

1990年，联合国大会通过决议，从1991年开始，每年10月1日为"国际老年人日"。1991年，曲阜市开展第一个国际老人节庆祝活动。从1991年开始，曲阜市开始每年在"九九"重阳节举办老人节庆祝活动。1991—2008年，由市委办公室下发通知，对全市老人节庆祝活动进行安排部署。1991—2005年，在老人节当天，市分管领导发表电视讲话，为全市老年人庆祝节日。老人节期间，市委、市政府主要领导对全市敬老院、高龄老人及贫困老人，进行走访慰问，送上慰问金和慰问品。1991—2004年老人节期间，市委、市

新社区老年俱乐部活动现场（摄于2012年5月）

政府召开老人节庆祝大会及表彰会议。2006—2010年老人节期间，曲阜市开展“孔子故里敬老宴”活动。2013年，新修订的《中华人民共和国老年人权益保障法》将农历九月九日定为“老年节”。此后，每年老年节期间各镇（街道）、市直各部门及单位举办庆祝或走访老年人活动。

“老年法”宣传月

1996年，《中华人民共和国老年人权益保障法》颁布后，当年10月曲阜市开展老年法律法规宣传月活动。2000年，市委、市政府下发通知，转发市老龄委《关于宣传贯彻〈山东省老年人权益保障条例〉的意见》。同年10月，市老龄委在全市副科级以上领导干部中开展老年法律法规知识测验活动。2013年，新修订的《中华人民共和国老年人权益保障法》颁布实施后，山东省老龄办下发通知将每年10月定为“老年法宣传月”。在“老年法宣传月”活动中，市老龄办与广播、电视、网络等主流媒体合作开展“老年法”专题宣传活动。向全市各镇（街道）及市直有关部门赠送“老年法”法律单行本。各镇（街道）、市直有关部门设置宣传牌、宣传栏、宣传标语，村（居）在村内张贴“老年法”宣传画、粉刷“老年法”宣传标语，开辟“老年法”宣传一条街。

老龄工作表彰

1991年，曲阜市设有全市敬老好儿女金榜奖、老有所为奉献奖、老龄工作先进个人和先进集体表彰项目。由市委、市政府表彰，每5年表彰一次。到2009年，共表彰5次。2012年，曲阜市设立孔子故里百佳孝星和十佳孝星标兵表彰项目，由市委、市政府表彰，每年表彰一次。

曲阜市万人孝星榜（摄于2012年）

第四章　关心下一代工作

曲阜市关心下一代工作委员会（简称市关工委）成立于1994年10月，下设办公室（简称市关工办），正科级事业单位，与市老龄委办公室合署办公。1999年，曲阜市各基层党委、学校建立关心下一代协会，乡镇（街道）、村（居）成立关心下一代协会或小组。同年起，组织“五老”志愿者建立特邀辅导员队伍、青少年法制教育宣讲团、青少年革命传统教育报告团、青少年科普教育辅导团和市家庭教育现代化工作指导团、“五老”义务网吧监督员队伍、国学儒学讲师团和传统才艺辅导团等特色关爱团队，开展革命传统教育、法治知识宣讲、才艺辅导等活动。2004年11月，市关工办划归共青团曲阜市委管理。2005年，市委出台《关于进一步加强关心下一代工作的意见》。2006年，曲阜市各乡镇（街道）党委、市直党工委、企业党委成立关爱团，开展青少年思想道德教育、才艺辅导等系列关爱活动。2007年，市委将关心下一代工作列入市精神文明建设工作年度考核实施细则；市关工委编印《曲阜市关心下一代工作委员会机关工作制度汇编》。2010年，市关工委召开成立15周年座谈会，编印《关爱撷影》大型画册；同年，市关工委被中国关工委评为“全国关心下一代工作先进集体”。2013年5月，市关工办划归市委老干部局管理，为市委老干部局下属正科级事业单位，编制2人。同年，市委组织部与市关工委联合下发《关于进一步发挥“五

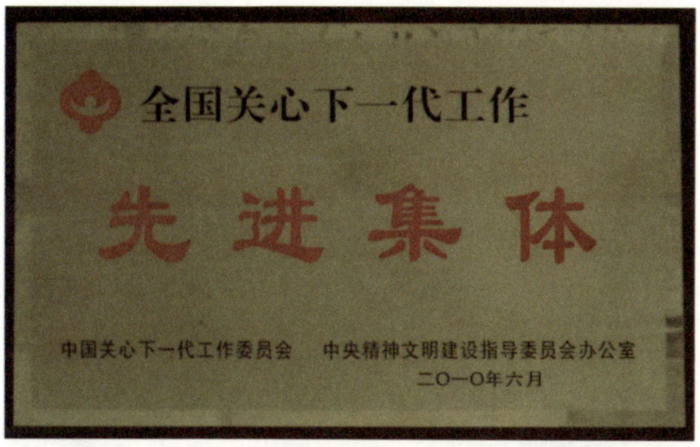

2010年6月，市关工委获全国关心下一代工作先进集体称号

老”优势加强关工委组织建设的意见》。到2013年年底，曲阜市有关爱团队360个，“五老”志愿者总数为6.2万人。蓼河四德公园、曲阜国学院、裕隆矿业集团企业发展史展馆等被济宁市关工委命名为“济宁市关心下一代教育基地”。

第一节　青少年思想道德教育

调查研究

1999年，市关工委以预防青少年犯罪为课题，到学校和有关部门开展调查研究，形成《青少年违法犯罪动因、特点及预防措施》调研报告。2008年，开展未成年人思想道德建设状况调查，形成《曲阜市未成年人成长状况的调研报告》。2012年，开展“少儿校外网络环境”专项调研，对城区、镇（街道）30余所学校及校外环境开展走访，形成《曲阜市少年儿童校外网络环境存在的问题及对策》的调研报告。

教育活动

1995年起，市关工委每年邀请特邀辅导员为在校中小学生举办法制教育课；聘请法律顾问，为青少年免费提供刑事辩解、民事代理、法制教育、咨询；通过协调，为青少年劳改、劳教期满人员提供介绍入学、推进就业等服务。自2005年开始，市关工委在青少年和广大“五老”中开展“忘年交读书”“基地行”“老少共建文明社区”“法制教育” 四项主题活动。2006年，开展“老少双向互动，共建和谐社会”教育活动。2007年，与市教育局等部门联合开展传统文化进校园活动；与市教育局、市科协联合举办全市少年儿童生物标本制作大赛；按照中国关工委儿童发展研究中心的安排，市关工委承接“仁志田博士丝绸之路长跑之旅中国篇曲阜段” 活动的筹备与牵头组织工作，10月28日，在市中医院举行仁志田博士儿科医疗学术报告会；29日，举行长跑活动仪式，组织安排老年腰鼓操和儿童校园集体舞表演。2008年，市关工委邀请中国著名亲子教育专家、吉林大学法学院教授董进宇举办“亲子教育”报告会；与团市委、市教育局联合举办全市少先队检阅式暨“巨力杯”鼓号操大赛。2009年，与市文物局等部门联合组织10000余名少年儿童参观“三孔”景区、孔子研究院、论语碑苑、孔子六艺城等爱国主义教育基地，接受爱国主义教育。同年，曲阜市启动感恩教育、中华诗文诵读、才艺培养“三项活动”，省关工委在曲阜市召开全省“三项活动”专题座谈会，就“三项活动”开展情况进行经验交流。市关工委与团市委、市教育局联合成立曲阜青少年文学社（小记者站），组织青少年文学、新闻爱好者开展青少年文学、新闻学习、欣赏和创作，与市教育局联合举办首届明星小作家（小记者）评选活动，评选出十佳小作家、十佳小记者；与团市委联合举办首届“曲阜十佳少先队员”评选活动。2010年，按照中国关工委工作部署，曲阜市启动“关爱明天、普法先行”——青少年普法教育活动。2011年，编印《关爱明天——青少年法治教育演讲稿选编》，刻录青少年普法教育活动著名专家讲座光盘，作为青少年普法教育活动的教材；与团市委等部门联合组织“学党史、颂党恩、跟党走”主题教育、“倡树文明新风，共建宜居家园” 少年儿童优秀主题漫画征集及展览、“畅享高铁时代，共建美好家园” 绘画大赛、“学习劳模精神，争当四好少年”系列宣传、“孝亲敬老，感恩明礼”全市少年儿童演讲比赛等10余项活动。7月，市关工委推选的吟唱舞蹈节目《中华文明》代表山东省参加中国关工委庆祝中国共产党成立九十周年大型文艺晚会。2012年，举办“读书、实践、成才”全市农村青年读书学习征文比赛，编印《老同志与青年人共话读书学习活动优秀作品选集》。2013年，围绕全市创建国家卫生城市，市关工委开展“小手拉大手，创卫一起走”主题系列活动。

第二节　关爱行动

2005年，市关工委组织成立青年农民科技信息中心，开展贫困家庭学生、残疾青少年、农民工青少年帮扶救助系列活动；市关工委组织“五老”志愿者配合文化执法部门开展城区网吧青少年上网监督工作。2006年，举行“情系下一代——爱心助学活动”助学金发放仪式，向100名特困学童发放助学金2万元。2008年，与团市委联合发出倡议，号召全市青年文明号集体结对救助贫困大学生。2009年起，与华威保安集团联合实施“爱心鸡蛋”工程，至2013年共为2000余名留守儿童捐赠“爱心鸡蛋”10余吨。2010年，为陵城镇杏坛小学、鲁城街道田家炳小学赠送价值7500余元图书，并为10名家庭特困学生赠送课外阅读杂志订单。2011年，开展亚孤儿寻找和推荐活动，向九巨龙慈善学校泗水和肥城两个校区推报14名“亚孤儿”；市关工委与市农村信用社联合开展“真情相伴　缘系一生”关爱留守儿童活动，发放爱心助学金4万元，捐助贫困家庭留守儿童200名。2013年，成立弘毅爱心基金管理委员会，建立孤儿、亚孤儿、贫困家庭儿童档案资料，开展一系列爱心助学活动，全年发放爱心基金22万元，共资助孤儿、亚孤儿及家庭困难儿童197名。

市关工委联合华威保安开展“爱心鸡蛋”捐赠活动（摄于2013年）

第五章　残疾人事业

1991年，曲阜市残疾人联合会（简称市残联）机关编制6人，下辖股级事业单位残疾人服务中心和12个乡镇残疾人联合会。2003年，曲阜市有各类残疾人3.02万人，约占总人口的4.7%。2006年，市残联制定《曲阜市乡镇残联规范化建设标准》和实施方案，各乡镇（街道）调整充实残疾人工作委员会，明确康复指导站站长、康复指导医生、助残志愿者联络站联络员、法律援助工作站站长；健全各村、社区残疾人协会，选聘残协专职联络员。2009年，市政府下发《关于进一步加强基层残疾人组织建设的意见》，各镇（街道）配备1名残联专职干事，每个村（社区）配备1名残协委员。同年，曲阜市被授予全国白内障无障碍县和省残疾人就业创业工作先进单位称号。2010年，市残联被评为山东省基层残疾人组织建设先进集体。2013年，曲阜市被命名为山东省残疾人辅助器具示范市和山东省盲人定向行走示范市。

第一节　代表大会

1990—2013年，召开6次市残疾人联合会代表大会。

市残联第一届代表大会于1990年8月10日在市机关招待所召开，出席代表105名。大会选举产生市残联第一届执行理事会，选出理事长1名，副理事长1名。

市残联第二届代表大会于1993年3月18日在市机关招待所召开，出席正式代表199名，特邀代表7名。大会选举产生市残联第二届执行理事会，选出理事长1名，副理事长1名。

市残联第三届代表大会于1998年4月25日在市农行宾馆召开，与会正式代表212名。选举产生主席团和执行理事会理事长、副理事长和理事，选举主席1名，副主席3名，聘请5位市领导为名誉主席。

市残联第四次代表大会于2003年4月18日在贵宾楼召开，与会正式代表190名，特邀代表4名。民主选举产生第四届主席团，推举产生第四届执行理事会，选举产生理事长1名，副理事长2名，理事1名。

市残联第五次代表大会于2008年2月27日在市机关招待所召开，与会正式代表175名，特邀代表7名。民主选举产生第五届主席团、主席、副主席；聘请名誉主席；推举产生第五届执行理事会，选举产生理事长1名，副理事长2名；选举产生出席济宁市残联第五次代表大会代表，推荐济宁市主席团委员。

市残联第六次代表大会于2012年12月31日在市机关招待所召开，与会正式代表162名，特邀代表3名。选举产生第六届主席团、主席、副主席；聘请名誉主席；推举产生第六届执行理事会，产生理事长1名，副理事长2名；选举产生出席济宁市残联第六次代表大会代表，推荐济宁市主席团委员。

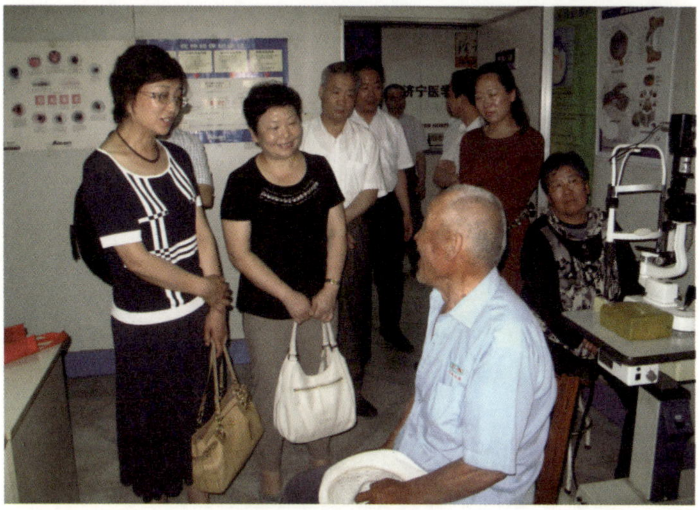

2013年6月7日，白内障检查活动现场

第二节　就业与安置

1992年起，曲阜市残疾人劳动就业工作继续坚持集中、分散与个体就业相结合方针，形成多渠道、多层次、多形式安置格局。2004年起，贯彻执行国务院《残疾人就业条例》和省市政府有关文件政策规定，加大征收残疾人就业保障金力度；通过市场化、社会化路子，推荐238名残疾人到外地就业；利用政策引导，鼓励和扶持残疾人个体经营，通过开展残疾人自主创业扶贫工程，利用社会资源、残疾人就业扶贫基地和济宁市培训机构等开展残疾人就业培训，扶持残疾人在家电维修、百货经营、盲人按摩、农产品加工、饮食服务等行业开展自主创业。2008年起，市残联开展就业创业扶贫工程。到2013年，建设残疾人就业扶贫基地12处，共安排229名残疾人就业，辐射带动306名残疾人就业；收缴残疾人就业保障金800余万元，开展残疾人职业技能和实用技术培训1486人次，扶持382名残疾人自主创业；通过福利企业先后集中安排1900名残疾人就业；机关、企事业单位分散就业468名。

第三节　社会助残

1991年起，市残联继续通过组织复明工程、阳光工程等一系列活动救助贫困白内障患者。2008年，曲阜市创建为省级“白内障无障碍市”，并建立完善白内障复明工作长效机制。2009年，曲阜市被授予“全国白内障无障碍县”称号。到2013年，共为5382名贫困白内障患者免费实施复明手术。

1993年起，建设完善市、镇街定点康复治疗机构，实施贫困肢体残疾人免费康复训练救助工程，全年完成肢体残疾矫治手术、安装假肢装、配矫形器504例，肢体残疾康复训练968名。实施贫困残疾儿童康复救助工程，完成各类残疾儿童康复训练493名。推进贫困精神病患者康复救助工程，救助394名重症精神病人免费入院康复治疗，免费服药康复治疗1021人次。完善残疾人辅助器具服务站建设，组织开展为残疾人适配基本辅助器具活动，适配轮椅、手摇三轮车、拐杖、坐便器、助行器、助听器、盲杖等基本辅助器具，受益残疾人3359名。2012年，曲阜市残疾儿童康复训练定点机构通过省残联验收。2013年，曲阜市被省残联命名为“山东省残疾人辅助器具示范市”和“山东省盲人定向行走示范市”。

1991年起，曲阜市残疾儿童、少年教育纳入市普及义务教育管理，统一规划实施，形成以特教学校为主、随班就读为辅的特教格局。市残联与市教体局每年对全市盲、聋、智障者、肢残儿童进行摸底调查，组织动员适龄盲童到济宁市盲校学习，聋童、弱智儿童在特教学校学习或在普通学校随班就读，残疾儿童少年入学率98%以上。2004年，市残联与市财政局联合出台《关于对我市残疾学生及残疾人考入大中专

2012年5月20日，曲阜市举行千名残疾人辅助器具适配启动暨残疾人辅助器具服务中心启用仪式

院校者给予学费补助的通知》;2010年,市政府出台《曲阜市残疾人优惠扶持规定》;2012年，市残联、市教体局、市财政局联合出台《关于全市义务教育和高中阶段教育残疾学生及贫困残疾人家庭子女学费住宿费补助减免的通知》。2004—2013年,曲阜市共对高中阶段158名残疾学生和贫困残疾人家庭子女学生免收学费、住宿费;救助义务教育阶段在校残疾学生和贫困残疾人家庭子女2690人次,救助资金108万元;对93名考入大中专院校残疾学生和贫困残疾人家庭子女学生进行学费补助,补助资金37万元;协调市人社局,开展残疾人技能扶贫活动,推荐8名符合条件残疾学生进入省特教中专免费学习。

市残联争取党委、政府及有关部门重视与支持,将扶持残疾人脱贫纳入经济和社会发展计划及扶贫工作轨道,有计划地开展“帮、包、带、扶”活动。2012年,市委组织部、市残联制订《曲阜市“帮扶助残进千家”活动方案》,通过采取救济、供养、定补、医疗救助、保险等多种措施,提高残疾人生活水平,残疾人生活得到明显改善。

城乡落实最低生活保障制度,自2010年起,重度残疾人生活补贴每月由50元提高至80元。2010年,建设市残疾人托养中心,开展机构托养和居家托养残疾人服务工作,机构托养残疾人263名,居家托养残疾人743名。到2013年,共有1.4万余人次残疾人纳入低保,发放重度残疾人生活补贴3129人次。

2006年,组织实施“温馨安居工程”,为农村贫困残疾人家庭进行危房改造，全年建房485户,每户补助资金2万元。2011年,曲阜市获山东省温馨安居工程建设先进单位称号。

每年春节和“全国助残日”期间,市政府和市残联组织开展走访慰问贫困残疾人家庭及残疾人集中单位,赠送慰问品和慰问金。

第四节　宣传与文体活动

1994年,曲阜市与北京广播学院、中国电视剧制作中心联合摄制反映曲阜市残疾人工作与生活的两集电视剧《残疾人日记》。1996年、2001年、2003年、2009年、2013年,组织参加济宁市残疾人艺术会演活动,获得3个一等奖、6个二等奖、7个三等奖、6个优秀奖和4次优秀组织奖;其中,济宁市选送省里2个节目参加评比,获二等奖1个、获三等奖1个。1997年,组织参加济宁市残疾人事业好新闻评选活动,报刊稿件获二等奖,广播新闻获三等奖,电视录像新闻获三等奖。2003年,组织参加济宁市残疾人书法、绘画、摄影作品大奖赛暨展览,书法获1个一等奖,2个二等奖、2个三等奖；绘画获1个三等奖;摄影获2个三等奖;曲阜市获组织奖。

2002年、2010年、2013年，曲阜市组团参加济宁市残疾人运动会，共获得30枚金牌、21枚银牌、22枚铜牌;两次获“体育道德风尚奖”“优秀组织奖”。2005年,曲阜市1名残疾人运动员参加全国残疾人射箭锦标赛,获金牌1枚、铜牌1枚。2006年,济宁市政府授予曲阜市“振兴济宁残疾人体育突出贡献奖”、授予2名运动员“济宁市劳动模范”称号、1名运动员记三等功;济宁团市委授予2名运动员济宁市“新长征突击手”称号,济宁市妇联授予1名运动员济宁市“三八红旗手”称号。2006年、2009年,市残联选拔残疾人运动员入选济宁市代表团参加省第七、八届残疾人运动会,获16枚金牌。2007年,曲阜市1名残疾人运动员在全国第七届残运会上获1枚银牌。2011年,曲阜市2名残疾人运动员参加全国第八届残运会，分别取得第三名、第五名成绩。

第六章　红十字会工作

1991—2013年，曲阜市红十字会逐步理顺关系，开展抗震救灾捐款、博爱一日捐、小天使基金、春节送温暖等扶贫帮困社会救助活动，争取落实“红十字书库”“博爱卫生站”“博爱家园”“金童计划”等红十字公益项目，加强无偿献血、造血干细胞捐献、遗体和人体器官捐献工作，开展卫生救护培训、红十字青少年工作、社区红十字服务。2011年，市红十字会获全国青海玉树抗震救灾县级先进集体称号。2013年，市红十字会被山东省红十字会授予救灾救助工作先进集体称号。

第一节　组织建设

1991年，市红十字会办公室设在市卫生局。5月，市红十字会第三届理事会调整，增补理事2名。1996年4月23日，市红十字会第四次会员代表大会召开，选出会长1名、副会长4名、常务理事8名、理事22名、秘书长1名。2002年6月26日，市红十字会第五次会员代表大会召开，选出名誉会长2名、会长1名、副会长4名、秘书长1名、常务理事13名、理事35名。2009年，曲阜市设立市红十字会，为市政府直属正科级事业单位，参照公务员管理，撤销市红十字会办公室。7月15日，市红十字会第六次会员代表大会在市委会议中心第一会议室召开，出席代表92人，大会选举产生市红十字会第六届理事会，选出名誉会长2名、名誉副会长5名、会长1名、常务副会长1名、常务理事22名。

第二节　募捐与救助

市红十字会发挥政府人道领域助手作用，开展募捐救助工作。1993—1998年，市红十字会办公室每年为生活贫困的尼山乡、董庄乡部分村庄开展募捐活动，累计捐款3万元，筹集衣物3000件。1994年夏和1995年夏，曲阜市部分乡镇两次遭受特大暴风、冰雹灾害，红十字会办公室及时从济宁市红十字会调拨面粉5吨、棉被110床、防疫消毒及抗生素类药品，对尼山、董庄、防山、吴村等乡镇特困户进行慰问。1995年，梁山县等县市发生特大洪涝灾害，市红十字会发动会员及会员所在单位为灾区捐款捐物，价值2.5万元。1999年，台湾发生地震，市红十字会组织卫生、文物系统和远东大学等单位为台湾同胞捐款1万余元。2003年1月，开展“温暖送万家，博爱在齐鲁”活动，市红十字会从上级争取面粉、大米、食用油、衣服等物资于春节前夕送到特困户家中。同年，开展“慈心一日捐”和农村医疗救助基金募捐活动，市红十字会募集资金近10万元，资助4600名贫困农民参加新型农村合作医疗。2004年新疆地震，市红十字会组织曲阜师范大学外语学院爱心社为新疆灾区捐献衣物2000余件。2005—2009年，组织开展为印度洋海啸救助募捐、医疗救助基金募捐、造血干细胞捐献者资料库建设募捐、新农合募捐、南方雪灾募捐、“5·12”汶川地震募捐，共募集资金100多万元。2007年，开展大病救助“一日捐”活动，募捐近5万元。

2009—2013年，市红十字会理顺关系后，连续5年开展“春节送温暖”活动，将争取上级支持与自筹相结合，向全市困难家庭发放爱心大礼包871箱，包括大米、面粉各8.22吨、食用油5吨、挂历610幅、棉被252床、奶粉465桶、白糖360千克、棉衣棉帽1128件，总价值23.67万元。接到市委、市政府领导救助批示及社会求助申请192件，共发放救助金34.56万元。争取8例“小天使基金”，每户救助3万元；3例“幸福天使基金”，每户救助1万元；9例“蓓蕾计划”，每户救助3000元。2009年4月，市红十字会争取到中国红十字总会“红十字书库”项目落户吴村镇峪口小学。7月，曲阜市突降特大暴雨，7.8万人受灾，市红十字会争取上级及时下拨价值1.1万元救灾物资。2010年4月，

2010年5月11日，市红十字会为玉树地震灾区组织募捐现场

开展玉树救灾募捐活动，募集资金143.4万元，捐款金额居山东省县级市区第一位，全部及时上缴汇往灾区。8月，为书院街道瓦头小学、鲁城街道田家炳小学捐赠4万多元体育器材。2010—2013年，市红十字会走访慰问72名农村贫困家庭小学生和幼儿，捐赠图书卡、助学金、书包价值3.8万元。2011年2月，争取省红十字会1万元抗旱资金及价值1万多元矿泉水，支援吴村镇中心村等地抗旱。4月，市红十字会与市教育、民政部门联合募捐建立教育救助基金。2011—2012年，开展"博爱一日捐"活动。2013年，争取济宁市红十字会价值10万余元衣服、鞋帽、煤油灯等救助物资，为2000多户困难家庭送去温暖。

2009—2011年，市红十字会办公室被评为全省信息宣传先进单位。2011年，市红十字会被中国红十字总会评为全国青海玉树抗震救灾先进集体。2009—2013年，连续被评为济宁市红十字会系统先进单位。

第三节　红十字公益项目

市红十字会有效实施红十字公益项目，构筑人道主义事业平台。2009年起，市红十字会争取上级项目，协调社会各界，实施公益项目。2012年5月29日，书院街道宫家村"幸福天使博爱卫生站"竣工并为村民免费义诊，该项目总投资35万元，建筑面积150平方米，占地660平方米；同时，市红十字会向该站捐赠4万元无影灯设备。该站图片资料作为中国红十字基金会典型项目被神舟十号飞船带上太空并参加北京"神十"展。11月29日，时庄街道前杨村"红十字博爱卫生站"竣工挂牌，该站投资27万元，占地315平方米。2013年8月，争取中国红十字基金会捐赠30万元援建三孔景区红十字救护站；同年，争取中国红十字"博爱家园"项目，市红十字会协调投资49万元，新建190余平方米红十字博爱卫生站、村民活动室及700余平方米站前广场。

1991—2013年，市红十字会每年都与市防治艾滋病办公室联合开展宣传咨询活动；2010年、2011年连续两年与济宁市红十字会举办预防艾滋病青年同伴教育培训班8期，近200名志愿者参加"情系红丝带、红十字在行动"活动。

第四节　初级救护培训

市红十字会切实搞好初级救护培训，增强公民自救互救能力。1993—1998年，市红十字会与公安、交警、农机、教育部门联合培训初级救护师资120多人，培训驾驶员1.6万多人次、教师学生3000多人次、消防队员100多人次。2011年11月，市红十字会与团市委、市医院合作对市志愿者协会200余名志愿者进行初级救护培训。2013年，市红十字会成立救护培训中心，对268名红十字志愿者及酒店中层管理人员进行初级救护培训；免费为"三孔"景区应急工作涉及的507名交警、文物、消防、导游、酒店工作人员进行应急救护培训。

第五节　捐献

1998年10月，曲阜市启动施行无偿献血制度，市政府成立市公民献血领导小组，制定贯彻落实《中华人民共和国献血法》实施方案，在城区开展公民无偿献血，一个月内2000余人无偿献血80万毫升，超额一倍完成上级任务。2008年7月15日，曲阜市办理首例遗体捐献。2012年5月，市红十字会首次开展造血干

2013年2月3日，市红十字会在华联广场举行市民义务献血活动现场

细胞血样集中采集活动，组织50余名志愿者提供血样。2013年2月，市红十字会协调服务“爱心奉献过大年”义务献血活动。6月，组织100名志愿者在市疾控中心为造血干细胞资料库提供血样。至2013年年底，市红十字志愿者发展到3600多人。市红十字会办理遗体、器官捐献登记9例，实现遗体捐献2例、眼角膜捐献2例。

第六节　交流与合作

2000年，市红十字会接待中国红十字会海峡两岸红十字青少年夏令营活动。2004年，市红十字会接待美国红十字会代表团，受到上级领导肯定。2009年3月17—18日，市红十字会接待朝鲜红十字会中央委员会副主席金进范带队的朝鲜红十字会代表团。2010年4月12—15日，接待红十字国际委员会东亚地区寻人代表贝亚特丽斯·米尼耶女士。2013年9月27日，接待澳门红十字会访问团。1995—2013年，为台湾同胞查人转信20余次。

第七章　民族　宗教

2013年，曲阜市境内有汉、回、朝鲜、满、维吾尔等33个民族，其中少数民族3128人；宗教主要有佛教、伊斯兰教、天主教、基督教等，有宗教信众6260人。

第一节　少数民族

少数民族分布

1990年，人口普查中统计，少数民族人口1721人，占总人口0.29%。少数民族中回民居多，1632人，占少数民族人口94.83%。此外，有满族62人，蒙古族5人，朝鲜族4人，苗族4人，壮族3人，俄罗斯族3人，土家族2人，白族、傣族、佤族、土族、水族及未识别民族的各1人。回族多集中在曲阜镇西关、南关和姚村镇苏村。2012年，增加至32个少数民族，人口为3128人（包括流动人口）。其中回族人口2237人，占少数民族总人口70.3%，主要分布在鲁城街道西关、南关及城区繁华商业区，此外，还有蒙古族、朝鲜族、满族、白族、土家族、傣族、佤族、土族等，占少数民族总人口29.7%。全市少数民族总的分布特点是“大分散、小集中”，少数民族人口相对较少，民族成分相对较多，32个少数民族成分几乎每个镇（街道）都有，分布比较广泛，但分布不均匀，有的镇（街道）百人以上，有的几人。大部分少数民族居住在城区，城区少数民族多数是回族。2013年，曲阜市境内有汉、回、鲜、满、维吾尔等33个民族，总人口64.58万人，其中少数民族3128人，占比0.48%。

少数民族事务

1991年，12个少数民族聚居和杂散居村基本上以农业为主。回民多聚居西关、南关城区及繁华商业区，以农业、小生意为主。1997年，西关民族村实现产值3.4亿元，成为济宁市50个强村街之一。2003年，民宗局牵头西关村委筹资百余万元完成西关街清真寺恢复建设工程。争取济宁市民宗局支持，解决姚村镇苏村吃水难问题。2004年，为姚村镇苏村争取资金近

10万元，购买小尾寒羊，促其脱贫致富。2006年，西关村委投入130余万元新建民族幼儿园一所，学前入园率96%，学龄儿童入学率100%。2007年，曲阜市开展“民族团结进步宣传月”活动和“民族团结进步模范村（居）”创建活动，实施少数民族帮扶工作。为鲁城街道西关民族居委、姚村镇苏村等争取民族发展和配套资金，促进民族经济发展。协调资金，为民族小学配备30台电脑，合乎省级规范化小学标准。2012—2013年，曲阜市民宗局争取中央、省市少数民族发展资金20万元，为西关民族小学进行校舍改造。多方筹集资金450万元，对鲁城街道西关大街集贸市场、西宾市场道路进行维修改造，硬化路面2万平方米，解决当地少数民族群众反映的出行难问题。1994年、2005年西关民族社区2次被国务院授予“全国民族团结进步模范集体”称号。

第二节　宗教

宗教构成

1991年，曲阜市宗教总人口4851人，其中佛教2人、伊斯兰教60人、天主教134人、基督教4655人。1995年，有信教群众5730人，其中，佛教2人、伊斯兰教60人、天主教90人、基督教5578人，涉及13个乡镇340个行政村（街），占总人口9.5‰。1998年，曲阜市有信教人员6654人，其中佛教6人；伊斯兰教1873人，伊斯兰教主要集中在西关，建有清真寺一座；天主教202人，分布在时庄、陵城两个乡镇27个村庄，有5个活动场所；基督教4573人，分布在12个乡镇352个村庄，有活动场所19个。2002年，曲阜市明确25个宗教活动场所。2007年，市民宗局对全市29处宗教活动场所进行依法登记。2013年，全市有信教人员11132人，其中佛教2人、伊斯兰教2570人、天主教1160人、基督教7400人。宗教团体总数为4个，分别是基督教协会、伊斯兰教协会、佛教协会、天主教爱国委员会领导小组，宗教教职人员总数为4名，其中基督教1名（副牧师）、伊斯兰教1名（阿訇）、佛教2名；宗教活动场所总数31个，其中基督教25个、天主教4个、伊斯兰教1个、佛教1个。

宗教事务

市民宗局贯彻党的宗教信仰自由政策，依法对宗教事务进行管理。1991年，曲阜市成立基督教三自爱国会筹备小组。1995年，对各家庭宗教聚会点进行检查，取缔非法活动场所。在全市确定17个基督教活动场所，给予登记；对布道员进行统一考核；对非法宗教组织依法进行查禁和取缔。同年，市委统战部被评为山东省宗教工作先进集体。1997年，市委统战部配合市公安局开展对天主教和基督教非法活动的专项检查，依法制止部分家庭基督教聚会点的非法活动。1998年，曲阜市成立基督教三自爱国会筹委会。2001年9月，市委统战部审批设立曲阜市基督教协会。同年，曲阜市恢复重建清真寺，所用土地从原址西扩。新寺院占地面积0.34公顷，主体建筑西大殿两层，为阿拉伯式建筑，钢筋混凝框架结构，穹窿罩顶。2002年，市委、市政府印发《关于加强宗教工作的意见》，完善市、乡、村三级宗教管理网络。建立爱国宗教组织，分别成立清真寺管理委员会、基督教三自爱国运动委员会、基督教协会、天主教爱国领导小组。在全市明确25个宗教活动场所。按照国务院、省政府文件精神，分别采取置换、补偿办法落实基督教、天主教教产问题；将国务院《宗教活动场所管理条例》《山东省宗教事务管理条例》编印成册，发到每个教民手中；编印《曲阜宗教》小报，将科技致富信息送到每个教民手中，引导他们科技致富。2003年，曲阜市民宗局举办基督教场所负责人培训班。在市委党校行政干部及村街支部书记、村主任培训班上，开设民族宗教课。2004年11月，市委统战部审批成

2004年1月6日，市民族宗教局举办民族骨干法制培训班现场

立市伊斯兰教协会。2007年，市民宗局对全市29处宗教活动场所进行依法登记，在全市范围内进行宗教执法大检查。健全完善市乡村三级民族宗教工作管理网络，依法妥善解决涉及少数民族的案件、跨地区非法宗教活动等一些热点、难点和敏感问题。开展“教风建设年”创建活动和“和谐宗教活动场所”建设活动。同年11月，审批成立市佛教协会。2008年4月，市委统战部审批设立市天主教爱国委员会领导小组。2013年，在“教风建设年”活动中，曲阜市宗教界对照存在问题和自身发展要求，开展“学风、道风、家风”建设。到年底，全市有宗教活动场所31个，分布在全市12个镇(街道)。

第八章 风 俗

曲阜受儒家文化思想影响较深，以“礼仪之邦”著称于世。西周时期，鲁国对周代文物典籍保存完好。春秋末期，孔子在鲁国聚徒讲学，传述六艺，编纂六经，为中华文明传续做出贡献。孔子之后，曲阜人民“诗书耕读”，薪火相传，形成“洙泗遗风”。孔子故里曲阜，以人俗忠厚、民风淳朴闻名遐迩。

第一节 生活习俗

服饰

服装鞋帽。20世纪90年代初，随着纺织技术的发展，农民纺线织布、量体加工做衣习俗逐渐消失。城镇居民喜欢棉麻毛丝等天然纤维面料的服装，乡村居民则是购买以耐用化纤面料的服装为主。传统的中山服及国防服已很少。改革开放促进了人们的服装观念，主要有西服、夹克服、运动装、风衣、羽绒服、牛仔装、脚蹬裤、健美服、T恤、裙服、裘皮服、羊毛服装，皮鞋、长筒皮靴等，在使用上有商务、休闲、运动、户外之分。进入21世纪后，随着信息社会的发展，人们开始追求国际时尚，注重品牌服装。随着社会对传统文化的重视，唐装、旗袍大受欢迎，汉服也开始在隆重场合出现。2010年以后，网购服装逐渐成为普遍现象。因国家领导人的引领，中山装又开始出现。

饰物。20世纪90年代，女性多时兴佩戴金耳环、金戒指、金项链等。进入21世纪后，在女性饰品中，手链、手镯、纱巾等流行。由于时代潮流的发展，发卡也变得华丽多彩，款式色彩丰富多样。同时，白金、钻石、珍珠、玉石翡翠等饰物也发展起来。男士则出现颈部挂玉饰件，手戴戒指、手串等，有些人腰部佩戴木、玉、金、银、铜或钢合金质“避邪物”。20世纪90年代，佩戴假发比较少见；进入21世纪后，男女佩戴假发比较常见，假发款式也比较丰富。

饮食

曲阜市城区及周围、西北部、北部、东部每日三餐，即早餐7~8点，午餐12点，晚餐在日落前后。曲阜西部、西南、东南及南部一带每日二餐，上午餐10点左右，下午餐15点左右。20世纪90年代初期，农村家庭每逢红白喜事，请厨师在家支锅，以庭院或近街为场所，以箔围场，以席铺地，亲朋故旧随礼相聚，十几桌或几十桌，场面颇为热闹。90年代中期，城镇朋友相聚进餐馆吃饭比较常见，每逢红白喜事及庆贺节日则进饭店消费。进入21世纪后，各种饭店遍布城乡，接待客人或逢红白喜事等绝大多数到附近饭店消费，或饭店直接到现场制作宴席。每逢节假日亲人聚会，也大多到饭店订餐，一些城镇家庭年夜饭也在饭店定制。2000年以前，因工作学习需要，很多单位、中小学校自办食堂；进入90年代，快餐店开始在城镇出现。2000年以后，在一些小学周围，以安排学生中午吃饭、休息的助学所逐渐兴起；各种风味的快餐店、小吃车等比较普遍。

主食。20世纪90年代，六七十年代的农村地瓜干或杂以玉米面的主食渐渐退出农村家庭，曲阜城乡居民粮食消费以小麦面为主，农村杂粮有玉米、小米、高粱、地瓜等，城镇杂粮则有大米、小米等。城乡家庭主食馒头、面条、水饺、蒸包为主，辅以圆形烧饼、条形烧饼卷、花卷、薄面饼等。以小麦面为主的机器煎饼或人工煎饼盛行,进入部分家庭或成为工作餐的主食。粥类则以玉米面、小米面粥为主。进入21世纪后,具有地方风味的五香、花生、芝麻咸煎饼成为曲阜地方名吃。城镇居民时兴食用全麦面粉,传统的小米、玉米、荞麦、豆类、地瓜面等很受欢迎。大多数家庭粥类以玉米面、小米面为主,有的家庭根据口味再杂以大米面、大豆面等混合面粥。2010年以后,大多数家庭使用豆浆机,以大豆为主,根据口味加黑豆、绿豆、大米、花生、大枣、栗子、核桃、豇豆等制作豆浆。

副食。在蔬菜肉类方面,20世纪90年代初,曲阜城乡居民在春季至秋季,以食用露天种植的蔬菜为主,冬季食用储藏的白菜、萝卜等。随着经济的发展和收入的增加,农民由逢年过节、接待客人食用鱼肉转变为每月或每周一次改善生活食用鱼肉。肉类以猪肉为主,其次为鸡肉、羊肉、牛肉等;鱼类有鲤鱼、罗非鱼、草鱼、带鱼等;油类以花生油、豆油为主,豆制品有豆芽、白豆腐、熏豆腐、豆腐皮、腐竹等。饮食调味有盐、酱油、醋、香油、花椒、大小茴香、麻汁等。城乡居民有条件者都能吃到换季蔬菜,以城镇居民消费为主。进入21世纪后,因发展大棚种植蔬菜,百姓一年四季都可吃上新鲜蔬菜,瓜、果、菌等长年不断。白菜、豆腐是当地人的家常菜。随着生活水平的提高,鱼肉禽蛋食品已成为曲阜城乡大多数家庭家常菜。2010年以后,随着物流业的发展,各种蔬菜、瓜果、鱼类、肉类、油类及成品、半成品、速冻食品丰富多样、应有尽有,其种类早已打破国内外、南北方、东西部的地域限制。大多数家庭饮食越来越注重食品保健、安全和营养的科学搭配,绿色有机蔬菜等高档蔬菜进入部分家庭,各种成品、半成品、速冻食品越来越受人们青睐。

饮用。曲阜人具有悠久的饮酒文化,《春秋》就有“鲁酒”的记载。当地居民逢年过节、招待客人,定要饮酒;酒类以白酒为主。当地居民还有饮茶习俗,客人到访先沏茶奉客。20世纪90年代前,当地消费茶类主要是“珠兰大方”和“茉莉花茶”。20世纪90年代后,传统名酒、啤酒、高级茶叶等饮用品进入居民家中,矿泉水、果茶、牛奶也成为所需用品。进入21世纪后,纯净水、矿泉水盛行,不仅家庭备用,也成为出行旅游必需品。咖啡、葡萄酒、多种口味的果汁、奶茶或自酿葡萄酒也成为一些家庭的饮用品。

居住

进入20世纪90年代,农村居民大多数家庭兴建钢筋混凝土预制件盖顶的前出厦平房,部分家庭新建“一头沉”或二层楼房。砖坯房渐渐绝迹。宿舍楼在曲阜城区渐渐兴起,居民开始注重住房内部装修。城市多数居民开始住进水电暖通信卫生设备齐全的公寓式楼房。不但有单元房,还出现别墅式楼房。曲阜城镇居民在住房上,因受单位、经济条件、社会地位的影响,还存在着比较大的差别。进入21世纪后,寻常百姓多自建单元平房和钢筋混凝土结构二层楼房。有些村庄另选新址,统一规划、统一建设社区楼房,向社区化发展。2010年以后,农民到城镇社区买房成为时尚。

出行

曲阜人出门动身前一顿饭,讲究吃水饺(曲阜俗称包子),返回后第一顿饭一般喝面条,故有“起脚包子落脚面”之说。外出临行前,讲究带食带衣,有“饱带干粮,热带衣裳”的俗语,以免途中挨饿受寒。出门前,还讲究多带盘缠钱,称为“穷家富路”。随着时代发展,携带现金逐渐被银行卡取代,2004年以后,随着网银、支付宝的出现,人们出行消费更加方便、安全。

行具。20世纪90年代初期,曲阜城区开始出现出租车。城乡时兴“木兰”等小型摩托车,部分男青年驾驶各类摩托车。1998年,曲阜市开通城市公交汽车。进入21世纪后,电动车日益普及,出行“打的”逐渐流行,私家汽车日益增多,出远门乘公共汽车,乘飞机者日益增多。2000年、2002年,京福高速公路、日东高速公路曲阜段先后建成通车。2008年,曲阜市实现城乡公交一体化。进入2010年后,家庭轿车开始在曲阜城乡普及。2011年,京沪高铁曲阜东站建成通车。2012年,曲阜市实现农村公路村村通、村内通。2013年,济宁市开通城际公交车。曲阜交通更加便捷,市民出行有了更多选择。

行期。曲阜民众出远门有选日子的习俗。民间有“三、六、九,往外走,二、五、八,回老家”之说,即出远门要选每月农历的初三、初六、初九,或十三、十六、十九、二十三、二十六、二十九这些日子,而回家的日子要选每月农历有二、五、八的日子。

第二节　节日风俗

农历节日

春节。正月初一日，又称“阴历年”，俗称“过年”，为一年中最重要的节日，辞旧迎新、团圆、祭祀、祈福为其主要文化内涵。除夕过后至子时(晚11时)，谓之“新年到来”。家家燃香烛，摆供品、焚纸箔，放鞭炮，敬天地，祭祖先。祭罢全家吃素馅水饺，以求“全年素静”。素静，即平平安安之意。尔后，晚辈向长辈磕头拜年，长辈逐个分压岁钱，同辈年轻人结伴而行，先近宗、再远宗、后邻里依序拜年、问候；进入21世纪，同事或朋友间多以电话短信相互问候、祝贺新春，网上拜年成为时尚。是日，忌打水、扫地、闹气殴斗，以求全年安逸和睦。年初一后，家家户户忙于走亲戚宴宾客。夜里灯火透明，儿童多挑灯欢聚，一起燃放鞭炮。城里连日举办灯会，耍龙灯、玩狮子、跑竹马、荡旱船的穿街过巷。1949年12月23日，中华人民共和国人民政府规定每年春节放假三天(正月初一、二、三日)。进入21世纪，国家将前后“双休日”连接一起，成为黄金周长假，很多家庭出外观光旅游。2008年，国家将春节假日调整为“除夕、正月初一、二日”。

压岁钱是春节期间长辈给自家儿童零钱以辟邪驱鬼、保佑平安的，后扩展为长辈给到访亲友未成年人零钱以示喜庆新年之意。随着时代发展，压岁钱在一些地方逐渐演变为人情份子钱，甚至成为一些人行贿受贿的渠道。20世纪90年代初，曲阜城区压岁钱在10元以内，农村多在5元之内；2000年前后，曲阜城区压岁钱发展为100元以内，农村多在50元之内；2010年以后，曲阜城区多在200元以上，农村多在100元以上。

元宵节。农历正月十五日，又称上元节、小正月、元夕或灯节。是日，曲阜人有捏面灯、敬天地、祭祖先、送祖先、放焰火、吃元宵、出门赏月等习俗。元宵前后，曲阜市文化部门组织全市各企事业单位，举办元宵灯会。一些村街组织耍龙灯、耍狮子、踩高跷、划旱船等民俗表演。2008年6月，元宵节选入第二批国家级非物质文化遗产。2010年后，曲阜市官方元宵灯会停止举办，一些民间灯会、民俗表演还存在。

二月二。农历二月初二日，俗称“龙抬头”。清晨，农家各户在院中或门口，用青灰“围仓”，中间挖坎埋五谷杂粮，期望年内五谷丰登。用盐或糖炒黄豆分食，谓之吃“蝎子爪”，又谓之“料豆”。是日，忌新媳妇住娘家，怕囤在仓外；忌喝面条，谓之“抽龙筋”；禁动针线、石磨，怕伤龙眼、毁龙头；忌在室内梳头、拐绳子，怕从屋上掉蝎子、蚰蜒、长虫。

清明节。家家门上插柳。成年人带纸箔、祭品到祖先墓地祭扫；少年多到郊野踏青，放风筝；机关、学校多组织干部、学生到烈士陵园扫墓，怀念先烈。从2008年开始，国家将清明列为法定节日，放假一天，与相近双休日联成3天小长假。

端午节。农历五月初五日，称“端午节”，家家门上插艾，儿童戴香包，各家包粽子，煮鸡蛋。自2008年起，中国将端午节列为国家法定节假日，放假一天，与相近双休日联成3天小长假。2009年9月3日，中国端午节成功入选“世界人类非物质文化遗产”代表作名录。

六月六。农历六月初六日，当地有晒衣、晒书、食炒面之俗，中午时分各户备祭品，在院中设香敬天，祈祷丰收。

中元节。农历七月十五日，亦为“鬼节”。《曲阜县志》载：“七月中元诣墓祭扫。”此俗在小雪街道尚存。

中秋节。农历八月十五日，又称为“仲秋节”，当地有赏月、吃月饼之俗，晚上多是全家围坐一起，食月饼、水果，谈天赏月，谓之“圆月”，阖家团圆之意。自2008年起，“中秋节”被列为国家法定假日，放假一天，与相近双休日联成3天小长假。

重阳节。农历九月初九日，为“重阳节”。国家将此日定为“老人节”“敬老节”。当地有出游登高赏菊之俗。是日，市、镇街均举办老干部座谈会，安排走访慰问老人活动。是日，子女多为长辈购买礼品，以示庆祝。

十月一。农历十月一日，为“上坟节日”，各家到祖茔祭扫。此节在息陬等地也称为“寒衣节”。

腊八节。农历腊月初八日，当地有食“腊八粥”习俗。是日早上，各家用小米、大米、红豇豆、栗子、花生米、红枣等煮粥，全家共食。或近邻之间以粥互相馈赠，并以吉辞相祝。家中孩子娇弱者，往往放粥街头，以求“腊八”之谐音，使孩子容易“拉把”（抚养）成人。

祭灶。农历腊月二十三日为祭灶日。是日傍晚，家家户户在厨房灶君神像前供糖，放纸马，焚香化箔，祭毕，将灶君旧像揭下，放到纸马上烧掉，意为送灶君骑马上天。主人叩拜祈祷，“上天言好事，回宫降吉祥”。除夕日再贴上灶君新像。

除夕。俗称年三十，大月为农历腊月三十日，小月为农历腊月二十九日，时在一年最后一天的晚上。这天上午家家洒扫庭院，水打满缸，下午门贴春联，院内贴“福”字，室内挂中堂，布年画，里里外外焕然一新，傍晚搭天地棚，挂香牌，请祖先，安神位，燃香奠酒，尔后阖家团聚，饮辞岁酒，吃团圆饺，老少围坐，达旦不寝，名曰“守岁”。是夜，忌泼脏水、忌言“死、病、鬼、药”等不吉利词语。随着电视的普及，人们多是饮罢辞岁酒后全家同坐电视机前，观看迎春晚会节目，直至子时到来；个别家庭通宵聚会。曲阜春联颇具儒家文化特色，城镇多“诗礼传家”之类，农村多“耕读人家”等等，多为一方善书者手写，成为一道文化风景；进入21世纪后，春联多以印刷为主，手写春联逐渐减少。

公历节日

元旦。1月1日，俗称“阳历年”，各机关单位升国旗、插彩旗、悬宫灯，热烈欢庆。公职人员放假1天，单位及个人之间互赠贺年片。机关、学校多组织联欢晚会。城乡居民也多改善生活，以示庆祝。2008年开始，国家将元旦假期与相近双休日联成3天小长假。

三八国际妇女劳动节。简称“三八节”，机关、厂矿妇女放假半天，各级妇女组织举行纪念、庆祝活动。

植树节。1979年，全国人民代表大会常务委员会确定3月12日为植树节。是日，全市普遍开展植树造林活动。

五一劳动节。即“五一”国际劳动节。各机关都要升国旗、贴标语，张灯结彩，举行庆祝活动，公职人员放假一天。20世纪90年代，男女青年于此日结婚者颇多。2000年，假期调整为3天，为5月1—3日，与相近双休日相连，形成“黄金周”。除官方举办的慰问、联欢活动外，旅游、探亲、休闲渐成时尚。2008年，假期调整为1天，与相近双休日联成3天小长假。

青年节。1949年12月中央人民政府定5月4日为中国青年节。是日，各级团组织都组织青年举行庆祝活动。其内容多是举行入团仪式，表彰先进、开展联欢活动等。

儿童节。1931年国民政府规定4月4日为儿童节，1949年12月，中央人民政府规定“六一国际儿童节”（6月1日）为中国儿童的节日。是日，各级团组织、学校少先队组织举行少先队入队仪式，组织报告会、体育运动会、联欢会等。

护士节。5月12日，是为纪念现代护理学科创始人弗洛伦斯·南丁格尔于1912年设立的节日。每逢国际护士节到来之际，曲阜各医院等都会举行授帽仪式。

建党节。7月1日是中国共产党成立纪念日，曲阜市各级党组织都要举行庆祝活动，其内容多是举行新党员入党仪式、组织党员学习党的基本知识、回顾个人成长史等。

建军节。8月1日，即中国人民解放军建军节，简称“八一”建军节。地方武装部门多组织庆祝活动，其内容有军史报告会，表彰民兵先进集体与个人等。市领导走访慰问地方武装部门及地方驻军，各机关团体与驻军举行联欢活动，民政部门组织各基层单位开展拥军优属活动。

教师节。9月10日为教师节。每逢是日，市、镇（街道）两级政府表彰教育工作先进集体和先进个人，各基层组织及机关，厂矿单位普遍开展以慰问教师、集资办学为内容的尊师重教活动。

国庆节。10月1日为中华人民共和国国庆节。每逢此日，市内各有机关、学校、工矿等单位都要升国旗，插彩旗，悬宫灯、贴标语，举行节日欢庆活动。2000年开始，假期由2天调整为3天（10月1—3日），连接前后“双休日”，形成“黄金周”，其间居民多旅游、探亲、休闲等，男女青年多趁此吉日订婚结婚。

记者节。2000年，国务院将中国记协成立日11月8日定为记者节，是一个不放假的行业性工作节日。

舶来节日

随着国家开放程度的提高，人们的生活方式日益多元化，中青年人对一些外国节日的热情越来越高。

情人节。每年的2月14日是西方传统的情人节，

2009年8月8日，曲阜孔庙成人礼活动现场

在年轻人中盛行。情人节是有情人表达情意的最佳时刻，也是向自己心爱的人求婚的最佳时刻。

愚人节。4月1日愚人节，来自西方，颇受年轻人追捧。在这一天，他们抛开平时顾虑，用各种不太出格的方式去小小捉弄一下朋友、老板、老师，甚至父母，当人们觉悟愚人节时，便会心一笑。

父亲节、母亲节。父亲节是每年6月第三个星期日，母亲节是每年5月的第二个星期日，属西方节日。曲阜是个特别讲孝道的地方，每逢这一天，他们以各种方式表达对父母养育之恩的感谢。

圣诞节。又称耶诞节，耶稣诞辰，译名为“基督弥撒”，西方传统节日，在每年12月25日。至21世纪初，圣诞节有机地结合了中国当地习俗，发展日趋成熟。吃苹果、带圣诞帽、寄送圣诞贺卡，参加圣诞派对，圣诞购物等成了中国人生活的一部分。

第三节　礼仪习俗

诞生礼仪

在曲阜民间，婴儿降生俗称“添喜”。20世纪90年代后，婴儿出生后，城乡一些地方沿袭着“报喜”“吃喜面”“送粽米”“叫满月”“过百岁”等习俗。

报喜。孩子出生第二天，定好办酒席日期后，一般由产妇同辈或小辈分近亲男孩带着手擀面条(后改为挂面)、红鸡蛋四处报喜，通知亲朋好友喝喜酒。

送粽米。有的称“送祝(粥)米”“吃喜面”。时间一般定在新生婴儿出生十天左右。产妇娘家以及亲朋好友，一般都是妇女和孩子，带着送给婴儿的衣物玩具、面粉、鸡蛋、红糖等礼物。产妇父母或兄弟等至亲家所送礼物最重，一般筐篮盛放不下，而是用一种专用多层盒子盛放，要雇佣两位劳力“抬盒子”。进入21世纪后，多数以礼金代替礼物。

叫满月。婴儿出生一个月左右，产妇娘家备车接回家由其母照顾几天，俗称“叫满月”。

过百岁。孩子出生满一个月和一百天时，亲朋好友要给婴儿送礼物庆贺，称过百岁。2000年前，一般送衣物或玩具；2000年后，一般以礼金代替。

抓周。新生儿周岁时，将各种物品摆放于小孩面前，任其抓取，传统上常用物品有笔、墨、纸、砚、算盘、钱币、书籍等，视其先抓何物，后抓何物。以此来测卜其志趣、前途和将要从事的职业。

冠笄礼

冠笄(jī)礼，即成年礼，以服饰改变为其最大特征，而其中最特别的即是头上的冠笄。男子成年礼称“冠礼”，女子成年礼称“笄礼”。

冠礼。男子20岁行冠礼，古代冠礼在宗庙举行。冠礼一般由父或兄主持。行冠礼前，选定加冠吉日。前三天选择主持冠礼的大宾，并选一名“赞冠”协助冠礼仪式。冠礼进行时，主人、大宾以及受冠者都要穿礼服。大宾给受冠者加冠三次。初加缁布冠，象征将涉入治理人事的事务，即拥有人治权；再加(第二次加)皮弁，象征入朝之贤，即望其拥有入朝治理之才；三加爵弁，拥有祭祀权，即为社会地位的最高层次。三次加冠，地位愈尊，期望冠者德行能与日俱增。每加一次冠，大宾都要对冠者致祝词。大意是给你加上成年人的服饰，请造就成年人的情操，保持威严，培养美德，祝你大福大禄。三次加冠后，主人设酒馔答谢宾赞客人，称之为“礼宾”。“礼宾”后受冠者拜见母亲，后由大宾取“字”。拜见兄弟、赞者，入室拜见姑姐之后换上黑色的礼帽、礼服，带礼品，去拜见有身份的人，冠礼程序才结束。

笄礼。俗称“上头”或“上头礼”，一般在15岁举行，其仪式与冠礼基本相同。由女子家长主持。选一女宾加笄，还挑一名赞者以协助举行仪式。经过一加一拜，二加二拜，三加三拜程序后，女宾为受者取“字”。取“字”结束，受者要跪在父母面前，聆听教诲并行拜礼，最后，父母与受者并立，父亲宣布礼成，并向宾客作揖感谢。

中华人民共和国成立后，冠笄礼绝迹。进入21世纪，为传承这一优秀传统文化，曲阜市打造“中华成人礼”活动，即在孔庙大成殿前举行成年礼仪式。其程序主要有三项：行集体冠笄礼；向行冠笄礼者颁发《成人礼证书》；集体向孔子像行五拜礼。2009年8月8日，北京、上海、台湾等地近百名青少年在曲阜孔庙大成殿门前，举行成人加冠礼，在圣人孔子故里，开启成人担当新的篇章。

婚姻礼仪

明清时代，曲阜婚礼甚为讲究，行“六礼”方可完婚，即纳采、问名、纳吉、纳征、请期、迎亲等。随着时代变迁，曲阜虽然仍沿用，但是形式、程序发生了很大变化。进入20世纪，曲阜婚嫁流行提亲、订婚、登记、备婚、结婚等程序。20世纪90年代，外出务工和求学，扩大了青年人的交往。随着信息社会的到来，青年人的交往渠道也变得更加便宜。90年代中后期，曲阜市开始出现婚姻介绍所，到2013年年底，曲阜市有婚姻介绍所13家。为增进青年人交往，曲阜市妇女联合会组织多种联谊会。

提亲。20世纪90年代，多数男女青年经介绍撮合，相互了解后，双方自愿家庭满意，遂议定成亲。自由恋爱的男女青年，也往往在适当时机找一个名义“介绍人”，以便公开恋爱关系。议亲的年龄，男青年多在20多岁，女青年多在十八九岁。

订婚。男女双方经密切交往建立了爱情关系，且征得双方父母的同意后，便履行定亲手续。有的家庭往往请算命先生（吉人）进行“合婚”，看男女双方属相上有无相克。首先由男女合影，俗称照订婚像。其次，由男方邀请一人当司仪，将男女双方父母等人约到一起，举行一场宴会，正式宣布订婚。此时，男方母亲交给未来儿媳一份聘礼（又称彩礼），男女双方改口，即未婚妻称男方父亲为爸爸、母亲为妈妈，而未婚夫称女方父亲为爸爸、母亲为妈妈。

在订婚这一程序上，曲阜以前有“换帖”程序，此俗由来已久。新中国成立前，男女结婚不履行登记手续，这种“换帖”文书就相当于现行结婚证。息陬镇、

附：龙凤帖文样

求婚帖。求婚帖是男方向女方表示求婚的帖子，形式有多种，其中之一是在帖封的正面写一个大“求”字，以示未婚，大红帖笺文样如下：

大德望　翁　老先生大人台下（笺条）
伏以
久仰名门
高若山斗
敬借冰言
登门问恳
右启
祈姻弟　×××　率子　×××顿首拜
富　满
长命　全　玉
贵　堂
冰　人　×××
×年×月×日　良辰

允婚帖。女方收到男方未婚帖后，如女方同意结亲，便给甲方回帖，此帖为允婚帖。贴笺形式多种，其中之一是第一面贴纸条，帖皮正面写一个大“允”字，表示同意成亲，大红贴笺文样：

大德望　翁　老先生大人台下（笺条）
伏以
久仰名门
无由高攀
敬呈华翰
愿结良缘
右启
允姻弟　×××　顿首拜
氤　其
天　地　五　世
氲　昌
冰　人　×××
×年×月×日　谷旦

周制婚礼（大邦礼仪开发）

朋送请柬，接受亲友的贺礼。至期，新娘由送女客陪同，来男方家举行婚礼。送新娘到婆家一般在凌晨，日出前招待完毕。新娘进婆家门后，放鞭炮庆贺。

婚礼结束后，设宴招待客人，谓“喝喜酒”。至晚，亲邻往贺者不绝，亲友儿童挤入新房，看新娘，闹洞房。

20世纪90年代后，政府提倡婚事简办，反对铺张浪费。一些企事业单位举办“集体婚礼”活动。部分青年人举办简单婚礼后，进行“旅游结婚”。

曲阜很多农村地区结婚还沿袭着一些古俗。男方请吉人看日子，约定结婚日期后下定亲书。结婚前三天要换启和下盒，启是一种用红纸金字印成的文书，男女双方都要换启。下盒是男方把新婚的棉袄、棉裤、蒙头红、鞋、袜等装盒，之后用红色封条封盒，封条上写“之子未归先纳彩，嫁期将至可催妆”，送到女方家。女方要盛情招待，写回启并告知送嫁的人数、招待的桌数。

入赘。民间称“倒插门”“招养老女婿”等。家中有女无儿者，愿招婿上门。招婿前，女方需经本家族及有关亲戚同意后才可办理。否则，会引起纠纷。入赘后所生子女或随女姓，或随男姓；进入新社会后，这种家庭女孩多随女姓，男孩多随男姓。此种婚礼与一般婚礼基本相同，程序在女方举行。

尼山镇等地仍传承着换帖习俗。所谓“换帖”，即男女双方互换的“红帖”，也称之为“龙凤帖”。男方的帖表示求婚之意，女方的帖表示允婚之意。当地讲究男方先传求婚帖，女方再回允婚帖。帖的结构由封皮、帖笺、纸条组成。封皮是一个专门制成的大红纸袋，上面印有龙凤图案，故称“龙凤帖”，里面放六折大红纸帖笺。帖笺第一面贴纸条。

彩礼、嫁妆。20世纪90年代初期，男方母亲交给未来儿媳的聘礼时兴“千里挑一”，即送给儿媳1001元，表示对儿媳品貌的赞赏；女方家庭置办嫁妆；2000年左右，时兴“万里挑一”，即10001元；2010年前后，有的地方则是21800元或31800元，祝愿男女双方“两家一起发”，或祝愿男女双方加子女的小家庭“三家一起发”。彩礼数额多少根据家庭经济情况决定，没有什么约定俗成的数额。有很多双方都是独生子女的家庭，在子女双方确定关系后，双方家长往往共同筹划为子女筑建爱巢。男方买楼，则女方助力部分首付款，或买车，或赠给女儿一大笔款项。就是农村家庭婚姻，嫁娶观念也比较文明，女方也往往赠给女儿一笔嫁资。

结婚。结婚前男女双方到当地民政部门办理结婚登记手续，领结婚证书，这便是合法夫妻的证据。女方备好嫁妆，男方备好新房。也有男女双方共同购买，装修新房、添家具、布置洞房的。

改革开放以后，曲阜婚礼习俗发生较大变化。婚礼程序减少。双方准备好后，便约定婚礼时间，一般选在春节前或“五一”、国庆等节日，或农历双月逢六之日，取“六六大顺”之意。举行婚礼前，男方向亲

祝寿礼仪

曲阜人年龄均称虚岁，过生日也以虚岁为准。在曲阜一般人家多在有了第三代或年过半百，才开始庆寿。百姓将庆寿称为给老人“过生”。在“过生”上，曲阜讲究老父母健在，子女不可做大寿；还忌讳过“断头生”，即以开始给老人第一次过生，必须年年过，直到最后一次，如有间断再去过，称为过“断头生”，为民间所忌。当然，六十六岁、八十岁、九十岁等生日例外，也是针对旁系亲属或朋友而言。

六十六岁、八十岁、九十岁等生日较一般生日更为隆重。祝寿的不仅有直亲亲属，旁系亲属也参加。且都要送寿礼。66岁生日女儿需买6两6钱猪肉，让老人食之，故有“六十六吃块肉”之说。在民间给老人庆

80、90大寿有所讲究，即“庆九不庆十”，因为“十”谐音“死”，即在七十九、八十九虚岁庆八十岁、九十岁生日。寿日这天，老人身穿新衣，子女亲友皆来祝寿，有的人家贴喜联，挂喜帐，放鞭炮，摆宴席。

在给老人庆寿时，当地有“躲旬头”的习俗。有些老人认为，圣人孔子活到七十三，亚圣孟子活到八十四，故有俗话说“七十三，八十四，阎王不叫自己去”的说法。因此，有些老人到了七十三、八十四岁，便认为难以活过七十三、八十四岁了。因此为了健康长寿，便产生了“躲旬头”这一风俗，即到了七十三岁时，不说七十三岁而说七十四岁，到了八十四岁时，不说八十四岁，而说八十五岁了，便认为躲过了“旬头年”。因此，遇到老人的“旬头年”了解他（她）的年龄的人都将七十三岁说成七十四岁，将八十四岁说成八十五岁。很多人家在老人“旬头年”的农历二月二“龙抬头”这一吉祥节日为老人庆寿。

丧葬礼仪

进入20世纪90年代，曲阜市为推动移风易俗，村队和一些较大的机关企事业单位都建立起红白理事会，帮助办理婚嫁丧葬事宜。孔姓颜姓一般埋葬在孔、颜林。不少村庄建有公共墓地。曲阜规模较大的公墓有九仙山公墓和九龙山公墓。

病人在去世后，死者所在单位或村队成立治丧班子，民间称“忙丧”，封门、置灵堂，向其亲友报丧（民间称“送信”），接待吊唁，安排告别仪式，办理火化、出殡、埋葬等事宜。一般在家停灵3天，个别人家5天，等待远方亲友吊唁。葬后第三天（含埋葬的那一天）丑时（夜间一时至三时），死者子孙、近亲到墓地，燃香摆供，筑坟头，此谓“复三”。“复三”后，定期祭祀，一般上“五期”坟，男性死后30天，女性死后35天，孙男嫡女都要去。还有“百日祭”、死祭（死者卒日）、冥祭（死者生日，又称阴寿）等。死祭、冥祭一般祭祀三年。子女对父母要服孝三年，服孝百日内不能串门，男不剃头、不刮须，女不绞脸，穿衣戴帽不用大红大绿，子女连续三年不婚嫁，不贴红春联。

机关企事业干部去世后一般在曲阜八宝山殡仪馆举行遗体告别仪式，然后至墓地后由直系亲属将骨灰盒埋葬。

称谓

父母。对父亲“当面叫爹”“达达”，有的乡镇叫“爷”，现代青少年叫“爸爸”。对人称自己父亲为“俺爹”“俺达达”“俺爷”“家父”“家严”。书面称“父亲大人”，或者称“爸爸”，当面称别人之父为“令尊大人”。对母亲当面叫“娘”，曲阜很多地方称“娘啊”连音，现代青少年叫“妈”或者“妈妈”。对人称自己的母亲为“俺娘”“家母”“家慈”，书面称“母亲大人”“妈妈”，当面称别人之母为令堂。

祖父母。当面叫“老爷”“奶奶”，现代青少年叫“爷爷”“奶奶”，书面称“祖父大人”“祖母大人”对人称“家祖父”“俺老爷”“俺奶奶”“家祖母”。

对曾祖父母。当面叫“老老爷”“老奶奶”，书面称“曾祖父”“曾祖母”。对高祖父母：当面叫“祖老爷”，“祖奶奶”书面称“高祖父”“高祖母”。

对父亲兄嫂。当面叫“大爷”“大娘”或冠以排行，称“二大爷”“三大娘”等，书面叫“伯父”“伯母”或冠以排行，称“二伯父”“二伯母”等。

对父亲弟及弟媳。当面叫“叔”“婶子”或者“二叔”“二婶子”“三叔”“三婶子”等，书面称“叔父”“婶母”。对父亲的姊妹：当面叫“姑”“大姑”“二姑”等，称其配偶为“姑夫”，书面称“姑父”“姑母”。

对姐妹。当面叫“姐姐”或“大姐”“二姐”，妹妹、“二妹妹”“三妹妹”等。称其配偶为“姐夫”“妹夫”。若姊妹多，则冠排行。城里人有称姐夫为哥的，称妹夫为弟的。对姊妹的子孙，当面叫“外甥”“外甥女”或“重外甥”“重外甥女”。

对兄弟。当面称兄叫“哥哥”或“大哥”“二哥”，配偶为“嫂”或“大嫂”“二嫂”，称弟叫“兄弟”“二兄弟”“三兄弟”或名字等，配偶为“弟妹”“二弟妹”“三弟妹”或名字等。当面叫弟的配偶以自己的小孩为依托称“您婶子”。对兄弟的子女称“俺侄儿”“俺侄女儿”。

丈夫称妻。称“小（或孩子乳名）的娘”或“妮（或孩子乳名）的娘”。或直呼其名，对人称妻子为“内人”“俺家里”，有的称“俺对象”“俺爱人”“俺小孩的妈”。妻称丈夫：有了孩子称“你（或孩子乳名）达达”“你（或孩子乳名）爹”。现在年轻人直呼其名，或称您（或孩子乳名）爸爸，对外人则称“俺那口子”“大男人”“当家里”“俺老公”。

对外祖父母。当面称“姥爷”“姥娘”，现代人称“爷爷”“姥姥”。

对岳父母。当面叫法与妻子一样，对人称为“俺

老岳”“俺岳父”“老丈人”“丈母娘”“岳母娘”。

对母亲的兄弟。当面喊“舅”“舅舅”或冠以排行，称其配偶“妗子”，或冠以排行，现代人称“舅妈”。对人称“俺老舅爷”“老妗子”。对母亲的姐妹：当面喊“姨”或“大姨”“二姨”，现代人喊“姨妈”，称其配偶为“姨夫”或冠以姨的排行。

对妻的兄弟。当面随妻称呼“哥”，“弟”或冠以排行，称其配偶亦随妻称呼，对人称“大舅子”“二舅子”“小舅子”“内兄”“内弟”。对妻的姐妹：随妻称“大姐”“二姐”，称其配偶为“大姐夫”“二姐夫”，称妻妹为“妹”或冠以排行，或直呼其名，或称“您二姨”“您三姨”，称其配偶为“妹夫”或冠以排行，对外称“俺大姨子”“俺小姨子”，称其配偶为“连襟”“两乔”。

妻称公婆。当面随丈夫一样称呼，对外称“俺老公公”“俺老婆婆”。妻称祖公婆：当面随丈夫一样称呼，对外称“俺老爷，俺婆婆奶奶”。妻称丈夫兄弟：当面喊“大哥”“二哥”“兄弟”“二兄弟”，称其配偶同丈夫，对外称“俺老大伯”“俺二老大伯”“俺小叔子”“俺二小叔子”，称其配偶为“俺妯娌”。

在家中长辈称晚辈。当面直呼其乳名或名字，对外称“俺儿”“俺儿媳妇”“俺孙子”“俺孙女”。

对祖父母的兄弟姐妹。对祖父兄弟当面称“几老爷”，其配偶为“几奶奶”；对其姐妹当面喊“姑奶奶”，其配偶为“姑老爷”。对祖母的兄弟当面称“舅老爷”，称其配偶为“舅奶奶”；对其姐妹当面称“姨奶奶”，称其配偶为“姨老爷”。

其他称谓。对母亲的舅父母，当面称“舅姥爷”“舅姥娘”；对其姨母当面称“姨姥娘”，称其配偶为“姨姥爷”。对舅姑姨子女一律相互称“表兄弟”“表姊妹”，有的地方对姨的子女称“姨兄弟”“姨姊妹”。父母称女儿的丈夫，当面叫“您姐夫”或“小的爸爸”，对外称“俺闺女女婿”或“俺贵客”。对女儿的子女当面叫 “外孙”“外孙女”。夫妻双方的父母见面互称“亲家”，或称“哥”“兄弟”“俺嫂”“俺妹妹”。

社交礼仪

跪拜礼。民间将跪拜礼称为“磕头”。行礼时，先作一揖，然后双膝跪地，叩头，磕一次为一叩。祭神、祭祖、喜庆、吊唁皆用跪拜礼，通常为一叩、二叩、三叩、四叩。民间有“神三鬼四”之说，即拜神磕三个头，拜鬼要磕四个头。大礼为三拜九叩，其行礼方式是作揖，跪下，三叩，起立，再一揖，跪下，再三叩，起立，复作揖，跪下，复又三叩。此礼于新中国成立后曾经衰微，1990年后在乡村中盛行，多用于拜年、丧事吊唁等，尤其是丧事吊唁，行叩拜礼。

鞠躬礼。中华民国临时政府孙中山大总统宣布废止跪拜礼，而代之以鞠躬礼，常礼一鞠躬，而女子则不脱帽专行鞠躬。礼节的形式是立正站好，端正身体姿势，两脚并拢，两手下垂于大腿两侧，弯曲上身，弯曲的幅度一般以45度为宜。鞠躬时忌戴帽子，忌东张西望，忌嘴叼香烟或吃东西，忌说与行礼无关的话。

拱手礼。行礼时不分尊卑，而向对方站立，两手抱合于胸前，左手抱住右手，上举齐眉，上下摆动几下表示敬意。旧时，男子朋友相见抱拳拱手致意。现在，春节期间互相问好祝福，开业庆典祝贺业主“财源茂盛”等常以拱手为礼。有时在会议上，领导也以此礼向与会者表示敬意。

握手礼。此礼旧时运用较少，新中国成立后被普遍运用，表示欢迎、慰问、友谊等。握手时，伸出右手，身体微微前倾，相互距离一步为宜，手上用力适当，同时两眼平视对方，点头示意表示尊重，不同场合，不同对象，有不同握手方式。客人来访、送别、主人要主动伸手行握手礼，宾客见主人伸手时，应该立即伸手回敬以示谢意，关系亲近的则边握手边问候，甚至两人长时间地握在一起，一般情况下握一下即可。冬季相见，不论任何场合，如戴手套、口罩，握手要全部摘下，以示尊重，与老人、尊长握手时，要等对方伸手后，快步趋前用双手握住对方右手，以示尊重。握手时切忌用左手相握，切忌心不在焉，左顾右盼，切忌握手毫无力气，也不能用力过度。切忌长辈未伸手，晚辈、下级主动伸手相握。在男女之间，一般女士伸手后，男士再伸手相握。

招手礼。此礼是最常见的一种礼俗，多用于迎送。形式是举右手稍微超过头部，并且一般是举空手。平辈或地位相同的熟人来家做客，迎送招手致意。一般熟人相遇时，招手并相互问候。

宴客礼。曲阜民间待客一般分为留饭和宴席两种。一般亲朋来访，主人多留客吃饭，午时先简单吃点主食，俗称“点心”，一般是面条或水饺，下午以酒饭待客，上菜四道六道不等。也讲究座次，因为客人不多,常用自用饭桌——曲阜当地长方形饭桌待客。南北向长桌,南北为陪客。东侧设二人,北为主陪,南为主宾;西侧南为陪,北为宾。宴席为隆重场合所设,多在婚丧嫁娶、接风送行、老人祝寿、买卖开张等时机举办。

送节礼。又叫“走亲戚”。亲戚朋友,礼尚往来,串亲待客,早有定例,每年三次。麦收前后行“过麦礼”,中秋节前送“中秋节礼”,春节过后,亲友拜贺,要送礼待客。礼物全为食品,有鸡、肉、鱼、粉皮、粉条、糕点等,二、四、六、八色,视亲疏与经济条件而定,新婚成亲者,特为优厚。居丧三年内不备肉食。中秋节礼有水果、月饼。春节送礼待客,从初二开始,你来我往,络绎不绝,到元宵节前为止。

拜把兄弟。又称“拜干兄弟”,旧时结拜兄弟,一般由两人或几个年龄相仿性情相投、志趣一致的人,通过结拜这种形式加强关系。结拜时,要换金兰谱,谱上写着出生年月日,姓名、籍贯等,还有的在谱上写上三代(父、祖父、曾祖父)的姓名。不论在谁家结拜,双方老人都要在场,燃香换帖,并给双方老人磕头。结拜后,称为“把兄弟”,也称换帖兄弟、仁兄弟、结拜兄弟,也称朋友。结义兄弟常与“桃园结义”相比,“不求同年同月同日生,但求同年同月同日死”。新中国成立后此俗渐少,1990年以后又有所恢复。

拜干姊妹。旧时,拜干姊妹一般为乡村未婚女青年和在校学生。结拜时,烧香磕头拜天地,拜父母,并设宴祝贺。此后,按年龄顺序呼姐喊妹。新中国成立后此俗渐衰。由于计划生育,家庭多为独生子女,拜干姊妹习俗有所恢复。遇有婚嫁丧葬之事,干姊妹同亲姐妹一样参与料理。

拜师傅。旧时,民间工匠、说唱艺人、武术门派等都有拜师学艺的礼仪,讲究“一日为师,终身为父”。师徒之间,以及各自家庭之间像亲戚一样互相往来,形成一种特殊的社会关系。

第四节 祭祀信仰

祭祀

对神灵的尊崇,民间多以供奉形式出现,而大型的祭祀活动多由孔府举办。

祭门神。旧时堂屋门两旁垛子上设有很小的门神庙,此处便是祭祀门神的地方。曲阜民间春节贴门神的习俗并不普遍,但在孔府却特别重视。孔府在户人中专设有“门神户”,以负责春节前到府内张贴门神的工作。门神,古代为神荼、郁垒二位神人,民间多以秦琼、尉迟恭为门神,钟馗有时也被作为门神。对门神没有特殊仪式,一般都是在春节期间与诸神一起祭祀。

祭山神。息陬乡夏侯村西有一山,明初发现此山可开采出大石料后,即归孔府管勾厅管辖,故名“管勾山”。凡孔庙有大的建设工程需要大石料时,必须由衍圣公亲自以大礼祭祀山神后方可开采。旧时,曲阜山区都有十分简陋的小山神庙,这是人们为期盼上山作业安全,避免滑坡跌崖或不被野兽咬伤而建的。他们供奉山神,每年都要祭祀一次,祭祀时间一般在六月初六这天。

祭冷神。旧时,曲阜西北城外有一座冷神庙,里面供奉着冷神。庙为一座院落,三间庙堂,一间门楼,是衍圣公修建。冷神.为半身泥塑像,高半米多。每逢冬季交三九这天,衍圣公便去冷神庙举行祭冰仪式,由礼学陪同,行三跪九叩礼;然后,在河道取冰储存

祭祀后土神

于冷库，以备夏天孔庙祭孔和孔府降温使用。1946年，冷神庙被拆毁。

祭玄帝。旧时，曲阜城北门外有一座玄帝庙，此庙建于清代嘉庆年间，共有大殿五间，中塑玄帝像，配以弟子及侍童等像，并建有大门、二门和院墙等。玄帝庙是孔子七十三代嫡孙、衍圣公孔庆镕所建。孔庆镕长得很胖，睡觉翻身也不方便，走起路来很不灵活，坐在那里好似个大罗汉，胖了怕热，一到夏天赤着脚，光着背，或穿件坎肩蹲在大炕上，熟人见了又不好说他是个大肉墩，只好说奉承话，都夸耀公爷真有福气，像罗汉样，是玄帝的化身。玄帝的形象是披发赤足，盘腿而坐。孔庆镕因此就派人设计图纸，选择地基，在城北建起了玄帝庙。孔府逢年过节都派人祭祀。

祭老郎神。过去孔府内养着戏班子。清康熙和乾隆时期，孔府内有三班子剧团，并从北京、天津和苏州邀请名演员，形成唱京剧的“北京班子”、唱昆剧的“苏州班子”、唱河北梆子的“天津班子”。至嘉庆、道光年间，又增加了唱山东梆子的剧团。戏曲演员要供奉其行业的祖师爷“老郎神”。老郎神就是唐玄宗李隆基，由于他精通音乐，设立专门的音乐歌舞机构“梨园”，对后代戏曲行业影响甚大，被奉为戏曲业“梨园行’的祖师爷。过去孔府内建有“老郎庙”，孔府演堂戏，都是在上房院里，演员化妆在内库房里，所以老郎庙建在内库房，以便演员出演前临时祭拜。清末，这间老郎庙坍塌，老郎神龛被搬到酒房，以后演员就到酒房祭拜老郎神。酒房在孔府东院，有大屋五间，没有隔墙。老郎神龛设在中间北面，龛内有木雕“老郎神”一尊，身穿红袍，头戴太子盔，足蹬朝靴，龛前设供桌一张，并有香炉、蜡台。另外，戏箱内还有一个木雕小“老郎神”，演出前摆戏装时，先把老郎神摆在戏箱后的桌子上，演员到场先向老郎神报到作揖，登台前还要参拜祈求保佑。

祭龙王。曲阜城东南一公里处有一座龙王庙，庙旁有逵泉。据记载，逵泉之水两三千年从来没有干涸过。由于这一带是孔府的稻田地，因此，孔府在逵泉建了这座龙王庙。庙为三间两层楼式建筑，中间塑有龙王神像，两旁配有虾兵蟹将等水神。旧时，孔府每年都派百户官到此祭祀龙王，每逢旱情，更必到此庙求雨。

信仰

天地神。天地神是民间普遍信仰的大神，全称“天地三界十方万灵真宰之神”，简称“天地”。民间多在堂屋东窗前垒一香台，以供奉“天地”牌位。逢春节祭祀天地；举办结婚典礼时，有“拜天地”之俗。

泰山老奶奶。碧霞元君是曲阜民间普遍信奉的女神，俗称“泰山老奶奶”“泰山娘娘”。传说泰山老奶奶能使妇女多生孩子，能够保护儿童，因此曲阜民众中有到泰山祭祀泰山老奶奶习俗。旧时，曲阜九仙山有“碧霞祠”，庙里供奉着泰山老奶奶，香火旺盛，20世纪50年代初被毁。进入21世纪，曲阜市文管会修复。平时上香者少，三月三庙会期间，信徒们前去焚香烧纸。

玉皇大帝。旧时，曲阜城西关有玉皇庙，供奉玉皇.相传，玉皇除了统管天地诸神外，还主管人们的福禄寿夭，因此，民众多到此祈福祈寿。道教把玉皇大帝的诞辰定为正月初九，即所谓“玉皇诞”，这一天多有庙会，香火旺盛。

观音菩萨。观音菩萨全称为“大慈大悲救苦救难观世音菩萨”。民间认为她有求必应。有的观音金身盘坐，有的白衣玉立，手持净瓶、柳枝洒向人间，据说这是救苦救难的甘露。手抱婴儿者为送子观音，脚踩大鱼者为蓝观音，千手千眼者为千手观音，变化多端，各有所司。

灶神。亦称灶君，俗称灶王、灶王爷。传说，灶王爷姓张，是玉帝派往各家各户的监察员，每年腊月二十三去天庭汇报一次，因此，每到腊月二十三日这天，家家户户都有辞灶之举，摆供、祈祷、焚烧灶神，年三十再贴上新的灶君像供奉。

财神。多在经营户中供奉。民间供奉的财神分为文财神和武财神。文财神，传说是殷纣王的叔父比干。比干为人忠诚正直，他见纣王暴虐无道，常常直言劝谏。在一次劝谏时，纣王大怒道：“我听说圣人的心有七窍！今天我倒要看看你的心是不是七窍！”民间流传着这种说法：比干怒视纣王，自己将心摘下，扔在地上，走出王宫，来到民间，广散财宝。他虽然没有了心，但因吃了姜子牙送给他的灵丹妙药，并不曾死去。因为没有了心，也就没有偏向，那些在比干手下做买卖的人，都能够公平交易，办事公道，所以深受人们的爱戴与称赞。民间传说的武财神是关公。武财神关公本名关羽，关羽被奉为财神，是因为他的义薄云天，可以保佑大家发财。旧时，一般家庭多挂财神轴子，或设财神。进入21世纪，曲阜很多商家店铺供奉财神。

土地神。过去敬奉此神普遍，多数村庄有土地庙。传说人死后，灵魂先去土地庙报到，住三天后，再西行，故死者家属去报庙，燃香烧纸，请土地神关照。1991年后，除边远村庄有土地庙外，其他村庄已绝迹，但对土地神的信仰仍存。人死后，还去土地庙基处报庙。

保家仙。民间称“长虫”（蛇）为“屋游神”，黄鼠狼为“黄大仙”，狐狸为“狐仙”，刺猬为“财神”，将这些神头统称为保家仙。凡搬新家，一些家庭要在正房东间安置“屋游宅神保家仙之神位”，并在年节或家人生病，家遇灾难时上供祈祷，祈求保家仙保家护院，消灾解难，佑护全家平安无事。

第三十四编

镇(街道)概况

鲁城街道办事处驻地

1991年，曲阜市辖曲阜、陵城、小雪、南辛、吴村、姚村6镇和时庄、息陬、尼山、防山、书院、王庄、董庄7乡。1997年，书院、时庄撤乡设镇。2000年，曲阜镇撤镇设立鲁城街道，尼山、南辛撤并成南辛镇。2001年1月，书院撤镇设立街道。2003年，陵城、小雪、息陬3乡镇划归曲阜新区。2006年，曲阜新区撤销，陵城、小雪、息陬划归曲阜市。2010年，时庄、小雪撤镇设立街道，息陬、王庄、防山撤乡设镇。2011年6月，南辛镇更名为尼山镇；9月，董庄乡更名为石门山镇。2013年，曲阜市辖王庄、石门山、吴村、姚村、陵城、息陬、尼山、防山8个镇，鲁城、书院、时庄、小雪4个街道。

第一章　鲁城街道

鲁城街道前身为曲阜镇，地处曲阜市中心，是曲阜市委、市政府驻地，地理坐标是北纬35°36′、东经116°59′，地处泗河之南、沂河之北，属平原地貌，地势由东北向西南呈倾斜状态，有“圣人门前倒流水”之说。1991年，曲阜镇面积28平方千米，下辖26个行政村(街)，总人口24019户84339人，其中男、女分别为43938人、40401人，农业、非农业人口分别为34445、49894人。2013年，鲁城街道下辖26个社区，辖区总人口16万人，乡村人口9149户30873人；街道党工委下辖社区党委1个、党总支部17个、党支部113个，党员2764名；实现地方财政收入3.9亿元，为济宁市乡镇(街道)综合经济实力十强之一。

2013年鲁城街道各社区基本情况表

表34-1

社区名	户数(户)	人口数(户)	耕地面积(亩)	社区名	户数(户)	人口数(户)	耕地面积(亩)
通相圃	222	402	0	龙虎	710	2200	500
西关	1000	3460	300	东关	400	1400	410
红星	260	800	480	周公庙	92	360	120
苗孔	798	2930	540	五泉庄	240	1020	1330
大庄	455	1278	200	古城	546	2147	1276
官园	143	380	142	南池	259	1100	0
后宰门	96	230	70	葛庄	151	597	610
更道	150	320	0	于庄	130	472	210
北关	371	1169	380	池涯	320	1085	0
坊上	105	280	137	南关	590	1830	130
林前	430	1800	1100	南泉	670	2485	719
盛果寺	342	1387	1387	阙里	200	500	0
小北关	120	398	135	仓巷	349	843	0

第一节 农业

1991年，曲阜镇种植业收入2600万元，粮食与经济作物比例为5∶5。种养结合、高效农业初具规模。形成以五泉庄为中心的千亩“双千元”田，以葛庄、于庄为中心的畜牧养殖区，以仓巷、大庄、苗孔为主的畜禽生产基地。1993年，全镇出栏大牲畜812头、猪7630头、羊6490只、家禽15.97万只，肉类总产量1137吨，禽蛋1063吨。农业机械总动力15650.43千瓦。林业生产于1993年通过“八五”绿化验收，全镇林网绿化面积733.33公顷，占宜林网面积100%，林木覆盖率24.7%。1995年，鲁城街道进行农业产业结构调整，发展高产、高效、优质农业，扩大种植蔬菜、苗木花卉高价值经济作物，形成以五泉庄、古城、盛果寺为主的大蒜生产基地，以西关、苗孔、北关为主的蔬菜生产基地。1998年，曲阜镇坚持生产专业化、基地规范化，发展农业龙头企业和规模养殖种植，实施“无粮化”战略。大成乳制品厂带动奶牛养殖300头，南泉脱水蔬菜厂带动周边蔬菜基地100公顷，红星街形成种植养殖小区13公顷，南池街对外租赁口粮田发展中药材20公顷，葛庄在村庄旧址上形成养殖小区13公顷。2003年，鲁城街道取消“一麦一棒”种植模式，发展速生丰产林及林下种植、养殖，新增林经立体种植133公顷。五泉庄投入20万元引进大蒜良种，连片发展66.67公顷；林前居委发展旱藕、苗木20公顷。畜牧业以大成乳业为龙头，带动发展大成、红星等5个奶牛场，改建并规范南池、苗孔等6个养殖小区，发展出栏万只以上肉鸡养殖户10户，500头以上养猪场10个，新增农业龙头企业6家。同年，鲁城街道被省农业厅命名为畜牧业强乡镇。2008年，鲁城街道成立农民专业合作社14个，其中有曲阜市苗龙红心萝卜专业合作社、鲁城养殖专业合作社、同仁奶牛专业合作社等。2012年，鲁城街道流转耕地186.67公顷，鼓励社会人才和经营主体建立农产品基地，开展规模经营。2013年，实现农林牧渔业总产值2.61亿元，农、林、牧分别为0.3亿元、0.05亿元、2.14亿元，牧业占总产值82.15%。

第二节 工业

1991年，曲阜镇镇及村办企业总产值1.45亿元，利税1608万元。1993年，曲阜镇有镇属企业14家，村办企业236家，工商业户2554个，企业总产值7.5亿元，创利税7200万元，涌现出北关新型建材玻璃厂、曲阜巾被厂、西关造纸厂、孔府酒庄、曲阜二酒厂、曲阜第二建筑公司等一批骨干企业。西关街企业产值过亿元大关，成为曲阜市第一个“亿元村”。1995年，山东天幕集团投资3000多万元，新上5条不锈钢生产线，产值1.48亿元，上缴税金243万元，成为全市乡镇企业第一利税大户。该厂研制生产的“不锈钢网架”被国家科委、国家技术监督局等六部委评为1995年度国家级新产品，“不锈钢幕墙”被建设部、国家建材局列为第三代超豪华跨世纪幕墙推广产品，这两种产品均获得国家专利权。同年，曲阜镇被省政府授予齐鲁乡镇之星称号。1997年，新建大庄美术陶瓷厂、龙虎生物制品有限公司等重点工业企业；组建山东大成旅游集团、圣府集团、正华集团、苗孔集团和龙虎商贸集团5家省级企业集团。2000年前后，鲁城街道第二产业坚持以效益为中心，以市场为导向，实行技术改造、扩量增容和新上项目齐头并进，把小企业做大、大企业做强。1999—2002年，实施新上技改项目110多个，完成投资5亿多元，引进国内先进生产线30条，出口创汇企业9家，有自营进出口权企业3家，通过ISO 9000质量体系认证和ISO 14000国际环境质量体系认证企业6家。大庄园林古建公司、天幕集团成为可以出国承揽工程的建筑施工一级资质企业。全街道形成中高档机制纸、新型建材、生物制品、商贸流通、旅游服务、房地产等优势主导产业和一批骨干支柱企业。2002年，鲁城街道工业总产值9.9亿元。自2003年起，鲁城街道开展招商引资工作。2003年1月，成立鲁城工业园，位于曲阜工业园内，规划面积100公顷。工业园围绕轻重钢建材、生物化工、机械制造、包装彩印、木制品、中药制剂等优势主导产业，引导新上项目向园区集中。运用以商招商、专业招商、走出去招商等多种方式，全方位、多层次推进招商引资项目进园区。2005年年底，工业园在建项目11个，项目总投资3.6亿元。2006—2007年，坚持以项目带建设、以建设扩规模、以规模提档次、以档次促发展，完善园区综合功能，实现园区快速膨胀。在曲阜经济开发区西区，打造占地100公顷的曲师大科技示范基地，有青岛兆明针织、山东柯能电源科技、三星机械、山东孚创电池等十几家入驻园区并建成投产；在东经济开发区建成占地12公顷的南池集团中信科技园区，天幕集团结构胶项目、欣艺画框旅游纪念品等多个项目入驻园区；大庄社区投资建设孔圣科技园，占地7.33公顷，引进出口家具生产项目建成投产；南泉社区投资建成圣泉工业园区，占地4公顷，引进力文科贸医疗器械和富林塑料制品两个项目，总投资4000余万元。至2007年年底，鲁城街道规模以上民营企业发展到81家，其中规模工业24家。2008—2011年，围绕机械加工、建筑建材、生物医药、纺织服装、包装彩印和农副产品深加工六大产业，集中要素资源，扩张优势产能，研发新型产品，着力培植一批骨干企业。2011年，鲁城街道22家规模以上工业企业实现主营业务收入27.3亿元，实现税收1.44亿元。2012年，加快主体功能区建设，打造现代服务业新高地。2月，中信项目服务有限公司联合鲁城街道办事处、曲阜师范大学、南池集团，前期投资4300万元，建设8个框架结构标准厂房及1幢三层框架结构生活服务楼，中信电商物流产业园初具规模，建筑面积5.9万平方米。到年底，鲁城街道辖区内有阙里宾舍、儒家花园等星级酒店15家，锦江之星、七天连锁等商务酒店30家；银座商场、百意购物等综合性商场20家；北京现代、东风雪铁龙等知名品牌汽车4S店5家；中银富登银行、招商银行等金融机构11家。2013年，鲁城街道有中信科技园、鲁城工业园两个综合园区。

第三节　第三产业

20世纪90年代初，第三产业成为曲阜镇龙头产业。1993年，曲阜镇商业网点186个，宾馆饭店343家。其中旅游宾馆达到一星级标准。1995年，曲阜镇确立“三、二、一”为序产业发展战略，即“优先发展第三产业，优化改造第二产业，稳定发展第一产业”。旅游宾馆新建贵宾楼，设施改造升级，成为二星级宾馆；镇政府与港商合资兴建曲阜大酒店；投资兴建曲阜批发商城、齐鲁商厦等商场、林前旅游商业区；通过片区改造，增加商业门头4000多间；各村街兴建龙泉宾馆、曲阜宾馆、万兴宾馆、东方大酒店等。至1995年年底，曲阜镇宾馆、饭店200多家，形成3000多张床位、1000多张餐桌的接待能力。1996年，新建鼓楼商厦、大世界购物中心、曲阜商贸中心、圣府商城、民族宾馆等一批商业网点；开发建设西关民族商贸一条街、半壁街的明清仿古一条街、北关至林门旅游商品一条街。至1998年底，曲阜镇形成八大商场、六大宾馆的规模，有个体私营业户4506户。2000年前后，鲁城街道第三产业的服务设施和服务功能向高起点、高标准、高效能发展，全街道形成六大宾馆、六大商场为龙头，商业网点遍布、服务配套的旅游商贸服务新格局。2002年，旅游宾馆、曲阜大酒店被评定为涉外二星级宾馆。2006—2007年，南池集团以3100多万元收购、改造阙里宾舍，投资1200多万元对曲阜大酒店进行改造；对九仙山和石门山旅游风景区，重新进行规划开发。2008年，围绕吃住行游购娱六要素，打造城区“三级商贸圈”，即依托鼓楼街和五马祠街打造中心商业区，依托游客服务中心打造旅游服务商业区，依托华联商厦、国贸大厦打造品牌购物商业区。2012—2013年，招引落地服务业主导产业项目56个，其中过亿元项目36个。辖区有以香格里拉、阙里宾舍、东方儒家花园酒店为代表的星级酒店15家，以7天、速8、港湾印象为代表的品牌连锁商务宾馆、酒店30家，以百意购

莫泰168连锁酒店外景(2013年摄)

物、九龙家电为代表的大型综合性商城20家，以五马祠街、西关市场、鲁城市场为代表的专业街、农贸市场10条，以体育公园、孔子文化园为代表的休闲娱乐场所10处，以中银富登村镇银行、东宏小额贷款公司为代表的银行和金融机构40个，以康达锦华苑、春秋丽景为代表的高档住宅小区10个。

第四节　村镇建设

1991年，曲阜镇政府驻地位于通相圃街。同年，成立圣城房地产开发总公司。1993年年底，曲阜镇开发林前商业小区、红星住宅小区、大庄住宅小区。1995年，曲阜镇投资5000多万元，对城区仓庚路、校场路、天官第街、西104国道等街道进行改造。1996—1998年，对东、西104国道，天官第街、苗孔天华路等街道进行改造。1997年，曲阜镇镇驻地搬迁至春秋路11号，办公楼区占地0.7公顷，建筑面积8285平方米。12月，曲阜镇被国家体改委等11部委确定为第二批全国小城镇综合改革试点镇。2003—2005年，鲁城街道以服务城市、提升品位、多出精品为目标，配合全市重点项目建设。万佳置业公司投资建设万佳花园，南池街投资建设献泉小区，鲁建开发公司投资建设春秋丽景花园，北关街投资建设圣华苑小区，新增住宅面积52万余平方米。2006年，鲁城街道贯彻市委旧村居改造优惠政策，参与旧城改造和新城建设。全年启动或完成城市开发改造项目14个，建成面积30万平方米，总投资2亿多元。2007年，投资5亿元，新建住宅小区和营业用房36万平方米。完成南关批发商城三期、龙虎农机厂改造等重点项目建设。投入800多万元进行域内水网改造，硬化、绿化路面4万平方米。葛庄村发展“一池三改”200户，建成全市第一个生态示范村。2008年，对北关、小北关、官园、于庄、五泉庄等11个社区进行整体规划。西关、北关、小北关社区完成建设20万平方米，安置居民1200户。完成圣华苑拆迁、古泮池片区丈量、长春路的开通、小沂河的治理、南关巾被厂和涂料厂拆迁等任务。2009年，对东西104国道、327国道进行外立面改造，对小北关17户未搬迁居民进行搬迁，对大成路、大同路等城区主要道路两侧实施亮化工程。2011年，配合全市旧城改造指挥部动迁南泉等村街村民130余户，打通春秋路。圣华苑小区建成面积9.2万平方米，安置回迁居民720户。周公庙街、官园街、颜庙街、陶工路、校场路西延等全长15千米的道路建成使用。启动小街小巷硬化工程，北关、周公庙、西关、大庄和盛果寺等5个社区完成投资600余万元，铺设供排水管道3600多米，硬化路面5.8万平方米。对城区127条主要道路和392条背街小巷进行整治，累计投资900多万元，投入机械9300余台次，投入人力1.61万人次，清理卫生死角126处，清运垃圾1.14万吨，设立地上垃圾池112个、地下垃圾池76个，整治乱搭乱建69处，粉刷墙面9.15万平方米，清理河道1500多米，新上垃圾清运车75辆；高标准建设76条“六化”环境卫生示范街。成立街道环境卫生队伍，对城区519条大街小巷进行常态化保洁。2012—2013年，投资6000余万元硬化村居道路170余条、面积33万平方米，粉刷墙壁280万平方米。完成苗孔大街、育才路、人民路、龙虎街、校场西路、东关市场东路、林门西路、建设路、电视台路等18条市政道路翻修罩面及地下管网铺设。完成鲁城市场180家商户拆迁，拆除1.5万平方米的商铺、大棚市场；完成西宾市场118家商户拆迁，拆迁面积1万平方米；完成大庄市场6100平方米的商铺、大棚市场的升级改造。各社区对照“创卫”标准，在“创卫”基础设施建设、环境卫生整

鲁城街道便民服务中心外景（2013年摄，鲁城街道办事处提供）

治、违章建筑拆除、"门前三包"落实以及健康教育和病媒生物防治等方面，落实整改措施。全街道累计出动大型机械2700余台次，出动劳动力10万余人次，清理垃圾4600吨，清除卫生顽疾1800个，拆除违章建筑6000间。搬迁万佳、仓巷、球霸、华联北、东104国道林前段、古泮池、小沂河北迁涉及11个社区的居民1902户7000余人，拆除房屋1万余间、50余万平方米，服务全市城市建设。

第五节　文明法治

20世纪90年代初，曲阜镇开展普法教育和创建十星级文明户活动。1994年，西关街被国家民委评为全国民族团结进步先进单位，南池街被评为山东省普法先进单位、省级文明单位，仓巷街被命名为省级文明单位，全镇有济宁市级文明单位4个，曲阜市级文明单位32个。1998年，曲阜镇建立"五位一体"联防室和警务区，并与市110联动，全镇治安联防网络基本形成。开展"十星级文明户""双学双比""做、创、建""十个十佳"等评选活动。1999年，曲阜镇研究制订精神文明建设奖惩办法，各党（总）支部建立年度目标责任状、党员年度目标责任书，开展"学习李嗣强""崇德守法、美在曲阜""争做文明市民""净化、美化进家庭"、创建文明小区、争创"六好党工委""五好党支部"活动，落实《公民道德建设实施纲要》，文明街建设向小区发展。1999年10月，曲阜镇被授予全国文明乡镇称号。2000年后，鲁城街道坚持"打防并举、标本兼治、重在治本"方针，提高和完善群防群治治安防范网络，开展创安、创满、守法、守纪、执法活动。2002年，鲁城街道被授予山东省社会治安综合治理先进乡镇称号。2003年，成立120多人的联防队伍，西关、南关、南池等8个单位投资300万元安装电子监控设备，对辖区治安和安全进行24小时监控。投入40多万元建设集普法教育、民事调解、法律服务、信访接待于一体的规范化调解中心，配备专职调解员84人、矛盾纠纷信息员320人；定期邀请司法、民政、信访等部门业务骨干为调解员上法制课。各村街健全信访网络和维稳工作机制，及时防范和妥善化解苗头性、倾向性问题。南池、西关等村街被省司法厅授予模范调委会称号，鲁城街道司法调解中心被司法部授予先进单位称号，西关民族居委被国务院表彰为全国民族团结进步先进集体。以经管站为依托，成立村级财务代理中心，推行村级会计代理制，实行农村会计电算化管理。2005年，街道办事处被命名为山东省农村财务管理规范化乡镇，南池居委被农业部命名为全国农村财务先进示范单位。2006年，推广电子监控技术，建立健全警民联防网络，加强对城区治安联防工作督导检查，增强市民安全感。信访工作坚持分级负责、层层监管、定期排查、及时化解原则，加大领导包案、限时督办力度。2007年，鲁城街道获山东省安全生产先进单位、"平安山东"建设先进单位、山东省和谐社区建设示范街道。2010年，实行"一村一警""区域大联防"工作机制。2012年，以"爱聚孔子故里、诚播文化名城、孝传千家万户、仁撒和谐社会"为主题，开展"爱德、诚德、孝德、仁德"工程建设，推进"彬彬有礼道德城市"建设。各村居开展"诚德、仁德、爱德、孝德"模范和"好媳妇""好婆婆"等推荐评选工作，26个社区全部建起善行义举"四德榜"。成立街道综治维稳中心，以"网格化"管理为依托，组成街道、管区、社区三级维稳网格。2013年，成立街道网格化管理办公室，下设26个网格区、56个网格点，网格主管人员52人；各社区均设置"和为贵"调解室。

第六节　党的建设

1991年，曲阜镇党委有党员1173名，其中，男性968名、女性205名，少数民族党员43名。1998年，仓巷、苗孔党支部被评为山东省先进基层党组织。进入21世纪后，鲁城街道党工委采取目标管理、现场观摩、联合办公、领导包保、述职评议、兑现奖惩等形式，创新村居"两委"干部规范化管理模式。2006年，鲁城街道党工委对26个社区在职党组织书记工资实行统筹。当年7月1日，鲁城街道成立全市第一个村级党委——南池党委。2013年11月26日，习近平总书记视察曲阜，池涯社区党支部书记、居委会主任贾祥彬代表基层一线人员在孔子研究院参加座谈会，并就"四德"工程建设在社区的落实情况进行发言。至2013年年底，鲁城街道党工委下设基层党组织131个，其中社区党委1个、党总支部17个、党支部113个、有党员2764人。

第七节 教育

1991年，曲阜镇设有学前班、幼儿园26所，其中学前班435人，幼儿园254人；有中小学12所，其中初级中学2所，小学10所，中小学教学点2个，教职工总数353人，学生5682人；适龄儿童入学率99.8%，巩固率100%，普及率99.7%，学前一年入园率98%，初中生毕业率100%，入学率97%。1994—1995年，镇政府投资300多万元，为镇两所中学兴建教学大楼，扩建操场，使其实现教育“双基”达标。1998年，投资1500多万元，新建古泮池小学和孔子中学教学楼。1999年，舞雩坛中学迁址新建，香港企业家、慈善家田家炳为学校捐款100万元，学校更名为田家炳小学。2005年，田家炳捐款25万元，用于田家炳小学建设，学校通过省级规范化学校验收。全街道有省级示范幼儿园2所，济宁市一类幼儿园5所。2011年，投资1000多万元，用于校舍维修及设施设备升级改造。至2013年年底，有中小学7所，其中初中1所，在校学生820人，教职工79人；小学6所，在校学生8332人，教职工315人；小学附属幼儿园5所、中心园1处，在园幼儿3745人，教职工213人。

第八节 卫生

1990年12月，曲阜镇卫生院位于鼓楼北街7号，占地0.33公顷，总建筑面积2000平方米，设有内科、外科、五官科、妇产科、中医科、小儿科、牙科、骨伤科、皮肤科、理疗科等科室，开放病床20张；全年门诊量45673人次，业务收入80万元。1995年，镇卫生院被评定为一级甲等医院。1996年7月，医院升格为副科级事业单位。1998年，全镇实行初级卫生保健、合作医疗一体化管理。2000年3月，医院成立曲阜市康达劳动服务中心。2003年7月，医院更名为曲阜市第二人民医院。到年底，曲阜城区设立医疗卫生服务站38个。2005年，鲁城街道新型合作医疗覆盖率98%以上。2006年，鲁城街道新型合作医疗覆盖面99.3%；市第二人民医院被省扶贫办、省卫生厅联合命名为医疗救助定点医院。2008年，医院开展国家基本公共卫生服务工作，成立鼓楼社区卫生服务中心和有朋路社区卫生服务中心，为辖区居民免费提供11项国家基本公共卫生服务项目；医院所辖苗孔社区卫生服务站、东关社区卫生服务站、南池新村社区卫生服务站、啤酒厂家属院社区卫生服务站、南关社区卫生服务站、岐黄街社区卫生服务站，按照省级标准全部改造升级。同年，鼓楼社区卫生服务中心被命名为山东省社区卫生服务示范机构。曲阜市第二人民医院获全国示范社区卫生服务中心、全国敬老文明号称号。设立“情系夕阳红、关爱老年人”医疗专项基金，凡鲁城街道60周岁以上老人在住院期间花费的医药费用，在新农合报销的基础上再由老年基金报销剩余部分。2009年，鲁城街道成立残疾人康复中心，中心建筑面积5000平方米，康复治疗面积2000平方米，设立康复床位50张，有康复工作人员37人。同年，康复中心被指定为山东省省级贫困脑瘫、智障、孤独症儿童定点康复机构。2013年年初，筹资300余万元，建成有朋路康复中心，建筑面积1000平方米，用于开展成人肢体康复工作。医院组建26支社区卫生服务团队，承担辖区居民基本医疗和基本公共卫生工作，启动全民免费健康查体工作，当年完成免费健康查体18320人。同年10月，鼓楼社区卫生服务中心被评为全国示范社区卫生服务中心，市第二人民医院获全国敬老文明号称号。到年底，市第二人民医院鼓楼社区卫生服务中心占地面积0.47公顷，建筑面积4040平方米，设有30多个医疗职能科室，开放床位96张，有职工280人。医院下设鼓楼、有朋路2个社区卫生服务中心，6个省级标准化社区卫生服务站，管理32个标准化社区诊所。市第二人民医院分院即市第二人民医院社区卫生服务中心，位于有朋路，占地面积0.32公顷，建筑面积3000平方米，设有16个医疗职能科室，开放床位85张，有职工75人。

第九节 人民生活

1991年，曲阜镇村居人均纯收入1000元；有自行车1.9万辆，摩托车392辆，电视机、洗衣机、电冰箱分别为8283台、3639台、567台；农户新建住房1.97万平方米。1992年，各村街均建立起农民科技文化大院。

1993年，镇政府投资100万元，对镇敬老院进行扩建。2000年，鲁城街道村居人均纯收入3900元；有摩托车4158辆，有彩电、电冰箱、洗衣机8689台、4301台、4925台；农户住房面积143.6万平方米，其中楼房10.87万平方米，新建住房4.11万平方米；26个社区全部建立起标准图书室。2002年，街道全民健身率47%以上，获国家级全民健身宣传活动先进单位称号。2005年，有文明街90条，新增群众文体活动场所6个，共1.2万平方米。2006年，南池、龙虎、于庄、南泉在全市率先建起电子阅览室。2007年，新增群众文体活动场所5万多平方米。全年救助各类弱势群体246人，发放救助金30多万元，用于支付居民各类保险、生活补贴费用1260万元。2009年5月，投资50多万元与齐鲁电视台联手在于庄居委建起曲阜市第一家齐鲁文化站。鲁城街道群众体育工作有组织、有经费、有场地、有活动、有社会体育辅导员。2011年，对街道20多个晨晚练点建立档案，把池涯、仓巷、阙里等十多个城区居民活动网点纳入规范化、正常化管理，组建太极剑、健身球、扇子舞、秧歌队等文体队伍18支。26个社区建设完善文化大院和道德教育室、图书室、阅览室、文体活动室，建设道德教育室20个，南池、池涯、南关、仓巷、西关、红星、龙虎、北关8个居委图书室藏书均在3000册以上。2012年，有太极剑、健身球、扇子舞、秧歌队等文体演出队伍28个。2013年，鲁城街道居民人均纯收入13899元。

第二章　时庄街道

时庄街道位于曲阜市境西部，距曲阜明故城4千米，辖区面积75平方千米。时庄街道辖区内文物古迹有霍家村遗址、八里庙遗址、古柳村遗址、刘家村遗址、孔村窑址、孔继汾墓群、孔继涑墓群，皆为县(市)级文物保护单位。街道办事处驻地后时村，327国道、西外环路贯穿境内。1991年，时庄乡总人口14224户52163人，其中男、女分别为26526人、25637人，农业、非农业人口分别为49776人、2387人。1997年6月，时庄撤乡改镇。2008年6月，曲阜经济开发区与时庄镇合并，实行“区镇合一”新型运作模式，下设党政群办公室、招商局、经济发展局、规划建设局、社会事务管理局等内部管理服务机构和国土、财政、国税、地税、公安等5个派出机构；同月，按照“管辖分离”的方式，将泗河东岸的田家、河头、焦家3个行政村划归兖州市酒仙桥街道管理。2010年，时庄撤镇设立街道。2013年，辖51个自然村，48个行政村，农村人口12785户46286人，其中男、女分别为23138人、23148人。

2013年时庄街道各行政村基本情况表

表34-2

村名	户数(户)	人口数(户)	耕地面积(亩)	村名	户数(户)	人口数(户)	耕地面积(亩)
犁铧村	420	1650	20	单村	520	1840	1870
李店村	195	744	582	前代村	383	1238	1530
李官庄村	365	1604	193	后代村	480	1873	2360
东颜村	380	1370	260	前杨村	195	726	1000
西颜村	320	1135	1350	后杨村	307	1150	1710
前时村	370	1298	1500	小安村	238	810	1260

续表 34-2

村名	户数(户)	人口数(户)	耕地面积(亩)	村名	户数(户)	人口数(户)	耕地面积(亩)
后时村	468	1680	1770	王堂村	138	535	646
郭庄村	218	821	959	后孔村	238	760	1660
安庄村	300	1005	1500	前孔村	272	889	1515
红楼村	150	590	670	纪村	239	858	1154
东坊村	135	503	615	后吕村	162	636	706
西坊村	138	506	750	双庙村	171	600	400
前坊村	126	438	640	郑村	230	745	835
古柳村	130	480	745	高村	314	1150	1316
八里村	140	500	640	薛村	545	2026	1879
马村	390	1198	1200	罗汉村	240	900	870
新田村	96	318	210	东辛村	165	721	915
伊村	283	960	1255	西辛村	319	1362	1467
小孔村	129	468	733	北辛村	85	290	330
黄村	261	961	1087	大庙村	303	1128	900
孟林村	140	457	750	张村	292	1010	1088
大柳村	278	1010	1580	霍村	213	827	431
张庄村	321	1070	1510	土坡村	230	801	850
坊西村	290	890	887	刘村	460	1750	1300

第一节　农业

1991年，时庄乡耕地面积3866公顷，农作物总播种面积7173公顷，粮食播种面积6020公顷，粮食总产量3.93万吨，单产435千克；完成农业总产值5427万元，农业机械总动力15000千瓦。1993年，时庄乡以开发建设327国道白色长廊为契机，把发展蔬菜生产作为富民强镇主导产业。1995年，时庄乡大牲畜存栏2650头，生猪出栏6.7万头，羊3600只，家禽存养49万只，畜牧业产值8426万元，占农业总产值的54%，被授予山东省畜牧生产强乡称号。1998年，时庄镇打机井1182眼，建成单村13公顷移动喷灌工程。蔬菜面积1000公顷，保护地栽培333.33公顷，冬、春暖式大棚38.67公顷；果园面积120公顷，年产水果2924吨，其中葡萄2710吨；桑园面积133.33公顷，产茧210吨。2003—2005年，时庄镇围绕“两园一线”，即以327国道这条主线，依托东部工业园和西部生态农业园，农业产业结构调整向畜牧、林果、蔬菜、桑蚕和生态观光农业整体推进。在辖区西北部，以涉及10个村1000公顷土地的“煤炭塌陷区万亩生态农业园工程”项目为依托，实施综合治理，园区经济林、丰产林达到666.67公顷规模。推进以小安村为中心发展的133.33公顷牛蒡种植订单农业项目，以坊西村为中心发展的106.67公顷“龙蛇一号”优质山药获得丰收，田村、马村、纪村、双庙、王堂、张村、孟林、黄村等栽植优质桃和优质葡萄共计666.67公顷、桑园86.67公顷、中药材13.33公顷。2005年，时庄镇牛蒡、山药、中药材等高价值经济作物种植面积超过333.33公顷。2007年，时庄镇“煤炭塌陷区万亩生态农业园工程”区内发展经济林、丰产林666.67公顷，集林业、蔬果、养殖、旅游、休闲一体的生态农业园基础框架和

布局初步形成。牛蒡和山药特色种植分别发展到666.67公顷和133.33公顷,“九斤黄”山药和牛蒡被上海大世界基尼斯总部暨中国(济宁)2006年现代生态农业特色产品博览会评为一等奖和二等奖,并获得国家无公害蔬菜资格认证。煤炭塌陷地牛蒡种植园成为曲阜市第一家被命名为济宁市农产品安全示范种植基地的种植园区。新建存栏万只以上肉鸭养殖基地7个,新建500头以上生猪养殖场3处,新发展10头以上奶牛养殖大户4家。2009年,时庄街道牛蒡示范区被确定为曲阜市级农业技术指导示范基地,曲阜市孔膳坊食品有限公司申报成为全镇第二家济宁市级农业龙头企业。对河滩、河堤、采煤塌陷区重新确定权属,营造速生丰产林66.67公顷。2010年,时庄街道第一产业增加值3.03亿元。2011年,以曲阜市富民生姜专业合作社为依托,建成240公顷生姜种植基地。2012年7月,富民生姜被中国绿色食品发展中心认定为绿色食品A级产品。至2012年年底,全街道申报家庭农场20家。2013年,时庄街道富民生姜合作社生姜种植333.33公顷,总收入3000万元以上;郭庄村实施土地流转41.33公顷,建成集采摘、休闲、体验为一体的春华农场;双庙村新发展蓝莓、优质葡萄、核桃17.33公顷,前孔村投资200余万元新建成20公顷大拱棚蔬菜种植基地,连片新发展优质葡萄、无公害山药等其他经济作物66.67公顷。至2013年年底,时庄街道有耕地面积3292公顷,农林牧渔业总产值4.84亿元,农、林、牧、渔产值分别为2.15亿元、0.06亿元、2.47亿元、0.02亿元,牧业占总产值50.93%。

第二节　工业　商贸

1991年,时庄乡有工业从业人员1947人,工业总产值1.013亿元。1994年,基本形成以供销社为中心的农村商业网络,全乡有个体商店1635家。1995年,工业总产值8771万元,其中乡办工业产值1421万元;村办工业产值1670万元,村以下工业产值5680万元。乡办企业主要有缫丝、酒类、电瓶、建筑、建材等项目,固定资产7781万元,流动资金8650万元,有职工4000人。村以下工副业有香油、烟花、窑业等。开发327国道经济长廊,1995年新增商品房营业面积1300多平方米,全乡商业网点260个,销售总额1300万元。时庄、代庄两处农贸市场年上市总人数15.6万人,商品成交额150万元。1997年,对时庄、代庄两个集贸市场进行拓宽改造,动用土石3万余立方米,拆迁房屋600余间,建成营业楼20幢120间。1998年,时庄镇完成工业总产值7590万元,税金入库422万元。中兴摩配公司“100”“125”摩托车箱体替代进口产品项目被省“星火计划”立项;圣心养生制品有限公司“养生胶囊”项目被确立为国家“火炬”项目。以葡萄酒厂区为依托,建成个体私营经济工业园,当年全镇新上投资30万元以上个体私营企业5家,10万元以上7家,新发展个体企业50家。2002年,时庄镇借助西外环、热电厂、新一中、教师新村、春秋路西延等市级重点项目工程建设机遇,以情招商、以企招商、以商招商,新上技改项目25个,建成投产11个,完成固定资产投入1.032亿元。至2002年年底,时庄镇民营经济实现营业收入2.12亿元,入库税金582.6万元。2005年,围绕加大对企业的扶持和培植,为民营企业发展提供政策服务、信息交流和资金协调,创造优良发展环境,招商引资和民营经济保持强劲发展势头,完成民营经济营业收入7.88亿元,同比增长84%;民营经济增加值完成2.41亿元,同比增长85%;固定资产投资完成4.91亿元,同比增长80%;实现招商引资1.260亿元,同比增长37%;实现招商引资、新上、技改项目32个。建成镇中学综合服务楼、农机站综合服务楼、后时商业街、时庄供销社综合服务楼、蚕茧站商贸楼等工程,总建筑面积1.4万平方米,安排就业人员400多人。2007年,民营企业发展到180多家,其中规模以上工业23家,煤矿机械、医疗机械加工、建筑安装、养蚕缫丝、煤炭加工运输、养殖加工、食品加工和三产服务七大支柱产业初步形成,完成工业总产值26.73亿元,实现利税6066万元。2008年6月,曲阜市实施开发区与时庄镇“镇区合一”管理体制。

第三节　村镇建设

1991年,时庄乡农户新建房屋978间16936平方米,集体新建房屋43间903平方米。1994年,投资350万元,新建乡政府办公大楼。1995年年底,全乡51个行政村,有三分之一村内铺设硬质路面,马村、黄村、单家村等5个村安装标准较高的路灯,51个村完成村

霍村社区服务中心(2012年摄)

庄规划;新增程控电话180门。1996年,投资560万元,投入工日8万个,铺设53千米硬质路面。1997年,投资500万元,投入工日7万个,铺设20千米柏油路面,实现村村校校通柏油路目标。1998年,投资10万元,改造"三八路""向阳路"两处过路桥涵,组织实施以修复加固河堤、河道清障、疏通排水沟为主要内容的农田水利基本建设工程。2001年,时庄镇完善小城镇建设总体规划,启动占地1000平方米、建筑面积2200平方米、投资150万元的后时商业街工程。投资380万元,建设占地3500平方米、建筑面积6800平方米的商贸楼1座。2002年,新一中、教师新村、西北外环、西南外环、春秋路西延、热电厂和孔子商品交易城等市属重点建设工程相继落户时庄,共占用时庄镇8个村133.33公顷耕地,拆迁农户44间,村集体仓房3间,小型企业10家,蚕棚、菜棚7个。2003—2005年,时庄镇按照市委、市政府"时庄的城镇建设必须符合曲阜城市建设的总体规划,必须定位在济宁、曲阜组群结构大城市的桥梁和纽带"要求,本着服务城区、服务工业园区原则,按照济宁乃至全省一流小城镇建设规划标准进行建设和管理。镇驻地建设依照高起点规划、高标准建设原则,以327国道为主线,以后时商业街为中心,依托孔子商品贸易城和工业园东扩西延,适当向南北扩展,兴建商贸经济园区。2006年,因压煤搬迁,张庄和后杨两个村660多户村民全部入住新村。确定16个村为市级文明小康村、生态示范村,实施"村村通自来水、村村通有线电视、一池三改、新型农村合作医疗"等工程,完善农村基础设施,当年"村村通自来水工程"竣工,"一池三改"发展到600多户。2007—2011年,完成修建责任项目及非责任项目公路200余千米,实现时庄辖区内公路建设"六横七纵"格局。2012年,时庄街道投资600万元完成农村安全饮水工程,新建加压站1处,铺设输水管道216千米,开挖土方2.2万立方米,砌石797立方米。投资80余万元对后时村主街道路路面和排水沟进行整修;建设李官庄新型农村社区,建成21栋,200户村民喜迁新居;投资12亿元建设农村公路238条计268.8千米,其中乡道15条28.4千米、村道113条89.6千米,村内"户户通"110条150.8千米。同年5月,建设1000立方米大型沼气池,安庄、黄村及附近村庄养殖小区联户沼气工程200多个。至2013年年底,全街道累计完成"一池三改"760户。

第四节　教育

1991年,时庄乡有小学14处,148个教学班,学生5799人;中学4所,42个教学班,学生2147人,有教职员工418人;有幼儿园40所,在园儿童1300人。1994—1995年,投资440万元,用于各中学标准化建设及成教中心建设,全部符合省定"双基"教育标准。2002年,全镇中、小学专任教师学历达标率分别为91.4%和100%;中、小学生行为规范合格率分别为98.6%和100%。2006—2007年,拨款11万元用于安装多媒体电教设备,全镇7处中小学符合曲阜市级规范化学校标准。2011年3月,时庄中学、代庄小学确定为山东省普通中小学"1751"改革创新工程学校。至2013年年底,时庄街道有中小学7处,其中九年一贯制学校2所、小学5所、中心幼儿园1所、私立幼儿园12所,有专任教师316人,在校生2966人,在园幼儿1469人。

第五节　文化　体育

1991年,时庄乡有文化站、电影院各1处。1995

时庄街道前坊村音乐健身广场(2013年摄)

年，在乡驻地建起高标准水泥面篮球场和乒乓球室，各村、企业相应建起文体活动场地。1996—1998年，时庄镇连续三年举办“丰收杯”农民篮球赛，在“五一”“七一”等节日举办歌咏、书画、象棋和乒乓球比赛等文化体育活动。1998年，时庄镇被授予全国和全省“群众文体活动先进集体”和“群众体育活动先进乡镇”称号。2002年，坚持以提高村民素质和文明程度为目标，以文明街建设为突破口，树立李店村等6个文明街建设示范村。2003年，开展“星级文明户”“好媳妇、好婆婆”“老人文明居室”“科技致富带头人”等精神文明创建活动。2006年，在前坊、东颜等经济条件较好村居建设高标准文化大院和文化长廊。2009年，投资90余万元，建成高标准村级农家书屋48家，藏书6万余册。2010年6月，举办曲阜市第一届农民书画展。2013年底，各行政村全部建成全国文化信息资源共享工程基层服务点，实现村村有文化大院目标，文化大院均设有“三室一屋一场”，即游艺室、多功能室、电子阅览室，一个农家书屋，一处文化广场。

第六节　卫生

1991年，时庄乡卫生院占地面积0.73公顷，建筑面积1560平方米，有工作人员35人，病床30张，设有内科、外科、妇产科、中医科、精神病科、五官科、检验科、放射科、药剂科、防保科等科室。1993年3月，投资3.4万元，购置200MAX光机1台。1994年5月，投资3.2万元安装20K伏安变压器1台。1997年3月，投资8.5万元购置脑电地形图仪、心电工作站各1台；7月，时庄乡卫生院更名为时庄镇卫生院。1999年，时庄镇投资20万元开展乡村卫生组织一体化管理工作，符合省级规范化卫生所建设标准。2000年10月，时庄镇卫生院挂牌曲阜市神经精神专科医院，实现一院两牌。2002年，时庄镇卫生院在教师新村服务楼新建152平方米社区服务站1处，方便辖区及周边居民。2003年年初，非典型肺炎疫情暴发，镇党委、政府成立“防非”指挥部，卫生院全体医务人员担负技术指导、流行病学调查、隔离消毒等任务。2004年8月，时庄镇实行新型农村合作医疗，当年参合人数3.4万人，参合率70%以上，为患者报销医疗费用6.5万元。2009年4月，受曲阜市残联委托，时庄卫生院承接济宁市贫困精神疾病患者免费康复救助项目，当年救助100名免费服药，30名患者免费住院。2010年，时庄街道为全街道4.5万居民建立健康档案，为居民健康检查提供准确的数据支持。2011年，时庄街道投资1000万元在办事处驻地、327国道南重建卫生院，占地面积0.77公顷，建设门诊楼、病房楼两幢，其中门诊楼建筑面积2758平方米，病房楼建筑面积2200平方米，院内全部进行绿化、美化；卫生院执行国家基本药物制度，实行零差价药品销售。2013年，时庄街道卫生院通过济宁市卫生局检查验收，加挂曲阜市精神病医院。到2013年年底，时庄街道卫生院(市精神病医院)有医务人员45人，其中医生9名、护士36人，具有中级及以上职称5人；有床位130张，年诊疗2.56万人次；下辖村级卫生室27个，医务人员81人。

第七节　人民生活

1991年，时庄乡农民人均收入894元。实有自行车21612辆，电视机7495台，摩托车175辆。当年农民新建房屋16936平方米。1995年，农村住房以砖瓦房为主，土坯房占26%，农民人均住房面积15平方米。1996年，各村全部通电，每百户有自行车68辆，钟表56只，农民人均纯收入2420元，居民存款6908万元。1997年，时庄镇跨入济宁市小康乡镇行列，农民人均纯收入2752元，农民各项存款7700万元，电视机普及率90%以上；80%农户有洗衣机、电风扇、电冰箱等。1998年，全镇农民人均纯收入2997元，各项储蓄额8500万元；有彩色电视机2000余台。1999—2002年，农民人均纯收入分别为3066元、3251元、3388元和3435元。2002年，电话普及率为每百人7.6部。2005年，农民人均纯收入为4420元，电话普及率为每百人17部。2007年，固定电话、电视、手机、宽带开始普及，电话普及率为每百人60部。2008—2011年，时庄街道居民人均收入分别为6362元、6936元、8115元、9508元。2013年，人均纯收入12793元；电话普及率为每百人80部，居民人均纯收入13484元。

第三章　小雪街道

小雪街道地处曲阜市境南部，东依九龙山尾，与息陬镇相邻，西眺良田千顷，与陵城镇接壤，南与邹城市相连，北接鲁城街道。域内104国道纵贯南北，兖石铁路横穿东西。孟子故居、汉墓群、孟母林、姜村古墓等文物古迹众多。小雪街道前身是小雪镇，1991年，小雪镇总人口11906户45687人，其中男、女分别为23170人、22517人，农业、非农业人口分别为44518人、1169人。2003—2006年划归曲阜新区管理，2006年年底曲阜新区撤销，小雪镇重新隶属曲阜市。2010年6月，小雪撤镇设立街道。2013年，小雪街道总面积57.34平方千米，辖36个行政村、2个社区，乡村人口12357户45766人，其中男、女分别为22045人、23721人。

2013年小雪街道各行政村基本情况表

表34-3

村名	户数(户)	人口数(人)	耕地面积(亩)	村名	户数(户)	人口数(人)	耕地面积(亩)
大雪村	675	2381	3100	白杨树村	400	1305	1900
北小雪村	545	1996	2280	前西庄村	410	1560	2063
西小雪村	371	1319	1400	后西庄村	268	1040	1532
南小雪村	550	2122	2140	三合村	333	1138	1185
前苗营村	270	950	836	姜家村	366	1350	1400
后苗营村	150	512	595	东陈村	240	820	670
武家村	609	2310	2009	袁家庄村	116	417	451
店北头村	166	555	565	大埠南村	135	480	520
北凫村	360	1371	1919	小埠南村	72	260	355
东凫村	420	1535	1930	后彭村	411	1386	1371
南凫村	487	1695	2534	前彭村	307	1522	970

续表 34-3

村名	户数(户)	人口数(人)	耕地面积(亩)	村名	户数(户)	人口数(人)	耕地面积(亩)
前宣西村	298	1089	1890	石家村	390	1462	1298
后宣西村	143	534	860	北兴埠村	317	1087	876
前宣东村	369	1304	1915	林家村	322	1233	1300
后宣东村	465	1803	2690	阮家村	320	1356	1500
西鲁贤村	395	1501	1460	铁炉村	330	1260	406
东鲁贤村	220	833	919	西陈村	269	1036	100
白杨店村	486	1907	3084	南兴埠村	372	1337	1360

第一节　农业

1991年，小雪镇可耕地3873公顷，灌溉面积占95%以上；粮食播种面积5807公顷，总产量3.47万吨，单产398千克。1993年，全年绿化荒山81.4公顷，林业收入131万元；年末大牲畜存栏3596头，生猪21853头，家禽19万只，牧业收入1000万元。1997年，全镇耕地面积3400公顷，粮食种植面积3000公顷，粮食总产量46853吨，农业总产值24920万元。果树等其他作物460余公顷，农业机械总动力32100千瓦。1995年，高产高效农业初具规模，塑料大棚2020个，蔬菜面积696公顷，全年创收1476万元；全镇大型农机具821台(套)，联合收割机48部，机械化作业率91%，农作物良种覆盖率83%。1997年，实施世行黄淮海农业开发项目，全镇投入800多万元，集中开发农田水利基本建设，进行水、田、林、路综合治理，形成水利设施配套、农田保护网渠健全的格局，北部以西陈、铁炉为中心重点发展葡萄，“硕丰”商标葡萄销往国内外。2004年开始，在全镇实现小麦良种统一供种，推广“土壤测土配方施肥”、小麦“一喷四防”、玉米“一增四改”种植技术。2006年，全镇逐步实现农业产业化、养殖规模化。2007年，铁炉村、西陈村葡萄实现综合收入1000余万元。2008年，小雪镇以白杨、三合为中心实施标准良田项目，以小雪、白杨、三合等村为中心实施土地整治项目。实施城乡大绿化工程，重点实施村街绿化提升、高速公路绿色通道、荒山绿化、用材林、经济林和苗木基地建设6大工程，栽植各类树木500多万株，森林覆盖率超过35%。2013年，小雪街道以小雪村、皀村为中心实施千亿斤粮食项目，完善农田水利设施、生产路硬化。实现农林牧渔业总产值4.87亿元，其中农、林、牧产值分别为2.27亿元、0.05亿元、2.42亿元，牧业占总产值49.61%。

第二节　工业

1991年，小雪镇有镇村户办工业企业11家，从业人员1300人，完成工业总产值1.24亿元，利税350万元。至1995年，全镇形成管材、印刷、化工、机械加工、食品酿造和建筑建材等10多个门类的主导产业。1998年，通过拍卖、租赁、兼并等形式，对镇直企业进行改制，改制后各企业加大科技投入和技术改造，以提高经济效益。2002年，设立规划区2.2平方千米的小雪经济园，对园区道路、水、电等基础设施进行配套建设；引进山东东宏管业有限公司、曲阜市华荣化工新材料有限公司、曲阜市冠达球业有限公司、曲阜市华卫票据印务有限公司、曲阜孔府酒坊酒业有限公司等11家企业。至2007年年底，小雪镇经济园区有企业39家，规模以上企业9家。2007年，小雪镇完成工业总产值1.84亿元，实现利税1828万元。2011年，市委市政府提出主体功能区建设，小雪街道划为工业主导型乡镇。小雪街道提出“服务中心、融入市区、强力开发、四区同建”，以打造中国管材生产基地、现代商贸物流交易中心为方向，全力全速推进工业主体功能区建设。至2013年年底，小雪街道引进曲阜中石油昆仑燃气有限公司、山东七星岩建材科技有限公司、市华成环境工程有限公司、山东天幕装饰工程有限公司、市圣鲁防弹玻璃工程有限公司、山东兴达矿山机械有限公司、市帮德建材有限公司、市宏鑫新型建材有限公司、市恒鑫模具制造有限公司、山东鲁锐耐磨科技研发有限公司、市博信科技工贸有限公司、山东盛木缘木业有限公司、市佳美家居有限公司、市昌达机电科技有限公司等企业，初步形成以管材制造、高档实木家具生产及销售为主导产业的主体功能区。2013年，小雪街道实现（工业）产值17.3亿元，利税4.82亿元。

第三节　商贸服务业

1991年，小雪镇有商贸服务业户125个，从业人员700人，完成社会商品零售额1000万元。1994年，西雪村、北雪村、东皋村、北兴村自建商业街，经营业户不断聚集，带动辖区商业发展。2006年，西雪村扩建农贸大市场，南兴村、白杨店村、三合村设立集市贸易，申通物流入驻小雪镇，形成以农副产品为主要特点的农贸市场格局。组织举办九龙山、孟子故里旅游暨特色农产品展示招商会、孟子文化节等多种商贸活动，农业观光旅游业活跃。2010年，小雪街道将供销社改造成百意超市及农贸超市，共计2600平方米。至2013年年底，小雪街道有商贸服务业户1330家，从业人员4500人，完成第三产业产值1.08亿元。

第四节　村镇建设

1991年，小雪镇基础设施比较薄弱。1994年，硬化备战路、跃进路、人民路等14千米。1995—1996年，修建孔孟大道8千米。利用孔孟新道建设，对孔孟新道两侧，北起兖石铁路立交桥，南至小雪镇敬老院1000多米路段1平方千米范围进行改造建设，坚持国家、集体、个人共同开发原则，拆迁房屋1700余间，完成开发面积1万多平方米。1998年，多方筹措资金1200余万元，完善镇驻地现代化小城镇建设，开发建设商品楼房2万余平方米，铺设柏油路面2.5万平方米。同年，小雪镇被评为省级小城镇建设先进单位。随着曲阜城区南移和道路建设，以104国道为轴线的北兴经济开发区、南兴经济开发区、小雪开发区、皋村开发区快速发展，成为二、三产业经济活动黄金地段。2000年，小雪镇被山东省人民政府批准为中心镇，镇政府成立中心镇规划建设管理委员会，设立中心镇建设办公室，负责中心镇的规划、开发和建设；委托曲阜市规划处编制设计商业街详细规划、小雪经济园区详细规划；以拆迁民房为突破口，实施道路建设工程，修建日东高速小雪段5.05千米，新增道路面积2.5万平方米；对闲置土地实施拍卖、限期建设，激活民间资金，2002年，开发商品楼建设2000平方米，建设小雪中心镇自来水厂。2003年，小雪镇被划归济宁市曲阜新区，修建尼山路1.6千米、杏坛路980米，建设崇文大道、孔子大道、工业园北路等道路。2005年，小雪镇启动圣诚嘉园、吉祥社区建设，编制皋村历史文化名村保护发展规划。同年，皋村获得省级历史文化名村称号。2008年，投资800万元，对前宣东、前西庄、白杨树等10个村委会办公场所进行改造，改造面积2.3万平方米。2009年，规划建设大雪社区、东鲁社区，相继建成24幢楼房。2011年，小雪街道

小雪街道东鲁社区外景

启动北兴村、石家村、林家村旧村拆迁工作；规划建设铁炉社区、阮家村社区，新建楼房44幢，建筑面积16.3万平方米；编制武家村生态旅游发展规划，武家村被评为国家级美丽乡村称号。2011—2012年，投资7000万元，修建农村公路178千米，完成“村村通”“户户通”工程；2013年，对街道驻地、104国道两侧房屋仿古建筑改造，拆除铁炉村、东鲁村房屋789处，在驻地建成污水处理厂1处；实施“一轴三区”合村并点工程，完成北兴村、石家村、林家村1000多户搬迁任务，抓好吉祥社区、铁炉社区、大雪社区、东鲁社区、阮家村社区“五大社区”建设工程，建设楼房140栋60多万平方米。

第五节　教育

1991年，小雪镇有幼儿园20所(大多村办)、在园幼儿432人，小学17所，初中3所，在校学生5482人，教职工273人。1993年春，小雪镇小学教育通过“普九”阶段性验收。1994年9月，成立镇成教中心，当年脱盲人数8569人。1995年，镇中学和北林中学各建教学楼1栋。同年，小雪镇初中学校达到“普九”工作要求。1996年年初，镇教育“两基”工作通过省和国家验收，全镇基本普及义务教育。2000年8月，小雪镇试点教育系统“四制”“双聘”改革，实行校长和教师“双向选聘”制度，定编定员，按需设岗。2012年春，投资兴建中心幼儿园。2013年春，中心小学新建教学楼1幢，白杨店小学实施异地新建工程。至2013年年底，小雪街道有小学9所，中学2所，中小学在校生3400人，有教职工348人，适龄学龄儿童入园率、入学率均为100%。

第六节　文化

1991年，小雪镇有文化站、电影院、广播站各1处，当年投资2万元新建广播电视塔1座。2002年，全镇建设文明一条街54条，其中高标准样板街23条，道德教育展室10个，6个道德教育基地。2003年，强化指导、监督文明街、文化大院、道德教育室等阵地建设，强化道德实践，开展“星级文明户”“好媳妇、好婆婆”“老人文明居室”“科技致富带头人”等群众性精神文明创建活动。同年，西雪村被认定为全省公民道德建设示范点，2005年，被命名为山东省精神文明村。2008年，成立综合文化服务站，设施通过省政府验收，为一级综合文化站。2009年，全镇32个行政村建立农家书屋，书屋藏书量3000册；成立小雪街道孔孟书画篆刻研究协会，有30位成员。2010年，小雪街道15个行政村实施文化资源信息共享工程，实现全省联网。2011年，建设孝贤文化长廊12处；投资100多万元，新建街道科技文化服务中心，投资400多万元建设宣村、西庄村、鲁贤村、小雪村4个社区服务中心，成立文化宣传队伍10多支。2012年，开展农村公益电影放映活动，全年放映电影150余场次；实施济宁“千场大戏进农村”“万场演出惠民生”工程，举办文化惠民培训班20余场次，送大戏下乡10多场次；组织庄户剧团在各村开展文艺巡演，有1000人次参与巡演活动。2013年，开展“唱响曲阜·舞动圣城”人人唱村村演活动，全街道有文化队伍30支。

第七节　卫生

1991年，市人民医院小雪分院占地0.93公顷，总建筑面积3450平方米，在编医务人员48人，其中专业

2011年9月，小雪街道办事处为星级卫生户挂牌现场

技术人员42人，有床位45张；全镇有村卫生所27个，乡村医生75人。1994年，市人民医院小雪分院更名为小雪中心卫生院；同年，新建门诊楼1座，建筑面积1700平方米。1995年，小雪中心卫生院被命名为“一级甲等医院”；全镇36个村卫生室有27个创建成功甲级标准村卫生室。1998年，小雪镇60%群众加入医疗保险。2003年，开始实行新型农村合作医疗，当年全镇98%农村居民加入新型农村合作医疗。1998年12月，实行农村卫生组织一体化管理，将村卫生所整合成14个社区卫生所，聘用乡村医生65人。推广新型农村合作医疗，2007年，农民参合率为98%。2009年，投资300余万元，新建病房楼1处，建筑面积1785.6平方米，开放床位50张。2010年，指导配合村卫生所乡村医生，为街道4.8万余人建立居民健康档案，免费开展计划生育技术指导、妇幼健康管理、预防接种、精神卫生、健康教育、卫生监督、传染病及突发公共卫生事件管理。2012年5月，小雪街道社区卫生所药品实行零差价销售，建立网络信息化平台，病人在卫生所就诊当场结算，当场报销。至2013年年底，小雪中心卫生院建筑面积5200平方米，业务用房面积4500平方米；医务人员58人，其中卫生技术人员55人、中级以上职称33人；下辖卫生所21个，有乡村医生98人。

第八节　人民生活

1991年，小雪镇辖36个行政村，1.19万户，4.56万人，其中，农业人口4.45万人，全年总收入5397.53万元，农民人均纯收入741元。1996年，全镇人均收入2188元。1997年，全镇人均收入2397元。1998年年底，全镇人均纯收入2534元。1998年，全镇程控电话2125门，有线电视入户率21%。1999—2002年，全镇新增有线电视200户，行政村覆盖率70%。2009年，居民年人均纯收入5856元。农村居民人均居住面积32平方米，参加养老保险人数24539人，农村合作医疗参保人数43559人，农村合作医疗覆盖面96%，参加生育保险人数526人。全镇初步形成以低保为主体，临时救济为补充，社会互助为辅助，优惠政策相配套、基层组织为依托的“五位”一体社会救助体系。2013年，小雪街道居民人均可支配收入10388元，农村居民人均居住面积38.51平方米，参加新型农村合作医疗参保人数43962人，家庭轿车3986辆，参加新型农村社会养老保险参保人数32590人，全街道农村居民最低生活保障人数1336人。

第四章　书院街道

书院街道在曲阜明故城区北2千米，位于泗河南岸，因街道辖区内有当年孔子城北授徒之地洙泗书院而得名。境内有少昊陵、寿丘、景灵宫遗址、洙泗书院、东野林墓群、“万人愁”碑等文物古迹。104国道、327国道、曲阜北外环线、京福高速公路、兖石铁路、京沪高铁纵横交错，交通区位优势突出，电力、供水、通信等基础设施较为完善。1991年，书院乡总人口9186户35803人，其中男、女分别为18343人、17460人，农业、非农业人口分别为33944人、1859人。1997年，书院撤乡设镇；2001年1月，书院撤镇设立街道。2010年，书院街道编制规划旧县社区、泗滨社区、书院社区、高村社区、夏家村社区等6个新农村社区。2013年，书院街道区域总面积38.85平方千米，耕地1759.2公顷。下设3个管区，含32个行政村，乡村人口9489户36210人，其中男、女分别为18075人、18135人。

2013年书院街道各行政村基本情况表

表34-4

行政村名	户数(户)	人口数(人)	耕地面积(亩)	行政村名	户数(户)	人口数(人)	耕地面积(亩)
书院村	356	1432	960	徐家村	173	619	420
南张阳村	280	1160	660	荀家村	524	1943	810
北张阳村	335	1290	660	张王村	257	974	760
丰家村	330	1298	780	毕家村	424	1670	1400
宫家村	313	1245	1200	王家村	235	870	460
方家村	128	514	536	寻家村	116	457	340
庞家村	111	403	386	邱官庄村	78	365	300
油坊村	210	748	860	前瓦村	268	1150	1150
东泗滨村	238	922	700	后瓦村	322	1290	1129
西泗滨村	333	1236	1680	东瓦村	385	1423	805
汉下村	350	1275	1200	张家村	330	1273	1151
东野村	101	350	405	韩家铺村	224	943	400
高家村	230	830	676	旧县一街村	298	1153	1370
夏家村	203	702	710	旧县二街村	505	1996	780
西林西村	497	1950	1940	旧县三街村	326	1420	360
东林西村	579	2120	1400	旧县四街村	430	1189	0

第一节　农业

书院街道主要粮食作物有小麦、玉米等。1991年，书院乡总耕地面积2026公顷，其中粮田1508公顷，全年粮食总产量1894.45万千克，其中夏粮802.23万千克，秋粮1047.22万千克；全乡农业总产值4388万元；全年造林面积2.67公顷，育苗2.87公顷，植树7万株；有果园46.2公顷，年产水果218吨。1993年，全乡大牲畜存栏2054头，猪15509头，羊7187只，家禽18.7万只，畜牧业产值2354万元。1995年，畜牧业产值6000万元，占农业总产值52%，被省政府表彰为畜牧业强乡。全乡有柴油机373台、电动机835台、拖拉机375台、农用汽车62辆、播种机66台、收割机48台，农业机械总动力21464千瓦，被省政府命名为农机强乡。1998年，书院镇在气候、病虫害等多种不利因素的影响下，全年粮食单产493千克，总产2137.2万千克；粮食作物和经济作物种植比例为2：1。大蒜种植开始形成区域特色农业。2002年3月，方家村圣方园大蒜专业合作社成立。种植业形成万亩大蒜种植规模。完成104国道、327国道、京福高速公路、曲宁路、市北外环线绿色通道工程，构筑起633.33公顷农田林网。畜牧业形成夏家村、丰家村、书院、高家村等8个规模饲养小区。2003年，书院街道粮经比例为3：7。推广金乡大蒜等新品种，种植规模633.33公顷；分别与科阳农牧业公司、山东省科技信息报社等单位签订花卉苗木培育和世界名贵花卉观赏项目3个，形成以闻春礼烧鸡、科阳牧业、恒达食品为主的农产品全方位加工体系。2004年，书院街道与德州益都红发展公司、潍坊农副产品集团分别签订辣椒、日本长白大葱购销合同。2006年，大蒜种植面积1467公顷，为农民直接增收2472.5万元。2007年12月，圣方园大蒜专业合作社成立，合作社由大蒜种植专业户、宏旺冷库和吉林四平旺都股份有限公司、书院供销社组成。

2008年，书院街道依托圣方园大蒜专业合作社，抓好蒜薹、蒜头的生产、存储与销售，蒜薹平均亩产800千克，为全街道农民直接增加收入3520万元；依托城郊优势，新增133.33公顷无公害蔬菜种植面积；依托恒达食品、东源木业、闻春礼烧鸡等农业龙头企业，走“农户+基地+企业”产业化道路，新增苗木花卉种植33.33公顷，养殖基地10处，年出栏家禽50万只，猪0.5万头。2009年，依托1000公顷大蒜种植面积形成农业化生产基地，推广种植绿色、无公害蔬菜和反季节蔬菜，发展20公顷小拱棚蔬菜基地1处，1.33公顷蘑菇生产基地1处，33.33公顷无公害瓜菜基地1处；大蒜、蒜薹、黄瓜、辣椒、大樱桃等11个产品通过无公害产品认证；形成养殖基地12处，年出栏家禽50万只，猪0.5万头；发展苗木花卉种植业，面积60余公顷。2010年，书院街道完成三个农田水利农业基础设施建设：旧县一街进行小林河清淤，集中整治田块，排水干沟3000余米、支沟5400米，完成田间除涝173.33公顷；方家村新打机井18眼，新建调压塔18座，机房18间，铺设电力电缆3800米，完成节水灌溉107公顷；西林西村开挖主排水沟2593米，支排水沟1870米，砌垒桥涵4座，完成土方23726立方米，占地2.68公顷，完成田间除涝253.33公顷。2011年，新增小拱棚面积17.33公顷；新发展邱官庄牛蒡23.33公顷，寻家村山药近百亩。新打机井16眼，修复旧井29眼，开挖沟渠12条，完成农田水利工程16项。2013年，建设家庭农场6个，新增种养大户12家，其中济宁市产业化龙头企业1家。新发展苗木基地233.33公顷，蔬菜种植66.67公顷。韩家铺流转土地40余公顷发展苗木种植，张王村、西泗滨村流转土地66.67公顷，与济宁客商合作连片发展苗木；西林西流转土地14.67公顷，发展“颜氏庄园”项目。实现农林牧渔业总产值4.14亿元，其中农、林、牧产值分别为1.4亿元、0.04亿元、2.59亿元，牧业占总产值62.38%。

2007年4月，书院街道花卉大棚内景

第二节　工业

1991年，书院乡工业总产值6742万元，其中乡办工业产值2342万元、村办工业产值3100万元、村以下工业产值1300万元。乡办企业主要由橡胶制品、有机化工、建材、酿酒等项目，村级以下工副业有造纸、砖瓦、化工、运输、饮食业等。1995年，全乡深化企业改革，实现企业总产值10亿元，其中乡办工业产值36130万元、村办工业产值30253万元、村以下工业产值33617万元。对乡属企业进行改制，其中实行破产2家、租赁4家、分而治之2家，盘活企业现有存量。1998年，书院镇初步形成以化工助剂厂、建材公司、框木公司、发达玻璃厂、张羊企业总公司为骨干，其他中小型企业相配套的乡镇企业体系。全镇实现乡镇企业总产值7180万元，实现利润189万元，税金420万元。私营企业发展到12家，个体工商户293户。1999—2002年，企业完成技改招商2.1亿元，新上技改项目80多项。13家集体企业完成股份制改造。创设书院旅游经济园，宏光焊条有限公司、三孔油毡有限公司、防水建材有限公司、圣雪淀粉有限公司、张羊企业总公司、华光日用化工有限公司、圣美框木有限公司（西厂）、闻春礼符离集有限公司、鲁泉水利灌溉设备厂等多家企业入园经营，1999—2002年，书院街道工业总产值分别为0.75亿元、1.09亿元、1.43亿元和2.63亿元，分别实现利税833万元、1540万元、2049万元和2594万元。2003年，书院街道恒达食品、三孔油毡、宁发玻璃、闻春礼烧鸡四家企业完成ISO 9000系列质量认证。2004年，书院街道建安公司、远东装饰、宏昊建材完成ISO 9000系列质量认证工作，建安公司、恒达食品、远东装饰晋升为国家中(二)型企业，闻春礼烧鸡通过农业部农副产品加工流通中(二)型企业验收，虹飞线缆通过ISO 9000国际质量认证和3C认证。全街道完成民营经济总收入7.5亿元，同比增长47%，实现企业增加值20050万元，实现利税5290万元，新上技改项目37个，完成固定资产投资31000万元。2006年，书院工业园(2004年由书院旅游经济园更名为书院工业园)入园企业有圣祥建材城、圣旺科技园、华特环保有限公司、华珠机械公司等36家企业。2007年，完成财政收入3422万元，其中地方财政收入1813万元；完成工业总产值22.7亿元，规模以上工业总产值13.1亿元，实现利税1.5亿元，完成固定资产投资7.8亿元，外贸出口交货值1.5亿元。2010年，实现两税收入5063万元，地方两税分享收入2100万元；招商引资实际注册资金近亿元。2011年，完成民营经济总产值65亿元，其中规模以上企业25家；完成规模以上固定资产投入19亿元，完成地方财政收入3986万元，实现两税分享收入2655万元，分别比上年同比增长31%和26%。按照市委、市政府“宜工则工、宜农则农、宜商则商、宜游则游”镇街发展思路，2012年，书院街道在完善规划原老工业园即A区的基础上，规划主体功能区B区、C区，重点发展机械加工产业，不断延伸上下游产业链条，打造机械加工产业聚集地。2013年，主体功能区A区位于书院街道办事处以东，北外环以南，基础设施投入3000万元，构筑“三纵三横”和“一外环”的道路框架。管委会对A区实行封闭式管理，在主要路口安装电子监控，配备警用电瓶车24小时巡逻；区内有各类企业26家，其中机械加工型企业8家，年销售收入过亿元企业6家。B区位于北外环以南，兖石铁路以北，占地9.2公顷，规划占地33公顷；华宁管业一期工程和总投资6000万元顺通新型建材项目一期工程建设完成，进入试生产阶段。C区位于京福高速公路以东，北外环路以北，占地18.7公顷，规划占地26.7公顷；投资1.2亿元纸制品加工项目和投资1.3亿元山东宝亿能源科技有限公司项目入驻该区。

第三节　村镇建设

1995年，书院乡实施转盘路开发工程，对转盘路以南8个单位、96个摊点、4台变压器进行搬迁，拆迁房屋211间，建筑面积3700平方米；投资1100万元进行第一期开发，新建房屋580间，建筑面积4800平方米。投资70万元，修建小康路1条(乡驻地通往方家村)，并完善通电、通邮、排水绿化等配套设施。1996—1998年，书院镇投资470万元，铺设柏油路面19千米，水泥路面9千米，建桥涵51座；各村街主干道实现路面硬质化，都与国道、省道相接相连；对农村宅基地、农民建房实行规范管理，开展“净化美化进家庭”活动。1998年，实现村村通柏油路目标。1999—2002年，新改扩建街道办事处办公楼和国税分局、地税分局、法庭、派出所办公设施，修建104国道书院段慢车道、地下排水沟，北外环线实现全线贯通，完成街道驻地城市基础设施建设。2004年，调整占地333.33公顷的书院旅游经济园布局，规划建设“三纵三横”道路交通网络，实现园区内“五通一平两配套”目标。2006年，投资1400多万元实施“村村通自来水”工程，解决32个村居、3.4万人的吃水问题。2007年，书院街道各村居开展“三清”工作，制定和完善卫生公约，逐步实现由突击“清”到常年“清”的转变。至2007年年底，建成市级文明小康村生态村13个。2008年，投资15万元，对街道驻地、外环路、327国道、104国道沿线、少昊陵景区、小林河等周围卫生进行清

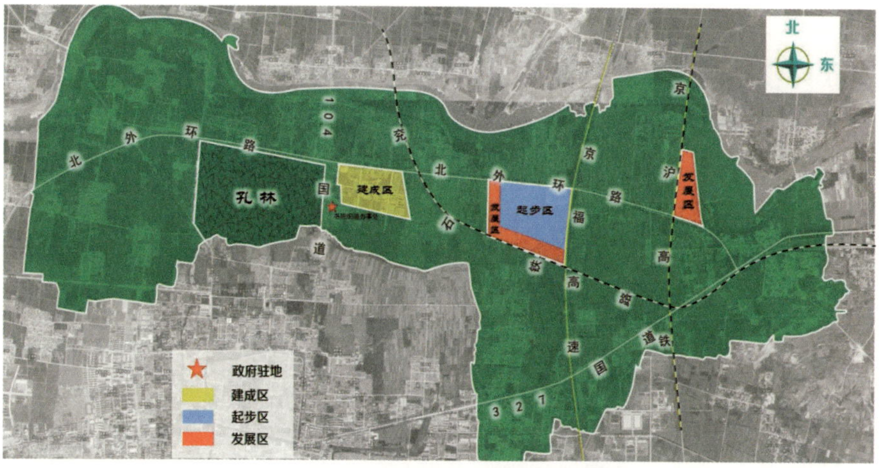

图34-1　书院街道主体功能区规划图

理。投资800余万元，对14个村居街巷实行硬化美化。2009年，投资80余万元，动用人力2000多人、车辆200余台，清运填埋垃圾6000多吨；各村居均按照有关规定标准修建改造垃圾池，新建垃圾箱34个，购租垃圾清运车6台。2011年，丰家村、宫家村、方家村、庞家村、荀家村、前瓦村、327国道至外环路全部竣工，共计长度1.17万米，面积4.56万平方米。实施农村有线电视入户工程，入户率90%以上。2012年，书院街道投资2562万元完成“村村通、村内通”建设任务96.8千米，其中乡道5条5.3千米、村道20条14千米、村内主街14条8.2千米、村内其他街巷194条73.9千米，27个村居实现“户户通”。2013年，书院街道投资280万元增修村庄连接线公路4条，计7千米；修建“户户通”街巷15条，计6千米。同年，书院街道完成“村村通”“村内通”“户户通”工程任务。

第四节　“平安书院”建设

1998年，书院镇坚持社会治安领导责任制和“一票否决制”，建立健全综合治理组织网络，开展法制宣传一条街活动，实施“联户联防”基础工程和基层“创安”工程，“平安书院”建设取得初步成效。2006年，开展“五五”普法工作，推进依法治街进程。办事处与辖区内各有关单位、村居签订责任书，强化法制宣传教育，开展“严打”整治斗争，加强群防群治等一系列工作，街道社会政治经济生活比较稳定。2007年，书院街道落实矛盾纠纷排查和分析例会制度，初步实现“发案少、秩序好、群众满意、企业安全”目标。全街道排查矛盾纠纷22起，处结20起，分流2起，处结率100%；成功处理各类信访案件1起，未发生集体访和越级访。2010年，投资40余万元，完成32个村居、所有中小学、园区所有企业的电子视频监控安装，完成电子视频监控平台建设，基本实现全覆盖、全天候、无缝隙的电子视频监控目标。2013年，完成村居、单位视频监控安装联网，提升基层基础规范化建设水平。

第五节　党的建设

1991年，书院乡党委建立例会制度，每个季度分析研究支部班子的思想作风建设情况。在农村党员中开展以“争当优秀党员带领群众共同致富，创一流业绩”为内容的“争、带、创”活动。1999年，开展“三级联创”活动，修订完善《村支部千分制考核细则》。2002年，“五好”村支部争创率80%以上。办事处出台《预算外资金管理办法》《招待费管理办法》《农村财务管理规定》等文件，成立财政所会计结算中心，实行农村财务双代管制度。开展“三个代表”重要思想学习教育活动，夏家村被山东省委命名为“三个代表学习教育活动先进村”。2006年，修订完善《考勤制度》和《考核制度》，加强领导班子建设和机关干部队伍建设，转变干部工作作风，提升党工委领导工作水平；党工委出台《关于加强村居党支部书记管理的意见》，明确村居党支部工作职责。2007年，建立健全党工委工作职责、会议制度、民主生活会制度、重大问题决策程序、领导干部廉政公约等规章制度，完善党工委内部议事决策机制，明确集体领导下的个人分工负责制；完成所有村居村支“两委”换届选举；在全街道开展以“转变作风、狠抓落实、内强素质、外树形象、爱岗敬业、服务群众”为主题的“机关作风建设年”活动。2008年，探索成立7个农村党总支，党总支书记由各村居党支部书记民主推荐，党工委考察，任命聘任为街道“特聘组织员”，负责指导各党支部开展党建工作。2010年，组织党支部书记到汶上学习新农村建设，组织农村支部书记到浙江参观学习，另外针对各村发展特色农业的情况，组织专业技术人员对其进行技术培训，使其掌握科学的致富技术，提高带领群众致富的能力。创新开展“村企联建”模式，实行互利互惠，促进共同发展，实现地企双盈。2011年，完成32个村居两委换届选举工作，村居两委交叉任职比例70%，村居“两委”班子成员年龄、性别、文化、素质等班子结构得到优化。2013年，书院街道出台《为民服务中心代办员制度》。全年发展党员21人，其中大专以上学历8人。至2013年年底，党工委下设机关、瓦头、高村、教育、企业6个党总支，71个党支部，有党员1782人，其中男性1501人、女性281人。

第六节　教育

1991年，书院乡有初中3所，小学8所，没有幼儿园，村村办育红班。1993年，建成幼儿园5所。1995年，

书院乡投资300万元，新建中学1所(仙源中学)，投资20万元，新建成人教育中心，投资400万元，完善各中小学内部配套设施。全乡有小学8所，85个教学班，学生4291人；中学3所，34个教学班，学生2416人。教师371人，其中公办302人，民办69人。幼儿园29所，幼儿教师57人。教育“双基”达标通过山东省检查验收。1998年，全镇11所中小学校符合济宁市规范化学校标准3处，符合曲阜市规范化学校标准6所，初步形成“三教统筹、协调发展”教育格局。2002年，书院街道有中学2所，小学8所，有在校学生4017人，适龄儿童入学率100%。2007年，免除义务教育阶段学生学杂费。2008年，中心小学被山东省教育厅挂牌命名为省级规范化学校。2011年，办事处投资110余万元，按照省级规范化幼儿园建设标准在驻地建设省级规范化幼儿园1所。2013年，启动书院中学校舍改造、中心小学塑胶跑道工程等项目。至2013年年底，有初中2所，小学6所，教学点2所，幼儿园1所，附属幼儿园6所，教职工326人，在校中小学生2900人，幼儿800人，小学入学率、巩固率、毕业率、幼儿入园率符合国家要求。

第七节　卫生

1991年，书院卫生院占地0.66公顷，总建筑面积1230平方米，开放病床20张，设中医科、内科、外科、手术室、妇产科、放射科、化验室、治疗室、药房、收款室等科室，有工作人员41人。1991年9月，投资4.4万元，购置黑白B超机、心电图机各1台。1993年3月，书院乡投资28万元，新建卫生院办公楼1幢，建筑面积600平方米。1993—1996年，在八宝山、旧县街、高家村、油坊村、张家村、西南林角开办6处诊所，方便群众就医。1994年，乡卫生院被评定为一级甲等卫生院。1995年10月，投资5.65万元，购置金杯牌救护车1辆。1995年，人均筹资6元，推行农村合作医疗制度。卫生院新建南楼，提升卫生服务设施。1996年，投资100万元，改建门诊楼600平方米，新建病房楼1080平方米。1998年，投资100余万元，新建占地1100平方米病房楼1座，开设肝病、哮喘病专科；推行乡村卫生组织一体化管理和“合作”医疗制度，推进农村改水、改厕工作。1999年6月，实行乡村卫生一体化管理，将原村办卫生室合并为一体化管理卫生室12个，乡医72人。2007年9月，书院街道投资15万元，购置微机30余台，实现信息化管理，卫生所全部安装财务、农合报销系统。2009年9月，开始实施国家基本公共卫生项目。2011年1月，开展老年人、慢性病、儿童、孕产妇保健、预防接种等12项基本公共卫生免费服务项目工作。2012年，投资70万元，对医院门诊楼和病房楼装修改建，全部病房安装中心供氧和呼叫系统。2013年，争取政府计划免疫门诊及病房楼改建项目资金85万元，扩建150平方米高标准计划免疫接种门诊，同时对放射科、药库和职工食堂进行改造扩建。至2013年年底，卫生院占地面积0.66公顷，业务用房3200平方米，开设床位30张，设医疗科、护理科、中医科、口腔科、检验科、心电图、B超、放射科、项目办、妇保科、儿保科、防保科、药械科、财务科、医保科、办公室、后勤科等科室，在编职工41人，其中中级以上职称11人，执业医师16人，执业护士10人；下辖省级规范化村级卫生所19个，有乡村医生51人。

第八节　人民生活

1995年，书院乡五保老人供养率100%，入院率81.2%，乡敬老院被民政部命名为“全国百颗星敬老院”。1998年，书院镇开展以养老保险为主要内容的老年工作，落实最低生活保障制度，发放救济款5.8万元。镇敬老院坚持管理经营并举，走以副养院路子。2007年，新型农村合作医疗参合率96.1%。2009年，投资20余万元建设街道综合文化站，向辖区群众开放，街道村街农家书屋覆盖率80%以上。投入50余万元，对敬老院院进行改造，改善老人居住环境和生活条件。书院街道计划生育率、统计合格率、节育措施落实率、晚婚晚育率均为100%，农民参合率100%。2011年，农村文化大院建成率100%，2/3村居建起文艺宣传队。2012年，新修建村级活动场所4处，街道32个村居村级活动场所实现全覆盖；启动民政代养中心和城乡医疗救助站建设；“五项保险”覆盖面不断扩大，新型农村合作医疗参合率100%。2013年，投资100万元对农村低保户困难户土坯房、危房进行改造。

第五章　王庄镇

王庄镇位于曲阜明故城区北4千米处，104国道、京福高速公路、京沪高速铁路纵横南北，兖石铁路横贯东西。王庄镇前身是王庄乡。1991年，王庄乡总人口12432户50553人，其中男、女分别为26090、24463人，农业、非农业人口分别为49344、1209人。2010年7月，王庄撤乡设镇。王庄镇总面积76.22平方千米，境内无山，泗河、蓼河贯穿王庄镇。2013年，耕地面积4667公顷，辖23个行政村46个自然村，乡村人口12385户46390人，其中男、女分别为23883人、22507人。镇政府驻地在李庄村北。

2013年王庄镇各行政村基本情况表

表34-5

村名	户数(户)	人口数(人)	耕地面积(亩)	村名	户数(户)	人口数(人)	耕地面积(亩)
陈庄村	567	2184	2307	车庄村	385	1510	3250
岳村	380	1460	1803	辛庄村	520	1810	3200
李庄村	420	1609	2463	王庄村	1020	3840	5333
三门庙村	389	1352	2380	褚魏村	603	2272	2570
袁村	542	2086	2436	康桥村	540	2136	4500
高店村	420	1650	1720	孟庄村	710	2800	5600
孔村	299	1118	1724	孟李村	562	2135	3834
纸坊村	734	2748	3712	宋历庄村	460	1644	2450
刘庄村	283	1060	2149	白石桥村	894	3110	3752
蔡庄村	683	2506	3600	焦沟村	532	1899	3300
冯村	495	1813	2434	陶洛村	649	2620	2758
北马村	294	1028	1746				

第一节　农业

1991年，王庄乡实有耕地面积4740公顷，农业总产值5433万元；粮食播种面积6880公顷，总产量3.382万吨，单产328千克。1995年，实施科技兴农战略，由农技站具体技术指导，开发666.67公顷低产田开发实验田，建立1333.33公顷吨粮示范田。1996年，投资310万元，修建孔村、邱庄、西石桥、袁村4个提水站。1998年，建成以泗河北岸200公顷大蒜基地，裴庄、孔村、西陶等133公顷桑蚕基地，高店、袁村、邱庄等油桃基地，邱庄、东石等33公顷药材基地，刘庄村东104国道两侧133公顷乡机关干部科技示范基地。机关干部科技示范基地由林业站技术人员统一管理，定期组织全乡果农大户观摩培训。2000年，利用“节水示范县项目”“91378工程”“世行二期项目”资金进行农田灌溉综合开发，建设农业生产引排水渠、生产桥；以林权制度改革为突破口，实施林业可持续发展项目，森林覆盖率为14.9%，林业产值237万元。2001年5月，乡林业站被命名为“全国先进乡镇林业工作站”。2002年，发展旱作农业1730公顷，单位面积产量平均增长60%，经济效益平均增长37.5%，成为全市旱作农业示范基地。2003年，利用世行贷款和农业综合开发项目资金，进行1300余公顷农业综合开发。2005年，实有粮田面积4333公顷，全年调整2800公顷，其中棉花266.67公顷、大蒜666.67公顷、旱藕66.67公顷、桑蚕153.33公顷、片林21万株、蔬菜386.67公顷、中药材200公顷、花生333.33公顷，调整后全乡粮经比例为6:4。2007年，发展食用菌大棚20余个，形成泗河北岸666.67公顷无公害蔬菜生产基地，李村、蔡庄村、陶洛村133.33公顷丰产林基地；后孟村、李庄村200公顷小麦良种繁育基地。2010—2011年，实施现代农业小麦产业项目县建设，涉及王庄、纸坊、孟李等11个行政村，面积2260公顷，受益群众2.42万人。2011年2月2日，中共中央政治局常委、国务院总理温家宝视察曲阜市春季旱情，到王庄镇孟庄村、刘庄村亲切看望乡亲。至2012年年底，王庄镇全国小农水重点县项目建设工作通过省级检查验收，工程总投资6220万元，全镇4660余公顷农田实现农业设施全覆盖，惠及人口4.9万人。2013年，引导、扶持特色经济作物种植，全镇流转土地1413公顷，其中蔬菜面积403.6公顷，种植752.3公顷，苗木86.67公顷，经济林80公顷，其他57.47公顷。鑫源家庭农场和圣鲁源粮食种植专业合作社获农业部无公害农产品认证证书。全年实现农林牧渔业总产值60318万元，农业机械总动力74427千瓦，粮食作物播种面积8887公顷、总产量61065吨，瓜菜205公顷、总产6837吨，造林62公顷、林业产值585万元；年末大牲畜存栏606头，家禽存栏61.9万只，畜牧业总产值29740万元；水产品总量432吨，渔业总产值254万元；有水库6座，总蓄水能力150万立方米。

第二节　工业

1991年，王庄乡工业总产值6078万元，从业人员1983人。1992年，王庄乡成立经济开发区园区，位于曲阜市北郊5千米处104国道两侧，南起泗河大桥，北至王庄乡孟庄村，沿104国道两侧，占地面积160万平方米。1993年，王庄乡完成工业总产值2.75亿元，乡办企业主要有造纸、印刷、建筑、建材、酿酒、贮藏、扒鸡、酒容器制造、防腐安装、饮食服务等，有职工896人；村及村以下工副业有酒精、保温材料制品、水暖安装、桑皮纸、屠宰、豆腐加工、运输等。年末有股份制经济联合体10个，各类专业户发展到600家。1995年，尔福农药厂与山东大学植物病毒防治研究所共同开发桑病灵系列乳剂，被列为国家级重点开发项目。1997年，市助剂厂从清华大学引进新技术开发新上“污水絮凝剂”生产线，产品走俏市场；原乡纸箱厂、印刷厂、扒鸡厂采取租赁制，实现资产重组。1999年，王庄乡投资500万元，对园区进行二期工程改造，整个园区全部实现水通、路通、电通。同年，引资1500万元，康利机电有限公司、王庄轻质墙板厂、安顺动力附件厂、南马保温厂等9家企业入驻开发区。2000年，王庄乡成立园区管委会，下设招商引资、规划建设、经营管理、后勤服务4个工作小组，对园区进行规范化管理。当年引资2000万元，圣祥通信器材有限公司、圣春综合保温厂等6家民营企业入驻园区内。2001年4月，经曲阜市人民政府批准，曲阜市北郊王庄乡经济开发区更名为曲阜市王庄乡民营工业

王庄镇小农水项目李庄自流灌溉明渠(2011年摄)

园。王庄乡对园区进行规划改造，设立饮食服务、食品加工、机械制造、建筑建材、电讯电器、五金化工、批发贸易、交通运输8大生产经营区。2002年，引资1600万元，七星建材化工有限公司、圣人家瓷厂、兴源防腐保温有限公司、蓉岭絮棉厂、桂银新型建材厂等10家民营企业入驻园区。到年底，王庄乡民营工业园入驻企业64家、个体工商户238家，从业人员5100人，实现营业收入2.38亿元，利税2360万元。2013年，王庄镇设立主体功能区，南至泗河、北接吴村开发区、东至王庄南北中心路、西至纸坊河，规划面积160余公顷，功能区以新型建材、机械加工为主导产业，主要设置八个功能分区，包括七大生产功能区和一个办公科研中心。为推动主体功能区建设，王庄镇成立主体功能区建设领导小组，出台《王庄镇主体功能区建设规划方案》《王庄镇招商引资工作实施方案》，定期召开部门联席会议及服务功能区企业发展座谈会、招商引资洽谈会，推进主体功能区建设。至2013年年底，民营工业园实现“七通一平”，区内入驻企业61家，落地主导产业项目35个，过亿元项目10个，规模以上企业10家，带动就业5600余人，形成以华亿钢机、恒通路桥工程材料、和顺铝业、德晟矿用工程材料、华欣新材料、城建建材、永康建材等为龙头的建材产业园区。全镇有工业企业345家，从业人员8870人，工业总产值51.45亿元，上缴税金1.16亿元。

第三节　村镇建设

1991年，王庄乡农户新建房屋1095间21310平方米，集体新建房屋75间1486平方米；1993年，投资300万元，在开发区东侧建起1处大型农贸批发市场——聚金长廊。1995年，全乡开通558门程控电话，有4个电话专业村。1998年，村柏油路80千米；1999—2002年，铺设柏油路20.389千米。2002年4月，按照“以强扶弱、强强联合、优化组合”原则，将原先46个行政村合并为23个行政村。2005年，利用省交通厅“村村通”工程时机，在财力十分紧张情况下每千米补助2万元，修复12.6千米乡村公路。2006年，投资1270万元，铺设输水主管道4.8万米，分支管道17万米，建有500立方米蓄水池1座，完成30个村自来水入户工作。2007年，成立乡村环境综合整治办公室，对乡政府门前从104国道至造纸厂段近4里街道进行集中整治，拆除违章建筑30余处、违法建房50余间、乱搭乱建简易棚广告牌匾200余个、大型广告牌两个。2009年，投资2.1亿元，建设纸坊社区，完成旧村居民安置724户。2011年，新建村街固定垃圾池234个，组建起71人村级保洁员队伍，实现“村收集、镇运输、市处理”保洁模式；完成农村公路60多条108千米。2012—2013年，完成农村公路建设316.2千米，其中乡道13条49.5千米、村道31条32.1千米、村内主街85条42.5千米，村内其他街巷548条190.1千米，完成投资1.08亿元，45个自然村全部实现“村内通”“户户通”。

第四节　教育

1990年8月，将32所小学合并成10所小学。1993年，王庄乡有初级中学4所，标准小学10所，在校学生9136人，教师415人，其中公办教师252人，民办教师163人；幼儿园43所，幼儿教师57人，入园儿童3197人。1994年，筹资350余万元，改扩建中小学教室及教学辅助用房，购置教学设备及图书；将7所中学合并成4所中学。1999年9月，将村办育红班纳入各小学管理，更名为学前班，实施学前一年教育。2000年9月，全乡各小学均设立幼儿园，儿童入园率92%以上，基本实现学前三年教育。2003年8月，将10所小学合并成6所小学，4所中学合并成2所中学；全乡8所中小学全部建有计算机教室和多媒体教室，5所中小学建有语音室，2所中学接入教育宽带网，6所小学接入国际互联网。2012年，投资2900余万元，升级中小学校舍，购置教学设备及图书等。至2013年底，全镇有幼儿园7所，入园幼儿1320人，幼儿教职工65人，入园率98%；小学5所，在校生2119人，教职工196人，学龄儿童入学率100%；初中2所，在校生696人，教职工130人。

第五节　卫生

1991年，王庄乡卫生院占地面积1.38公顷，建筑面积1888平方米，设有妇产科、牙科、外科、中医科、内儿科、理疗科、化验室、放射科、门诊治疗室、药房、社会卫生组等科室，有工作人员33人，病床20张，全年门诊量13145人次。全乡有村卫生所46个，乡村医生92人。同年,王庄乡被山东省卫生厅确定为初级卫生保健示范乡镇。1992年5月,卫生院门诊楼建成投入使用;1994年10月,卫生院被命名为一级甲等医院。1997年,乡卫生院新建病房楼、办公楼,建筑面积1600平方米,医院总建筑面积3000平方米,固定资产总价值168万元。2003年起,按照上级要求,在全乡23个行政村推行农村新型合作医疗。其具体办法是按每人20元参保额,分别由上级和个人各出资50%的办法,实行自愿参保。2005年,全乡23个行政村全部参保人数37785人,占农业人口87.6%。2011年1月1日,王庄卫生院执行国家基本药物制度,所有药品实行零差率销售。2013年,卫生院有各类专业技术人员56人,病房开放病床42张,设内、外、妇、儿、中医、理疗科、化验室、放射科、B超室、心电图室等科室,手术室设备齐全。全镇有村级一体化管理卫生所18处,每所建筑面积均在100平方米以上,乡村医生69人。

第六节　文化　科技

1991年,王庄乡有影剧院、广播站各1处,有村文化大院46个。1993年10月,文化站与广播站合并组成文化广播站。1995年,王庄乡图书室被评为山东省先进图书室。1996年,优化完善文化演出队、电影队、体育队、科技服务队、少儿艺术团、文艺创作组,面向村队开展活动。1998年9月,王庄乡图书馆落成,建筑面积200平方米,是曲阜市第一个乡级图书馆,藏书1.1万余册,报刊30余种,其中包括济宁市煤气公司捐书6000册。10月,王庄乡开通有线电视,到年底,有线电视入户500户。1999年,王庄乡获全省体育工作先进乡镇称号。2001年,在乡政府驻地建设文化体育广场。2003年,弘扬“诚信、儒雅、自强、创新”曲阜精神,创建精神文明建设示范村、十星级文明户、文明街建设。2005年年底,科技实现“村村通”,全乡17个行政村建有科普宣传栏,23个行政村建有远程教育网络,10个行政村建立起科技文化大院,有线电视村13个。2007年8月,全乡46个自然村实现村村通有线电视,有用户8000个;有13个自然村实现电视光缆进村。2008年7月,在乡政府东新建综合文化站,建筑面积1300平方米。2009年9月,纸坊村桑皮纸制作技艺项目列入山东省非物质文化遗产保护项目;全镇23个行政村全部建立起农家书屋,总藏书量5万余册。2012年6月,23个行政村全部建设起农村文化大院;镇综合文化站建设通过省政府验收。至2013年年底,有文化广场38处,百姓大舞台21个,有广场舞队伍50多支。

第七节　人民生活

1991年,王庄乡人均收入724元。1993年,人均收入920元,年内新购电视机1343台,电风扇1325台,电冰箱、洗衣机50台,轻骑摩托车55辆。1995年,人民群众生活有较大提高,全乡人均收入1643元,农民储蓄额4000万元,年内购电视机1543台,轻骑摩托车186辆,电冰箱65台,洗衣机123台。1998年,全乡农民有汽车、摩托车1648辆,洗衣机4316台,电冰箱523台,电话、手机1576部,彩电4125台,卡拉OK进入普通农民家庭。2005年,王庄乡电话普及率为每百人15.9部,互联网用户为48户。2010年,农民人均纯收入7155元。2013年,居民人均可支配收入11359元,电话普及率为每百人83部;部分家庭有私家轿车。

王庄镇广场舞培训现场(2013年摄)

第六章　石门山镇

石门山镇位于曲阜市境最北部，北依泰山，东临泗水，西临吴村镇，南接王庄镇，因境内有历史文化名山、国家AAAA级旅游景区——石门山而得名。石门山镇前身系董庄乡，1991年，董庄乡总人口13806户48251人，其中男、女分别为24775人、23476人，农业、非农业人口分别为46821人、1430人。2011年9月，撤乡建镇，更名为石门山镇，下设4个管区。2013年，石门山镇有35个行政村51个自然村，乡村人口12897户45293人，其中男、女分别为24889人、20404人。

春秋末期，孔子率众弟子周游列国后，曾宿于石门，山中存有“子路寄宿处”等遗迹。唐著名隐士“竹溪六逸”之一张叔明隐居石门山，诗仙李白、诗圣杜甫曾结伴游览石门山，并在石门山含珠台上宴饮话别，留下“何时石门路，重有金樽开”的著名诗句。唐末黄巢曾聚兵此山，存有“黄巢插大纛处”遗址。北宋末年，著名道士王嘉创立“全真教”，于峄山设道院，在石门山立下院，名为“全真观”。明朝，朱元璋御封石门山寺庙三道黄瓦。永乐年间，石门山寺庙改建为寺院。明景泰七年（1456年）重建，易名玉泉寺，习称石门寺。清著名文学家、孔子六十四代孙孔尚任在此隐居，著《桃花扇》。1985年，石门寺建筑群被列为济宁市重点文物保护单位。石门山高峰深涧，树木丛杂，有树木33科136种。1992年，石门山被国务院批准为国家级森林公园。

2013年石门山镇各行政村基本情况表

表34-6

村名	户数（人）	人口数（人）	耕地面积（亩）	村名	户数（人）	人口数（人）	耕地面积（亩）
董庄南村	410	1515	1913	董大城村	326	1147	1288
董庄中村	265	892	1206	屈村	400	1391	1750
董庄北村	286	1152	1395	管村	540	2024	2825
杜村	305	1065	1670	林洼村	275	1004	1611
孔屯村	205	740	1261	石泉庄村	568	1900	3700
翟屯村	341	1240	2208	马亭村	450	1531	1308
衡庙村	398	1301	1759	韦楼村	418	1411	1746
韦寨村	245	912	1599	丁庄村	402	1371	1670
河东村	396	1152	2286	韦庄村	585	2008	1799
朱洼村	230	820	1162	河店村	430	1557	1418
东焦村	286	1025	1898	偏乍庄村	325	1008	733
西焦村	306	1160	1944	黄沟村	154	539	870
郭沟村	165	621	1360	杨洼村	226	820	1240
前夏庄村	403	1420	2048	朱黄庄村	562	2148	3239

续表 34-6

村名	户数(人)	人口数(人)	耕地面积(亩)	村名	户数(人)	人口数(人)	耕地面积(亩)
林程店村	339	1191	1700	后夏村	730	2430	3991
大庙村	520	1840	2594	西庄村	790	2768	3428
周庄村	108	389	586	石门山庄村	236	834	870
石头河村	272	967	1304				

第一节　农业

1991年，董庄乡耕地面积4331公顷，其中粮田3133公顷，全年粮食播种面积5466.67公顷，总产量2.811万吨；林地面积840公顷，木材蓄积量3.56万立方米；实现农业总产值5375万元，农林牧副渔分别为2993万元、147万元、2051万元、159万元、25万元。全镇有农业机械总动力32万千瓦，主要以小型拖拉机为主，全镇有小型拖拉机230台。1993年，植树造林符合省定绿化标准，全乡有果园面积1333公顷，林业产值1287元。大牲畜存养量4000多头，年内出栏生猪28000头、成鸡50万只，牧业产值2710万元，占农业总产值36.8%。1994—1995年，牧业产值10871万元，成为曲阜市亮点。1996—1998年，完成人工集约林21顷，发展各种经济林24公顷，新建完善林网180公顷，植树总量39万株。开发复垦土地55.8公顷，新修维修道路45千米。董庄乡被授予“全省土地系统先进单位”称号。1998年，实行机关干部一人包一户，创办黄瓜育种基地，亩产值均在4500元以上。林家洼村葡萄产量突破50万吨，收入100多万元；梨园、河店水库建24个网箱，全乡渔业总产值424万元。2000年，邀请山东“葡萄大王”孙培杰投资建成中美合资葡萄示范基地，主要示范推广无病毒“皇稼秋天”等葡萄新优品种，带动全乡130余公顷葡萄更新换代。2001年，与台商合作，按照“公司+基地+农户”生产机制，引进黄金梨和日本甜柿新品种，统一供苗，统一技术指导，统一销售，保护价收购，发展日本甜柿和黄金梨213.33公顷。2002年，对水毁工程进行修复，用以奖代补形式按照工程修复总投资20%予以补助，全乡修复水毁工程85处，完成土石方10万立方米。至2002年年底，有“3+1”蚕禽轮养大棚260个，形成8个专业村200个规模大户。完成京福高速公路、星吴路、远东路、91378工程路4条路绿色通道建设和农业综合开发区内农田林网建设，栽植树木35万株。2003年，成立乡土地流转中心，推进全乡土地流转进程。2004年，实施世行三期贷款项目——林业可持续发展项目，总投资300余万元，涉及北村、河东、郭沟、朱黄庄、前夏、后夏等村，面积266.67公顷。同年，董庄乡葡萄产地被认定为山东省无公害产品产地，面积为600公顷。2005年，以林果、瓜蔬、设施农业、畜牧“四大产业链”为重点，以政策扶持为依托，重点建设农业综合开发区、林业可持续发展项目、九仙山观光旅游路董庄段、京福路绿色通道以及孔子庄园，并形成一条由东大岭至孔子庄园贯穿董庄南北的观光旅游线。同年，黄金梨产量12.5万千克，实现效益100万元。鼓励和帮助群众进城经商、务工，拓宽非农增收

石门山草莓基地一角(2012年摄)

渠道，全年劳务输出1万人，劳务收入7000万元。启动蛤河截潜拦蓄工程，增加拦蓄地表水近15万立方米，解决东大岭666.67公顷田地浇灌问题。同年，石门山葡萄、石门山梨获得农业部绿色无公害产品认证标志。2006—2007年，实施“世行三期”项目，规划面积2333公顷，涉及25个行政村，新增灌溉面积533公顷，全部实现节水灌溉，公顷增收2400元。2011年，石门山镇实施镇村绿化、荒山绿化、经济林基地、用材林基地、花卉苗木基地、通道绿化、林网绿化、四旁植树等建设内容。2013年，镇党委、政府将草莓定为主导产业，出台土地流转奖励政策，结合全市农业产业化扶持政策，在全镇启动草莓产业。北村、中村、衡庙、韦寨、大庙、董大城、屈村、管村、林洼、林程店、前夏、石门山庄建设高标准钢结构冬暖大棚。全年实现农林牧渔业总产值4.95亿元，农、林、牧、渔分别为2.12亿元、0.14亿元、2.45亿元、0.08亿元，牧业占总产值50.34%。

第二节　工业

20世纪90年代初期，董庄乡相比曲阜市其他乡镇，镇村企业较多，形成东部郭沟工业园区、南部衡庙老工业园区、北部董大城工业园区三大园区聚集的工业格局。郭沟工业园区形成以铸造材料加工为主导的工业企业布局，市铸造材料厂、市造型材料厂、市华龙铸造材料有限公司、市先锋铸材有限公司等龙头铸造材料加工企业初具规模；老工业园区主要集中董庄乡办工业企业，有玛钢厂、制桶厂、羽绒厂、地毯厂等10余家小规模来料加工制造企业。董大城工业园区以曲阜市麒麟集团为代表，1992年，下设市助剂厂、市岩棉厂、化工厂等企业，占地面积17.33公顷，固定资产2880万元，流动资金1000万元，职工300余人。1993年，董庄乡办企业年产值7588万元，从业人1198人；村办企业146家，从业人员2377人，年产值14042万元；村以下企业608家，从业人员4964人，年产值17556万元。1995年，以商业、饮食服务业为龙头的第三产业发展较快，建成以乡驻地、石门寺公园、104国道两侧等为主的第三产业区。1998年，乡办企业改制为个体民营企业，同年年底，全乡个体私营企业26家，工商户430家。进入21世纪，董庄乡立足“工业兴镇”，加大招商引资力度。2002年，企业总产值1.7亿元，利税1080万元。2006年，制定《招商引资实施意见》《民营经济发展奖励办法》和《一封家书》等文件材料，寄发《一封家书》2000余份，获取招商线索19个，落实石泉旅游开发有限公司、董庄商贸城、牧业养殖场以及石门山水库水上公园和石门山采摘观光园等项目。2007年，注重企业转型升级和科技创新工作取得成效，当年工业总产值6.9亿元，实现利税5100万元。2013年，春秋冶铸材料有限公司、市龙祥冶铸辅料有限公司、市圣泰铸造材料有限公司、市万达铸造材料有限公司、山东裕晟机械有限公司、市华隆机械有限公司、圣城医药有限公司、市石门化工有限公司、市金圣防水建材有限公司、市兴业桥梁有限公司、市田氏工贸有限公司、泰安雷诺服饰曲阜分公司、市佳骏服饰有限公司、市金光生物科技有限公司、山东乐美生物科技有限公司等企业相继落户石门山镇。到年底，石门山镇有规模以上工业企业9家、国家级专利技术2个、国家级高新技术企业1家，初步形成以铸造辅材、机械加工、生物医药、轻工包装、建材保温、针织服装、生物菌肥等七大优势产业为主导的工业生产格局。全镇实现工业总产值15.67亿元、利税1.28亿元。

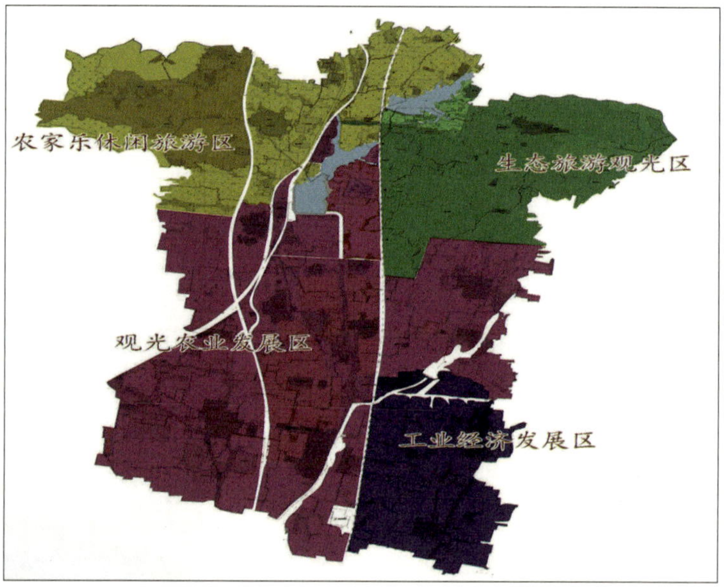

图34-2　石门山镇主体功能区规划图

第三节　村镇建设

1991年，董庄乡集体新建房屋58间1026平方米，农民新建房屋1390间21922平方米。1993年，健全全乡治安联防大队、管区中队、村级治保、调解、民兵等群团组织，发挥群防群治作用。1995年，召开公捕和公判大会，震慑打击犯罪，净化社会环境。国际孔子文化节期间，董庄乡与江苏省无锡县梅村镇结成友好乡镇。1996年，新建2个治安报警点，改善派出所办公条件。1998年，投资8.3万元改建乡敬老院住房14间；对乡工业小区进行规划，出台董庄乡小城镇规划，完成“91378”工程林果路、黄庄大桥、梨园大桥建设。1999年起，治安联防大队、管区中队、村级治保等坚持长年开展夜间巡逻、进行普法宣传等活动，维护治安环境。2003年，加宽星吴公路乡驻地段，对董大城至董庄南村道路进行修整铺油。按照规划，建设乡驻地商业区，占地2.93公顷。同年，开展矛盾纠纷大排查活动，对排查出问题实行领导包案，及时采取措施解决。2004年，建设乡村道路36千米，其中，水泥路面2.9千米。2004—2005年，建设柏油路100多千米，配套建设桥涵50余座。对村内道路进行硬化，修建村内道路30余千米。2005年，对学校、医院、食品、药品重点行业、非煤矿山、化工企业、公共场所安全及山林防火进行专项整治，落实防范措施，杜绝重大恶性事故发生。2006年，成立新农村建设办公室，完成示范新农村新家庭“十个一”工程和“村村通”有线电视工程建设。2010年以后，石门山镇根据农村居民点经济发展、区位、规模、建设条件等因素，将镇域内村庄分为小城镇聚集型、农村新型社区建设型、逐步撤并型、村庄整治改造型等四类进行分类导引。依托曲阜文化国际慢城和石门山国家森林公园4A级景区，重点打造韦庄“汉风儒韵”、梨园“梨园春秋”、周庄“诗礼周庄”、偏午庄“流金岁月”和黄沟“红色黄沟”五个美丽乡村示范村。2012年，石门山镇被市委市政府定位为“观光农业主导型”乡镇。同年，石门山镇被授予“山东省旅游强乡镇”和“山东省最美乡村”称号。至2013年年底，石门山镇乡道公路里程193千米，覆盖全镇51个自然村，惠及农村居民4.7万人。

韦家楼社区服务中心外景（2010年摄）

第四节　党的建设

1994年，董庄乡有党员1487人，调整支部班子14个，更换支部书记11人，6个后进支部全部转化为一、二类支部。1994—1995年，乡党委调整支部班子14个，更换支部书记11人。1997年，实行机关干部包村蹲点、联系户制度，制定“党委小立法”等规章制度，提倡“说实话、办实事、求实效”精神。1998年，乡党委、政府将机关干部推到生产第一线，每人建立一块示范基地，让每一位机关干部与屈家村黄瓜育种户结成对子，达成帮扶协议，搞好技术服务，与农户一起管理。2011年11月，董庄乡党委更名为石门山镇党委。至2013年年底，石门山镇党委下辖支部63个，党员1902名。

第五节　教育

1991年，董庄乡有中学3所，学区5个，小学29所，在校学生7237人，有教职工366人。1992年，日本友人三浦启荣到董庄乡资助学生8人，每人400元。1994年，成立乡成人教育中心，村村建起农民文化技术学校，每年参加技术培训人员都在万人以上；青壮年非盲率98.5%，脱盲人员巩固率98.2%。1995年，投资500万元，新征土地5.75公顷，改扩建中小学15所，新建校舍13004平方米，其中马亭中学、韦庄小学、马亭小学、衡庙小学、乡成教中心全部新建。1996年9月，全乡开始“资源共享、合班并校”工作。至2000年年底，董庄乡小学由29所合并为6所。2002年，加强成人教育、科技教育、农村科技队伍建设，全乡95%以上村队办起青年民兵之家、农村科技学校等。2004年，6处小学把辖区私办幼儿园收归校管校办。2006年，海尔集团出资30万元，在董庄乡后夏村建设“曲阜市海尔希望小学”。2008年，董庄乡有1所中学、6所小学、3个教学点。2010年，歇马亭小学通过省规范化学校验收。2013年，镇中心幼儿园通过省级乡镇中心幼儿园认定。至年底，全镇有1所中学、6所小学、9所幼儿园（托儿所），有在校中小学生2888人，全镇有小学教师201人、中学教师111人。

第六节　卫生

1991年，董庄乡卫生院位于董庄北村，有14个科室，医务人员44人；有村卫生室48个，村医务人员98人；居民实行合作医疗，由各村委收取合作医疗基金，交乡财政所统一管理。1992年，新建病房投入使用，建筑面积550平方米。1994年，董庄乡卫生院被评为一级甲等卫生院。1998年，全乡推行乡村卫生组织一体化管理工作，新建村卫生所21个，对乡村医生实行聘任制、工资制、养老保险制。新建北病房楼投入使用，建筑面积5600余平方米。2001年，乡卫生院被列为创建省级示范计划免疫门诊单位。2005年，董庄乡新型农村合作医疗参合人数为40800人，覆盖率85%以上，全乡报销医疗费60多万元。2010年，经山东省验收，董庄乡等27个卫生所全部符合省级规范化标准，村村实行合作医疗即时报销。2013年，卫生院为全镇46748位居民建立居民健康档案，建档率97.8%。至2013年年底，石门山中心卫生院占地面积10633平方米，建筑面积6900余平方米，有医生32人，病床42张。

第七节　人民生活

1991年，董庄乡农民人均收入575元；全乡农户有电视机5910台、电风扇4617台、摩托车129辆。1994年，农民人均纯收入1523元。1994—1995年，全乡农民加入养老保险1.2万人，养老保险金130万元。1995年，农民人均纯收入1523元。全乡新增电视机900台、录像机50台、电风扇400台、收录机4000台、电冰箱75台、洗衣机118台；全乡安装程控电话480门，建成电话村2个。1998年，农民人均纯收入2325元，社会各项存款余额8255万元；全乡有彩电2120台、录放机、VCD机600台，摩托车1800辆，新建住房（含楼房）2865间。成立董庄乡文化艺术联合会，与江苏锡山市梅村镇联合举办书画展，成立曲阜市第一家民间书画院——石门书画院。2001年，农民人均纯收入2632元；全乡安装程控电话6000部，建成电话村50个。2002年，电话普及率为每百人15部。其中，郭沟成为全市第一个手机村。全乡20个村安装有线网络，有线网络覆盖率40%。2003年，开展“巾帼建功”“好媳妇好婆婆”“十星级文明户”评选活动，提高公民道德水平和文明程度。2005年，农村基本养老保险参保人数1.2万人，享受居民最低生活保障人数268人，抚恤和社会福利救济支出79万元，救助困难户434户，组织动员全社会开展送温暖、献爱心活动，捐款13000元，捐赠衣服5620件。2007年，农民人均纯收入3712元，2010年为5770元。2012年12月，石门山镇在镇政府驻地南侧建成集休闲、运动、学习、娱乐为一体的一级综合文化站，并通过济宁市级评估验收。2013年，农民人均纯收入39645元，35个行政村建起村文化大院和农家书屋30个，村级文化广场30处，5个村建起百姓大舞台，有40个广场舞蹈队。

2012年9月23日，石门山庙会舞台表演

第七章　吴村镇

吴村镇位于曲阜明故城北18千米，总面积78平方千米。辖区内九仙山是国家AAA级旅游景区，九仙山主峰海拔548.1米，素有鲁南“小泰山”之称。1991年，吴村镇下辖39个行政村，51个自然村，全镇划分为3个管区，分别是吴村管区、郭店管区、峪口管区，总人口11009户41784人，其中男、女分别为21614人、20170人，农业、非农业人口分别为40674人、1110人。2002年11月，吴村镇原有39个行政村合并为26个，大河崖村、王林村并入龙尾庄村，林家寺村并入峪南村，西山子村、秦家村、后河洼村并入河洼村，黄堂村并入郭店村，陈洼村、丁官庄村并入李洼村，小寨村、高街村、孔行村并入柳庄村，前张村并入张庄村。2007年5月，将26个行政村、3个管区划为5个党总支部。2011年2月2日，中共中央政治局常委、国务院总理温家宝到吴村镇中心村视察抗旱工作。2012年，吴村镇围绕打造农业观光旅游特色镇，结合区位条件、资源优势和发展特点，坚持以促进“集体经济发展和农民增收致富”为中心，划分为三大项目区：农业产业化项目区、生态旅游开发项目区、农副产品深加工项目聚集区。到2013年年底，吴村镇辖26个行政村，39个自然村，乡村人口10485户35809人，其中男、女分别为18622人、17187人；全镇各类水果和花卉苗木种植面积2664公顷；全镇实现地方财政收入1783万元，两税收入810万元。

2013年吴村镇各行政村基本情况表

表34-7

村名	户数(户)	人口数(人)	耕地面积(亩)	村名	户数(户)	人口数(人)	耕地面积(亩)
吴村	625	1962	3431	李洼村	582	2027	4210
中心村	453	1560	2690	许洼村	255	878	1400
车站村	112	372	602	白塔村	341	1201	2131
丛庄村	540	1890	3644	崔屯村	346	1198	2794
高楼村	398	1384	2519	孟官村	240	850	1907
东杨院村	460	1484	3179	三官村	249	870	2080
蒋家寨村	254	836	1970	峪南村	650	2060	3250
西杨院村	365	1298	2153	前寨村	449	1610	2540
泉头村	316	1190	2497	峪东村	380	1234	1938
柳庄村	720	2280	5398	峪西村	391	1278	2800
张庄村	368	1370	3478	龙尾庄村	510	1820	1794
郭店村	500	1700	3622	东岭村	196	683	2227
河洼村	566	2026	3910	簸箕掌村	219	750	1200

第一节　农业

种植

吴村镇是农业大镇，农村经济以传统农作物种植和家庭畜禽养殖为主，以经济林果业为辅。主要粮食作物有小麦、玉米等，林果以樱桃、葡萄、大枣、苹果、柿子、山楂、核桃、梨、桃、板栗等为主。1991年，吴村镇实有耕地面积4306公顷，农作物播种面积6813公顷，粮食总产2.75万吨，单产330千克；林地面积1767公顷，木材蓄积量5.5万立方米，生产水果3617吨；农业总产值4788万元。1993年，吴村镇与山东省林业学校联合建立山东林校吴村林果培训站。1994年，新发展林果1000公顷，以苹果、葡萄为主，到年底，全镇林果面积2333公顷。1995年，实施世行二期农业开发工程，涉及15个行政村，开发面积767公顷；同年3月，曲阜市设立果树试验示范园，位于吴村镇东岭村村南，占地1.6公顷，示范园由吴村镇林业站兴建并负责技术指导，示范园设三个试验示范区：苹果栽培试验区、猕猴桃栽培试验区和新品种引进观察区。1996—1998年，调整产业结构，强化林果基地建设，形成以泉头村、崔屯、吴村、前张村、后张村、黄堂村、三官庙村、孟官庄为主的粮食生产大村，白塔、李洼、陈洼、丁官、东杨院村、蒋家寨村、西杨院村、高楼村、丛庄村、峪西村、峪东村、前寨等林果生产村，龙尾庄、大河崖村、王林村、峪西村、簸箕掌村、东岭村等干杂果生产村；全年新发展优质果树100公顷，人工集约林160公顷，“四荒”绿化160公顷，完善林网3333公顷。1998年，吴村镇被评为山东省林业工作先进单位。2002年，造林445公顷，森林覆盖率22%，林业产值1114万元。2002—2004年，实施“封山育林”工程，封育800公顷，发展核桃、山楂、大枣等林果种植467公顷。2006—2007年，农业产业结构调整向名、优、精方向发展，新发展大樱桃20公顷、杏和绿梨46.67公顷、苹果100公顷、山楂10公顷、葡萄33.33公顷、速生丰产林133.33公顷、食用菌双孢菇大棚60个、无公害蔬菜大棚10.67公顷、黄姜46.67公顷。2008年，葡萄、樱桃、苹果、核桃、山楂等8种主要果品获得无公害绿色产品认证。2011年，规划农业产业化项目区，以镇域西、南片区为重点，涉及8个村，总占地面积1613公顷。2012年，丛庄村村民丛立明承包峪东村土地6.67公顷，建立曲阜市第一个家庭农场农业专业合作社，实施以林果采摘园、星级农家乐为主体的产业结构调整优化，土地流转1333公顷。2013年，吴村镇被确定为山东省休闲农业与乡村旅游示范点，高楼巨峰葡萄、北山大枣、高楼葡萄通过国家地理标志认证。到年底，全镇新流转土地1467公顷，栽植各类苗木花卉、经济林160万株，注册家庭农场23家，农业合作社发展到47家，发展设施农业示范园23个，打造“一村一品”示范村14个。

水利

1995年，吴村镇实施“北水南调”工程，从粮船石水库向南部村庄进行调水。1996—1998年，建提水站34座、打机井215眼、挖大口井353眼、岩石地道井446眼，建成东水西调、西水东调2处，兴建全长10千米北水南调工程，扩大灌溉面积270公顷，自流灌溉面积100公顷，受益面积470公顷。1999—2002年，建提水站189座、打机井283眼、挖大口井20眼、岩石地道井192眼，调水工程4处，新建、修建桥涵220座。2003—2005年，发展节水灌溉面积333.33公顷，新修沙石路40千米，铺设节水管道2.2万米，有效改善灌溉面积1000公顷以上。2006年，实施世行三期农业综合开发项目，治理农田1000公顷，建桥涵500余座，打井18

九仙山百果苑（2012年摄）

眼，铺设沙石路面41千米。2007年，新建蓄水池9个，新打机井10眼，铺设各种PVC管道9.7万米，新增有效灌溉面积666.67公顷。2008—2010年，实施小型水库除险加固工程，加固小(1)型水库3个、小(2)型水库7个。2009年、2010年，实施中央财政预算内水土保持项目凤凰山、黑虎山清洁小流域治理工程。2012年，实施孔家村提水站调水工程，新打机井23眼、岩石地道井7眼、大口井26眼、新建蓄水池19个；同年，天池水库命名为山东省水利风景区。2013年，吴村镇治理东岭塘坝、丛庄塘坝、柳庄塘坝，实施陈寨坝调水工程。

畜牧

1991年，吴村镇年末大牲畜存栏3644头，猪23111头，羊9348只，家禽14.18万只，牧业产值1547万元。1994年，泉头村建立小尾寒羊良种繁育基地。1998年，吴村村在吴村火车站煤建公司原址建起“万鸭场”。到年底，全镇100只以上养猪场3处、千只养鸡场10处、小尾寒羊种养场2处、万只兔场1处，以长白山梅花鹿为主特种养殖繁育基地1处、狐狸养殖场2处，全年畜牧业总产值6523万元。2005年，吴村镇大牲畜存栏2808头，猪存栏2.19万头，羊存栏3.8万只，家禽存栏35.1万只，畜牧业总产值11724万元。2006—2007年，李洼、河洼、龙尾庄、泉头、张庄、郭店、东杨院、三官等村新发展养鸡大棚16个，万只肉鸭棚6个，养猪专业户10个。2008年，孟官村建设鑫利源畜牧开发有限公司，总投资1800万元，种牛存栏1000余头。2012年，峪西村借助招商引资在村西北小岭上建立万只小尾寒羊养殖基地。2013年，年末大牲畜存栏462头，猪存栏3.12万头，羊存栏1.13万只，家禽存栏60万只，畜牧业总产值2.86亿元。2013年，吴村镇实现农林牧渔业总产值5.23亿元，其中农、林、牧、渔产值分别为2.81亿元、0.16亿元、2亿元、0.08亿元，牧业占总产值38.39%。

第二节　工业

1991年，吴村镇镇办工业主要有机械、建材、纸箱、化工、印刷等行业，从业人员2200人，全镇工业总产值7633万元。1995年，镇办企业固定资产350万元，流动资金150万元，有职工2300人。村办、个体企业主要有食品加工、地毯、酒容器、木材加工、砖瓦、果品购销等。1998年，个体工商户发展到300户，个体私营企业20家；乡镇企业完成总产值1882万元，营业收入1719万元，利税86万元。1999年，镇属企业实施改制，采取承包、租赁、买断、股份制等多种方式，盘活保温厂、小面粉厂、纸箱厂、原淀粉厂、低温库、大面粉厂等集体资产，组建荣大食品有限公司、鲁强线缆有限公司、天然果蔬有限公司、海昕生物制品公司等企业，引资新上九仙山百鹿园、九仙山百龄园、圣德职业专修学校，高楼冷库、伟业制发、九仙药业公司等企业。2002年，个体工商业户606户，从业人员3610人。同年，吴村镇被授予济宁市发展民营经济先进乡镇称号。2004年，曲阜市云峰新型建材有限公司、绿宝生物科技公司在吴村镇落户。2007年，新兴能源物资贸易公司、久益食品公司、海利农畜生物制品、瑞海建材公司、天宝佳华建材、建筑用品有限公司、晟亿汽车配件公司等企业落户吴村。吴村镇年销售收入500万元以上骨干企业10家，

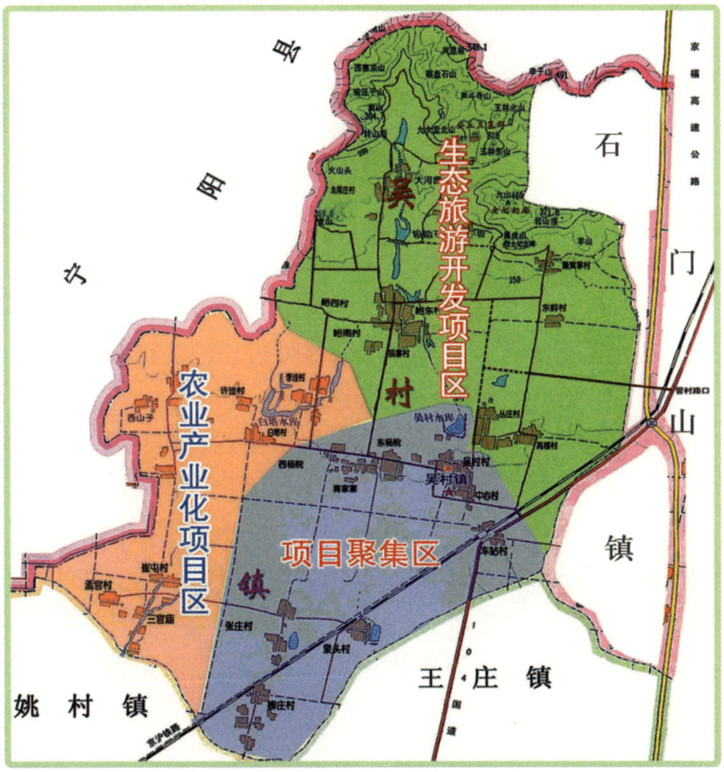

图34-3　吴村镇三大项目区规划图

全年民营经济实现销售收入2.36亿元。2008年，吴村镇成立工业园，位于104国道西侧。2008—2013年，山东博诚机电有限公司、曲阜海昕生物制品厂、曲阜天宝佳华建材有限公司、曲阜九山工贸有限公司、曲阜市劲霸球业有限公司进驻吴村镇工业园。至2013年年底，吴村镇有规模以上工业企业5家，工业总产值10.8亿元，利税7576万元，为该镇提供862个就业岗位。

第三节　旅游

九仙山位于吴村镇北部，北与宁阳县毗邻，东与石门山镇接壤，山区面积2700公顷，山头100多座，自然景点繁多，有跑马岭、仙人洞、九女堂、楼台庵、饮马泉、牛腿沟、楼斗寺、呼延庆打擂台、古战场瞭望台、孙猴子喝仙丸、老魔洞等游览风景点30多处。1994年8月，曲阜市成立九仙山旅游开发有限责任公司，对九仙山进行开发建设。镇政府与龙尾庄村投资200万元，建设完善基础服务设施，购买汽艇、游船，新塑观音像1座，铺设像下台阶500米，开通景点间道路25千米，基本形成集划船、钓鱼、游泳、登山游览、住宿、停车等于一体的旅游景区。1997年，吴村镇修建30千米进区柏油路和15千米环山公路，改善九仙山旅游交通状况。1998年，会同曲阜市文物局，修复南天门、十八盘、小红门、拔云观等文物古迹，投资250万元。同年，曲阜市华润实业有限公司兴建九仙山农夫山庄，是一所集种植、养殖、餐饮、住宿、娱乐、接待服务为一体的综合性设施，山庄占地20公顷，第一期工程投资300万元。2002年，吴村镇启动曲阜市九仙山观光农业示范园基地建设，示范园位于吴村镇境内，东邻津浦铁路、104国道、京福高速公路，北、西部与泰安市宁阳县接壤，区内气候宜人，九仙山景点众多。8月21日，省委副书记、省长张高丽到吴村视察农业生产和抗旱情况，指出要大力发展区域特色和绿色经济，着力发展林果业。为此，曲阜市政府组织专家班子，通过实地考察和统筹规划，编制九仙山观光农业示范园总体规划，主要内容是林果发展工程、水土保持及节水工程、基础设施工程和观光旅游等工程，工程概算投资8209万元，于2005年完成建设任务。2005年，北京等地客商兴建玉龙山庄和风景庄园，均为集多种休闲娱乐项目于一体的综合性服务场所；连五洲集团设立九仙山旅游开发公司，修建九仙山停车场、牌坊和中心大殿。2006年，吴村镇与龙尾庄村修建风景庄园北侧至天池东观光路，建起蓄水池2处，绿化荒山133.33公顷。2007年，吴村镇修通7.5千米九仙天池东环山沙石路，龙尾庄村群众将环山路拓宽到10米。2011年，吴村镇规划建设生态旅游开发项目区，项目区以凤凰山及周边村为依托，涉及9个村，总占地面积4240公顷。区内围绕“儒、释、道”文化汇集，打造儒学培训基地、芦斗寺佛文化景区、碧霞元君祠；围绕跑马岭原始森林等自然景观带和“曹刿论战”地、凤凰城遗址、明安丘王墓群打造凤凰山景区；围绕龙尾庄民俗村、万亩枣园、千亩樱桃园打造民俗农家乐景区。建设葫芦套民俗村，以原始生态资源为依托，以保存古村落为载体，规划建设观光休闲采摘区、民俗民居体验区、山区景观娱乐区、垂钓水上嬉戏区、餐饮食宿区，凸显葫芦文化“寓意福禄”。葫芦套民俗村总投资6000万元，于2013年建成运营。2012—2013年，吴村镇以曲阜（吴村）乡村旅游年为主题，举办曲阜乡村旅游推荐会和第三届“大樱桃采摘节”，规划设计镇域精品旅游线路6条，新建四季常青苑等10处精品采摘园。2013年，结合“彬彬有礼道德城市建设”，吴村镇打造峪西、东岭两个孝德文化民俗村。

第四节　村镇建设

1991—1993年，吴村镇改造法庭、司法所用房，新建计划生育服务站、派出所、财政所，改善镇机关办公场所；新建曲宁公路吴村段柏油路面10千米。1995年，铺设“曲九公路”东杨院至九仙山段9.86千米柏油路面；开通全市91378工程吴村段林果生产路25.4千米，东起董庄乡丁庄村，南至白塔、黄堂，贯穿21个行政村。1998年，实施改水、改厕工作，有30个村用上自来水，12个村建起垃圾粪便储存场。1999年，开展“十星级文明户”“文明单位”“文明市民”“好媳妇、好婆婆”“科技致富带头人”等评先表彰活动，1999—2002四年评出文明单位46个、先进个人360人，“十星级文明户”占农户的比例80%以上。2001年，吴村镇于吴村村西南投资新建机关办公大楼，占

吴村镇美丽乡村示范街(2006年摄)

地0.53公顷，主体6层，建筑面积1000多平方米。2003—2005年，在镇驻地建起高标准图书馆、阅览室、文化活动室，各行政村均建起宣传栏、阅报栏、文化大院、道德教育室等设施。2007年，镇政府多方筹资500万元，实施5千米环山路及凤凰台二期开发建设工程。峪东村投资40万元，修通从峪东小学到平坝的2.3千米的水泥路，新建桥涵2座，建蓄水池17座，铺设地下管道2.8千米。在峪西村铺设环村水泥路5千米，建休闲亭4个。许洼村整修2条村内道路。全镇新建沼气池83个，“一池三改”228户。2009年，车站社区开工建设，占地64公顷，拆迁76户，安置115户；东杨院社区开工建设，占地80公顷，安置391户。2010年、2011年，吴村镇推进“村内通”农村公路工程，全镇建设公路167.89千米，其中乡道6条30.3千米、村道34条41.9千米、村内主街41条27.82千米、村内其他街巷325条67.87千米，完成投资5996万元。有33个自然村实现“村内通”，占全镇自然村比例89%。2012年，投资90万元，实施镇驻地及府前道路绿化、亮化工程；投资5880万元，启动吴村镇农村公路“户户通”工程，建设乡道21.3千米、村道41.9千米、主街25.7千米、巷道80.8千米。2012—2013年，推进小城镇建设工程，建设迎宾区，做石景绿化，塑吴村标识，打造农业观光旅游特色镇名片工程。新安装路灯84盏，实施弱电下地，铺设地下电缆3400米。垒砌绿化池3000平方米，栽植景观树1000株，打造高标准绿化示范街。铺设地下管道6000米，解决吴村、中心等村的用水问题。改造路面6000平方米。统一商店店牌、统一宣传标牌。建设为民服务中心。2013年，启动镇驻地西延路建设，全长1.1千米。

第五节　党的建设

1991年，吴村镇党委下辖3个党总支，39个党支部，有党员713人，其中男性党员656人，女性党员57人。1996—1998年，吴村镇制定创建“六好”乡镇党委规划和实施意见，制定争创“五好村党支部”规划和年度计划；各行政村配有1~2名机关干部督导，注重发挥强村典型示范作用；结合市镇包保、帮扶工作组包村有利时机，针对后进村实际，分析原因，查找问题，制定整改措施。全镇发展党员45名，其中35岁以下35名，女党员8名；投资50万元，为13个行政村配置党员电化教育设备，加强播放人员业务培训，除对党员干部进行党规、党纪、法制宣传教育外，还对农民进行科技普及、法制教育宣传，提高农民科学种田、法律防范能力。同年，吴村镇被纳入全省电教科技示范单位。1999年，制订争创“五好村党支部”规则和农村党支部千分制考核实施意见，对农村党支部进行千分制考核，并依此顺序确定纳入市委组织部规范化管理的支部书记；投资50万元，为26个行政村全部配置电教设备。2003—2005年，党委开展“三级联创”活动，制定全镇基层组织工作的中长期规划，完善《党员议事制度》《书记办公制度》《党委民主生活会制度》《党委学习制度》《廉洁勤政制度》等。泉头村代表曲阜市在济宁市村务公开表彰大会上作典型发言，获得济宁市级文明村称号，吴村镇获济宁市村务公开先进乡镇称号。在完善农村党员干部现代远程教育网络基础设施建设、人员网络配置齐全、“两机一室”具备条件下，抓好管理员业务培训，熟练操作技术，在曲阜市远程教育大比武活动中，吴村镇获全市第1名。2006—2007年，推进党员干部现代远程教育“资源共享工程”，建起1个镇级接收点、26个村级接收点，全年播放远程教育辅导课件178场次，参与观看8600余人次。新建车站、河洼、许洼、龙尾庄4个村委办公室，有效改善村级组织办公条件。“七一”期间，开展“立足岗位实际、推动吴村发展”演讲比赛，组织机关党员干部到九仙山烈士陵园举行重温入党誓词、新党员入党宣誓仪式等活动。2011年，以龙尾庄村为试点，推进“支部+专业经济合作组织”模式，注册成立凤凰山农家乐旅游专业合作社，以农户为基础，以产业为依托，以协会为载体，以党支部为核心，以富民为目的，通过支部抓经济组织，经济组织带农户，推动农民群众增收、旅游产业增效，到年底，合作社入社农民700多人，辐射峪西、峪东等村。同年，吴村镇将5个党总支整合为3个党总支，第一总支辖吴村村，中心村、车站村、东杨院村、蒋寨村、西杨院村、泉头村、柳庄村、张庄村；第二总支辖李洼村、许洼村、白塔村、郭店村、河洼村、崔屯村、孟官村、三官村；第三总支辖峪南村、前寨村、峪东村、峪西村、龙尾庄村、高楼村、丛庄村、东岭村、簸箕掌村。2012年，按照“功能布局合理、标牌制定规范、内外形象提升、环境整洁优美”的整治要求，对村级组织活动场所进行逐村整治，使所有村居场所功能完备、设置合理、规范整洁。11月9日，曲阜市基层组织“三规范一整治”现场推进会在吴村镇召开，得到市委组织部肯定。2013年，结合市委发展壮大村集体增收“十条路子”，吴村镇探索实行“盘活集体资产”“支部+合作社”“旅游资源开发”等模式，创新实践“示范园里抓党建”“农家乐里抓党建”新路子，村集体经营性收入显著增长。至2013年年底，吴村镇党委下辖3个党总支，38个支部，有党员1809人，其中男性1550人、女性259人。

第六节　教育

1991年，吴村镇有19所小学、3所中学、34所幼儿园，在校学生8148人，有教职工384人，其中公办教师213人，民办教师171人。1993年，镇影剧院全年放映电影130场，巡回放映180场，放映科教片200多场。1995年，吴村镇中学新建教学楼1座。1996—1998年，吴村镇举办9次农村干部培训工作，参加人员为村支两委成员，后备干部和入党发展对象，内容为政治理论，党的知识、农业实用科技等。1998年，吴村镇小学入学率100%，幼儿入园率95%。1999年1月，吴村镇成人教育中心成立；8月，吴村中学、吴村镇中学合并，称吴村镇中学。2004年，为中小学购置微机26台，对3所小学进行重建和维修。2005年7月，成教中心撤并，教职工并入镇中学；10月，撤销吴村镇教委，吴村镇中学更名为吴村镇中心中学，原教委与镇中学管理机构合并。2006年，多方筹集90万元，用于中小学房屋改造、教育设施配备，为吴村小学、柳庄小学、李洼小学、郭店小学、崔屯小学、吴村镇中心中学进行校舍改造及办公设施更新。2010年，香港轩辕基金会出资20万元，市、镇政府筹资50万元，改建峪口小学，该校在全市农村小学率先实行午餐制。2013年年底，全镇有5所小学、1所中学、6所幼儿园，教职员工241人，在校生2135人，在园儿童435人。

第七节　卫生

1991年，吴村镇卫生院有医务人员32人，分6个科室；有村级卫生室33个，医务人员40人。1992年，吴村卫生院配备救护车1辆，承担辖区内急危重病患者转诊抢救任务。1995年，有计划生育专职人员72名，计划生育服务站备有B超机、微机、汽车等服务设备，符合济宁市一类服务站标准。1999年10月，吴村镇辖区19个村卫生所实行一体化管理。2003年初，启动新型农村合作医疗，4月投入使用，同年吴村镇农民参合人员2.8万人，参合率82.5%。2007年，投资10万元，改造卫生院基础设施。到年底，99.3%农民参加新型农村合作医疗保险。2009年，启动实施国家基本公共卫生服务项目。2013年，启动全民健康查体工程，免费查体18763人；曲阜红十字会出资新建孟官卫生所。到2013年年底，吴村卫生院占地面积0.93公顷，有员工37人，其中中级职称15人、执业医师10人、注册护士9人，开放床位数45张；设有办公室、财务科、防保站、合作医疗管理办公室、基本公共卫生服务办公室、内科、外科、中医科、理疗科、皮肤科、放射科、超声、心电图、检验、药剂科等科室，下辖20个卫生所，辖区服务人口35809人，乡村医生66人；农民新农合参合人员3.24万人，参合率94%。

第八节　人民生活

1991年，吴村镇农民人均收入620元。1993年年

底，全镇有电视机5485台，电风扇5376台，收录机2233台，洗衣机58台，轻骑摩托车129辆。镇影剧院全年放映电影130场，在各村巡回放映180场，放映科教片200多场。1993年，镇政府通过多方筹资150万元，新建邮电楼，安装程控电话，实现村村可通程控电话。1995年，储蓄总额突破3000万元，居全市第三位；农民人均纯收入1679元。1997年，农民社会养老保险投保率在80%以上，凡具“五保”条件老人全都入敬老院，集体赡养；同年，吴村镇被评为济宁市社会保障先进单位。2002年年底，有14个村接通有线电视，电话普及率为每百人13部。2004年，被授予济宁市社会文化先进乡镇称号。2006年，实现村村通有线电视，有线电视入户率30%。2008年，在车站社区设立镇综合文化站。2013年，26个村均设有文化大院、农家书屋，建有村级文化广场18处，有8个村建有百姓大舞台；全镇有女子腰鼓队3支、综合文艺团体3支、广场舞队伍24支。高楼村农家书屋被定为山东省示范农家书屋。

第八章　姚村镇

姚村镇位于北纬35°37′~35°43′，东经116°50′~116°59′，东西长8.85千米，南北长8.2千米，地属黄河冲积平原，地势东北高西南低，海拔90~56米，西北高东南低，海拔70~61米，土壤肥沃。面积71.48平方千米，耕地4333公顷，盛产小麦、玉米、大豆、花生、棉花等作物。境内有泗河、汗马河、小泥河等河流，水利资源丰富。地处曲阜市境西北部，西与兖州区相邻，北与宁阳县接壤，曲宁公路横跨东西，京沪铁路纵贯南北，交通便利。1991年，姚村镇下辖54个行政村，72个自然村，全镇划分为5个管区，分别是姚村管区、薛村管区、席厂管区、纪村管区和孔村管区，总人口12320户45817人，其中男、女分别为23605人、22212人，农业、非农业人口分别为44368人、1449人。2000年11月，姚村镇实施行政村合并工作，将原54个行政村合并为27个行政村，“消化掉”18个后进党支部和贫困村，精减村级干部260余人，村平均人口由747人增加到1302人。分别是：姚西村、庙西村并入姚东村，合称姚村村；前宋、后宋村合并为宋家林村；王官庄村并入王家村；北李村、岗子村并入寨后村；于村、苏村并入庙东村；东辛村、西辛村、徐家庙村合并称辛庄村，西孔村、前代村、后代村合并称代家洼村；姚庄村、西孙庄村并入席厂村；颜庙村并入马厂村；刘家村并入下地村；辛店村、五所楼村、坊上村、匡庙村、河口村合并称河口村；王家庄村、宋家村并入春亭村；南李庄村、保宁村合并称保宁庄村；东孙庄村并入毕家村；红新庄村、胡家铺村并入保安村。2004年，姚村镇率先在济宁市完成第八届村“两委”换届选举，村支部书记、村主任“一人兼”和两委交叉任职率100%。2013年，姚村镇辖72个自然村，27个行政村，乡村人口11710户42785人。

2013年姚村镇各行政村基本情况表

表34-8

村名	户数（户）	人口数（人）	耕地面积（亩）	村名	户数（户）	人口数（人）	耕地面积（亩）
姚村	522	1825	2560	马厂村	422	1624	3020
庙东村	670	2470	3485	下地村	280	1067	1884
宋家林村	265	953	1720	佃户屯村	350	1226	2442
崔庄村	230	832	2446	纪村	185	640	1100

续表 34-8

村名	户数(户)	人口数(人)	耕地面积(亩)	村名	户数(户)	人口数(人)	耕地面积(亩)
王家村	395	1440	3338	代家洼村	530	1960	4268
寨后村	400	1518	3348	黄屯村	366	1226	2456
薛村	412	1503	2858	化庄村	290	1010	1806
颜家村	820	2960	3900	辛庄村	403	1541	2943
保宁庄村	497	1760	2380	孔村	223	800	1069
兴隆桥村	425	1520	2475	毕家村	411	1650	2340
春亭村	720	2660	3993	陈寨村	435	1657	2240
河口村	657	2386	4727	保安村	660	2460	5000
席厂村	530	1910	3700	张家村	350	1223	1813
羊厂桥村	262	987	1956				

第一节　农业

姚村镇是平原乡镇，主要粮食作物有小麦、玉米等。1991年，姚村镇耕地面积4733.33公顷，粮食播种面积3853.33公顷，总产量3.58万吨，单产348千克；林地面积613.33公顷，木材蓄积量5.33万立方米；农业机械总动力22672万千瓦，农业总产值5780万元。1992—1994年，姚村镇连续三年掀起发展林果种植大高潮，新发展林果1000公顷，以苹果、山楂为主，1994—1995年，姚村镇实施世行二期农业开发工程，新打机井72眼，修缮机井54眼，铺设地下管道2.8万米，购置农业机械60台，其中大型联合收割机18台，全镇水浇面积率95%以上，机耕机耙面积90%以上。1995年，粮食播种面积6087公顷，总产量3.81万吨，单产417千克，基本实现吨粮镇；全镇有6个养殖专业村，150多个养殖专业户，存栏生猪3.5万头，大牲畜1.75万头，羊1.5万只，鸡30万只，肉类总产量3360吨，蛋产量1300吨；全镇粮经作物面积比例接近5:5。1996—1998年，姚村镇围绕蔬菜、畜牧、桑蚕三大主导产业，推进农业产业化进程，初步形成宋村、红新、姚东、佃户屯、马厂、薛村、纪村、北李等蔬菜瓜果、养殖专业村；建立科技示范田7块，实行良种化工程，实施配方施肥；造林26.67公顷，种植桑园77公顷，蚕茧产量180吨，果园135公顷，水果产量433吨。2002年，在河口村建立专用小麦良种基地133.33公顷，实现全镇统一供种。桑园面积发展到173.33公顷，有“3+1”桑蚕大棚90个，养蚕大户95个；21个村庄完成林业产权制度改革；全镇“四荒”、路、沟、渠拍卖承包林地133.33公顷，“四旁”植树8万株，完善林网666.67公顷，造林53.33公顷。2003—2005年，加大世行三期农业综合开发力度，修路60千米，植树10万株，打机井260眼，开挖排水沟4.7万米，初步形成田成方、林成网、沟相通、路相连框架；对汙马河流域进行综合治理，筑堤围堰3500米，开发荒滩薄地240公顷，复垦土地53.33公顷，植树造林30万株。2006—2007年，以基地带农户，打造以兴隆桥村、保宁庄村为中心的1000公顷优质专用小麦良种繁育基地，以纪家村、颜家村为中心的333.33公顷桑蚕基地，以佃户屯、马厂为中心的1000公顷大棚蔬菜生产基地，汙马河流域1333.33公顷速生林生产基地，以鑫禾农业生态园为中心的双孢菇养殖基地；世行三期农业综合开发投工5万余个，修建道路10万米，建设桥涵855座，打机井200眼，建井房250座，埋设地下管道、电缆14万米；扩建林地200公顷，新建高标准农田林网1000公顷；规划养殖小区8个，发展大棚养鸡、养鸭、养猪48户。2008年，全镇投资2000余万元，完成3667公顷农田田间道路、农田林网、田间排水、田间节水等建设。2010年，推行土地托管与半托管模式。到2011年年底，全镇牛蒡种植面积133.33公顷，新增绿色蔬菜种植100

余公顷，发展规模化养殖场12家，其中存栏500头以上养猪场2家，100头以上肉牛场1家，万只以上家禽场9家。2013年，实施533.33公顷农业综合开发中低产改造项目，打造“方田合理、道路通畅、灌排配套、设施先进”格局，实现管道、电力、林网全覆盖。新建大型特色农业基地——山东华仕集团现代农业科技示范园，项目区集中流转土地342公顷，分为精品蔬菜区66.67公顷，良种繁育区200公顷，水果采摘区20公顷，种苗观赏林区28公顷。到2013年年底，姚村镇有专业土地托管合作社4家，托管土地960公顷，占全镇耕地总面积17%。实现农林牧渔业总产值5.92亿元，其中农、林、牧产值分别为2.91亿元、0.05亿元、2.98亿元，牧业占总产值47.2%，森林覆盖率31.9%。

第二节　工业

姚村镇属工业主导型乡镇。1991年，镇内工业企业有鲁劲建材公司、磷肥厂、天利糊精厂、肉联厂、铁铝制品厂、鲁抗淀粉糖公司、保宁纸箱厂、仪表厂、孔酒酿造公司、孔圣线路器材厂、农机站加工厂、机械厂、红光电线厂等15家规模较大企业，从业人员1263人，工业总产值1.12亿元。1995年，全镇各类企业60余家，其中镇办企业20余家，固定资产4500多万元。1997年，天工金属制品公司、天利药用辅料公司、圣达精密仪表厂、宇丰复合肥公司、鲁抗淀粉糖公司、保宁纸箱厂、孔酒酿造公司由镇属企业改制为个体民营企业。1998年，全镇有集体企业13家，私营企业7家，个体企业14家，兼营手工业或从事商业活动5980户。2000年，姚村镇工业总产值1.27亿元，实现利税710万元，被评为济宁市发展乡镇企业先进乡镇，并确定为曲阜市级民营经济工业园。2002年，园区有14家企业，营业收入16650万元；其中销售收入过千万元、利税过百万元企业4家，销售收入过500万元、利税过50万元企业3家，形成一个骨干企业群体。2008—2011年，姚村镇突出招商引资促增收，完成华龙木业一期工程、环宇石油销售、恒兴机械加工、锦绣针织制衣等项目建设，解决农村剩余劳动力300多人就业；完成山东亿恒能源控股有限公司项目、宏源生物医药项目、润欣三期项目、金谷聚二期等4个签约项目。2011年，姚村镇被市委市政府定位为工业主导型镇街，功能区内规划建设颜氏产业园和商贸物流园。2012年，姚村镇成立颜氏产业园。2012—2013年，投资1.26亿元，按照国家二级公路标准先后修建园区复圣路、仰圣路、仁和路、乐道路等道路，进行绿化、亮化、美化；争取电力部门投资1300余万元，实施110千伏姚开线和10千伏姚胡、姚工电网改造工程；与市燃气公司对接推进燃气管网建设工作，实施颜子大道管网铺设工程，颜氏产业园建成“七通一平”高标准园区。商贸物流园园区道路整体规划、布局由山东省规划设计研究院设计，修建乐道路，实现颜氏产业园和商贸物流园的贯通；到2013年年底，落户企业20余家，园区产值10亿元，主要有茂森生物科技有限公司、圣城泰纸制品有限公司、金絮龙纺织有限公司、神农耕砼业有限公司、鑫诚容器制造有限公司、豪胜工程有限公司、孔故里鞋业有限公司。全镇有工业企业51家，从业人员2101人，全年实现工业总产值10.81亿元，上缴税金4152万元。

第三节　村镇建设

20世纪90年代，姚村镇农村经济迅速发展，农村住房建设规模不断增大，1991年，全镇农民建房投资比1985年增加一倍，新建住宅面积由5万平方米提高

姚村镇薛村街道（摄于2012年）

到10.8万平方米。1994—1995年，着重抓“三个一”工程，投资300万元，修好一条干线路，建好商业一条街，建成一个专业市场，全镇第三产业从业人员1000多人。1996年，姚村镇被授予山东省村镇建设新型乡镇称号。1998年，镇党委政府聘请省、市有关专家绘制总体发展规划和民营工业园、行政办公区、花园住宅小区和商贸园区等详细规划，制定优惠政策，着力进行载体建设。1998—2000年，投资500万元修建3处铁路立交桥、开通一环路，拓宽曲宁路姚村段，建设11万千伏安变电站1座，完成水源井、配套工程及管网建设，构筑起姚村镇小城镇基本建设框架。2000年，姚村镇被省政府确定为首批中心镇，被省建委列为全省25个重点扶持乡镇之一。2002年，经过几年开发，镇驻地府前大街建成集办公、经营、居住、休闲、娱乐、购物为一体的综合商贸一条街。镇驻地实现水、电、路、通信等“五通”，成为全镇人流、物流中心。铺设柏油路67千米，形成纵横交错、村村相通交通网络，在曲阜市率先实现村村通柏油路目标；保宁、李庄、薛村、兴隆、春亭、佃户、陈寨、保安、席厂、姚村等20个村建设文明街，并全部进行绿化、美化。2003—2005年，重抓“全国重点镇”建设，开发镇驻地府前大街，吸收民间及外商投资1500余万元，新建商业门头1万多平方米，新增个体户400余户，形成3000米的商业街；投资1000余万元，建成文明街百余条，文明样板街18条，精神文明示范点10个。2006—2007年，开发镇驻地府前大街和商贸城，基础设施实现水、电、路、排污、通信和土地的“五通一平”，新建商业门头1.5万多平方米，各类市场开发建成面积38万平方米；启动村村通自来水工程，建供水厂1处，打深井2眼，架设供电线路1.5万米，安装变压器2台，变频设备2台，建500立方米蓄水池1座，铺设供水管道80千米，配水管网260千米，入户1.3万户，入户率98%，4.3万群众受益。2008—2011年，全镇投资500多万元、人力7.2万人次、机械2500余台次，清除垃圾11万吨，粉刷墙面1.2万平方米，修建垃圾池140个，设保洁员79名，建立环境卫生长效机制，全镇生活垃圾实现“村收集、镇运输、市处理”，达到日产日清目标；同时签订各类“门前三包”责任书，开展“卫生示范户”评选活动，确保农村环境卫生整洁；完成全镇21户危房改造；完成“村内通”“村村通”共计61.6千米道路建设任务。2004年3月，姚村镇被建设部等六部委公布为“全国重点镇”之一；2005年5月，被确定为全省“百佳”示范镇之一。2009年，实施曲宁公路孔村泗河大桥、镇政府驻地至104国道公路建设工程。2010年，在镇驻地建起污水处理站1座。2011年年初，投资50余万元建设电子监控主平台，铺设光缆60余千米，与各行政村实现全部联网监控；建设花园社区，社区位于姚村镇政府东侧，占地26万平方米，总建筑面积28万平方米，其中住宅面积26.2万平方米，公共建筑面积1.8万平方米，统一供暖、供气。2013年，实施“村村通”“户户通”“村村亮”“村村响”“村村绿”等系列工程；全镇各自然村粉刷墙面30万平方米、安装路灯1000余盏、硬化路面2.5万平方米、栽植苗木181万株；建成沼气专业村7个，打造市级生态示范村9个。

第四节 教育

1991年，姚村镇有20所小学、5所中学、30所幼儿园，在校学生9652人、在园幼儿923人，有教职工468人，其中公办教师302人、民办教师166人。1992年，全镇中小学调整，将原姚村镇中学、姚村中学（姚村联中）、陈寨中学（陈寨联中）合并为姚村镇中学。1994—1995年，姚村镇新建教学楼7幢，维修扩建13所中小学，建幼儿园29所，并全部合乎国家规定标准；该镇1995年适龄儿童入学率和在校生巩固率为100%。1998年，完善15所中小学、1处成教中心、24所幼儿园、54所农民文化技术学校建设，全镇中小学教学仪器和音体美器材基本配齐。1999年1月，姚村镇成立成人教育中心。2002年，各行政村建立成人学校，根据不同季节，对农民进行作物种植、管理等方面技术培训，全镇脱盲率99.5%，脱盲人员巩固率100%。2004年7月，镇成教中心撤并，教职工并入镇中学；8月，姚村镇教委撤销，镇中学更名为镇中心中学，原教委与镇中学管理机构合并。2006—2007年，全镇筹资为中小学建立微机室，完成校园网“校校通”工程，拆建、修缮危旧校舍，改善办学条件。2010年8月，席厂中学并入姚村镇中学。至2013年年底，姚村镇有中学1所，小学9所，在校学生2212人，适龄儿童入学率100%。

第五节　卫生

1991年，姚村卫生院占地0.28公顷，有员工41人，床位48张；全镇有村级卫生所34个，农村卫生员78人。同年，姚村卫生院建门诊楼1幢，建筑面积540平方米。1996年，姚村卫生院获“爱婴医院”称号。1995年，姚村镇试点实施农村合作医疗，由各村委每人收取8元合作医疗基金，全镇4万人参加。1998年，对辖区乡村卫生所实行一体化管理，原49个卫生室重组为18个卫生室。姚村卫生院更名为姚村中心卫生院，为副科级事业单位。2002年，80%村级卫生室创成甲级卫生室，被授予山东省农村卫生工作先进集体称号。2007年，镇党委政府组织卫生院对65岁以上老人开展免费查体活动；全镇农民参加新型农村合作医疗人数比为98%。2010年，启动基本公共卫生服务项目，为辖区居民建立健康档案35806份，管理高血压患者1756人，糖尿病患者289人，孕产妇421人，0~3岁儿童1192人。2011年7月，姚村卫生院成立姚村镇康复训练中心，被定为济宁市贫困肢体残疾人康复救助工程定点医院。至2013年年底，姚村卫生院有卫生专业技术人员42人，设有内科、外科、妇科、儿科、中医科、康复科、五官科、口腔科及医技、药械、财务、后勤等科室。全镇有村级卫生所20个，农村卫生员68人。

姚村镇姚西村全民健身广场(2012年摄)

第六节　人民生活

1991年，姚村镇农民人均收入706元，全镇有电视机4820台，电风扇7374台，收录机3265台，洗衣机71台，轻骑摩托车452辆。1994—1995年，开展残疾人保障、救灾扶贫、优抚安置、老年人保障、婚丧改革服务五个网络建设，逐步走上规范化、法制化轨道。1995年，全镇54个行政村全部开通直拨电话。1998年，开展争创“十星级文明户”活动，对星级文明户实行动态管理。2000年，姚村镇设立扶贫助困基金会，全体机关干部包户到人，采取“一帮一，一助一”方式与贫困户结对子，50多名家庭困难中小学生重返校园，为510个困难户减免税金30万元，60%贫困户经过物资、资金和技术信息扶持，摆脱贫困。2002年，投入80多万元，普及有线电视，部分村入户率80%以上。完善镇文化中心，内设五室一场一校一院，全镇60%村街建起文化大院。2004年，姚村镇被授予济宁市社会文化先进乡镇称号。2005年10月，姚村镇广播站和文化站整合为科技文化服务站。2006—2007年，利用村级文化大院、农家书屋、镇综合文化站等开展农民教育，建成孝贤长廊27个。2007年，该镇被评为山东省级精神文明先进乡镇。2009年9月，建成镇综合文化站暨曲阜市青少年艺术培训中心姚村镇分中心，是一处集休闲、运动、学习、娱乐为一体的公益场所，合乎省一级综合文化站标准。文化站占地0.73公顷，建筑面积1530平方米，设七室一厅一馆，即图书馆、阅览室、展览室、电子阅览室、影视多功能厅、文艺排练室、教育培训室、游艺活动室、棋牌室、会议室等，楼前广场设有篮球场，两个羽毛球场，东西两侧设60米健身路径和绿化带。2012年，姚村镇综合文化站获山东省级基层文化辅导优秀示范点称号。到2013年年底，全镇各行政村均建有村文化大院，大院设三室一屋一场，即游艺室、多功能室、电子阅览室，一个农家书屋，一处文化广场，合乎省级标准；村村设有百姓大舞台和文化队伍，有标准篮球场25个。居(农)民人均纯收入11218元，电话(固话、手机)普及率100%。

第九章　陵城镇

陵城镇位于曲阜市境西南部，东与小雪街道毗邻，西靠兖州兴隆庄镇，南与邹城市中心店镇接壤，北与时庄街道隔沂河相望。全镇东西长10千米，南北长12.5千米，镇域面积74平方千米，镇区面积6平方千米。陵城镇地势平坦，大部分土质较好，土壤可分为潮褐土、河潮土、砂姜黑土三大类，其中大部分土壤类型适宜农作物生长。主要河流有蓼河、烟袋河、沂河，其次有灰沟子、章枣西沟、北店西沟、小厂大马沟、西郭西沟等。地下矿藏主要是煤炭，煤层平均厚度为9.7米，总储量9.3亿吨。镇驻地陵北村距曲阜明故城区9千米。崇文大道、104国道穿境而过，交通便利，区位优势突出。1991年，陵城镇总人口14174户56598人，其中男、女分别为28749人、27849人，农业、非农业人口分别为55331人、1267人。2002年6月，陵城镇划归曲阜市。2006年10月，重新划归曲阜市。2012年9月，成立曲阜(陵城)高新技术产业开发区。2013年，陵城镇社会总人口7.1万人，辖50个行政村，乡村人口15450户56656人。

2013年陵城镇各行政村基本情况表

表34-9

行政村名	户数(户)	人口数(人)	耕地面积(亩)	行政村名	户数(户)	人口数(人)	耕地面积(亩)
陵北村	448	1450	11133	西郭村	182	706	302
陵西村	270	1020	302	张庄村	248	760	1200
陵南村	479	1702	943	古路沟村	257	1082	1425
何家村	395	1480	1456	杨庄村	323	1260	302
曹庄村	236	826	570	章枣村	623	2347	3475
官庄村	186	688	1132	大果庄东村	260	1032	928
郑家庄村	182	706	320	大果庄西村	310	1138	1141
朱庄村	182	706	302	前果庄村	182	706	302
玄地庙村	205	815	460	大果庄北村	166	560	1311
仓门村	170	706	302	小果庄村	241	860	1100
鲍家庄村	314	1082	932	五福庄村	368	1314	1810
李家杭村	145	541	317	苑庄村	526	1900	2643
杨屯村	462	1812	900	小厂村	206	724	1150
刘家村	280	1123	302	赵家庄村	213	823	790
东郭村	395	1499	899	新兴庄村	260	980	1950
马家庙村	182	706	302	南庄河东村	288	1002	164

续表 34-9

行政村名	户数（户）	人口数（人）	耕地面积（亩）	行政村名	户数（户）	人口数（人）	耕地面积（亩）
程庄东村	386	1422	2081	南庄河西村	192	709	452
程庄西村	700	2341	2402	小南庄村	200	750	761
后学村	385	1342	797	北公东村	500	1650	2800
东家村	140	530	321	北公西村	400	1400	2115
辛庄村	206	724	115	北店村	351	1303	2050
蓝家庄村	191	740	378	中疃村	586	2240	2884
官寨村	165	593	0	南驻跸村	420	1580	2140
古路套村	183	702	407	北驻跸村	301	1120	1100
红庙村	530	1834	0	星家村	430	1620	50

第一节　农业

陵城镇主要粮食作物有小麦、玉米等，经济作物有花生、大豆、棉花等，林业、牧业等产业发展突出。1991年，陵城镇耕地面积5533.33公顷，粮食种植面积8320公顷，粮食总产量5.22万吨，单产418千克，农业总产值7194万元；有机井1437眼，有效灌溉面积98%以上；全镇农业机械总动力3.3万千瓦，有农用汽车4辆、大中型拖拉机631台、柴油机1524台、电动机1284台、潜水泵1054台、农用水泵1830台、收割机203台（其中有2台联合收割机）、脱粒机974台。1995年，全镇蔬菜面积1473.33公顷，总产3.3万吨；植树9.2万株，果园186.67公顷，总产100万吨；桑园147公顷，产茧7.25万千克；大牲畜3392头，猪27038头，羊7394只，家禽412030只，畜牧总产值7500万元，占农业收入50%。1996—1998年，镇政府成立康达筑路公司和采煤塌陷地综合开发指挥部，修柏油路63千米，开挖高标准石砌鱼塘13.33公顷，新打机井1600眼，整修道路160条240千米，新建桥涵120座，栽植水杉6000株、杜仲4000株；在东宫、后学、辛庄、南庄东、星村等村栽植标准银杏采叶园335公顷；发展以西宫村为龙头的反季节蔬菜生产基地，扶持成立盛大生物工程有限公司和台鲁公司曲阜分公司两个龙头企业，发展白玉蜗牛养殖户300余户。1999—2002年，培育形成康利源面粉、信合食品等一批农业龙头企业。2003—2005年，以康利源为依托，实施小麦良种工程，镇科协、农技站等农口部门组织人员推广种植优质小麦，全镇小麦统一供种率87%。2007年，按照“东苗、西菜、南渔”发展思路，围绕林果生产、花卉苗木、畜牧养殖、水产渔业、良种繁育五大主导产业打造“一村一品”；采取租赁、反租倒包、转包等形式加速土地流转，推进农业产业化发展；全镇新增年出栏200头以上规模猪场20个，新增养殖专业户46户。2011年，疏通维修损毁水利设施和排水系统，新挖排水沟60余千米，开挖土方12万立方米；埋设PVC管道100千米，新建桥涵400余座，新打机井160

2012年8月，陵城镇实施美丽乡村——农村“三池一改”工程

余眼，维修机井房220余座，洗井220余眼，新建维修生产路、机耕路40千米；10月，涉及陵城镇22个村、控制面积1646.67公顷的全国新增千亿斤粮食生产能力项目竣工；同年，陵城镇在全市率先完成林权制度改革。2012年，实施小农水项目建设，涉及农田水利面积1000公顷，惠及李家杭、杨屯等9个村；实施农村饮水安全工程，惠及陵北、陵南等12个村庄群众。3月，全省首个院士工作站落户陵城镇银府生态园。2013年，农业产业化面积超过800公顷，其中有机葡萄面积44公顷、苗木花卉面积493公顷、各类畜禽养殖50万头只、渔业和水产养殖面积173公顷；栽植各类苗木203万棵，新建及完善绿色通道10.2千米，完成“村村通”绿化29千米，新建成郑庄、兰庄等绿化示范村26个。同年，康利源无公害农产品生产基地获评省级优秀农产品生产基地，“绿赛肥料”被评为山东省著名商标，章枣村“丰乐”农机合作社获评国家级重点示范合作社，陵城镇通过国家级生态示范镇验收。全年实现农林牧渔业总产值5.29亿元，其中农、林、牧产值分别为2.81亿元、0.04亿元、2.27亿元，牧业占总产值42.88%。

第二节　工业

1991年，陵城镇工业总产值4405万元，镇办工业企业有橡胶厂、乳胶厂、针织厂、木器厂等17家小规模企业，村（队）办企业有面粉厂、水泥预制件厂、木材加工厂等63家，从业人员983人；另有个体工业、手工业385户。1995年，陵城镇新上项目15个，技改项目31个，新建金牛大麦芽厂1处，大型冷库1座。到年底，有镇办企业14家，从业人员1600人，村办企业56个，从业人员3200人，联办企业80家，从业人员830人；个体工商户924个，商业网点12个；建筑、服务等劳务输出3000余人。1996—1998年，陵城镇重组鑫昌橡胶制品有限公司、齐康明胶有限公司、玉铎塑料制品有限公司，创办纸箱厂，租赁医疗器械厂，兴建银杏加工厂和玉米秸秆饲料厂，同三孔啤酒集团、市信合集团联合组建曲阜信合食品有限公司，同市金塔王集团联合兴建古路沟编织袋厂。2000年10月，设立民营经济工业园，镇政府投资1000万元实施园区配套建设。到2002年，园区吸引投资3.7亿元，有27个项目落户于此，其中有金塔众和门窗有限公司、康达药业公司、圣地宝药业公司等规模企业。2005年，工业总产值1.9亿元。2007年，民营经济完成固定资产投资1.37亿元，实现营业收入4.8亿元，上缴税金638.3万元；康利源面粉有限公司获省质量放心品牌企业称号，其商标“康利源”获“山东省著名商标”称号。到年底，全镇有民营企业1607家。2012年，曲阜市成立曲阜（陵城）高新技术产业开发区，陵城镇实行“高新区”与“全国重点镇”双轮驱动发展模式，敲名门、招大商，加强招商引资工作和园区建设工作。针对辖区较多工矿类企业安全生产存在较大隐患，北部沂河沿线和西南生态休闲区（塌陷地）水域多存在一定安全隐患，镇党委、政府成立安全生产委员会，各部门按照“属地管理、党政同责、一岗双责、管行业必须管安全、管业务必须管安全、管生产必须管安全”原则实施安全监督管理，确保全镇生产安全、社会稳定，镇安监站及相关部门对重点单位、重点部位进行定期不定期排查隐患，制定应急预案，定期演练。2013年，有区内企业185家，实现营业收入27.53亿元，上缴税金1.82亿元，有从业人员1.26万人，形成汽车零部件、医疗器械加工制造、生物医药、高端新材料、电子信息六大主导产业，分别完成产值3.3亿元、7.7亿元、3.3亿元、6.1亿元、3.6亿元。

第三节　村镇建设

1991年，陵城镇农户新建房屋2056间4.43万平方米，集体新建97间2100平方米。1994年2月，实施镇主干道曲兖路拓宽工程，用工4万个，搬迁镇直部门12个、农户56家，拆房311间，扩、改建桥涵26座，疏通排水沟2万米。1995年，在济宁市规划院指导下，对镇驻地建设进行规划；新建镇政府办公楼1幢，拓宽镇驻地商业街并进行绿化、亮化；完善驻地农贸市场和邮电、金融、供电、文教、卫生等配套设施，新建银行营业所，占地0.2公顷；拓宽金口坝至104国道公路，油面由6米增至10米，长11.5千米；架电缆线60杆千米，安装程控电话204部，发展电话村3个。同年，陵城镇被纳入全省百个小城镇建设试点乡镇。1996—1998年，陵城镇确立“八个一”工程计划，即拓宽一条路、开辟一条商业街、新建一个综合性农贸市场、完善一个多功能文化娱乐中心、建设一个功能齐全教育中心、规划建设一个工业小区、新建一个高标准住宅小区和一个标准自来水厂，对辖区内33千米6条骨干路全部铺设8米宽柏油路面，镇商业街柏油路面由8米拓宽到40米，在商业街两侧建起上层居住、下层经营、店家一体新型住宅1.6万平方米，新建农贸市场大门和占地2730平方米的大型农贸市场售货棚；推行联户联防工程，强化警务区建设，完善“110”工作规范。2002年，新建派出所、法庭办公大楼。2007年，全镇有32个自然村完成村村通自来水工程，受益人口3万余人，有48个自然村接通有线电视，入户率70%。陵城镇属兖矿集团兴隆庄煤矿和东滩煤矿采煤区，至2007年底，采煤塌陷地面积1000公顷。镇党委、政府制定土地开发整理总体规划，建立年度项目规划储备库，编制《采煤塌陷地复垦规划》，逐渐将其建设成为高效农业园区。2008年，将全镇50个村规划为五大社区，引入市场机制，引导人口向镇驻地流动，土地实行集约化经营。建成小厂、玄帝庙、陵南、何村、星村“一池三改”村5个600余户；完善农村吃水工程，全镇自来水入户率100%。2011年，在塌陷区实施崇文湖湿地开发，开挖人工湖，推进水利景观建设；全镇清理“三大堆”2780处，清理积存垃圾1.3万吨，硬化村居道路6条；结合淮河流域治污迎查，治理河道6000多米，完善村内排水设施。2012年3月，陵城镇建设驻地为民服务中心；9月，“突破陵城省级中心镇”工作上升为全市战略。2013年，陵城镇实施驻地街景提升工程，建设大型集贸市场1处；高铁曲阜东-兖州连接线工程（涉及古路沟、张庄、西郭等13个村）贯通，孔子大道西延工程通车，区位交通优势显现；迁建镇农村集贸市场，对镇驻地商业街仿古改装；同年，陵城镇获山东省百镇建设示范行动镇称号。

第四节　党的建设

1991年，陵城镇党委下设党总支7个，基层党支部71个，党员1557人，其中女党员105人。1996年冬和1997年春，镇党委、政府两次组织东宫、后学、辛庄、南庄东、星村等村支部书记到临沂、郯城万亩银杏采叶园实地考察，决定在几个村试点银杏种植。1997年春，多方筹资300万元，购进银杏树苗，先后在东宫、后学、辛庄、南庄东、星村兴建高标准银杏采叶园202公顷，共计栽植银杏树400万株。镇领导多方寻找市场，与临沂沂蒙制药有限公司签订5年银杏叶保护价回收合同。2009年，镇党委辖11个党总支，76个党支部，党员发展到2183名。2011年，在全市干部作风暨2711工程建设誓师大会结束后，陵城镇党委政府转变干部作风，加强农村党风廉政建设教育，邀请市人民检察院、市纪委负责人到陵城镇讲课，主要是针对在党风廉政建设方面存在的问题，特别是对村“两委”新任职村干部进行党在农村的政策及农村党风廉政建设方面的教育。2012年12月，中共中央组织部到陵城镇调研干部群众路线主题教育工作。2013年，陵城镇党委下设8个党总支，73个党支部，其中农村党支部50个、企业党支部12个、镇直部门党支部11个，有党员2330人，其中女党员305人。

第五节　教育

1991年，陵城镇有小学25所（其中有2个教学点），143个班，学生4896人，教师278人（其中公办教师112人，民办教师166人）；中学3所，36个班，学生1765人，教师138人（其中公办教师104人，民办教师34人）；全镇儿童入学率99.6%，位居全市前列。1993年，陵城镇中心中学被评为省级规范化学校。1995

2013年，陵城镇中心幼儿园

年，陵城镇新建章枣中学教学楼1座，占地3.53公顷，可容纳24个班；扩建罗庙中学，占地1.16公顷；改建原东郭中学为成教中心，并建立0.68公顷实习基地。1996—1998年，修缮全镇中小学校舍，改善办学条件。2002年，陵城镇有中学3所，小学14所，在校学生6800人，适龄儿童入学率和小学毕业生入学率分别为100%和99.5%。2006—2007年，陵城镇投入100万元，改善教育教学设施；同年，"两基"复查和"普九"通过省级验收。2008—2011年，新建改建杏坛小学、果庄小学、北官小学、逸夫教学楼等4所学校；杏坛小学通过省规范化验收。2012—2013年，全镇自筹或争取上级及社会捐资1000余万元，改造教室危房106处，新建果庄小学教学楼、陵城镇中学逸夫教学楼、镇中心小学教学楼、镇中心中学餐厅、镇中心幼儿园，改扩建北宫小学，改造罗庙中学教室，建立中小学微机教室，新添多媒体教室5口、资源接收室11个，新增镇中学数字探究实验室1个、高标准体质测试室1个。至2013年年底，全镇有中学2所，小学8所，在校学生3906人，教师366人，适龄儿童入学率100%。

第六节　卫生

1993年，陵城镇卫生院有医护人员45人，内设16个科室；有村卫生室51个，个体诊所8个，医务人员105人。1994年，镇卫生院发展到25个科室，被评为省级"一级甲等医院"。村卫生室发展到60个，卫生员105人，基本达到小病不出村，大病不出镇。1995年，镇卫生院有科室25个，新增X光机1台，多功能洗胃机1台。1998年，实行镇村卫生组织一体化管理，合作医疗化80%以上，被济宁市委、市政府命名为"合作医疗示范镇"。2001年5月，镇计划生育服务站办公楼建成使用，陵城镇计划生育服务站先后代表省和济宁市通过国家计生委和省计生委检查验收。2006年，镇卫生院与市人民医院、中医院实现技术协作；当年陵城镇新型农村合作医疗农业人口覆盖率97%。2012年3月，镇卫生院被评为山东省慢病防治先进集体。2013年，镇卫生院开展全民免费健康查体活动，查体2.3万人次，开展两癌筛查9842人次。到年底，陵城卫生院占地面积0.52公顷，业务用房4300平方米，开设床位66张，设有内科、外科、妇科、儿科、中医科、口腔科、护理科、康复理疗科等临床科室7个，药械科、检验科、心电图、B超、放射科、脑电图等医技科室6个，预防接种科、妇幼保健科、儿童保健科、慢病科、查体科等公共卫生服务科室，财务科、农合办、办公室等后勤科室，在编员工50人。下辖20个村级卫生所，有乡村医生86人。

第七节　人民生活

1991年，陵城镇农民年人均收入1041元，电视机、电风扇、洗衣机、电冰箱、摩托车等家用设备拥有量分别为7742台、6780台、124台、45台和194辆；镇驻地有电影院1处；镇敬老院集中供养老人113人，被评为省文明单位。1994年，陵城镇在镇驻地新建文化中心1处，设有五室（图书阅览、游艺、台球、摄影、多用展室）、一场（篮球场）、一院（影剧院）、一校（农民技术学校）。1995年，全镇农民年人均收入1960元，部分农户住上两层楼，全镇安装程控电话200部，有电视机12198台、洗衣机433台、电冰箱296台、轻骑摩托车605辆。1998年，开展基层创安活动及民主法制建设，推行"联户联防工程"，被济宁市委、市政府授予"安全文明乡镇"称号。1999—2002年，开展"十星级文明

陵城镇农家书屋内景（2012年摄）

户”“好媳妇、好婆婆”评选，“绿化、美化进家庭”等群众性精神文明创建活动。2002年，农民人均纯收入3269元，电话普及率每百人10部。2006—2007年，实行镇、村、户三级联动，创建“现代文明示范街”“移风易俗示范村”，开展“新风进万家”“文明庭院”“好媳妇、好婆婆”等评比活动，推进文明村、文明户建设。2008—2011年，各行政村设有红白理事会、道德评议会等群众组织，开展道德评议、婚育新风进万家、关爱留守儿童等活动；在官庄、曹庄等村建设高标准孝贤教育文化长廊，加强农民文化和法制教育。2012年，投资750万元，建设镇老年公寓，建筑面积3700平方米；到年底，全镇建设农家书屋33个、农村文化广场32个、百姓大舞台2个。2013年，居(农)民人均可支配收入10365元，电话普及率为每百人82部；全镇50个村实现文化广场、文化队伍和农家书屋全覆盖。

第十章　息陬镇

息陬镇，前身为息陬乡，位于曲阜明故城东南6千米处，总面积55平方千米。春秋时期此处是陬乡，“昔孔子欲西见赵简子，至河乃还，息于陬乡，作《息陬操》，因以得名”。1991年，息陬乡有12721户48835人，其中男、女分别为25180人、23655人，农业、非农业人口分别为47744人、1091人。2002年11月，息陬乡将原33个行政村合并为30个，郭庄、东陬村合并为东陬村，小终吉、西终吉村合并为西终吉村，柴峪、大峪村合并为大峪村。2003年6月，息陬乡被划归为曲阜新区。2005年4月，将原30个行政村合并为27个行政村，西夏侯、曹夏侯、蒋夏侯村合并为西夏侯村；东夏侯、刘庄村合并为东夏侯村。2006年10月，息陬乡重新划归曲阜市。2008年京沪高铁开工建设，曲阜市建设高铁新城，息陬镇是新城核心区域，也是京沪高铁曲阜东站所在地。2010年7月17日，息陬撤乡设镇，下设息陬、张曲、夏侯、夏宋4个管区，含27个行政村，全镇总面积55平方千米，耕地566.67公顷。2013年，息陬镇辖27个行政村，乡村人口13436户47303人，有47个党支部，党员1781人。

2013年息陬镇各行政村基本情况表

表34-10

村名	户数(户)	人口数(人)	耕地面积(亩)	村名	户数(户)	人口数(人)	耕地面积(亩)
东息陬村	340	1168	1189	杨辛庄村	200	756	684
南息陬村	527	1750	1548	东终吉村	666	2006	1723
西息陬村	383	1244	681	西终吉村	1080	3986	3717
北息陬村	510	1505	1722	东夏侯村	1156	3915	4626
东陬村	760	3186	3382	西夏侯村	700	2553	3000
步庄村	310	1224	1475	大峪村	582	2100	3111
杜庄村	285	1130	1174	小峪村	520	2020	2512
辛庄村	350	1340	1282	南夏宋村	590	2047	2050
冷庄村	320	1041	1261	北夏宋村	430	1506	1380

续表 34-10

村名	户数(户)	人口数(人)	耕地面积(亩)	村名	户数(户)	人口数(人)	耕地面积(亩)
一张曲村	483	1525	1312	西夏宋村	328	1259	925
二张曲村	450	1586	1858	南元疃村	608	2046	3276
三张曲村	413	1513	1486	中元疃村	210	708	798
四张曲村	280	794	974	北元疃村	541	1965	3193
店子村	414	1430	1461				

第一节　农业

1991年，息陬乡实有耕地面积2867公顷，粮食播种面积5267面积1000公顷，总产量3.28万吨，农业总产值5081万元。1995年，以绿化苗木、养殖花卉、桑蚕为重点，鼓励农民发展“3+1”（3亩桑园1个棚，夏季养蚕冬季种蘑菇）蚕禽混养模式，发展桑园86.67公顷，修建养殖大棚330多座。1996—1998年，承担全国农业节水示范县项目和世界银行贷款灌溉农业项目，总开发面积2667公顷，动用义务工20万个，整修道路105条，7.2万米，建设大小桥涵178座，新打机井16眼，动用沙土16万立方米。到1998年年底，有中浅水井780眼，深水井265眼，机井房795座，地下输水管道11.38万米，潜水泵653台，灌溉面积3520公顷；拥有万亩土豆生产基地，黄瓜制种、反季节蔬菜、中药材等经济田面积800公顷，农业产业调整初见成效。2000年，利用曲阜市“节水示范县项目”“91378工程”（曲阜市在小雪、息陬、南辛、尼山、防山、书院、王庄、董庄、吴村9个乡镇内100个村庄为基础，300里林果路为纽带，建成7个果品基地，重点培养8个高产典型）“世行二期项目”资金进行农田灌溉综合开发，建设农业生产引排水渠、生产桥系统。2002年，全乡发展桑园80公顷，建蚕禽菌轮养大棚400座；培植大峪、小峪、东夏侯3个中药材种植专业村，中药材种植面积200余公顷。2005年，息陬乡粮经作物比例为5:5，实现农业产值8519万元；全乡21个村对重点绿化工程、农田林网、荒山、荒滩实行拍卖，明确产权责任，调动农民植树造林积极性。2007年，新打机井6眼，铺设节水灌溉管道27千米，新增和改善农田灌溉面积307公顷；北元疃、北夏宋土地复垦工程新增耕地100公顷；全乡推广优质麦播种面积800公顷，示范推广高效低残农药、配方施肥等农业新技术新成果20余公顷；培育苗木花卉、桑蚕、畜牧、劳务经济四大产业，以东夏侯、大峪、小峪周边山区为中心，发展旅游观光农业，在蓼河两岸、沂河两岸和曲尼路两侧发展桑园和苗木花卉，在绿色通道集中的夏宋片、息陬片和终吉片发展林下养殖；到年底，全乡拥有用材树200万株，新增园林绿化苗木育苗面积133.33公顷，森林覆盖率32.8%。2008年，出台《农业产业化发展奖励意见》《新农村建设任务目标及责任分工》等一系列文件，发展优势、特色农业。发展曲阜粮食产业项目核心区面积666.67公顷，推广小麦良种1800公顷，小麦、玉米等作物良种覆盖率98%以上；发展北元疃村速生丰产林基地40公顷，名优特苹果基地20公

小峪村高标准蔬菜大棚一角（2012年摄）

顷,食用菌大棚30个;东夏侯无公害蔬菜基地20公顷,杨辛庄无公害早春蔬菜大棚40个;全乡成立农业专业合作组织12家,入会农户500多户。2013年,息陬镇发展林果、油用牡丹、蔬菜、食用菌种植等特色产业,有林下养殖、蔬菜、水果销售等各类专业合作社44个,家庭农场7个,基本做到"一村一品、辐射周边";利用1333公顷国家级农业综合开发项目建设用地,发展现代农业,包括设施农业、订单农业,打造现代农业产业园区。全年实现农林牧渔业总产值4.68亿元,其中农、林、牧产值分别为2.67亿元、0.05亿元、1.85亿元,牧业占总产值39.58%。

第二节　工业

1991年,息陬乡工业总产值3429万元。1993年,有乡办、村办及个人企业672个,固定资产2600万元,从业人数1500余人,工业总产值2.3282亿元。1995年,全乡商业网点413个,销售总额1700万元。1996年,对市第三化工厂、农机配件厂进行破产重组,对乡建筑公司、塑料厂、中药厂进行租赁拍卖,盘活国有资产1000万元。至1998年年底,全乡有集体企业7家,个体、私营、联营企业163家(户),形成塑料化工、建材、建筑机械制造三大产业。1999年,孔圣堂制药厂成功申请10个中药文号,按照GMP标准对生产设备进行改造。2000年,万达化工有限公司引进NQ—71产品,开发4个硅烷偶联剂产品,对生产线进行改造,提高产品质量。2001年,曲阜市金属门窗厂与济宁电力旅游开发公司联合开发孔子像及刀、枪、剑、戟等旅游产品,填补省内旅游产品空白。2003—2005年,息陬乡培养万达化工有限公司、昕地化工研究所和晨光化工有限公司三个龙头企业,努力构建化工生产基地。昕地化工研究所以万达化工和晨光化工公司产品为原料,生产XD—172产品,三个企业互为依托,科研、生产、销售资源共享,形成规模生产优势。2007年,全乡完成固定资产投入6680万元,实际到位资金3367万元,完成工业产值6.7亿元,实现销售收入6.5亿元。2012年6月,息陬镇成立工业园。2013年6月,曲阜市成立高铁新区经济开发区(见园区经济篇)。到2013年年底,息陬镇有民营企业345家,其中规模以上企业4家,民营企业完成固定资产投资18.8亿元,同比增长18.8%。

第三节　村镇建设

1991年,息陬乡农户新建房屋990间1.81万平方米,集体新建房屋56间1032平方米,乡村道路里程165千米。1992年年底,33个行政村完成自来水改造32处,卫生改厕率60%以上。1995年年底,全乡33个行政村有29个村完成村庄规划,息陬商业街完成路面柏油铺设。1996—1998年,全乡铺设6米宽柏油路面180万平方米,有27个村实现村村通柏油路;全乡33个村开通程控电话1160门,17个村860个农户安装有线电视。1999—2002年,完成民营经济一条街道路拓宽、路灯安装、供电供水、有线电视、电话网络等硬件建设,新建息陬农贸市场拱棚和水泥摊位;30个村全部进行电网改造,实现城乡供电同网同价目标;全乡推行具有职业化特点的治安防范责任制,社会效果显著,被授予山东省社会治安综合治理先进单位称号。2007年,完成村村通自来水工程,有线电视光缆入村率100%,"一池三改"完成200余户。2008年12

图34-4　息陬镇主体功能区规划图

月，以西终吉村委会为主体投资2亿元开工建设东终吉、西终吉、店子、一张曲4个村合村并点社区——金帝花苑；完成中元疃、南元疃等4个“空心村”改造工程，节约耕地13.33公顷。2010年，曲阜市实施京沪高铁连接线工程，息陬镇在房屋丈量、拆迁协议签订、补偿政策落实、搬迁户安置、地表清障和社会稳定等方面做群众工作，尤其是520余户搬迁工作，做到和谐搬迁、文明拆迁；启动息陬社区(春秋家苑)建设，搬迁安置孔子大道沿线4个村庄(店子、西息陬、南息陬、东息陬)450余户居民，总建筑面积5.5万平方米；在美丽乡村建设中，出动车辆1200次，清挖排水沟1.5万余米，设村内设置垃圾回收点800处，添置垃圾桶1000个，成立百余人保洁员队伍，购置、改造垃圾运输车20辆，建立起“户集、村收、镇运”生活垃圾处理模式。2012—2013年，推进高铁新区核心区、新农村新社区、高铁新区经济开发区和现代农业示范园区“四区同建”。2012年，“村村通”“村内通”工程修建四级公路19条，全长17.5千米，均为水泥混凝土路面；建设市第三污水处理厂，日处理生活污水260吨，处理镇驻地及周边村街生活污水。2013年6月，息陬镇主体功能区升级为曲阜高铁新区经济开发区，息陬镇对东、西、南、北息陬4个村1500余户进行搬迁安置。到2013年年底，息陬镇有8条双向六车道道路，各道路均配备污水管网，共计11.5千米，收集污水全部进入曲阜市第二污水处理厂处理；绿地面积40万平方米，人均绿地面积8平方米；高铁新区经济开发区形成“一纵三横”路网框架，实现“五通一平”园区环境。

第四节 党的建设

1991年，息陬乡有党员845人，其中男性783人、女性62人。1995年5月，息陬乡党委在全市率先实行“脱产干部选村，村选脱产干部”双向选择法，层层签订责任状。1999—2002年，完善机关干部规章制度和监督机制，开展“五好支部”创建活动；开展“党员学一技”引领群众致富工程，全乡引进项目23个，为群众提供致富信息60余条，解决帮扶资金10万余元。2002年，息陬乡代表曲阜市参加济宁市农村干部科技大比武活动，获一等奖。2005年7—12月，开展保持共产党员先进性教育活动，全乡设立意见箱30多个、开通热线电话30多部、发放征求意见表1400多份、召开各种类型的座谈会60多场次、个别访谈300多人，征求意见、建议200多条；实行保持共产党员先进性承诺制，各党支部和党员个人分别签订践诺书和承诺书，为群众办实事、办好事96件；探索建立“党员长期受教育，永葆先进性”长效机制，制定和完善“三会一课”，学习培训、农村财务管理、村务公开、纪律建设等各项工作制度。乡党委抓好民营企业等新经济组织党的建设，严把关口，2006—2007年，发展党员50名，其中农村和企业一线党员38名。2011年12月4日，中共中央政治局委员、中央书记处书记、中央组织部部长李源潮到曲阜市息陬镇北元疃村调研农村基层组织建设和创先争优活动开展情况。李源潮察看北元疃村发展规划、党员教育频道、创先争优活动实施方案等，并向村党支部书记张佃壮了解村党支部换届、村干部收入、村集体经济发展以及村庄规划建设等情况。2012—2013年，发展党员59人，其中高中及中专学历27人，大专以上学历14人。至2013年年底，镇党委下设5个党总支，47个党支部，其中农村党支部27个，企业党支部7个，镇直部门党支部6个，学校党支部7个，党员1781人。

第五节 教育

1991年，息陬乡有幼儿园15所，幼儿教师35人，在园幼儿565人；小学15所，在校学生3330人，教师111人；中学4所，教师144人，在校学生1675人。1992年9月，南息陬、北息陬、西息陬3所小学合并到息陬乡小学；改建东陬小学。1993年1月，大峪小学合并到小峪小学，更名为三峪小学，原西终吉小学、东终吉小学、店子小学合并为终吉小学，夏宋联中并入春秋中学，夏宋小学在原夏宋联中和原夏宋小学地基上改建，北元疃小学并入南元疃小学更名为元疃小学。全乡新建校舍728间，为全乡中小学添置部分实验仪器和音体美电教器材。1994—1995年，新建春秋中学、乡中学教学楼、实验楼，建筑面积5600平方米。1998年8月，息陬乡幼儿园由原村级管理变为由乡教委管理；各村办幼儿园统一并入所属小学，成为各小学附属幼儿园，由乡教委统一管理。2001年7—11月，原三张曲小学合并到二张曲小学,辛冷小学并入夏宋小学,西夏侯小学并入东夏侯小学。2005年5月,春秋中学获山东省重点科研型实验学校称号,2006年、2007年,春秋中学新生物实验室、教师宿舍、教室,提升教学仪器、增加图书馆藏等;2011年2月,春秋中学成为省级规范化学校。2012年7月,新建息陬镇小学和中心幼儿园,对春秋中学进行扩建;11月,镇中心幼儿园通过山东省乡镇中心幼儿园认定。2013年6月,三峪小学四年级学生——孝心女孩扈芊芊被评为山东省十大凡人善举、济宁市感恩小明星称号。10月16日,春秋中学开展刘洪魁烈士纪念活动,全校老师、学生近千人参加纪念活动。到2013年年底,息陬镇有幼儿园8所,幼儿教师64人,在园幼儿908人;小学8所,在校学生数1805人,教师178人,适龄儿童入学率100%;中学2所,教师数155人,在校学生数1377人。

息陬镇北元疃村文化广场(2012年摄)

第六节　卫生

1991年,息陬乡有卫生院1所,建筑面积1300平方米,在编员工27人,设医疗、妇产、化验、放射、防疫等医技科室;村办集体卫生所33个,个体卫生所10个,有乡村医生47人。同年,息陬乡被市卫生局确定为初级卫生保健示范乡镇,实施全乡卫生改厕、改水、健康教育、规范化卫生所改造等工作。1992年,全乡建成甲级卫生所10个;息陬乡被命名为山东省初级卫生保健示范乡镇。1994年,乡卫生院被定为一级甲等医院,被授予山东省卫生系统先进集体称号。1995年,安全卫生水覆盖率100%,改厕率70%,"四苗"覆盖率98%以上,各种传染病控制在20/万以下,孕产妇、婴儿死亡率均在上级规定域值以下。息陬乡卫生院代表曲阜市通过卫生部及省卫生厅对联合国儿童基金会和人口基金会妇幼卫生合作项目的终期评估。到年底,息陬乡甲级卫生室26个,从医人员73名。1996—1998年,开展乡村卫生室一体化工作,全乡村街卫生所整合为14个,从医人员78名。2003年年初,非典型肺炎疫情暴发,乡党委、政府成立"防非"指挥部,卫生院全体医务人员担负技术指导、流行病学调查、隔离消毒等任务;同年,息陬卫生院预防接种门诊被评为山东省级规范化接种门诊。2004年8月,息陬镇参加新型农村合作医疗48796人,参合率95%以上。2012年5月,曲阜高铁新城医院开工建设。2013年,息陬卫生院设有内科,外科,妇产科,儿科,高血压门诊,中医科,公共卫生科,颈椎、腰椎间盘牵引治疗室,中频治疗、中药熏蒸、针灸理疗室等科室,在岗专业技术人员58人;下设村级卫生所20个,有乡村医生85人。

第七节　人民生活

1991年,息陬乡人均纯收入723元,电视机、电风扇、洗衣机、电冰箱、摩托车拥有量分别为5461、4877、55、30、145台(辆),乡政府驻地建有广播放大站、影剧院等文化设施。1995年7月1日上午,冰雹袭击息陬北元疃、南元疃、南夏宋、北夏宋、西夏宋、中元疃、刘庄等村,全乡受灾面积2130余公顷,损坏房屋1119间,刮断(歪)树木9685株,伤亡畜禽3万头(只),直接经济损失2500多万元。全乡干部职工和教师捐款1.4万元救灾;市委、市政府拨款8万元及水泥、化肥等物资支援抗雹救灾。1999—2002年,开展"百十佳"评选、星级文明户评选和争创文明单位等活动,推进精神文明建设;全乡29个村建起高标准"文明一条街";开展"民情恳谈"活动,调解民事纠纷,处理人民群众来信、到访。2002年,安置重庆开县移民49人，三张曲、东夏侯、西终吉、东陬、辛庄和夏宋村等移民安置村调出最好的地给移民兄弟，村干部和移民结成对子，帮助他们尽快熟悉环境发展生产，受到移民兄弟一致称赞。2006年7月，设立科技文化站；年底，全乡评出“好媳妇、好婆婆”26名。2009年，在镇政府驻地曲尼路南侧，新建息陬乡文化站，占地3000平方米，建筑面积1100平方米，内设七室二厅一场，即图书室、阅览室、信息资源共享室、文艺排练室、办公室、游艺活动室、展览室、书画室、教育培训室、非物质文化遗产展厅、影视多功能厅等，室外为休闲文化广场，有篮球场、乒乓球场、健身路径等。2010年，乡文化站被评为山东省一级综合文化站。到2013年底，27个村实现村村有文化大院和农家书屋，有文化广场14处、村百姓大舞台11处、广场舞队50余支；农民人均纯收入12128元，电话普及率为每百人86部。

第十一章　尼山镇

尼山镇因境内尼山而得名，位于曲阜市境东南部，西距曲阜市区15千米，南、东接邹城市，东北邻泗水县。尼山为孔子诞生地，境内有全国重点文物保护单位尼山夫子洞、尼山孔庙和尼山书院，省级重点文物保护单位四基山等10多处历史文化遗迹，以及国家级尼山森林公园、圣水湖湿地公园等风景名胜区。1991年时为尼山乡和南辛镇，尼山乡辖鲁源、张马、长座、母庄4个管区19个行政村，人口4146户14858人，其中男、女分别为7731人、7127人，非农业人口258人；南辛镇辖南辛、余村、嵫山3个管区23个行政村，人口10493户39394人，其中男、女分别为20838、18556人，非农业人口798人。2000年，尼山乡、南辛镇经济总收入分别为24259万元、71768万元。同年12月，曲阜市撤销尼山乡，将其行政区域并入南辛镇。2001年，南辛镇辖南辛、余村 嵫山、库南、库北、库西6个管区42个行政村，人口14545户53601人，其中男、女分别为27652人、25949人，非农业人口1814人。2008年，日东高速公路尼山风景区连接线建成通车。2010年11月，省政府批复成立尼山省级文化旅游度假区，度假区位于尼山镇东部，面积35平方千米。2011年6月，南辛镇更名为尼山镇，镇政府驻南辛南村。2013年，尼山镇获省历史文化名镇、省旅游强乡镇、好客山东最美乡镇等称号。到2013年年底，全镇总面积101平方千米，总耕地面积3925.86公顷，辖42个行政村，有15347户53168人，其中男、女分别为26612人、26556人。境内有日东高速公路、曲尼公路、张土公路、滨河观光大道、曲阜高铁东站邹城连接线等5条主要道路，交通便利。

2013年尼山镇各行政村基本情况表

表34-11

村名	户数(户)	人口数(人)	耕地面积(亩)	村名	户数(户)	人口数(人)	耕地面积(亩)
南辛村	769	2747	2506	西魏村	631	2330	3037
中辛村	632	2245	2149	北山村	195	706	623
北辛村	624	2018	2290	新村	135	470	182
大湖村	1030	3416	4659	张马村	536	1912	1924
小湖村	264	846	1324	新田村	61	216	184
屯里村	654	2330	3668	南王村	134	450	234

续表 34-11

村名	户数(户)	人口数(人)	耕地面积(亩)	村名	户数(户)	人口数(人)	耕地面积(亩)
王庄村	846	2685	2841	西龙村	106	376	173
新龙泉村	81	280	230	东龙村	220	779	296
西余村	720	2410	3834	长座村	502	1704	1100
东余村	314	1150	1520	宫楼村	162	686	322
辛庄村	124	420	675	母庄村	236	840	474
西白村	255	920	800	东官村	236	856	556
东白村	316	1087	980	西官村	168	620	331
桑庄村	718	2360	3320	周庄村	155	560	420
东嶁村	480	1670	2475	夫子洞村	84	308	182
西嶁村	660	2320	2608	黄土村	240	834	265
官庄村	173	655	1028	东鲁村	400	1350	1130
大烟村	320	1265	1710	西鲁村	376	1322	1113
小烟村	224	819	1358	新赵村	43	164	148
彭庄村	568	1780	2481	苏村	213	721	505
东魏村	530	1791	2718	刘楼村	212	750	515

第一节　农业

尼山镇是一个农业大镇，主要农作物有小麦、玉米、花生等。1991年，尼山乡水库面积1120公顷，耕地面积760公顷。农作物播种面积1227公顷，粮食播种面积933公顷，粮食总产量0.42万吨，粮食单产296千克；林地面积707公顷，木材蓄积量3.19万立方米；农业总产值1113万元。1993年，尼山乡造林200公顷，植树72万株，全乡有果园56.65公顷，年产水果165.31吨，林业总产值236.4万元。南辛镇，1991年耕地面积3480公顷，其中农作物播种面积5507公顷，粮食播种面积4413公顷，粮食总产量2.18万吨，粮食单产329千克；林地面积1667公顷，木材蓄积量5.79万立方米；农业总产值4161万元；1991—1993年，南辛镇栽植各类树木270万株，荒山绿化造林700公顷，果园面积867公顷，1993年果品产量75万千克，林业总产值211万元。1995年，尼山乡在尼山水库引进太湖网箱养鱼技术，发展网箱50只。南辛镇绿化和补植荒山120面积公顷，果园面积1267公顷，其中彭庄村建成千亩果园，有石榴43.33公顷、苹果16.67公顷，杏、桃、枣树6.67公顷，获“全国千佳绿化造林单位”和“全省村庄建设明星村”称号；大湖村利用世界银行贷款及扶持资金兴建地下管道节水灌溉工程，增加灌溉面积370公顷，灌溉成本降低30%。1996年，尼山乡渔业公司太湖银鱼繁殖孵化成功，与供销专业合作社联合新上鸭场2处；西鲁源村饲养小尾寒羊200余只。1998年，尼山乡有饲养专业大户50个，大牲畜存栏1200头，生猪存养量8000头，羊存养量9950只，家禽4万只，畜牧业产值占农业总产值53%；南辛镇蔬菜、瓜果、果园等高效经济田面积1067公顷，全镇大牲畜存栏量1998年374头、猪21930头、羊16200只、家禽33万只、兔子35万只，畜牧业收入1844万元。2000年，尼山乡、南辛镇粮食总产分别为3549吨、28729吨，农林牧渔业总产值分别为4259万元、11960万元，森林覆盖率分别为18.1%、18.3%。2001年，南辛镇农林牧渔业总产值14033万元，粮食作物播种面积5520公顷，粮食总产2.24万吨。2002年，南辛镇以康达药业为龙

尼山镇千亩高标准冬暖式蔬菜大棚一角(2010年摄)

头,采取“公司+农户”模式,在尼山库区发展中药材133.33公顷,以市丝绸公司为龙头,在大湖、桑庄、屯里等村发展桑园66.67公顷;与潍坊农副产品进出口公司签订创汇产品合同153.33公顷,并联合兴建蔬菜加工厂1处;建规模养殖场50处、饲养小区2处、专业村4个;年末大牲畜存栏3058头、猪存栏2.36万头、羊存栏2.24万只、家禽存栏42.08万只,畜牧业总产值7425万元。2003年,与潍坊农副产品进出口公司及安丘市宏发食品有限公司合作,发展大葱种植基地133.33公顷,每公顷效益在6万元以上。2004年,南辛镇投资650万元,对山曼山片区7个行政村实施800公顷农业综合开发中低产田项目;采取贴息贷款、以奖代补形式,发展大葱至200公顷。2005年,与潍坊鑫利特食品公司合作成立南辛分公司,从事蔬菜销售;当年全镇蔬菜种植面积533公顷。2006年,全镇发展白莲藕33.33公顷、大葱53.33公顷、旱藕33.33、黄姜6.67公顷,其他瓜果蔬菜200公顷,建立夫子洞6.67公顷生态藕种植示范基地。2008年,南辛镇实施国家农业综合开发高标准农田示范工程尼山镇项目区,涉及7个行政村,规划土地面积1420公顷,工程总投资2816万元;设立尼山镇现代农业示范园,规划面积2533公顷,发展定位为高标准现代农业示范园;西山曼村与寿光三元朱村合作投资兴建占地33.33公顷109座寿光第五代高标准冬暖式蔬菜大棚。2009年、2010年,对沂河以北7个行政村实施投资2900万元1533公顷农业综合开发高标准农田建设。2013年,对沂河以南东13个行政村实施投资1800万元、1200公顷小农水重点县项目和投资600万元、333公顷农业综合开发高标准农田建设。尼山镇拥有济宁市级农业龙头企业2家(圣地农耕种植合作社、曲阜圣源生态农业有限公司)、国家级农业龙头企业1家(圣地源农牧发展有限公司)、省级标准化示范场1家(山东圣地宝牧业有限公司)。全年实现农林牧渔业总产值5.99亿元,其中农、林、牧、渔产值分别为2.59亿元、0.18亿元、2.77亿元、0.28亿元,牧业占总产值比重为46.32%。

第二节　工业

1991年,尼山乡工业总产值659万元,其中乡办、村办及村以下工业产值132万元、303万元、224万元;南辛镇工业总产值2221万元,其中镇办、村办及村以下工业产值541万元、1120万元、560万元,从业人员3060人。1998年,尼山个体私营户92户;南辛镇个体工商户240个,各类季节性个体户1200多个,从业人员6000多人。2001年,新建南辛假发厂,占地0.67公顷,员工130人,隶属于青岛海川集团,是济宁地区最大发制品加工点;2002年,建立尼山分厂。2003—2005年,南辛镇发展石材加工企业30余家,沙塘开采户20余家。2007年,全镇引进过千万元项目1个,500万元以上项目7个。2010年,青岛兆明针织集团投资2000万元兴建曲阜鲁汇针织有限公司,占地2.73公顷,建设厂房5000平方米,有工人570人,主要从事各类针织内衣、T恤生产及货物出口。2013年,尼山镇有镇街企业127家,总产值18.77亿元,从业人员5765人,上缴税金4570万元。

第三节　村镇建设

1991年,尼山乡集体、农户新建房屋17间342平方米、151间2611平方米;南辛镇集体、农户新建房屋78间1325平方米、563间9996平方米。1992年,市政府在南辛镇驻地建立南辛电视差转台。1993年6月，南辛镇国内直拨程控电话网络开通运行。1995年，尼山乡铺设两条乡村柏油路，架设夫子洞至西官跨河大桥；新建卫星地面接收站。南辛镇建成全市农村第一个有线电视网，有线电视用户452户；镇敬老院新建10间房舍，有46名孤寡老人在敬老院生活。1996—1998年，尼山乡新建派出所办公楼、计生服务大楼、敬老院，新建无线网络微波塔，实现村村通电话；获全省"安全文明乡镇"称号。南辛镇建成光缆传输有线电视网络，到1998年年底，全镇有线电视用户1100余户。2002年年初，南辛镇对镇驻地曲尼公路进行拓宽，初步形成行政区、商业区、居民区、工业区、仓储区、文教卫生区框架。2003—2005年，完成村村通柏油路13条53千米，新建颜母大桥、鲁源桥、桑庄桥；实施库河综合开发工程，完成镇驻地曲尼路路面硬化工程、光明工程；采取拍卖租赁、启动民间资金方式，规划建设镇驻地曲尼路两侧商业网点。2004年，将原南辛镇敬老院和原尼山乡敬老院合并，迁入原尼山乡政府院内，腾出原南辛敬老院作为招商引资项目备用地。2008年，规划、美化镇驻地大街、尼山景区周边环境，完成村村通自来水工程。2013年，尼山镇实现"村村通""村内通"，累计完成道路建设214千米，其中乡道3.6千米、村道50.4千米、村内道125.4千米；新建尼山镇敬老院，41个村视频监控实现全覆盖。

第四节　教育

1991年，尼山乡有小学13所、中学1所，有中小学教师42人；南辛镇有小学22所、中学1所，有中小学教师182名。1993年，南辛镇成人教育中心建成启用，占地面积1.13公顷。1995年，尼山成人教育中心建成启用，有教室、仪器室、图书室22口；南辛镇新建中小学校舍68间，总投资86万元。1998年，尼山乡中小学通过国家级"双基"达标验收。2001年，日本、美国爱心人士分别在尼山库区新建足利、真维斯两所希望小学。2002年，南辛镇有中学3所、小学16所，在校学生6560人，适龄儿童入学率100%。2008年，尼山镇打造"教育名镇"，设立尼山教育专项资金，每年拿出10万元奖励全镇品学兼优、家庭贫困中小学生；新建尼山中学教学楼、学生公寓楼。2009年4月，中国红军小学教育基金会在尼山新建中国工农红军曲阜小学1所。2010年，新建尼山中学教学楼1幢；孔子尼山教育基金发起人孔众捐赠100万元和中国著名运动员孔令辉捐赠20万元，对尼山中学进行寄宿制改造。2013年，新建镇中心幼儿园，并通过省级规范化验收；完成各中小学餐厅改扩建工程，解决师生午餐问题。到2013年年底，尼山镇有幼儿园15所、幼儿教师59人、在园幼儿934人，小学13所、在校学生2132人、教师199人，中学2所、教师159人、在校学生1326人。

第五节　卫生

1991年，市医院南辛分院总占地面积1.63公顷，总建筑面积1780平方米，有职工62人，常年开放病床45张；1992年，南辛分院获山东省医院药剂达标单位称号；1994年，与济南市痔瘘医院建立济南痔瘘医院曲阜南辛分院；1995年新建门诊大楼，2100平方米，南辛分院增设B超机、脑电地形图、大型锅炉等设备，全镇有村级卫生室23个，医务人员70人；1996年2月，南辛分院被授予一级甲等医院称号；1997年，南辛中心卫生院有员工63人，设有内科、儿科、外科、痔瘘科、妇产科、中医科、放射室、检验室、手术室、治疗室、注射室、中西药房、防保站、财务科、人事科、收款室等30个科室，开放病床45张。1991年，尼山乡卫生院建筑面积735平方米，员工5人，开放病床6张；1995年，尼山乡新建尼山卫生院医疗大楼，建筑面积760平方米，有医务人员15人，全乡有村级卫生室17个，医务人员23人；1997年年底，在编职工13人，设中、西医门诊、妇产科门诊、防保站、放射科、检验科、理疗科、药剂科等科室，开放病床10张；1998年11月，实行乡村医生一体化，由医院、村共同建设卫生室8处，有乡村医生34人。2001年8月，原尼山卫生院并入市医院南辛分院。2010年，南辛分院新建病房楼1栋。2011年12月，市医院南辛分院更名为尼山中心卫生院(市医院尼山分院)。2013年，尼山镇成立公共卫生项目管理办公室，新建全市第一家乡镇卫生院婴幼儿水育中心。到2013年年底，市医院尼山分院有专业技术人员62人，其中副主任医师1人、中级职称19人，有开放床位50张；设有内科、外科、妇科、产科、儿科、中医科、公共卫生科、皮肤科、颈椎、腰椎间盘牵引治疗室，中频治疗、中药熏蒸、针灸理疗、残疾人康复等科室。

第六节　旅游

1995年，尼山乡与市地税局发展水上旅游业，联合成立仙源度假村（尼山圣水湖旅游开发区），修建古亭、钓鱼台、小码头，栽植花草、树木，购进旅游船、画船、汽油艇、移动码头等，对外营业；年末与安徽阜阳地区行署和美国房地产开发公司驻济南办事处联合开发尼山圣水湖别墅区。2002年，南辛镇实施尼山农业观光示范基地工程，基地占地133.33公顷，以尼山孔庙为中心，以东鲁、西鲁、周庄、夫子洞、黄土等村为主，以生态建设为重点，建设旅游观光农业园地。2003年9月27日，曲阜市开始在孔子诞生地尼山举办祭山大典。2006年9月23日，曲阜市开始举行尼山取圣水圣土活动。2009年，无锡灵山集团与曲阜市人民政府决定合作开发尼山省级文化旅游度假区和核心文化旅游项目——尼山圣境，尼山圣境选址范围为尼山省级文化旅游度假区内，总投资100亿元。2011年，按照市委乡镇主体功能区建设要求，尼山镇结合自身实际，确立“生态型特色文化旅游名镇”发展定位，根据“西部生态农业、东部文化旅游”总体布局，在西部着力建设现代农业示范园区，园区规划范围以尼山镇政府驻地为核心，日东高速和沂河景观带为发展轴，东到西余村，西到尼山镇地界，南到邹城地界，北到防山镇地界，规划总用地面积2533公顷，重点发展绿色（有机）蔬菜、设施农业、高档花卉、苗木、林果、休闲旅游等产业。2011年9月28日，曲阜市与灵山集团签订《尼山圣境项目合作合同》，编制完成《尼山省级文化旅游度假区总体规划》。

第七节　人民生活

1991年，尼山乡农民人均纯收入379元，全乡有电视机、自行车、摩托车分别为886、3626、17台（辆）；南辛镇农民人均纯收入536元，全镇有电视机、自行车、摩托车分别为2660、13266、70台（辆）。1995年年末，尼山乡人均纯收入1194元，农民年末储蓄总额560万元；南辛镇农民人均收入1465元，农民年末储蓄总额1503.2万元。1996—1998年，曲阜镇仓巷、南池、龙虎、西关、苗孔、北关、南关7个强村街与尼山乡苏村、西鲁、西官、母庄、东龙、南王、长座7个贫困村结成友好村街，开展“手拉手，心连心，结对子，共发展”活动，帮助打机井、买电缆、架管道、造土地、铺柏油路等，春节走访慰问贫困户；南辛镇中辛村、南辛村自发组织两支民间艺术队，在春节和元宵节期间到集市、各村庄巡回义务演出舞龙灯、划旱船等精彩节目。1998年，尼山乡妇联获全省妇联系统先进集体称号；南辛宣传文化系统将原镇文化站、记者站、广播站、电视差转台合并办公，在全市率先实行站台合一。2000年，尼山乡、南辛镇农民人均纯收入分别为2039元、1990元。2002年，南辛镇有线广播电视用户950户，电话普及率每百人6部。2003年以后，南辛镇开展“文明街”“十星级文明户”“党员中心户”“好媳妇、好婆婆”等评选活动，培养农民科学文明、健康向上的生活方式。2006年7月，南辛镇设立科技文化服务站；8月，南辛镇尼山水库周围19个行政村被确定为库区移民扶持村（国家规定：从2007年开始，每人每年可享受600元库区移民款，扶持期限为20年）。2013年，尼山镇农村居民人均可支配收入11162元，全镇建有文化大院37个、农家书屋26个、文化广场29个，有9个行政村建有村百姓大舞台，全镇有45个广场舞队伍和3个庄户剧团。

尼山镇七间民宿文化旅游村一角（2017年摄）

第十二章　防山镇

防山镇前身为防山乡，因境内防山而得名。防山，东北、西南向，绵延数里，因孔子父母葬于防山之阴而闻名天下；境内还有颜氏大型家族墓地——颜林和汉代王墓等文化古迹。防山镇位于曲阜市东部偏南，北濒泗河，南临息陬镇、尼山镇，西靠市经济技术开发区，东与泗水县金庄镇、圣水峪镇接壤。面积84平方千米，东西17千米，南北8千米。镇政府驻地宋家村。日兰高速、327国道横穿东西，京台高速、京沪高铁、兖石铁路纵贯南北。1991年，防山乡辖齐王坡、程庄、土门、陶洛4个管区，34个行政村(38个自然村)，人口11853户44388人，其中男、女分别为23162人、21226人，农业、非农业人口分别为43416人、972人。2011年6月，杨家庄村合并到程庄村。2011年9月，防山乡撤乡设镇。2013年，防山镇辖齐王坡、程庄、土门、陶洛4个管区33个行政村，人口11826户、41046人。

2013年防山镇各行政村基本情况表

表34-12

村名	户数(户)	人口数(人)	耕地面积(亩)	村名	户数(户)	人口数(人)	耕地面积(亩)
南河套村	480	1850	1525	大庙村	178	677	607
西河套村	167	629	421	高家村	446	1809	2354
东河套村	285	1032	1117	无粮庄村	153	540	2087
齐王官庄村	286	1085	499	尚家庄村	260	910	3359
王家村	252	984	684	土门村	690	2352	4592
钱家村	435	1685	2243	刘家庄村	296	1056	2664
齐王坡村	470	1680	2167	尧乔沟村	280	960	3439
李家村	230	710	1227	胡二北村	246	719	2664
席家村	460	1750	2326	胡二东村	220	730	2445
大官庄村	402	1306	1342	双山村	248	807	1812
宋家村	550	1700	3020	石汪村	128	476	1845
程庄村	1036	3557	3584	陶西村	425	1453	2369
马庄村	260	862	1195	陶东村	480	1560	2409
万柳庄村	396	1450	2342	梁公林村	362	1160	1841
纪庄村	589	1852	4045	徐家村	346	1146	1996
尚家园村	104	396	536	防后村	430	1303	4124
东张村	236	880	1009				

第一节 农业

1991年，防山乡有耕地面积3486公顷，农作物总播种面积5267公顷，粮食播种面积3733公顷，粮食总产量1.76万吨，单产314千克；林地面积1347公顷，木材蓄积量4.23万立方米；完成农业总产值4090万元；有水库10座，农业机械总动力12609千瓦。1991—1993年，全乡农田水利基本建设投工54万个，打深井26眼，新增水浇面积28.2公顷。1995年，防山乡全年造林360公顷，果园面积530公顷，年产干鲜果品300万千克；曲阜市“91378”工程在防山乡25千米、8米公路两侧栽植200米经济林，林业产值673万元。同年3月，因日本果树专家熊谷俊一每年都到村做现场技术指导，马庄村建立“中日马庄友好果园”；当年马庄果品产量突破100万千克，收入200万元，果品人均纯收入1411元，占人均收入的70%。1998年，围绕林果、蔬菜、畜牧三大主导产业，建成尚家庄、西河套、王家村、齐王官庄、李家村、无粮庄等林果、瓜菜、养殖专业村。万亩枣林建设工程被列为曲阜市三大重点工程之一，乡党委政府制订《防山乡万亩枣林建设的规划》等多项政策，完善落实土地长期承包政策，让农民放心大胆地进行开发治理；镇党委政府与尚家庄、无粮庄等9个有关村庄签订枣林三年发展责任状，举办培训班5期，培训人数500人，印发技术明白纸1500份，推广实用枣树花期施肥、摘心等技术；为加快枣林建设步伐，组织27个村集中会战，新修环山路7千米，维修塘坝2座，新建塘坝2座，建桥涵13座，总投资近百万元。对全乡4万米沟路渠堤、133.33公顷荒山荒滩、320件农机具及小型农田水利设施进行拍卖或长期承包，签订合同270份。实施穿山路会战工程、尚家河流域综合治理工程和万亩枣林建设工程，增加和改善灌溉面积1200公顷，解决内涝面积333.33公顷。2002年，尚家园、东张、齐王坡等村发展桑蚕66.67公顷、育桑苗3.33公顷，春季发展“3+1”大棚59个；齐王官庄、尚家庄、防后等村发展中药材40公顷；席家村、西河套、钱家村、王家村、李家村、马庄、陶东、陶西等村发展蔬菜面积333.33公顷；畜牧生产各类专业户、重点户400余户，其中无粮庄发展为肉牛养殖专业村。2004年，实施中低产田改造治理项目，项目区位于防山乡中部，北至纪庄，南抵沂河，西达齐王坡，东到马庄，一期工程涉及10个村，规划开发改造面积666.67公顷，项目总投资432万元，项目区内新打深井5眼，修复配套旧井10眼，埋设PVC管道40千米，架设地下输电线路8千米，修机耕路27千米，配套农机具10台（套），植保机械10台（套），营造防护林666.67公顷，推广示范优质小麦、玉米各17.33公顷。2005年，在程庄建设无公害冬暖蔬菜大棚40个；规划建设尚家园优质苗木基地，改造枣园500公顷，新发展优质冬枣133.33公顷、孔府圆铃枣66.67公顷、孔府长枣66.67公顷。防山乡农业产业形成大官庄无公害食用菌基地建设、齐王坡桑蚕基地、马庄生猪养殖基地、东张畜牧基地以及无粮庄肉牛养殖基地。2007年，提出“西部蔬菜中部粮，东部林牧一起上”的农业产业结构调整总体发展思路，新发展桑园8.67公顷、山药2.67公顷、甜瓜20公顷、大樱桃38.67公顷、大枣34.67公顷、丰产林66.67公顷，绿化荒山666.67公顷；新发展畜牧养殖小区3个、养牛专业村2个，有较大规模养殖场12家、养鸡场17家，全乡畜牧业总产值占农业总产值60%以上。11月，济宁、曲阜两级产业化办公室到防山乡检查后，对钱家村速生丰产林和万柳庄肉牛养殖场等给予高度评价。2010年，席家村与烟台龙大集团合作，通过土地

席家村龙大出口有机蔬菜基地（2011年摄）

流转，建成200公顷龙大有机蔬菜基地，主要种植牛蒡、秋葵、大葱、菠菜、土豆等作物；2011年基地向周边村辐射，规模为347公顷。2012年，防山镇全年流转土地800余公顷，吸引投资4.1亿元，建设农业观光示范园、家庭农场等项目13个；改造中低产田113公顷，实施红旗闸南干渠引水工程。2013年，市委市政府在防山镇实施"突破防山东部"工程建设，对防山东部8个村基层党建、集体增收、农民致富、安全饮水、休闲农业、农村社区、基础设施建设等工作集中实施突破。2013年，全镇农林牧渔业总产值3.81亿元，粮食作物播种面积4646公顷、总产量3.07吨，瓜菜740公顷、总产3.87万吨；棉花总产111吨；造林1160公顷、森林覆盖率40.5%，林业产值1645万元；年末大牲畜存栏950头、猪存栏1.28万头、羊存栏1.8万只、家禽10.4万只，畜牧业总产值1.45亿元；有水库10座，总蓄水能力413万立方米；农业机械总动力4.04万千瓦。农村用电量1749万千瓦时。

第二节　工业

1991年，防山乡工业总产值2402万元。有乡办企业8家，职工700余人；村办企业50家，从业人员1100人；供销社有下属代销点、门市部30余处。有各类个体商业户300户，从业人员400人。1995年，全乡工业总产值4.26亿元，企业296家，其中乡办11家、村办46家、村以下办239家，从业人员4394人；乡办企业有碳酸钙、磷酸钙、兽药、陶瓷、环保设备、机械配件、地毯加工等主要项目，村和村以下有砖瓦、耐火材料、土陶、酿酒、塑料制品、瓷砖等主要项目。1997年，宋家村、齐王坡村在曲双路两侧建成沿街商品门头房100间。1998年，完成碳酸钙厂、磷酸氢钙厂、陶瓷厂技术改造，环保厂新上手扶拖拉机和面粉机生产线，乡镇企业总产值1800万元，营业收入1600万元。2002年，依托乡综合农贸市场，推进乡经济小区开发建设，发展个体工商户30家，全乡个体工商户549户。2005年，圣孟淀粉制品有限公司发展迅速，在石汪新建淀粉厂1处，实现由单纯原料加工到成品出口的巨大变化；引进圣缘无纺、圣城石材、圣友纸业、通邦工贸、意德纺织等项目在防山落户。2007年，引进圣地碳酸钙有限公司、宝源聚建材有限公司、金诺淀粉制品有限公司、曲阜天成园林有限公司等项目，总投资6000万元。全年实现企业总产值5.76亿元、营业收入5.67亿元，利税3831万元。至2010年，全镇形成以圣地碳酸钙、圣地氢氧化钙为主导的钙产业加工业，以坤洋制线、晟东纺织等为主导的纺织品加工业，以恒诚机械、裕鑫矿山配件为主导的机械制造业，以聚能砼业、鲁城石材为主导的建材和石材加工业，以金诺食品为主导的食品加工业，以鑫盛瓷厂、美乐迪玩具为主导的日用陶瓷和玩具加工业等6大主导产业。2011年，防山镇被市委市政府列为"工业主导型乡镇"；5月，经山东省委台办批准，山东(曲阜)台湾工业园(见园区经济篇)落户防山镇，起步区占地57.73公顷。2011—2013年，防山镇投资1500万元，园区基本"七通一平"。到年底，全镇有工业企业40家，职工2000余人，完成工业总产值26亿元；全镇有农村集贸市场7处，有个体商贸服务业2600余户，从业人员6000余人，第三产业增加值1.3亿元。

第三节　村镇建设

1991年，防山乡集体、农户新建房屋分别为38间

宋家村文明示范街(2013年摄)

610平方米、539间8843平方米。1992年，修筑环山路，全长17千米；完成曲双公路东张至土门段柏油路面铺设工程。1995年，新建110千伏安变电所1座。1996—1998年，实施“小康入户”富民工程和党建规范化管理工程，对农村中层干部进行中等专业技术培训，推行农村党支部书记规范化管理，有2个村符合“五好村党支部”标准；与市乡工作组编印《农村干部工作指南》，就影响农村经济发展和社会稳定的八大热点问题出台整治方案，制定出台《农电管理办法》《关于实施村庄规划、宅基地管理的办法》等；创办席家村大蒜蔬菜等6个机关干部示范服务基地，把万亩枣林建设作为“一把手”工程，表彰39名农村经济能人和个体私营经济大户，编印《致富能人谈致富经》。硬化乡村道路20千米，新建钱家村沂河大桥等桥涵12座。2002年，乡党委在党员中开展“一人学一技”“联户致富”和党员中心户等活动。东张、李家村等8村合资完成12.5千米路面硬化任务。2004—2005年，乡拓宽改造曲双路（曲阜——双山）、穿山路（宋家村——陶西），实施尧乔沟、尚家庄等8个村17.5千米村村通柏油工程。2007年，指导各村修订完善《村民自治章程》《村规民约》，建立健全村民会议、村民代表会议、村务公开和民主管理等制度，全乡村务公开率100%；实施东部山区16个村庄村村通有线电视工程，架设光缆40余千米，入户4450户，入户率85%。2008年，组织机关干部每周一下村开展民情走访，到村组、到农户、到田间地头，听民声、问民意、解民忧。镇党委落实责任制，每周对机关干部民情记录本进行汇总整理，一般问题由职能部门协调解决，重大问题主要领导挂牌督办。2009年7月，河套社区（裕馨花园小区）开工建设，占地6.1公顷，建筑面积5.2万平方米，建设楼房15幢，安置南河套村村民526户。2011年，实施农村环境卫生综合整治工程；齐王坡村在原商业街西面、曲双路南建起二层商业楼200余间，经营业户不断聚集。2012年，修建各类农村道路202.7千米，实现“村村通、户户通”公路；完成“村村亮”工程，安装改造路灯1469盏，对镇驻地实施美化、绿化、亮化，安装高标准路灯30盏；完成南陶洛和席家村片区安全饮水工程，2.3万名群众吃上放心水。同年，防山镇获“省级文明乡”和“省级生态镇”称号。2013年6月，新建防山社区（齐王坡社区），占地6.05公顷，安置530户搬迁居民入住。

第四节　教育　科技

1991年，防山乡有幼儿园34所、幼儿教师40人、在园幼儿1497人，小学29所、教师200人、在校学生3700人，初中2所、教师82人、在校学生1300人。1992年，在齐王坡村西新建防山乡中心小学。1993年，全乡六配套学校28所。1994—1995年，新建校舍5391平方米，其中新建防山一中教学楼建筑面积1354平方米，防山二中新建校舍建筑面积1040平方米，乡成教中心建筑面积683平方米。2010年8月，马庄中学初中部合并到防山中学；原马庄中学改为颜子小学，有12个教学班。2012—2013年，投资350万元，新建镇中心小学教学楼、扩建土门小学，新建改建中小学餐厅7个。到年底，防山镇有中学1所，小学8所，在校学生3124人，适龄儿童入学率100%。

1991年，防山乡有村级科普小组34个，并设立农业、林业、水利、畜牧兽医4个专业小组，各级农民技术员124人。1998年起，初步建立起以农技部门、农业龙头企业、科技示范户、专业大户、农业科技示范园区、村级农民技术员等组成的农业科技推广体系。至2010年，防山镇农业办、农技站及种植大户引进小麦、玉米、花生、地瓜、蔬菜、樱桃、大枣等新品种50多个。2013年，全镇有各类科普协会合作社组织33个。

第五节　卫生

1991年，防山乡卫生院占地面积0.7公顷，建筑面积2000平方米，设有内科、外科、妇产科、化验室、放射科、治疗室、药房、制剂室、社会卫生组等科室，病床15张，医务人员29人。同年，防山乡被确定为初级卫生保健示范乡镇，卫生院负责全乡卫生改厕、改水、健康教育、规范化卫生所改造等工作，33个行政村完成自来水改造24处，卫生改厕率60%以上，建成济宁市甲级卫生所8处。1994年，防山乡卫生院被定为一级甲等医院。1997年，购置200MAX光机1台。1999年6月，全镇有村卫生室20个，实行乡村卫生一体化管理，有乡村医生79人。2008年，购置微机30余台，院内、卫生所全部实行信息化管理。2009年，新建

建门诊楼建筑面积1800平方米，辅助用房建筑面积360平方米；卫生院设立中医理疗科，成立公共卫生跨越推进指挥部，对乡村医生进行轮流培训。2010年，20个村卫生所全部通过省级规范化卫生所验收，村村实行合作医疗即时报销。2011年12月，防山乡卫生院从宋家村内搬迁至曲双路北，新建病房楼及辅助用房建筑面积2160平方米，更名为防山镇卫生院。2013年，全镇新型农村合作医疗参合人员4.2万人，参合率99%。到年底，镇卫生院设有内科、外科、妇科、儿科、中医科、公共卫生科、皮肤科、颈椎、腰椎间盘牵引治疗室、中频治疗、针灸理疗等科室，有医务人员43人，床位33张；有村卫生室22个，乡村医生75人。

孝贤长廊(2012年摄)

第六节　人民生活

1991年，防山乡农民人均纯收入526元，全乡有电视机3734台、自行车14193辆、电冰箱19台、洗衣机30台、摩托车81辆；全乡有文化大院7处，图书室21个。1998年，程控电话用户1500个，有线电视用户发展到800个。2002年，34个村配齐“两机一室”，实行电化教育，齐王坡、马庄等村建起高标准文化大院。全乡开展“十星级文明户”“净化美化进家庭”“百十佳”“安全文明村”评选创建活动，推动农民法制、文化道德建设。2003—2005年，在防山中学、齐王坡、敬老院设立道德教育基地，在齐王坡、钱家村、马庄、梁公林等村设立道德教育展室，在乡机关、齐王坡、防山中学设立图书室；成立防山乡老年大学，乡机关修建篮球场、乒乓球室和职工浴室。2006—2007年，建设宣传栏、读报栏、公开栏、道德教育基地和道德教育展览室，引导干部群众倡树“八荣八耻”社会主义荣辱观；开展“十星级文明户”“好媳妇、好婆婆”评选活动，倡树健康文明社会新风。2009年，建设综合文化站1处。2013年，居(农)民人均纯收入10343元；全镇有文化大院33个、文化广场33个，文体队伍34支，农家书屋33处，藏书6万册；小轿车、货运车、摩托车、三轮车等机动车辆入户率16%以上，电动自行车入户率100%，彩电、冰箱普及率80%，移动手机普及率85%，座机电话普及率为每百人30部，有线电视用户入户率63.6%，互联网入户率22%；参加新型农村养老保险3.4万人，参保率100%。

人　　物

尼山圣境孔子铜像

人物传

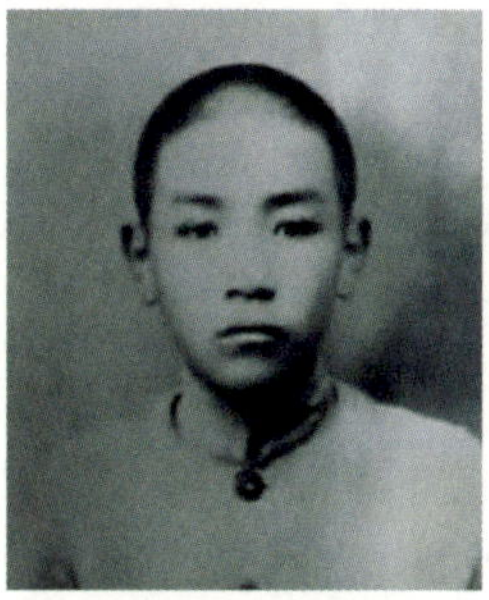

孔广洞（1919.5—1944），曲阜市鲁城街道池涯街人。参加革命后化名孔一佐、王以作、苏可夫等。1938年1月，日本侵略者占领曲阜后，孔广洞接受党的教育，加入中国共产党，先是从事党的地下工作，而后秘密离开曲阜，到邹东根据地做青年工作。20世纪40年代初期，曾任鲁南地委各界救国会青救会长。1943年春，中共曲泗邹城市工作委员会成立，冯克玉任书记，他和王鹤仁任委员。据他的战友杨萍回忆，“1940年冬，在邹县东部一个山村相见，分手两年，我认不出他来了。故人重逢加上革命情谊，两人格外高兴。他依然浓眉大眼，炯炯发光，络腮胡子也格外长，讲起话来趣味横生，只是清瘦了许多，当年幼稚气一点也看不到了。根据地的生活比较苦，累年过着食不果腹、衣不御寒的生活，每到一地，就地筹措粮食，难得温饱，不少同志还穿着离家时的衣服和带出来的被子。当晚，我们几十个人睡在一间农舍内的地上，虽然铺了一层厚厚的草，但仍不敌袭人的寒气，个个瑟瑟发抖。以作同志从家内带出来的一床毛毯和一件半新不旧的棉袍成为四个人的御寒之物了。把棉毯横过来勉强遮住三个人的上身，而那件棉袍就给另一个同志做被子盖在身上，真是顾此失彼，捉襟见肘，两只脚只好和抵足而眠的同志交播取暖了。以作同志打趣说：‘我们虽然相濡以沫，但不是涸辙之鲋，将来也不会相忘于江湖。’……1943年春天，我们又在一个叫卸甲河的山村见面了。我们四五人都是准备离开根据地到敌占区工作的。由于天灾战乱，生活非常困难，一个春天没有吃上一顿白面，糠煎饼成为主食，经常以炒盐下饭，生活固然是苦，但由于有了共同的革命理想和坚定的信念，大家都是以苦为荣、以苦为乐的，坚信长夜即将过去，黎明就要到来。经过一段共同的生活，对以作同志的了解也就更多了。他观察问题缜密见微，分析鞭辟入里，涉猎文史，即可临池挥翰，还精于金石镌刻。春节给房东编写春联，晚上给大家拉二胡助兴，总之他是一个手挥目送多才多艺的巧人。在待命期间，我们学习敌占区工作原则和经验，研究如何更好地执行党的隐蔽精干、积蓄力量、以待时机的工作方法。探讨怎样进行职业掩护，在紧密情况下，如何保卫党的秘密和保护同志。以作同志说：一旦无法隐瞒自己的身份时，就应该准备牺牲，直入庙门、横入衙门就是共产党员的无畏气概。‘苍天为我报丁忧，万里山河尽白头，明日太阳来吊孝，家家户户珠泪流。’他说这是清人金圣叹因反抗清王朝被捕入狱，临刑前留下的绝唱。我们几个同志听后为之动容，不啻上了一堂气节课，他激励自己，也教育了别人。1943年春末，以作同志被派往曲阜、邹县之间的小雪村，以酒厂工作为职业掩护，领导当地的秘密工作，这是一个由日寇和国民党挺进三十七纵队司令巩振寰共同统治的土区，统治严密，工作条件异常严酷。1944年春末，以作同志被人出卖，不幸落入敌手，遭受种种酷刑后，被巩振寰活埋，至死没有吐露党的任何秘密。……牺牲时任中共鲁一地委曲泗邹工委委员，当时化名苏可夫。”1946年4月，鲁南一地委工作团在小雪召开公审大会，把杀害抗日战争时期中共地下工作者王以作的两名凶手宣布处以死刑。

孔祥勉（1893—1957），字士劝，清末外交家孔祥柯为其二哥，他们在曲阜为“孔八府”，为衍圣公孔传铎第三子孔继洞后人。孔祥勉在北京工业大学电机专业毕业，在济南省立工业专门学校任教。其后，任总工程师创办济宁、泰安、滕县、潍县等地电灯厂。1925年冬，因济南局势动乱，由济南迁至青岛。翌年，应邀至天津任津浦铁路局材料科科长，后任北宁路局电务课长。1928年，任国民政府交通部技正兼购料委员会委员。1933年秋，任民国政府中央银行总务科主任，不久又加派为中央信托局购料处副经理。1935年，和孔教会会长孔昭润代表孔府到日本参加东京汤岛圣堂（即孔庙）重修落成庆典。1938年，任昆明中央信托局经理，以后又兼任昆明中央银行经理。1942年，任中央银行业务局一等业务专员。抗战胜利后，任国民政府中国实业银行青岛分行经理和青岛农工银行总经理，并被推选为青岛银行公会理事长。20世纪50年代，银行实行公私合营，任青岛公私合营银行副经理。其妻于苹芗，字南滨，生于1898年，毕业于北京女子师范，她的父亲即同盟会元老于洪起。

杜　牧（1918.11—1983.5），曾用名孔令为，曲阜市石门山镇董家庄北村人。1932年，入曲阜县立明德中学读书。1936年1月，回村务农。1936年10月，在曲阜县王庄小学任教员。1938年11月，加入中国共产党，后任董家庄党支部书记。1939年9月，入中共山东分局党校学习。1940年2月，在八路军一一五师民运部工作，6月，任中共滕东县委委员、民运部部长。1941年2月，被派往滕县北部开展工作，创建滕县四区，并任区委书记。是年8月，调任鲁南第一地委组织部巡视团长。1942年3月，任中共费南县委委员、组织部部长。1944年10月，入中共山东分局党校学习。1945年9月，任中共邹县县委书记兼县大队政委，发动群众摧垮敌伪基层政权，建立党领导下的基层政权和群众团体组织。1946年5月，任中共泗水县委书记兼县大队政委。1947年3月，国民党军占领泗水后，他领导县区武装坚持敌后斗争。在支援鲁南战役、莱芜战役、孟良崮战役和羊山战役时，完成动员群众参加解放军、组织运输物资、接送伤病员等支前任务。1947年10月至1949年1月，历任鲁南一地委民运部副部长、鲁中南四地委民运部副部长。1949年1月至7月，任鲁中南四地委委员、民运部部长。1949年7月至1950年5月，任尼山地委委员、民运部部长兼妇女工作委员会书记，农村工作委员会书记。1950年5月，任滕县地委委员、农村工作委员会副书记、书记。1952年11月，任滕县地委常委、农村工作委员会书记。1953年5月，任滕县地委第一副书记。1953年7月，任济宁地委副书记。1955年8月，调中央党校学习。1956年9月，学习结业后，继续担任济宁地委副书记。1957年，济宁地区连降大雨，受灾严重，他带病坚持领导抢险救灾，经常吃住在受灾村庄工作点上。1959年秋，他被医院确诊为肝硬化、肝萎缩，对组织和家属隐瞒病情，仍坚持工作。后省委、地委领导人从院方得知其病情，决定让他住院治疗，才于1960年初离开工作岗位。“文化大革命”期间，遭批斗，并下放农村蹲点、包村。1977年8月，任济宁地区革命委员会生产指挥部顾问。1979年2月，任枣庄市委副书记。1980年4月，任政协枣庄市第二届委员会主席。为山东省第一、二届人民代表大会代表。1983年5月，在济南病逝。

蒋仰乔（1916—1988），曾用名颜承梓，曲阜市鲁城街道人。曾任浙江省建设兵团政治部主任、浙江省军区顾问。青年时期在北京读书。1935年4月，参加中华民族解放先锋队。1939年2月，由曲泗宁县委选派到山东沂水岸堤干校学习；3月加入中国共产党。同年5月，到曲泗宁县委做宣传工作，后担任县委机关支部书记。后调曲泗宁县大队任营教导员。1941年底，尼山支队成立，任代理组织股股长。1942年初，调鲁南军区司令部任直工股股长，后调沂河支队一大队任教导员。1943年，到山东分局党校学习，半年后任尼山独立营组织干事。1944年年底，任独立营副政委。1945年，独立营被编为警八旅十五团一营，任教导员。12月，参加警八旅十五团主攻曲阜城战斗，曲阜城首次解放。1946年6月，调任十七团政治处主任，后又到十五团任政治部主任。解放战争期间，参加解放济南、洛阳、淮海、渡江等重大战役。济南解放后，被派到三十五军改造吴化文部队，后任一〇三师三〇九团政委兼中共浙江常山县委书记。1950年，任金华军分区政治部主任、副政委。1954年，任宁波军分区副政委。1956年，任安徽省军区政治部副主任。1970年，任浙江省建设兵团政治部主任。1978年，任浙江省军区政治部顾问、省军区顾问。1982年离职休养。1988年，在杭州病逝。

蒋连萼（1909—1991.1），又名宋净明，曲阜市吴村镇杨家院村人。中共党员。曾任鞍山钢铁工学院副院长。1925年，考入山东省立第二师范学校（曲阜二师）。1926年8月，共产党员马守愚（代名李云亭）到曲阜发展组织，他加入中国共产党，成为曲阜市最早的中国共产党党员。是年，他组织读书演讲会，宣传进步思想。1932年，去北京民国大学读书。参加“一二·九”抗日救亡运动。1937年8月，到延安参加革命工作；11月，重新加入中国共产党。抗日战争爆发后，历任陕北公学教员、副队长，陕西决死队第三纵队政治指导员，太行军区三分区三八五旅十四团政治处主任、政治部敌工科科长、敌工部部长，华北军区训练团团长（副师级）。1952年10月，从部队转业到河北干校任副校长，后调任中共中央马列学院二分院副院长。1955年，调任鞍钢夜大任校长，后被国务院任命为鞍山钢铁工学院副院长。1981年2月离职休养。1991年1月，在北京病逝。

马玉光（1920—1991.1），原名闻祥桐，曾用名闻柏山，曲阜市石门山镇石泉庄人。“七七”事变之前，就读于曲阜明德中学。“七七”事变后，参加革命工作。1938年8月，加入中国共产党。任曲泗宁第五大队二中队一分队组织干事。后在新泰刘杜、尤家庄一带发动群众进行减租减息及对敌斗争。1942年冬，他被派至尧山区中队对其进行整顿。当时，他带了一个班，快到尧山的时候，遇到日军“扫荡”。他们迅速登上一个山岭，占领制高点，双方交战，最后日军丢下10多具尸体败退。1943年8月，任泰泗宁县委曲阜泗河分区区委书记兼中队指导员，改名马玉光。1945年3月，任九山分区区委书记兼区中队指导员。1945年10月，任曲泗县吴村分区委书记兼区中队指导员。1946年7月，任曲阜县县大队副教导员。1947年6月，任鲁南军区留守处教导员。1949年2月，马玉光南下至上海，任警备部队三营教导员。后调任上海公安总队政治部民运科科长。1951年至1956年，历任上海军事干校教导团政治处主任、团组织科科长。1956—1983年，历任地质部张家口探矿机械厂职工学校校长、厂办公室主任，地质部干校副校长，地质部仪器公司办公室主任，地质部技术处副处长等职。1983年，离职休养。1991年1月，病逝。

狄井芗（1918—1992.2），曾用名狄景襄、狄之桐，曲阜市鲁城街道人。中共党员，曾任山东省政协副秘书长。幼在曲阜读书，后到济南读中学。“一二·九”运动爆发后，参加罢课斗争和游行示威，作为济南（山东）学生救国联合会领导成员，参与组织领导学生开展抗日救亡运动。1936年10月，参加中华民族解放先锋队，组织民众团体。日本侵略占领军占领济南后，流亡到武汉，后到曲阜城内做地下工作。1938年6月，加入中国共产党，任曲阜城支部宣传委员；8月，入沂水县岸堤山东军政干校学习。后历任鲁南区民众总动委会特派员、分会副主任，临郯费峄边联县抗日民主政府县长，县大队大队长。1941年12月，任“中国国民党抗敌同志协会三分会”宣传部部长、中共支部书记。1943年至1947年10月，历任鲁南区党委秘书科长、第二行政专员公署副专员、第一行政专员公署副专员、邹县县长。1948年9月，任济南特别市政府研究室主任。1951年至1955年，历任济南市人民政府秘书处副主任、副秘书长。1956—1962年，历任济南市人民委员会秘书长、副市长，济南市委常委、市委财贸部部长。1962年5月至1963年2月，任山东省人民委员会副秘书长，办公厅主任、办公厅机关党委书记。20世纪60-70年代，“文化大革命”中受冲击，被迫停止工作。1975年5月，任德州地区革命委员会副主任兼德州地区计划委员会主任、党组书记。1979年3月，任山东省政协副秘书长。1982年12月离职休养，离休后仍保留山东省党史学会副会长、省地方志编纂委员会副主任委员职务。1992年2月，在济南病逝。

孔端甫（1914—1993.7），名繁頵，字端甫，山东

省成武县苟村集镇人。8岁即随其伯父和堂叔学习书画，在小学读书时，又拜师于民间名画工张风年学习工笔人物。16岁拜书画家陈作梅为师，学习花鸟、山水及书法。1936年，考入河南艺专，师从雷吻虹。在抗战及解放战争时期，先后任教于山东省立第十四联合中学，私立俭堂中学、山东省立第二临时中学，组织"秋湖画社"，利用课余指导学生学习书画，开展美术创作，创办《秋湖画刊》，宣传抗日救国思想。中华人民共和国成立后，任教于山东省立鲁中南师范学校。1950年，调入曲阜师范学校。20世纪50年代，他致力于连环画、宣传画创作。1957年，编著中等师范学校《图画》教材上、中、下三册，由省教育厅内部发行。其后重点创作花鸟画，兼及人物画。1964年，其作品《出工》出席全国美展，后由人民美术出版社出版，并收入《华东山东年画选集》。他编著的中师教材《图画》，经山东省教育厅审定后发行各地。1957年3月，他被推选为出席山东省首届工会积极分子代表大会代表。同年9月，他出席全国首届工会积极分子代表会议，受到奖励，并在中南海怀仁堂受到刘少奇、朱德、周恩来、邓小平等中央领导人接见。后调入曲阜师范学院任教。在教学中他注重创作实践与画学研究的紧密结合，并且注意把人的培养放在首位。他的《花鸟画法》(1980年)、《花鸟画构图要点》(1987年)、《国画题款常识问答》(1987年)、《怎样画鹰》(1988年)、《工笔花鸟基础技法》(1989年)、《工笔草虫画法》(1990年)、《鸡和鹌鹑的画法》(1990年)、《孔端甫花鸟画集》、《雉和白鹇的画法》(1992年)等，均有着较大的社会影响。尤其是《花鸟画法》，山东美术出版社出版，20世纪90年代重印5次，累计12万余册。1989年，该书被评为全国畅销书；1990年，该书获全国优秀图书奖。1993年7月，在曲阜病逝。

蒋德功(1911—1994)，原名颜承杞，曲阜市鲁城街道人。1931年12月，参加兖州抗日请愿卧轨截车事件。1933年，入北平体育专科学校学习。1935年"一二·九"抗日救亡运动时，参加抗日民族青年先锋队。毕业回乡，加入地方抗日武装——兖济县武工队。1938年，加入中国共产党，入沂水县岸堤抗日军政干校（后称山东抗日军政干部学校）学习。1939年秋，任山东纵队后方政治部干事；1940年，任滨海军区武装科干事。在山东抗战最艰苦阶段，八路军主力部队暂时转移，他遵照山东党组织和鲁南军区领导指示，带领武工队坚持敌后游击战，与日伪展开反"扫荡"、反"围剿"斗争。1941年后，蒋德功与武工队战友们在兖州、济宁、邹西一带，利用家乡地理熟悉优势，打击敌人。1943年，任中共鲁南区党委联络科科长，后任鲁南铁道游击队二队政治委员。1942年至1944年，他与王玉林带领武工队铁道二大队与在枣庄一带战斗的第一铁道大队南北呼应，截军列、炸桥梁、捉汉奸，牵制日军力量，支持正规部队作战，完成由延安经华中至山东的战略交通线保卫任务。1945年10月，蒋德功以鲁南军区上校秘书身份，只身进入兖州日军洼田旅团部，促使日方接受八路军三项条件。抗战胜利后，中共鲁南军区将铁道一大队、二大队合并。1946年，任鲁南区党委成立的铁路局秘书处长。同年秋，回铁道大队任政委。1948年，入中共华东局党校学习，任第七队队长。结业后任后备兵团政治部民运科科长。1949年，历任华东军区步兵四师十三团副政委、政委，华东军区海军江阴要塞炮团政委、崇明炮二团政委。1950年4月，参加解放崇明岛战斗。1952年，任华东军区海军后勤部政治部主任。1954年，作为海军代表到北京参加庆祝中华人民共和国成立5周年观礼活动。1955年，被授予上校军衔，获三级独立自由勋章、二级解放勋章。1956年，海军北海舰队旅顺基地后勤部政委。1964年，转业地方，任辽宁渤海造船厂党委书记。1970年，任芜湖造船厂党委副书记，后任书记。1974年，任国防科工委安徽省科工办顾问；1977年7月，任副主任(正厅级)。1982年，离休；1992年，经批准享受副省级待遇。1994年，在合肥市病逝。

曾奇栋(1943.10—1994.10)，福建省建瓯市人，中共党员。1968年至1982年，历任河北宣化钢铁公司龙烟选矿厂技术员、曲阜酒厂技术员、生产股股长、基建科科长、设备科科长、技术科科长。1973年，他设计曲阜酒厂第一个酒精车间，1975年设计酒厂第一

个老窖酒车间，为酒厂优质酒发展奠定了基础。1976年至1978年负责味精车间土建设备、工艺的全部设计，经上级鉴定符合要求。1979年，设计粮食酒机械化车间。1980年，设计山东省第一个年产3000吨酒精斜孔塔。1981年，负责年产1000吨优质车间部分设计及6吨/时锅炉安装。1982年7月，任曲阜酒厂副厂长。1984年7月，任曲阜酒厂厂长。1988年11月，兼任曲阜酒厂党总支书记。他大胆改革企业内部分配制度，极大地调动员工积极性，曲阜酒厂年产值从1985年865.3万元增加到1987年1102.49万元，产量由5232吨增加到6023吨，利税积累由424.5万元增加到700.14万元。他根据市场需求，及时开发新产品，不断开拓新市场，巩固老市场；为保证产量质量稳定提高，把质量优劣纳入经济责任制，并定为“否决”指标，广泛开展推行全面质量管理活动（TQC）。由于产品质量过硬，又及时开发新产品，如孔府家酒、儒酒、孔府老酒、杏坛春、孔府家酿等，通过调整产品结构，开创“一厂五产品”及出口创汇的全国先例，产品畅销不衰，效益显著增长。他致力于技改，增强企业后劲，根据曲阜酒厂实际实施2000吨优质酒技术改造扩建工程，争取省轻工业厅贷款1269万元，轻工部中标贷款390万元，实现了山东省经委在“七五”期间把曲阜酒厂建成山东省粮食酒生产基地和样板厂目标。1992年，获山东省劳动模范称号；1993年，获全国“五一劳动奖章”，享受国家政府特殊津贴。1994年，曲阜酒厂完成销售收入4.63亿元，实现利税2.01亿元，其中利润6814万元。曲阜酒厂由县级小酒厂发展成为全国大一型企业、全国500家经济效益最佳企业。1994年10月，因病逝世。

朱　旭（1910—1997.8），原名朱润昌，曲阜市王庄镇车家庄村人。1931年秋，考入济南齐鲁大学高中部。“九一八”事变发生，全国掀起抗日救亡怒潮。他与齐鲁大学50多名同学参加南京请愿活动。1932年夏，他参加中国共产党外围组织——“读书会”，后又加入“互助会”。同年10月，加入中国共产主义青年团。1933年2月27日，由于叛徒出卖，他不幸被捕，被判为两年半徒刑。1936年3月，由家里担保出狱后，参加梁漱溟政学一体短期小学教师培训班，结业后分配到曲阜南泉村小学任教。1937年，参加曲阜二师学潮被开除的管戈、周蓝田、曹宇光等常去找他谈论国事，深入群众宣传抗日救国，组织抗敌救援会，南泉小学成为联络点。七七事变后，他回家乡车家庄村组织发动抗日武装。1938年3月3日，遵照柘沟党组织通知，他连夜赶到柘沟，与曹宇光、张林夫、刘海岩所组织的抗日武装汇合，他们共计20多人、4支枪，当夜前往蒙山万寿宫与徂徕山起义部队——四支队五中队汇合，被编为第三排。不久，任四支队二团六连副指导员，继之，任四支队供给部秘书。1939年10月，加入中国共产党。是年，调任四支队三团六连指导员。该团后改为蒙南支队，他任支队直属党支部书记兼特务连指导员。1941年8月，他被支队派遣到泰泗宁边区搞扩军，在尧山一带活动。不到一年时间，队伍发展到100余人，被命名为蒙南支队第一大队，他任教导员。1943年1月，为开辟泗北、曲北地区工作，中共鲁南一地委和鲁中三地委共同派人建立以曹宇光为书记的中共凤仙山工委，他任工委秘书。是年正月十三日夜，他到联络点“和尚庄”活动时被捕，曲阜伪县长劝降，被他严词拒绝。敌人逼迫他到放城一带刺探情报，借机逃出虎口。1943年秋，经组织审查，恢复党籍及职务。同年8月，鲁中三专署建立泰泗宁县抗日民主政府，他任县政府秘书科长。1945年10月，曲泗县民主政府成立，他任曲泗县姚村区区长。1946年4月，调至鲁南一专署工作。1947年，调至费南县辛庄区搞土改工作，后调至鲁南一专署粮食局工作。因身体伤病，从1948年至1951年，在鲁中南行署疗养院疗养。后任济宁岱庄疗养院院长。不久，他被错打成“现行反革命”，后由山东省委予以纠正。1952年年底，进入中共华东局党校学习。其间，参加“三反”“五反”运动。而后，至华东工业部工作，后调至北京一机部、三机部、五机部（即兵器部前身）工作，曾任五机部行政处副处长。1982年离休。1997年8月，在北京病逝。

孔　孚（1925—1997.4），原名孔令桓，字笑白，曲阜市石门山镇人，教授，山水诗人。1947年毕业于山东师范学院史地系。曾执教于滋阳一中（后更名兖

州一中)曲阜师范学校。不久南下在江苏奔牛一带教书。1948年年末,由上海到青岛投奔解放区,到济南后进华东大学学习。1949年春,分配至《大众日报》社,任文艺副刊编辑。1950年,开始发表文学作品。1955年因胡风问题受牵连,1957年被划为“胡风分子”。后被打成右派,流放到农村改造。1979年上半年,右派问题得以改正。同年秋季,到山东师范大学从事现代文学研究工作。1985年,“胡风问题”得到平反,他的第一本诗集《山水清音》由重庆出版社出版。1987年,诗集《山水灵音》由陕西人民美术出版社出版。两部诗集面世后,引起巨大反响,作家、文学研究家钱钟书认为孔孚诗是“开门户”之作。诗人、剧作家贺敬之称孔孚诗“五四”以后新诗一个“新的突破”。1986年,加入中国作家协会。1989年,《山水清音》获山东省首届泰山文艺创作奖一等奖。1990年4月,“孔孚诗歌研讨会”在曲阜召开,全国各地诗人、专家、教授80余人参加研讨会,中宣部副部长、文化部代部长贺敬之以及夫人、《人生咨询》主编柯岩以诗友身份到会祝贺并发言。孔孚另著有诗论集《远龙之扪》等。1991年,《孔孚山水·峨眉卷》获山东省优秀图书奖一等奖、全国计划单列市出版社优秀图书一等奖。1997年4月,在济南病逝。

李启谦(1932—1997.4),济南市章丘区黄河乡人,中共党员,教授,历史学家。1956年毕业于山东师范学院历史系,分配到曲阜师范学院历史系任教。1982年被评为副教授,1985年担任孔子研究所所长。1986年,被评为教授。先后担任中国孔子基金会理事、中国先秦史学会理事、山东历史学会副理事长、山东省孔子学会常务理事、山东省地方史学会理事等多项学术社团职务。

他长期从事中国先秦史和孔子、儒家思想的教学与研究,勤奋治学,成果丰富。特别是他立足于孔子故里,结合鲁国社会特点研究孔子、儒学,卓有成就,形成了独特的优势。1985年至1992年,任孔子研究所所长期间,带领全所科研人员着眼于高质量、高标准从事孔子、儒学研究,参与国内外学术交流,发挥地利优势,创造人和环境,不断探索和校正孔子研究所的特色定位,经过数年努力,将孔子、儒学研究打造成曲阜师范大学一大优势和办学特色。他的代表作《孔门弟子研究》,是“文化大革命”结束后国内学人出版的第一部全面系统研究孔门弟子的专著,在学术界产生了很大影响。主持编纂的两部大型文献资料集《孔子资料汇编》《孔门弟子资料汇编》,将上迄先秦、下至南北朝时期的孔子及其弟子的资料,搜罗殆尽,详细完备,为研究者提供了极大的便利。主编的《山东通史·先秦卷》,是山东先秦历史的第一部纪传体著作。参与编写的《孔子思想与当代社会》《孔子故里志》《孔子》等多部著作,均在学术界产生了较大影响。发表有影响的学术论文数十篇。有数项研究成果获得山东省社会科学优秀成果一、二等奖。1997年4月,在曲阜病逝。

朱光灿(1927.11—1998.1),河南省潢川县人,中共党员,教授。早年就读于国立河南大学,参加学生爱国运动。1943年3月,转入华东大学学习,同时参加革命工作。先后在大众日报社、新华社山东分社、济南卫校、山东卫生干部进修学院、山东省中医学院、山东省莱阳医专、曲阜师范大学工作,历任编辑、记者、讲师、副教授、教授,并担任学科主任、教研室主任等。曾为中国现代文学研究会会员。离休后,继续发挥专长、余热,被聘为曲阜师范大学督学。

朱光灿于20世纪40年代末开始文学创作,发表《希望在哪里》《老村长》《九龙湾的故事》等文学作品;60年代研究生毕业以后,从事文学与诗歌研究和教育工作,先后编著发表《诗经今译》《鲁迅诗歌略论》《论〈女神〉艺术特色》《论〈凤凰涅槃〉》《国统区的文学》等论文专著。曾任中国现代文学研究会山东分会常务理事、郭沫若研究会理事、全国老一辈无产阶级革命家研究会理事等。离休后仍笔耕不止,编纂学术巨著《中国现代诗歌史》,填补中国现代文学研究领域诗史空白。1998年1月,在曲阜病逝。

赵紫生(1911—1998),山东省鱼台县张黄镇常

李寨村人。1932年，毕业于山东第一师范。1935年，肄业于南开大学。同年，加入中国共产党。1937年2月，受党组织派遣到鱼台县组织抗日武装，任鱼台抗日自卫总团参谋。1940年，受党组织派遣打入敌穴，策反伪自卫团1000余人起义，整编为八路军惠河支队，他任副支队长兼参谋长。1942年8月，刘少奇受毛泽东委托，到山东省彻查山东党组织“锄奸”“肃托”工作严重错误，在赵紫生等人护送下，在鱼台超化寺驻留3天，调查湖西“肃托”事件。1943年，他只身进入鱼台特务队，击毙特务队长。策动伪“自卫团”起义。1945年，历任冀鲁豫军区第十五团副团长、“杨、苏”纵队独立团代团长。同年11月初，奉命率独立团到东北战场，因途中负伤，转任冀鲁豫七专署文教科科长兼济宁市文教局局长等职。中华人民共和国建立后，任菏泽专署文办主任。1955年，调任山东师范专科学校教务主任；随后调任曲阜师范学院教务长。1960年11月，任曲阜师范学院副院长。1971年1月，任山东大学革委会副主任。1978年6月，任曲阜师范学院院长、代书记。曾任山东省心理学会理事长、名誉理事长，中国教育学会理事，山东省教育学会副会长，山东省教育科学研究所特聘研究员，山东陶行知研究会顾问，中国运筹学会常务理事，鲁西高校华夏文化促进会会长，山东省政协委员等职务。1984年4月，离职休养。

赵紫生长期从事教育工作，在教育工作研究方面颇有建树。20世纪五六十年代，即发表《教育与生产劳动相结合》等论文60余篇，曾在全国教育工作会议上作典型发言。其《大搞运筹学的群众运动，促进生产发展，带动教育科研》一文，于1960年10月在中央人民广播电台播出后，《光明日报》《文汇报》、英国《泰晤士报》相继转载，在国内外产生较大影响。他领导组织的“公社数学”“土蒸馏釜”两项科研成果，在1960年山东省首届科技展览会上，受到毛泽东主席赞扬。参加组织编写国家重点科研项目《汉语大词典》。离休后，领导出版《汉语虚词词典》《冀鲁豫专区教育史》（主编）、《山东专区教育史》（副主编）等著作。1998年1月，因病在济南逝世。

陶愚川（1912—1998.2），浙江省绍兴市平水镇人。1934年，毕业于大夏大学（该校后并入华东师范大学）教育系，同年11月留学日本早稻田大学。1936年，留学美国密歇根大学教育学院，获教育学硕士学位。1938年学成回国，先后执教于上海私立乐群中学、湖南师范学院、中山大学、大夏大学，历任校长、教授、教育系主任等职。中华人民共和国成立后，谢绝其父和大哥陶百川（国民党元老，1977年至2002年在台湾挂名“总统府国策顾问”）要其留在香港或出国发展的劝说，于1950年秋回到上海，服务于新中国教育事业。历任上海东群中学校长兼历史课教员，山东部队转业干部速成中学教员，泰安师范学校教员，曲阜师范大学历史系、外语系教师、教育系教授。他在20世纪六七十年代，屡次成为被批斗典型，蒙受不白之冤。

20世纪50年代至60年代初，先后写出9部共300万字的教育史手稿，但在“文化大革命”中不幸遗失。中共十一届三中全会后，完成专著《中国教育史比较研究》，填补国家教育史方面一项空白，获得全国教育科学优秀成果奖，引起中国教育史学界轰动。1986年，《大众日报》（1986年4月6日，头版头条）以《丹心报国——记曲阜师范大学陶愚川教授》为题，报道了他的事迹，各大媒体进行了转载。他淡泊名利，一生未婚，将平时节省下的工资和书稿费等全部捐献给学校，学校特设“陶愚川教育科学基金”，以弘扬其献身教育事业的精神。晚年曾担任省第五、六届政协委员。1998年2月，在泰安病逝。

包备五（1914—1998.2），山东省单县莱河镇包庄人，教授，文字学家、语言学家、书法家。单县中学毕业后，在单县察院街小学、河南省商丘大同街小学、安徽省太和县二十一中、单县县立中学任国画教师。新中国成立后，曾在湖西联立师范、山东师范专科学校任语文教师。1955年调入曲阜师范学院。1956年任曲阜师范学院中文系讲师。1980年晋升为副教授。1987年晋升为教授。中国书法家协会会员。包备五自幼热爱书画，书法擅汉隶、魏碑兼写金文、小篆和行草；绘画工山水，亦画其他。晚年致力于书学理论研究，主要著作有《文学概论》《中国书法简史》《中国历代书法论文集》《中国书法略史》《齐鲁碑刻》等，其中《中国书法简史》《中国书法史略》被选为中国书画函授大学的教材。1998年2月，在曲阜病逝。

郑又樵（1916—1999.7），山东省济宁市兖州区颜店镇后郗村人。1939年参加革命工作，1940年加入中国共产党。历任济宁普育小学教务主任，冀鲁豫济宁市四区区长、文化联合会主任，冀鲁豫地委秘书，济宁市政府办事处副主任、市教育局副局长兼联中校长，济宁一中校长兼党支部书记等职。1958年，任曲阜师范学院数学系党总支书记、主任等职。1959年，带领全系师生组建“公社数学”研究小组。1960年，该小组研究成果受到毛泽东主席称赞。同年，数学系被国务院评为全国社会主义建设先进单位，郑又樵出席全国群英会。曲阜师范学院数学系也从此建成了第一个师范以外的专业——运筹学。他以厅局级干部待遇离职休养以后，参加延安精神研究会工作。1999年7月，在曲阜病逝。

苏　鹏（1910—1999.10），原名翟鹏飞，曲阜市石门山镇韦家寨村人。1936年前，在国民党苏州反省院当看守。当时因与被关押的政治犯接触，被反省院开除。“八一三”事变后，从苏州回到家乡。1937年11月，加入中国共产党。1938年2月，曲阜第一个中共农村党支部——中共董家庄党支部成立，任支部书记。1938年冬，到山东分局党校第二期学习，后任曲泗边境太宁大队三中队指导员。三中队活动范围在凤仙山前、石门寺、苗庄、徐家庄、夏庄、小和尚庄一带。1940年，苏鹏任鲁南区民运队队长。1945年，调任曲泗县人民武装部政工股股长。1946年春，到董庄一带发动群众进行反奸诉苦活动。1946年冬，带领一个武工队，在姚村、董庄、吴村一带活动。1946年至1948年，历任曲阜县公安局审讯股长、北撤家属大队教导员、黄河北第六家属管理处主任、尼山专署民政科科股长等职。中华人民共和国成立后，任钢山县土改大队长，1951年邹县民政科科（局）长、邹县建行办事处主任等职。1965年4月，因病退休。1981年，改为离职休养。1999年10月，病逝。

聂桂田（1920—2000），曲阜市石门山镇焦沟村人。1936年在董家庄小学毕业考入曲阜明德中学。1937年，到吴村乡农学校学习。不久，日军侵华军占领吴村一带，该校解散。1938年9月，由孔祥运、苏鹏介绍加入中国共产党。1939年2月，到中共山东分局党校学习。6月，分配到山东抗日游击四支队做民运工作。1941年4月，任曲阜工委组织委员。同年7月，任曲泗边区委组织委员。11月，任曲泗县委组织部干事。1942年3月，到山东分局点线工作训练班（城市地下工作训练班）学习。6月，调至滕县辛庄小学以教学为掩护做城市联络工作。该小学是鲁南区党委组织部一个城工科，负责滕县、峄县、徐州一带地下联络工作。1943年春，调至峄县县城做地下工作，后调枣庄二中队。1944年10月，他在峄山火车站被叛徒发现后，调任鲁南区党委城工部干事。在解放枣庄前夕，他在峄县宪兵大队做地下工作，为便于隐蔽，联络感情，曾拜伪中队长孙敬臣为“三番子”师父。组织上派他进城做孙的工作，争取孙在战斗打响后作为内应，为解放枣庄做出贡献。1945年8月，任枣庄铁路工会东站工会主席兼党支部书记。1947年2月，任兖州办事处敌工干事。4月，到鲁中区党委党校学习，任鲁中区党委保管处教导员。1947年9月，任平邑县敌工部干事。1948年3月，任鲁中南一军区俘虏管理处教导员；7月，任滕县城区区委副书记兼区长。同年年底，任该区区委书记。1949年，任浙江省昌化县委组织部部长。1951年3月，到浙江省委党校学习。同年8月，任浙江省临安地委干校教导主任，10月，任昌化县委副书记，后任县委书记。1953年10月，任浙江省嘉兴地委委员、秘书长兼互助合作部部长。1954年6月，任黑龙江省阿城电器厂副厂长，后任厂长。1960年4月，任哈尔滨松江电炉厂副厂长。1962年6月，任哈尔滨电表仪器厂厂长。1965年9月，任西安电力机械制造公司副经理。1968年9月，任西安高压开关厂革委会副主任，后任主任、党委书记。1976年2月，任西安市机械工业局局长。1977年11月，任西安电力机械制造公司经理、副书记。1984年8月离休。2000年4月，在西安病逝。

尚宪文（1919—2000.4），山东省单县安司刘庄村人。1943年10月，参加革命工作，同年加入中国共产党，历任本村党支部小组长、支部委员、区委委员、区委副书记、抗联主任等职。1946年10月入伍，历任冀鲁豫五分区三连书记，副政治指导员、指导员，五分区县大队副政委、政委，平原军区湖西分区工作队长，警五团组织股副股长、股长，十四团三营教导员，湖西分区独立营政委，金乡县兵役局副政委，曲阜县人武部副政委、政委，曲阜县革委会主任，曲阜县党的核心领导小组组长，山东拖拉机厂党的核心领导小组组长等职。1988年获独立功勋荣誉章。2000年4月，因病在曲阜逝世。

蔡留群（1931—2000.7），山东省济宁市任城区东邵乡蔡桁村人。1948年5月至1951年1月，在中国人民解放军17军49师某机炮连历任副连长、连长等职务，参加渡江、进军大西南、剿匪战役。20世纪50年代初，参加抗美援朝战争。1951年1月至1976年3月，在16军47师历任教导营某连连长、副营长、营长、副团长、副处长等职务。1976年3月，转业至曲阜工作，历任曲阜县农林水办公室副主任，县科学技术委员会副主任、党组书记，县革委会副主任兼科学技术协会主任等职务。1980年5月至1989年7月，任曲阜县（市）人大常委会副主任。1989年7月至1990年3月，任曲阜市人民代表大会常务委员会代理主任、党组书记。2000年7月，因病在曲阜逝世。

孔令朋（1919—2002.4），祖籍曲阜，生于济南。其父孔祥勉。1939年，孔令朋毕业于武汉大学政治系。1984年9月至1999年10月，任中国孔子基金会副

会长。15年间，积极从事中外文化交流，出访日本、美国等国，与世界各地孔子后裔、儒家学者有广泛接触。著有《今生今世》《孔裔谈孔》《旷古同钦》《说孔古今谈》《论语精句今用新解》《为孔子平反迎接二十一世纪》等书。曾与兄弟姐妹商议，无偿捐出青岛祖产——南园别墅，后为青岛市南园孔子纪念馆。促成其好友、香港大业织造厂董事长沈炳麟捐建曲阜杏坛中学实验教学楼、尼山中学教学楼。为第六、七、八届全国政协委员，历任中国农工民主党中央常委、上海市委副主委、上海外贸学院教授等职。2002年4月8日，孔令朋因病逝于上海。

冯克玉（1918—2003.4），曾用名冯占清，曲阜市鲁城街道五马祠街人。幼读山东省立第二师范学校附属小学，后入明德中学就读，毕业后入天津水产专科学校学习。

抗日战争爆发后，他于天津水产专科学校回到曲阜。1938年1月曲阜被日本侵略军占领后，到邹县参加国民党游击队，5月回曲阜。6月，经介绍加入中国共产党，任中共曲城支部组织委员。10月，到山东抗日军政干校学习。1940年10月至1941年7月，任中共泗水县委委员、组织部部长。1941年7月至1942年10月，任中共曲泗县委委员。1943年2月，受中共鲁南一地委派遣，与王以作（原名孔广洞）、王鹤仁组成中共曲泗邹城市工作委员会，他任书记。1944年10月，鲁南区党委成立徐州市工作委员会，周南（原名高庆链）任书记，他任副书记。1945年年初，任鲁南区委城市工作部组织科科长。1946年10月，任中共鲁南第二地委候补委员、组织部副部长。1947年，任中共鲁（中）南徐州市委组织部部长。1948年，淮海战役后任中共徐州市三区、二区区委书记。1955年，任中共新海连市（今连云港市）委书记。1959年1月，任徐州地委书记处书记、专区行政公署副专员。1967年2月，任徐州地委副书记、专区革命委员会副主任。20世纪60至70年代受冲击。1972年，任徐州地区革命委员会生产组副组长。1975年6月，

任徐州地区革命委员会副主任；9月，任中共徐州地委副书记、革委会副主任。1983年3月，任徐州市政协主席。1985年12月，离职休养。2003年4月，因病在徐州逝世。

班守正（1922—2004.12），山东省微山县朱楼村人。1944年12月，参加革命工作，至1945年8月，在临城县四区任助征，在鲁南干校分校学习，任班长。1945年10月，加入中国共产党，至1950年2月，历任临城县区工作组组长、县武工队小队长、区委宣传委员、区长、区委副书记等职务。1950年3月至9月，在山东分局党校学习；同年9月至1951年5月，任临城县委土改队队长。1951年6月至1956年1月，历任薛城县委秘书、县政府秘书、县供销合作社主任等职务。1956年2月至1964年11月，历任济宁专署农产品采购局局长、专署服务局局长、地委政研室组长、专署水利局局长、专署农业局局长、专署农业局副局长等职务。1964年11月至1965年6月，历任曲阜县陈庄公社四清工作队副队长，陈庄区委副书记、区长。1965年6月至1966年12月，任曲阜县人民政府副县长。1968年5月至12月，任曲阜县革委会工作组组长；1969年1月至8月，在曲阜县五七干校学习。1969年9月至1983年12月，历任曲阜县副县长、县革委会生产指挥部副指挥、县革委会生产指挥部副主任、党的核心小组副组长、县革委会党组书记、副主任、县委副书记、县政协主席、党组书记等职务。1983年12月，离职休养。1984年3月，经山东省委组织部批准为厅局级待遇。2004年12月，病逝。

袁峻峰（1920—2005.12），原名袁景岗，曲阜市石门山镇董家庄村人。1935年在董庄小学高小毕业后，入曲阜师范讲习所学习，1937年抗日战争爆发后回本村。1938年6月，加入中国共产党。8月，在沂水岸堤军校学习。年底，任蒙阴县委警卫排政治宣传员。1939年6月，任蒙阴县委特务连政治指导员。1940年1月，入鲁中抗大学习。1941年1月，任山东纵队第一支队一团七连政治指导员；11月，任沂蒙军分区民运（动员）干事。1942年1月，任军分区一营一连政治指导员。1943年年初，参加开辟临朐新区战斗；7月，参加北会吉战斗；12月，参加讨吴（化文）战役、鲁中军区冬季反“扫荡”战斗。1944年10月，任鲁中二分区一营副政治教导员；12月，任鲁中二分区一营政治教导员。1948年4月，任八纵队特务团政治教导员。1949年4月，任八纵队二二八团政治处主任。1950年11月，任八纵队七十七师炮兵团副政委。1953年8月，任七十七师炮兵团政委。1954年5月，入南京军事学院政治系学习。1955年9月，被授予中校军衔，获三级独立自由勋章和三级解放勋章。1957年7月，任二十六军七十六师二二七团政委、党委书记。1958年8月，任二十六军七十六师政治部副主任。1959年12月，任济南军区理论学习班副主任兼教育处处长。1962年11月，任济南军区内长山要塞区蓬莱守备区副政委、党委常委。11月，晋上校军衔。“文化大革命”期间受冲击，被批判、免职。1970年3月，被错定为“叛徒”，开除军籍、党籍，连同家属子女一并遣送回乡劳动。1979年2月，予以平反，恢复其党籍、军籍、职务、级别，接回军队。同年9月，任济宁军分区副政委。1980年10月，离职休养。享受正师职待遇。1986年4月，任济宁军分区济宁第一干休所党委副书记。1988年7月，获独立功勋荣誉章。2005年12月，因病在泰安逝世。

房立泉（1947.9—2005.12），1947年9月生，曲阜市姚村镇颜家村人。1965年8月至1966年7月，在金乡县羊山参加社教工作，任社教工作队文书。1966年7月，调曲阜县姚村公社工作，为半脱产干部。1971年9月，任姚村公社党委秘书。1975年3月，任姚村公社党委副书记；9月，任时庄公社党委书记、革委会主任。1976年6月至10月，参加山东省委第四期工农干部学习班学习。同年10月，任中共曲阜县委副书记、县革委会副主任，时庄公社党委书记、革委会主任。1977年7月，任曲阜县委副书记、县革委会副主任。1979年，他组织小沂河区域8个公社4万民工，对小沂河元疃至曲邹公路段13.4千米河道进行疏浚。1979年3月，任西藏吉隆县委副书记。1981年4月，任曲阜

县委副书记。1983年10月至1986年6月，参加山东省委党校培训班学习。1986年6月，任曲阜市委副书记。1988年3月，任曲阜市委副书记，市人大常委会主任、党组书记。1989年4月，任曲阜市委副书记、市政府代理市长。1990年3月，在曲阜市第十二届人民代表大会第一次会议上，当选为曲阜市人民政府市长。他任中共曲阜市委副书记、市长期间，提出“强农重工、活商兴旅、科教兴曲”，走旅贸工农型发展思路，特别是把旅游业作为新兴支柱产业，加大对文化名城的规划、保护、开发、利用，投入巨资新辟寿丘景点和六艺城；城市经济确立了“十厂一矿”，走内涵集约滚动发展路子。1992年8—12月，主持曲阜市委工作。1992年12月，任邹城市委书记兼任邹城市人武部党委书记、济宁预备役师一团政委。1997年，他被国家科委授予“全国科教兴市先进个人”称号。1997年12月，任济宁市政府党组成员。1998年2月，任济宁市政协副主席、党组成员。2005年12月，病逝。

高振祥（1932—2006），曲阜市书院街道高家村人。1952年1月起，历任高家村团支部书记、民兵连连长、互助组组长、初级合作社社长和高级合作社社长，带领群众平整土地，兴修水利，积肥养地，粮食产量逐年增加。1961年5月，任高家村大队党支部书记，推进农田水利建设，注重畜禽养殖、积蓄土杂肥和科学种田，村里成立农业、科研、畜牧、积肥、养鸡、蔬菜、建筑、林业、副业、水电、维修等专业队，实行承包责任制。高家村“八姑娘积肥队”被授予全国“三八”红旗集体称号，队长高广娥出席中国妇女第四次全国代表大会。1965年，高家村粮食亩产465千克；同年5月，他任夏家村公社社长。1968年7月，任东风公社党委常委、革委会副主任。1971年1月，任中共曲阜县委常委、县革委副主任。同年3月27日，国务院办公厅以〔1971〕19号文《山东省曲阜县高家村在学大寨中狠抓农家肥，粮食连年增产》为题，转发了高家村大队的先进事迹。1972年，高村粮食亩产887千克。1975年8月，任济宁地区行署农委主任、党组书记，兼任农科所所长。1978年，高家村粮食亩产1078千克，成为全省少有的几个“吨粮村”之一，总产则55.5万千克；向国家交售15.5万千克粮食之外，还交售蔬菜100多万千克、猪肉3万千克、鸡肉1.5万千克等；集体公共积累500万元，储粮17.5万千克。这一年，高家村被评为全国农业生产先进单位，受到国务院通报嘉奖。同年5月8日，中共中央副主席、国务院副总理李先念，中共中央政治局委员、国务院副总理陈永贵、纪登奎在山东省委第一书记白如冰陪同下，带领国家7个部委和21个省、市、自治区165名领导人，专程到高家村察看小麦管理和喷灌工程。李先念对高家村的做法给予高度评价，他说：“高家村确实高，一是农田基本建设标准高；二是科学种田标准高；三是粮食成本低、产量高；四是贡献大，风格高。他们的经验值得全国农村学习推广……”这一年，高振祥被评为山东省劳动模范，并当选为全国人大代表，出席第五届全国人民代表大会。1979年3月，任曲阜县委常委、县革委会副主任。1980年5月，任曲阜县人民政府副县长，分管农业。1984年3月，任曲阜市(县)人大常委会副主任。2006年1月，病逝。

孔昭俊（1939—2006.10），女，曲阜市时庄街道大庙村人。1960年3月，加入中国共产党。

1955年，任大庙村团支部书记、妇女主任。1956年，任高级社林业站站长；同年，她负责的大庙村团支部被团中央授予“先进团支部”称号。1957年，任高级社团总支委员、妇女主任、林业站长。1958年至1960年，任大庙村生产队副队长兼团总支书记。1963年，她被山东省委、省政府授予“劳动模范”称号。1964年4月，任时庄公社向阳大队党支部副书记。1965年，任时庄区刘村公社副书记。1968年，任曲阜县革委会副主任。1969年，任大庙村大队党支部书记、革委会主任；同年2月，当选为中共九大代表。1970年，任时庄公社革委会副主任。1971年，任中共济宁地委委员、曲阜县委委员。1972年2月，任时庄公社党委副书记。1973年，任济宁地区妇联副主任。1995年3月退休。2006年10月，病逝。

孔德成（1920—2008.10），字玉汝，号达生，山东省曲阜市鲁城街道人。袭封三十二代“衍圣公”。1919年，三十一代“衍圣公”孔令贻侧室王宝翠怀孕期间，

身在北京的孔令贻忽然病危，11月8日卒于北京。次年农历正月初四，孔德成出生。同年农历四月二十日（公历6月6日）满百日时，北洋政府徐世昌大总统颁令，孔德成袭封三十二代“衍圣公”。1924年，师从吴伯箫学习英文，随詹澄秋习琴。1925年，曲阜孔府重修尼山孔庙、颜母祠、尼山书院。1935年，他认为世袭爵位不宜存于民国，主动请求南京国民政府撤销“衍圣公”爵号。国民政府以为道统不可废，乃改“衍圣公”作“大成至圣先师奉祀官”，成为民国政府唯一世袭特任官。是年7月8日于南京宣誓就职，国民政府委员长蒋中正亲临祝贺。1936年，从庄陔兰习国学及书法。同年12月16日，与前清太子太傅、资政院总裁孙家鼐孙女孙琪方结婚。

抗日战争前夕，日本尝屡次派员前往曲阜，邀请孔德成参加日本孔庙落成典礼，均遭拒绝。1937年12月，驻兖州七十二师师长孙桐萱奉蒋中正委员长之命，安排他们夫妇离乡。1938年1月，曲阜被日本侵略军占领，他于武汉发表抗日宣言。其后迁居重庆，主持成立孔学会，研究弘扬儒学思想与民族精神。时四方学者云集重庆，对传统文化研究有新旧观念与方法的论辩。其治学颇受著名学者王献唐、傅斯年与屈万里影响。史学家吴湘相指出：“孔德成在弱冠之年就已在学术丛林中找到一个正确走向：做一位纯粹学人，而不以道统自居。”1945年，日本投降，随国民政府迁往南京，旅居上海。

1947年3月，回曲阜祭扫林庙。1946年中国共产党领导当地农民开展减租减息斗争，孔府管事人员向他建议反攻倒算，他坚决不同意，他说：“这些佃户都是我们的穷乡亲，现在要他们把粮食退回来，他们的日子会十分艰难。即使有人主动退回来，也不要接受。”随后，他让人把他的决定写成布告，在曲阜张贴。回到南京后，怕管事人员利用他不在曲阜的机会，私自去找佃户退粮，又写下手谕从南京寄回曲阜。

1948年，至美国考察文化，任耶鲁大学研究员，与访美学者罗常培友善。次年3月回国，辗转至香港、澳门、广州。

1949年4月，应国民党当局之请迁往台湾，复建台北家庙，倡导儒学。自1955年起，于台湾大学中文系、人类学系兼任教授，讲授“三礼研究”“金文研究”“殷周青铜彝器研究”课程。1956年7月至1964年4月，任台湾地区“故宫中央博物院联合管理处主任委员”。1964年，被台湾地区“中国书法学会”第二届会员大会选为常务监事。1984年9月至1993年4月，任台湾地区“考试院院长”。1990年起，受聘为中国台湾地区当局“资政”。2005年11月15日，台湾大学授予其荣誉博士学位。2006年11月，被聘为孔子研究院永久荣誉院长。

曾任台湾大学中文系兼职教授、耶鲁大学名誉研究员、韩国成均馆大学名誉哲学博士、日本丽泽大学名誉博士。学术长于三礼、金文、商周青铜彝器，曾开设三礼研究、金文选读、青铜彝器等课程。主要学术著作有《论儒家之“礼”》《说兕觥》《仪礼十七篇之渊源及传授》《梁其钟铭释文》《礼记概说》《守成与创新》《道德与勇气》《图书以外的我国古史资料之一--金文》《儒学中之师道》《庭训与师训》《儒家的礼教》《礼记释义》《礼记叙论》《金文讲义》等。

他曾写《怀二姐》两首诗，一首是：“黄昏北望路漫漫，骨肉相离泪不干。千里云山遮烟雾，搔首独听雁声寒。”另一首是：“铜壶漏响三更幽，独对明月感旧游。何当再逢共话夜，晚雁声里惨对秋。”诗中透露出思念家乡和亲人的浓郁之情。由于他身份特殊，台湾当局规定不能回大陆探亲。直到1990年年底，他应邀到日本丽泽大学讲学，他二姐孔德懋也恰好应邀在日本访问，二人才得以第一次相见。

2008年10月28日上午，因病在台北逝世。11月30日上午9时，台湾地区在台北市第二殡仪馆景仰厅举行公祭，台湾地区领导人马英九亲临颁发褒扬令并发表追思感言。

孔德成之父孔令贻有二女一子，长女德齐，适前清探花兼书法家冯恕之子，早逝。次女德懋，1917年生，适史学大师柯劭忞之子柯昌汾。中国无党派民主人士，从1983年起当选第6、7、8届全国政协委员。她热心从事慈善公益事业，任中国孔子基金会副会长、中国和平统一促进会理事等职务。孔德懋女柯兰，1936年在北京出生，1950年参加中国人民志愿军到朝鲜参战。转业后曾任《天津文学》杂志编辑、天津市河西区副区长、区政协副主席等职。退休后创办明德国学馆。著有电影剧本《孔府秘事》，长篇纪实文学《千年孔府的最后一代》等。

孔德成有二子二女、孙儿女5人，曾孙儿女3人。长女维鄂在美国；长子维益卒于1989年；次子维宁，为中国台湾黎明技术学院教授，卒于2010年；次女维崍。长孙孔垂长，孔维益子，1975年出生于中国台湾，2010年11月，孔垂长受聘担任山东大学名誉教授。多次到大陆参与儒学交流活动，到曲阜参加祭孔及主持祭祀祖先活动。孔德成曾孙、孔垂长子孔祐仁于2006年2月出生。

齐敬忠（1923—2009），原名徐益镇，曲阜市鲁城街道龙虎社区人。少年时代在曲阜二师附小读书，“七七”事变后，受曲阜二师进步思潮影响，在孙兰友（女，后名何毅，时任泰安县委妇女部部长兼特派员）影响下，于1939年夏天与曲泗宁县委张旭联系，和刘鹏一起到宁阳县葛石圈村参加革命工作。他被分配到岸堤干校（不久该校与“一纵”随营学校、“抗大”一分校合并，统称山东抗日军政大学一分校）三中队学习。同年12月，加入中国共产党。学习结束后，历任山东纵队政治部民运部干事、山东鲁中军区党校学员、警备区团二营副教导员、华东野战军八纵二十七师七十一团一营教导员。解放战争时期，历任26军77师231团政治处副主任、主任，参加抗美援朝战争，后任团政委。1956年后，历任某军副师长、济南军区某兵种政治部副主任。1965年后，历任某守备区副政委、政委。1973年后，任某要塞区政治部副主任。1980年12月离职休养，享受副军职待遇。获三级独立自由勋章、三级解放勋章、独立功勋荣誉章；立一等功一次。2009年3月，因病在济南逝世。

徐庆刚（1938—2009.9），曲阜市王庄镇中王村人。1961年7月，参加工作，1962年2月加入中国共产党。1958年至1961年7月，在曲阜师范学校读书。1961年7月至1963年3月，在王庄中心学校教书，任团总支书记。1963年3月至1964年5月，在县委“五反”办公室工作。1964年5月至1965年5月，在曲阜县人委办公室任秘书。1965年5月至1977年10月，历任陵城公社团委副书记，小雪公社团委书记，尼山公社党委常委、秘书，姚村公社党委常委、宣传委员。1977年10月至1980年5月，任董庄公社党委副书记、管委会主任。1980年5月至1984年2月，任吴村公社党委书记。1984年2月至1985年4月，任曲阜县委副书记、县长。1985年4月至1990年2月，任济宁市委驻兖州工委副书记。1990年2月至1998年1月，任曲阜市人大常委会副主任；1998年1月至2001年8月，任曲阜市人大常委会副调研员。2001年8月，退休。2009年9月，病逝。

孔庆德（1912—2010.9），1912年3月4日生，曲阜市姚村镇保宁村人。家境寒苦，16岁投军到国民党陈调元部第46师历任传令兵、班长。1931年2月，在安徽六安参加第46师138旅272团2营营长魏孟贤等领导的起义（史称“六安兵变”）随部编入鄂豫皖苏区红军中央教导第2师，后任红四军第12师35团1营排长。1931年6月，加入中国共产党。11月，被任命为红四方面军第10师30团3营8连连长。参加黄安战役和鄂豫皖苏区第二、四次反“围剿”。1935年3月，参加嘉陵江战役后随红四方面军长征，同年8月调任红四军第12师36团团长。1936年4月，入红四方面军红军大学上级指挥科学习；8月，调任红四方面军独立师师长。到陕北后任红四军第10师师长，率部参加山城堡战役。战后，调任红四军教导团团长，后随教导团编入援西军随营学校，改任军事教员。

1937年8月，红军改编为国民革命军第八路军，他任第129师385旅769团一营营长。10月，129师发起晋北夜袭阳明堡战斗，他带领所部攻打崞县城(原平市)，以牵制敌人。经一小时激战，全团歼灭日军100余人，烧毁飞机24架，夺得129师抗战以后首场胜利。1938年1月，接受一项特殊任务：护送以军事观察员身份到华北战区实地考察的美国驻华武官埃文斯·福代斯·卡尔逊通过封锁线。沿途带领士兵克服艰难险阻，跳出敌人的围追堵截，最终将卡尔送达目的地。逊卡尔逊曾在《中国的双星》一书中这样描写孔庆德:“孔穿一套日本皮毛衣服,走起路来迈着豹子似的起伏滑步,他一路上真是顶呱呱的,能叫出营里每一个人的名字。”同年4月,随路东纵队南下冀南,任第769团团长。同年秋,第769团返回太行,他调任冀豫支队第2团团长,率部参加冀南区反“扫荡”。1938年冬,所在部队转战于衡水、深县、宁晋诸县。有一天,他在宁晋县从望远镜中发现日军侵占的大杨庄西门有一门山炮。当夜,他便派出20余人打赤脚、背大刀消灭日军一个班,缴获了山炮。这是抗战开始后129师第一次缴获日军山炮。为此,129师召开祝捷大会,刘伯承、邓小平联名通报表彰。1939年3月,所在部队活动在辽县(左权县)一带。5日,日军数路围攻,双方在辽县西南的狼牙山展开激战。他指挥部队冒着倾盆大雨与敌拼杀,重创敌人。当地百姓编了一支歌颂扬这次战斗:“辽县有个狼牙山,八路个个英雄汉,385旅老2团,缴了日本轻机关。”9月,任385旅14团团长。1940年8月,“百团大战”期间,他率14团坚守阳泉狮脑山,掩护八路军破袭正太铁路。他们一个团顶住敌人在飞机配合下的几个大队的轮番攻击,血战七昼夜,阵地屹然未动,掩护主力部队取得正太铁路破击战胜利。1942年起,他历任冀南军区第8旅副旅长兼第三军分区副司令员、第三军分区司令员。

抗日战争胜利后,任晋冀鲁豫野战军第2纵队4旅旅长。1947年,任晋冀鲁豫野战军第10纵队副司令员。6月30日夜,晋冀鲁豫野战军南渡黄河,发起鲁西南战役。首先率4旅围攻定陶,并成功从西门突入,全歼守敌国民党军第153旅。8月上旬,率部随纵队进大别山。12月,任桐柏军区副司令员。1948年1月,组织指挥邓县战役,此役歼灭国民党军13个保安团共9600余人。1948年6月,桐柏军区统一指挥中原野战军第六纵队、桐柏军区28旅以及桐柏三分区2个团和陕南军区第12旅等部队,发起襄樊战役。是役,指挥28旅于7月9日歼敌一部,解放樊城,随后进攻襄阳。此役共毙俘敌21000余人,生俘第十五绥靖区司令康泽。同年11月,华东和中原野战军发起淮海战役。桐柏军区部队奉命配合作战,阻滞黄维兵团东援。12月,指挥28旅再次解放襄樊,毙俘敌4000余人。后28旅进攻老河口,经4日围攻而克,俘敌保安司令陈则三及以下1100余人。1949年2月,桐柏军区奉命将第28、29、30旅合编为第58军,被任命为军长。1950年12月,入南京军事学院学习。1952年,任中南军区炮兵代司令员。1955年9月,他被授予中将军衔,获一级八一勋章、一级独立自由勋章、一级解放勋章。后任武汉军区副司令员(其间,1971—1975年,任中共湖北省委书记)。

“文化大革命”期间,他被任命为鄂豫两省三线建设总指挥。1968年夏,到湖北十堰第二汽车制造厂抓生产。刚到二汽,即遭到造反派围攻。在一片混乱中,他登台发言:“毛主席说,革命无罪,造反有理。这要看造谁的反,什么人造反。老干部打蒋介石算不算造反?打日本鬼子算不算造反?打美国佬算不算造反?如果是造反,这些老干部造反比你们早,怎么成了保守派?……”全场掌声雷动,生产很快得以恢复。在焦枝铁路建设中,他到工地督促建设。在一次视察时,见到工地上冷冷清清,没有几个工人,原来两派正忙于打派仗。他立即召开大会,昂然登台动员,锋芒直指造反派:“你有尚方宝剑,是抓革命,我也有尚方宝剑,是促生产,我们井水不犯河水。”又说道:“修焦枝铁路是毛主席、周总理交的任务,是为了要准备打仗。明天,谁不上工,谁就是反革命。”次日开工,无一人缺勤。他制止武斗,注重坚持生产,国务院总理周恩来因其敢于直言,称他为“孔大炮”;而在湖北,人们则称他“孔铁嘴”。

1983年,拥护干部队伍年轻化、打破领导职务终身制决定,主动要求退出武汉军区副司令员岗位。10月,中央军委批准他离开领导岗位休息,享受大军区正职待遇。当时,将军71岁高龄,离职不“离休”,时刻关注党和国家以及军队的建设,他经常下基层了解民意,遇到不平之事还是爱说爱管。1988年,被授予中国人民解放军一级红星功勋荣誉章。2001年1月,解放军出版社出版《一代将星孔庆德》,宋任穷在“序”中称他是“中国人民解放军中一位颇具传奇色彩的高级将领”。2008年5月,四川省汶川县发生特大地震。当月19日,年届97岁的他通过湖北省红十字会向地震灾区捐款5000元。

他对子女要求特别严格,从不准许打他的牌子、利用他的权力谋私利。女儿孔小凡退休前在广州某医院工作,按职级本可分单位房子,因为一时凑不齐数万元而失去单位分房机会。部队组织部门一位干部不解，问孔小凡“你报过自己是‘孔庆德的女儿’吗？”孔小凡最听父亲的话了，她知道父亲给子女规定的“底线”一直严格遵守。他常让警卫员出去挖野菜，让全家和工作人员品尝，吃“长征餐”。他每次给灾区老区捐款都很慷慨，出手就是几百几千元。但对自己特抠门，几十元的衣服嫌贵，背心穿了十年不让换，打个补丁接着穿。女儿悄悄买了件好的，撒谎说20元他才接受。他还注重培养孩子们劳动的习惯，在自家小院里种季节性蔬菜，浇水、松土、施肥。

2010年9月29日，在武汉病逝，享年100岁。

蒋连穆（1915—2010.2），曾用名蒋春茂，曲阜市吴村镇杨家院村人，蒋连萼堂弟。5岁迁至曲阜城颜庙街仁义胡同居住。1929年，毕业于山东省立第二师范附小。1932年，毕业于山东省立第七中学。1935年，毕业于北京私立进德中学，考取国立北平师范大学，参加“一二·九”运动。1937年，北京师范大学肄业，到西北联合大学学习，参加“中华民族解放先锋队”，同年冬到延安，分配到陕北公学学习。1938年5月，加入中国共产党。9月，列席中共六届六中全会。年底，在陕北公学毕业后，受中共中央派遣，随陈云到新疆迪化，历任库车、轮台、托克苏（新和县）地方税局副局长。在共产党员、库车县县长林基路领导下，组织青年参加抗日救亡歌咏队，传播革命道理。还组织秧歌队至街头演唱，宣传抗日民族统一战线。蒋连穆的办公室里有许多进步书刊，很多为当时在南疆很难看到的，如《全民抗战》《鲁南会战记》《文艺阵地》及《新华日报》《八路军出马打胜仗》等，这些书刊在当地进步青年中传阅，他的办公室成为青年人政治文化学习的辅导站。他利用职工读报机会，组织时事报告会，宣传“宁当抗日鬼，不做亡国奴”的道理。介绍进步青年参加林基路社会科学学习小组。在他的宣传教育下，地方税局的职工抗日情绪高涨，争先恐后捐款，当时不少职工一次就捐半个月薪水。蒋连穆配合林基路开展工作，在库车推行币制改革，整顿税收。开展验契查田和清理土地税工作。他组织人员深入牧区进行调查研究，广泛宣传牧税征收政策，开源节流、增加税收。他经常用自己的薪水救济困难职工，拿出不少薪水用于抗日捐献。他到库车任职时，只带一个手提箱和一个行李卷，1942年1月调任焉耆区财政局副局长离开库车时，仍是一个手提箱和一个行李卷，一尘不染，两袖清风。1943年5月，到迪化治病，7月，被盛世才软禁，关押在第二监狱，在监狱中拒绝脱党要求，遭受严刑拷打；为抗议狱方刑讯逼供，分散关押，改善政治待遇，在党组织领导下，开展绝食斗争。在敌人的折磨下，他和其他共产党人一道，严守了党的秘密，坚持了革命气节，终于在1946年7月经党中央营救出狱，返回延安，得到毛泽东主席接见。回延安后，分配到陕甘宁边区政府审计处工作。参与中国人民解放军第一所航空学校创建、第一支航空部队组建工作。1947年，他调入西北野战军前总后勤部工作。后任西北野战军政治部政治干事。参加围攻宜川、攻占宝鸡等战役。1949年回延安，5月，参加西安接收工作。10月，被任命为中财委处长级秘书，享受司局级待遇。后当选为中财委党委委员，任办公厅党总支专职书记。1953年3月，调任陈云秘书，负责陈云宿舍、办公室全部事务，每天工作十多个小时，1957年6月累昏在办公室里。后调任国家建委工作。1961年，国家建委和计委合并，他被安排到北京市宣武区“社教”工作队搞“四清”工作。1966年9月，“社教”结束，回国家计委工作。“文化大革命”中被错划为“马明方叛徒集团案”成员，长期关押，受尽迫害。1969年年底，到湖北省襄樊市“五七干校”接受“劳动改造”。1975年离休。1976年平反，后被任命为国家计委办公厅顾问。离休后，时时关心国内外大事，关心祖国的经济社会发展，也多次到家乡曲阜访问。1976年，他被中共党史征集编委会邀请成为新疆监狱斗争史编写组成员。1983年9月，他被新疆维吾尔自治区人民政府特邀参加纪念陈潭秋、毛泽民、杜重远、林基路烈士四十周年大会和烈士陵园落成典礼。著有回忆录《暮年的回忆》。2010年2月，病逝。

孔子纲（1919—2010.4），原名孔宪维，曲阜市王庄镇蔡庄村人。1926年，考入曲阜县小学教职员训练班。毕业后，曾在东泗滨、北陶洛小学任教。1938年，周林来到蔡庄，指导孔子纲等4人成立“抗日救亡学习小组”，进行抗日救亡的学习、宣传活动。1939年4月，加入中国共产党。不久，成立中共蔡庄党支部，他任组织委员。1940年10月，他调至邹东三教乡工作，不久调至鲁南区党委工作团工作。1942年1月，入山东省建国学校学习。1943年7月后，历任费西办事处、费南县总会计，鲁南第一专署财粮科审计股长。1945年12月，曲阜县解放，他随一专署机关进驻曲阜城。1946年4月，中共曲阜县委、曲阜县政府成立，任县政府财粮科科长。1947年春，县委、县政府撤至鲁中区，在鲁中支前指挥部西路指挥所领导下，参加孟良崮战役支前工作。1947年8月，中共曲泗邹县委、县政府成立，他任县政府财粮科科长。1947年11月，曲泗邹县政府撤销，成立曲泗县民主政府，他任县政府财粮局局长。1948年6月至1949年2月，任泗水县民主政府财粮局局长。1949年2月至5月，任鲁南第一专署财政科副科长，随军南下，任南下干部第二中队队长。1949年5月3日，杭州解放，他负责接管杭州市财粮工作。后任浙江省财粮局财务科科长。1951年2月，他调任临安专署粮食局局长。是年11月，调任浙江麻纺织厂财务科科长，后历任该厂副厂长、厂长。1962年至1965年，受国家委派率领技术专家组到越南民主共和国，援助该国在河内建立麻纺织厂，并提前完成任务。被越南国家主席胡志明授予国家一级劳动勋章。1977年11月，任杭州市纺织工业局顾问。1983年11月离休。2010年4月，病逝。

孔令智（1926—2010.12），女，1926年生，曲阜鲁城街道人。抗日战争期间就读于西南联大附中，1950年毕业于北京辅仁大学理学院，被分配到卫生部工作，后转入河北大学教育系从事学前教育教学工作。1952年加入中国民主同盟。1975年调入南开大学。1979年，在南开大学首次开设心理学课程。1982年，主编《普通心理学》填补20世纪60年代至80年代高校教材空白。1983年，南开大学社会学系成立，她担任社会心理学课程主讲教师。同年，受教育部委托，她主持国内第一个社会心理学讲师培训班工作。1984年，她开始招收社会心理学硕士；同年，主持翻译安德烈耶娃、巴克两位苏、美社会心理学权威著作，把社会心理学两大支系带到中国。1987年，被评为天津市劳动模范。晚年应邀创办天津市联合大学学前教育专业。曾任中国社会心理学会副会长、中国广告学会副会长、天津社会心理学会会长、中国家庭教育学会理事、民政部社会工作教育研究中心副主任，中国民主同盟天津市委员会第八、第九届常务委员，中国人民政治协商会议天津市第八、第九届委员会委员，天津市民主同盟海外联谊会主任，全国妇联执委。2010年12月，病逝。

孟祥民（1963—2011.7），曲阜市尼山镇大湖村人。

1981年10月入伍，历任战士、班长、教员、副队长、队长、副场长，其间多次立功受奖。1985年2月，加入中国共产党。1996年8月至2011年7月，在淄博市淄川区环保分局工作，历任科员、站长、科长。

1996年，刚从部队转业，到淄川环保分局监察大队工作，毫无专业基础。他身上总是带着一两本专业书，抽空就看，不懂就查，回到家也学习。仅仅3个多月时间，就从“门外汉”一跃成长为“行家里手”。

2001年8月4日，群众举报罗村千峪乙炔厂无任何手续却在违规生产，这个厂紧邻千峪村，时值盛夏，室外气温近40摄氏度，而厂院内堆满乙炔气罐。接到举报时，他正在沿河排查污染源，徒步检查一上午，又累又饿，双腿酸痛，可他二话不说，直接赶到事发地点。见到企业负责人，孟祥民严厉问道：“这些是不是乙炔气罐？这么热的天，爆炸了怎么办？”一句话，让企业负责人也惊出一身冷汗。他大踏步走上前去，伸手一摸气罐，火炭一般。当即上报区环保局主要领导，并协同当地政府部门紧急对气罐进行降温处理。

淄川区是老工矿区，辖区监管企业多达2000家。尽管环保工作力度不断加大，有的企业为了经济利益仍顶风作案偷排偷放时有发生。面对复杂的环境形势，他和战友们没有丝毫退缩，人手不够，就一个人当两人甚至三人用；车辆不足，就骑自行车甚至徒步检查；资金不够，就自掏腰包解决吃饭问题，早上出门深夜才回家。丰富的基层环保实践经验让他逐渐成长,历任罗村环保站站长、区环境监察大队副大队长等职务,逐渐担当起全区环境监察工作重担。巨大的环保压力和繁重的工作任务,长期的风餐露宿和生活饮食极不规律,渐渐地,他身体吃不消了。有一天,他突然感觉肠胃极不舒服,不得不抽空到医院做检查,医生确诊他患了结肠癌,应该尽快进行手术。从医院出来,他找了个台阶坐下,脑海里迅速闪过了很多人的样子,年迈的父母,下岗的妻子,念高中的女儿……想着想着,他眼泪止不住地涌出来。“反正这病得都得了,治也治不好,能干一天是一天吧。”他一把抹掉眼泪,把诊断书往口袋里一塞,回到岗位上。

由于小炼铁、石灰窑分布广,牵连多,清理取缔阻力重重。有几次,群众在取缔现场与执法人员发生冲突,他都是第一个冲上去护住其他执法人员,安抚业主情绪,耐心细致地解释取缔行动的意义,做通业主工作,最终全部完成取缔工作。专项行动先后关停取缔小砖瓦厂124家,小炼铁厂21家,小石灰窑292家。这段时间,让同事们奇怪的是,他特别喜欢喝香油,两三天喝一瓶。事后大家才知道,这是大夫嘱咐他的,如果不做手术就得喝香油,每天至少半斤,通便。2008年12月,专项行动基本告一段落,他这才走进局长办公室,拿出诊断书……

12月29日,他手术后醒后的第一句话,就是和探望他的同事们询问起几项没结尾的工作,了解局里最新的工作部署。仅仅休息两个月,他重新回到工作岗位上。2009年,淄川区全面开展环境整治工作,身为监察一科科长的他负责调度、督导20多家重点企业。五一节后上班第一天,是他定好做化疗的日子,他悄悄地给医院打了个电话推迟做化疗时间,就带领科里和商家镇环保站同事逐家督查耐火材料厂的关停情况,查看了3家粉尘治理重点企业的整改进度,中午一点多才到镇政府食堂就餐。同事们看他捂着肚子,问他怎么了,他说难受、不舒服,大家让他赶快坐下休息,可他只喝了一杯白开水,拿着车钥匙去车上躺着,等大家吃完,又忍痛带领大家去下一个乡镇督察。淄川区企业多为乡镇企业,环境执法过程中常常遇到“不合作”的当事人。2009年4月,淄川利民污水处理厂进水连续几天排放超标。为尽快查清原因,孟祥民带领夜查组,从留仙湖一路步行到贾村水库,顺着排污管线严密检查。凌晨3点多,当检查到离污水处理厂100米左右时,发现有一辆罐车开到一个院内,随后关上大门。院墙有2米多高,外面什么也看不到。为一查究竟,他爬到院墙上观察,发现一伙人正在利用观察井偷排废水。他回头告诉同事报警,自己则跳到院内制止违法行为。没想到,违法排污人员非但不听,还对他进行恐吓,更将笼子里的狗放了出来。孟祥民见事不好,立即翻上院墙,即便这样,小腿还是被狗咬了一口,鲜血直流。当地公安干警迅速赶到现场,违法者得到应有的惩罚。

博华宇耐火材料有限公司是一家民营企业,建厂之初由于对环保政策了解不透,建设的方窑运行不到半年,就因不符合环保要求而上了限期治理名单。下达停产整治通知的就是时任罗村环保站站长的孟祥民。当了解到企业为多方筹资的新建企业后,他给企业提出了一步到位上马天然气隧道窑的建议。通过实施清洁能源生产,企业产品档次提升一大截,抢占了市场商机,产值实现连续翻番。他长期战斗在环境执法的第一线,随时面临着金钱的诱惑。然而,淄川区的很多企业主们都知道,他不是一个能为金钱所动的人。这些年中,想通过请客送礼干扰环境执法的事他没少遇到过。他身后却是一个穷困异常的家庭:年迈的父母是地道的农民;妻子自1996年下岗一直没有找到合适工作,女儿读大学,一家人的生活开支全靠他的工资收入,月月捉襟见肘;单位两次集资建房,他都因家庭困难而放弃指标。那时,一家人住在不足70平方米的老房子里。

2011年2月,孟祥民再次病倒。春节前,淄川环保分局班子成员赶到孟祥民家里送去5000元慰问金;春节后,全局干部职工自发捐款1万多元。3月,孟祥民被淄川区委、区政府表彰为淄川区十大环保卫士。5月4日,《中国环境报》以《站着是座山躺下是条河》为题全面报道孟祥民先进事迹。5月9日,淄博市环保局党组作出全市环保系统向孟祥民学习的决定。5月16日,山东省环保厅发出《关于开展向孟祥民同志学习活动的通知》。

他边工作边治疗,前后做了22次手术,其中包括12次化疗。每次治疗后,都会迅速投入到工作中,直到2011年7月逝世。8月,孟祥民被山东省委追授为优秀共产党员。2012年2月,他被环保部和山东省联合表彰追授为优秀共产党员和环保卫士。5月5日，孟祥民先进事迹报告会在人民大会堂举行，中央机关、首都高校、驻京部队等单位750多名观众，聆听了全国“环保卫士”、淄博市环保局淄川分局监察一科原科长孟祥民女儿孟小茜的哽咽追忆。当天，中共中央政治局常委、国务院副总理李克强在北京人民大会堂会见孟祥民先进事迹报告团成员，他指出：“加强环境保护、建设生态文明人人有责，政府、企业、社会要共同努力，广大环保工作者更肩负着重要使命。希望大家以孟祥民同志为榜样，积极作为，严格执法，作环保理念的宣传者、环保监管的践行者、环保安全的捍卫者。”6月，孟祥民被中共中央组织部追授为全国创先争优优秀共产党员。2013年5月，他被追授为山东省第四届道德模范；9月，被追授为第四届全国道德模范——全国敬业奉献模范。

张贲贞(1926—2011.10)，山东省招远县人。1947年6月参加工作，至1948年1月，在北远县公安局任战士、班长。1948年1月至1948年8月，在华北建国大学二校任教员；同年9月，加入中国共产党。至1960年3月，在兖州县、邹县公安局工作，历任班长、分队长、股长、局长。1960年3月至1977年12月，在济宁市公安处、滕县公安局、曲阜县公安局工作，历任股长、局长。1977年12月至1983年3月，历任中共曲阜县委副书记、革委会副主任、县纪委书记。1983年3月至1984年2月，任曲阜县委常委、政协副主席。1984年2月至1987年3月，任曲阜县(市)人大常委会党组书记、主任。1990年10月，离职休养。2011年10月，因病逝世。

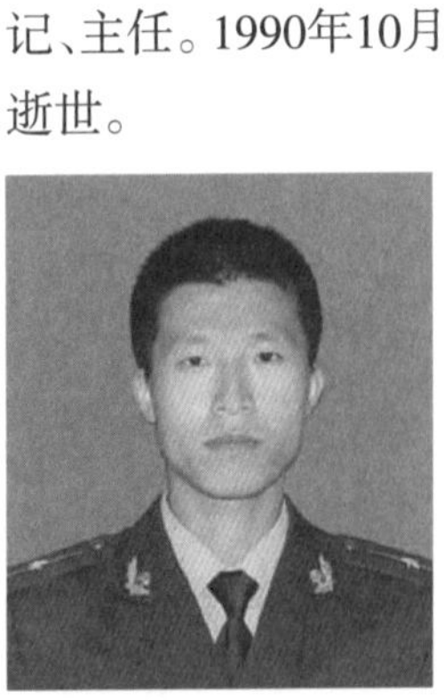

刘洪魁(1985—2013.10)，1985年出生，曲阜市息陬镇南夏宋村人，大学专科学历。2005年12月入伍，2009年11月加入中国共产党，2012年6月任北京市石景山区公安消防支队八大处中队副中队长，2012年6月晋升为副连职，武警中尉警衔。2013年10月11日，石景山喜隆多商场火灾，刘洪魁在扑救过程中不幸壮烈牺牲。

2013年10月11日凌晨2时59分，石景山区苹果园南路东口喜隆多商场着火，凌晨3时0分，刘洪魁所在石景山消防支队八大处中队接到总队调度指挥中心增援喜隆多商场火灾命令。当时，刘洪魁结婚一个多月，接到火警后，来不及和妻子打招呼就投入战斗。3时20分，在刘洪魁等指挥员带领下，中队5部消防车到达现场进行扑救。当日并不值班的石景山消防支队参谋长刘洪坤主动请缨赶到现场，协助指挥组织火灾扑救，并多次深入火场内部侦查，带领攻坚组内攻灭火。凌晨5时30分许，火灾扑救进入关键环节，刘洪坤带领攻坚队，架设水枪，冲进商场内部攻坚灭火。在连续高强度工作情况下，随身携带氧气消耗过快，刘洪坤让其他战士返回更换氧气瓶，自己坚守在商场内继续作战。6时10分，刘洪坤从火场撤出换完氧气瓶后，未作休息，又带着刘洪魁从东侧进入火场灭火。刘洪坤和刘洪魁当时组成一个二人侦查组，进入到火灾现场，目的是为了探寻一条新的灭火路线，在内部实施攻坚。但随后，他们与后方失去联系。现场消防官兵在救火的同时，也在寻找二人下落。经多次搜寻，下午3时21分，搜救人员在商场四楼西北角废墟中找到二人遗体。

2013年10月12日，公安部政治部批准刘洪魁为烈士，并颁发献身国防金质纪念章。10月14日，共青团山东省委、山东省青联追授其“山东青年五四奖章”；曲阜市委、市政府作出向刘洪魁学习的决定。10月15日，共青团北京市委、北京市人社局追授“北京青年五四奖章”。2014年1月15日，北京市公安局为其追记一等功。在公安部和中央电视台联合举办的第五届“我最喜爱的人民警察”活动中，授予其“特别致敬奖”。2014年11月刘洪魁烈士的骨灰在八宝山革命公墓安放1年后，按照其父母意愿迁至曲阜市革命烈士陵园安葬。

马　斌(1919—2013.12)，原名马德澍，1919年10月出生，曲阜市石门山镇人。1937年9月考入省立曲阜后师。

1938年1月，日军占领曲阜，学校被迫停课，他回到家中。2月，由张旭介绍参加抗日宣传活动。同年5月，由张旭、江洪介绍加入中国共产党。6月，任董家庄支部组织委员。1938年10月至12月，在中共山东分局党校（第一期）学习。1938年底，任中共曲泗宁县泗河北分区委副书记。1939年夏，调至中共曲泗宁中心县委做秘书工作。1939年9月，任中共曲泗宁中心县委委员，后任宣传部部长、组织部部长。1940年3月，任中共泗水中心县委泰宁工委组织委员。1940年7月，任中共鲁南一地委代理秘书长。1941年初，到中共山东分局党校学习。1941年夏，任鲁南区党委宣传部宣教干事。1941年年底，任中共临沂地委四县边联县委宣传部部长，后任滕峄边县委宣传部部长。1943年夏，入中共山东分局党校参加整风学习。1944年4月，任中共温河县委（后改为费县县委）宣传部部长。1945年11月，任中共鲁南一地委秘书科科长。1946年8月，任中共鲁南一地委宣传部副部长。1947年11月，入中共华东局高级党校学习，准备随军南下。1948年年初，参加南下干部支队南征，先后在浙江四明山区及中原局的豫西、宝丰一带开展工作。1948年9月，调至江汉区党委四地委任中共荆中县委副书记。1949年5月，任该县县委书记。同年9月，调任中共荆州地委宣传部副部长。

1950年11月，任湖北日报社党组成员、编辑部副总编辑。1954年9月，任华中师范学院政治辅导处主任兼党史教研室主任。1955年8月，入中央党校马列主义理论哲学专业班学习。1957年毕业，回华中师范学院任院党委副书记。1972年9月，调任武汉体育学院党委副书记；1981年6月，任武汉体育学院副院长。1983年12月离职休养。2013年12月，因病在武汉逝世。

张清源（1943–2013），曲阜市鲁城街道人。1963年8月至1969年7月，在山东医学院医疗系学习。1969年8月至1977年6月，历任曲阜县人民医院医师、县计划生育工作办公室秘书、县卫生防疫站防疫股股长。1977年6月，调至曲阜县文教办公室工作。1980年12月至1984年3月，历任曲阜县卫生局副局长、县人民医院党支部副书记，县人民医院院长、党总支副书记。1984年4月至1993年9月，任济宁市卫生局局长、党委书记。1993年10月，任济宁医学院副院长。参编、主编《农村卫生事业管理》《中国乡村医生手册》《全科医学（教材）》等著作6部，在省级以上杂志发表论文20余篇。2013年，因病逝世。

人物传略

冯惠民，（1915—1995），曾用名冯铁如，曲阜市尼山镇颜母庄人。1938年12月参加工作，1939年2月加入中国共产党，任村党支部书记。1939年11月，任中共邹县县委委员、青年部部长。1941年1月，任邹县抗日民主政府秘书，并于同年5月至10月任邹县小山后区公所区长。1941年10月，任邹县第三区（萁山区）公所区长，1942年11月，兼区中队队长。1947年9月，任邹县第一分区（田黄区）区委书记，兼区公所区长，是年7月兼该区武工队队长、指导员。1948年1月，任费县武装部副部长。后随军南下。中华人民共和国成立后，历任浙江省萧山县委民运部部长、宣传部部长、省土改工作团大队长、省教育厅办公室主任、农工教育处处长、金华地委党校副书记、校长等职。1983年离休。1995年，病逝。

杨明山（1918—1997.8），四川省广元市人。1933年1月，加入中国工农红军，参加过二万五千里长征。1936年，加入中国共产党，历任红四军二十八团战士、班长。1938年至1949年，历任八路军一一五师工兵排长、连长，三团三营营长，后备二师六团参谋长。1949年7月，任特纵重炮团参谋长。在抗日战争、解放战争期间，参加过著名的平型关战役、淮海战役、渡江战役。1951年1月，任山东省军区高干疗养院党委书记、行政副院长。1952年9月，任山东省第五康复医院党委书记、行政副院长。1961年5月，任曲阜县人民医院院长、党支部书记。1962年5月，任曲阜县商业局党委书记、县药材公司党支部书记。1980年1月，当选为曲阜县第三届政协副主席。1984年6月，离职休养，享受厅局级(地专)待遇。1997年8月，病逝。

刘振洪（1932—1998.9），曲阜市书院街道旧县三街人，中共党员。1951年10月参加工作，至1954年10月，历任曲阜县城关供销社业务员、经理。1956年3月至1957年2月，在山东合作干校学习。1957年2月至1958年10月，任曲阜县陵城供销社经理。1958年10月至1962年2月，历任陵城公社党委秘书、常委、办公室主任。1962年2月至1962年5月，任曲阜县农村工作部干事。1962年5月至1965年8月，历任小雪公社党委秘书、副书记、公社社长。1965年8月至1966年6月，历任陵城区北兴公社党委书记、姚村区区委副书记。1966年6月至1981年7月，历任姚村区区委副书记、区长，城关公社党委书记，城关公社革委会核心领导小组组长，县工交办公室副主任、党组成员。1981年7月至1985年9月，历任曲阜县农委副主任兼农业局局长、农委党委副书记，县农牧渔业局局长、党总支书记、农委党委副书记。1985年9月至1988年3月，任曲阜县（市）委农村工作部部长、农委党委书记。1988年3月至1993年12月，任曲阜市人大常委会副主任、党组成员。1993年12月退休。1998年9月，病逝。

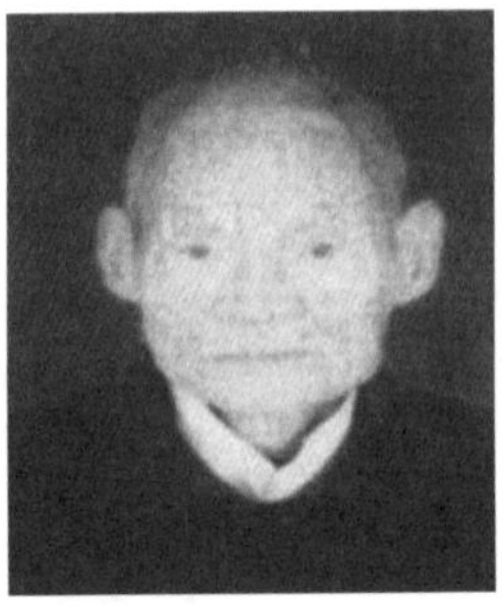

武允立（1916—2001.12），曲阜市小雪街道武家村人。1946年1月，参加革命工作，1946年2月加入中国共产党，任曲阜县九区财粮干事；12月，参加尼山地委党校学习后撤退至沂蒙山。1946年12月至1948年6月，随军南下并任南下担架团文书，参加孟良崮沙埠战役。1948年6月至1952年2月，历任曲阜县陵城区区委文书、县委宣传部干事、董家庄区区委组织委员、县党训班二队指导员。1952年2月至1963年3月，历任曲阜县二区区委副书记、防山公社党委书记职务。1963年4月至1979年7月，历任曲阜县委农村工作部副部长、县贫协副主席、县农林办公室副主任、县五七干校学员、县粮食局局长、县贫协副主任等职务。1980年5月至10月，任曲阜县政协副主席。1980年10月退休，1982年4月改办离职休养。2001年12月，病逝。

崔绪贻（1914—2001.7），山东省邹城市大束镇崔井村人。1937年10月，参加革命工作，1939年3月加入中国共产党，至1944年7月，历任邹西自卫团副团长、抗日独立团副团长。1944年7月至1947年3月，历任邹西河上乡乡公所乡长、凫山县十区副区长、邹县十三区区长等职务。1947年3月至1948年5月，历任渤海家属队教导员、渤海鲁南党校教导员等职务。1948年5月至1955年10月，历任滋阳县人民银行副主任、曲阜县人民银行行长。1955年10月至1956年3月，任曲阜县财贸办公室副主任。1956年3月至1963年12月，任曲阜县人民委员会副县长。1963年12月至1980年5月，历任曲阜县文物管理委员会主任、党支部副书记，中国国际旅行社曲阜支社副经理等职务。1980年5月至1983年12月，任曲阜县人大常务委员会副主任兼曲阜县文物管理委员会主任、党支部书记职务。1983年12月离职休养，享受地专级乘车、医疗两项待遇。2001年7月，病逝。

孙胜凯（1931—2001.11），山东省荣成市埠柳镇不夜村人。1944年6月，参加革命工作，1948年12月加入中国共产党，荣成县独立营三连战士。1952年11月至1955年4月，在中国人民解放军第五炮兵学校学习。1955年4月到1978年11月，历任炮兵第三十三师四〇九团三连排长、四连连长、作训股股长、四

○九团司令部副参谋长，陆军第三十师炮兵司令部参谋长、副团长、团长，三十师司令部副参谋长等职务。1978年11月至1991年9月，历任曲阜县委常委、县革委会副主任，曲阜县人民政府副县长，曲阜市（县）人民代表大会常务委员会副主任、党组副书记等职务。2001年11月，在曲阜病逝。

熊金兆（1926—2002.7），安徽省蒙城县双涧区移村乡熊庄村人，1926年6月出生。1944年9月参加革命工作，1945年5月加入中国共产党。至1946年10月，历任新四军某连战士、副班长等职务。1946年10月至1949年7月。历任三野某班长、副排长、教导团分队副队长、排长等职务。在解放战争中，他先后参加孟良崮、淮海战役和渡江战役，荣立二等功1次、三等功1次。1949年7月至1952年9月，历任三野二十一军副连长、教导营区队长、连长、营参谋长等职务。1952年至1955年，在汉口高级步兵专科学校学习。1955年至1965年1月，历任步兵学校教员、主任教员、战术教研室副主任等职务。1956年5月，经中国人民解放军总干部批准授予解放奖章。1965年2月至1973年5月，任泗水县人民武装部部长，泗水县委书记、济宁地委委员、济宁军分区委员。1973年5月至1980年7月，任曲阜县人民武装部部长。1988年9月，授予中国人民解放军独立功勋荣誉章。1982年，离职休养，享受副师级待遇。1986年，进入曲阜市军休所休养。2002年7月，病逝。

王成海（1929—2002.4），山东省枣庄市山亭区徐庄乡龙王堂人。1944年8月，参加革命工作，至1949年12月，他先后在滕县徐庄商店、羊庄税务所，麓水县财政科工作。1949年12月，任白彦县税务局主管；1950年3月，加入中国共产党。1951年3月至1953年5月，任曲阜县税务局会计股股长。1953年5月至1954年7月，在华东财政学校税务系学习。1954年7月至1965年8月，历任曲阜县粮食局人秘股股长、副局长，重工业局副局长，炼铁厂厂长，财政局局长等职务。1965年9月至1975年12月，历任陵城区东郭公社党委书记，陵城公社党的核心领导小组副组长，小雪公社党的核心领导小组组长、革委会主任，陵城公社党委书记等职务。1975年12月至1986年3月，历任财政办主任，财贸委员会主任、党委书记，经济委员会主任、党组书记等职务。1986年3月，任曲阜市人大常委会副主任、党组成员职务。1990年10月，离职休养。2002年4月，因病在曲阜逝世。

孔繁英（1929.1—2002.12），曲阜市书院乡瓦窑头村人。1949年3月参加革命工作。1951年起，先后在渤海第三军工局学习队、山东工矿部研究所工作，历任华东工业部青岛化验技术员、华东地质局214队化验室主任、华东地质局中心试验室工程师等职务。1957年，被划为右派。1979年，平反，安排到曲阜市单家村煤矿工作，历任工程师、副指挥。1980年5月，任曲阜市政协副主席，1983年1月兼任曲阜市科委副主任。1993年12月离休。2002年12月，在曲阜病逝。

李　征（1923—2003.3），山东省泰安县省庄镇岳庄村人。1940年5月参加革命工作，至1942年9月，历任泰山区中队战士、宣传员。1942年9月至1949年11月，任鲁中报社印刷厂工人、排字股股长职务。1945年3月，加入中国共产党。在抗日战争、解放战争中，他立一等功1次、二等功3次、三等功3次。1949年11月至1951年4月，在鲁中南党校、山东总工会干部学校学习。1951年4月至1954年12月，任山东军政印刷厂工会主席、党支部书记。1954年12月至1973年7月，历任微山县和嘉祥县人武部科长，济宁军分区参谋、科长，曲阜县人武部副部长。1956年5月，经中国人民解放军总干部部批准授予解放奖章。1965年5月，经山东省军区政治部批准调为行政十六级。1968年至1973年，兼任曲阜县生产指挥部指挥、主任等职。1979年5月，离职休养，享受正团级政治、生活待遇。1988年9月，授予中国人民解放军独立功勋荣誉章。2003年3月，病逝。

肖明进（1924—2007.8），河南省南乐县福堪分社寨肖家村人。1947年12月参加工作，至1949年8月，在聊城冀鲁豫书店任办事员。1949年8月至1953年2月，在单县新华书店任办事员；同年，加入中国共产党。1953年2月至1957年2月，在金乡县新华书店任经理。1957年2月至1965年4月，历任金乡县马庙区、孟铺乡党委书记，金乡县马庙公社、化雨公社、城关公社党委副书记；1965年4月至1976年8月，历任曲阜县董庄区党委副书记、区长，姚村公社党委书记。1976年8月至1980年4月，任曲阜县农办主任。1980年4月至1990年9月，任曲阜县（市）政协副主席兼统战部部长；1990年9月，离职休养。2007年5月，病逝。

韦良华（1956—2007），曲阜市石门山镇衡庙村人。1978年8月，参加工作；1979年12月，加入中国共产党，至1984年5月，历任曲阜县吴村公社统计员、会计辅导员、经管站站长、党委组织委员、党委副书记。1984年5月至1989年12月，历任王庄乡党委副书记、乡长、党委书记。1993年2月，任曲阜市副市长。2003年1月，任曲阜市委常委、政法委书记；2005年5月，被人事部、中央综治委授予“全国社会治安综合治理先进工作者”称号，受到胡锦涛总书记接见。2007年1月，任曲阜市人大常委会党组副书记、副主任。2007年8月，病逝。

姜秉举（1943—2008.11），山东省济宁市兖州区大安镇人，大学文化。1943年8月生，1966年3月加入中国共产党，1969年8月毕业于北京林学院林学专业。1969年8月至1970年9月，在云南省南盘江林业局锻炼。1970年9月至1977年8月，历任青海省湟中县群伽公社党委秘书、组织委员、县农牧局秘书。1977年8月至1983年1月，任曲阜县林业局秘书。1983年1月至1984年3月，任曲阜县防山公社党委副书记。1984年3月至1985年9月，任曲阜县委农村工作部副部长、农业党委副书记兼纪检书记。1985年9月至1988年11月，任中共曲阜县（市）陵城区（镇）党委书记。1988年11月至1990年3月，任中共曲阜市委政法委员会书记。1990年3月至1998年1月，任曲阜市人民法院院长、党组书记。1998年1月至2003年1月，任曲阜市人大常委会副主任、党组成员；2003年1月至2003年9月，任曲阜市人大常委会助理调研员；2003年9月，退休。2008年11月，病逝。

张明岐（1932—2010.1），山东省金乡县人，1949年4月参加工作，同年10月加入中国共产党，至1950年1月，在鱼台县罗屯区委工作。1950年1月至1952年5月，在鱼台县老寨派出所工作。1952年5月至1959年10月，历任鱼台县湖西专区水上公安局秘书股副股长、济宁专署公安处协理员、金乡县公安局秘书股股长、济宁专署公安处股长。1959年10月至1965年10月，历任南四湖工程局党委秘书、济宁地委农村工作部秘书。1965年10月至1975年3月，历任微山县马坡公社党委副书记、夏镇公社党委副书记。1975年3月至1978年12月，历任微山县夏镇公社党委书记、县工商局局长。1978年12月至1982年7月，任曲阜县防山公社党委书记。1982年7月至1984年3月，任曲阜县委政法委副书记。1984年3月至1987年8月，任曲阜县委统战部部长。1987年8月至1992年5月，任曲阜市政协副主席、市委统战部部长。1992年5月，离职休养。2010年1月，病逝。

孔庆坦（1932—2011.4），曲阜市息陬镇人，1948年8月参加工作，在曲阜县国营酒厂工作。1953年2月，加入中国共产党。1952年9月至1956年4月，任曲阜县专卖公司副主任。1956年4月至1958年9月，在县肃反办公室工作。1958年9月至1960年1月，在曲阜县钢铁办公室工业部任科长。1960年1月至1962年

6月，历任曲阜县财贸部副部长、计划委员会副主任、县委政策研究室副主任。1962年6月至1965年7月，在中共山东省委党校学习。1965年7月至1968年10月，历任曲阜县委办公室副主任、县人委办公室副主任。1968年10月至1969年6月，在曲阜尼山“五七”干校工作。1969年6月至1987年2月，历任曲阜县计划办公室主任、县委办公室副主任、县革委会办公室主任、市（县）人大常委会办公室主任。1987年2月至1990年3月，任曲阜市人大常委会副主任、党组副书记。1992年5月，离职休养。2011年4月，病逝。

董寿芳（1927—2012.12），河北省唐山市人，1927年5月生。1945年7月，任东北民主联军第24旅侦察连通讯连一班战士、班长。1946年2月，加入中国共产党。1947年10月至1952年4月，历任吉林省磐石县大队朝阳区中队中队长，吉林省铁路公安处中队中队长、警备股股长、警备五连连长。1952年4月，转业地方，在东北局党校学习，10月，任吉林省东北制材工业管理局第21厂计划、劳资股股长。1954年6月，参加林业部劳动工资培训班学习，8月，任林业部第61厂（佳木斯）劳动工资科科长。1956年5月，在山东省木材公司工作。1957年7月，任滋阳县运输公司第二办事处主任。1958年7月，任滋阳县交通局副局长（主持工作），8月，兼任联运办公室主任。1961年1月，任曲阜县工交办公室副主任兼交通局副局长（主持工作）。1977年7月，任曲阜县经济委员会主任。1980年5月，任曲阜县副县长。1984年2月，任曲阜县人民政府顾问。1986年8月至1990年3月，任曲阜市人民政府顾问。1991年5月，离职休养，享受副厅级乘车、医疗待遇。2012年12月，因病在曲阜逝世。

张建国（1950—2013.6），山东省沂水县人。1973年5月加入中国共产党，1968年12月参加工作，至1970年12月，在曲阜县汽修厂工作，任团支部书记。1970年12月至1977年3月，任解放军工程兵某团修理连战士、班长。1977年3月至1978年4月，任曲阜县工业管理局政工科科长。1978年4月至1998年12月，历任曲阜县（市）委组织部干事、副科级组织员、市档案局副局长、市档案馆馆长，市人事局副局长、市人才交流中心主任、市编办副主任，市委组织部副部长、市编办副主任，市委组织部副部长、市人事局局长、市编办主任。1998年12月至2003年1月，任曲阜市委常委、政法委书记、市社会治安综合治理委员会副主任。2003年1月至2007年1月，任曲阜市人大常委会副主任、党组成员。2007年1月，任曲阜市人大常委会副调研员。2013年6月，病逝。

人物简介

颜世义（1943.1—1988.4），中共党员，曲阜市姚村镇颜家村人。1963年参加工作，先后任颜家村团总支书记、民兵连长、村党支部副书记，姚村公社党委委员，姚村公社工交副主任兼铝制品厂党支部书记。1975年，他白手起家筹建公社酒类容器厂，当年实现产值28万元。1981年，他两下苏州请师傅、换机械，奋战4个月拿出合格产品，使年亏损8万元面临倒闭的公社丝绸厂扭亏为盈。1983年，任颜家村党支部书记，他带领群众兴办村集体企业，到1985年，共上7个工副业项目，全村工农业总收入211.6万元，比1980年增长2.3倍，人均收入506元，比1980年增加346元。村委拿出28.8万元改善村民生产生活条件，建起青年民兵之家、幼儿园、敬老院，完善学校配套设施，整修村中街道。同年，成立护林专业队，开展治安巡逻。1986年10月，他被评为山东省农业劳动模范。1991年，颜家村新上两个压力罐，使颜家村和慎言庄两个自然村群众吃上自来水。同年，粮食单产821千克，总产221.8万千克，人均收入1991年比1984

年增加357元。

陈维真（1920—1991.1），中共党员，高小文化，曲阜市王庄镇陈庄村人。20世纪50年代初，在农业合作化运动中，他带头组织互助组，任互助组组长，在农作物遭受灾害时，他带领群众抢收抢种，使大灾之年获得丰收。1951年，被授予“山东省农业劳动模范”称号。后历任陈庄村供销社社长、村党支部书记，陈庄公社工业书记、主任等职。

蒋进典（1911—1997.11），吴村镇中杨家院村人。20世纪50年代初期，他带头走互助合作道路，担任互助组组长，1952年，他种的晚谷亩产400千克。同年，他出席山东省劳模代表大会，被授予省农业劳动模范称号。后曾任初级社社长、生产队长。

胡　远（1930—1997），中共党员，山东省博兴县闫坊乡人。1947年6月，参加革命工作。历任闫坊区情报站通讯员、蒲台县龙居区团委委员、滨县团县委干事、曲阜师范学院助教、济宁地委宣传部干事、曲阜县委党校教员、副校长、县（市）委党史办主任。1989年，离职休养。他创作的中篇小说《小清河上的风云》曾产生较大影响。主编大量党校教学辅导材料，发表30余篇论文及文学作品；兼任党史办主任期间，负责编审、修改、定稿百余万字党史文献。

王登英（1908—1999.1），女，中共党员，曲阜市尼山镇宫楼村人。担任村妇救会会长，是支前模范；20世纪50年代初期，在互助合作运动中，她带头办起互助组、初级社，曾任副社长，带领群众努力发展生产。后任村党支部书记、妇女主任等职。1951年、1953年、1963年，她3次被授予“山东省农业劳动模范”称号。

胡保明（1949—1999.8），中共党员，曲阜市姚村镇胡家铺村人，中专文化。1969年至1975年，历任村团支部书记，村党支部副书记、村主任，1982年任村党支部书记。1983年，他聘请水利部门专家，制订胡家铺村治水方案，到1986年，共开挖大口井15眼、长条井7眼、小土井22眼，铺设高低压管道8000米，大力改善村水利设施。1990年，建起村大队办公室、农机房、卫生室28间，集体增加50型拖拉机一台、25型拖拉机一台、联合收割机一台；村民用上自来水。同年，他被评为山东省劳动模范。1992年，胡家铺村水浇地面积由1980年2.67公顷扩大到66.67公顷。1994年，引进红富士、乔纳金等优质苹果品种，果园面积由4.67公顷增加到12公顷。他联系山东农业大学和泰安供销学校，签订有偿技术服务合同。1998年，胡家铺村人均粮食1500千克，98%农户翻盖住房，其中70%村民建起两层楼，50%农户拥有摩托车；村民存款达到50万元。

王嗣昌（1939.1—2000.1），济宁市中区红星路星火街人，中共党员。1959年，考入山东师范学院物理系学习。1963年8月参加工作，在曲阜市第二中学任教，历任教务主任、校长等职务。曾连续8年送高三毕业班并任班主任工作，所教物理科目高考成绩居济宁市（地区）同类中学前列；多次执教济宁市级公开课，主编和编写多种复习材料。1986年2月，调曲阜市第一中学工作，任党支部副书记、校长，主持学校全面工作，多次被评为曲阜市、济宁市优秀教师，被市政府记功一次，当选为曲阜市第九届、第十一届人大代表。

周翰庭（1918—2000.10），字凤羽，又字天倪，晚号厚翁，斋号种石园。山东省宁阳县人。1937年，自曲阜师范学校毕业后，被滋阳中学聘为教员。1948年，因其书画专长，被安置在曲阜县文化馆工作。1952年，调入曲阜中学(曲阜一中)任教。20世纪80、90年代，多次举办个人书画展。晚年，热心参与、指导曲阜市书画活动；组建曲阜诗社、曲阜印社等民间团体，任社长。出版专著《周凤羽诗书画印集》《曲阜旧事》《鲁人随笔》《天籁集》等。其国画以山水见长，亦习篆刻，独具特色。曾任曲阜市文联顾问、孔子故里书画院名誉院长、曲阜市书法家、美术家协会名誉主席等职。

管象敏（1927—2001），中共党员，山东省五莲县人。1945年8月，参加革命工作，历任莒沂县政府会计、县粮食局会计，沂水县新华书店会计、审计员，曲阜县新华书店会计、副经理，县政府秘书，县人民委员会办公室主任、县教育局（文教局）副局长、局长，县文管会副主任、调研员兼县史志办主任等职务。1978年调文管会工作后，搜集、抢救大量文献资料，完成“三孔”古建、碑碣等文物重修及文物陈列工作。调任史志办公室主任后，参编《山东省志·孔子故里志》，任副主编。

孔祥民（1932—2001），中共党员，曲阜市防山镇纪庄村人。1948年参加革命。1959年，自学摄影。1982年，出版《曲阜名胜古迹》。1985年，其作品《倾听龙的心声——密特朗在曲阜》入选《中国摄影艺术作品选（1949—1989）》。他先后向中国照片档案馆、曲阜市档案馆捐赠、移交20世纪60—70年代曲阜“三孔”遭劫和曲阜地名史志照片资料档案共计3.5万余张。1996年，中国摄影家协会授予他从事摄影工作30年荣誉章。

刘传义（1928—2002.6），中共党员，初中文化，曲阜市陵城镇果庄村人。曾担任村长、初级社社长。1955年，他任爱国社社长时，带领群众深翻土地，科学种田，推广优良品种，地瓜获得高产。1956年，他被授予省农业建设积极分子称号。后曾任乡党支部书记、公社副主任等职。

许凌云（1938—2003），中共党员，山东省定陶县人。1957年，入山东大学历史系学习，师从史学名家童书业先生；1964年，研究生毕业，到广西师范大学任教。1984年，调任曲阜师大历史系副主任。1992年，晋升教授。曾任中国孔子基金会《孔子研究》编委、山东历史学会理事、山东孔子学会常务理事，享受国务院“政府特殊津贴”。著有《读史入门》、《儒学与中国史学》、《中国儒学史》（隋唐卷）、《司马迁评传》、《刘知几评传》、《中国儒学通论》、《经史因缘》等，发表《试论通史家风》等学术论文80余篇。

吴秋恒（1928—2004），中共党员，山东省蓬莱市人。1948年3月，参加革命，为四野某连战士。1949年7月至1963年6月，历任43军某团宣传队分队长、师教导队学员、连指导员、营副教导员、营教导员。1963年6月至1978年5月，历任曲阜县人民检察院副检察长、检察长、县人民医院党支部书记。1978年6月至1990年6月，历任曲阜县人民检察院检察长、市（县）委政法委书记、中医药学校党支部书记。

孙景庭（1912.7—2005.5），中共党员，山东省莱州市人，高小文化。1947年，解放战争时期，参加支前大队，随部队转战南北。1953年，曾任省交通厅公路局第一工程大队一中队木工组组长，工作中善于研究解决问题。1955年，在四铰管的浇筑和安装当中，他首开革新之路，取得显著成绩，被评为全国先进生产工作者，于5月出席全国交通先进生产者代表会议，受到毛泽东、周恩来等党和国家领导人接见。20世纪60年代初，任曲阜公路站副站长。

高永春（1922—2005），中共党员，山东省滕州市人。1943年6月，参加革命工作，历任滕县一区文教助理员，县支前民政科战勤股股长，县财政科股长，曲阜县委巡视组长，县民政局副局长，县人委办公室主任，城关镇镇长，县革委常委、核心组副组长，县体委副主任，县“五七”干校副校长，建设银行县支行行长等职务。

孔繁廷（1952.8—2006.5），中共党员，曲阜市鲁城街道苗孔村人，大专学历。1993年，任苗孔村党支部书记。通过召开座谈会，同群众谈心等，解决问题，化解矛盾。抓支部、村委班子建设，开展“讲实话、办实事、树形象”活动，得到党员群众的信任和支持。制定苗孔村经济发展规划。苗孔纸业公司管理水平、产品档次都比较低，为此，在充分论证基础上，于1996年新上涂布白板纸生产线一条；投资680余万元，新建日处理污水6000吨三级污水处理厂1座；投资400余万元与曲阜市供电局合资兴建110千伏变电站1座。1997年，开发生产超轻量涂布纸项目。1999年，苗孔村投资2000万元，拓宽建设天华鑫城商业街。集体经济强了，就着手为村民办实事。村里大街小巷全部铺设水泥路面；村民农业生产全部实行“六统一”（即机耕、机播、种子、管理、收打、水电费），全部由集体负担；投资200多万元，新建苗孔小学；村民子弟凡考上重点中学和中专村委奖励500元，考上大学奖励1000元；村民幼儿实现免费入托等。苗孔村先后被评为省先进基层党组织、省模范村民委员会，济宁市发展乡镇企业强村街。1998年，他被授予山东省劳动模范称号。

颜廷尝（1914—2007.12），中共党员，石门山镇坡里村人。曾任村自卫团团长、互助组组长，初、高级社社长，大队党支部书记等职。他带领群众走互助合作道路，发展农业生产。高级社时，粮食亩产400千克以上。1956年、1957年，连续被授予山东省农业建设积极分子称号。

杨立群（1954—2007），回族，中共党员，安徽省亳州市人。1974年12月入伍，曾赴云南前线参加中越边境自卫还击战。1987年11月，转业至曲阜市文化馆工作；1991年，创办《鲁风》文学报。2001年，任市艺术研究所副所长，兼任市作协副主席、济宁市作协理事、中国传媒大学客座教授。著有《立群文学剧作选》《孔子的青少年时代》《圣迹图·孔子的故事》《颜子传》等。1999年，创作大型广场乐舞诗《大哉孔子》于孔子文化节开幕式演出。2002年，创作大型广场乐舞《鲁国古乐》。

郑知新（1930—2007），山东省济南市人。1946年1月至1947年4月，为空军济南机械兵。1948年3月至1950年10月，先后在省高等法院、汶上司法处、华东白求恩医院检验科工作学习。1950年10月至1993年8月，历任省医学院助理技术员、省立医院任住院医师、曲阜市（县）人民医院住院医师、主治医师、副主任医师、主任医师。长期从事临床血液病治疗及研究工作，科研项目有"山东曲阜孔府药厂生产康逆灵对各类恶性肿瘤临床疗效的研究"及"碳酸锂对各类型再障临床疗效的研究"；其科研论文《碳酸锂治疗再生障碍性贫血》，1987年在第四届全国再生障碍性贫血学术会议上交流，在《中华血液学》杂志刊载。曾担任济宁医学院内科学兼职教授、中国癌症研究基金会曲阜分支主任委员等职。1994年7月，离职休养。

王君寿（1934—2008），浙江省杭州市人。1959年，毕业于青岛医学院医疗系本科，至1963年10月，在山东省立医院内科工作。1963年12月至1994年12月，历任曲阜县（市）人民医院内科住院医师、主治医师、副主任医师、主任医师，内科副主任、副院长。1984年，创建县人民医院内窥镜室。曾担任曲阜县人民医院医疗技术指导小组组长、中华医学会济宁分会内科学会副主任委员。

宁廷亮（1935—2008.10），中共党员，山东省宁阳县人。1957年，在曲师附小参加工作，1958年，调南辛中学任教，任团总支书记，他带领青年教师和学生自建校舍，办农场种植小麦、蔬菜，实现师生自给自足。在教学上勇挑重担，每周最多24节课之多。1960年，任教导主任，学校在济宁地区中学会考中学生平均成绩在全县名列第一，他负责的政治课成绩在济宁地区名列前茅。同年，他被评为山东省先进工作者。1965年，任学校党支部书记。1973年至1983年，历任陵城中学、小雪中学、时庄中学党支部书记兼校长。1984年，调曲阜县地方史志办公室，历任副主编、主编，主编《曲阜市志》一书，协助编写《山东省志·孔子故里志》及《曲阜年鉴》等书。

赵来印（1921—2008.12），中共党员，曲阜市尼山镇张马村人。20世纪50年代初，在互助合作运动中，他带头办起常年互助组和初级合作社，领导群众大力发展生产。1952年，被授予山东省农业劳动模范称号。后历任乡长、村党支部书记、初级社社长等职。

张忍让（1941—2009），中共党员，山东省巨野县人。1962年，曲阜师范学院中文系毕业留校任教。1989年，晋升为教授。曾任曲师大学术委员会副主任、中文系主任、语言文学研究所所长、《现代语文》杂志主编，兼任中国古代写作理论研究会副会长、中国古代文学学会理事。出版论著《中国古代小说艺术教程》《聊斋志异艺术研究》等，发表学术论文40余篇。1998年，被评为全国教育系统劳动模范；同年，报批为省专业技术拔尖人才。

王怀棠（1943—2009），笔名尚木，中共党员，书院街道办事处庞家村人。1961年7月，参加工作。1984年10月，调入曲阜市（县）广播电视局工作，历任记者、部主任、总编室副主任、副总编辑。2001年12月，晋升高级记者。他创作出版长篇小说《山东女响马》等，有较大影响；撰写大量报告文学并结集出版，如《在这片圣土上》《漫步曲阜山水间》等。1989年，被评定为市专业技术拔尖人才。兼职山东省作家协会会员、济宁市作家协会副主席、曲阜市作家协会主席等。

步昭伦（1939—2010.7），中共党员，曲阜市人。1957年参加工作，他克服重重困难，在防山席家村创办民办小学。当时办学条件极差，借民房为教室，两年搬过8次家，他带领师生整修教室，砌垒桌凳，泥黑板等，从未耽误过一节课。一次，暴风雨将一座教室的屋顶掀开，他做通父亲工作，把几十元建房款用于维修校舍。学校缺教具，他就自己制作；缺办公资金，带领学生勤工俭学。1957年至1967年，没有领过一分钱工资。当时他有很多机会谋职，如去济宁戏剧团工作，随舅舅去天津工作等，他都一一放弃。为了上好一堂课，他经常备课到深夜，有时教学上碰到难题，就虚心向同行求教。他经常教育学生"今天的事，今天完成"。1959年春节统考，他所带班级在全公社30多个班级中名列第一。1960年2月，他被评为山东省教育先进工作者。

宁相周（1937.10—2011.4），中共党员，曲阜市人。1989年12月，任林业局副局长，1990年1月，任局长。在任曲阜市林业局局长期间，他带领干部职工贯彻市委、市政府《关于全党动员、全民动手，奋战三年绿化曲阜的决定》精神，对照“八五”林业规划，采取抓点带面、典型引路，全面推进工作的方法，组织协调乡镇、村街结合自身实际情况，开展大规模造林绿化活动，主攻荒山绿化薄弱环节，完善提高全市林网标准，兼顾农林间作、地堰绿化等工作，为全面完成“八五”绿化目标做出贡献。1995年，被授予山东省劳动模范称号。

陈福泉（1949.8—2011.5），中共党员，邹城市人，研究生学历。1970年至1999年，历任邹城市人民法院审判员、副庭长、办公室主任、副院长、院长、党组书记。1999年，任曲阜市人民法院院长、党组书记。他重视政治理论学习，提高党性修养；坚持民主集中制，充分发挥班子功能；认真查摆问题，深刻剖析根源，广泛征求意见，在纪律、作风等方面进行整改；实施人事管理制度、审判管理制度改革，试行竞争上岗，层层签订责任状，实行科学化管理，全院上下呈现出奋发向上、竞相进取的局面。1999年，他被最高人民法院授予全国法院模范称号。

王宝春（1929—2011.8），中共党员，曲阜市息陬镇元疃村人初中文化。曾担任村长，副乡长，初级社社长、高级社社长。他在任高级社社长期间，带领群众发展农业生产，开展多种经营。1957年3月和11月，出席省第二届、第三届农业建设积极分子代表会议，被授予山东省农业建设积极分子称号。后历任大队党支部书记、公社副社长等职。

杨象宪（1937—2011），又名杨象轩，曾署老杨等笔名，浙江省宁海县人。1964年，浙江美术学院国画系毕业留校。1971年，在浙江省宁海县文化馆工作。1981年，调至曲阜师范大学（学院），执教花鸟、书法课，后为美术系教授。1991年，出版《杨象宪画集》。1992年，他被美国斯哥德摩学院聘为客座教授。其写意花鸟具有鲜明的个人风格、扎实的笔墨功底和丰富的传统文人画意趣，格调清新、淡雅、简练、飘逸。

王润宣（1944.6—2012.6），中共党员，曲阜市小雪镇前宣东村人，大专文化。1963年入伍，1970年，到曲阜县直机关武装部工作。1979年至1987年，历任曲阜县时庄公社副主任、副书记，计划生育局副局长，农机公司副经理，曲阜市工商行政管理局局长、党委（组）书记。为抓好工商行政管理队伍建设，推行政务服务承诺制和市场巡查制，全员实施“禁酒令”，实行“文明用语”和挂牌服务，开展“做合格的工商干部，当人民满意的公务员”活动，解决和处理“案、费、摊、照”存在的“吃、拿、卡、要”问题，促进全员素质提高。在他主持下，先后建设鲁城商场、鲁都酒城、孔林神道商铺等。到2000年，曲阜市市场总数达到57处，市场建筑面积2108万平方米，总投资6800万元，市场交易额8.3亿元。以“一反两保三打击”（反不正当竞争，保护经营者、消费者合法权益，打击假冒伪劣、欺诈、走私物品交易）为中心，加强金融、农资、粮食、种子、石油、煤炭、药品、生猪定点屠宰、文化市场及建筑市场管理；推行市场巡查制和执法过错责任追究制，建立健全“12315”消费者投诉举报网络，及时受理消费者投诉。2002年12月，他被授予全国工商行政管理系统先进工作者称号。

刘　健（1931.4—2012.9），中共党员，河北省通县人。1948年10月参加工作，1966年，调入曲阜县人民医院，做挂号收款、出纳会计等工作。70年代，他义务为医院职工办理互助储蓄，参与筹建医院托儿所。1975年，医院给他晋级工资，但是他得知有和他相同资历的同事工资比他低，主动让出。1981年，任医院总务科主任，提出“面向科室、面向职工、服务第一”口号，主动征求科室和职工意见，用真心、热心、耐心、爱心，为科室、为病人、为职工服务。总务科购买材料、设备、各种用品，每年经手开支100多万元，为保证质量，他改进采购办法，一是按批发价进货，二是市场调查，比较选购，三是招标竞争，为国家节省大量资金。1982年，获“山东省劳动模范”称号。

裴绪乾（1931.5—2012.11），中共党员，曲阜市人，1951年参加工作，高小学历，1957年任曲阜人民银行货币流通股管库员。他吃苦耐劳，按工作量统计，他个人经常担任一个半人的工作。担任管库工作后，他善于摸索经验，把库内多年的存单进行清理，按次序排列，及时整理库房，始终保持整洁干燥。同时，他还兼做收款员工作。1957年2月，他出席省第二次先进生产者代表会议，被授予山东省先进工作者称号。

孔繁祥（1934.9—2012.12），中共党员，曲阜市王庄乡孔家村人，1953年1月入伍，曾任连长、党支部书记等职务。1958年，转业到曲阜钢厂工作。1962年，与干部职工一起组建曲阜县酒厂，资金不足、没有生产设施，他配合酒厂领导加班加点建厂房，土法制作酿酒设施。通过学习和实践，他摸索出“两大一高”（糖大、浆大、温度高）酿造工艺，地瓜干出酒率明显提高。在国家困难时期，他大胆采用玉米秆、地瓜梗作为原材料生产白酒。他会同酒厂技术人员，由人工扬渣改为机械鼓风凉渣，由人工改为机械通风制曲机生产，大大减轻劳动强度。曲阜县酒厂由年产白酒23万千克的小作坊，建设成为年产过万吨的优质粮食酒厂。1966年，他被评为山东省劳动模范。后来，他历任曲阜（市）县酒厂工会主席、副书记、副厂长等职务。1970年年初，他试验由传统固体发酵改为液体发酵，获得成功。1975年，开发研制“鲁泉特曲”“曲阜老窖”两款浓香型高粱大曲酒，风靡省内外。1989年、1990年，他参与研制的低度孔府家酒、曲阜老窖获得山东省“十佳白酒”称号；同年，在第五届全国白酒评比会上，低度孔府家酒获银奖，跻身于全国名优产品行列，填补山东省无国优粮食酒的空白。

夏际胜（1922.1—2013.2），曲阜市书院街道夏家村人。1931年入学，1935年后在家务农。1946年，参加民兵组织。1948年，任村农会组长。1951年，获曲阜县农业生产模范称号。1952年，任互助合作社组组长。1954年，获县互助和生产模范称号。1955年，任初级合作社社长。1956年，任高级社社长，1959年，任林西红旗大队党支部副书记。1960年，出席山东省劳动模范积极分子代表大会。1961年，任夏家村党支部书记。1962年，当选山东省人大代表。1966年，任夏家村公社党委书记。1968年，任夏家村大队革委会主任、东风公社革委会副主任，县革委会成员，出席山东省积极分子代表大会。1969年，任夏家村党支部书记、县革委会成员。1971年4月，任中共山东省委委员；12月，任曲阜县委副书记。1978年12月，被免去曲阜县委副书记职务。1996年7月退休，享受副县级待遇。2013年，因病去世。

金　岩（1931—2013），又名金永祥，笔名鲁人，曲阜市息陬镇东息陬村人。1946年，在曲阜师范学校学习。1947年3月，入山东省立济南师范学校学习。1948年10月，在曲阜颜庙街小学任教。1950年1月，入沈阳鲁迅文艺学院学习；1951年10月，分配到东北画报社工作。1960年，年画《咱村也安上了电灯》被选为“新中国成立十年优秀作品”载入《1949—1959·年画选编》。1961年，连环画《五朵金花》出版。1963年，与人合作连环画《毛主席的好战士——雷锋》获中国第一届连环画创作评奖绘画三等奖。1964年，年画条屏《槐树庄》由辽宁美术出版社出版。12月，调入中国外文出版社。1965年，年画条屏《槐树庄》由中国美术出版社重印发行。1977年，参加编著《中国概貌》。20世纪60年代中后期，配合记者采访“亚非乒赛”“二届全运会”“全国五项球类运动会”等体育活动。1987年，筹编《孔子》画册。自编、合编代表作品有《中国美术家援越抗美斗争美术作品选编》《中国工人画选集》《徐悲鸿画辑》《齐白石画辑》《中国技巧运动》《中国文化简况》等。

贾延玉（1936.11—2013.11），山东省济南市市中区人。1959年1月，在曲阜县农业局工作。1961年，任曲阜县时庄公社党委秘书。1966年6月，加入中国共产党。1975年9月，任时庄公社党委副书记。1976年12月，任东风公社党委副书记。1980年2月，任东风公社党委书记。1982年2月，任书院公社党委书记。1983年3月，任县计划委员会副主任。1984年3月，任中共曲阜县委委员、县委企业政治工作部部长。1988年3月，任曲阜市纪委副书记；1990年6月，任曲阜市中医药学校校长。

附　录

孔庙大成殿龙柱（2010 年摄）

一、限外大事记（2014—2017）

2014年

1月3—4日 市政协十三届三次会议召开。会议补选市政协主席、副主席，孔令玉当选市政协主席，张艳书、张继友、翟绪军当选市政协副主席。

1月3—5日 市人大十七届三次会议召开，选举李玲、郭益民、刘保国为市人大常委会副主任，张治国为市人民检察院检察长。

1月5日 市十七届人大常委会第21次会议在市机关招待所举行，会议接受孔令玉等2人辞去市人大常委会副主任职务辞呈。

1月5日 在第三届中国旅游产业发展年会上，曲阜市“背《论语》免费游三孔”活动获中国旅游风云榜“2013中国旅游营销创新大奖”。

1月15日 好客山东贺年会“暖冬之旅”暨第八届山东旅游年会旅游品牌推荐活动评选结果公布，曲阜市被评为“好客山东最美风景市（县、区）”，市委书记、市人大常委会主任李长胜被评为“好客山东十大创新杰出人物”，三孔景区、尼山孔庙景区被评为“好客山东最佳主题旅游景区”，阙里宾舍被评为“最具特色旅游酒店”，三孔旅行社被评为“最佳诚信旅行社”。

1月28日 市委十三届委员会第九十五次常委会议召开，专题研究成立山东（曲阜）“四德”工程建设研究中心相关事宜、加快推进诚信体系建设实施意见。

1月31日至2月6日 春节黄金周期间，三孔景区共接待游客16.1万人次，实现门票收入575.8万元。

2月8日 在济宁市科学发展综合考核总结表彰暨重点工作分线作战动员大会上，曲阜市获济宁市2013年度县市区综合考核第一名。

2月10日 全省培育和践行社会主义核心价值观、深入推进“四德”工程建设现场电视电话会议在曲阜市召开，曲阜市委书记、市人大常委会主任李长胜作典型发言。

2月13日 曲阜市崄河治理工程获省水利厅批复，总投资2646万元。

2月16日 市中医院晋升为国家“三级甲等中医医院”。

2月18日 全市干部作风暨“2711”工程建设动员大会召开。

2月18日 大型文献纪录片《孔府档案》开机仪式在孔府举行。

2月23日 以苏丹国民议会副议长萨米娅·艾哈迈德·穆罕默德·哈桑为团长的苏丹全国大会党干部考察团一行31人到曲阜市访问考察。

2月25日 团中央书记处书记傅振邦到曲阜市调研，出席在孔庙举行的“迈入青春门 走好成人路”2014年山东省青少年中华成人礼活动。

2月25日 曲阜市圣仙果品有限公司孔府冬枣、孔府樱桃2个农产品入选2013年度全国名特优新农产品目录。

3月2日 济宁市委书记、市人大常委会主任马平昌到曲阜市调研指导第二批党的群众路线教育实践活动准备情况。

3月19—20日 全市首届建材产业项目招商恳谈会举行，共签约项目4个，合同总投资6.5亿元。

3月22日 中央农村工作领导小组副组长、办公室主任陈锡文到曲阜市考察农村工作。

3月26日 中国旅游总评榜山东分榜颁奖典礼在济南举行，曲阜市获“2013十大好客旅游县（市、区）”称号，三孔景区被评为“2013游客最满意十大景区”，尼山景区被评为“2013最受欢迎自驾游景区”。

3月28—30日 市委书记、市人大常委会主任李长胜带领党政考察团到江苏省如皋市、张家港市等地考察学习国家卫生城市创建工作。

4月5日 中共中央政治局原常委李长春到曲阜市视察。

4月7日 清明小长假期间，三孔景区共接待游客12.9万人次，实现门票收入561.3万元。

4月9日 全国人大常委会副委员长、民进中央主席严隽琪到曲阜市视察文化建设情况。

4月11日 市政府十七届第四十五次常务会议召开，研究建立居民基本养老保险制度、2014年度经济适用住房分配实施方案暨新型农村社区建设情况、提高全市物业服务收费标准、调整征地地面附着物和青苗补偿标准及2013年全市人口和计划生育工作考核及奖惩建议等工作。

4月11日 中宣部、山东省委在曲阜市召开推广善行义举榜现场会，学习贯彻《关于培育和践行社会主义核心价值观的意见》和中央领导重要指示精神，探索借助善行义举榜加强先进模范人物学习宣传经验做法，部署推广善行义举榜有关工作。

4月11日 济宁市委副书记、市长梅永红主持召开尼山圣境项目建设现场调度会议。

4月13日 济宁市委书记、市人大常委会主任马平昌到曲阜市部分村（居）调研指导第一书记、干部驻村联户工作开展情况。

4月13日 省政协原副主席、山东诗词学会会长李殿魁考察曲阜市“中华诗词之乡”创建工作。

4月16日 市委副书记、市长杨凤东到上海市看望慰问驻点招商人员，调度驻点招商工作开展情况。

4月17日 团中央书记处书记徐晓到小雪街道武家村调研农村共青团工作。

4月21日 市委书记、市人大常委会主任李长胜主持召开网民与书记面对面座谈会，专题征集网民代表反映的党员领导干部“四风”问题。

4月23日 市委书记、市人大常委会主任李长胜为全市3万余名党员作题为《认清“为了谁、依靠谁、我是谁” 做人民群众满意的好党员好干部》党课辅导。

4月26—27日 国际《尚书》学会第二届年会暨国际《尚书》学第三届学术研讨会在曲师大召开。

4月27日 曲阜市第三届现代农业暨农高园招商大会举行，签约项目13个，总投资额24.81亿元。

5月1—3日 “五一”小长假期间，三孔景区共接待游客15.8万人次，实现门票收入775.3万元。

5月4—6日 市委书记、市人大常委会主任李长胜到杭州市协调推进孔子博物馆项目建设事宜，考察绿城养老社区项目、乌镇古镇保护二期工程及桐庐县美丽乡村建设工作。

5月9日 市委副书记、市长杨凤东在济宁广播电视台《政风行风热线》节目直播间，与群众交流互动。

5月9—10日 市委书记、市人大常委会主任李长胜到齐河县、蓬莱市考察极地海洋世界、欧乐堡梦幻谷等项目，与八仙过海旅游有限公司对接洽谈文化旅游项目。

5月12日 省环保厅授予曲阜市“省级生态市”称号。

5月15日 济宁市人大常委会第一副主任陈民到曲阜市调研造林绿化工作。

5月16日 济宁市委副书记、市长梅永红到曲阜市调研泗河综合开发工作。

5月20日 曲阜市入围“2014中国城市榜——全球网民推荐的最中国美食城市”20强。

5月21日 贵州省委副书记李军到曲阜市考察善行义举榜建设情况。

5月21日 全市第二届电动车产业发展高峰论坛暨招商恳谈会举行，签约8个项目，投资额11.96亿元。

5月22日 甲午年尼山祭孔大典在尼山孔庙大成殿举行。

5月22日 全省图书馆系统建设尼山书院启动仪式在曲阜市举行。省委常委、宣传部部长孙守刚向全国人大常委会原副委员长、尼山论坛组委会主席许嘉璐颁发尼山书院山长（院长）聘书。

5月23日 山东省首家国学院在曲阜师范大学挂牌成立，孔子第七十九代嫡长孙孔垂长受聘为名誉院长。

5月23日 济宁市委书记、市人大常委会主任马平昌会见孔垂长一行。

5月24—25日 全市汽车及零部件产业招商大会举行，签约13个项目，总投资额48亿元。

5月24日 由欧洲汽车工业协会主办、曲阜市政府承办的汽车后市场与车辆零部件管理研讨会在曲阜市举行。

5月29日 国家发改委农经司司长高俊才到曲阜市专题调研农田水利“最后一千米”建设情况。

5月30—31日 全市生物医药产业招商大会举行。

6月2日 由中国孔子基金会、中华全国学生联合会主办的“首届中华学子孔子故里行”活动在曲阜市孔庙启动。

6月4日 曲阜市被省政府批准列为全省18个县级供销合作社综合改革试点和10个县级新型农村合作金融专项试点之一。

6月5—6日 省环保厅核查组到曲阜市对国家环保模范城市创建工作进行省级技术核查，26项建设指标基本达到国家环保模范城市指标要求，曲阜市通过省级技术核查。

6月6日 中宣部副部长王世明到曲阜市开展文化建设专题调研。

6月6日 总投资16亿元的孔府家生态酿酒产业园开工建设。

6月8日 城建暨文化产业项目推介招商会举行，曲阜市与碧桂园、万科、绿地、中海地产、保利置业等15家投资企业达成合作协议，项目总投资突破100亿元。

6月18日 济宁市委书记、市人大常委会主任马平昌调研督导尼山圣境项目建设情况。

6月18日 曲阜市“马上就办”工作体系通过ISO 9001质量管理体系认证现场审核，成为全国首个通过这一体系认证的民生服务类项目。

6月18—19日 国家发改委副主任徐宪平到党的群众路线教育实践活动基层联系点曲阜市发改局开展专题调研，组织召开座谈会，省委常委、常务副省长孙伟主持座谈会，济宁市委书记、市人大常委会主任马平昌致辞。

6月21日 省委常委、宣传部部长孙守刚到曲阜市调研尼山圣境项目建设情况。

6月22—23日 市委副书记、市长杨凤东到北京市参加全国质量强市示范市答辩会议，曲阜市通过申述答辩。

6月23日 省高级人民法院院长白泉民在党的群众路线教育实践活动基层联系点曲阜市人民法院开展调研。

6月29日 曲阜市聋人足球队获2014年全国聋人足球锦标赛第三名。

7月5日 国家信访局副局长张恩玺带领国务院《信访条例》第二执法检查组到曲阜市就贯彻落实《信访条例》情况进行检查。

7月5日 “曲阜朝圣行——孔子文化大讲堂”启动仪式在市游客服务中心举行。

7月6日 曲阜市企鹅新材料科技有限公司生产的塑胶薄膜被国家工商总局评为中国驰名商标。

7月20—21日 市委常委班子召开专题民主生活会，省委和济宁市委联合督导组组长赵汝坤出席会议并作点评讲话，省委赴济宁督导组到会指导。

7月22日 全市12家企业成为济宁市首批“专精特新”中小企业，其中曲阜恒威水工机械有限公司等3家企业为“专精特新”新型中小企业，山东勇马重工有限公司等2家企业为自主品牌中小企业，曲阜市七星建材化工有限公司等7家企业为科技创新型中小企业。

7月26—27日 第三届海峡两岸企业发展论坛暨电子信息项目恳谈会在曲阜市举行，签约项目10个，总投资额29亿元。

7月30日 曲阜市见义勇为跳海救人的90后小伙姜海龙获“中国好人”称号。

8月5日 鲁城街道大庄琉璃瓦制作技艺入选第四批国家级非物质文化遗产名录。

8月6—7日 中宣部副部长孙志军率调研组到曲阜市调研文化产业发展工作。

8月10日 在济宁市上半年群众满意度调查中，曲阜市以87.26分成绩位列济宁市各县(市、区)第一名。

8月14日 姚村镇和陵城镇入选全国重点镇名单。

8月19—22日 市委书记、市人大常委会主任李长胜到南京市高淳区、扬州市等地考察学习历史文化名城保护复兴工作。

8月21日 省委副秘书长、省信访局局长明春德到曲阜市调研信访稳定工作。

8月26日 国务院参事、孔子学院总部总干事、国家汉办主任许琳到曲阜市调研孔子学院总部体验基地项目建设情况。

8月28日 省委赴济宁市教育实践活动督导组第一副组长、省纪委巡视员滕茂功到小雪街道前宣东村参加指导该村党支部组织生活会。

8月29日 安提瓜和巴布达总理贾斯顿·布朗一行到曲阜市参观考察。

8月31日 石门山镇周庄村党支部召开专题组织生活会，省委赴济宁市教育实践活动督导组组长、省政协副主席、党组副书记焉荣竹出席会议并讲话。

2014年9月25日，斯里兰卡议长恰马尔·拉贾帕克萨(前左四)到曲阜市参观访问

9月4日 全国人大常委会原副委员长许嘉璐到曲阜市考察尼山圣境和九龙山汉墓区域保护等文化项目规划建设情况。

9月6日 2014中国共产党与世界对话会“传统文化与中国改革”主题沙龙在孔府安怀堂举办。

9月9日 济宁市委书记、市人大常委会主任马平昌到时庄中学和曲师大、济宁学院、孔子研究院走访慰问。

9月10日 “网络名人孔子故里行”活动在曲阜市启动。

9月10日 第五届中印青年审计论坛代表团到曲阜市参观访问。

9月18日 曲阜市被列为山东省首批信息消费试点县(市、区)。

9月20日 中国孔子基金会成立30周年大会暨第二届中国儒学社团联席会议在曲阜市召开。

9月20日 世界孔子后裔联谊总会、国际儒商经济文化促进会总部、孔子世家谱常态化续修工作协会在曲阜市举行揭牌仪式。

9月23日 济宁市人大常委会党组书记、第一副主任陈民带领视察组到曲阜市考察煤炭资源有序开采及采煤塌陷地治理工作。

9月25日 斯里兰卡议长恰马尔·拉贾帕克萨一行到曲阜市参观访问。

9月26日 济宁市委书记、市人大常委会主任马平昌到曲阜市检查指导2014中国(曲阜)国际孔子文化节筹备工作。

9月27日 2014中国(曲阜)国际孔子文化节开幕式暨第九届联合国教科文组织“孔子教育奖”颁奖典礼在孔子文化会展中心举行。全国政协副主席、中国文联主席孙家正宣布2014中国(曲阜)国际孔子文化节开幕。

2014年8月29日，安提瓜和巴布达总理贾斯顿·布朗(前左三)一行到曲阜参观考察

9月27日 纪念谷牧100周年诞辰暨《谷牧与曲阜》发行座谈会在市政协举行。

9月28日 甲午年祭孔大典在孔庙大成殿举行。

9月28日 大型纪录片《孔子》举行开机仪式。

9月28日 俄罗斯联邦共产党中央委员会主席久加诺夫到曲阜市参观访问。

9月28日 济宁市委书记、市人大常委会主任马平昌在孔子研究院会见久加诺夫。

2014年9月28日，俄罗斯联邦共产党中央执行委员会主席久加诺夫到曲阜市参观访问，图为在孔林向孔子墓献花篮

9月29日　国家环保模范城预评估专家组到曲阜市就创建国家环保模范城工作进行预评估。

9月30日　曲阜市举行烈士纪念日公祭活动。

10月1日　2014年全省善行义举四德榜县市区级“榜上有名”揭榜仪式在曲阜市举行，中宣部副部长王世明出席活动。同日，王世明在孔子文化会展中心举行“立足中华优秀传统文化　培育弘扬社会主义核心价值观”专题报告会。

10月1日　济宁市委书记、市人大常委会主任马平昌到曲阜市召开学习贯彻习近平总书记重要讲话精神调研座谈会。

10月8日　省政协副主席焉荣竹到曲阜市听取济宁市群众路线教育实践活动情况汇报。

10月8日　曲阜市王庄镇、吴村镇、姚村镇、时庄街道、陵城镇、息陬镇、尼山镇、防山镇被授予“国家级生态乡镇”称号。

10月10日　省粮食局局长杨丽丽到曲阜市调研指导工作。

10月10—11日　工业和信息化部运行监测协调局局长郑立新到曲阜市调研“第三方中介评估事项增多影响行政审批改革效果”情况。

10月11日　曲阜市与北京易华录信息技术股份有限公司签订“智慧曲阜”建设战略合作协议。

10月12日　曲阜市“弘扬优秀传统文化推进社会治理创新”经验和做法获评“全国社会治理创新最佳案例”。

10月12日　曲阜市被中央文明办批准为“全国文明城市提名城市”。

10月13日　省司法厅厅长王本群带领参加全省司法行政系统平安和谐发展现场观摩会与会人员到曲阜市观摩德法融合一体化建设情况。

10月19日　曲阜市吴村镇葫芦套村和尼山镇夫子洞村入选山东省第一批省级传统村落。

10月22日　济宁市“畅通微循环激活大交通争创人民满意”现场经验交流会在曲阜市召开。

10月26日　全市首届“百姓儒学节”启动仪式举行。

10月29日　市十七届人大常委会举行第三十次会议。会议接受杨凤东辞去市长职务请求，决定任命刘东波为副市长、代理市长。

10月29日　三孔景区获2014年第九届中国元素国际创意大奖文化贡献奖。

11月2日　国务院法制办国际司司长陈富智，国际出庭律师学会国际事务秘书、中国项目负责人詹姆士·麦克迈尼斯一行到曲阜市考察访问。

11月6日　中共中央政治局委员、中央书记处书记、中央组织部部长赵乐际到曲阜市考察。

11月9—11日　国家发改委农村经济司司长高俊才到曲阜市考察。

11月12日　曲阜市创建国家园林城市工作通过预评估。

11月16日　吴村镇葫芦套村入选全省首批“省

2014年10月1日，全省善行义举四德榜县市区级“榜上有名”揭榜仪式在曲阜市举行　　彭广/摄

级宜居村庄”。

11月17日 全市儒家孝文化专题报告会在孔子文化会展中心举行。民政部原副部长、中国老龄事业发展基金会理事长李宝库作题为《一颗闪耀人伦之光的璀璨明珠》专题报告。

11月18—22日 市委书记、市人大常委会主任李长胜到贵州省、陕西省西安市等地考察学习孝德文化建设工作先进经验。

11月20—21日 国家工商总局党组书记、局长张茅到曲阜市考察。

11月21日 刘洪魁烈士骨灰安葬仪式在曲阜烈士陵园举行。

11月22日 尼山孔庙古建筑群维修工程获“全国十佳文物保护工程”称号。

11月25日 省委书记、省人大常委会主任姜异康率领省委第一检查组到济宁市检查落实党风廉政建设责任制情况，并在曲阜市召开座谈会。

11月26日 曲阜市举行“圣贤之光”孔子故里《论语》咏诵会，纪念习近平总书记视察曲阜一周年。

11月30日 石门山景区创建为国家AAAA级旅游景区。

12月6日 东宏管业有限公司通过山东省第21批省级企业技术中心认证。

12月9日 曲阜市通过国家卫生城市验收，成为济宁市首个通过国家卫生城市验收县（市、区）。

12月10日 吴村镇高楼村“圣城九仙山”葡萄通过国家绿色食品认证。

12月16日 济宁市政协主席赵树国到圣阳电源股份有限公司调研。

12月16日 《关于曲阜籍市民免费参观三孔景区（试行）的公告》发布，自2015年1月1日起，曲阜籍市民可免费参观三孔景区。

12月16日 曲阜市创建国家级生态市通过技术评估预审。

12月20日 三孔景区入选“2014中国最具价值文化（遗产）旅游目的地”。

12月20日 在济宁市美丽乡村示范片区观摩评议中，石门山镇美丽乡村示范片区观摩评议成绩位列济宁市县级美丽乡村示范片区第一名，吴村镇美丽乡村示范片区观摩评议成绩位列济宁市级美丽乡村示范片区第二名。

12月21日 曲阜市获评“2014年度中国文化教育与传播价值城市”。

12月22日 曲阜市获批创建全国质量强市示范城市。

12月23日 圣阳电源股份有限公司被认定为国家级企业技术中心，成为全市第一家国家级企业技术中心。

12月25日 天博汽车零部件制造有限公司被认定为山东省第三批省级工业设计中心，成为全市第一家省级工业设计中心。

12月27日 在第六届全国敬老爱老助老主题教育活动表彰大会上，市委书记、市人大常委会主任李长胜获“中华孝亲敬老楷模”称号。

2014年11月26日，“圣贤之光”孔子故里《论语》咏诵会举行

彭广/摄

12月30日 市政府十七届第五十四次常务会议召开，研究深化行政审批制度改革及推进行政审批工作。

30日 市委书记、市人大常委会主任李长胜主持召开市规划委员会会议，听取并讨论审议《曲阜市乡村旅游发展总体规划暨九仙山——石门山国际慢城概念规划》。

2015年

1月2日 市党政领导李长胜、刘东波、李玲、赵永和等实地查看天银汽车玻璃、百灵中央空调工业园、陆博汽车电子等项目建设情况。

1月4日 济宁市委书记、市人大常委会主任马平昌，市委副书记、市长梅永红带领参加济宁市科学发展现场观摩暨经济工作会议全体与会人员到曲阜市观摩指导。

1月5日 市委十三届第一百二十五次常委会议召开，研究召开曲阜市十七届人大四次会议及政协曲阜市十三届四次会议有关事项。

1月6日 纪念颜子2535年诞辰祭祀大典在复圣庙举行。

1月6日 颜府复建工程竣工暨颜子研究院揭牌仪式举行。

1月8日 山东圣阳电源股份有限公司“圣阳”“赛耐克及图”注册商标，山东东宏管业股份有限公司“Donghong及图”注册商标被认定为山东省著名商标。

1月10日 市委十三届第一百二十六次常委会议召开，传达学习济宁市科学发展现场观摩暨经济工作会议精神，听取市委十三届八次全体会议筹备情况汇报，研究市委2015年工作要点和市委常委会工作报告。

1月11日 市委十三届第一百二十七次常委会议召开，专题讨论研究拟提请市十七届人大四次会议审议的《政府工作报告（讨论稿）》。

1月11日 市委十三届第一百二十八次常委会议召开，讨论研究市人大常委会、市政协常委会、市人民法院和市人民检察院的工作报告（讨论稿）。

1月12日 曲阜市通过省出口农产品质量安全示范区验收。百草园现代农业科技示范园、孔府茶文化科技示范园、国有苗圃农业科技示范园、银府特色苗木科技示范园被认定为济宁市首批农业科技示范园区。

1月13日 市委十三届八次全体会议召开，审议通过《中共曲阜市委关于贯彻落实党的十八届四中全会精神全面推进法治曲阜建设的实施意见》。

1月15日 好客山东“百姓儒学节——游圣地习六艺”曲阜朝圣行修学旅游产品获评2014“美丽中国”主题旅游十佳线路。

1月15—17日 市人大十七届四次会议召开。会议选举刘东波为市长。

1月16日 副省长赵润田到曲师大考察。

1月20日 曲阜市获“全省生态文明乡村建设工作先进市”称号，尼山镇张马村、石门山镇周庄村被授予“全省生态文明乡村建设先进村（社区）”称号。

1月21日 文化部副部长、国家文物局局长励小捷在省委常委、宣传部部长孙守刚陪同下，到曲阜市调研文物工作。

1月25日 中国进出口银行山东分行行长李健一到曲阜市考察文化产业项目情况。

1月26日 市委十三届第一百二十九次常委会议召开，研究全市创建国家卫生城市表彰工作及市总工会第十四次代表大会、市妇联第十三次代表大会、市科协第六次代表大会召开等相关事宜。

1月26日 国务院安委会第三督查组第二小组到曲阜市督查安全生产工作。

1月27日 曲阜市生态农业与农村新能源示范县项目通过省级验收。

1月29日 曲阜市在“好客山东”文旅融合产业创新峰会暨2014山东旅游金榜品牌颁奖典礼上获得5项大奖：市委书记、市人大常委会主任李长胜获评2014“好客山东”十大旅游创新人物，曲阜市获评2014“好客山东”全域旅游示范县，“百姓儒学节——游圣地习六艺”曲阜朝圣行活动获评2014好客山东十佳特色旅游品牌，尼山孔庙获评2014“好客山东”高铁沿线最美十景，九仙山—石门山文化国际慢城获评2014“好客山东”最具特色乡村旅游目的地品牌。

1月30日 市委十三届第一百三十次常委会议召开，听取市纪委十三届五次全会筹备情况汇报，研究2015年党风廉政建设和反腐败工作要点。

2月1日 曲阜市有16家单位被列入第一批山东省中小企业“电子商务推进年”省级示范推进计划。

2月3日 曲阜海外国际旅行社、曲阜海峡旅行社、曲阜孔子旅游（集团）导游有限公司、曲阜铭座杏坛宾馆、曲阜天马旅游汽车有限公司5家旅游企业被命名为山东省2013—2014年度诚信旅游示范单位。

2月12日 市委十三届第一百三十一次常委会

议召开，研究2015年全市招商引资、平安建设、市人大常委会、市政协工作要点。

2月15日 市委十三届第一百三十二次常委会议召开，听取关于提高村干部报酬和村级运转经费的情况汇报，研究2015年全市组织、宣传思想文化工作要点。

2月16日 在济宁市美丽乡村建设工作指挥部2015年1月全市城乡环卫一体化群众满意度电话抽样调查中，曲阜市以9.61分的综合得分位列济宁市各县（市、区）第一名，鲁城街道位列济宁市145个乡镇第一名。

2月24日 全市党政联席会议召开，研究确定2015年全市“2711”工程项目及责任分工，安排当前和下步重点工作任务。

2月18—24日 春节黄金周期间，三孔等文物景区共接待中外游客27.1万人次，实现门票收入1098.2万元，同比分别增长52.7%和78.1%。

2月25日 济宁市科学发展综合考核总结表彰暨干部作风建设大会召开。市委书记、市人大常委会主任李长胜参加会议并作表态发言，曲阜市获得济宁市2014年度县（市、区）综合考核第一名，实现“三连冠”；同时，获群众满意先进市、社会稳定信访工作先进市、财政收入争先进位奖，曲阜市善行义举经验做法在全国推广获创新创优奖，曲阜市争取孔子学院总部体验基地项目获双争贡献奖，鲁城街道获得综合实力强街道称号，姚村镇、尼山镇获得经济社会发展先进乡镇称号。

2月25日 第六批山东省出口农产品质量安全示范区名单公布，曲阜市获省级出口农产品质量安全示范区称号。

2月28日 全国精神文明建设工作表彰暨学雷锋志愿服务大会在北京市举行，市委书记、市人大常委会主任李长胜出席会议并受到习近平总书记接见。会上，曲阜市成为全国县级文明城市提名城市，姚村镇入选第四届全国文明村镇。

3月1日 市委十三届第一百三十三次常委会议召开，研究全市2014年度各项工作考核成绩和2015年全市信访工作、干部作风建设工作要点。

3月3日 全市干部作风暨“2711”工程建设动员大会召开。

3月4日 市委十三届第一百三十四次常委会议召开，研究创建全国义务教育发展基本均衡县（市）及2015年全市“三农”、安全生产工作要点。

3月6日 市委十三届第一百三十五次常委会议召开，讨论全市2014年度计划生育和安全生产考核意见，研究文化国际慢城和创建国家森林城市工作。

3月6日 圣阳电源股份有限公司获批2014—2016年度山东省重点培育和发展的国际知名品牌。

3月11日 圣阳电源企业技术中心被认定为第21批国家级企业技术中心，裕隆金和精密机械有限公司进入2014年度省级“管理提升‘百千万’优秀企业”认定名单。

3月15日 市委十三届第一百三十六次常委会议召开，会议决定于2015年4—12月，在全市城乡居民中同步开展“全民修身”和“全民守法”两项教育实践活动。

3月19日 在山东省旅游饭店协会第三届第六次会员大会上，曲阜市获得“第三届山东饭店金星奖”等9项大奖。

3月23—24日 全国爱国卫生工作会议暨全国城乡环境卫生整洁行动现场会议在安徽省马鞍山市召开。曲阜市被全国爱卫会命名为“国家卫生城市”。会上，市委书记、市人大常委会主任李长胜作《敢为人先　众志成城　锲而不舍　追求极致　全力建设幸福生态宜居新曲阜》的典型发言。

3月24—25日 人民日报社山东分社社长徐锦庚在省供销社党组书记、理事会主任侯成君等陪同下，到曲阜市就供销社综合改革试点工作进行采访。

3月26日 市委十三届第一百三十七次常委会议召开，听取庆祝曲阜市创建国家卫生城市成功暨总结表彰大会筹备、乙未年尼山春季祭孔大典筹备等情况汇报，研究2015年创建全国文明城市重点工作。

3月29日 庆祝曲阜市创建国家卫生城市成功暨总结表彰大会召开。

3月29日 市委十三届第一百三十八次常委会议召开，讨论《曲阜文化国际慢城规划》，研究专家评审意见。

3月31日 省政协副主席许立全到曲阜市就

"弘扬优秀传统文化、建设山东道德高地"进行调研。

4月3日 国家卫生计生委副主任王培安到曲阜市调研医改工作。

4月4—6日 清明小长假期间，三孔景区共接待中外游客16.8万人次，实现门票收入539.1万元。

4月6日 尼山省级文化旅游度假区通过省旅游度假区复审验收，被评为2014年度省级优秀旅游度假区，在全省39家旅游度假区中居第5名。

4月8日 省委督查室主任解庆芝带领省委宣传部、省文化厅、省财政厅一行7人到曲阜市实地查看弘扬齐鲁优秀传统文化情况。

4月10日 在"好客山东"2015全国桃木旅游商品创新设计大赛活动评选中，曲阜市参赛作品获得金奖1个、银奖2个、铜奖2个、优秀奖7个。

4月14—15日 原国务委员、外交部原部长唐家璇在山东省原副省长郭兆信陪同下，到曲阜市考察。

4月14—15日 全省工会培育和践行社会主义核心价值观推进交流会在曲阜市召开，省总工会党组书记、常务副主席刘赞杰等出席。

4月17日 省林业厅党组书记、副厅长董书华到曲阜市检查指导森林防火工作。

4月18日 "杏坛开讲"儒学讲座首讲仪式在曲阜市孔庙杏坛举行，中国人民大学孔子研究院院长、教授张立文作题为《儒学是中华民族发展壮大的重要滋养》报告。

4月25日 中央文明办在威海市召开《文明城市"测评体系"(副省级地市)》修改和《"文明城市提名测评体系"(县级市)》制定座谈会，市委书记、市人大常委会主任李长胜参加会议。

4月25—26日 2015曲阜文化产业暨国际文化慢城招商大会举办，国内60余家文化产业企业、130余名客商出席招商会，共签约协议项目14个，总投资额33.72亿元，达成意向12个。

5月1—3日 "五一"小长假期间，三孔景区共接待中外游客17.4万人次，实现门票收入736.9万元。

5月5日 全国供销社合作总社监事会副主任汤益诚到曲阜市就筹备召开总社第六次代表大会和起草《供销合作社条例》等工作进行调研。

5月6日 东方儒家花园酒店被评为2015年全国文化主题饭店标杆企业。

5月11—15日 世界银行孔孟文化遗产地项目检查团到曲阜市检查项目实施情况和中期调整情况。

5月16日 东宏管业股份有限公司申请的山东省高分子材料复合管道工程研究中心被认定为省级工程研究中心。

5月21日 九仙山风景名胜区被命名为省级环境教育基地，为曲阜市第一家省级环境教育基地。

5月22日 曲阜孔府酒文化博物馆、曲阜汉碑汉画拓片博物馆、曲阜票证文化博物馆3家非国有博物馆获省文物局批复成立。

5月25日 曲阜明故城(三孔)、尼山孔庙及书院、颜庙、周公庙、寿丘少昊陵等7家文物景区入选全国首批"全国旅游价格信得过景区"名单。

5月30日 全省第一批"乡村记忆"工程文化遗产名单公布，曲阜市小雪街道凫村、吴村镇葫芦套村、尼山镇夫子洞村入选传统文化村落，大庄村博物馆入选乡村博物馆名单。

6月2日 曲阜市邀请清华大学教授彭林为全市机关干部作《儒家的礼乐教化之道》专题报告。

6月3日 "春秋讲坛"第二讲开讲，清华大学教授彭林主讲《礼乐文明与中华人文精神》。

6月4—6日 "苏格拉底相遇孔子"——第三届中国—希腊哲学国际学术研讨会在曲师大召开。

6月7日 孔子世家明清文书档案等22件（组）档案文献入选山东首批珍贵档案遗产名录。

6月10日 山东省工商局局长杨宜新到曲阜市调研。

6月12日 中宣部、全国妇联在山西省运城市召开"弘扬德孝文化　践行核心价值"现场交流会，市委常委、宣传部部长靳亚代表曲阜市在会上作《倡树"儒孝"之风　建设"孝德"之城》典型发言。

6月13日 中共中央政治局委员、中央政法委书记孟建柱到曲阜市调研。

6月14日 省委书记、省人大常委会主任姜异康到曲阜市东宏管业有限公司、天博汽车零部件制造有限公司调研。

6月16日 中国曲阜鲁班文化节暨鲁班2522周年诞辰祭祀大典在六艺城举行，全国人大环资委原主任毛如柏出席，并与曲阜市委书记李长胜为“曲阜鲁班殿”揭牌，中国建筑业协会常务副会长吴涛致辞。

6月17日 吉尔吉斯斯坦副总理瓦列里·基尔到曲阜市参观访问。

6月20—22日 端午节小长假期间，三孔景区接待中外游客6.1万人次，实现门票收入245万元。

6月23日 市委十三届第一百四十一次常委（扩大）会议召开。

7月1日 国际慢城总部秘书长皮艾尔·乔治·奥利维地带领国际慢城（高淳）管委会一行到曲阜市考察文化国际慢城建设情况。

7月4日 省中小企业局公布第三批山东省“专精特新”中小企业名单，曲阜市天博汽车零部件制造有限公司、曲阜市铸造材料厂被认定为“科技创新”中小企业。

7月5日 曲阜市九龙山遗址、马庄遗址、坡里遗址、章枣遗址、孔广森故居、曲阜县衙、四府故址、西五府故址8处文物点被省政府公布为第五批省级文物保护单位。

7月9日 中国电子企业协会发布《2015全国电子信息行业优秀企业获奖名单》，山东圣阳电源股份有限公司获全国优秀创新企业奖，曲阜天博汽车零部件有限公司获全国优秀企业奖。

7月10日 市委十三届第一百四十二次常委会议召开，研究关于开展乐和家园建设试点的实施意见、信访稳定等事宜。

7月15日 “2015美丽中国行　聚焦文化济宁”中央媒体采风活动走进曲阜。

7月15日 山东省话剧团排演的话剧《孔子》在曲阜市公演。

7月18日 “明清官式建筑保护研究国家文物局重点科研基地揭牌暨‘三孔’古建筑彩绘保护工程开工仪式”举行，文化部党组成员、故宫博物院院长单霁翔等出席仪式。

7月19日 澳大利亚冈尼达市考察团在曲阜市开展交流活动。

7月23日 市农高园被列为首批省级农业科技园。

7月30日 山东孔圣电缆股份有限公司在全国中小企业股份转让系统挂牌，成为曲阜市首家成功上市“新三板”企业。

7月30日 济宁市对各县（市、区）2015年上半年群众满意度进行电话随机访问调查，曲阜市居各县（市、区）第一名。

7月30日至8月1日 2015年全球孔子学院总部理事座谈会在曲阜市举行，省委副书记、省长郭树清会见与会代表，济宁市委书记马平昌致辞，国务院参事、孔子学院总部总干事、国家汉办主任许琳主持座谈会。12个国家孔子学院22位总部理事、荣誉理事和高级顾问参加会议。

8月2日 全国政协副主席、致公党中央主席、科技部部长万钢到曲阜市视察。

8月2日 全国政协常委、教科文卫体委员会主任张玉台带领全国政协部分常委及委员到曲阜市就“发挥优秀传统文化在培育和践行社会主义核心价值观中的作用”进行调研。

8月6日 省人大常委会副主任于建成带领省人大执法检查组到曲阜市检查《中华人民共和国旅游法》和《山东省旅游条例》贯彻实施情况。

8月8日 省委常委、常务副省长孙伟带领省直有关部门负责人到曲阜市检查指导第22届国际历史科学大会支持保障工作。

8月13日 依托曲阜天博汽车零部件制造有限公司建设的山东省汽车感温元件工程技术研究中心、依托山东圣阳电源股份有限公司建设的山东省高能环保铅酸蓄电池工程技术研究中心晋升为省级示范工程技术研究中心。

8月17—18日 2015年全省文化（执法）局长座谈会暨“十三五”规划工作专题研讨班在曲阜市举行。

8月20日 全省精神文明建设工作表彰大会在济南市召开，济宁市委常委、曲阜市委书记、市人大常委会主任李长胜参加会议，曲阜市蝉联第四届全省文明城市。

8月23日 在2015旅游业融合与创新峰会暨2015最美中国榜发布会上，曲阜市获“最美中国　文化魅力、乡村旅游目的地城市”。

8月23日 农业部公布“一村一品”示范村镇名单，石门山镇被授予第五批“全国一村一品示范镇

（石门山草莓）”称号。

8月25日　国家粮食局党组成员、副局长卢景波到曲阜市调研夏粮收购、粮食应急体系建设和市场体系建设、地方粮食储备落实和管理及安全生产等工作。

8月27日　第22届国际历史科学大会济宁卫星会议在曲阜市开幕。

9月4—5日　联合国秘书长潘基文，副秘书长吴红波、沙姆沙德·阿赫塔尔在中国常驻联合国代表刘结一、省外事办主任薛庆国陪同下，到曲阜市参观访问。

9月8日　曲阜市推荐的“国学之旅”、“德行好少年”、传统家教文化体验游、孔庙释奠礼——中华成人礼4项旅游产品分别获省旅游产品创新奖一、二、三等奖。

9月11日　全国人大常委会委员、内司委副主任委员王胜明到曲阜市调研老年人权益保障工作。

9月13日　画家、学者范曾到曲阜市观摩百年巨匠艺术公馆项目建设情况。

9月14日　曲阜市创新创业基地晋升为省级创业孵化示范基地。

9月14—15日　澳门特区法官代表团在最高人民法院副院长江必新、山东省高级人民法院院长白泉民陪同下，到曲阜市参观考察。

9月16日　曲阜市以97.3分、全省第二名的成绩通过“国家义务教育发展基本均衡县”评估验收。

2015年9月5日，联合国秘书长潘基文（前右二）参观曲阜孔庙

9月26日　2015中国（曲阜）国际孔子文化节开幕式暨第十届联合国教科文组织“孔子教育奖”颁奖典礼在孔子文化会展中心举行。全国人大常委会副委员长向巴平措宣布2015中国（曲阜）国际孔子文化节开幕。

9月27日　第七届世界儒学大会暨2015年度“孔子文化奖”颁奖典礼在孔子研究院举行。

9月28日　纪念孔子2566年诞辰祭孔大典在孔庙大成殿举行。全国政协副主席张梅颖参加祭孔大典并敬献花篮。

10月1日　农业部2015中国最美休闲乡村推介名单公示，曲阜市石门山镇周庄村获全国“特色民俗村”称号，为山东省唯一获此称号村庄。

10月1—7日　国庆黄金周期间，三孔景区接待中外游客46.49万人次，实现门票收入1977.76万元。

10月4日　曲阜市筹建“全国儒家文化旅游知名品牌创建示范区”获国家质检总局审核通过。

10月16—18日　第五届亚洲食学论坛在曲阜市举办，15个国家和地区200余名食学专家参与交流研讨。市委副书记、市长刘东波出席活动。

10月17日　曲师大建校60周年庆祝大会举行，全国人大教科文卫委员会原副主任委员宋法棠，省政协副主席孙继业等出席活动。

10月19日　中国铁路总公司工程设计鉴定中心专家组在省发改委副主任赵东等陪同下，到曲阜市就鲁南快铁铁路客运通道曲阜至菏泽段线路设计方案进行实地踏勘。

10月19日　三孔、尼山孔庙景区入选首批中华优秀传统文化教育实践基地。

10月22日　全国政协副主席、农工党中央常务副主席刘晓峰在省政协副主席、农工党山东省委主委王新陆陪同下，到曲阜市视察。

10月25日　曲阜市第二届“百姓儒学节”开幕。

10月29日　省妇联主席邢善萍到曲阜市调研儒家文化进家园和美丽乡村建设等工作。

10月30—31日　国家文物局大

2015年10月25日，在曲阜市第二届“百姓儒学节”开幕式上，济宁演艺集团和由曲阜文艺爱好者，表演了一系列文艺节目　　王大鹏/摄

遗址保护工程综合评估组，到曲阜市对鲁国故城遗址工程进行综合评估。

11月1日　圣阳电源获首批中国出口质量安全示范企业称号，为济宁市第1家获此称号的企业。

11月8日　全国党建研究会副会长、中央组织部原秘书长高世琦在省委组织部副部长、省考核办主任陈迪桂陪同下，到曲阜市考察政德教育基地建设情况。

11月9—10日　首届中华学子青春国学荟在曲阜市举行，团中央书记处第一书记秦宜智、省委副书记龚正等出席活动。

11月14日　曲阜市国家级出口蔬菜及其制品质量安全示范区获“2015年国家级出口食品农产品质量安全示范区”称号。

11月24日　由光明日报社、曲阜市委主办的纪念习近平总书记视察曲阜两周年——优秀传统文化与百姓生活高端论坛在曲阜市举行。

11月26日　曲阜市完成农村土地承包经营权确权登记数据成果汇交工作，共完成数据成果汇交369个村，颁发经营权证和股权证13.3万本。

11月28日　国务院教育督导委员会“全国义务教育发展基本均衡县市区”督导评估反馈会在济南市召开，市委副书记、市长刘东波参加会议。曲阜市通过国家义务教育发展基本均衡县（市、区）评估验收。

11月28日　曲阜市被评为2015年全国休闲农业与乡村旅游示范县(市)。

12月15日　东宏管业等9家企业通过国家级高新技术企业认定(复审)，其中新认定7家，复审2家。曲阜市有国家级高新技术企业20家。

12月18日　中韩儒学对话会在曲阜市开幕。全国人大常委会原副委员长、尼山论坛组委会主席许嘉璐；中、日、韩三国合作秘书处秘书长杨厚兰，韩国精神文化财团理事长李龙兑，韩国驻青岛领事馆总领事李寿尊；山东省委常委、宣传部部长孙守刚，济宁市委书记、市人大常委会主任马平昌，曲阜市委副书记、市长刘东波等和中、韩两国儒学研究领域知名学者出席对话会。

12月18日　省委常委、省委宣传部部长孙守刚到曲阜市调研尼山圣境项目建设情况。

12月28日　中英联合摄制的纪录片《孔子》国际版首播新闻发布会在北京市举行。

12月30日　吴村镇获中国美丽乡村建设示范镇称号。

2016年

1月1日　曲阜市三孔文物景区正式对全国教师、60周岁以上老年人实行免费参观。

1月3日　市委十三届第九次全体会议召开。市委委员37人、市委候补委员8人出席会议。济宁市委常委，曲阜市委书记、市人大常委会主任李长胜作工作报告。

1月3日　元旦小长假期间，三孔景区接待游客3.9万人次，同比增长64.9%;门票收入116.3万元，同比增长13.6%。接待教师免费入园4186人次，60周岁以上老年人免费入园2951人次。

1月5日　济宁市委书记、市人大常委会主任马平昌，市委副书记、代市长傅明先带领参加济宁市科学发展现场观摩会议与会人员到曲阜市观摩指导。

1月7日　在第十三届山东省旅游商品创新设计大赛上，曲阜市选送作品获银奖、铜奖、优秀奖等10个奖项，2人被评为山东省民间手工艺制作大师。

1月8日　市人民医院与中国工程院院士郎景

和合作申报的“曲阜人民医院院士工作站”获批组建，为济宁市首家依托医院建立的院士工作站。

1月12日　尼山镇获“省级安全社区”称号。

1月13日　市委十三届第一百六十一次常委会议召开，研究市十七届人大五次会议、政协十三届五次会议有关事项。

1月14日　市委十三届第一百六十二次常委会议召开，研究讨论提请市第十七届人大五次会议和政协十三届五次会议审议的市人大常委会、市政府、市政协、市人民法院和市人民检察院的《工作报告》以及《曲阜市国民经济和社会发展第十三个五年总体规划纲要(草案)》。

1月14日　济宁市委书记、市人大常委会主任马平昌到曲阜市调研干部政德教育基地建设情况。

1月15日　曲阜市“中华诗词之乡”授牌仪式举行。中华诗词学会授予曲阜市“中华诗词之乡”称号，山东诗词学会授予曲阜市“齐鲁诗词之乡”称号。

1月16日　曲阜市创建为国家语言文字工作三类城市。

1月16日　曲阜市参与完成的两个项目获得2015年度国家科学技术二等奖。其中，由金皇活塞股份有限公司参与完成的“高性能多尺度颗粒协同增强铝、镁基复合材料关键技术与应用”项目获得国家科技进步二等奖，曲师大参与完成的“不确定性系统的辨识与控制”项目获得国家自然科学二等奖，填补曲阜市在国家级科技奖励项目上的空白。

1月17—19日　市政协十三届五次会议召开。济宁市委常委，曲阜市委书记、市人大常委会主任李长胜出席会议并讲话。

1月18—20日　市人大十七届五次会议召开。济宁市委常委，曲阜市委书记、市人大常委会主任李长胜出席会议并讲话，曲阜市委副书记、市长刘东波代表市政府向大会做政府工作报告。

1月20日　市人大常委会首次举行宪法宣誓仪式。在市十七届人大五次会议上新当选的市人大常委会主任、副主任、委员，人大专门委员会组成人员以及市十七届人大第四十五次会议任命人员，向宪法庄严宣誓。

1月20日　曲阜市获批创建中国儒学文化国际旅游目的地，是山东省唯一入选城市。

1月25日　曲阜市获“中国研学旅游目的地”称号，是山东省唯一入选城市，三孔景区获得“全国研学旅游示范基地”称号，是山东省唯一入选单位。

1月26日　吴村镇获“山东省卫生乡镇”称号。

1月27—29日　中央电视台科教频道《探索·发现》栏目《中国古代建筑》纪录片摄制组在曲阜市，围绕孔庙、孔府、孔林古建筑群进行为期3天的实景拍摄和专题采访。

1月28日　济宁市委常委、曲阜市委书记李长胜会见无锡灵山集团吴国平一行，研究推进尼山圣境项目建设事宜。

1月29日　市委十三届第一百六十五次常委会议召开，听取全市精准扶贫工作情况和市纪委十三届六次全会筹备情况汇报，研究全面推进“廉洁曲阜”建设意见、2016年党风廉政建设和反腐败工作要点。

1月30日　省级重点文化旅游项目尼山圣境总高度90米的孔子像主体全部完工。

1月31日　石门山绿色休闲风景区入选第三批省级原生态旅游景区名单。

2月1日　省委书记姜异康在省委常委、秘书长于晓明陪同下，到曲阜市走访慰问城乡困难群众和生活困难党员、老党员并调研扶贫工作。

2月5日　市委十三届第一百六十六次常委会议召开，传达学习省委书记姜异康在曲阜走访慰问城乡困难群众及召开扶贫工作座谈会时的讲话精神，分别研究2016年“2711”重点工程项目及责任分工、全市组织工作要点、宣传思想文化工作要点、平安建设工作要点和信访工作要点。

2月14日　济宁市科学发展综合考核总结表彰暨干部作风建设大会召开。济宁市委常委、曲阜市委书记李长胜在济宁主会场出席会议，并在会上作题为《百姓至上、民生为天、提升满意度、共铸曲阜梦》的发言。曲阜市获济宁市2015年度综合考核第二名，获得社会稳定信访工作和群众满意度两个单项考核第一名。

2月14日　春节黄金周期间，文物景区接待中外游客30.72万人次，同比增长13.2%，免费接待全国教师11086人次，接待济宁、曲阜市民49873人次。

2月16日　市委十三届第一百六十七次常委会

议召开，听取2015年度综合考核和各单项工作考核情况汇报，研究2016年全市招商引资工作要点和《关于举办撤县建市30周年纪念活动的实施意见》。

2月18日 陵城镇采煤沉陷区综合治理项目和曲阜环城水系建设工程项目被国家发改委列入专项建设基金计划，项目总投资24.1亿元，争取资金1.12亿元。

2月23—24日 济宁市委常委、曲阜市委书记李长胜赴国家文物局、国家旅游局推进重点文化旅游项目。

2月24日 曲阜市获“2015年度全市美丽乡村建设先进县（市、区）”“2015年度全市城乡环卫一体化先进县（市、区）”称号，吴村镇美丽乡村示范片区获“2015年度全市美丽乡村建设先进市级示范区”称号。防山镇获“省级旅游强乡镇”称号。

2月26日 曲阜市获“2015年度济宁教育发展督导评估”第二名。其中，7项考评项目中，曲阜市均衡发展获得满分，队伍建设、教育管理、重点工程位列第一名。

2月27日 市委十三届第一百六十八次常委会议召开，研究《关于开展农村基层社会治理年活动的实施意见》。

2月29日 济宁市委常委、曲阜市委书记李长胜随济宁市考察团赴徐州、盐城、南通、常州等地，学习考察转型发展、科技创新、招商引资、城市建设管理等方面先进经验。

3月1—2日 省委、省政府派出调研组就研究编制《曲阜优秀传统文化传承发展示范区建设规划纲要》在曲阜市进行专题调研。

3月3—5日 济宁市委常委、曲阜市委书记李长胜随济宁市考察团赴上海、宁波等地学习考察城市社区和农村基层党组织建设等工作。

3月5日 曲阜市圣阳电源股份有限公司、东宏管业股份有限公司、天博汽车零部件制造有限公司、裕隆金和精密机械有限公司4家企业被济宁市授予县域“产业集群龙头企业”，其中圣阳电源、东宏管业为物联网产业集群龙头企业，天博公司、裕隆金和为汽车零部件产业集群龙头企业。

3月6日 市委十三届第一百六十九次常委会议召开，传达近期济宁市级以上重要会议精神，听取全市重要决策部署落实督查、近期工作开展及下步工作打算的情况汇报。

3月9日 济宁市委副书记、市长傅明先组织召开泗河综合开发建设活动座谈会，曲阜市委副书记、市长刘东波参加。

3月9日 山东省委统战部常务副部长赵强到曲阜市考察政德教育基地建设情况。

3月10—11日 市纪委邀请清华大学党委常委、公共管理学院党委书记、副教授过勇等就制定“廉洁曲阜”建设评价测评体系进行座谈调研。

3月12日 市领导刘东波、李玲、孔令玉等带领干部职工1000余人在文化国际慢城开展植树造林活动。

3月14日 曲阜市天博公司获“全国模范职工之家”称号。

3月16日 山东省委常委、组织部部长杨东奇到曲阜市考察干部政德教育基地建设工作，并在息陬镇北元疃村调研指导农村基层党建工作。

3月16日 “新能源公交车”开通仪式举行，曲阜市新购置的120辆新能源汽车投入运行。

3月18日 “曲阜优秀传统文化传承发展示范区”列入国家“十三五”规划纲要。

3月21日 广东省遂溪县文化使团到曲阜市尼山恭请圣土圣水，市政协主席孔令玉出席。

3月26日 济宁市委书记、市人大常委会主任马平昌等到曲阜市调研曲阜文化建设示范区进展情况。

3月26日 市委副书记、市长刘东波参加济宁市“政风行风热线”。

3月26日 曲阜农村商业银行股份有限公司挂牌暨银企合作签约仪式举行。

3月27日 三孔景区与阿里旅行战略合作协调会议召开。

3月28日 国家中医药管理局龙砂医学流派传承工作室曲阜市中医院传承推广工作站揭牌仪式暨学术会议在市中医院召开。

3月31日 曲阜市良友工贸有限公司被评为全国玉米油加工企业10强，为济宁市唯一获此称号粮油加工企业。

4月1日 全市文化国际慢城招商大会举办。北京、上海、深圳等地50余家投资商参加招商会，签约项目11个，总投资额10亿元。

4月2日 尼山丙申年春季祭孔大典举行。国家文物局副局长宋新潮等参加祭祀活动。

4月3日 市委十三届第一百七十次常委（扩大）会议召开，听取全市第一季度经济运行、“2711”重点工程进展情况汇报，研究全市为民服务中心、大数据信息平台及诚信体系建设事宜，安排部署下步工作。

4月3日 台北孔庙祭孔雅乐义工团首次到曲阜孔庙表演传统祭孔乐舞《佾舞》。

4月7日 联合国世界旅游组织规划团队专家到曲阜市考察调研文化旅游发展情况。

4月7日 曲阜市鲁城街道仓巷社区、小雪街道武家村等11个行政村（居）被授予济宁市“民主法治示范村（社区）”称号。全市有济宁市级“民主法治示范村（社区）”57个，山东省级“民主法治示范村（社区）”3个，国家级“民主法治示范村（社区）”1个。

4月9日 市委十三届第一百七十一次常委会议召开，传达济宁市关心下一代工作会议精神，听取关于开展农村基层社会治理年活动的情况汇报，安排部署近期工作。

4月9日 由清华大学廉政与治理研究中心、中共曲阜市委主办的儒家廉政思想与“廉洁曲阜”建设研讨会在曲阜市召开。

4月10日 曲阜市举办“廉洁曲阜”建设专题报告会，北京航空航天大学廉洁研究与教育中心主任、教授任建明作题为《反腐败形势与几项重点工作》专题报告。

2016年4月2日，孔子第七十九代嫡长孙孔垂长（中）在曲阜市参加学童启蒙开笔礼活动

4月11日 石门山镇石门山庄村（社区）获省级“美丽宜居村庄”称号。

4月11—12日 省委常委、省纪委书记李法泉就贯彻落实十八届中央纪委第六次全会和省纪委十届七次全会精神，严明纪律、纠治“四风”、整治和查处侵害群众利益的不正之风和腐败问题等到曲阜市调研。

4月16日 济宁市解放思想优化环境加快转型发展动员大会召开。济宁市委常委、曲阜市委书记李长胜在济宁主会场出席会议。

4月19日 省委常委、组织部部长杨东奇到曲阜市尼山圣境项目现场调研指导工作。

4月19日 济宁市政协开展“委员活动日”活动，驻济宁省政协委员、济宁市政协委员200余人到曲阜市观摩美丽乡村暨文化国际慢城建设情况。

4月19—21日 教育部基础教育一司司长吕玉刚到曲阜市调研中小学德育与校外教育工作。

4月21日 山东省政法宣传工作会议召开。曲阜市作为济宁唯一县市区代表参加会议，并作题为《法律课堂与道德讲堂联办“法德共进”提升政法宣传效能》典型发言。

4月21—22日 2016年中新（曲阜）经济合作恳谈会举行，国内外30家企业参加恳谈会，签约项目6个，外商投资3100万美元，境内市外投资21.3亿元。

4月22日 省纪委副书记王凤岐到曲阜市调研指导集中整治和查处侵害群众利益的不正之风等工作。

4月22日 石门山镇获“省级文化特色建设示范镇”称号。

4月23日 市委十三届第一百七十二次常委会议召开，传达济宁市“两学一做”学习教育工作座谈会精神，传达学习习近平总书记在网络安全和信息化工作座谈会上的讲话精神、关于文物工作的重要指示批示和全国文物工作会议精神及省委常委、省纪委书记李法泉在曲阜调研时的讲话精神，研究贯彻落实意见，安排部署庆“五一”劳动模范表彰工作。

2016年4月24日，全市"两学一做"学习教育工作座谈会召开

4月25—26日 全市第五届现代农业暨农高园招商恳谈会举行，国内53家企业参加恳谈会，签约项目13个，投资总额达17.89亿元。

4月27—28日 曲阜(陵城)高新技术产业开发区经济合作洽谈会举行。广东、上海、江苏等地40余家客商参会，签约项目4个，总投资额达5.2亿元。

4月30日 市委十三届第一百七十三次常委会议召开，听取关于"七一"评选表彰情况，传达学习全国政法队伍建设工作会议精神和济宁市大气环境治理工作电视会议精神，研究全市贯彻落实意见。

5月3日 "五一"小长假期间，三孔景区接待中外游客17.92万人次，同比增长2.8%，创造历史同期新高。

5月4日 韩国驻华大使金章洙到曲阜市参观访问三孔景区。

5月5日 曲阜市以84.97分的综合成绩连续三个季度(2015年第三、四季度)获济宁市游客满意度第一名。在旅游行业服务六项测评指标中，景区、购物、娱乐、餐饮和旅行社满意度指数全部位居各县(市、区)之首。

5月6日 济宁市政协主席刘成文到曲阜市尼山镇调研美丽乡村和尼山圣境建设工作。

5月6日 济宁市政协组织济宁市第一人民医院医疗专家到曲阜市息陬镇北元疃村开展"送医送药"下乡活动。

5月6日 曲阜市获"全国休闲农业与乡村旅游示范县"称号。

5月11日 曲阜市入选山东省首届全民阅读活动示范县(市、区)，鲁城街道、吴村镇入选山东省首届书香之乡（镇、街道)。

5月12—13日 曲阜市委副书记山桂岭到深圳市参加第十二届中国（深圳）国际文化产业博览会，出席孔孟之乡·山东济宁文化产业项目招商推介暨合作恳谈会。

5月13—17日 曲阜市委副书记、市长刘东波随济宁市党政考察团赴泉州、福州、杭州学习考察文化产业项目。

5月14—16日 中国智能制造百人会年会暨曲阜投资环境说明会召开，工业和信息化部电子元器件中心、苏州大学、歌尔声学、浪潮集团、卫华集团、用友网络、中航工业、东风汽车、软控股份等63家国内外知名企业和单位出席会议。

5月18日 孔子故里经贸合作恳谈会举办。签约项目7个，总投资额9.8亿元。

5月19日 "孔子故里·走进泰兴"企业家恳谈会举办。签约项目2个，总投资额17亿元。

5月23日 尼山圣境创意规划纳入国家重点旅游推介项目，并被列为山东省发展文化旅游产业重点工程。

5月24日 市委十三届第一百七十六次常委会议召开，听取关于纪念撤县建市30周年系列活动筹备情况的汇报，研究关于金融支持实体经济、房地产去库存、企业降成本和进一步加强政法队伍建设的意见。

5月29日 "孔子故里走进威海——韩资企业交流恳谈会"举办。签订合作意向书3个，拟投资金额达7.2亿元。

5月30日 市委十三届第一百七十七次常委会议召开，听取全市精准扶贫、大气污染防治工作情况汇报，研究公车改革工作实施方案。

5月30日 中国红十字总会副会长兼秘书长王汝鹏到曲阜市调研人道资源动员、捐赠人服务、公信力建设等工作。

5月30日 "孔子故里——曲阜高新区走进上海"经济合作洽谈会举办。达成投资意向5个，拟投资

总额6亿元。

5月31日 济宁市委常委、曲阜市委书记李长胜以普通党员身份参加市委办公室党支部“两学一做”学习教育专题学习，并以如何做一名合格党员为题，结合实际为曲阜市委办公室全体党员讲党课。

5月31日 曲阜作为全国唯一一个县级市被交通运输部纳入“我的公交 我的城”重大主题宣传活动重点城市。

6月2日 省发改委党组书记、主任王忠林到曲阜市考察政德教育基地建设情况。

6月3日 “孔子故里 走进威海”韩资企业交流恳谈会举行，达成合作意向3个，签订合作协议1个。

6月4日 上合组织成员国吉尔吉斯斯坦国安委局长艾尔梅耶夫在上海政法学院副院长关保英等陪同下，到曲阜市考察中国传统文化和地方警务工作。

6月6日 市委十三届第一百七十八次常委会议召开，研究确定《关于开展脱贫攻坚“十送”行动的实施方案》和《关于加快推进美丽乡村建设的实施意见》。

6月11日 端午小长假期间，三孔景区接待中外游客77959人次，其中接待各类优惠及免费入园18168人次。

6月12日 祭孔大典项目被省文化厅授予“2015年度山东省非遗保护十大亮点工作”称号。

6月13—14日 曲阜市电动车产业招商大会举办，北京、上海、浙江、天津、山东等地的电动车开发和生产投资企业代表140余人参加大会，正式签约项目3个，总投资额达8亿元。

6月14日 副省长张务锋到曲阜市调研环境保护工作。

6月15日 曲阜市“三夏”3.6万公顷小麦抢收会战全面告捷。

6月16日 2016中国曲阜鲁班文化节暨工圣鲁班2523周年诞辰祭典举行。

6月18日 省委副秘书长、农工办主任、扶贫办主任时培伟带领省委美丽乡村建设调研组到曲阜市调研美丽乡村建设工作。

6月20日 市委十三届第一百七十九次常委会议召开，听取全市公车改革、乐和家园建设和“两学一做”学习教育等工作汇报，传达学习济宁市《关于严格落实值班制度的通知》和《关于进一步加强紧急信息处置和报送工作的规定试行办法》等文件精神，安排部署近期工作。

6月21日 曲阜市第二轮2013—2015年全国小农水重点县项目通过省水利厅专家组验收。项目总投资7652.91万元，于2015年4月完工，涉及尼山、防山等6个镇街54个行政村，项目区设计灌溉面积4687公顷。

6月22日 曲阜电子信息产业园合作建设暨深圳康姆科技集成电路封装项目、山东单晶硅生产项目举行签约仪式。

6月25—26日 中华诗礼家风学术研讨会暨中华孔子学会孔子后裔儒学促进会在曲阜市成立。

6月26日 大型系列纪录片《中华家风》启动仪式暨新闻发布会在曲阜市举行。省委宣传部副部长、省政府新闻发言人王世农出席。

6月27日 市委十三届第一百八十次常委会议召开，研究“七一”表彰有关事项。

6月29日 曲阜市天博汽车零部件制造有限公司获批首家省级博士后创新实践基地。

6月30日 济宁市委常委、曲阜市委书记李长胜到驻村联系点石门山镇周庄村调研指导“两学一做”学习教育活动，并以“农村党员如何发挥模范作用”为题为村干部和党员上党课。

7月3日 省商务厅、省发改委等七部门联合印发《关于认定第二批省级加工贸易梯度转移重点承接地的通知》，曲阜经济开发区成为山东省第二批省级加工贸易梯度转移重点承接地。

7月5日 市委十三届第一百八十一次常委会议召开，集体学习习近平总书记在中国共产党成立95周年庆祝大会上的讲话，研究部署学习宣传贯彻工作；传达学习济宁市招商引资工作调度会议和信访维稳座谈会精神，部署下步工作。

7月6日 中共山东省立二师支部纪念馆落成暨“中共山东省立二师支部成立90周年纪念展”揭幕仪式在曲阜师范学校举行。

7月7—8日 济宁市委常委、曲阜市委书记李长胜赴北京参加全国文化旅游产业创新大会和济宁

(北京)文化旅游产业合作恳谈会,并考察华谊启明东方、泛华集团等企业。

7月9日 济宁市委书记、市人大常委会主任马平昌,济宁市委常委、曲阜市委书记李长胜,曲阜市委副书记、市长刘东波会见孔子第七十九代嫡长孙孔垂长一行。

7月12日 市委十三届第一百八十二次常委会议召开,研究纪念撤县建市30周年系列活动筹备工作,并开展"两学一做"学习教育集体学习。

7月13日 山东省委常委、组织部部长杨东奇到曲阜市调研政德教育工作。

7月14日 济宁市干部政德教育教学体系建设专题研讨会在曲阜市召开。山东省委常委、组织部部长杨东奇出席会议并讲话,济宁市委书记、市人大常委会主任马平昌致辞,山东省委组织部巡视员刘永巨主持会议。

7月15日 济宁市委常委、曲阜市委书记李长胜组织召开曲阜市党政领导班子成员向市纪委全会述廉述责会议。9名市级党政领导班子成员向市纪委全会作专题述廉述责,现场回答市纪委委员的问题和询问,公开接受市纪委委员的民主评议。

7月16日 2016年曲阜孔子研学旅游节在明故城万仞宫墙前开幕。

7月18日 济宁市委书记、市人大常委会主任马平昌带领参加济宁市科学发展现场观摩会议与会人员到曲阜市观摩指导。

7月19日 国家工商总局发布《关于公示2014—2015年度"守合同重信用"企业的公告》,山东圣阳电源股份有限公司被公示为2014—2015年度"守合同重信用"企业。

7月22日 第一届国际中学生儒学辩论大会决赛在曲阜开赛。

7月23日 曲阜撤县建市30周年座谈会召开。会上宣读市委、市政府关于曲阜撤县建市"30年30件大事"和"30名最具影响力人物"评选结果的通报,并为"30名最具影响力人物"颁发荣誉证书。

7月26日 济宁市委书记、市人大常委会主任马平昌在尼山水库调研指导防汛工作。

7月26—28日 省国土资源厅党组书记、厅长李琥带领省国土资源厅党组成员到曲阜市举办理论学习中心组读书会。

7月27日 国家安全生产监管总局副局长、国家煤矿安监局局长黄玉治在山东省副省长张务锋陪同下,到曲阜市调研指导防汛和安全生产工作。

7月30日 全市庆"八一"国防教育报告会举行,邀请军事学博士、国防大学教授曹永胜作《呼唤尚武精神 中华民族的伟大复兴》专题辅导报告。

7月31日 国开行评审管理局局长徐伟华到曲阜市现场调研泗河综合开发项目。

8月2日 李长胜、刘东波、李玲、孔令玉等全市副县级以上领导干部参观纪念曲阜撤县建市30周年成就展。

8月4日 曲阜市被命名为省级"双拥模范城",连续7年保持该荣誉。

8月4日 2016年内地游学联盟大会召开,以曲阜市为核心的山东省"儒学经典游学之旅"入选内地游学联盟十大游学精品线路。

8月6日 尼山镇西官村(乡村旅游)入选第四批省级"一村一品"示范村镇名单。

8月9—10日 光明日报社总编辑杜飞在省委常委、宣传部部长孙守刚陪同下,到曲阜市调研弘扬优秀传统文化工作。

8月12日 全市领导干部会议召开,

2016年7月,曲阜撤县建市三十周年成就展在孔子文化会展中心举行

宣布山东省委、济宁市委关于曲阜市委主要领导调整的决定：刘东波任中共曲阜市委书记、党校校长；李长胜任中共济宁市委秘书长，不再担任中共曲阜市委书记、常委、委员、党校校长、曲阜文化建设示范区党(工)委书记职务。济宁市委常委、组织部部长孔凡萍宣读山东省委、济宁市委决定。李长胜、刘东波出席会议并分别发言。

8月13—15日　世界青年文明论坛·中马青年回儒交流峰会在曲阜市举办。

8月15日　《光明日报》以《从孔孟之乡到传统文化“首善之区”——山东曲阜用优秀传统文化滋养道德》为题，对曲阜市弘扬优秀传统文化的做法进行报道。

8月17日　省委常委、政法委书记张江汀到曲阜市检查指导工作。

8月18日　2016尼山国际精酿啤酒文化节暨尼山文化旅游推介会举行。

8月18日　尼山镇西官村获“山东省美丽休闲乡村”称号。

8月20日　市委十三届第一百八十三次常委会议召开，进行“两学一做”学习教育集体学习，传达学习济宁市委十二届十次全体会议精神、县乡领导班子换届工作、全省审计机关人财物管理试点部署工作等，研究部署贯彻落实意见。

8月22日　曲阜市获“2011—2015年全国法治宣传教育先进市”称号。

8月23—24日　中央政研室副秘书长、文化研究局局长方江山率中央改革办调研组到曲阜市调研高考制度改革工作。

8月25—27日　“我的公交　我的城”大型主题宣传活动走进曲阜。《人民日报》、第一财经、新华网、中国网、澎湃新闻等媒体与中国交通报社，以及《大众日报》《齐鲁晚报》《济宁日报》《济宁晚报》等省市级媒体参与报道。

8月26日　山东东宏管业股份有限公司、曲阜市铸造材料厂获第十一批省级“一企一技术”研发中心认定，曲阜三让水煤浆有限公司、山东天工石油装备有限公司获第九批“一企一技术”创新企业认定。

8月26—29日　中国首届国学院院长高峰会在曲阜市尼山圣境举行。国务院中国国学中心顾问、北京大学文化资源研究中心主任龚程鹏，中国、韩国、日本、新加坡等国家的国学研究院院长及儒学研究知名学者出席。

8月27日　市委十三届第一百八十四次常委(扩大)会议召开，听取市级分管领导重点工作进展及下步工作情况汇报、2016年中国(曲阜)国际孔子文化节筹备情况汇报，部署下步工作。

8月28日　山东省委常委、青岛市委书记李群，青岛市委副书记、市长张新起带领青岛市党政考察团到曲阜市考察弘扬优秀传统文化工作。

8月29日　曲阜市南水北调续建配套工程全线完工。工程总投资1.6亿元，线路总长16.48千米。

8月30日　曲阜市杨友玲家庭获2016年全国“最美家庭”荣誉称号。

8月31日　中国国民党副主席胡志强到曲阜市参观访问国家级海峡两岸交流基地孔庙。

8月　曲阜市被评为2015年度全国畜牧业统计监测优秀生产监测县。

9月1日　中央统战部副部长冉万祥在省委常委、统战部部长吴翠云陪同下，率中央统一战线工作领导小组第九调研组到曲阜市调研干部政德教育教学体系建设工作。

9月1日　建设银行山东省分行党委书记、行长段红涛在曲阜支行调研。

2016年9月3日，《2016论语大会》新闻发布会在曲阜市举行

孔颖/摄

9月3—4日 由省委高校工委、济宁市委联合主办，曲阜市政府、山东电视生活频道承办的《2016论语大会》在孔府、孔庙展开录制。自9日起，《2016论语大会》每周日晚在山东广播电视台生活频道播出。

9月6日 格鲁吉亚库塔伊西市市长肖塔·木古力亚到曲阜市参观考察访问。

9月6日 国家旅游局公示首批40家国家旅游示范单位，曲阜市跻身“中国人文旅游示范基地”名单，成为山东省唯一上榜景区。

9月10日 济宁市委书记、市人大常委会主任马平昌调研泗河综合开发建设工作。

9月17日 中秋小长假期间，三孔景区接待中外游客5.2万人次。

9月21日 曲阜市铭泰医疗设备集团有限公司被认定为省级“科技创新”中小企业。全市拥有省级“专精特新”中小企业8家、济宁市级15家。

9月22日 省关工委常务副主任崔曰臣带领调研组到曲阜市调研。

9月24日 济宁市委书记、市人大常委会主任马平昌到曲阜市调研曲阜文化建设示范区进展情况。

9月26日 中共曲阜市十三届委员会第一百八十五次常委会议召开，研究干部有关事项。

9月26日 市十七届人大常委会第五十三次会议召开。会议决定，接受刘东波辞去市长职务的请求，决定任命彭照辉为副市长、代理市长。

9月26日 市委书记刘东波在阙里宾舍会见新西兰国家党国会议员杨健。

9月27日 2016中国（曲阜）国际孔子文化节开幕式暨第十一届联合国教科文组织孔子教育奖颁奖典礼在孔子文化会展中心举行。

9月27日 2016中国（济宁）国际研学旅游创新发展峰会在曲阜市举行。国家旅游局副局长魏洪涛等出席。

9月27日 “孔子的世界”国际学术高峰论坛开幕式暨曲阜礼乐文明研究与传播中心成立仪式在孔子研究院举行。

9月28日 丙申年纪念孔子2567年诞辰公祭大典在孔庙举行。十一届全国政协副主席张梅颖，山东省委常委、宣传部部长孙守刚，省人大常委会副主任宋远方，省政协副主席郭爱玲，省政协原副主席李殿魁，济宁、曲阜两级市领导马平昌、傅明先、刘成文、周洪、刘东波、彭照辉、李玲、孔令玉等敬献花篮。

9月28日 曲阜市入选国家重点生态功能区，成为山东省13个、济宁市唯一获批纳入的县市区。

9月29日 小雪街道获“山东省特色产业镇”称号。

10月8日 “十一”国庆假期，三孔景区接待中外游客42.6万人次，其中接待各类优惠及免费入园游客7.8万人次。

10月9日 国家旅游局发布“十一”假日旅游“红黑榜”。三孔景区与故宫、丽江等著名景区一起获登全国假日旅游综合秩序最佳景区“红榜”。

10月9日 中国文物学会、中国建筑学会公布首批“中国20世纪建筑遗产”名录，曲阜市阙里宾舍为山东省唯一入选建筑。

10月10日 济宁市人大常委会党组书记、第一副主任周洪带领调研组到曲阜市对《济宁市城镇容貌和环境卫生管理条例（草案）》《济宁市泗河管理条例（草案）》开展立法调研，征集立法规划和2017年立法计划项目，并就贯彻省委17号文、市委23号文《关于加强县乡人大工作和建设的实施意见》和全市县、乡人大换届工作会议精神情况进行调研。

2016年9月27日，2016中国（曲阜）国际孔子文化节开幕式暨第十一届联合国教科文组织孔子教育奖颁奖典礼在曲阜市举行 彭广/摄

10月11日　省旅游发展委员会主任于凤贵到曲阜市调研尼山圣境项目建设情况。

10月11日　曲阜市被命名为国家生态市称号，在济宁市率先建成国家生态市。

10月15日　济宁市人大常委会第一副主任周洪到曲阜市吴村镇走访慰问精准扶贫对象。

10月19日　济宁市泗河综合开发工程开工仪式在曲阜市姚村镇泗河河段举行。

10月22日　市委十三届第一百八十六次常委会议召开，研究扶贫开发、第三届"百姓儒学节"、市镇人民代表大会换届选举、司法责任制改革、"六五"普法贯彻落实及"七五"普法启动、泗河综合开发等工作。

10月22日　中国残联副主席、党组成员吕世明，清华大学无障碍发展研究院执行院长邵磊，到曲阜市调研三孔景区无障碍建设情况。

10月26日　曲阜市第三届"百姓儒学节"启动。

10月27—29日　市委副书记、代市长彭照辉赴北京拜访联想集团、燕京集团及中国钢铁研究所，开展招商引资工作。

10月28日　教育部—联合国儿童基金会"社会情感学习（SEL）"项目辐射项目启动暨国家级培训会在曲阜市举行开班仪式。

10月31日　中共曲阜市十三届委十次全体会议举行。会议由市委常委会主持，市委书记刘东波讲话。出席会议的市委委员32人，市委候补委员8人。

10月31日　市委十三届第一百八十七次常委会议召开，研究关于召开曲阜市第十四次党代会的有关建议及干部有关事项。

11月2日　曲阜市邀请经济学家、国务院参事陈全生为全市企业家、机关干部作"民营经济大讲堂暨中小企业创新发展之道"专题讲座。市委副书记、代市长彭照辉主持讲座。

11月3日　曲阜市第三次农业普查工作全面展开。

11月4日　国家质检总局下发文件，批准曲阜市国家级美丽乡村建设标准化试点项目正式立项。

11月5日　市委十三届第一百八十九次常委会议召开，听取鲁南高铁曲阜至临沂段征地拆迁、供销合作社综合改革、统战工作等情况汇报，研究2016年经济和社会发展目标考核的意见。

11月6日　国家旅游局公布第二批"国家全域旅游示范区"创建单位名单，曲阜市入选。

11月7—8日　市委书记刘东波带队赴北京开展招商活动，拜访神华集团有限责任公司和中国联合水泥集团有限公司两家大型央企。

11月10日　山东省委宣传部副部长、省文明办主任刘宝莅一行到曲阜市调研文明单位创建工作。

11月10日　2016景域（驴妈妈）旅游IP高峰论坛暨第七届全球合作伙伴大会在上海市举行，曲阜三孔景区获"2016年度最佳休闲旅游目的地"奖项。

11月11—12日　由山东省文物考古研究所、曲阜市文物局、曲师大历史文化学院联合举办的"保护和传承视野下的鲁文化学术研讨会"在曲阜市召开。

11月15日　以"传统文化与生态文明——迈向绿色·简约的人类生活"为主题的第四届尼山世界文明论坛在曲阜市开幕。

11月16日　尼山论坛组委会、光明日报社、中共山东省委宣传部、中共济宁市委在曲阜市共同举办学习习近平总书记关于中华优秀传统文化重要论述学术座谈会。

11月16日　济宁市委书记、市人大常委会主任马平昌到曲阜市调研尼山圣境项目进展情况。同日，马平昌在曲阜会见出席尼山世界文明论坛的北京师范大学党委书记刘川生。

11月16日　首届尼山世界女性论坛到曲阜市

2016年11月16日，尼山世界女性论坛碑揭幕现场

开坛。尼山世界女性论坛主席刘川生，奥地利驻华大使艾琳娜，联合国妇女署驻华代表汤竹丽，市委副书记、代市长彭照辉等共同为尼山世界女性论坛碑揭幕，并为尼山母爱书院揭幕。

11月16日 日本和歌山县知事仁坂吉伸、议长浅井修一郎一行到曲阜市参观访问。

11月18日 国家古籍保护中心与曲阜市文物局战略合作框架协议书签约仪式在曲阜市举行。国家图书馆馆长、国家古籍保护中心主任韩永进出席。

11月26日 济宁干部政德教育学院和曲阜市委党校揭牌仪式在曲阜市举行。济宁市委书记马平昌、中组部干教局副巡视员张国发为济宁干部政德教育学院揭牌；中央党校教授王杰、曲阜市委书记刘东波为曲阜市委党校揭牌。

11月26日 纪念万里100周年诞辰座谈会暨《百年万里》发行仪式在曲阜举行。

11月26日 第三届“百姓儒学节”闭幕式暨“首善之梦”文艺会演在孔子文化会展中心举行。

11月26日 纪念习近平总书记视察曲阜发表重要讲话三周年专题报告会举行。中央党校哲学教研部副主任、教授王杰和清华大学国学院院长陈来进行专题授课。

11月27日 市委书记刘东波会见ITW依工亚洲汽车集团总裁王迅飙。

11月29日 尼山书屋百校工程全面启动暨济宁尼山书屋落地仪式在曲阜市明德学校举行。

11月30日 市委十三届第一百九十次常委会议召开，听取新一届市人大代表候选人初步建议人选考察审查情况的汇报。

12月1日 《大众日报》和省交通运输厅联合开展首届“全省群众满意村级公路网化县”评选活动。通过群众投票、专家评审，曲阜市在74个候选县（市区）中以第二名成绩被评为“全省群众满意村级公路网化县”。

12月2日 在山东省首届新品牌旅游商品评选暨省旅游商品创新设计大赛活动中，曲阜“金龙阁”获“山东省旅游商品新品牌”称号，三孔旅游服务公司选送的“金榜题名小状元笔夹”获旅游商品创新设计大赛金奖、“抱枕”获旅游商品创新设计大赛铜奖。

12月3日 曲阜市举办学习贯彻中共十八届六中全会精神宣讲报告会。济宁市委中共十八届六中全会精神宣讲团成员、济宁市委党校管理学教研部主任林慧珍，为曲阜市机关干部做宣讲报告。

12月7日 市委十三届第一百九十二次常委会议召开，研究干部有关事项。

12月8日 曲阜恒威水工机械有限公司被认定为省级“一企一技术”研发中心，山东博诚电气有限公司被认定为省级“一企一技术”创新企业。全市有省级“一企一技术”研发中心4家、“一企一技术”创新企业9家。

12月13日 市委书记刘东波会见海航旅业北京京旅盛宏投资公司副总经理刘欣雨、济宁文化旅游发展基金董事总经理生家岳一行。

12月14日 山东天工石油装备有限公司、山东力文医疗器械有限公司、曲阜市良友工贸有限公司获省级“专精特新”中小企业称号。

12月14—17日 省文物局项目验收专家组到曲阜市验收鲁国故城东北角城墙遗址及宫城遗址（周公庙区）保护展示工程项目。曲阜市通过项目验收。

12月15日 全省文物工作电视会议召开，市委副书记、代市长彭照辉参加会议并做题为《加强文物资源保护利用　建设“东方圣城·首善之区”》的表态

2016年12月，曲阜志愿者志愿服务活动现场

发言。

12月16日 曲阜市入选由爱国华商投资促进机构美中经贸投资总商会、世界品牌组织等机构联合推选的2016世界特色魅力城市200强名单，是全国唯一上榜县级市。

12月16日 曲阜市圣祥小企业创业基地获得省级小企业创业辅导基地认定。

12月17日 曲阜国家级文化产业示范园被认定为“山东省服务贸易特色服务出口基地”。

12月18日 国家卫计委对“2015—2016年度群众满意的乡镇卫生院”候选机构名单进行公示，石门山中心卫生院、陵城卫生院入选。

12月19日 市委十三届第一百九十三次常委会议召开，听取关于调整机关事业单位基本工资标准有关情况的汇报，研究曲阜市出席济宁市第十三次党代会代表候选人初步人选名单，部署有关工作。

12月19日 曲阜市被列为教育部—联合国儿童基金会“学校体育与体育教师培训项目”参培县(市)区。

12月22日 省文化厅厅长王磊到曲阜市调研文化工作。

12月23日 市委十三届第一百九十四次常委会议召开，听取新一届市人大代表正式候选人考察审查情况的汇报，研究确定市级领导包保信访案件和重大项目分工名单。

12月24日 市十七届人大常委会举行第五十七次会议，会议听取审议市人大常委会、市政府、市检察院人事任免议案，以无记名投票表决方式，依法任命刘晓林、杨晓东、周菊兰为副市长。

12月25日 曲阜市圣阳电源和天博公司被评为2016年度山东省技术创新和产学研合作先进单位。

12月26日 市妇联被授予“全国妇联系统先进集体”称号。

12月27日 市志愿者协会获第十一届中国青年志愿者优秀组织奖。

12月28—29日 曲阜市举办机关公务用车改革取消车辆拍卖会。

12月31日 曲阜市启动2016年度“十佳中层干部”“十佳岗位明星”评选活动。

2017年

1月1日 市委十三届第一百九十五次常委(扩大)会议召开，研究讨论《中国共产党曲阜市第十四次代表大会上的报告(讨论稿)》和《中共曲阜市委关于学习贯彻党的十八届六中全会精神深入推进全面从严治党的意见(讨论稿)》。

1月1日 圣阳电源和天博公司两家企业被评为2016年度山东省技术创新和产学研合作先进单位。

1月5日 济宁市政协主席刘成文到曲阜市看望驻曲济宁政协委员。

1月5日 曲阜三让水煤浆有限公司获省级“一企一技术”创新企业认定。

1月6—7日 美国哈佛大学建筑设计院师生一行24人到明清官式建筑保护研究国家文物局重点科研曲阜基地进行交流访问。

1月10日 曲阜市代表黄淮海地区的“畜禽养殖—沼气生产—肥料加工—种植基地”生态循环农业模式成为5个典型县之一，入选农业部编制的《种养结合循环农业示范工程建设规划(2016—2020年)》。

1月12日 市委十三届第一百九十六次常委(扩大)会议召开，研究市十四次党代会有关事宜。

1月13日 市委十三届第一百九十七次常委会议召开，听取近期全市安全生产工作情况汇报，传达学习《中共中央关于〈县以上党和国家机关党员领导干部民主生活会若干规定〉的通知》以及中央、省和济宁市经济工作会议精神，研究讨论中共曲阜市十三届纪律检查委员会工作报告、《曲阜市领导干部外出请假报告制度》。

1月14日 山东省政府公布中小城市试点名单，陵城镇入选重点示范镇。

1月15日 2017年山东·曲阜首届“名城御府”杯全国男子篮球邀请赛在市体育馆开幕。

1月16日 市委十三届第一百九十八次常委会议召开，听取曲阜市及以上党代表推选情况、关于召开曲阜市人大十八届一次会议及曲阜市政协十四届一次会议有关情况汇报，研究市委十三届十一次会议议程安排，研究确定提名推荐济宁市政协十三届委员人选建议名单和曲阜市政协十四届常委会组成人员建议名单。

2017年1月18—20日，中国共产党曲阜市第十四次代表大会召开

1月16日 市委十三届十一次会议召开，传达省十届十五次全委会、济宁市十二届十一次全委会精神，讨论并原则通过《中共曲阜市委关于学习贯彻党的十八届六中全会精神深入推进全面从严治党的意见（征求意见稿）》、市委第十三届委员会向市第十四次党代表大会的报告。市委常委会主持会议，市委书记刘东波讲话。市委委员、候补委员出席。

1月16日 曲阜市孔庙、孔府、孔林景区被评为“山东省优秀社会科学普及教育基地”。

1月19日 市委十三届第一百九十九次常委会议召开，研究讨论提请曲阜市第十八届人民代表大会第一次会议和政协第十四届曲阜市委员会第一次会议审议的市人大常委会、市政府、市政协常委会、市人民法院和市人民检察院工作报告。

1月18—20日 中国共产党曲阜市第十四次代表大会召开。市委书记刘东波代表市委第十三届委员会向大会作题为《践行“五大理念”推进“四个全面”加快建设“东方圣城·首善之区”》的工作报告。大会选举出市委第十四届委员会委员、候补委员，市纪委委员，出席济宁市第十三次党代会代表，通过关于市委第十三届委员会报告决议和市纪委工作报告决议。

1月20日 市委第十四届委员会举行第一次全体会议，选举产生新一届市委领导班子。刘东波、彭照辉、山桂岭、马建国、刘晓林、高西强、李洁、艾国、李强、赵岗当选为市委常委，刘东波当选为市委书记，彭照辉、山桂岭当选为市委副书记。

1月20日 中共曲阜市第十四届纪律检查委员

2017年1月22—24日，中国人民政治协商会议第十四届曲阜市委员会第一次会议召开

会举行第一次全体会议，选举产生新一届市纪委常委、书记、副书记。

1月20日　市委十四届第一次常委会议召开，研究干部有关事项。

1月22—24日　中国人民政治协商会议第十四届曲阜市委员会第一次会议召开。与会委员听取市委书记刘东波的讲话，列席市十八届人大一次会议，听取并协商讨论市政府代市长彭照辉所作的《政府工作报告》，审议通过孔令玉代表市政协十三届委员会常务委员会所作的工作报告和李刚代表市政协十三届委员会常务委员会所作的提案工作报告。会议选举产生政协第十四届曲阜市委员会主席、副主席、秘书长和常务委员。大会通过政协第十四届曲阜市委员会第一次会议政治决议等三个决议。

1月23—25日　曲阜市第十八届人民代表大会第一次会议召开。会议听取并审议市政府工作报告、市人大常委会工作报告、市人民法院工作报告、市人民检察院工作报告，审查、批准曲阜市2016年国民经济和社会发展计划执行情况的报告与2017年计划，审查、批准曲阜市2016年预算执行情况的报告和2017年市级预算，审查曲阜市人民政府关于曲阜市第十七届人民代表大会第五次会议期间代表议案、建议、批评和意见办理情况的报告，审议通过关于设立曲阜市人民代表大会专门委员会的决定。选举产生曲阜市十八届人大常委会主任、副主任，市人民政府市长、副市长，市人民法院院长，市人民检察院检察长，选举产生42名出席济宁市第十七届人民代表大会代表，表决通过市人大各专门委员会组成人员。

2017年1月23—25日，曲阜市第十八届人民代表大会第一次会议召开

1月25日　市人大常委会举行新当选国家机关工作人员向宪法宣誓仪式。市委书记刘东波主持宣誓仪式。新当选市长彭照辉、市人大常委会主任李玲以及新当选市人大常委会副主任、委员、专门委员会组成人员，市政府副市长，市人民法院院长，市人民检察院检察长等向宪法宣誓。

1月25日　市委十四届第二次常委会议召开，研究干部有关事项。

1月25日　市委、市政府向山东圣阳电源股份有限公司和曲阜天博汽车零部件制造有限公司发出贺信。圣阳电源2016年上缴税金突破1.4亿元，同比增长73.2%，纳税企业排行第一；天博公司2016年上缴税金突破7500万元，同比增长27.5%。

2月2日　春节黄金周期间，曲阜市三孔景区接待中外游客25.7万人次。其中，免费接待全国范围内60岁以上老人、教师、孔子后裔和济宁、曲阜市民62456人次。

2月3日　市委十四届第三次常委会议召开，传达学习中央、省、市纪委全委会会议精神，听取2016年综合考核情况汇报、部门镇街领导班子和领导干部考核情况的汇报、关于召开市纪委十四届二次全委会情况的汇报和《关于2016年度全市违反中央八项规定精神及危害群众利益的不正之风和腐败典型问题的通报》的汇报，研究2017年全市“十条工作线”市级领导分工方案和“五个一”工程市级领导联系包保情况。

2月5日　全市科学发展综合考核总结表彰暨干部作风建设大会召开。

2月5—12日　由国家体育总局乒乓球运动管理中心、中国乒乓球协会主办的2017年第43届“红双喜新星杯”全国少儿乒乓球比赛在曲阜市举行。

2月6—8日　市委书记刘东波带领部门、企业负责人赴上海、南京开展招商引资工作。

2月10日　市委十四届第四次常委会议召开，传达学习中央、省、市政法工作会议精神，听取召开平安曲阜建设大会筹备情况的汇报。

2月13日　山东省银监局党委书记、

局长陈颖一行到曲阜市调研“三农”金融服务有关事项。

2月15日 由国家图书馆出版社、曲阜市文物局联合举办的《孔府档案》编纂研讨会在曲阜市召开。

2月15日 总投资5亿元的曲阜东正汽车配件汽车轮毂项目开工建设。

2月20日 市委十四届第五次常委会议召开，传达学习济宁市第十三次党代会精神，听取关于加强企业投资建设项目论证评审实行并联审批规范中介服务有关情况的汇报、全市环境保护暨安全生产工作会议筹备情况的汇报，研究党建、党风廉政和工业立市等工作线细化方案。

2月21日 市委十四届第六次常委会议召开，研究社会稳定工作线、“三争”工作线、招商引资工作线等细化方案。

2月22日 市委十四届第七次常委会议召开，听取全市工商联换届工作情况汇报和全市信访稳定总结表彰大会筹备情况汇报，研究文明城市创建工作线、文旅强市工作线、城乡建设工作线等细化方案。

2月25日 住房和城乡建设部总经济师赵晖在尼山镇调研特色小镇建设情况。

3月2—3日 宁夏回族自治区党委常委、固原市委书记纪峥带领党政考察团，到曲阜市考察农业供给侧结构性改革、农业产业化、乡村旅游发展等工作。

3月3日 曲阜市被授予首批“山东省健康促进示范县(市、区)”称号，为济宁市唯一获该项称号市(县、区)。

3月7日 济宁市委书记王艺华到曲阜市调研文化建设工作。

3月11—12日 新加坡丰益国际集团主席、益海嘉里集团董事长郭孔丰一行到曲阜市参观考察。

3月13日 市委十四届第八次常委会议召开，听取创建国家森林城市暨2017年造林绿化工作情况汇报，研究生态兴市“三农”美丽乡村工作线方案。

3月17日 市委十四届第九次常委会议召开，听取关于加强计划生育工作暨做好迎接济宁计划生育重点任务综合督查工作的情况汇报，研究干部有关事项。

3月20日 中共中央政治局委员、中央党的建设工作领导小组副组长、中央新疆工作协调小组副组长张春贤，在省委常委、宣传部部长孙守刚陪同下，到曲阜市调研干部政德教育、基层党建等工作。

3月20日 澳大利亚冈内达市考察团到曲阜市进行考察交流。

3月20日 曲阜市被确定为“国家传统知识产权保护试点县市(区)”，为山东省唯一入选市(县、区)。

3月21日 东宏管业公司与世界500强企业法国道达尔公司碳纳米管(PE-CNT)管道技术合作签约仪式举行。

3月22日 泰国曼谷市市长阿萨汶，泰国前副总理、泰中文化促进会主席披尼一行63人到曲阜市参观访问。

3月23日 省社科联党组书记、副主席林建宁到曲阜市调研。

3月25日 飞科集团董事长李丐腾一行到曲阜市参观考察。

3月25日 曲阜市市政基础设施提升工程PPP项目签约仪式举行。市委副书记、市长彭照辉与中建国际投资(青岛)有限公司、中建五局第三建设有限公司负责人签订合作协议书。

3月29日 塞尔维亚总统托米斯拉夫·尼科利奇一行在中国驻塞尔维亚大使李满长、山东省副省长孙立成陪同下，到曲阜市参观访问。

3月29日 由上海馨联动力系统有限公司与曲阜天博汽车零部件制造有限公司合资5亿元新上新能源汽车电机项目签约仪式举行。市委副书记、市长彭照辉与上海馨联动力公司董事长张天锷签订合同书。

3月31日 市委十四届第十次常委会议召开，研究2017年春季旅游推介会暨尼山春季祭孔大典活动方案。

3月31日至4月1日 全国政协副主席卢展工率领全国政协调研组，在文化部副部长丁伟，中宣部文艺局巡视员、副局长孟祥林，山东省政协副主席雷建国等陪同下，就“坚定文化自信，讲好中国故事”到曲阜市进行专题调研。全国政协常委、教科文卫体委员

2017年3月29日，塞尔维亚总统托米斯拉夫·尼科利奇（前右二）在曲阜市参观访问　　王大鹏／摄

会主任张玉台，全国政协常委、教科文卫体委员会副主任胡振民，全国政协教科文卫体委员会副主任马德秀、丛兵，全国政协常委、山东省政协原副主席王新陆等参加调研。

4月1日　中华传统文化与两岸社会发展研讨会在孔子研究院开幕。

4月2日　丁酉年春季祭孔大典到曲阜市尼山举行。孔子第七十九代嫡长孙孔垂长担任主祭官，市领导刘东波、彭照辉、李玲、孔令玉等出席。

4月4日　清明小长假期间，三孔景区接待中外游客10.7万人次。

4月5日　市委十四届第十一次常委会议召开，听取全市三年禁毒人民战争工作情况的汇报，传达学习《中共中央办公厅关于印发〈中国共产党党委（党组）理论学习中心组学习规则〉的通知》、济宁市关心下一代工作会议精神，研究曲阜市贯彻落实意见。

4月7日　《中华传统八德诠解丛书》出版座谈会到曲阜市召开，山东省纪委常委、省监察厅副厅长孙丰华主持座谈会。

4月7日　总后勤部原政委张文台一行到孔子研究院调研。

4月8日　国土资源部信息中心党委书记施朝忠一行在山东省国土资源厅厅长李琥的陪同下，到曲阜市开展《国土资源“十三五”规划纲要》2016年度实地监测评估工作。

4月9日　全市2017年第一批重大产业项目集中开工暨天利药业科技园奠基仪式举行，天利药业科技园、山东康姆微电子集成电路封装、山东裕隆金和自动变速箱壳体扩能、山东合和建材科技生产、曲阜东正汽车配件汽车轮毂和尼山圣源民俗村等6个项目集中开工。

4月10—13日　曲阜市党政考察团到济宁市兖州区、潍坊市高新区、高密市，江苏省盐城经济开发区、无锡江阴市、苏州高新区等6县（市、区）学习考察。

4月16日　曲阜市天博汽车零部件制造有限公司基于ERP/MES系统集成在汽车电子节温器生产车间的应用项目、山东圣阳电源股份有限公司储能电池数字化智能制造项目入选山东省智能制造试点示范项目。

4月18日　全市工业立市动员大会召开，华勤集团党委书记牛宜顺作经济发展辅导报告。

4月18日　万达集团执行副总裁张利湘带领投资考察团队到曲阜市考察。

2017年4月1日，中华传统文化与两岸社会发展研讨会现场

孔子研究院提供

4月21日 工业和信息化部、广西壮族自治区商会、中直集团、河南电子公司、五矿集团等单位到曲阜市考察洽谈项目合作事宜。

5月1日 “五一”小长假期间，三孔景区接待中外游客13.3万人次。

5月2日 济宁市委副书记、市长傅明先到曲阜市调研工业园区建设工作。

5月3日 济宁市委书记王艺华到曲师大、济宁学院调研，了解驻曲本科高校建设发展情况，并代表济宁市委市政府向全市青年致以节日的问候。

5月3日 市委书记刘东波在第九战区以步行方式走街道、进社区，查问题、定措施，逐街督导检查“巩卫创文”工作开展情况。市领导赵岗、郭益民、周菊兰、李刚、蒋怀民陪同督查。

5月9日 曲阜市举行曲阜荣誉市民称号授予仪式，授予陆博汽车电子(曲阜)有限公司董事长托马斯·姚赫曲阜市荣誉市民称号，市委副书记、市长彭照辉为其颁发证书。

5月10日 广西玉林市政协副主席薛丽容一行到曲阜市就“提升旅游商品开发能力”进行专题调研。

5月15日 济宁市委书记王艺华到曲阜市调研“三夏”生产工作。

5月17日 山东省暨济宁市第十四届社会科学普及周在曲阜市举行启动仪式。

5月23日 市委十四届第十三次常委会议召开，传达中央、省、市关于推进“两学一做”学习教育常态化制度化工作座谈会精神，研究曲阜市贯彻落实意见；集体学习《中国共产党工作机关条例(试行)》和《中国共产党党组工作条例(试行)》。

5月25日 儒家遗产保护工作座谈会在曲阜市召开。北京建筑大学、市文物局、三孔古建筑工程管理处在会上签署产学研合作战略框架协议。

5月26日 济南海关党组书记、关长沈晓红一行到曲阜市参加政德教育活动。

5月27日 济宁市委副书记、市长傅明先到曲阜市检查指导泗河综合开发防洪堤防工程建设情况。

5月30日 团市委、市教体局、市少工委联合举办的“红领巾相约中国梦 少先队喜迎十九大”全市少先队鼓号操大赛举行。

6月3日 济宁市委副书记、市长傅明先到曲阜市调研天安矿业安全生产工作。

6月3日 曲阜市城乡客运有限公司10路公交被评为全国新能源公交示范路线。

6月4日 济宁市委书记王艺华到曲阜市调研校舍安全建设工作。

6月8日 市委书记刘东波徒步查看鲁城街道、书院街道“巩卫”工作情况。市领导彭照辉、山桂岭、李洁、艾国、郭益民、张作宜、周菊兰等陪同。

6月8日 2017论语大会启动仪式在孔子六艺城举行。

6月9日 立陶宛乌田纳市市长奥沃达斯·克汀纳斯到曲阜市访问。

6月10日 市委十四届第十四次常委会议召开，传达学习习近平总书记在中共中央政治局第三十九次集体学习时的讲话精神，研究曲阜市关于持续开展扶贫开发工作的意见；传达学习山东省、济宁市排查安全隐患防范四类风险专项行动动员部署电视会议精神，研究曲阜市贯彻落实意见；听取全市违法建设治理行动、全市全面实行河长制等有关工作情况的汇报；研究《中共曲阜市委巡察工作领导小组》《中共曲阜市委巡察工作办法》《中共曲阜市委巡察工作规划(2017—2021年)》。

6月10日 省第七届职工运动会羽毛球比赛在曲阜市体育馆举行。

6月10日 2017首届中国孔子幼教大会在曲阜市举办。

6月13日 市委书记刘东波在济南主会场参加中共山东省第十一次代表大会。

6月14日 世界银行评估团到曲阜市考察孔孟文化遗产地保护利用世行贷款项目。

6月16日 全市政协委员培训班举办，国务院发展研究中心宏观经济部巡视员、研究员魏加宁作题为《当前国际国内政治经济热点问题背景解析》专题报告。

6月16日 2017中国曲阜鲁班文化节开幕式暨工圣鲁班2524周年诞辰祭典举行。

6月17—18日 2017年齐鲁学子青春国学荟在孔子研究院举行。

6月18—20日　省质量技术监督局巡视员谷源强一行及国家质检总局委派专家组到曲阜市开展“全国儒家文化旅游知名品牌示范区”验收评估工作，曲阜市通过国家验收。

6月23日　省粮食局局长杨丽丽带领省粮食安全责任考核工作组一行到曲阜市考核2016年度全省粮食安全责任制工作。

6月27日　市委书记刘东波会见ITW依工总公司执行副总裁桑德拉姆一行。

6月30日　全国宣传干部学院培训班在曲阜市开展政德教育培训。

7月1日　市委十四届第十五次常委（扩大）会议召开，听取全市安全生产工作情况的汇报，传达学习中共中央、国务院《关于推进安全生产领域改革发展的意见》和山东省、济宁市化工产业安全生产转型升级专项行动动员部署电视会议精神，研究曲阜市贯彻落实意见。

7月4日　国家烟草专卖局党组书记、局长凌成兴在山东省烟草专卖局（公司）党组书记、局长、总经理吴洪田陪同下，到曲阜市调研。

7月10日　济宁市委书记王艺华率济宁市科学发展现场观摩会与会人员到曲阜市观摩指导。

7月13日　省委宣传部副部长、省文明办主任刘宝莅到曲阜市检查指导全国文明城市创建工作。

7月18日　2017年全国青少年“未来之星”阳光体育大会山东分会在曲阜市举行。

7月19日　省委书记刘家义到曲阜市调研，济宁、曲阜两级市领导王艺华、傅明先、李长胜、孔凡萍、周凤文、刘东波等陪同。

7月19日　山东社会科学院院长张述存到曲阜市调研基层社会治理创新情况。

7月23日　中国美术学院艺术人文学院教学实践与创作研究基地、中国美术学院中国画与书法艺术学院教学实践与创作研究基地揭牌仪式在孔子书画院举行。

7月26日　副省长王随莲到曲阜市调研水域岸线管理保护情况。

7月26日　市委十四届第十六次常委会议召开，听取关于组建国有资本运营公司情况的汇报、关于成立曲阜市法学会有关情况的汇报、关于公立医院法人治理结构改革情况的汇报。

7月27日　市委十四届第十七次常委（扩大）会议召开，听取全市招商引资工作情况的汇报，研究《全市实施“飞地招商”的意见》。

7月27日　尼山镇入选第二批全国特色小镇，为山东省15个特色小镇之一、济宁市唯一入选乡镇。

7月28—29日　山东省中国特色社会主义经济研究会2017年会暨学术研讨会开幕式在曲阜市举行。山东省委党校巡视员孙占元介绍会议主题和目标任务，市委书记刘东波致辞。

7月29日　市委理论学习中心组举办专题报告会，国家安监总局安全监察专员、督查室主任李豪文作专题报告。

8月1日　省人大常委会副主任张新起带领检查组到曲阜市就贯彻《中华人民共和国安全生产法》《山东省安全生产条例》情况进行执法检查。

8月3—5日　市委副书记、市长彭照辉到上海市，拜访上海莱士血液制品有限公司、上海胜管新能源科技公司、浦东朝晖药业、上海复星集团等企业。

8月4日　三孔旅游服务公司特色商品展示厅和市地税局书院中心税务所国家级“巾帼文明岗”揭牌仪式举行，济宁市政协副主席、妇联主席倪丽君，曲阜市委书记刘东波为其授牌、揭牌。

2017年8月4日，为三孔旅游服务公司特色商品展示厅及地税局书院中心税务所获得国家级“巾帼文明岗”授牌现场

8月5日 市委十四届第十八次常委会议召开，听取中共曲阜市委十四届二次全体会议筹备情况的汇报；传达学习《关于加强突发事件报告、舆情应对和处置工作的通知》；研究《关于加强和改进新形势下公安基层基础工作的意见》；研究贯彻落实《中办国办关于实施中华优秀传统文化传承发展工程的意见》工作。

8月6日 市委十四届二次全体会议举行。出席会议的市委委员41人、市委候补委员8人。会议听取和讨论市委书记刘东波受市委常委会委托所作的工作报告，讨论《关于深入贯彻落实〈中办国办关于实施中华优秀传统文化传承发展工程的意见〉的实施方案（讨论稿）》，审议通过《中共曲阜市委关于进一步深入学习贯彻省第十一次党代会精神的决议》。

8月10日 全球摄影界“奥林匹克大会”——第五届世界摄影大会到曲阜市考察采风。

8月10日 市委副书记、市长彭照辉会见赛迪顾问总裁孙会峰。

8月11日 安徽山河药辅与曲阜天利药辅股权转让暨增资扩股签字仪式举行。

8月12日 开展市级领导干部及其配偶“家风课+”孔氏家风家教现场教学活动，市领导刘东波、李玲、孔令玉、山桂岭等及其配偶参加活动。

8月16日 孔府家酒举办全球合作伙伴大会暨畅饮型白酒论坛。

8月18日 济宁市外侨办、济宁市侨商协会扶贫捐助仪式在石门山镇举行。

8月19日 市委十四届第十九次常委会议召开，传达学习习近平总书记在中央政治局第四十一次集体学习时的讲话精神，研究《关于深化国有企业改革完善国有资产管理体制的实施意见》《关于加强法治政府建设的实施意见》，听取PPP工程项目有关情况的汇报。

8月25日 国侨办文化司巡视员汤翠英在山东省侨办副主任孙西忠陪同下到曲阜市考察，并出席国侨办华文教育基地孔子研究院揭牌仪式。

8月26日 市委十四届第二十次常委会议召开，传达学习中央、省、市脱贫攻坚推进会议精神，听取全市扶贫开发、全市金融风险防范化解等工作情况的汇报，研究《关于进一步加强房地产行业管理工作的意见》。

8月26日 曲阜市举办“百名博士故乡行”活动启动仪式。

8月29日 曲阜市在京流动党员党委成立大会在北京市朝阳区举行。

8月30日 省委常委、宣传部部长孙守刚到曲阜市主持召开调度会，听取2017中国（曲阜）国际孔子文化节、第八届世界儒学大会筹备工作情况。

8月30日 市委副书记、市长彭照辉会见鲁能集团济南公司党委书记仵苍峰。

8月30日 省农村信用社联合社党委书记、理事长王献玲到曲阜市调研工作。

9月1日 市委十四届第二十二次常委会议召开，传达学习习近平总书记在中共中央政治局第四十次集体学习时的讲话精神，听取关于创建国家园林城市工作情况的汇报和2017中国（曲阜）国际孔子文化节、第八届世界儒学大会筹备工作情况的汇报，传达学习山东省、济宁市“打黑除恶、打霸治痞”会议精神并研究曲阜市贯彻落实意见。

9月5日 国家文物局党组副书记、副局长顾玉才带领工作组到曲阜市考察文物安全大排查行动开展情况。

9月6日 三孔旅游服务公司文博讲解中心获“全国青年文明号”称号。

9月7日 由故宫博物院、省文物局、省总工会、山东广播电视台主办的2017年山东省文物职业技能大赛在曲阜市开幕。

9月8—9日 中共中央政治局委员、中央精神文明建设指导委员会副主任郭金龙，在中央文明办专职副主任夏伟东，山东省委常委、宣传部部长孙守刚陪同下，到曲阜市调研。

9月15—17日 第二届中华学子青春国学荟到曲阜市举行。团中央书记处书记傅振邦、团省委书记陈必昌，济宁、曲阜两级市领导王艺华、石光亮、李昌文、刘东波、彭照辉等出席。

9月16日 市委十四届第二十三次常委会议召开，传达学习中央、山东省、济宁市“放管服”改革工作主要精神、《济宁市大气污染防治工作督察问责办法（试行）》，听取全市“放管服”改革工作、全市开展秋冬季大气污染综合整治攻坚行动、《2017年度

2017年9月15—17日，第二届中华学子青春国学荟在曲阜市举行

团市委提供

全市经济和社会发展绩效考核的意见》制定等情况汇报，研究市红十字会医院改制工作。

9月19日　“世界遗产——曲阜孔庙、孔林、孔府金银纪念币”捐赠仪式在曲阜市举办，中国金币总公司副总经理邵军志出席。

9月20—21日　第八届世界儒学大会到曲阜市举行。全国人大常委会副委员长王胜俊，山东省委书记、省人大常委会主任刘家义，中国艺术研究院院长连辑，山东大学校长樊丽明，北京大学人文高等研究院院长杜维明，孔子第七十九代嫡长孙孔垂长出席开幕式并先后致辞，山东省委常委、宣传部部长孙守刚主持开幕式。21日上午，文化部部长雒树刚出席儒学大会并作主题演讲。有34个国家和地区、100多个儒学研究机构与学术团体600多位专家学者及嘉宾，围绕“儒家思想与人类命运共同体”主题，进行学术交流和研讨。

9月21日　曲阜市被授予“国家生态文明建设示范市”称号。

9月21日　文化部部长雒树刚在山东省委常委、宣传部部长孙守刚，省文化厅厅长王磊陪同下，查看曲阜市文物保护工作。

9月23日　孔繁顺将军书法展在孔子美术馆开展，市政协主席孔令玉出席开幕式并致辞。

9月27日　2017中国（曲阜）国际孔子文化节开幕式暨第十二届“联合国教科文组织孔子教育奖”颁奖典礼在孔子文化会展中心举行。全国政协副主席王家瑞宣布2017中国（曲阜）国际孔子文化节开幕。山东省委副书记、省长龚正代表省委、省政府向莅会嘉宾表示欢迎，向“孔子教育奖”“少年孔子奖”获得者表示祝贺。山东省政协副主席雷建国、中国联合国教科文组织全委会副秘书长周家贵、济宁市委书记王艺华共同为“孔子教育奖”获奖机构代表颁奖并赠送孔子像。

9月27日　由国家旅游局指导、山东省旅游发展委员会牵头主办的中国研学旅游推广联盟在曲阜市成立。

9月28日　丁酉年纪念孔子2568年诞辰公祭大典在孔庙举行。山东省委副书记、省长龚正恭读祭文。全国政协副主席王家瑞，山东省政协副主席雷建国、省人大原副主任卢洪，济宁、曲阜两级市领导王艺华、傅明先、石光亮、张继民、刘东波、彭照辉、李玲、孔令玉等敬献花篮。

9月28日　市委十四届第二十四次常委会议召开，研究确定曲阜市提名推荐山东省十三届人大代表候选人初步人选名单。

9月28日　中国歌剧舞剧院院长陶成到曲阜市考察并出席尼山圣境项目战略合作签约仪式。

2017年9月20—21日，第八届世界儒学大会在曲阜市举行

翟盛军／摄

2017年9月21日，在全国生态文明建设现场推进会上，曲阜市被授予首批国家生态文明建设示范市称号

9月28日　孔子后裔丁酉年纪念先祖2568年诞辰家祭大典在孔庙大成殿举行。

9月30日　市委十四届第二十五次常委会议召开，传达学习济宁市迎接中共十九大新闻舆论和意识形态工作会议精神，研究《关于2017年度全市经济和社会发展绩效考核的意见》《中国共产党曲阜市委员会常务委员会议事决策规则》《关于进一步规范市城乡规划委员会会议制度的意见》。

10月9日　国家测绘地理信息局副局长李朋德在山东省测绘地理信息局局长赵培金陪同下，到曲阜市开展"问题地图"专项行动巡查。

10月9日　"十一"黄金周期间，三孔景区接待中外游客38.25万人次。

10月20日　全国农技中心副主任王戈带领农业部督导组到曲阜市督导秋收秋种生产工作。

10月23日　德国MATO集团输送带维护装备项目签约仪式举行，市委副书记、市长彭照辉代表市委、市政府对项目签约表示祝贺。

10月25日　市委十四届第二十六次常委会议召开，传达中央、山东省、济宁市老干部工作会议精神，研究《关于举办曲阜市第四届"百姓儒学节"的意见》、全市"百佳孝星"评选表彰有关事宜。

10月28日　"寻找乡村教育家"活动颁奖典礼在曲阜市举行。教育部原副部长刘利民，教育家、中国教育学会名誉会长、北京师范大学终身教授顾明远，济宁、曲阜两级市领导王艺华、于永生、刘东波等为获得"乡村教育家"称号教师颁奖。

10月29日　2017曲阜圣城国际半程马拉松赛在曲阜市举办。

10月30日　市委十四届第二十七次常委会议召开，传达中共十九大、十九届一中全会精神及山东省、济宁市领导干部会议精神，研究《关于建立国家卫生城市管理长效机制的意见（讨论稿）》。

10月30日　曲阜市第四届"百姓儒学节"启动。

11月1日　益海嘉里集团郭孔丰、金龙鱼慈善公益基金会向曲阜市孔子博物馆、尼山益海小学项目捐赠1500万元。

11月1日　曲阜市获"国家园林城市"称号。

11月2日　市政协主席孔令玉到北京看望慰问孔子嫡系后裔孔德懋，并代表曲阜人民祝贺其百岁寿辰。

11月3日　市委十四届第二十八次常委会议召开，学习传达山东省委、济宁市委全会精神，听取市委十四届三次全体会议筹备情况的汇报，讨论《中共曲阜市委关于深入学习贯彻党的十九大精神的决议（讨论稿）》和《市委常委会工作报告（讨论稿）》。

11月4日　市委十四届三次全体会议举行。出席会议的市委委员38人、市委候补委员6人。全会学习中共十九大和十九届一中全会精神，习近平总书记在十九届中共中央政治局会议、第一次集体学习和军队领导干部会议上的重要讲话精神，《中共中央

2017年9月27日，中国（曲阜）国际孔子文化节开幕式"孔子教育奖"颁奖现场

2017年10月28日，"寻找乡村教育家"活动颁奖现场　　市教体局提供

关于深入学习贯彻党的十九大精神的决定》精神，山东省委常委会会议、全省领导干部会议、省委十一届二次全体会议精神，济宁市委常委会会议、领导干部会议、市委十三届四次全体会议精神；听取和讨论刘东波受市委常委会委托所作的工作报告；审议通过《中共曲阜市委关于深入学习贯彻党的十九大精神的决议》。

11月5日　曲阜市重点项目签约仪式在上海市举行，签约项目8个，总投资156亿元。

11月6日　山东东宏管业股份有限公司在上海证券交易所挂牌上市，东宏管业正式登陆A股市场。

11月7日　曲阜市史志工作会议暨志书谱牒文化研究会成立揭牌仪式举行。省政府办公厅党组成员、省史志办主任刘爱军，济宁市政府副市长张胜明为曲阜市志书谱牒文化研究会揭牌。曲阜市委副书记、市长彭照辉主持揭牌仪式。

11月7日　全省方志理论研讨会在曲阜召开。省政府办公厅党组成员、省史志办主任刘爱军出席会议并讲话，济宁市副市长张胜明到会致辞。省史志办有关负责人，各市史志办负责人、业务科（处）长，优秀论文作者代表等80余人参加会议。

11月9日　市委十四届第二十九次常委会议召开，研究干部有关事项。

11月11日　市委十四届第三十次常委会议召开，听取《关于上级基层党建工作新要求和曲阜市贯彻落实情况及建议的汇报》，讨论《曲阜市传承发展中华优秀传统文化工作方案（讨论稿）》。

11月15日　省城乡规划第一督察组到曲阜市对违法图斑处理开展专项督察。

11月17日　市委十四届第三十一次常委会议召开，研究干部有关事项。

11月18日　在第十四届东亚实学国际高峰论坛上，曲阜市被授予干部学国学全国示范区基地称号。市委副书记山桂岭参加论坛并作题为《推进优秀传统文化创造性转化、创新性发展，加快建设"东方圣城·首善之区"》的交流发言。

11月19日　九阳整机生产基地项目签约仪式举行。

11月20日　"儒学大赏——首届全球华语广播大型联合采访"在曲阜市启动。

11月22日　济宁市委宣讲团到曲阜市宣讲中共十九大精神，济宁市委宣讲团成员、济宁市文广新局党委书记、局长张彧作报告。

11月22日　曲阜三让洁能股份有限公司登陆"新三板"。至11月，曲阜市有挂牌上市企业9家，其中，有2家企业在沪深上市（圣阳电源深交所中小板，东宏管业上海主板），4家企业"新三板"挂牌（孔圣电缆、鲁虹农科、鲁强电工和三让洁能），3家企业在齐鲁股权交易中心挂牌（欧科家、万佳农业、承恩源生态农业）。

11月24日　山东中华文化学院曲阜儒学新院教学点揭牌仪式举行。省委统战部副部长马啸、曲阜儒学新院院长曾繁如为教学点揭牌。

11月25日　市委十四届第三十二次常委会议召开，研究《纪念习近平总书记视察曲阜四周年暨第四届百姓儒学节表彰大会的工作方案》，听取关于市镇（街道）残疾人联合会换届工作的汇报。

11月27日　市委书记刘东波在济宁分会场收看在济南召开的山东省委省政府重点工作推进落实情况视频会议，并代表曲阜市发言。

12月2日　中华孔子学会孔子后裔儒学促进会第一届理事会第二次全体会议暨会员代表大会开幕式在曲阜市举行。

12月3日 市委十四届第三十三次常委会议召开，听取全市城乡环卫一体化工作有关情况的汇报、关于新政务服务中心筹建有关情况的汇报、当前安全生产工作的汇报等，研究《关于调整完善曲阜经济开发区管理体制的意见》。

12月3日 曲师大新区建设启动。曲师大新区位于老校区西侧，占地53.33公顷，设计以“礼乐相成，儒学胜景”为整体立意，规划方案由中国工程院院士，华南理工大学建筑学院院长兼设计院院长何镜堂领衔团队打造。

12月3日 首届新时代企业家思想论坛在曲阜市开幕。商务部原副部长魏建国，军事专家、国防大学教授金一南，娃哈哈集团董事长宗庆后，海亮集团党委书记冯亚丽等一批知名人士、企业家出席活动。

12月5日 新华社对外新闻编辑部曲阜调研基地举行揭牌仪式，这是新华社全国第二家、山东省内第一家调研基地。新华社对外部副主任袁炳忠，山东分社副社长、总编辑赵新兵，曲阜市委副书记、市长彭照辉，市委副书记山桂岭等为基地揭牌。

12月6日 曲阜市与鲁能集团有限公司战略合作签约仪式在北京举行。

12月7日 市委十四届第三十四次常委会议召开，研究《深化国家监察体制改革试点工作实施方案》。

12月10日 市委书记刘东波赴曲阜市在京流动党员党委调研指导工作。

12月11日 市委十四届第三十五次常委会议召开，传达学习《习近平总书记关于进一步纠正“四风”加强作风建设重要批示的通知》、山东省委书记刘家义和济宁市委书记王艺华的批示精神，传达学习山东省和济宁市村、社区“两委”换届选举要求，听取全市村、社区“两委”换届选举工作筹备情况汇报。

12月12日 省委常委、常务副省长李群对曲阜市贯彻落实省委、省政府《关于支持非公有制经济健康发展的十条意见》情况进行督导检查。

12月12日 省委统战部常务副部长赵强带领调研组到曲阜市调研文化统战工作。

12月12—13日 山东省尼山书院暨乡村（社区）儒学工作会议到曲阜市召开。

12月15日 曲阜市举行“弘儒风正气　青春护航”公益宣讲师聘任暨北元疃村教育基地揭牌仪式。

12月17日 济宁市委书记王艺华到曲阜市调研重点项目建设、环境保护等工作。

12月17日 国务院扶贫办调研组到曲阜市调研扶贫工作开展情况。

12月18日 曲阜市获国家慢性病综合防控示范区称号，为济宁市唯一获得该称号县市区。

12月20日 省委党校教研基地揭牌仪式在曲阜市委党校举行。

12月24日 市委十四届第三十七次常委会议召开，传达学习习近平总书记署名文章《弘扬“红船精神”　走在时代前列》，讨论《曲阜市加快推进新旧动能转换重大工程总体方案（讨论稿）》，研究《关于加快人才发展的意见》《共青团曲阜市委改革实施方案》。

12月25日 曲阜市孔子湖国家湿地公园（试点）通过层层实地验收评估，被列入“国家湿地公园”名单。

12月25日 曲阜孔庙、孔林和孔府入选首批“全国中学生研学实践教育基地”名单。

12月31日 市委十四届第三十八次常委会议召开，研究市委常委会工作报告和市委2018年工作要点、市政府工作报告、市人大常委会工作报告、市政协常委会工作报告、市人民法院工作报告、市人民检察院工作报告。

二、三孔列入世界文化遗产名录

联合国教育、科学、文化组织保护世界文化和自然遗产公约

世界遗产委员会已将曲阜孔庙、孔林和孔府列入世界遗产名录。列入此名录是对该处文化或自然遗产所具有的突出的、普遍性价值的认可。基于全人类共同的利益，需要人们去珍惜和爱护。

列入日期：1994年12月17日

联合国教科文组织总干事

马约尔

附：英文版

UNITED NATIONS EDUCATIONAL, SCIENTIFIC AND CULTURAL ORGNIZATION

CONVENTION CONCERNING THE PROTECTION OF THE WORLD CULTURAL AND NATURAL HERITAGE

The World Heritage Committee has inscribed the Temple of Confucius, the Cemetery of Confucius and the Kong Family Mansion in Qufu on the World Heritage List. Inscription on this List confirms the exceptional and universal value of a cultural or natural site which requires protection for the benefit of all humanity.

DATE OF INSCRIPTION

17 December 1994

DIRECTOR-GENERAL

OF UNESCO

Mayor

三、曲阜新区文化产业园被命名为第二批国家级文化产业示范园区

文化部关于曲阜新区文化产业园被命名为第二批国家级文化产业示范园区的通知

（文产发〔2008〕19号）

各省、自治区、直辖市文化厅（局），新疆生产建设兵团文化局，各计划单列市文化局：

为深入贯彻落实党的十七大精神，加快区域性特色文化产业群建设，提高文化产业的规模化、集约化水平，增强我国文化产业的整体实力和竞争力，经研究，文化部决定命名山东省曲阜新区文化产业园和辽宁省沈阳棋盘山开发区为第二批国家级文化产业示范园区。

近几年来，在当地党委和人民政府的领导支持下，曲阜新区文化产业园和沈阳棋盘山开发区认真

贯彻落实科学发展观，坚持先进文化前进方向，自觉把文化产业纳入本地经济社会发展的整体规划，实施重大文化产业项目带动战略，积极培育骨干文化企业和企业集团，并始终把社会效益放在首位，做到经济效益与社会效益相统一，为推动区域经济与社会全面协调进步，促进文化产业又好又快发展做出了积极贡献，在全国文化产业领域具有示范意义。

希望各地文化行政部门学习借鉴国家级文化产业示范园区的成功经验，站在时代的高起点上，结合本地实际，创新文化体制机制，统筹规划文化产业发展，不断培育推出新的先进典型，充分发挥文化产业基地和区域性特色文化产业群的示范作用与积聚效应，逐步提高文化产业占国民经济的比重，为推动文化大发展大繁荣、兴起社会主义文化建设新高潮做出努力。

希望曲阜新区文化产业园和沈阳棋盘山开发区牢固树立责任意识、品牌意识，珍惜荣誉，再接再厉，锐意改革，大胆创新，进一步提高园区的整体管理和运营水平，不断增强创造力和竞争力，扩大园区的社会影响力，生产和提供更多更好适应人民群众需要的文化产品和服务，为繁荣社会主义文化、满足人民精神文化需求、促进国民经济增长、提升国家文化软实力做出新的更大的贡献。

特此通知。

二〇〇八年五月十三日

四、祭孔大典等列入国家级非物质文化遗产名录

国务院关于公布第一批国家级非物质文化遗产名录的通知
国发〔2006〕18号

各省、自治区、直辖市人民政府，国务院各部委、各直属机构：

国务院批准文化部确定的第一批国家级非物质文化遗产名录（共计518项），现予公布。

我国是历史悠久的文明古国，拥有丰富多彩的文化遗产。非物质文化遗产是文化遗产的重要组成部分，是我国历史的见证和中华文化的重要载体，蕴含着中华民族特有的精神价值、思维方式、想象力和文化意识，体现着中华民族的生命力和创造力。保护和利用好非物质文化遗产，对于继承和发扬民族优秀文化传统、增进民族团结和维护国家统一、增强民族自信心和凝聚力、促进社会主义精神文明建设都具有重要而深远的意义。

各地区、各部门要按照《国务院关于加强文化遗产保护的通知》（国发〔2005〕42号）的精神和有关要求，认真贯彻“保护为主、抢救第一、合理利用、传承发展”的工作方针，切实做好非物质文化遗产的保护、管理和合理利用工作。

国务院

2006年5月20日

第一批国家级非物质文化遗产名录（共计518项）

十、民俗（共计70项）

序号	编号	项目名称	申报地区或单位
483	Ⅸ—35	祭孔大典	山东省曲阜市

国务院公布第二批国家级非遗名录和第一批国家级非遗扩展项目名录的通知
国发〔2008〕19号

各省、自治区、直辖市人民政府，国务院各部委、各直属机构：

国务院批准文化部确定的第二批国家级非物质文化遗产名录（共计510项）和第一批国家级非物质文化遗产扩展项目名录（共计147项），现予公布。

各地区、各部门要按照《国务院关于加强文化遗产保护的通知》（国发〔2005〕42号）和《国务院办公厅关于加强我国非物质文化遗产保护工作的意见》（国办发〔2005〕18号）要求，进一步贯彻"保护为主、抢救第一、合理利用、传承发展"的工作方针，认真做好非物质文化遗产的保护、管理工作，为弘扬中华文化，推动社会主义文化大发展大繁荣做出新的贡献。

国务院

2008年6月7日

第二批国家级非物质文化遗产名录（共计510项）

一、民间文学（共计53项）

序号	编号	项目名称	申报地区或单位
531	Ⅰ-44	鲁班传说	山东省曲阜市、滕州市
834	Ⅶ-58	木雕（曲阜楷木雕刻、澳门神像雕刻、武汉木雕船模）	山东省曲阜市、澳门特别行政区、湖北省武汉市硚口区

国务院关于公布第三批国家级非物质文化遗产名录的通知
国发〔2011〕14号

各省、自治区、直辖市人民政府，国务院各部委、各直属机构：

国务院批准文化部确定的第三批国家级非物质文化遗产名录(共计191项)和国家级非物质文化遗产名录扩展项目名录(共计164项)，现予公布。

各地区、各部门要按照《国务院关于加强文化遗产保护的通知》(国发〔2005〕42号)和《国务院办公厅关于加强我国非物质文化遗产保护工作的意见》(国办发〔2005〕18号)要求，认真贯彻落实"保护为主、抢救第一、合理利用、传承发展"的工作方针，坚持科学的保护理念，扎实做好非物质文化遗产名录项目的保护、传承和管理工作，努力推动非物质文化遗产保护迈上新的台阶，为构建完备的、有中国特色的非物质文化遗产保护制度，推动文化大发展大繁荣，建设中华民族共有精神家园，满足人民群众日益增长的精神文化需求，作出积极的贡献。

国务院

2011年5月23日

第三批国家级非物质文化遗产名录（共计191项）

八、传统技艺（共计26项）

序号	编号	项目名称	申报地区或单位
1186	Ⅷ-206	孔府菜烹饪技艺	山东省曲阜市

五、曲阜孔庙祭孔大典祭文

2004年

维公元2004年9月28日，岁在甲申，节届中秋，先师孔子诞辰2555年，曲阜各界代表、海内外宾朋、孔子后裔，肃立大成殿前，谨以鲜花雅乐，恭祭先师孔子。文曰：

文圣吾祖，恩泽海宇。千古巨人，万世先师。欣逢盛世，物阜民熙。高岸秀木，惟恐失序。居安思危，重振纲纪。以德治国，德法兼济。幸赖圣儒，万代垂仪。道贯古今，德侔天地。杏坛春晖，泮池桃李。三坟五典，六经古籍。薪火传承，百代不熄。而今吾辈，见贤思齐。任重道远，弘扬承继。依仁志道，据德游艺。仁为己任，见利思义。中和至德，过犹不及。和协万邦，摒弃暴戾。刚健有为，自强不息。与时偕进，创新活力。清风遍拂，神州万里。群情振奋，勃发骐骥。文化名城，通衢如砥。碧树花团，芬苾争奇。百业兴隆，日新月异。近悦远来，治平修齐。老养壮用，兆民甘饴。儒风犹在，先圣故里。慎终追远，奋吾国膂。继往开来，同德凝聚。东方巨龙，吼啸腾起。四海擎天，有吾一臂。长鲸吞吐，丹凤鼓翼。揽月追日，神舟环宇。告慰先祖，盛世在即。大同世界，四海兄弟。世界和平，假年可期！伏惟尚飨，为祷为祈！（杨佐仁　文）

2005年

维公元2005年9月28日，岁次乙酉，孔子诞辰2556年，曲阜市各界人士、海内外宾朋、孔子后裔，满怀崇敬之情，谨备鲜花雅乐，恭祭我中华先师。其文曰：

海右山东，岱南奎星。垣墙环抱，岸柳梳拢。玉树攀云，紫叶吟虹。水含苔浦，草铺莺鸣。歌动八垠，舞牵九瀛。全球祭孔，五洲同风。设奖开坛，薪火传承。春秋绝笔，诗礼趋庭。植桧葳蕤，宅井鸿蒙。高山景行，杏坛筵盈。文脉繇延，海域再兴。百所学院，有孔命名。千年儒流，今古汇通。天人合一，与时偕行。仁者爱人，和而不同。阴阳和谐，执两用中。和生万物，万物和兴。天道和运，地势和行。家国和睦，世界和平。圣城曲阜，物阜文丰。华夏标志，百里新城。政通人和，德道常青。小康初成，大同在梦。欣逢盛世，强国威风。宝岛盼归，华夏一统。旭日中天，巨龙飞腾。鲲犁碧海，鹏登蟾宫。四海翘首，八方叹惊。继往开来，待我后生！伏维尚飨！（杨佐仁　文）

2006年

岁在丙戌，节届仲秋，先师诞辰，二五五七，曲阜人民，孔子后裔，两岸同胞，四海宾朋，大成殿前，肃穆祭孔。文曰：

洙泗流带，沃野万垄。尼峄滴翠，回峰千重。白云舒卧，紫霞纵横。红缠杏坛，绿掩碑亭。古城墉堞，圣庙龙腾。诞圣吉日，鼓乐奏鸣。嘉卉六醴，果饼三牲。童子俎豆，耄耋礼容。同根一脉，两岸祭孔。共缅先师，追远慎终。志道据德，心正意诚。节用爱民，修齐治平。为政北辰，身正令行。见利思义，后凋寒松。近悦远来，躬身自省。博文约礼，弘毅任重。己所不欲，勿施人行。仁义宅居，诚信轫衡。忠孝首善，礼法持恒。中道不倚，恕道宽容。以和为贵，华夏一统。乾坤氤氲，和谐化生。天和雨行，地和物丰。家和事兴，国和人定。万邦和谐，世界和平。遗训在耳，发聩振聋。高山仰止，桴海道兴。联合国奖，以孔命名。亘古首屈，文教巅峰。百所学院，遍及九瀛。黄发碧目，学在泮宫。五洲四海，章甫诵经。赞誉远播，天下服膺。故里乡亲，蹈德践行。幼学长教，老养壮用。诚信工商，让畔桑农。居如图藻，行掣电风。盛世再现，小康初成。天枹击鼓，海钹震庭。河山舞姿，日月霓虹。龙飙鳞爪，凤翥翼翀。魂兮归来，又梦大同。伏惟尚飨！

（杨佐仁　文）

2007年

清风送爽，海晏河清。国泰民安，举国欢腾。时逢中华文化先祖孔子2558周年诞辰，海内外宾朋，世界各地华人华侨，港澳台同胞，谨备鲜花礼乐，肃立于曲阜孔庙大成殿前，恭祭孔子诞辰。其文曰：

海右山东，岱南奎星。圣诞吉日，鼓乐奏鸣。黄河讴歌，泰山挺松。飞泉漱液，嘉卉吐红。日月增光，齐鲁夸荣。西振河源，东澹海瀛。北动玄土，南耀朱岭。环球华裔，额首隆庆。侨胞同胞，根连脉通。亚非欧美，百校名孔。奥林匹克，喜临京城。五洲四海，睹我雄风。大同非梦，人类有情。圣哲先导，万邦风从。我辈协力，盛世太平。风发飙扬，纛拂云中。天地人和，万物繁盛。与时偕进，和谐化生。天和雨顺，地和物丰。家和事兴，国和人定。仁者爱人，和而不同。忠孝首善，修齐治平。为政以德，气正风清。见利思义，躬行自省。政通人和，德道常青。农工商旅，百业同兴。教科文卫，人本民生。生态环保，天人一行。原隰郁茂，畎浍流清。芳草绿堤，粳谷盈丰。城如蜃楼，货殖纵横。翰墨奋藻，学子书英。大国崛起，自强不陵。一飞冲天，华夏振兴。励精图治，众志成城。万代功业，待我后生！

（杨佐仁　文）

2008年

岁在戊子，节届国庆，时逢中华文化先祖孔子诞辰2559年，海内外宾朋，港澳台同胞，世界各地华人华侨，谨备鲜花礼乐，肃立于济宁市曲阜孔庙大成殿前，恭祭夫子诞辰，文曰：

清风送爽，海晏河清。国泰民安，举世欢腾。北京奥运，万邦风从。五洲四海，睹我雄风。世界同运，人类一梦。中华崛起，国和人定。为政以德，气正风清。有教无类，修齐治平。国之将兴，听命于民。博我以文，删正六经。述而不作，信而好古。为之不厌，不倦诲人。今我立国，秉承遗教。忠孝首善，礼法持恒，中道不倚，和恕宽容。以和为贵，华夏一统，万邦和谐，世界和平。盛世再现，小康初成。见利思义，仁为己任。中和至德，自强不息。生态环保，天人一行。夫子圣教，百代维新。孜孜不懈，永秉传承。（金庸　文）

2009年

周室颓隳，礼乐废弛，九州失驭。战伐出于诸侯，列国窥窃神器。春秋之末，仲尼起于陬邑，感万方之多难，乃驰驱以宣教。冀辅弼于乱世，欲敦厉于黎庶。然则宫寝邃远，王者不悟。有楚狂接舆歌而过之，痛詈凤德之衰，切悲庙堂之殆。往者不谏，来者可追，孔子乃归鲁，不复出游。述而不作，非谓徒托空言，追往事，思来者，悬明镜而作《春秋》，立极则以昭万代。凤鸟不至，河图不出，忧古道之不彰也；久矣吾不复梦见周公，伤往哲之益远也。遂力倡仁恕中和之道，克己复礼之德。播雨杏坛，天下士赴之如万类之附麟凤。若颜渊、子路、公冶长、有子、子张、子贡、曾子七十二贤列坐其次，三千学子，相望于道。仲尼自云：吾少也贱，故多能鄙事。乃谆谆以告诸君子，知任重而道远，期弘毅以自励。世幽昧以炫耀，独好古而敏求。视富贵如浮云，思贤若渴，闻义即徙。不降其志，不辱其身。夫子者，其集微子、箕子、比干之懿德嘉行于一身者也。世人以夫子为木铎，非无由也。颜渊喟然而叹曰："仰之弥高，钻之弥坚，瞻之在前，忽焉在后"，是高弟子之敬仰，亦足为万代所共祀者也。荆玉含宝，幽兰怀馨，此孔学之无尽藏也。延越百余载，孟子起于邹而倡义，与孔子之倡仁相辅佐。又越三百载，汉武独崇儒术，乃有毛亨、郑玄之辈为之诠，董仲舒之属演其说。再越千二百年，南宋理宗朝濂、洛、关、闽之学，勉心景迹，遂成大观，共祭诸孔庙。更越千载，日月虽迈，诵说犹馨，百川竞乎孔子之门庭，孔学之克守，于今愈胜。孔子学院，遍列全球，蔚为人类文化之奇观。世变事异，而孔学不衰者，以"仁者爱人"、"先欲达人"为黾勉天下之襟抱；"己所不欲，勿施于人"则厚望瀛海以高节。唯和衷以共济，讲信而修睦。此足称万国邦交之极则，亦各族和谐之宏观。遗训虽远，践行在迩，岁寒松柏，历千万龄而不凋，其非孔子博怀之远猷，而周瞻之大略欤？巍巍陵寝，郁郁巨柏，云霄万古，黛色参天。仰瞻烟霞，伏增肃敬，焚香再拜，赋以永祷。

（范增　文）

2010年

维公元2010年先师孔圣夫子诞日，谨备时蔬玄酒，雅乐升舞，恭奠于大成殿阶下，肃拜追远，上达夫子暨诸先哲先贤。其辞曰：

吾国文明，渊源何远！洪荒无征，蒙昧万年。既历三皇，五帝相衔；贤哲冥思，归之鬼天。吾侪何来？终将何还？何者为福？何者为善？生应何求？何为圣贤？茫茫长夜，踽踽盘桓。逮及文武，民听达天。周公制礼，明德尚贤。享祚八百，维系血缘。尾渐不掉，王室东迁。霸者问鼎，逐鹿中原。强则陵弱，富者欺寒。悖逆诈伪，淫佚兴乱。岁岁征伐，竟无义战。呜呼夫子，生悯人寰。少贱多能，屡经磨练。复礼兴乐，欲挽狂澜。己立立人，孝弟唯先。修齐治平，悦迩来远。游说列国，不惧厄难。杏坛论学，大同是盼。人心驱霾，晨曦乍现。道虽不行，学统绵绵。与时俱进，巨匠迭见。孟轲弘发，荀卿敷衍。董生继后，道法兼含。南北一统，合而有辨。孔贾拘守，昌黎呐喊。迄宋大兴，如日中天。程朱相续，周张并肩。出入佛道，孔孟真传。人参天地，敬而自反。天理良心，理学体完。知行合一，世界峰巅。沉沉浮浮，倏尔千年。伟哉中华，千劫万艰。百折不挠，国泰民安。环顾全球，熙攘纷乱。一如春秋，冲突不断。弱肉强食，贪欲泛滥。嗟我夫子，所述皆验。文明对话，五洲共愿。仁恕之道，日益播散。促进和睦，中华奉献。谨此上达，慰我圣贤。伏惟尚飨！（许嘉璐　文）

2011年

煌煌中华，郁郁文明，唐虞稽古，夏商乂宁。文武周公，天下景从。嗟我夫子，降诞昌平。少贱鄙事，博学多能。通天之德，旁彻物情，金声玉振，爰集大成。乾坤并立，日月代明，阴阳合和，万物蒸蒸。首出庶物，人为秀灵。礼自外作，乐由心生。好恶有节，敬德怀刑。言则忠信，行则笃敬。和而不流，与时偕行！为政以德，仁爱百姓。举直措枉，尚贤使能。知民之欲，察民之情，富而后教，德化流行。远来近悦，万邦咸宁。大哉夫子，既圣且明，出类拔萃，卓乎独盛。垂仪立极，百代同宗。三千弟子，惟道是弘。章句汉唐，义理宋明。远播欧美，泽及亚东，夫子精华，代代相承。秋高气爽，玉宇澄清，社会祥和，物阜民丰。巍巍神州，荡荡德风，仁爱诚信，中华魂灵。济济多士，众志成城，融古铸今，中西会通。而今而后，乃昌乃隆。炎黄子孙，祈祥鞠躬。四海一家，天下大同！伏惟尚飨！（杨朝明　文）

2012年

维公元2012年9月28日，欣逢孔圣2563年诞辰纪念，我中华各族同胞，以及国际嘉宾良朋，缅怀盛德伟业，以虔诚之心、景仰之情，谨备鲜花美果、佾舞雅乐，敬献于孔庙大成殿暨两庑，告祭大成至圣先师与夫诸圣哲贤儒。其辞曰：

天地设位，人在其中。天行刚健，地道宽弘。品物流形，化育功隆。人禀五常，灵秀所钟。法天之德，效地之用。赞之参之，与之同功。唯我夫子，博通世务。上应天时，下顺风土。远宗尧舜，近法文武。删述六经，以教生徒。循序而进，孜孜矻矻。成德达材，栽培无数。仁道思想，众德汇涵。明德亲民，止于至善。推己及人，是为其方。礼以行之，益加发扬。华夏文明，赖以发皇。驯致大同，协和万邦。与时俱进，弥足珍贵。集圣大成，出类拔萃。其所成就，卓越崔巍。典型既在，吾谁与归。万民景从，仰承教诲。千秋万世，永蒙遗徽。恭逢圣诞，我心欢畅。秉持诚意，其喜洋洋。载歌载舞，俎豆馨香。奉承而进，伏惟尚飨。护佑生灵，教化其昌。乐道好礼，同沐祯祥。（董金裕　文）

2013年

惟夏历癸巳之年，辛酉之月，日在丁酉，恭逢大成至圣先师孔子诞辰2564年，山东省人民政府敬以释奠大典、鲜花雅乐之奉，祗告圣灵曰：

伟哉夫子，如岳之耸。德尊道隆，海内归宗。多士肃肃，庙堂雍雍。典祀有常，是仰是崇。簠簋备列，粢盛隆丰。笾豆蠲洁，三牲肥充。笙镛和鸣，佾舞称容。神其来格，享此献奉。生民之初，心智懵懵。彝伦不明，长夜无穷。尧舜禹汤，文武周公，庠序养贤，开辟鸿蒙。春秋季世，纪纲失统。忧道不行，木铎警众。杏坛设教，儒学大弘。倬彼云汉，为章苍穹。为政以德，北辰是拱。仁孝为本，父子融融。忠信相交，上下股肱。日升月恒，泮水辟雍。明德新民，君子之风。性情和达，乃为中庸。诗礼传家，开我华风。立我烝民，莫非尔功。立己达人，四海弟兄。修齐治平，天下为公。文德既修，远方来朋。寅协万邦，和而不同。弥高弥坚，圣自天纵。照临千秋，为祷为颂。神州复兴，百年之梦。法古开新，国祚久永。伏惟尚飨！（彭林　文）

六、旧志序选

《阙里志》序

阙里志，志阙里也。阙里者，吾孔子所居之地，道德政教之所从出，文献之所在，其志之也固宜。古者有刊国之史，而又有四方之志，九丘之籍，至周犹存，为外史所掌，孔子述职方以除之者，大抵皆是物也。封建既废，史惟朝廷有之，至汉而备，其法有帝纪，有世家、年表，有传，有志，事分而代辑。及东汉南阳撰作风俗之后，郡县始各自为志，则兼地里、人物、文章、制度而有之，而史之法略具，盖虽穷陬僻壤或不能无，况吾孔子以教为政，司马迁之史特著世家齿于有国，历代帝王褒崇封谥愈久益隆，其钟灵毓圣之地非一郡一县比也。

宋元间族人宗翰辈间有记述，久而弗传。国朝成化末，今山东布政使张君泰知邹县，尝辑孔、颜、孟三氏志，其传未广也。弘治甲子重建阙里孔庙成，东阳奉敕代告，周览遐慕，欲为一书，巡抚都御史徐公源及衍圣公闻韶力赞其议。比归，至德州巡按御史陆君偁、卢君翊及布政使曹君元等合书以请，适闻提学副使陈君镐有事于此，因举以属之。取所定凡例，稍加润饰，且以《孔氏实录》《孔庭纂要》《素王事纪》《世家补钞》本致之，以备采择。陈君乃参阅孔氏所藏《祖庭广记》与凡遗碑断刻、诸书所载，逾年而后成。其法以阙里为主，附颜、孟诸弟子之名氏，事行而体统，尊摹先圣肖貌及地形庙制。而图像著述，世家宗派，特为世表；而谱系明叙，礼乐制度之沿革损益；而典式具若诏、诰、敕、祝之颁布，章、牍、笺、表文移之出纳往复，罔不备载。而阙疑订舛，芟繁剔伪，惟其所当。凡为卷十有三，为目十有四，为文累若千万言。于是，我国朝之尊师重道度越前古者，粲然大明于世，亦孔氏之家史也。盖有此地必有此书，阙于二千年而成于一旦，不可谓不难矣。天下之学圣人者，读其书、法其道、想像其容仪而不可得见，至其宅里、林庙，必惕然感之乎心，然殊方而产，限地以游，固有终老而莫自遂者。羹墙见尧，河洛思禹，得是书而观之，景行希圣之念不油然而兴乎？嗟夫！金石虽坚不免磨灭断裂之患，板锓樯印递相禅读，则可以至于无穷。由今日以至于无穷者，必自是书始。故以徐公之意为序。适佥事黄君绣归，自京师因畀之，俾刻于阙里，置于所谓奎文阁者；御史金君洪继按其地，于是书有力焉。故并书之。而徐黄修建之绩，具在志中，兹不复列云。

弘治乙丑九月朔日，光禄大夫、柱国、少傅兼太子太傅、户部尚书、谨身殿大学士、知制诰，长沙李东阳序。

《陋巷志》序

志以陋巷名，志先师亚圣所居之地也。昔武王过商容之闾必式，而成周之于善人，表厥宅里。况先师上智大贤，发吾圣人之蕴，以教万世无穷者哉。此志之所由作也。

志初附三氏志中，正德纪元，侍御郑州曹公，奉命按视山东，祗谒先圣阙里，遂谒先师庙，访遗址而问志焉。太博公鋐，以未有专志对公曰："诚缺典也，宜亟成之。"而以陋巷名书。既而太博录事迹诗文于公，猥以属镐，俾为筌次，凡八卷。其义例多取诸《阙里志》，明吾先师与先圣一道，不容差殊。至于卷帙多寡，则据所见闻，非敢详略也。刻成，公复属镐，序诸首简。镐惟周之式闾表宅，盖皆一时之人物，所以风励乎一时者耳。若吾先圣之道在万世，则先师之功亦在万世。表章登载，固将以风化乎千万世之有志于斯道者也，岂细故哉，抑陋巷云者，先师箪瓢栖息之所，一经圣言，至于今有耿光焉。其当时，若三家气焰，盖可想见。而其败垣故迹莽焉莫寻，此殆有不足论者，而亦可见君子所以裕身垂世，故有在此而不在彼者矣。此则公名志之深意也。

正德丁卯孟夏初吉，赐进士出身、中宪大夫、山东等处提刑按察司副使、奉敕提督学政，江东陈镐谨书。

《圣门志》序

人历千圣而有孔子为第一人，乡亘千古而生孔子为第一乡，家开千姓而推孔氏为第一家。夫家与乡与人，皆孔子第一之擅，岂非以夫子贤于尧舜，昌乡艳于诸逢石纽？代六十五之名阀，冠于史传列国诸世家也乎？又岂不有荫宇以为家谱，迹以重乡，私淑以成人者乎？因是而知，周汉唐宋至今，灵株懿派南北昆苗之盛，尼防洙泗左右之剜壁剩坛，手植履错之旧摄行环辙已，后之肩道荷德阐昔开新之作用，何可使天下有怀瞻企者，不尽慰其心思，眼睫若身至而面承之也。

然千百年来，仅阙、兖两志是征外，两志无别函也。有之自参藩吕君《圣门志》始，吕君，盐官名家子，端远瞻洽意耽结撰，适参东省志与笔会，乃原本阙、兖通志，兼搜四氏诸贤谱系暨外方记乘，杂纂门萃条辑都为六卷。一之卷为圣门表传，尊统宗也；二之卷为从祀列传，衍道脉也；三之卷为四氏封典，昭恩数也；四之卷为礼乐，隆明禋也；五之卷为古迹，地以人重也；六之卷为周公、东野、仲子路。二氏世系，不独幸二胤有传，抑且著衰梦不见、恶言不入之思也。汇撷信篇却远非帙宁受质，近不堕华诬，缀圣贤之脉络，筑道德之郛堑也。垂成而复质之，商丘李观察、禹城刘太史君盖与李同参两幕，交殊厚善，刘则君外舅，许君明吾，乙酉同榜，咸乐参订。可谓奋烛炬以流辉，藉双鉴以助景，足令此篇照耀千秋矣！君癸丑入贺挈志示余，余谓君曰："昔夫子删书，表见君家上世吕侯，于周敬王岁丁巳，自卫反鲁之后，去今上癸丑为年二千九十有五，凡三十五丁巳，稍不及者五年，而圣门志适成。虽不敢谓君志足以上答吕刑，亦不可谓志成此时非偶然也，则余所谓第一人与乡若家者具载是矣。视颂山记水诸作何翅径庭，讵不称普天志乘间第一书耶？"

时万历岁次癸丑中秋日，赐进士第、资德大夫、正治上卿、吏部尚书，掖县赵焕序。

《东野志》序

惟昔武王臣有十乱，周公、太公比肩，偕烈精气相孚，而营丘曲阜，封域比邻，明辟英胤，泣盟缔好，书不绝于二百四十二年之间。暨乎代换世移，各因官采，孟仲散为支姓，不复可究诘。惟吾吕自太公至今，虽始自河东，派列有安海、新平，枝叶分徙而门各源源不去其吕。若鲁，考公长支遽萎，炀公以弟继兄，下至孝公，五叶皆弟，是炀处第二，亦复若断若续。固不若第三东野一脉，仰承至于七十二传，可指屈而记，眉列而见。不独东野自信之为周公后，即肉谱名流，亦莫不谓公之神灵精脉。若自周初依附东野本支一息，而逾年庶三千者，固宜吾宗冠洋藩理手撰世系，附于圣门，预为世翰奉祀张本，而我弟太学圣符以谓不有谱志，谁识源流之必归东野？于是搜考《史记》"周本纪""鲁世家"，树为根干，爰附世系，明其枝条，足之以祀典，封诏庙宇、祭田、碑碣、诗文，合为四卷，捐橐精梓用副参藩未竟之志。盖谓鲁为周公封国，固魂气之所必之，而东野世居鲁乡，亦先灵之所乐。若乃唐隆先圣之诏，宋加文宪之封，旌世同居显著孝义，而佥都元帅休显胜国。至于上追祖考，两赠君侯，圣祢云昆，后先辉焕矣。顾当元运告终，龙飞淮甸，而雄才仲立侨寓相台，则吾家素亭忠臣及侯氏两方岳，必皆争为仲立之所为王，而有先世交欢者，况周世两公既已精气相孚于前，故藩参桥梓不觉撰著欢成于后，其必有以感动。当世尊仰周公之名德，而膺格外世荣，有逾于周程之后，以待今之东野，必可几也。此余又以仲立为安阳寓公，而冠洋、圣符实惟宗从是，现前一门三人皆于斯志，各有前契，故必操铅而著，志之序之之非偶然也。

时崇祯戊辰中秋日，赐进士第、吏部观政，安阳吕化舜撰。

《阙里广志》序

阙里者，吾夫子之旧宅也。按《世家》：孔子卒，诸儒讲礼于孔子故所居堂，鲁哀公因立为庙，后世即其殿藏孔子衣、冠、琴、瑟、车、书。历数百年，至汉武帝时，孔子传十余世矣。而太史公曰："余适鲁，观仲尼庙堂车服礼器，诸生以时习礼其家。余低回留之不能去云。"当列国战争之余，暴秦虐焰之后，而所为阙里者，风流可观则圣人教泽之深，孔氏子孙之贤，即当

时已足征矣。自汉以来，圣人之道益著，尊圣人者，其礼益隆，崇祀封锡之典，有增勿减，阙里之称遂与天地并垂不朽。殆泰山不足拟其高，大河不足喻其远也。阙里故无志，盖以圣人之道如天无不父，地无不母，其精神无处不流通，其礼乐文章无在不散见，亦安能独指曲阜之山川、林庙？以为是圣人之居、孔氏之族姓，官阀以为是圣人之子孙哉。其有志也，自明弘治间，学宪陈镐为之，而大学士李文正公为之序也。其志也，大抵以记累朝表章之盛、报祀之隆、礼乐之赐、田宅之锡、封爵之贵、纶诰之宠，至于先圣之遗迹，诏诸史乘，后裔之贤达，详在谱牒，诸贤之配享，垂诸祀典者，亦并载焉。昔汉章帝幸鲁，祠孔子于阙里，作六代之乐，大会孔氏，赐赉甚厚。谓郎中孔僖曰："今日之会，与卿宗有光乎？"僖对曰："臣闻，明王圣主莫不尊师重道，今陛下亲屈万乘，辱临敝里，此乃崇礼先师，增辉圣德。臣宗之荣非所敢承。"帝大悦曰："非圣者子孙，焉有此语乎？"由是言之，帝王之尊奉圣人，加恩孔氏，非以为孔氏为斯道也。则阙里之有志书，非以志孔氏，为帝王之为斯道者志也。且志何可以已也？李文正公曰："士大夫入圣人之乡，观圣人所居，接其子孙族姓，见其礼，闻其乐，因以相像其形容，未有不惕然感之于心而益尊圣人之道者。"孟子曰"去圣人之居若此其近"，盖幸词也。而今草茅孤贱之士，不幸生于遐陬僻壤，不得见所谓宫墙宗庙之美，而一见之于志，虽数千百里而外，如登金丝之堂，亲聆丝竹之音也。如身入孔林见荆棘之自除，而禽鸟之不栖也，其以兴感学人之诚敬，而作其羹墙之见功岂浅尠哉。自弘治迄今，且二百年，继有修者皆纰缪芜浅，不足观览。会今圣公，以冲龄茂质笃学，礼贤典籍；宋君庆长，稽古士也，痛旧志之无文，搜求故府考核宪典，芟其不经，择其言尤雅驯者，辑成二十卷，而属序于予。予观之详而核，博而要，宾宾乎亦既质有其文矣。《传》曰："言之无文，行之不远。"《诗》云："高山仰止，景行行止，虽不能至，心向往之。"夫以行远之文，生天下不能至者，向往之心，斯志有焉。予不揣弇陋不文，谬继文正之后而为之序，盖滋愧矣。

康熙十二年癸丑孟夏月中浣之吉，光禄大夫、礼部尚书，淮南龚鼎孳谨撰。

七、孔子赞歌

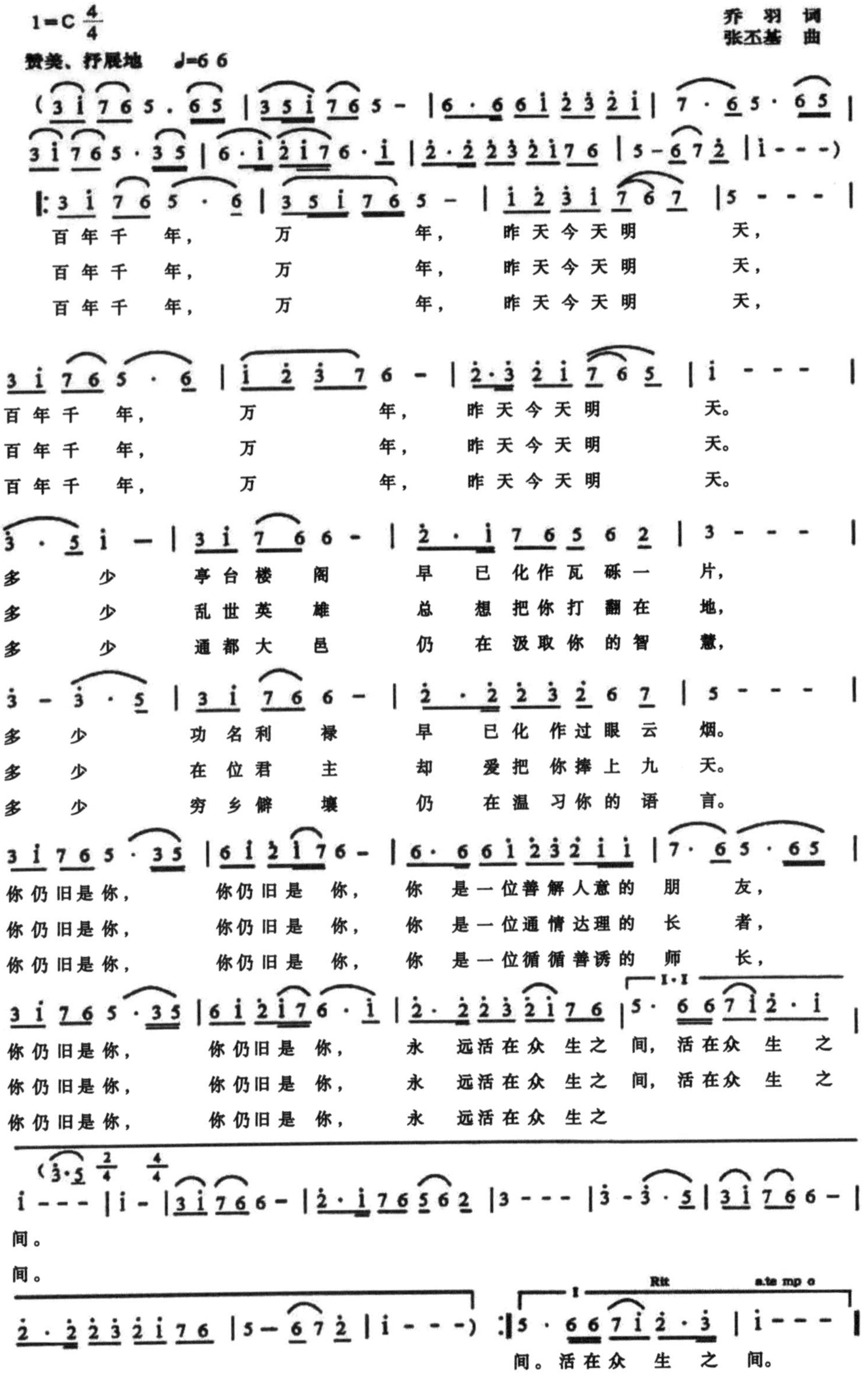

（市孔子文化节办公室提供）

索 引

（本索引条目是本书目录简化条目，以汉语拼音顺序排列）

数字首

A

B

C

D

E

F

G

H

J

K

L

M

N

P

Q

R

S

T

W

X

Y

Z

后　记

《曲阜市志(1991—2013)》是在中共曲阜市委领导下,由市政府主持编纂的第二部志书。续修工作自2015年3月开始,2018年11月出版,历时三年有余。

2015年3月,《曲阜市志》续修开始启动。由于同志们对志书编纂没有操作经验,为此,市政府办公室组织史志办工作人员到济南市历城区、聊城市莘县、泰安市、淄博市、枣庄市等地市和县(市、区)学习二轮修志经验。在原"《曲阜市志》(1991—2005)篇目"基础上,借鉴兄弟县(市、区)二轮志书篇目,制作"《曲阜市志》(1991—2015)篇目",并编写《曲阜市志编纂方案》。

曲阜市是个县级市,与其他县(市、区)相比有其特殊性、唯一性。首先,曲阜是文化大市,既有始祖文化,又有鲁国文化,尤其是孔子故里、儒家文化发祥地的文化地位,国际孔子文化节、联合国教科文组织孔子教育奖、孔子基金会活动、尼山论坛、世界儒学大会等全国性及世界性的文化活动在曲阜市的举办,影响越来越大。因此,《曲阜市志(1991—2013)》在文化编之外,单独设立中国曲阜国际孔子文化节、文化遗产、儒学研究等编,这几个编的设立基本涵盖了曲阜文化的特殊性。其次,1991—2015年这个历史时期,在曲阜市这片土地上曾经成立过济宁市曲阜新区,如何记述?通过与上级业务部门汇报沟通,确定将其放在园区经济和招商引资编,而其下辖镇街则在《曲阜年鉴》有连续性记述。第三个特殊性就是文化产业,与文化、旅游都有勾连、交叉,尤其是2010年以后"儒家文化培训"产业在曲阜兴起,文化产业又与园区经济不同,还有就是曲阜市文化产业园,是国家级文化产业示范园区,项目建设多,涉猎范围广,最终决定将其放大,列为文化产业编。在这个历史阶段,体制改革是一项很重要的内容,开始单独列编,最终分散到各分志,这样编写就比较有整体性,不至于内容分散。

2015年3月15日,市政府召开市志编纂培训班,邀请济宁市史志办副主任邵鸿志讲课,对续修《曲阜市志》帮助很大。但是,由于参训人员不全面,有的参训者并不一定是撰稿人员,因此,我们按照大系统组织上门培训,历时两个多月,实现市志编纂培训全覆盖。史志办原副主编薛利民和史志专家陈凡明等同志为此付出了辛劳。我们在单位提报资料长编前的一段时间里,除到基层部门开展培训外,同时编纂人物和大事记部分,先做完这些前期能做的工作。

2015年7月,一些单位开始提供资料长编,但是有的单位却直接提供了初稿,多数不符合志书体例。于是,我们根据一些兄弟县(市、区)的二轮志书,开始为各单位提供编写模板。提供模板后,一些单位提交的材料比较扎实。

2016年1月,单位稿件开始大量提报。如果工作分几个阶段,完成这个阶段再进入下一个阶段,会浪费大量时间,于是压茬前进,不把稿子窝在自己手里,来稿即修改、提出意见,修改后接着返回,再提报再修改、提出意见,多数单位都要反复三四次。我们在发挥主观能动性的同时,充分利用网络、微信、走访、电话、查阅档案等各种形式,搜集、校正、核实历史资料。例如,曲阜的历史沿革,查阅《阙里志》《阙里文献考》《曲阜县志》(乾隆)等志书后,进行了校正;对于一些历史人物,都是通过多种方式,联系其单位,联系其亲属进行其资料的搜集和校正。

续志过程总是会遇到几个难题的,首先是一些单位提供稿件迟缓。开始时手头稿子多,顾不到。进入2017年后,主要攻几个难题,政府办公室催,到单位催,向单位领导催。个别单位重视不够,提报不了合格的材料,没有办法,只好自己操刀,找资料,看年鉴,写出来再和单位对接。通过这次修志,还有一个很深的体会,就是综合年鉴和统计年鉴在编纂志书工作中有着极为重要的地位。《曲阜市志(1991—2013)》编纂如果没有年鉴的积累,编纂难度可想而知。曲阜市1991—2015年政府综合年鉴和统计年鉴没有中断,对这次修志起到莫大的作用。

志书编纂的组织领导,是志书编纂成败的关键。为了修志,市政府主要领导、分管领导经常调度市志编纂情况,市政府办公室多次下发文件,出台市志编纂方案、篇目等;市政府办公室领导定期调度市志编纂工作,经常询问市志编纂进度,运筹市志编纂会议,或督导协调部门领导促进市志编纂工作。《曲阜市志》能够按期稳步推进,离不开各级领导的重视,离不开各部门单位的大力配合。在这次市志续修期间,绝大多数部门、单位,都能积极地予以配合。

2017年11月,完成《曲阜市志(1991—2015)》初审稿。21日至22日,《曲阜市志(1991—2015)》济宁市级评审会在曲阜迎宾馆召开。济宁市史志业务专家和各县市区史志办对《曲阜市志(1991—2015)》进行了认真评议,提出许多中肯的意见和建议。我们都逐条落实,对初稿进行再次捋顺,调整篇目,增删内容。2018年4月中旬,完成《曲阜市志(1991—2015)》评议稿,送交省史志办公室及各位省修志业务专家。2018年5月9日,《曲阜市志(1991—2013)》省级评审会在阙里宾舍举行,省政府办公厅党组成员、省史志办主任刘爱军,省史志办副主任李刚,省史志办市县基层志编纂指导处调研员李天程,及省修志业务专家王笃银、郭能勇、段祥泰、李德辉、王光辉,济宁市政府副秘书长徐锋、市史志办公室主任张树礼、副主任邵鸿志,曲阜市委副书记、市长彭照辉,副市长周菊兰出席会议,专家对《曲阜市志(1991—2013)》评议稿给予高度评价,并指出2013年作为这次《曲阜市志》续修下限,对志书下步修改提出许多指导性意见。在会上,刘爱军主任指出,要真抓实干,尽快完成志书编纂出版任务,要发挥曲阜孔子故里、文化圣地独特优势,打造一代精品名志。会议期间,济宁市委书记傅明先、曲阜市委书记刘东波看望了刘爱军主任等省史志专家成员,并做了情况介绍。这充分显示,省史志办和济宁、曲阜两级市委、市政府领导对《曲阜市志》续修工作的高度重视。经过再次深入细致的修改,到7月中旬,《曲阜市志(1991—2013)》续修进入终审和印刷出版阶段。9月26日,在《曲阜市志(1991—2013)》终审会议上,济宁市史志专家组成员张树礼、邵鸿志、王培礼、孟繁泰、姜君杰对志稿提出修改意见。

方志出版社对这部志书高度重视,中国地方志指导小组秘书长、办公室党组书记、主任,方志出版社社长冀祥德,方志出版社常务副社长张大伟分别进行了终审,军事科学院解放军党史军史研究中心军事志研究室主任李涛进行了复审,方志出版社专家委员会委员、山东省修志业务专家咨询组成员王笃银,责任编辑刘珊分别进行了初审。《曲阜市志(1991—2013)》除序、概述、大事记、人物、附录外,志部分共有34编、247章、922节,有表格204个,图照511个,达225.7万字。

史志办人手少,工作量大,在编纂市志的同时还要完成一年一度《曲阜年鉴》编纂出版和省、济宁市史志编纂分派任务,因此,根据领导的安排,先后聘请几位老同志,但由于年龄、身体等原因,未能参与到市志的编纂、总纂阶段。后来,市文物局韦群、孟继新同志,市文广新局陈德祥同志先后参与帮助市志编纂工作。孔子研究院孔祥林提供了孔子基金会资料,退休干部陈凡明和市档案局邓志红同志提供了民俗部分初稿;市作家协会荀昭安同志提供家谱续修方面的资料,年逾80的颜承信同志热心提供了颜氏宗子世系等方面的资料。曲阜市志谱学会赵元山、步长存、孔建平等同志也为志书编纂提出一些可贵的意见。

在整个编纂过程中,市委办公室、市委组织部、市委宣传部、市委党史资料研究室、市档案局、市教体局、市经信局、市文物局、市民政局、市发改局、市统计局、市财政局、市卫计局等以及驻曲阜单位、下属单位、部门科室,在资料提供及查证、组织撰稿审稿等方面给予极大的支持。在此,一并表示感谢。

志书编修工程量大,内容浩繁,虽然我们集腋成裘,聚沙成塔,数易其稿,由于时间紧,业务水平有限,遗漏、阙误在所难免,敬请批评指正。

编者

2018年11月

1991—2013年《曲阜年鉴》编纂委员会

1991—1993年卷

主任　许传俊
副主任　谷传祥　郭宗英　傅洪泉　张友民
主编　陈　方
副主编　陈传平　国　伟

1994—1995年卷

主　任　许传俊
副主任　谷传祥　王克孝　郭宗英　傅洪泉　张友民
主　编　陈　方
副主编　杨宪昌　国　伟

1996—1998年卷

主　审　许传俊
主　任　谷传祥
副主任　王克孝　曹方俊　高洪彦　陈学英　张友民
主　编　张东伟
副主编　杨宪昌　国　伟(执行)

1999—2002年卷

主　审　张术平
主　任　江　成
副主任　李维生　高洪彦　陈学英　张东伟　毛景水
主　编　张东伟
执行主编　国　伟

2003—2005年卷

主　审　朱庆安
主　任　刘　森
副主任　李维生　王　骁　韦良华　颜世全　韩　益
主　编　韩　益
执行主编　国　伟
副主编　牛福顺　米玉红　孔祥震

2006—2007年卷

主　审　朱庆安
主　任　刘　森
副主任　杨凤东　王　骁　孟庆安　颜世全　孔令俭　李广俊
主　编　李广俊
执行主编　国　伟
副主编　王新宏　米玉红　孔祥震

2008—2011年卷

主　审　李长胜
主　任　杨凤东
副主任　刘继芳　张令华　孔令玉　褚福梅　颜世全　李广俊
主　编　李广俊
副主编　王新宏　张立忠　米玉红　孔祥震
执行主编　张立忠

2012—2013年卷

主　审　李长胜
主　任　刘东波
副主任　刘继芳　张令华　赵业勇　褚福梅　张继友　李广俊
主　编　李广俊
执行主编　张立忠
副主编　米玉红　孔祥震　翟盛军

《曲阜市志（1991—2013）》主要编纂人员

主要审稿人员

丁　龙	于召玉	马　恩	马汉卿	马加才	马金鹏	马熠章	王　华	王　涛	王长文	王庆安
王成舜	王建华	王海青	王海涛	王增力	牛红阳	尹洪福	孔　伟	孔　雷	孔　震	孔凡中
孔凡玉	孔凡吉	孔凡成	孔令强	孔向前	孔祥民	孔祥林	孔晓飞	孔德安	孔德旺	孔翠芳
石玉刚	田　伟	田振勇	史慧英	毕孝立	毕昭华	朱宁波	朱明贵	任　勤	任志民	刘　年
刘　涛	刘中昱	刘中善	刘立文	刘成银	刘桂龙	刘德勇	齐金江	关　涛	关凯歌	许　鹏
许玉庆	孙　杰	苏克中	李　南	李子丰	李本志	李存如	李朝阳	吴　锋	邱　波	邱忠孝
何　超	谷　珍	宋海峰	宋海滨	张　红	张　坤	张东晓	张延真	张宝申	张树生	张洪波
张冠荣	张新杰	陈　光	陈　杰	陈东霞	陈绍武	陈瑞剑	林丙昌	房　莉	金永芳	金鲁光
周　鹏	周启东	郑怀忠	房昭臣	屈茂振	孟祥娟	赵　伟	赵　坤	赵　辉	赵元山	胡华北
星　涛	侯　勇	姚　钢	聂达生	聂瑞国	栗　明	贾　国	贾银花	徐　益	徐玉生	徐本英
徐爱宝	殷淑红	高宪成	高福岭	郭健鹏	唐爱军	寇长庚	黄秀国	崔凤成	彭绪中	彭新泉
葛俊岳	董芙蓉	鲁　究	曾宪芳	楚春艳	翟德军	熊宝玉	颜丙军	颜志强	潘立玉	薛　峰
魏　蓝	魏大明									

主要供稿人员

丁　冬	丁　甜	于方文	于国立	万文龙	凡宪兵	马　强	马宏岩	马耀东	丰少童	王　彤
王　雪	王　磊	王士彬	王广顺	王长文	王鲁慧	韦　坤	韦　艳	尹秀萍	孔　伟	孔　华
孔　昊	孔　珍	孔　莹	孔　浩	孔　敏	孔　琳	孔　辉	孔凡标	孔凡淮	孔凡琪	孔文清
孔令胜	孔伟军	孔兆阳	孔庆春	孔建立	孔建华	孔宪方	孔祥臣（科技局）		孔祥臣（畜牧兽医局）	
孔祥雷	孔领航	孔德阳	孔德阁	孔繁清	兰玉杰	石志峰	叶　雷	田冬亮	史　晶	毕启涛
吕文晓	朱　菲	朱本伟	朱年强	朱利壮	朱利明	朱春阳	伊秀莉	刘　剑	刘元涛	刘玉明
刘亚磊	刘利萍	刘秀兰	刘建民	刘惠舒	齐世泽	闫立杰	米志国	许　亮	孙　丽	孙　建
孙　骥	孙文超	孙玉朋	孙丙池	孙留成	孙辉耀	孙黎明	杜　鹃	李　兵	李　萍	李　强
李　静	李　慷	李　楠	李凡路	李开荣	李书成	李玉玲	李国瑞	李明军	李盛章	杨　扬
杨　建	杨玉斌	杨孝瑜	杨丽丽	杨显贵	肖　艳	吴忠英	吴瑞雪	邱　萌	辛　昊	宋　才
宋　璐	宋光然	宋振中	张　优	张　闲	张　良	张　妍	张　显	张　前	张立翠	张向东
张会旭	张金营	张学峰	张娜娜	张桂生	张敬伟	张殿富	陈　龙	陈　莹	陈传义	陈建国
陈彭飞	陈滇峰	武海廷	范雪梅	周　元	周　聪	郑丽东	泽　旺	屈恒义	孟　溪	孟凡华
孟宪方	赵　伟	赵　冰	赵晓阳	郝　鹏	宫玉莹	姚国举	袁　超	袁　震	贾　国	贾栋祥
顾媛媛	徐　翔	徐业奇	徐光田	高　莹	高卫民	高传东	高全芝	郭庆海	唐　欣	曹　雨
曹海云	隋林海	殷建明	章广建	彭卫光	彭庆涛	蒋　强	韩广红	曾　晖	谢　添	谢良库
路　仲	翟婷婷	颜　华	颜　峰	颜　溪	颜承信	薛　皓	戴东昊			